中国文化史大事典

[編集代表] 尾崎雄二郎・竺沙雅章・戸川芳郎

大修館書店

序

　中国に関する事柄を扱った事典はこれまで数多く出版されている。そうした事典の多くは哲学や，歴史，文学といった分野ごとに分かれている。唐代の詩人を調べるなら「中国文学事典」を，戦国時代の思想家を調べるなら「中国哲学事典」をといった具合である。また各分野の専門化が進むにしたがって，分野ごとに時代別の事典が出版されるようにもなってきている。そのような状況ではその分野の専門家には使える事典が増えたが，入門者が，あるいは専門家であっても自らの専門外の分野について知りたい場合に，手にすべき事典を選ぶのがなかなか難しくなってきているように思われる。

　そうした事情を踏まえ，中国について何か調べてみようとするときに，まず手にする一冊をつくりたい，そんな思いから編まれたのが本事典である。これまで数多くの事典が出版されてきた文学や歴史・哲学についてはもちろんのこと，宗教・美術・考古学，また，芸能や服飾，民俗・科学技術など近年研究の進んできた分野も積極的に収録を試みた。収録項目については，それぞれの分野の第一人者にその選定を依頼し，選び出された7000を越える項目は500人におよぶ専門家の方々に執筆をお願いした。

　地大物博と言われる中国であるから収録すべき事柄は多く，すべてを網羅することはもちろん不可能である。そこで今回は，政治だけに事績を持つ人物や歴史上の戦いなどは対象とせず，中国の伝統的な文化に関する事柄を中心として項目を絞った。各項目の記述もそうした点に注意を払った。書名に「文化史」とうった所以である。小項目主義を取り，飲食物や建築，文様など，これまではあまり取り上げられることのなかった分野の項目まで幅広く収録することに力を注いだ。まずは，中国に関することを調べるうえでの入り口として，専門的な書籍への橋渡しとして，その役割が果たせるようにと願っている。

この企画が始まって既に20年以上が経過した。これまでさまざまな手順を踏み，それぞれの段階で進捗を図ってきたが，20年を越える月日は長過ぎたと言えよう。この間に鬼籍に入られた執筆者もいられる。編集代表の尾崎雄二郎先生もそのお一人である。

　規模の大きな書籍を作るときには，どうしても刊行時に研究の最前線とはずれが生じる。読者の寛容を願う次第である。また，出版をめぐる状況も大きく変化した。特に，大型書籍の発行を巡る状況の変化は数年前には想像できなかったほどである。長い年月を掛けて編集・出版される大部で高価な書籍は少なくなった。辞書も小さな電子機器の中に収められるようになった。そうした流れを思うに，本事典は，大部の紙の事典としては最後尾に属しているのやもしれない。

　この事典が，多くの方々の手に渡り，そして長く活用されることを心より願う次第である。

2013年3月

　　　　　　　　　　　　　　　　　　　　　　　編集代表　竺沙雅章
　　　　　　　　　　　　　　　　　　　　　　　　　　　　戸川芳郎

編集代表

尾崎 雄二郎　　　竺沙 雅章　　　戸川 芳郎

編集委員

阿辻 哲次　　　小川 裕充　　　尾上 兼英
川原 秀城　　　金 文京　　　　興膳 宏
高田 時雄　　　松丸 道雄　　　吉川 忠夫

編集協力

吉川 良和　　　西江 清高　　　増田 美子
馬淵 昌也　　　村松 伸　　　　森田 憲司

執筆者

相川 佳予子　　青木 隆　　　　赤松 明彦　　　赤松 紀彦
秋山 進午　　　秋山 元秀　　　浅井 紀　　　　浅見 直一郎
味岡 義人　　　足立 啓二　　　阿辻 哲次　　　吾妻 重二
新井 晋司　　　荒川 正晴　　　荒木 龍太郎　　荒牧 典俊
新宮 学　　　　有澤 晶子　　　安 大玉　　　　飯尾 秀幸
井口 淳子　　　池澤 滋子　　　池田 温　　　　池田 巧
池田 利広　　　池田 知久　　　池田 魯参　　　砂澤 祐子
石井 公成　　　石井 修道　　　石川 泰成　　　石黒 宣俊
石田 和夫　　　石田 千秋　　　石田 秀実　　　石松 日奈子
石渡 美江　　　板倉 聖哲　　　市来 津由彦　　井手 誠之輔
伊藤 隆寿　　　伊東 貴之　　　伊東 倫厚　　　伊藤 晴子
稲葉 一郎　　　稲畑 耕一郎　　井波 律子　　　井波 陵一
稲本 泰生　　　家井 眞　　　　井上 進　　　　井上 徹
井上 裕正　　　井ノ口 哲也　　今井 敦　　　　入澤 崇
岩井 茂樹　　　岩尾 一史　　　岩城 英規　　　岩本 憲司
植木 久行　　　上野 隆三　　　植松 正　　　　上山 大峻
鵜飼 光昌　　　宇佐美 文理　　牛尾 弘孝　　　内田 純子

内山 俊彦	内山 知也	内山 直樹	宇野 直人
浦山 きか	荏開津 通彦	榎本 文雄	蝦名 良亮
海老根 聰郎	江村 治樹	大岩本 幸次	大内 文雄
大形 徹	大木 康	大澤 顯浩	大澤 正昭
大島 晃	大島 誠二	太田 幸男	大平 桂一
大谷 敏夫	大谷 雅夫	大塚 秀高	大西 克巳
大西 陽子	大貫 静夫	大野 圭介	大野 修作
大橋 修一	大原 良通	岡 晴夫	岡内 三眞
岡崎 由美	岡田 健	緒形 康	岡村 秀典
岡本 不二明	岡本 隆司	小川 隆	小川 博章
小川 裕充	小川 誠	長部 悦弘	小澤 正人
尾高 曉子	愛宕 元	落合 俊典	小野 和子
折原 幸恵	恩田 裕正	垣内 景子	角道 亮介
筧 久美子	筧 文生	影山 輝國	梶浦 晋
片山 久美子	勝木 言一郎	桂 紹隆	加藤 徹
門田 眞知子	金子 修一	釜谷 武志	神塚 淑子
亀田 勝見	亀山 朗	川 浩二	川合 康三
河上 洋	河内 利治	川原 秀城	川又 正智
川村 佳男	菅野 博史	黄川田 修	菊地 章太
木島 史雄	岸本 美緒	木田 章義	木田 知生
来村 多加史	北村 良和	木津 雅代	木津 祐子
吉川 良和	橘川 智昭	衣川 賢次	衣川 強
木下 鉄矢	金 天鶴	木村 清孝	木村 慶二
木村 宣彰	金 文京	日下 翠	串田 久治
工藤 元男	救仁郷 秀明	久保田 知敏	久米 裕子
倉林 眞砂斗	桑山 正進	桂華 淳祥	氣賀澤 保規
玄 幸子	小池 一郎	黄 名時	興膳 宏
河野 道房	幸福 香織	古賀 英彦	古勝 隆一
小島 毅	小曽戸 洋	古藤 友子	後藤 雅彦
古新居 百合子	小西 憲一	小林 久美	小林 春樹

小林 宏光	小林 正美	小松 謙	小南 一郎
近藤 一成	近藤 邦康	近藤 浩之	近藤 正則
齋木 哲郎	齋藤 茂	齋藤 希史	齋藤 道子
坂内 栄夫	坂内 千里	坂出 祥伸	佐川 正敏
櫻井 俊郎	佐々木 愛	佐々木 閑	笹倉 一広
佐治 俊彦	佐竹 保子	佐藤 慎一	佐藤 達郎
佐藤 直実	佐藤 豊	佐藤 礼子	佐藤 錬太郎
佐野 公治	澤田 多喜男	澤田 雅弘	志野 好伸
柴田 篤	島 一	島居 一康	嶋田 英誠
清水 政明	下定 雅弘	白杉 悦雄	末岡 実
末木 文美士	末木 恭彦	菅谷 文則	杉山 正明
鈴木 さとみ	鈴木 健之	鈴木 達明	鈴木 靖
角谷 常子	關尾 史郎	関口 順	副島 一郎
曽布川 寛	孫 玄齡	高木 智見	高久 由美
高田 時雄	高津 純也	高津 孝	高堂 晃壽
鷹取 祐司	高橋 朱子	高橋 智	高橋 忠彦
高橋 文治	高濱 秀	高浜 侑子	高村 雅彦
高柳 信夫	滝野 邦雄	田口 一郎	竹内 弘行
武内 房司	竹内 康浩	竹越 孝	武田 時昌
竹浪 遠	竹村 則行	竹村 牧男	田中 淡
田中 文雄	田中 陽子	谷 豊信	谷井 俊仁
谷井 陽子	谷一 尚	谷口 規矩雄	谷口 洋
田村 和親	樽本 照雄	檀上 寛	竺沙 雅章
千田 大介	陳 捷	塚本 麿充	辻 正博
土田 健次郎	都築 晶子	堤 一昭	釣田 敏子
鶴間 和幸	出川 哲朗	黨 武彦	徳永 洋介
礪波 護	富田 淳	富永 一登	冨谷 至
中 純子	中 純夫	中 裕史	仲 万美子
長井 千秋	永井 政之	長岡 龍作	中島 隆博
中嶋 隆藏	中砂 明徳	永田 英正	永冨 青地

中西 久味	中西 俊英	中西 裕樹	中原 健二
中村 淳	中村 慎一	中村 圭爾	名畑 嘉則
鍋島 稲子	成田 健太郎	成田 靜香	成瀬 哲生
難波 征男	二階堂 善弘	西江 清高	西岡 淳
西口 芳男	西村 富美子	西本 照真	西脇 常記
新田 雅章	二宮 美那子	根ヶ山 徹	野口 鐵郎
野間 文史	野村 鮎子	野村 茂夫	包 慕萍
量 博満	橋本 敬造	橋本 秀美	長谷川 祥子
長谷部 英一	波多野 眞矢	蜂屋 邦夫	花登 正宏
濱口 富士雄	濱田 正美	早川 太基	早坂 俊廣
林 和生	林 克	林 香奈	林 謙一郎
林 文孝	林田 愼之助	原田 直枝	原山 煌
東 晋次	氷上 正	肥田 路美	日高 薫
平尾 良光	平勢 隆郎	平田 茂樹	平林 宣和
廣川 守	廣瀬 玲子	廣田 律子	深澤 一幸
深町 英夫	吹田 隆道	福井 重雅	福島 雅子
福田 哲之	福原 啓郎	福満 正博	藤田 伸也
藤田 高夫	藤善 眞澄	船山 徹	夫馬 進
古田 真一	細井 尚子	堀内 伸二	本間 次彦
前川 亨	牧角 悦子	間嶋 潤一	増田 克彦
増田 美子	増山 賢治	町 泉寿郎	町田 三郎
松井 嘉徳	松浦 章	松浦 茂	松浦 恆雄
松浦 典弘	松尾 肇子	松家 裕子	松川 健二
松木 哲	松下 道信	松田 孝一	松丸 道雄
松村 昂	松村 巧	松村 恒	松本 伸之
馬淵 昌也	丸橋 充拓	丸山 伸彦	丸山 宏
三浦 國雄	三浦 秀一	三木 夏華	水上 雅晴
溝口 雄三	道坂 昭廣	三桐 慈海	水口 拓寿
南澤 良彦	御牧 克己	宮井 里佳	宮宅 潔
三宅 俊彦	宮崎 法子	宮崎 洋一	宮澤 正順

宮島 一彦	麥谷 邦夫	武者 章	村尾 進
村上 哲見	村瀬 裕也	村田 雄二郎	茂木 敏夫
籾山 明	森 達也	森 紀子	森 秀樹
森 由利亜	森賀 一惠	森田 憲司	森田 浩一
八木 春生	矢島 律子	安田 二郎	谷中 信一
矢野 道雄	山内 弘一	山口 建治	山口 久和
山田 俊	山田 賢	山田 明爾	山辺 進
山部 能宜	山本 和義	山本 敏雄	山本 德子
山本 光朗	湯浅 陽子	弥 和順	横田 恭三
横手 裕	吉開 将人	吉川 忠夫	吉川 雅之
吉田 叡禮	吉田 公平	吉田 純	吉田 隆英
吉津 宜英	吉村 萱子	吉村 誠	吉本 道雅
賴富 本宏	渡辺 純成	渡邉 大	渡部 武
Max Deeg	Antonino Forte		

凡例

一　収録範囲

　中国の伝統文化に関する項目をできる限り広く収録した。主な収録分野としては，歴史・哲学・宗教・文学・言語・考古学・芸能・美術・科学技術・服飾などである。

　収録した項目の数は，本見出し・参照見出しを合わせておよそ8000項目である。また，立項はしていないが，関連する項目内に解説のある語（関連語）として約1400語を選び，総索引から引けるようにした。

二　配列方法

　項目は分野に関わりなく五十音順に配列した。長音は直前の文字の母音と同じものとして扱った。

　同音の場合は，先頭の漢字の画数の少ない順に配列した。ただし，以下の例外がある。

　　・同表記の人名や廟号は，時代順とした。
　　　【高宗(唐)】→【高宗(宋)】
　　・漢字一字の項目は二字の項目より前に置いた。
　　　【識】→【史記】→【詩紀】
　　・中黒（・）の入る項目は入らない項目より後に置いた。
　　　【龔賢】→【狂・狷】

　また，同音の項目で先頭漢字の画数も同じ場合には，その漢字の部首順に配列した。その部首順については，1313ページの部首配列表を参照のこと。

三　見出し

　見出し語はまず読みをひらがな（日本語読み以外の場合はカタカナ）で示し，続いて正見出しを【　】でくくって示した。正見出しがカタカナのみの項目については【　】でくくらず，横にアルファベット表記を示した。

　同表記の項目は，見出しの横に（　）でそのジャンル・時代を示した。また，美術作品の項目で特定の作者のものを指す場合は，見出しの横に（　）で作者名を示した。

　　　【墨子(人物)】　【墨子(本)】　　【富春山居図(黄公望)】

　見出し語およびその読みは，原則として現在もっとも通行しているものを採用した。

参照見出しには，以下のものを立てた。
・本見出しの別称
　【諸葛孔明】（→【諸葛亮】）
・本見出しの一部
　【戦国時代】（→【春秋戦国時代】）
・並称
　【屈宋】（→【屈原】，【宋玉】）
・本見出しと対となる項目
　【合体】（→【独体】）
・本見出しの別の読み
　はくしゅ【白酒】（→パイチュウ【白酒】）
なお，特殊な読みの項目については，利便性を考慮し，一般に読まれる可能性が高いと考えられる読みを，その正誤にかかわらず参照見出しに立てた。
　ろくちょう【六朝】（→りくちょう【六朝】）

なお，見出しとしては立たないが，関連する項目内に解説のある語（関連語）は，巻末の総索引に参照ページと段の左右を示したので，併せて利用されたい。

四　本文

漢字の字体は固有名詞などの特殊な場合を除き，原則として常用漢字表など，現代日本の漢字政策に準拠し，それに含まれない字は『新漢語林』（大修館書店）の正見出しによった。ただし，「龍」や「曾」など，一部例外的に旧字体を用いた。

中黒（・）は並列・列挙および出典の下位分類（巻数・篇名など）に用いた。
　『周礼』春官・大宗伯

本文中の書名・作品名は『　』，欧文書名は《　》でくくった。引用文・引用句は「　」で示し，出典の明らかなものはうしろに（　）でそれを示した。

本文中に，本見出しとして立項されている人物・作品・旧跡・具象物が出てきた場合には，＊を付して参照の便をはかった。ただし，一字の項目については，紙面が煩瑣になることを避けるため，例外として付さなかった。また，＊は基本的に対象語が単独で出てくる箇所に付し，後ろに他の語（漢字）が続いている場合には，一部例外を除き付していない。

本文中に地名が出てくる場合には，一部例外を除き，うしろに（　）で現在の省名を示した。
　　太原(山西省)

人名項目は，見出しの直後に生没年を示した。正史に伝のある人物は本文末尾にその書名と巻数を示した。巻数は中華書局標点本による。

中国の時代・王朝は，下記のように区分して表示した。

殷	西晋	南朝梁	北宋
周(＝西周)	東晋	南朝陳	南宋
春秋	五胡十六国	隋	遼
戦国	北朝北魏	唐(文学は初唐・盛	西夏
秦	北朝東魏	唐・中唐・晩唐)	金
前漢	北朝西魏	五代後梁	元
後漢	北朝北斉	五代後唐	明
三国魏	北朝北周	五代後晋	清
三国蜀	南朝宋	五代後漢	民国
三国呉	南朝斉	五代後周	

五　索引

巻末には，三種の索引を付した。

　総索引：本見出し・参照見出しおよび関連語（立項はしていないが，関連する項目内に解説のある語）のすべての項目を五十音順に配列した。
　総画索引：本見出し・参照見出しを先頭漢字の画数順に配列した。カタカナの項目は含まれない。
　ピンイン索引：本見出しの中国語音をピンインのアルファベット順に配列した。中国語以外の項目（日本人名・西洋人名など）は含まれない。

　索引の利用法は，各索引冒頭の注意書きを参照のこと。

中国文化史大事典

あい【鞋】 くつ。わらじ。『釈名』釈衣服に「鞋とは解ということである。着用するときにその上部を縮めれば履のようになり，それを解けばゆるむ」とある。紐のついた，履よりも軽便なはきものであったらしい。実例として咸陽市楊家湾出土の前漢時代の彩絵の陶俑のはきものや，居延やエチナ河沿いの漢代の烽燧から出土したわらじ風のはきもの，吐魯番(トルファン)出土のわらぐつ風のはきものなどをあげることができる。線鞋・蒲鞋等様々な材質の鞋があった。
(相川 佳予子)

あいくおうじ【阿育王寺】 インド・マウリア朝第3代のアショーカ王(阿育王)が仏舎利を納め，各地に分布した八万四千塔の一つと伝える宝塔を奉安する寺院。唐の道宣『集神州三宝感通録』は中国の20余の阿育王塔を掲げるが，阿育王寺といえば通常，浙江省寧波(ニンポー)市東郊の仏寺(宝塔は会稽塔，鄮県塔(ぼうけん)とも称する)を指す。同書は西晋の281(太康2)年以来，阿育王塔を捜し求めた慧達の眼前に宝塔が涌出したのを鄮県塔の濫觴とするが，年代設定と話の内容は疑わしい。初出文献は南朝梁の慧皎『高僧伝』で，慧達が同地に祀られていた塔を拝してこれを納める龕と石敷を修築し，南朝宋の孟顗によって伽藍が整備され，インド僧曇摩蜜多(356〜442)が住したと伝える。梁の522(普通3)年には武帝が伽藍を拡張し，阿育王寺の額を賜った。律院として隆盛したがのち禅刹となり，北宋の1008(大中祥符元)年に広利禅寺の額を賜り，明の1382(洪武15)年には育王禅寺と改称，禅宗五山の第5に列せられた。
(稲本 泰生)

あいさく【哀冊】 皇帝や皇后などの生前の功徳を称えた哀悼文を哀冊，哀策といい，埋葬のときに朗読された。文章は竹簡文書の形式で書かれ，玉，石，竹の札を連ねたものとなっているので，哀冊といった。唐代の哀冊の実例として，中宗の太子李重俊(節愍太子)の大理石の哀冊がその墓から出土している。文章の内容はその人物の死を悼み，生前の行動に応じた諡を捧げるというものである。
(鶴間 和幸)

哀冊(策)文は漢代より用いられ，六朝以降とくに盛んで，『文選』所収の南朝宋の顔延之「宋文元皇后哀策文」や斉の謝朓「斉敬皇后哀策文」，また唐の褚遂良「唐太宗文皇帝哀冊文」などが有名。成人に贈る哀策文や誄に対し，「憲を賦くの諡に，短折(若死すること)を哀と曰う。哀は依なり，悲しみ実に心に依る，故に哀と曰う。辞を以て哀を遣るは，蓋し下流(目下の者)の悼なり」(『文心雕龍』哀弔篇)とあるごとく，夭折した者のために記されたのが哀辞である。
(林 香奈)

あえい【阿英】 →銭杏邨(せんきょうそん)

あえん【亜鉛】 化学元素の1つ。元素記号Zn，原子番号30，密度7.13g/cm³(25℃)。融点419.6℃。沸点907℃。古代において亜鉛は銅との合金(黄銅。真鍮ともいう)を作るために利用された。精錬の初期には亜鉛を取り出せず，銅と亜鉛の鉱石から直接合金とした。中国では，三国時代に黄銅が作られていたという説があるが，結論に至っていない。10世紀には亜鉛金属が得られるようになっており，倭鉛と呼ばれていた。また真鍮は鍮石とも呼ばれ，亜鉛鉱石は炉甘石と呼ばれた。
(平尾 良光)

あきゅうせいでん【阿Q正伝】 中篇小説。1921(民国10)年12月4日〜22年2月12日『晨報』副刊に連載。巴人(魯迅の筆名)著。

阿Qは名前さえもたない貧しい日雇い農民で，未荘の人びとから蔑まれていた。しかし，辱めをうけても独自の精神勝利法によって泰然としていた。人に殴られても「息子が父親を殴るのさ」と考えて，逆に自分を殴った相手を低くみることで自らを慰めていたのである。阿Qは趙家の女中呉媽に言い寄ったことで，村にいられなくなり，まちに行って泥棒の手先となる。しばらくして村に戻ると，まもなく辛亥革命がおこり，辮髪を頭の上に巻き上げるなど村中が大騒ぎとなった。阿Qも革命党の仲間入りをしようとするが，趙家の若旦那に追い払われてしまう。その後，趙家で強盗事件がおきると，阿Qはその犯人にしたてあげられた挙げ句に銃殺された。

作者は，阿Qの悲劇によって，現実を直視しようとしない中国人の態度を批判し，その国民性の変

革なくしては，真の革命はありえないと訴えている。　　　　　　　　　　　　　　　（中　裕史）

あくだ【阿骨打】　→太祖(金)

あごんきょう【阿含経】
インドの初期仏教(原始仏教)から部派仏教にかけて形成された初期の仏教経典の総称で，仏教の開祖のブッダをはじめとした初期仏教の思想を知るための主要資料。「阿含」とは，伝承されてきた聖典やその教説を意味するインドアーリヤ語(インド・ヨーロッパ語族の一派としてインドに移住した人々の言語。ヴェーダ語やそれに由来するサンスクリット語などの古インドアーリヤ語，後述する中期インドアーリヤ語，ヒンディー語やウルドゥー語などの現代インドアーリヤ語に大別される) Āgama(アーガマ)の音写語で，最も狭い意味で用いられる場合には後に述べる漢訳の四阿含のみを指す。

ブッダの死後，彼や弟子たちの教説は，中期インドアーリヤ語(古インドアーリヤ語の口語に由来するインド各地の諸方言としてインド古典で使用される言語であり，パーリ語などが含まれる)によって口伝され，その過程で次第に内容が発展して以下に述べる構成の『阿含経』にまとめられていくとともに，東部方言から諸方言に変えられインド各地に広まっていった。その後，仏教教団が分裂して部派仏教の時代になると，『阿含経』は各部派内部でそれぞれ独自に一層の発展を遂げて行く一方で，部派固有の聖典言語が確立されていく。そのため，『阿含経』は，伝承した部派が違えば内容や言語が相当異なり，その呼称まで異なる場合もある。

『阿含経』は次の4ないし5の部分から成るが，その各々の内容は部派に応じてかなり相違する。多くの部派では各部分もアーガマと呼ぶが，南方上座部では nikāya (ニカーヤ) と称する。①《Dīrgha-āgama》(『長阿含』)：長編の経の集成。②《Madhyama-āgama》(『中阿含』)：中編の経の集成。③《Saṃyukta-āgama》(『雑阿含』)：内容で分類した短編の経の集成。④《Ekottarika-āgama》(『増壱阿含』)：内容に含まれる数字で分類した短編の経の集成。⑤《Kṣudraka-āgama》(『小阿含』『雑蔵』)：上記の四阿含に収められなかった主に韻文の短編経典の集成。ただし，説一切有部などでは，これを第五阿含とせず，三蔵の枠外に置く場合すらある。

『阿含経』は，本来は口伝されていたが，後には書写されるようになった結果，文献や刻文資料として現存する。大乗仏教が興ると劣った教え(小乗)として批判され，大乗仏教が主流の中国や日本では軽視されてきたが，東南アジアでは南方上座部の仏教が信奉されてきたため現在に至るまで聖典として敬われ，その原典が出版されている。その他の部派のものはインドアーリヤ語原典は殆ど散逸したが，断片が中央アジアの仏教遺跡などで発見され徐々に出版されている。一方，漢訳の『大蔵経』には四阿含が訳されているが，すべて伝承した部派が異なる。それぞれ『長阿含経』は法蔵部，『中阿含経』はカシュミールの説一切有部，『雑阿含経』はマトゥラーの説一切有部に属すと考えられ，『増壱阿含経』は伝承部派が不明である。また，『小阿含』に分類できる諸経典も漢訳されている。これらの典籍は『大正新脩大蔵経』の主に1～4巻に収められている。なお，『阿含経』の一部はチベット語などの中央アジア諸語にも翻訳された。
　　　　　　　　　　　　　　　（榎本　文雄）

あしかががっこう【足利学校】
室町時代に，下野国足利(栃木県足利市)に設けられた学問所。禅僧の指導のもとに漢学の教育が行われ，遊学する者が全国から集まった。草創については諸説があるが，足利氏と深い関係があったことは確実である。1439(永享11)年までに関東管領上杉憲実が鎌倉円覚寺の快元和尚を庠主(学校長)として招き，宋版の『毛詩注疏』『尚書正義』などの経書を寄進した。その後戦乱で荒廃することもあったが，小田原北条氏の後援を得た第7代庠主の九華の時代には，復興されて最盛期を迎えた。国宝の金沢文庫旧蔵『文選』は，この時の寄進による。北条氏の滅亡後は，豊臣秀次，ついで徳川家康の支援を受けた。経典の学習には，もとは古注が用いられたが，後には宋代以降の新注も採用された。特に易学が盛んに行われたのは，戦乱の時期に武家が兵占を重んじたことに因るという。学校出身者が諸将の軍陣に加わることもあった。1872(明治5)年に廃校。
　　　　　　　　　　　　　　　（大谷　雅夫）

あしかがぼん【足利本】
栃木県足利市の，足利学校伝来の旧蔵書を指すが，この旧蔵書は古刊本・古写本ともに高い価値が認められるので，テキスト名として一般にこの名が定着している。室町時代に創設されたこの学校は，校長(庠主)を中心に漢学の道場として，禅僧や武家の学問に多大な影響を与えた。京都や鎌倉の禅林との交流もあったので，室町時代一代の漢学の，集大成をなしたと言っても過言ではなく，旧蔵書はそれを伝える生きた資料として重要な意味をもつ。上杉憲実・憲忠父子の寄進による宋版『五経注疏』は，江戸享保年間(1716-36)，山井崑崙が『七経孟子考文』に取り入れ，古抄本の『論語義疏』も根本武夷が翻刻して，中国には亡んで伝わらないテキストを紹介

し，足利本の価値を知らしめた。なお，慶長時代(1596-1615)の古活字版を足利本と呼ぶことがあるが，これは当時の足利学校庠主三要が徳川家康に庇護されて伏見版(古活字版の一種)を出版したことから推測された呼び名で，学校と古活字版の出版に直接の関係はない。　　　　　　　　　　(高橋　智)

あしゅら【阿修羅】　インドの戦闘的な鬼神。また，六道の一つ(阿修羅道)。梵名アスラの音写。阿素洛・阿須倫などと表記するほか修羅とも略称し，非天・無酒などと訳す。本来善神を意味する語だったが悪魔的な存在に転じ，仏典には日食・月食を引き起こしたり，帝釈天と交戦することが語られる。大乗仏教では仏法を守護する善神中にも組み込まれ，天龍八部衆(仏法の守護神とされた古代インドの8種の神々)の一つとして崇敬された(『法華経』『金光明経』など)。東アジアでは日月を捧げる多臂像として造形される。　　　　　　(稲本　泰生)

アスターナぼぐん【阿斯塔那墓群】　新疆ウイグル自治区吐魯番市にあり，3世紀から8世紀までに使用された墓地。阿斯塔那墓群は1912年大谷探検隊，1914年スタインなどの各国の探検隊によって調査が行われたが，中華人民共和国の成立以後は，新疆ウイグル自治区博物館が発掘調査を行っている。墓の形式は傾斜した墓道に横穴式の墓室がついた土洞墓である。墓室の後壁には彩色のある絵画が描かれていた。唐代の墓では，壁画のかわりに墓室を装飾する絹本の屏風絵が数多く出土している。中国と西方を結ぶシルクロード上に位置することから，ササン朝ペルシアや東ローマの金貨など，西方の貨幣が出土している。古文書や書籍類では官用文書，私用文書，中国の古典，仏教経典などが発見されている。気候が乾燥しているために織物が大量に出土している。それらの織物の図像の中にはササン朝ペルシアなどの織物の影響が見られる。
　　　　　　　　　　　　　　　　(石渡　美江)

アダム・シャール　Johann Adam Schall von Bell　1592～1666(康煕5)。ドイツ・ケルン生まれのイエズス会士。漢名は湯若望。明の1622(天啓2)年，トリゴーに伴って中国に赴き，西安で布教，崇禎帝の命を受けて上京(1630年)，ローとともに西洋天文学による暦書の編纂事業に従事し，『崇禎暦書』を完成した。多数の天文儀器を造り，新法の厳密性を示したが，明の没落によって改暦は実現しなかった。清の入関後の1645(順治2)年，時憲暦を作り，欽天監正に補せられた。宣武門内に教会堂を建てるのに努力した。1662(康煕元)年，キリスト教排斥運動の先鋒楊光先や呉明烜らの誣告を受け，重刑に処せられたが，順治帝の母の尽力で釈放され，北京で没した。清史稿278　　　(橋本　敬造)

あっさいせん【圧歳銭】　除夕(旧暦大晦日)の夜，年長者が赤い紙に包んで子供や年下の者に与えるお金。押歳銭・圧祟銭・圧勝銭・守歳銭・帯歳銭ともいう。晩餐後にあげたり，子供が寝たあとに枕の下に置いたりする。本来は模造の古銭や子供の年齢と同数の銅銭を赤い糸で束ねたものを子供の首や腰に下げた飾り物。児童が疫病神や悪鬼に祟られないための賄賂の意味があり，魔除けのまじないであった。後には，日本のお年玉と同様に新年を迎える子供の楽しみとなった。　　　(鈴木　健之)

あっそう【軋箏】　唐代に出現した最古の擦弦楽器の一つで，宋元以後には篍と通称された。『旧唐書』音楽志には「端をなめらかにした竹片で箏をこする」とある。軋箏類は，箏(撥弦楽器)から発展変化したが，箏よりも小さく弦数は7～11本と定まっていない。弦の下に可動式の琴柱を置き音高を定め，松脂を塗った竹片等で擦奏する。広西壮族自治区にも「瓦琴」という類似の楽器があり，朝鮮半島に伝わったものは「牙箏」と称される。また民間には小型の軋箏琴(拉箏)があり，弦は10本で，馬の尾でできた弓に松脂をつけて擦奏する。
　　　　　　　　　　　　　　　　(仲　万美子)

あはいふう【啞背瘋】　『目連救母』の一場。「雪里梅」のこと。徽劇・婺劇など『目連救母』劇を宗教・民俗行事の中で演じていた地域の演劇にある。口のきけない夫が気のふれた歩けぬ妻を背負い，悪路に苦しみ，川を渡り，木の実を採り，去っていく様を描く。1人の演者が夫婦2人を演じる。下半身と右腕を夫の扮装にし，上半身と左腕は妻の扮装にする。腹部に夫の頭の作り物をつけ，腰に妻の両足の作り物をつける。演技術としては歌と舞踊が中心になるが，演者には上半身は女性用，下半身は男性用の演技術が要求され，2人の人物に見えるには一定の訓練が必要。1950年代以降，父と娘に変えられた。川劇では「老背少」がある。目連の父が貧困者のために食事を配る寺まで行く道中を描き，激しい風雪の中，ついに父が息絶え，娘の絶叫で終わる。四川では障害者の集いでリクエストされて演じられたこともあり，内容よりも1人が2人を演じることに関心が集中する演目。　(細井　尚子)

あべのなかまろ【阿倍仲麻呂】　698～770(大暦5)。奈良時代，19歳で留学生に選ばれ遣唐使に随行して入唐。科挙に及第，中国名を朝衡(晁衡)といい，日本人が唐朝で高位の官人として活躍

した唯一の人物。26年後の753(天宝12)年に帰国を許され,遣唐使の一行と蘇州から出航したが,嵐のために藤原清河（ふじわらのきよかわ）と共に安南(ベトナム)に漂着,帰朝できぬまま72歳で没。死後,潞州大都督を追贈された。李白や王維など著名な詩人に彼との交遊を示す詩がある。　　　　　　　　　（筧　久美子）

アヘンせんそう【アヘン戦争】　1840(道光20)年から42年にかけて清朝中国とイギリスとの間で戦われた戦争。英語では Opium War と呼ばれる。なお,戦争の開始年については両国間に武力衝突が発生した1839年とする見方もある。

東アジア世界には,中国を中心として華夷思想に基づく朝貢・冊封（さくほう）関係と呼ばれる国際秩序が成立しており,大航海時代以来,東アジア海域に来航するようになったヨーロッパ諸国も中国と貿易するためには,形式上,朝貢国として扱われることを受け入れざるをえなかった。また,清代においては1757(乾隆22)年以来,欧米船の来航はカントン(広州)だけに限られ,そこでも外国人の貿易や行動は様々に制限されていた(カントン体制)。

この体制下,イギリス本国における喫茶の普及を背景に,イギリス東インド会社は中国茶を輸入するために毎年,大量の銀を中国に支払っていた。しかし,18世紀後半,本国で産業革命が進行する状況のなかで会社は銀以外で中国貿易を決済するよう迫られた。そこで会社は植民地化を進めていたインドで生産されるアヘンを専売制下に置いて民間商人に中国へ売り込ませ,その代金を茶の買い付け資金にあてる仕組みを作った。

こうして大量の麻薬アヘンが中国に密輸された結果,中国国内に多数のアヘン中毒患者が生まれると同時に,アヘン代金の銀が流出して中国経済や清朝財政に悪影響を及ぼすこととなった。そこで,清朝政府は1839(道光19)年に林則徐を欽差大臣(特命全権大臣)としてカントンに派遣してアヘン貿易の禁絶を断行させた。しかし,アヘン貿易は当時,イギリスの世界経済にとって不可欠な存在となっていたため,イギリス政府は朝貢関係的なカントン体制の打破を大義名分として大規模な遠征軍の中国派遣に踏み切った。

イギリス遠征軍がカントン近海に集結した1840年夏に始まる戦局は圧倒的に軍事力の勝るイギリス側の優勢のうちに進み,満洲族が支配者である清朝はむしろ内乱の誘発を危惧した。こうして1842年7月に長江を遡航したイギリス軍が大運河を封鎖すると清朝は敗北を認め,同年8月29日に南京条約が締結されて戦争は終結した。その結果,清朝は上海など5港の開港,開港場における領事の駐在,両国の対等関係,香港島の割譲などを認めた。こうして朝貢関係的なカントン体制は崩壊した。ついで締結された諸条約によって清朝は協定関税,領事裁判権,片務的最恵国待遇を押し付けられて主権を著しく侵害された。

このようにアヘン戦争は中国が列強諸国に侵略される歴史の出発点であったという意味で一般に中国近代史の起点とみなされている。同時にアヘン戦争情報が幕末日本や朝鮮などの周辺諸国にも伝えられて少なからぬ影響を与えた点に注目すれば,アヘン戦争を東アジア近代史の起点と見ることもできる。　　　　　　　　　　　　（井上　裕正）

あぼうきゅう【阿房宮】　秦始皇帝が渭河(渭水)の南に建造を始めた新宮殿。造営は始皇帝一代では終わらず,二世皇帝に至っても続けられたが,完成を見ることなく秦は滅んだ。阿房宮とは仮の呼称である。完成のあかつきには,渭河北岸の宮殿と復道(二階建ての廊下)で結ばれる予定であった。一説によれば,宮殿の範囲は東西3里(約1.5km),南北5里。殿前には12体の銅人が並び,武器を帯びて参内する者を探知するため磁石で門を造ったという(『史記正義』に引く『三輔旧事』）。陝西省西安市の西約15kmに,南北500mに及ぶ版築の巨大な基壇が現存している。　　　　　　　　（籾山　明）

あみだきょう【阿弥陀経】　大乗仏教の経典。釈迦牟尼仏が舎衛国(Śrāvastī)の祇園精舎(Jetavana-vihāra)で,仏弟子から質問を受けて答える形でなく,自ら説いた(＝無問自説)経典とされる。『無量寿経』『観無量寿経』とともに浄土三部経の一つで,「小経」とも呼ばれる。1200人の弟子たちに対して,はじめに,そこより西方10万億の仏国をこえたところに極楽浄土があり,そこで阿弥陀仏が今も説法されていること,その国がなぜ極楽なのか,そこはどのようにすばらしいところであるかということ,そこに住する阿弥陀仏は光明無量・寿命無量の徳をもっていることを述べ,そのような浄土に生まれたいと願うことをすすめる。しかし,この極楽浄土には普通に善根を積むだけでは生まれることはできず,念仏することによってのみ命終(みょうじゅう)のとき生まれることができると説く。最後に,阿弥陀仏の徳がすぐれ,念仏往生の教えが真実であることを東西南北・下方上方の六方の諸仏が証明していることを述べ,阿弥陀仏に関して仏の説くところを信じ,その国に生まれたいと願わなければならないと結論している。

サンスクリット語本およびチベット語訳が現存する。原題は《Sukhāvatīvyūha-mahāyānasūtra》。漢訳は鳩摩羅什（くまらじゅう）訳『仏説阿弥陀経』,玄奘（げんじょう）訳『称讃浄土仏摂受経』とが現存するが,前者が一般

に用いられる。　　　　　　　　（上山　大峻）

あみださんぞんぞう【阿弥陀三尊像】　京都清浄華院に伝来する，阿弥陀如来と観音・勢至の2菩薩をあらわした3連幅の仏画。重要文化財。「四明普悦筆」の落款から，寧波（四明）の普悦という画僧による作品であることがわかる。室町時代の『君台観左右帳記』に見られる「普悦」の名は，この画幅から採録された可能性が高い。天台浄土教における唯心浄土説の宗教感情を，淡彩淡墨と白描画風の的確な線描によってあらわす本図は，在俗の仏画師による一連の寧波仏画とは異なる画趣を放ち，南宋仏画の名品に挙げられる。　（井手　誠之輔）

あみだにょらい【阿弥陀如来】　大乗仏教に説かれる西方極楽浄土の教主。阿弥陀は古代サンスクリット語 Amitabha「無量光」（無明の現世をあまねく照らす光）の音訳である。阿弥陀如来の別称「無量寿」は，古代サンスクリット語 Amityaus（無限の寿命をもつもの）の意訳である。康僧鎧訳『無量寿経』によれば，阿弥陀仏は王位を捨て一切の衆生救済のために48の願い（四十八願）を立て，長期間思索をめぐらし（五劫思惟）浄土へ往生するための法を見出したことにより仏となった報身仏とされる。大乗仏教の初期から現れたものの，インドでは台座のみが現存し，その造像の存否は不明なため，阿弥陀仏の起源がインドにあるのかは議論の分かれるところである。中国における現存最古の阿弥陀仏は，5世紀初頭につくられた炳霊寺石窟第169窟北壁6号無量寿仏龕の塑像（甘粛省永靖県，五胡十六国西秦）で，法顕の発願になる。一般的に阿弥陀如来は釈迦如来同様に装身具を身につけない質素な姿で表され，転法輪印・九品来迎印などの印相を結ぶ。阿弥陀三尊像の形式では観音菩薩・勢至菩薩を脇侍とする。中国では浄土教思想の発展に伴い，『観無量寿経』や『阿弥陀経』にもとづく浄土図・来迎図が各地でつくられるようになった。

（勝木　言一郎）

あらいはくせき【新井白石】　1657（明暦3）〜1725（享保10）。江戸時代の政治家・学者。名は君美。通称は伝蔵・勘解由。字は在中・済美。白石は号。上総国久留里城主土屋利直の目付の職にあった父に従って利直に仕えていたが，後に失職し，不遇が続いた。1686（貞享3）年から朱子学者木下順庵に師事し，その推挽により93（元禄6）年に甲府藩主徳川綱豊（後の6代将軍家宣）の侍講となり，家宣の将軍職襲位の後は，寄合儒員の低い身分ながらも幕府政治に経綸を振るった。八代将軍吉宗の時代には権を失い，晩年は著述に専念した。儒学の著述に『鬼神論』，日本古代史論に『古史通』，言語論に『東雅』『同文通考』，他に『藩翰譜』『読史余論』『折たく柴の記』などがあり，イタリア人宣教師シドッチの尋問にもとづく『西洋記聞』『采覧異言』もある。詩人としても，盛唐詩を学んだその詩風は高い評価を得た。『白石詩草』『白石先生余稿』が刊行された。
（大谷　雅夫）

あらほん【阿羅本】　唐初の中国に初めて景教を伝えた伝道団の長。人名とする説と，教会の長老の意とする説がある。「大秦景教流行中国碑」によると，635（貞観9）年に長安に至るや，太宗は宰相の房玄齢・魏徴に都の西郊で迎えさせ，宮中で教義を問うた。638年に詔して布教を許し，義寧坊に景教の寺院を建立し，僧21人を得度させた。つぎの高宗も景教を保護し，諸州に寺院を置かせ，阿羅本に鎮国大法主の号を賜った。　（礪波　護）

アルか【アル化】　中国音韻学の用語。本来，現代漢語で韻母の調音時に舌尖が歯茎から前部硬口蓋へかけての口腔上方へ向かって反り上がり，a → ar のように音価に変化が生じる現象を指す。漢語方言学では a → au のように舌尖の反り上がりを伴わないものもアル化に含める。アル化により生じた韻母のことをアル化韻，巻舌韻，本来の韻母を基本韻と言う。文字表記は「児」であるが，これはアル化が通時的に接尾辞「児」から発展して来たためである。但し「這児」（ここ）の「児」などは「裡」，「今児」（今日）の「児」などは「日」から変化した形式と考えられている（Yuen Ren Chao《A grammar of spoken Chinese》）。北京方言では全ての韻母がアル化韻-r [ɻ] に変化しうるが，他の方言では aŋ → aŋ ŋər のように接尾辞「児」と一音節化するには至っていない韻母も見られ，それはアル化韻とは見なされない。この点でアル化は官話（西南官話の一部・蘭銀官話・江淮官話を除く）と晋語に広く見られる現象と言える。李思敬『漢語"児"[ɚ]音史研究』では，明朝末期の『西儒耳目資』音韻経緯総局に見える「則而 çul, 者而 chul, 格而 kul, ……」がアル化韻の存在を体系的に示す最初の記録であるとしている。普通話（中華人民共和国の国家語）においてアル化は「鳥児」（小鳥）をはじめ主に名詞に起こり，動詞や副詞に起きることはまれである。接尾辞「児」は指小辞（語幹の表す事物や性質が小さいことを意味する接辞）として発生したと考えられ，現代語のアル化も概して指小の機能を持つ。　　　　　　　　　　（吉川　雅之）

アルタン・トプチ　Altan tobchi　モンゴルの年代記。モンゴル語で，黄金の概要の意。中国で

は「蒙古黄金史」と訳される。同名の年代記は数種あるが，17世紀前半成立の著者不明のものと，17世紀後半編纂のロブサン・ダンジン作の2つが著名である。内容の大半は『元朝秘史』と重複するが，17世紀のリンダン・カンまでの歴史が付加されている。チベット仏教の影響により，モンゴルの諸王の系統をインド，チベット起源に結びつけているのが特徴である。明代頃のモンゴル史研究の根本資料である。　　　　　　　　　　　　　　（原山　煌）

アレン　Young John Allen　1836〜1907。米国メソジスト派の宣教師。中国名は林楽知。1860（咸豊10）年に来華，上海の江南製造局付設の外国語学校である広方言館で英語を教える一方，欧米の書籍の漢訳事業に従事。また，『教会新報』(1868〜74年：週刊)，『万国公報』(1874〜88年：週刊，1889〜1907年：月刊)を発行し，西洋の知識の普及に貢献した。上海に中西書院(1882年創立)や中西女塾(1892年創立)を創立した教育者でもあり，女性の教育や地位向上に努力した。　（岩井　茂樹）

あんえい【晏嬰】　?〜前500。春秋時代の政治家・思想家。萊(山東省)の人。字は仲，諡は平。晏子と尊称される。斉の霊公・荘公・景公に仕え，名宰相として知られる。鄭の子産よりやや後輩で孔子の先輩に当たる。『論語』で「晏平仲，善く人と交わる。久しくしてこれを敬す」(公冶長篇)と称誉される。彼の言行録に『晏子春秋』がある。史記62　　　　　　　　　　　（町田　三郎）

あんか【暗花】　磁器の表面装飾技法のひとつで，胎土に浅い線彫などを施して，施釉したもの。刻花や印花にくらべて，胎土に施された文様の凹凸が浅く，離れて見るとほとんど文様に気づくことはないので，暗花と呼ばれている。官窯製品で，明代初期の白磁や清代の磁胎三彩などに，細かい龍の文様を彫り込んだ作例がある。　　（出川　哲朗）

あんがくさんごうふん【安岳三号墳】　朝鮮民主主義人民共和国の黄海北道安岳郡に所在する壁画古墳。冬寿墓とよぶ学者もいる。1949年に発見され，朝鮮科学院考古学民俗学研究所によって調査が行われた。南北の長さ33m，高さ6mの方錐台形の墳丘があり，その内部に横穴式石室を設けていた。石室は石灰岩の板石で構築され，羨室・前室・東側室・西側室・後室・回廊に分かれ，総面積は70m²余。盗掘されていたため遺物は少なく，土器，鉄器若干および漆塗りの棺の残片が残っていただけであった。壁面には，朱・墨・青・赭・白などの顔料で，主人夫妻の姿や，奏楽・相撲・台所・厩舎・出行の様子などが描かれていた。前室西壁には壁画に加え，「□和十三年十月戊子朔廿六日□丑，使持節都督諸軍事，平東将軍，護撫夷校尉，楽浪□昌黎玄菟太守，都郷侯，幽州遼東平郭都郷敬上里，冬寿字□安，年六十九，薨官」という墨書があり，東晋の永和13(357)年に高位の官職にあった冬寿が69歳で死んだことを伝えている。冬寿は『晋書』などに記された佟寿と同一人物である可能性が指摘されている。この墓の被葬者については，墨書をもとに冬寿とする説や，墨書は従者の図に対する説明であるとの解釈から高句麗の美川王，あるいは故国原王とする説などがある。　　　（谷　豊信）

あんき【安岐】　1683(康熙22)〜?。没年は1742(乾隆7)以降。清時代初期の書画収集家。天津の人。字は儀周，号は麓村・松泉老人。書斎の名は沽水草堂・古香書屋・思原堂。「朝鮮安岐珍蔵」などの蔵印から朝鮮人の血を引くとされる。その書画収集は膨大で，北京故宮博物院や台北故宮博物院などに所蔵されるものも多い。(伝)東晋顧愷之『女史箴図巻』(大英博物館蔵)や(伝)隋展子虔『遊春図巻』(北京，故宮博物院蔵)等が含まれている。著に『墨縁彙観』4巻(1742年序)がある。涂洛・王翬・楊晋の合作『麓村高逸図』(クリーブランド美術館蔵，1715年)は安岐の閑適の姿を描いたものである。　　　　　　　　　　　　　（板倉　聖哲）

あんきせい【安期生】　古代の神仙。『列仙伝』によれば，東海の浜辺で薬を売り，人々に「千歳翁」と呼ばれた。秦の始皇帝が巡遊の際に彼に出会い，3日3晩語り合った。別れる際に財宝を賜ったが，受け取らずに立ち去り，代わりに「数年したら蓬萊山に会いに来るように」と手紙を残した。帝は徐福(徐市)や盧生らに探索を命じたが，蓬萊山には到達できなかった。『史記』28・封禅書によれば，漢の武帝代の方士李少君も，海上で安期生に出会ったと語る。　　　　　（亀田　勝見）

あんきどう【晏幾道】　1030(天聖8)?〜1106(崇寧5)?。北宋の詞人。臨川(江西省)の人。字は叔原。小山と号した。晏殊の第7子。父とともに詞をよくし，「二晏」と称せられる。官途での栄達を目指さず，微官に甘んじた。黄庭堅と親交があった。晏幾道の詞は深い感傷に充たされ，秦観とともに「古の傷心の人」と称せられる。また，夢の世界を取り上げることが多いのも特色。詩6首，詞253首が伝わる。詞集『小山詞』がある。　　　　　　　　　　　　　　（宇野　直人）

あんご【安居】　元来，インドの雨期3か月間

に僧侶が1か所に集合して修学することを言う。雨安居・夏安居とも夏坐・坐夏とも言う。中国では早く5世紀初めには行われ，これに伴って僧・尼としての年数を夏臘・坐臘と称して数えるほどに，重要な行事となった。後に唐代に入ると，*則天武后の頃より以降に，儀礼的に「夏臘を賜う」(『大宋僧史略』巻下)ことが行われた。日本では7世紀末に行われ，今も各宗本山において伝統となって行われている。

（大内　文雄）

あんさいきょう【安済橋】　隋代につくられた古代橋梁の代表作。俗に趙州橋・大石橋と呼ばれる。河北省趙県の南，洨河に架かる。一説に大業年間(605-618)創建で李春の作と伝えられる。この橋の存在は，当時の中国において，すでに石造の高度な技術を獲得していたことを示す。すべて青灰色の砂岩でつくられ，1本の弓形の大アーチを構成し，そのスパンは37.37m，高さ7.23mある。大アーチの両端には，世界最古ともいわれる2つの小アーチ(オープン・スパンドレル・アーチ)があり，これによって荷重と水の衝撃力を軽減している。

（高村　雅彦）

あんし【晏子】　→晏嬰

あんししゅんじゅう【晏子春秋】　春秋時代の斉の名宰相*晏嬰の言行録。内篇6篇，外篇2篇から成る。内容は彼が仕えた斉の景公に対する諫争と政治問答で，勤労と節倹とが強調される。当時斉の国は豊かであったため人々が贅沢・放恣になったことを戒める意味もあった。また天の権威を説いてその下に君臣の秩序が成立するという。これはようやく社会問題化しつつあった下克上の風潮に対する警戒からの発言であった。　（町田　三郎）

あんしのらん【安史の乱】　唐の中期に安禄山・史思明らによって起こされた反乱。755(天宝14)〜763(宝応2)年。「安禄山の乱」とも呼ばれる。9年におよぶ反乱で，中国社会が変貌する契機となった。唐初に行われた徴兵制の府兵の義務は，折衝府(軍府)の設けられている州民にのみ課せられた。そのため，軍府の置かれた州から置かれていない州へ逃亡する者が後を絶たなかった。そのような事態に対処するため，徴兵制による府兵の維持をあきらめて募兵制が採用され，その軍団の最高責任者として，膨大な兵力を擁する節度使が辺境の要地10地点に配置された。辺境に常駐する大軍を手中に収める節度使の出現は，中央政府に甚大な影響を与えた。異民族出身で，6か国語に通じ，范陽(北京)などの3節度使を兼任した安禄山(705〜757)が，*楊貴妃の又いとこの宰相楊国忠の廃除を標榜して反乱に立ち上がったのは，755年11月である。安禄山は，反乱を起こすや，一挙に洛陽と長安を目指して南下した。かれの部下は，西方イラン系や北方遊牧民出身の者が多数を占めていた。洛陽を占領して翌年1月に即位し，国を大燕と称し，聖武という年号を建てた。反乱軍が長安に迫ると，あわてふためいた*玄宗は，蜀(四川)を目指して都落ちする途中，兵士の要求に屈して，寵愛する楊貴妃と楊国忠を殺さざるをえなかった。安禄山が子の慶緒に殺され，慶緒が部将の史思明(？〜761)に殺され，史思明が指導したために「安史の乱」と呼ばれる。玄宗と別れて北上した46歳の皇太子が，クーデタを起こして万里の*長城に近い霊武で即位して粛宗となり，玄宗は太上皇に祭り上げられた。反乱を鎮圧するために，李光弼や郭子儀らの諸将はウイグルの援軍を求め，長安と洛陽を奪回した。ウイグルに対して莫大な報酬を与えるため，また戦時体制下の国家財政をまかなうため，苦しまぎれに考えだされたのが，原価の数十倍もの税をかける塩の専売制であった。この超大型の間接税によって国家財政は充実し，やがて専売益金の収入が全収入の半分を占めるにいたる。太上皇が都の長安に帰ってから以後も国政への介入はできないまま，崩御するのは762年で，その翌春に反乱は平定された。この反乱は華北全域を大混乱におとしいれ，南北朝以来の律令体制を崩壊に導いた。反乱を契機として内地にも多くの節度使が置かれるにいたる。それぞれの地域で兵権のみでなく民政・財政の両権も掌握した節度使は，やや格の低い観察史などとともに，藩鎮あるいは方鎮と呼ばれ，その総数は50近くに達した。安史の乱以後の唐後半期は，政治史のうえでは藩鎮体制の時代と呼ばれる。また，この反乱以後，新天子を擁立する権限は宦官の手中にあるとされ，「天子は宦官の門生にすぎない」と評された。なお，この反乱を契機として，南北朝以来の貴族社会が崩壊したと説明されがちであるが，実際には貴族層は9世紀末の黄巣の乱によって壊滅的な打撃をうけるのである。

（礪波　護）

あんしゅ【晏殊】　991(淳化2)〜1055(至和2)。北宋の政治家・詞人。臨川(江西省)の人。字は同叔。元献と諡された。14歳で神童科に推挙され，順調に官途を進み，仁宗朝(1022-63)のとき集賢殿学士・同平章事兼枢密使となった。賢才を好み，*范仲淹・欧陽脩・韓琦・富弼などの人材を世に出した。その詞は晩唐・五代の作風を継承して優婉であり，北宋前期の婉約派(宋詞の正統とされる詞風をもつ詞人たちの総称。内容面では人事や季節の移り変わりに対するそこはかとない憂愁を主

とし，技巧面では婉曲な表現と，音律の調和を重んずる）を代表する。子の晏幾道も詞をよくし，「二晏」と併称される。詞集『珠玉詞』がある。宋史311　　　　　　　　　　　　　　　（宇野　直人）

あんせいこう【安世高】　生没年不詳。中国仏教史初期の最も重要な翻訳者。名は清。世高は字。『道地経』『安般守意経』『陰持入経』などの翻訳で知られる。道安の目録によれば安世高の翻訳は31部であり，その翻訳は言語学的にも非常に意義がある。『高僧伝』によれば，安世高は安息国（パルティア）の皇太子であったが出家のため王位を捨て，後漢の桓帝（在位147～167）の初めに中国に至った。阿毘曇に詳しく，禅・経に通じ，一般には安世高は小乗の代表的な人物とされている。彼についての一番古い資料である厳仏調の『沙弥十慧章句序』（200年ごろ）では，菩薩と呼ばれている。『高僧伝』に，安世高は後漢の霊帝（在位167～189）末に関洛の乱に遭って廬山，広州に行き，会稽で殺されたと記されているが，実はいつどこで死んだのかは不明であり，碑文等によれば関洛の乱の時北方へ行ったらしい。正史・碑文等の資料によって，安世高が安息王の侍子として洛陽に入って以後，唐代に至るまでその子孫が中国に存在したことが知られる。ある子孫は涼州武威にいて薩宝（商人の活動を司る官）であったし，武威近くの烏城には子孫の安忠敬（661～726）の墓があった。　　　　　（Antonino Forte）

アンダーソン　Johan Gunnar Andersson　1874～1960。スウェーデンの考古学者，地質学者であり中国先史文化研究の基礎を築いた。1921年に化石人骨探索のため周口店遺跡の調査を計画し，北京原人発見への道を開いた。同年に河南省河南省澠池県仰韶村で発掘をおこない，中国における新石器文化の存在をはじめて明らかにした。続いて甘粛省でも多くの遺跡を調査し，土器の型式分類に基づき6期に時期区分した「甘粛六期編年」をうち立てた。主要著書に『黄土地帯』（座右宝刊行会，1943年）がある。　　　　　　　　　　　（大貫　静夫）

あんとん【安敦】　後漢桓帝の166（延熹9）年に中国に使者を遣わした大秦王の名。大秦はローマに，安敦はローマ皇帝マルクス・アウレリウス・アントニヌス（在位161～180）に比定される。大秦の人が皆「長大平正」で中国人に似ているので「大秦（秦は西方における中国の呼称）」と呼ばれたという。大秦国は犂鞬（犂軒・黎軒）とも呼ばれ，前漢の武帝の時に安息（パルティア）の使者が黎軒の奇術師を献上したという記録がある。後漢の和帝の97（永元9）年，班超が大秦へ派遣した甘英は条支国（シリア）の海岸まで到達したが，海を渡るには順風で3か月，逆風ならさらに2年かかると聞いて断念。その後，安敦の使者が日南（ベトナム北部）から入貢し，漢と大秦の直接通交が開始された。　（鷹取　祐司）

あんなんぼん【安南本】　安南（ヴェトナム）で書写・刊行された本。越南本・漢喃（Hán Nôm）本・字喃（ヴェトナム国字）本ともいう。漢籍以外に，ヴェトナム撰述書もある。15世紀以降，刊本が増加し，史書『大南寔録』など大部の官刊本のほか，民間でも多数の経書や詩文集が刊行された。ヴェトナム紙のほか，中国紙を用いたものもある。版式・装幀はほぼ中国書と同様であるが，湿気・虫害防止のため，柿渋や漆を塗布した表紙を付すものも多い。　　　　　　　　　　　　　　（梶浦　晋）

あんはっせん【暗八仙】　画題の一種。八仙は，道教で代表的な8人の仙人のこと。漢代に成立したといわれるが，唐代まで下るとする説もある。暗八仙は，その8人をそれぞれがもつ固有の持物で示したもので，李鉄拐の瓢箪，漢鍾離（鍾離権）の芭蕉扇，呂洞賓の剣，何仙姑の蓮花，張果老の魚鼓，藍采和の花籃，韓湘子の笛，曹国舅の玉板をいう。中国の民間伝承や文学で親しまれ，元の頃からしばしば画題となった。　　（丸山　伸彦）

あんぱんしゅいきょう【安般守意経】　後漢末，安世高によって漢訳された「安般守意（出息入息を数えつつ精神集中していく思惟）」の実践のためのマニュアル。原始経典において「六念」「四念処」など「念」の修行項目を説く経典が発達し，それらは，1, 2世紀頃のガンダーラにおいて一つの修行道体系へと集大成された。僧伽羅叉（Saṃgharakṣa）の『修行道地経（Yogācārabhūmi）』は，その代表的なものである。『安般守意経』は，この『修行道地経』の「四念処」段の「身念処」を説くところから，とくに重要な「安般守意」の部分を抄出して経典にしたものであると考えられるが，『高麗蔵』以下の大蔵経諸版に伝承される現行テキストが，「経と注を分たずに連書して」いて経の本文形態を失っているために確認することができない（『大正新脩大蔵経』15巻173頁上参照）。1999年頃，日本で発見された『金剛寺一切経』の中の『安般守意経』は，敦煌本S.4221に伝承されるテキストと一致する。敦煌本に対する注が，現行本の一部を『大安般』の名によって引用するところからすると，『金剛寺一切経』及び敦煌写本に伝承される経典は，いわゆる『小安般』である可能性が高い。

中国仏教思想史において本経は，きわめて重要な役割を果たした。後漢末に漢訳された『修行本

起経』なる仏伝において釈迦仏が「安般守意」を修行して菩提樹下に大悟したと説かれていた故に，中国の仏教者達は，本経に従って「安般守意」を修行して仏という聖人になろうとしたからである。そのような中国的理解が，*康僧会・道安・謝敷の本経に対する注及び序(序のみが『出三蔵記集』に伝存)にあとづけられる。また，この「安般守意」が，現代に至るまで「数息観」とよばれて最も基本的な禅定への入門行として実践されてきたことも忘れられてはならない。　　　　　　　　(荒牧 典俊)

あんま【按摩】　中国伝統医学の治療法の一つ。按じ(おさえ)，摩する(なでる)こと。按摩についての書の古い記載は『漢書』芸文志に「黄帝岐伯按摩十巻」とあるが，現存しない。書名としては東晋代の葛洪の『抱朴子』に按摩経がある。唐代の*孫思邈の『千金方』に天竺国の婆羅門法と老子按摩法の記載があるが，ともに自分に施す一人按摩である。明代には楊継洲の『針灸大成』に保嬰神術按摩経があり，小児按摩の専門書が出現，龔廷賢の『小児推拿秘旨』によって推拿(推はおしもみ，拿はつまみもみを意味する。手指・手掌で線状におこなう)が初出。　　　　　　　　(山本 徳子)

あんゆうじょう【安邑城】　山西省西部にあった中国古代の都城。伝説によると禹王が最初ここに都を置いたといわれる。春秋時代に晋の有力者魏絳がその根拠地をここに移し，前5世紀末，晋が三分されると魏国の都城となった。やがて秦に奪われて魏の恵王は前339年，都を東方の大梁に移した。現在の山西省夏県にある禹王城とよばれる城址が安邑城に比定されている。西南角に城壁の一部が残存し，基壇や製銅工場跡等も発見されているが，1950年代末以後，十分な調査が行われていない。
　　　　　　　　(太田 幸男)

あんらくしゅう【安楽集】　浄土教の典籍。2巻。北朝北斉～隋唐の僧，道綽の著。道綽ははじめ『涅槃経』を奉じていたが，石壁玄中寺の曇鸞の碑文を見たことが機縁になって浄土教に回心した。道綽は『観無量寿経』を講説しながら『安楽集』を著し，そこでは仏教には難行道である聖道門と易行道である浄土門の二門があるけれども，末法の世に生まれた衆生にとって最も時機に相応した教えは易行道である浄土教であり，阿弥陀仏を信じ，観仏さらには念仏によって安楽世界である浄土に往生することを勧めている。道綽自身も日に7万遍の念仏を称え，また一般の人には小豆で念仏を数える小豆念仏を教えたと伝えられる。　(鵜飼 光昌)

あんろくざんじせき【安禄山事蹟】　唐の華陰(陝西省)県尉だった姚汝能の著。3巻。安禄山の経歴，安史の乱の顛末を，禄山の生まれた703(長安3)年から762(宝応元)年まで経年で記述した貴重な史料。少数民族出身の安禄山による反乱は，唐王朝が繁栄から衰退へ向かう転折点となった大事件で，直後から宋までの間に事件に関する記録は多数書かれたが，現存するのはこの本のみ。安禄山伝に関する21点の史料を付載する曾貽芬の校本(上海古籍出版社，1983年)が便利。　　(筧 久美子)

あんろくざんのらん【安禄山の乱】　→安史の乱

い

い【匜】　胴の一方に注口を作り，反対側に把手を付ける容器。多くは4足を付けるが圏足(円形の高台)を持つ例や無足の例もある。「它(也)」と自銘する器が多い。青銅の匜には盤とセットで出土する例があり，古典籍で指摘されるように盤とともに手を洗うための彝器であったことが想定される。西周後期～戦国時代に盛行する。一般に兕觥と呼ばれる器種を匜の中に含める見解も存在する(林巳奈夫『殷周時代青銅器の研究』)。　　(角道 亮介)

い【夷】　→華夷

い【緯】　→讖緯

いいきろく【異域録】　清の旅行記。1723(雍正元)年刊。満洲人のトゥリシェン著。満洲語本と漢文本がある。康熙帝は，1712(康熙51)年にカスピ海の北で遊牧するトゥルグート族のアユキ・ハーンのもとに，トゥリシェンらを使節として派遣し

た。その目的は，当時清に滞在していたアユキの甥アラブジュルの帰還を話し合うためであった。一行はロシアの領内を通って，アユキのところまで旅行し，1715年に帰国した。『異域録』は，清の使節がロシア人やアユキと行った交渉，および道中において見聞したことを記した貴重な記録である。今西春秋『校注異域録』(1964年)は，満洲語本からの翻訳である。
(松浦 茂)

いいん【伊尹】 生没年不詳。殷王朝初期の宰相。名は挚，尹は官名，また阿衡と号した。湯王に仕え，王朝の創建に貢献した。湯王亡きあと，外丙・中壬・太甲・沃丁の3世4代に仕え，100歳あまりで死亡。この間，暴虐な太甲を追放して3年間自ら国政にあたったという。代表的な名臣として種々の伝説が付会されるが，もとより確実ではない。ただ，甲骨文には伊尹に対する祭祀が記録されており，殷代からすでに特別な神格であったことがうかがえる。史記3
(松井 嘉徳)

イエズスかい【イエズス会】 カトリック教会内の修道会。耶蘇会・ジュスイット会ともいう。1534年イグナティウス・ロヨラによって創設され，1540年教皇パウロ3世から認可された。厳しい服従の規律を特色とし，伝道・教育・慈善活動で知られる。ポルトガル王の援助のもとにアジア布教を展開し，創設者の一人フランシスコ・ザビエルはインド・日本で布教したが，中国布教を果たせずに死亡した。その後，1582(万暦10)年，マカオに渡来したマテオ・リッチは中国の風俗習慣に順応した布教方法をとり，翌年広東の肇慶で伝道を始め，南昌(江西省)，南京(江蘇省)に伝道基地を設立し，1601(万暦29)年北京に入ると10(同38)年に死ぬまで，万暦帝に自鳴鐘(時計)を献上するなど布教に努めて教会を設立し，徐光啓や李之藻など知識人の中にも信者を獲得した。会士らは布教のために中国語を身につけ，中国古典を学んで中国の知識人と交際して，西洋文明の優れた科学技術や知識を紹介し，『坤輿万国全図』や『天主実義』『泰西水法』『幾何原本』『職方外紀』等の西洋の科学技術の翻訳や教理書，世界地図・地誌などの刊行を漢文で行い，明末清初期の学術に影響を与えた。特に大砲製造と天文暦法の知識は当時の明朝にとって重要であった。清朝初期には，アダム・シャールやフェルビーストが天文台である欽天監を中心に活動し暦を作成した。その後，ロシアとのネルチンスク条約の交渉や『皇輿全覧図』の作成にもイエズス会士は重要な役割を果たした。イエズス会の布教方針の順応主義は，祖先崇拝と孔子崇拝をめぐる「典礼問題」を引き起こし，1706(康熙45)年布教が禁止され，

さらに雍正帝によって有用な技術をもつ会士以外は追放された。乾隆時期(1736-95)のカスティリオーネの西洋画や円明園の西洋建築の設計等は，要するに特殊技術者として宮廷内で皇帝に奉仕させられたものといえる。1842(道光22)年，南京条約の締結後に再び中国に入り，学校の設立などの活動をした。
(大澤 顯浩)

いえん【異苑】 南朝宋の劉敬叔が著した志怪小説集。『隋書』経籍志に10巻とあり，通行本(津逮秘書本など)も10巻。通行本は，錯脱や簡略化を含むにせよ，ほぼ原本の内容に近いものであると考えられている。書名の意は，庭園に草木を集めるように，怪異の話を集めたということ。各巻に比較的にテーマ性が認められ，自然・地理・鬼神・人事などにわたる。380余条に及ぶ記事の多くは，簡潔で，六朝の怪を志す精神の典型を伝える。
(成瀬 哲生)

いおうぶつ【韋応物】 737(開元25)?～791(貞元7)?。中唐の詩人。京兆長安(陝西省)の人。名と同じく，字も応物。15歳のとき，貴族の子弟として三衛郎となり，玄宗に侍衛しつつ無頼の行為が多かったが，安史の乱がおこると，それまでの態度をあらためて勉学にはげみ，官吏となって中央・地方の諸官を歴任した。最後の官が蘇州刺史だったので，韋蘇州ともよばれる。かれの生活態度は東晋の陶淵明をまねて，食も少なく欲もなく，居所には香を焚くなど，世俗を離れたものだったが，詩作においても陶淵明の詩風を学び，清らかな山水詩・田園詩を数多く作ったので，王維・孟浩然・柳宗元とともに「王孟韋柳」と並称される。しかし，その詩には謝霊運・謝朓の影響もあり，「清幽」と称してよい。とくに五言古詩にすぐれ，後輩の白居易は「高雅閑淡にして，自ずと一家の体を為す」と評し，北宋の蘇軾も「楽天(白居易)の長短三千首よりも，却って韋郎の五字の詩を愛す」と述べる(『韻語陽秋』巻1)。いま『韋蘇州集』10巻が伝わっている。
(深澤 一幸)

いが【渭河】 →渭水

いがせつ【為我説】 何よりも自分自身の生命の充足が大事だとする説。戦国時代の楊朱によって唱えられた主張。『孟子』によれば「楊朱は自分のためにすることだけを考えた。毛一本を抜けば世の中に利益をもたらすようなことでも，彼はそれをしなかった」(尽心上篇)といい，「その説は君主を無視するものだ」(滕文公下篇)といわれているが，『列子』楊朱篇にみえる彼の主張は，名声や財産や

寿命にとらわれず瞬時の生命を存分に享受し、楽しむべきだとする個人主義的貴生説、養生論とみることができる。　　　　　　　　　　　　　（森　秀樹）

いがた【鋳型】　鋳造の際に用いる型のこと。素材には、砂・粘土・石・金属・石膏など、種々のものが使用される。中国の場合は、粘土で作り、それを軽く焼きしめた、いわゆる陶笵が最も広く用いられたが、砂を用いる砂型や、石を彫刻した石型なども使用された。

　古代の青銅器制作の際には、原型を粘土で形作り、それを覆うように別の粘土をかぶせて外型(外側の型)とした後、もとの原型の表面を器物の厚さ分だけ削り取って内型(内側の型＝中型)として、両者を組み合わせてできる間隙に熔解した金属を流し込んで器物を成形するという方法がとられた。陶笵によって凹凸のある立体的な器物を制作する場合には、突出する部位を先に鋳造しておき、それを本体の鋳型に直接挿入して組み合わせ、熔解した金属を流し込んだ際に両者が一体となるようにする、鋳接(鋳がらくり)という方法も援用された。また、殷周青銅器のような複雑な文様を持つ器物を制作する際には、外型を部分ごとに分けて制作し、鋳造時にそれらを組み合わせて作るという寄せ型法(惣型)がもっぱら採用されている。後に、蠟(蜜蠟と松脂を混ぜ合わせたもの)で原型を制作する、いわゆる蠟型技法が導入されると、それまでの陶笵では不可能であった立体的で柔軟な造形が可能となったことから、より複雑な形の器物も作られるようになったが、陶笵の技法は以後も引き続いて行われた。この意味では、陶笵は最も中国的な鋳造技法の一つということができる。　　　　　　　　　　（松本　伸之）

いかろん【夷夏論】　排仏の論文。南朝宋〜斉の道士の顧歓の作。『南斉書』高逸・顧歓伝に収められており、467(泰始3)年に発表されたという。仏教を排斥し、道教を擁護する立場に立つ論文であって、「道」と「跡」と「俗」をキーワードとして構成される。顧歓の考えるところでは、道教と仏教の根本真理である「道」は一致するものの、両者の「跡」は異なる。「跡」とは「道」の具体的な顕現であり、教法としての道仏二教のことにほかならないが、「跡」は「俗」つまり道仏二教が教化の対象とするところの各地域の風俗に即応しなければならない。ところが、夏(中国)の「俗」は善美であるのに対して夷(夷狄)の「俗」は劣悪であり、従って劣悪な「俗」に即応した仏教を善美の「俗」の中国に行うわけにはいかないと結論づける。『弘明集』に明僧紹の「正二教論」ほか数篇の「夷夏論」に対する反駁文が収められており、「夷夏論」が投じた波紋の大きさを物語る。　　　　　　（吉川　忠夫）

いき【彝器】　祖先祭祀の際に使用された祭器を指す総称。祖先を祭る宗廟において常に使用された飲食器や楽器などがこれに当たり、青銅製の他、土製・木製・玉製のものもあった。考古学用語としての彝器は、宗廟に限らず、墓から出土した器も含めた祖先祭祀用の青銅器全般を指す場合が多い。青銅彝器の銘文には「宝障彝」と自銘する例が器種を越えて存在するため、当時においても「彝」字が青銅彝器に対する総称であったことが知られる。よく似た語に礼器がある。これは各種の祭祀や儀式に使用された器物を指す総称であり、往々にして語の指し示す対象が重なるため、現在の中国では一般に青銅彝器という呼称は用いられず、青銅礼器と称される。

　殷周期の彝器は、食器・酒器・水器・楽器の4種類に大きく分類することができる。食器には鼎・鬲・甗・簋・盂・簠・簋・敦・豆・匕などの器があり、酒器には爵・角・斝・盉・觥・觚・尊・犠尊・方彝・卣・罍・壺・瓿・瓢・觶・斗などの器があり、水器には盤・匜・鑑などがあり、楽器には鐘・鐃・鎛・錞于などがある。青銅彝器は二里頭文化期に出現し、殷代から西周時代にかけて極めて盛んに製作された。特に殷墟期の彝器は立体的で華美な装飾が施されるものが多く、青銅器芸術の最高峰とみることができる。殷代には酒器が好んで作られたが、西周に入ると食器が彝器の中心となり、銘文が付されることが多くなる。西周後期から春秋前期にかけて列鼎や列簋と呼ばれる新たな副葬行為が出現し、彝器の副葬点数が強く意識されるようになる。戦国時代には青銅彝器を模倣した土製の彝器が増加し、副葬品に占める青銅彝器の重要性は相対的に低下していく。

　『儀礼』『周礼』『礼記』などの文献には彝器の名称や使用に関する記載があるが、これらの書が成立したのは戦国時代以降であり、ことに西周以前の彝器を問題にする場合、文献資料の扱いには慎重な態度が要求されよう。　　　　　　（角道　亮介）

いきょう【意境】　詩や絵画などが芸術作品として現前させる境地または感覚。個別の描写を越えたものとして言われることが多い。芸術における「意」と「境」は古くから論じられてきたテーマであるが、両者の結合を重視するようになるのは皎然『詩式』など中唐以降の詩論においてであり、さらに「意境」が批評の用語として定着するのは清代に至ってである。近代では王国維が小説も含めた芸術全体に適用する新たな批評概念として主張した。

　　　　　　　　　　　　　　　　（齋藤　希史）

いくりし【郁離子】 元初の寓話集。全2巻。原本は10巻であったらしい。1357(至正17)年の作。元末明初の文人・思想家，劉基の著。郁離子なる人物に仮託した経世のための寓話集ということができる。先行する素材を特定できる寓話もあるが，彼自身の創作も含まれるようである。無用之用を説くなど，老荘思想との関連が顕著にみられ，それが治世者への批判と共存している点に特徴がある。巧みな比喩と寓意に，劉基の文人としての冴えを見て取ることができる。
(前川 亨)

いけつぶつがんひ【伊闕仏龕碑】 唐の碑。三龕記ともいう。岑文本の撰文，褚遂良(字は登善)の書。641(貞観15)年の刻。楷書。タテ252cm×ヨコ154cm。32行，満行51字。河南省洛陽市の南方12km，伊河のほとりの龍門石窟中にある。500(景明元)年に開鑿された賓陽三洞の中洞と南洞の間の外壁に現存する摩崖碑である。唐太宗の第4子，魏王の泰が，生母である文徳皇后の供養のために賓陽三洞を造営し，他の洞も修復したことを記したもの。褚遂良46歳の時の作。字形は方整で筆法は寛博であり，12年後に刻された，痩勁で変化多彩な『雁塔聖教序』とは風格を異にする。欧陽詢以降，諸家は隷書の筆法が交じることを指摘するが，楊守敬はこれを退け，「猶，(南朝)陳・隋の旧格(旧来の書法)に沿うがごとし。登善は晩年にして始めて力めて変化を求むる耳」と適評する。碑面は長い年月を経て損傷が激しいものの，石が硬質のため，存字はなお雄姿をとどめている。最旧拓本は第25行の「善建仏事」の下「以報～之業」等の文字が完全である。清初の拓本は石に亀裂が入り30余字を損なっている。
(横田 恭三)

いけんし【夷堅志】 南宋前半の志怪小説集。元来420巻あったが，現在は180巻ほどが伝わるに過ぎない。洪邁によって編纂された。紹興年間(1131-62)の末頃に最初の甲志20巻が世に出るや，大いに人気を呼び，各地で相次いで出版され「寒人，野僧，山客，道士，瞽巫，俚婦，下隷，走卒」(丁志序)まで異聞や雑録を寄せるようになったという。内容は，士人の最大の関心事である科挙にまつわる因果応報譚，五通神や二郎神のような民間の宗教や習俗に関する怪奇譚，各地で頻発した様々な犯罪事件，さらに笑話や小話の類まで実に多岐に渡っている。それらの中には元明以降，戯曲や小説の題材になったものも多い。また士人や庶民の生活をリアルに伝える記事は，宋代の社会史料としても非常に価値がある。金の元好問の編纂といわれる『続夷堅志』(4巻)は，この『夷堅志』の体裁にならい，主として華北を中心とした金朝での怪奇譚を集めたもの。
(岡本 不二明)

いご【囲棋】 古くは弈と呼ばれ，春秋時代にすでに行われていたことが『論語』や『左伝』の記事からわかる。文人が嗜むべき琴棋書画の一つとされ，多くの理論書や棋譜が作られた。敦煌で発見された北朝北周時代の『棋経』は現存する最古の理論書。日本への伝来も古く，『隋書』倭国伝に「(倭人は)棋博を好む」とあり，757(至徳2)年に施行された養老令にも「(僧尼の)碁・琴は規制の限りに在らず」(僧尼令)とある。正倉院には聖武天皇の遺愛の品とされる碁盤・木画紫檀棊局が所蔵されている。
(鈴木 靖)

いこくしょもく【彙刻書目】 清の叢書目録。不分巻。顧修著。叢書名とその内容(子目)を知るため，中国で編まれた最初の目録。1799(嘉慶4)年刊行の原本は，260種の叢書につき記す。これ以後，多くの人が本目を改訂増補し，特に清末の朱学勤による増訂本は広く行われた。またこの外にも同類の目録はいくつかあるが，今日では上海図書館編『中国叢書総録』が，従前の目録を質・量ともに圧倒しており，実用から言えば，他の目録を見る必要はほとんどなくなった。
(井上 進)

いさんれいゆう【潙山霊祐】 771(大暦6)～853(大中7)。唐代，盛期の禅を代表する禅者の一人。馬祖道一下3世。福州長渓(福建省)の人。俗姓は趙氏。諡号は大円禅師。15歳のとき本郡(本籍所在の郡)の建善寺法常律師に依って出家し，杭州龍興寺で具足戒を受ける。23歳にして遊方し，天台に大師智顗の遺跡を礼し，江西泐潭寺(江西省)で百丈懐海に参じて機縁が契った。820(元和15)年，潭州(湖南省)の大潙山に住した。初め橡・栗を食し猿に見まがう暮らしぶりであったが，山民の信奉するところとなり，共に寺を造営した。会昌の法難(三武一宗の法難の一つ)の時，還俗したが，宣宗が即位するに及んで，裴休が迎請してもとに復し，李景譲の奏により同慶寺の額を賜り，1000人の修行者が集まった。853(大中7)年示寂，世寿83歳，僧臘55(59・64の説有り)。会昌の法難後，いちはやく仏法を宣揚したのは潙山であり，『潙山警策』をもって修行者の反省を求めた。仰山慧寂・香厳智閑らの法嗣を出し，潙山・仰山の法系は宋初にまで及び，潙仰宗と呼ばれた。
(西口 芳男)

いしさんこうきょう【位至三公鏡】 S字状に屈曲する胴体の両端に龍頭(もしくは鳳首)をつけた図文を，鈕の左右に対称的に配置し，鈕を挟んだ

上下縦方向の銘帯に「位至・三公」の銘文を記した鏡。双頭龍鳳文鏡とも，双龍鏡・双鳳鏡とも呼ばれる。龍鳳の形がはっきりせず唐草文様化したものも多い。同じ構図で「君宜・高官」「長宜・子孫」などの銘文が配された鏡もある。外区には環状の櫛歯文帯が置かれ，その外に平素縁がある。連弧文の圏帯をめぐらす例もある。小型鏡が多い。後漢の中期に出現し，後期から魏晋時代にかけて盛行した。
（黄　名時）

いしょ【移書】　人々に告知するまわしぶみ，ふれぶみ，回状。「移文」ともいう。古くは漢の劉歆が『左伝』『古文尚書』などを学官に列ねようとした際，難色を示す諸儒を責めた「移書して太常博士を譲む」があり，また南朝斉の孔稚珪が，隠遁生活を棄てて官に出仕した周顒を，鍾山（江蘇省）の山霊に借りて詰った「北山移文」は，その結構・修辞により一種の文学作品としての趣を有する。いずれも『文選』に収められる。　（西岡　淳）

いしんでんしん【以心伝心】　文字に拠らず，心から心へと仏法を伝えること。釈迦が霊鷲山で花を指でつまみあげて聴衆に示したところ，弟子の迦葉のみがその真意を理解して微笑したとの伝説に因んで，中国の禅宗では，法を伝えるのに言葉や文字に頼らぬ態度をよしとした。
（高堂　晃壽）

いしんほう【医心方】　平安時代の医学全書。全30巻。丹波康頼（912〜995）の撰。984（永観2）年に円融上皇に奉進。日本現存最古の医書で，内容は医学全般を包括して，本草・養生・房中に及ぶ。記述のほとんどが中国の六朝〜隋・唐の医薬書からの引用。引用書は百数十種。多くは佚書で，現伝古典に関しても宋の校刊以前の旧姿を伝えており，唐以前の医学を研究するうえで貴重な資料。康頼は後漢の霊帝を祖とする帰化人の子孫で，宮廷医丹波家の祖。
（小曽戸　洋）

いすい【渭水】　全長約860kmの黄河最大の支流で，渭河ともいう。甘粛省渭源県西の鳥鼠同穴山に源を発し，東南に流れて陝西省に入り，西安の北を経て潼関の置かれた黄河の大湾曲部で黄河と合流する。古来，黄河水系の重要な水運ルートとして利用され，秦の国都咸陽や漢唐の国都長安はともに渭水沿いに置かれ，その水運が全国からの膨大な物資集積を支えた。ただ西安のやや下流で西北から流入する涇水が大量の泥土を注ぎ込み水深を浅くするため，しばしば渭水と平行して運河を開鑿せねばならなかった。
（愛宕　元）

イスラムきょう【イスラム教】　→回教

いせんげきじょうしゅう【伊川撃壤集】　北宋の邵雍の詩集。凡そ1600余首を収め，邵雍自身の作とともに，司馬光をはじめ贈答しあった者の詩も含む。その詩は，厳羽『滄浪詩話』で「邵康節体」と称するように独特だが，己の思想的胸懐を韻文に借りて吐露する思想詩である。自序に「撃壤集は伊川翁（邵雍）の自ら楽しむの詩なり」とし，鼓膜撃壤の故事をふまえて太平を讃える意図を示す。「太平」「観物」「楽物」が詩の主題として見え，『皇極経世書』の思想的営為と通貫する，存在と時間をめぐる思索とその体得した達観が特有の詩境を作っている。
（大島　晃）

いそう【韋荘】　836（開成元）〜910（武成3）。晩唐の詩人。京兆杜陵（陝西省）の人。字は端己。韋応物の玄孫。若いころは放蕩生活をおくり，59歳でやっと進士に及第。西川節度使王建の掌書記となり，唐が亡ぶと大蜀の帝を号した王建の宰相となった。詩人としては，黄巣の反乱軍と官軍の残虐行為を描いた長詩「秦婦吟」が有名だが，七言絶句にも長ずる。また，詞の作者としても著名で，男女の情を清麗にうたう。著に『浣花集』10巻がある。
（深澤　一幸）

いそうきんかん【医宗金鑑】　清の医学叢書。『御纂医宗金鑑』とも。全90巻。1742（乾隆7）年初版。呉謙ら奉勅撰。呉謙の官は太医院判。『訂正仲景全書傷寒論注』『金匱要略注』『刪補名医方論』『四診心法要訣』『運気要訣』『傷寒心法要訣』『雑病心法要訣』『婦科心法要訣』『幼科雑病心法要訣』『痘診心法要訣』『種痘心法要旨』『外科心法要訣』『眼科心法要訣』『刺灸心法要訣』『正骨心法要旨』の15種より成る。清朝を代表する医書で，出版以来中国では翻刻を重ね，流布した。　（小曽戸　洋）

いたいじ【異体字】　同音同義の漢字群のうちの，社会的にあまり使われない字形に対する総称。ある意味を表す漢字で，字義と字音がまったく同じであるにもかかわらず，異なった字形をもつものが数種類ある場合，慣習としてもっともよく使われ，社会的に標準と考えられ，使用が定着している字形を通用字体とし，それと異なった字形をもつものを異体字（「別体字」「或体字」とも）と呼ぶ。ただこの分類はあくまでも社会的な習慣に基づくものにすぎず，学問的に明確な基準やよりどころは存在しない。具体的な例をあげると，たとえば「野」と「埜」は同音同義であり，漢字の規範を示すと意識される『説文解字』では「野」が小篆による見出し

字にたてられ，「埜」は古文の字形とされている。この二つについて現実の社会では「野」の方がよく使われたので，「野」を通用字形と考え，「埜」を異体字とする。

このような異体字は，楷書による文字の表記が普及しだした南北朝期から急速に増えだした。しかし同じ文字に異なったいくつかの書き方があることは，とりわけ科挙での出題と採点において大きな問題となり，やがて唐代には，その観点から異体字を整理する必要が論じられるようになった。この流れの中で各種の「字様」(異体字の正俗を論じる書物)が作られ，やがて多くの異体字が正字・別字・俗字・通字・訛字などに分類された。したがって異体字をより広義に考えれば，楷書の字形が正体に統一された後の，「別字」(音義は正字と同じだが一般にはあまり使用されていない字形)，「古字」(金石・籀文・篆書等の字形に由来する形)，「俗字」(本来の正しい字形が民間の習慣によって崩された形)，「通字」(正確ではないものの，社会的に使用が定着している字)，「訛字」(学問的にあやまった字形)等を総称する名称と考える事も可能である。

(阿辻　哲次)

いだてん【韋駄天】　シヴァ神の子で，俊敏な童形の軍神。梵名スカンダの漢名で，音写「私建陀」が「違陀」「韋駄」と誤記されたことに由来。*金光明経*などに善神の一つとして登場するが，宋代以降伽藍神としての信仰が本格化し，*布袋と一対をなす造像が多い。唐の*道宣が感通した「韋将軍」(増長天の八大将軍の一人で，四天王配下の三十二将の第一と称する童貞の天人)は同尊とみられる。甲冑を着け，合掌した腕に宝棒または剣を載せる姿が通例。

(稲本　泰生)

いたん【異端】　*論語*為政篇の「異端を攻むるは害あるのみ」と言う異端は，元々梁の皇侃が「雑書」と定義した様に(『*論語義疏*』)聖人の道を否定したりそれと対立する悪魔的なものの意味を持たなかった。事実，六朝で外国から来た仏教の概念が出ると道教概念が対立して出て来るが，それは伝統的道を含むものは道家・儒家・法家・名家等あらゆるイデオロギーが入っていたのである。異端がキリスト教に於ける正統(カトリック)に対する反・正統の意味を持つのは唐の韓退之(「進学解」)以後であり，特に北宋の二程子から始まる宋学がこの傾向を極端化した。この排他的独善主義は，朱子が纏めた堯舜から孔子までの道統論に完成する。この道統論は一面揚墨を排斥した孟子の復活であるが，それと共に実際的な意味での歴史的世界の否定である。聖人の道だけが満ち溢れ，一切の反論が許され

ない社会とは正に空想的社会主義(毛沢東)に近い。そこには無言の社会的強制がある。

(北村　良和)

いちぎょう【一行】　683(弘道元)～727(開元15)。唐の僧。禅・天台・密教に通じ，日本では真言宗の伝持の第6祖となる。魏州昌楽(河南省)の人。俗名は張　遂。すぐれた自然科学者でもあり，玄宗より新暦編修の命を受け，黄道遊儀による天体観測や全国各地の土地測量を指揮し，727年に大衍暦の草稿を完成させた。大衍暦は729(開元17)年から761(上元2)年まで施行され，日本でも764(天平宝字8)年から94年間用いられた。

(長谷部　英一)

密教相承の分野では，719(開元7)年に長安に入った金剛智三蔵に師事して灌頂を受け，『金剛頂経』系の密教を教示された。724(開元12)年には，洛陽において善無畏三蔵の『大日経』の翻訳の席に列して筆受等の手助けをし，それをもとに『大日経疏』を著した。両系統の密教を受けているので，その活躍が期待されたが，45歳で師の金剛智・善無畏に先立って遷化した。『*宋高僧伝*』5，『内証仏法相承血脈譜』に伝がある。旧唐書191

(頼富　本宏)

いちじょうさんじょう【一乗三乗】　仏教において，悟りの可能性をめぐり対立する二説。一乗説では，すべての衆生は仏の悟りに達する仏乗(一仏乗)を進むとされる。それに対して，三乗説では，声聞(仏の教えに従って修行し，悟りを開く人たち)・縁覚(ひとりで縁起の理法を体得して悟りを開く人たち)に達する小乗の声聞乗・縁覚乗と大乗の菩薩乗(自利・利他の修行により仏の悟りに向かう道)の3つの道があり，衆生各自の能力によって，進むべき道が異なるとする。インドの大乗仏教に発するもので，一乗説を主張する代表的な経典に『法華経』『*勝鬘経*』などがある。特に『法華経』方便品には，「十方の仏土中，唯一仏乗あり。二もなく，三もなし」と述べられており，三乗を否定し，一乗の立場が主張されている。また，譬喩品では，長者が燃えさかる家から子供たちを救うために，羊車・鹿車・牛車を与えると言って外に逃がし，後で大白牛車を与えたという話が出てくる。羊車・鹿車・牛車が三乗であり，大白牛車が一乗(一仏乗)にあたる。

ところで，中国でこれを解釈するのに二説あり，三乗の牛車(菩薩乗)と大白牛車が同一かどうかということが問題となった。同一と考えるのは三車家と呼ばれ，三論の吉蔵や法相の基(窺基)であり，別と考えるのは四車家と呼ばれ，天台の智顗や華厳の法蔵が代表である。

それ以上に大きな問題は，一乗を真実と考えるか，三乗を真実と考えるかということである。『法華経』などの一乗説に対して，唯識系統では三乗説を採る。これは，如来蔵・仏性系統がすべての衆生に仏となる可能性の仏性を認めるのに対して，唯識系統は五性各別説（五性は五姓とも）を採り，菩薩・声聞・縁覚になることが定まっている菩薩定性・声聞定性・縁覚定性といずれとも定まっていない不定性，いずれになる可能性もない無性を立てることと関係する。中国でも，多くの仏教説が一乗説・仏性説を採るのに対して，唯識説を受ける法相系統のみが三乗説・五性各別説を採用した。このために唐代に玄奘が新しい唯識説を伝えるとともに，両者の間で論争が起こり，その論争は日本における天台の最澄と法相の徳一の論争にまで飛び火することになった。

(末木 文美士)

いちじょうべんぽう【一条鞭法】 明代後期より清初にかけて行われた税法。従来多くの項目に分かれて割り当てられていた租税・力役(徭役)を一項にまとめて銀で納入させること(銀納化)にしたのがこの税法である。一条編法と記すのが正しいとされるが，単に条鞭とも一条法と記すこともある。明の税法では本来は土地税として夏税・秋糧があり，米・麦などの現物を納入させた。一方各個人に割り当てるものとして力役があり，里甲正役と雑役とがあった。そしてこれらの租税・徭役は各農家の人丁数や土地，財産の所有高に基づいてきめられた3等9則の戸則を基準として課税された。ただその場合，税・役のそれぞれが多種の項目に分かれていたので，課税規則は非常に複雑であった。15世紀半ばになると農民の負担はいっそう増え，徭役は均徭・駅伝・民壮などに分かれ，里甲正役と並んで四差と呼ばれた。負担が増加すると，それを逃れるための不正行為も激しくなり，有力地主が税を逃れ，小農民に過重な負担が加わる事態が進行した。そこで徴税合理化の方法として租税・徭役の銀納化を進めるとともに，課税対象として土地を最も重視する方法が強められた。土地所有高を課税の基準とするとともに，税・徭役の雑多な項目を一本にまとめ，銀に換算して徴税する一条鞭法の改革はこうして生みだされた。

この税法は16世紀中頃から各地で実施されたが，その実施時期については，華中と華北とでそれほど大きな差はなかった。ただ普及という点では華中が最も早く，ついで華南，華北という順になる。また地域の経済発展の状況を反映して，内容にはそれぞれ特徴が見られる。概して言えば，華中では課税対象として土地を重要視する傾向が強く，税・役両者の各項を一つにまとめ，役の負担のある部分をも土地に割り当て，土地税と合併徴収する方法が進んだ。それに比べ華北では役を土地に課税することを避ける傾向が強く，華中のような形にはなりにくかった。しかし時代とともに土地税と役を合併徴収する傾向が強まり，清代の地丁併徴につながった。

(谷口 規矩雄)

いちねんさんぜん【一念三千】 一念とはわれわれ人間の日常の心のこと，三千とは現象世界を三千という数にまとめて示したもの，現象世界の諸相の意。現象世界は素朴な実在ではなく，われわれ人間の心が描き出したものである(「心は一切法を生ず」〔『摩訶止観』巻5〕)。このことが可能なのは，心が現象世界のすべてを描き出すものとしての構造的性格をもちあわせているからにほかならない(「心は一切法を具す」〔同上〕)。それゆえ人びとは，世界の諸相をどのように描くかということによって，迷える者として現れることにもなれば，逆に悟れる者へと転じうることにもなる。悟れる者の立場から世界のありようが眺められると，いかなるものも自らを他と画して自己を主張しうるようなものはなく，心と世界は相即相関し，一体の関係にある，というのが，それの真実の姿である，とみられねばならない(「心は是れ一切法，一切法は是れ心」〔同上〕)。天台観法の極致を示すのが一念三千説である。

(新田 雅章)

いつえいひ【乙瑛碑】 後漢の碑。魯相置孔子廟卒史碑・孔廟置守廟百石孔和碑ともいう。153(永興元)年の刻。隷書。タテ195cm×ヨコ90cm。18行，満行40字。題額なし。山東省曲阜市の孔府内の漢魏碑刻陳列館に現存する。内容は，魯の前相乙瑛が孔子廟に百石卒史を置きたい旨を上奏，司徒呉雄と司空趙戒が朝廷に奏請した結果，孔和という人物を選任し，さらに司空府に復命した経緯とこれに功績のあった乙瑛らを称えたもの。当時の上奏文の形式をとどめている。この書は謹厳な中に重厚な整斉美を表出していて，漢隷の典型とされる。

(横田 恭三)

いっかいんじゅうたく【一顆印住宅】 四角形の中庭を中心に，まわりを主屋と左右の脇部屋が取り囲み，平面と外観が1顆(個)の正方形の印章のようにつくられた住宅。雲南省の少数民族の住宅をもってその代表とする。主屋を正房，脇部屋を耳房(廂房の意)と呼ぶ。全体の配置は，四合院住宅の倒座を取り除いたいわば三合院住宅で，正房を中庭に開いて置き，その前方左右に向かい合って耳房がつくられる。柱間の間口が3間の正房と2間の左右の耳房からなる「三間四耳」の一顆印形式を典型と

する。棟はすべて2層でつくられ，1階を家畜小屋と物置，2階を居室として使う。普通，正房の正面には，抱廈(一種の縋破風)と呼ばれる大きな庇がつく。四方を分厚い壁で囲んで高く閉鎖的な外観をつくり，外部に対してほとんど唯一の開口部となる大門を正面中央に置き，正房と耳房の屋根の高さを互い違いに連結しているのが特徴である。

（高村 雅彦）

いっかんどう【一貫道】 清末民国の民間宗教。1877(光緒3)年，山東省青州益都の人，王覚一が先天道(青蓮教)西乾堂から分離し東震堂を創立。儒教の「一以て之を貫く」を唱え三教合一を主張，末後一着教と称した。反清の起兵に失敗した王覚一の没後，劉清虚が一貫道と改め知識人の間に広まった。17代祖師路中一，18代祖師張光璧の伝道により全国に多数の信者を獲得。1940年代には国民党高級官僚の支持を得たほか，黒龍会など日本の在華勢力とも結びついた。1950年代，人民政府は全国的に取り締まりを行った。　（森 紀子）

いっさいきょうおんぎ【一切経音義】 唐代に編まれた一切経*(大蔵経)の音義。普通，「一切経音義」と称されるものに2種ある。一つは大慈恩寺の僧釈玄応の手になるもの(いわゆる『玄応音義』)で25巻。他は疏勒国(カシュガリー)出身の僧釈慧琳の撰述にかかる100巻(『慧琳音義』)である。前者は正しくは『大唐衆経音義』と称し，北朝北斉の釈道慧の『一切経音』，隋の智騫『衆経音』などを承けて，貞観(627-649)末年から顕慶年間(656-661)にかけて編述された。玄応は三蔵法師玄奘の訳場において字学の権威として重きをなした人物で，その音義は唐代に広く用いられた。この書には古逸の字書・訓詁書が数多く引用され，清朝学者の輯佚事業の重要な典拠となった。またその反切の分析から帰納される音体系は唐初の長安音を反映するものと考えられ，中国語音韻史の一級資料となっている。テキストとしては歴代大蔵経諸本所収の本以外に残巻が敦煌から出ているが，わが国の平安末期1128(大治3)年の書写に係る古抄本が善本として知られる。

一方，慧琳の音義は783(建中4)年に筆を起こし807(元和2)年に完成した。その書は貞観以後の新訳経論をすべて納め，『玄応音義』および慧苑の『華厳音義』(『新訳華厳経音義』)をも総合する仏典音義の一大集成とも言うべき書である。しかし中国では早く亡び，唯一高麗蔵本によって伝わった。わが国では江戸中期1737(元文2)年に京都の獅谷白蓮社によって翻刻されて通行したが，中国の学者は清末までこの書に触れることがなかった。この書に引かれる多数の古書が，訓詁や輯佚・校勘などに有用なことは玄応の書にまさるものがある。またその音注は天宝時代(742-756)の北方系韻書である元庭堅『韻英』に依拠しており，唐代の音韻変化を反映する極めて重要な音韻史的価値を有する。一切経の音義としてはその後，五代の後晋の時代に可洪『随函録』30巻が著され，遼の希麟が慧琳音を補って『続一切経音義』10巻を作った。これらは共に伝存する。また南方では後周の行瑫に『内典随函音疏』500巻があったが，今日ではごく一部を存するのみである。

（高田 時雄）

いっさんいちねい【一山一寧】 1247(淳祐7)～1317(文保元)。日本へ渡来した南宋の禅僧。台州(浙江省)の人。俗姓は胡。一山は号。賜号は妙慈弘済大師。幼少，台州の鴻福寺無等慧融の弟子となり，律・天台を学んで後に，天童寺簡翁居敬，阿育王寺蔵叟善珍・東叟元愷・寂窓有照・頑極行弥などに参じ，臨済宗曹源派の癡絶道沖の法嗣の頑極行弥に法を嗣いだ。その後，四明(浙江省)の祖印寺・補陀寺に住した。仏教以外の文学・諸制度にも精通し，鎌倉時代の1299(正安元)年に成宗皇帝の詔諭使として来日し，一時伊豆にスパイ容疑で幽閉されたが，疑いがはれてのち，鎌倉の建長寺・円覚寺・浄智寺に歴住した。1313(正和2)年，後宇多上皇の招きにより，南禅寺三世に住し，1317年10月24日示寂す。書画に優れ，自作詩『雪夜作』の墨蹟(京都，建仁寺蔵，重要文化財)は，草書の美を最もよく発揮した名品として知られている。その他，日本の五山文化に多くの影響を与え，弟子の代表に雪村友梅がいる。

（石井 修道）

いっし【逸詩】 『詩経』の詩と同時代の古詩で，『詩経』に収められなかったものをいう。たとえば，『論語』八佾篇に「巧笑倩たり，美目盼たり，素以て絢を為す」という3句が見えるほか，先秦の書物(『荀子』『左伝』『国語』など)のなかに，その断片をとどめているが，総数はそれほど多くない。

（森田 浩一）

いっしかわ【一枝花話】 唐代の語りもの。元稹の詩『酬翰林白学士代書一百韻』の自注に，「かつて新昌里の家で一枝花話を語らせたが，寅の刻から巳の刻に到っても，物語は終わらなかった」と見える。一枝花とは妓女李娃のこと。挽歌の歌い手にまで落ちぶれた恋仲の鄭生を援助して名をなさしめる。この物語を描いた唐の白行簡の『李娃伝』は，この一枝花話に基づくとされる。　（千田 大介）

いつしせん【乙巳占】 唐の天文占の書。10

巻。645(貞観19)年成書。一説に656(顕慶元)年以降の成書。太史令(天文台台長)となった李淳風の撰。日月五惑星や彗星・新星などの天体現象や風や雲などの気象現象を類別し，それらが意味する人間世界での事件を記す。現在残っていない占書からの引用も多い。また占い以外にも，天体の構造を説いた「天象」や天文学に関する数値を述べた「天数」が含まれ，中国天文学史の上からも重要である。

(長谷部 英一)

いっしゅうしょ【逸周書】 文王〜春秋時代の周王朝の王命などを集めた書物。戦国時代から秦漢の成書と考えられる。『漢書』芸文志に「周書七十一篇」とあり，劉向は孔子の『書経』編纂の際の余篇とする。現存60篇中42篇に西晋の孔晁の注がある。『晋書』束晳伝に見える「汲冢周書」は別物とされる。版本には清の盧文弨校『汲冢周書』10巻(『広漢魏叢書』『四部備要』所収)，清の朱右曾『逸周書集訓校釈』10巻(『続皇清経解』所収)などがある。

(吉本 道雅)

いつそんそうしょ【佚存叢書】 中国で散逸して，日本にだけ伝わった漢籍18種を収める叢書。林述斎編。1799(寛政11)年から1810(文化7)年にかけて，6回にわたって木活字により刊行された。内容は，『古文孝経』(漢の孔安国伝)・『五行大義』(隋の蕭吉撰)・『臣軌』(唐の則天武后撰，唐無名氏注)・『楽書要録』(唐の則天武后撰)・『両京新記』(唐の韋述撰)・『李嶠雑詠』(唐の李嶠撰)・『文館詞林』(唐の許敬宗等輯)・『文公朱先生感興詩』および『武夷櫂歌』(宋の朱子撰)・『泰軒易伝』(宋の李中正撰)・『左氏蒙求』(元の呉化龍撰)・『唐才子伝』(元の辛文房撰)・『王翰林集注黄帝八十一難経』(明の王九思等撰)・『蒙求』(五代後晋の李瀚撰)・『崔舎人玉堂類藁』および『西垣類藁』(宋の崔敦詩撰)・『周易新講義』(宋の龔原撰)・『宋景文公集』(宋の宋祁撰)。1882(光緒8)年，1924(民国13)年に中国で複製刊行された。

(大谷 雅夫)

いったくにい【一卓二椅】 京劇の用語。伝統的演出法では大道具を使わないので，赤漆の机1台と椅子2脚に刺繍を施したカバーを掛け様々なことを表現する。机の後ろに椅子を配した場合，その椅子は公的場所，机の前の場合は多く家庭内を表す。机を2台用いて八の字に並べれば宴会。机を縦に置き椅子をその脇に置くと商店・書斎，後ろで櫂をこぐ役がいれば船上。倒した椅子を上げると牢獄や穴に入ること。椅子の上に立つと丘陵に登ったことや神仙妖怪が雲に乗る意。2台の机を重ねると楼閣・丘陵などを表し，2脚の椅子に棒を立て竿を渡して帳を張るとベッドや軍営などとなる。

(吉川 良和)

いっぴんがふう【逸品画風】 ふつう逸品とは，神品・妙品・能品の三品などの通常の品等から超逸したすぐれた書画を意味する。しかし，逸品画風とは伝統的な画風から逸脱した奇異な画風のことで，晩唐の朱景玄が『唐朝名画録』で王墨・李霊省・張志和の3人を逸品として神妙能とは別に置いたことに由来する。彼らの画風の特徴は，画の六法に代表される六朝以来の写実を重視する伝統的画法に反して，筆法は粗放で，明確な輪郭線は失われ，対象物である山水樹石を簡略化し変形した点である。また制作の際には飲酒し，高吟し，勢いに乗って画面に墨を潑ぎ(潑墨)，手足や頭髪を用いて墨を広げ，仕上げに筆を加えることによって，墨痕を山水画や樹石図と化したという。この3人に類する画家は他にもおり，彼らを総称して逸品画家と呼ぶが，流派を形成したのではなく，中唐に至って突発的に始まった初期的水墨画の一形態といえる。逸格水墨画もほぼ同義。五代十国後蜀の石恪は逸品画風で人物画を描いた。石恪は成都(四川省)の人。火の画家張南本に学んで，粗筆で衣文線を描く画法を創始した。その作品は現存しないが，南宋の禅余画家に影響を与え，彼らの作品から石恪の画風を垣間見ることができる。

(藤田 伸也)

いとうじんさい【伊藤仁斎】 1627(寛永4)〜1705(宝永2)。江戸時代の儒者。京都の商家の子。名は維楨。字は源佐。仁斎は号。古学先生と私諡する。青年時代は朱子学の性理の学に沈潜し，老荘や禅学までをも学んだが，やがてそれらの非を覚り，1662(寛文2)年から，自宅に塾を開き，門弟と討議する中で，朱子学の注釈を批判的に読みすすめて四書の注を作った。『論語古義』『孟子古義』『中庸発揮』『語孟字義』『童子問』『大学定本』などの著書は生涯にわたって改稿され，その没後に長男の東涯が校訂刊行した。他に『仁斎日札』『古学先生文集』『古学先生詩集』『古学先生和歌集』などがある。仁斎の学問は，朱子学が実質のない高遠至極な理を偏重して孔子・孟子の古義を歪曲するのを批判し，生々してやまない人の世の中で，性の善を実践の中でおし拡めて実徳を得るべきことを説いた。遺著・草稿は天理図書館古義堂文庫に一括して収められている。

(大谷 雅夫)

いとうちゅうた【伊東忠太】 1867(慶応3)〜1954(昭和29)。日本建築史，東洋建築史の開祖と呼ばれる建築史家で，建築家でもある。出羽国米沢藩(山形県)の生まれ。東京帝国大学および早稲田

大学で教鞭を取っていた。1893(明治26)年帝国大学工科大学造家学科(現東京大学工学部建築学科)の大学院生として「法隆寺建築論」を発表。その内容は，法隆寺こそ日本最古の木造建築であり，木柱の胴張のスタイルは遠くギリシア建築に由来するという仮説を唱えた。フィールド調査による通史的な建築史研究の手法を確立した。初めての海外調査は，北京紫禁城であった。1901(光緒27)年の義和団の乱で清朝皇室が一時西安へ疎開した際に，紫禁城を実測調査した。これは近代的かつ科学的方法による世界初の中国宮殿実測図となり，『清国北京紫禁城宮殿門ノ建築』(『東京帝国大学工科大学学術報告』第4号，1903年)と題して公開され，のちに『支那建築装飾』(1-5巻，東方文化学院，1941-44年)として刊行された。北京から戻った翌年(1902年)には，日本建築の源流を探るために3年3か月間に渡り，中国，ビルマ，インド，トルコ，エジプト，シリア，ギリシア，イタリア，ドイツ，フランス，イギリス，アメリカといった世界大旅行を敢行し，その見聞は日記及びスケッチ，マンガ，建築実測図面が満載されたフィールドノート(現在日本建築学会収蔵)に記録されている。大旅行後，世界建築史を構想して，エジプトが代表の古代系，ギリシア・ローマが代表の西洋系，インド・中国・日本・イスラム圏などの東洋系と三大建築体系を提唱し，三文化圏が覆う地域にはそれぞれが重なる部分があると新説を唱え，当時のイギリス人建築史家フレッチャーの「建築進化系統樹」の西洋優位の体系論に異論を唱えた。1931(昭和6)年に『支那建築史』(雄山閣)を出版し，1937年に中国語に訳された。日本・中国・アジア全般をあつかう研究内容は，著作『伊東忠太建築文献』6巻(龍吟社，1936-37年)に所収。一方，築地本願寺や明治神宮などを設計し，アジアにも建築作品を残す。建築界の巨人と呼ばれるに相応しい膨大な学術業績を残した。　　(包　慕萍)

いとうとうがい【伊藤東涯】　1670(寛文10)～1736(元文元)。江戸時代の儒者。名は長胤。字は源蔵。東涯は号。他に慥慥斎とも号する。伊藤仁斎の長男。没後に紹述先生と私諡されるように，父仁斎の学問を継承し，生涯家塾の古義堂を守って父の著作を校訂し刊行した。14歳で早くも『詩経』を講義した東涯は，後には，詩を読むことによって人の情のありかたを知り，そこから仁恕を得るという詩論を唱えた。人の世の事実を広く知ることを尊重したその学問は，儒学史の『古今学変』，制度史研究の『唐官抄』『制度通』，随筆の『盍簪録』『秉燭譚』などの，父仁斎には見られなかった歴史的考証に秀でた研究を生んだ。他にも，経学では『周易経翼通解』，語学では『用字格』『助字考』『刊謬

正俗』『名物六帖』『操觚字訣』，和文による古義学概説書に『鄒魯大旨』『訓幼字義』など多くの著作がある。『紹述先生文集』はその詩文集。
　　　　　　　　　　　　　　　(大谷　雅夫)

いとくたいしぼへきが【懿徳太子墓壁画】
唐の中宗李顕の長子で，高宗と則天武后の孫にあたる懿徳太子李重潤(682～701)の墳墓壁画。1971～72年発掘。初唐絵画の代表作。懿徳太子は，則天武后没後の706(神龍2)年，永泰公主李仙蕙と章懐太子李賢とともに名誉を回復され，乾陵の陪塚として葬られた。墓室の規模は永泰公主墓・章懐太子墓に比べて格段に大きく，墓道の左右の儀仗図は壮麗で，196人の儀仗兵が山岳を背景に歩兵・騎兵・車隊の構成で描かれている。篦で下書きのあたりをつけ，彩色の後，暢達な線で描き起こす技法がわかる。
　　　　　　　　　　　　　　　(井手　誠之輔)

いふ【意符】　文字が表す語と，意味上の関連のある字符(文字を構成している符号)のこと。意符は更に形符と義符に分けられる。形符とは，象形符号として使用されるもの，つまり，自己の形象が表意作用を持つものである。漢字の字形が変化して象形的でなくなってからは，形符は基本的に使用されなくなった。義符とは，既成の字を，意味を表す符号として用いるもので，意符となる字自身の字義に基づいて意味を表すものである。　　(坂内　千里)

いぶん【移文】　→移書

いぶんしゅう【異聞集】　唐の伝奇小説集。『異聞録』『異聞記』ともいう。もと10巻。陳翰編。南宋まではあったが，その後滅びた。『太平広記』等に引かれたものが約45篇残っている。しかし後代の作品が誤引されていることもある。『古鏡記』・『枕中記』・『柳氏述』(すなわち『柳氏伝』)・『柳毅』(すなわち『柳毅伝』)・『李娃伝』・『霍小玉伝』・『離魂記』・『淳于棼』(すなわち『南柯太守伝』)・『任氏伝』等，唐代伝奇の代表作が集められている。
　　　　　　　　　　　　　　　(成田　静香)

いへいじゅ【伊秉綬】　1754(乾隆19)～1815(嘉慶20)。清の書家。寧化(福建省)の人。字は組似。墨卿・黙庵と号した。光禄寺卿に官した父朝棟によって，家学である宋学を学んだ。1789(乾隆54)年の進士，99(嘉慶4)年に恵州府(広東省)の知府となり，数々の善政を行い士民に慕われた。後，揚州府の知府を経て，1807(嘉慶12)年，故郷に帰り，8年後病没した。
　　書は各体をよくした。行書は明の李東陽を学

び，*顔真卿・*劉墉の書風も取り入れ，篆書・隷書・楷書を時に交えた独特の雑体書を作った。伊の名を最も高からしめたのは隷書で，漢碑を基としながらも，独自性の強い書風を生み出し，清の代表的能書家*鄧石如の隷書と並び称された。伊の活躍した清代中期は，金石学の盛行により碑学派の書論が多く生まれるが，実践面において先駆けたのが伊秉綬や鄧石如であった。伊はまた，古書画の収集を好み，詩・画もよくした。著に『留春草堂集』があり，遺墨集に『黙庵集錦』がある。清史稿478

(小西 憲一)

イヘ・ジョージ【イヘ・ジョー寺】 内モンゴル自治区の区都フフホトにある寺院。モンゴル語でイヘは大きい，ジョー（あるいはゾー）は寺を意味する。明朝から弘慈寺の名を与えられ，清の1640年，ホンタイジにより無量寺に改名。俗称大召。フフホトを都としたアルタン・ハーンは，仏教を復興させ，大召寺を創建し，1579年に竣工された。イヘ・ドゴン，すなわち*大雄宝殿では，前廊，大集会堂と仏殿が一体化した建築様式を成立させた。現在も寺院のなかには仏像や壁画が多く，特に八大菩薩の立像は創建期のままに残る16世紀の仏像彫刻の傑作である。

(包 慕萍)

いぼう【帷帽】 女子の外出時の帽子。帷冒とも記す。帽子の鍔に，網状の布「裙(くん)」を付ける。裙は一回り，あるいは前後・左右に垂らし，長さは首まで達する。もとは西域から来たもので，砂塵をよける目的に使用した。隋代に中原地域に伝わってからは，冪羅に代わって，外出や乗馬に際し，路上の人から顔を遮蔽するための帽子として使用される。則天武后の時(690〜705)に，特に流行したという。古文献には以下のように記されている。「*閻立本，『昭君匈奴に入る』を画くに，婦人に帷帽を著する者有り。帷帽は隋代において創られ，漢宮の作る所に非ず」(『旧唐書』輿服志)，「初め，婦人は冪羅(べきり)を施し身を蔽(おお)う。永徽中(650-655)，初めて帷冒を用い，裙を施して頸に及ぶ。……武后の時，帷冒は益々盛んなり」(『*新唐書』車服志)。帷帽の形は，新疆トルファン・アスターナ唐墓出土の女子俑や明の*『三才図会』帷帽の図に見られる。

(田中 陽子)

いほうるいじゅう【医方類聚】 朝鮮李朝の大型の医学全書(類書)。全266巻。1443(世宗25)年に成立，1465(世祖11)年刊(銅活字)。金礼蒙らの奉勅撰。内容は医学全般に広く及び，唐〜明初の医書など150余種の書から引用がある。その約3割は佚書で，輯佚の好資料として文献的価値が高い。朝鮮・中国では失われたが，原刊本が豊臣秀吉による文禄の役で日本にもたらされ，大部分が現存。これにより幕末に日本で木活字本が印行され，明治初に朝鮮にも贈られて，通行本の祖となった。

(小曽戸 洋)

いほん【異本】 同一の典籍であるが，一般に知られているテキストと，文章や構成などが異なるテキスト。異版・別本・他本などともいう。異本の発生の原因には，伝写や刊行の過程での単純な誤写・誤刻によるものもあるが，著者の定稿が完成する以前の草稿が流布したことによるものや，著者の講義などの複数の筆録が，整理を経ずに個々に流布したことによるものなどがある。また作者以外の第三者により意図的な増補・削除などの改変がくわえられたものもある。

(梶浦 晋)

いみな【諱】 →避諱(ひき)

いもう【韋孟】 生没年不詳。前漢の詩人。彭城(江蘇省)の人。前201(高祖6)年に楚の元王の傅(ふ)(養育係)となり，その子夷王および孫王戊の傅をも勤めた。戊が無道を働いた時に『風諌詩』を作って諌めた。後に，辞職して鄒(すう)(山東省)の地に移り住み，当地で没した。『在鄒詩』では楚王を慕い，鄒の気風を讃える。上記の四言長篇2首のみが今に残り，『詩経』から学んだ典雅な詩風を，南朝梁の劉勰(きょう)は「匡諌の義は，軌を周人より継ぐ」(『*文心雕龍(ちょうりゅう)』明詩篇)と評す。漢書73

(小池 一郎)

いらくえんげんろく【伊洛淵源録】 宋の道学者の言行録集。14巻。朱子の撰。周敦頤以下*程顥・*程頤兄弟及び兄弟と交遊のあった者，門弟，計46人の言行を集めた書。程氏兄弟に連なる学問を系統的に明らかにすることを目指している。朱子40代半ばの著述と推定されている。宋代の学者を一つの学派としてまとめ，その学問を概述することは，この書に始まったと言われる。『*宋史』道学伝・儒林伝は多くこの書に拠っているなど，宋代学術史像の成立に大きな影響を与えている。

(末木 恭彦)

いりゅう【韋柳】 →韋応物，柳宗元

いろ【倚廬】 喪礼において，死者の子が服喪期間中に生活するそまつな部屋のこと。中門の外，東の壁ぎわに北向きに建てられ，木造で，壁を塗りかためない。親を失った悲しみから，通常の日常生活を送るにしのびないという気持ちを儀礼的に表現している。斬衰(ざんさい)の者が最初の1年間を倚廬で暮らす

のに対し，斉衰の者は最初から堊室で過ごし，大功には帳があり，小功・緦麻には床があるというように，五服が軽くなるにしたがい日常の住居に近い形態となる。
（小島　毅）

いろえしょんずい【色絵祥瑞】　明時代末の崇禎年間(1628-44)頃，日本からの注文によって江西省徳鎮の民窯で焼成された五彩磁器の一種。祥瑞(手)と呼ばれる青花磁器に，赤・緑・黄といった上絵付で色絵装飾が施されたもの。祥瑞赤絵ともいう。作品は皿・手鉢などが中心であり，絵文様には，幾何学文とともに，桃・花，兎・鳥などの動物，吉祥文様をあわせ描いた洒脱な意匠のものが多く見られる。口縁部は祥瑞と同様，鉄泥を塗って褐色の「縁銹」(「口紅」ともいう)としたものが多い。高台内には「福」字や「大明嘉靖年製」銘が青花で記されている。茶方の懐石道具として珍重された。
（長谷川　祥子）

いわえん【頤和園】　北京市海淀区にある清代の皇室庭園の代表作。もともと明の15世紀末から16世紀初めに好山園と呼ばれる庭園であったが，1750(乾隆15)年から1764年にかけて大規模な改築が行われ，清漪園と名付けられた。1860(咸豊10)年に英仏連合軍によって破壊されたが，1888(光緒14)年から西太后が巨費を投じて再建させ，名を頤和園と改名した。頤和園の風景は，北の万寿山，南の昆明湖，その間の宮殿群から構成される。南側は昆明湖の湖景を主題としたエリアであり，全体の80％の広さを占めている。堤による水面の分割などは杭州の西湖が手本となっている。山を背にし，湖に面した宮殿群では，仁寿殿が政治，楽寿堂が生活の中心となっていた。また園内には，遠く西山や玉泉山などの山々を借景とした「園中の園」とも呼ぶべき諧趣園がある。万寿山の東の麓にあり，前身を恵山園といい，1751(乾隆16)年につくられた。これは，江南無錫の寄暢園を模したものと伝えられる。北京の皇帝は，江南の風景に強いあこがれを抱いていたのである。
（高村　雅彦）

いん【印】　印は，前4千年紀のメソポタミアに始まったと考えられており，これにはスタンプ式のものや円筒形の所謂シリンダー・シール等，いくつかの類型がある。これが旧大陸の各地に拡散し様々な形状の印が作られたが，中国にシルクロードを通って伝えられたのは，ほぼ戦国時代はじめごろと考えられている。

戦国期には，これらは壐(のち「古壐」)と総称された。青銅の鋳造品が大部分であるが，まれに，玉製・石製などもある。戦国諸国における官壐も存するが，私壐が圧倒的に多く，姓名・吉語を陽文鋳成したものが多い。中で特徴的なのがいわゆる肖形印で，人物・動物・器物等の図柄を陰刻している。文字印・肖形印とも泥土に押捺して封印として用いたと考えられるが，文字印は封泥上で凸字(官印の陽合)又は凹字(多くの私印の場合)となるのに対し，肖形印は図柄が立体的なレリーフ状に浮き上がる。これは，メソポタミアにおけるシリンダー・シールと同様であって，図柄の共通性とともに，その間の文化伝播関係を物語っている。

秦始皇帝の全国統一に伴い文書行政が整備されるに従って，印章の政治社会における重要性が拡大し，印制が整備された。壐は皇帝に限り，臣下の用印は章と称することとした。また，文字を欄格をもって囲ったことから，秦壐であることを知りうる。

漢代に至ると，官印の制は更に精緻を極め，かつこれを身に帯びるための綬にも厳格な規定ができて，いわゆる印綬が官僚制の表象としての意味をもつに至った。印文は官職名を記したものであったから，官を辞した際には還付されたが，しばしば墓葬中から発見されるのは，被葬者が倣製したものである。また軍中で不慮の事態で官職印を失った折に急造したいわゆる急就章などもある。正規の鋳印はいずれも文字整正・鋳造精緻であり，中国印章史上の精華とされる。これらはいずれも，泥土上に押捺して封泥を作成するために用いられた。この風は，魏晋を経て南北朝・隋代まで続いたが，印制は様々に変化し，印文や印そのものも衰退した。

唐代に至り，公文書の被写体が簡牘から紙に変わるにつれて，印章も激変した。朱泥をもって文書全面に押捺するため，印が巨大化した。これは，基本的には，宋・元・明を経て，清朝まで続いた。

一方，このような官・私に亙る印章の使用の中から，ほぼ宋代から紙の普及に伴って盛行するに至った書・絵画のうちで重用される風を生み，それ自体が文人にとっての，中国独自の創作ジャンルに進化していった。明代における石印材の発見も手伝い，専ら古文(篆書)を刻印したところから，篆刻と呼ばれる一分野が形成され，詩・書・画・篆刻が文人の素養として重んじられるようになった。
（松丸　道雄）

いん【殷】　前17世紀頃〜前11世紀末頃。古代中国で実在を確認することができる最古の王朝。商はその自称であり，中国・欧米ではもっぱらこの名が用いられる。伝承によれば，湯王(唐・大乙)が夏の桀王を滅ぼして建国。紂王(帝辛)が周の武王に滅ぼされるまで，30代，約600年間にわたって存続した。

19代盤庚以前の前期・中期に，殷王朝はしばしば遷都を繰り返したと伝えられ，河南省偃師市の尸郷溝遺跡や鄭州市の二里岡遺跡が当時の都城址であろうと考えられている。尸郷溝遺跡は全長約6km，二里岡遺跡は全長約7kmの版築城壁に囲まれ，都城内部からは宮殿の基壇などが発見されている。盤庚以後，殷は黄河の北，河南省安陽市小屯(殷墟)の地に都を定め，12代，約250年を経て紂王の滅亡にいたった。この時期を殷墟期(後期)とよぶ。殷墟は洹河をはさんだ約30km²の範囲に及び，洹北商城の遺構のほか，宮殿の基壇や亜字形の平面プランをもつ王墓などが多数発見されている。

19世紀末に殷墟から発見された甲骨文は，現在確認しうる最古の漢字史料である。亀甲あるいは牛・羊などの獣骨に刻まれた文字は，自然神や祖先神の祭祀，日や旬(10日間)の吉凶，収穫，軍事行動など，王朝の活動全般に関する占卜を記録しており，その内容から卜辞ともよばれる。殷の政治体制は一種の神権政治とよべるもので，殷王はこれらの占卜・祭祀を主催する祭祀王としての性格を強くもっていた。

殷王朝の中枢は，殷王を中心とする王室，王族および多子とよばれた親族集団，さらに武官(多馬・多射など)と史官(作冊・多卜など)からなる官集団によって構成されていた。王室はその内部において複数の婚姻集団に分かれていたらしく，各集団間の婚姻を通して王位が継承されていたと考えられる。大乙や帝辛のように，殷王の名に甲乙丙丁…の十干が含まれるのは，各王の出身集団を表しているものと推定されている。

殷王朝が直接支配していた領域は，都周辺の半径数10km程度にすぎず，その周辺は多方・多邦方などとよばれた方国の領域であった。殷に服属する方国は，貢納・辺防・征伐などの義務を負っていたが，その統属関係は時として変動する緩やかなものであった。のちに殷を打倒する周も西方の方国の一つとして，甲骨文にすでにその名が見えている。

甲骨文によれば，殷王朝はその最末期(殷墟第5期)に東南の人方へ遠征するなど，領域を拡大しつつ最盛期をむかえていたものと考えられる。文献につたえられる紂王の酒池肉林などの伝承は，滅亡時の王に対する付会の説にすぎず，実際は殷が東南に勢力を集中させていた間隙をついて西方の周が興起し，ついに殷を滅亡へとおいやったものと推定される。　　　　　　　　　　　　　　　(松井 嘉徳)

いん【隠】　隠語のこと。真意を韜晦させて暗示させるもの。南朝梁の劉勰『文心雕龍』諧讔に引用する隠の例は，問答や諷諫の際に直接口に出すのを避けて謎をかけたもの。『左伝』や『史記』楚世家，『戦国策』など古い時代から例がある。元来政治的な効用や諷諫の効果をもっていたが，後世，規諫の役をもたない戯言や，より言語遊戯的な謎語になっていった。
　　　　　　　　　　　　　　　(幸福 香織)

いんいつ【隠逸】　官に就いて働くべき知識人が官に就かず隠居すること。また，その人，その心のありかた。天下に道がないため，あるいは官に就く機会がない時など，身体行動として官から離れることを本来指すが，後世，俗世の汚濁や虚偽を避けて「真」なるものに近づこうという心のありかたが重視されるようになって，朝臣として官に就きながらの隠逸(朝隠)というねじれた発想も現れた。
　　　　　　　　　　　　　　　(幸福 香織)

いんうん【殷芸】　471(泰始7)〜529(大通3)。南朝梁の文人。陳郡長平(河南省)の人。字は，灌蔬。ものにこだわらず，おおらかであったが，交友関係だけは慎重であったという。官歴にはめぐまれなかったものの，梁の昭明太子(蕭統)の侍読をつとめたり，博学の文人として礼遇された。梁の武帝の勅命で編纂した『小説』(別名『殷芸小説』)10巻は，正統的な歴史書の枠を逸脱した，周から南朝斉までの外史的記事から成る。輯本(魯迅『古小説鉤沈』など)がある。梁書41　　　(成瀬 哲生)

いんえ【韻会】　→古今韻会挙要

いんか【印花】　陶磁器の装飾技法のひとつ。印模・陶笵などと呼ばれる型を成形した陶磁器の胎土が生乾きの状態のときに，押し付けて文様を表す。その後施釉し，焼成する。碗の内面全体を一度に表す陶笵や部分的な文様を作る際に使う小型の陶笵がある。規格が統一された同じ文様を大量に制作することができ，印文陶や灰釉陶に印花の技法が見られる。定窯の白磁や耀州窯の青磁，景徳鎮窯の青白磁に優れた印花文の作例がある。

　　　　　　　　　　　　　　　(出川 哲朗)

いんが【因果】　原因と結果の併称。中国には，古く『易経』の時代から，物事と物事との間に因果関係があるとする考え方がみられるが，あくまでも現世に限った世俗的な捉え方であった。また，六朝時代には，道家の無為自然の思想が流行していたが，万物が自らを根拠として発現するという自然宿命論であった。しかし，仏教の伝来とともに伝えられた三世因果応報説では，前世の行いにもとづく業が，現世・次世，あるいは第三世以降に渡って影響するとされ，東晋代の知識人に好んで受容され，東晋末の盧山の慧遠は，応報の遅速に関し

て，『三報論』を著すなどした。なお，インドと異なり，輪廻観の無い中国においては，六朝時代に，因果応報説に関して，中国の伝統思想と仏教思想の間で，霊魂の滅・不滅をめぐる神滅不滅論争が生じることとなった。その後，中国土着の宗教である道教にも導入され，また，小説のテーマになるなどし，次第に広範に知られることとなった。
(中西 俊英)

いんかい【韻会】 →古今韻会挙要

いんかいきょよう【韻会挙要】 →古今韻会挙要

いんがいろう【員外郎】 官職名。西晋に員外散騎侍郎が置かれ，南北朝時代にも継承されたが，これを単に員外郎と称することがあった。隋になって尚書都省及び六部の二十四司に郎中と並んで員外郎中が置かれるようになり，煬帝の時に一時廃されたりもしたが，唐もこれにならった。この員外郎中が員外郎と称されることになる。以後，清に至るまで継承される。
(松浦 典弘)

いんかん【印簡】 1202(泰和2)～57(憲宗7)。臨済宗楊岐下10世。寧遠(山西省)の人。号は海雲。燕京大慶寿寺に住し，初期の元朝に重んぜられた。中観沼を師とし，11歳で具足戒を受けて頭角を現し，沼と共に太祖の帰依を受けた。沼の没後，燕京に行く途中，雨中の岩下に撃火の火花を見て大悟し，中和璋の証明を受け，その法を嗣ぐ。1237(太宗9)年太宗より光天鎮国大師号を賜る。1242(乃馬真皇后元)年忽必烈の所問に答え，定宗及び憲宗の時，天下の僧事を司る。(西口 芳男)

いんき【尹喜】 *老子から五千言(『*老子道徳経』)を授かったという伝説上の人物。文始先生，無上真人ともいう。『史記』老子列伝によれば，老子が周を捨てて関を出て西へ去ったとき，関所の長であった尹喜は老子に乞うて五千言を授かったという。仏教伝来後になると，尹喜は蜀の青羊肆で老子と再会してともに西域に行き，胡人を教化したという化胡説が生じた。『漢書』芸文志はその著『*関尹子』を著録するが，現行本は偽書である。
(麥谷 邦夫)

いんぎ【引戯】 宋雑劇・金院本の役回りの一つ。引と略されることもある。南宋の呉自牧『*夢梁録』に「引戯の役は言いつける」と見え，舞台で上演を指揮する役目であったとされる。王国維『古劇脚色考』は，宋の宮廷音楽である大楽の「引舞」を模倣して名付けられたものと推測する。また南宋の周密『*武林旧事』は院本の5種の役回りの一つとし，南宋の宮廷雑劇の引戯役者として呉興祐・潘浪賢・郭名顕らを挙げる。
(千田 大介)

いんきょ【殷墟】 河南省安陽市の北西を流れる洹河の両岸に展開する殷代後期の遺跡。1928(民国17)年，設立されたばかりの中央研究院歴史語言研究所により，発掘調査が開始された。かねてより甲骨文の出土地と目されていた河南省安陽県(現在の安陽市)小屯村のほか侯家荘等における発掘が行われ，その結果は次のようであった。小屯北地において53基の宮殿基址が発見され，乙12基址近傍のYH127坑より1万7096片という大量の甲骨が出土した。小屯村北約1kmの武官村・侯家荘北地では10基の大墓(王陵区と呼ぶ)と1000基余りの祭祀坑が発見され，小屯村東南約1kmの高楼荘後岡では，仰韶文化・龍山文化・殷文化の層位関係が明らかにされるとともに，殷代の大墓が発見された。1937年，日中戦争によって中断されるまで，前後15回に及ぶ発掘が行われ，殷王朝の実在を世界に示すこととなった。甲骨文については，発掘主務者の一人であった*董作賓により，画期的な甲骨文の編年がなされるようになり，現在に至るも大綱として董氏の編年案が踏襲されている。

人民共和国成立後の1950年，西北岡王陵区と武官村大墓の発掘を皮切りに，中国科学院(のちに中国社会科学院)考古研究所によって殷墟の発掘が再開された。1961年，殷墟は文物保護単位とされ，重点保護区(小屯宮殿宗廟区・西北岡王陵区・後岡区)と一般保護区に区分された。2006年には世界遺産にも登録された。殷墟の範囲は東西約6km，南北約5km，面積約30km²と考えられている。東は京広鉄路まで，北は三家荘・小営北・秋口まで，西は安陽鋼鉄公司西側まで，南は万金渠までの範囲である。殷墟の中心は，宮殿宗廟区と王陵区である。宮殿宗廟区は，洹河南の小屯村・花園荘及びその周囲，王陵区は，洹河北の侯家荘・武官村北の微高地上にそれぞれ位置する。居住遺跡は，主に洹河の両岸に分布し，洹河北では大司空村・三家荘・侯家荘の洹河に近い一帯，洹河南では孝民屯・白家墳・北辛荘・四盤磨・王裕口西地と南地・薛家荘・苗圃北地・梅園荘・劉家荘北・徐家橋などに分布している。青銅器鋳造遺跡は，苗圃北地・薛家荘・孝民屯・小屯村東北地。骨器製作遺跡は，大司空村・北辛荘。土器製作関連遺跡は，王裕口南地。墓葬区は，孝民屯南の殷墟西区・梅園荘東南地・戚家荘東南地・劉家荘南北地・高楼荘南地にある。殷墟で発掘された墓は7000基以上にのぼる。関連して車馬坑が31基発見されている。小屯東北

地・西北岡王陵区・大司空村・孝民屯とその東南，郭家荘・劉家荘北地・梅園荘東の7か所である。殷墟の構成は，宮殿宗廟区と王陵区を洹河南北の微高地上に配し，その近隣に居住区と手工業工房区を置き，墓葬区をその外囲区に配するものとなっている。なお宮殿宗廟区の西側と南側の2辺は，濠溝で取り囲まれていることが明らかにされている。濠溝は幅約7～21m，深さ3～10m，南北長約1050m，東西長約650mある。

　1960年代の大司空村の発掘成果を出発点とする考古学の編年研究により，殷墟文化は4期に分けられている。甲骨文の編年とともに示すと次のようである。殷墟文化第1期＝武丁前期頃，殷墟文化第2期＝甲骨文第1期・2期(武丁後期・祖庚・祖甲期)，殷墟文化第3期＝甲骨文第3期・4期(廩辛・康丁・武乙・文丁期)，殷墟文化第4期＝甲骨文第5期(帝乙・帝辛期)。殷墟は『竹書紀年』の記載等から盤庚の遷都より帝辛(紂)にいたる270年余りの殷の都と推測されてきたが，考古学的には武丁以前の盤庚・小辛・小乙の時期がなお未確定のままである。1999年に殷墟保護区の東北外で発見された洹北商城は，武丁期より古く遡る都城遺跡であることが明らかにされており，盤庚の遷都に関わる遺跡である可能性も考えられる。

　殷墟の性格に関しては，今日，二つの異なる考え方がある。一つは殷後期の都城遺跡とする考え方で，もう一つは，都城は別の地点に存在し，殷墟は当時の墓葬地域であるとするものである。殷墟が都城であったとするならば，城壁が発見されていないこと，宮殿址とされる建築物の規模が比較的小さいこと，居住遺跡の分布範囲が狭小なこと等，都城としての性格を明確に示す諸点に欠けているといえよう。1973年に，小屯南地で5335片の甲骨が出土した。人民共和国成立後，最大の甲骨文の発見であり，「子組」「㠱組」「午組」と呼ばれる特殊字体の「非王卜辞」群が，武丁又は武丁前期の時代と考えられている。また1991年，花園荘東地で発見された刻辞甲骨689片は，「子組」卜辞を主としており，武丁前期のものであろうとする考えが有力である。殷墟が殷の都跡であるとするならば，文字資料としての甲骨文の分期の問題を見極めて270年余りの殷後期の歴史的推移を明らかにするとともに，都城としての性格を考古学的に証明し，あわせて殷代の政治・経済・社会・文化の性格を考究する必要があろう。発掘成果をまとめた論文に，楊錫璋・劉一曼「殷墟考古七十年的主要収穫」(『中原文物』1999年第2期)および中国社会科学院考古学研究所編著『中国考古学　夏商巻』(中国社会科学出版社，2003年)等がある。　　　　　　(武者　章／西江　清高)

いんきょう【韻鏡】　唐末～北宋初の等韻図。1巻。著者未詳。平声57，上声55，去声60，入声34，合計206韻が43図に分かれ，通・江・止・遇・蟹・臻・山・效・果・假・宕・梗・流・深・咸・曾の16摂の順で並んでいる。各図には横に三十六字母が配され，縦は平上去入の四声に基づく韻目が並び，さらに各声調が四等に分かれている。206韻という韻数は『広韻』に完全に一致し，また各図に用いられている字の大部分も『広韻』の小韻代表字と同一である。しかし韻目の配列では曾摂が最後の一図に位置するなど，『広韻』とは異なる部分も見られ，『韻鏡』がどの韻書に基づくのかはよくわかっていない。『韻鏡』は中国では早くに失われ，現存する2種類の刻本はいずれも日本に伝わっていたものである。等韻学の研究において最も貴重な資料の一つとなっている。　(片山　久美子)

いんきょしょけい【殷虚書契】　甲骨文の拓本資料集。8巻4冊。1913(民国2)年刊。羅振玉の撰。甲骨文2229片を収録する。初めは1911(宣統3)年に『国学叢刊』3期までに292片を印行したが未完。辛亥革命の折，羅が日本の京都に滞在中，コロタイプ印刷の精美な書物として刊行された。扉には内藤虎次郎の題署がある。自序には甲骨文出土地が河南省安陽県小屯村であることを確信し，1911年に弟の羅振常，夫人の弟范恒軒の2人を現地に派して甲骨文等の採掘にあたらせたと記している。後に『殷虚書契後編』(1916年)，『殷虚書契続編』(1933年)が刊行されたため，本書は『殷虚書契前編』と呼ばれる。　　　　　　　　(石田　千秋)

いんきょしょけいこうしゃく【殷虚書契考釈】　甲骨文の総合的研究書。不分巻(1冊)，1915年，羅振玉著。また，1927年に『増訂殷虚書契考釈』3巻(2冊)が刊行された。上巻に都邑・帝王・人名・地名，中巻に文字，下巻に卜辞・礼制・卜法の8篇に整理して釈字・解説をした。文字篇では560字について同字異体例をあげて解釈し，卜辞篇では，刻辞内容を卜祭・告・享・出入・田猟・征伐・卜年・風雨・雑卜等に分類し，1200余の甲骨文を釈文して各項ごとに例示した。前著の『殷商貞卜文字考』(1910年)を増補して甲骨文研究の基礎をつくり，以後の研究の原点となった。

(石田　千秋)

いんげん【隠元】　1592(万暦20)～1673(康熙12・寛文13)。明・清の禅僧。福州福清(福建省)の人。俗姓は林，本名は隆琦。29歳のとき福州黄檗山(古黄檗)で出家。密雲円悟を師翁(師の師)とし，費隠通容を本師とする。46歳のとき福州黄檗山万

福寺の住持となる。臨済義玄下32世。1654(承応3)年来日。時に63歳。長崎の興福寺に住した。幕府より京都の宇治に寺領を与えられ，1663年その地を黄檗山万福寺と号して開山した。日本黄檗宗の開祖。江戸期，建築，絵画，書などの分野で明風の大流行の発端をなした。　　　　　（赤松 明彦）

詩偈や書に長じ，特に書は黄檗流の祖といわれ，木庵・即非とともに「黄檗三筆」と称された。著に『隠元禅師語録』がある。
　　　　　　　　　　　　　　　　（鍋島 稲子）

いんけんげんじん【鄞県原人】　→鄞県原人

いんご【隠語】　→隠

いんこう【陰鏗】
生没年不詳。南朝梁～陳の詩人。武威姑臧(甘粛省)の人。字は子堅。五言詩に優れ，徐陵の推薦で陳の世祖の宴に召し出され，与えられた「新成安楽宮」の題で即座に詩を作ったという。杜甫は単独であるいは「陰何」と何遜と併称して高く評価している。特に声律の点からみると近体詩の規則に合致するものが多く，律詩が完成に向かう途上の重要な詩人の一人である。詩集3巻があったが，現存するのは『古詩紀』などに録される詩34首のみである。陳書34，南史64　（道坂 昭廣）

いんごようしゅう【韻語陽秋】
宋代の詩話。別名を『葛立方詩話』『葛常之詩話』ともいう。20巻。南宋の葛立方撰。葛立方(字は常之)は，丹陽(江蘇省)の人。詞(詩余)の作家としても知られ，文集に『帰愚集』10巻がある。書名の「韻語」は詩のこと。「陽秋」は「春秋」の意で，自序によれば，晋の張裒の「皮裏の陽秋」の故事にちなみ，直接的な批評を避けつつ，文の内面に褒貶を籠めることを意図したもの。基本的には名教に益ある詩を理想としている。著者晩年の作で，1163(隆興元)年に成った。その内容は，詩法・詩格の問題に始まって，詩に関する本事・考証・典故から書画・歌舞音楽との関連や風俗など，幅広い視野の中で，漢魏から宋代に至る古今の詩と詩人を論評している。事実の誤認や考証の誤りがままあるが，『四庫全書総目提要』が評するように，厳正な態度で一貫した評論は高く評価されてよい。引用される詩句には，資料的な価値の高いものも少なくない。完成後間もなく刊行された宋本(1166年刊)が存する。
　　　　　　　　　　　　　　　　（興膳 宏）

いんさつじゅつ【印刷術】
字・絵を裏返しに刻んだ版を作り，墨を塗った版面と紙等を圧刷して字・絵をうつす技術。木版印刷と活字版印刷に大別される。前者はコストがかさむ反面，随時印刷可能。後者は低コストだが版面が保存できず1回限り。

木版印刷は隋唐のころに開始され，活字版印刷は宋元代に開発された。印刷前史として秦漢以来の印章押捺・石碑搨拓(主に陰刻)，六朝期の道士の護符印捺・仏教徒の仏画印捺(陽刻)があった。現存最古の印刷物は韓国の仏国寺『無垢浄光大陀羅尼経』(751年以前，異説あり)。日本の法隆寺『百万塔陀羅尼経』(770年)がこれに次ぐ。スタイン発見の敦煌本『金剛般若波羅密経』(868年)は既に完成度が高い。写経の簡略量産のために仏典が先ず印刷に付され，次いで唐末五代には蜀で暦書・字書等の実用書が印刷されている。石経テキストを重視した儒学経典の印刷は後れ，五代後唐の932(長興3)年に馮道が，次いで毋昭裔が，九経を版刻したのに始まる。北宋代，木版印刷は国家的事業として本格化し，校勘の厳正と秀美な版面の官刻本が作られた。蜀・閩・越の出版中心地が形成され，南宋以降は民間各地の出版(坊刻本)も活発化した。

一方，活字版印刷は北宋の慶暦中(1041-48)畢昇の焼成した粘土の活字に始まるが，技術が途絶(『夢渓筆談』)。その後の陶・錫・木の活字の試みもあまり普及しなかった。しかし，元の王禎『王禎農書』(1313年)の木活字印刷の記述は具体的で，韻分類の回転式活字排列盤も特色がある。現存最古の木活字は敦煌出土の1300年頃のウイグル文字活字である。周辺諸国への印刷術伝播のうち，朝鮮では活字版印刷が発達し，世界最初の金属活字印刷に成功し，最古の金属活字本(1377年)が伝存する。中国では明代に銅鋳活字が開発され，清の康熙中(1662-1722)『古今図書集成』は銅活字印刷による。続く乾隆中(1736-95)『武英殿聚珍版全書』は木版・活字版の併用による(『武英殿聚珍版程式』)。

木版は整版，活字版は聚珍版・植字版・排印本ともいう。
　　　　　　　　　　　　　　　　（町 泉寿郎）

いんしつぶん【陰騭文】
善書の一つ。正しくは『文昌帝君陰騭文』。1巻541字から成る。『太上感応篇』『関聖帝君覚世経』とともに三聖経，もしくは三省篇と呼ばれる。文昌帝君は文昌神ともいわれ，斗魁と呼ばれる北斗七星の杓子部分の4星を神格化したものであるが，宋・元のころから四川の地方神であった梓潼帝君と習合・一体化して，学問・科挙を司る神とされた。そのために，とくに官人・士人・富人に対する勧善書である，ともいわれる。天は人々の善悪を陰かに見て，その禍福を騭める，という意を含み，善行と悪行とを並べて勧善懲悪を説いている。説かれる善行は，当時の思潮を反映して儒・仏・道の三教一致的なものが多い。述作者は特定できないが，明の万暦年中(1573-1620)に

は原形が整ったと考えられる。明末以後，復刻が盛んで，注釈書も多く作られ，1625(天啓5)年の序をもつ『梓潼帝君陰騭文』なども，この系統に属する。　　　　　　　　　　　　　　　　　(野口 鐵郎)

いんしつろく【陰騭録】　明の万暦年間(1573-1620)に活躍した袁了凡の撰述した善書。自己の体験に基づいて子の天啓のために書き遺したともいわれ，功過格を真剣に実践することによって天意に沿った陰徳・善功を積み，安寧な生活を営むべき趣旨を教える。立命の学・改過の方・積善の方・謙徳の効(一本では立命の学・謙虚利中・積善・改過)の4部から成り，天は陰かに人の行為を見てその禍福を驚める，という伝統的な功過思想と，宋代以降の三教一致の思潮傾向を背景として，民衆社会の勧善懲悪の道徳の向上に大きな役割を果たした。江戸期の日本でも，1777(安永6)年に初めて『和語陰騭録』が刊刻され，その後も再刻書・解説書が出版されている。　　　　　　　　　　　　　(野口 鐵郎)

いんしゅ【尹洙】　1001(咸平4)〜47(慶暦7)。北宋の文章家。欧陽脩らとともに古文を振興した。河南(河南省)の人。字は師魯。1024(天聖2)年の進士に合格して，絳州正平県主簿，館閣校勘等を歴任するが，范仲淹らが朋党として罷免されるに伴い，尹もまた唐州酒税に落とされた。趙元昊の反乱の際には判官として討伐に加わり，その後涇州・潞州等の知事を歴任した。詩文集に『河南集』27巻がある。宋史295　　　　　(湯浅 陽子)

いんしゅう【韻集】　西晋の韻書。5巻。呂静の著。呂静は『字林』を著した呂忱の弟にあたる。『切韻』に先行する韻書の一つで，李登『声類』にやや遅れて成った。宮・商・角・徴・羽の五音によって分類されていたらしい。すでに亡んで伝わらないが，佚文を集めたものが『小学鉤沈』や『玉函山房輯佚書』などに見える。『切韻』の分韻との相違は唐抄本『王仁昫刊謬補欠切韻』の韻目注や『顔氏家訓』音辞篇の記事などによって若干を知り得る。　　　　　　　　　　　　　　　　(高田 時雄)

いんしょ【韻書】　文字を韻によって分類排列し，詩賦の押韻の基準としたもの。意義によって分けた訓詁の書物や，部首によって排列した字書と並んで，漢字辞書の重要な一類型である。

現存する最古の韻書は隋の601(仁寿元)年陸法言によって編纂された『切韻』である。その陸法言原本にきわめて近いとされる断片が敦煌写本中に見られるほか，北京の故宮博物院には王仁昫『刊謬補欠切韻』の完全な写本が保存されていて，20世紀の40年代に再発見された。『切韻』は唐代を通じて孫愐『唐韻』をはじめとする数多くの増補改訂版が作られ，宋代の官定韻書『広韻』『集韻』に至った。日本の古写本には十三家『切韻』それぞれの名称が残されている。

『広韻』及びそれ以前の諸本の反切は基本的に陸法言原本と同一だが，『集韻』では組織的に反切の改変が行われている。切韻系韻書の組織は，まず平上去入の四声に分かった後，それぞれ主母音と韻尾の相異にしたがって数十の韻に区分され，さらに韻の内部が頭子音や介音の差によって最小単位の小韻に分けられる。小韻の内部はしたがって完全な同音字となる。切韻系韻書では平上去入の四声あわせて206韻であった。実際の押韻状況をふまえ，106韻にまで韻の合併を行った『平水韻』(詩韻)の系統の韻書が金元以降に作られはじめ，その後清朝にまで及んだ。その始まりは金の王文郁『新刊韻略』である。

唐末に木版印刷が広く行われるようになると，『切韻』は暦書などと並んでその恰好の対象となり，商品として大量に生産された。その過程で注釈の中に様々な要素が取り込まれ，単なる韻書から簡便な小百科のような性格を帯びる本も出現した。

『切韻』以前に韻書がなかったわけではない。三国時代魏の李登『声類』や，西晋の呂静『韻集』はそういった古い韻書であったとされるが，今日では諸書に引用された断片しか見ることができない。その分韻法や排列は『切韻』とは異なっていたようである。

切韻系韻書は，いわゆる読書音によった伝統的な韻書であるが，それとは別に詞曲の押韻の必要から，口語音に基づく韻書(曲韻書)が作られるようになった。その始まりは元の周徳清『中原音韻』である。その分韻の特徴は，まず19部に韻を分かち，そのあと各韻を声調に分け，さらに各声調ごとに同音字に分類排列する。注目すべきは平声を陰陽の2類に分け，入声を平上去声に分属させていることで，これは当時の口語音を反映するものである。後にこれらの曲韻書は南北曲の消長につれて，南北で独自の発展を遂げることとなる。

口語音に立脚した韻書は，単に詞曲の押韻のためではなく，やがて音から文字を引くための工具書的な役割をもったものが現れるようになる。『韻略易通』『韻略匯通』『五方元音』といった韻書はこの種の系列に属する。また明代の官定韻書『洪武正韻』は詩文の押韻の規範を与えるという意味では切韻系韻書の後継と見なすべきであるが，その音韻の実質はむしろ曲韻の系統に近い。

明清時期にはまた官話区以外の方言区でも韻書が編纂された。閩南語地域に若干の変異を持ちつつ広

く行われた『十五音』，福州の『戚林八音』，粤語の『分韻撮要』などはその典型例といえる。

（高田 時雄）

いんしょう【印章】 印の総称。金属・石・木・陶磁・牙・玉などに文字を刻し，あるいは鋳造して，押印することにより個人や身分役職などを証するものである。古代オリエントを起源とし，インドを経て中国に伝播したとされる。中国では春秋戦国時代の遺例が見られ，漢代に最盛期を迎える。漢印は，一貫して印章の最上の姿として尊重され続けている。明代，柔らかい石印材が工夫され，文彭・何震らによって篆刻という芸術の一分野が生まれ，書画と並んで文人必須の教養となった。

（小西 憲一）

いんしんぎ【引伸義】 単語本来の意味から派生して生まれた拡張義。ある単語の本義から，意味的関連性をたどって他の意味に転化する過程を「引伸」といい，こうして生じた意味を引伸義という。「徒」はもともと「あるく」ことを意味し，歩く集団から「人々」の義が，乗り物に乗らないことから「ただ単に」という義が生まれた。『易経』繫辞伝に見える「引きて之を伸ばし，類に触れて之を長ず」の表現に由来する言い方で，文字通り「引き伸ばした」結果として新しい意味が生まれることをいう。

（阿辻 哲次）

いんず【韻図】 →等韻図

いんたい【院体】 皇帝趣味と朝廷の実務性とを反映する書風。また，同趣の画風や文体を指すこともある。官界を中心に盛行したが，士大夫の志向する書の格調からは遠く，院体の呼称には貶意を含むことが多い。官制との関係から，唐・宋では院体，明では台閣体，清では館閣体の呼称が一般的である。院体の流行は，『集王聖教序』を学んだ唐の翰林学士呉通微の行草書を，翰林院の胥吏が倣ったことに始まる。明でははじめ二沈(沈度・沈粲)・三楊(楊士奇・楊栄・楊溥)に代表される斉整の楷書が広く流行したが，その後，古典に立脚した祝允明・文徴明らの出現で書壇の中心が官界を離れると，台閣体の流行は影を潜めた。清では皇帝御用体としての性格が強まった。張照・汪由敦・董邦達・董誥らが館閣体を代表するが，1772(乾隆37)年に四庫館が開設されて以降，館閣体の定型化が加速し，道光(1821-50)以降は，烏(黒々と)・方(正しく)・光(滑らかに)を訣とする肥厚庸俗の書に傾いた。その小楷(大きさに規準はないが，通常，小筆で書く程度の小粒の楷書)の書写力が，殿試での人材選抜に大きく影響するにいたったために，士人はその風を干禄体と呼び，自身の志向する書作と一線を画した。

（澤田 雅弘）

いんたいが【院体画】 中国美術史の用語。南宋の宮廷画院の絵画様式の意。趙升の『朝野類要』(1236年)に，「院体。唐以来の翰林院諸色，皆な有り。後遂に之に効う。即ち宮様を学ぶの謂なり」とあるのによる。このように，もとよりどの時代にも「院体」画はありえたが，山水画・花鳥画・人物画の全てにわたって時代に卓越した指導的な様式を打ち立てたのは南宋画院においてであったことなどにより，一般的に「院体画」といえば南宋時代の画院絵画様式を指す。

（嶋田 英誠）

いんだら【因陀羅】 生没年不詳。元時代の画僧。画史に記載がなく，禅僧の語録や，日本にのみ残存する作品の款記によって存在が確認される。法名は壬梵因，開封の大光教禅寺に住し，大師号を受けたらしい。禅僧，楚石梵琦の賛のある作品が多く，活動期は，元末14世紀後半と考えられている。遺品は多く，すべて仏教関係の人物画で，代表的作品は，『寒山拾得図』(東京国立博物館蔵)，『維摩図』(兵庫，香雪美術館蔵)など。

（海老根 聰郎）

インチン【影青】 →青白磁

いんとう【韻頭】 →介音

いんとん【尹焞】 1071(熙寧4)~1142(紹興12)。北宋末・南宋初の思想家。河南府河南県(河南省)の人。字は彦明，また徳充。号は和靖。北宋における理学の定礎者，程顥・程頤兄弟のうちの程頤に17歳より師事。程頤晩年の高弟。『易経』を授けられ，また程頤が「敬」を「主一」すなわち心の専一といったのを，敬度に祈るときに心が「収斂」していて何もそこに入らぬことと敷衍し，程学の敬説を充実させた。科挙は断念し，南宋初の1135(紹興5)年以降，天子講官となる。著作は散逸し，『和靖尹先生文集』等の現行文集は明以降の輯本である。宋史428

（市来 津由彦）

いんね【韻会】 →古今韻会挙要

いんぷいちぐう【韻府一隅】 清の韻書。全16巻。1803(嘉慶8)年刊。顔懋功撰。書名の「韻府」は『佩文韻府』のこと。体例は『佩文韻府』を襲い，簡便で携帯にも資するよう編纂したもの。先行する『詩韻含英』と体裁は極めて似ているが，

字義と反切はすべて省略，韻字の下は全て用例のみを掲出する点と，又音(異読)や異体字等を頭注の形で示す点が異なる。携帯に便利であることから日本でも重宝され，翻刻本も多い。　　　　　(木津 祐子)

いんぷきょう【陰符経】　道教の経典。『黄帝陰符経』の簡称。また，『天機経』ともいう。1巻。本経の作者や成立年代については諸説あってはっきりしないが，唐初の褚遂良に『陰符経』の写本があったと伝えられること(『攻媿集』)，『芸文類聚』巻88に『陰符経』の引文があることなどから，唐以前の古籍と考えられる。現行の『陰符経』のテキストは，唐の張果が当時の道蔵の中から発見した『陰符経太无伝』に基づいて注を付したテキストと，北朝北魏の寇謙之が名山に蔵したものをたまたま唐の李筌が嵩山の石室で発見し，鄘母という女仙に秘義を教授されて注を付したと伝えられるテキストとの2系統に大別される。李筌本は字数300で3章に分けられ，張果本は300字の後にさらに100余字を有するが章を分けない。本書の説くところの大要は，天地の運行や陰陽の変化と人間世界の諸事象の間は「相生相盗」の関係にある。したがって，聖人は天の道を観察して天の行を執り，天と人との暗合の機微(天機)を掌握して，その行動を天の道に合致させ，両者のはたらきを十全に発揮させれば，国の政治も一身の養生もよろしきを得て，あらゆる変化・事象の基が定まるというものである。簡潔な文章によって「天機」を明らかにする経典として重視され，多くの注釈が作られてきたが，簡潔ゆえに解釈の余地も大きく，そのため本書を兵家権謀の書とみなしたり，あるいは道家思想から解釈したりと諸注釈の立場は多様である。宋代以降はおおむね内丹説や性理学の立場から解釈されることが多く，朱子もまた本経に注釈を付している。なお，「陰符」を称する書に『周書陰符』(『太公陰符』)があるが，これは戦国兵家の書である。　(麥谷 邦夫)

いんぷぐんぎょく【韻府群玉】　宋末元初の類書。20巻。奉新(江西省)の陰時夫(名は幼遇)撰。兄の中夫(名は幼達)に注がある。収録字数8820。作詩の用に供するため，典故や詩語を下字の106韻の順に列べたもの。韻によって配列する類書は顔真卿の『韻海鏡源』に始まるが，はやくに失われ，この種の書としては現存最古のものである。科挙の詩賦の押韻の準則とされ，『佩文韻府』や『詩韻』の藍本となった。　　　　　　　(森賀 一恵)

いんぶつ【印仏】　仏教版画の一形態。摺仏に対して，仏をあらわす型を紙などの台材に捺して印ずる行為やその物。木彫りの尊像を，流砂・流水・香煙などに印じて観想する行為も含む。大乗仏教では，現世の利益や獲福のため多数の仏を造り供養する行為が尊重されたが，容易に実現できる印仏は，仏教圏で広く行われた。病気平癒・息災延命・極楽往生などの願いをこめ，日課の数を捺印し，仏像や仏塔に納入した他，造寺造仏に多数の人々が合力結縁する場合の象徴として活用された。
　　　　　　　　　　　　(井手 誠之輔)

いんぶん【尹文】　生没年不詳。戦国時代斉(山東省)の宣王・湣王の時(前320〜前280頃)，稷下に集った思想家の一人。『呂氏春秋』正名篇には湣王との「侮らるるも闘わず」に関する対話が「名」の問題として取り上げられ，『荘子』天下篇には宋銒とともに世俗の価値観を超越した主体の確立により，反戦平和の実現を説き，また寡欲という内面的実践を主張する姿が描かれている。
　　　　　　　　　　　　(久保田 知敏)

いんぶん【韻文】　→文

いんぶんし【尹文子】　戦国時代の思想書。尹文著。『漢書』芸文志・名家に『尹文子』1篇が著録されており，班固の注には「斉の宣王(在位前319〜前301)に説く。公孫龍に先だつ」とある。現存する『尹文子』2巻はその序文からも後世の編纂を経ていることは確実で，偽書と考える見解が優勢である。しかし，公孫龍に先だつ尹文にまでさかのぼることはできないとしても，部分的には漢代までさかのぼりうる可能性があることを指摘する見解が近年も発表されている。　　　(久保田 知敏)

いんぼ【韻母】　声母，声調とともに漢字音を構成する三要素の一つ。チベット・ビルマ語族，タイ・カダイ語族，ミャオ・ヤオ語族の言語音に対しても用いられている。音節のうち声母(音節頭子音)に続いて発音される部分で，例えば普通話(中華人民共和国の国家語)の「普(pǔ)」[pʼu]だと[u]が，「通(tōng)」[tʼʊŋ]だと[ʊŋ]が，「話(huà)」[xuA]だと[uA]が韻母である。成節的子音の場合を除き，韻母は韻頭(わたり音・介音)と韻腹(主母音)と韻尾(音節末音・尾音)に細分することが可能である。主母音が必要不可欠な要素であるのに対し介音と音節末音は音声として無いことがあり，音韻論ではゼロと解釈される場合もある。例えば「普」の韻母は主母音のみから成り，「話」は音節末音が無い。なお，音韻学の用語である「韻」は異なる介音をも含めた概念でありうる点，「韻母」とはいささか異なる。
　　　　　　　　　　　　(吉川 雅之)

いんぽ【韻補】 南宋の古音学書。5巻。呉棫の著。『広韻』の206韻が古韻ではどのように分かれるかを解明しようとした。しかし宋代の音韻学で流行した叶韻説の影響を受けているため一貫性に欠ける。また証明に用いた材料が『詩経』『楚辞』から蘇軾, 欧陽脩まで2000年もの長きに及んでいたために, 科学的な結論を導き出すことは出来なかった。しかし『広韻』の韻に拘らずに韻の合併を行ったことや, ある韻から他の韻に文字を移すなどの仕方は, 後世の古音学の成立に影響を与えた。顧炎武にその誤りを正した『韻補正』の著がある。
(高田 時雄)

いんほう【印縫】 所蔵をしめしたり, 継ぎ目がはがれた時の目印とするために, 用紙の継ぎ目に押された印。印の代わりに署名や記号を書く款縫や押縫と同様の用途。
(梶浦 晋)

いんぽん【院本】 金元の演劇形式。名称の由来には諸説あるが,「行院」即ち芸人の,「本」即ちテキストの意であろう。「宋雑劇」に対して「金院本」の称があるが, 両者は近親関係にあったものと思われる。元明には院本とは笑劇・漫才の類のことであった。しかし陶宗儀『輟耕録』に記録されている題名から見ると, 金における院本の内容はかなり多様である。題名に「孤(役人)」「酸(知識人)」といった文字を含む風刺性の強い笑劇とおぼしきものが多いのは事実だが, また演劇性に乏しい芸能・舞踊らしき題名も多く, 他方では項羽を扱う「覇王院本」の如き鎮魂演劇系と思われるものなど, 本格的演劇に近い演目もあったようである。金代院本の脚本は現存しないが, 元雑劇において医者・裁判官などにより展開される道化芝居の部分は, 院本の挿入であろうと推定されている。『金瓶梅』に「王勃院本」の上演の場面があるように, 明代にもかなり広く院本は演じられていたものと思われる。
(小松 謙)

いんもんとう【印文陶】 中国東南部に特徴的な古代の土器の一種。印文軟陶と印文硬陶に区別することもあるが, ふつう印文硬陶を指して印文陶と呼ぶ。前2000年頃の新石器時代末葉にはじまり, 殷・周時代に盛期をむかえ, 漢代まで続いた。分布した範囲と時代から, 古代の越あるいは百越と密接な関係のある土器と考えられる。器面に土製のスタンプを押捺して, 葉脈文・雲雷文・人字文・方格文・回文・曲折文など, 地域と時期により異なる印文が施された。中国東南部の新石器時代では, 叩き成形により土器器面に叩き目の縄蓆文をもつ土器が普及したが, 印文陶はそうした土器から発達したと考えられる。一般の土器にくらべて鉄分の含有量が高く, 高温で硬く焼きしめられた。同時期の中国東南部では, やはり高温で焼かれた原始瓷器(灰釉陶)と呼ばれる最古の瓷器(磁器)が登場するが, 印文陶とは技術的に密接な関係にあった。
(西江 清高)

いんよう【陰陽】 対立しながらも, 排中律的に一方が他方を否定するのではない, 中国独特の二元論的カテゴリー。陰陽二元において, 陰は常に陽に, 陽は常に陰に, 間断なく変化転移すべく流れ動いているので, 両者は対立しながら, 同時に変化し, 他者に向かって循環していることになる。柔らかい二元論といわれる所以で, パルメニデス的な無時間を前提とするデカルト的二元論と異なり, 時間の契機を内に含んでいる。間断なく流れるというその性格から窺われるように, 陰陽は渾沌とした「全体としての気」の下位カテゴリーである。世界を流れととらえる気のまなざしのもと, 更にその運動や位相を内部観測的に細かく記述するために, 陰陽のようなカテゴリーが求められる。

陰陽は対立しながら変化する中で, 陰陽両者が交合し, 事象を生むという生成の原理と, 陰が陽に, 陽が陰に, 交代していくという循環原理とを含んでいる。後者は, 流体としての気の波動運動の位相から必然的に導かれる原理である。注意すべきは, 分類原理として用いられる陰陽の相対性である。ある事象のどの位相を陰とするか陽とするかは, その時その場の位相を, 何を基準として分類するか次第で変わってしまうのだ。例えば外側を陽, 内側を陰と分類すれば, 体気が陽で血液は陰だが, 動くものを陽, 静止するものを陰とすれば, 血液が陽で皮肉が陰になる。固定的カテゴリーとは違うのである。

陰陽は最初, 日かげ(会)と日なた(易)という概念として生まれたらしいことが, 文字学的には推定できる。『詩経』などに見える陰陽の語は, 気のカテゴリーというより, まだこの原義の方の意味で用いられている。図像学から, 太陽や月のエネルギー的表現に陰陽の起源を求めようとする論者もいる。

文献的に, 気の概念と結びついた形で陰陽が記述されるのは, 『左伝』昭公元年の陰陽風雨晦明の六気や, 『管子』幼官編, 更には『荘子』の諸篇に見える陰陽の語で, いずれにしても戦国時代中葉に降らねばならない。出土文物や, 戦国末の鄒衍の思想, 『呂氏春秋』『管子』などから, その頃には陰陽が四季の時令思想と結びつき, 一年の季節の循環消長を支配するカテゴリーとされていたことが分かる。もう一つの気の下位カテゴリーである五行と結びつけられるのも, この頃のことである。同じ頃生まれたと思われる『易経』や『老子』のテクス

ト は，それ自体既に陰陽思想による言表を含んでいるが，やがて宇宙生成論を構想する上で，多様な解釈を受け入れるに至り，陰陽は万事万象を生む根源的二気として，重要視されていく。政治的には，鄒衍以降も，漢代の儒者達によって，陰陽や五行を援用した王朝交替のモデルや，災異予言説が盛行した。他方，医学や天文など，方術の分野では，身体や天体の運動を記述する工具として，陰陽概念がめざましい発展をとげる。　　　　　　　　（石田 秀実）

いんようか【陰陽家】　戦国時代に活躍した諸子百家の一つ。太陽は陽で月は陰，夏は陽で冬は陰，男は陽で女は陰，君主は陽で臣下は陰，徳義は陽で刑罰は陰，などと陰・陽二つの概念を万物にあてはめ，陰陽の対立盛衰により，世の中のあらゆる現象を説明しようとした一派。彼らは陰陽のみならず，土・木・金・火・水なる五行の概念をも駆使したので，陰陽五行家ともよばれる。この理論は天文・医学・薬学・占卜などに応用され，陰陽五行説は当時最新の科学的知識であったと考えられる。彼らの著作は，現存する最古の図書目録『漢書』芸文志に21種369篇が載せられているが，今はすべて失われている。代表的人物は戦国末期に活躍した斉の鄒衍で，彼の主張は『史記』などに引用されたわずかな逸文によれば，各王朝の興亡を五行の循環に配当した「五徳終始説」と，天下は世界全体の81分の1に過ぎないという「大九州説」を唱えたことが知られる。　　　　（影山 輝國）

いんようごぎょうせつ【陰陽五行説】　中国独特の動的な二元カテゴリーである陰陽と，世界の事象を木・火・土・金・水の5つの位相(phase)によって分類し，関係づける五行との2つのカテゴリーを結合させることによって，より複雑な事象を説明しようとした原理。陰陽は，対立する二元原理であるが，もともと日かげ(会)と日なた(昜)のような，対立しつつも互いに他方に向かって転移しつつあるような循環を含む，柔らかい二元である。論理学でいうAと非Aのような硬い二元でなく，循環し，補いあう二元であるところから，事象の生成と変化を説明する原理となった。五行は，もともと素材としての木や金などから考えられた分類原理だが，それら素材同士が変化し，互いに他を生成したり，対立したりする関係から，5つの行るものという観念となり，相生(互いに生みあう)と相克(相勝とも。互いに打ち克ちあう)という2種の循環関係の原理となっていった。いずれも世界を間断のない流れとしてとらえる気のまなざしにふさわしい分類，関係づけの原理であるため，気の下位カテゴリーとして，古くから中国で用いられてきた。

歴史的には，五行よりも陰陽の方が古く成立したと考えられているが，確かなことは分からない。文献的には『左伝』や『管子』などに気としての陰陽の古い用例があり，一方，五行の方は『国語』などの素朴な形から『孫子』『墨子』などの相克説が古い用例である。

陰陽と五行を結合させた陰陽五行説の成立にあたっては，時令(農業暦)がその枠組みを提供したと考えられている。四季と四方とを対応させる古くからの時空感覚に，中央を加えて，これを五行と対応させた上で，一年を通じて変化する陰陽の消長と結合させればよいからである。陰陽五行説は，前3世紀前半を生きた鄒衍によって体系化され，王朝の転変や政治の説明原理として，漢代以降重要な役割を果たした。　　　　　　　　　　　　　（石田 秀実）

いんようたいてん【陰陽対転】　上古漢語の通押(韻部を越えての押韻)・諸声現象を説明する語。上古音の韻部を決定する上での重要な概念。この場合，陰声は音節末子音をもたない開音節を指し，陽声は音節末子音に鼻音を有するものをいう。『詩経』など先秦の文献でしばしばこの両者が押韻し合うことについて，まず戴震が，続いてその弟子孔広森が『詩声類』にて理論化した。孔広森は，主母音を同一もしくは近似とする陰・陽2声は，入声を要として互いに関連づけられ，押韻が可能となると考えた。例えば，平声「之」が上声「止」，去声「志」，入声「職」に転じ，さらに「職」から去声「証」，上声「拯」そして平声「蒸」に転ずるという訳である。彼の理論では，唇内入声韻(緝・合・盍・葉・帖・洽・狎・業・乏)以外の入声はすべて陰声に属することになる。後にこの考え方は，「呼」と「喚」など，主母音が近似する陰陽2類の字音が，互いに同義を有する造語過程を説明する場合にも用いられた。　　　　　　　　（木津 祐子）

いんようは・せいしゅうは【陰陽派・静修派】　神仙術の用語。陰陽派は神仙術の領域では双修派・陰陽双修派などともいい，異性を相手に自己の気を補う性的修行を行う人々を派に見立てた表現。南宋期に『悟真篇』に注した陸墅(字は子野，13世紀の人か)や子虚子(姓名不詳，12世紀の人)は男女双修の立場から同書を解釈した可能性が高い。清朝中期の傅金銓も「双修」に関与したと見られる。但し，男女の性交は内丹法の表現上，必須のメタファーであるため，本当に性交を実践したか単なる隠喩かを見極めることは至難である。静修派は1人で実践する単修で，陰陽派の対義語。

　　　　　　　　　　　　　　　（森 由利亜）

いんりゃくいつう【韻略易通】
明の韻書。2巻。1442(正統7)年成書。蘭茂の撰。本書は先ず東洪・江陽・真文など，漢字2字により示される20の韻に分けられ，ついで各韻の中では早梅詩「東風破早梅，向暖一枝開，氷雪無人見，春従天上来」の20字によって声類が示される。そして各声類の中はさらに声調によって分けられている。当時の北方音系の音を示したものと考えられ，全濁音声母の消失，舌上音と正歯音の合流が見られ，また-m 韻尾及び入声の存在が確認される。
（花登 正宏）

いんりゃくわいつう【韻略匯通】
明末の韻書。2巻。1642(崇禎15)年成書。畢拱宸の撰。本書は『韻略易通』を改編して撰述されたものである。韻目を東洪・江陽・真文など，漢字2字により示すこと，声類を早梅詩「東風破早梅，向暖一枝開，氷雪無人見，春従天上来」の20字で示すことなど，その体裁は『韻略易通』とほぼ同様である。韻目は『韻略易通』の20から16に減少し，-m 韻尾が-n 韻尾に合流していることなどが分かるが，これは依拠方言の異なることによると考えられる。
（花登 正宏）

いんりゅうさいせつじ【飲流斎説瓷】
清の陶磁器についての解説書。上下2巻。1920年代に刊行。清末期から民国にかけての陶磁研究家，許之衡が，光緒年間(1875-1908)に著した。「概説」「説窯」「説胎釉」「説彩色」「説花絵」「説款識」「説瓶缶」「説杯盤」「説雑具」「説疵偽」の10節からなる。主として陳瀏の『匋雅』をもとに分類整理，中国陶磁の沿革・分類を体系的に詳しく記述する。翻刻には塩田力蔵著『説瓷新註支那陶磁』(第一書房，1941年)がある。
（砂澤 祐子）

いんれいめい【殷令名】
生没年不詳。唐代の書家。陳郡(河南省)の人。貞観年間(627-649)のころより，能書をもって知られた。令名の書いた『裴鏡民碑』(637年)は筆法精妙で，欧陽詢・虞世南におとらないと評された。また題額に秀で，当時の寺額は令名の手によったものが多く，後代の程式となったという。殷氏は代々書画にたくみで，学門の名家である顔家とは姻戚関係にあった。ちなみに令名の娘は，顔勤礼に嫁いで昭甫を生んだ。昭甫は顔真卿の祖父にあたる。
（大橋 修一）

いんれき【殷暦】
殷の暦法。天文計算の方法が未確立であったために，天体の実測により季節や冬至などを知った観象授時暦であるとともに，月の満ち欠けと季節とを，歳末に閏月を置くことで対応させた太陰太陽暦。六十干支の約6倍である約360日を1年，30日もしくは29日を1か月とした。なお，前漢において殷暦と称された四分暦，すなわち1年を365日と$\frac{1}{4}$日とする暦法は春秋末期に成立したもので，実際に殷で使用された暦法ではない。
（小林 春樹）

いんろきょくだん【螾廬曲談】
崑曲理論書。清末の王季烈の著。2冊4巻。もと1914(民国3)年から1916年まで上海の『小説月報』に連載された王季烈の曲律論を1925年商務印書館で4集に分け『集成曲譜』(王季烈・劉富梁編)の各巻の巻首に付して刊行したもので，後に集めて単行し『螾廬曲談』と名づけた。螾廬は王季烈の号。王季烈は崑劇の専門的研究家で，曲も歌えた。崑劇俳優である兪振飛の父兪栗廬の同輩である。内容は崑劇作品の評論と曲譜で，『還魂記』『朱買臣休妻』『玉響記』等多数が論じられている。この書は後にさらに改編され『与家曲譜』と改名し，比較的歓迎された。
（内山 知也）

いんわろく【因話録】
晩唐の小説集。6巻。趙璘(803〜?)の撰。趙璘，字は沢章，834(大和8)年の進士。左補闕，漢州刺史，衢州刺史を歴任。本書は853(大中7)年ころの作。宮，商(上・下)，角，徴，羽の5部に分けて，玄宗から宣宗の時代までの，皇帝と皇后・臣下・庶民・典故・諸物の逸話や見聞記事133話を記す。簡潔な文章で実事を主とし，史伝を補足する資料として評価されている。明の商濬(一名商維濬)編『稗海』などに所収。上海古典文学出版社排印本(1958年)もある。
（富永 一登）

う

う【盂】 深い鉢状の身に圏足(円形の高台)を付けた器。頸部がすぼまらずに開き，付耳を持つ。また青銅製の盂は大型の器が多い。食物や飲料をいれたほか，洗面用にも使われたとされる。銘文に「盂」と自銘するが，同形の小型器には「殷」と自銘する例もあり殷との判別が難しい。青銅の盂は殷墟期に出現し西周前期〜後期にかけて盛行する。春秋以降の盂には鑑と形態的特徴が一致するものが多く，両者が漸移的に置き換わったことが想定される。　　　　　　　　　　　　　　　　　　（角道 亮介）

う【禹】 古代の伝説的帝王。『大戴礼』五帝徳・帝繫は，黄帝の孫である顓頊の孫とする。『詩経』や秦の景公(在位前576〜前537)及び斉の霊公(在位前581〜前554)時代の金文では太古の治水神として描かれる。堯・舜の臣としての禹は『論語』堯曰篇に初見し，『孟子』に至って，父鯀の治水失敗・処刑，堯の登用，治水成功，舜の禅譲，子啓の王位継承による夏王朝開始などの伝承が確定する。『書経』禹貢は禹の治水に仮託した戦国晩期の地理書である。史記2　　　　　　（吉本 道雅）

う【竽】 管楽器の一種。笙より大型で，管数も多い。各管の下端に簧(リード)を取り付ける。歴史的には22簧・23簧・36簧のものを竽，13簧・17簧・19簧のものを笙と呼んで区別した。漢代の百戯の陶俑や画像石には竽の演奏図が散見し，文献にも声楽の主要伴奏楽器としてだけでなく，瑟との合奏にも用いられたと思われる記述もあることから，戦国時代から漢代の雅楽に広く使用されたと考えられる。文献の記述によれば，もとは36管あり，のちに23管に減少したというが，馬王堆漢墓1号墓から出土したもの(明器)は，高さ78cm，共鳴胴，吹口が木製で，竹管は前後11管ずつ横2列に配置されている。また，同3号墓からは竽律と命名された音律制定用と思われる明器(竹製の簧を含む)も出土している。竽は隋唐代には笙とともに用いられたものの，宋代以降は笙で代用され，次第に淘汰された。奈良の正倉院には唐代の竽が保存されている。　　　　　　　　　　　　　　　（増山 賢治）

ウイグル　Uighur トルコ族の部族名またはそれを中心とする国家名。回鶻。廻紇とも表記される。突厥第一可汗国時代には，鉄勒の九姓を構成する一部族として，セレンゲ川上流域に拠っていたが，唐の羈縻支配期になるとこれに帰順し，その族長は瀚海都督府の都督に任命された。やがて突厥の復興とともに再びこれに服属するが，その末期になると強大化し，九姓を掌握しつつ抜悉密・葛邏禄を破り，745年には骨力裴羅が闕毗伽可汗(懐仁可汗)として即位した。その後，第二代葛勒可汗(磨延啜。在位747〜759)は，周辺の諸部族と戦って支配の基礎を固め，続く第三代牟羽可汗(在位759〜780)の治世には，国家の体制が確立された。また特筆すべきは，後者の可汗の時代に，安史の乱によって混迷する唐を助けた見返りに，大規模な絹馬交易を実現させていることである。こうしたウイグルの動きには，ソグド人が大きく関わっており，オルドゥ・バリク(宮殿の町，カラ・バルガスン)がオルホン川上流域，ウチュケンの地に造営されるのもこの可汗の時代である。またこの時代，マニ教がウイグルにおいて優勢となり，後にそれが国教的位置を占めるにいたるのも，ソグド人らの影響によるものであろう。

その後，780年にクーデターによって第4代可汗が即位し，795年にも歴代の可汗を出した薬羅葛氏ではない，跌跌部族出身の第7代可汗が即位するなど，内部的には変動時期を迎えるが，続く第8代保義可汗(在位808〜821)時代には，西方経略に一定の成果があったことが，いわゆるカラ・バルガスン碑文などからうかがえる。

しかし839年に政治動乱が起こり，西北のキルギズ勢力の侵入を導くと，ウイグル遊牧国家は滅亡の憂き目を見ることになり，その部民の多くも四散した。一部は，唐の北辺に南下したり，一部は西遷して，天山東部方面やカルルク・吐蕃に入った。ウイグルの名を継承するのは，龐テギンに率いられ天山東部に向かった一派で，彼らはそこで西ウイグル王国と呼べる態勢を取った上で，その首都を焉耆に置いた。ただし，焉耆が首都であった時期は短く，やがてビシュバリクと吐魯番のカラ・ホージャを夏・冬の都とするにいたる。同国の領域は，天山東部一帯に，東はハミ，西はクチャおよび，その支配者はそれまでの可汗という称号を改め，イドゥクク

トという称号を採用している。

　またマニ教を信仰していたウイグル人も、国内の漢人やトカラ人仏教徒の影響を受けて、徐々に仏教が浸透し、遅くとも11世紀にはマニ教は完全に駆逐され、代わってウイグル仏教が主流となっていく。

　13世紀初頭、モンゴル帝国が勃興すると、その支配を進んで受け容れるが、13世紀後半のモンゴルのオゴデイ家に属していたカイドゥらと第5代モンゴル皇帝クビライとの対立が惹起すると、その王イドゥククトは、1280年代半ばに天山東部を放棄して、甘粛地方にその拠点を移すことになる。

　14世紀前半には、天山東部にあった西ウイグル王国の旧領は、チャガタイ・ウルス(後のモグール・ウルス)の支配下に置かれるとともに、イスラム化が進行していき、16世紀初頭にはそれが完了する。それとともに、自他を問わずウイグルと称する集団は、その姿を消すことになる。現在、東トルキスタンのイスラム教を信仰するウイグル(維吾爾)民族の名は、1921年タシュケント市で開催された諸民族会議で提唱され、1934、35年頃より盛世才の政治的な意図によって公に用いられ定着したものに過ぎない。
　　　　　　　　　　　　　　(荒川　正晴)

ウイグルもじ【ウイグル文字】　回鶻族(かいこつ)(ウイグル族の祖先)が使用していた表音文字。ソグド文字を基礎として創られた。初期文献(9～11世紀)と後期文献(13～14世紀)では文字の形体や種類に大きな差がある。もとは右から左へ横書きしたが、後に上から下へ縦書きするようになった。文字は語頭/語中/語末で3種類の異なる形態がある。ハミ、吐魯番(トルファン)および敦煌などから豊富なウイグル文献資料が発見されている。現在の新ウイグル語はアラビア文字を使用する。
　　　　　　　　　　　　　　(池田　巧)

ウーロンちゃ【烏龍茶】　元来は茶樹の品種名であるが、広く中国東南部で生産される味の強い半発酵茶の総称として使われる。緑茶の製造工程の中に、特有の做青(ズオチン)(葉を入れた容器を揺らすなどして周辺の細胞を破壊し、部分的な発酵を促すこと)の作業を加えることで、独特の風味を持たせた茶であり、青茶とも言う。清代の始め、武夷山から始まり、広まったものと推測される。福建の武夷岩茶・安溪鉄観音、広東の鳳凰単欉、台湾の凍頂烏龍が代表とされる。
　　　　　　　　　　　　　　(高橋　忠彦)

ウェイリー　Arthur David Waley　1889～1966。イギリスの東洋学者。裕福なユダヤ人のシュロス家にロンドン近郊で誕生。ウェイリー姓は母方のもので、第一次世界大戦勃発の直前に改名。10歳のころから詩作、詩に関心を持つ。1903年ラグビー校入学。1906年ケンブリッジ大学入学。同年、ドイツ、フランスを旅する。大学では古典を専攻。はじめ父親の勧めで貿易に携わり、スペインに滞在。1年で帰国。大英博物館の版画・素描部に勤務。C.バックスの『中国詩二十首』を読み、中国詩に強い関心を抱き、まず独学で中国語そして日本語を学ぶ。ロンドンに来たイマジストのアメリカ詩人、E.パウンドとも会った。中国語を始めて3年後、漢の武帝の「秋風辞」など50首を私費で出版(1916年)。認められて古詩と白居易の詩、『中国詩百七十首』を刊行(1918年)。『詩経』(1937年)や『論語』(1938年)も訳す。また、『源氏物語』の訳(1925～33年)は有名。『枕草子』抄訳(1928年)もある。しかし、生涯中国にも日本にも渡らなかった。
　　　　　　　　　　　　　　(門田　眞知子)

ウェードしき【ウェード式】　イギリスの外交官(後ケンブリッジ大学初代中国語教授)ウェード(Thomas Francis Wade, 1818～1895)が著した中国語学習書『語言自邇集』(副題：A progressive course designed to assist the student of colloquial Chinese, as spoken in the capital and the metropolitan department, 初版：ロンドン、1867年)の中で採用された中国語のローマ字転写方式。そのシステムを現代の拼音(ピンイン)字母と比較すると、①b/p, d/t, g/k, j/q, zh/ch, z/cで弁別される帯気性の対立が、無気音(p, t, k, ch, ts)に ' を付すか否かで区別される。②韻母を条件に相補分布をなすj/zh, q/chがそれぞれch, ch'にまとめられている。③声調を表記する場合、音節の右肩に数字で示す、等の特徴がある。因みに、明治初期以降の日本における中国語学習教科書の形式が『語言自邇集』の影響を大きく受けていることが指摘されている。
　　　　　　　　　　　　　　(清水　政明)

うきつ【于吉】　生没年不詳。後漢の方士。「干吉」と記す資料もある。『後漢書』30下の襄楷伝によれば、宮崇なる人物が、師の于吉から授かった『太平清領書』を順帝に上進した。帝には顧みられなかったが、後に張角がこの書を手に入れ、太平道を興したとされる。『三国志』注に引かれる諸書では、于吉が三国時代の呉でも活躍したとする。六朝時代には『太平経』の伝授者として有名となり、帛和や桂君なる弟子がいた、とする伝承も現れる。
　　　　　　　　　　　　　　(亀田　勝見)

うけん【于謙】　1398(洪武31)～1457(天順元)。明代の政治家。杭州府銭塘県(浙江省)の人。字は延益。1421(永楽19)年の進士。河南・山西

の巡撫を経て兵部左侍郎となる。1449(正統14)年，正統帝(英宗)が大同郊外でオイラート部のエセンの率いるモンゴル軍に敗北し捕虜となると(土木の変)，朝廷は動揺して南遷論も出されたが，于謙は北京防衛を堅持し，兵部尚書となって正統帝の弟景泰帝(代宗)を支え，軍を率いて北京郊外にモンゴル軍を迎え撃った。エセンは撤退して翌年和議が成立し英宗が還された。その後，土木の変で崩壊した京営の軍制を改革して団営の制度を立て防衛に意を注いだ。1457年，景泰帝が重病となり，于謙を恨む石亨・徐有貞・曹吉祥らのクーデター(奪門の変)によって，皇太子問題で景泰帝と争っていた英宗が復位(天順帝)すると逮捕処刑された。後に名誉を回復し粛愍(後に忠粛)と諡され，『于忠粛集』13巻が編纂された。小説『于少保萃忠全伝』は于謙の事績を題材にしたもの。明史170　(大澤 顯浩)

うこう【禹貢】　『書経』の一篇の名。伝説の帝王禹が治水で功績をあげ，夏王朝を開いたのちに，九州に分かれた全国より貢賦が寄せられるという説話に仮託して，各地の土地条件・物産・交通などについて記述したもの。国土の構造を模式的に示した記述もある。作者や作成年代ははっきりしないが，おおよそ戦国時代頃の知識をあらわしているといわれている。『山海経』と並んで中国の最初の体系的な地理書とされるが，経書の一部であるために，特別な古典として，古来多くの注釈研究が行われてきた。南宋の程大昌『禹貢山川地理図』，清の胡渭『禹貢錐指』などが代表的なもの。
(秋山 元秀)

うこうすいし【禹貢錐指】　中国最古の地理記述『書経』禹貢篇の研究書。20巻，図1巻。清の胡渭著。「錐指」とは『荘子』秋水篇に出る言葉で，巨大なものを小さな道具で差し示そうとする，という謙辞である。北朝北魏の酈道元の地理書『水経注』を主な材料とし，また方眼を引いて47枚の図を作成し巻頭に付してある。禹貢に現れる地名が今日のどこであるかを比定しようとしているが，その点については不正確を免れない場合もある。
(吉田 純)

うここじ【于湖居士】　→張孝祥

うさぼう【烏紗帽】　黒い紗(薄絹)で作ったかぶりもの。東晋の時宮官のかぶったもので，『晋書』輿服志に「成帝の咸和九(334)年の制に二宮の直官に烏紗帽を着すを聴す」とある。『新唐書』車服志に「烏紗帽は視事および燕見賓客の服なり」とあるように，唐代には官服の帽として用いられた。また，『中華古今注』には「武徳九(626)年十一月，太宗詔して曰く，今より以後天子烏紗帽を服す。百官士庶皆同じくこれを服す」と記されている。また，幞頭は青黒色の紗で作られるのが常であったため，後世には烏紗帽と俗称された。
(相川 佳予子)

うし【雨師】　雨の神。『列仙伝』によれば，赤松子は神農ならびに高辛の時代の雨師であった。『楚辞』の天問篇に見える萍号や『左伝』に見える水神の玄冥，あるいは二十八宿の一つの畢星がそれになぞらえられることもある。『周礼』大宗伯に，柴を焚いて風の神の風師(箕伯)とともに雨師を祭るとあり，また『史記』封禅書が秦の雍(陝西省)の地に風師と雨師とを祭る祀廟が存在することを伝えているように，風師とともに古くから国家祭祀の対象であった。
(吉川 忠夫)

うしてい【禹之鼎】　1647(順治4)～1709(康熙48)?。清時代初めの宮廷画家。江都(江蘇省)の人。字は上吉，号は慎斎。康熙年間(1662-1722)に内廷に倶奉，鴻臚寺序班となる。画は故事人物画・風俗画・肖像画を得意とした。当時の名士の肖像は彼によって描かれ，画風は陰影法を温和にとり入れた写実的なもので，当代第一と称された。遺作は，『問字図巻』(東京，個人蔵)，『城南雅集図巻』(東京国立博物館蔵)などが日本にある著名な例である。清史稿504　(海老根 聰郎)

うじん【右衽】　衽(袵)は内側に入れこむ襟である。衣服の左右を重ね合わせて着る際に，左襟を内側に入れて着る着方が左衽であり，右襟を内側に入れて着る着方が右衽である。『風俗通義』に「胡は互なり，其れ被髪し，左衽なり」とみえるように，古来中国では左衽は四夷の野蛮国の風習であるとして軽蔑し，自らの重ねは必ず右衽とした。

しかし中国の服飾の歴史には，幾度か胡服が登場している。一つには唐にみられた胡服の流行があり，漢人達も胡人達の窄袍を好んで着用したが，襟の合わせ方だけは右衽にした。他方では，胡族による支配がある。南北朝期の北朝や遼・金の支配者層の衣服は基本的に胡服であり，それらは左衽であった。しかし同じ胡族でも元になると一部左衽も残るが，主たる衣服は右衽となっている。この傾向は清でも同様であり，満洲族の衣服の主流も右衽であった。
(増田 美子)

うそんきょくわ【雨村曲話】　清の李調元の戯曲論集。2巻。上巻は元代の作家・作品を述べ，下巻は明清の作家・作品について述べる。先人

の著作を多く引用し，自分の意見を加えている。戯曲創作は元代作家の素朴で自然な風格に則るべきであって，曲(うた)やせりふの文句を対句にして飾りたてるような時勢に反した創作に反対した。また音楽の作曲もストーリーの情理に反した硬いものは認めなかった。函海初刻本(1784年)・曲苑本・中国古典戯曲論著集成本がある。李調元(1734-1802)は字を羹堂，又の字を贊庵とも鶴洲ともいい，号は雨村・童山蠢翁。綿州(四川省)の人である。1763(乾隆28)年の進士，吏部主事から考功司員外郎となり，直隷省通永道(北京市)に出た後，伊犂(新疆ウイグル自治区)に左遷された。まもなく母に孝養を尽くすため，故郷に帰り，著述に従事し，嘉慶年間(1796-1820)に没した。幼いころから学問を好み，金石や古書を集め『蜀碑記補』『全五代詩』など数十種を著した。また漢代以来の四川人士の著作160余種を集刻し『函海』24集を作った。地方の風土や民間文芸に興味を持ち，1777年に広東の督学官になったこともあって，広東民歌集『粤風』を作った。また李調元には『雨村劇話』2巻(1776年ころ成立)があり，上巻は戯曲の制度や沿革を先人の著書を引いて述べ，下巻では戯曲に演ぜられる説話(『月下斬貂蟬』『截江奪阿斗』『雪夜訪普』『沈万三』等の劇の出処)を考証している。

(内山 知也)

うだいしあん【烏台詩案】 北宋の蘇軾が，湖州の知事に在任中の1079(元豊2)年，その詩文が事実を枉げて朝廷の政を誹謗したとして，御史台の獄に下された筆禍事件をいう。また伝存する御史台での調書を『烏台詩案』という。烏台は，官吏を監察弾劾する機構である御史台の別称。蘇軾は100日の拘禁の後，黄州(湖北省)に流された。王安石らの新法党が旧法党の蘇軾を排除すべく企んだ事件でもある。

(山本 和義)

うっこうさいじょう【鬱岡斎帖】 明の法帖。正しい名称は各巻首に題する「鬱岡斎墨妙」である。10巻。1611(万暦39)年，王肯堂が摹勒上石(書跡をトレースして帖版に転写し，管駉卿が刻した。魏・晋・唐・宋の書跡を集刻するが，王羲之の『臨鍾繇千字文』『大道帖』『長風帖』，褚遂良の『隋清娯墓誌』『倪寬贊』，米芾の『天馬賦』などの偽跡が含まれる。摹刻の精巧さで聞こえたが，初拓の完本は得難い。10巻本の諸本間に収録書跡の異同があるほか，6巻本・8巻本の異本もあった。伝世する原刻の残本はいずれも木刻本であるとされるが，「10巻中には石版と木版が相半ばし，木刻はすでに蠹損しているが，石刻は完好である」(王澍)と伝え，「最初拓は蟬翼拓(蟬羽のように墨の付着が淡く細やかになるようにとった拓)か隔麻拓(版上に麻布を貼ってとった拓などをいう)である。『薦季直表』『衰生帖』『万歳通天進帖』の3件は華氏から購入した法帖『真賞斎帖』の版を再利用したもので，初拓にはその原題「真賞斎」の字が残存するが，後拓では削除されている」(費念慈)と伝えるなど，原刻の全容については不明なところがある。

(澤田 雅弘)

うっちおっそう【尉遅乙僧】 生没年不詳。初唐から盛唐にかけて長安・洛陽の寺院壁画を制作した于闐国(新疆ウイグル自治区)出身の画家。一説に吐火羅国(アフガニスタン北部)の出身ともいう。隋の画家尉遅跋質那の子。父の跋質那を大尉遅，子の乙僧を小尉遅と呼んだ。710年頃を活動の下限とする。長安大慈恩寺の千手千眼大悲像，光宅寺の降魔変相の壁画はとくに有名で，凹凸花と呼ばれる縟綢彩色による堂内装飾が施され，大画面の変相図には，仏・菩薩などの他に外国の風俗・人物・花鳥が総合的に描かれていた。インド・西方に起源する陰影を伴った彩色技法とひきしまった鉄線描によって立体感をあらわす表現は人々の注目を集め，「壁より出ずるが如し」(段成式『寺塔記』)と評された。異国の法に則った奇異な画風とみなされたが，的確な線描と写実を至上とする点で当時の絵画観と齟齬せず，高い評価が与えられた。日本の奈良時代に制作された法隆寺金堂壁画における仏・菩薩の陰影表現や鉄線描に，尉遅乙僧の画風との関係を見いだす意見が多い。

(井手 誠之輔)

うつりょうし【尉繚子】 兵法書。現行本は5巻24篇。『漢書』芸文志には雑家と兵形勢家にそれぞれ『尉繚』29篇と31篇を著録する。偽作が疑われてきたが，1972年に銀雀山漢墓から現行本の一部とほぼ同内容の竹簡が出土し，少なくとも漢代に現行本の一部は存在していたことが確認された。しかし，現行本の成立，現行本と『漢書』の『尉繚』および出土竹簡との関係，これらのテキストと現行本巻1・天官や『史記』秦始皇本紀に見られる人物尉繚との関係など不明な点も多い。

(久保田 知敏)

うてい【盂鼎】 西周時代前期(康王の23年)の青銅器。大盂鼎とも言う。清の道光帝(在位1821～50)の初年に陝西省岐山県礼村から出土したと伝えられる。内壁に291字もの長い銘文を持ち，盂なる人物が王から軍の監督の任務を命ぜられ，多くの賞賜を受けたことを記す。また，殷人が酒に溺れて国を滅ぼしたと言っているのは，文献資料の記載とも一致するところである。高さ100.8cm，口径

78.3cm，重量153.5kgにも及ぶ巨大な鼎で，現在，北京の中国国家博物館の所蔵である。　（竹内　康浩）

うでんおうしぼぞう【優塡王思慕像】　優塡王の造像伝説に基づく釈迦如来像をいう。優塡王（また鄔陀衍那・優陀延・優田・出愛王とも）とは釈尊在世中の憍賞弥(カウシャーンビー)国王ウダヤナの書訳。『増一阿含経』『大乗造像功徳経』等に，釈尊が一時忉利天に昇り生母摩耶の為に説法すると90日に及んだ時，優塡王が，不在の釈尊を思慕してその姿を牛頭栴檀に刻ませたという。この伝説をもって造られた像は，釈迦の生身の姿を写した最初の仏像として格別に信仰された。初唐の玄奘はインドの憍賞弥国で当像を拝し模刻像を持ち帰っている。また，鳩摩羅什や南朝梁の武帝による請来伝説が実際の仏像に付会されて，各地で信仰された。唐代の揚州開元寺像・荊州大明寺像などが有名であった。前者はのちに東大寺の僧奝然が模刻して日本に持ち帰り，嵯峨清涼寺釈迦像として信仰を集めた。また，龍門石窟・鞏県石窟には「優塡王像」と銘記のある初唐時代の仏倚坐像が多数見られ，これも優塡王思慕の釈迦如来像と考えられる。
　　　　　　　　　　　　　　　　（肥田　路美）

うひり【烏皮履】　黒い皮で作った浅いくつ。隋の文帝が即位後(581年)直ちに制定した服制(開皇令)にはじめて採用された。すなわち，天子の六服のうち黒介幘(拝陵の服)，白紗帽(視朝，聴訴および宴見賓客の服)，白帢(哀悼の服)の履は烏皮履とされた。煬帝の大業元(605)年の改定で烏皮履は天子の皮弁，白紗高屋帽，白帢に用いられることになり，また，百官の五品以上の朝服には，舄に代わってすべて烏皮履が用いられた。唐代官吏のはきものとして常服に靴，公服に烏皮履が用いられたことが『旧唐書』輿服志にみえる。烏皮履は日本古代の服制にも採用されている。　　（相川　佳予子）

うぶんがい【宇文愷】　555(恭帝2)〜612(大業8)。隋の都市計画・建築設計者。夏州(陝西省)の人。北朝西魏の胡族の出身。字は安楽，諡は康。隋の文帝582(開皇2)年の大興城(長安)建設の際に，副監に任命され，主要な宮殿・離宮・寺院・陵墓などの設計を担当した。また，煬帝605(大業元)年の東都(洛陽)建設の際にも副監となり，後に工部尚書の官職を授かる。さらに，周代の重要な礼制建築であった明堂とよばれる政庁正堂の徹底的な復元研究を試みている。明堂について，『隋書』礼儀志1に「二重の屋根，重層の廟，五つの部屋と四つの窓で，寸法や形式に根拠がある」とあり，『隋書』宇文愷伝に引く上奏文「明堂議表」では，その図が1分をもって1尺，つまり縮尺100分の1としていたと記録されている。宇文愷が計画したこの時代の都市や建築は，その後の中国の都城平面や宮殿建築の一つの典型として大きな影響を与えることになった。主著に『東都図記』『明堂図議』があるが，いずれも失われている。隋書68
　　　　　　　　　　　　　　　　（高村　雅彦）

うぶんきょちゅう【宇文虚中】　1079(元豊2)〜1146(皇統6)。金初の文学者。成都華陽(四川省)の人。字は叔通。『中州集』の巻頭に置かれる詩人。1109(大観3)年の進士。北宋から南宋に仕え，1129(建炎3)年に使節として金を訪れたが，拘留されて金の臣下となった。金は彼を重んじて「国師」の称号を与えたが，1146年に謀反のかどで処刑された。『中州集』に詩50首を残す。その詩は内心を反映して沈鬱である。金史79，宋史371
　　　　　　　　　　　　　　　　（高橋　文治）

うぶんたい【宇文泰】　505(正始2)〜556(西魏恭帝3)。北朝西魏の最高実力者で北周建国の基礎をすえた人物。字は黒獺。北周の世になって廟号を太祖，諡を文帝とされた。その先祖は遼西地方における鮮卑諸部落の指導者で，のち北魏に属して武川鎮(内蒙古自治区)で北方の警備に従事していた。523(正光4)年に六鎮の乱が起こると宇文泰は北魏が関中に派遣した反乱討伐軍に加わり，その指揮官の賀抜岳が殺されると代わって軍事を統率して陝西・甘粛を支配下に置いた。このとき高歓と対立して洛陽を脱出した北魏の孝武帝を長安に迎えることに成功し，ここに北魏は東西に分裂した(534年)。西魏の最高実力者となった宇文泰は，軍の要職を同郷の武川鎮出身者で固める一方，漢人の名臣蘇綽を信任して『周礼』に基づく官制改革を行い，また府兵制を創始して国力の充実に努めて，高歓を指導者とする東魏と対立した。宇文泰の死後，遺命を受けた甥の宇文護が西魏の恭帝に迫って宇文泰の第3子覚(孝閔帝)に譲位させ，北周が成立した。周書1・2，北史9
　　　　　　　　　　　　　　　　（浅見　直一郎）

うほ【禹歩】　道教で用いられる呪術的な歩法。古代の伝説的な帝王禹の歩きかたを真似たものといわれ，辟邪・攘災・治病などの呪術的効果があるとされた。睡虎地秦簡の『日書』や馬王堆医書『五十二病方』などにすでに禹歩に関する記述が見えるが，のちにはもっぱら道士が入山修行や法事の際に行うものになり，また歩罡踏斗などの道術と結合していった。日本の陰陽道や修験道で用いられる反閇は禹歩に起源する。　　　　　　（麥谷　邦夫）

うやてい【烏夜啼】　琴の曲名。もとは南北

朝時代の恋愛を題材とした清商楽(晋の南遷にともない，北方の相和歌と南方の民歌が結びついて発展した音楽)の中の西曲歌の一つ。宋代の詞牌，元代の曲牌にもこの名がある。現存する最も早い譜は『神奇秘譜』のもので，南朝宋の臨川王劉義慶の作であるとする。琴曲『烏夜啼』の内容はしだいに変化し，恋愛という主題から離れて親鳥と雛鳥のむつまじい情景を写しだすものとなった。約30種類もの琴譜に収録される。清の『自遠堂琴譜』(1802年)所収の『烏夜啼』は全曲が10段からなっている。

(池澤 滋子)

うらぼんえ【盂蘭盆会】 目連救母説話を内容とする『盂蘭盆経』を典拠とし，父母・祖先への報恩を追善供養という形で行う仏教法会。夏安居の最終日である7月15日(僧自恣の日)に衆僧に食物を施すのが基本である。7月15日は道教の中元節にあたる。『仏祖統紀』巻37によれば，538(大同4)年に梁の武帝が同泰寺で盂蘭盆会を行ったことが記されており，盂蘭盆会は南朝の頃より普及していたとみられる。唐代には華やかな行事となっていた。

(入澤 崇)

うらぼんきょう【盂蘭盆経】 仏弟子のひとり目連が餓鬼の世界に墜ちた亡母を救済することを説く経典。目連は神通力で亡母が餓鬼道に墜ち苦しんでいることを知る。仏陀に救いを求めると，7月15日の僧自恣の日に七世父母のために百味飲食を供え衆僧に供養すれば，七世父母は餓鬼道を離れることができると教えられる。目連がその通りに供養をなすと母は天に生まれることができたという。この経典は竺法護の訳とされるが中国で作られたものであり，短経ながら衆僧が食を受ける作法も説く。盂蘭盆が飲食物を盛る貯食の器を意味するにもかかわらず，「倒懸」を意味するサンスクリット語に由来するとか，「霊魂」を意味するソグド語であるとかいわれるのは唐の玄応『一切経音義』が提示した「烏藍婆拏」の表記に基づく。衆僧への供養を通じてなされる亡母への功徳の転送を報恩として語るところに経典の主眼があり，これは中国における先祖の「鬼」を救済する「孝」の実践に通じ，経典の主人公である目連は中国民衆に強い印象を残した。

(入澤 崇)

うりゅういん【烏龍院】 伝統演劇の演目名。鄆城県の書記官宋江は妾の閻惜姣を烏龍院に囲うが，手下の張文遠が閻惜姣と密通する。ある日，張文遠のいる時に宋江も烏龍院に来合わせる。閻惜姣は宋江を追い返そうと冷淡に扱い，それに腹をたてた宋江は，二度と来るまいと誓って出て行く(『烏龍院』)。一方，梁山の晁蓋は，以前助けてもらったお礼の手紙と金子を劉唐に持たせて宋江に届けさせる(『劉唐下書』)。その宋江を閻婆(閻惜姣の母)が見つけ，娘と仲直りさせようと無理やり烏龍院に送り込む。二人は話もせずに一夜を過ごし，宋江はそそくさと立ち去るが，その時晁蓋からの手紙の入った文書袋を落としてしまう。途中で気づいて取りに戻るが，すでに文書袋は閻惜姣の手にあり，彼女はその手紙で宋江をゆすって離縁状を書かせ，張文遠に嫁ぐことを認めさせ，拇印まで押させる。それでも文書袋を返さないので，宋江はやむなく閻惜姣を殺して取り戻す(『坐楼殺惜』)。宋江に殺された閻惜姣の幽霊が夜中に張文遠を訪れ，その命を抜き取ってゆく(『活捉三郎』)。各段ともみどり上演(ある段だけを抜粋して上演すること)することが多く，『劉唐下書』は『坐楼殺惜』と続けて，『活捉三郎』は二人の馴れ初めを描く『借茶』をつける。京劇・川劇・徽劇・滇劇に全段あり。評劇・漢劇・崑曲などは一部のみ。京劇では周信芳の代表演目。人民共和国建国後に整理した通しの本では『活捉三郎』を省略。

(松浦 恆雄)

うりんれい【雨霖鈴】 詞牌。慢詞，双調(1首が前後2段落に分けられるもの)103字。唐の段安節『楽府雑録』などによれば，唐の玄宗が安史の乱に際して蜀(四川省)に蒙塵したとき，折からの霖雨のなかを聞こえてくる鈴の音に触発され，亡き楊貴妃を偲んで作った曲という。盛唐の崔令欽『教坊記』にその名が見えているが，おそらく教坊の曲そのものではなく，借りて詞牌としたもので，詞としては北宋の柳永の『楽章集』にはじめて見える。異体もあるが，柳永の作が定格とされる。

(中原 健二)

うるしえ【漆画】 彩漆で文様や絵を描く技法。彩漆は，漆に顔料を混ぜて発色させるが，漆の性質上，自由な色が出せるというわけではなく，その色彩は黒・朱・黄・緑・茶褐色に限られていた。したがって，漆画の遺品には，黒漆地に朱漆で文様を描くもの，朱漆地に黒漆で描くものを中心として，これらの色漆を適宜組み合わせ，ときには密陀絵や金銀彩，線刻文など他の技法を併用したものなどがみられる。

漆画の歴史は古く，すでに新石器時代の遺品に，黒・朱などに塗り分ける漆器が散見されるが，河北省藁城県台西村の殷代遺跡出土の漆器断片に饕餮文風の文様が描かれるほか，西周の北京市琉璃河燕国墓地出土の漆器には，朱漆地に褐色で雲雷文や弦文を描く漆罍など，漆画技法の成熟を示す作例が認められる。戦国時代には，漆工技術が飛躍的に進歩し

たが，前漢時代まで続く興隆期に最も魅力的な展開をとげるのが漆画，あるいは密陀絵による装飾であった。戦国時代の楚の文化で培われた美意識を反映して，戦国前期の湖北省随州市曾侯乙墓出土の漆棺や漆器(湖北省博物館蔵)，湖北省荊門市包山二号楚墓の漆棺(湖北省博物館蔵)，前漢前期の湖南省長沙市馬王堆1号漢墓の漆棺や漆器(湖南省博物館蔵)など，神秘性と，濃厚な装飾性に溢れる精巧な漆画が際立つ作例は枚挙にいとまがない。これら雲気文や動物文を中心とした図案風の漆画に代わって，後漢から三国時代には，故事人物を主題とした絵画的な漆画が流行した。北朝鮮平壌市楽浪郡彩篋塚後漢墓出土の人物漆絵竹筐(平壌特別市，朝鮮歴史博物館蔵)や，安徽省馬鞍山市三国呉朱然墓出土の漆器には，密陀絵を交えて色数を増やした技法で，生き生きとした人物表現が行われる。さらに山西省大同市石家寨の司馬金龍北魏墓の木板屏風，寧夏回族自治区固原県の漆棺など，華麗な色彩と緻密な描写による大規模な漆画作例も知られている。しかし，唐代以降は，次第にその主導的な地位を他の加飾技法に譲り渡すこととなった。　　(日髙　薫)

ウルシス　Sabbathino de Ursis　1575〜1620。天文学・水利学者。イタリア・ナポリ生まれのイエズス会士。漢名は熊三抜。南京までカッタネオ(郭居静)と同行するが，北京に派遣され，マテオ・リッチから自然哲学や中国語の初歩を学んだ。パントーハ(龐迪我)とともに中国暦の改修を依託され，李之藻や徐光啓の援助によって惑星運行理論などを漢訳，また北京の経度を決定した。万暦帝の愛顧を得たが，1617(万暦45)年，迫害によってマカオに逃れ，その地で没した。『泰西水法』『簡平儀説』『表度説』などの翻訳書がある。　　(橋本　敬造)

うれんせん【于連泉】　1900(光緒26)〜67。京劇の花旦(はすっぱな女性を演ずる女形)の名優。北京の人，原籍は登州(山東省)。本名は于桂森，字は紹卿。9歳で鳴盛和科班に入り，芸を学びながら梆子や京劇の花旦の役柄を演ずる。鳴盛和科班解散後，富連成社に入り，于連泉という芸名を名乗るが，当たり役にちなむ「小翠花」という芸名でも呼ばれた。蹻功に長じ，18歳で科班を卒業後，北京・上海・漢口などで公演し名声を博す。代表作は『座楼殺惜』『活捉三郎』『紅梅閣』『戦宛城』など。　　(加藤　徹)

うんえんかがんろく【雲煙過眼録】　元の書画学書。2巻(十万巻楼叢書本。宝顔堂秘笈本・四庫全書本は4巻)。周密撰。周密が閲覧鑑賞した書画を中心とする同時代コレクションの所蔵者別著録。周密自身当時の代表的な蒐集家の一人であり，その確かな鑑識眼により選別された作品の中には，今日まで現存するものも多い。書名は，蘇軾がその『宝絵堂記』に，美術品との邂逅離別を「煙雲の目を過り，百鳥の耳に感ずるに譬え」たことに因む。　　(嶋田　英誠)

うんき【運気】　中国伝統医学の理論。五運六気の略。五運とは木・火・土・金・水を，六気とは風・熱・湿・火・燥・寒をいう。これらを天干(甲乙丙丁戊己庚辛壬癸)と地支(子丑寅卯辰巳午未申酉戌亥)に置き換え，組み合わせて年月日を表す。これを陰陽五行の理論に基づいて運用し，毎年の気象や災害，流行する疾病などを予測し，理論づける一種の占い。源流は戦国時代の鄒衍からとも。基本的な資料は『素問』第66篇〜第71篇及び第74篇で「七篇大論」または「運気七篇」とも称す。唐の王冰が宝応年間(762-763)に『素問』を加注再編した際に，家蔵の旧本より補塡したとされるが，後漢に起源を求める説も，王冰以後の補塡とする説もあり，さらに近年，北宋期の補塡との見方もある。道蔵には王冰の作とされる『素問六気玄珠密語』『元和紀用経』も伝存する。運気理論は北宋以降，易とともに主要な医学思想の一つとなり，北宋の『聖済総録』の巻頭を占め，北宋の劉温舒『素問入式運気論奥』，金の劉完素『素問玄機原病式』などに応用されている。　　(浦山　きか)

うんきもん【雲気文】　一端が伸びたC字形の文様を一般に雲文または雲気文と称する。秦漢時代以降，銅器・漆器・陶磁器などの装飾文様として多用されるようになった。元来は春秋時代から戦国時代にかけ，蟠螭文や龍文の影響を受けて発達した幾何学的な格子状の文様中の装飾であったが，神仙思想などの高まりと共に山岳や神獣を表す装飾が流行し始めると，それに伴う雲気を表す装飾として盛んに用いられた。以後，霊芝雲などへと変化していった。　　(内田　純子)

うんきゅうしちせん【雲笈七籤】　北宋初期に編纂された一大道教類書，122巻(ただし89巻と92巻は重複)。北宋の張君房編。真宗朝の道蔵『大宋天宮宝蔵』から編纂された，道教の教義・道術・史伝などを体系的に整理してまとめた書籍。現在の道教研究に必須の基礎資料とされる。張君房は王欽若の命を受けて道蔵の再編纂に従事し，1019(天禧3)年に完成して『大宋天宮宝蔵』と題して真宗に献上した。その後，「雲笈七部の英を撮び，宝蘊諸子の奥を略す」(『雲笈七籤』自序)というように，『大宋天宮宝蔵』の精華を取って編纂したのが本書

である。1026(天聖4)〜29(同7)年頃，仁宗に献上されたと考えられる。「雲笈」とは道教の経典を入れる書箱，「七籤」はその中に収められた7種類(三洞四輔)の書物の意。なお，序文には120巻と言い現行本と異なるが，その間の経緯は不明である。

本書は，最初の「道徳部」「混元混洞開闢劫運部」「道教本始部」から最後の「埔城集仙録」「道教霊験記」まで，全体を50部余りに分類している。しかし，その内容は，概ね道教原論・道教経典・天地・服食・斎戒・存思・服気・内外丹・方薬・符図・守庚申・尸解・先人の理論書・詩歌・各種伝記類等と大きくまとめる事ができる。構成は，全て関連する文献をそれぞれに引用するという形式で編集されており，引用の方法は編者の張君房が論説を加える事なく，原文をそのまま全て採録するか，或いは節略している。現在失われてしまった文献を収録している場合も多く，貴重な資料を保存している意味からも非常に重要な文献といえる。ただ，「晨灯虹映の微を探り，玉珮金璫の説を綜ぶ」(『雲笈七籤』自序)というように，上清派教法に見える「晨灯虹映」や「玉珮金璫」を挙げている事から，収録されている文献の種類は道教各派全体を満遍なく収録するというよりは，茅山派の文献にやや力点をおいて採録しているようである。　　　　(坂内 栄夫)

うんけいゆうぎ【雲渓友議】　晩唐の小説集。3巻または12巻。范攄の撰。范攄は，懿宗(在位860〜874)・僖宗(在位874〜888)のころの人，五雲渓人と号した。自序によれば，若いころから秦・呉・楚・宋の地方の山水に遊び，その地での交友から得た話を集めて記したという。全65話を収録し，そのほとんどが中晩唐の詩人の詩作をめぐる逸事や詩の贈答を記す。本書によってしか知ることのできない当時の詩人の活動が多く，文学研究上貴重な資料となっている。『新唐書』芸文志と晁公武の『郡斎読書志』に3巻，陳振孫の『直斎書録解題』に12巻と著録されていて，南宋の時に既に2系統の本が通行していた。3巻本の『四部叢刊続編』所収の明刊本や『嘉業堂叢書』所収本には，巻頭に自序があり，各話に3字の標題が付いている。明の商濬(一名 商維濬)編『稗海』所収の12巻本には，自序も標題も無い。『四部叢刊続編』を底本とした上海古典文学出版社排印本(1957年)があり，その中華書局重印本(1959年)には稗海本との校勘を付す。　　　　　　　　　　　(富永 一登)

うんけんげんじん【鄖県原人】　湖北省北西部にある鄖県の学堂梁子遺跡で発見された化石人類。1989年に鄖県博物館が，1990年に湖北省文物考古研究所等が石灰華で覆われた保存良好な頭骨化石を発見した。ともに頭蓋骨の歪みは修復されていないが，眼窩上隆起の高さと厚み，額の傾斜と頭頂部の湾曲の弱さ，後頭部突起などから原人と鑑定されている。報告者は，人類化石と同一の地層から出土したほ乳動物化石が華北地方と華南地方の両方の種類が混在する前期更新世後葉の特色をもち，古地磁気年代測定では80〜90万年前であると主張している。重要遺跡であるので，より慎重な年代測定の成果が待たれる。1995〜99年の発掘調査によって人骨化石と同一地層から出土した石器は，砂岩や石英砂岩製のハンドアックスとチョッパーという大型重量石器と，スクレイパーなどの石英脈岩製の小型剥片石器である。文献に李天元ほか『鄖県人』(湖北科学技術出版社，2001年)がある。　(佐川 正敏)

うんこうせっくつ【雲岡石窟】　山西省大同市の西15km，武州川北岸に，東西約1kmにわたって開かれた北朝北魏時代の石窟。石質は砂岩。主要窟は約50窟。北魏の正史『魏書』(北斉の魏収撰)の「釈老志」によれば，文成帝の460(和平元)年に沙門統(宗教長官)の曇曜が，帝都平城(山西省大同市)の西，武州塞において，山の石壁を彫って石窟を5か所開き，各窟に仏像を1体ずつ彫り出すことを奏請したといい，これが雲岡石窟の開始であると考えられる。雲岡石窟は当時「武州山石窟寺」と呼ばれ，都が洛陽に移る494年頃までは活発な造営が行われ，洛陽遷都以降も小規模化しつつ北魏末まで続いた。

石窟は，東部(第1〜4窟)，中央部(第5〜13窟)，西部(第14窟以西)の3つの地域から成る。初期(460〜470年)の窟は西部地区東半に位置する第16〜20窟である。いずれも窟内いっぱいに巨大な本尊像を彫り出す尊像窟で，『魏書』にいう曇曜が造った5つの石窟(曇曜五窟)に相当する。各本尊とも力漲る体軀に密着する衣文を刻み，甘粛や西域の塑像に似ている。ただし，第16窟本尊像のみは中国式服制となっており，他の西方式服制の本尊像より遅れて完成した。

曇曜五窟に続く雲岡中期(470〜494年)には，中央部および東部地区の諸窟が開かれた。中期は多元多彩なモチーフやスタイルが溢れている。窟形は主室と前室を備え，柱や天井を表すなど寺院建築の内部を模した構造となり，窟内中央を柱状に掘り残して尊像を表す中心柱窟(第11・6・1・2窟など)も登場した。また，第7・8窟，第9・10窟，第5・6窟，第1・2窟のように，隣接する2窟が一組となる一対窟(双窟)が多く造られた。造形面においては，シバ神やビシュヌ神，阿修羅といった多面多臂のインドの神々や，鳥翼冠の門神，唐草文や連珠文，三角隅持ち送り式天井(ラテルネンデッケ)や

柱頭装飾など，イラン，ローマ起源の西方的なモチーフが多く現れた。また一方で，博山炉や龍，木造瓦葺きの建築物など中国的なモチーフも登場した。とくに，第5・6窟や第1・2窟など480年代以降の窟で中国式服制の仏像が出現したことは，仏教美術の中国化を最も端的に示すものといえる。洛陽遷都以後（雲岡晩期。494年～）に造られたとみられる西部地区西半（第21窟以西）や東部・中央部地区外壁の小・中型龕ではさらに中国化が進み，雲岡前半期に特徴的だった溌剌とした量感や力強さに代わって，穏やかな相貌の仏像が刻まれた。

また，雲岡では483（太和7）年以降民間の邑義（血縁や地縁を紐帯とする造像者集団）による仏龕の寄進が行われるようになり，「皇帝の石窟」から「大衆の石窟」へと変化していった。　（石松 日奈子）

うんごじ【雲居寺】　北京市西南の房山区の山中にある古刹。隋の609（大業5）年頃，静琬（？～639）なる僧が着手した仏典を石板に刻む事業が，その後着実に発展するなかで，7世紀半ばの唐初，寺として成立した。以後国家や地域社会の信仰を集め，唐から遼・金時代をつうじて刻経事業の中心となり，膨大な「房山石経」を残した。寺の歴史は今日までつづくが，1942年に日本軍によって空爆され，壮大な伽藍は灰燼に帰した。1980年代後半から再建が進み，1999年9月9日に復興が完了した。
　（氣賀澤 保規）

うんざんず【雲山図（米友仁）】　北宋末南宋初の文人画家米友仁の制作になる画巻。クリーブランド美術館蔵。雲山はその得意の主題であり，同様の作品が数点現存する。本図の特色は，他の作例がすべて紙本墨画であるのに対して，絹本着色による点である。ただ，その構図を二分し，左右置換すると，牧谿『漁村夕照図』，四分し，右から二番目のみを取り出すと，自身の『遠岫晴雲図』のそれと同型になるなど，表現素材と画面構成とを限定する米友仁の創造の要をなす。　（小川 裕充）

うんじゅへい【惲寿平】　1633（崇禎6）～90（康熙29）。清初の画家。常州，古名毘陵（江蘇省）の人。初名は格，字は寿平。後に寿平を名とし，字を正叔と改める。号は南田。別号，雲渓外史・白雲外史など。伯父は，遺民画家として知られる惲向。抗清の戦いに加わった父と子供の頃生き別れになり，のち劇的な再会を遂げた話は，戯曲にもなった（王抃『鷲峰縁』。但し清末に失伝）。終生清朝には仕えず，書画により生計を立て，清貧のうちに生涯を閉じたという。早くから画才があり，はじめ伯父惲向に画の手ほどきを受けた。24歳の時生涯の友となる王翬と出会い，後に王翬を介して最晩年の王時敏にも会う。王翬の才能を知ってから，山水画を捨て，花卉画に専心したと言われるが，実際は，正統派の文人画家として，生涯を通じ山水画を描いた。花卉画は，40歳頃から描き始めたが，主に売画のためと考えられる。初期の代表作として，32歳の時に，当時遺民の信奉を集めた霊厳寺の僧退翁の還暦の祝賀に，父に随い参加し描き贈った『霊厳山図巻』（北京，故宮博物院蔵）があり，みずみずしい表現が魅力的である。40歳頃から輪郭線を描かず彩色のみで描く没骨画法による写生花卉画を描き始め，特に牡丹画で人気を博した。王翬が山水を描き合作した『花卉山水合冊』（1672年，台北，故宮博物院蔵）がその最も早い遺品であり，晩年には，『花卉図冊』（1687年，北京，故宮博物院蔵）に見られるように，華やかさを抑えた淡雅な画風を追求した。正統派の画家らしく花卉図においても，倣古の形式をとり，五代・北宋の徐熙・徐崇嗣の没骨画に倣うと自ら記す。明の陳淳以降，文人の花卉図として，粗放な筆使いに心情を託す写意画が主流であったが，惲寿平は，宋風の精緻な写生の花卉図を没骨画法によって描き，軽妙な書による自題詩を添え，新しい文人の花卉表現を確立した。主題的には，出身地毘陵で，民間の職業画家により描き継がれた常州（毘陵）画と呼ばれた草虫図や蓮池図の影響も指摘されている。その画風は当時の花鳥画に新風をもたらし，弟子たちがその没骨写生花卉画を継承し，「常州派」と呼ばれる一派をなすなど，後の花鳥画に大きな影響を与えた。著に『甌香館集』がある。清史稿504　（宮崎 法子）

うんしょうふ【雲韶府】　唐代の則天武后の時の内教坊の呼称。唐初，禁中に創設された内教坊は女性のみの教習所であり，女楽（宮女が演ずる雅楽の一種。房中楽ともいう）を教習した。太常寺でつかさどる雅楽・胡楽・俗楽類から女楽のみを取り出したものである。則天武后のとき雲韶府と改められさらに教坊と略称された。　（池澤 滋子）

うんせいしゅこう【雲棲袾宏】　1535（嘉靖14）～1615（万暦43）。紫柏真可・憨山徳清と並ぶ万暦三高僧のひとり。仁和（浙江省）の人。字は仏慧，別号は蓮池，俗姓は沈。32歳で出家し，杭州五雲山に雲棲寺を再興，この寺を拠点として浄土思想の熟成宣布につとめ，明末最大の念仏結社をそだてた。念仏称名を根幹にすえる宗教原理は『阿弥陀経疏鈔』に，実践論は『梵網心地品菩薩戒義疏発微』にみえる。また生命尊重を謳う『戒殺放生文』や止悪修善を説く功過格『自知録』を編纂するなど，その信念を率先して実践に移してもいる。晩年

には三筆より成る『竹窓随筆』を著し，明末の宗教界知識人社会に関する円熟した知見を披露した。陽明学に触発されて活性化した当時の仏教界にあって，一部禅僧の安易な頓悟主義や直情的な政治行動を冷ややかにみつめ，仏の名号や西方浄土といった有限の事相を手がかりに間断なく念仏称名を続けることによってこそ，みずからが具有する絶対の一心が開示されるとした。
（三浦　秀一）

うんどうで【雲堂手】　明時代に景徳鎮民窯で焼成された青花磁器や五彩磁器の一作風で，渦巻状の雲を伴う楼閣図（雲屋台）が描かれるもの。明時代中頃の景徳鎮民窯では，酒会壺などに人物を中心とした物語絵が多く描かれていたが，嘉靖年間（1522-66）頃，その画題から人物図が省略され，楼閣と雲気文のみがやや粗略に描かれるようになった。日本の茶人たちは，中国渡りのそれらの磁器を茶碗や香炉・水指にしばしば転用し，雲堂手と呼んで賞美した。「紀三井寺」と呼ばれる半筒形の染付茶碗，「鉢の子」と呼ばれる鉄鉢形の色絵茶碗が有名な伝世品である。
（長谷川　祥子）

うんびょう【温病】　中国伝統医学における感染性急性熱病の一類型。現在は「おんびょう」と読むことも。古くは冬期に「寒邪」に犯されても即発せず潜伏して春期に発病した熱病をいい，冬期直ちに発病する「傷寒」と区別したが，金元医学を経て季節に関わらず「温邪」「熱邪」に犯された病と考えられるようになった。悪寒のほとんどない急性の高熱を伴い，変化しやすく多様な症状，体内の陰分（津液）を損傷しやすいという特徴をもち，比較的悪寒がつよく症状の変化が定形的な傷寒と鑑別される。この概念を広めたのは葉天士，呉鞠通ら「温病学派」と呼ばれる江蘇省・浙江省を中心に活動していた18〜19世紀の医家たちであるが北部では普及しなかった。傷寒病の診断・治療基盤である「六経弁証」に対し，温病では葉天士の「衛気営血弁証」や呉鞠通の「三焦弁証」が用いられる。
（浦山　きか）

うんもんしゅう【雲門宗】　禅宗五家七宗の一つ。禅宗開祖の菩提達摩から6祖慧能に至り，その門下が青原行思と南岳懷譲の2派に分かれた。青原系から唐末五代に派祖の雲門文偃が出た。文偃は姑蘇嘉興（浙江省）の人で，雪峰義存（822〜908）に嗣法した後は，五代後唐の923（同光元）年に，十国南漢の高祖劉龑の庇護を得て，韶州（広東省）の雲門山に禅寺を建立し，大いに禅風を振るい，多くの弟子を育成し，一大集団を形成するに至った。文偃の説法は『韶州雲門匡真禅師広録』（1076年）にまとめられている。清浄法身とは何かの問に「花薬欄（しゃくやくの植え込み）」，釈迦身とは何かの問に「乾屎橛（乾いた棒状のくそ）」，超仏越祖の談とは何かの問に「餬餅（ごまもち）」と答え，簡潔な表現で禅旨を述べているところに特色がある。宏智正覚はその宗風を「口を開けば胆を見る」と評す。北宋代に一時大きな勢力をもち，特に雪竇重顕が出て，雲門宗を中興するが，その後に消滅する。
（石井　修道）

うんもんぶんえん【雲門文偃】　864（咸通5）〜949（乾祐2）。唐末五代を代表する禅者。雲門宗の祖。蘇州嘉興（浙江省）の人。俗姓は張。17歳にして本郡（本籍所在の郡）の空王寺志澄に依りて出家し，毘陵（江蘇省）で具足戒を受ける。睦州道蹤（陳尊宿）に参じて「己事」を問うや，門を閉ざされて省悟する。雪峰に参じた後，諸方を遊歴すること17年，911（乾化元）年に韶州（広東省）霊樹如敏の会下で首坐となる。918（貞明4）年に霊樹如敏が滅し，翌年南漢王劉龑の勅により開堂説法し，雪峰に嗣ぐことを表明した。923（同光元）年韶州乳源の雲門山に寺を開かんことを請い，5年後に完成する。938（天福3）年に入内するが，役職に就くのを拒み，匡真大師の号を賜って山に帰る。949年示寂，世寿86歳，僧臘66。南漢朝の外護を受け，常に500人以上の修行者を擁して多くの嗣法者を出し，雲門宗を形成する。雲門の禅は究極絶対的なものに依存して自己完結することを嫌い，仏も自己も突き抜けた向上を志向し続けた。その言葉は現在の禅にも大きな影響を与えている。
（西口　芳男）

うんようしゅうざっきょくし【雲謡集雑曲子】　敦煌出土写本中より発見された歌曲の歌詞集。すべて30首。「曲子」とは歌曲の意で，その歌詞を「曲子詞」といい，のちの「詞」にあたる。敦煌写本には多くの「曲子詞」が見えるが，歌詞集としてまとまった唯一のものである。成立は晩唐から五代にかけてと推測される。収録される曲調名は「鳳帰雲」をはじめとした13種で，12種はその名が盛唐の崔令欽『教坊記』に見える。編者や個々の作品の作者については不詳。当時民間に流布していた作品を集めたと思われる。内容は，ほとんどが孤閨を守る女性の嘆きや女性の美しさをうたっている。詞のなかに慢詞と呼ばれる長篇形式があり，北宋に始まったものと考えられていたが，この歌詞集のなかに「傾盃楽」などの長篇が見えることで，慢詞は宋代以前にすでに起こっていたと考えられるようになった。その意味で重要な文献である。王重民『敦煌曲子詞集』，任二北『敦煌曲校録』などに校録されている。
（中原　健二）

うんら【雲鑼】 旋律打楽器。直径は同じで，厚さによって音高が異なる(厚いものは高く，薄いものは低い)10数個の小振りの銅鑼(直径9〜12cmで灰皿に似た形状)の縁の3か所に小穴を空けて，そこから紐を通して，下端に柄のついた木枠に固定したもの。奏者は左手で柄を持つか，テーブルに置いて，右手のバチ(1本)で打つ。古くは雲璈と称され，別名を九音鑼ともいう。鑼の個数は10個が伝統的であるが，音高およびその配置は音楽ジャンルによって様々。北京の智化寺京音楽(仏教音楽)や十番鼓などで主要楽器の1つとして用いられており，西安鼓楽では2台を左右に配置し1人の演奏者が使用する。 (増山 賢治)

うんろくまんしょう【雲麓漫鈔】 南宋の歴史雑記および物の名前を考証した書物。15巻。南宋の趙彦衛の撰。はじめ『擁鑪閒記』10巻といったが，後に5巻を増補し『雲麓漫鈔』という。全体の10分の3が宋代の歴史雑記，10分の7が名前の考証といわれる(『四庫全書総目提要』)。宋代までの政治・経済・軍事・文化・制度・地理・人物事跡・各地の風土・陰陽五行・占いなどについて記す。特に宋代の官僚制度については，史料の欠を補い有用である。 (髙津 孝)

え

えい【郢】 春秋・戦国期の楚の都。文王(在位前689〜前675)が湖北省の紀南城に郢都を定めたのにはじまる。前504年，呉の侵攻にそなえて一時期鄀(湖北省)に遷都し，のち再び紀南城にもどった。戦国末期，秦の圧力をうけた楚は，前278年に陳(河南省)，前253年に鉅陽(安徽省)，前241年に寿春(安徽省)へと遷都した。紀南城のみならず，遷都先の都や寿春なども郢と呼ばれた。 (松井 嘉徳)

えい【衛】 前11世紀末頃〜前209。周代諸侯国の一つ。周建国直後に殷の故地で発生した反乱を平定した周公旦が，その弟康叔を封建したことに始まる。都は朝歌(河南省淇県)。『書経』『尚書』の康誥・酒誥・梓材の3篇は，封建にあたって周公旦が康叔にあたえた訓戒の言葉とされる。西周期，衛は東方の大国としての地位を保ったが，春秋期になると衰え，前660年に翟(狄)に滅ぼされ，遺民5000余人は宋の援助のもと曹(同省滑県)に寄寓するにいたった。のち，斉の桓公の援助によって楚丘(同省浚県)に再興されたが，前629年に再び翟に敗れ，帝丘(同省濮陽県)に移ってようやく安定した。戦国期になると，衛はまったくの弱小国家に転落し，大国の間でわずかにその命脈を保つのみとなり，前241年に濮陽一帯を占領した秦によって野王(同省沁陽市)に移された。前209(秦二世元)年，衛君角は廃されて庶人となり，衛はここに滅亡した。 (松井 嘉徳)

えいいんぼん【影印本】 原本を写真に撮影し，コロタイプ(珂羅版・玻璃版)やオフセットなどの技法によって，原本の姿を忠実に複製印刷した本。景印本とも書く。古写本や古刊本など稀覯書や善本の複製出版などにもちいられる。原本の大きさのまま印刷したものもあるが，縮小して印刷したものも多い。中国における影印による大規模な古典籍複製出版では，張元済による『四部叢刊』がよく知られる。 (梶浦 晋)

えいう【永盂】 西周時代中期の青銅器。1969年に陝西省藍田県洩湖鎮から出土した。内底部に123字の銘文を持ち，詳細な事情は不明ながら(あるいは紛争の結果か)，永なる人物が土地を得，それが王から認められたことを述べたと解されている。多くの人物が参与して行われた当時の土地区画に関わる慣習を示す貴重な資料である。高さ46cm，口径58cm，重さ36kgの大型の盂である。現在，西安市文物管理委員会の所蔵である。 (竹内 康浩)

えいえん【郢爰】 →郢 爯

えいかいし【詠懐詩】 三国魏の詩人阮籍の詩題名。五言詩82首，四言詩3首より成る。『文選』の17首の他，『玉台新詠』『芸文類聚』等に若干首を収め，他は明代の輯本に録する。詩題は「懐」いを「詠」ずること，すなわち作者阮籍が抱いた生命の儚さや永遠の存在への憧れ，また現実への不安や孤独感などを折にふれて詠じたもので，全

てが一時に創作されたものではない。作者の心情が象徴的な比喩表現を借りて表現されたり、故事に寄託されたりするなどの手法が用いられる。「孤鴻は外野に号び、朔鳥は北林に鳴く。徘徊して将た何をか見ん、幽思して独り心を傷ましむ」「終身 薄氷を履む、誰か我が心の焦がるるを知らん」。南朝梁の鍾嶸『詩品』はその源を『詩経』小雅に求め、遠大な詩境を称えるが、乱世に生きた阮籍の詩境自体は深遠であり「帰趣求め難し」と評する。こうした事実上主題を限定しない五言詩の連作形式は、晋の*陶淵明「飲酒」、唐の陳子昂「感遇」、李白の「古風」などに継承され、また連作以外にも「詠懐詩」に倣う作を遺す詩人は少なくない。　　　　（西岡 淳）

えいがいしょうらん【瀛涯勝覧】　明代の地理書。1巻。著者の馬歓は浙江会稽のイスラム教徒で*鄭和の南海遠征に通訳として3度随行した。本書は、1416（永楽14）年の鄭和の第4回遠征に随行した後に著されたが、最終的には1451（景泰2）年に完成。東南アジアから西南アジアの20か国の人物・風土・物産について実際の見聞を基に記し、同種の随行録の中で最もよい。『史地小叢書』（商務印書館、中華書局重刊）所収の馮承鈞『瀛涯勝覧校注』の他、翻訳本に小川博『中国人の南方見聞録』（吉川弘文館、1998年）がある。　（大澤 顯浩）

えいかがくは【永嘉学派】　宋代、永嘉（浙江省）を中心に活動した学派の名称。北宋中期、王開祖・丁昌期・林石の「皇祐三先生」に端を発し、北宋後期の周行己・許景衡ら「永嘉九先生」が二程（程顥・程頤）や張載の学を伝えた。南宋初期の鄭伯熊・鄭伯英以後は、異民族と緊張関係にある国情を考慮し、実践的な対応策を経書や史書を通して探求する傾向を強め、薛季宣・陳傅良を経て葉適がこれを大成。永康学派の陳亮とともに「事功派」「功利学派」「浙学」と総称された。一般的には南宋期の葉適らを指して永嘉学派と称することが多い。
　　　　　　　　　　　　　　　　（折原 幸恵）

えいかくめい【瘞鶴銘】　南朝梁の*摩崖。陶弘景が書いたと伝えられる。楷書。もとは江蘇省鎮江市の長江の中州にある焦山西側の絶壁に刻されていたが、宋代に落雷に遭い、江中に崩落する。南宋の淳熙年間（1174-89）に引き上げられたが、のち再び江中に堕ち破砕。1713（康熙52）年に陳鵬年が僅かに5塊を撈採し、接合して焦山西南の観音庵の壁に嵌入し、現在に至る。書者は、王羲之、顔真卿、*顧況、皮日休など諸説紛々あるが、文中にある「華陽真逸」の字句から、陶弘景（号は華陽真逸）が書いたとみる邵亢の説が今では最も有力である。書写年は、邵亢の説を踏まえ、文中に「甲午歳」の字があるので、514（天監13）年と推定できる。もとは12行、全文130余字であるが、今では60余字を残すのみ。その書は、わずかに行書の趣のある大字の楷書で、自由奔放な中に雄勁さがある。北宋末の*黄庭堅の書はこの銘の影響を受けており、「大字の祖」「大字は瘞鶴銘を過ぐるなし」と激賞している。瘞鶴銘について論じたものに張弨の『瘞鶴銘弁』、汪士鋐の『瘞鶴銘考』、翁方綱の『瘞鶴銘考補』などの著述がある。　　　　　　　（池田 利広）

えいかのしれい【永嘉四霊】　南宋の寧宗（在位1194～1224）の時代、浙江東海岸の都市である永嘉すなわち温州で活躍した4人の民間詩人。単に四霊ともいう。趙師秀、字は紫芝または霊秀。翁巻、字は霊舒。徐照、字は道暉または霊暉。徐璣、字は道淵または霊淵。4人とも字に「霊」の字を含むのでそう呼ばれる。彼らは唐詩を規範とすると主張し、ことに中唐晩唐の枯淡な詩、わけても五言律詩を学んだ。それは民間人が学ぶのに適切な詩風でもあった。　　　　　　　　　　　　（大野 修作）

えいかのらん【永嘉の乱】　西晋末の反乱。「永嘉」は懐帝の年号（307-313）。反乱の主体は、八王の乱のさ中、弱体化した西晋の羈絆から脱した、西晋の領域内に移住していた異民族と流民化した漢民族。反乱勢力の中核は304（永興元）年、并州（山西省）で匈奴の劉淵が建国し、晋と敵対した漢（前趙）であり、山東の胡漢流民を束ねる石勒・王弥らも服属していた。クライマックスは311（永嘉5）年の洛陽の陥落と懐帝の捕囚であり、直前に都を離れた宗室諸王や重臣の王衍らも石勒に殲滅、ここに事実上、西晋は滅亡した。なお、陥落の前年、仏図澄が入洛。そして、長安で余喘を保っていた愍帝も、316（建興4）年、前趙の劉曜の囚われの身となり、西晋は名実ともに滅亡。この結果、再び分裂の時代を迎え、東晋と五胡十六国という南北朝時代の原型である胡漢南北対立の構図が現出した。永嘉の乱からやや遡って、長江流域でも益州（四川省）では関中の胡漢流民を率いる巴氐の李雄が自立（のち成漢を建国）、中・下流域に波及し、張昌の乱（303年）に端を発する連鎖的な諸反乱を招くこととなる。
　　　　　　　　　　　　　　　　（福原 啓郎）

えいぎ【影戯】　影絵人形劇。平面の影絵人形「影人」を歌や台詞にあわせて操作し、紙や布のスクリーンの後ろから灯火や電灯で投影して上演する。このため、夜間もしくは締め切った室内で行われることが多い。半透明になめした皮革で作成した影人を用いるものを皮影戯、紙製のものを紙影戯と

呼ぶ。中国起源説とインド伝来説があり，文献では北宋の高承『*事物紀原*』の記事が最も古い。『*三朝北盟会編*』『*東京夢華録*』『*夢粱録*』等の記載から，宋代には影戯が盛んに行われ，影戯と大影戯の区別があったことが知られる。最盛期は 20 世紀初頭で，中国のほぼ全域で行われたが，近年は衰退が激しく，劇団が活動しているのは遼寧・河北・陝西・山西・甘粛・四川・雲南・湖南・湖北・山東・浙江・安徽・台湾などの一部に限られる。各地の影戯は，影人の様式・声腔・上演方式などに大きな差異がある。例えば，河北省東部の冀東皮影戯（灤州皮影戯・楽亭皮影戯）では，影人は 8 寸（約24cm）の驢馬皮製，頭は目鼻などの輪郭を残して切り抜く空臉で，真横を向いた五分臉，影巻と呼ばれる独自の台本には 1 か月以上の連続上演が可能な長篇が多く，歌唱者は役回りに分かれて影巻を見ながら演じ，河北梆子に近い皮影腔を用いる。一方，陝西省関中地域の影人は牛皮製で 8 寸・空臉・五分臉，1 人の歌唱者が台本を暗記して全ての役を声色の使い分けで演じ，台本は秦腔とほぼ同じで連台本戯は少なく，声腔の違いによって碗碗腔皮影戯・老腔皮影戯・弦板腔皮影戯などに分かれる。湖南では紙製の 2 尺（約 60cm）の人形を用い，頭は目や眉を切り抜かずに描いた実臉，顔が斜め前を向いた七分臉で両目が描かれ，湘劇・花鼓戯の曲調を用いる。一般に，影戯の声腔には当地の地方劇の影響が色濃く，物語は歴史もの・神怪ものが中心だが，人民共和国成立後の新作には児童劇・動物劇が多い。伝統劇に比べて低廉であることから都市の低所得層や農民に支持され，移動組み立て式の舞台で野外上演されることが多い。　　　　　　　　　（千田 大介）

えいけいりつずい【瀛奎律髄】　唐宋二代のすぐれた律詩を選び，評を加えたもの。49 巻。元の*方回*の撰。書名の「瀛」は「十八学士，瀛州に登る」（唐の*太宗*が房玄齢・杜如晦など 18 人を文学館に集め，学士として重んじた故事）から，「奎」は「五星，奎に聚まる」（宋の太祖の時，五星が奎宿に集まり，以後太平の世になったという故事）から取り，「律髄」は，律詩の精髄の意。3014 首（重出が22 首あり，実際は 2992 首），385 家の詩を収める。登覧類・朝省類・懐古類・風土類など題材によって49 類に分け，類ごとに時代順に配列して 1 巻としている。当時衰えつつあった江西詩派を再びもりかえし，その創作主張や詩風を発揚しようという意図をもつ。したがって選詩や詩評には，江西詩派の影響が色濃い。唐宋の律詩の選集であるとともに，元代の詩話としても価値が高い。清の*紀昀*に『瀛奎律髄刊誤』49 巻がある。　　　　　　　（幸福 香織）

えいげんすう【衛元嵩】　生没年不詳。北朝北周の武帝の廃仏（三武一宗の法難の一つ）の黒幕。益州成都（四川省）の人。若くして釈亡名の弟子となったが，やがて関中に赴き，567（天和 2）年，従来の寺院を「曲見伽藍（邪見に基づく寺院）」と呼んで貶め，時の天子を如来と崇めて天下の民を平等に収容する「平延大寺」の建立を旨とした廃仏の上書を行った。還俗したうえ，道士の張賓とともに暗躍，574（建徳 3）年の廃仏を導いた。術数の書の『元包』は彼の著作とされ，また詩讖（詩を用いた予言）にも長じた。周書47, 北史89　　（吉川 忠夫）

えいこう【衛恒】　252（嘉平 4）～291（元康元）。西晋の書家・書論家。河東安邑（山西省）の人。字は巨山。官は黄門侍郎に至った。衛家は覬，瓘，恒の三代にわたって書名をうたわれた。*王羲之*が若くして師事した衛夫人（衛鑠。272～349）は恒のいとこにあたる。書は古文・草・隷をよくした。「父の衛瓘が張芝の筋（筋肉）を修得したが，恒は張芝の骨を得た」（『論書』）といわれる。著に『四体書勢』がある。書論としても原初的な形態を具え，後代の書論の先駆とみなされている。作品に，『*淳化閣帖*』巻 2 に『一日帖』がある。晋書36, 魏書21　　　　　　　　　　　　　　　　　　　　　（大橋 修一）

えいこうがくは【永康学派】　南宋期，永康（浙江省）を中心に活動した学派の名称。陳亮を代表者とする。北方を金に占拠された南宋の国情を鑑み，より実践的な対応策を経書や史書を通して探求。方向性を同じくした南宋期の永嘉学派と合わせて「事功派」「功利学派」「浙学」と総称される。南宋思想界は朱熹（朱子）の道学，陸象山の陸学と，この永康・永嘉の「事功派」が三派鼎立したといわれるが，陳亮や永嘉の葉適らの思想もまた宋代学術の一般的な特質を共有しており，むしろ「宋学」の一展開相としてとらえるべきものである。
　　　　　　　　　　　　　　　　（折原 幸恵）

えいこりょう【永固陵】　北朝北魏の文成帝の妻，文明皇后馮氏の陵墓。481（太和 5）年に造営が開始され，484（同 8）年に完成。山西省大同市の北方 25 kmにある方山の平坦な山頂に大型の墳丘が残る。墳丘の基底部は東西 124 m，南北 117 m の方形に築かれ，上部は円墳に造られる。墳高は22.87m。墓室は墳丘の直下にあり，墓道・前室・甬道・後室よりなる磚室墓。墓室の全長は 17.6m。南北に軸をとり南に開口する。後室は東西 6.83m，南北 6.4m，高さ 7.3m。甬道の北端付近と南端に石門を建て，南側の石門は門楣に蓮蕾を捧げる童子，門柱に孔雀の浮き彫りを施し，礎石を虎頭に作る。

永固陵の南側尾根上には南北に並ぶ2か所の建築遺構群があり，それらは『水経注』巻13に記された永固堂・思遠霊図などに当てられる。永固陵の北674mには孝文帝の寿陵で廃棄された万年堂がある。墳丘の形式と墓室の構造は永固陵に似るが，墳丘は基底部1辺60m，高さ13m，地宮後室は東西幅5.69m，南北長5.68m，高さ6.97mと，規模はそれぞれ縮小されている。　　　　（来村　多加史）

えいさい【栄西】　1141(保延7)～1215(建保3)。平安末・鎌倉初の日本の禅僧。出身は備中(岡山県)の吉備津宮神主賀陽氏。字は明庵，号を葉上房，千光法師といわれる。14歳で出家し，比叡山で具足戒を受け，天台を学ぶ。1168(乾道4)年入宋し，その年に帰国，1187(淳熙14)年再度入宋し，臨済宗黄龍派の虚庵懐敞に嗣法して，1191(建久2)年に帰国した。博多聖福寺・京都建仁寺・鎌倉寿福寺に住す。1215年7月5日示寂。世寿75歳。『興禅護国論』『喫茶養生記』の著あり。　（石井　修道）

えいしし【詠史詩】　詩題名。「詠史」とは「歴史上の出来事を詠ずる」意で，後漢の班固，三国魏の王粲らにこの題の作があるが，特に西晋の詩人左思の五言8首の連作（『文選』所収）が著名。左思は寒門出身で，従来の如く単に史実をうたうだけでなく，作者自身が歴史的故事を通じて自らの心情を語り「吾れは慕う 魯仲連の，談笑して秦軍を却けしを」，また作者の境遇を歴史的人物に同化して志を述べ「寂寂たり揚子の宅，門に卿相の輿無し……言論は宣尼に準え，辞賦は相如に擬す。悠悠たる百世の後，英名 八区に擅にす」，更に豊かなイメージを用いて社会における矛盾と無念さを表現する「鬱鬱たり澗底の松，離離たり山上の苗，彼の径寸の茎を以て，此の百尺の条を蔭らす。世胄 高位を蹈み，英俊 下僚に沈む。地勢 之をして然らしむ，由来 一朝に非ず」。この左思の連作が「詠史詩」諸作を代表し，南朝宋の鮑照ら，後世この体に倣う者も多い。なおこれとは別に唐の胡曾に上古より隋までの歴史を，七言絶句150首の形式によって述べた書『詠史詩』がある。　（西岡　淳）

えいしゅうはっき【永州八記】　中唐の文学者である柳宗元が，永州（湖南省）で作った山水游記中の傑作8篇を総称して，「永州八記」と呼ぶ。

柳宗元は，王叔文がリーダーとなった政治改革闘争に参加して敗北し，805(永貞元)年冬から10年間，永州に貶謫された。そこは南方未開の僻遠の地で，美しい自然に満ち溢れていた。809(元和4)年秋，西山に登った柳宗元は，そのことに深く感動し，「始めて西山を得て宴游するの記」を書いた。数日後また，友人たちと西山周辺に分け入り，「鈷鉧潭の記」「鈷鉧潭の西の小丘の記」「小丘従り西して小石潭に至るの記」を書いた。以上が『永州八記』の前半をなす4篇である。残りの4篇「袁家渇の記」「石渠の記」「石澗の記」「小石城山の記」は，812(元和7)年10月19日の山水探訪から生まれたもので，自らの発見を埋没させられないという熱い思いのもと，奥深い永州の地の自然が克明に描写されている。　　　　　　　　　　（亀山　朗）

えいしょ【衛所】　明の軍事組織。衛所とは，衛と千戸所を合わせた表現で，1衛は5つの千戸所からなり，大体5600人の兵で構成された。各衛所には，指揮使・指揮同知・指揮僉事・千戸・百戸などの官が置かれていた。衛所は全国に配備されたが，とくに京師の周辺と，北虜南倭の被害を受けた北部の国境地域と南部の海岸沿い，それに少数民族の多い西南地域に集中していた。明は兵農一致を掲げて，衛所に所属する軍戸を二分し，兵として選抜するものと，軍屯を耕作して経済面からそれを支えるものとに区分した。衛所の兵は，交替で上京して都を警護する任務を課された。ところが明の中期以降になると，軍屯は行われなくなり，逃亡する軍戸も増えて，衛所制度は衰退に向かった。なお特殊な衛所としては，東北地区の少数民族地域に置かれた羈縻衛所がある。　　　　　（松浦　茂）

えいしょう【郢爯】　戦国時代楚でつくられた板状の切遣い金。金板に正方形の極印が整然と押されている。以前は極印の文字を「郢爰」と解して名称としていたが，現在では「郢爯」と解されている。また極印の文字にはこのほか「陳爯」など数種類あって，それらの総称として郢爯を用いず金版と称する場合もある。郢・陳ともに楚の都の名で，国都で製作されたことを示している。初現時期は定かではないが，戦国後期に普及し，漢代まで残存したと考えられる。　　　　　　　　　（廣川　守）

えいじょうしへきが【営城子壁画】　中国遼寧省大連市西郊20km，甘井子区営城子鎮に位置する後漢時代の墓内に描かれた壁画。1931年，日本人考古学者らによって発掘された。2基の磚築墓のうち，壁画のある2号墓は主室を中心に前室と東と北の側室からなり，レンガで壁面を造り，白い漆喰を塗り，その上にフレスコに似た手法で画題を描く。主室の奥壁には墓主が帳中に座して，側近を従え東壁に描かれた役人らとともに政事を執り行う場面が彩色の描写で表される。また北壁下方には現世で墓主の冥福・昇仙を祈る男性が，上方には帯刀の墓主と神との媒介をする方士及び羽根を有する仙

人，雲気，昇仙の際の乗り物である仙鶴や青龍が飛来する死後の情景が墨線で描かれる。また前壁の入り口には 2 人の門番が，一部に朱を残すもやはり墨線で表されている。壁画の表現は稚拙の域を脱し得ないが，漢代における中国人の死生観が中国東北部にまで波及していたことを物語っている。

(勝木 言一郎)

えいぞうほうげん【営造法原】　江蘇省蘇州の建築工匠であり，工業専科学校で教鞭をとった姚承祖(1866〜1938)が，清末の嘉慶〜道光年間(1796-1850)以来江南地方に伝えられた伝統的建築技術をまとめた建築技術書。挿図も残る。姚氏は祖父燦庭に著書『梓業遺書』もある名匠の家。中国の建築書として著名な北宋の『営造法式』，清の『工程做法』が華北の官制であるのに対して，江南地方の技術を記した稀少な書で，人民共和国成立後の 1959 年，張至剛が増編し，劉敦楨の監修により出版された。

(田中 淡)

えいぞうほうしき【営造法式】　北宋の建築技術書。全 34 巻。1103(崇寧 2)年刊。官撰。作者は李誡，字は明仲。生年は不詳，1110(大観 4)年に死去。国家の営造を司る将作監の職にあった李誡が，1097(紹聖 4)年に勅命を受けて，国家財政の再建を図るため，王安石の「熙寧の変法」の営造工事基準書をつくる方針によって 1091(元祐 6)年に編纂された同名の書の不備を補足し，刊行した。

第 1〜2 巻は，建築の名称と術語を考証し，各制度の基本的な原則を述べている。第 3〜15 巻は木・石・竹・瓦・泥・窯・磚・彫刻・彩色などの諸工事の施工技法や制度，造り方から様式，細部の寸法まで説明している。特に，斗栱を含む構造体に関する木造工事の「大木作」の項目では，まず「用材制度」を定めた。「材」とは，栱(肘木)の断面を基準としたモジュールである。全ての建物は，「材」を以て寸法体系を決めることになっている。「単材」の場合は，栱の高さは 15 分，幅は 10 分に，「足材」の場合は，高さは 21 分，幅は 10 分に定められている。また，「材」は建物の規模によって 8 等級に決められた。つまり，1 分の寸法は建築の規模によって異なっており，「材」の等級さえ決めれば，斗栱・梁・柱などの大きさから屋根の勾配まで，すべての寸法を決定できる仕組みとなっている。第 16〜25 巻は，諸工事の労働日数の算出法に関するものである。諸工種に通用する標準的な労働量を「功」と呼び，「功」を基準単位とし，「功」と人数の関係で労働日を計算する。これらの巻では各部材の施工に関して詳細まで規定しているゆえに，他の巻の内容を理解する補足にもなる。第 26〜28 巻は，各工事の材料の積算に関するものである。すなわち石作・大木作・竹作・瓦作・泥作・磚作・窯作・彩色などの工事の部材規格や材料の使用量などを定めている。彩色に使われる顔料や漆喰などの材料混合比率も記載されている。第 29〜34 巻は図様である。200 枚以上の図版を掲載し，建築技術書としては画期的である。その内訳は，測量器具が 5 枚，石作が 20 枚，大木作が 58 枚，小木作(門・窓・家具などの木造工事)が 29 枚，彫刻木作が 6 枚，彩色が 90 枚である。彩色を説明するため，カラーの図版も使われている。

『営造法式』は本来，設計基準書として刊行され，建築の合理化・体系化・規格化及びマニュアル化を加速させ，経済性や管理の効率性も向上させた。同時に，建築技術に関して詳細に記述されているため，宋代建築の設計・技術・工法を具体的に知ることのできる重要な建築書である。特に宋の建築は日本や朝鮮にも大きな影響を与えたため，東アジアにおいても希有の文献史料となる。ゆえに，中国営造学社でも梁思成を筆頭に，長年をかけて『営造法式』を解読していた。日本では，竹島卓一の『営造法式の研究』が原典対訳形式で全訳した上，詳細な解説を加えており，『営造法式』研究の一つの到達点になっている。

(包 慕萍)

えいたいこうしゅぼへきが【永泰公主墓壁画】　唐中宗の 7 番目の皇女で，高宗と則天武后の孫娘にあたる永泰公主李仙蕙の墳墓壁画。1960〜62 年発掘。初唐絵画の代表作。永泰公主は，則天武后没後の 706(神龍 2)年，章懐太子李賢・懿徳太子李重潤とともに名誉を回復され，乾陵の陪塚として葬られた。墓内に暢達した線描と彩色による壁画がある。墓道左右の青龍・白虎や楼閣・儀仗隊などの図の他，前室東壁の侍女群像が有名。腰高の伸びやかな女性姿態の表現は初唐様式の典型とされ，高松塚古墳壁画の源流とされる。

(井手 誠之輔)

エイティガール・モスク　Id kah Mosque
カシュガルにある新疆ウイグル自治区で最大規模のモスク。ウイグル語の「エイティガール」はペルシャ語「イードガー」から来た言葉で，イスラムの年に 2 回ある大祭で使用されるモスク。1442 年にマザール(墓)内の小モスクとして創建され，1524 年に大モスクに拡大された。コーカンド・ハン国の出身のヤクブ・ベクがカシュガルを統治した際(1864-75 年)イスラム教を強化する政策が推進され，1872年に講経室，宿舎などを併設し，現在の規模に拡大。敷地は台形で，最も長い辺は 140m で，広さは 1 万 3860m² ある。建物が敷地の境界に沿って配置され，中央は樹木が茂る中庭で，池及び地下蓄水池

を設けている。メインの入り口はイーワーン風に造られ、両サイドに細高いミナレットが聳え、東向きで広場に面している。中庭を挟んで反対側に奥行き5間、間口38間の礼拝大殿が配置される。礼拝大殿は内殿と外殿に分けられ、外殿は木柱が林立して、中庭に面して仕切りがないのは祭典用モスクの特徴である。　　　　　　　　　　　　（包　慕萍）

えいねいじ【永寧寺】　北魏洛陽城西南部に熙平年間(516-518)に霊太后胡氏により建立された仏教寺院。467(皇興元)年に山西省大同に建立された「永寧寺」を前身とし、洛陽遷都に際して唯一城内に建てることが許された。多くの重要な経典が翻訳されたと考えられている。『洛陽伽藍記』によると、仏殿には1丈8尺の金の仏像や等身大の金の仏像、玉像などが安置され、その南に建てられた木造九重の塔は、地上90丈の高さを誇り、100里離れた場所からも見ることができたとされる。この塔は、534(永熙3)年に、火災のため消失した。1979～94年にわたり中国社会科学院考古研究所が発掘を行い、伽藍中央に位置する塔やその北の仏殿の位置が明らかとなった。仏殿付近から仏像は発見されなかったが、塔趾周囲から軒先瓦や彩色塑像の断片が多数発掘された。如来や菩薩、供養者などのそれら塑像は丁寧に作られ、当時の仏教美術文化の水準を伝えている。龍門石窟造像には見られない先進的な形式を備えた像も存在する。　　　　（八木　春生）

えいばいあんおくご【影梅庵憶語】　清の回想録。1巻。冒襄の作。1651(順治8)年に28歳で世を去った側室、董小宛の思い出を綴った記録。南京秦淮の妓女であった董小宛にはじめて会ってから、1642(崇禎15)年、銭謙益の助力を得て彼女を落籍し、ともに過ごした日々を叙する。明末清初の妓館の様子、文人たちの交遊、贅沢な日常生活、書画や茶などの趣味、清初の混乱状況などをうかがうことができる。沈復『浮生六記』など、早世した女性を悼む回憶文学の先駆けをなした。　　（大木　康）

えいふそくじゅつ【盈不足術】　中国数学の基礎理論の一つ。『九章算術』巻7・盈不足章において公式化されたが、張家山漢墓出土の『算数書』にすでに見られる。例えば、物を買うのに一人8円ずつ出すと3円余り、7円ずつだと4円足りないといった場合に、真値から多い場合と少ない場合のそれぞれの差数から真値(買価53円、人数7人)を算出する解法。贏不足・盈朒とも表記される。和算では盗人算、今日では過不足算・差集め算とも呼ばれる。　　　　　　　　　　　　　　（武田　時昌）

えいぶつし【詠物詩】　物を描写することを主意とする詩。天地日月から草木虫魚にいたる自然物を詩や賦の対象とすること自体は古くからあり、広義の詠物はそれも含めているが、さらに身の回りの器物などを題詠の対象に加え、一物に集中して描写の精緻さや修辞の巧妙さを競うことは六朝期に始まる。8句もしくは4句で構成されることが多く、さまざまな対句のパターンが工夫され、唐以降の近体詩の形式や技巧の基盤を形成した。謝朓や沈約など南朝斉梁期の詩人に佳作が多く、琵琶・鏡台・筆などの器物、桃・柳・浮雲などの自然物が題材となっており、梁の宮体詩と重なるところも少なくない。こうした六朝詠物詩の盛行を受けて、初唐の『李嶠雑詠』2巻があり、日本にも伝わって流布し、重んじられた。さらに盛唐になると杜甫が詠物の新局面を拓き、また晩唐に至っては李商隠にすぐれた作がある。清の張玉書等奉勅撰『佩文斎詠物詩選』は広義の詠物詩として1万5000首近くを集めている。　　　　　　　　　　　　　（齋藤　希史）

えいめいたい【永明体】　南朝斉の武帝の永明年間(483-493)に盛行した詩文のスタイル。沈約・謝朓・王融・周顒等によって始められた。『南斉書』陸厥伝に「(沈)約等の文は皆な宮商を用い、平上去入を以て四声と為し、此を以て韻を制し、増減すべからず。世に呼びて永明体と為す」とある。中国文学史上、初めて文字の声調を四声の枠組みで捉え、その規則的な配置によって詩文の声律を美として整えようとしたものであり、一句内での声調の抑揚および対句になったときの声調のバランスに留意して文字を配置する点などは、のちの近体詩における平仄交替の規則の先蹤となった。五言詩の性格を変えたものとして重要であるが、駢文においても同様に声調の抑揚とバランスが追求されたことも注意される。ただし、その声律の規則については、沈約の八病説に見られるように過度に煩瑣になる傾向もあり、「文に拘忌多く、其の真美を傷る」(『詩品』序)のような批判も受けた。　　（齋藤　希史）

えいゆうふ【英雄譜】　明の崇禎年間(1628-44)に刊行された、小説『三国志演義』と『水滸伝』の合本。『二刻英雄譜』と記され、さらに『合刻三国水滸全伝』というタイトルもついている。上下二段に分かれ、上段には『三国志演義』が、下段には『水滸伝』が刻されている。普通の『三国志演義』は全120回であるが、普通の1回分を本書では2回にしており、240回ある。それに対し『水滸伝』は目次では106回、実際には110回となっている。　　　　　　　　　　　　　　（上野　隆三）

えいらくきゅう【永楽宮】

山西省永済県永楽鎮にあった道教建築。1959年に黄河の三門峡ダムを建設する際に，20km離れた現在の芮城県北の龍泉村に移築。元々永楽宮が位置した中条山は，仙人の呂洞賓が生まれた地とされ，唐時代から「呂公祠」が建てられたという。全真教道士の丘処機がチンギス・カンの前で「道」を説いた経歴があり，モンゴル帝国太宗オゴデイによって1240年に「天尊」の号に封ぜられたのを機に，その弟子，当時の全真教道首である李志常の命によって，「大純陽万寿宮」，即ち永楽宮が建設された。純陽とは，呂洞賓の号である。1247年に着工，元の1262(中統3)年に竣工し，当時の大都にあった天長観，陝西戸県にある終南山重陽宮と並んで，全真教の三大祖庭と称された。永楽宮の中庭に建つ「大朝重建大純陽万寿宮之碑」(中統3年)によって，建設過程が詳しく記録されている。現存する無極殿(龍虎殿とも，1294年竣工)・三清殿(無極殿とも)・純陽殿・七真殿(重陽殿とも)が元朝建築の代表的な事例である。なお，各殿の壁画は，元の1358(至正18)年に完成し，中国絵画史における傑作とされる。

(包 慕萍)

えいらくたいてん【永楽大典】

明の類書。2万2877巻，凡例・目録60巻，1万1095冊。解縉らの奉勅撰。古代から明初にいたる経史子集にわたるあらゆる書籍を集め，そのなかから天文・地理・人事・名物はじめ詩文・詞曲におよぶさまざまな事項を摘出し，『洪武正韻』の字の順序に従って，その字に関係する記事を分類配列して，「開巻すれば，古今の事は一覧して見られる」(「凡例」)ように編集した大百科全書である。

編纂は，永楽帝の命をうけ，解縉を責任者として，1403(永楽元)年7月に始められ，翌年11月にはできあがって進呈され，「文献大成」の名を賜った。しかし，内容が簡略すぎたので，永楽帝は姚広孝，解縉らに重修を命じ，1408年に完成して，「永楽大典」と名づけられた。編纂に従事した者は，2180人にのぼった。

この書物はあまりにも膨大であるため刊刻はされず，皇城内の文楼に安置して歴代皇帝の閲覧にのみ供した。1557(嘉靖36)年，皇城に火災がおこり，危うく難を免れたが，再びこのような災厄にあうのを案じた嘉靖帝は，1562年，徐階らに副本を作ることを命じ，1567(隆慶元)年にようやく謄写しおえた。正本は文淵閣に，副本は皇史宬に安置されたが，正本は明末の戦乱で焼失，副本だけが清代に伝わり，翰林院に移置された。

1773(乾隆38)年，『四庫全書』の編纂事業が始まると，本書のなかの佚書佚文を抄出して輯本を作ることが組織的に行われた。輯佚はその後もつづけられ，その間に復元できた佚書は500余種にのぼった。そのなかには，『旧五代史』『宋会要輯稿』などの極めて重要な文献が含まれている。

副本の方も，乾隆の時すでに2422巻を欠いていたが，以後も散佚がつづき，とくに清末の動乱中に焼失や略奪にあって大部分が失われた。1960年，中華書局が現存の750巻を影印出版，さらに1984年，その後に収集した67巻を加えた。(竺沙 雅章)

えいらくたいてんぎぶんさんしゅ【永楽大典戯文三種】

南宋～元の戯曲作品。『永楽大典』巻13991に収められた『小孫屠』『張協状元』『宦門子弟錯立身』の3種の戯文をいう。もともと，『永楽大典』には，33種にのぼる宋元の頃に作られた戯文が収められていたが，この巻を残してすべて散佚した。

『張協状元』は3種のうちで最も古く，戯文の初期，すなわち南宋期の作品のすがたを伝えるものであるとされ，その冒頭の前口上のなかで九山書会の編であるという。九山とは，戯文の発祥の地であるとされる温州の別名，また書会とはこうした演劇の台本を制作した一種のギルドをいう。張協が科挙を受けるために上京の途上，強盗に襲われて傷つき，貧女と呼ばれる名もない女性に助けられて，やがて二人は結婚，そして再び科挙の受験のために上京する。都ではめでたく及第し，宰相の婿にとせがまれる。張協はこれを拒否する一方，都まで彼を訪ねてきた貧女を追い返してしまう。その後さらに張協による貧女の殺害未遂など曲折を経たのち，宰相の養女となった貧女がめでたく張協とむすばれる。歌辞は素朴ではあるが，浄や丑といった道化役による滑稽なやりとりのうちに，こうした初期の作品のもつ潑剌とした特徴をうかがうことのできる作品である。

『宦門子弟錯立身』は，古杭才人新編と題されている。古杭とは杭州のこと，また才人とは演劇の台本作者をいう。河南府同知を父にもつ延寿馬という若者が，旅回りの役者王金榜と相愛の仲となって駆け落ちし，自らも役者となって各地を巡り歩く。のちに父親に巡り会い，二人の結婚が許されるという，きわめてユニークな作品である。『録鬼簿』には，元の雑劇として同名の作品が2種記されており，物語自体よく知られたものであったらしい。また『小孫屠』は，古杭書会編撰と題され，いっぽう『録鬼簿』には，杭州の人で，雑劇・戯文の作者であった蕭徳祥の作品リストのなかにその名が見えることから，彼の作である可能性が強いとされる。開封の人孫必達とその妻で元妓女であった李瓊梅を主人公にした作品で，瓊梅の情夫のわるだくみによ

り，必達が訴えられ，また必達の弟必貴が殺される。最後は，名裁判官として名高い包拯により真相が明らかにされるというのがそのあらすじである。
　　　　　　　　　　　　　　　　　　　　(赤松 紀彦)

えいらくつうほう【永楽通宝】　明朝第3代永楽帝の時代(1402～24)に鋳造された銅銭。明の太祖は1375(洪武8)年に大明宝鈔(紙幣)を発行し，銅銭の洪武通宝と併用させたが，永楽帝は1408(永楽6)年の北京を皮切りに，1411年には浙江など4布政司で永楽通宝の鋳造を開始した。明銭の中では最も鋳造額が多く，明一代を通じて使用された。日本などの周辺諸国にも，朝貢貿易や民間の密貿易を通じて大量に出回り，東アジアの共通の貨幣としての役割を果たした。　　(檀上 寛)

えいらくてい【永楽帝】　1360(至正20)～1424(永楽22)。明朝第3代皇帝。在位1402～24。姓は朱，名は棣。廟号は成祖。年号により永楽帝とよばれる。太祖朱元璋の第4子。太祖の諸王分封により，朱棣は燕王として北平(北京)に就藩し，たびたびモンゴルの地に出撃しては武勲をあげた。太祖が死去して孫の建文帝が立つと，北方諸王に脅威を抱いた建文帝は五王の削藩を断行。追いつめられた燕王は反旗を翻し，前後4年にまたがる靖難の変に勝利して南京で即位した。
　彼は即位と同時に敵対した建文官僚を粛清し，建文年号を「革除」して太祖政治の継承を掲げた。他方で中華の天子の形象を作り上げるために，太祖以上の積極外交を展開し，1410(永楽8)年以後，5度のモンゴル親征を敢行して北辺を安定させた。黒龍江下流にヌルカン都司を設けて「満洲」経営を充実させたほか，南に向かっては貴州省を設け，ベトナム北部を内地化し，西のチベットも明の影響下に置いた。さらに宦官鄭和による南海大遠征を6度も挙行し，遠くはアラビア，アフリカ東岸諸国を招撫した結果，60近い国が明に来貢した。1421(永楽19)年の北京遷都はこうした華々しい対外政策の総仕上げでもあり，北アジアと東アジアを包括する北京京師体制が，ここに最終的に完成した。
　内政面では，『永楽大典』『四書大全』などの大編纂事業を行い，秘書官である大学士を機密に参与させて，内閣制度の端緒を作った。また宦官を出使・スパイ活動(東廠)など多方面で利用したことが，のちの宦官の弊害を生む原因となった。彼は父太祖を受け継ぎ専制体制をより強固なものにしたため，「永楽の盛時」とよばれる明朝の最盛期を現出したが，晩年は多病に苦しみ政務を執れないこともあった。多くの反対を抑えて決行した第5次モンゴル親征の帰途，楡木川(内蒙古自治区多倫県の北西)で病

没した。彼の死を契機に積極外交は影を潜め，明朝は守成の時期に移行していく。明史5～7　(檀上 寛)

えいれつ【英烈】　明代の歴史物語。明の太祖朱元璋が，元末の混乱のなかから身を起こし，明王朝を建てるまでの過程を中心とし，あわせて劉基・宋濂・徐達ら開国の功臣たちの活躍を描く。この内容を持った作品には『皇明英烈志伝』(4巻)，『皇明開運英武伝』(8巻)，『雲合奇蹤』(20巻)などがある。明の沈徳符の『万暦野獲編』巻5・郭勛冒功には，嘉靖年間(1522-66)の武定侯郭勛が，みずからの先祖である郭英の功績を強調するために，この小説を作ったとある。作中では，朱元璋のライバルであった陳友諒を弓で射殺したのが郭英ということになっているが，沈徳符は，それは郭子興の功績であって，郭英ではないと反論している。『雲合奇蹤』が明末の文人徐渭の名を作者として掲げるのは，仮託によるものか，原作の改編者としてかであろう。日本の江戸時代には，長崎唐通事であった岡嶋冠山(1674～1728)が，『雲合奇蹤』を翻訳した『通俗皇明英烈伝』がある。　　(大木 康)

えおん【慧苑】　673(咸亨4)?～743(天宝2)?。唐の学僧。法蔵の弟子。長安(陝西省)の人。主著は『続華厳略疏刊定記』(16巻，『続蔵経』5所収)である。『刊定記』は法蔵が80巻の『華厳経』(『八十華厳』)を途中まで注釈し逝去したものを継承して完成した。内容は師説と大きく異なり，その点を澄観が厳しく批判した。ただ澄観は慧苑説を継承する面も多い。主要な研究書に坂本幸男『華厳教学の研究』(平楽寺書店，1956年)がある。
　　　　　　　　　　　　　　　　　　　　(吉津 宜英)

えおん【慧遠(東晋)】　334(咸和9)～416(義熙12)。東晋の僧。雁門(山西省)の出身。13歳のとき許洛地方(河南省)に南下して儒家や道家の古典を学んだが，のち，太行山脈の恒山で釈道安の般若経講義を聞くや，感銘をうけて弟の慧持と共に仏門に出家した。後ほぼ25年の長きにわたって道安の弟子として，現在の河北・山西・河南省一帯を転々としながら研鑽を積んだ。379(太元4)年，襄陽(湖北省)が前秦に侵攻され，道安が襄陽から長安に移されると，慧遠は廬山(江西省)に新築された東林寺に入り，そこに厳粛な修道教団をつくった。これ以降，慧遠と彼の教団は仏教界はもちろん長安や建康の貴族軍閥からも尊敬を集めた。402(元興元)年には東林寺に念仏結社「白蓮社」を開いた。そこでは，『般舟三昧経』にもとづく瞑想の実践によって仏にまみえる経験を得，死後は浄土に往生することが願求された。晩年には，鳩摩羅什の新

出経典との出会いによって更なる教理学的進展を遂げたが，とりわけ慧遠の場合には，教理とは実践の基盤となるものであって，思想としての教理学と戒律・念仏・禅定等の実践要素が殆ど理想的な形で有機的に統合されていたといってよい。彼の全著作は木村英一編『慧遠研究遺文篇』に収められるが，なかんずく，三世因果の理法を明かした『三報論』や，儒教的礼教問題との関係や神不滅論等を論じた『沙門不敬王者論』，新出の教理学をめぐって鳩摩羅什との間に交わされた往復書簡『大乗大義章』等は重要である。『高僧伝』6 に伝がある。 （船山　徹）

えおん【慧遠（隋）】 523（正光 4）～592（開皇 12）。北朝末隋代の僧侶。敦煌（甘粛省）の人。13 歳で得度，20 歳で受具足戒，後，12 年に及ぶ従学研鑽を経て北朝仏教学の蘊奥を極めた。577 年北周武帝の廃仏令に抗議，隋王朝が建てられると，洛州の沙門都に任じられ，更に，長安の六大徳になった。四分律・十地経論・涅槃経を究め，華厳・維摩・地持・勝鬘・仁王・般若・法華などの諸経に通じ禅学をも修めた慧光の門下，とりわけその上首である法上の下での研鑽が，その行学の根底をなす。『大乗義章』『大般涅槃経義記』『十地経論義記』『地持論義記』『大乗起信論義疏』など多くの著述があり，現存のものは『大正新脩大蔵経』『卍続蔵経』などに収められている。『続高僧伝』巻 8 に伝がある。 （中嶋　隆藏）

えか【恵果】 746（天宝 5）～805（永貞元）。唐代中期の僧。真言密教付法の第 7 祖。昭応県（陝西省）の人。「けいか」とも。大照禅師普寂に禅を，玄超に胎蔵界の教法を学んだ。付法の弟子として不空三蔵に仕えること 20 年，代宗朝には内道場の護持僧となり，のち長安青龍寺の東塔院に住したので青龍寺和尚とも呼ばれ，徳宗・順宗の帰依を受け三朝の国師と仰がれた。日本の入唐僧空海は晩年の弟子であり，他に恵日・義円・義操・慧則など多くの門弟を輩出した。 （藤善　眞澄）

えか【慧可】 487（太和 11）～593（開皇 13）。北朝北魏～隋の禅僧。中国禅宗の二祖。洛陽虎牢（河南省）の人。恵可・僧可とも。正宗普覚大師・大祖禅師と諡す。俗姓は姫氏。はじめ儒・道の古典，ついで仏教の典籍をひろく学んだが，40 歳の時，菩提達摩と出あい，禅宗の第二祖となる。のち僧璨がその法を嗣いで第三祖となった。

禅門の伝承では，嵩山少林寺で達摩に入門を請う際，自ら腕を断ち切って求法の志を示し（慧可断臂），ついで「心を安んじてほしい」と請うたところ，安んじてやるからその心を出してみよと言わ

れ，心の不可得（迷っている心など実在しないということ）を悟ったとされる（『無門関』41・達磨安心）。また迫害による死を甘じてうけいれ，「償債」すなわち前世の業の債務を返済したのだと言われた。『続高僧伝』16，『祖堂集』2，『景徳伝灯録』3 に伝がある。 （小川　隆）

えかん【慧観】 生没年不詳。東晋～南朝宋の僧。宋の元嘉年中（424-453），世寿 71 歳で死去。清河（河北省）の人。俗姓は崔氏。幼くして出家し，廬山慧遠に師事する。後に，鳩摩羅什の長安到着を聞き，師事する。鳩摩羅什の死後，長安を離れ，南朝宋の都，建康（南京）の道場寺に住んだので，道場寺慧観と称される。曇無讖訳『北本涅槃経』40 巻を，慧厳，謝霊運とともに編訳しなおし，『南本涅槃経』36 巻 25 品を作った。また，頓漸五時教判を作ったといわれ，後代の教判に大きな影響を与えた。これは，仏教全体を頓教（華厳経）と漸教に分け，漸教をさらに三乗別教（阿含経），三乗通教（般若経），抑揚教（維摩経），同帰教（法華経），常住教（涅槃経）に分けたものである。また，竺道生の頓悟説に反対して，漸悟説を立てたといわれる。著に，『法華宗要序』などが現存する。 （菅野　博史）

えき【易】 →易経

えきおうひつちゅう【易王弼注】 三国魏の王弼による『易経』の注釈。漢代の代表的な解釈とされる象数易に代わる，新しい解釈である義理易を確立した。漢代の『易経』解釈は基本的には卦辞や爻辞の中の一字一字をその卦や爻の形象に結びつけ，六十四卦を 1 年 12 か月の気候に配当するなど複雑な内容を含む卦気説で『易経』を解釈し，占いに用いることを主眼とした。王弼は卦辞や爻辞の意味を重要視して，漢代の煩瑣な象数易の解釈から『易経』を解放して，卦や爻の形象は二次的だとの考えで注釈を施し，彼の注釈は唐の『五経正義』の『易経』の底本となる。さらに時に注釈に『老子』の言葉を用いるなど，道家的解釈をしていることから『易経』は三玄の一つとなった。また『易経』の体裁については，王弼は漢代の費直や鄭玄の経と伝の体例を継承，発展させ，独立していた彖伝・象伝を 64 の各卦に「彖曰」「象曰」として付置したほか，三百八十四爻にも小象伝を「象曰」として付置し，文言伝を乾卦坤卦に「文言曰」として付置し，現在の『易経』の体裁を確立した。また繋辞伝・序卦伝・説卦伝・雑卦伝などには彼は注釈を施さず，晋の韓康伯が注釈を施した。

（澤田　多喜男）

えきが【易牙】 生没年不詳。春秋時代，斉の桓公に仕えた料理調味の名手。狄牙・雍巫ともいう。人肉だけは食べたことがないという美食家の桓公におもねって，自分の子を蒸してその肉を献上した（『韓非子』二柄，十過。『管子』小称）。淄水と澠水（ともに山東省の川）の水を混ぜたものを嘗めてその味を区別できたといわれる（『列子』説符，『呂氏春秋』精諭）。桓公の死後，豎刁らと謀って公子無詭を立て，太子昭が宋国に逃れ，これを機に斉は内乱となる（『史記』斉太公世家，『左伝』僖公十七年）。 　　　　　　　　　　（鈴木 健之）

えきがくけいもう【易学啓蒙】 宋の易学解説書。4巻。朱子が高弟蔡元定の協力を得て書を成す。卜筮との関連の中で，卦や爻の本義を明らかにしようとしている。執筆の動機は，宋の学者達の『易経』理解が卦や爻の意義をおろそかにしていることにあった。その説は，北宋の邵雍の「先天図」を基礎とし，それを詳しく解説している。朱子は，『易経』が原来，卜筮の書であったと考えている。従って卦・爻の義を明らかにすることは，『易経』の本質に迫る作業であった。ここに，朱子がこの書を作った理由がある。　　　　　　（末木 恭彦）

えきがくしょうすうろん【易学象数論】 明末清初の黄宗羲の易学に関する研究書。6巻。『易経』については，宋以後，道家的な解釈によって河図洛書などの説が行われるようになった。黄宗羲は，このような迷信的な解釈は，本来のものではないとし，これを聖人の昔にかえして「易」本来の象数理論を追求しようとした。この書物は，胡渭の『易図明弁』など清朝の考証学に影響を与えることになった。　　　　　　　　　　（小野 和子）

えききょう【易経】 儒教の聖典「五経」の一つ。夏の『連山』，殷の『帰蔵』に対して周文化と関係づけられて『周易』とも言われる。本来は単に易と言ったが，その場合には占いの体系としての易と，書物としての『易』の両者を指す。儒教が自らの経典として取り入れてからは周易と呼ばれ，経学が成立した前漢後期には易経と呼ばれるようになった。易の語源については『説文解字』が蜥蜴（とかげ）または日月の組み合わせという2説を載せるが定かではない。また，後漢の鄭玄は易1字には易簡（たやすい），変易（かわる），不易（かわらない）の3義が同時に含まれていると考えた。
　易は，陽爻（−）, 陰爻（- -）を3つ重ねた八卦（乾☰，兌☱，離☲，震☳，巽☴，坎☵，艮☶，坤☷）を，さらに上下に組み合わせた六十四卦をもって吉凶を占う。『易経』は，卦全体の吉凶を簡潔に述べる卦辞，その卦を構成する6つの爻それぞれの持つ意味を記す爻辞，およびそれらを解釈・敷衍した十翼（易伝）から成る。
　経である卦辞・爻辞には儒教的な倫理観はみえず，伝である十翼においてなされる解釈・意味づけを通して初めて深遠な哲学書としての性格を持つに至る。それによれば，相対する性質を持つ陰陽が相補的・統一的に機能しながら万物を構成しており，たえず変化・消長する陰陽が象徴する易の六十四卦の中には森羅万象の現象がもらすところなく織りこまれているとされた。
　『易』は本来占筮の書であり，儒教とは無関係の書物であった。儒家は，秦始皇帝による禁書令の際，実用書として統制を免れていた『易』を取り入れ，儒教的に解釈していくと同時にその権威を高めるためにさまざまな伝説を創出した。八卦・六十四卦・十翼の作者が，伏羲・周の文王（また周公）・孔子など儒教の聖人とされているのも，『史記』孔子世家に「孔子は晩年になって易を好むようになり，彖伝・繋辞伝・象伝・説卦伝・文言伝を序した。易を読んで，竹簡を編んでいたなめし皮が3遍もすり切れたほどであった」とあるのも，『易』の儒教化の過程で生み出されたフィクションを反映するものであり，『易』が五経中で第1位を占めるに至ったのは後漢のことであった。
　1973年，湖南省馬王堆漢墓から出土した「帛書周易」は，六十四卦の配列原則が現行の『易経』とは異なっているなど，『易』の儒教化の過程を物語る貴重な資料である。　　（池田 知久／渡邉 大）

えきげんきつ【易元吉】 生没年不詳。北宋の花鳥画家，とくに猿猴図の名手として知られる。長沙（湖南省）の人。字は慶之。花や果実を専ら描いていたが，趙昌の画跡を見て感服し，のちに鹿や猿の図に新生面を開いた。写実主義に徹し，何か月も深山に入り野生の姿を写す一方で，家の裏に池を作り，草花や蘆を植え，水鳥を放ってその姿態をつぶさに観察したという。1064（治平元）年，召されて景霊宮孝厳殿の玉座の衝立に太湖石や鳩・孔雀の図を，神遊殿の小屏風には鹿を描いた。ついで開先殿西廡廊の壁に張る画絹に百猿図を描くよう命ぜられたが，制作半ばにして急死した。伝称作品として，子猫を自分の子供のように抱きかかえる猿を描いたユーモラスな『猴猫図巻』（台北，故宮博物院蔵）と，山中に群生する猿の様々なポーズを描き尽くす『聚猿図巻』（大阪市立美術館蔵）が現存し，易元吉の画業の一端が窺える。　　（藤田 伸也）

えきこえんだん【益古演段】 元の数学書。全3巻64問。李冶の著。『測円海鏡』（1248年）完成

の11年後(1259年)に成立した。様々な平面図形の面積に関する問題を天元術で解く。蒋周の『益古集』に論述された天元術を詳しく解説したものである。方程式の係数の並べ方は，『測円海鏡』とは逆に次数の低いほうから並べる。　　（武田　時昌）

えきしゅう【益州】　→成都

えきしゅうめいがろく【益州名画録】　北宋の黄休復による画史書。全3巻。李畋による1006(景徳3)年の序がある。唐の乾元年間から北宋の乾徳年間まで(758-968)に，益州(四川省)で活動した画家58名を，優劣にしたがって逸・神・妙・能の4格にわけ，伝記と論評をあらわしたもの。逸格には粗筆人物画の孫位を置く。線描優位の伝統をうけ，水墨による逸品画風的な溌墨が線表現として技法化され，広いジャンルで定着していく過程を伝える。羅漢図や水陸画(水陸道場に用いる絵)など，道釈画についての記述も豊富。（井手　誠之輔）

えきずめいべん【易図明弁】　河図洛書に対する論駁の書。清の胡渭の著書，10巻。河図は『論語』子罕篇に孔子が「黄河から図が出ない」などとあるがその図は伝わらず，また伝説で夏の禹が天より授かったという『洪範九疇』(現在の『書経』洪範篇の原形)のことで，文章であって図ではない。宋の道士陳摶が白・黒の点を線で結び四角形に現した2つの図を，古典でいう河図洛書であるとした。宋の儒者たちはこれを『易経』の原形であると信じ，朱子もそれを信じてその著書『易学啓蒙』の冒頭に掲げた。しかし胡渭は書中で，陳摶の図は道教によって伝えられたものであるとし，『易経』の起源はその「繋辞上伝」にあるように聖人の天文地理の観察によるもので，河図洛書とは無関係であるとし，また太極図も道教から出たものであるとするなど，数々の証拠を挙げて論じている。これによって河図洛書に信憑性の無いことが決定的になった。　　（吉田　純）

えきでん【易伝】　『易経』(『周易』)について解釈・敷衍した文献。伝とは，本来，経に対する注解の意で，先師より代々受け継いだものを言った。『易経』は儒教の経典であるが，その内，彖伝(上・下)・象伝(上・下)・繋辞伝(上・下)・文言伝・説卦伝・序卦伝・雑卦伝の十翼は，もともと，経にあたる卦辞・爻辞を解説・敷衍する伝であり，特に易大伝とも呼ばれた。『漢書』芸文志には，韓嬰・王同・京房などによる易伝の他，淮南王劉安による『淮南道訓』2篇も著録されている。また『漢書』儒林伝では「洛陽の周王孫，丁寛，斉の服生らはみな易伝数篇を著した」とある。これら易伝はすでに多くが佚亡し，若干が輯佚されているのみである。

1973年，湖南省馬王堆漢墓から経にあたる「帛書周易」の『六十四卦』とともに二三子問・繋辞・易之義・要・繆和・昭力の合計6篇の伝，いわゆる「帛書易伝」が出土した。これらは卦辞や爻辞を具体的に解釈することを通じて，易の儒教的な道徳的政治的意義を解説するが，それが孔子の発言や孔子とその弟子との問答という形式を取ってなされている場合も少なくない。このような「帛書易伝」は，戦国末期から前漢初期にかけて儒家が易を取りこむ過程において易に儒教的色彩をつけると同時に，経としての権威を付与するために著されたものであり，十翼の前身に当たる資料である。

易の解釈には象数易・義理易の2つの方向がある。象数易は，孟喜・京房などにより漢代に流行した解釈で，当時流行していた天人相関説を背景としており，六十四卦は暦に配当され，易は天象と人事をつなぐ媒介としての役割を担った。その後は三国魏の王弼に代表される義理易が易解釈の中心となっていった。王弼の『周易注』は，東晋の韓康伯の注とともに孔穎達の『周易正義』に採用され，さらに疏と称される注が施された。これは古注と呼ばれ，魏晋南北朝時代までの易伝を広く引用している。これに対して南宋の朱子の著した『周易本義』は新注と呼ばれ，易は本来卜筮の書であるとの主張の下に著されており，後代の易学にも大きな影響を与えた。　　（池田　知久／渡邉　大）

えきでんせいど【駅伝制度】　チンギス・カン時代に立案された，交通・運輸・通信網で，モンゴル語でジャム jam 又はヤム yam といい，漢字で「站赤」と表記した。オゴデイ・カンの初年(1229年)にカラコルムを中心として帝国全土に設立され，北中国との間には馬道38駅，車道57駅の2ルートがあった。元代，首都の大都を中心に1500以上の駅があり，首都と経済の中心地帯である江南を結ぶルートが重点整備された。駅には駅務の遂行に当たる世襲の駅戸，米倉や馬・牛・らくだ・車両・船などの交通輸送手段が適宜に配置された。使用許可証として軍事の緊急通信用には海青牌(のち円牌と称す。牌は符とも書く)があり，その他の場合には金虎符・金符・銀符などの符牌(メダル)に加えて使用駅馬の頭数を明示した証明(鋪馬聖旨)を携えていれば，駅馬のほか小麦粉や肉・酒・薪・炭(冬季)などの提供を受け宿泊ができた。元代，駅の不正使用が多く，それをおさえる監視官(脱脱禾孫)が要所に配備された。駅戸には免税措置があったが，負担は重く，困窮のために政府がしばしば救済

を行い, 駅伝維持に努めた。　　　（松田　孝一）

えきどうじもん【易童子問】　北宋の欧陽脩が童子の質問に答える形式により著した易に関する啓蒙書。全3巻。巻1, 2では『易経』の幾つかの卦辞や彖伝・象伝の字句に対して人事に重きを置いた独自の解釈を示す。また巻3では当時流行の河図洛書説を排するとともに, 十翼を孔子の作とする古来の説を打破して彖伝・象伝以外は全て孔子の作ではないと断定する。政治的には改革派に属した欧陽脩の合理主義が遺憾なく発揮された本書は, 経書を合理的に理解しようとする学風の先駆けとなった。　　　　　　　　　　　　（名畑　嘉則）

えこう【恵洪】　1071(熙寧4)～1128(建炎2)。北宋の僧。筠州新昌(江西省)の人。俗姓は彭, また喩とする説もある。字は覚範。朝廷より宝覚円明禅師の号を贈られた。宋代の代表的な詩僧の一人で, 詩文集に『石門文字禅』30巻, 詩評論に『冷斎夜話』10巻, 『天厨禁臠』3巻がある。著作にはその他, 僧侶の伝記や逸話を集めた『禅林僧宝伝』30巻, 『林間録』12巻等がある。『宋詩鈔』下, 『五灯会元』17に伝がある。　　　（湯浅　陽子）

えこう【慧皎】　497(建武4)～554(承聖3)。南朝梁の沙門。『高僧伝』の撰者として知られる。会稽上虞(浙江省)の人。俗姓は不明。会稽の嘉祥寺に住し, 春夏には布教につとめ, 秋冬には著述にはげんだという。梁の元帝蕭繹の『金楼子』聚書篇に, 40年間にわたって手に入れることができた8万巻に上る書物の一部は慧皎道人に就いて収集したものであるとの記事があり, 蔵書の豊富であったことをうかがわせる。『高僧伝』訳経篇の論において, 一つの書物のみの研鑽につとめる態度を退け, 仏法に通暁するためには「博く衆典を尋ねる」べきことを主張しているその人にいかにもふさわしい。晩年には, 侯景の戦乱を湓城(江西省)に避け, 廬山の禅閣寺に葬られた。『高僧伝』のほか, 『涅槃経』ならびに『梵網経』の義疏があったが, 今日には伝わらない。『続高僧伝』6・義解篇に伝がある。　　　　　　　　　　（吉川　忠夫）

えごうらい【絵高麗】　中国の金・元・明・清に, 磁州窯系の窯で焼成された一部の陶器に対する日本での俗称。20世紀前半代に朝鮮半島から多く出土した磁州窯系の製品を高麗時代の作と考え, 「絵文様のある高麗(朝鮮)産の陶器」と誤って解釈したために生じた名称。生産地については, 磁州窯で発掘されているほか, 一部の作品については, 中国南部の鉄絵とする説もある。茶道具では「梅鉢」と称する鉄彩, 白泥で装飾した平茶碗が著名である。　　　　　　　　　　　　（砂澤　祐子）

えし【慧思】　515(延昌4)～577(太建9)。南北朝時代の僧。南予州武律(河南省)の人。姓は李氏。北朝北魏時代, 15歳で出家し, 経典の読誦, 坐禅の実践に努めたが, 禅の実践を勧める『妙勝定経』を読んでから修禅に励むようになった。のちに慧文の下で「法華三昧」を悟った。その名声を妬む者から数々の迫害を受けた。迫害を避けて各地を転々としながら『法華経』『般若経』を講説した。南朝陳時代, 光州(河南省)の大蘇山に居る時, のちに天台宗を開いた智顗が弟子となった。568(光大2)年, 衡山(湖南省)の南岳に籠もり, その地で寂したので南岳大師, 南岳慧思と呼ばれる。著作には『立誓願文』, 『法華経安楽行義』1巻, 『諸法無諍三昧法門』2巻, 『随自意三昧』1巻, 『大乗止観法門』4巻などがある。慧思が内心の苦悩と堅固な菩提心で修行を完成することを誓った『立誓願文』は, 中国仏教において最初に末法思想を表明した文献として知られているが, その真偽についてはなお検討が必要である。　　　　　　　（木村　宣彰）

えしょう【慧沼】　650(永徽元)～714(開元2)。法相宗の第二祖。淄州(山東省)大雲寺で活躍し, 淄州大師と称され, 慈恩大師基(初祖)・撲揚大師智周(第三祖)とともに法相宗の三祖に列ねられる。15歳で出家, 後に玄奘や基に就学して法相唯識の学に通達した。代表作は『成唯識論了義灯』13巻で, 基の『成唯識論述記』を重んじながら円測・道証の『成唯識論』解釈への批判を主としている。また五性(姓)各別の立場から『能顕中辺慧日論』4巻を著して, 法宝の一性皆成説に対抗した。他に『金光明最勝王経疏』『大乗法苑義林章補闕』などがある。義浄の訳経や菩提流志の『大宝積経』翻訳の際に証義として参加。
　　　　　　　　　　　　（橘川　智昭）

えすう【恵崇】　?～1017(天禧元)。北宋時代前期の詩画僧。『聖宋九僧詩』に名を連ねる一人。慧崇とも書く。建陽(福建省)の人。又, 長沙(湖南省)の人とも, 「楚僧」ともいう。郭若虚『図画見聞誌』巻4に「工に鵝雁鷺鷥を画き, もっとも小景に工なり」とあるように, 江辺の風物, 花鳥を描いた所謂「小景画」の創始者として知られる。沈括『図画歌』に「小景恵崇煙漠漠」とあり, 又, 黄庭堅『題恵崇九鹿図』(『豫章黄先生文集』巻27), 蘇軾『題恵崇春江晩景　二首』などに彼の画が詠まれており, 「小景画」が新しいスタイルとして流行した北宋時代末, 宗室や文人たちの間で大変珍重さ

れていたことがわかる。そのため，南宋時代中期には既に贋物が横行していたとされ，伝称作品中に信じるべきものは現存していない。　　　　（板倉　聖哲）

えつ【粤】　広東省の略称。古来，ベトナム語やタイ語に近い言葉を話し「百越（または百粤）」と総称される諸民族がこの地に居住していたことから，春秋戦国時代に「百粤之地」と呼ばれていたことに因む。百越はかつて交趾(チワン)(ベトナム北部)から会稽(浙江省北部)にかけて広く分布していたが，漢民族の南方進出により嶺南すなわち南嶺山地以南の現在の広東省から広西壮(チワン)族自治区，およびインドシナ半島にかけての地域への移動を余儀なくされた。
　　　　（林　和生）

えつ【越】　古代から中国南部に広く居住していた民族とそれらが建てた国家の名称。越は粤とも書き，居住地域によっていろいろな名称があるので，百越(粤)ともいわれる。代表的な越としては，於越(于越ともいい，会稽を中心とした地域)・閩越(びん)(福建省閩江流域)・山越(三国時代に活動し，浙江・福建・江西・安徽などに広く分布した越族の名称)・南越(広東を中心とした地域)などがあり，甌越(おう)や駱越は現在のベトナム北部ソンコイ川流域に居住していたようである。春秋時代の5世紀前半に於越から越王句践(こうせん)が出て呉越の争いを展開し一強国を築いた。秦は天下を統一すると，現在の広西壮(チワン)族自治区や広東省の越人を征服して桂林・南海・象の3郡を置き，この地域を支配した。漢代には，漢人の趙佗が南越国を建てて帝を称したが，文帝は使者を送って服属させた。1983年，広州市から第2代南越王(趙佗の孫の胡)墓が発掘され，数多くの貴重な副葬品が発見された。　　　　（東　晋次）

えつ【鉞】　武器あるいは刑具の一種。一般に平たい台形状を呈し，長辺に刃をつけた利器。柄に装着して使う。古くは新石器時代後期の山東地方や長江下流域で，石鉞や玉鉞が武力の象徴として盛行した。玉器が発達した良渚文化では，精美な玉鉞が玉琮・玉璧とともに首長層の墓に副葬された。殷王朝では，青銅製の大型鉞が作られ，殷墟の大型墓などでしばしば出土している。殷の銅鉞には，威圧的な形相の人面文や獣面文，あるいは二虎食人などの装飾が施され，所有者の力を誇示した。『史記』周本紀は，牧野の戦いに臨む武王の姿を「左に黄鉞を杖つき，右に白旄(ぼう)を乗り，以て麾(きしまね)く」と伝える。鉞が儀仗の役割を担ったことが知られよう。春秋戦国時代以降，鉞は武力の象徴としての役割を終え衰退した。　　　　（西江　清高）

えつおう【粤謳】　広東地区の民謡，また，広東語圏で流行している民間歌曲。これらは同じ民謡の「木魚歌」や「南音」などを基礎にした音曲だと言われている。基本は歌だけだが，琵琶や洞簫(縦笛)などの管弦楽器の伴奏がつくこともある。旋律は，沈鬱で哀愁感にあふれたものが多い。『聴春鶯』『春果有恨』など，多くの曲が人口に膾炙した。清の画家・音楽家の招子庸(?〜1846)が収集した歌曲集『粤謳』は，120首ほどの曲を収め，曲と広東方言の注釈も付されてわかりやすい。
　　　　（福満　正博）

えつおうこうせんけん【越王句践剣】　湖北省望山1号墓から出土した。この墓は戦国中期の楚墓であり，越王句践は，春秋時代末の越王である。この剣は，楚が越の本拠たる浙江の地に軍事侵攻した際，楚人が越の墓をあばいて入手したもので，それが楚に持ち帰られて副葬されたのだろう。銘文は鳥を省略した形の飾りを付けた文字「鳥篆」で書かれており，「越王句践自作用剣」(字の偏旁などが少々異なる)と記されている。銘文は董楚平『呉越徐舒金文集釈』(浙江古籍出版社，1992年)を参照。
　　　　（平勢　隆郎）

えつかいかんし【粤海関志】　広東の海関たる粤海関の沿革・制度を，概ね乾隆年間(1736-95)から道光10(1830)年代にわたり記した書。30巻。イギリスとの緊張が高まりつつあった1837(道光17)年に粤海関監督豫堃(よこん)の委嘱をうけ，梁廷枏(りょうていなん)が中心となって粤海関の保存記録を資料に編纂。当時唯一西洋貿易が行われていた広州地域の対外認識と危機意識の産物でもある。そのためアヘン戦争以前の対外関係史研究の重要文献となってきたが，現在では所引の原史料が利用できることも少なくない。
　　　　（岡本　隆司）

えつがどうそうしょ【粤雅堂叢書】　清の伍崇曜(すうよう)の編。1850(道光30)年に刊行が開始され，1875(光緒元)年までに正編・続編・三編が出版された。収録された書物は208種，1289巻に達する。その規模と風格は乾隆・嘉慶年間(1736-1820)に出された『知不足斎叢書』に類する。各書の最後に伍氏の跋が付してあるが，実際には譚瑩(たんえい)の手に成る。譚瑩は阮元(げんげん)に称賛されるほどの学識の持ち主で，この叢書の実質的な編纂者となり，考証や校勘の方面で大きな業績を上げた。　　　　（井波　陵一）

えつげき【粤劇】　伝統演劇の劇種。広東語を使う劇種なので，広東省・広西省・香港・マカオ・東南アジア，世界各地の華僑居住区などで流行

している。明末の徐渭*『南詞叙録』には，弋陽腔が広東でも流行していたという記録があるので，広東に於ける演劇の歴史は古いことがわかる。清の楊懋建*『夢華瑣簿』には，当時の劇団が，外江班と本地班の二つに分かれていたと記録されている。外江班は，崑山腔・弋陽腔を中心とし，本地班は，西秦梆子を中心としていた。次第に崑山腔・弋陽腔はすたれ，西皮腔・二簧腔の影響を新たに受けて，梆子を主調とする粤劇が完成した。しかし清の1854(咸豊4)年に，粤劇芸人の李文茂が太平天国の乱に関与して，粤劇は1868(同治7)年までの15年間上演を禁止された。また辛亥革命の前後には，新劇の影響を受けて，各地で革命思想の宣伝の巡回を行った。結果，粤劇は大きく変化して，特に1920年代頃から音程を下げて梆子を歌うなど歌唱法を変えたほか，劇の内容も日常身近な内容を扱うようになってきた。その後もまた，いろいろと新しい趣向を取り入れ，革新を進めている。歴代の著名な役者としては，馬師曾・紅線女・羅品超・白駒栄などがいる。

(福満 正博)

えつげき【越劇】 地方劇の劇種名。浙江・上海・江蘇・江西・安徽等の地で流行してきた。1852(咸豊2)年頃浙江省嵊県(嵊州市)馬塘村の貧農金其炳が，この地に行われていた民歌などに工夫を加え「四工合調」を創出したのがその始まりとされる。農民の余暇娯楽「田頭唱書」から農閑期の副業「沿門売唱」に成長，この時期の伴奏は竹の長煙管で戸を叩くだけだった。これに竹の節を切った篤鼓を加え，茶楼で2人合演，生・旦・浄・丑・末の唱い分けがされるようになって「落地唱書」と言われた。1906(光緒32)年，初めて劇団結成，紹興大班(今の紹劇)と区別するため「小歌班」と呼んだ。1917(民国6)年以降毎年上海進出を試みたが篤鼓だけの伴奏だったことなどから「的篤班(テントン芝居)」と蔑称された。1920年，馬潮水らが『碧玉簪』『梁山伯与祝英台』*『琵琶記』の伝統劇に展開して初めて評判をとり，伴奏も弦楽器中心に大改革された。1922年，檜舞台である「大世界(ダスカ)」での初演時に「紹興文戯」を正式に名乗り，これ以後紹興大班と京劇の要素を大々的に取り入れた。ここまではすべて男性によって演じられていた。

1923(民国12)年，嵊県上碧渓村に初の女子小科班，施家呑村に初の女子劇団が作られるが，女ならではの困難が重なり低迷が続く。1929年，嵊県黄沢鎮に2つ目の女子劇団李艶芳の新新鳳舞台が誕生すると，姚水娟・竺素娥の群英舞台，筱丹桂の高昇舞台，尹桂芳の大華舞台，袁雪芬・傅全香の四季春班などの女子劇団が作られ，1930年代には嵊県以外でも紹興文戯女班が作られるようになる。これは当時の農村の疲弊と大きく関係している。これらの劇団は寧波(ニンポー)など浙東地区で公演していて，上海は依然として紹興文戯男班の世界だった。1935(民国24)年から女班の上海進出が始まり，紹興大班の呼び名だった「越劇」が次第に彼女らを指す劇種名に変わっていく。女子越劇の爆発的な人気は，1937年の「八一三(第二次上海事変)」以降「莫談国事(国事を語るなかれ)」を押しつけられ，「孤島」と呼ばれた上海の特殊な文化状況の中で生まれたものである。日本軍や青幇(チンパン)・浙東商人などの蹂躙(じゅうりん)と悪戦苦闘する中で，袁雪芬は越劇改革を決意する。この時期に越劇の基本はほぼ完成した。その主なものは崑劇と新劇の要素を大々的に取り入れたこと，劇本(台本)制と編導(演出家)制の確立，琴師の周宝才と尺調腔を創出したこと等である。同じ頃，範瑞娟がやはり周宝才と弦下腔を創出，越劇を代表する二大曲調となっている。

抗日戦勝利後，袁雪芬*は現代劇への展開を強め，1946年5月魯迅の『祝福』を改編した『祥林嫂』を初演，この過程で許広平・田漢らの上海知識界との運がりと支援，周恩来の支持を得る。中華人民共和国成立後は共産党による育成もあって，江南地方で最も人気のある劇種となっている。得意とする劇目は多いが，『梁山伯与祝英台』『祥林嫂』『紅楼夢』*が特に有名。男女合演越劇は一時完全に廃れたが，1960年以降男子俳優も育成している。1982年に杭州に若く優秀な俳優を選抜した浙江小百花越劇団が生まれ人気を得てから各地に「小百花」を冠した越劇団が生まれ，大々的に若返りが図られ人気を呼んでいる。

(佐治 俊彦)

えっしゅうよう【越州窯】 現在の浙江省慈渓市上林湖畔を中心とする青磁窯。越窯ともいう。浙江省東北部は青磁発祥の地であり，後漢になると安定した釉薬(ゆうやく)がむらなくなめらかにかかった成熟した青磁が焼かれるようになった。三国呉から西晋・東晋にかけて，甕の上に楼閣を作りさまざまな動物や人物を張り付けた神亭壺*や，鶏の頭をかたどった注ぎ口をもつ天鶏壺*など，特色ある青磁が盛んに製作されており，古越磁とよばれている。越州窯の最盛期は唐後期から五代，北宋前期であり，端整な器形に淡く澄んだ蓬色の釉薬がかけられた美しい青磁は，秘色の名で古来数多くの文献に称えられている。五代には十国の一つである呉越国の国王銭氏の厚い庇護のもとに優れた青磁を焼造した。また，唐後期より越州窯青磁は広く国外に輸出されるようになり，白磁および長沙窯*の製品と並んで，初期貿易陶磁器の一つに数えられている。北宋中期以降衰退していった。

(今井 敦)

えつぜつしょ【越絶書】

春秋〜戦国時代の越の興亡を記した書物。19篇。内伝・内経現存6篇を含む8篇本に，外伝17篇が加わり，のち6篇を失した。内伝・内経は，会稽郡の袁康・呉平が23〜25（更始元〜3）年に編纂した。外伝も，呉地伝に「建武二十八年」と見えるなど，『呉越春秋』が成立した建初年間(76-84)までの成立であろう。中原の文献に見えない伝承を含む。1554（嘉靖33）年双柏堂刊本（『四部叢刊』所収），楽祖謀点校本（上海古籍出版社，1985年）などがある。　（吉本　道雅）

えつぞうちしん【閱蔵知津】

明末の藕益智旭が20年の歳月をかけて作成した仏典目録。総目4巻，解題44巻。1654（順治11）年の完成だが，その自序に清朝の年号は記されない。総目は，すべて1773部の仏典を経・律・論・雑の四蔵に大別し，さらに前三蔵をそれぞれ大乗と小乗とに，雑蔵を西土撰述と此土（中国）撰述とに分ける。個々の典籍について明朝における南北両蔵の配列字号を注記することや，三蔵の典籍中，複数の翻訳が存在する場合，上等と判断されるものをまず掲げ，それ以外の訳書を一文字下げて列記し優劣をつける点に，特徴がうかがえる。総目の順序に従う解題は，書物の巻数・訳著者・品目・要旨を機械的に記すだけでなく，翻訳の良し悪しについて具体的に述べたり，巻帙の多寡や流通の度合いに配慮して内容紹介の分量を加減するなど，一大蔵経を閲読する者が「仏典の本旨に通達し，方便と真実とを弁別」（自序）しうる津要を知ることができるように工夫されている。『国学基本叢書』にも収録される。　（三浦　秀一）

えつびそうどうひっき【閲微草堂筆記】

清の筆記小説。『閲微草堂筆記五種』ともいう。1800（嘉慶5）年刊。紀昀著。『四庫全書』総纂官として知られる紀昀の志怪稗史。1789（乾隆54）年から1798（嘉慶3）年にかけて制作された『灤陽消夏録』6巻，『如是我聞』4巻，『槐西雑志』4巻，『姑妄听之』4巻，『灤陽続録』6巻のそれぞれ単行していた五書を，紀昀の門生である盛時彦が1800年に合刻した。5書ともに晩年の作で，『灤陽続録』は75歳の時。原序には，志怪の質朴簡明な筆致を借りて怪力乱神を語る本書について，大旨はみな勧善懲悪を述べるところにあるという。魯迅も「凡そ鬼神の情状を測り，人間の幽微を発き，狐鬼に托して以て己見を抒ぶる者にして，雋思妙語，時に解頤するに足る」と内在する風刺性を高く評価する（『中国小説史略』）。忠孝，節義など伝統的儒家理念を重んじた紀昀は，しばしば本文中に宗儒を貶めて「講学家」と記し，「天理を存して人欲を滅す」（朱子）とした理学の空談玄虚は実用に供さないと批判している。1835（道光15）年刊本は『閲微草堂筆記二十四巻』。　（佐藤　礼子）

えなんじ【淮南子】

前漢時代の思想書。『淮南鴻烈』とも称される。前漢の高祖劉邦の孫である淮南王劉安が，武帝即位の翌年（前139年）編纂したもの。21篇。作者は劉安が招いた数千人ともいわれる賓客たち。

道家的な原道・俶真篇，儒家的な繆称・泰族篇，法家的な主術篇，兵家的な兵略篇，墨家的な脩務篇など諸家の説を広く取り入れ，天文・地理・時令・説話などあらゆる分野の内容を含む百科全書的な性格から『漢書』芸文志では雑家に著録されている。最後の要略篇は道家的「道」を根本にしつつ，儒家・墨家などの「事」を取り入れて全体に統一性を持たせようとしているが，このような先秦諸思想の統一の動きは『呂氏春秋』に始まる動きである。『淮南子』は直接的には即位直後の若い武帝に対して帝王の道としての思想統一の意義を教える意図を有していたが，結果としては道家の対抗勢力であった儒家による中央集権国家の政治思想の整備を促し，以後，董仲舒による儒教国教化の流れが急速に高まっていくこととなった。

なお，現行『淮南子』は後漢の高誘注本とされているが，繆称・斉俗・道応・詮言・兵略・人間・泰族・要略の8篇は後漢の許慎注本である。

　（池田　知久／渡邉　大）

えにち【慧日】

680（永隆元）〜748（天宝7）。盛唐の僧。青州東萊郡（山東省）の人。姓は辛。玄宗に慈愍三蔵号を賜わる。695（証聖元）年に帰還した義浄の求法に触発され，701年インドへ。スリランカを経由し，3年で到着。梵本を求め，聖跡先師を歴訪した末，西方阿弥陀浄土の法門が諸行に勝ることをガンダーラで感得した。艱難の陸路を単独で帰還。719（開元7）年長安着。全行程は18年70余国という。『往生浄土集』を著し，念仏行を唱導。洛陽で示寂。『宋高僧伝』29に伝がある。

　（桑山　正進）

えのう【慧能】

638（貞観12）〜713（先天2）。「恵能」とも（唐代には多く「恵能」，宋以後は多く「慧能」と書かれる）。唐の禅僧。中国禅宗の第六祖。本籍は范陽（北京市）。父の左遷先の新州（広東省）で生まれ育った。大鑑禅師と諡され，ほかに六祖大師，曹渓大師などとも称される。また俗姓の盧氏にちなんで，盧行者，老盧などの称もある。確実な伝記は不明。生前はほとんど無名であったが，没後に荷沢神会がこれを禅宗「六祖」として顕彰する運動を行い，やがてしだいに神格化されていっ

た。唐の中期以後，さまざまな慧能伝が重層的に創作されるが，唐宋の間にほぼ次のような形にまとめられる：早くに父と死別し，薪売りで老母との生計を支えていた慧能は，目に一丁字も無き無学貧賤の身であったが，ある日，旅人の読誦する『金剛経』を耳にして開悟。ただちに蘄州 黄梅(湖北省)の五祖弘忍禅師のもとを訪ねる。そこで「獦獠(南方の蛮人)の身でなぜ仏になりえよう」という難詰に，「人には南北あれども，仏性には南北なし」と反駁して五祖に容れられた。そこで在俗の身のまま8か月のあいだ下働き(「行者」)をつづけ，やがて神 秀が提出した「身は是れ菩提の樹，心は明鏡の台の如し，時々に勤めて払拭し，塵埃を惹かしむる莫かれ」という偈に対し，「菩提は本より樹無し，明鏡も赤た台に非ず，本来無一物，何の処にか塵埃有らん」という偈を提示。五祖の深く認める所となり，「六祖」の位と伝法の証拠の袈裟を授けられた。禅はここから，漸悟(段階的悟り)を説く神秀の「北宗」と，頓悟(直截的悟り)を説く慧能の「南宗」に分かれたと伝承される。その後，民間に身を隠していたが，風にはためく幡をめぐり，「動くのは風でも幡でもない。そなたらの心だ」と喝破して印宗法師に見出され，そこで初めて剃髪・受戒した。晩年は韶州(広東省)の曹渓で法を伝え，「曹渓」は禅の源流を表す語となった。門下に青原行 思・南岳懐譲ほか多くの傑出した禅者を出し，禅の主流を形成した。

伝記と説法の記録として『六祖壇経』『曹渓大師伝』ほかがあるが，すべて後世の仮托。また『祖堂集』2，『景徳伝灯録』5，『宋高僧伝』8等に立伝するほか，王維・柳宗元・劉 禹錫による碑文がある。駒澤大学禅宗史研究会『慧能研究』(大修館書店，1978年)に関連資料が集成される。旧唐書191

(小川 隆)

エリカオン【也里可温】 13～14世紀のモンゴル時代に，ネストリウス派キリスト教の僧侶もしくは信者一般を指す語。モンゴル語エルケウンを音写したもので，也里克温・也立喬とも。語源については諸説あるが定説をみない。同派キリスト教はすでに唐代に中国に伝わっているが，会昌の廃仏(三武一宗の法難の一つ)の際に弾圧を受けて四散。北アジアに逃れた人々がオングト，ケレイトなどトルコ系諸集団の信仰を得て根をおろした。その後13世紀のモンゴル帝国の成立・拡大により，西アジアの教会とともにその版図内に入り，活発な交流があった。モンゴルの最高神格テングリ(天)に皇帝一族の長寿・安寧を祈るという義務さえ果たせば，信仰の自由は保証された。元代に入りローマ・カトリックも伝えられると，中央には崇福院が置かれ，十字寺と呼ばれたキリスト教の寺院，並びにキリスト教関係全般の事務を担った。また，十字寺の遺跡やネストリウス教徒の墓誌銘がイリ地方，内モンゴル泉州などから多数，発見されている。 (中村 淳)

えりんおんぎ【慧琳音義】 →一切経音義

エルデニ・ゾーじいん【エルデニ・ゾー寺院】 モンゴル帝国の首都カラコルム(現ハラホリン)の跡地に立地し，モンゴル国に現存する最古の寺院。「宝の寺」の意。寺院は，108基の白いラマ塔(現存100基)を載せた方形城壁に囲まれ，東西壁は約410m，南北壁は約460mの長さである。城壁の中には，一番古い建築群のグルバン・ゾー(三寺)をはじめ，他にジェブツンダンバの仏宮となるラブラン，アルタン・ソボルガン(黄金の仏塔)，大講堂のツォクチン(現存せず)，ラマ住宅などの数多くの建物群が配置され，20世紀初めごろまで建設が継続された。最も古い建物は，アブタイ・ハーンが創建したグルバン・ゾーのゴル・ゾー(中寺の意)であるが，その棟木の墨書によれば，1586年着工，翌年竣工したという。17世紀初め頃に，ゴル・ゾーの左右にバローン・ゾー(右寺)，ズーン・ゾー(左寺)が完成。中央のゴル・ゾーが2階建ての楼閣式建築であるのに対して，左右の仏殿はほぼ同じ高さの重層入母屋造りとなっている。このように三つの仏殿が並列する伽藍配置は，東アジアにおいても貴重な事例である。2004年に世界遺産に登録された。 (包 慕萍)

えん【燕】 前11世紀～前222。戦国時代の国で，周初に周の同族の召 公奭が北燕に封ぜられたのに始まる。北京市西南の瑠璃河遺跡がその都の所在地とされる。西周，春秋時代をとおして燕の歴史は記録にはほとんど残されていない。戦国時代になると，七雄の一つに数えられる強国として現れ，燕下都遺跡(河北省)にその繁栄がしのばれる。昭王(在位前311～前279)の時には，人材を登用して富国強兵をはかり，前284年には楽毅を将軍として諸国と連合して斉に攻め込み，数年にわたって占領し，また遼東方面にも領地を拡大した。しかし，その後国勢は衰え，前222年に秦に滅ぼされた。燕の領域は北方遊牧民の居住地と接しているが，出土遺物を見るかぎりその文化は中原の趙や斉の影響を強く受けている。兵器銘文や青銅貨幣からは，戦国時代の早い時期に中央集権化が進行していたことがうかがわれる。 (江村 治樹)

えんあんせっくつ【延安石窟】 陝西省北部の延安を中心とした地域の石窟の総称。安塞県城か

ら延河の支流を遡った谷あいにある黒泉駅万仏洞は，北に面する洞内に，菩薩坐像を東西に各6体，北に十六羅漢像，四角柱の四壁に仏像龕を多数あらわす。欠損が多いものの出来映えがすぐれ，延安地域では北宋期のもっとも初期の遺例とみられる。子長県城の西北の鐘山石窟は，そのうちの万仏洞に治平4(1067)年の銘があり，3体の如来坐像や羅漢・比丘像などをあらわしている。黄陵県城北西の千仏寺石窟は1094(紹聖元)年の開鑿。西に面する洞に方形須弥壇をつくり3体の如来をそれぞれ中央に向けて安置する。洞内壁面にある仏像龕のうち，金棺出現と涅槃の浮き彫りが洞口左右と須弥壇背面の西壁にあらわされるのが特に注目される。他に，富県石泓寺石窟，閣子頭石窟などがある。延安石窟では，三世仏，*普賢・*文殊，水月観音，涅槃，羅漢などが多く見られ，北宋期にも伝統的な主題が支配的だった様子が窺われる。　　　　　　　　（長岡　龍作）

えんいへん【艶異編】
明の故事集。12巻本と40巻本がある。*王世貞の編，湯顕祖の評と題しているが，これは仮託によるものと考えられている。もっぱら男女にまつわる故事を，「星部」「神部」「木神部」以下，「仙部」「宮掖部」「幽期部」「義俠部」「妓女部」「妖怪部」「鬼部」など16部に分類して収めている。『続艶異編』19巻，『古艶異編』12巻，『広艶異編』35巻などの続作があらわれたことを見ても，広く流行したさまがうかがわれる。　　　　　　　　　　　　　　　　（大木　康）

えんうれい【袁于令】
1592(万暦20)～1674(康熙13)。明末清初の劇作家・小説家。蘇州呉県(江蘇省)の人。初名は晋，字は韞玉，また令昭，号は鳧公，また籜庵。明末に諸生となるが妓女の事を以て除名され，1644(崇禎17)年，清兵南下に際して降伏の表を奉った功で荊州太守に任ぜられる。晩年は浙江の会稽に居を定めた。制作した伝奇8篇のうち『西楼記』『鷫鷞裘』と，雑劇『双鶯記』のみが現存する。また小説『隋史遺文』の作もある。　　　　　　　　　　　　　　（根ヶ山　徹）

えんうんじゅうろくしゅう【燕雲十六州】
石敬瑭が五代の後唐に代わって後晋を建てた際，契丹(遼)の援助を受けた代償として割譲した*長城以南の地。現在の河北省及び山西省の北部一帯に当たり，燕(幽州の別名，北京市)・雲(山西省大同市)を含む薊・瀛・莫・涿・檀・順・新・嬀・儒・武・応・寰・朔・蔚の16州をいう。遼は幽州に南京(燕京)，雲州に西京をおき，本拠地を維持したまま漢人居住地をも支配するいわゆる征服王朝を形成していく一方で，南の漢人王朝では，燕雲十六州の奪回が悲願となった。後周の世宗は瀛・莫2州の回復に成功したが，続く北宋では新たに易州(河北省)を奪われた。その後，女真族の金が台頭すると北宋はこれと結び，金軍の力を借りて燕京を中心とした燕雲十六州の一部を回復した。しかしその代償として銀などを支払う約束を北宋は守らず，憤激した金軍は北宋の都開封を占領して徽宗・欽宗らを北方に拉致し(靖康の変)，華北の地はほとんど金の領有に帰した。　　　　　　　　　　　　　　（河上　洋）

えんおうこちょうはしょうせつ【鴛鴦蝴蝶派小説】
清朝末期から民国初期に文芸界の主流を占めた文学流派。1910年代，文学革命派が才子佳人を主人公とする小説を攻撃する際に用いた名称。これらの小説は狭義には四字句・六字句をくりかえす美文調の文章を使用した恋愛小説，広義には社会・暴露・花柳・恋愛・悲恋・家庭・武俠・軍事・探偵・歴史・民間など幅広い題材を扱った通俗小説であった。文芸週刊誌『礼拝六』が本拠地だったので礼拝六派また民国旧派文学ともいう。その文学観は，遊戯と消閑の趣味主義を特徴とする。辛亥革命後，新旧思想の衝突は男女の恋愛にも悲劇を生じさせることになり，これが主として章回小説に描かれたほか，新たに勃興した軍閥・官僚・買辦(外国貿易業を仲介する中国人)・資産階級などにより発生した不公平な社会現象を攻撃することも好んで行われた。清末の『小説時報』『小説月報』から民国以後の『中華小説界』『民権素』『小説叢報』などの雑誌が発行され，その数は100誌を上回る。加えて50紙近くの小新聞らと一大盛況を呈した。主な作家に徐枕亜・李定夷・包天笑・李涵秋・張恨水・范烟橋・陳蝶仙・周瘦鵑らがいる。　　　　　　　　　　　　　　（樽本　照雄）

えんか【艶歌】
楽府の相和歌がうたわれるとき，曲の前に演奏されたのが「艶」で，相和歌辞中に「艶歌」と題される一群の歌がある。作者不詳の古楽府では，女性から親切を受けてその夫から疑いをかけられる旅人の悲しさをうたう『艶歌行』や，夫婦の生き別れをうたう『艶歌何嘗行』，また詩人の作では傅玄の2篇の『艶歌行』が残り，よく知られる。『陌上桑』も一名「艶歌羅敷行」と呼ばれた。後世には艶っぽい歌の意となり，この題名のもとに多く女性の美しさがうたわれた。　（松家　裕子）

えんかく【袁桷】
1266(咸淳2)～1327(泰定4)。元の文章家。慶元鄞県(浙江省)の人。字は伯長，諡は文清，号は清容居士。南宋の望族の出。麗沢書院の校長から，大徳(1297-1307)初に翰林に転じたのち，主に翰林に在籍した。宋・遼・金三史

編纂の基礎をつくった。英宗朝では丞相の拝住(バイジュ)に重んじられたが、泰定帝が立つと郷里に帰った。勅建碑を多く撰述している。文集『清容居士集』50巻と、郷里の沿革を記述した地方志『延祐四明志』20巻がある。元史172　　　　　　　　　　　（高橋　文治）

えんがく【燕楽】　宮廷の宴饗・鑑賞・娯楽のための芸術音楽。燕は安らぐ、寛ぐの意。讌楽・宴楽とも記す。「燕楽」の語は早くは『周礼』春官(しゅうかん)に見える。隋・唐の宮廷燕楽は歌舞音楽を中心に漢民族の伝統音楽「清楽」と西域楽を主とする「胡楽」とが融合しつつ、芸術性において高度に発展したもので、中国古代音楽史上最も重要である。七部楽・九部楽・十部楽・二部伎、梨園の法曲、教坊の大曲などがその代表である。狭義の燕楽は、「讌楽」と記され、唐の十部楽の第一部、座部伎の第1曲に編入された楽曲の名である。　　　（古新居　百合子）

えんがくきょう【円覚経】　初唐～盛唐初に出現した疑経とみなされる仏典。具には『大方広円覚修多羅了義経』。1巻。693(長寿2)年に北インド罽賓(けいひん)の人仏陀多羅(ぶつだたら)によって訳出されたと伝えられる。しかし730(開元18)年にこの経を解説した『開元釈教録』などにおいても訳出の事情は不明瞭で、その真偽について当時すでに議論があったらしい。この経が世に出ると、ほどなく注目され講説注釈がなされたが、ひろく知られるようになったのは、ひとえに中唐の宗密が終生その顕彰につとめたことにより、一般には彼の説に従って理解される。

円覚とは仏の完全円満な覚(さと)りの本性。宗密は仏の全教説を頓教と漸教（覚りの内容をただちに示す教えとしだいに示す教え）に分かつが、この経は頓教に含まれる。かつ、同じ頓教の『華厳経』が「化儀の頓」（仏が成道した当初に覚りの内容を一挙に開示したもの）であるのに対して、「逐機の頓」とし、すぐれた機根（素質・能力）を具えた修行者のために真実心である円覚を端的に指し示した教えとする。彼は円覚を『華厳経』の一真法界や『大乗起信論』の一心に結びつけ、また荷沢禅（神会の系統の禅）に由来する「空寂知」（霊妙な空寂の知慧）にあてはめる。あわせて、この円覚に悟入する実践次第として頓悟漸修（一挙に悟ったのち、しだいに修行すること）が提示されているとする。かくてこの経の内容を、おおよそ「法性・法相・破相の仏教学派と、南宗禅（慧能の系統の禅）・北宗禅（神秀の系統の禅）とを網羅し、『華厳経』と合致する側面をもち、悟りと修行とを具足する」(『円覚経大疏釈義鈔』1下)ものと把握したのであった。

宗密はこの経の注釈『円覚経大疏』12巻を著し(823年)、さらにそれに詳細な自注を加えて『円覚経大疏釈義鈔』26巻とした。かつ、この両著を簡略にしたのが『円覚経略疏』4巻と『円覚経略疏鈔』12巻であり、その他関連する著述がある。また『円覚経道場修証儀』18巻では、この経にもとづいて懺悔滅罪や坐禅観法の作法などを制定し、中国仏教の儀礼として最も完備したものに属す。

宗密以後、この経は『楞厳経(りょうごんきょう)』とならんで主に禅宗のなかで重視されてきた。『大正大蔵経』17所収。　　　　　　　　　　　　　　（中西　久味）

えんがくこうげん【燕楽考原】　清の音楽理論書。6巻。嘉慶9(1804)年の序が付される。作者の凌廷堪は古代の礼楽に詳しかった(『清史稿』481)。同書では古代の雅楽と後世の俗楽をつなぐものとして、隋唐の宮廷の娯楽音楽であった燕楽に注目、調ごとに歴代の音楽理論書の記述および作例をまとめ、燕楽二十八調などの説を整理することで、従来の音楽理論を総括するとともに、燕楽研究の道を新たに開いた。　　　　　　　（千田　大介）

えんがくにじゅうはっちょう【燕楽二十八調】　隋・唐・宋代宮廷の燕楽で用いた旋法体系。俗楽二十八調ともいう。相和歌や清商楽など中原漢民族の俗楽を土台に、西域胡楽の旋法理論を吸収して成立した。北朝北周時代に亀茲人の琵琶奏者、蘇祇婆(そしば)が伝えた五旦七調理論は、中国人学者の鄭訳が雅楽八十四調理論を整理する契機となり(『隋書』14)、二十八調名のうち「沙陁」「般渉」「歇指(きっし)(乞食)」も、蘇祇婆七調に由来する。二十八調は、12均(12律の各音から始まる7音音階)中の7均と、宮・商・角・羽の4主音を組み合わせて作る。ただし角の実態は変宮であり、宮と商の間に応声を加えた「八音之楽」も存在した。いずれも雅楽古音階と俗楽新音階を部分的に読み替え、雅俗両音階を暗に併存させた音階論である。これらは、雅楽理論が斥けた俗楽が宮廷で隆盛したため、既存の枠組みを援用しつつも、新音階の存在を理論的に認める必要に迫られた結果と考えられる。
　　　　　　　　　　　　　　（尾高　暁子）

えんかこう【艶歌行】　→艶歌(えんか)

えんかと【燕下都】　河北省易県の東南に位置する、戦国時代燕国の都城遺跡。昭王(在位前313～前280)が築き燕国の下都とした(『水経注』易水注)、とある城が本遺跡に比定されたため、この名で呼ばれる。燕国の都は薊(けい)(北京市)であり、その陪都としての役割を持つものと考えられる。遺跡は南北を北易水と中易水に挟まれた位置にあり、一辺約4kmに及ぶほぼ正方形の城郭を東西に二つ連ね

た巨大なもので，1929年より1960年代にかけて数次にわたる発掘調査が行われた。主な遺構は東城に集中しており，こちらを内城とする考え方がある。東城のやや北寄りには大型建築物の基壇が複数確認され，宮殿区とみられる。またその近傍には，東城を南北に二分する東西方向の隔壁をはじめ，宮殿の防御に関連するとみられる施設の遺跡が残るほか，東城内には鉄器製作場や武器製作場などが多く発見されており，この都城が燕国の西南方面に対する軍事拠点としての性格を強く持っていたことが想定されている。　　　　　　　　　　　　（高津　純也）

えんからふこう【艷歌羅敷行】　→陌上桑 (はくじょうそう)

えんかんるいかん【淵鑑類函】
1710(康熙49)年，張英・王士禎等が勅を奉じて編纂した類書。450巻，総目4巻。『唐類函』を底本に，部門や子目を時代の変化や実態に合わせて改編し，45部，2536子目とした上，盛唐(710～765)以後から明の嘉靖(1522-66)以前までの諸資料を大幅に増補したもの。底本にあるものは「原」，増補したものには「増」と明記してある。利用した資料は，『太平御覧』『文苑英華』『玉海』『山堂考索』『紀纂淵海』『唐詩類苑』等，大型の類書や総集のほとんどを網羅しただけでなく，史書から随筆の類いにまで及んでいるだけに，巻数は『太平御覧』の半分でも，内容はその2倍となった。江戸時代，我が国にも輸入され，作詩文の参考書や漢籍を読む時の辞書として，とりわけ唐宋から元明に至る時期の典故や用例を調べる手がかりとしてよく利用された。1986年，台北の新興書局から原刊本が縮刷影印されている(全10冊，7824頁)。　　　　　　（筧　文生）

えんぎ【演義】
史伝や伝説に基づいてそれを敷衍しふくらませた長編白話小説の別称。そもそもは「義を演ぶ」つまり「意味をわかりやすく説明する」というような意味。最初に用いられたのはいわゆる『三国志演義』で，その流行によりそれ以降の歴史小説に「演義」ということばがつけられるのが普通になったのではないかと考えられる。『隋唐演義』『大宋中興通俗演義』『封神演義』などタイトルに「演義」のつく作品は数多い。　（上野　隆三）

えんきかっぽう【円機活法】
明の作詩事典。詩学の部『円機詩学活法全書』24巻，韻学の部『円機韻学活法全書』14巻の2部から成り，まとめて「円機詩韻活法全書」という場合もある。万暦年間(1573-1620)の刻。王世貞校訂とあるが編者を明示していないため，版元が利を図って高名な詩人である王世貞に仮託したのだという説がある。作詩の

ために必要な詩語や故事成語・韻字などを類集し，項目ごとに古今の詩を例示する。唐宋の名句のみならず明人の詩も多く採録している。

日本では江戸時代の漢学者や漢詩人たちに重用され，文人必携の教養書となった。和刻本には大抵1656(明暦2)年の菊池耕斎の序文が付されていることから，それ以前に伝来したらしいことがわかる。明治に入ってからも出版は続いた。作詩者の便覧実用の書であるため学問的には軽視されがちだが，日本の漢文学や俳文学に与えた影響は計り知れないものがある。　　　　　　　　　　　　（野村　鮎子）

えんけい【燕京】　→北京 (ペキン)

えんけいどろう【円形土楼】　→客家円形土楼 (ハッカえんけいどろう)

えんこう【袁江】
生没年不詳。清の画家。活躍期は康熙(1662-1722)後半～乾隆(1736-95)前期。江都(江蘇省)の人。字は文濤。北宋の郭熙を学んだ大観的な山水に，定規を用いて建造物を描く界画を組み合わせた豪壮華麗な仙境や宮苑図を描き，揚州の塩商たちの好評を得た。雍正年間(1723-35)に宮廷画家として召されたとも，塩商の招きで太原(山西省)へ赴いたとも伝えられる。子(或いは甥)の袁耀や一族の袁雪も近似する作品を描き，袁派と呼ばれる。代表作に『蓬萊仙島図』(北京，故宮博物院蔵)，『東園図巻』(上海博物館蔵)がある。（竹浪　遠）

えんこう【袁宏】
328(咸和3)～376(太元元)。東晋の文人・学者。陳郡陽夏(河南省)の人。字は彦伯。父を早くに亡くし，貧賤の生活の中から，時の大官謝尚によって見出されて官途につき，桓温や謝安といった東晋初期政治の中心人物の身近に仕え文筆の才を発揮する。祖父の兄方の一族に『後漢書』(八家後漢書の一つ)の著者袁山松がおり，宏自身も『後漢紀』30巻をはじめ『竹林名士伝』『三国名臣序賛』など，史学の学識に負う著作を多く残した。詩賦の方面においても，史的な内容に富む作品が多く，例えば，仕官以前の若い時代の作である『詠史詩』は，これを運送業に従事する舟中で詠じたのが謝尚の耳にとまり，取り立てられることになるほどの出来映えであった。桓温の幕僚時代の作『東征賦』『北征賦』もやはり史学の才に支えられた要素に富む作品である。詩人としては「人目を引くが偏頗なところが多い」と評され，『詩品』では下品にランクされる。晋書92　　（原田　直枝）

えんこう【袁黄】　→袁了凡 (えんりょうぼん)

えんこうう【匽侯盂】
西周時代前期の青銅

器。1955年，遼寧省喀喇沁左翼蒙古族自治県馬廠溝出土。匽侯が自ら作ったことを述べる5字の銘文を持つ。文献によると，西周初期に，王室を支えた重要人物である召公が燕（匽。北京の辺り）に封建された（実際は長子が赴いた）とされる。その匽侯が作った器が，北京よりもさらに北の遼寧省から出土したことは，西周期の北方の状況を考えるうえで大きな意味を持つ。高さ24.3cm，口径33.8cm，重さ6.45kgの盃で，現在，北京の中国国家博物館の所蔵である。
（竹内　康浩）

えんこうどう【袁宏道】 1568（隆慶2）

～1610（万暦38）。明代後期の詩人。洞庭湖北の荊州府公安県（湖北省）の人。字は中郎，また無学。号は石公。公安派の代表者で，8歳上の兄袁宗道，2歳下の弟袁中道とあわせて「三袁」と呼ばれた。

古文辞派・後七子の巨頭である王世貞が死んだ1590（万暦18）年は，23歳の袁宏道が異色の思想家李卓吾（名は贄）と初めて公安県で会った年でもあった。その後も2度，兄弟3人で300km離れた麻城県（湖北省）に師を訪ねた。かくして彼は師の「童心説」に感化され，「性霊」，すなわち人それぞれがもって生まれた心のはたらきを率直に述べることを文学の基本と考えた。25歳で進士となると，彼は古文辞を，学問をかりた「仮」（にせもの）であると断定し，自然に得た「真」（ほんもの）と対置させた。ついで呉県（江蘇省）の知事となった28歳のときには『小修の詩に叙する』文で，詩とは「喜怒・哀楽・嗜好・情欲」などの「性霊」を述べるものであって格調や形式に拘束されるべきでないことを表明し，「性霊説」の旗じるしを鮮明にした。

ついで願いがかなって知事をやめ，解放感にひたって記した遊記の連作が，「性霊」のうちでも平淡な心の文学へと導くことになった。このあと31歳で北京に移って教員となり，徐渭の伝記である『徐文長伝』など特異な人物の伝記をつづることもあったが，大勢としては仏教を奉じ趣味を楽しむ方向へと進んだ。『広荘』は仏教による荘子の解釈，『瓶史』は生け花の書である。1602（万暦30）年李卓吾は思想犯としての獄中で自殺するが，当時35歳の袁宏道はすでに礼部の事務官をやめて郷里にこもり，師に言及することもほとんどなく，高僧との旅遊を楽しんだ。39歳で礼部に復帰し，酒の書『觴政』を著した。『袁中郎全集』40巻がある。

清の袁枚の「性霊説」は彼の流れを汲むが，学問にたいする態度において一線を画する。また1930年代になって彼は「小品文」の代表的作家として再評価されることになった。日本では1696（元禄9）年にその全集が翻刻されて山本北山らに愛読された。

明史288
（松村　昂）

えんごこくごん【圜悟克勤】 1063（嘉祐8）

～1135（紹興5）。臨済宗楊岐下4世。北宋の徽宗より仏果，南宋の高宗より圜悟を賜号される。俗姓は駱，彭州崇寧県（四川省）の人。若くして出家し，諸処の禅者に見えて皆に法器と称えられた。しかし龍舒（安徽省）の五祖法演に参じたところ，禅者としての働きを出し尽くしたが認められず，一旦は去るが反省して戻り侍者僚に入る。時に役人が法演に「仏法の大意」を問うに，「頻りに小玉（侍女の名）を呼ぶは元より事なし，只だ檀郎が声を認得んことを要すのみ」（作者・題名ともに不明）と小艶詩をもって答えたのを聞いて大悟した。崇寧中（1102-06）に成都の六祖寺・昭覚寺に住し，政和の間（1111-18）に南遊し，張商英の請により碧巖寺（澧州　夾山）に入る。後，各地に歴住し，蜀に帰り，昭覚寺に再住し，1135年示寂。世寿73歳，僧臘55。大慧宗杲・虎丘紹隆など100余名の嗣法者を打ち出し，南宋朝の臨済宗隆盛の基礎を作った。「流れ圜悟」（薩摩の海岸に漂着したという伝説による）と呼ばれる圜悟の墨跡は禅林墨跡の第一とされる。また茶道界では村田珠光が一休に参禅して，圜悟の墨跡を与えられてより，茶掛の墨跡として最も珍重されてきた。著に『碧巖録』『撃節録』『圜悟心要』及び『圜悟禅師語録』20巻がある。
（西口　芳男）

えんざんかいづか【円山貝塚】

台湾台北市にある新石器時代の貝丘遺跡。今から3500～2500年前，台湾の西海岸北部に展開した円山文化の代表的な遺跡として知られる。1897年，日本人研究者によって発見され，台湾における先史時代研究の端緒となった。戦後，1953，54年の発掘調査によって，層序関係が明らかになり，最下層から縄蓆文土器が出土した。その後，縄蓆文土器を特徴とする大坌坑文化が命名された。
（後藤　雅彦）

えんざんどうきょくひん・げきひん【遠山堂曲品・劇品】

明の祁彪佳の戯曲評論集。『曲品』と『劇品』は別の著作であるが一括していう。
①『遠山堂曲品』は呂天成の『曲品』の体裁に倣い内容を拡張したもの。作品を「逸品」「雅品」「艶品」「能品」「具品」に分類し，466種の題名と作者をあげ，作品について簡潔な批評を加えている。また，「具品」の後に「雑調」が加えられ，主に弋陽腔の作品をあげている。「雅品」は残稿で欠落が多いが，それでも全体として現在散失した作品の内容を知ることができる。
②『遠山堂劇品』は明の雑劇を分類品評したもので，「妙品」24種，「雅品」90種，「逸品」28種，「艶品」9種，「能品」52種，「具品」39種計242種の劇本を挙げている。批評の形式は『曲品』と同様

である。祁彪佳の父の澹生堂蔵書と彼自身の収集の膨大な成果がこの書の成立に寄与した。中国古典戯曲論著集成本・黄裳校録1955年刊本がある。

(内山 知也)

えんし【艶詩】

艶情をうたった詩，「艶情詩」ともいう。南朝梁の宮体詩がその代表的なものとしてあげられる。古くからテーマとしてある閨怨に加えて，女性の容貌・姿態・衣裳などを事細かに描写して，なまめかしい雰囲気をかもしだすのを特色とし，『玉台新詠』に多く採録されている。また晩唐の詩人韓偓の『香奩集』に収められる詩は香奩体と呼ばれる独特のスタイルをもっていて，同じ晩唐の李商隠の詩と同様に宮体詩を意識して作られており，艶詩の範疇にはいる。

(釜谷 武志)

えんじき【円測】

613(新羅，真平王35)～696(万歳通天元)。新羅出身の新訳系唯識の学僧。15歳のときに唐に渡り，法常・僧弁など，特に摂論宗系の人々の講義を受けた。長安の西明寺に住して活躍し，玄奘が帰朝して新しい唯識論書を翻訳するようになると，『成唯識論疏』10巻(逸書)などを著した。現存の著作に『解深密経疏』10巻(巻8巻頭の一部と巻10は欠。なお全巻完備するチベット語訳がある)・『仁王経疏』6巻・『般若波羅蜜多心経賛』1巻がある。法相宗第二祖慧沼の『成唯識論了義灯』に，円測の解釈や同じ新羅人で円測を継承した道証への批判が多く行われ，ここから円測らは唯識宗の異派とされる。この批判を通じて正系の教学が精緻に発展した面もあり，その意味で円測学説は重要な役割を果たしている。なお日本平安期の天台宗文献として現存する憐昭記『無量義経疏』3巻が，実は逸書とされてきた円測の『無量義経疏』3巻を書写したものであったことが指摘されている。円測の思想的特質についてみると，旧訳(真諦訳)や一性皆成説に同調傾向のあることが，五性(姓)各別に立脚する正系唯識との相違の核心部分のごとく従来言われてきたが，しかしそれは円測研究自体不十分なまま見通しが急がれた整理づけであり，ダルマパーラ(護法)・玄奘唯識を正しく継承するところに立脚した人と考えられるようになってきている。詳細には今後の研究が待たれる。

(橘川 智昭)

えんししょうじょう【偃師商城】

河南省偃師市にある殷代前期の都城址。1983年春，中国社会科学院考古研究所により発見された。都城址は同じく偃師市にある二里頭遺跡の東約6kmの洛河北岸に所在する。大城，小城と呼ばれる内外2重の城壁をめぐらせている。大城は南北に長い長方形を呈し，南北が1700m余り，東西の幅は最北部で約1240m，南部で約740mある。小城は東城壁・南城壁・西城壁南部を大城南部の城壁と共有しており，南北が約1100m，東西が約740mある。小城南部の中央に土塁壁で囲まれた宮殿区があり，9基の宮殿基壇が確認されている。偃師商城の年代は3期に区分される。第1期に宮殿区と小城城壁が築かれ，第2期に小城を拡張して大城が建設された。第3期には最大規模の3号・5号宮殿が築かれたが，その後突然都城は廃棄された。都城の始建年代は，二里岡文化下層期より遅くない時期と考えられている。殷王朝の創始者湯王の都の西亳とする説のほか，殷王朝前期の副都とする説，伊尹の居城とする説などがある。

(西江 清高)

えんしせいはん【袁氏世範】

宋代士大夫の処世訓。3巻。南宋の袁采撰。信安(浙江省)の人袁采が楽清県令時代の1178(淳熙5)年に「訓俗」と題して著し，のちに友人の府判劉鎮の意見を容れ「世範」と改名して再版した。睦親・処己・治家の3巻から成り，家塾用に作成したため，文章は通俗的で典雅ではないが読みやすい。当時の家族制度や士大夫の思想を知る上で便利。『知不足斎叢書』『叢書集成』等に収めるほか，西田太一郎の口語訳(創元支那叢書，1941年)がある。

(檀上 寛)

えんしせん【燕子箋】

明の伝奇(戯曲)。全42齣。崇禎年間(1628-44)の作。阮大鋮著。唐の書生霍都梁が，表具師がまちがって届けた肖像画と，燕がくわえてきた箋紙の詞とを目にした偶然によって，会ったこともない酈飛雲に恋をし，安史の乱の混乱のなかで奇しくも彼女とめぐりあう。のち，友人鮮于佶に科挙の答案をすり替えられて状元を横取りされそうになるが，なじみの妓女華行雲がこれを見破り，飛雲・行雲という二人の妻をむかえて終わる。

(廣瀬 玲子)

えんじゃくきょ【閻若璩】

1636(崇禎9)～1704(康熙43)。清の学者。本籍地は太原(山西省)であるが7代前の祖から淮安(江蘇省)に移住した。字は百詩。幼時には吃音で鈍物視されていたが，15歳の冬，読書中に突然開眼し以後は非常な天才ぶりを発揮した。かれの主著は『尚書古文疏証』8巻で，現行の『書経』58篇のうち，東晋時代に新たに加わった25篇が偽作であり，また同時に出たいわゆる孔安国伝も同一人物の偽作であることを数々の証拠を挙げて決定的に証明した。ただあまりに攻撃的な論調であり，儒者らしいたしなみが無いという批判もある。更にかれは地理に詳しく，『四書釈地』6巻は四書に現れる地理に関する考証

である。他に『潜丘劄記』などの著書がある。清史稿481
　　　　　　　　　　　　　　　　（吉田　純）

えんじゅ【延寿】　904(天祐元)～975(開宝8)。五代・宋初の禅僧。永明寺に住したので永明延寿と称される。呉越の役人であったが妻子を捨てて出家し, 天台徳韶の法を嗣ぎ, 法眼宗の3世となる。960(建隆元)年呉越の忠懿王は延寿を霊隠寺新寺の第1世とし, 翌年, 杭州永明寺の第1世とする。禅教一致・禅浄双修の総合仏教を目指し, 念仏禅の論理的根拠を導き, 蓮社七世の一人に教えられている。『宗鏡録』『万善同帰集』『心賦注』『唯心訣』等の著作は高麗・日本にも大きな影響を及ぼした。
　　　　　　　　　　　　　　　　（西口　芳男）

えんしゅく【燕粛】　961(建隆2)～1040(康定元)。北宋中期の文人画家。青州(山東省)の人。字は穆之。判刑部・権知審刑院などを歴任, 礼部侍郎で致仕し, 燕侍郎とも尊称される。「海潮図論」などを著す科学者でもある。翰林学士院玉堂中堂の皇帝の御座屏風『山水図照壁屏風』制作を担当し, 北宋初の董羽による中堂東西北壁『龍水図壁画』に象徴される唐代文化の追慕を脱却, 北宋文化の独自性構築への転回点に立つ。確かな伝称作品は現存しないものの, 宋迪や李公年ら, 李成派文人画家の先駆をもなす。宋史298
　　　　　　　　　　　　　　　　（小川　裕充）

えんしょう【袁燮】　1144(紹興14)～1224(嘉定17)。南宋の思想家・官僚。明州鄞県(浙江省)の人。字は和叔, 号は絜斎。1181(淳熙8)年の進士。楊簡・舒璘・沈煥らとともに江西の陸復斎(九齢)・象山兄弟の影響を受け,「甬上(明州)の四先生」と後に呼ばれた浙東陸門の一人。陸象山と語る中で30歳頃に本心の学に覚醒。呂祖謙・陳傅良とも交流し, 朱子も彼に好感を持った。官は後に国子祭酒・侍講等の学官系高官に至り, 科挙システムの中で陸学を顕彰するのに貢献した。著作の多くは散逸し, 現行文集『絜斎集』その他は,『永楽大典』等からの輯本である。宋史400
　　　　　　　　　　　　　　　　（市来　津由彦）

えんじょうし【艶情詩】　→艶詩

えんしょうせん【厭勝銭】　円銭の形態をとった「まじない」銭。護符・卜卦・玩賞用として, 漢代から清代にいたるまで広く流行した。形態は, 通用銭に近い方孔円形, 円孔円形から方形, さらに柄付の透かし彫り形式まである。さらにその内容は, 本来の通用銭の裏面に様々な文様を描いたもの,「千秋万歳」や「龍飛鳳舞」など吉祥語を配したもの, 八卦文を配するもの, 仏教関係・道教関係の語句や文様をもったものなど, 用途によって様々である。
　　　　　　　　　　　　　　　　（廣川　守）

えんずいえん【袁随園】　→袁枚

えんせいこう【衍聖公】　孔子嫡系の子孫の家の爵位。孔子の子孫への賜爵は漢代からはじまり, 北宋の1055(至和2)年に仁宗によって衍聖公の称号が与えられた。北宋の滅亡に際して, 南北に分かれたが(南は浙江省衢州), 元以後, 曲阜の孔家が衍聖公の地位を保持し, 清朝に至るまで継承した。辛亥革命の後, 1935年に大成至聖先師奉祀官と改められた。現在まで後継者は続く。また, 曲阜県令は孔氏が任ぜられることを例とした。
　　　　　　　　　　　　　　　　（森田　憲司）

えんたんし【燕丹子】　小説。3巻。作者不詳。戦国燕の太子丹が秦に辱めを受けた報復に, 刺客荊軻を放って秦王政(後の始皇帝)を暗殺しようとした事跡を記す。成立時期は一説に先秦(魯迅), また一説に後漢末以後唐まで(胡応麟)といい,『四庫全書総目提要』は「諸書の太子丹と荊軻の記事をつなぎあわせたもので, 内容は信用できない」と断じている。明代に散逸し, 今日伝わるテキストは明初の『永楽大典』に引かれたものに拠っている。
　　　　　　　　　　　　　　　　（大野　圭介）

えんちん【円珍】　814(弘仁5)～891(寛平3)。第5世天台延暦寺座主。讃岐国那珂郡の生まれ。俗姓は和気。母は佐伯氏, 空海の姪にあたる。15歳で比叡山に上り, のち内供奉十禅師に任ぜられた。853(仁寿3・唐の大中7)年入唐, 天台山国清寺・越州(浙江省)開元寺で天台教法を学び, 都長安に入り青龍寺の法全, 大興善寺の智慧輪などに師事, 天台宗寺門派開祖への学殖を整えた。858(天安2・唐の大中12)年, 441部1000巻の経論を携えて帰国。山王院に住し, 少僧都を授かり, 没後に智証大師と追諡された。『入唐記』『行歴抄』などの旅行記がある。
　　　　　　　　　　　　　　　　（藤善　眞澄）

えんてつろん【塩鉄論】　前漢の書, 10巻60篇。宣帝(在位前74～前49)時代に, 汝南(河南省)の人, 桓寛が撰した。前81(始元6)年に開かれた, いわゆる塩鉄会議の議事録やその他の史料を利用して, 対話形式でまとめられた著書。塩鉄会議は, 政府代表者と郡国等から選ばれた官僚候補者である賢良・文学との間で行われ, 議論は均輸・平準・専売等, 武帝時代に財政建て直しのために実施された諸制度の存廃問題を中心に社会・政治・思想問題など多岐にわたっている。賢良・文学は基本的に儒教

思想に基づき，諸経済制度については廃止を主張するなど，終始厳しい政府批判を展開している。ただ，こうした批判にもかかわらず，結果としては酒の専売廃止が確認できる程度である。また，この会議が開かれた背景には，当時顕在化していた，霍光を中心とする内朝と桑弘羊を中心とする外朝の対立という政治的問題があったとする見方もあり，そうした意味からもこの書の史料的価値は高い。

(角谷 常子)

えんとんきょう【円頓教】 明清時代の民間宗教。黄天道普静派もしくは大乗円頓教を指す。黄天道の教徒鄭普静が万暦年間(1573-1620)に創始した円頓教は，無生父母(無生父・無生母という夫婦二神の併称。無極聖祖・無生老母ともいう。民間宗教の最高神)を最高神とし，弥勒の下生を説き，道教の教義をまじえている。経典に『鑰匙宝巻』などがある。大乗円頓教は東大乗教(聞香教)の教徒弓長(張某)が1624(天啓4)年に創始した教派で，釈迦の世の終末と弥勒の世の到来を強調する。経典に『龍華経』『木人開山宝巻』『接続蓮宗宝巻』などがある。

(浅井 紀)

えんのう【捐納】 一般士民が国家に金銭・穀物などを納め，官職・資格・恩典などを得ること。秦・漢より同様の制度はあるが，清代には捐納と称して定制となった。その弊害は周知のことであったため，肩書だけでなく実職が得られる捐納は，特別な財政難に際して臨時に認められるのみであったが，太平天国勃興以来，頻繁に行われるようになり，与えられる官職も中堅クラスに及んだ。これは官界に腐敗をもたらし，清朝衰微に拍車をかけたと言われる。

(谷井 陽子)

えんばい【袁枚】 1716(康熙55)〜97(嘉慶2)。清代中期の詩人。杭州府銭塘県(浙江省)の人。字は子才，号は簡斎。その邸宅の名から袁随園とも称される。父は地方官の私設秘書として単身赴任し，女性の多い家庭で育った。1736(乾隆元)年21歳での特別任用試験で最年少の受験資格を得たが不合格，24歳で進士，67歳の沈徳潜と同窓であった。3年の研修ののち江蘇省の4つの知県を歴任したが，34歳のときに依願退職し，南京の小倉山に「随園」を築いて移り住み，37歳の再任用を除いて，ほぼ50年をこの地で過ごした。

袁枚は，詩では「性霊説」をかかげ，文では朱子学と八股文と考証学を排除した，自由闊達な作法を主張した。その親しみやすい文学論も手伝って，文筆を業とする一民間人にすぎない彼のところに交際を求めてくる人々は多く，官吏では閣僚クラスから地方の小役人まで，業者では「商人士大夫」という新しい存在を示しはじめた富豪から小売り商人まで，女性では妻妾や令嬢など，広い範囲におよんだ。また彼のほうからも，詩文や怪談や美味を求めて全国各地に積極的に足を伸ばした。

著書や編集も膨大で，『小倉山房詩集』37巻・補遺2巻には21歳より死の年までの詩約4400首を収める。このなかには52歳作の詩論詩「続詩品三十二首」を含む。晩唐の詩人司空図の「二十四詩品」になぞらえて，「崇意」「精思」から「滅跡」までの32項目についてそれぞれ四言12句で述べたものである(両者をあわせて「二家詩品」という)。このほか『小倉山房文集』35巻，『随園詩話』26巻，『随筆』28巻，『尺牘』10巻などがあり，怪談集『子不語』34巻，料理解説書『随園食単』などもある。編集では特に晩年の交際から得た女弟子18人の詩の選集『随園女弟子詩選』6巻が注目される。これらは全て，袁枚が生前にみずから刊行した『随園三十種』に収められている。趙翼・蒋士銓とあわせて「江右三大家」あるいは「乾隆三大家」とよばれる。袁枚の各種の著作・編集は江戸時代の日本にも早々に輸入され，あるいは和刻本が出版された。清史稿485

(松村 昂)

えんぶんき【燕文貴】 生没年不詳。北宋の画家。呉興(浙江省)の人。一説に名は貴，字は叔高。太宗朝(976-997)に都開封に上り，待詔の高益に見出され，図画院に入った。玉清昭応宮の建設(1014〔大中祥符7〕年完成)にあたり，その壁画作成に功あって図画院祗候に補せられ，のちに待詔にまで上った。やはり大中祥符年間(1008-16)に画院に入ってから1049(皇祐元)年以降まで画院にあって活動した高克明とともに，北宋前期画院における代表的な山水画家であり，画院における両者の流派はともに北宋末にまで及んだ。山水のほか界画を得意とし，范寛の影響を受けながら細密で構成主義的な画風を完成した。代表作は『江山楼観図』巻(大阪市立美術館蔵)。

(嶋田 英誠)

えんぺいとうもん【延平答問】 宋の思想書。1巻。朱子編。延平とは李侗を指す。李侗は北宋の程顥・程頤兄弟の三伝の弟子で，朱子の師。若年禅学に傾倒していた朱子は，李侗の教えを受けることにより，儒教へ回帰したと言われる。朱子は，李侗に直接師事した期間は短く，多くは書簡の交換を通じて教えを受けた。この往復書簡を朱子は後に一部の書に編んだ。これが『延平答問』である。

(末木 恭彦)

えんぼくかんじん【燕北閑人】 →文康

えんぼくしょうじょう【洹北商城】

2000年1月に発表された，河南省安陽市の洹河をはさんだ北側に発見された殷代の大城壁。東西南北各辺2150〜2230mのほぼ正方形の城壁の基礎が，地下約2.5mに発見された。春秋時代以前では，中国最大の規模であり，殷代初期の*鄭州商城より，1〜2割大きい。内部に面積約1万m²の1号宮殿墓址，約6000m²の2号宮殿墓址も発見された。しかし，城壁・宮殿址とも未完成のうちに破壊・被災しており，おそらく建造中に敵襲によって破壊され，そのまま放棄されたものと思われる。出土土器の年代および文献の記述から，①第12代・河亶甲，②第19代*盤庚の築城と考える2説がある。鄭州商城のあと，殷墟に至るまでのいわゆる殷代中期には，王都が5遷した，とされるので，そのいずれかである可能性があり，殷代史再構成のため，究明がまたれる。

(松丸 道雄)

えんま【閻魔】

死後世界の支配者。梵名ヤマの音写。閻魔羅・閻羅・焔摩・琰魔などとも表記し，王・天・天子といった尊号を付すほか，略して閻王・閻君とも呼ぶ。インドのヴェーダ神話にみえる天地創造者に起源をもつが，やがて冥界の王としての側面が強調され，仏教に取り込まれた。中国では漢訳経典を介した伝来当初から，死者の生前の行為を裁く恐るべき存在と考えられた(住処は閻浮提の南方地下とする例もあるが，一般には地獄とする説が流布)が，その冥界支配の様相が具体的に語られるのは中国撰述の疑経においてである。疑経『浄度三昧経』は地獄天子たる閻魔の配下に八大王と三十小王がいるとし，地獄の組織と衆生の運命が判定される仕組みを詳述する。かかる閻魔観の形成には，山東省の泰山(太山)に死者の霊魂が集って，生死を司る神に裁かれるという観念に代表される，在来の冥府信仰との習合が強く作用した。

唐代には死者が冥界の十王庁を巡歴して生前の行状を審判され，次の生を定められるという信仰が確立し，閻魔は冥界全体を主宰する一方，十王の一人として五七日の裁判にあたるとされた。十王信仰の中核をなすのは死者の冥福を祈って没後節目の日に営まれる儀礼(七七斎)だが，典拠となった疑経『仏説閻羅王受記四衆預修生七斎功徳往生浄土経』(9世紀末頃成立。『閻羅王受記経』『預修生七経』などと略称)は，自らの死後の安楽を生前に願う儀礼(生七斎)も説く。これはより古い信仰形態をとどめたもので，そこでは閻魔は月に十度の斎日に天が遣わす監視者の一人とされる。十王信仰は地蔵信仰・浄土信仰と結合して民間を中心に盛行する一方，道教でも行われ，閻魔の名は『太上救苦天尊説消愆滅罪経』などの道典にもみえる。閻魔の造像は通常中国風の裁判官の姿に表される。ただし密教の閻魔天(十二天の一つで南方を守護し，胎蔵界・金剛界曼荼羅にも登場)は，冥府信仰と関わる場合もあるが系譜を異にし，インド風の天部の姿をとる。

(稲本 泰生)

えんめいえん【円明園】

北京市海淀区東部にある清代の大型皇室庭園。清代の皇帝たちの離宮として使われ，国政や観劇，祖先の祭祀などの活動もここで行われた。最も大きな西の円明園，東の長春園，南の万春園(同治年間〔1862-74〕以前の名称は綺春園)からなり，円明園はこれら3園の総称として用いられる。もともと1709(康煕48)年に，のちの*雍正帝が康煕帝から譲り受けた庭園で，1772(乾隆37)年に3園のほぼ全体が完成した。

周囲10km余りの園内には，140棟を超える建物が配置されている。とくに，西の円明園(1744〔乾隆9〕年完成)では，その用途や形式が多様で，政務を執る正大光明殿，祖先を供奉する安佑宮，居住・宴会用の九洲清宴殿，蔵書のための文源閣，卍形の万方安和，城壁で囲まれた舎衛城などがある。また，嘉慶年間(1796-1820)につくられた接秀山房は，紫檀の格子戸200枚以上を使用するなど，内部にも手の込んだ造作が施されている。だが，園内の木造建築の多くは，斗栱や瑠璃瓦などは用いず，全体では素朴でやわらかな印象を与える。園内には，杭州の西湖や蘇州などの名所を再現するなど，江南地方の数々の風景を取り込んでいることも，この庭園の特徴である。そもそもこのあたりは，地下水が豊富な土地であり，それを十分に利用することで，江南のような水を主体とする庭園づくりが成し遂げられた。たとえば，福海は円明園の3分の1を占めるほどの広大な水面を持つ。

長春園は，1749(乾隆14)年から70(同37)年にかけて建設された。その北部には，1759(乾隆24)年に完成した「西洋楼」と呼ばれる西洋式石造建築群の宮苑があった。江南を模しただけでは飽きたらず，西洋の様式までをもとり入れたのである。この西洋楼は，1860(咸豊10)年にイギリス・フランスの連合軍によって破壊され，今はその残骸が当時の姿を偲ばせる。

(高村 雅彦)

えんや【園冶】

明代末の造園に関する理論書。全3巻。1634(崇禎7)年刊。著者は蘇州の計成で，字を無否，号を否道人という。計成は，少年の頃より書画と詩に優れた才能を発揮し，明の崇禎年間(1628-44)に汪士衡の寤園，鄭元勲の影園などを手がけた。当時の江蘇・安徽一帯の著名な造園家であり，『園冶』は明代における江南地方一帯の造園論を総括したものと見られる。

巻1は，興造論・園説(造園の総論)に続いて，相地(土地の相をみること)・立基(建築物や築山の配置を見定めること)・屋宇(建物の形式)・装折(建具の装飾など)からなる。巻2は欄干，また巻3は門窓(扉と窓)・墻垣(塀と垣根)・鋪地(地面の装飾舗装)・掇山(築山)・選石(石の種類と用途)・借景に分けてそれぞれ論じられている。

巻1の「興造論」には，まず「造園の主役は，手に道具を持つ職人が三分とすれば，残りの七分が造園家(主人)である」という諺をあげ，続いて「園説」に「人がつくったものに属するけれども，あたかも自然が切り開いたかのようにするのがよい」とし，造園のための心構えと主旨が説かれている。「相地」では，山林や都市などの異なった環境に造園する際の注意事項を示しつつ，山林のものが最もよいとしている。さらに，「立基」では「庁堂を建てる地面を中心とし，景観をつくることから始まって，南向きで日当たりをよくする」「奥深くて，曲がりくねって，前後に相通ずるようにする」など，建築物の配置とつくり方がどうあるべきかを詳細に論じる。全体では，借景・築山に関する重要性が述べられていて，図版も豊富である。『園冶』は，その後も数々の造園書に多大な影響を与え続けた。注釈本に陳植『園冶注釈(第二版)』(中国建築工業出版社，1988年)，また日本語による解説本に上原敬二『園冶解説』(加島書店，1975年)などがある。　　　　　　　　　　　　　　(高村 雅彦)

えんゆう【鉛釉】　陶磁器の釉薬で，珪酸に鉛を媒溶剤とした低火度釉。白釉と呼ばれる透明なものであるが，この釉薬に着色剤を入れることによって，色釉となり，酸化銅では緑釉，酸化鉄では褐釉，酸化コバルトでは藍釉，マンガンでは紫釉となる。鉛釉陶は戦国時代ごろから見られ，前漢時代の緑釉陶や褐釉陶・唐三彩・遼三彩・宋三彩など鉛釉陶による製品は多い。また上絵具としても使われた。　　　　　　　　　　　　　　(出川 哲朗)

えんりっぽん【閻立本】　?〜673(咸亨4)。初唐の士人画家，人物画の名手。万年(陝西省)の人。隋朝で将作少監を務めた閻毗の子で，兄立徳と同じく建築・軍輿に詳しく，659(顕慶4)年には工部尚書，670(咸亨元)年には中書令となった高級官僚。献陵・昭陵の造営に携わる。父閻毗は楡林郡盛楽(内蒙古自治区)出身で，北朝北魏・北周に仕え，隋朝へ入った。父・兄とも画家として有名であるが，閻立本は，626(武徳9)年に太宗の命によって作った『秦府十八学士図』(現在せず)と，643(貞観17)年の凌煙閣に描いた24人の功臣像によって画名が高い。その画風は北朝の伝統に立脚し，南朝の画風を取り入れた統合的なものと考えられる。伝称作品として，帝王13人を描いた『帝王図巻』(ボストン美術館蔵)が有名で，ほかに，641(貞観15)年に文成公主が吐蕃に嫁す際に唐太宗が使者に接見した場面を描く『歩輦図巻』(北京，故宮博物院蔵)がある。旧唐書77，新唐書100　　(藤田 伸也)

えんりょうぼん【袁了凡】　1533(嘉靖12)〜1606(万暦34)。明の思想家。嘉善(浙江省)の人。本名は黄(初名は表)，字は坤儀(別字は儀甫)，了凡は号。袁氏は明初に政治事件関与の嫌疑をうけ，長く政治的制約を被ったが，了凡のころに解禁された。54歳で進士となり，約5年知県に任官したのち，軍事を司る兵部の主事に任官，豊臣秀吉の朝鮮侵寇に際して作戦・出兵に参画したが，弾劾されて免職処分をうけ，帰郷後は家塾を開き，著述活動に従事した。いわゆる儒仏道の三教を融合摂取する時代思潮を担う中心人物の一人である。児童教育書の『袁先生四書訓児俗説』，科挙試験に準拠するべき朱子学の四書注釈を節略し改正した『四書改正』などの科学用の書や，宿命論を超えて善行を積み過失を捨てて新しく命数を得ようとする勧善懲悪・因果応報思想に基づいた善書と呼ばれる書を著した。『立命篇』『祈嗣真詮』などは善書であり，民間で行われていた，忠孝を功，不忠不孝を過とするなど，日常行為を数量化して善行を勧める功過格を自ら実践したこともあり，これらの書は民間に普及した。日本でも了凡説を取り入れた『陰騭録』などが出版された。　　　　　　　　　　　　　　(佐野 公治)

おう【襖】 ①かわごろも。②うわぎ。③あわせ。『説文新附』に「襖は裘の属」といい、『集韻』に「襖は袍なり」、『六書故』に「襖、いま夾衣を以て襖となす」とみえる。襦の上に着る羽織のようなもので、袷と単があった。また、『中華古今注』には「蓋し袍の遺象なり。漢の文帝立冬の日を以て宮侍承恩の者及び百官に披襖子を賜う。多くは五色の繡羅を以てこれを為り、或いは錦を以てこれを為る。始めてその名あり。隋の煬帝の宮中に雲鶴金銀泥の披襖子あり。則天(武后)は赭黄羅上銀泥の襖子を以て燕居とす」と記されており、襖が宮廷人の華やかなうわぎであったことを示している。袍が下着としても用いられたのと同様に、襖も下着にも用いられた。ぬのこ、胴着の類いである。とくに短襖子とよばれた襖は袍や衫の下につける防寒衣の役割を果たしていた。『旧唐書』輿服志には「北斉に長帽、短靴、合袴、襖子有り。朱、紫、玄、黄各好む所に任す」とある。唐代の女性の服装は襦(或いは襖または衫)と裙の組み合わせであった。襖は長さは襦よりも長く、袍よりも短い。身幅は比較的ゆるやかで袷と綿入れがあり、袖は襦、襖ともに筒袖と広袖の二種があった。隋唐時代の襦と襖の領型は従来の交領、方領、円領のほかに外来の服装の影響を受けて、いろいろな形の翻領(折り返り襟)があった。この襟と袖口には錦や綾、金彩の文様、刺繡などで装飾がされた。宋代の女性の外衣である旋襖は、唐代の襦が変化してできた対襟(左右の身頃が前中心で突き合わせになった形)の衣で、宋代300年にわたって広く用いられたが、とくに南宋になると丈が長くなり、元代もなお南方の女性たちに用い続けられた。騎士たちの用いた貉袖は旋襖に似た丈の短い上着で、明代には対襟衣と呼ばれて武将専用の上着となり、平民が自由に着ることは許されなかった。後世の馬褂の前身である。また、辮線襖子は元代の蒙古族が常用したくみ糸のついたうわぎをいう。『元史』輿服志に「辮線襖は窄袖(筒袖)の衫の腰に辮線の細摺をつけたものである」とみえる。士卒の衣である。大襖子は金代の女性の衣服で、領はなく、男子の道服のようであった。『正字通』に「金の俗、婦人の衣を大襖子という。領なく、男子の道服の如し」とある。明代の一般女性の基本的な服装は、襖または衫と裙、或いは袍と裙の組み合わせで、襖には披襖(外套)や皮襖(毛皮の外套)もあった。宮中の女性楽人の服装に裙襖があり、下女の服装は洪武5(1372)年の制で、長襖と長裙を着ると定められた。 (相川 佳予子)

おうあんせき【王安石】 1021(天禧5)〜86(元祐元)。北宋時代の政治家・思想家・文学者。江西臨川(江西省)の人。字は介甫。晩年に舒国公・荊国公に封ぜられ、また、諡が文であったので、世に王舒公・王荊公・王文公とも呼ばれる。最晩年には半山老人と号した。父の王益は中級官僚。1042(慶暦2)年に進士及第。その後、群牧司判官として一時的に中央官僚の経験を積みながらも、大半の期間、簽書淮南節度判官庁公事・知鄞県・舒州通判・知常州等の地方官、及び江寧府(江蘇省)を拠点として提点江南東路刑獄公事等を歴任し、地方の政治経済の実態を身を以て体験した。その間、欧陽脩等から高い評価を得、また、全面的な政治経済の改革が急務であることを説いた万言書を仁宗に呈上した。1061(嘉祐6)年には三司度支判官となって中央政界にもどり、翌年には知制誥となり、国政の中枢に近づいた。その後、仁宗が死去して英宗が即位したが、王安石は母の呉氏の死に際会し、3年の服喪期間を江寧府で過ごし、英宗宮廷内の宗室典礼に関する争議、濮議に巻き込まれずにすんだ。英宗が4年ほどで死去すると、若い神宗が即位し、王安石は翰林学士として中央政界に復帰することになる。王安石の政治改革案に共鳴した神宗は、翌年に王安石を参知政事に取り立て、ついで宰相の職である同中書門下平章事に据え、改革案を本格的に実施させた。

神宗の支持の下で王安石等が主導した一連の改革は、一般的に「新法」の名で呼ばれる。この新法のねらいは、つまるところ国力と軍事力の増強にあった。そのための基盤として財政問題の解決が根本であるとの認識を示し、生産力を発展させることに尽力した。したがって主な生産力の担い手である農業・商業・手工業労働者のより積極的な労働参加と生活の安定とを目指し、1069(熙寧2)年7月以来、均輸・青苗・農田水利・免役・市易・方田均税等の諸法が実施に移された。このうち、均輸・市易の二法は商業資本に関連した改革である。軍事

力の増強を目指し，軍事制度の改革を企図した施策には，保甲・保馬法や将兵法があり，軍隊の戦闘能力の向上が図られた。さらに人材の養成を目的に，旧来の科挙や学校制度に対しても改革を加えようと試み，そのための教材として，自ら『三経新義』を執筆した。これらの新法諸改革はある程度まで実効を得たが，新法に反対する皇族や保守派官僚等からは強い批判意見が浴びせられ，王安石は1074(熙寧7)年4月に政界からの引退を強いられ，第二の故郷とも言うべき江寧府に下野した。1年を経ずして中央政界に復帰を果たしたが，新法推進方法に関する神宗との意見対立を修復することは叶わず，加えて，新法推進派内部の矛盾激化や子の王雱の死も痛手となって，1076(熙寧9)年10月，完全に政界から身を退くことになった。これ以後，江寧府の府城東郊を主な活動の場所として，詩作と仏学研究に専心し，独自の作品を数多く残した。

王安石が主導した新法は，その後もしばらくの間は機能し続け，官制の改革も実施された。しかし，1086(元祐元)年に司馬光等の保守派官僚が政権の座に就くと，政局は一転し，大部分の新法は廃棄される結果となった。この年の4月，病逝した。

王安石は，政治以外に学術にも精通し，思想面では『三経新義』以外にも『老子注』等を残し，また仏教にも造詣が深かった。文章・詩歌にも優れ，後世，唐宋八大家の一人に数えられる。その詩文を集めた作品集には『臨川先生文集』と『王文公文集』の2系統がある。王安石新法の評価については，古来，肯定・否定の2派に分かれて議論が激しく闘わされてきた。現今の中国の歴史学界では，11世紀を代表する政治改革者として，肯定的に評価する考え方が大勢を占めている。宋史327 　　(木田 知生)

おうい【王禕】　1321(至治元)〜73(洪武6)。元末明初の朱子学者。義烏(浙江省)の人。字は子充。宋濂とともに『元史』の編纂に携わった。宋と同様，柳貫(号は静倹)・黄溍(号は文貞)に学んだことからも知られるように，朱子学を立脚点としつつ，仏教などの他宗に対しても寛容な立場を保持した。この点が明の太祖の三教一致の主張と共鳴し，明代初頭の代表的な思想家たり得た。著作に『王忠文公文集』『華川巵辞』などがある。『宋元学案』70に伝がある。明史289 　　(前川 亨)

おうい【王維】　701(長安元)〜761(上元2)。一説に生年は699(聖暦2)。盛唐の詩人・画家。書と音楽にも秀でていた。蒲州(山西省)の人。字は摩詰。10代半ばで弟の王縉とともに上京し，その美貌と芸術的才能をもてはやされて，都の王侯貴族の門に出入りした。721(開元9)年，進士に及第，

太楽丞に任ぜられたが，翌年には済州(山東省)に流され，その後10年余りを地方で過ごした。734(開元22)年，宰相張九齢に抜擢され，中央に復帰した。しかし，736(開元24)年，張九齢が李林甫に陥れられて失脚したため，再び都落ちして涼州(甘粛省)に赴き，2年余りの西域生活を経験した。

再度都に戻って以後，官途はようやく安定し，順調に昇進を重ねるとともに，公の場においては，宮廷詩人として，華やかな活動をくりひろげた。しかし，政界への関心はすでに薄く，また，母の影響で若年より熱心な仏教信者であり，早くに妻を亡くしてからは独身を通していた。そのため，公務以外は長安東南郊の輞川の別荘に引き隠り，芸術と信仰に陶酔して過ごすことが多かった。

安史の乱で長安が陥落したとき，逃げ遅れて捕らえられ，無理やり偽政府の官に就けられた。乱後，弟王縉の運動と，賊中にあって作った詩によって唐への忠誠を認められ，軽い処分ですんだ。その後，官は尚書右丞(尚書省の次官)にまで進んだ。

詩人としては，生前より当代第一と称され，死後もその名声は李白・杜甫に次ぐ。特に，『輞川集』に代表されるような閑寂な自然の趣をたたえた詩に，独自の境地をきりひらいた。宋の蘇軾は「詩中に画有り，画中に詩有り」と評した。唐代の山水詩人として，孟浩然・韋応物・柳宗元とともに「王孟韋柳」と称される。 　　(亀山 朗)

王維は山水を愛しただけでなく自ら絵筆を揮い，唐を代表する画人の一人でもある。北宋の蘇軾が，職業的画人であった盛唐の天才画家呉道玄よりも，身分が高く詩人でもあった王維を高く評価したことが実際以上に王維の画名を高めた。また明末の董其昌は南宗画の祖として王維を顕彰し，文人画家王維を偶像化していった。現在，王維の画風を解明することは困難であるが，王維は革新的な水墨山水画の先駆者ではなく，着色山水画を主として描いた守旧的な画風の画家と考えられている。自らの別荘を描いた『輞川図』壁画は，画巻形式の模本や後世の画人による倣古作品が多数現存する。旧唐書190下，新唐書202 　　(藤田 伸也)

おういえい【王懿栄】　1845(道光25)〜1900(光緒26)。清末の金石学者。福山(山東省)の人。字は廉生，号は正孺。1880(光緒6)年，進士に合格し翰林院編修となり，のちに国子監祭酒の任に就く。1900年，連合軍の北京入城の際に自殺した。諡号は文敏。主著に『翠墨園語』など。1899年，薬用として購入した「龍骨」上に古文字を発見し，食客の劉鶚と共に多数の甲骨文を収集した，と語られるが，甲骨文の発見史については不明な点も多い。清史稿468 　　(角道 亮介)

おういつ【王逸】 生没年不詳。後漢の文学者。南郡宜城(湖北省)の人。字は叔師。元初年間(114-120)校書郎，順帝(在位125〜144)のとき侍中。屈原とその後継者の作品を集めた『楚辞』に注釈を施し，自作『九思』を付して『楚辞章句』を著した。『後漢書』の伝では，他に賦や文章21篇，『漢詩』123篇があったといい，『隋書』経籍志では，南朝梁の時代には『王逸正部論』8巻があったというが，散佚した。子に王延寿がいる。後漢書80上　　　　　　　　　　　　　　　　(谷口　洋)

おういん【王筠】 1784(乾隆49)〜1854(咸豊4)。清の言語文字学者。安邱(山東省)の人。字は貫山，また菉友。1821(道光元)年の挙人。『説文解字』(『説文』と略称される)の研究に詳しく，代表的な著述に『説文句読』30巻・『説文釈例』20巻・『説文繋伝校録』30巻などがある。『釈例』は『説文』の書式と凡例の究明に努め，また『句読』では『説文』本文に関して諸説の長短を取捨して明快に解釈しており，ともに『説文』学の最上の入門書として評価が高い。清史稿482　(阿辻　哲次)

おういん【押韻】 詩歌等において，決まった箇所の母音の音色を揃え，音声的な美しさを表現することを「韻を踏む」といい，押韻はそれと同義である。多くの場合，句末で韻を踏むため，その箇所を「韻脚」ともいう。

詩歌以外にも，押韻する文(有韻の文)は古来数多く存在した。例えば，先秦諸家の書では，『老子』はほぼ全篇が韻語(押韻する短句)により構成され，『荘子』『呂氏春秋』も，文中に少なからず韻語を含む。また童謡や格言の多くも韻語であるが，暗誦に便であるように，押韻だけではなく字数や平仄を整えることも多い。押韻の有無は文体を分類する第一の基準であり，韻を踏むものは韻文，踏まなければ散文(古文)と分類する。この基準を最初に明示したのは，南朝梁の劉勰『文心雕龍』総術篇の「無韻なる者は筆なり，有韻なる者は文なり」で，それによると，辞や頌は有韻で文，序や啓は無韻で筆となる。

南北朝以前の韻文での押韻法は，近体詩とは異なる。『詩経』の詩篇は，毎句末で韻を踏むもの，隔句ごとに踏むものなど，多様である。唐以降の詩では，古体詩であるか近体詩であるかによって，押韻の規則は異なる。古体詩は，毎句韻もあり隔句韻もある。近体詩は偶数句で押韻するのが基本であるが，律詩は第一句でも押韻することがある。近体詩は，全句が同一韻で押韻する「一韻到底」でなくてはならないが，古体詩では，韻字の所属韻を数句ごとに交替させる「換韻」(「転韻」も同じ)も可能である。換韻により，詩の境地が転換していくことも多い。

漢字発音字典としての韻書が出現する以前の詩歌は，口頭語の発音をもとに押韻していたと考えられる。『詩経』など先秦の文献で見られる押韻は，入声と陽声が押韻するなど，近体詩とは異なる原則での押韻の実態を示し，これらの押韻を分析することは，上古漢語の韻部の枠組みを再構する上で，大きな手がかりとなる。近体詩では，韻書の韻分類に厳密に基づいて押韻することが要求される。韻書やそれに類する字典の類は，六朝期に出現し始め，隋代に，前代までの著述を集大成した陸法言編『切韻』が出現し，それが唐代に増補されて『唐韻』の名の下に官製韻書とされ，一気に規範としての堅固な地位を獲得した。これら『切韻』系韻書は四声併せて全206韻の韻目から成るが，実際の詩の押韻には，唐代から幾つかの「通押」(韻部を超えての押韻)可能な韻を「同用韻」として定めていた。宋代の『礼部韻略』は，韻の体系こそ206韻であったが，同用により108韻の詩韻を定め，元の『平水韻』がそれを更に106韻に統合し，それが現在に至るまで詩韻として定着している。詩韻を踏み外すことを落韻，その句を落句という。押韻可能な字が少ない韻を「険韻」または「劇韻」というが，故意にそれらの韻を詩題に指定して，詩作の場で技巧を競い合うこともあった。宋代に最盛期を迎えた詞や元代の曲も押韻するが，これらは音楽に合わせて歌われたもので，当初は口頭語の発音に近い音で押韻していたと考えられる。しかし，それぞれ詞韻書・曲韻書が編まれて後は，それに基づき押韻することが求められるようになった。曲韻書では，元の『中原音韻』が，北方中国語の音韻変化を反映して重要である。

(木津　祐子)

おういんし【王引之】 1766(乾隆31)〜1834(道光14)。清の古文献学者・古言語学者。高郵(江蘇省)の人。字は伯申。号は曼卿。祖父王安国は吏部尚書。父の王念孫は河川行政官として活躍し，また当時を代表する古言語学者・古文献学者であった。18歳の年，都に寄寓していた父の身近に暮らして学問の手ほどきを受け，22歳帰郷，25歳再び上京，自ら郷里において進めた研究成果を父に見せた。念孫は「吾が学を伝うべし」(「行状」)と喜び，以後共同研究に邁進。34歳，進士。工部尚書，吏部尚書，礼部尚書を歴任。『経義述聞』は経書テキストについて父と行った考察を筆録したもの。父念孫の研究は自身が先端的に開発した精緻な古言語分析を基礎にしていたが故に当時一般の学者には難解なものであった。それをより分かりやすく利用しやすい形に編集し広めることが王引之が自覚した使命

であった。古文献に現れる語助詞を発音引きに配列して解説する『経伝釈詞』もこの使命感の下にある。清史稿481　　　　　　　　　　　（木下　鉄矢）

おううしょう【王禹偁】　954(顕徳元)～1001(咸平4)。北宋の政治家・文人。鉅野(山東省)の人。字は元之。9歳で上手に文を綴り，983(太平興国8)年の進士に合格した後，地方官を歴任した。988(端拱元)年には右拾遺となって都へ帰り「端拱箴」「禦戎十策」等を著したが，ほどなく徐鉉の冤罪を弁護したことにより，また地方へ左遷された。995(至道元)年には翰林学士となったが，弾劾を受けてまた地方に出，滁州，揚州の知事となった。997(至道3)年には中央に戻り知制誥となり，『太祖実録』の編纂に参加したが，直筆して憚らなかったので宰相によって罷免され，三たび地方に出て黄州の知事となった。その後1001(咸平4)年に蘄州の知事に移り，赴任後1か月も経たないうちに没した。

彼の文章は直言して憚らず，風刺に富んでいたのでしばしば弾劾を受けることになった。また詩の作風は中唐の白居易を学ぶものと評される。それらを収めた詩文集『小畜集』30巻がある。宋史293　　　　　　　　　　　（湯浅　陽子）

おううん【王惲】　1228(正大5)～1304(大徳8)。元の政治家・文章家。衛州汲県(河南省)の人。字は仲謀，諡は文定，号は秋潤。1260(中統元)年にクビライ政権が誕生すると中書省詳議官になり，翌年に翰林院ができると翰林に，1268(至元5)年に御史台ができると御史台に奉職した。その後，1272(至元9)年には平陽路総管府判官，89(同26)年に福建閩海道提刑按察使に転出し，この間の一時，皇太子チンキム(裕宗)に出仕したこともあったようである。中統政権成立の際に書かれた『中堂事記』，翰林時代の逸事を書いた『玉堂嘉話』，御史台時代の上申書をまとめた『烏台筆補』，皇太子のために書かれた『承華事略』は，元史研究の根本史料である。成宗テムル即位の時には『守成事鑑』を献じ，『世祖実録』を進呈したという。彼の詩文はその師元好問を継承しようとするもので，簡明さと重厚さ，写実を旨とするが，現存する彼の文章は時に吏牘体(政府の文書に用いられる特殊な役人用語)がまじって難解な部分もある。文集『秋潤先生大全集』100巻がある。元史167　　　　　（高橋　文治）

おうえん【王衍】　256(甘露元)～311(永嘉5)。西晋の政治家・思想家。琅邪臨沂(山東省)の人。字は夷甫。竹林の七賢のひとりである王戎の従弟。官は宰相にまで至りながら，国政を顧慮せず保身に終始したという。のちに石勒にとらえられ殺害された。著作として見るべきものは伝わっておらず，その独創性よりも，むしろ郭象ら多くの論客を集めてサロンを催し，玄学の発展を促した功を認めるべきである。東晋以降は，西晋を滅亡に導いた責任者として非難された。晋書43　　　（古勝　隆一）

おうえん【汪琬】　1624(天啓4)～90(康熙29)。清初の文人。長洲(江蘇省)の人。字は苕文，号は鈍菴・鈍翁，また堯峰先生と称される。1655(順治12)年進士。戸部主事，北城兵馬司指揮などを経，堯峰に隠居。1679(康熙18)年博学鴻儒科に合格，翰林院で『明史』編纂に携わるもわずか60日で病と称し辞去。侯方域・魏禧と「清初散文三大家」と称される。『鈍翁全集』123巻，『堯峰文鈔』50巻など。『清史列伝』70に伝がある。清史稿484　　　　　　　　　　　（二宮　美那子）

おうえんじゅ【王延寿】　生没年不詳。後漢の文人。南郡宜城(湖北省)の人。字は文考。父は王逸。魯(山東省)に遊んだ折，霊光殿(前漢の王族の宮殿)を見て賦を作った。のちに蔡邕が同題の賦を作ろうとしたが，延寿の作を見て断念したという。20歳余の若さで水死した。『王延寿集』3巻があったというが早くに亡び，『魯霊光殿賦』が『文選』11に収められて伝わる。後漢書80上　　　（谷口　洋）

おうえんち【王遠知】　?～635(貞観9)。南朝陳，隋，唐初の道士。琅邪臨沂(山東省)の人。字は広徳。茅山派道教の道系において，南朝梁の陶弘景の直接の弟子とされ，享年126歳とされるのは信じがたい。実際は陳の時代に生まれ，至真観の道士の臧兢に師事したものと思われる。611(大業7)年，茅山から華北に移っておよそ四半世紀を洛陽で過ごし，隋の煬帝，唐の太宗の眷顧を受けた。また弟子王軌の協力のもとに道教聖地茅山の再興につとめ，635年，茅山にもどって没した。旧唐書192，新唐書204　　　　　　　　　　（吉川　忠夫）

おうえんとく【王延徳】　939(天福4)～1006(景徳3)。980年代に西ウイグル王国を訪れた北宋の使者。981(太平興国6)年に「師子王阿廝蘭漢(arslan bilgä tängri ilig 4世)」が宋朝に使者を派遣してきたことに対する答礼使として遣わされる。983(太平興国8)年春には，その謝恩使と帰国の途に着くが，彼の著した『西州程記(高昌行記)』(『宋史』巻490，『揮麈録』前録巻4所引)は，当時の西ウイグル王国の情勢を伝える貴重な記録となっている。宋史309　　　　　　　　　　　（荒川　正晴）

おうおうでん【鶯鶯伝】

唐代の伝奇小説。『太平広記』巻488,『元氏長慶集』補遺巻6, 魯迅輯『唐宋伝奇集』がこの題で収録する。また『会真記』(『百川書志』『宝文堂書目』等に依る),『伝奇』(『類説』巻28,『侯鯖録』に依る)とも題されている。元稹撰。主人公張生は,元稹をモデルにしているという見方がある。あらすじは,以下のとおり。

貞元(785-805)中,張生が蒲州(山西省)に遊んだおり,遠縁の崔氏母娘の難を救い,これがきっかけで,娘の鶯鶯に会う。張生は一目ぼれして,崔氏の下女に頼んで思いを伝える詩を送ったところ,張生の来訪を心待ちにする詩がもどってきたので訪ねると,厳しくはねつけられる。しかし,その2,3日後,鶯鶯自らやってきて張生に身をまかせ,二人は愛しあうようになる。まもなく,張生は受験のために上京する。数か月後,いったん蒲州に帰った時は,再び愛しあう日が続いたが,試験が近づき長安にもどる。やがて受験に失敗した張生が,都にとどまる旨の手紙を鶯鶯に送ったところ,鶯鶯から長い返事が来た。これを読んだ張生は鶯鶯と別れることを決意する。元稹が,張生に本音を聞いてみると,尤物(美女)は,他人に禍をおよぼすものだから,私は思いを抑えたのだという。1年あまりたち,2人とも他の人と結婚する。後,たまたま鶯鶯の住む処を通りかかった張生が,鶯鶯の夫に頼んで会いたいと申し出たが,鶯鶯は断りと別れの詩をよこして,それきり,消息は絶えた。

『会真記』の題は,この物語の中で張生が「会真(仙女に会うの意)詩」と題する詩を書いていることに由来する。後世への影響は非常に大きい。北宋の趙令時『商調蝶恋花鼓子詞』,金の董解元『西廂記諸宮調』,元の王実甫『西廂記』等,みな『鶯鶯伝』の翻案である。この小説については,魯迅が『中国小説史略』で,「篇末の文(尤物は他人に禍をおよぼす云々の文を指す)は非を飾るに過ぎたり,遂に悪趣に堕つ」と,張生の発言を非難しているのをはじめとして,礼節を重んじていた鶯鶯が,なぜ一転して身をまかせることになったのかなど,創作の意図や人物の形象をめぐって今日にいたるも議論がたえない。　　　　　　　　　　（下定 雅弘）

おうおうりん【王応麟】

1223(嘉定16)〜96(元貞2)。南宋の思想家。慶元府鄞県(浙江省)の人。字は伯厚,号は深寧。1241(淳祐元)年の進士。礼部尚書の職にあった。南宋滅亡後は隠居して著述に専念。朱子学に根ざしながらも,その見解にとらわれることなく,博学多識で,考証が正解であったため,清朝考証学の淵源をつくったとされる。著作は非常に多く,なかでも『困学紀聞』20巻と『玉海』200巻は広く知られる。その経歴については,清の銭大昕『深寧先生年譜』1巻がある。宋史438　　　　　　　　　　（久米 裕子）

おうか【秧歌】

旧暦の正月15日(元宵節)を中心とした期間に,春を言祝ぎ新しい一年の無病息災を祈念してとり行われる,厳粛な儀式としての側面とユーモラスなパフォーマンスとしての側面を兼ね備えた,集団で歌い踊る芸能。

秧歌の形成には,幾つかの年中行事が関わっている。一つは,旧暦12月に行われた駆邪の儀式である儺儀。二つには,立春の前に行われた迎春儀式。三つには,元宵節の提灯祭りである。秧歌は,本来,田植え時の労働歌に由来するものだが,立春の迎春儀式に農事を勧める意が含まれることから,この労働歌が迎春の場に移され,上述した三つの行事の具える駆邪・祝福・平安長寿を願う役割やパフォーマンスなどを吸収し,次第に現在のような集団で歌い踊る芸能としての体裁を整えていったと考えられる(但し一説に秧歌は儺儀の際に歌う駆邪の歌,禳歌〔俗称太平歌〕の当て字であるともいう)。

秧歌は,足に木製の高脚(50cmから高いものは3m以上)をつける高脚秧歌とつけない地秧歌に分かれる。また,その上演形態は,流布する地方によって多様である。例えば,陝西省北部・山西省西部に流布する傘頭秧歌は,強い祭祀性を具えている。秧歌の隊列(通常は20数人の二列縦隊)は,まず土地廟へお参りに行き,村人たちの家々を訪ねて新年を祝い,近隣の村にも出かけ秧歌を披露したあと,元宵節に村人を率い「九曲秧歌」をうたう(灯籠で作った迷路をぐるぐる回り息災を願う遊戯的儀式)。最後は近くの山で「送瘟神」(疫病神送り)の儀式を行う。一方,東北地方に広く流布する東北大秧歌は,遊戯性の強い形態を採る。祭祀的活動は少なく,秧歌の隊列による歌と踊りが中心となり,隊列の一部は小場で演じる役柄の衣装を着けるため仮装行列のようになる。

秧歌のパフォーマンスの中心となる踊りには,過街・大場・小場の別がある。過街は,秧歌の隊列が目的地まで練り歩きながら踊る踊り。大場は,広場である決まった模様(「場図」)を一筆書きで描くように練り歩きながら踊る踊りで,踊りの乱れは不吉な予兆と見なされる。小場は,大場の中休みに数人で演じる歌舞。秧歌劇は,小場が演劇化したものである。

尚,高脚の起源は秧歌とは異なり,鶴をトーテムとする氏族の踊りに由来するという説がある。

　　　　　　　　　　（松浦 恆雄）

おうがいうん【王闓運】

1832(道光12)〜1916。清末の学者・文人。湘潭県(湖南省)の人。

字は壬秋。号は湘綺。1853(咸豊3)年の挙人。太平天国の乱が勃発すると曾国藩の幕客となり，『湘軍志』16巻を書いた。のち四川の尊経書院，長沙の思賢講舎などで専ら学を講じた。春秋公羊学を尊崇し，『春秋公羊伝箋』11巻を著したが，彼の本領は詩文にある。詩は魏・晋の風を宗とし，文は駢文に秀で顔延年・庾信らの影響を受けた。著作は『湘綺楼全書』に所収。清史稿482　　　（石黒 宣俊）

おうかいふけいえい【王魁負桂英】　梨園戯(上路)・川劇などの伝統演目。王魁と桂英の物語は民間に流布していたらしく，脚本化したものは元雑劇・明伝奇ともにある。『王魁負桂英』は明の嘉靖年間(1522-66)に徐渭が著した南戯の専門書『南詞叙録』にその名がある。梨園戯では『王魁』，川劇では『焚香記』(別名『活捉王魁』『陰陽告』『紅鸞配』)。共に改編版など数種の脚本がある。王魁物で最も影響力が大きいとされる川劇の『焚香記』では，宋の書生王魁は科挙の試験に落ち，困窮しているところを妓女桂英に助けられ，二人は将来を約束する。再び科挙の年，妓院を経営する桂英の義母は客を取らぬ桂英に不満で，王魁に試験に行くよう強く勧める。二人は海神廟で互いに心変わりせぬことを誓い合い，王魁は旅立つ(「誓別」)。首席合格を果たし状元となった王魁は，桂英との誓を破り丞相の娘と婚姻(「入贅」)，桂英には離縁状を送る(「休書」)。桂英の義母は，客の妾にという申し出を受け入れるよう桂英に迫る(「逼焦」)。追い詰められた桂英は海神廟で王魁の不実を責め，王魁を懲らしめるよう神に訴える。黙して動かぬ神に怒った桂英は神像を打ち壊し，自ら首を吊って果てる(「打神」別名「陽告」)。桂英に同情した神は，あの世の判官とともに桂英の霊魂を王魁のもとに行かせる。桂英の霊魂は王魁をあの世へ連れ去る(「情探」)。梨園戯では桂英と出会う前，最初の科挙の試験に向かう王魁が自らを語る「介紹」の後，王魁と桂英の出会いから桂英の自死(喉を切る)まで，すなわち「入贅」から「打神」に当たる「桂英割」になる。次に知らぬ振りをしようとする伽藍王を責める小鬼の場「上廟」(別名「陰告」)，桂英の霊魂が王魁のもとへ急ぐ「走路」が入る。また，「情探」に当たる「捉王魁」の後あの世で王魁を審議する「対理」がつく。人物名や脇役の働きなど異同は多い。尚，『焚香記』は明の王玉峰作の伝奇名。王魁を善人にし，第三者の悪意によって筋が展開，最後は大団円になっている。　　　（細井 尚子）

おうがく【王諤】　生没年不詳。明の浙派の画家。奉化(浙江省)の人。字は廷直。孝宗朝(1487-1505)，内殿に直し「今の馬遠」と称えられた。武宗朝(1505-21)，地位は錦衣千戸。1541(嘉靖20)年には錦衣指揮としてなお宮廷にあったが，まもなく郷里に帰って名士と交わり，制作のかたわら『画学啓蒙』(散逸)を著し，1545(嘉靖25)年までに80歳余で没した。孝宗朝から晩年に至る，10数点の作品が現存する。浙江地方水墨画様式に基づく，実直な作風が見られる。　　　（嶋田 英誠）

おうがくさは【王学左派】　陽明学派の一派。呼称は，嵇文甫『左派王学』(1934年)に由来する。王陽明の四句教について，王畿(龍渓)は便宜的教法と見なし，本体としての「心」と，作用としての「意(外界に対応して起こる意識)」と「知(善悪を判断する良知)」と「物(善を為し悪を去る心)」は全て無善無悪だと解釈した。一方，銭徳洪は，絶対的教法と見なし，「意」「知」「物」は全て有善有悪だと解釈した。王陽明は，王畿の説を上根(上等の資質)の人に対する教えとし，銭徳洪の説を中根(中等の資質)以下の人に対する教えとし，両者を補完させようとしたが，王陽明の死後，陽明学派は，無善無悪説を支持する左派と，有善有悪説を支持する右派とに分裂した。

右派は，心の本体は善であるが，心の働きは悪に流れる可能性があるので，善悪を常に意識して修養せねばならないと主張する。右派の思想家としては，銭徳洪・鄒守益・羅洪先らが挙げられる。彼らは，修養を重視する点で朱子学に近い。左派は，心の働きは純粋至善であり，見聞知識よりも自然な心の働きを信頼して行動するのがよいと主張する。左派の思想家としては，王畿・王艮(心斎)・羅汝芳・李卓吾・周汝登らが挙げられる。　　　（佐藤 錬太郎）

おうかげき【秧歌劇】　伝統演劇の劇種名。主に北方の山西・河北・内蒙古・陝西・山東・東北地方などに分布する。各地方の地名を冠して「○○秧歌」と呼ばれる。秧歌劇の由来は地方により異なる伝承があるが，本来は春節から元宵節の間に行われる芸能である秧歌の演劇部分が舞台化したもの。

秧歌劇はうたの構成から大きく3種に分かれる。一つ目は，主に民謡の組み合わせの構成をとるもので，祁太秧歌(山西)や延安秧歌(陝西)など。二つ目は，民謡の組み合わせ(訓調)と梆子の影響を受けた板腔体のうたで構成されるもので，繁峙秧歌(河北)や朔県秧歌(山西)など。三つ目は，主に板腔体のうたをうたうもので，定県秧歌(河北)や沢州秧歌(山西)など。もとは打楽器だけの伴奏であったが，のち弦楽器も導入された。舞台言語は概ねその地方の方言を用い，生活感溢れる演技が特徴。主な演目に，若い男女を描く『打瓦缶』(繁峙秧歌)，劉秀(の

ち，後漢の*光武帝)伝説に基づく『泥窰』(朔県秧歌)，共産党による改革を経た新劇『兄妹開荒』(延安秧歌)など。　　　　　　　　　(松浦 恆雄)

おうかん【王翰】　687(垂拱 3)～726(開元 14)。盛唐の詩人。并州晋陽(山西省)の人。字は子羽。710(景雲元)年，進士に及第した。その後，張説(ちょうえつ)の推薦を得て出仕し，張説が宰相となるや中央に抜擢されたが，その失脚とともに左遷され，道州(湖南省)で死んだ。豪放な性格で，財産もあり，傲慢な態度が憎悪をかうこともあった。10数首の詩が現存するだけだが，「葡萄の美酒 夜光の杯」にはじまる七言絶句「涼州詞」によって，その名を広く知られる。旧唐書190中，新唐書202
　　　　　　　　　　　　　　　(亀山 朗)

おうかん【王鑑】　1598(万暦 26)～1677(康熙 16)。明末清初の正統派の文人画家。太倉(江蘇省)の人。字は玄照。号は湘碧・染香庵主。同姓の*王時敏・*王原祁・*王翬とともに四王と称され，特に同郷同年代の王時敏とともに正統派の指導的な役割を果たした。彼らはともに同族の名家の出身で，恵まれた環境に育った。曾祖父は明の著名な文人王世貞であり，王時敏の祖父王錫爵(せきしゃく)と親しかった。1633(崇禎 6)年の挙人，翌々年廉州(広西壮族自治区)太守となり，2 年後に辞して故郷に帰り，のち書画三昧の悠々自適の隠居生活を送った。官名から「王廉州」と呼ばれた。董其昌に学び，倣古に基づいた正統的文人山水画を継承し，数多くの倣古山水画を残し，王時敏と並び称された。また画家王翬を見いだし，王時敏に引き合わせるなど，後進の指導にあたった。倣古を旨とする彼らの作品は，互いに類似するが，王鑑画は長い皴(しゅん)を用い，山々や空間に独特の伸びやかな印象がある。代表作として夢中の景を描いたという『夢境図』(1656年，北京，故宮博物院蔵)や，『倣黄公望煙浮遠岫図』(1675年，台北，故宮博物院蔵)などがある。著に『染香庵集』がある。清史稿504　　　　　　(宮崎 法子)

おうがん【黄侃】　1886(光緒 12)～1935(民国 24)。清末～民国初の音韻・訓古学者。蘄春(きしゅん)(湖北省)の人。元の名は喬馨，字は季剛。清朝崩壊時，政治活動に参加し，清政府の追跡を避けて日本に亡命した際，章炳麟(しょうへいりん)に出会い弟子となる。辛亥革命以後は学問に専念し，北京大学等の教授を歴任する。古音研究では戴震(たいしん)らの説を受けて古韻28部を定め，また『広韻』韻部の 1・4 等を「古本韻」(先秦音を引き継ぐ韻)とし，古韻28部と声母19紐を「古本韻」を用いて表した。　　　(片山 久美子)

おうき【王琦】　生没年不詳。清の乾隆期(1736-95)に活躍した注釈学者。銭塘(浙江省)の人。字は琢崖。同時代の学者，斉召南・杭世駿と友誼を結んだ。早く妻を失ってからは著述に専念し，林和靖(りんなせい)の風があると評された。仏教の理論に通じ，趙殿成が王維の詩集の注釈を書いた際にはその手助けをした。注釈学者としての業績には，『李太白文集』『李長吉歌詩匯解』がある。特に前者は諸家の注を継承発展させ，散文にも初めて注釈をつけ，さらに巻末に諸家の序跋や年譜を付すなどの諸点で，高い評価を得ている。　　　　　　　(大平 桂一)

おうき【王畿】　1498(弘治 11)～1583(万暦 11)。明代の思想家。紹興府山陰県(浙江省)の人。字は汝中，号は龍渓。22歳で*王陽明に入門。35歳(1532〔嘉靖11〕年)で進士となり10年間官途に就くも，44歳以降は野に在り，浙江・江西・安徽・江蘇の各省にわたって同志師友との活発な講学活動に従事。ただ最晩年は張居正による講学弾圧下にあり，活動の衰微を余儀なくされた。「現成(げんじょう)(現にあるがまま)の良知は修証を仮(か)らず」とは王畿の有名なテーゼ。しかし一方で王畿は修証(後天的努力・工夫(くふう))の必要性を強調してもいる。本来態に即しては良知の無修証(修証にまつまでもなき良知の本来完全具足)が強調され，現実態に即しては修証(致良知)の必要性が強調される。王畿の人間観は，このように重層的に把握される必要がある。また良知の無是無非を説き，既成の価値観(是非)をひとたび白紙に戻した上での，良知による主体的価値判断の重要性を強調した。著に『龍渓王先生全集』21巻，『龍渓王先生会語』6 巻がある。明史283　(中 純夫)

おうき【王翬】　1632(崇禎 5)～1717(康熙 56)。清時代初期の文人画家。四王呉惲の一人。虞山(しおうごうん)(江蘇省常熟)の人。字は石谷，号は耕煙山人・烏目山人・剣門樵客など。はじめ同郷の画家，張珂に師事して山水画を学んだ。1651(順治 8)年，たまたま虞山を訪れた*王鑑に見出され，その門下となる。翌年には王時敏に従って研究を積むようになり，王時敏所蔵の古画のみならず江南一帯の収蔵家たちの秘本をことごとく鑑賞，臨模した。20年に及ぶ王鑑・王時敏の下での学画の修業を経て，歴代の諸大家を網羅し，南北二宗を合わせて完成させた画風は，王鑑・王時敏の技法的な洗練度を凌ぎ，師の王時敏からさえ画聖と絶賛された。

1689(康熙 28)年，康熙帝は第 2 次南巡を行った。その盛事を記録するために王翬は1691(康熙 30)年，北京に召され『南巡図』12巻の制作に主席画家として従事した(1695年完成)。王翬の門下は楊晋・蔡遠・宋駿業・王玖をはじめとして非常に多

く，「虞山派」として清代正統山水画壇を王原祁を祖とする婁東派と二分し，清末に至るまで大きな影響を与えた。彼の画跋を集めた『清暉画跋』がある。清史稿504

（板倉 聖哲）

おうぎし【王羲之】 303(太安2)?～361(升平5)?。東晋の書家。琅邪臨沂(山東省)の人。字は逸少。右軍将軍の官名により，王右軍とも呼ばれる。父は淮南太守であった王曠，父の従兄は太傅に至った王導で，琅邪の王氏は古くから名門貴族として知られる。

羲之は，幼いころ父と死別し，母の兄に育てられた。吃音があり，また癲癇持ちで，引っ込み思案の目立たない子供であったが，従伯父の王敦や王導の羲之に対する深い愛情により，意志の強い剛直な人物に成長した。王氏一族の王承・王悦とともに「王氏の三少」と称される。

ある時，名士の郗鑒(269～339)が，娘の婿を探すために，王導のもとへ使者を送った。王導は使者に，離れから様子を見て自分で探すよう告げた。使者がいうには，「王氏一族はすばらしい人たちですが，婿探しが来たことを察すると，みな気取ったふるまいをされました。しかし，一人だけ腹を出したまま寝台で食事をし，なにも聞こえないそぶりをされていました」。郗鑒はその人物を婿に取ろうと決めたが，その人こそが王羲之であったという。

結婚後，はじめ秘書郎となり，臨川太守の職について後，334(咸和9)年に，時の征西将軍であった庾亮(289～340)に請われて参軍となり，累進して長史となった。庾亮没後には寧遠将軍，江州刺史となり，揚州刺史の殷浩の推挙によって，348(永和4)年に護軍将軍の官についた。351(永和7)年には右軍将軍，会稽内史に任ぜられ，書の傑作『蘭亭序』を生みだすこととなる会稽(浙江省)の地に赴任した。

しかし，かねてより羲之とは不和であった驃騎将軍の王述が上官となったために，羲之は355(永和11)年に辞職した。官を去った後も会稽に住み，道教を信仰しつつ，服薬養生を楽しみ，薬石をたずねて山水の遊を尽くし，その生涯を全うした。

王羲之に関する伝記は，どれも逸話として残されたものが多く，実態は定かでない部分が多い。逸話が集録されているものとして，『十七帖』など王羲之自身の尺牘や，南朝宋の劉義慶編『世説新語』がある。また『晋書』には，唐太宗自撰による王羲之の伝記も残されている。

王羲之が書聖と尊ばれ，その書が神聖視されたのは，唐太宗が酷愛したこと，そして太宗の臣下であった初唐の三大家，欧陽詢・虞世南・褚遂良らが徹底して王羲之の書法を学んだことが大きく関係している。太宗はありとあらゆる王羲之の書を蒐集し，特に最高傑作といわれる353(永和9)年に書かれた『蘭亭序』は，苦心惨憺の末に入手した。欧陽詢らをはじめとした当時の能書家たちに『蘭亭序』を臨書させ，多くの複製を作らせた後，その原本は太宗崩御の際，昭陵に副葬させたと伝えられている。

王羲之の書は，中国書法史において最高峰といわれるが，歴代の波に淘汰されて，真跡は現存しない。王羲之の書を伝えるものとして，摸本や臨本などの墨跡本，碑法帖の拓本がある。墨跡本では『喪乱帖』(東京，三の丸尚蔵館蔵)や『孔侍中帖』(東京，前田育徳会蔵)が著名であり，その他『蘭亭序』の摸本や『十七帖』の拓本などが知られる。また，北宋の太宗の命により，内府所蔵の名跡を集めて編集した『淳化閣帖』には，王羲之とその第7子である王献之の尺牘が数多く集録されている。晋書80

（鍋島 稲子）

おうぎそん【王沂孫】 1240(嘉熙4)?～90(至元27)?。南宋末元初の詞人。会稽(浙江省)の人。字は聖与，号は碧山・中仙・玉笥山人。元の至元年間(1264～94)に慶元路(浙江省)学正の官にあったこと以外，事跡は不明。詠物詞に巧みで，隠喩を駆使して暗示的に亡国の情を歌う。「詠物詞は王碧山に至りて，古今を空絶すというべし」(陳廷焯『白雨斎詞話』)といわれる。詞集として『花外集』(別名『碧山楽府』)がある。

（高津 孝）

おうきとく【王驥徳】 ?～1623(天啓3)?。明末の戯曲理論家・劇作家。会稽(浙江省)の人。字は伯良，また伯駿。号は方諸生・秦楼外史。読書人の家庭に生まれながら，仕官の志を持たず，劇作などに従事した。同郷の劇作家徐渭に師事し，呂天成・孫月峰・孫如法・沈璟などと交友があった。中国最初の演劇理論書であり，特に劇作法に重きを置いた『曲律』を著した。現存する伝奇に『題紅記』，雑劇に『男王后』があり，『琵琶記』『西廂記』の校注でも知られる。

（根ヶ山 徹）

おうきゅうし【王九思】 1468(成化4)～1551(嘉靖30)。明代の文学者。鄠県(陝西省)の人。字は敬夫，号は渼陂。前七子の一人。翰林院検討・吏部郎中を勤めた。武宗の時，宦官の劉瑾が処刑され，王九思は劉瑾派に名を連ねていたため，寿州同知に降格された。著作に雑劇『杜甫遊春』『中山狼』，散曲集『碧山楽府』，詩文集『渼陂集』などがある。明史286

（氷上 正）

おうきょ【応璩】 190(初平元)?～252(嘉平

4)。三国魏の詩人。汝南南頓(河南省)の人。字は休璉。祖父は経学者応劭、兄は建安七子の一人応瑒。散騎常侍、侍中、大将軍長史を歴任。曹爽の専権に際し、『百一詩』の連作をものした。題名の由来は、101篇あった、1首100字であった、「百慮の一失」を諷諭したなど、諸説あるが未詳。現在は『文選』等に数首を残すのみだが、風刺と諧謔に富む異色作である。『詩品』中品では、建安の風を継ぎ、陶淵明への道を開いたと高く評価する。子の応貞も詩人。三国志21 　　　　　　　　　　(谷口 洋)

おうきょう【王喬】 古代の仙人。『後漢書』の方術伝では、神術を駆使し奇怪な死を遂げた河東の王喬なる人物について、一説では彼が古仙人の王子喬である、と記す。『列仙伝』によれば、王子喬とは周の霊王の太子晋のことで、好んで笙を吹き鳳凰の鳴き声を発し、道士の浮丘公とともに嵩高山に入った。30数年後、緱氏山(河南省)に白鶴に乗って舞い降り、人々に別れを告げて数日後に飛び去ったという。後漢書82上 　　　　(亀田 勝見)

おうぎょよう【王漁洋】 →王士禎

おうきんじゃく【王欽若】 962(建隆3)～1025(天聖3)。北宋初期の政治家。臨江郡新喩(江西省)の人。字は定国、諡は文穆。科挙に及第して任官後、累進して大中祥符年間(1008-16)には宰相の地位にまで昇り、『冊府元亀』『国史』の編纂に与った。若い時から神仙の事を好み、真宗の天書降下事件(真宗の寝所に神人があらわれ、天書の降下を予言した事件)等には、深く関わったとされる。大中祥符中に真宗が道蔵編纂を命じた際にはその事業を統括し、最終的に張君房を起用して実際の作業にあたらせた。著書に『翊聖保徳伝』3巻がある。宋史283 　　　　　　　　　　(坂内 栄夫)

おうけいぶんこうしせんちゅう【王荊文公詩箋注】 北宋の王安石の詩集に対する注釈書。50巻。南宋の李壁の撰。王安石は、諡を文公といい、荊国公に封ぜられ、「荊文公」と呼ばれる。かれは、該博な中国古典に対する知識教養を活用しながらも、それを全く感じさせないような詩を理想とし、宋詩の書物主義的傾向を開いた詩人といえる。したがって、王安石詩の読解にとっては、詩の言葉の出典を知ることが重要になる。李壁は、南宋の著名な歴史家李燾の息子で、官は副宰相である参知政事に至り、博学を以て聞こえた人物である。李壁注は、多少の疎漏はあるが、600種を超える文献を利用した1万条を超える注釈からなり、その功績は極めて大きい。通行のテキストは、元の劉辰翁が、李壁の注を簡略化して評点を加えたものであり、李壁注の原型を保存する朝鮮活字版(名古屋市蓬左文庫所蔵)が参考になる。また、清の沈欽韓『王荊公詩集李壁注勘誤補正』4巻がある。 　　　　　　　　　　(高津 孝)

おうけん【王建】 766(大暦元)?～?。中唐の詩人。関中(陝西省)の人。字は仲初。775(大暦10)年に進士に及第したとされるが、年齢とあわない。華々しい官歴とは縁がなかったが、生前より楽府の名手として知られ、下層庶民の苦しい生活の現実をとりあげた作品に特色が認められる。同い年の親友張籍と並称され、「二公の体、同じく時流を変ず」(『唐才子伝』)と評される。後宮の事をうたった七言絶句の連作「宮詞百首」も好評を博した。 　　　　　　　　　　(亀山 朗)

おうげん【王源】 1648(順治5)～1710(康熙49)。清の思想家。大興(北京市)の人。字は崑縄。李塨と並ぶ顔元の高弟の一人。少年の頃、宋学を学んだが、それに馴染めず、専ら歴史と兵法を好んだ。また思想上では、顔元の学を知るまでは、特に王陽明の心学を尊んだ。ところが、52歳のとき、たまたま李塨と知り合い、顔元および李塨の著書から深い感銘を受け、顔李学派の有力な一員となる。但し基礎理論の方面での功績は乏しく、その本領は軍事・経済・政治など実際的方面にある。著書に『居業堂文集』など。清史稿480 　　(村瀬 裕也)

おうげんき【王原祁】 1642(崇禎15)～1715(康熙54)。清時代初期の宮廷文人画家。四王呉惲の一人。婁東(江蘇省)の人。字は茂京、号は麓台。王時敏の孫にあたる。幼少の頃より祖父の薫陶を受けて育った。1670(康熙9)年、進士に及第。官は戸部左侍郎に至る。内廷に供奉して内府での書画鑑定の任にあたり、その後、南書房に直して康熙帝の寵臣となり、『佩文斎書画譜』(1708年)編纂や『康熙万寿盛典図』(1713年)木版下絵制作の総裁を務めた。彼の画風は祖父や王鑑らを継承し、董其昌の典型主義を一層推し進めたもので、呉派に連なる正統派文人画を完成させた。現存作品は『華山秋色図』(台北、故宮博物院蔵)や『倣元四大家山水図』4幅対(京都国立博物館蔵)・『輞川図巻』(ニューヨーク、メトロポリタン美術館蔵、1711年)をはじめとして非常に多く、又、造形の理念と形式を説いた彼の著述である『雨窓漫筆』、画跋を収集した『麓台跋画録』などから、彼の造形理論を知ることができる。

数千人に及ぶ彼の輩下は彼の出身地に因んで「婁東派」と呼ばれ、その典雅平正な画風は画院においても指導的な様式になった。その主な画家に唐岱・

華鯤・黄鼎・王敬銘・王宸・王学浩・盛大士・黄均らがいる。清史稿504　　　　　　　　（板倉 聖哲）

おうげんさく【王玄策】　生没年不詳。唐，太宗・高宗期(626-683)にインドに遣わされた使者。洛陽(河南省)の人。643(貞観17)・647(同21)・657(顕慶2)年の3度にわたり出使する。ただし2回目の出使は，マガダ国の戒日王(ハルシャ・ヴァルダナ)が死没し，阿羅那順が王位を篡奪したため，玄策は吐蕃・ネパールの兵を以て，これを撃破する。666(乾封元)年の奉勅撰『西域志』60巻・『図画』40巻があるが，すべて散佚。ただこれに先行して撰述された『中天竺国行記』10巻の一部が，『法苑珠林』巻100等に見えている。近年，彼の出使に関わる「大唐天竺使出銘」碑がチベットより発見されている。　　　　　　　　（荒川 正晴）

おうけんし【王献之】　344(建元2)～388(太元13)。東晋の書家。琅邪臨沂(山東省)の人。字は子敬，諡は憲。王羲之の第7子。父とともに二王と並称され，羲之の大王に対して，小王とよばれる。官ははじめ州守簿・秘書郎となり，ついで謝安に請われて長史となり，建威将軍・呉興太守を経て，中書令を拝した。若くして盛名があり，高邁不羈であった。高潔な人柄で，奥ゆかしいことにかけては，当代随一であった。はじめ郗曇の女性をめとったが，のち離婚して新安愍公主を妻にむかえた。その一人娘は安帝の皇后になった。没後は皇后の父であるため，侍中・特進光禄大夫・大宰を追贈された。書も献之は7男の兄弟の中では，王羲之の資質をよく受け継ぎ，多くの逸話が伝えられている。「あるとき，父の王羲之が，そっと献之の後から筆をひきとめようとしたが抜けなかった。そこで羲之は感心していった。この子はきっと後日大成するであろうと。また王羲之から『楽毅論』を書いて与えられた。献之はこれを習って細楷を極めつくすことができた」(『書断』)という。二王についての品評は，すでに南朝宋・斉のころから始まった。宋の羊欣は，「骨力という点では父に及ばないが，媚趣という点では父にまさるであろう」(『古来能書人名』)といった。また宋の虞和は「献之は父の書を学んだが，正体は似ないで妍媚という点では父を超えている」(『論書表』)といい，いずれも羲之から会得したのは，つややかな美しさにあるといっている。南朝斉・梁では時代の風尚にあって一時は献之の書風がもてはやされたが，唐の太宗は羲之の書を神聖な場にもちあげ，献之の書を「隆冬の枯樹」「厳家の餓隷」と貶めた。後の評価もこれに追従した。総じていえば，「両者の差はほんのわずかである」とする見方に妥当性があるようである。真跡は存在しない。小楷では『洛神賦十三行』がある。『万歳通天進帖』(遼寧省博物館蔵)に収められている『廿九日帖』は搨模本であるが信頼のおけるものである。また『中秋帖』(北京，故宮博物院蔵)，『鴨頭丸帖』(上海博物館蔵)，『地黄湯帖』(東京，書道博物館蔵)などがある。晋書80　　　　　　　　（大橋 修一）

おうけんぼ【王建墓】　五代十国前蜀の高祖王建(918年没)の陵墓。永陵と称される。四川省成都市内にあり，直径約80m，高さ約15mの円墳が残る。墳丘の裾は切り石を9段に積んで崩壊を防ぎ，周囲には陵垣の基礎と考えられる3圏の磚基を巡らせていた。墓室は墳丘の中央下部にあり，すべて紅色砂岩の磚で構築されている。墓門・前室・中室・後室からなり，全長は30.8m。同一方向のアーチ天井がかかる。墓門と各部屋の境には木門を建て，最も広い中室に長さ7.45m，幅3.35m，高さ84cmの須弥壇式の石棺床を据えている。棺床の側面に奏楽舞踊の女伎24人の浮き彫りを嵌め，周りには棺床を扶持する着鎧の十二神石像を配置。棺床上面には3枚の木台を重ね，1棺1槨を載せていた。棺床の奥に置かれた石缸(大甕)は照明灯に供する油を貯えたものと見られる。後室の奥に据えられた王建の石像は通高86cm。常服を着け椅子に腰掛ける。像の前には諡宝(璽印)や玉冊(諡冊と哀冊)を収めた3点の漆盒が置かれていた。出土遺物は銀・銅・漆・玉・陶器をあわせ20点余り。棺内から出土した大帯の玉飾など，見るべきものが多い。　　　　　　　　（来村 多加史）

おうけんもくとう【応県木塔】　中国山西省応県にある仏宮寺釈迦塔の俗称。遼の1056(清寧2)年の建立で，金の1191(明昌2)～95(同6)年に大修理が施された。中国に現存する最古，最大の木塔。平面八角形，全高約67m。外観は五重，裳階(軒下周囲の庇)つきだが，各層間に暗層(天井裏)があり，実際は9層よりなる。添柱や筋違を多用し，総計54種もの多彩な類型の斗栱(組物)を駆使した完全な木造の楼閣式塔である。建築様式的には華厳寺(山西省)など華北地方に残る一群の遼代建築遺構の系列に属し，唐代以来の保守的な要素をとどめる。塔内各層に安置される釈迦・観音・文殊・四方仏などの仏像や壁画，1974年以降の修理時に発見された経典・書籍・絵画なども遼・金時代の遺物として仏教史・美術史的にきわめて価値が高い。なお，中国には江南地方に塔身が塼造で外周が木造の塼木混造の塔は多いが，三重塔や五重塔の遺構が多く残る日本と異なり，歴史上に名高い木塔はほとんど失われ，これは年代の古いほとんど唯一の木造の塔遺構でもある。　　　　　　　　（田中 淡）

おうげんりょう【汪元量】 生没年不詳。南宋から元の詩人。銭塘(浙江省)の人。字は大有、号は水雲。咸淳年間(1265-74)の進士という。宮廷の琴師となり、元軍が臨安を降した後は恭帝や后妃に従って北上、大都に一時身を置き、*文天祥などとも詩の応酬をした。その後は、*クビライの命を受けて江南の地を調べて歩いた可能性が高い。晩年は道士となって杭州に住み、1315(延祐2)年頃まで在世した。その詩は屈折に富む。『湖山類稿』5巻、『小雲集』1巻がある。 (高橋 文治)

おうこう【王洪】 生没年不詳。南宋時代、紹興年間(1131-62)に活躍した画家。蜀(四川省)の人。北宋の范寛画風の山水画をよく描いた。『瀟湘八景図巻』(プリンストン大学美術館蔵)は現存最古の瀟湘八景図の作例に相当する。本図巻は八景各段に分かれ、そのうちの「瀟湘夜雨図」には「王洪」という楷書の落款が認められる。江南である瀟湘の地が華北系の范寛画風で描かれている点で、瀟湘八景図の創始者である宋迪と同様の位相を示しており、初期の八景図を想定する上で重要な作品と見なせよう。 (板倉 聖哲)

おうこうじゅ【王鴻寿】 1850(道光30)〜1925(民国14)。京劇俳優。懐寧(安徽省)の人。芸名は三麻子。徽班(安徽の劇団)出身で、初め武生(立ち回り中心の役柄)を学び、のちに老生(歌を主とする役柄)を学ぶ。長期にわたり上海で公演して名声を博し、特に関羽は当たり役となった。関羽の最期を描いた自作の新演目『走麦城』は有名。また徽劇の演目や歌を京劇に移植したり、京劇俳優の汪笑儂と共同で新演目を書き下ろすなど、演出方面でも精力的に活動し、北京の京劇界や、周信芳など上海派の後進に多大の影響を与えた。 (加藤 徹)

おうこうつう【王孝通】 生没年不詳。唐初の数学者・暦学者。算暦博士、太史丞に任ぜられた。619(武徳2)年から施行された傅仁均の戊寅元暦に対して、祖孝孫とともに定朔法、歳差法の新術をめぐって論駁を加え、626(武徳9)年に崔善為とともにその改訂作業を行った。その後に『*緝古算経』を完成させた。そこに展開された三次方程式解法は、祖沖之『*綴術』の後を継ぐものであり、*秦九韶や李冶の著作において展開されている高次方程式解法の先駆けとなった。 (武田 時昌)

おうこくい【王国維】 1877(光緒3)〜1927(民国16)。清末から民国初期の歴史家。海寧州(浙江省)の人。字は静安、またの字は伯隅、号は観堂あるいは永観。上海の東文学社に学び、日本語文献の翻訳にあたる。のち東京物理学校に留学するも病気のため数か月で帰国、通州(南通市)や蘇州で教員となり、西洋哲学や中国文学の研究を行う。辛亥革命の勃発に伴い羅振玉とともに渡日、4年余りを京都で過ごし歴史研究を数多く行った。帰国後、南書房行走に任ぜられ北京に赴き、のちに清華学校国学研究院の教授となる。北伐による情勢不安の中、頤和園の昆明池にて投身自殺した。主著に『*流沙墜簡』(1914年、羅振玉共著)、「殷卜辞中所見先公先王考」(1917年)、「殷周制度論」(1917年)、「古史新証」(1925年)など。殷の世系研究や殷都をめぐる歴史地理的考察などの優れた研究はその後の歴史研究に大きな影響を与えた。多くの著作は『観堂集林』(1923年)に収められている。清史稿496 (角道 亮介)

おうごん【王艮】 1483(成化19)〜1540(嘉靖19)。明の思想家。泰州学派の祖。泰州安豊場(江蘇省)の人。初名は銀。*王陽明により艮と改名。字は汝止。号は心斎。戸籍は竈籍、すなわち代々製塩業に従事した。販塩のため山東を訪れ、孔廟に参って発憤し、常に『*大学』を袖中にして儒教の経典を独学した。1520(正徳15)年、王陽明を訪問し議論応酬の末ついに屈服して弟子となる。師説を広めるべく、自ら蒲輪(古代、賢人を招くために使用した車輪をガマでつつんだ車)を制作し古服をまとって北京に入り衆目を驚かすなど、庶民学者として直截な行動が多かった。崩壊する天を支え衆人を助ける夢をみて「万物一体」を悟る。陽明の死後は故郷泰州で講学をし、「百姓日用(庶民の日常事)」(『易経』)を道とする簡易な教えを説いたため、農夫や樵夫までがその門下に集まった。「淮南格物」と称される独特な格物説により愛身、尊身を強調し、「明哲保身」「大人造命」「鰍鱔賦」など個性的な自説を展開した。著書に『王心斎先生遺集』がある。明史283 (森 紀子)

おうざぶん【押座文】 敦煌発見の通俗文学の形式のひとつ。押座とは聴衆のざわめきを静めるという意味で、俗講などの場で本題に入る前に演唱される短編の韻文。七言句4句を一単位として、ひとつの話題を語り、次々に換韻する形式を取るが、押韻しない場合もある。内容は本題となるお経などの内容を要約したもので、最後は「経題名目唱将来」(本題のお経の名前を唱えなさい)で締めくくられる場合が多い。その機能は、後世の戯曲、小説などにおける引子や入話に類似する。現存のものには、『八相押座文』『三身押座文』『維摩経押座文』『温室経講唱押座文』『故円鑑大師二十四孝押座文』『左街僧録大師押座文』などがあり、前の4つはス

タイン写本2440, 後のふたつはスタイン写本3728に集中して収められている。また「二十四孝押座文」には刻本もある。押座文と対応するものに, 終わりに聴衆を解散させる目的の解座文があり, やはり七言の韻文からなる。　　　　　　（金　文京）

おうさん【王粲】　177（熹平6）〜217（建安22）。三国魏の詩人。建安七子の一人。山陽高平（山東省）の人。字は仲宣。名族の出で, 父祖は漢の三公を務めた。後漢の学者蔡邕にその才能を見出されたが, 都の騒乱により荊州の劉表のもとに身を寄せてからは, 風采があがらず性格も大まかであるという理由で重用されず不遇であった。劉表の死後, 曹操に招かれ丞相掾, 侍中などを務めたが, 従軍途中で病死した。博覧強記で制度や算術に長けた上に, 詩文の才にも優れ, 筆をとればたちまち文章を書き上げて改めるところがなかったという。特に賦にすぐれ, 建安七子の第一とされる。またその詩も抒情的で曹植に次ぐ才能を持つが, やや力強さに欠けると評される（『詩品』上）。特に騒乱を避けて長安, 荊州に逃れる際の心情と戦乱による世の荒廃を詠んだ「七哀詩」は五言詩の佳作として名高い。ほかに「従軍詩」「登楼賦」などの作がある。著した詩賦の数は60篇にも及んだといい, 『隋書』経籍志には「後漢侍中王粲集十一巻」「漢末英雄記八巻」などが録されているがいずれも亡失, いま明人による輯本が伝わる。三国志21　　　　　　　　（林　香奈）

おうさんとうろう【王粲登楼】　元の雑劇。鄭徳輝の作。叔父蔡邕に侮辱された貧乏書生の王粲は, 曹植の援助を受けて劉表のもとに赴くが任用されず, 楼に登って嘆じるところに, 朝廷からのお召しを受け, 天下兵馬大元帥となる。王粲は蔡邕に侮辱を返すが, 蔡邕が影の援助者だったことを明かされて和解する。王粲の『登楼賦』を踏まえ, 後漢末の名士が多数登場するが, 史実とはほとんど無関係。筋は類型的だが, 文采派の大家の作にふさわしい華麗な歌辞を持つ。　　　　　　（小松　謙）

おうしあんしゅう【王子安集】　初唐の文学者王勃の文集。王勃の一族や彼とともに初唐四傑と称された文学者のひとり楊炯等によって, 王勃の死後比較的早い時期に編纂された文集は30巻であった。しかしこの文集は散逸してしまい, 明末に16巻の輯本が作られ, 清代蔣清翊の『王子安集註』20巻が流布していた。ところが, 30巻本の一部が『王勃集残巻』と称されて日本に伝わっていた。そのうち正倉院に『王勃詩序』の名で蔵されるものは707（慶雲4）年に書写されたもので, 則天文字（則天武后によって作られた文字）で, 極短い期間通行した）の使用など元来の30巻本の形態を正確に写していると思われる。その他, 上野氏・富岡氏・神田氏にも奈良朝旧鈔本として一部が伝わるが, みな同じ30巻本から筆写されたものと判断される。これらは, たとえば正倉院蔵本にある詩序41篇のうち21篇が, 現在のテキストには見えないものであるなど, 『王子安集』の元来の姿を知る上で極めて貴重なものである。清末の羅振玉は富岡氏蔵以外の諸本と蔣清翊本を検討し『王子安集佚文』1巻を編集した。　　　　　　　　　　（道坂　昭廣）

おうじかい【王次回】　1598（万暦26）？〜1647（順治4）？。明末清初の詩人。本名は彦泓, 字の次回で知られる。江蘇省鎮江府金壇県の人。同じ省の松江府（上海市松江区）の学校の訓導となった。香奩体という艶体の詩を得意とし, 『疑雨集』『疑雲集』がある。生没年については諸説があるが, 生年は「自ら知る荀粲年華の促り」（『自悼』）や「未だ潘（岳）の年に到らざるに鬢は已に潘し」（『愁遣』）などの詩句から, 没年は『金壇県志』に「50歳になったばかりで没した」とあることから, 上記のように推測できる。　　　　　　（松村　昻）

おうじかい【王時槐】　1522（嘉靖元）〜1605（万暦33）。明末の陽明学者。安福（江西省）の人。字は子植, 号は塘南。1547（嘉靖26）年の進士。本性の純粋自然な生々とした発露である生機を意として念慮と区別し, 王陽明とは異なる誠意説を展開して本性の主宰性を強化した。さらに敬意識（天への畏敬感情）を積極的に認めて陽明思想から離れる傾向があり, 朱子学・陽明学を止揚する志向を示す。その立場から王学左派を倫理・規範を軽視すると批判した。明史283　　　　　（荒木　龍太郎）

おうしかん【王之渙】　688（垂拱4）〜742（天宝元）。盛唐の詩人。絳郡（山西省）の人。字は季凌。進士に及第せず, 晩年に仕官がかなうまで長く閑居し, 黄河流域を広く歴遊した。豪放不羈な性格で, 高適・王昌齢・崔国輔と交遊して詩名をはせ, とりわけ音楽性に富んだ辺塞詩は, 生前より広く伝承された。現存する詩はわずかに6首だけだが, 「涼州詞」と「登鸛雀楼」は, 小品ながら盛唐屈指の名作として人口に膾炙する。　　　　　（亀山　朗）

おうしこう【汪士鋐】　1658（順治15）〜1723（雍正元）。清初の書家。長洲（江蘇省）の人。原名は巽。字は文升。号は若若・退谷・秋泉・松南居士。1697（康熙36）年の進士で, 翰林院検討を授けられ, 左中允に官した。曾祖汪起鳳以来の名門で, 父と兄弟3人とも才華にあふれ, 「呉中の四汪」と呼ばれ

た。母親の喪に服すため辞職し，江南に隠居して，吟詩・臨書を楽しんだ。書は，はじめ顔真卿を学び，中年に趙孟頫を習い，再変して褚遂良の筆法を得たという。康煕帝は，国朝第一の書と賞賛し，姜宸英と並称して「姜汪」といい，笪重光・何焯を加えて「清初四大家」と称される。現存作品に『行書論顔真卿書』(1716年，揚州市博物館蔵)などがある。著述が豊富で『長安宮殿考』『全秦芸文志』などが伝わる。『昭代名人尺牘小伝』16，『清史列伝』71に伝がある。　　　　(河内 利治)

おうしじん【王思任】　1574(万暦2)～1646(順治3)。明末の文章家・画家。紹興府(浙江省)の人。字は季重，晩年は謔菴と号した。1595(万暦23)年に進士となってから地方官を転々とし，明の滅亡後，郷里にできた亡命政権に参加，敗退すると絶食して死んだ。文学は自己の「思い」を述べ，自然の「趣」を表すものだとする，当時にあっては独特の創作論を詩文や戯曲の序文に展開し，また擬人法・隠喩法を用いながら友人とのユーモラスな会話をおりまぜた遊記に巧みで，小品文作家の有力な一人にかぞえられる。『王季重十種』などがある。
　　　　(松村 昂)

おうじっぽ【王実甫】　元の戯曲作家。大都(北京)の人。名は徳信，実甫はその字で，字をもって呼ばれることが多い。生没年は未詳だが，関漢卿らと同じ頃，元貞・大徳年間(1295-1307)を中心に活躍したと考えられる。その作品としては14種の外題が伝わり，艶麗な作風で知られた。元雑劇のなかでも異例の長編で，指折りの名作である『西廂記』，および『麗春堂』『破窰記』の3種が現存している。　　　　(赤松 紀彦)

おうじっぽう【王十朋】　1112(政和2)～71(乾道7)。南宋の文学者・政治家。楽清(浙江省)の人。字は亀齢，諡は忠文。1137(紹興7)年の科挙で首席合格(状元)し，王状元とよばれる。官は，龍図閣学士に至った。詩風はその人柄と同じく篤実でのびやかと言われ，著に『梅渓集』『会稽三賦』がある。北宋の蘇軾の詩集に『王状元集注分類東坡先生詩集』があるが，当時の書肆が高名な王十朋の名を借りたものである。宋史387　　　　(高津 孝)

おうしてい【王士禎】　1634(崇禎7)～1711(康煕50)。清初の文学者・詩人・官僚。新城(山東省)の人。もとの名は王士禛，雍正帝愛新覚羅胤禛の諱を避けるため，乾隆帝によって「士正」と改められ，のち本名とかけ離れているため「士禎」とされた。字は貽上。号は阮亭または漁洋山人，王阮亭・王漁洋と呼ばれる場合も多い。1658(順治15)年の進士。1659(順治16)年揚州府推官となり，鄭成功らの抵抗運動に連坐した人々を多く救った。1664(康煕3)年，京師(北京)に帰り，礼部主事などの職を経て，78(同17)年，特別任用によって翰林院侍読となってからは皇帝の信頼を得て順調に昇進し，国子祭酒，兵部侍郎，都察院都御史を経て刑部尚書となった。1704(同43)年，皇太子の廃嫡事件に連坐して罷免され，帰郷後は著述に専念した。

王士禎は年少の頃から兄の士禄に詩を学び，のち15歳の時に『落箋堂初稿』をまとめた。1657(順治14)年，山東済南の大明湖に遊び，「秋柳詩」4首を詠じ，唱和する者数百人という大ブームをまきおこした。進士及第後，揚州府推官となって赴任するや，江南の煙景に王朝の興亡を重ね合わせた詩を多数作り，静謐な雰囲気の中に激情悲哀を秘めたスタイルが戦乱に疲れた当時の人々の心をとらえ，数十年の間詩壇の盟主であり続け，「一代の正宗」と称された。同時代の詩人では朱彝尊と名を斉しくし「南朱北王」と呼ばれた。王士禎の詩論は多岐にわたるが，「神韻説」と総称され，徹底して古人の佳作を学んだあとでその場に応じて自然に湧き出る興趣を貴び，煙霞微雨ただよう風情描写に無限の感情をこめる詩境を最高とした。彼はさらに詩の韻律を研究し，古詩平仄論(古詩を作る際には，律詩の平仄の規則を意識して避けるべきである，を根本原理とする古詩の韻律理論)を発見するなど，詩律学への貢献も大きい。王士禎の著述はきわめて豊富で，『帯経堂集』『精華録』などの詩文集，『漁洋詩話』『池北偶談』『居易録』『香祖筆記』(王士禎晩年の随筆で，北京の名勝古跡・有名人の逸事・詩論など，内容は多岐にわたる)『分甘余話』などの詩話や随筆，『蜀道駅程記』などの旅行記，『唐賢三昧集』『古詩選』などのアンソロジーがある。清史稿266
　　　　(大平 桂一)

おうじびん【王時敏】　1592(万暦20)～1680(康煕19)。明末清初の正統派の文人画家。太倉(江蘇省)の人。字は遜之，号は煙客・西盧老人。江南随一の名家の出身。父王衡は1601(万暦29)年の進士だが早世し，その後は祖父王錫爵の薫陶を受けた。錫爵は高名な官僚で，董其昌に心酔しており，王時敏は若い頃から，董其昌に文学や書画，美術理論を学んだ。また，家蔵の所蔵品に加え，董其昌所蔵の名蹟を実見し，また受け継いだ。祖父の死(1610年)後，崇禎年間(1628-44)の初め恩蔭により太常寺少卿に任ぜられたが，清朝では出仕しなかった。官名から「王奉常」と称せられる。書画をよくし，董其昌の愛弟子として，その理論を継承実践し，倣古山水画を描き同郷の王鑑と並び称された。

晩年には弟子の王翬や呉歴，孫の王原祁を指導し，次代に正統派文人画理論と画法を伝えた。代表作として『倣古山水図冊』(1652年，北京，故宮博物院蔵)，『答菊図』(1664年，南京博物院蔵)などがあり，いずれも親しい者へ贈られた作品である。著に『王煙客全集』がある。清史稿504 　　(宮崎 法子)

おうじゃくきょ【王若虚】　1174(大定14)～1243。金の文章家。真定藁城(河北省)の人。字は従之，号は慵夫，また金滅亡後は滹南遺老と号した。1197(承安2)年の進士。主に翰林院の職を歴任し，汴京で亡国を迎えた後は郷里に隠棲した。文学者である以前に理論家であり，虚飾・形式主義を排する議論を展開して経学や史学の方面で多くの著作を残した。彼の詩もその理論の上に立って書かれたが，江西詩派の影響も見られる。文集『滹南遺老集』45巻，『滹南詩話』3巻がある。金史126 　　(高橋 文治)

おうしゅ【黄酒】　→黄酒

おうじゅう【王充】　27(建武3)～100(永元12)？。後漢の思想家。会稽郡上虞(浙江省上虞県)の人。字は仲任。洛陽の太学で学び，班彪に師事した。細族孤門(社会的に頼るもののない一族)の出身で，貧しくて書物をもたず，洛陽の書肆で読書をしては記憶し，諸学派の言説に通じた。官途に就いたものの，上官としばしば意見の合わない，不遇の官吏生活を送った。論説を好み，俗説の虚偽を憂慮して，慶弔の交わりを断ち，約30年をかけて『論衡』を執筆した。このほかに『譏俗節義』『政務』『養性書』『六儒論』などの著作があるとされるが，王充の思想をうかがうための一次資料としては，『論衡』のみが伝わる。『論衡』は，気の思想を基底に据えた世界観を柱とし，そこから命論・大漢論・薄葬論・知識論など豊富な所論が生まれている。経験的知識を発揮した実証的方法で「虚妄を疾む」(『論衡』佚文篇)ことに徹しているが，雷を自然現象と捉え，蓋天説を支持するなど，当時の水準の高い自然科学の知識を有し，虚妄批判に一役かっている。桓譚を評価し，その思想的影響を強く受けた。

王充の思想に正当な位置づけがなされたのは，儒教一尊体制崩壊後の民国期以降の研究による。後漢書49 　　(井ノ口 哲也)

おうじゅう【王戎】　234(青龍2)～305(永興2)。三国魏～西晋の官僚。竹林の七賢の一人。琅邪臨沂(山東省)の名門の出身。字は濬沖。従弟に王衍がいる。幼少の頃より神童の誉れ高く，魏晋両朝に出仕して順調に出世して司徒にまで登った。一方では阮籍・嵆康らと交わりを結び，いわゆる「竹林の遊」を行った。ただし，超俗の気風には遠く，家産のスモモを売るときには，余所で栽培できないようにその種の核に穴を空けた，などというけち臭い逸話が残る。晋書43 　　(南澤 良彦)

おうしゅうし【王周士】　生没年不詳。清の乾隆時代(1736-95)の弾詞の芸人。江蘇元和(江蘇省)の人。呉語では王と黄は同音であり，黄周士とすべきとの説がある。『遊龍伝』『白蛇伝』を弾き語って人気を得た。乾隆帝が南巡したとき，招かれて芸を披露し，七品の京官の位を下賜されたという。のち帝にしたがって都に行くが，蘇州に帰り家の門前に「御前弾唱」の灯籠を懸けた。1776(乾隆41)年，評弾芸人の同業組合「光裕公所」(のち「光裕社」と改称)を創建したとされる。その芸の経験を総括し，『書品』『書忌』各14則を著した。 　　(山口 建治)

おうしゅうし【黄周士】　→王周士

おうしゅく【王粛】　195(興平2)～256(甘露元)。後漢末，三国魏の経学者。東海(山東省)の人。揚雄・賈逵・馬融・鄭玄などの学を修めたが，諸家の同異を踏まえつつ，鄭玄の三礼注を中心とする経書解釈の全面的批判をめざした。実状からすると鄭王間には同一解釈も少なくないが，批判は，中心を礼解釈と実際の礼制の論定におきつつ，適宜その他の経注にも及んでいる。『隋書』経籍志には『周易』『尚書』『毛詩』『周官礼』『儀礼』『喪服経伝』『礼記』『礼記音』『春秋左氏伝』『孝経』『論語』『孔子家語』『揚子太玄経』などについての注釈，及び『尚書駁議』『毛詩義駁』『毛詩奏事』『毛詩問難』『喪服要記』『祭法』『明堂議』『春秋外伝章句』『論語釈駁』『聖証論』『王子正釈』『魏衛将軍王粛集』などの著述を記録している。中でも『聖証論』は，反鄭玄的解釈の主要なものを集めたもので，彼の偽作とされる『孔子家語』その他の諸経伝を根拠として立論している。三国志13魏書王朗伝 　　(中嶋 隆藏)

おうしゅじん【王守仁】　→王陽明

おうじゅん【王恂】　1235～81(至元18)。元初の天文学者・数学者。中山府唐県(河北省)の人。字は敬甫。幼くして父の良の学を承け，暦算に通じた。元の世祖クビライの謀臣劉秉忠に見いだされ，太子賛善，国子祭酒等の職を歴任し，国学の制度を始めた。1276(至元13)年，改暦を命ぜられ，許衡・楊恭懿・郭守敬らと太史局(後に大史院)を組織，太史令に任じられた。推算を担当し，1281

(至元18)年を実施年とする授時暦を編成した。その計算法には招差術(第3次補間法)や弧矢割円術が用いられている。元史164, 新元史171　　　（橋本 敬造）

おうしょう【王照】　1859(咸豊9)～1933(民国22)。清末～民国の漢字改革推進者。寧河(天津市)の人。字は小航。号は蘆中窮士、又は水東。戊戌の変法が失敗した際、日本に亡命、日本の仮名の影響を受け、帰国後、1900(光緒26)年に『官話合声字母』を発表した。その後も官話字母義塾や拼音官話報社を設立する等、官話字母の普及に努めた。1913(民国2)年には「読音統一会」の副議長になり、「注音字母」考案に対し、偏旁構成による字母の考案と口語教育の推進を主張した。

（三木 夏華）

おうしょう【応詔】　→応制

おうしょうくん【王昭君】　生没年不詳。前漢の元帝の時代に、匈奴に降嫁した宮女。名は檣。最初に記事が見えるのは『漢書』9の元帝紀と94下の匈奴伝である。そこには、匈奴の呼韓邪単于に後宮の王檣(字は昭君)を嫁がせたこと、単于に嫁ぎ、一男二女を生んだことが書かれているのみである。それが物語化されるのは晋の葛洪『西京雑記』においてである。そこでは、自らの美貌を恃んで宮人画工の毛延寿に賄賂を渡さなかったばかりに醜く描かれた王昭君は、元帝に見ゆることもできず、ついには匈奴に嫁がされてしまうが、その際に実際に王昭君を見た元帝は後悔し、毛延寿を処刑するという話になっている。その後、それを題材とした詩歌も多く現れる。その嚆矢は西晋の石崇「王明君」(晋の文帝・司馬昭の諱を避けて「昭」を「明」とした)であり、その序には彼女を送るときに馬上で琵琶の演奏をさせて慰めたとあり、王昭君と琵琶が初めて結びついている。楽府題としても「王明君」「昭君怨」として採られている。

現在、内蒙古自治区呼和浩特市の郊外に「青冢」として彼女の墓があるが、それについての記事が見えるのは、盛唐の李白や杜甫の詩材としてがはじめである。それが「青冢」と呼ばれたのは、辺塞の荒涼たる砂漠の「白」と、漢民族の豊穣なる地をイメージする「青」との対比を意識してのことである。通俗文芸の世界でも初唐から中唐にかけて徐々に「王昭君変文」が形成された。そこでの公主王昭君という設定は、当時の吐蕃に降嫁した和蕃公主に対する関心が反映したものであり、漢帝を思う王昭君と、王昭君を思う単于のそれぞれの哀切な片思いが表現されている。そののち元雑劇の馬致遠「漢宮秋」では、王昭君を失った元帝の悲しみが主に叙述されており、王昭君の物語は、時代とともにさまざまな形に展開し魅力的に変貌していったのである。漢書9・94

（中 純子）

おうじょうげつ【王常月】　?～1680(康熙19)?。明末清初の全真道士。生地未詳。一説に長治(山西省)の人。号は崑陽。清初の1656(順治13)年に北京白雲観に戒壇を設立し、千余の道士に伝戒した。その後、江寧(江蘇省)の隠仙庵を拠点として華南各地で開壇伝戒し、清初における全真教の勢力拡張に貢献した。その戒法は初真戒・中極戒・天仙戒の三壇から成り、丘処機以来400年間絶えていた戒の復興と称するが、実際には丘処機との関係は不明。弟子が編んだ『龍門心法』『初真戒律』に教法の記録が見える。

（森 由利亜）

おうじょうこういせき【王城崗遺跡】　河南省登封市にある龍山文化の城郭遺跡。1977年から81年に河南省文物考古研究所などが発掘を実施した。西から伸びてきた丘陵の先端に位置し、龍山文化から二里頭・二里岡文化を中心とする。城郭は長方形の2城が東西に連接し、東城はいちじるしく破壊されているが、西城は東西82m×南北92mの規模をもつ。龍山文化を5期に細分したうちの第2期(河南龍山文化中期)に築造され、第3期には破壊されている。城壁は幅4m、深さ2mほどの基槽を掘った上に、河原石などで土を何層にもたたきしめて構築している。城内では城郭と同時期の建築基壇やそれにともなう多数の犠牲(奠基)坑が発見され、1号犠牲坑では子供を含む7体の老若男女の犠牲が折り重なっていた。遺跡のある登封・嵩山一帯には夏王朝を開いた禹のみやこ陽城が推定され、調査者はこの城郭遺跡をそれに比定するが、城郭の実年代や夏禹王伝承の信憑性など、疑問点が少なくない(『登封王城崗与陽城』、河南省文物考古研究所・中国歴史博物館考古部編、1992年)。なお、2002年の調査で一辺およそ600mの大城郭が検出された(拙著『夏王朝　中国文明の原像』講談社学術文庫、2007年)。

（岡村 秀典）

おうしょうれい【王昌齢】　694(延載元)?～756(至徳元)。一説に、生年は698(聖暦元)。盛唐の詩人。京兆長安(陝西省)の人。字は少伯。727(開元15)年、進士に及第、秘書省校書郎となった。そのころ長安に来ていた孟浩然と知りあい、終生親密な交際を続けた。734(開元22)年、長安を離れて、氾水(河南省)の尉となり、一時南方に流されたあと、江寧(江蘇省)の丞となり、747(天宝6)年頃、素行を慎まないという理由で、龍標(湖南省)に左遷された。安史の乱のさなか、濠州(安徽省)刺史閭

丘暁(きゅうぎょう)に殺された。

官位は低かったが，生前より詩名を馳せ，「詩家の夫子 王江寧」と称された(『唐才子伝』)。現存する180余首の詩の約半数は絶句で，特に七言絶句に秀で，その名手として李白と並称される。閨怨詩・辺塞詩・送別詩には，洗練された技巧と流麗な調べによって人口に膾炙する名作が多い。詩論書『詩格』の著者ともいわれる。旧唐書190下，新唐書203

(亀山 朗)

おうしん【王森】 1536(嘉靖15)?~1619(万暦47)。明代の民間宗教教主。蓟州(天津市)の人。原名は石自然。はじめ皮革職人であったが，のち羅教の教えをもとに，他の要素をまじえて東大乗教(聞香教)を創始。灤州(らん)(河北省)の石仏口を根拠地とし，その教徒は華北諸省に広がった。1595(万暦23)年に官憲に逮捕され，釈放後に万暦帝の外戚永年伯王氏の族人となり布教を再開。のち，1614(万暦42)年，再度官憲に逮捕され，1619年に獄死。

(浅井 紀)

おうじんく【王仁昫】 生没年不詳。唐の中宗の頃の学者。字は徳温。706(神龍2)年頃，陸法言の『切韻』を増訂して『刊謬補欠切韻』を作った。195韻に分ける(陸法言『切韻』は193韻，『広韻』は206韻)。その書は長く伝わらなかったが，今世紀に入って以下の3種類が発見された。①現在パリに所蔵される敦煌本P2011(王一)，②現在台北の故宮博物院にある項子京跋本(王二)，③現在北京故宮博物院にある宋濂跋本(王三)。とくに最後の王三は「全本王韻」とも呼ばれ，『切韻』諸本のなかで完本として伝わる最古のものとして，切韻音系研究の最重要資料となっている。また王三写本は，呉彩鸞筆と伝えられる書法史上の逸品であるばかりでなく，旋風葉という特異な装幀を今に保存し書誌学的価値もきわめて高い。

(高田 時雄)

おうしんちゅう【王慎中】 1509(正徳4)~59(嘉靖38)。明代中期の詩文家。泉州府晋江県(福建省)の人。字は道思，号は遵巌居士。18歳で進士となり，李夢陽に私淑したが，その「唐以後の書を読む無かれ」(『四庫提要』の引用)とする説に疑問を感じ，28歳の頃には道義を重んじる作文の法を唐宋八大家の文の中に見出し，特に曾鞏(そうきょう)を顕彰した。「(司)馬遷を学ぶには欧(陽脩)に如くは莫く，班固を学ぶには曾(鞏)に如くは莫し」(『寄道原弟書』)。「嘉靖八才子」の筆頭として唐順之(とうじゅんし)らに刺激を与え，「唐宋派」の端緒を開いた。詩はあまり顧みられないが，朱彝尊(しゅいそん)はその五言古詩を「文理精密」と評価する。『遵巌集』24巻がある。明史

287

(松村 昂)

おうしんぽう【王振鵬】 1280(至元17)?~1329(天暦2)?。元の画家。永嘉(浙江省)の人。字は朋梅。界画画家として活躍し，仁宗(在位1311~20)に大都の大明宮の壁画を激賞され，秘書監の古書画を閲する機会を得，のち画技が大いに進んだという。皇姉大長主・祥哥剌吉の寵愛を受け，官は漕運千戸にいたり，仁宗から孤雲処士の号を賜っている。

王振鵬の名を冠する作品は多いが，金の馬雲卿の描いたものを摸したという『維摩文殊図巻』(ニューヨーク，メトロポリタン美術館蔵)や『姨母養育図巻』(ボストン美術館蔵)，『広漢宮図』(上海博物館蔵)があり，伝承作に『観音図』(東京，根津美術館蔵)等がある。『龍池競渡図』(とうけい)(台北，故宮博物院蔵)は孟元老『東京夢華録』による北宋開封金明池での船競を描いたもので，同じ白描ながら王振鵬のそれは，いずれもほとんど肥痩がない感情を抑えた細線で，輪郭や細部の文様まで精確に描き出すことに特色がある。弟子に李容瑾がおり，『漢苑図』(台北，故宮博物院蔵)では王振鵬に学んだという精密な描写で幾重にも重なる建物を細部まで描き出している。

(塚本 麿充)

おうせい【応制】 帝王の命に応じて作る詩。「制」は，「詔」に同じで，みことのり。より古くは「応詔」といった。三国魏以来，宮廷で詩宴が盛んになり，参加者たちは君主の命に応じて，詩を競作した。『文選』(もんぜん)巻20に収める魏の曹植の『応詔』詩は，その初期の作品で，他にも南朝宋の范曄(はんえん)や顔延之(がんえんし)の作が収録される。唐では「応制」と呼ばれて，いっそう頻繁に作られ，宮廷詩人たちが腕を競った。詩型には五言律詩，五言排律，七言律詩が用いられ，韻字を籤(くじ)で分け取ることも多かった。

(興膳 宏)

おうせいてい【王世貞】 1526(嘉靖5)~90(万暦18)。明代中期から後期にかけての詩人・文芸評論家。蘇州府太倉州(江蘇省)の官僚家庭の出身。字は元美。号は鳳州，また弇州(えんしゅう)山人。22歳で進士となり刑部の官僚となったが，1559(嘉靖38)年34歳のとき，兵部侍郎の父王忬(おうしょ)の下獄・処刑にともなって辞職，43歳で復帰して地方の政務に当たったが，指弾を受けて11年間の自宅待機を強いられ，南京刑部尚書で終わった。

進士となった翌年，先輩の同僚李攀龍(りはんりょう)35歳と出会い，詩文の復古主義を唱えることで意気投合し，次々と同志を集めて「後七子」を結成した。李夢陽ら「前七子」の所論を継承し，格調と作法におい

て，文は『史記』など秦・漢に，詩では李白・杜甫などもっぱら盛唐の詩に学ぼうとするもので，このとき以降40年，李攀龍の死後だけでも20年にわたって文芸界をリードした。しかし50代に入ると反省のきざしが現れ，李攀龍の作風が古人の模擬剽窃であることに批判的となり，格調とあわせて才気と情実の重要性を，また作法とあわせて意匠をも尊重すべきことを訴えるようになった。文では，宋代の蘇軾や当時の「唐宋派」の帰有光を評価するようになったのもその表れである。

主な著作のうち，52歳までのものは『弇州山人四部稿』174巻に収められ（『芸苑卮言』12巻を含む），それ以降のものは『続稿』207巻に収められる。「四部」とは賦・詩・文・説を指す。また『弇山堂別集』100巻は明一代の歴史に関する著述で，死の年の序文をもつ。このほか彼の博学は演劇や書画にも及び，『芸苑卮言』に見えるだけでなく，『王氏書苑』10巻・『書苑補益』8巻，また『画苑』10巻・『画苑補益』4巻もある。特に書について，彼には，王羲之らのいわゆる琅邪の王氏の末裔であるとの自認があった。学芸における彼の著作の影響は大きく，その死後半世紀にも及んだ。明史287

（松村　昂）

おうせき【王績】　585（開皇5）～644（貞観18）。初唐の詩人。絳州龍門（山西省）の人。字は無功。東皋子と号す。隋の学者王通の弟。隋末と唐初に出仕したが意に適わず，いずれも短期間で官を棄て帰郷した。酒を好み，陶淵明を敬慕し，晩年は静穏な田園生活を送り，その生活を詩にうたった。作風は質朴平明で過度な技巧を凝らさず，初唐詩の中では異質である。代表作「野望」は，五言律詩の形式を完成させた早い例に属する。旧唐書192，新唐書196

（亀山　朗）

おうせきせん【王錫闡】　1628（崇禎元）～82（康熙21）。清初の天文学者。呉江（江蘇省）の人。字は寅旭，号は暁庵。17歳の時，明朝の没落に遭い，科挙を放棄，学術研究に専念した。群書を博覧，特に天文暦法を好んだ。中国と西洋の両天文学説に通じ，自ら観測を行った。『西洋新法暦書』を批判し，また授時暦や大統暦の欠点についても研究，両者の優れたところを採り，『暁庵新法』（1663年）及び『五星行度解』（1673年）を撰した。また『暁庵先生文集』『暁庵先生詩集』等の撰著を残した。清史稿378

（橋本　敬造）

おうせん【王詵】　1036（景祐3）～？。北宋の宗室画家。原籍は太原（山西省）だが，数代前から汴京（開封）に移り住んだ。字は晋卿。建国の功臣王全斌の末裔。英宗の次女蜀国長公主の婿で，駙馬都尉となった。才芸多く書画にも巧みで，蘇軾・米芾ら著名な文人と交遊があり，当時の芸苑の中心人物のひとりであった。収集家としても名があり，自邸に宝絵堂を建てて法書名画を収蔵し風流な生活を送ったが，米芾『画史』によれば，真偽入り乱れたおおらかな収集ぶりがうかがえる。絵画は，李成を範とした水墨の平遠山水画や，李思訓風とされる青緑山水画を学んだとされ，前者に『漁村小景図巻』（北京，故宮博物院蔵），後者に『煙江畳嶂図巻』（上海博物館蔵）が現存する。いずれも李成や郭熙の古典的様式が変質した画風を示し，北宋末期から南宋山水画への過渡的作品である。『画史』，『宣和画譜』12，『画継』2に伝がある。宋史248・255

（河野　道房）

おうせんけん【王先謙】　1842（道光22）～1917（民国6）。清末民国初の学者。長沙（湖南省）の人。字は益吾，葵園先生と呼ばれる。少青年期には太平天国の討伐に従事するなかで科挙の準備に努め，その滅亡の年，1865（同治4）年，進士に及第して官界に入り，翰林院編修，国史館協修，翰林院侍読，国子監祭酒，江蘇学政などを歴任。その間，地方郷試の副考官や正考官もつとめ，『続皇清経解』『南菁書院叢書』『東華録』『東華続録』『続古文辞類纂』などの編纂に従事した。1889（光緒15）年以降は郷里に帰り，思賢講舎，城南書院，岳麓書院の主講をつとめる一方，『詩三家義集疏』『尚書孔伝参正』『荀子集解』『荘子集解』『漢書補注』『後漢書集解』『元史拾補』などを著した。いずれも精緻な校勘の上に考証学の成果を広範に取り入れて完成した模範的な注釈書である。ほかにも『五洲地理図志略』『日本源流考』『外国通鑑』などがあり，国外の情勢にも関心を払っていたことが知られる。在官中には宦官李蓮英の専横を弾劾，帰田後も戊戌変法運動に聖道護持の立場から反対，1910（宣統2）年の長沙暴動では巡撫の更迭を要求，と政治活動にも独自の立場から関わった。清史稿482

（稲葉　一郎）

おうそ【欧蘇】　→欧陽脩，蘇軾

おうそうけん【王僧虔】　426（元嘉3）～485（永明3）。南朝斉の書家・書論家。琅邪臨沂（山東省）の人。諡は簡穆。官は斉の侍中に至り，司空を追贈された。書に巧みで，とくに隷書に長じた。かれは太祖から内府収蔵の審定にあずかり，書跡の収集顧問として大いに活躍した。著書に『論書』『書賦』『筆意賛』などがある。とりわけ『論書』は斉時代の書道史を窺う上で重要である。『淳化閣帖』巻3に『謝憲帖』『劉伯寵帖』がある。『万歳通天進

帖』には『太子舎人帖』を収める。南斉書33，南史22　　　　　　　　　　　　　　　（大橋　修一）

おうたいし【拗体詩】　→拗体詩

おうたく【王鐸】　1592(万暦20)〜1652(順治9)。明・清の能書家。孟津(河南省)の人。字は覚之，号は崇樵ほか。諡は文安。1622(天啓2)年の進士。奸臣温体仁の諡を剥奪し，清との交渉に主戦論を唱えて閣臣楊嗣昌を弾劾するなど，政治議論にかかわったものの，政局に疎い方で無能と誹謗されもした。1638(崇禎11)年に暇を請い帰郷，44年に南京礼部尚書に任命されたが，農民起義の戦塵に包まれ赴任できないまま明朝が滅亡し，南京に立った福王朱由崧のもと東閣大学士に任ぜられた。1645(順治2)年，福王の逃亡後，礼部尚書銭謙益らとともに清に投降し，翌年，弘文院学士に迎えられた。のち暇を請い帰郷し，礼部尚書の任に赴けずに病没した。

その書は，江南の巨頭董其昌の繊細軽妙の書風と好対照をなして注目を浴び，同年の進士で能書の誉があった倪元璐・黄道周とともに三珠樹・三狂人と称され高名を博し，ことに河南省以北では宗主とし二王(王羲之・王献之)にもなぞらえた。しかしその後，明・清両朝に仕え弐臣と蔑まれたことから，その書は一部の賞賛者を除いて卑しまれがちであった。唐・宋の諸家はことごとく二王に淵源すると考えた二王絶対の古典主義で，北宋の米芾を二王の精神を得たとして私淑し，おおいに裨益されたほかは，五代以降の書を習わず，『淳化閣帖』，『集王聖教序』，『蘭亭序』(褚遂良摹本)わけても『淳化閣帖』に執心した。骨太で気力が横溢する雄健な行草をなした実力者だが，巨幅に行草を連綿して大書するその書は感情を沸騰させるあまり，邪道・醜悪とも酷評された。行草のほかに顔真卿を学んだ剛毅な大楷(通常，半紙に6字前後を書く字粒の楷書)，鍾繇風の小楷(通常，小筆で書く程度の小粒の楷書)もよくした。なお，家族や宋犖・孫承沢・梁清標・戴明説らの収蔵書画に多くの品題を残し，北方における鑑蔵家の興起とその後の隆盛に多大の影響を及ぼした。3mを超える長条幅の作に『行書五言古詩軸』(タテ422cm，1642年，河北省博物館蔵)，『臨大令帖』(タテ321cm，1649年，東京国立博物館蔵)ほか，比較的晩年の著名な作に『行書五律五首巻』(1642年，東京国立博物館蔵)ほかがある。その書を集刻した法帖に『擬山園帖』『琅華館帖』『琅華館真蹟』『瓊蕊廬帖』，詩文集に『擬山園初集』『擬山園選集』がある。　　（澤田　雅弘）

おうたんし【王坦之】　330(咸和5)〜375(寧康3)。東晋貴族の名門，太原(山西省)王氏の出身，字は文度。礼教を信奉し，桓温による国家簒奪の危難に際して儒家官僚として東晋朝を擁護した。その著『公謙論』では，欲望の実現を至公(天地自然の営為)の名を借りて隠す勢力に対して，謙(謙遜)の持つ抑制の効用(自分の為政は至公だと言うなら，そこには当然謙遜の心が含まれるはずだ，ということ)を評価した。また当時の浮華の風を批判して『廃荘論』を書いた。仏教の三世因果の応報を信じ，道徳を修める努力をしたが，それは礼教の信奉とも通じるものであった。清談にもなじんでおり，東晋中期の典型的な貴族であった。晋書75　　　　　　　　　　　　　　　（蜂屋　邦夫）

おうちとう【王穉登】　1535(嘉靖14)〜1612(万暦40)。明代後期の詩人・書家。蘇州(江蘇省)の人。字は伯穀。首都の国立大学学生のときに宰相からその詩才を認められ帝室図書館員となったこともあったが，それ以上は進めずに帰郷，在野の文人として文徴明なき後の蘇州の詩壇を30年以上にわたって代表した。その作品には，当時頻繁に江南を襲った倭寇の被害を写した深刻なものがある一方，観光地で馬を走らせる妓女を詠んだ軽快なものもある。著書の一つ『呉郡丹青志』では郷土の画家沈周・唐寅・文徴明・仇英らを顕彰する。『南有堂詩集』10巻などがある。明史288　　（松村　昂）

おうちゅう【汪中】　1744(乾隆9)〜94(同59)。清の考証学者・文章家。揚州(江蘇省)の人。字は容甫。7歳のとき父を失う。貧窮の中，母に四書を習う。書籍商となり，その仲間より経・史・諸子の書を借りて読破。しかし強迫症・不眠症が昂進，科挙の道を諦めた。その学力と人柄はひどい罵倒癖にもかかわらず，銭大昕・王念孫など多くの人に惜しまれた。文章の名手でもあり「広陵対」「哀塩船文」などが知られる。学術論文ともども死後『述学』に収められ，刊行された。清史稿481　　　　　　　　　　　　　　　（木下　鉄矢）

おうちょう【王昶】　1724(雍正2)〜1806(嘉慶11)。清の学者・政治家。青浦(上海市)の人。字は徳甫。号は述庵。1754(乾隆19)年の進士。官は刑部右侍郎に至る。50年近くも政務に従事する中，『大清一統志』の重修をはじめ，官撰の諸書の編纂にたずさわっている。金石学を好み，青銅器や石碑の拓本を収めた『金石萃編』を刊行している。また，詩文にすぐれ，詩壇に一派をなすほどその門下に集う者が多かった。交友・門人の作を集めた『湖海詩伝』46巻等を刊行している。清史稿305　　　　　　　　　　　　　　　（水上　雅晴）

おうちょう【王寵】

1494(弘治7)〜1533(嘉靖12)。明の能書家。呉県(江蘇省)の人。字は履仁，のち履吉。号は雅宜山人。清廉の人柄で後漢の黄憲に擬せられた。早くから蔡羽に付いて学問をし，文徴明にも幼年から付き従い，名望は兄の王守とともにつとに高かったが，科挙には不遇で，郷試を8回失敗して，官途につけず，蘇州の南西，太湖の入り江である石湖のほとりに閑居して読書に沈潜した。周天球・王穀祥らと蘇州文人の風雅を発揚し，文徴明の後継者と期待されたが，文に26年先だって病没し，惜しまれた。書は古拙で清澄の趣にとみ，祝允明の声価を奪うほどの人気を得，祝・文とともに称された。唐の虞世南をもっとも好み，行書は王献之，草書は孫過庭『書譜』を学んだと伝えられるが，清らかで風通しのよい結構には，祝允明や蔡羽の書の影響が見え隠れする。文徴明の亜流に陥らず，最晩年には習気を脱して雄偉の筆致を示した。著名な作に草書『古詩十九首』(1527年，上海博物館蔵)，『詩冊』(遼寧省博物館蔵)ほかがある。詩文集に『雅宜山人集』がある。明史287

(澤田 雅弘)

おうちょうよう【王重陽】

1112(政和2)〜70(大定10)。金の道士で，全真教の開祖。京兆咸陽(陝西省)の人。名を中孚，字を允卿といったが，道士となって名を喆，字を知明，号を重陽子とし，後に名を嚞，字を智明に改めた。北宋の滅亡後，斉の官僚になろうとして失敗し，金になって武術によって官界に入った。しかし下級役人にしかなれず，失望して36歳頃から酒にひたる隠遁生活を始めた。48歳のときに，ある道士から道教の秘訣を，翌年には秘語をさずかり，ついに50歳のときに出家して南時村に活死人墓(地面に穴を掘り，その上に数尺の高さに土を盛ったもの)を造って住んだ。

墓中の生活によって儒・仏・道三教を融合した清静な生き方を確立し，その境地を本来の真性，つまり根源的な実在を悟ったものとした。52歳の秋に墓を出て，劉蒋村に庵を造り，乞食と布教の生活を送ったが，よい弟子が得られず，56歳のときに庵を焼きはらって山東に向かった。

山東では寧海の馬従義と知り合い，従義は庵を建てて重陽を住まわせた。庵は全真と命名され，通説ではこれが全真教の名の由来とされている。従義に対して100日間にわたる独特の教化を行い，入道に成功させた。これが第2祖の馬丹陽である。57歳のときに寧海の崑嵛山に煙霞洞を開き，丹陽の他，譚長真・丘長春(処機)らを教導した。8月に文登で三教七宝会を組織し，寧海州・登州・莱州に合計5つの会を作った。莱州で劉長生を弟子とし，丹陽らをつれて陝西に戻る途中，汴梁(河南省)で客死した。

重陽の教説は身体と精神の活力の源泉である精・気・神を鍛錬して本来の真性を悟ることを目的とした。乞食粗衣による清静な生き方を説き，旧道教が重視したお札や呪いを軽視して自修を尊重し，仏教の自利利他に相当する功行を勧め，出家を条件とした。

著作には詞詩集の『重陽全真集』や，丹陽を教化した際に両者が応酬した詞詩集の『分梨十化集』などがある。

(蜂屋 邦夫)

おうてい【王禎】

生没年不詳。元時代の農学者。東平(山東省)の人。字は伯善。出身地の古名を冠して自ら「東魯の王禎」と称す。1295(元貞元)年，旌徳県(安徽省)の長官に任命され，6年間の在任中に農業技術普及活動と医療福祉行政に努め，元朝時代の三大農書の一つである『王禎農書』(たんに『農書』とも称す)の撰述に着手する。ついで1300(大徳4)年，信州永豊県(江西省)の長官に転任し，当地においても農業技術と新作物の普及奨励に努め，とくに農民に桑と棉の栽培を教え大きな成果をあげた。またこの時期に『農書』(1313年序刊)を完成した。王禎の業績で最も評価が高いのは，この『農書』の編纂で，本書には，中国の北方畑作地帯と南方稲作地帯における農法，各種作物の栽培技術および農機具類が挿絵付きで詳細に比較解説されてある。王禎の出身地の山東東平は，元朝初期に総管の厳実(1182〜1240)らが流亡の文人や学者を招き，学芸の庇護につとめたこともあって，多くの人材が育成された。その薫陶を受けた人物の一人である孟祺は，官撰農書『農桑輯要』の編纂に関与し，一時期，東平府学は農学研究の中心的役割を果たした。王禎の農学に対する関心の原点は，ここに求められる。『農書』(明の嘉靖本は全36集)は「農桑通訣」「百穀譜」「農器図譜」の3部から構成されており，元来はそれぞれ時期を異にして編纂された単行本であった。王禎の農学思想の最大の特色は，南北の緯度差と気温差との関係をよく理解し，北方畑作と南方稲作との分界線を淮河に設定したことである。また機械工学に対しても深い関心を寄せ，水力で作動させる灌漑・脱穀・製粉用の水車などを図解し，民間への普及に配慮した。さらに科学技術史方面の業績としては，1298(大徳2)年，木活字を用いて地方誌『旌徳県志』を印刷している。 (渡部 武)

おうていいん【王庭筠】

1151(天徳3)?〜1202(泰和2)。金代の官僚・書画家。遼東(遼寧省)の人。字は子端，号は黄華山主。1176(大定16)年の進士で，地方官を歴任したが，罪に問われ，彰

徳(河南省)に隠居し，黄華山寺で学問に励んだ。1192(明昌3)年，応奉翰林文学となり，秘書郎の張汝方とともに内府所蔵の書画の鑑定を命じられ，550巻に選別した。書は米芾を学んだといわれ，その書に『重修蜀先主廟碑』，絵に題辞を入れた『幽竹枯槎図巻題辞』がある。金史126 (横田 恭三)

おうていしょう【王廷相】 1474(成化10)～1544(嘉靖23)。明の政治家・文学者・哲学者。儀封(河南省)の人。字は子衡，号は平崖・浚川，諡は粛敏。1502(弘治15)年の進士。官は左都御史加太子少保に至る。多数の詩を残した他，主著に『慎言』『雅術』等があり，いずれも『王氏家蔵集』に収める(現在，『王廷相集』〔中華書局〕に収録)。明代中期以降に盛んになった気の哲学の初期の学者の一人。ただし，その哲学が進歩的かどうかは議論がある。明史194 (永冨 青地)

おうていとつ【汪廷訥】 生没年不祥。明の劇作家。休寧(安徽省)の人。字は昌期，また昌朝。号は無如・坐隠先生・無無居士・全一真人。万暦年間(1573-1620)に塩運使に任じた。詩賦・詞曲を善くし，湯顕祖・王登稚・陳所聞・張鳳翼・屠隆などと交友があった。彼の伝奇はその蔵書楼に因んで「環翠堂楽府」と総称される。『重会姻縁』『中山救狼』など雑劇8篇，『獅吼記』『種玉記』『彩舟記』など伝奇7篇が伝存する。『明詩綜』64に伝がある。 (根ヶ山 徹)

おうていのうしょ【王禎農書】 元の農業指導書。22巻本と36巻本がある。著者は王禎。陳旉などの『農書』と区別するため著者名を付す。1313(皇慶2)年の自序があり，その頃刊行されたと考えられる。内容は3部に分かれる。「農桑通訣」は農業過程ごとの，「百穀譜」は作物ごとの記述である。「農器図譜」は農業用具ごとに解説したもので，貴重な図像資料を含む。いずれも従来の知識と新知見を集大成しており，地域間の技術交流と生産力の向上をねらっている。版本としては嘉靖9年刊本(36巻)や『武英殿聚珍版全書』本(22巻)等がある。 (大澤 正昭)

おうてつ【王嚞】 →王重陽

おうてんふ【応天府】 ①宋代の四京の一つ南京応天府。現在の河南省商丘市。かつて宋の太祖は当地の節度使で，建国後その地の古名宋州にちなんで国号を建てたため，国都に準じる地位があたえられた。②明代の両京の一つ南京応天府。現在の江蘇省南京市。明の太祖は1356(至正16)年に元の集慶路を落として応天府と改め，建国後京師と決定した。永楽帝の北京遷都で副都に降格されて以後も首都復活論が強く，ようやく1441(正統6)年になって南北両京体制が確立した。 (檀上 寛)

おうど【王度】 生没年不詳。隋末・初唐の歴史家。太原(山西省)の人。王通(文中子)・王績(東皐子)の兄(孫望「王度考」の論証に拠る)。唐代伝奇小説の先駆的作品である『古鏡記』の作者。『古鏡記』の中に記された経歴に従えば，隋の大業年間(605-618)に御史を勤め，著作郎，芮城県(山西省)令などを兼任した。唐の武徳年間(618-626)の初めに没したらしい。弟の王績の言によれば，隋の歴史を編纂しようとして果たせなかったという。 (齋藤 茂)

おうとう【王通】 584(開皇4)～617(義寧元)。隋の儒学者。龍門(山西省)の人。字は仲淹，諡は文中子。弟に王度・王績，孫に王勃がいる。六経を修め，長安にて文帝に謁見し「太平十二策」を献じたが用いられず，帰郷して教授した。六経を継承する目的で「続経」を著すが残らない。言行録『中説』10篇がある。当時隆盛だった仏教思想や老荘思想に刺激されつつ，新しい儒教の世界観・人間観を考究し，唐宋の儒学者に大きな影響を与えた。旧唐書190上 (高橋 朱子)

おうとう【王韜】 1828(道光8)～97(光緒23)。清朝晩期のジャーナリスト・文学家。長洲(江蘇省)の人。幼名は利賓，のち瀚。字は仲弢・紫詮・弢園など。号は天南遯叟ほか多数。科挙の郷試に合格せず，宣教師メドハーストが上海に設立した墨海書館の編集者となる。「黄畹」の変名で太平天国軍に献策したため1862(同治元)年香港に亡命，英華書院で院長レッグを助けて中国古典の英訳をする。ヨーロッパ歴訪後，1874(同治13)年香港で『循環日報』を創刊し変法自強を主張した。1879(光緒5)年日本に遊び黄遵憲をしり，のち彼の『日本雑事詩』を出版。1884(光緒10)年上海にもどり，晩年格致書院院長に任じられた。著書に『普法戦記』(1871年)など多数ある。 (樽本 照雄)

おうとう【応瑒】 ?～217(建安22)。三国魏の詩人。建安七子の一人。汝南南頓(河南省)の人。字は徳璉。学者を輩出した家柄の出で，叔父に『風俗通義』を著した応劭，弟に応璩をもつ。曹操に招かれ，後に曹丕のもとで五官将文学をつとめた。曹丕の「呉質に与うる書」によれば，常に述作の意をもち，才能も学問も書を著すのに十分であったが，ついに志は遂げられなかったという。主な作品

に「五官中郎将の建章台の集に侍するの詩」がある。三国志21　　　　　　　　　　　　　（林　香奈）

おうどうこん【汪道昆】　1525(嘉靖4)～93(万暦21)。明代中期の文人。徽州府歙県(安徽省)の人。字は伯玉。1547(嘉靖26)年の進士。同期生であった張居正が宰相となると引き立てられて兵部左侍郎となり、やはり同期生で、「古文辞」による文壇の第一人者となっていた王世貞とあわせて「両司馬(司馬は軍事次官の古称)」と並び称されるほどの評判をとった。その王世貞も彼の文章について李攀龍と対比させ、「簡にして法あり、且つ致有り」と評価し、同好の士のランクづけで、李攀龍ら「前五子」に次ぐ「後五子」の一人に数えている。『太函集』120巻がある。明史287　　（松村　昂）

おうとくしん【王徳信】　→王実甫

おうねんそん【王念孫】　1744(乾隆9)～1832(道光12)。清の古文献学者・古言語学者。高郵(江蘇省)の人。字は懐祖。号は石臞。父の王安国は吏部尚書に至り、その恩蔭により、22歳、挙人の資格を得た。32歳、会試に合格、進士。以後河川・運河の治水業務に携わることが多い。67歳、退職。少年期、戴震に教えを受け、古文献・古言語の研究に進み、古代の漢字の字音を分析して韻母21部の区分を析出。当時最先端の成果である。その研究の基本には、古文献に向かう時先ず目に入る漢字という書記号に囚われず、現に響き流れていた発話の実態とそこに働いていた発想とを摘出し、文献学的に問題となる現象をそのレベルから解析するという方法の確立がある。古代の音声言語の動態そのものを捉えんとする研究としては『広雅疏証』『釈大』、本文校訂などの文献学的問題の解析例を集成したものとしては『読書雑志』、またその学の継承者として知られる子の王引之が筆記した『経義述聞』などがある。清史稿481　　（木下　鉄矢）

おうは【王覇】　王者と覇者、王道と覇道を対照させていう語。春秋時代、実権を失った周王室を形式的に戴きつつ諸侯の盟主となった実力者が覇者で、斉の桓公・晋の文公らが五覇と呼ばれる。孟子は、仁政の王道により天下を統治する王者に対比し、武力に依る覇者を劣位に置く。荀子は、王者に次ぐものとしての覇者を条件づきで肯定する。『公羊伝』は、王者を重んずる一方、覇者を事実上容認する。王覇観の変遷は、戦国時代の、実力による天下統一への趨勢と照応する。　　（内山　俊彦）

おうばい【黄梅】　現在の湖北省東南端に位置する黄梅県。唐代の蘄州黄梅。その西山(双峰山、後に四祖山)で四祖道信が禅の宗旨を伝え、ついで五祖弘忍が東山(憑茂山、後に五祖山)においてそれを発展させ「東山法門」と称された。後者には北宋代、五祖法演が住して臨済宗楊岐派の禅を挙揚、門下に圜悟克勤らを出したことでも知られる。

（小川　隆）

おうはく【王柏】　1197(慶元3)～1274(咸淳10)。南宋の思想家。婺州金華(浙江省)の人。字は会之、または仲会・仲晦。諸葛亮を慕い長嘯と号したが、後に朱子学の道にめざめ魯斎と号を改めた。諡は文憲。何基の弟子で、北山四先生の一人。その著『書疑』『詩疑』や、『大学』『中庸』に対する見解は、その批判性と独断性ゆえに、賛否相半ばする。社会政策や書画などへの関心も高く、単なる朱子学史の枠に収まらない個性を持つ。宋史438

（早坂　俊廣）

おうばくきうん【黄檗希運】　生没年不詳。大中年間(847-859)の示寂。唐代の禅者。馬祖道一下3世。諡号は断際禅師。福州閩県(福建省)の人。若くして福州黄檗山で出家する。額が肉珠のように隆起し、身長2mを超える偉丈夫で、何ものにも拘らわれぬ気概を持っていた。初め天台山に遊び、次いで都に上り乞食をしていたところ、慧忠国師に参じたことがあるという老婆から江西の百丈への参問を勧められ、参じてその法を嗣ぐ。後、高安県(江西省)の黄檗山に住す。842(会昌2)年、裴休は希運を洪州龍興寺に迎えて朝夕に問法し、また848(大中2)年、裴休が宛陵(安徽省)に移ったときも開元寺に迎えて聴聞した。そのとき裴休が書き留めた記録を中心にしてまとめられたものが『伝心法要』である。

　門下より臨済義玄を打ち出し、宋代には臨済宗に発展し、馬祖——百丈——黄檗の師資相承はその禅の淵源として尊崇されている。『祖堂集』16、『宋高僧伝』20、『景徳伝灯録』9に伝あり。

（西口　芳男）

おうばくしゅう【黄檗宗】　日本禅宗三宗のうちの一つ。宗祖は明末の禅僧隠元隆琦。福州黄檗山万福寺の住持であった明の高僧隠元は、1654(承応3)年長崎興福寺の中国僧逸然らの招請に応じて来日し、61(寛文元)年幕府より下賜された京都宇治の寺領に故山と同じ号をとって黄檗山万福寺を開山した。これを本山としたことから、隠元下の宗派を黄檗宗と呼ぶ。隠元自らは、臨済義玄下32世であり、臨済禅正統の意識が強い。それゆえ時に黄檗宗は「臨済正宗」と名乗る。中国から日本に伝えら

れた仏教で立宗したものでは最後の宗派であり，当時すでに純日本化していた日本臨済宗の禅とは大きく異なり，伽藍の様式も法要の仕方も法服も，さらに僧たちの衣食住にわたる生活様式もすべて明風を用いたことを特色とする。本山の住持は中国からの渡来僧をもって当てるべきことが隠元の「預嘱語」に残されているが，事実第13世まではすべて中国僧であった。隠元の法嗣は23人。うち日本僧は3人。残りの中国僧のうち渡来したのは，木庵・即非をはじめとして7人であった。読経にも特色があり，「黄檗梵唄」と呼ばれる歌唱性の強い読経法は，現在でも経文を読むのに明代の南京官話の発音を用い，金属打楽器の演奏を伴うので，中国的雰囲気に満ちている。黄檗宗の経典には当時の中国語音（唐音）をカナで注記したものがあり，それらは近世唐音を研究する資料としても重要なものとなっている。江戸期に大流行した明風の黄檗文化を担ったのは実に彼ら中国僧であり，建築・絵画・書・彫刻・工芸などの各分野で当時最新の中国文化を日本にもたらした。また，中国人仏師范道生による木彫の仏像は，日本の仏像彫刻に影響を与えた。さらに黄檗画像は，写実的で洋風でもあり特異な画法を見せている。また，彼らの山内での食習慣から出て，当時の中国趣味の流行の中で普及したものに「普茶料理」がある。「普茶」とは，普く大衆に茶を施すこと。禅門の中国風精進料理である。　（赤松　明彦）

おうはくりょう【王伯良】　→王驥徳

おうひつ【王弼】
226（黄初7）～249（嘉平元）。三国時代の魏の思想家。山陽（河南省）の出身。字は輔嗣。現存する『易経』と『老子』の代表的注釈者。兄王宏の許には蔡邕の蔵書があったといわれ，10歳余りで『老子』を好み理解したという。若くして優れた才能を認められたが，才能を鼻にかけ人に憎まれたといわれる。24歳で夭折した。聖人に関する喜怒哀楽の情の有無についての何晏との論争は有名。また聖人は「無」を体得しているため「無」をいわず，老子は「有」の立場であったので「無」をいったのだという。彼の『易経』の解釈は義理易といわれ，漢代の象数易に代わる新解釈で，唐代以後の主流となる。また彼の『老子』解釈は，中心的概念の「道」を「無」として解釈したもので，後に『老子』の中心概念は「無」だとされるもととなった。これは当時の思想界を二分していた貴無論と崇有論のうち，彼は貴無論者で，その立場から『老子』の注釈を書いたためである。三国志28　　（澤田　多喜男）

おうひょう【王冰】
出身地も生没年もはっきりしていないが，710（景雲元）頃～804（貞元20）頃の人とする説がある。唐代の著名な医家。王砅とも書く。明の徐春甫『古今医統（大全）』等に拠ると，号は啓玄子。粛宗の762（宝応元）年に太僕令となる。医術を好み，玄珠先生の遺篇を得て南朝斉・梁間の全元起注『素問訓解』9巻を大幅に増補改訂した『次注素問』81篇24巻を完成。医道の技術面に加えてそれを支える思想面を重視した。著書に『元和紀用経』や『玄珠密語』等が伝えられているが，後世のものである。　（宮澤　正順）

おうふ【王符】
生没年不詳。後漢の思想家。安定郡臨涇（甘粛省鎮原県）の人。字は節信。馬融・竇章・張衡・崔瑗といった学者と交わった。豪族の官界進出と門閥化が次第に強まってきた当時にあって，その賤しい出自と世俗に泥まない性格のため，出世することができなかった。不満と憤りを以て当時の政情や社会を見据え，自宅に引きこもってその得失を論じた『潜夫論』に，彼の現実批判の思想が結実している。後漢書49　　（井ノ口　哲也）

おうふうし【王夫之】
1619（万暦47）～92（康熙31）。清初の思想家。衡陽（湖南省）の人。字は而農，号は薑斎，船山先生と称された。明朝滅亡後，明朝の再興活動に一時関与したが，その後は著述に没頭する。著作は多方面にわたり，経書・四書・張載『正蒙』などに対する注解から，『老子』『荘子』に対する批判的読解，唯識用語集の編纂，秦から宋に至る歴史上の諸事件に対する批評の集成，『楚辞』の注釈，さらには，歴代の詩の膨大なアンソロジーの編纂にまで及ぶ。また，自らも，詩・詞・文の多くのジャンルにわたって執筆し，戯曲も一篇残されている。異民族王朝下にあって，過去の中華文明の事績を，思想・歴史・文学のあらゆる側面にわたって批判的に総括しつつ，記憶・記録することが，その執筆活動の目ざすところであった。生前は無名だった彼も，19世紀後半の再発見以後，大きな知的影響力をもつようになり，20世紀には大思想家としての地位を不動のものにした。清史稿480

（本間　次彦）

おうふつ【王紱】
1362（至正22）～1416（永楽14）。元末明初の文人画家。無錫（江蘇省）の人。字は孟端。号は友石，また九龍山人。若くして仕官したが，明初の政情不安の中で朔州（山西省）に流謫された。のち許されて故郷の九龍山に隠棲したが，1403（永楽元）年，能書をもって文淵閣に出仕し，12（同10）年に中書舎人となった。山水画・墨竹を得意とし，中でも山水は王蒙と倪瓚の画風を継承しており，呉派へと連なる文人画の展開を考える上で重

要な画家である。『王舎人詩集』がある。明史286
(古田 真一)

おうぶんこう【王文誥】 1764(乾隆29)～？。清の学者・文人。仁和(浙江省)の人。字は純生。号は見大、また二松居士。北宋の蘇軾の詩の編年研究に力を注ぎ、『蘇文忠公詩編註集成』46巻、同『総案』45巻ほかより成る大冊を著した。『総案』は蘇軾の閲歴と作詩時期についての精緻な考証であり評価が高い。一方『編註集成』の注釈は多く清の馮応榴『蘇軾詩集合注』に依拠し、創見は少ないといわれる。
(成田 健太郎)

おうぶんじ【王文治】 1730(雍正8)～1802(嘉慶7)。清初の書家。丹徒(江蘇省)の人。字は禹卿。号は夢楼。1760(乾隆25)年の探花(科挙の最終試験の第3位)で、翰林院編修から侍読に進み、雲南の臨安治府となり退官した。12歳で詩と書を善くし、詩は唐代の風格があり袁枚と並称され、書は行・楷に長じて梁同書とともに「帖学」の大宗と目され、劉墉を加えて「劉梁王」と並称される。はじめ米芾・董其昌を学び、のち二王を手本とし、兼ねて李邕・張即之を学び、側勢秀媚(勢いがあり秀麗)の風にすぐれる。淡墨を好み、その書風は劉墉と対照的である。姚鼐との交友が親密であった。現存作品に『行書臨麓山寺碑』(1782年)、『行書快雨堂偶然書』(揚州市博物館蔵)などがあり、著述に『夢楼詩集』『快雨堂題跋』がある。清史稿503
(河内 利治)

おうべん【王冕】 1287(至元24)？～1359(至正19)。元の画家。諸曁(浙江省)の人。字は元章。号は煮石山農・会稽外史など。科挙試験に失敗して以後は官途につくことを断念し、諸方遊歴ののち、江南に帰って会稽の九里山に隠棲した。生涯の大半を処士として過ごし、自宅の周囲に1000本余の梅の木を植え、梅花書屋と名づけた。墨梅を最も得意とし、伝統的な簡素な表現を一新して、「千花万蕊」と評される富貴華麗な様式を完成させ、明代以降の墨梅図に多大な影響を及ぼした。『竹斎詩集』が存する。明史285
(古田 真一)

おうほう【王雱】 1044(慶暦4)～76(熙寧9)。北宋の士大夫。臨川(江西省)の人。字は元沢。新法党の立て役者である王安石の長子。呂恵卿らと共に『三経新義』の編集に参与した。彼には、儒・仏・道の三教にわたる著述があったと記されているが、まとまって現存するのは、『道蔵』が収める『南華真経新伝』『南華真経拾遺』と、『老子』の注釈書が引用する『老子』注のみである。それによれば、「性」を「虚」「静」とすることで、先ず「無為」へと復帰し、続いて、「聖人」の外界への働きかけとしての「有為」へと積極的に展開していくことを主張する点に特色がある。宋史327 (山田 俊)

おうほう【王褒(前漢)】 ？～前61(神爵元)。前漢の文人。蜀(四川省)の人。字は子淵。益州刺史王襄の命で作った『中和』『楽職』『宣布』の詩が宣帝の目にとまり、『聖主賢臣を得るの頌』を書いて待詔となる。のち諫議大夫。帝が狩猟に出かけるたびにつき従い、宮館での歌頌コンテストに参加した。その不要不急を指弾された際、帝が「辞賦には仁義諷諭もあり、鳥獣草木の名も知ることができるのだから、倡優(歌舞や道化などの芸人)や博奕(すごろくの類)よりずっとまし」とかばった話は、かえって辞賦が王侯のなぐさみものにすぎなかった当時の状況を物語る。皇太子が心身の不調を訴えた時には、褒が自作をはじめとする辞賦を朗誦したという。作品には他に『九懐』『洞簫賦』『四子講徳論』などがあり、奴隷売買を題材とした滑稽文『僮約』は、社会経済史の資料としても貴重。宮廷風の享楽的な作風ながら、作中に多く儒家の語を用い、儒教が浸透した当時の世風を映す。漢書64下
(谷口 洋)

おうほう【王褒(北周)】 513(天監12)？～576(建徳5)？。南朝梁末から北朝北周の時期を代表する文人・学者。書家としても優れる。琅邪臨沂(山東省)の人。字は子淵。梁室とも姻戚関係を持つ、南朝きっての名門「琅邪の王氏」の出身で、順調な人生を歩んでいたが、548(太清2)年侯景の乱により江陵(湖北省)へ避難し、554(承聖3)年、北朝西魏軍によって西魏の都長安へ連行された。西魏及びそれに代わった北周において官位を授けられ、江南の地へ帰還することは許されぬまま長安で没する。断片も併せて詩48篇、文26篇が伝わり、北周において南朝出身者の中でも庾信に匹敵する詩人としてその才名を称えられたが、王褒のほうが「微や弱し」と評される。江陵時代の『燕歌行』は、梁の元帝や庾信らも同題でこれに競作したが、北方の地の苦寒のさまを詠じたその内容が、後に彼らが実際に北方で陥った境遇と符合することから、「詩讖(予言詩)」の作として名高い。周書41, 北史83
(原田 直枝)

おうぼうぎ【王帽戯】 伝統演劇で、主要な役柄が皇帝である演目。皇帝を演じる俳優が皇帝の帽子即ち王帽をかぶるので、王帽戯と呼ばれた。また、王帽戯が得意な俳優は王帽生と呼ばれた。
(氷上 正)

おうほうこう【翁方綱】 1733(雍正11)〜1818(嘉慶23)。清の経学者・金石学者・考証学者および鑑蔵家。大興(北京市)の人。字は正三，また叙彝。号は覃渓・彝斎。室号を蘇斎・蘇米斎・復初斎などという。1752(乾隆17)年の進士。庶吉士に選ばれ，翰林院編修に官した。広東・江西・山東省の学政に督し，国士監司業，内閣学士の官を歴任した。経学・史学・文学の各分野にその才能を発揮し，『経義考補正』や諸経の附記を著すなど多くの優れた業績を遺した。金石・碑版・*法帖の研究にもっとも造詣が深く，『両漢金石記』『粤東金石略』『蘇米斎蘭亭考』『蘇斎唐碑選』の著書がある。また『化度寺碑考』『孔子廟堂碑考』などの精密な考証があり，文集には『復初斎文集』『蘇斎題跋』『蘇斎筆記』がある。その書は特に細字に優れ，70歳を過ぎてなお眼鏡なしで「蠅頭の小楷(極めて小さい楷書)」を書くことができたという。題跋に書かれた文字などにその片鱗が窺える。*劉墉・王文治・梁同書とともに清の四大家に数えられる。清史稿485
(横田 恭三)

おうほうこう【王懋竑】 1668(康熙7)〜1741(乾隆6)。清の学者。宝応(江蘇省)の人。字は予中。1718(康熙57)年，50歳の時に二甲十名の進士となる。『朱子年譜』を著した朱子学者として有名。彼の朱子学理解は，『朱子文集』を中心としたものであり，『朱子語類』には冷淡であった。また，朱子の「道問学」に焦点をあてたものであるため，朱子学の実践面の理解が十分でなかった。清史稿480
(滝野 邦雄)

おうほうせん【王宝釧】 →紅鬃烈馬

おうぼく【王朴】 ?〜959(顕徳6)。五代後周の政治家・暦算学者・声律学者。東平(山東省)の人。字は文伯。若くして進士となり，後周の世宗の治世，兵事に関して盛んに献策した。955(顕徳2)年，詔により欽天暦を作り，4年後，また詔により律制を定めた。これは前漢の*京房と同様，弦律と管律のずれに対処して，理論の記述は管に従いながら，実際には弦を用いた律準という器械を代用した点に特徴がある。官は枢密使に至った。旧五代史128，新五代史31
(水口 拓寿)

おうぼく【王墨】 生没年不詳。中唐，江南で活動した潑墨山水樹石画家。項容を師とし，若年に*鄭虔に筆法を学び，貞元(785-805)の末に没す。視覚的な連想能力に基づき，潑ぎちらした墨の形状に従って，観者と山水の形象を見出す一瞬を共有しつつ作画するため，『唐朝名画録』では，「画の本法に非ず」として，格外の逸品に品等される。同時期の『*歴代名画記』では，王黙と記載され，北宋の『*宣和画譜』では，王洽と本名で呼ばれるものの，すべて相似た事跡であることから，同一人物とされ，最も古い『唐朝名画録』によって，あだ名のまま王墨と通称される。同じく潑墨山水画家と目され，色彩も用いるものには，『*封氏聞見記』に見える顧姓が挙げられる。両者の本質は，観者を前にして酔って舞い踊りながら制作する奇矯な点にはない。同じく連想能力を用いる*李成や*郭煕の「石を画くこと雲の如し」(黄公望『写山水訣』)と指摘される手法などに継承され，山水画発展の基盤を形づくった点にある。
(小川 裕充)

おうほくしわ【甌北詩話】 清の詩評・詩論書。正・続合わせて12巻。趙翼の作。甌北とは趙翼の号である。第1巻から第10巻までは，李白・杜甫・韓愈・白居易・蘇軾・陸游・元好問・*高啓・呉偉業・査慎行の10家を各1巻ずつ評論したもので，続2巻は雑評である。

趙翼は性霊説を奉じた詩人で，そのことは性情(詩は性情を本とすること)と創新(題材や用語で模倣によらず新意を出すこと)の強調という形で本書に反映されている。例えば，従来，「元軽白俗」として貶められてきた元稹と白居易を，「坦易なる者は多く景に触れて情を生じ，事に因りて意を起こし，眼前の景，口頭の語，自ら能く人の心脾に沁み，人の咀嚼に耐う」(巻4)として高く評価し，韓愈・孟郊の難解で奇をてらうような詩に勝るという。

また，元好問・高啓・呉偉業や査慎行など唐宋以外の詩人の創新を評価したが，これは唐詩・宋詩いずれを宗とするかで論争していた当時に在っては注目に値する。
(野村 鮎子)

おうほこう【翁葆光】 生没年不詳。12世紀，南宋初の神仙家。字は淵明，号は無名子。『悟真篇』の内容を三段階の修行過程(三乗秘要)として解釈した。すなわち，まず，身外の先天真一の気を採って短時間で「金丹」(外薬)を錬成・服用し，その気によって身中の真気を確保して「金液還丹」(内薬)を熟成，最後に長期の打座を経て「九転金液大還丹」を完成し昇仙するというもの。その注は『悟真篇注釈』，『悟真篇注疏』，『悟真篇三注』(所収の薛道光注は実は翁葆光注)に見える。
(森 由利亜)

おうぼつ【王勃】 650(永徽元)?〜676(儀鳳元)?。初唐の文学者。初唐四傑のひとり。絳州龍門(山西省)の人。字は子安。祖父は隋末の儒者王通，初唐の詩人王績は叔父にあたる。王勃は早熟

の天才として注目されたが，父を交趾(ハノイ付近)に尋ねる途中，水に落ち，それが原因で死んだ。王勃ら初唐四傑は六朝文学を技巧を重視した無内容なものとし文学の改革を目指したが，実作は六朝文学の羈絆を脱しきれてはいない。しかし下級官僚として各地を転々と旅した途上において自分と同じような不遇感を抱く新興士人階級と交流したことが，彼に文学の新しい可能性を開かせた。彼の代表作とされる「滕王閣序(秋日洪府の滕王閣に登り餞別するの序)」など，序というジャンルにそれは集約的に現れている。序は六朝以来の文体である駢文で綴られているが，唐代文学を担う階層の新しい感情が盛られている。文集30巻があったが，現在は16巻。他に日本に佚文が伝わる。『唐才子伝』1に伝がある。
旧唐書190上，新唐書201　　　　　　(道坂　昭廣)

おうぼんし【王梵志】　生没年不詳。唐代の詩人，また説教僧ともいわれるが，その伝記には不明のところが多い。隋から初唐にかけての人とされる。衛州黎陽(河南省)の人。かつては文献上に零細な記録をとどめるだけだったが，20世紀初めに発見された敦煌文書の中に，王梵志詩集約30点，約400首の詩が含まれていて，一躍脚光を浴びた。その詩は，一般に知られる唐詩とは趣を異にして，俗語を多用する特異な形式で書かれている。内容は，親孝行，子女の教育，交際などに関する世俗的な処世訓から，仏教の教理を説いた宗教哲学的なものまで，大きな幅を有している。その奥には隠者的な思索の跡もうかがわれ，寒山詩につながってゆく性格が顕著である。項楚『王梵志詩校注』(1991年)では，各種の敦煌本を整理して，3巻本と1巻本及びその他の3種に分類した上で，製作時期については，初唐から唐末・五代・北宋初にかけての長期にわたると推測している。長い時期にわたって多くの作者によって作られた詩群が，王梵志の名を借りてこうした形態に集約されたものとみられる。
　　　　　　　　　　　　　　　　　(興膳　宏)

おうむのう【王無能】　1892(光緒18)～1933(民国22)。清末民初の俳優・芸人。蘇州(江蘇省)の人。本名は王念祖。幼少の頃，学業のため上海に出るが，経済的な事情から学業を棄て，雑役などの職を経て，文明戯(日本の新派に当たる改良劇)の道化俳優となる。1920年頃，舞台の穴を埋めるために演じた一人芝居が大当たりとなり，俳優業のかたわら，独脚戯と称して独自の活動を始める。20年代の末，俳優業を廃して，奇術師の銭無量とコンビを組み，独脚戯を北方の相声と並ぶ，江南の代表的な笑いの芸に発展させた。　　　(鈴木　靖)

おうめいせい【王明清】　1127(建炎元)～？。享年76以上。南宋の政治家・著述家。汝陰(安徽省)の人。字は仲言。5世祖の王昭素は北宋の太祖朝で，祖父の王莘は神宗・哲宗朝で，父の王銍は北・南宋交替の頃に，それぞれ学問や著述で有名であった。王明清もこの家系に育ち，学問や文学の才能を研いた。歴史学者李燾の門に出入りし，歴史的なものの見方を学んだ。著書は『揮麈録』『投轄録』『玉照新志』『摭青雑説』など。　　　(衣川　強)

おうめいせい【王鳴盛】　1722(康熙61)～97(嘉慶2)。清の学者。江蘇省嘉定県(上海市)の人。字は鳳喈・礼堂。号は西荘・西沚。1754(乾隆19)年の進士。恵棟に師事して漢学を重んじる。礼部侍郎，光禄寺卿に進むが，後に官を辞し，以降30年間研究に没頭した。『尚書後案』30巻は「古文尚書」を排斥して鄭玄・馬融の経説を発揮する。『十七史商榷』100巻は本文批判や制度・地理・官制などの史学的考証に対して経書解釈における実証方法を応用した。また『蛾術編』82巻がある。清史稿481　　　　　　(濱口　富士雄)

おうもう【王莽】　前45(初元4)～後23(地皇4)。前漢を簒奪して新を建てた皇帝。在位8(初始元)～23。字は巨君。前漢元帝の皇后王政君の異母弟曼の次子。成帝が即位すると王太后の兄弟は外戚として威をふるったが，王莽は父の曼が早くに死んだためしばらくは任官の機会もなかった。儒学を修め，家では母や兄嫁によく仕え，外では英才と交わり，次第に人物を認められた。伯父である大将軍王鳳の推挙によって任官したのちは順調に出世し，前8(綏和元)年に大司馬となった。哀帝が即位するとその外戚を避けて官から退いたが，哀帝没後に王太后に召し出され，大司馬となって幼少の平帝を擁立し，政治の実権を手中におさめた。彼は王舜・劉歆らを腹心とし，安漢公の称号を得て，反対者をつぎつぎと排斥するとともに，当時流行した讖緯説を利用して天下の信望を集めた。

5(元始5)年平帝が急死すると，わずか2歳の劉嬰を皇太子とし，自らは仮皇帝と号して摂政となった。さらにさまざまな瑞兆を作り上げ，8(居摂3)年漢王朝の命数は尽きたとして初始元年と改元して真皇帝の位につき，国号を新と称し，さらに始建国元年と改元した。皇帝となった王莽は，『周礼』を範とする儒教的理想国家の実現をめざした。全ての土地を王田とし奴隷を私属として，売買を禁止するとともに，大土地所有に制限を設け，貨幣制度を改変し，物価統制策も実施した。これは当時の社会問題に対応せんとする側面を持つものだったが，官名・地名の細かな改称のごとく，立法が場当たり的

で実効性にとぼしく，かえって社会の混乱と反発を引き起こし，対外的には匈奴をはじめ諸国の離反を招いた。18(天鳳5)年赤眉の乱が起こると，新に対する反乱は各地に波及し，23年宮殿に乱入した反乱軍に王莽は殺され，新はわずか15年で滅んだ。漢書99

(藤田 高夫)

おうもう【王蒙】 1308(至大元)?～85(洪武18)。元代の文人画家。呉興(浙江省)の人。字は叔明。号は黄鶴山樵・香光居士など。父の王国器は，元初を代表する文人趙孟頫の女婿にあたる。王蒙は元末，蘇州一帯を統治した張士誠に仕えたらしく，理問の官となるも，騒乱を避けて黄鶴山(浙江省)に隠棲して黄鶴山樵と称し，明朝が元を滅ぼすと，洪武(1368-98)の初めに泰安(山東省)の知州となったという。元末四大家の他の3人が仕官しなかったのに対し，王蒙は文人としての責務を果そうとしたようであるが，こうした政治にかかわろうとする志が災いしたというべきか，宰相，胡惟庸の獄に連座して捕らわれ，獄死した(享年78歳)。

画ははじめ外祖父の趙孟頫を学び，のち董源・巨然を学んだとされる。細くやわらかい線を引き重ねて山を描く手法は趙孟頫のそれを学んだものとみられ，画面の上方にゆくにつれ地平線がせり上がるように描く構図法は，董源・巨然の江南山水画の伝統に倣うものといえる。画面下端から上方へ山々がうねるように連なる構成は独特の動勢を感じさせるもので，郭熙などの北宋の華北山水画の成果を取り込んでいることを示す。またあまり余白を残さない構図や，細長く，くねくねと蛇行する線皴も王蒙独特の画風といえる。黄公望・呉鎮・倪瓚とともに「元末四大家」に挙げられ，文徴明・文伯仁・董其昌など，明時代以降の文人画に大きな影響を与えた。代表作は天台僧，日章(1378年没)のために描いた晩年期の『具区林屋図』(台北，故宮博物院蔵)。太湖の洞庭西山にある洞窟，林屋洞における遊覧・瞑想・読書といった日章の生活ぶりを織り込んで描いた山水画である。1366(至正26)年の款を有する『青卞隠居図』(上海博物館蔵)は，動的な山々の連なりが雄偉な山水を構成し，王蒙50歳台の充実した画風をうかがうに足る作品である。明史285

(救仁郷 秀明)

おうもういりゅう【王孟韋柳】 盛唐・中唐の代表的な山水田園詩人たる王維・孟浩然・韋応物・柳宗元をいう。清の汪立名編の『唐四家詩』8巻は，以上4名の詩を収めて，1695(康熙34)年に刊行され，きわめて流行した。1737(乾隆2)年，趙殿最は弟趙殿成の著『王右丞集箋注』にあたえた序で4名を並列した。そして胡鳳丹のやはり4名の詩を収めた『唐四家詩集』20巻は1870(同治9)年の刊行だが，その「序」では王を「清奇」，孟を「清遠」，韋を「清抜」，柳を「清俊」と評する。

(深澤 一幸)

おうもうせん【王莽銭】 新を建国した王莽が鋳造した貨幣の総称。王莽は周を理想とする復古思想に基づき諸制度を改革したが，貨幣もそれにしたがって，布銭や刀銭などを含む数多くの貨幣に変更した。この貨幣改革は実に5回にわたり断行されるが，まず7年に「大泉五十」「契刀」を鋳造し，9(始建国元)年には「大泉五十」のみを残し「小泉直一」を発行した。さらに翌年金貨1品・銀貨2品・亀宝4品・貝貨5品・泉貨6品・布貨10品を制定した。その後，亀・貝・布を廃し泉貨のみを遺したが，14(天鳳元)年には亀・貝を復活させるとともに泉貨を廃して，新たに「貨布」「貨泉」を鋳造した。これらのうち，「貨泉」は比較的長い期間大量に鋳造され，広い範囲で流通したが，他は非常に短い期間に何回も採用と廃止を繰り返したため，貨幣流通に混乱をきたした。さらに従来の五銖銭のような実重量が銭面に記された実体貨幣と異なり，実体よりも額面が高価な名目貨幣を乱発したことによって，社会に受け入れられず一連の貨幣政策は完全に失敗に終わった。なお中国では古くより「泉」を「銭」に通ずる語として使用しているが，銭名に「泉」字を採用したのは王莽銭がはじめてである。

(廣川 守)

おうもんさんぱ【王門三派】 王陽明門下をその良知解釈によって三派に大別。未発においてあらかじめ良知を養うことを説く帰寂派(右派，聶豹・羅洪先)，現成良知説を批判して修証(後天的努力・工夫)の必要性を説く修証派(正統派，欧陽徳・鄒守益)，良知の現在成就を説く現成派(左派，王畿・王艮)の三派。「撫州擬峴台会語」50条(『龍渓王先生全集』巻1)の記述にもとづき岡田武彦が提唱。陽明後学の思想傾向を俯瞰するには有効だが，個々の思想家の立場は派名にとらわれずに吟味されねばならない。

(中 純夫)

おうゆう【王融】 467(泰始3)～493(永明11)。南朝斉の詩人。琅邪臨沂(山東省)の人。字は元長。曾祖父は南朝宋の王弘，祖父は王僧達。竟陵王蕭子良のもとに参集した「竟陵八友」の一人。幼少より聡明博識，文才に秀で，特に即興で文章を綴るのを得意とした。斉の武帝が催した芳林園の宴で作った「三月三日曲水詩の序」(『文選』46)は，顔延之の作に勝るとして当時北朝にまでその文名を轟いたが，詩は独創性に欠けるとされる。竟陵王の帝

位擁立に失敗，27歳で獄死した。明の輯本に『王寧朔集』1巻がある。南斉書47，南史21　　（林　香奈）

おうようけい【王瑤卿】　1881(光緒7)～1954。京劇の俳優・教師。原籍は淮陰(江蘇省)，北京生まれ。本名は瑞臻，字は稺庭，号は菊痴。瑤卿は芸名。崑曲の女形，王采琳の息子。幼時，武旦(立ち回り中心の女形)を学び，のち青衣(歌中心の女形)を学び，名優となる。京劇の新作演目を書き下ろし，旦の演技を統合して新たに「花衫」という役柄を創造し，舞台衣装として満洲貴族の服を採用するなど，京劇の改革にも貢献した。40歳で喉をこわしたあとは後進の育成に専念し，四大名旦はじめ多数の京劇俳優を教えたため，「通天教主」(『封神演義』の登場人物)というあだ名を奉られた。中華人民共和国成立後は，中国戯曲学校校長を務めた。　　　　　　　　　　　　　　　　（加藤　徹）

おうようけん【欧陽建】　268(泰始4)？～300(永康元)。西晋の貴族，渤海地方(河北省)出身，字は堅石。山陽令，尚書郎，馮翊太守を歴任し，高い名声があったが，権力争いに巻き込まれ，越王司馬倫に殺害された。文集2巻があったが伝わらず，『言尽意論』『登櫓賦』『臨終詩』のみ伝わる。『言尽意論』は，言語は思想を伝え，名称は万物の内実をあらわし，それらは影と形のように一致するものだとする理論であり，魏晋時代に流行した，言語は思想を伝え尽くせないとする「言不尽意論」を論駁したものである。晋書33　　（蜂屋　邦夫）

おうようげん【欧陽玄】　1283(至元20)～1357(至正17)。元の史学家。潭州瀏陽(湖南省)の人。祖籍は吉州廬陵(江西省)。字は原功，号は圭斎，諡は文。北宋の欧陽脩の後裔。曾祖父は欧陽守道の学侶，欧陽新。経・史・百家，特に程朱学に深く通じていた。1315(延祐2)年の進士。翰林学士承旨の職にあった。在官40余年，朝廷の歴史編纂作業に尽力。『経世大典』『四朝実録』などを編集し，さらには宋・遼・金の3史の編纂を指揮。著作に『圭斎文集』15巻付録1巻(もと44巻)がある。元史182，新元史206　　　　　（久米　裕子）

おうようしゅう【欧陽脩】　1007(景徳4)～72(熙寧5)。北宋の政治家・文人・学者。廬陵(江西省)の人。字は永叔，号は酔翁・六一居士など。諡は文忠公。蘇軾とともに「欧蘇」と並称され，北宋を代表する。唐・五代につぐ北宋では，唐代まで支配的であった貴族にかわって，新興の士大夫，即ちもっと低い階層から出て科挙に合格し，官僚となった人たちによって新しい気運が開けていた。欧陽脩はこの時代にあって，多面的才能を人格的に統一した新しい知識人の像を樹立した人である。1030(天聖8)年，進士に及第し，仁宗の1054(至和元)年，翰林学士となり，1060(嘉祐5)年，枢密副使，翌61年に参知政事(副宰相)となった。晩年には王安石と政見を異にして隠退したが，長く大官としての地位にあった。特筆すべきは科挙の試験を主催したとき，美文を排して自由な論策を重んじたので，これ以後，古文の盛行をみるようになった。曾鞏・王安石・蘇軾・蘇轍はみな欧陽脩が発掘した文章家である。彼の文章は韓愈に比して，より説明的，分析的であるが，強烈さを欠く。これは個人の資質というよりも，異民族との妥協による平和が保たれた宋では，大唐帝国のような覇気は持ちえず，はげしさよりも，説得の技巧にすぐれざるをえないという時代の要請が強く働いているためとみられる。儒教の経典に対しては，資料の吟味によって事実を論証しようとする『詩本義』15巻，経書をわかりやすく説いた『易童子問』があり，また『新唐書』『新五代史』にみられる，膨大な史料を自己の判断で選択し排列しなおした，歴史家としての見識と文学者としての簡にして要を得た構成力も，内的につながっている。また金石学の資料集といえる『集古録』は，広い知性と高い趣味性が結合した産物といえ，後の『金石録』等の，金石学・考古学の出発点となった。更に博大な人格と余裕は，随筆『帰田録』や『六一詩話』等の新しい分野をも開拓しており，マルチ文人と呼ぶにふさわしい。それらは『欧陽文忠公集』153巻にまとめられている。宋史319　　　　　　　　　　　（大野　修作）

おうようしゅどう【欧陽守道】　1209(嘉定2)～73(咸淳9)。南宋の儒学者。吉州廬陵(江西省)の人。初名は巽，字は公権，号は巽斎。北宋の欧陽脩の後裔。1241(淳祐元)年の進士。白鷺洲書院で講義した際，南宋の愛国詩人，文天祥が教えを受けている。のちに四大書院の一つである岳麓書院の副山長となる。貧しい幼少時代を過ごし，特定の師につかず独学し，学派の見解にしばられない独自の説を提出した。晩年には著作郎を務めた。著作に『巽斎文集』27巻，『易故』(佚書)がある。宋史411　　　　　　　　　　　　　　　　（久米　裕子）

おうようじゅん【欧陽詢】　557(永定元)～641(貞観15)。初唐の官僚・書家。潭州臨湘(湖南省)の人。字は信本。その官名により，欧陽率更と呼ばれる。欧陽通は詢の第4子。詢を大欧，通を小欧ともいう。父の紇は南朝陳の広州刺史であったが，謀反の罪で殺され，財産をすべて没収された。当時，少年だった詢はかろうじて連座から逃れ，父

の旧友である江総に養育された。詢の容貌はきわめて醜かったが，並はずれて聡明で，一度に数行を読書し，やがて経・史にも精通した。初め，隋の煬帝(在位604〜618)に仕えて太常博士となり，のち，親交のあった李淵(唐の高祖)が即位すると，給事中に抜擢された。624(武徳7)年，勅命によって，裴矩・陳叔達とともに『芸文類聚』100巻を撰した。太宗のとき，太子率更令に任じられ，弘文館学士を兼ねた。さらに太常少卿に官し，渤海男に封じられ，637(貞観11)年頃，銀青光禄大夫を拝した。85歳で没す。詢の名声は高く，国外にも知られ，彼の書を求めて遠く高麗から使者が遣わされたり，日本の『金剛場陀羅尼経』(686年，現存する日本最古の写経)，『李嶠詩』(嵯峨天皇の書と伝えるもの)などに彼の書の影響が見られる。また，「八体の書をよくし，とりわけ篆書や飛白が精妙である」(『書断』)というが，今日見られるものは隷書と楷書の碑石や行書の書簡だけである。欧陽詢の書は，「はじめ王羲之の書を学んだ」(『新・旧唐書』)とか「楷書行書は王献之がベースにある」(『書断』)とあることから二王が基本にあるとみる。また「かつて索靖の書いた碑に魅せられ，その傍らに3日間泊まり，ようやく立ち去ることができた」(『新唐書』)とか「北斉の劉珉の書から生まれた」(『述書賦』注)ともあることから，北朝の書が根底にあるともいわれる。しかし，隋代の楷書は，すでに端正な結構を形成していることから，「欧陽詢の書は特定の書法に拠ったのではなく，隋代の肥沃な土壌のうえに天賦の感覚によって生み出された」(『書の文化史』，1997年)と見るのがもっとも有力である。『九成宮醴泉銘』『化度寺塔銘』は欧陽詢の代表作であり，とくに前者は楷書の極則(楷書様式の最高の手本)として重んじられ，よく手習いされている。翁方綱は唐楷のもっとも優れたものは第1に『化度寺塔銘』，第2に『孔子廟堂碑』，第3に『九成宮醴泉銘』としている(『復初斎文集』)。このほか楷書碑に『皇甫誕碑』『温彦博碑』，隷書碑に『宗聖観記』『房彦謙碑』などがあり，さらに唯一の真跡として『仲尼夢奠帖』(遼寧省博物館蔵)が遺されている。書に関する著述としては『伝授訣』『用筆論』があるが，偽託とされる。虞世南・褚遂良とともに初唐の三大家の一人に数えられ，顔真卿を加えて唐の四大家とも称される。ちなみに，欧陽詢の出生秘話を扱った伝奇小説『補江総白猿伝』が残されている。旧唐書189上，新唐書198　　　　　　　　　　　　　(横田 恭三)

おうようせい【欧陽生】　生没年不詳。前漢の学者。千乗(山東省)の人。字は和伯。済南の張生とともに，伏生に師事して『尚書』(『書経』)を学ぶ。欧陽生は同郡の兒寛(倪寛とも)に授け，兒寛は欧陽生の子に授け，世々相伝えて，曾孫の欧陽高(字は子陽)に至って博士となった。『漢書』芸文志に「孝宣の世に訖りて，欧陽・大小夏侯氏有り，学官に立つ」とある。清の陳喬樅『尚書欧陽夏侯遺説考』に輯佚と考証がある(『続皇清経解』所収)。漢書88，後漢書79上　　　　　　　　(近藤 浩之)

おうようぜん【欧陽漸】　1871(同治10)〜1944(民国33)。清末民初の仏教家。宜黄(江西省)の人。字は竟無。南昌の経訓書院で宋明理学を学んだが，1904(光緒30)年，友人桂伯華の影響を受けて仏教に入り居士となる。楊文会に従って学び，その遺志を継いで金陵刻経処を運営し，仏学研究部を付設する。法相と唯識を二宗に分かつことを主張。「心体」と「現象」を両門の学となした。南京支那内学院を創建，梁啓超等にも影響を与えた。『精刻大蔵経』の編印を企画したが完成を見ず亡くなった。著書に『竟無内外学』がある。(森 紀子)

おうようとう【欧陽通】　?〜691(天授2)。唐代の書家。臨湘(湖南省)の人。字は通師，欧陽詢の第4子である。中書舎人，殿中監を累遷し転司礼卿・判納言事に至り渤海開国子に封ぜられた。幼い時に父を失い，母徐氏は父の遺作を以て教育し，父欧陽詢の峻険な書風を発展させて独自の風格を持つに至った。現在伝わる作品は『道因法師碑』『泉男生墓誌』『千字文』などがある。旧唐書189上，新唐書198　　　　　　　　　　　(小川 博章)

おうようとく【欧陽徳】　1496(弘治9)〜1554(嘉靖33)。明の儒学者。泰和(江西省)の人。字は崇一，号は南野，諡は文荘。嘉靖2年(28歳)の進士。官職は礼部尚書にまで進む。致良知の工夫は動静によって分断されないとする陽明学の基本的立場を受け継いでいる。彼の陽明学の特徴は，まず本来の心の自然性を強調していること。工夫も心の内発性によるべきだと主張している。その結果，いわゆる分別心を無くしてこそ，本来の分別が可能となると述べ(答王克斎)，「無分別の分別」という逆説論理を思想中に取り入れている。ただ心の自然性を徹底して追求した現成論には与しない。意志的努力の排除を自然と捉えることが，恣意・放縦に流れる危険性を持つことを，彼は十分承知していた(答沈思畏侍御)。良知現成思想からは一定の距離を置き穏健な立場をとりつつも，良知が本来持っている道徳的感知能力への信頼を，のびやかに主張した思想家だと言える。明史283　　　　　　　　(木村 慶二)

おうようめい【王陽明】　1472(成化8)〜1528(嘉靖7)。明代の思想家・政治家。紹興府余

姚県(浙江省)の人。名は守仁，字は伯安，陽明先生と称される。朱子学が官許の学とされた明代にあって朱子学を批判し，独自の学問体系(陽明学)を提起した。18歳，呉与弼(康斎)門下の婁諒(一斎)に会い朱子学に志す。その後，「一草一木にみな理あり」との教えに従って庭先の竹の理を窮める等，朱子学の格物窮理を実践するが，理と我が心とが一つにならず，自らの力量不足を痛感するという苦い挫折体験を味わう(21歳，27歳)。28歳(1499〔弘治12〕年)で進士となり，官途に就く。35歳，宦官劉瑾の専横を批判する上疏を行い，貴州龍場駅丞への左遷処分が下る。37歳，その龍場において「聖人の道は我が性に自ずから具わっている，これまで理を事物に求めてきたのは誤りであった」と悟る。理と心の乖離は理を事物に求めた結果であって，我が心こそが理に他ならない(「心即理」)。これは朱子学の格物窮理説との決別であって，ここに陽明学が誕生する(「龍場の大悟」)。翌年には「知行合一」を提唱。39歳，劉瑾が失脚し，ほどなく南京刑部主事に。47歳，朱子の『大学章句』を否定して『古本大学』を刊行し，また『朱子晩年定論』を刊行。48歳，提督南贛汀漳軍務として寧王宸濠の乱を平定。49歳，致良知説を提唱。50歳，先の武勲により新建伯を賜る。51歳(1522〔嘉靖元〕年)10月，異学禁止の詔が降り，翌年2月の会試では暗に王陽明を譏る内容の出題が為された。時に受験した陽明門下には，憤然として答案を放棄した者も有り，憚るところなく師説を発揮して合格した者もいた。56歳，総制両広江西湖広軍務として広西の思恩・田州の乱の鎮圧を命ぜられる。出発に際して有名な天泉橋問答(無善無悪説をめぐる王畿と銭徳洪の論争に王陽明が裁定を下した問答)を残す。翌1528(嘉靖7)年2月に乱を平定。11月，帰途に南安(江西省)にて客死。1567(隆慶元)年，新建侯を追贈され文成の諡を賜る。1584(万暦12)年には文廟に従祀される。著に『王文成公全書』38巻がある。明史195
(中 純夫)

おうようろらく【王楊盧駱】 →初唐四傑

おうらい【汪萊】 1768(乾隆33)～1813(嘉慶18)。清朝中期の経学者・科学者。歙県(安徽省)の人。字は孝嬰，号は衡斎。嘉慶(1796-1820)中，優貢生をもって史館に入り，『清史』の天文と時憲の2志を続修した。当時，焦循と李鋭を相手によく方程式の符号律など天文数学のことを論じた。当時の人は談天三友と称した。著書には『衡斎算学』『十三経注疏正誤』『説文声類』などがある。清史稿507
(川原 秀城)

おうらんせい【王蘭生】 1679(康熙18)?～1737(乾隆2)?。生没年には多説がある。清の声律学者・音韻学者。直隷交河(河北省)の人。字は振声，号は坦斎。李光地に経学・暦算・声律・音韻を学び，文淵閣大学士となった李により内廷に推挙された。会試には合格しなかったが，康熙帝に好まれて1721(康熙60)年，進士を下賜された。官は刑部侍郎に至る。康熙帝欽定の『律呂正義』『音韻闡微』などの成書は，彼に負うところが大きい。清史稿290
(水口 拓寿)

おうり【王履】 1332(至順3)～?。元末明初の画家・医学者。崑山(江蘇省)の人。字は安道。号は畸叟・抱独老人など。医師として高い評価を受ける一方，早くから古画の蒐集と模写に励み，特に馬遠・夏珪の画風を学んだ。1383(洪武16)年，華山登頂を契機として，自然そのものを師とすべきことを悟り，作画の拠り所を自然観照に求め，模倣や想像に基づく絵画を否定した。現存唯一の『華山図冊』(北京故宮博物院，上海博物館に分蔵)には40枚の画とともに，4篇の登頂記と150首の詩が添えられており，王履の画風と絵画理念を知ることができる。明史299
(古田 真一)

おうりゅうえなん【黄龍慧南】 1002(咸平5)～69(熙寧2)。臨済宗黄龍派の祖。信州玉山県(江西省)の人。普覚禅師と諡された。俗姓は章氏。黄龍は「おうりょう」とも。出家して諸師に学び，臨済宗の石霜楚円の教えを嗣ぐ。隆興府(江西省)黄龍山に住して教線を展開した。『黄龍南禅師語録』『語要』『書尺集』がある。「黄龍派」は，特に北宋において盛んで，「公案禅」成立の一翼を担った。日本の栄西も黄龍派に属する。
(永井 政之)

おうわけい【王和卿】 生没年不詳。元代初期の散曲作家。大名(河北省)の人。滑稽を好む人柄で，作品にも「胖妓」(肥った芸者)，「詠禿」(禿を詠む)など，それ以前の詩歌ではあまり取り上げられなかった題材を，口語をまじえ諧謔的に歌ったものがあり，元代散曲のひとつの特色を示す。元曲随一の大家，関漢卿と交際があったことが陶宗儀『輟耕録』巻23に見えるが，詳しい履歴は不明。
(金 文京)

おおたにたんけんたい【大谷探検隊】 西本願寺第22世門主(法主)大谷光瑞が，仏教東漸の道を探るべく派遣した調査隊。彼による調査は，中央アジア・東南アジア・インド・中国・チベットと広域に及ぶが，大谷探検隊の名で知られるのは，以下に掲げる3次にわたる東トルキスタンを中心とする

踏査である。第1次(1902〜04年，大谷光瑞・本多恵隆・井上弘円・渡辺哲信・堀賢雄，渡辺・堀のみタクラマカン周辺遺跡調査)，第2次(1908〜09年，橘瑞超・野村栄三郎)，第3次(1910〜14年，橘瑞超・吉川小一郎)。このほか仏教東漸の道の調査として，第1・2次探検時に行われたインド仏跡調査(1902，1909年)やビルマ・雲南間の仏教伝来ルートの探査(1903年)，さらに上原芳太郎の中国仏蹟調査(1904年)や青木文教のチベット踏査(1912年)なども行われている。この探検隊は，ヨーロッパ諸国の中央アジア探検と同時期に行われたが，その目的は宗教上の理由によるところが大きく，ヨーロッパ諸国のそれと同一には論じられない。

(荒川 正晴)

おおむらせいがい【大村西崖】 1868(明治元)〜1927(昭和2)。明治・大正期の美術批評家・東洋美術史家。1893(明治26)年，東京美術学校彫刻科を第一回生として卒業。京都市美術工芸学校をへて東京美術学校彫刻科に奉職。初期には絵画・彫刻・工芸・美学・美術史・美術行政など多方面で美術評論をおこなった。のちに東洋美術の研究に没頭，『審美大観』『東洋美術大観』等の大型美術書を刊行し，『支那美術史彫塑篇』『東洋美術史』『密教発達史』などを著述した。これらは今日の東洋美術史研究においてもなお，重要な指標とすべき内容を持っている。

(岡田 健)

おぎゅうそらい【荻生徂徠】 1666(寛文6)〜1728(享保13)。江戸時代の儒者。名は双松。字は茂卿。通称は惣右衛門。徂徠は号。物茂卿とも称する。父は館林藩主徳川綱吉の侍医方庵。罪を得た父に従って上総国で10余年の困窮生活を送ったが，のち赦により江戸に帰り，芝増上寺裏に私塾を開いて儒書を講じた。1696(元禄9)年からは，五代将軍綱吉の側用人柳沢吉保に仕官。はじめは朱子学を奉じていたが，40歳頃に明の李攀龍・王世貞の古文辞説に接し，それを応用して，古代中国の文章を模擬することによって儒書もまた体得理解すべきこと，後世の朱子学の解釈を廃すべきことを主張した。著書は，徂徠学の体系を示す『弁道』『弁名』『学則』『徂徠先生答問書』，注釈書の『論語徴』，政治論の『太平策』『政談』，古文辞説の実践としての詩文を集めた『徂徠集』，和文随筆の『南留別志』，文字研究の『訓訳示蒙』『訳文筌蹄』などがある。

(大谷 雅夫)

おくこうなん【憶江南】 詞牌。小令，単調(1首が1段落から成るもの)27字と双調(1首が前後2段落に分けられるもの)54字の2体がある。「望江南」ともいい，唐の段安節『楽府雑録』によると，もとは李徳裕が亡妓のために作った『謝秋娘』であるという。のちに白居易の作に「能不憶江南(能く江南を憶わざらんや)」の句があることによって，この名が起こった。白居易晩年の親友，劉禹錫に『楽天の春の詞に和す，憶江南の曲拍に依りて句を為す』と題する詩が見える。他に「夢江南」などの異名がある。

(中原 健二)

おくしんが【憶秦娥】 詞牌。小令，双調(1首が前後2段落に分けられるもの)46字。ただし，いくつもの字数の異なる別体がある。「秦娥」は「秦のくにの美女」の意。南宋の黄昇の『花菴詞選』に至ってはじめて見え，巻頭に「百代の詞曲の祖為り」という注記とともに李白の作が収められいる。そのなかに，「秦娥 夢断ゆ 秦楼の月」との句があるのによって名付けられたというが，李白の作であることについての真偽は定かではない。「秦楼月」などの異名がある。

(中原 健二)

オルデンブルグ Sergei Fyodorovich Ol'denburg 1863〜1934。ロシアのインド・仏教学者。1885年にペテルブルク大学を卒業した後，科学アカデミーの事業の一端として，1897年から『仏典叢書』(《Bibliotheca Buddhica》)の編纂に従事するほか，1909〜10年および1914〜15年には，中央アジアを踏査した。最初の踏査は，いわゆる西域北道(タクラマカン砂漠北縁)沿いのオアシスを中心とするもので，調査箇所も，吐魯番の交河故城・高昌故城・阿斯塔那古墓群・ベゼクリク石窟のほか，カラシャールのシクシン寺院址，クチャのキジル・クムトラ石窟などにおよんでいる。この踏査に関する報告書は，《Русская Туркестанская Экспедиция 1909-1910 года. Краткій предварительный отчётъ》(『ロシア・トルキスタン探検予備報告』，1914年)として刊行され，ベゼクリク石窟の中に，マニ教と仏教との二重窟があることを最初に指摘するなど，遺跡の性格に関わる重要な見解も含まれている。また，2回目の調査では，敦煌に滞在しており，膨大な敦煌文献をロシアにもたらした。ただし，この時の報告書は作成されず，調査の詳細な日記も未刊のままで，その踏査の全容は未だ明らかではない。

(荒川 正晴)

オルドスせいどうき【オルドス青銅器】 中国北辺で発見される中原とは異なる系統の青銅器。黄河湾曲部の内側オルドス地方で特に多く発見されることからこの名がある。ほかに綏遠(内モンゴル自治区の呼和浩特の旧名)の地名から綏遠青銅器とも呼ばれ，近年では中国北方系青銅器と呼ばれる。

ユーラシア北方草原地帯の文化とのつながりが強いが，特に中原の春秋戦国時代にあたる時期のものは数が多く，黒海沿岸のスキタイ文化など初期遊牧民文化と多くの点で共通する青銅器が見出される。二枝式の青銅製銜(くつわの馬の口に入れる部分)，鑣，スキタイのアキナケス式剣と似た短剣，南シベリアのタガール文化のものと同類のナイフ，様々な小型飾金具などがあるが，それらを飾る動物意匠なども大きな特徴である。以前には出土状況の分かる資料がなかったが，調査・発掘が進むにつれて，それらが新疆ウイグル自治区から黒龍江省まで中国北辺の全域に見出されること，年代も殷代から漢代あたりにまで及ぶことが明らかになってきた。夏家店上層文化の青銅器もこの範疇に入り，また春秋戦国時代には幾つかの地方性があることが判明してきている。

(高濱　秀)

おん【恩】　恩とは，慈しむ気持ちが心に深く残り，それが外にあらわれる形とされ，親と子，兄と弟，老と若，あるいは君と臣などといった関係を上下関係としてとらえ，下の者が上の者に対して取るべき基本的な態度を示す語となった。もともとは父母に対する孝，それ以外の目上の者に対する悌といった徳目の基本になったもので，そうした人々に対して，自然にわきあがってくる感情をあらわしたものが恩であった。のちにそれが，年齢・身分の上下という社会関係のなかで，上の者に対して下の者が強制される態度へと形式化されていった。とくに支配と被支配という政治的な関係にあって，支配者への取るべき態度として被支配者に強要された恩は，現実の支配者への被支配者の服従を，被支配者の支配者に対する感謝の念をあらわすものに美化するものとなった。形式化された恩は，隋・唐時代の貴族層や，その後の官僚機構内部で広まり，「封建的」な人間関係を支えるものとなった。

(飯尾　秀幸)

おんいん【音韻】　広く言語音一般を音韻というが，漢字音としては，声(頭子音)・韻(頭子音以外の部分で母音と韻尾を含めたもの)・調(声調)の全体を指していう。同義語として「声韻」という言い方もされる。六朝期に沈約が四声を発見し，詩文の音律がさかんに論じられるようになると，その過程で，「一簡(一句)の内，音韻尽く殊なり，両句の中，軽重悉く異なる」(『宋書』謝霊運伝)とか，「五字の中，音韻悉く異なり，両句の内，角徴同じからず」(『南史』陸厥伝)などという主張がなされる。この場合，音韻が軽重あるいは五音の角・徴と対比させて用いられているので，それぞれ声・韻・調といった個別の特徴を指しているかのように受け取られかねないが，やはり広く音一般を指していると見るべきであろう。また分析的に，音は声母，韻は韻母を指すという用法もあるが，これはおそらくインド音韻学の影響によって等韻学が興起して後，音節内部を細かに分析できるようになってからの言い方に違いない。なお「韻」の字は『説文解字』の新附字なので，古代には用いられなかったとして，段玉裁など清朝の古韻学者は「音均」と書くことがある。

(高田　時雄)

おんいん【恩廕】　官僚登用法の一つ。任子とも称せられる。漢以降，父祖が高位高官にあれば，子孫は任官され得る制度があり，歴代の王朝も同様であった。科挙制度が隋に始まり唐を経て，宋代になって盛行し，官僚登用の中心は科挙になったが，恩廕の制度も並行して行われた。皇帝の恩典であることに重点が置かれたので，恩廕と呼ばれた。貴顕の子弟が恩典にあずかるので，高官たちの過剰な要請が見られ，宋代においては，しばしば制度が濫用された。

(衣川　強)

おんいんがく【音韻学】　中国の音韻学(声韻学とも)は伝統的に，古音学・今音学・等韻学の3分野に分けられる。

古音学は主として先秦時代の『詩経』や『楚辞』などの押韻，また漢字の諧声(形声)系列を分析することによって，上古の音韻の区別を明らかにしようとしたものである。その萌芽は南宋の呉棫や鄭庠などの研究に見られるが，明の陳第によってそれまでの「叶韻」説(押韻が合わない文字を臨時に他の字に読み替えること)が徹底的に批判され，古音研究が正しく方向付けられた。その後，明末清初の顧炎武『音学五書』によって築かれた清朝古音学は，江永・戴震・段玉裁・王念孫・孔広森・江有誥などの学者のたゆまぬ努力により，古音の分部が大成された。

一方，今音学は陸法言『切韻』およびその流れを受けたいわゆる切韻系韻書の研究であって，その音韻体系の研究は清末の陳澧『切韻考』によって始められた。陳澧はその創出した「反切系聯法」によって『広韻』の反切を分析し，声母を40類，韻母を(四声を併せて)312類に区別したが，これにより近代の科学的な再構音の基礎ができあがった。

インド音韻学の影響を受けた仏僧により，唐代にはすでに漢語の音節構造の精緻な分析が試みられていたが，宋代に至って『韻鏡』に代表される等韻図が成立する。これは中古音系を図表にあらわしたものだが，等韻学とはその図表化の技法や，前提となる声母・韻母の分析に関する研究であって，明清時代まで広く行われた。

今日，中国音韻学の研究領域は，実際にはこれらの3分野にとどまらず，『中原音韻』などの曲韻書によって元明の音韻を研究する曲韻学もあり，さらに降って明清時代の各種韻学書を利用して近代の音韻を研究する分野も発展している。またチベット文字・パスパ文字・ローマ字など，さまざまな時代に外国文字によって表記された材料や，漢字で外国語音を写した材料を研究する対音学も重要な分野で，在来の研究の不備を補う上で無視できない。

（高田　時雄）

おんいんせんび【音韻闡微】　清の韻書。18巻。1726(雍正4)年成書。李光地・王蘭生らの奉勅撰。韻の分け方は平水韻106韻にほぼ従うが，「殷・隠・焮・迄・拯・證」の6韻は独立した韻として立てられているため，実際の韻目数は112韻となる。使用に便利なように，声母の表示・小韻の配列などに工夫がこらされているほか，「合声切」その他の伝統にとらわれない反切を付載し，口唱により音を取り出しやすくしようとした試みは注目される。

（花登　正宏）

おんがくごしょ【音学五書】　顧炎武の古音学説を集大成した著作。38巻。明末の1643(崇禎16)年ごろに完成。音韻学の源流をさぐった「音論」3巻，『詩経』の押韻を分析して古音の体系を解明した「詩本音」10巻，『易経』の押韻により前者の傍証となる「易音」3巻，『唐韻』を補正するというかたちで古音を説いた「唐韻正」20巻，古音を10部に分類した「古音表」2巻の計5篇からなる。清朝の古音学の基礎を築いた記念碑的な書物で，後世への影響も非常に大きい。顧炎武には別に『韻補正』の著作もある。

（高田　時雄）

おんがくじっしょ【音学十書】　清の江有誥の音韻学著作を集めたもの。嘉慶年間(1796-1820)に刊行。十書というが，実際には「詩経韻読」4巻，「群経韻読」1巻，「楚辞韻読」1巻，「先秦韻読」2巻，「唐韻四声正」1巻，「諧声表」「入声表」さらに「等韻叢説」を合わせて1巻としたものからなり，予告された「漢魏韻読」「二十一部韻読」「四声韻譜」などは未刊に終わった。江有誥は音韻学の専門家として登場し，自説の20部に孔広森の冬部を加えた21部説は清朝古音学説を集大成した堅実な学説で広く受け入れられた。後，夏炘は『詩古韻表二十二部集説』を著したが，これは江有誥の21部に王念孫の質部を加えたものに過ぎず，ほぼ江氏の説を基礎としている。

（高田　時雄）

おんぎ【音義】　典籍に対する中国独特の注釈方式で，書中の語句の読音を注記し，簡単な釈義を施したもの。「音」とのみ略称される場合が多いが，また音訓・音注・音釈・音詁・音隠などと呼ばれる場合もある。清朝の学者謝啓昆の『小学考』では，小学書を分類して，訓詁・文字・声韻以外に音義の1類を立てている。音義は本来，儒家の経典読解の営みの中で育まれ，口伝として保持されてきた経師の読音が基礎となっている。後漢から魏晋にかけて，『周易音』『尚書音』『毛詩音』等々といった多数の音義書が生み出されたが，それらは今日ほとんどすべて佚して伝わらない。それはこういった音義が，本来は経文と併行して行われるべきものでありながら，実際には経文そのものに付録されて通行することが少なかったことと，多くの音義の示す読音が後世の規範となりえなかったことが挙げられよう。また陸徳明『経典釈文』のような経籍旧音を網羅する便利な書物が出来てしまうと，そこに総合されてしまった個々の音義は急速にその存在意義を失ってしまったものと考えられる。もちろん音義の注釈形式は儒家の経典ばかりでなく，『老子』『荘子』など道家の典籍，また『史記』『漢書』『後漢書』などの史書や『文選』などにも適用されたが，やはり現存するものは多くない。その一方で，この注釈形式の影響をもっとも大きく受けたものは仏典の世界である。玄応や慧琳の『一切経音義』をはじめ，希麟の『続一切経音義』，可洪『随函録』など大部の音義が現存し，文字音韻に関する豊富な材料を提供してくれるばかりでなく，多くの佚書が引用されていることで古典籍輯佚の貴重な源泉となっている。

（高田　時雄）

おんくん【音訓】　→声訓

おんけんめいしょ【温県盟書】　→沁陽盟書

おんししょう【温子昇】　495(太和19)～547(武定5)。北朝北魏～東魏の詩人。済陰冤句(山東省)の人。字は鵬挙。邢邵・魏収とともに「北地三才」の一人。官は散騎常侍，中軍大将軍に至ったが，謀反に加担していた疑いをかけられて獄死した。新旧『唐書』経籍志に『温子昇集』35巻を著録するが現存せず，今日残る詩歌は10首のみ。閨怨詩の「擣衣詩」が代表作で，南朝の宮体詩に似た艶冶な作風は北朝の詩壇に大きな影響を与えた。魏書85，北史83

（大野　圭介）

おんじにゅうきょう【陰持入経】　後漢末に安世高によって漢訳された原始仏教教理の綱要書。3世紀はじめ頃の漢人陳慧による双行注が伝存し，道安による序も具備しているという意味で，

最初期中国仏教思想史の史料として貴重であるが，古訳・古注に固有の晦渋さがあって，はなはだ難解であった。しかるにステファノ・ザケッティの論文(2002年)によってパーリ聖典の中に対応する文献が伝存していることが指摘され，比較して解読することが可能になった。その結果，本経が，陰(五蘊)・持(十八界)・入(十二処)からはじめて四聖諦・四念処・四正断・四神足・五根・五力・七覚意・八直道・十二支縁起・2種の九絶処(無明・愛などの九煩悩を断ずるための止観などの九対治行)・止観双運の四諦現観・四沙門果・九次第定という基本組織をもつことが理解される。西あるいは西北インド地方では原始経典の発達がほぼ終了した頃(紀元後1世紀頃か)から，そこに説かれていた諸教理を要約して阿毘達磨哲学が発達し，また諸修行項目を体系化して瑜伽行者たちの修行道体系が発達しはじめるが，その最初期段階の文献であろう。本経においては，いまだ，両系の区別が確認できないし，それぞれに独自な概念も発達していない。

(荒牧 典俊)

おんしゅうこし【温州鼓詞】 浙江省温州市一帯に流行する語り物の一種。むかし盲人が演じたので瞽詞・盲詞ともいう。清の嘉慶・道光年間(1796-1850)にはすでに流布していたが，同治(1862-74)以降盛んになった。初期は竹箸で平たい太鼓を打ちリズムをとるだけであった。光緒年間(1875-1908)になって揚琴・カスタネット・木魚ふうの特殊な楽器で伴奏するようになる。温州方言で演じられ地方色が豊かである。歌詞は七言句を基調に五言句を交える。曲調優美な「平詞」と宗教的で平板な「大詞」の2種類に分かれる。 (山口 建治)

おんしん【瘟神】 瘟疫(急性伝染病の総称)を引き起こす神々。瘟鬼・瘟将軍・瘟君・瘟神爺などともいう。病気は鬼のたたりであるという観念は古くからあり，六朝時代の道教文献『女青鬼律』6には，五方(東西南北中央)の温(瘟)鬼の名，12か月の各月および12日(子から亥まで)の各日の温(瘟)鬼の名が記されている。また，道教では瘟鬼・瘟神から身を守る法や，病気になってしまった場合の治病(謝罪)の法も説かれ，民間信仰として広く浸透した。 (神塚 淑子)

おんせんめい【温泉銘】 唐の碑。太宗書。行書。648(貞観22)年の刻。太宗の保養地として，北朝北魏の温泉宮の遺構に離宮を増営し，その温泉の美しさを太宗が詠じ自書した文を碑に刻したもの。その地は現在の陝西省西安市の驪山温泉(華清池)にあたる。原石は宋代にすでに失われ，潘師旦の『絳帖』と呉栄光の『筠清観帖』に刻入されるも，真の姿を伝えているとは言えない。20世紀初め，フランスのペリオが敦煌から持ち帰った古文書の中に，「永徽四(653)年八月三十日囲谷府果毅児」と巻末に墨書された唐の孤拓本(剪装巻子本)がある。これは前半を欠き，後半の48行余りを残すだけだが，立碑後わずか5年のちの拓本であるため，原碑の姿を十分に留めていると考えられる。その書は，王羲之の書を忠実に伝えているものの，帝王としての気概に満ち，気宇の雄大さを感じさせる。この拓本は，王壮弘の『増補校碑随筆』(1984年，上海書画出版社)に「光緒26(1900)年，麻城の道士王円籙が甘粛省敦煌(敦煌)東南の鳴砂山千仏洞に於いて」発見したとある。今はパリの国会図書館に蔵される。 (池田 利広)

おんていいん【温庭筠】 801(貞元17)?～866(咸通7)。晩唐の詩人・詞人。并州祁(山西省)の人。字は飛卿，もとの名は岐。科挙の試験には合格せず，隋県・方城の尉，国子助教などを歴任。同時代の李商隠とは「温李」と並び称せられ，『酉陽雑俎』の著者である段成式とも親交があった。多芸で詩文の才とともに音楽の才にも恵まれていたが，素行が修まらずその傲慢な態度はしばしば高貴の人々の反発を買った。

晩春の情景や歴史的な故事を艶麗な筆致で歌う七言の楽府歌行体に温詩の特徴がよく現れているが，数量的には，五言七言の律詩や七言絶句などの近体詩の方が多く残されている。また，唐代の詩人の中では詞を最も多く残しており，唐・五代の詞に大きな影響を及ぼした。女性の姿態とその孤独な心情を主たる題材とする彼の詞は『花間集』に66首が収められ，「花間の鼻祖」と称された。詩集は明の曾益の注したものに清の顧予咸・顧嗣立が補訂を加えた『温飛卿詩集箋注』が最も多くの作品を伝える。
旧唐書190，新唐書91 (山本 敏雄)

おんびょう【温病】 →温病

おんわ【音和】 反切上字と帰字の声母が同じ，かつ反切下字と帰字の韻母・声調が同じものを音和切と称し，類隔切と区別する。たとえば「蘇，素姑切」では，蘇，素の声母がともにs-，蘇，姑の韻母・声調は両方とも-u・平声なので音和となる。また等韻門法(韻図の使用規則)で，反切にしたがって声・韻母を辿っていけば矛盾なく韻図中に目的の文字を探し当てられる場合，これを音和という。 (高田 時雄)

か

か【戈】 二里頭文化の時代(夏)から戦国時代にかけて盛行した青銅武器の一種。新石器時代の石製武器に由来するとみられるが詳細は不明。長い木製の柄の先端近くに，短剣状の戈頭を柄に直角に取り付け，柄を振り回して敵を刺し斬る機能をもつ。戟とともに句兵とも呼ばれる。戈頭の刃部を援，援の後部から下に伸び出た部分を胡，木柄を通した戈基部の板状の突起を内，木製の長柄を柲と呼ぶ。青銅製の戈頭のみが副葬品として出土することが多く，戈といえば一般に戈頭のことを指す。今日まで数千から数万に達する出土例があるとされ，中国青銅器時代を代表する武器であった。戦国時代の*青銅器に描かれた交戦図には，戈や矛を手に持ち，剣を佩帯する兵士が表されている。二里頭文化から殷王朝の時代，戈の形状は無胡ないし短胡のものが一般的で，西周時代から戦国時代にかけて胡はしだいに長大化した。内の表面には文字や装飾を施すものも多い。戦国時代後期になると鉄製武器が普及して戈は衰退し，やがて漢代には鉄戟に取って代わられる。玉製・石製・骨製の戈もあったが，これらは主に儀礼用の道具であった。　　　(西江　清高)

か【仮】 →真・仮

か【科】 劇中のしぐさのことで，北曲雑劇のト書きで用いられる。科汎・科範の略称。笑科(笑うしぐさ)・見科(挨拶するしぐさ)・睡科(眠るしぐさ)などがある。役者の動作以外の舞台効果をあらわすこともあり，廟倒科(廟が崩れる)などと用いられる。南戯では「介」と称する。また，挿科打諢(科諢)の略で，古典演劇で客の笑いを取る滑稽なしぐさを指す。　　　(千田　大介)

か【夏】 中国古代の王朝。始祖は禹。帝顓頊の孫とされ，姓は姒氏という。父鯀のあとをついで大洪水をおさめた功績により，帝舜から帝位を禅譲された。禹の死後，子の啓が即位し，以後その子孫が代々王位を継承して，中国史上はじめての世襲王朝となった。14世17代つづいて桀王(履癸)にいたったが，彼が暴虐であったため，諸侯があいついで離反し，ついに殷の湯王によって滅ぼされたという。

中国史上，現段階で確実に実在を証明できるのは殷王朝までであり，夏王朝には，殷の甲骨文のように，その実在を証明する出土文字史料は存在しない。しかしながら，河南省西部から山西省南部にかけての地域一帯には，夏にかかわる多くの伝承が伝えられていることも事実である。近年，この地域において考古学的調査が精力的に行われ，河南省登封市の*王城崗遺跡など，夏のものと考えられる遺跡も発見されている。そのなかで特に注目されるのは，河南省偃師市で発見された*二里頭遺跡および二里頭文化である。紀元前21世紀頃から前17世紀頃にかけて存在した二里頭文化の分布域は，夏にかかわる伝承の分布域とほぼ一致しており，最近ではこの二里頭文化を夏のものとする説が有力となりつつある。

以上述べたように，夏王朝の存在についての議論は，なお今後の研究にまつところが多い。しかしながら，夏あるいは諸夏・華夏という言葉が，古来，中国・中華とほぼ同義語として用いられてきた事実も重要である。周代諸侯国の一つであった杞は夏王朝の末裔が封ぜられた国といわれ，司馬遷の『*史記』にも殷本紀のまえに夏本紀がおかれているように，夏は殷に先だつ王朝として記憶され，中国文明の源流の位置をしめるものとみなされてきたのである。　　　(松井　嘉徳)

か【斝】 3足で把手を持つ青銅*彝器であり，一般には大きく開いた口縁部に一対の柱(口縁部から立ちあがる柱状の装飾)が付く。注口や尾はない。また類似する形態の土器も斝と呼ぶことがある。自銘の例は無く，宋代の『博古図録』に従い斝と呼ばれるものの，古典に記される斝であるかは確証がない。形が爵と類似することから温酒器とされる。青銅の斝は二里頭文化4期に早くも出現し，殷墟期には大型化し多数製作されるが，西周中期以降は青銅彝器の中から消滅する。　　　(角道　亮介)

か【盉】 筒状の注口を持つ3足あるいは4足の青銅*彝器。多くが蓋を有し注口の反対側に把手を付ける。筒状の注口を持つ一部の土器も盉と呼ばれる。銘文中に「盉」や「鎣」と自銘するものがあり，酒を温め注ぐための器と考えられる。青銅の盉

は二里頭文化4期に出現し，殷墟期～春秋時代初頭にかけて多数製作される。春秋時代後期～戦国時代に増加する筒状注口付の三足器(あるいは四足器)は一般に鐎と称されるが，盉との類似点も多い。

(角道 亮介)

か【靴】 くつ。かわぐつ。靴の本字は鞾で，『釈名』釈衣服に「鞾は跨である。両足がまたがって馬に乗るようにして着用する」とある。畢沅は次に「もと胡服にして，趙(戦国)の武霊王がこれを服した」の句を補っている。また，『中華古今注』には「靴は西胡のものである。昔，趙の武霊王は胡服を好んで常に着用し，黄皮で短靴を作って閑居の服とした。唐の馬周が改めて長靴を作った」とあり，皮製のくつが西北の異民族に由来することを述べている。胡服は北斉では長帽，短靴，合袴，襖子が採用され，隋代の帝王貴臣の多くが黄文綾の袍，烏紗帽，九環帯，烏皮六合靴を着けている。『隋書』礼儀志には天子が田猟の時に長拗靴を用いたことや，褶(胡服)を着たときには靴を用いるが，靴は胡のはきもので，物事に対応するのに便利であるので軍服に用いるのだと記している。唐の服制に常服，公服，朝服，祭服の四種があり，靴は常服のはきものとされている。天子の常服は，赤黄の袍衫，折上頭巾，九環帯，六合靴で，これは隋の制度に倣ったものである。六合靴は烏皮六縫靴ともいい，6枚の黒い皮で作った長い皮靴で，六合とは天地四方の意である。唐代の女子のはきものの一種に西域やペルシアの影響を受けたと思われる錦拗靴(柔らかい靴底の錦の靴)があり，胡服とともに流行した。宋代の履袍の制では，絳羅の袍に折上巾を着け履をはけば履袍，靴をはけば靴袍と呼び，履も靴も黒皮で作られていた。衫袍は唐の制度に因って宋でも六合靴を用い，皁文靴は大宴の時に用いた。元代には多様な服飾の名称がみられるが，靴では朝靴，花靴，旱靴，釘靴，蠟靴，毡頭直尖靴，翁靴，拗靴がある。明代の天子は常服に皮靴をつけ，文武官は公服に黒靴，燕服(普段着)に白靴を用いた。清代満洲族の人々は祖先の生活習慣を受け継いで，男子はみな靴をはいた。平時は尖頭靴，入朝時は方頭靴とされたが，これは明朝の旧制を引き継いだものであった。夏用は白の緞子，冬用は青の毛織物，喪服用は麻布で製作された。(相川 佳予子)

が【雅】 →雅・俗

カールグレン Bernhard Karlgren 1889～1978。スウェーデンの中国学者。中国名は高本漢。エーテボリ(Göteborg)大学教授，学長を経て，ストックホルム大学教授，ストックホルムの極東考古博物館(Museum of Far Eastern Antiquities)館長をつとめた。自身の方言調査の結果に加えて，外国字音や古代の韻書，韻図を参照しつつ，《Études sur la phonologie chinoise》(1915～26年)を発表，はじめて全面的な中古音の復元を行った。この書は科学的な中国語音韻史研究の出発点として画期的なものであった。現在中国や日本で通行しているのは，表記を国際音標に改め，若干の訂正を行った漢訳本『中国音韻学研究』(趙元任・羅常培・李方桂訳，1940年)である。その後，上古音の復元に進み，また単語家族を提唱するなど，言語に関する業績は多い。さらに青銅器や古鏡に関する多くの論文を極東考古博物館の紀要(BMFEA)に発表した。文様による青銅器断代や，「淮式」の青銅器の研究は，影響が大きい。

(高田 時雄)

かあん【何晏】 190(初平元)？～249(正始10)。三国魏の思想家・文章家。南陽宛(河南省)の人。字は平叔。後漢末に権勢を振った将軍，何進の孫。曹操の妾となった母に従って曹操に養われ，若くから秀才の誉れ高かった。老荘思想に関心を示して魏晋玄学の端を開き，後世「正始之音」と呼ばれる文化的な気風を体現する知識人の一人であった。一方，その生活は相当に放逸・豪奢であったらしく，魏文帝，明帝からは重んじられなかった。魏の国政にも深く関与したが，曹爽に与したかどで，司馬懿により誅殺された。学術活動としては，『論語集解』の編纂が知られる。「道徳論」「無為論」などの論をも著したが，のち失われた。他書に引用されたそれらの論文の断片から判断すると，無・無名・無為などをめぐる論考であり，のちの玄学の展開に決定的な影響を与えたものと判断しうる。また『文心雕龍』時序篇には当時の代表的な文学者として挙げられており，その作品に『景福殿賦』(『文選』11所収)がある。三国志9

(古勝 隆一)

かあんしせん【花菴詞選】 詞の選集。20巻。南宋の黄昇の編。黄昇の字は叔暘，花菴詞客と号した。書名はその号による。元来は10巻ずつ別に編まれ，前10巻は『唐宋諸賢絶妙詞選』といい，唐・五代の26家，北宋の108家，計134家の詞を収め，後10巻は『中興以来絶妙詞選』といい，南宋の88家の詞および黄昇の自作を収める。詞の最も盛んであった宋代に編纂され，編者による詞人や作品などについてのコメントも見える点で，資料的価値は高い。

(中原 健二)

かい【介】 →科

かい【解】 歌曲や楽曲のあとにつけられ

る器楽または舞曲の終結部。複数の楽段から成る大型の楽曲の場合は，各楽段の歌唱のあとにつけられ，この形はすでに漢代の相和歌に見える。一般に歌唱はゆるやかで叙情的な曲調であるが，解はテンポが速い。すなわち歌で意を抒べ，なお尽くせぬ余情を解を用いて終結する意味がある。解は同時に次の歌唱の前にあることから間奏曲の役もする。

解曲は，例えば，「拓枝」曲に「渾脱」曲を解として用いるなど，速いテンポの独立した曲調を他の楽曲の解として用いるものである。

（古新居 百合子）

かい【諧】　諧謔・ユーモア・戯れ・おどけ・冗談の文芸。南朝梁の劉勰*『文心雕龍』では諧と讔（隠）をまとめて「諧讔」篇としており，性質が近い。どちらも正統的な文学ではないが，諧は笑いで，讔は謎で真意をくるみながら婉曲に諷諫する点，また後世規諫の役をもたない戯言や言語遊戯になっていった点で共通している。諧の例として『文心雕龍』では*『史記』滑稽列伝，宋玉『登徒子好色賦』（*『文選』19）などをあげる。　（幸福 香織）

かい【夏夷】　夏とは中華（華＝夏），夷とは夷狄のことである。戦国時代に夏王朝の復活を象徴する言葉として始まり後に華夏という表現ができ，さらに夏＝華だとされた。歴代の議論では華夷と書かれることが多い。文化の華さく地を中華と称し，それに対する野蛮の地を夷狄と称して，それらの別を論じてきている。そもそも天下の中に複数あった新石器時代以来の文化地域は，周代や春秋時代に大国が小国ににらみをきかす場（勢力圏）となり，戦国時代には，それぞれ領域国家ができあがった。各領域国家は，文化地域を特別に位置づけ，「夏」や「中国」と称した。青銅器文化も新石器時代以来の文化地域に規制されており，それが戦国前期以後の成立である*『論語』や戦国中期の言説を記す*『孟子』に反映されている。『論語』の天下はいわゆる方三千里，『孟子』の天下は方九千里である。『孟子』は三代以来それぞれの方一千里に王道をおこなってきたのだから，今度は斉の方一千里に王道を行えと，当時の歴史観を述べている。「夏」はそもそも殷王朝に先行する王朝名である。現在方一千里ほどの青銅器文化（二里頭文化）がその王朝の勢力圏として注目されている。この歴史的記憶は戦国時代に継承改変され，陝西の秦や河南・山西の趙・魏・韓などで，特別地域が「夏」と称された。「中国（國）」はそもそも「中域」の意味で，周の王都をとりまく限られた地域を指した。これを歴史観に反映させ，新たに王道を行う地域も「中国」だとする国家がいくつか出てきた。山東の斉，河北の中山などが，みずからを含む特別地域を「中国」と称している。秦始皇帝の下で天下が統一されると，天下はすべて特別地域「夏」となり，郡県制がしかれた。始皇帝死後，あらためて天下を統一した漢の高祖は，天下に郡県制をしき，それを特別地域「中国」と複数の王国に分けた。武帝にいたる過程で，諸王国は実質上皇帝の郡県となった。以後天下も「中国」も拡大され，やがて文書行政を行う領域はすべて「中国」となった。この「中国」と外の民族との外交関係ができあがる。それが冊封体制である。外の民族には郡県統治と軍の支配が及ばない。野蛮の地として古典に見える名称（夷狄，東夷・西戎・南蛮・北狄，蛮夷など）が使われた。「中華」という言葉もできた。戦国時代にできあがった古典には，都市国家時代の記憶も反映された。伝統の異なる都市国家が滅ぼされて領域国家ができあがったので，「中国」や「夏」という特別領域の外だけでなく，その中にも特別でない夷狄がいるものとされた。拡大された「中国」の中にも夷狄がいる。周囲の異民族が「中国」に流入した六朝時代の事実は古典で説明できた。「中国」があらためて統一された隋唐の世，周囲の国家では，漢字の定着が進み，律令を導入して自らの地方統治を始めた。この後，周囲は漢字の教養をもって自己を第一に位置づける。「中国」の語も周囲の国家を指す用例が出てきた。唐の滅亡後，遼・金・元・清は漢族「中国」の一部ないし全域を征服し，第一位を自任する。彼らは，漢字以外の文字を国字として用い，漢字圏の支配に臨んできた。華（夏）夷の別は，漢字以外の文字世界をもまきこんで「第一位」を論じるものとなった。平勢隆郎『都市国家から中華へ』（講談社，2005年）を参照されたい。

（平勢 隆郎）

かい【華夷】　→夏夷

かいい【会意】　六書の一つ。象意とも言う。*『説文解字』叙に「会意なる者は，類を比し誼を合わせ，以て指撝するところを見わす。武・信是れなり」という。つまり，意味範疇を表す幾つかの要素（独体字）を並べて組み合わせ，新しい意味を表す文字を作る方法である。例えば「武」は，「戈」を「止」める，即ち武力行使を止めることを表す。また，人が背中合わせになっている「北（⺕ そむく）」のように，各要素間の位置関係が重要な働きをする象形的な要素を持つものもある。　（坂内 千里）

かいうん【海雲】　→印簡

かいおん【介音】　韻腹（主母音），韻尾（音節末音）とともに韻母を構成する三要素の一つ。韻頭

とも。声母(音節頭子音)と主母音の間に発音される母音的要素である。一般的には狭母音[i][u][y]が担い、持続時間は短い。例えば普通話(中華人民共和国の国家語)の「川(chuān)」[tsʻuan]だと[u]が介音である。なお、粤語(広東語)広州方言などには介音が存在しないとする音韻解釈がある。　　　　　　　　　　　　　　　　　（吉川　雅之）

かいが【界画】　定規を用いて描いた絵画。直線を主体とする写実的描写により、立体感をもった宮殿・楼閣をはじめとする建築物・舟・橋・盤車・家具等が主要モチーフとなる絵画を指す。もとは屋木画・宮室画などと呼ばれ、宋の画院に最も優れた作がある。元の湯垕が、画論書『画鑑』の中で、建造物等を定規によって正確に描く古来の技術の重要性を説き、一つのジャンルにまとめる。北宋の張択端*『清明上河図』(北京、故宮博物院蔵)、元の李容瑾*『避暑宮図』(台北、故宮博物院蔵)にみられる建造物は好例。　　　　　　　　　（小林　宏光）

がいか【垓下】　安徽省霊壁県の東南に位置する、楚漢の古戦場。前202(漢高祖5)年、この地で漢軍に包囲された項羽*は、「四面楚歌」を聞き、漢の楚地平定を知って絶望し、寵姫虞美人・愛馬騅を前に「力　山を抜き気　世を蓋う、時　利あらずして騅逝かず、騅の逝かざるやいかんすべき、虞や虞や若をいかんせん」と悲歌慷慨したのち、包囲を突破したが、東城(安徽省定遠県東南)で追撃軍に捕捉され、戦死した。　　　　　　　　　　（吉本　道雅）

がいかのうた【垓下歌】　秦末の歌。項羽*作。楚の項羽は漢の劉邦に敗退を続け、前202年ついに垓下(安徽省)の地に包囲された。この時、四面みな楚の歌をうたうのを聞いて、項羽は自らの最期を悟り、『垓下歌』をうたった後、接戦の中に自刃した。その歌詞は「力は山を抜き、気は世を蓋う。時に利あらず、騅(愛馬の名)逝かず。騅逝かずして、奈何す可き。虞(妃の虞美人*)よ虞よ、若を奈何せん」で、形式は楚歌にならっている。『史記』7、『漢書』31、『楽府詩集』58所収。　（小池　一郎）

かいかん【会館】　同郷ないしは同業組織が設置し、種々のサービスを提供する施設。公所と称するものもある。各地方の公益事業として北京に設置され、省・府・州県の名を冠した会館は、会試受験者や上京した官僚などの宿泊、同郷の人士の社交の場となった。永楽年間(1403-24)の北京にはすでにこうした会館が出現していた。同業や同郷の商人が作った会館・公所は、商業取引、宿泊や交誼を目的とするほか、祭祀や演劇の場ともなったし、慈善事業をおこなうこともあった。北京では、正陽門(前門)外などに商人の会館・公所が集まっていたし、蘇州などの大都市や一部の市鎮の商業区域にもひろく見られた。また、国外に僑居する華人も、中華会館などを作った。同業者団体の会館・公所は行規とよばれる規則をもつこともあり、これをギルドとする見方もある。しかし、対内規制は緩やかであり、独占によって自由競争を抑止したわけでもないので、会館・公所をギルドと同一視することはできない。　　　　　　　　　　　　　　　（岩井　茂樹）

かいかん【海関】　清朝は1684(康熙23)年海禁を解き海上交易を公認すると、その管轄のため広東・福建・浙江・江南の沿海四省に海関を設けた。海関は文字どおり、従来内陸交通の要衝にあった税関(鈔関)を沿海にも増設したもので、もともと鈔関と本質的な違いはない。官庁としての海関は交易の徴税と取締を監督するのみで、実務は海関所属の牙行商人が行った。広東十三行は粤海関のそれである。彼らは19世紀以降、飛躍的に増大した西洋貿易でその実務を担いきれなくなり、1854(咸豊4)年、外国人税務司制度が新設された。外国人税関吏による西洋式行政を導入し、牙行商人の穴をうめたわけである。清末ではこの制度を置く開港場の海関を洋関といい、旧来の海関・鈔関を常関と称して区別する。イギリス人総税務司はこの洋関の長で、巨額の関税収入を背景に清末民国の政治に大きな役割を果たした。民国では普通この洋関を海関とよび、常関などが廃止されると、洋関＝海関が唯一無二の税関となり、現在でも税関を海関という。　　　　　　　　　　　　　　　（岡本　隆司）

かいき【改琦】　1774(乾隆39)～1829(道光9)。清の画家。先祖は西域(新疆ウイグル自治区)の人。祖父が松江(上海市)の官吏。同地で育つ。字は伯蘊。号は香白・七郷・玉壺外史。地域の文人や画家と交流を持つ中、市井の美人画で名をあげる。顧洛・余集・費丹旭らとともに、卵形の顔と繊細な筆致で面貌を描き、清代後期のなよやかな美人画を代表する。他に山水・花卉竹石の小品もある。その美人像を集めた挿図本『紅楼夢図詠』(1879年)が没後に出版される。典型的作品に『樹下美人図』(広州博物館蔵)他。清史稿504　　　　　（小林　宏光）

かいきょう【回教】　中国及び日本におけるイスラム教の旧称。回回教ともいう。現在では全く使用されず、中国でも伊斯蘭教という用語が用いられている。回回という語は本来ウイグルという民族名の漢字転写である回紇の異体であるが、ウイグル以外の西方の諸民族を指しても用いられるように

なり，元代以降ではムスリム（イスラム教徒）に対する名称になった。従って回教とは回回の奉ずる宗教の意味である。ムスリムの中国への最初の到来の年代については諸説があるが，『旧唐書』に，651（永徽2）年，「大食国（アラブ），始めて使を遣じて朝献す」と見えるのが最初の確実な記録である。これ以降，ムスリムはしばしば中国に往来し，居留する者もあったと考えられるが，8世紀の後半には沿海部の広州や泉州に蕃坊と呼ばれるコロニーが形成され，宋代にはさらに発展した。彼らの中には，すでに唐代に科挙に合格するほど中国に同化した者もあったが，多くは海上交易を営み，南宋末からモンゴル時代にかけて活躍した蒲寿庚のような有力者も出現した。モンゴルはその勃興の当初からムスリムを利用・優遇していたが，金，次いで南宋の征服が完了するとムスリムは行政官，徴税請負人として活動し，その居住地域を雲南などの内陸部にも広げた。ムスリム職人が組織的に移住させられた例が示すように，この時期中国へのムスリムの流入は飛躍的に増大し，クビライ・カアンの側近のアフマドや同時代のサイイド・アジャッル及びその子孫のように中央の政界で権勢を揮った者もあった。モンゴルの征服によって正統的教義を支持していた諸王朝が崩壊したイスラム世界では，スーフィズム（イスラム神秘主義）を奉ずる様々な教団が台頭したが，その影響は中国に居住するムスリムにも及んだ。明代になると前代に比してムスリムの社会的地位が低下したことを反映して，彼らに関する情報は極端に減少する。しかし，現在の回族に直接に繋がる中国ムスリム（回民）の社会がこの時代に形成されたことは確実である。中国に伝来した他の宗教と異なり，イスラム教は中国人を個人としてでも集団のかたちでも信者に獲得することはなく，ムスリム人口の増大は，専ら外部からの移住者と彼らの移住地での通婚によるものであると考えられている。中国外のイスラム世界との交渉が皆無ではないにしろ希薄化したため，彼ら中国ムスリムは，少なくとも言語的には完全に漢化した。しかし一方では，前代から伝えられたアラビア語・ペルシャ語の知識は宗教言語として，その文献とともに保持されており，明代の末葉にはこれらの文献の内容を漢文により，儒学や仏教の用語を借用しつつ祖述する者が数多く現れた。胡登洲（1522～97）はその先駆者であり，劉智（1660頃～1730頃）はその大成者である。彼らによる漢文イスラム文献は現在に至るまで中国のイスラムの根幹をなしている。一方中国西北部には，17世紀後半以来，中央アジアのイスラム神秘主義教団の影響が及び，門宦と呼ばれるこの地方固有の教団がいくつも形成されて，現在に及んでいる。　　（濱田 正美）

かいけい【会稽】　江蘇省と浙江省にまたがる古地名。浙江省紹興市の東南に会稽山があり，夏の禹王が南巡して諸侯とここで会計（会議。計と稽は音通）したので，茅山と呼ばれていた山を会稽山と改名したと伝えられる。越王句践が呉王夫差に降伏した所でもある。秦の統一により，この地域に会稽郡が設置されたが，後漢に入り，呉県（蘇州）を治所とする呉郡と山陰県（紹興）を中心とする会稽郡に分かれた。この地域には越族が多く居住しており，三国時代の呉では山越といわれる越族を懐柔平定して漢族の支配地を広げ，東晋・南朝時代にはこの地域が江南の後背地として機能した。隋・唐では山陰県と会稽県とが並置され，越州と呼ばれていたこの地に，南宋の時，金の圧迫のため臨安（杭州）から一時遷都し，紹興と改元したため紹興府と呼ばれるようになった。禹がこの地で没したと伝えられていることから会稽山に禹廟があり，また王羲之の蘭亭遺跡など紹興には名勝地が多い。　（東 晋次）

かいげんかく【海源閣】　清代の蔵書家，聊城（山東省）楊氏の蔵書楼。常熟（江蘇省）の瞿氏鉄琴銅剣楼とともに，南瞿北楊と並称される。その蔵書はほぼ19世紀の半ばに楊以増・紹和父子が収集したもので，清代随一の蔵書家ともいうべき黄丕烈，および怡親王の旧蔵書善本が多くあった。その後，海源閣の蔵書は戦乱などで一部が失われ，民国に入ってから売りに出されて散佚した。所蔵した善本の内容を伝える目録に『楹書隅録』『海源閣宋元秘本書目』がある。　　（井上 進）

かいげんじちんこくとう【開元寺鎮国塔】　福建省泉州市にある開元寺の石塔。開元寺は唐の686（垂拱2）年に蓮花寺として創建され，738（開元26）年開元寺に改称された。元朝初期に全盛期を迎え，1000人の僧侶がいた。伽藍は南から北へ，天王殿，大雄宝殿，甘露戒壇，蔵経閣が縦列する。伽藍南の両側に聳える石塔は，木造楼閣を模倣した中国に現存する最も高い石造楼閣式塔である。東側にあるのが鎮国塔で，唐の7世紀に木塔として創建され，焼失したのち，南宋の1238（嘉熙2）年に高さ48mの八角形石塔として再建された。西側は仁寿塔といい，916年（五代十国の閩国時期）に初建された木塔で，のちに石塔に改築された。　（包 慕萍）

かいげんしゃくきょうろく【開元釈教録】　唐の経録。『開元録』『智昇録』等とも呼ばれる。全20巻。長安崇福寺の僧智昇が730（開元18）年に編纂した。さまざまな経典・経録・史伝等を渉猟し編纂。全書を「総括群経録」「別分乗蔵録」の二つの部分に分かち，後漢の67（永平10）年より唐の730

(開元18)年までに翻訳撰述された典籍2278部7046巻を，時代順あるいは分類別に配列し，書名・巻数・訳者・翻訳時期・存佚・真偽などについて解題し，翻訳者の伝記をおさめる。巻19・20の入蔵録は，現に入蔵されるべきものとして1077部5048巻の経典がおさめられ，以後の写本・刊本大蔵経編纂の際の規範となった。『宋高僧伝』に「経法之譜。無出昇之右矣」とあるように，歴代経録のなかで最もすぐれたものとの評価がある。なお勅撰とする説があるが，智昇の私撰である。また本書の入蔵録に千字文を配した『開元釈教録略出』を智昇撰とする説があるが，後世の編である。　　　（梶浦　晋）

かいげんじりょうてきとう【開元寺料敵塔】
河北省定州市の南門の近くに位置する開元寺の磚塔。僧の会能が天竺から持ち帰った仏舎利を納めるため，北宋の1001(咸平4)～55(至和2)年にかけて建設された。建設当時，定州は北宋と契丹防衛の最前線であり，本塔は敵情の偵察用にも利用され，「料敵塔」と俗称された。塔は八角11層のレンガ造で，高さ84mもあり，中国に現存する最も高い塔となる。全層4面の同じ位置にアーチ形の開口を設けたため，その部位が構造的に弱くなり，17世紀の数度の地震によって部分的に崩れ落ちた。
　　　　　　　　　　　　　　　　　　（包　慕萍）

かいげんせんけい【開元占経】　唐の占星術の集大成書。『大唐開元占経』とも。全120巻。718(開元6)～726(同14)年に瞿曇悉達らが撰した。宇宙構造論，気象現象や地質学的現象にかかわる占い，古今の暦法，星座の表なども含む。末尾10巻は動植物による占いで，後世に付加されたものと考えられる。亡逸した天文学書・占星書・緯書からの引用も多い。インドの暦法『九執暦』や恒星位置の観測データの収載が注目される。　（宮島　一彦）

かいげんつうほう【開元通宝】　唐代に鋳造された銅銭。円形方孔で径8分(約25mm)，重さ2銖4絫(約4g)。前漢以来の五銖銭に代わる公定貨幣として621(武徳4)年より発行され，後の中国歴代王朝やアジア各地で模範とされたが，供給の不安定から悪銭盗鋳等の不正がしばしば問題となった。開元とは元号ではなく，唐朝の樹立を称揚する意が込められている。銭文は上下右左の順に読むのが正しいが，右回りでも意味が通じるため「開通元宝」とも呼ばれた。　　　　　　（丸橋　充拓）

かいげんてんぽういじ【開元天宝遺事】　五代の王仁裕(880～956)の著。京兆の尹(都知事)の従事として長安に滞在していた期間に民間で聞き集めた，200年前の開元・天宝時代(713-756)に関する逸聞瑣事159(現存148)条の記録。玄宗にかかわるエピソードが多くを占めるが，李林甫・楊貴妃・楊国忠・安禄山はもとより，羽振りのよい富豪たちの振る舞いや，民衆の遊びなど社会的気風を書きとめており，当時を知る上での貴重な資料。丁如明輯校本『開元天宝遺事十種』(上海古籍出版社，1985年)が便利。　　　　　　　　　　　　（筧　久美子）

かいげんれい【開元礼】　唐の礼典。150巻。732(開元20)年完成。蕭嵩等奉勅撰。唐朝は国初「貞観礼」100巻・「顕慶礼」130巻を相ついで編纂したが，両者の不一致が礼官の行事執行に支障をきたしたので，宰相張説の建議により先行両礼を折衷し規模を拡充した一大礼典が集賢院で学士らにより編成された。その内容は皇帝が冬至に南郊圜丘で天を祭る儀典に始まる吉礼55項75巻，外交の賓礼6項2巻，軍事の軍礼23項10巻，元服・納后以下の嘉礼50項40巻，喪葬廟祭の凶礼18項20巻よりなり，序例(諸礼の通則，祠・鹵簿・衣服・儀制・仮寧・喪葬諸令相当文を含む)3巻を冠している。中唐の杜佑は『通典』巻106～140に本書を要約収録する。四庫全書本及び清末洪氏公善堂刊本及びその影印本あり。
　786(貞元2)年開元礼挙が設けられ，『開元礼義鏡』100巻等の参考書も生まれた。平安朝には日本にも伝わり橘広相・都良香・菅原道真の奏議に引かれ，わが国の「儀式」編纂を促した。
　　　　　　　　　　　　　　　　　　（池田　温）

かいこう【灰坑】　中国における，遺跡で発見される坑状遺構の呼称。日本考古学の「ピット」あるいは「土壙」に相当する。内部に堆積した土の色が灰色であることが多いため，この名がある(『中国文物考古辞典』)。
　灰坑と呼ばれる遺構は，祭祀儀礼の施設や貯蔵穴として造られたもの，ゴミ穴として造られたもの，あるいは前者が後者に転用されたものなど，さまざまな性格のものを包括しており，分析する時は注意が必要である。　　　　　　　　（黄川田　修）

かいこう【開口】　音韻学の用語。宋代の韻図では開斉合撮といった呼の概念は見られず，摂を開合に分け，開合の異なる韻は異なる転図に配当される。円唇性の介音を含まない韻を開(開口)と呼ぶ。例えば『韻鏡』第二十一転は開であり，平声に二等山，三等元，四等仙が配されているが，音価はそれぞれ*ɐn, *ɪʌn, *iɛn(推定音価は平山久雄のもの，『中国文化叢書1　言語』大修館書店)と推定されており，いずれも円唇性の介音を含まない韻であ

る。　　　　　　　　　　（吉川　雅之）

かいこうこ【開口呼】　音韻学の用語。四呼の一つ。清代の等韻学では介音および主母音を発音する際の唇の形状によって韻母を開口呼・斉歯呼・合口呼・撮口呼の4つに分け，総称して開斉合撮と呼んだ。一方，現代中国語学では開口呼は介音を有さず主母音がi, u, y以外である韻母を指し，一般に［ɿ］［ʅ］韻母をも含む。（吉川　雅之）

かいごうせいさつ【開合斉撮】　→開斉合撮

かいこくずし【海国図志】　清の世界地理書。*魏源著。1844(道光24)年にまず50巻本が刊行され，ついで1847年に60巻，52(咸豊2)年100巻と増補された。広州における林則徐の翻訳事業の成果の一つ『四洲志』を主たる材料としている。アメリカの民主主義制度に対する高い評価や，「夷の長技を師とし，以て夷を制す(西洋の得意とするところに学び，それによって西洋を制する)」として西洋の科学技術に学ぶことを主張した点において，中国近代の改革思想の先駆をなすとともに，日本の幕末の士人にも大きな影響を与えた。（村尾　進）

かいこつ【回鶻】　→ウイグル

かいこつもじ【回鶻文字】　→ウイグル文字

かいさく【介幘】　文官が頭につける幘。幘は本来頭の頂が無く，頭全体を覆うものではなかった。しかし一説によれば，前漢末の新の*王莽の時(9～23)，王莽の頭が禿げていたことから，幘に介字型の頭頂をつけた介幘を使用したと言う(『独断』巻下)。介幘の上に冠を加えることもあり，文官は黒介幘の上に進賢冠を合わせて使用した。古文献中には「幘，尊卑貴賤みなこれを服す。文者は耳長く，これ介幘と謂う。武者は耳短く，これ平上幘と謂う。各その冠に称してこれを制す」(『*隋書』礼儀志6)とある。（田中　陽子）

かいざんせんかんそうしょ【海山仙館叢書】　清代，潘仕成が編集した叢書。海山仙館は潘仕成の書斎の名。59種485巻を収める。1849(道光29)年刊。鮑廷博の『*知不足斎叢書』に編集方針を倣い，版式も同一にしている。伝存のまれな書物を流布させることを主眼とし，あまり底本に手を加えない。収書は広範囲にわたるが，なかでも西欧の数学・医学・地理学などの書を収めた点が注目される。原刻本のほか光緒年間(1875-1908)補刻本があり，前者が『*叢書集成』に収められている。（木島　史雄）

かいし【会子】　北宋時代(960〜1127)から民間で通用していた約束・送金手形であり，南宋初期以降は政府所管に移され，行在会子など数種が発行されて，紙幣として広く流通した。政府発行の会子は，通用期間3年の兌換券で，額面は200文・300文・500文・1貫・2貫・3貫などがあり，1貫(1000文)を銅銭770文にあてる省陌によって運用されていた。
　もともと対金戦争の軍費不足を補うためのものであったが，政府関連のさまざまな場面で使用された。のちに兌換が停止されて不換券となったが，南宋政府は兵士・官僚の給与や軍糧の買い上げ，専売品の購入，そして租税の納入に際しても会子の使用を継続したため，当面は貨幣としての信用を保ち民間でも流通した。しかし，南宋中・後期には発行額が激増したため，その価値は急速に下落していった。（長井　千秋）

かいし【開詞】　むかし評話の芸人が本題に入る前に，詞を一くさり朗誦することを「開詞」といった。元来はそれにより場を静め喉をならすはたらきがあった。詞牌は「西江月」「臨江仙」「鷓鴣天」などを用いた。また，律詩・絶句が用いられるときもある。内容は本題と必ずしも関係あるとはかぎらない。他の語り物では「定場詩」と呼ばれることがある。（山口　建治）

かいしえんがでん【芥子園画伝】　清の画譜(絵画教本)。金陵(南京)派の画家王概及び王蓍・王臬3兄弟の編集。書名は金陵の李漁の名園に因む。同地で出版。多色刷りの挿図入り。1679(康熙18)年刊の初集は体系的な初めての山水画譜として重要。二集は四君子，三集は草虫・花卉・翎毛の画譜(ともに1701年刊)。各集とも画論・制作法・手本となる挿絵によって構成される。王概ひとりが編集する初集の構図には，明末版画からの剽窃が目立つが，王概自身の作風も反映。別に芥子園画伝の名を借りた四集人物画譜が19世紀に少なくとも3種ある。（小林　宏光）

かいしゅうがくがへん【芥舟学画編】　清の画論書。全4巻。1781(乾隆46)年刊。烏程(浙江省)の人で，画家で画論家の沈宗騫が編纂。書名は編者の号芥舟に因む。前2巻が山水，後2巻が伝神すなわち人物画。それぞれ画論と制作法を説く。巻1冒頭の山水の「宗派」に，中国の南方と北方の自然の違いが人に反映し，南北二派を生むと述べ，さらに文人画系と職業画系にわける明末の南北論につ

なぐ。山水画の正しい宗派の系譜を五代の*董源，明の*董其昌，清の董邦達の「三董」に集約する。

(小林　宏光)

かいじゅうぶどうきょう【海獣葡萄鏡】　シルクロードを通じて西域より伝来した葡萄唐草文の上に海獣を重ね合わせた鏡。文様は高浮き彫りの技法で製作される。大型・中型・小型の3種があり，円形以外に方形と稜形が少数ある。海獣とは海外の獣の意とも言われるが，獅子に似た狻猊（きんげい）のほか麒麟・龍・馬・猿などを表したものもある。唐の*高宗・則天武后時代の7世紀後半期から8世紀初頭にかけてもっとも盛行した。年代によって文様の変化があり，内区に走獣を飾り外区に葡萄文を配した鏡の後に，内区に走獣形の瑞獣と葡萄唐草文の両者を組み合わせた海獣葡萄鏡が出現し，次いで典型的な鏡が成立した。典型は怪奇な伏獣状の鈕をもつものが多く，突出した界圏（境界をなす円圏）で内区と外区に分け，内区は種々の形態の瑞獣が葡萄の蔓をよじ登る構図をとる。瑞獣は主に4〜8匹で，葡萄の枝葉が界圏の上や外区にまでのびる例もある。外区は葡萄唐草文を中心に間に禽獣を重ね，さらに蜂や蝶などが交互にめぐる。他に，内区に鳳凰や孔雀などを加えた鏡もある。神功2(698)年の紀年鏡が西安(陝西省)で出土しており，同型鏡の高松塚古墳(奈良)出土の鏡は704年に遣唐使の帰国時に舶載されたものとの説がある。奈良の正倉院や社寺にも伝世鏡がある。

(黄　名時)

かいしょ【会書】　語り物の「蘇州評話」や「弾詞」で，毎年旧暦の年の暮れ，3日間にわたっておこなう上演会のこと。参加者は得意な演目を演唱し，聴衆がその優劣を評定する。もともとは蘇州の「光裕社」(清代からの歴史ある芸人組織)が経費を調達し，芸人どうしの交流をはかるために始めたことがきっかけで，のちに各地の書場(演芸場)でもふつうにおこなわれるようになった。(井口　淳子)

かいしょ【楷書】　書体名。正書・真書ともいう。一般的には，現在広く用いられる公式書体を指す。楷とは，のり・てほんの意。楷書とは，もともと規範となる書の意で，時代によってその内容が異なる。例えば，南朝宋の羊欣（ようきん）『古来能書人名』に三国魏の韋誕（いたん）を評して「楷書を善くす」といい，また唐の張懐瓘（ちょうかいかん）『書断』上・八分に「本之を楷書と謂う」とある楷書は，今日のいわゆる隷書を指す。他方，『晋書』80・*王羲之伝に「尤も隷書を善くす」とあるように，隷書と称して今日の楷書を指すと見なされる例もあり，六朝から唐にかけての書論などには，今日の楷書に当たる名称として正書・真書が見られる。このような同名異実，異名同実といった名称と実体との混乱は，ある書体が別の新書体へと漸次変化し，それに付随して名称が分立していく過程で生じる現象である。楷書の様式上の特色としては，1筆が始筆・送筆・終筆の3節構造をもち，1字が右肩上がりにやや左を向き，力の均衡を基盤として構成される点などがあげられる。こうした様式の初期の段階が，ニヤ遺跡出土の西晋269(泰始5)年頃の書写と推定される封検の墨書の文字に認められ，さらに，吐魯番（トルファン）から出土した五胡十六国北涼449(承平7)年書写の「持世経」跋に完成したスタイルが見られることが，西川寧によって指摘されており，3世紀に萌芽した新たな様式が徐々に浸透して，4〜5世紀に完成したものと推定される。その後，7世紀の唐代に入ると*虞世南・*欧陽詢・*褚遂良などの名家により楷書の様式美は頂点に達し，今日に至るまで標準書体としての位置を確保し続けている。

(福田　哲之)

かいしょう【開相】　ある人物が物語に登場したときに，語り手がその人物の風貌をさまざまな語り口によって描写すること。開臉（かいれん）ともいう。登場人物の風貌の特徴をしっかりととらえて語ることにより，その人物の性格や品格をきわだたせる。

(氷上　正)

かいしょう【蒯祥】　1397(洪武30)?〜1481(成化17)。明朝の著名な大工で，のちに工部侍郎に任ぜられた。蘇州香山(江蘇省)の人。魯国の名匠であった*魯班（ろはん）にちなんで蒯魯班と呼ばれた。1417(永楽15)年に本格的に始まる北京の宮殿建築の設計・施工を担当する。正統年間(1436-49)の3つの大殿のほかに，端門や天安門，また乾清宮（けんせいきゅう）・坤寧宮（こんねいきゅう）・隆福寺・西苑，さらには1464(天順8)年に裕陵を建設している。

(高村　雅彦)

かいしょういっぴんしゅう【会昌一品集】　中唐の李徳裕の撰。『李文饒文集』(文饒は李徳裕の字)ともいう。正集20巻，別集10巻，外集4巻。「会昌(841-846)」は唐の武宗の年号，「一品」は位階。李徳裕は会昌年間に武宗の宰相となり多くの制誥を書いた。正集は鄭亜の序があり，制誥以外に詔冊・表疏・碑銘，別集は詩賦・雑著，外集は晩年に左遷され閑居したときの史論等を収める。『畿輔叢書』(『李衛公会昌一品集』)，『四部叢刊』集部(『李文饒文集』)に収録。

(西村　富美子)

かいじょうかれつでん【海上花列伝】　清の長篇小説。全64回。作者の花也憐儂は，本名韓邦慶(1856〜94)，江蘇松江(上海市)の人。字は子雲，

号を太仙。太仙を分解して大一山人と称する。科挙に合格せず上海で『申報』の論説を書いていたこともある。1891（光緒17）年の試験で孫玉声と知りあい，上海へもどる船上で見せあった原稿が孫玉声の『海上繁華夢』と韓邦慶の呉語小説『花国春秋』だった。『紅楼夢』の北京語に対抗する意識があり会話部分に呉語を使用する。翌年創刊した個人文芸雑誌『海上奇書』に『海上花列伝』と改題し30回まで連載して中断，1894（光緒20）年に64回が石印出版された。「青楼宝鑑」「海上百花趣楽演義」「海上看花記」「最新海上繁華夢」などと改題されたこともある。上海に出てきた若者趙樸斎は，花柳界に入り浸り金を使い果たして車夫となる。趙樸斎を探して妹の二宝も上海に来るが都会に魅入られて居続けるうちに利用されて芸者になる。趙樸斎兄妹を軸にしながら清末の上海租界に浮かぶ多くの名花とそれをとりまく人々を描写する。　　　　　　（樽本　照雄）

かいしん【解縉】　1369（洪武2）～1415（永楽13）。明初の政治家。吉水（江西省）の人。字は大紳。1388（洪武21）年，20歳で進士に合格して庶吉士となり，太祖に寵愛された。性格は剛直で，かつて太祖に「封事万言」「太平十策」を献じて時政を批判し，才能を認められて御史となった。その後，年少を理由に帰郷を命じられたが，太祖の死に際して上京したため，命に背いた罪で河州（甘粛省）の衛吏におとされた。建文帝の時に翰林待詔として召され，永楽朝では黄淮・楊士奇・胡広らとともに文淵閣に入直，機密に参与した。これが明代の内閣の始まりである。翰林学士・右春坊大学士に昇進し，しばらくは永楽帝に重んじられたが，立太子問題や安南出兵をめぐって帝の意に逆らい，しだいに疎んじられた。1410（永楽8）年，漢王高煦（永楽帝の第2子）の讒言で投獄され，5年後に獄死した。著書に『解学士集』『春雨集』，関係した勅撰書に『古今列女伝』『永楽大典』などがある。明史147　（檀上　寛）

かいしんき【会真記】　→鶯鶯伝

かいず【華夷図】　宋代の中国地図の石刻。金の建てた傀儡国家，斉の阜昌7（1137）年の紀年を持つ。西安碑林に現存。書きこまれた地名から，北宋の11世紀の地図に基づくと考えられている。地図の範囲は，北は長城線から，南はベトナム北部・海南島，西は葱嶺・于闐に及ぶ。同じ石の反対面に刻された「禹蹟図」とともに，北宋時代の地図の遺例として貴重。唐の賈耽は縦3丈，横3丈3尺の「華夷図」を作ったとされるが，本図との関係は不明。　　　　　　　　　　　　　　（森田　憲司）

かいずい【海瑞】　1514（正徳9）～87（万暦15）。明の政治家。瓊山（海南省）の人。字は汝賢，諡は忠介。嘉靖（1522-66）の挙人。淳安知県として兵部尚書胡宗憲の息子を逮捕したり，時の権力者厳嵩の一派に直言するなど剛直で知られた。1566（嘉靖45）年，戸部主事となるが，皇帝の神仏祈念を諌める上奏をして投獄された。穆宗の即位後に復官する。1569（隆慶3）年，応天巡撫となり呉淞江や白茆河の浚渫工事を行ったが，土地の勢力者の反対に遭い職を解かれる。張居正の治下では登用されることなく過ぎたが，1585（万暦13）年に再起し，南京吏部右侍郎，南京右都御史等を歴任した。海瑞に題材を採った呉晗の戯曲『海瑞罷官』（1961年初演）は，中国共産党の大躍進政策を批判して失脚した彭徳懐の名誉回復を図ったものとして「四人組」の一人である姚文元に批判され，文化大革命の口火となった。明史226　　　　（森　紀子）

かいすう【契嵩】　1007（景徳4）～72（熙寧5）。北宋の雲門宗の僧。藤州鐔津（広西壮族自治区）の人。俗姓は李，字は仲霊，潜子と号す。7歳で父の遺命によって出家。13歳のとき得度落髪し，翌年具足戒を受ける。その後，衡山・廬山で周叔智らの士人と親交をもち，瑞州（江西省）の洞山に至って暁聡のもとで禅法を受け雲門宗の法系をつぐ。慶暦（1041-48）の初めに銭塘（浙江省）に移ってから約30年間は江南で活動し，霊隠寺に没す。この間，当世の学者が韓愈らの排仏論を慕う風をみて嘆き，「原教」「孝論」などを著し儒仏一致の説をとなえた。それらをまとめたものが『輔教篇』であり，1061（嘉祐6）年，開封に出向いて，『伝法正宗記』『伝法正宗定祖図』などとともに，仁宗に上進し『大蔵経』への入蔵の許可を願い，許される。また同時に仏日明教大師の号を賜った。文集として『鐔津文集』がある。　　　　　　（桂華　淳祥）

かいせい【魁星】　民間では文章を司る学業成就の神とされる。魁星は北斗七星の第一星をさし，首座の意味がある。俗に魁星は二十八宿の奎星とされるが，魁と奎は同音で，「奎星は文章をつかさどる」（漢代の緯書『孝経緯援神契』）とあり，奎星は科挙の試験を司る神とされ，一方，科挙の首席の及第者を魁甲・魁解と称することから，魁星も学業にかかわるようになり，後に混同された。文字の形状について，「鬼が足を上げ斗をもちあげている」（清『日知録』巻32・魁）とある。江南の民間に伝承される仮面劇に登場する魁星は，牙角を生やし目をむきあばたの恐ろしい容貌の面を付け，足を蹴りあげ，左手に斗をもち，右手に筆を取って点を打つしぐさをし，筆で科挙の及第者の姓名をチェックす

ることを表し，人々の学業成就を祝福する。

（廣田　律子）

かいせいごうさつ【開斉合撮】　音韻学の用語。開合斉撮，四呼とも。清代の等韻学では介音及び主母音を発音する際の唇の形状によって韻母を開口呼・斉歯呼・合口呼・撮口呼の4つに分け，総称して開斉合撮と呼んだ。清の潘耒『類音』に初めて見られる語であり，宋元代の韻図ではただ開合をそれぞれ洪細に分けただけの開口洪音，開口細音，合口洪音，合口細音という分類が行われている。一方，現代中国語学では一般に，開口呼は介音を有さず主母音がi, u, y以外である韻母，斉歯呼はi介音を有するか主母音がiである韻母，合口呼はu介音を有するか主母音がuである韻母，撮口呼はy介音を有するか主母音がyである韻母のことを指す。[ɿ][ʅ]韻母は開口呼として扱われる。普通話(中華人民共和国の国家語)では「餐(cān)」[tsʻan]，「浅(qiǎn)」[tɕʻiɛn]，「算(suàn)」[suan]，「絶(jué)」[tɕyɛ]はそれぞれ開口呼，斉歯呼，合口呼，撮口呼である。なお湖北省中東部の漢語方言には [ʮ]（そり舌の円唇舌尖母音。[ʅ]に円唇性が加わったもの）を介音もしくは主母音とする韻母群が見られるが，これについては撮口呼と呼ぶ研究者と呼ばない研究者とがいる。

（吉川　雅之）

かいせいせっけい【開成石経】　837(開成2)年に完成した唐の石経。830(太和4)年，国子祭酒鄭覃の建議が文宗によって裁可され，艾居晦らによって書かれた。『易経』『書経』『詩経』『周礼』『儀礼』『礼記』『左伝』『公羊伝』『穀梁伝』『孝経』『論語』『爾雅』の12経に，『五経文字』『九経字様』を加えた計65万余字が，縦217cm，幅83～99cmの碑，計114石の両面に，標題が隷書，本文が楷書で刻され，長安の国子監に建てられた。『熹平石経』『正始石経』と異なり，各面が7, 8段に区切られるのは拓本による複製が普及したため。五代には野に曝されたが，1090(元祐5)年，現在の西安碑林の位置にあった京兆府学に移された。1555(嘉靖34)年の地震による損壊は1589(万暦17)年に補修され，1664(康熙3)年に『孟子』9石が追刻されて13経となり，1682(同21)年に『大学』『中庸』計2石が加えられて，現在に至る。阮元の『十三経注疏校勘記』はこれに拠っている。

（宮崎　洋一）

かいせいだてんが【海青拿天鵝】　東北のモンゴル族居住地区の狩猟生活を描写した元代の琵琶の名曲で，現在伝承されている最古の楽曲。狩猟用に飼育された鷲の一種である海東青(海青)が天鵝(白鳥の総称)を追って展開する凄まじい闘争の描写を通して大衆の喜びやロマンを表現する。18段から構成される楽曲は，荒涼とした草原に現れた海青が白鳥を探しながら空中を舞う(1～13段)，白鳥を発見し襲撃する(14～16段)，捕獲し勝利を得る(17, 18段)という3場面に分かれる。後に器楽合奏曲として編曲された例として，清代の『放海青』『拿鵝』(智化寺京音楽の管楽合奏)や，『海青』(『弦索略考』に全曲が収載された弦楽合奏)がある。また，清代の華秋蘋『華秋蘋琵琶譜』や李芳園『南北派十三套大曲琵琶新譜』などの琵琶譜に収められているほか，現在では，民国期に編纂された沈浩初の『養正軒琵琶譜』(1926年)掲載譜をもとに演奏されることが多い。

（仲　万美子）

かいせつじせいじょう【快雪時晴帖】　麻紙の墨跡本。東晋王羲之書と伝えられてきたが，現在は唐・宋代の模本とされる。行書。タテ23cm×ヨコ14.8cm。4行，28字。台北の故宮博物院蔵。巻子本であったものを，15幅の冊頁本に仕立て直してある。唐初，魏徴が下賜され，褚遂良に渡った。北宋初，蘇舜元・蘇舜欽兄弟はこの帖を3本所有し，後，米芾がその1本を得て，『宝章待訪録』に記した。南宋の初め，内府に入り，明に至って王穉登・呉廷・劉承禧らに逓伝した。本帖にある元の趙孟頫以下，明・清人の跋や印によって，その逓伝を知ることができる。1746(乾隆11)年，再び内府に納められた。学術を奨励した乾隆帝(高宗)はとりわけこの帖を愛玩し，『中秋帖』『伯遠帖』とともに養心殿の一室に特蔵し，その部屋を三希堂と名付け，また『三希堂法帖』を作ってこれらを刻した。冒頭の「快雪時晴」にちなんで，毎年，初雪の降った翌日には必ず鑑賞し，そのときの感興を冊内の余白に書き記した。亡くなる直前まで書かれたこれら乾隆帝の観題は70か所余りにのぼる。

（横田　恭三）

かいせつどうほうじょう【快雪堂法帖】　明の法帖。1641(崇禎14)年頃から清の初めにかけて作られた。馮銓の鉤摹(複製のためのトレース)，劉雨若の刻。帖名の由来である馮銓自蔵の王羲之『快雪時晴帖』を首に，魏・晋・唐・宋・元の書跡を集刻する。巻数を入れずに随時増刻したためか，分冊の数が不定で，書跡の配列に異同も多い。鉤摹・刻ともに精巧で，墨跡本や古法帖の善本を底本に摹刻したものが多く，佳帖の誉れが高い。原版の所蔵者が3度転じたことで，3種類に大別される拓が行われた。初め涿州(河北省)で拓された淡拓(墨の付着が淡くなるようにとった拓)を涿拓という。その後，福建に運ばれ白紙を用いて濃墨で拓された。これを建拓という。さらに乾隆帝の内府に入り，巻頭に乾

隆帝の「快雪堂記」を増刻して拓された烏金拓（黒光りするほどの黒々しい拓）を内府拓（内拓・京拓）という。そのほか，米芾の『珊瑚帖』中の「預名表」の「預」の字が，涿州を離れ内府に入るまでに「題」の字に改作され，内府に入ってから「預」字に戻されたことで，題名表本と預名表本にも区分される。原版は木版3件を含む不揃いの石版であったが，木版の傷みもはげしく，乾隆帝は石版の大きさを整え，さらに木版を石版に改刻させた。いま原石は北京の北海公園にある松坡図書館に保管されている。
（澤田　雅弘）

かいそ【懐素】　725（開元13）〜785（貞元元）。唐の書家・僧侶。永州零陵（湖南省）の人。俗姓は銭，字は蔵真。おさなくして玄奘三蔵法師の門に出家した。修行のかたわら書に精進し，もっとも草書に長じた。古来，張旭と共に狂草（字形を極端にくずし連綿した草書）の祖と称される。

経済的にかなり困窮していたために，練習用の紙を用意できず，地面・寺の壁・衣服にまで字を書いたといわれ，その狂行ぶりは張旭に似る。また，芭蕉の葉が習字に使えることがわかると，寺の周囲に芭蕉数万株を植えて代用し，あわせて自らの庵を緑天庵と名づけた。さらに，漆塗りの盆に漆が剝げるまで字を書いたり，禿筆を埋めて筆塚を作ったことなどが伝えられている。その書法研鑽の様は，まさに張芝の「臨池」のエピソードにも匹敵するものがある。

懐素の書については，自書したとされる『自叙帖』に詳しく述べられている。彼は書の学習をするために，「笈を背負い錫杖をついて，都を訪ね歩き，当代の名家の名跡や前人の遺跡を鑑賞分析することにより，多くのわだかまりを解消することができた」とある。中でも，当時の名家である顔真卿からの影響が強く，顔の師である張旭の筆法も，この時に伝授されたという。顔が懐素のために書いた『懐素上人草書歌序』を『自叙帖』の中に引用し，「懐素の書を見ると，自由奔放であることはずば抜けており，迅速であることは見る人を驚かせる。あたかも昔見た張旭の書を再び見る思いがする」とあることから，また，懐素の「夏雲の風に随う様を見てたちまち筆意を悟った」という言葉からも，書技法の観点が張旭に基づき，故に，自由奔放な狂草を作り出すことができたと見ることができる。

後世の批評家は異口同音にその狂草を称賛し，なかでも黄庭堅の「張旭は肥において，懐素は痩において絶妙である。この二人は，当時の草書作家の第一人者である」（『山谷題跋』）は適評と言える。彼の書と伝えるものは『宣和書譜』に100余帖を数える。現存作品として『食魚帖』『論書帖』『苦筍帖』『自叙帖』『千字文』などが知られる。
（池田　利広）

かいぞく【回族】　中国におけるムスリム民族集団のうち最大のもの。2000年統計では人口982万人で，分布は全国に及ぶが，寧夏回族自治区，甘粛・青海・河南・河北・山東・雲南省などに比較的多い。中国へのムスリム（イスラム教徒）の流入は唐代に始まるが，とくに13世紀初め以降，中央アジアや南方から流入したアラブ系・イラン系・テュルク系の人びとがのちに漢人・ウイグル人・モンゴル人などと通婚・融合して「回回」「回民」などと呼ばれる集団が形成された。とくに中国南部に居住する回族には漢族の改宗者の子孫とみられるものも多い。通用言語は漢族と同じだが，アラビア語やペルシア語などに由来する語彙も保存している。姓名も中国風だが，比較的多い馬・穆・木などの姓は予言者ムハンマドの名に由来するという。宗教・食習慣・婚姻などには独自の特徴が強い。清朝後期には西北部および西南部で反乱を起こし（回民起義），一部はロシア帝国領の中央アジアに移住した。
（林　謙一郎）

がいだい【外題】　→題簽

かいだいじっしゅうき【海内十洲記】　小説。「十洲記」とも略称される。1巻。もと前漢の東方朔の撰と題するが，後漢から六朝の人による偽託と考えられている。同じく東方朔撰と伝える『神異経』とともに，伝漢代作の空想的地理書の代表的作品。八方の大海の中にあるという祖洲・瀛洲・玄洲・炎洲・長洲・元洲・流洲・生洲・鳳麟洲・聚窟洲の十洲に，滄海島・方丈洲・扶桑・蓬丘・崑崙を付け加えて，その位置や様子，奇怪な動植物や産物，伝説が記される。
（大野　圭介）

かいたく【諧鐸】　清代の志怪小説集。12巻。著者の沈起鳳（1741〜1801以後）は字を桐威，号を賓漁といい，呉県（江蘇省）の人。1768（乾隆33）年の挙人。家庭教師や幕客の身に甘んじたが，小説や戯曲の作者として名を知られる。本書は『聊斎志異』を模倣して作られ，題名には諧謔の文章によって世を戒めるという意味が籠められている。文彩に富んだ筆致によって社会の暗黒面や恋愛の悲劇を巧みに風刺した。後続の『夜雨秋灯録』などに影響を与えた。
（井波　陵一）

かいだん【戒壇】　授戒儀礼が行われる壇場。六朝時代の江南でまず発達し，南朝宋期に建康南林寺に築かれたものが，中国最古の常設戒壇とされる。唐の667（乾封2）年，道宣が長安郊外の浄業

寺に築いた戒壇は方形三重，表面に石を敷き，仏塔を載せていた。道宣の定めた規格は中国的・創造的であると義浄らに批判され，インド式の壇も築造されたが，北宋仏教では全国の基準となった。なお南朝梁の武帝の建てた戒壇は円形，五台山竹林寺の戒壇は八角形と伝えられる。 　　　　　（稲本 泰生）

がいたん【外丹】　　錬金術のこと。中国では一般に煉丹術という。煉丹術は金そのものを煉成して，それによって蓄財致富するのが目的ではなくて，丹薬を服用して神仙度世することを目的としているためである。もちろん金の煉成がなかったわけではなくて，『抱朴子』黄白篇には蓄財のために，水銀・鉛・銅を主材料として金・銀を煉成する黄白術（偽の金銀製造法）が記述されている。煉丹術が外丹ともいわれるのは，唐代後半になって体内に金丹を養成して昇仙するという内丹法が登場し，それと区別されるようになったからである。煉丹術には火法と水法の二通りの煉成方法がある。『抱朴子』金丹篇に引用されている『黄帝九鼎神丹経』は主に火法による煉成法であり，『道蔵』所収の『黄帝九鼎神丹経訣』が，ほぼこれに相当すると考えられる。また，『列仙伝』劉安伝に，劉安が八公から授けられたとされている「三十六水方」は，『道蔵』所収の『三十六水法』の一部であろうと推測されている。『黄帝九鼎神丹経訣』を例にとると，火法の金丹煉成の主材料は丹砂・雄黄・雌黄・曾青・礬石・礜石・石胆・磁石の八石などであり，これを順次，「九転」つまり9回煉成し昇華させる。煉成の器具は赤土の釜を反応器とし，燃料には籾殻か乾燥させた馬糞を用い，釜の外側には玄黄（鉛と水銀の昇華物）を塗る。水法は鉱物を水の中で溶解させて水溶液あるいは懸濁液にするのであり，例えば，「丹砂1斤を生の竹筒に入れて，これに石胆2両と硝石4両を加え，竹筒の口を漆で固め，華池（濃い酢を入れた溶解槽）に漬ける。30日すると溶液になる」（『三十六水法』丹砂水）。以上の煉丹術とは違って，姹女（水銀）と黄芽（鉛）を原料として金丹を煉成する法を説く『周易参同契』は，その煉成法の詳細が非常に不可解なことに記載されておらず，したがって伝承もされていない。『周易参同契』はむしろ唐代末期・五代になって内丹の技法を説いた書とされるようになった。 　　　　　　（坂出 祥伸）

かいちょう【戒牒】　　受戒の証明書。僧尼は得度ののち，おおむね20歳になって具足戒を受け，はじめて一人前の僧尼である比丘，比丘尼となる。そのとき授けられる戒牒は，度牒とともに公認の僧尼であることを示す身分証として，つねに携行すべきものであった。その書式は，入唐僧義真が804（貞元20）年，台州国清寺戒檀所から授与されたものによって知られる（『天台霞標』）。敦煌文書中には，五戒・八戒・八関斎戒など俗人に授けた戒牒が多く見られる。 　　　　　（竺沙 雅章）

かいつうほうやどうこくせき【開通褒斜道刻石】　　後漢の摩崖。正式名称は「漢鄐君開通褒斜道刻石」という。俗に「大開通」ともいう。66（永平9）年の刻。陝西省勉県の褒斜渓谷に刻された摩崖。漢の太守鄐が褒斜道を開通した功績を頌したもの。16行・行5～11字。1字15cm以上の大字が，懐広くスケール大きく刻され，石紋と刻線の味わいが趣深いものとなっている。この摩崖は長い間人に知られていなかったが，南宋の1194（紹熙5）年に晏袤が発見し，釈文を傍らに刻して世にあらわれた。その後再び世間から忘れられたが，清代になって畢沅によって発見され，注目されるようになった。 　　　　　（小川 博章）

がいてん【外転】　　→内外転

がいてんせつ【蓋天説】　　『周髀算経』に記された宇宙構造論であり，「周髀説」とも称される。丸い傘のような天と四角い碁盤のような地とが上下に平行して存在すると考える第1次蓋天説と，天と地はそれぞれの中央が盛り上がった形をしているとする第2次蓋天説がある。蓋天説では，四季の発生は北極からの太陽の軌道の遠近によって説明され（近い場合が夏，遠い場合が冬），昼夜の発生は人間の居住地からの太陽の位置の遠近によって（近い場合が昼，遠い場合が夜）説明された。 　　　（小林 春樹）

かいとう【会党】　　18世紀後半から20世紀半ばまで活動が見られた秘密結社。天地会・哥老会・青幇・紅幇などがある。　清朝中期の社会的・経済的行き詰まりを背景に，主として下層労働者や移民の間で生じ，福建・広東・広西から長江流域にかけての中国南部を中心に広く展開した。結盟によって擬制的な親族関係を創出し，相互扶助を基本目的とする。密輸・強奪・麻薬売買などの組織的な不法行為も行うが，特に武装して非合法的な政治活動に携わったことで知られる。清末には天地会が太平天国に，哥老会が長江教案(1891年，長江中下流域数十都市で起こったキリスト教教会焼き討ち事件)・自立軍事件(1900年，唐才常が企てた反清武装蜂起未遂事件)に関わったように，反欧米列強・反満洲王朝の運動に関与した。辛亥革命にも力を添えたが，民国期には反秩序集団としてやはり取り締まりを受けた。必ずしも一貫した政治目的がなく，組織力を利用した民衆動員に優れていたため，国民

政府・共産党・日本など内外の諸勢力が取り込みを図り，それらと個別に協力関係を結んだ。人民共和国成立により漸次解体させられた。　　　（谷井　陽子）

かいとう【灰陶】　還元炎焼成によって焼かれた灰色の土器。新石器時代の古い段階では紅陶が優勢であるが，龍山時代から灰陶が優勢になり，初期王朝期には灰陶がほとんどとなる。この時期の叩き技法でつくられた灰陶には藍文・方格文・縄文などの叩き目があるが，その後華北では縄文一色になる。灰陶は煮炊き具を中心とする日常用の雑器として大量に生産・消費されたため，外観はますます重視されなくなった。　　　　　　　（大貫　静夫）

かいとう【械闘】　宗族間の暴力的抗争は中国史上に散見されるが，清代，特に福建・広東といった華南の宗族間で行われた抗争が有名であり械闘とよばれる。械とは武器の意である。清代は人口が急激に膨張した時代で，17世紀半ばに9000万人だったのが20世紀初頭には4億人を突破した。このため人口圧の高い地域から低い地域への移住が発生し，華南は北方からの入植者の受け入れ先となった。しかし華南は平野の少ない土地で，居住に適した地域は既に開発されており，入植者は山間地のような条件の悪いところへ向かわざるをえなかった。このようなフロンティアの開拓において，宗族の結集は有利に働く。しかし，これは土地・墳墓・水利をめぐる紛争が容易に宗族間紛争に転化することを意味した。しかもフロンティアの国家権力は弱いため，その解決は結局は宗族間の実力行使，械闘に待たざるをえなかった。械闘とは，清代のフロンティア地域における自力救済の一形態であった。
　　　　　　　　　　　　　　　（谷井　俊仁）

がいとう【蓋頭】　主として宋・元代における女性のかぶりものを指す。唐代の女性は外出に際し，北朝北斉・隋代の習慣に従って紗で顔や身体を覆った。これを「羃」と言い，宋・元代には装身具，特に婚礼の際に花嫁がかぶるものとして用いられ，「蓋頭」と呼ばれた。唐代の帷帽から変化し宋代に流行したとの説もある。一般には薄手の紗羅で作られたが，紫羅でつくられたものを特に「紫羅蓋頭」と言った。宋・元代の女性は労働の際も，また普段の生活の中でもこの蓋頭を外さなかったようである。しかしこの風習は次第にすたれ，明・清代と推移するに従って，この蓋頭は，新婦が嫁いだ後もしばらくその頭上にとどめて新婦であることを表す一種の象徴として用いた以外には庶民の頭上から姿を消していった。

ただし，西域の民族の間では，蓋頭は種々に形を変えて用いられている。　　　　　　　（増田　克彦）

かいとうさんけい【海島算経】　魏晋の測量術の書。『九章算術』の注釈者である劉徽の著作。全9題。『周礼』鄭衆注が掲げる九数算法の一つである重差術が『九章算術』に含まれていなかったので，その補完のために『海島算経』を著した。重差術をさらに発展させて，三角測量をいくつか組み合わせ，複雑な図形に三角形の相似計算法を応用することで，物の高さ，深さやそこまでの距離を導き出す高度な算術を展開する。　　　（武田　時昌）

かいとくどう【懐徳堂】　江戸時代の学校。5人の大坂町人（五同志）が，1724（享保9）年，大坂の尼崎町一丁目に創設し，翌々年，町奉行所より学問所として官許され，諸役御免除をうけた。京都出身の儒者三宅石庵を初代学主として迎え，中井甃庵を学問所預り人とした。講義の教科書は，四書および『書経』『詩経』『春秋胡氏伝』『小学』『近思録』など朱子学のものであったが，毎月の同志会では陽明学の『象山集要』が講じられた。1782（天明2）年からは，中井甃庵の子竹山が学主と学校預り人を兼ねたが，その当初の教程は，1と6の日の昼に『左伝』会読，3と8の日の昼に『伊洛淵源録』会読，4と9の日の夜に『大学』の講学，2と7の昼に『書経』の講学，その夜に『近思録』の講学。13日は同志会，20日は詩会であった。弟履軒が竹山を助けた。学生の中には富永仲基・山片蟠桃・佐藤一斎らがいる。1869（明治2）年，中井桐園・並河寒泉のもとで閉校。1916（大正5）年，懐徳堂記念会により再建され（重建懐徳堂），市民にむけて講義が行われたが，1945（昭和20）年，戦災により焼失した。
　　　　　　　　　　　　　　　（大谷　雅夫）

がいなんえい【艾南英】　1583（万暦11）〜1646（順治3）。明末の文学者。江西東郷（江西省）の人。字は千子，号は天傭子。若くして八股文の名手として知られ，答案集を出版し好評を博したが，自身は進士登第は果たせなかった。清兵が南下すると，閩に入り唐王に会い，兵部主事，ついで御史に任ぜられた。当時の八股文に対する批判の他，後七子らの擬古の風潮に対する批判を忌憚なく行ったことで有名。著に『天傭子集』がある。明史288
　　　　　　　　　　　　　　　（田口　一郎）

がいはちびょう【外八廟】　→承徳外八廟

かいばんしょ【快板書】　北方の各地に広く流布する語り物曲種。単に「快板」と称するものは竹板（竹の板を結びつけたもので，手にもち，拍子

をとる)を打ちながら演唱する，旋律をもたない素朴なリズム唱を指し，快板書を包含する広い意味で用いられる。快板書とは「数来宝」という「三字・三字・七字」の句式を守る単調な語り物から，より複雑な句式，即ち，七言句の一対を基本にしながらそこにさまざまな応用をもりこむ表現力をもつ語り芸へと発展したものである。その発展の過程で，「評書」や「相声」のすぐれた表現技法をとりこんでいった。演唱形態はひとりの語り手(男性)が，片手に大竹板(大板児ともいう2枚の竹板)，もう一方の手に小竹板(節子板児ともいう5枚の竹板)をもち，小竹板で拍子をとりながら語る。大竹板は拍子の補助と，とくに表現上必要なときに効果的に鳴らされる。快板書の語り手は語り口や表情・動作に工夫を重ね，語り物「西河大鼓」などの技法をとりこみながら，人物や情景の描写の能力を高めていった。だしものはすべて短篇もので，『劫刑車』『千錘百煉』『三打白骨精』などがよくしくられている。

(井口 淳子)

かいびゃくえんぎ【開闢演義】 明末の長篇歴史小説。正式名称は『開闢衍繹通俗志伝』。6巻80回。盤古氏の天地開闢から周の武王による殷の紂王征伐までをえがく。現存最古の明刊本には「五岳山人周游仰止集」とあるが，「三台山人余象斗仰止集」とあったものを改めた痕跡がある。余象斗には同じ時代を対象とする『列国前編十二朝』があり，1629(崇禎2)年の叙が冠されている。『開闢演義』の刊行はこの年を遡らないと考えられる。

(大塚 秀高)

かいふうそう【懐風藻】 奈良時代の漢詩文集。撰者は未詳。淡海三船説がある。序文の結びに「遠く淡海(天智天皇の近江朝)よりここに平都(奈良朝)におよぶまで，凡そ一百二十篇，勒して一巻と成す。作者六十四人，具に姓名を題し，幷せて爵里を顕し，篇首に冠らしむ。余がこの文を撰ぶ意，まさに先哲の遺風を忘れざらむが為なり。故に懐風を以て名づくと云ふ。時に天平勝宝三年(751)，歳辛卯に在る冬十一月」という。詩は時代を追って，作者ごとに編集される。巻頭には天智天皇の子の大友皇子・河島皇子，天武天皇の子の大津皇子が置かれ，巻末の石上乙麻呂・葛井広成に至る。述懐・言志の詩もあるが，それよりは従駕・侍宴の作が多く，ことに長屋王宅における宴会の詩が目立ち，約20首見える。詩人伝9篇，詩序も6篇収められている。詩の表現は，六朝から初唐時代の詩に倣う傾向が顕著であり，五言詩が七言詩に比べて圧倒的に多い。『日本古典文学大系』69所収。 (大谷 雅夫)

かいぶんし【回文詩】 詩体の名。一般に「回文」とは後ろから逆に読んでも読める文をいい，日本語ではふつう「竹やぶ焼けた」のように，上から読んでも下から読んでも同じ句をいうが，中国語の「回文詩」は，始めから読んでも終わりから読んでも意味をなす詩をいう。縦横に読んだり旋回して読むこともある。南朝斉の王融の『春遊廻文詩』(「廻」は「回」と同意)の対句「池蓮照暁月，幔錦払朝風」(池の蓮が暁の月を照らし，カーテンの錦が朝の風に揺れる)を例にとれば，逆から「風朝払錦幔，月暁照蓮池」(風は朝に錦のカーテンを揺らし，月は暁に蓮の池を照らす)と読んでも，無理なく意味がとおる。『玉台新詠』所収の蘇伯玉の妻の『盤中詩』や，五胡十六国前秦の竇滔の妻蘇蕙が錦に織り込んで遠地の夫に送ったという『璇璣図詩』が，成立も古く有名である。南宋の厳羽の『滄浪詩話』詩体6に記載がある。

(幸福 香織)

かいへん【開篇】 むかし，蘇州弾詞・紹興平胡調・四明南詞などの語り物や越劇・滬劇などの江蘇・浙江の地方演劇で，正式にだし物が始まる前に唱われたうた。うたの内容はだし物と無関係で，場を静めるはたらきがある。現在では，とくに蘇州弾詞のメロディーで唱われる短篇のうたは，「弾詞開篇」と称され，独立した演目となっている。かけあい・合唱・組み合唱・せりふ入りかけあい，などの形式がある。

(山口 建治)

がいぼ【崖墓】 崖に横穴を掘り，墓室とする墓葬。その起源は明らかではないが，前漢時代には大規模なものが造られ，諸侯王級の墓葬として採用されている。代表的なものとして河北省満城漢墓，河南省保安山漢墓，江蘇省獅子山漢墓，山東省九龍山崖墓，広東省南越王墓などがあげられる。規模には幅があるが，墓道を含めると全長が数十mにのぼるものもあり，なかには100m以上のものもある。構造は一定していないが，一般的には入り口から通路が延び，奥に死者を葬る墓室が設けられる。墓室の周囲には回廊を巡らす例もある。通路の左右には「耳室」と呼ばれる小部屋が数か所から，多いものでは10数か所造られる。耳室の中には副葬品が置かれるが，なかには厨房などを模したようなものもある。このような構造は死者の生前の住居を意識したとする考えもある。またこれとは別に後漢から三国時代にかけて，四川盆地では小型の崖墓が流行している。

(小澤 正人)

かいほう【開封】 現在の河南省東部の都市。黄河の沖積平原に位置する。海抜72m前後。年平均気温は約14℃。龍亭区等5区をはじめ開

封・尉氏・蘭考・杞・通許の5県を統轄する。地名は，春秋時代に「封疆を開拓」する意味から名付けられた。戦国時代の魏の時に都が置かれて大梁と呼ばれ，北朝北周の時から汴州と改められた。隋代には運河(汴渠)が開削され，しだいに隆盛した。唐代の安史の乱以後には都の長安と洛陽が破壊されたことや宣武軍節度使の治所であったことなどから，汴州の地位は一層高まった。唐末，宣武軍節度使であった朱温(朱全忠)は，その地位を利用して唐朝を倒し五代政権の最初となる後梁を汴州に樹立した(907年)。その後，五代の後晋・後漢・後周，さらに北宋時代と金時代に都が置かれ，汴京とよばれた。中国の7大古都の1つに数えられる。五代初期の開封の宮城は，当初，宣武軍の衙署を利用したものであったが，後周の世宗時代から本格的な修築を始め，北宋時代には宮城・内城・外城の三重の城壁を擁した壮麗な都城となって栄えた。北宋時代末年の繁栄ぶりは孟元老『東京夢華録』や張択端の『清明上河図』図巻に描写されている。北宋滅亡時には兵火のために一時荒廃したが，金時代には南京とされ，短期間だが2度にわたって国都とされた。元時代には河南江北行省が設置され，明初には一時的に都が置かれたこともあったが，その後は明一代を通じて周王が鎮守し，河南布政使司の治所となった。明清時代，及び民国時代を通じて河南省の省会であったが，人民共和国成立後の1954年に，その地位を鄭州に譲った。いまも残る城壁は清の道光年間(1821-50)に再建されたものである。産業としては汴繡・汴綢の名で知られる紡績等の手工業や食品工業が発達している。市内には，祐国寺鉄塔(開宝寺塔)・相国寺・龍亭・繁塔等，北宋時代ゆかりの名勝古跡が少なくないが，歴史上，黄河の氾濫のためにしばしば水害を被り，宋代の地層は地下深くに埋もれている。そのため，考古発掘作業が難しく，明代以前の文物調査活動に支障が出ている。最高学府には貢院の跡地に建てられた河南大学がある。　　　　　　　　　　　　　　　(木田 知生)

かいほうじゅつ【開方術】　中国数学の基礎理論の一つ。自乗した数値から平方根を求める方法。湖北省江陵張家山漢墓から出土した『算数書』では，方田(正方形の田)の面積から一辺を求める設問において，盈不足術(過不足算)の公式を適用することで二つの整数値の間の近似値を導き出している。『九章算術』少広章になると，図形の面積に着目して上位の桁から順に近似値を見つけ出す方法を確立している。また同様の方式を三乗根に拡張した開立方術も見られ，中国数学における高次数値方程式解法の発達を促した。　(武田 時昌)

かいほうせつ【開方説】　清代の数学書。3巻。李鋭撰，門人の黎応南補。汪萊の『衡斎算学』第5冊と第7冊の基礎の上に，一般の高次方程式における係数の符号と正根の個数の関係を研究し，符号律を明らかにした。多項式の実係数の変化の数がmのとき，その正根の数はmまたはそれより偶数だけ少ない，というのがそれである。李鋭の命題はデカルトの符号律に等しく，中国古来の開方理論の到達点を示している。　　　　(川原 秀城)

かいほうぞう【開宝蔵】　971(開宝4)年から977(太平興国2)年にかけて，宋太祖の命により開版された大蔵経。『北宋勅版大蔵経』，あるいは刊刻地にちなみ『蜀版大蔵経』ともよばれ，今日，10巻ほどが伝存する。巻子装で，1版1紙，23行14字，各紙右端に経名・巻次・版次・函号などを付刻し，天地の界線はない。経典の配列は，正蔵は『開元釈教録』により，続入部分には宋の伝法院で翻訳された経典や，天台や華厳などの章疏類をおさめる。版木は雕造完了後，983(太平興国8)年に四川から都開封に運ばれ，印経院におかれたが，のち王安石による政治改革の影響をうけ，1071(熙寧4)年に顕聖寺聖寿禅院に移された。現存の経巻巻末には，本来の刊記に続き，この時に付された木記を付すものが多い。最初の刊本大蔵経であり，中国域内はもとより，周辺諸国にも分かたれ，高麗では，『開宝蔵』にもとづき独自に二度の大蔵経雕造が行われた。また金代に，山西地方で刊行された『金蔵』も，『開宝蔵』の覆刻である。　(梶浦 晋)

かいめい【会盟】　春秋時代には，政治や社会の様々な局面で盟約が行われた。特に諸侯国間で行われた盟約を会盟と言う。会盟には，まず場所と時が決められ，犠牲の動物を殺して参会者全員がその血をすすった。そして，神の降臨のもとに盟約の内容を載書(盟書)に記し，犠牲の動物とともに地中に埋めた。当初は，強国の君主が主宰することが多かったが，しだいに臣下の大夫が主宰するようになり，戦国時代にはほとんど行われなくなった。
(江村 治樹)

かいやくご【華夷訳語】　明清時代に編纂された中国語と外国語との対訳語彙文例集。大きく4種に分類される。先ず明初洪武年間(1368-98)に勅命により翰林侍講火源潔等が編纂したモンゴル語のみの甲種本がある。ついで明の1407(永楽5)年に設置された四夷館(清の1644〔順治元〕年に四訳館と改称)で編纂され，次第に増補修改を加えられたものを乙種本という。これには前後あわせてのべ10種の言語(百夷・緬甸・西番・回回・八百・高昌・

暹羅・韃靼・女真・西天)が取り上げられ，各言語固有の文字を載せる。また礼部に属し外国使節の接待を任とする会同館で作成されたと考えられる丙種本は計13種(朝鮮・日本・琉球・安南・暹羅・占城・満剌加・韃靼・回回・女真・畏兀児・西番・百夷)の言語を含むが，これには外国文字は使用されない。さらに清の1748(乾隆13)年に設けられた会同四訳館で作られた訳語は，ヨーロッパの言語や雲南の民族語など併せて36種類を網羅し，丁種本あるいは新華夷訳語と呼ばれる。それぞれ程度の差はあれ各言語の歴史を研究するための好資料である。 (高田 時雄)

かいゆう【灰釉】 石灰分やアルカリ分を含む草木灰を利用し，これに長石質の岩石や粘土などを配合してできた釉。ソーダ釉や鉛釉に比べて灰釉は高火度焼成によってガラス質に溶融する。殷代中期には灰釉の一種である自然釉ではなく，人工的に施釉する灰釉が出現している。原始青瓷も灰釉から発展したものである。また，江南では春秋戦国時代の後期に灰釉陶が焼成されている。 (出川 哲朗)

かいゆうとう【灰釉陶】 植物灰や石灰の釉薬をかけた陶器。1200度前後の高温で焼成したため，胎土は硬く焼きしまり，吸水性の低いことが特徴である。二里頭文化期に出現したのち，西周から春秋・戦国時代の江南に盛行し，漢代まで存続している。中国では殷周時代の灰釉陶を原始瓷器と呼ぶことが多い。瓷器(磁器)とは，酸化アルミニウムが多くて酸化第二鉄の少ない高嶺土(カオリン)を用い，1300℃前後の高温焼成により胎土が白く堅緻に焼結し，吸水性の低いものをいい，化学的には酸化第二鉄の含有量が陶器は6％以上，瓷器は1％前後である。江南から出土する硬陶・灰釉陶・瓷器はほとんど同じような胎土を用いているため，殷周時代の灰釉陶は陶器と瓷器との中間的なものといえる。長江中・下流域の浙江省上虞市の李家山遺跡や江西省樟樹市の呉城遺跡では殷代にさかのぼる龍窯(登り窯)が発見され，硬陶と灰釉陶とが同じ窯で焼成されている。黄河流域から出土する灰釉陶は，このような長江流域からの搬入品と推測できる。 (岡村 秀典)

がいよそうこう【陔余叢考】 清の読書劄記。43巻。趙翼著。当時の人々が関心をもっていた事柄の起源や来歴・典拠を調べたもので，内容は経・史・子・集の四部全般にわたるが，史学・故実・典制に関するものが特に多く，また精彩がある。そのうち史学，ことに正史に関したものをいっそう拡充したのが，著名な『二十二史劄記』で，両者には内容的に多少重複するところがある。1790(乾隆55)年湛貽堂刊本が最も早く，これはのちに『甌北全集』に収められた。 (村尾 進)

かいらいぎ【傀儡戯】 各種人形劇の総称。人形を表す傀儡という名称は，漢代にすでに出現しており，『後漢書』五行志に『風俗通義』を引いて，「時京師賓婚嘉会皆作魁櫑(当時都では祝いの席でよく傀儡を演じた)」という記載が見られる。また後代の杜佑『通典』には，「窟礧子，亦云魁礧子，作偶人以戯。善歌舞，本葬家楽也。漢末始用之於嘉会」とある(「魁櫑」「魁礧」は「傀儡」に同じ)。これらの記録から，傀儡戯が当初は葬送儀礼の一部として行われ，漢末に祝いの席の娯楽という機能を持つに至ったことがうかがわれる。1978年，山東省萊西県から出土した可動式の木俑は，当時の傀儡の姿を伝えるものとされる。

その後三国時代から唐代まで，傀儡戯は散楽・百戯の一部として行われていたが，一方隋の煬帝の時，曲水宴の折に演じられた傀儡戯は，簡単ながら物語を演じる演劇としての特質を備えていたことが確認される。唐代においては，宮廷，市中双方で演じられていた記録が見られるが，民間での上演の様子がはっきりしだすのは宋代以降である。この時代から，杖頭傀儡・懸糸傀儡・薬発傀儡・水傀儡・肉傀儡など，各種傀儡戯の名称が出現し，また任小三，張金銭など，芸人の名前も記録に残るようになる。最も一般的であった棒使い人形劇の杖頭傀儡，糸操りの懸糸傀儡のほか，火薬を用いて行われたと考えられる薬発傀儡，船上で上演される水傀儡，本物の子供を人形がわりに用いて演じたとされる肉傀儡など，特殊な上演形態を持つ傀儡戯も見られた。この時期に著された『東京夢華録』『武林旧事』『都城紀勝』等の書物によれば，これらの傀儡戯は宮廷内で上演される一方，市中の盛り場に設けられた劇場で大衆娯楽として演じられており，当時すでに傀儡戯芸人の組合も存在していたとされる。

なお，20世紀に入ってから，人形劇の総称は傀儡戯から徐々に木偶戯へと移行し，現在はほぼ木偶戯に統一されている。 (平林 宣和)

かいらんき【灰闌記】 元代の雑劇の名。詳しくは「包待制智を以て石灰の柵を裁く」という。李潜夫(字は行道。行甫とも)作。もと妓女の海棠は馬均卿の妾となって男子を産んだ。その子が5歳になった時，馬の本妻は趙令史と密通していたが，それが露見しそうになり，夫を毒殺して海棠が犯人だと訴え出た。名裁判官として有名な包拯がこの一件を裁くことになった。海棠は無実を訴えたが，馬の本妻は海棠が夫を殺したと証言し，子供も自分の

子だといって決着がつかなかった。そこで包拯は部下に命じて石灰で柵を書かせ，子供をその中に置き，2人に両方から引っ張らせて勝った方の子とみなすといった。本妻が勝ったが，海棠は子供に怪我があっては大変だから手を放したといった。そこで真実を悟った包拯は本妻を調べて白状させ，事件を解決した。この，2人で子供を取り合う話は古くはインドにあるといい，我が国の大岡政談にも取り入れられている。また，ブレヒトの『コーカサスの白墨の輪』もこの作品を翻案したものである。

(日下 翠)

かいりょうおう【海陵王】 1122(天輔6)～61(正隆6)。金の第4代皇帝。在位1149～61。姓は完顔，名は亮。字は元功。諱は迪古乃。祖父は太祖，父は太祖の庶長子である宗幹。母は大氏。1140(天眷3)年，先帝煕宗治下で宰相となったが，49(皇統9)年，煕宗の暴政による国内不安に乗じてクーデターを起こし，彼を殺して帝位に即いた。金朝の華北支配を進めるため，1153(貞元)年，首都を上京会寧府(黒龍江省)より燕京(北京市)に移して中都と称し，諸制度の中国化をはかったが，それにともなう税の過酷な取りたてで国内不安が激化。加えて1161(正隆6)年に敢行した伐宋も国力を無視したもので失敗し，遠征先で部下の完顔元宜に殺された。ついで帝位に即いた世宗は，彼を先帝とは認めず，降して海陵郡王に封じた。帝位に即きながら海陵王といわれるのはこのためである。さらに20年後，その悪事がいまだ正されていないとしてこれを庶人におとした。金史5

(桂華 淳祥)

かいろしん【開路神】 葬儀において，出棺の先頭を歩かせて悪鬼を押さえるとされる神。開路神君・険道神ともいう。『三教捜神大全』巻7によれば，開路神君は『周礼』夏官の方相氏にあたる。その風貌については，背丈が1丈余り，頭の幅は3尺，鬚の長さは3尺5寸で，鬚は赤く顔は藍色で，髪を束ねて金冠を被り，赤い戦闘着を身に着け，黒い皮靴をはき，左手に玉印，右手に方天画戟を持つとされる。

江南地方では，出棺の際に，大人より大きな紙製の開路神の人形を行列の先頭にたたせる風習があった。

(廣田 律子)

がいん【画院】 宋代の宮廷に属した絵画制作機構。正式名称は翰林図画院(北宋後期の一時期，翰林図画局と改称)，画院はその略称。歴代の王朝には宮廷または政府に所属する絵画制作機関が置かれていたが，なかでも唐代の翰林院に淵源し，宋代に至るものを画院と通称する。宋初には内侍省管轄下の翰林院の中に画待詔・芸学等がいたが，984(雍煕元)年，翰林図画院が独立し，998(咸平元)年，待詔3人・芸学6人・祇候4人・学生40人の定員が定められた。1073(煕寧6)年，翰林図画院は政府の下部機構である提挙在京諸司庫務司の下に移されたが，1082(元豊5)年以後に翰林図画局と改められて翰林本院に復帰したと推測される。

北宋前期の画院では，965(乾徳3)年に五代十国後蜀より帰順した黄居寀一派の花鳥画風(黄氏体)が画院を席巻し，「院体」と呼ばれた。北宋末，徽宗(在位1100～25)は宮廷画家の質の向上を企て，1104(崇寧3)年，画学を置き，1105(同4)年，米芾をその博士とし，教養のある専門画家の養成を目指した。しかしこれは当時の官僚制度と合わず，徽宗は1110(大観4)年，画学を廃止し学生30人を翰林図画局に併入した。これよりのち徽宗はしばしば画院に自ら出向いて画家を直接指導し，その向上に努めた結果，その治世の末年頃には「宣和の体」と呼ばれる独自の画院様式が成立するに至った。

1127年，北宋滅亡に伴い画院も壊滅したが，南宋の高宗(在位1127～62)はその在位の末近くに画院を復置したと推測され，ここにかろうじて金軍の手を逃れた李唐ら，かつての徽宗画院に属したわずかの画家たちが復帰し，南宋「院体」画の様式的基盤を提供した。これより全てのジャンルにわたって院体画は質の高い達成を成し遂げ，南宋画壇を牽引した。

(嶋田 英誠)

かえんそうとうちこうこつ【花園荘東地甲骨】 河南省安陽市殷墟の花園荘において発見された巨大甲骨塊。1991年秋，中国社会科学院考古研究所安陽工作隊は，殷墟小屯村南の花園荘(いわゆる洹南花園荘。洹河北岸にも重要遺跡の在する同名の村落があるので，区別して，こう呼ぶ)の東部において，道路造成中に大甲骨坑を掘りあてた。完整亀版が大部分を占める1583片が出土し，うち689片に刻辞があった。1936年のYH127坑，1973年の小屯南地甲骨に継ぐ，殷墟甲骨の巨大埋蔵の第三次発見として，注目された。

従来，殷墟出土の数万片の甲骨は第19代武丁期より殷末王，第30代帝辛(紂)に至る間の王室における占卜がその大部分を占めているが，一部に，これと性格を異にする複数の甲骨群が混在することが知られてきた。これらは，殷王室を支える複数の血縁集団が各々の集団内で行った占卜であり，非王卜辞，王族・多子族卜辞，族卜辞，非王朝卜辞等と呼ばれ，多くは武丁期並行と考えられてきた(ただし，文武丁期卜辞とする説も根づよい)。この(洹南)花園荘甲骨もまた，こういった性格の卜辞群で

あり，一括大量に出土した点，大部分が完整亀甲である点，従来の武丁期卜辞がその後半期のものであるのに対し，これが武丁期前半のものである可能性があるなど，注目される点が多い。基本資料として，中国社会科学院考古研究所編『殷墟花園荘東地甲骨』6冊(雲南人民出版社，2003年)がある。

(松丸 道雄)

かえんそうとうちごじゅうよんごうぼ【花園荘東地54号墓】

河南省安陽市殷都区花園荘村の東に位置する殷墟期の貴族墓。当地では2000年から2001年まで中国社会科学院考古研究所安陽工作隊によって調査が行われ，2007年にその報告書『安陽殷墟花園荘東地商代墓葬』が刊行された。被葬者は35歳前後の男性で，他に15人の人と15匹の犬が殉葬され，青銅彝器40点を有するなど副葬品も豊富である。被葬者は殷墟期の有力な貴族であり，青銅器銘文から「長」族の長であったと考えられている。

(角道 亮介)

かおう【花押】

草書体で書かれ記号化された自署，または名前の代わりに自署された記号。遅くとも唐代に始まったとされ，宋代以後は盛んに行われた。官文書の場合，本文と連署者の官職・姓までを書記が記し，連署者は名のみを花押で自署するのが通例であった。民間で作られた契約文書などでは，文字を識らぬ者が代書人の書いた自分の姓名の下に，署名の代わりとして「十」「〇」等の記号を書いた例がある。これは日本の略押に当たる。

(辻 正博)

かがく【華岳】

?～1209(嘉定2)?。南宋の忠臣。貴池(安徽省)の人。字は子西。翠微と号した。若いころは財を軽んじ任俠を重んじた。1205(開禧元)年，上書して宰相韓侂冑を糾弾して投獄され，侂冑の没後，官に復した。のち，丞相史弥遠を失脚させようと謀るが事前に露見し，東市で杖殺(大きな杖でたたき殺す)された。詩人としては江西詩派や江湖派と一線を劃した平淡な作風を見せ，詞は「瑞鷓鴣」など18首が伝わる。著に『翠微南征録』がある。宋史455

(宇野 直人)

ががく【雅楽】

儒教の礼楽思想に基づく天地宗廟の祭祀楽。広義には，俗楽の宴饗楽も含めた宮廷音楽全般をさした。狭義の雅楽は，有史以前からあったシャーマニズムの儀礼を基に，周代の儀礼楽と孔子の礼楽思想が結びついたもので，民族や時代により変遷と盛衰を見つつも清末まで継承された。儒教が正式に国学となった漢代に上演形態が定型化し，隋唐代にその大枠を再興した旨が，宋の『陳暘楽書』や元の馬端臨『文献通考』に記される。これによれば狭義の雅楽は，楽懸(堂下楽とも)と登歌(堂上楽とも)からなる。楽懸とは文舞と武舞の2種類の舞を伴う器楽合奏で，儀礼を催す建物の前庭で上演する。踊り手の数は祭祀対象の格付けにより決まり，天子に献じる八佾(縦横8人ずつ，計64人)を最大とする。登歌は器楽伴奏つきの歌曲で，儀礼を催す建物の中で演奏する。雅楽の伴奏楽器は周代から，金・石・革・木・糸・竹・匏・土の素材別分類法「八音」によって整理された。打楽器には金属製の編鐘や石製の磬，木製の柷や敔，管楽器には塤(素焼きの笛)や竹製の排簫，匏(ひさご，瓢簞の意)の共鳴器をもつ笙，弦楽器には琴や瑟など，30種類以上の楽器を用いた。このうち登歌では弦楽器と管楽器を，楽懸では弦楽器をのぞく全ての楽器を演奏した。復古思想が強まった宋代には，『詩経』に基づく擬古的な歌詞を，1文字1音節の単調な旋律にのせる「詩楽」が雅楽の一領域として重視された。「風雅十二詩譜」はその一例で，歌詞1文字ごとに律呂名を記して音高を表した律呂字譜の体裁をもつ。

宮廷宴饗楽は，漢代の西域楽の東流を契機に興隆し，隋唐に，雅楽と漢族の俗楽，西域の胡楽を合わせた舞楽が隆盛した。唐の太宗は，狭義の雅楽に倣い，立・座部伎からなる二部伎を定めた。雅楽は諸国に伝わり，今日の朝鮮半島には，李氏朝鮮時代に狭義の雅楽を改編した宗廟楽と文廟楽が，日本には唐代の宴饗楽が遺る。中国南方の室内楽との関連が指摘されるベトナムの雅楽は，近代にほとんど伝承が途絶えたが，1990年代に国際協力を得て復元された。

(尾高 暁子)

かがくえいれいしゅう【河岳英霊集】

盛唐に編まれた唐詩の選集。3巻。編者の殷璠はこの集の「目録」などに「唐の丹陽(江蘇省)の進士殷璠が集む」とあるのみで，生没年など一切不明。常建・李白・王維ら盛唐の24人の詩234首を選ぶ。かれの「序」によれば，選ばれた詩は714(開元2)年から753(天宝12)年までの40年間のもので，詩人たちはすべて「河岳英霊」，つまりうるわしい山河がはぐくんだ英傑たちだった。この選集は，選詩と評論を合体させる新しいスタイルを打ち出し，以後の選集に大きな影響を与えた。その評語は詩人の身世性格と創作特色をあわせ論じ，たとえば李白については「白は性 酒を嗜み，志は拘検せず，常に林棲すること十数歳。故に其の文章を為るや，率ね皆な縦逸たり」という。選詩の基準として，殷璠は高雅・奇警を重視し，風骨(直接的な言葉と爽やかな意気の統一)・興象(詩にこめられた境地)を提唱し，ゆえに大半の170首ほどが古詩である。そし

て声律はそれほど重視していない。また，盛唐を代表する杜甫を1首も選んでいないのも不足といえる。
(深澤 一幸)

ががくはちじゅうしちょう【雅楽八十四調】 十二律と七声を，旋宮と転調の2段階を経て結合したもの。前者は宮の声を十二律のいずれかに置くことであり，後者は主音を七声のいずれかに置くことである。こうして七声は12通りに定まり，各々が7つの調を生じることになる。隋の万宝常によって理論化され，俗楽二十八調に対して雅楽で用いられた。但し十二平均律の算法を用いて七声と十二律を作らない限り，宮を黄鐘以外に置いた時には，声律間の対応に微少なずれを生じる場合がある。
(水口 拓寿)

ががくぶふ【雅楽舞譜】 孔子や先帝に奉じる祭祀舞踊の楽譜。楽舞を伴う孔子の祭祀は，北朝北魏の424(始元元)年に始まった。現存する舞踊譜は，明代の文字譜と図像譜と，清代の『文舞舞譜』『闕里新譜』『文廟丁祭譜』で，明清祭孔舞譜と総称される。文字や図など記述の手段は異なるが，体の部位ごとに90あまりのポーズに分けて説明する。清朝は年に4回，上丁の日に祭孔儀礼を行ったので丁祭譜とよんだ。この他に帝舜を賞揚する伝説上の楽舞を元の余載が復元した『韶舞舞譜』(『韶舞九成楽補』所収)もある。
(尾高 暁子)

かかそんいせき【何家村遺跡】 1970年，陝西省西安市南郊何家村の地下から，甕2個と銀壺1個に収められた，併せて1000余点に上る埋蔵品が発見された。なかでも200点を越える金銀製品には，刻花金碗，透かし彫り銀薫炉，舞馬銜杯文銀皮嚢壺，鸚鵡文銀提梁壺など，多様な造型の巧みさ，そこに施された華麗な文様の見事さ，製作技術の精巧さにおいて，唐代金銀器の逸品が集まっているといえよう。発見当初は，出土地点が唐代長安城の興化坊にあたり，玄宗朝の邠王李守礼の屋敷地点と推定されるところから，安史の乱(755～763)に際しての埋蔵品と報じられた。しかし，その後の金銀器研究の進展から，器形や文様に更に年代の下る要素をもつものが指摘され，一括埋蔵の年代については，なお各方面からの検討が必要であろう。出土品は，ほかに日本，アラブ，ペルシャと洋の東西にまたがる一群の金銀貨幣，庸調銀餅(租税の銀納品)，調薬用具と各種薬品など多様で，遺構全体の性格究明などの課題が残されている。
(秋山 進午)

かかてんかそうぶんか【夏家店下層文化】 北はシラムレン川流域から南は燕山山脈南麓に広がった初期青銅器文化。紀元前2千年紀前半頃であり，殷代後期までは下らない。豚飼育をともなう雑穀農耕とともに，初歩的な牧畜が始まっていた可能性がある。1960年におこなわれた内蒙古自治区赤峰市夏家店村での調査で，二つの特徴的な文化層が見つかり，その下層が夏家店下層文化と命名された。土器は中原系の技術である叩き技法による縄文土器が作られ，甗や鬲という中原系の煮炊き具が用いられた。墓からは焼成後に塗彩した彩絵陶が出る。この時期には集落のまわりに壁をめぐらした囲壁集落が出現する。丘陵に立地するものが多いが，平地にもある。住居は円形や隅丸方形の小型竪穴住居であり，貯蔵穴が発達する。墓は細長い土坑墓で側身伸展葬であった。大旬子墓地の墓から出土した爵と呼ばれる土器は中原の初期王朝開始期である二里頭文化のものと瓜二つであり，両文化は同時代でかつ交渉があった。
(大貫 静夫)

かかてんじょうそうぶんか【夏家店上層文化】 内モンゴル自治区東部の赤峰市付近を中心として見出される青銅器時代後期の文化。夏家店遺跡の発掘で，夏家店下層文化より後の時期の文化として認識された。両者の間に系統関係があるかどうかは不明である。遺物には，シベリアのカラスク文化の流れをひく剣・飾金具・刀子などの青銅器があり，初期遊牧民文化と共通する動物文様が用いられるなど，ユーラシア草原地帯の文化の色彩が濃厚である。動物文様は，初期遊牧民文化のなかでも初期のものと考えられ，その起源を考える上で重要である。しかし夏家店遺跡では住居址も見出され，完全な遊牧民の文化であったとは思われない。南山根101号墓や小黒石溝8501号墓などでは，4,500点にのぼる青銅器が発見される一方，赤峰紅山後遺跡などでは，腕輪や針など少数の小型青銅器や赤色磨研土器が出土するだけである。豊かな墓では，西周時代中期頃や，西周時代後期から春秋時代前期の中国青銅器が発見されており，この文化の年代を考える上で参考となる。また遼寧式銅剣や，それに類似した剣なども見出され，朝鮮半島や日本の青銅器を考える上でも重要である。
(高濱 秀)

かがみ【鏡】 鏡体・鏡形・鏡面・鏡背・鈕・鈕座・文様・銘文・縁などから構成される。青銅で製作され，18世紀末まで広く使用された。鏡の用途は主に化粧具であったが，贈答品・結納品や副葬品として，また儀礼・呪術・照魔・魔除けや規約・信頼の証など，さまざまな意義や機能をもつものとして用いられた。円形を主流とするが，方形・亜字形・花形・稜形・有柄形などもある。鏡背の中央に紐通しの鈕があり，周りに装飾文様や銘文が配さ

れる。径10～15cmの中型鏡が多い。文様には龍鳳などの動物文様のほか，植物文様，幾何学文様や神話伝説に由来する図案などがあり，銘文には祝福・祈禱の吉祥句が多く，鋳鏡者名・鋳造所・製造年号を刻んだものもある。歴代特色の異なる鏡が作られたため，出土鏡は古墓や遺跡の編年の判断基準になる。中国鏡の製作は4000年前の斉家文化期にまで遡り，最古の例として素文鏡や七角星文鏡などが出土している。斉家文化と殷周代は鏡の出現期，春秋戦国時代は発展期，漢代は繁栄期，魏晋南北朝時代は停滞期，隋唐代は最盛期，五代宋金元明清代は衰退期にあたる。戦国鏡・漢鏡・唐鏡は鋳造技術などにおいてそれぞれ頂点に達し，とりわけ彩画・金銀錯・七宝・鍍金・貼銀・螺鈿・金銀平脱などの特殊技法を用いて製作された逸品は銅鏡の工芸技術の高さを示す。戦国時代に鏡は急速に発展し一つの完成をみた。巧みな鋳造技術，精緻な文様，流麗な描線はそれまでの素朴な様式を一掃した。前漢以降，鏡に銘文を施すことが一つの特徴となるが，漢鏡は描画の精巧さ，文字の珍しさ，字句の高尚さに特色があり，銘文には現実生活に対する追求が込められ，文様には神仙世界への渇望が表現されている。唐鏡は戦国鏡の緻密さ，漢鏡の堅苦しさを脱し，造形と題材において前代を凌駕した。躍動する瑞獣，翼を広げた鸞鳳，華やかな瑞花の図案は絢爛たる開放的な太平の時代を象徴する。中国鏡は広く周辺地域にも伝わり，とりわけ日本では弥生時代以降，中国より大量の鏡が舶載されて宝物や神器とみなされ，さらにこれらを模倣した仿製鏡が作られたが，平安時代中ごろには独自の文様をもつ和鏡が成立する。　　　　　　　　　　　　（黄　名時）

かがん【華嵒】　1682（康熙21）～1756（乾隆21）。清代の画家。上杭県（福建省）の人。字は秋岳，号は上杭の古名である新羅から取った新羅山人・白沙老人・東園生など。家は造紙を業としていたといわれ，若年に華氏宗祠に壁画をなしたという。郷里を離れてからは，しばし北京に上り各地を遊歴の後，1703（康熙42）年杭州に移居し，徐逢吉・蒋雪樵・厲鶚などと交わった。のち揚州に客寓して張瓠谷や員果堂の支援を受け，揚州八怪と交友も持ちながら売画生活を送った。70歳の時ついに杭州に帰りそこで没した。画作は初め惲寿平にならい，次第に明快で洒脱な独特の画風を作り上げた。人物・山水・花鳥などに広範な画才をしめす。代表作に『鵬挙図』（京都，泉屋博古館蔵），没する一年前に画かれた『天山積雪図』（1755〔乾隆20〕年，北京，故宮博物院蔵）や『秋声賦意図』（1755〔乾隆20〕年，大阪市立美術館蔵）などがある。その画風は任伯年など海上派にも大きな影響を与えた。『離垢集』5巻がある。清史稿504　　　　　　　（塚本　麿充）

がかん【画鑑】　元の画学書。一名『古今画鑑』。1巻。湯垕撰。元以前の名画家とその作品について評述したもの。およそ至順年間（1330-32）頃の成立。『説郛』（宛委山堂本）・『学海類編』・『四庫全書』等に収録，また于安瀾編校『画品叢書』所収本（上海人民美術出版社，1982年）・馬采標点註釈本（『中国画論叢書』の一，1959年）などがある。湯垕，字は君載，号は采真子，もと山陽（江蘇省）の人。祖父のとき京口（江蘇省）に移る。書画，鑑識を善くした。　　　　　　　　　　　　（嶋田　英誠）

かかんしゅう【花間集】　唐・五代詞の選集。10巻。五代十国，後蜀の趙崇祚の編。欧陽炯の940（広政3）年の序があり，敦煌で発見された『雲謡集雑曲子』についで古く，編纂時期が確認できる最も早い詞の選集である。

この詞集は18人の作品500首を収録する。作者のうち，温庭筠・皇甫松が唐代の人物であり，和凝が五代の各王朝に，孫光憲が十国の荊南に仕えたのを除けば，14人は蜀出身か前蜀・後蜀に仕えた人々である。この事実と詞集の編纂は，五代の蜀という地方における詞の流行を物語るといえよう。

代表的な詞人は温庭筠と韋荘であり，それぞれ66首と48首を収める。温の閨怨を中心とする艶麗な表現は『花間集』の全体的な傾向を代表するが，韋荘の作品の中には叙情詩としての宋詞に繋がる部分も見出すことができる。

数多くの版本が刻され，後世の人々によく読まれたことが知れるが，南宋時代の版本が3種類今に伝わり，最も古いのは1148（紹興18）年のものである。
　　　　　　　　　　　　　　　　（山本　敏雄）

かかんじゅん【夏完淳】　1631（崇禎4）～47（順治4）。明末の文学者・抗清運動家。松江華亭（上海市）の人。原名は復，字は存古，諡は節愍。父允彝や師陳子龍らの影響下，幼くして文才を発揮した。清兵が南下すると，抗清運動に身を投じ，捕縛された後も投降に肯んぜず，17歳で南京で処刑された。その詩文は，はじめ擬古的であったが，明の滅亡後は，慷慨の気を帯びた素朴で力強い作風に変化した。著に『夏節愍全集』等が残る。明史277
　　　　　　　　　　　　　　　　（田口　一郎）

かき【何基】　1188（淳熙15）～1268（咸淳4）。南宋の思想家。婺州金華（浙江省）の人。字は子恭，諡は文定。北山先生と称される。朱子の高弟で娘婿でもある黄幹に教えを受け，郷里で優秀な弟子を育てたことから，金華地方に朱子学の正統を根付かせ

た人物として評価される。北山四先生の一人。『大学発揮』等の著書があったがその多くは失われ，わずかに残された資料が『何北山先生遺集』4巻として『金華叢書』に収められている。宋史438

(早坂 俊廣)

かき【卦気】 六十四卦を四時・十二月・二十四気と結び付ける方法。前漢の孟喜に始まり，京房によって完成されたものであろう。その仕組みは，坎・震・離・兌の四正卦を四時・二十四気に配当し，毎爻が一気を主り，各初爻が二至(冬至・夏至)二分(春分・秋分)を主る。その他の六十卦を1年($365\frac{1}{4}$日)に配当し，毎卦が$6\frac{7}{80}$日を主る。毎月五卦(三十爻)，その五卦を公・辟(辟は君主の意)・侯・大夫・卿の五等に分け，六候(七十二候中の六候)，両気(二十四気中の二気)を主る。十二辟卦は，12の月の君(主)であって，復・臨・泰・大壮・夬・乾が六息卦で順に11月～4月を主り，姤・遯・否・観・剥・坤が六消卦で順に5月～10月を主る。宋の李溉が伝えたという卦気図が，南宋の朱震『周易卦図』(『漢上易伝卦図』とも)中巻にある(『通志堂経解』所収)。鈴木由次郎『漢易研究』に詳しい説明がある。

(近藤 浩之)

かき【賈逵】 30(建武6)～101(永元13)。後漢の学者。扶風平陵(陝西省)の人。字は景伯。前漢の賈誼の9世の孫。左中郎将などを歴任し，侍中に至る。父の徽の学問をうけ，古文学を修めるが，今文学にも通じていた。『左伝』の大義を30事にわたって条奏するとともに，白虎観会議にも参加した。また元和改暦を主宰するなど天文暦法にも通じていた。著作には『春秋左氏解詁』『周官解詁』などがあるが，断片でしか現存しない。後漢書36

(間嶋 潤一)

かぎ【賈誼】 前200(高祖7)～前168(文帝12)。前漢初期の思想家。洛陽(河南省)の人。秀才の誉れ高く，22歳にして博士官につく。太子教育の重要性を説いて漢の天下を長く安定させること，銅山の国営化と貨幣の独占鋳造によって国家財政の安定を図ること，諸侯国を分割して勢力を削いで中央集権化を図ること，法や刑罰によらず礼義による政治を行うことなどを主張した。秦以来の制度を廃して漢の面目を一新しようとした新政策は保守派の反対にあい，長沙に左遷される。その際作った二つの賦，『弔屈原賦』と『鵩鳥賦』ではそれまでの革新的な情熱とは一変して，運命に随順しながらまた世俗を超越して生きようとする道家的，わけても荘子的な人生観が強調される。このように儒家思想と道家思想を自己の内面において共存させてしまう中国の典型的な知識人の嚆矢である。著書に『新書』がある。漢書48

(谷中 信一)

がき【餓鬼】 六道(または五道)のひとつ餓鬼世界に生まれた者をいう。悪業の報いとして死後，餓鬼となった者は常に飢渇に苦しむ。餓鬼は「死せる者」を意味するサンスクリット preta の訳語で，古代インドではそもそも死者霊をさす。生者からの供物を必要とする死者霊の観念が仏教でいう餓鬼を構想させた。仏教では『盂蘭盆経』の目連救母説話に見られるように，衆僧に対して食を布施することで餓鬼が救済されると説く。 (入澤 崇)

かきおとし【搔落】 陶磁器の文様表現技法のひとつで，胎土に白化粧土を施した器表を削り落とすことによって，素地の色を出す装飾法。磁州窯でよく見られる白化粧の上からさらに鉄絵具を施し，文様部分を削り出す技法を「白地黒搔落」という。また黒釉が施された器表から文様を削り出す搔落技法もある。

(出川 哲朗)

かきざつが【花卉雑画】 中国絵画の分野で最も遅く，蘇軾による文人画観の確立と密接な関連の下に，北宋後期に確立した分野。蘇軾の従兄の文同による墨竹の展開や，黄庭堅の知友の花光仲仁による墨梅の創始に並行しつつ，主として水墨により，花卉を中心に多様な主題を描き出すもの。その本質は，四季一年の平安などの吉祥の意をこめる通常の花鳥画とは異なり，必ずしも四季の巡行に拘泥せず，文人の気概を通すためには現世利益をも捨てることを示す点にある。北宋の作例は，文同『雑画鳥獣草木横披図』(『画継』)のように，文献的に知られるのみではあるものの，その影響は夙に内蒙古自治区の下湾子一号遼墓『双犬・双鶏図壁画』などに及んでいる。南宋以降は牧谿，明代には沈周に承け継がれ，徐渭の出現に至って，分野として大きな発展を遂げる。清初には，八大山人，中期には揚州八怪，清末には，趙之謙・呉昌碩らが出て，着色を用い新生面を開くなど，山水画を凌ぐ中国絵画の中心分野をなすに至る。 (小川 裕充)

かきざつがかん【花卉雑画巻】 清代以降，花卉雑画が中国絵画の中心分野となってゆく契機を創り出した，明の徐渭の代表作。最晩年の1591(万暦19)年の制作になる。京都，泉屋博古館蔵。東京国立博物館・南京博物院などにも，同工の作品が所蔵される。ただ，本巻は，激しい胸中の逸気の表出を特徴とする東京国立博物館本・南京博物院本とは異なり，比較的穏やかな画境を示す。花卉や果物な

かきさんすいがっさつ【花卉山水合冊】

惲寿平『花卉六図』と王翬『山水六図』をあわせた画冊。台北，故宮博物院蔵。惲寿平は『辛夷』『牡丹』『萱草』『秋花』『秋海棠』『水仙』の六図を，王翬が『桃花漁艇図』『宿雨暁煙図』『古澗寒煙図』『紅林秋霽図』『蘆鴻草堂図』『層巌積雪図』の六図を描く。王翬の山水はそれぞれ，趙孟頫・高克恭・李成・范寛・曹知白・王維に倣う。制作年の1672(康熙11)年秋には，惲寿平と王翬は笪重光などと毘陵等の地に遊び，古画を観し書画を贈答していた。花卉冊は惲寿平の没骨を生かした美しい彩色から構成され，また清初の絵画創作状況を知る上でも貴重な作品である。 (塚本 麿充)

かぎもん【何義門】 →何焯

かきゅう【何休】

129(永建4)～182(光和5)。後漢の学者。任城樊(山東省)の人。字は邵公。生来，朴訥であったが，意志が強く，父が少府であったお陰で郎中を拝命しても，病気を理由にことわり，ひたすら六経を研鑽して，当時及ぶ者がなかった，というから，純然たる学究肌のようにも見えるが，現実の政治への関心がなかったわけではなく，その証拠に，政治改革をめざす陳蕃が太傅に任ぜられると，その辟召に応じて，政事に参与している。しかし，まもなく陳蕃は失脚し，彼も党禁に坐した。以後，党禁が解けるまでの10余年，彼は再び学問の世界にもどり，門を閉ざして著述に専念し，この間に成ったのが，主著の『春秋公羊伝解詁』であるが，そのほか，他の二伝に対抗すべく，『公羊墨守』『左氏膏肓』『穀梁廃疾』を作り，また，『孝経』『論語』等に注釈を施した。なお，『春秋』によって，漢の政治を600余条にわたって駁した，ともいわれ，最後まで現実批判を忘れなかった。後漢書79下 (岩本 憲司)

かきゆう【柿釉】

陶磁器の柿黄色の釉薬の一つで，中国では醬釉，あるいは醬色釉と呼ばれている。鉄釉の一種の高火度釉である。黒釉の釉表が還元焰によって，褐色を呈している。宋代の定窯や耀州窯・吉州窯・修武窯などで生産されている。特に定窯の柿釉のものは「柿定」と呼ばれているが，同様の柿釉の天目が修武窯でも焼成されている。 (出川 哲朗)

かきゅうし【柯九思】

1290(至元27)～1343(至正3)。元代の文人画家。台州仙居(浙江省)の人。字は敬仲，号は丹丘生。晩年は非幻道者と号す。文宗の寵遇を受け，典瑞院都事となり，1330(至順元)年には奎章閣学士院鑑書博士に任じられ，内府所蔵の書画を鑑定した。1331(同2)年御史台の弾劾を受け，1332年に文宗が没すると，江南に帰り，顧瑛らの文人雅会に出入りした。詩文書画をよくし，墨竹は文同を学び，書は欧陽詢を学んだという。 (救仁郷 秀明)

かきょ【科挙】

隋の文帝時代に開始されてから1905(光緒31)年に停止されるまで1300年余にわたり続けられた，科目別試験による官吏登用制度。隋の文帝が，家柄に基づく登用法である九品官人法を廃止し，実力重視の試験制度を定めたことに由来する。

隋の制度を受け継いだ唐代の科挙は，詩賦に代表される文学の才を問う進士科と，明経科に代表される経書の暗記能力を問う諸科に分かれたが，合格後の出世の面から進士科が尊重された。進士科には州県から出願して考査を受けた後に中央に推挙される郷貢進士と，首都長安にある官僚の子弟が学ぶ各種の学校から推挙される学館進士とがある。両者は首都に集まり，礼部による帖経(経書の一文を示して伏せ字を当てさせる試験)，雑文(各種の文章から出題。8世紀半ばに詩賦に統一)，時務策(時事を問う論文試験)の試験(貢挙，省試ともいう)を受けた。合否は試験の成績だけではなく，有力高官に文学作品を献呈し推挙を受ける事前運動(行巻)に左右され，高官と繋がりが強い貴族の子弟に有利であった。この礼部試は官僚となるための資格認定試験であり，実職を得るために，さらに吏部による身言書判を受験した。身言書判とは，貴族としてふさわしい体格風貌(身)，流暢な弁舌(言)，優美で達者な筆遣い(書)，理路整然とした文章力(判)を試験するものであった。

文字通り，実力本位の試験体制が整ったのは，次の宋代であった。宋代の科挙は解試(本籍地)，省試(都)，殿試(皇帝の面前)の3段階の制であり，明経科等の諸科は廃止され進士科に統一された。唐代までは詩賦が重視され，また経書の暗記能力を問う試験が中心であったが，北宋中葉より展開した主体的・合理批判的な哲学的思惟を重視する新儒学の活動を契機として経義(経書の解釈)が重視されるようになり，経義・詩賦・策の試験体制が確立し，明清代に継承されていった。加えて，事前運動が禁止されたほか，糊名(答案の姓名の部分を糊付けする)，謄録(答案を写し取る)の法が導入され，不正・情実を防ぐ試験体制が確立した。試験は3年に1度実施され，数十万人の学生が解試を受け，1万人ほどの合格者(挙人)が省試に進み，数百人が落第

のない殿試により順位が決定され，進士の学位を与えられ，当時数万人いたとされる官僚の一員となった。

明清代に入ると郷試(省)，会試(都)，殿試(皇帝の面前)の3段階制の科挙の下に県試，府試，院試といった科挙を受けるための学校試が新たに設置された。加えて，明代には経書の解釈は朱子の注釈に限定され，また八股文と呼ばれる文章形式の導入は試験の定式化を一層強めることとなった。

明清時代の科挙の特徴として，科挙の諸段階合格者に税役・刑法上の優免特権を与え，さらに官途につく道を開いたことがあげられる。挙人(郷試合格者)，貢生(府学・州学・県学の学生〔生員〕の中より中央の国子監へ送られたもの)の中には官僚となる者も見られ，彼らは官僚とならなくとも特権をもとに地域社会において郷紳として大きな権力をふるった。なお，明清時代には副榜という制度があり，基本的には郷試(明代には会試の事例もある)の正規合格者(正榜)以外に若干名を副榜という形で取り，彼らにも官途につく機会が与えられた。

19世紀半ばのアヘン戦争を契機として西欧諸国の中国侵略が本格化すると，基本的に儒教的教養人たる士大夫を官僚として登用する試験であった科挙は，西欧の近代文明に対峙する人材を生み出すことができず，近代的な学校教育を求める議論の盛り上がる中，科挙の役割は終止符を打つこととなった。
(平田 茂樹)

かく【角】 側面に把手を持つ3足の青銅彝器。爵によく似るが，注口や柱(口縁部から立ちあがる柱状の装飾)を持たず口縁部に左右対称の尾を作る点で異なる。蓋を有するものもある。自銘の例は無く，宋代の『博古図録』以来，伝統的に角と呼ばれる。爵と同様に酒を温めるための器と考えられるが，正確な用途は不詳である。二里岡文化期のものと考えられる角が少数存在するが，多くは殷墟期～西周前期のものである。西周中期以降は基本的に作られなくなる。
(角道 亮介)

かく【槨】 遺体を納めた棺の外側を囲う施設の総称。石槨・木槨・磚槨などがあるが，中国では木槨墓が圧倒的に多い。一般的な長方形竪穴土坑墓の場合，槨や棺は墓坑よりも一回り小さく，槨(棺)と墓壁との間に空間ができる。この空間に土を込め，槨(棺)の高さまで周囲を囲った台状の部分を二層台と呼ぶ。墓底をあらかじめ槨や棺の形に合わせて掘り下げることで二層台を作る場合もある。副葬品は主に棺内・槨内・二層台上のいずれかに配置され，槨内にはしばしば頭廂や辺廂と呼ばれる副葬品を納めるための箱が置かれる。槨や棺の有無は被葬者の身分と関連する場合が多く，大型墓の中には複数の槨棺を入れ子状に設ける墓もある。木槨墓は新石器時代の大汶口文化に出現し，副葬品の多寡とも結びつき身分差を示す指標となった。春秋時代には角材を小口積みにして構築された「黄腸題湊」と呼ばれる槨室が出現し，これは漢代でも一部の大墓で用いられている。
(角道 亮介)

かく【钁】 鍬状耕起具の一種。基本的に長方形板状で，側面観が逆三角形を呈する。湾曲した木柄の先端を袋穂に差し込むタイプが多いが，器面に空けた方形孔に木柄を直接貫入させるタイプもある。戦国時代に鉄製品として出現し，広く使用されるようになった。青銅器として製作された殷周時代の遺物もあるが，耕起具であったかは不明である。また，新石器時代(たとえば石峡文化)の遺物に「石钁」と称される石器があるが，それについても同様である。
(中村 慎一)

がく【学】 学ぶことが，真理へと到達するための方法であり，また，至高の境地へと至るための方途であるという点，さらに，学には，実践の準備段階または実践と相補的な関係にあるものとしての知的理解や文献的実証という限定的な意味と，それに実践を統合した，より全体的な学問の意味があるという点は，中国において思想的な立場の違いを超えた共通理解であった。一方で，実践をどのように位置づけるか，それを社会または世界に向けてどの程度に開いていくか，その違いが，思想的な立場を分岐させていった。その中で，対社会，対世界の実践の開放度を最大限にすることを目ざしたのが朱子であった。それに伴って，学の領域・対象は空前の規模で拡張していく。後の陽明学や考証学は，実践の開放度を大幅に縮約することでその有効性を確保しようとする点で共通しながら，実践へと直結する知的理解(良知)と文献的実証との両極から学を囲いこもうとする点で分岐していった。(本間 次彦)

がく【楽】 「楽」という字は本来，弦を張った楽器を象るという説や，木架に鼓を置いたものを象るという説，さらに成熟した穀物を指す象形文字であるという説もある。音楽は人間の喜びの表現であり，「楽は楽であり，人間の性情に不可避のものである。心に楽しめば必ずそれが音声に表現され，身振り動作に示される，それが人間の必然的なあり方である」(『礼記』楽記篇)として，人間の感情と深く結びついたものと捉えられた。それゆえに音楽は世相を映し出すとされ，「治世の音楽が安らかで楽しいのは，政治が安定しているからだ。乱世の音楽が怨みを帯び怒気を感じさせるのは，政治が中正を

失っているからだ。亡国の音楽が哀しく憂鬱なのは，民が困窮しているからだ」(『礼記』楽記篇)という論法で，時の政治との密接な関わりが強調されてきた。とりわけ治世を確立し，秩序を維持する点で，「楽」はつねに「礼」と相表裏するものとして説かれた。『荀子』楽論篇及び『礼記』楽記篇にいずれも，「楽は内なる心から生じ，礼は外なる体からおこる」，「楽は天地の調和であり，礼は天地の秩序である。その調和のゆえに万物はみな生成化育を遂げ，その秩序のゆえに万物はみな区別される」とあるように，「楽」は人の内的心情に訴えかけることによって，外的な側面から規定する「礼」と相互補完的な役割を果たすものとされた。そのため，各王朝は礼楽の整備に腐心した。『周礼』春官・大司楽の鄭玄注によると，雲門・大巻は黄帝の楽，大咸は堯の楽，大磬は舜の楽，大夏は禹の楽などのように伝説上の王も音楽をととのえたとされ，「六律六同」(黄鐘・太簇・姑洗・蕤賓・夷則・無射，大呂・夾鐘・仲呂・林鐘・南呂・応鐘の十二律)，「五声」(宮・商・角・徴・羽の音階)，「八音」(金・石・糸・竹・匏・土・革・木で作られた楽器)の整った形が理想とされ，儒家的礼楽観はこうした秩序を重視した。

一方，『墨子』非楽篇の音楽思想は，礼楽の華美を競い合い人民の苦しみを顧みない貴族への批判として現れた。また，『老子』のなかには「大音は声希なり」(41章)と，理想の音楽は無声にして，道の徳性に合致したものだという考え方が見られる。『荘子』において理想とされる「咸池の楽」は，聞く者を「懼れさせ，怠らせ，惑わせ」て，日常のなかに埋没していた精神を，そこから離し根源的な「道」の世界へと誘うものであった(天運篇)。『荘子』の楽論は，個人の魂の覚醒と浄化の妙用を説く高次の音楽肯定論への展開であり，社会の安定を目的とした儒家の楽論と相対峙する形で，「個」をみつめる文人の楽論の拠り所となった。後世に影響を与える「楽」をめぐる私的な精神世界がしだいに構築されていったのは魏晋期で，とりわけ嵆康の「声無哀楽論」は，音楽は客観的なもの，哀楽は主観的なもので，その間に必然的な関係はないとした。それは伝統的な儒家の楽論を真っ向から否定し，音楽の純粋な自立性を確立しようとしたものであった。

(中 純子)

かくい【郭威】 904(天祐元)～954(顕徳元)。五代後周の皇帝。在位951～954。廟号太祖。邢州堯山県(河北省)の人。劉知遠(五代後漢の高祖)に重用され，その即位後は枢密副使に任じられる。高祖没後，二代皇帝隠帝のもとで枢密使に任じられ，さらに同平章事となり宰相を兼ねる。河北に契丹がしばしば侵入していたため，鄴都に駐留し防衛の任に当たる。のち隠帝に疎まれ粛清されそうになったため開封へ向かうが，結局隠帝が暗殺されたため高祖の弟劉崇の子贇を皇帝とする。950(乾祐3)年，契丹の南進に対抗するために出兵，その途上，澶州(河南省)で推戴され，開封へ戻り，翌年即位し後周を建国した。唐末以後，厳酷になっていた刑罰を緩和，また経費節減につとめ民力の休養を図った。954年，病死し，養子の柴栄が後を継いだ。旧五代史110～113, 新五代史11 (松浦 典弘)

かくいこう【郝懿行】 1757(乾隆22)～1825(道光5)。清の学者。棲霞(山東省)の人。字は恂九，号は蘭皐。嘉慶(1796-1820)の進士。寡黙な人柄であったが，話題が経書に及ぶと倦むところを知らなかったという。『爾雅義疏』20巻は彼の畢生の大著であり，邵晋涵の『爾雅正義』と並んで『爾雅』研究の指針と見なされた。彼は草木虫魚の訓詁考証に長け，この点で邵の書を凌駕している。多くの経解を著したほか，『山海経箋疏』18巻，『竹書紀年校正』14巻の著述は郝の学問の博さを示している。清史稿482 (山口 久和)

がくか【岳珂】 1183(淳熙10)～1243(淳祐3)。南宋の学者・政治家。相州湯陰(河南省)の人。字は粛之，号は倦翁。祖父は，南宋初期の主戦派の武将岳飛。著に，祖父岳飛の冤罪を雪ぐために伝記資料を集めた『金陀粹編』，南宋の人物逸事を集めた『桯史』がある。また，儒教の古典である9つの経典を出版し，その校訂の次第をまとめた『刊正九経三伝沿革例』が有名であるが，現在はともに元代の出版及び著作とされる。宋史365 (高津 孝)

がくかいどう【学海堂】 清の学者・高級官僚であった阮元が両広総督であったとき，広州に設立した学校。理念上，この学校は科挙の予備校ではない。後の変法運動家の章炳麟もここで学んだ。後進に経学を教育するかたわら，道光年間(1821-50)までの清儒の経学の成果186種を選び1400巻にまとめ，『学海堂経解』として刊行した。これがいわゆる『皇清経解』である。 (吉田 純)

がくかいるいへん【学海類編】 明末清初の学者曹溶が編集した叢書。経翼・史参・子類・集余の4部に分けられ，原書は422種800余巻というが，鈔本としての伝来の過程で散佚，竄入，分割をへて，道光(1821-50)の活字印本では431種となっている。収録されるのは多くが全1巻の書で，『流通古書約』の著者にふさわしく，短編・小著を後世に伝存させることに意を用い，明代の叢書にまま見

られる著作の抜粋，解体をつよく厭っている。『叢書集成』に収録されている。　　　　　　（木島 史雄）

かくき【郭熙】　生没年不詳。北宋仁宗，神宗，哲宗期の画家。河陽温県（河南省）の人。字は淳夫。没年については1087(元祐2)年から1100(元符3)年の間で，80余の高齢を保ったことが分かるため，生年は真宗から仁宗初期頃と推測される。

郭熙は初め李成『驟雨図』六幅を模して筆墨の大いに進んだという（黄庭堅『跋郭熙画山水』）。神宗熙寧年間(1068-77)初め頃，富弼の推薦によって画院に入り，三司使省庁・開封府庁，諫院，相国寺，紫宸殿等の壁屏に山水画を描き，御書院芸学を授けられた。のち神宗の寵愛を受けながら，1076(熙寧9)年頃までには翰林待詔に至ったと考えられる。

郭熙の画業を特色付けるものは大画面山水の制作である。神宗朝の元豊新制に支えられながら宮中殿閣の壁屏に画を描き，中書省・門下省・枢密院の障壁は悉く郭熙一人の手になったという（『石林燕語』）。特に1082(元豊5)年頃，翰林学士院玉堂に描かれた『春江暁景図』は著名で，蘇軾などの士大夫官僚に激賞された。最も枢要な官署の一つである学士院に郭熙による作品が描かれたことは，山水画が北宋の絵画の中に確固とした位置を占めるとともに，彼の作品がいずれも大画面に耐えうる視点と画法を確立させていたことを示している。

現存する唯一の真蹟と考えられる『早春図』（台北，故宮博物院蔵）には「早春壬子年(1072〔熙寧5〕年)郭熙画」の落款と「郭熙筆」の印章がある。画面は早春の夕暮れを描き出し，水面の光の照り返しや山霧が今まさに山容を包みこむ一瞬の光景が，淡墨の微妙な重なりによって描き出されている。画面は中央一点によって支えられ，そこに主山の「山顛を仰ぐ」高遠，「山前から山後を窺う」深遠，「近山から遠山を望む」平遠の，郭熙の言う「三遠」を総合する，透視遠近法的な視点が設定されている。また山容全体が雲のように描かれ，これは人間の視覚の連想力によって形象を浮かび上がらせる，中唐の潑墨家にまで淵源をさかのぼる中国絵画を特徴付ける本質的表現がなされている。郭熙は李成や范寛の華北山水に学び，また江南画法を統合することによって，この傑作を誕生させたといえるだろう。

神宗の死と，哲宗から徽宗朝にかけての宮廷の美術傾向の変化とともに郭熙画は宮中から取り外され，机を拭う布として使われていたことが鄧椿によって記録されている（『画継』）。郭熙の子，郭思(生没年不詳)は，字を得之といい，1082(元豊5)年進士となり，官は秦鳳路経略按撫使，龍図閣直学士に至った。父郭熙を顕彰するため『林泉高致集』を編集し，その内容を山水訓・画意・画訣・画題・画格拾遺・画記に分かち，前四者において郭熙の絵画制作の真髄を，また後二者においては郭思自身が郭熙の画作について記し，その言葉は『早春図』ともよく符合している。

李成や郭熙の画風は李郭派と呼ばれ，蟹爪樹や雲頭皴の特徴的な筆法として継承された。郭熙の絵画は1074(熙寧7)年頃，高麗入貢の折に下賜されて北宋の美術外交の一翼を担い，また朝鮮王朝前期の安平大君(1418〜43)の収蔵にも郭熙画が著録され，朝鮮半島の画風にも大きな影響を与えている。また明末清初に実景をもとに描く画法がおこると，郭熙によって完成された合理的な遠近法は再度評価されるようになった。　　　　　　　　　　（塚本 麿充）

かくぎ【格義】　インド伝来の仏教概念を中国古典の概念によって置き換えて解釈する仏典解釈法。魏晋時代，中原貴族達の祖先祭祀を中心とする儒教文化が，どんどん老荘哲学によって根拠づけられるようになり，ついには道教的実践をともなうようになっていった。そこへ南方の呉地で康僧会・支謙などによって中国化された仏教思想が伝来したとき，後者の仏教哲学も，老荘哲学によって解釈されることは，必須の流れであった。

その上西晋貴族達は，老荘哲学の「無」よりも『般若経』の「空」が，より究極の真理だ，と考えて，『般若経』などの仏教経典の研究へとふみ込んでいった。この段階で，『般若経』の「空」の意味を，とくに『荘子』哲学の「逍遥遊」の思想と比較して確定する「格義」が，さかんに行われた。「格」とは，意味を比較して確定するの意味であろう（謝霊運『弁宗論』「不可以事之小大而格道之粗妙」参照）。そこから「空」について「本無」「即色」「心無」「性空」などの諸義が主張されることとなった。勉学時代の道安が，旧友の僧光に再会して各自の知見を出し合って研鑽したときに，「先旧の格義は，理に合わないことが多い」と批判したことは有名である。道安は，格義によってではなく，仏教経典そのものを厳密に分析することによって「理」を究明することを提唱したのであった。　（荒牧 典俊）

がくき【楽記】　『礼記』の第19篇で，儒教思想に基づく音楽理論をまとめたもの。戦国時代から漢代にかけて成立した種々の音楽理論が掲げられており，中国古代の音楽観を知る上で貴重な文献である。『漢書』芸文志によれば，武帝の時儒学を愛した河間の献王が，毛生らとともに諸子の言説の中で音楽について述べた叙述を集成して『楽記』を作ったが，成帝(在位前33〜前7)の時代にさらに整理して常山の王禹によって朝廷に献上されたという。劉　向がこれを校訂して『楽記』23篇とした

が，鄭玄の注解によればこのうち『礼記』に取り入れられたのは前半の11篇(楽本・楽論・楽施・楽言・楽礼・楽情・楽化・楽象・賓牟賈・師乙・魏文侯)であるという。また『史記』楽書は文章の配列にかなり差異があるが内容はほぼ等しく，『荀子』楽論の内容は『礼記』楽記の一部と重なる。

その内容は，①音楽は人の主観的な心の動きによって生ずるものであることを指摘する。「心の動きは周囲の物事が原因になっている。心が周囲の物事に感応して変化すると『声』として表現する。様々な種類の『声』が互いに作用して変化し，その変化に一定の型ができると『音』となる。多くの『音』を組織的に排列して演奏し，そこに舞踊が加わると『楽』となる」。②音楽の性質は政治の状況に深く関連するという。「平和の世の音楽がゆったりと和らいでいるのは政治が穏当に行われているからであり，乱世の音楽が恨みや怒りの感情をあらわすのは政治が人心に逆らっているからであり，亡国の音楽が物悲しく憂いに満ちているのは人民が苦しんでいるからである」。③音楽は人心を和らげる作用のあるものとして，礼(人に志を正しく導くもの)・政(人の行動を規制するもの)・刑(邪悪を防ぐもの)，と共に社会を安定させ国家を治める道具として用いられなければならないことを強調する。この考え方は儒家の音楽思想の核心部分といえる。

『礼記』楽記にはさらに，楽舞『大武』の表現内容や，師乙の述べる歌唱理論，魏の文侯の古楽と新楽に対する態度等音楽史料として重要なものも多く含まれている。　　　　　　　　　　　(池澤 滋子)

かくきしはくばん【虢季子白盤】　西周時代後期の青銅器。清の道光年間(1821-50)に陝西省宝鶏県虢川司から出土したと伝えられる。111字の銘文は書体としても珍しく，またその内容も異民族征伐の際の手柄を詩(民謡)風に記した，類例のない珍しい形をとっている。高さ39.5cm，口径86cm×137.2cm，重さ215.3kgの極めて巨大な器で，銘文では自ら盤(水を受ける器)と称しているが実際の器種は鑪(炭火を入れる器)に当たるかと思われることなど，万事が破格の器である。現在，北京の中国国家博物館の所蔵である。　　(竹内 康浩)

かくきょへい【霍去病】　前140?～前117(元狩6)。前漢の将軍。河東平陽(山西省)の人。母の衛少児は大将軍衛青，及び武帝の皇后衛子夫の姉に当たる。霍去病は母が陳掌の妻となる前に霍仲孺との間に生まれた子で，衛子夫が皇后になると，皇后の姉の子ということで侍中になった。時に霍去病は18歳で，騎射を善くした。前123(元朔6)年，校尉として衛青麾下の対匈奴軍に加わり，単于の一族を捕殺するなど第一の功をあげ冠軍侯に封じられた。前121(元狩2)年に驃騎将軍となり，春夏2回大軍を率い匈奴軍と戦い抜群の功をあげた。同年秋，匈奴西部の渾邪王らが漢に降る際，出動し降者数万を受け入れた。前119(同4)年春，5万騎を率い匈奴を攻撃し7万余の捕虜を得た。帰朝後，衛青と共に大司馬となり，武帝の恩寵と世評は衛青から霍去病に移ったという。霍去病との戦いで匈奴の西部方面は概ね解体し，前117(同6)年のその死をもって匈奴戦は一段落を見た。西安の西方にある武帝の茂陵の東北には，石刻像で著名な霍去病墓が残っている。霍去病の異母弟が霍光である。史記111，漢書55・68　　　　　　　(山本 光朗)

かくきょへいぼ【霍去病墓】　陝西省興平市にある前漢中期の将軍，霍去病の墓。匈奴討伐で活躍し24歳で死去した霍去病を悼んだ武帝は，自らの陵墓の近くにその墓を造営させた。武帝の茂陵の東方1kmの所にあり，西側に叔父の将軍衛青の墓がある。『史記』驃騎列伝によれば，墳丘は匈奴に大勝した地，祁連山を象って築かれたという。墓前や墓上には大型の石像が置かれていたが，現在は茂陵博物館に陳列されている。全部で16点あり，躍馬・臥虎・臥象・臥牛・猛獣食羊・野人抱熊等の像が見られる。特に有名なのは匈奴兵を足で踏み敷く勇壮な軍馬の像で，西域での漢の武将達の勇猛果敢な活躍ぶりを彷彿させる。石像の一つに「左司空」の官署名が刻まれていることから，これらは官府の工匠によって製作されたものと考えられる。霍去病墓の石像は墓に置かれた石像の最も早い例であり，その後の墓前を飾る石像の先駆をなすものと言える。文献に何漢南「霍去病冢及石刻」(『文博』1988-2)がある。　　　　　　　(高浜 侑子)

がくきろん【楽毅論】　三国魏の夏侯玄が戦国時代の燕の将軍楽毅について記した文。これを，東晋の王羲之が子の王献之に書いて与えたと伝えられる小楷の法帖がとくに有名である。隋の智永，唐の褚遂良らはこれを王羲之の正書(楷書)の第一とし，天下に珍重されたが，真跡はつとに失われた。今伝わるのは後世の模刻本で，梁代の模本である梁撫本(明の呉廷『余清斎帖』所収)と，王羲之自ら石に書いたものを刻したとする海字本(明の文徴明『停雲館帖』所収)の二系統がある。日本にも光明皇后の臨書が正倉院に残っている。　　(林 香奈)

がくくんけいせつ【鄂君啓節】　安徽省寿県出土。戦国時代の青銅製通行手形で竹を割った割り符形。楚の封君(諸侯)鄂君啓のために作られた。車道用の車節と河川用の舟節があり，出発地・経由

地・到着地がわかる。モノが運ばれる道は，古くからできあがったが，それが車の通る道として整備され，河川を運搬用の舟が行き交うように整備されたのは，春秋戦国時代のことである。車道や河川には，国家の関所が設けられ，敵国に物資を送らぬよう監視の目がそそがれた。銘文は白川静『金文通釈』52(1980年)参照。　　　　　　　（平勢 隆郎）

かくけい【郝経】　1223(元 光2)～75(至元12)。金元の際の学者。陵川(山西省)の人。字は伯常。程頤の学問を家学とし，金滅後は河北の漢人世侯張柔所蔵の性理学書に沈潜する。元好問や趙復からその学識と人格とを称賛され，詩人としても謳われる。観念的な道学には批判的であり，クビライには戦略の才能を披露し，1260(中統元)年，翰林侍読学士を授かって宋朝との和議に赴くが，宰相賈似道により揚州の西，真州に拘束される。釈放はその16年後のことであった。元史157　（三浦 秀一）

がくけい【楽経】　六経の一。今に伝わらず。音楽について論じた書と推測される。春秋時代末に孔子が諸国の古文献を収集・整理し，弟子門人達がそれを伝授した。戦国の『荘子』天運篇には「丘(孔子)，詩・書・礼・楽・易・春秋の六経を治む」と見える。秦始皇帝の焚書(前213年)によって『楽経』が失われ，五経のみが後世に残った。以後，前漢の武帝が六経を顕彰し，王莽が『楽経』を立てたことがある(『漢書』6，99)。清の邵懿辰は，「楽」は『詩経』と『礼記』に含まれており「本経無き也」とその存在を疑っている(『礼経通論』)。
　　　　　　　　　　　　　　　　（小池 一郎）

かくごぜん【覚後禅】　→肉蒲団

かくこようろん【格古要論】　いわゆる文房趣味の書。明の曹昭撰。もとは3巻で，洪武21(1388)年の序がある。明の王佐の増訂を経て『新増格古要論』13巻として通行する。1459(天順3)年刊。13巻の内容は，1古琴，2・3古墨跡，4金石遺文・法帖題跋，5古画，6珍宝・古銅，7古硯・異石・古窯器，8古漆器・古錦・異木・竹，9文房，10古今誥勅題跋，11・12・13雑考。『惜陰軒叢書』所収本およびその復刻が流布する。『夷門広牘』所収本は原3巻本。　　　　　　　　（村上 哲見）

かくさいしっころく【愙斎集古録】　清末の金石書。26冊。呉大澂輯。愙斎はその室名。1896(光緒22)年の自序があるが，刊行は呉が病没した16年後の1918(民国6)年。また，付録の『愙斎集古録釈文賸稿』2冊は1886(光緒12)年に完成。巻首の総目によれば自蔵の青銅器を中心に商(殷)周器1048，秦器19，漢器76，晋器1，の1144器が収録され，銘文拓本・釈文・考釈を記す。文字学者である呉大澂氏の考釈は的確で，石印された拓本は非常に精緻。それまでの金石書が摸本や拓本の刻印であったのに対し，初めて石印に付された著録。
　　　　　　　　　　　　　　　　（高久 由美）

かくざぜいご【客座贅語】　明代の筆記小説集。作者は顧起元(1565～1628)。南京に関するあらゆることを述べたもので，短文にそれぞれ小題がついている。最初の「転運兌軍民運」「米価」「南京水陸諸路」「運船」「賦役」などの諸条は，明代の中後期の経済・制度の史料として貴重である。また，第3巻の前半の「郷試考官之始」「太学」「応天主試用編検」「吏部尚書改南部」などは，南京を中心とする官僚の動向や官吏試験などについて述べている。巻6の「利馬竇」は，当時布教で中国に来ていたイエズス会士のイタリア人，マテオ・リッチについての貴重な証言である。本書は，1618(万暦46)年の刊本があったが流伝が少なく，近代になって再版された。　　　　　　　　　　　　（福満 正博）

かくざんいせき【角山遺跡】　江西省鷹潭市月湖区童家郷角山徐家村に所在する遺跡。万年類型(殷代および西周時代に江西省東部を中心に見られた考古学文化)に属する。1980年代初頭に発見され，83年・86年・2000年に江西省文物工作隊などの合同調査隊が発掘を行った。硬陶・灰釉陶などの容器とこれらの成形・焼成に用いる工具，多くの窯跡が出土した。一部の硬陶・灰釉陶にはさまざまな記号が刻まれ，これらの一部を文字とする説もある。1990年，『華夏考古』第1期上にて83年・86年の発掘の概略が報告された。
　　　　　　　　　　　　　　　　（黄川田 修）

かくし【画指】　指の長さと関節の位置を紙上に記し，自署の代わりとしたもの。遅くとも6世紀初めには行われ，花押の盛行に伴い廃れた。敦煌発見の契約文書中に多く実例が見られる。食指または中指を紙の上に置き，筆でその形状を記す。指先と2つの節の3か所の位置を記すのが最も簡単な方法だが，更に線を書き加えて指の外形を記したり，どの指の記録であるかを表記したものもある。男性は左手，女性は右手を用いる習いであった。
　　　　　　　　　　　　　　　　　（辻 正博）

がくし【楽史】　930(長興元)～1007(景徳4)。五代から北宋の学者。撫州宜黄県(江西省)の人。字は子正。元々は南唐に仕えたが，滅亡後は北宋に出仕し，980(太平興国5)年科挙に合格，以後

は宮中図書の編集官や地方の知事などを歴任した。その著述は『宋史』の楽史伝によれば21種，約988巻あったという。志怪小説集『広卓異記』や伝奇小説「緑珠伝」「楊太真外伝」(『説郛』所収)の編著者としても知られるが，最大の功績は宋代屈指の地理書『太平寰宇記』200巻の編纂である。宋史306・楽黄目伝の附伝。　　　　　　(岡本 不二明)

がくし【楽師】　周王朝の宮廷音楽を掌る官職。『周礼』春官によると，音楽行政全体を掌る最高の官職は「大司楽」であり，「楽師」は歌舞の教育や指揮にあたった。

「礼楽」は周における重要な統治手段であり，天子や諸侯，大夫などの身分や儀式の種類によって細かく定められていた。楽隊や歌舞隊の編成にも厳しい規定があった。たとえば歌舞隊の規定では，天子の場合は64人が8列に並ぶので「八佾」と呼ばれ，諸侯は36人6列の「六佾」，卿大夫は16人4列の「四佾」，士は4人2列の「二佾」を用いることになっていた。このような楽制を執り行うために「礼楽」の教育もまた強化され，貴族の子弟の重要な学習科目となった。貴族の子弟達は13歳から20歳の間に「礼楽」の儀式に必要な音楽舞踏を学ぶことになっており，「大司楽」や「楽師」はその教育も職務であった。「楽師」は貴族の子弟に「小舞」(幼少の時に習う初等の舞)や，王が大寝・朝祀に出入りする際の礼楽等を教えた。その他『周礼』春官には「大胥」(楽人等を監督する職)，「太師」「少師」(いずれも盲人で，楽人の訓練や合奏の指揮にあたった)などの官職が列挙されている。

春秋戦国時代になると，宮廷中の楽師で「師襄」「師涓」「師曠」等の著名な演奏家の名が残っている。師襄は春秋時代の琴の名手で孔子も彼について学んだことが『史記』孔子世家に見える。師涓は衛の霊公の楽師で鋭敏な調音の能力を持っていたという。師曠は晋の平公の楽師で，やはり琴や瑟の演奏がうまく，彼が琴を弾くと鶴が舞いおどったり，砂石が巻き上がったりするといわれた。

(池澤 滋子)

かくしゅけい【郭守敬】　1231～1316(延祐3)。元の工学者・天文学者。順徳邢台(河北省)の人。字は若思。祖父栄も水利・算学に通じた。劉秉忠に学を受け，1262(中統3)年，世祖クビライに謁して提挙諸路河渠を拝し，都水監，工部郎中，大史令，提調通恵河漕運事，昭文館大学士兼知太史院事等を歴任した。王恂・許衡等と改暦事業を行い，1280(至元17)年の冬至点を起点とし，81(同18)年を実施年(「元」)とする授時暦を編んだ。簡儀・高表など十数件の天文儀器を製作，また中国全土27地点に観測所を設立して「四海測量」を実施，さらに1回帰年の長さ(現行暦と一致する値)の決定など，天文定数の改良を行った。元史164　(橋本 敬造)

かくじゅつほ【格術補】　清の幾何光学の書。1巻。著者は鄒伯奇。光が平面鏡やレンズなどによって像を結ぶときの法則を数学的に述べる。「格術」という言葉は，北宋の沈括『夢渓筆談』に見える。鄒伯奇は，西洋の幾何光学とレンズ製造技術は，この「格術」に淵源すると考え，中国では後世その知識が失われたことを嘆き，格術を世に知らしめ，かつ補うという意図で『格術補』を著した。本書は鄒伯奇の没後，1874(同治13)年に刊行された『鄒徴君遺書』に収録された。　(白杉 悦雄)

がくしょ【楽書】　→陳暘楽書

かくしょう【郭象】　252(嘉平4)?～312(永嘉6)?。西晋の思想家。河南(河南省)の人。字は子玄。幼少より才能あふれ，老荘思想に親しみ，清談に秀でていた。長じて，優れた論客として王衍のサロンで頭角を現し，このころ貴公子の庾敳とも深い親交を結んだ。また王衍は彼の議論のさまを「懸河瀉水の，注ぎて竭きざるがごとし」と評している(『晋書』郭象伝)。青年時代は召されても官途につかず，著作や議論を楽しむ生活を送っていたというが，のち，東海王の司馬越に親任されて太傅主簿として権勢を振るい，やや名声を失したらしい。永嘉末に病没した。彼の主な業績である『荘子』注解(『荘子』郭象注)は，同書の有力な理解の一つとされ，後世に多大な影響を与えた。ただし，この『荘子』注解については，向秀のそれを剽窃したものであるという，無視しがたい一説が存在する。また，『論語』の注釈である『論語隠』は後に逸したが，その断片が『論語義疏』に引用されて伝わる。
晋書50　　　　　　　　　　　　(古勝 隆一)

かくしょうぎょくでん【霍小玉伝】　唐の伝奇小説。蔣防著。唐の時代，官吏登用試験に応じるため長安へ出てきた李益が，妓女霍小玉と契りを結ぶ。李益が試験に合格し任地に向かう際，霍小玉は李益に，今後8年間は妻を娶らず自分との関係を続けることを誓わせる。しかし李益は間もなく母が決めた女と婚約させられる。霍小玉は李益への恨みを抱きながら病死。李益はいたく悲しみ，結婚しても心楽しまず，逆に妻への強い猜疑心にとりつかれることとなった。『太平広記』487等所収。蔣防は義興(江蘇省)の人，字は子徹(一説に子微)。蔣防は中唐の人で，李益も蔣防よりやや年上の実在の人物である。

(成田 靜香)

かくしょう―かくたい

かくしょうしんしょ【革象新書】 元の道士の趙友欽が著した天文学書。原本5巻。1324(泰定元)年から1336(至元2)年のあいだのいずれかの時期に書かれた。趙友欽は南宋の宗室の子で、元の著名な道士陳致虚の師。在野で天文学を研究したため、官の天文学にはないユニークさがある。ピンホールの光学実験、ボールや円板を使った日・月食の説明、独自の宇宙構造説や天文儀器、円周率の算出などが注目される。明の王禕が節略した重修本(2巻)もある。『四庫全書』所収。　　　(新井 晋司)

がくしょうぶんきょう【楽昌分鏡】 →楽昌分鏡

がくしょようろく【楽書要録】 唐代の音律学の著書。則天武后の勅撰により、700(久視元)年ごろ著された。『新唐書』芸文志には「武后楽書要録十巻」として著録されている。中国ではすでに失われ、日本には735(天平7)年に遣唐留学生吉備真備が全書を日本に持ち帰ったうち第5〜7巻のみが現存する。現存巻のうち第5巻には「弁音声審声源」「七声相生法」「論二変義」「論相生類例」「論三分損益通諸弦管」「論歴八相意」など10項目、第6巻には「記律呂」「乾坤唱和義」など4項目、第7巻には「律呂遷宮法」「識声律法」「論一律有七声義」の3項目が論じられ、唐代音律学の特徴を反映して実践的具体的な内容となっている。これら現存する3巻は清末に翻刻され、現在では『佚存叢書』『叢書集成初編』等に影印されている。また各巻の佚文は日本の『三五要録』『阿月問答』『音律通致章』などの古楽に関する文献の中に散見する。　　　(池澤 滋子)

がくしんとうげん【学津討原】 清代、張海鵬が編集した叢書。20集192種1048巻。1805(嘉慶10)年刊。同郷の先人毛晋の『津逮秘書』の収録が元代までであるのを補完するかたちとなっている。分野は、経学・音韻・歴史地理・医学・芸術・筆記小説と多岐にわたる。原則として首尾完具のものを収め、他叢書での削略を補うものも少なくない。校勘にも精力を注ぎ、質・量ともに乾嘉時代(1736-1820)を代表する叢書である。1920年の影印本があるほか、『叢書集成』に収録されている。　　　(木島 史雄)

かくすうとう【郭嵩燾】 1818(嘉慶23)〜91(光緒17)。清の官僚・学者。湘陰県(湖南省)の人。字は伯琛、号は筠仙。1847(道光27)年の進士。曾国藩を助けて太平天国と戦う。1876(光緒2)年、出使英国大臣(駐英公使)を命ぜられ、清朝初の在外常駐使節として英国へ、78年には駐仏公使も兼任し、79年帰国した。伝統的価値観に照らして、西洋の富強には十分な根拠があることを認識し、議会など西洋の政治も評価したが、それを記した渡欧日記『使西紀程』は保守層に弾劾された。清史稿446　　　(茂木 敏夫)

がくせいぜんしょ【学政全書】 清の政書(制度について記した書)。正式名称は『欽定学政全書』。清代の学校・科挙行政全般について記し、学政使の閲覧・施行に資するために編纂された。1740(乾隆5)年の8巻本が最も早い。1767(乾隆32)年に10年ごとに続纂刊刻することが定められ、74(同39)年には綱目を詳細に立て直し大増補を行った80巻本が編纂されたが、その後は大幅な増改の必要に迫られなかったとの理由で、1793(乾隆58)年の82巻本、1812(嘉慶17)年の86巻本などを編纂するにとどまった。　　　(村尾 進)

がくせきぶんか【岳石文化】 前20世紀頃から500年以上にわたり、遼東半島南部、山東省、河南省東部および江蘇省北部に存在した考古学文化。1979年に黎家芳と高広仁が提唱した。1960年代に山東省平度県岳石村で発見された資料を標準としたため岳石文化と呼ばれる。

1996年の段階で岳石文化の遺跡は30箇所以上発掘されているが、詳細な調査報告が公表されているのは山東省泗水県の尹家城遺跡など数箇所のみである。欒豊実が『東夷考古』(1996年)で指摘するように、岳石文化は在地の文化伝統を濃厚に維持しており、出土した土器・石器には山東龍山文化から受け継いだ特徴が多く見られる。その一方でナイフなど小型の銅製の道具も出土しており、岳石文化が金属器を使用した人々の文化であることを示している。

前15世紀に殷の文化圏は黄河中流域から周囲へと拡大し、殷文化の遺跡が山東省西部にも多数出現した。ほぼこの時期に山東省西部の岳石文化は漸次消滅していったと考えられる。しかし一部の研究者が指摘するように(『東方考古』2、2005年)、山東東部の岳石文化は前12世紀頃まで存続していた可能性が高い。　　　(黄川田 修)

かくたい【革帯】 革製の腰帯。古くは、鞶革或いは鞶帯と称した。鞶は衣服を束ねるための大帯である。『説文解字』革部に「鞶、大帯なり、……男子は帯鞶、女子は帯糸」とあるように、その材料に男子は皮革を用い、女子は繒帛(絹布)を用いた。『礼記』内則にも「男鞶帯、女鞶糸」とある。また『晋書』輿服志には「革帯、古の鞶帯なり。こ

れ鞶革をいう。文武衆官，牧守丞令，下は騶寺に及ぶ」とあるように身分の上下なく使用したが，帯上につけた飾りを以て区別した。飾りの種類により玉帯・通犀帯（犀角帯）・牛角帯（角帯）などがある。革帯は通常は幅の広い革を以て製作し，使用時は礼服の上につけ，前に蔽膝をつけ後ろに印綬を懸けた。そして，左右には各式の雑佩を懸けた。この制度は殷・周代に既に見ることができる。漢・魏の時代はそのまま用いられたが，唐代以後はその制度は漸次衰えた。しかし，明代には再び使用されるようになり，清に至るまでこの制度は続いた。

(釣田　敏子)

かくたいぜんろく【格体全録】　清の満洲語医学書。満洲名は《Dergici toktobuha ge ti ciowan lu bithe》。骼体全録，割体全録などの表記もある。6巻。1710年前後にフランス人イエズス会士パルナン(Dominique Parrenin, 1665～1741)が，*康熙帝の命により，17世紀西欧の医学を紹介するために編纂した。上編4巻は解剖学を，ディオニス(Pierre Dionis)，バルトリン(Thomas Bartholin)らの著書に基づき，身体部位ごとに，中国的な独自の配列で解説する。下編2巻は病理と臨床医療を解説する。記述の解剖学上の網羅性では半世紀後の杉田玄白『解体新書』にやや劣るが，具体性では勝り，同時代における医学・生理学上の種々の動物実験の内容にまで言及する。穏和な人間機械論や松果体の重視などに，デカルトの間接的影響も見える。漢訳と公刊が中止されたため，中国社会には影響しなかったが，東アジアに最新の基礎医学を詳細に伝えたことは特筆される。モンゴル語訳がある。

(渡辺　純成)

かくちそうしょ【格致叢書】　明の胡文煥の編。1603(万暦31)年の朱之蕃の序を付す。この叢書は民間の本屋が利益を当て込んで，手を変え品を変えて出版した書物の典型とされ，『玉海』の詩類を『玉海紀詩』と名づけて一つの書物に仕立て上げるなど，書名の変更や内容の改竄を随意に行っている。収録された著作の数も版本によって大きく異なり，その全体像を明確に把握するのは難しい。諸家の著録によれば，初編は46種だったと考えられる。

(井波　陵一)

かくちゅうじょ【郭忠恕】　？～977(太平興国2)。五代から北宋初の界画作家。洛陽(河南省)の人。字は恕先。文字学者としても知られる。五代初に神童を募る童子科に及第，後周の太祖郭威，宋の太祖趙匡胤に仕えたものの，不羈奔放な言動が多く，罷免される。続く太宗がその才を憐れみ，歴代の字書の校定に当たらせたにもかかわらず，横領などを働き，死罪を減じられて配流の途次，臨邑(山東省)において没す。画家としては，しかしながら，*関仝の弟子として華北山水画の主流に連なる。潑墨をもよくし，界画作家としては，北宋第一と評される。その本領は，界画を成り立たせる技術の修練の極限である筆線と，潑墨の主たる要素であり，視覚的連想を呼び起こす墨面とを共存させ，危うい均衡を創り出すことにあったと考えられる。現存伝称作品の『雪霽江行図巻』(カンザスシティ，ネルソン・アトキンズ美術館蔵)には，元代李郭派の雲のような遠山と2隻の帆船とが描かれており，文献的な記述に合致する。

(小川　裕充)

文字学の分野では，古代文字の字形の変遷をまとめた『*汗簡』や，字形と字音・字義との関係について述べた『佩觿』などがある。宋史442 (阿辻　哲次)

かくちょうせつ【格調説】　詩論の一つ。明の前後七子，清の*沈徳潜らによって提唱された。格は詩のスタイルを，調は声律をいう。前七子の*李夢陽の「格は古，調は逸」は，その思想を簡潔に表現したもので，格調説が，古文辞派の擬古主義と表裏一体であることがわかる。沈徳潜は前後七子の思想を受け継ぎ，格調とは「温柔敦厚」の「詩の教え」を厳格に守ることであると主張し，詩の性霊説を提唱する*袁枚とは，激しく対立した。

(木津　祐子)

かくはい【角杯】　牛や犀・羊などの角を加工して作った杯，またはそれに倣って他の材質で作られた同形式の杯のこと。ヨーロッパから中央アジアにかけて広がるリュトンと通じることから，両者の関連性が考慮される。中国では殷から近代に至るまで多数の作例があるが，角そのものより，青銅・金・銀・銅・玉・陶磁・琺瑯(七宝)・木漆などの様々な代用材によって製作されたものがほとんどで，本来の形状と離れた変化に富んだ形態のものも制作された。

(松本　伸之)

かくはく【郭璞】　276(咸寧2)～324(太寧2)。晋の文人・訓詁学者。聞喜(山西省)の人。字は景純。訥弁であったが，博学で才が有り，郭公に師事して五行・天文・卜筮の術に精通した。永嘉の戦乱を避けて南渡し，卜筮の術により東晋の権力者たちに重んじられ，王導の参軍事を経て著作佐郎・尚書郎に任ぜられたが，王敦の記室参軍となり，その叛乱の失敗を預言して殺された。王敦の乱が平らげられると，弘農太守を追贈された。『晋書』には超人的な預言者としての逸話が散見するが，本伝に「詞賦は中興の冠為り」というように，「遊仙詩」「江賦」「南都賦」などを作った東晋随一の詩人で，

『隋書』経籍志には『晋弘農太守郭璞集』17巻が著録される。また、「古文奇字を好」んで古典に造詣が深く、『毛詩』『爾雅』『方言』『楚辞』『山海経』『水経』『三蒼』『穆天子伝』「子虚賦」「上林賦」などに注した学者でもあった。晋書72　　　（森賀　一恵）

がくひ【岳飛】　1103（崇寧2）～41（紹興11）。南宋初期の将軍。相州湯陰（河南省）の人。字は鵬挙、諡は武穆。貧農の家に生まれたが、学問を好み、『左伝』や孫呉の兵法を学んだ。北宋末期、金の軍隊が南進してくると、義勇軍に応募して兵卒になった。やがて、金軍との戦闘や反乱集団の鎮圧に活躍し、1137（紹興7）年には劉光世・韓世忠・張俊と共に四大軍閥の首領の一人に数えられたが、軍閥の間には指揮系統が確立しておらず、互いに反目して勢力争いをしていた。岳飛の配下の軍団は「岳家軍」と呼ばれ、強大な軍事力を誇った。1140（紹興10）年と41（同11）年に金軍が大挙南進してきたが、岳飛はこれを撃破して枢密副使を拝命した。時の宰相秦檜は、高宗の意を受けて、対金講和を策定していたので、軍閥の首領を召喚し、各軍団を王朝の正規軍に改編したが、岳飛は抵抗した。秦檜は講和締結の障害になるとして、岳飛を投獄し毒殺した。後年、武穆と諡され、鄂王に追封された。宋史365　　　（衣川　強）

がくひこじ【岳飛故事】　南宋時代、金国との攻防戦で名を馳せた岳飛の英雄伝承。岳飛の背に母が「精忠報国」の刺青を施して戒める「岳母刺字」の故事を始め、岳飛に心服した緑林の好漢たちによる岳家軍の形成、兀朮率いる金国軍との戦い、金国と内通した秦檜が岳飛抹殺を企む「東窓事犯」の故事などが物語の主要な骨子となり、演劇・小説・語り物などを通じて広く流行した。

岳飛・韓世忠ら対金戦争の英雄の事跡は、南宋末年には新作講談として登場し、講釈師王六大夫によって語られた『中興名将伝』が人気を博した。演劇では、宋元戯文に『岳飛破虜東窓記』、元雑劇に、孔文卿の『地蔵王証東窓事犯』、金仁傑の『秦太師東窓事犯』、作者不詳の『宋大将岳飛精忠』など数種の岳飛故事の演目が見られ、岳飛の英雄像と対照的に秦檜の悪役像が定着していく。明の成化年間（1465-87）ごろ姚茂良の『精忠記』伝奇が登場し、岳飛夫人の貞烈、岳飛の武勲、東窓事犯、岳飛父子の死、娘銀屏の殉死、冥界における秦檜の断罪と岳飛親子の名誉回復など、それまでの岳飛故事を継承しつつ、35齣の長編化によりさらに物語の脚色発展が見られる。ほかに明代において岳飛故事を戯曲化したものには、『精忠旗』伝奇、『金牌記』伝奇、『陰抉記』伝奇などがある。また明末の湯子垂による『続精忠』伝奇は、岳飛の死後、息子の岳雷・岳電が秦檜を誅殺し、父の仇を討つという内容で、岳飛故事の続編ともいえるものである。清初と目される『如是観』伝奇は、前述の『精忠記』伝奇をさらに翻案し、岳飛の死後冥界において岳飛の功績と秦檜の悪業がいっそう対照的に描かれており、後世の地方戯や語り物に影響を与えている。

小説では、明の嘉靖年間(1522-66)に熊大木編『大宋中興通俗演義』8巻80則が刊行され、さらにこれを改編した鄒元標の『岳武穆精忠伝』6巻68回、于華玉の『岳武穆尽忠報国伝』7巻28則などが続いた。清初に銭彩が『大宋中興通俗演義』の内容を踏襲しつつ再創作した『説岳全伝』(全称『精忠演義説本岳王全伝』)が登場し、以後岳飛故事の定本の位置にある。

清代の中期以降勃興した地方戯および語り物は明・清代の戯曲内容の影響も受けつつ、主には小説『説岳全伝』を踏襲している。『岳母刺字』や岳飛父子の最後を描く『風波亭』のほか、岳飛が主役ではない『挑滑車』『八大錘』『黄天蕩』などの演目も、『説岳全伝』に基づき、京劇を始め地方戯でよく知られた演目である。

語り物では、子弟書・石派書・弾詞・快書・評書・評話などを通じて広く流行している。長編では、評書・評話の伝統演目に『岳伝』があり、おおむね『説岳全伝』の内容を踏襲したものである。弾詞には、清代の比較的早期に成立したと目される『十二金銭』弾詞や清末の『精忠伝』弾詞がある。岳飛故事の戯曲・語り物の希少作品を集めた書籍に、『岳飛故事戯曲説唱集』(1985年、上海古籍出版社)がある。　　　（岡崎　由美）

かくぶつちち【格物致知】　四書の一つ『大学』の「致知は格物に在り」という言葉の解釈に基づいた学説。古来多くの解釈が存在するが、思想史の上で問題となるのは南宋の朱子の説と、それに反旗を翻した明の王陽明の説。

朱子は、「格物」を「物に格（いた）る」と読む。即ち「格物致知」とは、外的な事物に意識をいたらせ、その「理」を個々に窮めることによって、人間の「知」を「致す」（十全に発揮させる）ということで、朱子はこれを学問による人格形成の第一歩に位置づける。朱子の「格物致知」説は、ともすると主観的になりがちな心の修養を、外在する事物の「理」の客観性によって裏打ちせんとする意図のもとに練り上げられたものであるが、「格物」の「物」が実際には経書という既成の価値を第一義としていることからも窺えるように、いわゆる帰納法的な真理の探求ではなく、既成の「理」を柔順になぞ

ることを通した自己陶冶にこそ，その本領が隠されていた。

　朱子学の外的な方法論に反旗を翻し，「理」は自らの心の外には存在し得ないことを謳った王陽明は，「格物」を「物を格（ただ）す」，「致知」を「良知を致す」と再解釈する。即ち，陽明学における「格物致知」とは，自らの心に内在する良知によって物事を正すということで，価値判断の根拠を自らの心の実感に求める。陽明学の「格物致知」説は，朱子学が絶対の権威として外側から人間の心の自由を縛り上げるものとして映るようになった明代の思想状況において大きな煽動力を持った。しかし，陽明学に対しては，常に既成の価値秩序を主観的な判断で破壊しかねないという批判がつきまとう。

　朱子学と陽明学の「格物致知」をめぐる解釈の対立に象徴される価値の根拠をどこに見出すかという問題は，近世中国思想の議論の焦点の一つとなっている。　　　　　　　　　　　　　　　（垣内　景子）

かくへきぎ【隔壁戯】　明代からあった民間芸で，全国で見られ，北京では「象声」「相声」「暗春」，四川では「相書」，杭州では「隔壁戯」など各地で名称が異なる。演者が屏風や幕，机の後ろに隠れ，市井の小話をする。人物を演じ分け，物音などは声帯模写で表現し，客は外側で聞く。後に演者が客の前に出て演じるタイプも生まれた。これは鳥の鳴き声などの声帯模写が中心で「口技（こうぎ）」と呼ばれ，現在も見られるが，隔壁戯は20世紀に入って衰退した。　　　　　　　　　　　　　（細井　尚子）

がくほうつうべん【学䫀通弁】　明の朱子学者陳建の著。1548(嘉靖27)年序，4編12巻。儒仏・朱陸の別が曖昧であることこそ近世学術の最たる蔀障(きまたげ)だとし，その是非の峻別を企図。特に，朱陸早異晩同を説く程敏政『道一編』や朱子晩年悔悟を説く王陽明『朱子晩年定論』がその論拠とした朱子「晩年」の発言が，実はその中年のものであると指摘，両書の編年考証の不備をついて新たに朱陸早同晩異を提唱。朱陸折衷論に対抗して朱是陸非を強調した。その手法は清朝における朱子年譜のより厳密なる考証的研究へと継承された。　　（中　純夫）

かくまつじゃく【郭沫若】　1892(光緒18)～1978。民国～共和国の歴史家・文学者・政治家。楽山県（四川省）に生まれる。本名は開貞，沫若は号。また尚武・鼎堂・麦克昂などと号する。1914(民国3)年に日本へ留学し九州帝国大学医学部に入学するも次第に文学を志す。在学中に文学愛好会「創造社」を結成，卒業後も文筆活動に携わる。1926年，国民党に広東大学文学院院長として招かれ，のち北伐に従軍した。やがて蒋介石と対立し国民党を離脱，日本に亡命し中国古代史の研究に専念する。1937年に帰国し重慶の国民政府に参加，人民共和国成立後は政務院副総理・中国科学院院長・全国文学芸術界連合会主席・全国人民代表大会四川代表など要職を歴任した。文化大革命時には率先して自己批判を行った。主著に『女神』(1921年)，『中国古代社会研究』(1930年)，『両周金文辞大系』(1932年)，『卜辞通纂』(1933年)，『屈原』(1942年)など。その全著作を集めた『郭沫若全集』全38巻が刊行されている。　　　　　　（角道　亮介）

かくめい【革命】　革命は，中国古代では，天の命を革（あらた）めること，すなわち旧王朝を武力によって打倒して新王朝を樹立する易姓革命（王朝交代）をいう。万物の父母である天が有徳者に命を下して天子＝君主とし，自然秩序と社会秩序を維持し天下万民の全体生命を管理・保全する責任を負わせる，君主が責任を果たさなければ天の命が革められて打倒され，別の有徳者が君主の地位につく，という民本主義が「一君万民」の専制王朝体制の反面にある。

　1840(道光20)年のアヘン戦争以後の近代では，revolution の日本語訳語「革命」を孫文が受容して「政治・社会の大変革」の意味で用いた。列強の侵略に抵抗して中国を滅亡から救うため（「救亡」），民衆を「奴隷」（統治の客体）から「主人」（革命の主体）に転換し（「民主」），旧専制権力を武力で打倒して新国家を創建し，社会構造を変革して経済建設を進めることをいう。

　1895(光緒21)年日清戦争敗北後，列強による中国分割の危機に直面して，孫文は，漢民族が武力で清朝を打倒し（民族），宗族・村落の団結を国家の団結に拡大して国民が平等に政治に参加し（民権），外国の資本・人材を吸収して工業化し，かつ貧富不平等を予防する（民生），三民主義の革命により列強と肩を並べようとした。1911年辛亥革命に成功し，翌年中華民国を創立した。以後北洋軍閥と闘争し，反帝国主義，民衆との結合，ソ連への接近を決意し，1924年国民党を改組して共産党と合作し，国民革命を開始した（新三民主義）。

　毛沢東は，多数民衆が少数強権者の圧迫に必ず反抗し勝利することを確信し，階級闘争によりプロレタリア独裁を樹立し社会主義経済を建設するというレーニン主義を受容して，1921年中国共産党創立に参加した。農民が革命の原動力だと見て，1927年以後国共内戦で，農民を紅軍に組織し根拠地を築き土地革命を実行して，「農村が都市を包囲する」人民戦争を行った。毛沢東と共産党は，「救亡」の

抗日戦争を戦うために土地革命を減租減息に変更し，1937年国民党や各党派と民族統一戦線を結成し，人民を総動員する「民主」を要求した。新三民主義を継承して，帝国主義・封建勢力に反対する，国民党あるいは共産党が指導する各革命階級(労働者・農民・小ブルジョアジー・民族ブルジョアジー)連合独裁，国有大企業と私有資本主義企業と個体農業の多種経済，民族的科学的大衆的文化，を実現する新民主主義革命を主張した。日本軍の背後に浸透してゲリラ戦を行い，人口1億の根拠地(解放区)を築いた。1945年抗戦勝利後，毛沢東は蔣介石と重慶で会談し，蔣の指導の下で平和・民主・団結・統一を基礎として新中国を建設する，という協定を結んだ。協定を破り米国の援助を受けて進攻した国民党軍を次次に殲滅し，土地改革を実行し農民の力量を最大限に発揮させて反攻し，1949年中華人民共和国を創立した。先ず新民主主義を実行し，1956年社会主義改造を完成して建設を進めた。

(近藤 邦康)

がくようろう【岳陽楼】 現在の湖南省岳陽市西門にある楼閣。岳陽は，揚子江中流にあるかつて中国最大であった湖，洞庭湖の東北の岸にある町で，楼は洞庭湖に正面し，はるかに君山を望み，名勝の地とされる。唐の716(開元4)年，中書令の張説がこの地の長官となり，才士とこの楼に登って詩を賦して以来，有名となり，この地を詠じた詩文は少なくない。現在，この楼の四壁一面にそれらの詩文が彫りこまれている。 (大野 修作)

がくようろうき【岳陽楼記】 北宋の政治家である范仲淹と同年の進士である滕宗諒が，中央の官から左遷されて岳州(湖南省)の太守となり，岳陽楼を修復した時，1045(慶暦5)年に范仲淹に依頼して書かせた文章である。范の文章は蘇舜欽の書，邵疏の刻石，岳陽楼そのものとともに四絶といわれた。ことに東京小石川や岡山の後楽園の出典となった「天下の憂いに先んじて憂い，天下の楽しみに後れて楽しむ」の句は有名である。 (大野 修作)

かくりきき【角力記】 宋代に著された，古代の格闘技角力についての書物。作者は調露子，実名は不明だが，五代末宋初の人とされる。原本は失われたが，清代にその残文を集めた呉翌鳳によって再版され，琳琅秘室叢書本が現存している。角力の専著としては中国で初めてのもので，角抵・角力・相撲等の名称の変遷，名人伝などの歴史資料，および角力の技術の変遷などが述べられている。明末清初に日本に伝わり，日本の柔術に影響を与えたとされる。 (平林 宣和)

がくりつぜんしょ【楽律全書】 明の楽律学者・暦算学者朱載堉の主要な著述を集めた叢書。明の1596(万暦24)年鄭藩刊本では，『律学新説』4巻，『楽学新説』1巻，『算学新説』1巻，『律呂精義』内編・外編各10巻，『操縵古楽譜』1巻，『旋宮合楽譜』1巻，『郷飲詩楽譜』6巻，『六代小舞譜』1巻，『小舞郷楽譜』1巻，『二佾綴兆図』1巻，『霊星小舞譜』1巻，『聖寿万年暦』2巻，『万年暦備攷』3巻，『律暦融通』4巻付『音義』1巻，計48巻で，雅楽の楽舞譜7巻のほかは律呂に関するものが大部分である。

特に『律呂精義』にある「新法密率」は，十二平均律の原理と算出法を世界で初めて完成させたものとして著名である。この「新法密率」誕生は中国音律学史上で先秦以来問題とされてきた十二律の旋宮の問題を根本的に解決したのである。

(池澤 滋子)

かくりんぎょくろ【鶴林玉露】 南宋の随筆集。甲編6巻，乙編6巻，丙編6巻。羅大経の撰。羅大経は，廬陵(江西省)の人，字は景綸，1226(宝慶2)年の進士。書名は，唐の杜甫の詩『虞十五司馬に贈る』中の「清談玉露繁し」(あなたのお話は俗気が無く白玉の露がこぼれるようです)に基づく。本書は，詩話と語録と歴史随筆の中間の性格を有し，議論に長じており，記述あるいは考証的側面は少ないと指摘されている(『四庫全書総目提要』)。詩話の面では，文学者の逸事や詩論を載せ，欧陽脩・蘇軾の文を高く評価しており，語録の面では，朱熹・張栻・真徳秀・魏了翁・楊万里など思想家の言葉を収め，陸象山も評価している。歴史随筆の面では，光宗朝の未遂に終わった政変について述べた「白羊先生」，臣下が光宗に退位を迫り寧宗の擁立を謀ったことを記す「紹熙内禅」，また「官省銭」「沙田に税す」「経総銭」「広右丁銭」など，歴史の欠を補う記述も多く参考になる。

(高津 孝)

かくれんかえい【隔簾花影】 明末清初の丁耀亢(字は西生，号は野鶴・紫陽道人)の『続金瓶梅』12巻64回を刪改し48回としたもの。刪改者は不明だが，序を著した四橋居士の可能性がある。四橋居士は『快心編』の評点者。西門慶を南宮吉，呉月娘を楚雲娘，孝哥を慧哥にかえるなどしたが，西門慶らの転生後をえがいた基本的なすじがきは変えていない。『続金瓶梅』が禁書となったことも改名刪改の一因であろう。 (大塚 秀高)

がくろくしょいん【岳麓書院】 湖南省長沙市の岳麓山にある。「四大書院」の筆頭格。976(開

宝9)年に朱洞が開き，999(咸平2)年に李允則が拡建した。潭州州学・湘西書院と共に「潭州三学」を構成，その最高学府の位置を占めていた。1165(乾道元)年に劉珙が重建。張栻ら宋代湖南(湖湘)学派の基地となった。朱子が講学等を行ったため，その影響も強く受けた。宋代以後も，現在の湖南大学に至るまで，王夫之・曾国藩ら数多くの人材を輩出し続けた。

（早坂　俊廣）

がくろん【楽論】 → 荀子楽論

かけい【仮髻】　仮髪を用いて結い上げた髻。古称は編，漢以後は仮髻という。古代，女性たちが長髪を美としたことから生まれ，使用は殷・周代に始まるという。秦・漢の頃より広く用いられた。仮髻は2種に分類できる。1種は本人の髪をもとに増毛部分に仮髪を用いたものである。先秦時代の髪・鬌・副・編次などがそれである。出土遺物としては，長沙馬王堆一号漢墓出土の小箱の中に，一束の黒の絹糸で製作した仮髻が発見されている。他の1種は金・銀・銅・木などを胎とし，各式の髻式に仕上げたものである。外には絹布を被せるか，或いは黒漆を塗っている。着装時は頭上に重ねた。漢代の巾幗，唐代の漆髻など多くは貴婦人が用いた。この種の仮髻は，出土の漢・唐代の人俑から知ることができる。唐代にはこの種の仮髻は義髻と呼んだ。

（釣田　敏子）

かけい【夏珪】　生没年不詳。南宋の画家。銭塘(浙江省)の人。字は禹玉。画院の画家となり，寧宗朝(1194-1224)の待詔，金帯を賜わり，一時期，官は訓武郎。水墨による山水画を得意とし，対角線構図法による整った形式美のうちにさまざまな諧調の墨のタッチを積み重ね，清新な詩情を表現して，「高低は縕醸し，墨色は傅粉の色の如く，筆法は蒼老，墨汁は淋漓(ぬれてしたたるよう)，奇作なり。……院人中山水を画くは，李唐より下，その右に出る者なし」と評された(『図絵宝鑑』)。同時代の馬遠とともに，南宋院体山水画様式の完成者と位置づけられる。子の夏森も山水を善くした。

現存する遺品のうち，『山水十二景図』巻(カンザスシティ，ネルソン・アトキンス美術館蔵。12景のうち4景が現存する)は，「辺角の景」「残山剰水」などと呼ばれた南宋院体山水画様式をよく示す作品。理宗(在位1224～64)の書とされる4字題の詩意に沿って選ばれた数少ないモチーフを，余白を大きく取ったなかに，微妙に墨調をコントロールしながら対比させ，空間の奥行きやそれを満たすアトモスフィアを描写する。一方，『渓山清遠図』巻(台北，故宮博物院蔵)は，筆墨がモチーフの再現といった造形目的の枠をはみ出そうとした，意欲的な作品。山・丘・樹木などの墨色とフォルムが，ダイナミックな画巻構成を作り上げている。小品では，東京国立博物館・静嘉堂文庫美術館・ボストン美術館などに収蔵される一連のよく似た「山水図」群がある。いずれも対角線構図法に基づき，右下半分に水辺の丘・建物・舟・人物などをえがく。『観瀑図』団扇(台北，故宮博物院蔵)は，現存する夏珪唯一の着色画であるが，同時期の馬遠の画風を意識的に模倣したものであろう。

なお，馬遠・夏珪らの作品は，14世紀以降数多く日本にもたらされ，室町時代の漢画に重要な様式上の基盤を提供した。

（嶋田　英誠）

がけい【画継】　南宋の鄧椿による画史書。全10巻。1167(乾道3)年の自序がある。張彦遠撰『歴代名画記』，郭若虚撰『図画見聞誌』の後を継ぎ，北宋の1074(熙寧7)年から南宋の1167(乾道3)年までの画家219名について記述。徽宗朝における絵画変革のようすをはじめ，北宋末から南宋初の絵画史を知るための基本資料。『王氏画苑』『津逮秘書』『学津討原』『四部叢刊続編』に影印があるほか，標点本が『画史叢書』『中国美術論著叢刊』に所収。

（井手　誠之輔）

かけいてい【嘉慶帝】　1760(乾隆25)～1820(嘉慶25)。清の第7代皇帝。在位1796～1820。名は顒琰。廟号は仁宗。諡は睿皇帝。乾隆帝の第15子。嘉慶帝の即位と同時に乾隆帝は太上皇となり，その後3年以上にわたって実質的に訓政が行われたが，1799(嘉慶4)年に嘉慶帝は親政を開始すると，すぐさま権力を恣にしていた乾隆帝の寵臣和珅を誅し，その家産を没収した。嘉慶帝の治世の時期は，軍・官の綱紀の紊乱が顕在化し，苗族・白蓮教・艇盗・天理教などの民乱が各地に頻発したのに加えて，黄河もしばしば氾濫し，財政が窮乏をつげた。その意味で清朝の黄金時代から衰亡期への転換点にあたるといってよいが，一方，文化的側面では，「乾嘉の学」といわれるように，清朝考証学が花開いた時代でもあった。また，貿易の条件を改善するために，マカートニーに引き続きアマーストがイギリスから北京の朝廷に派遣されたのも，嘉慶帝の治世のことである。嘉慶帝は，1820年，熱河の行宮で病死した。清史稿16　（村尾　進）

がけいほい【画継補遺】　南宋末元初に活躍した荘粛による画史書。全2巻。1298(大徳2)年の自序がある。1131(紹興元)年より1275(徳祐元)年の間の画家84人を収録。南宋後期の文人・僧侶・道士の他，画院画家62人を記録するが，とく

に*夏珪や*牧谿を酷評する記述を含むことで注目される。荘粛は，字を恭叔・幼恭，号は蓼塘，青龍鎮（上海市）の人。書画の収蔵品の一部は周密撰『雲煙過眼録』に記録がある。標点本が『中国美術論著叢刊』に所収。　　　　　　　　　　　（井手　誠之輔）

かけいめい【何景明】　1483(成化19)～1521(正徳16)。明の文学者。信陽(河南省)の人。字は仲黙，号は大復。1502(弘治15)年20歳で進士に及第，官は陝西提学副使に至る。性は剛直で，宦官*劉瑾の専横を批判して免官になったこともある。文学面では李夢陽の復古主義に共鳴し，古文辞派前七子の中で李に次ぐ位置を占めた。ただ，李が専ら規範の遵守をいうのに対し，模倣を通じた発展や変化を肯定するなどの違いもある。39歳の若さで没す。詩文は『大復集』に収められる。明史286
　　　　　　　　　　　（野村　鮎子）

かげつこん【花月痕】　清代末期の小説。太平天国の乱を背景に，韋痴珠と韓荷生という二人の主人公の生涯に妓女との恋愛をからめ，前者の不遇と後者の栄達を対照的に描く。後の鴛鴦胡蝶派小説に影響をあたえた。作者の魏秀仁(1819～74)は，号は眠鶴主人，福州市侯官(福建省)の人，科挙の進士試験に合格できず，不遇の生涯を送った。1888(光緒14)年間双笏廬刊行の原刻本，それにもとづく人民文学出版社版(1981年)の活字本がある。
　　　　　　　　　　　（金　文京）

かげつじゅん【夏月潤】　1878(光緒4)～1931(民国20)。清末から民国初期にかけて上海で活躍した京劇俳優。武生と紅生を兼ね，長靠，短打双方に長じるとともに，靠把老生戯(鎧を着た老生の演じる演目)も得意とし，上海の「武状元(科挙を模した俳優コンテストで武生部門の首位)」に選ばれている。19世紀半ばに京劇南下の第一陣として上海に入った俳優，夏奎章の三男で，兄の月恒・月珊，弟の月華等兄弟はすべて京劇俳優である。夏氏一家は早くから夏家科班を組織，また丹桂茶園という劇場の経営も行い，清末の上海演劇界の一翼を担った。夏月潤は兄月珊等とともに清末の戯曲改良運動に積極的に関与し，1908(光緒34)年10月，潘月樵・孫菊仙等と上海旧城外の十六舗に商辦新舞台を開場，経営者の月珊とともに舞台の主力として活躍し，『黒籍冤魂』など多くの改良新戯を創演した。また辛亥革命後に成立した上海伶界聯合会の会長もつとめている。紅生は王鴻寿(芸名三麻子)の系統に属し，また清末の名優で老生後三傑の一人譚*鑫培の娘婿でもあった。　　　　　　（平林　宣和）

かけん【賈憲】　生没年不詳。北宋の数学者。原籍不詳。崇天暦の作者である楚衍の弟子。官は右班殿直。優れた数学書と評価の高い『黄帝九章算経細草』9巻や『算法学古集』2巻を著したが，いずれも今日に伝わらない。だが前書については，南宋の*楊輝『詳解九章算法』がかなりの部分を引用しているため，それによって内容の概略を窺うことができる。賈憲の最大の成果は，パスカルより600年早く2項式の係数表を発見し，ホーナーより800年早く数字高次方程式の機械的な解法を発見したところにある。　　　　　　　　　　　（川原　秀城）

がげん【雅言】　文字通りには「正しい言語」の意で，一説に「周代の共通語で，重要な古典を読む時に使われた言語」を指すという。初出は『論語』述而篇に見える「子の雅言する所は，『詩』と『書』，執礼は皆な雅言なり」で，*阮元ら清の儒者はその文を，『詩経』『書経』など重要な古典を読む時には，*孔子は魯(山東省)の発音ではなく，周の都があった地域(陝西省)の発音で読んだ，と解釈する。
　　　　　　　　　　　（阿辻　哲次）

かげんけい【華原磬】　法会などの際に打ち鳴らす楽器(梵音具)の一種で，奈良の興福寺に伝来した。獅子形の座，六角の支柱，四龍を象った掛け具，円形の鼓(磬)からなる。もともと華原磬とは，陝西省華原県産の石を用いて作った磬の意味であるが，この作品は石製ではなく銅製鋳造で，磬の形も通例の山形やへの字形と異なる円形をしており，これを華原磬と呼ぶ理由は詳らかでない。『興福寺流記』所収の「宝字記」(8世紀)や『七大寺巡礼私記』(12世紀)には，「金鼓」とのみ記されている。それらの記載によれば，古くから興福寺の西金堂に安置され，かつては獅子座の下にさらに白石の台座を備え，頂部の円盤上に回転自在の合掌菩薩坐像を戴き，かたわらには鼓を打とうとする姿の婆羅門立像があったという。鎌倉時代頃の補作と推定される鼓を除いて，写実味ある巧緻な作風から唐ないし奈良時代の制作と考えられているものの，制作年代や制作地域については，なお検討の余地がある。
　　　　　　　　　　　（松本　伸之）

かこ【花鼓】　①民間芸能の一つ。花飾りのついた太鼓を背負った男女が歌いかつ踊るもの。本来は農村の田植え歌の類であったと考えられるが，南宋代には既に都市で行われる芸能となっていた(呉自牧『夢梁録』20)。のち次第に演劇としての体裁を備え花鼓戯へと発展した。
②清代の地方劇作品。打花鼓ともいう。流浪の夫婦が門付けで花鼓の芸をしながら生活するさまを描

く。『*綴白裘*』等に収められる。
（竹越 孝）

がこ【迓鼓】　宋代の舞踊芸能。訝鼓とも。もと北宋の名将王韶の軍隊で行われた舞踊という（彭乗『続墨客揮犀』7）。本来は太鼓に合わせて舞う形式であったと考えられるが，男子・婦人・僧侶・道士・賤民等の配役を備えた演劇的なものであったという記録もある（『*朱子語類*』139）。南宋の雑劇や金の院本の演目中に迓鼓児熈州・迓鼓二郎・迓鼓孤等の名が見えるように，その舞踊と音楽は後代の演劇に引き継がれている。
（竹越 孝）

かこう【歌行】　詩体の一つ。中国の伝統詩は唐初に成立した近体詩(今体詩)と古体詩(古詩)に大別されるが，歌行体は古体に属し，特に歌謡性の強いものをいう。もと漢の民間の歌謡である楽府に発する詩体で，「○○歌」「○○行」と題するものが多いことからこの名で呼ばれる。七言歌行・五言歌行を中心に雑言のものも多く，他の古体詩と同様，押韻や平仄の規則が緩いのが特徴である。歌行体の名作は，その源である漢の作者不詳の楽府から，曹操の『短歌行』をはじめとする建安の諸作品など少なくないが，とくに近体詩成立以後，唐の詩人たちは歌行体を意識的に用い，その形式の自由さと歌謡性・叙事性などの特徴を生かして多くの佳篇を残した。李白の『将進酒』『行路難』など古い楽府題による一連の作，杜甫の三吏三別や『兵車行』などを経て，中唐にいたって名手白居易が出て，『新楽府』50首や『長恨歌』『琵琶行』など歌行体の代表作を多く生んだ。
（松家 裕子）

がこう【牙行】　旧中国における仲立・仲買業者の総称。近代以前の中国の商人は，商品を生産地から消費地へ運び地域間売買(貿易を含む)に従事する「客商」と，消費地に店舗をかまえる卸売・小売商である「坐賈」，そしてこの両者の周旋・仲介をおこなう牙行との三者に区分される。地方間の商慣行や商品価格の相違，そして話し言葉の違いが極めて大きなためもあって，客商と坐賈，売り手と買い手双方に対して，それぞれ代価と商品の品質の保証をおこない手数料をとる仲介業者である牙行は，商業活動において不可欠の存在であった。

牙行は商品ごとに細分化しており，地域による呼称も多様であった。古くは牙儈・駔儈と呼ばれ，唐宋以降は牙人・牙郎と称され，元明のころから牙行の名が一般化するようである。また，時代が降るにしたがい，仲介・仲買の他に，倉庫・旅館・運送・銀行業務とのつながりを持つものが出現する。
（長井 千秋）

がこう【娥皇】　古代神話上の人物。堯の二人の娘のうちの長女とされる。『*山海経*』大荒南経には「体が三つ合わさった人がいて，帝俊(『山海経』のみに見える帝王。舜と同一とも，別人ともいわれる)の妻娥皇がこの三身人を生んだ」とある。一方『*書経*』堯典には堯が二人の娘を舜に嫁がせたことが記され，劉向『列女伝』1・有虞二妃ではその名を娥皇・女英として，舜が母や弟に憎まれて様々な苦難に遭った際にそれを助け，舜が天子となってからも聡明貞潔で天下にたたえられたと記す。
（大野 圭介）

かこうけん【夏侯建】　生没年不詳。前漢の学者。東平(山東省)の人。字は長卿。夏侯勝(大夏侯)の従兄の子。「小夏侯」と称される。夏侯勝及び欧陽高に師事して『尚書』(『書経』)を学んだが，勝は「建の謂う所の章句は小儒にして，大道を破砕す」と非難し，建もまた勝の疏略を非難して，ついにみずから別に一家の学を立てた。議郎博士となり，太子少傅に至った。清の陳喬樅『尚書欧陽夏侯遺説考』に輯佚と考証がある(『続皇清経解』所収。漢書75・88
（近藤 浩之）

かこうげん【賈公彦】　生没年不詳。唐初の経学者・太学博士。洺州永年県(河北省)の人。現存する三礼の基本文献『周礼疏』『儀礼疏』の著者として，また勅撰『礼記正義』の編纂者のうちの一人として伝えられる。その学統は北周の熊安生と隋の劉焯の礼学を受けた張士衡に連なり，子の賈大隠や弟子の李玄植へと伝承された。『周礼』を中心とした彼の三礼観は具体的に「周礼疏の序」「周礼の興廃に序す」にまとめられている。後に朱子は十三経疏の中で『周礼疏』を最も高く評価した。旧唐書139上
（野間 文史）

かこうしょう【夏侯勝】　生没年不詳。前漢の学者。東平(山東省)の人。字は長公。魯の夏侯始昌に従って『尚書』(『書経』)及び『洪範五行伝』を受け，災異を説いた。後に兒寛(倪寛とも)の門人簡卿に師事し，また欧陽氏に従って学んだ。従兄の子の夏侯建(小夏侯)に学を伝えた。「大夏侯」と称される。博士・光禄大夫となり，太子太傅に至る。年90で官に卒す。清の陳喬樅『尚書欧陽夏侯遺説考』に輯佚と考証がある(『続皇清経解』所収)。漢書75・88
（近藤 浩之）

かこうすいどう【火耕水耨】　前漢時代の江南農業の特徴を表した言葉。『*史記*』『*漢書*』に見える。たとえば『史記』貨殖列伝には「楚・越の地，地は広く人は希なり。稲を飯とし魚を羹とす。或火

かこうたん【夏侯湛】 243(正始4)～291(元康元)。西晋の詩人。譙国譙(安徽省)の人。字は孝若。名門に生まれ幼少より才能豊かで，若くして官についたが，累年官職に恵まれず，晩年に散騎常侍となった。西晋の潘岳と交誼があり，ともに端正な容姿であったので，当時「連璧」と称された。文章に優れ，新奇な表現をよくした。「東方朔画賛」(『文選』47)の一文は特に名高い。また『詩経』の篇名のみ伝わる詩を補って作った「周詩」は潘岳に賞賛された。『隋書』経籍志に「新論十巻」「晋散騎常侍夏侯湛集十巻」と録するが散逸。明の輯本『夏侯常侍集』1巻がある。晋書55　　　　　（林　香奈）

かこうほう【華蘅芳】 1833(道光13)～1902(光緒28)。清朝後末期の科学者・科学教育家。金匱(江蘇省)の人。字は若汀。特に西洋近代科学書の翻訳において大きな足跡を残した。訳書には鉱物学や地質学に関する『金石識別』『地学浅釈』，海防に関する『防海新論』，台風や気候に関する『御風要術』『測候叢談』などがあるが，近代数学書の翻訳が最も重要である。J. フライヤー(Fryer)との合訳になる『代数術』『微積溯源』『三角数理』『代数難題解法』『決疑数学』『合数術』などがそれである。清史稿507　　　　　（川原　秀城）

かこうようさんけい【夏侯陽算経】 六朝時代の数学書。李淳風等注釈『算経十書(十部算経)』の一つ。ただし，北宋元豊7(1084)年の『算経十書』再刻時には佚亡してしまっており，中唐の韓延の算術書を『夏侯陽算経』と誤認して補入したとされる。『張丘建算経』序文に言及があり，それによれば原書では方倉の体積計算問題が扱われていたと思われる。なお，現行本の『夏侯陽算経』(韓延算術書)には，唐代以降に発達した乗除簡便法に関する早期の算法が見られる。　　（武田　時昌）

かこぎ【花鼓戯】 主として長江中流域の安徽・湖北・湖南・江西等の各省で行われる地方劇。その起源は農作業の際に男女が掛け合いで歌った田植え歌の類の民謡であり，これがまず歌舞芸能となった後さらに演劇の形態へと発展したと考えられる。歌舞となった段階のものは花鼓あるいは打花鼓と呼ばれ，南宋代には既に都市で祝祭日に行われる民間芸能となっていたことが知られる(呉自牧『夢粱録』20)。花鼓は花飾りのついた太鼓を背負う女性と銅鑼を手に持つ男性(道化役あるいは老け役)による対唱・対舞を基本とするもので，本来伴奏は打楽器のみで演者の歌に聴衆が唱和する形式であったという。元明代以降，この花鼓が各地の民間伝承や語り物の要素を吸収するとともに，他の地方劇の影響を受けて演劇の形態へと変化したものが花鼓戯である。特に安徽の一帯は元末から清代にかけての度重なる戦乱と凶作によって大量の農民が流出し，その一部が流浪芸人化したことから，花鼓及び花鼓戯の伝播に大きな役割を果たしたと考えられる。現在各地で行われる花鼓戯はいずれもその土地の民謡を音楽的な母体として他の要素を取り入れ，それぞれ独自のスタイルを確立するに至っている。最も盛んに演じられているのは安徽省で，中でも北部淮河流域の淮北花鼓戯と南部長江流域の皖南花鼓戯が著名である。いずれも明清代の移民政策との関わりが深く，土着の花鼓を基礎としながらも，前者は江蘇北部の徐州から入った花鼓，後者は湖北の花鼓と河南の民謡(灯曲)の影響を受けて成立したものとされる。また，湖北省では西北部の鄖陽花鼓戯，湖南省では東北部の岳陽花鼓戯が代表的な花鼓戯である。これらは土着の花鼓と皮簧腔系の地方劇が結びついたもので，土着の花鼓には打楽器を，皮簧腔には弦楽器を主伴奏に用いるというように，音楽面で両者の要素を併せ持っている。　　（竹越　孝）

かこくそう【何国宗】 ?～1766(乾隆31)。清の暦算学者。順天府大興県(北京市)の人。字は翰如。1712(康熙51)年の進士。官は礼部尚書に至る。勅命を受けて多くの暦算書の編纂に参与した。『律暦淵源』100巻，『暦象考成後編』10巻，『儀象考成』32巻などがそれである。1756(乾隆21)年には，欽天監の西洋人を率いて伊犁(イリ)に行き，経緯度を測定し地図を製作した。清史稿283　　（川原　秀城）

かこくぼん【家刻本】 私人の邸宅や家塾で刊行した典籍。家塾本ともよばれる。本来は非営利であるが，営利的なものある。多くは学者・蔵書家が，家蔵の善本や自ら校訂を施した本を開版したものである。宋代の文人である相台の岳珂が刊行した『九経三伝』は相台岳氏荊渓家塾本とよばれ，建安の黄善夫が家塾の敬室で刊行した集解・索隠・正義三注合刻本『史記』は黄善夫本『史記』とよばれるように，刊行者の姓名や字号を冠してよばれることが多い。　　　　　　　　　　　（梶浦　晋）

かこしちぶつ【過去七仏】 釈尊と釈尊以前に現れた6仏の合計7仏のこと。過去・現在・未来

にわたって仏陀の世が続くとする三世仏思想から生まれたもので，中国では祖先崇拝思想と結びついて信仰された。7仏の名は順に毘婆尸仏・尸棄仏・毘舎浮仏(または毘舎婆仏)・拘留孫仏(または拘楼孫仏)・拘那含仏・迦葉仏・釈迦仏。このうち前の3仏は過去荘厳劫(「劫」は極めて長い時間の意味)，後の4仏は現在賢劫に現れたとされ，さらに未来星宿劫には弥勒仏が出現するという。中国では過去七仏と弥勒菩薩(弥勒仏の前身)を組み合わせた作例が多く，例えば甘粛省出土の北涼時代(5世紀前半)の石塔に表された7仏1菩薩(七仏と弥勒の名を付記する)や，北魏時代の山西省の雲岡石窟や甘粛省慶陽市の北石窟寺などに表された7体仏立像などがあり，6世紀代の碑像にも七仏の名を明記する作例が見られる。　　　　　　　　　　　　　(石松 日奈子)

がこのかい【鵝湖之会】　信州鉛山県(江西省)の鵝湖寺で，南宋士大夫思想界をリードした朱子と陸復斎(九齢)・象山兄弟とがはじめて語り合った会合。呂祖謙の仲介で1175(淳熙2)年に開かれた。朱子は理が世界を覆っているということを前提に，段階を追う窮理の工夫を説くのに対し，陸氏はそのように理を窮める以前に性善の本来的能力が主体に備わることの先験性を重視し，その固有を確信することを唱える。会談は互いにその立場を表出し，折り合わないことを確認して終わる。この会合はその後，互いに相手を好敵手と認め，それぞれ思索を深めていく契機となった。　　(市来 津由彦)

かこん【科諢】　→科

かさい【加彩】　陶器などの表面に，焼成後に顔料で文様などを描く技法。表面の顔料は剝落しやすいので，主に明器に使われた。戦国時代から後漢時代には灰陶に顔料で文様装飾された加彩が多くあるが，北朝北魏ごろからは釉上に加彩された俑や動物が見られる。隋代から唐代には白化粧された素地に加彩された俑などが盛んに制作された。
　　　　　　　　　　　　　　　　(出川 哲朗)

かさくさんちん【河朔三鎮】　唐・五代の河北地域に割拠した三藩鎮の総称。三藩鎮とは，魏博節度使・成徳節度使・幽州盧龍節度使である。
　各節度使の初代はいずれも安禄山・史思明の部下で，安史の乱終結後に節度使の地位を獲得。以後，節度使や領域は変化したが，世襲的体制を維持した。支配領域の官吏の任免権や徴税権を独占するなど唐王朝に対抗して独自の地位を保った。ただ，牙軍(親衛軍)の力が強く，節度使そのものの地位は不安定だった。　　　　　　　　　　(大澤 正昭)

かざん【華山】　陝西省華陰市にある山。主峰は標高2155m。『水経注』によれば，蓮の花のように見えることから華山と呼ぶ。前漢代から，五岳のうちの西岳として国家祭祀が行われてきた。南北朝以降，道教との関係が深く，北朝北魏の寇謙之，五代～北宋初の陳摶，全真教の初期の指導者たちなどが住んだという。李白・杜甫ら以来詩文に詠まれているが，険峻で登攀が難しく，遊覧者が増えたのは明代以降とされる。明初の王履に華山を描いたすぐれた画冊がある。
　　　　　　　　　　　　　　　　(馬淵 昌也)

がさんすいじょ【画山水序】　南朝宋の宗炳の著した画論書。『歴代名画記』6所収。宗炳(375～443)は，南陽(河南省，一説に湖北省)の人。字は少文。官につかず，諸国の名山を歴訪し，晩年は江陵(湖北省)の閑居の壁に遊歴した名山を描き，座臥してこれを楽しんだという「臥遊」の故事で有名。『画山水序』は山水画の本質について述べた小論で，薄絹を枠に張りそれを通して山水を写す方法も示す。　　　　　　　　　　　　　　(藤田 伸也)

かし【賈至】　718(開元6)?～772(大暦7)。盛唐の文学者。洛陽(河南省)の人。字は幼隣，一説に幼幾。安史の乱に際しては玄宗に従って蜀へ逃げ，粛宗，代宗のもとでも中書舎人などを歴任。父の賈曾とともに詔勅の書き手として名高く，独孤及・梁粛ら古文作家から規範として仰がれた。宮中では王維・杜甫らと，左遷された岳州では李白と詩を唱和するなど，詩人としても知られる。旧唐書190中，新唐書119　　　　　　　　　(川合 康三)

かじ【花児】　山歌の一種。甘粛・寧夏・青海一帯で広く歌われる民歌。少年・野曲・山曲などとも呼ばれる。高く伸びやかな節回しで，漢民族のほか回・東郷・土・撒拉・保安・チベット・裕固などの民族の間でも歌われる。地域によって河湟花児と洮岷花児の二大流派に分かれる。前者は即興の恋歌が中心で，秋の収穫前に花児会と呼ばれる歌合戦が開かれる。後者では即興の歌のほかに『三国志演義』『西遊記』などの長篇の物語も歌われる。
　　　　　　　　　　　　　　　　(千田 大介)

がし【瓦子】　夜禁(夜間通行禁止)の制度が廃止された宋代には，北宋の都汴京(開封)や南宋の都臨安(杭州)を中心に，城壁内にも複数の盛り場が出現した。この盛り場を瓦子・瓦市・瓦舎などとよんだ。子・市・舎は近似音で，接尾辞とされる。瓦は瓦合・瓦解の瓦であり，人が短時間に離散集合する盛り場をさすというのが通説だが，空地を意味する俗語ないし外来語との説もある。瓦子には勾欄と

よばれる寄席があり，各種芸能が演ぜられていた。なかで説話とよばれる話芸には小説・講史・説(談)経などの細目があり，多くの芸人がいた。口語の短篇小説や長篇歴史小説はこうした話芸の演目が後日文字化されたものとされる。なお，都市の繁華のさまをえがく書物としては，開封については孟元老の『東京夢華録』が，杭州については灌園耐得翁の『都城紀勝』，西湖老人の『繁勝録』，呉自牧の『夢粱録』，周密の『武林旧事』などが知られる。

(大塚 秀高)

がし【画史(米芾)】 北宋の書画家米芾の画品。まとまった著作ではなく，折に触れて実見し得た絵画作品などについてのある種の覚書と言ってよいもの。画家自体を品等するよりも，個々の作品に即して論評する点で，極めて近代的な認識に基づく。唐宋山水画史上最大の画家とされる華北山水画の李成を俗として退け，対する董源を「平淡天真」として称揚し，江南山水画の再評価を行ったのが，その最大の絵画史的貢献である。

(小川 裕充)

がしかいよう【画史会要】 明時代末の画論書。全5巻。朱謀垔撰。崇禎4(1631)年の自識がある。著者の朱謀垔は寧献王朱権の7世孫で，字は隠之，号は厭原山人。書画を多く所蔵し，風雅を好んで詩書画をよくした。本書の構成は元の陶宗儀『書史会要』の編法に倣う。画史・画論書のみならず正史・地方志・別集などから広く採集しており，巻1〜4が上古から明時代までの画家伝，巻5は画法を論じている。

(板倉 聖哲)

かしぎ【歌仔戯】 台湾の地方劇の一つ。清末に中国本土から伝わった説唱芸能・錦歌を基礎に台湾東北部の宜蘭県一帯で誕生した。閩南方言(福建省東南部の方言)で語られる錦歌は，この地方からの移民の多い台湾では「本地歌仔」の名で親しまれ，19世紀の末にはこれを二，三の役柄に分けてユーモラスに演じる「落地掃歌仔陣」という民俗芸能が誕生した。宜蘭県一帯にいまも残る「老歌仔戯」は当時の素朴な芸態を現代に伝えている。1910〜20年代になると，四平戯や乱弾戯，京劇などを手本に本格的な演劇へと発展し，28年には錦歌の故郷である福建省東南部での公演が評判となり，この地に「薌劇」という新たな地方劇を誕生させた。戦時中は日本の皇民化政策の影響で一時衰退したが，戦後はいち早く復興し，50年代には劇団数も500余りを数えた。60年代以降は娯楽の多様化により活動の中心はテレビと野外での祭祀演劇に二極化したが，70年代以降の台湾の文化的ナショナリズムの高まりとともに郷土芸能としての再評価が行われている。

(鈴木 靖)

かしきょう【賈思勰】 生没年不詳。北朝北魏の農学者。5世紀末から6世紀前半にかけて活躍。高陽郡(山東省淄博市。別に瀛州高陽郡，つまり今日の河北省河間市という説もある)の太守を経歴し，中国で最も優れた農書『斉民要術』を著したこと以外，彼の事跡はほとんど知られていない。北朝北魏は鮮卑族によって建てられた征服王朝であるが，賈氏一族は漢化した鮮卑族ではなく，山東在住の漢族であったと考えられている。一説によると，その遠祖は，甘粛の武威郡姑臧から移住してきたと言われているが定かではない。『魏書』72によると，同時代の同族中に山東益都の賈思伯と賈思同なる人物が認められるので，賈思勰は益都県出身という説が有力である。彼が活躍していた頃の北魏王朝は，内部抗争によって東西に分裂寸前の状態で，農村の荒廃が進行中であった。北魏王朝は均田制を採用していた関係上，地方長官の最大の任務は，農民を土地に固着して農業に専念させ，租税を完納させることにあった。彼が『斉民要術』を著した最大の動機は，まさにこの農本主義にもとめられる。その執筆態度はきわめて厳正で，篤農家からの聞き書き，民間に伝えられている農諺の収集，180余種におよぶ各種文献からの引用，それに自らの実験による証明を加えて，前代に類例のない総合農書を案出している。

(渡部 武)

かしごりん【何氏語林】 明の何良俊が著した小説集。30巻。「何氏」を省略して，単に『語林』ともいう。何氏が冠せられるのは，東晋の裴啓の『語林』と区別するため。『世説新語』のスタイルを参考に，漢代から宋元までの人物像の象徴的断面を「徳行」「言語」「政治」などの38部門に分け，出典を明記し，著者の文体で編集してある。著者の人生観のみならず，明代における自由を求める気風(王学左派)が反映している。原刻本および四庫全書本がある。

(成瀬 哲生)

かじどう【賈似道】 1213(嘉定6)〜75(徳祐元)。南宋の権臣・収蔵家。台州(浙江省)の人。字は師憲。号は半閑老人・悦生・秋壑。鄂州(湖北省)の戦いにおける偽りの戦勝報告によって，1260(景定元)年より南宋の全権を掌握して権勢を極めたが，1275年蕪湖(安徽省)において元軍に敗れ，漳州(福建省)に流謫せられ，部下により殺された。生前多くの書画を収蔵しており，『悦生所蔵書画別録』はその一部の目録。現存作品中に，ときにその収蔵印である「秋壑図書」「長」字印を見る。宋史474

(嶋田 英誠)

かしゃ【仮借】 六書の一つ。『説文解字』叙に「仮借なる者は，本其の字無く，声に依りて事を託す。令・長是れなり」と言う。つまり，元来それを表す文字のない語について，それを表すために新たな文字の形体を作らず，それと同音或いは類似の音を持つ既製の文字の形体を借用して，その語を表す文字とすることである。「隹(短尾の鳥の総称)」を，同音であった承諾・同意を意味する語を表す文字として借用するようなものが，それである。「字を造らない造字法」とする説と，あくまでも用字法であるとする説がある。　　　　　　　　（坂内　千里）

かしゃく【何焯】 1661(順治18)～1722(康煕61)。清代の学者。長洲(江蘇省)の人。字は屺瞻，号は茶仙。義門先生と称されていた。1702(康煕41)年に李光地の推薦で召され，南書房に当直を命ぜられた。翌年に挙人，進士を賜り，翰林院庶吉士に改め，間もなく皇子の侍読，武英殿纂修となる。のち翰林院編修に任ぜられた。蔵書に富み，校勘・批評に精通する。晋・唐の法帖を好み，楷書・行書にとくに優れている。著書に『義門読書記』『義門先生集』などがある。清史稿484　　　（陳　捷）

かしゃじ【仮借字】 仮借字とは，仮借の手法で用いられた文字のことである。厳密には，その字の本義で用いられることがなく，専ら仮借義で用いられる字を指す。例えば「其(本義は箕)」。広義には，本来それを表す字のない語を，他の文字の音を借用して表す時，その字が本義で用いられることがあっても仮借字と呼ぶ。また，「通仮字(古書の中の，本字の代わりに用いられた同音・類音字)」をも指すことがある。　　（坂内　千里）

かしゅうへいびわふ【華秋苹琵琶譜】 中国史上初めての琵琶楽譜集『南北二派秘本琵琶譜真伝』のこと。上・中・下3巻からなる。1818(嘉慶23)年刊。華秋苹とその兄弟及び朱右泉，華之田らが編纂。華秋苹は，無錫(江蘇省)出身の清代の琵琶の演奏家。上巻には大曲『十面埋伏』を含む北派の『王君錫伝譜』(全14曲)，中巻には南派の『陳牧夫伝譜』(全52曲)，下巻には南派の大曲『海青拿天鵝』『月児高』など全5曲が収載されている。曲目の詳細は姚燮の『今楽考証』にも記載あり。　　　　　　　　　　　　（仲　万美子）

かしょ【過所】 漢から五代後梁にかけて，関を通過する際に携帯を義務づけられた旅行証明書。関を通過しない場合は公験を携帯した。唐代の関は，京城の内と外を限る四面関と，中華と四夷を隔てる辺境関の2種があり，合計26か所あった。唐代の過所の伝世品としての実物は，中国では知られず，入唐僧の円珍が求法巡礼の旅をした際に，越州都督府と尚書省司門から発給された855(大中9)年の2通が，三井寺(滋賀)に伝世されている。出土品としては，吐魯番阿斯塔那墓群の509号墓からの司法関係文書の中に，多くの過所の副本の外，瓜州都督府がソグド商人の石染典に発給した732(開元20)年の過所の実物が含まれていた。唐における過所の発給は，京つまり長安にあっては尚書省の刑部司門が，地方にあっては都督府あるいは州が行った。過所には，姓名・年齢・交付年月日などが記載されたが，数字の記載は，一・二・三・四は使わず，壱・弐・参・肆などの「大字」で書かれた。　　　　　　　　　　　　　（礪波　護）

かしょうき【何紹基】 1799(嘉慶4)～1873(同治12)。清の能書家。道州(湖南省)の人。字は子貞，号は東洲・蝯叟。高官であった父の凌漢，弟の紹業(紹基と双生児)・紹祺・紹京，孫の維樸も能書の誉れがあった。1836(道光16)年の進士。翰林院庶吉士に編入され，1852(咸豊2)年に四川学政となったが，奏上した意見書が災いし，55年に免職された。以後は，山東の濼源書院，湖南の湖南書院，浙江の孝廉堂の主講をつとめたほか，古籍の校刊，方志の纂修に助力するなどして，各地を遊歴した。書ははじめ銭澧に倣って顔真卿に傾倒した。のち張琦・包世臣・呉栄光，さらに庶吉士の時の教習官阮元に触発され，愛蔵の『張玄(黒女)墓誌』を中心に北碑を習うようになった。しかし欧陽詢・欧陽通父子らの唐碑も兼ねて学び，のちには漢碑の隷書も精学し，篆書も『説文解字』の篆文から金文に及んだ。碑学隆盛の一翼を担った大家であるが，包世臣の筆法に不満を述べ，書派を南北両派に分断する阮元の学説にも疑を唱え，碑帖兼習の立場をとって独創的書風をなした。比較的著名な作には，小楷(通常，小筆で書く程度の小粒の楷書)の『嫛寿碑跋』(1859年，東京国立博物館蔵)，顔真卿風の楷書『祝賀平夫妻六旬双寿序(あいへいふさいのろくじゅんそうじゅをしゅくするのじょ)』(1844年頃，東京国立博物館蔵)，行書『馬蘮題画雑巻』(1855年，京都国立博物館蔵)などがある。著に『東洲草堂詩集』『東洲草堂文鈔』ほかがある。清史稿486　　　（澤田　雅弘）

かしょうぐれんじ【火焼紅蓮寺】 不肖生(向凱然)作の武俠小説『江湖奇俠伝』を素材に編まれた京劇の演目。二種類あり，一つは崑崙派と峨嵋派の剣客の争いを描いたもの，もう一つは悪事を働く紅蓮寺の僧智円を剣客が退治する物語である。後者は民国期に北京で中華戯曲専科学校によって上演

され，翁偶虹が台本を執筆，丁永利・李洪春の二人が演出を担当した。「空中飛人」などけれんを売り物にした演目で，もとは上海で映画化，舞台化されていたものである。
(平林 宣和)

かしょうこうぶんか【火焼溝文化】 1976年に甘粛省玉門市火焼溝で発見された青銅器文化で，中原の殷周時代に並行。主に甘粛省の河西地区に分布する。火焼溝や東灰山(甘粛省民楽県)など墓地遺跡が多い。墓坑形式や頭位は遺跡によって異なる。仰身直肢の単独埋葬を基本とした。また，馬・羊・犬など多くの犠牲動物の骨を伴う墓葬がある。副葬土器は夾砂質の紅陶・褐陶が主で，各種罐・豆・盆などがある。彩陶が大きな割合を占めるが，彩文は黒色で直線表現されたものが多い。器形や彩文には，馬家窯文化馬廠期の特色が良く現れている。銅・青銅製の農工具・武器・飾り金具などの他に，金・銀製の装飾品がある。 (倉林 眞砂斗)

かしょうせい【夏小正】 『大戴礼』夏小正篇に記された原初的形態の暦。気候や風物，天体の実測によって季節の推移などを知った物候暦，観象授時暦，さらには農作業の目安となる農事暦であった。正月の条を例示すると「冬眠していた虫が目覚める。雁は北に帰る。(中略)日没直後に参宿(オリオン座の三つ星を中心とする星宿)が南中する」云々とある。冒頭で啓蟄に言及していることはそれが二十四節気の原型でもあることを示唆している。
(小林 春樹)

かしょうてん【何承天】 370(太和5)〜447(元嘉24)。南朝宋の天文学者。東海郯(山東省)の人。天文学に詳しく，おじの徐広が残した観測記録と，自らの観測をもとに元嘉暦を作成した。元嘉暦では，冬至の太陽の位置や冬至の日時を改めたり，新しい計算技術を導入したりしている。この暦は，445(元嘉22)年から梁の509(天監8)年まで施行され，日本でも604(推古12)年から88年間用いられた。文集に『何衡陽集』がある。宋書64，南史33
(長谷部 英一)

かしょくれつでん【貨殖列伝】 『史記』の列伝の一つ。経済人に関する伝記集。司馬談・司馬遷は，天下には理財の源泉が充ちており，個々人の利益追求の活動を通してそれらを開発し，財貨を蓄積することができるとし，個々の庶民が政治や人民の生活を妨害することなく，知恵を働かせて富を獲得する様子を具体的に紹介した。春秋戦国時代より漢初の自由経済の下での個々の経済活動が社会全体に活気と潤いを与える相貌を活写して自由経済を謳歌したものである。ただし『漢書』貨殖伝では個人の利益追求の活動は消極的に評価されるようになっている。
(稲葉 一郎)

かしん【何震】 生没年不詳。一説に1605(万暦33)年頃没。明の篆刻家。新安婺源(安徽省)の人。字は主臣。長卿・雪漁と号した。文彭に学び，文彭と合わせて「文何」と称され，篆刻芸術の祖として知られる。また，明末〜清初にわたり盛行した徽派の創始者でもある。徽派は後起の浙派と共に，篆刻の二大流派となった。側款(印側に落款を刻したもの)の刻法において，文彭の双入刀法(一線を往復の二刀で刻す)に対し，何震は単入刀法(一線を一刀で刻す)を創始し，後の大半の篆刻家はこれを用いるようになった。著に『続学古編』がある。
(小西 憲一)

かしんいん【何心隠】 1517(正徳12)〜79(万暦7)。明，泰州学派の思想家。永豊(江西省)の人。本名は梁汝元，字は乾柱，号は夫山。名族の出身で，郷試を第一位で合格したが，顔鈞に師事し王艮の思想に接するや，科挙を放棄した。宗族の教育と経営に尽力していたが，1560(嘉靖39)年，額外の徴税に反対して投獄された。出獄してからは北京で活発な講学活動を展開した。時の権力者厳嵩の失脚に暗躍したとして迫害され，何心隠と変名して全国を周遊した。門下にあった侠客に天下の奇才を募らせたなど，その生涯は伝説化されている。彼の講学は時の政治にまで及び，張居正の「奪情起復」に対しても非を鳴らした。張居正が講学の弾圧に乗り出したため，1579年，名教に反する罪人として武昌(湖北省)で処刑された。大胆な経典の読み替えをした彼の思想は，人間の欲望を肯定し，孔子の師弟関係を理想とした「会」を主張し，五倫の中では朋友関係を最上のものとするなど，異端視されるものであった。民国になってからは，「郷村教育の先駆者」として再評価されている。著書に『爨桐集』がある。
(森 紀子)

かずいふじん【花蕊夫人】 883(中和3)?〜926(天成元)。五代十国前蜀の女性詩人。姓は徐，前蜀の王建の妃になり，小徐妃と称され，花蕊夫人と号す。後主王衍を生んだ。のちに後唐に滅ぼされた際に殺された。宮廷の華やかな暮らしを唱った七言絶句『花蕊夫人宮詞』が伝わり，100首あまりのうち90首以上は彼女の作とされる。あるいは五代十国後蜀の後主孟昶の妃であった費氏(一説に徐氏，号花蕊夫人)の作とする説もあったが，今では否定されている。
(川合 康三)

カスティリオーネ　Giuseppe Castiglione

1688～1766(乾隆31)。清朝宮廷のイタリア人画家。ミラノの人。中国名は郎世寧。19歳でイエズス会に入り，イタリアとポルトガルで油絵やフレスコ画を制作。1715(康熙54)年に宣教師として北京に到る。布教活動が許されぬ中，康熙，雍正，乾隆の3代にわたり，宮廷内で活動した西洋画家を代表する。はじめは北京の3教会で西洋画法によるフレスコ画を手懸けたが，地震やキリスト教の禁教による破壊で消失。乾隆帝の要望に応え，西洋の写実と中国の伝統画法を合わせた中西折衷画風を作り上げるが，写実的描写力のみが評価される。肖像画・狩猟図から風俗画まで乾隆帝を描いた作品，皇帝の愛馬の他に孔雀や犬などを含む動植物画を多数制作した。中国画家に油彩や遠近法を教え，合作もし，人物描写法は宮廷画家の仏画等にも影響。又，北京郊外の離宮円明園の洋風建築の設計にたずさわる。北京で没。代表作は『康熙帝，后姫図巻』(クリーブランド美術館蔵)，『春郊図巻』(京都，藤井斉成会有鄰館蔵)，『百駿図巻』(台北，故宮博物院蔵)，『準噶爾貢馬図巻』(パリ，ギメ美術館蔵)など。清史稿504　　　　　　　　　　　　　　(小林　宏光)

カズロフ　Piotr Kuzmitch Kozolov

1863～1935。ロシアの探検家。はじめ同国の著名な探検家プルジェワーリスキイ(Пржевальский〔N. M. Prhevaliskij〕, 1839～88年)のもとで，彼の助手として中央アジアを探検する。このうち1879～80年に行われた第3次探検(第1回チベット探検)では，敦煌の莫高窟に立ち寄っている。プルジェワーリスキイの没後も，ロシア地理学会中央アジア探検隊の隊長として，3回にわたり，モンゴル，ジュンガリア，東トルキスタン，崑崙などを踏査した。とくに彼の調査で大きな業績としてあげられるのは，第2次踏査(1907～09年)の帰途，1909年にエチナ河畔にある西夏の廃城カラ・ホト(黒城)で，膨大な西夏文献・文物を獲得したことと，第3次踏査(1923～26年)の際，西モンゴルのノイン・ウラ山中で匈奴時代の古墳群を発見し(1924年)，その一部を発掘・調査したことである。両者の出土資料は，いまもなお高い学術的価値を有する。

(荒川　正晴)

かせい【河西】

甘粛省の黄河以西の地域。いわゆる河西通廊と呼ばれる細長い帯状の地で，北には内モンゴルの砂漠が広がり，南には祁連山脈が連なる。古来，中国内地と中央アジアおよびモンゴリアとチベットとを結ぶ要地となってきた。もと匈奴や月氏などの遊牧民が拠る豊かなステップの地であったが，前2世紀，前漢の武帝は，ここを農耕開発し，酒泉・張掖・敦煌・武威オアシスに4郡を設置した。その後，五胡十六国期には，五涼(前・後・西・南・北涼)王国が迭立し，さらに唐末～宋初には，敦煌王国(帰義軍節度使政権)や甘州ウイグル王国などが生まれている。当地に立国する政権は，経済的にはオアシス農業や牧畜業と並んで，中国と中央アジアをつなぐ中継貿易に大きく依存しており，常に多種多様な民族が雑居する地ともなっていた。しばしば中国内地の動向とは無縁の経済的および政治的・社会的状況を作り上げる所以である。北朝北魏統治期に，西アジアの銀銭が広く流通し，その使用を禁止できなかったのは，その好例である。

(荒川　正晴)

かせいきゅう【華清宮】

陝西省西安市の東25kmにそびえる驪山(りざん)の北麓に池があり，ここから温泉が湧くので西周以来離宮が建てられた。唐の太宗が宮殿を建てて湯泉宮と名づけたが，747(天宝6)年，唐の玄宗がここに華清宮という離宮を建てたことから，以来この池を華清池と呼んでいる。華清池西院に九龍湯という，玄宗が沐浴したと伝える御湯や楊貴妃の海棠湯がある。1982年から95年まで華清宮の発掘調査が行われ，宮殿の城壁や8つの湯池遺跡が確認されている。また唐代の遺跡の下からは，秦代の温泉施設の遺跡も発見されており，その歴史の古さをうかがうことができる。玄宗と楊貴妃がこの華清宮で過ごした様子は，杜牧の『華清宮を過ぐ』などの唐詩にも歌われている。

(鶴間　和幸)

かぜいしゅうりょう【夏税秋糧】

両税の夏税と秋税の総称。ただし秋糧は明代の用語。唐の両税法では穀物を夏税地(麦，6月)と秋税地(粟・米，11月)とに分けて徴収，両税銭も夏秋2回徴収した。五代には華北で両税銭に代わって絹帛が夏税となり，江南・四川も11世紀初頭以降，絹帛を夏税として徴収した。穀物は宋代以降，夏税の麦を7月に，秋税(秋苗・苗米)の粟・米を12月に，それぞれ各種付加税とともに徴収した。金は夏税の絹帛を分離して戸調を，各種付加税を一括して物力銭(ぶつりきせん)を徴収し，夏秋の穀物のみ両税と称した。元は華北では金の方式を修正した税糧・戸調・科差の方式を実施し，江南の3行省では南宋の両税法を継承した。ただし元の夏税は，絹帛のほかに木綿を納めさせた。明代の両税法も夏税は絹帛・木綿，秋税(秋糧)は穀物を徴収したが，中期以降，付加税や丁税を一括して両税額にくりこむ一条鞭法(いちじょうべんぽう)・地丁併徴などの新方式が普及すると，夏税の納入は8月，秋税は翌年2月までに改められた。

(島居　一康)

かせいせっくつ【河西石窟】 甘粛省において，黄河以西一帯のオアシスに造営された石窟寺院群。河西地方は紀元前2世紀頃まで遊牧民族匈奴が支配する豊かな牧草地帯であったが，前漢の武帝が河西4郡(武威・張掖・酒泉・敦煌)を設置して以来，抗争が繰り広げられ，五胡十六国時代には五涼王国(前涼・後涼・南涼・北涼・西涼)が興亡する。河西石窟は，祁連山脈水系のオアシスに住む様々な民族の文化を吸収して穿たれた石窟である。莫高窟(所在：敦煌市，時代：五胡十六国～元，窟数：492窟)，西千仏洞(同，北魏～元，16窟)，南湖店石窟(同，北朝後期，2窟)，五個廟石窟(粛北モンゴル族自治県，北朝後期，6窟)，楡林窟(瓜州県，唐～清，41窟)，東千仏洞(同，西夏・元・清，8窟)，旱峡石窟(同，北朝北魏，2窟)，下洞子(水峡口)石窟(同，唐・五代・北宋，8窟)，碱泉河石窟(同，残窟21)，昌馬石窟(玉門市，北魏，4窟)，文珠山石窟(粛南ユグル族自治県，北魏，7窟)，閃仏寺石窟(同，清，4窟)，馬蹄寺石窟(同，元・明，9窟)，金塔寺石窟(同，北魏，2窟)，千仏洞石窟(同，北魏～唐，8窟)，上・中・下観音洞石窟(同，北魏・元・明・清，4窟)，皇城石仏崖(同，北朝後期・唐・元，11窟)，童子寺石窟(民楽県，北朝後期，8窟)，上天楽石窟(同，清，36窟)，石仏崖石窟(永昌県，残窟10余り)，聖容寺石窟(同，北魏・北周，1窟)，雲荘寺石窟(同，残窟10余り)，天梯山石窟(武威市，五胡十六国・北朝～明，13窟)，亥母寺石窟(同，西夏，4窟)などがある。

(勝木 言一郎)

かせいてい【嘉靖帝】 1507(正徳2)～66(嘉靖45)。明の第11代皇帝。在位1521～66。姓は朱，名は厚熜，廟号は世宗。実父は第9代弘治帝の弟，興献王朱祐杬で，第10代正徳帝から見ると傍系の出自。即位当初は政治刷新に熱意を持ち，首輔楊廷和を用いて，宦官勢力の排除と財政再建を図った。しかし実父の尊称問題を発端に大礼の議と呼ばれる大規模な政争が起き，嘉靖帝を弘治帝の養子とすべしと主張した礼部や楊廷和らに代わって，側近の張璁・桂萼・席書らが台頭した。このうのち，帝は道教に心酔して政務に興味を失い，祭文に巧みないわゆる青詞宰相を重用した。特に厳嵩・世蕃父子の専権は20年以上に及んだ。治世は北虜南倭に苦しめられた。北辺ではアルタンらモンゴル勢力が交易を求めて宣府(河北省)・大同近辺を圧迫し，東南沿岸地域でも海寇集団による略奪・密貿易が活発化した。こうした動向は，中国への世界的規模の銀流入と連動していたと考えられる。治世末期には徐階・張居正ら有力な閣臣が登場するが，内憂外患の解決は隆慶(1567-72)・万暦(1573-1620)朝に持ち越された。明史17・18

(櫻井 俊郎)

かせきこう【花石綱】 北宋末徽宗朝の悪政の一つ。風流天子の徽宗(在位1100～25)は珍奇な花卉・樹木・岩石を愛好したが，宰相の蔡京はその意を汲み，朱沖・朱勔父子に命じて江南地方で珍奇なものを捜索させた。最初は黄楊3本であったが，年々増加し，収集した珍木奇石を船団によって運ばせた。これが花石綱(綱は船団を意味する)と呼ばれ，徽宗はこのために蘇杭応奉局を新設した。輸送の労力は沿線の庶民に負担させたので，弊害は甚大であった。1120(宣和2)年に中止された。

(衣川 強)

かせん【貨泉】 新を建国した王莽が鋳造した青銅貨幣のひとつ。煩瑣に改定された王莽の最後の貨幣改革にあたる14(天鳳元)年に制定された貨幣で，方孔をはさんで右に「貨」字，左に「泉」字が配されている。中国では古来「泉」を「銭」に通ずる語として使用している。従来の五銖銭にならい，重さ5銖(約3.3g)と定められたが，大きさは五銖銭よりわずかに小さいものが多い。数多い王莽銭のなかでは例外的に長期間鋳造されたため，形式に変化がある。また後漢建国以降も40(建武16)年に新たな五銖銭が鋳造されるまでの間，私鋳銭がさかんに鋳造されたようで，大きさはもちろん重量まで異なるものが数多く現存している。貨泉は五銖銭と同じくらい流通範囲が広く，西は新疆ウイグル自治区から東は朝鮮半島，さらに日本の弥生時代の遺跡からも出土が確認されている。とくに中国では鋳造期間が短いながらも，鋳造量が比較的多かったため，出土遺構の年代を決定する決め手のひとつになっている。

(廣川 守)

かせんいせき【下川遺跡】 山西省南部の沁水県にある後期旧石器時代細石刃技術の段階の遺跡群。1970～78年に山西省考古研究所が調査・発掘をし，非削片系楔形細石刃核，錐柱形細石刃核のほか，中国初発見のナイフ形石器を含むエンドスクレイパー，彫刻刀形石器，両面加工尖頭器などの定形石器が発見されたことは，とくに日本の研究者に注目された。石刃と石刃素材の石器もあるが，主体ではない。複数の地点や地表面で採集された石器も一緒に報告されているので，同時に使用された石器の認定が不十分であるが，近隣の虎頭梁遺跡に見られた削片系細石刃核がないことは地域性を示す。文献に王建「下川文化――山西下川遺址調査報告」(『考古学報』1978-3)がある。

(佐川 正敏)

かせんき【花箋記】 清の木魚の演目。1713

(康熙52)年福文堂刊本は『第八才子花箋』と題する。全60回。長篇木魚の代表作。粤劇『碧月収棋』の原作。物語は，呉江(江蘇省)の書生梁亦滄が従妹の楊瑶仙と結婚を誓うが，亦滄の父は劉尚書の娘玉卿を許婚にむかえてしまう。亦滄は科挙に合格した後，反乱軍に包囲された瑶仙の父楊都督を救って瑶仙を娶ることを許され，玉卿をも妻とし団円となる，というもの。19世紀に欧州に伝わり英訳を皮切りに各国語に訳された。　　　　　(川　浩二)

がぜんしつずいひつ【画禅室随筆】　明末の*董其昌の著作。4巻。『画旨』『画眼』『論画瑣言』『妮古録』などと共に董其昌の書画観や禅思想を知る上で重要な書。楊補が董其昌の詩文集『容台集』に洩れた書画に関する董其昌の詩文を編集したというもの。第1巻が論書，第2巻が論画，第3巻が紀事・紀行・評論，第4巻が雑言・楚中随筆・禅悦に相当している。書画の部分には「南北二宗論」や文人画の系譜立てなど，その後の絵画史理解の前提となった言及が見出せる。　　　　(板倉　聖哲)

がぞういん【画像印】　→肖形印

がぞうきょう【画像鏡】　主文が後漢の*画像石の図文に類似した鏡。20cm前後の径のものが多い。神仙思想を象徴する東王公・西王母などの神仙や龍虎，その他の瑞獣・禽獣のほか，車馬・騎馬・歌舞の画像や越王・呉王・伍子胥などの歴史上の人物を平浮き彫りの技法を用いて描いている。*神獣鏡と比べて文様はやや扁平で，紀年銘をもつものは少ない。その絵画的文様は環繞式に配置されることが多く，内区を4つの乳によって4分割した構図。半球式の円鈕で，鈕座の周囲に連珠文あるいは双線の方格を置き，外区には鋸歯文・複波文・流雲文・禽獣文などを配す。外区に銘帯をもつものがあり，「尚方作竟真大巧」「尚方作竟四夷服」などの銘文を入れることが多く，他に東王公・西王母などの神仙名を刻んだものもある。平縁のほか，時代が下ると三角縁を呈するものが現れる。浙江省紹興での出土例がもっとも多く，主に中国南部で盛行したとみられる。後漢中期以後に出現し，六朝時代にかけて製作された。　　　　　(黄　名時)

がぞうせき【画像石】　建造物，ことに墳墓建築の石室やその付属物である祠堂・石闕・石棺などの石材の表面に，線刻・浮き彫り等の技法で表現された各種の図像をいう。墓室に石刻画像をともなった「画像石墓」は，磚室墓とともに漢代に盛行し，その余波は魏晋南北朝を経て唐代にまで及ぶ。墓室の内部を各種の図像で装飾する磚室墓・壁画墓・画像墓の出現は，埋葬形態や死生観の変化とも密接に関係している。中国では，新石器時代の大汶口文化後期以後，先秦時代に至るまで(地域によっては後漢時代まで)，密閉型の竪穴式木槨墓が主流であった。ところが秦・漢時代になって，墳墓が密閉型の竪穴式から地上世界と連結する横穴式へ，また槨構造が墓室構造へと顕著な変化を見せはじめる。この傾向は関中・中原地域に発して，しだいに周辺地域に及んでいった。ことに前漢の武帝の治世(前141-前87)になって戦国の余風がおさまり安定期を迎えるようになると，儒家の最も尊重する「孝」の思想が人びとの間で強く意識されるようになり，祖先祭祠を手厚く行う「厚葬の風」が一世を風靡していった。そして経済力を有する王侯・貴戚・官僚・豪族たちは，祖先の墓の築造に競って莫大な費用を投入した。単室墓構造から複数室墓へ，さらにはいくつかの側室(あるいは耳室)を備え，ついには地上の邸宅を模した構造の石室墓まで出現するに至った。墓室内の壁面積と空間容積の増大は，従来，土坑木槨墓時代に副葬していた*帛画や棺の漆画のモチーフ画像を墓室壁面へと移しかえていくのに大いに貢献した。

　画像石は，それぞれの地域の画工や石工の技術や作風によって顕著な差異と特色が見られる。大別すると以下の5つの地域に区分できる。①河南省南陽地域および湖北省北部，②河南省洛陽市と陝西省長安市を中心とした地域，③山東省全域，江蘇省北部および安徽省北部，④陝西省北部と山西省西北部，⑤四川省地域。漢代の画像石は，宋代の金石学の勃興とともにその題字の書法が賞翫された。また清末から民国期にかけて馮雲鵬や魯迅などによって，その拓本収集の努力がなされてきたが，画像石のための図像学の確立までには至らなかった。中華人民共和国成立以後，考古学者や各地の文物管理所職員の努力によって，新たに多くの画像石墓が発見され，漢代画像についての図像学は飛躍的な進歩を遂げた。画像石の基本モチーフは死者の昇仙にあった。漢代人の考える世界は，上下尊卑観念の原則にしたがって四層構造から構成され，最上層に天帝と諸神のいる天上世界，ついで崑崙山がそびえる西王母などがいる仙人世界，地上の人びとが暮らす人間世界，そして墓主のいる鬼魂(霊魂)世界となっており，地下に埋葬された墓主の鬼魂は第2層の崑崙に昇仙するものと考えられていた。墓壁や祠堂に描かれた車馬出行図や楼閣拝礼図などは，死者の昇仙の途中の様子や墓前での子孫との交歓の様子を表したものにほかならない。しかし，魏晋時代以後の画像石のモチーフは，仏教の影響を強く被り，漢代の画像世界は変質を余儀なくされ，その結果，多彩な神話的性格を喪失していくのである。　　(渡部　武)

がぞうせん【画像磚】 墓室の壁面・天井・床などを構築するのに用いる文様や図像入りの一種の煉瓦(磚)。原料の泥土を所定の大きさに成形した段階で、木型やスタンプ等で図像を形取りし焼成製造する。広義には文様や図像を有する花文磚・鋪地磚・空心磚等も含めて画像磚と称しているが、狭義には後漢から三国蜀にかけて四川地方で流行した磚室墓(まれに崖墓の場合もある)中の甬道と墓室の腰壁に嵌め込まれた、縦25〜40cm、横36〜49cm、厚さ3〜7cmの図像磚を指す。画像磚墓は成都を中心に四川盆地内に広く分布し、また重慶地区にも多い。出土した多くの画像磚は四川省博物館・成都市博物館・重慶市博物館に展示されており、その図像モチーフはきわめて多彩である。大別すると、官吏生活(考績・双闕・亭前迎謁・騎吹・伍伯前駆・騎吏・軺車衛従・斧車図等)、生業(採蓮・陂塘稲田・鵜飼漁・農耕・塩井・市井図等)、娯楽(六博・雑技・宴飲・庖厨図等)、および神話故事(西王母・伏羲女媧・日月星辰図等)などに区分できる。相互に遠くはなれた地域から同じモチーフで、しかも同様の構図の画像磚が出土することがしばしばあるのは、これらの画像磚が墓室内を装飾する標準的明器として当時広く販売流通していたことを物語っている。製造されたばかりの画像磚は、あざやかに着彩されていたものもある。また墓主一族の経済力に応じて、画像磚の使用枚数に多寡があり、少ない場合で数枚、成都市北郊の昭覚寺画像磚墓のように23枚の多きにのぼる例もある。画像磚の嵌め込み排列は適当になされたのではなく、山東や江蘇地方の祠堂画像石が死者の昇仙を主要モチーフとしているように、画像磚墓にも同様のモチーフが見られる。つまり墓門側より両壁に、双闕・車馬出行・宴飲・各種日常生活場面の磚を、また墓室の突き当たり正面に西王母と日月をそれぞれ排列し、死者の昇仙過程を水平に展開している。いずれも漢代四川地方の社会史資料として重要視されている。

(渡部　武)

が・ぞく【雅・俗】 中国の文人階層に特有の価値基準。雅を肯定的評価の極、俗を否定的評価の極に据えて価値判断の尺度とするもので、人格に対する評価を基礎としつつ、文学・芸術などあらゆる知的・精神的営為に及ぶ。是非善悪のような道徳的基準はもとより、美醜のような美学的基準とも次元を異にするが、その内容・実質は、高雅・文雅・典雅もしくは卑俗・低俗・凡俗のような語彙からある程度は察せられるものの、究極的にはセンスの問題であって、これを抽象的に定義することは難しい。しかし文人たちの間には自ら共通理解が存するので、これを共有するには文人としての修養を積み、センスを磨くしかない。雅はもと鳥の名であり(『説文解字』)、それが尊重すべきものを表すのは先ず音楽においてであるらしい(雅楽)。風俗習慣の意の俗が軽侮すべきものとなるのはおそらく知識人の自我意識の成立とかかわる。『楚辞』に自らが俗と異なることがしきりに述べられ、『荀子』に雅儒・俗儒の語がみえることは留意すべきであるが、評価を伴いつつ雅と俗とを明確に対置するのは王充の『論衡』が早い。しかし、孤立的な例で、一般的な認識を示すとはいい難い。六朝時代の文人の間で雅を尊重し、俗を軽侮する風が普遍化するが、雅俗を士庶、すなわち階層の称のように用いることもあった。唐を経て宋代になると格段に深刻な、究極的な価値基準となる。この二段階は文人階層の「成立」と「成熟」に対応するとみてよい。おそらく世襲貴族であった六朝文人に対し、宋代文人の方が人格のあり方を理念的に一層深刻に追求することになったからである。それ以後明清の文人にも受け継がれ、中国の文学・芸術に独特の色合いを帯びさせることになった。更にその影響は日本の文人階層にも及んでいる。村上哲見「雅俗考」(『中国文人論』所収、汲古書院、1994年)という専論がある。

(村上　哲見)

かそん【何尊】 西周時代初期(成王の5年)の青銅器。1963年、陝西省宝鶏県賈村から出土した。器の内底部に122字の銘文があり、成王が武王を祀った際に何なる人物が王から賜与を受けたことを記している。注目されるのは、銘文の中で、武王が殷に勝った後、この中国(現在の洛陽のあたり)に居て民を治める意志を持っていたことが述べられている点である。高さ38.8cm、口径28.8cm、重さ14.6kgの尊で、現在、宝鶏青銅器博物館の所蔵である。

(竹内　康浩)

かそん【何遜】 467(泰始3)？〜518(天監17)？。南朝梁の詩人。東海郯(山東省)の人。字は仲言。宋の何承天の曾孫。若くして文才を范雲・沈約に認められる。呉均と共に梁の武帝に仕えた時期もあったが、諸王の藩府に仕えて終わった。詩は謝朓をつぎ、唐詩のさきがけといえるものである。当時その文学は劉孝綽と、後世その詩は陰鏗と並称される。『何記室集』1巻がある。梁書49、南史33

(森田　浩一)

かだ【華佗】 生没年不詳。三国魏の時代の医家。沛国譙(安徽省)の人。字は元化。またの名は旉。仕官はしなかった。方術に通じ、養性の術に詳しく、薬の処方や鍼灸にも精通していた。鍼・薬で及ばぬ病気は麻沸散で麻酔して病根を切除し、洗浄

して縫合，膏薬を塗った。「人体は動かすのが良い。血脈流通し，病は生じない」といい五禽(虎・鹿・熊・猿・鳥)の戯を考案した。魏の曹操の頭痛を治したが，後に命令に背き殺された。後漢書82下，三国志29　　　　　　　　　　　　　　　　(山本 徳子)

かだい【夏鼐】　1910(宣統元)～85。考古学者。温州(浙江省)の人。1934年に清華大学歴史系を卒業し，翌年安陽殷墟の発掘に参加。1935～39年，ロンドン大学でエジプト考古学を学び，博士号を取得。1940年にはカイロ博物館でエジプト研究に従事した。帰国後，1943～49年の間，中央研究院歴史語言研究所の副研究員，研究員を務める。中華人民共和国成立後，1950～82年の間，中国科学院(1977年以降社会科学院)考古研究所の研究員，副所長，所長となり，中国考古学界の中心的指導者・組織者としてきわめて大きな役割を果たした。その研究領域は新石器時代，殷・周時代，漢・唐時代におよび，放射性炭素年代測定をもちいた新石器文化研究の推進，河南省輝県や湖南省長沙の発掘，ユーラシア東西交流史，古代科学技術史など多方面に大きな足跡を残した。　　　　　(西江 清高)

かたもち【型持】　鋳造の際に，鋳型の外型(外側の型)と中型(内側の型)との間隙を一定の幅に保つために設置される小さな金属片のこと。中国では，青銅器が制作されるようになったはじめから用いられた。幅数mmの小さな四角柱状をした銅製のものが多いが，不規則な多角形や円形をしたものもある。別に作った金属を鋳型に嵌め込んで固定するため，完成後の器物の表面あるいは内面に，しばしばその形を認めることができる。　(松本 伸之)

かたん【賈耽】　730(開元18)～805(永貞元)。唐の政治家・地理学者。滄州南皮(河北省)の人。字は敦詩。751(天宝10)年，科挙に合格。地方・中央の諸官を歴任し，793(貞元9)年，宰相となる。地理学を好み，内外の外交使節から情報を収集して多くの地理書や地図を著した。801(貞元17)年に完成した『海内華夷図』と『古今郡国県道四夷述』は高い評価を受けたが，いずれも現存していない。旧唐書138, 新唐書166　　　　　　　(大澤 正昭)

がちしょう【賀知章】　659(顕慶4)～744(天宝3)。唐の詩人。会稽永興(浙江省)の人。字は季真。若年より文名をもって知られ，玄宗の開元年間(713-741)に太子賓客，秘書監などを歴任。礼節にこだわらず風流で自由な生き方を愛し，晩年帰郷して四明狂客・秘書外監と称した。詩人李白を謫仙人と名づけて親交を結んだことでも有名。狂草で知られた張旭と親しく草書・隷書に優れ，筆勢のびやかなその書を愛する人も多かった。『全唐詩』に詩19首。旧唐書190中，新唐書196　　(筧 久美子)

がちゅう【賀鋳】　1052(皇祐4)～1125(宣和7)。北宋の詞人。衛州(河南省)の人。字は方回。北宋狂客・慶湖遺老と号した。初唐の賀知章の子孫という。地方官を歴任し，58歳で致仕して蘇州(江蘇省)に隠居，北宋滅亡の2年前に没した。米芾と親交があった。詩文をよくしたが，特に詞にすぐれ，晩唐の李商隠・温庭筠をはじめ先人の詩句を巧みに取り入れるなど工夫をこらし，綿密で深みのある詞を作った。文集『慶湖遺老集』，詞集『東山詞』などがある。宋史443　　　　　　　　　(宇野 直人)

かちゅうめい【賈仲明】　1343(至正3)～1422(永楽20)?。明の戯曲作家。淄水(山東省)の人。賈仲名とも書かれる。雲水散人と号した。『録鬼簿続編』によれば，明の世祖永楽帝に愛されたという。その作品としては16種の外題が伝わり，そのうち『対玉梳』『蕭淑蘭』『金安寿』『玉壺春』『昇仙夢』の5種の雑劇が現存する。いずれも歌辞に技巧を凝らした作品であり，とりわけ『昇仙夢』は，雑劇本来の北曲に南曲を交えた南北合套と呼ばれる，それまでにない形を用いている。
　　　　　　　　　　　　　　　　　　(赤松 紀彦)

かちょうが【花鳥画】　鳥獣・花木を主なモチーフとする絵画。鳥や獣を中心とするものを翎毛画，花を中心とするものを花卉画とも呼ぶ。他にも主題によって藻魚図・蓮池水禽図・草虫図など個別の呼称もあるが，花鳥画はそれら総てを包括する中国絵画の重要なジャンルである。

　中国では古代から特定の植物(特に樹木や香り高い花)，鳥などが，吉祥物として文様などに用いられてきたが，六朝から唐代にかけて，さらにササン朝ペルシャの装飾美術の影響を受け，花鳥画が画題として成立したといわれている。実際には，山水画の発展と表裏をなすように，宋の宮廷画院において目覚ましく発展し，北宋徽宗朝の画院で写生に基づく花鳥画様式が確立し，南宋画院に引き継がれ華麗で写生的な院体花鳥画の全盛を迎えた。花鳥画は，華やかな造形と同時にそのモチーフの吉祥性ゆえに，その後も歴代の宮廷を飾る絵画として重要な役割を担った。特に明前期の宮廷では多くの花鳥画家が活躍した。民間でも常州で蓮池水禽図や草虫図などが職業画家によって代々描かれ，それらは現在主に日本に伝わっている。一方，文人たちの間で，特定の植物に理想的な人格を重ねた墨竹図や墨梅図などが，宋代に始まり盛んになった。明代後半には，

絵画市場の拡大にともなって，文人の花卉図が人気を博し発展し，やがて清の半ば頃には山水画を凌駕する中国画の中心的ジャンルとなった。

(宮崎 法子)

かちょうぎ【花朝戯】 広東省紫金県を中心に行われる地方劇。言い伝えでは，明代末期に疫病が流行したため，除災を目的とした歌舞「神朝」を行ったことに始まるとされる。清代に粤劇や江西省の採茶戯の影響を受け，花朝戯が形成された。約150の演目があり，民間説話や辛亥革命前後の社会を題材にする。代表的な演目に『過外洋』『買雑貨』『蘇丹』がある。構成は，ドラや哨吶の囃子，宗教色を帯びる「神朝」の後に演目の上演となる。科白は客家方言を用い，生・旦・丑役の臉譜も客家地方の特徴が見られる。

(廣田 律子)

かつい【褐衣】 葛・麻・獣毛などで作った粗末な布や衣。単に褐とも。その歴史は古く，『詩経』の中にはすでに記述が見られる。主に貧しい人々が短い褐衣を着用したことから，褐衣は貧者の代称ともなり，後に道士にも使用された。『唐書』地理志の中には土貢の品として常州晋陵郡(江蘇省)と宣州宣城郡(安徽省)からは兎の褐を，会州会寧郡(甘粛省)と豊州九原郡(内モンゴル自治区)からは駱駝の褐を献上したことが記されており，唐代における褐の製作地の一例が知られる。

(田中 陽子)

かついし【括異志】 北宋の筆記小説集。全10巻。著者は北宋中期の張師正(1016〜?，字は不疑)といわれるが，『邵氏聞見後録』巻16所引の王銍「跋范仲尹墓誌」は，当時王安石とも交遊があった士人の魏泰(『東軒筆録』の著者)が，武人張師正の名をかたったものと主張する。内容は，北宋の著名な人物に関する怪奇譚や異聞が多い。巻3「王廷評」は，北宋の科挙首席合格者の王俊民が発狂して死んだ事件にまつわる秘話であるが，のち明代に「王魁負桂英」という小説や戯曲に改作された。婢女を救い出す人情話の巻10「鍾離発運」も，やはり明末の白話小説『醒世恒言』に取り入れられた。

(岡本 不二明)

かつえんみつりつしょうほう【割圜密率捷法】 清代の数学書。明安図撰。明安図は定稿を完成することなく病没。門人の陳際新が，その遺稿を整理補続して4巻本を完成させた(1774年)。同書は円の無限小解析の研究書であり，『数理精蘊』所収の割円連比例術を利用して，イエズス会宣教師のジャルトー(Pierre Jartoux)の伝えた周経密率(2π)と正弦(sin)と正矢(vers)の級数展開式が正しいことを証明した。また正弦求弧背術(arcsin の級数展開式)ほかを世界に先んじて公にした。

(川原 秀城)

かつえんれんひれいじゅつずかい【割圜連比例術図解】 清の数学書。3巻。1819(嘉慶24)年刊。董祐誠撰。明安図の『割圜密率捷法』の影響のもと，割円連比例術を利用して，イエズス会宣教師のジャルトー(Pierre Jartoux)の伝えた周経密率(2π)と正弦(sin)と正矢(vers)の級数展開を証明しているが，明安図とは異なった図を描き，別様の代数幾何的な証明を展開している。董祐誠の証明は宋元以来の垛積術を使用するなど，明安図のそれに比べて格段の進歩を遂げている。

(川原 秀城)

かっか【剔花】 陶磁器の表面装飾技法のひとつで，生乾きのときに，細い線彫で文様を表すこと。針で細い線刻をする場合には繍花と呼ぶこともある。刻花の技法に比べて彫りが浅いので，文様は明快ではないが，細かな表現が可能であるので，刻花と併用されることが多い。越窯の青磁によく見られるほか，耀州窯や定窯でも行われている。

(出川 哲朗)

かつかんし【鶡冠子】 戦国の思想書。3巻19篇。書名は同名の楚の隠者に由来する。鶡(やまどり)の羽で冠を飾ったのでこの号があるという。『漢書』芸文志では僅か1篇とされ(道家に属する)，今本との篇数の隔たりが大きく，また書中に他の文献との重複が多く見られるため，長らくその真偽を疑われてきた。しかし1973年に出土した馬王堆帛書『老子』乙本巻前古佚書との間に密接な関係が確認されるに及び，戦国末〜前漢初の黄老思想を伝える貴重な書物と見なされるに至った。北宋の陸佃の注がある。

(内山 直樹)

がっきゅう【学究】 唐代の科挙の明経科のうちの一つで，「学，一経を究む」，つまり一つの経書の知識のみを問うた。暗記重視(墨義)の科目であることから評価は低く，受験生への待遇も進士科とは差があった。宋代の科挙において進士科が圧倒的に優勢になると，学究は科目としての意味を失い，やがて在野の知識人を指すようになる。『水滸伝』の呉学究がその好例である。在野性から転じて「田舎学者」という軽蔑のニュアンスを含むようになった。

(中砂 明徳)

かつげん【葛玄】 生没年不詳。三国呉の方士。字は孝先。葛仙公・太極左仙公とも呼ばれる。晋の葛洪の大叔父。左慈より仙術を授かり，鄭隠

を経て葛洪へと伝えた。その仙道を一般に葛氏道と呼ぶ。『神仙伝』によれば，分身や鬼神を駆使する術などに長けていた。呉の孫権が彼を引き留めたが，ある日尸解して去った。六朝期に成立した霊宝派道教経典では，経典の成立に関係する神仙として重要な位置を占める。　　　　　　　　（亀田 勝見）

かっこ【割股】　父母や舅姑の病気を治療するために，自分の股の肉を割いて食べさせること。人肉が病気治療に効果があると紹介したのは，唐の陳蔵器が著した『本草拾遺』に始まるという（『新唐書』195・孝友伝）。元・明・清の各王朝は公式には，割股の習慣に対して旌表を加えない方針を採用したが，割股は至上の孝行として根強い人気があり，また，しばしば皇帝の特旨によって旌表されることがあった。　　　　　　　　　　　（井上 徹）

かっこ【羯鼓】　枠型両面太鼓。筒形の胴の両端に円形の枠に張った皮をあて，紐で締め合わせる。ばち（杖）2本で打つため両杖鼓とも称した。中唐の南卓が『羯鼓録』に戎羯の鼓と記した通り，西域のいずれかの地方を起源とし，4世紀ごろ中原に入った。唐代十部楽の亀茲楽・疏勒・天竺など胡楽や俗楽で多用された後，宋代に急速に廃れた。中唐における羯鼓の隆盛ぶりは，『羯鼓録』に十分に窺われる。同著は当時流行した155曲の羯鼓曲名のほか，羯鼓の形状や逸話を伝え，これによれば，玄宗皇帝（在位712～756）と宰相の宋璟はとりわけ羯鼓の演奏に長じ，玄宗は羯鼓を八音の領袖と見なして数十曲の独奏曲を残したという。また羯鼓は当時，一定の音高に調律して演奏した可能性が高い（『陳暘楽書』）。羯鼓は雅楽の打楽器として日本にも伝わり，現行唐楽で主要なリズム楽器の役割を果たす。　　　　　　　　　　　　　　　　（尾髙 暁子）

かっこう【葛洪】　283（太康4）～343（建元元）？。一説に没年は363（興寧元）年。晋の神仙思想家。丹陽句容（江蘇省）の人。字は稚川。号は抱朴子。左慈，葛玄（葛洪の大叔父），鄭隠と伝わる仙道を学び，この仙道は後世葛氏道と称される。後，義父の鮑靚からも別系統の仙道を伝授されるが，葛氏道との関係など，彼の仙道思想中における位置づけは不明。師の鄭隠と別れて後の303（太安2）年，長江流域で発生した石冰の乱の鎮定に参加する。乱平定後，戦功を論じずただちに異書を求めて都の洛陽に向かうが，八王の乱による混乱のため中途で断念，郷里でも戦乱が発生したため引き返すこともできず，やむなく広州の嵆含の下へ赴く。含の死後しばらくして郷里に帰り，著述活動のかたわら反乱鎮定の功などにより関内侯の爵を賜るとともに，州主簿，司徒掾，諮議参軍を歴任する。友人の干宝から散騎常侍，大著作に推薦されるが，固辞して就かなかった。晩年，ベトナムに産する丹薬の原料を求めて南方に赴こうとしたが，道半ばの広州にて留められてしまったため，やむなく羅浮山に入って煉丹と著述に専念する。後，その山にて没した際には尸解仙になったと伝えられる。彼の著書『抱朴子』内篇は，道教の成立発展に重要な役割を果たす。その仙道理論の特徴としては，修行者の努力によって神仙に至る道が開ける，とする「神仙可学」の思想，諸術兼修の必要性を説くと同時に金丹術を最重要視すること，神仙となる「命」の存在を説くことなどである。『抱朴子』外篇は世俗の得失を論じた雑家的な内容を記す。他の主要著作としては，前漢の劉向撰とされる『列仙伝』を受け継ぐ意識のもとに著された神仙の伝記集『神仙伝』，救急医学書の『肘後備急方』などがある。彼の事跡は『抱朴子』外篇自叙にも詳しい。晋書72（亀田 勝見）

がっこくぼん【合刻本】　一般に，幾種かの書名の本が，同様の版式で，同じ頃に，まとめて出版されたものを言う。合刊本とも。1602（万暦30）年，許自昌刊李杜全集本（『分類補注李太白詩』『集千家注杜工部詩集』）等は好例。先に単行本で出版し，後にまとめる場合もあるが，日本ではこの場合を合印本と呼んで合刻本と区別している。いずれも，叢刻・彙刻に近い使われ方もある。また，幾つかの注釈を読者の便宜上一本にまとめ収載したものを呼ぶことがある。「史記三注合刻本」「注疏合刻本」等の例が相当する。　　　　　　（高橋 智）

がっしょう【合笙】　宋代に流行した話芸。合生とも書く。唐代の合生が起源という説がある。しかし，唐代の合生は西域から入った舞踊であり，宋代の合笙と性格が異なる。宋代の合笙は，知識人達の宴席で，女芸人がある物を指さし，即席でそれを題材に詩を作り読むといったもので，語りが主で時に歌を交えることもあった。内容が滑稽で風刺に富むものは喬合笙と呼ばれた。　　（氷上 正）

がっしょうれんこう【合従連衡】　合縦連横とも書く。戦国時代後期，西方の秦の台頭にともない，東方の六国（燕・斉・韓・魏・趙・楚）が南北の縦（従）に同盟して対抗したのを合従と言い，これら六国が個々に秦と東西の横（衡）に同盟したのを連衡と言う。合従策は蘇秦，連衡策は張儀によって代表されるが，彼らのように諸国の間に立って外交政策を説いてまわった者たちを縦横家と呼び，諸子百家の一つに数えられる。　　　　　　　　（江村 治樹）

がったい【合体】 →独体

かつちし【括地志】 唐代初期の地理書。原550巻，序略5巻。642(貞観16)年に成る。太宗の第4子魏王李泰らの奉勅撰。原書は全国を軍事・行政区画の10道に分け，360州，41都督府，1557県について春秋以来の建置・沿革・山川・関津・風俗・物産・古跡・人物・故実等を記し，行政の実用書と地誌の性格を合わせた総志の体例を確立したといわれる。南宋までに完本が失われ，『岱南閣叢書』に清の孫星衍らが逸文を集めた輯本『括地志』8巻を収める。 (島居 一康)

かつりっぽう【葛立方】 ？〜1164(隆興2)。南宋の詩論家・詞人。丹陽(江蘇省)の人であるが，後に湖州呉興(浙江省)に定住した。字は常之，号は懶真子。父の葛勝仲も詞人として知られ，父子ともに名があった。代表的著作として『韻語陽秋』20巻があり，主に魏晋から宋代諸家の詩歌の創作意図を問題にする評論を展開している。他に『丹陽集』24巻の著作があるが，『永楽大典』からの輯本である。 (大野 修作)

かていとじょうきりゃく【嘉定屠城紀略】 清初の記録文学。『東塘日劄』ともいう。1巻または2巻。朱子素著。1645(順治2)年，清朝の江南進攻に際して，嘉定県(上海市)は一旦投降したものの，薙髪令下るとの噂により抗戦に転じ，果敢な抵抗の末に攻略され大虐殺を被った。本書は，清軍接近から落城後に至る約4か月間の嘉定県をめぐる動静を記したもので，著者自ら目撃した事実と確実な証言のみに基づくという。道光期(1821-50)の『荊駝逸史』以下数種の叢書に収録され，和刻本もある。 (谷井 陽子)

かてん【何典】 清代の風刺小説。10回。1878(光緒4)年申報館刊。過路人(張南荘)編。官話交じりの呉方言で書かれ，極めて俗語化・口語化した文章が特徴である。鬼の子の主人公が浮世の荒波に揉まれた末，鬼の娘と結ばれるまでを描く。継子いじめ，官僚の腐敗，反乱など現実社会の縮図を鬼の世界に仮託したもので，魯迅は中国八大ユーモア小説の一つに数えている。『第十一才子書鬼話連篇録』と改題した1894(光緒20)年晋記書荘10巻本がある。 (岡崎 由美)

かでん【花鈿】 ①女性の化粧の一つ。額に貼る飾り。花子とも称す。円形・花形・鳥形など種々の美しい形の薄片を眉間に貼る。薄片の材料には金箔片・紙・魚の頬骨・魚の大きな鱗・茶油・花餅などが用いられ，膠で粘着性をつけた。花鈿の由来について一説に，南朝宋の武帝(在位420〜422)の娘，寿陽公主が正月七日に含章殿で臥していると，梅の花が風にゆられて公主の額の上に落ち，払っても去らずそれが美しかったので，宮女たちはそれを見て真似たと言う。この赤い梅花の花鈿の様子は，唐代の女子俑などに多く見られる。湖南省長沙晋墓(3〜5世紀)からは金箔片の花鈿が出土している。
②女性の髪飾り。花釵とも言う。金・玉・雑宝石で作る。身分に応じてその数が決まっていた。『旧唐書』輿服志には「内外命婦の服……花釵，第一品花鈿九樹・第二品花鈿八樹・第三品花鈿七樹・第四品花鈿六樹・第五品花鈿五樹」とある。 (田中 陽子)

かでん【課田】 →占田・課田制

かとう【賈島】 779(大暦14)〜843(会昌3)。中唐の詩人。范陽(河北省)の人。字は浪仙(一説に閬仙)，号は碣石山人。何度も科挙に挙げられながら及第を果たせず，生活に困って僧侶となり，無本と名乗った。811(元和6)年頃に韓愈・孟郊と知り合い，韓愈に勧められて還俗した。また姚合・王建・張籍・雍陶らの詩人達とも交流が有った。中傷を受けたことから，837(開成2)年に科挙に及第しないまま遂州長江県(四川省)の主簿の職を授けられて，長安を逐われた。840(開成5)年に普州(四川省)の司倉参軍に転じ，さらに843年，普州の司戸参軍に転任する命令書が届く直前に官舎で没した。作詩にあたって表現を彫琢することで知られ，「僧は敲く月下の門」(『李凝の幽居に題す』詩の一句)の「敲」字を「推」字との比較で苦吟した「推敲」の故事は著名。孟郊と並べての「郊寒島痩」の評語も知られている。著に『長江集』10巻が有る。新唐書176 (齋藤 茂)

がとう【瓦当】 軒丸瓦の先端を塞ぐ陶板。雨水が建物内に回りこむことを防ぎ，かつ軒先を飾る機能をもつ。円形のものが普通であるが，半円形のものもあり，やや複雑な形状のものもある。中国の学界では瓦当といえば軒丸瓦の先端部分を指すのが普通で，軒平瓦の先端部分は滴水と呼ぶ。一方，日本の学界では，軒丸瓦の先端だけでなく，軒平瓦の先端から垂れ下がる板状の部分も瓦当と呼んでいる。

中国で瓦が現れたのは西周初頭のことであるが，初期の瓦には瓦当はなく，軒先にも通常の丸瓦・平瓦が用いられた。西周中期になって，丸瓦の先端を半円形の板(半瓦当)で塞いだ軒丸瓦が現れた。半瓦

当は戦国時代に盛行し，前漢時代まで続いた。また戦国時代には，丸瓦の先端に円板(円瓦当)を付けた防水効果と装飾性が高い軒丸瓦が現われた。円瓦当は次第に増加し，後漢以後の瓦当はほとんどが円瓦当となった。滴水は唐時代に登場したものとみられる。明・清時代の軒丸瓦には，円瓦当のほか，瓦当の下部を延ばして下端を尖らせた形の瓦当が付けられた例もある。

瓦当には無文のものもあるが，多くは浮彫状の文様や文字で飾られている。瓦当の装飾は時代や地域で異なるため，遺跡の年代や建設にかかわった政治勢力を推定するうえで有力な手がかりとなる。戦国時代には，燕国では獣面文，斉国では樹木文，秦国では鹿文や渦文などが流行した。漢時代には漢式瓦当と総称される，雲気文および文字文からなる画一的な瓦当文様が普及した。南北朝時代になると蓮華文が雲気文にとってかわり，宋時代ころまで流行した。明・清時代にはさまざまな文様が使用されたが，皇帝に関わる建物ではもっぱら龍を表した瓦当が使用された。

こうした瓦当文様の変化は当時の思想・文化を反映したものであり，瓦当は中国の思想・文化を研究するうえでも有力な手がかりとなる。　　(谷 豊信)

かとうぎ【花灯戯】　伝統演劇の劇種名。貴州省(貴州花灯戯)，雲南省(雲南花灯戯)及び湖北省の西部(恩施花灯戯)，湖南省の西部(湘西花灯戯)及び四川省の川北(四川灯戯)などに分布し，各地の地名を冠して「○○花灯戯」と呼ばれる。もとは元宵節の「鬧元宵」に起源する。「鬧元宵」は，男の子に女装させ，様々な提灯を持って通りを練り歩き，小歌などをうたわせる芸能である。この仮装舞踏の合間に簡単な芝居が演じられるようになり，花灯(花灯戯のこと)と呼ばれた。清代中頃には，すでに貴州・雲南などで形成されていたと思われる。花灯戯を代表する雲南花灯戯は，辛亥革命前の老灯と革命後の新灯に大きく分かれ，老灯は元宵節や雨乞いなどの宗教活動とタイアップした本来の花灯で，花灯歌舞と花灯地芝居に分かれる。新灯は，昆明の南の玉渓を中心とし，滇劇や語り物の脚本を移植して演劇化を進め，メロディーの一部を板腔体にした。また，昆明を中心とする昆明花灯戯には明清時代の俗曲が多く残されている。花灯の最大の特色はその歌舞にあり，男は扇子，女はハンカチをもって踊る。集団での舞踏の隊形も40あまりある。主な演目に『秧佬鼓』(歌舞)，『打花鼓』『七妹与蛇郎』(地芝居)，『柳蔭記』など。　　(松浦 恆雄)

がとうぶん【瓦当文】　瓦当に型押しされた文字の総称。考古学的な発掘品によれば，瓦当の表面に文字を施すのは，漢代に入ってからのようであり，秦代とされてきた伝世品も漢代の作であることが指摘されている。内容は，宮殿類・官署類・祠墓類・吉語類などに分類される。字数は，1字から12字にわたるが，11字の例は確認されていない。文字は，装飾性を加えた陽(凸)文の篆書が大部分で，円形または半円形に文字を配置する必要から，構成も変化に富む。　　(福田 哲之)

がとじ【臥兔児】　明・清代，女性が用いた鉢巻状のもの。女性の鉢巻状のものは，宋・元代の「額子」，明・清代に江南の女性の間で特に好まれた「頭箍」あるいは「勒子」と呼ばれたものなど，その名称・形状・材質等様々であるが，臥兔児は，明・清代，主に冬季用のものとして，貂や川獺・海獺の毛皮で作り，装飾と防寒とを兼ねたものである。「貂覆額」とも呼ぶ。しかし実際には装飾が主で，防寒にはあまり役立たなかったように思われる。　　(増田 克彦)

かともん【科斗文】　古文字の筆写体の総称。科斗書ともいう。おもに壁中書や汲冢書などの古文を指す。科斗とはオタマジャクシのこと。王隠『晋書』束晳伝(孔穎達『春秋左伝正義』所引)に「科斗文とは，周時の古文なり。その字，頭麤きく，尾細く，科斗の虫に似たり。故に俗に之に名づけり」とあるように，筆画の形体がオタマジャクシに似ている所から名付けられた。残石が現存する三国魏の三体石経の古文が，科斗文の様式を伝えるものとされる。　　(福田 哲之)

かとらくしょ【河図洛書】　『易経』繋辞上伝によれば，世界の変化を象徴的に表現する『易経』の成立に大きく関わったのが，黄河から出現した河図と洛水(洛河)から出現した洛書であった。その由来や名称からして，一種の図形を指していると思われるこの河図洛書が，それぞれ55個と45個の点が魔方陣状に配置された図形として実際に登場してくるのは，宋代になってからである。これらの図形は『易経』の原型として受けとめられ，そこから，『易経』の成立との関わりで様々な解釈・論議を呼び起こした。それらを批判的に検討・総括した朱子は，『周易本義』の巻頭にこれらの図形を掲載し，また，『易学啓蒙』を「河図洛書とは何か」から始めている。その後も河図洛書と『易経』との関係は，図形的側面からの分析を中心に，場合によっては，ヨーロッパ伝来の天文学・数学の知識も応用されて，清代半ばまで研究され続けた。他方で，河図洛書と称される図形の信憑性に対して，清初には決定的な疑義が示されていた。　　(本間 次彦)

かなざわぶんこ【金沢文庫】 鎌倉時代の文庫。「かねさわぶんこ」とも。幕府の要職を歴任した北条実時が，1275(建治元)年に武蔵国久良郡六浦庄金沢村(横浜市金沢区金沢)に退隠した後，その別邸内に設けた。実時は若くして学問を好み，儒者清原教隆に師事して漢籍・国書を広く収集し，この文庫にそれらの蔵書を収めた。実時はさらに別邸を中心にして学山称名寺を創建し，そこに参集した学僧たちが文庫の管理・運営に当たった。文庫は，実時の子孫の顕時・貞顕・貞将が相続し，ことに後に15代幕府執権となった貞顕の時代には，金沢文庫・称名寺ともに隆盛した。蔵書の中には『群書治要』『両京新記』『文選集注』などの天下の孤本も多く，他にも「金沢文庫」の蔵書印の見られる漢籍には『周易正義』『南史』『白氏文集』『太平御覧』などがある。1333(元弘3)年の鎌倉幕府・北条氏滅亡，さらに称名寺の寺運衰微により，蔵書は徐々に散逸した。　　　　　　　　　　　　(大谷 雅夫)

かなんついし【河南墜子】 河南・安徽・山東などに流行する語り物。主要な伴奏楽器である墜子(墜琴とも。小三弦をさらに小さくした楽器)からこの名がついた。かつて河南・山東・山西などで流行した小三弦を伴奏楽器とする語り物である「鶯歌柳」と「道情」が結合して清末の1900年前後に生まれたという説がある一方，「三弦書」を母体にして「道情」と結合することにより清の道光年間(1821-50)に生まれたという説がある。流行地域と影響を受けた芸能の違いにより，東路墜子・西路墜子・北路墜子の別がある。初期は男の芸人が演じたが，1905(光緒31)年ころより女の芸人が出て，新しい節を創造した。上演形式は，自分で墜子を弾きながら1人で唱うもの，1人が弾き1人が唱うもの，2人がかけ合いで唱うものの3種があり，演者は手で檀木あるいは棗のカスタネットを打ちながら唱い，かけ合いのときは1人が銅鑼あるいは小太鼓を打ち，伴奏者は墜子を弾き，さらに足踏みの拍子木を踏みリズムをとるものもある。歌詞は七字句を基本とし演目には大・中・小の3種がある。中長篇は語りと唱があり，短篇は唱うだけで語らず，少しせりふがはいる。　　　　　　　　　(山口 建治)

かなんてんもく【河南天目】 河南・山西・山東・陝西など華北一帯にひろがる磁州窯系諸窯で，北宋から元代頃に生産された黒釉陶磁器の日本での俗称。黒釉単色のほか，油滴天目や鉄で文様を描いた黒釉鉄斑文，黒釉下に白泥で線を描いた白堆線文，黒釉を削り落として文様をあらわす掻落など多彩な装飾技法が用いられる。碗には口縁部に白釉をほどこした白覆輪と呼ばれるタイプもある。日本の伝世茶陶の中にも油滴天目茶碗がまれに見られる。　　　　　　　　　　　　(森 達也)

かなんりゅうざんぶんか【河南龍山文化】 河南省を中心とする新石器時代後期の文化。最近では，山西省南部の龍山文化陶寺類型を含めて中原龍山文化と呼ぶこともある。仰韶文化の廟底溝第二期文化に後続し，二里頭文化に先行する龍山文化のひとつで，放射性炭素年代測定法ではおよそ紀元前3千年紀後半に位置づけられる。土器の地域的な差異をもとに，河南省西部の王湾第三期類型，河南省北部の後岡第二期類型，河南省東部の王油坊(造律台)類型などに細分される。各類型とも灰陶が主体を占め，王湾第三期類型と王油坊類型では籃紋・方格紋が多く，後岡第二期類型では縄紋が多い。住居では部屋を分けた長方形住居や円形の小型住居があり，安陽市後岡遺跡では多数の円形小型住居が密集する等質的な集落が発掘されている。この後岡遺跡をはじめ，登封市王城崗遺跡や淮陽県平糧台遺跡などでは集落を囲む城壁も見つかっており，人の犠牲坑の増加や鏃などの武器の発達とともに，社会的緊張が高まったことがうかがえる。　　(岡村 秀典)

かねさわぶんこ【金沢文庫】　→金沢文庫

かはく【河伯】 黄河を支配する神。名は馮夷(氷夷とも)。『竹書紀年』に河伯が洛水の神の洛伯と戦ったとの話がある。『穆天子伝』では陽紆山が河伯の都とされているが，『山海経』海内北経では，深さ300仞(約470メートル)の「従極の淵」がその都とされ，人面で2匹の龍に乗っているという。『史記』滑稽列伝に，戦国時代の魏の鄴の町では若い娘を美しく飾り立てて河伯の人身御供とする習俗があったが，西門豹が一計を案じて根絶した話がある。　　　　　　　　　(吉川 忠夫)

かはん【科凡】　→科

かはん【科班】 民国期まで存在していた，民間の伝統演劇俳優養成組織。中国では日本の芸道に見られるような家元制・襲名制が無く，科班出身の名優が少なくない。科班は私塾兼児童劇団という性格を持つ。生徒は幼時から科班に住み込み，厳格な師弟関係のもと，通常7～10年の間，歌や立ち回りなど実践的な演技の技術を叩き込まれると同時に，実習を兼ねて舞台に立った。同じ科班出身の俳優は，通常，芸名に文字を共有するなどギルド的な絆を形成した。科班の寿命は概して短く，1科(日本風に言えば1期)ないし数科の卒業生を送り出しただけで解散した。科班の中でも喜連成社と三楽社は

特に有名である。

喜連成社。最も長く続いた京劇の科班。1904年に葉春善(1876〜1935)が北京に創建。1912年に出資者が変わり「富連成社」と改名。名優蕭長華をはじめ教師陣も充実しており, 京劇教育と実演は不可分という立場から, 伝統演目の改編や新演目の創作を積極的に行うなど, 京劇の近代化にも一定の貢献をなした。1944年に歴史を閉じるまでの40年間に, 7科にわたる数百人の卒業生を世に送り出した。卒業生は, 所属の科に応じ「喜」「連」「富」「盛」「世」「元」「韻」の1字を芸名に入れた。中には侯喜瑞・馬連良・于連泉・譚富英・裘盛戎・葉盛蘭・袁世海など名優も少なくない。

三楽社。1909年, 梆子と京劇の両方を兼ねた科班として, 李際良(西太后に仕えた宦官李蓮英のおい)が北京に創建。のち京劇のみの科班に転向し, 1914年「正楽社」と改名。1915年, 1科を世に送り出したのみで解散。名優尚小雲, 荀慧生などを世に出す。

1930年代以降, 男女共学の「中華戯曲専科学校」(1930〜41)はじめ近代的な俳優養成学校が作られ始めると, 旧式の科班は衰退した。人民共和国成立後, 科班は全て廃止され, 伝統演劇の俳優は国公立の演劇学校(付属高校・中学などを含む)で養成されるようになった。
(加藤 徹)

がびさん【峨眉山】 四川省中部, 楽山市の西にある山。標高3099m。大峨・中峨・小峨の三峰からなり, 遠くから見ると美女の眉のようであるのでその名がついた。古くよりの名勝で唐代の詩人李白にはこの山のことを詠じた詩が多い。もとは道教の聖地であったが, 六朝時代以降仏寺が相ついで建立され, 仏教の霊場となった。なかでも万年寺・報国寺は重点文物保護単位に指定された古跡として著名。この山では宝光と称するブロッケン現象も見られる。
(吉田 隆英)

かひぼう【瓜皮帽】 →六合一統帽

かひょう【華表】 宮殿や陵墓などで, 境界を示す標識。柱の形で, 一対一組で造られることが多い。北京故宮の入り口である天安門の前後に白い大理石の2組の華表があり, 明1465(成化元)年に建てられた。この華表は3段により構成され, 下部は台座, 中部は龍が彫刻された柱身で, 上部は柱の横に差し込む雲頭(雲板もいう)の上に円形の承露盤を置き, その上に獣が座している。全体の高さは9.75m, 柱は八角形で直径98cm。1950年に長安街の道路を広げる際, 北へ6m移動された。
(包 慕萍)

かぶ【花部】 清代乾隆年間(1736-95)の劇種の区分。花部は雅部と対概念である。花部は崑山腔(崑曲)以外の劇種を総称し(花は雑多の意), 雅部は, 専ら崑山腔を指す。李斗『揚州画舫録』(1795年刊)に「両淮の塩務, 例により花・雅の両部を蓄えて大戯に備える。雅部は崑山腔である。花部は京腔・秦腔・弋陽腔・梆子腔・羅羅腔・二簧調などで, 総称して乱弾という」とあるように, 花部と雅部は, 元来, 皇帝に供する芝居(大戯)を演じる劇団を区別する語であったが, それぞれの劇団の演ずる劇種の区別にも援用されるようになった。現存する最も早い用例である呉長元『燕蘭小譜』(1785年)ですでに劇種の区別に用いられている。乾隆年間は, 花部に属する劇種, 特に秦腔・梆子腔・二簧調などの勃興期に当たり, 民間の劇団では, 同じ劇団内に雅部の役者も花部の役者もいた。また雅部の役者が花部を学んで名を挙げることもあった。
(松浦 恆雄)

がふ【楽府(機関)】 秦漢代の宮廷の音楽を司る役所。設立の時期は, これまで『漢書』礼楽志の「武帝の時郊祀の礼を定め, すなわち楽府を立て詩を采め夜に誦す」の記述により, 前漢の武帝の時という説が主にとられていたが, 他の文献の記載を始め, 1997年に秦始皇帝陵から「楽府」の文字の刻まれた鐘が出土したことなどから, 現在は, 楽府は秦代に創立されて漢に受け継がれ, 前漢武帝の時に大改革が行われたとするのが定説になっている。なお, 漢代にはすでに太常(のちの太常寺)の下に音楽の役所太楽があったが, 雅俗ともに重要なものはみな楽府が司っていたともいわれる。

改革後の楽府は皇室の上林苑に設けられた。その主な任務は, 采詩官により全国の民謡を集め, 民意を察することのほか, 採集された民謡の整理・保存とともに編曲・塡詞(既成の曲に歌詞を付けること)をして宮廷の祭祀や宴饗に用いることであった。音楽監督として協律都尉の官に李延年を, 作詞には賦の大作家司馬相如をはじめ数十人を起用した。李延年は天才音楽家として武帝に寵愛された人物で, 当時「新変声」と呼ばれた西域の曲調を用いた作曲に優れていた。このことは, 楽府で作られる音楽が, 宗廟祭祀の楽であっても新鮮な異国の情調をもつものであったことを物語る。

楽府の規模は大きく, 楽人・楽工の数は盛時には1000人に至ったという。すなわち, 採集した民謡の審査選定のために「昼間は衆人の耳にふれることを憚り」夜に演唱する夜誦員, 測音をする聴工, 各楽器の修理維持をする鐘工員・磬工員など約20人, 師学と呼ばれる学生約140人, そして演奏をする楽人800人余りである。これらの楽人や楽工はま

た音楽の地方・楽器・用途の別など細部にわたり専門に分かれていた。採詩の範囲は『漢書』芸文誌目録によると北は北方少数民族の居住地域から南は揚子江の南まで、西は西域各地から東は黄河流域に至り、きわめて広大である。当時「声曲折」という記譜法を用いて採集した民謡の曲調が記されていたことは特筆すべきであろう。

楽府の廃止の時期は、漢の哀帝が朝廷に「鄭衛之音」が蔓延したことを憂えて前6(建平元)年に廃止したとする説、この時規模を縮小して隋代まで続いたという説などがある。

「楽府」はまた、楽府機関で採集した民謡を文字とした歌辞の名称として、さらに後世これに倣って作られた詩の体裁の名称として用いられた。

楽府機関が存在したことは中国の文学と音楽の発展に新しい境地を開いたということができよう。

(古新居 百合子)

がふ【楽府(詩体)】 詩の一体で歌謡に起源をもつことを特徴とする。漢以降に宮廷などで演奏された歌の歌詞と、これにならって作られた詩を総称していう。楽府はもと宮中の音楽をつかさどる役所の名で、漢の武帝の創設ともそれ以前からあったともいわれる。のちにここで収集・制作・演奏された歌を楽府と呼ぶようになり、さらに詩人によって作られた模擬作品とあわせて詩の重要なジャンルの一つとなった。

楽府はその包括する範囲が広く、形式・内容ともに多彩で、定義や分類は容易ではない。ここでは最も一般的な『楽府詩集』の分類を示す。①郊廟歌辞(朝廷の宗教儀礼の歌)、②燕射歌辞(宴席などで奏された朝廷の世俗的儀礼の歌)、③鼓吹曲辞(公式の軍楽)、④横吹曲辞(公式の軍楽。「胡角」という楽器の使用によって、また一説に馬上演奏という形態によって鼓吹曲辞と区別されるという)、⑤相和歌辞(漢の民間歌謡に管弦の伴奏をつけたもの)、⑥清商曲辞(六朝期の長江中・下流域の歌。五言四句の恋歌を中心とする)、⑦舞曲歌辞、⑧琴曲歌辞、⑨雑曲歌辞(由来が明らかでなく上記いずれに属するとも決めがたいもの)、⑩近代曲辞(雑曲歌辞のうち隋唐以降のもの)、⑪雑歌謡辞(器楽の伴奏をともなわない簡単な歌や節回しのついた唱えごと〔謡〕、諺の類)、⑫新楽府辞(唐の新題楽府)。

楽府の範囲は、詩人の模擬作品を含んでほぼ『楽府詩集』の内容と同じだが、ふつう雑歌謡辞は含めない。このうち文学として重要とされるのは相和歌辞、清商曲辞、雑曲歌辞や漢の郊祀歌(郊廟歌辞)、漢の鐃歌(鼓吹曲辞)、梁の胡角横吹曲(横吹曲辞)などである。これらは多く優れた古辞(作者不詳のもとうた)をもち、さらに同じ題名(楽府題)の

もとで、同時代や後世の詩人たちによってさまざまな歌詞が作られた。楽府題はもとメロディーの名であったが、メロディーが忘れられると内容を拘束するものとなった。

楽府の形式は五言・七言・雑言を中心に多様である。内容は多岐にわたるが、特に民間歌謡に由来する楽府については、率直さ、平易さ、自由さ、遊戯性、そして物語を語るなどの叙事性を特徴とする。

楽府は建安(196-220)の詩人、ことに曹植によって詩の一ジャンルとして確立され、以後晋の陸機、宋の鮑照、梁の呉均、陳の江総らから李白・杜甫を経、中唐にいたって白居易が『新楽府』50首や『長恨歌』『琵琶行』など数多くの名作を生んだ。その後も詩人たちが楽府をとおして同時代の民間歌謡の要素を取りこむなど、楽府はしばしば詩の世界に新しさをもたらすために重要な役割を果たした。

楽府の詩集としては、北宋の郭茂倩の『楽府詩集』100巻が最も完備して他の追随を許さない。他には元の左克明『古楽府』、明の梅鼎祚『古楽苑』、清の朱乾『楽府広序』、朱嘉徴『楽府正義』などがある。「楽府」の語には、公的に認められたという意味あいがあり、後世、同じく民間歌謡から生まれた「詞」や「曲(散曲)」の美称としても用いられた。

(松家 裕子)

がぶ【雅部】 →花部

がふこだいようかい【楽府古題要解】 楽府の解説書。2巻。『貞観政要』で知られる盛唐の呉兢の著。楽府題の成立や古辞(古楽府)、文人の模擬作などについて記すもので、楽府を相和歌・鞞舞歌・払舞歌・白紵歌・鐃歌・横吹曲・清商曲・雑題・琴曲に分類し、各々総説を付す。宋代には『古楽府』(10巻)という名の詩集とともに通行していたらしいが、詩集は散逸してこれだけが残った。『楽府詩集』には『楽府解題』の名で引用されている。汲古閣本を影印した津逮秘書本のほか、明の抄本が残る。

(松家 裕子)

がふざつろく【楽府雑録】 晩唐の音楽書。全1巻。著者段安節は臨淄(山東省)の人。官は乾寧年間(894-897)に朝議大夫守・国子司業に至った。父は『酉陽雑俎』の著者で太常少卿の段成式、詩人温庭筠は義父にあたる。本書の成立は、唐朝を滅亡に導いた黄巣の乱(875〜884年)の後であり、その間の事情は自序に「戦乱により梨園弟子は四散し、楽府(音楽の役所)に保存されていた音楽もほとんど消失してしまった。自分は幼少より音楽に親しみ、

音楽の世界にも詳しいので，記憶や見聞をもとにし，さらに崔令欽の『教坊記』の不足の部分を補いつつ本書一巻を成した」と述べられている。

全書は楽部・歌・舞・俳優・楽器・楽曲，及び唐代の燕楽に用いられた二十八宮調の図(図は散佚しその説明のみが残っている)など40条から成る。冒頭の9条には，当時の楽部や楽器の名が挙げられ，盛唐から晩唐への楽部の変遷を見ることができる。次の3条は有名な音楽家や俳優の故事，続く14条では楽器の種類(特に琵琶に関する記述が詳細である)や演奏家にまつわる逸話など，そして最後の14条は楽曲と劇目の由来について記されている。宮廷や民間音楽の盛衰や，盛唐以降，特に晩唐の音楽事情を知るための資料として重要であり，また，『通典』『教坊記』『羯鼓録』などとともに中国の音楽・舞踏・戯曲の発展の過程を知る上でも貴重な文献である。同時に，本書は見聞の記であることから，史実の考証の点で欠陥のあることは免れないとされる。　　　　　　　　　　　(古新居 百合子)

かふし【火不思】　撥弦楽器。トルコ語のqubuz の音訳で，その早期の図像は吐魯番のヤール・ホト遺跡(交河故城)の布画(唐代)に描かれ，『元史』のほか，明・清代の歴史書に様々な呼称の表記(渾不似・琥珀詞など)と記載がある。中国音楽研究所所蔵の明代の火不思は全長が 83.5cm，細い棹に4弦を張り，フレットは無く，蛇皮を貼った胴に駒を据えて4弦すべての糸巻きを棹の左側にまとめている。新疆のキルギス族ほか一部の少数民族が同類の楽器を保持しており，雲南の納西族の伝統音楽(白沙細楽)で使用される色古都は胴を右腿に据え，棹を左手で支え，右手の親指で弦を弾く。内モンゴルでは改良楽器も創案されている。

(増山 賢治)

がふししゅう【楽府詩集】　楽府の代表的総集。全100巻。北宋の郭茂倩編。漢から唐までの楽府を網羅的に集めたもので，収録される詩の数，解題に引用される資料の豊富さ，分類の方法など，いずれの点でも類書中群を抜く。形式・内容ともに多様な楽府を，①郊廟歌辞(朝廷の宗教儀礼の歌)，②燕射歌辞(朝廷の世俗的儀礼の歌)，③鼓吹曲辞(軍楽)，④横吹曲辞(軍楽)，⑤相和歌辞(漢の民間に生まれた歌)，⑥清商曲辞(六朝期の長江中・下流域の歌)，⑦舞曲歌辞，⑧琴曲歌辞，⑨雑曲歌辞(由来の明らかでない楽府)，⑩近代曲辞(隋唐の雑曲歌辞)，⑪雑歌謡辞(器楽の伴奏をともなわない簡単な歌や節回しのついた唱えごと，諺の類)，⑫新楽府辞(唐の新題楽府)に分類する。それぞれの歌辞や分類について，解題によって定義・起源や沿

革を説き，さらに題名(楽府題)ごとにも解題が付されている。解題にはすでに散佚したものも含めて多くの書物が引用される。歌は楽府題ごとにまとめて時代順に配列され，模擬作の制作状況も一目でわかる。当然収録漏れもあり，分類のしかたや，作者の比定などに問題がないわけではない。しかし，それまで作られた楽府と呼びうる作品の多くを収録し，その分類把握のための見取り図を作成した点でも，功績は大きい。

編者の郭茂倩は北宋，太原(山西省)の人。仁宗期の名臣郭勧を祖父にもつが，本人の経歴は神宗(在位 1067～85)のとき河南府法曹参軍であったことしかわかっておらず，ほぼ『楽府詩集』のみによって知られる人物である。テキストには宋本があるほか，汲古閣本が知られる。　　　　　(松家 裕子)

がふしんせい【楽府新声】　元代の散曲選集。正式の書名は，「梨園按試楽府新声」。編者不明。3巻から成り，上巻に套数，中下巻に小令を収める。『陽春白雪』『太平楽府』など他の散曲集には見えない作品を収録している。元刊本(『四部叢刊』三編)のほか，標点本(中華書局，1958年)がある。

(金 文京)

がふでんせい【楽府伝声】　伝統演劇音楽の理論書。1748(乾隆 13)年出版，1859(咸豊 9)年重刻。清の徐大椿(？～1778，字は霊胎)著。崑曲演唱の基本知識，発声法の悪弊，伝統的な美感からの考察，演唱技巧と方法，曲調の由来等について，比較的系統立って解説・叙述され，部分によっては要点を簡潔にまとめて誦しやすくした韻文(口ずさんで覚える文句)も編まれ，覚えるに便利である。論述には卓越した見解が多く，民族声楽の研究に重要な参考価値があり，伝統演劇の研究者・演唱者の高い評価を得ている。　　　　　　　　(孫 玄齢)

かへい【貨幣】　貨幣とは，本来，物品の交換価値の基準となるものを指す。はじめは，物々交換に用いられた物品自体が貨幣として扱われた。中国においては，西周時代の子安貝がそれにあたる。多産・再生の象徴としてすでに新石器時代の末頃から珍重された子安貝は，西周時代になると賜与・交換の主要品となり，「朋」という単位で利用された。さらに交換による物品流通がより盛んとなった春秋戦国時代には，青銅でつくられた専用の貨幣が登場する。これは農工具の鋤や小刀などの実用利器を模倣した貨幣で，国ごとに形が異なっている。表面には独特の銭幣文字がみられるが，これは鋳造地を示すほか，実重量を表示したものもあり，金属自体の価値を重視した秤量貨幣の性格をもっていた。次

の秦・漢統一帝国の時代になると，貨幣は方孔円形の形態に統一される。ただし，銭面には実重量を表記し，秤量貨幣の性格をそのまま受け継いでいる。事実，＊王莽が新を建国した際，実重量以上に価値をもたせた名目貨幣を鋳造したが，経済社会に受け入れられなかった。また銅銭を削って銅を獲得することも盛んに行われ，銭は流通媒体としてよりは，むしろ貴金属蓄財の目的で利用された面が強い。さらに，＊揺銭樹や銭文鏡，銭文画像磚など銭文様が流行したことから，銭が富を象徴するものと考えられていたことも窺える。

　三国・南北朝の時代を経て唐の時代になって，ようやく貨幣を主軸とした経済活動が営まれるようになる。その基礎を築いたのが621(武徳4)年から大量に鋳造された＊開元通宝である。以後中国では，この開元通宝の大きさと重量を規範として，清代末期まで同じ形式の銅銭が鋳造されることとなる。また銅銭のほかに，その上位貨幣である銀の貨幣がつくられるようになった。形は長方形・餅形など数種類みられるが，いずれも重量を表面に記載した秤量貨幣であった。さらに宋代になると経済活動がますます盛んになり，改元毎に年号銭が大量に鋳造された。北宋期には，東アジア諸国にも大量に輸出され，とくに朝鮮や日本の経済活動に大きな影響を与えた。ただ，南宋期になると銅銭の鋳造量は激減し，かわりに銀貨幣が高額取引を中心に商取引で広く利用されるようになる。次の元代には銅銭のほか紙幣も発行され，名目貨幣の流通を推進する試みがなされたがほとんど効果が無く，貨幣の主体は明確に銀へ移行していく。さらに明・清の時代になると，高額取引のみならず一般商取引にも銀が使用されるようになり，銅銭は銀の補助貨幣あるいは輸出用品として鋳造されるだけとなった。しかし清時代には制銭と呼ばれ，貨幣の鋳造発行権が国家・皇帝にあることを示すものとして重要視された。明末清初の時期において，清朝に反旗を翻した反乱軍の首領や朱氏一族が鋳造した銅銭も，同様の意識のもとに鋳造されたもので，単なる流通貨幣という以上に独立国家を象徴する役割を担っていた。　　(廣川　守)

かほ【夸父】　古代神話上の人物。『＊山海経』海外北経によれば，夸父は太陽に競走を挑んで追いついたものの，喉が渇いて黄河と渭水の水を飲み干し，それでも足りずに大沢に向かううちに，渇きに耐えきれず死に，その杖をうち捨てた所が鄧林という林(場所は諸説あり不詳)になったという。同書の大荒北経にも同様の話が見えるが，西山経では禺に似て物を投げるのが上手な獣の名として，また中山経では山の名として見えている。　　(大野 圭介)

かほくほうし【河北梆子】　河北省及び北京・天津を中心として，東北三省や内蒙古自治区にも行われる梆子腔系の地方劇。かつては流行した土地に応じて京梆子・衛梆子・直隷梆子等の呼称があったが，1950年代以降は河北梆子の名で統一されている。明末に陝西の同州(大茘県一帯)，山西の蒲州(永済市一帯)において成立した梆子腔が山西北部を経由して張家口に伝わった口梆子を母体とし，早くから河北の農村で行われていた土着の民謡や語り物の要素を取り入れて，清の道光年間(1821-50)頃に輪郭が形成されたと考えられる。その後山西・陝西の梆子腔(山陝梆子)とともに北京に入って秦腔の名で総称されるようになり，京劇よりも日常の口語に近い台詞で演じられること，時事的な話題を多く舞台に取り入れ流動性に富むことなどから民衆層に愛好された。光緒年間(1875-1908)以降は京劇と梆子を交互に上演する形態(両下鍋)を取る劇団も多く現れるようになり，北京における清末民国初の伝統劇改革，特に文明戯の成立や女優の登場に大きな役割を果たしたとされる。1930年代には衰退して多くの芸人が離れ一時危機的な状態に陥ったが，1950年代以降は政府の庇護を受けたこともあり復活している。河北梆子は創成期には山陝梆子の特徴を色濃く残していたが，北京に入って以後は独自の特色を持つに至っている。音楽面では慢板($\frac{4}{4}$拍子)と二六板($\frac{2}{4}$拍子)にそれぞれ2種類を区別することが他の梆子腔にない特徴であり，また歌唱や演技の面では山陝梆子に比べ柔和で技巧的とされる。ただし現在行われるものは京劇の影響を強く受けている。伝統演目は約550種を存し，代表的なものに『＊蝴蝶杯』『金水橋』『辛安駅』『杜十娘』などがあるほか，現代劇を多く上演することでも知られる。俳優では，清末から民国期にかけて活躍した＊田際雲・郭宝臣・侯俊山・魏聯陞などが著名である。
　　(竹越　孝)

かぼとぶんか【河姆渡文化】　浙江省余姚市河姆渡遺跡を標準遺跡とする新石器時代中期の文化。遺跡発見当初は，崧沢文化に相当する第1層と馬家浜文化に相当する第2層とに先行する第3・4層部分のみについて「河姆渡文化」が設定されたが，その後，第1・2層についても杭州湾北岸とは様相を異にすることから，それらを含めて「河姆渡文化」とすることが一般的になりつつある(浙江省文物考古研究所編『河姆渡──新石器時代遺址考古発掘報告』2003年)。その場合，紀元前5000年頃からおよそ2000年間継続したことになる。分布は杭州湾南岸の寧紹平原にほぼ限られる。遺跡は山間の盆地や山裾に立地することが多い。河姆渡遺跡以外の主な遺跡には余姚市の鯔山・鯊架山・田螺

山，寧波市の八字橋・傅家山などがある。

　河姆渡遺跡では，第4層からロングハウス式の高床住居が，第3層からは木組みの井戸が検出されている。第3～1層には墓地があり，人骨とともに若干の副葬品が出土している。土器は植物体を混和材として用いる黒色土器(夾炭黒陶)が特徴的であるが，時期が降ると灰色土器や赤色土器へと移り変わる。器種は煮炊き用の釜と貯蔵用の罐が主体となる。石器の多くは両刃・片刃の石斧類である。骨角器の数量は多く，鋤・鏃・針・錐・笛などからなる。木器の大部分は第4層出土で，鋤・櫂・杵・杓子・織機部品などのほか，世界最古とされる漆器椀もある。遺物包含層の大部分が地下水位下にあるため動物骨や植物種実など有機質遺物の保存状態はきわめて良好である。自然遺物のうち動物遺存体としては60種余りが同定されているが，家畜であったことが確かなのはイヌのみであり(ブタもその可能性がある)，その他は狩猟・漁労の対象であったと考えられる。植物遺存体としては菱や堅果類のほか大量の稲が検出されている。稲の大部分が栽培種と同定されたことにより，アジア稲作の長江起源説が一躍注目を浴びることとなった。　(中村　慎一)

かまどがみ【竈神】　古来中国各地で祀られていたかまどの神。灶王・灶王爺(「灶」は「竈」の俗字)とも呼ばれ，ほとんどの家で祀られていた。その起源は古く，『礼記』に見える他，一般には五祀の一つとして尊崇されて来た。その神の本体については，炎帝神農，火神祝融，顓頊の子孫の重黎，玉皇大帝の子の張奎(張魁)などさまざまな説がある。

　旧暦12月23日(南方では24日が多い)は竈神節(又は祭竈・小年・小年節・送竈)と呼ばれる，年末における最大の行事であるとともに，一連の正月の行事の先駆けとなる重要な節目の日であった。宇宙の最高神であるとされる玉皇大帝の命を受けて地上に派遣されていた竈神(司命竈君)は，各家庭の竈に鎮座して，その家で起きたできごとのすべてを記録しており，それを天に昇って報告するのがその日であると信じられていた。

　したがってその夜には，家長が竈神の画像(灶馬児)の前に供物を並べ香をたいて翌年の平安を祈ったが，その折地方によっては竈神の口に飴を塗って口を封じて悪口が言えないようにしたり，飴をなめさせて玉皇大帝に甘言を言ってもらうようにするところもあった。そして最後に家長が竈神の画像を焼いて神を昇天させたが，年末のその儀式には女性は関与しなかった。諺に「男は月を拝まず，女は竈を祭らず」といわれているように，火を管理するのは一家の主の仕事であったためである。

　年末に天に昇った竈神は，玉皇大帝の指令を受けて，正月に帰って来ると考えられていたので，徐夕(徐夜)までの一週間は神のいないのんびりできる時でもあった。年が改まると新たに命を受けた竈神が，天上の諸神とともに下界に降りて来ると信じられており，その時には神々を迎える接神の儀式が爆竹を鳴らしてにぎやかにとりおこなわれた。新年用の竈神図は年末に年画とともに買い求めるのが普通で，今でも一部の地域で売られている。なお地方によっては竈神は夫婦の神であるところもあれば，男神のみのところもある。　(吉田　隆英)

かめ【亀】　吉祥の象徴。玄亀とも書く。『礼記』では，龍・鳳・麒麟とともに四霊に列せられる。また，四神では玄武に相当。図像としては文字を背負う亀と，瑞祥長寿としての亀の二流に分けられる。前者は，亀卜に発し，伝説上の聖王禹が水を治めた時，背上に文を存した神亀が洛水に現れたという説話などに基づく。後者では，同じく延命の瑞鳥とされる鶴と組み合わされて，中国のみならず日本の文様にも頻出している。　(丸山　伸彦)

かもん【家門】　古典演劇用語。副末開場・敷演家門・開場家門・開宗などともいう。一般に南戯の冒頭の齣のことで，脇役(副)と老け役(末)が登場し，これから上演する劇の意図や梗概を，舞台裏との問答を交えて説明する。完全に形式化されているため，「問答はいつもの通り」と略す戯曲もある。宋代の歌舞あるいは勾欄の上演に起源するとされる。また，伝統演劇では登場人物の自己紹介を「自報家門」と称する。　(千田　大介)

かもん【過門】　伝統演劇や語り物の伴奏音楽で，歌の前奏や間奏，後奏など，歌唱部分とつなげて演奏される純器楽演奏部分のこと。長さによって「大過門」「小過門」に分けることもある。過門のメロディーやリズムは，歌唱部分と同様，その芸能の種類ごとに様式化されているものの，伴奏者が創意工夫して技を揮う余地が大いにある。そのため過門，特に長い間奏の場合は，しばしば観客の拍手を呼び起こす聞かせどころになる。　(加藤　徹)

かやく【火薬】　理化学用語としては，爆発反応が利用される爆発物の総称を火薬類と称し，そのうち燃焼(爆燃)するものを火薬，爆発(爆轟)するものを爆薬と定義するが，一般には両者を含めていう場合も多い。火薬は18世紀までは硝酸塩を基剤とした黒色火薬およびその類似物が唯一であった。諸説はあるものの，火薬は中国四大発明の一つとされ，その起源は六朝～唐の煉丹薬にあると推定され

る。黒色火薬は硝石(古くは消石と書いた。カリウムの硝酸塩鉱物)と硫黄(古くは流黄と書いた。元素記号はS)と木炭とを一定の割合で混合したもの。消石と流黄は漢代の薬物学書『神農本草経』に収録されており，南朝梁の陶弘景は『*本草経集注』に消石に燃焼性のあることを記している。唐代には消石・流黄に植物薬(炭素)を加えた黒色火薬の処方が登場し，爆燃する危険性も知られたが，あくまで医薬目的で，火薬として積極利用するものではなかった。真の火薬利用(兵器)としての最古の記載は北宋の曾公亮ら奉勅撰の『*武経総要』(1044年)で，3種の火薬の製法が記されているが，紙や竹で包まれた火毬が爆燃するにすぎなかった。金軍はこれを改良して鉄製の壺に封じた「鉄火砲」，さらに強力にした破裂焼夷弾の「震天雷」，火焰放射器の「飛火槍」などを開発した。蒙古や元軍もこれに類した火砲を使用した。日本では1274(文永11)年の元寇の際，博多で元軍が用い，「てつはう(鉄砲)」と称された火器もその類である。南宋の1259(開慶元)年に作られた「突火槍」は巨竹の中に子窠(散弾)を入れ，これを轟音とともに発出するもので，発射火薬の原始となった。発射用火薬を用いた金属製火砲は元後期に登場した。火薬は蒙古のヨーロッパ遠征によって西伝し，改良・発展した。日本へもすでに中国から火薬は伝わっていたが，1543(天文12)年頃，ポルトガル人によって種子島銃が伝えられ，急速に普及した。黒色火薬は硝石が7割5分，残りを硫黄・木炭で等分に配合するのが最強とされた。19世紀以降はニトロ火薬(爆薬)が中心となった。

(小曽戸 洋)

かやくぶんか【卡約文化】 1923，24年にJ. G.*アンダーソンが青海省湟中県塋固川の卡約村で発見した青銅器文化で，卡窯文化とも呼ばれる。辛店文化に並行した別系統の文化で，青海省東部の湟水や黄河の流域に分布する。循化撒拉族自治県阿哈特拉，湟源県大華中荘など多くの墓地遺跡が調査されている。一般に墓葬は傾斜地に営まれたため，頭位は遺跡によって異なる。仰身直肢の単独埋葬を基本としたが，二次的に攪乱された墓葬が目に付く。馬・羊・犬などの動物供犠の他，人が殉葬された場合もある。乳幼児は甕と盆を組み合わせた土器棺に埋葬された。副葬土器は各種罐・塊が主で，大半は夾砂質の*灰陶・*紅陶である。文様は山形文・三角文・方格文など直線的で簡素なものに限られ，彩文より刻画文が多い。青銅器は装飾品・工具・武器など多種にわたる。 (倉林 眞砂斗)

かようけんきゅうかい【歌謡研究会】 1918年*蔡元培の呼びかけでつくられた北京大学歌謡徴収所から発展して，1920年に結成された団体。民間歌謡の収集と研究を目的とした。*沈兼士や*周作人が主任をつとめ，抗日戦争勃発で活動を停止するまで1万2000余首にのぼる歌謡を全国から採集し，民間文学研究誌『歌謡週刊』を刊行，また歌謡叢書として『呉歌甲集』や『孟姜女故事的歌曲』などを出版した。中国最初の民間文芸研究団体であり，五・四新文化運動の重要な柱の一つである。 (中 裕史)

かようこくし【華陽国志】 晋代の地方史。12巻。常璩(291?～361)撰。常璩は蜀郡(四川省)の豪族の出で，4世紀初この地に立った李雄の成漢(五胡十六国の一つ)政権に仕えた後，347(嘉寧2)年成漢最後の主，李勢が東晋に降ると璩も東晋に仕えた。その前後に，蜀を中心とする西南中国の地理・歴史・人物を漸次纂述し完成したものが本書である。内容は巻1～4が巴・漢中・蜀・南中各地(四川・貴州・雲南省全域及び甘粛省・陝西省・湖北省の一部)における上古以来の行政の沿革と郡県名・地理・風物・豪族，巻5～9が後漢初以来一帯を支配した諸政権の歴史，巻10～11が前漢より同時代までの人物伝，巻12が自序となっている。地理，風物と諸民族の記載は特に詳細で，また歴史と人物伝も今日残らない諸書に拠った独自の部分が多く，古代西南中国の歴史地理を研究する上で第一級の史料である。史学史上でも，後漢より盛んに編纂され始める地方史の中で，今日完備して伝わる最古のものとして重要である。 (佐藤 達郎)

かよくかん【嘉峪関】 甘粛省の河西回廊の西端に位置する関所。立地する嘉峪山から名付けられ，祁連山に沿って走る万里の長城がこの嘉峪関で終わる。嘉峪関を出ると，もう西域の地となる。明はモンゴル人の元朝政権を草原に追い払ったが，洪武年間(1368-98)には，国政として万里の長城を補強，増築するようになり，嘉峪関もこの背景下に，1372(洪武5)年に新築された。関城は方形の内城と羅城からなり，濠に囲まれている。黄土の版築で造られた内城城壁は周長640mあり，城内には役所と廟が建てられていた。1961年に国指定文化財となっている。 (包 慕萍)

からくさもん【唐草文】 植物の蔓や茎が絡み合ったり，連続したりして展開する様を図案化したもの。エジプトあるいはギリシャに起源があるとも言われるが，定かでない。ローマや西アジアで発達し，それが紀元前に中国へ伝播した後，朝鮮や日本にも伝来したもようである。

各地域で独自の展開を示すとともに，その地域の特色ある植物と組み合わされ，一つのパターンを形

成することが多い。エジプトとギリシャでは、パルメットと組み合わされて、パルメット唐草文が生まれ、西アジアでは、葡萄が組み合わされて、よく知られる葡萄唐草文が誕生した。なお、パルメットは、花の形が忍冬(スイカズラ)に似ていることから、日本では忍冬文と呼ばれたこともあった。

中国では、南北朝頃まではS字状の蔓ないし茎が主体であったが、パルメット唐草文や葡萄唐草文が西方から伝来すると、唐にかけて、それらが一世を風靡するとともに、多様なバリエーションも生み出していった。中でも、中国の伝統的な植物である牡丹を採り入れた牡丹唐草文はその代表的なもので、後世に至るまで、ことに好まれたものである。仏教文化の流入とともに伝来した蓮華唐草文も中国で独自の展開をとげ、それがそのまま朝鮮や日本へともたらされ、隆盛をみた。

中国では、唐草のことを、伝統的に纏枝という名で呼び、また蔓草ともいう。　　　　(松本 伸之)

からんしょう【夏鸞翔】 1823(道光3)～64(同治3)。清朝後期の数学者。銭塘(浙江省)の人。字は紫笙。項名達の弟子。階差表を利用して正弦や正矢表を作る方法を講じた『洞方術図解』(1857年)や、円錐曲線に関する総合的研究書『致曲図解』(1860年頃)などが有名である。『致曲図解』は用語法などについてはA. ワイリー(Wylie)と李善蘭合訳の『代微積拾級』の影響を受けているものの、概念や結果については独自なところが多い。清史稿507　　　　　　　　　　　　　　　　(川原 秀城)

がらんしん【伽藍神】 寺院の伽藍の清浄性を保ち、守護する神。守伽藍神・護伽藍神・寺神などとも称す。文献上の初出は東晋の訳とされる『七仏八菩薩大陀羅尼神呪経』に、護僧伽藍神として列挙される18神。唐宋以降様々な尊種の像が寺内に奉祀され、関帝(関羽)など中国起源の民間信仰・道教の神も多い。起源はインドにあり、中国における大黒天・韋駄天など仏教系伽藍神の機能・信仰形態の中にも、インドで行われた要素(厨房への安置など)が継承されている。　　　(稲本 泰生)

かりょうしゅん【何良俊】 1506(正徳元)～73(万暦元)。明の戯曲評論家。華亭県(上海市)の人。字は元朗、号は柘。南京翰林院孔目を勤めた。家に楽人を養い、北曲音楽に精通していた。著作に『柘湖集』『何氏語林』『四友斎叢話』などがある。明史287　　　　　　　　　　　　　　　(氷上 正)

カルピニ Giovanni de Plano Carpini 1182?～1252。聖フランシスコ会修道士。イタリア中部のペルージャの生まれ。東ヨーロッパへのモンゴルのバトゥの軍の侵入後、ローマ教皇インノセント4世により1245年にモンゴルへ情報収集と支配層のカトリック改宗を目的として派遣された使節。定宗グユク・カンの即位式に立ち会い、返書を得て1247年にリヨンに帰還。返書の内容は世界征服宣言書ともいうべきもので、ペルシャ語訳原文がバチカン公文書館に現存する。その旅行報告書は、ヨーロッパのアジア研究の嚆矢ともいうべきものである。　　　　　　　　　　　　　　(松田 孝一)

かれい【家礼】 士大夫の家を律する冠婚葬祭などの基本的な生活儀礼。『周礼』の春官には家宗人が家礼を掌(正)すとあるが、この場合は地方的な祭祀を意味する。一般的には南宋の朱子が集大成したとされる『文公家礼』をその典型とする。すなわち、唐代までの門閥貴族に代わって支配層となった宋代の新興士大夫は、科挙官僚としての一代貴族であった。彼らが自家の冠婚葬祭の礼を実施するには、古礼に基づきながらも時代にふさわしいものが要求され、北宋には多くの礼書が出現した。とりわけ重要視されたのが祖先の祭祀であり、従来、五品以上に限られていた家廟の設置が、北宋では一般士人にも普及してきた。張載、程頤らは祭祀施設の設計に思案を巡らしたが、『文公家礼』でもそれを踏襲し、祭祀の対象も始祖と先祖を祭るとしている。『文公家礼』は『性理大全』にも収録され、後人に大きな影響を与えたが、明代では丘濬の『文公家礼儀節』、彭濱の『家礼正衡』などが通行し、「歳除」「改葬」などの新たな規定も盛り込まれ、改良と庶民化が進んだ。　　　　　　　　(森 紀子)

かれいぎせつ【家礼儀節】 朱子の名を編者に冠した『家礼』について、明代の丘濬がその諸儀礼の実践のためにこと細かく解説を加えたもの。瓊山府瓊山県(海南省)の人である丘濬は、若い頃、中央では『家礼』中の諸儀礼が日常生活の中でふつうに実践されていると考えていた。しかし、のちに彼が中央に出仕すると、世間ではほとんど『家礼』が実践されていないことを知り、衝撃を受けた。そのため、卑近な言葉によって解説を加え、『家礼』の内容を実践的に分からせようとした『家礼儀節』が作られた。実際、この書の登場により、16世紀になって『家礼』は冠婚葬祭のマニュアルとして中国国内のみならず東アジア諸地域で流行し、実践の際に参照された。但し、日本では、沖縄(当時の琉球)で普及したにすぎなかった。

『家礼』は朱子の没後に見つかり、朱子の手に成るものか、疑われている。丘濬は『家礼』の本文の文言自体についてはコメントせず、巻首にある諸

図の多くが本文と符合しないことを指摘して，諸図が朱子の作ではないことを述べるに止まる。もと巻首におかれていたはずの諸図は，四庫館員が見た版本では各章中に分載されていた。なお，『四庫全書』では経部・礼類・雑礼書之属に存目として分類されている。　　　　　　　　　　　　　　　　　（井ノ口 哲也）

かろうかい【哥老会】　清朝末期から近代にかけて，長江中上流域を中心に広まった秘密結社。ことに四川省では大きな影響力を持ち，哥老会が地方社会の秩序を取り仕切っている場合も珍しくはなかった。起源についてはまだよく分かっていないが，長江流域の水運業に携わっていた流民たちが取り結んでいた相互扶助的結社に淵源すると見られる。清末の混乱期には反乱の弾圧のために召募された多くの兵士たちを吸収し，湖南・湖北など長江中流域にも勢力を広げた。　　　　（山田 賢）

かろうじ【貨郎児】　宋代の物売り（貨郎児）の呼び声に基づく曲牌。初めは貨郎太平歌とも呼ばれ，元に語り物として流行した後，元雑劇や散曲の曲牌として定着した。さらに，貨郎児に他の曲牌を挿入する転調貨郎児も派生し，複雑な音楽表現を可能にした。たとえば元雑劇『貨郎旦』の第4折「女弾」では，女主人公の張三姑が扮する語り物芸人が，貨郎児と8曲の転調貨郎児から成る九転貨郎児で，生き別れた親子の紆余曲折を語る。清代の李玉編『北詞広正譜』や『九宮大成南北詞宮譜』等が同曲牌を収録。　　　　　　　　（尾高 暁子）

かろうたん【貨郎旦】　元雑劇の題名。正式題名は『風雨象生貨郎旦』。4折。作者未詳。李彦和は妾の張玉娥のために妻と家財を失い，子の春郎，乳母の張三姑とも離散する。10数年後，語りもの貨郎児の芸人となった張三姑は李彦和と再会し，貴顕の養子に売られ世襲した春郎の前で李家の顛末を歌って聞かせ，家族は再会を果たす。再会の場で歌われる九転貨郎児が出色。元曲選本と脈望館抄校本があり，物語・人名に若干の出入りがある。
（千田 大介）

がろん【画論】　画家自身による狭義の画論に加えて，画品・画史・著録などを含むもの。狭義の画論が，南朝宋の宗炳『画山水序』以来，一貫して著され続けたのに対して，広義のそれには消長がある。最も早く，南北朝時代から北宋時代まで盛んに行われたのは，南朝斉の謝赫『古画品録』などの画品であり，作品を実見したうえで，作品ではなく，画家自身を品等する今日の絵画評論に類するものである。画品に続くのは，唐の張彦遠『歴代名画記』に始まる画史であり，清代に至るまで著され続ける。今日にいう文献絵画史に当たり，作品を実見したか否かにかかわらず，画家なら画家の史料を可能な限り集めることを目指す。最も遅れて発達したのが，所蔵品目録である著録である。明清時代がその最盛期をなし，最大の成果は清朝内府所蔵の書画を網羅する『秘殿珠林・石渠宝笈』である。その消長は，絵画史研究の対象が画家個人の評価から作品自体のそれへと変遷してゆくことと対応する。
（小川 裕充）

かわろく【嘉話録】　晩唐の小説集。別名，『劉賓客嘉話録』『劉公嘉話録』『劉公嘉話』『賓客佳話』『劉公佳話』。1巻。韋絢の撰。劉賓客は中唐の詩人劉禹錫のこと。韋絢の856（大中10）年の序によれば，821（長慶元）年に劉禹錫から学んだことを記録したという。『顧氏文房小説』『学海類編』所収本には，人物逸話，経書・詩文・方言などに関する議論113話を収める。唐蘭「劉賓客嘉話録的校輯与辨偽」（『文史』第4輯，中華書局，1965年）では，そのうち68話を他書からの竄入とし，新たに56話を輯佚している。　　　　　　　（富永 一登）

かん【官】　→官・吏，胥吏

かん【冠】　冠状のものをかぶった人像は殷墓から出土しているが，冠服の制が整ったのは周代とされている。『礼記』曲礼上に「二十を弱と曰い，冠す」とあるように男子は20歳に達すると冠をかぶり，「冠は礼の始めなり。これ故古は聖王は冠を重んず」（『礼記』冠義）とみえるごとく，冠は礼の始めであった。即ち，冠を付けないことを非礼とする考えは，既に春秋戦国時代にはみられたようである。

冠の中で最も正式なものは冕冠で，帝王以下諸臣が祭事にかぶった。その始まりは周とされるが，基本的な部分は明まで継承されていく。日常の儀礼にかぶる冠が弁（弁冠）で，両手を合わせて叩くときの形に似ているといわれ，爵弁冠・皮弁冠等があった。また，日常の冠としては委貌冠・章甫冠・毋追冠がある。

後漢の59（永平2）年には，祭服・朝服の制が定められ，祭服には冕冠・長冠・委貌冠・皮弁冠以下8種類の冠があった。冕冠は，皇帝以下卿大夫以上の礼冠である。長冠は板のように扁平で，百官が諸祭祀にかぶった。委貌冠と皮弁冠は同じ形で，前者は黒絹製，後者は鹿皮製であり，三公諸侯の行火射礼の時のものである。朝服には，通天冠・進賢冠等10種類があった。通天冠は皇帝の冠で鉄線の梁がある（梁冠）。進賢冠は文官の朝服冠であり，身分

によって梁の数が異なった。

　この漢の冠制は魏晋南北朝時代を経て唐で整備され，624(武徳7)年の服制で祭服は冕冠のみとなった。皇帝の冕冠には，大裘冕・袞冕・鷩冕・毳冕・絺冕・玄冕の6種類があり，袞冕以下は冠の前後に白珠の旒(珠を連ねたもの)が下がった。これらの冠は用途によりかぶり分けたが，繁雑であったので，656(顕慶元)年には全ての祭事は袞冕で済ますこととなった。諸臣の旒は青珪(玉)で，一品の袞冕は9旒，二品の鷩冕は8旒，三品の毳冕は7旒，四品の絺冕は6旒，五品の玄冕は5旒であった。朝服冠としては，皇帝には通天冠・弁冠が，諸臣には進賢冠・弁冠・武弁・法冠・高山冠・委貌冠・却非冠等があった。これらの冠は漢のものを基本的には継承したと思われるが，通天冠は24梁冠で，蟬と金博山(山形)がつき，進賢冠は三品以上が3梁，四・五品が2梁，六〜九品及び国官が1梁冠であった。この唐制の冕冠・梁冠等は漢服として異民族支配下においても着用され続け，明まで継承されていく。一方で女性も宋より，皇后・后妃は鳳凰と花で飾った鳳冠をかぶるようになった。また，異民族には彼ら独自のかぶりものがあり，遼の皇帝は儀礼時には金冠をかぶった。元にもモンゴル族独自のかぶりものがあったが，冬服夏服とも帽と笠であり，冠とは言い難い。ただ后妃以下重臣の正室は長靴のような形態の罟罟冠をかぶった。明では金が愛好され，皇帝以下金冠を作って楽しんでおり，万暦帝の定陵からは金糸を編んで作った金冠が出土している。女性も華麗な鳳冠(円冠)をかぶった。

　清になると漢族の伝統的な冠は完全に姿を消し，満洲族の帽形の冠が用いられるようになった。皇帝・皇后以下諸臣とも冬冠と夏冠の別があり，冬冠は貂等の毛皮製で夏冠は草製等で頭頂部は朱色の房で覆われ，頂子で位階等を区別した。

(増田 美子)

かん【棺】　遺体を納めたいれものの総称。材質によって甕棺・石棺・木棺・瓦棺などに分けられる。特に中国では木棺を持つ墓が多く，土坑墓では木槨・二層台とともに典型的な埋葬施設を構成する。内外二重の棺を用いる場合があり，内側の棺を内棺，外側の棺を外棺と呼称する。

　大型の土器の中に遺体を安置し棺とする甕棺は新石器時代の早い段階から現れており，彭頭山文化や老官台文化(大地湾文化)にその例がみられる。仰韶文化の諸遺跡では数多くの甕棺墓が確認され，その後も漢代に至るまで各地で広く用いられた。成人用の甕棺も存在するが，多くは小児の埋葬に利用される。石棺の出現も比較的早く，古くは興隆窪文化の墓でみられる。趙宝溝文化や紅山文化，北辛文化などでも確認されており，中国の北部地域や東部地域で多くみられる葬具である。木棺の出現は甕棺や石棺に比べてやや遅れ，長江下流域の崧沢文化や黄河下流域の大汶口文化において早い段階の例がみられる。特に大汶口文化の墓地では木棺および木槨の有無が被葬者の身分と強く結びつき，棺や槨は階層差の存在を示す重要な指標となってゆく。龍山文化期に入ると各地で木棺の利用がみられ，続く二里頭文化期・殷代でも一般的な葬具となった。2004年から2005年にかけて発掘された西周期の山西省絳県横水1号墓では，外棺の周りを覆う「荒帷」と呼ばれる織物が検出され，注目を集めている。戦国時代前期の墓とされる湖北省随州市の曾侯乙墓からは大型の外棺・内棺が検出され，いずれも内外に漆が塗られていた。特に内棺外面には奇怪な図象が多数描かれており，当時の精神世界を示す例として重要な遺物である。前漢の湖南省長沙市馬王堆1号墓では四重の棺が確認されており，みごとな彩絵が施される。このほか，中国南部では舟形に木を刳りぬいて作った木棺を利用する船棺葬が多くみられる。四川盆地の一帯では舟形木棺を地下に埋葬する習慣がみられ，戦国時代から漢代まで盛行した。

(角道 亮介)

かん【皖】　安徽省の略称。省内西部に位置する皖山(天柱山)と皖河に因むという。皖の名は春秋時代に安慶の地にあった西周の大夫皖伯が封じられた皖国の名による。この地は老子・荘子の出身地であり道教発祥の地として名高く，三国時代の魏の曹操，明の太祖である朱元璋もこの地に生まれたと伝えられる。安徽省は歴史的に一つのまとまった地域とはみなされず，春秋戦国時代には呉と楚の，漢代には揚州と豫州の一部とされた。1667(康熙6)年に初めて省が設置され，安慶州と徽州からそれぞれ1文字をとって安徽省と名づけられた。　(林 和生)

かん【漢】　前202〜220。前206年に秦が滅亡した後，項羽との覇権をめぐる戦いの結果，劉邦が勝利を収めて，前202年に皇帝の位につき開いた王朝。劉邦が漢中(陝西省南部)に封ぜられて漢王となっていたことが，国名の起源である。

　即位と同時に，長安に都を定め，前200年に長安城建設が始まり，前190年9月に完成した。漢の全国統治は，秦の郡県制を踏襲するが，その一方で劉氏一族と建国の功臣を諸侯として封地(王国)を与える郡国制を同時に採用した。ただ，劉氏以外の異姓諸侯の王国は高祖の時代で姿を消し，同姓諸侯についても前154(景帝3)年に起こった呉楚七国の乱平定ののち，規模が縮小され実質的には郡県制と変わらなくなった。

官制・税制・法制などの諸制度も秦の制度を基本的には受け継ぎ，中央集権制をとるが，前141年から始まる武帝の時代に儒学を官学化して，儒家官僚を養成し，儒学の地位は20世紀初頭の清末まで2000年にわたって中国社会の中心的地位を占める。

武帝期(前141～前87)は，漢民族が対外的に飛躍的に進出した時期でもあった。高祖以来，劣勢を余儀なくされてきた北方異民族匈奴に対して，遠征軍を幾度となく派遣し，西北地域，中央アジアを支配下におさめ，南では南越を破り，ベトナムあたりまで漢の領土とし，また東は衛氏朝鮮を滅ぼして楽浪・玄菟・臨屯・真番のいわゆる楽浪四郡を置いた。

極盛期であった武帝期を経て，昭帝・元帝・成帝・哀帝そして平帝と続くが，外征による国家財政の窮乏化は，前119(元狩4)年の塩と鉄の専売制，均輸・平準法などによって一時的に回復はするものの，商業活動の沈滞，経済不況は農民の没落，豪族の台頭を招来した。やがて元帝の皇后，王皇后の一族が勢力をもち，外戚の壟断が漢帝国を滅亡へと向かわせ，王氏一族のなかの王莽が前16(永始元)年に新都侯に，そして前8(綏和元)年に大司馬大将軍となり権力を一手に掌握し，西暦8(初始元)年に真天子と称し，遂に翌9(始建国元)年に帝位に就いて国号を新とあらためたことによって，200余年続いた漢帝国は，一旦終止符が打たれるのである。

王莽の新は長続きはしなかった。25年に劉秀(光武帝)が漢王朝を復興して，洛陽に都をおく。王莽以前の漢を前漢もしくは西漢と呼ぶのに対して，光武帝がおこした漢を後漢，東漢という。

後漢王朝は，その建設期より豪族の力を借りて王朝の維持に努めたために，豪族連合国家の性格をもち，また和帝(在位88～105)のころから外戚が台頭し，それを抑えるために皇帝が宦官を重用していった。宦官勢力は，次第に権力を強め，これが儒家官僚との権力闘争に発展し，清流(儒家官僚)対濁流(宦官)の対立，清流士大夫の弾圧(党錮の禁)へと，後漢はいっそうの混乱へと進んでいく。このなかで，地方豪族が独立し，魏(曹操)・呉(孫権)・蜀(劉備)が覇権をあらそい，後漢は220(延康元)年，曹操の子，曹丕(魏の文帝)によって滅ぼされた。　　　　　　　　　　　　　　(冨谷　至)

かん【韓】　前453～前230。戦国時代の強国で七雄の一つに数えられる。春秋時代初，韓氏は周と同姓で晋に仕え，韓原(陝西省)に封ぜられた韓武子に始まるとされる。韓氏は晋の六卿の一つとして力を伸ばし，前453年，魏・趙とともに晋を実質的に三分して独立した。都は最初，平陽(山西省)に置かれたが，前375年に鄭(河南省)を滅ぼしてその地に遷都した。鄭韓故城はその都城址であり，長大な城壁が現存し，各種の手工業遺跡が発見されている。昭侯(在位前362～前333)の時には，法家の申不害に国政改革を行わせ国力の強化をはかったが必ずしも成功せず，前230年に秦に滅ぼされた。韓の領域には，軍事的・経済的に独立した多数の商工業都市が発達した。青銅貨幣も個々の都市が独自に発行している。しかし，このことは中央集権的な王権の形成をさまたげることになり，秦に滅ぼされる要因になった。　　　　　　　　　(江村　治樹)

かん【罐】　容器の名として使われる用語。一般に，新石器時代の深鉢形土製容器をさして罐と呼ぶ場合が多いようであるが，定義は曖昧であり，罐の名のもとに分類される土器には様々なかたちのものが含まれている。たとえば，深鉢形容器のほかに，口が小さく肩の張った壺のような土器や，広口で胴が浅い鍋のような容器を罐と呼ぶこともある。罐は，使われ方が定まらない，漠然とした器種名といえる。　　　　　　　　　(小川　誠)

かん【鑑】　大型の鉢形をした器で，青銅器では口径50～60cmのものが多いが，80cmを超えるものもある。器の側面に一対あるいは二対の耳(取っ手)が付く。「監」の字形から，水を張って身体を映す鏡の用に供したとする説もあるが，行水に用いたり，氷を入れて物を冷やすために用いられたと考えられる。春秋後期から戦国時代に盛行し，「呉王光鑑」「呉王夫差鑑」「智君子鑑」など「監」「鑑」と自銘する器も多い。　　　　(江村　治樹)

かんあく【韓偓】　844(会昌4)？～914(乾化4)？。晩唐の詩人。京兆万年(陝西省)の人。字は致堯，また致光，致元。玉山樵人と号した。889(龍紀元)年の進士。翰林学士から中書舎人，兵部侍郎，翰林学士承旨を歴任したが，朱全忠に逆らい，濮州司馬に左遷された。唐末の混乱に際して憂国の情を詠じた七言律詩が知られる一方，男女の艶麗な情感を主題とする詩群があり，香奩体と呼ばれる。詩集は四部叢刊に『玉山樵人集』(『香奩集』を付す)がある。新唐書183　　　　(山本　敏雄)

かんいどこくおうのいん【漢委奴国王印】
1784年，福岡県志賀島に偶然発見された金製の漢印。印面は約2.35cm四方，109g，蛇鈕。印文は「漢委奴国王」の5字である。『後漢書』東夷列伝・倭国の条に，光武帝が倭の奴国の使者に印綬を賜った，とする記事があることから，この印がそれに当たると考えられている。ただし「漢の倭の奴国の

かんいんし【関尹子】 道家の書。老子から『老子道徳経』を授けられた周の関令尹喜の著作とされる。尹喜は後世文始先生と呼ばれたので，『文始真経』とも称される。『漢書』芸文志・道家には「関尹子九篇」が著録されるが，『旧唐書』経籍志，『新唐書』芸文志には著録されず，早くに散逸したと思われる。現行本は，一宇・二柱・三極・四符・五鑑・六七・七釜・八籌・九薬の9篇からなり，漢の劉向の「関尹子校定序」と東晋の葛洪の「後序」を付すが，宋代の文士の手になる偽書と考えられている。道家・儒家・神仙家・仏家の説を雑採して一書に仕立てたもので，嬰児・姹女・絳宮・白虎などの内丹家の用語なども交えながら，主として肉体と精神および性命の修煉法を説く。

(麥谷 邦夫)

かんう【関羽】 160(延熹3)〜219(建安24)。三国蜀の武将。河東解県(山西省)の人。字は雲長，もと長生。蜀主劉備にかわって荊州を守っていたが，魏との戦闘中呉に背後を突かれ，捕らえられ殺された。死後壮繆侯を諡られたが，やがて神になったとみなされ，ついには帝号をえて武聖帝となり，関帝廟に祀られた。現在では財神として崇められ，中国で最もポピュラーな神の一人となっている。関羽の生涯は死後伝説化され，裴松之の『三国志注』に集成された諸作品，宋代の話芸講史の流れを汲む元刊の『三国志平話』，三国戯などをへて，『三国志演義』にいたり一応の完成をみた。一口にそれをいえば，桃園で劉備・張飛と義兄弟の契りを結び，劉備に託された夫人を護るため曹操に降ったおりも節をまげず，五関で六将を斬って劉備のもとに馳せ参じ，赤壁の戦いでは義によって曹操を逃がし，死後も玉泉山で霊験を顕した，となろう。以上に加え，『三国志演義』に採用されなかったが，関羽を旱魃で苦しむ人々を救うべく天帝に逆らって雨を降らせ斬首された龍神の転生とし，五関の沂水関で関羽を援け，玉泉山でその迷妄を解いた普浄(静)和尚こそ関羽の転生を扶けた人物であるとする物語がつとに形成されていた。『三国志演義』は関羽の生誕以前及び死後の物語を削除し，普浄の役割をあいまいにし，祟り神としての性格を強調した。黄帝に敗れて解体されたとの神話をもつ蚩尤神を退治し，かわって解池の神となったとする雑劇『関雲長大破蚩尤』の存在に象徴されるごとく，関羽にはもともと祟り神としての性格があったためである。他方『三国志演義』の関羽には，『三国志平話』の末尾に登場し，蜀漢を継ぐ五胡十六国の漢(前趙)を建国した劉淵の面影が宿されている。『左伝』の愛好，みごとな髯などがそれである。実在の関羽は劉備の一武将にすぎなかったが，劉淵という建国英雄と合体したことにより剣神としての性格をもつようになったのである。三国志36

(大塚 秀高)

かんうつうし【寰宇通志】 明代の総志(全国地誌)。119巻。彭時らの奉勅撰。明初からの地理書勅撰の流れをうけて1454(景泰5)年7月に陳循らに命じて編纂を始め，56(同7)年5月に完成，景泰帝に上呈された。首都(京師，南京)とその各々の周辺直轄地域(直隷)及び各省(十三布政使司)それぞれの建置沿革や，山川・風俗・学校・古跡・名宦(歴代地方官)・人物・題詠などを記した。景泰帝の事績を否定するため，英宗が2年後に『大明一統志』の編纂を命じ版を毀却したのであまり伝わらなかった。『玄覧堂叢書続集』に収める。

(大澤 顯浩)

かんうほうひろく【寰宇訪碑録】 清の金石学の書。12巻。1802(嘉慶7)年刊。孫星衍，邢澍の著。周〜元の石刻文(瓦当文や磚に書かれた文字を含む)8159種を時代順に並べ，書体・年月・撰書人名・所在所蔵などを簡要に注記する。邵晉涵から贈られた宮中の三通館の石刻文の目録を20余年かけて増補した労作で，従来知られていなかったもの，既に見られなくなったものも多数含まれ，嘉慶以前の石刻文の目録として最も詳細。趙之謙・羅振玉・繆荃孫・劉声木・李宗顥・楊宝鏞らに訂正や増補がある。

(宮崎 洋一)

かんうんせき【貫雲石】 1286(至元27)〜1324(泰定元)。元代のウイグル人散曲作家。名は小雲石海涯(セヴィンチュ・カヤ)。祖父の阿里海牙，父の貫只哥は元朝の高官で，父の名から貫を姓とし，貫雲石と名乗った。字は浮岑，号は酸斎，成斎，醜斎など。父の官爵を継いで両淮万戸府達魯花赤となったが，数年後にこれを弟に譲り，当時著名の文人官僚，姚燧に師事，仁宗の時，翰林侍読学士，知制誥同修国史として国政に参与した。しかし朝廷内の政争が激化すると，官を辞し，名を変えて杭州に隠棲し，売薬を業として文人的生活を送った。作風は脱世俗的な豪放さを特徴とし，小令86，套数9の作品を残す。また楊朝英の『陽春白雪』，張可久の『今楽府』に序文を寄せ，散曲の評論を行った。のち徐再思(号は甜斎)の作品と併せて「酸甜楽府」と称せられる。そのほか『孝経』をモンゴル語直訳体の漢文に訳した『孝経直解』がある。元史143

(金 文京)

かんえい【韓嬰】 生没年不詳。前漢の経学者。燕(河北省)の人。文帝(在位前180〜前157)の時博士、景帝(在位前157〜前141)の時常山王太傅。『詩経』の意を敷衍して内伝・外伝数万言を著し、斉詩・魯詩と並ぶ韓詩の一派をなす。これらはみな今文(漢代通行の隷書のテキスト)によるもので、三家詩と総称される。しかしのちに古文(春秋戦国以来の古い書体)による毛詩に駆逐され、現在では『韓詩外伝』がまとまった形で伝わる唯一のものである。『韓詩外伝』は、『漢書芸文志』には6巻というが、『隋書経籍志』以降10巻とし、今本も10巻ある。歴史説話を述べたあとに、『詩経』の句を引用して教訓的な結びをつけたもの。詩の義そのものより、為政者の心構えを述べており、常山王のために大傅としての教育的目的で編んだという推測もある。韓嬰の遺説を集める試みは、南宋の王応麟、清の陳喬樅・王先謙など、多くの学者によってなされている。『漢書芸文志』には、『易経』に関する著述2篇をも挙げるが、早く亡びた。史記121、漢書88
(谷口 洋)

かんえん【翰苑】 唐の類書。張楚金撰。660(顕慶5)年に完成。雍公叡の注がある。もとは30巻あったが中国では宋の南渡後に亡佚。日本にも早く伝来し、『日本国見在書目録』雑家にその名が見える。各種の書物に引用されたが平安末以降は忘れられたらしい。1917(大正6)年、九州太宰府天満宮宮司の西高辻家に最終巻蕃夷部の写本(平安初期)が伝えられていることが発見された。これにより中国でも知られていなかった多くの古書の断片が知られるようになった。例えば司馬彪『続漢書』、王琰『宋春秋』、陳寿『漢臣名奏』、魚豢『魏略』、崔鴻『十六国春秋』、南朝梁の元帝蕭繹『職貢図』、唐の魏王李泰『括地志』、陸翽『鄴中記』、他に撰者不詳の『高驪記』『隋東藩風俗記』『東夷記』『粛慎国記』などの記事である。また別に輯本がすでにあるものでも、この書に採られている部分によって校定することのできたものも少なくない。前後『漢書』、『三国志』魏書、応劭『風俗通義』なども現在通行のものと異同があり、校訂に役立てることができる。現在では『遼海叢書』に収められ、竹内理三校訂本(吉川弘文館、1977年)及び湯浅幸孫校釈本(国書刊行会、1983年)がある。
(副島 一郎)

がんえん【顔淵】 生没年不詳。孔子の弟子。魯(山東省)の人。名は回、字は子淵。孔子より30歳年少。孔子の母、顔徴在と血縁関係にあったであろう。『論語』の「賢なるかな回や」(雍也篇)、「回や、一を聞いて十を知る」(公冶長篇)、「顔回なる者有り、学を好む」(雍也篇)といった孔子の言葉は、顔回に対する期待の深さを示す。愛弟子の夭折に際し、「ああ、天、予を喪ぼせり、天、予を喪ぼせり」(先進篇)と慟哭する。後世、亜聖・復聖と仰がれる。史記67
(伊東 倫厚)

かんえんき【還冤記】 顔之推が撰した志怪小説集。『冤魂志』『還冤志』ともいう。顔は南朝の梁に仕え、北朝の斉・周に仕え、南北朝末の動乱期を隋代まで生き抜き、『顔氏家訓』の著者として知られる。『隋書』経籍志に3巻とあり、明代に散逸した。数種の輯本(増訂漢魏叢書本など)は、所収の条に出入りがあり、また別に『法苑珠林』と『太平広記』に20余条の佚文がある。還冤は、無実の罪で死んだ恨みに報いるの意で、仏教の因果応報が主題である。
(成瀬 哲生)

がんえんし【顔延之】 384(太元9)〜456(孝建3)。南朝宋の詩人。琅邪臨沂(山東省)の人。字は延年。太子舎人、始安太守などを歴任して金紫光禄大夫になったので、顔光禄とも称される。謝霊運とともに「顔謝」と並称されるものの、謝霊運には及ばないというのが通説である。湯恵休に「謝の詩は芙蓉の水を出でしが如く、顔は采を錯え金を鏤むるが如し」(鍾嶸『詩品』中品)と、不自然なけばけばしさを指摘されたのを、終生気に病んでいたという。現存する詩は応酬の作が多く、典故と対句を駆使した華麗で典雅な点を特徴とする。「北洛使詩」は北方の荒涼たる情景描写と、悲愴感あふれる心情の表白とが調和しているし、「五君詠」5首は、阮籍・嵇康ら竹林の七賢をうたいながら、自己の満たされぬ気持ちを述べていて、剛直な性格と潔癖な処世態度がうかがわれ、彼の詩の中ではやや趣を異にする。陶淵明とも交遊があって、始安郡に赴く途次、潯陽(江西省)に淵明を訪ねてともに酒を飲み、別れに際しては2万銭を与え、死後は「陶徴士誄」を書いた。宋書73、南史34
(釜谷 武志)

かんおん【漢音】 漢音は、奈良朝末期〜平安朝初期に、遣唐使や留学僧が学んだり、来朝した中国人などが用いた音韻体系を基礎としており、唐代の長安方言の音韻体系(秦音)に似たものであった。『切韻』などが示す中古音の体系にもよく対応するが、『慧琳音義』の体系にいっそう近似する。それ以前に伝わっていた漢字音を「呉音」と総称して区別した。漢音の伝来以後、政府は漢音の使用を奨励したので、大学寮(朝廷)では漢音が使用されるようになるが、仏教の世界では呉音が使用され続けた。上代では、『日本書紀』のα群と命名された部分(森博達説)に用いられた万葉仮名、平安時代では『周易抄』(宇多天皇)・『漢書』揚雄伝(1328〔天暦

2)年)・『蒙求』(天暦頃)などが漢音の体系を反映する資料とされている。漢音は，当時の中国語の音韻変化である，全濁音の無声化，鼻音声母の非鼻音化，軽唇音化，止摂諸韻の合流，上声全濁音の去声化などの現象を反映している。古い日本の資料の中では「正音」と呼ばれることもある。　(木田　章義)

がんが【岩画】　洞窟・崖壁・岩陰および単独の岩石などの表面に，線刻や浮き彫りの技法もしくは顔料等を用いて描かれた各種の図像や絵画の総称。フランスのラスコー(Lascaux)やスペインのアルタミラ(Altamira)などの後期旧石器文化期の洞窟画，あるいは北アフリカのタッシリ・ナジェール(Tassili n'Ajjer)やオーストラリア中央部のエアーズ・ロック(Ayers Rock)における先住民岩陰画などの例からも分かるように，時代や地域を異にして岩画は多元的に発生してきた。中国における岩画の存在については，古くは方志などに記録されてきたが，本格的な調査がなされるようになったのは，1970年代以降になってからである。現在，中国の主要岩画分布地域は以下の4地域である。①黒龍江・内蒙古・山西・寧夏地区。特に牡丹江右岸の彩色岩画，陰山・賀蘭山・烏蘭察布の岩画群がその代表。②甘粛・青海・新疆・チベット地区。特に河西回廊地域，アルタイ山脈南麓，ハミ地域に集中している。③雲南・貴州・四川・広西地区。雲南省西南部の滄源岩画群，四川省珙県の懸棺葬遺跡地帯の岩画，珠江上流の左江流域崖壁画群がその代表。④江蘇・福建・台湾・広東・香港地区。特に1979年に発見された江蘇省連雲港市の将軍崖岩画，福建省の仙字潭岩画群が有名。岩画のモチーフには地域的な特色が顕著に見られる。①②地区では，鹿・山羊・野馬・虎・豹などの野生動物，羊やトナカイなどの馴致放牧，狩猟・天象・人(獣)面・舞踏・戦闘などが描かれ，これらはカザフスタン・キルギス・アゼルバイジャンなどに分布する岩画とも共通した要素があり，北アジアの諸民族の活動と密接な関係がある。また③④には，狩猟・祭祀・高床住居などのほかに，西南中国や東南アジア特有の銅鼓と共通の図像が見られ，これらの岩画の制作者は非漢族で，今日の各少数民族の祖先たちであったと考えられる。中国岩画の起源は旧石器時代までさかのぼれるが，16世紀を下限として消滅していく。それは当該諸民族が新たなる表現手段としての文字を獲得したこととも関係があろう。　(渡部　武)

がんかい【顔回】　→顔淵

かんがく【漢学】　経学史上，宋学に対する名辞である。清の経学者は仏教という外来思想に汚された六朝以来の経学，特に朱子学・陽明学に代表される宋・明代の経学(宋学・明学)に反発し，そのような汚染を被る直前の漢代の経学を純粋な中国文明の伝統＝聖人の伝統の残映を学術的にまとめたものとして尊重し，それを先ずは復元することを目指した。そこで漢代の経学が特に宋学に対して「漢学」として特筆され，文字通り漢代の経学を示すと共に，その復興を目指す清代自らの経学を示す言葉としても使用された。この姿勢は特に清朝中期の呉派に属する恵棟などの経学者たちに強いとされるが，そこには自らの身の丈に合った細やかさに適合する時代的な嗜好を背景に宋学の哲学的な倫理主義に対する嫌悪の感情が見られる。乾隆・嘉慶帝の時代にはこの指向は，煩瑣で学術的な鄭玄などの後漢の学業の復元に向かっていたが，後には前漢のより経世家的な憂国の弁舌への同感へと移っていった。　(木下　鉄矢)

かんがく【関学】　対西夏戦争後の北宋半ばに関中地域に興った，張載，范育，呂大忠・大鈞・大臨兄弟らによる道学系士大夫学術の一派。「関」は函谷関，関中は今の陝西省，渭水流域。西夏と対峙する地域であり，戦争による疲弊の回復，地域社会の保全と秩序確立が課題となっていたこの関中で，張載は秩序理念を古礼に求めて研究し，秩序の基礎として親族規範としての宗法の確立を唱え，社会を導く士の生き方を根源的に思索して士人達を糾合した。これに呼応して民間の秩序形成力を養う「郷約」を施行したのが呂氏兄弟である。張載が程顥・程頤兄弟の外戚であることから，彼らは二程らとも深く交流した。　(市来　津由彦)

かんがくししょうき【漢学師承記】　清代の思想史。正式書名は『国朝漢学師承記』。8巻。1818(嘉慶23)年刊。江藩の著。乾隆・嘉慶期(1736-1820)の漢学を評価し，宋学を抑える意図をもって，主伝40名，付伝17名の伝記と学術内容および師承関係を列伝形式で系統的に整理する。閻若璩を冒頭に置き，顧炎武・黄宗羲を巻末に置いて別扱いするなど，乾嘉の漢学に対する独自の見識を示しつつ同時代人の視点を通して論評する。周予同による選注本は詳細な注が施されて便利である。
　(濱口　富士雄)

かんがくしょうだ【漢学商兌】　清代の漢学批判の書。3巻。1831(道光11)年刊。方東樹の著。清代の学界を風靡していた考証学(漢学)の，反理学の学風と訓詁考証に沈潜して経世への契機を欠く傾向とに対して，宋学擁護の立場から批判する。直接には江藩『漢学師承記』や阮元編『皇清経解』が

漢学の門戸を固めたことへの反発とされる。清儒の原文を摘記して一条ごとに批評を加えるが、単なる学派的反発に終わらず、音韻や訓詁の優れた成果には正当に評価する。異同のある2種の版本が通行する。
　　　　　　　　　　　　　　　　　　（濱口　富士雄）

かんかくたい【館閣体】　文体名，書体名。館閣とは北宋時の，昭文館・史館・集賢院の三館及び秘閣・龍図閣・天章閣等の閣を指し，図書の収蔵や国史の編纂を掌るところ。明清では翰林院を指す。「館閣体」とは、そこで流行した荘重典雅な文体の名称。また明では「台閣体」と呼ばれた，館閣の官員や科挙試験者が用いた方正で大小の整った楷書の書体も，清では「館閣体」と呼ばれ、特に1772（乾隆37）年の四庫全書館開設以後に、流行した。
　　　　　　　　　　　　　　　　　　（田口　一郎）

かんがくへん【勧学篇】　清の内政改革を論じた書。1巻。1898（光緒24）年，張之洞が，康有為らの過激な改革を批判し、自らの改革論を提示した書。内篇9章と外篇15章からなり、内篇は中国の学によって「人心を正し」，外篇は西洋の学も取り入れて「風気を開く」ことを述べる。いわゆる中体西用論に立ち、中国の文化的アイデンティティーを儒教の三綱五常に求め、そのうえで西洋の学術・技術を学ぶことにより、国力の充実を図ることを唱えている。
　　　　　　　　　　　　　　　　　　（茂木　敏夫）

かんかけっこう【間架結構】　書道の用語。点と点、画と画、点画と点画の、排列・配置・組み合わせ、実画と余白の配置の仕組みを指す。元来間架は家屋の構造をいい、間は梁と梁の間、架は桁と桁との間をいう。結構も家屋や文章などの組み立て、しくみをいう。これが書にも転用され、しばしば間架結構と連用される。清の馮班が「先ず間架を学べ。古人の所謂結字なり。間架既に明らかなれば，則ち用筆を学べ。間架は石碑に看るべきも、用筆は真跡に非ずんば可ならず。結字は、晋人は理を用い、唐人は法を用い、宋人は意を用う」（『鈍吟書要』）というように、歴代の書論は間架と結構（結字・結体）をほぼ同義語に用いている。もし分けるならば、間架は点画の排列・配置・組み合わせ、結構は一文字全体の字形の作り方・構え方をいう。楷書では通常、中心線を軸に、横画を等距離にし、右肩上がりで、左下方を向くという姿に構える。この構造を構築する方法が「間架結構法」である。単に「結体法」ともよぶ。ただし、清の王澍が「字を作るに須らく予め間架を立つべからず。長短大小、字に各体有り。其の体勢の自然に因りて与に消息を為す（いっしょに消えたり生じたりすること）は、能く百物の情状を尽くし、而して天地の化と相肖る（自然界の変化と似ている）所以なり。整斉に意有ると変化に意有るとは、皆是れ一方の死法なり」（『論書賸語』結字）というように、意識的に整えようとか変化させようとするのは硬直したやりかたであるとの批判がある。類義語に「分間布白」がある。
　　　　　　　　　　　　　　　　　　（河内　利治）

かんがせいふ【観我生賦】　北朝を代表する文人の一人である顔之推の韻文による自叙伝。之推は、南朝梁、北朝北斉・北周、隋とつぎつぎに仕える王朝を変えながら、多事多難な時代を生き抜いた。この賦は、北周時代の作とされる。「予は一生にして三たび化し、荼苦を備えて蓼辛たり」と述べるように、之推はそれまでに3度政権転覆（侯景が梁の簡文帝を殺して位を纂奪したこと、梁の元帝が西魏に敗れたこと、北斉が北周に滅ぼされたことを指す）を経験し、その都度捕虜として連行された。この賦は、その苦難の生涯を、原因となった世の中の動きも合わせて克明に詠みこんだものである。詳細な自注が施されており、之推の生涯を知る上で不可欠の資料であるばかりではなく、正史には見えない当時の政治文化の様相も散見され、史料的価値も高い。『北斉書』文苑伝に自注をも含めて採録されていることは、その史料的価値の高さを示している。
　　　　　　　　　　　　　　　　　　（坂内　千里）

がんかそう【含嘉倉】　隋の煬帝の605（大業元）年、洛陽に作られ、隋唐両王朝の時代に継続して使用された穀物倉。東西幅600m、南北700mの城壁に囲まれているので、含嘉城とも呼ばれている。四方にある門のうち北の徳猷門の部分が発掘されており、その門の幅は49mもあった。城内の道路は東西と南北で交差している。城内の東北と南辺に大小287の穀物貯蔵倉が確認されているが、本来は400以上もあったようである。14の発掘された穀物倉から14の文字磚が出土した。そこには穀物倉の位置、穀物の移入年月、受領官吏の官職・姓名などが記されていた。時代は唐の高宗・則天武后・玄宗期のものであり、穀物の積み荷場所は、現在の江蘇・安徽・湖北・浙江・河北・山東各省にまで広がっていたことがわかった。唐代の都は長安にあったが、洛陽も副都として栄え、とくに江南と運河によってつながっていたので、長安を支える重要な都市であったことが、これらの発見からも明らかである。
　　　　　　　　　　　　　　　　　　（鶴間　和幸）

かんがよう【缸瓦窯】　遼の官窯の一つ。缸瓦窯ともいう。窯址は内蒙古自治区赤峰市缸瓦窯村に発見されている。規模はきわめて大きく、活動期

間も長い。製品の中心は白磁で，定窯の影響がみられる。このほか，三彩・茶葉末・白釉鉄絵などが焼造されている。　　　　　　　　　　　　（今井　敦）

かんかん【汗簡】　北宋の文字学書。3巻。郭忠恕の撰。「一」部に始まり「亥」部に終わる『説文解字』の配列方法にしたがって，「古文」や「籀文」などの古代文字を掲出し，それぞれについて出典を明示し，音注を加える。中国最古の古代文字字典といえ，古代文字の根拠として引用される資料は71種類にも及ぶが，中には今では偽書と断定されているものも含まれている。清の鄭珍『汗簡箋正』8巻に詳細な考証がある。　　（阿辻　哲次）

かんかん【漢簡】　漢代の簡牘の総称。これに出土した地名を冠して敦煌漢簡や居延漢簡，武威漢簡などとよぶ。

　漢簡の発見は20世紀の初頭に始まり，今日に至っている。このおよそ1世紀にわたる漢簡の発見史を眺めると，第2次世界大戦以前と以後とに大別することができる。すなわち戦前は，主としてヨーロッパの探検隊により中国辺境の砂漠地帯から発見された。これにたいして戦後は専ら中国人の手により，辺境の砂漠地帯のみならず，中国本土でも多数発見されたという特徴がある。

　まず戦前で注目されるのは1907年にスタインの第2次中央アジア探検で，敦煌一帯の烽燧（監視哨などの軍事施設）遺跡から出土した700余枚の敦煌漢簡がある。しかしより重要なのは，1930～31年にヘディンの西北科学考査団の団員ベリイマンにより，現在の内蒙古自治区のエチナ河流域の烽燧遺跡で発見された約1万枚の居延漢簡である。いずれも軍事・行政文書や簿籍（帳簿や名簿）などの公文書が多数を占めているが，居延漢簡は質・量ともに充実しており，その後の研究によって漢簡が漢代史研究に不可欠な資料であることを立証した。

　戦後においても甘粛省の文物考古研究所や博物館などの手により西北辺境の烽燧や関連施設の遺跡から多数の漢簡が出土した。1972～74年の居延新簡約2万枚や，1990年の敦煌懸泉漢簡約2万3000枚はその主要なものである。しかし戦後の特徴は，辺境のみならず中国本土の漢墓中から多数の簡牘が発見されたことである。辺境の遺跡から出土した簡牘が使用ずみの廃棄物であるのと相違して，墓中の簡牘は死者との関係で最初から意図して副葬された点に特徴があり，したがって内容も①遣策，②書籍，③その他の記録や書き付け類の3種に大別される。①の遣策とは副葬品のリストである。湖南省長沙市の馬王堆1号漢墓や3号漢墓の遣策はその代表的なものであり，どのような物品が副葬されたかを知るだけではなく，物品名から物品の実物や形状などを解明する上でも貢献があった。②の書籍では1959年甘粛省武威県の磨嘴子6号漢墓中の『儀礼』や，また1972年山東省臨沂県の銀雀山1号漢墓から発見された兵書が特に有名である。前者は甲乙丙3種の『儀礼』のテキストで9篇を残しており，後者の兵書の中には『孫子兵法』の他に失われていた『孫臏兵法』が含まれており，学界の注目をあつめた。その他には1983年に発見され，21世紀に入って詳細が明らかになった湖北省江陵県の張家山247号漢墓の竹簡1236枚がある。この中には『二年律令』や『奏讞書』など，漢初の律令集や訴訟の記録集があり，内外の研究者の間で高い関心がよせられている。③としては一般には冥土への通行書や遺言書や名刺の類が多く，時には司法関係の記録類も見られるが，特に注目したいのは1993年江蘇省東海県の尹湾6号漢墓出土の簡牘である。この中には漢代の東海郡の会計報告と見られる集簿や，郡の吏員の名称と人数，郡の上級官吏の名簿，武器や車馬の名称と数量の記録等々，明らかに公文書と考えられるものがある。個人の墓中に何故副葬されたのかという問題を残しているが，③の記録や書き付け類は漢代史研究資料として今後いよいよ重要性を増してくることは疑いない。漢簡では，里耶古城秦簡（秦簡）のような中国本土における墓以外の場所からの発見はまだ報告されていないが，将来に期待したい。

　なお漢簡に次ぐものとして従来は晋簡が知られていたが，1996年湖南省長沙市の古井戸の中から膨大な数の三国時代の呉簡が発見されたことを付記しておく。　　　　　　　　　　（永田　英正）

かんかん【韓幹】　生没年不詳。盛唐から中唐の画家。大梁（河南省）の人。人物画も善くし，また画馬の名手として知られる。王維に画技を見出され，曹覇に画馬を学んで出藍の誉れ高く，玄宗朝の40万頭の馬に親しく接して駿馬の図を残した。画馬は韓幹によって大成され，北宋の李公麟，元の趙孟頫へと受け継がれた。玄宗の名馬を描いた『照夜白図巻』（ニューヨーク，メトロポリタン美術館蔵）は宋代の模写。他に『牧馬図』（台北，故宮博物院蔵）などの伝称作がある。　　（藤田　伸也）

かんがん【宦官】　去勢された男子で，君主の宮廷とくに後宮に仕える者。寺人・奄人・閹人・中官・内豎などとも呼ばれる。春秋戦国時代から史上に現れており，奴隷として君主の奥向きの用務に使用され，女官の管理や雑役に従事したが，君主の側近に仕えているために権力に関与して政治を乱す者も多く現れた。秦始皇帝死後に政治を壟断した趙高が初期の例として有名であるが，歴史上宦官の専

横が顕著なのは後漢・唐・明の3王朝である。

後漢では章帝以後に幼君が即位し母太后が摂政となる例が続き，母太后が宦官を相談相手とすることが多かったため，宦官の権力が大きくなった。唐では則天武后のころから宦官が力を持ちはじめ，玄宗が高力士らを重用してからは一層勢力を伸ばした。粛宗以後は兵権を掌握して皇帝の廃立すら宦官の意向で行われるようになり，「門生天子（宦官による試験に合格して天子となった皇帝）」「定策国老（皇帝を擁立した元勲の宦官）」（『旧唐書』184・宦官伝）という言葉さえ生まれた。明では永楽帝のころから宦官が重用され，英宗以後は独裁的権力を握る者も現れた。宦官の最高職である司礼監太監は内閣の首席大学士よりも権力が強く，軍事・警察・司法も掌握した。このように政治的専横の目立つ宦官であるが，製紙法を改良した後漢の蔡倫，大艦隊を率いて「西洋下り」を敢行した鄭和など，重要な足跡を残した宦官も一方で存在した。

宦官の供給源としては，異民族の捕虜，外国からの貢献のほか，古代には犯罪によって宮刑に処せられたものが多かった。隋で宮刑が廃止されると，民間で勝手に去勢した者を用いるようになり，明清時代には下層の庶民のなかから富貴を夢みて宦官となる者が多く現れた。清滅亡後の1923（民国12）年，退位した宣統帝に仕えていた宦官が追放され，中国の宦官は消滅した。　　　　　　　　　　　（藤田　高夫）

かんかんけい【関漢卿】　生没年不詳。元の戯曲作家。漢卿はその字で，名は不明である。已斎叟と号した。金末すなわち1230年前後に生まれ，大徳年間（1297-1307）の初めまで在世していたと考えられている。その伝記に関する資料は極めて少なく，出身地についても，大都（北京）とする説をはじめ，祁州（河北省），解州（山西省）と諸説あるが，初期の雑劇の中心地であった大都を活動の中心としたことは確実である。

棟亭本『録鬼簿』には，その官職について「太医院尹」と記されており，この官職名が金・元の史料に見えないことから，さまざまな説を生んできたが，近年注目されるようになった『説集』本の同書が「尹」を「戸」に作ることから，これは官職ではなく，医術を職業とする戸籍名であるとの説も提出されている。いずれにせよ，医術とは縁の深い家柄であったらしい。

雑劇の作家としては，『録鬼簿』が「前輩の才人」として挙げる56人の作家の一番目に名が見え，また『太和正音譜』では雑劇の創始者とされるなど，古くから元代第一の作家とされてきた。当時の有名な女優であった朱簾秀に与えた散曲が残っていることや，また明の臧晋叔『元曲選』の序に，彼が自らも俳優として舞台に立ったという逸話が見えることなどから，実際の上演に深く関わっていたと考えられる。

その作品については，『録鬼簿』などの記載により60種を越える題名が伝わっており，彼の作かどうかやや疑わしい作品4種を含め，18種が現存している。中でも，『竇娥冤』『救風塵』『蝴蝶夢』『単刀会』さらに元刊本のみが現存する『拝月亭』『調風月』などがよく知られており，いずれも，いかにも初期の雑劇らしい，庶民をも含むさまざまな階層の人を主人公に，大胆なまでに口語を交えた歌詞と，緊張感とユーモアにあふれた台詞とが相俟って屈指の名作となっている。また，その平生の気概を存分にうたった『不伏老』をはじめ，約70首に及ぶ散曲作品が残されている。　　（赤松　紀彦）

かんかんしちしゅ【漢官七種】　漢から三国にかけて漢王朝の制度，特に官制・儀礼に関する書が編纂された。それらはすでに散逸してしまっていたが，『漢官七種』は清の孫星衍がそのうちの7種類を輯録した輯佚書。7種類の内訳は，『漢礼器制度』（前漢，叔孫通撰），『漢官』（前漢，撰者不詳），『漢官解詁』（後漢，王隆撰・胡広注），『漢旧儀』及び『補遺』（後漢，衛宏撰），『漢官儀』（後漢，応劭撰），『漢官典職儀式選用』（後漢，蔡質撰），『漢儀』（呉，丁孚撰）である。　　　　　　　（冨谷　至）

かんかんぼん【官刊本】　中央官署や地方官署で刊行した典籍。官刻本・官府本などともいう。中央では最高学府たる国子監で刊行された監本のほか，明代に司礼監で刊行された経廠本，清代に武英殿で刊行された殿版などがある。地方官署においては，各府州県の学校で刊行されたもののほか，明代に皇族が封ぜられた藩で刊行された藩版や，清代同治年間（1862-74）に江蘇・浙江など各地に創建された官書局で刊行された局本なども官刊本である。
　　　　　　　　　　　　　　　　（梶浦　晋）

かんぎ【簡儀】　元の郭守敬が授時暦編纂にあたって考案製作した天体観測器。1279（至元16）年ころ太史院の霊台（天文台）に設置された。渾儀は多数の同心環の組み合わせからなり，製作が難しいうえ誤差を生じやすく，環が重なり合って観測しにくいため，簡儀はこれらの環をばらばらに平行移動させた構造にした。細部にはイスラム天文学の影響も見られる。江蘇省南京市の紫金山天文台に明代の倣製が現存し，南北4.4m，東西3m，高さ約2.8m。
　　　　　　　　　　　　　　　　（宮島　一彦）

がんき【顔輝】　生没年不詳。南宋末から元の

画家。廬陵(江西省)の人，一説に江山(浙江省)の人。字は秋月。山水・人物・鬼神を得意とした職業画家だが，禅僧や士大夫と交遊があった。大徳年間(1297-1307)，吉安の道観の壁画を補修し，絶筆(傑作)と称せられた。南宋院体画をよく学んで写実的な描法を身につけ，生々しいまでの迫真的な人物道釈画が高い評価を受けた。『蝦蟇鉄拐図』双幅(京都，知恩寺蔵)は唯一の真筆で，蝦蟇仙人と鉄拐仙人を描く。伝称作に『寒山拾得図』双幅(東京国立博物館蔵)，『鍾馗元夜出遊図巻』(クリーブランド美術館蔵)がある。また猿猴図の名手としても知られ，『猿猴図』(台北，故宮博物院蔵)はこの画題の伝称作品。肥痩のある強い輪郭線と陰影によって対象の形態と存在感を強調する手法は，仙人図などの怪異な道釈画にふさわしい表現技法として浙江地方の職業画家に明代まで継承されていった。劉俊はその顔輝派の代表的画家で，明代前期に宮廷画家として活躍した劉氏一族の出身とされる。その代表作は『陳南浮浪図』(京都，相国寺蔵)。　(藤田　伸也)

かんきさいやえんず【韓熙載夜宴図】
五代十国南唐の高官韓熙載(902〜970)の宴会を描いた図。韓熙載は，もと後唐に仕え，のち南唐に仕官した。中書侍郎，光政殿学士承旨に至ったにもかかわらず，昼夜の別なく宴楽に耽った。知謀に長けた韓熙載の乱行の真意を探るために，後主は顧閎中を使わし，その様を写させたという。このとき周文矩らにも制作を命じたともいい，著名な画題だけに模本や後世の画人による作品も多い。最も有名な北京，故宮博物院本は顧閎中筆の伝称があるが，北宋末期から南宋時代の画院画家による制作とされる。
　(藤田　伸也)

かんぎそうしょ【漢魏叢書】
明代に編集された叢書。もともとは明の嘉靖年間(1522-66)の進士，何鐘が編纂した60巻本が母体となり，万暦年間(1573-1620)に程栄による38種本(屠隆の序)が，天啓年間(1621-27)に何允中の76種本や80種本(広漢魏叢書)が刊行され，さらに清の乾隆年間(1736-95)には王謨の86種本や99種本(増訂漢魏叢書)が出るなど，明清にかけて度々出版された。漢魏のテキストを中心に『穆天子伝』『西京雑記』『顔氏家訓』など六朝の書物も加えられたが，古小説のテキストに見るべきものがある。
　(岡本　不二明)

かんきゅう【貫休】
832(大和6)〜912(乾化2)。禅月大師の名で知られる唐末五代の画僧。詩人としても有名。婺州蘭渓登高里(浙江省)の人。俗姓は姜氏，字は徳隠。7歳で仏門に入り，後に江南地方を遍歴したが，越州(紹興)の鑑湖に隠居していた方干の周辺で文人墨客や水墨山水の画家たちと交流し，水墨画を学んだ。後に高僧として聞こえ呉越国王の銭鏐とも交流があったが，晩年の903(天復3)年，入蜀し，五代十国前蜀の王建(在位891〜918)の厚い帰依をうけ，紫衣と禅月大師の号を賜った。夢中に感得した胡貌梵相と呼ばれるインド西域風の奇怪な相貌の羅漢図を善くし，当時，祈雨に大きな霊験があった。貫休の描く羅漢図は禅月様羅漢と呼ばれ，同時代の画家，張玄が描いた，通常の漢民族の姿をあらわす張玄様羅漢と対比され，ともに羅漢図の典型とされた。とりわけ信州(江西省)の懐玉山に伝えられた貫休の十六羅漢図は有名。禅月様羅漢の真筆は現存しないが，祈雨の本尊として多くの模倣作が制作され，石刻の杭州聖因寺本や日本伝来の御物本は，懐玉山本の系統を踏襲する古様な作例と考えられている。黄休復『益州名画録』は，画家を逸・神・妙・能の四格に品等づけし，その中で貫休を能格の画家として記載する。その線描は，当時もっとも高い評価をうけた逸格の孫位や能格の石恪らの粗筆人物画と共通し，晩唐に成立した水墨山水画の影響をうけ，盛唐の呉道玄の線描をさらに放縦かつ面的に発展させたもので，書の飛白体に近い。貫休の羅漢図とその生涯については，小林太市郎『禅月大師の生涯と芸術』(創元社，1947年)に詳しい。
　(井手　誠之輔)

　早くから詩名を称えられ，説法者としても名声があった。呉越王銭鏐に詩を献じたが，詩句の改定を求められて断り，飄然として寺を去った故事は有名。蜀では著名な詩人韋荘としばしば詩の応酬があった。詩は題材の多彩さを特色とし，『古塞曲』などの辺塞詩もある。書にも巧みで，その書は「姜体」と称された。弟子曇域が編んだ詩集『禅月集』はもと30巻だったが，いま24巻が伝わる。『宋高僧伝』30，『唐才子伝』10に伝がある。　(興膳　宏)

かんきゅうしゅう【漢宮秋】
元の戯曲作品。馬致遠作で，雑劇の代表作の一つ。白樸の『梧桐雨』とならんで，典雅な作品として知られる。『西京雑記』などにみえる王昭君の故事を敷衍したもので，画師毛延寿の陰謀で，匈奴に嫁いだ王昭君がその途上で黒龍江に身を投げて死ぬという事件をとおして，愛姫をなくした漢の元帝の悲しみを綿々とつづる。第4折，王昭君が夢に現れるが，すぐに匈奴に連れ去られ，雁の声に夢から覚めた元帝が悲しみを募らせるくだりが有名である。
　(赤松　紀彦)

カンギュル・テンギュル bka' 'gyur bstan 'gyur
チベット大蔵経を形成する2つの部分。

カンギュルは「仏のお言葉(経典)の翻訳」，テンギュルは「論書の翻訳」の意。この2部構成はチベット人による独特の仏典分類方法であり，ボン教(チベットの土着宗教)の大蔵経やモンゴル大蔵経にも採用されている。

この2部分をもつ最初の大蔵経は14世紀初頭にシガツェ南西のナルタン寺に於て集成された旧ナルタン写本大蔵経(散逸)。同写本のカンギュルとテンギュルはその後別々に伝承され，信仰の対象でもあった前者は後者よりも多くの版本写本を残している。両者を揃えた現存する版本大蔵経には北京版・チョネ版・デルゲ版・ナルタン版の4版があるが，両者を揃えた写本大蔵経はない。

旧ナルタン写本カンギュルは，東のツェルパ写本(1323～48年)と西のテンパンマ写本(1431年)の2系統に分かれ，前者は木版本の系統を生み出し，後者は筆写本のみによって伝承されている。最初の版本は明の永楽版(1410年)であり，清康熙年間中期の北京版(1684～92年)は同版を底本にする。北京版はその後3回(1700，1717～20，1737年)復刻され，今日流布している大谷大学所蔵の北京版は康熙年間晩期の1717～20年の復刻版であり，パリ国立図書館所蔵の北京版は乾隆年間の1737年の復刻版である。チベット初の版本は現存最古のカンギュル，ジャン(リタン)版(1608～21年)であり，チョネ版(1721年)とデルゲ版(1731～33年)の底本である。ナルタン版(1721～32年)はツェルパ写本を他本の影響を受けつつ直接に継承している。また，ラサ版(1921～34年)を含め，多くの復刻版が存在する。一方，テンパンマ写本の系統にはウランバートル写本(1671年)やシェルカル・ロンドン写本(1712年)，トク宮殿写本(1729年)，河口慧海将来の東京写本(1858～78年)の4本が確認されている。

旧ナルタン写本テンギュルはシャル寺写本(1334年)を経てチョンゲ写本(17世紀末)に伝承され，それを底本に北京版(1724年)やデルゲ版(1737～44年)，ナルタン版(1741～42年)，チョネ版(1753～73年)が開版された。テンギュル唯一の写本には金写本(1733～40年)がある。　　　　(佐藤 直実)

かんきょう【漢鏡】　漢代～六朝時代に作られた鏡。漢代では宮廷の鏡は官営工場で製作されたが，民間でも鏡が盛んに作られ広く流行するようになる。戦国鏡と比べ大型・厚手で，精巧な白銅鏡が多く，前漢鏡・王莽鏡・後漢鏡の別がある。前漢前期は戦国式の蟠螭文鏡・渦状虺文鏡・連弧縁蟠龍文鏡などが盛行し，鈕座を囲んで銘帯が現れはじめる。新たに方格規矩文を配した蟠螭文鏡や草葉文鏡などが出現し，かくして中期の武帝時代前後より文様と様式が大きく変化して漢式鏡が形成される。戦国鏡に見られる地文がなくなり，4個の小乳で主文を4つに区分する四分法が定形化した。銘文をもつ鏡が増え，鈕は三弦鈕から半球形鈕へと変化して以後基本形となる。円圏式のほかに四葉文・連珠文の鈕座が流行し，連弧文の図案が広範に用いられ，平素縁が一般化するなかで連弧文縁も見られる。草葉文鏡・星雲文鏡の盛行につづいて，長文の銘文や銘帯を主文様とする鏡が登場した。主な銘帯鏡には*日光鏡・*昭明鏡・*清白鏡があり，銘文の書体と文辞は多様で多くは韻文の吉祥句を成すが，略字や異体字を用いるとともに字句を省略することが多い。日光鏡と昭明鏡の中には*透光鏡も見られる。中期には虺龍文鏡や連弧文鏡も出現している。鏡の種類と様式は南北で統一しており，地域差はあまり見られない。前漢末～王莽時代に再び大きな変化が生じ，技法が精巧かつ繊細になる。連弧文銘帯鏡・虺龍文鏡が引き続き流行するなか方格規矩鏡と獣帯鏡が新たに登場し，中でも方格規矩四神鏡が特に盛行した。鏡縁に三角鋸歯文・複波文・流雲文など特色ある装飾文様が施され，銘文の種類も多岐にわたる。後漢に入ると斜縁が現れる。前期は獣帯鏡・方格規矩鏡・内行花文鏡(連弧文鏡)が盛行した。中期以降さらなる発展の段階を迎え，半球鈕が大型化するとともに，前期の鏡のほかに盤龍鏡・位至三公鏡・夔鳳鏡・獣首鏡などが次々に出現して流行した。南方の長江流域では浮き彫り技法による*画像鏡と神獣鏡が新たに登場し，三角縁の鏡が現れる。紀年鏡が増えるなかで，銘文中にも「尚方作竟」「王氏作竟」「張氏作竟」などと記し，製作所や製作者について言及したものが少なくない。銘文は「尚方作竟真大好，上有仙人不知老，渇飲玉泉飢食棗，浮遊天下敖四海」などの七言句のほか，短文の「長宜子孫」「君宜高官」「位至三公」等が流行した。　　　　(黄 名時)

がんぎょう【元暁】　616(真平王38)～686(神文王6)。新羅を代表する学僧。押梁郡仏地村の人。俗姓は薛。特定の師につかず，各地を旅して広く学んだ。義相(義湘とも)とともに中国に留学しようとして失敗し，以後，新羅の地にとどまって多くの著述を著した。*玄奘がもたらした新訳経典が説く唯識説や*五姓各別説と，旧訳経典における一乗・如来蔵・仏性などの思想とをめぐる論争をおさめるため，経論の説の違いは相手に応じた説き方の違いであって根本の立場は矛盾しないとする，和諍思想と呼ばれる主張を展開して調停を試み，新羅のみならず，中国や日本にも大きな影響を与えた。後年には還俗しており，自在な生き方をしたとする様々な逸話が伝えられている。思想の中心は『大乗起信論』であり，著作の多くは『大乗起信論』

に関わるものである。代表作としては、『海東疏』と呼ばれる『大乗起信論疏』『金剛仙論』『涅槃宗要』などがある。
　　　　　　　　　　　　　　　　（石井　公成）

かんぎょうしょ【観経疏】 →観無量寿経疏

がんぎょく【含玉】　死者の口に入れる玉。『説文解字』では、「琀」と記されている。古くは新石器時代に含玉の出土例が報告されている。先秦時代の含玉は、玉を砕いた破片や、小型の玉器などを転用したものが一般的である。含玉専用の玉器が作られるようになるのは、前漢以降のことであり、なかでも、蟬形の玉　蟬ないし含蟬はもっとも代表的な例である。玉蟬はもともと新石器時代から装身具として使われていたが、含玉としての使用は前漢前期、現在の山東省南部～江蘇省一帯に始まる。前漢後期には漢王朝のほぼ全域に普及するとともに、手のこんだ優品も増える。当時、目・鼻・口など遺体の孔を玉で塞ぐことで、邪気の浸入を防ぎ、遺体を腐敗させずに保護できると信じられた。漢時代の含玉に蟬形が多いのは、死者の魂が肉体から羽化して、俗界から仙界に飛んでいけるよう、あるいはもとの肉体に帰って来られるように願ったためと考えられている。
　　　　　　　　　　　　　　　　（川村　佳男）

かんぎらくようじょう【漢魏洛陽城】　現在の洛陽市街地の東15kmに位置する都城遺跡。邙山から洛河にいたるなだらかな南斜面に立地しており、現在の行政区画では河南省洛陽市・偃師市・孟津県にまたがる。後漢から北朝北魏にかけての諸王朝の首都であったことからこの名がある。現在地上に残っているのは、土築の城壁だけである。城壁の平面はほぼ長方形で、西・北・東の3辺がよく残っているが、南壁は洛河の河流の変化によって破壊されている。後漢から北魏時代の城壁は、南北長約4km、東西幅約3kmと推定される。

漢魏洛陽城の発掘調査は1970年代以降続けられており、城の変遷の概要が明らかになりつつある。1984年の調査によって、この城壁は2度の拡張工事の結果形成されたものと考えられるようになった。西周時代にまず東西3km、南北2kmの城壁を築き、春秋時代に北へ、秦時代には南へ拡張したと推定される。戦国時代遺物を出土したことで有名な洛陽金村古墓は城内東北隅に位置する。25(建武元)年に光武帝がここを後漢の首都と定め、一層発展したが、後漢末の争乱で荒廃した。220(黄初元)年に三国魏の文帝がここを首都として復興し、西晋が引き継いだが、西晋末の争乱で再び荒廃した。493(太和17)年に北魏の孝文帝が遷都して、再度復興したが、528(武泰元)年の爾朱栄の乱で荒廃し、農地となって現在に至っている。

とくに詳しく調査されているのは北魏時代の永寧寺跡で、1990年代には日中合同調査も行われた。
　　　　　　　　　　　　　　　　（谷　豊信）

かんぎりくちょういっぴゃくさんかしゅう【漢魏六朝一百三家集】　漢の賈誼から隋の薛道衡まで103家の詩文を集めた総集。明の張溥(1602～41)編。明の張燮の『漢魏六朝七十二家集』をもとに、馮惟訥『古詩紀』および梅鼎祚『文紀』によって増修した。作者ごとに、賦・文・詩の順に配列し、初めに張溥による題辞を冠し、終わりに正史の伝を付録として一集とする。編纂はやや雑駁で遺漏や誤収も見られるが、六朝以前の作者の別集は散逸していることが多く、その詩文を概観するには便利である。また、明末の代表的な結社である復社を主宰した張溥自身の復古的文学観に拠りつつ述べられた題辞は、作者の人物と文学について知るための導入としても利用価値が高い。題辞の注釈として殷孟倫『漢魏六朝百三家集題辞注』(人民文学出版社、1960年)がある。
　　　　　　　　　　　　　　　　（齋藤　希史）

がんきん【顔鈞】　生没年不詳。明、泰州学派の思想家。永新(江西省)の人。原名は鐸、字は子和、号は山農。徐樾に師事して王良の思想を知った。遊俠を好み、全国を周遊していたが、1568(隆慶2)年、冤罪で投獄され、門生羅汝芳の奔走により釈放された。人の天性を「生生として息まざる」ものとして欲望肯定の主張をし、何心隠ら泰州学派の後裔に大きな影響を与えた。没年は80余。彼の著書は久しく失われていたが、1996年、『顔鈞集』として「耕樵問答」などが刊行された。（森　紀子）

かんきんこわほん【韓擒虎話本】　敦煌から出土した話本の巻子本。資料番号はS2144。隋の開国の功将韓擒虎の物語を述べる。原題は書中になく、1957年出版の『敦煌変文集』からこの名称が用いられている。いわゆる変文に斉言有韻の句が多いのに比し、この作品全体がほぼ散文で語られること、また巻末に「画本既に終く、並びに抄略無し」という文字があることから、画本(huàběn)すなわち話本(huàběn)と解釈され、「話本」と呼ばれるに至った。本文は1行約30字で218行あり、全文は5781字。敦煌資料の中では端整な筆致で判読が容易である。物語は、13歳の少年韓擒虎が隋の文帝のもと南朝陳を征伐して統一を助け、北の異民族とは武芸比べでこれを破るが、忽然として病を得、死後に閻羅王(閻魔)となる、というもの。対峙した両軍の将軍が会話を交わす場面や、一方が陣を張り一方がそれを破る場面があるなど、後代の歴

史小説を連想させる要素も多く、これを宋代の芸能「講史」に先がけるものとみる学者もいる。

(川 浩二)

がんきんれいひ【顔勤礼碑】 唐の碑。顔勤礼神道碑ともいう。779(大暦14)年の刻(異説に764〜771年)。顔真卿の撰ならびに書。楷書、四面刻。タテ268cm×ヨコ92cm。碑陽19行、満行38字。碑陰20行、左側5行。北宋のとき、建碑年が刻されていた右側は磨去された。顔真卿が曾祖父の勤礼のために撰書した神道碑である。北宋以後、土中に埋没したが、1922(民国11)年、何夢庚が二つに断裂した碑を発見した。碑面の状態はよく、1字約4.5cm四方の大きさで、向勢(相対する縦画を外側に膨らませた書き方)に構えた謹厳な書風。蚕頭燕尾(用筆法の一つ。起筆を蚕の頭、払いを燕の尾のような形に書くこと)の書法が窺える。西安碑林博物館に現蔵される。

(横田 恭三)

かんげき【漢劇】 伝統演劇の劇種名。漢劇は、湖北省の長江・漢江沿いを中心とする全域に分布する。古くは楚腔・楚調・漢調などと呼ばれ、1912(民国元)年から漢劇という名称が用いられ始める(楊鐸『漢劇叢談』)。主な声腔は西皮と二簧で、皮簧腔系を形成する。

西皮の起源は山陝梆子(梆子腔系のもとになった梆子)である。山陝梆子が湖北省北部の襄陽に伝わり形成された襄陽腔を過渡的形態として西皮に変化したと考えられる。

二簧の起源は諸説あるが、安徽に生まれ、湖北で育ったとする説が妥当であろう。明末、現在の安徽省南部の樅陽県・懐寧県石牌鎮一帯に流行していた崑弋腔(笛の伴奏)が、南下してきた梆子などの影響を受けて吹腔(笛の伴奏)が形成される。吹腔のうち音域の低い低調吹腔が徽戯の二簧平(もと笛、のち胡琴の伴奏)となり、それが湖北に伝わり漢調平板(胡琴の伴奏)に変わり、そこから漢調二流が生まれたと考えられる。二流は、二簧原板のことで、二流をもとにして二簧のリズムが整えられた。

西皮と二簧は、その形成期から一緒に用いられていたようである。18世紀後半から19世紀の初めにかけて、襄陽腔・平板から西皮・二簧へと変化をとげ皮簧声腔系統が成立したと推測される。その後、漢調は隆盛の一途をたどり、米応先や余三勝といった名優が北京入りして四大徽班の一つである春台班を牛耳り、京劇の形成に大きな役割を果たした。漢調は、その行われる地域によって襄河・府河・荊河・漢河の4派に分かれ、武漢を擁する漢河が優勢であった。同治・光緒年間(19世紀末)には、この4派の名優たちが漢口に集まり、科班(役者養成所)を開き後継者を育てた。民国以降は女優も養成した。

役柄は、末・浄(銅錘花臉)・生・旦(青衣)・丑・外・小(小生)・貼(花旦)・夫(老旦)・雑(架子花臉)の10種類に分かれる。主要な伴奏楽器は、胡琴・月琴・三弦の「三大件」に、鼓板・大鑼・小鑼・鐃などで、のちに二胡が加わった。現存する伝統演目は約660種、主な演目に『興漢図』『宇宙鋒』『打花鼓』など。

(松浦 恆雄)

かんげき【贛劇】 伝統演劇の劇種。贛というのは、江西省の別名。中国の南方の演劇では、明代の初めには、弋陽腔という劇種があったことが既に記録されている。明末になると、これが発展して、様々な劇種になった。徽州腔・池州腔・青陽腔・楽平腔・太平腔・義烏腔などがあったとされる。これらの地名は、現在の江西省・安徽省・浙江省・福建省の4つの省が境を接する交通の要衝の地域に集中している。これらの劇種の違いについては、様々な説があるが、その背景には当時この地域で活躍した新安商人たちの経済力があっただろうという認識は、共通している。この要衝の地の江西省側、省の北東地域に楽平と弋陽があり、ここがまさに弋陽腔の発祥の地である。後に、北の楽平の地には饒河班、少し南の弋陽の地には広信班という流派が残り、二つが1950年に合併し改名したのが贛劇である。弋陽腔は後に、滾調を混ぜた青陽腔に発展するが、饒河班には、これが残っている。また、青陽腔になる前の古風な弋陽腔が、1957年に発見されている。広信班は、高腔を持たず、主に二簧腔と西皮腔をあわせた乱弾が主流となっている。劇目に『珍珠記』『還魂記』『西域記』などがある。

(福満 正博)

かんけん【坎肩】 →馬甲

かんげん【桓玄】 369(太和4)〜404(元興3)。東晋末期の軍閥政治家、簒奪者。譙国龍亢(安徽省)の人。幼名は霊宝、字は敬道。東晋中期の権臣軍閥で、簒奪を企んだ大司馬桓温の庶子。父に愛され後継者となる。容貌文才に恵まれたが、才能と家柄を誇り、また桓温に不臣の事跡があったため、官途を抑えられ、志を得なかった。孝武帝末年の王朝の内紛に乗じて台頭、荊州を拠点に長江中流に勢力を張り、建康に軍を進め丞相として権力を掌握、403年、安帝より帝位を奪ったが、翌年、劉裕(南朝宋の武帝)に敗れ、殺された。

桓玄の事跡で特筆されるのは、沙門(仏教僧)が帝王に対して敬礼を行うべきかどうかの問題で、これはすでに東晋の成帝時、執政庾冰と尚書何充らの間で論争になったことがある。402(元興元)年、簒奪

直前の桓玄は尚書八座・貴族の王謐・廬山の僧慧遠に敬礼すべきや否やを問い，論議の末，沙門に王者を敬礼させたが，翌年の簒奪の直後，逆に不敬礼を許す命令を出した。これらを巡って慧遠「沙門不敬王者論」などが書かれた。関連の文章が『弘明集』12に収められている。晋書99　　　　　（中村　圭爾）

がんげん【顔元】

1635（崇禎8）〜1704（康熙43）。明末清初の思想家・哲学者・教育学者。博野（河北省）の人。字は易直，号は習斎。激動する時代状況と複雑な家庭環境のもとで育ったせいもあり，青年期には，衰落した家を支えて苦労する一方，無頼とも言える思想的彷徨を続けた。21歳のとき，司馬光の『資治通鑑』に触れてようやく心機一転，以後，医学と兵法を学び，23歳にして自ら思古人と号して私塾並びに医業を営む。この歳に著した処女作『存治篇』は，王道・井田・学校・封建などを論じ，強い現実的関心を示す。

24歳には陸王学に心酔，26歳には程朱学に帰依するが，次第にこれらの観念論的学風に疑問を強め，34歳にして『存性篇』『存学篇』を著し，独自の学風を樹立する。その特徴は，「虚」と「静」を排し，「実」と「動」を重視する実学的・実践的傾向にある。すなわち存在論の上では「気」一元論（唯物論）を，また認識論の上では人間の能動性を前提とする経験論を提唱，さらに人間に大幅の陶冶性を認め，特色ある労作教育説を展開した。著書に『四存篇』『四書正誤』『朱子語類評』『習斎記余』など。清史稿480　　　　　（村瀬　裕也）

かんこ【官戸】

官戸には，唐の政府機関の隷属民をいう場合と，宋代の官僚の家をいう場合とがある。

唐代には政府機関に隷属する賤民として官戸・官奴婢・雑戸の3等級があった。官奴婢は通年無休の労役に服したが，官戸は1か月の労役に年3回当たるものとされ，番戸または公廨戸ともよばれた。官奴婢は60歳になると優待されて官戸となる規定があり，また恩赦により官戸となるものもあった。官戸は良民の半額の口分田（40畝）を支給されたが，婚姻・養子等は官戸相互の間でだけ許可された。

宋代には，科挙に及第して官僚となった家のほか，皇室の親族，恩蔭・武功・買官により官品を得たものなどを総称して官戸とよんだ。官戸になると一般人民とは別の戸籍に登録された。官戸も両税を負担したが，職役や一部の付加税を減免される特典があったため，多くの官戸は農民から土地の寄託を受け，土地所有を拡大した。官戸は社会的・経済的に高い地位を得たので形勢戸ともよばれた。

（島居　一康）

かんこう【漢江】

長江中流の支流の一。漢水ともいう。長江の支流としてはもっとも長く，流長1577kmに達する。陝西省西南部の米倉山系に源流をもち，陝西南部・湖北西北部を貫流して，武漢で長江に注ぐ。上流部にひらける漢中盆地は，秦嶺山脈の南麓にあり，北麓の関中平野（渭河平野）とは対照的に温暖湿潤な地域であり，四川盆地と関中を結ぶ中継地として，歴史的に重要な役割を果たした。また河南の南陽盆地からの支流が合流する襄樊も，長江流域と中原を結ぶ要衝で，三国時代をはじめ，南北争乱の際の必争の地となった。沿岸の水利建設も盛んで，丹江口には，河南・湖北にまたがる巨大なダムが1973年に完成している。

（秋山　元秀）

かんこうぎ【関公戯】

三国志の英雄，関羽を主人公とした演目の総称で，別に関戯・老爺戯とも呼ばれる。関公，老爺はともに関羽の尊称である。関羽が主人公の演目として，古くは元雑劇『関大王独赴単刀会』『関雲長千里独行』があり，また現行の各劇種で上演される代表的関公戯としては，『古城会』『漢津口』『華容道』『単刀会』『水淹七軍』『走麦城』『青石山』などが挙げられる。さらに相声の演目に『関公戦秦瓊』があるが，これは観客に乞われた役者が，それぞれ生きた時代の異なる関羽と秦瓊の戦う様を演じる，という荒唐無稽な内容である。

関羽は武神，財神ないし御霊の性格をもつ神格「関聖帝君」として絶大な信仰を集めたため，これら関公戯における関羽の造型や演技術，上演をめぐる習慣には，他の演目に見られない特徴がある。京劇を例に取れば，関羽は紅生あるいは紅浄という特殊な役柄に属し，一般に生あるいは浄の役者が兼ねるのが通例である。同じ役柄に宋の太祖趙匡胤，姜維などの人物を含める場合もあるが，一般的に紅生といえばほぼ関羽を指すといってよい。顔に赤い化粧を施す点，浄角（大花臉）と共通するものの，演技術に異なるところが多く，両者は区別される。関羽の演技術は長靠武生・武老生・文老生・架子花臉の特徴を合わせ持つ「四不象」と呼ばれ，従来の生と浄を混合した演技が見られる一方，亮相（見得）の姿勢や，感情が高ぶった際に頭を前後に揺する身体表現など，他の役柄には見られない独特の演技がある。かつては神格という扱いゆえに舞台上の演技に制限が多く，みだりに動くことができなかったが，近代における京劇の関公戯の大成者である「紅生鼻祖」王鴻寿による改変を経て以降，ほぼ現在の形に定着した。

関公戯にまつわる劇界の関羽信仰は，日常的な儀礼から梨園に伝わる異聞に至るまで，様々なレ

ベルで見ることができる。関公戯を演じる俳優はあらかじめ潔斎沐浴し，上演当日も楽屋でみだりに口をきくことは許されなかった。また登場に際しては関聖帝君の像を描いたお札(碼子)に香を供え，それを懐あるいは冠の中に入れて舞台に出る慣わしとなっていた。さらに終演後はこのお札で化粧を落とし，それを焼いた後はじめて普通に口をきくことができたのである。また，19世紀中葉に「活関公」と称された役者米喜子が，北京の三慶園で『戦長沙』を演じた際，舞台での立ち姿が関羽に生き写しだったため，関帝が降臨(関公顕聖)したと劇場内の観客が平伏し，その後しばらく関公戯が禁演になったという逸話がある。さらに辛亥革命後の1914年4月，王鴻寿が関羽の末期を描く『関公夜走麦城(麦城昇天)』を商辦新舞台で上演しようとした際，隣の建物から出火，新舞台が全焼し，関羽の祟りかと噂されるという事件があった。そのほか関公戯の上演にまつわる逸話は数多いが，このとき『走麦城』という演目をあえて舞台にかけたこと，また劇場再建後に再び同じ演目の上演を試みたということから，民国初期頃には，関公戯に対する畏怖の念が少しずつ薄まり始めていたと考えられる。

(平林 宣和)

かんこくかん【函谷関】 関所の名。新旧2つある。旧関は，戦国時代に秦が設置した。現在の河南省霊宝市の東北，東の崤山から西の潼関に至る函谷中にある。紀元前241年に，秦軍はこの地で楚・趙・魏・韓・衛の連合軍を撃退した。攻めるのに難しく，守るのに易く，「天険」と号せられた。

新関は，現在の河南省新安県の東にある。前漢代，前114(元鼎3)年に旧関から移転され，三国時代240(正始元)年に魏により廃された。

(長部 悦弘)

かんこんき【還魂記】 明の伝奇(戯曲)。『牡丹亭還魂記』『牡丹亭』ともいう。全55齣。題詞は1598(万暦26)年と記す。湯顕祖著。明の小説『杜麗娘慕色還魂』にもとづく。あらすじは次のとおり。南宋の南安太守杜宝の一人娘麗娘は，夢のなかで出会った若者に恋して病の床につき，やがてこの世を去る。両親は娘の墓と道観を建てて新しい任地へ旅立つ。3年後，夢のなかの若者柳夢梅が旅の途中病を得たまたまその道観で療養していると，杜麗娘の幽霊が通ってくる。柳はその願いをきいて墓を開き，麗娘は生き返る。ともに都臨安へ向かい，柳は科挙を受験してから麗娘の父親のいる淮安に事情を説明に行くが信じてもらえず，賊として都へ護送される。そこへ状元及第の知らせが入り，二人は聖断によってめでたく結ばれる。湯顕祖の代表作とされるが，崑曲の音律に合わないため，臧晋叔や馮夢龍(『風流夢』)などによって改編された。杜麗娘が花園に遊んだあとうたたねをして夢を見るくだりは，崑劇の「遊園」「驚夢」として今日でも人気が高い。

(廣瀬 玲子)

かんさい【款彩】 →コロマンデル

かんさき【浣紗記】 明の伝奇(戯曲)。『呉越春秋』ともいう。全45齣。梁辰魚著。春秋時代，越の范蠡が恋人西施に歌舞を習わせたうえでこれを呉王夫差に献上し，呉王はこれに惑溺して伍子胥の諫言も聞かず，最後は范蠡率いる越軍に迫られて自刎する。范蠡は功成って致仕し，西施と五湖に舟をうかべて去る。魏良輔によって改革された崑曲を学んで書かれた作品で，明の後期からの崑曲の流行に大きく寄与した。『六十種曲』に収められている。

(廣瀬 玲子)

かんさくぎ【関索戯】 地方劇の一種。雲南省澄江県に伝わる。関索とは三国時代の武将関羽の三男と称する伝説上の人物。正史に記録はないが，『三国志演義』にも少しだけ登場する。1967年に上海嘉定県で発見された『成化説唱詞話』の中に，『花関索伝』4集があり，これによって関索の伝説の全貌が明らかになった。これによれば，関索は雲南を平定したことになっている。そして，雲南の地には，関索嶺・関索鎮など，関索の名にちなむ地名が存在する。

関索戯は，農村で農民によって，仮面を着けて演じられる。物語は『三国志演義』の話であり，登場人物は劉備・関羽・張飛など『三国志』中の人物である。農村における宗教祭祀活動の一環であり，その意味でいわゆる儺戯の一種である。唱詞は七言句を長く連ねた七言斉言体で，『成化説唱詞話』などにもつながり，貴州省安順市の「地戯」などとも共通する。なお，安徽省池州市貴池区の儺戯も関索の演目を持っている。

(大木 康)

かんざし【簪】 →笄

かんさつせいど【監察制度】 監は見張る，察は調べる，の意。官吏の非行を検察・弾劾する中国独特の制度。御史制度が中心となる。御史は本来，君主直属の書記官であったが，天下統一後に始皇帝が御史に諸郡を監督させ，前漢に侍御史が殿中で百官を監察するようになると，監察官としての性格が強まった。後漢以後は，御史の所轄官庁として御史台が置かれた。唐宋時代の御史台は，官吏の違法を摘発する台院(侍御史が担当)，宮中儀礼の非

違を検索する殿院(殿中侍御史が担当)、地方を巡察する察院(監察御史が担当)の3院で役割を分担した。元代には、中央に御史台、地方に行御史台(行台)が置かれた。明清時代になって、前者は都察院と改名して2名の長官が置かれ、後者は総督・巡撫へと変転し、現在の省にあたる広域の地方長官となった。御史には単なる風聞にもとづいて弾劾しても咎められぬ特権があり、巨大な官僚組織に対する皇帝の耳目として、絶大な威勢を誇った。　(辻 正博)

かんさんき【汗衫記】　元の戯曲作品。張国賓(張酷貧とも書く)作で、雑劇の形式をとる。「合汗衫」ともいう。元刊本・明抄本・『元曲選』本の3種のテキストが現存している。汴梁(開封)の富豪張義が、命を助けてやった陳虎の悪だくみにより、一家離散し、おまけに放火により家財産を失って乞食にまで身を落とすが、やはりかつて情けをかけた趙興孫にめぐり会い、団円を遂げるというあらすじで、題名は息子と別れる際に、その肌着(汗衫)に血で印をつけて形見の品としたことによる。
　(赤松 紀彦)

かんざんし【寒山詩】　唐代(618-907)の寒山とよばれる人物(姓名不明)が作った詩314首のこと。寒山が生存した時期については、五代(907-960)の道士杜光庭が『仙伝拾遺』の中で大暦中(766-779)の人物としており、寒山自身が734(開元22)年に都の吏部に開設された「南院(人事異動の掲示板)」に言及していることなども考えあわせると、その生没年を740(開元28)年頃～820(元和15)年頃と想定でき、寒山詩の大部分はこの人物によって作られたと思われる。しかし正体不明の閻丘胤なる人による「寒山子詩集序」は貞観年間(627-649)の人物としており、張継(753年の進士)の「姑蘇城外の寒山寺」(『楓橋夜泊』)なる詩句もあることから、それ以前に別に寒山と称する人物がいて、その人物の作品も混じっているかもしれない。さらに原寒山詩の補遺が拾得された後、それを「拾得」と人格化して呼びかける、第3の寒山の詩も加わっていると考えられる。いずれにしろ寒山は隠士であって、その隠棲場所は天台山系(浙江省)のうちの寒岩であった。天台山には道教・仏教双方の中心があった。

寒山は農民の出身であったが、当時の知識人にふさわしいだけの読書も積んだ。高等文官試験も受けたが失敗した。地方官の書記も長続きしなかった。近所の人や妻からは疎遠にされた。このような体験ののち、彼はいったんは神仙の術にはしり、結局は仏教に落ちつくことになった。これらの経歴はすべて寒山詩の中でなにがしかの感慨をもって歌われている。

寒山詩の約3分の1は仏教に関するもので、殺生を戒め、心の中から「三毒」(貪・瞋〔怒り〕・痴)を追い払うために心を清浄に保つこと、そのうえで自身の心の中の「主人」に存在する仏に気づくこと、などを訴える。そのほか処世のしかたを訓える詩もあり、その内容は、貧窮や経済的自立、貪欲や慳惜(けち)、交際のしかた、子女の教育、国家の経営など多岐にわたり、隠者・神仙・僧徒のにせものにたいする注意を呼びかけるものもある。　(松村 昂)

かんざんじ【寒山寺】　南朝梁の天監年間(502-519)に創建された寺で、いまの江蘇省蘇州市の西郊の楓橋鎮にある。原名は妙利普明塔院。唐の貞観年間(627-649)に高僧の寒山・拾得が天台山から来て住持したので、寒山寺と改名したと伝えられる。天宝年間(742-756)に詩人の張継が旅の途中ここに舟泊まりし、「楓橋夜泊」詩で「姑蘇城外 寒山寺、夜半の鐘声 客船に到る」と詠んだことから有名になり、清の兪樾の筆になるこの詩の石刻も拓本として流行している。　(深澤 一幸)

かんざんじっとく【寒山拾得】　唐の貞観年間(627-649)に天台山(浙江省)に隠棲し、仏教の奥義を究めていた二人の貧士(寒山と拾得)、とするのが、閻丘胤なる人の「寒山子詩集序」に説くところである。しかし特に拾得については寒山詩の内容と一致しないことから、寒山詩が編輯された後その補遺が「拾得」され、それが「拾得」として人格化され、奇怪な言動なども加えられて寒山拾得説話に成立していったと考えられる。以後この二人は、中国では和合の象徴として、日本では超俗の士として、文学や絵画・彫刻に多くとりあげられている。　(松村 昂)

かんざんとくせい【憨山徳清】　1546(嘉靖25)～1623(天啓3)。雲棲袾宏・紫柏真可と並ぶ万暦三高僧のひとり。全椒(安徽省)の人。字は澄印、俗姓は蔡。19歳で出家参禅を決意し、30歳、五台山で得た悟りを、『楞伽経』を繙きつつ確認する。他方、神宗の生母慈聖皇太后からの信任厚く、五台山では世継ぎ誕生も祈願、38歳、五台の北台憨山をその号としたうえで山東牢山に移った際には仏寺建設の資金を下賜される。そしてその金銭を飢饉の救済に施すなど、羅祖による無為教の拠点であった当地に仏法を宣布する。41歳、全世界が自己の一心のあらわれと感じたその体験を『首楞厳経懸鏡』にまとめ、安易な頓悟を説く当時の禅僧への批判とあいまって教禅一致の宗風を確立させる。50歳、宮廷内部の抗争に巻き込まれ嶺南雷州の軍籍に編入される。逆境がその悟りに磨きをかけ、衆生の

度済や広東の曹渓南華禅寺の復興に尽力するとともに、『老子道徳経解』や『大学綱目決疑』等の書物を含む執筆活動もおこなう。恩赦により流謫の罪を許されたのが65歳、江南諸方を遊説するその周囲には聖俗を問わぬ多くの信者が蝟集した。

(三浦 秀一)

かんし【款識】　鐘や鼎などの*青銅器に彫りこんだり、鋳こまれた銘文のこと。款は文字を彫りさげた陰文、識は文字を浮き出させた陽文。転じて、書画に作者が記した姓名等の書きいれのことをいう。

(梶浦 晋)

かんし【管子(本)】　春秋時代の斉の名宰相管仲の名に仮託された書物で、もと86篇。その内容は、経言9篇・外言8篇・内言9篇・短語18篇・区言5篇・雑13篇・解5篇・軽重19篇から成る。宋以後10篇が失われて現存76篇。「倉廩実ちて礼節を知り、衣食足りて栄辱を知る」(牧民篇)などの有名なことばで知られる経言の部がもっとも古く、経済を中心に説く軽重諸篇がもっとも後に加えられたと考えられる。『管子』の書は、はじめ道家の書と見なされたこともあり、事実「心術」上下、「白心」「内業」などの諸篇はその色彩が濃い。しかし総体としては儒家・道家・法家・兵家などの思想をまじえ説いていて雑家の書というべきである。その中心は実際的現実的な政治思想を説くことにあり、そのために経済を重視して具体的な施策に及ぶのを特色とする。また「弟子職」「水地」「地員」といった諸篇には独特の主張がある。注釈書に安井息軒『管子纂詁』、*郭沫若 等『管子集校』などがある。

(町田 三郎)

かんし【管子(楽器)】　ダブルリード(リード2枚が接触して、空気の振動をひきおこす)の管楽器。*篳篥の後裔とも考えられる。西アジアを起源として亀茲経由で中原に伝来したものと考えられ、日本の篳篥や朝鮮半島の篳篥はその流れを引くもの。北朝時代の石窟にそのレリーフが見られ、隋唐代から宋代にかけて宮廷音楽や鼓吹楽で重用され、呼称の異なる様々なタイプが出現した(桃皮篳篥、頭管など)。現在は鼓吹楽(「河北吹歌」「山西八大套」「西安鼓楽」など)および仏教・道教音楽の主要楽器として用いられ、大小様々なサイズのものがあるが、指孔は前7、後1が一般的。下端に朝顔型の拡声器を取り付けた広東の喉管や、2本束ねて吹く東北地方の双管もその変形。中華人民共和国成立以降は、独奏楽器としても用いられるようになっている。

(増山 賢治)

かんし【関子】　中国の講釈や語り物で使われる技法の一つ。旧時、中国の釈場では一日一場ずつ二か月を周期として続き物の講釈が上演されていた。その間、聴衆の心を繋ぎ留めておくため、物語の随所にヤマ場を設け、続きはどうなるかと気をもたせる伏線が敷かれた。これを「関子」と呼ぶ。蘇州評弾や揚州評話など南方の曲種ではいまもこの用語が使われるが、評書など北方の曲種では「扣子」と呼ばれている。章回小説はこの技法を文学に応用したものである。

(鈴木 靖)

かんじ【漢字】　中国、及び日本や韓国など、かつて中国を中心とする文化圏にあった国々で使われる、もっとも主要な文字。

　古くは漢字以外の文字は中国になく、したがって単に「文」、あるいは「字」、または「文字」といえば、それはほかでもなく漢字のことであった。この中国での主要な文字を「漢字」と呼んだのは、「漢」という字を「中国」(=漢民族国家)に対する呼びかけとして使った、遼や金など周辺の異民族が建てた国家が最初である。だから「漢字」とは、他の民族や地域で使われる文字との比較をふまえた「中国の文字」の意であった。もちろん「漢王朝の時代にできた文字」の意ではない。

　漢字は、各文字が音声だけでなく意味をも表す「表意文字」である。これに対して、漢字はそれぞれの文字が意味を表しているだけではなく、さらには1字が言語中の1単語を表しているのだから、「表語文字」と呼ぶ考えがある。たしかに「我喫飯」(私はごはんをたべる)という文章では、1字が1単語を表しており、特に古代の文語ではその傾向が強い。しかし現代語では「学校」や「家庭」のように2字で1語を作るのがむしろ普通であり、古代の文語においても、「彷徨」や「参差」などの連綿語、あるいは「駱駝」や「葡萄」のような外来語の音訳字では、1文字が1単語になっているわけではない。

　漢字はエジプトのヒエログリフ、メソポタミアの楔形文字などと並ぶ、屈指の歴史を有する古代文字の一つであり、さらに3000年以上にわたって断絶することなく使われ続けている点では唯一の古代文字である。しかし漢字の正確な起源は、今もわからない。戦国時代に成立した伝説によれば、漢字は*「蒼頡」(「倉頡」とも)という人物が発明したとされるが、むろん歴史的事実ではない。

　現在知られている最古の漢字には、19世紀末に殷墟から出土した甲骨文字や、殷周時代の銅器に記録された銘文の文字などがあるが、しかしそれらはすでに高度な使用法を備えており、決して原始的な文字ではない。したがって、それらの文字に先行

する文字があったことはおそらく確実だが，ごく断片的なものを除いて，甲骨文字よりも古い古代文字資料はまだ発見されていない。今後の考古学的発掘が期待される。

　前後500年に及ぶ春秋戦国時代を統一した秦始皇帝は，全国で使う統一書体として小篆を作らせた。しかし小篆は装飾的で，実用には不向きだった。それで小篆を実用的に改良した隷書がしだいによく使われるようになった。前漢から後漢にかけていたるところで隷書が使われたが，漢末になると隷書をくずして簡略化した行書が生まれた。それがさらに崩れて草書になったが，崩れすぎた反動でふたたび隷書への回帰が生まれ，新しい書体が登場した。それが楷書である。楷書に至って漢字の書体が固定化され，今日に及んでいる。
　　　　　　　　　　　　　　　　　（阿辻 哲次）

かんしがいでん【韓詩外伝】　『詩経』の注釈書。10巻。前漢の韓嬰撰。漢代に『詩経』を伝えるものに，「魯詩」「斉詩」「韓詩」のいわゆる三家詩があり官学として重んじられたが，後に古文学派の「毛詩」の登場により，今文学派の三家詩は衰退し随時亡んでいく。「韓詩」を伝えた韓嬰は，『韓詩内伝』『韓詩外伝』を著したが，『内伝』は既に南宋の時代に滅び，今ではわずかに『韓詩外伝』のみが韓詩の片鱗を伝えるものとして残っている。その内容は，教訓風の短い説話を集めたもので，各篇の文末に，『詩経』の数句（2〜6句ほど）を引いて詩の意味を敷衍させた形になっている。説話の内容は孔子やその弟子たちが登場するなど先秦時代に係るものが多く，『荀子』と共通する説話が多いことも指摘されている。『詩経』の注釈書というよりは，『詩経』をめぐる雑多な説話集としてとらえられる書物ではあるが，引かれた詩句には今の『詩経』と異なる部分もあり，今は見ることのできない毛詩以外の『詩経』のテキストの様相を知る上でも貴重な資料であると言える。載せられた説話は300篇余りあり，もともと6巻であったものに，後人の手が加えられて10巻となったようである。（牧角 悦子）

がんしかくん【顔氏家訓】　全2巻。北朝北斉の顔之推の撰。子孫のための家誡書であるが，人生いかに生くべきかを教えた教養書でもある。乱世亡国の間に生きた著者だけに，人情の機微をうがち，人生の処し方に厳しい目配りをみせる。南北両朝に仕えた体験から，風俗から文章音辞にいたるまで，南北の違いをおさえて，当時を知る貴重な史料となる。序致から終制まで全20篇。清の趙曦明の注解，盧文弨・銭大昕の補注，近代では周法高の『顔氏家訓彙注』がある。
　　　　　　　　　　　　　　　　（林田 慎之助）

がんしこ【顔師古】　581（太建13）〜645（貞観19）。唐の学者。京兆万年（陝西省）の人。名は籒だが，字の師古で知られる（『新唐書』では字が籒）。祖父は顔之推。太宗の時，中書侍郎となり，勅命によって五経を校定。その際に楷書の規範を定めた『（顔氏）字様』は『干禄字書』の藍本となった。また，家学である『漢書』に注し，『急就篇注』『匡謬正俗』を著して，文字の形音義を考証し古書や先儒の誤りを正した。官は秘書監，弘文館学士に至る。旧唐書73，新唐書198
　　　　　　　　　　　　　　　　　（森賀 一恵）

がんしすい【顔之推】　531（中大通3）〜？。南朝梁の文人。『顔氏家訓』『還冤記』の著者。琅邪臨沂（山東省）の人。字は介。東晋の元帝南渡以来，代々南朝に仕えた名家。之推は家学の『左伝』を受け継ぎ，群書を博覧。梁の元帝（蕭繹）に仕えて散騎常侍となったが，北朝西魏の侵攻に遇い，家族とともに捕囚として北送された。西魏から北斉に脱出。北斉の文人官僚として活躍し，黄門侍郎となる。北斉滅亡後，北周の御子上仕となり，隋の開皇年間（581-600）に，『顔氏家訓』を完成させて没した。北斉書45，北史83
　　　　　　　　　　　　　　　　（林田 慎之助）

かんしつぞう【乾漆像】　土の原型の上に布を漆で張り固めて造る像。古く「夾紵」と称し，東晋の戴逵による5躯の夾紵行像（『出三蔵記集』）が早い例。583年，長安凝観寺の法慶は丈六釈迦如来夾紵像を造り（『法苑珠林』14），629年，唐高祖は武帝等身の夾紵像6躯を造った（『法苑珠林』100，『弁正論』4）。高僧の遺骸を漆布で固めて礼拝する風習（『続高僧伝』『宋高僧伝』）を夾紵像と関連するとみる説もある。奈良大和文華館蔵の如来立像（唐）は，木像を木屎漆で塑形する技法の一例。
　　　　　　　　　　　　　　　　　（長岡 龍作）

かんしどう【管志道】　1536（嘉靖15）〜1608（万暦36）。明の思想家。太倉（江蘇省）の人。字は登之，号は東溟。36歳で進士となり，9年間，断続して官職に就いたが，政治の是正を上言して左遷され，辞職した。既成の価値観から逸脱しようとする思想界の傾向を批判しながら，一方では儒仏道のいわゆる三教融合の思潮に身を置き，思想的葛藤に取り組みながら独自の思想を構築しようとした。『問弁牘』『従先維俗義』『惕若斎集』など多くの著がある。
　　　　　　　　　　　　　　　　　（佐野 公治）

かんしないでん【韓詩内伝】　→韓詩外伝

かんじふろく【簡字譜録】　清末から民国にかけての音韻学者，労乃宣による「合声簡字」と

総称される音標文字方案の総集。*王照の官話合声字母に改良を加え，北京音以外に南京音・蘇州音・閩広音の方言規則を作り『簡字全譜』としてまとめた。それに『京音簡字述略』『増訂合声簡字譜』『重訂合声簡字譜』『簡字叢録』の著述を加えて『簡字譜録』とし，1908(光緒34)年，*西太后に進呈した。方言の習得をもとに官音の学習も可能にする目的で作られた。　　　　　　　　　　（三木　夏華）

がんしゃ【顔謝】　→顔延之，謝霊運

かんしゅうさんそう【環秀山荘】
江蘇省蘇州市景徳路にある庭園。五代十国呉越国の広陵王銭元璙の金谷園跡地にあたる。明の万暦年間(1573-1620)には宰相であった申時行の所有となり，その後，道光(1821-50)末に汪氏の耕蔭義荘の一部となった際に，「環秀山荘」と名付けられた。別名に頤園がある。庭園内の建築の多くは，1980年代に再建されたものだが，乾隆年間(1736-95)の名工戈裕良の築山と補秋山房が残されている。その築山は，蘇州の中で最も優れたものとして名高く，下に洞くつを掘り，上に亭を置く。築山は，池の東に始まり，北に向かう。池の水は，その山々の間を巡り，多くの谷をつくる。外から眺めるだけでなく，築山の中を歩くことで変化に富んだ空間を楽しむことができる。中国独特の山岳風景のキーワードが盛り込まれた庭園で，築山を主としたものでは傑作といえる。現在は中国蘇繍芸術博物館となっている。
（高村　雅彦）

かんしゅくぎょうしょうぶんか【甘粛仰韶文化】　→馬家窯文化

がんじゅちょうもん【含綬鳥文】
綬(綬帯)を嘴にくわえた鳥類の文様。綬は，紐または帯状の飾りであり，古代中国では官吏の身分を証明する印形を佩びる際に用いられた。中国における含綬鳥文の淵源は，前漢時代の長沙市南郊砂子塘1号墓外棺に描かれた，紐状の飾りをくわえる鳳凰の漆絵にみることができる。鳥類が綬帯をくわえる文様は，前漢・後漢時代を通じて画像石などにみられるが，南北朝時代には花枝をくわえる花喰鳥文が多くなる。唐代には，ササン朝ペルシア(226〜651)で発達した，環状の綬帯をくわえる瑞鳥文様の影響を受け，金銀器や銅鏡に多様な作例を展開した。唐代の銅鏡には，2羽の鳳凰が鈕をはさんで向かい合い，口に綬帯や花枝をくわえる文様が多いが，鳳凰の代わりに鸚鵡や鵲が綬帯をくわえるものもある。また，金銀器には鳥類のみならず鹿などの動物が綬帯をくわえる例もみられる。日本では，正倉院の工芸品に盛んに用いられた。　（福島　雅子）

かんじょ【漢書】
後漢の*班彪・*班固父子によって著された前漢一朝代に関する紀伝体史。100巻。司馬談・司馬遷父子の著した『史記』は世に出ると多くの読者を獲得する一方，文人学者たちをその補亡・続編の制作に駆り立て，前漢末期には10数家の続編が生まれた。固の父彪は帝室から下賜された班家の豊富な蔵書を利用して，卓越した文才で続編の決定版を作ろうとし『後伝』の作成にとりかかった。彪は『史記』の項羽本紀と陳渉(陳勝)世家を列伝に格下げすることによって漢朝の歴史を秦の歴史に接続させる一方，続編群のなかでも影響力のあった*劉歆や揚雄らの著述の王莽帝紀と新政権賛美の姿勢を改めて，これに批判を加え列伝に格下げした上，その末尾に回した結果，『後伝』の時間的下限が平帝末・王莽の滅亡に確定した。ついで班固は，神聖な漢朝の歴史を百王の末，暴君の後に列することを嫌い，劉邦から説き起こし漢史を独立させた結果，『漢書』は前漢一朝代を叙述する断代紀伝体史となった。班彪は『後伝』を帝紀・列伝の65篇にまとめていたが，固は蘭台令史として東観の豊富な史料を拠り所にそれらの叙述を補充した上，8種の表と10種の志を加え紀伝体史として整備しようとした。しかし未完のまま下獄，獄死したため，最終的には班昭・馬続らによって完成された。これらの志は，帝紀と列伝が前漢一朝代を叙述対象とするのに対して，先秦時代より説き起こしており，会通史的観点から叙述されていることが注目される。班固は『漢書』を『*書経』や『*詩経』のように漢朝を賛美する目的で著そうとし，学者・文人たちの典籍・文章を原文に即して引用したことから叙述に格調高い風格が備わった。そのことは史料的価値をも高める結果になっている。『漢書』は前漢後期に盛んになった五行相生説によって王統を説き，漢朝を(周の木徳をつぐ)火徳に当て，その属性によって説明している。『史記』を特色づけていた応報思想は，『漢書』では矮小化され規模の小さなものとなり，そこに説かれる漢朝の社会を安定したものとする認識に導く結果となっている。　（稲葉　一郎）

かんじょう【灌頂(人物)】
561(天嘉2)〜632(貞観6)。隋・唐時代の僧。天台宗の第2祖。臨海章安(浙江省)の人。姓は呉氏。字は法雲。生地に因んで章安大師，章安灌頂と称される。南朝陳時代，7歳で生地にある摂静寺の慧拯に就いて出家した。慧拯が寂して後，天台山修善寺に*智顗を訪ねて天台の教観を学んだ。至徳年間(583-586)，智顗に従って金陵(南京)に移り，そののち師の側近くに仕えた。智顗が金陵の光宅寺や江陵の玉泉寺で講じ

た『法華文句』『法華玄義』『摩訶止観』の三大部を筆録整理した。生前に『涅槃経』を講じなかった智顗の遺志に従い，天台の宗義に立って『涅槃経』を講じ，『涅槃玄義』2巻，『涅槃経疏』33巻を完成した。さらに智顗の遺徳を伝えるため，陳帝・隋帝の勅書をはじめ各種の史料を集めた『国清百録』4巻を編纂し，これら史料によって智顗の伝記である『隋天台智者大師別伝』を著した。その他，著書に『天台八教大意』1巻，『観心論疏』5巻などがある。
(木村 宣彰)

かんじょう【灌頂(用語)】 仏教用語。古代インドでは国王即位の際に周囲の海や河の水を頭に注いで王権の継承を示したが，仏教では仏位の獲得を灌頂と称した。密教では有資格の弟子を灌頂壇に引入し，阿闍梨(あじゃり)(師匠)が瓶の水を頭頂に加持して，免許皆伝を示す儀礼として確立された。唐代にインドから密教を伝えた金剛智や不空などの密教僧は，弟子たちに伝法灌頂を授けるとともに，代宗等の在俗の信者に入門許可の結縁(けちえん)灌頂を与え，密教の普及に尽力した。
(頼富 本宏)

かんじょうえきでん【漢上易伝】 南宋の朱震の『易経』注釈書。一名『周易集伝』。11巻。書名の漢上は朱震の号。『卦図』3巻，『叢説』1巻を付す。18年の歳月を費やして1134(紹興4)年に成り，まもなく朝廷に進上された。北宋の程頤(てい)らの義理易学と漢代以来の象数易学をあわせ用いるところに特色があり，『卦図』には河図・洛書・伏羲八卦図・太極図などを載せる。巻首所載の「周易を進むるの表」に，北宋の諸易学が道士陳摶(ちんたん)に起源するとしてその系譜を述べることでも知られる。
(吾妻 重二)

かんじょうぐうき【閑情偶寄】 清初，李漁が晩年に綴った随筆集ともいうべきもの。16巻。1671(康熙10)年序。芥子園本『笠翁一家言全集』には『笠翁偶集』6巻として収録する。詞曲部(劇作法)・演習部(演出論)・声容部(女性美論)・居室部(家屋)・器玩部(調度類)・飲饌部(いんせん)(食物)・種植部(園芸)・頤養部(いよう)(養生論)の全8部から成る。いずれも文人趣味生活の万般にわたって，著者が生涯を通じて得意とし興味を寄せてきた分野に関する蘊蓄をのべており，エピキュリアンでありディレッタントでもある異色文人李漁の真面目の躍如たるものを示して，中国随筆文学の中でも特異な存在となっている。とりわけ詞曲部と演習部の2部より成る戯曲論は，中国における最も体裁の完備した本格的ドラマツルギーの書として高い評価を得ており，本書中よりこの部分だけを切り離して独立させ，『李笠翁曲話』の名のもとに刊行もされている。
(岡 晴夫)

かんじょうげんけいき【官場現形記】 清末の小説。1903(光緒29)～05(同31)年，南亭の名前で最初『世界繁華報』に連載された。並行して世界繁華報館より線装活版本が分冊全60回で出版される。同じく世界繁華報館から欧陽鉅源(おうようきょげん)が注をほどこした増注本も発行されている。李宝嘉作とされる『文明小史』の原稿には欧陽鉅源の手が入っていたという包天笑の証言があり，『官場現形記』も李宝嘉と欧陽鉅源の共同作品。官界の形態を露わにさせた記録という題名通りに，昇進・降格に一喜一憂する役人，それにあわせてついたり離れたりするその友人，賄賂を贈って官位を求めるのは日常茶飯事，官職の売買・リベート・ピンはねなど，官吏の生態とそのありとあらゆる不正を描きだすところに本書の目的がある。独立した短篇を積み重ねる形式で『世界繁華報』連載中から評判をよんだ。120回を計画し，欧陽鉅源が92回までを続作した。こののち『○○現形記』と題する書物が続出した。魯迅により譴責小説の一つとして名前があげられる。
(樽本 照雄)

かんしょうれい【韓昌黎】(かんゆ) →韓愈

かんしょく【館職】 宋代の官職体系の一つ。宋代の官職体系は主として寄禄官(俸給と位階の順序の根拠となるもの)，差遣(実職)，館職の3つから構成される。館職とは宮中の図書館・史料編纂所などの宮中アカデミーの名を付したポストであり，一部実際に勤務する者がいるものの，ほとんどの者は職務が無く，エリート中のエリートに付与される名誉職である。この職を有すると，皇帝の顧問に名を列ねる，出世が早くなるなどの特典が与えられる。
(平田 茂樹)

かんしょくさん【寒食散】(ごせきさん) →五石散

かんしょくせつ【寒食節】 冬至から105日目の節句。一百五ともいう。清明節の1日か2日前。一時火の使用を禁止し冷食する習わしがあった。春秋時代，長い亡命から帰国した晋の文公(重耳(じ))が流浪に従った忠臣介子推に行賞をしなかったので，介子推は母とともに山に隠遁し，文公は彼を出すために山に火を放ったが，彼は出ず木を抱いて焼け死んだ。文公は毎年この日人民に火の使用を断って寒食させ子推を記念したという由来伝説がある。一説に旧暦2月に国を挙げて一時火の使用を禁止した周代の制度に起源するという。唐代以前は墓参りをした。
(鈴木 健之)

かんじょげいもんし【漢書芸文志】

前漢末までの書籍の総目録。後漢の班固が著した歴史書『漢書』の巻30であり，10ある「志」の最後にあたる。前漢の劉歆が編んだ『七略』(今は佚す)により，劉向・揚雄らの著作を補うなど若干の修訂を施し(その場合は注記される)，596家1万3269篇を収めるという(実際の数はやや異なる)。現存する中国最古の図書目録である。『七略』のうち輯略に代えて総序をおき，以下の6略38類に分かつ。①六芸略(儒教の経典とその関連書)：易・書・詩・礼・楽・春秋・論語・孝経・小学。②諸子略(上記以外の思想的・政治的著作)：儒家・道家・陰陽家・法家・名家・墨家・従横家(縦横家)・雑家・農家・小説家。③詩賦略(文学作品)：賦3類(屈原・陸賈・孫卿をそれぞれ筆頭とする)・雑賦・歌詩。④兵書略(兵法の書)：兵権謀・兵形勢・兵陰陽・兵技巧。⑤数術略(天文・暦術・占い)：天文・暦譜・五行・蓍亀・雑占・形法。⑥方技略(医学・薬学・長生術)：医経・経方・房中・神僊(神仙)。

それぞれの小分類と各略の末尾に序があって(ただし詩賦略は総序のみ)，その分野の由来を述べており，古代学術史の貴重な史料である。『漢書芸文志』の分類を，後世の標準となった経・史・子・集の四部分類と比べると，史部がいまだ独立せず六芸略春秋類に付随していること，のちに子部に包括される兵書・数術(術数)・方技などの技術書が独立の部をなしている点が特徴である。

以後の正史にもしばしば同様の分類図書目録をおき，『隋書』『旧唐書』では経籍志，『新唐書』『宋史』『明史』では芸文志とよぶ。なお研究書としては南宋の王応麟の『漢書芸文志考証』，近人の顧実の『漢書芸文志講疏』などがある。　(谷口　洋)

かんじょりつれきし【漢書律暦志】

正史『漢書』の中で，音律・暦法に関する記録の部分。巻21の上下巻。上巻の内容は，前漢末の劉歆がまとめた律暦思想と劉歆の三統暦の思想。律暦思想とは，音律の基本である黄鐘の律管から度量衡や暦の基本定数までも導き出し，さらに易の思想をも取り入れて，すべての事象が有機的に関連していることを説くもので，漢代思想研究の上で重要。下巻は，三統暦の数値と計算法，および「世経」という太古から漢代までの年譜とからなる。　(長谷部　英一)

がんじらくたいかとくしょうれい【雁児落帯過得勝令】

元明代の散曲や雑劇の歌辞において特定の二つの歌曲(曲牌)を常に続けて歌うことを帯過曲といい，いくつかのパターンがあるが，そのうち最も多いのが双調の「雁児落」と「得勝令」を続ける場合で，元代の散曲全体で69例あり，単独で歌う小令，組曲の套数のどちらにも用いる。杜仁傑の小令『美色』がその最も早い例であり，雑劇中の套数でもしばしば用いられる。　(金　文京)

かんしん【官箴】

よそ者として州・県に乗り込む地方官に心得を説いたもので，宋代以降に多く書かれた。『作邑自箴』『州県提綱』などが代表的なものである。社交・税役・獄訟などについて，地方官自身あるいはその一族の不正を戒め，胥吏の中間搾取に目を光らせるよう訴える。帳簿や訴状に自ら目を通すことや諸事万端のきめ細やかさが必要なことを強調する。これは胥吏への強い不信感の表れであるとともに，職分を守るだけの「循吏」を越えた積極的な実務官僚像の形を提示したものとも言える。　(中砂　明徳)

かんしん【韓信】

?〜前196(高祖11)。漢の高祖の功臣。淮陰(江蘇省)の人。貧賤のため吏に推挙されず，諸処に寄食したころ，悪少年の挑発を「股くぐり」でこらえた逸話は有名である。前209(秦二世元)年以降，項梁ついで項羽に仕えたが用いられず，前206年，漢に帰順して連敖に任ぜられ，夏侯嬰の推挽で治粟都尉となった。逃亡したが，かれを「国士無双」と評する蕭何に連れ戻され，大将を拝し，三秦平定を献策した。別軍を率いて魏・趙を破り，燕を下し，項羽の将龍且を撃破して斉を平定し，前203年，高祖に求めて斉王となった。蒯通が自立を勧めたが，これを退け，高祖に会して垓下で項羽を破ったが，軍を奪われ，前202年，楚王に移封された。項羽の旧将鍾離眛を匿ったため反逆を疑われ，前201年，陳(河南省)で捕われ，淮陰侯に降格された。前196年，旧知の代相国陳豨の反乱に高祖が親征すると，長安で挙兵を図ったが発覚し，呂后に逮捕処刑された。史記92，漢書34　(吉本　道雅)

がんじん【鑑真】

687(唐の垂拱3)〜763(天平宝字7)。日本律宗の祖。揚州江陽県(江蘇省)の人。俗姓は淳于。奈良時代の日本仏教界は戒律を授ける僧不足のため，質の低下が危ぶまれていた。718(養老2)年に帰国した道慈が教団粛正のため戒師の招請を企てた。733(天平5)年の第9次遣唐使派遣の際，その意向を受けた栄叡と普照は，揚州大明寺にいた鑑真に白羽の矢を立てた。だが彼は743(天宝2)年よりたびたび，渡航に失敗し748(同7)年の5度目の渡航計画では嵐に遭遇して海南島にまで流された。けっきょく6度の渡航を試み，10年を費やし753(天平勝宝5)年，ようやく薩摩国に到着したが既に失明していた。その後彼は日本に3つ

の戒壇院を築いて多くの僧尼に授戒し，渡来の翌年には東大寺大仏殿前にて聖武上皇・孝謙天皇に授戒した。日本仏教の刷新に力をつくした鑑真は，763年，76歳をもって唐招提寺で入寂。なお渡航の旅行記として，淡海三船(おうみのみふね)の手になる『唐大和上東征伝』が残されている。　　　　　　　（藤善 眞澄）

がんしんけい【顔真卿】　709(景龍3)～785(貞元元)。唐の書家。本籍はもと琅邪臨沂(山東省)であるが，五代祖の顔之推以降は京兆万年(陝西省)に居を定める。字は清臣，諡は文忠。734(開元22)年の進士。官は，殿中侍御史，刑部尚書などを歴官し，任官地によって顔平原，顔魯公と呼ばれた。755(天宝14)年に起こった安史の乱には敢然とこれにあたり，唐朝一代の忠臣としてその名を世に知らしめたが，剛直な性格であるがために時の宰相盧杞に疎まれ，最後は李希烈に捕らわれて縊殺された。

顔氏の家系からは，古来多くの学者や能書家が輩出している。顔之推は『顔氏家訓』を著し，その孫の顔師古は唐代の著名な学者で『漢書』の注などで知られる。師古の弟，顔勤礼の孫にあたる顔元孫は『干禄字書』を著し，顔真卿にも『韻海鏡原』などの著作があり，顔家は代々学問を伝えた家系であることがわかる。また書に関しても同様で，曾祖父の顔勤礼は篆籀(てんちゅう)(篆文と籀文)，祖父の顔昭甫は篆籀や草隷(隷書の草体)，父の顔惟貞と兄の顔允南は草隷に巧みであったことから，書法を家学の一つとし，なかでも篆・籀・隷の書体を主として伝えたことがわかる。

のちに顔真卿の書は王羲之(おうぎし)と並ぶ二大潮流の一つと称され，北宋の蘇軾(そしょく)や黄庭堅などが推重してからは，書の手本として大いに用いられ，顔真卿の流れを汲む能書家を世に多く出した。

顔真卿はまず書を，伯父の顔元孫や兄の顔允南，さらに姻戚関係にある殷氏から習い，30余歳の頃には長安や洛陽において張旭から楷書の筆法を学んだという。その楷書は北朝から隋にかけて多く見える篆・隷の要素を含んだ雑体書を学んだと考えられる。北朝北周の仏教摩崖や隋の「曹子建碑」には顔法の特徴である「蚕頭燕尾(起筆が蚕の頭に，右払いが燕の尾の形に見える)」などの筆法がうかがえる。行草書には，張旭や懐素と交流があったものの，彼らの影響を受けたと見られる作例はなく，むしろ王羲之書法がベースとなり，のち自ら一家を成したと見るべきであろう。現存する作品に，『顔勤礼碑』『顔氏家廟碑』『争座位帖』『祭姪文稿』などの名品が多数ある。旧唐書128・新唐書153
　　　　　　　　　　　　　　　（池田 利広）

かんすい【漢水】　→漢江(かんこう)

かんすいせんげんろく【甘水仙源録】　金・元初の全真教関係資料で，基本部分は各地の碑文を収録したもの。10巻。元の1288(至元25)年，全真教道士天楽道人李道謙の撰。『道蔵』611～613冊所収。第1巻から8巻は，まず1269(至元6)年の元の世祖クビライによる全真教の五祖七真に対する称号褒贈の詔書を載せ，ついで「終南山神仙重陽真人全真教祖碑」以下，王重陽(おうちょうよう)を始めとし，七真やその弟子たちなど50余人の道士の伝記・祭文・賛文などを載せる。第9, 10巻は全真教の宮観碑記と七真伝の序賛である。書名の「甘水」は重陽が終南の甘河鎮(陝西省)で，鍾離権(しょうりけん)・呂洞賓(純陽)とされる二人の仙人に遇って口訣(くけつ)を授かり，入道したという伝説に基づき，「仙源」とは全真教の道統の意味である。巻末に李道謙の弟子の張好古による後序を付す。初期全真教史の重要資料。　（蜂屋 邦夫）

かんすぼん【巻子本】　巻軸装の書物。「けんすぼん」ともいう。古代，書物は竹や木(簡)に文章を記して，すだれのようにそれらを縄で編みあげ(策)，最後尾に軸を置き，尾から首に向かって巻きあげて保存した。これを簡策という。簡策は，周・秦代に流行し，漢代になると縑帛(けんぱく)(絹織物)が用いられたが，布は柔らかいので巻かずに折り畳んで保存することもあった。後漢の頃には，廃物を利用して造成した紙が，次第に簡や帛に取って代わるようになり，巻物の数量単位も「篇」や「章」から「巻」に変化していった。帛書を巻子装，紙書を巻軸装と呼んで区別することがある。敦煌の莫高窟で発見された蔵経洞の状況は，唐五代に至るまでこの装訂が主流であったことを物語っている。装飾を追求して，軸に金・玉・象牙などを用い，首に絹を添えて(褾(ひょう))全体を包むようにし，帯で巻き締めるような美装もある。閲読よりも保存と美しさに秀で，後世までも途絶えることのなかった装訂法である。
　　　　　　　　　　　　　　　（高橋 智）

かんせい【監生】　国子監の太学に所属する学生の総称。清の場合，入監の仕方により，皇帝の特恩による恩監生，父祖が官僚であったことによる廕監生，府州県学の附生が学政の推薦を得て入監する優監生など数種類あった。一定の期間太学に在籍して学業を修めたのち，地方官や教官へ任官する道が開かれていたものの，狭き門であった。康熙年間(1662-1722)以後は捐納の例が開かれ，以後，監生の資格を金銭で購入する例監生が増えていった。
　　　　　　　　　　　　　　　（櫻井 俊郎）

かんせいいきずこう【漢西域図考】　清後期に書かれた西域に関する歴史地理書。全7巻。1870

(同治9)年に成る。広東省番禺県の人，李光廷著。漢代西域の地理を基準に清中期までの西域の歴史地理を記述したもの。陳澧の序は，清が当時国際的に置かれていた困難な状況を考える際に有用な書と評している。潘壁東・李菱洲による「漢西域図」「地球全図」が付されている。『皇輿西域図志』・徐松『西域水道記』・魏源『聖武記』・徐継畬『瀛環志略』等多種の書を参照している。　（山本　光朗）

かんせいてい【感生帝】　天の精気を感得して生まれた帝王の意味。古代の帝王は母親が夫の精気によらず，不可思議なる天の精霊に感じて生まれたとする伝説があった。殷の始祖契の母はツバメの卵を呑んで契を生んだとか，周の始祖后稷の母は巨人の足跡を踏んで后稷を身ごもったとかいう類のものである。こうして生まれた子は天の子であるから天子と呼ばれた。のち五行思想により天が赤帝・黒帝などに分離し，漢の高祖は赤帝の子，孔子は黒帝の子などとされた。　（影山　輝國）

かんせいていくん【関聖帝君】　三国時代，蜀の将軍，関羽の神号。関羽の神格化は，死後間もなく始まり，唐代に宮廷の武廟に従祀され，北宋の崇寧元(1102)年に忠恵公，大観2(1108)年に武安王，宣和5(1123)年に義勇武安王，南宋の建炎2(1128)年に壮繆義勇武安王，淳熙14(1187)年に英斉王，元の天暦元(1328)年に顕霊義勇武安英斉王，至正13(1353)年に壮繆義勇武安英斉王，明の万暦42(1614)年に三界伏魔大帝神威遠震天尊関聖帝君に封じられたが，明代の封号は正式のものではない。　（金　文京）

かんぜおんおうげんき【観世音応験記】　『法華経』観世音菩薩普門品による観音信仰の応報説話集。普門品いわゆる『観音経』には，一心に観音の名号を唱えれば火難・水難・刀杖の難など七難を免れ解脱を得るとあるが，戦乱の続いた六朝時代には観音信仰も盛んとなり，応験譚も数多く生まれた。それらは各種の小説や説話集に採録されたが，観音関係のものだけを集めた作品として東晋の謝敷撰『観世音応験記』をはじめ，南朝宋の中書令傅亮がまとめた『光世音応験記』や張演の『続光世音応験記』さらに南斉の陸杲による『繋観世音応験記』などが相次いで撰述された。これらの書は中国で散佚し，わずかに逸文を残すのみであるが，幸いなことに京都粟田口の青蓮院に収蔵されており，『六朝古逸観世音応験記』として86条，付2条が公刊された。なお謝敷の『観世音応験記』は10余条あったと伝えられるが，孫恩の乱により散佚したようである。　（藤善　眞澄）

かんせんし【乾饌子】　晩唐の小説集。原書3巻。晩唐の詩人温庭筠撰。宋代の書目に残された序によれば，乾饌(干した食べ物)が美味しく賞味されるのと同じように，人々に喜ばれることを願って命名したという。原本は伝わらず，『太平広記』に33話が収録されている。死後も姿を現して愛を貫く女性を描く「華州参軍」や，狐の妖怪・奇人の言動などを記した作品など多岐にわたる怪異譚が見られる。李剣国の『唐五代志怪伝奇叙録』(南開大学出版社，1993年)には，50話の輯佚を指摘する。
　（富永　一登）

かんせんど【看銭奴】　元の雑劇。鄭廷玉の作。神から20年間富を授かった貧民賈仁は，流浪の周栄祖夫婦から息子を買いながら代金を踏み倒す。20年後，賈仁は死に親子は再会，周夫婦は息子が以前泰山で自分たちを侮辱した金持ちだったと知って怒るが，賈仁の財ももとは周家のものだったと判明し，神の摂理を悟る。看銭奴とは守銭奴のこと。喜劇の形で庶民生活を描き，貧富の差による社会矛盾を鋭く抉った傑作である。　（小松　謙）

かんたいし【韓退之】　→韓愈

かんたいじ【簡体字】　簡化字ともいう。異体字のうち，筆画の簡略な方。複雑な方は繁体字という。書写に便利なよう筆画が簡略化されることは一般的な趨勢で古くから見られるが，特に民国以降は簡化運動が起こり，国家的事業として取り組まれ始めた。中華人民共和国成立後は，1954年に中国文字改革委員会(今の国家語言文字工作委員会)が設立され，漢字簡略化は，文字改革の一貫として，繁体字排除による異体字整理と平行し一層強力に推進されている。　（森賀　一恵）

かんたくよう【甘沢謡】　晩唐の小説集。1巻。袁郊の撰。袁郊，字は之儀，官は刑部郎中，翰林学士。自序によれば，868(咸通9)年病床で著述し，時に春雨が降り続いたので，甘露の恩沢を謡うということでその書名としたという。今本は明の楊儀が1553(嘉靖32)年に再編したもので，裴鉶の『伝奇』から増補された「聶隱娘」を含む9話を収める。女俠の活躍を描く「紅綫伝」など晩唐小説の傑作がある。『津逮秘書』『学津討原』所収本のほか，李宗為点校本(上海古籍出版社，1991年)がある。
　（富永　一登）

かんたん【邯鄲】　河北省南部の都市。春秋時代前5世紀初より晋の卿である趙氏の分族の居邑として見え，晋の中原進出の拠点とされた。前497

年，趙鞅が邯鄲趙氏の趙午を殺害したことを契機に范・中行の乱が勃発した。趙の敬侯(在位前386～前374)の時，趙の都となり，秦の征服(前228年)を経て漢代まで繁栄した。趙王城遺跡は，1940年に日本の考古学者が，大北城遺跡は，1972年に河北省文物管理局が調査している。「邯鄲の夢」などの故事の舞台でもある。
(吉本 道雅)

かんたん【桓譚】 生没年未詳。前漢末から後漢初にかけての学者。沛国相(安徽省宿県)の楽官の家庭の生まれ。字は君山。五経に通じ，「博学多通」と称され，文章や琴を得意とし，劉歆や揚雄と交わった。王莽政権下にあっては，盛行した符命に関与せず，自らの立場を保持した。しかし，中興後，光武帝の信奉する図讖を批判して帝の怒りを買い，斬殺されそうになった。六安郡丞に左遷されて没す。『新論』を著した。王充から大いに評価され，彼に所論の精神が受け継がれた。後漢書28
(井ノ口 哲也)

ガンダン・テグチンリンじいん【ガンダン・テグチンリン寺院】 モンゴル国の首都ウランバートルにある，モンゴル仏教の中心地。通称ガンダン寺。イヘ・フレーの顕教学堂が起源である。イヘは大きい，フレーは円形の宿営陣営という意味で，ジェブツンダムバの宿営地を指す。イヘ・フレーはジェブツンダムバ1世が認定された1639年から，数百km範囲で数十回の移動を経て，1778年に現在のウランバートルの地にたどり着いた。1809年に，イヘ・フレーの円陣から西へ約2km離れた現在のガンダン寺の地に，ツァニド(顕教)学堂が造られた。1838年に60年ぶりにイヘ・フレーが南のトルゴイト渓谷に移動した際，円陣の中にあったいくつかの学堂がツァニド学堂の場所に移され，2250人の僧侶が住む大学問寺に発展し，ジェブツンダムバ5世によって，ガンダン(兜率天)・テグチン(大乗)リン(寺)と命名された。 (包 慕萍)

がんちゃ【岩茶】 福建省武夷山市の武夷山で生産される烏龍茶の内，平地の茶を洲茶と呼ぶのに対し，山の高い地域で採れる茶を指す。閩北(福建省北部)烏龍茶の代表。武夷山は全体が岩山で，崖の上や岩の窪みに良い茶が生育する。水仙・烏龍の両種が広く栽培されるほか，奇種と総称される種々の茶樹が，一定の地域に生育し，個性のある茶として珍重される。中でも，大紅袍・鉄羅漢・白鶏冠・水金亀の4種は，武夷四大名欉として，烏龍茶の最高に位する。 (高橋 忠彦)

かんちゅう【漢中】 現在の陝西省の南部，秦嶺山脈と大巴山脈・米倉山脈に南北を囲まれ，長江最大の支流漢江が源を発する地。黄河と長江の二大水系を繋ぐとともに，四川にも通じる交通の要衝に在り，戦略的重要性がきわめて高く，古くから兵家必争の地とされてきた。秦はこの地を得て四川に進出でき，前漢の高祖劉邦は項羽から漢中王に封ぜられて天下統一の基礎とした。後漢末，この地に拠った天師道の宗教政権をめぐる曹操と劉備の争奪戦は有名である。中心地は南鄭県で，明清期には漢中府と称し，1953年に漢中市に改編された。
(愛宕 元)

かんちゅう【管仲】 生没年不詳。春秋時代の斉の名宰相。潁河のほとり(河南省・安徽省)の人。名は夷吾，字は仲，諡は敬。若くからの鮑叔牙との親交は有名(管鮑の交わり)。はじめ公子糾に仕えて小白と戦うが敗れ，のち小白立って桓公となるやこれに仕えて宰相となり，富国強兵にはげみ，夷狄を退け，周室を尊び，桓公を春秋の覇者の地位につかせた。『論語』憲問篇でも管仲を中国文化の保持者と称えている。史記62 (町田 三郎)

かんちゅう【関中】 現在の陝西省の西安市を中心とした渭水盆地の呼称。北に北山，南に秦嶺，西に隴山，東に黄河という天然の要害の地で，古来，東に函谷関，西に隴関や大散関，北に蕭関，南に武関といった関所が置かれ，これら関所に囲まれた地であることから関中と呼ばれた。関内，関西もほぼ同義である。西北は甘粛に接して西域に通じ，西南は大散関を経て四川に至る交通の要衝であり，最も早く中国文明が開けた地の一つで，新石器文化の遺跡の分布密度も河南省に次いで多く発見されている。古くは西周の本拠となり，秦の咸陽，前漢の長安，隋唐の長安など歴代の国都がこの地に置かれた。後漢が都を洛陽に置いてからは，この地の政治的・経済的な比重は次第に低下し，三国時代には魏と蜀の係争の地となり，唐代後半には吐蕃の西からの侵攻にさらされ，北宋期には西夏との最前線となり，軍事的重要性が強まった。西安を中心として漢代から唐代に至る歴史遺跡がきわめて多く残っている。
(愛宕 元)

かんちょうあんじょう【漢長安城】 前漢王朝の都城。漢の高祖劉邦は楚漢戦争に勝利したのち，漢王朝の都を洛陽に置くことを予定していたが，一兵卒の婁敬の上言と部下の張良のそれへの支持を聞き入れて，肥沃な土壌と水運の便を重視して関中に置くこととし，長安郷に造営を開始した。2年足らずの間に諸宮殿がほぼ出来上がり，前202年2月，高祖がここに移住したことにより，長安城

とよばれた。

渭水をはさんで，西北には秦の咸陽城が位置し，東南にはのちに唐の長安城が建てられた。城址は現在の陝西省西安市街の西北部と重なり，市内には当時の城壁の一部が残存している。

諸文献と発掘調査の成果から，城壁には四面に各3つずつ，計12の城門があり，城内の東北に明光宮，その南には長楽宮，西南の位置に未央宮，その北に横に並んで桂宮と北宮が，さらに上に西市と東市が配されていたことがわかる。唐代以後の中国の諸都城と比べて，もっている特徴の第一は，宮殿区としての内城が存在せず，城内の大部分が宮殿区によって占められており，したがって後世のように坊によって区切られた住宅地が存在したとは推測されないことである。民居や官舎はすべて城外にあったと推測される。宮殿建築群の中で前漢政治の中心的機能をもったのは長楽宮と未央宮である。高祖は秦の離宮であった興楽宮を改築してできた長楽宮で政務をとり，その死後は太后の居所として永く使用された。長楽宮に代わって未央宮が恵帝より前漢末の平帝の時代にいたるまでの200年以上にわたって行政の中心となった。特に武帝時代には白虎観など多くの建物が増築された。

しかし武帝時代の前104(太初元)年に，未央宮の城壁を隔てた西隣に，当時の贅を尽くした豪華な建章宮が築かれた。未央宮とは城壁をまたいだ廊下で通じていたと考えられ，武帝・宣帝はともにここを居所とする時が多く，次の元帝の頃まで未央宮とならんで行政の中心的宮殿としての役割をはたしていたと考えられる。なお，未央宮前殿跡は，西安市内に整備・保存されている。

第二の特徴は東市と西市の位置である。唐長安城等の後世の都城では一般にその名のごとく城内の東・西の端にそれぞれ置かれていたが，漢代においては城内の西北端に両市が並んで置かれていたとみられることである。居民のいない城内にある市の機能とともに，この市の配置のもつ意味についてはいまだ定かではない。

漢長安城は王莽の新王朝においても引き続き都城として使われていたが，後漢王朝とともに都は洛陽に遷り，以後の華北に作られた諸王朝も洛陽を都とするものが多かった。長安地域に都をもどした隋の大業城・唐の長安城も位置を異にしており，漢長安城は前漢滅亡とともに廃墟と化していったと考えられる。　　　　　　　　　　　　　　（太田　幸男）

かんていびょう【関帝廟】　三国時代の英雄関羽を祀る廟。周倉・関平を合祀する。漢族の居住するすべての地域に存在し，中国本土のものでは，関羽が財神として塩商人ひいては山西商人に祀られたことを反映する，山西省運城市の関帝廟が名高い。横浜の中華街や長崎にも置かれる。関羽神格化の動きは早くから始まっていたが，帝号をえたのは明が北虜南倭に苦しんだ嘉靖(1522-66)以降のことで，1605(万暦33)年には三界伏魔大帝神威遠震天尊関聖帝君を贈られた。　　　　　　（大塚　秀高）

かんてんしせいか【漢天師世家】　天師道の張天師の家譜の類。4巻。明の洪武年間(1368-98)に第42代天師張正常が撰述し，永楽年間(1403-24)に第43代天師張宇初が刪定を加え，1607(万暦35)年に第50代天師張国祥が続補，刊行した。巻1は，初代天師張陵の祖とされる漢の丞相張良以前の張氏の系譜を補い，かつ第42代までの系譜を概観する宋濂の手になる長文の序以下5つの序文からなり，巻2以下に張陵以下第49代天師張永緒にいたる歴代天師の事跡が収められている。その内容は，歴代天師の履歴，宗教的事跡，著述，歴代王朝との関係記録などからなるが，歴史的な裏付けのない説話・伝承の類から歴代帝王による賜号の記録や制誥といった歴史資料までを含み，虚実綯い混ぜた構成となっている。　　　　　　　　　　　（麥谷　邦夫）

かんどう【管同】　1780(乾隆45)～1831(道光11)。清代の文学者。上元(江蘇省)の人。字は異之。嘉慶(1796-1820)の初め，南京の鍾山書院にて姚鼐に師事し，その高弟となった。1825(道光5)年に挙人となるが，一時安徽巡撫の鄧廷楨の幕下に入った他は，終生官職に就かなかった。「言風俗書」「籌積貯書」など議論の文章に長じ，桐城派の代表的作家の一人に数えられる。『因寄軒文集』16巻がある。『清史列伝』73に伝がある。清史稿486　（鈴木　達明）

かんどう【関仝】　生没年不詳。五代の画家。長安(陝西省)の人。仝は同・穜・童とも書く。山水画を荊浩に学び，出藍の誉れを得た。五代・北宋の水墨山水画隆盛の基礎を築いた画家の一人で，郭若虚『図画見聞誌』では，李成・范寛とともに五代～北宋前半の三大家にあげられている。華北の深山幽谷を，大石や山岳が積み重なるような重厚な表現で描き一家を成したが，画中人物は苦手で，知り合いの胡翼に依頼していたという。伝称作品では『秋山晩翠図』(台北，故宮博物院蔵)が，最もよくその作風を伝えている。　　（竹浪　遠）

かんどうしゅうりん【観堂集林】　王国維の代表的学術論文集。1921(民国10)年，それまでに発表した論文に自ら手を加え，蔣汝藻によって20巻本として刊行される。王氏逝去後，羅振玉が『海寧王忠愨公遺書』を編纂した際，24巻に改めると

ともに『外集』4巻を増補する。1940(民国29)年に商務印書館が刊行した『王静安先生遺書』では，論文の順番を入れ換えた上で『観堂集林』24巻，『別集』4巻とする。これが通行本である。ただし中華書局が出版した『観堂集林』(1959年)では詩詞雑文を収めた最後の2巻が省かれ，代わりに『別集』の中でも考証に関わる2巻を付け加えた体裁を取る。前22巻は芸林8巻と史林14巻に分かれる。芸林には「周書顧命考」や「戦国時秦用籀文六国用古文説」など経学や小学に関する論考が収められ，史林には「殷周制度論」「鬼方昆夷玁狁考」や「流沙墜簡序」など殷周史，塞外民族及び西域出土文物に関する論考のほかに，『水経注』に関する一連の論考や「魏石経考」なども収められる。

(井波 陵一)

かんどうしょう【管道昇】
1262(景定3)～1319(延祐6)。元代の女流画家。趙孟頫の夫人。呉興烏程(浙江省)の人。字は仲姫。1286(至元23)年(25歳)までに趙孟頫と結婚したと考えられる。1317(延祐4)年，魏国夫人に封ぜられた。書画をよくし，仁宗皇帝に命じられて「千字文」を書したこと，またその墨竹と設色竹図を進上して上尊酒を賜ったことが知られている。

(救仁郷 秀明)

かんどうしょう【韓道昭】
1170(大定10)?～1230(正大7)?。金の音韻学者。真定(河北省)の人。字は伯暉，また昌黎子と自称。『切韻指迷頌』(佚書)等，音韻学関連の書を数種著したとされる韓孝彦(生没年不詳)の次子として生まれ，その学を継承した。1208(泰和8)年には，門人達を動員し，韻書である『五音集韻』15巻と，字書である『五音篇海』(正式名称『五音新改併類聚四声篇』)15巻とを撰述する。二書共に，先行する多くの韻書や字書の収録字を統合しつつ，韻目や部首など体系は実用に則して簡略化している。更には等韻学の理論を用いて内容の再構成を試みており，この点でも小学史上において注目される資料である。

(大岩本 幸次)

がんとうしょうぎょうじょ【雁塔聖教序】
唐の碑。大唐三蔵聖教序・慈恩寺聖教序ともいう。653(永徽4)年，褚遂良の書，万文韶の刻。楷書。陝西省西安市にある大慈恩寺の大雁塔に現存する。第1層南側入り口の左右両側にはめ込まれている序と記の総称である。左側の碑が序で，題額は隷書2行で「大唐三蔵聖教序」，右側の碑は記で，篆書2行で「大唐三蔵聖教序記」と刻されている。序は太宗李世民の撰。21行，満行42字。記は高宗李治の撰。20行，満行40字。当初から左右対称に列置するために，記は左から右へ向かって書かれている。2碑とも形制はほぼ同じで，高さ198cm，幅は上方が85cm，下方が110cmの末広がりに作られている。それぞれ碑首に双螭を配し，題額と碑文の間に釈迦とその眷属の7尊，碑文の下に3人の天人を浮き彫りしている。2碑はともに堅い黒大理石製で，長安年間(701-704)に塔の第1層の左右に嵌置したと伝えられ，現在でもほとんど損傷なく残っている。序の内容は仏教の教義と歴史を説き，玄奘が幾多の困難を乗り越え，経・律・論の三蔵の経典を持ち帰り，翻訳して世に広めた功績を称えている。記は仏教の意義と太宗皇帝の恩沢を称え，玄奘がうち立てた業績を述べたものである。線は痩勁で粘りがあり，抑揚，緩急を織りまぜ，豊かな風韻と多彩な変化を見せている。この碑は，『伊闕仏龕碑』(641年)より12年後の作になるが，この間の褚遂良の書法が飛躍的に発展したことが窺え，晩年(58歳)の傑作とされる。旧拓は，碑文中「治」字の末筆を欠筆(高宗の諱を避ける)しているが，清の康熙・乾隆年の間(1662-1795)にこの一画を補刻した。また，康熙帝の諱(玄燁)を避け，序・記の「玄」字の末筆が削り取られている。これらの比較によって拓の新旧がわかる。この碑とほぼ同文のものに『集王聖教序』(672年)がある。また，陝西省大荔県に立てた『同州聖教序』は褚遂良の書と伝えられるが，立碑年が褚遂良没後5年目にあたり，書の様式の上からも隔たりが見られるため，重刻とする説が有力である。

(横田 恭三)

かんとく【簡牘】
中国で紙が普及する以前に使用された書写材料。竹製のふだを竹簡，木製のふだを木牘といい，両者を併せて簡牘とよぶ。ただ近年では木製のふだを木簡とよぶことが通行している。簡牘の遺物としては戦国時代から存在しているが，現在のところ漢代のもの(漢簡)が圧倒的に多く，以下では漢代を中心に説明をする。

簡牘の標準的な形は，長さは漢の1尺である約23cm，幅は1～1.5cm，厚さ2～3mmの細長いふだである。なお標準簡の幅を広くしたものを特別に牘と呼ぶことがある。また長さ2尺のものを檄，3尺を檠，書く面を3面以上とった多面体の棒状のものを觚という。

標準簡1枚に書ける字数は40～50字，2行書き(両行という)しても80～100字程度であり，それ以上の長文になると簡牘を紐ですだれ状に編綴する方法がとられた。これを冊という。冊の字はその象形で，しかもこの文字は既に甲骨文の中に見えており，その使用はかなり古くまで遡ることを示している。通常の文書や書籍はこのような標準簡に書写されて冊書の形で用いられたが，ただ詔書は長さ1尺

1寸，経書は2尺4寸というように，簡牘の長さによって権威づけがされていた。

また簡牘には冊書以外にもさまざまな用途があった。文書を送る際の今日でいう封筒に相当するふだを検，物品に名称を書いてくくり付けておくふだを楬，2枚を合わせて証明に用いるふだを符，旅行者が旅行する際に携帯する身分証明を伝あるいは棨といった。また売買に際して作成される契約書は券といい，謁あるいは刺とよばれる名刺の類もあった。

中国で紙が普及し始める3世紀以前では，このような簡牘の上に文字が書かれ，後世の紙と同様な機能を果たしていたのである。しかも簡牘は20世紀に入って発見された出土遺物であり，それは単に歴史学研究のみならず考古学・書誌学・書道史等々，多方面において同時代資料として第一級の価値を有している。　　　　　　　　　　　　　　(永田　英正)

カントンおんがく【広東音楽】　広州・珠江デルタ一帯・香港を中心に，粤劇や粤曲と密接に関わりながら形成された器楽合奏。初期は粤劇の間奏曲や背景音楽として演奏されていたが，20世紀の初頭より次第に器楽合奏として独立した。以前は譜子・小曲などと称され，広東音楽という呼称は，広東省・香港以外の地域に普及した後に通用するようになったもの。広東音楽はその確立からここ100年ほどの間に，使用楽器・演奏形式・楽曲などの点で大きな変貌を遂げた。初期の楽器編成は主奏の二弦(京胡に似た粤劇・広東音楽特有の高音の胡琴)・竹提琴(板胡に似た中音の胡琴)・月琴・小三弦・横簫(中音の横笛)の五楽器(五架頭という)を中心に，演奏楽曲により，時に大小の嗩吶(広東音楽ではそれぞれ大笛・小笛と称する)や喉管(広東地方特有の嗩吶で，先端に朝顔型の拡声器をとりつけるものもある)，打楽器(粤劇のものが中心)を随時加えるもので，勇壮でかたい響きを基調としている。この楽器編成を硬弓と称する。そして，1920年代以降，高胡を主奏とし，揚琴・椰胡・洞簫・秦琴・阮・喉管・横簫および打楽器(粤劇以外のものも含まれる)などで構成され，中低音重視，やわらかな響きを特色とする編成(軟弓と称する)が主流となるが，今日，硬弓もまだ残されている。その他，軟弓の普及と平行して，バイオリン，サクソフォンなどの西洋楽器も積極的に導入され，中国楽器と西洋楽器の混合形態もかなりの定着度を見せている。広東音楽は楽社と呼ばれる演奏団体の活動により，一般に広まり，レコード産業とも結びつき，早くからプロの音楽家(初期の多くの演奏家は作曲家でもあった)を輩出したジャンルの1つである。演奏楽曲は1920年代以前は民謡や粤劇の楽曲を主なレパートリーとしていたが，1920年前後から40年代は広東音楽の創作曲が盛んに生み出され，厳老烈の『早天雷』『連環扣』，呂文成の『平湖秋月』，易剣泉の『鳥投林』など今日のスタンダードレパートリーの多くがこの時期に書かれている。今日，広東音楽は上海・北京・天津など主要都市に普及しており，江南糸竹とともに民楽(地方色・伝統色を抑制した新しい器楽)に大きな影響を与えている。(増山　賢治)

カントンかんげき【広東漢劇】　劇種名。旧称，外江戯。広東省東部・北部，福建省西部・南部，江西省南部及び台湾などの広東華僑に親しまれる。1933(民国22)年「漢劇」に改称，1956年，湖北の漢劇と区別するため「広東漢劇」となった。明末清初(17世紀後半)以来，他地方出身の役人や商人とともに乱弾・崑腔・徽劇などの一座が広東に流入，この現地の方言を使わぬ一連の芝居は外江戯と呼ばれた。1790(乾隆55)年，乾隆帝傘寿の祝いに徽班(徽劇の一座)が入京，以降広東の役人や上層階級は外江戯を重視し始め，地元の白字戯の一座も外江戯に学ぶようになる。同治年間(1862-74)には外江戯の演者養成が行われ，外江戯は広東に根を下ろした。広東漢劇の劇言語は現地語ではなく官話で，音楽は西皮・二簧を主に崑腔・高腔・吹腔などをもつ。「行当」は「生・旦・丑・公(老生)・婆(老旦)・烏浄(大花臉)・紅浄(紅面)」の七大分類。「紅浄」は高音域では裏声を用いる。(細井　尚子)

カントンじゅうさんいかん【広東十三夷館】　清代，広州に建てられた13の外国商館。1685(康熙24)年に西洋諸国と通商するために，粤海関(広州)，閩海関(アモイ)，浙海関(寧波)，江海関(上海)を開設した。その翌年に広州では，特定の仲買商のギルドである「牙行」が指定され，粤海関の監督のもとで貨物の集散，関税の徴収等に当たらせ，「十三行」と呼ばれた。1757(乾隆22)年に清朝が他の税関を閉じて，広州のみの開港を継続させる，広東システム貿易体制をつくり，1842年まで続けられた。これを機に，広州の十三行辺りに，中国人の町と隔離して西洋人居留地がつくられた。最初に東インド会社，続いてフランス商館が設けられ，1800年頃には，オランダ，アメリカ，デンマーク，スペイン，スウェーデンなどの商館が建ち並んでいた。これらの十三の商館(Thirteen Factories)は，華夷思想により「十三夷館」と呼ばれた。決められた狭い居留地の敷地に，埠頭がある珠江岸に面して十三の商館が建てられたため，個々の商館の間口が狭く，奥行きが深い町割りとなっていた。(包　慕萍)

カントンじゅうさんこう【広東十三行】　清代，広州で外国貿易に従事した牙行商人の通称。た

だし時代によりその指す実体は異なり，十三という数字もその実数とは関係がない。18世紀後半以降は，西洋貿易の取引と納税を専門にひきうけた数家の外洋行の異名となる。その外洋行の管理下に西洋人が居留したところから，その居留地たる夷館(factory)を指して，用いられるときもある。

1685(康熙24)年広東省に粤海関が置かれると，その下に交易・納税を担当する洋貨行が設けられた。これが十三行の始まりである。雍正(1723-35)から乾隆(1736-95)年間にかけ，洋貨行のうちおよそ20行が外国からの来航貿易を直接取り扱うようになり，そのなかの10行程度が，西洋諸国との貿易に従事し，1760(乾隆25)年正式に外洋行となった。これを略して洋行というが，さきの洋貨行も洋行と略称するので，区別を要する。西洋人はこの外洋行を全体として Co-hong とよぶ。これを公行とするのは誤り。公行は外洋行の設置と同時に，外洋行9家を打って一丸とした企業体だが，10年程度で解散し，以後復活しなかった。

この外洋行は資本規模の小さいものが多く，とくに18世紀末より，資本主義形成途上の西洋との貿易の飛躍的増大に対応しきれず，粤海関への納税もままならず，外国人から借金したり，欠損取引を行ったりして倒産を繰り返した。粤海関当局はこれを防ぐため，外洋行の取引・選任に対する統制を強化したが，効果はなかった。外洋行の名義を借りた多数の独立小商人が，外国商社と直接取引を行うようになったからである。これが南京条約以後，各開港場に普及する買辦制度の起源である。それでも外洋行は広州の貿易に関するかぎり，仲買・倉庫業者の実体を保つが，福建茶の輸出が上海・福州へ転じたことで，それも失われ，1850年代半ばまでにほとんど姿を消す。アロー号事件で夷館も焼き払われ，その後は沙面に租界が設けられたため，十三行は名実ともに消滅した。　　　　　　　(岡本　隆司)

かんなぜん【看話禅】　公案を用いて悟る禅。公案禅に同じ。南宋の1134(紹興4)年に臨済宗の大慧宗杲が雪峰山の曹洞宗の真歇清了の集団を「黙照邪禅」と攻撃し，この攻撃を通して従来の看話禅を大成した。本覚(もとよりさとり)の立場に安住せずに，知解(知識や分別)による禅の理解を徹底的に否定し，あえて不覚(現実はまよい)の立場に立ち，話頭(公案)を取り上げて，無意識より得られる般若の知慧を得ることを目指す。代表的な公案に「趙州無字」がある。　　　　　　　(石井　修道)

かんにゅう【貫入】　陶磁器の釉の表面に現れるひび割れのことで，日本での呼び方。中国では開片という。素地と釉面との熱膨張率の差によって，焼成後の冷却時に現れるひびで，その形状によってさまざまな名称がつけられ，例えば氷裂紋・蟹爪紋・魚子紋・牛毛紋・柳葉紋などと呼ばれる貫入もある。南宋官窯の二重貫入や哥窯の貫入など陶磁器の装飾として，鑑賞されることもある。
　　　　　　　　　　　　　　　　(出川　哲朗)

かんねつ【寒熱】　中国伝統医学用語。寒涼と温熱。寒と熱とを並列ととらえる用法と，対立ととらえる用法がある。並列ととらえる場合は①悪寒と発熱を主症状とする病名または症状，②寒邪と熱邪の併存状態の2用法がある。対立と考える場合は，①人体の体質や病証(病気の症状，あるいは中国伝統医学における病態の類型)，②薬物や治法の性質を表現する場合に用いられる。①の例としては，病証類型の分析方法の一つである八綱弁証の一要素として寒証・熱証があり，原則として同時に現れることはない。②の例としては薬剤における方薬四性の一つに数えられる。陰陽の二気の表現の一つとしても使われる。なお，天の六気が外邪に変化し人体に悪影響を及ぼす六淫(風寒暑湿燥火)に変化する場合，冬期には「寒邪」となり，夏期には「火邪」と「暑邪」となるが，「暑邪」とは「熱邪」と「湿邪」の共在であるような，複雑な関係性をも持ちうる。　　　　　　　　　　　　(浦山　きか)

かんのう【感応】　天意(天の意志による自然界の現象)と人事(天子の政治のやり方など，人間社会の出来事)とが互いに交感・反応しあうこと。「天人感応」「天人相与」ともいう。周代に天の思想とともに生まれた考え方。天は自分の子である天子の政治を監視し，善政があれば賞として休祥を，失政があれば罰として災異を下す(休祥災異)というもの。戦国時代には墨家がこの説を鼓吹した。漢の董仲舒は陰陽説を用いて感応，とくに災異のメカニズムを説明している。すなわち陰は陰を，陽は陽を引き寄せるという類同相召の法則があることから，人間界の陽(君主・男など)が強くなると自然界の陽(太陽・火など)が強くなって，火災や旱魃が起こる。人間界の陰(臣下・女など)が強くなると自然界の陰(月・水など)が強くなって，日食や大水が起こるとした。その後，五行説を用いて災異を解釈・分類することもおこなわれ，同じ災異にもさまざまな解釈がなされるようになった。　　(影山　輝國)

かんのていりょう【漢の帝陵】　現在の陝西省西安市一帯には，前漢の皇帝陵と目される大規模な墳丘が多数残っている。宋時代のころから，どの墳丘が誰の陵であるか不確かになりはじめ，地方誌等に異なった記載が見られるようになった。1776

(乾隆41)年に畢沅が各地に前漢帝陵の碑を建ててからはその比定が定説化した。20世紀初頭の関野貞，足立喜六らの研究もこの比定に基づいていた。1980年に，陝西省考古研究所の杜葆仁が，『水経注』の記載と考古学の成果に基づいた説を発表し，以後これが広く認められている。これによれば，長安城の北を西から東に流れる渭河(渭水)の北岸に西から，武帝の茂陵，昭帝の平陵，成帝の延陵，平帝の康陵，元帝の渭陵，哀帝の義陵，恵帝の安陵，高祖の長陵，景帝の陽陵が並び，長安城の東南に文帝の覇陵，宣帝の杜陵が存する。

これら11か所の帝陵は，それぞれ特色もあるが，共通する部分が多い。大多数の帝陵は，皇帝，皇后それぞれの独立した二つの方錐台形の墳丘と，それをとりまく付属の施設からなる(その全体を陵園と呼ぶ)。皇帝の墳丘は1辺約160m，高さ約30mの方錐台形で，皇后の墳丘はこれより一回り小さいのが普通である。ただ武帝の墳丘は特に大きく，1辺230m，高さ50mに達する。例外は文帝の覇陵で，墳丘は築かず，山の中に葬ったと伝えられている。これまで前漢時代の皇帝，皇后の墓室が調査されたことはなく，その実態は不明である。満城漢墓などの前漢時代の高級貴族墓から推せば，皇帝，皇后の墓室には，高価な副葬品が多数納められたであろうことは想像に難くない。陵園には官吏が常駐して管理し，日々食事を供え，定期的に祭祀を行ったことが文献の記録にみえる。陵園の東または南には，皇帝に仕えた重臣の墳墓も築かれた。これら11か所の陵は，前漢の首都である長安城を中心に，東西約50km，南北約30kmの範囲に分布しており，視界のよい日には長安城から多くの墳丘を視認することができる。前漢初代の高祖の長陵から宣帝の杜陵までは，陵園に隣接する場所に都市を建設した。これを陵邑という。陵邑には各地の有力者を移住させ，長安城を中心とする首都圏の人口と経済力の増大を図った。

後漢の皇帝陵については，文献記録，考古資料とも乏しい。後漢帝陵の伝承地は，首都洛陽城の北，現在の河南省孟津県に散在しており，とくに初代光武帝の原陵の伝承地は有名である。しかしいずれも後漢の帝陵である考古学的裏づけは得られておらず，厳密には不明とするほかない。後漢時代には，帝陵の規模が前漢より相当に縮小されたものと想像されるが，詳しいことは今後の考古学的調査に期待するほかない。　　　　　　　　　　(谷　豊信)

かんのん【観音】　仏教の有名な菩薩。漢訳者によって，観世音・光音・観自在などと訳される(サンスクリット語名は，Avalokiteśvara)。勢至菩薩とともに，阿弥陀如来の脇侍として有名であるが，実は，観音についての最も詳しい記述は，『法華経』観世音菩薩普門品第25に見られ，この品が独立単行されて『観音経』と呼ばれ，東アジア全体で最も流行した経典となった。そこには，観音が現一切色身三昧(さまざまな身体に変身することのできる三昧)に住して33身の変化身を現して，苦難の衆生を救うという現世利益が説かれている。中国では，六朝時代に，観音の具体的な御利益を示す『光世音応験記』『続光世音応験記』『繋観世音応験記』などの応験記が作られ，また，『高王観世音経』『観世音十大願経』『観世音三昧経』などの多数の疑経(中国撰述経典)が制作された。これらは，観音の中国における人気の高さを実証するものである。また，観音の聖地は，中国では，浙江省の舟山群島にある普陀山が当てられた。
　　　　　　　　　　　　　　　　(菅野　博史)

かんのんえんかくず【観音猿鶴図(牧谿)】
南宋時代の画僧，牧谿の代表作。絹本墨画淡彩，3幅。京都，大徳寺蔵。中幅に白衣観音，向かって右に猿，左に鶴，この構成が本来のものか，日本で作られたか議論があるが，当初のものとする説が有力である。観音に「蜀僧法常謹製」の款があり，三幅ともに「牧谿」の印がある。中幅には「道有」，左右には「天山」の印があり，足利義満の所有であったことがわかる。その後，妙心寺の太原崇孚の有となり，彼から大徳寺に寄進された。　(海老根　聰郎)

かんのんどういせき【観音洞遺跡】　貴州省黔西県にある石灰岩洞穴遺跡。1965，72年に中国科学院古脊椎動物古人類研究所が発掘し，中期更新世のほ乳動物化石とともに上・下文化層から不定形スクレイパーや錐など3000点以上のチャート製小型剝片石器を発見した。石器の種類にハンドアックスなどの大型重量石器が含まれていない点は，近隣の百色遺跡と大きく異なる。ウランシリーズ年代測定法による各地層の鍾乳石の年代は，上文化層が4万年前以前，下文化層が4〜24万年前であり，年代的位置づけが定まっていない。文献に李炎賢ほか『観音洞』(文物出版社，1986年)がある。
　　　　　　　　　　　　　　　　(佐川　正敏)

かんのんぼさつぞう【観音菩薩像】　観音信仰は，西晋の元康年中(291-299)に竺長舒が観世音経(『法華経』観世音菩薩普門品)を誦したことにより火災を逃れたとする(『法苑珠林』23)のが早い。観音菩薩の造像は，東晋の408(義熙4)年に郭宣之が獄中で観世音菩薩に誓願したところ恩赦を得たので像を造り精舎に祀った(同書17)のが初例とされる。これらは普門品が火難や繋囚からの救済を説くのに対応し，初期の観音信仰は現世利益を期

待していた。造像銘では，北朝北魏の453(興安2)年に「観世音像」とあるのが早く，478(太和2)年の「観像」，484(同8)年の「観世音像」が続く(『中国美術史彫塑篇』)。太和2年銘像では西方仏国土への往生が，太和8年銘像では成仏が願われ，観音造像が来世祈願と結びつく事例があらわれる。阿弥陀の脇侍たる観音は北斉の武平2(571)年銘像が早く，西方仏国土への往生を祈願する(同書)。龍門石窟では古陽洞の永平2(509)年銘が観音造像の初例(『龍門石窟碑刻題記彙録』)。　　　　　　(長岡 龍作)

かんぱ【皖派】　呉派と対し，清朝中期の古典学研究における二大学派の内の一方。皖は安徽省の別名。江永・戴震・程瑤田など徽州府(安徽省)の人々が，商人を輩出した山間の盆地に独特の質実で逞しい気風の中，互いに切磋琢磨して作り上げた考証学の流れをいう。また戴震が都(北京)に出て学名を喧伝されて後，その強力な学的知性に触発されて当時最高水準の古言語学・古文献学を開発した段玉裁・王念孫・王引之などの学者もそこに数える。
(木下 鉄矢)

かんぱん【官版】　広義には，中央官署や地方官署が刊行した出版物のことで，官刻本・官板などともいう。日本においては，江戸時代，幕府の命により刊行された出版物をいう。さらに限定して，1799(寛政11)年以降，昌平坂学問所で刊行された出版物をいうことが多い。学問所の刊行物は，総数284部が刊行されたといわれるが，その多くが漢籍である。板木の一部は，今日まで伝存しており，京都大学附属図書館には比較的まとまってある。
(梶浦 晋)

かんぴ【韓非】　?～前233(始皇14)。戦国の思想家。韓の公子。李斯とともに荀子に師事した。吃音症で弁舌に向かなかったが，文章に長けた。韓王にしばしば上書したが容れられず，その著述はかえって秦に伝わって始皇帝の傾倒するところとなった。このため秦は韓を攻め，韓の使者として出向いた韓非を秦に留めたが，間もなく李斯らの讒言に遭い，獄中に自殺を強いられ，命を落とした。冷徹な眼力で人間と社会とを観察した，戦国期最高の知性の一人である。その所説は『韓非子』に収められている。史記63　　　　　　　　　　(内山 直樹)

かんぴし【韓非子】　戦国の思想書。もと『韓子』といった。20巻55篇。韓非の所説を中心として編まれたもの。『漢書』芸文志では法家に属する。『史記』に孤憤・五蠹・内外儲・説林・説難諸篇の名が見え，顕学篇からも語句の引用が認められる。特に孤憤・五蠹の2篇は秦始皇帝が深く傾倒したという。功利的人間観に立ち，道徳への一切の期待を排し，信賞必罰をもって人を御するための唯一有効な方法とした。五蠹・顕学の2篇では，国を蝕む5種の害虫とされる学者・言談者(遊説家)・帯剣者(侠客)・患御者(貴人の取巻)・商工の民や，著名な学派であった儒家・墨家への仮借ない批判が展開されるが，特に知識人に対する舌鋒は鋭く，尚古的言説の虚偽性をはじめ，その寄生的生態やそれを許す社会の価値観までもが俎上に載せられる。難勢・定法の2篇は慎到・商鞅・申不害ら先行する法家への批評として，また解老・喩老の2篇は『老子』の最も早い解説としていずれも貴重である。唐の尹知章の注は伝わらないが，今本の注も『初学記』等における引用状況から見て唐以前のもの(一説に李瓚の作という)。
(内山 直樹)

かんぶこじ【漢武故事】　小説。1巻。もと後漢の班固の撰と称したが，六朝人による仮託とする説と，前漢期の成立とする説とがある。前漢の武帝に関する物語を記すもので，東方朔・霍去病ら実在の人物との故事のほか，七夕の日に西王母から仙桃を賜る話など伝説に属する話も見える。同じく班固の撰と伝える，武帝を描いた小説に『漢武帝内伝』があり，『漢武故事』よりも仙話的潤色が甚だしい。
(大野 圭介)

がんぶつそうし【玩物喪志】　無用な外物にかかずらって，大切なものを失うこと。『書経』旅獒篇の「人を玩んで徳を喪い，物を玩んで志を喪う」に基づく。北宋の道学者程顥が，博識・暗記主義や瑣末なことに熱心な門人を「玩物喪志」と批判したことから，以後道学者の常套句となる。後世一般に形式主義的傾向が強いと見なされる道学の内面重視の一面を窺わせる言葉である。　(垣内 景子)

かんぶていないでん【漢武帝内伝】　神仙たちの頭である，西方の女神，西王母と漢の武帝との，七夕の夜における逢瀬の描写を中心として形成された小説作品。漢武内伝ともいう。筆者は不明であるが，六朝時期に編纂されたと推測される。

武帝は神仙たちに叩頭しつつ教えを請い，五岳真形図などの伝授を受ける。現世の権力者も神仙たちには取るに足りない存在であることを強調する，道教的な色彩の強い小説。内伝という題名や，武帝が神仙に向かって告げる言葉が上清派(茅山派)道教の祖師たちの伝記に見える表現と重複することなどから，上清派道教に知識を持つ者によって編纂された作品だろうことが知られる。テキストとして，道蔵本などに依りつつ校訂を加えた，守山閣叢書本が

ある。　　　　　　　　　　　（小南　一郎）

かんぶん【韓文】　→韓愈

かんぶんとうしそうしげんきょく【漢文唐詩宋詞元曲】

漢の散文，唐の詩，宋の詞(詩余)，元の戯曲を並称した成句。中国文学史を鳥瞰するとき，漢の文学作品では散文が最も傑出しており，唐では詩が，宋では詞が，元では戯曲が最もすぐれるという評価を示す。逆に，散文については漢に最もすぐれた作品が多いというように，それぞれの文学ジャンルの最高潮の時期を示している。このような簡潔に文学史をまとめた成語がいつごろから言われるようになったかはわからないが，元末・明初の葉子奇『草木子』4に「漢は文，晋は字(書道)，宋は理学(宋学)，元は北楽府(元雑劇)」という内容が見える。また，「漢史・唐詩・宋文・元曲」ということもあり(たとえば清初の李漁『閑情偶寄』1に見える)，これは，漢の史書(『史記』『漢書』)，唐の詩，宋の散文(欧陽脩・王安石・蘇軾らの文)，元の戯曲を言う。　　　　　　　　（森田　浩一）

かんぽう【干宝】

?～336(咸康2)。没年は『建康実録』7による。東晋の歴史家。新蔡(河南省)の人。字は令升。三国呉に仕えた家の出身で，西晋の滅亡により，元帝を擁立して東晋王朝を打ち立てた実力者王導の推薦で史官となった。彼が著した『晋紀』は，史書として当時高く評価された。今日では，六朝志怪小説の代表作である『捜神記』の作者として知られる。陰陽術数を好み，『易経』にも注している。晋書82　　　　　　（成瀬　哲生）

かんぽう【漢方】

中国伝統医学を指す語として江戸時代，日本で作られた用語。蘭方(オランダ医学)や和方(日本固有の医学)に対するもので，漢は中国，方は方技(医学)の意。現代中国では中国伝統医学を略して中医学と称しており，本来は漢方と中医学は同義であるが，今日では日本化され，しかも現代日本で行われている伝統医学を漢方，一方，現代中国で行われている伝統医学を中医学と呼ぶ場合が多い。中国の医学は漢代にその基盤が確立し，『黄帝内経』『神農本草経』『張仲景方』などの医薬書が著された。日本には5～6世紀に朝鮮半島経由で大陸の医学文化が渡来。その後，平安時代まで六朝・隋唐医学の強い影響下にあった。鎌倉時代には宋医学が導入され，室町～江戸前期には金元医学を主軸とした明医学が盛んとなり，これらの医学は後に興った古方に対して後世方と称された。江戸中～後期には『傷寒論』(『張仲景方』)を奉じる古方(古医方)派が主流となった。　　（小曽戸　洋）

かんぽうてい【咸豊帝】

1831(道光11)～61(咸豊11)。清の第9代皇帝。在位1850～61。名は奕詝。廟号は文宗。諡は顕皇帝。道光帝の第4子。20歳で即位後まもなく太平天国の乱が起こり，一時南京に都するまでにいたったが，咸豊帝は，有能な漢人曾国藩・李鴻章・左宗棠らを登用し，太平天国は彼らの組織した湘軍・淮軍などの郷勇によって鎮圧された。一方，対外的には，1856(咸豊6)年，アロー号事件を契機にイギリス・フランスとの間に第2次アヘン戦争が勃発し，1860年，英仏連合軍は北京に入って，円明園を焼き払った。咸豊帝は熱河に逃れ，交渉を託された恭親王奕訢は，同年，1858年の天津条約に引き続き，北京条約を締結した。これらの条約によって，外国使節の北京常駐，キリスト教布教権，内地旅行権などが新たに認められ，以後の不平等条約体制の基礎をなした。咸豊帝は北京に戻ることなく，1861年，皇位継承者も指名しないまま熱河で没した。清史稿20

　　　　　　　　　　　　　　（村尾　進）

かんぽうふ【韓朋賦】

敦煌文書中に残る，2000字余りから成る四六句の韻文で，唐代説唱文学の賦・俗賦と言われる形態の作品。作者不詳。早くは『捜神記』に見える民間の韓凭伝説に取材する。春秋時代，宋に仕える韓朋は妻を王に奪われ失意の中に死ぬ。后にされた妻は王に韓朋の埋葬を願い，その墓穴に飛び込み後を追う。分けて埋葬しても墓からは連理の樹が生え，切り倒すと鴛鴦となって飛び去ったというもの。　　（笹倉　一広）

かんほうほんないでん【漢法本内伝】

仏教の道教に対する優位が，中国への仏教公伝である後漢明帝の時代から定まっていたことを主張する仏教擁護の偽書。『漢顕宗開仏化法本内伝』あるいは略して『法本内伝』とも言う。その内容は次の5章で構成されている。明帝得夢求法品第一，問法師仏生滅品第二，与道士比校度脱品第三，明帝大臣等称揚品第四，広通流布品第五。唐初期の護法家である法琳の「破邪論」や道宣の『広弘明集』『集古今仏道論衡』，玄宗期の智昇の『続集古今仏道論衡』，あるいは道宣と同世代の道世の『法苑珠林』等に引用がなされ，後世の仏教史家に大きな影響を与えた。南北朝以来の道教と仏教との論争を背景として作成され，数多くの道教典籍名が使用される等，史料的価値は高い。ペリオ将来の敦煌本に数種の関連写本が存在し，その内容の特色や成立の背景等について比較研究が進められ，おおよそ成立の上限は南北朝後半，下限は隋から唐初期にかけてとされるが，定説はない。　　　　　　（大内　文雄）

かんぽん【監本】

国子監で校訂・刊行した典籍の称。国子監刊本の略。国子監は，中央の国立大学に相当する官署。唐代にその制度が確立し，清代までその制度に差異はあるが，各王朝にあった。監本のはじまりは，五代後唐の宰相馮道が刊行させた『九経』とされる。明代では，北京・南京両京に国子監がおかれ，それぞれに典籍の刊行をおこない，北京で刊行したものを北監本，南京のものを南監本という。　　　　　　　　　　（梶浦 晋）

かんぽんざつげき【官本雑劇】

宋雑劇の一種。南宋の周密『武林旧事』10には「官本雑劇段数」として宋の雑劇280篇の名を記す。これは宋の雑劇目録としては唯一の資料であり，その劇に用いる楽曲名を載せるものが多いため貴重な資料となっている。王国維は早くからこれに注目し，『宋元戯曲考』の第5章「官本雑劇段数」で「今わずかにその演目を存するのみといえども，以て両宋戯曲の大概を窺うことができる」とその資料的価値を最大限に評価する。王はここでその音楽的系統を詳細に調査しているが，それによると，280篇のうち歌唱旋律の来源がわかるものは「大曲(歌を含む大型楽曲)を用いるもの103，法曲を用いるもの4，諸宮調を用いるもの2，普通の詞調を用いるもの35」である。大曲系統のものが圧倒的に多数であることが窺えるが，ともかく半数以上の劇が役者によってうたわれる中国伝統演劇の様式を備えていたことを知る。また，「雑劇『呉師賢』が退場すると，『君臣賢察』をやり，『万歳声』を断送する(歌をぬいた素囃子で演奏する)」「雑劇『周朝清』が退場すると，『三京下書』をやり，『堯池遊』を断送する」(『武林旧事』1・天聖基節排当楽次)などの記述から，当時これらの劇が行われていた様子を窺い知ることができる。また，「酔花陰爨」「三十拍爨」「木蘭花爨」等，「爨」のつく演技形式が全部で43本載っている。元の散曲『荘家不識勾欄(いなかものしばいごやをしらず)』では「爨し終わりて么(雑劇)を撥す」との記述が見られる。田仲一成はこれについて，爨とは「すり足で小きざみに歩き，または跳ねる動作」であり，「爨体は(中略)物語を演じるというよりは儀礼動作に近い舞踊演技であり，宗教儀礼と芸能演劇の中間混合形態であったといえよう」と言う(『中国祭祀演劇研究』)。演劇の発展過程を知ることができる貴重な資料である。官本とは明代の「内府本」，清代の「昇平署本」同様，宮廷用テキストの意味と考えられる。　　　　（日下 翠）

かんむぐほうせつ【感夢求法説】

仏教初伝説話の一つ。仏教が初めて中国に伝来したことを語る伝説の中で最もよく知られた話が後漢の明帝(在位57～75)にまつわる「感夢求法説」である。『後漢書』西域伝によれば，明帝は夢に金人を見て，光明を放つ金人が仏であることを知る。明帝は使者を天竺に派遣して仏法をたずねさせ，中国で仏の形像を描かせたという。明帝の夢が発端となるこの話が感夢求法説の原型であるが，話は仏教初伝説話として次第に潤色が加えられていく。『牟子理惑論』では明帝の使者の中に，前漢の武帝のとき大月氏国に派遣された張騫の名があげられ，大月氏国で『四十二章経』という経典を写し洛陽に持ち帰らせたことが語られている。さらに，洛陽に仏寺が建立されたことや城門の上に仏像が作られたとの話も付加されている。南朝梁代に作られた慧皎の『高僧伝』になると，空を飛ぶ金人の夢を見た明帝が天竺へ仏法を求めさせた話にインド僧が登場してくる。蔡愔を代表とする使者は天竺で摂摩騰という僧にめぐりあい一緒に中国へ帰る。摂摩騰は洛陽で『四十二章経』を翻訳し，彼が居住していたのが白馬寺であると記されている。白馬寺が中国最初の仏教寺院という伝説は感夢求法説の中から生まれるのである。『高僧伝』は摂摩騰伝のすぐ後に竺法蘭伝を載せ，天竺で蔡愔と出会った竺法蘭という僧が摂摩騰に引き続き洛陽にやってくることを述べ，ここでも『四十二章経』の翻訳のことが語られている。この感夢求法説は史実ではあり得ず，『四十二章経』という経典も，中国で作られたとみなされる。感夢求法説が生まれた背景として，漢の明帝の時期に仏教が中国に伝わったという伝承を明帝に結びつけ，仏教と国家との関係を強調しようとしたことが考えられる。中国で初めて翻訳された経典，中国に初めて来たインドからの仏教僧，そして中国に初めて建立された仏教寺院など，中国への仏教初伝に関する事項を明帝という皇帝に帰することを目的として生み出された伝説，それが感夢求法説である。　　　　　　　　　　　　　　（入澤 崇）

かんむりょうじゅきょう【観無量寿経】

『阿弥陀経』『無量寿経』とともに浄土三部経の一つ。南朝宋の424(元嘉元)年，建業(南京)に来た西域出身の畺良耶舎(Kālayaśas.『高僧伝』3)訳，1巻。梵本もチベット訳も存在せず，ウイグル語訳は漢訳からの重訳なので，もともとインド成立ではなく，中央アジア成立説も合わせて中国で編集されたとする説が有力である。特に主役の仏の名が，経題で梵語Amitāyusの意訳語「無量寿」，序章では同じ語の音写語「阿弥陀」，主文前段は「無量寿」，後段は「阿弥陀」，そして終章で「無量寿」と，一つの原本からの翻訳ではありえない形で使い分けられていることが，中国編集説の主たる根拠になっている。

釈尊在世時の王舎城を舞台に，王位を望んだ王子阿闍世(Ajātaśatru)に幽閉された父頻婆沙羅(Bimbiśāra)王に，王妃韋提希(Vaidehī)がひそかに食物を運び，ために我が子阿闍世に幽閉されて嘆き悲しみ，憂悩の無い世界である阿弥陀仏の極楽世界に生まれる法を釈尊に問うまでが序章で，それに対する釈尊の答えがこの経の主文を成す。

主文は16の観法にわかれ，前段の13観では西方極楽世界および無量寿仏(阿弥陀仏)と観世音(観音)・大勢至の2菩薩を観想するための13段階の観法が説かれ，後段の3観では衆生の資質や修行の優劣による，上品上生から下品下生までの9通り(九品)の極楽往生の法が詳細に説かれる。ここに説かれる極楽の様相，臨終の際の阿弥陀仏来迎の情景，極悪人さえ極楽往生がかなう「南無阿弥陀仏」の称名の教えなどが，末法到来におびえる人々の心を強く動かした。

当初は主文前段に説く念仏三昧が経の主題と理解されたが，7世紀に善導が『観無量寿経疏』を著し，後段に説く称名念仏こそが本経の趣旨であると主張して以来，極楽往生を願っての称名が世に広く迎えられた。この経に基づいた極楽変相図が敦煌に数点残り，同じ系統の当麻曼荼羅や臨終来迎図が日本に流行したことからも知られるように，この経が在俗の人々の死生観に与えた影響は大きい。

(山田　明爾)

かんむりょうじゅきょうしょ【観無量寿経疏】　『観無量寿経』の注釈書。『観経疏』『観経四帖疏』ともいう。4巻。唐の僧，善導の著。善導ははじめ各地に法を求め，師を訪ねていたが，石壁玄中寺の道綽教団に出あい，念仏弥陀の浄業に帰した。善導はその主著である本書において，口称念仏を修することによって，罪悪生死の迷える衆生もことごとく阿弥陀仏の浄土に生まれることができることを強調した。読誦・観察・礼拝・称名・讃歎供養の5つの往生の行のうち，特に4番目の称名正行を浄土往生の正定の業として確立したのは善導浄土教の大きな特色である。そしてこの称名念仏の実践には，念仏する者の心がまえともいうべき，至誠心・深心・廻向発願心の3つの心を具えることが必須であると説く。この心を具足して念仏する時，阿弥陀仏の本願の救済力により浄土往生が可能になるという。この善導の口称念仏は，日本の法然の浄土宗開創に極めて大きな影響をあたえた。

(鵜飼　光昌)

がんもんかん【雁門関】　山西省忻州市代県(北の大同市と南の太原市のほぼ中間。もと雁門郡)の句注山(西陘山)上に置かれた関所の名。雁塞ともいう。戦国時代の前5世紀以降，山上に関所が設けられたが，雁門関の名の記載は，北朝北魏の419(泰常4)年に始まる(『魏書』108)。両側に戦国趙の長城があり，古来，おもに北方民族(匈奴・突厥・モンゴルなど)の侵入を防ぐ戦略拠点となる。残存する雁門関は，明清期のもの(隋唐の旧関の東北約5km)である。

(植木　久行)

かんゆ【韓愈】　768(大暦3)〜824(長慶4)。中唐の文学者・思想家。河南河陽(河南省)の人。字は退之，諡は文。同じ韓氏の中でも名門の一族の出身地を借りて韓昌黎，吏部侍郎に至ったことから韓吏部，諡によって韓文公などと称され，その文集は『昌黎先生集』と呼ばれる。中唐を代表する文学者として白居易とともに韓白と称され，また柳宗元とともに韓柳と称される。名族の出ではなく，父韓仲卿は地方官を歴任したにとどまる。その父を3歳で亡くし，長兄の韓会に引き取られたが，韓会も亡くなって兄嫁に育てられた。792(貞元8)年に至って進士登第。そのあと吏部の博学宏詞科には落第を重ね，不遇のなかで孟郊らを知った。宣武節度使董晋，続いて張建封の幕下に加えられた。都に戻って四門博士の任を得，監察御史に移った時に陽山県令(広東省)に左遷されたが，ちょうど朝廷で王伾・王叔文が権力を振るっていた時に僻遠の地に出たためにその一派に巻き込まれずに済んだことが，柳宗元・劉禹錫の政治運命と異なる。憲宗の即位ののち，召還されて国子博士に任官。のちに淮西の呉元済討伐に際しては主戦派の裴度に与し，行軍司馬として従軍。その功で刑部侍郎に昇進。819(元和14)年，憲宗が仏骨を迎えることに反対した上奏が逆鱗に触れ，潮州刺史(広東省)に左遷されたが，のちに都に復帰，兵部侍郎，吏部侍郎を歴任して長安に没した。官位を上げるたびに物議をかもして降格されるという浮沈を繰り返し，官界における処世は巧みとはいえないが，晩年はほぼ恵まれたといえる。

文学・思想いずれにおいても，中唐の新しい動きを唱導した代表的な存在であり，それは宋代以降の流れを切り開くものとなった。なかでも特記すべきは古文の提唱である。六朝期以来，しだいに形式を整えてきた駢文は唐代には最も通行する文体になっていたが，それに抗し，漢以前の自由な散文を提唱し，実践した。それはこの時代の新しい精神が修辞性の強い駢文では表現しきれなくなったことの必然であった。古文の提唱と関わって，儒家の道統を唱えたのはのちに宋学の勃興を促すことになった。韓愈の古文を慕って蝟集した，いわゆる韓門弟子を育て，文学の世界で一派を形成していたことは，同じく古文を唱え儒家の道を尊崇した柳宗元が僻遠の地で孤高の営みを続けたのと異なる。古文は

晩唐，五代に至って下火となるが，宋代に再び復古が唱えられ，欧陽脩・蘇軾といった古文の優れた書き手を得てのち，文学の文体としても20世紀初頭の文学革命に至るまで，主流の地位を占めた。

詩は「文を以て詩と為す」と宋人に称されたように散文的な性格をもつが，終南山を執拗に描出した長篇『南山』詩など，文学の因襲を逸脱する試みに挑んでいる。『石鼓歌』はその時代の石鼓文への関心を反映している。従来は詩には取り上げられなかった題材を敢えて詩に持ち込んだり，定型的な表現を崩したり果敢な表現活動を展開した。旧唐書160，新唐書176　　　　　　　　　（川合 康三）

かんよ【堪輿】
風水の別称。『漢書』芸文志・五行類に「堪輿金匱十四巻」と出ているのが最も古い用例。一説に，「堪」は天の道，「輿」は地の道という（『淮南子』天文訓，許慎注）。本来は風水ではなく，択日（日選び）を意味した。後漢の王充の『論衡』譏日篇に「堪輿暦」という語が見えており，孫人和がこれに注して，「古代，堪輿はわずかに択日の用をなすのみであり，葬暦（墓地風水）・図宅術（陽宅風水）とはもとより別のもの」とするのが正しい。『隋書』経籍志・五行類でも，「堪余（＝堪輿）」をタイトルに含む10種もの書物は，『宅吉凶論』や『五姓墓図』などの風水書とは別のところにグルーピングされている。「堪輿」という語が後世，風水の別名になったのは，風水が地の気の影響力（龍脈等）と天の気のそれ（択日等）との総合の上に成立した時，後者の用語である「堪輿」がそのまま転用されたという可能性が考えられる。

（三浦 國雄）

かんよう【官窯】
宮廷用の陶磁器を焼く窯，またその製品をいう。民窯に対する概念である。官営の陶磁窯が置かれた場合と，民窯に注文して宮廷用の器物を焼かせた場合の二通りがある。宮廷の注文による陶磁器製作は早くから行われていたと考えられるが，唐以前は官営の陶磁窯に関する記録を見ることができない。南宋の文献には北宋の宮廷が置いた官窯について述べられているが，その実像は明らかでない。南宋の官窯は窯址が確認されており，青磁が焼かれている。明・清には景徳鎮に官窯が置かれ，御器廠（御廠・御窯廠ともいう）とよばれた。民窯とは一線を画する官窯独自の様式が確立されるとともに，明の宣徳（1426-35）および成化（1465-87）以降は年号を記した銘が入れられるようになった。明後期になると，民窯に委託して官窯器を焼造させる官搭民焼制が一般化した。清の官窯では宮廷から派遣された有能な督造官のもとで，高度の技巧をこらした製品が作られた。　　　　　　（今井 敦）

かんよう【咸陽】
戦国中期から統一期における秦国の都。都城としての歴史は前350年に秦の孝公が西の雍から遷都したことに始まる。咸陽という名称は，山の南で河の北，すなわち山・河「咸な陽」という立地条件に由来する。その名の通り，都の最初の中心は今日の陝西省咸陽市東方の渭河（渭水）北岸，涇河との合流地点にあったが，やがて南岸へと拡充されて，始皇帝時代には河をまたいだ都城となっていた。前206年，攻め込んだ項羽の放った火によって建築物の大半は灰燼に帰したが，南岸にあった離宮の一部は延焼を免れ，漢の長安城へと継承された。1959年以来，咸陽市窯店鎮一帯を中心に発掘調査が進められており，宮殿と思われる大型建築物の基壇や小型墓，陶窯，井戸などのほか，馬車や衛士を描いた壁画の断片も発見されている。発掘成果は2004年刊行の陝西省考古研究所編著『秦都咸陽考古報告』に詳しい。なお，咸陽を囲む城壁は今に至るも確認されず，城壁をもたない都城であった可能性が高い。　　　　（籾山 明）

かん・り【官・吏】
中国史上にあって官吏の語は，現在と同様に官僚一般の呼称の場合と，位階をもつ正式の官と役所の下働きである吏を峻別した上での総称として使用される場合があった。魏晋までは官と吏は同じく官僚を意味したが，やがて両者は分離し始め，胥吏制度が確立した宋以降，告身・官服を有する官と農民の労役が専門職化した吏（胥吏）は全く別の存在となり，その社会的地位は隔絶した。しかし官は，現場に精通する胥吏を必須としていた。　　　　　　　　　　　　（近藤 一成）

がんりがくは【顔李学派】
明末清初の思想家・顔元を鼻祖とする学派。顔元およびその高弟・李塨の名をとって顔李学派と称する。代表的学者としては，このほか，王源・程廷祚が挙げられる。

仏教や道教に反発するのは儒教系統の学派として当然であろうが，それにも増して強い反理学的・反形而上学的傾向を有し，実際問題に即しての実践躬行の重視を特色とする。清末以後，章太炎・梁啓超・胡適らによって再評価される。　　（村瀬 裕也）

かんりゅう【韓柳】
→韓愈，柳宗元

かんりんがくし【翰林学士】
官職名。唐の玄宗の開元年間(713-741)に詔勅の起草を掌る中書省の職務が繁忙になっていたことを理由に翰林院を設置し，翰林供奉を任命してその職務を分掌させた。738(開元26)年，改めて翰林学士院を置き，翰林学士が任用された。翰林学士自体は品階を持たず，他に官を有する者が兼官として就いた。翰林院

や翰林学士院は皇帝直属の機関であり，皇帝権の強化に伴って，文才の士を近侍させ，皇帝の秘書的な存在として機能させる目的があったと考えられる。9世紀初頭の憲宗皇帝の時代に学士承旨が置かれ，学士の首席的な役割を果たした。詔勅の中でも外制(宰相の命により起草される詔)を担当する中書舎人(あるいは知制誥)に対して，翰林学士はより重要度の高い内制(皇帝直属の詔)を担当するとされるが，唐代においては厳密には区別されていなかった。皇帝側近として重用され，特に学士承旨は軍事などの機密に関わることも多く，宰相にも匹敵するポストとして内相と称された。実際，学士承旨から宰相へと遷転した例は多い。宋代に至ると，翰林学士(内制)と知制誥(外制)の担当の区分が明確になり，両制と称された。その清要の官(地位が高貴で要職)としての地位に変わりなく，後に宰相や副宰相に就任する者の多くは翰林学士の経験者であった。元代には金の制度を承け翰林国史院が設けられ，史書の編纂にも関わるようになり，中書舎人の廃止に伴い詔勅の起草を一元的に掌った。明代になると翰林院と改められたが，内閣が内制を担当するようになったため翰林院は外制を担当し，職務上の重要性は低下した。但し，人材養成の場としての機能は果たしており，科挙合格者の中でも最優秀の者が翰林院修撰や翰林院編修として任命された。

(松浦 典弘)

かんりんとがいん【翰林図画院】 →画院

かんれい【冠礼】 青年男子が冠を着けて行う成人式。『礼記』曲礼上には「二十を弱と曰い，冠す」とあるが，実際には10代から行った。その儀式は『儀礼』士冠礼では，黒い麻布の緇布冠をかぶる初加，白い鹿皮の皮弁をかぶる再加，赤や黒の麻または糸の爵弁をかぶる三加や，字をつける字辞などから成る。実際には，冠の種類や飾りは王朝や身分によって相違する。漢の皇帝は高祖廟で行い，加元服ともいった。魏晋以後，皇帝の場合は一度だけ冠をかぶる一加となり，南朝の宋では皇太子も一加，隋では皇太子は二加であった。唐の『大唐開元礼』では皇帝・皇太子ともに加元服の礼があり，皇帝は冕という冠のみの一加，皇太子は緇布冠・遠游冠・冕の三加で，ともに太極殿で行ってから太廟に謁した。宋では皇太子の冠礼は三加であったが皇帝の事例はなく，明で再び皇帝一加，皇太子三加となった。民間の冠礼は唐には廃れ，宋や明でも復活が図られたが実効性はなかった。

(金子 修一)

かんれい【漢隷】 漢字の書体の一つで，『礼器碑』や『曹全碑』など後漢の碑に一般的に見られる。篆書の実用書体として発達した隷書は，紙の発明前には穂先の硬い筆で竹簡や木簡に書いたため，最後の筆画が自然と波形になった。これを秦隷，または古隷というのに対して，前漢末期あたりから，横画や右払いの筆画に意図的に装飾的な波勢(「波磔」)をつけた様式の書体が使われるようになった。これを「八分」といい，また漢代に流行する隷書の書法であることから「漢隷」という。

(阿辻 哲次)

かんれいじげん【漢隷字源】 南宋の文字学書。6巻。婁機(1133～1211)。嘉興〔浙江省〕の人，字は彦発)の撰。楷書の起源は隷書にあり，正しい字形を知るにはまず隷書の字形を知るべきであるとの観点から，漢から晋代の石碑に使われている隷書の字形を集め，それを韻別に配列する。収録する漢碑は309種，晋碑は31種に及び，巻末に各碑について製作年月・所在・書写人名などの考証を付す。隷書研究の基本的資料として，今も一定の価値をもつ。

(阿辻 哲次)

かんろくじしょ【干禄字書】 唐の文字学書。1巻。顔元孫撰。元孫の伯祖，顔師古が五経校定の際に字体の規範を定めた『顔氏字様』および杜延業がそれを増補した『群書新定字様』を修訂して編まれた。「禄を干める」とは，文字の正確な運用が官史になり俸禄を得るための要件であることからの命名である。文字を正しく運用するための実用書なので，音・義の注釈は収録字の1割強を占める形の似た異字を区別するためにのみ付され，9割弱は異体字の俗(帳簿・公文書・契約書・処方箋などにのみ使える俗字)・通(上奏文・手紙・判決文には使える慣用字)・正(著述・科挙の答案・石碑に使用すべき正しい字)の三体の別の注記に割かれる。約1600字を収録し206韻の順に配列する。774(大暦9)年，元孫の甥の顔真卿が湖州刺史のとき浄書し石に刻ませてより(湖本。839〔開成4〕年，原本の残欠により楊漢公が模刻)広まり，南宋初には字文時中が成都で模刻し(蜀本)，南宋の1257(宝祐5)年に陳蘭孫が湖本により木版印刷した。清順治年間(1644-61)の宛委山堂本・1707(宝永4)年の和刻本が善本とされる。

(森賀 一恵)

かんわ【官話】 中国語方言の一種。官話方言とも。漢語方言学では1988年刊『中国語言地図集』以来現代漢語を10の大方言区に分類するが，官話は分布面積と使用人口において最も多数を占める。主な分布地域は中国北部と西南部の大部分であり，中華人民共和国の約4分の3に及ぶ。下位方言とし

て北京官話・東北官話・冀魯官話・中原官話・蘭銀官話・膠遼官話・西南官話・江淮官話が立てられるが，中古入声字の声調分化が分類の基準とされることが多い。①中古全濁声母字が平声では無声有気音，仄声では無声無気音として現れる，②声調数が3つか4つである，など音韻面では一致性が強いものの，江淮官話には声母や韻母の音価，声調数などで異なる姿を呈する地点が目立つ。また，『中国語言地図集』で官話から分けられ新たな大方言区として立てられた晋語の帰属については，議論が続いている。一方，普通話(中華人民共和国の国家語)や国語(中華民国の標準語)は官話を基礎方言としているが，明清期には官話は官員が使用したことで共通語としての地位を固めつつあった。ヴァロ(Francisco Varo)や*モリソン(Robert Morrison)などキリスト教宣教師の著作には当時の江淮官話，特に南京方言と思しき特徴を反映するものがあるが，19世紀中期には規範としての地位は北京方言に移った。なお，「官話」という語は，朝鮮資料である『李朝実録』成宗14年に見えるのが早期の例である。

(吉川 雅之)

かんわごうせいじぼ【官話合声字母】 清末の漢字拼音化方案の一つ。1900(光緒26)年，*王照により考案。日本の仮名に倣い漢字の一部分を取り出して作られ，漢字筆画式の形式では最も早く考案された字母である。標準となる語音は官話音。50の声母と12の韻母からなり，反切を改良し，声母と韻頭をまとめる2字綴り構成がとられている。王照は官話合声字母による新聞『拼音官話報』を刊行し，自ら字母の普及に努めたが，この新聞が法に触れ，1910(宣統2)年，官話合声字母は摂政王により禁止された。しかし，10年間の普及活動により13省に広まる。官話合声字母の考案目的は，王照の『出字母的縁故』によれば漢字の廃止ではなく，ルビとして使用し非識字者の学習の助けとすることとある。

(三木 夏華)

かんわほうげん【官話方言】 →官話

き

き【気】 主客を峻別した上で，客体としての物質からなる存在世界を構想するまなざし(たとえば近代西欧科学のそれ)と異なり，世界を間断のない流れの現れとしてとらえるまなざしが中国にはある。そうした「気のまなざし」のもとでとらえられる連続的流体を気という。現れた事象を認識する働きも，また人の体内の気の現れであるから，気の思想と主客二元論は相容れない。事象は，目に見えない気の流れが形作る仮の位相であり，客観的に「在る」とはいえない。といってこれは，仏教のように世界を「空」とみなすのでもない。本来見えない気が，密度を高めると気体・液体，あるいは固体として形象化し，またそれらの密度が低くなると見えなくなるというのである。新儒教において，こうした気概念は，仏教の空観に対抗する有力な武器であった。

気のような概念が中国に現れるのは，古代からのことである。風のような概念も，そうしたものの一つといえる。風字の古体「鳳」は，それが自然エネルギーであり，かつ霊的な鳥の神秘的はばたきであることを示している。この霊性と自然力という二つの位相は，そのまま気概念にひきつがれている。気という文字に即していえば，それはたなびく雲や，炊きあがった米の蒸気のような「わきあがる流れ」の形象化である。古い文物や図像の分析から，更に進んで，太陽や月といった霊的天象がはなつエッセンスやエネルギーを，気概念の原形として想定する論者もいる。

文献的には，素朴な形の気概念が，『*左伝』や『*論語』などに散見するのが，古い例といえる。ただ，広く行きわたるのは戦国時代中葉以降である。『*孟子』には，人の道徳的こころが，宇宙大に拡大する様を，「浩然之気」として語る文章があり，『*荘子』や『*管子』には，広く自然現象や人のこころの働きを，気の現れとしてとらえる思考がみられる。また『*老子』は，「道から生ずる一気」という根源的気の概念を説き，やがてそれは後漢時代に元気という形而上的概念を生む。この形而上化は，次第に道と気を一体とみるレベルにまで進むが，徹底せず，北宋以降になると，逆に気を形而下に限定し，理という形而上概念と対立させる理気二元論が広まる。東アジア近世の気論は，多くこの延長上

に論じられる。現代中国における気の復権は，まず医学気功などから始まり，偉大な父性であった毛沢東没後の心理的空白を埋める伝統的エトスとして，大衆のこころをとらえていく。他方欧米では，近代の閉塞状況に対抗する異文化趣味の一つとして，気がもてはやされている。

　一元的な気概念は，それのみだとあらゆる事象を説明しきれない。そこで陰陽や五行，更には寒熱・虚実・正邪といった多様な位相を表す下位カテゴリーと共に用いられることが多い。ただしそれらはもともと一元である気の仮の位相を語るものであり，陽気とか陰気という固定的実在を考えているわけではないことに注意したい。　　　　（石田　秀実）

き【鬼】　死者，もしくは死者の霊魂。また，広く天地山川の精霊をいう。鬼の字は，甲骨文字では𢑓と書かれ，これは頭に大きなかぶりものをして死者の霊魂に扮した人の姿をかたどっている。鬼の定義としては，『説文解字』に「人の帰する所を鬼と為す」とあるように，鬼と帰の音通を用い，人が死後に帰着するものという説明がなされる。鬼は神とともに超越的な存在と考えられて祭祀の対象とされた。鬼と神がそれぞれ一字で用いられる場合は，天神・地祇・人鬼という言葉があるように，鬼は主に死者の霊魂，神は天の神などの自然界の霊的存在を指す。しかし，実際には鬼と神の区別がはっきりしないことがしばしばあり，鬼神という熟語で呼ばれることも多い。

　死者の霊魂としての鬼は，血を分けた子孫の手で祭られることによって安住の地を得て子孫に幸福をもたらすが，祭られない鬼もしくは非業の死を遂げた者は悪鬼となって生者に憑依し祟りをなすと恐れられた。死者の霊魂としての鬼，とりわけ，祖先の霊魂に対する畏怖と敬慎の情から起こった祖先祭祀は，中国においては政治・倫理思想とも結びついて，きわめて重要な問題とされ，儒教では，天地の神を祭る郊祀と並んで，祖先の霊を祭る宗廟の礼が，皇帝制を支える国家祭祀の二本柱として重視された。その反面，儒教では鬼(鬼神)の存在そのものについては，孔子以来，懐疑的な態度をとり，儀礼として祖先祭祀を重視することとの間の矛盾をどのように説明するかが重要な問題となった。この問題について朱子が説いた議論，すなわち，鬼神とは屈伸往来する気のことであり，人は死ぬとその気は分散するが，子孫がまごころを尽くして祭れば，同類の気どうしの感応がおこって祭祀の場に祖霊が招き寄せられるという考え方は，その後の中国および江戸時代の日本の思想界に大きな影響を与えた。

　鬼(鬼神)についての哲学的な議論とは別に，民間では，鬼を実体的なものとして捉え，鬼に関するさまざまな話が伝承・記録されてきた。各時代の小説類には，死者が集まると考えられた泰山の冥府の話や死者の再生譚など，鬼に関する話が多く見える。また，初期道教教団の五斗米道(天師道)が鬼道と呼ばれたことからわかるように，道教はその成立の当初から鬼の観念と深い関わりがある。道教経典には，病気をもたらす悪気である鬼を防ぐための呪術的な方法を説くものが多くある。また，仏教の輪廻転生の思想の影響を受けて，六朝後半期には，道教でも死者救済が重視されるようになり，鬼にも昇仙の道が開けていると説かれ，死者供養のための儀式が整備されていった。中国仏教において，インド仏教とは趣を変えて，祖先供養が強調されるようになったのも，孝を重視し祖先祭祀を重んじる中国の宗教的風土とその中で育まれた鬼(鬼神)の観念が関与している。　　　　　　　（神塚　淑子）

き【簋】　やや深い鉢状の身に圏足(円形の高台)が付いた容器。穀物を盛るための器とされる。銘文中には「䢼」と自銘するが，これを文献中の「簋」とみなし，簋と呼称することも多い。青銅の簋の多くは一対の把手を持つが，蓋を有するものや圏足下部に3足・方台を付けるものなど各種がある。また同形の土器も簋と呼ばれる。青銅の簋は殷墟期に出現し，西周〜春秋時代に鼎とともに主要な彝器を構成したが，戦国時代以降の出土例は少ない。　　　　　　　　　　　　　　（角道　亮介）

き【幾】　物事の動き出す微細なきざし。『易経』繋辞伝に「幾とは動の微」というのがもっとも伝統的な訓であり，東晋の韓康伯はこれを敷衍して，無から有の状態へと移行する際の，まだはっきりとした形をなさない状態をいうとする。動的局面へと移行するそのような瞬間点を察知しうるのが聖人君子であることも『易経』繋辞伝に見えるが，この発想を士大夫の自己修養に応用したのが宋代道学であった。北宋の周惇頤は『通書』誠幾徳章や思章で，幾を善悪の分かれるきざしとし，程頤は「哲人は幾を知る。之を思に誠にす」(『四箴』動箴)と述べて，いずれも心意識における幾の意義に注目している。これに続いては南宋の朱子が，自己の意識のかすかな動きをたえず反省点検するという「慎独(独りを慎しむ)」の実践のなかに位置づけた。そのことは『中庸章句』第1章に「跡は未だ形われずと雖も幾は則ち已に動き，人は知らずと雖も己れは独り之を知る。……是を以て君子は既に常に戒懼し，此に於て尤も謹みを加う」とあることからわかる。　　　　　　　　　　　　　（吾妻　重二）

き【器】　→道器

き【鬹】 上部容器に流状の注ぎ口と環状の把手をひとつ付し，胴下部に3足を配した土器の総称。3足は，鬲のように中空につくられる場合と，鼎のように中身の詰まった実足仕立てのものと，両者を有する。鬹はもっぱら，新石器時代に土製品として製作された器であり，土製の鬹を模した青銅製品は今日に至るまで発見されていない。鬹の製作の中心地は，東部沿海地方にあった。

(小川 誠)

ぎ【偽】 *荀子の用語。偽は古くは為と音が近く，人為・作為の意。荀子によれば，人の性とは人の自然のままの性質であり，それは感情・欲望として機能するから，社会規範に合致しえず，その意味で悪であり，かかる性を持つ人が善となるためには，偽すなわち作為としての教導・学習が必要だとされる。社会規範の中心をなす礼も，聖王の偽の所産とされる。しかも荀子が，偽の源泉は性の内面の心にあるとしたのは，彼の儒家的理念への執着を示すものである。

(内山 俊彦)

ぎ【義】 思想概念の原義としては，国・家・集団等の社会関係の中で，状況に応じ社会的規範に合致した適宜な行動を取ることをいう。儒家の主要徳目として，「仁義」「仁義礼智」「仁義礼智信(五倫・五常)」の1つとして位置づけられた。他方，社会的関係また人間的関係における在るべき姿を求める概念であるから，様々な展開を見せる。忠義・信義・道義・礼義・義理・節義・恩義・義俠などの語はそれを反映する。

儒家の経書における義の教説としては，『論語』には「義を見て為さざるは勇なきなり」(為政)などと説かれるものの，「仁義」と併称されてはいない。ただ，「君子は義に喩り，小人は利に喩る」(里仁)と義・利を対立させたことは，義利の弁として後世に大きく作用した。「仁義」を強調したのは孟子で，「仁は人の安宅，義の正路」(『孟子』離婁上)，「仁は人の心，義は人の路」(同書，告子上)と併べ，社会の枠組みに応じてけじめをつける道理とした。「長を敬うは義なり」(同書，尽心上)と長上への尊敬から説く一方で，「君臣の義」を説く。また，四端の心として，「羞悪の心」を挙げ，人に具わる倫理的な恥の感覚から義への拡充を説く。性善説・良知良能説と相俟って，義の道徳説の形成上，焦点となる言説となった。

戦国時代，義を強調したものに墨家が存し，義のために献身を貫き身命を賭することを辞さずとした。墨家の義の重視は孟子に影響したと推せられるが，死を以て約すという結合原理としての義は，義俠として，秦漢を経て三国時代に大きく作用していろ。

六朝から唐代において，義は個人と王朝・体制との関係，個人と個人との関係において様々に問題にされたが，宋代とくに朱子学において，『孟子』の言説を基に，道徳原理として理論化が行われた。「義は宜の理」と定義し，普遍的な道義の発露が強く意識された。「君子の義合」を重視するとともに，その眼目として義利の弁別を掲げ，利を義の対立軸とし，私欲そして悪の源泉と見なして否定した。

(大島 晃)

ぎ【魏(戦国)】 前453〜前225。戦国時代の強国で七雄の一つに数えられる。春秋時代，周と同姓の畢万が魏(山西省)に封ぜられたのに始まるとされる。魏氏はのち安邑(山西省)に移り，晋の六卿の一つとして力を伸ばし，前453年に韓・趙とともに晋を実質的に三分して独立した。文侯(在位前445〜前396)の時，多くの人材を登用し，法家の李悝に国政改革を行わせて富国強兵に努めた。その後の諸王は東方に進出を企て，恵王は前339年(あるいは前362年)に大梁(開封)に遷都した。しかし，その後は秦の軍事的圧迫が強まり，しだいに領地を失って前225年に秦に滅ぼされた。韓の支配した領域には多くの商工業都市が存在した。恵王の時には重商主義的な思想家である白圭を登用しており，魏は都市の独立性を容認する商工業的な国家であった。しかし，このことは魏が秦に滅ぼされる要因の一つになった。

(江村 治樹)

ぎ【魏(三国)】 220(黄初元)〜265(咸熙2)。三国時代の一王朝。都は洛陽。初代皇帝は曹丕(文帝)。沛国譙県(安徽省)の大豪族出身の軍閥曹操が後漢の献帝を擁して，北中国を制圧，魏王に封ぜられ，後を継いだ子の曹丕が九品官人法(九品中正制)を制定した上で献帝の禅譲を受け即位した。魏建国に反発して独立した蜀・呉と対峙。明帝(曹叡)代，蜀の諸葛亮の北伐を防ぎ，遼東(遼寧省)の公孫淵を滅ぼす。明帝の死後は幼帝が相次ぎ，郭太后(明帝の皇后)を操り宗室の曹爽をクーデターで倒した司馬氏が実権を掌握，寿春(安徽省)での反対派の諸反乱や皇帝自身(高貴郷公曹髦)のクーデターを鎮圧した。263(景元4)年に蜀を滅ぼし，265年，元帝(陳留王曹奐)が司馬炎に禅譲，魏が滅び晋が成立した。文化面では，曹操の幕下の「建安七子」が五言詩を確立した。曹操の子の曹植は当代を代表する詩人である。正始年間(240-249)，何晏・王弼らが清談を始め，ついで「竹林の七賢」が登場する。

(福原 啓郎)

ぎ【魏(北朝)】 →北魏

ぎ【議】　文体の名。国政に関する問題を審議検討して，意見を朝廷にたてまつる文章。南朝梁の劉勰『文心雕龍』章表によれば，臣下が君主にたてまつる文を，秦以前はすべて上書と呼んだが，秦になって奏と称し，漢代には章・奏・表・議に分かれた。章は君恩を謝すもの，奏は罪状の告発，表は請願，議は異議申し立ての文という。『文心雕龍』議対では，議の名人として後漢の応劭，西晋の傅咸をあげている。奏と合わせて奏議と称されることもある。
（幸福　香織）

きあい【旗鞋】　清代の女性用のはきもの。高い木底のついたくつで，もともと満洲族は木を削ってはきものを作っていたという習慣を反映したものという。満洲貴族女性を特徴づけるはきもので，鞋底の中央部に 3 寸(9.6cm)あまりの高い木の靴底をもつものである。多くの場合靴底の周囲は刺繍やビーズで飾られる。靴底の形状によって馬蹄底鞋，花盆底鞋などとよばれている。
（相川　佳予子）

きい【褘衣】　翬(5色の備わった美しい雉)の文様がついた皇后の祭服。
　南斉では皇后の入廟服である桂襡大衣を褘衣と称している。また北周ではやはり皇后の祭服を翬衣としており，南北朝頃にこの名称が広まったものと思われる。唐の 624(武徳 7)年の服制における皇后の大礼服としての褘衣は，深青色の大袖の深衣形(衣と裳が連なったもの)であり，これに赤色をベースに 5 色で彩色した 12 羽の翬を描いた。下には素紗中単(白い薄ものの単衣中着)を着，蔽膝(前掛け)を掛け，革帯・大帯を締め，左右にそれぞれ綬と玉佩を下げ，襪・舄をはいた。命婦(女官)の大礼服は翟(尾長雉)文が付いたものでありこれは翟衣と称している。明代まで，皇后の褘衣は大礼服として着用され続け，色・文様等も変わりなく継承されたが，次第に華麗なものになっていった。
（増田　美子）

キームンこうちゃ【祁門紅茶】　安徽省祁門県で生産される紅茶。欧米では，キームン(Keemun)紅茶は，南のラプサン・スーチョン(正山小種茶)に対して，中国紅茶の北の代表とされるばかりか，ダージリン，ウヴァと並んで，世界三大紅茶に数えられることもある。蘭の香りに似た祁門香を特徴とし，キームンをベースにしたブレンドも多い。祁門の紅茶の歴史は比較的浅く，清末の 1876(光緒 2)年に余干臣が工場を設立し，紅茶の生産を開始したのが始まりといわれる。（高橋　忠彦）

ぎいろくぜっく【戯為六絶句】　唐の杜甫が詩を論じた七言絶句 6 首の連作。「戯れに六絶句を為る」と題されているように，正面から文学論を展開したものではなく気軽な詩評の体裁を取っているが，そのような評論としては，宋代に生まれ以後盛んになる詩話の淵源ともいえる。直接には金の元好問『論詩三十首』など，絶句によって詩を論ずる，いわゆる論詩絶句の最初のもの。その内容は庾信の北朝へ移ってからの詩を初めて評価するなど，斬新な見解に富む。
（川合　康三）

きいん【紀昀】　1724(雍正 2)～1805(嘉慶10)。清の学者。献県(河北省)の人。字は暁嵐，また春帆。号は石雲。諡は文達。1754(乾隆 19)年の進士。翰林院編修等の官を経て，1773(乾隆 38)年，『四庫全書』編纂のために四庫全書館が開設されると，劉統勲に推挙されて陸錫熊とともに総纂に任命され，その総指揮のもとに『四庫全書』は完成した。『四庫全書総目提要』200 巻とその簡略版『四庫全書簡明目録』20 巻は，ともに紀昀の筆になる。その学識は朱子学と清朝考証学の別にとらわれない該博さをもって高く評価される。戴震・銭大昕ら優れた学者とも親しく交わり，またよく彼らを援助した。『四庫全書』完成後は礼部尚書等の高官を歴任し，1805(嘉慶 10)年正月，協辦大学士に昇り，同年 2 月に卒した。晩年には筆記小説集『閲微草堂筆記』24 巻を著した。詩文は『紀文達公遺集』32 巻に収められる。『清史列伝』28 に伝がある。清史稿 320
（成田　健太郎）

きいんせいどう【気韻生動】　南朝斉の謝赫が『古画品録』で唱え，晩唐の張彦遠が『歴代名画記』で完成させた画の六法の中で，その第一にあげられる概念。元来，気韻生動とは，外面的写実を前提とする古代の人物画や道釈画において描かれる対象がもつ気韻が，生き生きと写し出されていることを意味し，六法における他の五法の完備によって実現されると考えられていた。しかし，中唐に発生した水墨山水画に対する朱景玄『唐朝名画録』の評論や，呉道玄の簡略体による筆法を至上とみなす張彦遠の見解には，制作における画家の主意性を評価する態度も垣間見られ，気韻の所在は，描かれる対象から画家に内在する精神性へと拡大した。北宋の文人士大夫層が絵画制作の新たな担い手として台頭すると，郭若虚は『図画見聞誌』において，気韻は師から弟子へ伝授できないと主張するに至り，気韻生動は徳の高い知識人の人格の発露へと意味を変じ，後世の文人画を支える理論的根拠となった。
（井手　誠之輔）

ぎうしゅう【疑雨集】　明末清初の詩人王次

回(名は彦泓)の詩集。4巻のうちに詩862首・詞2首を収める。書名が「雲雨の情」によることからもわかるように(他に『疑雲集』4巻，詩514首・詞10首もある)，ほとんどは男女間の艶っぽい関係をうたう「香奩体」の詩である。そのうち妓女の生態などをうたったものも多いが，31歳のときに亡くした妻への追憶や，孤愁をつづった情感あふれる作品にも見るべきものがある。日本では永井荷風の愛読書であった。　　　　　　　　　　　(松村　昂)

きえき【己易】 →己易

ぎか【羲和(人物)】　古代神話の神。『楚辞』や『淮南子』によれば太陽の乗る馬車の御者であるとされる。『書経』堯典によれば羲仲・羲叔・和仲・和叔の4人の総称で，それぞれ東西南北に分居して太陽をみちびき，天文と農業を治めるという。また『山海経』には，東南海の外に羲和という国があり，帝俊(舜)の妻である羲和という女神が住み，10個の太陽を生んで毎朝太陽を水浴させているとあり，いずれにしても太陽と関係のふかい神であると考えられていた。　　　　　(吉田　隆英)

ぎか【羲和(官職)】　堯の時代にあったとされる，暦象をつかさどる官。『書経』堯典・殷征にでてくる「羲和」は，儒教的な解釈では天文暦法をつかさどる官とされている。また『史記』暦書では，堯の前の顓頊の時代に重と黎に天地をつかさどらせたとした上で「堯復た重黎の後の旧者を忘れざるものを逐い，復たこれを典せしめて，羲和の官を立つ」とあり，「羲和」を官職の意に取り，暦を明らかにし天度を正したとしている。　　(長谷部 英一)

ぎがく【義学】　民間の教育機関の一つ。科挙制度の成立以後，学校教育の必要性は高まったが，官学の教育は空洞化していた。これを補完するものとして社学とともに成立したのが義学であり，宗族が主として経営に当たった。学費は不要だったが，教育内容は初歩的なものであった。経営は献金や義田の地租の運用によって行われた。都市・村落やギルドによって経営されるものもあり，官庁から助成金を引き出す場合もあった。　(中砂　明徳)

きがくきょくはい【器楽曲牌】　伝統劇で場景音楽として奏する器楽曲。声楽曲牌の旋律を器楽に転用したもの。現行伝統劇の器楽曲牌の大半は崑曲に由来し，名称や用法も崑曲を踏襲する。俳優が登場時に歌う引子や群衆(龍套)が斉唱する曲牌から器楽への転用も含む。たとえば，草創期の京劇は，新作の上演時に崑曲の斉唱用曲牌をそのまま歌うか歌詞を差し替えて用い，これを大字曲牌としたが，歌詞と台本の不一致などを理由に，一部が嗩吶で奏する器楽曲牌になった。崑曲以外に，各劇種の固有曲や民間器楽の移植曲もある。器楽曲牌は後述のとおり主奏楽器ごとに大別され，劇中で用いる文脈や曲調が異なる。各曲牌の用法には慣例があり，場面や役柄・動作に応じて一定の曲牌を用いるが，一つで複数の用途を兼ねる曲牌も少なくない。また，同じ曲牌を同じ楽器で演奏しても，速度や音域・調弦が変われば，情感など表現内容も微妙に変化する。以下に京劇を例に，器楽曲牌の用例を主奏楽器別に示す。①嗩吶曲牌。嗩吶の主奏に銅鑼や太鼓を交え，耳をつく大音響が特徴。「大開門」(「水龍吟」とも称す)：主将の陣営への登場や高官の参殿などで奏する，中庸な速さの威厳に満ちた旋律。「将軍令」「一枝花」ほか：開幕を告げる音楽「吹台」のほか，陣立てや送迎にも使う。「柳青娘」：立ち回りで多用する。嗩吶の旋律と打楽器群のリズム合奏が絡み合い，緊迫感を演出する。「尾声」：終幕をつげる。この他に，馬の嘶きや水音などの効果音も広義の嗩吶曲牌といえる。②笛子曲牌。横笛の曲笛で演奏する，崑曲からの移植曲。演奏は崑曲演目にほぼ限られ，往来や，掃除・更衣・見繕い・書状書き・宴会や舞踊伴奏などが主な用例である。「小開門」「春日景和」ほか常用曲は30あまり。③胡琴曲牌。擦弦楽器の京胡で主奏する。笛子曲牌の改編が多く用途もほぼ同じだが，擦弦楽器に特有な奏法の柔軟性が発揮される。「小開門」：反復自在な短い旋律のため，用途が広い。「万年歓」：夢や幻想，神仙に関連した無言劇の場面で多用する。『貴妃酔酒』で楊貴妃が「嫦娥のごとく月宮へ登り……」と歌った直後などがその好例である。「夜深沈」：崑曲『思凡』の曲牌「風吹荷葉唱煞」から改編され，尼僧が孤閨の身を嘆く「夜深沈，独自臥……」という歌詞から曲牌名がとられた。太鼓の技巧的なリズムを特徴とし，京劇では『撃鼓罵曹』の太鼓を打つ場面で最初に用いた。『覇王別姫』虞姫の剣舞伴奏はよく知られる。「柳青娘」「海青歌」「東方賛」：いずれも民間器楽に由来する軽妙な旋律。若い娘や書生を主人公とする小芝居でよく用いる。『拾玉鐲』で孫玉姣が針仕事や家事をする場面では，この3曲牌を連ねてコミカルな演技を強調する。④海笛曲牌。海笛は複簧の管楽器で，本来は笛子とともに崑曲を伴奏した。京劇では，梆子劇から移植した「娃娃」を除き，全て上記①〜③いずれかの移植曲である。　　　(尾高　曉子)

きかげんぽん【幾何原本】　ユークリッドの《Stoicheia(原論)》15巻の漢訳本の書名。前の6巻は利瑪竇(Matteo Ricci)口訳，徐光啓筆受(1607

年成書)。後の9巻は偉烈亜力(Alexander Wylie, 1815〜87)口訳，李善蘭筆受(1857年成書)。前の6巻は初めて西洋の論証幾何学を中国に紹介したものであり，同書の演繹主義が知識人に与えた影響を軽く見積もることはできない。
　　　　　　　　　　　　　　　　　(川原 秀城)

ぎかそん【魏華存】　252(嘉平4)〜334(咸和9)。西晋の女性。任城(山東省)の人。字は賢安。のち，茅山派(上清派)道教で重視される女仙となる。神仙としての名は，南岳魏夫人・紫虚元君上真司命南岳夫人。顔真卿の「魏夫人仙壇碑」などによれば，西晋の司徒魏舒の娘として生まれ，南陽の劉文に嫁して2児をもうけたが，一人で斎戒修道し，神仙の降臨を受けて『黄庭内景経』などの経典を伝授された。死後30年を経て，東晋の霊媒楊羲に降臨してお告げを授け，そこから茅山派道教が興起した。
　　　　　　　　　　　　　　　　　(神塚 淑子)

きき【窺基】　632(貞観6)?〜682(永淳元)。一説に，没年は683(永淳2)。唐の学僧。「基」の一字名が正しいと言われている。代郡(山西省)の人，相州(河南省)の人，あるいは長安(陝西省)の人ともいう。長安の大慈恩寺に住したため，慈恩大師と号せられる。俗姓は尉遅であり，その家系は中央アジア・ホータンに由来するであろう。伯父に鄂国公尉遅敬徳がいる。玄奘三蔵の高弟であって，玄奘の訳経に参画する傍ら，それに注釈を施し，師の伝えた教えを宣揚することに努めた。「百本の疏主」といわれるほど著作は多いが，『成唯識論』の解釈を定めた『成唯識論述記』，『成唯識論掌中枢要』ならびに，それに関連する諸論題を個別に詳しく検討した『大乗法苑義林章』が特に重要であって，法相宗の初祖と見なされている。彼の著作には，真諦三蔵系の唯識思想への強い対抗意識が見られ，真諦訳唯識典籍を厳しく批判しつつ，玄奘訳の正当性を主張している。彼はまた兜率天願生者でもあって，そのため毎月弥勒像一躯を造り，毎日菩薩戒一遍を誦していたと伝えられている。
　　　　　　　　　　　　　　　　　(山部 能宜)

ぎき【戯規】　①清代から民国期の劇団で，当日の上演演目を公布した器具。高さ約20cm，幅約30cmほどの黒い木の枠に，象牙や牛骨をけずって作った細い板をはめこんだもの。毎日その日の上演演目が確定したあと，この板に演目名を書き込んだ。②清代から民国期，演劇のために徴収した地方税の一種。例えば，1912(民国元)年の河北省塩山県では，県内の不動産売買商人が取引税の一部を「戯規」という名目で県に納め，城隍廟の演劇費をささえた(田仲一成『中国演劇史』東京大学出版会)。
　　　　　　　　　　　　　　　　　(加藤 徹)

ぎき【魏禧】　1624(天啓4)〜80(康熙19)。明末清初の文人。寧都(江西省)の人。字は叔子・冰叔。号は裕斎・勺庭先生。明の滅亡後には郷里の翠微峰に籠城し，また各地の遺民と手を結び，清朝に抵抗した。晩年，清朝から仕官の誘いを受けたが固辞した。特に散文に秀で，闊達な文体で書かれた『大鉄椎伝』は著名であり，日本の明治期にはよく読まれた。『兵迹』12巻など軍事関連の著作も多い。『魏叔子文集』33巻がある。『清史列伝』70に伝がある。清史稿271
　　　　　　　　　　　　　　　　　(早川 太基)

ぎきょう【疑経】　一般に真経(翻訳経典)に対する，真経に仮託した中国撰述の経典を指し，道教や民間信仰などをもとにした偽経とともに疑偽経典と称される。この概念が生まれたのは絶対的な釈迦への帰依，翻訳経典を釈迦の金口と信じて疑わない敬虔さはもちろん，東晋代に始まった経録の編纂が背景にある。現存最古の経録，南朝梁の僧祐の『出三蔵記集』巻5「新集安公疑経録」によれば，道安の『総理衆経目録』に疑経26部30巻があったといい，少なくとも東晋時代には意識されていたようである。ただ道安が指摘した疑経『宝如来経』2巻が，唐の則天武后期の『大周刊定衆経目録』になると真経として登録されたように，真・疑の判定には困難がともなう。僧祐も「新集疑偽撰雑録」に20部26巻をさらに加えており，隋の彦琮の『衆経目録』は疑偽20部490巻と数え，唐の道宣の『大唐内典録』や智昇の『開元釈教録』，円照の『貞元釈教録』など各経録にも出入はあるが，増加の一途をたどっている。ちなみに経録の決定版『開元釈教録』では「疑惑再詳」14部19巻，「疑妄乱真」392部1055巻，計406部1074巻にものぼっている。

　これらの疑偽経典類が，真経を汚すものとして教団から排除されたのはもちろん，弥勒教徒の反乱を促す元凶として，権力者により禁書の扱いを受けた『弥勒下生経』の例などもある。また隋の信行が開いた三階教の典籍類のように政治や社会に不安・動揺を招くものとして，教団もろとも歴史から抹殺されたものもあれば，逆に則天武后が唐朝を簒奪するにあたって，革命を翼賛するために撰述された『大雲経』『宝雨経』のような経典もある。疑偽経の中には社会のニーズに応え，後世に大きな影響を与えたものも少なくない。北魏太武帝の廃仏後に撰述された曇靖の『提謂波利経』は，曇曜の『付法蔵因縁伝』や『浄土三昧経』などとともに，仏教復興のための緊急手段であった。民間信仰その他，中国的要素を加味して著された庶民向けの経典であり，後

ぎきょうき【義俠記】 明代の伝統演劇の演目。36齣。万暦年間(1573-1619)刊。沈璟作。『水滸伝』の武松を主人公とする。武松の物語は宋代講談の演目に『武行者』があり，早くから流行していた。元代の戯曲にも『双献頭武松大報讐』(西門慶・潘金蓮殺し)，『折担児武松打虎』(景陽崗の虎退治)などの題名が見られる。本作品はそれらの題材を武松伝というべき一本の芝居にまとめたもの。虎退治，潘金蓮殺しをはじめ，十字坡の人肉宿屋の主人張青・孫二娘夫婦との出会い，孟州の顔役蒋門神殺など，現在でも各種の伝統演劇でよく知られる場面が連なっている。なお，武松に妻がおり，夫を尋ねる苦難の旅の途中，張青夫婦のもとに身を寄せる設定は，小説に見られないもの。当時の戯曲によくある，英雄のけなげな妻という趣向である。夫妻は再会して共に梁山泊に入り，梁山泊が朝廷の招安を受けて大団円となる。万暦刊本は数種あるが，明末の『六十種曲』に収録されて広く伝わった。 (岡崎 由美)

ぎきょく【戯曲】 「戯曲」は日本ではもっぱら文学作品としての脚本を指す言葉として用いられるが，中国の「戯曲」は日本の新劇に当たる「話劇」に対し，京劇や崑曲と300種を越える地方の伝統演劇を指す言葉として用いられる。その特徴は「戯曲とは歌舞を以て物語を演じるものを言う」(王国維『戯曲考源』)といわれる如く，歌・舞踊，それに台詞・演技・立回りなどの加わった総合芸術であることである。しかし，この形に定着するのはかなり時代が下がる。「戯曲」の発生は，田仲一成によれば「当初村で神をまつる『社の祭り』の際の祭祀儀礼から始まったものと考えられる」(『中国祭祀演劇研究』)が，それが様々な要素と結びついて発展し，演劇となるには長い年月が必要であり，唐代になってようやく参軍戯という滑稽を主とする寸劇が現れた。元の陶宗儀『輟耕録』25に「唐に伝奇有り，宋に戯曲・唱諢(歌い物)・詞説(講釈)有り，金に院本・雑劇・諸宮調(語り物)有り」とある。これらの多くはまだ簡単な寸劇にすぎなかったが，金から始まった雑劇は次の元代に至って大きく発展した。一般に元曲とよばれるそれは元雑劇と元散曲の総称であり，健康的な力強さをそなえた文学性の高いものであった。王実甫の『西廂記』，関漢卿の『竇娥冤』，白樸の『梧桐雨』，馬致遠の『漢宮秋』等，多くの名作がある。元雑劇が北方系の楽曲(北曲)を中心とするのにひきかえ，南方の曲(南曲)を中心とするものを南戯というが，明代以後は南戯が栄えて北曲雑劇を圧倒していく。そのきっかけとなったのは高明の『琵琶記』であった。南戯の代表作は俗に「荊劉拝殺」という。『荊釵記』『白兎記』『拝月亭』『殺狗勧夫』がそれである。他に明の湯顕祖『牡丹亭還魂記』，清の孔尚任『桃花扇』，洪昇『長生殿』等がある。 (日下 翠)

ききょちゅう【起居注】 皇帝の左右に仕える秘書(柱下史，起居郎・起居舎人)がその言行を記録した編年体の歴史叙述。古くは『漢武帝禁中起居注』があり，また，『漢書』芸文志にみえる『漢著記』が起居注に当たるとされ，後漢では『明帝起居注』，『献帝起居注』5巻の存在が知られているが，起居注の撰述が盛んになるのは西晋代に入ってからである。南北朝期の動乱で塗炭の苦しみを経験した人々の，事実の正確な記録を通して勧戒と規制に資せんとする歴史意識が起居注の作成を盛んにしたのである。唐代に作成された文献目録では史部に「起居注」の子目を設けるまでになった。実録・国史の編纂に当たっては最も基本的な史料の一つとされた。 (稲葉 一郎)

ききょらいず【帰去来兮図】 明代前期の画家，馬軾・李在・夏芷の3人による合作図巻。紙本墨画(うち2図は淡彩)。27.7cm×736cm。遼寧省博物館蔵。現在では9図(うち2図は清代の補作)からなる。陶淵明『帰去来辞』から適宜1句または数句を選んで段落に分けて絵画化し，全体は南宋院体画風に統一される。李在による第5図の款記に「甲辰」とある事から，1424(永楽22)年の成立とされる。『石渠宝笈 二編』に著録。馬軾は嘉定(上海市)の人。夏芷は杭州(浙江省)の人で戴進に学んだが早逝した。 (莅開津 通彦)

きくぶそうかん【菊部叢刊】 20世紀初頭の芸能に関する論考や資料を収録した叢書。1918(民国7)年11月，交通図書館より刊。周剣雲編。約50万字。「菊部」は芸能界の雅称。執筆者には馮叔鸞，周剣雲はじめ当時名の通った劇評家が名をつらねている。内容は京劇を中心とし，崑曲や，新劇の女優，語り物についての話題も紹介されており，以下の12に分かれる。「霓裳幻影」(俳優の写真集)，「劇学論壇」(社会の発展を視野に入れた伝統演劇改良論や劇評など)，「歌台新史」(俳優・科班・劇団・票房〔京劇の演唱クラブ〕の経歴など)，「戯曲源流」(専門用語の解説，演劇の歴史・演目に関する論考など)，「梨園掌故」(京劇の歴史に関する覚え書き)，「伶工小伝」(有名俳優の経歴)，「粉墨月旦」(劇評)，「旧譜新声」(京劇・崑曲・新劇・大鼓書の脚本紹介)，「芸苑選萃」(俳優の書画の作品紹介)，「騒人雅韻」(詩文集)，「俳優軼事」(俳優のエ

ピソード)，「品菊余話」(劇評・俳優紹介・覚え書きなど)。本書は清末民国初の芸能史の貴重な資料集であるだけでなく，収録論文の伝統演劇改良論が当時の演劇界に影響を与えた点でも，重要な書物である。
(加藤 徹)

きくぶそうたん【菊部叢譚】 伝統演劇に関する資料集。1926(民国15)年9月，大東書局刊。「菊部」は芸能界の雅称。著者の張肖倉は常州(江蘇省)の人。本書の内容は以下の3部に分かれ，いずれも京劇を主とし，崑曲・梆子にも触れられている。「燕塵菊影録」は，清末民国初に活躍した伝統演劇の俳優323人を，生・旦・浄・丑の役柄ごとに分類し，ほぼ生年の順に並べて経歴を紹介したもの。ただし生没年や原籍は省略されている。「歌台撼旧録」は，演劇界の歴史や慣習，名優の逸話に関する覚え書き。「蒨蒨室劇話」は名優の芸に対する批評や，劇評，演劇の役柄・約束事・伴奏音楽などに関する随筆，など。本文の前に，余叔岩・梅蘭芳・馬連良など京劇の名優や，有名な票友(アマチュアの京劇俳優)の写真88点が収録されている。
(加藤 徹)

きけい【旗髻】 清代に満洲族の女性が結っていた独特の髪形。旗人(八旗兵の籍に所属する人々)女性の象徴的髪形であったので旗髻の名がある。清では結婚前の女性は辮髪で，結婚とともに結髪したが，この結髪に仮髻(付け髷)を用いて頭上に大きな装飾的髻を作った。最初の頃は，仮髻の中に竹等で編んだ籠状のものを入れて双角のような形にした架子頭と称される形が流行していたが，19世紀半ば以降になると両把頭(俗称叉子頭)と称される旗髻が流行した。これは頭上に黒絹製の高い大きな飾りを載せ，これに種々の造花を挿して装ったものである。
(増田 美子)

ぎけい【疑経】 聖人に関連付けて権威化された儒教の経典に疑問を懐くこと。戦国の孟子は『書経』の内容を疑った。漢の劉歆は，前漢通用の経典が聖人の真意を伝えていないと主張した。唐の劉知幾は『書経』『春秋』の記述を批判した。司馬貞は『古文孝経』の真偽をめぐり劉知幾と論争した。啖助・趙匡・陸淳は『左伝』を疑った。宋の欧陽脩は『易経』の十翼，『毛詩』の序の価値を否定した。朱子は『古文尚書』を疑問視し『孝経』『大学』の本文を経と伝に分けて考えた。朱子の疑経の立場はその後の人々に影響を与えた。清の閻若璩は『古文尚書』が東晋の偽作であることを論証した。章学誠は経書をすべて歴史的なものとして権威を相対化した。清末の康有為は『周礼』『逸礼』『古文尚書』などが劉歆の偽造だと主張した。民国の顧頡剛を中心とする古史弁派の人々は疑経の問題を多面的に論じた。日本でも，大正頃から経書に対する批判が活発になった。
(島 一)

ぎけいこう【偽経考】 →新学偽経考

きげき【祁劇】 湖南の祁陽で形成された劇種。祁陽戯とも呼ばれる。歌の節は高腔・崑腔・弾腔(祁劇における皮簧腔の呼び名)を兼ね備えている。明末清初に盛んになり，多くの劇団が誕生した。現在では主に湖南の中部地区で演じられている。100余りの伝統演目をもち，そのほとんどは弾腔の演目で，三国志・水滸伝・楊家将などの歴史物である。演技は荒々しく，派手で，素朴な味わいがある。曲目は100余りもあり，高腔の曲目は旋律の違いによって南北に分かれる。弾腔も南北に分かれ，男女の節回しの違いもはっきりしている。激しく高い調子の節回しが祁劇の特徴である。伴奏楽器としては主に，祁胡・月琴・三弦・板胡を用いる。
(氷上 正)

きげき【徽劇】 伝統演劇の劇種名。現在は，安徽省南部と浙江省の一部に分布する。古くは徽戯・徽調と呼ばれた。明代以降，徽州商人が組織した劇団である徽班とは異なる概念である。1956年，安徽省徽劇団が組織され，徽劇が正式の劇種名となる。

徽劇は，吹腔・撥子・二簧・西皮・徽崑・青陽腔など多種の声腔によって構成される。

明代万暦年間(1573-1620)頃，現在の安徽省長江一帯に弋陽腔に源する徽州腔と青陽腔が盛行していた。徽州腔はその後うたの伴奏を鼓腔・銅鑼太鼓から笛・嗩吶に変えて四平腔となり，更に崑曲の音楽を取り入れ，明末には崑弋腔と呼ばれるようになった。この崑弋腔が現在の安慶市の樅陽県・懐寧県石牌一帯で，南下してきた梆子や当地の俗曲などの影響を受けて吹腔と撥子が形成された。併せて石牌腔ともいう。吹腔と撥子はよく併用される(吹撥合目)。青陽腔はその後衰退の一途をたどり安徽西南の農村に残って岳西高腔となった。二簧は，低調吹腔に源し，最も初期のものが二簧平(二簧平板，笛の伴奏)である。二簧平から撥子の影響を受けて嗩吶による伴奏のやや粗削りな老二簧(嗩吶二簧)ができ，同じく二簧平からリズム変化も多様でメロディーの優美な正二簧が誕生，のち伴奏楽器も徽胡(京胡より小ぶりなもの)に変わった。西皮は，山陝梆子に由来し，湖北の襄陽付近で形成されたものが，徽調に吸収された。二簧と西皮もよく併用される。徽崑は，崑曲が青陽腔や徽戯の影響を受けて形成さ

れたものである。軍記物が多く，立ち回りに長け，言葉も方言を用いる。

　徽劇の主な声腔は，18世紀中頃から19世紀にかけて形成され，官吏や商人が好んで徽班を招いたことにより，その声腔の影響力は全国に及んだ。北京入りした徽班は京劇の母体となり，南に留まり江蘇に進出した徽班は，里下河徽班と呼ばれ，海派京劇の形成に深くかかわった。しかし，19世紀末頃から京劇に押されて鞍替えする役者が多くなり，徽劇は殆ど絶滅しかけていたが，人民共和国建国後に専門の劇団が組織され蘇った。

　伴奏楽器は，徽胡（撥子・西皮・二簧），龍鳳笛（吹腔・撥子・徽崑），嗩吶（老二簧），単皮鼓，徽鑼（京鑼より大きなもの）など。主な演目に『白兎記』（青陽腔），『水淹七軍』（吹撥合目），『龍鳳閣』（皮簧）などがある。　　　　　　　　　　　　（松浦　恆雄）

きけつ【気血】　人体を構成する最重要物質である「気」と「血」が熟した言葉。人体の気は非液体の流体で，人体を構成し，エネルギーを持ち，生命活動を営む精微な物質の総称である。血は古代世界で普遍的に生命の原動力と考えられた血液であり，陽性の気に対し陰性である。ただ，気の概念の発展による気一元論の登場を主な理由として，血は五行の火に配され，陽性の存在として扱われることがある。同じ理由で人体の気は血や津液などを含む生命活動を営む流体全体を含意できる様になり，気血は生命活動を営む流体の総称として使われることもある。人体の気には父母から受けた先天の気と誕生後に体外から摂取する後天の気がある。先天の気は精あるいは元気と呼ばれ，腎に蔵されて生命力・生殖力の源泉となる。後天の気には鼻から摂取する天の気と口から摂取する地の気があり，体内に摂取したあと臓腑に送られ，そこで異なる属性を付与され，経絡を通って全身に至り，属性に応じた生命活動を行う。血は摂取した飲食物のエッセンスを主な材料にして中焦（臓腑のうちの三焦の一つ）で作られるとする説と，水に関係する機能を持つと考えられた腎の貯蔵するエッセンスから作られるとする説があった。血の機能は身体各部に栄養分と水分を供給することであり，身体各部は血の供給を受けてそれぞれの機能を営む。気の概念の発展は気血における気の比重を高め，気が脈の内外を巡るとする営衛の概念が登場する。血の生理機能を受け継いだと考えられる「営」は脈中を行き，営気とも呼ばれ，「営」と伴走して外敵を防御する作用を持つ「衛」は脈外を行き，衛気とも呼ばれる。このように営衛概念は由来的に気血と関連・類似性が高いが，気血と対比される場合には気血が物質性を主として担うのに対し，営衛は機能性を主として担う。気の中で

特に優れた働きを持つものを神気，特に優れたあり方をするものを精気と呼ぶ。最も典型的な神気は精神活動に関わる神気であり，最も典型的な精気は根元的生命力に関わる精気である。精（気）と神（気）が熟した言葉である精神は存在の根元に関わり，存在を規定する心の働き（及びそれを持つもの）である。後天の気には営気・衛気の他，抵抗力を発揮する正気，呼吸の原動力の宗気などがある。
　　　　　　　　　　　　　　　　　　（林　克）

きげつほう【紀月法】　月を記す方法。一般に，1月，2月，3月などの順序数で月を記す方法が行われる。この紀月法は古く，すでに甲骨文や金文に見える。このほか，例えば，1月を寅月・孟春，2月を卯月・仲春，3月を辰月・季春……10月を亥月・孟冬，11月を子月・仲冬，12月を丑月・季冬のように，十二支や孟仲季の名でも呼ぶ。
　　　　　　　　　　　　　　　　（新井　晋司）

きげん【危言】　清末の変法論書。4巻40章本と50章本とがある。1890（光緒16）年刊。湯震の著。陳虬の『治平通議』と並び，変法論の代表的著作である。内容は，遷鼎第1から変法第50まで，清末社会の危機的状況を広範に述べ，諸制度の具体的な改革を訴える。特に関税などの税制改革，余剰官僚の定年制による削減，教民対策，遷都による人心一新，議院による合意形成の必要性，西学は中国古学が流出したものゆえ学び，科挙にそれを加えよなど，注目すべき論点が提起されている。
　　　　　　　　　　　　　　　　（竹内　弘行）

ぎげん【魏源】　1794（乾隆59）～1857（咸豊7）。清末の経世思想家。邵陽（湖南省）の人。字は黙深。1845（道光25）年の進士。今文学派に属し，当時，龔自珍とともに「龔魏」と並び称された。1825（道光5）年，江蘇布政使の賀長齢に招かれて『皇朝経世文編』の編纂を行い，また海運・水利などの諸大政について，つねに江蘇巡撫陶澍の相談にあずかった。アヘン戦争に際しては，その勃発に憂憤して清代初の現代史『聖武記』を著すとともに，林則徐から託された『四洲志』を主たる材料として世界地理の書『海国図志』を編纂し，その中で「夷の長技を師とし，以て夷を制す（西洋の得意とするところに学び，それによって西洋を制する）」ことを主張した。両書は，中国のみならず日本にも大きな影響を与えた。1853（咸豊3）年，高郵（江蘇省）の知州のとき，団練を組織して太平天国軍にあたったが，その後官に就かず，1857年，寄宿していた杭州の僧舎に没した。その他の著作に，『古微堂集』『詩古微』『書古微』『元史新編』などがあ

る。清史稿486　　　　　　　　　（村尾　進）

ぎけんばんぶつどうせっくつ【義県万仏堂石窟】　遼寧省錦州市義県の県城西北8km，大凌河の北の福山南麓に開かれた北魏時代の石窟。東西2区に分かれており，現存する主要洞窟は東区に8窟，西区に9窟，窟外の小龕が12ある。その中で西区第1窟は前庭を有する中心柱窟。西区第6窟は前壁が崩落するが，本尊如来交脚像（高さ3m余）の丸みのある頭部や堂々とした体軀表現は，甘粛や雲岡の北魏造像に近い趣があり，5世紀末に遡る作と思われる。西区第5窟には北魏太和23(499)年営州刺史元景造石窟記，東区第6窟には北魏景明3(502)年韓貞造窟記が刻まれている。（石松 日奈子）

きこう【気功】　中国古来の養生鍛練法。古代の吐納（吐故納新の略）・導引に基づく。気功の名称が初めて見られるのは，清代の末ごろ出版された『元和篇』の「気功補輯」とされる。伝説的には許遜の『浄明宗教録』があげられるが未詳。気功という語句が一般的に用いられるようになったのは中華人民共和国成立(1949年)後で，1954年に河北省の唐山に気功療養所が創立された。気功は武術気功（硬気功）と医療気功（軟気功）に分けられ，医療気功には内気功（健康法）と外気功（治療法）がある。運動法，気の鍛練の面で共通するものとして太極拳があるが，太極拳は拳法（攻防技撃が目的）で勝つための術であるという点で異なる。　（山本　徳子）

きこうしんしょ【紀効新書】　明代の兵書。通行本は18巻で1560(嘉靖39)年頃成る。著者の戚継光は山東の登州衛の指揮僉事の家柄で，「戚家軍」と呼ばれた部隊を率いて倭寇防衛にあたった将軍（『明史』212）。当時の実戦の経験にもとづき訓練や陣法，武器等について平易な言葉で記し図解を加えた。度々版刻され和刻本も多い。1584(万暦12)年広州で再訂したという14巻本もあり，『中国兵書集成』（解放軍出版社・遼瀋書社）第18冊や『戚継光研究叢書』（中華書局）に収められている。
　　　　　　　　　　　　　　　　（大澤　顯浩）

ぎこうそくき【宜侯夨簋】　西周時代前期の青銅器。1954年，江蘇省丹徒県（鎮江市丹徒区）龍泉郷の煙墩山から出土。130字の銘文は，夨なる人物が王によって宜侯に命じられた際のことを述べ，彼に与えられた山や川，人間の数まで詳細に記している。西周初めのいわゆる封建の具体例として注目される。但し，夨が封じられたという宜が器の出土地の丹徒県であるかどうか，つまりこうした南にまで西周王朝の力が及んでいたのかどうかは，まだ決定的ではない。高さ15.7cm，口径22.5cmの殷で，現在，北京の中国国家博物館の所蔵である。
　　　　　　　　　　　　　　　　（竹内　康浩）

ぎこうよう【宜興窯】　江蘇省南部の太湖西岸に位置する宜興市丁蜀鎮にある大規模な窯業地。開窯は漢代まで遡り，三国西晋から南朝まで古越磁風の青磁が作られた。唐代以降には主に日用雑器を焼き，宋代から紫砂と呼ばれる鉄分が多い緻密な粘土を焼き締めた茶器が作られるようになった。明代中期から清代には供春・時大彬・陳鳴遠・恵孟臣・楊彭年など数多くの名工が輩出して装飾性の高い紫砂壺（朱泥急須）が製作され，江南の文人たちに愛好された。　　　　　　　　　　　　　　（森　達也）

きこくし【鬼谷子（人物）】　生没年不詳。戦国時代の人。生涯の事績は不明。斉の鬼谷に隠れ住んでいたので鬼谷子という。『史記』蘇秦列伝に「東の方斉に師事して鬼谷先生に習う」，張儀列伝に「始め嘗て蘇秦とともに鬼谷先生の学術を事とす」とあり，蘇秦・張儀がともに鬼谷先生に学んだことを伝えている。また一説に，戦国の人王詡のことともいう。史記69・70　　　　　　　（町田　三郎）

きこくし【鬼谷子（本）】　戦国の鬼谷子の撰，1巻。鬼谷子の伝は不明。この書もまた後人の偽作。内容は戦国時代の遊説家の縦横の説を述べ，形と徳との不一致をいって，もっぱら時勢に適応すべきことを説く。『漢書』芸文志に著録されず，『隋書』『唐書』以後の目録に著録される。今本はすべて1巻12篇で，巻末に本経陰符7篇が付されている。本篇の目次は，捭闔・反応・内揵・抵巇・飛拙・忤合・揣篇・摩篇・権篇・謀篇・決篇・符言。
　　　　　　　　　　　　　　　　（町田　三郎）

ぎこぶんしょうしょ【偽古文尚書】　前漢武帝のとき，孔子の旧宅より古い書体で書かれた『尚書』が発見され，『古文尚書』として，孔子11世の孫の孔安国より献上された。当時通行していたいわゆる『今文尚書』より16篇多い内容であった。後漢にはこの『古文尚書』が重んぜられたがいつしか亡失してしまった。東晋になって新たに58篇の『古文尚書』が，孔安国の伝（注釈）と共に出現した。うち25篇は『今文尚書』にない独自のものである。この書は唐初に国家から公認され，現在の通行本の『書経』（『尚書』）はこの系統であるが，独自の25篇は，魏晋の頃の何者かの偽作で，『偽古文尚書』とよばれ，資料的価値は乏しい。孔安国伝とされるものもやはり偽作である。
　　　　　　　　　　　　　　　　（野村　茂夫）

きさつ【季札】 生没年不詳。春秋時代の呉の賢人。呉王寿夢(在位前585〜前561)の末子。王と3人の兄は、才徳ある季札に位を譲ろうとしたが、固辞し、延陵(江蘇省)に封ぜられて延陵の季子と呼ばれた。前544年、使節として中原諸国を歴訪、賢人達と交わった。途中、徐君が季札の剣を欲しているのに気づいたが、公務がある為に献じなかった。帰途、徐に立ち寄ると、徐君は既に死んでいた。彼は剣を墓の樹に掛けて立ち去った。良心に忠実であろうとした、孔子以前の賢人の一典型である。史記31 (小池 一郎)

きざん【岐山】 陝西省岐山県東北、渭水北岸に位置する山。南麓は周原と呼ばれ、周の文王の祖父にあたる古公亶父が一族を率いて移り住んだ場所とされる。周王朝の名はこの地にちなむ。周の建国前後に都は東の豊京・鎬京(宗周)へと移ったが、周原の地はなおも王朝の重要拠点としての地位を保ちつづけた。岐山県や隣接する扶風県などからは、西周期の宮殿・宗廟建築址や大型の墓葬が発見されるとともに、大量の青銅器が出土している。 (松井 嘉徳)

ぎざんざっさん【義山雑纂】 唐の李商隠の著と伝えられる、諧謔をこめた警句集。正しくは『李義山雑纂』。義山は李商隠の字。形式・内容ともに特異なもので、短い題目のあと、それに該当する例が数条から10条あまり並ぶ。題目は50近くのこっている。言葉は俗語が使われ、内容は皮肉と滑稽に富む。たとえば最初の題目は「必不来」(絶対に来ない)。そこに並べられるのは、「窮措大 妓女を喚ぶ(貧乏士人が芸者を喚ぶ)」「酔客 席を逃ぐ」「棒を把りて狗を喚ぶ」「客作 物を偸みて仮を請う(雇い人が物をくすねてからいとまごいをする)」「王侯の家人を追う(貴顕の家の下僕は尊大になっているので、ふとした小言にもへそを曲げてしまい、呼び戻そうとしても帰ってこないの意)」。またその題目の一つ「殺風景」は当時の口語であろうが、今の日本語でも使われている。「殺風景(興ざめするもの)」として挙げられている一つは「花下に褌(ふんどし)を晒す」。正統的な詩文にはうかがいがたい、シニカルな見方や世相に対する諷刺が興味深い。ただしすべてが滑稽というわけではなく、「聞くに忍びざる」ものとして挙げられた「夜静かにして乞児の声を聞く」「少き婦 夫を哭す」「老人 子を哭す」などのように痛切な言葉もまじる。このような作品がどのように生まれたか、さだかでない。敦煌の唐抄本『雑鈔』との類似が指摘されていることも示すように、歴代の目録にも採られない通俗の書で、李商隠の作である確証はない。おそらくここに見られる斜に構えた態度が、屈折した詩人李商隠に結びつけられたのであろう。わが国の『枕草子』にも影響を与えていることが、江戸期以来、指摘されている。『義山雑纂』のあと、宋の王君玉・蘇軾、明の黄允交、清の韋光黻・顧禄・石成金らの名を冠した「雑纂」があり、曲彦斌の校注を付した『雑纂七種』(上海古籍出版社、1988年)にまとめられている。 (川合 康三)

きじ【奇字】 書体名。新の王莽の六書の一つ。古文の一種で壁中書の文字とは異なるもの。『説文解字』叙に「一に曰く古文、孔子壁中書なり。二に曰く奇字、即ち古文にして異なる者なり」とある。『説文解字』には「倉」「儿」「無」「晋」「涿」の5字が見られるにすぎないが、『漢書』87下・揚雄伝に、劉歆の子の劉棻はかつて揚雄について奇字を作ることを学んだと記されており、一定の規模をもつ古体字であったと推測される。 (福田 哲之)

ぎじ【義児】 政治的もしくは軍事的な目的で、擬似的な血縁関係を結んで異姓者の養子となった者。仮子、養子とも呼ばれた。中国では、養子は同宗昭穆相当者(同族の同世代者)を取るのが大原則であるが、隋末唐初、安史の乱後、唐末五代といった国家権力の衰弱した時期には、異姓者を養子に迎えることが盛行した。特に唐末五代には、有力武人や宦官が、自己の勢力拡大のために大量に義児を設け、親衛隊(義児軍)を組織した。能力本位で義父子関係を結ぶため、義父(仮父)と義児とがほとんど同年輩ということもあった。『新五代史』巻36に立てられた「義児伝」は、後唐の太祖李克用の著名な義児9人のうち、皇帝となった李嗣源(明宗)を除く8人について記し、その序文には「王朝五代で八姓から天子が出、うち三姓は乞丐上がり」という時代に「身内同士で殺し合い、異姓同士が父子となった」当時の風潮が描かれている。 (辻 正博)

ぎじえいせきちゅう【義慈恵石柱】 北朝北斉の570(武平元)年に建造された、河北省定興県石柱村の丘に建つ石柱。北魏末の523(正光4)年から起きた六鎮の乱によって出た多くの死者を供養するため、現在の河北省定興県にあった標異郷の村民たちが木柱を建て、のちに石柱に改築した。8面の柱身には、3000字以上の題額・題記の頌文が刻まれ、建造の経緯を記録している。石柱は高さ6.65mで、礎石、柱身と上端の小屋で構成されている。小屋の胴張り柱、仏龕や屋根の形など北朝の建築様式を示す貴重な事例である。 (包 慕萍)

きじしゅう【貴耳集】 南宋の筆記。全3巻。

著者は張端義(1179～?)，字は正夫，号は荃翁。鄭州(河南省)の人。上巻は1241(淳祐元)年，中巻は44年，下巻は48年の成立。内容は宮中の秘話，近年の士大夫の逸話，あるいは詩話などが主である。徽宗皇帝がお忍びで妓女の李師師の家を訪ね，詞人の周邦彦とはち合わせした話や，詩人で儒学者の楊万里(ようばんり)が，配下の妓女の私通に怒り，顔に刺青を入れた話は，のちの小説や戯曲に取り入れられた。
〔岡本 不二明〕

きしつのせい【気質之性】 人間の気質と一体化した本性。北宋の張載は，善なる性すなわち性の理想態を「天地の性」とし，現にはたらいている性の実態を「気質の性」と名づけた(『正蒙』誠明篇)。南宋の朱子は理気二元論によってこれをより厳密に定義しなおし，「理」が「天地の性」であるのに対して，「理」が「気」と結合した状態を「気質の性」とした。「天地の性を論ずれば則ち専ら理を指して言い，気質の性を論ずれば則ち理と気を以て雑(まじ)えて之を言う」(『朱子語類』巻4)とは，そのことをいう。人間には本来ひとしく善なる本性がそなわっているが，現実には各人の気質によって，そのあらわれ方に偏向が生じざるをえない。人間に賢と愚，善と悪などの違いがあるのはそのためだという。感情や欲望も気質の性のはたらきに帰属せしめられた。朱子のこの説は性善説と現実との間の矛盾を解決しようとしたもので，中国における人間学史のなかで重要な意義をもつ。ただし，このような考え方は性を二つに分かつものであるとして，明末清初の劉宗周や王夫之(おうふうし)・顔元たちからは批判を受けた。
〔吾妻 重二〕

きじつほう【紀日法】 日を記す方法。六十干支で日にちを数える方法と，1日，2日，3日などの順序数で数える方法とがある。干支による方法は，甲子を1番目の日として数えはじめ，以下，乙丑，丙寅，丁卯……とつづき，最後の癸亥が60番目の日となる。癸亥まで数えたら，ふたたび最初の甲子にもどって数える。干支紀日法は殷代にさかのぼり，数字の紀日法は前漢までさかのぼることができる。
〔新井 晋司〕

きじほう【紀時法】 時を記す方法。中国では各種の紀時法が行われたが，おもな紀時法は十二辰法と百刻法である。十二辰法は十二支によって1日を12等分する方法であり，百刻法は1日を100等分して，一刻から百刻まで数える方法である。両法の確立は漢代と考えられる。十二辰法は，それぞれの十二支を初と正に分ける。例えば，十二支の最初の子の時間は午後11時～午前1時までの2時間だが，これを初と正に分け，子初を午後11時～午前0時，子正を午前0～1時とする。以下，同様に十二支の順に従い時間を数え，亥初が午後9～10時，亥正が午後10～11時となる。夜間については，夜の時間を5等分する五更法が存在した。夜の長さは季節によって変化するので，一更の長さも季節によって変化する。
〔新井 晋司〕

きじほんまつたい【紀事本末体】 史書の叙述スタイルの一つ。中国の史書の伝統的なスタイルには「紀伝体」と「編年体」があるが，いずれも編纂側の視点からするものであって，読む者の側には必ずしも立っていない。ある事件のことを知ろうという時にはいずれのスタイルも史書のあちこちを参照する手間がかかる。紀事本末体はある一つのテーマについて，既成の史書の関係部分を繋ぎ合わせて再構成することによって，読者の手間を省いたものである。

南宋時代に科挙の論策用に歴史を学ぶ者に向けて様々なスタイルの史書の簡約版が登場したが，紀事本末体もそうした潮流の中で成立したものと考えられる。南宋時代にこのスタイルを創始した『通鑑紀事本末』の作者である袁枢は，出版業の中心で受験参考書が大量生産された福建の建陽の近くの出身者であった。

他には明の陳邦瞻(ちんほうせん)の『宋史紀事本末』『元史紀事本末』，清の谷応泰の『明史紀事本末』などがある。
〔中砂 明徳〕

きしゃ【幾社】 明末の文社。1628(崇禎元)年，松江(上海市)で成立。古文辞派の流れをくみ，古学の復興をめざす団体。社名は「絶学に再興の幾有り」(杜登春『社事始末』)に基づく。創立者の夏允彝(かいんい)・杜麐徴(とりんちょう)・周立勲(じょふえん)・徐孚遠・彭賓(ほうひん)・陳子龍を幾社六子と称する。幾社にやや後れて成立した復社は，幾社を含む十数社の連合組織だが，復社が政治的色彩を帯びたのに対し，幾社は学問の復古をめざす文社であった。明滅亡後は構成員の多くが抗清運動に身を投じた。
〔野村 鮎子〕

ぎじゃく【義寂】 919(貞明5)～987(雍熙4)。五代・宋初の天台僧。天台宗第12祖。浄光大師と賜号され，螺渓(らけい)尊者と称される。温州永嘉(浙江省)の人。天台徳韶を介して帰依を受けた呉越の忠懿(ちゅうい)王に請い，安史の乱や会昌の法難(三武一宗の法難の一つ)で焚毀した天台の典籍を高麗・日本に求めた。高麗より諦観が教籍を持って門下に学び，『天台四教義』を撰した。国清寺を復興し，螺渓伝教院を興し，天台中興の祖と仰がれる。その法は義通に継がれ，その門より知礼・遵(じゅん)式が出て山

家派を形成した。　　　　　　　（西口　芳男）

きしゅう【徽州】　現在の安徽省東南部の都市，黄山市。新安河の上流にあり，浙江・安徽・江西3地方の交通の要衝にあたる。漢代には丹陽郡，晋以後には新安郡に属し，隋以後歙州と呼ばれた。宋代に改めて徽州となり清代にいたった。五代十国の南唐のころに李超・李廷珪父子がこの地に移り住んだが，ここには松樹が多かったので墨を製造し，以後住民も製墨を善くし，徽墨として世に称されることになった。またそれとならんで筆・硯等のすぐれた工芸品を産出し天下にその名を知られた。また明・清時代には，この地は山間部に所在するところから，他郷に出て商人として活躍するものが多く，塩商人を中心に，山西商人と天下を二分する大勢力をつくりあげ，徽州商人または新安商人として有名になった。近時ではこの土地から多数の古文書史料が発見され，「徽州文書」として研究が進んでいる。
（谷口　規矩雄）

ぎじゅつへん【蛾術編】　清代の学術的随筆。82巻。1841(道光21)年刊。王鳴盛の著。書名は『礼記』学記篇の蟻(蛾)の子が親に学んで蟻塚を形成するように聖賢の道に学ぶ意から採り，その後半生の30年の心血を注ぐ。顧炎武の『日知録』に擬し，経義・小学・地理・制度・名物・詩文など広範囲に考証する。王鳴盛は史学において趙翼や義兄の銭大昕と並ぶことから史実・地方志の議論は精彩を放ち，また『説文解字』にも新説を示す。刊行時に沈鶴寿が案語を付して原著への補足修訂を行った。　　　　　　　　　　　　（濱口　富士雄）

きしゅろく【揮麈録】　南宋の筆記。前録4巻，後録11巻，三録3巻，余話2巻。王明清撰。北宋から南宋初期にかけての故実や政界の内幕の記事が多く，とくに北宋末から南宋初期の記事については定評がある。宋刊本が『四部叢刊続編』に影印されるほか，『津逮秘書』『学津討原』に所収，校点本(中華書局)があり，細目が付されている。
（森田　憲司）

ぎしょ【魏書】　北魏史を記した正史。130巻。本紀12巻・列伝98巻・志20巻。魏収の撰。北朝北斉554(天保5)年に完成。『魏書』に対しては，当初から北斉士人の間で不満を持つものが多く，「穢史」と称せられた。『魏書』はその後隋代に魏澹，唐代に張大素が各々編集したが，今日伝わっていない。したがって，魏収の撰した『魏書』は，北魏史を研究する上で，李延寿撰の『北史』と並んで，高い価値を有する。

魏収はその編集に当たっては，鄧淵の『代記』，崔浩や李彪の編した国史，『後魏起居注』などの史料を用いた。『魏書』の独創的な点としては，官氏志と釈老志を設けたことがあげられる。官氏志は北魏の官制とともに，鮮卑族の姓氏の由来と漢姓に改めた名称を記している。釈老志は，北魏代の仏教と道教の歴史を述べている。宋代に至って，魏澹と張大素が各々編んだ『魏書』，李延寿の『北史』，高峻撰の『高氏小史』『修文殿御覧』から補われた。　　　　　　　　　　（長部　悦弘）

ぎしょう【義相】　625～702。新羅の華厳僧。義湘とも書く。韓国(朝鮮)音は Uisang。諡号は円融国師。661年入唐，終南山で智儼に法蔵とともに修学し671年に帰国。『一乗法界図合詩一印』を著述。これは新羅・高麗時代を通して，義相系華厳学派の所依書として尊重された。義相の相即説(相即とは華厳思想の認識論及び存在論を支える論理の一つ。Aと非Aとは互いに必要条件の関係にあることを表す)は法蔵に影響を及ぼしており，後に法蔵が帰国した義相宛に手紙と自らの著述を送り，内容について問うたほどであった。なお，従来法蔵のものとされていた『華厳経問答』は義相の講義録である。　　　　　　　　　（金　天鶴）

ぎじょう【義浄】　635(貞観9)～713(先天2)。唐の高僧。斉州山荘(山東省)の人。俗姓は張，名は文明。10歳で玄奘の帰国に遭ってインド求法を志し，671(咸亨2)年12月，広州から善行と波斯船で室利仏逝(スマトラ島)のパレンバン等をへて，673年3月東インドのタームラリプティーに上陸，ナーランダーに10年滞在した。674年中インドを仏跡巡拝。685年にナーランダーを出発，687年初に三蔵50余万頌を携えて室利仏逝に再帰。689(永昌元)年一旦広州に帰国した。制旨寺の貞固・道宏ら4人を助手に募り，同年暮れに室利仏逝に戻る。691年，『大唐西域求法高僧伝』『南海寄帰内法伝』を著して翻訳経典等と共に僧大津に託し，則天武后に奉った。義浄が最終的に広州に帰還した年は不明だが，695(証聖元)年夏には経論400余部を携えて洛陽に至り，則天武后らの絶大な歓迎を受けた。のち54部221巻を翻訳した。なかんずく11部159巻は根本説一切有部の規律に関するもの。『宋高僧伝』1に伝がある。　　　　　（桑山　正進）

ぎしょうこうせい【儀象考成】　清代の天文表。全32巻10冊。清代の1744(乾隆9)年，欽天監正のイエズス会士ケーグラー(漢名は戴進賢)を主編とし，26名の参加のもとに編纂を開始，1752(乾隆17)年に完成した星表。最初の2巻には

新製の儀器「璣衡撫辰」の性能や用法が述べられ，以下の30巻が星表である。伝統的な星座体系によっているが，新たに観測編纂された300の星官，3083個の星を含み，それまでの星表に比べて1614星の増加が見られる。

(橋本 敬造)

きしょうじしょう【記誦辞章】 辞章とは詩文をいい，記誦とは暗記暗誦することをいう。とくに科挙試験準備として古典を暗記暗誦することを記誦辞章という。中国では古くから古典の学習には文章の記憶を重視し，朗誦して記憶した。唐宋の科挙試験では儒学古典の五経とその注疏の記憶を重んじ，朱子学が栄えた元明清では，四書五経を朱子学の注釈に基づいて受験生自身が文章化すること(明清では八股文という)が中心課目になった。そのため古典と注釈との暗記暗誦は幼児から学習の重点となっていた。

(佐野 公治)

ぎしょしゃくろうし【魏書釈老志】 554(天保5)年，北朝北斉の魏収らが著した北魏の歴史書『魏書』130巻の最終巻に当たる。『漢書』以来の体例を破り河溝・芸文両志を除き，官氏志と釈老志に替えたが，仏教と道教の歴史をまとめた釈老志は，両教とりわけ仏教の興隆と社会に占める役割の大きさを物語る。ただし非難を覚悟で採用したとはいえ，中国の正史では唯一の試みであり，『魏書』が「穢史」の烙印を押される一因ともなったのは皮肉である。

(藤善 眞澄)

キジルせっくつ【キジル石窟】 新疆ウイグル自治区クチャ西67kmに位置し，ムザルト(渭干)河北岸明屋達格山の断崖上約3.2kmにわたって穿たれた石窟寺院。キジル(克孜爾 kezi'er)千仏洞ともいう。窟総数は236と中央アジア最大規模を誇る。初期には正方形の窟に穹窿あるいは三角持ち送りの天井を架している窟形式であった。その後，中心柱窟形式，またはキジル様式といわれる，中インドのチャイティヤ堂の様式に類似した窟形式が出現する。この窟形式の場合，アーチ形のボールト天井にはガルダや日・月などの天象が，側壁には菱形の区画の中に仏教説話の象徴的な場面を表した各種の本生図が描かれることが多かった。またクチャ王国期における人々の生産活動・生活・歌舞・風俗を反映した壁画も描かれる。500年前後に造営された石窟の壁画からは，ガンダーラ美術の影響を受け，褐色や暖色系の色彩に穏やかな濃淡で自然な立体感を表した作風が認められる。また6世紀後半から7世紀に作られた石窟では，当時としても高価なラピスラズリをふんだんに使って蒼穹の天上界を表現した壁画が描かれるなど，当時のオアシス都市国家としての繁栄ぶりがうかがわれる。7世紀に最盛期を迎えるキジル石窟も，8世紀には破棄されたと見られる。

(勝木 言一郎)

ぎしわじんでん【魏志倭人伝】 『三国志』魏書・東夷伝・倭人の条の略称。3世紀当時の日本の状況を伝える根本史料。倭人は，中国東北地方・ロシア沿海州・朝鮮半島・日本列島の諸民族の総称である東夷の一つに数えられ，邪馬台国とそれに服属する30余りの倭の諸国は朝鮮半島に設置されていた曹魏の帯方郡の管轄。前段は，帯方郡から倭の諸国，とくに邪馬台国への行程，男子の入れ墨の風習など倭の風土や倭人の風俗・慣習，邪馬台国とその女王卑弥呼，邪馬台国以遠の国々に関する記述。後段は，司馬懿による公孫淵討滅直後の238(景初2)年(239年説もある)の卑弥呼の朝貢と彼女への「親魏倭王」の冊封，およびそれ以降の邪馬台国・曹魏間の交渉の記載。『魏略』が下敷きになっている。『後漢書』倭伝も同系統の記載。邪馬台国への行程の方位・里程・日数に関する原文の解釈の相違による邪馬台国論争，卑弥呼に下賜された「銅鏡百枚」と関連する三角縁神獣鏡の制作地をめぐる論争を惹起。

(福原 啓郎)

きしんざっしき【癸辛雑識】 南宋末・元初の筆記。前集1巻，後集1巻，続集2巻，別集2巻。周密撰。周密は，詞人として有名で，『斉東野語』『武林旧事』他の著書がある。杭州の癸辛街に住んだことからこの名がついた。記事は481条，南宋末の動乱，政情，民間風俗，モンゴル人の風習など，内容は多岐にわたり，史料的価値は高い。『稗海』(『斉東野語』の記事が混入)，『津逮秘書』，『学津討原』に所収，校点本(唐宋史料筆記叢刊)がある。

(森田 憲司)

きせつ【鬼節】 →中元節

きせんし【帰潜志】 金からモンゴル時代にかけての人劉祁(1203～50)が金を回想して書いた筆記。明抄本は8巻だが現行本は14巻。1巻～6巻は皇帝をはじめとする金朝諸人の逸事。7巻～10巻は一種の詩話，11巻はモンゴル軍に包囲された時の汴京ならびに哀宗逃亡の顚末，12巻は崔立碑の始末，13・14巻は劉祁の雑文と関連の詩文によって構成される。13・14巻は後人が付加したものだろう。1235年の序文をもつ。金元時代を知る重要な資料である。

(高橋 文治)

きそ【危素】 1303(大徳7)～72(洪武5)。元の文章家。撫州金渓(江西省)の人。字は太樸，号は

雲林。1341(至正元)年に経筵検討になり，宋・遼・金三史の編纂に加わった。宋の后妃にかかわる記事の多くは彼が集めた資料に基づくという。後に礼部尚書，嶺北行省左丞。明兵が大都に入った際，元の実録を守った。洪武に入って一時明に仕えたが，「亡国の臣」の弾劾を受け，隠棲した。『雲林集』2巻，『危太樸文集』10巻・続集10巻がある。明史285　　　　　　　　　　　　　(高橋 文治)

ぎそ【義疏】 →疏(注釈)

きそう【帰荘】 1613(万暦41)～73(康熙12)。明末清初の詩人。崑山(江蘇省)の人。一名，祚明。字は玄恭または爾礼，号は恒軒，僧名を普明頭陀という。明の古文家帰有光の曾孫。17歳で顧炎武とともに復社に入り，治国済世の道に志したが，32歳の時に明が滅亡。清兵の南下によって南京が陥落すると郷里で起兵したが失敗し，僧形となって脱出した。以後，明の遺民として江南を流寓する身となった。

友人の援助と売文でもって生計を立てたが，士としての誇りを失わず，その鬱屈した精神はしばしば奇矯な言動を生んだ。顧炎武とともに「帰奇顧怪」と称される。また，貧苦の中で曾祖父帰有光の『震川先生集』の刊刻を続けたが，校訂をめぐって当時の文壇の雄汪琬と諍いをおこすなど，意気軒昂たるものがあった。

『恒軒詩集』『懸弓集』があったが散逸し，『玄恭文鈔』『玄恭文続鈔』『帰高士集』は後人の編纂した書である。代表作に明の滅亡を詠った「万古愁曲」や亡国の悲哀に満ちた「落花詩十二章」などがある。　　　　　　　　　　　　　(野村 鮎子)

きそう【徽宗】 1082(元豊5)～1135(紹興5)。北宋第8代の皇帝。在位1100～25。姓名は趙佶。第6代神宗(在位1067～85)の第11子，第7代哲宗(在位1085～1100)の弟。神宗の政策を継承して新法を復活したが，蔡京らを重用し，自らは趣味生活に没頭して国費を濫用した。北方に勃興した金王朝の軍事的圧迫を防ぎきれず，1125(宣和7)年，皇太子(欽宗，在位1125～27)に譲位。1127(靖康2)年，都開封を陥落させた金軍により北方に拉致・抑留され，1135(紹興5，金の天会13)年，五国城(黒龍江省)に没した。このように，徽宗は政治的には亡国の皇帝として悪評高いが，文化史上はパトロンとして，蒐集家として，かつ自らの詩書画をもって名高い。

すなわち徽宗は，国初以来の宮廷蒐集古美術品をさらに充実させ，『宣和画譜』『宣和書譜』『宣和博古図』等のカタログを編纂せしめた。

また少年時代から絵画に嗜みのあった徽宗は，即位後一貫して宮廷絵画の質の向上に努力した。すなわち1104(崇寧3)年，画学(国立絵画学校)を置き，翌1105年，米芾を画学博士とし，学生に仏道・人物・山水・鳥獣・花竹・屋木の六科を習わせた。しかし画学は当時の官僚制度とあわず，1110(大観4)年廃止され，学生は画院に併入された。これより後，徽宗は画院画家の指導薫育に務めた。その結果，治世末，宣和期(1119-25)の画院に「宣和の体」の成立を見るに至った。これらの画院画家のほとんどは靖康の変において金軍により北方へ拉致されたが，免れて南宋画院に復職した李唐ら一部の画家たちによって，南宋画院に様式的基盤を提供した。

徽宗自身も，宮廷収蔵の古今の名画を鑑賞・臨模しつつ自らの画技を磨いた。『瑞鶴図』巻(瀋陽，遼寧省博物館蔵)や『五色鸚鵡図』巻(ボストン美術館蔵)は，その代表作である。また書家としては，黄庭堅を学んで「庾金体」と呼ばれる独自の書風を完成し，後世に大きな影響を与えた。宋史19～22
　　　　　　　　　　　　　(嶋田 英誠)

ぎそう【義荘】 北宋中期の1050(皇祐2)年に，范仲淹が故郷の蘇州で一族の救済のために始めた制度。義田を設置し，そこから取り立てる小作料を義荘に収貯して，祭祀や子弟の勉学の費用とした。貧富にかかわらず支給するものと，もっぱら困窮者の救済に充当したものとがある。規模の大きなものは数百畝から千畝以上に及んだ。「義」とは奉仕・無料の意味である。

北宋中期には先祖を祭る祀堂の設置や，家譜・族譜の編纂が盛んに行われるようになった。義荘の設置もそうした宗族の再編の一環と見ることができるが，小作人が同族の者である場合にはその中に支配・被支配の関係が持ち込まれることになる。

その後，范氏義荘をモデルとして各地に普及したが，華北には少なく，同族集落の多い福建・広東，とくに後者に集中した。人民共和国成立後に土地改革法が公布されると解体した。　　(中砂 明徳)

きそうかい【奇双会】 →販馬記

きぞうそうがくず【騎象奏楽図】 正倉院宝物『楓蘇芳染螺鈿槽琵琶』(南倉)の捍撥画(撥弦楽器の胴の，撥が当たる部分に描かれた絵)。タテ40.5cm×ヨコ16.5cm。皮に白の地塗りをして彩色し，表面に油をかける。夕暮れ迫る渓谷で，胡人を含む4人が象の上で楽器を奏で踊る。近景の象の立つ平地から遠景の山や夕日まで，連続した山水景観を精緻に描いて破綻がない。小品で，器物の表面を彩る装飾的絵画ではあるが，当時の山水画がほとん

ど現存しないため，盛唐絵画の様相を示す名品として有名。
（藤田　伸也）

ぎそりくじょう【義楚六帖】　五代の僧義楚(902～975)が編纂した類書。白居易の作った『白氏六帖事類集』にならって，仏典関係の用語や故事などを集め，50部440門，24巻に整理分類したもの。『釈氏纂要六帖』『釈氏六帖』ともいう。儒家が仏教に無理解なのを嘆いて作ったといわれ，仏教に関する百科事典的役割を果たす。10年の歳月をかけて，後周の955(顕徳2)年に完成すると，義楚は，その功績によって，世宗から紫衣と明教大師の称号を授けられた。南宋中期の刊本が京都東福寺に伝わっており，これに基づくであろう和刻本(1669年刊)の影印が1979年に京都の朋友書店から出ている。
（筧　文生）

ぎそん【犠尊】　動物を象った青銅製の容器。四足獣や鳥の形をする例が多いため鳥獣尊ともいう。自銘の器は無く，宋代の『博古図録』以来，伝統的に犠尊と呼ばれ，酒類を入れるための器だと想定されている。犠尊は器の題材とされる動物によって牛尊・羊尊・鴟鴞尊・象尊・犀尊などの各種に細分され，それぞれの形態も大きく異なる。精巧な作りの例が多く，殷代から前漢に至るまで各時期において製作されている。
（角道　亮介）

ぎたん【戯単】　旧時劇場で配られていたいわゆるプログラムで，「節目単」とも呼ばれた。一般にB5サイズほどの紙一枚という形態で，劇目(演目)と俳優名を列記し，物語や配役などは記されなかった。清代には当日の演目名を並べる程度の簡素なものであったが，民国以降は演目ごとに俳優名が載せられるようになり，文字の大小，位置によって俳優の格が表現された。現在の「説明書」とは異なるが，今もそれらを戯単と呼ぶ習慣は残っている。
（平林　宣和）

きちがちょう【徽池雅調】　弋陽腔・青陽腔の脚本選集。明末の熊稔寰の編。正式名称は『新鍥天下時尚 南北徽池雅調』。中には『劈破玉』などの民謡も含まれる。『拝月亭』『破窯記』など12種の演目から38の幕が選ばれている。散曲は『詠賞百花』『月下佳期』など11曲が収められている。
（氷上　正）

きちくば【騎竹馬】　竹竿に跨り騎馬の様子を真似る遊戯で，一般に子供が行うもの。日本の竹馬とは形態が異なる。遅くとも漢代には出現しており，『後漢書』の「陶謙伝」「郭伋伝」などに記載が

ある。以後各時代を通じて行われ，清代中葉に至って廃れた。竹の棒だけの簡素なものから，先端に馬の頭の模型が付いたもの，また尾の部分に車輪が取り付けられたものなど，様々な形態があった。
（平林　宣和）

きちぞう【吉蔵】　549(太清3)～623(武徳6)。三論宗の大成者。金陵(江蘇省)に生まれる。俗姓は安，祖父が安息国(パルティア)の出身。父道諒に伴われて真諦三蔵に見え，名を授けられたといわれ，胡吉蔵と称する。幼くより興皇寺法朗の講を聴き，その門下に出家してより，師の示寂(581年)まで事えた。

14歳で，『百論』を学び，19歳で師の講を覆述して名を高からしめた。法朗示寂の後はその衆徒を率いて会稽の嘉祥寺に移り，講説を続けながら，その地に盛んであった法華経を研鑽し疏を製する。嘉祥大師の称はこれによる。開皇の末年(598年前後)，晋王広(煬帝)の招請により揚州の慧日道場に入り，『三論玄義』『勝鬘宝窟』などを撰する。続いて晋王に従って長安の日厳寺に移る。これより『浄名玄論』をはじめ多くの経論の注疏を著す。その博引旁証であることはよく知られている。現存する撰述は26部。また開講すれば対論する者はなく，多くの財施は悲敬院に資したという。

唐618(武徳元)年僧綱十大徳の首班に命ぜられ，実際寺などに住する。623年5月，『死不怖論』を製し落筆して示寂，世寿75歳。
（三桐　慈海）

きちふく【吉服】　清の皇帝・皇后以下文武官の，「朝服」に次ぐ第二礼服。皇太后・皇后等の誕生日や婚礼式等の慶事に着用し，頭には吉服冠をかぶった。冠の材質はおおむね朝冠と同様であるが，形態は多少異なり，頂子も簡素となる。皇帝の吉服は明黄色・馬蹄袖(袖口が馬の蹄の形をした袖)の龍袍であり，襟と袖は石青色(藍銅鉱による藍色)であった。文様は9匹の五爪金龍文を配して龍文の間に十二章文と瑞雲文を散らし，裾には八宝立水文を刺繍した。皇后・妃嬪の龍袍には2種類あり，一つは9匹の五爪金龍文とその間に五色雲・福寿文を配したもので裾には八宝立水文が施され，他の一つは五爪金龍の八団(円形)文で，これは裾に水文のあるものと無いものとがあった。色は皇后のものは明黄色であるが，妃のものは金黄色，嬪のものは香色(浅い黄色)であった。多くの場合，この上に龍褂を重ねた。龍褂は石青色で，文様は八団五爪金龍文であり，龍袍と同様に有水文と無水文の2種類があった。

文武官の吉服は蟒袍であり，藍色と石青色であった。一～三品官は一般的には9匹の四爪蟒であった

が，五爪蟒を賜った者はこれを着た。四～六品官は8匹の四爪蟒，七～九品官は5匹の四爪蟒でいずれも間には瑞雲文を散らし，下には水文が刺繍された。命婦(女官)の吉服も男性と同様に蟒袍であり，全て藍と石青色であった。三品以上の命婦は9匹の四爪蟒，四～六品の命婦は8匹の四爪蟒，七品の命婦は5匹の四爪蟒で，いずれも瑞雲文を配し，下には水文が刺繍された。また吉服褂があり，色はいずれも石青で龍文や蟒文が位に応じて縫い取られた。
(増田 美子)

ぎちょう【魏徴】 580(大象2)～643(貞観17)。唐初の政治家。鉅鹿(河北省)の人。字は玄成。若くして志を得られず，一時道士となり，隋末の動乱で李密の配下に加わった後，唐に降る。唐初，皇太子建成の幕下に入るが，626(武徳9)年の玄武門の変後，太宗に仕え，諫官(諫議大夫)として朝政に参与し，誠実さと確かな視座によって貞観の治を支えた。その間の対応は『貞観政要』に集約される。『隋書』など史書の編纂に関わり，詩文にも優れる。死後，昭陵に陪葬される。旧唐書71，新唐書97
(氣賀澤 保規)

きちょうえん【寄暢園】 江蘇省無錫市の恵山の東麓に位置する庭園。もともと元代の僧舎だった場所に，明の1527(嘉靖6)年頃，当時の兵部尚書であった秦金が庭園をつくったことに始まる。その後，16世紀から17世紀にかけて，秦金の末裔が名造園家の張漣・張鉽に依頼して園内の整備・拡張をおこない，名工が手がけた庭園として受け継がれた。現在，園内の建物はいずれも19世紀後半に再建されたものだが，張鉽の築山や池などには，17世紀清代初期の状況が残されている。寄暢園は，西の恵山，東南の錫山など，園外の風景や塔を借景として取り込み，風景に変化を持たせつつ，庭園の奥行きを深くしている。こうして，周辺の自然を園内に取り込みながら，同時に庭園内部においても自然を基本とし，あたかも山水画の風景を現実に見せているかのような特徴を持つ。庭園は東西2つに分けられている。東部は池を中心に建築物が控えめに配置され，西部は樹木が生い茂る自然の山林の趣を持つ。康熙帝・乾隆帝は，複数回にわたって寄暢園に訪れて遊び，これを手本として北京頤和園の諧趣園を築いたと伝えられる。
(高村 雅彦)

ぎちょうせい【魏長生】 1744(乾隆9)～1802(嘉慶7)。清の秦腔の女方。金堂(四川省)の人。1775(乾隆40)年，北京で上演するが成功せず。79年に再度北京に入り『滾楼』などで爆発的人気を博し，それまで北京で流行していた京腔を圧倒する。分かり易い歌詞，細やかな演技と，目張りを入れたり鬢を使用するなど，化粧や扮装に工夫を凝らし，多くの役者が学んだ。85(乾隆50)年に禁令が下り，87年には南下して揚州(江蘇省)など長江下流域の各地で上演し四川に帰る。1801年，再度北京に戻るが翌年死去。『鉄蓮花』『売胭脂』『大英傑烈』など後の演劇に影響を与えた。
(吉川 良和)

きっさいまんろく【吉斎漫録】 明の哲学書。上下2巻から成る。1543(嘉靖22)年脱稿，1600(万暦28)年刊。呉廷翰撰。現在，『呉廷翰集』(中華書局)に収録。呉廷翰の代表作であり，道・気をともに「一陰一陽」と定義し，更に陰陽を気としたため，徹底した気一元論となっている。従って，理気二元論を唱える朱子学に対しては，激しい攻撃を加えている。本書は中国においては長らく埋没していたが，日本においては，伊藤仁斎に強い影響を与えている。
(永冨 青地)

きっしゅうよう【吉州窯】 江西省南部の吉安市永和鎮にある古窯。晩唐・五代に粗雑の青磁や白磁，黒釉磁を焼き始め，北宋代には主に景徳鎮製品に似た青白磁・白磁の生産をおこなった。南宋代には，白磁・青磁のほか黒釉・褐釉・白地鉄絵・緑釉など多彩な技法が用いられるようになって最盛期を迎え，元代には黒釉・白磁・白地鉄絵などが主製品となり，元末には生産が停止した。南宋代を代表する製品には，鼈甲に似た玳玻盞や型紙を用いて文様をあらわす鷓鴣天目や文字天目，木の葉を釉上に焼き付けた木の葉天目など多彩な装飾を施した茶碗があり，日本伝世品も少なくない。
(森 達也)

きったん【契丹】 モンゴル系の遊牧民族キタイ(複数形がキタン)の中国での呼称。現在の内モンゴル自治区東部，西遼川上流のシラ・ムレン流域に居住していた。北魏代の5世紀から中国に知られるようになった。以後南方の中国王朝・西方の突厥・東方の高句麗の諸勢力の間にあってこれらへの服属・対抗をくり返した。唐は松漠都督府を置いて羈縻政策を行ったが，8世紀にいたって契丹はその支配を脱し，唐末にはその混乱に乗じてしばしば中国に侵攻した。10世紀に耶律阿保機(遼太祖)が登場し，部族を統合して916年に遼を建てた。その後，遼は西方の諸部族や東方の渤海を征服して勢力を拡大し，五代の後晋からは燕雲十六州を獲得して，漢人をも支配する征服王朝に成長したが，金と北宋の同盟によって1125年に滅びた。遼やその後中央アジアに活躍したカラ・キタイ(西遼)の繁栄によって「キタイ」の名は西方に伝わり，その意味も拡大して，中国を指すCathayなどの語の語源とな

った。　　　　　　　　　　　（河上　洋）

きったんこくし【契丹国志】　契丹国(遼)に関する歴史書。27巻。南宋の葉隆礼が勅を奉じて撰し，1180(淳熙7)年進上した。巻首に契丹国初興本末・年譜・世系図・地理図を付し，以下に紀伝体の体裁をとって帝紀，列伝，外交関係文書及び進物の記録，地理，風俗，制度，使臣の行程録，諸外国の記録などを載せる。記事の大部分は『資治通鑑』『続資治通鑑長編』などに拠るが，今日では散逸した『燕北雑記』『契丹疆宇図』なども引かれている。　　　　　　　　　　　（河上　洋）

きったんもじ【契丹文字】　10～12世紀に契丹族が中国東北部に建てた遼の国字。金朝が1191(明昌2)年に廃止令を出すまで約300年にわたり使われた。大字と小字の2種類があるが，契丹語はすでに死語であり，辞典や対訳資料もないため，いずれも未解読。大字は920(神冊5)年に太祖の耶律阿保機が突呂不と魯不古に命じ漢人の協力の下で漢字の筆画を増減したり直接借用するなどして創られた。表意文字と考えられてきたが，表音節文字とみる説もある。大字のみでは契丹語の表示に不便だったため，数年後，阿保機の弟迭剌がウイグルの使者から表記法を学び，大字および漢字の形体や筆画を利用して表音文字の契丹小字を創案した。小字は「原字」と呼ばれる370余の最小単位をいくつか組み合わせ，漢字の1文字のように構成して表記する。史書には遼，金の2代にわたり契丹文字で多くの文章が書かれ，翻訳が行われたと記載があるが，全て佚し，現存資料の多くは金石銘刻のみである。
　　　　　　　　　　　　　　（池田　巧）

ぎてん【義天】　1055(高麗文宗9)～1101(粛宗6)。入宋の高麗僧。高麗文宗の第4子。俗姓は王，俗名は煦。義天は字。諡号は大覚国師。出家後，13歳で祐世僧統に任ぜられる。1085(元豊8)年に教疏を求めて入宋し，晋水の浄源から華厳を，天竺寺の慈弁から天台を，霊芝の元照から律を，金山の仏印了元や慧林宗本から禅などを学んだ。1086(高麗宣宗3)年に帰国し，自ら捜集した古書と共に，日本や遼からも経疏を求め，90(同7)年に，義天目録と呼ばれる『新編諸宗教蔵総録』2(あるいは3)巻を編した。この目録は当時の経疏類の現存の有無を論ずる基準となっている。また，興王寺に教蔵都監を置き，義天の収集した経疏を高麗続蔵経4700余巻として刊行に着手した。のち，曹渓山仙岩寺を重興し，海印寺に移り，国清寺を開創して天台の根本道場とした。1101年10月5日示寂。世寿47歳。　　　　　　　　　　　　（石井　修道）

きでんたい【紀伝体】　前漢の司馬談・司馬遷父子が創造した歴史叙述の一形式の名称。司馬談が王(皇帝)・諸侯・庶民の間に見られる応報の実態を表現するために本紀(王・皇帝の記録)・世家(列国志)・列伝(個人の伝記)を設け，司馬遷が表と書(制度史)を付け加えて歴史叙述としての枠組みを与えて生まれたもので，その後，多くの後継者をもったことから歴史叙述の伝統的な形式となった。司馬遷が完成した『史記』は12本紀・10表・8書・30世家・70列伝からなるが，後継者には世家と表，書(志)を欠くものが多く，本紀の「紀」と列伝の「伝」とをとって，紀伝体と呼びならわされている。『史記』のほか，『漢書』以下の正史がこの形式によっている。　　　　　（稲葉　一郎）

きでんのふ【帰田賦】　後漢の賦。張衡作。宮仕えに見切りをつけ，田園に帰り自適の生活を送ることをうたう。『文選』で同じ巻に並んでいる同じ作者の『思玄賦』が，『楚辞』の体を用い，宋玉以降の辞賦に頻出する秋の荒涼たる風景を，想像上の遠遊として描く長編であるのに対し，この賦は，四言を主とし，春ののどかな風景を，現実の閑居のさまとして描く小品である。屈原以来の「賢人失志」の流れをくむ『思玄賦』に対し，六朝の隠逸・山水文学の先河をなすものといえよう。『文選』15所収。　　　　　　　　　　　　（谷口　洋）

きでんろく【帰田録】　北宋の欧陽脩が書いた随筆。全2巻。これ以前にもこの種の書物がなかったわけではなく，唐の李肇『唐国史補』にならって作ったと自らも述べているが，歴史書の一種の域を脱して自分の考証や意見を書きつけた「随筆」に達している。欧陽脩の行きとどいたなだらかな口語的文体は，『六一詩話』『集古録』ともども，日常の断片的な事柄，微妙な言いまわしを可能にした初の金字塔といえる。　　　　　（大野　修作）

ぎなんがぞうせきぼ【沂南画像石墓】　山東省中南部の沂南県北寨村に所在する，後漢末の大型多室墓。1954年，華東文物工作隊と山東文管会とが共同で発掘し，中華人民共和国成立後としては最も完備した画像漢墓調査報告書(『沂南古画像石墓発掘報告』1956年刊)を公刊したことで，内外に知られるようになる。墓内は東西7.55m，南北8.7m，南北の前・中・後の3主室を中心軸にして，東に3室，西に2室の側室があり，東北の側室には隔壁で仕切られた廁が設けられ，明らかに地上の邸宅を模した石室墓である。墓は280余個の石材で構築され，墓門上横額・柱・斗栱・壁面・藻井(天井)部分などには，陰刻の線彫りもしくは陽刻の浅浮き

彫りで彫られた画像がある。画像のモチーフは，車騎出行・楽舞百戯・宴飲庖厨・歴史故事・西王母・東王公・仙禽神獣等で，当時の豪族の奢侈な生活ぶりや死後の世界観を反映しているばかりでなく，その表現描写は芸術的にもきわめてすぐれている。また画像中には中国最早期の仏像と思われる図像があり，宗教史方面からも注目されている。（渡部 武）

きなんじょう【紀南城】 湖北省荊州市荊州区に位置する，春秋戦国時代楚国の都城遺跡。城郭は東西約4.5km，南北約3.5kmのやや不規則な方形で，高さ6m前後の城壁で囲まれている。華北の多くの戦国期都城のような，連結や区画による内城——外城の二重構造の形成は見られない。城内東南部には建築物の基壇が密集し，ここが宮殿を含む中枢部とみられる。またその他の区域には陶器製作場や冶金作業場，一般の住居址や防御施設の遺構などが確認される。この遺跡に関する最大の論点は，楚が春秋前期から前278年までの長きにわたり本拠とした郢と紀南城遺跡との関係である。文献の記述から，両者は長らく同一視されてきたが，1970年代を中心とする考古調査によって紀南城遺跡の城壁が春秋晩期以降の建造と結論づけられた結果，郢は春秋晩期以前には別位置にあり，その後紀南城に移転してきたとする説が勢いを得た。但し郢の移転について示唆する文献は存在せず，旧来の説も依然有力視されている。郢の位置に関しては他にも複数の説が提出されており，結論は出ていない。

（高津 純也）

きぬたせいじ【砧青磁】 南宋から元にかけて龍泉窯で焼かれた青磁のうち，主に釉色に着目して日本で行われている分類の一つ。淡く澄んだ青緑色で独特の半透明感があり，柔和な光沢をもつ。中国ではこの釉色を粉青という。砧の呼称は，かつて千利休が所持し，その後伊達家に伝来した青磁鯱耳花生（東京，静嘉堂文庫美術館蔵）の胴に大きなひび割れすなわち「ひびき」があり，これを衣を打つ砧の響きにかけて利休が命名したといわれる。（今井 敦）

きぬのみち【絹の道】 →シルクロード

きねんほう【紀年法】 年を記す方法。殷周時代は，王の在位年数で年を記す方法が行われた。これは王が即位した年を第1年として年を数えていくもので，某王の何年などと表記する。前漢になると，武帝が「建元」などの元号を採用し，以後，1912年の中華民国成立まで元号制が使用された。もう一つの紀年法は六十干支紀年法で，干支紀日法と同様に，甲子から癸亥まで順次60年を数える。また春秋戦国時代には，木星によって年を記す歳星紀年法も行われた。

（新井 晋司）

ぎねんろく【疑年録】 清の歴代人物生没年表。4巻。銭大昕著。後漢の鄭玄から清の邵晋涵に及ぶ360余人について，それぞれ生没年と享年を記し，必要に応じて考証を加え，生年順に配列している。取り上げられた人物は文人・学者が多い。1813（嘉慶18）年海塩呉氏刊本以後，『粤雅堂叢書』など数種の叢書に収められ，また本書にならって作られた呉修『続疑年録』・銭椒『補疑年録』・陸心源『三続疑年録』などと併せて刊行されたものもある。

（村尾 進）

きのてつがく【気の哲学】 中国思想史学の類型概念。広義には，気によって世界を把握する思想をすべて含むが，通常は山井湧の提唱に基づき，朱子学以降の理気論において気を重視する立場を指す。理を重視する朱子学は「理の哲学」と呼ばれる。山井は後に王陽明の「心の哲学」を加えた3類型を打ち出した。気の哲学は朱子学を批判する新たな思潮として明の羅欽順あたりに現れ，清の戴震を経て清末には理気論自体とともに終息したとされ，このほか，王廷相・湛若水・呉廷翰・王畿・呂坤・唐鶴徴・劉宗周・方以智・陳確・黄宗羲・王夫之・顔元・李塨・程廷祚らの思想が挙げられる。その特徴的傾向は，気に対する理の従属化，具体的客観的なものの重視，性の気質之性への一元化，情欲の肯定である。「性即理」を否定し，性を気の分化による差異と捉えた戴震の思想は，その完成形態とされる。しかし，気の哲学とされる個々の思想の差異が大きいため，この枠組みの有効性には疑問が提起されている。

（林 文孝）

ぎのぶてい【魏武帝】 →曹操

ぎのぶんてい【魏文帝】 →曹丕

きは【起覇】 武将が鎧兜を改め出陣に備える様を独特の舞踏的な仕草によって表現したもの。起覇の名称は『千金記』起覇（第四折励兵）から来ている。仕草の手順は男覇（男の武将）と女覇（女の武将）に分かれる。男覇では，鎧兜を身につけ登場後すぐ見得を切ったあと，手を大きく回したり，足を高く蹴り上げたりして鎧の具合を確かめ，前後に動いて靴を試し，最後に兜や鎧を点検して命を待つ仕草で終わる。一通りの仕草を行う全覇，半分の半覇，二人の武将が同時に行う双覇などがある。

（松浦 恆雄）

きはく【箕伯】　風の神。風伯、風師とも呼ばれる。『楚辞』の離騒篇が天帝のもとに赴く屈原をうたう情景の中に登場する従者の飛廉や、二十八宿の一つの箕星がそれになぞらえられることもある。『周礼』大宗伯に、柴を焚いて雨の神の雨師とともに風師を祭るとあり、また『史記』封禅書が秦の雍(陝西省)の地に風師と雨師とを祭る祠廟が存在することを伝えているように、雨師とともに古くから国家祭祀の対象であった。　　　　　　(吉川 忠夫)

ぎはくよう【魏伯陽】　生没年不詳。後漢時代の煉丹家。会稽上虞(浙江省)の人。一説に、名は翺、伯陽は号、みずからは雲牙子と号したという。高門の家に生まれたが道術を好んで仕官せず、緯書・占候の書に通じ、『古文龍虎経』を手に入れてその妙旨をすべて会得し、『周易』(『易経』)の意を要約して『参同契』3篇を撰した。後漢の桓帝の時に同郡の淳于叔通に伝授し、かくて『周易参同契』が世に通行するようになった。晋の葛洪『抱朴子』内篇・遐覧篇に「魏伯陽内経一巻」と記され、葛洪『神仙伝』巻1の伝に「参同契、五行相類凡三巻」と記されているが、正史の書目では、『旧唐書』経籍志に「周易参同契二巻　魏伯陽撰」と著録されているのが初出である。今日伝わる『周易参同契』3巻が上記のどれに当たるのかも正確には分からない。　　　　　　　　　　　　　　(坂出 祥伸)

ぎはん【戯班】　伝統演劇の劇団・一座をいう語。宮廷の上演組織や高官貴顕が抱える家班(私設の劇団)とは異なり、営利を主目的として上演活動を行う民間の職業劇団を指すことが多い。

民間の職業劇団は、宋・元代には、家族・血縁者を中心とする5, 6人から10数人の規模であったが、明代には10数人から60人くらいに拡大、清代には150人以上の大所帯を抱える大劇団も存在した。劇団内の組織は、清代の都市部で成長した京劇の劇団が最も整っているため、以下、京劇の例を見る。

劇団の出資者は、主に名優・劇団関係者(後出する総管事人など)・富商などで、出資者が承班人となって劇団の登録を行う。承班人のもとに劇団の対外事務にあたる領班人と劇団内の運営にあたる総管事人がいる。総管事人が劇団の上演演目、配役などを全て決める。役者は、役柄ごとにリーダーがおり、合わせて数十人。囃し方は10人程度。それ以外に、進行係、舞台装置の出し入れや特殊効果などの係(検場人)、衣装や小道具の管理人、床山、湯茶係など多数の裏方がいる。

民国に入ると、都市部の劇団は、従来の「脚色制」(劇団内の役者に役柄〔脚色〕の別はあるが階級差はなく、出番の前後にも拘らない。「集体制」とも言う)に代わって「名角制」が一般化する。「名角制」は、清末の譚鑫培に始まり、民国初年に確立された制度で、所属する役者に、名優を頂点とする明確な階級制(頭路〔頭牌・二牌・三牌〕・二路・三路・龍套)が敷かれ、出番も頭路のトップ(頭牌)が最後(大軸)、頭路の二番手(二牌)が最後から二番目(倒二)に演じる。

北京では、劇団は劇場から独立して公演活動を行ったが、上海・天津・武漢などの大都市では、概ね劇場が専属の劇団を抱えていた。そのため、それらの都市では、劇場専属の劇団(班底)に、外から名優(及び主な配役・専属の囃子方・使用人などの小集団)を招いて興行を打つという形式を採った。名優は、劇団全体を伴って移動するのではなく、自分たちの小集団で各地を転々とする。そうなると、名優(頭路)以外の二路、三路の役者は、一つの劇団に専従するのではなく、複数の劇団を掛け持ちするようになる。劇団の拘束力が弱くなり、役者の自由度が増すため、専ら役者を組織することを職掌とする経励科が生まれた。経励科は、劇団結成のため役者を仲介するブローカーの役割を果たすだけでなく、劇団内で総管事人の役目を担当し、劇場との交渉も請け負った。

劇団の収入源は、都市部では冠婚葬祭での上演(堂会戯)収入が主であった。劇団の名称はこうした場に相応しく縁起の良い名前を付けた。その後、常打ち小屋での興行収入や各業界の総会での上演(行戯)収入なども重要になった。一方、農村部では、各地に多数あった寺廟の廟会での奉納芝居が主な収入源であった。寺廟のない農村では臨時の舞台(草台)を組んだ。主に農村部をどさ回りする劇団は規模も小さく草台班と賤称された。清代には、宮廷や官吏からの伝差(呼び出し)による上演収入(賞銭)も実入りが良かったという。

なお、江蘇省南部の太湖東岸から浙江省杭州あたりには、劇団の移動に船を使う水路班と呼ばれる劇団が活躍し、立ち回りを重んじた。粤劇にも移動に船を用いる劇団があり、その専用の船が赤塗りだったため紅船班と称された。　　　　(松浦 恆雄)

きひすいしゅ【貴妃酔酒】　伝統演劇の演目。『百花亭』ともいう。玄宗皇帝からの命を受け、楊貴妃は百花亭にて宴の準備をして待つが玄宗は一向に現れない。皇帝は梅妃のもとに行幸してしまったとの知らせが入り、仕方なく宦官の高力士・裴力士を侍らせ一人で酒を飲む。嫉妬や孤独により杯を重ねるうちに酔態を表し、牡丹を摘んで香りを嗅ぎ、宦官に戯れてその冠を取り上げ自分の冠の上に重ねなどする。やがて酔いも醒め、皇帝を恨みわが身

を嘆きつつ寂しく宮に帰っていく。京劇で梅蘭芳*（メイランファン）が，卑俗な台詞や演出のある『酔楊妃』と呼ばれる旧脚本に基づき，雁を眺める「雁歩」の場や，杯を口に銜（くわ）えたまま腰を反らせて回転する曲飲みなどの独創を加えて改編・整理し，流行した。梅蘭芳の代表作。全編通してゆるやかな四平調の音楽が流れ，歌舞を多用した劇構成になっている。川劇・徽劇・漢劇・桂劇にもあり，湘劇では『錦香亭』，秦腔では『百花亭』がある。　　　　（波多野　眞矢）

きびせいさく【羈縻政策】　中国の周辺諸族に対する統治策。羈縻とは「馬のおもがいと牛の鼻づな」の意。帰順してきた異民族を繋ぎ留めておくため，その首長らに中国の官爵等を与えてこれを間接統治することからいう。既にこの語は，『史記*』巻117・司馬相如伝などに見えているが，とりわけ唐朝は，東北・北・中央アジア方面への支配領域の拡大とともに，この政策を巧みに用いて，その帝国的支配を強固なものにした。具体的には，内付（服属）してきた異民族を内地の州府に擬した800余りの羈縻都督府・州に付け，首長等に都督・刺史の称号を授けて，その身分を保証した。同時に，各羈縻府・州は，唐朝の戸等制や税制の適用を受けるとともに，蕃兵の供出の義務を負ったが，その内容は，内地に置かれた羈縻府・州と外地のそれとでは相違していたと見られる。またこの政策を冊封（さくほう）と内地化との間に置き，唐の周辺諸族に対する支配の程度をうかがう指標とする見方も出されている。
　　　　　　　　　　　　　　　　（荒川　正晴）

ぎびせん【蟻鼻銭】　貨幣*として使用された瓜種形をした小さな銅塊。貝貨を模倣した銅貝から変化したものと考えられている。戦国時代の楚でつくられたことから，楚銅貝とも呼ばれている。長さ1.5～2cm，重2～4g位と非常に小さく，裏は平らで表面に陰文の文字がある。当時の銭幣文字はこの蟻鼻銭を除きすべて鋳造の容易な陽文文字で表現されており，蟻鼻銭が非常に特殊な鋳造をしていたことがわかる。文字には数種類あるが「咒」が最も多い。この字の解釈には諸説あるものの貝とする説が有力である。　　　　　　　　　　（廣川　守）

きひょうか【祁彪佳】　1602（万暦30）～45（隆武元）。明の戯曲作家・理論家。山陰（浙江省）の人。字は虎子・幼文・弘吉，号は世培。1622（天啓2）年の進士。御史となり蘇州・松江を巡按したが，一時隠棲した。のちに右僉都御史に任ぜられ江南を巡撫し，再び権力者に嫌われて帰郷して創作と戯班指導に努めた。清兵が紹興に侵入した時，入水自殺した。戯曲に『全節記』『玉節記』があり，評論に『遠山堂曲品・劇品』がある。明史275　（内山　知也）

ぎふ【義府】　清の訓詁学書。2巻。黄生（しょう）（1662～？。安徽省歙県の人。字は扶孟）の撰。上・下2巻に分かれ，上巻は経書，下巻は史・子・集部の書籍や金石文などにみえる語句についての精密な考証を展開し，とりわけ『史記*』や『漢書*』の語彙について，前人の解釈の誤りを正すことが多い。もともと写本で伝わっていたのを，道光年間（1821-50）に子孫の黄承吉が整理編集して刊行した。
　　　　　　　　　　　　　　　　（阿辻　哲次）

きふばじんしぶん【季布罵陣詞文】　唐代説唱の作品。敦煌文書にテキストが10種残る。捉季布伝文などとも称す。作者不詳。全篇7字句640句の長篇。一韻到底。劉邦はかつて自分を罵り辱めた楚の将軍季布を懸賞金を掛けて探すが，季布は劉邦臣下の朱解に奴僕として匿われる。のち蕭何らが劉邦を説得し，季布は登用されるという話。『史記*』や『漢書*』の季布伝に比べ躍動的な敷衍潤色が著しく，正史にある登用後の話は本作にはない。
　　　　　　　　　　　　　　　　（笹倉　一広）

ぎぶん【戯文】　伝統戯曲のスタイルの一つ。南中国で流行したことから南戯，南戯文とも呼ばれる。スタイルの点では，明代の伝奇と共通するが，とくに早期すなわち宋元の作品についてこう呼ぶことが多い。同じ頃生まれた元雑劇とは異なって，その長さに制約がなく，生と呼ばれる男性主人公，旦と呼ばれる女性主人公のみならず，浄・丑が扮する脇役に至るまで，それぞれ歌唱を担当するのが，その大きな特徴である。浙江の温州で生まれたとされ，そのため温州雑劇，永嘉雑劇とも称された。それが生み出された時期については，明の祝允明*（しゅくいんめい）『猥談』では北宋末の宣和年間（1119-25）から，1127年の南渡までの時期であるといい，また明の徐渭『南詞叙録*』では，その嚆矢としてのちの『琵琶記*』につながる『趙貞女』戯文および『王魁』（おうかい）戯文の名を挙げつつ，南宋の光宗のとき（1190-94）であるという。元代には元雑劇に圧倒されながらも，元末から明初にかけて高明の『琵琶記*』や作者未詳の『荊釵記』（けいさいき）などの作品を生みだし，また『張協状元』をはじめとする『永楽大典戯文三種*』は，その古いスタイルを伝えるものとして知られる。（赤松　紀彦）

きへいせっけい【熹平石経】　後漢末に刻された最初の石経。後漢では，『易経*』4，『書経*』3，『詩経*』3，『礼経*』2，『春秋*』2の十四博士が置かれたが，各家の経書に異文が多かったので，175（熹平4）年，蔡邕（さいよう），堂谿典（どうけいてん）らが正定せんことを上奏し

た。霊帝に許可され，それぞれから1家を選び各家との異同を付記して経書の標準テキストを定めた。蔡邕らが書写したと伝えられ，当時の標準書体であった隷書で書かれ，石碑に刻んで洛陽城南の太学に建てられた。完成は183(光和6)年。これを写そうとする者の車で道が一杯になったという。史書の記載と遺物から推測すると，『易経』『書経』『魯詩』『儀礼』『春秋』『公羊伝』『論語』の7経が，おおよそ縦2m幅1mの碑，計46石の両面に，70〜78字づめ38行前後で刻され，他に後記があった。隷書1体で書かれたので『一字石経』とも言う。後の兵火や移建などで，唐初には10分の1ほどになり五代には全く散逸したが，南宋の洪适以来，遺文収集の試みがある。　　　　(宮崎 洋一)

きほう【旗袍】　清代の袍で，特権階級であった旗人(八旗兵の籍に所属する人々)が着用していたのでこの名があるが，一般にも普及した。中華民国成立後は漢族の女性も愛用するようになり，チャイナドレスとして中国を代表する民族服となった。本来の旗袍(チーパオ)は，騎射に便利なように馬蹄形の袖口で裾に4箇所の開きがある形態のものであった。しかしこの形式の旗袍は，主として上層階級の礼服用となり，一般には袖口が平らで両脇のみ2箇所開いた形態のものが普及し，旗袍はむしろ後者のものを称するようになっていった。

清朝初期の旗袍は，丸首大襟(右前に重ねた襟)で袖は比較的細かったが，清末になると袖も身頃も直線的にゆったりと仕立てられ，立襟が付くものが多くなり，女性のものには，襟や袖口，裾等に華やかな縁飾りが付いた。中華民国時代になると，襟・袖口・裾等の縁飾りは小さくなり，1920年代末にはウエストがすぼまった曲線的ラインが誕生した。30年代40年代と改変が進み，半袖や袖無し，また丈も足首までのものから膝下丈のものまでとバラエティーに富んだものとなった。　　　　(増田 美子)

きほうもん【夔鳳文】　夔とは，龍のような一本足の神獣をさす，という旨の記述が『説文解字』にあり，『山海経』大荒東経にも記述がある。殷周青銅器上の長胴の動物文を，この文献上の神獣になぞらえて「夔文」といい，中でも鳥頭を持つ長胴の側面形の動物文を夔鳳文と称することが多い。より写実的な鳥を表す鳥文や鳳文と呼称を区別することもあるが，一般的に区別は明確ではなく，やや奇怪なデザインの鳥文を全般にこの名で称する傾向がある。　　　　(内田 純子)

きほそうしょ【畿輔叢書】　清代，王灝が中心となって編集した叢書。170種1530巻を収める。灝は，張之洞とともに，資力を活用して周秦より明清にいたる畿輔(河北省)の先哲の著書を集め刊をすすめたが，完成しないうちに灝が没し，印刷には至らなかった。1904(光緒30)年以後，書肆によって補刊印された。校勘のゆき届いている点，希書の流伝の点で定評もあるが，収録書籍の選択が内容の上で冗漫と批判されることもある。『叢書集成』におさめられている。　　　　(木島 史雄)

きほんこう【基本功】　伝統演劇において，演劇的身体を作るため役者に要求される演技全般にわたる最も基礎的な技術や能力を指す。一般に年少時から訓練するため「幼功」とも呼ばれる。訓練する内容には「練声」「吊嗓」という発声練習と姿勢・動作の身体訓練があり，身体訓練はすべての役柄に共通のもの，男女別，役柄別と3つに分けられている。いずれも簡単なものから複雑なものに順序立てて習得していく。共通の訓練では，筋肉や関節を柔軟にし機敏にするための「腿功」(足の技術。片足をバーに高くのせて上から押しつけ，片足は真っ直ぐ伸ばす「圧腿」，一歩ずつ足を高く蹴りあげながら前進する「踢腿」，両足を前後に開いて床につける「劈叉」，片足を垂直に高くあげる「撢腿」など)と，「腰功」(腰の技術。倒立「拿頂」，腰を後ろに反らす「下腰(后耗腰)」，腰を中心に身体を大きく回す「涮腰」，顔を前に向けたまま位置を変えずに両腕を広げすばやく回転する「翻身」など)がある。男女別では，手足の基本動作としてまず「歩位」(立ち方)，「手勢」(手の形・向き)，「膀位」(腕の開き方)が訓練され，その次に「台歩」(歩き方)，「円場」(台歩でS字や8字状，丸や斜めに歩く)，「拉山膀」(一方に両腕を寄せ，そこから片腕を反対方向に開く)，「雲手」(球体を抱えるように先行する片手をもう一方が追う，手と腕の動作)などを訓練する。役柄別には，老生の「髯口功」(髭を持ちあげる，片側に引き寄せる，投げ出すなどの技術)・「甩髪功」(束ねた長い髪を振り回す)・「靠把功」(鎧を着用して武器を用いる立ち回り)，小生の「翎子功」(震わせたり口に銜えたりする，冠についた2本の羽の演技)・「扇子功」，旦の「水袖功」・「扇子功」，丑の「矮子功」(背の低い人物の表現)・「扇子功」，武生や武浄の「毯子功」(とんぼ返りや跳躍など床面での演技)・「把子功」(武器を用いた立ち回り)・「靠把功」，武旦の「出手功」(槍を蹴り返す，武器を投げて受け止めるなどの技術)など，それぞれの演技の特徴による各種の訓練がある。これらの姿勢・動作に合わせて呼吸の掌握も訓練され，呼吸と動作を調和させることにも重点が置かれる。また，基本功の単独の訓練と平行して，適当な演目を選んで演技を学び，その中で基本功の運用を学び両

者を結合させる方法が取られている。このほか劇種によっては，川劇の扇子功，梆子劇の甩髪功・帽翅功(烏紗帽の左右についた羽状の飾りを動かす技術)，二人転の手絹功(ハンカチを回したり回しながら投げたりする技術)などの特殊技術も基本功の中に含まれている。基本功を確実に習得した上で，「起覇」(武将の勇猛を表現する一連の舞踊的動作)や「趟馬」(騎馬の動作や心情を表現する動作)など各種の様式的動作や特殊技術，身分・性格・心情・場面等に応じた人物表現が成り立つ。（波多野 眞矢）

ぎむぎ【義務戯】 劇界の同業者の救済や災害の救援，公共施設への寄付など，チャリティーを目的とした演劇上演活動の総称。義務戯に参加した俳優は出演料を一切とらず，収入は経費以外全て寄付にまわされる。年末には劇界挙げての「大義務戯」が恒例となっており，収益は困窮した同業者達の救済に当てられた。義務戯は清末から民国期にかけて盛んに行われたが，本来北京で禁止されていた夜戯(ソワレ)の上演は，この義務戯を名目として恒常化した。（平林 宣和）

きもん【虺文】 虺とは，小型の蛇を指すと『国語』の注にあり，現在の字義では頭の大きな毒蛇をいう。春秋戦国時代の青銅器上に表された複雑に絡まり合う龍文は，簡略化されて角や足などの部分が消滅しており，こうした文様中の蛇のような文様のみをさして虺文と称する学者もいる。しかし，もともと確たる定義があるわけではないので，虺文という名称が夔鳳文や夔龍文と混同して用いられることも多い。（内田 純子）

ぎや【魏野】 960(建隆元)〜1019(天禧3)。北宋初の詩人。もと蜀(四川省)の人であったが，後に陝州(河南省)に移った。字は仲先，号は草堂居士。生涯在野の人としてくらし，北宋初では林逋とともに高士といわれた。彼の詩は中晩唐の苦吟派である賈島や姚合の詩を学んでいるが，その詩境は小さな世界に甘んずる閑遠な世界といえる。著に『鉅鹿東観集』10巻，補遺1巻が存する。宋史457 （大野 修作）

きゃくこ【客戸】 本籍地を離れて流亡し他郷に定住した戸。唐の中期以降，官僚・貴族らの大土地所有が発達し，均田農民の多くは本籍地を離れ，各地の荘園で農耕に従事した。723(開元11)年から翌年にかけて，宇文融は約80万の客戸を現住地の戸籍に登録し，客戸銭を徴収する括戸政策を実施したが，登録から逃れる客戸はその後も増加した。780(建中元)年に施行された両税法は，すでに土地を所有した客戸を主戸(税戸)とみなして現住地で戸籍に登録し，両税を課した。両税法のもとで土地をもたない客戸は浮客・佃客ともよばれ，両税・差役ともに負担しなかった。ただ北宋時代，一部の客戸は付加税や保丁の役などを負担した。客戸は土地をもてば主戸となり，主戸の戸籍に入れられた。五代・宋代をつうじて，政府は客戸に土地を与えて主戸となし税収をふやす政策を実施した。客戸は北宋初期に総戸数の約40％を占めたが次第に比率を減じ，元の戸籍では主戸・客戸の別は消滅した。 （島居 一康）

きゃくしょうそうだいにきぶんか【客省荘第二期文化】 陝西省の関中盆地を中心とする新石器時代後期の文化。1955年に西安市客省荘遺跡の発見により命名され，客省荘文化，陝西龍山文化とも呼ばれる。廟底溝第二期文化に後続し，殷代の二里岡文化に先行する龍山文化のひとつで，放射性炭素年代測定法ではおよそ紀元前3千年紀後半に位置づけられる。東の河南龍山文化と西の斉家文化の影響を受け，土器は泥質灰陶が中心で，袋状の3足をもつ鬲や斝，大きな把手を持つ罐を特徴とする。黒陶は1％にすぎない。2室が「呂」字形に通路でつながった竪穴式住居や「凸」字形の窯洞式住居が特徴で，西安市臨潼区の康家遺跡などでは同時に建てられた数基の住居が横一列に並んでいた。その生業は仰韶文化以来の雑穀農耕を主に，豚をはじめとする家畜の飼育と狩猟・漁労を副次的におこなっていたが，この時代から西方からの影響により羊の飼育とその肩甲骨を用いた卜占がはじまっている。また，延安市廬山峁遺跡や神木県石峁遺跡など陝西省北部の黄土高原の遺跡では東方に起源する玉器が多数発見されている。 （岡村 秀典）

ぎゃくひつ【逆筆】 書の用筆法の一つ。順筆に対する用語。逆鋒とも言う。起筆時に，筆鋒(筆の穂先)を逆方向から入れ，すぐさま筆鋒を転じて平らに舗き出すこと。これを発展させたのが，清の包世臣が「模倣を屏去し(排除し)，専ら逆入平出の勢を求む」(『芸舟双楫』論書)と提唱した逆入平出である。逆入平出は，起筆時と収筆時における用筆技法の一種である。逆入は，起筆時に完全に筆の穂先を点画の中にしまい込み(蔵鋒)，筆毫に均斉に圧力をかけ，中鋒(筆の穂先が点画の中心を通るように書く筆法)の運筆の勢いを紙上に形成すること。平出は，収筆の所で筆を押さえたら，筆管を起こしておいてごく普通に左方へ出すこと。それまで逆押しに曲がった筆毫も平正の状態に戻って出る。 （河内 利治）

きゅう【弓】 矢(箭)と組み合わせて使われた狩猟具あるいは武器。太陽を射落とした羿の説話に登場するように，弓矢は最古の武器の一つであった。旧石器時代の後期，約2万9000年前の山西省峙峪遺跡出土の石鏃は，狩猟に弓矢が使われた最も古い証拠とされる。新石器時代に弓矢は狩猟具の中心となり，やがて地域間の対立が激化した新石器時代後期には武器としても重要性を増した。ただし木質の弓自体は腐食しやすく，先史時代や初期歴史時代の実物は残されていない。殷甲骨文の字形から，殷代の弓は弓体中段の把手となる弣部が，強く湾曲した特徴をもっていたことが知られる。殷墟からは弓の両端部に嵌め込んだ玉製・青銅製の弭(ゆはず)や，弦を引く指に装着した玉扳指が出土している。弓の最古の実物は，春秋戦国時代の湖北省・湖南省の楚墓から発見されている。木製と竹製があり，一枚作りの単体弓と複数の材を重ねた複合弓がある。長さは1m程度の短弓から，人の背丈を超えて2mに達する長弓まで各種が見られる。戦国時代から秦漢時代には，歩兵用として弩が普及し，旧来の弓は主に騎馬兵の武器となった。唐代には弓と弩に速射の技術が導入され，明代には命中率の高い軟弓が流行した。その後も近代に火器が普及するまでの間，弓は中国における遠射武器の中心であった。 (西江 清高)

ぎゆう【義邑】 南北朝時代の特に華北に盛んとなり，続く隋唐時代にかけて広く組織された在家仏教徒の団体。邑義・邑会とも言い，邑師の指導のもとに多くの邑子が集まり，仏像製作等の功徳事業を行った。現存する多くの造像記によってその多様な姿を知ることができる。唐後半以降は義邑は社邑に，邑師は社僧，邑子は社子・社人等に名称が変化していった。 (大内 文雄)

きゅうあん【汲黯】 ?～前109(元封2)。一説に没年は前112(元鼎5)。前漢の政治家。濮陽(河南省)の人。字は長孺。景帝の時に太子洗馬となり，武帝の時に主爵都尉となって九卿に列せられた。黄老の言を学び，気節の士として武帝に厳しい諫言を行い，張湯・公孫弘など武帝の信任厚い大臣に対しても媚びることなく対峙した。武帝をして「社稷の臣」と言わしめたが，久しく位にとどまることができず，淮陽太守となり10年で没した。史記120，漢書50 (藤田 高夫)

きゅうえい【仇英】 生没年不詳。明の画家。太倉(江蘇省)の人。字は実父，号は十洲。蘇州呉県(江蘇省)で活躍した市井の職業画家。1520年代から50年代頃が活動期。沈周・文徴明・唐寅と並び呉門四家と呼ばれ，明代中期の蘇州画壇を代表するひとり。文人画風を推し進めた沈周・文徴明に対して，唐寅とともに院体画風に優れた。はじめは蘇州の漆工であったともいわれる。1530年代までには職業画家として工房を持ったらしい。

唐・宋・元の名画を多く臨模，古画風に精通し「玉に刻まれたよう」と形容された優美な賦彩の精妙な楼閣山水や人物等を，抑制の効いた描写法と独自の清澄・明朗な感覚で描いた。周臣に師事して院体画を修め，後に文徴明・王寵等の呉派文人画家との相互交流を深め，又項元汴等の有力鑑蔵家の邸に逗留して所蔵の古画を学び，商業経済の発展が著しい蘇州の富裕層をパトロンとした。

白描人物から水墨淡彩の山水人物，濃彩の青緑山水まで，多様な絵画の伝統をふまえた作品をのこす。宋画風の作品では，李唐の山水表現や趙伯駒の青緑画法との関連が強いが，ときに馬遠・夏珪につながる要素もみせる。細緻な着彩の仕女画は，後世美人画に受け継がれ一典型となる。娘の仇氏(号は杜陵内史)と娘婿の尤求は，仇英の法を継いで人物・山水を描いた。他に直接の有力な弟子はいないが，偽作・贋作は無数に作られた。『秋江待渡図』(台北，故宮博物院蔵)は，周臣・唐寅の作風に近く，李唐風を伝える雄大な山水画。『桃李園図・金谷園図』(京都，知恩院蔵)では，雅会を描く古画に人物や景物を倣って，古代の名園にまつわる故事を描く。『仙山楼閣』(台北，故宮博物院蔵)は，文人が理想とする園林と仙境を重ねた山水画。『琵琶行』(カンザスシティ，ネルソン・アトキンズ美術館蔵)は，白居易の詩を題材とした装飾性の高い復古的青緑山水画巻。水墨の山水人物画『柳塘漁艇図』(台北，故宮博物院蔵)は馬遠・夏珪風を応用する。『漢宮春暁図』(台北，故宮博物院蔵)には典型的仕女像がみられる。 (小林 宏光)

きゅうかざん【九華山】 安徽省青陽県西南部に位置する名山。五台山・峨眉山・普陀山と並ぶ仏教の四大名山の一つで，地蔵菩薩の聖地。旧名は九子山といい，唐代の李白の「九子山を改め九華山と為すの聯句」によって九華山とされた。東晋代から開け始め，唐代の玄宗の頃に新羅の王族の金喬覚が道場を設けて以来盛んになった。主峰の天台峰(海抜1325m)や十王峰，天柱峰などの峰々からなり，化城寺や月身宝殿・上禅堂・東崖などの名勝があり，唐代以降多くの題詠が残されている。
(大澤 顕浩)

きゅうかしっちゅうとし【九家集注杜詩】 宋人九家(王洙・宋祁・王安石・黄庭堅・薛夢符・杜田・鮑彪・師尹・趙次公)の注を集めた杜甫の詩

の注釈。実際には趙次公(字の彦材が通行)が中心。36巻。南宋の郭知達が1181(淳熙8)年に蜀で編集した本を、曾噩が校訂して1225(宝慶元)年に広東で刊行したもの。もとの書名は『新刊校正集注杜詩』。『*四庫全書』に収録する際に改められた。宋の杜詩注のなかでは信頼度が高く、哈仏燕京学社の『杜詩索引』の底本とされている。　(川合 康三)

きゅうかず【九歌図】　『*楚辞』の一篇、「九歌」を絵画化したもの。東皇太一・雲中君・湘君・湘夫人・大司命・少司命・東君・河伯・山鬼・国殤・礼魂の11章からなる。北宋の李公麟からはじまるといわれている。各場面ごとに詞書きを記し、白描画で神人を描いている。伝李公麟筆(遼寧省博物館蔵、北京、故宮博物院蔵)、張渥筆(クリーブランド美術館蔵)などがある。　(海老根 聰郎)

ぎゅうかりょういせき【牛河梁遺跡】　遼寧省西部の凌源県と建平県にまたがって広がる、祭祀遺構・積石塚など複数の地点からなる紅山文化の大遺跡群。1981年に発見され、1983年から遼寧省文物考古研究所による調査が継続している。第Ⅰ地点は山頂部にあり、南側緩斜面部から多くの人物や動物を象った大型の塑像が埋まった細長い穴が見つかっている。その中から女性を模した塑像には等身大、あるいはその3倍の大きさの破片が見つかっていることから、その場所は女神廟と呼ばれている。第Ⅱ地点は積み石による円形祭壇を中心にしてその両側に方形などの4基の積石塚が見つかっている。西側の2基の積石塚では中心に大きな墓があり、周辺には多くの石棺墓が作られている。墓からは副葬品として鈎雲形佩飾、龍形玉器などの多くの玉製品が出ている。積石塚や祭壇のまわりには円筒形の彩色土製品がめぐらされている。第Ⅲ、Ⅳ、Ⅴ地点からも積石塚が見つかっている。ほかに金字塔と呼ばれる性格不明の人工の土盛り遺構がある。　(大貫 静夫)

きゅうかん【宮観】　道教の寺院。本来は皇帝の居所をいう。道教の宮観は、後漢末に五斗米道(後の天師道)が漢中(陝西省)に設けた治に起源する。魏晋では道士が山中に道場を設けたが、南朝ではこれを館とよび、皇帝などの寄進によって整備され、都市にも建立された。北朝では観とよび、北朝を継承した隋唐でも多く観と称した。唐では道教の神格でもある同じ李姓の老子を祖先として皇帝号を贈り、老子を祀る廟や観を宮と称した。やがて観は宮観とも併称されるようになった。　(都築 晶子)

きゅうきゅうせいし【九宮正始】　南曲の詞章に関する規則を記載した曲譜。正式名称は『匯纂元譜南曲九宮正始』。明末の徐于室(一説に徐子室)編、清初の鈕少雅改訂。主として南曲曲牌の源流を考証する。宋元の南戯旧本に依拠し、希少な南戯曲牌も収める。清初の刻本と民国初年の影印本がある。　(孫 玄齢)

きゅうきゅうたいせいなんぼくしきゅうふ【九宮大成南北詞宮譜】　清代に編纂された伝統演劇音楽の楽譜集。略称『九宮大成譜』。全82巻。1742(乾隆7)年、皇帝の命をうけて『律呂正義後編』を編纂した荘親王允禄は、続いて、周祥鈺・鄒金生・徐興華・王文禄・徐応龍・朱廷鏐・藍畹等に命じて歌曲集編集にあたらせた。多数の民間芸人も参加して1746(乾隆11)年に完成したのがこの『九宮大成譜』である。収録曲は北套曲(北曲の組曲)188、南北合套曲(南北の曲牌を使った組曲)36に、単体の曲牌2094(南曲1513、北曲581)、南北曲の変体曲も数に入れれば総計4466にのぼる。

ここには、遡れば唐宋を起源とする曲調から、下って明清に至るものまで、1000年余にわたる音楽の歴史的遺産が収められ、中には唐宋の大曲の断片、宋代の南戯、金元代の諸宮調、元明代の雑劇と散曲および大量の明清伝奇等々、時代・起源・格律を異にする韻文歌曲が含まれる。

「南北詞宮譜」と呼ばれるのは、楽曲を南曲と北曲の2種に大別し、宮調の順に配列してあることに由来する。全書の各巻は「南詞宮譜」と「北詞宮譜」の別が明記され、南曲は、引曲・正曲・集曲に、北曲は只曲(単支曲牌)と套曲にそれぞれ分類されている。譜中には曲牌の正体と各種変化形式が詳細に列挙され、正字・襯字の別、工尺(工尺譜の譜字)・拍子・句読・韻格等も注記される。

歴史上稀に見る大量の楽譜を集成した『九宮大成譜』は、中国の歴代の音楽の蓄積であり、中国古代音楽の研究資料として極めて重要な書籍である。　(孫 玄齢)

きゅうきゅうにょりつりょう【急急如律令】　道教のまじないの言葉。常に文末に用いられる。如律令とは漢代の公文書の慣用句で、当時の巫師たちがまじないの言葉の末尾にこの句を入れて、自分たちのまじないを背くべからざるものと権威づけようとしたのにはじまる。宋代以降には、雷の側にいる鬼が行くようにすみやかに、という解釈も生まれた。日本でも平安時代の遺跡などからこの5文字を記した木簡などが出土しているのは、陰陽道や修験道などでもとり入れていたからである。

(吉田 隆英)

きゅうけい【九卿】 秦・漢時代に中央政府の主要部分を構成した9官庁の長官の総称。太常(祭祀担当, 秦では奉常)・光禄勲(宮殿警備担当, 秦では郎中令)・衛尉(宮城警備担当)・太僕(車馬管理担当)・廷尉(司法担当)・大鴻臚(外交担当, 秦では典客)・宗正(皇族担当)・大司農(国家財政担当, 秦では治粟内史)・少府(帝室財政担当)の9つを指す。官僚の位階を示す官秩はいずれも中二千石で, 官秩万石の三公(丞相・太尉・御史大夫, 後漢では司徒・司馬・司空)に次ぐ地位である。皇帝の家政機関的性格を持つ官庁が多いことが特色。なお同じく中二千石でも執金吾(首都警備担当, 秦では中尉)は九卿には数えない。前漢の九卿はそれぞれ独立して皇帝に直属していたが, 後漢では三公の下に三卿ずつ分属するようになった。その後廷尉が大理となるなど若干の改称が行われ, 北斉からは九寺(寺は官庁の意)と呼ばれ始めたが, 隋・唐にいたって六部の組織が確立すると, 九寺はその重要性を失い, しだいに消滅した。 (藤田 高夫)

きゅうけいじよう【九経字様】 唐の文字学書。漢字の字形における正俗を明示する書物。1巻。837(開成2)年に翰林待詔朝議郎の唐玄度によって撰述。儒学の経典での本文や科挙の答案などではもっとも正しい字形とされる漢字を使うことが要求されるが, 唐代の初期には多くの異体字があり, 字形についての正俗の区別が明確ではなかった。そのため776(大暦11)年に張参が『五経文字』を作って判断基準を示した。『九経字様』はそれを補足するもので, 計421字についての正俗を示す。 (阿辻 哲次)

きゅうけんい【九件衣】 民国期の京劇の演目。1948(民国37)年, 東北文協平劇工作団の作。翌年上海で出版された改編版が通行する。共産党の宣揚を目的とし, 物語は, 明末河南の小作農申大成の妻申娘が地主花自芳に迫られ, 逃亡して李自成の配下に救われる, というもの。錫劇・粵劇などでも演じられる。また同題で, 油売りの銭玉林に許婚蔣巧雲が嫁入り衣装を貸し商売の元手にあてる, という物語が京劇・淮劇などにあるが, これは別題を『列女伝』といい, 演目としてはこちらが古い。 (川 浩二)

きゆうこう【帰有光】 1506(正徳元)～71(隆慶5)。明の文学者。崑山(江蘇省)の人。字は煕甫, 号は震川または項脊生。最終の官名により帰太僕とも称される。35歳の時, 南京の郷試で第2の成績で挙人となったが, 8度の会試で落第を重ねた。その間, 安亭(上海市)に居を移し, 書塾を営む傍ら学問に励んだ。1565(嘉靖44)年, 60歳で進士となり, 湖州長興県(浙江省)知県などの地方官を経て南京太僕寺丞となるも, 66歳で没した。

その文は彼の経歴を反映して, 大半が地元の知友の求めに応じて書かれたものである。天下国家を論じた作品よりも, 墓誌銘や祭文および誕生祝いのための寿序など, 市井の人々の伝記や身辺雑記に見るべきものがある。とりわけ亡くなった家族を追憶した作品, たとえば「先妣事略」「項脊軒志」「寒花葬志」「思子亭記」などは, 黄宗羲が「一往情深」と評した如く抒情に溢れ, のちの方苞をはじめとする清の桐城派の文体に大きな影響を与えた。清の姚鼐が編纂した『古文辞類纂』は, 明で採る古文作家を帰有光一人に限っている。

こうした帰有光の古文に対する高い評価は生前からのものではなく, 明末の反古文辞の領袖銭謙益が彼を「明文第一」に推したことに端を発している。銭謙益は反古文辞の立場で明詩の総集『列朝詩集』を編纂し, その過程で自らの反古文辞の先駆者として帰有光を位置づけた。また, 帰有光の孫とともに佚文・佚詩を集めて『帰太僕集』を編んだ。ただし, 詩人としての帰有光は, 銭謙益のいうほど上手くはない。

今日, 帰有光は王慎中や唐順之らとともに唐宋派に分類されることが多いが, 彼らとの間に交友関係は見られない。帰有光は確かに古文辞派の古典偏重主義がもたらした模擬剽窃を批判し, 唐宋八大家を評価したものの, 文体の理想は『史記』や『左伝』に置いており, 唐宋古文のみを信奉していたわけではない。むしろ, 『史記』への傾倒や周辺の人間関係からいえば, 折衷派あるいは中間派と呼ぶべきかも知れない。しかし, 後世への影響力という点では, 王慎中や唐順之らを凌駕する。清の康熙年間(1662-1722)に曾孫帰荘が刻行した『震川先生集』が最も流布している。明史287 (野村 鮎子)

きゅうこうてん【九更天】 →未央天

きゆうごだいし【旧五代史】 五代十国時代のことを記した正史。原名『五代史』。150巻。薛居正らの奉勅撰。973(開宝6)年に編纂が始まり, 翌年に完成, 目録2巻と共に上進された。欧陽脩の撰した『五代史記(新五代史)』と区別して『旧五代史』という。1207(泰和7)年, 金の章宗が学令から『旧五代史』を削り『新五代史』のみを用いたあたりから廃れはじめ, いつしか亡逸するに至った。現行本は, 1775(乾隆40)年に四庫館が『永楽大典』所引の記事を中心に, 『冊府元亀』『通鑑考異』等を用いて復元したものである。五代の実録をもとに編纂された書物であるため, 輯本ながら高い史料的価

値をもつ。五代のことを記した梁書・唐書・晋書・漢書・周書の後に、十国などについて記す世襲列伝・僭偽列伝、更に外国列伝が続き、最後に天文・暦・五行・礼・楽・食貨・刑法・選挙・職官・郡県の10の志を備える。裴松之の三国志注の例に倣い、陶岳『五代史補』・王禹偁『五代史闕文』が正文の下に付されている。　（辻　正博）

きゅうし【宮市】　宮廷内に特設された市場。後宮の宮女らに模擬店舗を開かせ、皇帝が買い物を楽しむ娯楽で、後漢の霊帝の時に始まる。唐代にもしばしば行われ、後半期には宦官を宮市使という使職に任じ、長安の東西市で一般商人から宮中での日用品を権勢を背景に法外な安値で買わせた。宦官は買い込んだ商品を私物化するなどの不正を公然とはたらき、宮市の弊害は大きな社会問題となり、韓愈や白居易らが痛烈な批判をしている。
　（愛宕　元）

きゅうじ【九寺】　→九卿

きゅうじちゅう【給事中】　官職名。秦・漢の制度では他の官を持つ者に対する加官であり、魏晋南北朝時代も断続的に継承される。隋に至って吏部給事郎が置かれ、その後門下省に移り、黄門侍郎の次に列せられる。唐では給事中と改称され、起草された詔勅に不合があれば再考を求め上奏する封駁の任を掌り、貴族制の牙城として機能した。北宋では一旦廃されるが元豊の官制改革で復活し、その後も継承され、明では六部のもとに六科給事中が置かれ、監察の任に当たった。　（松浦　典弘）

きゅうしつ【髹漆】　器物に漆を塗ること、または漆塗りの器物。「漆」の字は、ウルシの木の樹皮を傷つけて樹液を採取することを示す象形文字、「髹」の字は刷毛を用いて塗ることを表し、中国では古くから広く漆塗りのことを髹漆と呼ぶ。また、加飾を行わず、黒漆または朱漆などの彩漆を塗っただけの漆器を、現代の名称で単色漆器・無文漆器と呼ぶ。

漆工技術は、漆の樹木が生息する東洋の諸地域で発達したが、その利用は、近年の考古学的発掘調査と放射性炭素14年代測定によって、先史時代の約9000年を遡ることが明らかとなってきた。中国における現存最古の例は、揚子江下流域の浙江省余姚市河姆渡遺跡から出土した約7000年前（新石器時代早期）の漆塗製品（浙江省博物館蔵）であり、1977年の発掘で出土した赤色の漆塗椀がよく知られる。浙江省余杭区5300～4000年前の良渚遺跡群や、黄河下流域の山西省襄汾県陶寺遺跡（新石器時代最晩期）からも、漆塗木製品や土器が出土しており、新石器時代における漆の利用は高度な段階に達していたことがわかる。素地には、木胎のほか、陶胎・籃胎・漆皮・夾紵胎などが行われるようになり、殷周時代以降は、彫りや漆画、各種の象嵌などの加飾技術が急速に発展していった。

加飾のない漆器は、時代を通じて製作され続けるが、無文漆器に芸術的な美を求めることは、後漢ごろに始まる。唐代には、琴学の流行を背景として髹漆を施した琴の製作が盛んとなり、724（開元12）年銘を有する法隆寺献納宝物の七弦琴（東京国立博物館蔵）など多くの作例がのこる。また、確実な遺品は少ないが、同時代の金属器や陶磁器の形態に似通う木製の器に黒漆を塗る無文漆器が製作された。五代までのゆったりと柔らかい雰囲気の無文漆器に対し、宋代には、薄手の端正な器形に緊張感がみなぎる芸術的な無文漆器が盛行し、江蘇省・浙江省・湖北省・湖南省などからの出土例が多数みられる。　（日高　薫）

きゅうしつれき【九執暦】　『開元占経』のなかに収められているインド系の暦計算書。中国に帰化したインド人天文学者の子孫瞿曇悉達によって718（開元6）年に著された。インドでは「カラナ」と呼ばれる分野に属するもので、近い過去に暦元をとり、簡易計算によって暦を作成することを目的としており、惑星についての記述はない。定数はブラフマグプタの天文計算書『カンダカードヤカ』に近い。インドの10進法位取り数表記法や正弦関数表も紹介されているが、中国の天文学・数学に取り入れられることはなかった。　（矢野　道雄）

きゅうしゃくぶん【九錫文】　文体の名。九錫とは「九命の錫」の略で、古代中国で天子が勲功のあるものに特に賜る、車馬・衣服・楽器・朱戸・納陛・虎賁・斧鉞・弓矢・秬鬯の9種の品物をいう。後世、九錫を賜ることは、帝位禅譲の前段階を意味するようになり、その際には禅譲を受ける者の功績をたたえる文がともに送られた。この文を九錫文という。『文選』巻34に収める後漢の潘勗の『冊魏公九錫文』は、後漢末、曹操が献帝から魏公に封じられた際に九錫とともに送られた文で、以後、この文体が晋、南北朝の宋・斉・梁・北斉・陳、そして隋と模倣され、九錫文という文体を形成した。禅譲は形式上天子の意思という形をとるが、実状は野心家の権臣による謀略であり、したがって九錫文を作ることは、作者の名誉ともなるが、もし革命が失敗して禅譲が実現しなければ、かえって処罰される。また魏晋の頃には、九錫を授けることが乱用されて、禅譲のためとは別に、実力者の歓心

を得る具に用いられた。　　　　　（幸福　香織）

きゅうしゅう【九州】　中国を9個の州に分かつ地理観。甲骨文・西周前期金文に窺われる中央・東西南北四方の5個に分かつ地理観に，東北・東南・西北・西南が加わったものであると考えられる。九州は春秋斉の霊公(在位前581〜前554)時代の金文にすでに見えるが，州の具体名が9個出揃うのは戦国後期に降る。『爾雅』釈地は，九州を冀豫雍荊楊兗徐幽営とする。『周礼』職方氏は，斉の地に当たる『爾雅』の営州を五行説に基づいて青州と改称し，徐州を青州に併せ，趙の地に当たる并州を冀州から分かつ(斉の九州説と考えられる)。『呂氏春秋』有始は，営州を青州とするほかは『爾雅』を踏襲する。『書経』禹貢は，『爾雅』の幽州を除き，秦の征服で中華に編入された四川を梁州とする(秦の九州説と考えられる)。なお戦国後期の陰陽家鄒衍は，大瀛海に囲まれた大地が裨海によって九州に分かれ，そのうちの1州がさらに9個に分かれ，その一つ赤県神州が即ち中国であるとする大九州説を主張した。　　　　　（吉本　道雅）

きゅうしゅうへん【急就篇】　前漢の識字用の字書。『急就章』ともいう。1篇。元帝(在位前49〜前33)のときに黄門令の史游が作った。書名は冒頭第1句「急就奇觚與衆異」の初めの2字による。7字句を中心に3字句・4字句の部分を含み，押韻によって朗読・暗唱の利便が図られている。毎章63字で，全体の章数は最多で34章，最少で31章と諸本によって異なる。注釈書に唐の顔師古の注と宋の王応麟の補注がある。　　　　　（福田　哲之）

きゅうしゅん【丘濬】　1420(永楽18)〜95(弘治8)。明の朱子学者・劇作家。瓊山(海南省)の人。字は仲深。号は瓊台，また赤玉峰道人。1454(景泰5)年の進士。官は国子祭酒，礼部尚書，太子太保兼文淵閣大学士を歴任。朱子学の大家で，著書に『大学衍義補』164巻などがある。伍倫全・伍倫備一家の忠孝節義を描く伝奇『伍倫全備記』全29齣は，邵燦の『香嚢記』と共に道義宣揚の色彩が濃厚な作品とされる。明史181　　　　（根ヶ山　徹）

きゅうしょ【訄書】　清の文集。1900(光緒26)年刊。章炳麟著。初刻本は論文50篇を収録。この段階では未だ排満色は強くないが，間もなく改訂に着手，数か月後に反清的な「弁氏」「学隠」を補佚して再版。さらに，1904(光緒30)年，13篇を削除，24篇を追加，「前録」として旧版の論文を自己批判する「客帝匡謬」「分鎮匡謬」を付した重訂本が刊行され，排満革命論の代表的著作となる。その後さらに改訂され，『検論』と改名の上，1915(民国4)年に『章氏叢書』に収録されて刊行。
　　　　　（高柳　信夫）

きゅうしょうさいい【休祥災異】　休祥とは祥瑞・符瑞などともいわれ，世の中がよく治まっているときに現れるめでたいしるしのこと。麒麟・鳳凰・黄龍・神亀・白鹿・赤烏などの動物，嘉禾・芝草などの植物のほか，甘露・醴泉・慶雲・神鼎などさまざまなものがある。災異とは天子の失政に対して天が与える譴責としての災害や異変のことで，日食・地震・洪水・旱魃など天変地異のほか，火災や蝗の発生，角の生えた馬などの奇形動物，男が女になって子を産むなど，数多くの異常現象がある。周代においては，人間界とくに為政者である天子の政治的・道徳的あり方と自然界の現象とが結びつけられ，善政が敷かれているときは休祥が，失政の場合は災異が，天から下されると考えられた。これを「天人感応」「天人相与」の説といい，『詩経』や『書経』などにもあらわれている。儒家も少なからずこの説を継承しているが，戦国時代に，天子の善政・悪政によって天が賞罰を下すことをもっとも明瞭に唱えたのは墨家であった。漢代になると，董仲舒は災異発生のメカニズムを説明するために陰陽説を導入した。すなわち自然界で陰が陽を凌ぐことによって起こる日食・地震・大水は，人間界で陰にあたる臣下や夫人が，陽にあたる君主や夫よりも強盛であることが原因であると主張したのである。元来，災異説は天子の権力を抑制するために考案されたものともいわれているが，陰陽説の導入により，天子の背後で政治を動かしている権臣や皇太后・皇后(その背後にいる外戚)を批判するための思想的武器として機能するようになり，災異説は大流行するようになった。また権臣や外戚も逆に災異の責任を実権のない丞相などの三公におしつけ，前漢・新・後漢を通じて災異により罷免されたり，自殺させられたりした三公は少なくとも延べ58人にのぼる。このように政争の具と化した災異説は，三国時代以後，最大の災異とされた日食が単なる天文現象として予測可能となったこともあり，次第に衰退していった。一方，休祥は現実的には天子の政治宣伝のために利用され，作為的なものが多かったので，当時の人からもあまり信用されず，政治的には災異ほど大きな力を発揮したとはいいがたい。
　　　　　（影山　輝國）

きゅうしょうさんじゅつ【九章算術】　後漢の数学書。『九章算経』ともいう。9巻。1世紀末頃の編纂。選者不詳。唐宋時の算学(数学大学)学生の必読書の一つ。算経十書を構成する最も重要な書で

ある。

　書名のごとく9章に分かれ，行政に必要な計算術を問題集の形式に整理して記載している。第1巻の方田章(38問)は分数の運算法則と平面図形の求積計算，第2巻の粟米章(46問)は穀物などの比例交換，第3巻の衰分章(20問)は比例分配の問題である。第4巻の少広章(24問)は開平や開立法を論じ，第5巻の商功章(28問)は土木計算をのべ立体図形の求積計算を説き，第6巻の均輸章(28問)は漢の税制の均輸法の具体的な計算例を示す。第7巻の盈不足章(20問)は過不足算を扱い，第8巻の方程章(18問)は多元1次方程式の解法をのべ，第9巻の句股章(24問)は句股術(ピタゴラスの定理)を記し句股形(直角三角形)の相似問題を解く。『九章算術』は実用問題を多方面に扱い，初等数学をほぼ全領域にわたって網羅している。負数計算や分数計算，連立1次方程式の解法などは，グローバルな意味で重要な発見に数えることができる。

　『九章算術』には歴史上，編集者や編集時期の相違にしたがってさまざまなテキストが存在した。現在みることができるのは，唐の算学で行用された教科書の流れをくむ「魏劉徽注　唐朝議大夫行太史令上軽車都尉臣李淳風等奉勅注釈」の9巻本のみである。清朝考証学を代表する*戴震の校勘本は主に明の『*永楽大典』にもとづいたものであるが，これも元をたどれば唐の教科書の復刻本にすぎない。

　劉徽の注には極限の概念などもみえ，本文に劣らず重要である。

(川原　秀城)

きゅうしょうさんぽうひるいたいぜん【九章算法比類大全】　明代の応用数学書。10巻。1450(景泰元)年刊。呉敬撰。巻首は記数法などの記載からなり，第1以下の各巻は『九章算術』と同じく，方田・粟米・衰分・少広・商功・均輸・盈不足・方程・句股という。第10巻は開方に関する専章である。南宋の*楊輝『詳解九章算法』などからの引用(古問)のほか，当時実用の応用題(比類)も多い。数学のレベルはさほど高くないが，当時勃興した商業数学の内容を窺うことができる。

(川原　秀城)

きゅうしょき【丘処機】　1148(皇統8)～1227(正大4)。金から蒙古にかけての全真教の道士。登州棲霞(山東省)の人。19歳のとき*王重陽に弟子入りし，名を処機，字を通密，号を長春子とつけられた。崑嵛山煙霞洞を始めとして山東各地で教導を受け，1170(大定10)年の正月に重陽が汴梁(河南省)で没すると，*馬丹陽らと陝西の重陽の故里，劉蔣で服喪した。1174(大定14)年8月に喪が明けると，磻溪(陝西省)の長春洞にこもり，毎日1回乞食し，昼夜寝ない(横にならない)修行を積んだ。ついで1180(大定20)年，隴州(陝西省)の龍門に移って修行したので，後世，龍門派の祖とされる。1186(大定26)年の冬に劉蔣の祖庵に移った。

　1188(大定28)年の2月に金の世宗の招きを受けて上京し，修身には惜精全神，政治には恭己無為を説いて世宗の意にかなった。その年の中秋には祖庵に還ったが，1191(明昌2)年10月に故郷の棲霞に帰って太虚観に居住した。1219年の8月に萊州(山東省)の昊天観で蒙古の要請を受け，翌年の正月，18人の弟子をつれて萊州を出発した。4月に燕京を出て，1222年4月に現在のアフガニスタンあたりの行在に着き，*チンギス・カンに会見した。カンの下問に，衛生の道はあるが，長生の薬はないと答え，すこぶる気に入られた。何度か道について進講した後，1223年3月に帰路につき，翌年の4月に燕京の天長観(後の白雲観)に到着した。西域行の様子は弟子の李志常の記録『長春真人西遊記』に見える。1227年5月にチンギス・カンの聖旨によって天長観は長春宮と改名され，出家道士はみな長春が管轄することになった。教団の優遇措置も得て，元代以降の全真教発展の基礎がおかれた。長春は同年7月9日に長春宮で逝去した。著作には詩詞集の『磻溪集』，内丹のメカニズムを概説した『大丹直指』などがある。元史202

(蜂屋　邦夫)

きゅうしょくろく【髹飾録】　明の隆慶年間(1567-72)の漆工黄成による漆工技法書。漆器の製作技法に関して詳細かつ体系的に記述した唯一の文献であり，中国の漆工技術の展開を知るための基本史料である。著者の黄成は，号は大成，新安県平沙(河南省)の人。自らの経験と知識を総合し，古今の漆工の体系化と技術の伝承の目的で同書を著した。明末の1625(天啓5)年に嘉興県西塘(浙江省)の漆工揚明によって序文および注記が付され，内容が深まっている。

　原本は失われ，日本に伝わる写本(東京国立博物館蔵)のみが現存する。この写本は，江戸中期の文人，好事家として知られる木村蒹葭堂の蔵書印を有し，さらに寿碌堂主人の頭注を伴う。乾・坤2集，18章，186条よりなり，乾集には材料，用具，製作上の禁忌，坤集には分類による諸技法の解説とその歴史について述べられるほか，修復，模作や鑑賞法にも言及する。確認しうる漆工技術が網羅されているが，逆に遺品としては現存しない項目も含まれる。

(日高　薫)

きゅうすう【宮崇】　生没年不詳。後漢半ばの術士。琅邪国(山東省)の人。同国の*于吉(一説に干吉)に師事，于吉が曲陽の泉のほとりで得たとい

う『太平清領書』170巻を授けられた。宮崇はこの書を順帝(在位125～144)に献上したが，巫術の荒唐無稽な言葉を記した妖妄の書として禁書になった。ついで平原郡(山東省)の襄楷がこの書を桓帝(在位146～167)に献上している。一方，鉅鹿郡(河北省)の張角はこの書を経典として太平道を創始したという。後漢書30下　　　　　　　　(都築　晶子)

きゅうせいきゅうれいせんめい【九成宮醴泉銘】　唐の碑。九成宮碑ともいう。632(貞観6)年の刻。魏徴の撰，欧陽詢の書。楷書。タテ224cm×ヨコ109cm。24行，満行50字。陝西省麟游県の西2.5kmの九成宮遺跡に現存する。碑頭は円首で双龍を配し，題額は圭首(尖った碑首)に象り，篆書で「九成宮醴泉銘」と2行に陽刻。題額の左側に北宋の元豊年間(1078-85)の諸題名，右側に北宋の紹聖(1094-98)と，明の正徳・嘉靖年間(1506-66)の諸題名が刻されている。九成宮は，もと隋の文帝のとき建てられた仁寿宮であったが，唐の太宗によって修理改築され，九成宮と名付けられた。632年，太宗がこの離宮に避暑しており，一隅から湧き出る泉水を発見し，これを瑞祥として建てさせた記念碑である。欧陽詢76歳の書。もっとも整然とした結構と精妙な用筆で書かれたこの碑は，楷書の極則(楷書様式の最高の手本)とされる。特に点画の不即不離(つかず離れずの関係)による空間の処理と，背勢(相対する縦画を内側に引き締めた書き方)に構えた結構法に大きな特徴がある。詢の子欧陽通もこの結構法に倣い，『道因法師碑』を書いている。『九成宮醴泉銘』は長い年月と多くの推拓を経て碑面が摩滅し，清の初めにはすっかり痩せ細ってしまっただけでなく，その後，改刻がなされ，本来の面目は完全に失われてしまった。原石拓の著名なものに以下のものがある。①明の李祺旧蔵本(北宋拓)──現存の最旧拓本。北京の故宮博物院に現蔵。②海内第一本(南宋拓)──楊守敬の跋が付されている。③端方旧蔵本(南宋拓)──東京の三井記念美術館に現蔵。なお，重刻本は極めて多く，推場本・余氏本・内府本・秦氏本など枚挙にいとまがない。欧陽詢の楷書碑には，このほか『皇甫誕碑』(無紀年)，『化度寺塔銘』(631年)，『温彦博碑』(637年)があるが，この碑がもっとも著名なものである。南宋の姜夔以降，歴代の諸家によって『九成宮醴泉銘』と『化度寺塔銘』の二碑の優劣が盛んに論じられた。
(横田　恭三)

きゅうせっきじだい【旧石器時代】　少なくとも1万年前の，土器の使用や農耕の開始以前の段階。狩猟と採集を生業として移動生活を行っていた。地質時代上は新生代第三紀鮮新世から第四紀更新世にあたる。約450万年前に東アフリカで猿人が出現し，その一部が人類史上最初に石器を製作したホモ・ハビリスに，さらに原人に進化した。原人の一部は少なくとも180万年前にユーラシアへ広がったらしい。中国における確実な最古級の遺跡は，陝西省藍田県(藍田原人)や，河北省から山西省にまたがる泥河湾遺跡群の馬圏溝や小長梁などで，古地磁気年代測定法で100万年前以前に遡る。原人の東アジア到達のこの年代は，グルジアのドマニシで発見された人骨群が170万年前に近いことからも支持できる。200万年前前後の遺跡とされる安徽省人字洞と雲南省の元謀人の石器は自然石の可能性が高く，四川省龍骨坡(167～187万年前)と山西省西候度(180万年前)の年代は不確実である。時期区分については，長江以北の北方の場合，人類の進化とヨーロッパの時期区分を参考にした前・中・後期の三時期区分説と前・後期の二時期区分説があるが，南方の場合は未確定である。北方の石器は，前期から一般的にチョッパーなどの骨や肉，木などの叩き割りを主とする大型重量石器と，スクレイパーやドリルなどの細かな切断や加工用の小型剥片石器から構成されている。最初のハンドアックスが180万年前にアフリカで誕生したが，中国での確実な出現年代は目下，75万年前以降であるので，前期の細分の際に参考となろう。しかし，クリーバーと球形石器という大型重量石器の出現年代は，未解決な課題である。大型重量石器は，華北南部から華中地方にかけて12万年前頃まですべての種類が存在するが，華南ではクリーバーと球形石器がなく，華北北部では占める割合が低く，東北地方やシベリアではチョッパーだけが低率で存在するという地域差が認められるので，大型重量石器はアフリカ以来，特定の動植物環境と密接に関連した機能差をもっていたといえる。大型重量石器は12万年前以降，華北・中ではしだいに消失した。その頃の中国に北接するアルタイ山脈やモンゴルでは，ヨーロッパの中期旧石器を代表するルバロワ技法が広がっていた。これは新疆や内モンゴルでも散見されるが，東北や華北まで広く南下しなかったので，中国で中期を設定しない二時期区分説の根拠とされている。北方の後期を代表するのが石刃技術と細石刃技術の開始であり，前者は3万年前頃に寧夏回族自治区水洞溝や山西省峙峪で確認されているが，華北では全体的に十分発達しなかった。この時期は山頂洞人に代表される現代型新人の段階であり，埋葬や装身具，赤色顔料などの新たな精神文化が中央アジア経由で受容されたと考えられる。2～1.6万年前頃になると，細石刃技術が華北以北で用いられたが，削片系の楔形細石刃核は華北北部以北に分布する。新石器時代への移行期については，最古とされる土器片や穀物種子

の年代に問題があり，今後の新発見の慎重な処理とその成果が待たれる。文献に高星ほか編『中国科学院古脊椎動物与古人類研究所 20 世紀旧石器時代考古学研究』(文物出版社，2002 年)，王幼平『旧石器時代考古』(文物出版社，2000 年)がある。

（佐川　正敏）

きゅうぜんかくでん【虬髯客伝】　唐の伝奇小説。撰者，制作時期とも不明。唐末五代の杜光庭，盛唐の張説(667〜730)，或いは晩唐の裴鉶の作ともいう。唐建国の功臣李靖(571〜649)が無名の頃，虬髯(みずちのようなひげ)の客の望気術(占術の一つ)によって後の太宗李世民の存在を知らされ，資金援助を受けて李世民の大業を補佐したという話。末尾に唐王朝への謀反は無理なことだと記す。『太平広記』193・豪俠類，『顧氏文房小説』などに収録。東洋文庫『唐代伝奇集』(平凡社)などに邦訳がある。

（富永　一登）

きゅうたいし【宮体詩】　南朝梁〜唐初に流行した艶麗な詩のスタイル。「宮体」という語は，『梁書』簡文帝紀に蕭綱(簡文帝)の詩を評して「軽艶に傷れ(軽薄で艶麗に過ぎるきらいがある)，当時号して『宮体』と曰う」と見える。蕭綱が皇太子として東宮にいたころ，彼を中心とする文学集団に特徴的であった詩風を指して，宮体と称した。主なメンバーは他に徐摛・庾肩吾・徐陵・庾信たちであるが，詩風の淵源は沈約に求められ，広義には蕭綱の父の蕭衍(武帝)や呉均・何遜，弟の蕭繹(元帝)，さらには陳の后主陳叔宝たちの詩がその代表とされる。男女の恋愛感情や女性の容貌・姿態・器物など女性美とかかわる内容を細やかな筆致で描いているが，抒情的な詠物詩もあり，また形式的には後の律詩と符合するものが少なくない。これらの点で隋・唐の詩の先駆けをなすといえる。南朝の民歌を取り入れた，楽府のスタイルでの詩が多い。五言詩は永明体以上に声律を重視しており，七言詩は民歌の趣を具えている。蕭綱が徐陵に命じて編纂させた『玉台新詠』に，この種の詩が数多く収められている。

（釜谷　武志）

きゅうち【丘遅】　464(大明 8)〜508(天監 7)。南朝梁の詩人。呉興烏程(浙江省)の人。字は希範。官は斉朝の殿中郎から，梁朝に武帝蕭衍に評価され永嘉太守，司徒従事中郎に至った。『詩品』中品には，その詩にはあでやかさが散りばめられた美しさがあると言う。文では陳伯之に投降を説いた「陳伯之に与うる書」(『文選』43)が有名。現存する詩は逯欽立『全梁詩』5 の 11 首，文は厳可均『全梁文』56 の 13 篇のみ。梁書 49，南史 72　（田口　一郎）

きゅうちょう【宮調】　古代伝統音楽の術語。調高(キー)と調式(旋法)の両面の意を含む。一般に，宮は調高を表し，均ともいう。調は調式を表し，声ともいう。十二律と宮調の関係を例にとれば，黄鐘宮(こうしょうきゅう)は，黄鐘律(C 音)を宮音(ド)とし，黄鐘均ともいう。また，南呂羽は南呂律(A 音)を羽調式の開始の音，つまり主音(ラ)とし，南呂調或いは南呂声ともいうが，調式中の宮音は黄鐘律のままである。

宮調は中国音楽の中で完全な理論を有するが，長い歴史を経るあいだに，極めて複雑な発展を遂げ，王朝の変遷につれてその内容やシステムまでも異なってきている。このため，各時代，各種の音楽理論において，宮調の持つ具体的な意味や解釈は非常に多様であり，現在も研究が行われている。近代以降，宮調の名称はあまり使われなくなったが，伝統演劇の曲牌の標題には曲調の分類を示すものとして今でもしばしば見受けられる。

（孫　玄齡）

きゅうちょうしゅん【丘長春】　→丘処機

きゅうちょうしょ【汲冢書】　西晋の 279(咸寧 5)年(また 281〔太康 2〕年ともいう)に，汲郡(河南省)の人，不準が戦国時代の魏王の墓を掘って得た先秦の古書。もとは竹簡に古文で記されていたものを，当時の書体に改め，整理を加えた。ここから発見されたとされる書物で現存するものに，『逸周書』『穆天子伝』『竹書紀年』などがある。『晋書』武帝紀，また束晳伝に見える。（阿辻　哲次）

きゅうつう【九通】　『通典』『通志』『文献通考』『続通典』『続通志』『続文献通考』『皇朝通典』『皇朝通志』『皇朝文献通考』の 9 書を合わせた総称。唐の杜佑の『通典』，宋の鄭樵の『通志』，元の馬端臨の『文献通考』はそれぞれ著者の一家言に基づいて著された制度中心の百科全書であり，諸制度の沿革，文物の変遷を知る上で有益であり，通の名を共有するところから三通と呼ばれ親しまれていた。清の乾隆帝は 1747(乾隆 12)年に三通館を設けてこれら三通を武英殿で刻刊したのを機に，それらの続編として 61(同 26)年までの記事を含む『続通典』等の続三通を編纂させたが，のちそれらの中から清朝部分，すなわち清の開国より乾隆にいたる部分を独立させて『皇朝通典』等の皇朝三通とした。これらを一括して九通と呼んでいる。紀昀が総纂官になっているところからすれば，続三通・皇朝三通の編纂は『四庫全書』などの一連の大編纂事業の一環として理解すべきものであろう。ただ三通がそれぞれ固有の史料を含むところからしばしば利用されるのに対して，後の六通は同時代史料として実

きゅうてんげんじょ【九天玄女】 道教の神。元女・九天娘娘とも称する。伝説に、*黄帝が天下を平定しようとしていた時、蚩尤と涿鹿で戦ったが、なかなか勝つことができなかった。そこで西王母によりこの九天玄女が黄帝のもとに遣わされ、六壬・遁甲等の秘法や『*陰符経』を授け、遂に蚩尤を滅ぼすことができたという。そこで九天玄女は黄帝の師、西王母の弟子とされる。民間の伝説中では、人頭鳥身の姿をし、兵法に通じ、危難を救ってくれる女仙として登場する。
(横手 裕)

きゅうとうじょ【旧唐書】 →旧唐書

きゅうびき【九尾亀】 清末の小説。角書きは「醒世小説」。12集192回。1906(光緒32)年〜10(宣統2)年、上海の点石斎より発行。漱六山房(張春帆)著。上海に出てきた主人公、章秋谷が、花柳界の名士として行動するありさまを当時の政治社会事件を盛り込みながら呉語を交えて描く。結果として花柳界のガイドブック・歴史書ともなった。張春帆(?〜1935)、名は炎、常州(江蘇省)の人。長く上海に住み、『平報』主筆をつとめた。ほかの作品に『黒獄』(1906年)、『新果報録』(1906年)、『宦海』(1909年)などがある。
(樽本 照雄)

きゅうびこ【九尾狐】 尾が9本ある伝説上の狐。『山海経』南山経に「青丘之山……獣有り其の状は狐の如くにして九尾、その音は嬰児の如く、能く人を食う。食う者は蠱せられず」とあり、古くは人食い獣で、その肉を食べれば邪気に遭わないとされ、漢代の石刻画像や磚画にしばしば女神西王母の座のそばに兎・ヒキガエル・三足の烏などとともに描かれ、本来はめでたいしるしとして現れる瑞獣と見なされていた。明代の小説『*封神演義』で殷の紂王の寵妃妲己が九尾狐の精とされた。
(鈴木 健之)

きゅうひんかんじんほう【九品官人法】 三国魏から隋初まで行われた官吏登用法。一品から九品にいたる品級で人を官に任命するので九品官人法といわれ、また九品中正制度ともいう。220(黄初元)年に曹操の長子の曹丕(文帝)が魏王朝を建てるに際し、尚書の陳群の建議により、後漢の官僚を才能徳行に応じて新政府に吸収するための資格審査を当面の目的として実施されたが、そのうち起家(官品のある官職に初めて就任すること。起家官は各々の貴族の家格の高下を表す)の官を決定する恒久的制度となり、貴族の政治的社会的特権を担保する制度として存続した。制度内容は王朝の交替によって推移があるが、郡・国にその地域出身者を中正官として任命し(のち、その上に州大中正を設置)、郡・国内の人物に郷品を付与し、状と呼ばれる内申書を中央政府の司徒府に送り、司徒府はそれに基づいて官品を決定し、吏部尚書に送付して官品に応じた官職に任命するという仕組みである。その際、郷品三品の者は七品官から起家させるというように、郷品から4等級下の官品の官職から出発させ、最終的に郷品と同じ等級の官品の職まで昇進させるのが慣例となった。中正官は名望ある族員から任命されやすく、有力な族の子弟に高い郷品を付与する傾向が生まれ、西晋の時代には、劉毅が「上品に寒門なく、下品に勢族なし」(『*晋書』巻45劉毅伝)と批判したように、子弟が世襲的に二品の郷品を獲得する門地二品といわれる貴族の家が固定し始めた。琅邪の王氏や陳郡の謝氏などの一流貴族と寒門層との身分的格差によって官界が構成され、東晋から南朝の宋・斉の時代が六朝貴族制の全盛期となった。この制度は北朝北魏の*孝文帝による華化政策によって北朝的に整備され、東魏・北斉にも継承された。隋の文帝の開皇年間(581-600)、郷官廃止に伴って地方官を中央から任命する必要もあり、秀才・明経・進士などの諸科目によって官僚たる者を選任する科挙が開始され、九品官人法は廃止された。
(東 晋次)

きゅうふうじん【救風塵】 元の戯曲作品。*関漢卿作で、雑劇の代表作の一つ。汴梁(開封)の妓女趙盼児を主人公に、その機知に富んだ活躍により、書生安秀実と結婚の約束をしておきながら、金持ちの道楽息子周舎と結婚し、苦境に陥った妹分の宋引章を救いだし、彼女がふたたび安秀実と結ばれるまでを、コミカルに描き出す。とりわけ趙盼児が色仕掛けで周舎を騙し、離縁状を書かせた上で、宋引章を連れ出す第3折から第4折にかけては、元雑劇の面白さを存分に味わわせてくれる。
(赤松 紀彦)

きゅうほうこう【丘逢甲】 1864(同治3)〜1912(民国元)。清末の詩人・教育家。台湾の人。別名に秉淵・蒼海がある。字は仙根・吉甫。号は蟄庵・海東遺民など。1889(光緒15)年の進士。官職につかずに教育に従事し、1895年の台湾割譲時には義勇軍を率いて抵抗し、後に広東に逃れた。作詩に秀で、とくに台湾失地後の悲壮な作風への評価が高く、「詩界革命の一鉅子」(梁啓超『飲氷室詩話』)と呼ばれた。『柏庄詩草』・『嶺雲海日楼詩鈔』12巻

がある。　　　　　　　　　　　(早川　太基)

ぎゅうほうてい【牛方鼎】　1935(民国24)年に河南省安陽市郊外の西北岡1004号大墓中央墓坑西側で鹿方鼎と並んで発見された*方鼎。高さ73.2cm，長辺64.4cm，短辺45.6cm。現存する殷代の方鼎の中では数少ない大型品であるのみでなく，腹部の4面の側壁や四足上部にも大きく浮き彫り表現で牛の頭部が表されるという特徴を持ち，その文様から，特に牛方鼎と称される。内底に牛の象形が銘文として表されている。殷墟期中葉の作品。台湾台北の中央研究院歴史語言研究所蔵。
　　　　　　　　　　　　　　(内田　純子)

きゅうり【窮理】　朱子学の実践論の根幹をなす方法。朱子は『*易経』説卦伝の「理を窮め性を尽くして以て命に至る」と『*大学』の「致知は格物に在り」とをもとに，人間に内在する「理」を実現し聖人に到達するための方法として「格物窮理」を強調する。朱子の「格物窮理」とは，ともすると主観的な判断に陥りがちな心の修養を，外的な事物の「理」を客観的に窮めることによって克服しようとするものであったが，「窮理」の主たる対象が経書とされていることからも窺えるように，いわゆる客観的な真理探究ではなく，既成の価値を知り，それを絶対的なものとして認め従う心的態度が前提とされている。しかし一方で朱子が万物を同一の原理で説明し得るものとし，その盛んな好奇心の赴くまま様々な自然現象・歴史事実などを「窮理」の対象として取り上げたことによって，後世儒教文化圏が西洋の科学思想を受け入れるに際しては，「窮理」の概念がその先導役を務めた。
　　　　　　　　　　　　　　(垣内　景子)

きゅうりゅうざんがいぼ【九龍山崖墓】　山東省曲阜市の九龍山に開鑿された前漢時代の大型崖墓。合計5座あり，その内の第2〜5号墓の4座が，1970年に山東省博物館の手によって発掘調査された。いずれも墓道・東西車馬室・甬道・東西耳室・前室・側室・後室などを備えている。最も大きな第3号墓は，全長が72.1m，容積が2800m³に達し，銀縷玉衣の残片と「慶忌」の文字を有する銅印を出土していることから，第3代魯王劉慶忌(前51年没)の墓であり，そのほかも魯王一族の墓と考えられる。　　　　　　　　　　　(渡部　武)

きゅうれんかん【九連環】　①江南で流布する5つの俗謡(時調)を合計6段に組んだ民謡。別称，大九連環・姑蘇風光。蘇州の四季の風情を表現する。②江蘇・浙江等の伝統的な小歌。別称，小九連環。家の中で遊ぶ少女を表現する。③9種の曲牌から成る*噴吶や太鼓，大小の銅鑼などによる民間の合奏曲。④19世紀初頭，明清楽として日本に伝来した曲。その影響から日本では『かんかん踊り』『法界節』などが生まれたが，現在は月琴の楽譜のみが伝承されている。　　　(仲　万美子)

きょ【虚】　『*管子』に「天を虚と曰う」，『*周易』(『*易経』)に「虚しき筐」とあるように，天や空っぽを意味する。『*論語』の「実つれども虚しきが若し」のように儒家の虚はほぼ実に対する空虚を意味する。道家は『*老子』の「天地の間は虚にして屈きず，動きて愈よ出ず」のように虚に無限の産出力を想定し，「聖人の治はその心を虚しくす」のように物事にとらわれぬ心情として評価した。『*淮南子』の「虚室に白を生ず」では虚は心，白は道で，虚心は道と合致し，『*荘子』には端的に「唯だ道は虚に集まる，虚なる者は心斎なり」とある。虚無とも熟され，『*史記』太史公自序に「道家は無為にして，その術は虚無を以て本と為す」とあるように道家の根本原理とされた。虚の価値は『*老子』に「三十の輻(スポーク)一轂(車輪の中心)を共にす。その無に当たりて車の用有り」のように空虚の有用性から想定されたものであろう。虚は仏教や道教，宋学などでも使われ，宇宙や人間性の根本原理，あるいは悟道を意味した。　　　　　　(蜂屋　邦夫)

ぎょいんそうわ【漁隠叢話】　→苕渓漁隠叢話

きょう【狂】　→狂・狷

きょう【教】　「教」とは，聖人が人々を教化するために説いた教え。中国では儒教と仏教と道教を総称して「三教」と呼ぶが，これは儒・仏・道の三教が「教」という共通の思想形態をもっているからである。中国の思想や宗教が「教」として成立するには，第一に教えを説いた教主が人々から崇められる聖人でなければならない，第二に聖人の教主の説いた教えが経典として残されていなければならないのである。儒教や仏教や道教が歴史的に「教」と呼ばれているのは，儒教には聖人である孔子とその教えを記した五経(詩・書・礼・易・春秋)があり，仏教には聖人である釈迦(仏陀)とその教えを記した多くの仏典があり，道教には聖人である老子とその教えを記した三洞四輔の経典があるためである。

　中国で儒教が「教」の思想形態をもつのは，五経博士が実質的に設置される前漢の宣帝の頃からであり，仏教は東晋の前期，道教は南朝宋の中頃からである。南朝宋の顧歓『夷夏論』では仏教と道教を合

わせて「二教」と呼び，梁の陶弘景『茅山長沙館碑』では儒教と仏教と道教を指して「三教」と呼んでいる。梁の武帝にも『会三教詩』(『芸文類聚』巻76)，『述三教詩』(『広弘明集』巻30・統帰篇)があり，北朝では北周の武帝の時に三教の優劣論争が起こり，韋夐『三教序』，衛元嵩『斉三教論』がある。

「教」という思想形態では教主と経典は誤りのない，真実そのものである。したがって，特定の「教」の信奉者は，その「教」が思想であるか，宗教であるかに拘わらず，信奉する「教」の教主と経典を絶対の真実と信じて，自己の拠り所とする。これが「教」の特徴である。　　　　(小林 正美)

きょう【郷】　県の下に置かれた村落組織。『周礼』によると周に「六郷」の制で表す郷(1万2500戸を指す)があったというが，はっきりしない。現実の社会にかかわる組織として登場するのは漢代で，『漢書』には郷——亭——里(1郷10亭，1亭10里)と表記される。ただ実際の集落では，ほぼ10里で1郷，1里100戸として1000戸程度が1郷を構成したと推定される。それをまとめるのに，三老・嗇夫・游徼という郷官がおり，とくに郷三老には郷中の信望あつい人物がついた。

その後，魏晋南北朝時代には，戸数の縛りをなくし，地名の表記になるが，隋の589(開皇9)年に1郷5里，1里100戸の郷里制による民衆統治組織として復活し，唐代までつづく。郷の責任者は隋では郷正(郷長)がいたが，唐では5里正の輪番になった。宋以降も郷の名は残るが，鎮(小都市)にたいする地方農村の区画を表す名称に転化し，その下の里が行政の末端組織としての役割を担いつづけることになった。　　　　　　　　　　　(氣賀澤 保規)

ぎょう【堯】　古代の伝説的帝王。名は放勲，堯は諡。姓は伊祁氏または伊耆氏。号の陶唐氏は，堯の封地たる陶丘(山東省)・唐(山西省)に由来するとされる。『大戴礼』五帝徳・帝繋は黄帝の曾孫たる帝嚳の子とし，黄帝・帝顓頊・帝嚳・堯・舜を五帝とする。堯は，『論語』に初見する。『孟子』は，舜のほか夏殷周3王朝の開祖たる禹・契・后稷らの賢臣を登用し，禹に大洪水を治めさせ，舜に帝位を禅譲した理想的帝王とする。『書経』の第一篇たる堯典は，『孟子』に見える治水・禅譲のほか，羲仲・羲叔・和仲・和叔に天文暦数を定めさせる宇宙秩序の保持者としての性格を伝える。『史記』五帝本紀の記述は五帝徳・帝繋の祖本及び『孟子』『書経』に基づく。一方，『荘子』は許由への禅譲を拒絶された説話を伝え，堯を無為の帝王として描くが，この性格は，『列子』の「康衢謡」，『帝王世紀』の「撃壌歌」などに踏襲されている。史記1
　　　　　　　　　　　　　　　　(吉本 道雅)

ぎょう【鄴】　河北省の南端，邯鄲地区臨漳県にあった都市。太行山脈の東麓を南北に走る交通路に沿い，西は漳水の谷を抜けて山西省に通じる。春秋時代に斉の桓公によって築かれ，のち晋が奪ったが，晋の三分後，戦国時代には魏の領域となった。漢代には鄴県となり，魏郡の治所が置かれ，冀州に属した。後漢末から隋初までは華北東部の要地として諸勢力の争奪の対象となり，建設と破壊が繰り返された。後漢末，袁紹が冀州牧として鄴に拠り，袁紹を倒した曹操も鄴を都として魏王となった。三国魏は洛陽を都としたが，鄴は五都の一つに数えられ，西晋の左思の『三都賦』に魏都として詠まれた。五胡時代には石虎時代の後趙，慕容氏の前燕が都を置き，ついで北朝東魏・北斉の都となったが，このとき響堂山石窟が造営された。北周は北斉を併合して相州総管府を置いたが，周隋革命時の戦乱で破壊され，相州と鄴県の名は一時安陽(河南省)に移った。唐初に小都市を築いて鄴県を復興したが，宋代に臨漳県に編入された。　(浅見 直一郎)

きょうあん【教案】　清末に頻発したキリスト教徒や教会に対する排撃事件。仇教案とも言う。第2次アヘン(アロー)戦争(1857~60)の結果，締結された天津条約によって中国におけるキリスト教の布教が認められた。また，同時に外国人の内地旅行権も認められたため，1860年代以降，中国国内においてキリスト教の布教が行われ，各地に教会が建てられて中国人信者の数も増えていった。中国人信者は地域社会における伝統的な行事や慣習に従わなかったため，各地で信者と非信者との対立が生まれた。また，キリスト教は西洋諸国の宗教であり，現実に信者や教会が西洋諸国を後ろ盾にすることもあったので，西洋に対する偏見や反感がそのままキリスト教やキリスト教徒にも向けられた。こうして信者と非信者の対立は非信者による信者への攻撃や教会の焼き打ちに激化し，その結果として関係する西洋諸国が介入して外交問題化する場合もあった。

たとえば，代表的な教案に1870(同治9)年の天津教案がある。第2次アヘン戦争のときに英仏連合軍が天津に進軍して以来，天津における対フランス感情はかなり悪かった。また，天津のフランス系カトリック教会が経営していた孤児院については，子供を誘拐したり，子供の目をくりぬいてカメラのレンズにしたり，肝臓を薬にするなどのデマが流されていた。こうして1870年に疫病が流行して孤児院でも多くの子供が死ぬと，教会や孤児院に対する民

衆の疑惑は一挙に募り，教会などが焼き打ちされてフランス人領事を含む多数の外国人と中国人信者が殺害された。この事件はフランスとの外交問題に発展し，清朝政府は謝罪使をパリに派遣するなどして問題の解決に苦慮した。

また，1897(光緒23)年に山東省でドイツ人宣教師が殺害された事件に際して，ドイツは膠州湾を占領した上で翌年，99年の期限付きで租借し，列強による租借競争に先鞭をつけた。また，この事件は，1900年に義和団事件を引き起こすことになる排外的な民間団体である義和団の山東省における排外活動をいっそう激化させた。

(井上 裕正)

ぎょうあんしんぽう【暁庵新法】 清代1663(康熙2)年，王錫闡が撰した暦書。全6巻。西洋天文学の特質と中国の古法を折衷し，1628(崇禎元)年を暦元とする天文暦法を論じたもの。1巻では西洋伝来の三角法を含む算法，2巻では天文諸数や二十八宿の広度，3巻では中西を兼用した天文暦法，4巻では昼夜の長短，月の位相，日月5惑星の視直径などについて論じ，5巻では時差と視差，「月体光魄定向」を検討し，6巻では日・月食，掩蔽(星食)，凌犯(月や五惑星の接近現象)の問題を扱っている。

(橋本 敬造)

きょういんしゅ【郷飲酒】 民間の秩序維持を目的に国家が行う宴会儀礼。『儀礼』『礼記』に見えており，漢代では郷里の秩序維持に重要な役割を果たしたと推定される。しかし後漢には郡県の学校でも行う礼となり，唐には科挙受験生に行う礼となった。明は毎年学校で行うと共に，民間でも100戸ごとに行う礼として復活させたが，犯罪者の席を門外に設けるなど人民統治の性格を強化した。清は明制を踏襲したが，朝廷が財政難に陥ると廃れていった。

(金子 修一)

きょうおうふ【恭王府】 清の道光帝(在位1820～50)の第6子，恭忠親王奕訢の住宅。現在の北京市西城区前海西街に位置し，庭園部分とともに現存している。王府とは清朝が皇族に与えた邸宅をいい，19世紀末には，北京の内城に50の王府が点在していた。恭王府は，もともと乾隆年間(1736-95)に大学士の和珅の住宅であった。だが，和珅が犯罪人となり用地が没収され，次の嘉慶帝は土地と屋敷の一部を弟である慶僖親王永璘に譲り，慶王府となる。その後，咸豊帝の弟にあたる恭忠親王の王府として引き継がれた。咸豊・同治年間(1851-74)に全体的な修築が行われ，屋敷の北部には庭園が築かれる。

住居部分は，東・中・西の3つに分けられ，いずれも複数の四合院が組み合わさってつくられている。そもそも王府の建築は，階級により規模と形式が厳格に定められていた。中央の部分には，南から間口3間(柱間の数)の大門，5間の二門と続き，次の大殿である銀安殿はすでにないが，その後ろの後殿にあたる嘉楽堂が現存している。この部分が接客などの儀礼的な場であり，東と西の部分は，執務や寝室などの日常生活の場として利用された。たとえば，西の部分の西北隅に位置する錫晋斎は，前庭の周囲に回廊が巡り，両脇にはバラ科のカイドウと青竹が植えられ，中央には築山の盆景が置かれて，まさに生活の場にふさわしい空間がつくり出されている。そのうえ，東と西の部分は，中央の部分と同様に，3つの中庭を間に挟みながら奥へ伸びるが，中庭の規模がどれもみな小さく手ごろで，落ち着いた空間となっている。これら住宅部分の最も後方には，東西の長さ160m，間口40間余りの2層の棟があって，東半分を瞻霽楼，西半分を宝約楼と呼ぶ。

その裏側一帯が住居部分と同程度の規模を持つ広大な庭園で，名を萃錦園という。園内もまた，ほぼ東・中・西の3つの部分に分けられ，周囲を築山が巡る。西部には池がつくられ，また東部には屋内型の戯楼(舞台)が設けられていて，当時の皇族の栄華な暮らしぶりを想像させる。

(高村 雅彦)

きょうおん【協音】 上古の韻文を後世の音で読んだ時，本来押韻すべき文字が押韻しているように感じられない場合に，その文字を臨時に読みかえて押韻させること。協句(叶句)・協韻(叶韻)とも言う。『詩経』邶風中の「燕燕」詩第3章は「音・南・心」の3字が押韻すべきところであるが，音韻変化の結果，六朝時代には押韻しているように感じられなくなった。そこで，北周の沈重は「南」を「乃林反」，つまり「ニム」に読みかえて韻をあわせた。協音は時代を下って，朱子『詩集伝』などにも見られる。

(花登 正宏)

きょうかい【龔開】 1222(嘉定15)～1307(大徳11)？。南宋末元初の書画家。字は聖与または聖予，号は翠巌。南宋と北方との戦線にあった淮陰(江蘇省)の出身で，南宋末に両淮制置司監当官として李庭芝の幕下にあり，『水滸伝』の原型となる36人の頭目をあらわす画賛をつくった。宋の滅亡後は仕官せず売絵で生活した。元初の文人として名高い馬臻・鮮于枢らと交際し，作詩，篆書・隷書にもすぐれていた。米法山水のほか人物や馬を得意とし，『中山出遊図巻』(ワシントン，フリア美術館蔵)や『駿骨図』(大阪市美術館蔵)を残した。

(井手 誠之輔)

きょうかいせつ【境界説】 中国美学の基本範疇。境界はもともと仏学の用語だが，宋元時代に美学の領域で用いられるようになる。その意味は多義性に満ちているものの，一般的には情と景の融合，虚と実の統一などによってもたらされる安定自足した芸術的境地を指す。王国維は，①強固な決意・粘り強い実践・頓悟に類する最終理解という自己思想形成の3つのレベル，②対象(景物や感情)の真実が過不足無く描き出される言語表現の世界，を指す言葉として特別な使い方をする。
(井波 陵一)

きょうかいローマじ【教会ローマ字】 19世紀初頭からロバート・モリソンをはじめ，プロテスタント系の宣教師が広州・廈門(アモイ)・上海等の港町を中心に布教を行い，キリスト教伝道活動の為に各地域の方言を独自のローマ字表記法で記録した。これらの表記法を教会ローマ字という。教会ローマ字により宣教師達は聖書を各方言に翻訳し，数多くの方言辞典・文法書を著した。教会ローマ字の多くは20世紀初頭に廃れたが，後の文字改革運動に大きな影響をもたらした。
(三木 夏華)

きょうかえん【鏡花縁】 清の小説。20巻100回。李汝珍作。中年のころから書き始め，多年を要して初稿が1815(嘉慶20)年頃に完成した。1818(嘉慶23)年，蘇州に赴き上梓したのが原刻本。著者の数度にわたる改訂を経た1821(道光元)年本のほか，28(同8)年杭州芥子園新彫本など，広く伝わり数多くの版本がでている。則天武后が帝位につき，ある冬，すべての花に咲くように命じた。季節の順序を守らなかった罪により管理者の百花仙子は99名の花仙とともに下界に追われ，唐敖の娘として生まれかわる。唐敖は，ようやくのことで科挙の試験に第3位で合格(探花)したが不都合があり降格，失意の中で啓示を受けて12の名花を探しに諸国巡りの船旅に出る。君子国・大人国・無腸国・黒歯国・両面国・小人国など奇妙な人々と動物，植物に遭遇する描写が有名。女児国では男女が入れ替わっており，纏足をされることの残酷さを実感として描く。また女性の科挙を設定するなど作者の女性に対する同情と理想を見ることができる。音韻学・医学・治水・星卜・書法など著者の博識を背景にし，女性問題を盛り込んで成立している。
(樽本 照雄)

きょうかけい【叫化鶏】 江蘇・浙江の名物料理。叫化童鶏・煨毛鶏(わい)・杭州煨鶏ともいう。腹の中にハムなどの具をつめたヒナドリを丸ごと竹の皮と蓮の葉で包んでしばり，粘土で固めて炭火で蒸し焼きにしたもの。乾いた粘土をはがして食べる。伝説によれば，明代，常熟(江蘇省)の叫化子(叫花子とも。乞食の意)が鶏を盗んで来たが，調理道具がないので羽毛を抜かず丸ごと泥をかぶせて焚き火で焼いて食べたところ大変美味だったので，名物料理として広まったという。(鈴木 健之)

きょうき【姜夔】 1155(紹興25)?～1221(嘉定14)?。南宋の文人。鄱陽(江西省)の人。字は堯章，号は白石道人。14歳の頃，父の罃が任地の漢陽(湖北省)で死去し，姉のもとに身を寄せる。1186(淳熙13)年，当時詩人として名のあった蕭徳藻が彼を高く評価し，姪と結婚させ，江南に伴った。以後，范成大・楊万里ら当代一流の人士と交遊したが，生涯官に就かなかった。

彼は，詞人として特に有名であり，その詞の清らかな響きと格調高い独自の風格は「清空」と称された。詞集に『白石道人歌曲』6巻があり，自ら作曲した作品に付された傍譜は貴重な音楽資料である。1197(慶元3)年には『大楽議』『琴瑟考古図』各1巻を献上し，『宋史』楽志にその雅楽論の概略がうかがえ，実作に「聖宋饒歌鼓吹曲」「越九歌」「琴曲」がある。『白石道人詩集』2巻，詩論書『白石道人詩説』があり，『続書譜』では魏晋を評価し，経験的具体的な書論を述べている。
(松尾 肇子)

きょうぎしょうせつ【俠義小説】 清代の嘉慶年間(1796-1820)以降流行した白話小説のジャンル。魯迅が『中国小説史略』において，『三俠五義』の別題『忠烈俠義伝』に基づいて命名した。法の番人たる清官(清廉なる官僚)のもとに市井の任俠の男伊達が集まり，権門貴顕の悪をくじき，弱き庶民を守る勧善懲悪の物語である。任俠精神の源流は司馬遷『史記』遊俠列伝に遡って論じられ，物語では唐宋に市井の俠客の活躍を描いた豪俠小説が登場し，また直接の前身としては明代の小説『水滸伝』を代表とする在野の英雄好漢の物語世界がある。また，清廉な官僚の犯罪推理と正義の裁きを描いた物語も宋代以降，「公案」と称され，小説や芝居，講談で発展してきた。このため，近年の中国では，清官を主人公とする公案小説と市井の俠客を主人公とする俠義小説は本来別系統であり，それが清代に至って合体したのだとみなし，「俠義公案小説」と称するべきとの説が通行しつつある。
(岡崎 由美)

きょうきつ【喬吉】 ?～1345(至正5)。元の戯曲作家。太原(山西省)の人で，のちに杭州に移り住んだ。一名，吉甫。字は夢符(孟符とも書

く），笙鶴翁・惺惺道人などと号した。『金銭記』『揚州夢』『両世姻縁』の3作品が，臧晋叔による『元曲選』に収められている。いずれも，恋愛故事を題材とし，曲辞に技巧を凝らした元雑劇の後期を代表する作品として知られている。また，散曲の作家としても有名で，明の李開先が，その作品集『喬夢符小令集』を刊行している。　　　　　　　　（赤松 紀彦）

きょうぎふうげつでん【俠義風月伝】　→好逑伝

きょうきゅう【姜岌】　生没年不詳。五胡十六国東晋期の後秦の天文学者。天水（甘粛省）の人。三紀甲子元暦を作成する。この暦は，冬至点の位置や1太陽年の長さに改良を加えたもので，後秦建国の年の384（白雀元）年から滅亡した417（永和2）年まで施行された。また太陽が地平線近くでは赤く見え，天頂近くでは白く見えるというように天体の明るさが変化するのは，「遊気」の影響であるとし，「遊気」は地平線に近いほど影響が大きいという説を唱えた。　　　　　　　　　　　（長谷部 英一）

きょうきょりせん【郷挙里選】　前・後漢時代の官吏登用法。選挙と辟召があり，選挙の主たるものとしては制科と常科の両科がある。制科とは皇帝が詔勅によって，中央・地方の官署の長官に賢良・方正などの科目に適合する人材を推挙させるもので，天変地異などを契機として行われる臨時的な選挙である。常科は毎年定期的に実施され，郡・国の太守・国相に管下の吏や庶民の中から中央に推薦させ，中央ではそれを郎中に就官させる孝廉と，州刺史の推薦による秀才（茂才）の2科がある。孝廉科は，前漢の武帝の前134（元光元）年に始まり，最初は各郡・国に1名，のち2名が挙げられたが，後漢では人口20万に1名の割合で推薦された。秀才は定員1名である。辟召とは，太傅・大将軍・三公・九卿・郡太守と都尉・県の令長などの長官が自らの役所の属吏を自由に選任する方法で，前漢後半期にも見られるが，制科・常科と並んで人材挙用の有力な方法として後漢時代になって確立した。この辟召制も，人材を推挙するという点では制科・常科と性格は同じで，漢代の官吏登用制度は，古来からの「貢士」の伝統に基づき，「郷挙里選」の名で呼ばれ，郷里の人々の評判いわゆる郷評によることが重視されてきた。後漢に入ると孝廉制が選挙の柱となるが，漢代の選挙は他薦制を基本としたことから，中央高官の請託を受けやすく，特に孝廉の選挙では，推挙者である郡・国の長官がそれぞれの地方豪族の意向を無視できないため，自らの官府に豪族の子弟を辟召して上位の掾史につけ，その中から孝廉に推薦するのが常態となり，郷挙里選の精神から乖離して，中央官界へのルートが地方豪族によって独占されるようになった。ただし，後漢の順帝期には，任官を40歳に制限する限年制や，孝廉の被推薦者に試験を課す課試制の改革も実施された。三国魏の九品官人法施行後も秀才・孝廉の制度は存続し，一定の人材発掘の方法として機能し続け，科挙制成立にも影響を与えた。　　　　　（東 晋次）

きょうけいしわ【碧渓詩話】　宋代の詩話。1巻。南宋初の黄徹撰。黄徹は，莆田（福建省）の人，字は常明。1124（宣和6）年の進士。地方官を歴任したが，権力者と衝突することが多く，やがて官を棄てて郷里の碧渓に帰隠した。直情の人だったらしく，詩は『詩経』の精神に根ざす風教に益あるものをもっぱら尊んで，単に花鳥風月を弄するものには価値を認めず，また美辞的な技巧に走るものを嫌った。率直に喜怒哀楽を表現することを勧めている。　　　　　　　　　　　　　（興膳 宏）

きょうげき【京劇】　伝統演劇の劇種名。北京で形成され中国のほぼ全土（台湾を含む）に流布する。かつては皮簧・二簧・京調・京戯・平劇・国劇などと呼ばれ，人民共和国建国後は京劇，台湾では平劇と称する。

京劇形成の母体となったのは，安徽の徽班（徽州商人及び安徽出身の役人が仕立てた劇団。主に崑曲・吹腔・高撥子・二簧などを歌う）と湖北の漢劇である。

清の1790（乾隆55）年，女形の高朗亭を中心とする三慶班という徽班が，乾隆帝80歳の慶賀のため入京した。その後多くの徽班が入京し，北京の劇場は徽班の天下となる。有名なのは三慶班・四喜班・和春班・春台班で，通称四大徽班と称される。

漢劇の役者も，古くから安徽の劇団と交流があり，入京すると徽班に加わり活躍を始めた。漢劇の名優米応先は，乾隆末年，春台班に加わりその中心的な役者として北京で20余年にわたって名を馳せた。19世紀初めには，余三勝・王洪貴・李六といった漢劇の名優が陸続入京し，徽班に大きな変化が現れた。それまでは三慶班の高朗亭に代表されるように，女形（旦）が中心で，演目も女形の芝居が多かった。ところが，劇団のトップを男役（老生）の役者が牛耳るようになり，時代物の芝居が増えた。うたでは，漢劇の西皮と二簧が美しい節とリズム変化の豊かさで，徽班のメロディーを圧倒した。徽班は，漢劇の強い影響下に北京化を進め，京劇という新しい演劇を生み出すことになる。

京劇形成のポイントは，その舞台言語の確立にある。役柄のうち花旦や丑は，早くから北京語を用い

ていたが，芝居の中心となる老生の言葉は，湖北方言の強い拘束を受けた。だが，北京語とは異なる発音の字を上口字，湖北方言の声調を湖広音としていわば特別処理することによって，北京語を基準とする舞台言語の体系が確立する。余三勝・程長庚・張二奎たちの活躍した19世紀半ばにこの体系が意識されだし，彼らの弟子筋にあたる譚鑫培が老生として一世を風靡する19世紀末に完成したと見られる。民国に入ると譚鑫培に代わって再び女形隆盛の時代となり，四大名旦のトップである梅蘭芳（メイランファン）は，中国を代表する名優となった。譚鑫培の代表演目に，『李陵碑』『四郎探母』『空城計』，梅蘭芳の代表演目に『覇王別姫』『貴妃酔酒』など。

1867(同治6)年，新興都市上海に初めて京劇が伝わる。当時の上海では，江蘇省揚州を中心とする里下河という地域の徽班（崑曲を殆ど上演しないのが特徴）が活躍していたが，瞬く間に京劇に陣地を奪われる。上海の京劇は，徽班や南下してきた梆子（ほうし）との合同上演を長く続けるうち，派手な演出を好む観客の嗜好にも合わせ，演目・演技・舞台装置などに独特の個性を形成，海派と呼ばれるようになる。その開祖と呼ぶべきは王鴻寿である。彼が編んだ多くの関羽劇や徽班の演目を移した『徐策跑城』などは，民国以降も弟子の周信芳などに受け継がれ海派京劇の代表的演目となった。

役柄は建国後，生・旦・浄・丑に整理され，伴奏楽器には，京胡・京二胡（1923年から）・月琴・三弦・鼓板・大鑼・小鑼などがある。

（松浦 恆雄）

きょうげべつでん・ふりゅうもんじ【教外別伝・不立文字】
仏法の本質は文字や経典の中にあるのではなく，経典の示している精神を師資相承の内にそのままずばりと見て取ることにあるとする態度。唐宋以降の禅宗において，禅を中国にもたらした達磨の語として伝えられた。「直指人心・見性成仏（じきしにんしん・けんしょうじょうぶつ）」と続き，四句で禅宗の教えの根幹を代表させる。

（高堂 晃壽）

きょうけん【龔賢】
1618(万暦46)～89(康熙28)。生年は一説に1619(万暦47)。明末清初の画家。字は半千，号は半畝（はんぽ）・野遺・柴丈人・半山など。崑山（江蘇省）の人であるが，若くして故郷を離れ金陵（南京）に移居した。東林学派系の文人と交わり，復社などの詩社にも参加したが，1645(順治2)年に金陵が陥落すると，揚州，泰州海安鎮などを転々とした。「野遺」と号し「臣賢」の印を用いた点などには明の遺民としての意識がうかがえる。1665(康熙4)年に金陵に戻り，清涼山の麓の虎踞関に半畝園という草庵を結んで，売画と画を教えることによって余生を送った。方文・周亮工・施閏章（じゅんしょう）・孔尚任らの著名な文人たちと交流があり，当時の金陵を代表する画家として金陵八家の筆頭に置かれるが，生涯貧しく，葬儀の際も孔尚任が援助をしたと伝えられる。

董源・巨然に始まる南宗系の山水画風を基礎とし，特に元末の呉鎮の影響を強く受けて墨気に富む湿潤な山水画を描いた。また，董其昌の提唱した倣古（とうしょう）の流れを受け，北宋風の雄大な画面構成にも個性を発揮している。画中には簡素な屋舎が描かれるが，人物は描かれず，寂寥感漂う静謐な画境を示す。明暗の対比の強い墨法や，透視図法的な空間を用いる点は，西洋画からの影響とする意見もある。

画論『画訣』があるほか，詩文にも優れ『草香堂集』が伝わる。代表作は『倣董巨山水図』（クリーブランド美術館蔵），『千巌万壑図』（チューリッヒ，リートベルク美術館蔵），『山水画冊』（京都，泉屋博古館蔵）など。清史稿504

（竹浪 遠）

きょう・けん【狂・狷】
「狂」とは，志が大きすぎて大言に行動が伴わないが，型にはまらぬ有為な若者のこと，「狷」とは，邪悪の行いを恥として行わない潔癖な人物のこと。『論語』子路篇に見える孔子の言葉に，「中行（ちゅうこう）を得てこれと与（とも）にせずんば，必ずや狂狷か。狂者は進みて取り，狷者は為（な）さざる所有り」とある。『孟子』尽心下篇に拠れば，この言葉は，孔子が陳の国に滞在していた時，郷里の魯の国に残してきた門人を教育したいと思ってもらした言葉である。「中行」とは中庸を得た人物のことで，そのような弟子が得られなければ，「狂狷」を教育したいというのである。「狂狷」は，郷村で有徳を装う人物即ち「郷原」に対する語である。「郷原」が外面を飾る体制迎合の徒であるのに対して，「狂狷」は，時流に逆らっても初志を通そうとする硬骨漢である。『論語』の「狂狷」に反骨性を読み取ろうとしたのが，王陽明である。王陽明は，朱子学を逸脱して非難されることを覚悟して，自分を同胞の困窮を救済する「狂者」になぞらえた。李卓吾もまた，過激な朱子学批判，官僚批判を行って異端者と見なされた自分を「狂者」になぞらえている。李卓吾の言う「狂者」とは，「悪名を避けずに，同胞の危急を救う」（『焚書』巻1・答耿司寇）人物（俠）である。

（佐藤 錬太郎）

きょうげん【郷原】
『論語』陽貨篇に「子曰く，郷原は，徳の賊なり」という。『孟子』尽心下篇では，郷原が狂・獧（狷）と対比して取り上げられ，万章が「一郷皆，原人と称し，往く所として原人たらざる無し。孔子何を以て徳の賊と為すや」と問い，孟子が「流俗に同じ，汙世（おせい）に合し，これに居

りて忠信に似たり，これを行ひて廉潔に似たり」と答えている。「原」は，「愿（つつしむ）」に通じ，郷原とは，郷里における偽善者の意。　　（伊東 倫厚）

きょうけんせっくつじ【鞏県石窟寺】　河南省鞏義市の東北9km，寺湾村の東部，伊洛河の北岸に位置する北朝北魏時代後期，6世紀前半創建の仏教石窟寺院。石質は砂岩。東西約75m，北魏開鑿の洞窟5つと第1窟外東側外壁の一仏（像高5.3m）二菩薩三尊像，北魏以降唐時代までの追刻の小仏龕約330からなる。そのうち第1窟から第4窟までが中心柱窟で，第2窟は中心柱をつくった段階で未完成に終わっている。石窟自体の発願者や創建年代についての信頼できる文字史料は現存しない。662（龍朔2）年の「後魏孝文帝故希玄寺之碑」によれば，北魏の孝文帝（在位471～499）の頃ここに希玄寺の伽藍が建てられたことを記すが，これは直接石窟の造営について述べたものではない。如来像や菩薩像の表現は孝文帝時代の仏像様式とは異なるもので，洛陽・龍門石窟の作例と比較すれば，520年代前半の魏字洞や527（孝昌3）年完成の皇甫公窟などと近く，実際の造営はほぼ520年代前半頃に始められたものと考えられる。ただし，皇帝皇后礼仏図の浮彫など，内容的に龍門石窟賓陽洞と共通するものがあることから，北魏皇室との関連を想像することができるが，中心柱窟の採用など随所に龍門石窟とは異なる要素が認められ，その独自性の由来については，未解明の問題が残されている。
　　（岡田 健）

きょうこう【共工】　古代神話中の神。『淮南子』原道訓によれば，高辛氏と帝位を争って戦い，天を支え地をつないでいた不周山を崩壊させて大地を傾かせたといい，天文訓には顓頊と帝位を争って不周山の天柱を折り，後に女媧がそれを修理したと伝えられている。また本経訓には堯帝の時に洪水を起こして禹王によって討たれたとも記されている。そのため悪神とみなされるが，もとは水と関係のふかい神格であったのではないかと考えられる。　　（吉田 隆英）

きょうこう【蹻功】　伝統演劇の演技における特殊技術の一つ。纏足した女性の足を模した，先の尖った小さな足の木型に刺繡を施した布を被せた靴を「蹻」または「蹻板」と呼び，ズボンの裾から纏足状の小さな足だけが覗くように着用する。武旦・刀馬旦の用いる木製の硬蹻と，花旦などが用いる布製の軟蹻とがあり，これを着用して台歩や立ち回りなどをする。近代では花旦小翠花（于連泉）の蹻功が著名。苦痛を伴う難度の高い技術で，中華人民共和国成立後の伝統劇改革により廃止されたが，近年また復活した。　　（波多野 眞矢）

きょうこうき【嬌紅記】　明の伝奇（戯曲）。『節義鴛鴦塚嬌紅記』『鴛鴦塚』ともいう。全50齣。題詞は崇禎11（1638）年と記す。孟称舜著。北宋の申純と従妹の王嬌娘が相思相愛でありながら結婚できず，悲嘆のあまり病死した嬌娘のあとを追って申純も絶食して死に，一緒に葬られる。嬌娘の両親らが清明節に墓参に来ると，二人の魂は鴛鴦となって姿を現す。元代に小説『嬌紅記』があり，雑劇も数種作られたうち明初の『金童玉女嬌紅記』が伝わる。　　（廣瀬 玲子）

きょうこうき【驚鴻記】　明の戯曲。2巻39齣。呉世美撰。1590（万暦18）年の序を有する刊本がある。自序によれば，作者が科挙の落第に発憤して1か月余りで成った。南宋の無名氏「梅妃伝」に基づき，梅妃を主役に抜擢して，世上に忘却された梅妃の為に気を吐く。なお梅妃は史上に実在しない虚構の女性である。

　その表現は清の孫郁の戯曲『天宝曲史』に継承され，楊貴妃故事を集大成した洪昇の戯曲『長生殿』における楊貴妃の嫉妬深い性格描写に影響を与えている。　　（竹村 則行）

きょうさい【夾彩】　中国，清時代の粉彩の一種。余白を残さず，文様の背景を上絵具で埋め尽くす手法。七宝と同様の濃密な作風で，磁胎七宝ともいえる。清時代乾隆年間（1736-95）以降盛んに制作された。　　（矢島 律子）

きょうさいいせき【姜寨遺跡】　陝西省西安市臨潼県に所在する仰韶文化半坡類型の代表的な集落遺跡。1972年に発見され，西安半坡博物館が主体となって組織された姜寨遺跡考古隊によって1972年から1979年まで11回の発掘で約1万7000m²が調査された。1期から5期まで分けられているが，1期が半坡類型の環壕集落であり，ほぼ全面が発掘されている。直径200m弱の円形の環壕をめぐらし，出入り口を広場に向けた平地式と半地下式の住居が環状にめぐっている。少数の大型・中型住居と多くの小型住居からなる5つのまとまりに分かれる。1期も3段階に細別され，住居にも増減があるが中段階がもっとも多く，全体で数百人規模の人口が想定されている。貯蔵穴や小児用甕棺は住居のまわりに多い。中央は窪んだ広場となっており，2か所に家畜用の囲いが見つかっている。環壕の東外には3つの墓地が見つかっている。報告書に半坡博物館，陝西省考古研究所，臨潼県博物館編『姜寨

──新石器時代遺址発掘報告』(文物出版社, 1988年)がある。
(大貫 静夫)

きょうさいしわ【薑斎詩話】　明末清初の思想家・文学者である王夫之(号は薑斎)の作。清の道光年間(1821-50)に出版された著作集『船山遺書』の目録に「薑斎詩話三巻」とある。巻1『詩訳』, 巻2『夕堂永日緒論内編』, 巻3『南窓漫記』からなる。巻1は『詩経』について論じたもの。詩論の中心は巻2に見られ, 詩人の心情の自然な表白(「意を以って主と為す」)と情景との融合を重んじ, 現実の生活の経験(「身の歴る所, 目の見る所」)を重視する。
(山本 敏雄)

きょうざんえじゃく【仰山慧寂】　807(元和2)～883(中和3)。唐末の禅者, 馬祖道一下4世。俗姓は葉, 韶州瀕昌(広東省)の人。15歳のとき出家を請うも許されず, 17歳のとき左手の二指を切って決意を示し, 南華寺の通禅師に依って出家した。18歳のとき行脚して韶州の乳源和尚に参じ, 次いで耽源に参見して禅の宗旨を得た。829(大和3)年, 大潙山の霊祐禅師に参ずること15年, 修行者の中に在って潙山霊祐と問答して玄奥を談論宣揚し, その法を嗣ぐ。35歳頃に修行者を率いて郴州(湖南省)王莽山に住し, 次いで袁州(江西省)仰山に住するや, 修行者は数百に満ちた。859(大中13)年洪州観音院に移り, 咸通中(860-874)韶州東平山に入り, その地で示寂し, 仰山に帰葬された。世寿77歳, 僧臘54。

潙山より「凡聖の情尽きた(ありのままの姿そのものを仏とする)如々仏」の宗風を受けると共に, 耽源より慧忠国師の円相(完全円満なる仏法の象徴)を用いる宗風をも受けた。潙仰宗と呼ばれた潙山・仰山の法系は北宋初で絶えるが, 仰山の円相の宗風は新羅僧の五冠山順之に受け継がれ, 高麗僧の志謙が集録した『宗門円相集』に結実した。
(西口 芳男)

きょうじちん【龔自珍】　1792(乾隆57)～1841(道光21)。清朝晩期の思想家・文学者。仁和(浙江省)の人。またの名は鞏祚, 字は璱人, 号は定盦。1829(道光9)年の進士。段玉裁の外孫。一生, 微官でおわったが, 清末の思想・文学に大きな影響を与えた。

思想的には, 劉逢禄から公羊学をうけ, 魏源と共に今文学派に属する。彼の経世論には, 農業社会の安定を説く「農宗」, 新疆省の設立の先声となる「西域置行省議」, 林則徐に送った阿片厳禁の書など, 時弊を見抜いた注目すべきものが多い。特に時代を治世・乱世・衰世に三分し, それに応じて政法を変えよといい, 清末変法思想の先駆となった。仏教にも関心を寄せ, 清末知識人を仏教へ注目させる一因になった。著書に『定盦文集』がある。
(竹内 弘行)

龔自珍は「杭大宗逸事状」(大宗は杭世駿の字)に代表される冷徹な散文家, 公羊学に基づく社会改良主義の思想家として知られるとともに, 詩人としての名声も高い。彼の詩の中でもっとも有名なのは, 『己亥雑詩』である。1839(道光19)年, 龔自珍は官を辞して単身帰郷後, 上京して家族を迎え, 再び帰郷するまでのたった半年間のうちに, 315首の連作を書いた。その作風は, たとえば「古人 字を製りて鬼 夜泣く, 後人 字を識りて百憂集まる。我は鬼を畏れず 復た憂えず, 霊文 夜に補いて 秋灯碧なり」(第62首)とあるように, 文学史上の特定の流派に帰属させることが不可能な, 暗い情熱ほとばしるもので, 清末の動乱期に生きた若者たちの心を捉えて離さなかった。それ以外にも, 清初の詩人屈大均を詠じた「夜番禺集を読みて其の尾に書す」など密度の高い作品を数多く残している。そのほか, 龔自珍は詞の名手としてもしられ, 夢や女性などを詠んだ華麗濃厚な作風は, 詩とは一味違った魅力を持つ。著書ははなはだ豊富であるが戦乱の関係で未刊のものが多い。佚文まで含め最も完備しているテキストは中華人民共和国になって出版された『龔自珍全集』である。清史稿486
(大平 桂一)

きょうしゃ【郷射】　弓術を競う儀式の射礼の一種。地方で行う。『儀礼』郷射礼の後漢の鄭玄注では, 民に礼学を習わせる目的で序(学校)で行った。『儀礼』によれば, 初めに主人と賓との間の飲酒があり, 奏楽の後に候当ての射儀が行われ, 勝者が賞されたのち参加者の飲酒が行われた。鄭玄は当時は郡の太守を主人として3月に行ったといい, 後漢の崔寔『四民月令』二月条にも「習射」が見えるが, 歴史上の詳しい実態は不明である。
(金子 修一)

ぎょうしょ【行書】　書体名。一般的には, 楷書と草書の間の速写体を指す。西晋の衛恒『四体書勢』隷書に「魏初に鍾(繇)・胡(昭)の二家有りて行書の法を為す」とあり, 南朝宋の羊欣『古来能書人名』に鍾繇の書の三体の一つとして「三に曰く 行狎書, 相聞する者なり」とあることから, 行書は, 行狎書と同義で, 互いにやりとりする手紙に用いる隷書の実用体であったことが知られる。行狎書が具体的にどのような書体を指すかは十分に把握し難いが, 西域出土の魏・晋の木簡に多見される隷書の速写体には, 後の行書の萌芽的形体が見られ, 4世紀の東晋に入ると李柏文書(345年)

など楼蘭出土の残紙に，隷書の速写体から技巧的に一層進歩した様式が認められるようになる。さらに5世紀から6世紀にかけて，楷書の速写体としての行書が確立し，最も用途の広い実用書体として今日に至っている。
(福田 哲之)

ぎょうしょうぶんか【仰韶文化】 紀元前5000～3000年にかけて黄河中流域の広い地域に展開した新石器時代雑穀農耕文化。漢語発音にしたがいヤンシャオ文化と呼ぶこともある。1921年アンダーソンが河南省澠池県において発見した仰韶遺跡にちなんで名付けられている。量的には多くはないが，紅陶の地におもに黒色で文様を施した彩陶が特徴的であり，かつては彩陶文化と称されたこともあった。しかし，彩陶はこの文化にかぎらず，ほかの文化にもともなうことから現在では文化名としては用いられない。継続期間が長く，分布範囲も広いことから地域，時期により多くの類型に分けられている。前期の代表的な類型には西部の半坡類型，東部の後岡類型，中期の代表的な類型には廟底溝類型，後期の代表的な類型には西部の西王村類型，東部の秦王寨，大司空村類型がある。さらにこの後に廟底溝2期類型を入れる考えもある。つぎの龍山時代との間をつなぐこの最後の段階に河南省東部ではかなり遺跡数が減る。これらはそれぞれかなり異なる文化要素を持っていることから，仰韶文化というような一つの文化には括れないとして，半坡文化，廟底溝文化などと呼ぶ研究者もいる。分布は陝西省の南部，山西省南部，河南省西部を中心に，東は河南省東部から河北省南部，湖北省北部の華北平原まで，西は甘粛省東部まで，北は内蒙古陰山山脈付近にまで達している。甘粛省の大地湾文化，河南省の裴李崗文化など仰韶文化の分布する地域ではより古い新石器文化が見つかっている。各地の仰韶文化はそれぞれ在地の先行する文化から発展した。華北新石器文化では雑穀農耕が古くから始まっており，仰韶文化も黄土を利用した天水畑作農耕をおこなっていた。おもな穀物はアワやキビであった。道具は石や骨を磨いて作ったものが多く，石を打ち欠いて作った小型の剥片製石器はほとんどない。農具には石製の土掘り具と石製や土製の穂摘み具がある。家畜にはイヌやブタがいた。ただし，この時代の遺跡からはシカなどの野生動物や魚の骨が出ており，狩猟・河川漁労もおこなわれていた。前期の代表的な環壕集落遺跡として陝西省臨潼県姜寨遺跡がある。後期には，黄河中流域でもっとも古い円形の土塁をめぐらした集落が最近見つかっている。住居は西部では半地下式住居が流行するが，東部では平地住居が一般的である。半地下式住居では大小複数の住居に分かれて住む人々が大家族のような一つの単位を形成することがあるが，平地住居では一つ屋根の下に複数の独立した部屋を設け，さらに出入り口も別にして分かれて住むことが多い。平地住居では細長く何十部屋もつながる長屋式のものが南部の淅川下王崗遺跡で見つかっている。食糧を貯蔵した貯蔵穴が住居の周辺から多数見つかる。墓は前期の半坡類型では集落の傍に伸展葬による土坑墓からなる墓地が作られるが，ほかに何十体もの多数の遺体を一つの穴に合葬した洗骨葬墓が多く見られ特徴的である。中期では洗骨葬による成人の甕棺墓が普及した。
(大貫 静夫)

きょうしん【郷紳】 狭義には官僚身分を持ちつつ本籍地に居住する人々に対する呼称。広義には官僚に準ずる身分を持ちつつ郷居する人々をも指す。喪に服するために休暇中の官僚，待機中の官僚，退職官僚など，官僚身分を持ちながら本籍地に居住する人々と，科挙の中間試験である郷試に合格し進試の受験資格をもつ挙人，府・州・県の試験に合格した地方学校の学生である生員などからなる。宋代以降，郷紳の呼称は存在したが，明清時代になると，科挙制度の整備に従って社会層としても拡大していった。彼らは時には地方官を上回る政治的権威を有し，また現職官僚に準ずる徭役免除特権を背景に，多くの土地の寄託を受けるなどして，経済的にも勢力を拡大した。こうした影響力をもとに，地域住民を糾合して世論形成の中核になるとともに，水利灌漑や救荒などの公共事業や地域防衛組織の中心となった。近代化の過程においても，弱体化した中央政府に替わって地方政治を担い，また政治・経済改革に深く関わることが多かった。
(足立 啓二)

きょうしんえい【姜宸英】 1628(崇禎元)～99(康熙38)。清の文人・能書家。慈渓(浙江省)の人。字は西溟，号は湛園・葦間。詩・古文に優れ，康熙帝にも朱彝尊・厳縄孫とともに江南の三布衣として聞こえた。また『明史』の纂修に推挙されて刑法志を分担し，『大清一統志』の纂修にも加わったが，科挙には不遇で，1697(康熙36)年，70歳で進士に探花(第3位)で及第し，翰林院編修を授けられた。しかし順天府の郷試の副考官となった折，賄賂を貪った正考官の罪に連座し，獄中で憤死した。小説『紅楼夢』に登場する尼僧妙玉は，かれをモデルにしたとも伝えられる。書は米芾・董其昌，のちに魏・晋を学び，梁同書・趙懐玉らに本朝第一と評され，なかでも小楷(通常，小筆で書く程度の小粒の楷書)は神品と称えられた。しかし，その境地は当時の名声ほどには至っていない。詩文集に『慈渓姜先生全集』，碑帖を主とする題跋を集めたも

のに『湛園題跋』があり，その書を集刻した法帖に『老易斎法書』がある。清史稿484　　　　（澤田　雅弘）

きょうそうはんじゃく【教相判釈】　中国で発達した一種の仏教哲学概論。「教判」「教相」「教迹」「教時」などとも略称。インドから伝来した大・小乗仏教経典を，全体として研究し，そこに説かれる究極の真理は何か，その真理を，どのような修行によって体得するか，を究明するために，中国仏教者達が，中国独自のしかたで展開した。経典講義第一日目の「開題大会」において教相判釈を講義することを通例としたため，おおいに盛行した。中国で理解された釈迦牟尼仏の仏伝にしたがって，釈尊25歳（『太子瑞応本起経』）の成道から80歳の入滅までの仏伝の空白期「五十余年」（『喩疑』）の間に，どのような順序で，どの大・小乗経典を説いたか，を究明しようとして経典の順序次第の哲学的解釈を展開していった。そのような中国仏教者達の仏教哲学解釈を基礎づけたのは，鳩摩羅什思想の継承者，五胡十六国後秦の僧叡が江南へ避難してきて南人達の問いに答えて説いた『喩疑』である。そこには教判の基本原理が「三蔵はその染滞を払う，般若はその虚妄を除く，法華は一究竟を開く，泥洹（涅槃）はその実化を闡らかにす」と説かれている。それを承けて，おそらく原初の教判として竺道生晩年の『法華経疏』に説かれる「四種法輪」が成立する。第一「善浄法輪」は在家信者向けの教え，第二「方便法輪」は声聞・独覚への説法，第三「真実法輪」は諸大乗経典の説法，第四「無余法輪」は『法華経』と大乗『泥洹経』（古訳『涅槃経』）の説法だという。つづいて教判の基本型を確立したのは，劉虬（408～486）『無量義経序』の「五時七階」の教判である。第一時の一階は人天乗を，第二時の三階は四諦・十二支縁起・六波羅蜜の三乗教を，第三時の五階は『無量義経』を，第四時の六階は『法華経』を，そして最後，第五時の七階は『涅槃経』を，それぞれ相応の機根の者に説いて小から大へと教育し，最後に究極の真理を明らかにしたという。それ以後，南朝においては梁武帝『注解大品序』（『出三蔵記集』巻8）の教判批判にみられるように「五時」「漸教」「三乗通教」「会三帰一」などの要素をもつ教判が行われていたであろうが，そもそも教判そのものを否定する傾向があった。それに対し北朝仏教思想史においては，ほとんど即時に劉虬の教判を受容し，おそらく智誕（429？～490）が「頓教」「漸教」という新原理を導入した。即ち北朝で重視されていた『華厳経』『瓔珞本業経』などは，釈尊成道と同時にさとりの自受用三昧を「七処八会」において説いた「頓教」であり，他の大・小乗経典は，すべて「漸教」であるが，第二時には「三乗別教」を，第三時には『大品般若経』『維摩経』『思益経』などの「三乗通教」を説いたというように補正を加えている。さらに，はじめの『華厳経』と最後の『涅槃経』に説かれる究極の根本真理を「通宗教」と名づけ，その「通宗」の根本真理を，『華厳経』に説かれる「十住・十行・十回向・十地」の菩薩行によって，どのように体得するか，をめぐって哲学的思惟を深めていく。それは，一切の教えが仏心において説法され，一切の菩薩行が衆生心において修行され，その二心は二即一であって相互にはたらきあうという『大乗起信論』の哲学へ帰結する。

隋唐仏教においては天台宗智顗が，南北両系の教判思想を集大成して「五時八教」の教判を完成させつつあり，他方，唐初になって華厳宗の智儼・法蔵が，玄奘伝来の唯識哲学を「大乗始教」に位置づけるべく，「五教十宗」の教判を完成させた。但し，この段階になってもはや教判という方法で仏教の究極の真理「宗」を究明することを放棄し，禅定の「一心」において仏教の究極の真理を証知しようとする北宗禅，さらにその禅定からも自由になろうとする南宗禅の実践運動が展開しつつあったことを看過してはならない。　　　　　　　　　　（荒牧　典俊）

きょうそんそうしょ【彊村叢書】　民国期に編纂された詞の叢書。260巻。詞学研究の大家で実作にも秀でた民国の朱祖謀（彊村と号した）により編纂された。唐・五代・宋・金・元の詞の総集・別集179種を網羅する。各集は最良の刊本を主とし，時に稀覯の珍本を収める。集ごとに版本の来源を論じ，必要に応じて校記・跋語を付し，その校訂は精確周到，詞学研究の上で第一級の重要資料となっている。　　　　　　　　　　　　　　（宇野　直人）

きょうたいじゃがく【狂態邪学】　明の絵画様式，または流派名。15世紀末から16世紀初，浙派末流の画家たちの一部は奇矯な画風に走った。これを明末の文人高濂が「鄭文林・張復（1403～90）・鍾礼・蔣嵩・張路・汪肇の如きは，みな画家の邪学，いたずらに狂態を逞しくする者なり，ともに取るに足るは無し」と貶めた（『遵生八牋』〔1591年〕のうち『燕間清賞牋』画家鑑賞真偽雑説の文末）のに基づく。この一文は屠隆撰『考槃余事』・項元汴撰『蕉窓九録』などに転載され，「狂態邪学」という激越な非難の語調は世に流布していった。
　　　　　　　　　　　　　　　　　（嶋田　英誠）

きょうちゅうしゅう【篋中集】　中唐の詩の選集。1巻。元結の編で，760（乾元3）年の序が有る。元結と親しかった沈千運・王季友・于逖・孟

雲卿・張彪・趙微明・元季川の7人の詩，合計24首を収める。元結の序文によれば，彼等は人物が優れていながら不遇であった人々であり，安史の乱によって彼等の著作が失われることを恐れて，元結の手元の文箱(篋)に残っていたものを編集し，それゆえ『篋中集』と名付けたと言う。　　　（齋藤　茂）

きょうちゅうじょう【喬仲常】　生没年不詳。北宋晩期の文人画家。河中(山西省)の人。北宋最大の文人画家である*李公麟の弟子。その仏画の成果を引き継ぎ，『十六羅漢図巻』(ワシントン，フリア美術館蔵)などを伝える南宋の僧侶画家梵隆とともに，行方不明の『五馬図巻』以外，確かな真跡の現存しない李公麟の画風を知るうえで貴重な伝称作品『後赤壁賦図巻』(カンザスシティ，ネルソン・アトキンズ美術館蔵)を遺す。その手法は，蘇軾の『後赤壁賦』を数景に集約しつつ，逐語的に絵画化し，連続画面を構成する点で，『信貴山縁起絵巻』など，我が国の物語絵巻に通じる。また，船上の蘇軾らを赤壁のある長江北岸から眺める点で，対象をその一場面に限定し，南岸から見るように描く，金の*武元直以後の通例の「赤壁図」とは異なっており，文学の絵画化という点で，遥かに豊饒である。技法的にも，紙に滲む水墨やかすれる焦墨の美的効果を意図的に追求する点で，李公麟自身の伝称作品以上にその本来の手法を忠実に継承する。
（小川　裕充）

きょうちゅうのきゅうがく【胸中丘壑】　中国絵画の独自性の核心をなす文人画観を確立した，北宋の蘇軾の画に題する黄庭堅の詩，「子瞻の枯木に題す」(『山谷内集』9)の「胸中もとより自ずから丘壑有り」という句からきた成語。身を俗塵の外に置くという意の南朝東晋の謝鯤の言「一丘一壑」(『*世説新語』品藻篇)を内面化するとともに，文人墨戯の理想を鮮明な表象に託して示すもの。「胸に丘壑有り」ともいい，見識の高さを表す成語としても用いられる。　　　（小川　裕充）

きょうちょ【夾紵】　漆工技法の一つで，漆と麻布を用いて素地をつくるもの。侠紵・綊紵とも書かれ，紵・搏換・脱活・脱胎ともいう。日本では塼，または乾漆と呼ばれる。粘土などで作った型の上に麻布のような布帛を漆で貼り重ね，成形したのち型を取り除くもの。木胎よりも複雑な器形を作りやすく，軽いわりに堅牢で，変形もしにくいことから，戦国時代から漢時代にかけて，器物や棺の成形に盛んに用いられた。前漢前期の長沙市馬王堆漢墓出土の漆器の大半は夾紵胎である。

後漢以降，仏教が盛んになると，自由な塑形に適した利点をいかして，仏像の製作に応用されるようになり，両晋・南北朝時代には，夾紵像の製作が流行したことが文献から確かめられる。唐・宋代も引き続き盛んで，巨大な夾紵像を作った記録も残るが，遺品は失われてしまった。夾紵像製作の発展とともに，漆に泥土や木粉のようなものを混ぜ合わせたペーストを積み上げる堆漆の技法が発達し，細部の仕上げに用いられた。　　　（日高　薫）

きょうていじ【龔鼎孳】　1615(万暦43)〜73(康煕12)。清初の政治家・詩人。合肥(安徽省)の人。字は孝升，号は芝麓。1634(崇禎7)年の進士。明の滅亡に際して，李自成に降って官職を授けられ，ついで清にも仕えたことから，後に「弐臣」の一人とされる。詩名は高く，*銭謙益・*呉偉業とともに「江左三大家」に数えられる。詩文集に『定山堂詩集』43巻がある。南京秦淮の妓女顧媚とのロマンスによっても知られる。清史稿484　　　（大木　康）

きょうど【匈奴】　戦国から五胡十六国の時代に北アジア・中国北部等を領域とした遊牧民族の総称。匈奴の構成は屠各種(匈奴の支配種族)の集団が核となっており，最高君長たる単于とその閼氏(夫人)は基本的には屠各種中の名族出身の者がなった。単于の下には「二十四長」と呼ばれる王将がおり，当初，代郡・雲中郡(いずれも山西省)北方の単于庭を中心に左・右方に分かれ各々分地を持ち，概ね1万騎内外を統括していた。匈奴にはこの他，異民族の王や降伏した漢人将軍等の集団が含まれていた。

秦始皇帝の時代に蒙恬が匈奴を破り長城を築いたことはよく知られているが，匈奴が強盛になったのは前3世紀末に立った冒頓単于の時で，東胡・月氏・丁零などの諸族を破り，30余万騎で漢の高祖の軍を平城白登に包囲し(前200年)，また西域に覇権をうち立てた。冒頓に続く老上・軍臣の2単于の頃迄が匈奴の最盛期で，漢から絹織物・酒食等の歳幣を出させ，烏桓からは馬・牛・羊皮を，西域諸国からは税を徴収した。漢の武帝の時，衛青・*霍去病麾下の漢軍に連敗し，匈奴は漸く往時の強盛さを失った。前58年，呼韓邪単于が立つと匈奴は分裂したが，呼韓邪は漢に入朝し王昭君を得て漢に帰服した。後漢の時代，48年に立った単于の比は祖父呼韓邪の号を名乗り，長城以南に移動して南匈奴として後漢の北辺を防備した。一方，北匈奴は87〜91年に鮮卑や後漢・南匈奴の攻撃を受け天山の北方に移り，2世紀後半さらに西移した模様で，ヨーロッパ史上のフン族をその同族とする説が有力である。後漢後期から魏晋時代にかけて内紛や鮮卑の強盛，曹操による南匈奴の五部分割等により匈奴

は分散し衰えた。五胡十六国の時代になると、前趙など匈奴系の政権が華北に立ったが、（前）趙の皇帝を称した劉曜の如く、冒頓を祀る一方で、大単于位は子の劉胤に与える場合等も出て来た。匈奴の文化としては、オルドス青銅器文化やノイン・ウラ墳墓群が彼等の残した文化遺物と言われている。

（山本　光朗）

ぎょうと【鄴都】　三国時代から南北朝時代にかけて、三国魏、五胡十六国の後趙・前燕、北朝の東魏・北斉が都とした都城。現在は河北省臨漳県に属す。古来、金鳳台・銅雀台とよばれる建物の土台が有名であったが、他の遺構は漳河の氾濫により地下に埋もれて、詳細は不明であった。1980年代から発掘調査が進められ、その実態が明らかになりつつある。城壁はおおよそ「日」字形をなし、北側が鄴北城、南側は鄴南城と呼ばれる。鄴北城は、東西約2400m、南北約1700m、城壁の本来の高さは不明であるが幅は15～18mである。南鄴城は東西最大幅が2800m、南北が3460m、城壁の幅は7～10mである。南北両城とも、城門や城内の道路、建築遺構の位置が確認されつつある。出土した瓦磚や石製建築部材から、鄴北城は三国魏から前燕の都城であり（204～370年）、鄴南城は東魏が洛陽からここに遷都してきたときに築き、東魏・北斉が都城とした（534～577年）ものと推定されている。

（谷　豊信）

きょうどう【響銅】　銅と錫に、少量の鉛などを混ぜて作った合金のことで、叩くと響きのよい音を発することからこの名がある。佐波理というのは日本における響銅の別称で、一説には、新羅で響銅のことをサバルと呼んだものの転訛ともいわれる。広義には青銅の一種であるが、中国で用いられる通例の青銅（銅と錫の合金）と異なり、轆轤(ろくろ)を使用して表面を削って滑らかな面に整形する、いわゆる挽物(ひきもの)に適した性質を持ち、瓶や壺といった円形ないし球形に近い曲線を持つ器物の制作に特に向いた素材といえる。

地中海沿岸地域やペルシャの器物に響銅を用いた先例があるが、中国では、南北朝の北魏に響銅を用いて制作したと考えられる瓶があり、その頃に西方からもたらされた素材・技法と推測される。以後、しばらくの間、中国ではあまり普及をみなかったようであるが、唐になると、通常の青銅や真鍮（銅と亜鉛の合金）と並び、様々な金属器の制作に盛んに用いられるようになり、独自の展開をとげた。

中国の響銅製品は、おおむね表面に轆轤整形による細かな線条痕が認められ、金色の発色とあいまって、きらびやかな見映えをもつところに特色がある。そのため、鍍金や彩色ないし線刻や象嵌といった表面の加飾がほとんどみられないのが通例であるが、稀に、帯金具などにあっては、轆轤目を持たず、表面に彩色の痕跡のある例も認められる。

なお、日本では、奈良時代の仏器に採り入れられ、以後も仏器を中心に作例が散見されるが、中国ほどの広がりはみなかったようである。

（松本　伸之）

きょうどうざんせっくつ【響堂山石窟】　河北省邯鄲(かんたん)市の西部、峰峰礦区鼓山に開かれた仏教石窟寺院群。石質は石灰岩。鼓山西麓の北響堂、南麓の南響堂の2石窟に東麓の小響堂（水浴寺石窟）の3か所が知られている。南北響堂石窟は約15km隔たる。洛陽に都をおいた北朝の北魏が東西に分裂し(ぎょう)(534年)、洛陽を捨てた東魏が遷都した鄴から西北へ約40kmにあり、鄴都と、のちに北斉を建てた東魏の宰相高氏発祥の地である晋陽（山西省）とを結ぶ重要な交通路に位置した。

創建は北響堂石窟が早く、東魏の末頃から北斉の初め頃（550年前後）に高氏によって発願造営されたと考えられる。はじめ石窟寺と呼ばれた。のち常楽寺と呼ばれ、その寺院旧跡が石窟の下方にある。主要3窟は北から北洞、中洞、南洞の順に造営され、南洞は窟の外に568（天統4）年から572（武平3）年までの刻経があることから、560年代中ごろまでには完成されていたものと考えられる。大型の中心柱窟である北洞には、遷都による造像環境の刷新、東魏以来の南朝や西方との積極的な交流による新しい造形感覚の導入によって、北魏末に完成された中国的仏像様式を打破した、最先端の北斉仏像様式が示されている。そこにはグプタや南インドに見るような肉体の露出を意識した仏・菩薩像の表現、パルメットや宝珠、仏塔など異国的情趣に溢れる意匠性がある。これに続けて造営された中洞、南洞では、その新しい造形が北魏以来の伝統的造形と緩やかに融合し、再び中国的仏像様式として成熟していく過程が明確に現れている。主要3窟のほか、宋・明・清各時代の洞窟がある。

南響堂石窟は北より遅れて北斉の565（天統元）年に最初の工が起こされ、北斉末年から途中北周の廃仏がおよんだもののすぐに復興し、隋の初め頃までに諸窟が完成した。全部で7窟ある。

水浴寺石窟は鼓山をはさんで北響堂石窟の反対側に位置し、北斉の574（武平5）年頃に造営された中心柱窟のほか隋・唐・宋各時代の摩崖造像がある。

なお、近年鄴都と晋陽を結ぶ太行山脈を越えるルートに沿って点在する東魏・北斉・隋時代の小石窟について多くの紹介がなされている。また、2012

年3月には鄴都遺跡から3000点近い石仏の断片が発見されており，響堂山石窟に代表される北斉仏像様式成立の研究にとって，重要な資料が増えつつある。　　　　　　　　　　　　　　　　　　（岡田　健）

きょうねん【皎然】 →皎然

きょうびゅうせいぞく【匡謬正俗】　唐の訓詁学書。宋版は太祖趙匡胤の諱を避けて『刊謬正俗』と名を改める。8巻。顔師古撰。原稿が未完のまま作者が没し，子の揚庭が遺稿を8巻に編集して，651(永徽2)年に高宗に奏上した。前4巻55条は『論語』『詩(経)』『尚書』『礼記』『春秋』の諸経，後4巻127条は史書や漢賦などの諸書を扱い，多く問答体で論じて，字義・字音・字形について謬説を匡正する。引用される佚書や諸家の訓詁の資料的価値も高く，「考据極めて精審為り」(『四庫全書総目提要』)とされるように考証の精確さにも定評がある。　　　　　　　　　　　（森賀　一惠）

きょうふく【凶服】 →喪服

きょうぼう【教坊】　音曲の教習機関。唐の714(開元2)年に，音曲好きで「霓裳羽衣曲」の作者とされ，のちに戯曲音楽関係者のギルド神(三郎神)となった玄宗皇帝の命により，従来から存在した宮中の内教坊に加え，仏道系宗教音楽の影響を受けた法曲を奏する梨園とともに，俗楽ならびに散楽の教習・修練・演出等をもっぱらつかさどる機関として太常寺から別置され，外郭城に置かれた。西京長安・東京洛陽にそれぞれ左右2つの教坊がおかれ，内人または前頭人とよばれる妓女が所属したという。俗楽は正楽に対する概念で，民間音楽というに近く，漢族が中心だが，それ以外の少数民族の音楽をも含み，散楽は本来民間の音楽家を意味したが，漢代以降西方から新たな音楽とともに流入した百戯ともいわれるパフォーマンス芸がその主流を占めた。当時の俗楽・散楽の状況を系統的に記載した文献は乏しく，この意味で『教坊記』の存在が注目される。『全唐文』所収の自序によれば，開元年間(713-741)の後期に左金吾衛倉曹参軍に任ぜられ安史の乱で江南に流寓した崔令欽が，往時の教坊のさまを懐かしみ執筆したものという。執筆時期は玄宗の死後。崔令欽は乱後国子司業にまで昇ったという。元明の複数の叢書に収められた『教坊記』は原本散逸後の輯本とおぼしく，ほぼ同文で，後記を含む全18条からなっている。南宋の曾慥の『類説』7所収の『教坊記』は通行本未収の9条を収める。おそらく散逸以前の原本によっていよう。教坊に勤める武官からの聞き書きにもとづく成立事情から体系性には欠けるものの，小曲・大曲あわせて324にのぼる当時の曲名の記載はとりわけ貴重で，敦煌曲と比較対照することにより，宋以降の詞調・曲調の淵源と変遷のさまを知ることが可能となる。このほかでは歌舞・散楽，さらには筋斗・竿木などの百戯・雑技に関する記事が目を引く。妓女のゴシップに類する記事も見える。（大塚　秀高）

きょうぼうき【教坊記】　盛唐の教坊に関する記録。1巻。崔令欽著。玄宗によって714(開元2)年に散楽や俗楽の教習所として設立された教坊に関して，その場所や組織，所属する妓女の扱い，教習された曲名，及び妓女や楽人らの逸話などを記した書。崔令欽は粛宗朝(756-762)から代宗朝(762-779)にかけて礼部員外郎，主客郎中，国子監司業などの職を歴任した。この書物は彼が開元年間(713-741)後半に左金吾の倉曹参軍として兵士の俸給を取り扱っている折に，教坊の警備に当たる兵士から聞き及んだ話を中心に纏めている。安史の乱によって教坊が崩壊状態となった後の762(宝応元)年頃に，盛時懐古の思いをも込めて記録されたと見られる。当時の教坊の様子を知る貴重な資料であり，また324種の曲名が記録されていることも，音楽や詞の研究に大きく寄与している。現存するテキストはいずれも叢書に収められるものだが，各テキストを校勘して詳細な注を施した任半塘『教坊記箋訂』(中華書局，1962年)が有る。　　（齋藤　茂）

きょうみんぼうぶん【教民榜文】　明朝の勅撰書。1巻。『皇明制書』に収録。1398(洪武31)年，戸部尚書郁新らが，太祖洪武帝の聖旨を奉じて頒布したもので，全41条から成る。その内容は，里(110戸を基本とする)の指導者たるべき里老人などに付与された，戸婚・田土・闘殴などをめぐる軽微な紛争の処理，教化・勧農・相互扶助の指導，治安維持などの権限を中心として規定されている。太祖は，本書を通じて，皇帝支配のもとにおける望ましい地域秩序の姿を提示しようとした。　（井上　徹）

きょうやく【郷約】　宋代以降の郷村において，教化と秩序維持を主要な目的として結ばれた約束およびその組織。北宋の呂大鈞・大臨兄弟がその出身地である陝西省藍田県において作った郷約を，南宋の朱熹が整理し『増損呂氏郷約』に纏めて以降，広く注目されるようになった。年長の有徳者一名を約正として，「徳業相勧む。過失相規す。礼俗相交る。艱難相恤れむ」の約束を実行することを目的に，月々に集会を開き，過失の糾正と善行の顕彰を行うものであった。こうした郷約組織が普及するのは，明代の中期以降であり，王陽明の

実行した「南贛郷約」をその雛形に，在郷の士人の指導のもとに多くの郷約が結ばれた。しかし約束の内容は，次第に明の*太祖の定めた*六諭に定型化され，郷村内部の相互規律をめざす組織としての性格は失われていった。清代には*康熙帝の聖諭の講解を行う集まりを言うようになり，保甲制と併せて地方行政組織の一部と化した。　　　　（足立　啓二）

きょうりついそう【経律異相】　南朝梁の仏教類書。50巻。梁の釈僧旻・宝唱等奉勅撰。本書の序文等の記載によれば，508（天監7）年，武帝の命を受けて僧旻が『衆経要抄』80巻を編纂したが，なお未完成として516（天監15）年に再び「宝唱に勅し，経律の要事を鈔して，皆類をもって相従わしめ」（『*経律異相』序）て完成した。天部，地部から仏，菩薩，声聞，国王・国王夫人，太子・王女，長者，優婆塞，優婆夷，外道仙人・梵志・婆羅門，居士・賈客・庶人（男・女），鬼神，畜生（雑・禽・虫）を経て地獄部に至る構成を取り，それぞれに出典を明記して抜粋する。例えば巻49・地獄部上に「八王使者於六斎日簡閲善悪九」のように小題を立てて『浄度三昧経』から引用するなどである。中国では三国魏の『皇覧』を嚆矢として類書という新しい形態の編纂が盛んとなるが，本書は現存最古の中国類書として，また仏教的世界観を示す現存最古の仏教類書として貴重な価値を持つ。
　　　　　　　　　　　　　　　　（大内　文雄）

きょうりのせい【郷里の制】　秦漢時代，全国を郡，郡の下を県に分ける郡県制がしかれたが，その県の下は郷，さらに郷の下は里に分かれていた。郷には三老・有秩・嗇夫・游徼が，里には里正という郷官が置かれ，地方行政の末端をになっていた。中国では古来，集落は壁に囲まれており，人々はその中に居住するのが原則であった。その集落の最も基本的な単位が里である。春秋時代，様々な社会変動の結果，城郭都市内部に里があらわれるようになり，ここに秦漢時代の里の形態が形成されたとされる。ただこの郷里制については，従来，亭の位置付けが問題とされてきた。即ち，『*漢書』百官公卿表，『*続漢書』百官志及び『*風俗通義』に見える郷・亭・里についての規定や，土地の所在が亭部によって表示されることなどをめぐって，亭が一定の距離ごとに置かれた，防衛・警察・宿泊施設なのか，地籍管理や田租徴収にも関わる民政機関なのかが争われたのである。近年，出土資料その他の研究から，地籍管理や田租徴収は郷が行っていて亭はいずれにも関与せず，その統属関係についても郷―亭―里ではなく，亭は県に属するものとの見方が有力である。こうした郷里制度は豪族勢力の伸張などから後漢末には崩壊していく。　　（角谷　常子）

きょうりょうは【竟陵派】　明代後期の文学流派。その領袖である鍾惺と譚元春が竟陵（湖北省）の人であることから，この名がある。明代の中期になると，古文辞派後七子の復古主義はマンネリズムに陥り，模擬剽窃の弊害が目立つようになった。これに対抗して興ったのが万暦年間（1573-1620）に流行した袁氏三兄弟の公安派である。竟陵派は，公安派の反古文辞の主張と，性霊（詩人の詩精神の発露）に基づく真詩の創作という文学理論に影響を受ける一方で，浅薄卑俗に陥った公安派の末流を批判する形で登場した。
　反古文辞の立場は共通するが，公安派が自由平明であるのに対し，竟陵派は幽深孤峭（奥深く近寄り難いこと）を追求し，新奇な詩想と奇抜な措辞を尊ぶ。そのため実作の題材は狭隘で，用語も難解なものが多く，晦渋と評される。ただ，公安派とともに小品文の流行にあずかり，明末の反古文辞の文学思潮に大きな影響を与えた点は評価できる。古文辞派の領袖*李攀龍が編纂した『古今詩刪』に対抗して『詩帰』（『古詩帰』と『唐詩帰』に分かれる）を編纂し，広く当代に通行した。　　（野村　鮎子）

きょうりょうはちゆう【竟陵八友】　南朝斉の武帝の第2子竟陵王蕭子良の文学サロンの構成員である，後の梁の武帝蕭衍・沈約・謝朓・王融・蕭琛・范雲・任昉・陸倕の8人をいう。蕭子良は文学を愛好し，著名な文人を自らの別邸（西邸）に招き，文学サロンを形成した。サロンでは詩文以外にも，名僧を招いて仏法を講じ，梵唄の創作なども行われた。八友の多くは，後に，声律を重視する*永明体詩の主たる担い手となった。『梁書』1・武帝紀上に記載が見える。　　　（木津　祐子）

きょえんかんかん【居延漢簡】　内蒙古自治区のエチナ河流域の漢代烽燧の遺跡で発見された一群の*簡牘。居延漢簡の名は，漢代この地に居延県が置かれたことによる。主たる発見は2度あり，第1回はヘディンを団長とする西北科学考査団の団員ベリイマンが1930～31年にかけて発見した約1万枚。第2回は甘粛省考古文物研究所などが中心となって居延考古隊を組織し，1972～74年にかけて発見した約2万枚である。今日では，前者を居延旧簡とよび，後者を居延新簡とよんで区別している。新旧両簡ともに漢代の烽燧すなわち監視哨などの軍事施設の跡から出土したもので，内容は軍事・行政文書や簿籍（帳簿や名簿）などのいわゆる公文書が大部分であり，他には個人の手紙や暦や書籍などの断簡がある。年代は，前漢武帝の末年から後漢の中期にわた

るが，中でも前漢の晩期から王莽期を経て後漢初期のものが圧倒的多数を占める。　　　　（永田 英正）

きょかひつようじるいぜんしゅう【居家必用事類全集】　元代の日用類書。甲〜癸の10集に分かれる。撰者不明。内容は，教訓的事項も一部含むが，多くは農事・料理・衣服・化粧・医薬など，日常生活に密着したものである。社会・文化史料として有用で，とくに辛集『吏学指南』は，法制用語の辞書として，しばしば利用される。明刊本（北京図書館古籍珍本叢書に影印）のほか，1673（寛文13）年刊の和刻本（影印本あり）がある。『吏学指南』のみでも出版され，朝鮮刊本や排印本があり，索引も出版されている。　　（森田 憲司）

きょかよういせき【許家窯遺跡】　泥河湾盆地中央の山西省陽高県許家窯村と河北省陽原県侯家窯村にまたがる旧石器時代の遺跡。1973〜79年に中国科学院古脊椎動物古人類研究所が発掘し，古代型新人に位置づけられる人骨化石（頭蓋骨片，上・下顎骨片，臼歯）18点，後期更新世のカモシカとガゼル主体のほ乳動物化石，チャート製小型不定形石器が発見されたほか，1000点以上におよぶ多面体や球形の石器が特徴的であり，これを動物に当てて狩猟したとする説がある。近隣の*丁村遺跡に見られる多様な大型重量石器はすでになく，石刃技術はまだ見られない。ウランシリーズ法や光ルミネッセンス法の年代測定による年代は6〜12万年前である。文献に賈蘭坡ほか「陽高許家窯旧石器時代文化遺址」（『考古学報』1976-2）がある。　（佐川 正敏）

ぎょからく【漁家楽】　清代初期，蘇州の劇作家，朱佐朝の伝奇作品。後漢の清河王が外戚の梁冀の専横により宮中から逃亡し，追われる身となるが，漁翁の娘，鄔飛霞に助けられ，やがて帝位につき，鄔飛霞は皇后となる話。歴史上の人物に借りた荒唐無稽な物語で，敦煌発見の『劉家太子伝』につらなる一種の貴種流離譚である。清代に流行し，のちに京劇に改編され，年画などの題材にもなる。『古本戯曲叢刊』三集に写本を収める。　（金 文京）

きょぎょうさ【許堯佐】　生没年不詳。中唐の伝奇小説『*柳氏伝』の作者。貞元年間(785-805)の初め頃に進士に及第し，794（貞元10）年に賢良方正能直言極諫科に及第して，太子校書郎となった。800（貞元16）年に涇原（甘粛省）節度使の幕僚となり，後に諫議大夫に至った。『柳氏伝』は，中唐の詩人の韓翃と妓女の柳氏との愛の物語を描いたもので，唐代伝奇小説の代表作の一つに数えられる。旧唐書189下，新唐書200　　　　　　（齋藤 茂）

きょぎょうろく【居業録】　講学の語録。全8巻。明初の朱子学者，*胡居仁（号は敬斎）の著。内容は，修養論に始まり，学問論・宇宙論・経典の問題など，朱子学の各領域にわたる。そこに一貫しているのは，純粋な朱子学を保持し，異端から守ろうという強い意欲であり，それが仏教に対する批判，および陳献章（号は白沙）らの心学的傾向への批判となって表れている。修養の面でも居敬を重視し，人欲を抑制しようとする厳格主義が顕著である。朝鮮・日本の朱子学者にもよく読まれた。　（前川 亨）

ぎょく【玉】　→玉器

ぎょくい【玉衣】　皇帝や王侯などの遺体を覆う玉製の衣服。玉札という玉の板を1単位として，甲冑のように綴り合わせるか，布で裏打ちをして作る。玉衣はおもに頭部・胴部・両腕・両足に分けて作られ，全身を覆うものの他に，頭部と手足のみの略式もある。玉札には廃玉を再加工したものもみられ，裏面に本来の文様が残っている。表面は無文のものが多いが，龍などの文様を彫刻した玉札も出土している。糸で綴り合わせる玉札は四隅に孔をもつ。糸には金縷・銀縷・銅縷・絲縷（絹糸）があり，身分・性別によって異なる材質のものを用いた。これまでに全身を覆う金縷玉衣は5例しか報告されていない。盗掘されたり未発見の例があるとしても，金縷玉衣の副葬がいかに限られていたかが窺える。玉衣は明確な形では漢時代の墓でしか見つかっていない。玉の霊力で遺体を保全したいという漢時代に流行する願望の，もっとも究極的な表現形態が玉衣である。　　　　　　　　（川村 佳男）

きょくいきゅうぶん【曲洧旧聞】　宋代の筆記。10巻。南宋の朱弁撰。朱弁は，紹興(1131-62)の初年に金に使いし，17年間拘留された。『宋史』371に伝がある。内容の大部分は北宋時代の話で，名人の軼事，政界の内情を中心に，制度・詩文におよぶ。*王安石や蔡京などには，反対の立場をとる。『*知不足斎叢書』『*学津討原』に所収。校点本（唐宋史料筆記叢刊）がある。　（森田 憲司）

きょくえん【曲苑】　古典戯曲に関する論著の叢集。10冊。1921（民国10）年古書流通処より刊行。陳乃乾編集。古典戯曲の研究に便利のため歓迎され，1925年『重訂曲苑』が刊行された。『曲苑』には，焦循の『劇説』6巻，徐渭の『南詞叙録』1巻，張楚叔の『衡曲塵談』1巻，魏良輔の『曲律』1巻，沈徳符の『顧曲雑言』1巻，梁廷枏の『藤花亭曲話』5巻，呂天成の『曲品』3巻，高奕の『新伝奇品』1巻・続1巻，李調元の『雨村曲

話』2巻，*王国維の『曲録』2巻，支豊宜の『曲目表』等を『読曲叢刊』その他から全13種集めている。また明の梁辰魚の散曲集『江東白苧』正2巻・続2巻も収める。『重訂曲苑』には更に『録鬼簿』『中原音韻』『度曲須知』『王驥徳曲律』『詞余叢話』『戯曲考原』『曲目韻編』など20種を収めており，戯曲理論研究の資料集として重要視された。

(内山 知也)

ぎょくかい【玉海】

南宋の類書。200巻。辞学指南4巻が付属。王応麟の編。全体は，大きく天文・律暦・地理・帝学・聖製・芸文・詔令・礼儀・車服・器用・郊祀・音楽・学校・選挙・官制・兵制・朝貢・宮室・食貨・兵捷・祥瑞の21門に分かれ，各門はまた細分化され，全部で240余りの分類になっている。宋朝では，北宋末より，詔勅等の公用文作成のために，特に文学の才能ある人物を，科挙に宏詞科・詞学兼茂科・博学宏詞科という制科を設けて選抜した。王応麟も合格者の一人であり，『玉海』は，自己の備忘のためと，この制科受験の参考書として作られた類書である。詔勅等の作成に必要な古今の事柄を，儒教の古典をはじめ，歴史書・文集など様々な書物から抄録し分類配列したものである。特に制度については，当時の実録・国史・日暦を用いて詳述されており，宋代の制度史研究には欠かせない史料となっている。書名は，南朝梁の武帝編の類書『金海』を踏まえる。

(髙津 孝)

ぎょくかいそうもくていよう【曲海総目提要】

清の戯曲史資料。元の雑劇，ならびに明の伝奇作品の梗概を記し，46巻からなる。作者は未詳。1720年前後すなわち清の康熙末年頃に成ったと考えられている。原名は『楽府考略』といったが，完全な形では伝わっておらず，その2種の抄本を校勘整理したものを，1928(民国17)年にこの名称で上海大東書局が活字本として出版，以後この名で呼ばれるようになった。計684種の作品を収め，すでに失われた作品も数多く含まれることから，貴重な資料となっている。

(赤松 紀彦)

ぎょくかん【玉澗】

生没年不詳。南宋末元初の画僧。婺州(浙江省)の人。法諱は若芬，字は仲石，俗姓は曹。

天台宗を学び，杭州上天竺寺の書記となる。諸方を遊歴した後，郷里に帰り玉澗・芙蓉峰主と号した。画は山水をよくした。作品には自作の詩を題し，集を『玉澗剰語』というが不伝。遺作は日本にのみ伝存し，『山市晴嵐図』(東京，出光美術館蔵)，『廬山図』が代表作。*牧谿と同様，日本で有名で，画壇に大きな影響を与えた。

(海老根 聰郎)

ぎょくかんさんぼうしゅういつしょ【玉函山房輯佚書】

清の同治年間(1862-74)に，馬国翰が編集した輯佚書の叢書。玉函山房は馬国翰の書斎の名。もとは593種を集めたというが，現在では50種あまりが欠巻となって残存しない。輯佚書とは，首尾完具な状態では伝わらないが，他の書物に引用されて，はぐれた形で残存している文章，つまり「佚文」を，元の書ごとにまとめて輯めたもの。経・史・子三部の唐以前の書を輯めているが，経書注釈など経部の書物が中心で，各書の頭に内容と来歴の簡単な解題を記す。輯佚書の出現は，中国における文献学の成熟をしめすものである。完成刊行以前に馬国翰が没したため各種版本が発生したが，日本，中国の数社から影印洋装本が出版されて手許に備えることが容易になった。またこの書については章宗源の原稿を馬国翰が剽窃したものとの説が流布しているが，民国の文献学者王重民が両者の評伝(『中国目録学史論叢』所収)を著して，その妄説であることを考証している。別人の手になる続編も近時刊行された。

(木島 史雄)

ぎょくき【玉器】

軟玉(nephrite)を加工して作りあげた器物のこと。軟玉と質感の近い蛇文岩・滑石・石英などを代用した例もあり，これらを「仮玉」と呼ぶこともある。中国では他にも美しい鉱石を豊富に産出するが，例えば水晶・瑪瑙などは玉と区別される。磨いても冷たく鋭い光沢しか出ないためである。同様の理由で硬玉(jadeite)も敬遠され，18世紀になるまで玉材として定着しなかった。つまり，硬い鉱物でありながら，潤いと温もりをたたえた軟玉の光沢こそが，玉にとってもっとも重要な要素であった。軟玉の色は黄緑を基調とするが，かなりの幅がある。これは色調が光沢ほどには重要視されなかったことを物語っている。もっとも，現在目にする出土品の玉器は，土中に長く埋まっている間に風化や染みなどが生じ，本来の色調や光沢を留めていないこともある点に注意を要する。

軟玉のもつ独特な質感は，古典のなかで「(玉の)潤いがあって温かいのは仁」などと，しばしば人間の徳になぞらえられた。このような記述がなされるのは，戦国時代以降のことである。しかし，その前の時代から，幸運を招いて邪悪を払うなど，玉は人によい影響を及ぼすと信じられていたようである。新石器時代より，玉器を身につけたり祭祀に用いただけでなく，遺体の口に含ませるなどの特殊な使い方をしたのも，そのためであろう。しかし，軟玉を加工するには工具で擦り切ったり孔を開けたりと，大変な手間を要した。軟玉の「軟」は硬玉に比べて

軟らかいという意味であり，加工が容易なほど軟らかい訳ではない。貴重な玉材から労力をかけて作らせた玉器は，財力や権威の象徴にもなり得た。

玉器には，管状・環状・板状の比較的単純な形態から，容器や立体像など複雑なものまである。形態，用途，加工技術などは，時代とともに少しずつ変わっていった。前6000年頃から前4000年頃にかけての新石器時代に，東北部をはじめとする中国の多くの地域で玉器が出現した。初期の玉器は，管状・環状などの単純な形態で文様のない装身具や戚が大部分を占めていた。その後，玉器の加工技術は劇的に向上した。なかでも，前3千年紀の長江下流域で作られた良渚文化の玉器には，幅0.2mm以下の細緻な線を連ねた文様彫刻など，現代でも解明できていない技術も認められる。これらは祭祀用具であると同時に，上位の階層に独占された権威の象徴でもあったと考えられる。前2千年紀後半に本格的な青銅器が各地に広まると，政治・宗教の両方面において，玉器の地位は青銅器ほど重要ではなくなる。しかし，前1千年紀になると，天子が諸侯に下賜した瑞玉，高貴な者が着用した佩玉など，当時の社会構造と関わる新しい性質の玉器が発達した。漢時代には，玉の霊力が遺体を腐敗から守ると広く信じられ，玉衣・瑱玉などの葬玉が盛んになった。その後も玉器は形態や用途を変えながら，現代まで中国人に広く愛好され続けている。　　（川村 佳男）

ぎょくきょうだいき【玉鏡台記】　明の戯曲。40齣。朱鼎の作。東晋の温嶠は結納品に玉鏡台を贈り劉潤玉を娶る。その後，温嶠が北方征圧，王敦の王位簒奪阻止などに活躍する中，妻は孤閨を守り，あるいは人質になるも，賢妻烈婦ぶりを見せ，大団円を迎えるというもの。夫婦の絆の証しとして贈った鏡が要所に使われる。温嶠の結婚を滑稽に描く関漢卿の元曲『玉鏡台』とは趣を大きく異にする。『六十種曲』所収。　　（笹倉 一広）

ぎょくきょうり【玉嬌梨】　清代の才子佳人小説。正式名称『玉嬌梨小伝』または『玉嬌梨三才子小伝』。別名『第三才子』『双美奇縁』など。20回。清初刊。荑荻山人編。才子佳人小説の嚆矢として，後続の作品に大きな影響を与えた作品であり，以後ストーリーや趣向を真似た作品が続々と誕生した。特に才子蘇友白が深窓の令嬢白紅玉と男装の麗人盧夢梨を共に妻とする「双嬌斉獲」の趣向は，才子佳人小説の特徴といえるほど定番化した。　　（岡崎 由美）

ぎょくきりゅう【玉蜻龍】　清の弾詞の演目。明の名判官海瑞を主人公とする『海公奇案』の一つ。現代では別題の『大紅袍』で呼ばれることが多い。1892（光緒18）年上海紫雲軒刊本は『繍像海公奇案玉蜻龍伝』と題する。弾詞の傑作として『描金鳳』と共に「龍鳳二書」と併称される。物語は，明の兵部尚書の子の鄒虹が辺境の守将王蘭路，「神弾子」のあだ名を持つ鏢客（用心棒）韓林と義兄弟の契りを結ぶ。丞相の子の索雲は鄒の許婚梁鳳鳴に横恋慕し鄒を殺人の罪に陥れるが，名判官の海瑞が真相をあばいて団円となる，というもの。　　（川 浩二）

きょくげい【曲芸】　語り物のこと。説唱・説話ともいう。また，長編の語り物を説書ということがある。曲とは本来，叙事性の強い演唱の意味。現在では演唱のない漫才・講釈も含めて曲芸と呼ぶ。紀元前の諸書に語りや弁舌に関する記録はあるが，聴衆を相手に語った起源は未詳。紀元後の仏教伝来以来，仏門に導く唱導が盛行し，東晋の400年頃には高僧慧遠などが定期化した。唱導師は，通る声，感動させる弁舌，演唱も含めた才，衆生の興味をひく博識という4点を錬磨して遍く各地で唱導し，以後の説唱芸の基礎を築いた。唐代の寺院では世俗相手の説教（俗講）が盛行した。その種本を変文といい，内容は仏教以外の歴史物，民話，当世物の世俗的な話も多く含む。8世紀中期以降，変場や講院という語りの定席が設けられ露天の語り手も出てきたという。北宋代には非宗教的語りが芸能として独立した。歴史物・恋愛物・軍記物・宗教幻想物・滑稽物・裁判物・謎かけ等々内容は多種にわたる。芸態としては講釈・滑稽話・物語演唱・人形（影絵）芝居などが上演され，盛り場の演芸場を定席とし宮中の御前で演ずる者から露天でやる者までいた。僧侶くずれや女道士くずれに科挙の落第者など世俗の説話人が活躍しギルドが作られ，台本作家には書会という組織を組む者もいた。これらの語りが文字に起こされ白話小説の成立に寄与することになる。上演では特に言葉と旋律の融合を重視し，正確な発音，抑揚と腔（フシ）の高低が合致する「字正腔円」が貴ばれ，中国の語り物の理念となる。元・明・清の3代においては，演唱が発展する過程で横笛・琵琶から三弦・胡弓・揚琴などに主伴奏楽器が移った。現代では曲芸の種類は300余りといわれる。語りのみでは，講釈が扇子・醒木（四角の小木）を手に語る評書（評話），日本の漫才・落語に似た相声・滑稽（独脚戯）などがある。演唱入りの語り物は北方の大鼓類（主演者が太鼓を叩き大三弦が主伴奏）や南方の弾詞類（主演者が小三弦，助演者が琵琶），主伴奏が揚琴の琴書類では四川揚琴や北京琴書など，その他，道教系の道情の流れをくむ，主演者が魚の皮を張った細長い漁鼓とV字の簡板を打つ浙江道情・四川竹琴・湖南漁鼓などがあり，また仏教説唱

の宝巻が広東に入ったといわれる木魚歌は二胡や箏などの伴奏で語る。唐宋以来の旋律を伝えるという優雅な福建の南音は、日本の琵琶や尺八と同類の楽器で伴奏する。北方には吟唱体の山東快書・快板書・数来宝などがあり、各々主演者が打楽器だけで韻文をリズミカルにたたみかけて語る。さらに東北地方の二人転は手にハンカチと扇子を持ち簡単な扮装をして歌い踊り台詞を言って、また情景説明も語る独特の語り物である。少数民族の長編説唱では、チベット族の『ゲサール王伝』、モンゴル族の『ジャンガル』、キルギス族の『マナス』などが有名で現在でも語られる。語り物に関する研究は、1950年代頃以降、歴史や内容だけでなく芸能としての形式と構造の分析も大いに進んだ。語り物は各地方の言葉で語り演唱してきたもので、識字率の低かった民衆の音声言語と知識を豊かにし育ててきた重要な芸術である。
(吉川 良和)

ぎょくけいせい【玉渓生】 →李商隠

ぎょくこう【玉皇】 道教の神であり、特に民間的信仰においては最高神。玉皇大帝・玉帝等とも称する。道教では教義上、元始天尊もしくは三清を最高神とし、玉皇は三清の補佐とされる四御の一人に過ぎないが、正式に道教教義を踏まえるわけではなく、素朴に天上に神々や神仙たちの世界を思い描く民衆的な信仰の場においては、その天界の支配者たる玉皇が最高の存在と見なされる。本格的にこのような地位についたのは宋代であり、以後一貫して人々の信仰を集めている。
(横手 裕)

ぎょくこしゅん【玉壺春】 瓶の形式の一つ。口部が開き、頸が細く、胴が張っており、口縁から底部にかけて連続してなだらかなＳ字曲線を描く器形をいう。語源は詳らかでないが、『水滸伝』に玉壺春という名の酒がみられ、玉壺は酒瓶を意味することから、用途に由来する呼称と考えられる。宋に大いに流行した。元の玉壺春は、宋のものと比較して、頸が太く短く、胴の張りが強い。明・清の景徳鎮窯においても、さまざまな技法の玉壺春が焼造されている。
(今井 敦)

きょくしし【曲子詞】 詞の異称の一つ。「曲子」は楽曲、「詞」はそれに乗せて唱う文辞、つまり歌詞の意。「曲子詞」の語は、元来は旋律に乗せて歌われる歌詞を指し、とくに「韻文様式としての詞」という意識が確立されていなかった唐・五代期に多く用いられている。欧陽烱の「花間集の序」に「因りて近来の詞客の曲子詞五百首を集め、分かちて十巻と為す」とあるのはその例である。また「曲子」で詞を意味する場合もあり、敦煌より出土した詞の選集が『雲謡集雑曲子』と題せられているのはその例である。宋代に入っても、北宋の張舜民の『画墁録』にしるされた晏殊と柳永との問答「晏公曰く、"賢俊は曲子を作るや"と。三変(柳永の初名)曰く、"只だ相公の如く、亦た曲子を作る"と」では、詞を「曲子」と称している。しかしこのころから歌詞の文学性が重視され、楽曲との関連が希薄になるにつれて、「曲子詞」「曲子」の呼称はすたれ、「詞」と呼ぶのが一般的になっていった。
(宇野 直人)

ぎょくじゅこうていか【玉樹後庭花】 南朝、陳の後主(最後の皇帝)の作詞による清商歌舞曲。爛熟した文化の華を咲かせた南朝の命運も、後主の時陳朝滅亡を目前にしてまさに風前の灯火であった。後主は外界の荒廃をよそに夜毎に宴を設け、文人たちを集めて新詩を競わせ、最も優れたものに管弦をつけて宮女1000人に歌わせた。『隋書』五行志に、『玉樹後庭花』は587(禎明元)年の作で「玉樹後庭花、花開きて復た久しからず……」の歌詞とともに音楽は哀調を帯びるものであったという。2年後、陳は隋に滅んだ。『玉樹後庭花』は唐代に法曲をはじめ種々の楽種に編曲され、宋代には詞牌として用いられた。
(古新居 百合子)

ぎょくしょくほうてん【玉燭宝典】 隋代の歳時記。12巻。文帝の581(開皇元)年に杜台卿が編纂し奏上した。台卿、字は少山。博陵郡曲陽県(河北省)の人。北朝の北斉、北周から、隋の文帝に仕えた(『隋書』58)。『荊楚歳時記』の注を書いた杜公瞻の叔父。内容は、毎月1巻、『礼記』月令をもととし、中国古今のまた南北の諸行事風俗を集め、礼制的な記事を広く集めた歳時資料。自序によれば、「玉燭」は四季の気候が調和すること(『爾雅』釈天)、「宝典」は『逸周書』の「宝典解」の意。蔡邕の『月令章句』など、隋唐以前の佚文を載せている点でも貴重な資料として価値が高い。中国ではすでに散逸したが、日本へは平安時代初期に伝来した。現在旧鈔本(1346〜48〔貞和2〜4〕年書写)が、我が国の「尊経閣文庫」(前田侯爵家蔵)や、「宮内庁書陵部」にも収蔵。また清の光緒(1875-1908)の初めに来日した楊守敬の勧めで黎庶昌が『古逸叢書』(1884〔光緒10〕年)の中に刻した。ただし伝本はすべて季秋9月の1巻を欠く。なお『尊経閣文庫本』は前田家育徳財団による影印本(1943〔昭和18〕年、吉川幸次郎解題)がある。
(西村 富美子)

ぎょくしんき【玉簪記】 明代伝奇の劇本。高濂の作。『玉簪記』の典拠は、清の張思岩編『詞

林紀事』引くところの『古今女史』、元の雑劇『張于湖誤宿女貞観』、明の呉敬所撰『国色天香』の巻10に収める小説『張于湖伝』等である。現在『六十種曲』本によると、『玉簪記』は全編33齣から成る。この中の第14齣「幽情」は現在崑劇で「茶叙」と改編され、第16齣「寄弄」は「琴挑」、第17齣「耽思」は「問病」、第19齣「詞媾」は「偸詩」、第21齣「姑阻」は「姑阻・失約」、第22齣「促試」は「催試」、第23齣「追別」が「秋江」に改編されて、盛んに上演されている。この劇の筋は次のようである。南宋の書生潘必正と陳嬌蓮は双方の父母が指腹婚(まだ胎児のうちに婚約すること)をした仲だったが、二人が成長したら玉簪と鴛鴦の扇墜(おしどり模様の扇の飾りもの)を贈って正式に婚約しようと潘家では考えていた。潘家では16歳になったので必正を試験に送り出す。ところが、金軍が南侵して来たので嬌蓮と母は南京に避難し、女貞観という道観に身を寄せ、嬌蓮は妙常と名乗る女道士になった。府尹(府の長官)の張于湖は妙常の美しさに驚き、百方手を尽くして求婚するが拒絶される。一方潘必正は会試に落第し、郷里にも恥ずかしくて帰れず、女貞観に伯母の潘法成観主を訪ねる。女貞観の白雲楼で妙常が必正にお茶を出し対面を果たす「茶叙」、琴曲に寄せて互いに愛情を訴え惹かれ合う「琴挑」、夢の中で必正が妙常の詩に心打たれる「偸詩」の名場面を経て、愛情が次第に高まり、ついに深い仲になる。観主は事情を察知し、他人に知られては道観の立場もないと感じて、必正に臨安(杭州市)に行き試験を受けるように催促する。出発の日、妙常は必正を追いかけて長江のほとりにやって来て、急いで小舟を雇い、必正の舟に追いつき、碧玉の玉簪と白玉の鴛鴦扇墜を互いに贈り、涙ながらに別れる(「秋江」)。後に試験に合格し成都の役人に任ぜられた必正は、女貞観を訪ね、妙常を迎えてめでたく結婚する。　　　　　　　　(内山 知也)

ぎょくせいてい【玉蜻蜓】 清の長編弾詞。10集20巻、また8巻68回のテキストもある。原作者は不明。19世紀はじめごろの蘇州弾詞の名人陳遇乾がこの話を得意とし、整理完成させた。蘇州南濠の名家申家の御曹司申貴升は、妻と不仲で、尼僧の志貞と恋におち、尼寺で病死する。志貞の産んだ子が、めぐりめぐって徐家で育てられ、徐元宰と名乗る。元宰は科挙に及第し、身につけていた玉の蜻蜓(とんぼ)の根付けが手がかりになって、申貴升の実子であることが明らかになる。さらには、尼寺を訪ねて実の母親とも再会する、といった物語。なかでも、最後に主人公が実の母親と巡り会う「庵堂認母」の一段が山場である。弾詞の演目としてとりわけ聴衆に好まれたものと見え、弾詞『芙蓉洞』は、この話の一部をふくらませた話であるし、演劇や宝巻など他の芸能としても再編され、小説『呼春野史』、鼓詞『桃花庵』などのテキストも残っている。　　　　　　　　(大木 康)

ぎょくせんし【玉泉子】 唐代の雑事を記した書。1巻。著者は不詳。清の呉曾祺『旧小説』乙集は『玉泉子』1巻を著録し、著者を唐の盧仝とするが、盧仝の号が玉川子であることから混乱したものであろう。『新唐書』芸文志の小説家類には『玉泉子見聞真録』5巻(著者不詳)、『宋史』芸文志の小説家類には『玉泉筆論』5巻、宋の陳振孫『直斎書録解題』小説家類には『玉泉筆端』3巻(著者不詳)を載せるが、現存の『玉泉子』との関係は不明である。『直斎書録解題』は、別に『玉泉子』と称する書があると注記している。裴度・李徳裕・杜悰・敏中・温庭筠・皮日休・令狐綯などの中晩唐の人物約40名に関する逸話82条を載せる(『稗海』叢書本に拠る)。その内容は唐の李綽『尚書故実』や趙璘『因話録』と重複がある。あるいはいくつかの書物から記事を集めたものであったのかもしれない。　　　　　　　　(山本 敏雄)

ぎょくせんじ【玉泉寺】 湖北省当陽市にある天台智顗ゆかりの寺院。山名を玉泉山あるいは覆船山と言い、隋の592(開皇12)年に玉泉山に入った智顗に対し、前年に菩薩戒受戒の弟子となっていた晋王楊広(のちの煬帝)が建てたことに始まる。智顗はここで翌年と翌々年に「天台三大部」のうち『法華玄義』『摩訶止観』を説いた。また唐代には北宗禅の神秀が止住するなど、禅宗の歴史にも重要な地位を占める。全国重点文物である。　　(大内 文雄)

きょくそう【曲藻】 明の王世貞の戯曲論集。『弇州山人四部稿』の中の『芸苑卮言』から戯曲に関するものを抜き出して、後の人が編集したもの。戯曲は時代に随って変化するという観点から、北曲は力強く勇ましく雄々しく、南曲は柔らかく清潔で気高いという。また劇作者は学問と文才・感情が大切で、何良俊が『拝月亭』を賛美するのに反対し、風情もなければ社会改革の役にも立たない作品だと非難する。『中国古典戯曲論著集成』に収められている。　　　　　　　　(内山 知也)

きょくそんいせき【曲村遺跡】 山西省翼城県天馬村から曲沃県曲村にまたがる複合遺跡。天馬――曲村遺跡ともいう。1962年に発見され、79年以後、調査が続けられてきた。遺跡内で確認されるのは、仰韶・龍山・二里頭の各文化期および西周から後漢、さらに金・元・明にまたがる時期の遺

構と遺物だが，最も充実した内容が見られるのは西周初期から春秋中期にかけての時期である。

　この地は，文献によって，周の有力諸侯の一つである晋の最初の封建地と推測されてきたが，それを裏付ける成果が相次いで発見されている。1992年から2000年にかけて発掘された大型墓群からは，銘文に「晋侯」の製作と記す青銅器群など，数多くの副葬品が発見され，銘文と文献との対比によって，西周初期から春秋初期にかけての歴代晋侯の墓地と推測されるに至っている。西周時代を通じてほぼ完全なかたちで確認できる諸侯墓地は今のところ唯一のものであり，経学的に考証が重ねられてきた周の礼制について再検討する手がかりとしても注目される。遺跡全般の報告書として北京大学考古学系商周組ほか編『天馬――曲村』（科学出版社）が刊行されている。
　　　　　　　　　　　　　　　　　（吉開 将人）

ぎょくだいしんえい【玉台新詠】　南朝の梁代に編集された詩集。10巻。徐陵の撰。漢から南朝の梁までの詩769首を集めている。編者の徐陵は梁・陳にわたる文学者であるが，この書は梁の簡文帝（蕭綱）が皇太子のころ，その命を受けて編纂したものである。正確な成書年代はわからないが534（中大通6）年が有力である。巻1〜巻8は五言詩，巻9は雑言詩，巻10は五言四句の作品を集める。各詩体ごとに掲載される詩人は没年順に並ぶが，梁代『玉台新詠』成書時の生存者については官位の高い順に採録されている。『玉台新詠』は，徐陵が序に「艶歌を選録し」たということからも明らかなように，徐摛・徐陵父子，庾肩吾・庾信父子らを中心に蕭綱が晋安王時代に彼のサロンで生まれ，宮体詩と呼ばれた艶麗な詩群と，彼らに先立つ時代の同様な傾向をもった作品を集めた詩集である。ゆえに編纂は徐陵の手で行われたが，蕭綱のサロンの文学観を色濃く反映していると考えるべきである。『玉台新詠』にやや先だって蕭綱の兄蕭統（昭明太子）によって編纂された『文選』は，当時認識されていた文学ジャンルを網羅し，各ジャンルの作品を採録する。しかもその採録基準は各ジャンルの模範となるべきものとしている。それと比較したとき，『玉台新詠』は，詩だけを対象とし生存者の作品も掲載するという編集の方針とともに，作品の選択の基準にも際だった特色をもっていたことがわかる。
　自分を誘惑しようとする太守を桑摘みの美人が亭主自慢をして追い払う「日出東南隅行」や，相愛の夫婦が仲を裂かれ心中するという悲劇を詠った「孔雀東南飛（焦仲卿の妻の為の作）」といった長大な叙事詩から，「子夜四時歌」のような短い民間の歌曲まで幅広く採録されており，その詩型やのちの文学作品への題材の提供などの面から考えても，後世の文学に与えた影響は『文選』に劣らず，極めて大きい。また女性の様子を細密に描写した作品が多いため，当時の装身具など服飾の様子や化粧法などの資料も提供する。
　　　　　　　　　　　　　　　　　（道坂 昭廣）

ぎょくと【玉兎】　古くからの伝承で，月の中にいる白兎。月の代名詞でもある。「月中何か有る，白兎薬を擣く」（西晋の傅咸『天問に擬す』），「白兎薬を擣いて成る，問うて言う，誰に与えて餐ましむるかと」（唐の李白『古朗月行』）とあるように，古来月中の白兎は不老長生の仙薬をついて調合していると信じられていた。かつて北京・天津などで中秋節に名月を拝む際に兎児爺（トルイェ）という土人形の兎の像を安置する習わしがあった。
　　　　　　　　　　　　　　　　　（鈴木 健之）

ぎょくどうしゅん【玉堂春】　伝統演劇の演目。物語は明の馮夢龍『警世通言』巻24の『玉堂春落難逢夫』等に見られる。書生の王金龍は名妓の蘇三（玉堂春）と恋仲になるが，金が尽きて遣り手に追い出され，蘇三からひそかに金300両を渡され科挙受験のため都へ向かう。蘇三は山西の商人沈燕林の妾として売られ，夫人は妬んで毒を盛るが誤って沈が死に，その冤罪を被り蘇三は洪洞県の監獄に捕らえられる。蘇三が再審の知らせを受け善良な護送役の崇公道に引かれて太原へ行く（『女起解』）と，偶然にも巡按御史となった王の審議を受けることとなり，王は蘇三に気付き（『三堂会審』），王の捜査により冤罪を晴らし夫婦となる。清代に多くの地方劇で上演され，京劇では民国初期に四大名旦が各自独創を加え競演した。『女起解』と『三堂会審』は青衣の歌の芝居として著名。語り物・秦腔・粤劇・川劇・晋劇・漢劇・河北梆子・徽劇・湘劇などにある。
　　　　　　　　　　　　　　　　　（波多野 眞矢）

きょくはい【曲牌】　伝統的な填詞や歌の創作（制譜）で用いた旋律とその名称。広義には，器楽曲化した旋律も含む。牌は旋律を意味し，牌子とも呼ばれる。歴史上，様々な起源を持つ既存の歌に，その原詞と旋律の総合的な原則（格律）に従って新しい歌詞をあてた（填詞）が，填詞した歌も原曲の名称で呼ばれ続け，やがて曲牌として定着した。こうした歌の素材は，漢魏の楽府から，唐宋詞，金元劇曲や散曲，明清歌謡や俚曲まで多様である。史上最大の曲牌集であり1746（乾隆11）年に編纂された『九宮大成南北詞宮譜』は2094種を掲載する。曲牌の大半は長短詞からなり，闋（分段）の有無，各段の句数，各句の字数，押韻や平仄，旋律反復等に各々の規定を持つ。明以前に成立した伝統劇の大部分は曲牌を歌の構成要素とし，清に興隆した地方劇は，基本旋律をリズム変奏する板腔体を原理とする。また

元の曲牌は，絶対音高を背景とする旋法観念を背景として，特定の情緒と結び付けられたが，後にこうした観念は失われた。　　　　　　　　（尾高 暁子）

ぎょくはい【玉佩】　玉製の佩飾即ち帯につけた飾り。帯や裙に装飾として男女共に佩帯した。古人は佩飾を重視した。『礼記』玉藻に「古の君子は必ず玉を佩ぶ，右は徴・角，左は宮・羽……故に君子は車に在るときは，即ち鸞和（鸞・和ともに鈴）の声を聞き，行くときは即ち佩玉を鳴らす……凡そ，帯は必ず玉佩あり，唯喪には否ず」などの記載がある。これより古代の天子・諸侯などが玉佩を佩びたことを知ることができる。玉佩の一種に大佩があり，雑佩とも称する。これは玉佩中重要なものであり，貴族の男女が祭服及び朝服に用いた。この制は殷・周代に始まる。『詩経』鄭風・女曰鶏鳴に「子の之を来すを知らば　雑佩以て之を贈らん」の詩を見ることができる。また，『詩経』秦風・渭陽には「何を以て之に贈らん　瓊瑰玉佩」の詩もあり，周代の玉佩の使用が分かる。殷・周代の玉佩は，前漢の頃一時その使用は衰えるが，後漢には復活し，以後歴代その制度は続いた。（釣田 敏子）

きょくはいたい【曲牌体】　中国の伝統演劇音楽の構成形式の一種。聯曲体・曲牌聯綴体・曲牌聯套体ともいう。一つの曲牌を基本の構成単位とし，そこに若干の異なる曲牌を繋ぎ，套曲または套数という一種の組曲を構成する形式である。

既存の曲調を使ってそれに詞をあてるのは伝統的な方法であるが，この方法で使われる曲調の総称として，宋代には詞牌，元代から現在まではもっぱら曲牌という名称が用いられる。曲牌は曲調の総称であるため，それぞれの曲調には別に，例えば「一支花」「将軍令」「点絳唇」等々の固有の名称がある。明代以前にできた伝統演劇および明代・清代の俗曲等から発展した伝統演劇・語り物等の大多数は曲牌をふしの基本組成単位とし，曲牌体の音楽構成を用いる。崑曲・北京単弦等は曲牌体を使う代表的な劇種・曲種である。

曲牌を繋ぎ，組み合わせて作る套曲は長・短どちらでもよく，短くは 2, 3, 長くは 20～30 の曲牌を使用する。その構成はどれもほぼ一様で，まず引子（開始曲）から始まり，中間部分を経て尾声（結尾曲）で終わる 3 部構成であるが，中間部分の形式には大きく分けて次の 3 種がある。①単曲体：すべて同一の曲牌の反復による。②循環曲体：2 つの曲牌の繰り返しによる。北曲では子母調とも呼ばれる。③多曲体：異なる曲牌の組み合わせによる。ある曲牌の繰り返しの際，その曲牌は北曲では幺篇，南曲では前腔と呼ばれる。また，南曲の場合，中間部分の曲牌は過曲と呼ばれる。

引子に使われる曲牌は一般にリズムの自由な散板曲，中間部分は通常速度の緩やかな曲牌で始まり，次第に速いリズムの曲牌を使ってゆく。最後の尾声は再び散板曲に戻り完全に終止する。

南北曲の套曲では宮調についても注意が必要である。北曲は宮調の使用については厳格で，1 つの套曲は 1 つの宮調の曲牌しか用いてはならない。南曲はそれより自由で，1 つの套曲中に異なる宮調の曲牌を使うこともできる。また，南北曲の套曲には南北合套（南北聯套とも）の套曲，即ち南曲と北曲の曲牌を 1 つの套曲のなかで交互に用いて色彩と表現力に変化を加えたものもある。

曲牌体の套曲を具体的に示すと，北曲の双調新水令套曲は「新水令」「駐馬聴」「歩歩嬌」「沈酔東風」「攪筝琶」「雁児落」「川撥棹」「七兄弟」「梅花酒」「収江南」「水仙子」「太平令」「離亭宴帯歇拍煞」（元雑劇，馬致遠『陳博高臥』第 4 折）より成り，この中で，「新水令」は引子，「離亭宴帯歇拍煞」は尾声，その他は中間部分の曲牌である。　（孫 玄齢）

きょくひん【曲品】　明の戯曲評論書。1602（万暦 30）年に初稿が，10（同 38）年に改訂版が，13（同 41）年に増訂版が成った。呂天成撰。巻上は劇作家別に，巻下は作品を嘉靖年間（1522-66）を境に「旧伝奇品」「新伝奇品」に分かち，品別している。詞曲に明るかった外戚孫鉱の影響が大きく，孫氏の示した戯曲批評の「十要」に基づき，総合芸術としての戯曲を立体的に解析しようとした点は高く評価される。また劇作法を重視する王驥徳の『曲律』とともに，明代の戯曲評論の双璧にも数えられる。

（根ヶ山 徹）

きょくふ【曲阜】　山東省西南部の都市。前 11 世紀末，周公旦の子伯禽がこの地に封ぜられ，魯国の都城となった。戦国時代前 3 世紀半ばの楚の征服を経て，漢代にも魯国が置かれた。曲阜魯城遺跡は，1942～43 年に日本の考古学者が調査し，戦後中国の調査については，1982 年に『曲阜魯国故城』が刊行された。城内の闕里は孔子の生地とされ，戦国から漢代にかけて曲阜は儒学の一中心地であった。孔子の子孫が今日も居住し，孔家ゆかりの旧跡が多い。　　　　　（吉本 道雅）

ぎょくへん【玉篇】　南朝末の字書。30 巻。梁・陳時代の人，顧野王の編。『説文解字』に近い部首分類を採用するが，掲出字はもはや篆書体ではなく，楷書となっている。経書とその注釈から子・史など各種文献に至るまでの詳細な引用によって知られる。また顧野王以前の各家字書を数多く引

用する。引用文献の豊富なことから，日本の王朝時代には一種の類書的な用いられ方をしたことが知られている。完本はすでに失われたが，全体の8分の1程度が日本に古抄本として伝えられているのをはじめ，弘法大師空海の編と伝えられる『篆隷万象名義』は実際には原本玉篇から音注と訓義のみを抜粋したもので，これらの材料によって原本の面目を窺い得る。現在一般に通行する『玉篇』は北宋の1012(大中祥符6)年に陳彭年等によって再編された『大広益会玉篇』である。収録字数は原本より増加しているが，注は大幅に簡略化され原本の特徴が完全に失われている。しかしやがて大広益会本が代表的な字書として流行し，韻書の『広韻』とともに「篇韻」と称された。　　　　　　　　(高田 時雄)

ぎょくめいどうしむ【玉茗堂四夢】　明の湯顕祖による5種の戯曲のうち，最も制作時期が早い『紫簫記』を除く，『紫釵記』『還魂記』『南柯記』『邯鄲記』の4種を合わせた呼称。「臨川四夢」「玉茗堂四種」ともいう。4種が『玉茗堂四種曲』として合刻されることも明末からあった。4作品においては，構成上それぞれに「夢」が重要な役割をはたしている。『紫釵記』(唐の小説『霍小玉伝』にもとづく)では霍小玉が団円を暗示する夢を見る場面があり，『還魂記』はまさに夢のなかで男女が出会うことによって物語が始まり，『南柯記』(唐の小説『南柯太守伝』にもとづく)と『邯鄲記』(同じく『枕中記』にもとづく)は，全体が，主人公が自分の一生を夢に見る物語である。湯顕祖が戯曲において連続して夢をとりあげたのは，「情に因りて夢を成し，夢に因りて戯を成す」(「復甘養麓」)というように，「情」についての思索と深く関わっている。　　　　　　　　(廣瀬 玲子)

ぎょくもんかん【玉門関】　前漢時代，現在の甘粛省に設けられた関所。西域への重要な関門。設置年代は，武帝(在位前141〜前87)時代後半，漢の勢力が西域へ伸張し，いわゆる河西四郡がおかれた頃であることは確実だが，正確な年は不明。またその位置については，スタインが発見した木簡の記載から，現在の敦煌市の西北約100kmにある，小方盤城と考えられてきたが，1979年発見された馬圏湾遺跡出土の木簡から，再検討の余地のあることが指摘されている。　　　　　　　　(角谷 常子)

きょくようしゅうとくじ【曲陽修徳寺】
1954年から55年にかけて，河北省曲陽修徳寺址から，北朝北魏から唐時代にかけての石仏2200余体が出土した。その中には520(神亀3)年を筆頭に750(天宝9)年まで247体の紀年銘像が含まれている。大部分がこの地域に産する光沢のある白大理石を用いた小型の像で，銘文には「白玉像」「玉像」の文字が見られる。また表面に供養者像などの描画を施したものも見られる。その発見は，この地域における仏像様式の変遷過程と，河北石仏の他の地域との違いを明らかにした。　　　　　　(岡田 健)

きょくりつ【曲律】　明の戯曲理論書。王驥徳が著した。1610(万暦38)年に完成，増補改訂を経て，その死の2年後，1625(天啓5)年に刊行された原刻本が現存している。4巻40篇からなり，内容は戯曲の歴史，声律や修辞，構成に関する問題，作品・作者に対する評論など幅広い分野にわたっている。その主張は，やはり戯曲理論家・戯曲作家として有名であった徐渭の影響を受けたもので，本色すなわち何よりも舞台上で演じられた際の効果を重んじ，明代中葉以来，盛んに作られるようになった，演じるためではなく，読むための戯曲作品を批判するいっぽう，本色の模範として，王実甫の『西廂記』，高明の『琵琶記』，そして同時代の湯顕祖の諸作品を高く評価している。明の隆慶・万暦年間(1567-1620)は，優れた戯曲作者が輩出した古典演劇史における黄金時代であり，彼らの手になる作品をふまえつつ，著されたのがこの書である。
　　　　　　　　(赤松 紀彦)

きょくろん【曲論】　①明の何良俊(字は元朗)の戯曲論集。全30条から成る。北曲の衰退するのを嘆き，元曲四大家の鄭光祖の作品を賞揚する。白話を多用するいわゆる本色派を高く評価し，声律を重視する立場をとっている。『四友斎叢説』37の内容にもとづき編集したもの。
②明の徐復祚(字は陽初)の戯曲論集。明代中期以前の戯曲作家と作品に批評を加えたもので，評価基準は何良俊と同じ。庶民にわかり易く感動を与える作品を高く評価し，『拝月亭』を傑作と称える。何良俊の曲論と合併し『何元朗徐陽初曲論』として『中国古典戯曲論著集成』に収められている。
　　　　　　　　(内山 知也)

きょけん【許謙】　1270(咸淳6)〜1337(至元3)。元代の思想家。婺州金華(浙江省)の人。字は益之，諡は文懿。白雲山人と自ら号した。金履祥の門人。北山四先生の一人。許衡と共に「南北二許」と称された。師と同じく元朝に仕えず講学に専念したが，名声は高く，生涯で1000人を超す学生が全国から参集したという。その中には，医学史で有名な朱震亨もいた。著書に『読書叢説』『詩集伝名物鈔』『読四書叢説』『許白雲集』等がある。元史189
　　　　　　　　(早坂 俊廣)

ぎょげんき【魚玄機】 840(開成5)?～868(咸通9)?。晩唐の女性詩人。長安(陝西省)の人。字は幼微，また蕙蘭。容色に恵まれ，読書を好み，詩文の制作にも優れていた。補闕であった李億の妾となったが，後に別れて女冠(女道士)となった。侍婢の緑翹を殺した罪で死刑に処せられた。中国では数少ない女性詩人の中で，大胆に自らの心情を表現する点で特異な存在であった。李郢や温庭筠に贈った詩がある。詩集は『唐女郎魚玄機詩』が伝わる。また，森鷗外の小説に『魚玄機』がある。
（山本　敏雄）

きょこ【許胡】 三国蜀の芸人が演じた出し物。許慈と胡潛はいずれも古典を扱う蜀の学士であったが仲が悪く，異論があると互いに相手を押さえ込もうと色をなして争論し，鞭をふるって脅すこともあった。劉備はあわれをもよおし，宮中の大宴会の席上，芸人に二人が口論から刀や杖で相手を屈服させるまでを真似させて座興とするとともに，反省を促した(『三国志』蜀書・許慈伝)，その時の出し物をいう。
（千田　大介）

きょこう【許行】 生没年不詳。戦国時代，孟子と同時期の思想家。『孟子』滕文公章句上によれば，楚(湖北省)から滕(山東省)に移り住みながら，数十人の集団を率いて農耕を旨とする質素な共同生活を営んだ。さらに，身分の区別なく農耕に従事し，交換は質的な差異を無視して量的な均一基準で行うべきだと主張し，これを「神農の道」と称した。『漢書』芸文志・農家にある『神農』20篇はこの学派との関連が推測されるが，現在は伝わらない。
（久保田　知敏）

きょこう【許衡】 1209(大安元)～81(至元18)。金元の際の儒者。河内(河南省)の人。字は仲平，号は魯斎。当時の混乱した社会に対する責任意識を，程頤『易伝』や朱子『中庸章句』の味読を契機に修己治人の思想へと高め，中正の意義を説く『読易私言』と，「自然」の理を根底に据える徳性論とに結晶させる。1270(至元7)年，国子祭酒に就任し，北中国の人士に『小学』『四書』中心の朱子学を広める。1276(至元13)年，郭守敬らの改暦事業に参画し，新暦の理念を提供する。元史158
（三浦　秀一）

きょこん【許渾】 795(貞元11)?～858(大中12)?。晩唐の詩人。原籍は洛陽(河南省)，のち潤州丹陽(江蘇省)に移ったという。字は用晦，また仲晦。832(大和6)年の進士。当塗・太平の県令となり，849(大中3)年，監察御史にうつった。後に虞部員外郎を経て，睦・郢2州の刺史となった。生前より詩人として名を知られ，「金陵懐古」「咸陽城東楼」などの詠史懐古の作を得意とした。五言・七言の律詩が多く残されている。詩集に『丁卯集』がある。
（山本　敏雄）

きょし【虚詞】 →助字

きょじ【虚字】 →助字

ぎょしだい【御史台】 御史とはもともと君主側近の史官，すなわち書記・秘書であったが，秦漢以降は尚書が秘書として権限を強めた結果，御史は監察官となった。その筆頭の御史大夫は丞相・太尉とならんで三公の1つとなり，その役所を御史大夫寺あるいは御史府と呼び，次官として御史中丞がいた。後漢になって御史台がおかれ，御史中丞が長官となった。唐代には，憲台とも呼ばれ，侍御史を長として百官の糾察に当たる台院，殿中侍御史を長として殿廷供奉の儀式をつかさどる殿院，監察御史を長として地方州県を巡察する察院の3院に分かれた。『大唐六典』全30巻のうち，巻13が御史台に充てられている。宋代は唐制を継承した。元代には，中央の御史台に対し，地方におかれた行御史台は，のちに総督・巡撫制へと変身した。唐と元では御史大夫がおかれたこともある。明・清には御史台の一部である察院だけが残り，都察院という名称に変わった。日本の律令では弾正台と呼ばれた。
（礪波　護）

きょじつ【虚実】 中国伝統医学用語。基本的な病証(中国伝統医学における病態の類型)の分析方法の一つである八綱弁証の一要素。虚と実。相対する概念と非相対的概念とを併せもつ。基本的には『素問』通評虚実論篇に「邪気盛んなれば則ち実し，精気脱すれば則ち虚す」とあるのを踏まえ，人体の正気が不足し抵抗力が失われた状態を虚，邪気が盛んになった状態を実と言うが，虚と実とが同時に存在することも多く，他に空虚と充実，実証と虚証，陰陽の消長，気の盛衰，有余不足，太過不及など，多岐にわたって使われる。治療に際しては虚には補い実には瀉すのが原則。
（浦山　きか）

ぎょしゅうしょうばん【漁舟唱晩】 ①箏の曲名。婁樹華が1930年代の中期に古曲『帰去来辞』を基に改編した。全曲は3段に分かれる。第1段はゆったりしたメロディーで湖畔の晩景を描写し，第2段は左手の「按」「揉」という指法で変化をつけ，第3段は早いリズムで櫓を漕ぐ様子や波しぶきの飛び散る様を表現する。

②琴の曲名。晩唐の詩人皮日休と陸亀蒙の作ともいわれる。現存する最古の譜は明の『西麓堂琴統』(1549年刊)に所収のものである。悠々とした情景をのびやかな流れるような曲調で表現している。
(池澤 滋子)

きょじゅん【許詢】 4世紀前半に在世。一説に323(永昌2)?～352(永和8)?。東晋の詩人。高陽(河北省)の人。字は玄度。三国魏の侍中で中領軍将軍であった許允の玄孫。東晋文化を特徴づける清談と玄言詩の名手であり、同時代の孫綽と並び称される。幼い頃から神童の名が高く、時の権力者に招聘されたが、会稽(浙江省)に寓居したまま、一度も仕官せずに早世した。王羲之や謝安らと交遊している。
(佐竹 保子)

ぎょしょうたいもん【漁樵対問】 北宋の邵雍の著作として伝わる短篇1巻。その真偽は問題を含む。朱子は邵雍の自作であるとして、『性理大全』にも収載し、邵雍の学説として後世論及されることが多い。『漁樵問対』とも言う。伊水の上で釣る漁者と樵者の問答の形式をとり、樵者の問に答える漁者に托して己の説を述べる。『皇極経世書』のうち観物内篇の文章と重なっている一方、邵雍の主著『皇極経世書』『伊川撃壌集』には見えぬ「太極」説などを含んでいる。
(大島 晃)

きょしん【許慎】 30(建武6)?～124(延光3)?。後漢の経学者、また文字学者。汝南召陵(河南省)の人。字は叔重。孝廉に挙げられ、太尉南閣祭酒、洨県の長などに任ぜられた。若い頃に賈逵について古文学派の経学を修め、「五経無双の許叔重」と学識をたたえられた。代表的な著述に、中国最古の文字学書として知られる『説文解字』15篇(『説文』と略称される)があり、合計9000あまりの漢字について、それぞれの字形からの構造分析によって、各字の本義を究明しようとした。他に経学の著述として『五経異義』10巻があったが、すでに散佚している。ただ同じ後漢の儒者である鄭玄に、許慎の経書解釈を反駁した『駁五経異義』という著述があり、こちらもすでに散佚してはいるが、若干の逸文によって、許慎と鄭玄の解釈の違いをかいまみることができる。後漢書79下 (阿辻 哲次)

きょせつ【居節】 1527(嘉靖6)～86(万暦14)。明の文人画家。呉県(江蘇省)の人。字は士貞、号は商谷。若くして文嘉に画を習い、その父で呉派の領袖である文徴明に才能を知られて弟子となった。師の繊細温雅な画風を受け継ぐ一方で、より簡逸な作例も伝わっている。万暦年間(1573-1620)、織造大臣であった宦官孫隆の招きに応えなかったため、家業の織物業を破産に追い込まれ、蘇州(江蘇省)の虎丘に仮住まいして60歳で窮死したという。代表作は『赤壁遊図』(プリンストン大学美術館蔵)、『初夏山斎図』(東京国立博物館蔵)など。詩にも優れ『牧家集』があった。
(竹浪 遠)

きょそん【許遜】 239(赤烏2)?～374(寧康2)?。東晋の人とされるが、必ずしも定かではない。許昌(河南省)の人。高陽(河北省)もしくは南昌(江西省)の人ともいわれる。字は敬之。一般に許真君・許旌陽と呼ばれ、江南で最も信仰されている神仙の一人。伝説によれば、彼は年少の頃に狩猟に出かけて牝鹿を射止めたが、鹿はそのまま子を産み落とし、我が子を舐めながら死んだ。これを見て感悟し、弓矢を棄てて学問に刻苦精進したという。諸学に広く通じたが、とりわけ神仙修錬の術を好んだ。呉猛や郭璞と交わりを持ちながら仙道に励み、また蜀の旌陽令となって善政を布き、吏民に慕われた。生前多くの善行を積み、最期は親族や弟子たちを率いて南昌の西山から天上へ昇仙したという。その後、唐代には呉猛と共に孝道の祖とされ、さらに宋から元にかけては西山にたびたび降臨したとして、その地に「忠孝」を眼目とする独特の道教教派が形成された。これは今日一般に浄明道と呼ばれる。
(横手 裕)

ぎょたい【魚袋】 魚符を入れる袋。五品以上の官吏が使用したもの。宮中に出入りする際、魚符に刻んだ名前で身分を証明し、魚袋の金銀のかざりで品位を明らかにした。『新唐書』車服志には「高宗(在位649～683)、五品以上に随身の魚銀袋を給う、以て召命の詐りを防ぐ、出内に必ずこれを合す。三品以上は金飾袋。天授二(691)年佩魚を改めて皆亀と為す。……中宗(在位683～710)の初め、亀袋を罷め、復た魚を以て給う。……景雲(710-711)中、詔して衣紫の者の魚袋は金を以てこれを飾り、衣緋の者は銀を以てこれを飾らしむ」とある。
(田中 陽子)

きょっこう【曲江】 隋唐長安城の東南隅に造成された人工の池。城内の高所にあり、東隣の芙蓉園と一体となって長安で最も景勝の良い地であった。とくに上巳節(3月3日)、中元節(7月15日)、重陽節(9月9日)の日には皇族や貴族、都城の人々で賑った。長安城の東壁は二段構造の夾城とされ、大明宮や興慶宮から皇帝が曲江池に直接潜幸出来た。科挙合格者は政府主催の曲江池での祝宴に招待され、宴後に西北至近の慈恩寺大雁塔に自分の名を刻す題銘を行うのを常とした。
(愛宕 元)

きょっこうち【曲江池】
元の雑劇。石君宝の作。唐代伝奇『李娃伝』に基づく。名門の子鄭元和は受験のため上京するが，曲江池で妓女李亜仙に一目惚れ，入れ上げた末に金を使い果たして亜仙の母に追い出され，挽歌唱いになるが，家門の恥と怒った父に殴られて重傷を負い，乞食に身を落とす。亜仙は母と別れ，元和を救って学問させる。合格して官を得た元和は父と再会，亜仙の勧めで和解する。李亜仙を主体性ある女性として描いて新機軸を出した傑作である。　　　　　　　　　（小松　謙）

きょどうねい【許道寧】
970(開宝3)頃～1052(皇祐4)頃。北宋の画家。長安(陝西省)，一説に河間(河北省)の人。若い頃，路上で売薬の客寄せに描いていた樹石によって名を得，宰相張士遜ら公卿の門に出入りするようになった。李成の精緻な画風を学び，林木・平遠・野水に長じて，「李成の気を得た」(『聖朝名画評』2)と評されたが，晩年には奔放な筆墨に変わったという。伝称作品のうち『秋山蕭寺図巻』(京都，藤井斉成会有鄰館蔵)は早年の，『秋江漁艇図巻』(カンザスシティ，ネルソン・アトキンズ美術館蔵)は晩年の作風を伝えると考えられる。　　　　　　　　　（竹浪　遠）

きょねん【巨然】
生没年不詳。五代十国南唐から北宋の画僧。江寧(江蘇省)の人。江寧の開元寺で修行し，*董源に師事して山水画を善くし，「董巨」と併称される山水画の大家。976(太平興国元)年，南唐滅亡によって後主に従い北宋の都汴京に入った。江南出身の画僧にもかかわらず，宮中の翰林学士院玉堂に煙嵐暁景の壁画を描き，天下の名画として北宋士人に賞賛された。師董源と異なり水墨の山水画のみを描き，*李成らの華北系山水画も取り入れた巨然は，玉堂壁画の存在もあって北宋期で最も高く評価された江南系山水の画家である。視点を画面中程においた合理的な空間表現を目指し，山容も董源の丸みを帯びた低い山並みではなく，頂上部が角張った高い山を描いた。華北系山水画に比べれば野趣豊かで，各部の表現も独自のものがあった。山頂部や山麓の樹列は特徴的で，林麓の間に卵石と評された岩塊を置き，また峰の上にも石塊を盛り上げた礬頭を描いた。

北宋後期においては董源と巨然の画風の区別は曖昧であった。画壇において非主流となっていた江南系山水画を再評価した米芾や沈括ですら董源と巨然の様式を峻別できなかった。沈括は「江南の董源・僧巨然，淡墨軽嵐，一体となす」(『図画歌』)と述べ，董源と巨然の画は，その筆致が粗く，近くで見たときは物の形を成していないが，遠くより見れば景物が燦然と現れるという(『夢溪筆談』17)。董巨の別は，董源が江南山水画の祖として仰がれるようになる明末の董其昌によって確立され，現在にいたる。

巨然の真筆は現存しないが，画風を比較的よく留めた作品に『蕭翼賺蘭亭図』『層巌叢樹図』(共に台北，故宮博物院蔵)などがある。　（藤田　伸也）

きょふえん【許孚遠】
1535(嘉靖14)～1604(万暦32)。明の官僚・思想家。徳清(浙江省)の人。字は孟中，号は敬庵。官職は南京兵部右侍郎など。湛若水の門人唐枢に師事する。朱子学・陽明学の良いところは取るという姿勢で，格物克己説を提唱した。王畿らの説く無善無悪説，四無説(心・意・知・物をすべて無善無悪とみなす説)を批判して「九諦」を著したのに対して，陽明学派の周汝登が「九解」でもって反論した論争は有名。著書に『大学述』などがあり，文集として『敬和堂集』がある。明史283　　　　　　　　　（柴田　篤）

きょゆう【許由】
古代伝説上の隠者。字は武仲。堯は許由を偉大な人格者とみとめ，彼に天下を譲ろうとしたが，これを拒絶して箕山(河南省)に隠れた。のち再び九州の長として召されたとき，それを聞くのを恥じて，潁水の浜で耳を洗ったという。洗耳の故事はこれにちなむ。司馬遷は箕山に登ったとき，その頂上に許由の墓があったと伝えており，『水経注』には漢代に建てられた許由廟の碑闕があったことが記されている。　　　　　（松井　嘉徳）

きょようかん【居庸関】
現在の北京市街から西北に約60km，内外長城線を横切る谷あいに位置する関所。華北平野とモンゴル高原を結ぶ経路上の要害。とくに，北京を首都とした遼・金・元・清の各王朝においては，交易路上の拠点，また首都防備の役割をもつ軍事上の要衝として重視された。元朝では，ハンが季節的に往来する大都(北京)・上都(内モンゴルのドロン・ノール)間を結ぶ地にあったことから，順帝の1343(至正3)年，街道に過街塔が建立された。大理石の雲台(台座)の上に，現在は失われた3基の仏塔が立っていた。今も残る雲台中央部には，街道を通すトンネルがうがたれ，6角形アーチ入口上部にはガルダ(迦楼羅)，トンネル内壁には四天王・十方仏・千仏などのチベット・中国混合様式による浮彫が施され，さらにサンスクリット文字・チベット文字・ウイグル文字・西夏文字・パスパ(パクパ)文字・漢字の6体合璧の陀羅尼と建立縁起が刻されている。それらは，美術史的にも，言語学的にも極めて高い価値を持つ。　（原山　煌）

ぎょようしわ【漁洋詩話】
清の王士禛が最

晩年に著した詩話。3巻。漁洋は太湖の漁洋山にちなんでつけた王士禛の号である。王士禛には『漁洋詩話』のほかに，その死後に編纂された『帯経堂詩話』がある。『漁洋詩話』は詩論を抽象的に展開することは少なく，彼が愛好する詩人の詩句・逸話を語るというスタイルで書かれている。王士禛が嶺南三大家の中で陳恭尹を最も高く評価していたといった文学史上貴重な知識を含んでいることで有名である。丁福保『清詩話』に収められている。　　　　　　　　　　　　　　　　（大平　桂一）

ぎょりんずさつ【魚鱗図冊】　一種の土地台帳。一筆の土地ごとにその形状，周囲の長さ，四至（東西南北の境界）を図示し，所在地・地目・面積・税負担率・負担額・所有主などを記載したもの。台帳のはじめに総図をのせたが，個々の土地のつながりが魚の鱗のようにみえたので魚鱗図冊と呼ばれた。宋代から一部の地方で行われたが，明初に江南地方で整備され，以後明清時代を通じて各地で用いられた。　　　　　　　　　　　　　　（谷口　規矩雄）

きょろく【鉅鹿】　河北省南部の邢台市平郷県の古名。もと戦国趙の鉅鹿邑で，秦・前漢では鉅鹿県が置かれた。前210年，秦始皇帝が没した沙丘は鉅鹿県の東北に位置し，秦末には項羽が鉅鹿で秦軍を大破した。北朝北魏の時に平郷と改名された。1108年の黄河の氾濫で埋没したため，平郷県はやや北の現在の位置に移った。1921（民国10）年に埋没した旧市街の住居跡が発掘され，大量の北宋時代の陶磁器類（鉅鹿陶）が出土した。なお，現在の巨鹿県は漢代の南䜌県の地で，平郷県の北側に位置する。　　　　　　　　　　　　　　　（鷹取　祐司）

ぎらい【儀礼】　礼の経書。当初は単に『礼経』と呼ばれた。『周礼』『礼記』と並んで三礼の一つに位置づけられるに及んで，内容から『士礼』とも言われ，やがて『儀礼』が定着した。撰者は不明だが，経学上は周公旦が定めた制度とされた。現存する17篇は今文系で，前漢では古文のもの56巻が出現した。『漢書』芸文志によれば，古文のものには大夫以上の身分の諸儀式や国家の礼制にかかわる内容が含まれていたという。

今文17篇は，冠礼・昏礼に始まる通過儀礼のほか，相見礼や郷飲酒礼・郷射礼など社会的秩序を確認する諸儀式の規定が含まれている。分量的には喪礼関係が大きな部分を占め，死者を送る手順が詳細に定められている。

鄭玄の注が後世に伝わり，宋学でも清朝考証学でも彼の注を基本的に踏襲した。『周礼』が国家の官僚制度を規定しているのと対照的に，『儀礼』は士大夫個々の通過儀礼や社交儀礼の典範であり，両者あいまって礼学の場を形成した。　　（小島　毅）

ぎらいけいでんつうかい【儀礼経伝通解】
南宋の礼学書。正編37巻，続編29巻。朱子が編集し，その死後は弟子の黄榦・楊復が引き継いで完成させた。家礼・郷礼・学礼・邦国礼・王朝礼・喪礼・祭礼の7つの部分からなる（喪礼と祭礼が続編）。『儀礼』とその注釈を中核にすえ，それに他の経書や後世の文献から選び出した資料を配列している。朱子本人の見解が示されることは少ない。『文公家礼』が実践に用いられることを意図しているのとは異なり，こちらは礼学の資料集として構想されている。　　　　　　　　（小島　毅）

ぎ・り【義・利】　古来，儒家における「義」と「利」の関係は，「君子は義に喩り小人は利に喩る」（『論語』里仁），「利を見ては義を思う」（同，憲問），また「王何ぞ必ずしも利を曰わん。亦仁義有るのみ」（『孟子』梁恵王上），「義を先にして利を後にする者は栄え，利を先にして義を後にする者は辱めらる」（『荀子』栄辱）などとあるように，「義」の優位性がはっきりしていた。宋代に至って程頤が「董仲舒曰く，其の誼を正りて其の利を謀らず……と。此れ董子の諸子に度越せる所以なり」（『程氏遺書』25）と，儒教国教化の立役者である董仲舒を持ち出してその定着を図り，程顥も「大凡義より出づれば則ち利に入り，利より出づれば則ち義に入る。天下の事は惟義利のみ」（同，11）といって，「義」と「利」は峻別されたのである。

しかし同じ『論語』の語でも「子罕に利と命と仁とを言う」（子罕）の「利」について，魏の何晏が『易経』乾卦文言伝の「利は義の和（利とは天が万物を育んで，それぞれに宜しきを得しめ，しかも調和が保たれている状態）」の語によって解釈するのを代表的な例とし，『孟子』離婁下「故なるものは利を以て本と為す」，『大学』末章「義を以て利と為す」など「順利」というプラスイメージで解される例もあり，「利」のこのような二面性は，「公利」と「私利」の概念をも取り込んで，後世の論議を活発にした。朱子学のもつ観念的側面が功利的主張を必然的に呼び起こした経緯も見逃せない。

このように，理想主義の立場からは，義利峻別・義先利後が唱えられるのに対し，事功主義の立場からは，義利双行・義利合一が唱えられてきたのである。　　　　　　　　　　　　　　　　（松川　健二）

ぎりえき【義理易】　『易経』の解釈法の一つ。漢代に流行した象数易では，卦の形が象徴するものによって易を解釈したり，卦を12か月などの

数的なものに結び付けて占ったりする。それに対し，義理易では，『易経』の経文全体の意味（義理）を理解することに重点を置く。そして漢代の象数易を意識的に排除したのは，三国魏の王弼である。王弼は，象数易では卦の象徴にこだわり，卦と経文の意味を合わせるために複雑な方法を使うことに反対し，全体の意味が理解できれば，経文も卦も忘れてよいとした。易を，複雑な解釈法から解放し，人事や処世の書とした点は評価されるが，易の占いの書としての面は失われた。唐代に*五経正義』が編纂された際に，『易経』には王弼の注が採用されたことから，これ以降義理易が主流となった。宋代の程頤は義理易の流れを汲むが，王弼の易注には*老子の影響があるとして，老子的なものを排除して儒学に基づいた『伊川易伝』を著した。　（長谷部 英一）

ぎりゃく【魏略】　三国魏に関する歴史書。38巻（『旧唐書』経籍志）。三国魏の魚豢の私撰。『史通』古今正史篇によると明帝までの紀伝体の史鈔。列伝には合伝や類伝（「佞倖伝」「純固伝」「儒宗伝」など）が多い。裴松之の『三国志』注が最も多く引用。『魏志倭人伝』の種本として著名。唐宋間に散佚，輯佚書として民国の張鵬一の『魏略輯本』（25巻，1924年）があるが，利用には注意を要す。魚豢の『典略』は後漢までの通史の史鈔。
　　　　　　　　　　　　　　　　（福原 啓郎）

きりゅうもん【虺龍文】　春秋戦国時代の*青銅器上に表された蛇のような「虺文」の中には，そのもともとの原形である龍文・夔龍文の姿を留めた表現がみられるものがあり，このような蛇とも龍ともつかない文様を特に虺龍文と限定して称す学者もいる。しかし，虺龍文・夔鳳文・夔龍文などの名称は，定義が曖昧であるために区別なく用いられることも多く，身体のうねった龍が広く虺龍文と称されることもある。前漢代には，逆S字形の龍を飾る虺龍文鏡がある。　（内田 純子）

きりゅうもん【夔龍文】　『*説文解字』や『*山海経』に記述される龍のような一本足の神獣をさす「夔」になぞらえた殷周青銅器上の「夔文」のうち，龍頭を持つ長胴の側面形の動物文を「夔龍文」として区別する。龍頭には角や耳などの形の異なる各種が存在するので，モデルとなる動物は多様であることがわかる。殷代の青銅器上でいわゆる饕餮文の補助的な文様として発達し，西周期にかけて盛行した細い帯状の文様帯を構成する側面形の奇怪な動物文を，総称することが多い。　（内田 純子）

ぎりょうおう【魏了翁】　1178（淳熙5）～1237（嘉熙元）。南宋の思想家。蒲江（四川省）の人。字は華父，号は鶴山。官界で要職を占め，朱子の門人黄子毅が編纂した眉州刊『朱子語類』に序文を付し，同じく朱子の門人李方子が編纂した『朱子年譜』にも序文を付しており，朱子学盛行に寄与すること多大であった。真徳秀とも交流があり，これからの研究が待たれる人物である。『九経要義』『鶴山先生大全文集』などの著述がある。宋史437　（牛尾 弘孝）

ぎりょうほ【魏良輔】　生没年不詳。明の戯曲音楽作家。嘉靖（1522-66）ころの人。予章（江西省）の人であるが，太倉（江蘇省）に住んだ。崑腔の創始者と伝えられている。明の張大復の『梅花草堂筆談』に「魏良輔は別号を尚泉といい，太倉の南関に住む」とあり，清初の余懐の『寄暢園聞歌記』に「南曲は崑山の魏良輔から始まるようだ。良輔は最初北曲を学んだが，北人の王友三に退けられ，南曲に長い間心を砕いた。当時南曲はおおむね平坦で感情表現に乏しかったが，良輔は声律を整え，新曲を作った」とある。『崑劇発展史』（胡忌等著）では号は上泉または尚泉，太倉の人とする。1560（嘉靖39）年前後には崑山腔唱曲の指導者的な地位にあり，歌唱の大家の一人に数えられていた。良輔の歌は「水磨腔」というゆったりとした変化の美しい新曲にその特徴があり，以後の崑曲の発展に大きな影響を与えた。良輔の歌唱理論は彼の著『曲律』（『魏良輔曲律』，一名『南詞引正』）に18条（20条の本もある）の項目にわけて論じられている。　（内山 知也）

きりん【麒麟】　古代中国の伝説上の霊獣。雄の麒は一角をもち，雌の麟は無角とされる。また，雌雄を合わせて単に麟と呼ぶこともある。『説文解字』では麋の身体と牛の尾をもち，仁獣であるとする。鹿に似た姿の一角獣として表され，時代とともにその表現は変容していった。『*礼記』礼運篇では「麟，鳳，亀，龍，これを四霊と謂う」として四霊の一つに数える。聖天子の世に出現する瑞獣ともみなされた。　（福島 雅子）

きれんざん【祁連山】　崑崙山脈の東にのびた一脈をいう。甘粛省と青海省北東部との境界に位置する。『史記』大宛列伝に「始め月氏，敦煌祁連の間に居住す」というように，このあたりは大月氏の故地であったが（ただし本拠地ではないとされる），匈奴に敗れて移動してからは匈奴の勢力下にあった。しかし，武帝の対外積極策の結果，いわゆる河西四郡がおかれ西域経営の拠点となった。この対匈奴戦争で活躍した霍去病の墓が祁連山を象って作られたことは有名である。　（角谷 常子）

きろくいへん【紀録彙編】

明代の叢書。216巻。1617(万暦45)年序刊本。編者の沈節甫は，字は以安，烏程(浙江省)の人で，1559(嘉靖38)年の進士(『明史』218)。明の開国から嘉靖年間(1522-66)にいたる御製詩文，君臣の対話，土木の変の顛末，異民族の平定，各国への使節の見聞，名人の伝記や筆記等，様々な朝廷内外の記事や民間の雑記123種を集め，内容ごとにまとめて配列している。明代の政治・社会等の研究に有用である。『叢書集成』に収めるほか万暦刊本の影印本が通行している。

(大澤 顯浩)

ぎわ【義和】

→羲和(人物)，羲和(官職)

ぎわだん【義和団】

清末の排外的民衆集団。列強による侵略の激化と民間訴訟への宣教師の介入に対する反感，交通労働者と兵士の失業などを背景に，19世紀末の山東省において，まず武装秘密結社集団である大刀会が活動を始め，ついで1898(光緒24)年春頃，これに共鳴・模倣した郷村自衛組織としての義和団が省内各地に個別に発生した。1899年秋の平原教案の後，袁世凱による弾圧を契機として，義和団は北中国一帯に拡散し，清朝上層部の排外感情に根ざした黙認から公認，そして利用へという動きと北中国一帯の大干魃なども相まって，1900年の春から夏にかけてその運動は最高潮に達した。義和団は鉄砲・大砲をも避ける神通力の修得などといった多くの迷信的な主張で民衆を結集したが，中央指令部をもった統一的な組織をなしていたわけではなく，「扶清滅洋(清朝をたすけて西洋を滅ぼす)」のスローガンにうかがえるような，排外という点で共通性を持つ無数の自衛集団の集まりという点に特色があった。その後，義和団は各地で，教会・鉄道など西洋に由来するものを襲撃・破壊し，1900年4月には北京に入って東交民巷の公使館地区を包囲した。これに対して各国公使は軍事介入を決議し，6月には英・露・独・仏・米・伊・澳・日の8か国連合軍が天津の大沽の砲台を攻略，その直後に清朝も列強に対して宣戦布告を行った。連合軍と義和団との間では，北京公使館地区・天津租界などで激しい攻防戦が繰り広げられたが，7月に天津が陥落，8月には連合軍が北京に入城し，西太后ら清朝上層部は北京を脱出して西安に逃れ，義和団も鎮圧されることとなった。この間，劉坤一・張之洞・李鴻章ら東南諸省の大官は，列国領事との間に「東南互保約款」を締結して，相互に利害を尊重することを約束していた。1901年9月，4億5000万両の賠償金，公使館地区への駐兵権などを規定した北京議定書(辛丑条約)が清朝と列強との間で調印された。

(村尾 進)

きん【巾】

てぬぐい。ふきん。頭巾。『説文解字』に「巾は佩巾なり」とあるように，本来は腰にさげる手拭いで，これを頭を覆うのに使ったのがかぶりものの巾である。庶民のかぶりものとされる。『釈名』に「巾は謹である。二十歳になれば(成人すれば)士は冠をつけ，庶人は巾をつける。四教を謹み修める意味である」という。また，『後漢書』の注には「巾は葛で作る。形は帽(男子の礼帽)のごとくで，本来居士や野人のつけるものである」とある。巾は後漢末には上流の人々にも使われた。『魏書』の注に「漢末の王公は多く王の服をすて，ひとはばの巾(幅巾)を優雅なものとした。そこで表紹，崔豹などは将帥でありながら縑(かとりぎぬ)の巾をつけた」といっている。官吏が罷免されたり，敵に降伏する時などには白巾をつけた。一般の士庶人の巾も白がふつうである。『隋書』礼儀志によると巾には幅巾と折角巾の二様式があった。唐代には折上巾が貴賤を通じて用いられたが，これがのちに幞頭となる。五代から宋にかけては各種の様式や名称の巾が作られたが，蘇東坡(蘇軾)にちなむ東坡巾はよく知られるものである。明代には儒巾，四方平定巾，網巾などのほか，十種を越える多様な巾の名称がみられる。

(相川 佳予子)

きん【均】

中国において「人民」はもともと天にその存在根拠を持つ「生民」として位置づけられている。そして天は人民を生ずるにあたり，人民一人一人その所を得るように偏りのない生存の権利を配慮していると考えられていた。ここから天下(主に土地)の私物化を許さず，経済的に貧富を「均」しくしようとする理想がおこり，古来延々と引き継がれることになる。唐の均田制などはこの考えに由来する。それが所有欲・生存欲として自覚され，天来の欲望は均しく充足されねばならないと明確に考えられるようになったのは明末に至ってからである。しかしここでは「均」はまだ絶対的平等の意味ではなく，人民それぞれの社会的な「分」に応じて果たされるべきだという主張であった。これが更に発展して辛亥革命以来の「社会主義的」な経済政策の主張となり，更には政治的権利の平等といった，社会的な平等の要求にもつながることになったといわれている。

(佐藤 豊)

きん【金(王朝)】

1115～1234。12, 13世紀に中国北部を支配したツングース系民族女真の王朝。完顔阿骨打(太祖)が諸部族を統一して建国し，1115年に金と名乗る。建国時の都は上京会寧府(黒龍江省ハルピン市阿城)。建国以前については，『金史』の「世紀」に記事がある。2代太宗は南下して宋と結び，1125(天会3)年遼を，1127(同5)年

に宋を滅ぼして，中国北部を支配下においた。楚，斉と漢人傀儡国家を建てたがうまくいかず，直接支配に転じる。1142(皇統2)年には，国境線は淮水──大散関のライン，宋の臣礼と歳幣などを取り決めた「皇統の和議」を南宋と結んだ。3代熙宗を殺して即位した第4代海陵王(廃帝)は中国統一をめざして，中都(北京)に遷都するとともに，南宋への兵を起こすが，クーデタで殺され，世宗が即位する。この際に，南宋との講和条件は緩和された。世宗は財政対策や民生安定に力を入れ，財産に応じて課税する物力銭の実施や女真の保護復興策をおこなう。ついで即位した章宗は，書画ともにすぐれた文化人として知られるが，1190年代になると黄河の氾濫と河道の移動による荒廃，北方民族の侵入がはじまる。1206(泰和6)年の南宋韓侂冑の出兵(開禧用兵)は撃退したが，次の衛紹王の1211(大安3)年からはモンゴルの侵攻がはじまる。1214(貞祐2)年中都を包囲された宣宗は，いったんは和を結ぶが，南京(開封)へ遷都したため(貞祐の南遷)，当時南流して淮水に流入していた黄河より北は混乱に陥り，金軍のみならず，自衛集団からはじまった軍閥やモンゴルなどの入り乱れた状態になる。1233(天興2)年には開封も陥落し，翌年に最後の皇帝哀宗が自殺して，金朝は幕を閉じた。歴代の陵墓は北京西郊の房山にある。

女真人は，猛安謀克という軍事組織に編成されていたが，そのままで南下して屯田をおこなうこととなり，その数は100万をこえるとされる。漢人農民との摩擦，農業技術の差などで没落していき，土地の再配分，女真伝統文化の振興などの策も効果が無く，国力を弱めた。国家組織は初期の宗族からなる勃極烈(君長)制から，熙宗，海陵王の時代に中国風の君主独裁，中央集権官僚体制へと変化していくが，組織の肥大＝財政負担の原因となった。1202(泰和2)年には「泰和律令」が制定されている。なお，女真族は文字を持たなかったが，この時代に女真大字，女真小字が作成された。いずれもまだ完全には解読されていない。

一方，伝統的漢文化は異民族支配下でも健在で，科挙は定期的に実施されたし，王朝末期の詩人元好問によって，金一代の詩人の伝記と作品を集めた『中州集』が編まれている。また，宗教の分野では，戦乱の中で全真教などの新しい道教教派が華北に出現したこと，仏教では大蔵経(『金蔵』)の刊行などが注目すべきものとしてある。その他，医学・数学などの分野も含めて，在野の文化の進展が指摘されている。　　　　　　　　　　　(森田　憲司)

きん【金(金属)】　化学元素の1つ。元素記号Au，原子番号79，密度19.32g/cm³(20℃)。融点1064℃。延性・展性に富み，モース硬度2.5〜3と柔らかい。このため武器などには適さないが，その輝きと錆びない特色や希少価値などのため，富としてまた装飾材料として重宝がられた。中国では殷代後期の殷墟や四川省の三星堆遺跡でも発見された。しかし，中国では金の産出量が比較的少ない。少ない金を多く見せるため，金箔や鍍金の技術が発達した。金箔は金の薄い板である。純金を紙にはさんでたたいて延ばし，0.2〜0.4μm程度まで薄くする。これを表面に張り付けることで金を効果的に利用した。鍍金は金を水銀に溶かして銅表面に塗布し，水銀を蒸発させ，表面を磨く。厚さは塗布の条件で異なるが1〜10μm程度。純金は柔らかすぎるので，銀を加えて硬くして造形する。銀濃度が増すと共に，硬くなり，色は白くなる(青金)。金濃度は一般的には18Kなどと表現する。これは24Kを100％金としているため，$\frac{18}{24}=0.75$で，75％金濃度である。残りの25％が何であるかは問わない。

(平尾　良光)

きん【琴】　中国を代表する伝統的な楽器で，現代では「箏」「胡琴」「揚琴」等と区別するために「古琴」あるいは弦が7本であることから「七弦琴」と呼ばれている。琴の平均的な長さは約130cm，幅は約20cmで胴の厚さは5cm程度である。一般には琴面(表側)に桐の木，琴底(裏側)に梓の木を用いて細長い槽を作り，張り合わせて中空の胴を作る。胴の内部には2本の柱(天柱・地柱)が立っており，表面には楽器の保護と外観のために灰と漆を塗ってある。年月が経つと漆がひび割れて琴の表面に断紋が生じ，ひび割れ方によって「蛇腹断」「牛毛断」「梅花断」等と呼び分けられる。

琴面には演奏の際音位の目印となる13個の「徽」が嵌めこまれ，「徽位」(徽の位置)は弦長との比例で定められる。音の出し方には，開放弦を弾く「散音」，弦を左手で押さえて弾く「按音」，「徽」の位置で左手で弦に軽く触って弾く「泛音」の3種類がある。「按音」の位置はさらに「徽分」(徽と徽の間を10等分して「11徽3分」のように表す)により示される。散音は7，泛音は91，按音は147あり，琴の音域は全部で4オクターブ以上になる。調弦は様々だが，「正調」といわれる最も基本的な調弦では，一般的に第5弦をAに取り第1弦からCDFGAcdに音を合わせる。南宋の朱子は『琴律説』で琴徽上の十二律の分布を論じ，初めて「琴律」の語を用いたが，『国語』周語下の韋昭の注によるとすでに先秦時代，鐘の調律楽器として琴が用いられていたという。

琴を弾ずる際，普通上部の「岳山」を右にして机の上に置き，演奏者は第4徽・第5徽あたりを前に

して腰掛け，右手の親指・人差し指・中指・薬指を使って「岳山」と第1徽の中間あたりを弾く。弦を弾く方向は内側(手前に向かって弾く)と外側とがあり，親指から内外の順に「擘・托・抹・挑・勾・剔・打・摘」という。琴の伝統的な楽譜は「減字譜」と呼ばれる独特の表記法で，唐代から宋代にかけて現在の形に整えられた。

　琴の歴史は長く，その創始者は伏羲・神農・舜などの神話的人物とされる。『書経』や『詩経』の中でもすでに言及され，『史記』孔子世家には孔子が師襄に琴を学んだとある。これらのことから琴は漢代には儒教思想で君子修養の道具として重んじられ，「雅琴は楽の統なり。八音と並び行わる。然れども君子が常に御する所の者は，琴最も親密にして身より離さず」(『風俗通義』)といわれて，士大夫の生活に最も関係の深い楽器として位置付けられた。前漢の司馬相如，三国魏の嵇康，東晋の戴逵・陶淵明など琴を善くしたと伝えられる文人は数多い。また琴の幽玄な趣と，静かな山水の美との調和が詩人達に好まれしばしば詩に詠じられた。宋代に至ると琴の精神面がさらに重視され，文人の高雅な趣味「琴棋書画」の一つとして洗練を加えられた。欧陽脩・蘇軾などの著名な文人達と琴の関わりも深い。

　一方，琴の音楽理論・記譜法・指法・美学などが整理され，「琴学」として大成していった。琴の最古の専著は後漢の蔡邕『琴操』である。琴学が飛躍的に発展したのは宋と元の時代で，朱長文『琴史』・袁桷『琴述』(以上歴史)，崔遵度『琴箋』・劉籍『琴議』(以上美学)，陳敏子『琴律発微』(音律学)，『琴書大全』に見える成玉磵・趙希旿の『琴論』(演奏理論)など，重要な著作が多数出現した。また琴の美学は儒家・道家両思想の影響を受け，「中正和平」「温柔敦厚」「大音希声」「清微淡遠」等が唱道されたが，明代はこの美学が発展をみた。明代の代表的琴派の一つ「虞山派」の徐上瀛は『渓山琴況』を著し，琴の理想的風格を24の項目に分けて系統的に論じ漢代の劉向『琴説』に始まる琴の美学論を集大成した。清代は「広陵派」が編纂した『五知斎琴譜』『自遠堂琴譜』等現代まで演奏され続けている多くの譜が刊行され，理論研究も演奏・律学・琴派・歌詞などの多方面に亘り，近現代に受け継がれている。

　このように琴の演奏と受容とは中国知識人の文化として特殊な発展を遂げた。現在でも民族楽器の一つとして重視され中国各地で演奏会や学術交流が開催されている。また2003年にユネスコにより「人類の口承及び無形遺産の傑作」として宣言され，2006年に正式に世界無形遺産となった。日本には奈良時代に伝えられ，正倉院に「金銀平文琴」が遺る。17世紀後半に渡来した高僧東皐心越の伝授により18, 19世紀に主として儒者や蘭学者等の間に伝えられ盛んになった。

(池澤　滋子)

きん【禁】　背の低い箱状の青銅製器台。大型で，尊や卣などの酒器を載せる。自銘する例は無いが，その用途から古典中の「禁」に比定された。禁の出土例は極めて少ない。現在知られる器はすべて陝西省宝鶏市からの出土であり，1901年に闘鶏台で，1925年前後に戴家湾で，2012年に石鼓鎮石嘴頭でそれぞれ禁が出土した。いずれも殷末周初期の彝器と一緒に出土しており，禁も同じ年代と考えられる。かつて端方は当器を「柉禁」と名付けた。

(角道　亮介)

ぎん【吟】　詩体の一つ。「吟」はもと，うそぶく，口ずさむの意で，楽府には「○○吟」と題されるものが多い。そのうち『白頭吟』『梁甫吟』『東武吟』(或いは東武吟行)などがよく知られるが，五言あり，七言あり，形式もさまざまで，それらの間に共通し，他の「○○歌」「○○行」などと題されるものと異なる特徴を見出すのは難しい。ただ，相和歌の分類の一つに「吟嘆曲」があり，「吟」という呼称が何らかの音楽的特性を示していた可能性もある。

(松家　裕子)

ぎん【銀】　化学元素の1つ。元素記号Ag，原子番号47，密度$10.49g/cm^3$(20℃)。融点962℃。延性・展性に富み，モース硬度2.5〜3と柔らかい。このため武器などには適さないが，その白い輝きと錆びにくさ，希少価値などは金の黄金色の対照として装飾に利用された。銀は歴史的な経緯として，経済価値として最も重要であり，重要な基準であった。

　銀は箔として，また鍍銀(銀メッキ)としても金と同様に利用された。銀は空気中で酸素と反応しないが，硫化水素と反応して黒色の硫化銀(Ag_2S)となる(薄い層の場合には紫色)。また地中に埋もれた場合には白色の塩化銀($AgCl$)となる。銀は自然銀として産出されるが，鉛を利用した灰吹き法などの技術革新により，生産量は飛躍的に増加した。純銀は比較的柔らかく傷つきやすいので，銅との合金で硬度を高くして加工された。金との合金は金の利用において重要であった。中国では春秋時代には出現していたが，唐代にはササン朝ペルシアの銀製品の影響を強く受けた。

(平尾　良光)

きんいんき【金印記】　明の伝奇(戯曲)。全42齣。蘇復之あるいは蘇復の著とするものもあるが疑わしい。戦国の蘇秦が世に入れられず一族に冷

遇されるが，発憤して読書したのち編み出した六国合従の策がみごと功を奏し，六国都丞相の金印を賜って故郷に錦を飾るまでを描く。明末に高一葦によって張儀の事を加えて改訂した『金印合縦記』全34齣（これも『金印記』とも，また『黒貂裘』ともいう）がある。
（廣瀬 玲子）

きんいんちゅう【金允中】 生没年不詳。1225(宝慶元)年には在世していたと思われる。南宋の道士。13世紀の前半に江蘇から安徽の間で活躍したと考えられる。その著に『上清霊宝大法』44巻があり，また『道法会元』所収の「五府冊文正法」に後序を書いている。南宋の道教儀礼には多くの新しい符呪の技法が取り込まれ，金は自らも童初法という茅山に由来する呪法を継承したが，一方で浙江に流行した新しい天台東華派の儀礼に対して，唐末以来の古い儀礼から逸脱すると強い批判を展開した。金の著作により当時の道教儀礼の変容の実態が理解できる。
（丸山 宏）

きんか【錦歌】 語り物曲種。明末清初の頃，現在の福建省南部で形成され，福建各地やのちに台湾，その他華僑居住地にも広まっていった。錦歌は伝統演劇や他の語り物の影響を強く受けながら発展してきた曲種である。曲調は大きく，「雑砕仔・雑念仔」「五空仔・四空仔」「花調仔・雑歌」に分かれ，他に器楽曲もある。演唱者のほかに数名の伴奏者をともなうのがふつうで，使用楽器は南音（語り物）と共通しており，主要楽器は，琵琶・洞簫（竹製の縦笛）・二弦・三弦・小打楽器などであるが地域によって異なる。
（井口 淳子）

きんがくこうしょう【今楽考証】 伝統演劇音楽の理論書。全12巻。清の姚燮(1805〜64)著。1932(民国21)年に寧波で発見された原稿を1935年に北京大学から影印出版した。「縁起」「宋劇」各1巻，「著録」10巻から成る。主に宋元代から清の咸豊年間(1851-61)以前までの雑劇・伝奇作家520人と2066作品の名称，道光(1821-50)・咸豊年間に流行した地方劇演目の一部，および諸家の伝統演劇に関する著述の摘録を収める。書中では伝統演劇（南北曲等）・語り物（西曲・小曲・山歌・陶真・連廂等）・舞踊・曲譜・楽器に関し，その来歴・変遷に対する考訂がなされ，同時に，宋代の俗字譜による『姤声譜』の断片等古代楽譜，および琵琶の指法についての考証・解釈等もあり，伝統演劇史・音楽史の研究に重要な参考資料である。『中国古典戯曲論著集成』に校訂が加えられた活字印刷本が収められる。
（孫 玄齢）

きんかん【金冠】 ①明代，細い金糸を編んでつくられた幞頭。北京の定陵から出土した金冠は，幞頭であるから本来はその帯が下に垂れねばならないが，直立し，2匹の龍，そして宝珠が施されている。
②ウイグル族の男性貴族の冠の一つ。蕾のような形をした高いかぶりもの。頂部がやや尖り，金や銀で文様がほどこされている。唐代の介幘が変化したものとも言われる。
（増田 克彦）

きんきしょが【琴棋書画】 中国における知識階級の文雅なる遊びとしての4つの技芸をいう。この4つの芸は始めから同格であったのではなく，最初にあらわれたのは「琴書」の並称で，漢魏六朝間の文献にしばしば見出される。ただしその「書」は書籍をさしていた。しかし北朝北斉の顔之推『顔氏家訓』雑号篇では「父子並びに琴書の芸有り，尤も丹青に妙なり」と，琴書と丹青（絵画）を並称するので，ここでは「書」は書芸をさすであろう。また南朝梁の沈約の文章には「琴棋を愛重し……」とあり，南朝においては「琴棋」が並称されるようになっていた。「琴棋」と「書画」の四者が並称される最も早い例は，青木正児によれば，唐の玄宗朝の何延之『蘭亭記』（『法書要録』3所収）であるという。これは，書法上有名な著作であり，後世の芸術観に大きく影響を及ぼしたと考えられる。しかしその技は如何にすぐれていても，中国の士大夫にとっては余技であり，そこに士人の矜持もある。
（大野 修作）

きんぎゅうざんじん【金牛山人】 遼寧省大石橋市にある金牛山遺跡から発見された化石人類。1984年に北京大学によって同遺跡A地点の洞穴第8層上部から中期更新世のほ乳動物化石，焼土，石器とともに完全な頭骨や四肢骨などが発見され，1994年まで発掘が行われた。50点以上の人骨化石は1個体に属し，北京原人の頭骨と比べて眼窩上隆起や後頭部の突出が弱く，骨壁が薄いので，古代型新人に分類されている。ウランシリーズおよびESR年代測定法による年代は23〜30万年前である。文献に呂遵諤「金牛山人的発現和意義」（『北京大学学報』哲学社会科学版2，1996年）がある。
（佐川 正敏）

きんきようりゃく【金匱要略】 後漢の『張仲景方』の雑病の部に由来する薬剤治療書。宋刊本(1066年)を祖とする現伝本は節略本で，全3巻，25篇より成り，循環器・呼吸器・泌尿器・消化器障害，皮膚科・婦人科・精神科疾患，そして救急治療法から食物の禁忌にまで言及している。古来，傷

寒の治療書である*張仲景『*傷寒論』の姉妹篇とされ，古医方の出典として尊ばれた。八味丸・当帰芍薬散・桂枝茯苓丸など，今日でも頻用される漢方処方が少なからず収載されている。　　　（小曽戸　洋）

きんぎょくど【金玉奴】　伝統演劇の演目名。明の馮夢龍『喩世明言』にも『金玉奴棒打薄情郎』の名で所収され，人口に膾炙する物語として，清の地方劇の題材となり幅広く上演される。京劇・豫劇等では『棒打薄情郎』，さらに京劇『豆汁記』の別名もある。徽劇は『鴻鸞禧』，川劇は『棒打莫稽』の名で上演される。

宋の時代，書生の莫稽が飢えと寒さで雪の中で倒れているところを，乞食頭金松の娘金玉奴に介抱され，九死に一生を得て婿となる。金玉奴の内助の功のおかげで莫稽は科挙に受かり，県令の職に任命されるが，金玉奴の卑しい生い立ちを嫌い，赴任途中の船から突き落とす。幸い金玉奴は莫稽の上司林潤に助けられ養女となる。事情を知った林潤は一計を案じ，挨拶に訪れた莫稽に娘の婿にともちかける。事情を知らぬ莫稽は快諾する。婚礼の夜，花嫁を装った金玉奴は下女に莫稽を棒で打たせ，その薄情ぶりを懲らしめる。莫稽は自分の非を恥じて詫び，林潤の勧めでよりを戻す。1959年に京劇旦役の荀慧生が大団円を改編して，莫稽は罷免されて罪に問われるという結末とした。現在は懲らしめたところで幕となる。　　　（有澤　晶子）

きんぎんき【金銀器】　世界の他の古代文明地域と異なり，中国では常に*玉器が金銀器より尊重されてきた。金銀器の製作は殷代から始まるが，とりわけ戦国時代以降は王者の身辺を飾る奢侈品として，金銀を装飾に使用した器物が盛んに製作された。とはいえ漢代諸侯王や周辺民族首領が豪華な金製品を用いたほかは，純金製品は意外に少ない。魏晋南北朝以降は，各地で西方製の金銀製品が発見されており，隋の李静訓墓(608年築)出土の金銀器まで続く。

唐代は金銀器の時代といわれるが，それは素材と技法を西方に習いながら，それを越えて，唐代独特の様式を備えた金銀製品によって，多方面の日常用品が作られ使用されたからである。何家村遺跡はその様相をよく示す。7世紀半ばから8世紀半ばにかけ，宮廷工房を中心に豪華な金銀器物が製作された。それら金銀器は朝廷での使用の他，臣下に下賜された。『安禄山事迹』には*玄宗と楊貴妃から下賜された，おびただしい金銀器や金銀装飾器物のリストがみられる。外国との贈答にも用いられ，正倉院宝物中の金銀盤もそうした一つである。しかし安史の乱のあと朝廷の内庫は窮乏し，官吏の進奉に頼

るほか無く，その進奉高による売官が横行した。そのことは8世紀後半以降，進奉銘を刻んだ金銀器によってその実際が示される。代宗以降，進奉は元旦，冬至，端午，皇帝誕生日の四節進奉として定例化された。

唐代前半，金銀器の製作工房は朝廷の独占するところで，小府監中尚署のなかの金銀作坊院で製作された。しかし，安史の乱以降荒廃した都を避け，江南の富を背景とした揚州を中心とする民間工房による製作が盛んとなった。9世紀には，中央官府に新たに文思院が設立された。法門寺地宮から多数発見された金銀器には文思院製作の刻銘が入れられており，9世紀代の金銀器の器形，文様，製作技術の様相を明確にしてくれる。　　　（秋山　進午）

きんけつごせいていくん【金闕後聖帝君】　東晋中頃の上清派(茅山派)が唱えた道教の終末論に現れる神格。将来(後世)に出現する神格であるところから，金闕後世帝君とも呼ばれた。上清派の終末論では，近い将来にこの世は終末を迎え，天地は大災によって崩壊するが，その後再び天地が出現し，壬申の年に金闕後聖帝君が地上に現れて太平の世が始まる，と説く。また天地崩壊の終末の時期を生き延びて，金闕後聖帝君の臣や民になる人を種臣や種民という。　　　（小林　正美）

きんこきかん【今古奇観】　明の短篇白話小説集。40巻。崇禎年間(1628-44)抱甕老人の編。*馮夢龍の編んだ「三言」の『古今小説』から8篇，『警世通言』から10篇，『醒世恒言』から11篇，*凌濛初の編んだ「二拍」の『初刻拍案驚奇』から8篇，『二刻拍案驚奇』から3篇を選んだもの。『今古奇観』が世に出てからは，専らこちらが読まれるようになった。全部で200篇ある「三言二拍」の中から，それだけすぐれた作品を選んだものといえる。　　　（大木　康）

きんこくえん【金谷園】　西晋の*石崇が洛陽の西北に構えた豪奢な別荘。庭園の美を誇り，貴族たちの宴遊の場であった。潘岳『金谷の集いにて作れる詩』(『文選』20)，石崇『金谷詩序』(『芸文類聚』9)はその集いのありさまを伝え，東晋の*王羲之による「蘭亭の集い」の先蹤となった。詩を詠めなければ罰として酒3斗が課されたことや，石崇がここで捕らえられた時に愛妾緑珠が楼から身を投じたことなど，有名な故事の舞台でもある。　　　（齋藤　希史）

きんこくえんず【金谷園図】　→桃李園図・金谷園図

キンザイ →杭州(こうしゅう)

きんさいせき【金沙遺跡】 四川省成都市西郊の青羊区金沙村に所在する，おおよそ西周から春秋にかけての遺跡。成都平原において三星堆文化に続く十二橋文化に属する。2001年，宅地造成中に発見され，同年に成都市文物考古研究所が発掘調査を実施した。当遺跡では住居跡，窯跡，墓，大量の象牙が置かれた坑などの遺構が発見され，また金器40点余，銅器700点余，玉器約300点，石器約300点余など合計2000点以上の遺物が出土した。当遺跡の文化は金器を多用すること，および青銅器・玉器の形状等に，三星堆文化の強い影響が認められる。しかし一方で，当遺跡の青銅器・金器は三星堆文化のそれに比べ著しく小型のものが多い。また玉製の琮(外見は直方体で中心を円形の孔が上下に貫通している柱状の礼器)の形状は良渚文化の特徴を備えており，当地と長江下流域の間で何らかの交流があったことを示す。西周から春秋にかけての成都平原の動向を知る上で重要な集落遺跡である。2002年出版の『金沙淘珍』に遺跡の概要，及び主要遺物の写真等が掲載されている。　(黄川田 修)

きんさき【金釵記】 明の戯曲。劉文龍の故事を題材とする戯曲は，宋・元の戯文『劉文龍菱花鏡』(徐渭『南詞叙録』宋元旧編)，元の史敬徳・馬致遠『蕭淑貞祭坟重会姻縁記』(張大復『寒山堂曲譜』，一名『劉文龍伝』)のタイトルが残るのみで，長らく内容は定かではなかった。ところが，1975年12月に広東省潮安県の明代墳墓から，1431〜32(宣徳6〜7)年の抄本『新編全像南北挿科忠孝正字劉希必金釵記』全67齣が出土したことによって初めて全貌が明らかになった。すなわち，劉文龍が新婚の3日後に受験のため上京し，和親のため派遣された匈奴で公主の婿に招かれ，望郷の念に苦しまれながら20余年を過ごし，遂には公主の助力で帰国し，妻と再会する，というあらすじで，漢の竇敬(『史記』99)をモデルとしている。宣徳抄本『金釵記』は，あらすじや人物設定に『琵琶記』の影響を受けており，また曲(うた)や白(せりふ)においても『琵琶記』を踏襲している箇所が散見される。なお，貴池儺戯の脚本では題材が和親ではなく匈奴征伐に改変されている。　(根ヶ山 徹)

きんさだいじん【欽差大臣】 清代，官制に定めない特設の官職。現にある官職に就いている者が，皇帝から特定の事項にかぎり臨時に権限を与えられて派遣されることがあり，これを欽差官といい，そのうち三品以上の大官を欽差大臣という。内乱討伐や対外交渉などの重大事件において，中央・地方の三品以上の官僚が適宜，欽差大臣として派遣され，皇帝に直属して問題の処理にあたった。アヘン戦争での林則徐は，その好例である。

清朝では西洋の外交官に相当する官職がなかったため，清末はとくに外交関係で欽差大臣の利用が頻繁になる。アヘン戦争以後，西洋諸国との交渉を担当した大官はいずれも，欽差大臣の資格を帯びた。こうした欽差大臣は，やがて中央では総理衙門王大臣，地方では北洋大臣・南洋大臣として常設化する。1877(光緒3)年から在外使節を駐在させ，公使館を開設するようになると，この公使も欽差大臣として派遣され，出使(欽差)大臣とよばれた。
　(岡本 隆司)

きんざん【径山】 浙江省杭州市の西にある山。径が天目山に通ずるところから径山の名がある。奇景に富んだ山中に，南宋の「五山」の第一とされた能仁興聖万寿寺がある。万寿寺は唐代，法欽によって草創され，歴代著名な僧が住した。1137(紹興7)年臨済宗の大慧宗杲が勅命で住持となり，その後，無準師範，虚堂智愚なども相次いで住して，中国禅宗の代表的な寺院となった。鎌倉・室町時代にここを訪れた日本僧も少なくない。明の宋奎光による『径山志』14巻がある。　(永井 政之)

きんざんじ【金山寺】 江蘇省鎮江市を流れる長江の中の島，金山にある東晋時代創建の寺。明代の小説『白娘子永鎮雷峰塔』に由来する京劇その他，地方劇の『白蛇伝』で，白蛇の化身が自分の恋を妨害する金山寺の法海和尚を懲らしめるため，金山寺を水浸しにする『水漫金山』の舞台として有名。このストーリーは清の方成培の戯曲『雷峰塔伝奇』に始まる。　(金 文京)

きんし【金史】 金朝の正史。135巻(本紀19巻，志39巻，表4巻，列伝73巻)。1343(至正3)年，詔をうけ脱脱らが編纂，翌年に成る。短期間での編纂であるが，原拠の資料が整っていたことなどで，歴代正史のなかでは出来のよい方とされる。各巻末には編集官の欧陽玄のものといわれる論賛があり，巻135には国語解を付して女真語の説明がなされている。1975年出版の中華書局本には校勘記があり有用である。　(桂華 淳祥)

きんし【琴史】 琴の歴史に関する著書。全6巻。撰者は北宋の朱長文(1038〜98)。『四庫全書』子部に収録されている。第1〜5巻には先秦から北宋までの156人の歴代琴家の伝記に朱長文による評が付され，第6巻では「釈絃」「論音」「審調」等，琴の楽器そのものや楽曲に関する具体的項目につい

て，個別に歴史的に論じられている。民国になってこの書を基礎として『琴史続』『琴史補』（以上周慶雲著），『歴代琴人伝』（査阜西著）等が編述された。

（池澤　滋子）

きんしきじ【金詩紀事】
金の詩人と詩にまつわる逸話，ならびに詩を集めた資料集。16巻。清末民国初の人，陳衍が『元詩紀事』を出版した11年後の1936（民国25）年に編纂した。各詩人の小伝，詩の引用ののちに逸話が付される。元好問が編纂した『中州集』の遺漏を補うことを目的としたが，金の文学は元来資料が少ない上に，すでに『全金詩』も備わっていたため，本書で補い得たことは少ない。地方志を用いた部分数条は意味がある。

（高橋　文治）

きんしきんりゅうざいく【金糸金粒細工】
金の細い針金や小粒を用いて器物を飾る金工の装飾技法の一種。西アジアやエジプトにおいて古くから用いられ，それがエトルリアやギリシャなどの地中海沿岸地域に広がり，やがて民族移動や交易の拡大などによって，中央アジアを経て，中国，朝鮮半島，日本へ伝播したと考えられる。中国では，戦国の金製品にはじめてこの技法がみられ，漢において洗練され，しだいに中国独自の意匠を持つようになっていった。金糸は，直径が1mm前後の細い針金を用い，それを金製品の表面に接着して文様の縁取りとすることが多い。金粒は，やはり直径1mm前後の球を作り，それを金製品の表面に多数並べて貼付し，きらびやかな文様とするが，その具体的な制作法や接着法については必ずしも明確でない点がある。金の代わりに銀を用いた銀糸・銀粒の技法もあり，特に銀糸の技法は近代まで受け継がれ，四川・山東・北京がその生産地として著名である。金糸・銀糸を中国では花糸ともいう。

（松本　伸之）

ぎんじじ【銀字児】
瓦子の話芸の一つである小説の煙粉・霊怪・伝奇部門の異名。灌園耐得翁『都城紀勝』や呉自牧『夢梁録』に見える。出囃子ないし客寄せに，管に銀象嵌の文字を鏤めた笙や觱篥（篳篥）をもちいたからという。児は接尾辞。笙や觱篥は哀艶に満ちたメロディーを奏でるのに適しており，聴衆にこれから語られる小説が公案・朴刀・桿棒・発跡変泰などの武張った演目ではないことを示す役割を果たしたともいう。

（大塚　秀高）

きんじつてい【金日磾】
前134～前86（始元元）。前漢武帝期の近臣。字は翁叔。もと匈奴休屠王の太子。前121（元狩2）年秋，父の休屠王が渾邪王と共に漢に降ろうとして躊躇し渾邪王に殺された時，金日磾らはその衆と共に漢に到着し，母・弟と共に官奴とされた。後，武帝の目に留まり馬監から侍中，駙馬都尉，光禄大夫となった。異民族出身ながら常に左右にあってその忠孝ぶりは武帝の強い信任を得，霍光も一目置くほどであった。莽何羅の乱の際，武帝を護った功により昭帝の初め，秺侯に封ぜられた。漢書68

（山本　光朗）

ぎんじゃくざんかんぼ【銀雀山漢墓】
山東省臨沂市街中心部に所在する前漢の武帝期（前141-87）頃の漢墓群。1972年，山東省博物館と臨沂文物組が共同でその1号墓と2号墓を発掘し，銅器・陶器・漆器・銅銭などとともに，大量の竹簡古籍（いわゆる「銀雀山漢簡」）を発見したことで一躍有名となる。これらの漢墓は竪穴式木槨墓で，槨室は棺室と辺箱とに区分され，大部分の副葬品は辺箱に収納されてあった。1号墓から出土した竹簡は残簡を含めて合計4942枚で，その内訳は『孫子兵法』『孫臏兵法』『六韜』『尉繚子』『晏子』『守法守令十三篇』などで，また2号墓からは『漢武帝元光元（前134）年暦譜』竹簡32枚が出土している。先秦時代の兵法書が多いのが一大特色となっており，孫子と孫臏の兵法書が同時に出土したことによって，長年来問題にされてきた二人の孫子の著作の実在が立証された。竹簡古籍の釈文の一部はまだ公表されておらず，その作業の完了が待たれている。

（渡部　武）

きんしょ【琴書】
語り物の一大ジャンル。地方によって，北京琴書・山東琴書・徐州琴書・安徽琴書・四川揚琴・雲南揚琴など全国に多くの琴書類がある。これらを包括して「琴書」とよんだり，琴書類が共通して伴奏楽器に揚琴を用いることから「揚琴」と呼んだりもする。揚琴とは西南アジアに起源をもつ箱形の打弦楽器（ツィター類）で金属弦を2本の竹で打つ。今日，弦は140～150弦となり，音域・音量ともに増えている。伴奏楽器として他に三弦・二胡・箏・墜胡（胡琴の一種）などを用いる地方曲種もある。演唱者の数も曲種によって異なり，1名から複数名までさまざまである。以下，代表的な3曲種をあげておく。

　琴書類のなかでももっとも代表的な曲種「山東琴書」は山東省をはじめ，ひろく華北・東北地方まで広まっている。もともと短い小曲をつないで演唱していたので「小曲子」の名があった。流布地域が広いため多くの流派を生みだし，例えば，山東琴書の名を定めた鄧九如の「北路」や，茹興礼の「南路」，商業興が代表する「東路」があり，東路では唱（うた）が主で説（語り）は補助的な役割を

担っていた。唱詞は七字句が基本で，演唱者は1〜6人。揚琴を担当するものを中心に，他のメンバーはそれぞれの登場人物に扮し，かつ箏などの楽器も演奏する。伴奏楽器の種類は多く，7種類以上にのぼることもある。伝統曲目の他に現代ものも創作されている。山西省では「翼城琴書」「武郷琴書」といった地方の民間音楽と結びついた曲種が多く存する。

　もう一つの代表曲種，四川省で流布している「四川揚琴」の場合，形成時期は山東琴書とほぼ同時期の18世紀とされている。戯曲の影響を強く受けており，主人公が立ってうたい，他の配役は座っている演唱形式をとる場合もある。用いられる唱本も戯曲の劇本をもとにそれを短縮したものを使う場合がある。演唱者は自らうたい，伴奏する。伴奏楽器は揚琴を中心に，鼓板・懐鼓・京鼓・三弦・二胡など数多い。李徳才は揚琴演奏法を発展させたことでしられる。伝統曲目は歴史物語や民間伝説から題材をとっており，300種以上にのぼる。人民共和国成立後，現代曲目も数多く創作されている。

　北京を中心に天津・河北省で演唱されるのが「北京琴書」である。その前身は「五音大鼓」とよばれる農村の語り物であった。用いる楽器は，三弦・四胡・揚琴などである。人民共和国成立後，北京の語音を用いて演唱することから「北京琴書」の名が定着した。かつて農村で流布していた頃，その曲調は語り物「平谷調」に近く，一板三眼（4拍子）のリズムを特徴としていた。そして書目（レパートリー）は長篇ものが主であったが，後に都市部で専業芸人が演唱するようになってからは短篇ものが主となった。したがって，北京に発祥した語り物「京韻大鼓」の音楽要素からつよい影響を受けている。

（井口 淳子）

きんしょ【禁書】　政府が民間の収蔵・閲覧・刊行を禁止した書籍。天文図書・兵書・暦書・占卜書などは私家の所蔵が禁止され，歴代朝廷の忌諱にふれた書籍も発禁とされた。戦国時代，秦の孝公が儒家の『詩経』『書経』を焚いたのが禁書の最初とされる。秦始皇帝は前213年に挟書令を制定し焚書坑儒を行った。挟書令が解除されたのは前191（漢の恵帝4）年である。西晋では天文図讖の民間所蔵が禁止され，東晋から南北朝にかけて老・荘・仏・道の書が一部地域で禁書に指定されたこともあったが，隋唐を含め概して文化政策はゆるやかであった。しかし宋代以降，禁書の範囲は拡大していく。兵書の禁止を中心に，蘇軾や黄庭堅らの文集，民間編纂の宋代史なども対象となった。元代では民衆蜂起とかかわる妖書，偽道経の禁止が大規模な事件としてあった。明代では李卓吾の著作が禁書とされ，彼は獄中に自殺する。清朝は大規模な禁書政策をとり，乾隆期（1736-95）だけで3100余種，15万1000余部が禁書とされた。その他，風俗を乱すという理由で『水滸伝』や『西廂記』などの小説も禁書の対象となった。

（森 紀子）

ぎんじょう【銀錠】　中国では「両」を単位とする銀塊を秤量貨幣として，主に唐時代以降用いるようになった。その形態には，餅形・長方形・分銅形・馬蹄形などがある。銀錠はこれら銀貨幣の総称として用いられる場合が多いが，そのほかとくに分銅形の銀貨幣だけを示す名称として用いられることもある。銀錠を狭義の名称として使用した場合は，餅形銀を銀餅，長方形銀を銀鋌，馬蹄形銀を馬蹄銀と呼んでいる。銀貨幣は，唐時代から普及するが，その形態は主に銀餅と銀鋌であった。表面には鋳造所・年号・重量などが記載されているが，記載に一定の書式はない。宋時代になると銀の使用は急激に増加し，南宋末から元時代にかけて，分銅形の狭義の銀錠が出現する。大きさは1000〜2000g（約25〜50両）程度の大型品，400〜500g程度の中型品，100〜200g程度の小型品に大きく分類できるが，厳密には一定せず，表面に重量を記載して取り引きされた。

（廣川 守）

きんじょうけいいせき【金上京遺跡】　黒龍江省哈爾浜市阿城区に残る金代初期の都城遺跡。金の太宗の時に会寧府と称し，熙宗の天眷元（1138）年に上京とした。正隆2（1157）年には，宮殿などを毀却したが，世宗の大定13（1173）年に復興している。

　金上京は南北2城からなり，南北に長い北城の南壁を共用して，東西に長い南城があり，全体に凸の形をしている。皇城は南城にある。南城は東西2143m，南北1528m，北城は東西1553m，南北1828mで，今も土築の城垣がよく残っていて馬面・城楼・甕城の遺構も明確である。城門の総数は各説あり，明確ではない。南城と北城の先後関係についても将来の発掘調査をまたねばならないが，北城南中央門の甕城が南城側に凸出して設置されていることから，北城が先に完成したとしてよい。太祖完顔阿骨打は死後，宮城の西南に葬られたと『金史』は伝えている。城跡から金代の官印・腰牌・銀錠・銀器・銅鏡・銅銭などが多く出土している。

（菅谷 文則）

きんじょうこうしゅ【金城公主】　689（永昌元）〜739（開元27）。唐の皇女。父は雍王李守礼。710（景雲元）年に，吐蕃王チデツクツェンに降嫁した。吐蕃はこれにより，河西九曲（青海省西寧市南部）を，公主の湯沐邑として手に入れた。公主は，

唐と吐蕃との和平に努力した。その結果，両国は733(開元21)年に，赤嶺(青海省の日月山)を境界に定めて，碑を立て，相互不可侵と甘松嶺での互市の開設を約束した。　　　　　　　　(長部 悦弘)

きんしょたいぜん【琴書大全】　琴に関する文献集。全22巻。明の蔣克謙の編纂。巻頭の1590(万暦18)年の編者自序によると，編者は明の皇族で，祖父(正徳皇后の父)が宮廷内の琴に関する古籍を渉猟し集録したものを基にしてこの書を編纂したという。第1巻から第20巻までは琴の歴史・音律・形態など琴に関する様々な事項について論じ，第21, 22巻には計62曲の琴譜を載せている。この書は古代から伝わる貴重な資料やすでに散逸した琴書を多く収載し，出典も明記している点で価値が高い。特に元の陳敏子『琴律発微』は琴曲の作曲理論を詳しく論じた書で，全文が収録されている。また唐の趙耶利，南宋の成玉礀等の指法(弦のはじき方と押さえ方)に関する資料や『琴苑集』の琴弦に関する記載なども併収し，琴の研究には必須のものとなっている。中国文化部文学芸術研究院音楽研究所蔵の明刊本が『琴曲集成』第5冊(中華書局，1987年)に影印されている。　(池澤 滋子)

きんしろく【近思録】　南宋の*朱子とその友人*呂祖謙(東萊)が共同で編集した道学入門の書。1175(淳熙2)年の序が付されている。14巻。北宋に興った儒教の新たな一派である道学の集大成を自らの使命とする朱子は，北宋の*程顥・*程頤・*張載・*周敦頤の四子の言葉の中から主要と思われるもの622条を収集し，項目別に分類する。その内容は，宇宙の生成・構造論から学問の根本や日常的な実践修養論に至る，多岐にわたるものである。

朱子は門人たちに四書や五経を読む前の入門書として『*近思録』を勧めるが，朱子没後は，朱子学の入門書として中国だけでなく日本でも広く読まれた。代表的な訳解に南宋の葉采の『近思録集解』と清の*江永の『近思録集注』があり，江戸時代に日本で作られた訳解も，それらに依拠するものが多い。　　　　　　　　　　　　　　　(垣内 景子)

ぎんしんちゃ【銀針茶】　太い茶芽を用いて針状に作られた高級茶のこと。白毫(うぶ毛)に覆われた外貌から銀針と名付ける。黄茶の君山銀針茶と，白茶の白毫銀針茶(銀針白毫茶とも)の両種が有名であるが，近年，高級な緑茶を銀針状に作る傾向があり，その種類は増えつつある。君山銀針茶は，湖南省岳陽市の洞庭湖中の島，君山で生産され，清代より貢品にあてられていたという。2, 3cmの芽を原料として作るが，製造工程に黄茶特有の悶黄(一定の温度と湿度を保って非酵素性の発酵を促す作業。君山銀針茶の場合は，1.5kg程度を紙で包んで40〜48時間放置する)を含むため，茶湯は黄色となり，独特の香りを有する。湯の中で立って何度か浮沈する。白毫銀針茶は，福建省の福鼎市・政和県で生産される。大白茶という白毫の多い茶樹を用い，芽を揉まずに陰干しして発酵させ，乾燥させて作る。白茶は発酵茶であるが，発酵度は低い。20世紀初頭には，欧米に盛んに輸出され，今でも一部の高級な紅茶にブレンドされている。　(高橋 忠彦)

きんせいたん【金聖嘆】　1608(万暦36)〜61(順治18)。明末清初の文学批評家。呉県(江蘇省)の人。本名については諸説あり，名が采で字が若采，明の滅亡後に名を人瑞，字を聖嘆に改名し，喟という別名を持つという説，もともと姓は張で名が采，後に姓を金に，名を喟に，字を聖嘆に変え，明の滅亡後にさらに人瑞に改名したという説などがある。没落地主の家に生まれて科挙を目指したが，明滅亡の頃に仕官の夢を絶ち，以後読書と執筆を生業として過ごした。1661(順治18)年に順治帝死去の知らせが呉県に届いたとき，付近の秀才たちが集まって声をあげて泣く儀式が文廟で行われたが，当時の県令が非常に過酷な人であったため，秀才たちはそのまま県令の罷免を要求する行動に出た。金聖嘆もそれに参加していて逮捕され処刑されたという。

金聖嘆は幅広い書籍を読み，仏教・儒教・道教に通じ，様々な古書に評点を施した。特に『*荘子』，『*楚辞』の「離騒」，『*史記』，『杜詩(杜甫の詩)』，『*水滸伝』，『*西廂記』を高く評価して「六才子書」と称し，全てに批評と注釈を加える予定であったが，『水滸伝』と『西廂記』については完了したものの，『杜詩解』は未完の状態，他の3書は執筆されずに終わった。金聖嘆はそれまで文人が見向きもしなかった俗文学をも高く評価した点が当時としてはかなり特異であった。『西廂記』に付された「読第六才子書『西廂記』法」で，『西廂記』を淫書とする世間の評価を嘆き，「天地の妙文」であると讃えているのはその顕著な例である。

金聖嘆は評点を施すだけでなく，原作を修改することも行った。部分的に言葉を変えるばかりでなく，全面的に改竄することさえあった。彼は120回本の『水滸伝』をもとにして，70回本を作ったが，これは彼が『水滸伝』の最初の70回は施耐庵の原作であるが，残りの50回は羅貫中が付け加えたものであって不要であると判断し，その部分を削除してしまったものである。しかもその70回本に信憑性を加えるために古本を入手したと偽り，施耐庵の序文を偽造して付け加えることまでした。さらに

『西廂記』についても，全5本のうち第5本は作者である王実甫によって書かれたものではないと断定し，したがって彼の「第六才子書」つまり金聖嘆批評『西廂記』は本来の第4本までで終わっている。そして第5本を彼は『続西廂』と名付けている。後に毛宗崗批評『三国志演義』が完成したとき，版元が「第一才子書」と勝手に名付し，さらに金聖嘆の序文を偽造して出版したというエピソードからも，金聖嘆の手による作品の流行と影響力の強さをうかがい知ることができる。

金聖嘆のその他の作品には『天下才子必読書』（『左伝』『国語』『戦国策』の一部，および秦から宋までの名文を集めたもの），『唐才子詩』『古詩解』『左伝釈』『釈孟子』『西域風俗記』などがある。

(上野 隆三)

きんせきがく【金石学】　金石の語は，すでに先秦諸文献中にあり，墨子の「鏤於金石」が最古とされるが，その名を冠した学が成立したのは宋代である。趙明誠『金石録』をはじめ，金石の語を書名にもつ多くの書物が作られた。金とは，先秦時代の鐘鼎彝器をはじめ，兵器・度量衡器・璽印・銭幣・鏡鑑等を言い，石とは，碑碣墓誌のほか摩崖・造像等を言い，これらに見られる款識（凹凸のある文字）を中心にその素材も含めて研究対象とし，文献によっては明らかにしがたい所を補うことを目的とする。清代に至って，考証学の盛行と相俟って極盛期を迎え，新たに，甲骨・陶磁・封泥・簡牘等もこれに含めて金石学と称する場合もある。しかし，民国以降，西欧の学術大系が採り入れられる過程で，考古学がこれにとって代わり，今日では，現在の研究分野を指す語としては，殆ど用いられない。

(松丸 道雄)

きんせきさく【金石索】　清の金石学の書。12巻，巻首1巻。1821（道光元）年刊。馮雲鵬・雲鷯兄弟の著。金索6巻（殷～元の「鐘鼎」「戈戟・量度」「雑記」「泉刀」「璽印」「鏡鑑」）と石索6巻（三代～元の「碑碣」5巻及び「瓦甎」）から成る。従来の金石書が金か石かに偏るとの反省から均等に収めており，金索には外国のものも含めて幅広く集録し，寸法・容量・銘文・発掘地などを考証する。やや正確さに欠けるともいわれるが，初刊本は大判で，石を含めた全てに図を収めた点は特徴的である。

(宮崎 洋一)

きんせきすいへん【金石萃編】　清の金石学の書。160巻。1805（嘉慶10）年刊。王昶の著。三代（夏・殷・周）～宋末・遼・金の金石文1094種を，50年かけて収集し時代順に並べ，時に諸書から補いつつ全文を録して，寸法・字数などを記し，前人の考証を博捜・移録して自らの意見を加えた浩瀚な著作。類書に近い便利な体例と引用史料の多さにおいて画期的で，現在も参酌される。陸耀遹・陸増祥・黄本驥・王言・方履籛・羅振玉・沈欽韓・毛鳳枝らに訂正・増補がある。

(宮崎 洋一)

きんせきろく【金石録】　宋の金石学の書。30巻。趙明誠の著。後序（1132〔紹興2〕年）は執筆を助けた妻で詞人の李清照。20余年かけて集めた三代（夏・殷・周）～五代の金石について，1～10巻で2000種の目を掲げて撰人・年月を簡注し，11～30巻でその中の502種を考証したもの。詳細で創見が多く，金文・石刻文両方にわたる点で『集古録』と共に宋代で最も重要な著作。淳煕年間（1174-89）刊本，点校本（広西師範大学出版社，2005年）がある。

(宮崎 洋一)

きんせんき【金銭記】　元の戯曲作品。喬吉作で，雑劇の形式をとる。唐の詩人韓翃が長安府尹王輔の娘柳眉児を見そめる。柳眉児の父が天子に賜った金の銭を彼女から贈られ，その後をつけて家に行き，見とがめられる。賀知章がとりなして，邸内に住むことになるが，金銭を父親が見つけて咎める。そこへ韓翃が天子に召されるという知らせが届き，さらに李白が二人を結婚させよという勅旨をもたらして，団円となる，というのがそのあらすじである。

(赤松 紀彦)

きんせんばん【金銭板】　四川省・貴州省の語り物の一種。大道芸だったが，後に茶館など屋内で演じる語り物になった。演者は1人で左手に2枚，右手に1枚の「竹板」を持ち，打ち鳴らしながら語り歌う。この「竹板」の1枚に銅銭などをはめ込んだことから「金銭板」と呼ばれる。曲調は単純で1句の字数も自由であり，押韻も1つの韻を全編通すのが普通。音楽的には単調だが大振りな身体動作を伴い，民間故事・小説・時事などに基づく短編から長編までこなす。

(細井 尚子)

きんそう【琴操】　琴曲の解題。後漢の蔡邕の撰。現存最古の琴の専著である。原本は散逸し，現在，漢魏遺書抄本（1800年）と平津館叢書本（1805年）の2種類の集佚本が伝わる。収録されている47の琴曲（『鹿鳴』等詩歌5首，『猗蘭操』等12操，『列女引』等9引，『聶政刺韓王曲』等河間雑歌21章。「操」「引」は曲を意味する接尾辞）のほとんどに解題が付され，そこでは曲の背景や作者の意図の他，琴に関わる多くの民間故事が語られており，貴重な史料となっている。また一部には四言詩や騒

体の歌詞が付されている。　　　　（池澤　滋子）

きんぞう【金蔵】　金代皇統年間(1141-49)から大定年間(1161-89)にかけて解州(山西省)の天寧寺において開版された*大蔵経。潞州の崔進の娘法珍が発願し，刊刻がはじめられたと伝えられる。版木は完成後，中都(北京)に移送され，モンゴル，元にかけて補刻を加えつつ用いられた。現存の印本の多くは元代の補刻をへたものである。『開宝蔵』を覆刻したもので，版式はおおむねこれに倣い，1版1紙，本文行数は23行，行14字を基本とし，第1紙を除き，各紙右端に経名，版次，千字文函号などを付刻し，装幀は巻子。天地に界線のあることが『開宝蔵』と異なる。永くその存在が知られなかったが，1933(民国22)年に趙城(山西省)の広勝寺でほぼ一蔵が発見され，のちにチベットのサキャ北寺で555巻が発見されたが，この2か所以外のまとまった所蔵はない。中国内外に零本が散在するが，多くは広勝寺本が散逸したものである。広勝寺本は現在，中国国家図書館に収蔵され，『中華大蔵経』の漢文部分の主たる底本となっている。　（梶浦　晋）

ぎんそうざつろく【吟窓雑録】　六朝・唐から北宋初にかけての雑多な詩格・詩評の類を集めた詩学の書。50巻。宋の陳応行あるいは蔡傳などが撰者に擬せられるが，定かでない。詩学の入門書を網羅した通俗的な総集の一つで，他の同類の書が散逸したために，資料的な価値は少なくない。ことに唐・五代に盛行した「詩格」の書は，その時期の文学観を知る手がかりとして有用だが，その原著の大部分が失われているのを，本書によっておよその姿を窺うことができる。　　　　　　（興膳　宏）

きんたいし【近体詩】　詩体のひとつ。今体詩ともいう。古くからの詩体である古体詩に対していい，古体詩が字句数・平仄・対句・押韻において比較的自由であるのに対し，近体詩はそれらのきまり(声律・格律)を厳格にまもる。南斉の*沈約らは，四声の存在に注意し，それと声律との関係を研究することによって詩の表現に新風を吹き込んだが，この新しい詩体(新体詩)は，唐初の*沈佺期・*宋之問にいたって形式としてほぼ完成し，それ以降の主要な詩体となり，律詩(格律を守った詩)と呼ばれた。これを近体詩と称するのは，中唐の*元稹のころには始まっていたらしい。五言・七言(まれに六言)の詩があり，五言詩の1句の中のリズムは，2+3，七言詩のリズムは，2+2+3である。8句からなる律詩(10句以上は排律・長律と呼ばれる)と4句からなる絶句があり，主な形式は，五言律詩・七言律詩・五言絶句・七言絶句の4種類である。押韻について

は，平声・上声・去声・入声の4つの声調のうちの1つの声調の字を用い(律詩では平声を用いることがほとんど)，偶数番目の句末で押韻し(七言詩では第一句の末でも韻を踏むことがある)，換韻はせず1韻で通す(一韻到底)。また，句中の字の平仄の配置については，1句の中の2字目と4字目はその平仄を異にし(二四不同)，2字目と6字目は平仄を同じにする(二六対)。また，奇数番目の句とその次の句では，2・4・6番目の字の平仄を，それぞれ異にする。逆に，粘法という決まりがあって，偶数番目の句とその次の句では，2・4・6番目の字の平仄を同じにする。平仄については，他に細かな規則が多く，たとえば，平声の字の上下を仄声の字が挟む「孤平」，1句中最後の3字に平声を連続させる「下三平」は，厳しく避けられる。さらに，対句について，律詩においては，頷聯(第3句・4句)・頸聯(第5・6句)は対句にする必要がある。また，古体詩と違って，1首の中で，同じ字を繰り返し用いない。　　　　　　　　　　　　（森田　浩一）

きんたいじゅ【金大受】　生没年不詳。南宋時代に明州(寧波)で活躍した仏画師。日本の室町時代の『君台観左右帳記』に羅漢図の画家の西金居士として記録されるが，中国側の画史書に言及はない。西金居士とは，落款の判読の間違いに起因する名で，実際は，寧波が明州と呼ばれた12世紀後半に車橋の西に居住していた金処士と金大受という二人の仏画師に該当する。金大受の作品は，十六羅漢図が現存し(東京国立博物館・群馬県立近代美術館蔵)，鎌倉時代以降の日本における漢画系羅漢図の典拠となっている。　　　　　（井手　誠之輔）

きんだすいへん【金陀粋編】　南宋の武将*岳飛の伝記資料を集めた書物。28巻，続編30巻。岳飛の孫にあたる南宋の*岳珂の編。岳飛は，南宋初期の主戦派の武将，軍閥。対金講和派の官僚秦檜は，各軍閥間の不和に乗じて，軍閥私兵の中央軍改編を行ったが，これに服さなかった岳飛を無実の罪に陥れて獄死させた。この冤罪を雪ぐために，孫の岳珂が当時の諸史料を収集し編纂したのがこの書物である。「金陀」は，岳珂の別荘のあった地名(浙江省)。　　　　　　　　　　　　（高津　孝）

きんたん【金丹】　内丹・外丹共通して用いられる術語。聖胎とも称される。外丹では，葛洪が『*抱朴子』内篇・金丹篇で「それ金丹の物たる，これを焼いていよいよ久しければ，変化はいよいよ妙，黄金は火に入れ，百たび煉るも消らず，これを埋めるも天を畢わるまで朽ちず。この二薬を服せば，人の身体を煉る。故に人を能く不老不死にせし

む」といって，金丹を長生法のなかで最も尊んでいる。金丹煉成の原料としては，先ず丹砂（硫化水銀）であり，これに鉛を「点（加える）」じて「飛昇（昇華）」させてできるのが「還丹（もとの丹に還る，実は酸化水銀）」である。『抱朴子』金丹篇には『黄帝九鼎神丹経』を引いて，九転（9回の昇華・煉成）による「神丹」製造法が記載されている。材料としては丹砂・雄黄・雌黄・曾青・礬石・磐石・石胆・磁石の八石などである。一方，内丹では，内丹法によって黄庭（脾臓のあたり）にできあがる活力を指す。内丹の練功は，神をはたらかせて精・気を炉鼎の中で煉るのであるが，その時，水と火が必要である。体内では心は陽であり，火であり，離卦である。また腎は陰であり水であり，坎卦である。心腎の気を相交わらせる。すなわち水火相済し，坎水によって離火を済い，坎中の陽を取って離中の陰を填め，純陽（乾）にする。純陽とは金丹のことである。
　　　　　　　　　　　　　　　　（坂出　祥伸）

きんちゅうといせき【金中都遺跡】　北京市の明清城の外城西南部の下層に残る金代の都城遺跡。天安門広場東南隅が中都の東北隅，軍事博物館南の皇亭子が中都の西北隅にほぼあたる。金上京（黒龍江省哈爾浜市阿城区）から，海陵王の貞元元（1153）年に遷都してきた。外郭城はほぼ正方形で，北面に4門，他3面に各3門の計13門があった。宮城と皇城は南北に並び，中都全体の中央やや西寄りに配されている。中軸線は南の豊宜門と北の通玄門を結ぶ線で，皇城南門である宣陽門，宮城南門の応天門を結ぶ大街である。宮城の前殿である大安殿がボーリング調査で間口が11間であることが明らかになっている。遺跡は現在の北京市街の地下にあるので，ほとんど発掘調査されていないが，ボーリング調査と水井などが発見された時に調査されている。金中都は，先行する遼南京城の街坊などを踏襲している。街坊は唐代の坊制をもとに，東西方向に坊を区切る小街を多く設置し，街巷制に移る過渡期の様相を見せている。　　　　　（菅谷　文則）

きんていきょくふ【欽定曲譜】　南北曲の詞章に関する規則を記載した曲譜集。略称『曲譜』。全14巻。清の王奕清等の編著により1715（康熙54）年完成。凡例と諸家の論説を載せる第1巻，宮調不明の曲牌を収める最終巻と，北曲曲譜4巻，南曲曲譜8巻から成る。南北曲譜の多くは朱権の『太和正音譜』と沈璟の『南九宮十三調曲譜』から取られ，各曲には句と韻の明記がある。また，各文字の傍らに四声が，南曲には板位（拍の位置）も明示され，完備した体裁を備える。　　（孫　玄齢）

きんてんかん【欽天監】　明・清代の官署。天文（占星）・占候（他の占い）・推歩（暦法）・漏刻（報時）・選日（儀式・行事の日取り）などをつかさどる。秦より前には太史，以降は太史令の官があり，漢以後，太史局が設けられた。唐以降は司天台，宋代には司天監，元豊年間（1078-85）より太史局，元では金の旧制により司天台を設け，後，太史院や回回司天監（上記の業務をイスラム系天文学者が行う官署）が併置された。明の太祖は初め太史監を置き，呉王を称した初年（1364年）に監を院に，即位した1368（洪武元）年にはさらに司天監と改め，回回司天監を併置（1398年に廃止），1370（同3）年に司天監を欽天監と改めた。天文・漏刻・回回・暦の四科からなる。長は監正（正五品，1人）。清では始め1644（順治元）年に欽天監を設け，天文・時憲・漏刻・回回の四科に分け，監正以下すべて漢人が用いられたが，同年の日食を機にアダム・シャール*が監正となった。1664（康熙3）年には監正を満・漢人各1人と定めたが，フェルビースト*，ケーグラー*も監正となっている。1745（乾隆10）年から1826（道光6）年まで監副（次官）に満・漢とともに西洋人も用いた。　　　　　　　　　　　　　（宮島　一彦）

きんでんせい【均田制】　北朝北魏から北斉・北周・隋を経て唐の中ごろまで行われた土地制度。中国では周代に井田法という土地均分の制度が行われたという伝説があり，また漢・魏の屯田制，晋の占田・課田制などの土地制度が実施されてきた。北魏では，新たに支配した住民を強制移住させ，人口に応じて土地を分配する計口受田という政策を行っていたが，485（太和9）年，李安世*の提案により孝文帝が発布した均田制は，これを一般の州郡民にも適用して政府による土地と労働力の全面的な掌握をめざしたものと考えられる。まず穀物を栽培する露田を15歳以上の男子に40畝，女子に20畝授ける。奴婢には良民と同額を，牛には1頭につき30畝（上限4頭）を加えるが，これは一定限度内で大土地所有を認めたものである。露田には休閑・調整のため同額の倍田がつく。これらは死亡または70歳で返還する。このほか15歳以上の男子1人につき桑・棗・楡を栽培する桑田20畝が与えられるが，返還を要せず，過不足分は売買できる。麻の産地では麻田（男10畝，女5畝，奴婢同額）を収授する。なお，別に園宅地が支給された。北斉・北周・隋では北魏の制を継承しつつ，露田における倍田という区分が消滅し，麻田は桑田と同じく返還を要せず，後にはともに永業田と改称されるなどの変更が行われた。唐では露田を口分田と改称し，21～59歳の丁男・18～20歳以上の中男に80畝，老男・身体障害者に40畝，未亡人に30畝を授ける。

永業田は丁男・中男に20畝を与える。その他のものが戸主となれば口分・永業それぞれ20畝を給する。ただし土地の少ない狭郷では口分田を半減するなど，地域の事情に応じた調整を認める。そのほか官人・官職に対して官人永業田・職田を，官庁には公廨田を支給した。均田制は租庸調制・府兵制などとともに律令制度の一環をなすものとされているが，その施行の範囲や具体的な状況については見解が大きく分かれている。　　　　　（浅見　直一郎）

きんととう【金塗塔】　五代十国の呉越王銭弘俶が造立した8万4000にのぼる小型の仏塔のこと。銅製と鉄製の2種があり，いずれも鋳造製で高さ20cm強を測る。表面に鍍金を施したことからこの名があり，その事跡に即して銭弘俶八万四千塔とも呼ばれる。今日でも相当数の作例が現存し，それらの底面には銭弘俶が発願して制作した旨の銘文がある。中国では，南北朝以来，仏教信仰の流布に伴い，古代インドのアショーカ王(阿育王，前3世紀頃)が8万4000の仏塔を建立して仏教布教に多大な功績を残したという故事に倣って仏塔を造立することが盛んになった。これを阿育王塔というが，銭弘俶の金塗塔は，その最古の例とされる阿育王寺(浙江省寧波市鄞山)の仏塔の形をまねたものと伝える。日本にもその一部がもたらされ，基台や塔身が正方形をし，屋根の四隅に突起状の飾りがつき，頂に相輪を備える形は，後代の日本でしばしば見られる宝篋印塔の原型になったともいわれている。
　　　　　　　　　　　　　　　　（松本　伸之）

きんのう【金農】　1687(康熙26)～1764(乾隆29)。清の画家。仁和(浙江省)の人。字は寿門。号は冬心，他に稽留山民・曲江外史・昔耶居士・心出家庵粥飯僧・金吉金など30近い。30代から各地を遊歴し，晩年は揚州(江蘇省)に定住。揚州八怪の代表的存在。

詩書画にすぐれた博学の文人であるが，1736(乾隆元)年に経験した官僚への挫折を転機に，画家としての本格的活動を開始する。創意を重んじ，既に養っていた古画の知識・鑑識眼を活かして竹・梅・馬・自画像から仏像へと作域を広げ，花果・人物・山水も描いた。50歳に始まるという墨梅は，古拙の趣を讃えられるが，梅花の種類・姿をよく観察し構想した清新さがうかがえる。墨竹も伝統にとらわれず自己の作風を追求した。人物・仏像を描く稚拙にみえる筆使いにも特色がある。代表作に『墨竹図』(京都，藤井斉成会有鄰館蔵)，『墨梅図』(米国，個人蔵)，『紅梅図』(東京国立博物館蔵)，『自画像』(北京，故宮博物院蔵)など。著に『冬心詩集』『冬心随筆』他の詩文集，『冬心画竹題記』『冬心画梅題記』など5種の題画記がある。　　　　（小林　宏光）

書は隷書を最も得意とし，初め漢隷を学び，後，三国呉の禅国山碑・天発神讖碑を取り入れ，50歳以後は活字体風の隷書に強い個性を打ち出した。ゴシック体・明朝体・刷毛書きなどを思わせる隷書表現の新様式は，後の碑学派の書人にも影響を与えた。また鑑別をよくし，金石碑版の収蔵にも富み，自身の書風形成に力を及ぼした。清史稿504
　　　　　　　　　　　　　　　　（小西　憲一）

きんふ【琴譜】　琴の旋律を記した楽譜。現存する最古の楽譜は唐代の『碣石調幽蘭』譜であるが，これは奏法を文章で表現した「文字譜」という方法で記されている。しかしこの方法は煩雑で一目でわかりにくいため，後に「減字譜」と呼ばれる琴独特の楽譜が工夫された。これは，左右の手指の使い方を意味する漢字の画数を減じたものと，演奏する弦や徽(音位の目印)を示す数字や左手指の略字を組み合わせて1つの文字に再構成されている。右手の基本的指法(弦のはじき方と押さえ方)は8種類あり，俗に「四指八法」という。これは右手の親指・人差し指・中指・薬指を用いて弦を弾く方向が内(手前)か外かによって区別され，親指内方向から順に「擘・托・抹・挑・勾・剔・打・摘」という。左手の指法には「吟・猱・綽・注」等があり，弦の押さえ方によって「散音・按音・泛音」の区別がある。減字譜には音の長短を示していないため，「打譜」をしなければならない。これは琴曲の一般的規則・演奏技法・曲想などを考慮してリズムを与え，実際に演奏できるようにする作業である。

「減字譜」の創始者は中唐の曹柔といわれる。当時の「減字譜」はまだ弦名に「宀」(宮)，「冋」(商)，「〆」(角)を用いるなど「文字譜」の名残を留めていた。晩唐の陳拙から南宋の成玉礀の頃は「減字譜」発展の過渡期で，さらに簡略化が進み，弦は「一(大)，二，三」が使用され，左右の指法も発展を遂げた。現存最古の「減字譜」は南宋の姜夔『古怨』である。南宋末から明清に至るとさらに整備され，徽の位置は何徽何分と表現するなどの術語も統一された。この頃の代表的琴譜は南宋末の『事林広記』や明中期の『松絃館琴譜』，清初の『五知斎琴譜』等である。「減字譜」に関する文献資料の重要なものは，『太古遺音』『琴書大全』や，明清の多くの琴譜中にある。また民国に査阜西が『存見古琴指法譜字輯覧』，管平湖が『古琴指法考』を著し，歴代の指法についての研究を行っている。
　　　　　　　　　　　　　　　　（池澤　滋子）

ぎんぷうかくざつげき【吟風閣雑劇】　清の戯曲家楊潮観(1710～88)の作品集。楊潮観

は，無錫(江蘇省)の人。字は宏度。笠湖と号した。1736(乾隆元)年の進士で，各地方の州官県令を歴任した。著述として『周礼指掌』『易象挙隅』などがある。四川省邛県の卓文君の旧縁の地に「吟風閣」を建てたことから名づけられた『吟風閣雑劇』は，32本の作品集である。いずれの作品も登場人物が数人しかいない，一場面の短い劇である。有名な作品に『寇莱公思親罷宴』『東莱郡暮夜却金』『汲長孺矯旨発蔵』などがある。これらは楊潮観の官吏としての経験に裏打ちされ，様々な場面に作者の政治的理想が託されていると評価されている。

（福満 正博）

きんぶん【金文】 中国古代(殷代よりほぼ漢代まで)に作られた*青銅器上に鋳・刻された文字。金文銘・青銅器銘文ともいうが，その文章を指していう場合と，その独特な書体(金文体)を指していう場合とがある。甲骨文と並び，今日知られる中国最古の大量の文字群であって，しばしば，甲骨金文と併称され，中国古代史(とりわけ殷周時代史)研究ならびに漢字研究のための最重要資料である。

金文は殷代後期(安陽期)に始まった。当初は，王室の青銅祭器に祀るべき先王等の名号や氏族の紋章と考えられる図象が記されたに過ぎず，その考古学的に確認できる最古の例は，*婦好墓(殷墟5号墓)出土青銅器の銘文である。いわゆる図象銘と祭祀対象の祖先名が記されているのみであるが，器そのものに比して，銘文の鋳造技法が著しく稚拙であって，このころから銘文を鋳造する風習が始まったことを示している。殷末帝乙・帝辛(紂)期に至って，20〜30字ほどの成文銘が記されるようになる。

西周期に入ると，急速に長文化し，200〜300字に及ぶ金文をもつ青銅器が陸続と作られた。西周後期の*毛公鼎は497字に及び，最長の銘文をもつ。

内容的には，殷末〜周初には，下臣の軍功等に対する王による宝貝の賜与およびそれを記念しての受賜者の祖先祭祀のための祭器の作成を記すものが基本であるが，西周中・後期には，官職への叙任ないし父祖の官職への子孫の再任の確認とそれに際しての身分表示のための車服や祭器作成のための銅地金の賜与を記すものが多くなる。また，種々の係争とその結末を記す場合もある。西周前期までは，これら青銅器は王室工房において作成されたと考えられるが，西周中期以降は，諸侯工房で作成されるものも次第に増大した。

東周期には，諸侯による作器のみとなり，東周王室による作器は確認されていない。*郭沫若は，前者を「宗周金文」，後者を「列国金文」と呼んで区別している(『両周金文辞大系』1932年)。

銘文の製作技法については，古来研究者間で様々な見解があって一定していない。何らかの方法により内范上に凸状の銘を作成し鋳造した，所謂「鋳銘」が大部分であるが，戦国期になると鍛鉄による*鏨が作られるようになり，これを用いて鋳成後に刻銘されることも次第に多くなった。

秦漢時代以降は，製作される青銅器そのものが，単なる実用器となり，祭器としての性格を失ったところから，その刻銘も容量などを記した実用的なものに変質したため，これらは，通常，ここにいう金文としては扱わない。

（松丸 道雄）

きんぶんがく【今文学】 清の道光年間(1821-50)に作られた学問枠組みを示す新しい思想用語。もともと，秦以前に使われていた文字で書かれた経書(古文の経)が漢になって世に出てくると，隷書で書定され博士官が教授していた経書はそれに対して今文の経ということになった。『左伝』『周礼』は古文の経だけであり『公羊伝』は今文の経だけだったので，博士の教授すべき経典をめぐって抗争が起こった事実もある。しかし，漢一代をとおし，経書の説義は今文や古文の個々の経書を単位として説かれていたし，主流は博士の経説だったので，今文学という学問枠組みは存在しなかった。今文学とは，*魏源などが，乾隆・嘉慶年間(1736-1820)に盛んだった漢学を実際政治への応用をたっとぶ見地から批判し，後漢の古文学を継承する学問だとして退け，公羊学を主とする前漢の学問を今文学として顕彰する思想的立場を打ち出したことに始まる。清末に*康有為などが公羊学にもとづく政治思想を大いに展開すると，今文学・古文学のイデオロギー対立が政治・学術対立として掻き立てられ，民国時代，さらにはその後の学術界にまで影響を遺した。

（関口 順）

きんぶんさい【金文最】 清代に編まれた金朝期の散文を網羅的に集めた総集。60巻。江蘇の考証学者張金吾(1787〜1829)が13年の歳月をかけ，3度稿を改めて編纂，清末の1826(道光6)年に上梓された。もと120巻だが，本書上梓の直前に同様の主旨から出版された荘仲方編『金文雅』と重複するものは後に題目のみに削除され，60巻となった。張金吾は『資治通鑑長編』の編者としても知られ，本書も遺漏・誤脱はきわめて少ない。また本文の削除が少ないのも長所。金研究の重要資料である。

（高橋 文治）

きんぶんぺん【金文編】 民国の字書。14巻，付録2巻，器目1巻，検字1巻。容庚著。呉大澂『説文古籀補』に倣い，殷周青銅器の銘文を

『説文解字』の編次に従って集録した中国初の金文専門の字典。初印は1925(民国14)年。1939(民国28)年，この間の数多の金石著録書の刊行に因り大幅に増補して再版。1959年の第3版は，殷周青銅器3165器から正編1894字，付録1199字を収める。容庚の没後，1985年の新版は，さらに新出金文が加わり，3902器，正編2420字，付録1352字に増補改訂され張振林と馬国権により刊行，摸本も両氏による。なお，容庚には秦漢の金文を集録した『金文続編』(1935年)の著もある。 (高久 由美)

きんぺい【金餅】 円く平たい餅の形をした金製の貨幣。純度は90%以上で98～99%の高純度のものが多い。戦国時代後期に出現し，漢時代に普及した。重量は当時の1斤にあたる250g前後のものが多く，河北省満城県賈荘出土品には「斤一朱」の刻銘がみられ，斤を基準単位としていたと考えられる。当時の金貨幣としては，他に小型の馬蹄金があるが，これも金餅と同じ重量基準でつくられており，戦国楚で発達した切遣いの郢爰とは性格が異なる。 (廣川 守)

きんぺいばい【金瓶梅】 明の口語長篇小説。全100回。万暦(1573-1620)末までには成立していた。舞台を北宋末の1112(政和2)年から南宋初の1127(建炎元)年にとっているが，実際には作者の生存していた明の嘉靖(1522-66)から万暦にかけての社会風俗をえがいている。作者については諸説あるが，中国小説史上初めての個人の創作になる口語の長篇小説とする点ではほぼ一致する。ただしそれが誰かについての定説はない。かつては王世貞説がもっぱらであり，李開先説などが台頭した時期もあったが，現在では屠隆説が有力である。

主人公で生薬屋を営む西門慶が，さまざまな悪事に手を染める過程で蓄財し，それを元手に官職にありつき，贈収賄を繰り返しつつ成り上がっていくさまを，とりまく女性たちとの性生活ともないまぜにえがく。主な登場人物に後妻の呉月娘，第5夫人の潘金蓮とその侍女龐春梅，第6夫人の李瓶児，先妻の娘婿陳経済がいる。書名は潘金蓮・李瓶児・龐春梅から1字ずつをとったもので，これ以後に成立した才子佳人小説の命名法に影響をあたえた。あらすじは以下の通り。

西門慶と密通し，夫の武植を毒殺してその第5夫人におさまった潘金蓮だったが，大金を持って西門慶の第6夫人となり一子官哥までもうけた李瓶児に寵を奪われたことを怨み，官哥に猫をけしかける。ひきつけをおこした官哥が死ぬと李瓶児も血の道を病み，まもなく後を追う。李瓶児の死後，潘金蓮は呉月娘と対立するようになり，西門慶の子をもうけようとしたあげく，淫薬過多でこれを死なせてしまう。かくて家を出された潘金蓮は，誤殺による流刑から帰ってきた武植の弟武松に殺され，西門慶の遺腹の子でその転生たる孝哥は普静和尚に因果をふくめられた母呉月娘によって出家させられる。

『金瓶梅』は既存の口語による各種長短篇小説の影響を受けている。発端の10回ほどはそっくり『水滸伝』によっており，各種話本や『百家公案演義』の趣向も利用している。終盤の武松の復讐や普静による死者の薦抜の趣向は『封神演義』と『三国志演義』によっており，孝哥の出家は賈宝玉の出家として『紅楼夢』に受け継がれた。

『金瓶梅』のテキストは大きく2系3類に分かれる。万暦末に刊行された10巻本『金瓶梅詞話』(詞話本また万暦本)，崇禎年間(1628-44)にこれを改訂してなった崇禎本(改訂本)とよばれる20巻本，これに清の張竹坡(1670～98)が批評を加えた第一奇書本(竹坡本)がそれである。崇禎本は詞話本冒頭の武松の虎退治を削除し，西門慶の玉皇廟での結友に改めた。これは『金瓶梅』の玉皇廟から永福寺へという流れをより明らかにしようとした，崇禎本改編者の意図によるとみられる。 (大塚 秀高)

きんぼう【金榜】 1735(雍正13)～1801(嘉慶6)。清の経学者。歙(安徽省)の人。字は輔之，また蕊中，号は檠斎。1772(乾隆37)年の進士で，殿試の状元(首席合格者)だったが，すぐに官界から身を退く。江永の門に学んだ。礼学に造詣が深く，代表作に『礼箋』がある。その中では，古代の宮室・衣服・器物・制度・礼法などについて，後漢の鄭玄の説をもとに考証を進めているが，その不備を指摘することもあり，鄭玄を絶対視しがちな同時期の多くの学者たちとは多少性格が異なる。清史稿481 (水上 雅晴)

きんぽう【錦袍】 多色の彩糸で織った錦の袍。錦袍は古来贈り物，貢ぎ物として多く使用された。宮廷内では時服として諸臣に下賜した他，褒美として舞楽者や詩人に与えることもあった。さらに「蕃客錦袍」と称される蕃族への貢物や，蕃族との交易の品としても使用した。唐代の文献中には「広陵郡(江蘇省揚州市)，蕃客錦袍五十領をたてまつり，新たに錦袍二百領を加える」(『通典』食貨志6)とあり，揚州が当時錦袍の製作地の一つであったことが知れる。錦袍の遺品として，新疆ウイグル自治区・青海省界アラル北宋墓出土の霊鷲球文錦袍などがある。 (田中 陽子)

きんゆうじゅつ【今有術】 中国数学の基礎理論の一つ。代数的な比例計算の基本公式。

『*九章算術』では巻2・粟米章に展開されているが, 今有術という用語が見られるのは劉徽注である。劉徽は『*周礼』九数に対する鄭衆注の「今有」二字を算術名と解釈し, 今有術を「都術（包括的な基本公式）」とした。そして, 衰分章・均輸章の代数問題から盈不足章の過不足算, 句股章の相似三角形の比例計算に至る他の算術も今有術の応用として注解し, また自著の『*海島算経』では複雑な相似図形の計算を「重今有術」として注釈している。

（武田　時昌）

きんよう【鈞窯】 河南省禹州市鈞台八卦洞を中心とした一帯にある古窯。禹州が金から明代に鈞州と呼ばれたことからこの名がある。日本で澱青釉と呼ぶ失透性の乳濁した青釉が特徴で, 中国ではこの釉の色が濃いものを天藍, 鮮やかな青色のものを天青, 色が淡いものを月白と呼んでいる。金・元代には銅を加えた紫紅釉で斑紋をつくる技法が流行した。開窯は北宋末とされるが金以降とする説もある。金・元代に最盛期を迎え, 類似の製品は, 禹州だけでなく河南・山西一帯の多くの民窯で生産された。清故宮には底部に数字を印刻した一群の伝世品があり, かつてはこれを北宋代の製品とするのが一般的であったが, 近年では明初の製品とする説が有力となりつつある。

（森　達也）

きんらんで【金襴手】 明時代嘉靖(1522-66)～万暦年間(1573-1620)の景徳鎮民窯を中心に焼造された, 金彩のある五彩磁器に対する, 日本での呼び名。古赤絵の一種。この時代には苦渋で, 濃厚な赤絵付けを主体とする手が数多くあるが, 全体を緑彩で覆った萌黄地金襴や白磁に金彩のみの白磁金襴なども珍重された。器種としては, *偏壺に細い注ぎ口と把手がついた仙盞瓶や, 見込み中央が盛り上がった万頭心小碗形の向付などに名品が多い。

（矢島　律子）

きんりしょう【金履祥】 1232(紹定5)～1303(大徳7)。南宋～元の思想家。婺州蘭渓（浙江省）の人。字は吉父, 号は次農, 諡は文安。仁山先生と称される。*王柏・何基に学んだ。北山四先生の一人。元人と称されることがあるが, 自らは宋の遺民として生きた。天文・地形・礼楽・兵謀など通じないものはないとされた博識とそれに裏打ちされた着実な学風で, 『大学章句疏義』『尚書表注』『通鑑前編』『濂洛風雅』等を残した。元史189

（早坂　俊廣）

きんりょう【金陵】 →南京

きんりょうこくきょうしょ【金陵刻経処】 1866(同治5)年, *楊文会が南京に創設した仏典編纂・出版所。中国では既に失われていた『*成唯識論述記』等の隋唐の仏教書を日本に尋ねあて, 出版流通させた。また『大蔵輯要』の編刻を組織し仏典460部, 3300余巻を選びその8割を完成させた。事業を引き継いだ欧陽漸は研究部を設け支那内学院を創設した。人民共和国建国以後も, 200余巻の経典を出版したほか, 中国仏教協会の事業として『*玄奘法師訳撰全集』を出版した。現在は江蘇省文物保護単位となっている。

（森　紀子）

きんりょうはっか【金陵八家】 清時代初頭に金陵（南京）で活躍した8人の画家を総称したもの。張庚(1685～1760)によれば, 奇想派の画家として名高い*龔賢を筆頭に, 樊圻(1616～97以降)・高岑・呉宏・鄒喆・葉欣・胡慥・謝蓀を指す（『国朝画徴録』巻上）。又, 別に龔賢・葉欣・胡慥・謝蓀を含めずに陳卓(1634～79以降)・蔡沢・李又李・武丹を加える周亮工の説もある（『上元県誌』）。

（板倉　聖哲）

きんるぎょくい【金縷玉衣】 →玉衣

きんれんせいしゅうき【金蓮正宗記】 全真教の歴史をまとまった形で記した最初の書物。5巻。1241年の成立。全真教道士である秦志安の作。体裁は紀伝体であり, 東華帝君・正陽鍾離真人・純陽呂真人・海蟾劉真人・重陽王真人・玉蟾和真人・霊陽李真人・丹陽馬真人・長真譚真人・長生劉真人・長春丘真人・玉陽王真人・広寧郝真人・清静散人の計14名の伝を載せる。金石資料にみられる伝記類と比較すると, かなり史実を脚色してあることがわかるが, 却ってそれだけ作者たちの立場や教理が読みとれる文献となっている。特に重要なのは, 全真教の道統観を初めて明確に示したことである。すなわち, 全真の道は東華帝君に始まるとし, 彼を「全真第一祖」として位置づけており, 以下第二祖の*鍾離権から*呂洞賓と*劉海蟾へ, そして彼らから実質的な開祖である*王重陽へ, さらに七真たちへと系譜付けが行われ, これはその後の全真教でも踏襲されることになる。作者は丘処機（長春）の再伝にあたり, 教理の整理が進んでいたことが窺える。

（横手　裕）

きんろうし【金楼子】 南朝梁の評論（見聞・抄書も含む）の書。元帝蕭繹が生涯にわたって書き記したもの。金楼子は蕭繹の号。8万巻の蔵書を背景に政治・哲学・宗教から文芸理論・伝説・逸聞まで幅広い話題を含み, 六朝知識人の関心のありかと表現（批評的警句が多い）を知ることができる。も

と10巻15篇であったが散佚し，清代に『永楽大典』から佚文を輯めた6巻の四庫全書本と知不足斎叢書本が伝わる。　　　　　　　　　（衣川　賢次）

く

く【句】　句とは，言語や詩文の切れ目であり，またその切れ目で区切られた言語や詩文の一部分を言う。「夫れ人の言を立つるは，字に因りて句を生じ，句を積んで章を成し，章を積んで篇を成す」(『文心雕龍』章句篇)と言うように，句はいくつかの文字から成り，それらの句がいくつか結びついて章ができ，更に篇ができる。句は詩文の最小の単位であり，それに基づいて心地よいリズムを刻む句法が工夫された。漢語は，音韻的にも文法的にも2字の組み合わせによって意味を明確にしようとする傾向が強い。文言文には，その漢語に内在する一定の抑揚のリズムに基づき形式を整えようとする傾向があり，韻文・散文ともに元は2字の抑揚を2度重ねる四字句を基調としていた。更にもう一度抑揚のリズムを加えた六字句も，より効果的にリズムを生かす役割を担う句法として愛用されるようになる。六朝に発達した駢文はこの四字句・六字句を基調とするものである。　　　　　　（坂内　千里）

ぐ【虞】　『儀礼』士虞礼などに規定された，喪礼における祭祀の名称。遺体を埋葬し終えて帰宅してから，棺が安置されていた部屋でおこなう神主(位牌)を拝する儀式。ただし，墓所が遠くて日帰りできない場合は，その日の宿泊所でおこなってもよい。遺体そのものを埋葬したあとのはじめての儀式であり，以後は遺体に代わって神主が祭祀の対象となる。最初の虞祭(祫事)の翌々日に2度目(虞事)，そのまた翌日に3度目(成事)の虞祭をおこない，あわせて三虞という。　　　　　　（小島　毅）

くう【空】　大乗仏教の中心となる理論の一つ。サンスクリット語の śūnya(tā)の訳。śūnyaは何もないことであり，数学ではゼロを意味する。原始経典でも空は説かれるが，それが中心的な概念に発展するのは，大乗の般若経典，および中観派の哲学においてである。般若経典では，事物に関する固定的な見方を否定することが空であり，空を徹見する智慧が般若と呼ばれる。それはさらに，中観派の祖である龍樹(ナーガールジュナ)によって哲学的に深められる。龍樹の主著『中論』では，空は無自性，すなわち事物に固定的な本性がないことと解された。中国でも重視されるようになる『中論』第24章第18偈では，「衆の因縁もて生ずる法を，我は即ち是れ無(＝空)と説く。亦た是れ仮名なり，亦た是れ中道義なり」(鳩摩羅什 訳による)と説かれ，空＝縁起(因縁)＝仮名(言語によって仮に設定されること)＝中道という定式化がなされている。

中国においては，空は老荘系の無と近似したものとして受け取られた。しかし，無が存在の根源として一種の実体性を持つのに対し，空はそのような実体性を否定するところに眼目がある。このような空の理解は，鳩摩羅什とその門下によって大きく進展した。僧肇の『肇論』はその代表的なものである。その後，南北朝末から隋代に至って，三論の吉蔵や天台の智顗によって，さらに中国的な展開を遂げる。吉蔵は龍樹の『中論』などを直接受けながら，有と空を超えて非空非有へと進んでいくべきことを説き，空を超えたところに中道を認める。智顗はその点をさらに積極的に理論化し，『中論』第24章第18偈で同一視される空と仮(仮名)と中(中道)をそれぞれ独立の3つの原理として三諦説を主張し，その中でも中が空と仮を統合する位置に置かれた。

このように，中国では空よりもそれを超える中(中道)に大きな位置が与えられたり，あるいは空を積極的に表現する実相などのほうが好まれるようになった。唐代に至ると，華厳系統ではこの傾向をさらに推し進め，世界の根本原理である真如や，絶対的な心の原理である一心が立てられるようになった。一見，空を重視するかに見える禅においても，見性(自己の本性を悟ること)と言われるように，心の原理が空よりも優先されている。

（末木　文美士）

くうかい【空海】　774(宝亀5)～835(承和2)。日本真言宗の祖。讃岐国多度郡の人。15歳で上京し，20歳で出家。空海と名乗った。804(延暦23・唐の貞元20)年入唐し，青龍寺の恵果に真言

密教を学んだ。806(大同元・唐の元和元)年帰国し，835年，62歳で入寂，弘法大師の号を贈られた。京都の東寺を中心に活動し，同時の入唐僧最澄(伝教大師)とは当初こそ交流があったものの，816(弘仁7)年には交わりを絶った。弟子が空海の詩文を編纂したものに『性霊集』があり，嵯峨天皇・橘逸勢と並んで三筆と称されるほど書にも優れていた。
(藤善 眞澄)

くうしんせん【空心塼】 中が空洞の塼(煉瓦)。前漢時代頃，現在の河南省洛陽市・鄭州市一帯に多い。主に墓室を効率よく構築するために作られ，概して大型で，長辺百数十cm，短辺数十cm，厚さ20cmの直方体をなすものが多いが，墓室の形状にあわせた複雑な形のものもある。表面にはスタンプあるいは篦描きによって，人物・動物・馬車などの画像や各種の幾何文を表したものが多い。また空心塼で築いた壁面に顔料で壁画を描くこともある。
(谷 豊信)

クーブルール Séraphin Couvreur 1835～1919。フランスの宣教師・中国学者。1853年，イエズス会に入会。1870年，神父として中国に向けて出発。河間(河北省)を拠点に布教活動。1896年，フランス語とラテン語を並記した『詩経』訳を刊行。後にウェイリーから『詩経』の仏訳の最上のものと評価される。またフランス語の解説を入れた『中国古文大辞典』(1890年)を編纂し，ジュリアン賞を受賞。これは現在でも使用可能なものである。
(門田 眞知子)

ぐうやくちぎょく【藕益智旭】 1599(万暦27)～1655(順治12)。万暦三高僧なかでも雲棲袾宏の後継を自認する明末清初期の僧侶。木瀆(江蘇省)の人。八不道人の別号を持つ。俗姓は鍾。若くして念仏に専心するが，戒律を守らない当時の禅僧を厳しく批判し，教・禅・律いずれにも拘束されない根源的立場において浄土教をとらえつつ，天台教学や唯識論を取り込んで「現前せる一念の心性」を究尽することにつとめた。儒仏道三教同源の思想も抱き，『周易禅解』を含む47種の釈経書を著す。その他の文章は『宗論』に収録される。 (三浦 秀一)

クーラン Maurice Courant 1865～1935。パリ生まれの外交官。リヨン大学文学部中国語講師。INALCO(パリ東洋語学校)で中国語と日本語を習得。コレージュ・ド・フランス教授のシャバンヌと同級。通訳研修生として北京へ。1890年，領事館付き通訳としてソウルに赴任。当時領事のコラン・ド・プランシの勧めでヨーロッパに知られていなかった韓国の書物のカタログ(全4巻)を作成(1894～1901年)。1894～95年には日本にも滞在した。フランス国立図書館(旧 Bibliothèque Nationale)の依頼で中国・日本の文献カタログも作成した。
(門田 眞知子)

ぐき【虞喜】 281(太康2)～356(永和12)。東晋の天文学者。会稽郡余姚(浙江省)の人。字は仲寧。太陽の年周視運動の1年(太陽年)と，冬至から次の冬至までの1年(回帰年)とが異なるため，冬至点が移動するという「歳差」を中国で初めて唱えた。歳差の値は，50年ごとに1度冬至点が西に移動するとした。また「安天論」という宇宙論を提唱した。これによると宇宙は無限であり，太陽や月や星はそれぞれ独自の運動法則を持っているとする。
晋書91
(長谷部 英一)

くきでん【瞿起田】 1590(万暦18)～1650(順治7)。明末の文学者・政治家。常熟(江蘇省)の人。名は式耜，起田は字。号は稼軒，謚は忠宣。汝説の子。1616(万暦44)年の進士。南明の永明王の時，桂林を留守し，官は文淵閣大学士兼兵部尚書に至り，臨桂伯に封じられたが，清兵に桂林を囲まれ殺された。その詩は明朝滅亡時の悲憤慷慨の感情に溢れるのが特徴的である。著に『瞿忠宣公集』等。明史280
(田口 一郎)

くきゅうじょうりゅう【虎丘紹隆】 1077(煕寧10)～1136(紹興6)。臨済宗の僧。和州含山県(安徽省)の人。俗姓不詳。出家して長蘆崇信，湛堂文準，黄龍悟新などに学び，澧州(湖南省)夾山の圜悟克勤の教えを嗣ぐ。侍すこと20年，故郷に帰って開聖禅院に住し，ついで宣州(安徽省)彰教禅院，平江府(江蘇省)虎丘山の雲巌寺に住す。『虎丘隆和尚語録』1巻があり，「塔銘」が付載される。また『語要』がある。 (永井 政之)

くご【箜篌】 撥弦楽器の名。臥箜篌・竪箜篌・鳳首箜篌の3タイプがあり，前一者はチター族，後二者はハープ族に分類されそれぞれに起源，伝播系統が異なる。臥箜篌は春秋戦国時代に存在したとされ，形態的には柱をもち，横に倒して演奏するため箏と同類で，漢代には5弦で10余の柱を有し，木の撥で弾くタイプがあった。隋唐代の宮廷音楽である九部伎・十部伎の1つ，高麗伎に用いられ，日本にも伝えられたが，現在では朝鮮半島の玄琴がその遺制を伝えている。アーチ型の共鳴胴の下方から横木を取り付け，20余弦を垂直に張る竪箜篌は西アジア起源で漢代の中国に伝わり，隋唐代の宮廷音楽や俗楽に重用された。インド経由で東

晋の中国に伝来した鳳首箜篌は，横木を持たないアーチ型の共鳴胴の先端に鳳凰の彫刻を施したもので，隋唐代の宮廷音楽で用いられたが，今日ではミャンマーのサウンがその名残を留めている。今日の中国では復元改良楽器として西洋のハープのように支柱をもつ雁柱箜篌が考案，使用されている。

(増山 賢治)

ぐこう【愚公】　『列子』湯問篇の寓話『愚公山を移す』の主人公。愚公と呼ばれる90歳の老人が，家が二つの大きな山にふさがれて出入りに不便なので，子と孫まで動員して，山を掘り崩すことを始めた。人に笑われると，愚公は自分が死んでも子孫が絶えることがなく，山はこれ以上高くならないから，いつかは平らにできると答えた。これに感動した天帝が山をよそへ移させたという話。愚かな者も不屈不撓の精神で当たれば，いつかは大事業を成し遂げることができるの喩え。

(鈴木 健之)

くざん【鼓山】　福建省福州市の東，閩江の北岸にある山。「こざん」とも。海抜969m。山頂にある鼓型の巨石が風雨で揺れて音を出すところから命名されたという。山中には160余りの名勝古跡がある。中腹の湧泉寺は後梁の908(開平2)年に閩王の王審知が雪峰義存の弟子の神晏を請して創建した禅刹で「閩刹の冠」とされる。現存の伽藍は清・民国代のものが大半。寺の近くの霊源洞には歴代の著名人による摩崖の石刻がある。明の永覚元賢による『鼓山志』12巻がある。

(永井 政之)

ぐざんは【虞山派】　清代の画派の一つ。王時敏・王鑑が董其昌から受け継いだ，倣古を旨とする正統的文人山水画の流れは，王時敏の孫王原祁を祖とする婁東派と，王鑑・王時敏の弟子王翬を祖とする虞山派に分かれた。王翬の弟子でこの派に属する主要な画家として楊晋・李世倬・上睿などがいる。虞山派の称は，王翬の出身地である常熟(江蘇省)の名山，虞山にちなんだもの。いにしえの画風を尊び，宋元の諸家に倣う山水画風は清朝の画壇に少なからぬ影響力を持った。

(宮崎 法子)

くし【櫛】　→櫛

くしきし【瞿式耜】　→瞿起田

くしゃかい【苦社会】　清末の小説。48回(実質24回)。1905(光緒31)年，上海の申報館発行。作者不詳。海上漱石生(孫玉声)は，その叙においてアメリカへ労働者として行った経験がある人の作だという。中国で生活に困窮した知識人が最後に見出した活路は，ペルーへの出稼ぎだった。その船中で受ける虐待，上陸後のひどいあつかい，さらにはアメリカにおける中国人労働者排斥を背景に，迫害される中国人の悲惨な有様を描写する。人種差別に対する怒りと本国政府のふがいなさを告発して力がある。

(樽本 照雄)

くじゃくとうなんひ【孔雀東南飛】　後漢末から六朝のころ成立した長篇物語詩。「焦仲卿の妻(の為に作る)」とも題される。仲睦まじい若夫婦，焦仲卿と劉蘭芝が焦仲卿の母によって引き裂かれ，二人は再会を約束して泣く泣く別れる。ところが実家にもどった劉蘭芝は家族から再嫁を迫られて婚礼の当日に入水，焦仲卿も後を追い縊死する。両家がこれを合葬したところ，墓の両脇の木は枝を交わし，そこに鴛鴦が鳴いたという。この詩を収録する現存最古の書は『玉台新詠』で，その題下注に，焦仲卿は後漢末の廬江府の下級役人で，歌は二人の死を悼んで作られたものという。詩には後漢の民間起源の歌である楽府の相和歌辞との間に共通性がみられる一方，結末は南朝の民間歌謡『華山畿』に似て，成立年代を確定することは難しい。全篇は353に及ぶ五言句で貫かれ，内容・形式ともに中国詩史上稀有の作品であり，長篇の語りものがこのころにも行われていたことをうかがわせる貴重な資料でもある。

(松家 裕子)

くじゃくみょうおうぞう【孔雀明王像】　仁和寺に伝来する北宋後期の舶載仏画。国宝。孔雀明王は，『仏母孔雀明王経』(唐の不空訳)を典拠とし，その像は地異天変の祓いや祈雨・祈晴・治病・産生など，さまざまな息災を祈念する密教呪法「孔雀経法」の本尊として制作された。一般に一面四臂像を基本とするが，この仁和寺本は，菩薩の顔の左右に忿怒相をあらわした二面をそなえ，さらに合掌する二手に弓・矢・金剛杵・戟の持物をとる四臂をあわせもつ三面六臂像となっている点が特異。画面中央に尊格をあらわす画技から，都汴京をはじめとする華北の中央で制作された可能性が高い。

(井手 誠之輔)

くしゃろん【倶舎論】　唯識の論師として有名な世親(ヴァスバンドゥ。400～480)が，いわゆる小乗仏教の代表的な部派，説一切有部の教学を簡潔にまとめ，独自の批評を加えて一書としたもの。苦・集・滅・道の四諦の体系に基づき，法(ダルマ。世界の構成要素)の分析や修道の実際などが詳細に論じられている。その根本の考え方は，古来，「三世実有，法体恒有」の句によって表される。アビダルマ(法の分析)文献の代表的な論書で名著の誉

れ高く，また唯識の了解にも不可欠とされた。
（竹村　牧男）

ぐしゅう【虞集】　1272（咸淳8）～1348（至正8）。元の学者。崇仁（江西省）の人。字は伯生，号は邵庵。呉澄に師事し，董士選の推薦を得て元朝に仕え，国子監の官職等を歴任する。文宗トク・テムルの学問所である奎章閣の侍書学士として元朝一代の政書『経世大典』の編纂に携わる。黄溍・柳貫・掲傒斯と共に儒林の四傑と称され，詩人としても著名であり，呉全節や薛玄曦ら帝室に影響力を持った天師道系の道士と交流を持ち，教学の枠を超えた心学活動をも展開する。元史181　（三浦　秀一）

くしゅうはく【瞿秋白】　1899（光緒25）～1935。民国の革命家・作家。常州（江蘇省）の人。筆名は屈維它・史鉄児など。北京の俄文専修館在学中のとき五・四運動がおこり，指導者の一人として頭角をあらわした。1920年，李大釗の組織したマルクス主義研究会に参加，また『晨報』の記者としてモスクワを訪れ，ロシア十月革命の情況を中国に紹介した。この間の通信は『俄郷紀程』および『赤都心史』に収められている。1922年入党，23年に帰国して党中央委員となった。『新青年』や『嚮導』など党機関誌の編集者・理論家としてマルクス主義の中国への導入に尽力した。1927年に八・七会議で中央政治局常務委員に就任し，陳独秀に代わって中国共産党の指導者となったが，左傾のあやまりを犯したとして31年に王明らの攻撃をうけて失脚した。その後は活動の重点を文芸理論に移して，いわゆる第三種人論争や文芸大衆化論争などで活躍する一方，マルクス，エンゲルスの論文やゴーリキーの小説を翻訳，紹介した。1935年に国民党によって逮捕，銃殺された。獄中で手記『多余的話』を書いている。　（中　裕史）

ぐしょし【虞初志】　文語の短篇小説集。『陸氏虞初志』として『四庫全書総目提要』に天一閣蔵本が著録された。もと8巻からなる。通行本は7巻。巻1前半に南朝梁の呉均『続斉諧記』から17則，唐の薛用弱『集異記』から16則を選録し，巻1後半以下に「離魂記」ほか唐の伝奇29篇を収める。編者を陸氏とする説は誤り。明の嘉靖（1522-66）頃の人呉仲虚とする説が有力。成書時期は嘉靖から万暦（1573-1620）中期にかけてと推定される。
（大塚　秀高）

ぐしょしんし【虞初新志】　清の文語小説集。20巻。編者は張潮（1650～1709），字は山（三）来，号は新斎。安徽省歙県の人。編纂時期は康熙（1662-1722）中期。康熙39（1700）年の刊本が存する。同時代人の著した各種伝記，たとえば王ППП（実際は銭謙益）の「徐霞客伝」・呉偉業の「柳敬亭伝」・余懐の「王翠翹伝」，潘介の「中冷泉記」などの遊記，世界の七不思議を記したフェルビースト（南懐仁）の「七奇図説」などを収める。初版刊行後数次に亙る増訂をへており，篇数その他が異なる複数の刊本がある。
（大塚　秀高）

ぐせいなん【虞世南】　558（永定2）～638（貞観12）。初唐の名臣・書家。越州余姚（浙江省）の人。字は伯施，諡は文懿。爵位から虞永興とよばれる。父の荔は学問文章で南朝梁・陳の2朝に仕え，人物清廉と称えられた。初め陳に仕え，隋の大業（605-618）中に秘書郎となる。唐の秦王（太宗）が太子となると太子中舎人に挙げられ，即位すると著作郎に転じ，弘文館学士を兼ね，欧陽詢らとともに貴族の書を嗜む子弟に書法を教授した。633（貞観7）年，秘書監となり，翌年，永興県公に進んだ。638年，致仕を許され，銀青光禄大夫を授かったが，同年，81歳で没し，昭陵に陪葬された。性格は沈静寡欲，志が篤く勤勉で，生活ぶりは質素であった。兄の世基（煬帝の側近）とともに学問を呉郡の顧野王に受け，門下において10年間学んだ。隋の煬帝は彼の才を愛したが，言行に厳正だったことが災いし重用されなかった。容貌は柔弱で任に堪えそうになかったが，精神は抗烈で議論は常に公正さを保った。太宗は虞世南の人柄と博識を高く評価し，学問や書について語り合い，虞世南には徳行・忠直・博学・文辞・書翰という5つの超絶した長所があると称えた。虞世南は王羲之7世の子孫である智永を学び，その書法を究めた。張懐瓘の『書断』に虞世南と欧陽詢を比較して「才知・力量はともに匹敵するが，各書体をこなすという点では欧が勝る。しかし，虞は内に剛柔をあわせ持ち，欧は外に筋骨を露わにしている。『君子は器を蔵す』という見方からすれば，虞の方が優れている」と述べている。彼と欧陽詢・褚遂良を初唐の三大家と呼ぶ。その書『孔子廟堂碑』は欧陽詢の『九成宮醴泉銘』とともに楷書の名品として広く知られている。ほか『積事帖』『汝南公主墓誌』『左脚帖』などがあるが，真跡と見るには疑問点が多い。著には『北堂書鈔』『帝王略論』があり，書論には『書旨述』がある。旧唐書72，新唐書102　（横田　恭三）

くぞうし【孔叢子】　孔子やその子孫である子思・子高・子順などの言行を載せた書。孔子第8世の子孫で，秦末陳勝の時の博士孔鮒の撰といわれる。
　『漢書』芸文志にその名が見えず，また内容も雑

駁であることから，魏晋のころの偽作ではないかと考えられる。現行の『孔叢子』は，小爾雅篇・公孫龍篇などをも含む 21 篇のほかに，これもまた孔子の子孫孔臧の作という『連叢子』上下 2 篇が付されている。　　　　　　　　　　　　（弥 和順）

ぐちゅうれき【具注暦】　日本の朝廷の陰陽寮が作成，頒布していた，日の吉凶に関する種々の注記が施された暦。基本的には上段に日付・干支・納音・十二直など，中段に二十四節気・七十二候など，下段にその他の暦注が記載された。現存する最古のものは正倉院の紙背文書で 746（天平 18）年，749（同 21）年，756（天平勝宝 8）年の断簡や，静岡県から出土した 729（天平元）年のものがある。その他，具注暦に藤原道長（966〜1027）が日記を書き込んだ『御堂関白記』などもある。　（小林 春樹）

くっかれいぶんか【屈家嶺文化】　長江中流域の新石器文化。1955 年に湖北省京山県屈家嶺遺跡で最初に発見されたことにより命名された。江漢平原を中心に，北は河南省南部，南は洞庭湖一帯に分布し，放射性炭素年代測定法ではおよそ紀元前 3 千年紀前半に位置づけられる。大渓文化に後続し，土器は泥質黒陶が多く，轆轤製作の薄胎黒陶，紅陶に黒彩をほどこした彩陶の壺や紡錘車が特徴的である。その洗練された製作技術から専業的な土器生産がはじまったことがうかがえる。石器には木工具や狩猟具があるほか，とくに石鏃と石鉞といった武器類の発達がいちじるしく，城壁で防御した集落が各地に出現する。なかでも湖北省天門市石家河遺跡は 1300m×1100m の巨大な城郭をもち，居住区・手工業区・祭儀場・墓地などからなる萌芽的な都市に発達していった。屈家嶺文化は水田稲作の発展にともなって社会の複雑化と地域統合が急速に進行した時代であり，近年では中国文明の起源地のひとつとして注目されている。　（岡村 秀典）

くつげん【屈原】　前 340 頃〜前 278 頃。ただし生年・没年とも異説が多い。戦国楚の人。『史記』によれば，名は平，原は字。昭・屈・景の三姓（いずれも楚の王族）を率いる三閭大夫の地位にあった。楚懐王の信任篤かったが，上官大夫靳尚の中傷に遭い，また秦との和平に反対して，王子の子蘭に疎まれた。懐王は秦に拘留され客死する一方，屈原は江南に追放され，失意のうちに汨羅に入水したという。旧暦 5 月 5 日は屈原の命日といわれ，ちまきを食べたり，龍の彫刻で飾った船で競争したりする風習が今もある。

古来『楚辞』の代表的な作者とされ，後継者の宋玉と並んで「屈宋」の称がある。王逸『楚辞章句』では，『離騒』『九歌』『天問』『九章』『遠遊』『卜居』『漁父』を屈原作とし，『大招』もその可能性があるという。近代には，廖平や胡適のように，屈原の実在や，『楚辞』との関係を疑う説も現れたが，一方では愛国詩人として賛美され，郭沫若は，屈原の研究書と屈原を主人公とする戯曲の両方を残している。なお，『離騒』の「余に名づけて正則と曰い，余に字して霊均と曰う」から，「霊均」の称もある。史記 84　　　　　　　　（谷口 洋）

くっそう【屈宋】　→屈原，宋玉

くつだいきん【屈大均】　1630（崇禎 3）〜96（康熙 35）。明末清初の詩人。広州府番禺県（広東省）の人。字は介子，号は翁山。初名は紹隆，出家から還俗まで 12 年間の名は今種。18 歳で軍事闘争に参加して以来，反清の姿勢を貫いた。29 歳から 47 歳までに 2 度の大旅行をして明朝回復と文学修行をはかり，その間，朱彝尊・王士禛・銭謙益・顧炎武・傅山らと交際した。48 歳以降は隠棲して著作に専念した。

その名を『離騒』の「霊均」から取ったように，彼は屈原の末裔であることを自認し，『楚辞』を最高の文献として，その反俗と抵抗の精神や悲傷と慷慨の口調を学びながら，特に明朝の成立と滅亡に関係の深い場所や人物，あるいは清朝の圧政を題材にとりあげた。梁佩蘭・陳恭尹とともに「嶺南三大家」とされる。『翁山詩外』18 巻，『翁山文外』16 巻，『広東新語』28 巻などがあるが，1730（雍正 8）年，生前の清朝にたいする反逆的な言辞が摘発された「屈大均詩文事件」以来，禁書のうちでも最も厳しい対象とされ，現在でも稀覯本となっている。清史稿 484　　　　　　　　　　　（松村 昂）

くとうじょ【旧唐書】　五代後晋に成った唐一代の歴史書。200 巻。945（開運 2）年刊。劉昫撰。後晋の高祖（石敬瑭）の命により，941（天福 6）年宰相趙瑩の監修のもと張昭遠・賈緯らを中心に編集が進められ，完成時の宰相の劉昫の名のもとに奏上された。本紀 20 巻・志 30 巻・列伝 150 巻より成る。唐代に編纂された史料をそのまま用いている部分が多く，玄宗朝以来の事業を継承した代宗朝に至るまでの国史である『唐書』や，国初から武宗朝に至るまでの実録などを材料としている。そのため『新唐書』と比べて，史料として貴重な部分が多い。但し，史料をそのままの形で引用したがために全体を通じての体例の統一が十分ではなく，編集も杜撰な部分がある。また，唐代前半に比べると後半の記事は不備が多く，特に唐末の混乱によって史料が散逸している宣宗朝以降の記事は，その傾向が顕著で

ある。　　　　　　　　　　　　（松浦　典弘）

くどく【功徳】　功は成し遂げられた仕事のこと，徳は古義では天が王に付与した呪力を意味したらしいが，次第に人としての立派な行いを示すようになった。この語は儒教でも用いられ，また官吏や兵士の成績を称することもあったが，仏教伝来以降，仏教信者が誦経・念仏・施財などをすることを指し，儀礼を行うこと全般も意味した。道教もほぼ同様の用語法に従っており，唐代以降は道教儀礼を功徳と称する例も多い。現代台湾では道教の死者儀礼を意味することがある。　　　（丸山　宏）

くどくし【功徳使】　唐中期に設けられた仏教統制の官職。代宗の769(大暦4)年に始まる。もと朝廷が行う建寺・写経・法会などの奉仏事業(功徳)を担当するものであったが，有力宦官が任ぜられて権限が大きくなり，ついには全国の僧尼事務を統轄することになり，807(元和2)年には，道士・女冠の事務も移管された。宋代にも存続したが，開封府尹(都の長官)が兼任して権限は小さく，元豊の官制改革(1080～82)で廃止された。元代でも約50年間，功徳使司が置かれた。　　　（竺沙　雅章）

くどんしつた【瞿曇悉達】　生没年不詳。唐の天文学者。インドから中国に移住した天文学者の家系に属し，その名前はインド名 Gotama Siddha の音訳である。父の名は瞿曇羅。712(延和元)年に太史監に任命された。インド系の暦計算書『九執暦』を著し，10進法位取り数表記法，正弦関数表，日・月食の視差計算法などをはじめて中国に紹介したが，余り大きな影響を与えなかった。むしろ精度が余り高くなかったために，後の暦書ではさほど評価されなかった。718(開元6)年に占星術の大集『開元占経』を編纂。息子の瞿曇譔も天文学者として太史局で活躍した。　　　（矢野　道雄）

ぐなばっだら【求那跋陀羅】　394～468(泰始4)。南朝宋代の仏教僧。インド中天竺の人。功徳賢・摩訶衍とも呼ぶ。推定サンスクリット語原名は Guṇabhadra。家系は非仏教徒の婆羅門だったが，部派(小乗)仏教の『阿毘曇雑心』(説一切有部の論書として現存する『雑阿毘曇心論』に相当)を見て出家・受戒し，後に大乗仏教に進み菩薩戒を受けた。スリランカ経由で435(元嘉12)年に広州に到着，文帝が都に迎え入れ，顔延之が表敬し劉義康(彭城王)が師事した。祇洹寺に住んだが劉義宣(南郡王)に招かれ荊州の辛寺に移る。義宣が反乱に敗れると孝武帝が再び都に迎え，中興寺に住んだ。463(大明7)年の干ばつで雨を降らせたのは彼の祈禱の効験と伝えられる。彼が原典を唱え宝雲と法勇が訳した現存経典は，大乗仏教の『楞伽経』『勝鬘経』『法鼓経』『央掘魔羅経』『相続解脱波羅蜜了義経』，部派仏教の説一切有部の『雑阿含経』『無憂王経』，大乗仏教の要素が濃い『過去現在因果経』であり，いずれも中国・日本の仏教に大きな影響を与えた。『楞伽経』が肉食を禁じるように彼も菜食家だった。『出三蔵記集』14に伝がある。宋書97　（榎本　文雄）

ぐなばつま【求那跋摩】　367～431(元嘉8)。南朝宋に活躍したインドの仏教僧。サンスクリット名はグナヴァルマン(Guṇavarman)。罽賓(ここではガンダーラ地方か)の王族の出身で，師子国(スリランカ)，闍婆国(ジャワないしスマトラ島)などを経由して，建康に到来し(431年，一説に430年)，きわめて短期間のうちに，『菩薩善戒経』10巻等の原典をもたらし翻訳に携わると共に，三蔵法師として，建康における小乗戒と大乗戒(菩薩戒)の普及に多大な影響を与えた。『出三蔵記集』14，『高僧伝』3に伝がある。　　　（船山　徹）

ぐにん【弘忍】　→弘忍

ぐびじん【虞美人】　秦末，項羽の愛妃。虞姫ともいう。前202年，楚の項羽は漢軍によって垓下(安徽省)に包囲された。この時，四面みな楚の歌をうたうのを聞いて，項羽は自らの最期を悟り，『垓下歌』をうたって，虞美人と愛馬の騅との別れを惜しんだ。『史記』項羽本紀の正義に『楚漢春秋』を引き，虞が応えた歌として「漢兵已に地を略し，四方に楚歌の声す。大王の意気尽きたるに，賤妾何ぞ聊じて生きん」を載せるが，五言の詩形からみて，後漢以降の作と思われる。史記7，漢書31
　　　　　　　　　　　　　　　（小池　一郎）

クビライ　Qubilai　1215～94。モンゴル帝国第5代のカアンにして，大元ウルス(中華風には元。なお，ウルスとはモンゴル語で国を意味する)の初代皇帝。在位は1260～94。漢字表記は忽必烈。諡はセチェン・カアン(英明なる皇帝)，中華式の廟号は世祖。モンゴル帝国とアフロ・ユーラシア世界を大きく変貌させた人物。日本にとっては，2度にわたるモンゴル襲来の命令者として印象深い。
　チンギス・カンの嫡腹の末子トルイの次子。幼少・青年期の記録は乏しく，前半生はほとんど謎につつまれている。クビライが歴史の表舞台にあらわれるのは，7歳年長の兄モンケが帝位を実力で奪取するとき(1249～51年)といっていい。
　兄モンケが第4代カアンとなると，帝国の東方経営をゆだねられ，アジア東方に臨むことになった。

漢文史料では，彼はもともと中華方面に関心があったかのように記すが，それは多分に結果論である。陝西からチベット高原の東辺をへて，雲南にあった大理王国を制圧，ここに広義のチベット・雲貴高原はモンゴルの統令下に入った。最大の攻略目標である南宋国の横腹をおさえつつ，長期戦で江南征服をはかる方針から，短期決戦を望むモンケとの対立となり，一度は東方作戦からはずされた。

　彼の運命が旋回したのは，1259年に皇帝モンケが親征中の四川で急死したことであった。これにどの程度クビライが関与したかは定かでない。クビライは，1260年からの末弟アリク・ブケとの帝位継承戦争に勝って，64年に帝位を確実にし，以後は次々と新型帝国への建設に邁進する。帝都「大都」の造営，新国号「大元」の採用，南宋の併合，日本・東南アジアへの遠征軍派遣，陸と海のルート統合によるユーラシア交流圏の創出，西方のモンゴル・ウルスとの連携による世界連邦化へのステップアップなど，人類史上で空前の多元複合帝国への道を開いた。中国史はもとより，世界史もここで大きな画期を迎える。元史4〜17　　　　（杉山　正明）

くふう【工夫】　ある目的を達成するために努力すること。「功夫」とも書く。芸術論，ことに書論の評語として，六朝時代からよく用いられた。梁の庾肩吾の『書品』では，巧まぬ自然の妙味を意味する「天然」と対応させて，人為の巧妙さを示す書の批評基準としている。天然と工夫のバランスのとれた書が高く評価される。唐以後では，禅僧や儒者の語録でも頻用され，さらに『滄浪詩話』などで，詩学の批評用語としても用いられるようになった。
　　　　　　　　　　　　　　　　　　（興膳　宏）

ぐふく【具服】　→朝服

ぐほん【虞翻】　164(延熹7)〜233(嘉禾2)。三国呉の学者。余姚(浙江省)の人。字は仲翔。孫策の功曹となり，曹操に辟されたが応じず孫権に仕えた。しかし，孫権が呉王となった後はしばしば諫争し，酒の上での失敗から交州(ベトナム北部)に左遷され，そこで学を講じた。特に易に詳しく，門徒は常に数百人に及んだといわれる。『易注』のほか，『老子』『論語』『国語』に訓注があったが，今は佚して伝わらない。『易注』10巻は『漢魏二十一家易注』に集められている。三国志57　（串田　久治）

くまらじゅう【鳩摩羅什】　350〜409(弘始11)。一説に344〜413(弘始15)。五胡十六国後秦における長安で活躍した，亀茲(クチャ)出身の仏教僧。真諦・玄奘・不空らに先んずる中国仏教を代表する翻訳家の一人。サンスクリット名はクマーラジーヴァ(Kumārajīva)。鳩摩羅耆婆，童寿ともいう。亀茲国は，中央アジア東西交通の要衝であると共に，多数の仏寺をかかえる仏教センターであり，説一切有部(インドの部派仏教の中で最大の勢力を有した部分。過去・現在・未来の三世の一切が実在すると説く)の仏教が盛んであった。この国で鳩摩羅什はインド人を父とし，亀茲国王の妹を母として生まれ，7歳で出家し，9歳で母に連れられて罽賓(ここではカシミール地方か)に赴き，説一切有部の教説を学んだ。12歳のとき亀茲へ帰る途中，沙勒(疏勒，カシュガル)にて大乗仏教の空の思想に触れ，1年ほど『中論』『百論』『十二門論』などを学んだ。この経験は彼を大乗に傾倒せしめる機縁となった。帰国後，20歳になると，卑摩羅叉に就いて説一切有部の『十誦律』を学び受戒する一方で，大乗の空の思想を説く『放光般若経』を発見して学んだとされる。彼は説一切有部に属する大乗僧侶であったのである。ただ戒律について言えば，彼は384年に呂光が亀茲を侵攻した際，破戒(淫戒)を余儀なくされた経験をもち，終生「破戒僧」の自覚を抱き，戒律の教示を意識的に避けたようである(後述する長安でも淫戒を破る状況に追い込まれたという)。五胡十六国時代の政治的動向に伴って，姑臧(甘粛省)にて15年間ほど過ごした後，401(弘始3)年，姑臧を都とする前秦が後秦に降伏したのを機に，羅什は長安に送られた。そして後秦国王の姚興によって準備された長安城外北方の逍遥園において，おびただしい数の経典翻訳に着手した。のち活動拠点は長安の大寺に移った可能性が指摘されているが，経典翻訳を継続する一方で，僧肇・慧観・竺道生・僧叡(慧叡)・道融・曇影など，多数の漢人僧侶の育成にあたった。彼は，長安における10年足らずの間に，『般若経』の空の思想や，それを基盤とする龍樹系の中観思想，浄土思想など，当時の仏教界にとって全く新しい画期的な思想と文献をもたらした。なお彼の没後，如来蔵・菩薩戒・唯識などの大乗思想が伝来したが，それらは羅什教学に存在しなかった，大乗仏教の更なる新展開である。『出三蔵記集』14，『高僧伝』2に伝がある。晋書95　　　　　　　　　　（船山　徹）

ぐみょうしゅう【弘明集】　仏教護法の論文集。南朝梁の沙門の僧祐の撰。書名に冠せられた「弘明」とは，「(仏の)道を弘め(仏の)教えを明らかにする」との意。14巻。ただし同じく僧祐の撰述にかかる『出三蔵記集』の巻12に『弘明集』の序と目録が著録されており，それでは10巻。しかもそこに著録されているのはすべて梁以前の文章であって，その時点以後に増補がなされたことが分か

る。梁以前の文章について言えば，南朝宋の明帝が陸澄(りくちょう)に命じて作成させた「法論目録」(『出三蔵記集』12所収)に著録されているものと多くが重なる。『出三蔵記集』の実際の編纂者は若くして書記として僧祐に仕えた劉勰(りゅうきょう)であったといわれ，『弘明集』の撰述にも劉勰の協力のあったことが考えられる。

本書は，「邪を摧(くだ)き惑を破り」「道を弘め法を護る」ところの仏教護法の立場に立つ諸人の文章を集めることを目的とするが，集められている文章は沙門のものよりも士大夫のものが多数を占め，しかも往々にして論争の相手の意見が引かれている。それらの文章を通して，仏教の流伝以後，中国人が仏教のいかなる点に疑問を抱き，反発を感じたのか，そしてそれに対して仏教側がどのように応酬し，中国人が仏教を受容するに至ったのか，いわゆる儒・仏・道三教交渉の跡を考えるうえの貴重な文献である。たとえば因果応報の問題，殺生の問題，あるいはまた王法と仏法，神滅と神不滅，孝と孝の倫理に抵触するかのごとき仏教の剃髪の習俗ならびに出家主義の問題等々，すなわち仏教と中国固有の思想・生活・習俗との対立あるいは融合の諸相を，いわば異文化接触に関わる問題をまざまざと教えてくれる。あるいはまた道教攻撃の文章を通して，間接的ながら六朝時代の道教の実態をうかがうこともできる。巻末に後序として付されている「弘明論」に，排仏の議論が6種に類型化して論じられているのも貴重である。　　　　　　　　　　(吉川 忠夫)

クムトラせっくつ【クムトラ石窟】

新疆ウイグル自治区クチャ県城南西約30km，ムザルト(渭干)川東岸にある石窟寺院群。クムトラ(庫木土拉 Kumtura)千仏洞ともいう。112窟が現存，そのうち48窟が壁画を有する。クムトラ石窟では寺院経営に関わった民族の文化が美術にも影響を与えたとみえ，5世紀から8世紀中葉まで亀茲系，7世紀後半から8世紀にかけて中国系，9世紀末以降ウイグル系の様式がそれぞれ展開した。窟形式は中心柱大像窟・方形窟・方形僧房窟・長方形僧房窟・中心柱窟・長方形窟・僧房窟・小型窟・方形平天井窟・方形小窟・不規則窟に分類される。壁画の主題としては仏伝図・仏説法図・変相図などがある。GK第20窟・GK第21窟はクムトラ最早期の5世紀初頭に造営された窟であるが，河川の浸透で大部分が倒壊して埋もれていたことで，却って1977年に発見されるまで窟形が比較的完全な形で残った。GK第21窟は方形の窟にドーム天井を持ち，その中心に大きな蓮花を描き，放射状13に区切った中にそれぞれ精美な菩薩を描く。菩薩は蓮上に立ち，それぞれが異なる髪型を結い，髪や上半身，上腕や手首に豪華な装飾品を幾重にもまとい，花縄をゆったりとかける。細い羽衣が軽やかになびき，描線は伸びやかで色彩が鮮明に残る。　(勝木 言一郎)

くようがくは【公羊学派】

清代，常州(江蘇省)の学者に始まり，清末に至るまで政治改革を提唱した学者の一派。公羊学派というのは，これら学者が儒教の経典の一つ『春秋』の解釈学である「公羊伝」を理論的根拠にしていたことによっている。清代公羊学の研究を本格的に始めたのは，常州の学者荘存与・劉逢禄であった。特に劉は後漢末の公羊学者，何休が提唱した「三科九旨説」を重視した。この劉に学んだのが魏源・龔自珍(きょうじちん)であり，公羊学を経世(政治改革)の理論とした。ここから公羊学を経世の理論とする学者が輩出し，清末には一つの潮流を形成するが，その頂点に立つのが康有為であった。康有為は公羊学を廖平(りょうへい)から学んだが，何休の提唱した「三科九旨説」に基づき，いわゆる拠乱，昇平，太平に至る世の変遷をとく理論，また公羊の「微言大義」に基づき，孔子改制説をといた。この理論は宋学に依拠して義理経世をとく張之洞(ちょうしどう)の批判を受けた。　　　　(大谷 敏夫)

くようかししゃくれい【公羊何氏釈例】

清の経学書。何休の『春秋公羊伝解詁』の義例説を分類し解説した書物。劉逢禄の撰。1805(嘉慶10)年序。孔広森(こうこうしん)の『公羊通義』，荘存与の『春秋正辞』が，『公羊伝』本文を対象としているのに対し，劉は何休の公羊伝解釈によりながら，董仲舒の説を験することによって，義例説を30項目に大別し，さらに項目ごとに細かく分析し(例えば，月日例は51条)，『公羊伝』に思想上，表現上の諸原則が存在することを説いた。『皇清経解』に所収。(石黒 宣俊)

くようしゅんじゅう【公羊春秋】　→公羊伝

くようだつ【孔穎達】

574(太建6)〜648(貞観22)。唐初の経学者。冀州衡水(河北省)の人。字は仲遠。「くえいだつ」「こうえいたつ」とも読む。唐の太宗の勅命による『五経正義』撰定の責任者として知られる。孔子32世の孫という。若くして五経に通じ，兼ねて算暦をよくし，文章にも長じた。国子博士，国子司業を経る間に暦法・明堂の事を議し，『隋史』編纂，唐五礼の制定に従事し，638(貞観12)年に国子祭酒(国立大学総長)となって『五経正義』編纂に着手する。その全き完成は彼の死後の654(永徽5)年のことであった。旧唐書73，新唐書198　　　　　　　　　　　(野間 文史)

くようでん【公羊伝】

『春秋』の思想的解

釈書。正式名称は『春秋公羊伝』。『公羊春秋』ともいい、『左伝』『穀梁伝』を併せ、「春秋三伝」「三伝」と称される。通説では、孔子門下の子夏の弟子、公羊高の手に成るというが、同一の価値観に統一されておらず、一人の編纂ではない。

　春秋時代の魯の記録書『春秋』は、ある視点によって策定されたとし、個々の記録の形式に込められた意図を再構成することにより、策定の目的を明らかにしようとする。『公羊伝』には成立過程にかかる多重する認識が存在するが、その基本は、記録された春秋期の個々の行動について、非違するものに記録上の誅罰を加え、それによって乱れた秩序を回復したとし、『春秋』書中に、一王によって統一された世界を構築したと認識するものである。後に、来るべき統一に期待し混乱を収拾する理念を示したとする意識が付与され、漢帝国成立の正統性の基礎理論となった。後世、清朝末期などの帝国の混乱期に、秩序の回復を目指す革命の理論として機能した。
　　　　　　　　　　　　　　　　　（田村　和親）

　グラネ　Marcel Granet　1884～1940。フランスのデュルケム派の社会学者、中国学者。1904年、パリの高等師範学校に入学。歴史・哲学・法律の他、デュルケムについて社会学を学び、彼の方法論に影響を受ける。はじめ、コルシカ島のリセ(高校)の教授。当時、コレージュ・ド・フランスの中国学の教授であったシャバンヌから古典中国語を知り、中国学に開眼する。INALCO(パリ東洋語学校)で中国語を習得。1911～13年、北京に留学。1913年、シャバンヌの後を継いで高等研究院の教授となる。第一次世界大戦に出征、負傷する。1920年、『詩経』の「国風」の恋愛詩を分析した《Fêtes et Chansons anciennes de la Chine(中国の古代の祭礼と歌謡)》で博士号を取得。社会学の見地から古典の『詩経』や『左伝』に関心を抱く。従来のヨーロッパの中国学に新しい観点を取り入れた中国学者として重要である。主要な著述としては《La Religion des Chinois(中国人の宗教)》(1922年)、《Danses et légendes de la Chine ancienne(中国古代の舞踏と伝説)》(1926年)、《La Pensée chinoise(中国思想)》(1934年)、《Catégories matrimoniales et relations de proximité dans la Chine ancienne(古代中国における結婚のカテゴリーと近親関係)》(1938年)などがある。
　　　　　　　　　　　　　　　　　（門田　眞知子）

　ぐり【屈輪】　彫漆の一種に対する日本での呼称で、曲輪・倶利とも書く。雷(渦巻)文・雲文などの文様を彫り表したもの、あるいはその文様を指す。文様の「くりくり」としたさまを形容した名称と思われる。屈輪文を表した彫漆器の例は、江蘇省武進区南宋墓出土の柄鏡箱(常州市博物館蔵)や福建省福建市南宋墓出土の合子があるが、元・明代に最も流行した技法で、中国では剔犀と呼ばれるものに相当する。ハート形や眼鏡形・如意頭形のようなものを含むが、その起源は不明である。　（日高　薫）

　グリュンヴェーデル　Albert Grünwedel　1856～1935。ドイツ、ミュンヘン生まれの考古学者。とくに仏教美術遺跡や遺物の考古学的研究の権威であった。ミュンヘンで美術と東洋学を学んだ後、ベルリン民族学博物館に勤務した。1893年に初版が出た『インドにおける仏教芸術』という著作は、ヨーロッパにおけるこの方面の教科書として版を重ねた。1902年から数度にわたって行われたドイツの吐魯番探検隊の調査では、第1次(1902～03年)、第3次(1905～07年)で中心的な役割を果たし、カラホージョ(高昌故城)、センギム・アキズ、クチャ、カラシャールなどを、フート、ル・コックらとともに発掘調査し、多数の採集品をベルリンにもたらした。ル・コックが探検家として著名なのに対し、グリュンヴェーデルは収集品の学術的研究に尽力した。このときに得た各地の千仏洞の壁画についての知見が、のちに『古代クチャ』『アヴェスタの悪魔』などの東洋美術史上の業績として結実した。
　　　　　　　　　　　　　　　　　（秋山　元秀）

　くわばらじつぞう【桑原隲蔵】　1870(明治3)～1931(昭和6)。東洋史学者。福井県生まれ。1896(明治29)年東京帝国大学漢文科を卒業、東京高等師範学校教授を経て、1909年京都帝国大学文科教授となり、東洋史学を担当、1930年定年退官した。早年に『中等東洋史』を著して、わが国の東洋史教育の基礎をつくった。ヨーロッパ近代史学の方法を採用して、名著『蒲寿庚の事蹟』はじめ、東西交渉史、中国文化史・法制史等に多数の業績を残した。『桑原隲蔵全集』(1968年)がある。
　　　　　　　　　　　　　　　　　（竺沙　雅章）

　くん【裙】　春秋戦国時代から清代まで、身分の上下を問わず、約3000年近くもの長期にわたって女性の間で着用され続けた下半身衣の総称。古代は男性も着用した。現在のスカートと同種のものであり、身分の高い人々は長裙(足先まで達するものや裾を曳くものもある)をはき、働く階層は短裙(足の出る丈のもの)を着けた。
　古代の裙は下裳的な存在であり、男女とも裳の下や衣の下に着用したが、庶民階級は表裳としても用いた。長沙馬王堆漢墓からは、下半身に巻き付けて着用したと思われる漢代の裙が出土している。魏

晋南北朝時代になると、女性の裙は表裳として下半身衣の中心的存在となり、南朝では裙の上に腰丈の上衣を着るのが一般的な姿であるのに対して、北朝では上衣の上に胸高に裙を着ける形式がみられるようになり、これは隋・唐に継承された。隋から唐初にかけては縦縞模様が流行したようであるが、盛唐期以降は、花模様等種々の文様を施した美しいゆったりとした長裙が好まれた。また一方で、胡服の影響による細身の裙の流行もみられた。

五代になると裙の着装位置はウエスト辺りまで下がり、この形式は宋に受け継がれていった。福建省の福州黄昇墓出土の宋代の裙は、羅地の巻きスカート状で、中心部に多くの細かい襞が畳まれたものである。元では、蒙古族の女性は袍服であったが、漢族の女性は依然として裙襦を着用し続けた。明に入っても同様で、襞を畳んだ巻きスカート状の裙の上に腰裙(丈の短い裙)を巻いたり、背子や比甲を重ねたりした。清になると、満洲族の女性は長袍を着けたが、漢族の女性は腰下丈の襖に裙を着けるというのが一般的な姿であった。　　　　　　(増田 美子)

ぐん【郡】　州——郡——県と連なる地方行政の単位で行政区画。春秋末期頃からみえるが、県との上下関係ははっきりしない。戦国期の秦で、商鞅の改革によって国内が県に編成されたのち、周辺の新たに併入された領土が郡とされ、県より規模が大きかったことなどから、県の上に配されることになったと推定される。始皇帝の統一後、天下を36郡(のち48郡)に分けた郡県制が定着し、中央から派遣の郡守(長官。のち太守)、郡丞(次官)以下の役人による直轄統治が実現した。

後漢に入ると、郡の上に州を置く州郡県制となるが、魏晋南北朝時代の分裂期をつうじて州の細分化が進み、州と郡が規模・職務において実質上重なり合う事態を生んだ。このため再統一を目前にした隋の文帝は、583(開皇3)年、廃郡による行政改革を断行したが、これには地方行政を握る貴族層の排除も意図されていた。郡としての歴史はここで終わり、以後清朝末まで、州県二級制が地方統治の基本形として維持された。　　　　　(氣賀澤 保規)

ぐんえいかい【群英会】　『三国志』を題材にした伝統演劇の演目。赤壁の戦い前夜、孫権と劉備の連合軍は曹操と赤壁に対峙していた。曹操は周瑜を投降させるため周と学友の蔣幹を呉に送り込むが、意を察した周瑜は文官武官揃えて群英会と銘打つ宴を開き、蔣を酔わせて、曹操の水軍の大将蔡瑁と張允からの曹操の首を周瑜に献上するという偽の手紙を読ませる。蔣は急ぎ陣営に戻り、報告を受けた曹操はたちどころに蔡・張を殺すが、周瑜の計略と悟って後悔する(『蔣幹盗書』)。諸葛亮と周瑜は曹操の攻略法を計り、「火攻め」で一致するが、周瑜は自分の動きを全て読む諸葛を嫉妬して、3日以内に10万本の矢を作れと難題を持ち掛ける。濃霧の中、諸葛は草ぶきの船を連ねて曹操の軍営近くに行き、曹操軍が矢を射かけるように仕向け、船に射かけられた矢を持ち帰る(『草船借箭』)。更に周瑜は「苦肉の計」で黄蓋を責め、偽りに曹操に下らせようとしたが諸葛はこれも看破し、ますます周瑜の嫉妬を煽る(『打黄蓋』)。川劇では『苦肉計』、漢劇・徽劇・豫劇など多くの地方劇に見られる。
　　　　　　(波多野 眞矢)

ぐんおんるいせん【群音類選】　伝統演劇作品選集。明の胡文煥の撰及び編。万暦年間(1573-1620)の刊本があり39巻が現存。元明の雑劇と伝奇の単折(一齣物、見取り)157種、散曲小令(組曲になっていない小曲)323支、套曲(組曲)229套を収め、伝統演劇と散曲の両面で内容豊富な選集。当時流行の演目中の優れた齣を基準に各種声腔にも配慮して選ばれた載録曲からは、明の万暦年間の劇壇の盛況ぶりを見てとることができる。さらに、弋陽腔の23種の小片、その他散逸した作品の断片60余を保存し、研究者に貴重な資料を提供している。明万暦刊本の影印本(1980年、中華書局)がある。
　　　　　　(孫 玄齢)

ぐんきしょ【軍機処】　清中期以降の皇帝秘書官房。皇帝専制下では、決裁は皇帝に一元化されねばならないが、現実には無理なので秘書官房が生まれる。満洲時代は国家規模が小さく、政務は皇帝が決裁できる程度であった。当時の秘書官房たる内三院は、皇帝の命令を伝達し、国事を記録するに過ぎない。中国統治後膨大な行政量に見舞われると、政務処理能力が要求される。ここに内三院は内閣に衣替えし、翰林院を従えるに至る。しかし翰林院が本来学術機構であることは、その実務能力に限界を与えた。この限界は、雍正年間(1723-35)、ジュンガル部に対応するため軍機房が新設されたことによって突破される。軍機大臣・軍機章京は、固有の官品をもたない。彼らは、軍務その他を処理するため出向させられた能吏たちである。軍機処とは彼らの詰所であって、内廷と外廷の境に近い隆宗門に置かれた。軍機処が清朝皇帝の専制を支えたのは確かだが、皇帝を支援するに過ぎず、明の内閣のように権力を代行したわけではない。されば皇帝の指導力が弱まると、機能不全に陥った。　(谷井 俊仁)

くんきゅう【薫球】　香を焚くための金属製容器で、中空の球形をし、器壁に雲気文や花文など

の透彫を施し，そこから香煙が漂う仕組みとなっている。内部には，香片を置くための小皿が設置されるが，腰から下げたり，懐中に入れたりするなど，携行して用いる器物のため，振動などによってその小皿が傾かないよう，複数の可動式のリングを軸受けに用いるといった工夫を凝らして作られている。携行するのに便利なよう，ほとんどは直径5cm前後の小型になる。　　　　（松本　伸之）

ぐんけいへいぎ【群経平議】　王念孫・王引之父子が『読書雑志』『経義述聞』において示した方法論に従い，儒家の経典の句読や字義を正した書物。35巻。清の兪樾の著。ともすれば，専ら漢代の学者の説に依拠して経書を解釈する傾向があった少し前の考証学者たちとは異なり，古代文献における語法や修辞法，さらには仮借字の本字について，多数の用例をもとに帰納的に分析した上で独自の結論を導き出しており，旧解を正す斬新な説を多数提出している。　　　　（水上　雅晴）

ぐんけん【郡県】　→封建・郡県

ぐんけんせい【郡県制】　秦の地方統治制度。周の封建制に対比される。封建制では王族や功臣に采邑（小集落とその周辺の田地から成る領地）を与え世襲支配させたが，春秋時代には封建的采邑とは異なる県が設置され始めた。秦の孝公は前350年の第二次改革において従来の小集落を再編して31県（『史記』六国年表・商君列伝。秦本紀では41県）を置いた。その後，前221年に中国を統一した始皇帝は全国を36郡に分け，県を統治させた。こうして，郡の下に県を置き，中央任命の地方官に統治させる郡県制が全国に施行された。郡には民政を掌る守，軍事を掌る尉，監察を掌る監が，県には長官の令（1万戸以下は長），副官の丞，軍事担当の尉が中央から派遣されたが，これら郡県の地方官は世襲されることはなく，また転任もあり（漢代には出身地の地方官にはなれない本籍地回避の制も確立される），まさに皇帝の直接支配を実現する手足であった。秦の滅亡をうけて漢では郡国制が実施されたが，武帝の頃には実質的に郡県制となり，以後，この郡県制的地方統治制度は清朝まで続いた。
　　　　（鷹取　祐司）

くんこ【訓詁】　古語の意味（義）を解釈すること。「詁訓」ともいう。漢字には形・音・義の三要素があるが，漢字の辞典の歴史は字義を解釈する訓詁の書『爾雅』に始まり，次いで字形の書『説文解字』，最後に字音の書『切韻』が作成された。このことが示すように，訓詁こそが古典（主として経書）解釈の出発点であった。また『爾雅』では「釈詁」「釈訓」篇が冒頭に配せられるように，厳密にいえば「訓」「詁」には区別がある。『毛詩正義』は「詁とは古（いにしえ）の意。古今で語を異にするから，古語に通じて人に理解させるのである。訓とは道（説明する）の意。事物の形状を説明して人に告げるのである」と解説する。通常「AはBなり」の形式で，古語が今語に置き換えられる。漢字一字が単語だという古典中国語の性格にも因るが，「訓詁」は字義の説明を主とするものであり，文章構文の分析を志向するものではなかった。なお「訓詁」と対比される「章句」とは，訓詁を離れた注釈者の主観に基づく長文の解釈である。　　（野間　文史）

くんこがく【訓詁学】　古典文献の中で，文字で表記された文章や語句の意味を解釈し，明らかにすることを目的とする学問。「訓詁」という語は文字通りには，ある文字を他の文字に置き換えて，その意味などを解釈することであり，その意味で，『爾雅』や『広雅』『釈名』などのように，「甲は乙なり」という方式で字義を説明している文献を，書物分類学上の用語として「訓詁の書」と呼ぶことがある。しかし中国の伝統的な学問としての訓詁学では，個別の文字や語彙に関してよりも，まず儒学での5種類の経典である五経（『易経』『書経』『詩経』『礼記』『春秋』）の本文を正しく読解し，そこから聖人や賢人の思想を読み取ることを目的として展開された。すなわち経書に対して解釈を加えようとする学問の全体が，中国での訓詁学の総体であったといえる。

　訓詁学は古く「章句の学」と呼ばれることもあった。これは経書の文章を段落にくぎり，それぞれの文章に句読をつけながら本文を読み，その解釈を師から弟子に伝承していく方法であり，前漢の時代には主としてこのような方法がおこなわれた。『漢書』劉歆伝に「学者は訓故（詁）を伝うるのみ」とあるのが，まさにその方法であった。

　しかし後漢になると，背景にある言語を正しく理解したうえで経書を研究するべきであるとの認識をもった学者が数多く現れ，経書の本文中に使われている文字や単語を，他の文献中での用例と比較して，その意味を考えるなどの方法を使い，そこから得られる解釈に基づいた経書理解が展開されるようになった。かくして馬融や鄭玄らによって，経書に対する一群の注（のちに「古注」と呼ばれる）が撰述された。それが唐のはじめに『五経正義』としてまとめられ，やがて『十三経注疏』に発展する。ここに広義の訓詁学の集大成を見ることができる。　　　　（阿辻　哲次）

ぐんこくせい【郡国制】

漢の地方統治制度で，郡県制と封建制とを併用したもの。漢の高祖は，王を称する各地の群雄を取り込むことで項羽を破り，彼等の推戴で即位したため，論功行賞として彼等の王位と王国支配を承認する必要があった。秦代に廃止された封建制が漢で復活したのはこのためである。これら異姓諸侯王の領土は漢の版図の半ばを占めていたため，高祖の在位中に一王を除き全て粛清され，代わりに劉氏一族が皇帝の藩屏としてその地に封建された。しかし，同姓諸侯王国領も漢の版図の3分の2を占め，また王国は漢王朝と同様の官僚組織を持つ独立国家で，中には銅や塩の生産により富国強兵を図る者も現れたため，分割相続と領地削減による王国抑制策が開始された。これに反発した諸侯王は前154(景帝3)年に呉楚七国の乱を起こすが鎮圧され，その結果，王国の官僚は中央派遣となり諸侯王の治民権も剝奪されて，諸侯王はただ租税収入を得るだけの存在となり，諸侯王国は実質的に郡県化された。ここに郡国制は名ばかりとなり郡県制と変わらぬものとなった。　（鷹取　祐司）

ぐんさいどくしょし【郡斎読書志】

南宋の書目。正式の書名は『昭徳先生郡斎読書志』。晁公武著。現存する私家蔵書目録中，最古のもの。約1500部を著録し，その各々に解題がある。本目はある書籍の12世紀以前における姿を伝え，またそのうちには今日すでに佚亡，残欠しているものも多いことから，極めて高い史料的価値をもつ。著者晁公武は1132(紹興2)年の進士。四川で地方官を務めていた時，蔵書家の井度よりその蔵書を贈られ，これをもとに1151(紹興21)年ごろには本目の初稿を完成，その後も改訂増補を続けた。この初稿と改訂稿はそれぞれ4巻，20巻として刊行され，更に袁州(江西省)と衢州(浙江省)で重刊されたため，各々袁本(正編4巻と改訂稿の増補部分『後志』2巻，更に後の人による『附志』1巻からなる)，衢本と称されるようになった。なお本目と同様の宋代私家書目に陳振孫『直斎書録解題』があり，宋代以前の書物につき調べる場合，本目とあわせ参照するのが望ましい。　（井上　進）

くんさんへん【訓纂篇】

前漢の字書。1篇。揚雄の作。後漢の班固『漢書』芸文志・許慎『説文解字』叙によれば，平帝の元始年間(1-5)に，天下の文字の学に通ずる者を招聘し，宮廷において討究させ，その有用なものを取って編纂したとされ，『蒼頡篇』に順続し，当時の文字を集成する意図によることが知られる。両書に記された章数・字数から1章60字，全34章，総字数2040字を収録したと推定される。　（福田　哲之）

くんし【君子】

儒教的な教養と仁徳を兼ね備えた優れた人物のこと。君主や官僚，主人や亡父を指す場合もある。『論語』里仁篇に「君子は義に喩り，小人は利に喩る」とあるように，小人に対置される。正義に適うかどうか判断して行動するのが君子であり，経済的な損得を基準に行動するのが小人である。朱子学では，君子を官僚として採用せよ，道徳的に問題のある小人は排斥せねばならない，と主張している。『論語』顔淵篇に「君子の徳は風なり。小人の徳は草なり」とあるように，風が草をなびかせるように君子の徳によって民を感化する，というのが儒教の「己を修めて人を治める(修己治人)」という政治観である。朱子学でも，為政者が道徳的に正しい君子であれば，民がそれを見習って道徳的に正しくなり，世の中が平和になると説かれている。官僚個人が道徳的に正しくとも軍事的・政治的才能が無ければ世の中を治めることはできない，という政治的・現実主義的な観点に立った陽明学派の李卓吾は，朱子学の道徳至上主義は官僚の派閥抗争を激化させるものだと批判している(『蔵書』巻35・儒臣伝附評)。　（佐藤　錬太郎）

くんじゅ【裙襦】

上半身衣の襦とスカート状の裙とを組み合せた，主に女性用の衣服。襦の基本形は垂領・筒袖・腰下丈のものであるが，足首まで達する長襦もある。男女とも労働する階級の常服であった。上層階級においては主に下着として用いられたが，表衣となることもあった。女性の場合は裙との組み合わせで着用されることが多く，裙襦と称された。

襦形式の衣服は，すでに春秋戦国時代にはみられ，漢になると裙襦は女性の常服となった。魏晋南北朝時代には上層階級では裙衫形式が多くなるが，庶民は依然として裙襦であった。隋唐では上層階級も基本的には裙襦が中心であり，襦の上に半臂を着た。元でも漢族の女性の衣服の主流は裙襦であり，この形式は明まで継承された。清になると，漢族の女性も満洲族の影響を受けて上衣の襖との組み合わせの襖裙姿となり，裙襦姿はほとんどみられなくなった。　（増田　美子）

ぐんしょちよう【群書治要】

唐の類書。太宗が魏徴・虞世南・褚遂良らに命じて編纂させた。もと50巻あったが，現在は4・13・20巻が欠けている。一般には魏徴らの編集とされるが，それは名目で事実は蕭徳言の手に成るものであるらしい。従来，類書は詩文制作の修辞の手引きといった性格のものだったが，この書はそうではなく，歴代帝王の興亡の事跡を政治の参考に供するために編纂された。採録された書物は唐初の形を伝えており，後世

刊刻されたものとは異なる所が多くある。例えば，『晋書』2巻は唐朝がまだ『晋書』を修する以前の十八家中のものであり，また桓譚の『新論』などもこの書によってその梗概が伝わるなど学術的に貴重。中国では宋代にすでに失われたが，逆に日本に伝わって保存され，現在宮内庁書陵部所蔵の47巻の巻子本（金沢文庫本）が最古のものである。徳川家康が刊刻を命じてから，盛んに出版されるようになり，1787（天明7）年尾張藩で開版したものが，中国にもたらされた。　　　　　　　（副島　一郎）

くんしん【君臣】　君とは，祝禱して祈る聖職者を原義としているため，それは同時に政治的には指導層，氏族長を指した。臣とは，甲骨文・金文などでは上を見る目の形で，これも聖職に従い神につかえる者を原義としていたが，また臣は，異族犠牲のように神にささげられる者（臣僕）をも意味したため，政治的には従属者を指した。聖職に関わっていた君と臣は，しだいに身分関係に転化し，指導する君と指導される臣とに分化した君臣関係を成立させることになる。当初この関係は，身分関係として氏族内部や部族間などに重層的に形づくられ，周王はその構造の上に存在していた。

それが戦国時代にいたって一元化にむかう。君主は重層的な構造を越えて民を直接支配することをめざした。有能な人材を確保するために君主の臣下に示す仁愛と臣下の君主への忠によって成立した君臣関係について，父子関係の徳目である孝を基軸とする儒学は，忠を家族秩序である孝に近づけることで時代の要請に応えようとした。これに対して法家は，公的な関係である君臣と私的な関係である父子とは無関係で，時代の要請として君臣関係が圧倒的に重要であると説いた。やがて秦漢時代に皇帝制度が成立すると君臣関係は拡大された。そこでは皇帝につかえる官吏のみでなく，刑徒や奴婢を除いた民一般も臣として皇帝による支配の対象となった。ここに一君万民といわれる専制国家の体制が完成した。

一君万民という君臣関係は，皇帝制度が存続するかぎり存在し，均田制や科挙制などその時々の政策の基本的な理念であり続けたが，その一方で貴族や大土地所有者が出現するという社会状況の進展とともに，皇帝・官吏・民の関係にも変化がみられた。後漢末の党錮の禁後の逸民的な士の出現は，一君万民の君臣関係を流動化させ，臣下の皇帝への一方的な服従からの自立化傾向を生み出した。それは唐代の『貞観政要』での，君臣の双務的な関係による一体感の創設の議論，宋代の君臣を忠と義によって結合しようとする朱子学の議論に発展する。明代末期以降の社会の流動化は，地方分権の確立や皇帝権力の抑制を君臣関係に求めるにいたった。
　　　　　　　　　　　　　　　　（飯尾　秀幸）

くんどく【訓読】　「訓読」とは，漢字の周囲にレ点や一二点・上下点などを付し，付属語・活用語尾等を仮名で補い，漢文を日本語の文章に変えることを言う。それは古文の文法・語彙でできあがった独特の「訓読文」という文体になる。その符号や仮名を「訓点」と総称する。古くは「和読」とも言い，訓読文に直すことを「読み下す」「（仮名に）和らげる」と言う。

7世紀後半の木簡に訓読文の一句が記録されているところから，その頃にも訓読が存在したことが分かっている。もともと訓読というのは，漢文をその時代の言葉で翻訳したもので，漢文が日本に入って来た時点から存在すると言ってもよい。ただ，日本では先人の読み方をそのまま継承してゆくことにより，古い語彙や表現が訓読文の中に保存され，独得の翻訳文体となって，訓読文体と呼ばれる文体を形成したのである。中国文化の影響が及んだ周辺の民族でも訓読に相当するものは存在していたが，読み方が固定しなかったため，いわゆる「訓読」は生まれなかった。

訓読法は師資相承で伝えられたので，流派によって訓読の方式に差があり，法相宗・三論宗などから使われはじめ，天台宗系・真言宗系を中心に，多くの訓読方式が存在した。博士家の訓読法も，仏家のものからの派生である。

訓読法は，禅宗が伝わった中世以降に大きく変化した。禅僧たちは新注の典籍を読むことが多かったので，旧来の訓読法に囚われなかった。江戸時代になると朱子学が官学となったが，明経道の博士家でもなく，僧侶でもない，武士や商人出身の儒者も現れ，文之点・惺窩点・道春点（林点）・後藤点・一斎点などと呼ばれるさまざまな訓読法を工夫した。昌平黌の学頭であった林家の道春点が比較的影響が強かったが，これらは，現代の訓読方式に近い形に整理されていった。

江戸時代末には，訓読方式の文章が，庶民向けの読本などにも使用されるようになり，この文体が現代日本語の散文体の母胎となった。　　（木田　章義）

クンブムじ【クンブム寺】　→塔爾寺（タールじ）

ぐんぽうせっせいず【群峰雪霽図（曹知白）】
元代李郭派の画家，曹知白の代表作。紙本墨画，129.7cm×56.4cm，1幅。落款および黄公望の題識より，西域人のアリムバラのために1350（至正10）年に制作されたことが分かる。近景・中景・遠景の松の大きさを，距離に応じて2分の1ずつ減少させ

る手法や，地平線を画面中程の高さに設定する点，またモチーフをとらえる基本視点を画面上端から3分の1の高さに置く構成法は，李郭様式の正統に連なる。清朝内府の収蔵を経て，現在，台北，故宮博物院蔵。　　　　　　　　　　（救仁郷　秀明）

くんろ【薰炉】　香炉の類。香りをかもす他，害虫駆除の用もなした。漢代に「薰盧(炉)」と自銘する青銅器があり，器台の付いた鉢形の器にすかしの入った蓋が付いている。特に，蓋の部分を山峰の重なる様に作ったものを博山炉と呼び，河北省の満城漢墓から出土した金象嵌の器が有名である。博山炉は晋代まで盛行している。陶製の薰炉も馬王堆漢墓1号墓から出土している。　　　　　（江村　治樹）

け

けい【圭】　左右対称の細長い板状玉器で，通常，先の尖ったものを指す。西周に始まり，漢代まで続いた。尖端の角度や全体のプロポーションなど，形態は時代ごとに少しずつ異なる。殷の特殊な玉戈から派生したとする説があるが，その原形は明らかでない。玉の他に，石や貝殻で作られた圭も出土している。なかでも，山西省の侯馬盟誓遺跡から出土した春秋時代後期の玉圭・石圭は，盟書(侯馬盟書)の記されていることで有名である。『尚書大伝』によると，諸侯に持参させた圭を，天子は手元にある瑁という玉器と符合させ，諸侯に過ちがあれば圭を取り上げた。つまり，圭は瑁と一組の割り符のような瑞玉であると同時に，王から与奪される権威の象徴でもあった。しかし，出土資料で瑁に相当する玉器はまだ知られていない。ある研究によれば，圭の尖端部分に合わせた，V字状の抉りの入った形状が想定されている。　（川村　佳男）

けい【啓】　文体の名。上奏文。南朝梁の劉勰『文心雕龍』奏啓によれば，「啓」は「開」の意味で，臣下が心を開陳して君主に進言する文。前漢の景帝の諱が啓だったので，漢代を通じてこの字は使われず，三国魏になって上書に「啓して申しのぶれば」というようになり，末尾に「謹みて啓す」というようになった。表・奏・啓など上奏文の名は多種にわたり内容から区別されるが，実際上の本質的なちがいはなさそうである。『文選』には南朝梁の任昉の啓を3首あげている。　（幸福　香織）

けい【経】　→経・伝

けい【袿】　女性用の上衣。うちかけ。上に長い帯を燕尾形に掛けて装飾とした。『釈名』釈衣服に「婦人の上服を袿という。その下に垂れるものが上が広く下が狭くて刀や圭(一端のとがった玉器)のようだから袿というのである」という。『漢書』司馬相如伝の「蜚襳垂髾」の注に「襳は袿衣の長帯であり，髾は燕尾のようなもので，みな衣の上の飾りである」とあり，『文選』の注には「司馬彪は襳は袿飾であり，髾は燕尾であるといい，李善は襳と燕尾とはみな婦人の袿衣の飾りであるという」とある。「袿襡大衣」は皇后が廟に参詣する時の衣で，襡とは長襦をいう。『隋書』礼儀志に「皇后が廟に謁する時には袿襡の大衣を着用する。これは嫁服であり，褘衣という」とある。（相川　佳予子）

けい【卿】　本来は，郷と同一の文字で，二人の人間が盛食器を挟んで共食している様子を象り，共食儀礼に与る集団・地域，さらにはその長を意味した。西周・春秋時代には，大夫の上に位置する統治階層として，土地や農民を世襲的に領有した。戦国以降は，統治階層としては消滅して，単なる爵称，あるいは上層官僚の名称と化す。さらに時代が下ると，九卿や公卿の如く高級官僚の総称となり，また尊敬を表す二人称ともなった。
　　　　　　　　　　　　　　　（高木　智見）

けい【敬】　「格物窮理」とならぶ朱子学の実践・修養の方法。「居敬」「持敬」ともいう。「敬」の字は経書にも散在し，「つつしむ」「うやまう」「おそれかしこまる(畏敬)」などを原義とする。「敬」を修養の方法として意識的に強調したのは北宋の程頤に始まり，その継承者を自任する朱子は，程頤の「主一無適」「整斉厳粛」などの定義をもとに，自らの思想体系を支える概念として「敬」を再強調した。「敬」とは，厳粛な場面に臨んだ時と同じような心の緊張・集中した状態を意図的に日常の中に作り出そうとするもので，そのためには例えば外面的

な服装や立ち居振る舞いを意識的に整えることなどが要求される。「敬」は「格物窮理」とともに，人間の内面の陶冶を最終的な目標としながらも，内面的修養の恣意性を克服するために，努力の着手点を外面や形式に置くという朱子学の方法論の特徴を示す概念である。　　　　　　　　　　（垣内　景子）

けい【笄】　髪飾りの一種。簪，髪笄，或いは頭笄ともいう。周代以前は笄と称し，戦国以後は簪と称することが多くなった。現在の報告書なども，時代により笄・簪の文字を区別して使用していることが多い。出土遺物にみる笄の初現は，現時点において，新石器時代の最も初期の文化である磁山文化期の遺跡である河北省武安市の磁山であろう。磁山出土の笄は骨製である。形状は一端が円錐状になった円柱形と，両端が尖状の単純なものである。この単純な棒状の遺物が笄であるといえるのは，人骨の頭部周辺からの出土であることや，西安市の半坡遺跡出土の陶盆面上の人面紋の頭部に描かれた1本の線による。この絵より当時既に束髪の風があり，髪髻の固定に笄を使用していたと見ることができる。その後，笄は時代とともに材料を変化させながら，清代に至るまで絶えることなく使用されている。笄・簪はいずれも男女ともに使用したが，男子は髻と冠の固定に，女子は髻の固定に用いたのである。

笄に関しては，文献にも見ることができる。『儀礼』士冠礼・士婚礼・士喪礼などに礼式としての笄の扱いを，また，『礼記』や『後漢書』などからは日常生活或いは服制としての笄の扱いを知ることができる。それらに拠ると材料は等級により区別がある。天子・王后・諸侯は玉を用い，士大夫は象牙を用いたことなどが理解できる。しかし，唐の頃より様相が異なり，簪（笄）のもつ装身性が強まる。これは，唐代の高髻の風が髪飾りの水準を高めた結果と考えられる。宋以後の簪（笄）は，唐代の芸術性を基盤とし，主として金・銀を用い精巧に製作されたものであったことは，出土品から理解できる。明代は異文化を排斥したためか簪（笄）の発展は殆ど見られない。清代の全盛期，康熙・乾隆時代（1662-1795）になると，工芸品の製作は宮廷中心に栄え，簪（笄）もより精巧なものとなる。　（釣田　敏子）

けい【磬】　春秋戦国時代の「金石の楽」のうち，石（製楽器）を代表する。ブーメラン状の形状をもち，たたく場所によって二つの音が出る。その磬複数個をならべて架につり下げ，木槌で叩いて音を出す。大小の磬を配列するのに，大小の変化のさせ方は，編鐘のそれと連繋しつつなされたらしい。磬には，まれに銘文が刻されることがある。陝西省鳳翔の秦公1号大墓出土の編磬には，「天命」や「蛮夏」など，時代を特徴づける用語が見出され注目を集めている。単体としての磬は，殷周時代に見られ，山形（左右対称）が多く，春秋戦国時代に編磬が普及して「へ」の字形になった。　（平勢　隆郎）

げい【芸】　「芸」とは，「学芸」「技芸」と熟すように，「学問」と「技術」の両面を持つ。そしてそれらに共通する「習得して身につけるもの」を意味する。従って所謂「六芸」とは，六つの古典（易・書・詩・礼・楽・春秋）あるいはその学問，さらには六つの技芸（礼・楽・射・御・書・数）を指す。『論語』には「子曰く，道に志し，徳に拠り，仁に依り，芸に游ぶ」（述而篇）と，「芸」が君子の教養として認められている一方，「吾試いられず，故に芸なり」（子罕篇）とも記され，『礼記』に「徳成るは上，芸成るは下」（楽記篇）とも見えるように，あくまで追求すべきは「徳」であった。つまり「徳」の形成に役立つものとして，「芸」は意味を持つものであった。その構造の中で，現代の意味における「芸術」たとえば「絵画」は，上記六芸に含まれぬ「雑芸」という立場から出発したのだが，「徳」への従属的な立場からどのようにして独立するかを模索する。それが中国の芸術理論史の基本的構図の一つである。なお「芸」の本来の漢字は「藝」であり，日本で通常表記される「芸」字は「ウン」と読む別字である。　　　　　　　　　（宇佐美　文理）

けいうんろ【邢雲路】　生没年不詳。明代の天文学者。安粛（河北省）の人。字は士登。万暦（1573-1620）の進士。1580年代から1620年代に活躍。1595（万暦23）年，明朝の大統暦に誤りがあることを上書したが，改暦にいたらなかった。1608（万暦36）年，蘭州に高さ6丈の高表（太陽の影の長さを測る天文器機）をつくり，『戊申立春考証』1巻を著し，きわめて正確な1太陽年の長さを求めた。著に古今の暦法の得失を述べた『古今律暦考』72巻（1607年）や，『七政真数』がある。『疇人伝』31に伝がある。明史31　　　　　　　（新井　晋司）

けいえんし【閨怨詩】　「閨怨」は，「閨の怨み」の意。何らかの不本意な事情で，遠く離れて暮らす夫の身を思う妻の心情を詠う詩で，漢の『古詩十九首』以来，しばしば詩の題材となった。実際に女性が自分の身のこととして詠うのではなく，男性の詩人がそうした女性の立場を想像して作ったところに特色がある。

民間の歌謡に起源を有する楽府の詩のテーマとして，ことに六朝のころから流行した。唐詩にあっては，王昌齢『西宮春怨』や李白『子夜呉歌』『長門

怨』などの名作がある。　　　　　　（興膳　宏）

げいえんしげん【芸苑卮言】

明の王世貞が著した文芸評論集。正編8巻・付録4巻、全部で約720条の文章からなる。南宋の厳羽『滄浪詩話』や明の徐禎卿『談芸録』・楊慎『升庵詩話』の不備を補うつもりで1557(嘉靖36)年に着手し、72(隆慶6)年に完成した。

正編は詩と文に関する評論。巻1～巻4では『詩経』から元代までの主要な作品や作家をジャンルごとに論評する。たとえば唐詩において「盛唐は気を主とし、中・晩唐は意を主とし、時代をもって優劣をつけるべきでない」と寛容な見かたも見られ、あるいは盟友の李攀龍の『古今詩刪』の選詩のしかたに疑問を投げかけるところもある。巻5～巻7は明代の作家と作品に関する解説や評論。巻8は雑記。

付録4巻のうち1巻は詞と雑劇について、作家・作品の考証と論評。つぎの2巻は書道について、書体・書法・書跡の考証、明代までの書家の紹介と評価など。最後の1巻は絵画に関する明代までの画論の引用や画家の紹介である。　（松村　昂）

けいか【荊軻】

戦国時代末期の刺客。衛に生まれ、諸国を転々とした後、燕の田光のもとに身を寄せた。田光の推薦により、燕の太子丹の命を受け、秦王の政(後の始皇帝)暗殺の刺客として秦国に向かう。燕の督亢地方の地図と、秦からの亡命者、樊於期将軍の首とを手土産に、降伏の使者と偽って政に近づき、隠し持っていた匕首で突きかかるも、届かずに失敗、殿中に命を落とした。燕国を出立する際、易水のほとりで高漸離の奏する筑に唱和した「風蕭蕭として易水寒し、壮士一たび去って復た還らず」の歌は広く知られる。史記86　　（籾山　明）

けいか【恵果】→恵果

げいがい【芸概】

詩文・芸術に対する評論の著作。6巻。著者は清の劉熙載(1813～81)、字は伯簡、号は融斎。興化(江蘇省)の人。1844(道光24)年の進士。官は広東提学使等を経て、上海の龍門書院で14年間、主講をつとめた。『芸概』は晩年の著作で評論の集大成といった感があり、「文概」「詩概」「賦概」「詞曲概」「書概」「経義概」の巻から成っている。「概」の字を用い、自序で「好んで概を言う」と述べるように、全体のアウトラインをしっかりと把握して個別の特色を述べる所にその特徴がある。かつ文学の本質、芸術の規律、作品と人品との関係を重視するので、個性的、独創的な作家・作品には肯定的であるが、因襲模擬の作風には反対の立場を取っている。更にバランス感覚も良く、乾隆・嘉慶(1736-1820)以後、大量の碑板の出土による"碑学派"流行の中にあって、「北書(主に碑で代表される書)は骨を以て勝り、南書(法帖を主とする派)は韻を以て勝る」とし、独自の見解を持っていた。古桐書屋六種本のほか、数種の版本がある。　　　　　　　　　　　　　　（大野　修作）

けいかいぐこうし【桂海虞衡志】

南宋の広西地方の地志。1175(淳熙2)年成立。范成大撰。現行本は、厳洞・金石・香・酒・器・禽・獣・虫魚・花・果・草木・雑・蛮の13志に分けられている。范成大は1173年から75年まで、現在の広西と広東の一部を管轄する広南西路経略按撫使であった。この地域の風土・産物について記述し、他に見られない史料が多いことから、古来しばしば引用される。『知不足斎叢書』などの叢書に収められ、和刻本もある。佚文を含めた校点本が中国で複数刊行されている。　　　　　　　　　　（森田　憲司）

けいがく【経学】

経書に関わる学的営為の総称。経書(五経)は各自固有の成立の事情を持つが、やがて全てが孔子の編集に成るものと見なされ、その権威は前漢武帝期に確定された。経学史は第一期の漢唐訓詁学、第二期の宋明性理学、第三期の清朝考証学に分期される。いずれも経書に記された聖人の道を明らかにすることを目的とするが、概略的に言えば、第一期は古語を今語に置き換えることが中心で、今文学と古文学との対立を経て、その総合化に向かった。第二期では仏教を批判的に克服した新儒教(道学)によって聖人の道が体系的に構築され、科挙を前提とする士大夫層の経書として、「五経」と並んで「四書」の編成が追加される。第三期では仏教流入以前の漢学への復帰が提唱され、音韻学・文字学の発展を踏まえて、聖人の言葉を生きて震える声として再現することが試みられた。そして清末には今古文の対立が再燃する。なお近代以降の、経書を相対化してその原義や成立の事情、経書と注釈が歴代果たしてきた意義等を解明する研究もまた、経学の名称で呼ばれる。　（野間　文史）

けいがくれきし【経学歴史】

清の経学史書。1巻。1907(光緒33)年刊。皮錫瑞著。孔子の時代から清朝までの経学の歴史を簡明に叙述しつつ、「有用の学」としての孔教の復興を唱える。今文経学の立場に立つため、古文経学や宋学については批判的な評価も見られる。近代における経学の通史としては、古文経学の視点から書かれた劉師培の『経学教科書』(2冊。1905～06年)とともに、最も早期のものに属する。現在は周予同による注釈本が広

く流布している。　　　　　　　　（高柳　信夫）

けいかちんしゅ【桂花陳酒】　北京産の名酒。永年貯蔵した上質の白葡萄酒をベースとし、これに蕾の金桂花(キンモクセイ)を香料として配合し、3年醸成して出荷する。アルコール分は約15％、澄んだ琥珀色を呈し、キンモクセイの香りが濃厚で、味わいは白葡萄酒より更に甘い。2000年の歴史をもち、古くは皇帝専用の秘醸酒だったといわれるが、今では「貴妃酒」「美容酒」と呼んで、特に女性向きの食前酒として人気があり、「婦女幸福酒」の美称もある。　　　　　　　　（佐治　俊彦）

げいかんし【倪煥之】　民国の長篇小説。1928年上海の『教育雑誌』に連載、29年開明書店から初版刊行。葉紹鈞著。辛亥革命の影響をうけた青年倪煥之は小学校教師としてある町に赴任し、教育改革に熱意を燃やす校長の下で、知識教養と労働技能の結合をはかって農場や商店の経営を試みるが、地元の有力者らの反発にあって挫折する。妻との家庭生活もうまくいかず、再起を目指して五・三〇運動後の上海で革命活動に身を投じるが、志を得ないまま病死する。民国期の教育界を背景に青年教師の運命を描く好著。　　　　　　（中　裕史）

けいぎこう【経義考】　経書および経書注釈書の目録。300巻。朱彝尊撰。歴代の経書関連書が経ごとに分類配列され、存・佚・闕・未見の四分類で存亡が記される上、書物の序・跋、その書物に関する後儒の論説、朱彝尊による按語なども掲載されており、経学史を知る上できわめて有用な書である。清初期に成った書であることから、明代の書籍が多く掲載されているのが特徴である。
　　　　　　　　　　　　　　　（佐々木　愛）

けいぎじゅつぶん【経義述聞】　儒教の古典の言葉の意味を追究した書物。32巻。清の王引之の撰。王引之が、彼の父親、清の著名な考証学者王念孫から聞いた儒教の古典『易経』『書経』『儀礼』『大戴礼』『礼記』『左伝』『国語』『公羊伝』『穀梁伝』『爾雅』についての考証を整理発展させ、まとめた書物である。王氏父子の学問の特徴は、清朝で発展した古代音韻学の成果を活用したこと、学派にとらわれずに事実に即して考証したことが挙げられる。　　　　　　　　　　　　　（高津　孝）

けいきょう【景教】　キリスト教ネストリウス派に対する中国での呼び名。大秦景教ともいう。ネストリウスがキリストの神性を弱める説を主張し、431年のエフェソス公会議で異端と決定され、追放されると、東方のペルシアに教圏をもとめて栄え、ついで中国にいたった。唐の635(貞観9)年、阿羅本を団長とする伝道団が長安に到着すると、太宗は宮中に迎えて布教を勧め、寺院を建立させた。当初はその寺院を波斯寺、つまりペルシア人の寺院と呼んだが、のちに大秦寺と改めた。781(建中2)年に建立の「大秦景教流行中国碑」により、初伝以来の中国における盛衰の跡をたどれる。845(会昌5)年に断行された「会昌の廃仏」の際に景教も迫害され、北宋初には景教徒の姿は中国本土では見かけられなくなった。モンゴル族王朝の元があらゆる宗教に寛容な態度をとると、再び中国本土に現れ、今度は也里可温あるいは達婆と呼ばれた。明になると一切のキリスト教が禁断され、ネストリウス教徒も後を絶った。　　　　（礪波　護）

けいきん【奚琴】　擦弦楽器。別名を嵇琴ともいい、唐代の文献に初見する。今日の胡琴の源流となった楽器で、奚とは現在の遼寧省及び河北省北部に居住していた民族であることから、中国起源ではないと考えられる。北宋の『陳暘楽書』の記載によれば、二弦ではあるが、弓奏ではなく、竹片で擦奏し、千金(弦と棹を結ぶもの)が取り付けられていない。その後、変体としての多くの胡琴を生み出し、それ自体も変容しつつ清代の雅楽にも使用された。奚琴は朝鮮族や朝鮮半島に伝承されるが、今日の漢民族の胡琴では福建省の二弦が最もよくその遺制を残している。　　　　　（増山　賢治）

けいけいし【掲傒斯】　1274(咸淳10)～1344(至正4)。元の詩人・文章家。龍興路富州(江西省)の人。字は曼碩、諡は文安。延祐(1314-20)のはじめ盧摯の推薦により国史院編修となり、侍講学士、芸文監丞を歴任、順帝の時に宋・遼・金三史の編纂にも参画したほか、多くの碑記を残した。その詩は、虞集の言によれば新婚の花嫁のごとき初々しさをもつという。叙情詩を得意とした。散文では虞集におとるが詩ではまさるとされる。文集『掲文安公全集』14巻、補遺1巻がある。元史181
　　　　　　　　　　　　　　　（高橋　文治）

けいげき【京劇】　→京劇

けいげき【桂劇】　桂林市を中心として広西壮族自治区の東部と北部、及び湖南省南部で行われる地方劇。明末清初以降、湖南の祁劇を経由して伝わった崑山腔・弋陽腔・梆子腔・皮簧腔等が相互に影響を与え合うとともに、現地の民謡(雑腔)を取り入れて清代中葉に成立したとされる。現在は皮簧腔が音楽面での中心となっている。日中戦争の時

期には劇作家欧陽予倩の主導の下で多くの改編伝統劇や現代劇が生み出された。　　　　　（竹越　孝）

けいげき【瓊劇】　海南省を中心として、広東省の雷州半島の一部、及び東南アジアの華僑社会で行われる地方劇。海南戯ともいわれる。江西の弋陽腔が福建・広東を経由して海南島に入った後、現地の民謡や舞踊を取り入れる形で清代中葉に輪郭が形成された。清末に広東の芸人が戦乱を避けて多数海南島に流入したことから、主に音楽面で粤劇の影響を受け、それまでの曲牌体から板腔体に変化を遂げている。　　　　　　　　　　　　　　（竹越　孝）

けいけつ【経穴】　鍼灸の診断・治療の部位。一般にツボと呼ばれるが、正式には穴ないし腧穴という。穴（腧穴）の内、その部位が固定しているものに経穴と奇穴、固定していないものに阿是穴がある。経穴は十二経脈・任脈・督脈に所属し、奇穴は所属しない。阿是穴は症状のある部位をツボと認めるもの。経穴は全部で360ほどあるが、背部にある臓腑の反応点である背腧、腹部での臓腑の反応点である募穴、四肢の末端部にある特殊な機能を持つ五腧穴など、位置と作用によって分類区別される。
　　　　　　　　　　　　　　　　　　　（林　克）

けいけん【経権】　「経」とは、「織の縦糸」（『説文解字』13上）を原義とし、そこから不変・恒常の意味がでてくる。つまり「原則」「建前」「不変の法則」を「経」と言う。対して、「権」とは、本来重さを量る分銅（おもり）を指し、おもりを移動させて釣り合いがとれるところを定めるもの、そこから、その時・その場に応じた適宜の処置をとることを意味する。「経」と「権」とは、中国古代、儒家の哲学において重要な概念であり、正名主義と現実主義、形式的正義と実質的正義の二つの異なる立場として問題にされてきた。ただ、この「経」と「権」は、対立的、二律背反の概念ではなく、儒家とりわけ漢代春秋学（公羊学）では、「権とは何ぞや、経に反して、然る後に善あるもの」（前701〔桓公11〕年）、「実は与すも、文は与さず」（『春秋公羊伝』）などと、一方に理念を高揚しつつ他方では現実を踏まえるという、目的合理主義に多分に傾斜する。　　　　　　　　　　　　　　　（冨谷　至）

けいげんじょうほうじるい【慶元条法事類】
宋の法令集。80巻（残存30巻）。謝深甫らの奉勅撰。1202（嘉泰2）年に成る。個別の事項につき基本法規を簡便に検索するため、『淳熙条法事類』の体裁にならい、勅令格式および随勅申明（単行の勅令や、臣下の上申に対する皇帝の裁可のなかで後世にも適用すべきもの）を分類集録したもので、科挙官僚が実務に長けた胥吏の勝手な法規運用を許さないよう意図されていた。古籍出版社刊本（1948年）と古典研究会影印本（1960年）とがあり、後者は巻首に「開禧重修尚書吏部侍郎右選格」の残欠2巻を付す。　　　　　　　　　　　　　　（徳永　洋介）

けいげんのとうきん【慶元の党禁】　南宋の慶元年間（1195-1200）に道学（程氏の学）を偽学として弾圧した事件。寧宗（在位1194〜1224）の即位に活躍した韓侂冑は、朝廷を裏で操る実力者であったが、表舞台では趙汝愚が宰相になって、朱子をはじめとして知名人を登用した。知名人の多くは二程兄弟が発展させた道学を学んでおり、道学派の人物は自派の拡大発展に努めていた。韓侂冑らは、南宋初めに秦檜が道学を専門の学として弾圧した流れを受けて、道学を偽学だとして排斥し、道学派の官途に就くことと、著書の流布を禁止し、趙汝愚や朱子を追放した。さらに1197（慶元3）年に偽学の党籍を作り、約60人の名前を天下に公表した。翌1198（慶元4）年には偽学すなわち道学を禁止した。やがて韓侂冑一派の重鎮の京鏜、韓侂冑の後ろ盾となっていた太皇太后呉氏（高宗の皇后）、さらに寧宗の皇后韓氏らが死去したので、不安になった韓侂冑は、暗殺される恐れがあるという進言を受けて、1202（嘉泰2）年に禁圧を解いた。　　　（衣川　強）

げいげんろ【倪元璐】　1593（万暦21）〜1644（崇禎17）。明の忠臣烈士・能書家。原籍は上虞（浙江省）であるが、会稽（同省）で生長した。字は玉汝、号は鴻宝、諡は文正・文貞。1622（天啓2）年の進士で、翰林院に入り、その後、暇を請い郷里にあったが、27年に官に復帰して後は、東林党を擁護し、魏忠賢の残党を弾劾して、正義派の信望を得た。毅宗の信任厚く累進して、1635（崇禎8）年、国子祭酒に任ぜられたが、剛直さが禍して奸臣に陥れられた。辞職閑居の後、42年に復帰し、翌年、戸部尚書兼翰林学士に抜擢されて財政改革に尽力した。しかし時遅く2年後に国都が李自成の手に落ち毅宗が自殺すると、自縊して殉じた。

行書・草書をよくし、同年の進士で莫逆の友でもあった黄道周の書とともに、忠義の気が流露すると評される。捩れた苦渋の筆致がかもす超俗と凜然の趣は、明末の能書中とりわけ特異である。郷里では園林を娯しみ、その衣雲閣の風流は時人の羨むところであったという。また奇石を描くのを好んだ。比較的有名な作に、自作の奇石図に題を入れた『文石図』（1636年、大阪市立美術館蔵）、最晩年の境地を示す『行草七言絶句軸』（東京国立博物館蔵）ほかがある。詩文集に『倪文貞公集』『鴻宝応本』など

がある。明史265　　　　　　　　（澤田 雅弘）

けいこう【荊浩】　生没年不詳。唐末～五代十国の山水画家。河南沁水(河南省)の人。字は浩然、洪谷子と号す。経史に通じた士人であったが、唐末五代の戦乱を避けて、太行山洪谷(山西省)に隠れ棲み、山水樹石を描くことに専心した。自らの画業について、「呉道子の画山水には筆あれども墨なく、項容には墨あれども筆なし。吾はまさに二子の長ずる所を采りて、一家の体を成すべし」(『図画見聞誌』2)と述べ、山水画論『筆法記』を著した。盛唐の呉道玄(呉道子)は力強い筆線を駆使した天才画家で、項容は水墨技法に長けた中唐の画家だが、荊浩はこの両者の長所を統合し、水墨山水画の技法を完成させたと述べる。

また画を求めた僧の詩に答えて、「意を恣にして縦横に掃けば、峰巒次第に成る。筆尖りて寒樹は痩せ、墨淡くして野雲は軽し。嵒石噴泉窄まり、山根、水に至りて平らかなり。禅房、時に一展すれば、苦空の情に称わん」(『五代名画補遺』山水門)との詩を返した。縦横無尽に墨を掃いて、山嶺を形成し、淡墨を用いて野雲を軽やかに生み出し、古木寒林は細筆で鋭く描き出すというのが彼の山水画であった。

伝称作品に『匡廬図』(台北、故宮博物院蔵)がある。文献の伝える荊浩の画風と符合するが、模写的作品の特徴を示し、南宋以前に制作された模本あるいは荊浩の画風を再現した擬古作と考えられる。五代・北宋の大画面山水画の先蹤として、また華北系山水の源流である荊浩の画風を示唆する貴重な作例である。　　　　　　　　　　（藤田 伸也）

けいこう【奚岡】　1746(乾隆11)～1803(嘉慶8)。清の書画篆刻家。新安(安徽省)の人。のちに銭塘(浙江省)に移り住んだ。初名は鋼、字は純章。鉄生・蒙泉外史などと号した。西泠八家の一人。一生官につかなかった。詩文・書画・篆刻の三分野に長じたことから三絶と称される。画は董其昌の山水、惲寿平の花卉の風趣を得、書は隷書をよくし、丁敬を学んだ篆刻に最も長じた。晩年は貧苦の中で悶死したという。著に『冬花庵燼余稿』があり、印譜に『蒙泉外史印譜』がある。清史稿504
（小西 憲一）

けいこう【嵇康】　224(黄初5)～263(景元4)。西晋の思想家・詩人。譙国銍(安徽省)の人。字は叔夜。若くして父をなくしたが、すぐれた資質をもち、魏の王室と姻戚関係を結び、中散大夫の官を拝命していた。日頃から精神を養い、丹薬を服することにより長生をめざし「養生論」を著した。とき

きに仙薬を採りに山沢を散策していると、神仙かと思われることもあり、仙人の孫登や王烈とも交流があったと言われている。また、阮籍・山濤・向秀・劉伶・阮咸・王戎とともに竹林にて清談をし、世に「竹林の七賢」と称された。このうち山濤(字は巨源)とは特に親交が深く、のちに嵇康が処刑されることになった際に、息子の嵇紹を託したほどの間柄であったが、山濤が、自分よりふさわしいとして吏部の官に嵇康を推薦するや、嵇康は「山巨源に与うる絶交の書」(『文選』43)を著し、朝寝が好きとか、筆不精であるとか、思ったことをずけずけいうなど自分が役人に向いていないことを縷々述べて、辞退している。そのなかの「毎に湯・武を非りて周・孔を薄んず」という、殷周の王や周公・孔子などの聖人を批判する箇所が、司馬昭(晋の文帝)に伝わり、嵇康への憎悪となり、処刑される遠因となったといわれる。そのほか、有力者の鍾会に対して礼をとらなかったので恨まれたこともその引き金となった。その死に際して、長編の四言詩「幽憤詩」を作り、幼児期以来の生涯を告白的に回顧した。さらに処刑場にて、七弦琴を求めて「広陵散」の曲を弾いたという故事(『世説新語』)も有名である。

詩人としては、『詩経』以来の伝統をもつ四言詩にすぐれ、この古い形式を用いながらもそこに清澄な魅力を賦与していった。だが、文集の大半は「釈私論」などの哲学論で占められており、例えば、「声無哀楽論」は、それまでの政治と音楽を密接に結びつけた儒家的礼楽論から音楽を解き放ち、音楽を芸術として捉えている点でも中国芸術論の展開上に重要な役割を果たしている。晋書49　　（中 純子）

けいこくしゅう【経国集】　淳和天皇の勅命により、良岑安世・南淵弘貞・菅原清公らが編纂した平安時代第3番目の勅撰漢詩文集。成立は827(天長4)年。滋野貞主の序文によると、707(慶雲4)年より827年までの、作者178人の、賦17首、詩917首、序51篇、対策38篇を採録し、20巻に編成するという。そのうち、現存するのは、1・10・11・13・14・20の6巻。巻1に賦を集めるなど、『文選』の体裁に倣う点が著しい。小島憲之『国風暗黒時代の文学』に詳注がある。　　（大谷 雅夫）

けいさいぶんしゅう【圭斎文集】　元の欧陽玄の文集。15巻、付録1巻。現存するのは1471(成化7)年の刊本。それに付された掲傒斯の序は原本を44巻とし、宋濂の序は元来100余冊あったという。原本は元末の兵に焼かれ、通行本は著者の孫たちが再編したもの。欧陽玄は元を代表する文章家。遼・金・宋三史を編纂したことでも知られ、一時

の碑伝類はみな彼の手になった。その文章は彫琢をこらした名文が多い。現存の碑刻から本書を補うこともできる。　　　　　　　　　　　　　（高橋　文治）

けいさき【荊釵記】　元末明初の戯曲作品。戯文の代表作の一つ。作者未詳。『*白兎記』『*拝月亭』『*殺狗記』とともに、早期の戯文を代表するものとして、「荊劉拝殺」と称されるものの、現存のテキストは明代後半に大幅に改編されたものである。実在の人物である宋の王十朋とその妻玉蓮が、孫汝権のたくらみにより、離ればなれになったのち、さまざまな曲折をへて、再会するというもので、再会の際に、かつて結納として王十朋が贈った粗末な荊釵(木製のかんざし)が証拠となることから、この名を持つ。　　　　　　　（赤松　紀彦）

けいざん【景山】　明清時代の皇城内の御苑。北京の紫禁城の南北中軸線上にあり、内城の中央に位置する高さ43mの築山。明の成祖永楽帝が永楽年間(1403-24)に皇城を造営した際に太液池の南海を掘った土砂で築いた。景山は、元の大内の延春閣の跡地に設けられ、風水の「鎮山」としての性格も有していた。明代には万歳山と呼ばれたが、清代、1655(順治12)年に景山と改められた。明末には、*李自成軍が北京を包囲すると、崇禎帝は紫禁城の北の玄武門から景山の東側の山麓まで逃れ、ここで自殺し、明朝が滅んだ。俗に煤山とも呼ばれたことから、非常事態に備えて燃料の石炭が埋められているというのは俗説である。1928年以後、景山公園として開放され、山頂の万春亭から故宮を一望できる。　　　　　　　　　　　　　（新宮　学）

げいさん【倪瓚】　1301(大徳5)〜74(洪武7)。元の画家。元末四大家の一人。無錫(江蘇省)の人。初名は珽、字は元鎮、号は雲林が最も有名。富裕な家に生まれ、早年にして家業を継いで一生官には仕えず、また邸内に清閟閣、雲林堂を建てて古器物・書画を蒐集していたが、1352(至正12)年より元末の戦乱を避け、家を棄てて呉江、蘇州などを遊歴し、親戚、友人宅に寄寓しながら没した。現在残る絵画の多くが友人の為に描かれていることは、このような元代江南の文人文化を物語るものとして興味深い。はじめ山水画は董源・巨然を学び、また同じ全真教に属していた黄公望を通じて*趙孟頫の画風を吸収した。晩年には一河両岸とよばれる手前に岸、奥に小山を配した構図と、鋭い鋭角的な渇筆を重ねてやわらかい形態を作りあげる蕭散体と呼ばれる画風に到達した。画面は限定されたモチーフから構成され、粛々とした淡泊な趣があふれる。倪瓚作品によく描かれる無人の亭は、疎林と擦筆から構成される画面感情を高めている。倪瓚は潔癖な性格であり、書斎の外の梧桐までも塵埃にまみれぬように洗わせたという逸話が伝えられている。『張雨題倪瓚像図巻』(台北、故宮博物院蔵)では白の長衣に身を包み、筆と紙を手にする倪瓚像が描かれるが、その清潔な画面は倪瓚自身のイメージをよく伝えるものと言えよう。倪瓚の画面構成と寂寞な表現効果は、のちの王紱、文徵明、弘仁、蕭雲従など多くの画家に影響を与えた。またその書法は鋭角的な筆法を特徴とし、鍾繇などの六朝小楷に米芾などの表現主義を加えたもので、画とともに評価される。初期の作品に『水竹居図』(1343〔至正3〕年、中国国家博物館蔵)、『松林亭子図軸』(1354〔至正14〕年、台北、故宮博物院蔵)、また『漁荘秋霽図』(1355〔至正15〕年、上海博物館蔵)があり、『容膝斎図』(1372〔洪武5〕年、台北、故宮博物院蔵)は特に名高い。著に『清閟閣全集』がある。明史298
　　　　　　　　　　　　　　　　（塚本　麿充）

けいざんこうりょず【谿山行旅図(范寛)】　*范寛の大作で北宋山水画の基準作。タテ206.3cm×ヨコ103.3cm。絹本、墨画淡彩。范寛の落款を有し、鑑蔵印では明初の「司印」半印が古く、画絹の上には*董其昌の題が付く。主山を中央に置き、巨大な空間を高遠法で構築する。平地には荷駄の列と人が細筆で描き入れられ、その近くに書かれた「范寛」の落款は、当初のものか疑わしい。図は近景・中景・遠景を巧みに配置し、雲煙も効果的に使用する。雨点皴も的確で、本図は范寛の真跡か忠実な模本とされる。台北、故宮博物院蔵。　（藤田　伸也）

けいし【恵施】　前370？〜前310？。戦国時代の政治家・思想家。梁の恵王の相となった。『漢書』芸文志・名家には『恵子』1巻が著録されるも、現在は伝わらない。『荘子』天下篇に所載された彼の無限大・無限小を利用した思考や万物斉同性の主張および『荘子』秋水篇などに見られる彼が登場する説話からは道家思想との関連が、また『戦国策』『呂氏春秋』に見られる戦争否定の言動からは墨家思想との関連がうかがえる。
　　　　　　　　　　　　　　　　（久保田　知敏）

けいじ【形似】　物の外形に似せて描く絵画表現。写実と同義語で、写意の対義語にあたる。古来、形似は絵画の基本であり、謝赫も『古画品録』の中で「応物象形(物に応じて形を象ること)」を画の六法の第3に挙げ、絵画におけるその重要性を明示している。形似は職業画家の本領でもあり、高度な技術に支えられた描写力が必要とされる。北宋の徽宗は徹底した写実を画院画家に求め、続く南

宋画院でも深い自然観察に基づく花鳥画が数多く描かれ，形似は単に外貌を写すに留まらず対象の本質に迫るまでに発達した。しかし一方では，北宋の蘇軾のように「画を論ずるに形似を以てするは，見，児童と隣す」と述べて，形似の追求を否定する者も現れる。そしてやがて文人画が絵画の主流となると，形を似せることよりも主観的な表現が優先され，形似は職業画家の技芸として軽視されていくこととなる。　　　　　　　　　　　　（古田　真一）

けいしえきでん【京氏易伝】　前漢の象数易の書。京房著，三国呉の陸績注。3巻。上巻・中巻は，乾・震・坎・艮・坤・巽・離・兌の八純卦を八宮に分け，毎宮一純卦が七変卦を統べるように排列し，各卦の飛伏・世応・積算・五星・二十八宿・遊魂・帰魂等を説く。下巻は象数の総論で，卦爻の原理，納甲説，二十四気候配卦等を論じ，天・地・人・鬼の四易，龍徳・虎刑・天官・地官，五行生死の寓する所の類などに説き及ぶ。『漢魏叢書』，『四庫全書』子部術数類，『学津討原』，『四部叢刊』などに収められている。　　　　　（近藤　浩之）

けいしき【恵士奇】　1671(康煕10)～1741(乾隆6)。清の学者。呉県(江蘇省)の人。字は天牧，号は半農居士。1709(康煕48)年の進士。恵周惕の子，恵棟の父。恵氏三代の2代目。若くして九経・四史(史記・漢書・後漢書・三国志)・諸子・『戦国策』・『楚辞』を暗唱し，天文・律暦にも通じた。漢儒を過信するが，典拠は確実で妥当な論述が多い。『易説』6巻は漢儒の象数易を明らかにする。『春秋説』15巻では，史実は『左伝』に，論断は孔門の七十子の大義が存するとして『公羊伝』『穀梁伝』に従う。清史稿481　　　　　（濱口　富士雄）

けいしさい【邢子才】　→邢邵

けいしししゅう【経史子集】　→四部

けいしだいがくどう【京師大学堂】　中国最初の近代的大学。1898(光緒24)年に創立。戊戌新政の一環として構想されたが，維新運動の失敗により，当初の規模を縮小して発足した。初代の管学大臣(学長)は孫家鼐。1900年の義和団事件により閉鎖され，02年に再開。教育制度の抜本的改革の動きと呼応して，予備科・速成科および進士館・訳学館・医学実業館などが増設された。卒業生には科挙の合格者に相応する資格が与えられた。1910年に経・法・文・格致・農・工・商の7科に改組され，近代的大学としての規模を整える。辛亥革命後は北京大学と改称された。　　　　（村田　雄二郎）

けいしゅう【荊州】　→江陵

けいしゅうてき【恵周惕】　生没年不詳。清の学者。呉県(江蘇省)の人。字は元龍，号は研渓。1691(康煕30)年の進士。恵棟の祖父，恵士奇の父で世に恵氏三代の学と称される。朱彝尊に認められ，文名が顕れてから，経学を修めることに志す。博聞強記を学問の基礎とし，漢儒の経説を尊重して宋儒の章句を退けて浙西呉派の基を定める。『詩説』3巻は，『詩経』の「小序」に依拠し，六経に広く根拠を求めて『詩経』の意義を実証的に究明しつつ，独自の解釈も示す。清史稿481　　　（濱口　富士雄）

けいしゅうよう【邢州窯】　唐の代表的な白磁窯。邢窯ともいう。陸羽の『茶経』をはじめ，その名は多くの文献にあらわれており，優れた白磁を焼いていたことで広く知られていた。窯の所在地は長く不明であったが，1980年代に入って河北省の内丘県・臨城県に北朝から晩唐，五代にかけての古窯址が発見された。北朝の製品は主に青磁で，隋より白磁が中心となり，唐には高い水準に到達した。これまでに知られている古窯址の中で，最も古い白磁窯である。　　　　　　　　　　（今井　敦）

けいしょ【経書】　→経・伝

けいしょう【邢邵】　496(太和20)～？。北朝北魏～北斉の詩人。河間鄚(河北省)の人。字は子才。名はあるいは劭とも書かれる。官は太常卿に至った。「北地三才」の一人で，温子昇の艶冶な作風を受け継ぎながら，後漢の建安年間(196-220)のたくましさや三国魏の正始年間(240-249)の思想性に富んだ文学を手本とすることを唱え，温子昇とともに「文士の冠」と称された。『隋書』経籍志に『邢子才集』30巻が著録されるが現存せず，残る詩歌は9首のみ。北斉書36，北史43　　（大野　圭介）

げいしょううぃのきょく【霓裳羽衣曲】　唐代法曲の名作。一説に，唐の玄宗皇帝が神仙に憧れて月宮に遊び仙女に見えたという幻想を帝自ら描いたもので，序曲を作り終わった時，涼州に伝わる天竺の楽曲『波羅門』を西涼節度使の楊敬述が献上したので，その曲調をかりて後の部分を作ったという。「霓裳羽衣」とは仙女の装いとその舞姿である。玄宗の好んだ道教の故事を，中国の清楽の音調とインドの仏曲の音調を交えて作曲したもので，音楽は清麗優雅の趣のものであったという。後に舞をつけたものが「霓裳羽衣舞」で，独舞・双舞・大曲などに編曲された。

楽譜は早くに散逸し，南宋の姜夔が，旧譜の断

片を基に編曲した「中序第一」が残るのみである。しかし，唐の詩人たちは多くこの曲を詩に詠み，中でも白居易の『霓裳羽衣微之に和す』とその自注には，舞人の装いや歌舞の模様，楽器，楽隊，曲の構成などが詳述されている。白居易が曲の成立から1世紀近くも後に観たものであり，文人の美辞をもって描かれているとはいえ，原曲の大体を知る上で貴重な資料である。音楽の始まりは鐘・磬・弦・管の楽器が順に入り合奏となる，曲の最後は，鶴の啼くように一声長く尾を引いて終わるなど，音楽上の趣向も凝らされ，白居易は「千歌百舞の中，霓裳の曲を最も愛す」と抒べている。唐代音楽の精華であることを物語るものである。日本の謡曲『羽衣』はこの曲に由来する。　　　　　　　（古新居 百合子）

げいしょうぞくふ【霓裳続譜】　清朝中期以前の民間俗曲歌詞集。1795(乾隆60)年刊行。王庭紹編。当時の北京と天津の小曲619曲の歌詞と30以上の曲調が記載され，例えば，『西曲』『差曲』『畳落金銭』『馬頭調』『揚州歌』などがある。全て曲師(俗曲の師匠)の顔自徳が覚えていた歌詞を記録したもの。歌詞の内容は，演劇の歌から民間歌謡まで，恋歌も多く範囲はきわめて広い。本書は当時の民俗，民間歌謡，語り物音楽などの研究に重要な資料である。1959年，『明清民歌時調叢書』に収められ，中華書局上海編集所から出版された。
　　　　　　　　　　　　　　　　　（孫 玄齢）

けいしょうぼん【経廠本】　明代内府刊本の総称。宦官の役所である司礼監が刊刻を担当し，完成した刻版を経廠庫に蔵したためかく称される。元版の風をとどめる版式は明代を通じてあまり変わらず，造本もすこぶる精美。ただかつては，宦官による出版のため校正が杜撰といわれ，おおむね低い評価しか与えられなかった。これは経廠本の多くが官府編纂書で，いわゆる経史の要籍に乏しいこと，また明代の文化一般に対する侮蔑の念が影響したもので，近年ではいくぶん見直されつつある。
　　　　　　　　　　　　　　　　　（井上 進）

けいしんおん【軽唇音】　音韻学の用語で三十六字母の非母*f，敷母*fʻ，奉母*v，微母*mの4つを指す。『韻鏡』三十六字母では「唇音軽」，『四声等子』七音綱目では「唇軽」，『経史正音切韻指南』分五音では「軽唇音」と呼ぶ。中古漢語の声母は調音部位の違いにより五音(或いは七音)に分類されるが，その一つ唇音は重唇音と軽唇音に細分される。軽唇音は音声学で言うところの唇歯音であったと推定されるが，上古漢語では重唇音と軽唇音との区別はなく(銭大昕『十駕斎養新録』巻5「古に軽唇音無し」)，*p- > pf- > f- のような過程を経て両唇音から分化したと考えられている。この変化(軽唇音化)は中古漢語で/i/介音を有し主母音が後舌であることを主条件に起きたとされる。軽唇音化の時期は7世紀前半とする説，8世紀とする説，晩唐～五代とする説などがあるが，微母以外に関しては『経典釈文』陸徳明音注などで反切上字を重唇音と区別する傾向が見られ，唐代以前に既に進行していた地点の有った可能性も指摘されている。現代漢語では官話で一般に非母・敷母・奉母が唇歯摩擦音[f]，微母が[v]や零声母で現れるが，明万暦年間(1573-1620)の「重訂司馬温公等韻図経」(『合併字学篇韻便覧』所収)では微母字が影母字と同じ声母に配置されていることから，当時既に零声母へと変化していたものと考えられている。反対に，中国東南部の非官話では特に口語音層において両唇音で現れる現象が，閩語で最も普遍的に，次いで南部呉語や客家語・桂北平話・湘南土話・粵北土話でもある程度観察される。なお，明・微母の分化は他に比べて遅れ，かつ軽唇音化の進行が途中で止まってしまったとする説があり，実際に北部呉語や粵語，桂南平話では非母・敷母・奉母が概して唇歯音で現れるにも拘わらず微母は両唇音で現れる。『玉篇』原本残巻や空海が撰述した『篆隷万象名義』に記される反切でも明・微母に相当する莫類のみが分化していない。
　　　　　　　　　　　　　　　　　（吉川 雅之）

けいせい【刑政】　刑法もしくは刑罰，およびそれに基づく政治を意味する。「政刑」「刑法」も同じ意味で，春秋戦国時代の中国古典に頻出する語でもある。たとえば，『詩経』大序「刑政の苛なるを哀しむ」，『荀子』王制「刑政，平らかなり」，『墨子』尚賢「刑政の治」，同「国家，治まれば則ち刑法，正し」と，法家だけでなく，儒家・墨家等にも万遍なく使用され，かつ肯定的意味をもってしばしば登場する。それは，中国古代の政事と法は，賞罰を軸として行われ，君主の命令によって強制されるもので，刑罰が「政中之政」「法中之法」であるとの統治意識が根底に流れていたからに他ならない。すなわち，政治＝刑法(刑罰)という考えが，ひとり法家のみならずすべての政治思想に共通して認められていたのである。
　　　　　　　　　　　　　　　　　（冨谷 至）

けいせい【形声】　六書の一つ。象声・諧声とも言う。『説文解字』叙に「形声なる者は，事を以て名と為し，譬を取りて相成す。江・河是れなり」と言う。つまり，一部の要素(独体字)がその文字の意味範疇を，その他の部分(独体字)が音声を表すように組み合わせる造字法である。「江」「河」は意味範疇を表す「水(川の意味)」と音を表す「工」

けいせいさいみんろん【経世済民論】 →経世致用

けいせいたいてん【経世大典】 元朝の典故・制度に関する元朝政府編纂の政書。894巻。文宗の1329（天暦2）年に唐・宋の会要の体例にならって編纂を開始。1331（至順2）年に完成，翌年に皇帝に進献した。編集の責任者は趙世延と虞集。多くの当代の学者文人が編纂に参画した。本文880巻は，君事4篇と治典・賦典・礼典・政典・憲典・工典の臣事6篇，計10篇に分かれる。原書は散逸して伝わらない。元代には刊刻されずに宮中に蔵せられ，明初には南京に運ばれて，実録とならんで『元史』編纂の重要な材料となった。食貨志・刑法志などの志類にはそのまま引用された部分も多いとみられる。明の『永楽大典』に本書がいくらか引用されたので，その遺文を集めていくつかの歴史文献が復原されている。『憲台通紀』『南台備要』『大元海運記』『大元倉庫記』『大元馬政記』『站赤』などがそれである。　　　　　　　　　（植松　正）

けいせいちよう【経世致用】 儒学の本質としての，世の中を治め，政治社会や民生の安定のために実際に役立つこと。加えて，そうした有用性を追求する思想・学問上の営為，具体的な政治論などの総称。また，ほぼ同義語として，世を治め，民を救うことを意味する「経世済民」，更に，学術上の呼称としての「経世の学」「経世済民論」がある。これらは，後に「経済」の語の語源ともなったが，いずれも今日の語彙としては，むしろ政治学や政治経済学に近い。

　総じて，儒学精神の本領は，個人の人格的な修養や陶冶を通じて，それを現実の社会へと還元し，究極的には理想的な統治が実現するという，道徳的な政治観に立脚するものである。従って，思想・学問全般においても，最終的には治世上の現実的・具体的な有効性に繋がることが志向された。

　このように「経世」のための学問という自己規定は，本来，儒学の核心をなすものであったが，狭義には，17世紀初頭〜中葉，明末から清代初期にかけての，儒学の特徴的な思潮を指すことが多い。明代中葉以降，政治社会の流動化や既成の秩序の再編という現象に直面して，哲学・思想の領域でも，さまざまな模索がなされたが，多くは観念的・主観的な対応に止まり，実効性を欠くものであった。こうした傾向への反省から，政治的・道徳的責務への自覚を伴いつつ，「経世致用の学」「経世の実学」としての儒学の意義を問い直す動きが，新たに勃興した。いわゆる東林学派などを嚆矢とし，清初三大儒と称される黄宗羲・顧炎武・王夫之や顔元らによって代表される。

　彼らは，いずれも明末清初期の動乱を経て，透徹した政治観や歴史意識を獲得し，それらを古典的な経学・史学の該博な研究を通じて，具体的な政策論や制度論へと結実させた。その際，明朝滅亡の所以を鑑み，従来の専制的な政治体制を批判しつつ，儒教的な政治理念を現実的な方策に活かそうとしたことも特筆される。こうした流れは，思想史的には王学左派などへの一定の反省から生み出されたものと言えるが，そこにおいて提起された新たな要素をも加味しつつ，清朝考証学や同時代の「経世の学」へと大きく継承されてゆくものであった。
　　　　　　　　　　　　　　　　（伊東　貴之）

けいせきし【経籍志】 →芸文志

けいせきせんこ【経籍籑詁】 清の訓詁書。唐代以前の古典の本文・注釈に見える訓詁を網羅的に集めたもの。『佩文韻府』と同じく平水韻で分け，1韻を1巻とするため，全106巻。同韻の字は先ず『佩文韻府』所収の字を列べ，未収の字は『広韻』，さらに未収の字は『集韻』に見える順で配列。阮元が浙江提督学政であった時に詁経精舎の精鋭に分担させて編集し，1798（嘉慶3）年に成った。後，補遺が作られ，『説文』の説解，孔疏（孔穎達の『五経正義』）・賈疏（賈公彦の『周礼義疏』『儀礼義疏』）の訓詁などが補われた。　　　　　（森賀　一恵）

けいせきほうこし【経籍訪古志】 江戸時代末の日本に伝存した漢籍の図書解題。6巻，補遺1巻。巻1・2は経部，巻3は史部，巻4・5は子部，巻6は集部，そして補遺は医部の図書について，宋元刊本・朝鮮刊本・旧鈔本などの別，その書写・刊行の時代，現蔵者，旧蔵者，序跋の有無，大きさ，丁ごとの行数，1行の字数，あるいは書体などについて，繁簡の差はあるものの，それぞれ記述する。未見の書も含まれる。書物の内容についての考証はなされていない。吉田篁墩・狩谷棭斎を中心として，市野迷庵・伊沢蘭軒らが古書を持ち寄って議論した研究会の記録を基として，森立之らが編纂したもの。1856（安政3）年の海保漁村序，85（明治18）年の森立之自跋がある。1852（嘉永5）年に初稿が成り，海保漁村が添削した。

　中国でも，1885（光緒11）年序のある徐氏活版本，その覆刻，および『解題叢書』所収本が流布するほか，初稿の影印が『経籍訪古志初稿本』として出版

されている。　　　　　　　　　（大谷　雅夫）

けいそさいじき【荊楚歳時記】　楚の地方の風俗、年中行事を記した書物。『荊楚記』ともいう（唐の『初学記』『芸文類聚』等）。1巻。南朝梁の宗懍(字は元懍)の撰。懍は江陵(湖北省)の生まれ。父は梁の陰山令、宗高之。幼少より聡敏で小児学士と称され、秀才にあげられたが試験に応じなかった。湘東王の蕭繹(元帝)の信頼が篤く重用されたが、南朝滅亡後、北朝の西魏・北周に仕え、保定年間(561-565)に64歳で没した。『梁書』11(王規付伝)、『周書』42、『北史』70等に伝がある。『玉燭宝典』の撰者である隋の杜台卿の甥の杜公瞻によって詳しい注釈本が作られ『荊楚歳時記』と名づけられた。その注釈の特徴は、字句の注解、文献資料の補足、項目の追加、民間の口伝、慣習の補記、また南北の風俗の比較がされたことによって、荊楚の一地方の風俗志が、中国古今のまた中国全体の風俗資料の集大成となった。内容は、楚(揚子江中流地域)の地方の1年間の行事を36条記述するが、当時一般的に行われていた風習も併せ記している。正月1日から始まり、2月8日の釈迦降誕祭、寒食、3月3日の禊祓と曲水宴、5月の禁忌の類、7月七夕の牽牛織女伝説、盂蘭盆会、9月9日重陽節の菊酒、11月冬至の赤豆粥等がその例であり、民衆の生活の年中行事の実態を記録した最初の歳時記として貴重な価値がある。『宝顔堂秘笈』『漢魏叢書』『説郛』等に収録。　　　　　　　（西村　富美子）

けいたいふ【卿大夫】　『周礼』によると、周代には天子の直轄地の臣下の身分として、公・卿・上中下の大夫・上中下の士の称があったとするが、事実かどうか疑わしい。春秋時代のことを記した『左伝』では、諸侯の臣下の身分は大夫と称し、大夫の家臣は士と称している。そして、大臣となる大夫の家は卿と称しているが、卿は本来身分ではない。また、天子の臣下で大臣である者は卿士と称している。しかし、春秋時代の身分制が崩壊した後は、上位の官僚を卿や大夫、あるいは卿大夫と称するようになる。漢代では、中央政府の大臣クラスの官僚を九卿と称し、その上に三公(丞相・御史大夫・大尉)が置かれ、あわせて公卿と称した。大夫の称は一部の官名に残るが、特定の官僚の階層を指すことはなくなる。そして、以後、大夫の称は、「士大夫」と熟して官僚層・知識人層の通称として用いられることが多くなる。　（江村　治樹）

けいたいらん【景泰藍】　明時代に中国内で生産が始まり、清時代に大いに好まれた、銅胎七宝。真鍮製の銅胎有線で文様を描き、狭間を鮮やかな色釉で埋める。明時代景泰帝(在位1450〜56)が特にこれを好み、その官営工房で創始されたといわれる。　　　　　　　　　　　　（矢島　律子）

けいちょうかん【京朝官】　唐宋時代の官制用語。唐代は在京の職事官を京官と総称し、さらに常例の朝見に参列できるか否かで常参官(陸朝官)と未常参官に区別した。ついで宋代になると、京官は将作監丞から秘書郎まで、元豊以後では承務郎より宣徳(宣教)郎に至る、従九品から従八品までの文官寄禄官をさし、朝官は文官陸朝官のなかでも正八品の太子洗馬から従七品の太常博士まで、元豊寄禄階の通直郎より承議郎に至る範囲に絞られ、あわせて京朝官と呼ばれた。　（徳永　洋介）

けいちょうしゅ【慶頂珠】　→打漁殺家

けいでん【経伝】　孔子の思想を伝えるとされる書物とその注釈。儒学の基本的な文献を「経」といい、その解説や注釈を「伝」という。「経」とはもと織物の縦糸の意で、そこから転じて、人生を縦に貫くべき永久不変の真理を述べた書物を呼ぶ語となった。ただし具体的にどの書物を「経」とするかは、時代によって若干の違いがある。この経書を補う解説的書物を「伝」と総称するが、実際の書名には「注」「記」や「箋」などの文字が使われている。　　　　　　　　　　　　　（阿辻　哲次）

けい・でん【経・伝】　「経」(または「経書」)とは本来、先秦の諸学派がそれぞれに基本とした綱要を指し、「伝」(または「記」または「説」)とは、その解釈を指すのであって、儒家に限定されるわけではない。例えば、『荘子』天下篇に「ともに墨経を誦す」とある。また、「伝」は本来、必ずしも「経」と独立した書物ではない。例えば、『墨子』には、篇として「経説上・下」があり、『韓非子』の内儲説・外儲説は、篇の内部が「経」と「伝」という構成をとっており、『儀礼』では、ほとんどの篇の後半に「記」の部分がある。「経」が儒家の綱要の書に限定され、「伝」がそれとは独立した解釈書であると言えるのは、儒家が独尊の地位を得、儒学が国教化されていわゆる儒教となり、いわゆる経学が成立した漢代以降の話である(ちなみに、「独立」とは、必ずしも書物の形体としての別行を意味しない。経・伝が別行していたか否かは、特に春秋三伝に於いてやっかいな問題である)。なお、このような儒家の「伝」を個別に見てゆくと、二種に分けられる。後の経・伝・注・疏という四つのレベルに即して言うと、それは、経に近い「伝」と、注に近い「伝」とであり、前者の例としては、『礼記』と春秋

三伝とがあり，後者の例としては，『書経』の孔安国伝と『詩経』の毛伝とがある（実は，後者は，「経」と独立していない，名ばかりの「伝」である）。したがって，南宋に確立した十三経には，名称上は「伝」「記」である『春秋左氏伝』『春秋公羊伝』『春秋穀梁伝』『礼記』が「経」として数えられている（そもそも『春秋』経は単独では存立できない）。ちなみに，このような「伝」をも含んだ十三経（だから，「経伝」という連称がある）の成書の時期は様々であり，後世から偽作とされるものもあって，それは一般に「偽経」と呼ばれる（例えば，康有為の『新学偽経考』）。但し，実は，中国の古典については，研究対象として実在するのはあくまで「偽」の方であり，「真」の方は理念上の存在に過ぎないため，真偽を問うてもあまり意味はなく，問うとすれば先後だけであろう（例えば，『春秋左氏伝』は晩出であるか否かなど）。　　（岩本　憲司）

けいでんしゃくし【経伝釈詞】　清の文言虚詞研究書。10巻。1798（嘉慶3）年の序がある。王引之著。九経・三伝及び周・秦・前漢の書から虚詞160字を抜き出し，三十六字母（声母）の順に配列，解釈を示す。父親の王念孫以来の家学を継承し，語音の相通から意味の関連を求めた点など高く評価される。後の楊樹達『詞詮』，裴学海『古書虚字集釈』等は，直接これを継承する。但し，経書を注釈するという訓詁学の域を出ておらず，虚詞自体の科学的研究には至らない。　　（玄　幸子）

けいてんしゃくもん【経典釈文】　唐の音義書。30巻。陸徳明の撰。十三経のうち宋までは経と見なされなかった『孟子』を除き，玄学の流行した六朝時代に重んじられた『老子』『荘子』を加えた14の書物について，漢魏六朝230余家の音釈・訓詁を集成し，テキストの異同を記したもの。巻1の序録は序・条例・次第・注解伝述人から成り，それぞれ撰述の動機・全書の体例・14の書の配列順序と理由・14の書の学問伝承の系譜と伝注について述べる。巻2以下は14の書の『音義』を収め，今本では全て字句を摘録して音・義・文字の異同などを付すが，序録の条例によれば，原書は童蒙書の『孝経』と異本の多い『老子』のみ全文を録したという。宋以後，周惟簡の重修や李昉の校定を経，また，12経は『十三経注疏』と合刻して行われることが多く，原形は失われた。現在通行する通志堂経解本・抱経堂叢書本はいずれも明末の葉林宗影宋抄本に出る。黄焯『彙校』は，通志堂本を底本に宋刊本と校勘しつつ諸本も参照し，清人や近人の校語を集めたもの。　　（森賀　一惠）

けいと【計都】　サンスクリットのケートゥ(ketu)の音訳語。インドでは「彗星」を意味する場合と，日・月食を起こす龍のような魔物の尾を意味する場合の2通りがあるが，中国には後者の意味で伝えられている。天文学的には黄道と白道（月の軌道）の2つの交点のうち，降交点をいう。昇交点は「羅睺」である。インドでは七曜にこれら2つを架空の天体として加え，九曜を数える。これは後に中国で「九執」と呼ばれ，インドの天文学・占星術を象徴的に表すようになった。　　（矢野　道雄）

けいとう【邢侗】　1551（嘉靖30）～1612（万暦40）。明の鑑蔵家・能書家。臨邑（山東省）の人。字は子愿。1574（万暦2）年の進士。直隷南宮知県となり家財を投じて政績を挙げ，吏民から邢父と慕われた。山西道監察御史・湖広参議をへて，1586（万暦14）年，陝西行太僕寺少卿に進んだが，その年，36歳で官を辞し，郷里の沛水のほとりに沛園を造営し来禽館を構えて文墨生活を送った。書は，はじめ趙孟頫・王寵を学んだが，その後は二王（王羲之・王献之）を宗とし，同時の董其昌とともに北邢南董，張瑞図・米万鍾も併せ邢張米董と称された。文学では後七子の後の盟主で，王穉登・李維楨・董其昌・馮時可とともに中興の五子と呼ばれた。愛蔵の法帖『澄清堂帖』や『十七帖』ほかを刻させた『来禽館帖』は著名。その書を集刻した法帖に『来禽館真蹟』『之室集帖』があり，後者はその書に酷似した妹邢慈静の書との合刻である。伝世の書では『十七帖』など王羲之書の臨書が目を引く。詩文集に『来禽館集』がある。明史288　　（澤田　雅弘）

けいとう【恵棟】　1697（康熙36）～1758（乾隆23）。清の学者。呉県（江蘇省）の人。字は定宇，号は松崖。恵士奇の子で幼少から経史・諸子の学を修め，後に仏教・道教にまで及ぶ。『九経古義』16巻では「経の義は訓に存し，字を識り音を審らかにして乃ちその義を知る」といい，古代漢語の訓詁と音韻が経学研究の基礎であるとして漢儒の経説を集め，漢儒の伝注・訓詁は，聖賢の時代に接近するが故に最も尊重するとする浙西呉派の基本姿勢を具体的に示す。『易漢学』8巻は，王弼が「易」を哲学化したため漢儒の象数易が滅びたとして虞翻や荀爽ら漢儒の諸説を集め，『周易述』40巻は，漢儒の易説に基づきつつ自らの易説を展開し，漢代の易説が復活したと評される。また『古文尚書考』2巻では，東晋の古文（汲冢書）が出て前漢の古文（壁中書）が滅んだことを明らかにして「古文尚書」の偽作説が定まる。銭大昕は恵棟を「まさに何休・服虔の間に在り，馬融・趙岐の輩も及ばざるべし」（『清史稿』）と評した。清史稿481　　（濱口　富士雄）

けいとくちんとうろく【景徳鎮陶録】　清の中国陶磁史の専門書。全10巻。昌南(江西省景徳鎮)の人，藍浦が1776(乾隆41)年頃に巻2から巻9を著し，門人の鄭廷桂が巻1と巻10を補輯して1815(嘉慶20)年に翼経堂より刊行された。清朝官窯の沿革や景徳鎮の分業体制などを解説する。巻5『景徳鎮歴代窯攷』では，明時代景徳鎮御器廠成立についての「洪武2(1369)年説」の根拠とされる記事がみえる。翻刻には愛宕松男訳注『景徳鎮陶録』(東洋文庫464・465，平凡社，1987年)がある。　　　　　　　　　　　(砂澤 祐子)

けいとくちんよう【景徳鎮窯】　江西省東北部の景徳鎮市にある磁器生産地。昌江流域にあり，北宋時代の景徳年間(1004-07)に浮梁県景徳鎮と称されるようになった。晩唐から五代時代には楊梅亭や黄泥頭などの地区で青磁や白磁の焼成がなされていた。青磁は造形や胎土，釉色が越窯に似ているが，白磁は胎土が純白で緻密な質の高いものである。宋時代には青白磁の焼成が行われ，窯址は湖田・湘湖・南市街・劉家湾など一帯に広がっている。浮梁県景徳鎮は州に属していたので州窯とも呼ばれていた。やや薄い胎土に刻花による文様が施され，伏せ焼き技法が行われている。南宋時代には印花による文様が増えていくが，元時代には枢府窯と呼ばれる白磁生産が行われた。元時代後期(14世紀)には白磁の素地にコバルト青料で文様を絵付けする青花磁器の生産体制が確立した。明時代からは御器廠が景徳鎮の珠山に設置され，ここで官窯製品が焼成されたのである。　　　　　　(出川 哲朗)

けいとくでんとうろく【景徳伝灯録】　最も代表的な禅宗灯史の書で，「禅宗五灯録」の一つ。30巻。先行する『宝林伝』『続宝林伝』『聖冑集』などを承けて北宋初期までの禅者の伝法相承を明らかにし，略伝と共に機縁の問答語句を集録する。過去七仏(巻1)より西天二十七祖(巻1～2)，東土五祖(巻3)，四祖五祖下旁系伝法相承(巻4)，六祖慧能と門下(巻5)，馬祖門下九世まで(巻6～13)，石頭門下十世まで(巻14～26)の凡そ52世1701人，及び禅門達道者10人・諸方雑挙徴拈代別語(巻27)，諸方広語(巻28)，讃頌偈詩(巻29)，銘記箴歌(巻30)を併せ録している。
　天台徳韶に嗣いだ法眼宗三世の永安道原が『仏祖同参集』の原題で編纂し，1004(景徳元)年に上進されるや，真宗皇帝は楊億・李維・王曙らに命じて刊削裁定させ，1011(大中祥符4)年に『景徳伝灯録』として大蔵経の続蔵に入蔵し，摸印頒布された。1034(景祐元)年，30巻を15巻に抄出し，5冊の冊子本とした『伝灯玉英集』が王随により編纂されている。現存する最古の完全なテキストは，1080(元豊3)年の刊記を有する東禅寺版であるが，既に初刻本よりかなりの改訂が加えられたものであり，開元寺版(宋版)，磧砂蔵本，普寧寺本(元版)，明の南蔵本などの代々の大蔵経に受け継がれる。1934(民国23)年，山西省趙城(現在の洪洞)県広勝寺より発見された金蔵本の方が初刻本に近く，元の延祐本に受け継がれている。また常熟瞿氏鉄琴銅剣楼蔵本(『四部叢刊』所収)は5種の混合版本であるが，その主部は南宋初期の刻本であり，内容として初刻本に近く，金蔵本系に属す。1372(洪武5)年重刊の高麗本は東禅寺版系とも金蔵本系とも異なり，『五灯会元』によって改変されたものを含む。
　1925年，大屋徳城によって韓国海印寺より発見された『祖堂集』とは共通する話が多いが，概して『祖堂集』の方が資料的に未整理であり野趣に富む。最近では中国中世俗語研究の資料としての面からの関心が高まっている。　　　(西口 芳男)

けいひょう【圭表】　蓋天説と関係の深い天体観測器。周髀・髀・表とも。直角に折れ曲がり，地面に垂直に立てて日影を作る部分と，南北に水平に横たえて影長を測る部分とからなる。前者を表，後者を圭とする解釈もある。垂直部の高さは8尺が標準だが，元の郭守敬は高さ40尺のものを作った。冬至・夏至前後数日間の太陽の南中時の影長の変化から，冬至と夏至の日時を決定し，1太陽年の正確な長さを求めた。　　　　　　　(宮島 一彦)

けいふく【桂馥】　1736(乾隆元)～1805(嘉慶10)。清の言語学者・文字学者。曲阜(山東省)の人。字は冬卉，号は未谷。1790(乾隆55)年の進士。段玉裁・王筠・朱駿声とともに，清朝を代表する『説文解字』(許慎撰)四大家の一人。その著『説文義証』50巻は，許慎の漢字解釈の根拠を明らかにすることを目的とし，中国古代の書物中の漢字解釈に関連する部分を博捜し，各漢字のもとに配列した書物である。清史稿481　　　　　　　　(高津 孝)

けいぶんかん【恵文冠】　→武冠

けいぶんきょれい【契文挙例】　最初の甲骨文研究書。2巻1冊。1917(民国6)年刊。孫詒譲著。自序は1904(光緒30)年11月に識されており，脱稿は『鉄雲蔵亀』刊行の翌年であった。『鉄雲蔵亀』収録の甲骨文を丹念に検討し，上巻の月日・貞卜・卜事・鬼神・卜人・官氏・方国・典礼，下巻の文字・雑例の10項に分類し，『説文解字』や金文等を援用して甲骨文を解釈し，逐一釈文して例示している。殷代史研究の端緒をひらいた。孫氏の

没後，稿本を入手した*羅振玉の手により刊行された。　　　　　　　　　　　　　　　　（石田　千秋）

けいへい【邢昺】　932（長興3）～1010（大中祥符3）。北宋初期の経学者。曹州済陰（山東省）の人。字は叔明。科挙に及第して国子博士となる。999（咸平2）年，初めて翰林侍講学士が置かれたときこれに任ぜられ，時の皇帝真宗に経書を講じた。また杜鎬・孫奭らと『周礼』『儀礼』『公羊伝』『穀梁伝』の疏を校訂するとともに，『孝経』『論語』『爾雅』の疏を新たに編纂した。これは唐の五経正義を継ぐもので，経学史上の業績として特筆される。宋史431　　　　　　　　　　　　（吾妻　重二）

けいほう【経法】　1973年，湖南省長沙市の*馬王堆漢墓から出土した『老子』乙本巻前古佚書4種のうちの一書。全文5000字，道法・国次・君正・六分・四度・論・亡論・論約・名理の9章からなる。戦国から漢初にかけて流行した黄老思想を知る手がかりとして貴重な出土文献の一つ。内容は，「道，法を生ず」と述べて法の根本を道にすえてその自然法的性格を強調しつつ，君主は無為正静であるべきだと主張するなど，道家思想と法家思想との折衷的な政治思想を説くところに特徴がある。その成立は戦国中期から漢初にかけての間とされる。また本書を含む古佚書4種は『漢書』芸文志にいう「黄帝四経」のことで，前4世紀頃の作とする説もある。　　　　　　　　　　　　　　　（谷中　信一）

けいぼう【京房】　前77（元鳳4）～前37（建昭2）。前漢の易学者・声律学者。頓丘（河南省）の人。字は君明。自ら占って姓を李から京に改めた。焦贛に易学を学び，災変の予知に優れた。官は魏郡太守（河南省）に至ったが，盛んに上疏したため石顕らに嫌われ，罪を得て誅された。

彼は，易の六十四卦のうち，坎・震・離・兌をそれぞれ冬至・春分・夏至・秋分の時点からの$\frac{73}{80}$日に，晋・井・大畜・頤を$5\frac{14}{80}$日ずつに，残り56卦を$6\frac{7}{80}$日ずつに配当したが，この分卦直日法もやはり焦に由来するものである。彼はさらに，従来の律管候気の法（律管に灰を入れて，地中の気の動きを測る）と自らの易学の結合を図って六十律を定めた。これは三分損益法を十二律を超えて継続し，律の相生を精密化したものであるが，数理的には第53の律までで一段落しており，このこと自体が作成目的の術数色を傍証している。また弦律と管律のずれに対処し，弦を用いた律準という器械を導入して両者を併存させた。著書に『*京氏易伝』がある。
漢書88　　　　　　　　　　　　　　（水口　拓寿）

けいほうし【刑法志】　歴代正史の篇目の一つ。刑罰法規を中心として，法律の制定・改正・運用をめぐる関連記事が収められ，『漢書』刑法志は兵制にも言及する。『*漢書』以降，『晋書』『魏書』『隋書』『旧唐書』『新唐書』『旧五代史』『宋史』『遼史』『金史』『元史』『明史』『清史稿』に刑法志（正史によっては刑罰志・刑志という名称もある）がたてられた。法制史研究，とりわけ律令法典の現存しない隋以前のそれを研究する際には先ず拠るべき史料となっている。　　　　　　　　　　（宮宅　潔）

けいほうじひ【啓法寺碑】　隋の石碑。周彪の撰文，丁道護の書，李宝の鐫刻。602（仁寿2）年12月の刻。原石は湖北襄陽の啓法寺内にあったが，宋代に佚し，現在残っている原拓本は1本のみである。この1本は清の康熙年間（1662-1722）には何*焯の所有で，後に臨川の李氏が秘蔵した。その後呉荷屋，羅振玉を経て日本に伯載され，大西潤甫の所蔵となり，現在は重要文化財に指定されている。丁道護は譙国（安徽省）の人，襄州祭酒従事に官した。書道に優れ，智永や房玄謙らと共に隋代を代表する書家である。北宋の黄伯思『東観余論』には「その書古ならず今ならず」との評語が見られる。この書が北朝の雄健な結構と南朝の優雅な趣が相接しているために出現した評語と考えられる。丁道護の書いたといわれる石碑は，この『啓法寺碑』の他に『興国寺碑』もあったが，早くに佚したためその拓は伝わっていない。『啓法寺碑』の拓本には賈似道の「魏国公印」があり，陸恭・翁方綱・李宗瀚・何焯等の題記がみられる。　　　　　　　　（小川　博章）

けいほんつうぞくしょうせつ【京本通俗小説】　繆荃孫が「影元人写本」によるとして1915（民国4）年に刊行した口語の短篇小説集。「碾玉観音」「菩薩蛮」「西山一窟鬼」「志誠張主管」「拗相公」「錯斬崔寧」「馮玉梅団円」の7篇からなる。首尾を欠き，巻頭の文字により『京本通俗小説』と命名された。繆氏の跋によれば銭遵王也是園の旧蔵書で，模刻した第10巻から第16巻までの7篇のほか，断片の「定州三怪一回」と猥雑にすぎる「金主亮荒淫両巻」があったという。当初は本物とみなされたが，やがて馮夢龍の短篇小説集『警世通言』『醒世恒言』から題下に宋本・宋人小説・古本などの注記がある作品を中心に選び出し，一部に改竄を施した偽書と認定された。ただし，中国でそれが定論となるのは遅れた。1919年に葉徳輝が「金主亮荒淫両巻」に相当する「金虜海陵王荒淫」を『宋人話本八種　第八種』として刊行したが，これも『醒世恒言』による偽書である。（大塚　秀高）

けいめいさんどう【形名参同】 君主が，臣下の言った言葉やその役割(名)と行動の実績(形)とを比べ，それが一致しているかどうかによって賞罰を決める臣下統御術。戦国時代末期の申不害によって唱えられたとされる。戦国時代に多くの知識人の関心を集めた「言葉」(名)と「実態」(形)との関係をめぐる議論を，君主の臣下操縦法に応用したもの。賞罰の基準は君主によっては示されず，臣下の言動に委ねられる。君主の主体性や強権発動によらず(無為)，臣下を統御する，君主「無為の術」の一つ。 (森 秀樹)

げいもんし【芸文志】 正史(勅命による各代の歴史書)の中で，当時存在した図書典籍を網羅し分類した記録。漢の班固の著した『漢書』芸文志をはじめとし，『隋書』『旧唐書』には「経籍志」，『新唐書』『宋史』『明史』には「芸文志」がある。班固は劉歆の著した『七略』に拠って典籍を「六芸」「諸子」「詩賦」「兵書」「数術」「方技」の6つに分類した。『隋書』経籍志以後は「経(経典)」「史(歴史書)」「子(諸子百家等の思想書)」「集(詩文集)」の四部分類が定着した。 (牧角 悦子)

げいもんるいじゅう【芸文類聚】 唐朝建国初期の類書。100巻。高祖李淵の命により，欧陽詢を中心に令狐徳棻(583〜666)ら10余人が編纂，3年を費やして624(武徳7)年9月に完成した。全体を46部(薬・香・草部を3部あるいは2部に分けて，48部あるいは47部とする説もある)，727子目に分類する。例えば最初の「天」の部は，「天・日・月・星・雲・風・雪・雨・霽・雷・電・霧・虹」の13子目，次の「歳時」の部は，「春・夏・秋・冬・元正・人日・正月十五日・月晦・寒食・三月三・五月五・七月七・七月十五・九月九・祖・伏・熱・寒・臘・律・暦」の21子目に分けて，それぞれについて経書や諸子百家などの古典に見える解説や用例を紹介した後，「詩」「賦」「賛」「表」「令」「序」「銘」「祭文」「啓」「書」など，形式によって分類した詩文の具体的使用例を挙げる。引用された書物は全部で1431種に上るが，『四庫全書総目提要』(以下『四庫提要』)が「隋以前の遺文秘籍，今にいたるまで十に九は存せず」と言うように，その大半は今日見ることができない。厳可均校輯『全上古三代秦漢三国六朝文』746巻(中華書局影印，1958年)や，逯欽立(1911〜1973)纂輯『先秦漢魏晋南北朝詩』135巻(中華書局，1983年)が，本書から多くの材料を拾っているのはそのためであり，このことだけでも，その学術価値がいかに高いかは明らかであろう。もっとも建国直後のあわただしい時期に作ったせいか，『四庫提要』が指摘するように，「繁簡宜しきを失し，分合未だ当たらざる」ところがないではない。例えば，「山」の部で，五岳のうちの「泰山」と「恒山」がなかったり，「水」の部で，四瀆のうちの「済水」が落ちていたり，「器物」の部に入れるべき「几」「杖」「扇」「麈尾」「如意」が「服飾」の部に入っていたりする。しかし『四庫提要』の見解は，後世の常識で当時の思考様式や分類方法を批判したところもあり，その是非については今後の慎重な検討が必要であろう。ともあれ572(武平3)年に北朝北斉の祖珽らが編纂した『修文殿御覧』360巻や，唐の高士廉らが編纂した『文思博要』1212巻等の大型類書が，ごく一部を除いて亡びてしまった今，ほぼ完全な形で残っていることは甚だ貴重である。我が国にはいち早く伝えられたと見え，藤原佐世『日本国見在書目録』に，その名が著録されている。テキストとしては上海図書館蔵南宋紹興刊本［補配明嘉靖刊本］(中華書局の影印本〔1959年〕がある)が現存最古のものであるが，『四庫提要』が指摘するように，例えば巻4歳時部・寒食の項に，本書の完成以後の作品である宋之問の「途中寒食」詩や沈佺期「嶺表寒食」詩が引かれるなど，明らかに後人の手が加わっている部分がある。利用に最も便なのは，汪紹楹校『芸文類聚』4冊(上海古籍出版社，1982年)で，巻末に「人名索引」「書名篇名索引」を付している。 (筧 文生)

けいらく【経絡】 人体の気血の通路の総称。気血の通路の幹線を経脈と呼び，支線を絡脈と呼ぶ。脈は当初は血管を意味し，後には気と血の通路，更には気の通路を意味した。経脈には十二正経・奇経八脈・十二経別があり，絡脈には十五別絡・三百六十五絡(狭義の絡脈)・孫絡がある。十二正経は経絡システムの主体であり，十二経脈とも呼ばれる。十二経脈は体幹と手・足のどちらを結ぶかにより，手の六経と足の六経に分類され，臓腑との関連において六臓のどれか一つと親密な六陰経と，六腑のどれか一つと親密な六陽経に分類される。個々の臓・腑には表裏と呼ばれる陰陽の対応関係があり，陰経は対応関係にある腑と，陽経は対応関係にある臓と，それぞれ連絡する。また，六陰経は太陰・少陰・厥陰の三陰経に分類され，六陽経は太陽・陽明・少陽の三陽経に分類され，陰陽を合して六経と呼ぶことがある。十二経脈は全体で「手の太陰肺経→手の陽明大腸経→足の陽明胃経→足の太陰脾経→手の少陰心経→手の太陽小腸経→足の太陽膀胱経→足の少陰腎経→手の厥陰心包経→手の少陽三焦経→足の少陽胆経→足の厥陰肝経→手の太陰肺経」という一つの循環系を形成する。十二経別は十二経脈が複線化した部分である。奇経八脈は相互間の関係や臓腑との関係を持たない経脈であり，任

脈・督脈・衝脈・帯脈・陽維脈・陰維脈・陽蹻脈・陰蹻脈の8脈がある。その中で体幹正中線を通る任脈(前面)と督脈(後面)が重要で，十二経脈と合わせて十四経と呼ぶ。十四経は独自の所属穴を持つ。なお，経脈は大部分が人体を上下方向に走行するが，帯脈だけは腰部を横に一周する。十五別絡は十四経と脾から分岐する大きな絡脈で，十二経の別絡は表裏関係の経脈間を連絡する。狭義の絡脈は経脈と孫絡を，孫絡は絡脈と全身各部を連絡する。なお，経脈に十二経筋と十二皮部を加えることもある。十二経筋は十二経脈のルートの沿う12本の筋・腱の集合体であり，十二皮部は十二経脈のルートの沿う12条の皮膚帯である。　　　　　　（林　克）

けいりょう【慶陵】　内モンゴル自治区巴林右旗索博利嘎蘇木(白塔子)の北約10kmの山地に営まれた遼王朝第6代の聖宗，第7代の興宗，第8代の道宗の三代の皇帝およびかれらの親族の陵墓。東陵・中陵・西陵の三陵が東西3kmの間に営まれている。1922年にフランス人宣教師ミリューによって，その存在が学界に紹介された。19世紀末にはすでに盗掘が始まっていたようであるが，1930年の盗掘は大規模で，副葬品のほとんどが持ち去られた。学術調査はミリューのほか，鳥居龍蔵，関野貞らが行ったが，1939年に田村実造や小林行雄らが参加した日満文化協会による調査がもっとも大規模で，その成果が今日の研究の基本資料となっている。三陵とも岩山の地下に磚で築かれた横穴式の墓室があり，壁面には人物像，山水画などが描かれていた。各陵の被葬者については戦前から議論があったが，1997年に東陵付近で興宗の陪葬墓と見られる墓が2基確認されたことなどから，現在では東陵が興宗，中陵が聖宗，西陵が道宗の陵とする説が有力になりつつある。盗掘によって出土した漢文と契丹文による哀冊碑石は，契丹文字を研究するうえで貴重な資料である。近年の研究成果は京都大学大学院文学研究科『遼文化・慶陵一帯調査報告書』(2005年)にまとめられている。　　　　（谷　豊信）

けいりょうとうりょうへきが【慶陵東陵壁画】　内蒙古自治区赤峰市巴林右旗白塔子郊外に位置する，遼朝最盛期の名君聖宗の子，興宗の陵墓壁画。1055(清寧元)年築陵。墓道を除き，全長約21m。中室東壁に春景，南壁に夏景，西壁に秋景，北壁に冬景を配する『四方四季山水図壁画』，左右側室・墓廊内に70名ほどの功臣肖像を描く『功臣図壁画』は，四方四季障壁画・功臣図の現在知られる最古の具体的作例の一つである。唐宋の山水画や人物画の手法を折衷する。残念ながら，2003年の赤峰地震で崩壊したと伝えられる。（小川　裕充）

けいりん【桂林】　広西壮族自治区北東部の都市。秦始皇帝の置いた桂林郡がその始まりとされ，以後漢代に始安県が置かれ，唐代に臨桂県と改められた。明清には桂林府の府治で，清代には広西省の省都でもあった。中原と南海を結ぶ交通の要衝にあたり，前漢武帝の南越征服，黄巣の乱，大平天国の乱，辛亥革命などにおける重要な進路となった。周囲は奇勝が多く，現在では観光地として知られるほか，各種工業も発達している。（林　謙一郎）

けいろくへん【雞肋編】　宋の荘綽(字は季裕)が著した筆記小説。3巻。北宋の紹聖年間(1094-98)から南宋の紹興年間(1131-62)の逸話を集めるが，内容から荘綽の父は蘇軾・黄庭堅らと交遊があり，綽自身も晁補之らと知己であったことが窺われる。本書の自序の日付は紹興3(1133)年2月だが，記事の中に紹興9(1139)年の出来事を記すものもあるので，本書は完成後さらに増補されたと考えられる。　　　　　　　　　　　（湯浅　陽子）

ケーグラー　Ignatius Kögler　1680～1746(乾隆11)。清代のドイツ人イエズス会士。バイエルンの生まれ。漢名は戴進賢。字は嘉賓。16歳でイエズス会に入る。1716(康熙55)年澳門に着き，翌年康熙帝に召されて北京に赴き編暦業務を助ける。1725(雍正3)年，欽天監正となる。イエズス会の京院院長・教務巡閲・中国省区副省会長などを歴任，41(乾隆6)年巡閲に復任し，5年後北京で没した。『策算』(数学)，『黄道総星図』『儀象考成』(ともに天文暦算)，『容鑑録』(宗教)の著がある。
　　　　　　　　　　　　　　　（宮島　一彦）

げき【戟】　戈と矛を組み合わせた武器。柲と呼ばれる長い木柄の先端に矛を，その下部に戈を直角に取り付けたもの。横に振り回して刺し斬る戈の機能と，刺突する矛の機能を併せもつ。最古の例として殷代中期の河北省藁城台西村遺跡出土の青銅戟が知られる。西周時代には戈と矛を一体化して鋳造した青銅戟が流行するが，実用の武器としては強度が十分ではなく，春秋戦国時代には戈と矛を別作りにしたものが主流となる。しかし戦国時代後期には再び戈と矛を一体化し，柄の装着部分を筒状にして強度を増した鉄製の戟が登場する。以後，鉄製の戟は前漢時代から魏晋南北朝時代にいたるまで中国における主要な長柄武器(長兵)の一つとなった。　　　　　　　　　　　　（西江　清高）

げき【檄】　文体の名。召しぶみ・ふれぶみ。同志を募り，宣戦を布告する文。徴兵や布告の際にも用いられた。もと1尺2寸の木札に書いたが，急

を要する場合には鶏の羽をつけて示したので羽檄という。南朝梁の劉勰『文心雕龍』檄移では、「我が美点を述べ敵の残虐さを書きたてる」など檄文の要領をあげたあと、なにより力強いことが肝要で、論理は明晰、気迫は旺盛、文辞は果断でなければならないという。『文選』には5首の檄文を収める。　　　　　　　　　　　　　　　　　　（幸福　香織）

げきこばそう【撃鼓罵曹】　『三国志』を題材にした伝統演劇の演目。『打鼓罵曹』『群臣宴』ともいう。才気溢れる名士ながら傲慢な性格の禰衡は、孔融により曹操に紹介されるが厚遇されず、曹を罵る。そのため曹は禰を鼓吏に任じ、群臣の並ぶ宴で諸肌脱がせ太鼓を打たせて辱めるが、禰は更に曹を罵倒する。曹は怒り禰を劉表のもとに使いさせ、ついに禰は劉の部下の黄祖に殺される。京劇・川劇・漢劇・徽劇・滇劇・秦腔・同州梆子・河北梆子などに見られる。　　　　　　　（波多野　眞矢）

げきじょう【劇場】　歌舞や各種芸能の上演場所として、古来宮廷・貴族の邸宅内、屋外広場での大規模上演、自然の地形を利用した宛丘(四周が高く中央が窪む、もしくは中央が高く四方が低い場所)、神廟戯台(寺や社の奉納芝居の舞台)、戯場(隋・唐代の都市部の遊芸場)、露台(石材・木材で建造した方形の露天舞台)などがあったが、営業を目的とし固定した場所で恒常的に公演を行う劇場が登場したのは、宋代である。都市部の瓦子の中に複数建てられた雑劇や芸能の劇場である勾欄は、舞台も客席も天幕で覆われて風雨をしのぐことができ、宋の孟元老『東京夢華録』によれば数千人の観客を収容する大規模なものもあったという。張り出した舞台の後方には幕や屏風で戯房(楽屋)との仕切りをつけ、役者はその両端から舞台へ出入りした。舞台の真向かいには梨園の神などを祭った神楼があり、舞台の両側にも腰棚という客席があって観客は三方から観劇したが、この形式は神廟戯台と類似し明・清の劇場にも受け継がれていく。勾欄は雑劇の流行とともに北宋の首都汴京から各地に広まるも明代に衰退、明・清には多様な形態の劇場へと質・量ともに発展する。貴族など富裕層は劇団をまるごと抱え(家班)、邸宅内に設えた舞台で上演をさせた(揚州の何園、北京の査園や恭王府の舞台など)。宮廷内では三層構造で様々な仕掛けのある、伝統演劇で最大規模の戯楼が建造され、皇帝は中庭をはさんで正面の建物から鑑賞した(故宮の暢音閣や、頤和園の徳和園など)。民間の商業公演としては酒館や茶館の付設舞台での上演があったが、清の乾隆年間(1736-95)頃に芝居興行を主とするようになり、茶園・茶楼と呼ばれる商業劇場となった(明代査氏の

戯楼査園を前身とする北京の広和楼、上海の丹桂茶園など)。神廟戯台の構造を踏襲するが、舞台と客席が1つの屋根で連接したほか客席は2階建てになり、1階の平土間を池子といい、2階には官座(包厢とも)という仕切られた桟敷席が設けられた。池子の客席では観客は茶菓を喫しながら観賞したが、舞台に垂直に机が置かれていたので、首を左右どちらかに回さねば舞台が観られなかった。当時芝居を見ることを「聴戯」と言い歌を聞くことに重きが置かれたゆえんである。舞台は能舞台のように四角に張り出し、前方を2本の柱で支え、舞台奥は両端に出入り口がある守旧という幕が掛けられ、幕より前を前台、奥を後台(楽屋)と言った。このほか、寺や社の舞台、各都市の同郷人会館の舞台や、野外に臨時仮設された草台、南方では水辺の舞台や船上などでも上演が行われた。清末には社会の変動に伴い劇場にも変化が起き、1874(同治13)年には上海でイギリス人によって初の西洋式劇場、蘭心劇院が建造された。以後、建材、電灯、背景、回り舞台、音響、舞台の形、客席の整備など多くの試みが行われ、伝統演劇初の近代形式の劇場である新舞台(1908年、上海)、第一舞台(1914年、北京)など改良式新劇場が作られた。清末から萌芽した新劇には当初専門の劇場はなく、学校やキリスト教会の講堂などで上演を行った。　　　　　　　　（波多野　眞矢）

げきじょうか【撃壌歌】　古代の歌謡。「撃壌」は、壌(木片)を土に突き立て、他の壌でこれに当てる遊戯。堯の世に、ある老人が壌を撃ちながら、太平を謳歌して歌ったと伝えられる。その歌詞は、『楽府詩集』83所収のものには「日出でて作し、日入りて息う。井を鑿って飲み、田を耕して食らう。帝何ぞ我に力あらんや」とある。収録時期は後漢の王充の『論衡』感虚篇に引くものが最も古いが、その末句は「堯何等力あらんや」に作る。『芸文類聚』11、『太平御覧』506、572、755所収。　　　　　　　　　　　　　　　　　　（小池　一郎）

げきだんろく【劇談録】　晩唐の小説集。2巻。康軿の撰。康軿(一説に康駢)、字は駕言、878(乾符5)年の進士、官は崇文館校書郎、中書舎人。895(乾寧2)年の自序によれば、乱を避けて故郷の池州(安徽省)に隠棲し異聞を書き残したという。天宝(742-756)以来の鬼神・侠客・詩人に関する奇聞や報応譚などの多彩な内容で、末尾に意見を付した話もある。『津逮秘書』『学津討原』『貴池先哲遺書』所収本と古典文学出版社排印本(1958年)に42話、徐凌雲点校本(『唐宋筆記小説三種』黄山書社、1991年)に48話を収録。　　　　　　　　　（富永　一登）

げこうどうほうじょう【戯鴻堂法帖】 明の法帖。1603（万暦31）年に董其昌が作った。16巻。石版本のほかに木版本があるという。初刻初拓の実相は詳らかでない。初刻の木版の焼失直後、初拓をもとに石に重刻されたと伝えられ、その伝にしたがって木版本を火前本、石版本を火後本とよぶことがある。また巻尾に刻される「万暦三十一年歳次癸卯人日、華亭董氏勒成」の18字にも楷・篆の2書体があり、楷書は初刻の木版本、篆書は重刻の石版本などと説かれるが、確証はない。初刻本は精巧で重刻本は粗略であるとも、初拓本は精緻で数少なく高価であったが、その後は粗造されて価格が急落したともいわれる。清になると原版の所蔵者が3度転じた。その3者の拓にはそれぞれの特色があり、用大斎本、儼斎本（横雲山荘本）、古倪園本と呼ばれる。集刻される書跡の数では明の法帖中、『玉煙堂帖』に次ぐ規模をほこる。また他の法帖には見られない書跡を、『澄清堂帖』（刊行時期に諸説があるが、南宋とみるのが通説）などの古法帖から翻刻し、董其昌の識語も散見して貴重であるが、その一方、明白な偽跡まで刻入するなど問題も多い。

（澤田 雅弘）

けごんきょう【華厳経】 大乗仏教経典の雄編。正式名称は『大方広仏華厳経』。漢訳とチベット語訳で現存する『華厳経』のインド原典は「十地品」と「入法界品」を除いて未発見。この大部の経典が一度に完成したとは考えられず、各章は独立の経典として早くから流布していたが、400年頃までに現在の『華厳経』に近い形で、体系的に編集されたものと考えられている。

漢訳の完本には2種ある。慧遠の弟子の支法領がコータンから将来した梵本を東晋の仏陀跋陀羅（ブッダバドラ）が東晋末南朝宋初の420（元熙2）～421（永初2）年に翻訳した34品・60巻（略称『六十華厳』）と、唐の則天武后の強い要請によりコータンから新たに入手した梵本を実叉難陀（シクシャーナンダ）が695（証聖元）～699（聖暦2）年に翻訳した39品・80巻（略称『八十華厳』）である。さらに、最終章の「入法界品」には、唐の般若（プラジュニャー）が798（貞元14）年に翻訳した1品・40巻（略称『四十華厳』）がある。

『華厳経』の序章において、毘盧舎那仏（ヴァイローチャナ）は、釈尊として、マガダ国の寂滅道場で悟りを完成し、その仏の世界（蓮華蔵荘厳世界）を光を放って現出させる。この経典中で、仏は原則として自ら説法することなく、文殊・普賢を始めとする菩薩たちが仏と仏の世界のすばらしさ、それを目指す菩薩の修行とその功徳とを次々と説き明かしていく。その間に仏は、地上のマガダ国を離れて、世界の中心須弥山（スメール）の頂上にある忉利天に昇り、さらに夜魔天・兜率天を経て、他化自在天にまで昇りつめると、再び地上のマガダ国に降り、最後の「入法界品」では、舎衛城（シュラーヴァスティー）にある祇園精舎の大荘厳重閣講堂へと移動する。このように欲望を持つ衆生が住む宇宙全体を説法の場としている。

『華厳経』は、蓮華蔵荘厳世界の周り十方に無数の仏の世界が存在する、という広大な宇宙観を前提としている。しばしば、仏の身体の毛孔から放出される光線がこれら無数の仏の世界を照らし出し、同時に無数の仏の世界が一つ一つの毛孔に現出する、という記述が見られる。また、一つの世界で起こっている事象は、あたかも灯火が周りの鏡に反映するように、周囲の無数の世界で同時進行的に起こっていると考えられる。これは後に「一即多」「多即一」「相即相入」などと表現された『華厳経』独特の思想である。おそらく『華厳経』の世界は「光の世界」である。壁を抜け、空を飛び、地中から出現し、「融通無礙」と表現される不思議な世界は、それが光の顕現であると考えると容易に理解される。また、『華厳経』は、「八相成道」に代表されるような仏伝にしばしば言及し、長大な時間系においてそれが繰り返し実現する、という明確な歴史観を持っている。

『華厳経』は、仏の不思議な世界を讃えるだけでなく、その世界に赴く菩薩たちの歩むべき「菩薩道」を明示することによって後代の仏教徒に強い影響を与えた。経末に付加された「普賢行願讃」がその好例である。一方、全宇宙が仏の放出する光の顕現であるという考えは、全宇宙は心識の顕現であるという「三界唯心」の思想へと結実していったと考えられる。

『華厳経』にモチーフを得た巨大なモニュメントがアジア各地に見いだされることは、同経がある時期、為政者の国家統治の思想として広く受け入れられていたことを示唆するものである。 （桂 紹隆）

けごんきょうえ【華厳経絵】 料紙に写経された華厳経の経典のはじめに金銀泥で描かれた見返し絵から、掛軸や絵巻物などに至るまで、広く華厳経にもとづく内容をあらわした絵画全般をさす、日本における用語。華厳経入法界品にもとづく善財童子歴参図や水月観音図、華厳経の構成を曼荼羅状にあらわす七所九会図、仏陀の身体にさまざまな仏の姿をあらわす法界人中像などがある。四十華厳の普賢行願品にもとづく阿弥陀如来像や阿弥陀八大菩薩像は、朝鮮半島のみにみられる。 （井手 誠之輔）

けごんきょうたんげんき【華厳経探玄記】

『六十華厳』と称される仏陀跋陀羅訳『華厳経』に対する法蔵の注釈書。20巻。晩年の作であり，唐初の法蔵の華厳教学の集大成である。全体は10門に分かれており，巻1では『華厳経』について概説したのち，本経の出現の理由，諸経典における本経の位置，本経を至上とする教判，受持する者の資格，教えの本体，教えの根本立場，題目の解釈，『華厳経』の種類・諸訳・霊験譚，本経独自の法門の内容，という9門について論じており，第10門である経文解釈を巻2以降で行っている。本経の根本立場は，真理の世界たる法界と因果が無礙自在であることであり，そうしたあり方を示すための独自の法門については，同時具足相応門に始まって主伴円明具徳門で終わる十玄門によって示されている。本書の十玄門は，智儼の『捜玄記』や法蔵の初期の作である『華厳五教章』に見える十玄門と少々異なっているため，新十玄と言われる。　　　（石井　公成）

けごんくもくしょう【華厳孔目章】　華厳宗の実質的な開祖である唐初の智儼が最晩年に著した綱要書。4巻。詳しくは『華厳経内章門等雑孔目』であり，『華厳経』の内容を細かい章に分けて様々な観点から論じている。智儼は文章が簡潔かつ難解であることで有名であるため，中国ではあまり注目されなかったが，新羅や日本では重視されて研究された。本書の重点は，智儼とほぼ同年齢である玄奘がインドからもたらした新訳唯識説と如来蔵思想に立つ旧訳の唯識説を比較しつつ，単なる如来蔵思想とは異なる『華厳経』の絶対性を論証することにあり，本書に至って『華厳経』を至上とする五教判の原型が形成された。もう一つ重要なのは，新興の禅宗を意識して頓教と規定し，頓教は絶言無相にとどまるのに対し，『華厳経』は無相をもその一部として含む無尽の法門であることを強調していることであろう。　　　（石井　公成）

けごんごきょうしょう【華厳五教章】　華厳教学を大成した唐初の法蔵の初期の代表作。『華厳一乗教分記』『華厳一乗教義分斉章』『華厳経中一乗五教分斉義』その他の題号が用いられており，『五教章』『教分記』などと略称される。3巻ないし4巻。日本伝来の和本では，義理分斉が第9，所詮差別が第10となっているのに対して，中国の宋本および錬本と称される朝鮮所伝の版では，順序が逆になるのを始めとして，テキストの異同が多く，その理由については諸説がある。初期の著であるものの，『華厳経』を至上とする五教判を立て，重要な問題ごとに様々な系統の思想を対比しつつ論じているため，中国・朝鮮・日本で重視され，日本では仏教入門書としても用いられた。智儼の教理を発展

させた三性同異義・十玄門・六相などを詳しく説明し，『華厳経』の重々無尽の法門を明らかにしている。なお，華厳というと「事事無礙」が有名だが，『五教章』と法蔵の他の著作はこの語を用いていない。　　　（石井　公成）

けごんこんじししょう【華厳金師子章】　華厳の重々無尽の教理を，黄金の師子(獅子)像を例としつつ説いた書。獅子を縁起によって様々に姿を変える現象に例え，黄金については様々に形を変化させつつも不変である真理に例えたうえで，十玄門・六相・三性同異義など華厳教学の主要な教理について簡潔に説明している。法蔵が宮中で則天武后のために説いた内容と伝えられる。宋代に華厳教学を再興した僧たちが本書を重視しており，浄源は『金師子章雲間類解』，承遷は『華厳経金師子章註』を著すなど，多くの注釈が書かれたため，現代に至るまで中国でも日本でも華厳教学の入門書として盛んに用いられてきた。ただ，本書は文体や用語から見て法蔵の作とは考えにくく，法蔵の作であったとすれば，現在の形はかなり後人の手が入っているものと思われる。　　　（石井　公成）

けごんじ【華厳寺】　山西省大同市古城内にある遼に創建された寺院。大同は北朝北魏が洛陽に遷都する以前に首都だった平城であり，遼，金の五京制における西京であったため，多くの重要な遺跡が残っている。

当初は一つの寺院として，大華厳寺と呼ばれていたが，明代に上寺・下寺に分かれた。下寺で中心となる建物は，薄伽教蔵殿である。「薄伽」とは，梵文 bhagavat(バガバ)の音写で世尊の意味であり，薄伽教蔵殿は仏教経典を収蔵する建物である。その大虹梁下に墨書で遼重熙7(1038)年建とある。高さ4.2mの基壇の上に東向きに建つが，東は遼の契丹人にとって上位の方位である。間口5間(25.65m)，奥行き4間(18.47m)で，単層入母屋造である。正面中央の3間に扉を付け，他は厚い日干し煉瓦壁で閉じられ，背面中央間にのみ高窓を開ける。内部は，低い仏壇上に，三世仏を始めとする31軀の遼代の仏像が並ぶ。仏像の真上の天井には，八角形の藻井(ドーム天井)が付けられている。

薄伽教蔵殿は「壁蔵」と呼ばれる，壁面に作りつけられた飾り棚で有名である。壁蔵は2層楼閣式になっており，下層は大華厳経を収める経棚で，上層が小仏像の厨子となっている。38間も連続する楼閣式の壁蔵は，背面の高窓の所で中断してアーチ状の環橋で窓をまたぐように繋ぎ，橋の上には天宮楼閣が造られている。小木作(内装)でありながら，軒や屋根の形式と反り，現存最古の斜栱の例も含めて

17種の斗栱，34種の勾欄の様式など遼代の大木作（構造体の木造工事）技法をよく伝えている。

　上寺で中心となる建物は，遼の1062（清寧8）年に創建され，金の1140（天眷3）年に再建された大雄宝殿である。「大同県志」では，華厳寺は「奉安諸帝銅・石像，旧有南北閣，東西廊，像在北閣下」と記され，遼の帝后像を祀るための寺院と分かる。現在，大雄宝殿内部には，明代に造られた五方仏が中央の基壇上に置かれている。建物は高さ4mの基壇の上に立ち，規模は間口9間（53.70m），奥行き5間（27.44m），単層寄棟造である。斗栱は60度・45度の斜栱も含めて9種類が使われている。斗栱の材高は30cm，厚さは20cmで，北宋の『営造法式』で規定した一等材よりも大きい。軒下の斗栱層と柱の高さの比率は1：4.3になっており，遼・金の建築の実例における標準的な比率である1：3に比べ，斗栱の比率が小さい。檐柱の高さは7.32m，屋根の丸桁から棟木までの高さは7.4mで，ほぼ同じである。総じて，遼の木造建築は，唐の様式を継承しながらも，さらに規模が拡大し，芸術の面において勇壮な気質を強めている。
　　　　　　　　　　　　　　　　（包　慕萍）

けごんしゅう【華厳宗】　唐代に終南山至相寺の智儼が形成した学派。宗密の時期に至ると，智儼の師であって神異で知られていた杜順を初祖，智儼を2祖，法蔵を3祖とみなすようになった。北宋になると澄観を4祖，宗密を5祖と称する五祖説も唱えられるようになったが，澄観は法蔵の没後に生まれており，直接の師承関係はない。「宗」という語は古くは根本の立場を指しており，華厳宗の語を最初に用いた澄観も，『華厳経疏』ではこの語を『華厳経』の根本の立場という意味で用いている。ただ，日本では奈良時代半ばには東大寺などに華厳宗と称される僧たちが置かれているため，中国でもそれ以前からそうした呼び方があったであろう。宋代以後は，法蔵の号である賢首大師に基づいて賢首宗や賢首教といった呼び方もされるようになった。
　華厳宗はあくまでも学派にとどまったが，杜順作とされる『法界観門』，法蔵の『大乗起信論義記』，李通玄や澄観の著作などは，禅宗や一般知識人に大きな影響を与えている。北地では遼代には華厳宗の勢力が盛んであって密教にも影響を与えており，その伝統は北京を中心にして元代まで盛んであったほか，その系譜は清代まで続いていた。南地では，戦乱で文献が散佚した後，入宋した高麗の義天によって朝鮮から関連文献がもたらされ，杭州を中心として華厳復興がなされ，天台宗や法相宗との論争も行われた。そうした学派とは別に，民間での『華厳経』信仰は，北地では文殊の聖地とされた五台山を中心として南北朝期から盛んであり，南地でも結社を組織して『華厳経』の書写に努めるような宗教運動が盛んであった。近代になると，清末の楊文会を初めとする知識人の間で唐代の華厳教学の見直しが行われ，『華厳経』の菩薩行が社会改革と結び付けられるなど，『華厳経』の新たな形での復興がなされた。
　　　　　　　　　　　　　　　　（石井　公成）

けごんだいそしょう【華厳大疏鈔】　澄観が80巻の『華厳経』に注釈した『華厳経疏』に自ら細注を施した著作。疏の文章の要所を順次解釈していくスタイルから詳しくは『華厳経随疏演義鈔』といい，略して「演義鈔」とも呼ぶ。法蔵の『華厳経探玄記』を継承し，法蔵の弟子の慧苑が師説に反している点を批判した。全編が四法界説で貫かれ，当時盛んになった禅宗の教えに対抗し，華厳の立場の優位性を確立しようとした。
　　　　　　　　　　　　　　　　（吉津　宜英）

げじゅ【偈頌】　仏教の教理や悟境を詩句の形で表現したもの。偈は梵語 gāthā の音訳。散文部分である長行に対していう。
　　　　　　　　　　　　　　　　（高堂　晃壽）

げじんみっきょう【解深密経】　唯識思想の所依経典の一つ。その題名は，深い秘密を解く経典という意味であるが，その秘密とは，それまでの般若・中観では明かされなかった教えのことで，要は唯識説のことである。こうして，『解深密経』は，阿含――般若――唯識という三時教判を説く。この他，二諦説，阿頼耶識説，三性・三無性説，唯識観等を説く。その全体が『瑜伽師地論』に引用されているが，経典として『瑜伽師地論』などの唯識論書よりも先に成立していたのかどうかは必ずしも定かでない。
　　　　　　　　　　　　　　　　（竹村　牧男）

げだいひようほう【外台秘要方】　唐の医学全書。全40巻。752（天宝11）年に成った。王燾の撰。王燾は郿（陝西省）の人。鄴郡（河南省）太守で，『新唐書』王珪伝に小伝がある。かつて尚書省に勤務し，長年国家の図書を閲する機会に恵まれた。本書は唐以前の医書の要を採集したもので，逐一引用文献名を明記し，しかも引用部分の巻次第までも示しており，古典医書の校勘や輯佚復元に関して文献学的価値が高い。現伝本は宋版に由来し，宋版完本は日本にのみ伝存。通行の明版は宋版とは異なる粗悪本。
　　　　　　　　　　　　　　　　（小曽戸　洋）

けつ【玦】　環の一部が欠けたC字形の玉器を指すのが通例である。おもに装身具として，新石器時代から戦国時代まで使用された。殷時代以前には，龍のような霊獣が背中を丸めた姿を象った優品もあるが，これも玦に含めるかは意見が分かれる。

C字形の玉器を玦と呼び，弓の弦を引くために親指にはめた玉製の弓掛けを鈌にあてる説もある。玉製の弓掛けは殷時代に出現し，戦国時代になると一部は装身具になった。漢時代には佩玉としても用いられた。
(川村 佳男)

けつ【桀】

夏王朝最後の王。帝発の子。即位して帝履癸と称する。暴虐のため諸侯が離反し，殷の湯王に破れ，追放されて死んだ。夏殷革命は，『詩経』商頌や斉の霊公(在位前581〜前554)時代の金文に見え，殷の子孫たる宋人が伝えているが，桀の暴虐はなお明言されない。「湯 桀を放ち，武王 紂を伐つ」(『孟子』)のように，戦国時代に，殷の紂王と並挙されるようになり，紂と同様の暴君像が創作されたものと考えられる。史記2
(吉本 道雅)

けつ【碣】 →碑碣

げっかいか【孽海花】

清朝末の小説。本書には「愛自由者(金松岑)起発，東亜病夫(曾樸)編述」と署名する元版25回(1905〜07年)と20年後の改訂版35回の2種類がある。欽差大臣としてヨーロッパ訪問をする金雯青(洪鈞のこと)と名妓傅彩雲(賽金花のこと)の関係を縦糸に，北京の学界・革命運動・高級官僚の生活・清仏戦争・虚無党・諸外国の中国侵略・朝廷の内幕などの逸話をちりばめて清朝末30年間の中国史を描こうとした。登場人物の全てにモデルがあったことも評判をよんだ。科挙制度を攻撃し，孫文ら革命派の動きを非難することなく描いた点は，劉鉄雲・呉趼人・李宝嘉の作品と異なる。魯迅により譴責小説の一つとして名前があげられる。曾樸(1872〜1935)は，清朝末民国初の翻訳家・作家・政治家。常熟(江蘇省)の人。字は孟樸。フランス語を学び，徐念慈らと小説林社を設立，雑誌『小説林』を創刊する。教育事業を興し，地方議員として政治活動に従事した。息子虚白と雑誌『真美善』を発行，またユゴーの作品を多数翻訳した。
(樽本 照雄)

げっかひょうじん【月下氷人】

本来は「月下老」と「氷人」の2語で，ともに縁結びの神や仲人をいうが，わが国では両方合わせて月下氷人という。月下老は唐の韋固が月夜に老人に出会って未来の妻を予言され，その後娶った女性が実は予言されたその人であったと知るという話(唐の李復言『続幽怪録』)，氷人は晋の令狐策が氷上に立って氷の下にいる人と対話した夢を見，索紞がそれを媒酌神と判断したという故事(『晋書』索紞伝)に由来する。
(大野 圭介)

げっきん【月琴】

阮咸の棹を短縮して生み出された撥弦楽器。かつては豫劇や山東梆子などの主要楽器の1つであったが，近年は阮(古代の阮咸を参考に作られた)で代用されることが多くなった。京劇は従来より月琴を重視しており，その古いタイプは1弦だったこともあるが，今では他ジャンルと同様，2〜4弦を張り，ピックで弾く。月琴のフレット数は5〜12個前後と様々で，胴は円形が多いが，八角形・六角形もあり，改良型はフレットを23〜24個に増やしている。伝統的な調弦は複弦制(4弦で2弦ずつを同音に合わせる)による5度を基本としていたが，今日ではそれ以外のものも用いられている。中華人民共和国成立以前における語り物の四川清音では，茶館や街頭で月琴の弾き歌いをする芸人が存在し，それに類似した演奏形態は台湾にも見られた。漢民族の音楽ジャンルにおいてはどちらかといえば，脇役的存在であるが，少数民族では歌舞音楽に不可欠な楽器として彝族・哈尼族・布依族などに広く流布しており，今日では独奏曲も書かれている。
(増山 賢治)

げつげつしょうせつ【月月小説】

清末の文芸雑誌。1906(光緒32)年上海で創刊，間に4か月の中断があったがほぼ月刊を守る。1908(光緒34)年あるいは09(宣統元)年に停刊。全24冊。編集者は汪慶祺(1〜3号)，呉趼人(4〜8号)，許伏民(9号以降)と変わり，発行所は月月小説社・楽群書局(1〜8号)，群学社図書発行所。創刊号に掲げられた呉趼人「月月小説序」では，梁啓超の『小説と社会の関係を論ず』(『新小説』創刊号，1902年)を引きながら，社会におよぼす小説の影響を重視する。呉趼人が創作を，周桂笙が翻訳を主宰する。呉趼人の長篇『両晋演義』『上海遊驂録』『雲南野乗』『発財秘訣』『劫余灰』のほか『趼人短篇九種』などが発表された。周桂笙の翻訳に虚無党小説『八宝匣』，航海小説『失舟得舟』，奇情小説『左右敵』，偵探小説『海底沈珠』などがある。ただし，原作はいずれも不明。その他の執筆者に，陳景韓・包天笑・陳蝶仙らがいる。短篇小説と探偵小説の翻訳が多いのが特徴。
(樽本 照雄)

けつごご【歇後語】

人，時代により定義は一定でない。が，大別すると以下の2種に分かれる。

まず，宋代の筆記(呉僧『能改斎漫録』，厳有翼『芸苑雌黄』)の中で「歇後語」と称されるものに常用成語の後部分を言わず，前部分のみで全体の意味を代表させる形式がある。例えば，晋の陶淵明の詩「一に温顔に侍するを欣び，再び友于に見うを喜ぶ」(『庚子歳五月中従都還』)の「友于」は「兄弟と仲良

くする(友于兄弟)」(『書経』君陳)を踏まえてこの前半のみで「兄弟」の意味を示す。これは、「蔵詞」「縮脚」ともいわれる形式で、文人による雅な修辞法であり、言葉遊びである。

一方，現代ではもっぱら，洒落言葉などの諧謔語として捉えられている。形式上から「譬解語」「引注語」とも称され，「泥菩薩過江——自身難保」(泥の菩薩が河を渡る——我が身が危うい)などの比喩を用いるものや，「外甥打灯籠——照舅(旧)」(甥が提灯を持つ——おじを照らす＝相変わらず)といった同音(近音)異義のかけ言葉を用いるものがある。口語の慣用句を用い，表現が多種多様であって，必ずしも固定的ではない。　　　　　　　　(玄　幸子)

げつじこう【月児高】　琵琶曲。月明かりの夜の情景を描写する 12 段から成る。声楽の曲牌を組み合わせた旋律は優美で歌唱性に富む。『御制北調宮詞楽譜』の抄本(1782 年)に初収。李芳園の『南北派十三套大曲琵琶新譜』(1895 年)で『霓裳曲』として収載された同曲は，歌舞調に編曲。なお民国に刊行された『瀛州古調』(1916 年)，『養正軒琵琶譜』(1929 年)に所収のものは，それぞれ同名異曲。　　　　　　　　　　　　　(仲　万美子)

けっせきちょうゆうらん【碣石調幽蘭】　七弦琴の古代曲。唐の写本で現存唯一の「文字譜」(奏法を文章で表現する方法)として残っている。譜前の序によるとこの曲は南朝梁の丘公(494〜590)が伝えたという。『碣石調幽蘭』は『碣石調』のメロディーで，『幽蘭』の内容を表現したものと考えられる。『碣石調』はもと相和歌瑟調の「隴行」(隴西地方〔甘粛省天水市一帯〕あたりの歌曲)で西晋代になると舞曲としても使用された。宋代の郭茂倩編『楽府詩集』琴曲歌辞には「幽蘭」と題する詩がいくつかみられるが，その中で丘公の時代に比較的近いのは南朝宋の鮑照の詩である。その内容は鮑照が当時門閥貴族の権力闘争にまきこまれて，才能がありながら不遇であった自らの境遇を嘆き，憤懣やるかたない気持ちを吐露したものである。『碣石調幽蘭』の譜は日本に伝わり京都加茂の神光院に長く保存されていたが，幕末の医師森立之『経籍訪古志』，清の黎庶昌『古逸叢書』に収録されて広く知られるようになった。『碣石調幽蘭』研究のさきがけは荻生徂徠で，『幽蘭譜抄』を著した。また最も早い打譜は清末に楊時百が行ったもので，彼が編纂した『琴学叢書』に収められている。現在，国宝『碣石調幽蘭第五』は東京国立博物館に所蔵されている。　　　　　　　　　　　(池澤　滋子)

けったいほう【結体法】　→間架結構

げっぱくゆう【月白釉】　→澱青釉

けっぴつ【欠筆】　君主や父母の諱(本名)を口にしたり，書くことを避ける習慣である避諱の方法のひとつ。避諱は周代にはじまり，秦代に定着し，清代まで継続しておこなわれた。その方法として，当該字を別字に改める改字(代字)，空白あるいは「某」「諱」などの字を当てる空字，当該字の最後の一画を省略する欠筆などがある。当該字のみならず，偏や旁に含まれる場合にも適用することがある。典籍等を書写・刊行する場合，その王朝の帝王の諱を，改字・空字・欠筆をもって避けなければならないが，その実態は，歴代王朝によってかなり異なり，唐代・宋代・清代がもっとも厳格であったとされる。欠筆の始まりは唐代といわれ，太宗李世民の諱にある「民」字を「𤯒」と書す例が，碑文などに見られる。宋代には典籍の印刷が本格化したが，今日伝存している宋刊本の多くに欠筆がみられる。欠筆は，帝王の即位年次と関連があり，典籍の刊行時期を推定するうえで，重要な指標のひとつとされる。　　　　　　　　　　　(梶浦　晋)

げつれい【月令】　月ごとの政令。『礼記』の篇名のときは「がつりょう」と読む。君主は季節の変化に応じた政治を行うことで徳を現すという時令説が発展したもの。秦の呂不韋が編纂した『呂氏春秋』や，漢初の『淮南子』時則訓，儒家の経典である『礼記』の月令篇などに見ることができる。いずれも各月の神や干支や季節の特徴などが述べられ，その月に天子が行うべきことなどが細かく規定されている。　　　　　　　　　　(長谷部　英一)

げてん【外典】　→内典

けどじ【化度寺】　唐代に栄えた長安の仏教寺院。旧称は真寂寺。真寂寺は高熲が 583(開皇 3)年に私邸を喜捨して建立したもので(『両京新記』)，589(同 9)年には三階教の開祖信行を長安に迎え入れ，三階院を建てて住まわせた。それ以降，この寺は三階教の中心寺院となり，弟子の僧邕・浄名・慧如をはじめ多くの三階教僧が住した。化度寺に改称されたのは 619(武徳 2)年である(『長安志』10)。武徳の頃，無尽蔵院が置かれ，貞観(627-649)以降，莫大な金銭・財物が集まったという。玄宗期，三階教の禁圧にともない，721(開元 9)年に無尽蔵院が廃止され，725(同 13)年には三階教の活動が全面的に禁止された。その後の化度寺に関する詳細は定かでないが，一時的に三階教が活動を盛り返した時期があったようで，『長安志』10 には敬宗の時に化度経院の金文額を賜ったとの記述も見られる。会昌

の廃仏（三武一宗の法難の一つ）の翌年，846（会昌6）年に崇福寺と改称された。　　　　（西本 照真）

けどじとうめい【化度寺塔銘】　唐の碑。化度寺邕禅師塔銘，単に化度寺碑ともいう。631（貞観5）年の刻。李百薬の撰，欧陽詢の書。楷書。化度寺の三階教の名僧で89歳で入寂した邕禅師を葬った舎利塔の銘文。宋代にはすでに原石が亡佚し翻刻本が通行したが，筆画に肥痩の差があるため，その優劣について盛んに論議されてきた。著名な拓本に王孟揚旧蔵本・臨川李氏本・南海呉氏本・翁氏蘇斎本・松下清斎本などがある。翁方綱は諸本をもとに原碑の復元図を作成し，銘文34行，行ごとに33字を得た。20世紀初頭，化度寺塔銘の剪装残本が欧州の2人の探検家によって敦煌の莫高窟にある蔵経洞から，『温泉銘』などとともに発見された。現在，ペリオが持ち帰った2葉はパリ国立図書館に，スタインの10葉は大英図書館にそれぞれ収蔵されており，数少ない唐拓として史料的価値が高い。欧陽詢75歳のときの書であり，彼の他の書と比べるともっとも穏やかな書風で，唐代楷書の極致として称揚されている。　　　（横田 恭三）

けびょう【花瓶】　仏教において花を供えるための容器をさす。日常用の「かびん」とは，同字異音になる。華瓶とも書く。銅製鋳造になるのが基本であるが，ラッパ状に開いた口の下に，細長い下膨れの胴が続く形のものや，口と基台が等分に張り出し，全体が亜字形をしたものなど，時代や地域の違いによって，いくつかの形式がある。供養具として仏前に安置したり，修法壇上に置かれたりするのが通例であるが，ときに菩薩の持物ともなる。
（松本 伸之）

けぼり【毛彫】　金属の表面に線条を表現する彫金技法の一種。鏨を器物の表面に打ち込み，一続きの溝を彫り出すことによって線条を表す。線条の輪郭が毛筋のように見えることからこの名がある。金工の技法の中でも基本的かつ普遍的なものの一つで，西アジアやエジプト・地中海沿岸地域をはじめ，ヨーロッパ，中南米，アジア各地域など，この技法による線条表現は時代や地域を問わず広範にみられる。中国では，戦国末頃以降に用いられるようになり，以後，歴代にわたって作例がみられる。使用する鏨の種類により，溝の断面がV字形をしたものとU字形をしたものの2種に大別されるが，先端の尖った鏨を使用する前者が基本で，後者はそれと区別して丸毛彫と呼ばれることがある。中国で発達をみた蹴彫や，他の彫金技法と併用されることも多い。なお，中国では，金銀平脱の文様表現にみられる針書風の極細の線刻を指して毛彫ということもある。　　　　　　　　　　　（松本 伸之）

けりぼり【蹴彫】　金属の表面に線条を表現する彫金技法の一種。鏨を器物の表面に打ち付けていく方法は毛彫と同様ながら，毛彫のように一続きの溝を彫り出すのではなく，鏨を打ち込んで楔形を1つ1つ刻み，それを連続させることによって一本の線条のように見せるところに特徴がある。ここから，同じ線条表現でも，毛彫とは一味違った独特の味わいが生まれる。蹴彫というのは，鏨をあたかも蹴るように連続して打ち込んでいくことにちなむ呼称で，金属面に対して鏨を寝かせ気味にして浅く打ち込むことが可能なことから，金銀器など，器胎の薄い器物に線刻を施すのに適した技法であり，そのため金銀器制作が隆盛を見た唐にあって技法の頂点を迎えた。中国では，漢の青銅器にその先蹤が見られるが，中国以外では，ソグドの銀器や日本の仏器など，使用範囲がある程度限られることからすると，主に中国で発達した彫金技法のようである。
（松本 伸之）

けん【県】　州──郡──県と連なる地方行政の基層単位にして行政区画。春秋時代の前7世紀初め頃から，占領した領地にたいする内部改編，軍事的再編などのなかで先駆的に現れる。本格的な設置は前350年，戦国秦の孝公のもとで商鞅が，民を行政的に把握するために領内の集落を41（一説に31）の県に分けたところからで，以後新たに加わる征服地には郡や県が置かれ，直接支配と国力充実の柱となった。

　始皇帝は前221年に統一をはたすと，封建制復活の意見を抑え，全土を36郡に分け，その下に複数の県を置き，中央から役人を派遣して直接統治にあたらせる郡県制を広げた。これを境に郡は上，県は下という関係が定まり，以後皇帝体制のもとで，県は直接支配を支える末端の単位として存続し，今日までその名が使用される。県の官職は，秦の令（長官）・丞（副官）・尉（軍事・警察）に主簿（文書官）が唐まで基本的に踏襲され，宋以降長官が知県（知県事）と呼ばれることが多くなる。
（氣賀澤 保規）

けん【剣】　おもに青銅あるいは鉄でつくられた武器の一種。身の両側に刃をつけて，先端を鋭利に研ぎ出し，斬る機能と刺突の機能を併せもつ。考古学上，長剣と短剣に区別され，漢以降の文献では短剣に相当するものを匕首とも呼んだ。先秦時代の実戦においては，戈や矛など長い柄を装着する長兵が武器の主役であり，剣や刀など短兵の類は護身用

に佩用された。戦国時代の青銅器上の交戦図には，しばしばそのようすが描かれている。最古の銅剣は殷代相当期の中国北方草原地帯から長江流域にかけての各地で萌芽的に現れている。西周時代には有茎式(柄を装着する茎〔なかご〕が付いた形式)の青銅短剣が周王朝の武器の一種として定着し，おなじころ東北地方の夏家店上層文化や，江南地方の早期呉越文化でも独自の青銅剣が盛んになった。春秋時代後期以降，青銅剣は列国の武器として盛行する。列国の青銅剣は，有茎式銅剣，筒柄式銅剣，円柱柄式銅剣に分類される3種の形式に収斂されて定型化した。『周礼』考工記に「桃氏剣を為る」とあるいわゆる「桃氏の剣」とは，この定型化した列国の青銅剣のこととされ，華北・華中の広い範囲で流行した。江南呉越の銅剣には銘文をもつ精美な出土品が多く，呉王光剣・呉王夫差剣・越王句践剣などが知られる。春秋戦国時代列国の青銅剣が広がる範囲を取り巻くように，中国大陸の東北部から西南部にかけて遼寧式銅剣・オルドス式銅剣・山字形格銅剣・一字形格銅剣など，列国の「中国」系青銅剣とは異なる系統の青銅剣が通行した。また，戦国時代の四川地方では，西周時代の有茎式銅剣を継承した巴蜀式銅剣が盛行した。一方，鉄剣は春秋時代にはじめて現れ，前漢時代に青銅剣に取って代わった。春秋戦国時代の青銅剣は長さ50cm前後のものが多いが，漢代以降の鉄剣は長大化し，長さ1mに達するものもあった。後漢以降は実戦の武器としては鉄剣に代わり鉄刀が盛んになる。　　　　　　　　　　　　　（西江　清高）

けん【狷】　→狂・狷

けん【塤】　球形の笛。新石器時代に土製のものとして作られ，襲用された。雅楽にも用いられる。原始的な音階がこれで表現できたらしく，複数の音を出すよう孔が工夫される。音の高低の調整が可能な原始的弦楽器とともに用いたことが考えられる。陶器焼成の技術が進むにつれ，できあがりの音を予定して作るようになった。青銅楽器が絶対音高を出現させる前，相対音程ということではあるが，ある程度の音の基準を作り出した。　（平勢　隆郎）

けん【権】　分銅のこと。天秤などの衡具と併せ用いてものの重さをはかった。古代の権は青銅製が一般的だが，鉄製や石製の例もある。形態は，環状のものと半球状ないし釣り鐘形で頂部に鈕が付いたものの2種が知られる。前者は大小複数個が1組となって出土する。後者は一般に単体で出土す。権の重量単位は，鉄・両(24鉄)・斤(16両)・鈞(30斤)・石(4鈞)を基本とした。実測によれば戦国時代から秦漢時代まで，1斤が250g前後であった。最古の実例として，春秋時代斉国の半球状の権や，楚国の4個1組となった環状の権などが知られる。度量衡の統一時に全国に配布されたいわゆる秦権は，中国各地から出土している。（西江　清高）

けん【黔】　地名。貴州省の略称。はじめ秦始皇帝が楚の故地に黔中郡(湖南省沅陵県)を置いたが，漢代には武陵郡と犍為郡に分割された。北朝北周の時，黔州が今の重慶市彭水苗族土家族自治県に置かれ，唐には黔州都督，また黔中道治となった。宋代には夔州路の管轄となり，元代は湖広行省と雲南行省に分属，明にいたって貴州布政使司が成立し，清代に貴州省となった。現在では黔東南苗族侗族自治州・黔南布依族苗族自治州・黔西南布依族苗族自治州などに「黔」の名称が残されている。古来多種の民族が雑居する地域で，秦漢時代の夜郎国が知られるほか，唐宋の黔州は数十の羈縻州を管掌し，明清時代には多数の土司の所領が存在した。2005年調査時においても貴州省の人口の40％近くを少数民族が占め，なかでも苗族・布依族・侗族・土家族が多数を占める。地形的には雲貴高原の東北部を占め，大部分は海抜1000m以上であるため，本格的な農業開発は明清以後に開始された。　　　　　　　　　　　　　　（林　謙一郎）

げん【元(王朝)】　1260(中統元)〜1368(至正28)。チンギス・カンによって建設されたモンゴル帝国はユーラシアにまたがる大版図を形成したが，そのまま統一体として維持することは困難で，内部の諸地域の歴史的特性に応じた分裂が起こった。第4代モンケ・ハン(憲宗)の即位は，ハン位がオゴタイ系からトゥルイ系に移ったものであり，モンゴル帝室には大きな転機となった。モンケの死後，その弟クビライ(またフビライ，忽必烈)は1260年，中国流に「中統」の年号を建て，中国に重点をおく元朝の初代皇帝(世祖，モンゴル帝国としては第5代)となった。当初は「大蒙古国」と称していたが，1271(至元8)年に国号を「大元」と定めた。しかし歴史を論ずるには通例，世祖即位の年を元代の開始としている。1272年には大都(北京)を首都とした。1368(至正28)年，明軍が大都を陥れ，順帝が北方に逃れるまで元朝は存続した。

　元朝史はモンゴル帝国以来獲得した広い版図，接触した民族の多さゆえに，ユーラシア史・世界史としての側面を有し，その研究には漢文のみならず，多言語による史料の援用が可能である。中国歴代王朝に列なる時代として元代を概観すれば，旧来の伝統を守った側面と変容させた側面とがある。一種の国際化，多民族融合，価値の多様化などから伝統中

国は変容を迫られ，社会は激動の中におかれ，その激動が当時の中国社会に活力を与えもしたが，いずれにせよ中国という地域の求心的性格は看過できない。

モンゴル人が中国の地を支配し，漢人の上に君臨したことを重視して，以前は異民族支配の特異性が強調される傾向があった。たとえば蒙古・色目・漢人・南人の民族別あるいは征服の順序による4階級である。「モンゴル人至上主義」といわれて，支配者の蒙古人が旧金領や旧南宋領の民を圧迫し続けた，また，元朝がはじめ中国伝統の科挙を停止したため，多くの士大夫階級が失業し，従来低く見られていた胥吏階級が重んじられたなどの議論である。たしかに4階級の名は存在し，再開後の科挙において，前二者の枠と後二者の枠とでは試験内容に難易の隔たりがあり，加えて地域割のために，南中国（江南と称される）の南人にとっては非常な難関となったことも事実である。しかし南人が全く政治から疎外されていたともかぎらず，法律運用の実務に携わる胥吏の活躍も新しい時代的要請の結果であったことに注意すべきである。中国の民が新しい支配者を歓迎し，これに期待した面もあったのである。

ほかに経済面では，紙幣（交鈔）の流通，塩課（塩の専売収入）の拡大，運河よりも海運が重視されたこと，金銀鉱山の開発，駅伝制度（站赤）の充実，海外への通商圏の拡大などがある。社会文化面では，雑劇（その台本が元曲）の盛行，出版事業の拡大，書院教育の普及，文人画の流行，陶磁器産業の発達（とくに染付の技法），多種の宗教活動の活発化（元朝皇帝がチベット仏教に傾倒しながら，他の宗教にも比較的寛容であった）などがある。これらの現象には元代であればこそ促進されたものがあり，庶民の社会的地位向上を背景とするものも多かった。
（植松 正）

げん【元（概念）】 根元の意味の元は戦国時代末期に出現した（『*呂氏春秋』応同篇，『*易経』乾卦彖伝・坤卦彖伝）。この時期には他にも道・無・太一・太極などの根元者が思想界で説かれていた。前漢武帝期の公羊学者，董仲舒は『春秋』解釈にその元を導入し，「元年春王正月」という冒頭記事の「元」を，孔子が根元的原理を最初に置くために「一」を「元」に置き換えたのだと見なした。董仲舒はこの元が陰陽の気であると明言していないが，その少し後の春秋緯（讖緯書のうち『春秋』に関係づけて作られたもの）の諸篇は多く元気を説いているので，春秋学の中では「元」を根元の一気，つまり元気と解釈していたようである。「元気」の語は前漢後期から頻出するようになり，『易経』の太極と同一視され，*劉歆の『三統暦』では『春秋』と『易経』とがともに宇宙論的根元を提供することになった。以後，宋の頃まで，元気が分かれて天地となり万物が生み出されてきたという宇宙生成論が一般の知識人の間で常識となっていった。（関口 順）

げん【玄】 道家思想の主要概念の一つ。元来は，澄み切った天空の赤黒い色を指す。『*詩経』豳風・七月に「八月載ち績ぐ，載ち玄ち黄」の注に「玄，黒而有赤也（玄は赤味を帯びた黒）」とあり，『*易経』坤卦の文言伝にも「夫れ玄黄とは，天地の雑われるなり。天は玄にして地は黄」とある。湿気の少ない中国では天の色は赤黒い玄の色。とらえ所のない奥深いところから，玄は神秘的で根源的なものの意味に使われるようになったと思われる。道家の『*老子』に至って「玄之又玄，衆妙之門（神秘的な上に更に神秘的，万物の生じてくる微妙な出入り口）」（1章），万物を生み出し続ける源を「玄牝（神秘的で根源的な生成の根源）」（6章），万物を生み出し養育しながらも，何ら恩着せがましく自慢しない，根源者である道の働きを「玄徳（神秘的なもちまえ）」（10, 51章），自分を際だたせず，世間と摩擦を起こさない道家的処世法である和光同塵を「玄同（神秘的和合）」（56章）と名付けるなど，道家思想での極めて重要な概念となる。こうした玄の観念は『*荘子』にも継承され，楊朱や墨子の主張，儒家の仁義などを破棄すれば，「天下の徳，始めて玄同せん」（胠篋）とか，とらわれのない境地になれば天地の造化のはたらきと合一し，心知のはたらきは消え失せ，愚人や痴人のようになる。このような状態が「玄徳」（天地）なのだという。前漢末の揚雄の『易経』に倣った著作に『太玄』があるが，玄は天地万物の根源の意味で使われている。北斉の顔之推の『顔氏家訓』に，梁の時代になって再び道家思想が盛んになり，「荘・老・周易，総じて三玄と謂う」（勉学）とあり，『老子』『荘子』『易経』の三書の学問を玄学というようになる。玄学の主題は崇有と貴無の論争だとされる。『易経』は王弼が『老子』の思想で注を施したことから，玄学の一翼を担うようになった。玄学の玄の字の起源は『老子』の「玄之又玄」に基づく。なお道蔵では主要な典籍を3類に分けその一つに洞玄部門がある。『道門大論』に，「洞は通の意味である」とあり，『本際経』に「洞玄は滞らざるを以て名と為す。……故に洞は通を言うなり。……洞玄とは，天を生じ地を立て，功用滞らず，故に玄と名づくるを得」という。
（澤田 多喜男）

げん【諺】 →謡諺

げん【甗】 鬲状の容器の上部に深鉢状の甑を

結合させた器。甑の底は孔の開いたスノコ状になっている。鬲部に水を入れ過熱し、甑部に置いた穀物を蒸すための器である。銘文中では「獻」や「鬳」と自銘するが、宋代の『考古図』に従い伝統的に甗と呼称される。土製の甗は新石器時代後期に黄河下流域で出現し、戦国時代まで広く各地で使用された。青銅の甗は殷代に出現し殷墟期〜春秋時代まで多く製作されたが、戦国時代以降は減少した。

（角道　亮介）

けんあい【兼愛】　墨家思想の中でも最古層に位置する墨家の原初的思想であり、西周王朝の滅亡に伴う宗族的封建制の崩壊を背景として、それによって生じた社会的混乱を如何に解消するかという問題意識のもとに発生した。「子自ら愛して父を愛せず、弟自ら愛して兄を愛せず、臣自ら愛して君を愛せず」「父自ら愛して子を愛せず、兄自ら愛して弟を愛せず、君自ら愛して臣を愛せず」といった他者を犠牲にして自己の利益を求める自愛（不相愛）を社会秩序の崩壊の原因と認定し、「人を愛すること其の身を愛するが若し」と自己と他者とを区別せず、他者を愛することを人々が相互に行うこと（相愛）、さらにはそれを全天下的規模に拡大すること（兼相愛）を説く。すなわち階層・階級の上下を問わぬ人々の相互愛を主張したものであるが、その後、社会混乱の激化にともない、為政者による民衆への平等愛へとその主張が変質していく。

（山辺　進）

けんあんしちし【建安七子】　後漢の献帝の建安年間(196-220)を中心に、三国魏の曹操のもとで活躍した詩人の称。七子の称が最初に見えるのは曹丕『典論』論文で、孔融(153〜208)・陳琳(?〜217)・王粲(177〜217)・徐幹(170?〜217?)・阮瑀(165頃〜212)・応瑒(?〜217)・劉楨(?〜217)の7人を指す。王粲は辞賦に優れ、徐幹はそれに並び、陳琳と阮瑀は章や表などの上奏文に長じ、応瑒の作は「和にして壮ならず」、劉楨の作は「壮にして密ならず」、孔融は他を凌ぐ個性を持つが理に欠けると曹丕は七子を評している。また七子の冠は王粲とされる。「其の時文を観るに、雅に慷慨を好む。良に世乱離を積み、風衰え俗怨むに由りて、並びに志深くして筆長し、故に梗概して気多し」（『文心雕龍』時序篇）、「慷慨以て気に任ず」（明詩篇）と評されるように、三曹（曹操・曹丕・曹植）や七子らの詩は、文辞の美麗さや緻密さよりも文意明瞭で気迫に富むことに特徴があり、五言の形式を積極的に用いて抒情的な作品を生み出した。この気骨ある剛健な詩風を称して「建安風骨」という。（林　香奈）

げんいさん【元遺山】　→元好問

げんいっとうし【元一統志】　元の中国全土に関する官撰の地理書。1285(至元22)年に秘書監に編纂が命じられ、91(同28)年にはまず755巻が完成し「大一統志」の名を賜った。内容は「天下の地理書を類別編集して、天下の路・府・州・県の古今の設置沿革及び山川・産物・風俗、各地への里程、官の事跡や出身人物をつぶさに載せ」（『秘書監志』巻4）、地図を含むものであった。続けて、遼陽・雲南・甘粛など遠方で欠けた部分を補う作業が行われ、最終的に1303(大徳7)年に1300巻が完成し、孛蘭盻と岳鉉らが進呈した。1347(至正7)年に刊行されたが明代に散逸し、刊本2種のごく一部が残る。民国以降、部分的ながら復元と考証が金毓黻（『大元大一統志』残15巻、『遼海叢書』所収）と趙万里（『元一統志』10巻、1966年、中華書局刊）により行われた。これらの現存・復元部分から、江北は『元和郡県図志』『太平寰宇記』、江南は『輿地紀勝』など唐・宋および金・元の地理書からの情報を集めたものと判明する。書名は、『公羊伝』の「一統を大にする」に基づき、明清にも引き継がれた。

（堤　一昭）

けんえん【軒轅】　→黄帝

げんえん【言偃】　→子游

けんえんいらいけいねんようろく【建炎以来繋年要録】　南宋高宗朝の事跡を記載した編年体の史書。200巻。李心伝(1167〜1244)撰。寧宗の嘉定年間(1208-24)頃に上進された。高宗の建炎元(1127)年から紹興32(1162)年までのことを記載しており、南宋初期の基本的な史料である。国史や日暦など公的な記録を基礎にして、野史・雑記や私的な記録なども収集して併記しているので、比較検討に重宝である。1253(宝祐元)年に刊行されたが、元代には散佚し、現行本は『永楽大典』から集録されたものである。

（衣川　強）

けんえんいらいちょうやざっき【建炎以来朝野雑記】　南宋の高宗・孝宗・光宗・寧宗の4朝の諸制度などを分類して集録した史書。40巻。李心伝(1167〜1244)撰。甲乙2集に分けられ、甲集20巻は1202(嘉泰2)年に、乙集20巻は1216(嘉定9)年に完成した。甲集は13門、乙集は12門に分けられ、礼楽や制度、財政や軍隊などの源流や沿革について、関係する史料文献を採録している。史料の博捜に努めた結果、群言を集めて事実を誤った部分が見られるが、南宋前半の史料として非常に重要な

ものである。　　　　　　　　　　　（衣川　強）

けんえんがくは【蘐園学派】　荻生徂徠の古文辞学を奉ずる学派を、徂徠の日本橋茅場町にあった私塾を「蘐園」と命名したことから、かく称する。太宰春台は主に徂徠の経学を、服部南郭は詩文の学を、それぞれ継承し、その他、高野蘭亭・安藤東野・山県周南・平野金華・山井崑崙などが名を知られる。彼らの詩は盛唐詩を典型として模倣する擬古詩であり、宝暦・明和年間(1751-72)の日本の漢詩壇を席巻する勢いを見せた。その詩作は『蘐園録稿』に集成される。　　　　　　（大谷　雅夫）

げんかいうんせい【元会運世】　北宋の邵雍が考えた、宇宙の歴史的循環を説くのに用いた宇宙時間の単位。1元は12会、1会は30運、1運は12世、1世は30年に相当し、従って1元は12万9600年となる。この1元を周期として、宇宙は誕生から消滅までをくり返しながら進行する。1年：12か月、1月：30日、1日：12辰の関係に対応し、1年の自然の運行を陰陽の消長で説くのと共通する。『皇極経世書』に、この歴史観のもと、堯の即位から五代末に至る事跡を整理した歴史年表を作っている。　　　　　　　　　　（大島　晃）

げんかいろく【玄怪録】　中唐の小説集。原書10巻。宋では始祖趙玄朗の諱を避けて『幽怪録』と称す。中唐の宰相牛僧孺(779〜847)の撰。一説に牛僧孺の娘婿、張休復の撰。器物を擬人化した「元無有」、理想の別世界「和神国」を描く話など神仙・冥界に関する虚構性に富んだ作品が多く、中唐を代表する小説集である。明の陳応翔刻本4巻を底本に『太平広記』などと校勘した程毅中点校本(中華書局、1982年)に58話を収録。ただ「杜子春」など、晩唐の李復言が『玄怪録』に倣って編んだ『続玄怪録』との間に混同が見られる。（富永　一登）

げんかきん【厳可均】　1762(乾隆27)〜1843(道光23)。清の文字音韻学者。烏程(浙江省)の人。字は景文、号は鉄橋。1800(嘉慶5)年の挙人。古器物の銘文を集めて『説文翼』を作り、それを基礎として姚文田とともに『説文校議』を著した。また1802(嘉慶7)年には『説文声類』を著作し、古韻を16部に分けた。その編輯になる『全上古三代秦漢三国六朝文』は今日でも広く用いられている。詩文集に『鉄橋漫稿』がある。『清史列伝』69に伝がある。清史稿482　　　　　（高田　時雄）

げんがく【玄学】　三国両晋時代に隆盛を誇った哲学。端的には、三玄の書、すなわち『易経』『老子』『荘子』の解釈を行う学問であるが、それらから派生する諸問題をめぐっても議論・著作が重ねられた。名称は『老子』の「玄之又玄」に因み、玄とは、暗く目に映り難い深遠なものをいう。無と有、聖人、自然、道など、議論のキーワードは三国魏の正始年間(240-249)に活躍した何晏や王弼らによって提出され、批判・継承されていった。次世代の嵇康・阮籍は、儒家的な価値に拒否感を示し、より老荘思想に即した議論を展開した。西晋の郭象による『荘子』注解(『荘子』郭象注)は、先行する思想を総括し、聖人の統治する斉物的世界観を鮮明に描いており、玄学の一つの到達点を示すものである。東晋にも玄学的な議論は続けられたが前代の論点を受け継ぐのみで、張湛による『列子』注解もすでに新味を欠く。中国人が仏教を受容した際、玄学は重要な基礎となったが、東晋以降、議論の中心的な場は仏教へと移り、次第に衰えた。
　　　　　　　　　　　　　　　　（古勝　隆一）

げんかたい【元嘉体】　詩体の名。短期間にめまぐるしく政権が変わった南朝の中で、宋の文帝の元嘉年間(424-453)は例外的に比較的治世の安定した時期で、学問・文化が全般的に栄えたといわれる。この時期の詩体を指していう。具体的には謝霊運・顔延之・鮑照の3人の詩風を指す(『滄浪詩話』)。謝霊運は山水詩、顔延之は応制詩、鮑照は楽府詩とそれぞれ長ずるところは異なるが、ともに時代に歓迎され模倣され、大きな影響を与えた。
　　　　　　　　　　　　　　　　（幸福　香織）

げんかれき【元嘉暦】　南朝宋〜梁初の暦法。制作者は何承天。445(元嘉22)年から、509(天監8)年の大明暦採用まで施行された。すぐれた観測や計算法によって冬至日躔(冬至における太陽の赤経)、冬至の日時、時刻法、1朔望月の長さなどを改めた。しかし平均朔望月の長さにもとづいて朔を決定する経朔(平朔ともいう)を廃して、太陽や月の不等運動を勘案した補正値で朔を決定する定朔を用いるという何承天の提案は実現されなかった。
　　　　　　　　　　　　　　　　（小林　春樹）

げんかん【阮咸】　生没年不詳。3世紀前半頃の西晋の人。陳留尉氏(河南省)の出身。字は仲容。阮籍の兄熙の子で「竹林の七賢」の一人。官は散騎侍郎に至ったが、他家が錦衣を虫干しする前で故意に褌一枚だけを竿に掛けて干し、また飲酒の際は大甕に酒を満たして豚と共に飲むなど、その放埒な行いは阮籍と同じく当時の礼法の士に批判された。音楽に対する造詣が深く、特に琵琶に堪能であったが、同じ趣向を有した荀勗に才をねたまれ、始平

(陝西省)太守に出されて長寿を以て終わった。晋書49
(西岡　淳)

げんかんざつげきさんじっしゅ【元刊雑劇三十種】　元雑劇の版本。元代末期，杭州で刊行されたものと推定される。『*元曲選*』等明代の元雑劇テキストは，改変されている可能性があり，その点で『元刊雑劇三十種』は，現存する唯一の元代に刊行された雑劇テキストとして大きな価値を持つ。ただこの刊本には，曲辞(歌詞)以外のせりふ・ト書きはごく簡略もしくは皆無である。これは主役用抜き書き台本をそのまま刊行したためと思われる。誤字・脱字・当て字が非常に多く，またすでに原作が改変を受けていた形跡も認められる。しかし明代のテキストと比較すると両者の違いには歴然たるものがあり，常に元刊本の方が古形を伝えていると思われる点からしても，このテキストはかけがえのない価値を持つ。また 30 中 10 前後が，『東窓事犯』(岳飛)・『貶夜郎(へんやろう)』(李白)など鎮魂祭祀演劇に属することは，元雑劇が明代のテキストから知られるものとは異なった性格を持っていた可能性を示唆している。
(小松　謙)

けんかんそう【懸棺葬】　長江以南の山間部に分布する墓葬形式で，切り立った崖の上部に造られることを特徴とする。上限は春秋戦国時代と考えるのが一般的であるが，殷代まで遡らせる研究者もいる。新しい例としては清代のものもある。構造は多様で，崖面に横穴を掘り木棺を置くものから，横穴を掘らず杙を打ち込み，そこに木棺を懸けるものもある。懸棺葬についてはこれを漢民族以外の民族によって残された墓葬形式とする説がある。
(小澤　正人)

げんかんぼん【元刊本】　→元版(げんぱん)

げんき【元気】　天地万物が形成される以前の，原初の混沌とした気の状態。後漢の王充『*論衡*』にいう，「元気がまだ分かれない時は，混沌として一つになっている」(談天篇)。また，万物を生み出しそれに生命を賦与する原素のようなもの。同じく『論衡』にいう，「万物はみな元気から生命をもらう」(言毒篇)。さらに『論衡』に次のようにもいう，「人は生まれる前は元気の中にいて，死ぬとまた元気に帰って行く」(論死篇)。後漢の趙咨も遺言状の中でこう書く，「死とは元気が体を去り，魂が遊散して原初の混沌に復帰することだ」(『*後漢書*』列伝 29)。こうした言説をまとめていえば，当時，万物がそこから生命をもらって生まれ，死ぬとそこへ帰って行く，広漠としたエネルギーの集積場のようなものと観念されていたらしい。

　元気説はその後，中国思想史を貫流して行くが，とりわけ道教徒はこれを深化させた。道教の宇宙論にも原初の混沌として寂寞たる状態から「元気」が動いて天地万物が形成される様子が記述されている(『*雲笈七籤(うんきゅうしちせん)*』2 など)。道教において特徴的なことは，「元気」を人体に内在する根源的な生命原素として捉え，その確保ないし錬磨を通して不老不死を追求した点である。たとえば『黄庭内景経』に，「元気を呼吸して仙を求める」(呼吸章)と見える。この場合の「元気」はいわゆる「外気(大気)」ではなく，人体の「気海」や「腎門」などに本来的に備わっているとされる「内気(いんき)」を指すはずである。「尹真人(しんじん)服元気術」(『雲笈七籤』58)では，長生を得るために「元気」を丹田に貯えておくテクニックが述べられ，それを「胎息」と呼んでいる。北宋の儒学家，程頤(てい)が体の内部に「真元」なるものを想定し，そこから気が滾々(こんこん)と湧き出ると述べる(『程氏遺書』15)のも，こうした元気説の流れに沿った言説である。元気説は，唐代の「元気論」(『雲笈七籤』56)をへて，宋以降の内丹思想の中でまた新たな展開を見せる。
(三浦　國雄)

けんきょう【祆教】　ペルシアのゾロアスター教に対する中国での呼び名。拝火教ともいう。サーサン朝で国教となっていたこの宗教は，中国へは北朝北魏の中頃(5 世紀)には伝来し，北斉・北周(6 世紀中頃)に次第に広まって，宮中にも信奉者を見いだしていた。内陸アジアの国際商業に従事し，しきりに中国社会に往来するイラン系のソグド人の大多数がゾロアスター教信者であり，隋・唐ではかれらを管轄するため，薩保あるいは薩宝という官をおいた。北朝・隋・唐社会におけるソグド人の活躍は，早くから文献にもとづいて論証されてきたが，20 世紀末以降それらを傍証する拝火壇などを描いた画像石のある墓室の発掘が続き，研究者を驚喜させている。陝西省西安市の北周の安伽墓と史君墓，山西省太原市の隋の虞弘墓などである。唐の武宗が 845(会昌 5)年に断行した「会昌の廃仏」(三武一宗の法難の一つ)の際，外来宗教も弾圧され，祆教の僧侶 2000 余人も還俗させられたため，勢力を失ったが，その余流は宋・元まで存在した。
(礪波　護)

けんぎょう【建業】　→南京(ナンキン)

げんきょう【元兢】　生没年不詳。初唐の文人。『*旧唐書*』文苑伝に名の見える元思敬と同一人物と思われる。詩学の理論書『詩髄脳』1 巻を著し，その一部が空海の『文鏡秘府論』に引用されて伝わる。六朝の「四声八病(しせいはっぺい)」説から唐の近体詩の定

立に至る過渡期の詩作理論として，一定の歴史的な価値を有する。日本の平安朝の漢詩人に重んぜられ，当時の歌学にも影響を及ぼした。ほかに『宋約詩格』（『元競詩格』とも）1巻，『古今詩人秀句』2巻の著書があったが，伝わらない。 （興膳 宏）

けんきょうでん【剣俠伝】 短編文言小説集。4巻。明隆慶年間(1567-72)刊。撰者については不詳とするものと明の王世貞とする説がある。内容は南宋以前の文言小説の中から剣俠の話を33篇収録するほか，付録3編の中に明の『剪灯余話』の『青城舞剣録』が見られる。唐から宋にかけて，空を飛び稲妻のように剣光を走らせる剣俠・剣仙のイメージが形成される過程が見て取れ，現代の武俠小説や武俠映画の発想の源を考える上でも興味深い。 （岡崎 由美）

げんきょく【元曲】 元代の散曲と雑劇の総称。厳密には雑劇の曲辞部分を指すが，一般に雑劇をも元曲の名で呼ぶ。雑劇は中国史上最初の成熟した本格的演劇であり，また現在，脚本を伝える最古の戯曲である。その起源は，北宋時代に成立した滑稽を主とする簡単な茶番劇である雑劇にあり，金代の北方でそれが院本と名前を変えて発展し，さらに語り物の諸宮調と結合して，金末元初に新たな形態としての雑劇として成立した。雑劇の特徴としては，まず北方系の音楽，北曲を用いることで，これは明代演劇の主流である伝奇が南曲系統であるのと異なる。次にひとつの作品が4つの套数（組曲）から成り，これを「折」と言う。「折」は音楽的単位であるが，内容的にもほぼ起承転結の構造をもつ。套数は同じ宮調（調子）に属する複数の曲を一定の順序で繋げたもので，その形式は散曲の套数と基本的に等しい。四折以外に必要に応じて「楔子」という補助的な場面を設けることもできる。この点，明代の伝奇が長編劇であるのと対照的である。第三に，劇中では主役である正末（男役）か正旦（女役）のみが歌唱する点で，これも伝奇など後世の演劇で，登場人物すべてが歌う点と異なる。ただし正末，正旦は「折」によって複数の異なる人物に扮することができる。その題材は歴史・伝説・神仙道仏・裁判・恋愛・世話物・盗賊物など多岐にわたるが，短劇でかつ主役のみが歌うという雑劇のこの特性は，ある事件を緊密な構成のもと，視点を集中して描くことを可能とした。さらに口語の多用は新たな表現領域を開拓し，その後の白話文学の発展に影響をあたえた。その発展は前後二期に分かれる。前期は，太宗の北方征服から世祖の南北統一を経て，成宗の頃まで(1234〜1307年)，その中心は首都の大都（北京）で，演劇構成に優れる本色派の代表，関漢卿や，文彩派の白樸・馬致遠・王実甫など名家が輩出した。後期は元滅亡まで(1367年)，中心は南の杭州に移り，作者も鄭光祖・喬吉など北方からの移住者のほか，南方出身者が増え，文彩派が優勢を占めるようになる。この傾向は散曲の後期における古典化に対応するものである。雑劇および散曲作者の伝記資料としては，鍾嗣成の『録鬼簿』(1330年)があり，その他の資料も合わせると，現在，名前の知れる作者は97名，作品数は元末明初のものも含めて約950，うち現存する作品はほぼ300である。テキストは，元代のものとしては曲辞と主役のせりふのみを記す『元刊雑劇三十種』が唯一のもので，ほかは明代の宮廷での上演時に用いられた写本である内府本，臧晋叔の『元曲選』(1616年)に代表される明末刊行の選集がある。雑劇の本格的研究は王国維の『宋元戯曲史』(1915年)に始まり，これによって演劇としてだけでなく，文学としての高い評価が定着した。吉川幸次郎『元雑劇研究』はもっとも詳細な研究である。 （金 文京）

げんきょくしたいか【元曲四大家】 関漢卿・鄭光祖・白樸・馬致遠という元雑劇の作家4人をいう。この4人を「関鄭白馬」と称して，元雑劇の代表的作家として挙げるのは，元の周徳清が著した『中原音韻』の自序に始まり，また「四大家」という称呼は，明の何良俊の『四友斎叢説』に見える。また，明の王驥徳『曲律』が，4人に加え『西廂記』の作者王実甫を挙げていることによりこの5人を元曲五大家と称し，さらに喬吉を加えて元曲六大家と称することもある。 （赤松 紀彦）

げんきょくせん【元曲選】 元雑劇の選集。明の臧晋叔が編んだ。全部で100種の作品からなり，『元人百種曲』とも呼ばれる。1615(万暦43)年とその翌年，前後2度に分けて刊行された。明初のものと考えられる作品6種を含むものの，現存する元雑劇のほぼ3分の2を収める。

その序などによれば，自ら所蔵していたテキストに加えて，湖北麻城の劉承禧から200種にのぼる宮廷に所蔵されていた内府本に基づくテキストを借り受け，校訂を加えて100種を選んで，刊行したものであるという。明代に刊行された，この書に先立つ元雑劇の選集としては，1589(万暦17)年刊行の陳与郊編『古名家雑劇』，98(同26)年刊行の息機子編『息機子古今雑劇選』などがあり，その一部が現存するが，この書はこれらを圧倒し，大いにもてはやされた。その理由としては，自らも，戯曲の優れた古典としての元雑劇を世に知らしめようという意図のもとに刊行したというように，関漢卿・鄭光祖・白樸・馬致遠・喬吉といった有名な作家による作品

はもとより，いかにも元の雑劇らしい特徴を備えた，無名の作者による作品をも網羅していること，歌辞のみならず台詞にいたるまで細かく校訂されており，ト書きの整理などもゆきとどいて，何よりも読みやすいテキストとなっていることなどが挙げられよう。

ただ，その校訂がしばしば作品本来の面目を失わせることにつながったという指摘が，すでに同時代の*王驥徳や凌濛初によってなされており，より古い形を伝える元刊本や『脈望館抄校本古今雑劇』所収の明抄本が現存する作品について比較してみると，その改編のあとは歴然としたものがある。しかしながら，この書に収められたことによって後世に伝わった作品も，特に無名の作者によるものを中心として数多くあり，やはり元の雑劇の面白さを伝える資料として，その価値を失ってはいない。

（赤松 紀彦）

げんきょくせんがいへん【元曲選外編】 元雑劇の選集。人民教育出版社で長らく編集に携わると同時に，著名な元曲の研究者であった隋樹森（1906～89）が編纂し，1959年に出版された。元雑劇の選集としては，明の*臧晋叔による『元曲選』がよく知られるが，この書は『元曲選』に採られなかった，元から明初にかけての，関漢卿の作品に始まり，作者未詳のものに至るまで，計62種を収めている。元刊本すなわち『元刊古今雑劇三十種』，明刊『古名家雑劇』，そして明の趙琦美によるコレクションであるいわゆる『脈望館抄校本古今雑劇』など，今世紀になってから世に知られるようになった刊本・抄本から作品を選びだした上で，校訂及び句読点をほどこしており，この書と先の『元曲選』とあわせれば，元雑劇のほぼ全容を手軽に知ることができる点で，利用価値が高い。 （赤松 紀彦）

げんくん【元君】 道教の女仙に対する尊称，とくに高位のものを一般に元君と称する。東晋の葛洪の『抱朴子』では老子の師を元君としており，かならずしも女仙を指すわけではないが，やや遅れる『*真誥』では，紫虚元君などの称謂で現れるものはすべて女仙である。後世，*西王母を金母元君，后土夫人を碧霞元君と呼ぶのなどは，その例である。

（麥谷 邦夫）

げんくんぺい【厳君平】 →厳遵

げんけつ【元結】 719（開元7）～772（大暦7）。盛唐の詩人。汝州魯山県（河南省）の人。字は次山。漫叟など多くの号を持つ。754（天宝13）年に進士に及第したが，安史の乱の勃発によって一時避難し，759（乾元2）年に上奏した『時議』3篇が粛宗に認められて，右金吾兵曹参軍を授けられた。その後監察御史，水部員外郎，著作郎などを歴任して，763（広徳元）年に道州（湖南省）刺史となり，ついで768（大暦3）年には容府（広東省）都督本管経略使に進んだ。772年に長安に戻り，まもなく病没した。道州刺史の時に，乱によって疲弊した民の生活を憂いて作った『舂陵行』『賊退きて官吏に示す』などの詩は，杜甫に高く評価されており，『系楽府十二首』などとともに，後の白居易の諷諭詩に影響を与えた。また文章の面では達意の文を尊び，韓愈らの古文運動の先鞭をつけた。著に『元次山集』10巻と，当時の7名の詩人の作品を集めた『篋中集』1巻が有る。新唐書143 （齋藤 茂）

げんげん【阮元】 1764（乾隆29）～1849（道光29）。清の学者・官僚。儀徴県（江蘇省）の人。字は伯元，号は芸台。浙江巡撫のとき，杭州に詁経精舎を建て，両広総督のとき，広州に学海堂を建てて後進の指導につとめた。自然科学に造詣があり，清代の暦算学者たちの列伝『疇人伝』を著した。両江総督の時には『皇清経解』を出版した。また金石学に詳しく，所蔵の拓本を集めて『積古斎鐘鼎彝器款識』を著した。これは清代に個人が刊刻する金文の著録の嚆矢となった。清史稿364 （吉田 純）

げんげんし【玄言詩】 易や老荘思想や仏教の哲理を綴った詩。三国魏の*何晏・*嵆康・*阮籍らにすでに見出されるが，典型的には東晋（317～420）の純思弁的な詩を指す。孫綽・許詢の詩や，王羲之らの蘭亭詩がその代表。「江左（東晋）の篇制（詩作），玄風に溺る」（『文心雕龍』明詩篇），「理は其の辞を過ぎ，淡乎として味わい寡なし」（『*詩品』序）と後世の評判は悪いが，詩人たちの目を，人為から自然へ，重厚稠密な美から瀟洒清麗な美へと向かわせるきっかけとなり，*謝霊運らの山水詩を産み出した。

（佐竹 保子）

けんこ【建鼓】 歴代の宮廷で用いた樽形両面太鼓。胴の中ほどを長く太い支柱（楹）が貫き，これを台座で支える。楹鼓や植鼓とも称した。漢の建鼓は，雉の尾羽の先端に薄布の房をつけた幟状の装飾を上部から施す。戦国時代には既に広まり，同時代の銅器や漢代の画像石には，長い袖を翻しながら2本の桴で建鼓を打ち鳴らす建鼓舞の姿がしばしば描かれた。曾侯乙墓の出土品が現存最古の考古学資料である。

（尾高 暁子）

けんこう【建康】 →南京

げんごう【元号】 →年号

けんこうじつろく【健康実録】 六朝時代を建康(南京)の史事を中心に記述した史書, 20巻。8世紀中頃(唐の粛宗代)に成立。唐の許嵩撰。体例は編年体であるが, 諸臣の伝を呉・東晋では死亡年におき, 南朝宋・斉・梁では一括して各朝末尾におき, 陳は両形式が混在するなど, 一様でない。正史と重なる記事が多いが, 他書に見えない記事もあり, 注は佚書の引用が多く, また建康の地理・古跡・寺院などの記事が豊富詳細で, 独自の価値がある。中華書局の点校本(張忱石点校)が利用しやすい。

(中村 圭爾)

げんこうもん【元好問】 1190(明昌元)～1257(蒙古憲宗7)。金からモンゴル時代にかけての詩人・文章家。秀容(山西省)の人。字は裕之, 号は遺山。北魏拓跋氏の出身で, 唐の元結の血を引くという。父は元徳明。生後7日で父の弟元格の養子となった。地方官だった養父に従って少年時代は華北各地を歴遊, 14歳の折に陵川で郝天挺(郝経の祖父)の教えをうけた。21歳の時に元格が死去, 翌1211(大安3)年にはモンゴル軍が大挙南下, 1214(貞祐2)年に金が汴京(開封)に遷都すると, 彼も一家をひきつれて河南に移居, 三郷鎮や女几山などに住んだ。趙秉文の知遇と「杜甫以来この作なし」との激賞を得, 1221(興定5)年に進士に及第, 24(正大元)年に詞科に及第して官を得, 地方官などに任じられたが, 趙秉文との党議もささやかれた。1231(同8)年, 尚書省令史となって汴京に移居, 翌32(天興元)年4月, 汴京はモンゴル軍によって包囲され, 城内では食が尽き疫病が蔓延, 金帝哀宗は逃亡して所謂崔立碑事件(元師崔立が城内を略奪してクーデターを起こし, 自身の功績を元好問たちに碑文にさせた事件)が起きる。この中で彼は耶律楚材に宛てて54名の命を救うよう嘆願書を書いた。1233年, 汴京が開城された後, 彼は35年まで聊城(山東省)に拘禁され, そこで亡国を迎える。亡国後の彼は, 金の詩文と歴史を後世に伝えるため, 華北中を資料収集に歩きまわった。金の実録を保管した順天(保定)の張柔, 士人を多く保護した東平(山東省)の厳実, 真定(河北省)の史天沢など, 多くの地方軍閥の保護をうけたが, 仕えることはなかった。

彼は律詩と五言古詩を得意とし, 喪乱を詠じた詩の数々は調べも高く沈鬱で, 古今の絶唱とされ, 「詩史(詩によって時代を写し取った歴史)」とも称される。碑伝をはじめとする多くの散文も残し, 簡潔にして重厚, しかも史事に溢れる。名文であるのみならず, 金元史を知る重要資料。金の詩文・歴史を後世に伝えるために彼が集めた資料の一部は『中州集』として結実した。今日に伝えられないその他の著作も, 元代における『金史』編纂に利用されたという。文集『遺山先生文集』40巻,『遺山先生新楽府』5巻,『続夷堅志』4巻がある。金史126

(高橋 文治)

けんさく【遣策】 墓に収める副葬品の目録をいう。『儀礼』に見え, 副葬品を策(簡牘)に書いて遣(贈)ったので遣策という。春秋戦国時代から漢代に実際の墓に副葬された事例が見られ, 竹簡や木牘に記された。木牘の場合賵方ともいう。賵とは葬儀に贈る品のことである。湖南省長沙馬王堆漢墓の遣策は312枚にものぼり, 羹・調味料・酒・穀物・化粧品・絹織物・楽器・木俑などの品が記されていた。これらはほぼ実際に副葬されていたものと対応する。

(鶴間 和幸)

げんざつげき【元雑劇】 →元曲

げんし【元史】 元の歴史を紀伝体で記す官撰書で正史の一つ。210巻。明初の1369(洪武2)年2月, 中書左丞相李善長を監修, 学者の宋濂・王禕を総裁とし, 前年に大都(北京市)を獲得して得た太祖から寧宗まで13朝の実録と,『経世大典』『元朝名臣事略』『后妃名臣列伝』等を材料として編纂が始められ, 8月に159巻が完成した。順帝時代の材料が欠けていたため, 使者を北京・山東ほか各地に派遣し, 翌年正月にかけて公文書・碑文拓本その他を収集させた。これらにより1370(洪武3)年2月に再び編纂が始められ, 7月に53巻が完成し, 先の編纂と合わせ210巻として刊行された。編纂を急いだのは, 元の順帝と華北をはさみ対峙する状況で, 正史編纂により元朝滅亡を主張する政治的意図による。速成による体裁不統一ほかの悪評のため, 明清に改訂の試みが続出した。現在は原材料保存の側面が評価され, とくに実録の抄録らしい本紀は根本史料とされる。洪武刊補修本の影印及び標点本がある。

(堤 一昭)

げんし・えんじょう【言志・縁情】 詩のはたらきについての標語。ともに心に思っていることを述べること。言志は,『書経』堯典に「詩は志を言い, 歌は言を永うす」とあるのに基づき, 縁情は, 晋の陸機『文賦』(『文選』17)に,「詩は情に縁りて綺靡(美しくはなやか), 賦は物を体して瀏亮(清く明らか)」とあるのに基づく。縁情は,『毛詩』大序の「情性を吟詠す」を簡単に言いかえたものと考えられる。『文賦』の李善の注が「詩は以て志を言う, 故に情に縁ると曰う」と言うように, 心の中

の思想・感情が志，そして情であり，言志も縁情も，詩が作者の感情の動きによって生み出された，内心世界の表現であることを注意するものであった。しかし後世，言志は，「志」の語感や，経典の言葉であることから，詩に教化の働きを見る儒家的見地に連動し，節度を保ち，礼儀規範を逸脱しない感情表現を指す言葉とされ，一方，縁情は，感情表現としての詩の芸術性・政治や教化からの独立性を主張したものと受けとられるようになった。

(森田 浩一)

げんしきじ【元詩紀事】 元の詩人と詩にまつわる逸話，ならびに詩を集めた資料集。45巻。清末民国初の人，陳衍が編纂し，1925(民国14)年に出版した。各詩人の小伝，詩の引用ののちに逸話が付される。巻28以降は各巻が割拠・寇賊・金遺老等に分類され，巻45は元一代の歌謡が集められる。『唐詩紀事』『宋詩紀事』のスタイルに倣いつつ，広く筆記小説類から資料を集めたが，編者が用いた文献の多くは明代のものであり，本書の資料的価値はさほど高くない。 (高橋 文治)

げんじさん【元次山】 →元結

げんししんぺん【元史新編】 『元史』を改訂した歴史書。95巻。清末の魏源の著。1853(咸豊3)年に成り，没後1905(光緒31)年に刊行された。アヘン戦争後の危機感の中で世界事情を記す『海国図志』を著した魏源は，元の西方領域がロシア・インドに接することを知り，蕪雑な『元史』を，『四庫全書』に収める元代文献や『元朝秘史』『元典章』『元文類』，邵遠平・銭大昕の業績を参照して改訂した。『元朝秘史』の利用，列伝の分類を特徴とする。影印本がある。 (堤 一昭)

げんしせん【元詩選】 元の詩を集めた総集。清の顧嗣立の編。初集・二集・三集・癸集に分かれる。元詩の総集は明代にもあったが，元詩の全貌を知り得るものではなかった。顧嗣立は若い頃に『皇輿全覧』の編纂に参加して元に興味をもち，1693(康熙32)年に初集，1702(同41)年に二集，20(同59)年に三集を発表して元詩の全貌を世に知らしめた。各集は十干によって更に10分されるが，すべて癸集を欠き，癸集は顧氏の死後，弟子や孫の手によって完成された。340人ほどの詩人が取り上げられ，各小伝ののちに詩が列せられる。初集は比較的有名な詩人が取り上げられ，詩も多くは文集からの抜粋である。二集・三集は文集も残っていない詩人が多く，その場合は編者が集め得た詩のすべてが列せられている。また癸集は，稗史から集めたも

のを列したものである。顧嗣立のある夜の夢に，古めかしい衣冠をつけた数十人があらわれ彼に拝礼し，それぞれの詩を再び世に出してくれた恩を謝した，というのは有名な逸話。 (高橋 文治)

げんしちょうけいしゅう【元氏長慶集】 中唐の元稹の詩文集。60巻。長慶(821-824)は唐の穆宗の年号。元稹は823(長慶3)年，自身の詩文集を編纂した。白居易に贈った「郡務稍簡有り，因って旧詩を整比し幷せて封章を連綴焚削するを得たり。篋笥に繁委し，僅んど百軸を逾ゆ。偶たま自歎を成し，因って楽天に寄す」と題する詩や，白居易の『元公墓誌銘』に「公，文を著すこと一百巻，題して元氏長慶集と為す」とあり，もとは100巻あったが今は伝わらず，60巻本は北宋の末に編纂された。単行の他に『四部叢刊』集部(明の馬元調校，付補遺6巻)等に収録。 (西村 富美子)

げんしてんそん【元始天尊】 道教の最高神。太上道君(霊宝天尊)・太上老君(道徳天尊)とともに三清と呼ばれる。道教の最高神は，当初，老子が神格化された(太上)老君であったが，その後，老子の説く「道」そのものが神格化された(太上)道君，次いで盤古神話と結びつけられた元始天王が加上され，『上清経』や『霊宝経』の編纂の過程で仏教の影響を受けて元始天尊となり，宇宙論や天界説の形成に対応して，最上の天界である大羅天の玄都玉京山に位し，三洞の教主として神々を統率し世界を主宰する最高神とされた。その時期はおおむね5世紀ころと考えられる。南朝梁の陶弘景編とされる『真霊位業図』は，元始天尊を第一中位(最高位)に置くこの時期の道教の神統譜を伝えている。また，『隋書』経籍志・道経序録には，元始天尊は太元の先に生まれ，自然の気を受け，常存不滅の存在として，天地開闢のたびに人々を救済するという開劫度人説が説かれており，南北朝末期には元始天尊を最高神とする道教教理の体系が形成されていたと考えられる。 (麥谷 邦夫)

げんしべっさいしゅう【元詩別裁集】 元代詩歌の総集。五朝詩別裁集の一つ。『元詩百一鈔』が本来の名称。清の張景星・姚培謙・王永祺の撰。160家の詩を収める。「別裁集」の名は，清の沈徳潜が，唐宋元明清の五朝詩別裁集編纂を志しながらも，唐明清の三朝詩で没したため，その計画を完成させようと，後人が張景星らの宋元「百一鈔」を合刻して「別裁集」と名付けたことに始まり，本集も『元詩別裁集』の名で通行する。 (木津 祐子)

げんしやくぶんしょうほ【元史訳文証補】

『*元史』を補訂した歴史書。30巻(うち10巻は欠)。清末の洪鈞の著。洪鈞は公使としてロシア駐在の際，ドーソンの『モンゴル帝国史』，ベレジン，エルドマンによるラシード・ウッディーンの『集史』のロシア語訳，ドイツ語訳の他，漢文史料を参考として初期の本紀および西方のハン国に関わる部分等を補訂した。没後1897(光緒23)年に出版された。モンゴル帝国史研究におけるイスラム史料の重要性を中国の学界に知らせた点に意義があった。

(堤 一昭)

げんしゃしび【玄沙師備】 835(大和9)～908(開平2)。唐の僧。閩県(福建省)の人。俗姓は謝氏。咸通年間(860-874)の初め，芙蓉霊訓に参じて出家し，のち雪峰義存に得法する。その持戒の真摯なるさまから「備頭陀」と称された。はじめ普応院に，次いで玄沙院，さらに閩王王審知に招かれて安国院に住し，宗一大師と賜号される。「碑文」が撰され，『玄沙宗一大師広録』3巻，『玄沙宗一大師語録』3巻がある。 (永井 政之)

げんしゅうしわ【彦周詩話】 南宋初期の詩話。1巻。許顗(字は彦周)撰。はじめて「詩話」を定義して，「句法を弁じ，古今を備え，盛徳を紀し，異事を録し，訛誤を正す」ものとする。唐・北宋の詩に関する記事のほか，それまでの詩話では言及の乏しかった六朝詩に関する記事が少なくないのは一特色。詩の好みは人それぞれに違うことを前提として，詩評にも自分の好悪を強く出すことを抑制している。唐詩では李白・杜甫を第一に推し，李商隠にも好意的である。 (興膳 宏)

げんじゅだいし【賢首大師】 →法蔵

げんじゅん【厳遵】 生没年不詳。前漢の隠士。蜀(四川省)の人。字は君平。隠居して仕えず，成帝の時，成都の市で卜筮(易占)をしていた。日にわずか数人の客を占い，100銭を得て自活できると，肆を閉め簾をおろして『老子』を教授した。博識で，老荘の指意にもとづいて10余万字の書を著した。揚雄は若いころ厳遵に学び，のち京師で仕官して有名になったが，しばしば朝廷の賢者たちに厳遵の徳を称えたという。『老子指帰』がその著作。漢書72 (近藤 浩之)

けんじょう【検場】 上演の際に舞台空間を切り替えたり，後見の役割を担う人をいう。具体的には，上演中の卓や椅子といった大道具の舞台配置，小道具の設置，役者の入退場の際の門簾(垂れ幕)の開閉，舞台上での役者の衣装替えや演技の手助け等を担当する。このため芝居全体の流れを把握することが要求された。幕のない三面舞台であった古舞台では必要不可欠な存在だったが，1950年代に入って額縁舞台に引き幕が常用されるようになると，この役割は姿を消した。但し各地の民間祭祀演劇の中では，名称は異なるがまだ散見される。

(有澤 晶子)

げんじょう【玄奘】 603(仁寿3)?～664(麟徳元)。初唐の訳経僧。河南緱氏県(河南省)の人。俗姓は陳。名は褘。隋の611(大業7)年ごろ洛陽で得度。成都空慧寺で622(武徳5)年に具足戒を受け，修学のため成都を出，荊州(江陵)，相州(河南省安陽市)，趙州(河北省趙県)から624(武徳7)年後半に長安に移って荘厳寺に住した。玄奘ははじめ『涅槃経』『摂大乗論』を学んで，『摂大乗論』に傾倒し，真諦(Paramārtha)将来思想の全体像把握に務めたが，626(武徳9)年入京したプラバーカラミトラの教示で初めて『瑜伽師地論』の存在と，それを唱導するナーランダー寺のシーラバドラ(戒賢)の存在を知り，インド行を計画。628(貞観2)年初には長安を既に出発し，高昌王の麴文泰と西突厥の統葉護可汗との援助下，現アフガニスタンから629年に北インドに入り，633～636年ナーランダーに到着。戒賢はもとよりジャヤセーナ(勝軍)などに学んだ。642年帰還に際してハルシャヴァルダナのシーラーディティヤ(戒日王)の援護を受け，644年にホタンに至り，645(貞観19)年長安帰着。

将来経典は，大乗経論合わせて416，小乗部派の経律論192，因明論36，声明論13で657部。金銀刻檀の仏像7体や舎利150粒も帯帰。645(貞観19)年6月に太宗の勅許を得て長安の弘福寺で訳経を始め，648年に長安大慈恩寺，さらに659(顕慶4)年洛陽玉華宮寺に移って，664年示寂寸前まで19年間行い，『瑜伽師地論』100巻，『大般若波羅蜜多経』600巻など，75部1335巻を出し，646(貞観20)年には太宗勅令で弁機編纂の『大唐西域記』12巻を出す。玄奘の訳経の特色は，国家による大規模な訳経組織を導入したこと，訳経の原典がみな玄奘自身が帯帰した経典であったこと，原文に即した逐語訳であったことなどであり，それ以前の訳経を旧訳，以後を新訳という。玄奘は学派を興さなかったが，弟子の大乗基(窺基)によって法相学派が興った。なお玄奘の生年は諸書に明記しない。603年としたのは，当時は普通満20歳で具足戒を受けたとみて玄奘の場合それが622年であったことによった。『慈恩伝』，『続高僧伝』4に伝がある。旧唐書191 (桑山 正進)

げんしょうせつ【元宵節】 旧暦正月15日の

節句。一年最初の満月の夜なのでこのように呼ばれる。上元節・元夕節・灯節とも呼ぶ。趣向を凝らしたさまざまな形の灯籠を家々の門前や街路に飾る。灯籠の上に書かれたなぞなぞを解く遊び(灯謎)も行われる。龍灯踊りも練り歩く。古代の火祭りに起源するものであろう。また放煙火(打上げ花火)や蚕桑の豊作を予祝する行事も行われた。宋代からもち米の粉で作った団子(元宵または湯円という)を汁とともに食べる習慣が始まった。旧正月の行事の掉尾を飾ってこの節句は今なお盛んである。(鈴木 健之)

げんじょうと【元上都】 内蒙古自治区正藍旗に残る都城遺跡。蒙古憲宗6(1256)年に開平府として建てられ, 世祖クビライの中統5(1264)年に上都となり, 皇帝らの避暑の場となる。元朝を通じ維持, 使用され, 明の宣徳5(1430)年に廃棄された。大草原に位置する都城遺跡で, 1937年に東亜考古学会が調査し, 内蒙古自治区が継続調査している。外城・内城・宮城からなる。外城は各辺約2.2kmで版築の城垣で囲む。外城の東南限に一辺1.4kmの内城がある。宮城は内城中央すこし北寄りに長方形の城垣をもっている。宮城と内城の城垣は版築の外側を磚と石で覆う。宮城は東西570m, 南北620m。外内城の内部には多くの池が掘られていて, 避暑のための離宮的要素が強い。多くの官衙の遺構もあり, 内城には乾元寺, 華厳寺なども造立されている。作坊の遺構も多く地表に残っている。城外北1kmにも関連遺構がある。なお, 1990年代末に元中都の遺構が, 河北省張北県で確認された。
(菅谷 文則)

けんしょうれき【乾象暦】 三国呉の暦亜法。制作者は後漢の劉洪。223(黄武2)年から280(天紀4)年まで施行された。その独創性は, 第一に, 近地点で月行(月の動き)が速く遠地点で遅いという後漢以来の「月行遅疾」の知識によって1近点月の長さと月行度数の変化を明記した点, 第二に, 黄道と白道との交点の傾斜角と1交点月の長さ, その交点が約19年周期で逆行することを明らかにした点にある。その結果, 朔や日食の計算が可能になった。
(小林 春樹)

げんしん【元稹】 779(大暦14)～831(大和5)。中唐の詩人。河南(河南省)の人。字は微之。若くして秀才の聞こえがあり, 806(元和元)年, 28歳で制科第一となり左拾遺に任ぜられた後幾度か左遷されたが, 穆宗の822(長慶2)年, 44歳で宰相となった。数か月で再び左遷され, のち武昌軍節度使となり53歳で没した。社会批判の上奏文や制誥のほか, 文学に関して特に多彩な才能があり尤も詩に長じていた。『連昌宮詞』を代表とする一群の詩により歌行形式の詩を充実させ, 寄贈に対する和答の詩に「次韻」を導入し新しい形式を開拓した。終生の知己白居易と並んで「元白」と称された。詩体は「元和体」また「元白体」と呼ばれ元稹の艶詩は代表作品である。詩は平易軽妙であり, 北宋の蘇軾に「元軽白俗」(「柳子玉を祭る文」)の評がある。また艶詩ばかりでなく男女の愛情を描いた短編小説『鶯鶯伝』を書いた。『元氏長慶集』60巻がある。白居易の「元公墓誌銘幷びに序」に伝がある。旧唐書116, 新唐書174
(西村 富美子)

げんじんい・げんふじんい【言尽意・言不尽意】 言(言語)は意(思想)を尽くす(完全に表わせる)かどうかという問題で, 魏晋時代に盛んに議論された。元来は蒋済や鍾会らの人物評論から出た問題のようであるが, 直接には『周易』(『易経』)繋辞上の「書不尽言, 言不尽意」を典拠とする。王弼らの無の本体論を基盤として言不尽意論が優勢であったが, 西晋に至って欧陽建が『言尽意論』によって批判した。王弼は『論語』陽貨に拠って, 聖人は根本を修めて言語を廃し, 天に則して教化をすること, 『周易略例』明象に拠って, 言と意は手段と目的の関係で, 目的を得るには手段を忘れること, を主張し, 一種の言不尽意論を展開した。荀粲も「繋辞上」の表現に関して, 尽くせない言や意があることを主張した。これに対して欧陽建は, 理(思想)は言でなければ述べられず, 万物の実(実体)は名(名称)でなければ弁別できず, それらの関係は形と影のように一致し, 意にはそれに対応する言があって, 言は意を尽くせる, と主張した。だが思想史上に大きな影響は与えられなかった。
(蜂屋 邦夫)

げんじんいろん【言尽意論】 西晋の欧陽建の著作。唐の欧陽詢撰『芸文類聚』巻19「言語」の「論」に収録されている。雷同君子の問いに違衆先生が答える形を取って論じられる内容は, 世界にはもともと各種の事物が存在し, 事物間にはもともと多様な道理が存在しており, 言語によって事物や事物間の道理が初めて存在し得るわけでは勿論ないが, しかし, 各種の事物を正確に弁別し事物間の道理を的確に表現するには言語の媒介が不可欠であり, 言語による弁別と表現とを事物の認識と道理の理解を妨げるものだとして排斥するわけにはいかない, というものである。王弼を筆頭に魏晋時代多くの共鳴者を得た「言不尽意論」が『周易』繋辞伝の「書不尽言, 言不尽意(文章は言葉を十分には表現できない, 言葉は意味を十分には表現できない)」と『荘子』外物篇の得意忘言の思想に依拠するのに

対して，「言尽意論」は『周易』繋辞伝の「立象以尽意，設卦以尽情偽，繋辞焉以尽其言（形象を設けて意味を十分表現し，六十四卦を設けて事情を十分表現し，卦辞や爻辞によってその言葉を十分表現する）」に依拠したものである。　　　（中嶋 隆藏）

けんずいし【遣隋使】　600（推古天皇8）年から614（同22）年にかけて隋に派遣された日本使節。回数については公式か非公式か，あるいは豪族の私使かなど内容により見解が分かれ，6回・5回・4回・3回の諸説がある。小野妹子らが派遣された607（推古天皇15）年の場合は『日本書紀』『隋書』両史料に詳しい記述があり，聖徳太子の「日出づる処の天子，書を日没する処の天子に致す。恙無きや」の国書と，その無礼な筆致に不快感を示した煬帝の「蛮夷の書の無礼なる者有れば，復以聞する勿れ」という言葉は人口に膾炙している。翌年，妹子は隋の答礼使裴世清を伴って帰り，同年再び使節となって渡航し，遣唐使にいたる本格的な日中国交樹立へのレールを敷いた。仏教習得の僧数十人を同行させた初回に次いで，このとき伴った高向玄理・南淵請安・僧旻（日文）など留学生・留学僧たちは長年月にわたり大陸の先進文化を吸収して帰り，日本の官制改革や文化向上に多大の貢献をなしとげた。　　　　　　　　　　　　（藤善 眞澄）

げんすう【厳嵩】　1480（成化16）〜1567（隆慶元）。明時代後期の権臣。分宜（江西省）の人。字は惟中，号は介渓，書斎の名は鈐山堂。1505（弘治18）年の進士。累進して嘉靖年間（1522-66）には内閣大学士を20年に亘って務め，1541（嘉靖20）年に嘉靖帝が西苑の万寿宮に移って朝議を放棄したことに乗じて政治を専断した。1549（嘉靖28）年以降は首輔として閣臣の筆頭となり，子の厳世蕃と共に権勢を誇った。だが，晩年，嘉靖帝が徐階を信任するに及んでその権勢は衰え，鄒応龍に弾劾されて致仕し，1565（嘉靖44）年に世蕃が処刑されると共に罷免され，家財を没収された。この親子が蒐集した書画はおびただしい数に上っているが，この際に籍没された書画の内容は『鈐山堂書画記』『天水冰山録』によって知られる。著に『鈐山堂集』がある。明史308　　　　　　　　　　　　　　　　（板倉 聖哲）

けんすぼん【巻子本】　→巻子本

げんせい【原性】　唐の論説文。1篇。韓愈著。仏教・道家宗教を排除する立場で論じた性説である。人には仁・礼・信・義・智が性として備わり，物に接して喜・怒・哀・楽などの情が起こる。性・情の多少・中不中によって，人は上品・中品・下品に分かれる。孟子の性善は上品，揚雄の善悪混ずは中品，荀子の性悪は下品をそれぞれ言ったものだ，と主張している。韓愈の文集の他，『文苑英華』363，『唐文粋』43，『全唐文』558に収録されている。　　　　　　　　　　　　　　　（島 一）

げんせき【阮籍】　210（建安15）〜263（景元4）。三国魏の詩人・思想家。陳留尉氏（河南省）の人。字は嗣宗。嵆康と共に「竹林の七賢」の中心的人物。父の阮瑀は，曹操父子と共に後漢から三国魏の文学を主導した「建安七子」の一人。3歳の時に父瑀が逝去，長じて魏の太尉蔣済，大将軍曹爽らに召され，曹爽が殺されてからは司馬懿，司馬昭らに仕えた。この間，司馬昭に縁組みを求められた時には60日間酔い続けて話を沙汰止みにさせたり，また部署に美酒を備えるとの理由で自ら歩兵校尉の閑職を求めたりしたが，そうした身を韜晦するが如き彼の態度は，実は乱世を生き抜く一手段であった。奇矯な言動も多く，方外の士には青眼を，俗士には白眼を以て対したこと，母の死に際して酒肉を食らい，葬儀になると血を吐いたこと，思いのままに馬車を走らせ，道が行き止まりになると慟哭して帰ったことなどが知られる。そうした行為の根底には，もと済世の志を有した彼の，欺瞞に満ちた社会に対する批判が込められており，例えば民国の文学者魯迅が，その生き方に言及しつつ自己の境遇と身の処し方について語っている。またそうした誠実な精神と孤独な心情の結実が，五言詩の連作「詠懐詩」82首（及び四言詩3首）であり，生の移ろい易さへの嗟嘆と永遠への憧れ，社会に対する不満と自己の孤立感などの「懐」いが，象徴的表現，歴史や故事への寄託といった手法で「詠」ぜられる。南朝梁の鍾嶸『詩品』は彼を「上品」に配するが，詩の本意自体は闡明し難いことがこの時すでに表明されている。だが，この五言詩の連作という表現様式は，その後知識人が自己の心情を述べる主要な形式として定着し，陶淵明「飲酒」，陳子昻「感遇」，李白「古風」などの作品に継承された。散文作品では老荘思想を反映した作品が多く，『荘子』斉物論の哲学を体現して融通無碍の世界に遊ぶ「先生」が「名」を重んずる人物の論難に答える「達荘論」，老荘の道を体得した造物主にも匹敵する存在「大人先生」の寓話「大人先生伝」などがあり，いずれも阮籍自身の理想像の形象と考えられる。明の輯本『阮歩兵集』，近人陳伯君『阮籍集校注』がある。晋書49　　　　　　　　　　　　　　（西岡 淳）

けんせきしょうせつ【譴責小説】　清末小説の分類の一つ。魯迅が『中国小説史略』下巻（1924年）の「第二十八篇　清末之譴責小説」で提出した

名称。譴責とは，厳しく批判し糾弾する意味。1900（光緒26）年以後，特に暴露と糾弾に重点を置いた小説を指して魯迅は定義した。魯迅があげるその代表作は，呉趼人『二十年目睹之怪現状』，李宝嘉『官場現形記』，劉鶚『老残遊記』，曾樸『孽海花』の4作品。　　　　　　　　　（樽本 照雄）

げんぜん【原善】　清の戴震の著作。最初「原善」上中下3篇を作り「善」「命」「道」「理」などの哲学用語を定義し，自身の哲学理論を凝縮して述べたが，読む人が分からなくて趣旨を取り違えるといけないので，後に『原善』3巻を著し，各巻の最初に上中下3篇を載せ，上巻10章，中巻4章，下巻15章を付け加え経書を引用して説明を加えた。この書は戴震が構想したライフワーク『七経小記』（未完）の頂点に位置するものであった。　（吉田 純）

げんそう【玄宗】　685（垂拱元）〜762（宝応元）。唐第6代（武后の治世も加えると第7代）の皇帝。在位712〜756。名は隆基。父睿宗の第3子，祖母が則天武后。クーデタで韋后・太平公主の専権を倒し，「武韋の禍」時代を終わらせた。治世の前半は科挙出身の姚崇や宋璟の名臣を登用して体制を引き締め，宇文融らによる財政の再建に努め，「開元の治」とよばれる盛時を現出した。

治世後半の天宝期になると，政治に倦み，旧関隴系（北魏西魏・北周に始まる政治集団）の李林甫にすべてを委ね，楊貴妃との愛欲・奢侈の生活に溺れる。林甫は権力維持のために，科挙文官系の政敵を除き，異族出身の武将を重用した結果，雑胡で節度使の安禄山が引き上げられ，他方楊貴妃を介して一族の楊国忠も頭角を現す。李林甫の死後，玄宗の恩寵をめぐる両人の争いが深刻化し，755（天宝14）年11月の安史の乱の勃発となる。翌年長安が陥落すると，四川に避難し，粛宗に位を譲る。のち長安にもどるが，過去の栄光は取り戻せないまま病死した。旧唐書8・9，新唐書5　　　　　　（氣賀澤 保規）

げんそう【彦琮】　557（天保8）〜610（大業6）。北朝北斉・北周，隋の沙門。趙郡柏人（河北省）の名族の出身。俗姓は李。10歳で出家し，道江と名のったが，廃仏を断行した北周の武帝によって北斉が滅ぼされると，還俗して通道観の学士となり，『無上秘要』の編纂に加わった。581（大定元）年，25歳の時，再び剃髪して彦琮と改名。583（開皇3）年，道壇の老子化胡像を見て疑義を抱いた隋の文帝が，沙門と道士を集めて老子化胡の当否について議論させるや，道教の妄妖を明らかにする「弁教論」を著した。その後，長安の興国寺，興善寺に住し，606（大業2）年，洛陽の上林園に翻経館が設けられ

ると，訳経事業に従事した。今日に伝わる訳経論の「弁正論」（『続高僧伝』2所収），因果の理法について論ずる「通極論」（『広弘明集』4所収），あるいはまた『衆経目録』のほか，『内典文会集』『沙門名義論別集』などの数多くの著作があった。『続高僧伝』2・訳経篇に伝がある。　　　　（吉川 忠夫）

げんそうぼん【原装本】　印刷や書写を終えて製本した時，或いはそれにごく近い時代の，元のままの装訂（幀）をとどめている本。宋代の原装である北京中国国家図書館蔵宋刊本『冊府元亀』や宋抄本『洪範政鑑』等はその好例。原装は，巻軸装から経折装（帖装），旋風葉，蝴蝶装，包背装，線装という装訂の歴史と深い関わりがある。逆に，原装であれば，その表紙や装訂法で印刷や書写の年代を推定できるわけである。後世に改められたものは改装本・重装本と呼び，また古い装訂に見せかける後人の巧技も発達した。　　　　　　　　（高橋 智）

げんだいせい【阮大鋮】　1592（万暦20）？〜1670（康熙9）？。明末清初の劇作家。懐寧（安徽省）の人。字は集之。号は円海，また石巣・百子山樵。1616（万暦44）年の進士。吏科給事中や光禄卿等の職を歴任。宦官魏忠賢一派に連座して免職，南京に匿居して戯曲制作に専心した。明朝の傾覆に際して馬士英とともに福王を迎立し，兵部尚書に任官したが，南京陥落に伴い清軍に降った。奸佞な性質で権勢利得の欲におぼれ，復社の呉応箕・陳貞慧から排撃されるが，彼の制作した伝奇『燕子箋』『春灯謎』『牟尼合』『双金榜』は「石巣伝奇四種」と総称され，明末屈指の劇作家に数えられる。明史308　　　　　　　　　（根ヶ山 徹）

けんだいつうき【憲台通紀】　元代の監察機関の御史台に関する記事を集めた官撰書。残1巻。1343（至正3）年に成立。元の趙承禧撰。もと24巻あったが，元刊本は早くに散逸し，今日見るのは『永楽大典』から抜き出されたもの。1268（至元5）年から1336（後至元2）年に至る75項の事例を載せる。また本書を踏襲して1352（至正12）年に刊行された『憲台通紀後集』（残1巻，もと15巻，元の唐惟明撰）があり，同じく『永楽大典』によって1338（後至元4）年から47（至正7）年までの49項の事例が伝わる。なお江南行御史台に関する『南台備要』があり，本書と姉妹篇をなす。　　　（植松 正）

げんだいと【元大都】　北京市に残る，元世祖クビライが1267（至元4）年に建設を始め1285（同22）年に完成した国都。北京市の中南海などの用水路や池庭として，今もその一部が用いられ，地上

に残る。外郭城は東西約6.7km，南北約7.6kmの方形で，版築で築かれる。西垣の北半が地上に残り，公園として保存されている。門は外郭城各面に3門，計12門あった。西面中央の和義門が，明清北京城の西直門箭楼の胎として内側に残されていた。南垣が明清北京城内城南垣の位置に，東西垣は北京城内城東西垣の位置にほぼ一致している。中軸線は，北京城中軸線として今に踏襲されている。

外郭城の南側中央に皇城があり，その中央東よりに宮城を配す。ほぼ故宮と重なっている。外郭城内の街道は幅28mで，大街の交点を中心として東西方向の小街で街区割りを行っていて，現在の胡同の基本形となっている。外郭城内には，寺廟，社*稷などがあり，元*青花の窯跡なども発掘調査されている。　　　　　　　　　　　　　　　（菅谷 文則）

げんたん【玄端】　礼服の一種。玄は黒，端は正で，玄端とは衣服の袖下を真っ直ぐに裁断した黒色の衣服であり，様式は上衣と下衣が続いている衣裳連属の衣服の一つである。玄端の使用は周代に始まる。周代からの着装に関しては『周礼』の記載により知ることができる。即ち，『周礼』春官・司服に「その斎服　玄端，素端あり」とある。更に，玄端に関して『*儀礼』士冠礼の第2章，加冠の儀には「玄端は玄裳，黄裳，雑裳なるも可にして……」とある。これより玄端の裳は必ずしも黒色ではないことも知る。また，加冠の儀を受けた冠者は童子の衣服を脱ぎ玄端を身につけるなどの記載もあることにより，主として儀式の時に用いたことを知ることができる。また，衣裳連属の衣服であることは『*釈名』釈衣服に「要に接する」，即ち腰で接いでいるという記載を見ることにより知るのである。
　　　　　　　　　　　　　　　（釣田 敏子）

げんちゅうじ【玄中寺】　山西省交城県にある浄土教淵叢の地。北朝の北魏後半から東魏・北斉にかけて活躍した曇鸞によって創建され，曇鸞没後20年程して生まれた道綽によって，玄中寺の浄土教は維持されるとともに，新たな展開がもたらされた。その成果は道綽晩年の弟子であった善導によって，唐の太宗時代の長安に移植された。玄中寺そのものはその後，律寺，禅寺として存続して行く。清末以来荒廃していたが，人民共和国成立後，数次の修復を加え，面目を一新した。　　（大内 文雄）

げんちょうひし【元朝秘史】　モンゴル語で記されたモンゴル最古の歴史書。282節，12巻(15巻本も伝わる)。13世紀に成立。モンゴル語原題は，「モンゴリン・ノーツ・トブチョー」(「モンゴルの秘密の綴り」の意)。チンギス・カンの一代記を中核に，その前には始祖説話に始まるチンギス・カンまでのモンゴルの系統，後にはチンギス・カンの継承者オゴデイの伝を付し，全体的に文学的な潤色をほどこす。モンゴル文字による原本は失われ，明代成立の漢字音訳本のみが存在する。『元朝秘史』という題は，そのとき以後に付された。モンゴル語音の漢字音訳(と数種の表音符号)，逐語訳，そして各節の大意口語訳から構成される。2種の訳は，明期中国語の音韻・口語の状態を伝える。この書は，歴史・文学資料，民族誌としてのみならず，言語学的研究資料としても，モンゴル語・中国語双方において高い価値を持つ。散文に韻文が混在する独特の形式は，この書成立以前にあったモンゴル口承文芸の伝統の反映である。*那珂通世『成吉思汗実録』は最初の学問的訳注として著名。　　（原山 煌）

げんちょうめいしんじりゃく【元朝名臣事略】　ムカリから劉因にいたるチンギス・カン時代～元中期の蒙古・色目・漢人の政治家・学者ら47人の伝記集。もとの名は『国朝名臣事略』。15巻。1329(天暦2)年ごろ，蘇天爵の編。各人冒頭に略歴を記した後，関連する神道碑・墓志・家伝・行状などから，出典を示して事績を抜粋し時間順に並べ，史料の異同を注で示す。*朱子『*宋名臣言行録』に体裁を倣ったと言われる。『元史』列伝編纂の材料となった。元刊本の影印および標点本がある。
　　　　　　　　　　　　　　　（堤 一昭）

げんてい【元帝】　→*司馬睿

けんてん【圏点】　現在用いられる句点(句号「。」)と読点(逗号「，」)は，古くは全て円圏「。」のみを用いていた。また，漢字の四隅に「。」を添えて左下から時計回りに平・上・去・入と，音を識別する記号に用いたものを圏発・圏音と呼んだ。句読や音以外にも，読者に注意を与える意味で漢字の右傍に置く点(特に丸いものを圏識と呼ぶ)もあった。これらを総称して圏点と言っている。明代の末には，「批点」と呼ばれる小説・戯曲等の批評へと発展し，「李卓吾先生批点西廂記」と題するように，本文よりも批点の方を重視する風潮もあらわれた。
　　　　　　　　　　　　　　　（高橋 智）

げんてんしょう【元典章】　元代の詔令・判例集。正式には，『大元聖政国朝典章』という。正集60巻，新集不分巻。詔令等のほか，吏部・戸部・礼部・兵部・刑部・工部の六部編成を基本とす。正集に収録の条文は世祖・成宗・武宗・仁宗・英宗の5朝，1260(中統元)年から1321(至治元)年にわたる。新集は正集を補ったもので「至治条例」

と称され，至治2年の条文まで含む。官庁間の文書移動の煩瑣な手続きを含む公文書を節略したもので，江西地方で成立，刊行されたと考えられる。南中国での行政実務上の必要から残された官庁文書をもととしたので，史料的価値は極めて高い。詔令などの文語，下級官吏の用いる俗語まじりの吏牘(りとく)体，モンゴル文の語順のままに漢字に置き換えた蒙文直訳体の3種の文体を含む。六部分類を基本とする本書の体例と内容は『大明律』の成立に影響を与えた。1972年，台北の故宮博物院から元刊本が影印で公刊されてから本書の利用はきわめて容易になった。『校定本元典章刑部』(1～2，岩村忍・田中謙二校定，1964，72年)がある。 (植松 正)

げんどう【原道】 唐の論説文。1篇。韓愈(かんゆ)著。仏教・道家道教を排撃して，儒教の意義を論じたもの。中国には堯・舜・禹に始まり孔子・孟子まで伝えられた人倫の道が存在した。仏教・道家道教を排除し，『礼記(らいき)』大学篇の原則によって心を正して，その道の伝統を復興すべきだと主張した。この考え方を継承して，宋代に道学が起こった。韓愈の文集の他，『文苑英華』363，『唐文粋』43，『全唐文』558に収録されている。 (島 一)

けんとうし【遣唐使】 630(舒明天皇2)年，犬上御田鍬(いぬがみのみたすき)の第1次より894(寛平6)年に菅原道真の建議を入れ廃止されるまでの，約260年間にわたって派遣された中国唐への日本使節団。派遣の回数については必ずしも意見の一致を見ないが，唐の使節を送る送唐客使を含め，実際に渡航したのは16回，中止されたのは3回である。初期の遣唐使船は朝鮮半島の西岸にそって北上し，渤海・黄海を横断して山東半島に上陸する北のコース(新羅道)をたどったが，8世紀初頭の執節使粟田真人(あわたのまひと)らのときから南コース(大洋路)がとられた。白村江の戦いによる新羅との国交断絶が直接の原因とはいえ，造船技術や航海術の問題も考慮する必要がある。また組織と規模そして内容も時期によって違いがあり，初期には2隻，250名前後，奈良時代には4隻，500名をこえ，最後の遣唐使となった834(承和元)年には651人にものぼっている。この中，大使(時に執節使・押使あり)・副使・判官・録事などのほか『延喜式』によると訳語・請益生(しょうやくしょう)(けんじゅう)・留学生・学問僧・傔従・傔人や知乗船事・船匠・柂師(かじし)・挟杪(きょうしょう)・射手・船師・水手長・水手といった船方，主神・医師・陰陽師・画師・史生・音声長・音声生・卜部・玉生・鍛生・鋳生・細工などが乗り込んでおり，学問のみでなく大使一行が帰船するまで技術・芸術の習得につとめたことが推測される。遣隋使と同様，遣唐使派遣は唐の先進文化摂取を主目的としたが，国際関係や日・唐の国情により使命も変わり，奈良時代になると政治や外交の面に力が注がれ，安史の乱後，唐の力が弱まった平安時代には仏僧の求法・巡礼や交易が主となった。遣唐使船には常に遭難という危険がつきまとい数々の悲劇を生んだ。最後の派遣となった承和の遣唐使船は，はじめ110余名の犠牲者を出して渡航に失敗，ようやく成功したときは破損して帰途の用に耐えず，帰国には新羅船9隻を雇い入れたが，またも百数十名を失っている。 (藤善 眞澄)

げんとかん【玄都観】 北朝北周の都の長安に存在した道観。道教の天上世界の玄都玉京の名にちなむ。甄鸞(しんらん)の「笑道論」は，玄都観の道士によって制作された道教の一切経目録が存在したことを伝えている。『周書』によると，廃仏(三武一宗の法難の一つ)が断行される前夜の572(天和7)年正月，玄都観に行幸した北周の武帝は，自ら法座に昇って講説し，公卿と道俗に論難させたというが，それは恐らく仏教と道教の優劣について討論させたのであったろう。廃仏後，玄都観は国立宗教研究所とでもいうべき通道観に吸収合併されたとの説もある。その詳細は不明であるが，隋の新都の大興城が建設されるや，通道観は朱雀門街の西の崇業坊に移されて玄都観と名を改め，朱雀門街をはさんで興善寺と東西にあい対した。 (吉川 忠夫)

けんとくよ【権徳輿】 759(乾元2)～818(元和13)。中唐の政治家・文学者。秦州(甘粛省)の人。字は載之(さいし)。諡は文。節度使の幕僚から太常博士に抜擢され，左補闕，起居舎人，知制誥などを経て，799(貞元15)年に中書舎人となった。その後も礼部，戸部，兵部，吏部の侍郎を歴任し，810(元和5)年には礼部尚書・同中書門下平章(どうちゅうしょもんかへんしょうじ)事に至った。813(元和8)年には宰相職を退くが，扶風郡公の爵号を受け，死後は尚書左僕射(しょうしょさぼくや)を贈られた。詩文にも優れ，また韓愈ら多くの文学者の後ろ盾ともなった。著に『権文公集』50巻が有る。旧唐書148，新唐書165 (齋藤 茂)

げんなぐんけんずし【元和郡県図志】 唐代後半期の地理書。40巻，目録2巻。宰相李吉甫の撰。813(元和8)年に皇帝憲宗に進呈されたときには，地図を含めて全54巻あり，一名『元和郡国図』ともよばれた。地図は北宋の初めまでには失われたらしく，『太平御覧』にはしばしば「郡国志」として引用される。地誌の部のみ現存する。9世紀初めの行政区画に基づき，全国を関内・河南・河東・河北・山南・淮南(わいなん)・江南・剣南・嶺南・隴右(ろうゆう)の10道，さらに京兆(けいちょう)府以下47の藩鎮に分け，府州の戸

数・郷数，長安・洛陽及び隣接府州への里程，貢賦の項目，管下の県名，県ごとの山川・地勢・道路・橋梁・関津・駅伝など重要施設，古跡・風俗，一部府州の墾田数などを記載する。単独に刊行された全国地誌としては最も古く，内容も豊富で貴重な記事を含む。ただ関内・河南・隴右の3道を除き各道とも欠落部分が多く，このため清の厳観は諸書の記載から逸文を集めて『元和郡県補志』9巻を著した。『武英殿聚珍版書』等に収める。　　（島居　一康）

げんなせいさん【元和姓纂】　唐の姓氏世系記録。10巻。林宝撰。百官を封爵する際に出自の認定を誤りなく行うため，812(元和7)年，帝命を受けた李吉甫が編纂させた。最初に皇族を置き，その後は各姓族を四声の韻によって配列する。多くの譜牒類を活用して唐中期までの姓氏関係の情報を集成しており，『新唐書』世系表や『通志』氏族略にも大きな影響を与えた。完本は宋までに失われたが，清代に『四庫全書』が編纂されたとき『永楽大典』より佚文を集めて18巻本として復原された(庫本)。のち孫星衍・洪瑩『校補元和姓纂輯本』で10巻に復され(洪本，1802年)，羅振玉『元和姓纂校勘記』2巻『佚文』1巻(1915年)と岑仲勉『元和姓纂四校記』(中央研究院歴史語言研究所専刊29，1948年)によって詳細な増補校勘が施された。標点本『元和姓纂』(中華書局，1994年)は『元和姓纂』原文と『元和姓纂四校記』を合刊の上，姓氏・人名索引も付しており，現在利用しうる最も便利なテキストである。　　（丸橋　充拓）

げんなたい【元和体】　詩風の一種。元稹・白居易の詩風，あるいは元和期(806-820)の詩風全般を指す。もと，元白の詩が事物の描写に巧みだともてはやされて，「元和体」(『旧唐書』166・元稹伝)と呼ばれ，また，元稹の短編の艶詩や，元白が応酬した長編の律詩が巷間で摸倣されて，人々はこれらの作を「元和詩体」(同上)，「元和詩」(元稹『白氏長慶集』序)と呼んだ。中・晩唐では，元白の詩を通俗的として批判する意味あいで使われることが多かったが，五代から宋へと，通俗性への批判は次第に薄れ，元白だけでなく，張籍・孟郊も含めた元和の詩の新風を総称するものに変わっていく。
　　（下定　雅弘）

けんなんしこう【剣南詩稿】　南宋の陸游の詩集。85巻。陸游は南宋最大の詩人で，85歳で亡くなるまでおびただしい数の詩を作った。1187(淳熙14)年，63歳のとき，厳州(浙江省)知事在任中に，それまでの詩をみずから20巻にまとめて刻し，「剣南詩稿」と名付けた。「剣南」とは蜀(四川省)の別名で，かつて10年ほど地方官として暮らしたその地を愛するがゆえの命名である。死後の1220(嘉定13)年，長男の子虡が1188(淳熙15)年以後の詩も加えて85巻にまとめたが，現在通行している『剣南詩稿』は，これをもとに明の毛晋が刊行した汲古閣本である。詩は制作年の順に配列され，すべて9100首余りを収める。陸游自身の言によれば，42歳以前の詩はほとんど割愛したとのことで，85年の生涯に作られた詩は実際はかなりの数に達したと思われる。『剣南詩稿』はその収録数の膨大であるがゆえにながらく注釈が付けられていなかったが，1985年に銭仲聯『剣南詩稿校注』全8冊が出版された。
　　（中原　健二）

げんにんろん【原人論】　唐の仏教関係の論書。一名『華厳原人論』。1巻。宗密撰。儒・道・仏の三教一致を説く。全体は4篇で構成される。まず儒道二教の根本を一気とまとめて，一気からの万物生成論の矛盾を破斥し(第1)，ついで仏教の人天教・小乗教・大乗法相教(唯識系統)・大乗破相教(般若空観系統)についても不完全な方便説にすぎないと批判する(第2)。かくて一乗顕性教(華厳教学と如来蔵系統)で示される絶対的な一心(真心・真一の霊心などとも称す)こそが人間存在の真実の根源であると結論づけられる(第3)。そのうえで，さきに批判したすべての教説も一心に包摂されることが『大乗起信論』にもとづいて説明され，儒道二教の一気から生成される世界もまた，この一心から変現した対象にほかならないことが論じられる(第4)。すなわち仏教の一心に儒道二教は包摂されてしまう。これは韓愈の「原人」に対して仏教側から人間存在の根源を論じたものとみなすむきもある。また後世の三教論のみならず，宋学にも影響を及ぼしたとも推測されている。『大正大蔵経』45所収。　　（中西　久味）

げんのうおんぎ【玄応音義】　→一切経　音義

げんぱく【元白】　中唐の詩人，元稹と白居易の併称。『旧唐書』166・元稹伝に，「稹……工みに詩を為り，善く風態物色を状詠す，当時の詩を言う者元白と称す」とあり，『新唐書』119・白居易伝に，「初め，元稹と酬詠す，故に元白と号せらる」とあり，二人の生前，すでに元白の呼称があった。また，『旧唐書』166・白居易伝の末尾に「史臣曰く……品調律度，古今を揚権し，賢不肖皆其の文を賞むるが若きは，未だ元白の盛んなるに如かざるなり」とある。このように，「元白」の語は，二人の生前を含み，唐代では，描写の妙，応酬詩，調和のとれた作風などを意識して用いられることが多か

ったが，宋の蘇軾が，「元は軽く白は俗なり」(『祭柳子玉文』)と言って以後，軽俗の意味をも帯びるようになる。ただし，清の趙翼『甌北詩話』4では，「韓孟は奇警を尚び，人の敢えて言わざる所を言うに務む。元白は坦易を尚び，人の共に言わんと欲する所を言うに務む」と，その平易さを評価している。　　　　　　　　　　　　　　　　　　　(下定　雅弘)

けんぱくろん【堅白論】　「堅い」と「白い」という概念は両立しないという議論。『墨子』経，経説では，「堅白」がいっしょにあることを表す比較的平易な概念として登場し，説明概念としても用いられ，その中で「石」とともに使用された。この思索が墨家の活動の広がりとともに，戦国時代の思想界に広まり，「堅白」を用いた複雑な思考を生み出した。その議論の内容をうかがいうるのは，『公孫龍子』堅白論篇のみであるが，そこでは『墨子』経，経説に見られる概念を多用しながら，素朴実在論を否定し，視覚では白さを触覚では堅さを認識し，堅白石(堅くて白い石)という認識は成立しえないという議論が展開される。「白馬非馬」「同異」なども「堅白」と同様の由来を持つ概念であり，『荀子』など同時代文献の記載からも，その議論が当時相当流行したことがうかがわれる。こうした思索は他学派からいわば詭弁として批判され，『史記』平原君虞卿列伝では，公孫龍が高い弁論能力を有しながらも受容されなくなる姿が描かれている。　　　　　　　　　　　　　　　　(久保田　知敏)

げんぱん【元版】　元代に刊行された典籍。元刊本・元刻本ともいう。宋代から金代にかけて印刷の中心地であった四川・山西・浙江・福建のうち，浙江・福建は引き続きさかんであったが，四川・山西はおとろえ，新たに大都(北京)がその中心のひとつとなった。中央・地方の官署や，各地に設立された学校・書院での出版が盛んで，坊刻本も前代にもまして多数刊行された。官刊本では，至正年間(1341-70)に江浙等処行中書省で刊行された『宋史』『遼史』『金史』や，大徳年間(1297-1307)に饒州路など九路の儒学が刊行した十史など大規模な出版がなされたことはよく知られる。民間での出版は，建安(福建省)の書肆を中心に，科挙受験の参考書，戯曲小説等の通俗文学書のほか，類書や医書などの実用書が多数刊行されたが，営利を優先し刻字や印刷が粗雑で紙質も劣り，校訂にも難があるとの評がある。このほか西夏文字やウイグル文字など非漢字文献の印刷がおこなわれたことも，この時代の大きな特徴である。　　　　　　　　　　(梶浦　晋)

げんぴつ【減筆】　南宋後期の画院画家，梁楷が用いた人物画法の一つ。夏文彦『図絵宝鑑』に「世に伝わるものはみな草々，之を減筆と謂う」とあるのに基づき，きわめて少ない筆数で衣紋を簡略に描写する方法を言う。当時禅家において復活しつつあった粗筆人物画の影響を受け，これを洗練したものと思われ，代表作は『李白吟行図』軸(東京国立博物館蔵)。　　　　　　　　　(嶋田　英誠)

げんぴとうひ【玄秘塔碑】　唐の碑。大達法師玄秘塔碑ともいう。841(会昌元)年の刻。裴休の撰，柳公権の書。刻者は邵建和と建初兄弟。楷書。タテ386cm×ヨコ120cm。碑文は28行，満行54字。題額は柳公権の書になる篆書3行で「唐故左街僧録大達法師碑銘」と刻す。碑陰には大字で「紀綱重地」と刻され，さらに852(大中6)年の比丘正吉の題字も残されている。内容は長安安国寺の僧大達法師端甫の事績を称えるとともに，埋骨した玄秘塔建立の経緯を記したもの。点画は細線を用いて骨ばっているが，姿態は端正で顔法(顔真卿の書法)を基盤においた頸媚(強く美しい)な作といえる。柳公権伝世の碑版中，もっとも著名なものであるが，宋以後，碑面の文字はしばしば刻り直され，字画は精彩を失ってしまった。書の風格は『神策軍紀聖徳碑』に一歩譲る。碑石は宋代にはすでに二つに断裂し，毎行1～2字を欠いている。西安碑林博物館に現存する。　　　　　　　　　(横田　恭三)

けんぶ【健舞】　唐代に宮廷や貴族・士大夫の宴会或いは民間で演じられた規模の小さな舞踊。リズムは軽快でスピードがあり，勇壮である。『教坊記』には『柘枝』『払林』『大渭州』『黄獐』『達摩支』，『楽府雑録』には『稜大』『阿連』『剣器』『胡旋』『胡騰』等の健舞名が記されている。その中でも『剣器』『胡旋』『胡騰』『柘枝』は広く流行した。『胡旋』はもともと西北少数民族の地や西アジアで流行したもので，北朝北周から隋唐の時代にシルクロードを経て中原に伝わった。『旧唐書』音楽志によると，『胡旋』の特徴は速いスピードの連続するターンを主とした軽快な踊りであったという。唐の詩人白居易と元積は『胡旋女』という詩の中で，生地の柔らかいぴったりとした衣装を身に纏い，薄手のスカーフを肩にかけ，腰や頭に飾りを帯びた一人の踊り子が，太鼓のリズムや楽の音に合わせて踊る様をそれぞれ詠じている。踊り手は果てしなくターンを続け，テンポが速い変化に富んだ踊りは観客を魅了したという。『楽府雑録』には小さな鞠の上で踊る『胡旋』が記載され，雑技の要素を取り入れた『胡旋』も行われていたことがわかる。

『胡騰』は胡国(現在のウズベキスタン共和国)から伝来したものである。踊りの様子は唐の詩人劉言

史の『王中丞宅にて夜 胡騰の舞うを観る』等，多くの詩に詠じられている。踊り手の多くは色白で高い鼻をした胡人の男性で，彼らは先の尖った帽子をかぶり，袖幅の狭い胡衫を着て，腰の帯を垂らし，装飾を施した柔らかい布靴を履いて絨毯の上で踊ったという。踊りはジャンプ，ターンを主とし，次第に音楽の速度が上がってステップは複雑になり，体を反って弓なりになるような動作もあったという。西安郊外から出土した唐代の蘇思勖墓の壁画や，北朝北斉時代の墓から出土した陶磁器の壺にも『胡騰』の様子が描かれている。宋代宮廷隊舞の小児隊には，「酔胡騰隊」という名が見える。

『柘枝』は西域から中国の中原地方に伝わったものである。唐代には多くの詩人が『柘枝』を舞う様を詠じていることからも，この舞が非常に流行していたことがわかる。伴奏は太鼓を主とし，時折歌も交えた。踊り手は生地の薄いぴったりとした，長くて幅の狭い袖の衣装を身に纏い，帯や鈴などの装飾品を腰に下げて，頭には簪等をさし，紅く柔らかい布の靴を履いて踊った。踊りは変化に富み，特に踊り子の繊細でしなやかな動作が観客を魅了したという。速い複雑なステップによって衣装の長い袖が宙を舞い，金の鈴が澄んで快い音を立てたという。『柘枝』を専門に踊る「柘枝伎」も登場し，1人舞から発展して2人で踊る『双柘枝』も現れた。また女児が2人で舞う『屈柘枝』は軟舞に属する。『柘枝』は宋代になっても盛んで，宋代宮廷隊舞の小児隊に柘枝隊舞という名が見える。

『剣器』は民間武術から発展した健康的で勇壮な踊りであった。唐代に公孫大娘という著名な踊り子が出て，踊りの芸術的水準を高めた。公孫大娘の演じた『剣器』には『西河剣器』『剣器渾脱』等の種類があった。踊る際には，手に帛を持って踊った，剣を持って踊ったなどの諸説がある。

(池澤 滋子)

げんぷく【厳復】 1854(咸豊3)～1921(民国10)。清～民国の思想家・翻訳家。侯官(福建省)の人。字は又陵・幾道。福州船政学堂で学び，1877(光緒3)～79(同5)年，イギリスへ留学。1880(同6)年，李鴻章が天津に創設した北洋水師学堂の総教習となる。日清戦争をきっかけとして，1895(同21)年より本格的な言論活動を開始し，「原強」「辟韓」などを発表，さらに1897(光緒23)年には『国聞報』の創刊に参加，西洋近代思想の立場から，中国の現状を批判した。他方，T.H.ハクスレーの《Evolution and Ethics》を翻訳して『天演論』(1898年正式出版)として発表，中国に初めて進化論を本格的に紹介。以後，西洋思想紹介の第一人者として，アダム・スミス『国富論』，J.S.ミル

『自由論』，モンテスキュー『法の精神』などを翻訳。辛亥革命後には，1915(民国4)年に袁世凱の皇帝即位を支持する籌安会に名を連ねた。主な著作・訳書は『厳復集』『厳復集補編』『厳復合集』に収録。清史稿486

(高柳 信夫)

けんぶんてい【建文帝】 1377(洪武10)～1402(建文4)?。明朝第2代皇帝。在位1398～1402。姓は朱，名は允炆。諡は恵帝。年号にちなんで建文帝とよばれる。太祖朱元璋の孫で，父の懿文太子朱標が早逝したため，太祖の死とともに22歳で即位した。性格は仁厚かつ好学で，太祖時代の武断的な政治への反発から，儒者の方孝孺らの協力を得て民生重視の諸政策を推進した。しかし，あまりに理想主義的で現実認識にあまく，実効をあげるまでには至らなかった。当時，太祖時代に分封された諸王の勢力が増し，帝権の脅威となっていた。建文帝は側近の意見を入れて，諸王の藩国の取り潰しを行ったが，結果として燕王(後の永楽帝)の蜂起を招き，前後4年に及ぶ内乱に陥った(靖難の変)。建文政権の足並みはそろわず，最後は宦官の内応などもあって燕王が一気に首都南京を衝いたため，建文帝は戦火の中で行方不明となった。一説では僧に身をやつして南方に逃れたというが，真相は不明。明史4

(檀上 寛)

げんぶんるい【元文類】 元の詩文の総集。原名『国朝文類』。70巻。元の蘇天爵の編。元初から延祐(1314-20)の頃までの詩文約800篇を，文体によって43類に分類し排列する。「文類」というのはそのため。一種の国家事業として，政策的意図があって編纂されたと考えられ，単なるアンソロジーではない。『経世大典序録』，詔制，奏議，碑伝行状など，本書にのみ収録される詩文も少なくない。元朝研究の根本資料といえる。1334(元統2)年と42(至正2)年の二つの刊本がある。

(高橋 文治)

げんぽうきゅういきし【元豊九域志】 北宋後期の地理書。10巻。1080(元豊3)年に完成し86(元祐元)年に刊行。王存らによる奉勅撰。九域とは九州すなわち中国全土の意味。11世紀初めの真宗時代に唐の『十道図』に基づく『九域図』という全国地誌が作られ，地方行政などによく用いられたが，のち路の管轄の変更，府州軍監の改名・統廃合などが行われて実情に合わなくなったため，神宗の勅命で新たに編集した。元豊期の行政区画により4京23路を9巻に分け，府州軍監ごとに沿革・里程・主客戸数・土貢を記し，ついで管下各県の沿革・等級・郷数・市鎮・堡寨・鉱山・塩場・山川等を記す。唐代以降中国が失った地方は巻

10にまとめて載せる。『*太平寰宇記*』のような名勝古跡や人物風俗などの記載はないが，簡明な行政地理書として以後の地理書の模範とされた。『四庫全書』本(1772年刊)は宋刊本に拠ったが錯誤も多く，馮集梧らにより精密な校訂がなされ，その成果は金陵書局本(1882年重刊)の各巻末に分別して載せる。　　　　　　　　　　　　（島居 一康）

げんぼうげんじん【元謀原人】　1965年に雲南省元謀県上那蚌村の西北にある丘陵で発見された化石人類。地質学者が踏査中に2点の歯を発見した。これらは原人の切歯と鑑定され，元謀原人と命名された。1967，71〜75年に化石発見地点とその周辺で数次にわたる発掘が実施され，ほ乳動物化石や3点の石器(自然石説もあり)，若干の炭化物が出土したが，人類化石は発見されなかった。出土地層の年代については，前期更新世説と中期更新世説の2説ある。前期更新世説は，出土遺物が元謀組という地層群から出土し，ほ乳動物化石に第三紀残存種・前期更新世種が含まれているとし，中国科学院地質研究所も古地磁気年代測定法によって松山逆磁極期のオルドバイ正磁極亜期に近いと見て，年代を約170万年前と推定した。中期更新世説は，化石が上那蚌組に属し，50〜60万年前とする説である。元謀原人の歯化石が出土品ではなく採集品であるという問題は未解決のままである。文献に周国興ほか『元謀人』(雲南人民出版社，1984年)がある。
　　　　　　　　　　　　　　　　（佐川 正敏）

げんまつしたいか【元末四大家】　元代の末に活躍した文人画家，黄公望・呉鎮・倪瓚・王蒙の4人の総称。「元四大家」ともいう。明末に，何良俊の『四友斎叢説』はこの4人を四大家と称し，さらに董其昌は『画禅室随筆』において「文人画」が王維に始まり，董源・巨然・李成・范寛を経て，元代のこの四大家，さらに沈周・文徴明へと発展したとする説を提示し，その後の文人画家たちにとってこの4人の画風は仰ぐべき古典となるに至った。　　　　　　　　　　　（救仁郷 秀明）

げんみょうかん【玄妙観】　江蘇省蘇州市にある道観。前身は西晋の276(咸寧2)年に創建された真慶道院といわれる。唐の714(開元2)年に開元宮と改称し，北宋の1012(祥符5)年に天慶観とされた。現在の名称になったのは元代初頭頃とされる。江南の正一教系道観では最も著名なものの一つ。
　現在は山門と三清殿が残るが，特に三清殿は南宋に重建された時の遺構を今に残し，さらに内部には唐の呉道玄画，玄宗賛，顔真卿書という老子像の石碑があるのをはじめ，貴重な文物が多い。（横手 裕）

げんみょうかんさんせいでん【玄妙観三清殿】　江蘇省蘇州市内にある南宋に再建された道観の主要建築。道教の最高神格の三清像を祀る。規模は，身舎の間口7間，奥行き4間の外周に一間の裳階を巡らせた9間(43m)×6間(25m)の二重入母屋造である。前面に月台が付いている。後世の度重なる修理により，外観と室内の天井より上の部分はすでに南宋の様式ではないが，それ以外は原形を留めている。同時代に多用された減柱造と異なり，柱筋の全てに柱を据える平面が特徴で，明清の殿閣「満堂柱」の先駆をなす。斗栱では，昂(尾垂木)を多用し，仮昂も見られる。仮昂とは，本来昂が天秤の役割を果たすのに対し，肘木の先端だけを昂の形にした作法である。これは後に斗栱の構造的な役割が弱まり，装飾的な装置になる兆候である。
　　　　　　　　　　　　　　　　（包 慕萍）

げんゆうたい【元祐体】　北宋中期，哲宗の*元祐*年間(1086-94)に蘇軾およびその門弟である黄庭堅，陳師道によって行われた主知的な傾向を持つ詩のスタイル。南宋の厳羽は『*滄浪詩話*』の詩体の条に，時代の名をその呼称とするもののひとつとしてこの「元祐体」を挙げている。　（湯浅 陽子）

げんゆうとうせきひ【元祐党籍碑】　北宋末の石碑。北宋の神宗時代に実施された一連の改革を「新法」と呼び，それを主導した王安石等は新法党，それに反対した党派は旧法党と一般的に分けられる。哲宗が死去して旧法党が優勢であった時代が去り，その後に徽宗が親政を始めると，再び新法党が勢力を盛り返し，*蔡京*が国権を左右した。徽宗と蔡京は文彦博・司馬光・呂公著等の旧法党系の官僚を元祐(哲宗時代の年号)の姦党と断じ，まず1102(崇寧元)年に100余名の名を刻した石碑(徽宗書)を端礼門に立てた。1104(同3)年には，新たに計309名の名を刻んだ「元祐党籍碑」(徽宗書)を宮城内の文徳殿門東壁に立て，ついで蔡京にも書かせ，これを全国の州県に頒布した。その後，碑は廃されたが，南宋時代の1198(慶元4)年に重刻された碑(蔡京書)が桂林市の七星公園瑤光峰南麓の龍隠岩に現存する。楷書，43行，首行計50字。額隷書横4字。縦1.4m，幅1.3m。　（木田 知生）

けんよう【建窯】　福建省北部の建甌市水吉鎮一帯にひろがる古窯。晩唐五代に*青磁*や黒釉磁の生産を開始し，宋代には黒釉の碗や杯，鉢などを大量生産した。建盞と呼ばれる碗は，茶碗として愛好され，北宋の蔡襄による『茶録』や徽宗著とされ

る『大観茶論』では喫茶に最も適すると評されている。黒釉には鉄分が流下した禾目(兎毫)や銀色の斑紋が表れた油滴，虹彩に縁取られた斑紋が表れた曜変などさまざまな変化があり，優品の多くは日本に伝世する。元代には黒釉磁器から青白磁の生産へと転換し，その後生産を停止した。　　　　(森 達也)

げんらんどうそうしょ【玄覧堂叢書】　民国に編まれた叢書。鄭振鐸(玄覧居士)が日中戦争中に編集。主に明代の史籍を影印したもので，初集(1944年)と続集(1947年)，三集(1951年)がある。初集は『九辺図説』『皇輿考』等31種，続集は『嘉隆新例』『大元大一統志(元一統志)』残本等24種，三集は『皇明職方地図表』等12種の史籍を収める。それまで未刊のものも含まれ，明代史の研究には重要で，制度史の他に歴史地理や辺防の著作も多く異民族関係への関心が窺える。台湾で影印本が出版されている。　　　　　　　　　　(大澤 顯浩)

けんりゅうガラス【乾隆ガラス】　清時代に作られたガラスのこと。康熙年間(1662-1722)宮廷直属の玻璃廠が設置され，乾隆年間(1736-95)に最盛期を迎えた。玉を理想とした不透明なガラスが特色で，複数の色ガラスを重ねた上から玉の細工同様に彫り込んで文様を表す，被せガラスが多い。瓶や碗などの器物のほかに，鼻煙壺が多い。

(矢島 律子)

けんりゅうてい【乾隆帝】　1711(康熙50)～99(嘉慶4)。清朝の第6代皇帝。在位1735(雍正13)～95(乾隆60)。名は弘暦，廟号は高宗。雍正帝の第4子，母は鈕祜禄氏。雍正帝は，生前後継者を決めていたが公表しなかった。死後それは公にされ弘暦が即位する。遺詔は，オルタイ・張廷玉など4人を輔政に委嘱していた。乾隆帝にとって即位は突然の出来事であり，政治の先達である輔政は優遇された。さらに，父親が厳酷に過ぎ不人気であったのを知っていた帝は，寛大な政治を志向する。ところが次第に親譲りの専制に方向を転換し始め，オルタイと張廷玉が有力になりすぎたとみるや二人を厳しく譴責した。ここに皇帝を牽制できる者は，いなくなった。専制の道具たる皇帝への私信制度(奏摺)，能吏集団(軍機処)は，父親が整備してくれていた。かくして祖父康熙帝・父雍正帝が超人的な克己勉励によって手に入れた皇帝の威信・権力を，乾隆帝は，労することなく手にしたのである。

乾隆帝に政治方針があるとすれば，それは満洲的価値の復権であった。この背景には満洲人の生活の変貌があった。武人である満洲人が漢人的文弱に流れる。人は増えても文武の官職はそれほど増えない。生活は貧窮化する一方であった。乾隆帝は軍人の定員を増やし，質入れされた旗地を買い戻すなどしたが，問題は構造的であり，一片の政策で変えられるはずもなかった。しかし事態を一変すべく乾隆帝は満洲的質樸さを称揚し，文字の獄を起こしては漢人を弾圧した。満洲的武勇の発露は外征に求められ，辺境地帯で次々に事を構えた。その最大の成果はジュンガル部の撃滅であった。ここに清朝は名実ともに東アジアの王者となった。頻繁に行なわれる巡幸，大部な『四庫全書』の編纂は，乾隆盛世の象徴であった。しかし内政は政治的緊張の消失にともない弛緩に流れ，それをフカンガやホシェンといった寵臣が加速した。乾隆時代は，専制体制の限界がはっきりしたという意味で清朝史の転換点であった。　　　　　　　　　　(谷井 俊仁)

親王時代より書画の蒐集に努め，史上最大の蒐集を形成，それらを内府の諸宮殿に分置し，収蔵目録としての『秘殿珠林』『石渠宝笈』を編纂せしめ，『三希堂法帖』などの法帖を編纂させた。また，収蔵の書画に自ら多くの題跋を記した。その書は趙孟頫を学び，気宇の大きい書風であるが，千字一律とも評される。また，行幸の時に訪れた地には多くの碑刻が残される。董邦達などを宮廷画家として重用したが，帝自身の画は余技程度のものであった。
清史稿10～15　　　　　　　　　　(味岡 義人)

けんりょう【乾陵】　唐の高宗李治と則天武后の合葬陵墓。陝西省乾県の北郊外5kmにある梁山全体を陵垣で囲み陵園を設けた山陵である。陵園の平面は概ね正方形となり，規模は東西1450m，南北1582m。墓室は山頂付近の南斜面に穿ち，墓道は切り石を積んで閉塞していた。陵園南門の内には献殿跡，外には獅子1対と双闕(双塔)が残る。双闕の北には64体の蕃酋像を東西に分けて配列し，西側の闕の南には高宗の述聖紀碑の碑亭，東側の闕の南には武后の無字碑の碑亭を建て，南門から梁山南麓の尾根筋に沿って敷設した神道に武官10対，鞍馬と控馬官5対，駝鳥1対，翼馬1対，石柱1対の計18対の石刻を配置。神道石刻群南端の東西に隆起する峰にそれぞれ闕(乳台)を築いて外陵園の南限を示し，その南約3kmの位置にさらに1対の闕(鵲台)を建てて陵域の南限を標示している。陵域南部の神道より西には陵園管理の下宮，東には陪葬墓区が設けられ，陪葬墓は西から懿徳太子墓・永泰公主墓・章懐太子墓が並び，17基が現存する。

(来村 多加史)

けんりょうほうせい【賢良方正】　漢代の官吏登用制度における科名。賢良と方正は別個の科名であるが，内容的にどのような違いがあったかは不

明。定期的に行われる常科に対して、皇帝が時に応じて中央・地方の長官に命じて人材を推薦させるという、いわゆる制科が創設されたのが、前178（文帝2）年であった。制科は賢良と方正を中心とするが、この他に前漢では直言や敦朴、後漢では有道と至孝等がある。諸侯王・列侯、中央の三公・九卿、地方では国相・郡太守が、中・下級官吏（百石から千石）及び退官・免官者の中から推挙し、推挙された者は皇帝の策書に答え（対策）、その後新たな官職につくのである。孝廉も含めた、こうした選挙制度は、有力者が各々人材を養って人的結合を結ぶという、戦国以来の風を絶ち、中央集権化をはかるねらいもあった。従って、制科は文帝による創設の後、武帝時代に数回行われ、宣帝時代に確立したとされるが、これらの時期がいずれも中央集権政治あるいは君主独裁支配の成立過程における、重要な節目の時期にあたることには意味があるといえよう。

（角谷　常子）

けんれい【県令】　地方行政区画の一、県の行政長官。その呼称は春秋戦国時代にすでにみえる。秦代、全土に郡県制が施行されたのにともない、各県に中央より長官が派遣され、万戸以上の県には県令（秩禄 1000 石から 600 石）、それ以下には県長（400 石から 300 石）が置かれた。以後の王朝もこの呼称を踏襲し、例えば唐は県を7等級に分け、その等級に応じて正五品から従七品までの県令を設置した。宋以後には知県の名が採用され、元では県尹、明清では知県と称された。

（宮宅　潔）

こ

こ【袴】　下衣。絝・褌とも書く。『説文解字』には「絝、脛衣なり」とある。脛衣は袴の類であり、その注に「今謂う所の套袴なり」とある。早期の袴は左右別々に製作し両脛に分けて穿き、脛衣と称したのである。漢代以後、袴の形式は多種現れる。通常、袴の上部は腰に達するようになり、両股の間は接続する。脛衣を基礎にして発展したものに窮袴と開襠袴がある。窮袴は一種の襠のはいった袴であるが、襠は縫綴せず帯で縛った。この形式は前漢の頃、宮女が房事を戒めるため着用したのが始めであると伝えられている。そして、後世の、同様に襠のはいった満襠袴と称する袴の源であると言われている。開襠袴は、男女共に用いた袴で襠はない。一般に下着に用いた。この形式の袴は江蘇省金壇市の南宋墓や福建省福州市の南宋墓などより出土の衣服に見ることができる。

大口袴は、一種の長袴であるが、袴の脚部がゆったりと大きい故にこの名がある。通常、袴褶の袴を指す。漢代以前は多く北方民族が用いたが、魏・晋以後漢民族が採用し、脚部が大きくなった。南北朝に至り、官民ともに広く着用するようになった。隋・唐代になり大口袴の着用に制度ができ、一般に武士が用いたことが『隋書』礼儀志・『新唐書』車服志などより知ることができる。小口袴は、裾口の狭い長袴である。この名称は南北朝時代に多く見る。乗馬に適した形式であり、北方民族の着用を主とした。南北朝墓出土の画像磚にみる人物は多く小口袴を着けている。他に、袴に属するものに犢鼻褌がある。短袴に属するもので、形式は短小で膝に至らない。漢・晋の男子が主として着用したものである。名称の由来に関しては諸説あるが、一般的なのは袴の形が短小で口が開いているところが牛の鼻の両孔に似ているところからの名であるという説である。

（釣田　敏子）

こ【壺】　やや細く長めの頸と膨らんだ胴を持つ容器。青銅の壺には圏足（円形の高台）が付き、蓋・環耳を持つものも多い。酒などの液体を入れる器とされる。横断面が円形の器と方形の器があり、前者を円壺、後者を方壺とも呼称する。銘文に「壺」と自銘するが、戦国時代後期の円壺に「重（鍾）」、前漢期の方壺に「鈁」と自銘する例もある。青銅壺は殷代後期から前漢期まで長期間製作されるが、西周後期になって急増し、主要な青銅彝器となった。

（角道　亮介）

こ【觚】　ラッパ状に開いた口と細く長い胴を持ち、高い圏足（円形の高台）が付く器。酒類を飲むための杯だと考えられる。銘文に「觚」と自銘する例はなく、宋代の『考古図』以来、伝統的に觚と呼ばれるものの、古典に記される觚であるかは確証がない。青銅の觚は二里岡文化期に出現し、殷墟期に

大いに盛行するが，西周前期には激減し，西周中期の例は極めて稀である。また杯状の土器は新石器時代から存在するが，典型的な土製觚は殷墟期に多い。
（角道　亮介）

こ【鼓】　太鼓の総称。中国では有史以来おびただしい種類の鼓が消長し，片面・両面，胴は砂時計型・樽型など，木枠やテーブルの上に皮面を上にして据え置く，皮面を横にして木枠に吊す，腰に付ける，手に持つなど，その形状・演奏形態も極めて多彩である。広範なジャンルで使用され，特に古代においては各種儀礼やシャーマニズム，軍事活動の音楽で重視されたが，秦漢から南北朝になると，小型の太鼓の種類が豊富になり，太鼓を踏みならす鼓舞も行われた。隋唐代には西域文化との交流によって，その影響を受けたものが出現した。現在漢民族の音楽ジャンルで使用されている鼓の多くは，宋代から明清代に誕生したもので，樽型の大鼓・堂鼓・戦鼓・腰鼓，円盤型の書鼓・板鼓・点鼓，鍋型の缸鼓・花盆鼓，片面の八角形の太鼓の八角鼓，竹筒の漁鼓など極めてバラエティに富んでいる。鼓は器楽合奏や劇音楽伴奏で主導的役割を担い，楽曲によってはソロの部分を設けている場合もある（十番鼓，西安鼓楽など）。語り物には演唱者が歌いながらたたく種目も多い（北方の大鼓類）。
（増山　賢治）

こ【蠱】　段玉裁の『*説文解字注*』によれば，皿に盛った穀物の虫が腹に入りその毒にあたる意を表す。転じて，まじないで人を蠱わし呪い殺すこと，あるいはその者。巫蠱は漢代に流行した呪詛で，しばしば宮中の政争に利用された。武帝の時，戻太子と対立していた江充が武帝の病気の原因は巫蠱にあると捏造し，太子の宮殿の地中から木の人形を掘り出して上言した。そのため太子は江充を殺してクーデターを起こしたが失敗し，ついに太子と衛皇后は自殺した。世に「巫蠱の獄」と呼ばれる。
（串田　久治）

ご【呉(春秋)】　前11世紀〜前473。殷末，周の太王の嫡子であった太伯が弟の季歴に位を譲り，越族系の民族が居住する江南の地に逃れて建てた国とされる。周が天下を取ると子孫の周章が改めて封建されたが，その後春秋時代に入っても君主の系図が伝わるだけでその歴史は不明である。ただし，考古学的遺物・遺跡から見て中原と交流があったことは確かである。春秋後期，寿夢の代に強勢となって楚と抗争を繰り返し，孫の闔閭の代の前506年には楚の都郢(湖北省)を陥落させている。だが，この頃から東隣の越が台頭し，闔閭は越と戦って戦傷死した。子の夫差は越を打ち破って服属させ，中原に進出し前482年に黄地(開封の北)で晋と覇者の地位を争った。しかし，その留守を越に襲われて退却し，都を包囲された夫差は前473年に自殺に追い込まれて国は滅びた。呉の覇権は長くは続かなかったが，同じ民族に属する越とともに，その後の江南開発の基礎を築いた。
（江村　治樹）

ご【呉(三国)】　222(黄武元)〜280(天紀4)。三国時代の一王朝。都は建業(南京)か武昌(湖北省)。初代皇帝は孫権(大帝)。袁術の部将であった父孫堅，江南を斬り従えた兄孫策の後を継いだ孫権が赤壁の戦いの後，長江中流域や嶺南地方をも服属させ，221(黄初2)年，魏に臣と称し呉王に封ぜられた。222(黄武元)年，独自の年号を用い，事実上独立，229(黄龍元)年，即位。222年の夷陵の戦い以後，蜀との修好を保ち魏と対峙，生命線である長江沿岸の要地には周瑜ら江北出身者や陸遜ら江南豪族を配した。その一方，山越を討伐，江南の開発に拍車がかかる。孫権の晩年，後継者争いから臣下の間に亀裂が入り，その死後，諸葛恪らが専権を振るう時期を経て，暴君として悪名が高い孫晧が登場。ほぼ自壊していたところへ晋軍の大攻勢を受け滅亡した。オリーブ色がかった*古越磁*と呼ばれる青磁が浙江で発達，器形では*神亭壺*が特異。1996年，湖南省長沙市走馬楼で呉の地方官衙の大量の竹簡・木簡が発掘された。
（福原　啓郎）

ご【悟】　中国禅宗は，人間の本性を清浄とする*本具仏性*の立場を基本とする。したがって，清浄なる本性の発現を妨げる迷い(*無明*)が除かれ，本来清浄な仏性が現れることを悟とし，また本来清浄な本性そのものをも悟とする。
（高堂　晃壽）

こあかえ【古赤絵】　明時代の景徳鎮民窯を中心に焼造された，赤の絵付けを主体とした五彩磁器に対する，日本での呼び名。明時代官窯五彩磁器や清時代五彩磁器に比べて，おおらかで古様な情趣を持つ。これは，弁柄による赤を主体に，緑と黄色のエナメル彩を点じるという，極めて簡略な上絵付のみの文様描写によるところが大きい。
（矢島　律子）

こあんこく【胡安国】　1074(熙寧7)〜1138(紹興8)。北宋〜南宋の儒者。建州崇安県(福建省)の人。字は康侯，諡は文定。胡寅・胡宏は子。1097(紹聖4)年の進士。程子(*程顥*・*程頤*)の門人である*謝良佐*・*楊時*・*游酢*等と交友を持ち，程子の学問に私淑する。『春秋』に長じ，「靖康の変」に際しその議論を引いて時局を論じ，『春秋伝』(『春秋胡

氏伝』)を著す。他に文集や『資治通鑑挙要補遺』があったが伝わらない。『宋元学案』34 に伝がある。

宋史 435
（恩田 裕正）

こい【胡渭】 1633（崇禎 6）～1714（康熙 53）。清の学者。徳清県（浙江省）の人。字は朏明。曾祖父は帰有光と文名をひとしくした胡友信。12 歳で父を失い、清初の戦乱を母の沈氏とともに山地に避けた。15 歳で県学の生員となり、やがて国子監に入学した。徐乾学が康熙帝の命を受け、『大清一統志』の編纂所を洞庭山に開くと黄儀・顧祖禹・閻若璩らとともに招かれ、それぞれの郡ごとに担当して作業をするうち天下郡国の地理書に広く眼を通し、また黄儀らとも親しくなった。それで閻若璩の『尚書古文疏証』の書中には、しばしば胡渭の言葉が引用されている。胡渭は平素から中国最初の地理書である『書経』禹貢篇を勉強しており、さらに研究を進めて『禹貢錐指』20 巻を著し、方眼を引いて 47 枚の地図を作り巻頭に付した。他に河図洛書が『易経』の起源であるという宋学の誤りを看破した『易図明弁』10 巻、また明の陽明学の誤りを正した『大学翼真』7 巻がある。清史稿 481
（吉田 純）

ごい【呉偉】 1459（天順 3）～1508（正徳 3）。明の画家。江夏（湖北省）の人。字は士英、のち次翁。号は小仙・魯夫。金陵にて画を学んだのち画院に入り、1499（弘治 12）年には錦衣衛百戸となる。画は浙派の祖戴進を学ぶとの伝承をもつ。『漁楽図』（北京、故宮博物院蔵）など、肥痩の激しい筆で描く水墨山水人物画を得意とし、その画風は、のち浙派系の画家たちに、祖とされる戴進以上の影響を与えた。また、出生の地である江夏から、江夏派の祖とも称された。
（伊藤 晴子）

ごいぎょう【呉偉業】 1609（万暦 37）～71（康熙 10）。明末清初の詩人。字は駿公、号は梅村。太倉（江蘇省）の人。太倉は復古派の巨頭王世貞の出身地である。幼くして復社の領袖張溥の門下に入り、復社十哲の筆頭とうたわれた。1631（崇禎 4）年、榜眼（2 番）の優等をもって科挙に合格、張溥も同年に合格したこととあわせて、復社が巨大組織に発展するきっかけとなる。以後南明の弘光朝（1644-45）まで諸官を歴任するが、政争を避けるためか、政治的には目立った行動はなく、故郷にあることが多かった。明滅亡後は、清朝に仕えることを潔しとせず故郷に隠退していたが、1653（順治 10）年、圧力に耐えきれず出仕する。2 年半で辞職して帰郷、以後二度と出なかったが、明清二朝に仕えたことを生涯の汚点とし、墓石に「詩人呉梅村之墓」とのみ記すよう遺言して死んだ。銭謙益・龔鼎孳と並んで江左三大家に数えられるが、人気においては他の 2 人を遥かに凌駕し、明末清初の第一人者といっても過言ではない。幼少年期に復古派の影響を強く受け、詩風においては六朝や初唐・盛唐に近い。青年期の作は華麗に流れる傾向があり、特に艶詩をよくしたが、明の滅亡を境に作風が変化し、戦争の惨禍や亡国の悲しみを沈痛な調べにのせてうたうものが増えてくる。彼の作品中最も広く愛好されたのは長篇七言歌行である。同時代の歴史的事件を、華やかに典故を散りばめつつ、多く艶詩の体裁をとって流麗にうたいあげるという独自の手法は、「梅村体」の名を得て多くの模倣者を生むとともに、一方では「詩史」として高い評価を得た。『円円曲』『永和宮詞』などがこの方面の代表作である。また自らの変節を題材とした自己表白的な作品は、当時の知識階級に共通する悩みを述べたものとして広く受け入れられた。呉偉業は詞にもすぐれ、演劇においても『秣陵春』以下 3 篇の戯曲を残したほか、『南詞新譜』など当時の演劇関係の著作にも関係し、また画家としても名声を残すなど、非常に多才な人物であった。清史稿 484
（小松 謙）

ごいじゅ【五位頌】 五位とは、中国禅宗で、悟境のあり様、悟達への過程などを 5 つの枠組みを対照させて説明するもの。偏正五位・功勲五位・君臣五位・王子五位の 4 種の五位がある。これらの内容を、七言三句、あるいは四句の詩頌によって解説したものが五位頌である。洞山良价が法のあり方を正中偏・偏中正・正中来・偏中至・兼中到の 5 つに分類した偏正五位に弟子の曹山本寂が付した逐位頌が有名。
（高堂 晃壽）

こいそんぎぼ【固囲村魏墓】 河南省輝県市東郊の固囲村で発見された戦国中後期の大型墓群。1937 年に中央研究院が、1950 年から 51 年にかけて中国科学院が発掘を行った。墓域の中央に並列する 3 基の大型墓は、魏王と王后の陵墓、もしくは魏の封君の墓葬と推測されている。報告書として中国科学院考古研究所編『輝県発掘報告』（1956 年）が刊行されている。当時の魏の国都大梁は今日の開封付近で遠く隔たるが、輝県市の東南に隣接する衛輝市孫杏村郷にも、西晋時代に魏の年代記『竹書紀年』を出土した大型墓の有力な推定地とされる前街村墓群があり、注目される。
（吉開 将人）

こいつそうしょ【古逸叢書】 清の叢書。すべて 26 種の書を収める。1882（光緒 8、明治 15）年より 1884 年の間、東京で刊行。黎庶昌。編者は当時の清国駐日公使で、公使館随員楊守敬の勧めに

より，中国に逸した日本伝来の古版旧鈔本を集め，これを原本のままに刊刻，すなわち影刊したのが本叢書である。楊守敬は単にこの叢書の企画者であるだけでなく，底本の購求・借用から出版の実務までを担当し，実質上の編集・刊行者であった。本叢書は宋元版のみならず，唐鈔本や唐代の本に淵源する日本旧鈔本をも多く収めており，それまではほとんど宋版以上に出なかった，とりわけ中国においてそうであった版本学の範囲を拡大するとともに，日本に伝わる漢籍の価値を如実に伝えた。ただ影刊といっても，その書影には往々手が加えられており，必ずしも原本の面目そのままを忠実に覆刻しているわけではない。これは清末民国期の影刊，影印本にほぼ共通する所で，特に厳密を期す場合などには注意が必要である。　　　　　　　　　　　（井上　進）

こいん【胡寅】　1098(元符元)～1156(紹興26)。北宋～南宋の儒者。建州崇安県(福建省)の人。字は明仲。致道先生と称される。胡安国の弟の子だが，その養子となる。弟は胡宏。宣和年間の進士。胡安国の春秋学を承け，歴代の史実に道徳的批判を加えた『読史管見』，主に事跡の上から仏教を批判した『崇正弁』を著す。他に『斐然集』『論語詳説』があったが，後者は伝わらない。『宋元学案』41に伝がある。宋史435　　　　（恩田　裕正）

ごいん【呉筠】　？～778(大暦13)。盛唐の道士。字は貞節。華州華陰(陝西省)の人。進士に及第せず，南陽(河南省)の倚帝山に隠居して道士となり，嵩山(河南省)へ移って修行した。天宝年間(742-756)に玄宗に招かれて翰林院待詔となり，『玄綱論』3篇を献じて恩寵を受けた。しかし高力士に諂られ，また大乱の近いことを察して嵩山に帰った。安史の乱の直前に茅山(江蘇省)に行き，さらに会稽の剡中(浙江省)へ隠れた。778年に宣城(安徽省)で没した。旧唐書192，新唐書196　　（齋藤　茂）

こいんひょうじゅん【古韻標準】　清の古韻学書。4巻。江永がその晩年の1759(乾隆24)年に完成した著作。顧炎武の10部説を更に細かく分け13部説を打ち出した。古韻研究の材料はあくまで『詩経』の押韻を主とするべきであるという見解から「古韻標準」という書名をつけた。江永の古韻学は，顧炎武を「考古の功は多きも，審音の功は浅し」と批判したように，考証一点張りではなく陰陽対転の考えのような音理にもとづく方法的自覚が顕著であり，後世の審音学派の祖となった。
　　　　　　　　　　　　　　　　　　（高田　時雄）

こう【公】　→公・私

こう【甲】　武器の一種。戦闘時に身体を保護する防具。頭部を保護する冑と併せて甲冑とも総称される。殷・周時代の甲は主に皮革で作られ，円形や環状の青銅器を補強用に付けるものがあった。最古の事例として，安陽殷墟で発見された4色の図案が施された皮甲の残痕が知られる。戦国時代には漆を塗布した多数の牛皮を甲片とし，糸で繋ぎ合わせたものが普及する。胸や胴には大振りの甲片，肩や腕には小振りの甲片を用い，戦士の運動能力を確保した。秦始皇帝の兵馬俑は，その多くが甲を纏った姿をしており，将甲・武官甲・騎士甲・歩兵甲・御者甲など，身分や職能によってさまざまな形態があった。強力な鉄製武器が普及する漢代には，皮甲に代わって鎧の名でも呼ばれる鉄製の甲が一般化し，その後の時代に継承された。なお漢代以降，騎馬兵の発達とともに馬甲が発達した。　（西江　清高）

こう【行】　商人組合。市で同業者が列をなして集まったことに由来し，古くは列・肆・廛といった。行の名は北朝北魏ごろから史料に見え，もとは薬行・絹行など同業者の並ぶ横丁を意味した。行には行老・行頭などの責任者が置かれ，彼らを通じて商工業者は官吏の監督を受けた。これによって国家は官物の調達と物価の調整を行い，商工業者は排他的な営業独占と相互扶助の恩恵を被ったのである。かかる統制は唐代半ばまで続いたが，国内産業が発達し商業が活発化すると，商工業者を市の内に押し止めておくことができなくなり，都市内各所から近郊，農村地帯へと彼らの活動場所は拡大した。行は商人ギルドとしての性格を帯び，商人は行を通じて価格や品質を規制して競争を排除し，官との交渉や相互扶助の便宜を図った。行ごとに営業上の守護神を戴き同業者の結束を固め，またその運営は少数の首領が合議によって，ギルド内の裁判や慈善事業に至るまでを取り仕切った。　（辻　正博）

こう【孝】　孝の文字は，老の省略形と子とで形づくられ，血縁者とくに親に対する子の敬愛に基づく行為を意味した。また早くから孝は宗教的な要素をもっていた。それは死後においても永遠を望む祖先が子孫に自らを祭ることを求めたためで，祖先祭祀も孝という行為の一つとなった。さらに祖先祭祀を絶やさない意味でも子孫を永遠に残し続けなければならず，子を産むことも孝の一つであった。このように孔子・孟子の段階の儒学にあっては，祖先を敬い，在世の父母を養い敬い，子孫を残す行為全体を孝とした。

　戦国時代になると，君臣関係を強化するために忠が重視されるようになり，家族秩序の倫理としての孝は忠と矛盾し，家族に従うか君主に従うかとい

うように，両者は対抗関係をもつにいたった。これに対して儒学では，親につかえることは，民の父といわれる君主につかえることにつながり，両者は調和するという折衷が図られることになる。一方，法家では，両者は別ものとされ，家族内部での父の権限をある程度認めつつも，刑罰権を独占する国家段階にあっては，父の子殺しは認められず，父が子の不孝を国家に訴え，国家が父にかわって子を処罰するという規定が生み出され，君主権力，あるいは国家権力が家族倫理に一定の制限を加えるにいたった。

　皇帝権力との調和を図ろうとする漢代の儒学は，『孝経*』を生み出した。そこでは，孝という儒学の家族倫理の最大の徳目を家族内にとどめず，天子・諸侯・卿・大夫・士・庶人といった各階層に適応した孝をそれぞれ別々に具体的に示している。これによって孝は社会全体に押し広められたが，もともとは階級的な区別のなかった孝にとっては新たな展開となった。後漢末以降，君臣関係の基本である忠も，臣の君主への一方的な忠誠から，君主の臣への仁愛と臣の君主への忠誠（義）という相互関係へと進展し，忠義という新たな道徳で君臣関係が説かれ，優位性をたもつ孝との関係が議論された。宗族結合が広まる宋代，社会の流動性が進む明代でも，血縁的な団結を基礎とする孝は，郷里社会の結合の原理として精神的な支柱になり続けた。

（飯尾　秀幸）

こう【誥】　文体の名。王者が下々に布告する文章。また，王が官を任命したり，爵位を与えたりする文書。秦には誥を廃して制・詔といい，漢には誥といい，唐には制，宋には誥，明には始め勅といったが，のち五品以上の任命には誥，六品以下には勅を用いた。
（幸福　香織）

こう【璜】　弧状の玉器で，環形を半分ないし約3分の1に切ったような形態が基本である。新石器時代の長江下流域で流行した初期の璜は，幅がせまく，丸みを帯びた表面が特徴である。新石器時代でも前3千年紀の龍山文化段階になると，表面は扁平かつ幅広となり，文様が彫刻され始める。璜は通常，両端に円孔をもっている。このことから，もともと左右の孔に紐を通して吊るす装飾具として出発したことが考えられる。西周時代，各種の玉器を綴り合わせる佩玉*（はいぎょく）が登場すると，璜は佩玉を構成するもっとも重要な玉器の一つとして定着した。戦国時代から漢時代にかけて，祭祀用の縦穴に他の玉器とまとめて璜を埋納した事例が報告されている。これらの報告から，当時の璜は佩玉の他に，時として祭祀にも用いられたことが窺える。

（川村　佳男）

ごう【盒】　考古学上，戦国後期以後，陶器や漆器で，足や器台，取っ手のない蓋付きの器を一般に盒と呼んでいる。陶製明器では，戦国後期に敦（たい）にかわって副葬されるようになる。円形・楕円形・方形など様々な形があり，円形で丸みを帯びたものは漢代でも敦と称される場合がある。漆器では蓋付きの鳥形容器も盒と称されている。青銅器*ではこの類型にあたる器はまれで，自銘のものもない。

（江村　治樹）

こうあん【公案】　禅の修行者が悟りを求めて取り組む問題。中峰明本*（ちゅうほうみょうほん）が，その著『山房夜話（あんとく）』に，公案とは「公府の案牘」（役所での取り調べを必要とする書類）とあり，この判断の基準によって不正が断たれ，天下が治まるということに喩えた説が一般に定義される。つまり，一人の悟りの憶測ではなく，根源を体得して悟りに適い，迷いを破って知解分別を越えて，古今東西の悟道者と同一となる公平な基準として取り組む問題をいう。唐代末期から禅者の悟りの話を第三者が評価するようになり，一つの話を指導者が自己の立場から取り上げたり，参禅者に問いただしたり，評論したり，答えられなかった者に代わって答えたり，別の語で言い換えたりするようになった。悟りの話が過去の問題ではなく，修行者自身の問題となることを望んだ指導者は，世に知られた悟りの話に修行者自身の言葉による評価を促すようになった。また，時には身体での表現で答えることも生じてきた。

　禅の発展に伴い，迷いのままで悟りと勘違いする修行者が多く生まれ，この弊害に対して真の悟りは迷いを破り，悟りを獲得しなければならないという指導者が生まれてきた。その悟りの体験を知解分別の否定を通して獲得する上での難問を解決する手段として公案が使用された。特に宋代の臨済宗の大慧宗杲*（だいえそうこう）は，曹洞宗の黙照禅者が悟ってもいないのに悟りに安住しているのを見て，その克服に公案を使用したところ大きな効果をあげた。大慧はこれに自信を得て積極的に公案を使用するようになった。禅宗の歴史上，大慧は公案禅の大成者といわれる。また，公案を話頭ともいい，その話頭を取り上げることから，公案禅を看話禅（かんなぜん）ともいう。なお，解決すべき疑問としての公案の意味だけではなく，眼の前に現れているものがそのまま真理と見る現成公案の主張もあり，日本の道元*の解釈はその顕著な例である。

（石井　修道）

こうあんこく【孔安国】　生没年不詳。前漢の学者。曲阜（山東省）の人。孔子11世の孫。武帝

(在位前141〜前87)時代の博士。孔子の旧宅より古文字で記された多くの書籍が発見されたとき出現した『古文尚書』を校定して，古文学を司馬遷などに伝えた。のち『古文尚書』は亡びたが，東晋にいわゆる『偽古文尚書』が，これも偽作とされる孔安国の伝(注釈)を付して出現した。唐初に五経正義が定められたとき，この『尚書』(『書経』)と『尚書孔安国伝』とが正統とされた。孔安国は『論語』『孝経』の注釈も作ったとされるが疑わしい。史記121，漢書88　　　　　　　　　　　　(野村 茂夫)

こうあんしょうせつ【公案小説】　一見解決困難な事件を名裁判官が解決する経緯をえがく小説の総称。裁判のみならず捜査の過程にも重点がおかれており，探偵小説に近いものの方が多い。宋代の小説の演目に公案とよばれるジャンルがあり，これと『棠陰比事』などの裁判記録集とに源を発する。長篇を構成することはないが，異なる裁判官または同一裁判官による複数の公案をならべる短篇小説集の形をとったり，後者を簡単なすじでつなげ，連環体の長篇小説の形式をとるものがあり，この順に成立したとみなせる。裁判官としては包拯・海瑞・郭子章などが著名でそれぞれを主人公とする作品も知られるが，他の裁判官の解決した公案を換骨奪胎したものが大半である。江戸文学に影響をあたえ，『大岡政談』などを生んだ。『酔翁談録』で花判公案に分類されるものは裁判官の粋なはからいに焦点をおいたもので，公案小説とはいささか異なる。清末には俠義小説と探偵小説にとってかわられた。　　　　　　　　　　　　　　　　(大塚 秀高)

こうあんは【公安派】　明代末期の詩派。公安県(湖北省)出身の「三袁」すなわち袁宗道(1560〜1600)，袁宏道(1568〜1610)，袁中道(1570〜1623)の三兄弟が中心となって特に前後七子の古文辞派を批判したことから，この名がある。三兄弟は1590(万暦18)年からの4年間そろって李卓吾に会い，その「童心説」の影響を受けた。1586(万暦14)年に進士となった宗道がまず文章は「心の存する所」を述べるべきことを表明して弟たちを啓発するとともに，古文辞にたいする批判の先鞭をつけた。ついで宏道が1596(万暦24)年，弟の詩集の序文で，詩とは「性霊」を述べるもので格式にとらわれてはならないことを宣言して，この派を代表することになった。1598(万暦26)年，三兄弟は官員あるいは学生の身で北京に会し，他の賛同者とともに「葡桃社」を結成した。しかしメンバーそれぞれが往年の鋭さを失っていたのみならず，そもそもが後七子のごとき結束を欠いていたために，かえって古文辞派批判も中途半端に終わった。賛同者には陶望齢・黄輝・江盈科などがいる。　(松村 昂)

こういぼせっけつ【高頤墓石闕】　四川省雅安市郊外にある後漢時代の石闕。一般に高頤闕と呼ばれる。209(建安14)年に益州太守の高頤(字は貫方)の墓道につくられた石闕で，東西の闕の距離は13mある。現存する中では最も美しい石闕と言われ，すべて石塊を積んでつくられているものの，垂木・桁・斗栱などには木造建築をかたちづくる彫刻がなされている。とくに，垂木は放射状に配された扇垂木の形式を見せている。　　　　　(高村 雅彦)

こういん【広韻】　北宋の韻書。正式名称は『大宋重修広韻』。5巻。陳彭年・丘雍らの奉勅撰。隋の陸法言らの撰になる韻書『切韻』は唐以来多くの人により増補・修訂が加えられてきたが，本書はその最終的な増訂版として，1008(大中祥符元)年に編纂された。本書は詩文の押韻字を検索するための字書である韻書の代表的なもので，その収録字数は2万6194字とされる。声調により上平声・下平声・上声・去声・入声の5巻に分かつ。平声は収録字が多いため，便宜的に2巻に分けられている。各巻は相互に押韻することが許容される文字群である「韻」に分けられ，その名称を「韻目」というが，本書には四声を通して計206の韻目がある。各韻の中は全く同音の文字群である「小韻」に細分され，各小韻冒頭の文字の注釈の末尾に反切によりその小韻の音が示されており，音韻学研究の重要な資料となっている。本書には宋版をはじめ多くの版本が存在するが，周祖謨の『広韻校本附校勘記』(1960年)は信頼するに足る。　　　　　　　　(花登 正宏)

こうう【項羽】　前232〜前202。秦の滅亡後，漢の高祖と天下を争った武将。下相(江蘇省)の人。名は籍，羽は字。楚の将軍の家柄で，項(河南省)に封ぜられて項氏を称した。祖父項燕は楚の滅亡に殉じた。前209(秦二世元)年，季父項梁は亡命先の会稽郡(江蘇省)で郡守を殺して挙兵し，前208年，楚懐王の孫心を立てて懐王とした。斉を攻めた秦軍を東阿(山東省)で破ったが，定陶(同省)で秦将章邯に敗死した。この間項羽は別軍を率いたが，項梁敗死後，懐王は宋義を上将軍とし，項羽を魯公に封じて次将とした。前207年，章邯が趙を攻め，鉅鹿(河北省)を包囲すると，楚は援軍を出したが，項羽は，形勢を観望する宋義を殺して上将軍となり，進撃して章邯を大破した。この勝利の結果，項羽は諸侯に対する覇権を獲得した。章邯の降伏を受け，降卒20万を坑したのち西進し，前206(高祖元)年，先に関中に入っていた高祖を下した。謀将范増が高祖暗殺を図ったが，季父項伯の妨害で失敗した(鴻

門の会)。秦王子嬰を殺し,咸陽(陝西省)を破壊したのち,項羽は西楚覇王を自称して彭城(江蘇省)に都し,18諸侯を立て,懐王に義帝の尊号を奉ったが,前205年,これを暗殺した。斉で挙兵した田栄を破ったが,この間,関中で挙兵し,中原に進出した高祖が彭城を攻略すると,軍を還してこれを破った。高祖は滎陽ついで成皋(ともに河南省)に退いて持久戦にもちこんだ。彭越の軍による遊撃戦でしばしば軍糧を断たれた項羽は,前203年,講和を余儀なくされ,彭城に退いたが,高祖はただちに追撃に転じ,前202年,垓下(安徽省)で項羽を包囲した。四面楚歌を聞き敗北を悟った項羽は,包囲を破って逃走したが,東城(安徽省)で捕捉され戦死した。高祖は魯公の礼を以て項羽を葬り,項伯ら項氏4人を列侯に封じて劉姓を与えた。『*史記』は秦漢交代期における項羽の歴史的役割を帝王に相当するものと評価し,特に項羽本紀を立てている。史記7,漢書31　　　　　　　　　　　　　　(吉本 道雅)

こううんろう【絳雲楼】
明末清初の詩人・学者銭謙益の江蘇省常熟にあった蔵書楼。1643(崇禎16)年冬に落成し,5つの書室に宋・元版の善本など3900余部を蔵して江南随一と称され,このほか周以後の祭器や金石文字,晋以後の書画,宋の磁器や漆器も集めていた。しかし1650(順治7)年10月,失火によって灰燼に帰した。このとき編集中の『明史稿』100巻と『昭代文集』100余巻も失ったが,1663(康熙2)年の荘廷鑨の明史事件など,後の文字の獄を考えれば,むしろ幸いした面もあるといわれる。　　　　　　　　　　　　　(松村 昂)

こうえい【江永】
1681(康熙20)～1762(乾隆27)。清の学者。安徽省婺源県(江西省)の人。字は慎修。生涯仕官せず,経学に専念した。西洋天文学の研究『推步法解』などがあり,科学技術に詳しい。また『論語』郷党篇の参考になるものを古籍の名物・制度から集め作図して考証した『郷党図考』は名著の呼び声が高い。音韻学では顧炎武の上古音10部説を13部に改めた『*古韻標準』がある。宋学の書物『近思録』についての『近思録集注』の著書もある。清史稿481　　　　　　　　　(吉田 純)

こうえき【黄易】
1744(乾隆9)～1802(嘉慶7)。清の書画篆刻家。銭塘(浙江省)の人。字は大易。小松・秋盫と号した。官は兗州同知に至る。詩文書画をよくした父黄樹穀から学問の薫陶を受け,浙派の創始者丁敬に篆刻を学ぶ。西泠八家の一人。詩文をよくし,書は隷書,画は墨梅を得意とした。また,自ら金石の名品を探訪し,広く紹介した。著に『小蓬萊閣金石文字』等の金石関係書があ

り,印譜に『黄小松印存』『秋盫印譜』,丁敬との合集『丁黄印譜』がある。清史稿486　　(小西 憲一)

こうえん【江淹】
444(元嘉21)～505(天監4)。南朝宋～梁の文学者。済陽郡考城県(河南省)の人。字は文通,諡は憲伯。低い身分から仕官し,文才と優れた時勢判断により,宋・斉・梁の三朝に仕え,大きな挫折や失脚無く,官は梁の金紫光禄大夫に至り,醴陵侯(一説に醴陵伯)に封ぜられた。その作品では『*文選』所収の「恨みの賦」「別れの賦」や,他の詩人たちの詩体を巧みに模倣した「雑体詩三十首」が有名である。順調な官途とは裏腹に,声律を重視する「永明体」の流れの中,晩年には佳作を残せず,夢で郭璞(張協)に五色の筆(錦)を返したところ,江淹の才は尽きた(『詩品』中品。( )内は『南史』江淹伝の記述)という伝説を生んだ。著に『江淹前集』10巻,『後集』10巻(現存するのは『江文通集』10巻のみ)。『梁書』『南史』には『斉史』十志・『赤県経』等の著も見られるが伝わらない。梁書14,南史59　　　　　　(田口 一郎)

こうおうかんぜおんきょう【高王観世音経】
南北朝末,東魏の実力者高歓つまり高王の称号を冠した中国撰述の疑偽経典。1巻。口に観世音菩薩の名号を称えれば火・水・風そして刀杖などによる七難から免れることが出来ると説く『*法華経』普門品,いわゆる『観音経』にもとづき,称名の功徳により危難を免れ,命ながらえた応験譚が盛られており,『小観世音経』ともいう。『*魏書』84・『*北史』30の盧景裕伝に初めてみえる。538(元象元)年,高歓に反旗を翻して敗れた盧仲礼・盧仲裕らの従弟である景裕も捕らえられ獄に繋がれた。処刑を待つ間,至心に『観音経』を読誦すると枷や鎖も解きはなたれ,ついに死刑を免ぜられたという。また無実の罪に問われた他の一人も,念誦千遍の功徳により刑吏の刀が折れ死を免れた話もある。吐魯番出土の『仏説観世音折刀除罪経』は異名同経であり,『開元釈経目録』にある「或云折刀経(或いは『折刀経』と云う)」という傍注を立証する。
　　　　　　　　　　　　　　　(藤善 眞澄)

こうおつきょう【甲乙経】
三国魏・西晋の医書。『黄帝三部針灸甲乙経』『針灸甲乙経』『黄帝甲乙経』とも呼ばれる。12巻。皇甫謐の撰。魏の甘露年間(256-260)以降の成書。自序に依れば,『素問』,『針経』(『霊枢』の旧名),『明堂』の3書の記述を分類再編したもの。内容は巻1が生理病理総論,巻2が経絡,巻3が経穴,巻4が診断法,巻5が治療法,巻6が生理病理と証候治療の関係,巻7～12が治療各論である。『素問』『霊枢』の対校本

として重要であるが，本書の文献学的研究は未熟である。　　　　　　　　　　　　　　　（林　克）

こうか【考課】　官吏の勤務評定。「考功課吏（功過を考察し官吏を督課す）」(『漢書』京房伝)に基づく。勤務評定の体制が整うのは，隋の文帝が進めた一連の官制改革以降のことで，唐制でみると，まず各部局の長が対象者の優劣を，「四善・二十七最」の基準に基づいて9等にランクづけ，中央吏部に送り考功郎中が集約する。地方官(外官)の場合は，朝集使が毎年報告した。この他，御史台が官吏の行動を監視し，考課に反映させた。　　（氣賀澤　保規）

こうが【広雅】　三国魏の訓詁書。張揖撰。隋の曹憲が音を注し煬帝の諱を避けて『博雅音』としたので『博雅』ともいう。今本は10巻だが「上広雅表」によると原本は3巻。『隋書』経籍志も『広雅』は3巻(注に「梁有四巻」)，曹憲『広雅音』4巻。『旧唐書』経籍志・『新唐書』芸文志は張揖『広雅』4巻，曹憲『博雅』10巻。『爾雅』を増広するという名の通り，篇名や訓詁の方式を『爾雅』にならい，漢儒の注釈や『三蒼』『説文』などの字書に取材して『爾雅』を補ったもの。『広雅疏証』本が通行する。　　　　　　　　（森賀　一惠）

こうが【黄河】　中国北部を東西に貫流する中国を代表する大河。漢字の原義では，「河」とはこの黄河のことである。青海省南部，巴顔喀拉山系，雅拉達沢山(海抜5202m)の山麓に発する約古宗列渠を源流とし，扎陵湖，鄂陵湖などの高原沼沢をへて甘粛省の渓谷部を抜け，寧夏回族自治区から内モンゴル自治区にかけて2度直角に屈曲しながら，オルドス高原と陰山山地の間に寧夏平原，阿套平原を形成する(以上を上流とする)。その後は，ふたたび渓谷となって陝西省と山西省の省界を南下し，秦嶺山脈に突き当たって東に屈曲し，河南省境に至る(以上を中流とする)。この間に，無定河・汾河・洛河・渭河(渭水)など，黄土高原から流下する支流を合し，黄河の名称のもととなる大量の黄砂を含有する。含砂量は中流末端の河南の陝県付近で年間16億tにのぼり，孟津で華北平原の一角に出た黄河は，この大量の土砂を，氾濫を繰り返して両岸に堆積し，華北の沖積平野を形成する主因となった。河流自身は両岸に巨大な堤防帯をもって山東丘陵に沿って東北へ流れ，山東半島の北で渤海湾に注ぐ。

主流の流長は5464kmで長江に次ぐ。流域面積は75.24万km²に達するが，中上流の大部分が乾燥地帯を流れるため，流量はあまり多くなく，河口部の年平均流量は1820m³/秒で長江の17分の1にすぎず，南方の中級河川に等しい程度である。とくに1980年代になり，中上流部での用水量が増え，夏季に下流に水のない「断流」現象が起こっている。人民共和国成立後，三門峡・劉家峡など，中上流部に大規模なダムを建設して，水流の安定と利水開発を図っているが，黄土高原の水土流失は深刻で，大規模ダムも短期間で機能が激減してしまうなど，黄河流域の国土整治は，国家的重要課題である。

黄河は，中華文明の母なる河ともいわれ，渭河や汾河などの支流に展開する河谷平野は，古代文明の揺籃地となった。しかし中上流の降水量が不安定なことや，砂泥の含有量が多いことから，しばしば下流部で氾濫をおこし，大規模なものに限っても歴史上26回の河道の変遷がみとめられ，北は天津に河口をもったこともあり，南は山東半島の南で淮河と合流していたこともあった。このため，黄河沿岸の治水は，歴代王朝の最大の難問の一つであり，黄河を治めるものが中原を制するというような史観も生まれた。また黄河の河身を黄龍とみて中華文明のシンボルとするような観念も早くから生まれた。
　　　　　　　　　　　　　　　（秋山　元秀）

こうかい【康海】　1475(成化11)～1540(嘉靖19)。明の文人・劇作家。武功(陝西省)の人。字は徳涵。号は対山，晩年には沜東漁父・太白山人。1502(弘治15)年の状元で，翰林院修撰に任官したが，宦官劉瑾による反対派弾圧から同郷の李夢陽を救ったため，結局は劉瑾の党与と見なされて落職。古文辞派の前七子の一人で，先秦両漢の散文，漢魏盛唐の詩の復古を主張した。また詞曲も善くし，李夢陽の忘恩を譏った雑劇『中山狼』，『沜東楽府』2巻などが伝わる。明史286　（根ヶ山　徹）

こうがい【笄】　→笄

こうかかく【功過格】　人間の行為の善悪を一定の基準に照らして数量化し，道徳的反省の指標としようとする手引書の総称。善書の一種。すべての行為を善行(功格)と悪行(過格)とに分類して表(格図)に記入し，日・月・年ごとに集計して自己点検・自己修養の資に供する。吉凶禍福の根源を，王朝や官憲の規制に頼らずに，個人の努力の結果に置いて自律的修養に役立てようとする。功過応報の思想は，すでに『書経』や『易経』などが載せる天命思想に見られるが，のちに仏教や道教の因果応報思想などと融合して，勧善止悪の基準が設定されるようになった。現存する最古の刊本は，金の又玄子が1171(大定11)年に夢に授けられたという『太微仙君功過格』で，『道蔵』洞真部戒律類に載せられている。そこには功格36条・過格39条が示されて，

善行のしるべとされた。当初は個人的修行の基準とされていたようであるが、明・清時代には、さまざまな信仰集団における宗教的修善規範として励行され、やがて社会的道徳の基準として、各層の人々のなかに広まった。その作者は宗教者のほかに郷紳や士人層であったが、かれらによる地方的社会秩序の維持願望の基底に、民衆的秩序意識が据えられていた、と知ることができる。明代では袁了凡の『雲谷禅師授袁了凡功過格』、雲棲袾宏の『自知録』、顔茂猷の『迪吉録』が、清代では『彙編功過格』『広功過格新編』などが代表的である。江戸期の日本でも流行し、『和字功過格』『和字功過自知録』などが知られている。　　　　　　　（野口 鐵郎）

こうがく【紅学】　考証・批評・随筆・題詠など『紅楼夢』に関するあらゆる言説を総称する用語。1919年の五・四運動以前を旧紅学、以後を新紅学と称する。旧紅学では評点派と索隠派が大きな影響力を持つ。評点派は文章表現を重視した批評を行い、時に物語の構造や登場人物の役割に適切なコメントを与えて、読者がより深く作品を読み解くために一定の機能を果たす。王希廉・張新之・姚燮がその代表。索隠派は作品の背後に隠された本事や微言大義の穿鑿に走る。主人公のモデル探しを事とした王夢阮や、反満思想の発見に努めた蔡元培がその代表。新紅学は作者自伝説を主張した胡適の「紅楼夢考証」を先駆けとし、『紅楼夢』と曹家の歴史を徹底的に結びつけて作品を解釈する手法を取る。それなりの有効性を保つものの、自伝説もモデル探しの一種であることに変わりない。兪平伯の『紅楼夢弁』がその代表作。現在の紅学は曹学（曹雪芹や曹家の研究）、脂学（脂硯斎評研究）などに分化する傾向にある。　　　　　　　（井波 陵一）

こうがく【高鶚】　1763（乾隆28）～1815（嘉慶20）。清の文人。遼東鉄嶺（遼寧省）の人。字は蘭墅、別号は紅楼外史。1788（乾隆53）年の挙人。内務府鑲黄旗漢軍に属する。1791（同56）年春、友人の程偉元の要請に応じて『紅楼夢』120回木活字本（程甲本）を刊行した。翌年には修訂本（程乙本）も出す。1795（同60）年、進士に合格して漢軍中書を授けられ、1813（嘉慶18）年には刑科給事中に昇進した。著書に『月小山房遺稿』等がある。清史稿485　　　　　　　　　　　　　　　　　（井波 陵一）

こうがく【講学】　同志師友が集まって講習討論し、互いに切磋琢磨する学問形態。特に明代に盛行。鄒守益・王畿・羅汝芳・何心隠ら陽明学派による講学が著名。内容は、経書の講義や輪読、古人の言行をめぐる討論、修養に関する質疑、挙業（科挙の為の学業）等、多岐にわたる。嘉靖（1522-66）から万暦（1573-1619）初年にかけて、王畿の関与した沖玄会（江西省）・水西会（安徽省）・天真会（浙江省）等には、省境を越えて多くの同志が参集。講学の場は多数の人士を糾合し交流させるネットワーク的な機能を果たし得た為、言論封殺の目的でしばしば弾圧された。とりわけ張居正は講学を厳しく禁断、1570（隆慶4）年3月には提学御史が生徒を集めて講学することを禁ずる詔が、1579（万暦7）年1月には天下の書院を毀つ詔が下された。明末、東林党による講学はいっそう政治性を強め、江蘇省常州府無錫県の東林書院（顧憲成・高攀龍ら）、北京の首善書院（馮従吾・鄒元標ら）は東林派勢力の拠点となるが、天啓年間（1621-27）、宦官魏忠賢の弾圧によってともに閉鎖された。（中 純夫）

こうかくろう【黄鶴楼】　三国呉の223（黄武2）年に創建されたという楼閣。もとは現在の湖北省武漢市武昌区の長江のほとりにあったが、焼失と再建をくりかえした。現在の楼閣は蛇山の西端、高観山の西斜面に1985年再建されたもの。伝説の一つに、手拍子を打つと壁に描いた黄鶴が踊りだすので評判になった酒屋があったが、絵を描いた客が後にその鶴に乗って登仙したといい、古くから多くの詩人が恰好の題材とした。唐の崔顥や李白の詩がもっとも有名。　　　　　　　（筧 久美子）

こうかこう【興化腔】　→莆仙戯

こうがこじょう【交河故城】　新疆ウイグル自治区トルファン（吐魯番）にある都市遺跡。小河川に挟まれた高さ30mの軍艦形台地で、南北1700m、東西300mを測る。紀元前4世紀から紀元後3世紀までは車師前国の首都、そのご高昌郡や高昌国、唐代西州の中心都市であった。1898年にクレメンツ、1904年ルコック、1931年黄文弼による調査がある。1990年代から日中共同調査がはじまり、新疆文物考古研究所やトルファン博物館と、奈良文化財研究所、早稲田大学などが、踏査や測量、発掘調査を実施している。住居、官庁、仏塔、仏寺、地下寺院や墓地など多数の遺構が台地の地上や地下に残る。谷向かいの南台地崖面に、高昌国からウイグル時期までの壁画を描いた石窟が残る。周辺には車師前国から唐代までの墓2000基がある。車師前国の堅穴墓からは、金製の装飾品や南海産の貝飾り、中国製の五銖銭や青銅鏡などが発掘され、東西南北の交流を示している。高昌国や唐代の地下式横穴墓からは、氏名、官職、年号などを記した墓誌が出土し、当時の社会生活、行政、軍事などを知る貴重な資料となっている。
　　　　　　　　　　　　　　　　（岡内 三眞）

こうがしょきょくそうしょ【広雅書局叢書】

清の光緒年間(1875-1908)、張之洞は、広雅書局を建て、清代の学術研究の成果を原稿本・原刻本に依拠して多く刊行していたが、本叢書はその遺版が1917年にまとめられたもの。157種。経学・小学・史学の各分野での研究成果が丁寧に集められ、校勘の精密さ、採用の適切さ、十分な分量とあいまって、清朝考証学の業績をはじめて一堂のもとに見渡すことが可能となった。またこの中の史学分野の書の大部分は、史学叢書として別途再刊されている。

（木島 史雄）

こうがそぎ【広雅疏義】

清の訓詁書。20巻。銭大昭が『広雅』に注釈したもの。刊行されず抄本で伝えられた。1793(乾隆58)年の桂馥の序によれば、当時、盧文弨・王念孫・銭大昭の3人が『広雅』を研究していたが、銭大昭の『疏義』が最も早く成ったという。しかし、現在影印出版されている2種の抄本(静嘉堂叢書本、上海古籍出版社『続修四庫全書』所収の上海図書館蔵愛古堂抄本)では、釈天以下の諸篇に盧文弨の説が引かれている。また、曹憲の『音』は正文の被音字の下に付されている。

（森賀 一惠）

こうがそしょう【広雅疏証】

三国魏の張揖『広雅』に対する清の王念孫の注釈書。『広雅』は訓詁(古語の意味の注釈)集成の書。王念孫は本文脱誤の校訂を行い、その個々の訓詁に経書などより用例を示して分析を加え、また同じ訓詁に括られる複数の漢字について、実はそれらが別字ではあっても別語ではなく古代音韻の転訛規則に従う一語の変異形態であることを指摘する。漢字を音声言語へともどしてその発想と動態を明らかにするという方法意識が基本にある。

（木下 鉄矢）

こうかん【行巻】

唐代の、科挙ことに進士科の受験者による一種の事前運動。「投巻」ともいう。試験に先立ち、自分の書いた詩文を試験官や知名の有力者に届けて閲読を乞い、自分の評判を高めて試験を有利に運ぼうとしたもの。一度届けたあと、数日経ってもう一度別の作品を届けることを「温巻」といった。開元・天宝(713-756)のころから次第に盛んになった。唐代の科挙には、宋以降と異なって、まだこうしたかなり自由な雰囲気のあったことがうかがえる。韓愈・柳宗元を指導者とする「古文運動」という文体改革が大きな波を起こしたのも、彼らが行巻の流行を通して受験生たちに大きな影響力を発揮した事実と関連している。中唐のころになると、詩や議論文だけでなく、「伝奇」と称される文言小説を行巻に用いる者も現れた。目先を変えて、有力者の関心を引こうとしたのである。牛僧孺の『玄怪録』や李復言の『続玄怪録』などは、行巻のために書かれたという説が古くからある。このように行巻には、唐代詩文の発展を刺激し促進した一面がある。

（興膳 宏）

こうかん【校勘】

同一の書物について、数種の異本を比較校合し、文字や字句の異同を調べ、もっとも正しいと思われるものを確定する作業、またはその学問。本文批評。テキスト・クリティック(text critic)。中国では、前漢の劉向が成帝の命をうけて、宮中に所蔵される書物の調査と整理にあたったのが最初であるとされる。古典的書物が後世に伝承される際には、印刷や流伝の過程で誤脱を生じることが避けがたく、そのため本文の読解が困難になることが珍しくない。このような伝承の混乱を正すために中国では校勘学が早くから発展し、典籍の考証と復元がおこなわれた。特に清朝で盛んにおこなわれた考証学にとって、校勘学は欠かすことのできない基礎的分野であり、阮元の『十三経注疏校勘記』など多くの学者によって重要な校勘の業績が作られた。校勘学について専門的に扱った書物には、宋の鄭樵『校讐略』1巻(『通志』所収)と、それを承けた清の章学誠『校讐通義』3巻がある。

（阿辻 哲次）

こうかん【高閑】

生没年不詳。唐代の書家・僧侶。湖州烏程(浙江省)の人。湖州の開元寺に身を寄せ、戒律をうけた。草書を得意とし、宣宗(在位846〜859)のとき召されて御前で揮毫し、紫衣を賜り、大徳の号を加えられた(『宣和書譜』)。書は張旭の流れをくむといい、また懐素を師としたともいわれる。韓愈は『送高閑上人序』において「その書の千変万化は、あたかも鬼神のしわざのようで、はかり知ることができない」と評価している。作品に『草書千字文』(上海博物館蔵)などがある。

（大橋 修一）

こうかん【高歓】

496(太和20)〜547(武定5)。北朝東魏の最高実力者で北斉建国の基礎をすえた人物。字は賀六渾。北斉朝になって廟号を高祖、諡を神武帝とされた。漢人の名門渤海の高氏の出身と称するが疑わしく、鮮卑系または鮮卑化した漢人と思われる。懐朔鎮(内蒙古自治区)の鎮兵であったが、523(正光4)年に起こった六鎮の乱に加わり、群雄のもとを転々としたのち爾朱栄の部下となった。爾朱栄の死後は爾朱氏が捕虜とした六鎮の旧反乱民20余万の司令官となり、漢人豪族の高乾らと同盟して爾朱氏一族を滅ぼし、華北の東半部を支配下に置き、孝武帝を擁立して北魏の実権を握っ

た。しかし孝武帝が長安の宇文泰のもとに逃れたため、孝静帝を立てて鄴に遷都し、みずからは大丞相・都督中外諸軍事として幕府を晋陽(太原)に置き、東魏の最高実力者として西魏の宇文泰と対立した。高歓は華北平定を目指して出陣中に病没したが、長子高澄があとを継ぎ、高澄を継いだ第2子の高洋が550年に孝静帝を廃して北斉を建国した。北斉書1・2、北史6 　　　　　　　　　　　(浅見 直一郎)

こうかん【黄幹】
1152(紹興22)〜1221(嘉定14)。南宋の儒学者。福州閩県(福建省)の人。字は直卿。朱子の高弟。師の没後は朱子門人間に生じた見解の相違を訂正し、朱子学の正確な継承に努めた。彼の学説には、心を重視して朱子の理学と陸象山の心学を調和させる傾向がある。文集『勉斎集』に地方官在任時に下した判語があり、朱子学的礼の社会的実践例を見ることができる。編纂・著述に『儀礼経伝通解』『朱子行状』がある。宋史430
　　　　　　　　　　　(石川 泰成)

こうかんとうそう【郊寒島痩】
中唐の詩人の孟郊と賈島の詩に対する評語。孟郊と賈島の詩は寒々として痩せ細っている印象を受けるという意。北宋の蘇軾の『柳子玉を祭る文』に、同じ中唐の詩人である元稹・白居易への評と合わせて、「元軽白俗、郊寒島痩」と記されるのに基づく。その後も詩話などにしばしば引用され、孟郊と賈島の詩風を端的に表す評語として用いられることが多い。
　　　　　　　　　　　(齋藤 茂)

ごうかんぼん【合刊本】 →合刻本

こうぎ【行戯】
行会戯ともいう。行会(同業者組合)の祖師爺の祭祀の折に行われる上演活動で、行会所有の施設、あるいは他の会館を借り切って会場とした。上演は一般に昼間だけ行われる。会期は陰暦の正月から5月の間に集中し、各行会の祖師爺の生誕を祝いつつ、同業者達を一堂に集めて娯楽を提供するという機能を持つ。堂会戯と同様、劇団にとって重要な収入源の一つだが、賃金は平常時の公演より低く、中小規模の劇団が請け負うことが多かった。
　　　　　　　　　　　(平林 宣和)

こうきじてん【康熙字典】
清の康熙帝の勅撰による漢字字書。42巻。大学士の張玉書・陳廷敬をはじめとする翰林院の学者30名の合撰で、6年をかけて1716(康熙55)年に完成した。明代の字書、梅膺祚『字彙』、張自烈『正字通』を藍本とし、4万7035字の漢字を、214部の部首に分け、十二支の名をもつ12集36巻に配している。部首および各部首中の漢字は筆画順に配列する。『字彙』『正字通』に比べ、収録親字数は1万3000字以上増加している。巻首には、『総目』『検字』『弁似』(類似漢字表)、『等韻』(韻図)各1巻を配し、巻末には正集から漏れた漢字を収めた『補遺』1巻、意味不明の漢字を収めた『備考』1巻が付されている。親字の下には、まず反切(漢字2文字による発音表記)および同音字を置いて発音を示し、次に意味を注記し、古典から例文を引用し出典を示す。例文・出典の誤りが多いことが指摘されているが、2588条の誤りを正した清の王引之『字典考証』がある。
　　　　　　　　　　　(高津 孝)

こうきしゅう【攻媿集】
南宋の楼鑰(1137〜1213)の詩文集。書名は楼鑰の「攻媿主人」という号による。もと120巻。清代に至るまでに部分的に散逸したが、『四庫全書』編纂の際に改めて編集しなおし、112巻とした。楼鑰は寧宗期に副宰相にあたる参知政事となり、またその博学と文章の上手さで南宋後期の当時に高く評価された。
　　　　　　　　　　　(湯浅 陽子)

こうきてい【康熙帝】
1654(順治11)〜1722(康熙61)。清朝の第4代皇帝。在位1661(順治18)〜1722。名は玄燁、廟号は聖祖。順治帝の第3子、母は満軍八旗佟図頼の娘。玄燁は順治帝が急死したため8歳で即位した。遺詔ではオボイら皇帝に直属する上三旗の旗人4人が輔政大臣に指名された。叔父の摂政王ドルゴンの専権にこりた順治帝は、一族を排除しようとしたのである。ところが帝の思惑ははずれ、オボイが専権を振るうようになった。14歳で親政を始めた康熙帝は、2年後の1669(康熙8)年、彼を除くことに成功した。

清朝皇帝は、旗人にとってはハンであり、漢人にとっては皇帝である。八旗は戦士共同体であるから、旗人はハンに絶対服従である。それに対し、漢人からは有徳の皇帝として信服されなくてはならない。康熙帝の政治課題は、絶対服従と信服の双方を統合する地点を模索するところにあった。

それは様々な事業を遂行することによって果たされた。まず皇帝専制の阻害要因である呉三桂ら封建自立勢力を排除する。9年に及ぶ三藩の乱を鎮圧して内患を絶った帝は、外征に転じモンゴルを服属させる。東アジアに残る最後の強敵ジュンガル部には親征を試み大勝したが、屈服させるには至らなかった。しかし清朝が東アジアの王者となるであろうことは、彼の時代に確定したのである。

内政面では靳輔による黄河治水の成功、文化面では『康熙字典』『清文鑑』をはじめとする多くの勅撰書の編纂が注目される。康熙帝自身、その個人的

能力・努力によって並の漢人官僚よりよほど漢人的素養を身につけていた。しかも長年におよぶ真面目な政務態度の結果，彼の実務判断能力は，政権内で匹敵する者がいないほどのレベルに達した。能吏であるミンジュらが排斥されたのはともかく，皇太子が二度まで廃されたのは，有能な皇帝が延々上に居座り続けたが故の悲劇である。晩年の康熙帝は，真に孤高の大皇帝となっていたと言うべきであるが，その偉大さが次代以降の皇帝にプレッシャーを与え，康熙帝を模倣するが故の歪みを生ませることにもなった。清史稿6～8　　　　　　　　　（谷井 俊仁）

こうきとじ【康熙綴】　中国の線装本で糸の綴じ穴が6つある六眼装訂(六針眼訂)のものを特に呼ぶ言葉。線装書は，綴じ目のある右側の上下の角が折れ曲がったり傷みやすいため，4つの綴じ穴の上下の2穴と上下角をそれぞれ結ぶ対角線上ないしその付近に，もう1つずつ穴をあけ，縦と横に糸を通して上下の角を補強する綴じ方。対角線上に2つずつ穴をあけ，同様に補強すると八眼装訂になる。また，その上下の角を布で覆って保護する方法もあり，その場合覆った角を包角と称している。
（髙橋 智）

こうきはい【高其佩】　1660(順治17)～1734(雍正12)。清代の画家。鉄嶺(遼寧省)出身の漢軍旗人。字は韋之，号は且園・南村・長白山人など。父高天爵は明末の兵乱に功あり，江西建昌知府となった後，両淮塩運使に任ぜられるも，耿精忠の乱に遇って義死した。高其佩はその蔭によって1694(康熙33)年姚州牧になり，その後，虞部郎，宿州知州，署塩運使，四川按察使などを経て，1724(雍正2)年刑部右侍郎に至った。1734(雍正12)年4月に没し，恪勤と諡号された。高其佩は指の腹や爪を用いて描く指頭画の名手として知られ，裔孫の高秉が著した『指頭画説』によると，その画法は若年に夢中で古画の臨模を試みるが文具がなかった為に指を用いてかき，神を得たものという。またその画風は生涯に三変したとも言われる。その画を求めるものは多く，揚州八怪にも大きな影響を与えた。代表作に『雑画冊』(アムステルダム国立博物館蔵)，『指頭雑画冊』(上海博物館蔵)がある。清史稿504
（塚本 麿充）

こうきゃくはい【高脚杯】　丈の高い脚が付いた杯のことで，南北朝の頃から西方の影響を受けて中国で制作されるようになった酒杯をさす。高脚は，上部が細長く伸び，下部にかけてラッパ状に広がり，裾の縁が円形や花形に作られる。杯の部分は，丈が低く，口が横方向に大きく広がるものと，比較的丈があり，口が小さいものとに大別される。唐に多数の遺品があり，金銀製のものに優品が多いが，白磁・三彩といった陶磁器や，夜光杯と呼ばれた玉石製などもある。
（松本 伸之）

こうきゅう【孔丘】　→孔子

こうきゅう【孔伋】　→子思

こうきゅう【後宮】　皇帝の妃嬪(妻妾)が居住した宮室，あるいは妃嬪の総称。『周礼』には皇后の下，三夫人・九嬪・二十七世婦・八十一女御の理念的後宮制度が官僚制度(三公・九卿など)と照応して叙述されている。実際に制度が作られたのは前漢の中期以降であり，後宮の称号は14等とされた。後漢では皇后・貴人の2等に減じられたが，後に美人・宮人・采女の3等が置かれた。『周礼』に即して制度化されたのは西晋からで，三夫人として貴嬪・夫人・貴人が，九嬪として淑妃・淑媛・淑儀・修華・修容・修儀・婕妤・容華・充華が，以下に美人・才人・中才人が置かれた。南北朝，隋，唐を通じて完成されたが，唐では三夫人が四夫人になった。宋以後は唐制を模範としたが，清では皇后の下，皇貴妃1人，貴妃2人，妃4人，嬪6人，以下貴人，常在，答応と簡素化された。後宮にはこれら妃嬪の外に，様々な職制の多数の女官がおり，女性と宦官のみの後宮の悲哀は文学の素材になっている。
（森 紀子）

こうきゅうでん【好逑伝】　清代初期の才子佳人小説。別名『俠義風月伝』。4巻18回。乾隆年間(1736-95)刊。名教中人編。義俠心に溢れた主人公鉄中玉が，ヒロイン水冰心を守り，彼女の財産を狙う叔父や横恋慕する高官の息子の悪事を退けて，二人は結ばれる。科挙合格と風流な恋を求める才子佳人小説の旧套に似ず，武芸に長けた鉄中玉は俠義小説のヒーローの造型も備え，ストーリーも曲折がある。後世の俠情小説(俠義と情愛の融合)の先駆けともいえる。
（岡崎 由美）

こうきょう【孝経】　経書の名。孔子と曾子の問答の形で，天子より庶人に至るまでの孝の意義について論じた書。作者には孔子説，曾子説，曾子門人説，また偽作説等があって特定できないが，戦国から前漢初期にかけての孝の見方がうかがえる。そこでは「身体髪膚これを父母に受く。敢えて毀傷せざるは孝の始なり」という家族道徳を起点に，「君子は親に事えて孝，故に忠をば君に移すべし」として君への忠に一本化されて政治性・社会性を持ち，さらに「孝は天の経なり，地の義なり，民の行

なり」として哲学性をも帯び，孝の普遍化・体系化が図られている。漢の皇帝の諡号に孝字が冠せられるように，漢朝による教化の具として重んぜられた。孔安国の伝を付した『古文孝経』22章と，鄭玄注『今文孝経』18章の2系統があるが，両者に本質的な違いはなく，孔・鄭2家に仮託したものである。唐の玄宗が今文を主とし，諸注を取捨した『御注孝経』，これを疏解した北宋の邢昺『孝経注疏』が最も通行する。なお朱子『孝経刊誤』は古文を主とし，内容から経・伝の2部に分別した。

(野間 文史)

こうきょうじ【興教寺】 陝西省西安市にある，唐の玄奘の墓塔を中心とした寺。玄奘の没後5年の669(総章2)年に，改めて西安南郊約20kmの現在の地に墓塔が建てられた。寺名は，のちに粛宗より賜与された「興教」の塔額に由来する。五層磚塔の玄奘塔を中央にして東にその高弟窺基，西に円測の三層の磚塔が立ち，それぞれの下部に塔銘がはめ込まれている。玄奘・窺基の塔銘は唐の839(開成4)年の撰，北宋の円測塔銘は1115(政和5)年の撰。寺は全国重点文物に指定されている。

(大内 文雄)

こうきょがく【考拠学】 →考証学

こうきょくけいせいしょ【皇極経世書】 北宋の邵雍の主著。12巻62篇から成り，全篇を通じて篇名を観物篇と名づける。社会の拠るべき原理を宇宙の生成展開の中で通観し，体系的に論じる。諸概念を組み合わせ，とくに元会運世という宇宙時間の単位を立て，宇宙は1元12万9600年の周期で循環するとしたことはよく知られる。易の象数論，天文暦数を下地にしながら，歴史哲学・音韻論・宇宙年表を展開するが，その理論とそれを支える思考は，朱子学に大きな影響を与え，『性理大全』にも収められる。

(大島 晃)

こうきょさい【黄居寀】 933(長興4)～993(淳化4)?。五代十国後蜀から北宋初期の画家。字は伯鸞。黄筌の末子。次兄の黄居宝も画家であったが40歳以前に早世したため，黄居寀が黄筌の実質的後継者。後蜀に仕えて翰林院待詔となり，父の指揮で兄と共に宮殿の壁画を多数制作した。965(広政28)年，後蜀が滅亡すると，北宋の都汴京に移り太宗の厚遇を受けたため，黄筌から受け継いだ黄氏体が宋代画院の花鳥画の主流となった。伝称作品に『山鷓棘雀図』(台北，故宮博物院蔵)がある。

(藤田 伸也)

こうきんのらん【紅巾の乱】 元末の大反乱の中心となった宗教的農民反乱。白蓮・弥勒教徒が中心。彼らは頭を紅い布でつつんで標識としたので紅巾の賊ともいわれた。欒城(河北省)に本拠を置く白蓮教の教主，韓山童は元朝の圧制に反抗し，弥勒仏下生の説を唱えて河南・安徽地方で信者を得ていた。かれらは1351(至正11)年黄河修理のための役夫徴発がひき起こした民心の動揺を利用して反乱を起こそうとしたが，事前に元朝の弾圧を受け韓山童を失った。門人の劉福通は遺児の韓林児を奉じ亳州(安徽省)に走って反旗をひるがえし，宋国を建て四方に反元を呼びかけた。これに呼応して湖北では徐寿輝らが立ち，揚子江一帯に勢力を拡大した。安徽ではまた郭子興が反乱を起こしたが，その部下に朱元璋がいた。反乱はまたたくまに全国に拡大したが，かれらは内訌をくりかえして分裂し，群雄割拠の状態が出現した。その中から朱元璋は地主勢力をも獲得し天下平定に成功して明朝を建てた。

(谷口 規矩雄)

こうきんのらん【黄巾の乱】 後漢末期の184(中平元)年に起こった民衆反乱。黄色い頭巾をつけて標識としたので黄巾と呼ばれた。後漢末期になると，中央政府では外戚・宦官・官僚の対立が激化して混乱を極め(党錮の禁)，地方では豪族勢力の伸張や天災・飢饉の頻発によって伝統的な村落秩序は崩壊しつつあり，大量の流民が発生していた。鉅鹿(河北省)の人張角は太平道という新興宗教を唱え，罪の懺悔による病気の治療などを説いて数十万の信徒を獲得した。張角は自ら天公将軍を称し，「蒼天すでに死す，黄天まさに立つべし，歳は甲子にあり，天下大吉」(『後漢書』71・皇甫嵩伝)と号して蜂起した。反乱は中国の東半分まで拡大したが，張角は病死し，乱の主力は皇甫嵩らによって10か月で平定された。しかしその残存勢力はその後も活動を続け，中央では再び外戚・宦官の争いが起こるなか，天師道の反乱や他の民衆反乱が続発，その影響で形成された地方豪族の軍閥が各地に割拠する状態となり，後漢王朝の衰亡は決定的となった。

(藤田 高夫)

こうぐみょうしゅう【広弘明集】 仏教護法の論文集。30巻。唐の沙門の道宣の撰。道宣の最晩年にあたる664(麟徳元)年の総序を備える。南朝梁の僧祐の『弘明集』を増広することを目的とし，『弘明集』に収められるべくして漏れた文章を拾い，また『弘明集』の編纂以後に書かれた文章をあらたに集める。集められた文章の作者はおよそ130人。道宣は僧祐の生まれ変わりであるとの説も行われた。『弘明集』では篇立てはなされていないが，

『広弘明集』は，帰正・弁惑・仏徳・法義・僧行・慈済・戒功・啓福・悔罪・統帰の10篇に分け，各篇それぞれの冒頭に道宣の小序がそえられている。目録には，もともと『弘明集』の目録もあわせて付されていたようである。

『広弘明集』は『弘明集』を増広するものではあるが，撰者道宣の仏教護法の情熱は，僧祐に比べて極めて強烈である。そのことは，全体の30巻のうちの巻5から巻14までの10巻が，道教に対する仏教の優位を主張する文章をもっぱら集めた弁惑篇にあてられている事実に端的にうかがうことができる。また同じく道宣の撰述にかかる『続高僧伝』が南朝梁の慧皎の『高僧伝』の後を継ぐものでありながら，あらたに護法篇を設けている事実によっても裏付けられよう。道宣の護法の情熱は，総序に語られているように，仏教が中国に流伝してから600余年，その間に無道の天子によって三度の廃仏が行われたという無念の思いに根ざすものであったとともに，より直接には法琳の立場を受け継ぎ，排仏論者の傅奕を最大のライバルと意識することによってかき立てられたのであった。　　　　　　　　（吉川　忠夫）

こうけい【侯景】　503（景明4）〜552（大宝3）。北朝東魏の叛将にして南朝梁の賊臣。懐朔鎮（内モンゴル自治区）の人，一説に雁門（山西省）の人。字は万景，小字は狗子。羯族の出身で，もと鎮の兵士。智謀にたけ，爾朱栄のもとで六鎮の乱の平定に活躍し台頭。爾朱氏が敗れると東魏の高歓に降って親任され河南道大行台に躍進，衆10万を率いて黄河以南の地に雄拠したが，歓の子澄と反目，背いて梁に降り河南王に封ぜられた。しかし武帝が東魏との修好を策するや憤激，548（太清2）年寿春（安徽省）から都の建康（江蘇省）を直撃，翌年，激戦の末に宮城を陥れると武帝を幽閉・餓死させ，続く簡文帝を廃位・殺害，ついで傀儡とした予章王に禅譲を迫り，551年皇帝を号して漢王朝を開き太始と建元した。しかしその支配は長江下流域の一部に限られ，湘東王蕭繹（元帝）の驍将王僧弁に連敗，わずか4か月で都を棄て海上へ逃れる途中に殺された。漢は正規の王朝と認めない。戸数28万余の繁栄を誇った建康は侯景の反乱で灰燼に帰し，梁王朝は事実上この時点で滅びた。梁書56，南史80
　　　　　　　　　　　　　　　（安田　二郎）

こうけい【高啓】　1336（至元2）〜74（洪武7）。元末明初の詩人。蘇州（江蘇省）の中小地主の出身。字は季迪，号は青丘子。世はあたかも元王朝に対する反乱が各地であいついだ時代で，1356（至正16）年には群雄の一人張士誠が蘇州を占領，南京に拠った朱元璋（後の明の太祖）と対峙した。翌々年，21歳の高啓は30km東の青丘に避難した。1367（至正27）年，蘇州が陥落。翌々年34歳のとき，太祖から『元史』の編輯委員として首都南京に召し出され，翌年には戸部侍郎を授かったが辞退，青丘に帰った。1374年，蘇州知事魏観の謀反に荷担したとして処刑された。

高啓は23歳のとき，一種の文学至上宣言ともいうべき『青丘子歌』を作った。長短まじえた69句の中で，彼は戦乱には全く触れることなく，官職や富貴とも無縁な，あたかも天上から流された仙人のように，宇宙のかなたにまで想像の羽根をのばしながら，「詩句をもとめて苦吟する」自画像を描いてみせた。しかしその理想を追うには，社会があまりにも混乱していた。彼は避難や旅行の途中，農村で牛を放ち，魚を捕り，麦を打つといった人々をよく題材に取りあげたが，そこに，同じ住民の視点から戦乱による荒廃や別離の嘆きをさしはさむことを忘れなかった。中国詩に伝統的な詩人の良心は彼においても例外ではなかったのである。

晩年の南京時代，彼は作詩について，格式を弁え，情意を伝え，趣向を巧みにすることを三大要件とし，また，香奩体を含め過去のあらゆる詩風の長所を学びとって集大成することを心がけたが，その十分な成果を出すのに，39歳の生涯は短すぎた。しかし後世の人は彼を，明初のみならず明一代を代表する詩人として評価する。例えば清の趙翼は『甌北詩話』で明の詩人の中から彼だけを取りあげている。『高太史大全集』18巻に2000余首の詩などを収める。日本でも江戸時代によく読まれ，明治に入っては森鷗外が1890年，近代文学の立場から『青丘子歌』の訳出をした。明史285　　（松村　昂）

こうけい【高髻】　女性の高く結い上げた髻。さらに高さを加えるために，仮髻・義髻で髻の量を補うこともある。漢代の長安では，すでに高髻が好まれていたらしく「長安の語に曰く城中は高髻を好み，四方高さ一尺（約23cm）」（『後漢書』馬廖伝）と記す。高髻は唐から宋代に最も盛行し，この時期には高さが増したばかりでなく，髪型も多種現れる。唐代の髪型の名称は，段成式著の『髻鬟品』中や，唐詩の詩中などに多数出てくるが，実際の形象は不明なものも多い。その中で，特に流行が見られるものに，中・晩唐の峨髻，初唐からみられたが玄宗の時に宮中に流行した双環望仙髻や回鶻髻がある。峨髻は高く険しい山型のもの。双環望仙髻は，中央で分けて束ねた髪を環状に高く2つに結ったもの。回鶻髻は西域民族の髪型の一種であり，舞女俑の髪によく見られる。このように髪型が極めて高大になる様子を見かねて，高髻の禁止令が出された。『新唐書』車服志には「婦人は……高髻・険

妝・去眉・開額を禁ず」とみえ，『宋史』輿服志5にも「婦人の仮髻は並宜しく禁断すべし，仍りて高髻及び高冠を作るを得ず」とみえる。しかし，実際には女性が高大に髪を結うことを止められなかった。こうした高大な高髻を作るには，仮髻・義髻で髪の分量を補う必要があった。それには，自分や他人の切り髪を集めたものや，黒色の絹糸などが使用された。あるいは，木や髪で高髻の型を作り，これに黒漆を塗った帽子状の高髻を自分の髪の上に被き，釵を挿して固定するものもある。また高髻をまとめる為に，盛唐には30〜40cmにも及ぶ長い釵が使用されたこともあった。高髻の様子は，唐代の陶俑や木俑の女子像などに多数見られる。

(田中 陽子)

こうけい【鎬京】 西周時代の王都。洛陽に築かれた成周に対して宗周といい，また西都とも呼ばれる。故址は陝西省西安市の西南，灃水東岸の一帯で，文王が築いた豊京の対岸に位置する。武王は殷を滅ぼしたのち，豊京からここに遷都したが，宗廟などの宗教施設は依然として豊京に置かれており，両京は王都としての機能を分担していた。1980年代の発掘調査で建築物の土台や瓦などが検出されたが，都の中心部分は漢の武帝がこの地に昆明池を造った際，破壊されてしまったと考えられる。

(籾山 明)

こうけいじん【黄景仁】 1749(乾隆14)〜83(同48)。清の詩人。陽湖(江蘇省)の人。字は仲則・漢鏞。号は鹿菲子。詩名は高く，洪亮吉や孫星衍，また呉嵩梁と併称されたが，科挙には合格せず，高官の幕僚として各地を巡り，35歳で病死した。雄渾であり，時に凄絶な詩風は「風に舞う病鶴」(洪亮吉『北江詩話』)と評される。24歳の時，太白楼の宴席での作品『笥河先生偕宴太白樓醉中作歌』はその代表作。『両当軒全集』22巻がある。『清史列伝』72に伝がある。清史稿272

(早川 太基)

こうげき【贛劇】 →贛劇

こうけつ【口訣】 道教や仏教の秘術，またはさまざまな技能や知識のコツを暗記に便利なように詩の形にしたもの。歌訣ともいう。秦代の里耶古城秦簡牘には九九算を四言句にまとめた口訣がすでに見えるが，宋代以降は，平仄を整えた五言，七言のものが民間で広く用いられた。南宋の楊輝『日用算法』(1262年)にみえる重量単位計算の口訣，元の朱世傑『算学啓蒙』(1299年)の珠算口訣などはその早い例である。

(金 文京)

こうけんし【寇謙之】 363(甘露5)〜448(太平真君9)。北朝北魏の道士で新天師道の創始者。字は輔真。万年県(陝西省)に生まれ，若くして嵩山に入り20年余り道法の修業に専念した。のち太上老君(老子の神格化)から道教を改革し，北方太平真君を輔佐するよう啓示を受けたと称し，都平城(山西省)に上り，太武帝に符籙を授け道君皇帝に仕立てることに成功。446(太平真君7)年には崔浩と結び太武帝を中国最初の廃仏事件へと導いた。魏書114

(藤善 眞澄)

こうげんふうが【皇元風雅】 元の詩華集。12巻。前集6巻と後集6巻に分かれ，前集は傳習採集・孫存吾編類・虞集校選，後集は孫存吾編類・虞集校選という。また前集には虞集の序，後集には謝升孫の序が付される。ただし虞集と本書は恐らく無縁であろう。前集は劉因にはじまる140家，後集は鄧文原にはじまる166家の詩をおさめる。その多くは江西の無名詩人であり，編者孫存吾(江西の人)の身辺にあった詩社の人だと思われる。序は，江西の人であった虞集の名を借りたものであろう。各詩人には伝もなく，またその排列にも秩序がない。元の市民詩を知る恰好の資料といえる。

(高橋 文治)

こうげんべん【項元汴】 1525(嘉靖4)〜90(万暦18)。明代屈指の賞鑑家・収蔵家。秀水(浙江省)の人。字は子京。墨林・香厳居士・退密斎主人・古檇李狂儒・恵泉山樵と号し，室号を天籟閣・虚節斎・赤松軒・世済美堂という。子の項穆は万暦年間の書論家で，字は徳純，『書法雅言』1巻を撰した。多くの書家が高官に上ったのに対し，財力に恵まれて野に安んじた。書画を善くし，権勢に遠ざかりながら，財力と収集欲によって多くの書画の名品や古器物を収蔵した。収蔵品に夥しい鑑蔵印を押して「美人黥面(美人の顔に入れ墨，すなわち名品を汚した)」との謗りがあり，また書画の購入価格を書き記したことで，後世の顰蹙を買ったが，卓越した蔵品は眼識の非凡さを証して定評がある。1645年，清兵の南下で掠奪されたが，一部は乾隆内府に入った。真跡に『王献之中秋帖跋』(北京，故宮博物院蔵)などがある。

(河内 利治)

こうげんろく【恒言録】 清代の訓詁学書。6巻。銭大昕の撰。日常の口語や俗語，また方言や成語などで使われる語彙約800語を，人身・交際・毀誉・貨財など計19種類に分類して，それぞれの来歴や出典を究明し，意味の変遷過程を明らかにした著述。『潜研堂全書』所収。また別に単行本もある。口語での語彙に関するはじめての本格的な研究書と

して高く評価される。　　　　　（阿辻　哲次）

こうこう【後岡】　河南省安陽市にある新石器時代から殷代にかけての遺跡。1931(民国 20)年に発見され，1930 年代に中央研究院歴史語言研究所が 4 回の発掘をおこない，中華人民共和国成立後の 1950 年代からは中国社会科学院考古研究所が発掘を継続している。1931 年秋の発掘で殷文化・龍山文化・仰韶文化の 3 層が上下に重なって発見され，文化編年の基礎が組み立てられたことにより注目を集めた。こんにち，その仰韶文化は紅頂碗や円底鼎を指標とする後岡類型(紀元前 5 千年紀)，龍山文化は圏足盤や平底罐を指標とする河南龍山文化後岡第二期類型(紀元前 3 千年紀後半)の標準遺跡となり，編年の細分化が進められている。龍山文化には，丘陵上に小型の円形住居が密集する集落とそれを取り囲む城壁が築かれ，等質的な農業共同体が集団で自衛していた様子がうかがえる。殷代後期には，王都の一角に含まれ，墓道をもつ大墓のほか，円坑に 73 体の人身犠牲と青銅器・陶器・貝・穀物類などを埋めた祭祀坑が発見されている。
　　　　　　　　　　　　　　（岡村　秀典）

こうこう【膏肓】　「病，膏肓に入る」の故事で知られる語。春秋時代に晋国の景公が病気になり重態になった時，依頼を受けた秦国の桓公は名医の医緩を派遣した。その到着の前に景公が見た夢に，病気が 2 人の子供になって現れ「彼は名医だ。われらを苦しめるだろう。肓(横隔膜)の上で膏(心臓)の下におれば，どうすることもできまい」と言った。はたして到着した医緩は「病気は肓の上，膏の下にあり，治療できない」と言った(『左伝』)。これとは別に人体の経穴に膏肓穴がある。　（山本　徳子）

こうごう【口号】　心に思い浮かんだままに，すぐに吟詠すること。また，そうしてできた詩。口号ということばが詩題に用いられた早い例は，蕭綱(梁の簡文帝)の『仰ぎて衛尉新渝侯の巡城するに和する口号』詩があり，唐以降，詩題に用いられることが多くなる。草稿を作らず，口にまかせて詩や文を作ることを口占というが，口号は詩に限られる。
　これとは別に，宋・元代，宮廷での祝日の宴会で楽人が天子の盛徳を頌えて奉った七言律詩も口号という。　　　　　　　　　　　（森田　浩一）

ごうこう【合口】　音韻学の用語。宋代の韻図では開斉合撮といった呼の概念は見られず，摂を開合に分け開合の異なる韻は異なる転図に配当される。円唇性の介音を含む韻を合(合口)と呼ぶ。ただし円唇性の介音を有していなかったと推測される韻の一部にも合(合口)に属するものがあり，それらは主母音が円唇性を有していたがためと考えられている(例えば『韻鏡』第二十七転，第四十転)。
　　　　　　　　　　　　　　（吉川　雅之）

こうこうき【考工記】　中国の古代科学技術を記した最も重要な史料。前漢時代に，『周礼』の天・地・春・夏・秋・冬の六官のうち「冬官」司空の篇が欠けていたため『考工記』をもって補ったという。一般に『周礼考工記』とも称するが，成立の事情は他の 5 官とは異なる。戟・剣・弓・矢といった武器や車輿・宮室・青銅器などの礼制および制作についてかなり詳細な記述もみられ，その内容からみて春秋時代末期の斉国の人が官制の手工業技術を記録したものと推定される。　（田中　淡）

こうこうぎ【高甲戯】　伝統演劇の劇種。「九角戯」「戈甲戯」などとも言う。福建省南部から台湾，東南アジアの華僑居住地区に至るまで流行している。1800 年頃，福建省沿海の農村の迎神賽会や季節祭の慶事で，若者たちが『水滸伝』の登場人物に扮して仮装行列をして道を練り歩き，広場で様々な陣形を組んだりしていた。また民間の銅鑼や太鼓などの音楽の囃子に合わせて，簡単な武技も演じられ，「宋江仔」「宋江戯」などと呼ばれた。後に梨園戯などから上演技術を吸収して，劇種として成立した。伝統的な劇目に『大鬧花府』『困河南』などがある。なお，高甲戯は，竹馬戯から生まれたという説も別にある。　　　　　（福満　正博）

こうこうきず【考工記図】　先秦時代の科学技術に関する最も基礎的な史料である『考工記』の武器・青銅器・宮室などの各項の記述内容について，清代中期の代表的な経学者戴震が詳細な考証を加え，その結論とともに挿図を示した注釈書。同種の注釈書には清の張恵言『儀礼図』などもあるが，『考工記』に関する唯一の専著として議論の具体性に優れ，戴震による経書の考証や音韻学のみならず，暦法・科学技術の高度な研究水準を示す著作である。　　　　　　　　　　　　　　（田中　淡）

こうこうけい【昂昂渓】　黒龍江省斉斉哈爾(チチハル)市昂昂渓周辺に点在する新石器時代の砂丘遺跡群。嫩江流域の平原にある多くの独立砂丘上に土器や石器が散布している。住居址は不明だが，土坑墓が見つかっている。出土する動物骨や狩猟具，漁労具からかつてその地域は草木が茂り，狩猟漁労生活を送っていたことが分かる。様々な時期のものがあるが，オロス地点では紀元前 4000 年頃の隆起線文土器とともに，石刃鏃を含む石刃石器群が見つかっ

ている。　　　　　　　　　　（大貫 静夫）

こうこうけいおんがく【高腔系音楽】　弋陽腔とこれに基づく青陽腔から派生した伝統劇音楽の系統。清の焦循『劇説』が「弋陽腔は弋陽に始まる，即ち今の高腔なり」と記すとおり，高腔は弋陽腔から派生した伝統劇の総称である。現行の地方劇では，四川の川劇，湖南の湘劇，江西の贛劇，安徽の婺劇，福建の潮劇などの高腔を代表例とする。江西の弋陽で遅くとも元末に生じた弋陽腔は，明の初期から中期にかけて浙江・安徽・江蘇・福建など南方各地に広まり，明末清初には北京に伝わり，京劇誕生の一因をなす京腔を生んだ。伝播の過程で，旋律は諸方言の音韻に応じて変化し，民間の音楽を積極的に吸収しながら各地に根づいた。

　弋陽腔本来の音楽的特徴は，第1に管弦楽器の伴奏がつかず，節目のリズムを賑やかな打楽器のみで奏す点で，明の湯顕祖は「其節以鼓其調諨(打楽器でリズムを打ち，その調べはきわめて大きい)」と描写した。第2が，他の南戯と同様に，俳優の旋律の末尾で合唱が唱和する帮腔を伴うことである。以上の演奏形態が儺舞や目連戯など，江西一帯の宗教儀礼に伴う民間芸能に由来するとの見解がある。さらに，嘉靖年間(1522-66)に弋陽腔から派生した安徽の青陽腔は，5，7文字の定型詞を1文字1音でたたみかけるように歌う滾調を加えた。旋律性が高ければ滾唱，科白に近ければ滾白と称す。語りに近い滾調は，言葉が凝縮され歌詞の意味が聞き取り易い。この点で，旋律の装飾を重んじ，歌詞の各文字を母音で長く引きのばして歌う従来の曲牌と好対照をなす。

　弋陽腔は，もともと他の南戯より可塑性が高く，北曲の摂取においても，既存の曲牌順序や旋法の定型を外れて，民謡と併用した。さらに滾調の出現は，板腔体音楽における垜板(速い1拍子か2拍子で，定型詞以外の語句を挿入しながら畳みかけるように歌う板式)の萌芽となった。崑曲を理想とする当時の士大夫階級は，弋陽腔を卑俗で大衆的と酷評したが，この柔軟性こそ，清朝に地方劇が興隆するまで，高腔系音楽が生き長らえ，崑曲と勢力を争う基盤だったのである。

　今日の高腔系伝統劇は，弋陽腔以来の諸特徴を基本的に受け継ぐものの，劇的表現力の強化や洗練に応じた変化が大きい。演唱時には管弦打楽器を交えた伴奏が一般化し，打楽器のみの単調な伴奏形態はほとんど見られない。帮腔も多様化が進み，曲尾の1字のみから1句全体まで長短も不同なら，無意味な音節だけで歌う帮腔もある。湖南の辰河高腔では，吹奏楽器が歌声を模倣して帮腔を代行し，音色を変えて男女の別すら表現する。歌詞内容は，俳優の歌詞の末尾を単に反復するのではなく，語気や感情の強調や，客観的な人物の内面描写，風刺にまで及ぶ。川劇高腔の帮腔の一種「一字」には，斬新なリズム表現が見られ，俳優が拍節にとらわれない自由リズムで主旋律を歌うのに対して，帮腔は遅めの4拍子で旋律を重ねる。この効果的なリズムの対比は，京劇のリズム様式の一種，揺板(歌が自由リズム，伴奏が有拍節で演奏)にも共通すると言えるだろう。　　　　　　　　　　　（尾高 暁子）

ごうこうこ【合口呼】　音韻学の用語。四呼の一つ。清代の等韻学では介音及び主母音を発音する際の唇の形状によって韻母を開口呼・斉歯呼・合口呼・撮口呼の4つに分け，総称して開斉合撮と呼んだ。一方，現代中国語学では合口呼はu介音を有するか主母音がuである韻母を指す。
　　　　　　　　　　　　（吉川 雅之）

こうこうじ【光孝寺】　広東省広州市内にある巨刹。全国重点文物。寺志では三国時代の創建とする。唐代には法性寺と呼ばれ，宋代に入ると報恩広孝寺から現在にいたる光孝寺に改称された。光孝寺にとり最も縁由深い仏僧は禅の六祖慧能である。新州(広東・新興)生まれの慧能は，湖北の五祖弘忍のもとを離れ，676(儀鳳元)年，法性寺に入り，出家，受戒した。以後，広東地方に活動し，多くの俊英を輩出し，その法系を南宗禅と呼ぶ。
　　　　　　　　　　　　（大内 文雄）

こうこうしょう【黄公紹】　生没年不詳。南宋の学者。福建邵武府(福建省)の人。字は直翁。1265(咸淳元)年に進士となり，仕えて架閣官に至る。宋が滅ぶと故郷の樵渓に隠棲した。学は古今を兼ね，ことに文字の学に造詣が深く，『古今韻会』という韻書を編纂したが，伝わらない。その大要は元の熊忠が，「古今韻会」の「要を挙げ」て撰述した『古今韻会挙要』によって知ることが出来る。ほかに『在軒集』があり，四庫全書に収められている。　　　　　　　　　　　（花登 正宏）

こうこうしん【孔広森】　1752(乾隆17)～86(同51)。清代の学者。曲阜(山東省)の人。字は衆仲，または撝約，号は顨軒。書斎に儀鄭堂と名付ける。孔子の後裔である。1771(乾隆36)年に進士となり，翰林院検討に任ぜられた。経学・音韻学に長じ，文学・数学の造詣も深い。特に春秋学と『大戴礼記』に精通する。著作に『春秋公羊通義』，『大戴礼記補注』，『礼学卮言』，『経学卮言』，『詩声類』，『少広正負術』内外篇，『儀鄭堂駢文』などがある。清史稿481　　　　　　　　　　（陳 捷）

こうこうぼう【黄公望】 1269(咸淳5)
～1354(至正14)？。元の文人画家。元末四大家の一人。字は子久、号は一峯・大癡。常熟(江蘇省)の陸家に生まれ、8歳頃に常熟居住の黄氏(原籍は温州〔浙江省〕)の養子となる。名の公望と字の子久は、この時90歳の養父が「黄公、子を望むこと久し(黄公望子久矣)」といったのによるという。1292(至元29)年(24歳)頃、杭州で胥吏となり、江南浙西道粛政廉訪使徐琰の部下になる。徐琰と交友関係にあった趙孟頫、高克恭、倪瓚の長兄倪昭奎は、黄公望に大きな影響を及ぼした。特に元代を代表する文人画家、趙孟頫の知遇を得たこと、さらにその所蔵する董源の山水画を見たことが、後年の黄公望の山水画制作に重要な意味を担うこととなる。

杭州での胥吏時代に次いで黄公望は大都(北京)に赴任するが、延祐年間(1314-20)の後半(50歳頃)に下獄され、3～4年の獄中生活を体験する。これは当時の顕官、張閭が御史中丞楊朶児只による弾劾を受けた事件(1316～17年頃)に連座した可能性が高い。延祐末年には釈放されているが、これを機に松江に移住し、号を一峯と改め、売卜(うらない)をする道士となった。以後、黄公望は故郷の常熟・蘇州・松江・杭州・富陽等の地を往来する生活を送ったようである。

泰定年間(1324-27)には呉の華山の天池に遊び、天池石壁図を描いたため、天池はいっそう有名になったことを明初の詩人、高啓が伝えており、黄公望が50代半ばに画家として高く評価されていたことが分かる。また明末に伝世した数本の天池石壁図の中に浅絳山水と呼ばれる着色山水の一種があることは注目される。この頃の交友関係では道士の張雨が最も親しい。黄公望は、新道教教団として発展した全真教に帰依し、金蓬頭の弟子であった。全真教の特色は三教一致の思想傾向であり、黄公望は蘇州の天徳橋に三教堂を開いたと伝えられる。また黄公望の伝記史料として貴重な鍾嗣成『録鬼簿』下巻(1330年自序)は南方の雑劇作家を記したもので、彼が60歳頃には雑劇の作者としても知られていたことが分かる。晩年は杭州西湖の筲箕泉や富春山で隠遁生活を送り、常熟で没したといわれる。没年はふつう1354年(86歳)とされるが、確証を得られない。

現存最初期の作といわれる『渓山雨意図巻』(北京、故宮博物院蔵)は、黄公望の山水画の出発点が趙孟頫の様式にあったことを示す模本と考えられ、原本は1340年頃の制作と考えられる。著名な『富春山居図巻』(台北、故宮博物院蔵)は1350年(82歳)頃の作。中国絵画を代表する名作であり、明清の文人画家にとって学ぶべき古典の最高峰をなした。著に『写山水訣』がある。新元史238　　　（救仁郷　秀明）

こうこかつえんき【句股割圜記】
清の高等数学書。戴震の撰。西学(西洋伝来の学術。中学〔中国固有の学術〕の対立概念)の範疇に属する。平面三角法から球面三角法にいたる諸命題をみごとに証明している。平面・球面の正弦定理や余弦定理などがそれである。その演繹的な数理体系には、ユークリッド以来の西洋精密科学の非常に強い影響を認めることができる。

一方、戴震は暦算学を「治経の本」「儒林の実学」などと位置づけ、占術と重複のある術数学と中国の数理科学とを厳しく分かち、暦算学の学的価値を著しく高めたが、同書においても西洋科学のルーツが中国にあること(西学の中国起源)を明らかにしようと、三角法に関する独自の用語法を考案し、経学至上主義的な論考を展開した。例えば、戴震のいう緯度は赤経のことであり、経弧は赤緯を意味している。戴震の語法は、当時のそれとも完全に反対である。　　　（川原　秀城）

こうこくきょう【高克恭】 1248(淳祐8)
～1310(至大3)。元代の文人画家。大都(北京)の出身だが、祖先は西域人。字は彦敬、号は房山。官は刑部尚書に至る。江南に赴任し、趙孟頫らの江南文人との交流も広く、杭州の風光を最も愛した。山水は初め二米(米芾・米友仁)を学び、のち董源・巨然・李成も学んだといわれる。

代表作の『雲横秀嶺図』(台北、故宮博物院蔵)は、大気や光の表現を保持しつつ、二米の雲山図を北宋風の壮大な大画面へと拡大している。新元史188

（救仁郷　秀明）

こうこしゅう【江湖集】
南宋の民間詩人の詩集を集めた総集。南宋の首都臨安(杭州)の棚北大街睦親坊の書店主陳起およびその息子陳続芸によって刊行された。100人を超える詩人の詩集は、一度に刊行されたものではなく、所蔵者によって巻数も異なる。総称されて「江湖集」「南宋群賢小集」「南宋六十家集」などの名がある。『四庫全書』所収のものは、『江湖小集』95巻が62人の詩文集を、『江湖後集』24巻が49人の詩文集および詞集を収める。　　　（高津　孝）

こうこじゅつ【句股術】
中国数学の基礎理論の一つ。句股は直角三角形の二つの短辺を指し、その二辺の自乗の和が弦(斜辺)の自乗に等しいとする三平方の定理(ピタゴラスの定理)のことである。『周髀算経』巻上及び『九章算術』巻9・句股章に見られ、趙爽注、劉徽注にはその証明が論述されている。句股法と呼ばれることもあり、数理天文学的計算や高次方程式解法、三角測量法などの数学研究

を促進させる理論的基盤を形成した。（武田 時昌）

こうこず【考古図】
北宋の金石書。10巻。呂大臨著。巻首に1092（元祐7）年の自序がある。現存する最古の青銅器図録。所収の器物は内府と個人収蔵家37氏の蔵品で、青銅器は殷周器148・秦漢器63、ほかに玉器が13ある。鼎・簋（殷）などに器種分類され、一器ごとに収蔵者、寸法、法量、出土地および器形図、銘文拓本の模刻、釈文、考釈を記載。『博古図録』『西清古鑑』などに続く青銅器の器形研究の始まりとなる。『古玉図』『博古図録』とあわせて三古図と称される。（高久 由美）

こうこつがく【甲骨学】
甲骨文を研究対象とし、殷代史の解明に資する学問。単文字の釈義、刻辞の意義を追求するのを根幹とする。説文学・金石学に負うところ大で、それらとともに古文字学の一環をなす。出土地である殷墟の認識、殷王室世系の確認、分期断代研究の進展によって資料的価値を高め、学問的基礎を確立した。鑽鑿・卜兆の形態研究、発掘による精度の高い出土情況の把握も重要である。従来、研究上の第一である出土甲骨文の収集・通覧は困難を極めたが、郭沫若主編『甲骨文合集』（1978～83年）・同『補編』（1999年）の刊行により、既刊甲骨資料の大部分の通覧が飛躍的に便利になった。（石田 千秋）

こうこつぶん【甲骨文】
殷代の王室によって占卜された内容を亀甲や獣骨などに刻した文字。亀甲文字・亀版文・亀甲獣骨文字・卜辞・殷墟卜辞・殷墟書契等多様な呼称があり、用材・筆刻・内容・出土地に由来するが、甲骨文（字）・卜辞が一般的通称である。1899（光緒25）年、薬材として購入した龍骨に王懿栄・劉鶚が甲骨文を発見し収集が始められ、劉鶚著『鉄雲蔵亀』の刊行により紹介され注目される。1911（宣統3）年、羅振玉が甲骨の出土地を河南省安陽県（現・安陽市）小屯村（殷墟）と確認するが、この10余年間に中国人のみならず、アメリカ・イギリス・ドイツ・日本など諸外国人による収集も行われた。

収集経過の概略は、①1899～1928（民国17）年の約30年間は小屯村民による私掘と商人による諸方への売却が専らで、各国諸家に分散所蔵され、今日に至るまでに90種程の著録集として公刊されているが、出土した甲骨の全容は詳らかではない。②1928年、南京に中央研究院歴史語言研究所が設立され、同年10月、第1次調査・発掘に着手し、1937年の第15次に及んだ。この間、第10～12次を除き甲骨文の発見があり、中でも第13次（1936年）にはYH127坑より完整亀甲200余版を含む1万7096片が出土した。この段階での有字甲骨の発見総数は約2万5000片、このうち6513片が『殷墟文字甲編』に、1万8405片が『殷墟文字乙編』上・中・下輯に収録、刊行され、現在は台北の中央研究院歴史語言研究所に保管されている。③人民共和国成立後の1950年以降、中国科学院（のち、中国社会科学院）考古研究所と河南省文化局文物工作隊を中心に殷墟発掘が再開され今日に至っている。1972～73年に小屯村南の小溝付近より5000余片が発見され、第二次世界大戦後最大の収穫となった。『小屯南地甲骨』上冊第1・第2分冊に収録、刊行された。また、1991年には、小屯村南の花園荘東部において、完整亀版が大部分を占める大量の亀甲が発見された（花園荘東地甲骨）。以上小屯を中心として殷墟一帯での甲骨文発見総数は約16万片を数えるといわれる。なお殷墟以外の地でも河南省鄭州市や、陝西省の周原などから発見されている（周原甲骨）。

甲骨文は卜占の辞が主である。亀の腹甲、牛の肩甲骨等に鑽鑿をうがち、燋灼して卜兆を得、占断が下されると、卜占の内容が卜兆を避けて刻文される。文体に一定の形式があり、①前辞（叙辞とも。〈干支〉卜〈某〉貞、〈干支〉王卜貞、〈干支〉卜、〈干支〉貞のいずれかの形式で、〈某〉は聖職者である貞人の名）、②命辞（命亀の辞、即ち卜問の事柄）、③占辞（繇辞とも。卜兆を観察して得た判断）、④験辞（判断に対する験証）の順に記される。以上の前・命・占・験が揃って完整の卜辞であるが実際には省略が多く、命・占・験のみの例も少なくない。卜辞は殷代後期の武丁から帝辛までの7世代9王（在位前14世紀末～前11世紀）約二百数十年の所産で、歴代の王・王室を中心とした、祭祀・気象・受年・軍事・田猟・旬夕等に関する貞問である。使用された文字数は大約5000字程で、形・義を確認し得た字は3分の1で、未釈字が多い。初期の武丁代の字でも既に指事・象形・仮借などに分類可能な例も多く、漢字の発展過程から考えると熟成した段階に達していると言える。（石田 千秋）

こうこつぶんだんだいけんきゅうれい【甲骨文断代研究例】
甲骨文の時代区分を確立した論文。『中央研究院歴史語言研究所集刊外編　慶祝蔡元培先生65歳論文集』上冊所載。1935（民国24）年刊。董作賓著。先行する論文「大亀四版考釈」（1933年）で提唱した8種の時代決定の標準を拡充し、世系・称謂（王および王族の名号の表現法）・貞人（卜貞に関与する聖職者）・坑位（出土坑の位置）・方国・人物・事類・文法・字形・書体の10個の標準を設定した。所説の中核である貞人では、第1期武丁代貞人11人、第2期祖庚・祖甲代6人、

第3期廩辛・康丁代7人，第4期不録貞人名時期，第5期帝乙・帝辛(紂)代王親卜貞時期として，約300年にわたる甲骨文を王の世代ごとに5期に分別する方法を創唱した。以後増改訂はあるが現今でも踏襲されている。　　　　　　　　（石田　千秋）

こうこつぶんぺん【甲骨文編】　甲骨文の字別の出典検索書。本編14巻，合文・付録・検字各1巻，5冊。1934(民国23)年哈仏燕京学社刊。孫海波撰，商承祚校訂。『鉄雲蔵亀』から『鉄雲蔵亀拾遺』(1925年)までに刊行された『殷虚書契』など8種の著録，総数約6000片より1006字を検索し，解説・収録著録名・整理番号を付して『説文解字』に従って分別排列した。2～3字を1体にした合文156例，『説文解字』に見えない1110字は付録として著録別にまとめてある。本書成立以後刊行の著録に対しては『続甲骨文編』(金祥恒編，台湾芸文印書館，1959年)が『殷虚書契続編』(1933年)，『殷墟文字乙編』下輯(1953年)等29種の著録より1585字をあげて改訂・増補し，更に『甲骨文編』(中国科学院考古研究所編，中華書局，1965年)は孫海波撰『甲骨文編』の改訂本として，『鉄雲蔵亀』より『京都大学人文科学研究所蔵甲骨文字』(1959年)までの摸本著録(『戦後南北所見甲骨録』等)6種も含めた40種より，正編14巻(1723字)に付録(未釈字2949字)の計4672字と合文371例を収める。以上3書は甲骨文研究の基本的工具書であり，字典として利用される。　（石田　千秋）

こうこは【江湖派】　南宋中期後期の詩の流派。南宋の都臨安(杭州)の書店主陳起父子によって刊行された，100人を超える在野の詩人達の詩集『江湖集』『江湖小集』『江湖後集』などによって後世名付けられた。「江湖」とは，朝に対する野を意味し，官吏として仕えない在野の人々を指す。代表的詩人として，劉過・姜夔・戴復古・劉克荘・趙汝鐩などがいる。北宋の黄庭堅に始まる，唐の杜甫を尊重し，学識教養を基盤として古典の言葉をちりばめた詩を作る江西詩派が南宋初期に盛んであった。その後，江西詩派に反発して，晩唐の詩人姚合・賈島を尊重して，古典の言葉を用いない詩風の永嘉四霊(徐照・徐璣・翁巻・趙師秀)が現れた。江湖派の詩人達は，永嘉四霊の影響を受けて，晩唐の詩人に学び，自らを「唐宗」と呼んだという(『滄浪詩話』)。　　　　　　　　　　　（高津　孝）

ごうこふうげつしゅう【江湖風月集】　元の詩偈集。2巻。松坡宗憩編。咸淳年間(1265-74)から延祐年間(1314-20)に作られ，人口に膾炙した詩偈(76人，272首)を集める。五山版をはじめとしてしばしば刊行され，天秀『江湖風月集註解』，東陽英朝『江湖風月集集註』など注釈書も多く，また禅僧による「提唱録」もある。　　（永井　政之）

こうさいさんがく【衡斎算学】　清朝中期の数学書。7冊。汪萊撰。中国史上初めて，球面三角形でただ1組の解が存在するための条件について考察し，高次方程式の正根の数や，唯一の正根を確定しうる条件について論じた。汪萊の方程理論の研究は，友人の李鋭がデカルトの符号律に酷似する命題を発見するのに大きな影響を及ぼした。羅士琳はその数学について，「未だ西学の範囲を出ずる能わず」(『続疇人伝』)と評した。　　　　（川原　秀城）

こうさいせんせいにちろく【康斎先生日録】　明初の朱子学者呉与弼(号は康斎)の著。35歳から亡くなる79歳まで，修養に没頭する日々の精進を記録したもの。多くの条は断片的であるが，『性理大全』などに代表される官学としての朱子学とは全く異なり，「聖人学んで至るべし」という信念に突き動かされた彼のすさまじい情熱を看取できる。このような熱情的な修養が，王陽明の心学の成立を準備したと考えられる。その思想は幕末期の日本の朱子学者にも精神的な影響を与えた。　（前川　亨）

こうささんたいか【江左三大家】　明末から清初にかけての3人の代表的詩人，銭謙益(1582～1664。字は受之，号は牧斎)，呉偉業(1609～71。字は駿公，号は梅村)，龔鼎孳(1615～73。字は孝升，号は芝麓)，をさす。いずれも明滅亡後は清に仕えた。ともに江左の地(長江下流域)を原籍とするためにかく併称されるが，前二者がすぐれ，影響も大きかった。それぞれ詩文集を伝えるが，顧有孝・趙澐によって『江左三大家詩鈔』9巻が編まれている。　　　　　　　　　　　（中原　健二）

こうざん【恒山】　五岳の一，北岳とされる山。もと現在の河北省曲陽県から北に連なる山の呼称で，『漢書』によれば，前漢から曲陽で北岳の祭祀が行われていた。顧炎武「北岳弁」などに言うとおり，明代に首都北京との位置関係から，北岳祭祀を現在の山西省渾源県に変更する議論がおこり，清初順治年間(1644-61)に渾源に変更された。現在は恒山といえば渾源県南の山を指す。主峰の標高2018m。曲陽と渾源の両所に北岳廟が残っている。渾源より恒山へ赴く山麓には，断崖に張り付くように建造された北朝北魏創建とされる懸空寺がある。
　　　　　　　　　　　　　　　（馬淵　昌也）

こうざん【香山】　北京の西の郊外にある皇

室の園林。金の中都遷都後に，第5代世宗が1186（大定26）年に香山寺（大永安寺）と行宮を建立したのに始まる。以来，清朝滅亡にいたるまで歴代皇帝がしばしば訪れている。清代，1745（乾隆10）年に行宮の敷地に静宜園が建てられた。現在は香山公園として開放され，紅葉の名所として知られる。

（新宮 学）

こうざん【黄山】 安徽省南部にある山。黟山の呼称と先後が議論になっているが，南宋の羅願の『新安志』によると，もと黟山といい，唐代に黄山と改めた，とされ，『四庫全書総目提要』などもその見方を踏襲している。主峰は標高1867m。その奇峭・険峻な風光は中国の名山中でも特に美しいことで知られ，明末の徐霞客は，五岳以上だと感慨を漏らしている。また，清初期の漸江や石濤，梅清らは，黄山の景物を愛し，多くの画を残した。近代以降も，黄賓虹ら多数の画家が黄山の絵画を描き，現代でもよく目にする画題となっている。

（馬淵 昌也）

こうざん【衡山】 湖南省衡陽県の山。『史記』等に南岳とされているが，漢の武帝以来安徽省潜山県にある霍山（天柱山）が南岳とされたので，後世の学者の間に両山の関係をめぐって議論がある。『読史方輿紀要』によれば，隋の文帝の時に湖南省の衡山に南岳を戻したという。主峰の標高約1300m。麓には南岳廟がある。特に仏教と縁が深く，天台智顗の師である南北朝末の慧思や，唐代禅宗の馬祖道一の師とされる懐譲，またのちの曹洞宗に連なる石頭希遷らが住んだことで知られる。唐代の宰相李泌の居宅にちなむ鄴侯書院もある。

（馬淵 昌也）

こうざんき【香山記】 明代の伝奇作品。作者不詳。金陵三山富春堂刊本が，『古本戯曲叢刊』二集に収められている。一説では，羅懋登の1598（万暦26）年の作だとする。妙荘王の三女妙善は，実は天界の法明王で，罪を犯して地上に下されたのであった。父の妙荘王は，張瓊と結婚させようとするが，妙善は出家の意志が強い。妙荘王は，菊の花を3月に咲かせ，桃の花を9月に咲かせたら認めるという難題をかける。妙善は，世尊に命令された土地神に助けられ，清秀庵で修行をすることになる。清秀庵でも，自分で鐘を撞いたり掃除をしたりするように命ぜられるが，また土地神に助けられる。世尊は秀才の姿となって地上に降り，妙善を試して誘惑するが，妙善の決意の固いことを知る。妙荘王は，家臣に命じて寺も僧尼も焼き払い殺してしまう。妙善は鐘楼に登り雨が降って助かったものの，妙荘王に処刑されてしまう。地獄巡りをした妙善は，玉皇の助けで，香山紫竹林の仙姑として生き返る。一方，妙荘王は病に罹り，人間の眼と手が薬だと知らされる。仙姑（妙善）が，自らの眼と手を与えて治癒させる。妙荘王は，命を助けてくれた仙姑が，実は娘の妙善だと知り，仏法を悟り，一家は白日昇天する。

（福満 正博）

こうさんこく【黄山谷】 →黄庭堅

こうざんしわ【後山詩話】 北宋の詩人，陳師道が書いた詩話。全1巻。しばしば蘇軾・黄庭堅の詩説を録し，或いはその詩風，詩学の基づく所などを論じて有益な資料である。該書が先鞭をつけ，南宋初期に至る詩話に現れた著しい傾向が2つある。即ち新法・旧法両党の政争の反映と杜甫詩の流行である。作者の属する蘇軾一派に対しては気格を重んずるとし，修辞派の王安石を，格高くして体下ると批難したりする。

（大野 修作）

こうざんはっしょうずさつ【黄山八勝図冊（石濤）】 清の石濤が，黄山の景勝を描いた山水画冊。計8図からなる。紙本墨画淡彩（一部，墨画のみ）。各タテ20.2cm×ヨコ26.8cm。京都，泉屋博古館所蔵。重要文化財。蓮花峰・蓮蕊峰・鳴絃泉・湯池・煉丹台などの名所を，独特の画面構成と爽やかな淡彩で捉え，数ある石濤画の中でも出色のできばえを示す。自題に宣城（安徽省）在住時（1666～80）の知人の名がみえることから，その時期の製作とされてきたが，近年ではむしろ南京・揚州滞在時（1680～90）の作品との近似から，1680年代中頃の作とする説が有力である。

（竹浪 遠）

こうざんぶんか【紅山文化】 紅山文化は遼寧省西部から内蒙古自治区東部にかけて分布する，紀元前4000～3000年の新石器文化。東亜考古学会が1935年におこなった赤峰紅山後遺跡の調査で，南方的な要素と北方的な要素の融合した独特の文化であることが明らかになった。精製の彩文土器や石製穂摘み具などの磨製石器は華北の仰韶文化と共通し，粗製の連続弧線文土器や細石刃や打製剝片石器は興隆窪文化など在地の北方系先行文化から受け継がれたものである。仰韶文化と同じく雑穀農耕文化であるが，狩猟や植物採集もまた盛んであった。最近は牛河梁遺跡などで積石塚や女神廟が発見され，また大墓から多くの玉製品が見つかっており，紅山文化は当時すでにかなり発達した段階にあり，南の良渚文化に劣らぬ玉器文化が北方にもあったことを明らかにした。その玉器もまた先行する在地の新石器文化である興隆窪文化からすでに始まっ

こうざんもうほうちゃ【黄山毛峰茶】

安徽省黄山市の黄山一帯で生産される緑茶。毛峰茶の代表的なもの。烘青緑茶(最後の乾燥工程を、籠などに入れて炙って行う緑茶)の代表的なもの。特級品は雀舌と呼ばれるように、小さな葉が開いた形を残しており、浅い緑色を呈するが、並品は葉をよった作りになっている。1875(光緒元)年ころから、安徽の茶商謝静和が、毎年清明節の時期に黄山の茶を摘み、黄山毛峰の名で売り出して好評を博したのが、始まりとされる。毛峰は、白毫(うぶ毛)に覆われて、峰のようにとがった茶の意。 (高橋 忠彦)

こうざんりゅうすい【高山流水】

琴の古曲。もとは一つの曲であったが、後『高山』『流水』の2曲になった。現存の最も早い楽譜は明代の『神奇秘譜』にみえる。『神奇秘譜』の『高山』の解題によると、唐代に2曲に分かれ、さらに宋代に『高山』4段、『流水』8段となった、という。明清時代を経て、この2曲は琴の演奏技術の発展にともなってさらに大きな変化を遂げた。多くの琴譜の中で清の唐彝銘編纂の『天聞閣琴譜』に収める『流水』は最も有名である。これは蜀(四川地方)派の張孔山が編曲を行ったもので「滾」「払」(中指や薬指で連続して弦を弾く奏法)を多用し、流れる水の様子をいきいきと描写している。『流水』はこれ以降蜀派の代表曲の一つとなり、今日でも多くの演奏家がこの譜を演奏している。『呂氏春秋』等の文献によると、戦国時代の琴の名手伯牙が琴を弾じて太山(泰山)を表現するとその演奏を聞いた友人の鍾子期は「巍巍たるかな太山の若し」といい、流れる水を表現すると鍾子期は「蕩蕩たるかな流水の若し」と賞賛したという。この曲はこの伯牙と鍾子期の故事に基づいたものである。 (池澤 滋子)

こうし【孔子】

前552～前479。生年は一説に前551とも。春秋末期の思想家。儒教の開祖。魯の陬邑(山東省)の人。名は丘、字は仲尼。父は下級武士の叔梁紇。その先祖は宋の人と伝えられるが、家系は定かでない。母は顔徴在、正妻ではなかったようである。兄がいたのは確かだが、具体的なことは不明。幼くして父を亡くし、貧窮のうちに育った。孔子みずから「吾少きとき賤し、故に鄙事に多能なり」と語っている(『論語』子罕篇)。

「吾、十有五にして学に志す」との述懐があるが(為政篇)、苦学を強いられたことであろう。衛の大夫の「孔子はどこで学んだのか」との問いに、子貢は、「夫子焉にか学ばざらん、亦何の常師かこれ有らん(先生はどこでも学ばれました。これと決まった師は居りません)」と答えている(子張篇)。礼・楽・射・御・書・数はもとより、故実や古典などに関し、その道の先達なら誰彼となく、教えを請うたことであろう。「十室の邑、必ず忠信、丘の如き者有らんも、丘の、学を好むに如かざるなり(十世帯ほどの小さな村にでも、私のようなまじめな者は居るであろうが、私のように勉強好きな者は居るまい)」(公冶長篇)は、学への旺盛なる情熱に対する自負を吐露したもの。『史記』孔子世家には、仕官後の孔子のエピソードとして、周に赴いて老子に礼を問うたことを記し、また同書老子伝にも類似の事柄を載せるが、これは、後代に捏造された話柄。孔子の述懐、「吾試ひられず、故に芸あり」(子罕篇)は、下積みの生活の長かったことを示す。糊口のために委吏や乗田といった下役に就いていたこともある(『孟子』万章下篇)。

当時の魯国は、孟孫氏・叔孫氏・季孫氏すなわちいわゆる三桓氏の専横甚だしく、とりわけ季孫氏の僭上は、天子の格式の八佾の舞を挙行するほどで、孔子はいたく憤慨している(八佾篇)。昭公は、季孫氏の勢力の一掃を企てるが、頓挫し、隣国斉への亡命を余儀なくされる。孔子は、昭公のあとを追ったようである。昭公が斉で没し、定公が即位するや、孔子は、大司寇という高位に登り、三桓氏の勢力の抑制を画策するが、失敗に終わり、衛をはじめ諸国を流浪する。14年間の亡命生活中、いくたびか生命の危険にさらされる。69歳でようやく帰国した孔子は、以後没するまで弟子の薫陶に専念したと思われる。

『論語』を通して窺える孔子の信条は、強制力を恃む法治に反対して、道徳に準拠する政治を理想とした点、『詩経』『書経』の学習や礼楽の実践、及び孝・弟・忠・信・知・勇といった諸々の徳目の体得によって君子と呼ばれるような人格者への到達を要請した点、至高の徳として、愛情を主体とした仁を提唱した点などに集約されよう。

孔子の思想は、多くの門人の共感を呼ぶに止まらず、戦国中期の孟子、末期の荀子に継承され、更に前漢武帝の代の董仲舒の表彰を受ける。結果、以後2000年以上の長きにわたり、孔子は、正統思想としての儒教・儒学の開祖と仰がれることとなる。なお、現在、山東省曲阜市を訪れるなら、いわゆる孔廟孔宅・孔林・孔府を参観できる。史記47

(伊東 倫厚)

こうし【交子】

北宋時代(960～1127)に四川の民間で用いられた約束手形であり、のち政府所管に移され事実上の通貨として流通した紙幣となった。

すでに唐代から、寄附鋪・櫃坊と呼ばれる金融業

者が，他人の銅銭や金・銀・絹帛などを預かり発行する飛銭・便銭といった預り手形・送金手形が現れており，これによって実際の売買取引もおこなわれていた。交子は，北宋の真宗時代に鉄銭行使地域であった四川の益州（成都）の16戸の富豪が，政府の許可のもと交子鋪の営業を始め，独占的に発行したのが起源とされる。次の仁宗時代になると，交子の発行業務はすべて政府機関である交子務に移管されることとなり，額面単位を固定し，発行額と行使期限を定めた法定通貨となった。なお，12世紀初頭に交子は銭引と改称される。　　　　（長井　千秋）

こうし【郊祀】　天子が天地をまつる祭り。季節の祭りである「禘」，祖先をまつる「宗」などとともに，中国における古代以来の最も重要な祭りの一つである。この祭りの礼制上の意味づけは，天の意志を承けてこの世を統治する者として，皇帝＝天子のみがこの礼を執り行うことができ，それによって天子の地位が確認され，裏づけを持つというところにある。理念的なものとはいえ，皇帝権を保証するものとして，『通典』をはじめ，多くの礼の規定で冒頭におかれ，また『漢書』には，礼儀志とともに，国家の行う礼を記すものとして郊祀志がおかれている。しかしこれほどに重要な祭りであるにもかかわらず，詳細は諸説紛々として一致を見ない。さらに場所・意義・対象・形式などの点で，王者が，天体として神格化された王朝の祖先に豊饒をいのる「円丘の祭り」や，季節の順調な運行を迎えるべく立春・立冬などに行われる「五時迎気の祭り」と区別がつかなくなっている。具体的な行為を一説によって示せば，以下のようになる。冬至の日，場所は都の南郊外にある円丘。王が円丘の東南で礼装して控える中，音楽によって神が天より招き降ろされる。そのあと円丘上の壇で供え物の生贄や布などを燃やして煙を立ち上らせる。次に音楽の奏でられる中，王者と神の憑代となる者とが沢山の供え物の中に座り，憑代に，五斉という5種類の酒を7回ほど飲ませる。以上は，あくまでも古代の礼の規定に記されていることであり，実際にどのような儀式が行われたのかは定かでない。歴史的には，各王朝で，さまざまに行われたことが記録に見える。また意義付けの点から当然のこととして，天の祭りが中心となるが，それと対照をなす形で，都の北方で地をまつる祭りが行われたり，天にそえて祖先神やさまざまの神がともにまつられるのが普通であった。　　　　　　　　　　　　　　（木島　史雄）

こうし【講史】　宋代の盛り場瓦子で語られていた話芸説話四家の一つ。講史書とも演義ともよばれる。「『通鑑』，漢・唐歴代書史文伝，興廃争戦の事を講説する」（『夢粱録』）といい，王朝興亡にかかわる戦乱の歴史を語ったとみられる。史実を踏まえて語ることが求められ，『資治通鑑』に代表される史書を参照する必要があった。このため講史の芸人には万巻など知識の豊富さを誇るもの，貢士・解元・進士など科挙の資格保持者たることを標榜するもの，宣教・郎中などの役職を名乗るものが少なくない。もっとも芸人たちが実際に参照した書物は『資治通鑑節要』といった通俗的な作品であったらしい。講史は連続した語り物だったため，これを文字化した作品もおのずと長篇となった。元代では平話，明代では演義とよばれる類の作品がそれで，あわせて講史小説ともよばれる。評書は講史の後身とされる。　　　　　　　　　　（大塚　秀高）

こう・し【公・私】　現在までのところ，甲骨・金文には公の字だけが出現し，私の字は現れていない。公の用例は主に尊称で，その他「公宮」のように宮殿もしくは共同の礼拝場などを意味すると思われる用例があり，公の原義はおそらく共同体的な首長やそれに関連する建造物を指していたと思われる。春秋戦国時代になると，私の字も現れ，公田・私田のような用例も現れる。ここでの公田が共同の田なのか公（首長）の田なのかははっきりしないが，かりに共同田としてもその共同性を監督するのは首長であるから，いずれにしても截然と区別することはできない。ただ私田が私有の田あるいは私的使用の田であることはほぼ間違いない。意味の上で変化があらわれるのは戦国末期になってからで，例えば『韓非子』の五蠹篇に「自営することを私といい，私に背くことを公という」とあるように，私に自営すなわち独り占めの意味を含ませ，一方その独り占めの私に背くのを公とするという，道義的な次元での公私観念が現れた。『韓非子』のこの説を継いで，後漢の許慎は『説文解字』に「公とは平分のこと」「私とは姦邪のこと」という語源説をとなえた。すなわち公の字を八とムとに分解し，公の原義を「ム（私の古字）に八（背く）」こと，つまり「姦邪」な独り占めを排して公平に分けることとした。この説は広く浸透し日本の漢和辞典にも公の語源として採用されているが，この語源説は事実に合っていない。ただ後漢には，公・私がこのような道義的意味を含むようになっていたことは日本の「おほやけ」には見られないこととして留意されてよい。すなわち，中国では公は戦国末期から，公平・公正の意味を含むようになり，逆に私は「私曲」などの貶意を含むようになった。

　以上を整理すると，中国では公は甲骨金文の時代には首長と共同性，また戦国末期に道義性を含意するにいたった。そのうち首長の公はその後皇帝・君

主・朝廷・政府・国家などの公として，また共同性の公は社会・世間・公開・多数・人民・公論などの公としてそれぞれ現在まで継承されている。一方道義的な公も『*礼記*』礼運篇の「天下為公(天下が公である)」すなわち天下に公平・公正が実現しているという「大同」の公，あるいは宋学で頻用された「人欲の私」に対する「天理の公」すなわち宇宙の条理に合則した道義的なあり方としての公などとして継承されている。この道義の公は，近代には，例えば絶対平等を主張した康有為の『*大同書*』や，「天下為公」を革命のスローガンとして掲げた*孫文の三民主義などとして大きな影響力を及ぼした。

なお中国では，日本の一人称にも使われる「わたし」と違い，私は一般に利己の意味で用いられることが多いが，歴史上3回，肯定的に用いられた時期がある。すなわち六朝期には人の内面世界として，また明末清初期には私的所有として，また清末民初には個人の人権・政治権として，それぞれ肯定的に用いられている。

(溝口 雄三)

ごうし【号子】 労働から生まれ，労働に利用される民間歌曲。労働号子とも呼ばれ，実際の労働作業において，息を合わせたり，指揮をとったりする役割を果たす。長い歴史を持ち，形式は多種多様だが，労働の種別と，歌われる情況によって分けられる。号子の音楽は，概して言えば，がっしりとして，豪放・豪邁な表現を持ち，簡潔明快な旋律に特徴がある。例えば，有名な『黄河船夫曲』は，山西省と陝西省が接する辺りの黄河の船頭の歌で，歌詞は，上句で問い，それを受けて下句で答える。メロディーはシンプルだが力がみなぎっている。この歌は号子の歌詞様式及び音楽の特徴を代表するとも言える歌である。同じく船頭たちの号子で有名なものとして，四川の『川江号子』，湖南の『澧水号子』がある。そのほか，中国では森林地域の樵たちの『伐木号子』，沿海地域の漁師たちの『漁民号子』，てんびん棒を担いで荷物を運ぶ人たちの『挑担号子』，建築労働者の『打夯号子』など様々な号子がある。いまでも，一種の代表的な民族音楽として存在し，偶に耳にすることがあるものの，労働状況の変化により，掛け声歌としての号子はますます少なくなっている。

(孫 玄齢)

こうしか【郊祀歌】 郊は皇帝が天地を祭る儀式で，「郊祀歌」はこのときにうたわれる歌である。漢の武帝が李延年を音楽責任者(協律都尉)とし，*司馬相如らに作詞を命じた19首が最初の作で，これが最もよく知られる。『練時日』以下『天地』『天馬』『日出入』などの歌があり，四言或いは三言のリズムを中心に，天地自然の順行などを，時に神秘的な雰囲気を漂わせながらうたう。歴代王朝も漢にならい，それらの歌は各正史や『楽府詩集』郊廟歌辞の部に収められている。 (松家 裕子)

こうしかいせいこう【孔子改制考】 清末今文学と変法論が結合して生まれた書。21巻。1898(光緒24)年刊。著者は康有為。孔子が創教作経した意図をこういう。孔子は無冠の王者として王者だけに許された法制改革を目指した(素王改制)。これは諸子百家も同様(諸子改制)で，共に古代史に仮託していた(託古改制)。特に孔子の改制においては，堯・舜・文王に民主制と議会制が託されていたとし，変法論を裏打ちした。強引な論旨で，変法理解者の離反を招いたが，仮説に富んだ学術史としても読める。 (竹内 弘行)

こうしけご【孔子家語】 孔子と弟子らの行動，及び彼らの間で交わされた，礼制・政治・文化・古代神話・伝説など多岐にわたる事柄についての議論(家語)を集成した書物。今本は『*漢書*』芸文志に「孔子家語27巻」と著録されたものとは別物で，三国魏の王粛が，『*左伝*』『*国語*』『*孟子*』『*説苑*』『*韓詩外伝*』などから適当な章節を選び，まま改変を加えた上，自作の注を添えて偽作した書物。偽作の実態を熟知して慎重に扱えば，『*論語*』に準ずる史料価値がある。 (南澤 良彦)

こうじそん【高似孫】 生没年不詳。南宋末の官僚・文人。字は続古，疏寮と号す。鄞県(浙江省)の人。1184(淳煕11)年，進士となり，会稽県主簿を振り出しに知処州，中大夫，提挙崇禧観にまで至ったが，父高文虎が，当時の宰相韓侂冑の側近として偽学の目を設け朱子らを退け，似孫も彼と深く関わったことから，侂冑の死後は疎んぜられ，歴史上の評価も芳しくなく『*宋史*』にも立伝されていない。しかし文人・学者としては高い評価をうけ，優れた多くの著述を残した。とくに浙江の嵊県志『剡録』は地方志としての新機軸を出し，宋代地方志の傑作とされている。また『史略』『子略』もそれぞれ貴重な記事を収録しており，目録学史上の評価も高い。ほかにも『緯略』『蟹略』『騒略』『硯箋』『選詩句図』『疏寮小集』などが知られている。

(稲葉 一郎)

こうしたい【黄氏体】 花鳥画の様式を示す語で，徐氏体と対比して用いられる。五代十国蜀の画家黄筌の鉤勒塡彩技法による繊細華麗な画風のこと。北宋宮廷絵画の主導的画風として定着し，「富貴」(『*図画見聞誌*』1)と評され，五代十国南唐の徐熙に始まる徐氏体の「野逸」(同)と対比された。子

こうじち―こうしび

供の黄居寀が黄筌画風を継承し，太宗の寵愛を受けて北宋画院で活躍したのも，黄氏体が北宋時代花鳥画の主流となった一因である。
（藤田　伸也）

こうじちゅうじょう【孔侍中帖】　王羲之の尺牘を唐の内府において搨摸した模本。全9行から成り，前半の3行が一通の尺牘をなし，帖中の句から「哀禍帖」と呼ばれている。後半の6行は，かつては前の3行が「孔侍中帖」（九月十七日帖），後の3行が「憂懸帖」と見なされていた。しかし江月宗玩の『墨蹟之写』には，もと「後問」の2字は行末に位置していたと記録されている。「後問」の2字が裁断された痕跡が現状からも確認できることや，尺牘の形式からも，この6行で一つの尺牘と考えられる。『墨蹟之写』に，本作の前には『二王書語』に見られる「群従彫落帖」の一節に相当する7行分があったとする記載があり，少なくとも1616（元和2）年の時点では，「孔侍中帖」の冒頭「哀禍帖」の前に，「群従彫落帖」が接していたことが知られる。「喪乱帖」同様，奈良時代に日本に将来され，東大寺に施入された王羲之帖の一つで，桓武天皇が借覧し，返却時に「延暦勅定」の朱文方印が押された。原本の渇筆や虫損部までも，きわめて精緻に模写しており，王羲之の書風を類推する上で最も信憑性の高い資料の一つである。東京，前田育徳会蔵。
（富田　淳）

こうしでん【孝子伝】　雑伝。古今の孝行者の故事を記して，儒家の孝の徳目を宣揚したもの。六朝期に盛んに書かれたが，中国では宋代にはすべて散佚した。清に至って茆泮林が各種類書などに引かれた佚文を集めて『古孝子伝』1巻にまとめ，他に黄奭『黄氏逸書考』や王仁俊『玉函山房輯佚書続編』に佚文が収められる。一方わが国には陽明文庫本と船橋家旧蔵本の完本『孝子伝』が，散佚を免れて残存する。

『隋書』経籍志史部・雑伝には晋の蕭広済（15巻），南朝宋の鄭緝之（10巻），師覚授（8巻），時代未詳（南朝斉か）の宗躬（20巻）の『孝子伝』及び南朝宋の王韶之『孝子伝讚』3巻，撰者未詳の『孝子伝略』2巻を著録する。新旧『唐書』芸文志には鄭緝之の書を『孝子伝讚』とし，東晋の徐広（『旧唐書』は徐庶に誤る），虞盤佐（『旧』は虚盤佐に誤る），宋の王韶之（『旧』にはなし），梁の武帝（『旧』にはなし）の『孝子伝』および撰者未詳の『雑孝子伝』を新たに録している。北宋の『郡斎読書志』や，南宋の『直斎書録解題』には『孝子伝』の類は全く見えない。

なお清の輯本には前漢の劉向の撰と称する『孝子伝』佚文を『法苑珠林』49・忠孝篇や『太平御覧』411から引いているが，『漢書』芸文志や『漢書』劉向伝には『孝子伝』の名が見えないことから，後世の偽託の可能性が高い。

これらの『孝子伝』に引かれた伝記の中には，郭巨が母を養うために生まれたばかりの子を間引きしようと穴を掘ると，そこから「孝子郭巨に賜う」と書かれた，金の入った壺が出たという話や，董永が亡父の葬式の費用を出すために自らを豪族に身売りしたが，喪が明けて豪族のもとに帰る途上出会った女性が豪族の求めに応じて布300匹（1匹＝4丈＝約10m）を10日で織り上げ，引き換えに董永を解放させた後，「自分は天女だ」と言い残して天に帰ったという話など，南宋以後「二十四孝」として語られるようになったものもあり，その伝説は『二十四孝図』等が出版されて広く流布した。
（大野　圭介）

こうしでん【高士伝】　古代から秦漢に及ぶ，高士つまり世俗を超越した人物たちの伝記集。西晋の皇甫謐の著。南北朝時代，類似の書が追随して編まれており，梁の范曄の『後漢書』逸民伝にもその影響が見られる。『隋書』経籍志は，6巻とする。北宋の類書である『太平御覧』などから再編集された通行本（増訂漢魏叢書本など）は，3巻。通行本は，90余人の小伝から成る。南宋の李石は，『続博物志』の巻7で，皇甫謐『高士伝』の人数を72人としている。この数字は，『太平御覧』が引用する皇甫謐『高士伝』の人数とほぼ一致する。『太平御覧』が引用する皇甫謐『高士伝』の人物もほぼ通行本に見えるので，両者の重なる部分が復元可能な原本の骨格ということになる。

皇甫謐は，「書淫」と言われた程の読書家で，司馬炎（晋の武帝）の厚遇に対しても仕官しなかったが，門下から晋の名臣を輩出した。聖と俗を必ずしも遮断せず，隠逸の士として新しい道を示した。
（成瀬　哲生）

こうしにっしょう【黄氏日抄】　南宋末の箚記。『慈渓黄氏日抄分類』『東発日抄』ともいう。全97巻（81・89・92巻は原欠）。黄震の著。「紹定二（1229）年」の刊記をもつ刊本が現存するが，これは元末あるいは明初の倣宋本とされる。1〜32巻は経書，33〜45巻は諸儒の書，46〜54巻は史書，55〜58巻は諸子の書，59〜68巻は文集を取りあげ，独自の見解を述べ，朱子の説に安易に従うことはなかった。69〜97巻は序文・題跋・墓誌銘・講義・雑記など，自作の文を載せている。『四庫全書』所収。
（久米　裕子）

こうしびょうどうひ【孔子廟堂碑】　唐の

碑。夫子廟堂碑ともいう。626(武徳9)～630(貞観4)の間の刻。虞世南の奉勅撰ならびに書。原石はつとに亡佚。重刻の陝西本で，タテ280cm×ヨコ110cm。楷書35行，満行64字。虞世南の書として唯一信頼できる作である。唐の太宗が儒教を保護し，長安の国子監内の孔子廟（文廟）を修理させたことに伴い建てたもので，その内容は孔子の聖徳を称え，歴代儒教の興廃を述べ，唐朝における孔子廟建立の意義を説いたもの。碑文は荘重かつ難解である。この碑の重刻本に①陝西本，②城武本，③臨川本，④南海本，⑤曲阜本がある。①は北宋の初め，王彦超が模刻したもので，長安本または西廟堂碑ともいう。明の1555(嘉靖34)年，地震によって石は三石に分断された。②は元の至元年間(1335-40)の刻。山東省城武県(現在は成武県)で発見されたのでこの名がある。東廟堂碑ともいう。ちなみに陝西本の文字は肥え，城武本はやや痩せている。③は清の臨川(江西省)の李宗瀚が唐拓から重刻したもの。④は清の南海(広東省)の潘仕成が海山仙館に刻したもの。⑤は清の翁方綱が1793(乾隆58)年に唐拓によって曲阜の県学に刻したもの。ただし，①②以外の原石はすべて伝わらない。碑文には立碑年月を欠く。清の王澍は626(武徳9)年と考定するが，虞世南の官職と孔子廟堂の完成を記念した碑であることから推して，629(貞観3)～630(同4)年とみる説もある。則天武后の703(長安3)年に，相王旦(のちの睿宗)が題額を「大周孔子廟堂之碑」と書し，碑面に追刻した。現在「大周」の2字がないのは，宣宗のとき馮審の奏上により削除したからであるといわれている。この碑に関するもっとも詳しい研究として翁方綱の『孔子廟堂碑考』2巻がある。翁は李氏所蔵の孤本に眼を通し，長い序文と跋文4種を書き遺している。また唐拓と称する剪装本(拓本を剪り貼りして冊子装に仕立てたもの)が東京の三井記念美術館に現存する。ただし，一部(2017字中，571字)を陝西本で補っている。　　　　　（横田 恭三）

こうしゃくじ【香積寺】　中国浄土教の大成者善導ゆかりの寺。陝西省西安市南方，終南山を望む神禾原にある。省級重点文物。2基の磚塔と仏殿を残して荒廃していたが，1980年に，善導大師1300年忌法要を記念して，仏殿が修復された。善導の卒年には諸説あって判然としないが，善導の法灯を継いだ「隆闡法師の碑」や「香積寺主浄業法師の霊塔銘」(ともに西安碑林蔵)などによって，善導の墓域に建立されたのがこの香積寺であったことがわかる。　　　　　　　　　　　　（大内 文雄）

こうしゃくふ【工尺譜】　中国近現代の記譜法。声楽か器楽かを問わず広く用いる。七音音階を前提として，合・四・一・上・尺・工・凡・六・五・乙の10文字で階名を表す。六・五・乙の各文字は合・四・一の8度上を表す。譜字に人偏を付すか末尾をはねて8度上の音を示し，末尾を払えば8度下を示す。簡単なリズムを示す補助記号もある。

工尺譜の起源は，唐代の楽器奏法譜と考えられる。宋の『陳暘楽書』は「觱篥(篳篥)譜を起原」と記したが，具体的な楽器は特定できていない。譜字の種類から判断すると，唐代の燕楽半字譜が遡り得る古工尺譜の原点であり，唐末五代の手写とされる敦煌楽譜(琵琶譜)がその最古の現存史料である。北宋(10～12世紀)には，半字譜が簡略化して俗字譜となった。沈括『夢渓筆談』，『陳暘楽書』，『遼史』楽志，南宋の張炎『詞源』，姜夔『白石道人歌曲』，陳元靚『事林広記』などに実例がある。譜字数は，この時期から10文字にほぼ一定するが，工尺譜と違い，上尺間の半音を示す勾の譜字を用いる。また四(又は五)・一・凡・工の4文字は，隣の音と半音か全音の2つの可能性を持ち，さらに朱子『琴律説』や『詞源』『事林広記』などは，12半音全てを補助記号も交えて異なる譜字で記している。このように半音程を正確に個別の譜字で示す傾向は，福建南曲など一部を除き，現行工尺譜では希薄である。

明清代には今日一般的な工尺譜が定着した。ただし譜字の種類や字体，主音の高さ，絶対音高か相対音高かは，時代や地域，楽種ごとに異なる。潮州音楽(広東省の潮州市・汕頭市一帯に分布)で用いる二四譜は，古い弦索譜(箏など多弦楽器譜)を基にし，各ポジション音に二～八までの漢数字のみをあてる。声楽では，歌詞1字ごとに音高を記す一支香式工尺譜も使われた。なお沖縄古典音楽の工工四も，中国から入った工尺譜の一種だが，俗字譜に共通する勾の字を用いるほか，老の字を新たに加え，譜字の順序が異なるなど，通常の工尺譜とはかなりの相違が見られる。　　　　　　　（尾高 暁子）

こうしゃくみょう【広釈名】　清の訓詁学書。発音の類似関係から単語の語源を考察し，解説した書物。2巻。1814(嘉慶19)年に張金吾(1787～1829)によって撰述。後漢の劉熙撰『釈名』をモデルとし，「声訓」(字音の類似によって字義を考察する方法)によって，文献中の語彙に解説を加えた。解釈の方法と書物の体例で『釈名』に準拠することから『広釈名』と名づけられたが，中には声訓と認定しがたい解釈もいくつか含まれている。
　　　　　　　　　　　　　　　　（阿辻 哲次）

こうしゅ【公主】　天子・諸侯の娘，または皇族の女子の称。公主の中でとくに注目されるの

は，政略のために周辺諸民族に嫁いだ和蕃公主である。前漢代に匈奴に嫁いだ王昭君，唐代に吐蕃に赴いた文成・金城両公主，突厥に嫁した寧国公主がよく知られている。唐代には，太平公主や安楽公主のように，権勢を振るうものも現れた。三国時代以後，公主の夫は駙馬都尉に任ぜられるのが，慣例となった。
（長部 悦弘）

こうしゅう【広州】 広東省の省都。珠江三角州の北端，西江・北江・東江の合流点近くに位置し，広東省の中心たるのみならず，ながく華南第一の都会，南方随一の貿易港，海外の物資・文化の流入地でもあった。カントン（Canton）と通称する。漢の武帝が嶺南を征服し，番禺県・南海郡をおいてから中国の一部となった。三国の呉のときここに広州をおいたのが，その名のおこりで，歴代かわらず，明清では広州府に属し，その治所であった。

広州が貿易港としてめざましい発展をとげたのは，イスラム商人の海上貿易が盛んとなった唐代からで，政府は市舶司を設置して貿易を管理した。蕃坊という在留外人の居留地も設けられ，黄巣の乱で広州が陥落した時は，イスラム教徒をはじめ12万人もの外国人が殺害されたという。五代十国時代は南漢がここを首都として，貿易で国を支え，北宋時代にはさらに貿易が発展し，全国の市舶司の収入の9割以上を広州がしめるほどであった。南宋から元にかけ，当時の最大都市杭州に近い泉州の貿易が広州を凌駕するが，明中期以後，イスラム商人にかわって，西洋諸国が貿易の主要な担い手となり，まず進出してきたポルトガル人が1557（嘉靖36）年にマカオを根拠地にしたこともあって，広州は第一の貿易港の地位を回復する。清朝は1685（康熙24）年，海禁の解除とともに市舶司を廃し，ここに粤海関をおき，南洋・西洋の諸国の貿易を公式に認めたうえで管理した。西洋諸国に対しては1757（乾隆22）年から，広州一港での貿易しか許さなかったが，中国との貿易を急速に発展させ，19世紀までに圧倒的優位にたったイギリスが，これに不満を覚え，アヘン戦争をひきおこし，香港を割譲させ，他港を開港場として開放した。そのため貿易港の繁栄は，上海と香港とに奪われ，広州はいわば香港の対内窓口に転落した。しかしその華南の文化の中心という地位はなお揺るがず，全国的には西洋の影響をうけた新思想の発生地としての役割をもはたした。
（岡本 隆司）

こうしゅう【向秀】 →向 秀

こうしゅう【杭州】 現在の浙江省の省会（省都）。浙江省北部，銭塘江の下流北岸に位置する。年平均温度は約16℃。四季がはっきりしており温和湿潤な気候である。市区は西湖区以下8区有る。その他に富陽市等3市2県を統轄する。約4700年前の新石器時代晩期に良渚文化が形成されていた。春秋時代には前後して呉と越の支配地域となり，戦国時代には楚に属した。秦以後には銭唐県が置かれ，会稽郡に所属し，後漢時代には呉郡に属した。当初，現在の市区と西湖は外海と連結していたが，その後，しだいに陸地を形成した。三国・六朝時代には，それぞれ呉郡・臨江郡・銭唐郡に属す。隋代に銭唐郡が廃され，杭州が設置された。また，大運河が開削され，杭州はその南端として栄え，商業・文化・交通が大いに発展した。唐代には杭州郡が置かれ，6井が開削されて飲料水の水質が改善され，都市発展の重心は，銭塘江沿岸地区から現在の市区一帯に移った。また，唐初以後，県名は銭塘県と表記される。唐末には対外貿易を管理する博易務が置かれ，重要な貿易港として発展した。五代十国の時代には，鎮海軍節度使であった銭鏐が呉越国を建て，杭州に都を置いて，子城・夾城・羅城からなる三重の城壁を作り上げた。南北に長く，東西が狭い形状から腰鼓城と呼ばれる。同時代，海潮を防ぐための大規模な海塘も作られた。また，仏教が栄え，さかんに寺院が建設された。今に残る霊隠寺の石塔，梵天寺の経幢，六和塔，保俶塔等は，いずれも呉越時代の遺物である。北宋時代も杭州は東南地区の都市で最も隆盛を誇り，その象徴とも言うべき西湖は知州として赴任した蘇軾等の尽力もあって秀逸な景物としてばかりか水利資源としても整備された。南宋以後，政権の南渡にともなって臨安府に格上げされ，臨時首都つまり行在とされた。以後，都城建設が本格化し，南宋の政治文化の中心として栄え，そのため，後世，同地域を単に臨安とよぶこともある。また，マルコ・ポーロらが行在をキンザイ Khinzai と表記し，その呼称が広くヨーロッパに伝えられた。南宋時代の繁栄ぶりは『夢梁録』『武林旧事』等の記載に事細かに描写されている。南宋を征服した元は臨安府を改めて杭州路とし，浙江行省の省会とした。明清時代には杭州府が置かれ，やはり浙江省の省会であった。民国初期には杭州府が廃されて杭県となり，その後，1927（民国16）年に杭州市に改められた。人民共和国成立後，西湖等の河水や風景区が一層整備拡充され，観光事業も重視されて，文物古跡の保護にも力が入れられた。1998年に総合大学として統合された浙江大学等，文教施設も充実している。産業は軽工業を主体とし，紡績・機械・化工・食品部門も発達している。
（木田 知生）

こうしゅうがく【校讐学】 書誌学の一種。

「校」はくらべる意味で、「較」に通じ、「挍」とも書く。「讐」は怨む意味で、仇同志が罵詈雑言しあう様子である。校讐とは、「一人は本を持ち、一人は書を読む、怨家の相対するが若し」(『文選』魏都賦の李善注等に引用される解説)と示されるように、清書したものを読む者と、原本を持ってつき合わせる者が、怨み合うように向き合い、清書の誤写を正すことであった。前漢の劉向が国家の図書を整理した時に、このような方法で対校を終えた書物を内容ごとに分類し、『七略』という解題目録を編集したのが校讐学のはじまりである。南宋の鄭樵や清の章学誠は、それぞれ『通志』校讐略・『校讐通義』を著してその学問的意義を提唱した。狭義では校勘学に当たるが、広義では版本・目録・学術源流等の幅広い研究範囲を有する。現在では、古籍整理学または古典文献学と呼ばれる学問に発展している。　　　　　　　　　　　　(高橋　智)

こうしゅうかんしょくしかん【黄州寒食詩巻】
北宋の書道作品。蘇軾書。1082(元豊5)年以後の作。紙本(澄心堂紙)。タテ33.5cm×ヨコ118.0cm。行書。17行。台北の故宮博物院蔵。元豊5年の春、流謫の身である黄州(湖北省)において、寒食節を迎え、おりから降り続く秋のように冷たく寂しい雨に思いを寄せて作った五言古詩2首を書いたもの。詩後に「右黄州寒食二首」と題するが、筆禍(1079年)を受けて御史台の獄に繋がれてから後の作品であり、名を署するのを避けたためか落款はない。その後に大きな余白が残されているが、他人の跋に備えたためと考えられる。詩巻中には、元内府の「天暦之宝」、明内府の「稽察司印」、清内府の「古稀天子」「乾隆鑑賞」等々多くの鑑蔵印ならびに乾隆帝の御識8行などの題記がある。乾隆以来清の内府にあった真跡が、1860(咸豊10)年に円明園が焼けたときに人間に流出し、1922(大正11)年に顔韻伯によって日本にもたらされ、菊池惺堂の収蔵に帰した。関東大震災のとき、猛火の中から救い出されて、その消失を免れたのは美談として伝えられている。第二次大戦にも戦火をまぬがれたこの巻は、台湾の王世杰氏のものとなり、現在は台北の故宮博物院の蔵品となっている。巻後には黄庭堅が1100(元符3)年に書いた『黄州寒食詩巻跋』があり、この書は「唐の顔真卿と五代の楊凝式と宋初の李建中の筆意を兼ねており、こころみに蘇軾にもう一度これを書かせても、きっとこれほど書けるとは限らないであろう」と評す。書風はこの評語からもうかがえるが、蘇軾は古人の書をそのまま学び取るだけでなく、よく自己のうちに消化して、そのうえに真率な人間性が表れることを書の本領と考えており、豪放磊落な性格が滲み出ているところにこの書の素晴らしさがある。黄が蘇の会心の作と認める通り、数多い作品の中でも最も優れた、いわゆる神品第一と称すべき作である。蘇の書に黄が題跋を書いた作品は、この他にもたくさんあったようであるが、この詩巻のように蘇と黄の書が並び、しかも両者ともこの上もない傑作がそろって伝わっている例は他にない。明の董其昌も、「平生、東坡(蘇軾)先生の真跡を見ること三十余巻を下らぬが、必ずこの書をもって甲観となすべきである」と激賞し(『黄州寒食詩巻』内の識語)、『戯鴻堂法帖』に刻している。　　　　　　　　　　　　(河内 利治)

こうしゅうかんぼ【広州漢墓】
広東省広州市郊外で発見された秦漢時代の墓群の総称。前214年、秦始皇帝は今日の広東に南海郡を設置し、次いで趙佗によって南越国が建国されるが、前111年、漢の武帝がそれを亡ぼし、この地は漢の南海郡となる。広州漢墓というものの、その中には広州が歴史として経験した秦・南越・漢という3つの時代の墓が含まれている。また、このうち秦・南越期の墓には、漢墓へと連続する墓制のほかに、この地の先秦時代の墓制を継承したものも見られ、これらは地元の越人墓と推測されている。

秦・南越期の墓からは、南越王墓と同じく、内地とは異なる様式をもつ遺物が多く出土し、その中にはベトナム方面との交流を示すものも含まれる。漢の南海郡設置以後の墓からは、インド方面から搬入されたと見られる宝飾品も数多く見られ、貿易拠点としての広州の繁栄をうかがい知ることができる。

なお、今日の広州が秦の南海郡治および南越国都の番禺の所在地であったことは確実だが、漢の南海郡治がそこに置かれたのかという点については議論がある。

報告書として広州市文物管理委員会ほか編『広州漢墓』(1981年)が刊行されている。　　(吉開 将人)

こうしゅうしゃめんそかい【広州沙面租界】
清代、広州の沙面に設けられた租界。1856(咸豊6)年のアロー戦争で広東十三夷館が焼失した。1859年にイギリスは新しい居留地として沙面を租借し、1861年に英中間に「沙面租約協定」が締結された。沙面は旧十三行跡地の西南に隣接する河灘地であり、外からの攻撃を防ぐため、陸地と切り離すように運河が開削された。その結果、沙面は東西の長さ867m、南北の最も長いところで290mの、不正形の楕円の島となった。沙面の地盤は弱いため、イギリスとフランスが埋め立て工事費を負担し、その費用の割合に応じて、西側の5分の4にあたる18.2haをイギリスに、東側の5分の1にあたる4.5haをフランスに分配した。イギリス人が牛耳る沙面工

部局(Shameen Municipal Council)が建設管理を務め，沙面の建設は緑地計画も含めた都市計画のもとに進められた。街区は，島を東西に貫通する中央通りと垂直に南北方向に交差する街路が5本計画され，整然とした12の区画に分割され，更に，西洋諸国へ分譲した。こうして，沙面は各国の領事館・銀行・商社・教会・学校・倶楽部・住宅などが建ち並ぶ租界となった。　　　　　　　　(包　慕萍)

こうしゅうぜん【洪秀全】　1814(嘉慶19)〜64(同治3)。19世紀中葉，清朝の打倒を目指す大反乱で建国された太平天国の指導者。広州花県(広東省)の人で，客家(ハッカ)の出身。科挙の出願資格である国立地方学校に入るための試験(童試)に何度か失敗後，プロテスタントの伝道パンフレット『勧世良言』などの影響を受け，1843(道光23)年にキリスト教的な宗教結社である(拝)上帝会を結成して，広東・広西両省で主に客家を対象に布教した。上帝会は次第に清朝と対立を深め，ついに1851年1月(道光30年12月)に広西省桂平県(現在は桂平市)の金田村で蜂起した。反乱軍は満洲族王朝である清朝の打倒をスローガンにして太平天国を建設し，洪秀全は天王を称した。最盛期には南京を都(天京)として長江中流域を支配し，男女平等の原則での土地均分思想を唱えるなどの革命性を打ち出したが，1856(咸豊6)年の内紛以降，次第に弱体化して革命性も薄れていった。清軍の巻き返しによって1864(同治3)年に天京が陥落して太平天国は滅んだが，その直前に洪秀金も病死したと伝えられる。清史稿481　　　　　　　　(井上　裕正)

こうじゅんけん【黄遵憲】　1848(道光28)〜1905(光緒31)。清末洋務派の官僚・文人。広東省嘉応州の客家出身で，字は公度。号は観日道人・東海公・人境廬主人など。有能かつ開明的外交官として，また「我が手もて吾が口を写さん」の詩句で知られる新派詩の提唱者で，古典詩歌の改革を模索した長篇の叙事詩に優れた作品が多い。北方から南遷してきた先祖の代から，しだいにゆたかな商家(質屋業)へと発展する過程で，挙人8人・進士1人を出し，清末には200人にまで拡大した一族の期待を背負って成長した。広西知事などをつとめた父も挙人。黄遵憲は幼少より詩文の才を称され，20歳から科挙受験開始，4度目29歳でようやく挙人となる。1877年以後，書記官として日本やイギリスの公使館に，また総領事としてサンフランシスコ及びシンガポールに駐在し，長期にわたる海外生活を経験した。身近に起こった太平天国の乱により家族ぐるみで避難行を強いられた幼時体験や，1842年のアヘン戦争に敗北後イギリスの権益のままに急変貌をとげる香港島での見聞などから，混乱と苦難に満ちた祖国が衰亡への危機的状況にあることに憂慮を深めた。また外交官として経験した諸外国文明との対比を通じて，清朝政治の後進性に対する認識と批判をしだいに強め，日本の明治維新に学んで積極的な政治改革を提言するに至る。1895年，日清(甲午)戦争に敗北したことで，清朝政府内部からも変法維新の動きがたかまり，97年，開明派の陳宝箴(ほうしん)に招かれて湖南に赴任。民衆啓蒙の新政運動に乗り出した矢先に西太后ら保守派の巻き返しで改革は挫折，彼は軟禁ののち公職を解かれて故郷に隠棲を余儀なくされた。憂憤のうちに家居し，著述と後輩育成のための師範学堂を経営するなど地域振興につくすが，肺疾のため58歳で死去。著作に『人境廬詩草』11巻，『*日本雑事詩』2巻，『*日本国志』40巻など。盟友の梁啓超による墓誌銘がある。なお，2005年3月，逝世100周年を記念して陳錚編『黄遵憲全集』2冊(国家清史編纂委員会文献叢刊)が中華書局より出版された。清史稿464　(筧　久美子)

こうしゅんざん【侯俊山】　1853(咸豊3)〜1935(民国24)。山西梆子，河北梆子の花旦俳優で，13歳で頭角を顕したため，十三旦と呼ばれた。容姿端麗で仕草とセリフ，武功(立ち回りの技巧)に長じる。当初河北の張家口などで舞台に立ち，後の1870(同治9)年に北京の全勝和班に参加，1892(光緒18)年には昇平署の教習に選ばれ，同時期上海にもたびたび興行に赴いている。『辛安駅』『小放牛』などを得意としたほか，『*八大錘』『*伐子都』など武生も兼ねた。　　　　　　　　(平林　宣和)

こうしょう【交鈔】　11世紀から15世紀にかけて使われた紙幣。宋初，四川で富豪16戸が発行していた約束手形(*交子)に由来する。交子は政府が1024(天聖2)年に官営に移して兌換(だかん)に備え，民間の発行を停止して以来，紙幣としての性格を強め，北宋末の銭引，南宋の会子に発展した。金朝は北宋から接収した莫大な貨幣のおかげで，初めは銅銭を鋳造し国庫に蓄蔵する必要に迫られなかった。だが，12世紀半ばから南宋との戦争や北方遊牧民の侵入によって軍費の膨張に苦しみ，交鈔を発行して銅銭の不足を補おうとした。発行当初の交鈔は海陵王の貞元年間(1153-55)で100文から10貫までの10種があり，銅銭と兌換されたほか，南宋会子の3年に対して7年間の通用期限(界制)が定められていた。しかし金代の紙幣は12世紀末から次第に濫発され，金末には著しい価値下落を招いて流通しなくなった。とくに財政が行き詰まり，銅銭が鋳造停止になると，交鈔の通用期限は貨幣の信用を高めるために撤廃されたが，通用期限のない交鈔は民間に渋滞

し，徴税を通じた使用の強制にもかかわらず，社会的信用を維持するには至らなかった。元は金の制度をうけつぎ，1236(太宗8)年より局地的に数種の交鈔を発行し，世祖が即位した1260(中統元)年に中統鈔を発行してからは，至元鈔(1287年)，至大銀鈔(1309年)，至正交鈔(1350年)を全国的紙幣として発行した。元朝では銅銭をほとんど発行しなかったかわり，紙幣制度は元末を除いておおむね成功を収めた。しかも元代の交鈔は界制および通用地域の限定がなくなったことに加え，額面は鋳造貨幣と同じ「貫文」で表示しながらも，国家財政や現実の取引には重量単位「錠両銭分」を一貫して用いることによって，一般的交換手段としての機能を格段に高めた。明朝も元にならい，1375(洪武8)年以降，宝鈔を発行したが，初めから鈔価を維持できず，16世紀半ばにはほとんど使用されなくなった。

(徳永 洋介)

こうしょう【行省】 →行中書省

こうしょう【洪昇】 1645(順治2)～1704(康熙43)。清初の文人。銭塘(浙江省)の人。字は昉思，号は稗畦。洪家は学者家系の旧族であり，遠祖に『容斎随筆』『夷堅志』等の著者洪邁がいる。

1664(康熙3)年7月1日，20歳の誕生日に同い年で1日年下の黄蘭次と結婚。その華宴の経緯は「同生曲」詩に詳しいが，後日の『長生殿』における玄宗・楊貴妃の「七夕密誓」にも反映されるであろう。

その一生は官歴に恵まれず，不遇であった。『長生殿』の盛行によって一躍文名を高めたものの，1689(康熙28)年，政争に起因する弾劾事件によって任官の道を断たれた。以後，智朴らと盤山(天津市郊外)に於て交友を深めた事は『盤山志』(四庫全書本『欽定盤山志』の原本)に詳しい。

著作に『稗畦集』『稗畦続集』等があり，『洪昇集』(浙江古籍出版社，1992年)所収。手抄原本の『嘯月楼集』は清の陸心源旧蔵を経て，現在は東京の静嘉堂文庫所蔵。また『長生殿』に注した呉山『三婦評牡丹亭雑記』に跋を載せる洪之則は洪昇の娘である。

(竹村 則行)

こうじょう【口糸】 →轡口

こうしょうがく【考証学】 清の乾隆・嘉慶(1736-1820)の時代に経学(経書の学)を朱子学の哲学的議論の枠より刷新しようとする学術運動が展開された。これをその時期・学風から経学史上の名称として清朝考証学と呼び，漢唐訓詁学，宋明性理学に次ぐ最後の経学とする。考証学とはこの学術運動の学風を特に論評する語。宋学に対し漢学を標榜し，また樸学(朴学)，考拠学ともいう。恵棟・戴震・銭大昕・段玉裁・王念孫などが代表的。清初の顧炎武・閻若璩などを先蹤として含め数える場合もある。業績の集成としては『皇清経解』『続皇清経解』など。

「考」は表面的な判定に身をゆだねず他の事柄にも比較し確かめながら考察を進めること。「証」は証拠に基づいて事実を割り出すこと。考証学と同時代の姚鼐は文献テキストに関わる学問には「義理・考証・文章」の3つがあると論評する。「義理」とは哲学的な考察。「文章」とは文学的な考察。「考証」とは，哲学的・文学的研究に対置して，文献テキストが記録し背景としているその文献当時の歴史的事実を割り出すこと。清朝考証学は経書テキストに関わる様々な問題を当の経書が明示的あるいは潜在的に記録している歴史的事実の究明に割り付けて解決する研究を行った。経書の語彙，その音韻・意味なども，経書という漢字テキストが記録している潜在的歴史事実として改めて対象化され，その割り出しが経書の校訂・読解に基礎を与え，その上に展開される研究に鮮度を与えた。

考証学は経学刷新の枠内に始まった学術運動である。経学刷新の枠とは経書の時代を仏教などに汚染される以前の純粋な中国文明の時代＝聖人の時代として前提的に理想化する枠組であった。理想化されているが故にこそ事実究明への深い動機付けが働いた。しかしその身上たる厳密な事実考証の進展はやがてこの理想化をも歴史的に相対化し始める。考証学という学術運動はこのような内面の緊張を抱えて展開したのであった。

(木下 鉄矢)

こうしょうこく【高昌国】 内陸アジアの吐魯番地域にあった漢人政権の国。この地には前2世紀頃，車師(姑師)と呼ばれる民族または国が存在したが，漢はその支配をめぐって匈奴と争い，高昌壁(カラホージャの地とされる)を築いた。後の高昌国の名はこれに因むという。五胡十六国の時代，前涼・北涼など数国がこの地に高昌郡を置いた。その後，涼州出身の闞爽がこの地で太守を称したが，北涼の残存勢力の沮渠無諱・安周らは闞爽を逐い，450年に西部の車師(前部)国も滅ぼした。後，遊牧民族柔然が闞爽の一族とされる闞伯周を高昌王に立て，ここに高昌王の名が始まった。闞氏高昌国は3代30年前後で高車に倒され，敦煌の張孟明，次いで馬儒が王となるが，500年前後に馬儒の長史で金城出身の麴嘉が国人に推されて王となり，麴氏高昌国が始まった。麴氏の王系は途中政変期を挟みつつ，麴嘉以後約10代が数えられている。640(貞観14)年，最後の王麴智盛は唐太宗が派遣した

侯君集軍に降り高昌国は滅んだ。唐は同地に西州を置いた。

吐魯番地方の阿斯塔那（アスターナ）やカラホージャの古墓等からは前涼以降の多種多様な漢文文書が出土し，上記の漢人（系）の植民地域の歴史を裏付け補足しているが，同時にこの地方からは時代を異にするいわゆるトカラ語文書やソグド語文書等も発見されており，漢文文書に現れる非漢人名の存在と共に歴代の民族構成の複雑さを窺わせる。『周書』異域伝には「文字も華夏に同じであるが胡書も兼用する。孟子・論語・孝経があり学官・弟子を置き教授させる。読むのにたくみであるが胡語である」と記されており，胡漢文化の混交をよく示している。宗教は主として漢人等が信じた仏教・道教の他，『隋書』西域伝には「俗は天神に事え兼ねて仏法を信ず」とあり，前者の「天神」は「胡天」などと共にゾロアスター教（祆教）の神とする説が有力である。麹氏高昌国の官制は，王の下に王子が任ぜられる令尹及び交河公・田地公があり，その下に亡命漢人世族等に与えられた多様な官職名・将軍号があって不明な点も多いが，官制・税制等の一部について明らかにされている。　　　　　　　　　　（山本　光朗）

こうしょうこじょう【高昌故城】　新疆ウイグル自治区トルファン(吐魯番)にある都市遺跡。都城址と墓地とが残る。外城壁は方形で一辺約1500m，内城壁は南北1000m，東西800mの長方形で，その中央に不整形の王宮址がある。都城内には日乾しレンガの建築址が数多く残る。王宮址や内城西南隅の一部が発掘された。都城の内外で，仏教，ゾロアスター教，マニ教，景教などの寺院址を調査している。都城の北側一帯にアスターナ（阿斯塔那）とカラホージャ（庫拉和卓）の古墓群がある。墓は地下に横穴式墓室をほり，地上に截頭方錐形の封土を置く。西アジア産の金銀器や貨幣，ガラス，ペルシャ絨毯や絹織物，中国製の麻織物，絹織物，銅鏡や紙文書などが出土する。都城址と墓から出土した遺物は，質量ともに豊富で，墓誌，絹織物，庸調布，絨毯，金属製品，ガラス，貨幣，寺碑，経文，契約文書，抄本などがある。当時の統治政策，地域行政，東西交流，思想史，経済史などを明らかにできる貴重な資料が多い。　　　　　　（岡内　三眞）

こうしょうじしもでらこうでん【広勝寺下寺後殿】　広勝寺は山西省洪洞県城にある元の寺院。城の東にある霍山のふもとに下寺，半キロ離れた山頂に上寺がある。下寺の伽藍軸線に位置する山門・前殿・後殿はすべて元の遺構である。後殿は最も古く，元1309(至大2)年の再建。

元代では，「減柱造」と「移柱造」が盛行し，後殿はその好例である。桁行7間(27.88m)，梁間3間(16.10m)の平面で，屋根は切妻造である。6本の柱を減らし，2本を移動することにより，大きな礼拝空間を確保する。柱を減じたところには「大内額」(桁行方向の断面の大きな部材)が設けられ，屋根の荷重は大内額から柱頭斗栱に伝わる。こうした構造革新により，自由平面が得られた。また，「斜梁」(登り梁)を使うのも元の建築の特徴である。すなわち，側柱から斜梁を使い，中央の梁を受けるという構造手法である。軒回りの斗栱は2手先の単抄単下昂(仮昂)で，他では1手先のみが使われており，斗栱は簡略化される。この柱と梁を直接つなぐ架構形式は，15世紀以降に盛行するが，後殿はその先駆例である。内部には，元代の三世仏が安置されている。　　　　　　　　　　（包　慕萍）

こうしょうじん【孔尚任】　1648(順治5)～1718(康熙57)。清の戯曲作家・詩人。曲阜(山東省)の人。字は季重，また聘之。号は東塘・岸堂・云亭山人。孔子の64代目の子孫。1684(康熙23)年，帝が南巡の帰途曲阜県を訪れた際に召し出されて進講し，これによって国子監博士になった。詩文に長じたが，戯曲『桃花扇』がもっとも有名である。少年時代に親戚から明末の遺聞を聞いて戯曲制作の構想をいだき，のちに淮揚に派遣されて明の遺民である冒襄・鄧孝威らとも知りあった。揚州では梅花嶺に上って史可法の衣冠塚に詣で，南京では戦跡燕子磯をたずね，秦淮に遊び，孝陵を拝し，更に棲霞山白雲庵の張瑶星道士に会いに行った。こうして周到に材料を集め，10年以上にわたる3度の改稿を経て完成させたのが『桃花扇』である。脱稿の年の秋，康熙帝から稿本を求められて献上したが清朝皇帝に気に入られるはずもなく，次の年の春に官を辞めている。ほかに詩文集『湖海集』などの著作がある。　　　　　　　　　　（廣瀬　玲子）

こうじょうだいせいそんいせき【藁城台西村遺跡】　河北省藁城市台西村にある殷代遺跡。1965年村民が「西台」の南側で青銅器と玉器を発見，72年同地点で青銅器・石磬等の遺物が出土した。これらの遺物が二里岡文化期と殷墟文化期の間に位置する殷代中期のものであり，また中国で発見された最古の鉄器の一例とされる隕鉄を使用した鉄刃青銅鉞が出土したことで注目された。1973～74年，2回にわたる発掘の結果，台西村遺跡は殷代中期の居住遺跡及び墓地から成ることが明らかにされた。台西村遺跡の発見は，王都の宮殿址や大型建築址ではない，殷代の一般家屋の建築状況を知る上で極めて貴重なものとされる。住居址14，井戸址2，灰坑134，墓112が発掘され，墓からは鉄刃

青銅鉞を含む106件の青銅器が出土した。殷の習慣であろうか，家屋の軒下に人間の頭蓋骨が吊されていたという。発掘報告書に河北省文物研究所編『藁城台西商代遺址』(文物出版社，1985年)がある。

(武者 章)

こうしょうぶんがく【講唱文学】 韻文の歌と散文を交互に用いるか，または歌のみで，あるまとまった内容の物語を語る叙事詩的文学。説唱文学とも言う。実際には，主として一人の演者が歌いかつ語る語り物芸能の形態をとる。古くは『逸周書』の「太子晋解」や『荀子』の「成相篇」があり，漢代墳墓から多数出土する，太鼓をたたきながら物語を語るさまを模した説書俑などから，中国にも元来，この形式の文学があったことが分かるが，それが盛んになるのは仏教の唱導文学の影響が大きい。その代表である敦煌発見の唐五代の変文は，主に七言句の韻文と散文によって，仏教的・世俗的題材を演じたものである。唐代中期に西域から入った音楽の影響で，長短句の韻文形式である曲子詞が生まれると，講唱文学の韻文部分も，長短句を用いる楽曲系と，七言あるいは十言の斉言句を用いる詩讃系の二つに分かれた(葉徳均『宋元明講唱文学』)。楽曲系は特定のメロディーをもつ曲を組み合わせる聯曲体，詩讃系は同一のメロディーを，リズムを変えながら繰り返す板腔体と，両者は音楽的にも対照的な性格をもつ。楽曲系は主に都会における娯楽文芸として発達し，士人階層にも浸透する。その代表は宋金元代の諸宮調で，これはのちに演劇に転化して，宋代の南戯や元代の雑劇になった。その他，宋代の鼓子詞・賺曲，元明代の散曲・俗曲，清代の単弦牌子曲なども楽曲系に属する。一方，詩讃系は，唐五代の変文以降，主に農村に残り，宗教儀礼などに用いられたと考えられるが，一部はのちに芸能化して都市に進出した。宋代の陶真，元明代の説唱詞話，明清代の弾詞・宝巻・子弟書をはじめ，北方の鼓詞，広東の木魚書など現在も中国各地に行われる講唱文学の多くは詩讃系である。また京劇をはじめとする各地の伝統地方劇の大部分，辺境地域農村部に残る宗教的仮面劇である儺戯は，ともに詩讃系が演劇化したものである。講唱文学はその散文の部分が増大すれば，白話小説となる。元明代の白話通俗小説は，宋代都市の盛り場芸能から発達したものであるが，そのひとつの背景は講唱文学であったと考えられる。のちには逆に白話小説を韻文化して講唱文学とする例や，小説にもとづき散文の語りのみによる揚州の評話，北方の評書などが現れた。講唱文学は韻文の詩歌，散文，戯曲，小説などさまざまな文学ジャンルと関係する重要な文学形態であるが，その内容は民間の伝説や故事などを扱ったものであったため，伝統的・古典的文学観の中では軽視され，特に詩讃系の古い時代の作品は，敦煌変文，明成化(1465-87)刊本の『説唱詞話』のように，後世になって偶然，発見されたものがほとんどである。講唱文学が文学としての価値を認められ，研究の対象となったのは，20世紀初の文学革命により，白話文学・俗文学の概念が定立した以降のことであった。

(金 文京)

こうしょく【后稷】 周王朝の始祖とされる伝説上の人物。姓は姫，名は棄。后稷の后は長官，稷は農事をつかさどる役人の意味である。母姜嫄が巨人の足跡を踏み，その精に感じて身ごもったとされる。不祥の子として棄てられたが，そのたびに助けられ，それにちなんで棄と名づけられた。幼いころより農耕を好み，長じて帝堯の農師となった。つづく帝舜によって邰(陝西省)に封ぜられたという。史記4

(松井 嘉徳)

こうしょくず【耕織図】 中国画の画題。稲作の全行程と養蚕から機織りまでの行程を描く図。農民の労働の価値を皇帝に知らしめる勧戒画であり，又人民に対して農本主義の推進を示す意図を持つ。原本は伝わらないが南宋の高宗に楼璹が献上した耕21図，織24図に始まり，元以降，版画に受け継がれる。明の1502(弘治15)年刊『便民図纂』の耕織図や，焦秉貞が作図に西洋の透視図的遠近法も応用した1696(康熙35)年刊の御製『佩文斎耕織図』が有名。画巻に伝梁楷『耕織図巻』(クリーブランド美術館蔵)がある。 (小林 宏光)

こうしょてい【光緒帝】 1871(同治10)～1908(光緒34)。清の第11代皇帝。在位1875～1908。名は載湉。廟号は徳宗。諡は景皇帝。父は道光帝の第7子奕譞(咸豊帝の弟)，母は西太后の妹。幼少で即位し西太后が垂簾の政(幼少の天子にかわって太后・皇太后がする政治)を行ったが，1887(光緒13)年からの親政後も実権はなく，西太后との不和も次第に深まった。その治世は，イリ問題・清仏戦争など外交的事件が相次いだが，日清戦争後，康有為の上書を読み，改革の志を抱いた光緒帝は，1898(光緒24)年6月11日，「明定国是」の詔を発し，変法の開始を宣言した(戊戌変法)。その後，康有為・梁啓超らを登用し，矢継ぎ早に一連の変法の詔書を発したが，やがて保守派の反攻に遭い，9月21日の戊戌の政変によって，光緒帝は中南海の瀛台に幽閉され，西太后の訓政が再び始まった。義和団事件に際しては，一時西太后とともに西安に逃れたが，北京帰還後も幽閉は依然として続き，1908(光緒34)年11月14日，西太后と相前後

して没した。清史稿23・24　　　　（村尾　進）

こうしょとうかぞくろく【光緒東華続録】
清の編年体の歴史書。220巻。1909(宣統元)年刊。朱寿朋撰。四種ある『東華録』の一つ。他の『東華録』は概ね『清実録』の稿本を主な資料とした、いわばその節略だが、これだけは実録編纂とは別に、当時の官報や新聞を資料に編まれたもので、同じ光緒年間(1875-1908)を扱う実録より詳細になっているため、史料的価値が高い。清末政治史の基本史料である。「光緒朝東華録」と題した標点・洋装5冊本(中華書局、1958年、全6024頁)もある。
（岡本　隆司）

こうしん【爻辰】
後漢の鄭玄が唱えた。乾坤二卦の十二爻に、12か月・十二辰・十二律・二十八宿などを組織的に配当する易論。乾の初九に11月・子を、九二に正月・寅を、九三に3月・辰を、九四に5月・午を、九五に7月・申を、上九に9月・戌を配し、坤の初六に6月・未を、六二に8月・酉を、六三に10月・亥を、六四に12月・丑を、六五に2月・卯を、上六に4月・巳を配し、さらに十二律・二十八宿などが配当される。他の六十二卦もこれに準じて、各爻に配当する。鈴木由次郎『漢易研究』に詳しい説明がある。　（近藤　浩之）

こうしん【江参】
?～1145(紹興15)頃。北宋末～南宋初の画家。衢州(浙江省)の人。字は貫道。政治家、葉夢得の援助を受けたと見られ、江蘇・浙江方面で活躍した。董源・巨然を学び、この時代の数少ない江南山水画系の画家として重要である。1145年頃、宮廷に召されたが、高宗に謁見する前夜に急逝したという。伝称作品に『林巒積翠図巻』(カンザスシティ、ネルソン・アトキンズ美術館蔵)、『千里江山図巻』(台北、故宮博物院蔵)がある。
（竹浪　遠）

こうしん【黄慎】
1687年(康煕26)～1768(乾隆33)。没年は1766(乾隆31)、1770(乾隆35)～72(乾隆37)とも言う。清代の画家。寧化(福建省)の人。字は躬懋、後に恭懋、恭寿、号は瘿瓢。18,9歳にして同郷の上官周に画を習い、1724(雍正2)年より老母とともに揚州に寓居し、鄭燮らと交遊した。1735(雍正13)年より故郷の寧化に帰り江南各地に赴き売画生活を送るが、1745(乾隆10)年前後に母が死去すると、1751(乾隆16)年には再び揚州に出て売画生活をおくるようになり、その画名詩名ともに盛んとなる。1757(乾隆22)年には再び寧化に帰り、同地で死去した。江南の諸都市を巡り売画生活を送る、典型的な清代の職業画家と言えよう。黄慎は初め肖像画家として出発し、独特の粗放な筆法を用いた人物画に特徴が認められる。また山水は独特の渇筆を用いたもので、代表作に『山水図冊』(京都、泉屋博古館蔵)、「邗水寄情冊」(チューリッヒ、リートベルグ美術館蔵)がある。揚州八怪の一人に数えられ、『湖詩抄』3巻がある。
（塚本　麿充）

こうしん【黄震】
1213(嘉定6)～81(至元18)。南宋の思想家。慈渓(浙江省)の人。字は東発、号は於越、諡は文潔。1256(宝祐4)年の進士。史館検閲となるが、直言が災いして降格され、各地で地方官を務めた。塩政や社倉法を改革するなど、善政をしいた。南宋滅亡後、元に仕えなかった。当時盛んであった陸学に批判的で、朱子学の中興者として名高い。また朱子学の枠組に固執せず、諸説を折衷する柔軟な学問態度に定評がある。著作に『黄氏日抄』97巻、『古今紀要』19巻、『古今紀要逸編』1巻がある。宋史438
（久米　裕子）

こうしんまち【庚申待ち】
干支によって60日に1度巡って来る庚申(かのえさる)の日は、古来道教においては忌むべき日とされ、人の体内にいる三尸(三彭)と呼ばれる3匹の虫が、その人の過ちを見ていて、庚申の夜に人が眠ったすきに、天に昇って天帝に罪を報告すると信じられていた。そこで、庚申の日には精進潔斎して眠らないで過ごせば三尸の害をまぬがれることができると考え、それを守庚申と称した。

三尸には、上尸・中尸・下尸の別があるとも、それぞれ別名があり、体内での居場所が違うとも伝えられている。その風習は中国では魏晋ごろから唐宋にかけて盛んであったが以後次第にすたれていった。日本へは平安時代に伝えられ、地方へひろまって行く中で、いつしか本来の意味が忘れ去られて、庚申さんと神格化され、猿田彦あるいは青面金剛を祀る庚申講が組織され、その夜には集団で庚申待ちがおこなわれるようになり、今も一部の地域にはその伝統が残っている。
（吉田　隆英）

こうしんろく【考信録】
清代辨偽学の代表作の一つ。崔述の著作。全36巻。『考古提要』『補上古考信録』『唐虞考信録』『夏考信録』『商考信録』『豊鎬考信録』『洙泗考信録』『豊鎬考信録別録』『洙泗考信余録』『孟子事実録』『考古続説』『附録』から成る大著。経書以外の古書に偽説があることを力説し、従来史実とされてきた上古・堯舜・三代及び孔子・孟子に関する記載や伝説を検証した。那珂通世校点本『崔東壁遺書』(1903年)により再認識され、近代の日中歴史学界の疑古思潮に大きく影響し

た。顧頡剛整理本『崔東壁遺書』(上海古籍出版社，1983年)がある。　　　　　　　　　　(陳　捷)

こうすいせん【香水銭】　唐の玄宗朝に勃発した安史の乱で，財政や軍事費の捻出を目的として銭を納めた者に僧尼・道士・女冠の資格(度牒)を与えたが，この売度牒の銭につけた雅名。度牒の売買は756(天宝15)年，楊国忠が太原で行ったのに続き，粛宗即位の翌年(757〔至徳2〕年)，宰相裴冕らの発案により全国的に売官・売爵ならびに売度を実施した。この時，協力して香水銭の名を高からしめたのが禅宗(荷沢宗)の祖，神会であり，禅宗の興隆に大きく貢献した。　　　　　　(藤善　眞澄)

こうせい【江声】　1721(康熙60)〜99(嘉慶4)。清の学者。元和(江蘇省)の人。字は叔澐，号は艮庭。1796(嘉慶元)年に孝廉方正に挙げられる。余蕭客とともに恵棟に師事し，その『古文尚書考』および閻若璩『尚書古文疏証』を得て「古文尚書」が東晋の偽書であることを確信する。恵棟・閻若璩の説を補完すべく，漢儒の経説を広く求めて『書経』(『尚書』)を注解し，さらに自説で疏解して『尚書集注音疏』12巻を完成する。小学でも『六書説』1巻は銭大昕に高く評価された。清史稿481　　　　　　　　　　　(濱口　富士雄)

こうせいけいかい【皇清経解】　清の阮元が門下の厳杰に命じて編纂させた叢書。清の学者たちの経書にかんする著作186種を集めており，1400巻。たとえば段玉裁の『経韻楼集』などは経学にかんする部分だけを収録するなど抜粋・省略などがあるがその価値は計りしれない。その後光緒年間(1875-1908)に王先謙がさらに209巻を江蘇省江陰県の南菁書院で刊刻した『南菁書院叢書』を『続皇清経解』と称する。　　　　　　　(吉田　純)

こうせいしは【江西詩派】　宋代の詩歌の流派。北宋の末の黄庭堅は，蘇軾の弟子であったが，詩人としては「蘇黄」と並称され，後世に及ぼした影響の大きさでは師をしのぐものがある。あらゆる古典を広く精密に読んで，蓄積された学識教養を基盤として新しい表現を創り出す，即ち「点鉄成金」の技法を駆使して詩を作ることが明確な規範として掲げられた。北宋末から南宋初にかけて，呂本中が，黄庭堅の詩学の系列に入るべき詩人，陳師道以下25人を想定し，黄庭堅の出身地である江西に名を借りて「江西詩社宗派図」を作って以来この名は定着し，12世紀の末ごろまでこの詩風が一世を風靡した。「宗派図」以外の人でも曾幾や陳与義はこの派に入れられ，詩派の構成員はみな杜甫を学んだことから，元末の方回は，杜甫を祖とし，黄庭堅・陳師道・陳与義をあわせて「一祖三宗」と命名した。楊万里・陸游らもその影響を受けている。　　　　　　　　　　(大野　修作)

こうせいしゅん【杭世駿】　1696(康熙35)〜1773(乾隆38)。清の学者。仁和県(浙江省)の人。字は大宗，号は菫蒲。1724(雍正2)年の挙人。1736(乾隆元)年の博学鴻詞に挙げられ，翰林院編修となり，武英殿版『十三経』『二十四史』を校勘し，『三礼義疏』の編集に係わる。漢人・満洲人併用の官制についての直言が原因で官を辞す。『続礼記集説』100巻は経義の遺説を博捜する。史学や小学にも通じて『史記考証』7巻，『三国志補注』6巻，『続方言』2巻，また『道古堂文集』46巻がある。
　　　　　　　　　　　　　　　(濱口　富士雄)

こうせいろく【侯鯖録】　北宋の随筆名。8巻。著者の趙令畤は北宋新法党の一人として元祐党籍碑に名を録される。書名は種々の肉を雑えて調理した珍味に因み，雑録を意味する。詩文名物に関する記述が中心で，蘇軾周辺にまつわる題材が多いが，うち1巻は専ら唐の元稹作の伝奇小説『鶯鶯伝』に関するもの。まず元稹の年譜と諸記録を用いて同小説が元稹自身の実体験を下敷にすることを考証，次に伝奇小説と諸宮調(語り物)の間に位置し，後の『西廂記』の原型となる，鼓子詞(語り歌)12首を交えた形式の物語を収録する。
　　　　　　　　　　　　　　　　(西岡　淳)

こうせき【高適】　700(久視元)?〜765(永泰元)。盛唐の詩人。渤海の蓨県(河北省)の人。「こうてき」とも。字は達夫。左散騎常侍の任にあったことから，高常侍とも呼ばれる。岑参とともに辺塞詩人として知られ，「高岑」と併称される。自身も3度にわたって出征した経験をもつ。50歳までは長い不遇を余儀なくされ，安史の乱を機として以後，官界で昇進していく。詩人としての活動は無官の時期がすぐれる。その時に王昌齢・王之渙・李白・杜甫らとも交遊した。後年，剣南節度使の任にあった時には，成都に寄寓していた旧友の杜甫を援助した。慷慨の気に満ちた雄渾な詩風は，盛唐詩の典型とされる。旧唐書111，新唐書143　(川合　康三)

こうせきこう【黄石公】　秦末の神仙。『史記』によれば，張良が橋の上で一人の老人と出会い，老人はいくつかの試練を課した後，『太公兵法』を授けて去った。その老人は穀城山(山東省)の麓の黄色い石が自分だとしたことから，黄石公と呼ばれる。この書を得た張良は劉邦を助けて漢王朝を築い

たとされる。晋の葛洪の『抱朴子』内篇では，黄石公は張良に不死の術も授けたとする。後世には黄石公の名を冠した兵法書が多数出現したが，仮託であろう。
（亀田 勝見）

こうせつ【黄節】 1873（同治12）〜1935（民国24）。近代の学者・詩人。順徳（広東省）の人。清末に生まれ科挙に応ずるが落第。その後章太炎らと交わって反清ジャーナリズムに投じ，辛亥革命後は民権の伸張を主張した。1917年に北京大学教授となってからは学者・詩人として生涯を終えた。特に漢魏六朝詩に造詣が深く，『漢魏楽府風箋』『曹子建詩注』『阮歩兵詠懐詩注』等の注釈や，詩学を論じた『詩律』『詩旨変雅』等を著した。自身の詩集に『蒹葭楼詩』がある。
（西岡 淳）

こうせん【句践】 春秋時代末，強勢を誇った越国の王。在位前496〜前465。荀子は春秋の五覇の一人に数えている。呉王夫差との宿命的な対決は，「呉越同舟」「会稽の恥」「臥薪嘗胆」などの成句でよく知られている。句践は，越に攻め込んできた呉王闔閭を破り戦傷死させたが，逆に復讐を誓う闔閭の子の夫差に反撃され，都の南の会稽山（浙江省）で降伏した。彼は呉から屈辱的な扱いを受けたが帰国を許され，范蠡や大夫種など有能な臣下の補佐を得て国力の充実をはかり，復讐の機会をうかがった。夫差が中原に進出しているすきに呉を攻め，前473年に夫差を自殺に追い込み呉を滅ぼした。その後，琅邪に遷都し，山東地域に支配を確立して覇者と称された。しかし，その死後，越は楚に圧迫され，前4世紀末には消滅した。句践の時，越が急速に強勢となったのは，その経済政策の成功によると考えられ，この時その後の江南開発の基礎が築かれた。史記41
（江村 治樹）

こうせん【黄筌】 ？〜965（乾徳3）。五代十国蜀を代表する宮廷画家。成都（四川省）の人。字は要叔。幼少のころより画才を発揮し，13歳で唐の画風を蜀にもたらした刁光胤について学び，17歳で前蜀後主（王衍）に仕え，後蜀に代わってからは翰林院待詔となり，宮廷第一の画家として活躍した。後蜀が滅亡すると一族とともに北宋の都汴京へ移ったが，活動することなく没した。人物画や山水画も善くしたが，とくに花鳥画家として名高く，次子の黄居寀，末子の黄居実も家学を継いで一家を成した。花竹は滕昌祐，鳥は刁光胤，鶴は薛稷，山水は李昇，人物龍水は孫位を師とし，いずれも先人を凌駕した。花鳥画における鉤勒塡彩技法による繊細華麗な画風は「黄氏体」とよばれ，北宋中期には「黄家富貴」（『図画見聞誌』1）と俗諺に上るほど広ま
り，徐熙の「野逸」（同）と対比された。実際は，没骨法も行い，対象に応じて自在に描法を使い分けていたと推測され，唐代に始まる写生主義を花鳥画において総括したのが黄筌である。その汎用性の高い画風が北宋の主導的な様式となっていったのは必然といえる。

「付子居宝習」の落款がある『写生珍禽図巻』（北京，故宮博物院蔵）は，黄筌が次子黄居宝に与えた習画用の絵手本とされ，無背景の地に小禽・虫・亀を精密華麗な画風で描き出した図鑑のような優品である。その活躍の舞台は宮殿の大画面障屏画で，現在すべて失われている。後蜀の六鶴殿に，鶴の典型的姿態である唳天・警露・啄苔・舞風・疎翎・顧歩の6体を四季とともに描いた六鶴図壁画の事跡は名高い。
（藤田 伸也）

こうぜんじ【興善寺】 陝西省西安市雁塔区にある寺。西晋武帝の時の創建と伝えられる。隋の文帝時代には新都大興城の靖善坊一坊を占める大伽藍，大興善寺となり，多くの俊才が集められ，また那連提耶舎・闍那崛多等による仏典翻訳の中心道場としても発展した。その勢いは唐代へ受け継がれ，特に密教を伝えたインド僧善無畏・金剛智・不空の事績は目覚ましい。唐の武宗の廃仏によって衰退し，明清代に重修され，現在は省級重点文物として保護されている。
（大内 文雄）

こうぜんのき【浩然之気】 広大正直な「気」のこと。『孟子』公孫丑 上篇に見える。孟子によれば，「浩然の気」は言葉で説明できないものだが，よくこれを養い育てれば宇宙に充満する力をもつという。しかしまた孟子は，「気」は「意志」や「道義」によってコントロールされなければならないと考えており，「浩然の気」も「道義」を修めれば自然に成長するものだから，「気」だけを養い，それに頼ってはならない，という。
（森 秀樹）

こうそ【高祖（漢）】 前256〜前195。生年は一説に前247。前漢の初代皇帝。沛県豊邑中陽里（江蘇省）の人。姓は劉，名は邦，字は季。中流の農家の出身。正業を嫌い，遊侠として外黄（河南省）の張耳のもとに寄宿した。泗水（江蘇省）の亭長となり，呂氏（のちの呂后）を娶るが，酈山（陝西省）へ護送中の役徒が逃亡したため，山沢に匿れた。前209（秦二世元）年，沛県の父老の支持を得て挙兵し，沛公を称した。前208年，項梁に従って楚の懐王を推戴し，懐王の命で西進し，前207年，武関より関中に入り，前206（高祖元）年，秦王子嬰を降した。苛政を除き，秦の父老に喜ばれたが，項羽に圧倒されて，漢王として南鄭（陝西省）に退いた。ほどなく

挙兵して関中を奪回，中原に進出し，前205年，項羽の斉遠征に乗じその都彭城(江蘇省)を攻略したが，帰還した項羽に大敗し，滎陽ついで成皐(ともに河南省)に退き持久戦にもちこんだ。前203年，講和したが，追撃に転じ，前202年，項羽を敗死させた。定陶(山東省)で諸侯王より皇帝に推戴され，雒陽(洛陽)に都したが，劉敬の献策を容れて長安(西安)に遷都し，反した燕王臧荼を親征した。前201年，楚王韓信を廃して淮陰侯に降格した。韓王信が匈奴に降ると，前200年，親征したが，平城で匈奴に包囲されたのちようやく脱出し，以後匈奴に消極策を採った。前198年，趙王張敖を廃して宣平侯に降格した。前197年，代相国陳豨が反すると親征した。前196年，長安で挙兵を図った韓信が誅殺され，梁王彭越も処刑された。陸賈を派遣して南越王趙佗に璽綬を与え外臣とした。淮南王黥布が反すると親征し，前195年，平定した。この年燕王盧綰が反したが，高祖は黥布親征の際の負傷が悪化し崩じた。このように高祖は六国の旧領にあった異姓諸侯王を長沙王を除いて全て取り潰して劉氏一族を封じ，秦の旧領を直轄する郡国制を採用したが，強大な同姓諸侯王の存置はのちに禍根を残した。史記8，漢書1　　　　　　　　　　　　　　(吉本 道雅)

こうそ【高祖(北斉)】　→高歓

こうそ【高祖(唐)】　566(天和元)～635(貞観9)。唐の初代皇帝。在位618(武徳元)～626(同9)。姓は李，名は淵，字は叔徳，諡は大武皇帝(のち神堯大聖大光孝皇帝)。高祖は廟号。名門，隴西李氏の出身と称するが疑問が多い。祖父の李虎は宇文泰らとともに北朝西魏の重臣八柱国の一人，父の李昞は北周の安州総管，母は独孤信の娘で隋の文帝の皇后の姉にあたり，李淵は煬帝など文帝の諸子とは従兄弟の間柄である。隋朝の諸官を歴任して617(大業13)年に太原留守となり，高句麗遠征の失敗で各地に反乱が相次ぐ中，突厥の支援を得て挙兵し長安を占拠，煬帝の孫楊侑を擁立し(恭帝)，揚州にいた煬帝を太上皇とした。翌年煬帝殺害の報が入ると恭帝から譲られる形で即位し唐を建国，年号を武徳とした。律令の制定など諸制度の整備に努めたが，626年，次男李世民(太宗)のクーデター(玄武門の変)により退位，以後は太上皇として軟禁生活を送り，献陵に葬られた。旧唐書1，新唐書1
　　　　　　　　　　　　　　(浅見 直一郎)

こうそ【高祖(後漢)】　→劉知遠

こうそう【江総】　519(天監18)～594(開皇14)。六朝後期，とくに陳で活躍した詩人。済陽考城(河南省)の人。字は総持。名門に生まれ，戦乱や王朝の交代をかいくぐって，陳の尚書令など顕官を歴任，隋に入っても上開府となって終わりを全うした。幼少より文才の誉れ高く，とりわけ五言詩と楽府に長じた。詩風は当時流行の艶麗さを身上とし，陳の後主の寵を受けて「狎客(とりまき)」と譏られたが，その詩には佳篇が多く，唐詩への道を開いた。
　　　　　　　　　　　　　　(松家 裕子)

こうそう【高宗(唐)】　628(貞観2)～683(永淳2)。唐の第3代皇帝。在位649～683。姓は李，名は治，字は為善。高宗は廟号。太宗の第9子。初め晋王に封じられ，のち皇太子となる。即位後，太宗の才人であった武氏(のちの則天武后)を後宮に入れ，皇后王氏を廃し，武氏を皇后とした。667(乾封2)年，李勣に高麗を伐たせ，以後，新羅・突厥・吐蕃などを破る。顕慶(656-661)以後，中風を患い，武氏が国政に参与した。在位34年にして崩ずる。行書にすぐれており，その御書の碑碣に『李勣碑』『万年宮碑』『大唐紀功頌』がある。旧唐書4，新唐書3　　　　　　　　　　　　(横田 恭三)

こうそう【高宗(宋)】　1107(大観元)～87(淳熙14)。南宋初代の皇帝。在位1127(建炎元)～62(紹興32)。姓は趙，名は構，字は徳基。北宋の徽宗(趙佶)の第9子。1121(宣和3)年，康王に封ぜられ，のち揚州に移り，更に臨安(浙江省)の地に建都し，在位36年に及んだ。父徽宗の感化を受けて書を愛好し，先帝の時に分散した宝物を，市場に求めたり，民間の献納によって，極力回収に努め，ついに宣和の収蔵の数を凌ぐに至り，宣和御物についで紹興御物として長く世上に評価を保った。終生学書に精励し，自ら著した『翰墨志』に「およそ50年間，1日も筆墨を捨てず」と自負する。はじめは当時流行の黄庭堅や米芾を学んだが，中年以後は王羲之を模範とし，宋代の皇帝の中では類のない高雅な書を書いた。その真跡に『賜梁汝嘉勅書』(1135年，東京国立博物館蔵)，『鴨頭丸帖跋』(1140年，上海博物館蔵)，『徽宗文集序』(1154年，京都個人蔵)，『草書洛神賦』(1162年以降，遼寧省博物館蔵)，拓本に『仏頂光明塔碑』(1133年，宮内庁書陵部蔵)，『御書石経』(1143年，原石が杭州碑林に現存)などがある。宋史24　　　　　　(河内 利治)

こうそうえ【康僧会】　?～280(太康元)。三国呉で活躍した訳経僧。サマルカンド系インド貿易商の子として，後漢の交趾郡(現在のベトナムのハノイ付近)に生まれた。当時，交趾には，多くの漢人豪族達が漢末の戦乱を逃れて避難してきていたため，高度な漢文化が伝来していた。かれは，一方で

インド伝来の仏教文化を継承するとともに，他方で渡来人二世として漢文化の教養を身につけた。10代で両親がともに亡くなってしまう不幸に見舞われ，出家して沙弥となって修行を始めた途端に，かれを指導する3人の師も亡くなってしまった。その絶望の中で心の安らぎを求めて漢文化の中心である中原地域へ遠路，求道の旅に出て，師を探し求めた。幸いにも，南陽の韓林，潁川の皮業，会稽の陳慧という3人の真実の師に出会うことが出来た。かれらは何れも，洛陽で訳経活動した安世高系仏教を直伝する人々であった。かくして康僧会は，安世高系仏教を中国化するとともに，次世代の道安*などへ伝承する役割を果たすこととなった。その後，呉の247(赤烏10)年に，呉都建業へ出て布教活動をはじめた。まず呉主孫権を霊験によって感化して，中国最初の国家寺院「建初寺」を建てた。そのような布教活動のためであろう，『六度集経*』という形でジャータカ物語を漢訳して，中国仏教文学の源流の一つを形成した。　　　　　　　　　（荒牧　典俊）

こうそうぎ【黄宗羲】　1610(万暦38)〜95(康熙34)。明末清初の思想家。余姚(浙江省)の人。字は太冲，号は梨洲。父の黄尊素*は東林党の官僚で，宦官魏忠賢に逆らって獄死した。黄宗羲は，父やその友人の東林党人から思想的な影響を受けている。崇禎年間(1628-44)には彼自身も「小東林」とよばれた復社に参加して若手の知識人たちと交流し，政治運動にも加わった。明が滅亡してのち，郷里で清朝に対するレジスタンスに参加するが，やがてこれを離れ，以後は著述に専念し，弟子の育成にも当たった。明史の編纂が始まると，清朝の招聘を受けたが，編纂には協力したものの，異民族の王朝に出仕することはなかった。著作は哲学・文学・歴史・地理・政治・暦学など多方面にわたり，『黄宗羲全集』に収められている。『明儒学案』『明夷待訪録』がとりわけ名高い。1980年代，失われていた『留書』が発見され，彼の民族主義思想が明らかになった。清史稿480　　　　　　　　　（小野　和子）

こうそうきん【高装巾】　→東坡巾

こうそうざん【閤皂山】　江西省樟樹市郊外にある山。いつの頃からか葛玄昇仙の地といわれ，次第に葛玄に由来する霊宝の伝統の継承を自認する人々の本山のような存在となり，宋代には龍虎山・茅山とともに「経籙三山」の一つとして江南道教における三山鼎立の形勢を担い，その中心となる崇真宮は道士数百人を擁する江南屈指の大宮観として隆盛を誇った。元末以降は急速に衰え，道教の一中心地としての役割は終息した。（横手　裕）

こうそうし【亢倉子】　老子の弟子であったと伝えられる人物で，その名は『列子』仲尼篇に見える。亢倉とは周代の人庚桑楚の一名とも言われ『荘子*』外篇には庚桑楚篇があるが，つとに『史記*』においてその実在を疑問視されている。亢倉子はまた書名でもあり，庚桑楚の撰とされるが，実は唐の開元・天宝年間(713-756)の襄陽(湖北省)の人王士元の偽作である。しかし玄宗はそれに気づかず，その書を洞霊真経と称させ道教の経典として重んじた。　　　　　　　　　（吉田　隆英）

こうそうじじつるいえん【皇宋事実類苑】　宋代の朝野の出来事をまとめた記録集。『皇朝事実類苑』(『皇朝類苑』『事実類苑』と略称する)ともいう。また『皇宋事宝類苑』と題するものもある(日本の木活字本)。78巻。宋の江少虞の編纂。1145(紹興15)年の自序がある。全体を28門の事項に分かつ。江少虞は北宋末から南宋初の人物で，当時見ることのできた60余種の書籍から，宋代の政治・軍制・経済・文化・芸術・風俗・逸事等に関する諸事を，原文に即して抜き書きし編纂した。『澠水燕談録』等，現存する史料原文との校勘に役立つ他，引用された書籍の半ば以上がすでに失われており，原書の復原に利用できるなど，高い史料価値を持っている。本書は中国国内では1153(紹興23)年に一度刊刻された後，長く出版の機会がなかった。その後，清代乾隆年間(1736-95)に『四庫全書』を編修した時にも，不全本の63巻本が用いられたにすぎない。20世紀初めに78巻からなる日本の木活字本が董康(1867〜1947)によって重刻され普及した。1621(元和7)年刊行の日本木活字本の他，それに依拠した木板本，及びその影印本，さらに董康重刻の78巻本に基づく点校本がある。　（木田　知生）

こうそうじっちょうこうよう【皇宋十朝綱要】　北宋の太祖朝から南宋の高宗朝までの10朝間の朝政の大事を記載した編年体の歴史書。25巻。南宋の李埴撰。李埴(1161〜1238)は李燾の第7子。各皇帝ごとに，まず略伝・年号・皇后・嬪妃・皇子・公主や宰相以下の重要職官，及び科挙実施年度や進士名，さらに地方州府の廃置を列記し，つぎに重要事項を年代順に簡潔に記載する。父李燾撰の『続資治通鑑長編*』や李心伝『建炎以来繫年要録*』等の宋代史の基本史料にも見えない記事が幾らか含まれている。通行本は1927(民国16)年刊行の上海東方学会活字印本，及びその影印本。　　　　　　　　　（木田　知生）

こうぞうせいどうき【窖蔵青銅器】　窖穴に埋納されて発見された青銅器。窖とは穴倉のこと

で，応急的に掘られたものが多く，円形袋状のものもあれば長方形の土坑もある。通例，四方の壁には仕上げが加わっていない。窖蔵青銅器の出土が極めて多いことで知られる周原においては，埋蔵地は一般に当時の居住遺跡の近傍である。青銅器の埋納は雑然としており，無作為に重ねた状態で発見されることが多い。窖蔵青銅器の多くは，埋蔵時点の鋳造品ではなく，代々伝世されてきたものであり，宗廟の重器ではなく，実用の宝器である。造型・文様ともに精美で長文の銘文を持つものが少なくない。著名な克鼎・盂鼎・毛公鼎・天亡殷・史墻盤など，いずれも周原の出土である。1976年，荘白1号窖蔵から出土した微史諸器は，103件のうち74件が有銘青銅器であり，科学的発掘を経た窖蔵青銅器としては最も多い。しかも窖穴内は草木灰で青銅器の保存を良くしていたという珍しい例である。微史諸器の銘文から復原された微史家の系譜関係により，西周青銅器の編年がより精緻に構成されるようになった。窖蔵の時期は，西周後期，厲王奔彘の混乱期，または西周王朝滅亡の頃と考えられている。　　　　　　　　　　　　　　　　（武者　章）

こうそうでん【高僧伝】
高僧の伝記集。『梁高僧伝』ともいう。14巻。南朝梁の会稽(浙江省)嘉祥寺の沙門慧皎の撰。67(永平10)年の後漢明帝時代の摂摩騰と竺法蘭による仏教初伝から慧皎当時の519(天監18)年に至るまで，あわせて453年にわたる期間の沙門の伝記を集成する。正伝は257人，付伝は200余人。ただし慧皎は江南の人であったから，「偽魏僧」と呼んでいるところの北朝北魏の沙門で立伝されているのはわずかに4人にとどまる。訳経・義解・神異・習禅・明律・亡身・誦経・興福・経師・唱導の10篇をもって構成され，各篇末に論と賛を備える。最後の1巻は序と目録にあてられている。

『高僧伝』に先立ってすでにさまざまの僧伝が存在しており，それら僧伝類はもとよりのこと，寺記や応験記の類を博綜し，あるいは古老や先輩たちに意見を求めて本書は成った。序には，「衆記に散在しているものの繁を削って一書にまとめ，述べて作らずとの立場を取る」と語られている。たとえば僧祐の撰述にかかる『出三蔵記集』の中の訳経者の列伝3巻は，ほとんどそのまま本書に踏襲されている。また僧祐の弟子の宝唱が514(天監13)年に完成した『名僧伝』は，『高僧伝』よりも大部であって，全31巻，425人の沙門の伝記を収めていたと伝えられ，その記事も『高僧伝』と重なるものが多いと考えられる。しかし慧皎は，「名は実の賓」であり，沙門にとっては名よりも実なる徳の高いことこそが大切であるとの立場から，僧伝の書名に「名」を冠するのはよろしくないと考え，自らの撰著には「名」に代えて「高」を冠したのである。

後世，『高僧伝』を継承し，また北朝の沙門の伝記の不足を補うべく唐の道宣によって『続高僧伝』が撰述され，さらに『続高僧伝』の後を承けて北宋の賛寧によって『宋高僧伝』が撰述された。わが国の742(天平14)年書写の『正倉院文書』には，10巻として『高僧伝』が記録されている。
　　　　　　　　　　　　　　　　（吉川　忠夫）

こうそうのらん【黄巣の乱】
唐末の民衆反乱。黄巣は曹州(山東省)の裕福な塩商の家の出身で，塩を密売する俠客であった。幾度か科挙に挑むも全て落第，ために唐朝に恨みを抱いたという。874(乾符元)年，山東地方の凶作を機に密売仲間の王仙芝が蜂起すると翌年これに参加，山東・河南の州県庁舎を襲い，重税に苦しむ農民らを吸収して急速に力を増した。乱の中心であった塩徒(塩密売者集団)は，平生から官憲に対抗して武装し広い連絡網をもっていたため，反乱軍は「流賊」となって各地を略奪して回った。876年，黄巣は唐朝の懐柔策に乗った王仙芝と訣別するも，仙芝が878年に敗死するとその勢力を吸収，途中，唐朝と妥協を図り節度使任命を求めたが，拒否されると広州を攻撃，在留アラビア人12万人を虐殺した。疫病により死者が続出すると，黄巣は北帰を決意，討伐軍の攻勢で一時は窮地に立つが，勢力を盛り返して渡江し北上，天補大将軍を自称して新政権樹立を目指すようになる。880(広明元)年には洛陽を攻略，次いで長安に入城，唐の僖宗は急遽成都に逃亡し，黄巣は皇帝となり大斉国を建てた。黄巣軍は富者を追放し貴族を殺害する一方で貧者に施しを与えたが，数日にして軍紀は乱れ略奪と殺人が繰り返された。黄巣の支配は長安周辺にとどまったため経済的基盤は弱く，食糧不足により長安の米価は暴騰，兵士は樹皮や人肉まで食べたという。唐朝の反撃が始まってもその攻防は一進一退であったが，882(中和2)年に有力武将の朱温(朱全忠)が唐朝に降ると，翌年には沙陀族(トルコ系)の李克用率いる強兵に大敗し，黄巣は長安を棄てて東走，河南に新天地を求めるも成功せず，討伐軍に追い詰められて884年，郷里山東で自決した。黄巣の乱は唐朝を事実上滅ぼしたのみならず，貴族の力をも失墜させ，時代は朱全忠・李克用ら軍閥の領袖が覇を争い，各地に独立政権が割拠する五代十国時代に突入する。　　（辻　正博）

こうそうれつば【紅鬃烈馬】
伝統演劇の演目名。別名『王宝釧』。作者不詳。鼓詞『龍鳳金釵伝』の各章回を地方居に仕立て，清代初期に秦腔の演目として上演され，その後，豫劇・漢劇・川

劇等多くの地方劇で演じられ、20場面以上が編まれた。20世紀初頭、通し演目に改編されて『素貧賤素富貴』『二月二龍抬頭』等の名で上演される。中でも女主人公である王宝釧を主とした場面は「王八出」とよばれ、京劇の四大名旦のレパートリーとなった。その後、京劇の老生周信芳が老生役を主軸に作り替えて「薛八出」とし、他の地方劇でもこれを模した。その日の糧にも事欠く貧乏書生が功成り名遂げるその陰で、妻は富貴を捨て艱難辛苦を厭わず一途に夫を待つという設定は、他に類似演目が多数あるが、常套表現に止まらず、紆余曲折に満ちた筋立ての中に、封建道徳への諷刺が軽妙に盛り込まれ、時代を超えて上演される。現在では再び『全本王宝釧』で通し上演することが多い。秦腔では『五典坡』の名でよぶ。

唐の時代、丞相の王允は三女宝釧の婚姻に、彩楼と呼ぶやぐらの上から彩玉を投げ、それを受けたものを婿と定めることにする。王宝釧は婿取り成功祈禱の直後、行き倒れの薛平貴を介抱する。その非凡さを見抜いた王宝釧は心を決め、彩玉は薛平貴の手に落ちる(『彩楼配』)。王允は貧しい薛平貴を嫌い、婚姻の解消を命ずる。それに従わない王宝釧は父の怒りをかい、勘当同然で家を出て結婚する(『三撃掌』)。参軍した薛平貴はだれもが持て余す赤いたてがみの荒馬を見事操り、皇帝より後軍督府に任ぜられる(『投軍降馬』)。その頃、西涼で乱が起こり、王允は薛平貴に先陣を命ずる。薛平貴はやむなく新妻に別れを告げる(『平貴別窯』)。凱旋した薛平貴は戦功を妬んだ義兄魏虎の差しがねで、酒に酔わされ馬に縛られて追い遣られ、敵の西涼の手に落ちる(『誤卯三打』)。西涼王は薛平貴の才を見込み、娘の代戦公主の婿に迎えて西涼の王とする。一方王宝釧は苦境の日々の中で病に伏してしまう。見かねた母の陳氏が帰るよう説得するが頑として受け付けない(『探窯』)。音信不通の夫を想う王宝釧の前に鴻雁が降り立つ。王宝釧は血書をしたため鴻雁に托す(『鴻雁捎書』。本来、揚劇『鴻雁伝書』の独擅場だったが、現在では他の地方劇でも演ずる)。西涼で18年目を迎えた薛平貴は、ある日飛来した鴻雁に矢を放つが、鴻雁は王宝釧の血書を落として飛び去った。薛平貴は帰心矢の如く、馬を走らせる。公主は激怒し追跡するが、望郷の念に同情して許す(『趕三関』)。薛平貴は故郷に帰り、武家坡で王宝釧と出会う。しかし18年の歳月を隔て、王宝釧は夫とは気づかない。薛平貴は王宝釧の貞節を確かめるため、わざと挑発する。非礼を責める王宝釧に、薛平貴は真相を伝え、夫婦は互いを確かめ合う(『武家坡』)。薛平貴は王允と魏虎に18年分の兵糧を要求するが紛糾する(『算糧』)。折しも皇帝が崩御し、王允は帝位を奪い取ると、再び薛平貴を陥れようとす

る。薛平貴は代戦公主に救援を求め長安を攻める(『銀空山』)。薛平貴が勝利して帝位につき、王允と魏虎を斬首に処そうとするも、王宝釧の身を挺した懇願により王允のみ赦免とし、さらに陳氏を養老宮に迎えて孝を尽くす(『大登殿』)。　　(有澤 晶子)

こうそくせい【高則誠】 →高明

こうそんこう【公孫弘】 前200〜前121(元狩2)。漢の武帝時の丞相。菑川国の薛(山東省)の人。養豚業を生業として過ごし、40歳のときに『春秋』を学び、武帝の時に賢良に挙げられ博士となった。一時挫折をみるものの、博士──左内史──御史大夫と位を進めついに丞相となったが、それはひとえに彼の誠実さを買った武帝の寵愛による。そのために彼は「面諛(へつらいもの)」の悪評を得ることになった。退隠後は平津侯に封じられた。彼の進言によって実施された博士弟子の制度の開設はその後の儒者を朝廷に大々的に登用する道を開いたものである。史記112、漢書58　　(齋木 哲郎)

こうそんしわ【後村詩話】 南宋の詩話。劉克荘の撰。前集2巻・後集2巻・続集4巻・新集6巻。劉克荘は晩年詩人としての才能は衰えたが、詩論には優れたものがある。『後村詩話』は60歳から82歳にかけての作。前集・後集・続集は漢代以降の詩全般を論じ、唐宋を最も優れたものとし、新集では、唐代の詩を詳論している。その方法は、優れた詩句を選び出し、優劣をつけるもので、他の詩話が、考証にまで筆を費やすのとは異なっている。
　　(高津 孝)

こうそんそ【黄尊素】 1584(万暦12)〜1626(天啓6)。明末の政治家。余姚(浙江省)の人。字は真長、号は白安。1616(万暦44)年の進士。正義派官僚(東林党)の指導者の一人として宦官派と対立し、中心人物の宦官魏忠賢の排除を上奏した。2年後、忠賢一派によって逮捕、拷問され獄死した。下獄にあたり長男の黄宗羲(陽明学者。『明儒学案』の著者)を友人で陽明学者の劉宗周に従学させた。明史245　　(荒木 龍太郎)

こうそんりゅう【公孫龍】 前320?〜前250?。戦国時代の政治家・思想家。「こうそんりょう」とも。趙の平原君の客となった。白馬非馬論・堅白論などの弁論で知られる。『呂氏春秋』には「偃兵」(非戦)や「兼愛」(博愛)を説き、趙の国益のために外交問題に弁舌能力を駆使する姿が描かれており、『荘子』天下篇ではその弁舌能力は評価されるものの、人心をとらえることはできないと批

判されている。『史記』平原君虞卿列伝では平原君に重用されたものの、後に鄒衍に取って代わられたとされ、『史記集解』の引く劉向『別録』には、より詳しく、公孫龍が白馬非馬論を説くも、鄒衍により弁舌の限界が指摘され、それを受け入れた平原君に退けられた様子が描かれている。なお孔子の弟子の公孫龍とは別人である。史記74・76

（久保田　知敏）

こうそんりゅうし【公孫龍子】　戦国時代の思想書。「こうそんりょうし」とも。『漢書』芸文志・名家に戦国時代の公孫龍撰として14篇が著録されるが、『隋書』経籍志には無く、『旧唐書』『新唐書』に本書および今は伝わらない2種類の注が著録されている。現在は「跡府」「白馬論」「指物論」「通変論」「堅白論」「名実論」の6篇が残り、宋の謝希深撰という注が伝わっている。明らかに漢代以降の著作である「跡府」を除き、他の5篇は『墨子』経、経説などとの関係から戦国時代の思索を伝えている可能性が高い。　（久保田　知敏）

こうち【交趾】　明から清に作られた三彩の一種に対する日本における呼称。交趾とは現在のベトナム中部にあたり、この地方より来航した交趾船によってもたらされたことに由来する。これらの中には、さまざまな動物や植物などをかたどった小ぶりの合子の一群があり、日本の茶人によっていわゆる形物香合として賞玩されてきた。産地は中国南部一帯とみられており、1992年福建省南部の漳州市に近い平和県田坑に交趾の合子を焼いていた窯が確認された。

（今井　敦）

こうちけい【孔稚珪】　447（元嘉24）～501（永元3）。南朝斉の人。会稽山陰（浙江省）の出身。字は徳璋。はじめ宋に仕え、会稽郡太守王僧虔の主簿となり、安成王の車騎法曹参軍を経て斉の高帝・明帝に仕え、後に都官尚書、太子詹事に至った。平時より世務を楽しまず、居宅には山水を営んで独酌し、隠者の何点・何胤らとも交遊があった。現存する文学作品は少ないが、『文選』に収める「北山移文」が著名である。「移文」は告知の回状のことで、もと建康（南京）郊外の鍾山に山荘を営んだ周顒が、隠遁生活への志を放棄して官途に思いを寄せるさまを、鍾山の山霊の口を借りて糾弾するという内容。同時代の実在の人物に対する直接の非難でありながら、架空の存在に大仰な言辞で語らしめるという手法により、一種の諧謔味を帯びた文学作品の結構を有する。「南岳は嘲りを献じ、北壠は笑いを騰げ、列壑は争い譏り、攢峰は竦ち誚む」。南斉書48

（西岡　淳）

こうちゅうしょしょう【行中書省】　元代の地方行政区分。地方名称を冠して行省あるいは省とも略称され、今日の省の呼称の起源をなす。宋代の路の区分よりも広く、元代では複数の路（宋代の州に相当）・府・州・県を統合して管轄する。中央政府たる中書省の出先機関を意味し、中書省の宰相の序列にならって、右丞相・左丞相・平章政事・右丞・左丞・参知政事が置かれた。なお軍事担当の枢密院と監察担当の御史台にも地方出先機関があり、行枢密院（行院）・行御史台（行台）と称された。

（植松　正）

こうちょう【鉤鰈】　腰帯の両端につけ、掛け締める具。即ち、帯鉤である。材料は玉や金・銀、或いは銅・鉄などを用いている。腰帯の両端に正負異なる鉤鰈を綴じつけ使用する。『隋書』礼儀志や『新唐書』車服志に拠れば、天子は玉の鉤鰈を、皇太子は金の鉤鰈を用いていたことがわかる。使用は周代に始まるが春秋時代に流行した。実物資料としては各地の春秋時代の墓に大量の出土を見ることができる。戦国時代以降は西域の尾錠が伝わり、従来漢民族使用の鉤鰈の使用は衰退したが、一部貴族の制度のなかには踏襲された。

　形状は、方形・円形・楕円形、或いは人形・鳥形・獣形など多様である。また、彫刻や象嵌などの技法を用いて紋飾を施したものもある。

（釣田　敏子）

こうちょうけいせいぶんぺん【皇朝経世文編】　清の政書（制度について記した書）。120巻。1827（道光7）年刊。1825年、当時江蘇布政使の任にあった賀長齢が編纂を提唱し、その幕友であった魏源が実際の編集作業にあたった。明末の徐孚遠・陳子龍らの『皇明経世文編』の後を継ぎ、また清の陸燿の『切問斎文鈔』の分類を参考にして、清初から道光初年までの官方文書・奏疏・著作・書札などから、約650人、2200余編の時務経世論を集め、学術・治体・吏政・戸政・礼政・兵政・刑政・工政の8門に分類している。『海国図志』『聖武記』とならんで、魏源の経世思想と道光年間（1821-50）の経世致用の学風をよくうかがわせる書物である。とりわけ戸政（財政）と工政（水利）が充実しており、全体の約半分を占めている。清末、時流に投じて盛行したため、版本も多く、その中には粗悪なものも少なくない。また、民国にいたるまで、その体例にならった多くの続編が作られた。　（村尾　進）

こうちょうだいそう【黄腸題湊】　題湊とは、木の角材の短側面（木口）だけが見えるように積んで構築した壁。戦国時代から漢時代にかけて、高

級貴族の墓に用いられた。漢時代には柏(ヒノキの類。カシワではない)の木材の中心部を用いたものを特に黄腸題湊と呼んだ。黄腸題湊の典型例は，北京市豊台区の*大葆台漢墓(前1世紀)で，長さ約1m，縦横約10cmの柏の角材1万5000本によって，墓室の中央部分を囲む壁を構築した。黄腸題湊は漢時代には皇帝と諸侯王，そして皇帝から特に許されたものだけが用いることができた。　　（谷　豊信）

こうちょうぶんかん【皇朝文鑑】　→宋文鑑

こうちょうへんねんこうもくびよう【皇朝編年綱目備要】
北宋時代全体に及ぶ編年体の史書。『宋九朝編年備要』ともいう。30巻。陳均撰。南宋の1229(紹定2)年の序がある。主に李燾の『*続資治通鑑長編』を根拠とし，その内容を節略してまとめたものだが，それ以外に，宋代の基本史料である国史・実録・会要，さらに司馬光『稽古録』や熊克『九朝通略』等の史籍も参考にしている。『続資治通鑑長編』の現存部分には，徽宗・欽宗2朝の記載が欠けており，その意味で本書の史料価値は高い。上海図書館や日本の静嘉堂文庫には南宋刊本が所蔵されており，後者の蔵本は1936(昭和11)年に縮小影印されている(線装12冊)。また，その影印本・点校本もある。　　（木田　知生）

こうてい【孝悌】
孝悌とは，孔子が士の条件の一つに，宗族から孝と賞賛され，郷党から悌と賞賛されることとして挙げるものである(『*論語』子路篇)。また孔子は，孝悌とは仁という徳を完成させるための根本となるものともいう(『論語』学而篇)。すなわち，孝とは子が親に対して孝行すること，その孝に対応して，悌とは郷里の年上の者に対して敬い従順の態度で接することで，孝と並んで悌も，儒学の徳目のなかで重要なものの一つになっている。宋代以降，同一先祖から分かれた人々にまで孝の概念が拡大すると，それに対応して悌も重視された。さらに明代以降，社会の流動化傾向が増加し，郷里社会の結合原理，共同体的な倫理が崩壊の危機にむかうなか，陽明学は，人間の真心から発せられる慈愛の心性である慈を加えた孝・悌・慈を核とする宗族の再結合を主張した。こうして，官僚層を支持層とする朱子学に対して，陽明学は庶民層にも広く受け入れられていった。その後も近代にいたるまで，明末の郷約運動など，孝悌は郷里社会の結合原理となっていった。
　　（飯尾　秀幸）

こうてい【黄帝】
古代の伝説の帝王で，五帝の筆頭。軒轅とも。『史記』巻頭の五帝本紀によれば，人間に文化をもたらした最初の帝王であるとされるが，その名は『*書経』『*詩経』などには見えない。後には老子より古い道家の始祖ともみなされ，道教の神としても尊ばれた。黄帝信仰は黄河流域にはじまり，次第に各地にひろまったものと思われるが，現在でも中国人(漢民族)には黄帝の子孫であるという意識が強く残っており，陝西省黄陵県には黄帝陵があり尊崇をあつめている。史記1
　　（吉田　隆英）

こうていきゅうしょうさんけいさいそう【黄帝九章算経細草】
北宋の数学書。賈憲撰。すでに失伝し詳しいことはわからない。だが数字高次方程式の解法について新機軸を開いたとされる，開方作法本源(＝パスカルの三角形)と増乗開方法(ホーナー法に類似)については，南宋の楊輝『詳解九章算法』などに引用されており，概要を知ることができる。開方作法本源に則る立成釈鎖法と増乗開方法はいずれも，宋元数学の偉大な成果に数えられている。
　　（川原　秀城）

こうていきゅうていしんたんきょうけつ【黄帝九鼎神丹経訣】
唐代煉丹術の基本文献。20巻。北宋『*崇文総目』および『*宋史』芸文志には10巻，南宋鄭樵『*通志』には20巻として著録される。編者未詳。『道蔵』洞神部衆術類所収。巻1は『抱朴子』内篇金丹篇に見える「黄帝九鼎神丹経」と類似する。巻2以降は種々の煉丹書を引用するが，所引文献や地名などから唐の*高宗に対して説かれたものという見方が有力。　　（森　由利亜）

こうていきょう【黄庭経】
道教の経典。黄庭(脾臓のシンボル)を中心とする道教的身体構造論に基づき，五蔵神をはじめとする人体に宿る八百万の神々の観想と呼吸法の実践とによって，不老長生を得て神仙となれることを説く。晋の葛洪『*抱朴子』内篇にその名が見え，*王羲之の書跡で著名な『黄庭(外景)経』と，東晋期の茅山派道教徒がそれを基に改作し，より宗教的価値が高いという主張を込めて命名した『黄庭内景経』との2種類のテキストが有る。『外景経』は，上中下3部全99句の7言の韻文からなり，神々の具体的な名字や服飾の記述はなく，別にそれらに関する口訣の類が存在して師から弟子へと伝授されていたと推定される。一方『内景経』は，句数不定の7言の韻文で構成された36の章からなり，神々の名字や服飾や権能についての記述を有する。こうした『黄庭経』の体内神説は，人体を頭部(上丹田)・胸部(中丹田)・腹部(下丹田)の3部に分け，それぞれに8柱の神が宿るとする後の三部八景二十四神説へと展開していっ

た。茅山派の伝承では，南岳夫人魏華存が中心経典である『大洞真経三十九章』の実修に先立って習得するようにと，暘谷神王景林真人から『内景経』を授けられたとする。また，『大洞真経三十九章』同様，『内景経』も1万回唱えればそれだけで昇仙できる経典とされ，道術の実践よりも誦経そのものが重視されるようになっていった。なお，『黄庭経』の代表的な注釈には，務成子注(『外景経』)と唐の梁丘子(白履忠)注(『内景経』)とがある。　　(麦谷　邦夫)

こうていけん【黄庭堅】
1045(慶暦5)～1105(崇寧4)。北宋の詩人・書家。分寧(江西省)の人。字は魯直，号は山谷道人。宋代において，詩人としては，蘇軾・陸游と並ぶ大家とされ，書家としては，蘇軾・米芾・蔡襄と並ぶ四大家の一人に数えられる。彼が生きた北宋の後半期は，新法・旧法両党の党争の場となっていた。23歳で進士及第後，熙寧(1068-77)・元豊(1078-85)の新法党の時代は，旧法党に属した黄庭堅は江西太和県の知事等，地方官を歴任し，次の元祐年間(1086-94)は，中央の官となり，神宗実録院検討官，著作佐郎等，外面的には華やかな時を過ごした。紹聖年間(1094-98)以後，晩年は新法党の時代で，左遷と不遇の中に在った。詩人としては，師の蘇軾とともに「蘇黄」と称され，思索的で，機知的でもある凝縮度の高い詩を作った。蘇軾が水の流れるような融通無碍な詩を作ったのと，好対称をなす。また詩の創作における態度として「点鉄成金，換骨奪胎」という，先行作品の全面的摂取の上に新しい境地を開くべしという主張を展開した。その主張に忠実な詩は難解で晦渋であるという非難も生んだが，一方で方法的には受け入れやすい面もあって後世に強い影響を与え，12世紀には彼を師とあおぐ「江西詩派」が詩壇の主流をしめた。日本では五山文学に与えた影響は大きく，彼の詩の注である抄物が書かれた。

書家としては宋四大家の一人に数えられる大家であるが，これは他に書家がいなかったということではない。北宋初には篆書をよくした徐鉉・徐鍇兄弟，『汗簡』を著した郭忠恕，他に杜衍，蘇舜元・蘇舜欽兄弟，林逋，范仲淹らの書人，南宋では高宗，呉説，姜夔，范成大，陸游，張即之らがいる。しかし宋代の書は蘇・黄・米・蔡の四家によってほとんど包摂されてしまい，中でも個性を前面に打ち出すことで特色づけられる革新的な宋代の書風に伸びやかな草書を加味することで，黄庭堅の書は独自で高い境地を樹立している。『黄文節公全集』85巻等がある。宋史444　　(大野　修作)

こうていこう【耿定向】
1524(嘉靖3)～96(万暦24)。明代，陽明学派の思想家。黄州府黄安県(湖北省)の人。字は在倫，号は楚侗，天台先生と呼ばれた。1556(嘉靖35)年の進士。1577(万暦5)年の奪情事件(父の死に際し張居正が帰省服喪せずに内閣大学士の地位にとどまった事件)に際して張居正を弁護，その講学弾圧に対しても内心不満を抱きつつ口をつぐむなど，権力者の威に屈しがちであった。「已むを容れず」(倫理規範は人間の已むに已まれぬ内発的心情にこそ根拠づけられるべしとの主張)を自らの宗旨とするが，李卓吾との論争を通じて，その名教重視的な立場が批判された。著に『耿天台先生文集』20巻，『耿天台先生全書』16巻がある。明史221　　(中　純夫)

こうていさほうそくれい【工程做法則例】
清の1734(雍正12)年に工部が刊行した建築技術書。全74巻(2768頁)。工部の工務府を中心に，建造物の標準化を計り，建築生産における管理体制を強化するために編纂された。

最初の27巻は，27の建築類型，すなわち大殿・城楼・住宅・倉庫・亭子などに分けて，その建造の規則を述べた。各建物の部材寸法までが規定されており，これは北宋『営造法式』と異なる点である。次の13巻では，各式の斗栱寸法と組立方法を説明する。続く7巻では，門・窓・扉(槅扇)・屏風・磚作・石作・土作の作法を解説している。次の23巻は，材料積算と工数積算に関する説明。最後の4巻は，油作(塗装)・画作・裱作(壁や天井・建具などに錦緞・綾絹・布・紙を貼る工事)の説明である。図様は27建築類型の断面図のみが掲載された。各部材の作り方，彩画の描き方などは説明されていない。『営造法式』では，斗栱肘木の断面高が木造建築構造の寸法単位になっているが，本書では，「斗口」(斗の上の卯口)が木割の基本単位になる。また，斗栱の数によって，建築の間口と奥行きの大きさが決められる。　　(包　慕萍)

こうていだいけい【黄帝内経】
前漢の医書。『内経』と略称する。『漢書』芸文志・方技略・医経に18巻と著録されるが，張仲景『傷寒雑病論』序や皇甫謐『甲乙経』序に依れば，後漢末には『内経』と呼ばれる一書は亡佚していたらしい。『針経』(『霊枢』の旧名)9巻と『素問』9巻を合わせたものが『内経』18巻であるとする『甲乙経』序の説がほぼ定説化している。内容は張介賓『類経』に依れば，摂生(衛生・養生)・陰陽(人体を含む自然法則)・臓象(解剖・生理)・脈色(診断)・経絡(経絡とツボ)・標本(疾病と治療に関する本末)・気味(栄養学)・論治(治療総論)・疾病(治療各論)・針刺(針治療)・運気(自然の変化と疾病の相関)の11類にわたる。ただ，運気類の大半は唐の王冰が『素

問』に追加した運気 7 篇に属するものである。分野的には鍼灸関連が圧倒的で，薬物関連はわずかである。『内経』に特徴的な理論は天人相関説・陰陽五行説などに基礎を置く臓腑経絡説である。医学における天人相関説は人体の現す諸現象を類似する自然界の諸現象との関連で説明する。医学における陰陽五行説は人体の諸現象を色々な側面から陰陽二元的ないし五行五元的に捉え，捉えた対象を陰陽ないし五行の持つ特性を利用して解釈し，医学的に応用する。臓腑経絡説は臓腑と経絡の間に有機的な関連を措定するもので，中国医学全般の基本的骨格を形成する。　　　　　　　　　　　　　　（林 克）

こうていないきょう【黄帝内経】→黄帝内経

こうていひ【高貞碑】　北朝北魏の碑。楷書。碑文は 22 行，行 42 字。523(正光 4)年の立碑で，26 歳で早世した高貞の徳を頌えた頌徳碑である。山東省徳州市の衛河大三屯にあった高氏の墓址より出土。出土の時期に諸説あるが，1806(嘉慶 11)年説が最も有力。『高慶碑』『高湛墓誌』と共に「徳州三高碑」と称される。篆額は陽刻(文字などを浮き上がらせて彫ること)で 4 行，全 12 字，その書風はかなり装飾的である。撰者・書者は不明であるが，高氏は北魏朝の名門貴族であり，高貞の姉が宣武皇后，叔母が文昭皇后に冊立されていることから，当然この碑は当時一流の書家の手になったものと考えられる。その書は，楊守敬が『平碑記』に言うように，方筆(点画に角をもたせる用筆法)方形で整然とし，粗野な感じがない。理知的で技術的にも極めてレベルが高く，のちに出る唐代楷書の様式を胚胎した，北魏碑中の絶品である。碑陰には，孫星衍の題記と，泰山刻石 29 字が横写され刻されている。現在は山東省文物考古研究所に蔵されている。
　　　　　　　　　　　　　　（池田 利広）

こうてき【高適】→高適

こうてんじょうてい【昊天上帝】　殷・周の上帝や天に対する信仰を継承し，『詩経』『書経』『周礼』等の儒教経典にみえる天を神格化した，宇宙を主宰する最高神の名。人々の悪事には災害を降して威嚇し，有徳者には地上統治の天命を降す存在として，歴代王朝で天子が親ら行うべき最高の祭祀儀礼(郊祀)の対象とされた。

　辛亥革命で清朝が滅んだ後，独裁をすすめて帝位に即こうとした袁世凱が行ったのが最後の郊祀である。昊天上帝は時代や立場により，天皇大帝(後漢の鄭玄)，玉皇大帝(北宋以後の道教)，God(カトリック)，清・日本等異民族の「天」等と等置され

ることもあった。　　　　　　　（山内 弘一）

こうてんどう【黄天道】　明末の華北に成立したと見られる白蓮教系民間宗教の一派。明清代において，白蓮教系民間宗教は多彩な展開を見せるが，中でも黄天道はのちの民間宗教に大きな影響を与えている。その宗教思想の特徴は，世界は燃灯仏の治める過去，釈迦仏の治める現在，弥勒仏の治める未来と 3 段階で変化し，やがて訪れる弥勒仏の治める未来世こそ，光明に満ちた理想世界であると考える千年王国的な発想にある。　　　（山田 賢）

こうてんほうい【後天方位】→先天方位・後天方位

こうど【夯土】→版築

こうとう【行当】　伝統演劇の役柄をさし，演技体系の類型も意味する。「脚色行当」ともいい，略称「行」ともいう。登場人物の人間像を典型化し，それに基づいて一連の表現様式を類型化したもので，演技体系の基軸に位置づけられる。現在では基本的に「生・旦・浄・丑」の 4 つの役柄に総括され，演技・歌唱・衣装等すべてが類型化される。旦は女性，生・浄・丑は男性を演ずる。行当の発展形成は 3 段階に分けられる。基本型は宋の雑劇と金の院本の「五花爨弄」(末泥・引戯・副浄・副末・装孤の 5 役)で，喜劇的役割を演ずることが中心にあった。宋元の南戯と元雑劇では，「生・旦」を中心に，主役脇役の仕組みができ，南戯では他に「外・貼・浄・丑・末」に分かれて，複雑な筋立てや悲劇を演ずることができるようになった。元雑劇では「末・旦・浄」となり，主役の「正末・正旦」は歌唱のできる立役者があたり，複数の人物を演じ分けた。また，男の老人を俗称「孛老」といい，「外・末・浄」役のいずれかがこれを演じた。この他「卜児」は老婦人，「弧」は官吏を指すが，いずれも登場人物を表す。明代には戯曲表現形態が自由になり，多様な人物像を演ずる必要性が生まれ，主役脇役の範疇から脱し，年齢や身分や性格による役柄へと転換した。明末清初には崑劇の役柄は 10 に分かれ，その後，清の李斗が『揚州画舫録』に記した男の役柄の「副末・老生・正生・老外・大面・二面・三面」と女の役柄の「老旦・正旦・小旦・貼旦」，それに笑いをとる「雑」を加えた「江湖十二脚色」がよく知られている。清の半ば以降，地方劇の発展にともない役柄も各地方により異なる発展過程をたどり，漢劇や粵劇等では「十行脚色」とよぶ分け方がある。近代にはいると京劇では「七行七科」という分け方があった。七行は「生行・旦行・浄行・丑

行・流行・武行・上下手」で，七科は舞台の裏方をいう。「流行」は，通称「龍套」といい，4人1組で従者等を演じ，歌わないが主役を先導する重要な役割を担う。「武行」は立ち回りを専門に担当する兵士の役。「上下手」はトンボ返り専門で，味方側の「上手」と敵方の「下手」に分かれて4人一組で演ずる。現在ではこれらの役柄は単独で立てず，「生・旦・浄・丑」の「四大行当」の中に総括されている。

役柄が分化するにつれ，その役柄の演技や表現様式の型は充実し，「行当を超えるのは山を越えるが如し」といわれる程，演技の専門化が進んだ。例外的に，旦役の役者が生役を演じる等，自分の本来の役柄以外を兼ねる場合を「反串」といい，演技の幅の広さを示すこともある。また，諸葛亮を演じるのは老生役というように，役柄ごとに演ずる人物像が分けられる。ただし，場面や役者にあわせて臨機応変に対応する随意性も兼備し，たとえば『覇王別姫』の項羽役は浄と武生のどちらの役柄で演じてもよく，二通りの風格で表現するというような場合を「両門抱」という。　　　　　　　　（有澤 晶子）

こうとう【行縢】　脚絆。古くは邪幅と呼ばれた。『詩経』小雅の鄭箋に「邪幅とは今（後漢）の行縢のことである。その脛を幅束し，足より膝に至る」とある。『釈名』釈衣服には「幅とはきつく縛ることをいい，足にまとい，飛んだり跳ねたりしやすくするものである」と記されている。行縢は春秋時代以来下級武官や兵士が使用し，漢魏から宋代まで踏襲され，清代になっても廃れなかった。
　　　　　　　　　　　　　　　　（相川 佳予子）

こうとう【行頭】　伝統演劇の舞台衣装をいう。広義には，かぶりもの・舞台道具も含める。箱に収めて管理するため，別名「戯箱」ともいった。清の李斗『揚州画舫録』では民間の流しの芝居一座が用いた衣装を「江湖行頭」とよび，詳細が記されている。さらに役者個人が整えた行頭を「私房行頭」といい，共用の行頭を「官中行頭」「堂衆行頭」とよんだ。現在は「戯装」「戯衣」という。衣装の内容ときまりは現在でも踏襲される。元の時代には既に行頭の言葉が使われていた。舞台衣装の程式は「穿戴制」といい，時代・地域・時季の区別がなく，どんな時代の演目でも共通の衣装で通用する。但し，「たとえ破れたものを着ても，間違った着方をしない」という独自のきまりをもつ。衣装の形・色・図案は象徴的な表現様式をとり，一見して登場人物の正邪・身分・年齢といった判別を可能にする。『脈望館鈔校本古今雑劇』には演目ごとの役者の衣冠が記されており，明の嘉靖年間(1522-66)前後には既に衣装の型が構築されていたことがわかる。

衣装の形の種類は，文人の場合，正装としては，衣冠束帯の「蟒」「官衣」があり，玉帯とよぶ腰帯をつける。玉帯は現実には官職を示す帯であったが，舞台衣装では完全に装飾化され，直径50cm幅5cmの円状の竹製で，衣装にあわせた配色をほどこす。その他に，玉帯をしない略装「帔」，平服の袷長衣「褶」に総括できる。武人は鎧の武装「靠」，平服の長衣「開氅」に総括され，時代区分はなく，季節も分けない。女性用の衣装も基本形の名称は共通している。これにそれぞれ色が配当される。

色は「上五色」の黄・赤・緑・白・黒と，「下五色」の紫・淡紅色・藍・水色・海老茶が基本にあるが，実際には中間色はさらに多様化している。黄色は皇帝役しか着用しないが，基本は官位や地位よりも，人物の品行性格および年齢により色が決まる。功臣は赤，威厳のある忠臣は緑の蟒，奸臣や荒武者は黒の蟒，白は少壮気鋭の青年等と分ける。また威厳や美感を出すために，6～9cm厚底の「厚底靴」（「厚底児」ともいう）を履く。平服の褶は用途が広く，文様のない黒の素地は平民，これにつぎあてをした「富貴衣」は，後に立身出世をする貧乏書生を表す。蟒や褶等を着用する文人や女性の衣装には，両袖に長い白の「水袖」が付いており，感情表現や舞の演技を助ける。また，以前は蹻という纏足を反映させた靴での演技があったが現在は稀にしか演じない。色は民俗風習も反映する。白無地の着用で葬儀を表し，赤は喜事以外には罪人と刑の執行人が着用し，凶事による邪を赤で払拭することを意図している。

衣装の図案や文様には象徴的なはたらきがある。蟒の衣装の図案では，龍文は皇帝や大臣，皇后や貴妃は鳳凰文で権威を象徴し，武人の衣装は虎や豹等の猛獣で勇猛な武将を表現する。靠に旗をつけると軍隊を率いた大将を表す。文人の平服には竹梅や菊花等をあしらう。策士の場合，道術に精通した智慧者を象徴するため，太極図や八卦を衣装にほどこした「八卦衣」「八卦帽」がある。かぶりものは，種類は多様だが，形状により大きくは冠・盔・帽・巾の4つに類別される。冠は帝王や貴族の衣冠，盔（盔頭）は武人の兜，帽は帽子で，身分を問わず幅広く用い種類も多い。巾は頭巾で，日常の平服でかぶる。付随する飾りの形の違い等により，品行の正邪や性格等を象徴する。髯口は付けひげで「口面」ともよび，色で年齢を分け，形で性格を分ける。
　　　　　　　　　　　　　　　　（有澤 晶子）

こうとう【紅陶】　酸化炎焼成によって焼か

れた赤色ないし赤褐色の土器。赤色の化粧土をかけたものが多く，それはとくに丹塗り磨研土器と訳されることもある。彩陶は紅陶に黒で彩色したものが多い。新石器時代の古い段階ではどこでも優勢であるが，多くの地域では龍山時代以降は還元炎焼成の盛行により彩陶とともに衰退する。これには地域差があり，沿海部では早く終わり，内陸部では遅くまで残った。中国東北地方を含む極東地域では紀元前2千年紀から1千年紀にかけて流行した。

(大貫 静夫)

ごうとう【鼇頭】 刊本で，本文を囲む枠(辺・欄)の上方や書脳(のど)に加えられた注釈を言う。首書・頭書(ともにかしらがきと通称)とも呼ばれる。明・清の科挙受験用出版物や江戸時代の刊本に多い。日本において用いられる言葉で，清代には高頭講章という呼び名があった。科挙の首席を目指せ，という意味で宣伝文句に「大魁天下」「一挙占鼇頭」等と記す明代の刊本があるが，中国ではこうした出版物は文献史上あまり重視されなかった。

(高橋 智)

こうどうさんせきし【孝堂山石祠】 山東省済南市長清区孝里鋪村の南の孝堂山(巫山とも称す)に所在する石祠。漢代早期の祠堂遺構で，旧時は前漢時代の孝子郭巨の石祠と考えられていたが，現在の研究者の間では，前漢もしくは後漢初期の済北王，あるいは郡太守クラスの官を経歴した1世紀頃の土着豪族の石祠と推定されており，後者の説が有力である。祠堂は死者を埋葬した墳墓の地上付属建築物で，ここで墓主の子孫によって墓前祭祀が執り行われた。孝堂山石祠の規模は，間口4.14m，奥行き2.5m，高さ2.64mで，灰黒色の石灰岩を用い，切妻式本瓦葺きの民家を模して拵えられている。八角形の柱に差し渡された梁壁で左右両室に分けられ，内部東西壁および後壁などには，諸種の画像が陰刻されており，その主要内容は，祠主の経歴と生活に関係する車騎出行・庖厨宴会・百戯・狩猟図，それに歴史神話故事などの画像である。なお孝堂山下にあった小石祠は戦前に日本に運ばれ，現在，東京国立博物館東洋館に所蔵されている。

(渡部 武)

こうどうしゅう【黄道周】 1585(万暦13)～1646(順治3)。明末の思想家・政治家・書家。漳浦県銅陵(福建省)の人。初字は玄度，また細遵・幼平と字し，後に幼玄に改める。号は石斎。1622(天啓2)年の進士。南朝の福王の時に礼部尚書となり，唐王の時に武英殿大学士となって朝を補佐するが，1645年，清に挙兵して捕らえられ，南京で処刑される。異民族支配に屈せず明朝への忠節を最後まで貫いた志士で，その崇高な民族気概と学術の深淵な造詣は「文章風節 天下に高し(学問と気概は世に抜きんでている)」(『明史』黄道周伝)と称えられる。書画を善くし，書は「楷格は適媚，直ちに鍾(繇)・王(羲之)に逼る」(王文治『快雨堂題跋』巻5)，「行草は筆意，離奇超妙(非常に絶妙である)，深く二王の神髄を得たり」(秦祖永『桐陰論画』)と高く評価される。右肩上がりの独特の書風は「漳浦体」と称され，また長条幅の行草は董其昌・張瑞図・王鐸・倪元璐・傅山とともに後世「ロマンチシズム運動」と呼ばれる非常に個性豊かな書を創造した。現存作品に『己卯初冬和戴伯闇詩翰巻』(1639年，台北，故宮博物院蔵)，『榕頌巻』(1635年，北京，故宮博物院蔵)，『定本孝経冊』(1641年，北京，故宮博物院蔵)，『贈屈静根詩軸』(1642年，東京国立博物館蔵)などがある。また，その著『明漳浦黄忠端公先生全集』50巻・年譜2巻は彼の全貌を知る上で重要である。

(河内 利治)

『易経』に精通し，『易経』を理論的に最大限拡張することで，自然現象を含めたあらゆる事象の通時的な，また，統一的な把握をめざした。他方で，人間の性が絶対的に善である以上，不断の道徳的実践を通じて世界との一体性が回復され，そこに，善なる社会の創出への動機づけが生まれることを強調した。明史255

(本間 次彦)

こうどうせい【高堂生】 生没年不詳。前漢の学者。魯(山東省)の人。字は伯。礼経はもと孔子の時から完備しておらず，秦の焚書によってますます散逸し，当時はただ士礼のみが存するだけであったが，高堂生はよくそれに通じていたという。高堂生が『士礼』17篇(『儀礼』17篇)を伝えた後は，前漢の后蒼(士礼から類推して天子の礼を説いた)が最も礼に明るく，戴徳・戴聖・慶普はいずれもその弟子で，この三家は博士として学官に立った。史記121，漢書30・88

(近藤 浩之)

こうとうでん【興唐伝】 語り物の長編伝統演目。別名『隋唐』。評書・評話・鼓書など広く演じられている。内容は，明代の語り物の唱本『大唐秦王詞話』や明末の小説『隋史遺文』，清初の小説『隋唐演義』『説唐』などに描かれた隋唐の興亡を題材としたもの。主な内容は，奢侈に耽り治世の乱れた隋の煬帝の時代，竇建徳・王世充・李密ら群雄が割拠して天下の覇権を争った末，秦瓊・程咬金・徐勣・尉遅恭ら英雄豪傑が，後の唐の太祖となる李世民を補佐して唐王朝を建てる経緯を語る。とりわけ，瓦崗寨に拠り集った秦瓊・程咬金らの活躍は，侠義小説と戦記小説双方の趣があり，隋唐の中心的

ストーリーの一つである。また，著名なエピソードを抽出して語ることもあり，豪傑たちの瓦崗寨への集結を描く『響馬伝』や，官憲に捕らえられた程咬金を救うため秦瓊が牢破りをする『賈家楼』，放蕩貴公子にさらわれた娘を秦瓊らが救い出す『鬧花灯』などがある。　　　　　　　　　　　（岡崎 由美）

こうとうのふ【高唐賦】　戦国楚の詩人宋玉の作とされるが，その信憑性を疑う説もある。『文選』の「情」の賦に収められる。「高唐」とは，楚の雲夢（巨大な沼沢）にあった台閣のこと。その内容は，巫山の神女と楚王の愛の伝説を，楚の襄王と宋玉の問答に託して描く。賦の本文に先立つ序で，神女と楚王が高唐で出会い，情を交わした物語が紹介され，賦では二人の情交そのものよりも，台閣を取り巻く山水の神秘的な雰囲気を，技巧を凝らした美文によって描写し，漢の辞賦に近い趣を示している。『文選』の李善注によれば，賦のねらいは淫惑を戒める道徳的な風諫にあったとされる。同じテーマが，『文選』でこの直後に並ぶ宋玉『神女賦』でも取り上げられるが，ここでは神女の美しさを描くことに重点が移っている。合わせて「高唐」のイメージを形成した二部作と見なすべきであろう。やはり『文選』所収の宋玉『登徒子好色賦』とともに，女性の美を主題とする文学の先駆けとなる作品で，後の六朝の艶詩などに道を開いた。（興膳 宏）

こうなん【江南】　語義としては長江以南の地域をいう。古くは中流域の南，湖北南部・湖南・江西などを指したが，現在は下流域，江蘇南部・上海から浙江北部をいう。唐には江南道（浙江・福建・江西・湖南などに及び，のちに東西両道に分割），北宋には江南路（江西・江蘇・湖北などに及び，のちにやはり東西両路に分割），清初には江南省（江蘇・安徽）という広域を管轄する行政区画もあった。長江の形成する低湿な平野は，温暖湿潤な気候とあいまって，水稲栽培を基盤にした豊かな生産力をほこり，卓越した経済力は，新しい社会を生み出した。江南はその舞台であった。北方の乾燥地帯にすむものにとっては，緑のあふれる水郷沢国である江南は，豊かな富と同じようにあこがれの対象であり，文芸でも江南をテーマとしたものは，柔軟華麗な雰囲気を特徴とした。江南という地名は，豊かな地域の代名詞として用いられることもある（たとえば延安の南泥湾を「陝北の江南」，銀川平野を「塞上の江南」と呼ぶ）。　　　　（秋山 元秀）

こうなんが【江南画】　江南地方で形成された様式による絵画。江南地方の絵画は，南北朝以来，地域的な特色を示しつつ展開し，五代には，董源・巨然による，大まかな筆墨で身近な景物を描く江南山水画や，徐熙・徐崇嗣による没骨の徐氏体花鳥画の成立をみた。江南画はこのような状況を反映した用語で，花鳥画・道釈人物画に用いられることもあるが，一般には江南山水画を指す場合が多い。また，北宋後期の米芾は，江南山水画を再評価し，その画系に連なる米法山水を創始したため，これも江南画に含める場合がある。　　（竹浪 遠）

こうなんしちく【江南糸竹】　広義では長江以南の民間に伝承される糸竹による合奏曲を意味し，古代楽器の分類法「八音」では，「糸」は二胡や琵琶などの弦楽器，「竹」は笛子（横笛）・簫などの竹製の管楽器を指す。狭義では，上海を中心に江蘇省南部，浙江省西部に流布する20世紀半ば以後の民間の合奏曲をいう。すなわち蘇州・寧波・杭州・揚州・平湖など各地の糸竹合奏が発展したもので，管弦打楽器の合奏による「蘇南吹打」や「蘇南十番鑼鼓」，上海浦東地区に流布した「鑼鼓四合」（独奏楽器と大規模な管弦打楽器の合奏）などの演奏形式の影響を受け，上海という「都市（町）空間」の中で洗練されたものである。その際，音量の大きい銅鑼類や大型の打楽器類が省かれ，娯楽あるいは冠婚葬祭の際，茶館や家庭など室内での演奏に適応させた。清末民国初（19世紀末～20世紀初頭）に創設された文明雅集・鈞天集・清平集・国楽研究社などの演奏団体が江南糸竹楽の発展に寄与した。狭義での江南糸竹の編成は，現行では3～8人によるが，最少編成の二胡と笛子に，中胡・小三弦・琵琶・揚琴などの「糸」と，簫・笙等の「竹」そして太鼓・木魚・板・鈴等が適宜加わる。現行楽曲は，①民間の器楽曲の「六板」などの曲牌，②元代の南北曲の曲牌で明清代の民間芝居や器楽曲に流入したもの（『柳青娘』『歩歩嬌』など），③笛子の名曲（『鷓鴣飛』など）や琵琶の名曲（『夕陽簫鼓』など），吹打曲（『文将軍』など），④江南に流布した民謡（『紫竹調』や『大小九連環』など）を母体としている。各奏者が各楽器の音色を活かしながら即興的に原曲の旋律やリズムに装飾を加えて軽快に展開させ，小編成ながら繊細ななかにも多層性をもった音の響きを生みだす。「八大名曲」と言われる『歓楽歌』『雲慶』『行街』『四合如意』『三六』『慢三六』『中花六板』『慢六板』のほかに，『老六板』『快六板』『鷓鴣飛』『柳青娘』『春江花月夜』などが著名。　　　　　　　　　　　（仲 万美子）

こうなんしゅんず【江南春図（文徴明）】　元末四大家の一人，倪瓚の『江南春詞』に追和して明の文徴明が創作した詩画。1547（嘉靖26）年，文徴明78歳の作。台北故宮博物院蔵。紙本淡彩。タテ

106cm×ヨコ30cm。中景を挟むように湖水が広がり，前景には数本の樹木を，後景には遠山を描く本図の構図は基本的に倪瓚画のそれに拠っており，精緻な筆線と明るい淡彩によって江南の春の穏やかな光景を表している。文徴明はこの他にも「江南春図」を数点制作しており，例えば，1530(嘉靖9)年に制作された『江南春図巻』(上海博物館蔵)は本図の制作をかなり遡る作例である。又，他の呉派の画家たちもこの画題を手掛けている。　(板倉 聖哲)

こうなんのはる【江南春】　晩唐の詩人，*杜牧の七言絶句。「千里 鶯 啼いて 緑 紅に映ず，水村 山郭 酒旗の風」という起句と承句は，柔らかい風と光に満ちた江南の春の風物を見事に切り取り，転句と結句の「南朝 四百 八十寺，多少の楼台 煙雨の中」は，三国の呉を承けて建康(南京)に都し，文化の栄えた南朝への憧憬をこめる。「十」の字は元来仄声だが，平仄の関係で平声の「しん」で読む。『*三体詩』に収められる。　(中原 健二)

こうにん【弘忍】　601(仁寿元)～674(咸亨5)。一説には675(上元2)年没。隋～唐の禅僧。中国禅宗の五祖。蘄州黄梅(湖北省)の人。諡号は大満禅師。弘忍は曹洞宗では「こうにん」，臨済宗では「ぐにん」とよむ。俗姓は周氏。少年時代より四祖道信に師事。その法を嗣いで禅宗の五祖となる。蘄州黄梅の東山(憑茂山，のちに五祖山とも)において禅の宗旨を伝え，「東山法門」と称された。『修心要論』(『*最上乗論』)がその撰述に帰せられる。門下に*神秀・慧能らの禅者を出し，禅宗発展の基礎を築いた。『*伝法宝紀』『*楞伽師資記』に原初的な伝があり，『祖堂集』2，『景徳伝灯録』3，『宋高僧伝』8ほかに後世の伝説化した伝が見える。旧唐書191
　(小川 隆)

こうねん【皎然】　?～790(貞元6)?。中唐の詩僧，また詩論家。きょうねんとも。湖州長城(浙江省)の人。本名は謝昼，字は清昼。南朝宋の大*詩人謝霊運の10世の子孫にあたる。子どものころ出家し，長く湖州の杼山に住んだ。顔真卿・韋応物・陸羽ら当代一流の文人と親しく交わり，江東の地を中心に広く文名を称されるようになった。詩は禅僧らしい静謐な境地を示し，ことに送別贈答の作品が多い。湖州刺史だった顔真卿が主編となって編纂した『韻海鏡源』の執筆にも加わった。死後，徳宗の命によりその文集が宮中の図書館に収められたとされ，同時代における高い評価がしのばれる。いま詩文集『昼上人集』10巻が伝わる。詩作のほかに，詩の創作法を論じた『*詩式』があり，後世にあってはむしろその方で名が知られている。ま

た『詩議』という詩論書もあり，*空海『*文鏡秘府論』にその一部が収載されて伝わり，唐代の詩論を知る貴重な資料となっている。『宋高僧伝』29，『*唐才子伝』4に伝がある。　(興膳 宏)

こうねんき【高然暉】　生没年不詳。画家。中国の記録には見られず，日本だけにその名が伝わる。『君台観左右帳記』には元人として記され，日本に伝わる数種の元・明画，あるいは朝鮮画の米法山水図に高然暉筆との伝称があるが，その確実な作品は存在しない。米法山水をよくした元初の文人画家高克恭の字である彦敬が訛って然暉となったとする説がある。現存する伝称作品に『夏冬山水図』(京都，南禅寺金地院蔵)，『平山処林賛寒林帰樵図』(京都国立博物館蔵)などがある。　(荏開津 通彦)

こうのうき【香嚢記】　明の伝奇(戯曲)。『五倫伝紫香嚢』ともいう。全42齣。成化・弘治年間(1465-1505)の作。邵燦著。宋の南渡の際，張九成が邵貞娘と結婚後半月にして科挙受験のため上京し，留守をまもる九成の母崔氏と妻貞娘も動乱のうちにはぐれるが，九成の紫香嚢によって再会，一家団円するまでを描く。言葉の美しさを特徴とする文辞派(駢綺派)のはしりとして，戯曲史上重要な地位を占めるとされる。『*六十種曲』に収められている。　(廣瀬 玲子)

こうばいき【紅梅記】　明の伝奇。周朝俊(生没年不詳)作。周朝俊は字は夷玉，鄞県(浙江省)の人。他に伝奇『李丹記』がある。『紅梅記』は明の瞿佑『剪灯新話』の中の一編，「緑衣人伝」をもとにしている。その筋は，南宋の頃，西湖に友人と花見に行った裴禹に，権臣賈似道の舟に同乗していた歌妓李慧娘が見惚れる。李はそれがもとで賈に殺害される。一方盧総兵の未亡人崔氏とその娘昭容は西湖の紅梅楼で眺めを楽しんでいた。そこにやって来た裴に昭容が梅の枝を折って贈ったことから2人は互いに惹かれ合うが，賈は昭容を妾にしようと強引に裴を監禁する。すると幽霊になった慧娘が現れ裴を救出する。その後幾波瀾があり，賈似道は左遷の後死刑となり，女道士になって操を守っていた昭容は，裴の友人李子春の仲人で裴とめでたく結婚する。李慧娘の物語は改編上演され，京劇の『紅梅閣』，川劇・滇劇の『紅梅記』，漢劇の『游西湖』になっている。『古本戯曲叢刊』初集に収められる。
　(内山 知也)

こうばいぎ【黄梅戯】　伝統演劇の劇種名。黄梅戯は，安徽・湖北・江西・江蘇・浙江・福建などの各省に分布。もと黄梅調・採茶調・花鼓戯など

と言い，人民共和国建国後，黄梅戯の名称が通行し全国的な劇種に成長した。

　黄梅戯のメロディーは，板腔体の打鑼系鼓音楽(打楽器と幇腔のみ)を持つ黄梅採茶戯に起源する。乾隆末(1780年代中頃)の自然災害で，湖北省東部の黄梅から多くの罹災民が長江沿いに下って安徽省にはいったが，彼らの多くは黄梅採茶戯をうたって口を糊したという。伝統演目『逃水荒』はその情景を反映したものと言われている。採茶戯は安徽省南部の懐寧一帯に至り，急速な変化を遂げる。まず，当地の灯会などと結びついて初期の黄梅戯が形成され，うたも湖北の方言を捨て懐寧方言に改め懐腔と呼ばれるようになる。懐寧は交通の要衝で商業が栄え，青陽腔や徽調といった芝居の盛んな地域であった。こうした先行演劇の影響を受け，数人で演じる簡単な地芝居が主であった初期の黄梅戯は，それぞれ独立しているが互いに関連づけられる地芝居を物語風に繋いで上演する串戯という段階を経て，本格的な芝居(本戯)を上演するようになる。長期にわたる青陽腔や徽調との合同上演を通して，音楽・演技・演目などを吸収，のちに黄梅戯を代表する演目となる『天仙配』も青陽腔の『織雲記』を移植したものである。清末民初の頃から農閑期に劇団を組む半職業劇団が増え，茶摘みの時期に山入りしたり，大きな市や元宵節に小屋掛けしたりする外，各地へ巡業にも出掛けたが，しばしば「花鼓淫戯」として禁演処分を受けた。1926(民国15)年末，安慶に進出，30年代には常打ち小屋ができ，職業劇団も生まれた。以後，安慶官話が舞台言語として確立。京劇のうた・台詞・楽器・化粧に学ぶ劇団も現れた。伴奏楽器は，1945年以降，高胡が主となっている。音楽は，板腔体の平詞，民謡調の花腔など。主な演目に『打猪草』『夫妻観灯』『天仙配』などがある。
(松浦　恆雄)

こうはく【黄白】　「黄」は黄金を，「白」は銀を意味する。黄白術とは，水銀や鉛を主たる原料として金や銀(実際には見かけのよく似た合金)を作る術を指す。作成された金銀は不老不死の薬として利用されるため，金丹術とも密接に関わる。その起源は戦国時代の方士の活動まで遡り，漢代には盛んに黄白術を行う方士が出現した。道教成立以後は，晋の葛洪が『抱朴子』内篇で詳しく解説しており，以後，唐宋代に至るまで盛んに実践された。
(亀田　勝見)

こうはくふようず【紅白芙蓉図】(李迪)　南宋の絵画作品。東京国立博物館蔵。絹本着色，双幅，各タテ25.2cm×ヨコ25.5cm。紅芙蓉と白芙蓉を1幅ずつに描き分けており，通常向かって右側に白芙蓉を，左側に紅芙蓉を掛けるが，もとは冊頁(画冊の一部)か。各幅左上に「慶元丁巳歳李迪画」の落款があり，李迪の1197(慶元3)年の作と知られる。細密な描線と微妙な色彩のグラデーションを用い，また葉の描写には短縮法を自由に駆使し，折枝の芙蓉を自然主義的に描写して余すところがない。
(嶋田　英誠)

こうばめいしょ【侯馬盟書】　山西省侯馬で発見された石製・玉製の盟書。多くは朱書され，墨書のものもある。春秋末の前5世紀はじめの晋国の趙氏の宗主趙簡子が盟主となり，盟誓を挙行した際のもの。破片までふくめると5000点余，うち字が判読できるものがいくつかの類と種に分類され，数次にわたって作られた。同じ類種の文面は同じで，個々の盟書の字や字句表現が緻密に比較できる。盟書作成のおり，読み上げて書いたのではなく，手本を臨書したのでもなく，複数の書き手が手本を記憶し，自分の書き慣れた表現で書いたことがわかった。同一人と思われる盟誓参加者が数次の盟誓の中で確認できるが，盟書の書き手は違っている。文字の担い手は祭祀官で盟誓参加者と別にいた。盟辞の敵方は「敵の中心人物，配下，配下，中心人物，配下，配下……」という書式で書かれる。中心人物が誰で，その下にどんな人物がいたか，氏族の具体像がかいま見える。
(平勢　隆郎)

こうはん【江藩】　1761(乾隆26)～1830(道光10)。清の学者。甘泉県(江蘇省)の人。字は子屛，号は鄭堂。恵棟の弟子の余蕭客・江声に学んで恵棟の再伝の弟子となる。また汪中・焦循らと交わり，朱筠の知遇を得て学問が進み，群経を広く修め，諸子から数学にも通じる。『国朝漢学師承記』8巻，『国朝宋学淵源記』2巻は清代思想史として貴重であるが，漢学偏重の立場が強い。恵棟の未完の『周易述』を承けた『周易述補』4巻は原著を超えると評される。
(濱口　富士雄)

こうはんよじ【考槃余事】　いわゆる文房趣味の書。明の屠隆撰，偽託ともいう。内容はほとんど『遵生八箋』『格古要論』などからの抄録だが，文房趣味に関する各書のダイジェスト的集成として便利。いろいろなテキストがあるが，『龍威秘書』所収の4巻本が代表的。その内容は1書(書物)・帖，2画・紙・墨・筆・硯・琴，3香・茶・盆玩・魚鶴・山斎，4起居器服・文房器具・遊具の計16箋。江戸時代の和刻本および中田勇次郎の訳注(『文房清玩二』所収，二玄社，1961年)がある。
(村上　哲見)

こうはんりゅう【高攀龍】

1562(嘉靖41)〜1626(天啓6)。明の儒学者・政治家。無錫(江蘇省)の人。字は存之,号は景逸,諡は忠憲。1589(万暦17)年の進士。1593(万暦21)年,京官の勤務評定を機とした政争で内閣の不当を上疏して掲陽(広東省)の典史に左遷。その後辞職して帰郷。同じく政争で帰郷していた顧憲成・允成兄弟らと協力して東林書院を復興したのをはじめ,各地の書院で盛んに講学し,顧憲成と並んで東林党の指導者と目された。また,無錫同善会に参加して道徳講話を行った。思想的には程朱(程顥・程頤・朱子)を尊崇して格物を重視しつつ,その重点を性善の認識に置く。1621(天啓元)年に政界に復帰したが,魏忠賢等による東林党弾圧が強まる中,魏の腹心を弾劾して左都御史を辞職後,官籍を剥奪される。やがて逮捕が迫ると,もと大臣として辱めを受けることを拒否し入水。著作に『春秋孔義』『朱子節要』ほか。文集に『高子遺書』『高子未刻稿』がある。明史243

(林 文孝)

こうひ【香妃】

?〜1788(乾隆53)。清朝第6代乾隆帝の妃。乾隆帝がウイグルの名族出身の女性を妃とし(称号は容妃),この妃のため特に西苑内に住居を営むなど厚遇したらしいことは,史実として認められる。民間に流布した伝説によれば,彼女はウイグルの王妃で,身体から妙なる香を放つため香妃と呼ばれた。清朝のウイグル攻略によって捕虜となり,乾隆帝の後宮に送られたが,帝を恨んでよせつけず,ついに皇太后から自尽を賜ったとされている。清史稿214

(谷井 陽子)

こうびょう【孔廟】 →文廟

こうびょうたいせいでん【孔廟大成殿】

山東省曲阜城の中心に位置する,孔子を祀る廟の正殿。唐以来,孔子祭祀が国家祭典になっており,首都から地方都市まで孔子廟が建設された。曲阜の孔廟は,その中でも最大規模で,敷地は南北約644m,東西約147mの大きさである。歴代王朝で増築が続けられたため,現在は金・元・明・清時代の遺構がある。孔廟の平面配置は定式になっており,南北軸線に沿って,南から照壁,牌坊,欞星門,半円形の泮池による前序空間と,それに続いて大成門,孔子像を祀る大成殿,寝殿の中核空間が配置される。明以降は,大成殿の後ろ側に孔子の祖先を祀る聖跡殿を置くのが規則になっている。現在の建物は明1500〜04(弘治13〜17)年の大建設によってその骨格が決められたが,大成殿は清1729(雍正7)年に再建され,間口9間,奥行き5間,重層入母屋造である。木造ではあるが,軒回りに石柱を使用する特異な建物で,前面の石柱には盤龍が深く彫られ,明代のものと思われている。屋根の琉璃瓦は,明代には緑であったが,清代に黄色に改装された。共に宮殿建築にしか使えない最高ランクの飾りである。

(包 慕萍)

こうひれつ【黄丕烈】

1763(乾隆28)〜1825(道光5)。清代の蔵書家・校勘学者。上洲(江蘇省)の人。字は紹武,号は蕘圃,一に復翁。室名は士礼居・百宋一廛・読未見書斎・陶陶斎など。1788(乾隆53)年に挙人となり,六部主事に就いたが,まもなく仕途を断念して故郷へ帰った。清代中期における最大の蔵書家の一人であり,特に宋刊本を好み,最盛期には100種以上を蒐集するに到った。1804(嘉慶9)年には,顧広圻がその蔵書室を讃えて『百宋一廛賦』を作り,黄丕烈自身が注を著した。ただ,晩年には経済的理由から蔵書の多くを売りに出した。校勘と出版にも尽力し,『蕘圃蔵書題識』10巻などにまとめられる800種を越える題跋や『百宋一廛書録』1巻・『求古居宋本書目』1巻などの目録を記した。士礼居叢書として劄記を付して刊行した『周礼』鄭氏注・『夏小正』・『国語』などの諸本は,いずれも善本として高い評価を受けた。『清史列伝』72に伝がある。

(鈴木 達明)

こうふ【孔府】

山東省曲阜にある孔子の子孫の邸宅。孔子廟に隣接して建つ。宋代以降,孔子の嫡系には衍聖公の爵位が与えられ,孔子祭祀の継承の他,孔廟・孔林・孔氏一族などの管理,さらに大地主として所有する田地の経営のために,六部に倣って事務機構が置かれた。したがって,孔府は官衙部分と住宅部分からなり,多くの古建築を残す。また,その文書は,孔府檔案として今日に伝わる。

(森田 憲司)

こうふく【公服】

皇帝以下諸臣が公務に就くときに着用する服装の総称であり,祭儀礼の時の祭服・朝服も広い意味では公服であるが,一般的には平常の勤務時の服装の称である。この日常の公服は常服とも称され,また時代によっては従省服の名称もみえる。

漢の常服は頭には黒の幘をかぶり,襌衣という姿が多かった。

南北朝の常服は南朝北朝とも漢のものを基本的に継承しているが,新たに胡服であった袴褶が常服として用いられるようになった。

『新唐書』車服志によれば,隋代は烏紗帽や折上巾をかぶり,袍を着て六合靴(革製の深クツ)をはくのが皇帝以下諸臣の常服であったようである。唐の624(武徳7)年の服制では,皇帝の常服は白紗帽

であり，白裙襦を着て烏皮履をはくというものであった。諸臣のものは弁服であり，冠は鹿皮製であったが，烏紗帽と通用された。一～五品は朱衣素裳・烏皮履で小綬と玉佩を佩びたが，六品以下は綬・玉佩はなく，衣の色も六・七品は緑，八・九品は青であった。また従省服もある。これは朔望(1日と15日)の朝謁の時等に着用するもので，五品以上は幘・絳紗単衣・白裙襦・方心曲領・烏皮履・小綬・玉佩という構成であり，六品以下は綬・玉佩を付けなかった。630(貞観4)年には位色の改定があり，三品以上が紫，四・五品が緋，六・七品が緑，八・九品が青となり，女性も夫の位階の色を用いることとなった。ただ662(龍朔2)年に，この制では青は紫と紛らわしいということで八・九品の位色は碧に変わった。また，737(開元25)年には六品以下は袴褶も日常の朝参服に用いることとし，更に天宝年間(742-756)には朔望の朝参服として朱袴褶が着用されることとなった。これらの常服には幞頭がかぶられた。

宋の皇帝の常服は折上巾または展脚幞頭(唐代幞頭の後ろに垂れていた脚が横に張り出した形式のもの)に衫袍・玉装紅束帯・六合靴であり，衫袍には赭黄色と淡黄色があった。諸臣は幞頭に大袖円領の袍衫・皮帯・烏皮靴で，その服色は当初は唐制と同じであった。しかし，元豊年間(1078-85)に改変があり，四品以上が紫，五・六品が緋，七～九品が緑となった。

元では皇帝は只孫服を朝服とともに公服としても着用した。また諸臣の公服は展脚幞頭・羅地の大袖盤領衫で，その色は一～五品は紫であった。一品は径5寸(約15.4cm)の大独科花(大きな一つの花)の文様が付き，二品は径3寸(約9.2cm)の小独科花，三品は径2寸(約6.1cm)の散答花(枝葉のないもの)，四・五品は径1寸5分(約4.6cm)の小雑花であった。六・七品の服色は緋で径1寸(約3.1cm)の小雑花，八・九品は緑で文様は付かなかった。皆帯を締め，烏皮靴をはいた。

明代には，1370(洪武3)年に皇帝の常服が定められており，それは烏紗折上巾・盤領の黄袍で，前後および両肩に龍文が付いたものであった。諸臣の公服は，漆紗幞頭をかぶり，盤領の紗袍で，その色は四品以上が緋，五～七品が青，八・九品が緑であった。1391(洪武24)年に，これに「補子」を加え，その図文で位階をより明確に区別した。

清の皇帝の常服には夏服・冬服の別があった。その冠は吉服冠に近いものであり，常服袍は花文等の付いた華麗なものであるが，その色等は制限がない。また，この上に石青色(藍銅鉱による藍色)の常服褂を重ねることが多かった。皇后・后妃達の常服は丸領の袍で，色や文様も自由であり，鳳凰や蝶・花文等が好まれた。一般の官吏達は吉服冠と同種の冠をかぶり，袍を着てその上に馬褂を重ねることが多かった。
(増田 美子)

こうぶせいいん【洪武正韻】 明の官定韻書。16巻。1375(洪武8)年成書。楽韶鳳・宋濂らの奉勅撰。従来の官定の韻書『礼部韻略』は，その韻単独で押韻すべきであるとする「独用」，近似する数韻が通じて押韻することを許容する「通用」の規定，そして韻の分け方に問題があり，正しい音が失われているので，『中原雅音』(佚書)に基づいて新たに本書を編纂したという。韻目の大幅な合併をはかり，『礼部韻略』の206韻を平・上・去声各22韻，入声10韻の計76韻としている。数種の明刊本があるが，ほかにその朝鮮翻刻本もある。 (花登 正宏)

こうふつでん【紅払伝】 民国期の京劇の演目。別題『風塵三俠』。1923(民国12)年，羅瘿公が四大名旦の一人程硯秋のために作劇した。内容は唐の伝奇小説『虬髯客伝』，元雑劇『風塵三俠』，明伝奇(戯曲)『紅払記』，清小説『隋唐演義』に基づき，唐の開国の功臣となった李靖を主人公とする。物語は以下の通り。李靖は隋の越国公楊素をたずね，楊は李の才能を知って用いようとする。楊家の歌姫張凌華(『虬髯客伝』の紅払)は李靖を慕い，夫婦となってともに楊のもとを離れる。途中，天下平定の志を持つ剣客張仲堅(『虬髯客伝』の虬髯客)と出会って親交を結び，揃って李世民を訪れる。李世民と出会った張仲堅はその人品に服し，李世民に仕えることを誓った李靖夫婦に私財を渡して去る，というもの。初演では張凌華を程硯秋が，李靖を郭仲衡が，張仲堅を侯喜瑞が演じた。李靖の前で張凌華が双剣を持って舞う場面が特に知られ，程硯秋・新艶秋・杜麗雲らの歌唱の録音が残る。のちに梆子腔系諸劇に広まった。別に新艶秋の手になる『二本紅払伝』(別題『三俠図』)がある。 (川 浩二)

こうぶてい【光武帝】 前6(建平元)～後57(建武中元2)。後漢の初代皇帝。在位25(建武元)～57。本名は劉秀，字は文叔，廟号は世祖。光武は諡号。前漢の景帝の子である長沙定王発の血を引き，南陽郡蔡陽県(湖北省)で土着し豪族化した一族の一人。王莽末期の22(地皇3)年，兄の劉縯とともに挙兵，翌23年に同族の劉玄を立てて皇帝(更始帝)とし，王莽軍を昆陽(河南省)の戦いで破った。まもなく更始帝の政権とは距離を置き，別働隊を率いて河北を平定，25(更始3)年，自ら皇帝に即位して建武と改元し，洛陽を都と定めた。その後，各地に割拠する群雄を平定し，最後に蜀の公孫述を滅ぼして天下を統一したのは36(建武12)年のことであ

った。光武帝は若い頃に長安に遊学して儒学の素養を身につけていたこともあり，儒学を奨励して後漢の礼教主義的統治方針を確立し，皇帝の文書を扱う尚書の機能を強化して皇帝親政体制を固め，対外的には消極策をとった。光武帝と行動をともにした後漢王朝草創の功臣には豪族出身者が多く，後漢を通じて外戚として政治的影響力を持ち続けた。後漢書1
(藤田 高夫)

こうぶてい【洪武帝】 →太祖(明)

こうぶんしゅう【高文秀】 元の戯曲作家。東平(山東省)の人。生没年は未詳であるが，『録鬼簿』によれば，東平府学の生員で，若くして亡くなり，小漢卿と号したという。漢卿とは，言うまでもなく関漢卿のことである。水滸故事を題材とした作品を多く作ったことで知られ，その作品として題目の伝わるものは34種，そのうち李逵を主人公とした『黒旋風』(「双献功」とも呼ばれる)『諕范叔』『遇上皇』など5種が現存している。 (赤松 紀彦)

こうぶんしん【高文進】 生没年不詳。北宋初を代表する画院画家。成都(四川省)の人。三代続く道釈画家の家に生まれ，五代十国後蜀の北宋帰順にともない，太宗朝の画院に奉職。975(開宝8)年，相国寺の重修で，宋初の名手高益の壁画をその粉本によって修復し，高益に匹敵する画技を賞賛された。真宗朝の玉清昭応宮壁画の制作では王道真と全体の構想案を作成した。奝然が宋から請来した釈迦像(京都，清涼寺蔵)の胎内から，高文進が下絵を制作した版本弥勒菩薩像(984年銘)が発見されている。 (井手 誠之輔)

こうぶんてい【孝文帝】 467(皇興元)~499(太和23)。北朝北魏の第6代皇帝。在位471(延興元)~499。鮮卑族拓跋部の出身。平城(山西省)の人。姓は拓跋(のちに元と改める)，名は宏，諡は孝文皇帝，廟号は高祖。

孝文帝は李沖・李彪などの漢族士人を重用する一方，百官の俸禄制を定め，均田制を施行し，3段階から成る村落統治機構である三長制を立てるなど，次々と画期的な政策を推し進めた。とくに490(太和14)年に実権を握っていた文明太后(祖父文成帝の皇后)が薨去して親政をはじめると，漢族との統合をはかり，思い切った政策を断行した。493(太和17)年に洛陽へ遷都したのをはじめ，鮮卑族に胡服・胡語の使用を禁じ，鮮卑姓を漢姓に改め，漢族との通婚を進め，姓族を詳定して鮮卑・漢族の両方を取り込んだ門閥貴族体制を樹立した。魏書7上・下，北史3
(長部 悦弘)

こうへい【高棅】 1350(至正10)~1423(永楽21)。明初の詩文家。長楽(福建省)の人。別名は廷礼，字は彦恢，号は漫士。永楽の初め，庶民から翰林院に召されて待詔となり，1411(永楽9)年典籍に昇任。酒を好み，書画にたくみで，とくに詩にすぐれる。その五言古詩は景色のなかに人情をこめ，閑逸の情趣をただよわせる。かれの文学理論を反映した唐詩選集『唐詩品彙』『唐詩正声』は明代を通じて手本となった。著に『嘯台集』20巻，『木天清気集』14巻がある。明史286
(深澤 一幸)

こうほういき【侯方域】 1618(万暦46)~54(順治11)。明末清初の文人。商丘(河南省)の人。字は朝宗。号は雪苑。東林党の名家の出身であり，復社に属した。文名は高く，汪琬・魏禧と並び清初三大家，また方以智・陳貞慧・冒襄とともに明末四公子と称される。『送徐呉二子序』は，奔放な筆致を代表する作品。孔尚任の戯曲『桃花扇』は，侯方域と名妓李香君のロマンスに，明滅亡を絡めて描く。『壮悔堂文集』10巻・『四憶堂詩集』6巻がある。『清史列伝』70に伝がある。清史稿271
(早川 太基)

こうほうかん【高鳳翰】 1683(康熙22)~1749(乾隆14)。清時代中期の文人画家。膠州(山東省)の人。字は西園，号は南村・南阜山人・老阜・石頑老子など。1727(雍正5)年，孝友端方に挙げられ，歙県丞・徽州績渓知県・泰州巡塩分司に官し，善政の誉れがあったが，乾隆元年(1736)，盧見曾の獄(盧見曾が揚州転運使のとき塩商と結託し公金を横領したとされる事件)に連座して罷免され，翌年には右手が麻痺，揚州西城僧寺に寄寓して売画生活を送った。左手で制作した元の文人，鄭元祐(1292~1364)に共感して丁巳残人と称し，尚左生，又は後尚左生と号し，書画・刻印・作硯すべて左手によった。画は山水・花卉をよくしたが，その運筆は奔放で定法にとらわれず，円勁飛動する草書と相俟って，彼の豪邁不羈な個性をよく示している。収蔵を好み，秦漢の璽印や明清の刻印・硯石などを蒐集した。著に『硯史』『撃林集』『青蓮集』などがある。清史稿504
(板倉 聖哲)

こうほうげんみょう【高峰原妙】 1238(嘉熙2)~95(元貞元)。臨済宗の僧。蘇州呉江県(江蘇省)の人。高峰は号。普明広済禅師と諡される。俗姓は徐氏。出家して天台を学び，のち断橋妙倫に就き，雪巌祖欽の教えを嗣ぐ。隠遁ののち1279(至元16)年，西天目山(浙江省)の獅子巌で開法，獅子・大覚の2寺を開く。数百の弟子のうち，中峰明本には日本からの参学僧が多い。『高峰大師語録』2

巻があり，「塔銘」「行状」が付載される。また『高峰和尚禅要』1巻がある。　　　　　（永井 政之）

こうぼうざんまがいぞうぞう【孔望山摩崖造像】　江蘇省連雲港市の孔望山に彫られた宗教彫刻。東西約17m，高さ約8mの摩崖に浮彫と陰刻線とによって彫られた18組105像と，それぞれ独立した石を丸彫りしてつくった象，蟾蜍(ひきがえる)，饅頭状の巨石から成る。古くから漢時代の遺跡と言われていたが，調査によって，摩崖彫刻にはおもに仏涅槃など仏教的内容が見られ，また道教的内容も含まれることが明らかとなり，後漢時代(2世紀後半)にさかのぼるとする意見が出て注目された。唐時代とする意見もある。　（岡田 健）

こうぼうだいし【弘法大師】　→空海

ごうほうは【豪放派】　詞風の一派。詞はもともと宴席の遊戯に淵源するとされ，生活とは直接関わることのない純粋な抒情性を追求するのが本色であったが，北宋の蘇軾が現実の生活に即して，詩にかようたくましい詞風を拓き，豪放派の名でよばれることになった。それに対して本来のこまやかな情感を感傷的にうたう詞風は婉約派の名でよばれることになった。　　　　　　　　（山本 和義）

こうほしょく【皇甫湜】　777(大暦12)？～835(大和9)？。中唐の散文家。睦州新安(浙江省)の人。字は持正。806(元和元)年進士となり，陸渾の尉に任ぜられ，工部郎中，東都判官などを歴任。かれは李翶とともに韓愈から古文を学び，李翶がその平易をうけついだのに対し，かれはその怪奇を発展させ，文は「難」しくなければならぬとする派の代表だった。「李生に答うる書」「顧況詩集序」が有名。『皇甫湜集』3巻は散佚。新唐書176
　　　　　　　　　　　　　　　　（深澤 一幸）

こうほひつ【皇甫謐】　215(建安20)～282(太康3)。後漢から西晋の思想家。安定朝那(甘粛省)の人。皇甫は複姓。幼名は静，字は士安。玄晏先生と号す。著述を務めとして終生仕えず，隠逸の価値を論じ定着させた。陰陽・五行など自然の秩序が人事に与える影響を重視した。門人には摯虞・張軌らがいる。主著に『高士伝』『逸士伝』『列女伝』『玄晏春秋』『帝王世紀』『年暦』などがあったが『高士伝』以外は伝わらず，『北堂書鈔』『太平御覧』等に佚文を残す。『晋書』の伝には「玄守論」「釈勧論」「篤終論」を保存する。風痺と寒食散の中毒に悩んだこともあって医学にも造詣が深く『解寒食散方』『皇甫謐救解法』等の著作があったがいずれも亡佚して『医心方』などに佚文を残すのみ。現在に残る医書は『甲乙経』のみで，自序によれば『素問』『針経』(『九巻』)とも。のちの『霊枢』)『明堂孔穴』の三書を再編纂した鍼灸書という。後世『黄帝内経』を直接保存する書として重用された。晋書51
　　　　　　　　　　　　　　　　（浦山 きか）

こうまい【洪邁】　1123(宣和5)～1202(嘉泰2)。南宋の文人，学者にして政治家。饒州鄱陽県(江西省)の人。字は景盧，号は容斎，または野処居士。兄の洪适・洪遵とともに三洪と呼ばれた。1145(紹興15)年博学宏詞科に及第，のち各地の知州を経て翰林学士となった。科挙の試験委員長をつとめ，国史の編纂にも従事した。経学・史学・文学・芸術など多方面にわたって博覧強記を誇り，随筆集『容斎随筆』，志怪小説集『夷堅志』，唐詩の選集『万首唐人絶句』など多くの編著書を残した。宋史373　　　　　　　　　（岡本 不二明）

こうみんけいせいぶんぺん【皇明経世文編】　明人の社会・政治に有用な文章を集めたもの。504巻，補遺4巻。1638(崇禎11)年成る。明の陳子龍らの編。正編は宋濂にはじまり陳祖綬に終わる425人，補遺は何起鳴にはじまり銭便に終わる5人の文を収めている。編者らは松江幾社の名士で，経世致用の学を目指す立場から編纂されており，現実の政治・社会問題に有用な内容の多いものは多く採り，少ないものは少なく採っている。明代のこの種の編纂物のなかでは最も網羅的で膨大であるが，原文の存在するものも多いので注意しなければならない。崇禎刊本を影印した中華書局本が流布している。
　　　　　　　　　　　　　　　　（谷口 規矩雄）

こうみんじつろく【皇明実録】　→明実録

こうめい【高明】　生没年不祥。一説に没年は1359(至正19)年とも，1370(洪武3)年とも。元末の劇作家。温州瑞安(浙江省)の人。字は則誠，号は菜根道人。1345(至正5)年の進士。処州録事，福建行省都事などを歴任。詩名が高く，顧瑛のグループに属した。方国珍が起兵した際，幕下に招かれたが固辞して即日致仕し，四明(寧波)の櫟社沈氏楼に寓居して，宋・元より伝来の，蔡邕の背信を指弾した戯文に手を加えて『琵琶記』を完成させた。後に明の太祖朱元璋に招聘された時にも出仕せず，間もなく病没した。『閔子騫単衣記』の作もあったようであるが伝わらない。明史285　（根ヶ山 徹）

こうめいたつ【項名達】　1789(乾隆54)～1850(道光30)。清朝中後期の数学者。仁和(浙江

省)の人。原名は万準，別名は年丈。字は歩莱，号は梅侶という。1816(嘉慶21)年の挙人，1826(道光6)年の進士。著書には『象数一原』『句股六術』『三角和較術』『開諸乗方捷術』などがあるが，円の無限小解析をテーマとした『象数一原』がその代表作である。同書は円関数の級数展開式を定める際に用いる，極限値の帰納法をより完全なものとしており，清代数学の卓越した成果の一つに数えることができる。清史稿507　　　　　（川原　秀城）

こうめん【口面】 →鞨口

こうゆう【孔融】　153(永興元)～208(建安13)。後漢の文人。魯国(山東省)の人。字は文挙。孔子20世の孫。董卓に意見したことがもとで，黄巾の乱が激しかった北海国(山東省)の相をさせられる。ここから孔北海の称がある。在任中は善行を表彰し儒学の振興に努めたが，黄巾賊の襲来には無力で，首府を捨てて逃走するはめになる。196(建安元)年，都が許(河南省)に移った際に召し出され，少府，太中大夫を歴任する。多くの士を推挙して人望厚かったが，しばしば曹操を批判し，矯激な言動も多かったため，その怒りを買って処刑された。曹丕が『典論』論文篇において「揚・班の儔(揚雄・班固ら一流の文人に匹敵する)」と評して以来，建安七子の一人に数えられる。七子のうちただ1人曹操より年長であり，他の6人とは世代が異なるが，20歳年少の文人禰衡と年齢を超えた交わりを結び，『文心雕龍』にもその文業が再三論及されるなど，建安文学史において重要な人物である。『禰衡を薦める表』『盛孝章を論ずる書』が『文選』に採られる。明代の輯本である『孔北海集』1巻がある。後漢書70　　　　　（谷口　洋）

こうゆう【高誘】　生没年不詳。後漢の学者。涿郡涿県(河北省)の人。馬融門下の筆頭であった盧植に師事し，経書を学ぶとともに，当時，『淮南子』を修める者がいないのを憂慮し，その注釈書『淮南鴻烈解』を著した。同書の特徴は，儒家と道家の両思想を折衷した点，本文と注釈を併載した点，字音の注記をも添付した点などが挙げられる。現在，その完本は伝わらない。その他，『孝経』『呂氏春秋』にも注解をほどこした。　　　　　（弥　和順）

こうゆうい【康有為】　1858(咸豊8)～1927(民国16)。清末民国の政治家・思想家・書家。南海(広東省)の人。一名は祖詒。字は広夏。号は長素・更生・(1917年以降は)更甦。南海先生と呼ばれる。1895(光緒21)年の進士。思想的功績は，変法論を孔子と結びつけた事で，1890(光緒16)年，廖平と会い経書の真偽論に触れると，翌年，今文経こそ孔子の真経だと論じ(『新学偽経考』)，更に孔子創教の本意(微言大義)は民主改制だった(『孔子改制考』)とした。1898(光緒24)年，光緒帝下で変法維新の実現を試みるも100日で失敗した。彼はまた，将来，改制して世界公政府を作り，男女の完全独立した大同世界に至ると論じた(『大同書』)。政変で亡命した後，革命に反対し保皇さらに復辟を主張した。　　　　　（竹内　弘行）

32歳で著した『広芸舟双楫』は，魏・晋・南北朝碑を重視した包世臣の見解を補強敷衍した碑学派の代表的書論で，阮元の『南北書派論』の誤りを正した功績は大きいが，唐碑を極力排するなど偏見も少なくない。清史稿473　　　　　（澤田　雅弘）

こうゆうこう【江有誥】　？～1851(咸豊元)。清代の古韻学者。歙県(安徽省)の人。字は晋三，号は古愚。古音学を志し，始めに顧炎武『音学五書』，江永『古韻標準』を熱心に研究した。のち段玉裁『六書音韻表』，孔広森『詩声類』の研究成果を踏まえ，古韻を段玉裁の17部よりも4部多い21部に分けた。江有誥の『音学十書』は元来10種の著作からなっていたが，1846(道光26)年の家屋火災により焼失し，現在は，一『詩経韻読』・二『群経韻読』・三『楚辞韻読』・四『先秦韻読』・五『諧声表』・六『入声表』・七『唐韻四声正』・八『等韻叢説』の8種である。『諧声表』は「同音字は必ず同韻部である」という原則に基づいて作られ，古音研究における重要な資料となっている。また『入声表』では顧炎武らの四声通用説を否定し，先秦時代に既に四声は存在していたという古四声説を初めて打ち出した。清史稿481　　　　　（片山　久美子）

こうゆうしゃ【光裕社】　蘇州弾詞の芸人の組織。もとは光裕公所といい，1912(民国元)年に光裕社と改められた。その創立は清の康熙年間(1662-1722)あるいはそれ以前とする説，乾隆年間(1736-95)に王周士が創始したとする説などがあるが，いずれも伝説の域を出ない。文字記録として残る最も古いのが嘉慶年間(1796-1820)に成立したとするものである。いずれにせよ，蘇州弾詞芸人の組織としては最も古く，長い歴史を持つ団体である。ここでは「三皇」を祖師としてまつっていた。蘇州の芸人の利益を守ることが組織の目的であり，加入していない芸人は蘇州にあっては，舞台の上で上演することが許されなかったという。また，女性が上演することも長きにわたって許されていなかった。清朝の末年に至って，男女による上演を主張する一派(「外道」と称されていた)が分かれて上海で「潤余社」が生まれ，以後多くの社に枝分かれしていっ

た。　　　　　　　　　　　　　　　（大木　康）

こうゆうしんがくとき【皇祐新楽図記】　北宋の声律学書。3巻。1053(皇祐5)年，李照が詔により鐘律(鐘の絶対音高)を校定したが，その際の図説である。阮逸・胡瑗の奉勅撰。巻上では『周礼』や歴代正史を参照して声律を定め，さらに黄鐘の律管の規格に基づいて度量衡を定める。巻中では鐘や磬といった楽器の規格を定める。巻下では鼎などの礼器や，晋鼓の規格を定める。律管の規格は，范鎮の支持した房庶の案と争い，司馬光の支持を受けて認められたものである。　（水口　拓寿）

こうよう【項容】　生没年不詳。中唐，江南で活躍した水墨山水画家。水墨山水画の制作で知られた項氏一族の中で，最も傑出した画家であり，在野の職業的な画家であったと考えられる。唐代水墨山水画を総合したと自称する荊浩は，華北の呉道玄の筆の山水画に対抗する，墨の山水画を代表する画家と規定する。確かな伝称作品は知られないものの，輪郭のない金銀泥の面で変化に富む山水を表現する『黒柿蘇芳染金銀山水絵箱』(奈良，正倉院中倉蔵)にその萌芽が見出せる。　（小川　裕充）

こうようきょう【紅陽教】　羅教・黄天道などの影響を受けながら，明末に成立した白蓮教系民間宗教の一派。弘陽教とも呼ばれる。当初，河北・山東・山西など華北に広がり，清代には湖北・湖南など長江流域にも伝播していた。その経典では，人類はすべて「無生老母」なる神の子であると説くとともに，全世界を生み出した「無生老母」のもとなる真の「家郷」へ帰還すべきことを最後の救済として示しており，白蓮教系民間宗教における典型的な世界観が示されている。　（山田　賢）

こうよず【広輿図】　明代の地図帳。2巻。1555(嘉靖34)年頃刊。羅洪先の著。元の朱思本の『輿地図』をもとに作成した。初めて地図記号を用い，全国図や各行省図，辺境地域の図，黄河や海運等の各主題図，朝鮮・安南・西域や南海諸国図等の113図があり，表と図解を付す。伝統的な方格図(東西・南北に直交する直線によって方位や距離を表す方眼図法による地図)の最高峰として清代まで度々版を重ねた。西欧にも紹介され，17世紀のM.マルティニ『新シナ図帳』は『広輿図』の翻訳というべきものである。　（大澤　顯浩）

こうよぜんらんず【皇輿全覧図】　清代の中国全図。康熙帝の命でブーヴェ(白晋)ら宣教師が10年をかけて全土を測量し，1718(康熙57)年に上呈された中国最初の実測図。現存は不明だが，瀋陽故宮にあった銅版をもとに1921(民国10)年に出版された『清内府一統輿地秘図』はその各部分図とみられる。伝統的な方格図(東西・南北に直交する直線によって方位や距離を表す方眼図法による地図)を改めて，北京を通る子午線を基準とし，北極星の高度で緯度を定める梯形図法によって描かれた。原稿図がフランスに送られダンヴィルの『中国新地図帳』のもとになった。　（大澤　顯浩）

こうらいずきょう【高麗図経】　北宋の徐兢による高麗の見聞記。正式名称は『宣和奉使高麗図経』。徐兢は1123(宣和5)年に北宋の国信使の一員として高麗におもむき，都の開城に滞在した約1か月の間の見聞をまとめ，帰国後に本書を編述して徽宗に献じた。高麗の歴史・地理・人物・制度・風俗などが29の項目に分類して記録されており，『高麗史』などにも見えない貴重な記事を含む。本来図解付きであったが，現在図は亡失して本文のみが残っている。　（河上　洋）

こうらいぞう【高麗蔵】　高麗時代に開版された大蔵経。初雕と再雕の二種がある。一般に「高麗蔵(麗蔵)」と呼ばれているのは再雕本。初雕本の開版については諸説あり，顕宗朝(1009-31)から雕造がはじめられたといわれているが，刊記がなく不明なことも多い。『開宝蔵』を底本としているが，完全な覆刻ではなく校訂を加え，かつ函次・版式も一部異なる。装幀は巻子，1版1紙，毎版23行14字を基本とし，天地の界線があるものと無いものが確認されている。版木は高宗19(1232)年の蒙古軍侵攻によって焼失し伝わらない。伝本は少なく韓国では百数十巻が確認されるのみ。日本には『南禅寺大蔵経』中に1000巻以上伝存するほか，対馬長松寺などに『大般若経』が伝えられる。再雕本は初雕本焼失のあと，蒙古軍退散を祈願し，高宗23～38年(1236～51)に大蔵都監において雕造された。版木8万1258枚は，後世の補刻を交じえつつも今日なお韓国の海印寺(慶尚南道陜川)に現存し，版木の枚数にちなみ「八万大蔵経」ともよばれる。一部例外を除き1版1紙，毎版23行14字，天地単界で，糊代部分に経名・版次・函号・刻工等を刻す。巻子装が前提の版式ではあるが，現存のものは折本もしくは袋綴である。初雕本を基礎にして，契丹本等数種の異本を用いて校勘を行っている。校勘の内容は，守其撰『高麗国新雕大蔵校正別録』や各経巻末の記述によって知ることができる。日本では江戸時代より最も優れた刊本大蔵経であるとの評価があり，『縮蔵』や『大正蔵』の底本として用いられている。再雕本とは別に，同じ大蔵都監で雕造された補版と

呼ばれる部分があり，『祖堂集』などが収められている。初雕・再雕二種の高麗蔵は，今日ほとんど伝存しない開宝蔵の実体を知る上でも貴重な版本として位置づけられている。また，大蔵経とは別に，高麗時代には，文宗の王子大覚国師義天によって，『教蔵』あるいは『続蔵』とよばれる，仏教章疏類の集成が開版されている。　　　　　　　　（梶浦 晋）

こうらん【勾欄】　宋元時代，都市に設けられた常設の演劇・芸能の上演施設。大都市の盛り場（瓦子）の中に設けられた。北宋の開封では，桑家瓦子内に 50 余りの勾欄があり，そのうち蓮花棚・牡丹棚・夜叉棚・象棚などは数千人を収容できたという（『東京夢華録』）。内部には楽屋・神棚・舞台・客席が備わっており，雑劇・講談・諸宮調・人形劇・影絵芝居などが上演された。元代以降は，妓楼のことも指す。　　　　　　　　　　　（千田 大介）

こうらん【皇覧】　三国魏の繆襲らの編集した類書。120 巻。魏の文帝曹丕の命によって，繆襲・王象・劉劭・桓範・韋誕らが，先行する書物をもとに記述を分類整理しなおしたもので，類書の始まりとされる。「皇覧」という書名は，皇帝王族の閲覧に供する目的で編まれたことを示す。南朝梁の時，680 巻あったというのは，増補されたものと考えられる。同じ書名を持つ類書に，南朝宋の何承天の撰したもの（123 巻），同じく南朝宋の徐爰のもの（50 巻）などがあったが，いずれも逸した。逸文は清人の手によって集められ，1 巻の輯本が『問経堂叢書』などに収められている。（川合 康三）

こうらんき【鴻鸞禧】　→金玉奴

こうり【功利】　実効性と利益とを意味する概念。儒家・道家・法家・墨家などといった各家の思想体系により位置づけが異なる。国家の利益を先決とする韓非，利と義との調和を述べる墨子などに対し，儒家の功利観は『漢書』董仲舒伝の「仁人はその誼〔義〕を正してその利を謀らず，その道を明らかにしてその功を計らず」に代表され，功利よりも道義を重んじ，特に私的利益の追求を退けた。だが公的利益と道義との距離については儒家の間でも見解が分かれ，特に南宋の国家的危機下では，葉適・陳亮が功利のない道義を虚妄として，「義利双行，王覇並用」を論じ，功利と道義とは極限まで接近した。これを朱熹（朱子）が論難したため，彼らは中国思想史上特に「功利学派」と称される。朱熹の批判は功利への注視が安易な結果主義を招き，彼の思想体系の根幹にある天理・人欲の峻別を阻む，との警戒感によるものであり，事実，天理・人欲観の動揺がみられた明清期には，陳亮らへの賛意や私的利益の追求を肯定する見解も生じた。なお近代以降，功利はベンサム・ミルらの思想にいう utility の訳語として新たな意味が加えられた。
　　　　　　　　　　　　　　　　（折原 幸恵）

こうりきき【康里巎巎】　1295（元貞元）〜1345（至正 5）。元代の画家。巎巎は本名，字は子山，号を正斎・怒叟・蓬累叟という。諡は文忠。中央アジアのトルコ系遊牧民族の色目人。東平王不忽木の子。康里部の出身であるため，姓を康里としている。官は，集賢侍制となり，奎章閣に侍して書画の鑑定に従事。順帝の時に翰林学士承旨を拝した。兄の回回とともに，学を好み，文章をよくし，名臣として双璧と称された。楷書は初唐の虞世南，行草は三国魏の鍾繇や東晋の王羲之を学んだ。また，王献之や米芾の書の影響も受けている。特に草書に優れ，当時にあっては，趙孟頫とともに「南趙北巎」といわれた。明時代の『輟耕録』には，以下のような逸話がある。「『一日に何文字写すことができるか』という問いに，趙孟頫は『一日に一万字』と答え，巎巎は『一日に三万字，しかも，全く飽くことなく書き続けることができる』と答えたという」。巎巎の，章草の筆法を加味しながら疾書するその書は，趙孟頫にはない気勢の激しさをそなえ，速筆で，右肩上がりの書風を特徴とする。（鍋島 稲子）

こうりきし【高力士】　684（嗣聖元）〜762（宝応元）。唐玄宗朝の宦官。潘州（広東省）の蛮酋馮盎の曾孫といわれる。幼くして去勢されて宮廷に入り，宦官高延福の養子となる。部屋住みの玄宗と知り合い，その即位を助けた。身長 6 尺 5 寸（195cm）の大男で，玄宗の全幅の信頼を背景に，宮廷の一切をとり仕切り，宦官最初の三品官となった。安史の乱が起こると，玄宗に従い四川に逃れ，のち巫州（湖南省）に流され，玄宗の死を聞き血を吐いて死んだ。旧唐書 184，新唐書 207　　（氣賀澤 保規）

こうりぶんか【后李文化】　山東省淄博市の后李を標準遺跡とする考古学文化。后李文化は，北辛文化に先行する山東省最古の新石器文化であり，前 6300 年から前 5600 年の時間幅でとらえることができる。1990 年代初頭に確立された文化であるために，発掘された遺跡は数少なく，今のところ，泰山山系の北側に偏った分布状況を示している。土器は原初的な様相を呈し，手作りで丸底をなすものが多い。種類も，釜・鉢・壺や土製の支脚などに限定されている。　　　　　　　　　　　　　（小川 誠）

こうりゅうわぶんか【興隆窪文化】　南は燕

山南麓から北はシラムレン川流域まで広がった，紀元前6000〜5000年の新石器文化。代表的な遺跡である興隆窪遺跡には環壕がめぐり，その中に100軒以上の半地下式住居が見つかっている。食料採集が基本であり，豚飼育をともなう雑穀農耕の存在ははっきりしない。土器は連続弧線文土器が特徴である。石器には石斧・石鏃・すりうすのほかに細石刃があり，植刃用の骨槍が見つかっている。また，当時すでに玦状耳飾りをはじめとする玉器製作が始まっている。　　　　　　　　　　　　（大貫 静夫）

こうりょう【江陵】　現在の湖北省荊州市。江漢平原の西部，長江北岸に位置する。春秋戦国時代，楚の都郢が置かれ，秦以後，南郡及び荊州の治所となることもあった。南朝梁末，元帝が都とし，元帝敗死後，梁の一族が建国した後梁の都でもあった。唐中期に江陵府となり，元は中興路，明清は荊州路の治所である。旧時，東西南北の水陸交通の要衝として知られ，特に六朝では上流の要衝として，政局に関与すること多大であった。現存の城壁は明代に築かれたものを清代に修復したもので，周囲8km。北郊に楚の故都郢（紀南城）の遺跡がある。
　　　　　　　　　　　　　　　（中村 圭爾）

こうりょうきつ【洪亮吉】　1746（乾隆11）〜1809（嘉慶14）。清代の学者・文学者。陽湖（江蘇省）の人。字は君直，一に稚存。号は北江，後に更生居士。1790（乾隆55）年に科挙に次席合格し，翰林院編修，貴州学政などを務めた。1799（嘉慶4）年，上書が不敬罪に問われ伊犁地方に流されたが許され，その後は郷里で著作に専念した。諸学にすぐれ，『春秋左伝詁』20巻などを著し，詩文では黄景仁・孫星衍と並び称せられた。著作は『洪北江全集』にまとめられる。『清史列伝』69に伝がある。清史稿356　　　　　　　（鈴木 達明）

こうりょうさん【広陵散】　琴の古曲。「散」は「操」「引」等と同じく曲を意味する接尾辞である。一名を『広陵止息』ともいう。『広陵散』の歴史は長く，後漢末から三国時代にはすでに流行していたとみられ，後漢末の詩人応璩の書簡中に「広陵の清散を聴く」という語が見える。また魏の嵆康『琴賦』の中にもすでに「広陵止息」の名が見え，当時流行していた多くの琴曲の中でも『広陵散』を第一として位置づけている。嵆康は自分が処刑される寸前に『広陵散』を演奏し，胸中の憤懣やるかたない思いを託したと伝えられる。

　現在伝わる琴曲『広陵散』の重要な譜は明の朱権『神奇秘譜』と，明の汪芝『西麓堂琴統』の甲譜・乙譜との3譜がある。その内『神奇秘譜』所収のものは最も時代が古く形も整っているので現在よく演奏される。全曲は45段で，開指（1段）・小序（3段）・大序（5段）・正声（18段）・乱声（10段）・後序（8段）の6つの部分からなっている。各段に付された小表題をみると，現存の『広陵散』の内容は紀元前4世紀に父を韓王に殺された聶政が復讐のため優れた琴の技術を身に付けて韓王の前で演奏し，隙をみて琴の中に仕込んだ剣で韓王を刺殺するという復讐物語を題材としていることが明らかである。このように『広陵散』は広く流行し人々に好まれた一方で，暴政に対する反抗や憤懣を表現した曲であるため，殺気がある，臣下が君主を凌ぐ気がある等として南宋の朱子や明代の宋濂によって斥けられた。現在琴で『広陵散』を演奏するときは，「慢商調」（CCFGAcd）という第一弦と第二弦を同じ音にした特殊な調弦で演奏される。また『広陵散』は琴と笙・琵琶（阮）・笛・箏等の楽器で合奏される「但曲」として演奏されていたことが南朝陳の釈智匠『古今楽録』や唐の崔令欽『教坊記』に見えるが，南宋以降その伝承は途絶えた。　（池澤 滋子）

こうりょうそぼぐん【江陵楚墓群】　湖北省荊州市（旧江陵県城）付近を中心に分布する春秋戦国期の楚墓群。その中の代表的楚墓群としては，荊州市荊州区の雨台山楚墓群・九店楚墓群・望山楚墓群・馬山楚墓群，荊州市沙市区の天星観楚墓群，当陽市の趙家湖楚墓群，荊門市沙洋県の包山楚墓群などがある。有名な楚墓として，「包山楚簡」と呼ばれる楚の竹簡群を出土した包山2号墓，同時期の貴族墓で「望山楚簡」と呼ばれる竹簡群を出土した望山1号墓，同時期の最大規模の貴族墓である天星観1号墓などがあるが，墓群を構成する圧倒的多数は小型の楚墓である。報告書として湖北省荊州地区博物館編『江陵雨台山楚墓』（1984年）などが刊行されている。この地域で楚王墓は未発見だが，このように楚墓が集中することは，中心部に位置する荊州市荊州区の紀南城遺跡との関連を抜きにしては考えにくい。一部に異論があるが，紀南城を前287年に遷都するまでの楚の国都の郢とする見方が広く受け入れられている。なお，これらの墓地遺跡の多くでは，秦による郢攻略後の秦墓や続く時期の漢墓なども発掘されており，1983年には漢簡の出土で有名な張家山漢墓群なども発見され，注目を集めている。　　　　　　　　　　　　　　（吉開 将人）

こうりょうむ【黄粱夢】　元の戯曲作品。雑劇の形式をとる。『録鬼簿』によれば，第1折は有名な雑劇作家馬致遠が作り，第2折は李時中，第3折，第4折はそれぞれ俳優の花李郎，紅字李二が作ったという。呂洞賓が上京の途中，旅籠で黄粱を

炊かせている所に，*鍾離権が来て出家をすすめ，黄粱が炊きあがるまでのわずかな間の夢に，人生のはかなさを悟って，鍾離権に従って入道するというのがそのあらすじで，唐代伝奇『*枕中記』を換骨奪胎したものである。 （赤松 紀彦）

こうれいど【高嶺土】 酸化アルミニウムを比較的多く含み，鉄分の含有量の少ない，陶磁器製作によく使われる白色の粘土。漢語音にしたがいカオリンと呼ぶこともある。窯業で知られた中国江西省景徳鎮の近くの古くから知られた高嶺という山がその産地であることから来た名前である。新石器時代の大渓文化や大汶口文化や殷代の白陶の原料としても用いられた。*彩陶の白色の彩色や白色の化粧土も高嶺土を用いている。 （大貫 静夫）

こうれん【孝廉】 漢代の郷挙里選と呼ばれる官吏登用法の中の主要科目の一つ。前漢の武帝の前134（元光元）年に創始された。儒教の基本徳目である孝悌の「孝」と「官吏として筋目を通し，きっちりした」という意味の廉公の「廉」とを組み合わせた科目名で，地方の官吏や庶民の中から道徳に優れ廉潔な性行を有する者を中央に推薦させる。推薦者は郡・国の太守・国相である。孝廉に挙げられると，宮中の警護に当たる郎中に就き，その後欠員が生じた中央政府諸官署の官職や地方官に転出して次第に昇進していく。孝廉には徳行に優れた人も挙げられたが，儒学的教養が次第に必須のものとなり，後漢時代に入ると役所の長官が属吏を自由に選任する辟召制と組み合わされて官界昇進の主要ルートとして機能した。後漢後半期には郡県の役所の督郵や功曹などの要職に任中の豪族出身者が多く挙げられ，豪族による孝廉選の独占の事態を招いた。三国魏の九品官人法施行後も，秀才と並んで人材抜擢の科目として存続した。 （東 晋次）

こうれん【高濂】 生没年不詳。明の万暦年間（1573-1620）ごろに活躍した戯曲作家。銭塘（浙江省）の人。字は深甫，号は瑞南・湖上桃花漁。鴻臚寺の小官を奉じたが，のち故郷に隠棲。代表作は『*玉簪記』と『節孝記』。前者は女道士陳妙常と書生潘必正の恋愛物語。後者は2巻に分かれ，上巻『賦帰記』は陶淵明の帰隠，下巻『陳情記』は李密の孝行話に材を取る。その他，詩文集『雅尚斎詩草』『芳芷楼詞』，道家の養生を説いた『*遵生八牋』がある。 （野村 鮎子）

こうれんしゅう【香奩集】 晩唐の詩人韓偓の詩集と言われている。男女の情や女性の姿態を描いた詩を多く収め，後世この詩集に見られる作風を香奩体と呼んだ。『*新唐書』芸文志には韓偓の作品集として「香奩集一巻」と記載されているが，作者については宋代より議論があり，*沈括は五代の和凝であると言い（『*夢渓筆談』），葉夢得は五代十国南唐の*韓熙載であるとする。『*四部叢刊』では韓偓の詩集『玉山樵人集』の末尾に付されている。
 （山本 敏雄）

こうれんたい【香奩体】 晩唐の詩人韓偓の詩集『*香奩集』に代表される詩風のこと。女性の服装化粧，閨怨の情を詠じた詩が多い。宋の厳羽は，韓偓の香奩体の詩は全て「裾裾脂粉」（女性の服装や化粧）の語であると言う（『*滄浪詩話』）。『香奩集』の序に「遙かに宮体を思う」とあり，作者自身は六朝の宮体詩をその淵源として意識していたようだ。後世の評価は概して「淫を誨うる言」（元の方回『*瀛奎律髄』）というような否定的なものが多い。
 （山本 敏雄）

こうろうしそう【黄老思想】 戦国末期に起こり前漢初期に流行した道家の一派で，後に道家と呼ばれるようになるその前身。黄老とは*黄帝・老子の併称。

　黄老学派の系譜は，『*史記』楽毅列伝に，河上丈人→*安期生→毛翕公→楽瑕公→楽巨公→蓋公→曹参，と描かれている。この描写には趙・斉に関わる人物が多いこと，黄帝崇拝が斉で盛んであったことなどから，黄老思想は戦国後期の趙の国に淵源し，斉の威王・宣王の下で形成された稷下の学において盛んになっていったと考えられる。曹参が斉の相国をつとめた後，蕭何の後を前継いで漢の丞相となったのを機に，黄老思想は前漢の朝廷にも広く受け入れられるようになる。『史記』外戚世家には，竇太后が黄帝・老子を好んだため景帝や太子（後の武帝）をはじめ多くの親族が皆それを読むことになったとあり，重臣の陳平・汲黯も黄老的政治を実践したとされる。

　黄帝の事績を記した「黄帝書」は佚亡していたため，従来『老子』『史記』の記述のみから黄老思想は無為清静を標榜し百姓を慰撫する政治的意図をもった道家の一派と考えられてきたが，1973年湖南省馬王堆漢墓より出土した『経法』『十六経』などの「黄老帛書」の，「道が法を生じた」（『経法』道法），「四季に定めがあるのは，天地の理である」（『経法』論約），「道によって天下を観るものは，必ず物事の始まりを明らかにしその刑名を明らかにする」（『経法』論約），「徳を先にし刑を後にし天に順う」（『十六経』観）などといった記述から，その内容がさらに具体的に明らかになってきている。

黄老思想が前漢初期に流行したのは，秦帝国滅亡の後を受け，民力の休息，中央集権国家の理論構築という当時の相反する2つの課題にそれが最も応えうる思想であったためである。しかし，武帝期には積極政策へと転換したこと，董仲舒による先秦諸思想の統一の動きが興り，黄老思想もその中に取りこまれていったことなどにより，その地位は急速に後退した。その結果，黄老思想はその政治色を薄めつつ，神仙・養生的傾向を強くしていく。後漢時代には黄帝・老子は宗教化して祭祀の対象となり，また，太平道を興した張角を評して「自ら大賢良師と称し，黄老道に奉事した」(『後漢書』皇甫嵩伝)とあるのも黄老思想の変質ぶりを物語っている。

〈池田 知久／渡邉 大〉

こうろうむ【紅楼夢】 清の長篇小説。全120回。原作者は曹雪芹。中国文学を代表する作品。神瑛侍者から甘露の恵みを受けた太虚幻境の絳珠草は，神瑛侍者の後を追って人間に生まれ変わり，流す涙で恩返ししようと考え，他の仙女たちとともに地上へ下る。その一部始終を記すのは，女媧が天の裂け目を補う際にただ一つ使い残した大岩である。こうした神話的枠組みに沿って物語は展開する。開国の元勲として繁栄を謳歌してきたものの，没落の兆しを露わにしつつあった賈家の貴公子宝玉(神瑛侍者の化身)は，通霊宝玉(大岩の化身)を口に含んで誕生する。少女を天地の精華の結晶と信じる一方，男子をカスやアブクと蔑むという突飛な思考の持ち主である。祖母の庇護の下，父方の従妹林黛玉(絳珠草の化身)，母方の従姉薛宝釵など大勢の姉妹や従姉妹たちと遊び戯れて，立身出世には目もくれない。貴妃に選ばれた姉元春の里帰り用に造営された大観園(太虚幻境の地上版)が宝玉たちに開放されると，古典的教養と超一流の贅沢にあふれた理想的生活空間が出現する。宝玉は少女たちが自由に解放された世界を築く姿を見て喜びながら，黛玉との愛情を確かなものにしていく。しかし黛玉の健康は徐々に損なわれ，同時に大観園の人間関係も崩れていく。家の没落は世俗的欲望の噴出を促し，宝玉が至高の存在とみなした少女たちも，身分の低い者から順番に権力闘争の犠牲になり，時には率先してその渦に飛び込むようになる。宝玉が受けた衝撃は深いが，黛玉が側にいることでかろうじて救われる。ここまでが曹雪芹の手になる前80回である。後40回については高鶚の続作とする説が有力であり，黛玉の死，宝玉と宝釵の結婚，賈家の没落，宝玉の科挙合格と失踪を描く。賈家の再興を暗示したラストなど曹雪芹の原案とは異なる構想も少なくないとはいえ，悲劇的展開を崩さなかった功績は大きい。第1回に登場する様々な異名のうち，

『紅楼夢』に次いで『石頭記』がよく知られる。これは大岩の記録という点にちなんだ命名であり，『脂硯斎重評石頭記』と称されるように，主として脂硯斎の批評が施された前80回の写本で用いられる。戚蓼生(1734年進士)が序文をつけた『石頭記』は1912(民国元)年に「国初鈔本原本紅楼夢」と銘打って石印本が出された。最初の120回本は程偉元と高鶚による活字本である(1791年)。『紅楼夢』は熱狂的な「紅迷」(紅楼夢フリーク)を大量に生み出し，悲劇的な最後に満足できない人々が珍案奇策を編み出して大団円に持ち込んだ続作も数多く存在する。近代的な文学観に基づいて『紅楼夢』の意義を考察したのは王国維の「紅楼夢評論」(1904年)に始まる。「紅楼夢論争」(1954年)を契機に『紅楼夢』の時代的意義が論じられたが，封建制度に対する擁護か反逆かといった二項対立による安直な論断が目立つ。近年では海外の文学理論を応用した論考なども現れ，文芸批評全体の新潮流の中で『紅楼夢』に対する評価にも変化の兆しが見られる。

〈井波 陵一〉

こうろうむひょうろん【紅楼夢評論】 清末の王国維の著。ショーペンハウアーの哲学に依拠して『紅楼夢』の芸術的意義を解き明かそうとした。賈宝玉と少女たちの関係を，生の欲求と苦痛及びそこからの解脱という観点からとらえて，ゲーテの『ファウスト』と対比しながら作品の普遍的価値を強調しており，主人公のモデル詮索もしくは作品の瑣事考証に明け暮れた従来の「紅学」とは一線を画する。近代的な文学評論として「文学革命」を先取りする地位を占める。

〈井波 陵一〉

こうろくてんさい【鉤勒填彩】 中国画の描法の一つ。対象物の輪郭を線で括り色を塗るという中国絵画の基本的技法。これに対し，輪郭線を表さないで墨や色彩の面で描き出すやり方を没骨という。とくに五代十国〜北宋時代の花鳥画においては，黄筌一派の黄氏体が鉤勒填彩を用いて富貴華麗で，徐熙に始まる徐氏体の没骨と対照された。

〈藤田 伸也〉

こうろじ【鴻臚寺】 官署名。賓客の接待や凶事の儀式を担当する。秦は典客を置き，諸侯や帰順した異民族に関係することを取り扱ったが，漢になってこれが大鴻臚と改称された。唐は北斉以来の制度を引き継ぎ，九寺の一つとして鴻臚寺を設置し，典客署・司儀署を統轄した。宋以後も外賓の接待や朝会を担当する官署として機能し，清末に至るまで廃置を繰り返しながらも存続した。

〈松浦 典弘〉

こうろなん【行路難】 楽府題の一つ。北方起源のうたで，東晋には確実にうたわれていたことが，『続晋陽秋』の記録からわかる。現存する最古の歌詞である宋の鮑照の『擬行路難』18首が名作として知られ，後世多くの後継作品を生んだ。人生のはかなさ，つらさをうたうことを主とし，形式は多く「君不見(さあみたまえ)」ではじまり，七言を中心とする雑言体である。歌謡的な要素が色濃い佳篇が多く，とくに李白の作品が有名である。
(松家 裕子)

こうわいいじんろく【江淮異人録】 唐末五代の人物伝。1巻(函海本は2巻)。北宋の呉淑撰。呉淑(947～1002)は丹陽(江蘇)の人。南唐の進士で宋に仕え，『太平御覧』『太平広記』などの編纂に参加し，『事類賦』を撰した。唐末から十国の呉・南唐にかけての，道士・術士・遊俠など25人の伝記を収める。『道蔵』『知不足斎叢書』『函海』などに収める。
(森田 憲司)

こうわん【黄綰】 1477(成化13)～1551(嘉靖30)。明の哲学者。黄巌(浙江省)の人。字は宗賢・叔賢，号は久菴。主著に『明道編』(現在，中華書局から刊行)がある。はじめ王陽明を師としたが，のち彼の致良知説が仏教・道教に類似するとして，陽明学に対して批判的となる。晩年は学の要は『易経』の艮止にありとして，『易経』を中心とする独自の哲学を唱えた。明史197
(永冨 青地)

ごうんすいしょう【伍員吹簫】 元雑劇の題名。正式題名は『説鱄諸伍員吹簫』(諸を説きて伍員，簫を吹く)。4折。李寿卿作。春秋時代，楚国の伍員(伍子胥)は奸臣の讒言によって家族を皆殺しにされ，浣紗女(紗を浣う女)や漁父に助けられて呉国に亡命するが，軍を借りることができず，簫を吹いて物乞いし，壮士の鱄諸と知り合う。18年後，伍員はついに10万の兵を借りて楚を討ち，復讐を果たす。物語は『史記』『呉越春秋』などとほぼ同じ。元曲選本がある。
(千田 大介)

こえき【己易】 南宋の楊簡(号は慈湖)の『楊氏易伝』(20巻)のエッセンスであると同時に，楊簡の経学観及び心学的立場を述べた代表的作品。楊簡の「己易」は，易を通して自然界や人間界を見るのではなく，逆に自己の一心を通して易を見ることを教えている。すなわち易とは実は本心の変化の多様性を示すものであり，易は心易にほかならないことを強調している。朱子の『周易本義』の立場と好対照をなしている。『慈湖先生遺書』所収。
(牛尾 弘孝)

ごえつ【呉越】 五代十国の一つ(907～978)。唐末の混乱に乗じて立ち上がった群雄の一人銭鏐が杭州を都として銭塘江一帯を中心に立国。銭鏐が中原の後梁朝から呉越国王に封じられて以来5代72年間存続し，統一直前の宋朝に降った。十国の中ではもっとも長命の政権である。太湖周辺の開発を積極的に進めるとともに，外港である明州(浙江省寧波市)を通じて高麗や日本と交易し，乳香などを扱う南海貿易も行った。中原王朝に対して概ね恭順の風を装う一方で，契丹とも通交し，後周朝の世宗が仏教弾圧を行った頃に銭弘俶がアショカ王の故事にならって八万四千塔を造ったように，文化的独自性を維持した。領下の天台山から杭州に名僧を招くなど仏教興隆に力を入れ，流出した経典を高麗・日本から入手し，天台教学が復興した。八万四千塔の一部が日本に伝来したことは名高い。また，塔に収められた『宝篋印陀羅尼経』は初期の印刷資料として貴重である。
(中砂 明徳)

ごえつ【呉説】 生没年不詳。南宋の書家。銭塘(浙江省)の人。字は傳朋，号は練塘。政治家王安石の義弟で，詩人王令の外孫。尚書郎から，上饒(江西省)の太守をつとめ，崇道観主管となった。魏晋の書を学び，小楷では宋代第一の名があり，今日でも『独孤僧本蘭亭序跋』などに見ることができる。行書は王羲之の『蘭亭序』，草書は孫過庭の『書譜』を学んだといわれる。また遊糸書を得意とし，『王安石蘇軾三詩巻』(京都，藤井有鄰館蔵)は日本に現存する唯一の作品である。
(大橋 修一)

こえつじ【古越磁】 三国の呉から西晋・東晋にかけて，浙江省北部の越州窯を中心とする江南地方一帯で生産された青磁に対する日本における呼び名。後漢時代に成熟の段階に到達した青磁は，三国になると目覚ましい発達を遂げた。厚葬の風を背景として多量の青磁が副葬されたため，南京市や浙江省一帯の墳墓からは多量の古越磁が出土している。甕の上に楼閣を作り，さまざまな動物や人物を張り付けた神亭壺や，鶏の頭をかたどった注ぎ口をもつ天鶏壺は古越磁の代表的な器種である。
(今井 敦)

ごえつしゅんじゅう【呉越春秋】 後漢の歴史書。10巻。趙曄著。古代の呉と越の興亡を記す。呉は太伯から夫差まで，越は無余から句践までの時代を扱い，呉の闔閭・夫差が「内伝」，越が「外伝」となっている。『左伝』に学ぶ所が多く，編年体の体裁をとる。『史記』など他の史書には見えない記載を有して，史料的価値が高い。また，神話伝説・民俗に関する記述も豊富である。『処女剣

を試みる』や『老人猿と化す』などの物語は，むしろ小説家の言に近く，後世の小説や戯曲などに影響を与えている。

現行の『呉越春秋』は一人の手に成ったのではなく，一時代で記録されたのでもない。趙曄の著作に，まず東晋の楊方が添削を施し，これに東晋の皇甫遵が改編を加えた。更にこれに音注を補ったのが，元の徐天祐の10巻本である。『漢魏叢書』本では全6巻。各本の間で異同も多い。周生春の『呉越春秋輯校匯考』(1997年)が校訂・考証に優れる。

(小池 一郎)

ごえつびし【呉越備史】 五代十国の一つ，呉越国の史書。4巻，補遺1巻。范坰・林禹の撰とされるが，呉越国最後の王銭弘俶(銭俶)の異母弟で『呉越備史遺事』5巻の著者たる銭儼が彼らの名に託して著したとする説もある。初代呉越王となる銭鏐が唐末の875(乾符2)年に台頭してから，北宋初の988(端拱元)年に銭俶が亡くなるまでの呉越の事績を，各王の伝記を軸に記す。成立時は12巻，のち3巻が増補されたが，南宋末には完本が滅んだという。

(辻 正博)

こえん【胡瑗】 993(淳化4)～1059(嘉祐4)。北宋の思想家，教育者。泰州海陵(江蘇省)の人。字は翼之，諡は文昭。安定先生と称せられる。范仲淹によって新設の蘇州州学教授に抜擢され，ついで湖州州学で教授した。経義と治事の二学舎を設けて経書の理念と実務的技能を学ばせるというカリキュラムは，1044(慶暦4)年に復興なった太学で採用された。のちに国子監直講，晩年は天章閣侍講となってみずから太学教育を主管し，程顥・程頤ら多くの学生を育てた。『宋元学案』は胡瑗を開巻に置いている。主著に『周易口義』12巻，『洪範口義』2巻がある。宋史432

(吾妻 重二)

こえんぶ【顧炎武】 1613(万暦41)～82(康熙21)。明末清初期の学者。黄宗羲，王夫之と共に清初の三大思想家の一人に数えられる。崑山(江蘇省)の人。字は寧人，号は亭林。幼少時より学問を好み，復社に参加し詩文で名を上げたが，32歳で明朝滅亡，反清抵抗運動に身を投じるが志を遂げず，以後は仕官の意を断ち，郷里での対人関係のトラブルから中国各地を点々としつつ学問に専念した。その学問は，明朝滅亡の痛切な体験の上にたつ経世致用への志が精緻な考証によって裏付けられていることを特徴とし，清初の経世致用の学の最高峰であるとともに，清朝考証学の開祖と評価されている。また彼の古音研究は，音韻を経学の基礎として位置付けたという点で清朝考証学の先駆をなす。代表作は，読書劄記体の短論文集『日知録』，地理書『天下郡国利病書』『肇域志』，音韻研究『音学五書』。詩と文章は『顧亭林詩文集』に収められる。清史稿481

(佐々木 愛)

ごおうこうかん【呉王光鑑】 安徽省寿県蔡侯墓出土。呉王光(在位前515～496)は呉王闔閭とも言う。春秋末，呉(江蘇の大国)・越(浙江の大国)両国は長江下流域を舞台に覇権を争った。闔閭が越に殺されたことから始まる臥薪嘗胆の故事は有名。呉王光の名を記す当器の銘文には，器名の「鑑」も記される(自名器)。鑑は深鉢形をした盥。器側に1対ないし2対の耳がある。行水に使ったり，氷を入れて物を冷やしたりするのに使った。林巳奈夫『殷周時代青銅器の研究・殷周青銅器総覧1』(吉川弘文館，1984年)を参照。

(平勢 隆郎)

ごおうこうけん【呉王光剣】 呉王光(在位前515～496)の名を記す武器は比較的多い。攻敔王光剣と称されるものが3点(銘文はそれぞれ異なる)，攻敔王光韓剣が1点，攻敔王光戈2点(銘文は異なる)，大王光敔戈3点(3点1銘)知られる。攻敔王は呉王のこと。攻敔王光剣は当時通行の金文を記し，他は筆画の先に鳥様の装飾を加えた鳥篆を記す。鳥篆はその後省略が進んで虫篆と称される。唐代以後の鳥篆は鳥様の図柄を連続させて字としたもので別物。銘文は董楚平『呉越徐舒金文集釈』(浙江古籍出版社，1992年)を参照。

(平勢 隆郎)

ごおうふさかん【呉王夫差鑑】 呉王夫差(在位前496～473)。春秋末，呉(江蘇の大国)・越(浙江の大国)両国は長江下流域を舞台に覇権を争った。夫差と越王句践が互いに敗戦と滅亡の危機を恥として報復を誓った故事は有名。鑑は深鉢形をした盥。器側に1対ないし2対の耳がある。行水に使ったり，氷を入れて物を冷やしたりするのに使ったりした。呉王夫差鑑は出土地や現蔵者の異なるものが5点知られている。銘文は董楚平『呉越徐舒金文集釈』(浙江古籍出版社，1992年)を参照。

(平勢 隆郎)

ごおうふさけん【呉王夫差剣】 呉王夫差(在位前496～473)。「攻敔王夫差自作其元用」とある。攻敔王は呉王。似よりの銘文をもつ攻敔王夫差剣が8点知られる。他に呉王夫差矛が1点，攻敔王光戈が1点知られる。呉越の器は，筆画の先に鳥様の装飾を加えた鳥篆で書かれていることが多いが，上記はすべて当時の金文の通行体である。

(平勢 隆郎)

ごおうふさぼう【呉王夫差矛】　呉王夫差(在位前496〜473)。銘文は「呉王夫差自作用矛」とある。「矛」の字は異体である。他に似よりの銘文をもつ攻敔王夫差剣が8点，攻敔王光戈が1点知られる。これらの攻敔王は呉王のこと。呉越の器は，筆画の先に鳥様の装飾を加えた鳥篆で書かれていることが多いが，上記はすべて当時の金文の通行体である。　　　　　　　　　　　(平勢　隆郎)

こおうりん【胡応麟】　1551(嘉靖30)〜1602(万暦30)。明の文学者。蘭渓(浙江省)の人。字は元端または明端，号は少室山人のち石羊生。1576(万暦4)年に挙人となったが久しく進士に及第せず，故郷に二酉山房を築いて4万巻の書を蔵し，著述に専心した。古文辞派後七子の領袖王世貞の知遇を得，末五子の一人に列せられる。筆記『少室山房筆叢』『詩藪』は，ともに第一級の文学史料であり，今日の文学研究に資するところ大。明史287
　　　　　　　　　　　　　　　　(野村　鮎子)

ゴーチェ　Judith Gautier　1845〜1917。フランスの詩人・小説家・中国詩の翻訳家。ロマン派詩人のテオフィル・ゴーチェの愛娘。パリにやって来た中国人教師，丁敦齢について中国語を学ぶ。1867年，唐詩・宋詩も含めた71首の中国詩の翻案詩集《Le Livre de Jade(白玉詩書)》を刊行，内外の評判を得る。1902年の改訂版ではタイトルは単に『玉書』となる。『詩経』の「国風」の恋愛詩などを加え，計110首を収める。北宋の女流詩人，李清照を初めてヨーロッパに紹介したことでウェイリーらも評価する。西園寺公望との共訳，『蜻蛉集』もある。　　　　　　　　　　　　　　(門田　眞知子)

ごおん【五音】　五音はもともと五行思想を音楽の音階に適用した宮・商・角・徴・羽を指していた。それぞれ五行の土・金・木・火・水に該当し，また五声ともいう。後に音韻学において声母(頭子音)を調音位置によって区別するのに用いられた。その場合には，宮・商・角・徴・羽が，それぞれ唇音(pなど)・舌音(tなど)・牙音(kなど)・歯音(tsなど)・喉音(hなど)に当たる。唐末以降盛んに行われるようになった等韻図でこの説が採用され，南宋の鄭樵『通志』七音略では宮・商・角・徴・羽に半徴(r)・半商(l)を加えて七音による三十六字母の排列を行っている。一方，同じ韻図でも『韻鏡』は宮・商・角・徴・羽を用いず，唇音・舌音・牙音・歯音・喉音の呼称を用いているが，巻首の「調韻指微」には『通志』七音略の語を引いて，宮・商・角・徴・羽・半徴・半商の七音を挙げているから，同じ伝統を受けていることは否定できない。

しかし北宋の『大広益会玉篇』の巻末に付載された神珙「四声五音九弄反紐図」では，五音の区別は「宮，舌居中」「商，開口張」「角，舌縮却」「徴，舌拄歯」「羽，撮口聚」と説明されるように，明らかに韻母の大まかな区別に対応している。『切韻』以前の古い韻書，たとえば三国魏の李登『声類』は「五声もて字に命づく」(『封氏聞見記』)とか，西晋の呂静『韻集』は「宮商角徴羽おのおの一篇となす」(『魏書』江式伝)とか言われるように，五音で韻が分けられていたらしい。とすれば恐らくはこちらのほうがより古い伝統をもつと思われる。宮商角徴羽によって姓氏を分類し，それを基礎として占いに用いる五姓説というものも存在し，切韻系韻書のあるものには姓氏をあらわす文字に五姓の別を注記するものがある。この場合も五音は韻母の区別と関係している。　　　　　　　　　　　(高田　時雄)

ごおん【呉音】　呉音というのは，日本において，漢音が輸入される以前の漢字音を総称するものである。その基盤となった中国音は地方も時代も異なっているようであり，複雑な層があるらしい。中国南方音や朝鮮半島を経由した音なども含まれていると想像される。基本的な体系は，『切韻』の枠組みの中に入るが，枠からはみ出るものもあり，それらには推古音(推古遺文の漢字音)と共通するものが少なくない(推古音は「古音」として「呉音」には含めない)。漢音の輸入以来，政府は漢音を奨励したが，その命令は仏教の世界にまでは及ばず，仏典では現在に至るまで，呉音を使用する。漢音と呉音の相克は現代まで続き，漢音の使用率が少しずつ増えてくるのが一般的傾向である。呉音では，全濁音は濁音，鼻音は鼻音というように，『切韻』の枠組みに近い反映をするが，復元された声調体系が，平声・去声・入声の三声調体系であることが特徴である。古い資料では「和音」と呼ばれることもある。
　　　　　　　　　　　　　　　(木田　章義)

ごおんぎ【五音戯】　伝統演劇の劇種。「肘鼓子」「五人戯」「秧歌腔」などとも言う。山東省の中部で流行している。流派としては，済南・淄博などを西路，昌潍・沂源などを東路，恵民・済陽などを北路とする，3つの地域に分かれている。名前の由来は，農民の労働歌の「秧歌」を基礎に出来たからという「秧歌腔」説，踊りのしぐさからそう呼ばれたという「肘鼓子」説，最初は1人が楽器を叩き4人が演ずる5人編成だったからそう呼ばれたという「五人戯」説，山東方言では「人」と「音」が同じだったのでそこから訛って出来たという「五音戯」説などがある。農村の民間芸能から出来たもので，歴史は，200年ほどではないかと考えられてい

る。　　　　　　　　　　　　　　　　（福満　正博）

ごおんしゅういん【五音集韻】　金の韻書。15巻。1208(泰和8)年、韓道昭らの撰。正式名称は『改併五音集韻』、基本骨格を『広韻』に求め『集韻』によって増字した『広集韻』(編者・成立年未詳、佚書)という韻書を間接に祖本とし、さらに『玉篇』『龍龕手鏡』等の先行資料によって収録字の量的充実が図られている。韻目体系については、開合・等位を同じくする韻は『広韻』の同用規定に沿って合併され、韻目の数は従来の206韻から160韻へと減少している。また、個々の韻の内部において小韻の排列に三十六字母の概念を用いるなど、随所に作者の等韻学に対する重視の程が窺われる。
　　　　　　　　　　　　　　　　（大岩本　幸次）

こか【胡笳】　吹奏楽器。漢魏の鼓吹楽の重要な楽器である。もとは西北の辺境の遊牧民族(胡人)が草原で家畜を逐う馬上の楽に用いたものである。初めは胡人が葦の葉を巻いた笛(笳)を吹いていたので胡笳と呼ぶという。漢初に中原に入った時はすでに楽器としての性能を備え、羊角製で音孔が無く、葦のリードをつけたものであったであろうといわれる。のち西域より篳篥が入ってからこの笳はなくなり、後世の笳は異種のものという説がある。笳の音色は悲壮な響きをもつものであったらしく、文献には「哀歌」「悲歌」などと形容されている。
　　　　　　　　　　　　　　　　（古新居　百合子）

ごか【呉歌】　長江下流域、蘇州周辺で歌われる民謡の総称。古くは『楽府詩集』清商曲辞の「呉声歌曲」に収められる六朝時代の歌から、五代十国の呉越王銭鏐が故郷に錦を飾った時に歌ったという歌(「高く呉音を掲げて以て歌」ったとされ、呉語で表記される)、明末の馮夢龍が集めた一大歌謡集『山歌』に収められる歌(呉語で表記される)、そして現在この地方で歌われている歌までを広く指していう。　　　　　　　　　　　　　　　　（大木　康）

こがいし【顧愷之】　344(建元2)？～405(義熙元)？。東晋の画家。無錫(江蘇省)の人。字は長康。初め桓温の幕下で大司馬参軍、温の死後は殷仲堪の参軍となり、いずれも厚遇された。この頃、温の庶子桓玄とも交遊し、数々の逸話をのこす。義熙初年に散騎常侍となり、ほどなく62歳で没。画絶・才絶・痴絶の三絶(画才・文才・おとぼけ三拍子の極み)と称され、単なる画才にとどまらない才知で乱世を生きた。唐の張懐瓘に「張(僧繇)はその肉を得、陸(探微)はその骨を得、顧(愷之)はその神を得」(『歴代名画記』5)ると評され、優れた肖像画や故事人物画を描き、後世に莫大な影響を与えた。模写ではあるが、『女史箴図巻』『洛神賦図巻』『列女伝図巻』が現存する。著述に張道陵の題試を構想した『画雲台山記』、歴代名画の論評である『魏晋勝流画賛』、模写の具体的方法を説いた『論画』が伝わる。『世説新語』巧芸篇、『歴代名画記』5に伝がある。晋書92
　　　　　　　　　　　　　　　　（河野　道房）

こかいしでん【湖海詩伝】　清の詩集。46巻。1803(嘉慶8)年青浦王氏三泖漁荘刊、王昶輯。生涯に交遊した人々の作品を「人を懐い旧を思う」ために集めたもの。収録人数は600余人に及び、1712(康熙51)年以降の登第順に並べる。作者小伝と、時に記される「遺聞軼事」を集めた詩話とは、共に貴重な同時代資料である。1865(同治4)年緑蔭堂重校刊本・同治4年亦西斎重刊本・1968年国学基本叢書四百種本などがある。（二宮　美那子）

ごかき【呉嘉紀】　1618(万暦46)～84(康熙23)？。明末清初の詩人。泰州(江蘇省)の人。字は賓賢、号は野人。明清交代期にあって処士を貫き、居所「陋軒」に窮居した。友人汪楫を介して王士禎・周亮工の知遇を得るも、間もなく死去。その詩は「孤冷にして亦た自から一家を成す」(王士禎『分甘余話』4)と称された。『陋軒詩』12巻、『続詩』2巻がある。『清史列伝』71に伝がある。清史稿484
　　　　　　　　　　　　　　　　（二宮　美那子）

ごがく【五岳】　王朝の祭祀の対象とされた五名山。すなわち中岳嵩山(河南省)、東岳泰山(山東省)、西岳華山(陝西省)、南岳衡山(湖南省)もしくは霍山(安徽省)、北岳恒山(河北省)。
　五岳の観念が、あらゆる事象を5つ一組のものとして理解しようとする五行思想に基づくものであることは疑いがない。『周礼』では、大宗伯の官が「血祭を以て」、すなわち犠牲を捧げて五岳を祭るものとされ、『礼記』王制篇には、「天子は天下の名山大川を祭り、五岳は三公に視え、四瀆は諸侯に視う」とある。四瀆とは、長江・黄河・淮河・済水。犠牲を盛る礼器の数を、五岳の祭祀では三公を饗応するのと同じくし、四瀆の祭祀では諸侯を饗応するのと同じくするというのである。ただしこれらの文章では、五岳が具体的な山岳に特定されているわけではない。また『書経』舜典によると、舜は即位の年の2月、まず東方に巡狩して岱宗を祭り、つづいて5月には南岳、8月には西岳、11月には北岳に至って祭りを行ったというが、五岳ではなしに四岳であり、また東岳が岱宗とされているだけである。ところが『史記』封禅書の序が、舜典の文章を襲いつつ、岱宗を泰山、南岳を衡山、西岳を華山、

北岳を恒山に当てたうえ，さらに「中岳は嵩高(嵩山)なり」の一句をつけ加えていることに注目される。つまり，具体的な山岳と結びついた五岳の観念の成立は前漢時代のことであったと認められるのであって，宣帝の前61(神爵元)年以後，五岳の定期的な祭祀が行われるようになった。ともかく，大地の中央と考えられた潁川郡陽城県(河南省)に近い嵩山が中岳とされ，その四方に四岳が配されたのである。それらのうち，南岳が衡山であるのか，それとも霍山であるのかについては，衡山が遠方にあるため，漢の武帝が衡山の岳神を霍山に勧請遷座したのだとの説が行われた。
(吉川　忠夫)

ごかさんろう【五花爨弄】　院本の別名。元の夏庭芝の『*青楼集誌』，陶宗儀の『*輟耕録』などに記述がある。初期の演劇はそれまでに「参軍戯」や「角抵戯」などと呼ばれていたものが，宋時代になると「雑劇」，金時代になると「院本」と呼ばれるようになった。当時，登場人物の役の名前として，「副浄」「副末」「引戯」「末泥」「孤装」の5つが記録されている。ここから，院本を別名「五花爨弄」と呼んだとされる。「爨弄」という語については，様々な説があるが，演劇を上演するという動詞の意味，または劇そのものをさす名詞の意味と考えてよい。
(福満　正博)

こかじゅうはっぱく【胡笳十八拍】　胡笳は，古来中国北方の異民族匈奴の間で用いられた角笛。そのメロディーに合わせて歌う18章(十八拍)から成る長編の詩を，このように称する。詩の背景及び内容は，後漢末，中原に喪乱がうち続く中，匈奴の地へ連れ去られた女性が，その地で匈奴の王の后となって2人の子どもを生み，やがて中原へ帰ることが許されたものの子どもたちを現地に残して別れねばならなかった，その別離に次ぐ別離に伴う悲痛な嘆きを切々と歌う，というものである。作者については従来，詩の内容が後漢末の*蔡琰の事蹟と符合することから，蔡琰の自伝的作品とする見方が根強く継承される一方，これを偽作とし唐代以降の成立とする見方があって，争われてきたが，20世紀中頃になると両説をめぐる大論争が繰り広げられた。現在では，唐以前の文献にこの作品に関する記述等が見当たらないことや，詩の結構が漢末の詩歌と傾向を異にすることを根拠に偽作とする見方が有力である。『楽府詩集』59所収。
(原田　直枝)

こかしょう【呼家将】　評書や鼓書など中国北方の伝統語り物芸能でよく演じられる演目。北宋の実在の名将呼延賛の後裔を描くが，全くの虚構である。1779(乾隆44)年に刊行された小説に『説呼全伝』(別称『呼家伝』『呼家後代全伝』)があり，その影響が大きい。なお，呼延賛は「呼延」が姓であり，「呼」姓とするのは誤りである。内容は，北宋時代，呼延賛の息子呼丕顕(小説は呼必顕)を当主とする呼家が奸臣の讒言で一門斬首に処せられるものの，呼丕顕の息子二人が落ち延び，山賊の親分の後ろ盾を得て息子を儲け，親子協力して汚名を晴らし家門を再興する貴種流離譚。明清の小説には「楊家将」「薛家将」など「～家将」と呼ばれる武将一族の数世代を描く戦記物語があり，奸臣の陰謀により一門断絶の危機に瀕する中，命拾いした第二世代，第三世代の若者が一門再興のため奮闘するのが基本構成である。援助者として『*水滸伝』のような義賊集団が登場するのも定番の趣向といえる。
(岡崎　由美)

ごかど【五花土】　土坑の埋土を指す発掘用語。主に墓坑埋土を指す。土坑墓に遺体を納めて土を埋め戻す際，埋め戻しの土には様々な夾雑物が含まれ，周囲の土とは土色や土質が異なる。特に黄土台地では，均質で密な自然堆積層に対して墓坑埋土中には土色の異なる粒子やブロックが多見され，ある種の模様のようにも見受けられる。このような不均質な堆積を五花土と呼び，発掘時には墓坑の存在を知らせる手がかりとして重視されている。
(角道　亮介)

ごかひ【五加皮】　中国を代表する薬酒。上質の*白酒に五加の皮・砂仁・木瓜・当帰など20～30数種の薬材を配合して造る。アルコール分は約40％，澄んだ褐紅色を呈し，各種薬材の溶け合った独特の風味があり甘い。リウマチ・血行障害・胃病などに薬効がある。唐代に造られ始めたといい，広州五加皮と浙江省の厳東関五加皮酒が有名だが，建徳市梅城鎮産の後者は，李白が隠士権昭夷と対飲したと伝えられる名酒で，世界で幾つもの賞を得ている。
(佐治　俊彦)

こがひんろく【古画品録】　南朝斉・梁の画家品評の書。当初『画品』と呼ばれ，南宋以降現今名称が定着した。また『古今画品』ともいう。1巻。梁の532(中大通4)～549(太清3)年に成立。謝赫(画家で『続画品』に伝)の撰。内容は三国から南朝斉におよぶ27人の画家を，一品から六品まで6等級に序列化して批評した品等の書で，『詩品』『書品』とも関連する。錯簡もあるが，序文の画の「六法」は有名。『王氏書画苑』『*津逮秘書』等所収，南宋版本も現存。
(河野　道房)

こがふ【古楽府】　楽府はもと宮中の音楽を

つかさどる役所のことで，そこから後世，宮中で奏された歌，さらに広く，その旋律にのせて，あるいはその題名を借りて作られた，詩人たちの作も楽府と呼ばれるようになった。古楽府の語は一般に，漢から南北朝にかけて作られた民間起源の作者不詳の歌を，詩人の作品と区別していうときに用いられ，その歌詞は古辞とも呼ばれる。古楽府の主要なものに，漢の短簫鐃歌・相和歌，南朝の呉歌・西曲，そして北朝の胡角横吹曲などがある。（松家　裕子）

こかん【顧歓】　420（永初元）？〜483（永明元）？。南朝宋〜斉の道士。呉郡塩官（浙江省）の農民の家庭の生まれ。字は景怡，また玄平。天台山に隠棲し，杜京産と共同して学館を経営した。仏教を排斥し，道教を擁護する立場に立つ「夷夏論」を著すとともに，陶弘景の『真誥』の原型ともいうべき『真迹』を編纂した。皇侃の『論語義疏』は彼の『論語』の解釈数条を引き，また『隋書』経籍志は，「顧歓集三十巻」のほか，『書経』『詩経』『老子』に関する著作を著録する。南斉書54，南史75

（吉川　忠夫）

ごかんじょ【後漢書】　後漢一代のことを記した紀伝体の歴史書。正史の一つ。120巻。本紀10巻，列伝80巻は南朝宋の范曄の作で，432（元嘉9）年に完成。志30巻は西晋の司馬彪の作で，もともとは『続漢書』の志であったが，范曄の後漢書に志が欠けていたため，この志をもって代用されるようになり，定着した。志が本紀と列伝の間に置かれるか，列伝の後ろに置かれるかで，版本の違いがある。范曄の後漢書成立以前にも，7，8種類の現在では散逸した『後漢書』が著されており，それらは『七家後漢書』として佚文を見ることができるのみである。范曄はそうした先行の『後漢書』を参照しつつ，自らの文章で史料を書き改めたといわれ，本紀・列伝の最後に必ず論賛を付し，皇后紀や逸民伝を立てるなど前史にはない独自性もうかがわれる。なお，本紀・列伝には唐の李賢（章懐太子）の注，志には南朝梁の劉昭の注が付されている。それ以後の諸家の注を集めたものとして王先謙『後漢書集解』がすぐれたテキストである。

（藤田　高夫）

こかんやぜんう【呼韓邪単于】　匈奴の単于名で同名の単于が二人いる。①？〜前31。虚閭権渠単于の子で知られる限りで第14代の単于，名は稽侯狦。前58年単于となったが，まもなく兄の郅支など5単于が立ち匈奴は分裂した。呼韓邪は長城付近に南下し子を漢廷に入侍させ，自身は前51（甘露3）年入朝し宣帝の厚遇を受けた。のち郅支単于が西方の天山山脈の北方に移動すると単于庭に戻りその支配は安定を見た。前33（竟寧元）年3度目の漢への入朝を行い，呼韓邪は後宮の王昭君を与えられた。この後，王莽の時期まで匈奴と漢の関係は比較的安定した。②？〜55。①の呼韓邪単于の孫で，正式名は醢落尸逐鞮単于，名は比。叔父の家系が単于位を独占したことに不満であった比は，48年匈奴南辺の八部大人に擁立され単于位に就き，祖父呼韓邪の号を襲しその例に倣って後漢側に附く策を取った。ここに匈奴は南北に分裂し，後漢から南単于と呼ばれ，その集団は南匈奴と呼ばれた。彼等は長城南部に展開し，後漢から穀物・牛羊・絹織物等を支給され，使匈奴中郎将に監護された。漢書94，後漢書89

（山本　光朗）

こき【㝬殷】　西周後期（厲王期）の青銅器の固有名称。1978年，陝西省扶風県斉村の窖蔵（穴倉）内から単独で出土した。通高59.1cm・口径42.3cm・重さ59kg，発達した把手と方台を持ち，頸と圏足（円形の高台）に竊曲文を，胴と方台に直条文を飾る。内底部に124字の銘文があり，作器者として見える㝬という人物は第10代西周王である厲王（名は胡で，㝬と同一字）を指すと考えられる。㝬鐘と共に西周の王自身の作であることを確認できる数少ない例である。現在，陝西省扶風県博物館蔵。

（角道　亮介）

ごき【呉起】　前440？〜前381。戦国時代の兵家。衛（河南省）の人。孔子の弟子の曾子に学ぶが破門され，その後，魯・魏・楚と渡り歩く。魯では将軍として斉を退けその名をあげる。魏では文侯・武侯の2代にわたって将軍として仕え，富国強兵に努めた。楚では悼王の宰相として能力を発揮するが，その改革が急にすぎたため怨みをかい，悼王の死に際し殺された。著書とされる『呉子』は魏の武侯との問答を主体として編集したとされる。史記65

（小林　久美）

ごきさい【呉熙載】　1799（嘉慶4）〜1870（同治9）。清の書画篆刻家。儀徴（江蘇省）の人。初名は廷颺，熙載は字。50歳以後熙載を名とし，字を譲之とした。さらに64歳以後同治帝穆宗の諱である載淳を避け，譲之を名とした。秀才にあげられ，貢生にも選ばれたが仕官せず，終生書画篆刻の売芸生活を送った。清を代表する書学者包世臣に師事し，その書論を忠実に実践した。包の書論『芸舟双楫』には，「熙載に答うる九問」「呉熙載に与うる書」と題する論があり，包がいかに呉を評価し，その指導に熱意を持っていたかがわかる。包が激賞した鄧石如の書と篆刻を，呉熙載は追随した。特に

篆・隷書と篆刻の評価は高く，洗練されたスタイルの小篆を書と篆刻に展開した。趙之謙・呉昌碩を初め，後世に与えた影響も大きい。画は花卉雑画をよくし，金石学・考証学にも長じた。著に『通鑑地理金釈考』があり，印譜には『師慎軒印譜』『呉譲之印譜』，趙之謙との合集『呉趙印存』などがある。清史稿503　　　　　　　　　　　（小西　憲一）

こきゅう【虎丘】　長江の下流，江蘇省蘇州市の西北郊外の名勝。一名，海湧山。高さわずかに30m。春秋時代の末，呉王夫差が父の闔閭を葬った所と伝えられる。東晋時代，寺院が建立され，宋代には雲巌寺がその威容を誇った。山上にある雲巌寺の塔は，磚塔（煉瓦づくり）であるが，やや傾いていて，虎丘の象徴になっている。山中には，剣池・千人石などの名勝が多く，歴代，詩人たちの吟遊の地となった。　　　　　　　　　　　　　（小野　和子）

こきゅう【故宮】　→紫禁城

こきゅう【胡弓】　→胡琴

こきゅううんがんじとう【虎丘雲巌寺塔】
江蘇省蘇州市郊外の虎丘頂上に立つ塔。俗に虎丘塔と呼ばれる。五代十国呉越の959（顕徳6）年に建設が開始され，北宋961（建隆2）年に竣工。大中祥符年間（1008-16）に寺が再建された際，雲巌禅寺と改名されたことからこの名が付いた。磚造で，八角形の平面を持つ七重の塔。高さ47.5m。7度にわたる火災により，頂部及び各層の軒の垂木部分が失われた。また第7層は，明の1638（崇禎11）年前後の再建によるもの。桁の両端には，北宋に特徴的な朱・白配合の彩色が施されている。塔は，ピサの斜塔のように傾斜している。　　　　　　　（高村　雅彦）

ごきょ【呉琚】　生没年不詳。南宋の書家。開封（河南省）の人。字は居父，号は雲壑。忠恵と諡された。南宋の高宗の皇后の甥。父の呉益とともに書名が高く，書によって第2代皇帝である孝宗（在位1162〜89）の知遇を得，召されて詩を論じ字を書いた。三国魏の鍾繇，東晋の王羲之の書を臨書するのを日課とした。もっとも北宋の米芾を深く学び，米と見誤られることもあったという。江蘇省鎮江市北固山の甘露寺にある「天下第一江山」の六大字は名高い。文集に『雲壑集』がある。刻帖に『玉麟堂帖』が知られる。宋史465　　　　　　　（大橋　修一）

こきょう【顧況】　727（開元15）？〜820（元和15）？。中唐の詩人。蘇州（江蘇省）の人。字は逋翁。757（至徳2）年に進士に及第したが，しばらく官に就けず，781（建中2）年に鎮海軍（江蘇省）節度使の判官となって仕途に入った。787（貞元3）年に秘書省校書郎となり，のち同じ秘書省の著作郎にうつった。しかし789（貞元5）年に饒州（江西省）の司戸参軍に左遷され，その後は仕えず茅山（江蘇省）に入って道士の生活をして終わった。楽府を得意とした。『顧華陽集』3巻が有る。旧唐書130　　　（齋藤　茂）

ごきょう【五経】　儒教が尊重する5種類の基本的な経典。一般に唐代以降は『易経』『書経』『詩経』『礼記』『春秋』。漢代では主に礼は『儀礼』，春秋は『公羊伝』を指す。五経の数5の由来は不明。経とは布帛の縦糸が一貫する姿形を表し，そこから転じて不変の常道を意味するようになったといわれる。

　従来，五経の名称は，前漢の高祖初（前202〜）年に撰述されたとされる陸賈『新語』を初出とし，武帝の前136（建元5）年の五経博士の設置をもって，その確立とするのが通説である。しかし『新語』の成書年代については問題が多く，五経の最初の用例をここに求めることはできない。また五経に『楽経』を加えた六経（六芸）の用法は，前漢初期までに成立し，当時，一般に当該経典はその用語をもって総称されていた。しかし先秦諸子の文献から前漢中期の『淮南子』『史記』『塩鉄論』などにいたるまで，すべての史料には六経の用語が使用され，五経の名称は一例も存在しない。それが公的な記事として最初に登場するのは，宣帝末年の前51（甘露3）年の詔勅の文中においてであり，またそれが著書の中にはじめて現れるのは，紀元前後の著作になる揚雄『法言』と『太玄経』の篇中においてである。また問題の五経博士に関しては『史記』には一切記録されず，ただ『漢書』の文中にのみ見出される。しかしそこでは五経博士の五つの経とは何を指し，各自の博士に誰が任命されたかなどということについては，一切明記されていない。その儒林伝賛に記名される書・礼・易の3名の学者は当時の博士ではなく，また詩・春秋の博士の氏名も不明である。また黄老思想に耽溺していた竇太后（文帝の皇后，武帝の祖母）が実権を掌握していた武帝の初年に，このような儒学偏重の制度が新設されたとすることも疑問視される。これらの諸点から，五経とは前漢後期に発生し，後漢初期に確立した用語であるとするのが近年の見解である。

　なお，五経の名目は六朝時代から変化し，唐の653（永徽4）年に『五経正義』が完成した結果，礼は『礼記』，『春秋』は『左伝』に限ることが確定した。　　　　　　　　　　　　　　（福井　重雅）

ごぎょう【五行】　さまざまな事象を形成変

化させる根源的要素として，木・火・土・金・水の5種の行(行り動くもの)を考える思想。もともとは素材としての木・火・土・金・水から想定された分類概念と思われるが，しだいにそれら素材相互の関係性についての言表を含むようになり，相生(互いに生みあう)と相克(相勝とも。互いに打ち克ちあう)という二つの循環順序に従ってめぐる，事象の転変する位相という意味あいを帯びるようになった。英訳の five phase は，こうした意味をとらえたものである。一般に相生は木→火→土→金→水の順，相克は木→土→水→火→金の順で，変化の相がとらえられる。万事万象を一気に流れとしてとらえる気のまなざしを支える，下位カテゴリーの一つである。

文献的に五行のような概念が姿を現すのは，『国語』『書経』などが古い例と考えられている。五行の循環する位相を記述するものとしては，『墨子』『孫子』などの軍事的文献に，相克順が現れるのが古い。戦国時代の出土文物には，時令(農業暦)の四方・四時と中央を，五行と対応させて，時空の変化転変を記すものも現れる。また五行と仁・義・礼・智・信の徳性とを結びつける説は，子思・孟子の説として『荀子』非十二子篇に遺っていたが，1973年発見の馬王堆帛書『五行』などの出土佚書に，この思想を説く資料があり，その盛行が確認されている。これら戦国期に展開した多様な五行思想は，戦国末(前3世紀前半)の鄒衍によって，王朝の転変消長や，政治の枠組みを説く五徳終始説などとして体系化される。同じ頃までに，『逸周書』などに見える形で，相生の循環説も広まり，漢代になると，儒生の政治的言説や，方士の方術，医学理論などに，さまざまな形で応用されていく。とりわけ前漢末には，五行説を用いたさまざまな災異説や讖緯(予言書)思想が流行し，政治を左右した。 (石田 秀実)

ごきょういぎ【五経異義】 後漢の学術書。許慎撰。許慎は後漢中期の経学上の様々な問題を選び，それについての今文学・古文学両派の相異なる解釈——「異義」を挙げ，そのあと基本的には古文学説に加担する自らの判定を下した。100年後，鄭玄は許慎の判定のあとに，それに対する駁論を加えた。この『駁五経異義』も含んで許慎のそれは伝わったが，散佚した。残存する大部の佚文は，後漢の経学研究の貴重な資料となっている。注釈書には皮錫瑞『駁五経異義疏証』がある。
(間嶋 潤一)

こきょうき【古鏡記】 隋末から初唐の伝奇小説。1巻。王度の著。王度が師の侯生から譲り受けた古鏡が，妖怪を退治したり，人の病を治したりする不思議な力を持つことを，作者の経験談として述べたもの。617(大業13)年7月に鏡が突然箱の中から消えたことをもって終わっている。六朝期の志怪小説に比べて格段の長編であり，作者不詳の『補江総白猿伝』などとともに，唐代伝奇小説の先駆的作品として位置づけられている。 (齋藤 茂)

ごきょうさんじゅつ【五経算術】 北朝北周の数学書。李淳風等注釈『算経十書(十部算経)』の一つ。甄鸞の著。五経及び『孝経』『論語』の経文や注釈における記載に対して，数学的な説明を施したもの。例えば，『論語』学而篇「千乗の国」について，面積1万平方里から正方形の一辺の長さを開方術を用いて算出する。また，十二律や京房六十律の律管の長さの算出法を具体的に論述しているのも興味深い。
(武田 時昌)

ごきょうじっしゅう【五教十宗】 唐初期に活躍した，華厳宗の法蔵が『華厳五教章』で主張した教判。仏陀の立場から仏教を5種に分類し，教えを受ける弟子の立場から10類に判別する。純一無垢で，完全な教えである第5一乗円教と，一切の徳を備えた完全な仏の主張である第10円明具徳宗，いずれも華厳経の教えが最も優れていると論証する。法華経が最も高い教えとする天台の五時八教と並んで中国仏教では代表的な教判である。
(吉津 宜英)

ごきょうせいぎ【五経正義】 唐の太宗の勅命により国子祭酒(国立大学総長)孔穎達等が編纂した五経の注釈集，全180巻。後漢から晋代に至るまでに経書の「注」が著作されるが，南北朝時代はこの注を再注釈する形で経書を解釈する「疏」を多数生み出した。唐朝では科挙を実施するため，経義の統一を図る目的から欽定の経書解釈書の編纂が企てられる。その方針は，先ず当該経書の最良の注を選択し，次にその注に対する疏の中から最善・次善を選択する。そして最善を基本に不備を次善で補い，最後に唐人が加筆するというもの。『周易』(『易経』)は王弼と韓康伯の注，疏は特に無く，『尚書』(『書経』)は孔安国伝に隋の劉焯・劉炫の疏，『毛詩』(『詩経』)は毛氏伝と鄭玄箋に劉焯・劉炫の疏，『礼記』は鄭玄注に梁の皇侃と北周の熊安生の疏，『春秋左氏伝』(『左伝』)は杜預注に劉炫と陳の沈文阿の疏が選ばれた。638(貞観12)年から完成までに16年間を要している。当初は義讃，後に正義と改名された。ただ「疏は注を破らず」という原則により，五正義中に矛盾を生じた箇所がある。また経義の統一は経学の停滞をもたらす原因ともなっ

た。　　　　　　　　　　　　（野間 文史）

ごぎょうたいぎ【五行大義】　先秦から隋代までの陰陽五行説を収集・整理した書物。5巻。隋の蕭吉の撰。中国では宋代以降散佚したが、日本への伝来は8世紀と早く、陰陽家・神道家・仏教関係者・宮廷貴族等に広く読まれた。日本の鈔本には、元弘相伝本（穂久邇文庫蔵）、天文鈔本（天理図書館蔵）などがある。刊本には、元弘相伝本を藍本とした元禄刊本、その100年後に刊行された佚存叢書本がある。中国では佚存叢書本を改定した嘉慶刊本が最初であり、『知不足斎叢書』、『常州先哲遺書』、『叢書集成』初編にも収められている。
　　　　　　　　　　　　（古藤 友子）

ごきょうたいぜん【五経大全】　儒教の経典である五経（『周易』『書経』『詩経』『礼記』『春秋』）に関する明代官撰の総合的注釈書。117巻。『周易大全』20巻・『書経大全』10巻・『詩経大全』20巻・『礼記大全』30巻・『春秋大全』37巻から成る。1415（永楽13）年、胡広らが勅命によって編纂した。『四書大全』『性理大全』と共に全国の学校に頒布され、科挙受験用の参考書とされた。宋元時代の朱子学者の諸注釈を網羅しているが、古人の書を剽窃したものが多い。『周易大全』は、程頤と朱子の「注」、南宋の董楷と元の胡一桂・胡炳文・董真卿の「疏」を収録し、『書経大全』は、南宋の蔡沈の「注」、元の陳櫟の『書説纂疏』を、『詩経大全』は、朱子『詩集伝』を「注」、元の劉瑾の『詩伝通釈』を「疏」とし、『礼記大全』は、元の陳澔『陳氏集説』を「注」、諸家の説を「疏」とし、『春秋大全』は北宋の胡安国『春秋胡氏伝』を「注」、元の汪克寛『春秋胡伝纂疏』を「疏」としている。明末清初の顧炎武らが編纂の杜撰さを指摘している。『四庫全書』経部に収められる。　　（佐藤 錬太郎）

ごきょうはくし【五経博士】　五経に付設された官名。博士官は先秦時代から存在し、漢代では古今に博通する学者として太常（儀礼を主管する官署）に所属した。一般に五経博士は前136（建元5）年、武帝によって創設されたとされるが、文帝年間（前180-前157）に設立したとする異説もある。しかもこの制度は『史記』には記録されず、また『漢書』に記名される五経博士は、いずれも当時の博士ではない。このように開設当初の五経博士については、なお不明な点が多い。前漢の宣帝末年には12人、後漢の光武帝期には14人の博士が置かれた。　　　　　　　　　　　　（福井 重雅）

ごきょうもじ【五経文字】　唐の字書。3巻。775（大暦10）年、張参が勅命により経典の文字を校定した際、屋壁に書したものを、顔伝経が整理して翌年成った。刊行されたのは五代後周の顕徳年間（954-960）。『干禄字書』と同じく、異体字の字形の別や形の近い異字の別を示すものだが、実用書の『干禄字書』と異なり、経典の文字の基準を示すのが目的であったため、経典のみから3235字を採って160部首の順に配列、字形の典拠は『説文』を第一とし、無ければ『字林』、石経の順に拠る。
　　　　　　　　　　　　（森賀 一恵）

こぎょくず【古玉図】　年代の確実な例としては、最初の玉器の専門書。元の朱沢民著。儒者が理想とする時代の神聖な古玉を記録し、後世にその儀範を伝えるために著された。今日から見れば漢時代以降の玉器が大部分を占めるが、合計42点の玉器を古典に記された名称で分類したうえで、寸法・色調・所蔵者・由来などの事実と図を記している。古典の記述内容に限らず、実物資料を示しながら玉器を論じた客観的姿勢は、清代以降高い評価を受けた。
　　　　　　　　　　　　（川村 佳男）

こきょじん【胡居仁】　1434（宣徳9）～84（成化20）。明初の朱子学者。余干（江西省）の人。字は叔心、号は敬斎。呉与弼（号は康斎）の門に学び、程子（程顥・程頤）・朱子に対する絶対的な帰依の精神を受け継いだ。朱子学の修養論のうち、特に居敬を重視し、厳格な自己規律を追求した。仏教に接近する朱子学内の動向には極めて批判的で、同門の陳献章（号は白沙）にも痛烈な批判を浴びせている。主著に『居業録』がある。『明儒学案』44に伝がある。明史282　　　　　　　（前川 亨）

こきん【古琴】　→琴

こきん【胡琴】　柄杓型の胴に蟒皮・蛇皮または桐板を張り、棹を差し込んだ擦弦楽器の総称。漢民族の胡琴は弓が弦の間に挟まっているのが特徴で、奚琴をその源流とする。漢民族の胡琴だけでも極めてバラエティーに富んでいるが、改良楽器を別にすると2弦がほとんどで、調弦は5度が最も多く、4度がこれに次ぐ。弦は以前は絹かガット弦だったが、現在はほとんどの胡琴が金属弦を使用しており、胴の形も現代的変容が著しい。なお、胡琴の日本語訳として胡弓を当てることが慣習化されているが、日本の胡弓と中国の胡琴との歴史的関連は不明。
　①蟒皮・蛇皮類：中国内外で最も知名度の高い二胡は、別名を南胡ともいい、様々な変形を生み出している。伝統的な二胡は紅木・紫檀・烏木などで作

成した共鳴胴(六角形か円形)に蟒皮を張ったタイプで，江南糸竹や越劇の二胡がそれを比較的よく保持している。二胡と思しき胡琴の演奏図は明代に見えるが，独奏形式は20世紀初頭，民国の1920〜30年代に確立されたものである。六角形の共鳴胴に蛇皮を張る京二胡は別名を嗡子(おうし)といい，20年代末に蘇州灘簧(たんこう)の二胡を改良したもので，京胡とともに京劇の伴奏(女形や青年役の歌唱に)を務めるほか，川劇・豫劇・評劇にも使用されている。高胡(高音二胡の略称)は，二胡をもとに絹糸の弦を金属弦に張り替え，調弦の音高を5度高めて1920年代に生み出されたもので，蟒皮を張った円形胴を両膝に挟んで演奏するのが基本，主に粵劇や広東音楽で用いられる。中胡(中音二胡の略称)は人民共和国成立後の1950年代に生み出された二胡の一変形で，その他，低胡・革胡などの低音の二胡も考案されている。また，二胡の変形ではないが，形状が二胡に似ている大筒は文字通り共鳴胴が大きいのが特徴で，湖南花鼓戯の伴奏楽器として使用されている。京胡は竹製の円形胴に蛇皮を張り，サイズは小さいが音量は高く大きい。京劇のそれが最もよく知られているが，その他の音楽ジャンルでも使用されており，京劇では19世紀以降廃した弓の張力が緩いタイプの京胡(京劇の京胡の前身)を曲劇・山東琴書・河南墜子などが保持している。婺劇の主要伴奏楽器，徽胡は棹の形状はやや異なるが，全体に京胡に似た外観を示している。三弦のような指板を有し，胴に蟒皮を張る胡琴には墜胡・雷琴がある。墜胡(曲胡・二弦などとも)は，1920年代に墜琴(後出)や小三弦をもとに作られた。円形胴に三弦のような棹をつけ，糸巻きを左右両側から取り付けており，河南の曲劇・豫劇，山東の呂劇・琴書の伴奏に用いられている。円形胴に蟒皮を張った雷琴は1920年代末，墜胡をもとに棹を長く，胴を大きくして改良したもので，当初，大雷といい，劇音楽の歌唱やせりふを模倣する芸能である大雷拉戯が生み出された。二弦は潮州・広東の2種があり，潮州二弦(別名を潮胡)は，潮州・汕頭地域や福建南部の伝統音楽に用いられ，ジャンルによっては頭弦，または客家語(ハッカ)の俗称で吊帰などという。棹が細く，長く，胴(円形)が前方よりも後方が大きめに作られている。粵劇や広東音楽で使用する二弦は，別名を広胡といい，京胡の共鳴胴を大きく，棹や糸巻きを太くしたような形状を示す。

②桐板類：福建の二弦は，棹の前方から糸巻きを差し込んでいる点が，宋代の奚琴の遺制と思われ，南音・十班などの伝統音楽に用いられている。老胡は別名を老弦といい，福建の莆田地域の十音や莆仙戯(ほせんぎ)の伴奏楽器で，三弦のような棹を大きな胴に差し込んでいる。蓋板子はより響きのよい音色を得るため，左手の人差し指・中指・薬指のそれぞれにサックのようなものをはめて演奏される。川劇の節(ふし)の一部の伴奏に用いられ，また初期の秦腔にも使用された。二股弦は別名，硬弦などといい，初期の晋劇・蒲劇や碗碗腔などの高音の胡琴で，竹提琴は初期の粵劇・広東音楽で盛んに使用され，鼻音が特徴的で，潮州音楽でも用いられる。梆子腔(ほうしこう)系統の劇音楽に広く用いられる板胡は梆胡・秦胡・胡胡など多くの異称をもち，今日では独奏楽器としても活躍する。呼胡も板胡の一種だが，晋劇・蒲劇などで使用され音高が低い。半球形の胴をもつ椰胡は別名を潮提といい，広東・福建の伝統音楽に用いられている。提琴は細長い棹が胴の下に比較的長く突き抜けており，崑曲で近代まで使用され，今日では蘇州の道教音楽が保持している。殻子弦は別名提胡・提弦・和弦などといい，台湾の歌仔戯や籠吹にも用いる。墜琴は別名墜子，20世紀初頭小三弦から作られ河南墜子の主要伴奏楽器。その他，福建の一部の十班，潮州音楽などには独特の胡琴が見られる。四胡は別名を四弦，清代には提琴とも称された。京韻大鼓・西河大鼓・皮影戯などで用いられる。

(増山 賢治)

こきんじ【古今字】 →古今字(ここんじ)

こきんちゅう【古今注】

西晋の崔豹の著。『隋書』経籍志に3巻とあり，通行本(四部叢刊本など)も同じ。輿服・都邑・音楽・鳥獣・魚虫・草木・雑註・問答釈義の8部門から成る。西晋以前の風俗・制度・事物・名称などに関連した記事が多く，またしばしば有用な解釈や考証が加えられている。

唐末の蘇鶚の『蘇氏演義』を基に，崔豹に仮託して作られた偽書という説(『四庫全書総目提要』23)もあるが，偽書説に対して逐一反証を挙げ，通行本に脱誤があるにせよ，原本の面影を伝えているという説(余嘉錫(かしゃく)『四庫提要弁証』15)もある。

梁代に編集された『玉台新詠』は，恋愛詩のアンソロジーであるだけに，見方を変えれば，風俗詩のアンソロジーでもある。化粧や髪型など，『古今注』と照応する語彙が少なくない。偽書説は，一方的に過ぎるように思われる。崔豹の『古今注』に関係が深く，その増補を試みた書に唐末五代の馬縞の『中華古今注』がある。

(成瀬 哲生)

ごぐ【呉虞】

1872(同治11)〜1949(民国38)。清〜民国の思想家。新繁(四川省)の人。字は又陵。成都尊経書院に学ぶが，戊戌(ぼじゅつ)変法期に新思想に目覚める。1905(光緒31)〜07(同33)年，日本に留学し，法政大学に学ぶ。帰国後，中学教員とな

る。新文化運動期に「家族制度は専制主義の根拠である」などを『新青年』に発表，儒教批判の闘士として知られる。その後，北京大学，成都大学，四川大学などの教授を歴任。著作に『呉虞文録』『呉虞日記』など。

(高柳 信夫)

ごくう【悟空】 生没年不詳。唐代の僧。京兆雲陽(陝西省)の人。俗名は車奉朝。753(天宝12)年，奉勅使張韜光らに従い乾陀羅城(罽賓の東都である冬都城ガンダーラ)に至るも，病を得て当地に留まる。治癒後，当地で出家すると，その後もカシュミールで教学を修めたり，インド各地の仏蹟を巡歴するなどして，780(建中元)年頃に帰国の途に着く。亀茲・北庭等を経て長安に帰還するが，北庭では龍興寺の僧とコータン国三蔵沙門の助けを借りて，梵経『十地経』等を漢訳する。旅行の大略は，唐の勿提提犀魚訳『十力経』序の悟空の行歴記録(俗に『悟空入竺記』と呼ばれる)に詳しい。『宋高僧伝』3 に伝がある。

(荒川 正晴)

ごくうげき【悟空劇】 伝統演劇で孫悟空を主人公とした演目の総称。中国では一般に「猴戯」でよばれる。元末明初に劇作をおこなった楊訥は，北宋の『大唐三蔵取経詩話』(作者不詳)や西遊記の語り物等を基に，元雑劇の定型にこだわらない6本24幕という破格の長編『西遊記』を創作した。玄奘三蔵を主軸にした展開で，孫悟空の神通力も限りがあり，観音の力を借りて危機を脱し，経典を得て帰るまでを描く。明の呉承恩による小説『西遊記』の雛形となり，現在の猴戯は小説の方が底本となっている。清の乾隆年間(1736-95)には宮中で上演する演目として，小説に基づいて10本240場の崑劇に改編し『昇平宝筏』と名付けて，全編を9日間で演じた。

孫悟空役は，武生の役者が滑稽味のある立ち回りを軸に雑技の要素を取り入れ，独自の演技体系を構築している。演目も悟空を中心に展開する。父子ともに悟空を演じた楊月楼・楊小楼父子は「楊猿」「小楊猿」とよばれた。楊小楼の代表作『安天会』は，50年代に李少春が改編して『鬧天宮』とし，70年代末に再度改編され『大鬧天宮』の名で今日も上演される。三蔵と出会う前の悟空を描く。玉帝は神通力をもつ悟空を掌中に収めようと，天の桃園の管理をさせるが，悟空は西王母の誕生を祝う蟠桃会に招かれぬと知って激怒し，仙桃仙酒を盗み，太上老君の金丹を平らげて大暴れする。川劇では『五行柱』の名で演じ，大暴れした悟空を釈迦が五行柱の下に押さえつける。紹劇では父子三代にわたる孫悟空役の六齢童が，猿の気質を詳細に表現する演技で，楊派の北流に対し南流とよばれた。

『鬧龍宮』は，花果山に棲まう悟空が海の龍王に会いにゆき，龍宮で大暴れして「定海神針」即ち如意棒を手にいれる。徽劇，秦腔では『花果山』の名で上演される。『芭蕉扇』は，三蔵一行の火焔山越えを描く。悟空が鉄扇公主のもとへ火焔を鎮める芭蕉扇を借りに行くが一度目は断られ，二度目は偽物をつかまされる。悟空は一計を案じ盗もうとするものの，鉄扇公主の夫牛魔王と戦いになり，天兵の助けを借りて漸く扇を掌中にして無事に火焔山を越える。同州梆子では『火焔山』の名で上演される。

(有澤 晶子)

こくおん【谷音】 南宋と金の遺民の詩を集めた詩華集。2巻。元の杜本の編。無名氏5家を含む30家の詩101首をおさめる。詩人には小伝が付されるがすべて無名の人。上巻冒頭の5家が金人，あとはすべて南宋の人。元に仕えずに国に殉じたか，山林に隠れた人たち。張棨の跋文によれば，書名は「山谷の音，野史の類なり」の意という。杜本は『清江碧嶂集』1巻を現存し，元の武宗に召されながら，武夷山に隠棲して仕えなかったという。

(高橋 文治)

こくかく【国榷】 明一代の編年史。104巻，首4巻。1653(順治10)年頃刊。明の遺老談遷撰。種々の写本が現存するが，1958年上海新華書店発行の活字本が最も通行する。内容は『明実録』のダイジェスト版に近く，総じて史料的価値は低い。ただし実録を欠く明末の崇禎・弘光朝に関しては，官報や内廷史料にもとづく独特の記事があり，明初の建文朝や明末の満洲関係の記事にも，他書にない記述が見られる。随所に引用された諸家や談遷自身のコメントも有用。

(檀上 寛)

こくがく【国学】 中国の伝統的学問。国故学ともいう。つとに1905(光緒31)年上海で国学保存会が成立したが，この団体は反満を旨とし，漢民族の学問の意味で国学を提唱した。これとは別に，『新青年』を中心とする新文化運動が中国の伝統文化や思想を排撃したのに対して，これに反発する形で伝統的学問を学術的な見地から見直す動きが生じた。その代表は胡適で，1919(民国8)年『論国故学』のなかで国故整理の主張をしたのを皮切りに，1923年『国学季刊』を創刊し，国学研究を推進した。胡適は「中国の過去の一切の文化や歴史はみなわれわれの国故であり，こうした過去の一切の歴史や文化を研究する学問が国故学であって，略して国学という」(『国学季刊』創刊宣言)と述べる。これに呼応して，銭玄同や顧頡剛らが実証的研究による中国史の再評価を行った。なかでも顧頡剛編著の

『古史弁』は名高い。　　　　　　　（中　裕史）

こくかんてい【酷寒亭】　元の雑劇。作者は楊顕之とされるが、花李郎とする説もある。役人鄭嵩は芸者蕭娥に入れ上げ、妻の蕭県君は憤死する。後妻に納まった蕭娥が鄭嵩の部下高成と密通し、2人の継子を虐待したため、怒った鄭嵩は蕭娥を殺して配流され、護送役になった高成に殺されかかるが、かつて命を救った侠客宋彬に救われる。庶民を主役に、口語を多用した素朴ながら力強い歌辞により、当時の生活を生き生きと描き出している点で独自の価値を持つ。　　　　　　　　（小松　謙）

こくご【国語】　春秋時代の列国史。21巻。作者は不明。『漢書』芸文志には左丘明の作とあるところから、『左伝』を「春秋内伝」、『国語』を「春秋外伝」と称する。春秋時代の五大強国(五覇)の斉・晋・楚・呉・越と、旧大国の周・魯・鄭3国で構成されている。時代は前967(周の穆王35)年から前453(周の貞定王16)年の500年余にわたり、『春秋』が記載する年代(前722〜前481)をはるかに超える。

　記事は会話が大部分を占め、各国の史官が別々に記録したものを編集したと考えられ、文章表現力・構成力では『左伝』に劣るが、独自の史料を持ち、歴史文献としての価値は高い。呉越の争い等の部分には精彩に富んだ描写も多く見られる。

　『国語』の『周語』には召公の「民の口を防ぐは、川を防ぐよりも甚だし」という言葉のように、民本思想も見受けられる。注釈としては三国呉の韋昭の注が、現存のものでは最も古い。中唐の柳宗元は『非国語』を書いて、その記述の不合理な面を批判した。　　　　　　　　　　　　　（小池　一郎）

こくころんこう【国故論衡】　清代、言語・文学・哲学等、広範囲にわたる中国文化の諸問題を論じた書。全篇は上中下3巻に分かつ。1910(宣統2)年初版。章炳麟著。「国故」は国の故実という意であるが、当時流行していた「国粋」よりも中立的概念を示すものとして、章炳麟自身が重視した語である。上巻は「小学」(中国伝統的言語学)を扱い、小学略説・成均図・音理論・二十三部音準・一字重音説・古音娘日紐帰泥説・古双声説・語言縁起説・転注仮借説・理惑論・正言論の11篇を、中巻は「文学」で、文学総略・原経・明解故上・明解故下・論式・弁詩・正齎送の7篇、下巻は「諸子学」で、原学・原儒・原道上・原道中・原道下・原名・明見・弁性上・弁性下の9篇を収める。清代考証学の伝統を継承しつつも近代的学問知識を導入して中国文化の諸問題に取り組んだとして、当時大きな影響力をもった。この後を承け、科学的方法により中国文明を分析・批評しようとしたのが、胡適の「国故整理」運動である。　（木津　祐子）

こくさく【国策】　→戦国策

こくし【告子】　生没年不詳。戦国時代、孟子と同時期の思想家。『孟子』告子章句上に性をめぐっての孟子との議論が見られる。それによれば、性善説を主張する孟子に対し、告子は、人の性とは食欲・性欲などをも含む人間が生来持つものすべてを指すと主張し、善にも悪にも導ける可能性があるものだと反論した。なお、『墨子』公孟篇にも告子なる人物が見られるが、活動時期が異なるため、別人と考えるのが妥当である。　　（久保田　知敏）

こくし【緙糸】　文様織の一種。綴織。刻糸とも書く。組織は平織からなり、機に経糸を通して張るのに対して、緯糸は地色を構成する地緯とともに数色の絵緯を部分的に織り嵌めて文様を織り出す。文様を地の中に象嵌したように織り上がり、表裏には同一の文様が反転して現れる。中国では唐代以降に技法が発展し、宋代には花鳥などをモチーフとした絵画と見紛うほどの精緻な緙糸が製織され、鑑賞に供された。明・清代には、服飾品にも多く応用される。　　　　　　　　　（福島　雅子）

こくしかん【国子監】　隋代以降、王朝の最高学府であり、国家の教育を統轄した機関。漢代の太学、晋代の国子学、北朝の北斉の国子寺などがその前身に当たり、隋の煬帝の時代に国子監となった。唐代の国子監は国子学・太学・四門学・律学・書学・算学の六学からなり、主として官僚の子弟を受け入れ、学生は修業後、科挙の礼部試に推挙された。宋代の国子監は、国子学・太学・四門学・律学・宗学・武学・算学・画学・医学などの諸学を統轄した。官吏養成の中心を担ったのは庶民も入学できる太学であり、王安石により太学三舎法が施行されて以降、科挙の試験を経ずに太学から直接官僚へ任用される道が開かれた。明代には諸学が廃止され、教育と行政が国子監に統一された。国子監の学生には、修業後、官僚となる道が開かれていたが、科挙合格が出世の基本条件となるにつれ、国子監から官僚となる者は少なくなり、また国子監の学生身分をお金で買う「納粟入監」が広まっていく。その後、清末の1898(光緒24)年、京師大学堂が創設されると廃止となった。また、宋代以降、国子監は書籍出版の中心機関となり、その本は「監本」として高い評価を得ている。　（平田　茂樹）

こくしゅうしゅう【国秀集】 唐代の詩人の詩の総集。3巻。盛唐の芮挺章の撰により，744（天宝3載）年に成る。初・盛唐期の88人の詩人の詩220首を収めるが，うち3人の詩人は名のみで詩は見えない。また芮挺章の詩2首，序を書いた楼頴の詩5首が含まれ，北宋の曾彦和の跋がある。『四部叢刊』集部，『唐人選唐詩六種』（編者未詳），『唐人選唐詩八種』（明の毛晋撰），『唐人選唐詩十種』（中華書局上海編輯所編）等に収録。（西村 富美子）

こくしん【告身】 南北朝末から唐代にかけ，官爵を除授するに際して本人に給付された辞令書。唐の官爵除授の制度には，官爵の尊卑によって，冊授・制授・勅授・奏授・判補の5種があった。給付された告身は，子孫が恩典として任官する際や，刑罰を免れる恩典をうける際の根拠ともなったため，本人も子孫も厳重に保管した。唐の告身の実物は，徐浩筆の「朱巨川告身」や顔真卿自書の「勅授告身」が伝世する外，敦煌や吐魯番などから出土している。（礪波 護）

こくせいじ【国清寺】 現在の浙江省天台県，天台山下にある仏寺。隋代に活躍した天台大師智顗の遺言によって，晋王広（後の煬帝）の後援の下で，601（仁寿元）年に創建され，605（大業元）年にこの寺名が下賜された。以来，天台宗の本山として現代まで法灯を伝える。平安時代の初め，最澄はこの寺を訪ね，比叡山で日本天台宗を開宗した。円珍・成尋・栄西など，入唐・入宋僧が多勢参詣している。寒山・拾得・豊干もこの寺で親交を温めた。禅宗の徳韶（891～972）の復興事業も忘れられない。（池田 魯参）

こくせいひゃくろく【国清百録】 天台大師智顗の遺言によって隋の勅願寺として601（仁寿元）年に創建され，605（大業元）年に国清寺の勅額が下賜された天台宗の仏教教団に関する資料集。教団内の修行法や晋王広（後の煬帝）と他の人々との往復書簡や詔勅や碑文など全部で104種の資料を収録する。本書は智顗の没後4年ほど経た601年頃から，6年後の607年頃にかけて集成されたと推定される。灌頂による序文によると，最初，智寂が企画したが，途中で物故したため，後を灌頂がひき継ぎ，智寂の原本に諸経の行法などを新たに加えて完成したという。諸経の行法とは収録順で第1～第7までの国清寺教団で行っていた修行法を指すから，他のほとんどは智寂が収集したのであろう。智顗の仏教教団すなわち天台宗の成立史を解明するための第一次資料であるばかりでなく，隋の煬帝が晋王広といった23歳の時から立太子・即位にいたる，青年時代の政治的動向を知る上でも一級品の資料である。南北朝統一時期の仏教文化を知る資料としても貴重。（池田 魯参）

こくせいや【国姓爺】 →鄭成功

こくせんぷうりき【黒旋風李逵】 京劇の演目。1953年，上海市文化局が伝統京劇の『丁甲山』，元の康進之の雑劇『黒旋風負荊（李逵負荊）』，小説『水滸伝』73回から改編。李逵は梁山泊に戻る途中立ち寄った酒屋で，宋江・魯智深が酒屋の娘満堂嬌を略奪したと聞き，宋江を責め忠義堂で大暴れする。ところが，一同酒屋に戻り確かめると，賊の曹登龍が宋江の名を騙っての仕業と判明したため，力を合わせて娘を救い出す。李逵は自分の軽率さを反省し，宋江に深く詫びるというもの。（笹倉 一広）

こくちょうがくあんしょうしき【国朝学案小識】 清代の学者256人を5つのグループに分けて事績と学説を紹介したもの。清の唐鑑の著。清代の学術は考証学を中心に展開したが，唐鑑の出身地である湖南は，学界の動向にさほど影響を受けず，朱子学を尊信する気風を保ち続けた。そのため，全15巻の中，朱子学者を集めた「伝道」「翼道」「守道」の3項目で11巻を占めるのに対して，考証学者を集めた「経書」，陽明学者を集めた「心宗」の2項目は，併せて4巻という簡単な扱いになっている。（水上 雅晴）

こくちょうきけんるいちょう【国朝耆献類徴】 清の伝記集。正式名称は『国朝耆献類徴初編』。720巻。1884（光緒10）～90（同16）年刊。李桓著。銭儀吉の『碑伝集』とならぶ，清人のもっとも網羅的な伝記集。清の中国統治以前から道光（1821-50）末年までの1万余人について，まず巻首で宗室・外藩の表伝を掲げ，ついで「宰輔」「卿貳」など19に分類して，その伝記資料を引用している。それぞれの人物については，国史館編の本伝を第一に掲げ，ついで各種の伝記・碑銘などをあげる。引用に際しては原文に省略を加えず，また末尾に出典・撰者を明記している。テキストとしては，光緒年間（1875-1908）の湘陰李氏刊本がある。（村尾 進）

こくちょうけんちょうろく【国朝献徴録】 明人に関する最も網羅的な伝記集。120巻。万暦年間（1573-1620）の末に刊行。焦竑著。明人の伝記を，宗室・外戚・勲爵・内閣以下の各官というように分類し，官のないものについても，孝子・義人・儒林・芸苑などの項目を立てて集大成している。多

彩な材料から原文をそのまま引用するようつとめ，明の嘉靖(1522-66)・万暦以降の学風の一端を示すと同時に，清の『碑伝集』『国朝耆献類徴』などの先駆をなした。　　　　　　　　　　　(村尾　進)

こくちょうしべっさいしゅう【国朝詩別裁集】　→清詩別裁集

こくちょうせんせいじりゃく【国朝先正事略】
清の伝記集。60巻。1866(同治5)年刊。李元度著。名臣・名儒・経学・文苑・遺逸・循良・孝義の7門に分かち，清の中国統治開始から咸豊年間(1851-61)までの人物1100余人について伝を立て，それ以前の人物については，その子あるいは孫の伝首に掲げて源流をつまびらかにしている。朱子の『宋名臣言行録』の後を継ぐ意図をもって，主として諸家の文集から名臣の善言嘉行を集めており，史料集的性格をより強く持つ『碑伝集』『国朝耆献類徴』などとは異なり，一々出典は記されていない。　　　　　　　　　　　(村尾　進)

こくちょうぶんるい【国朝文類】　→元文類

こくちょうべんたいせいそう【国朝駢体正宗】
清初から嘉慶年間に至る駢文の総集。12巻。曾燠(1759〜1830)編。駢体は南朝斉・梁の人が秦漢を学んで作り出したスタイルであるから，後世駢文と古文を対立させて考えるのは間違っているとみなし，古文が真を失えば却って駢体に劣り，駢体が俗を脱すればそれこそ古文にほかならないと主張した上で，毛奇齢から汪全徳まで42人171篇の作品を収める。収録数が多いのは洪亮吉(15篇)，袁枚(12篇)，呉錫麒(12篇)，彭兆蓀(12篇)，胡天游(11篇)などである。　　　　　　(井波　陵一)

こくてい【克鼎】
西周時代後期の青銅器。大克鼎とも言う。1890年，陝西省扶風県法門寺任村から出土したと伝えられる。内壁には290字にも及ぶ長い銘文があり，前半では作器者である克がその祖である師華父が周室に仕えて功績があったことを称え，後半では周王がそのことを承けて克に官職任命を行い土地や人を賜与したことを述べている。克は本器以外にも作器が多く，西周時代後期に有力であった人物である。高さ93.1cm，口径75.6cm，重さ201.5kgにも及ぶ巨大な鼎で，現在，上海博物館の所蔵である。　　　　　　　　(竹内　康浩)

こくとう【黒陶】
彩陶とともに中国新石器時代を代表する土器。黒色磨研土器と訳すこともある。彩陶がアンダーソンらによって黄河中・上流域で発見されたのち，黒陶が中国人考古学者によって黄河下流域や長江下流域で発見されはじめた。この分布の相違から当初は東夷西夏伝説とからめて，それぞれ異なる地域集団によって作られた土器という見方があった。その後の調査でこの両者が河南省安陽の後岡遺跡から出土して，かつ彩陶が黒陶の下から出てきたことから，地域差ではなく，時期差だということになった。そして，彩陶が仰韶文化の代名詞であったように，黒陶は次の龍山時代の代名詞となった。紅陶をベースにした優品である彩陶から，灰陶をベースにした優品としての黒陶にかわったといってもよい。しかし，現状での両者の分布を見れば，黄河中・上流域では新石器時代に彩陶が盛行し，とくに上流では遅くまで残るが，龍山時代になっても黒陶は発達しなかった。かたや，黄河下流域や長江下流域では新石器時代に彩陶は発達せず，早くから黒陶が普及していたことが分かってきた。当初の地域差という理解もまったくの間違いではなかったのである。当初は酸化炎焼成による紅陶がどこでも主体であったが，仰韶時代の後半から還元炎焼成による灰陶が増加し数量的に紅陶と逆転するようになる。龍山時代までには日常容器を中心に灰陶が主体となり，彩陶のベースになっていた紅陶の終焉をもたらす。紅陶は加色する美しさを追求し彩陶を生み出したが，黒陶は色としては地の色だけで，精巧な造形の美しさを追求した。黒陶製作の頂点を示すのが山東龍山文化の卵殻黒陶と呼ばれる土器である。まさしく卵の殻のように薄く滑らかで光沢があり，厚さが1mm未満になるものもある。また，透かし彫りや部品の接合などを用いて複雑な造形を作り出しており，技術水準はきわめて高い。光沢は成形後の半乾燥状態の時に磨いたり，焼成後すぐに磨いたりすることによって出るという。この繊細な土器は長期の実用には耐えられそうになく，儀礼の際など特別な用途があったと考えられる。黒陶は龍山時代より古く，大汶口文化後期や良渚文化前期にはかなり普及しており，墓に副葬される黒陶の割合は住居址における割合よりずっと高い。黒陶は，還元炎焼成の最後に低温で燻し，表面に炭素を吸着させることによって作られている。高温焼成により粘土中の水分や有機質が失われてできた空隙を埋めるように炭素粒が吸着するので，胎土に水が浸透しにくくなる。そのため，砂混じりの灰陶が煮炊きに適したものとして普及するのに対し，黒陶は飲食器や貯水器に適したものとして発達する。長江下流域の黒陶には灰色の胎土の上に黒色の化粧土が塗られた土器があり，とくに灰胎黒衣陶と呼ばれている。良渚文化ではその器面が金属質の光沢を示すものが多い。この黒色は特殊な化粧土によるものではなく，やはり炭素を付着させたものと

されている。　　　　　　　（大貫　静夫）

こくふ【刻符】　書体名。*秦始皇帝の時に行われた秦書の八体の一つ。割り符の刻字に用いる。後漢の*許慎『*説文解字』叙に「三に曰く，刻符」とあり，段玉裁は「刻符」に注して「符なる者は，周の制の六節（6 種類の割符）の一つ。漢の制は長さ六寸の竹を以てし，分かちて相合す」と述べる。
（福田　哲之）

ごくらく【極楽】　娑婆（Sahā）世界から西方，『般舟三昧経』『平等覚経』『大阿弥陀経』は千億万の仏国土の彼方，『無量寿経』『阿弥陀経』は十万億の仏国土の彼方にあると説く，阿弥陀仏の誓願によって成立した浄土の名。梵語 Sukhāvatī（訛音で Suhamadi か），須摩提・須摩題・須呵摩提と音写され，安楽・安養・楽邦などと訳される。

浄土教の中核をなす浄土三部経のうち『無量寿経』と『阿弥陀経』の両経は，その梵本タイトル《Sukhāvatī-vyūha（極楽の飾り）》が示すように，阿弥陀仏の誓願によって極楽浄土が成立するに至る因縁，その国土の様相などを詳しく説く。『観無量寿経』は，前段の 13 観でこの極楽国土とそこに住する阿弥陀仏および観世音（観音）・大勢至の 2 菩薩の姿を観想する法を 13 段階で，後段の 3 観では生前の行為の善悪によって異なる往生の様相を 9 通り（九品）に分けて説く。「南無阿弥陀仏」の称名念仏で極悪人でも極楽往生がかなうと説く後段 3 観こそが『観無量寿経』の真意と主張した善導の『観無量寿経疏』が世に出ると，末法思想の流行と相まって西方極楽往生は世俗の人々の圧倒的な信仰を集めた。

インドには極楽を図像化した遺品はないが，中国では善導が浄土変相を 300 舗描いたと伝えられるように，阿弥陀仏信仰の流行にともなって阿弥陀浄土変相や観無量寿経変相が盛んに描かれた。『歴代名画記』に唐代の長安・洛陽の大寺に『西方変』『浄土変』『十六観』などの壁画が数多く描かれたとあるが，すべて失われている。しかし古くは北朝北斉期の南響堂山石窟（河北省）第 2 窟の『阿弥陀浄土図浮彫』（ワシントン，フリア美術館蔵）があり，また敦煌莫高窟の第 71，220，322，334 窟はじめ初唐以降の多くの壁画に残る阿弥陀浄土変相や観無量寿経変相，法隆寺金堂壁画の阿弥陀浄土変相，観無量寿経変相の当麻曼荼羅など，中原からは失われた遺品が周辺の辺境に多く遺り，唐代の極楽信仰の盛んな様子をうかがわせる。
（山田　明爾）

こくりょうしゅんじゅう【穀梁春秋】　→穀梁伝

こくりょうでん【穀梁伝】　春秋時代の魯の歴史書『*春秋』の思想的解釈書。正式名称は『春秋穀梁伝』。『穀梁春秋』ともいい，『左伝』『*公羊伝』を併せ，「春秋三伝」「三伝」と称される。孔子門下の*子夏系列の穀梁赤の作というが，確証はない。

部分的に『公羊伝』に基づいて伝義を形成し，その影響が認められるものの，『春秋』解釈の基本的な態度を異にする。『公羊伝』は，個の行動について，社会的位置からの逸脱を容認はしないが，行動の基底に存在する純粋性（内面に基づく行動）を評価する。『穀梁伝』は，『公羊伝』のこの行動の純粋性をそぎ落とし，国家レベルの礼体系を設定した。国家的視点から，準拠すべき社会的位置としての個々の行動を規定すると共に，『春秋』に記録された個々の行動がこの基準に適合するか否かの判定を加えた。客観存在としての礼に徹底して個の行動の是非を裁定するもので，君臣関係を肉親関係の上位に置くなど，法的傾向が濃厚である。　　（田村　和親）

こくりれつでん【酷吏列伝】　『*史記』の列伝の一つ。専制君主に迎合して法文を弄し人民を苦しめた官吏たちを取り上げた伝記集。とくに武帝は財政破綻の解決策として採用した新経済政策の遂行の過程で君主の手足となって働く官吏を登場させたが，それら酷吏の指導的役割を果たした人物たちの非情な活動を批判的に叙述したもの。張湯や王温舒，杜周らの行動を通して当時の政治の暗黒面を活写している。『漢書』以下の正史にも酷吏伝は継承されたが，叙述の姿勢は司馬遷とは異なっている。
（稲葉　一郎）

ごくん【互訓】　2 つの文字が互いに他方を注釈しあう訓詁法。『爾雅』など古代の訓詁書でしばしば使われた方法で，「甲は乙なり」「乙は甲なり」という 2 字互訓のほか，「甲は乙なり」「乙は丙なり」「丙は甲なり」という 3 字互訓（あるいはそれ以上）のものもある。特に『*説文解字』による六書の定義で「転注」の例字が「考」と「老」とされ，『説文』本文でその 2 字が互訓の関係にあることから，戴震や*段玉裁は六書の転注を互訓のことと考えた。　　　　　　　　　　　　（阿辻　哲次）

ごけい【五刑】　『*書経』舜典に「流宥五刑」とあるに始まる 5 種類の刑罰。ここでいう「刑」とは，身体を毀損する肉刑のことで，その内容は，墨（イレズミ）・劓（ハナソギ）・刖（アシキリ）・宮（去勢）・大辟（死刑）と解釈されている。これは，

『周礼』秋官・司刑，『書経』呂刑などに基づく。「五」という数は，五行を意識したものともいわれるが，中国古代にあって特別な意味をもったことはたしかである。漢代に肉刑が廃止された後も，5種類の刑罰という概念は引き継がれ，隋の文帝の時に，笞(むちうち)・杖(つえでたたく)・徒(労役)・流・死が五刑とされ，それが唐律にそのまま採られた。　　　　　　　　　　　　　　（冨谷　至）

こけいかいいかん【古経解彙函】　清の鍾謙鈞が編纂した叢書で1873(同治12)年刊刻。儒家の経典に対する唐以前の注釈や研究書を収める。通常，後半部に「小学彙函」が附載されている。『十三経注疏』や先行する叢書の『通志堂経解』と『皇清経解』に含まれている書物は載せない編集方針であるため，収録した書物は20種あまりにとどまる。その多くは輯佚書の重刊本である。「小学彙函」には古辞書や韻書等14種が並んでいる。
　　　　　　　　　　　　　　　　　　（水上　雅晴）

こけいかいこうちん【古経解鉤沈】　周代より唐代までの経書に対する注解の断片となっているものを諸種の資料より拾い集め，30巻にまとめたもの。清の余蕭客の撰述。1759(乾隆24)年に起稿，62(同27)年に完稿。序録以下13種の経書に従って並べる。余蕭客は漢学復興を説く呉派とされるが，序録には，宋学も要は漢の董仲舒や馬融に由来するのだから，本書が唐代までに限ったのも，漢学絶対という党派心ではなく，広く古説に考え至りたいとの一念からであるという。　　　　　（木下　鉄矢）

こけいざんいちごうかんぼ【虎渓山一号漢墓】　湖南省沅陵県城関鎮に所在する前漢墓。被葬者は，前162年に死去した初代沅陵侯呉陽。1999年，未盗掘の状態で発見され，同年に湖南省文物考古研究所が発掘を行った。深さ約13mの坑の底に木槨と木棺が置かれ，木槨内からは銅器・漆器・土器・玉器・竹簡などが出土した。一部の遺物に「沅陵」「呉陽」などの文字が見られる。また竹簡の内容は行政文書から食物の調理法まで多岐にわたる。2003年，『文物』第1期上にて発掘の概略が報告された。　　　　　　　　　　　（黄川田　修）

ごけいし【呉敬梓】　1701(康熙40)～54(乾隆19)。清の文学者。全椒県(安徽省)の人。字は敏軒。号は文木老人。進士・挙人など代々科挙の合格者を輩出した名家に生まれる。20歳の時生員になるが，世事にうとい性格であり，文士たちと交際し，日夜酒を飲んで，分与された莫大な財産を蕩尽した。安徽巡撫趙国麟がその才能を惜しんで，博学鴻詞科に推薦したものの，試験に応じなかった。科挙の試験で課される八股文をひどく憎んだというが，名門の子弟ゆえに，科挙合格に対するプレッシャーも強く，ことさら反抗的になったものであろう。家産を蕩尽してからは南京に移り住み，文士たちと交わった。冬寒くなると友人たちと歌を歌いながら，一晩中南京の城壁のまわりを歩いて回り，「暖足」と称したなど，貧窮生活の中でのエピソードがある。54歳で，揚州で没した。『文木山房集』4巻，『文木山房詩説』1巻，科挙制度と読書人たちの生活を風刺した白話小説『儒林外史』がある。
　　　　　　　　　　　　　　　　　　（大木　康）

こけいしょうじゃ【詁経精舎】　清の学者・高級官僚の阮元が浙江巡撫であった時，杭州に建てた学院。学内に清朝漢学(後漢期の経学を復元する運動)の偶像である許慎・鄭玄を祀り，当時の優れた学者である王昶・孫星衍を招いて教授させた。秀才を選んで経書・歴史・天文・地理・算法の問題を出題し，自由に古籍を調べることを許して解答論文を書かせ，そのうち最も優れたものを選んで『詁経精舎文集』として刊刻した。　（吉田　純）

ごけいもじ【五経文字】　→五経文字

こげき【滬劇】　地方劇の劇種名。滬とは上海の別称。江南一体の農村にあった山歌や俗曲を起源とする。これらの民謡が弾詞等の芸能の影響を受けて蘇州灘簧・杭州灘簧・寧波灘簧等を形成，上海の発展につれてこれらが上海に進出，上海の灘簧を他と区別するため「本灘」「申灘」(申も上海の別称)と呼んだ。これが滬劇の前身である。男女1人ずつの俳優，二胡と太鼓と銅鑼の伴奏という「対子戯」の段階，3人以上の俳優と8, 9人の劇団構成の「同場戯」の段階を経て役柄も音楽も拡充の途を辿り，1933(民国22)年頃「申曲」と改称，文明戯や新劇や映画等の成果を吸収しながら新機軸を次々と打ち出して，観客層を拡大していった。劇目は家庭生活や婚姻問題をテーマとする『大庵堂』『阿必大回娘家』『啼笑姻縁』等を得意としたが，現代生活を描くものに意欲的に取り組み，人民共和国成立後は『羅漢銭』『星星之火』『紅灯記』等が評判をとった。曲調は優美で，江南地方の農村の息吹きに富むとされる。　　　　　　　　（佐治　俊彦）

ごけしちしゅう【五家七宗】　菩提達磨によって伝えられたとされる中国禅宗を，その家風の違いにより分類したもの。法眼文益『宗門十規論』に始まる。潙山霊祐・仰山慧寂を祖とする潙仰宗，臨済義玄を祖とする臨済宗，洞山良价・曹山本寂

の曹洞宗，雲門文偃の雲門宗，文益の法眼宗で五家。北宋代，臨済宗に楊岐方会(楊岐派)と黄龍慧南(黄龍派)が出て七宗となる。　　　(永井　政之)

こげつけん【古月軒】　清時代の粉彩のうち，特に優れた製品に対する慣用的な呼び名。「古月軒」の款銘が入っている作があることによる。「古月軒」の語は典拠が不明で，宮廷内で絵付けしたとされる最上級の琺瑯彩には含まれない。画趣あふれる文様とそれにあった題句が記されているものが多い。
(矢島　律子)

ごけん【五権】　5つの重さの単位，すなわち銖・両(24銖)・斤(10両)・鈞(30斤)・石(4鈞)のこと。権とは秤の分銅をさす。『漢書』律暦志によれば，黄鐘(十二律の基音)の音高を発するピッチパイプ(律管)には標準大の秬黍(くろきび)1200粒が入るとし，秬黍1200粒の重さを「黄鐘の重」と名づけ，12銖とし，それを基準として五権を定めた。近代前においては大枠，上の劉歆の黄鐘秬黍説に従って衡の制度を構築した。　　(川原　秀城)

ごげん【五絃】　五弦琵琶のこと。古代の撥弦楽器で西域から中原に伝来した。5, 6世紀ごろ北朝で最も流行した。『旧唐書』音楽志に「五絃の琵琶，稍小なり，蓋し北国より出づ」とある。唐代に西域楽の代表たる亀茲伎の主要楽器として十部楽の胡楽系各伎の中でよく用いられたが，宋代には消滅した。唐代の淮安靖王李寿墓の壁画にこの楽器を演奏する姿が描かれている。日本の奈良正倉院にはこの琵琶が保存されている。その形は五弦五柱で，四弦の曲項琵琶と似ているが，糸蔵の部分は後ろに折れずまっすぐで，胴は四弦よりやや小さく細長い。そして楽器全体に花の文様等が美しく螺鈿細工されている。近衛家陽明文庫蔵の『五絃琴譜』は五弦琵琶の譜で，その中には『王昭君』『夜半楽』『何満子』など唐代の著名な22曲が収められている。
(池澤　滋子)

ごけんじん【呉趼人】　1866(同治5)〜1910(宣統2)。清末の作家。南海(広東省)の人。北京生まれ。名は宝震，幼名は沃堯，字は小允，号は繭人，後に改めて趼人という。筆名に我仏山人など。幼時仏山に帰郷したが1883(光緒9)年，上海に出て江南製造局に勤める。『字林滬報』の副刊『消閑報』をはじめ『采風報』『奇新報』など小新聞の主筆を，また『漢口日報』の編集に従事した。当時日本で発行されていた『新小説』に『二十年目睹之怪現状』『痛史』『電術奇談』『九命奇冤』などを連載し有名になる。1902(光緒28)年，李宝嘉と経済特科に推薦されるが2人とも辞退する。1906(光緒32)年，『月月小説』を主編し，『両晋演義』『上海遊驂録』など多数の作品を発表した。小説執筆のほか，反美華工禁約運動(アメリカの中国人移民排斥法に反対する運動)に参加し教育にも力を注ぐ。
(樽本　照雄)

こけんせい【顧憲成】　1550(嘉靖29)〜1612(万暦40)。明の儒学者・政治家。無錫(江蘇省)の人。字は叔時，号は涇陽，諡は端文。1580(万暦8)年の進士。内閣を批判して一時中央を追われて後，吏部にあって郎中に至った。1593(万暦21)年，立太子の延期を批判。また，内閣と吏部が対立したこの年の人事考課に関与。翌年，閣臣推薦に関して神宗と対立し官籍を剥奪された。帰郷後，学問を深めて講学を開始，無善無悪説を危険思想として排斥し，管志道と書簡で論争した。1604(万暦32)年，弟の允成や高攀龍らと東林書院を復興して本拠地とする。その講学は政治的関心が強く，参会者の人脈は皇帝専権への批判勢力を形成して東林党と呼ばれた。鳳陽巡撫として活躍した李三才が弾劾されると高官に宛てて弁護の書簡を送るなど，在野のまま政治的に活動して反対派と対立を深める中，病没。文集は『涇皋蔵稿』。『小心斎劄記』などの著作は『顧端文公遺書』に収録。明史231　(林　文孝)

ここ【瓠壺】　細長く一方に湾曲した頸と，やや張り出した胴を持つ青銅彝器。頸の傾いた側に把手を付ける例が多い。壺と形態が類似するため，同じく酒類を入れるための器だと想定される。自銘の例は無く，宋代の『博古図録』の命名に従ってこの形の器は瓠壺と呼ばれている。春秋時代前期〜戦国時代前期にかけて多くみられる。湖南省新寧飛仙橋から出土した瓠壺の年代を報告者は殷末周初期とするが，これも春秋時代前期の器とすべきだろう。
(角道　亮介)

ここう【胡宏】　1105(崇寧4)〜61(紹興31)。北宋〜南宋の儒者。建州崇安県(福建省)の人。字は仁仲。五峰先生と称される。程子(程顥・程頤)の門人楊時・侯仲良に師事し，また父胡安国の学統を承ける。兄は胡寅。衡山(湖南省)の麓で講学し，湖南学派の開創者とされる。性を形而上の万物の本体とし，形而下の相対的な善悪を超越するものとして善とはいえないとした。著に『知言』『皇王大紀』『五峰集』がある。『宋元学案』42に伝がある。宋史435
(恩田　裕正)

ここう【壺公】　仙人の名。東晋の葛洪(号は抱朴子)『神仙伝』巻5,『後漢書』方術列伝などに

よれば，市場の役人の費長房は薬を売る老人が毎日市が終わると店先に掛けている壺の中に跳びこんで消えるのを知る。費がこの老人壺公に伴われて壺の中に入ると，そこは仙界であった。壺公は10人がかりでも持ち上がらない酒甕を指一本で持ち上げたり，費を竹竿にまたがらせて地上の家に戻らせたり，秘術の持ち主であった。費長房は壺公から授かった護符で妖怪を鎮め病気を治療したという。

(鈴木 健之)

ごこう【呉広】 →陳勝・呉広

ごごう【呉剛】

伝説上の月中にいる仙人の名。呉質ともいう。唐の段成式『酉陽雑俎』天咫に「月には桂があり，ヒキガエルがいる。月桂の高さは500丈あり，下に一人の男がいて，いつもこの樹を伐っているが，樹の傷口は伐ったそばからすぐふさがる。その男は姓は呉，名は剛といい，西河の人。仙術を学んで過失を犯し月に流され桂樹を伐らされている」とある。

(鈴木 健之)

ここうき【顧広圻】

1766(乾隆31)～1835(道光15)。清代の学者。元和(江蘇省)の人。字は千里，号は澗蘋。北斉邢邵の「日思誤書，更是一適(日に誤書を思うは更に是れ一適)」という語を取り，蔵書室に「思適斎」と名付けたため，思適居士との別号もある。諸生。群書を博覧し，経・史・小学に通じ，とくに校勘学・目録学に精通し，清代におけるもっとも重要な校勘学者の一人である。孫星衍・張敦仁・黄丕烈・胡克家・秦恩復・呉鼒などと古典籍の復刻に携わった。文集は生前にまとめられず，後に編集された『思適斎集』『黄顧遺書』『思適斎集外書跋輯存』『思適斎書跋』などがある。清史稿481

(陳 捷)

ごこうてん【五更転】

中国の民間歌謡に多く見られる数え歌形式の歌の一つ。夜間の時刻を示す「一更」から「五更」によってうたう。文献上に残る最も早い作品は南朝陳の伏知道の『従軍五更転』であるが，民間歌謡としての起源はさらに古いであろう。敦煌出土の歌詞に，仏教的な内容をもつ『太子五更転』や男女の離別の悲しみをうたう世俗的なものなど豊富な例がみられるほか，この形式は民間において現代まで継承され，「哭五更」や「五更調」などの名で，切々と悲しみをうたう歌が多く生まれている。

(松家 裕子)

ここかん【罟罟冠】

冠の一種で，モンゴル族の貴婦人たちがかぶったモンゴル族特有のもの。その端が鵞や鴨の嘴のような形をしていたためモンゴル語の嘴を意味する音を漢字で罟罟と表したと考えられる。姑姑冠・顧姑冠・故姑冠・固姑冠とも。樺の木，樺皮あるいは鉄糸を結って骨として作り，長靴あるいは抱き枕のような形をしている。高さは60cmから90cmほど。外側は一般的には黒褐色に塗るが，富貴な者は紅絹で包む。そして紅や青の錦繍あるいは金珠で飾る。その上に120cmから150cmもの長さの柳の枝，あるいは鉄を枝状としたものをつけ，これを青い毛氈で包み，紅や青の糸で飾る。あわせて貴族は，翠花や五彩帛で飾り，身分の高い者はカワセミの羽や美しい布で，低い者はニワトリの毛で飾った。貧しい者の中には，ただ粗末な毛織物を貼りつけて作るだけのものもあったが，富裕になればなるほど装飾も手の込んだものになった。人に触れられるのを嫌い，幕舎の出入りの際には，必ず低く身をかがめた。車中で戴く場合は，罟罟冠上部の羽毛が長いため，これを抜いて侍女が手に持ち対座したという。なお，オドリコは『ボルデーノのオドリコ修道士の報告文』(家入敏光訳)の中で「既婚婦人たちは頭上に一腕尺半の長さの男性の長靴のようなものを載せ，その先端には鶴の羽根がつけてあり，靴全体は大粒の真珠で装飾されている」としている。

(増田 克彦)

ここきょういせき【跨湖橋遺跡】

浙江省杭州市蕭山区湘湖村に所在する遺跡。河姆渡文化に属し，長江下流域最古の段階で稲作農耕が行われた遺跡である。1970年代に発見，1990年・2001年・02年に浙江省文物考古研究所が発掘を行った。住居跡などの遺構が確認され，多くの木製建築部材・土器・石器・骨器・稲籾などが出土した。2002年に出土した全長約5.6mの丸木船は，中国最古の船として著名。1997年，『浙江省文物考古研究所学刊』にて90年の発掘の報告が掲載された。 (黄川田 修)

ごこじゅうろっこく【五胡十六国】

304～439年，華北で興亡した主に北方民族系の諸王朝。五胡とは匈奴・羯・鮮卑・氐・羌，十六国とは成漢・趙(前・後)・秦(前・後・西)・燕(前・後・南・北)・夏・涼(前・後・南・北・西)を指す(北魏と短命の西燕・冉魏は数えず)。304年匈奴系の劉淵が左国城(山西省)で漢王についた(漢)のが五胡十六国の開始である。漢は西晋を滅ぼし，319年長安に都して国号を趙(前趙)と改め陝西省一帯を支配したが，武将より自立した匈奴系の石勒に滅ぼされた(329年)。勒は330年皇帝につき(後趙)華北を統一したが，350年漢人の冉閔に簒奪され，閔も352年鮮卑系の慕容儁に滅ぼされた。儁は同年皇帝に即き(前燕)中原を支配した。同年氐族の苻健は長安で皇帝に即き(前秦)，苻堅の時代に前燕を滅ぼし(370

年），華北全域を支配したが，382年肥水の戦いで東晋に大敗，394年後秦に滅ぼされた。後秦は386年羌族の姚萇が立て，長安に都し涼州(甘粛省)まで支配したが，417年東晋に滅ぼされる。前燕の裔，慕容垂は386年中山(河北省)で後燕を立て，のち遼東に後退，409年に武将の馮跋が簒奪した(北燕)が，437年北魏に滅ぼされた。鄴では慕容徳が399年南燕を立てたが，410年東晋に滅ぼされた。隴西(甘粛省東部)では385年鮮卑系の西秦が立った。匈奴系の赫連勃勃は407年オルドスに夏を立て陝西省北部に進出，418年長安で皇帝につき，431年西秦を滅ぼしたが，同年北魏に滅ぼされた。四川省では氐族系の成漢が立ったが，東晋に滅ぼされた(304～347)。甘粛省では漢人系の前涼が姑臧に立ち，前秦に滅ぼされる(301～376)。その後氐族系の後涼が立つも後秦に滅ぼされ(396～403)，412年姑臧で匈奴系の北涼が興った。青海省北部では鮮卑系の南涼が立ったが，西秦に滅ぼされた(397～414)。敦煌では漢人系の西涼が立ったが北涼に滅ぼされた(400～423)。北涼も439年北魏に滅ぼされ，五胡十六国時代は終わる。これら諸国は時に中国の制度や文化を取り入れ漢人も用いる一方，特に軍事面で北族の部族組織を温存，それが内乱を誘発し諸国を短命に終わらせる一因となった。

(佐藤 達郎)

ごこじゅうろっこくぶつぞうようしき【五胡十六国仏像様式】

洛陽に都をおき中国を統一していた西晋が滅亡して(316年)，南京に東晋が建ち，華北においては五胡(匈奴・鮮卑・羯・氐・羌)の諸民族と漢民族の小国が割拠した五胡十六国の時代(4世紀初頭～5世紀初頭)に，この地域でインドのガンダーラ様式の特色を受け継いで流行した金銅仏に見られる中国初期仏像様式。現存作例では，とくに肉髻をあらわし通肩に袈裟をまとって禅定印を結び，前面の左右に獅子を配した台座に座る総高8cmほどの小型の如来像が数多く知られている。それらの多くは近代に日本をはじめ中国国外に流出したが，近年甘粛省涇川県や河北省石家荘市などで同形のものが出土して，その流行が中国の広い範囲におよんだことがわかっている。しかもそれらは光背や台脚，天蓋をとどめた状態のものであった。この時代は西域僧が多く渡来し，京都・藤井有鄰館所蔵の銅造菩薩立像や米国・ハーバード大学所蔵銅造如来坐像など，中央アジアで製作され中国にもたらされたと考えられる作例の存在も知られていて，本格的に流入し始めたインドの仏像様式が，中国で受容され発展する初期の段階を示している。

(岡田 健)

ごこへいせいへいなんでん【五虎平西平南伝】

清代後期の小説。北宋の狄青と包拯を主人公とする『万花楼演義』の続篇。『平西前伝』と『平南後伝』に分かれ，前者は狄青・張忠・李義・劉慶・石玉の五虎将の西遼征討を描き，後者は南蛮王，儂智高の反乱討伐に，狄青の子，狄龍・狄虎，さらに「楊家将」の楊文広などを活躍させる。どちらも敵方の女性との恋愛と結婚，神仙の助力など通俗文学の常套を筋に取り入れている。元来は説唱文学の題材で，北方の鼓詞や南方の弾詞，広東の木魚書など説唱文学に同名の作品がある。

(金 文京)

ここんいっし【古今逸史】

明代，呉琯の編集した叢書。正史以外の歴史，地理の重要な書55種182巻を収める。全体は5分類されるが，方言，山海経，穆天子伝，高士伝などが収められることからも明らかなようにその収録範囲は広い。六朝以前については網羅的に，それ以後については採録を厳にしたという。また不全本をもあえて収めるなど，伝本のまれなものを後世に伝えることに努めている。明代の叢書には珍しい善本とされる。『叢書集成』におさめられている。

(木島 史雄)

ここんいんかいきょよう【古今韻会挙要】

元の韻書。30巻。熊忠撰。『韻会』あるいは『韻会挙要』と略称される。はじめ宋末元初の黄公紹が『古今韻会』(佚書)を編纂，1297(大徳元)年に熊忠がその「要を挙げ」て，本書を撰述した。劉淵の『壬子新刊礼部韻略』(佚書)に従って107韻に分韻される。声類は等韻学的手法を用いて示され，また韻類も「字母韻」によって示されるなど，当時の実際の音を示すための工夫が凝らされており，宋末元初の音を知るための重要な資料の一つとなっている。

(花登 正宏)

ここんじ【古今字】

漢字の字体の分類法。ある漢字が本義から他の意味に派生し，やがて本義以外の意味で使われるのが普通になった時，その字の本義を表すためにもとの漢字に別の要素を加えた新しい漢字が作られることがあり，このような関係にある漢字群を「古今字」という。たとえば「莫」は草むらに太陽が没することを示す文字で，もともとは「日暮れ」を意味していた。ところがこれが「仮借」によって，「～なし」とか「～するなかれ」という意味で使われるのが普通になったので，改めて「莫」にさらに「日」を加えた「暮」が作られた。このような関係にある文字のグループを「古今字」といい，先に作られた漢字を「古字」，後で作られた漢字を「今字」という。同様の例として，

「然」(本来は「もえる」意)と「燃」,「正」(本来は「敵を攻撃する」意)と「征」などがある。

(阿辻 哲次)

ごごんし【五言詩】 毎句みな5字からなる詩をいう。近体で4句のものを五言絶句,略して五絶,8句のものを五言律詩,略して五律といい,古詩であれば,五言古詩,略して五古という。後漢のころ,五言の楽府詩や『文選』に収められる「古詩十九首」などの作品が生み出され,後漢末,「建安(196-220)の初めに曁び,五言騰踊す」(劉勰『文心雕龍』明詩篇)と述べられるような盛んな製作を経て,六朝以降の主要な詩体となった。

(森田 浩一)

ここんしさん【古今詩刪】 明の李攀龍が,その死(1570年)の数年前に編輯した古今の詩の選集。34巻。孔子が『詩経』を選定した精神にもとづき「其の不正を刪り,正に帰せしむ」(王世貞序)とされる。内訳は,漢魏南北朝・唐・明で,古逸や楽府を特出していること,唐詩では初唐と盛唐に重きを置いていること,宋詩・元詩を無視していること,明詩では「前後七子」の作品が半数をしめることなどに,古文辞派の詩人らしい傾向があらわれている。このうち唐詩の部分は出版社によって『唐詩選』の編集に利用された。

(松村 昂)

ここんじぶんるいじゅう【古今事文類聚】 宋代の類書。前集60巻,後集50巻,続集28巻,別集32巻,新集36巻,外集15巻,遺集15巻。前・後・続・別集は宋の祝穆,新・外集は元の富大用,遺集は元の祝淵の撰。前集に1246(淳祐6)年の祝穆の序がある。前〜別集は計48の部に分けられ,新・外・遺集は官制を対象とする。それぞれに,群書要語・古今事実・古今文集の項を作り,要語・事類には出典を注記し,文集には関連の文を多く引用する。元刊本,朝鮮刊本,和刻本(1678〔延宝6〕年刊)にそれぞれ影印本がある。なお,『新編事文類聚翰墨大全』は,元の類書で別の本だが,史料価値が高い。

(森田 憲司)

ここんせっかい【古今説海】 明代までの小説を収集した書。142巻。明の陸楫撰。明代までの小説135編を説選部(小録家・偏記家),説淵部(別伝家),説略部(雑記家),説纂部(逸事家・散録家・雑纂家)の4部7家に分類。説淵部には,「杜子春伝」「李章武伝」「崑崙奴伝」「魚服記」「人虎伝」などの唐代伝奇の名編が収録されていて,伝奇作品の後世への影響を見る上で貴重な資料となっている。明の1544(嘉靖23)年刊本,1915年上海進歩書局石印本,1988年巴蜀書社標点本などがある。

(富永 一登)

ここんとしょしゅうせい【古今図書集成】 清代初期に編集された史上最大の類書。1万巻。「欽定古今図書集成」とも記されるが,康熙年間(1662-1722),陳夢雷の原撰で,雍正年間(1723-35)に蔣廷錫らの重編をへたものである。原稿本も一部分残存するとはいえ雍正年間の武英殿銅活字印本5020冊65部が流布の底本で,影印本,石印本がある。暦象・方輿・明倫・博物・理学・経済の六彙編,32典,6109部からなり,総字数は1億6000万にもおよぶという。各部内は彙考,芸文などと,資料の性格に応じて区分し,まま図も入る。十三経・二十一史といった基本文献はもちろん,現存する多くの書から主要な用例を網羅的に集めており,その資料の豊富さと,出典を明快・詳細に注記するといった合理的処理のために,語彙や事物の考証,検索にきわめて便利である。また清朝時代には文化的に功績のあった人物に賞賜されることもあった。特殊な分類をとるため索引は不可欠で,日本文部省編集のものなど,いくつかが公刊されている。

(木島 史雄)

ごさい【五彩】 高火度焼成された白釉陶や白磁に赤・黄・緑・黒などいろいろな上絵具で絵文様を描き,再び窯に入れて低火度で表面に焼き付けたもの。必ずしも5色ではなく,「多くの色で彩る」という意味である。五彩の技術は,金時代に磁州窯系諸窯で始められた。それらの五彩は,酸化第2鉄の粉末から作り出されるベンガラの赤に低火度鉛釉陶から発展した緑と黄のエナメル彩をあわせた3色のみで単純な吉祥文を白釉陶器の上に描いたもので,「宋赤絵」とも呼ばれる。釉上彩の技術は元時代景徳鎮窯に取り入れられたが,本格的な発展は明時代のことである。「成化豆彩」に代表される,青花を併用し高度な技術と洗練された色彩感覚を持つ官窯五彩に対し,民窯では簡易な赤を主体とした,いわゆる「古赤絵」が量産された。清時代の官窯では,複雑な色彩の開発が進み,より写実的な康熙五彩や雍正豆彩が生まれた。

(矢島 律子)

ござつそ【五雑俎】 明の筆記。正式名称は『五雑組』。「俎」に作るのは通称。16巻。謝肇淛撰。天・地部(各2巻),人・物・事部(各4巻)の5部から構成される。書名は,李維楨「五雑組序」によれば,天・地・人・物・事の「五」類に関することを,「雑」え「組」でつないだものの意とされる。各部中の各項に題名はない。内容は幅広く,正史に記載のない事柄にも多く触れられ,特に明代の

政治・歴史・文化を考察する上で参考になるが，一方，出典を明らかにせず，迷信・伝聞などをそのまま記した部分も多い。中国では異民族に関する議論が清朝の忌諱に触れ，乾隆年間(1736-95)に禁書となり，むしろ江戸期の日本でよく読まれた。版本としては1616(万暦44)年刊の潘氏如韋軒刻本が最も早く，現在では中華書局本，和刻本漢籍随筆集本などが通行している。 (田口 一郎)

こざん【鼓山】 →鼓山

ごさんけい【呉三桂】 1612(万暦40)〜78(康熙17)。明と清に仕えた武将。遼東(遼寧省)の人。軍人の家に生まれた。1644(崇禎17，順治元)年に李自成の農民軍が北京に迫ったので，山海関を守っていた呉三桂はその救援に向かったが，かれが到着する前に北京は陥落し明は滅亡した。呉三桂は李自成に降ることも考えたが，自分の愛妾が李自成の部下に奪われたのを知ると，睿親王ドルゴンに使いを送って清に降った。それからドルゴンの軍に合流して，山海関付近で李自成の軍を破り，北京に進撃した。呉三桂は，その功績により清から平西王の爵位を受ける。その後李自成を追って各地を転戦し，翌年これを滅ぼした。1651年からは明の復興をはかる桂王朱由榔と戦って，四川から雲南に入り，雲南地方の軍事権を掌握して強大な勢力を築いた。1673(康熙12)年に康熙帝が，三藩の軍を撤収する方針を決定すると，呉三桂はついに反乱を起こした(三藩の乱)。一時は中国の南半分を占領したが，1678年に病死した。そのころから反乱側は劣勢となり，1681年に清軍のため鎮圧された。清史稿474 (松浦 茂)

ござんじっせつ【五山十刹】 南宋に成立した寺院機構。国の管理下に大寺が組織され，専ら国家の安寧や皇帝の息災を祈禱する道場として機能した。五山は，径山興聖万寿寺(杭州)，北山景徳霊隠寺(杭州)・太白山天童景徳寺(明州)・南山浄慈報恩光孝寺(杭州)・阿育王山鄮峰広利寺(明州)をいい，十刹は，中天竺山天寧万寿永祚寺(杭州)・道場山護聖万寿寺(湖州)・蒋山太平興国寺(建康)・万寿山報恩光孝寺(蘇州)・雪竇山資聖寺(明州)・江心山龍翔寺(温州)・雪峰山崇聖寺(福州)・双林(雲黄)山宝林寺(婺州)・虎丘山雲岩寺(蘇州)・天台山国清教忠寺(台州)をいう。宰相史弥遠の奏上により，五山は南宋時代に存在していたが，五山十刹の階位も決定的ではなく，元の文宗の時に五山の上に大龍翔集慶寺が置かれてほぼ階位も固定し，十刹の下位に甲刹も設けられた。禅寺の外に教寺(経論のいずれかに基づいて成立した宗派)の五山もあっ

た。この制度は日本の鎌倉・京都の五山制度に取り入れられた。 (石井 修道)

こさんせい【胡三省】 1230(紹定3)〜1302(大徳6)。南宋の史学家。台州寧海(浙江省)の人。字は身之，号は梅礀。王応麟の門人。1256(宝祐4)年の進士。宰相，賈似道の下，朝奉郎の職にあった。南宋が滅んだ後は，隠居して著述に専念。1285(至元22)年に完成した著書の『資治通鑑音注』294巻は該博で考証に長け，特に地理に詳しく，『資治通鑑』の代表的注釈である。このほか，著作には南宋の史炤『通鑑釈文』30巻に対する『資治通鑑釈文弁誤』12巻がある。また胡注の誤りを正した清の陳景雲『通鑑胡注挙正』10巻がある。 (久米 裕子)

こざんちえん【孤山智円】 976(太平興国元)〜1022(乾興元)。北宋の仏教僧。杭州銭塘(浙江省)の生まれ。字は無外。自ら中庸子・潜夫と号す。若くして儒教を学んだが，21歳のとき，奉先源清の門に入り天台の教観を学ぶ。2年後，源清が亡くなった後は西湖の孤山に入り，病弱な体を養生しながら経論の考究に励み，20余部120余巻の章疏を著す。当時の天台宗内における山家・山外の争いを継承し，山外派の代表者として同門の慶昭らとともに，山家派の代表者である四明知礼と論争した。 (岩城 英規)

ござんばん【五山版】 鎌倉・室町時代を通じて，京都・鎌倉の禅宗五山を中心に，禅僧等が関与して出版した，禅宗や儒学の基本典籍を内容とする出版物を言う。当時，日本ではまだ印刷術は普及しておらず，専ら中国の技術をまね，刻工の来日などもあずかって，中国の刊本(宋版・元版・明版)の模刻・覆刻(かぶせぼり)が主であった。従って，五山版は底本に用いた宋・元版などが既に伝本を佚している場合に，そのすがたを推定する有力な資料としての特色がある。また，この頃，中国の新しい学問，宋学(朱子学)が輸入され，清原家等の博士家を中心とした学問に新風が吹き込まれ，寺院を基盤として武家社会にも浸透していく新しい漢籍受容のきざしが見られた。五山版はまさにそれを象徴した出版物であった。仏典の注釈類，禅語録が多くを占めるが，外典では『古文真宝』『三体詩』，また『韻府群玉』などの字書や常用書に伝本が多い。東洋文庫・大東急記念文庫・お茶の水図書館成簣堂文庫(ともに東京)などは五山版の収集に特色を持っている。 (高橋 智)

ござんぶんがく【五山文学】 鎌倉および京

都の五山派の禅僧によって作られた漢文学。鎌倉時代末から江戸時代まで行われたが，南北朝，室町時代前期が最盛期であった。中国の禅僧たちはすでに日用の文書を駢文で綴り，また詩文を作ることがあったが，南宋の僧蘭渓道隆・一山一寧，元僧竺仙梵僊らが来朝し，また日本からも多くの僧が入元して参禅するなかで，中国禅林の文学が日本の禅院に伝えられた。ことに京都の相国寺・建仁寺・東福寺などで，虎関師錬・雪村友梅・中巌円月・義堂周信・絶海中津など多数の僧が，日記・語録，偈頌とよばれる詩，および駢文をのこした。また，禅籍や詩文集を禅僧が出版したいわゆる「五山版」，儒典を新しい朱子学の注釈によって読む研究活動，仏典・漢籍を漢文や当時の口語文を用いて講釈した「抄物」とよばれる注釈書なども，五山に生まれた。近世儒学の祖，藤原惺窩は相国寺，林羅山は建仁寺で学問を受けた。　　　　　　　　　　（大谷　雅夫）

こし【古詩】　広義には，古い詩歌・古代の詩歌を意味する。後漢の班固『両都賦』序に「賦なる者は，古詩の流なり」というのは，その意味においてである。また，南北朝においては，後漢のころの作と思われる，作者不明の詩(主に五言詩)を特に古詩とよび，その詩題とした。その代表的作品は，『文選』29に収める「古詩十九首」である。南朝梁の鍾嶸『詩品』巻上に「古詩，其の体の源は『国風』に出づ」というのがそれで，民歌的な要素が強く見られる。一方，狭義には，古体詩というのと同じで，近体詩に対して，平仄や押韻・対句に関する，形式上の規則が緩やかな詩体をいう。また，古体詩をさらに分類するとき，元来楽器の演奏を伴って歌われた詩である楽府・歌行に対して，吟詠されるだけである詩(徒詩)のことを特に古詩と呼ぶ。
　　　　　　　　　　　　　　　（森田　浩一）

こし【虎子】　南北朝時代，とくに南朝の領域の墓から出土する虎のような動物を象った容器。20〜30cmくらいの青磁製品が多い。明器のひとつであろうと考えられ，大きく開いた口と把手があるので，液体を入れる容器であったと思われる。溲瓶のような用途を持つとされることもあるが，はっきりとしない。　　　　　　　　　　（八木　春生）

こし【鼓師】　伝統劇の進行を司る太鼓奏者。打鼓老や司鼓とも呼ばれる。いずれも劇音楽全般を知悉した者に対する尊称である。劇種により担当楽器は異なるが，基本的に太鼓と拍板(硬質の板を打ち合わせて主要な拍を示す打楽器)を併用する。伝統劇の武場(打奏楽器)は，場面や俳優の動作等に応じた多くの鑼鼓点，即ちリズム型を合奏する。鼓師は，臨機応変に鑼鼓点の短縮延長や種類を判断しながら武場を率い，文場(管弦楽器)や俳優を含めた劇全体を統括する。　　　（尾高　暁子）

こし【鼓詞】　明・清時代に北方で流行した語り物。内容は歴史物・戦記物を主とする。早期の作品には賈鳧西の『木皮散人鼓詞』などがある。詞章に字余りが多出することから実際の上演本に近いとも推測される。また，主唱者が演唱の繋ぎに拍子木と太鼓(木・皮)を打つ芸態や詞章が七言・十言を基調とするところから，広義には南宋の陸游が詠む太鼓を背負った盲翁の語りから元・明時代の「詞話」とその系統を引くものをいう。さらに現在の「大鼓」及びその詞章を指す説がある。（吉川　良和）

こじ【古璽】　戦国時代の印章。戦国期には，印章は，坏・鉨・璽等の文字をもって記されたため，後世この時期の印章を総称した。陶製・金属製・玉製によって文字が使い分けられた。呉大澂『字説』によれば，木は，上部の印字と，これを泥に捺した際の状態，また爾は，その際の印面を示す文字という。
　秦始皇帝は，全国統一後，皇帝自身の用いる印章のみを「璽」と称し，その他は「印」と称すべきことを定めた。漢はこれを受け継いで，以来璽と印の別が定着した。そのため戦国時代の印章を「古璽」と呼び，秦漢以降のそれを「印」と称することとなった。したがって，「璽印」ないし「古璽漢印」とは，戦国時代に始まり六朝末まで続いた，泥土に押捺して封泥を作り(隋唐以後は，紙に朱泥をもって押捺することに変化した)，封印の用とした印章全般を指すのであって，その場合の「漢印」とは，必ずしも漢代の印章の意味ではない。　　（松丸　道雄）

こじ【居士】　在家の男性仏教信者に対する呼称。インド古来のカースト第3階級であるヴァイシャ(庶民)中の富豪を意味するサンスクリット語gṛha-patiの訳語でもあるが，仏典の注釈において「中国では家に居り徳の清らかな者も居士と呼ぶ」(『維摩経　略疏』3)とされる理解の方が通行した。『礼記』玉藻に，宮仕えをしていない才徳兼備の者の意味でこの文字が使われていることに起因する，訳語受容の偏りであろう。後世，信仰とは無関係の文人も隠棲後の自称として用いた。　　（三浦　秀一）

ごし【五祀】　5種類の祭祀の総称。数詞をともなう熟語にありがちなこととして，この言葉もいくつかの異なる内容を持っている。そしてそれらのセットは相互に関係はなく，場面場面で，どのセットを指すのか，熟慮を要する。主要なものとして

は，①禘(季節毎の祭りなど。これ自体にも数種あり)・郊(天地の祭り)・宗(祖先の祭り)・祖(道路の神の祭り)・報(神の恩恵に対する感謝の祭り)。②五行の神の祭り。③住居内の5つの場所(一説では，門・戸・井・竈・中霤〔部屋の中央〕)の祭りが挙げられる。①は本来は大まかに5種類ほどの主要な祭りという意味で呼んだのであろう。②は五行の神をまつるから五祀なのであり，③は，天子は七，諸侯は五，士大夫は三などという，古典礼制度常套の，数による階層の明示の仕組みの中で，諸侯のなすべき祭りとしての位置を与えられたものである。したがって，このセットでは，該当するのが何かということよりも，五という数が意味を持っているのである。

(木島 史雄)

ごし【呉子】　兵法書。2巻。戦国時代の呉起の著とされているが，門下の作とも，後世の偽作とも。『孫子』とならぶ兵法書として古来より親しまれ，「武経七書」の一つに数えられる。司馬遷の『史記』や『韓非子』などにもその名が見られる。『漢書』芸文志では，「呉起四十八篇」とあるが，現存するのは，図国・料敵・治兵・論将・応変・励士の6篇のみとなっている。

(小林 久美)

ごし【語絲】　週刊総合誌。1924年11月北京で創刊。主編は孫伏園だが，実際には主に周作人が編集にあたった。1927年に北洋軍閥による発禁処分をうけて，上海に移り，魯迅や柔石などが編集を行った。のちに『野草』に収められる魯迅の散文詩や周作人の散文小品の他，軍閥や保守派に対する批判の文章などを掲載した。1925年の北京女子師範大学事件では，進歩派の言論拠点となった。執筆者には他に林語堂・銭玄同・劉半農らがいる。1930年3月の第5巻第52期をもって停刊。　(中 裕史)

こしき【古詩紀】　総集の名。本来は『詩紀』という。156巻。1560(嘉靖39)年刊。明の馮惟訥(1513〜72)の撰。馮惟訥，字は汝言，山東臨朐(山東省濰坊市)の人。1538(嘉靖17)年の進士。官位は江西左布政使に至った。『明史』216に簡単な伝が有る。

隋以前の詩を集める。前集10巻は先秦の古逸詩(『詩経』『楚辞』は除く)を，正集130巻は漢から隋の詩を，外集4巻は古小説や筆記の中に見える，仙や鬼の詩を，別集12巻は前人の詩の評論を収める。六朝以前の詩を網羅的に集めた最初の書物であり，資料として価値が高い。隋以前の古詩の少なからぬものがこの書のおかげで亡逸することを免れた。この書の編纂の後しばらく，陸続と模倣の書物が生み出されるが，『古詩紀』を超えるものはなかった。明の張溥による『漢魏六朝百三名家集』，民国の丁福保による『全漢三国晋南北朝詩』，人民共和国の逯欽立による『先秦漢魏晋南北朝詩』も，この書に多大な益を受けること，例外ではない。ただ，まま錯誤を含むことは免れず，清の馮舒の『詩紀匡謬』(『知不足斎叢書』所収のものがある)は，その誤り112条を正した。『古詩紀』と合わせ見るべき書である。馮惟訥の原刻本，明の嘉靖(1522-66)・万暦(1573-1620)の刻本が伝わる。

(森田 浩一)

こしき【古詩帰】　総集の名。15巻。明代末期，鍾惺と譚元春によって編纂された。同じくかれらが編集した『唐詩帰』36巻とあわせて『詩帰』という。前七子の活躍以後，世を席巻していた擬古主義を批判して登場した袁宏道ら公安派は，自由な作詩を主張したが，鍾惺・譚元春らはそれを更に徹底し，「幽深孤峭(世俗から超然としていること)」を標榜して，独自の詩境を開き，その出身地から竟陵派と呼ばれた。『古詩帰』は，唐以前の古詩を，『唐詩帰』は唐の詩を，かれらの主張に沿った基準で択び，従来の解釈にとらわれない批評をつけたものであり，かれらが目指す詩を選集のかたちで世に示すものであった。当時は家ごとに備わるといわれるほど流行したが，清になると，銭謙益らによって，その無学が指弾され，顧みられなくなった。

(森田 浩一)

こしげん【古詩源】　『詩経』と『楚辞』を除き，先秦から隋までの主な詩や楽府，謡諺に至るまで広く採択し，時代順，作家別に配列したアンソロジー。14巻。1719(康熙58)年成立。清の沈徳潜撰。沈徳潜は格調説を奉じ，近体詩は盛唐を宗とすべしとの考えから，本書編纂に先んじて『唐詩別裁集』を編んでいたが，本書の序文「詩は唐に至りて極盛となる。然れども詩の盛は詩の源にはあらず。……唐詩は宋元の上流にして，古詩は又唐詩の発源なり」では，古詩にこそ唐詩の源流があるとの考えを示す。その源流を，古代のあらゆる詩体から明らかにしようとするのが，本書編纂の動機であった。「敢えて已に古詩を尽くすとは謂わざれども，古詩の雅なるは略此れに尽くせり。凡そ詩を学ぶもののために，之れを源に導かんとするなり」という序の文には，撰者の高い自負がうかがえる。収録数では，陶淵明が81首と最多であり，それに鮑照の42首が続く。

(木津 祐子)

こしし【鼓子詞】　宋の芸能。演者が自らの歌に合わせて太鼓を叩いて伴奏し，同じ調子の詞曲を何首も繰り返して進める。歌のみで行うものと，

歌の間に語りをはさむものとがあった。北宋の欧陽脩には『十二月鼓子詞』と名づけた作品があり，これは「漁家傲」詞12首の連作によって四季の叙景を行ったもの。他に呂渭老の「点絳唇」詞2首からなる『聖書鼓子詞』や南宋の侯寘の「新荷葉」詞1首からなる『金陵府会鼓子詞』などが残るが，いずれも物語を持つものではない。対して北宋の趙徳麟の『商調蝶恋花鼓子詞』は，「蝶恋花」詞12首からなり，唐代伝奇小説『鶯鶯伝』の物語が散文体で書かれ，それを1段進めるごとに1首の詞が詠まれる。記述からみて，上演の際は1人の演者の他に歌と楽器の伴奏を伴っていたものと考えられる。また明代に刊行された短編小説集『清平山堂話本』所収の『刎頸鴛鴦会』も同じく散文体の語りと「醋葫蘆」詞10首で構成されるため，これを鼓子詞の作品の一つとする説もある。　　　　　　（川　浩二）

こしじゅうきゅうしゅ【古詩十九首】

五言詩の初期の代表作である。『文選』29雑詩類所収。作者，制作年代ともに不明。前漢期の作品を幾つか含む可能性もあるが，主に後漢期の作品と考えられている。古詩は，魏晋以降の五言詩の発達の先声をなし，後世に限りなく影響を及ぼした作品群であり，南朝梁までの五言詩について品評した『詩品』は古詩を上品に位置づける。『玉台新詠』における古詩の収録状況との異同や『詩品』の記述からも，古詩は元来この19首以外に少なからず存したことが知られるが，『文選』に収録されたこの19首が最も名高く，代表的な作品と見てよい。

19首はいずれも個別の篇題は無く，第1句目が篇題代わりの標識とされることもある。例えば，第1首は「行行重行行」，第2首は「青青河畔草」など。用語は比較的素朴だが，『詩経』や『楚辞』の影響と認められる語句も散見し，作者不明とは言え，当時の知識人の手が加えられていることが予想される。内容は，19首全体を通じて現実や人生に対する悲観主義的な憂愁や悲哀が色濃く認められる。その主なものとしては，第1首「行き行きて重ねて行き行く，君と生きながら別離す。相い去ること万余里，各おの天の一涯に在り」のように妻が旅途に在る夫の身を案じ気遣うものや，旅途に在る人が望郷の念を述べるものなど，隔てられた者の一方がもう一方を思う，哀別離苦の悲しみが挙げられる。また第13首「人生は忽として寄するが如く，寿は金石の固きこと無し」のように，人生の短くはかないことへの諦め・嘆き，死への怖れ，をうたい，第15首「生年は百に満たざるに，常に千歳の憂いを懐く。昼は短くして夜の長きに苦しむ，何ぞ燭を秉りて遊ばざる」のように，それからの逃避として現世での快楽を称揚するのも，顕著な傾向の一

つである。　　　　　　　　　　　（原田　直枝）

ごししょ【伍子胥】

生没年不詳。春秋時代末の亡命政治家。楚の人。名は員，子胥は字。王位継承にからむ内紛で，楚の平王に父と兄を殺された伍子胥は，周辺国へ逃れ，途中漁夫に助けられたり，乞食をしたり，幾多の困難を経て，呉にたどり着く。呉では，闔閭が父を殺して即位した時に功があり，以後呉の勢力拡大のために尽力する。前506年には楚の都郢を陥れ，平王の墓をあばいて屍を鞭打った。

呉はますます強勢となり，越王句践を攻めたが，迎撃にあって闔閭が死ぬ。前495年に子の夫差が即位し，2年後越を会稽に包囲したが，子胥の危惧にもかかわらず，和平を許した。後，夫差はしばしば北方の斉に出軍，越への警戒を説く子胥は讒言にあい，呉王に死を賜った。「我が眼をえぐって，呉の門にかけよ。越軍が呉を亡ぼすのを眺めよう」。この子胥の最期の言葉に怒った呉王は，その死体を革袋に詰めて江に浮かべた。司馬遷は「小義を棄てて，大恥を雪いだ」子胥に深く同情する。『呉越春秋』『越絶書』では小説化が進んでいる。史記66
　　　　　　　　　　　　　　　　（小池　一郎）

こししょうせき【古詩賞析】

上古から隋までの韻文，すなわち詩・楽府・歌謡・俚諺等を収めた選集。清の張玉穀編。1772(乾隆37)年序。沈徳潜の『古詩源』に倣って時代別に配列する。収録詩数は『古詩源』の976首に対して751首とやや少ないが，うち114首は『古詩源』未収詩である。また，それぞれの詩には詳しい注釈が施され，読解に資する。岡田正之による校注が冨山房『漢文大系』に収められる。　　　　　　　　　　（齋藤　希史）

こしせん【古詩選】

清初の詩人王士禛が編んだ古詩の選集。全32巻。五言古詩と七言古詩の2部門に分かれる。五言古詩は古詩十九首に始まる漢代の作品をほとんど収め，魏晋南北朝及び隋の作品は，選択を加えた上で数多く収める。特色があるのは唐代で，陳子昂・張九齢・李白・韋応物・柳宗元の作品だけを選んでおり，「五言古詩は古風を存する作品をとる」という意識が働いている。七言古詩は撃壌歌などの漢代の七言歌行に始まり，唐代では李白・杜甫ら14家の作品が収められている。宋代に関しては「杜甫の七言詩の作風をよく学んだ者」という基準で選び，宋代では欧陽脩・蘇軾・黄庭堅ら8家の作品，金・元では元好問・虞集らあわせて5家の作品を収めている。

『古詩選』は王士禛の文学史家としての見識が色濃くあらわれたきわめて個性的なアンソロジーで，

五言・七言古詩の歴史を概観するためにはよい書物である。後代の聞人倓が『古詩選』に注釈をつけた『古詩箋』が1766(乾隆31)年に出版されている。

（大平 桂一）

ごしちし【後七子】 →前後七子

こじでん【居士伝】 清の彭紹升が編纂した歴代在家仏徒の伝記集。56巻。友人汪縉や羅有高の助言を仰ぎつつ、5年の歳月を費やして1775(乾隆40)年に完成。後漢の牟融から編者たちまで、付伝記載の人物も含め302名が収録され、各人の入信の機縁や悟得の風景が中心に描かれる。本書がそうした記述内容を持ち、また立伝される人物が仏教居士に限られた理由は、編者自身が居士としての自己の信仰心を確立確認しようとした個人的動機による。また、明末の朱時恩『居士分灯録』や清初の郭凝之『先覚宗乗』に対し禅灯の継承だけを重視する偏向があると批判することや、在家信者の信仰心をその質において出家僧と同等にとらえる点などから、絶対の一心を基盤とした教禅一致・儒仏道三教同源の思想を読み取ることができるが、それもやはり如何なる立場からの入信も寛容に受け入れる編者たちの菩薩心にほかならなかった。『卍続蔵経』縮刷本第149冊にも収録される。（三浦 秀一）

ごじはっきょう【五時八教】 南朝末～隋の天台智顗が説いた仏教の教判。釈尊が個々の経典をどのような考えにもとづいて説いたのかを示す教説。五時説は、経が説かれた順序を示す。『華厳経』がまず説かれ(華厳時)、以下『阿含経』(鹿苑時)、諸大乗経典(方等時)、『般若経』(般若時)と続き、最後に『法華経』『涅槃経』(法華・涅槃時)が説かれたとされる。八教は化法の四教と化儀四教をいう。化法の四教とは、経が人びとの能力を考えて説かれたことを教える教説。すなわち、小乗の教え(蔵教)、三乗に通ずる教え(通教)、菩薩のためだけに説かれた教え(別教)、あらゆる教えをひとつにまとめ、すべてを悟りへと導く最高の教え(円教)の4種に分けて説かれたという。化儀の四教とは経の説かれ方の違いを示す教説。すなわち、即座に仏の教えを説く(頓教)、浅きより深きへと漸々に説く(漸教)、聞く人相互に知らせないまま、それぞれに相応しい仕方で説く(秘密教)、聞く人の能力に応じてそれぞれの理解が開けるような仕方で説く(不定教)、以上の4種の形式で経は説かれたという。（新田 雅章）

こしゅう【袴褶】 腰下丈上衣と袴の組み合わせ衣服の総称。袴は脚部が二股に分かれた下半身衣の総称であり、主として男性が着用したが、女性の着用もみられた。褶については、元の『文献通考』に「褶は、衣か裳か」と疑問が投げかけられているように、上衣か下衣か明確ではない。『字彙』には、「褶は袴なり」と明記されている。一方で、顔師古は『急就篇』の注で「褶は重衣の最も上に在るものなり。其の形は袍の若く、短身にして広袖。一に曰く、左衽の袍なり」と明確に上衣としており、しかもその形は広袖で短身の袍のようであると記している。『字彙』は明の辞書であるのに対して、顔師古は唐の人であり、実際に袴褶が着用されていた時代の記述であること等から、褶は上衣とする説が有力であり、現在の中国服飾史研究家は上衣説をとっている。

本来胡服であった袴が中国ではかれるようになったのは戦国時代とされており、『史記』によれば、趙の武霊王が軍事的理由から騎射とともに採用したのが胡服の袴であった。褶も『三国志』魏書の崔琰伝に「褶は虜旅の賤服」とあるように本来は胡服であった。

袴褶の名称が文献に登場するのは後漢末で、軍服として用いられており、晋になると、諸官及び隊員の軍旅服となるとともに、皇帝以下諸臣の狩猟服ともなった。南北朝時代には、胡族の支配する北朝では朝服になったが、南朝では依然として軍旅服であった。しかしその後隋では武官の公服となり、大口袴褶も用いられ、これは軍旅の時等には袴を膝下で縛った。唐になると、官人の朔望(1日と15日)の朝参服として用いられるようになり、三品以上は紫、四・五品は緋、六・七品は緑、八・九品は碧と位色が定められた。また、女性も乗馬の際には袴褶を着用したが、これは唐代における男装の流行の影響と思われる。その後五代には姿を消し、宋に復興の動きがみられるが、儀衛の間以外では用いられなかった。元になると、『文献通考』で「衣か裳か」と疑問が投げかけられていることから、ほとんどその姿を消したと考えられる。（増田 美子）

こじゅくぶんか【湖熟文化】 長江下流域の江蘇省から安徽省にまたがる寧鎮地域の青銅器文化。1951年に江蘇省江寧県湖熟鎮の老鼠墩遺跡で最初に発見されたことにより命名された。中原の殷文化の影響によって成立し、殷から西周前期にほぼ併行する。南京市北陰陽営遺跡の第3層と第2層を指標とし、土器は夾砂紅陶・泥質紅陶が主で、印紋硬陶や灰釉陶もわずかに含まれている。遺跡の多くは丘陵上に位置し、床を焼き固めた平地式住居や土器窯などが発見されている。依然として石斧や石鎌などの石器が多く用いられているが、小刀・斧・鏃・釣り針などの小型の青銅器が出現している。このような農工具類や動植物遺体からみて、水

ごしゅせ―ごしょう　　　　408

稲農業のほかに狩猟や漁労の比重が高かったことがわかる。鑽（さん）・灼をもつ卜甲・卜骨は殷文化の影響を物語っている。寧鎮地域ではその後，太湖・杭州湾地域の影響によって土墩墓・印紋硬陶・灰釉陶を指標とする文化が形成されている。　　　（岡村 秀典）

ごしゅせん【五銖銭】　漢の*貨幣。重さ5銖（約3.3g）の円形で，中央の四角い穴の左右に「五銖」の銘がある青銅銭。武帝は前120（元狩3）年，それまでの四銖半両銭（前175年発行，重さ4銖）が削られ軽量化したための物価騰貴と匈奴征伐による財政窮迫をうけて三銖銭を発行したが，軽量で偽造が絶えなかったため，翌前119（元狩4）年五銖銭に改めた。五銖銭は当初，郡国に鋳造させていたが，混ぜ物をした軽い銭が多くなったため，前118（元狩5）年，郡国での鋳造を禁止し，中央の水衡都尉所属の上林三官に独占的に鋳造させた。これ以後，前漢末までに280億枚が発行された。唐の621（武徳4）年に開元通宝が発行されるまで五銖銭は貨幣の基本形であり，歴代の王朝によって「○○五銖」が鋳造されている。　　　　（鷹取 祐司）

ごしゅよう【伍守陽】　1574（万暦2）〜1643（崇禎16）？。明末に江南で活動した内丹家。南昌（江西省）の人。号は冲虚子。文献史上，丘処機の法灯を嗣ぐ全真教龍門派を名乗った最初の人物。丘処機からの伝授は虚構と思われるが，張虎皮（静虚），李虚庵（真元），曹還陽（常化）と，少なくとも3代にわたって継承された修行法の中に龍門派独自の真正な内丹法が継承されていることを主張した。本来秘儀的な内丹法を平明に解説し，父方のいとこの伍真陽（守虚）とともに『天仙正理』・『仙仏合宗語録』（『道蔵輯要』本では『丹道九篇』と題す）・『門人問答』（『道蔵輯要』本では『仙仏合宗語録』と題す）等として上梓し，書籍を通じて後学に広汎な影響を及ぼした。内容的には，煉精化気・煉気化神・煉神還虚の三関から成る宋代以来の内丹法の枠組みを継承しつつ，そこに意志的な作用である神（真意）によって生理的作用をもつ気をコントロールする神気二元論的な修行理論を組み合わせ，修行者が自己の修行過程を明確かつ合理的に把握できる整合的な体系を作りあげた（ただし伍守陽は上記の「気」を「炁」と記し，呼吸の気と区別している）。
　　　　　　　　　　　　　　　（森 由利亜）

こしゅんしん【胡舜臣】　生没年不詳。北宋末期の画家。郭熙に山水を学んでその一端を受け継ぎ，「謹密」な画風であったこと以外，伝記の詳細は不明。1122（宣和4）年の落款を持つ『送郝玄明使秦図巻』（大阪市立美術館蔵）が現存唯一の作品。その画風は，郭熙や范寛の山容や描法を継承しながら，南宋院体画にも通ずる構図や人物描写であり，同時代の李唐と同様に，北宋から南宋への過渡的様式を示す。『図絵宝鑑』巻4に伝がある。
　　　　　　　　　　　　　　　（河野 道房）

こしょう【㝬鐘】　西周後期（厲（れい）王期）の*青銅器の固有名称。宗周鐘の名でも呼ばれる。乾隆帝勅撰の『西清古鑑』に初見するが，詳細な出土状況は不明である。通高65.5cm・最大幅35.2cm・甬（よう）長22.8cm・重さ34.9kg，甬鐘（棒状のつり手が付いた鐘）で突出した枚（突起状の装飾）が付き，122字の銘文を持つ。㝬殷の発見によって，当器の作者である㝬もまた西周厲王を指すと考えられるようになった。㝬殷と共に西周の王自身の作とされる数少ない例である。現在，台北の故宮博物院蔵。
　　　　　　　　　　　　　　　（角道 亮介）

ごじょう【五常】　五常は，人間にとって基本的な5つの徳目であり，仁・義・礼・智・信を指す。前漢の董仲舒が，それ以前に通行していた仁・義・礼・智の4つを基本とする見方（『*孟子』告子篇「仁義礼智は，外から私を飾るのではなく，私に固有のものだ」）や，仁・義・礼・智・聖の5つを基本とする見方（『*馬王堆帛書』五行篇）を改め，「信」を加えて五常としたのである。「仁義礼智信は五常の道であり，王者が飾るものである」（『漢書』董仲舒伝「挙賢良対策一」）。さらに董仲舒は，木・火・土・金・水の5つのエレメントからなる五行に比定することで（『*春秋繁露』五行相生篇），五常を定常的な道徳規範にした。それは，後漢の班固『*白虎通』でさらに拡大され，身体（五臓）から刑罰（五刑）や経書（五経）まで，世界のあらゆる布置に配当されることで全体化し，その後の規範意識を支配していった。なお，三綱五常や五倫五常と表現される場合，君臣・父子・夫妻の関係を取り上げた三綱と，それに長幼・朋友の関係を付け加えた五倫は，五常を社会的に具体化したものである。
　　　　　　　　　　　　　　　（中島 隆博）

ごしょうおん【呉承恩】　1510（正徳5）？〜81（万暦9）？。明の文学者。山陽（江蘇省）の人。字は汝忠。号は射陽山人。小説『*西遊記』の作者と目されている。貧しい商人の家に生まれたものの，読書好きであった父の影響で学問に励んだ。中年になってようやく貢生（推薦されて地方から中央の大学に入る科挙の受験生）となったが郷試には合格せず，嘉靖年間（1522-66）末期頃に長興県（浙江省）の丞となるがすぐに退職し，故郷で過ごした（のちに荊府紀善という職についたという説もある）。生

涯文人たちとのつきあいも広く，詩文にも長じていたようだが，継嗣がいなかったため遺稿の多くは散逸したと見られ，残ったものは『射陽先生存稿』にまとめられている。『西遊記』の作者が誰かについては諸説があったが，魯迅が『中国小説史略』の中で呉承恩であると断定して以来，通説となっている。　　　　　　　　　　　　　　（上野　隆三）

ごしょうかくべつ【五姓各別】　人間には，その宗教的資質に関して，生まれつき5種類の区別があるとする説。五姓は五性とも書く。唯識法相宗において説かれ，三乗思想と連携する。五姓とは，声聞・縁覚・菩薩・不定・無種姓の5つの種姓のことで，この中，不定は，声聞や縁覚から菩薩に転じうる者をいう。この区別を決定するものは，各種姓の覚りの智慧の種子(無漏種子)をどのように持っているかであり，無種姓は，いかなる無漏種子も持たない者である。この主張は一乗思想に立つ者の強い批判を招いた。　　　　　　　　（竹村　牧男）

こしょうきょう【胡承珙】　1776(乾隆41)〜1832(道光12)。清の考証学者。安徽涇県(安徽省)の人。字は景孟。墨荘と号した。1805(嘉慶10)年の進士。官は福建台湾道兼学政加按察使に至る。49歳の時に病で郷里に帰り，学問に専念した。その学問は『詩経』を専らとし，陳奐とも書信の往来をしている。その主著『毛詩後箋』は篇ごとに毛伝・鄭箋を節録して，毛伝の解釈を明らかにすることを試みるが未完のまま病逝したため，魯頌泮水篇以下を陳奐が補った。他に『求是堂詩文集』『儀礼古今文疏証』『爾雅古義』『小爾雅義証』等がある。清史稿482　　　　　　　　（家井　眞）

ごじょうげん【五丈原】　現在の陝西省西安市の西，宝鶏市岐山県にある台地。三国時代，蜀の諸葛亮(孔明)の最期の地として知られる。234(青龍2)年に諸葛亮は魏を攻撃するため進軍し五丈原に根拠地を置くが病死する。このとき魏軍の司馬懿(仲達)が退却する蜀軍を追撃しようとしたが，計略を警戒し引き揚げたことから，「死せる孔明，生ける仲達を走らす」という諺が生まれた。ここでの「走らす」の「走る」は「逃げる」こと。諸葛亮が死んでいるにもかかわらず司馬懿が諸葛亮を恐れて戦わずに逃げたという意味。現在，五丈原の頂上部分に武侯祠，つまり諸葛亮をまつるほこらが建てられている。一時廃れたのを1990年前後に復建したものである。　　　　　　　　　　（上野　隆三）

ごしょうせき【呉昌碩】　1844(道光24)〜1927(民国16)。清〜民国の書画篆刻家。安吉(浙江省)の人。初名は俊，後に俊卿。字は倉碩，民国以後昌碩とし，この名で知られる。缶廬・苦鉄などと号した。22歳の時，郷試を受け秀才となるが仕官せず，書画篆刻に専心し，終生それらの売芸生活を送った。53歳の時，江蘇安東の県令となるが，1か月で辞した。兪樾に文字学を学び，さらに楊峴・呉雲らの知遇を得て，芸苑に名を成していった。

篆刻が最も早く完成した。浙派を始めとし秦漢印，呉熙載などの他，幅広く篆書素材を摂取した。特に古拙を加味することで，古銅印の腐蝕美を再現し，現代篆刻に最も影響を与えた作家となった。画は中年以後始め，花卉雑画をよくした。書は晩年になって完成した。石鼓文を専習し，その臨書作を中心とした篆書を最もよくし，行・草書とともに双璧を成した。篆刻の研究団体である西泠印社の初代社長も勤めた。著に『缶廬詩集』，印譜に『缶廬印存』『削觚廬印存』など多数あり，書画集も多い。　　　　　　　　　　　　　　（小西　憲一）

こしょうせつこうちん【古小説鈎沈】　民国に出版された中国古代小説佚文集。魯迅編著。1909(宣統元)年から11年にかけて完成。魯迅の死後1938年魯迅先生記念委員会編集の『魯迅全集』第8巻として刊行。周代から隋代までの散佚小説36種，約1400則を収録している。魯迅は，他の書物に引用されている古代小説の断片を，多くの古籍を渉猟して博く集め，細心の注意を払って修復した。たとえば南朝時代の志怪小説である王琰撰の『冥祥記』は131則に加えて王琰の「自序」も付されており，完全な形に近いとされる。ここに収録されている小説は，各々の則の数量の多さからも隋代以前の散佚小説をほぼ網羅しているといってよく，中国古典小説研究にとって非常に重要な書とされている。

また，簡潔にして要領を得た注釈を施して，作品の成立年代や，書名の由来，文章の異同の正誤についての考証など，それまで混乱のみられた問題を少なからず解き明かしている。魯迅は，清朝考証学者の方法を用いて，こうした収集・校訂を精密に行っており，その学術的価値はたいへん高い。

　　　　　　　　　　　　　　（中　裕史）

ごじょうぶんか【呉城文化】　江西省を中心に分布する南方の青銅器文化。1973，74年に発掘された江西省樟樹市の呉城遺跡を指標に3期に分けられ，第1期は殷代二里岡上層期に，第2期は殷墟前・中期に，第3期は殷墟末期・西周初頭にほぼ併行する。土器には中原の殷文化の影響が強くあらわれているが，印紋硬陶や灰釉陶が比較的多く，円圏紋や各種の印紋などに在地的な特徴がみられる。

呉城遺跡では工具や武器，容器などの青銅器を鋳造した石製鋳型や銅滓(スラッグ)が出土しているほか，近くの丘陵上には龍窯(登り窯)を含む土器窯が集中的に発見されている。土器や石製鋳型には記号を刻んだものがあり，これを初期の文字とみる意見もある。1989年には新干県大洋洲で青銅器475点のほか，多数の玉器や土器・陶器を副葬した大型墓が発見された。墓の年代は呉城第2期に位置づけられるが，青銅器・土器・陶器の多くは二里岡期の風格をとどめた在地的なもので，呉城文化の性格をよく物語っている。　　　　　　　　　　(岡村 秀典)

ごしんへん【悟真篇】　道教の経典。北宋の張伯端の作。宋代以降，「万古丹経王」と称される『周易参同契』とともに，内丹の二大経典に位置づけられる重要書。龍虎・鉛汞の配合など抽象的表現により内丹の秘訣を詩詞の形式で示したものであり，構成は七言四韻16首，七言絶句64首，五言律詩1首の合計81首でそれぞれ二八の数，周易の卦数，および太乙を象徴させると自序で述べる部分を中心に，西江月12首ほか歌頌の類が添えられており，版本によってそれらの収録状況は異なっている。本書は世に出てからほどなく内丹家たちより篤く尊ばれるようになり，12世紀後半より葉士表・袁公輔らによる注が現れ，以後数多くの注釈が作られる。通行本として最も代表的なものは，南宋の翁葆光の注に元の戴起宗が疏をつけた『悟真篇注疏』，および南宋の薛道光・陸墅，元の陳致虚の三家による注をまとめた『悟真篇三注』の2つであり，これら諸家の注ともども多くの内丹家に愛読された。
　　　　　　　　　　(横手 裕)

ごす【呉須】　中国では回青・回回青と呼ばれる陶磁器の着色顔料で，酸化コバルトを主成分としマンガンやニッケル，鉄分を多少含んだ鉱物。透明釉下で呉須は還元焰焼成によって青く発色するので，呉須だけを使った陶磁器を日本では染付け，中国では青花と呼んでいる。中国では，回青のほか，蘇麻離青・無名異・石子青・老円子・頂円子などの呼称もあり，浙江省・江西省・福建省・広東省・雲南省などで産出する。　　　　　(出川 哲朗)

ごすあかえ【呉須赤絵】　福建省南部の漳州窯で明後期から清初に作られた五彩磁器の日本での呼び名。江戸時代には主に「呉州」または「呉洲」赤絵と表記された。高台に粗い砂が付着した粗製の白磁や青花の釉上に赤・青・緑・黒などの上絵を施す。景徳鎮製品を模して輸出用に大量生産された粗製品であるが，景徳鎮窯の五彩にはないおおらかな筆致が特徴である。遺例は日本・東南アジア・西アジア・ヨーロッパに多く，日本では鉢や合子などが茶道具として愛好された。　　　(森 達也)

こすいがく【鼓吹楽】　鼓・鐃を主とする打楽器と笳・角を主とする吹奏楽器の合奏形式の音楽。歌唱を伴う場合が多い。漢魏時代の宮廷楽として重要な楽種である。鼓吹楽の起源は，秦漢の際，西北辺境の遊牧民族の馬上の楽であるとする説，秦代以前，すでに中原で行われていた鼓楽・吹楽・凱楽(軍楽)に由来するものであるとする説などがある。漢初には中原の民間に広く流行していた。その後，楽府により採集され，宮廷楽として祭祀・宴饗・儀仗などに用いられた。西域伝来の楽曲から編曲された軍楽『新声二十八解』も鼓吹楽の中に入った。

　漢魏の際，鼓吹楽は用途や楽器の違いにより「鼓吹」と「横吹」に分類された。「鼓吹」は鼓・笳・簫を主奏楽器とするもので，さらに儀仗や殿庭で奏される宴饗の楽「黄門鼓吹」，王侯貴族に随行する馬上の楽「騎吹」，郊廟祭祀や凱旋の楽に用いられる「短簫 鐃歌」の3種類に分けられる。「横吹」は鼓・角を主奏楽器とする軍楽で，その始まりは上記の『新声二十八解』であったとされる。

　漢代宮廷の鼓吹楽は，もとは民間の歌謡であるから，曲・歌詞ともに漢代の民謡の相和歌との関連が見られる。また北宋の郭茂倩『楽府詩集』の鼓吹楽の歌詞には，反戦や愛情など民間の感情を歌ったものが多く収められている。このことから，鼓吹楽は宮廷に入った後，歌詞を新しく作り直されたり，曲調のみが用いられたりしたが，中にはもとの歌詞がそのまま保存されて後世に伝わったものもあったと考えられる。　　　　　(古新居 百合子)

ごずぜん【牛頭禅】　唐代の禅宗の一派。中国の禅宗は，初祖菩提達摩──二祖慧可(恵可)──三祖僧璨──四祖道信──五祖弘忍と相伝され，五祖の下が大通神秀の「北宗」禅と六祖慧能(恵能)の「南宗」禅に分かれ，のち南宗が禅の主流となったとされているが，安史の乱の頃以後，ほかにも多くの派が競い興るようになった。牛頭宗はその一つで，伝承では，四祖道信が五祖弘忍に伝法したあと，あらためて南京近くの牛頭山の法融(隋～唐初の人)に禅を授け，そこから1牛頭法融──2智厳──3慧方──4法持──5智威と相伝する一宗が成立したとされる。ついで智威の下に牛頭慧忠・鶴林玄素・安国玄挺らが出，さらに慧忠の下に仏窟惟則らが，また玄素の下に径山法欽らが出て一大勢力となる。ただし，以上の伝承も，実はこの2代の人々の頃に過去に遡る形で創作されたものであって，実際に禅宗と関係が生じたのは4代目の

法持あたりからと考えられている。なお径山法欽の弟子、鳥窠道林は白居易との問答で名高い。この系統の人々の言説は、『祖堂集』3、『景徳伝灯録』4ほかに収められている。

なお『絶観論』『心銘』など初期の重要な禅宗文献が牛頭法融の撰述に帰せられているが、確証を欠く。唐の学僧、圭峰宗密は、牛頭宗を「泯絶無寄」宗と名づけ、般若の空の思想にのっとって一切の事物を虚無非存在と断ずる一派として記述している。関口真大『禅宗思想史』付篇「牛頭禅の歴史と達磨禅」(山喜房、1964年)に詳しい。　　(小川 隆)

ごすで【呉須手】　明代後期から清代初期に中国南部の福建や広東などで主に輸出用に作られた粗製の青花(呉須染付)や五彩磁器(呉須赤絵)・白磁・藍釉磁・褐釉磁の日本での総称。本来は「呉州」または「呉洲」と表記された。江戸時代には中国南方を漠然と「呉」と呼んでいたことから、中国南方のやきものという意味で呉州(洲)と呼んだが、明治以降に「呉須」という表記が一般化したと考えられる。主に福建省南部の漳州窯の製品をさすが、広東省産と思われる粗製の青花磁器を含むこともある。欧米ではスワトウ・ウェアと呼ぶ。　(森 達也)

ごずめず【牛頭馬頭】　仏教における地獄の獄卒。頭が牛や馬の形相をしており、閻魔王を助けて罪人の尋問や処罰などを行う。『仏名経』や『楞厳経』には「牛頭獄卒」「馬頭羅刹」の名で出る。「牛頭獄卒」は、その名を併称して「牛頭阿旁(傍)」と呼ばれることもある(『五苦経』)。中国では、地獄の獄卒の形相を「牛頭馬面」と描述する場合もある(『大目乾連冥間救母変文』)。唐以降、『十王経』の流布にとともに広く知られ、『聊斎志異』等、小説にも登場する。　　(松村 巧)

ごせい【五声】　1オクターブ中に5つの声(相対音高)を設けたもの。五音音階。その算法に関わらず、低音の声から宮・商・角・徴・羽と呼ぶ。それぞれ土・金・木・火・水の五行や、黄・白・青・赤・黒の五色に配当される。五声と十二律を三分損益法で作り、宮の声を黄鐘の律に置いた場合、五声は十二律が生じる順位の第5までに絶対音高が一致する。さらに2声を加えた七声が春秋戦国時代までに成立して以後も、この五声は併せて用いられていった。　　(水口 拓寿)

ごせいせん【五星占】　前漢の占星術書。1973年末に、湖南省長沙市東郊の馬王堆漢墓3号墓から発掘された。約8000字からなる帛書で、表題がなく、五星(木火土金水の5惑星)による占いが主なのでこう名付けられた。末尾に秦始皇帝元(前221)年から前漢文帝3(前177)年に至る木・土・金星の運行表があり、この3星の会合周期(見かけ上太陽と再び会するまでの周期)のかなり正確な値が記載されている。　　(宮島 一彦)

こせいりょうでん【古清涼伝】　山西省の五台山、別名清涼山に関する歴史地理書。2巻。680(永隆元)年頃に成る。唐の慧祥撰。もとは『清涼伝』といい、宋代に五台山真容院の延一が増広した『広清涼伝』および張商英の『続清涼伝』が相次いで撰述されたため、「古」の字を加えて呼ばれるようになった。上巻は3節に分かれ、山名の由来に始まり地理・地形の説明、さらに寺院や石窟など主として仏教関係の名勝・古跡を紹介する。下巻の2節には北周から唐初にかけて入山し、文殊菩薩の示現を体験した巡礼僧13名、在家の巡礼者4名の霊瑞譚を収録している。慧祥は藍田(陝西省)津梁寺の僧であるが、師子国(スリランカ)出身の釈迦蜜多羅が長安を訪れたとき、同行して五台山に登り霊瑞を実体験したという。そこで巡礼者のために仏舎利を安置することを発願し、滞在2年の間に資料を集めたようである。聖地五台山と文殊信仰をいやが上にも高め、内外に影響を与えた書である。　(藤善 眞澄)

こせき【胡適】　→胡適(こてき)

ごせき【語石】　清の金石学の書。10巻。1909(宣統元)年刊。葉昌熾の著。歴代の石刻について、時代・地方・体裁・文体・書法・保存状態・拓本の優劣などを詳細に解説する。計484条にわたり随筆風に書き連ねられたものだが、石刻文の対象を大きく広げて総合的に考察し、しかも創見の多い好著として現在も参酌される。欧陽輔に校勘記(1933年)、柯昌泗に増補(中華書局、1994年)、藤原楚水に訳注(省心書房、1975〜78年)がある。　　(宮崎 洋一)

ごせきさん【五石散】　基本的に紫石英・白石英・赤石脂・鍾乳・石硫黄の5種類の鉱物性薬剤(石薬)を用いて調合した散薬。服用後には、温かい食物を摂取してはならず、冷たい食物しか口にすることができないところから、寒食散ともよばれた。漢代においても一部の病気治療に用いられていたが、魏晋の時代になって大流行した。流行の先鞭をつけたのは三国魏の哲学者の何晏であり、彼は「五石散を服用すると、病気が治るだけではなく、精神が爽快な気分になる」と語ったという(『世説新語』言語篇)。孫思邈の『千金方』が、「五石散を乱用して房事の楽しみを求める者がいる」と批判している

ように，五石散服用者の中には精力増強の効果を期待する者もあったが，何よりも服用後に生ずる甘美な幻覚が彼らをとりことしたのである。しかしその毒性は激しく，処方や服用法を誤ると，命を落としかねないほどの危険な薬物であった。服用後に冷たい食物しか口にすることができないのは，石発とか発熱とかといわれるように体がほてるからであり，体内にたまった熱を発散させることを散発とよび，散発のために歩きまわることを行散ないし行薬とよんだ。散発のためにはまた酒を飲む必要があると考えられたが，寒食の原則にもかかわらず，どういうわけか酒に限って，必ず燗をして飲むべきだとされた。西晋の裴秀は，うっかり冷や酒を飲んだために命を落としたという。おなじく西晋の皇甫謐は，五石散服用の後遺症に悩まされた一人であって，正しい服用法を世人に知らせるべく『寒食散方』を著し，自らの体験に基づいて，恐ろしい症状の数々を生々しく書きとめている。『隋書』経籍志が著録している釈智斌の『解寒食散方』ほか類似のタイトルの書物は，五石散の解毒法を説明したものであったと考えられる。

(吉川 忠夫)

ごぜんせつ【呉全節】 1266(至元3)～1346(至正6)。元朝に仕えた正一教の道士。饒州安仁(江西省)の人。字は成季。13歳の時，龍虎山で道士となり，1287(至元24)年，京師に至って張留孫に従い世祖クビライにまみえる。留孫の死後，仁宗より特進上卿玄教大宗師，知集賢院道教事等を授かってその地位を嗣いだ。茅山をはじめ華南の諸道観の復興を助け，全真教掌教の推薦にも関与するなど，その影響力は道教全体に及んだ。更に，虞集ら儒家官僚とも積極的に交流し，官僚と皇帝のよき仲介者としても信望を集めたとされる。元史202

(森 由利亜)

ごせんろく【呉船録】 石湖三録と称される南宋の范成大の紀行3篇の第3作で，宋代紀行文学の白眉とされる。その称は，成都から呉郡(蘇州)への船旅の記録であることを意味する。1177(淳熙4)年5月，四川制置使と成都府の知事の任を去って，岷江，長江を船で下り，10月，郷里の呉郡に至るまでの紀行であるが，湖北を去って後の記述は簡略である。

(山本 和義)

こせんわい【古泉匯】 著名な古銭蒐集家であった清の李佐賢が，自家収蔵品のほか総数6000点近くの歴代貨幣を網羅した銭幣著作。全64巻。1864(同治3)年刊行。内容は中国歴代通用貨幣のほか，厭勝銭，安南銭などを含んでいる。銭幣著作は，古く宋代よりみられ，明・清の時期に多数刊行されているが，この『古泉匯』は，最大の収録数を誇り，劉喜海が道光年間(1821-50)に刊行した『古泉苑』とともに，清代の代表的銭譜とされている。

(廣川 守)

こそうえいしし【胡曾詠史詩】 胡曾は唐の咸通年間(860-874)前後の詩人で邵陽(湖南省)の人。生没年，字ともに不詳。七言絶句の『詠史詩』150首を代表作とする。「詠史詩」自体は後漢の班固から作られたが，西晋の左思の連作8首を除き，おおむね散発的に作られるにとどまった。ところが中唐から晩唐に至って多く作られるようになり，胡曾の他にも周県が195首を作るなど，まとまった作品群が存在する。その中でも胡曾の作品は後の『全相平話五種』や，『三国志演義』などの講史小説のなかにしばしば引用挿入されることで知られる。彼の作品に対する評価は「鄙猥俚賤」(明の楊慎『升菴集』劉原済詩条)で「唐人の作品の中でも傑出したものではない」(『四庫全書総目提要』詠史詩)などと言われ，あまり芳しいものではない。それにも拘わらず講史小説によく利用されたのは，古代から隋までの歴史を扱い，毎首地名を題として，その地名に関わりのある歴史的事件や人物を詠じているので適宜利用しやすかったこと，鑑戒を旨とし通俗平明であったこと，早くから注釈がつけられたおかげで，講史小説の作者のような中下層の知識人でも詩の背景となっている史実に近づきやすかったこと，などが考えられる。

また講史小説の中に取り込まれて読まれたばかりではなく，初等教育の教材として早くからよく読まれていたらしい。後，明代になっても村里の子弟の教育に『胡曾詠史詩』が教材として使われており(楊慎『升菴詩話』胡曾詠史条)，また『蒙求』『千字文』と合わせて出版もされていた。

胡曾とほぼ同時代の陳蓋が注をつけ，唐末五代の人と思われる米崇吉が評語を付した『新彫注胡曾詠史詩』3巻(『四部叢刊三編』所収)ができ，これが最善のテキストである。また後に南宋の人と思われる胡元質が新たに注をつけなおしたテキストがある(『四庫全書』所収)。

(副島 一郎)

こそうぎ【古装戯】 主に梅蘭芳(メイランファン)が創作した神話や古代を題材にした新古典劇を指す。伝統演劇の登場人物は全て役柄によって決められた「行頭」(衣裳・被り物・履物の総称)を着ける。そこで，決められた行頭さえあれば全ての芝居ができた。だが，20世紀になって，特に上海で新作に衣裳を新調することが流行し，それが伝統演目にも及んだ。梅蘭芳は1913(民国2)年の上海初公演以降，触発されて，自らの新作でマゲも含めて全く新しい行頭

を，斉如山らスタッフと共に古代の絵画などを参考に創作した。彼の新古典劇には往々にして伝統舞踏があるが，古代女性と同じ装いでは舞に適さないことを知り，試行錯誤して新行頭を創り上げた。行頭は所作と緊密に関係があるため演技も新たになった。この新行頭を古装と呼び，それを着けて演じる古典劇を「古装戯」と呼ぶ。現代物「時装戯」の対義語である。その第一作が1915年秋初演の『嫦娥奔月』。その後『黛玉葬花』『天女散花』『洛神』『太真外伝』等々があるが，1922年初演の『覇王別姫』が最も人気がある。
（吉川 良和）

ごそうさんけい【五曹算経】 李淳風等注釈『算経十書（十部算経）』の一つ。著者名は明記されていないが，甄鸞撰とされる。田曹・兵曹・集曹・倉曹・金曹の5巻に分けて，田の面積，出兵や軍糧，粟米の交易，倉の体積，租税や貨幣等に関する実用的な計算問題を扱う。曹は役所のこと。単価，個数等から総和を算出したりあるいはその逆算をする初歩的な比例計算が中心であるが，不規則な形をした田の面積を各辺の平均によって近似的に求める設題もある。
（武田 時昌）

ごそしちこくのらん【呉楚七国の乱】 前漢に起こった反乱。漢は秦の中央集権体制である郡県制を踏襲するが，劉氏一族，建国の功臣には封地を与えて王国としての独立を許した。高祖の代にこれら諸侯のうちの異姓諸侯は，謀反の罪をきせられて次々に姿をけすが，同姓諸侯はそのまま存続し，その数は9国にのぼった。その力は強大で，領地も広く，漢王朝の直轄地は全領土の3分の1にすぎなかった。諸侯は次第に力を強くするが，やがて済北王興居，淮南王劉長が反乱を起こしたのを機に，朝廷の諸侯王抑制政策が加速する。

それは，具体的には領地の削減・分割であり，文帝から景帝にかけて鼂錯らがそれを主張する。危機感がつのった諸侯の側は前154（景帝3）年，呉王濞を盟主として，楚王戊・趙王遂・済南王辟光・膠西王卬・膠東王雄渠・淄川王賢が連盟して奸臣鼂錯を討つとの大義名分を掲げて挙兵した。呉楚七国の乱と呼ばれるこの内乱は，わずか3か月で諸侯国側の敗北の形で収束し，以後漢王朝の基盤は確固としたものになる。
（冨谷 至）

ごそしちしん【五祖七真】 全真教の祖師の総称。「五祖」とは全真教の淵源とされる東華帝君以下，鍾離権・呂洞賓・劉海蟾そして全真教の実質的な開祖である王嘉（王重陽）を指し，「七真」とは王嘉の七人の高弟である，馬鈺（馬丹陽）・譚処端・劉処玄・丘処機・王処一・郝大通・孫不二のことをいう。また，この七真を「北七真」といい，これに対しいわゆる南宗の張伯端・石泰・薛式・陳楠・白玉蟾を「南五祖」としてそれらを指す場合もある。
（横手 裕）

ごそほうえん【五祖法演】 ?〜1104（崇寧3）。臨済宗の僧。綿州（四川省）の人。俗姓は鄧氏。35歳で出家し，唯識学を学ぶ。のち円照宗本，浮山法遠に学び，白雲守端の教えを嗣ぐ。安慶（安徽省）四面山に住し，太平寺，白雲山海会寺，さらに蘄州（湖北省）五祖山に入る。圜悟克勤や仏眼清遠など多くの弟子がある。『五祖法演禅師語録』3巻がある。
（永井 政之）

こそめつけ【古染付】 明時代末期，江西省の景徳鎮民窯で焼成された青花磁器。元来は，中国の古様な染付磁器を漠然とこの名で称したというが，今日では狭義に，日本からの注文によって焼造されたとみられる一群の茶道具，懐石道具類に対しての呼称となっている。製作時期は，作品に「天啓年製」「天啓佳器」「崇禎元（1628）年造」等の銘を記すものがあることから，天啓年間（1621-27）頃と推定されている。一方，中国国内に流通したそれに類する青花磁器についても古染付に含めるかどうかは，いまだ定説を見ていない。

古染付は総じて粗製であるがために，青料の発色は暗くムラもあり，器の口縁部では，しばしば釉むけが生じている。茶方ではこの特徴を「虫喰」と呼び，風情あるものとして喜ぶ。遺品は日本に多く伝世し，花入では「鯉耳（高砂手）」，水指では「桜川」「葡萄棚」「手桶」と呼ばれるもの，香合では「辻堂」「荘子」といった意匠の型物が製作されている。懐石道具は皿・鉢類が中心であるが，ことに向付には魚・貝・蝶・鶏・牛・扇・琵琶・富士山・一葉を象ったものなど，その飄逸，洒脱な意匠が主たる魅力となっている。素地が磁器製品としては厚作りであること，底裏に正円形の高台を付けず，平底，もしくは三脚か四脚の突起をつける作例が多く見られることなどから，造形的には日本の美濃焼の影響が強く反映された作品群であると見られている。
（長谷川 祥子）

こそんしゅくごろく【古尊宿語録】 明初に南京で開版された『大明南蔵』（太祖洪武帝の勅により雕造された大蔵経）のために編纂された禅語録集。現在流布するものは明末の嘉興蔵本を底本とする37家48巻から成る。南宋初に鼓山の賾蔵主が南泉・投子・睦州・趙州・南院顒・首山念・葉県省・神鼎諲・承天嵩・石門聡・法華挙・大愚芝・雲峰悦・楊岐会・道吾真・大隋真・子湖・鼓山晏・洞

山初・智門祚の唐末宋初の20家の語録集『古尊宿語要』を編した。その後，琅邪覚・五祖演の2家，更に仏眼・真浄・雲門の3家，更に臨済・東林雲門頌古が加わって刊行された。これらに基づいて1404(永楽2)年浄戒は南岳・馬祖・百丈・黄檗・興化・風穴・汾陽・慈明・仏照奏対録の9家に更に第21巻に白雲端・仏照光・北礀簡・物初観・晦機・笑隠訢・仲方倫・覚源曇の8家を加えて48巻として南蔵に入れる。しかし嘉興蔵では第21巻の8家を除き，東林雲門頌古を復活させ，37家48巻とした。また『古尊宿語要』を承けて続刊された『続開古尊宿語要』6巻がある。　　　　　　　　（西口　芳男）

ごだいかいよう【五代会要】　宋建国直後の961(建隆2)年に王溥が『唐会要』とともに撰進した典章制度の書。30巻。五代の混乱を収拾し，唐以来の統一回復を目指す王朝にとって，前代の典章の編纂は喫緊の課題であった。のちにできた『旧五代史』や『新五代史』には制度の記述において偏りがあるために，歴朝の実録を利用した本書の価値は大きい。後唐時代に始まった経書の印刷事業がいつ完成したかを明確にしている(巻8「経籍」)のはその一例である。　　　　　　　　（中砂　明徳）

ごだいさん【五台山】　山西省北東部を東西に走る五台山脈の主峰。台状の五峰が並び立つことから，この名が生まれた。標高は北台の2893m。古来，神仙の山と信じられていたが『華厳経』の訳出流布にともない，その菩薩住処品に説く清涼山に比定され，文殊菩薩と1万の眷属(けんぞく)が住む山として内外に知られるようになった。普賢の峨眉山，観音の普(補)陀山とあわせ中国の三大霊山，あるいは地蔵の九華山を加えた四大霊山と称される。台中百箇寺といわれるが，北朝北魏孝文帝の創建と伝える大孚寺(現在の顕通寺)や中国最古の木造建築として知られる山麓の南禅寺や仏光寺などがある。華厳宗第3祖の法蔵により大孚寺あとに建てられた華厳寺，密教の父不空による金閣寺，五会念仏の法照創建の竹林寺といった霊仙(りょうせん)・円仁以下が巡礼し日本仏教徒の憧れた寺々が残る。665(麟徳2)年の師子国(スリランカ)僧釈迦蜜多羅や676(儀鳳元)年のカシミール僧仏陀波利の入山など，インド・西域にまで知られていたことを物語る。　　　　　　　　（藤善　眞澄）

ごだいさんじびょうおんがく【五台山寺廟音楽】　中国仏教四大名山の一つである五台山(山西省)の音楽。北方仏教音楽の中心。漢族仏教の青廟系と，チベット仏教の黄廟系があり，ともに賛・偈(げ)・経・咒(じゅ)など一般的な声明(しょうみょう)と儀礼用の歌曲，器楽を含む。音階は合字調と尺字調，上字調の3種類で，青廟の基音は黄廟より長2度低い。歌曲は，唐宋詞曲や元明清の伝統劇の曲牌を継承し，曲牌「望江南」の歌詞が，唐代の詞牌構造と合致するなど，音楽遺産として歴史的価値も指摘される。楽器は管子2，笙2，笛2，雲鑼2が両派に共通し，他に青廟系が太鼓1，鈸子(せんし)1，引磬(いんけい)1，木魚1，忤鐘(ごしょう)1，手鼓1，磬1を，黄廟系は把子鼓1，釵1を用いる。黄廟系は太陽の送迎儀礼では法螺(ほら)や素材の異なる大小各種のラッパや大鐃(だいにょう)(大型のシンバル)を奏する。五台山の音楽は，地元の民間器楽と影響を及ぼしあってきた。このため山西八大套には純粋な仏教音楽の「箋言」「五声仏」「普庵咒」が含まれ，逆に五台山の仏事で山西八大套の曲牌を演奏する事がある。晋北八音とは古い形式による共通の工尺譜を用いる。　　　　　　　　（尾高　暁子）

こたいし【古体詩】　詩体のひとつ。唐になって完成された近体詩に対していう。簡単に古詩ということもあり，古風・古調と呼ばれることもある。唐以降も，近体詩と並行して，声律などのきまりに煩わされずに自由に心情を表現できる詩形として製作されつづけた。四言・五言・七言・長短句などがあり，句数も自由である。近体詩と異なって，平仄の配置についてのきまりはなく，対句の用い方も自由である。押韻する箇所も比較的自由で，平声以外に仄声を韻字に用いることも多く，同じ韻として使える字の区分は近体詩よりもはるかに緩い。また，詩の途中で韻を踏み換える(換韻)ことも多く，換韻した場合は，そこで内容も屈折する。古体詩はさらに，楽器の演奏を伴わないうた(徒詩)である古詩と，元来は伴奏にあわせて歌われた楽府(がふ)・歌行に分類することができる。　　　　　　　　（森田　浩一）

ごだいしき【五代史記】　→新五代史(しんごだいし)

ごだいじっこく【五代十国】　907(天祐4)年に朱温(朱全忠)が唐を滅ぼし後梁を建国してのち，華北では960(建隆元)年の宋朝成立までの54年間に後唐・後晋・後漢・後周の5王朝が交替し(五代)，これ以外の地域では979(太平興国4)年の宋朝による全国統一までの間，前蜀・後蜀・荊南(南平)・呉・南唐・楚・閩(びん)・呉越・南漢・北漢などの諸国が興亡した(十国)。安史の乱後，全国に置かれた藩鎮(節度使・観察使)は，唐末の黄巣の乱を機に自立傾向を強め，禅譲により朱全忠が後梁を建てると，これに従わぬ勢力が各地で独立した。この時代は単なる軍閥割拠の時代ではなく，唐から宋への大きな社会変動の過渡期であり，中国史上重要な意味をもつ。この時代が武人政治の時代と言われるのは，武力を握る節度使や刺史が割拠し，君主はすべ

てそこから出たことによる。彼らの部下は群盗・流賊・土豪・異民族などであり，政治の実務を支えた官僚にも新興地主や家柄の低い知識人が多く，唐代政界の花形であった門閥貴族は姿を消した。五代の諸帝は，禁軍(近衛軍)の強化と軍務を掌る枢密使(文人を任命)の重用によって権力の集中を図り，宋代に君主独裁制が確立する基礎となった。この背景には，8世紀以来活発化していた中国周辺諸民族の動きがある。特に東北辺の契丹族が916(神冊元)年に遼国を建てて絶えず圧力をかけたことは，五代政治史に大きな影響を与えた。各地の政権は自国の経済力を高めるべく，農業生産の向上を目指した。比較的平和であった華中・華南では大いに開墾が進められ，宋代になって北方を圧倒する素地が作られた。茶・塩・陶磁器など各地の特産品が国境を越えて交易され，大小の都市が発達した。後唐を除く五代王朝の都が置かれ大運河のターミナルであった汴州(開封)は，かかる交易の一大集積地であった。経済的繁栄のもとで文化の華も各地で開き，特に蜀・南唐で発達した詩詞や絵画(山水画・花鳥画)は，宋代文化の礎となった。　　　　(辻 正博)

ごだいしへいわ【五代史平話】　平話。成立年代については宋・金・元の諸説があるが，確実なところはわからない。五代の各王朝ごとに，「五代梁史平話」以下，「唐史」「晋史」「漢史」「周史」各上下2巻，合計5篇10巻からなるが，梁・漢の下巻は現存しない。初期平話として「全相平話五種」と並ぶ存在だが，後者とは性格を異にし，史実に忠実であることを原則として，『資治通鑑綱目』の文を多く流用し，乾燥した叙述に陥っている部分も多い。ただ各平話の冒頭で語られる創業者立身伝には，小説的要素も認められる。特に「梁史」における黄巣の伝は民間伝説的要素を多く含み，また「漢史」における劉知遠の伝には，『劉知遠諸宮調』『白兎記』の題材として名高い李三娘との悲歓離合の物語が含まれる。明代に成立した荒唐無稽な要素を多く含む『残唐五代史演義伝』との間には継承関係は認められず，むしろ明代中後期に多数出版された史書の要約に近い歴史小説の源流をなすものと思われる。　　　　　　　　　　　　(小松 謙)

ごだいしわ【五代詩話】　五代十国時代の詩や詩人に関する逸話を集めた書。清の王士禛撰。王士禛の原本は未定稿のまま伝わり，おもな刊本としては，ともに1748(乾隆13)年に刊行された黄叔琳校・宋弼編の12巻本と鄭方坤刪補の10巻本がある。稿本は642条，12巻本は630条，10巻本は稿本から216条を削り789条を増補して計1215条を録する。10巻本は『四庫全書』『叢書集成初編』等に収められ，戴鴻森校点本(北京，人民文学出版社)がある。　　　　　　　　　　(齋藤 希史)

ごだいちょう【呉大澂】　1835(道光15)～1902(光緒28)。清末の金石学者。呉県(江蘇省)の人。字は清卿，号は恒軒。晩年には愙斎と号する。1868(同治7)年に進士に合格し翰林院編修となり，のちに湖南巡撫となった。古文字の研究に優れ，その著『説文古籀補』(1881年)はのちの金文考釈に大きな影響を与えた。古器物の収集とその資料化にも努め，『恒軒所見所蔵吉金録』(1885年)，『古玉図考』(1889年)，『愙斎集古録』(1896年)などの著作がある。清史稿450　　　(角道 亮介)

ごたいとうふう【呉帯当風】　→曹衣出水・呉帯当風

ごだいめいがほい【五代名画補遺】　五代の画家に関する画家伝。1巻。北宋の劉道醇撰述。1059(嘉祐4)年の陳洵(詢)直の序があり，それによれば，宋初の胡嶠の『広梁朝名画目』(逸書)を補うものとして撰述されたという。彫塑家をも含む24人を人物・山水・走獣・花竹翎毛・屋木・塑作・彫木の7門に分類し，その技量によって神・妙・能の3段階の品を与える。この時代の絵画に関する基本的な文献で，『王氏書画苑』や『画品叢書』などに所収される。　　　　　　　　　　　　　(竹浪 遠)

ごちょう【呉澄】　1249(淳祐9)～1333(至順4)。元の儒者。崇仁(江西省)の人。字は幼清・伯清，号は草廬。青年期に程若庸の薫陶を受け，聖賢の学を追究する立場から朱子の後継者をめざす。宋滅直後，朱子の遺志を襲って五経の校訂に着手し，後年それを『易纂言』等の注釈書へと深める。朱子の主敬説を根底に『中庸』由来の尊徳性の概念や陸象山の本心論を取り入れ，また老子注の作成をとおして心性への理解を深めつつ，その全体を心学として構築した。元史171　　　　(三浦 秀一)

こちょうそう【蝴蝶装】　宋代，木版印刷が盛んになると，書物に用いる紙が長いものから短い単葉に変化してきたために，巻軸装や経折装(帖装)では不便となって出現した装訂法。「胡蝶装」「蝶装」も同じ意。版心をまん中にして二つ折りにし，その際に字面が相対して裏面が外側になるようにする。版心側を背にして紙葉を重ね糊で固定し，硬い表紙で全体を包む。ページを開くと，版心を胴体として左右に羽を広げた蝴蝶に見えるので生まれた呼称。宋・元代の書物装訂の主流であった。北京中国国家図書館蔵宋刊本『冊府元亀』のように宋代に

仕立てられたものも現存している。　　　（高橋　智）

こちょうはい【蝴蝶杯】　華北の梆子腔系地方劇で行われる伝統演目。明の田玉川は，亀山に遊んだ際，総督盧林の息子の横暴を見かねて殺害したことから逃亡の身となる。途中漁師の娘胡鳳蓮の助けを借りて難を逃れ，玉川は彼女に蝴蝶の杯を与えて結婚を約束する。彼はその後姓名を変えて軍に身を投じ，軍中で盧林の命を救ったことからその娘をも妻として迎える。物語の前半部は『遊亀山』，舟に隠れて盧林の追手から逃れる一段は『蔵舟』として著名。　　　　　　　　　　　　　（竹越　孝）

こちょうむ【蝴蝶夢】　元の戯曲作品。関漢卿の作で，雑劇の形式をとる。王という男が権勢をほしいままにする葛彪に殺され，息子の金和・鉄和・石和の3人がその仇をうつものの，3人は捕らえられて，石和がその罪を負おうとする。裁きにあたった名裁判官包拯は，3匹の蝶の夢に暗示を受けて，石和が後妻の子であることを知り，かわりに馬盗人趙頑驢に命の償いをさせるという物語を，コミカルな場面を挟みつつ描き出している。なお，明末の謝国にも同名の伝奇作品があり，こちらは『荘子』を題材としたものである。　　（赤松　紀彦）

こちょく【胡直】　1517(正徳12)〜85(万暦13)。明代の儒学思想家。泰和(江西省)の人。字は正甫，号は廬山。欧陽徳・羅洪先に学んだ。朱子の格物論を，定理を心外に求めるものと非難する点では良知心学に止まるが，王畿などの良知現成論には反対した。物議を醸した「覚即性」説もその本性の主宰性を強く主張するものである。程朱学(程顥・程頤・朱子の学)を激しく非難するものの，胡直の心性論の構造は程朱学に回帰しているところがある。主な著書に『胡子衡斎』『衡廬精舎蔵稿』がある。『明儒学案』浙中王門学案に伝がある。
　　　　　　　　　　　　　　　　（吉田　公平）

こちょくふ【胡直夫】　生没年不詳。南宋末元初の画家。四明(浙江省)の人。南宋初の禅僧画家智融にはじまる魍魎画風を元初において継承した画家たちのうちの一人。『君台観左右帳記』に元の画家として記され，いくつかの伝称作品が日本に残されるものの，その確実な作品は存在しない。著名な伝称作品として，元の無住子筆『朝陽対月図』とともに3幅対の中幅として伝来した『布袋図』(愛知，徳川美術館蔵)，『布袋図』(福岡市美術館蔵)などが現存する。　　　　　　　（荏開津　通彦）

ごちん【呉鎮】　1280(至元17)〜1354(至正14)。元の文人画家で，元末四大家の一人。嘉興(浙江省)の人。字は仲圭，号は梅花道人。四大家の他の3人とは異なり，その生涯と事跡をものがたる資料や，同時代の他の文人との交友関係をうかがわせる資料はあまり残っていない。
　作風も他の3人とは異なり，その山水画には太い線皴を使用する。また余白には淡墨を刷いて宋代の現実再現的な空間構成を継承している。『双松図』(台北，故宮博物院蔵)は，1328(泰定5)年の款があり，最も早い時期の作品とされるが，呉鎮原作の模写とする説もある。北宋の李成が創始した平遠山水の構図に倣いながら2本の檜の向こうに広がる空間を描くが，筆法は，五代・北宋の江南山水画の巨匠，董源・巨然のそれを咀嚼したものである。『秋山図』(台北，故宮博物院蔵)は，呉鎮の落款はないが，巨然の絵を臨模していた時期の呉鎮の作品と認められ，呉鎮が古画の学習に相当の熱意をもっていたことを物語る。『漁父図』(台北，故宮博物院蔵)は，月下に舟に乗る隠士とそれ取り囲む山水を表現した1342(至正2)年，63歳の作で，呉鎮様式の完成を示す代表作である。
　　　　　　　　　　　　　　（救仁郷　秀明）

こつ【笏】　→笏

こっか【刻花】　陶磁器の表面装飾技法のひとつで，素地が生乾きのときに，へらで器表に文様を彫って表すこと。文様に向かって斜めに深く彫り込み，文様を浮き上がらせる技法などが青磁や白磁・青白磁でなされ，耀州窯・定窯・龍泉窯・景徳鎮窯などで見られる。刻花は流麗で力強い文様が表されるが，細い線彫で行われる彫りかたは劃花と呼ばれ刻花と区別されている。
　　　　　　　　　　　　　　　（出川　哲朗）

こつてい【曶鼎】　西周後期の青銅器の固有名称。乾隆帝治世(1736〜95)の後期に畢沅が西安付近で得たとされる。その後，器は失われ，銘文の拓本のみが伝わる。銘文は404字で毛公鼎に次ぐ長銘であり，内容は曶への叙任および2件の訴訟事件という3部分から成る。かつて西周期奴隷制の根拠ともされたが，西周後期の社会変革を示す史料としての性格が指摘されている(松丸道雄「西周後期社会にみえる変革の萌芽」『東アジアにおける国家と農民』，1984年)。　　　　　　（角道　亮介）

ごてい【五帝】　中国最初期の伝説上の5人の賢者，首長。数説あり，たとえば『史記』五帝本紀では，黄帝・顓頊・帝嚳・堯・舜。先立つ「三皇」がまったく伝説的な存在であるのに対し，五帝になると互いの親族関係もしるされ，堯，舜については

言行も記録されるなど，伝説から歴史への推移を感じさせる存在である。また全く別の系統の五帝として，天体を神格に見立て，それに方位と五行を当てはめた，蒼帝・赤帝などのセットを指すこともある。　　　　　　　　　　　　　　　　（木島　史雄）

ごていかん【呉廷翰】　1490？～1559（嘉靖38）。明の哲学者。無為（安徽省）の人。字は崧伯，号は蘇原。1521（正徳16）年の進士。主著に『吉斎漫録』『甕記』『櫝記』等があり，いずれも『蘇原先生全集』に収める（現在，『呉廷翰集』〔中華書局〕に収録）。王廷相とともに，明代中期以降に盛んになった気の哲学の初期の学者の一人であり，王廷相の影響を受けている。徹底した気一元論の立場から，朱子学・陽明学を批判した。　（永冨　青地）

こてき【胡適】　1891（光緒17）～1962（民国51）。民国期の学者・思想家。績渓（安徽省）の人。「こせき」とも。原名は洪騂，字は適之。12歳の時，上海に出て西洋の思想や学説に触れ，流行の社会進化論が説く「適者生存」から一字をとって改名した。1910年アメリカに留学し，コロンビア大学のD.デューイのもとで哲学を学び，17年に帰国。同年発表した「文学改良芻議」が文学革命の導火線となり，26歳の若さで北京大学教授に迎えられる。中国哲学史や白話文学史などの分野でプラグマティズム（実用主義）の立場から新しい視点を提示し，また国故整理とよばれる古典文献の科学的研究に先鞭をつけた。政治的にはリベラリズムを堅持し共産主義を批判，また一時蒋介石の独裁にも反対したが，日本の中国侵略が強まるにつれて国民党に接近した。1938年に駐米大使となり，親米派として抗日戦争期の民国外交の一翼を担う。1942年に帰国し，行政院高等顧問に任じる。1945年北京大学学長。1949年アメリカに出国，58年から台湾に居住し，中央研究院院長に就任。台北で病死。主著は『胡適文存』全4巻。　　（村田　雄二郎）

ごど【五度】　5つの長さの単位，すなわち分・寸（10分）・尺（10寸）・丈（10尺）・引（10丈）のこと。『漢書』律暦志によれば，黄鐘の長さ，すなわち十二律の基音にあたる黄鐘の音高を発するピッチパイプ（律管）の長さを9寸とし，それを基準として五度を定める。また標準大の秬黍（くろきび）を度制の補助・媒介に使い，黄鐘の長さを秬黍90粒の合計長と合致させた（秬黍1粒＝分）。近代前においては大枠，上の劉歆の黄鐘秬黍説に従って度の制度を構築した。　　　　　　　　（川原　秀城）

こどう【古銅】　→胡銅

こどう【胡銅】　中国から日本に舶載されたいわゆる唐物の銅器のことをいい，古銅とも書く。室町時代頃の命名で，当時日本にもたらされていた宋・元・明の各種の銅器を総称したもの。唐物及び座敷飾りに関する秘伝を記した『君台観左右帳記』（15世紀）には「胡銅之物」という一項が設けられ，三具足などに胡銅の名物があり，無文のものが大事であると記され（相阿弥系本），銅に少量の金を加えた紫銅（赤銅）などと並んで採り上げられている（能阿弥系本）ように，主に茶席や座敷飾りなどで用いる器物が珍重された。今日でも相当数の遺品が伝存し，中には室町ないし江戸の将軍家や大名家に伝来したという由緒をもつものもあり，茶の湯やいけばなにおいて，なお珍重されている。中国本土では宋・元・明の銅器の遺存例が数少なく，この時期の中国銅器の実態を知るうえでもきわめて貴重な遺品群となっている。　　　　　　　　（松本　伸之）

ごとうう【梧桐雨】　元の戯曲作品。白樸作で，雑劇の形式をとる。白居易『長恨歌』で有名な唐の玄宗と楊貴妃の故事を描くもので，そのあらすじは，『長恨歌』の前半部を敷衍したものといえる。題名も同詩に「秋雨梧桐葉落つる時」とあるのによっている。愛する人を失った皇帝が，皇帝であることも忘れて嘆き悲しむという主題の点で，馬致遠の『漢宮秋』と双璧をなす作品であり，典雅なその歌辞は，雑劇の中でも指折りの名作とされてきた。　　　　　　　　　　　　　　　（赤松　紀彦）

ごとうえげん【五灯会元】　唐・宋代の総合的禅宗通史の書。20巻。1252（淳祐12）年に成り，沈浄明居士が施財し，霊隠寺住持大川普済と石屛盧都寺なる者が賛助し，翌年の1253（宝祐元）年，霊隠寺で刊行された。従来は元の至正本の延俊序によって大川普済の撰とされていたが，1902（光緒28）年に貴池劉氏が宋の初版である宝祐本を影印し，その王楷序によって慧明首坐の編と判明した。日本の伝承によれば慧明は後に松源崇岳下の天童滅翁文礼の法嗣となる雪篷慧明のこと（佐藤秀孝「『五灯会元』編集の一疑点」『印仏研』58号）。

「禅宗五灯録」，即ち『景徳伝灯録』『天聖広灯録』『建中靖国続灯録』『聯灯会要』『嘉泰普灯録』の重複を整理改編したものであるが，慧洪の『林間録』『禅林僧宝伝』等の禅籍からも取られる。過去七仏・西天東土の列祖を経て唐より宋代に至る間の禅師を五家七宗の宗派別に分類し，その伝灯相承の次第と機縁問答を集大成する。あとを承けて『五灯会元補遺』1巻，『五灯会元続略』8巻が編せられ，1693（康熙32）年成立の『五灯全書』120巻となる。
　　　　　　　　　　　　　　　　（西口　芳男）

ごどうげん【呉道玄】

生没年不詳。盛唐を代表する宮廷画家。玄宗の開元年間(713-741)から天宝年間(742-756)に活躍した。陽翟(河南省)の人で、もともと呉道子といい、名の玄を後に玄宗から賜った。はじめ書を張旭と賀知章に学んだが、後に画に転じた。はじめ初唐の韋嗣立の配下で小吏となり、随伴して蜀道の山水を写してから、山水の体を創始し一家を為し、山水の革新運動を始めたともいわれる。その後、玄宗の治下、禁中に招致されて内教博士となり詔によってのみ絵画制作にあたり、官は寧王の友(従五品下)に至った。没年は80歳に近かったという。呉道玄は、長安・洛陽の寺観に図画牆壁300余間を描いたといわれ、およそ人物・仏像・鬼神・禽獣・山水・台殿・草木のあらゆるジャンルに及び、とりわけ仏道の変相図と山水を得意とした。制作にあたっては、必ず酒を用いて精神を高揚させ、筆端に収斂された豪壮な筆捌きの運動が、すばやい簡略体の線描となって抑揚豊かにかつ肥痩を帯び、あふれんばかりの躍動感をともなって画面を覆っていた。生き生きとした気韻が漲り、線描がとぎれても気韻が連続して形を失わないとも評される。その線描は、着色を用いない白描画の伝統にもとづきながら草書の筆法を援用し、線描の可能性を飛躍的に発展させたもので、張僧繇に代表される従来の線描を大きく凌駕した。張彦遠『歴代名画記』も朱景玄『唐朝名画録』も、古今独歩の画聖として最大限の賛辞を惜しまない。晩唐の張彦遠や朱景玄にとって、線描を主体とする呉道玄の画風は、中唐の潑墨山水画に対峙し、画の六法の議論における正統性と保守性を有したが、大道芸と見まがうようなパフォーマンスとして観衆の目前で実践された数々の制作は、視点を変えれば、呉道玄が中唐の潑墨画家たちに共通する革新性を先取りし、また画の六法の第一に挙げられる気韻生動の議論における気韻の所在を、描く対象から画家自身の内面へと変化させる先導役を果たしたことを意味する。呉道玄の遺作は知られていないが、歴史上、もっとも重要な画家の一人である。

(井手 誠之輔)

ことうはい【虎頭牌】

元の雑劇。作者李直夫は女真人。元帥山寿馬は、育ての親である叔父銀住馬の軍律上の罪を容赦なく追及して杖刑に処するが、その後羊と酒を持って見舞いに訪れ、軍令上致し方ないことであったとわびて和解する。虎頭牌とは、元帥の身分証であり、軍令の象徴である。元来は金の太祖の故事であったものらしい。女真族の生活のにおいにあふれ、音楽面でも「十七換頭」と呼ばれる女真系の曲を使用するなど、独特の雰囲気を持っている。

(小松 謙)

ことうりょういせき【虎頭梁遺跡】

泥河湾盆地東部の河北省陽原県虎頭梁村にある後期旧石器時代の遺跡群。同村を流れる桑乾河の第二河岸段丘上にあり、華北地方を代表する細石刃技術の段階の遺跡群である。1965~74年に中国科学院古脊椎動物古人類研究所が発見、発掘し、炉跡や骨製・貝製・ダチョウ卵殻製の装身具、赤色顔料のベンガラとともに削片系楔形細石刃核、エンドスクレイパー、彫刻刀形石器などが発見されたが、石刃技術は見られない。河北省文物研究所も1995~98年に于家溝地点を発掘し、土器片を発見したが、地層に攪乱部分があることから、細石刃と土器が同一時期であるとする評価は慎重を要する。文献に蓋培ほか「虎頭梁旧石器時代晩期遺址的発現」(『古脊椎動物与古人類』1977-1)がある。

(佐川 正敏)

ごとく【五徳】

王朝の交替を説明するための概念。王朝が興る際に天より受ける五行(土・木・金・火・水)の徳を五徳といい、五徳の推移によって王朝の交替を説明する理論を五徳終始説という。もと戦国の鄒衍の首唱に係り、五行相勝(相剋)の原理により黄帝(あるいは虞)・夏・殷・周をそれぞれ土・木・金・火の徳に当て、これを継ぐ水徳の王朝の興起を予言したもの。各王朝はその徳に応じた符瑞(きざし)を得、その徳に見合った制度を定めるとされた。秦始皇帝はこの説を受け入れ、自ら水徳をもって任じ、色は黒を尚び、数は6を単位とするなど種々の改制を行った。前漢初、秦を正統な王朝と認めず、漢こそが水徳を得たとする張蒼らと、秦の水徳の後を承けて漢は再び土徳となるとする賈誼・公孫臣らが対立し、前者が優勢であったが、武帝期に漢の土徳たることが公認され、改制が実施された。他方、前漢末の劉向・劉歆父子は、五行相生説に依拠し、古史系統を整理して、伏羲の木徳に始まる五徳の循環の系譜を完成させた。これによれば漢は火徳となる。莽新以降はこの考え方が支配的となった。

(内山 直樹)

ことくき【顧徳輝】

1310(至大3)~69(洪武2)。元時代後期の文人・収蔵家・画家。崑山(江蘇省)の人。名はまた阿瑛とも。字は仲瑛、号は玉山樵者・金粟道人など。彼が崑山に営んだ玉山草堂は当時の江南文壇の中心的なサロンであり、張雨・楊維楨・倪瓚・趙原をはじめとする多くの文人たちが集った。

自ら山水画なども手掛けたが、むしろ、文人たちのパトロンであり収蔵家としても知られる。元末の大乱で玉山の亭館のほとんどが毀されたため、嘉興(浙江省)の合渓に別荘を営んで隠居した。晩年移住させられた臨濠(安徽省)で没した。著に『玉山逸稿』

『玉山璞稿』などがある。明史285　　（板倉　聖哲）

ごとべいどう【五斗米道】　→天師道

こなんがくは【湖南学派】　南宋の胡安国及び子の胡寅・胡宏，胡宏の有力な門弟である張栻を代表とする学派。主に衡山(湖南省)の麓で講学活動を行っていたことから湖南学派と呼ばれる。中国では一般に湖湘学派という。胡安国は程子(程顥・程頤)に私淑したことから，その系譜を承ける。『春秋胡氏伝』に代表される義理を重んじた史学，性を形而上の本体であり，形而下の相対的な善悪を超越するものとする一種の性無善悪説，心に現れた天理の端緒を把持・拡充する察識端倪説を唱える。朱子の思想にも影響を与えた。　　（恩田　裕正）

ごは【呉派】(考証学)　皖派と対し，清朝中期の古典学研究における二大学派の内の一方。呉は呉県(江蘇省)。この学派の中心的な存在である恵棟が呉県の人であり，その直接の啓発を受けて師事した余蕭客・江声も同じ呉県の人である。六朝以後の忘却・歪曲前の純粋な中国文明の精髄を伝える漢代の学術を丁寧に腑分けして復元するというのがその学風の基本である。嘉定(上海市)出身の銭大昕・王鳴盛，揚州出身の汪中などもその内に数えられる。　　（木下　鉄矢）

ごは【呉派】(絵画)　明時代，蘇州(江蘇省)を中心に活躍した沈周を祖とする文人画家たちを指す。文徵明・陳淳・陸治・文伯仁・文嘉らを輩出し隆盛した。彼らの古典は元末四大家である。何良俊・高濂ら文人批評家たちが，粗放な画風となった浙派を「狂態邪学」として攻撃し，呉派を擁護したこともあり，嘉靖(1522-66)以後，絵画史の主流となり，蘇州以外の地方にも浸透していった。　　（板倉　聖哲）

ごは【呉派】(篆刻)　清末〜民国の書画篆刻家である呉昌碩の篆刻における門流をいう。直接指導を受けた方鎬(字は仰之)・徐新周(字は星州，また星舟)・趙石(号は古泥)・陳衡恪(字は師曾)・呉涵(号は臧龕)・銭崖(号は瘦鉄)・王賢(号は个簃)らがあげられる。呉涵は呉昌碩の次子である。彼らの呉昌碩への関わり方は様々であるが，いずれもその篆刻技法を受け継いでいる。しかし，呉昌碩を上回る評価を与えられた者はない。方鎬・徐新周・呉涵らは，一時期呉昌碩の篆刻の代作を行っていたという。　　（小西　憲一）

ごばい【呉梅】　1884(光緒10)〜1939(民国28)。民国の戯曲研究家・戯曲作家。長洲(江蘇省)の人。字は瞿安，霜厓と号した。北京大学や現在の南京大学の前身にあたる中央大学の教授を歴任した。とりわけ戯曲の制作理論の方面での研究にすぐれ，その著書に，『南北詞譜』『顧曲塵談』『曲学通論』などがある。また実作においても，瞿起田を主人公に，清朝への抵抗を描いた『風洞山』ほかいくつもの作品を残している。　　（赤松　紀彦）

ごばいそん【呉梅村】　→呉偉業

こはくどうでんき【古柏堂伝奇】　清の戯曲集。原名は『灯月閑情』。1748(乾隆13)年から54(同19)年の間の作。唐英(1682〜1755？)の雑劇13篇，伝奇4篇を収める。このうち『天縁債』『面缸笑』『梅龍鎮』『巧換縁』『双釘案』の5篇は，地方劇の一種である梆子腔系音楽に合わせて作られた既存の戯曲を崑腔腔系に改編したもの。この他に『旗亭飲』『野慶』の作もあったが伝わらない。唐英は奉天(遼寧省)の人で，字は俊公，また叔子。号は蝸寄居士，また陶人。漢軍正白旗に属し，窯務関係の役職が長く，彼が督造した磁器は「唐窯」と称される。　　（根ヶ山　徹）

ごひゃくらかんず【五百羅漢図】　500人の羅漢を描く仏教画題。『増一阿含経』巻42，『十誦律』巻48，『五分律』巻30などに，釈迦在世中に500人の羅漢が随従した，或いは仏滅後の第1結集に集まったなどと説かれる。唐末の天台山(浙江省)において信仰が高まり，現存作例では南宋時代の1178(淳熙5)年から10年余りかけて制作された林庭珪・周季常による100幅(現存94幅，うち大徳寺に82幅，ボストン美術館10幅，フリア美術館2幅)が著名である。明清画でも，呉彬の画巻(クリーブランド美術館蔵)，丁雲鵬・盛茂燁合作の連幅(京都国立博物館等に分蔵)などの例がある。

また，玄奘訳『法住記』にもとづく十六羅漢図や，さらに2人を加えた十八羅漢図も描かれ，北宋に遡る古例に『十六羅漢図』(京都，清凉寺)がある。　　（竹浪　遠）

ごひん【呉彬】　生没年不詳。明の画家。万暦(1573-1620)〜天啓(1621-27)年間に活躍。字は文中。号は枝隠生。莆田(福建省)の人で，はじめは同地方で画を学んだと考えられるが，1600(万暦28)年前後に金陵(南京)に移り，郊外の棲霞寺の枝隠庵に住し，売画によって生活した。その後，画技が認められて宮中に出仕し，中書舎人，工部主事となった。しかし，天啓年間に，宦官魏忠賢の専横を批判し逮捕・免職され，ほどなくして没したとみられ

る。

山水画は，当時見直されつつあった北宋の大観的な空間構成を摂取し，それを極度に誇張・変形させた怪異な画風を創出した。米万鍾と親しく，彼が愛蔵していた奇石を写生したことも，山容表現に影響したと言われる。また，万暦帝の勅許を得て西蜀（四川省）へ行き，剣門・岷峨などの名峰を見て以後，ますます奇異になったとも伝えられている。道釈人物画も善くし，肥痩のない線描がうねる奇古な表現を得意として，丁雲鵬と並び称された。明末に現れた個性派・奇想派の代表的な一人である。

代表作に『渓山絶塵図』（個人蔵），『歳華紀勝図冊』（台北，故宮博物院蔵），『仏涅槃図』（長崎，崇福寺蔵），『楞厳廿五円通仏像図冊』（台北，故宮博物院蔵），『五百羅漢図巻』（クリーブランド美術館蔵）などがある。　　　　　　　　　　　　　　（竹浪　遠）

こふ【古賦】　賦の一体。賦の全盛期である前漢・後漢の賦のうち，楚辞の流れをくむ叙情的な騒体の賦から発展した，叙事的な，散文的な要素をまじえた賦を主に指していう。前漢の枚乗に始まり，司馬相如にいたって，そのスタイルが完成した。主要な作者は，前漢では揚雄，後漢では班固・張衡などがいる。多彩豊富なことばを敷き列ねる舗陳の表現法と，漢王朝の盛運を讃美するものや，風諫の意をこめた内容が特徴。

また，唐・宋の古文運動を受けて，古文のような自由な形式で書かれた賦も古賦とよぶことがある。
　　　　　　　　　　　　　　　　　　（森田　浩一）

こふう【古風】　李白の「古風五十九首」に代表される詩の一形式。中国の詩人には，古代の風格にあこがれる意識が強く，漢代の「古詩十九首」のような一連の詠懐組詩を古風と表現したものであろう。古風は，もともと古代を尊ぶ気風を表す語だが，律詩や絶句などの近体詩が形成される以前は，『楚辞』体以外の詩の体裁をすべて古風または古詩と称した。しかし唐代以後になると，近体詩と区別して古体（古詩）というのが普通となる。
　　　　　　　　　　　　　　　　　　（筧　久美子）

こふく【胡服】　漢代以前の胡は『周礼』考工記注に「鄭司農云う，胡は今の匈奴」とみえるように専ら匈奴の称であり，従って胡服という語も匈奴の衣服を意味していた。しかし，後には塞外民族の汎称となり，胡服の意味もこれに伴って拡大し，中国の西方・北方諸民族の衣服の称となった。

胡服を漢民族の間に取り入れたのは，戦国時代の趙の武霊王（在位前325〜前299）であるとされている。『史記』趙世家によれば，匈奴の侵略に悩まされていた武霊王は，機能的な胡服に目をつけ，周囲の反対を押し切って胡服と騎射の戦法を採用した。この時武霊王が採り入れた胡服の中心は，騎馬に便利な袴と靴（長クツ）であったと思われる。その後この胡服の袴と靴は，漢民族の間にも浸透し，中国人の重要な下半身衣と履物になっていったのである。また，武冠等の冠に貂尾や鳥尾を挿すことや，具帯（止め金具のついた装飾のある帯）も全て武霊王の採用とされているが，その真偽の程は定かではない。

後漢になると，新たな胡服として袴褶の名称がみられるようになる。主として軍服として着用されたものであり，褶は丈の短い上衣と考えられ，常に袴とともに着用されたので袴褶と称された。この袴褶もその後漢族の間に定着し，唐代には朔望（1日と15日）の朝参服にもなった。

その後，唐代には，胡服が流行した。長安等の諸都市は，西はペルシア・アラビア等，東は日本・新羅等，そして南はインド・ビルマ等，北はウイグル・突厥等から朝貢使や商人が集まり，国際都市の様相を呈していた。特に西域の商胡は，長安や広州に「胡店」を出して商いをした。玄宗皇帝は胡旋舞を愛好し，民間では胡楽・胡騰舞（胡児の歌舞）・胡姫や胡帽・胡服・胡食がもてはやされた。この時に流行した胡服は窄袖窄衣裳であり，身にぴったりとした袍がその主流で，襟を折り返して着用した。本来の胡服は左袵であるが，彼らの胡服は右袵が一般的である。女性も男性と同様に窄袖の胡服を着て靴を履き，乗馬を楽しんだ。女性の袍には襟や袖口・袵に錦や刺繍の縁飾の付くものもみられた。頭には，これまでかぶっていた帷帽に代えて，胡帽をかぶった。この胡服の窄袖窄衣裳の流行は，一般の女性達の衣裳にも影響を与え，伝統的な大袖衣・大裙の組み合わせを捨て，窄袖の襦と窄裙を好んだ。化粧も軽快な胡服に合わせて薄化粧が流行し，髪形もウイグル髻等がもてはやされた。

この唐代における胡服の流行は，安史の乱で更に勢いが盛んとなったが，乱の鎮火とともに次第に下火となっていった。窄袖窄衣裳も流行遅れとなり，9世紀になると従来の寛闊な衣裳にもどっていった。
　　　　　　　　　　　　　　　　　　（増田　美子）

ごふく【五服】　儒教の礼に規定された5種類の喪服（衰服）。親しい人を失って日常の衣服を着るにしのびない心情を表現するものとされた。死者との関係に応じて服喪の期間が異なり，それぞれ違った喪服を着る。すなわち，斬衰は「ふち縫いをしない上着」の意味で，父・君主・夫への3年間の服喪に着用する。斉衰は「ふち縫いした上着」の意味で，母・祖父母・兄弟・妻などへの服喪。斉衰の服

喪期間は1年が普通だが，父が先に没していて母を失った時は3年，曾祖父母には5か月，高祖父母には3か月の服喪期間となる。大功は「目のあらい布（で織った上下の衣服）」の意味で従兄弟などへの9か月の服喪。小功は「目の細かい布（で織った上下の衣服）」の意味で再従兄弟（曾祖父が共通な関係）などへの5か月の服喪。緦麻は「細い麻糸」の意味で，再々従兄弟（高祖父が共通な関係）などへの3か月の服喪である。 (小島　毅)

ごぶろくさつ【五部六冊】　羅清（または羅静，羅祖）によって著述された羅教の経典の総称。『苦功悟道巻』1冊・『嘆世無為巻』1冊・『破邪顕証鑰匙巻』2冊・『正信除疑無修証自在巻』1冊・『巍々不動泰山結果宝巻』1冊から成る。羅清の悟道に至る精神的遍歴や本来真空の無極に帰還することを説く。宋儒以来の宇宙生成論を自己の教理に適応し，宇宙の主宰者である無極聖祖による無極への還元の思想は，部分的に後発の民間宗教結社に継承され，その経典に翻案・流用され，やがて「真空家郷無生老母」という八字真言を生み出した。原刊は1509（正徳4）年とされているが，すべてが同一年に刊行されたとはいえない。現在，羅清の嫡孫羅文挙が校正した重刊本など8種が知られ，また弟子の蘭風などによって1596（万暦24）年に完成した注釈書『開心法要』がある。思想的には，臨済系頓悟禅の系統を引き，唱導に適した語句を重ねる文体構成をもつ。 (野口　鐵郎)

こぶん【古文（書体）】　書体名。小篆以前の古文字の総称。狭義には，新の王莽の六書の一つで，壁中書の文字を指す。壁中書の文字は，当時通行の隷書とは異なる古体字であったため，隷書の今文に対して古文と呼ばれた。後漢の許慎『説文解字』に掲出された古文500余字は，壁中書に基づく。『説文解字』叙は，周の宣王の太史籀が『大篆』（『史籀篇』）15篇を著すに及んで大篆（籀文）とそれ以前の古文との間に部分的な異同が生じたと述べ，古文を大篆以前の文字として位置付けている。これに対し，王国維「戦国時秦用籀文六国用古文説」（『観堂集林』7）は，両者の異同は時代差ではなく地域差によるもので，戦国時代の西方の秦の文字が籀文，東方の六国の文字が古文であると説いた。この見解は部分的に反論も提出されているが，古文が戦国文字と密接な関連を有する点については，その後出土した古文字資料からも裏付けられ，定説となっている。 (福田　哲之)

こぶん【古文（文体）】　中国文言の散文文体の一つ。唐の韓愈・柳宗元らによって確立され，北宋の欧陽脩をはじめとする文章家が現れて以後，文学革命に至るまで文言散文の標準的文体であった。六朝時代を中心に盛行した駢文に対して，秦漢の古代の文章への復帰を標榜した文体であったので古文と呼ばれる。後世の文学史では唐から北宋期の古文復興の動きを古文運動と称する。古文の形式的特徴としては，駢文が形式に流れ，陳腐な表現に陥りがちであった弊害を克服し，形式的束縛を脱し，自由な句作りと新しい語句の使用などを旨としたことなどが挙げられる。ただし，それは駢文の否定ではなく，駢文の表現手法を昇華したうえでの新しい表現であった。この新しい文体の出現は，中唐から本格的に胎動し始めた大きな精神史的動き，とりわけ儒学の革新と深い関係がある。古文家は文章を儒学の「道」を表現すべきものとし，古代儒学の「道」を創造的に再発見しようとした。それは次の宋代の理学へとつながるものであり，宋以降に古文が標準的文体となるのも理由のあることと考えられる。 (副島　一郎)

ごぶんえい【呉文英】　1212（嘉定5）？～74（咸淳10）？。南宋の詞人。四明（浙江省）の人。字は君特。夢窓・覚翁と号した。官途につかず，高官・名士の保護を受ける職業文人として生活した。修辞・声律に工夫をこらし，唯美的で密度の高い詞を作った。比喩や暗示が多く，必ずしもわかりやすくはないが，各字句が有機的に関連しており，それらの連鎖によって独特の情感が立ちのぼるところに特色があると言えよう。周邦彦──姜夔の詞風をさらに突きつめた詞人と言える。詞集『夢窓詞』がある。現存詞数340首。 (宇野　直人)

こぶんえん【古文苑】　前722年（東周）から502年（南朝斉）までの詩賦雑文を集めた総集。編者未詳。収められた260余篇は史伝また『文選』には見えず，唐以前に散逸した詩文を伝える資料として価値がある。今伝わるのは2種あり，南宋の1179（淳熙6）年韓言吉編の9巻本（文体による排列），及び1232（紹定5）年に章樵が校補注釈を施した21巻本で，各巻を20の文体に分類し第21巻は付録。9巻本は『岱南閣叢書』（清の孫星衍が宋本を翻刻），『守山閣叢書』（清の銭煕祚の校勘記1巻を付す），21巻本は『四部叢刊』集部等に収録。また孫星衍に『続古文苑』（『平津館叢書』所収）がある。 (西村　富美子)

こぶんがく【古文学】　清の道光年間（1821-50）に今文学という学問枠組みが作られた際，それが克服するべき対象として設定した学問枠組みの名称。もともと秦以前の古い文字（古文）で書かれた

テキストは前漢半ば以降に出現し，当時通行の隷書体(今文)で書かれた経書に対し古文の経と呼ばれて研究されていた。『周礼』と『左伝』が古文で書かれた主要な経書であったが，古文学という学問枠組みは存在しなかった。道光以来，乾隆・嘉慶年間(1736-1820)に最盛を迎えた漢学(考証学)を後漢の学問を継承した古文学と貶視し，実際政治への応用をたっとぶ観点から批判的に見る風(今文学)が生じたが，古文学の内包は曖昧だった。清末に康有為などの今文公羊学派が新政の主導理論を提唱するに及んで，辛亥革命の理論家章炳麟は反康有為・反公羊学の立場から論を張った。この新たな段階のイデオロギー対立は今文学・古文学の対立図式に流し込まれ，学術上の対立として民国に持ち越されただけでなく，その後の学術界にその対立図形にもとづいた漢代経学認識を定着させる結果をもたらした。

(関口 順)

こぶんかんけん【古文関鍵】
南宋に編纂された古文の選集。2巻。呂祖謙の編。唐の韓愈・柳宗元，北宋の欧陽脩・曾鞏・蘇洵・蘇軾・蘇轍・張耒8人の文章60余篇を収める。巻頭には，「総論看文字法」「論作文法」という簡単な文体論・文章論があり，作家の文体について述べ，本文には評点・注釈が施されて，文章の構造や意味が説明されている。初学者のための古文入門書である。「関鍵」は，かんぬきと錠で，肝心な部分を意味する。

(高津 孝)

こぶんかんし【古文観止】
清朝に編纂された古文(散文)の選集。12巻。呉乗権・呉大職の編。1695(康熙34)年刊行。先秦から明末まで222篇の文章を収める。先秦では，『左伝』を中心に，『国語』『公羊伝』『礼記』『戦国策』等から文章を選び，秦漢では，『史記』を中心として，賈誼や鼂錯の政治論を選び，秦からは李斯の文章を選んでいる。六朝では，駢文も数篇選ばれており，唐代では，韓愈・柳宗元を中心とし，宋代では欧陽脩・蘇軾を中心に，范仲淹・王安石・蘇洵・蘇轍・曾鞏などの文章を加えている。元代からは選ばれず，明代は，宋濂・劉基・帰有光・袁宏道など12人の文章18篇が選ばれている。選ばれた文章は，古文を中心とするが，駢文も選ばれており，各時代を代表する作品が揃っている。通俗書ではあるが，清朝では広く流通した。「観止」は，『左伝』の言葉に基づき，美しく素晴らしいものは全て見たので，これ以上見る必要は無いということを意味する。

(高津 孝)

こぶんじ【古文辞】
明の弘治〜嘉靖年間(1488-1566)前後に文壇を席巻した，前後七子(特に李攀龍・王世貞)ら擬古主義者たちの掲げた理想的文章。彼らは宋学や台閣体・八股文の影響を排し，文は『史記』などの前漢以前，詩は杜甫などの盛唐のものを推重し，これを規範として実作を行った。しかし，唐宋期の古文すら本当の古文ではないとする極端な形式主義に陥り，結局は字句や句法の上での空虚な模擬，剽窃に終わった。「古文辞」は本来，七子の対立者帰有光も「余 古文辞を好む」と言うように，古人の優れた散文体の文章ほどの意味であるが，文学史的には七子らが崇重模倣したものを特に「古文辞」と言い，その一派を「古文辞(学)派」と呼ぶ(但し中国では「擬古派」「秦漢派」などの呼称の方が一般的である)。日本では荻生徂徠がこれにならい，それを経書などの先秦古典の解釈に応用していわゆる享保学へと発展させ，太宰春台・服部南郭がその流れを継いだ。

(田口 一郎)

こぶんしょうしょせんい【古文尚書撰異】
『古文尚書』の文字を是正した書。33巻。清の段玉裁の著。東晋の梅賾が献じた『古文尚書』が偽書であることを論証した清初の閻若璩『尚書古文疏証』の後を承けて作られ，偽古文25篇を除く31篇と「書序」について，『古文尚書』と『今文尚書』の文字の異同を明らかにする。書名は『後漢書』賈逵伝に，「逵は数しば帝の為に古文尚書の，経伝・爾雅の詁訓と相応ずることを言う。詔して欧陽・大小夏侯の尚書の古文の同異を撰せしむ」とあるのに基づく。漢代の学者を，今文を治めた人々(伏生・司馬遷・董仲舒・劉向・揚雄・班固など)と古文を治めた人々(孔安国・劉歆・賈逵・馬融・鄭玄・許慎・韋昭・虞翻など)にグループ分けした上で，双方の著作を対照する手法を取る。ただし「馬班の書は全く欧陽・夏侯の字句を用い，馬氏に偶たま古文の説有るのみ」という前提に対しては，銭大昕が「段若膺に与えて尚書を論ずるの書」において異議を唱えている。

(井波 陵一)

こぶんじるいさん【古文辞類纂】
歴代散文の選集。74巻。清の姚鼐の編。清代の散文では，方苞を始祖とする桐城派の影響が最も大きく，姚鼐の時に最盛期を迎えた。桐城派は『左伝』『史記』および唐宋八大家の古文を学んで，「義理」「考拠」「文章」の3者を融合することを提唱し，「雅潔」な措辞を要求した。復古主義と形式主義の傾向が比較的強い。『古文辞類纂』は，模範とすべき文章を13の文体(論弁・序跋・奏議・書説・贈序・詔令・伝状・碑志・雑記・箴銘・頌賛・辞賦・哀祭)に分けて選録した上で，姚鼐が評釈や圏点を施しており，総数は700篇を超える。1779(乾隆44)年に完成し

た後，繰り返し刊行された。巻首の「序目」では各種の文体に対して簡潔な定義を与える。後に*王先謙が『続古文辞類纂』34巻を，同じく黎庶昌も『続古文辞類纂』28巻を編纂した。いずれも『古文辞類纂』を承けて，清中葉以後の散文を選録する。　　　　　　　　　　　　　　　（井波 陵一）

こぶんしんぽう【古文真宝】　南宋末元初に編集された詩文集。前集10巻，後集10巻。黄堅の編。前集は，最初に北宋の真宗皇帝勧学詩をはじめとする8首の勧学の詩文を収め，以下，五言古風短篇・五言古風長短篇・七言古風短篇・七言古風長篇・長短句・歌類・行類・吟類・引類・曲類の10に分かち，前漢から南宋までの詩を収録する。後集は，全体を辞類・賦類・説類・解類・序類・記類・箴類・銘類・文類・頌類・伝類・碑類・弁類・表類・原類・論類・書類の17に分かち，戦国時代から北宋までの文章を収める。本書は初学者のための詩文入門書で，科挙の受験参考書である。巻頭の真宗皇帝勧学詩の「家を富まさんとならば良田を買うを用いず，書中自ずから千鍾の粟有り」に，本書の意図はよく表れている。編者は，明の弘治刊本の青黎斎の序によって，永陽（江蘇省）の人であると分かる。日本では，室町時代に伝来して広く通行し，多くの刊本，注釈書がある。　　（高津 孝）

こぶんりゅうこきょう【古文龍虎経】　古代の煉丹術の書。彭暁の『*周易参同契分章通真義』序によると，魏伯陽は『古文龍虎経』を得て，その妙旨にもとづいて『周易参同契』を著したという。現存するのは，宋人（名は不詳）撰『古文龍虎上経註』，南宋の王道撰『古文龍虎経註疏』，明の彭好古『金碧古文龍虎上経玄解』である。しかし，南宋の朱子，宋末元初の兪琰，清の恵棟らは，その伝承の偽りを指摘しており，近年では王明が，『古文龍虎経』は『雲笈七籤』所収の『金丹金碧潜通訣』を改名したものにほかならず，改名の時期は唐末五代であろうという。なお，その作者は，南宋の董思靖『道徳真経集解』序説の小字注に「唐　元陽子　金碧潜通訣」とあるので，唐代の元陽子と推定できるが，姓氏・生没年は不詳。内容については，王道が『*参同契』にもとづいて本書の主旨を理解したとのべているように，鉛と汞（水銀）を中心とする外丹の原理を説いたものであることは『参同契』と同様である。ただ，彭好古だけは内丹説によって解釈している。　　　　　（坂出 祥伸）

こへい【胡瓶】　西方様式の影響を受けて制作された瓶をいう。胴の形は一般的な瓶と大差ないものの，器の口ないし首の部分に鳳凰の頭がかたどられるのが通例であることから，鳳首壺あるいは鳳首瓶などとも呼ばれる。把手が備わるものと，無いものとの両様がある。隋・唐に多数の作例があり，ペルシャの銀器に源流があると推測されるが，現存する作例は，ほとんどが陶磁製で，稀に，正倉院宝物の漆胡瓶のような漆製や金属製のものもみられる。　　　　　　　　　　　　　　　（松本 伸之）

ごへい【呉炳】　？〜1647（永暦元）？。明末の劇作家。宜興（江蘇省）の人。字は石渠，号は粲花主人。1619（万暦47）年の進士で，江西提学副使となり，南明の永暦帝の時に兵部右侍郎戸部尚書兼東閣大学士に任じられたが，清軍に捕らえられ，衡州（湖南省）で絶食自害した。伝奇に『緑牡丹』『療妬羹』『画中人』『西園記』『情郵記』があり，「粲花別墅五種」，あるいは「石渠五種曲」と総称される。また『清忠譜』は，1626（天啓6）年，魏忠賢による東林党の周順昌逮捕に抗議した蘇州の生員・庶民による大規模な民変である「開読の変」に取材した伝奇。明史279　　　　　　　　　（根ヶ山 徹）

こへいぶん【胡炳文】　1250（淳祐10）〜1333（元統元）。元の儒学者。婺源県（江西省）の人。字は仲虎，号は雲峰。学校や書院の教育職を歴任した。南宋の趙順孫『四書纂疏』，呉真子『四書集成』に基づいて修訂増補し，四書学説の集成書としては元代の有数の書である『四書通』を著した。ほかに『周易本義通釈』『純正蒙求』『雲峰集』がある。元史189　　　　　　　　　　　　　　（佐野 公治）

こぼう【胡帽】　唐代に*胡服・胡楽・胡舞・胡食等とともに流行した中国の西方・北方諸民族の帽子。男女ともかぶった。その形態は，ペルシアを始めとしてソグド地方の人々のかぶっていた渾脱帽（胡公帽とも。頂の尖った帽）形のものが多かった。しかし胡帽は，形よりもむしろその材質に特徴があり，主として毛皮・毛織物製等のもので，毛織物製のものは氈帽とも称された。　　　（増田 美子）

ごほうげんおん【五方元音】　明末清初の北方官話を反映すると考えられる民間韻書。堯山（河北省）の人，樊騰鳳著。『元韻譜』などの影響を受けた音系の特徴を有し，韻母12類，声母20類に分かつ。後に，漢軍鑲旗（遼寧省）の年希堯により改訂が加えられ，『新纂五方元音』として，清代を通じて，極めて広く民間に流布した。年の改訂は，字数の増加のみならず音系の枠組みなどにも及び，特に入声の分属などに大きな懸隔が見られ，樊の原型を忠実に写すとは見なし難い。　　　　　（木津 祐子）

ごほうにねんこくせき【五鳳二年刻石】

前漢の刻石。別名，魯孝王刻石。隷書。石は 45cm×70cm，13字を3行に刻す。金の1191(明昌2)年に，曲阜の文廟を修理した時，霊光殿旧跡付近の太子釣魚池から発見された。碑側に金の高徳裔が跋文を加え，刻石を得た顛末を記した。現在は曲阜の文廟にある。石の前面に「五鳳二年，魯卅四年六月四日成」と刻されており前漢の五鳳2(前56)年，孝王が魯を治めていた魯34年の立碑であることから「魯孝王刻石」とも呼ばれる。従来，その書体は篆書から隷書への過渡期にあたると言われたが，前漢の文字資料が多数出土することにより，現在は居延漢簡などに見られる当時の実用書体をわずかに整えた書きぶりであると考えられている。

(池田 利広)

ごほうろん【護法論】

北宋代の仏教書。1巻。1110(大観4)年に発表されたという。張商英の著作。『大正大蔵経』第52巻に収められる。当時流行していた韓愈や欧陽脩などの儒学者の排仏論に対して，儒・仏二教の典籍をあげ，仏教を十分に理解せずに排斥することは妥当でないと反論。また道教の典籍についても言及し，仏教は中国文化と相容れないものではなく，中国の思想に有益で，むしろ儒教・仏教・道教の三教は鼎立すべきであると論じている。

(桂華 淳祥)

こやおう【顧野王】

518(天監17)～581(太建13)。南朝梁～陳の学者。呉郡呉(江蘇省)の人。顧が姓，野王は名。字は希馮。天文地理・亀甲占術・文字に通じ，梁の538(大同4)年，太学博士。陳朝では金威将軍，撰史学士，招遠将軍，鄱陽王諮議参軍，国子博士，東宮管記，太子率更令，東宮通事舎人，黄門侍郎，光禄卿，知五礼事を歴任した。太建13年，63歳で没した。秘書監，のち584(至徳2)年には右衛将軍が贈られた。主な著作に『玉篇』30巻，『輿地志』30巻，『符瑞図』10巻，『顧氏譜伝』10巻，『分野枢要』1巻，『続洞冥紀』1巻，『玄象表』1巻。また『文集』20巻があったという。陳書30，南史69

(木田 章義)

こようげん【古謡諺】

上古から明までの民間に流行した唱えごとや短いうた(謡)，ことわざ(諺)を集めた書。全100巻。清の後期，秀水(浙江省)の人，杜文瀾編著。史書や随筆などから広く謡・諺を収集し，歌の生まれた背景を引用・注記して出典を記した，類書中最も完備したもの。配列は出典となる書物の四部分類の順により，巻86以下は補編である。歴史の表舞台に現れにくい人々の世界をうかがうことができるという意味でも，有用な書である。

(松家 裕子)

ごよく【呉棫】

?～1154(紹興24)。南宋の学者。建安(福建省)の人。字は才老。1124(宣和6)年の進士で，大常丞，泉州通判を歴任。学者としての業績は，古人は押韻の規範が緩やかであったと考え，古音通転説を唱えたことにある。その著作『韻補』は後世の古音学の出発点となった。他に『毛詩叶音補音』『楚辞釈音』があったというが，伝わらない。

(高田 時雄)

ごよひつ【呉与弼】

1391(洪武24)～1469(成化5)。明初の朱子学者。崇仁(江西省)の人。字は子傅，号は康斎。陳献章(号は白沙)・婁諒(号は一斎)・胡居仁(号は敬斎)ら，次世代を担う思想家群をその学統から輩出した点，朱子学の修養を徹底的に追求し，王陽明の心学を準備した点で，重要な位置を占める。黄宗羲の『明儒学案』は彼の学派を冒頭に置く。主著として，日々の求道精進の記録『康斎先生日録』がある。明史282

(前川 亨)

ごりゅうせんせいでん【五柳先生伝】

東晋の伝記。陶淵明著。出身地も姓名も不詳の先生が，家のそばに五本の柳があったので，五柳と号したという書き出しで始まる，総計百数十字のきわめて短い伝記で，最後に韻文で要約した賛を付す。物静かで栄誉や利益を慕わず，生来酒が好きだったが家が貧しくていつも手に入るわけではなく，見かねた友人たちが酒席を設けるとそれに応じたが，酔っぱらうとさっさと引き揚げた。衣食住いずれにおいても貧困を窮めたが平然として，詩文を著すのを楽しみとし，世間の損得を気にかけることなくひとりで死んだ，という人物像が，著者の淵明を彷彿とさせ，ために当時の人は実録と思った。一種の自伝であるが，仮構された短い文で，当時の隠者の伝記をまねて出自や姓名を故意に明らかにせず，「不」を頻用して打ち消す形で人物像を描出するなど，自伝としては異色の存在である。制作時期については諸説あるが，比較的若い頃の作とするのが有力で，とすれば五柳先生は著者の理想像といえる。唐の王績「五斗先生伝」，白居易「酔吟先生伝」はこの影響下に書かれた。

(釜谷 武志)

ごりゅうは【伍柳派】

内丹学の系譜の呼称。伍は明末の内丹家伍守陽を，柳は清朝中期の内丹家である柳華陽を指す。両者を一派と見なす観点から想定された名称といえる。1897(光緒23)年頃に2人の主著をまとめた『伍柳仙宗』が刊行されている。但し，柳の著作は内容上は伍の教説をつぶさに踏襲するものだが，年代的には両者が直接面会した

とは考えにくい。又，閔一得『金蓋心灯』巻3では，伍の弟子とされる謝凝素にも『金仙証論』と『慧命経』の著があり，柳の同名の書と大同小異であるとされる等，柳と伍の関係をめぐっては事情が錯綜している。　　　　　　　　　　　（森　由利亜）

ごりょう【五量】　5つの容量単位，すなわち龠・合(2龠)・升(10合)・斗(10升)・斛(10斗)のこと。『漢書』律暦志によれば，黄鐘の龠，すなわち十二律の基音にあたる黄鐘の音高を発するピッチパイプ(律管)の容量を1龠とし，それを基準として五量を定める。また標準大の秬黍(くろきび)を量制の補助・媒介に使い，秬黍1200粒が入る容量で龠を定義した。近代前においては大枠，上の劉歆の黄鐘秬黍説に従って量の制度を構築した。
　　　　　　　　　　　　　　　（川原　秀城）

ごりょうえき【五糧液】　四川省宜賓県産の白酒。紅高粱・糯米・米・小麦・とうもろこしの5種の穀物を原料とするので，この名がある。麹は小麦大麹を用いる。無色でアルコール分は約60％，味は醇厚にして甘美，特に開瓶時の香りの濃密さで知られる。宋代にすでに造られていたという記録があるが，現存する五糧液の最古の老窖(発酵用の穴蔵，発酵中は上に土を被せる)は明代のもの。いつの頃からか伝統が途絶えたが，1951年に生産が再開され，1963年以来国家名酒に選ばれ続けている。　　　　　　　　　　　　　（佐治　俊彦）

ごりん【五倫】　五倫は，特定の人間関係の中で履行されるべき5つの徳目のことである。すなわち，父子の関係には親(親愛)が要求され，君臣には義(正義)，夫婦には別(区別)，長幼には序(序列)，朋友には信(信義)がそれぞれ要求される。その由来として挙げられるのは，『孟子』滕文公篇である(「契を司徒に任じて，人倫を教えさせた。父子に親あり，君臣に義あり，夫婦に別あり，長幼に序あり，朋友に信あり」)。しかし，これらの5つの徳目が「五倫」という名称によって流通し始めたのは明代であり，沈易『五倫詩』，宣宗撰『五倫書』がその嚆矢であるが，いずれも啓蒙のために編まれている。その明代に童蒙教育の手本とされたのが，朱子が編纂した『小学』であり，その内篇の明倫篇において五倫が基礎づけられている。ここからわかるように，五倫は，啓蒙を通じて，ヒエラルキー化された人間関係を範例として受け入れ，さらにはそこで要求される徳目を内面化させる装置である。
　　　　　　　　　　　　　　　（中島　隆博）

ごりん【語林】　東晋の裴啓の著。すぐれた言語応対のエピソードを通じて，漢代から晋代までの人物像の象徴的断面を描く。『世説新語』に先行する志人小説集。『隋書』経籍志に10巻とあるが，亡と注記されている。早く散逸したのは，記事の多くが『世説新語』に吸収されたからであろう。輯本に，魯迅の『古小説鉤沈』本と，これを増補した周楞伽の『裴啓語林』輯注本がある。書名を襲うものに，北宋の王讜『唐語林』，明の何良俊『何氏語林』がある。　　　　　　　　　　　（成瀬　哲生）

ごりんごじょう【五倫五常】　→五常

コルディエ　Henri Cordier　1849～1925。フランスの東洋学者。銀行員の父の赴任先，アメリカのニューオリンズ生まれ。船舶の仕事で上海に7年滞在。帰国後，語学力を生かして東洋語学校(1881年)や政治学院(1886年)の中国語の教師となる。書物や文献収集が得意で，有名な《Bibliotheca Sinica(中国書誌)》(1878年)を編纂し，ジュリアン賞を受賞(1880年)。『中国通史』等の著書がある。オランダの中国学者，G.シュレーゲルと共に『通報』(《Tōng bào》)を発刊(1890年)。中国学の紹介に努めた。　　　　　　　　　（門田　眞知子）

ごれいつうこう【五礼通考】　清の礼学書。262巻。秦蕙田撰。五礼の分類にしたがい，各儀礼ごとに，周以前は経書やその注釈書，秦以降は歴史書から選んだ関連記事を配列してその儀礼の変遷を示し，それぞれに後世の学者によるコメントを付す。編纂作業には戴震らが協力しており，清朝考証学がのこした成果の一つとして礼学研究上は今でも必読の文献。ただし，その内容は経書に由来する朝廷の礼制が中心で，当時盛んだった宗族集団内部の諸儀礼に対するあつかいは小さい。　（小島　毅）

ごれき【呉歴】　1632(崇禎5)～1718(康熙57)。清初の正統派の画家。常熟(江蘇省)の人。字は漁山，号は墨井老人・桃渓居士。清史稿に伝があるが，誤りが多い。詩文や琴など文人としての素養を身につけたが，父を早く失い，画によって母を養った。同年同郷の王翬と同じく，王鑑・王時敏に画を学び，時敏のもとで，所蔵の名画の臨模を行った。30歳前後で母や妻を相次いで失い，虞山興福寺の僧黙容のもと仏門に帰依するが，黙容の死(1672年)後，カトリックに改宗。澳門に行き，さらにローマへ渡ろうとするが果たせず，のち上海で伝道生活を送る。その間絵画からは遠ざかっていたが，70歳頃再び創作を再開した。45歳の『倣趙大年湖天春色図』(1676年，上海博物館蔵)，71歳の『柳村秋思図』(1702年，北京，故宮博物院蔵)は，

ともに趙令穣風の水辺の景をみずみずしく描き，各時期の代表作である。他に『雲白山青図巻』(1668年，台北，故宮博物院蔵)などの青緑山水画や多くの倣古山水画を描いたが，単なる倣古に終わらず，自題と相まって，独自の平明で穏やかな叙情性を示す。著に『桃渓集』『三巴集』『墨井画跋』がある。清史稿504　　　　　　　　　　(宮崎 法子)

ごろく【語録】　禅僧や儒者の説法や問答を記録した著作。唐末・五代から宋にかけて盛んに作られるようになった。話し手の語気を生かした口語表現を努めて忠実に筆録するところに，文体上の特色がある。その原型としてはすでに先秦のころ，孔子と弟子たちとの問答を記録した『論語』がある。また，それに次ぐ『孟子』でも，問答体の文章が多いように，古来教えを伝えるために問答形式が重視される伝統があった。禅僧の語録としては，初期には臨済義玄の『臨済録』や，趙州従諗の『趙州録』などが代表的なもので，北宋以降には禅の普及に伴って，一層多くの語録が編まれた。やがて，その影響が波及して，儒者の語録が出現した。中でも，朱子のことばを弟子が分類編纂した『朱子語類』140巻は，最も重要な著作である。遅れては，明の王陽明の教えを弟子が記録した『伝習録』3巻も世に重んぜられた。なお文化大革命の時期に一世を風靡した『毛沢東語録』は，毛沢東の著作を抜粋して編集した小冊子で，本来の語録とは異質のもの。
(興膳 宏)

コロマンデル coromandel　漆器の装飾技法の一つ。中国では一般に款彩というが，揚州では深刻，北京では刻灰・彫刻塡彩，蘇州・上海では刻漆とも呼ばれる。素地の上に灰色の漆下地を数mmから1cmの厚さに塗布したあと，黒色または褐色の上塗漆を数層塗り重ね，文様の輪郭部を残して漆下地が見えるまで表面を彫り込んで取り除き，こうしてできた凹部に，赤・青・緑・白・黄色・茶色等の彩漆，または油色(油絵状の彩色)を加える技法である。明代に流行し，17世紀以降，この技法で宮廷風俗や花鳥を表した屛風が，大量に西欧諸国に輸出された。コロマンデル(Coromandel)とは，貿易船の中継地点であった東南インドの海岸名であり，19世紀頃からフランスで用いられるようになった呼称であるが，これ以前の17・18世紀のイギリスにおいては，インドネシアの港の名前にちなんで，バンタム・ワーク(Bantam Work)と呼ばれていた。　　　　　　　　　　　　　(日高 薫)

こん【鯀】　古代神話上の人物。鮌とも書く。大洪水を治め，夏王朝を開いた禹の父。『山海経』海内経に「洪水天に滔る。鯀，(天)帝の息壌(無限増殖する土壌)を窃みて，以て洪水を堙ぎしに，帝の命を待たず。帝，祝融をして鯀を羽郊に殺さしむ。鯀の復(腹)より禹を生ず。帝乃ち禹に命じて卒く土を布きて九州(中国)を定めしめたり」とある。鯀は，人間が自然の神秘な力を盗んで文明を始めた際の犠牲と考えられ，その点では火を盗んでゼウスに罰せられたギリシア神話のプロメテウスに相当する。屈原は『楚辞』天問において，鯀はなぜ罰せられねばならなかったのか，と問うている。
(小池 一郎)

こんがくきぶん【困学紀聞】　南宋末の箚記。20巻。1325(泰定2)年刊。王応麟の著。書名の「困学」は『論語』季氏篇に由来する。自序に，困苦に堪えて勉学し，読書して得たところを記録した，とある。説経8巻，天道・地理・諸子2巻，考史6巻，評詩文3巻，雑識1巻。同書の内容は該博で，考証は正確。清代に高く評価され，閻若璩や何焯など，7人の著名な学者がこれに注を施した「七箋本」がある。またこれらの注を集大成した清の翁元圻『翁注困学紀聞』20巻がある。『四部叢刊三編』『四部備要』『四庫全書』所収。(久米 裕子)

こんぎ【渾儀】　渾天説に基づく天文儀器。渾天儀とも。目盛を刻んだ各種円環を組み合わせて天球を表し，内部に取り付けられた照準用の覗き筒や環を回転させて天体の位置を測定したり，天球座標の変換を行ったりする。中心に大地模型を置く説明用・計算用のものもある。西洋・イスラムのアルミラ球儀(armillary sphere)に相当する。単純な構造の渾儀の製作は，文献的には前漢にまでさかのぼることが出来る。
(宮島 一彦)

こんきょく【崑曲】　→崑腔系

こんげき【崑劇】　中国伝統古典劇の一種で「崑曲」ともいう。京劇以前，演劇史上に最も大きな影響力を持つ劇種として長期にわたり主座の地位を占めてきた。その母体は，14世紀元末の頃，現在の江蘇省蘇州市の東の崑山地方にはやっていた声腔(ふし・メロディー)の「崑腔」(崑山腔ともいう)とされるが，明代嘉靖年間(1522-66)に魏良輔らの音楽家によって大改良の手が加えられた。すなわち，当時南方で最も著名で流行範囲の広かった海塩腔(浙江省)や弋陽腔(江西省)，更には先行する北曲(雑劇)などの長所をも取り入れて，「水磨調」とよばれる，非常に穏やかできめ細かく滑らかな，独特の調べの歌唱方式が定められたのである。また伴奏楽器も横笛を中心に管・弦・打楽器類を合わせて

多様化する工夫がなされた。清柔優美といわれ温雅上品な味わいをもつこのメロディーは，とくに文人たちの好尚にかない急速に広まり行われるようになったが，その流行と普及を決定づけたのが，真っ先に崑腔を用いて作られた梁辰魚の『浣紗記』であった。これ以降，多くの文人作家たちが崑腔に則って作劇するようになり，過去につくられた戯曲作品も崑腔に改めて演唱されるようになった。万暦年間(1573-1620)には極盛期を迎えて他の諸腔を圧倒し，17世紀中葉の明末清初の頃になると，その流布範囲はほとんど全国の主要都市に及んで，それぞれの土地にあるローカル劇種に深い影響を与えることにもなった。万暦期の最も傑出した作家が湯顕祖で，『還魂記』はその代表作である。ただし彼はもっぱら歌詞表現上の詞藻の美を追求し，制作面での諸規律を二次的なものと考えていたために，崑劇の音律に精通し曲譜を定めた沈璟によって批判され，両者の間に名高い論争が展開された。この期を中心に生まれた大量の南曲作品群は，戯曲文学史上「伝奇」とよばれるが，それは北曲とは異なる長編形式である。したがって，全体を通しではなくてさわりの部分だけを取り上げて演じる「折子戯」が，主に富豪の所有する家庭内劇団の「家班(家楽)」で行われ始め，このために舞台の演技演出はいっそう精緻になり美化洗練されることにもなった。その後清代に至っては，洪昇の『長生殿』と孔尚任の『桃花扇』の二大作を掉尾の作品として，以降は衰微の一途をたどる。すなわち18世紀乾隆年間(1736-95)には，さまざまな地方劇種が台頭し活発化したが，なかでも崑劇に代わる力をもったのが「京劇」であった。その後，民国時には，蘇州に設立された「崑劇伝習所」がその保存伝承や俳優育成に大きく貢献し，中華人民共和国成立後1956年の『十五貫』の上演成功を機に，いくつかの崑劇団が新設された。崑劇はその施律が独特な滑らかなふし回しであるばかりでなく，それに合わせた優雅上品な舞踊的所作にも大きな特色がある。近年その芸術性が再認識され，2001年には中国初のユネスコ「世界無形文化遺産」に登録されている。　　　　　　　　　　（岡 晴夫）

こんげんせいき【混元聖紀】　老子(太上老君)の神話的伝説。9巻。南宋の道士謝守灝の編。巻首に紹熙2(1191)年の進書表を付し，その中で「三教の書を網羅し，百家の説を考え，聖紀を編纂して，真経の説に合わせた。すべて10余万言，分けて10巻とする」と述べているが，現行道蔵本は9巻本である。巻1は天地開闢以来転生を繰りかえして帝王の師となった老子の年譜であり，北宋の徽宗の政和年間(1111-18)に終わっている。巻2以降は，歴代王朝に転生して帝王の師として教化を垂れた老子の具体的な事跡と宋王朝までの歴代王朝における老子尊崇の記事が詳細に載せられている。本書には，すでに散佚してしまった『老子化胡経』や緯書の類および唐の尹文操『玄元皇帝聖紀』をはじめとする貴重な資料が数多く引用されており，とりわけ唐代における老子尊崇の歴史を知るうえで有用である。なお，本書に先立って編纂された北宋の道士賈善翔の『猶龍伝』も同様の性格を有する書である。　　　　　　　　　　（麥谷 邦夫）

こんこうけい【崑腔系】　伝統演劇における腔系(声腔の系統)の一つ。崑腔は一般に崑曲，本来は崑山腔という。崑山腔は明代初期に現れた名称で，江蘇省崑山一帯の民間に行われていた南戯の腔調(ふし)をさす。かつては，海塩腔・余姚腔・弋陽腔と合わせ，明代南戯四大声腔といわれた。明の嘉靖・隆慶年間(1522-72)に江蘇太倉に寄寓中の伝統演劇の音楽家，魏良輔が，張野塘等と研究し，崑山腔を基礎に，弋陽腔・海塩腔などの音楽と北曲の音楽及び唱法を吸収，改革して新しい崑腔を完成した。この，南曲と北曲を集大成した新しい崑腔は大いに人気を集め，流行し，呉中一帯から非常な速さで江蘇・浙江各地に伝播した。

　伝統演劇の作家，梁辰魚が崑腔で創作した脚本『浣紗記』の成功は，崑腔の伝播をさらに促す役割を果たした。明代，万暦年間(1573-1620)には，崑腔班(崑腔芝居の一座)の広範な活動範囲はすでに北京にまで至り，宮廷にも進出した。そこからまた崑腔の伝播は速度を増し，全国各地にわたる広範囲なものとなった。明末から清初にはすでに四川・貴州・広東など各地に広まり，それぞれにその地の言語・音楽と結び付き，変化して数多くの支流を生み出し，豊富多彩な崑腔の系統を形成した。柔・麗な南崑，豪・爽な北崑，郷土色の強い湘崑，簡潔素朴な温州の永(嘉)崑等々現存するこれらの支流は皆，崑腔系に属する。また，江西の弋陽腔も多数の支流を生み出して一腔系を成し，同時期に流行した崑山腔と合わせて「崑弋腔(崑弋腔系)」と称された。

　崑腔は舞台芸術として宋・元代からの古典劇の遺産を全面的に継承し発展させたもので，完全な上演体系が創り上げられており，それにより強い生命力を備えている。さらに，明・清の両代には文人がその創作に力を注ぎ，文学性豊かな伝奇脚本(崑曲脚本)を数多く生み出しただけではなく，脚本創作・演技法・歌唱法・作曲法等各方面についての大量の理論書を生み出すに至った。これが所謂，崑腔を専門に論じた曲論である。その豊富な実践経験と理論に支えられ，崑腔は約300年余の長きにわたって劇の世界を独占し続けた。清末から発展し始

た京劇や川劇・湘劇・梆子腔等の地方劇も崑腔系から枝分かれした延長であり，ほとんどは崑腔から上演の経験を吸収し，その伴奏音楽を使い，移植し，ひいては完全に崑腔の演目を上演しているものまである。

崑腔の音楽は曲牌体を用い，優しく穏やかで纏綿とした特徴をもち，細やかで艶のあるまろやかな歌い方をするところから，水磨調或いは水磨腔ともいう。これはよくその特徴を摑んだ表現である。また，崑腔は言葉の音と旋律との関係を重視し，旋律に対する歌い方が固定化されているものが多い。崑腔の伴奏には主として横笛の一種である曲笛を用い，その奏者は笛師と呼ばれる。

現在もよく上演される伝統崑腔劇の演目には『牡丹亭』『長生殿』『爛柯山』『白蛇伝』などの全編（通し狂言）及び多くの一齣物（見取り），新編の歴史劇がある。　　　　　　　　　　　　　　（孫　玄齢）

こんごうざしんよう【金剛座真容】　釈迦が悟りを完成（成道）した聖地であるインド・ボードガヤの本尊像。金剛座とは成道の時に坐した菩提樹下の台座をいうが，広義にはボードガヤを指す。この像は弥勒菩薩が釈迦の真容を写して作ったという伝説が『大唐西域記』等に見え，7世紀末に義浄が「金剛座真容一鋪」を請来するなど，初唐・盛唐に本像への信仰や模刻像の制作が流行した。衣を偏袒右肩にまとい右足を上にして結跏趺坐し，右手を膝前に垂らし左手を腹前に置く降魔触地印の形式で，なかには宝冠や装身具をつけた遺例もある。

（肥田　路美）

こんごうち【金剛智】　671（咸亨2）〜741（開元29）。インドの密教僧。梵名ヴァジュラボーディ。中インドの出身。ナーランダー寺院で出家し，仏教一般を修学。のち南インドに至って主に金剛頂経系の密教を授けられた。スマトラなど東南アジアを経て，海路中国に入り，719（開元7）年以後，長安と洛陽を拠点に密教の宣布につとめた。『金剛頂瑜伽中略出念誦経』4巻をはじめ，『七俱胝陀羅尼経』『観自在如意輪菩薩瑜伽法要』などの密教経典を訳出したのみならず，玄宗皇帝の命により祈雨法などの修法を行い，灌頂壇を開いて中国で初めて本格的密教の流布につとめた。741（開元29）年，帰国しようとしたが，洛陽の広福寺で発病，8月15日入寂。勅によって洛陽の龍門に葬られ，743（天宝2）年に塔が建てられた。弟子としては中国密教の確立者の不空をはじめ，義福・一行がいる。日本の密教（とくに真言宗）では，付法の第五祖，伝持の第三祖とされている。　（頼富　本宏）

こんごうはんにゃきょう【金剛般若経】　般若経典の一つ。詳しくは『金剛般若波羅蜜経』といい，『金剛経』とも略称される。インド・中央アジア・中国・チベット・韓国・日本に広く流行し，数多くの注釈書や霊験説話の書が作られた。現存する最古のものは五胡十六国の後秦代，402（弘始4）年長安での鳩摩羅什の漢訳本であり，『金剛経』といえばこれを指す。他に509（天監8）年の菩提流支訳，562（天嘉3）年の真諦訳，592（開皇12）年の達摩笈多訳，703（長安3）年の義浄訳，玄奘には648（貞観22）年の訳と660〜663年の『大般若経』第九会「能断金剛分」の訳がある。

本経典は空思想を説きながら「空」の語を使わず，小乗大乗の意識が希薄でその術語を使用せず，また経典の形式が簡素で古形を示しているということから150〜200年の頃には成立していたと中村元によって推考されているが，羅什訳以前にさかのぼれないという問題が存している。

中国における流行は隋代以降ではないかと思われる。隋代に天台宗の智顗・三論宗の吉蔵，唐初には華厳宗の智儼・法相宗の窺基が注釈書を著し，また718（開元6）年に成った孟献忠編『金剛般若経集験記』には，唐初の蕭瑀編『金剛経霊験記』や郎余令編『冥報拾遺』より多くを採録しており，隋代唐初に本経への関心がにわかに高まったことを物語っている。禅宗でも五祖弘忍が本経を重んじ，慧能は「応無所住而生其心」の句を聞いて解悟した伝説があり，神会は『菩提達摩南宗定是非論』で本経を高らかに宣揚する。更に玄宗の御注が天下に頒布され，その流行は決定的となり，傅大士や慧能に仮託された頌や解義が作られ，『金剛経鳩異』『持誦金剛経霊験功徳記』等の霊験譚の書が作られていく。流布本は羅什訳にはなかった「非説所説分第二十一」の後半62字が菩提流支訳より補われたもので，822（長慶2）年長安の僧霊幽が没し，冥界で誦したところ一節の不足があり，正しく流布せよとこの世に帰されたという霊幽入冥説話以後，唐末頃より増添されたものである。　　　　　　　　　（西口　芳男）

こんごうべい【金剛錍】　唐時代の天台宗の教理学書。『金剛錍論』，あるいは単に『金錍論』『金錍』ともいう。1巻。天台宗第6祖湛然による撰述。『涅槃経』に出る金剛錍の語は，盲人の眼膜を名医が手術する際に用いるメスを意味し，迷える人々の心眼を開くを喩える。国土や草木など心を持たない「無情」も仏性を持っているという，後の宋の天台や日本仏教に多大な影響を与えた無情仏性説は，唯識や禅，あるいは華厳などの諸宗を破析する意味を持つ本書の重要な教説の一つである。

（堀内　伸二）

こんこうみょうきょう【金光明経】 大乗仏教経典。サンスクリット原典《Suvarṇa-prabhāsa-(uttama-)sūtra》現存。漢訳に，北涼の曇無讖訳『金光明経』4巻，隋の宝貴らの撰した『合部金光明経』8巻（曇無讖訳に梁の真諦訳と隋の闍那崛多訳を補足），唐の義浄訳『金光明経最勝王経』10巻の3種が存在する。『大正蔵(大正新脩大蔵経)』16所収。注釈に，隋の智顗説・灌頂録『金光明経玄義』1巻，同『金光明経文句』6巻，隋の吉蔵『金光明経疏』1巻，唐の慧沼『金光明最勝王経疏』10巻ほかがある。『大正蔵』39所収。本経は大乗菩薩思想を基調とし，とりわけ「懺悔品」の懺悔思想が中核を占めるが，他方，経典全体としては様々な大乗的要素の或る種雑多な複合的性格も認められる。まず懺悔思想であるが，中国においても歴史を通じて金光明経といえば懺悔思想が重視された様子は，つとに北魏の拓跋晃(太武帝の皇太子)が懺悔滅罪のために金光明斎を行ったことや，陳の文帝『金光明懺文』(『広弘明集』28)，隋の灌頂撰『国清百録』1の『金光明懺法』，北宋の遵式『金光明懺法補助儀』，北宋の知礼『金光明最勝懺儀』(『大正蔵』46所収)等より確認される。一方，懺悔以外の主要な要素としては，「寿量品」に釈迦如来は80歳でこの世を去るが寿命は実は無量無限であることが説かれ，『大乗涅槃経』等との近似性が認められる。「四天王品」には鎮護国家思想が説かれ，『仁王般若経』とともに護国経典として本経は有名となった。薩埵王子が虎に我が身を布施した話を述べる「捨身品」は，『法華経』薬王菩薩本事品とともに僧侶の捨身(焼身，自焚などともいう)の典拠として，また「流水長者子品」は放生会(捉えた生物を解き放つ儀礼行為)の典拠として，それぞれ独自の価値を有した。「三身分別品」は曇無讖訳とサンスクリット本に存在しない章であるが，そこには瑜伽行唯識派と同様の仏の三身説や如来蔵思想が展開されている。 （船山 徹）

こんざんこう【崑山腔】 →崑腔系

こんしょう【渾象】 渾天説に基づく天文儀器。渾天象とも。現代の天球儀に相当するが，天を表す球面の下半分を木の箱で覆い，箱の上面を地平面とみなす点が異なる。回転軸は地平面と，観測地の緯度に等しい角度をなすように設置され，後世のものの多くは天体の運行に合わせて水力で回転した。天球面には中国式の星座や星，各種の線が刻まれる。起源には諸説あるが，前漢とするのが有力である。説明用・計算用渾儀も渾象と呼ばれたことがある。 （宮島 一彦）

こんちき【困知記】 明の哲学書。羅欽順撰。1528(嘉靖7)年初刻本刊，46(同25)年著者生前の最後の刻本が刊行されるが，以後も後人により増補本が刊行される。現在，中華書局から刊行。上下2巻・続巻4巻・付録1巻から成る。本文は哲学に関する劄記で，朱子学を弁護し，異端を激しく攻撃しているが，理気論に関しては，気を重視する立場にある。付録の書簡の中では，王陽明にあてた2通が，思想史上重要である。 （永冨 青地）

こんてんせつ【渾天説】 天を球面とする宇宙観。戦国時代，尸佼(商鞅の師とされる)の『尸子』にすでに「天の形は弾丸のようで，その体勢は傾いている」とあり，前漢には渾天説に基づく渾儀と渾象が作られた。後漢の張衡の『渾天儀』は，渾天(宇宙)は鶏の卵のようで，天は弾丸のように丸く，地は卵の黄身のようにその中心に位置し，天の内外には水がある，と説く。漢代には，天は円，地は四角で天地は平行とする蓋天説と対立したが，後，渾天説の優位が確定した。 （宮島 一彦）

こんどうぶつ【金銅仏】 型によって銅を鋳造し，鍍金(金メッキ)を施してつくった仏像。中国では鎏金仏(liújīnfó)と呼ぶ。製作後，火事に遭って表面の鍍金がなくなったものや，鍍金しないままの青銅色のものをも含めて，日本では一般に金銅仏と呼んでいる。中国では，仏教美術の初期である五胡十六国時代(4世紀初頭～5世紀初頭)に中央アジアから伝来したと思われる金銅仏があり，それらを範とした小型の金銅仏が数多くつくられた。

北魏・南北朝時代には，皇帝のための大仏，弥勒仏や観音菩薩など当時の信仰を反映した独尊像，仏・菩薩に比丘や力士・供養者などを一つの台の上に配列したにぎやかな作例，のちに韓国や日本の金銅仏にも伝えられる仏・菩薩を一つの舟形の光背に配した一光三尊像など，多彩な内容の金銅仏がつくられた。隋唐時代には，金銅仏の材質を活かして自由に体を屈曲させる菩薩像などの表現が流行した。だが，優品の多くは20世紀初頭の中国の混乱に際して国外へ流出してしまった。 （岡田 健）

こんとん【混沌】 本来は，事物のもやもや・ごちゃごちゃした状態を表す擬態語。渾沌・困敦などとも書く。『荘子』は，人間のあるべき姿を惑わすとして感性的・悟性的な認識に疑いを持ち，それらを徹底的に否定・排除したが，その結果現れる理想世界(道)が混沌たる無であった。宇宙生成論における天地・万物の未分化な原初的状態・段階である混沌もそこに由来する。『荘子』が描くユートピアとしての混沌の社会は，儒家の荀子学派か

こんぱく【魂魄】 人間の精神・肉体の活動を内面から支えるたましい。後漢の班固『白虎通』性情では、魂は少陽の気で動いて息まず、人から離れることもあり、情（精神）をつかさどり穢れを除く。魄は少陰の気で人に著いて移らず、性をつかさどり内（肉体）を治める。また『礼記』郊特牲では、人の死後魂は天に帰り魄は地に帰る。日本の白川静は、魂は雲気となって浮遊するのに対し、魄の白は頭蓋骨の形で、精気を失って白骨化したもの、とする（『字統』）。葬礼には一般に魂の語を用い、死者を祭るのに霊座の上に置く死者の衣を魂衣といい、祖先を祭るのに白絹で作ったひとがたに生年月日時と死亡年月日時を書いたものを魂帛という。現在の台湾では、霊が帰ることのできる、骨の残っている死者の霊を霊魂と称し、祭ってくれる身内の人もなく、墓に埋める遺骨もない地下の陰界にいる霊を鬼といって区別する。後者は供養せずにいると人に害をなすとして恐れられる。　　　　（金子 修一）

こんぱつ【髡髪】 髪形の一種で、契丹族男子の多くがしていたもの。一般には両鬢あるいは額の部分を僅かに残し、頭頂部の毛髪を全て剃る。その上で前髪をそろえたり、束ねて左右の肩まで垂らしたりした。中央部を剃り落とし周囲の頭髪をのこすもので、日本のちょんまげがこれに近いといえよう。契丹族の間ではこの頭の頂部を剃り落として耳元まで髪を垂らすという髪形は、定形となっていた。なお、契丹の男子は編まずに両側に垂らし、女真の男子は両側に編み髪を垂らしており、この形式の違いはそれぞれの種族の制度であった。
（増田 克彦）

こんべん【袞冕】 皇帝・皇太子が祭事に用いた冠の一種で、冠を含めた装束全体の称でもある。袞服（袞龍服とも。龍文の付いた衣裳）着用時にかぶる冠が冕冠であるから袞冕という。袞冕の名称は『周礼』にみえ、遅くとも前漢頃には祭服として用いられていたようである。ただ、『後漢書』輿服志に記されている59（永平2）年の服制では袞冕の名称はみえず、皇帝以下諸臣の祭服は全て冕冠の名称となっているが、この時の冕冠も公侯以上は袞服を伴っており、これらは袞冕であることには違いない。唐の624（武徳7）年の服制における祭服では、皇帝・皇太子に袞冕の制が定められたが、皇帝の場合はこの上に天地を祭る大礼服としての大裘冕が

あった。しかし、656（顕慶元）年に全ての祭事は袞冕のみで行うこととなり、第一礼服としての位置を確かなものとした。以降宋代に一時期大裘冕が復活したことがあったが、この時以外は、明まで第一礼服として着用され続けた。　　　　　　（増田 美子）

こんぽう【鯤鵬】 古代想像上の大魚と大鳥。鵬は鳳と同じ。非常に大きな物に喩える。『荘子』逍遥游に「北冥（北の果ての海）に魚あり、其の名を鯤となす。鯤の大いさ、其の幾千里なるを知らず。化して鳥となり、其の名を鵬となす。鵬の背、其の幾千里なるを知らず。怒して飛べば、其の翼は垂天の雲の如し。この鳥や、海運けば、まさに南冥（南の果ての海）に徙らんとす」とある。（鈴木 健之）

こんよばんこくぜんず【坤輿万国全図】
漢文で記された明末の世界地図。イタリア人イエズス会士マテオ・リッチ（利瑪竇）作成。1602（万暦30）年、李之藻の協力を得て北京で刊行。中国の知識人への布教に自然科学の知識を利用しようとしたもの。マカオから南昌（江西省）や南京を経て1601（万暦29）年、北京に入ったリッチの作成した世界地図で、1584（万暦12）年に肇慶（広東省）で初めて作成した「山海輿地全図」は中国を極東の片隅に置いたことで不評だったため、その後は中華意識に配慮して中国を中心に配置した。6幅1組の大図（166.5×366.0cm）で卵形の枠内に五大州図を描き、東アジアに関しては中国で得た資料に拠る。枠外にリッチの自序や李之藻の序等を記し、天文学・地学的解説を加え、四隅に南北両半球の図や「日食月食図」「九重天図」の天文関係の図を置いた。各地の民族や物産を記述して地球球体説や気候五帯説（地球の気候は赤道付近の熱帯と南北の寒帯・温帯の五つの気候帯からなるという説）を中国に伝え、西洋の大航海時代の新しい地理知識も紹介した。日本にも伝えられ、鎖国時代の日本人に大きな影響を与えた。　　　　　　　　　　　　（大澤 顯浩）

こんれい【昏礼】 結婚に関する儀礼及び手続き。昏は婚に通じ婚礼と同義。『儀礼』士昏礼では次の6礼に整序される。①男性の家から賓（使者の仲人）を通じて女性の家に婚姻の許諾を得る納采。②続いて女性の姓を問う問名。中国は父母異姓なので、母方の姓とする説と父方の姓とする説とがある。③男家の廟で吉凶を占い、吉兆を得ると女家に告げる納吉。両家の婚姻はここで定まる。④婚姻の成立を男家から女家に告げる納徴。他の五事では男家は雁を礼物とするが、納徴のみ玄と纁の束帛（束ねた絹の反物）を用いる。⑤男家で婚礼の吉日を占い女家に告げる請期。⑥男性が女家に行き女性を男

家に連れて帰る親迎。このあと飲食や舅姑に対する女性の挨拶等の儀礼が行われる。以上の手続きは前漢末には定まったと推定され，王朝によって種々の出入りはあるが，清朝までの婚礼に広く影響を与えた。なお，雁は季節によっては入手し難く，茶文化の普及に伴って茶に変更された。　　　（金子 修一）

こんろんざん【崑崙山】　中国古代の神話伝説上の神山。古代の地理書『水経』によれば，崑崙山は中国の西北にあって，大地の中央に1万1千里の高さをもって聳え，黄河の水源に当たるという。その神話伝説上の特徴は，『山海経』の西山経にあるように，天帝の下都に当てられたことにある。天上世界にある天帝の都，即ち北極星の紫微宮に対して，地上に置かれた天帝の直轄する都であった。従って他の神山にもまして聖域的性格を備え，三層から成る中層の涼風に登れば不死，頂きの玄圃に達すれば霊を獲得することができるとされた。だが，それ以上に注目すべきことは，更に直上空に位置する天上を極めれば神になるとされ，天上世界に至る通路，つまり天上と地上をつなぐ天梯としての機能をもっていたことである。『楚辞』離騒の主人公が，天界へと遠征するに当たって，まず崑崙山へ向けて飛翔するのも，そのためであった。

この崑崙山の姿が前漢初期の墳墓に開示される。湖南省長沙市の砂子塘漢墓の外棺側板には，天に向かって銅の柱のように聳え，頂きには仙木の沙棠が生え，麓には虎に似た神獣陸吾の守護する崑崙山が漆でもって中央に描かれていた。墳墓装飾であるから当然死者と関わりがあり，死後の霊魂が崑崙山へと昇仙する際の唯一の乗り物である龍が両端に配されていた。死者との関係は長沙馬王堆1号漢墓の図像によって更に具体的に示され，帛画には，墓主である軟侯夫人の霊魂が，2頭の龍の引く舟に乗って上方の崑崙山の門めざして昇って行く様が描かれていた。また朱地彩絵棺の左側板には砂子塘漢墓と同じく中央に崑崙山，左右に龍を配して，更に左には崑崙山をめぐる弱水の淵とともに，鳥の羽すら浮かべる力のない水に溺れかかる神獣を描き，右には龍の尾を崑崙山の険しい崖に見立て，中国の神話的英雄である羿でなければ登れぬというその羿がよじ登っていく様を描いて，崑崙山に至ることの困難さを教訓的に表していた。つまり前漢初期の死者の墳墓と関連した崑崙山は，死後の霊魂が行き着く先としての世界であり，長沙地方の墳墓装飾は不死のパラダイスである崑崙山への昇仙がテーマであった。事実，山東省臨沂市の金雀山9号漢墓から出土した帛画には，墓主の霊魂が三山形式で描かれた崑崙山の宮殿で，歌舞音曲を楽しみながら死後の生活を営む姿が描かれていた。こうした死後の霊魂の昇仙を描いた図の制作は，戦国中期の長沙陳家大山楚墓の人物龍鳳帛画（「晩周帛画」）にまで遡り，『楚辞』離騒に詠われた天界遠征の中継点である神話的な崑崙山は，また死者の霊魂にとっての理想世界であったと考えられる。

しかし，その崑崙山も前漢後期以後になると，やはり不死を属性とする西王母と結びついて，西王母の居所となり，後漢時代の墓室を飾る画像石・画像磚に描かれた崑崙山は，次第に神話的性格が薄れて，墓主が西王母に対してひたすら不死を願望する神仙的な世界へと変容する。　　　（曽布川 寛）

さ

さ【釵】 女性の髪飾り。『釈名』釈衣服に「釵，叉なり」とあるように，二股に分かれた形式の髪飾りである。早期の出土実物資料は山西省侯馬市の春秋遺跡に見る釵であろう。材料は骨である。釵は漢代に広く流行した。骨釵の他に玉釵があるが，隋・唐代に至ると他の装身具同様，金・銀製の釵を使用するようになる。他に，玉片や金片に彫りを入れた飾りや，文様のある絹，色紙などで製作の造花を釵首につけた釵があるが，これを勝という。

（釣田　敏子）

さい【才】 人間の身体的・精神的な能力・働きの意。先秦時代に人間の性に関する議論の中で使用され始める。『孟子』告子上では「豊年に若者がなまけ，凶年に若者が乱暴になるが，それも天が下した才が異なっているわけではない」とあるように，才は性と混同されていた。しかし，次第に，万人に共通する性と個々人で異なる才との関係が議論されるようになり，三国魏の鍾会は性と才の関係を同・異・合・離とする才性四本説を唱えた。また，北宋の程頤は「性は天に由来し，才は気に由来し，（才を構成する）気が清ければその才も清く，気が濁っていればその才も濁る」（『河南程氏遺書』巻19）と述べて，以後の朱子学の才の思想の嚆矢となった。

（池田　知久／渡邉　大）

さい【斎】 仏教用語として斎は，禁戒を守り心身を清浄に保つことを意味するが，「斎会」「斎集」とも呼ばれるように，集団で行うことが多く，総じていえば，斎とは，仏教の儀礼的な実践形態であった。後漢の楚王英が「黄老の微言を誦し，浮屠（ブッダを意味する古い音訳）の仁祠を尚び，絜斎すること三月，神と誓いを為」（『後漢書』42）してより以降，斎は歴史を通じて様々な形で行われた。斎の中でなされた行為は，仏・菩薩への礼拝・懺悔・経典読誦（転読・梵唄）・瞑想（禅定）等であった。なお斎に対応する術語に布薩（サンスクリット語 poṣadha, poṣatha, upoṣadha 等に対応する音訳）があり，これには出家者の布薩と在家者の布薩がある。前者は半月毎に寺院で夕方から行われる僧侶たちの反省集会のことであり，後者の代表は八関斎であり，種々の斎の基盤を形成するものとして，歴史を通じて広く行われた。斎には斎主がおり，主に在家がこれにあたったが，僧侶が積極的に参加して在家者と共に修行した事例も多い。また，斎には開催日が一定のものと不定のものがある。定例的斎会としては，八関斎・三長斎のほか，仏降誕会・盂蘭盆会などがある。開催期間も様々であり，一日のみの斎から，数週間あるいは一月以上に及ぶ斎もあった。斎を内容に従って分類するならば，講義を主とする講経会，金光明斎・観世音斎など特定の経典や神格に即して儀礼的実践を行う斎会，無遮会・五百僧斎など僧侶への食事供養を主とする斎，さらには病気の治癒などの現世利益的な目的をもって祈禱を行う斎などが存在した。このように斎の内容はきわめて多様である。とりわけ在家者の活動は，斎と不可分に関係し，単に形ばかりで内実の伴わないものから，ある特殊な宗教体験をめざす真摯な修行としての斎にいたるまで，実に様々な形態が存在した。以上は仏教の斎であるが，他方，道教の斎戒として，塗炭斎（額に泥を塗りつけて地に叩頭し懺悔する）や黄籙斎などがあった。

（船山　徹）

さい【蔡】 前11世紀末？〜前447。西周・春秋時代の諸侯国。姫姓，侯爵。周王朝成立後，武王の弟蔡叔度は上蔡（河南省）に封ぜられ，管叔鮮とともに殷の紂王の子武庚禄父を補佐し，殷の遺民を治めた。幼少の成王が立ち，周公旦が摂政となると，管叔鮮・蔡叔度は武庚禄父とともに挙兵し，平定された（三監の乱）。周公は蔡叔度の子蔡仲胡をふたたび上蔡に封じた。春秋時代に入り，前684・前680年に楚に攻略されたのち，楚の同盟国となり，斉・晋など中原の覇者の侵攻を被るようになった。前531年，楚の霊王に滅ぼされ，霊王の弟公子棄疾（のちの平王）が蔡公となったが，前529年，平王が立つと独立を回復し，新蔡（河南省）に移った。前506年，楚より離反して晋に帰順し，ついで呉による楚都郢の攻略に参戦したが，楚の逆襲を恐れ，前493年，呉に近い下蔡（安徽省寿県）に移った。1955年，寿県で蔡昭侯（在位前518〜前491）の墓が発掘されている。前447年，楚の恵王に滅ぼされた。

（吉本　道雅）

さいいき【西域】 →西域

さいえい【柴栄】 921(龍徳元)〜959(顕徳6)。五代後周の皇帝。在位 954〜959。廟号世宗。邢州龍岡県(河北省)の人。父は郭威(後周の太祖)の夫人(後の聖穆皇后)の兄に当たり，郭威のもとで育ち，後にその養子となる。郭威が即位すると，澶州節度使となり，次いで開封尹となる。954(顕徳元)年，太祖の崩御を承けて即位する。この間隙に乗じる形で太原を根拠とする北漢が契丹の援助を得て攻撃してきたが，親征してこれを撃破した。その後禁軍の強化につとめ，四川の後蜀を攻撃し四州(秦・鳳・成・階)を奪い，また江淮地域の大国であった南唐に親征し，その経済力を支えていた淮南の海岸沿いの塩田を含む長江以北の領域を奪取した。こうした軍備増強の背景には，銅銭の確保による財源の安定があり，肥大化した仏教教団に対する整理政策もその一環であった。南唐への遠征から帰還の後は，北方の契丹に占拠されていた燕雲十六州へ親征し，一部の奪還に成功するが，病に倒れ逝去した。旧五代史 114〜119，新五代史 12　　　(松浦 典弘)

さいえん【蔡琰】 生没年不詳。後漢の詩人。陳留圉(河南省)の人。字は文姫。父は蔡邕。博学多才で，音律に通じた。はじめ衛仲道に嫁いだが男子がなく，夫の死後実家に帰った。興平年間(194-195。ただし，初平年間〔190-193〕とする有力な異説がある)兵乱のなか胡軍にさらわれ，南匈奴左賢王に嫁がされる。胡中に 12 年おり，2 子をもうけた。父と親しかった*曹操によって身をあがなわれ，同郷の董祀に嫁いだ。胡軍にさらわれた身の上を嘆く『悲憤詩』2 章がある他，『胡笳十八拍』の作者ともされるが，異論が多い。後漢書 84　　　(谷口 洋)

さいおん【細音】 音韻学の用語。宋代の韻図では開斉合撮といった呼の概念は見られず，/u/ 介音の有無により開合に分け，更に開合を唇の開き具合によって洪細に分ける。唇の開き具合が小さい韻を細音と呼んだ。一方，清の江永『音韻弁微』では「音韻に四等有り，一等は洪大にして，二等は次いで大なり，三四皆細にして，而して四は尤も細なり」とあるがここでは三・四等韻は /i/ 介音を有しているという意味で使われている。また現代中国語学では細音は斉歯呼韻母と撮口呼韻母を併せた用語として使われる。　　　(吉川 雅之)

さいかんさんゆう【歳寒三友】 松竹梅の雅称で，花卉画の主題とされる。『論語』子罕編第九に「子曰わく，歳寒くして，然る後に松柏の彫むに後るるを知るなり」とあって，厳寒期に他の木々が落葉し生気を失っても，独り松柏は緑をたたえ風雪に耐える，と述べられている。その姿は，困難に遭っても節義を守り生死禍福に動じない君子の比喩とされる。歳寒三友は，この松に，寒季に耐えていち早く初春に開花する梅と同じく風雪に耐える竹を，柏(檜)に代えて組み合わせたもので，南宋の 12 世紀後半に画題として成立した。　　　(丸山 伸彦)

さいかんどうしわ【歳寒堂詩話】 宋の詩話。2 巻。南宋初期の文人張戒撰。確かな批評基準を備えた詩論で，宋の詩話の理論的な水準を高め，南宋末の『*滄浪詩話』にも影響を与えた。上巻は漢魏六朝から唐を経て北宋の蘇軾・黄庭堅に至る詩史について論じ，下巻は著者が古今最大の詩人として高く評価する杜甫の詩 33 篇を取り上げて，個別的に論評を加えている。杜甫を頂点とした六朝・唐の詩を推賞する一方で，北宋の蘇・黄を中心とする詩風には強い反感をあらわす。　　　(興膳 宏)

さいぎ【賽戯】 山西省地方の地方劇。起源は神祭りにあるとされる。芸人の口伝によれば，祖先は元代にさかのぼることができ，楽戸として世襲で伝承されてきたという。現代は舞台での上演は途絶えている。演目は 120 余りあり，歴史物語や仏教説話を題材にした『司馬茂夜断三国』『蘇子瞻誤入仏游寺』等の他，慶神除災を行う『迎喜神』『斬旱魃』がある。『斬旱魃』は夏に雨乞いを目的として演じられ，仮面を被った鬼神に旱魃が逐われるという内容。吟誦の部分では，打楽器の伴奏が入る。　　　(廣田 律子)

さいけい【蔡京】 1047(慶暦 7)〜1126(靖康元)。北宋の書家・政治家。仙遊(福建省)の人。字は元長。神宗の熙寧 3(1070)年の進士。徽宗の崇寧元(1102)年に宰相に抜擢されてから 4 度，前後 16 年の長きに渉って位人臣を極めた。処世に長けた人物であったが，亡国の奸臣として悪名を『宋史』に残す。元来，書道における「宋の四大家」を言う場合，「蘇黄米蔡」の蔡は蔡京を指したが，その人となりを憎んで同郷の先輩蔡襄にすりかえられたという説がある。そのためか書跡は伝わるものが少ない。楷書『趙懿簡公碑』(1092 年)，『送郝玄明使秦詩』(1122 年，大阪市立美術館蔵)などがある。宋史 472　　　(河内 利治)

さいげんてい【蔡元定】 1135(紹興 5)〜98(慶元 4)。南宋の，儒学を始めとした博学の徒。建州建陽(福建省)の人。字は季通。西山先生と称された。諡は文節。父は蔡発，子は蔡沈。幼時から父により，程氏の語録，邵雍の『*皇極経世書』，張載の『*正蒙』を用いた教育を受けた。長じて朱熹(朱子)に師事しようとしたが，彼の学識を認めた朱

は，彼を老友と称して弟子には列しなかった。両人は議論に興じると夜にまで及び，また朱は各地から来学する者に対して，まず彼に指導を担当させた。やがて尤袤と楊万里により朝廷に推挙されたが，病と称して応じなかった。韓侂冑が偽学の禁を起こして朱らを攻撃すると，追及は彼にも及び，朱やその弟子たち数百人の餞別を受けて，道州(湖南省)へ流された。子の沈と共に春陵に落ち着いたが，彼の許へは遠近から多くの者が教えを乞いに来た。彼は罪を解かれないまま朱に先立って没し，韓が誅された後に迪功郎の官を追贈された。

彼は朱が著述を行うにあたって負うところが大きく，『四書集注』『詩集伝』『資治通鑑綱目』については参訂に従事し，『周易本義』については河図洛書や先天図の解釈に協力した。『易学啓蒙』に至っては彼自身が初稿を担当している。このような事情から，彼の学術的業績の多くは，朱の著作の中に摂取された形で残されることになったが，彼自身も「読まない書物はなく，研究しない物事はなかった」(『宋史』)と称せられた人物であり，その活躍は朱のブレーンに留まるものではなかった。特に天文・地理・声律・暦算・戦陣の学に優れ，自身も『律呂新書』を著して十八律を定めたほか，『大衍詳説』『燕楽』『原弁』『皇極経世指要』『太玄潜虚指要』『洪範解』『八陣図説』といった著作を残した。朱は彼を評して「人々は簡明なものを読む一方で，著述するものは難解であるが，季通は難解なものを読む一方で，著述するものは簡明である」(『宋史』)と述べている。宋史434　　　(水口　拓寿)

さいげんばい【蔡元培】　1868(同治7)～1940(民国29)。民国の教育家・思想家。紹興(浙江省)の人。字は鶴卿，号は孑民。1892(光緒18)年に進士となり，翰林院編修に任ぜられる。戊戌変法を経て官を辞し，教育界に身を投じる。1905年中国同盟会に加入。その後ドイツに留学して，1911年に帰国，民国初代の教育部長となる。1917年北京大学学長に就任し，自由で多彩な研究環境づくりに尽力した。南京国民政府期には，大学院院長，中央研究院院長，監察院院長などの要職を歴任。哲学・美学や倫理学の著述のほか，『紅楼夢』研究でも知られる。　　　　　　(村田　雄二郎)

さいこう【崔浩】　381(建元17)～450(太平真君11)。北朝北魏の宰相で字は白淵，東武城(河北省)の人。父の崔宏も宰相に列せられ，北魏王朝の基礎固めに貢献した。崔浩は母方の影響により天師道教の信者となったが，政界との結びつきを狙っていた新天師道の創始者である寇謙之と結んで，太武帝を道教君主に仕立てあげ，446(太平真君7)年には中国最初の廃仏事件へと導いた。しかし彼が主編の国史が漢人貴族の側に立ち，鮮卑族を軽んじたとして怒りを買った，いわゆる国史事件により一族とも殺された。魏書35，北史21　(藤善　眞澄)

さいこう【崔顥】　?～754(天宝13)。盛唐の詩人。汴州(河南省)の人。723(開元11)年，進士に及第した後，長く各地を遍歴，天宝初より中央にあって，官は司勲員外郎に至った。詩人としては，孟浩然・王昌齢・高適と並び称されたが，素行がおさまらず，ばくちと酒を好み，妻を4，5回も取り替えたという。現存する詩は42首。「黄鶴楼」が有名で，南宋の厳羽は唐代七言律詩中の最高傑作とする(『滄浪詩話』)。旧唐書190下，新唐書203　(亀山　朗)

さいこうし【蔡侯紙】　後漢の安帝の105(元興元)年に，蔡倫が献上した新製の紙を，当時の人々が呼んだ名称。蔡倫は前漢以来の製紙技術に，樹皮や布，古い魚網等を利用して改良を加えたのであった。すなわち，紙の発明は蔡倫という伝説を生んだ。1986年，甘粛省天水市の放馬灘漢墓から出土した前漢初期の麻紙には，山・川等の絵が描かれている(『文物』1989・2参照)。こうした紙の源流を物語る資料は，北京歴史博物館等において実見することができる。　　　　　　　　(高橋　智)

さいこうぼ【蔡侯墓】　安徽省寿県の県城西門内で，1955年に未盗掘の状態で発見された春秋後期の大型墓。副葬品は青銅器を中心に玉器などを含めて総計584点を数えた。青銅器銘文に見られる作器者は，2点の鑑が「呉王光」とする以外，いずれも「蔡侯𠫑」であった。蔡は西周以来の姫姓諸侯国の一つだが，春秋後期には大国楚と呉の間にあって，かろうじて命脈を保つ小国的存在となっていた。呉王光とは，呉王夫差の父，呉王闔閭のことである。「呉王光鑑」は呉王光が「叔姫」を蔡に嫁がせた際の嫁入り道具(媵器)と考えられる。「蔡侯𠫑」の青銅器群にも，「蔡侯𠫑」が「呉王」に「孟姫」を嫁がせた際の媵器が2点含まれ，蔡と呉の密接な関係がうかがわれるが，それ以外はいずれも「蔡侯𠫑」の自作自用器と見られる。副葬品の年代観や銘文の示唆する歴史状況から，「蔡侯𠫑」を蔡昭侯申とし，これを昭侯墓とする説が有力である。銘文からは呉との政治関係が色濃く見えるが，多くの青銅器の様式や銘文書体などは同時期の楚の様式と一致する。報告書として安徽省文物管理委員会ほか編『寿県蔡侯墓出土遺物』(1956年)が刊行されている。　　　　　　　　(吉開　将人)

さいこくほ【崔国輔】　生没年不詳。盛唐の

詩人。呉郡(江蘇省)の人。726(開元14)年，進士に及第し，山陰(浙江省)の尉より，許昌(河南省)の令，集賢直学士，礼部員外郎を歴任，752(天宝11)年，近親者に連座して，竟陵(湖北省)司馬に貶された。現存する詩は41首，楽府の小品に長じ，唐の殷璠*『河岳英霊集』は，「国輔の詩は，婉孌にして清楚，深く諷味に宜し。楽府の数章は，古人も及ばず」と評する。 (亀山 朗)

さいこんたん【菜根譚】 人の生き方を述べた語録風の書物。著者は万暦年間(1573-1620)の洪広明(字は自誠，号は還初道人)。官吏になったが，晩年は隠棲して仏教に親しんだ。前後2集からなり，前集は225条，主に処世訓を述べ，後集は135条，主に山林閑居の趣を説く。所説は儒仏道三教にわたり，庶民感覚に富んだ人生訓である。中国よりは日本でよく読まれ，現代でも多くの訳注書が出ている。その祖本は1822(文政5)年林瑜重校刊本。
(竺沙 雅章)

さいざん【蔡山】 生没年不詳。元時代の画家。その名は，中国の画史などには見えず，日本に現存する作品に記された落款のみによって存在が知られる。作風から，元時代の道釈画を専門とする職業画家と考えられる。現存作品は，落款のある羅漢図が3点(東京国立博物館蔵ほか)，作風からその作と思われる作品が数点遺存している。室町時代に成立した『君台観左右帳記』に名前が記されているから，古く舶載されたことがわかる。 (海老根 聰郎)

さいし【祭祀】 まつりの総称。唐の『大唐郊祀録』1に「天神に祀と曰い，地祇に祭と曰い，人鬼に享と曰う」とあるように，本来は国家の祭祀を中心に，祭と祀とは区別され，天地の祭祀を祀，祖先の祭祀を祭ということもある。ただし，以下の叙述では祭祀の総称には「祭」字を用いる。

中国では殷周から祭祀は国政上重要な位置を占めた。漢に皇帝制度が確立し，儒教が国教化されると，それに対応した祭祀が形成され，前漢末から後漢初に確立して後世に継承されるようになった。皇帝の祭祀では天神地祇を祀る郊祀と祖先を祭る宗廟の祭祀とが重要だが，後者については廟祭の項に譲る。郊祀は都の南郊で天を祀り，北郊で地を祀るところからいう。皇帝は天子ともいい，特別な場合を除いて天子の称号で郊祀を行い，宗廟はつねに皇帝の称号で祭った。南郊は冬至(陰暦では11月)や正月，北郊は夏至や10月などに祀り，毎年行うか否かは王朝によって相違した。東晋や南朝では南郊・北郊ともに2年に1度正月に行った。

後漢・三国には春の田起こしの籍田も重視された

が，その後は南郊の比重が高まった。南北朝では，南朝の皇帝が郊祀・宗廟を親ら祭って(皇帝親祭)，王朝の正統性を主張した。北朝も南朝に対して皇帝を称するために郊祀を実施したが，多くは役人が代行し(有司摂事)，皇帝親祭と有司摂事とが区別される結果となった。隋には皇帝の祭祀が大祀・中祀・小祀に三分され，唐の大祀は郊祀など天神地祇の祭祀と宗廟の祭祀とによって占められた。唐後半には即位翌年の郊祀・宗廟の皇帝親祭が重視されるようになり，郊祀当日に大赦・改元が行われた。宋の皇帝は3年に1度天を祀り，その都度官僚に特典を与えた。こうして唐宋では皇帝親祭は特例となり，イベント化した。しかし満洲族の清は通常の皇帝祭祀の親祭を励行した。地方の祭祀でも，官の行う祭祀は歴代の王朝で皇帝の管理下に置かれた。ただし儒教祭祀は民間に浸透せず，民間祭祀では仏教や道教，ことに後者の影響が顕著であった。
(金子 修一)

さいしかじんしょうせつ【才子佳人小説】 明末清初に流行した白話小説のジャンル。20回から40回で構成される中篇章回小説が多い。才徳備えた若き書生が才色兼備の令嬢と恋に落ち，政敵や恋敵による障碍を乗り越え，科挙に合格して出世し，めでたく結ばれるまでを描く。源流は唐代伝奇の*『鶯鶯伝』に遡り，近くは明代万暦年間(1573-1615)に，風流才子が良家の令嬢やその侍女と次々に夜を共にするという*『金瓶梅』に類した艶情小説の流行がある。また，近隣のジャンルとして，唐代以来，才子と妓女の恋物語もあるが，才子佳人小説はあくまで良家の子女の詩文のやり取りを通じた恋愛とその成就を核とする。主人公がしとやかな深窓の令嬢と活発な男装の麗人を二人とも妻にする趣向は定番であるものの，放恣な性遍歴は描かれない。内容は類型的であるが，『金瓶梅』と『紅楼夢』の間に位置し，恋愛小説の変遷史において重要な意義を有する。 (岡崎 由美)

さいじき【歳時記】 1年の季節に応じた年中行事，日常生活を記した書物の総称。後漢末以前の資料は不明だが，『礼記』月令篇に，1年12か月の年中行事の記録があるのを最古とし，後漢の崔寔に『四民月令』がある。南朝梁の宗懍の*『荊楚歳時記』が最初のもので，隋の杜公瞻によって注釈が施され，年中行事や民衆の生活風習をも併せ記す「歳時記」が完成し，隋の杜台卿の『玉燭宝典』も同じころに成立した。唐代以後『輦下歳時記』(撰者未詳)，『秦中歳時記』(李綽)などの「歳時記」が著された。
(西村 富美子)

さいししょ【才子書】

才子必読の書という意味。一般には明末清初の文学批評家である金聖嘆が選んだ「六才子書」すなわち『荘子』、『楚辞』の「離騒」、『史記』、「杜詩(杜甫の詩)」、『水滸伝』、『西廂記』の6種を指す。金聖嘆は幅広い書籍を読み、各種宗教に通じ、様々な古書に評点を施したが、特に上記の6種を高く評価した。金聖嘆は6種全てに批評と注釈を加える予定であったが、『水滸伝』と『西廂記』について完了したのみで終わり、『水滸伝』を『第五才子書』、『西廂記』を『第六才子書』と呼んだ。この金聖嘆の才子書が非常に流布したため、毛宗崗批評『三国志演義』が完成したとき、版元が「第一才子書」と勝手に名付け、さらに金聖嘆の序文を偽造して出版したり、また毛宗崗の父毛綸(号は声山)が『琵琶記』に評をつけ「第七才子書」と名付けるなど、後に金聖嘆の「六才子書」以外のものに才子書の名が冠されることもあった。　　　　　　　　　　　　(上野 隆三)

さいしちゅう【崔子忠】

?～1644(崇禎17)。明末変形主義の画家。莱陽(山東省)の人で、北京に居寓していた。初名は丹、字は開予、後に名を子忠に、字を道母に改めた。号は北海・青蚓。諸生(県試・府試に合格したもの)。崇禎年間(1628-44)に活躍し、明滅亡の際に土室に入ったまま餓死したという。人物画を得意とし、当時の画壇で人物画といえば「南陳北崔」として陳洪綬と並称された。明末変形主義の特徴であるデフォルメされた形態感覚は両者に共通しており、代表作として『杏園夜宴図』(米国、個人蔵)、『雲中玉女図』(上海博物館蔵)などがある。清史稿504　　(板倉 聖哲)

さいじつ【歳実】

暦法用語。1太陽年の長さの分子をいう。たとえば、元の授時暦の歳実は365万2425分で、これに対する分母が1万分なので、1年の日数は365.2425日となる。このことばは唐の崇玄暦に初出するが、他の暦法では歳実以外の名称で呼ぶことも多く、数値も暦法ごとに違う。なお、授時暦と宋の統天暦では、1年の長さが先秦などの過去にさかのぼるほど長くなる。このような年の長さが時間の経過とともに変化するという考えを歳実消長という。　　　　　　　(新井 晋司)

さいしのかん【采詩官】

地方や民間に伝わる歌謡を採取する官職。『漢書』芸文志に『詩経』の説明として、古に采詩官があり、集めた詩歌によって王者が風俗を観察し、政治の参考にしたと言う。『礼記』王制にも天子が5年に1度の巡狩の際に大師に命じて詩を採取し、その風俗を観察したと言う。『詩経』と王者の政を結びつける采詩官の存在は、実在というよりは儒教的理念の産物である。　　　　　　　　　　　　　　(牧角 悦子)

さいしゅ【祭酒】

祭酒とは古代の儀礼で年長者が参会者を代表して酒を地に注いで祭るところから生まれた役職名で、漢代では侍中祭酒とか博士祭酒など同一官職の年長者に祭酒を冠した。一般の尊称に用いられたり、後漢末の天師道集団では信徒を指導する幹部の職名としても採用された。西晋代に太学と並んで貴族の子弟を教育するため国子学が設置されたが、その学長を国子祭酒と称し、その名称は歴代用いられて清朝まで存続した。　　　　　　　　　　　　　　(東 晋次)

さいしゅくどうこしせん【采菽堂古詩選】

漢魏六朝の詩の選集。別名『采菽堂定本漢魏六朝詩鈔』。正集38巻、補遺4巻。1706(康熙45)年刊。清初の陳祚名(1623～74)撰。陳祚名は、字は胤倩、采菽堂はその書斎の号。明の馮惟訥『古詩紀』にもとづき、「情」と「辞」を兼ね備えた詩を、総計4487首選ぶが、80首以上を採られる詩人は、阮籍・陸機・陶淵明・鮑照・謝朓・沈約・庾信であり、明代の一般的な評価に比して六朝詩への傾倒の強いことが看取される。凡例では、王世貞・李攀龍・鍾惺・譚元春などの詩観について批判を加えながら、自らの選詩の基準を示し、さらに詩人ごとに小伝と総評を記して、詩ごとに簡評を加え、特に注意すべき詩篇については、句法や詩語などについて細かく論評して自身の詩論を展開するほか、唐宋以来の詩話等をたびたび引用する。上海古籍出版社刊の校点本(2008年)がある。　　(齋藤 希史)

さいじゅつ【崔述】

1740(乾隆5)～1816(嘉慶21)。清代の学者。直隷大名(河北省)の人。字は武承、号は東壁。1760(乾隆25)年に副榜、62(同27)年に挙人となった。福建の羅源・上杭の知県を歴任後、著述生活に余生を送った。経書の伝・記・注・疏が経文と一致しない点からその信憑性を疑い、先秦古史の考証に努めた。経書以外の記述への懐疑的な態度や古史伝説に対する批判的な精神は、近代の日中歴史学界の疑古思潮に大きく影響した。著作に『考信録』、文集『無聞集』、詩集『知非集』等があり、全集に弟子の陳履和が編纂した『崔東壁遺書』がある。清史稿482　　　(陳 捷)

さいしょ【晒書】→曝書

さいしょ【載書】→盟書

さいしょう【斎醮】

道教の祭儀の総称。本

来，斎は醮に先立って行われる潔斎を，醮は祭壇を設けての天神への祭祀を意味した。しかし，この両者は完全に区分されるわけではなく，両者があいまって一連の祭儀を構成している。南朝宋の道士陸修静によって金籙斎・玉籙斎・黄籙斎などの斎儀が整備されたが，唐宋以降は羅天大醮などの醮儀が盛んになった。　　　　　　　　　　　　　　(麥谷　邦夫)

さいじょう【蔡襄】　1012(大中祥符5)～67(治平4)。北宋の書家。仙遊(福建省)の人。字は君謨(くんも)，諡は忠恵。蔡京・蔡卞の従父。官は知制誥・龍図閣直学士をへて，端明殿学士に至り，没して吏部侍郎を贈られた。欧陽脩らと深く交わり，韓琦・范仲淹(はんちゅうえん)を助けて反対派をきびしく攻撃した。書は蘇軾・黄庭堅・米芾と併称される宋の四大家の一人である。書名は当時から高く，仁宗は心からかれの書を愛し，元舅の隴西王李用和の墓銘を建てた際，蔡襄に命じてそれを書かせた。また「科斗・小篆・籀文・楷隷・行草・章草・顛草(頭髪を墨にひたして草書を書くこと)の，どの書体をとっても，絶妙の域に達し，中でも特に行書を得意とした」という(『宣和書譜(せんなしょふ)』)。

はじめ院体の書風で名のあった周越を学び，のち顔真卿を学んだというが，唐代の名家はことごとく学んだようである。王羲之(おうぎし)系の法にも通じた。楷書では『万安橋碑』，行書では『陶生帖』(台北，故宮博物院蔵)，『山居帖』などがある。茶人としても著名で，『茶録』『荔枝譜(れいしふ)』の著述がある。文集に『蔡忠恵公集』がある。『宋人軼事彙編』9に記事がある。宋史320　　　　　　(大橋　修一)

ざいしん【財神】　財を司る(すなわち金儲けの)神の総称。関羽・比干・五顕神・玄壇趙元帥など，さまざまの神が信仰される。武財神と文財神があり，三国蜀の名将関羽や玄壇趙元帥(趙公明，殷の人とも秦の人ともいう)は武財神，殷の忠臣比干や陶朱公(范蠡(はんれい))あるいは増福財神が文財神とされる。また，五顕財神(五通神・五路神)は，東・西・南・北・中の五方の富を集めるとして，財神として祀られるが，『三教源流捜神大全』では，唐の光啓年間(885-888)に天から降った5人の神とされる。　　　　　　　　　　　　　　(森田　憲司)

さいせいえん【再生縁】　清代中期の長篇弾詞。20巻80回。陳瑞生著。婚約者が遠征中捕虜になり，その恋敵との結婚を強いられた元の才女孟麗君は男装して家出をし科挙に合格，やがて宰相となる。その後も父や戻った婚約者を騙し通すが，結局露見し大団円となる。露見までの17巻が陳瑞生の作で，未完成のまま没し，流布した。構成や心理描写などは他の才子佳人ものを越えている。団円に向かう末3巻は梁徳縄による続作だが筆致・展開とも平凡である。　　　　　　　　　　　　　(笹倉　一広)

さいせきき【采石磯】　安徽省馬鞍山(ばあんざん)市の西南7kmの，長江中に突き出た高さ約50mの険しい岩山の名。古くは牛渚磯(ぎゅうしょき)とも呼び，もと当塗県に属した。ここは，対岸(和県)の横江浦への渡し場にあたり，古来，長江沿岸の戦略要地として重視された。唐の李白は晩年の月夜，このほとりに舟を浮かべて酒を飲み，水面に映る月を捉えようとして溺死したという。この終焉伝説によって，当地は唐の後期以降，詩仙李白の詩と人生を象徴する詩跡となる。　　　　　　　　　　　　　　　(植木　久行)

さいそん【犀尊】　→小臣艅犠尊(しょうしんよぎそん)

さいちゃぎ【採茶戯】　伝統演劇の劇種名。採茶戯は，湖北・安徽・江西・福建などの各省に広く分布し，各地の地名を冠して「〇〇採茶戯」と呼ばれる。湖北省東部の黄梅県一帯は有名な茶の産地で，早くから茶摘歌(採茶歌)が元宵節の灯会などでうたわれていた。それが演劇化したのが黄梅採茶戯である。黄梅採茶戯の音楽は，打鑼系音楽(打楽器と帮腔(ほうきょう)のみ)に属し，板腔体の正調と小歌から成る。演目には『烏金記』や『過界嶺』など。乾隆年間(1736-95)の水害で，黄梅から多くの芸人が南下し，安徽・江西に黄梅採茶戯を伝え，安徽の採茶戯は黄梅戯となり，江西省北部の採茶戯(南昌採茶戯・景徳鎮採茶戯など)にも打鑼系音楽が伝わった。江西省には古くから灯会と茶摘歌とが結び付いた採茶灯・茶籃灯という独自の歌舞中心の芸能があり，それが演劇化して江西の採茶戯となった。最も古いのは明末清初頃の贛南採茶戯であり，客家(ハッカ)の居住する江西省南部から広東省北部に分布，のち江西省の各地に広まった。その音楽は，灯腔・茶腔と小歌から成る。動物を真似た動きや独特の矮子歩(京劇などで用いる背の低い男の歩き方をまねる矮子歩とは異なり，半ば膝を曲げたり，うずくまるような姿勢から，右手の扇と左にしかない長い水袖を用いて舞うように歩く)に特徴がある。演目には『九龍山摘茶』『睄妹子』など。

また，土地革命時期に作られた中国共産党の宣伝歌には，贛東採茶戯のメロディを用いたものもある。　　　　　　　　　　　　　　(松浦　恆雄)

さいちょう【最澄】　767(神護景雲元)～822(弘仁13)。平安時代の僧，日本天台宗の祖。比叡山延暦寺の開基。近江国滋賀郡の人。12歳で国分寺に入り15歳で得度，最澄と名乗った。803(延暦

22・唐の貞元19)年，入唐還学僧となり遣唐使第2船にて明州(浙江省)に上陸後，天台山を巡礼，台州で道邃・行満に天台教学を，翛然に牛頭禅を，越州では順暁に金剛界灌頂を受けて帰国，筑紫に関東にと教化活動を展開した。『顕戒論』などを著し，清和天皇より日本最初の大師号，伝教大師を贈られた。

(藤善 眞澄)

さいちょう【蔡沈】 1167(乾道3)～1230(紹定3)。南宋の儒学者。建州建陽(福建省)の人。字は仲黙。「さいちん」とも読む。生涯出仕せず，九峰に隠棲して講授したので九峰先生と称せられた。彼の学問は父の蔡元定を承け，その著『洪範皇極内篇』は父未完の説を完成させたものだという。また父と同様に朱子の門に入る。彼の名を後世に知らしめたのは，晩年の朱子の命を受けて作成した『書集伝』全6巻である。また朱子の終焉記『夢奠記』がある。『宋元学案』67に伝がある。宋史434

(野間 文史)

さいちょうしゅう【才調集】 唐代の詩人の詩の総集。10巻。五代前蜀の韋縠の撰。各巻ごとに詩100首，計1000首を載せる。唐代の詩人を網羅するが晩唐の詩が最も多く，杜甫の詩は収めない。唐人の編纂した選集のなかで最大の規模であり，作者名等に問題はあるが他に見られない詩人の佚詩を載せる。『四部叢刊』集部，『唐人選唐詩八種』(明の毛晋撰)また『唐人選唐詩十種』(中華書局上海編輯所編，1958年)等に収録。 (西村 富美子)

さいちん【蔡沈】 →蔡沈

さいてつぶんこう【祭姪文稿】 顔真卿が，安史の乱で犠牲となった甥の顔季明の霊に捧げた祭文の草稿。758(乾元元)年に書かれた。台北の故宮博物院蔵。『祭伯父文稿』『争座位帖』と合わせて，顔真卿の三稿と総称される。古くから王羲之の『蘭亭序』とこの三稿は，草稿の中でも歴史的な傑作として喧伝されている。

755(天宝14)年，安禄山の反乱軍が河北一帯を侵攻し，唐朝の諸軍がほとんど反乱軍に屈した中で，顔真卿と従兄の顔杲卿は敢然と義軍を出した。顔杲卿は常山郡の太守に任じられたが，裏切りによって常山城には援軍が送られず，賊軍によって陥落した。この時，顔杲卿の目の前で息子の顔季明は首を刎ねられ，顔杲卿も洛陽に送られて惨殺された。その後，顔真卿は顔杲卿の長男顔泉明を遣わし，二人の遺骸を捜して持ち帰らせ，故郷の墓地に会葬した。このとき，顔杲卿は片足，顔泉明は頭蓋骨しか捜し出せなかったという。一族が悲惨な最期を遂げた状況で書かれた。『祭姪文稿』は，憤懣やるかたない激情が紙面に滲み出て，見る者を圧倒する。書き直しの痕がまざまざと残り，筆を進めるにつれて押し寄せる感情の起伏を窺うことができる。

元の張晏・鮮于枢・周密・屠約・僧徳一や，清の徐乾学・王頊齢・王図炳・乾隆帝らの跋文があり，呉廷の『余清斎帖』，文徴明の『停雲館帖』，董其昌の『戯鴻堂法帖』などに刻入された。

(富田 淳)

さいとう【彩陶】 黒陶とともに新石器時代を代表する土器。アンダーソンによる1920年代の河南省澠池県仰韶村の調査ではじめて中国における新石器時代の存在が明らかとなった。そのときに見つかった特徴的な土器が彩文土器，すなわち彩陶である。アンダーソンが調査していた頃，西アジアではすでに新石器時代の彩文土器が知られていた。そのため，中国の彩陶は西アジアから伝わったと考えられた時期もあった。しかし，現在では，中国の彩陶は独自に生まれたものであることが判明している。ただし，アジアの西と東の二大農耕起源地で新石器時代にそれぞれ彩文土器が発達したという点は重要であろう。最古の彩陶は，紀元前5千年紀の黄河上流域の大地湾文化に現れ，遅れて黄河中流域の裴李崗文化の後半にも少量現れる。いずれも，赤褐色系の泥質土器，すなわち泥質紅陶の盛食器の口縁部に帯状の赤色塗彩をほどこす単純なものであった。地の色と異なる色の化粧土を使うところから起源したのであろう。長江流域でも黄河に遅れることなく，中流域の皂市下層文化や城背渓文化などで見つかっている。白色の化粧土の上に赤色や褐色で，帯状文・斜線文・鋸歯文などが複合するなどより複雑であり，また，盤など，施文される器種の点でも黄河流域とはやや異なる地域性を示している。この彩陶は新石器時代後期には遼河流域から長江流域の広範囲に広がる。ただし，もっとも発達したのは仰韶文化やその後の馬家窯文化の広がった黄河中上流域であった。彩文は泥質紅陶に黒色でほどこされるのが基本であり，彩陶の時代は紅陶の時代といってもよいのであるが，さらに化粧土をかけた上に文様をほどこすものもある。大渓文化や大汶口文化では黒以外に赤色や白色，灰色などを用いた文様が描かれた。絵筆などを用いた彩画表現は，沈線や隆起線より自由で豊かな図像世界の創造を可能とし，単色から多色へとさらに表現力は増していった。彩文には幾何学的なあるいは流線状のモチーフなど抽象的な文様が多いが，具象的なモチーフもある。仰韶文化の半坡類型には人面や魚さらには人頭魚身，蛙などの図像があり，次の廟底溝類型には鳥のモチーフが多用される。紀元前4千年紀中頃，黄

河流域から長江流域の広い地域に黄河中流域の廟底溝類型と共通した文様モチーフが広がる。その後，彩陶は各地で再び地方化し，しだいに消えてゆく。ただし，黄河上流域だけは馬家窯文化以後も衰退することなく，さらに息長く盛行する。かつては彩陶といえばアンダーソンによって調査されて有名となった甘粛の彩陶が代表とされていたが，それはこのような継続期間の長さと完形土器が墓から大量に発見されることが背景にある。アンダーソンは，これらの一部の土器は副葬専用の土器とし，文様も葬送儀礼と関わるものがあると見た。その後同じものが住居からも出てくることから，その説は否定されているが，副葬用に作られた土器もかなりあったと考えられ，アンダーソンの誤解は無理もないことだったのである。
(大貫 静夫)

さいどう【崔峒】 生没年不詳。没年は786(貞元2)年から790(同6)年の間と推測される。中唐の詩人。井陘(河北省)の人。進士に及第したが，安史の乱のため江南に避難した。大暦(766-779)中，都に在って左拾遺から集賢院学士，右補闕を歴任，建中(780-783)になって潞州(山西省)に左遷された。多くの著名な詩人と詩を唱酬し，大暦十才子の一人に数えられる。五言律詩にすぐれ，送別での贈答や，山水を詠じた作品が多い。新唐書203
(亀山 朗)

さいどう【載道】 文学は儒家の道を伝達するための手段であると主張する文学観。儒家の思想が士大夫の担う文学を支配した中国では早くから儒家的な内容が重視されたが，それが強く主張されるのは中唐の古文家たちからであり，柳宗元は「文なる者は以て道を明らかにす」(『韋中玄に答えて師道を論ずる書』)という。「載道」の語自体は北宋の理学者周敦頤の「文は道を載せる所以なり」(『通書』)に初めてみえ，明の宋濂などによってさらに展開された。
(川合 康三)

さいはく【崔白】 生没年不詳。活躍期は1061(嘉祐6)～88(元祐3)年。北宋の画家。濠梁(安徽省)の人。字は子西。道釈人物・山水にも優れていたが，花竹禽鳥の図がとりわけ巧みであった。熙寧年間(1068-77)初め，宮中の屛風に竹鶴を描いて神宗に気に入られ，画院芸学に補せられたが辞退し，皇帝の命によってのみ描く御前祗応に任ぜられた。五代十国南唐の徐熙の「野逸」と称された画風を取り入れ，水墨技法を花鳥画に積極的に導入し，弟子呉元瑜とともに，宋初以来続いた黄氏体の院体花鳥画を変革した。『双喜図』(台北，故宮博物院蔵)は「嘉祐辛丑(1061)年崔白筆」の款記が描かれた木の幹にある。2羽の鵲を描くため双喜と称せられる本図は，水墨と色彩の微妙な配合，動感豊かな構図，各部の形態・質感の正確な表現など伝称作品中抜群に優れ，崔白様式の基準的作例とされる。
(藤田 伸也)

さいひ【犀皮】 漆芸技法の一つ。西皮・犀毘とも書き，波羅漆とも称した。天然木の木目や大理石の肌のような文様を彩漆の層で再現する技法。最古の遺物として，安徽省馬鞍山市の三国時代呉国朱然墓出土の犀皮耳杯が紹介されており，下層から黄・朱・黒の3色の彩漆を塗り重ねることにより，滑らかな表面に文様を渦巻きのように表すが，文献上の初見は晩唐の『因話録』である。また宋代の文献に登場する犀皮の技法は，彫りを伴う技法として説明されており(『演繁露』)，ミーラン出土の晩唐の革製鎧小札がこれに相当するなど，古い時代の犀皮の実態は解明されていない。明・清代に行われた犀皮は，日本の変わり塗りに近く，高さが不揃いの下地を作っておき，黄・朱・黒など異なる色の彩漆を数層ずつ塗り重ね，最後に全体を研ぎ出すことによって，斑文等を露出させる。なお，日本における犀皮の名称は，朱と黄を塗り重ねた表面に黒漆を塗り，屈輪文を彫り表した彫彩漆の一種を指している。
(日高 薫)

さいふう【采風】 周代の民謡採集の制度として伝えられている。また采詩という。周代では天子が5年に1度全国を巡行し，大夫に命じて集めた詞を陳べさせ，これにより民の風を察したという(『礼記』王制)。「風」は風俗，また風刺の意味もある。民謡により民情と民意を知り，それを政治に反映させようというものである。『詩経』の民謡もこうして集められた詩3000から選ばれたといわれる。采風の制度は周室の衰亡とともに消滅したとされるが，漢代の楽府は采詩を大規模に行っている。
(古新居 百合子)

さいふく【衰服】 喪服の称。凶事に着用するので凶服とも，白布製なので素服とも称する。また，縗服とも書く。衰服の衰には2通りの意味があり，一つは喪服の上衣の称で，もう一つは衣服の心臓に当たる部分に付ける長さ6寸(約12cm)・幅4寸(約8cm)の麻布の称であった。喪服の制が整ったのは周とされており，重い順に斬衰・斉衰・大功・小功・緦麻の五等の喪服(五服)があった。
斬衰は父親・夫・君主等の為の喪服で，服喪期間は3年であるが，この3年の喪は，戦国時代には既にあまり守られていなかったようである。男性は深衣形の衣と裳につける衰経には，苴(大麻

の雌株)製の首絰(縄の鉢巻き)・要(腰)絰(縄帯)がある。苴製の杖を持ち、喪冠は縄纓(大麻の雄株製の冠の紐)の付いたものをかぶり、菅履をはいた。衣と裳は、いずれも目の粗い麻布を裁断したまま縁縫いをせずに仕立てたもので、最も粗末な衣服を表現した。女性の斬衰服は、冠に代わって箭(篠竹)製の笄を挿し、黒繒で髪を包む以外は男性と同じである。

　斉衰服は母親・妻・祖父母等の為の喪服であるが、その服する期間は最長が3年で以下3か月まである。斉衰服以下の喪服は全て縁縫いがなされており、基本的構成は斬衰服と同じであるが、麻布が次第に目の細かい上等なものとなり、冠纓や帯も麻布製である。杖をつく場合は桐製杖となる。大功服・小功服は成人用・未成人用の別があり、子供・孫・叔父・従兄弟等の為のもので、服喪期間は9か月から5か月の別があった。緦麻服は、その他遠い親族の為の喪服で服喪期間は3か月であり、首絰・要絰も麻布となる。
　　　　　　　　　　　　　　　(増田 美子)

さいふく【祭服】 祭事に着用する衣服で、一般には第一礼服である。『周礼』には既に王の吉服として大裘冕や袞冕の名称がみられ、遅くとも前漢頃までには礼服としての冕服の制が成立していたと考えられる。後漢の59(永平2)年に古典に則って祭服・朝服の制が定められたが、この時の祭服には、冕冠以下8種類があった。冕冠は皇帝・三公諸侯・卿大夫の祭服であり、冕から下がる旒(小玉を連ねたもの)及び衣裳の文様で身分を区別した。皇后達の祭服には2種類あり、入廟服は紺色上衣と皂色裳(下半身を覆うスカート状のもの)、蚕服は青色上衣と縹色裳でいずれも上下連なった深衣形であった。頭には仮髻(付け髷)を付け歩揺や簪を飾った。男女ともその衣は垂領で、袖口が大きく開く大袖衣であった。

　魏晋南北朝時代には、後漢の祭服が多少の改変をみながら継承されていき、唐代に更にその制度が整えられた。624(武徳7)年の衣服令では、皇帝の祭服が大裘冕・袞冕以下6種類、皇太子が袞冕、皇后が褘衣・鞠衣の2種類、皇太子妃が褕翟・鞠衣の2種類、諸臣は一品が袞冕、二品が驚冕、三品が毳冕、四品が絺冕、五品が玄冕、命婦(女官)が翟衣と定められた。皇帝の祭服は、656(顕慶元)年に袞冕のみとなった。皇后の褘衣と皇太子妃の褕翟は大礼服的なもので、雉を描いた深衣型衣・紗中単・蔽膝(前掛け)に、綬と玉佩を佩用した。皇后・皇太子妃の鞠衣は親蚕(蚕を飼う儀式)の服で、命婦の翟衣は大礼服・中礼服兼用のものである。いずれも髪形は両博鬢(両方に広く張った鬢)で華樹を挿した。

　分裂時代を経て北宋が中国を統一すると、唐の服制に倣って祭服・朝服の制を定めた。皇帝の祭服の大裘冕は、冬至以外は暑いので裘(子羊の毛衣)を省いた。袞冕は別名平天冠とも称し、天地・宗廟の祭祀、元日受朝等に着用されたが、次第に冕は縮小され、全体に簡素化されていった。諸臣のものも簡略化されて驚冕と絺冕が省かれた。皇后・皇太子妃の祭服も唐代と同様に褘衣・褕翟と鞠衣であったが、両博鬢に冠をかぶった。

　遼では契丹服と漢服とが併用され、祭服にも2種類があった。皇帝の契丹服の祭服は金文金冠・白紗袍・紅帯という構成で、漢服は伝統的な袞冕であるが、金で装飾された。金朝でも袞冕は皇帝の祭服として着用され続けた。元も皇帝・皇太子の祭服には漢族の伝統的な袞冕が用いられ、基本的な部分には変わりないが、文飾等で多少変化をみせている。諸臣の祭服は、籠巾貂蟬冠・貂蟬冠・獬豸冠・7梁冠・6梁冠等があり、垂領仕立ての青や紫の羅衣に紅等の羅裙、紅羅蔽膝で、下には白中単を着て白の方心曲領を着け、綬や玉佩を佩びた。

　明になると、1383(洪武16)年に袞冕の制が定められ、皇帝の袞冕は天地・宗廟等の祭服であった。皇后の祭服も伝統的な褘衣で、髪形も両博鬢で翡翠の円冠をかぶった。諸臣は一〜九品まで皆一様に青羅衣・赤羅裳・赤羅蔽膝で、下には白紗中単を着て方心曲領を付けた。冠は朝服と同じ梁冠で、梁数で位階を区別した。また、帯・綬・玉佩等も朝服と同じである。

　清になると、満洲族の服飾をベースにした朝服が祭服となった。多少の変化をみながらも明代まで継承されてきた伝統的祭服である皇帝・皇太子の袞冕、皇后・后妃等の褘衣等は全て姿を消した。ただ、皇帝の祭服の象徴であった十二章文のみが皇帝の朝袍に付けられた。
　　　　　　　　　　　　　　　(増田 美子)

さいぶん【祭文】 祭祀の時に誦する文。内容は死者を哀悼するもの、雨や晴天を祈願するもの、幸福をもとめるもの、邪鬼を駆逐するものなどがある。形式は散文・韻文・駢文などさまざま。韻文では東晋の陶淵明の「程氏の妹を祭る文」、謝恵連の「古冢を祭る文」のように四言を正統的な形式とする。『文選』には3首の祭文を収める。
　　　　　　　　　　　　　　　(幸福 香織)

さいぶんき【蔡文姫】 →蔡琰

さいゆう【崔融】 653(永徽4)〜706(神龍2)。初唐の文学者。斉州全節(山東省)の人。字は安成。科挙に及第後、文書の起草に関わる官職を歴任、則天武后期における朝廷の重要な文章は、崔融が多くその制作にあずかった。最後は、「則天哀

冊文」の撰述に精神を消耗し尽くして病没した。艶麗典雅な文章は初唐後期の文壇を風靡し，蘇味道・李嶠・杜審言とともに「文章四友」と称された。

旧唐書94，新唐書114　　　　　　　　（亀山　朗）

さいゆうき【西遊記】　明の白話章回小説。全100回。「四大奇書」の一つに数えられる。作者は明の呉承恩とするのが通説である。唐の僧玄奘が単身インドに赴いて経文を持ち帰った故事をもとにしており，小説『西遊記』では，玄奘三蔵がお供に猿の化け物孫悟空，豚の妖怪猪八戒(猪悟能)，水の妖怪沙悟浄を従えて，途中数多の妖怪たちに襲われながら，天竺にたどりつき，無事経文を得て帰るという，仏教世界も道教世界も入り乱れた内容となっている。

玄奘の「西天取経」故事は，玄奘が口述し弟子が書き取った『大唐西域記』と，玄奘の弟子慧立が書いた『大唐大慈恩寺三蔵法師伝』に記されている。こうした故事が世間に流布し，語り伝えられる間に徐々に奇異な説話や神話的要素が加えられるなどの加工が施され，小説『西遊記』の体裁に近づいていったものと考えられる。唐代の筆記の中にはすでに玄奘の超人的な故事が記されているものがあり，「西天取経」故事がかなり早い時期から広く浸透していたことが窺える。南宋頃には講談師の台本的なものと考えられる『大唐三蔵取経詩話』が刊行される。この書には孫悟空の原型である「猴行者」と，沙悟浄の原型と考えられる「深沙神」が登場する。元代になると演劇や語り物でさかんに西遊記ものが演じられたようである。明初の『永楽大典』(巻13139)や朝鮮の当時の中国語教科書である『朴通事諺解』には小説『西遊記』とほぼ同内容の記載が見られ，元代にすでに『西遊記』という名のものが存在したことが窺われる。演劇では，元の陶宗儀『輟耕録』の中の院本つまり金の演劇の題名を記した項に，「唐三蔵」「蟠桃会」などの『西遊記』と関係のありそうな題名がすでに見られる。また，明初には楊景賢の作による『西遊記雑劇』がある。これは全6本，24齣からなり，内容的にはおそらく小説『西遊記』の前段階のものであると考えられる。小説『西遊記』の作者はこれらの材料をもとに，小説の形にまとめたのであろう。

現存する『西遊記』の最も古い版本は明の1592(万暦20)年の世徳堂刊本(『新刻出象官板大字西遊記』)である。それ以降，明刊本としては楊閩斎刊本，李卓吾批評本，簡略化された内容の朱鼎臣編本などが刊行され，清代になると清初の『西遊証道書』や乾隆年間(1736-95)の『西遊真詮』など極めて多数が刊行された。最も流行した版本は『西遊真詮』本であると言われている。また『西遊記』

は遅くとも1700年代初め頃には日本に輸入されたようで，江戸時代の1758(宝暦8)年には早くも最初の翻訳本『通俗西遊記』(訳者は口木山人)が出版されている。その後，『西遊記』の物語は日本でも広く流布し，児童文学やテレビドラマなどでしばしば取り上げられているのは周知の通りである。

『西遊記』の流行により，後世『西遊補』『後西遊記』『続西遊記』などの様々な続編や外伝が創作された。　　　　　　　　　　　　　　　（上野　隆三）

さいゆうきざつげき【西遊記雑劇】　『西遊記』故事を題材とした雑劇のことだが，主として日本で発見された『楊東来先生批評西遊記』を指す。全6本，24齣からなり，唐僧(三蔵)・孫行者・猪八戒・沙和尚と主従一行のメンバーは揃っている。内容的にはおそらく小説『西遊記』の前段階のものであると考えられる。小説『西遊記』の作者はこういった雑劇などの材料をもとに，小説の形にまとめたのであろう。「元の呉昌齢撰」とされたが，戯曲作家の生没年や事跡を記した書物である明の『録鬼簿続編』に楊景賢の作品として『西遊記』が記されていることなどにより，明・清の人が誤って呉昌齢作としたのであって，楊景賢の作と断定された。楊景賢は明初の永楽年間(1403-24)頃に生きた人で蒙古族であったと『録鬼簿続編』にある。ちなみに呉昌齢には『唐三蔵西天取経』『鬼子母掲鉢記』という雑劇作品の一部が現存している。ただし内容的に『西遊記』には影響を与えてはいないと考えられている。　　　　　　　　　　　　　　　　　（上野　隆三）

さいゆうほ【西遊補】　明末清初の白話小説。全16回。作者は董説。『西遊記』の外伝の一つ。火焔山を過ぎた悟空ら師弟一行は大樹の下で休む。皆が眠る中，悟空は新唐国という怪しげな国に行ったり，過去に行って虞美人に変身したり，未来に行って閻魔の代わりに宋の大臣秦檜を裁いたりする。新唐国の将軍に任命された三蔵法師が戦死したところで悟空は目覚め，鯖魚の精に夢を見せられていたと知る。悟空は三蔵法師のもとに戻って鯖魚の精が化けた新弟子を退治し，一行は再び天竺を目指すという内容。　　　　　　　　　　　　　　　（上野　隆三）

さいよう【蔡邕】　132(陽嘉元)～192(初平3)。後漢の文人・学者・書家。陳留圉(河南省)の人。字は伯喈。桓帝(在位146～167)の時，琴の名手として召されるが，宦官の専横をきらって辞退し，『釈誨』を書いて閑居の志を述べる。霊帝の時，郎中・議郎となる。このころ，盧植らとともに東観において『後漢記』(『東観漢記』)の執筆にあたる。175(熹平4)年，自ら願い出て経書のテキスト

を校定し，石に彫らせて太学の門外に立てた（熹平石経）。178（光和元）年，中傷にあって五原郡安陽県（内蒙古自治区）に流され，翌年許されるが，またも誹謗されて呉（江蘇省）に逃れる。189（中平6）年，霊帝が崩じると董卓に召され，祭酒・左中郎将として重用される。董卓が誅されると，蔡邕も董卓との関係を指弾されて獄死した。

蔡邕の業績は多くの面にわたる。学者としては，熹平石経の一部が残るほか，制度について述べた『独断』が今に伝わる。『後漢記』は未完に終わり散逸した。文学の面では，辞賦のほか，大量の墓碑を残し，これを文学ジャンルの一つとして確立する。『文選』に『郭林宗碑文』『陳仲弓碑文』の2篇が採られる。琴の名手であったことは伝記中にもみえるとおりで，後には『琴操』の著者として仮託された。書の分野における貢献も大きく，熹平石経制作にあたっては自らも筆をふるい，巧みな隷書を残した。唐の張懐瓘の『書断』では，職人が戯れに刷毛で字を書くのを見て飛白書（かすれ書き）を創始したといい，飛白・八分の二体において最高位の「神品」に，大篆・小篆・隷書の三体についてそれに次ぐ「妙品」にランクする。また『聖皇篇』『勧学篇』『篆勢』などの書論をも著し，その一部は諸書に引かれて伝わる。他にも術数・天文にも通じたといい，後漢知識人の理想であった「通人」の一典型といえる。後人の編になる『蔡中郎集』がある。蔡琰（字は文姫）はその娘。後漢書60下

（谷口 洋）

ざいりきょう【在理教】 清末から近代にかけて，華北において大きな勢力を持っていた民間宗教の一派。起源ははっきりしないが，在理教の内部に伝えられるところでは，明末山東の人，楊萊如なる人物の創始したものと言う。いずれにせよ明末清初期に，八卦教などの白蓮教系民間宗教の影響を受けながら成立したものと考えられる。近代における在理教は，天津などを拠点として，アヘンや飲酒の禁止，アヘン中毒者の治療などの慈善活動を行っていたことにより知られている。 （山田 賢）

さいれい【祭礼】 祭りに関する礼儀作法または祭りにおける儀礼。『礼記』曲礼下には埋葬が済んだ後に祭礼を読むとあり，同書檀弓上では祭礼は祭りの儀式一般を指す。ただし祭と礼では礼の含意する範囲が広い。広義の祭はまつり一般だが，狭義の祭が天神に対する地の祭祀または天地の郊祀に対する宗廟の祭祀を指すのに対し，礼は広く社会秩序を維持するのに必要な行為や儀礼一般を指す。史料でも祭礼という熟語の実例は少なく，清の考証学者顧炎武の『日知録』「祭礼」で述べられているのは，身分の上下にもとづく祖先祭祀に関する議論であり，その他の祭祀儀礼に関する書物でも，「祭」として扱われるのは宗廟を中心とする廟祭が多い。皇帝制下の中国では，礼は皇帝を頂点とする身分制社会を維持する機能を持ち，身分差の実現が不断に意識されていた。祭祀には礼的秩序を視覚化する役割があり，廟祭等の祭礼を通して，身分差の維持が図られるのが常であった。（金子 修一）

さえき【差役】 唐末・宋・元・明代に地方官庁が徴発した役の一種。職役・郷役・差科ともいう。北宋の差役は農民を資産に応じて9等級，のち両税額に応じて5等級の戸等に分け，戸等に応じて倉庫の管理や物資の輸送（衙前），租税の徴収（里正・戸長・郷書手），郷村の治安（耆長・弓手・壮丁），官庁の雑務（承符・散従等）に従事させた。衙前の役を中心に農民の負担は重く，王安石は差役法を全廃して免役銭を徴収し，職役応募者への俸給とする募役法を実施した。北宋後半・南宋時代には，募役を行う一方で保甲制と合体した差役が復活した。元の差役は各戸を田土・両税・資産の多い順に配列した鼠尾簿に基づき，輪番でわりあてた。新設した職種も多い。明の差役は里甲制をつうじて丁数・両税・資産の多い順に里甲正役（里長・甲首）や雑泛差役（糧長・老人・塘長・書手等）にあてた。後者は賦役黄冊の完成後，上中下3等の戸則によった。中期以降，差役の負担と土地所有との不均衡が拡大した。 （島居 一康）

さえんぶんか【沙苑文化】 華北の先土器石器文化遺存で，1955，56年に陝西省朝邑県・大荔県の砂丘地帯で採集された資料に基づいて命名された。細石器や調整剝離された剝片石器の他に骨珠・動物骨などもある。剝片石器の石材は石英質砂岩が主で，基本的に片面加工である。縦長剝片を利用した比較的小形の尖頭器やエンド・スクレイパー（削器の一種）が多い。細石器の石材はチャート・瑪瑙など多彩であるが，やはり片面加工のものが多い。細石核・細石刃・スクレイパーの他に石鏃も見られる。土器は確認されておらず，後氷期の早期段階に位置づけられる可能性が高い。片面加工が主で一部に礫面を残す成品が見られるなど製作技術の未熟さが特徴的であるが，北方ステップ地帯に広がる細石器文化とのつながりが注目される。（倉林 眞砂斗）

さおしょう【要和尚】 春節から元宵節にかけ，道や広場で演じる民俗芸能。別名，大頭和尚。笑顔の和尚の被り物を被って行う。宋・明代の文献に記載がある。湖北・安徽では3・5・7人の大頭和尚が大きな扇を持ち，男性の扮する女性を追い，戯

れる。江蘇・浙江では1人の大頭和尚が娘をからかう。湖南・四川では大きな扇を持った1人の大頭和尚が金毛獅子と戯れる。この地域の『目連救母』では母が最後に金毛獅子になるため，目連が母を慰める様と言う。　　　　　　　　　　　　　（細井　尚子）

さきゅうめい【左丘明】　生没年不詳。孔子と同時代の魯の大史とも，孔子の門人ともいわれる。『論語』『史記』などに断片的記事があるが，伝記はない。左丘明の『左伝』著作説は『史記』十二諸侯年表序に，『国語』著作説は同書太史公自序に見え，一般には『左伝』『国語』を著した人物とされるが，『左伝』の「左」が左丘明を指すとする確証はない。『左伝』著作説や人物について様々に論議されているが，いずれも決定的根拠を欠いている。　　　　　　　　　　　　　　（田村　和親）

さく【削】　刀子の一種。器身は湾曲し，内側に刃が付けられる。刃部に比して柄部は細く，その末端に環が付くことが多い。殷代に青銅製品として出現する。戦国時代以降，青銅製品は順次鉄製品に置き換えられていった。文献的には，木簡や竹簡の表面を削るためのいわゆる書刀を指すとされるが，出現期からその用途に限定されていたかは不明である。また，どの種の考古遺物に当てるかについても，他種の出土品に比定する説がある。
　　　　　　　　　　　　　　　　　　（中村　慎一）

さく【策】　文体の名。策とはもともと文字を書くための竹の札。官吏候補者に対する天子の試問の文章を策・策問という。経義や政事の問題を策に書いて回答を求めたため，これに答えるのを対策という。『文選』巻36には秀才（州推薦の候補者）への出題である，策秀才文を収録する。また唐の白居易に『策林』がある。　　　　　　（幸福　香織）

さく【幘】　かぶりものの一つで，『後漢書』輿服志には，昔は冠はあったが幘は無く，秦の時に貴賤を区別する為に武将に付けさせた絳袙（あかい鉢巻き）がその始まりであると記されている。これに屋（頂を覆う部分）が加えられたものが幘である。

　元来は冠をかぶらない下級役人のものであったが，貴人も日常服に用いていた。前漢の文帝（在位前180〜前157）の時，頂の高いものや双耳（両耳を覆うように垂れた布片）の付いたもの等種類が増え，諸臣は貴賤の別なく皆かぶるようになった。『晋書』輿服志に「進賢を冠する者は，宜しく耳を長くすべし。今の介幘なり。恵文を冠する者は宜しく耳を短くすべし。今の平上幘なり」とみえ，幘は独立してもかぶられたが，冠とも併用された。進賢冠の下に文官のかぶる長耳の幘が介幘であり，恵文冠（武冠）の下に武官のかぶる短耳の幘が平上幘（平巾幘）である。幘は一般的には黒色であったが，武官と武官府に勤務する者は赤色の幘を，また，立春・立夏・立秋・立冬の迎気の祭祀の時は冕冠の下にそれぞれ気に応じた4色（青・赤・白・黒）の幘を用いた。また，未成年の幘は屋の無い空頂であり，巻幘とも称された。

　唐になると幘の種類もさらに増え，平巾幘は皇帝・皇太子の乗馬の時の冠及び武官の公事のかぶりものとなり，介幘・平巾緑幘は流外官（正流の外の官の称で，内舎人等）や諸局の官人等のかぶりものとなった。また，漢制を継承して，朝服である文官の進賢冠には黒介幘が，武官の武弁には平巾幘が併用された。　　　　　　　　　　（増田　美子）

さく【鑿】　木工具の一種。石製・青銅製・鉄製のものがある。出土品の場合，斧・楔・鏨などとの識別が難しい場合がある。石鑿は紀元前6千年紀の裴李崗文化や磁山文化にすでに出現しており，新石器時代を通じて継続して使用される。青銅製品は甘粛省武威市皇娘娘台遺跡出土の斉家文化前期のものが最古例で，二里頭文化期以降各地で見られるようになる。戦国時代以降，青銅製品は順次鉄製品に置き換えられていったと考えられる。　（中村　慎一）

さくげんにゅうみんき【策彦入明記】　策彦は日本，室町時代の京都天龍寺の僧。その中国旅行の記録。正式には『策彦和尚入明記』という。5巻。策彦は日明貿易の盛行のなか，幕府の使節団の正使あるいは副使として活躍した。彼の2度にわたる渡航の記録，初渡集3巻（1538〜40），再渡集2巻（1547〜48）を合わせたものをいう。寧波〜北京間の運河による往復の見聞を克明に記録していて，当時の中国の社会・経済・文化を知るうえで貴重な史料となっている。　　　　　　　　　（谷口　規矩雄）

さくせい【索靖】　239（延熙2）〜303（太安2）。西晋の書家。敦煌（甘粛省）の人。諡は文靖。張芝の姉の孫。武帝の時，尚書郎となり，死後太常の官を追贈された。書は三国魏の韋誕を継承し，峻険という点では誕よりまさっていた。とりわけ草書に秀で，「かれに草書を学ぶものは雲のごとく集まり，世に並ぶものもなかった」（『書断』）という。著書に『草書状』がある。『淳化閣帖』巻2に『皐陶帖』『七月廿六日帖』ほか章草の作として『月儀帖』などがある。晋書60　　　　　（大橋　修一）

さくもん【策問】　→策

さけん【差遣】 宋代の任官制度の一つ。北宋の元豊年間(1078-85)に実施された官制改革以前，宋代の任官制度には，「官」「職」「差遣」の区別があった。官は，官位や俸禄を確定するための寄禄官のことであり，職とは，一種の栄誉職で，主に文学の士に授けられる館職のことで，一般的には昭文館・史館・集賢館の「三館」と秘閣の官を指すが，必ずしも編集や校訂等の実務をともなわない。一方，差遣とは官員が任用される実務をともなった職務のことである。例えば，地方行政官である知州や知県等がこれに相当する。元豊の制度改正以後は，原則的に官名と職務が一致するようにはかられた。
(木田 知生)

さし【左思】 253(嘉平5)?～307(永嘉元)?。西晋の詩人。斉国臨淄(山東省)の人。字は太冲。儒学者の家に生まれ詩文の才は抜群だったが，寒門出身で風采も上がらず隠棲していた。はじめ「斉都賦」を作り，次いで秘書郎となり知識を博め，三国の都をうたう大作「三都賦」を完成させた。時の司空張華はこれを班固・張衡らの作に並ぶものと評価し，人々が競って書写したので洛陽の紙価が高騰したという。後，秘書監の賈謐に『漢書』講義の命を受けたが，賈謐が誅殺されてからは読書に専念して仕えなかった。詩作品では，門閥社会において出世を断念せざるを得ない無念さを，歴史的故事と豊富なイメージを用いて表現した「詠史詩」8首，俗世と訣別して清浄な自然の中に隠棲することへの憧れをうたう「招隠詩」2首が知られ，後世同趣の作の範となった。南朝梁の鍾嶸『詩品』では，古典の正統を踏んで風諭の趣を得，比類のない個性を持つと評価される。晋書92
(西岡 淳)

さじ【左慈】 生没年不詳。後漢～三国魏の方士。盧江(安徽省)の人。字は元放。曹操の面前で神奇な術を披露したため，危険視されて命を狙われるが，変化と分身の術を自在に駆使してその追跡を逃れた。彼より葛玄，鄭隠を経て，『抱朴子』の著者である晋の葛洪にその仙道が伝わる。彼の伝えた仙道は金丹服用による昇仙を第一とするのが特徴で，葛氏道と呼ばれ，以後の道教に少なからぬ影響を与えた。『神仙伝』に伝がある。後漢書82下
(亀田 勝見)

さししゅんじゅう【左氏春秋】 →左伝

さしひょう【査士標】 1615(万暦43)～98(康熙37)。明末清初の山水画家。休寧(安徽省)の人。のち揚州に流寓した。字は二瞻，号は梅壑。明末に諸生となったが，清朝には仕官せず，専ら書画を制作した。画は初め倪瓚を，後に黄公望・呉鎮・董其昌を学び，筆墨を抑制した簡朴な作風を特徴とする。作品は1695年の『桃源図巻』(カンザスシティ，ネルソン・アトキンズ美術館蔵)などが現存する。漸江らとともに新安四大家の一人。書は董其昌を学んだ。著に『種書堂遺稿』がある。
(救仁郷 秀明)

さじん【左袵】 →右袵

さしんこう【査慎行】 1650(順治7)～1727(雍正5)。清初の詩人。浙江海寧の人。初め名は嗣璉，字は夏重。後に名を慎行，字は悔余に改める。号は他山，また査田。初白先生と称する。その改名は1689(康熙28)年，孝懿皇后の喪中に北京の洪昇宅で趙執信等と共に『長生殿』を上演したという不敬罪に連座したのを契機とする。

明清の変革後に生まれた清初の詩人たる査慎行には，朱彝尊や王士禛(後に王士禎に改名)のような清朝への屈折した意識は薄い。清初にあって彼は宋詩を尊崇し，北宋の蘇軾，南宋の陸游に傾倒する。王士禛の序によれば，師匠の黄宗羲は査慎行の詩を陸游の詩に比したという。「白描」と称される軽快で淡麗な詩風，また1万首を越える多作には両者相通ずるものがある。後輩の趙翼『甌北詩話』に於て，李白や杜甫，蘇軾や陸游，更には清初の呉偉業と並んで査慎行の詩が顕賞されたことによって評価が定まった。著作に『敬業堂詩集』50巻，『敬業堂続集』6巻，『盧山志』8巻，『蘇詩補注』50巻等がある。清史稿484
(竹村 則行)

させいぶんか【沙井文化】 甘粛省民勤県沙井遺跡を標識とする文化遺存で，春秋戦国時代に並行。甘粛省河西地区の東部を中心に分布する。三角城(甘粛省永昌県)では，土城壁の他に屋内炉を伴う円形の平地式住居址や貯蔵穴が発見された。墓坑の多くは竪穴を掘ってから横掘りしたタイプで，東北頭位の仰身直肢葬が多い。遺骸は編物・織物で覆われるかくるまれており，耳環をつけトルコ石を口に含むものがある。牛・馬・羊などの頭部や四肢が添えられたが，内訳は副葬品と同様に較差が著しい。人の殉葬墓や人骨を伴う祭祀坑も検出されている。副葬土器は多くない。夾砂質の紅陶が主で，各種罐・坏などがある。縄文・刻画文の他に，三角文・矢羽文などの彩文も散見される。装飾品・工具・武器など豊富な青銅器に加えて，楡樹溝(甘粛省永登県)の墓葬では若干の鉄器を伴う。

三角城の放射性炭素年代測定法による年代は春秋時代早期を示し，楡樹溝の墓葬は戦国時代まで下ると考えられる。このような年代観や分布範囲をふま

え沙井文化を先「月氏」と結びつける考えもある。また，一部の装飾品や動物意匠は匈奴文化と類似する。
(倉林　眞砂斗)

ざぜん【坐禅】　結跏趺坐(或は半跏趺坐)して静慮(瞑想)し，また三昧(心が統一された境地)に入る修道法。禅は梵語 dhyāna の音写，静慮と漢訳され，三昧は梵語 samādhy の音写で，定と漢訳される。インドでは古来行われていたものであるが，6年の苦行を否定した釈尊が菩提樹の下に端坐静思(坐禅)して成道されたのにより，仏教の修道法となる。後漢安世高訳の『安般守意経』に既にこの語が見え，古くより使われていた。中国に伝播した当時の坐禅は，インド以来の伝統的な禅法を修するものであった。外界の不浄を観じて貪欲を止める不浄観，出入の息を数えて心を治める数息観，因縁の道理を観ずる因縁観，仏を観念する念仏や四念処観(身は不浄・感受は苦・心は無常・法は無我)などであり，隋の天台智顗は『摩訶止観』で体系化し，坐禅の作法及び注意と心得を『天台小止観』(修習止観坐禅法要)にまとめる。『天台小止観』は唐の宗密の『円覚経道場修証儀』を経て，宋の長蘆宋賾の『坐禅儀』となり，わが道元の『普勧坐禅儀』となる。

北朝北魏末に西来した菩提達摩は大乗安心の法なる壁観を伝え，唐初の楞伽宗・東山法門の革新的な禅の実践運動を経て南北の禅宗に分かれる。北宗は従来の漸修的修道法としての坐禅を守るものであったが，南宋の慧能・神会は坐禅を定慧一如の心の問題に収斂し，馬祖道一は「本と有り今有り，修道坐禅を仮らず，不修不坐即ち是れ如来清浄禅」といい，作為的目的意識を持ち，何らかの価値や効果を求める坐禅を否定するに至る。しかし，坐禅そのものが否定されたのではない。宋代に臨済宗では公案を用いる看話禅が起こり，坐禅は公案に参入究明し，仏祖の境地を追体験する修法となり，曹洞宗では悟りそのものの坐禅(黙照禅)を唱えた。宋代以後，坐禅と念仏が結びついた念仏禅が主流となる。また宋の道学において実戦的学問方法として取り入れられ，静坐となった。
(西口　芳男)

さつ【煞】　北曲の曲牌の一つ。套曲(組曲)の尾声の前に置く曲牌の変化体で，数曲運用ができる。例えば元曲の正宮「端正好」套曲は，「端正好」→「滾繡球」→「倘秀才」→「叨叨令」→「快活三」→「鮑老児」→「耍孩児」→「二煞」→「一煞」→「煞尾」(関漢卿『竇娥冤』第三折)よりなり，「耍孩児」の後の煞は「耍孩児」という曲牌の変化体である。最後は煞を尾声としているので煞尾と呼ぶ。煞は音楽の種類によって，煞声・煞板・煞衮などの呼び方もある。
(孫　玄齢)

ざっか【雑家】　現存する最古の図書目録である『漢書』芸文志では，「諸子十家」の一つに数えて，『孔甲盤盂』26篇，『五子胥』8篇，『子晩子』35篇など20種393篇を挙げ，「儒(家)墨(家)を兼ね，名(家)法(家)を合す」と定義するが，特定の主義・主張を持つものではなく，さまざまな思想が混ざり合っているため，他の諸子のどれにも分類しきれないような思想家をさす。その代表的著作として戦国時代末期に呂不韋が編纂させた『呂氏春秋』26篇と，漢代に入って淮南王劉安が編纂させた『淮南子』21篇とがある。前者は「天地・万物・古今の事を備え」，「よく一字を増損する者あらば千金を与えん」と豪語したことからもわかるように，戦国諸子の思想を総合・網羅することを目指したものといえる。後者は根本的存在として『老子』の道を設定し，それに諸子の思想を折衷したもので，漢代初期における諸子の思想の実体を知る上で参考になる。
(影山　輝國)

さっき【劄記】　文体の一種。札記とも書く。読書の後，得たところ気づいたところを書きしるしたもの。概して文章の校勘や考証が多い。宋代には，魏了翁の『古今考』，朱子の『韓文考異』のように「考」あるいは「考異」という。劄記の名称を書名に用いたのは，清の閻若璩『潛邱劄記』に始まる。「劄」の音は本来「トウ」だが，「札」と通用して「サッキ」と読み慣わしている。
(幸福　香織)

さっくかんぷ【殺狗勧夫】　戯曲の名。貧しい弟を軽んじ無頼の徒と交わる夫を妻の楊氏は見かねて一計を案じ，犬を殺し服を着せ偽の死体を作る。何も知らない夫は死体を見て殺人の嫌疑を恐れ，無頼仲間にその始末を頼むが断られ窮する中，弟は危険を顧みず，死体を背負い郊外に埋めてくれ，兄は改心するというもの。元の蕭徳祥の雑劇『楊氏女殺狗勧夫』と，筋がより複雑な明初の徐畽の作とされる伝奇『楊徳賢婦殺狗勧夫』がある。後者は一般に『殺狗記』と称され，四大伝奇の一つに数えられる。
(笹倉　一広)

ざつげき【雑劇】　伝統戯曲の形態の一つ。宋の雑劇と元の雑劇に二分される。前者は，宋代に大いに流行した原初的な形態の演劇で，孟元老の『東京夢華録』や周密の『武林旧事』に記載があるものの，その脚本は伝わらない。後者は，一般には元曲と称されることからも分かるように，元代を代表する文学ジャンルともなり，きわめて完成度の

高い形態を持つ。音楽面では北方の音楽が用いられることから，北曲とも呼ばれた。その構成は，のちには折とよばれる4つの段落からなり，歌と台詞によってストーリーが編み上げられていく。また同じ頃に生まれた戯文とは異なり，一人独唱，すなわち一つの折では一人の人間しか歌唱を担当しないのがその特徴である。元刊本が30種現存するのをはじめ，150種をこえる作品が伝わっている。

（赤松 紀彦）

ざつげきさんしゅう【雑劇三集】 清の戯曲集。1662(康熙元)年頃，沈泰の『盛明雑劇』初集・二集の後を承けるべく，鄒式金により編まれた。巻頭には呉偉業の序がある。呉偉業の『通天台』『臨春閣』以下，鄒式金の自作『風流塚』まで，尤侗・孟称舜ら同時代の作家の雑劇34篇を集める。雑劇衰退期の作だけに，いずれも文人による読むためのもので，上演には適さないが，虚構の中に激動の時代に生きた人々の感慨が多く込められており，興味深い。

（小松 謙）

ざつごんし【雑言詩】 詩体の一つ。1首の詩篇中，1句の字数が定まっておらず，三言・四言・五言などさまざまな長さの句によって構成されるもの。句の長短，その配置などについて決まった規則はなく，押韻もかなり自由である。『文心雕龍』明詩篇に「三・六・雑言に至りては，則ち篇什（『詩経』の詩篇）より出づ」とあるように，古くは『詩経』の詩に見え，また，楽府詩に多く見られる。

（森田 浩一）

ざつさい【雑彩】 明時代嘉靖年間(1522-66)の景徳鎮官窯で盛んに作られた，五彩磁器の一種。白磁を焼造してから文様を描き，その文様だけでなく背景を隙間なく色彩で埋め尽くす，濃厚な作風の一群である。すでに永楽官窯で，その技法が試みられていたが，嘉靖官窯で最も多く作られた。紅地黄彩・黄地精化・緑地紅彩など様々な色彩の組み合わせがある。見込み方形の桝鉢や瓢形瓶など，形に凝った小品ばかりである点も特色である。

（矢島 律子）

さっし【劄子】 公用文の一種。劄文・札文・札子ともいう。2つの意味があり，ひとつは上奏文のうち，表でも状(事実・現実を陳述・奏上する文)でもないもの。唐代に「牓子」といい，宋代には「劄子」といった。奏劄・劄ともいう。もうひとつは上官より下級官吏に与える公文書。飾文ともいう。「劄」の音は本来「トウ」だが，「札」と通用して「サッシ」と読み慣わしている。

（幸福 香織）

ざっし【雑詩】 『文選』の詩の類目。補亡・述徳以下の類目に分類できなかった詩を収める。雑詩という類目に収められた詩の中には，「雑詩」という詩題の作品が多く見られるが，一説には本来の詩題が失われたものをそう名づけたといい(空海『文鏡秘府論』)，一説には即興の詩をそう名づけたという(『文選』29，王粲『雑詩』李善注)。後世，詩人自身が雑詩という詩題をつける例は多いが，その場合は，即興詩というに近い。

（森田 浩一）

さっしぼん【冊子本】 巻軸装に対して紙を平面に束ねて製本した書物。冊は最も古い書籍の単位で，殷・西周時代に甲骨文が刻まれた亀甲を連綴したものが冊と呼ばれていた(亀冊)。また，西周から秦・漢を通じて行われた竹簡・木簡を麻縄で連綴したものを策と称したのは，策が冊と同音で，冊の意味を借りたものであった。つまり冊は文字を記した小片を繋いだまとまりを指していたのである。漢代以後，書写の材料が絹や紙に変化すると，絹紙は竹木に比べ1枚の規格が大きいために，繋ぐよりも巻くことに重点が置かれるようになり，数える単位は冊・篇から巻へと移り変わり，巻きあげた1本を巻子本と呼んだ。唐代，書写材料が紙に定着すると1枚の大きさも限定され，装訂法に工夫が凝らされるようになった。旋風葉を過渡期として，宋・元代に蝴蝶装，明・清代に線装と，次第に巻くから綴じる(繋ぐ)に主眼が逆もどりし，再び各葉を繋ぐ冊葉という観点に変化していった。このような背景から，冊子本は巻子本に相対する言葉として用いられている。

（高橋 智）

さっせい【殺青】 古人が竹簡(竹ふだ)に書写して記録を行っていた時代に用いられた言葉で，宋代の類書(百科全書)『太平御覧』606には次のような漢代の解説を引用している。「新竹に汗(汁)有りて善く朽(折)蠹す。凡そ簡を作る者は皆火上に於て炙り，之を乾かす」。すなわち，青竹(新竹)を火で炙り，脂(汗・汁)を取り去ると字が書きやすくなり，虫害(朽蠹)防止にもなったことから，この作業を殺青と呼んだ。また，竹簡上での校定を終えた後に，はじめて絹に清書して定本ができたことから，今では，書物が成立し出版準備がなされたことに喩えて用いられる。

（高橋 智）

ざったいし【雑体詩】 一般的な詩体の枠組みでは括りきれない詩の総称。字形や声律，句法や押韻において独特の工夫を見せ，ままパズル的要素を持つ。離合詩・回文詩などがある。また，拗体(平仄における変体)や蜂腰体(対句における変体)の詩のように，近体詩のきまりを少し踏み外した，変

さっとら【薩都剌】 生没年不詳。元の詩人。トルコ系の色目人という。祖父の代に雁門(山西省)に移り住んだので，みずから雁門の人と称した。薩都剌は Saʻd Aallāh (サアドゥッラー)というアラビア語の名前を音訳したもの。神の福の意で，彼の字の天錫はこれを意訳したものであろう。号は直斎。1327(泰定4)年に蒙古色目人の科挙に合格し，九品から七品にあたる録事司達魯花赤，粛政廉訪司経歴などの職を歴任，江南をはじめとする中国各地を歩いた。彼の詩は晩唐の詩を継承するとの説もあるが，基本は李白に学んだもの。その羈旅詩，山水詩は繊細で清潔な叙情に溢れ，彼の詩を代表する。彼の詩には時に大胆な比喩を用いた警句も見られ，政治の矛盾や官吏の腐敗を描く社会詩もある。当時は楽府や宮詞で名を成したという。今日は元の所謂四大家(虞集・掲傒斯・楊載・范梈)を圧して，元中期以後の随一の詩人とされる。詩集『雁門集』14巻がある。 (高橋 文治)

さっぷげんき【冊府元亀】 北宋の四大類書の一つ。1005(景徳2)年真宗の勅命で編纂が始まり，13(大中祥符6)年に完成。全1000巻で，31の部と1116の門から成る。王欽若と楊億の二人が編纂の責任にあたる。冊府とは古の書冊を蔵した役所，元亀とは古の占いに用いた大きな亀の意，古来の記録を一堂に集めた書物という意味の美称である。

太古から五代までの人事人物に関わる記事を，主に『史記』以来の歴代17正史から集め，部門ごとに時代順に配列する。君主独裁制が定着した北宋期に，君主に政治上の指針を与える帝王学の書として編纂されたが，関係する事柄を系統的かつ網羅的に知ることができるところから，中国のみならず朝鮮や日本でも珍重された。

本書完成後，真宗は刊本にして広く読ませることにした。それが1020(天禧4)年の北宋初刻本となる。その後様々な形で刊行されるが，今日では，1642(崇禎15)年にできた明刊本(崇禎本)が最も通行する。他に近年宋残本を集めた『宋本冊府元亀』(1989年)や校訂本(2006年)も出ている。 (氣賀澤 保規)

さでん【左伝】 『春秋』の思想的解釈書。正式名称は『春秋左氏伝』。古くは『晏子春秋』『呂氏春秋』と同様に『左氏春秋』と呼ばれたという。『左氏伝』ともいい，『公羊伝』『穀梁伝』を併せ，「春秋三伝」「三伝」と称される。通説では，孔子と同時代の左丘明の作といわれるが，今日ではほとんど否定されている。

『公羊伝』『穀梁伝』が，『春秋』の各記事について，記事自体の表現の方法を中心に解釈を展開するのに対し，『左伝』は，歴史記事を配し，『春秋』に記録された経緯を述べることを以てその解釈としている。『春秋』の記事を直接解く部分「解経部」を備えているが，粗雑で，必ずしも首尾一貫していない。この粗雑な伝に歴史記事が補われた。一説に，解経部は後に付加されたものともいう。

『春秋』のある記事についての一連の経緯を解く歴史記事の中にあって話題が時間的に前後し，また，特定の概念に注目すれば，概念の思想的展開による新古の認識が交錯している。しかも，新古の認識が『左伝』の歴史展開に対応するものでなく，古い段階の記事に新しい認識が，また，新しい段階に古い認識が位置するなど，歴史記事にはその構成に累層が認められる。これによれば，歴史記事は，まず基本となるものが配置され，後に，関連する記事が順次追補されていったとみられる。このように，『左伝』は一人の手に成るものではない。

『公羊伝』『穀梁伝』は，専ら『春秋』本文に対して説解するが，『左伝』の最も特徴とするところは，『春秋』の記事の経緯を解く歴史記事の一部，もしくは記事全体について義を解くことにある。すでに収録された歴史記事に対して説義を加えるもので，その所説は多様な認識と様々な視点を備え，『左伝』が長い年月を経て編成されたことを表している。豊富な歴史記事は，経学としての位置づけよりも，むしろ，史料としての価値を与えられている。 (田村 和親)

さと【渣斗】 →唾壺

さはり【佐波理】 →響銅

ざぼうろん【坐忘論】 唐の道教の書。玄宗期の道士，司馬承禎の撰。心の修養方法を，信敬・断縁・収心・簡事・真観・泰定・得道の7つの階梯に分けて論じたもの。道を信じ敬うことから出発して，俗事を断ち，安坐して心を落ち着かせることに努め，深い洞察力で物事を正しく観じ，心の大いなる安定を保持して，最終的に心に集まった道の力によって長久の生命を得るということを説く。『荘子』の坐忘の思想をふまえ，天台止観など仏教の坐禅の理論も取り入れて書かれている。宋学の修養論に影響を与えたものとして注目される。 (神塚 淑子)

さん【衫】 ①ころも。②ひとえ。③はだぎ。『説文新附』は衫は衣であるといい，『正字通』は衣

の通称という。また，『六書故』は単衣を衫とする。『釈名』釈衣服には「衫とは芟（草を刈る）という意味である。端を切ってしまって袖の端がないものである」とあり，また，「斉人は衫の袖の狭いものを侯頭という。侯頭とは解瀆で，臂が真っすぐに通るという意味である」といっている。ここでいう衫は短い袖，筒袖の襦袢のようなものである。また，袖口に縁取りのある衣が袍であり，縁取りのないものが衫であるともいう。『中華古今注』に汗衫は「三代のはだ着で，礼（周礼・儀礼・礼記）にいう中単である。漢の高祖が楚と戦ったときに汗が中単に透ったので，改めて汗衫と名付けた」とその起源を述べている。衫子は女性の衣服で衣と裳を相連ねて作ったものである。一名半衣ともいい，北魏の始光元（424）年の詔により宮人及び近侍の宮人が衫子を服したことが『中華古今注』にみえる。隋の武官の服制のなかに䘿襠衫があり，唐代の衫については『新唐書』車服志に中書令馬周の上申によって襴衫が士人の上服となったこと，缺胯（＝胯）衫は庶人の服であったこと，その色は緋，紫，緑で品級に応じ，庶人は白であったことが記されている。唐代の女装の基本的構成は裙と衫と披（肩掛け）であった。「青裙，白衫，緑披子」は庶民の女性の服装であり，「五暈羅銀泥衫子」や「藕絲衫子」，刺繍をした羅（綟り組織で織った薄絹）の衫などは貴族女性のものである。靴衫は乗馬用の衫で，天宝年間（742-756），士人の妻たちは男子用の靴衫と便帽を乗馬に用いたという。縵衫は女子の歌舞の時の外衣として用いられたもので，一名籠衫とも呼ばれた。小型の衫で，着脱に便利なものであったという。宋代の衫には紫衫，涼衫，帽衫，襴衫があった。紫衫は濃い紫色の衫で，もとは軍服であったがのちに士大夫の服となり，やがて廃されて涼衫がこれにかわった。涼衫は白衫ともいい，紫衫と似たもので，着用は男子に限ることなく，女子も乗馬の時などに使用した。白色であるため凶喪や騎馬にも用い，南宋の孝宗の喪の時に群臣が白涼衫に皁帯で参列したという。帽衫は烏紗帽に皁羅の衫を着用するもので，北宋時代には士大夫の交際用の服であったが，南宋では紫衫にかわり，さらに涼衫にかわったため，帽衫を使用することは少なくなり，士大夫の冠婚祭祀用や，国子生の服とされた。襴衫は衫の裾に一幅の横ぎれをつけたもので，白い上質の麻布で作った円領大袖の衣であり，進士，国子生，州県生が着用した。これらのほかに，毛衫，葛衫などがあるが，これは材質による名称である。明代の文武官は常服に団領（丸えり）の衫を，儒士，生員，監生は玉色（玉の色。紺青色をいう）の襴衫を着用した。女子の礼服に大袖衫があり，命婦の団衫の制も定められた。団衫はもとは遼代の女子用の上衣で，金代には女真

族の女子が着用し，元代には女子の礼服とされた。当時，達靼はこれを袍といい，漢人は団衫，南人は大衣といって貴賤の別なく着用した。明代に団衫は皇后の常服となり，命婦の団衫は刺繍した雉の数で品級を表示した。清代の女子の衫には袖先につけた布を折り返す形式の袖がつくが，これは乾隆期（1736-95）に始まって以後長く流行した。

(相川 佳予子)

さん【盞】 →杯・托

さん【讃】 文体の名。賛とも書く。人物や書画，文章を誉める文（雑賛）や，史書の各巻末に結論的に論評を加える文（論賛）などがある。南朝梁の劉勰『文心雕龍』頌讃によれば，讃の本義はあることがらに対する賛嘆で，古来その様式は「短くつまって広がらず，四字句にまとめて脚韻も数文字くらい，簡潔に事情を尽くし，明晰を旨とする」という。論賛には散文体のものが多い。『文選』には賛の部（巻47）に画と序の賛を2首収めるほか，史論の部（巻49）に伝の賛1首，史述賛の部（巻50）に4首を収める。

(幸福 香織)

さんいつ【三一】 道教の教理概念。三一の「一」とは，『老子』第42章にいう「道，一を生じ，一，二を生じ，二，三を生ず」の「一」，つまり世界の根源にあって万物を生み出す混元の気を意味する。この「一」は，道・気・神の三態をとると同時につきつめれば唯一の存在に帰着する。この関係を三一という。また，体内の三丹田に位する3柱の体内神を三一といい，存思の術によってこれを混合して真の「一」に変化させ，道と一体になることをいう。

(麥谷 邦夫)

さんいつきょう【三一教】 明代に始まった民間宗教。別名夏教。莆田県（福建省）の人，林兆恩が1551（嘉靖30）年に創始。仏教と道教を儒教に帰一させる三教一致を唱える。その教義は心を宇宙の本体，全ての事物の根源とし，人が心の本体を回復すべきことを説いた。修行法として，道教の修煉法を取り入れた「九序心法」により，自己の心を段階的に宇宙の究極の本体すなわち太虚と一致させることを説き，この方法で病気の治療も行った。

(浅井 紀)

さんいんぶっしょう【三因仏性】 仏になるための3つの要因のことで，仏性とは仏となる可能性のことである。天台宗で説かれる仏性説で，『涅槃経』師子吼菩薩品の説を，天台智顗が思想的に確立した。具体的には，すべてのものに本来具わ

っている真理そのものとしての仏性である「正因仏性」，真理を照らし出す智慧のはたらきとしての仏性である「了因仏性」，智慧として発現するのに縁となるすべての善行を意味する「縁因仏性」の3つである。
（岩城 英規）

さんえき【三易】 連山・帰蔵・周易の3種の易。『周礼』春官・大卜に「三易の法を掌る。一に曰く連山，二に曰く帰蔵，三に曰く周易」とある。その鄭玄の注では杜子春の「連山宓戯(伏羲)，帰蔵黄帝」という説を引く。しかし，孔穎達『周易正義』の「論三代易名考」に引く所の鄭玄の易賛及び易論では「夏は連山と曰い，殷は帰蔵と曰い，周は周易と曰う」といい，夏・殷・周三代の易だとする。王家台秦簡『帰蔵』が出土したが，連山・帰蔵の実在は疑問視されている。
（近藤 浩之）

さんえきこうやくず・ちくじゃくそうとず【山弈候約図・竹雀双兎図】 あまたある遼代壁画陵墓のうち，遼寧省瀋陽市法庫県葉茂台七号遼墓から発見された，ただ2つの確かな遼代の鑑賞絵画作品。遼墓出土山水図・花鳥図とも称される。山水図は，荊浩に遡る先進的な手法，花鳥図は，唐代以来の伝統的なそれに基づく。皇帝耶律氏に次ぐ名門蕭氏の一老婦人を葬る，10世紀後半のものとされる同遼墓墓室内の石棺を収める，木造の小堂東西内壁に掛けられていたもの。当時の簡素な表具形式を知るうえでも貴重な画軸である。遼寧省博物館蔵。
（小川 裕充）

さんえつ【山越】 漢末・三国時代に，現在の浙江省から江西省の山間部に広範に分布していた，独特の習俗をもつ未開性の濃い山地居住民の呼称。建国過程の三国呉にとって当初より強力な反対勢力であり，内政外交に重大な影響を与えたが，孫権一代の討伐と平野地域への強制的移住，屯田民への編入などによって漸次姿を消した。その実体については，古代の越族の末裔，漢民族とは異種の民族とするものから，山地へ逃亡した漢族，あるいは両者の混在や混血説まで諸説ある。
（中村 圭爾）

さんえん【三垣】 紫微垣・太微垣・天市垣の3つの天域の総称。また，その境界を形作る星の配列の称であり，配列はそれぞれ左垣墻と右垣墻からなる。紫微垣は天の北極周辺にあり，天帝とその家族の住む内朝にあたる。帝・四輔・女史などの星座がある。太微垣は現行のしし座・おとめ座付近にあり，天帝が政治を執る外廷にあたる。五帝座・郎位などの星座がある。天市垣はヘルクレス座・へびつかい座付近にあり，都の市場に相当する。市楼・貫索などの星座がある。
（宮島 一彦）

さんえん【三袁】 →袁宏道

さんえん【三遠】 山水画における空間表現の理論。高遠・深遠・平遠の3つよりなる。北宋後期の宮廷画家，郭煕によって体系化されたもので，彼の『林泉高致集』に説かれる。

高遠は山の下から山頂を仰ぎ見る形式で，山岳の高さが強調される。深遠は山の前方から後方をうかがう形式で，奥深い空間が得られる。平遠は近山から遠山を望む形式で，遠方まで見渡せる広々とした空間が表される。これらは視点の面では，高遠は仰視，平遠は水平視から緩やかな俯瞰視を基本とするが，深遠については解釈が分かれ，水平視とみる意見と俯瞰視とみる意見がある。

三遠の基礎は既に唐代には成立していたが，五代・北宋に入ると水墨山水画の隆盛にともない，より高度に発達を遂げた。特に平遠は江南地方の董源や山東地方の李成によって追求され，高遠は陝西地方の范寛によって大成された。また，深遠は一般に部分的に用いられ，山岳が後方へ連なり奥行を強調する効果をあげている場合が多い。三遠の提唱者である郭煕は，それまでの達成を受けてこれらを複合的に用い，『早春図』(台北，故宮博物院蔵)では三遠が一図に総合されている。

一方，北宋末の韓拙は，その著『山水純全集』において，新たに闊遠・迷遠・幽遠を三遠として提唱した。闊遠は江水や遠山が広々と見渡せるもの，迷遠は霧や霞がかかり，野水があることはわかるが明瞭には見えないもの，幽遠はさらに視界が不明瞭となり，景物がほとんど見分けられないものを指す。これは，視点の位置などによる山岳描写の変化を説いた郭煕と異なり，大気の状態による視界の変化に注目した説で，郭煕の三遠とあわせて六遠と総称する。

なお，元末の黄公望は『写山水訣』で，平遠・闊遠・高遠を三遠とする折衷的な見解をとっている。
（竹浪 遠）

さんか【山歌(民謡)】 「山歌」の語には，広義狭義さまざまの意味がある。
①もっとも広くは，中国各地で歌われる民謡と同じ意味。この場合の山の文字は，まち，さとなどと区別して，より粗野卑俗なる山地の意味である。同時に，古代の祭りにおいて歌の歌われる場所は多くは山であって，そうした記憶も残されているともいえる。②同じく民謡でありながら，専ら南方，長江流域で歌われるそれを指している。現在見られる「山

歌」の用法の最古の例である中唐の詩人李益の『人の南に帰るを送る』詩の中に「山歌に竹枝を聞かん」として見える「山歌」の語も，この意味である。長江流域には，唐宋時代に至るまで，山歌を歌いながら男女が歌い踊る祭りが残っていた。こういったいわば歌垣的な祭りの場で歌われた歌であるために，男女の関係についてのあけすけな内容の歌も多く，「山歌」とは専ら猥雑な内容の歌という含みもある。③明末の馮夢龍の編んだ『山歌』に収められた歌の意。　　　　　　　　　　（大木　康）

さんか【山歌(本)】　明の民謡集。10巻。1612(万暦40)年ごろ，馮夢龍の編。馮夢龍が，その郷里である蘇州地方(江蘇省)の民謡を集めたもの。全部で386首もの山歌を収録している。山歌とは主として農村で歌われる卑俗な歌である。巻1から巻6までが「四句」と称する短篇，巻7が「雑体」と称する中篇，巻8・巻9が「長歌」と称する長篇である。巻10の「桐城時興歌」だけは，蘇州ではなく，安徽の桐城から起こった歌を収めている。歌の長短の形式によって分類したあとで，「私情」「雑歌」「詠物」と歌の内容によって分類している。山歌のほぼすべての歌は，男女の間のことをテーマにしており，しかもかなりの部分が猥褻にわたった内容である。山歌のこうした性格は，それがもともと農村の豊穣儀礼とむすびついていたためと考えられる。

明末当時，大都市であった蘇州にあって山歌の歌声が聞かれたのは，農村から蘇州に流入していた紡織労働者たちによって山歌が運ばれたからである。やがて，山歌は都市を舞台にして，都市風俗までが歌い込まれるようになり，さらに妓館で俗謡として歌われ，文人が山歌の形式を模して擬作するまでに至る。馮夢龍の編んだ『山歌』は，こうした山歌の展開の最後の段階をすくい取ったものだが，『山歌』の中には，これらさまざまな場において歌われていた歌が収められている。

馮夢龍の『山歌』は当時の呉語(蘇州方言)で記されており，言語学的にも貴重な資料である。

馮夢龍は『山歌』編纂の意図について，その序の中で，「仮の詩文はあっても，仮の山歌はない」として，「詩壇の詩」と比べてその真情を評価し，「男女の真情を借りて，名教の偽薬を発く」と名教(儒教)批判を述べている。馮夢龍には都市の俗曲を集めた『掛枝児』がある。『掛枝児』の方を「童痴一弄」，『山歌』を「童痴二弄」と称しており，これらはセットになっていたことがわかる。（大木　康）

さんかいかん【山海関】　河北省秦皇島市にある。長城の東端に設けられた関門で，東北地区と内地を結ぶ沿岸交通路(いわゆる遼西走廊)を扼する要衝。もとは臨渝関とも楡関ともいったが，明初に山海関と呼ばれるようになった。城壁や城門の改修をたびたび行い，堅固な要塞と化した。17世紀初めに満洲族の後金(清)が勃興すると，山海関はその侵入を防ぐ最後の防御線となった。1644(崇禎17，順治元)年に，山海関を守る明の将軍呉三桂が清に降ったことにより，清は北京を占領し，最終的には中国を統一することになった。（松浦　茂）

さんがいきょう【三階教】　隋・唐代に長安を中心に栄えた新興仏教。開祖は隋の信行(540～594)。「三階」の教えとは，時代や人々の仏道修行の素質・能力の違いによって，第一階・第二階・第三階という三段階の仏教のあり方を説いたものである。自らの生きている時代の衆生は，正邪の判別ができない能力の劣った衆生(第三階の衆生)であるから，一切の仏・法・僧・衆生をあまねく敬い，礼拝し，供養すべきであるとした。そのような総合的仏法のあり方を普真普正仏法(普法)または第三階仏法と呼んだ。その中心は，自己以外の一切の人々を本来的にも将来的にも仏として敬う「普敬」の実践と，自己一身に対して徹底して悪を認め懺悔していく「認悪」の実践であり，そのような実践を通して成仏の可能性が断たれた第三階の衆生の救済の道が開けてくるとした。三階教思想の根底には末法思想と如来蔵・仏性思想の強い影響が見られる。

三階教徒は粗衣・粗食・粗住の頭陀乞食の生活を理想とし，坐禅や昼夜六時の礼懺行，『法華経』の常不軽菩薩の実践にならった民衆礼拝行など厳しい修行を行った。また，第三階の修行は奥深い山中ではなく人々の住む場所で行うべきであるとして，都市型仏教を志向した。長安には化度寺・光明寺・慈門寺・慧日寺・弘善寺の三階五寺が置かれ，特に化度寺は三階教の中心寺院として無尽蔵院の金融活動も含めて大いに賑わった。三階教の最盛期は6世紀末から8世紀初頭にかけてであったが，その繁栄の一方，独特の教義や活動，三階教に近い権力者の失墜など様々な要因によって，600年から725年にかけて断続的に国家の禁圧を被った。やがて唐代後期には独自の宗派としての色彩が薄れ次第に衰亡していった。宋代以降の活動の軌跡は明らかでない。　　　　　　　　　　（西本　照真）

さんがいゆいしん【三界唯心】　『華厳経』十地品に「衆生の活動する三界(欲界・色界・無色界)は虚妄であるが，全てが我々の心の作り出したものであることは真実である」とある内容を三界唯心と呼ぶ。中国仏教では天台，華厳，そして禅宗がそれぞれ独自の唯心思想を展開し，いずれでもこ

の一句は典拠として引用される。華厳宗の法蔵や澄観は「十重唯識観」と称する10種類の段階的な唯心観を説き，華厳の教学の至上性を主張した。

（吉津　宜英）

さんかきゅうし【三科九旨】　春秋公羊学の基本ターム，孔子が設けたとされる『春秋』の義例。『公羊伝』原目疏に引く春秋説（緯書）に見える。異説（宋氏の注）もあるが，何休によれば，周を近い過去の王とし，宋を遠い過去の王とし，『春秋』を新王にあてる。これが一科三旨。見た時代と聞いた時代と伝聞した時代とで，書き方を変える。これで二科六旨。魯を内にして諸夏を外にし，諸夏を内にして夷狄を外にし，夷狄が進んで爵に至る。これで三科九旨である。

（岩本　憲司）

さんがく【散楽】　宮廷の雅楽に対して，広く民間の芸能および芸人のこと。周代には民間および異民族の舞楽を指した。『周礼』春官の鄭玄注に「散楽，野人の楽を為すに善き者，今の黄門倡の若きなり。自ずと舞あり」と見える。漢代以降は広く芸能一般を指し，百戯とほぼ同義で，『周書』宣帝紀に「散楽雑戯・魚龍爛漫の伎，常に目前にあり」と見える。宋元以降は，南宋の戯文『宦門子弟錯立身』に「散楽の王金榜」と見えるように，民間の劇団・俳優を指す。

（千田　大介）

さんがくけいもう【算学啓蒙】　元の数学入門書。3巻。朱世傑の編。上中下からなり，20門・259題をあつかっている。書前には1299（大徳3）年の「趙城序」があり，巻首には九九表や帰除歌訣などがみえる。上巻以下は中国数学書の定例どおり，解法と答をあわせ記した問題集である。問題自体は難しくないが，構成はきわめて優れており，基本的な問題から難しい問題へと進み，高次方程式の機械的な作成法である天元術に終わっている。だが天元術の記号法についてはいささかの説明もなく，わずか27の問題にたいして解法を例示するにすぎない。原書は明清期に失伝し，現存するのは朝鮮刊本の覆刻本のみである。また，同書は和算の成立に最も大きな影響を与えた。和算を特徴づける傍書法は天元術の改良である。和算家の建部賢弘には優れた注釈書，『算学啓蒙諺解大成』（1685年）がある。

（川原　秀城）

さんかくぶちしんじゅうきょう【三角縁神獣鏡】　神獣鏡の一種で，縁の断面が三角形状を呈する鏡。日本の前期古墳などから五百数十面が出土し，鏡の文様と断面などに基づいて数段階の型式に編年される。径20cm以上の大型鏡が多く，外区に3本の圏帯からなる複波鋸歯文帯があり，内区外周には銘帯・唐草文帯・獣文帯・複波文帯・鋸歯文帯のいずれかを巡らす。主文は4または6個の乳の間に東王公・西王母・龍虎などの神獣を求心式あるいは同向式に配す。求心式は，乳や神像・獣形の数によって分類され，4乳式は二神二獣と四神四獣，6乳式は三神三獣を基本とする。同向式は鈕の上下左右に伯牙・黄帝・西王母・東王公の神仙像を配し，その間に四獣を置く。このなかには銘文に景初3（239）年や正始元（240）年の三国魏の年号を入れた鏡がある。『魏志倭人伝』に，景初3年に魏帝から邪馬台国の女王卑弥呼に「銅鏡百枚」が下賜されたとの記述がある。三国時代から晋代にかけて魏鏡・呉鏡が日本へ舶載されているが，三角縁神獣鏡については中国での出土例がないことから倭人向けの魏の特鋳品との見方がある。また，呉の工人が日本に渡来して製作した，原料も中国から仕入れて鋳造したなどの国産説や，「銅鏡百枚」を他の鏡とする説もある。

（黄　名時）

さんがくもん【山岳文】　波状線やC字曲線あるいは直線で構成された抽象的な形に鳥獣・狩猟人物・神仙・草木などの点景を配し，山岳に見立てた文様。戦国・秦・漢時代の象嵌青銅器・陶器・漆器に多く用いられ，博山炉はこの立体表現といえる。漢代の木棺の漆画においては墓主が昇仙する仙山を表し，画像石や壁画では屋外の出来事の背景をなすとともに場面を区切る役割も担う。のちにはより写実的な山岳図へ進化した。

（肥田　路美）

さんかし【三家詩】　漢代の詩経学派。魯人申培の「魯詩」，斉人轅固生の「斉詩」，燕人韓嬰の「韓詩」を総称して三家詩という。また，それぞれで用いられたテキストを指していう場合もある。前4世紀に成立した『詩』（『詩経』）は，漢代には既に古典であり，学問的考証なしにその意味を理解する事はできなかった。そこで漢代のはじめに『詩』を学問の対象とする3つの学派が生まれ，それぞれ『詩』に対して訓詁を行った。これが上記の三家である。三家詩は景帝の時に官学として重んじられた。このうち魯詩の申培は荀子の弟子の門下生であり，「魯詩」が最も盛んであった。この三家詩とは別に，魯の毛公による「毛詩」が存在し，河間の献王に好まれていた。「毛詩」は，各篇に毛序と呼ばれる序文があることによって，後に三家詩より重んじられるようになり，後漢の鄭玄が「毛詩」に「箋」（『鄭箋』）を付加するに至って，三家詩はほとんど顧みられなくなり，以後「斉詩」は魏に，「魯詩」は西晋に，「韓詩」は南宋に亡び，今では僅かに「韓詩」の注釈書である内・外伝のうちの外伝（『韓

詩外伝』)を残すのみである。　　　(牧角 悦子)

さんがのしょ【三箇疏】　玄奘訳の『成唯識論』10巻は世親(ヴァスバンドゥ)の『唯識三十頌』の注釈であり、この『成唯識論』に対して、基(法相宗 初祖、慈恩大師)は『成唯識論述記』20巻・『成唯識論掌中枢要』4巻を著し、慧沼(第二祖、淄州 大師)は『成唯識論了義灯』13巻を、智周(第三祖、撲揚大師)は『成唯識論演秘』14巻を作った。日本の法相宗では、このうち根本注疏である『述記』を「本疏」、『枢要』『義灯』『演秘』を「唯識三箇疏」と呼んで正統的権威とし、これらにみられる解釈を「三祖の定判」と称して教学理解の基準とした。　　　　　　　　(橘川 智昭)

さんかん【三官】　道教の神。天官・地官・水官を総称して三官という。また、三元、三官大帝ともいう。『三官経』によれば、天官は福を授け、地官は罪を赦し、水官は災厄を除くというが、六朝期の道経では三官とりわけ水官は人の罪を取り調べ裁く神とされている。天師道では、病人は自分の犯した罪を書いた文書を三官に捧げることによって、罪を許されて病気が治ると説き、その文書を三官手書と称した。　　　　　　　　　(麥谷 邦夫)

さんぎ【算木】　→算籌

さんきどうほうじょう【三希堂法帖】　清の法帖。正式名称は『三希堂石渠宝笈法帖』。32巻。乾隆皇帝が梁詩正・汪由敦らに命じて内府所蔵の名跡を編次刻入した法帖で、1747(乾隆12)年より始め50(同15)年に完成している。三希堂の名称は乾隆帝が王羲之の『快雪時晴帖』、王献之の『中秋帖』、王珣の『伯遠帖』の墨跡3種を入手したことでその書斎名を「三希堂」と命名したことによる。その内容の豊富な点においては歴来の法帖の冠ともいうべきものである。初拓は乾隆御墨による烏金拓で、各大臣や、南書房に勤仕する翰林達に1部ずつ賜った。刻・拓ともに精良な製作であるが、内府所蔵のものに限られていたため天下の名跡を網羅するわけにはいかず、また、当時の鑑定が必ずしも十分でなかったため偽書と疑われるものが刻入されている。この法帖の解説書に『三希堂石渠宝笈釈文』16巻がある。原石は北京北海公園白塔山の西麓の閲古楼に嵌入されている。　(小川 博章)

さんきょう【三教】　通常は儒教・仏教・道教の三者を指す。儒家の開祖とされる孔子は封建制と宗族制の理念を尊重したが、それは身分に応じて秩序正しく祭祀を行ない、孝悌から出発して人間愛とも言うべき仁を実践することを内実とした。文治を説く儒家は強兵に励む戦国時代には劣勢であったが、孟子らの活動もあって戦国末には有力学派となった。孟子は君としての内実を持たぬ者の放逐を認め、君臣関係の義を強調して孔子の思想を発展させた。後、法家政策を採る秦によって弾圧されたが、漢代には道家的無為の政策によって民力が充実すると、武帝の前136(建元5)年、董仲舒の献策によって儒家思想は国家の正統思想として認められ、五経博士が置かれた。ここに国家体制護持の思想としての儒教が成立したが、それは天の権威に基づいて王権を保証し、同時に天の掣肘の下に王権を置くものであった。儒教は以後2000年にわたって歴代王朝の基本思想となったが、封建制と宗族制の理念は、行政能力のある官僚によって統治される郡県制の理念と、家族間の心情に出る道徳を君主に対する忠誠の思想に転換したものへと変質した。

仏教はこの世のあらゆる物事は縁によって起こる空であると認識し、坐禅等の修行によってその空を体得せんとする解脱宗教である。後漢の時に中国に伝来したが、当初は外国の珍奇な宗教としか見られず、広く中国人に理解されだしたのは東晋時代からである。出家や剃髪の制度が中国の風俗と抵触し、王権との軋轢も起こったが、南北朝から隋唐にかけてそれらの問題を解決しつつ、中国社会に浸透した。輪廻や地獄の思想を定着させ、唐代半ばからは民衆的で平易な浄土教や禅宗が興隆した。禅宗の、知的分別を排して本来的な自然に生きる思想には荘子の影響も認められ、南宗禅の祖慧能には人は本来仏性を具有するとする思想があり、人の平等を追求して社会の新風潮に適合する所があった。

道教は老荘思想や神仙思想・錬金術・医学・健康術などを包摂し、不老長生を目指した宗教である。後漢の太平道や五斗米道(天師道)は道教の先駆的な形態であり、道教の成立は5世紀初めの新天師道や葛氏道などに求められる。道教は仏教の体裁を摂取して経典などを作成したため、南北朝時代を通じて仏教側と激しい論争を展開した。唐代には仏教と共に王室の保護を受けて発展し、唐末から、外界の薬物によって成仙する外丹術にかわって身体自体を薬物として呼吸法などによって体内の丹を練る内丹術が興隆し、とくに金代に全真教が成立すると、符籙・斎醮を内容とする旧道教(元代以降は正一教と呼ばれる)に対抗して道教界を二分する勢力となった。

唐朝は三教併用政策を採り、とくに中期以降には三教調和的な思想が普及し、以後の中国思想の一特徴となった。7世紀中葉には孔穎達らが『五経正義』を撰述して科挙の基準とし、また韓愈などの儒教権威の回復運動もあったが、儒教は仏教に比べ

ておしなべて低調であった。仏教や道教は宋代の儒教に影響を与え，本来世俗的な儒教のなかに宇宙的次元から人間を捉える宋学を誕生させた。以後の中国思想は三教間の融合と対立のなかで展開したのである。
〈蜂屋 邦夫〉

さんきょう【三峡】 長江の中上流域，重慶市奉節県から湖北省宜昌市の南津関に至る，全長193kmの峡谷の名。両岸には絶壁が迫り，野猿が鳴き，岩礁が江中に突き出て，激浪のさかまく，長江最大の舟の難所であった。三峡の名称には，異同が多い。六朝後期から唐初にかけては，一般に広溪峡・巫峡・西陵峡をいい，それ以降は，広溪峡の代わりに，同じ場所を指す瞿塘峡の名を用いた。現在，ダムの建設によって，景観が大きく変わった。
〈植木 久行〉

さんきょうごぎ【三侠五義】 清代の侠義小説。別名『忠烈侠義伝』。120回。1879（光緒5）年刊。清の咸豊年間（1851-61）前後に北京で活動した講釈師石玉崑が，宋代の実在の官僚包拯の伝承に新たに市井の侠客の活躍を加えて創作した長編講談に基づく。包拯は清廉な官僚として名高く，宋代以来数々の裁判物語の主人公となっている。三侠とは南侠展昭，北侠欧陽春，双侠こと丁兆蘭・丁兆蕙兄弟，五義は鑽天鼠盧方，徹地鼠韓彰，穿山鼠徐慶，翻江鼠蒋平，錦毛鼠白玉堂を指し，彼らが包拯を助けて，盗賊花蝴蝶の捕縛や謀反を企む襄陽王の捜査に活躍する。清代侠義小説の傑作として人口に膾炙し，今なお伝統演劇や映画，テレビドラマでも親しまれている。さらに清末の学者兪樾がこれを改修し，小侠艾虎，小諸葛沈仲元，黒妖狐智化を加え，双侠を二人と数えて，『七侠五義』とした。また，『小五義』『続小五義』など続編も作られている。
〈岡崎 由美〉

さんきょうそうしんたいぜん【三教捜神大全】 儒・仏・道の三教にわたる神々の伝記集。全7巻。撰者不詳。冒頭に「儒氏源流」（孔子伝），「釈氏源流」（釈迦伝），「道教源流」（老子伝）が置かれ，そのあと129位の神々について図像つきで解説を施す。儒教の神はほとんどなく，道教と民間信仰の神々が主流で，巻6以降，仏教系の「禅師」が多数登場する。明の毛晋『汲古閣珍蔵秘本書目』に，「元板画相捜神広記前後二集」と著録され，その注記に，「三教の聖賢と世間で崇めている多数の神々について画像を付し，それぞれの名前，字，爵位，称号，諡等を詳しく考証している」とあるから，古くは元版もあったようであるが，現存するのは明版。葉徳輝が明刊本に依拠し，序跋を付して刊行した清刊本（宣統元年刊）は影印版が出されたので繙読が容易になった（台湾聯経出版事業公司，1980年）。この影印版には，もう一つの系統である続道蔵版『捜神記』全6巻が付されていて，両者を比較する上でも便利である。なおこの二書は，晋の干宝『捜神記』とは全く別物である。
〈三浦 國雄〉

さんきょく【散曲】 金元時代に流行した韻文歌曲の形式。唐代に外来音楽の影響で生まれた長短句形式の曲子詞は，宋代に文人によって洗練されて詞となる一方，民間では独自の発展を遂げ，金代に民間歌謡や女真族の音曲をも吸収して散曲となった。それぞれの曲は句数，句の字数が決まっていて，「端正好」「賞花時」のような名前がついており，これを曲牌という。歌唱形態には，単一の曲牌のみの小令，同一の曲牌を繰り返し用いる場合，および同じ宮調（調子）に属する複数の曲牌を一定の順序で並べた組曲形式の套数があり，套数は叙事詩的性格をもつことから，当時流行の演劇である雑劇にも用いられた。散曲とは，劇曲に対する呼称である。散曲の形式的特徴としては，宋詞のように一曲が前後二つの部分に分かれず，単一曲であること，ほとんど毎句押韻し，かつ当時の北方の口語音を反映して，入声が消滅し，四声通押すること，決められた本字以外に，おもに口語からなり，メロディーに乗らない襯字を自由に加えられること，三句対・隔句対などの多様な対句法の使用などが挙げられる。金末元初の散曲形成期には，杜仁傑・関漢卿・王和卿など，俗語を多用し，唐詩や宋詞にはない世俗的題材をあつかった豪放・滑稽な作風の作者が輩出したが，元中期以降は徐々に高尚になり，さらに中心が南方に移ったこともあり，張可久の作品のように古典的詩詞と変わらない作風が大勢を占めるとともに，『陽春白雪』『太平楽府』『楽府新声』などの選集が編まれた。散曲はその発生が北方にあったため，音楽は北曲を用いたが，のちに南曲系の散曲も生まれ，両者の併用，いわゆる南北合腔も試みられた。この傾向は明代にも受け継がれ，明の前中期には北曲が優勢であったが，崑曲が現れた後期には南曲が盛んとなり，影響は清代初期にまで及んだ。その製作は清末まで続いたが，明清代の散曲は，すでに古典化したもので，文学としての大きな発展は見られず，文学史の主要なジャンルではなくなった。
〈金 文京〉

さんきょず【山居図（銭選）】 元初に活躍した文人画家，銭選の作品。紙本着色，26.5cm×111.6cm，1巻。構図は南宋の文人画家，米友仁の『雲山図巻』（クリーブランド美術館蔵）に基づく。山の岩肌の描写に墨の皴や暈かしを用いず，緑青・群青

を中心に，部分的に金泥も交え，鮮麗かつ簡明な彩色を行っている。宋代に重視された光や大気の表現を敢えて棄て去り，プリミティブな唐代の着色山水への回帰を意図している。元代文人画の劈頭に位置する作品である。北京，故宮博物院蔵。

（救仁郷　秀明）

さんぐんぎ【参軍戯】　六朝代から宋代にかけて主に宮廷や貴族の催す宴席で行われた滑稽劇。弄参軍ともいう。五胡十六国後趙の祖石勒が官の不正を戒めるため，酒宴で宮廷芸人（俳優・倡優）に参軍の格好をさせ，嘲って笑いものにしたことが起源とされる（『太平御覧』所引『趙書』）。後に俳優の演じる滑稽劇の類を参軍戯と総称するようになった。一般に参軍戯は掛け合い漫才のような形式で行われ，参軍に相対する演者は蒼鶻と呼ばれた。参軍戯は唐代に最も盛んに行われ，咸通年間(860-874)の俳優李可及が儒・仏・道の三教問答を演じたことなどが記録されている（高彦休『唐闕史』下）。参軍戯の形態はその後，宋の雑劇・金の院本へと受け継がれ，参軍・蒼鶻の役割はそれぞれ副浄・副末と称されるようになった。王国維『宋元戯曲史』は中国演劇の源流として，参軍戯を代表とする滑稽劇の伝統を一つの柱としている。

（竹越　孝）

ざんげ【懺悔】　仏教用語。罪や悪業を告白し悔い改めること。これにより罪や悪業の浄化・消滅を図る。サンスクリット語の〔プラティ〕デーシャナー（[prati-]deśanā，告白）に対応。悔過ともいう。一説に，懺はクシャマ（kṣama，懺摩，許しを請うこと）の音訳，悔は同義の意訳という（唐の道宣『四分律含註戒本疏』1下）。懺悔に大別して2種ある。僧侶に向かって懺悔する場合と，仏・菩薩に向かって懺悔する場合とである。前者は律文献に頻繁に見られ，「布薩」とよばれる半月毎の僧の集会において行われた。これは僧が罪を犯したときの対処法として，教団の運営・維持に必要不可欠であった。他方，仏・菩薩に向かって行う懺悔は，罪を浄化することによって見仏・成仏等の宗教体験に至るために必須の項目として，大乗経典に頻出する。かかる十方諸仏にたいする無始以来の一切の罪業の懺悔（悔過）は，中国では遅くとも西晋時代には知られており，八関斎など種々の斎（仏教儀礼）で実践されたが，とりわけ5世紀前半に「菩薩戒」が中国に導入されるや，懺悔は益々盛んに実践されるに至った。特定の経典にもとづく「懺文」も作られた。例えば南朝斉の蕭子良『抄普賢観懺悔法』（『出三蔵記集』12），梁の武帝『摩訶波若懺文』『金剛波若懺文』等，梁の沈約『懺悔文』，陳の文帝『妙法蓮華経懺文』『金光明懺文』『虚空蔵菩薩懺文』『大通

方広懺文』等（以上，『広弘明集』28）がある。この流れを承けて隋の智顗は「懺法」を重視し，法華懺法や方等懺法を実践した。また唐の般若訳『華厳経』入不思議解脱境界普賢行願品の懺悔文も広く普及した。

（船山　徹）

さんけいじっしょ【算経十書】　南宋の1212, 13（嘉定5, 6）年ごろ，鮑澣之が汀州（福建省）にて復刻した10部の古典算学書の総称。漢〜唐1000年間に書かれた代表的数学書，『周髀算経』『九章算術』『孫子算経』『海島算経』『五曹算経』『夏侯陽算経』『張丘建算経』『五経算術』『緝古算経』『数術記遺』を指す。『数術記遺』は算経十書のもととなった唐の十部算経にはない。復刻の際，亡失した『綴術』の代わりに鮑澣之が入れたものである。

（川原　秀城）

さんけいしんぎ【三経新義】　『周礼』『書経』『詩経』の注釈書である『周礼義』『書義』『詩義』の総称。北宋の王安石の主著として有名だが，王安石個人の手になるのは『周礼義』（『周官新義』）のみである。あとの2書は王安石監修という性格のものであるが，これらにも彼の個性がにじみでている。科挙の経書解釈の基準となり，同時代に大きな影響をもったが，後に王安石反対派から激しく批判された。このうち『周礼義』については，王安石はもう一つの主著の『字説』とともに失脚の後もその改訂につとめた。『周礼義』を批判者たちは雑駁な内容としてきたが，実際には全篇にわたって制度の体系性を重視する立場が貫かれており，官制体系全体から個々の官職の位置づけが試みられている。また『字説』の文字学も応用されており，個性の強い注釈書となっている。『三経新義』の完本は伝わっておらず，いち早く輯佚本ができた『周礼義』をはじめとして，他の2書も佚文が集められ復元が図られている。

（土田　健次郎）

さんげ・さんがいのあらそい【山家・山外の争い】　宋における天台教学内に起こった観心論を中心とする諸問題の論争。清竦門下の二人の高弟である義寂と志因の法系の間に，天台の中心的実践論である「観心」（心を観察する）の対象に関する異論が生じ，後者の山家派に属する四明知礼は，天台の観心の対象は，日常に起こっている迷いの心（妄心）であると唱え，真心を主張する源清や弧山智円等を正当から外れたものという意味で「山外派」と貶称した。

（堀内　伸二）

さんげん【三元】　道教の教理概念。根源の道から最初に派生する混同太无元・赤混太无元・冥

寂玄通元の3種の混元の気をいう。この三元から天宝君・霊宝君・神宝君の三宝君，洞真・洞玄・洞神の三洞，玄気・元気・始気の三気などが生じ，世界が形成されるという(『九天生神章経』)。また，上元・中元・下元，天官・地官・水官，精・神・気，日・月・星など3種1組の根源的概念や存在を三元という。
(麥谷 邦夫)

さんげん【三玄】 『老子』*『荘子』*『周易』の総称。北朝北斉の顔之推*『顔氏家訓』勉学に見える言葉だが，三玄の学自体は魏晋に確立した。漢末に儒教の権威が衰え，魏では天と人について根本的に反省する気運が生じ，王弼*らによって『周易』と『老子』の思想が再評価された。魏晋の際以降は，権力者たちの複雑な力関係を背景に，それと距離をおこうとする知識人たちの間で『荘子』の精緻な思想が歓迎された。かくて，深遠な哲理「玄」を説く三書に依り，天と人について奥深く思索する三玄の学，玄学が成立した。
(蜂屋 邦夫)

さんげん【三弦】 撥弦楽器の名。古名を弦子という。その源流に関しては西アジアの同類楽器との関連を指摘する向きもあるが，秦代の弦鼗(振り鼓に弦を張った楽器)に求める説もある。宋代にはすでに定着したものと見られ，明代以降，弦楽器合奏や語り物などに用いられた。伝統的なものはサイズによって小三弦と大三弦の2タイプに大別されるが，それらも音楽ジャンルによって形状・調弦・演奏技巧などに差異が見られる。小三弦ははじめ崑曲や評弾・江南糸竹など南方の音楽ジャンルで使用されていたため，曲弦や南弦子とも呼ばれた。小三弦には福建の一部で使用される八角形の胴をもつものなどもあり，その他，陝西や河南の語り物や劇音楽で使用される全長が長めのものを中三弦とする場合もある。大三弦は19世紀の中頃，小三弦をもとに語り物の木板大鼓の芸人によって作られ，それ以降北方の語り物(大鼓や牌子曲)に浸透したもので，書弦とも称される。北京の盲人音楽家，王玉峰(1872～1913)は，三弦の弾き歌いを得意としたことで知られる。ピックで弾くが，現在は義爪をはめた五指による奏法も行われている。少数民族にも広く使用されている。
(増山 賢治)

さんげんしょ【三弦書】 語り物曲種。明末清初の頃形成され，河南の開封・洛陽など各地に流布したがのちには非常に広い地域に広まり，河南墜子などの語り物に影響を与えた。うたのふしには明快でテンポの速い「鉸子腔」と対照的にもの静かな「鼓子腔」などがあり，組み合わせて1曲を成す。うたの音域は広く，リズムも変化に富む。演唱形式には1人で演唱および三弦伴奏を兼ねる場合と，2,3人で演唱と伴奏(三弦に打楽器なども加わる)を分担する場合がある。この場合演唱者は鉸子(シンバル)あるいは鼓(八角鼓という小型の太鼓)を打ちながらうたう。演目は多く，約300種を数える。
(井口 淳子)

さんげんにはく【三言二拍】 明の短篇白話小説集。「三言」とは馮夢龍*の編になる『古今小説』(後に『喩世明言』と改名)40巻，『警世通言』40巻，『醒世恒言』40巻，「二拍」とは凌濛初*の編になる『初刻拍案驚奇』40巻，『二刻拍案驚奇』40巻のこと。最初の『古今小説』が刊行されたのが1621(天啓元)年前後，続いて『警世通言』が24(同4)年，『醒世恒言』が27(同7)年。『初刻拍案驚奇』が28(崇禎元)年，『二刻拍案驚奇』が32(同5)年の刊行である。

『古今小説』の緑天館主人序に，「茂苑野史氏(馮夢龍)は家に古今の通俗小説を豊富に所蔵している。書店主の求めに応じ，その中から人々に語りきかせるにふさわしいもの40種を取り出し，一刻とした」とあり，また同じく『古今小説』封面の天許斎識語に「本斎は古今の名人の物語120種を購入した。そこでまずその3分の1を初刻とする」とあるから，120篇の話を3書に分けて刊行しようとする「三言」全体の構想ははじめからあったもののようである。「三言」には，宋元時代以来講釈師によって語り継がれてきた古い話の記録から，馮夢龍自身の創作作品に至るまで，さまざまな来歴の話が収められている。

凌濛初の「二拍」は，馮夢龍の「三言」の成功に刺激された書店の，「三言」と張り合うものを作って欲しい，との依頼を受けて編纂されたものであるが，こちらはどちらかといえば，新作が中心になっている。

およそ200篇もの物語を収める一大小説集である「三言二拍」の全体を簡単に要約することは容易ではないが，貧しい油売りの青年が，その誠実さによって名妓の心を射止めて結婚する『醒世恒言』の「売油郎独占花魁(売油郎花魁を独占す)」，男にだまされたと知るや，携えて来た宝の箱を川に投げ捨て，自らも身を投げた妓女の真情を描いた『警世通言』の「杜十娘怒沈百宝箱(杜十娘怒りて百宝箱を沈む)」など，男女の愛情にまつわる話にすぐれた作品が多いことはたしかである。

この大部の「三言二拍」の中から，40篇の作品を選りすぐって編まれたのが抱甕老人の*『今古奇観』であり，『今古奇観』の刊行後は，むしろこちらが流行し，「三言二拍」そのものは中国ではあまり読まれなくなってしまった。

「三言」は江戸時代の日本にも伝わり，岡白駒・沢田一斎らによる訓訳本が出され，当時の読本（都賀庭鐘の『英草紙』，上田秋成の『雨月物語』など）に大きな影響を与えている。例えば『雨月物語』の「蛇性の婬」は『警世通言』の「白娘子永鎮雷峰塔（白娘子永えに雷峰塔に鎮めらる）」の翻案であり，同じく「菊花の約」は『古今小説』の「范巨卿鶏黍死生交（范巨卿鶏黍死生の交り）」の翻案である。
（大木　康）

さんげんはちかい【三元八会】　道教でいう天書の起源をなすもの。天地開闢以前の三元の気とそれに備わる五徳を総称して八会といい，この三元八会の気が自然に凝集して出現した天上の文字を「三元八会の書」と称する。この道教の真理を示す天書は天神にしか理解できないので，後に真人の手を借りて地上の文字に書き写したものが道教経典の起源となったとされる。一説に，三元は三才，八会は三才と五行との和合を意味するともいう。
（麥谷　邦夫）

さんこう【三公】　中国における最高官職の総称。時代によって内容が異なる。儒教経学では司馬・司徒・司空，あるいは太師・太傅・太保を三公とする。

秦の官制を引き継いだ前漢では，丞相・御史大夫（副丞相）・太尉（軍事長官）がこれにあてられた。のち大司馬大将軍が実権を掌握するようになり，前8（綏和元）年に御史大夫が大司空に，前1（元寿2）年に丞相が大司徒に改められ，大司馬・大司徒・大司空からなる三公制が成立した。また，三公の上に太師・太傅・太保の三師が置かれたが，これはまったくの名誉職であった。

後漢では太尉・司徒・司空が三公とされたが，次第に名誉職化し，実権は尚書・大将軍へと移った。後漢末の208（建安13）年，曹操は三公を廃止し，かわって丞相・御史大夫を置いたが，三国魏の建国後に再び太尉・司徒・司空の三公制が復活し，唐代まで続いた。宋代以降は太師・太傅・太保を三公と称するようになるが，すべて名誉職にすぎない。
（松井　嘉徳）

さんこう【三皇】　中国最初期の伝説上の3人の賢者，首長。数説あり，たとえば『風俗通』では，伏羲，神農，女媧とされる。かれらには，文化史上の功績が割りふられ，伏羲は易の八卦を作り漁労牧畜を民に教え，神農は農耕を広め薬草の効能を説いたという。また女媧も天が崩落した際に柱を立てて補修したとされる。諸書にしばしば登場するが，『史記』は三皇の後の五帝の時代から記述が始まっており，古い時代を語る伝説ほど新しく作られたものだという「加上説」によれば，もっとも新しい存在ということになる。
（木島　史雄）

さんこう【三綱】　寺の運営にあたる3人の役僧。一般に上座・寺主・都維那を指す。インドでは中国の寺主や都維那に相当するものはなく，当番制の護事・授事（Karma-dana 羯磨陀那・維那）が雑事を掌った。東晋時代より年徳秀でた人物を上座や寺主に，僧官として（都）維那が任ぜられた。唐代になると上座は衆僧を指導する長老，寺主は行政・社会面の寺の責任者，都維那は寺務・雑事の担当者となった。日本では大宝令以後の制にみえるが，それ以前は僧正・僧都・律師などを指した。
（藤善　眞澄）

さんごういんじゅうたく【三合院住宅】　四角形の中庭を中心に，まわりを3つの棟が取り囲む形式でつくられた住宅。漢族の住居タイプの一つとして，中国全土に広く分布し，農村から都市に至るまで様々な場所で見られる。全体の配置は，四合院住宅の倒座を取り除いたもので，中央の主屋（正房）が中庭に開き，その前方左右に向かい合って脇部屋（廂房）がつくられる。また，四合院住宅と同様，複数のブロックを中心軸上に並べた大規模な三合院住宅も少なくない。
（髙村　雅彦）

さんこうごじょう【三綱五常】　→五常

さんごくし【三国志】　三国時代を記録した歴史書。陳寿著。65巻。魏書30巻，蜀書15巻，呉書20巻。紀伝体の正史。表と志を欠く。魏を正統とし，本紀は魏書のみ。簡潔を旨とし，その欠を補うのが南朝宋の裴松之の注。明の羅貫中『三国志演義』は唐宋の講談の流れを汲むが，史実は裴松之注が引く諸書に多く拠る。『三国志』が扱う時期は，220（黄初元）年の魏の建国からではなく，武帝（曹操）本紀や董卓・袁紹・袁術・劉表の列伝の存在からもわかるように，後漢末，184（光和7）年の黄巾の乱，189（中平6）年の霊帝の死に端を発す群雄割拠からであり，董卓らは『後漢書』にも伝をもつ。陳寿は巴西郡（四川省北東部）出身で，譙周の弟子。蜀・西晋の2王朝に出仕し，西晋代に完成。それが『三国志』に微妙に反映されている。現に仕えている晋が禅譲を受けた魏と，故国でかつて仕えていた蜀と，しがらみのない呉との間に差をつけており，魏帝は帝号，蜀帝は主号，呉帝は臣下と同じく姓・諱で表す。
（福原　啓郎）

さんごくしえんぎ【三国志演義】　明の白話

章回小説。全120回。作者は元末明初の羅貫中とされるが、彼が書いた『三国志演義』がどういう形態のものであったかは不明である。

　後漢末期の群雄割拠の時代、貧しい家から身を起こした劉備は、関羽・張飛と義兄弟の契りを結び、軍師諸葛亮(孔明)を得て徐々に頭角をあらわす。劉備は宿敵曹操・孫権と時には手を組み、時には争い、次第に勢力を伸ばす。そして劉備が蜀(四川省)を根拠地とした時、曹操の魏、孫権の呉とともに三国鼎立の時代を迎える。しかし関羽を呉軍に討たれ、張飛を部下の裏切りで失った劉備は弔い合戦で呉軍に敗れ、やがて病没する。諸葛亮はまさに孤軍奮闘し蜀を支えるが、魏を攻める最中に死ぬ。蜀は魏に滅ぼされ、魏もまた家臣の司馬氏に取って代わられて晋となり、晋が呉を併合したとき、三国時代は終わりを告げる。以上が大体の内容であるが、諸葛亮と呉の軍師周瑜との知恵比べ、稀代の英雄呂布と関羽・張飛らの腕比べ、蜀将趙雲の颯爽たる活躍、三顧の礼、赤壁の戦い等々、まさに血湧き肉踊るエピソード満載の中国通俗小説の代表作である。

　西晋代以降いわゆる三国に関する説話は文献や民間の伝承等によって脈々と受け継がれていく。その一つが語り物である。すでに唐の頃には三国に関する演芸があったようだが、確実なところでは宋代に「説三分」と呼ばれる語り物となり、人気を博していたことが北宋の都開封の繁栄を記した『東京夢華録』に見える。そして元の時代には元雑劇として多くの作品が残されており、元雑劇の代表的な作家関漢卿の『関大王単刀会』や高文秀の『劉玄徳独赴襄陽会』をはじめ、現存するものだけで21種を数える。元雑劇では各作品がそれぞれ独立した三国のエピソードを演じていたわけだが、同じ元代に出版された『三国志平話』は初めて三国故事を一つの作品にまとめたものである。この『三国志平話』は当時の語り物の台本のようなものをベースにしたと考えられており、内容はかなり粗略で分量もかなり少ないが、大まかな構成は『三国志演義』に近い。西晋の陳寿の『三国志』などの史書をベースに、これら元雑劇、『三国志平話』、語り物などの要素を加えて成立したのが『三国志演義』であると考えられる。

　『三国志演義』の現存する最も古い版本は明の嘉靖年間(1522-66)に出版されたいわゆる「嘉靖本」で、『三国志通俗演義』というタイトル。嘉靖本には1494(弘治7)年の蔣大器による序、1522(嘉靖元)年の張尚徳による引がある。120回ではなく、24巻で各巻10則、計240則という構成。最も流行した版本は、清の康熙年間(1662-1722)初頭に出された毛宗崗批評『三国志演義』(通称「毛宗崗本」あるいは「毛本」)である。毛本には最初に金聖嘆の序があるが、版元による偽造と考えられる。他にも極めて多数の版本がある。　　　　　(上野　隆三)

さんごくじだい【三国時代】

魏・呉・蜀の3国が鼎立していた時代。後漢と西晋の狭間の分裂の時代で、六朝時代(魏晋南北朝時代)の劈頭をなす。この時代を扱った正史が西晋の陳寿『三国志』、小説が明の羅貫中『三国志演義』。魏(曹魏。220〜265)は、文帝曹丕以下5代、黄河流域を中心に北中国を占め、都は洛陽。呉(孫呉。222〜280)は、大帝孫権以下4代、長江中・下流域を中心に南中国を占め、都は建業(南京)。蜀(蜀漢。221〜263)は、先主劉備以下2代、長江上流域の四川・雲南を占め、都は成都。3国の国力比は、宮崎市定『中国史』の推定によれば、魏：呉：蜀＝6：2：1で、魏が呉・蜀の2国を圧倒。正閏論でいえば、陳寿『三国志』や北宋の司馬光『資治通鑑』が魏を正統とするのに対して、東晋の習鑿歯『漢晋春秋』、南宋の朱子(朱熹)『資治通鑑綱目』は蜀を正統とする。王朝興亡年表風にいえば、三国時代は、220(魏の建国)〜280(呉の滅亡)年であるが、『三国志』の列伝の人物の活動からいえば、その始まりは、後漢末、184(光和7)年の黄巾の乱、189(中平6)年の董卓の専権に端を発する群雄割拠以降、とりわけ208(建安13)年の赤壁の戦いによる天下三分の形勢の端緒以来が事実上の三国時代といえよう。三国鼎立は統一帝国後漢の3分割ではなく、後漢末の群雄割拠が3つにまとまったものであり、統一帝国西晋の前段階である。諸葛亮の「天下三分の計」も最終目標ではなく、漢室による天下の再統一への手段であった。そして、西晋による呉の平定の結果、統一が実現したのであり、それは同時に三国時代の幕引きであった。なお、三国以外の最大勢力として、燕を称した公孫淵が遼東に割拠していたが、238(景初2)年、魏の司馬懿に滅ぼされている。

　この時代は乱世であるが、社会の変動に対して新たな国家体制・制度が模索された時代でもある。たとえば、魏成立直前に制定された九品官人法(九品中正制)は後漢後半から盛んな人物評価に基づく官吏登用法であり、六朝貴族制の制度上の裏付けとなった。変革は法制・税制・官制・土地制度など多方面に及び、隋唐の律令体制の原点をなしたのである。

　文化面でも、後漢末の建安年間(196-220)には、三曹(曹操・曹丕・曹植)とその幕下にいた王粲ら「建安七子」の文学者集団が出現、個人の感情の表現に適した五言の短型・叙情詩という唐詩の源流である詩型を創出しており、魏の正始年間(240-249)には、曹爽の幕下に何晏・王弼らが集い、「才」「性」の人物評価や玄学を中心とした哲学がテーマ

である清談や著作が現れ，「正始之音」とよばれた。魏末の司馬昭専権時代に荘子的な生き方を標榜した「竹林の七賢」の阮籍・嵆康はこの時期の詩人の代表でもある。

なお，唐の丘悦『三国典略』の三国は南北朝末の北周・北斉・南朝(梁・陳)を，高麗の金富軾『三国史記』，僧一然『三国遺事』は新羅・高句麗・百済をさす。
(福原 啓郎)

さんごくしちゅう【三国志注】 南朝宋の裴松之による『三国志』の注。文帝の命による。『隋書』経籍志が挙げる『三国志』にはすでに合書されている。『三国志』の簡略に過ぎる欠点を補うため，魚豢の『魏略』，王沈の『魏書』，韋昭の『呉書』など160種余りの魏晋人の著作を引用，その多くは現在散佚しており史料として貴重。唐の顔師古の『漢書』注に代表される訓詁の注に対して，南朝梁の劉孝標の『世説新語』注とともに，脱漏を補い異聞を挙げる注の典型。
(福原 啓郎)

さんごくしつうぞくえんぎ【三国志通俗演義】 明の小説。『三国志演義』の現存する最も古い版本で，明の嘉靖年間(1522-66)に刊行されたいわゆる「嘉靖本」の名称が『三国志通俗演義』。『三国志演義』の正式な書名とも言える。「嘉靖本」は弘治甲寅(1494年)の庸愚子(本名 蔣大器)による序，嘉靖壬午(1522年)の修髯子(本名 張尚徳)による引があり，かつては「弘治本」と呼ばれたこともある。120回ではなく，24巻で各巻10則，計240則という構成。「嘉靖本」の他に1591(万暦19)年刊行の「周曰校本」も『三国志通俗演義』という書名である。
(上野 隆三)

さんごくしへいわ【三国志平話】 元代の話本。『三国志』についてまとまった形の白話文学としては最古のもの。元の至治年間(1321-23)に『全相三国志平話』と題して出版された。全相とは絵入りという意味で，上に絵があり下に文がある「上図下文」形式になっている。文章は粗雑で，当て字も多く，本来は語り物，いわゆる「説三分」の台本のようなものをベースにしたと考えられる。明の小説『三国志演義』とは大まかな筋は変わらないが，決定的に異なる点も多い。例えば『三国志平話』の冒頭部分は，後漢の光武帝の時に司馬仲相という書生が夢の中で閻魔の身代わりとなり，漢の高祖劉邦が天下取りに功のあった自分たちを謀殺したという韓信・彭越・英布らの訴えを聞く。判決は韓信は曹操に，彭越は劉備に，英布は孫権に生まれ変わって漢の天下を三分割し，高祖は最後の皇帝献帝となり，さらにうまく裁いた司馬仲相は司馬懿となって晋をたてて最終的に天下を取る，という内容である。もちろん『三国志演義』にはこのような荒唐無稽な話はない。また『三国志平話』の最後は蜀(蜀漢)の滅亡後，漢の外孫の劉淵が逃れて後に晋を滅ぼした，という話で終わる。劉淵は確かに五胡十六国の漢(前趙)の高祖であるが，遊牧民族の匈奴族であり漢王朝とは何の関係もなく，当然この話も『三国志演義』にはない。このように粗略な点も多いが，『三国志平話』が小説『三国志演義』成立の際に重要な材料となったことは間違いない。

『三分事略』，正式には『至元新刊全相三分事略』という書物がある。これは『三国志平話』とほぼ同内容であるが，挿し絵も字もかなり杜撰である。したがっておそらくは『三国志平話』の焼き直しではないかと考えられる。
(上野 隆三)

さんさい【三才】 天・地・人を言う。また，世界を三つの巨大な要素(才)によって区分する思想。古くから兵家が戦争の際に「天の時，地の利，人の和」に注目していたが，三才の思想を発展させたのは戦国末期の儒家の荀子である。すなわち，聖人などの有徳者が，世界における最も偉大な存在である天・地の働きの中に，人間独自の領分を保ちながらそれらと肩を並べ参じていくという思想は，『荀子』において開花し，その後広く影響を及ぼした。例えば，『周易』(『易経』)繋辞下では，人道は天道・地道と並んで広大な世界を構成する不可欠の要素として把握されている。なお，『陰符経』では天地・人・万物を三才としている。
(池田 知久／渡邉 大)

さんさい【三彩】 釉薬による陶磁器の装飾技法の一つ。鉛を溶媒に用い，800℃程度の比較的低い温度で溶融する鉛釉によって彩る技法をいう。素地の上に直接，もしくは白化粧を施した上に，複数の色の鉛釉を掛け分ける。三彩とは特定の3色を指すのではなく，2色あるいは4色以上を使用したものも三彩という。銅を呈色剤とする緑釉，鉄分を加えた褐釉，コバルトによる藍釉，透明釉などが用いられる。先駆的な作例は北朝後期にみられ，7世紀後半から8世紀前半にかけて唐三彩が盛んに製作された。遼のもとでは遼三彩が焼かれ，宋・金・元の磁州窯にも数多くの例がある。明には，文様の輪郭を盛り上げた線であらわし，それぞれの中を各色の釉で塗り分ける法花とよばれる三彩が工夫され，中国南部一帯では日本で交趾と総称される三彩が作られた。明・清に製作された素三彩は，釉薬を掛けずに高温で素焼きの磁器を焼き，さまざまな色の鉛釉を塗り分けて，再度焼成したものである。
(今井 敦)

さんさいずえ【三才図会】
明の図解入り百科全書。106巻。1609(万暦37)年序刊。王圻とその子王思義の編纂。三才とは天地人のことで，全体を天文・地理・人物・時令・宮室・器用・身体・衣服・人事・儀制・珍宝・文史・鳥獣・草木の14大項目に分かち，さらに個々の事物について図を先に掲げ，後に説明を加える。うち，たとえば草木には合計400種以上の植物図を収め，また世界地図では当時最新知識であった*マテオ・リッチ「山海輿地全図」をも，いち早く収録する。清末までの中国伝統文化の中で生まれた絵入り百科全書としては，最も絵図が豊富であって，この書の出版自体が明末文化の特徴の一つを表す。ただ古今人物図説や世界諸民族図説などには，伝説にそのまま依拠したため荒唐なものが多い。『*四庫全書』ではこの書を収録せず，同じく明末の編纂物ではあるがはるかに図の少ない章潢『図書編』を収録するのは，この書が蕪雑で考証に欠けていると認定されたからである。日本ではこの書の影響を受け，江戸時代に寺島良安編『和漢三才図会』が刊行された。
（夫馬 進）

ざんざんじょうすい【残山剰水】
山水画の様式の一つ。戦乱の後に残された自然が原義だが，宋の南渡後には華北を追いやられた漢人たちが居住した江南の限られた自然景をも意味するようになった。南宋の画院画家，とくに馬遠や夏珪の，景物を画面の片方に配し，その対角線上に大きな余白をとった山水図様式，またその対象となった自然景を指す。元代以降，疎略な画風としてしばしば批判的に用いられた。こうした馬遠や夏珪の構図法は「辺角の景」とも呼ばれる。
（荏開津 通彦）

さんし【三尸】
人間の体内にいてその人の行動を監視し，天神に報告するとされる存在。人間が死ぬことで解放されて自由になれるため，専ら人の悪行を天上の司命神に告げ，人間の寿命を縮めるとされる。庚申の日の深夜，人が寝ている間に天上に昇るとされたので，この日には徹夜して過ごす庚申待ちの風習が生まれた。また，道教修行者は得道の前提として三尸を殺す必要があるとされたため，三尸を殺すためのさまざまな薬の処方なども作られた。
（麥谷 邦夫）

さんじきょう【三字経】
識字用の初学教科書。作者は，南宋末の王応麟，区適子，明の人，清の黎貞など，諸説がある。毎句3字からなり，隔句に押韻し，数句ごとに換韻する。人の道を教えるのを根本とし，数字・四時(春夏秋冬)・方角・五行・経典から，時代の変遷・学問の方法まで，学習を進めるための基礎知識を含んでいる。『*千字文』と並んで広く流行し，現代に及んでいる。注釈も多く，明の『三字経集注』『新鐫三字経注解』，清の『三字経訓詁』などがある。
（竺沙 雅章）

さんしばん【散氏盤】
→矢人盤

さんじもんきょう【山字文鏡】
戦国時代前期・中期に盛行した鏡。龍文が退化変形した羽状獣文の地文の上に，殷周青銅器に見られる鉤連雷文に由来する「山」の文字に類似した図文を主文様として重ねたもの。3〜6個の山字文の間に副文様として花弁文や葉文・縄文を配する鏡が多いが，馬・鹿・犬などの獣文を入れたものも見られる。副文様のないものもある。鏡はいずれも円形を呈し，三弦鈕のものが多く，鈕座には円圏のものと方格のものとがある。鈕座の外に山字文が環状に配列され，山字文の数によって三山鏡・四山鏡・五山鏡・六山鏡と呼ばれる。四山鏡がもっとも多く出土している。
（黄 名時）

さんしゃ【三謝】
南朝宋の*謝霊運・謝恵連，斉の*謝朓の併称。恵連は霊運の族弟。南朝貴族の謝氏の中でも，詩はこの3人が優れるとされる。北宋の唐庚は『三謝詩』を編み，「今 霊運・恵連・玄暉(謝朓)の詩を取り，合して六十四篇，三謝詩と為す。是の三人は，詩は玄暉に至り，語 益 工みなれど，然るに蕭散自得の趣は，亦た復た少しく減じ，漸く唐風有り」(唐庚『眉山集』巻11)と記す。なお，東晋の謝尚・謝奕・*謝安を書法の名家として三謝と称することもある。
（齋藤 希史）

さんしゃほう【三舎法】
北宋の*王安石が定めた，科挙によらずに学校から直接官吏に登用する制度。王安石は「養士(官吏養成)」と「取士(官吏登用)」は統一すべきであるとの考えに基づき，1071(熙寧4)年，太学三舎法を制定した。学生を上舎・内舎・外舎の3等に分け，初めて太学に入る者は外舎に入れ，春秋の試験の成績に基づき，外舎より内舎に進級させる。さらに内舎より上舎に進級させ，上舎生のうち，成績の優秀な者は官吏に登用する，という制度であった。続いて，1079(元豊2)年，詳細な規定が定められ，1104(崇寧3)年には，新法党の流れを汲む*蔡京の主導のもと，「養士」と「取士」の統一化が図られ，科挙の原則廃止，並びに地方の州県学から中央の太学へ進み官僚となる天下三舎法が実施された。実際には科挙は縮小されながらも実施され，廃止されることはなかった。天下三舎法は財政難のため廃止されることになるが，南宋時代においても太学三舎法は継続された。
（平田 茂樹）

さんじゅうろくじぼ【三十六字母】

等韻学の用語で，中古音系の語頭子音を概括して示す語。中国語の1音節は，声母・韻母・声調の3要素から成る。声母は音節の語頭子音をいい，韻母は声母より後の全て，つまり主母音と音節末子音をいう。子音は語頭・音節末ともにゼロの時がある。声調は音の高低アクセントのことで，字音はこの3要素のどの1つが欠けても成立しない。三十六字母とは，中古音系の声母それぞれに対応する1字を当ててその代表字としたもので，唇音(日本語では両唇音・唇歯音，以下同じ)「幇滂並明・非敷奉微」，舌音(舌頂音)「端透定泥・知徹澄娘」，牙音(軟口蓋音)「見渓群疑」，歯音(歯茎音・後部歯茎音)「精清従心邪・照穿牀審禅」，喉音(咽喉音)「影暁匣喩」，半舌音(側面音)「来」，半歯音(歯茎硬口蓋鼻音)「日」の計36字がそれである。上記の，唇音・舌音・牙音・歯音・喉音を「五音」という。等韻図では，そのそれぞれを全清(無声無気音)・次清(無声有気音)・全濁(有声音)・次濁(鼻音や側面音など。清濁とも称す)に分類する。唐末五代の僧守温の名を冠した敦煌出土『守温韻学残巻』では，「不(=幇)芳(=滂)並明，端透定泥知徹澄，見渓群疑，精清従心邪照穿審禅，影暁匣喩，来，日」(配列は上記三十六字母に合わせた)の30字母しかもたなかったが，その後，軽唇音(唇歯音)と重唇音(両唇音)との分化を反映して「非敷奉微」を追加，舌上音(そり舌音)「娘」と正歯音(歯茎硬口蓋音)「牀」が追加され，概ね，唐末から宋にかけての期間に，この三十六字母が定着したと考えられている。江戸時代の和刻本により再発見された，南宋の韻図『韻鏡』に「三十六字母」の表が付される。清代になり，陳澧『切韻考』が反切系聯法により，正歯音の照系は，等韻図で二等に配される荘系(荘初崇生)と三等に配される章系(章昌船書禅)に分かれ，喉音次濁音の喩母にも2種の別があり，云母と以母に分かつべきことを明らかにした。　　　　　　　　　　　(木津 祐子)

さんじゅうろくてん【三十六天】

道教の天界説のひとつ。道教の天界説にはさまざまな変型があるが，最終的には仏教の欲界・色界・無色界の三界二十八天説に，四種民天・三清天・大羅天の八天を加上した三十六天説に収斂した。その時期はおおむね六朝末と考えられる。四種民天以上の天界は，生成・安定・破壊・消滅を繰りかえす宇宙の劫運(サイクル)から超越した永劫不滅の存在と考えられた。これらの天は修行者の悟りの境位を示すものでもあり，またその転生の場所とも考えられた。
　　　　　　　　　　　(麥谷 邦夫)

さんじゅうろくてんこう【三十六天罡】

「天罡」は北斗星の異称。より限定すれば柄杓の部分を指す語として，古くは魏伯陽の『周易参同契』に見える。36は聖数として，特に道教でよく使われる数である。『水滸伝』では，宋江以下36人の大頭目が「三十六天罡星」の化身とされている(引首・第71回)。道教では宋以降，雷や「天罡星」からエネルギーを取り込む呪法が盛んになり，道教経典『上清天枢院回車畢道正法』(道蔵所収)に「三十六天罡」の語が出ているから，『水滸伝』は道教から摂取したものと考えられる。　　(三浦 國雄)

さんしょう【三性】

存在を3つのありように分析し，中道の了解をもたらすことをめざす教理。3つのありようとは，実体視され執著されたもの，本来の関係的存在(現象そのもの)，その本性というもので，順に，遍計所執性，依他起性，円成実性という。そこには，言語と存在の関係の分析なども含まれている。『瑜伽師地論』『弁中辺論』『摂大乗論』その他多くの唯識文献に説かれており，特に『成唯識論』にはインド諸論師の種々の解釈が示されている。　　　　(竹村 牧男)

さんしょう【三笑】

語り物の伝統演目。『三笑姻縁』『九美図』ともいう。弾詞に清の嘉慶年間(1796-1820)，呉信天編の刊本がある。子弟書・宝巻などにもこの演目がある。明代，蘇州の才子唐伯虎が大学士華鴻山の下女秋香を追いかけ，姓名を変え召し使いとして華の屋敷に入り込み，華の信任を得て，ついには秋香を娶り側室にする物語である。蘇州弾詞では，周文賓・祝允明らを主人公として挿入する『王老虎搶親』と文徴明・祝允明らを主人公として挿入する『換空箱』がある。全編は唐伯虎が秋香を追って失踪し，祝允明が杭州などに捜しに行くことをあらすじにして，唐・周・文の3人の活躍を物語る。芸人の用語で，唐伯虎が秋香を手に入れるまでの部分を「東亭書」といい，祝允明の杭州での活躍を語る部分を「杭州書」という。明代の小説『唐解元一笑姻縁』(『警世通言』所載)は，『三笑』の梗概をすでにそなえている。
　　　　　　　　　　　(山口 建治)

さんしょうぎ【三小戯】

役柄類型である「行当」の内，青少年の男性役である「小生」，娘役の「小旦」，道化役の「小丑」の3つが中心になる演目，およびその芝居を指す。歴史物や小説・神話・民間故事などに取材した作品は皆無に等しく，市井の人々の生活をいきいきと描いた作品が多い。形式は主として一幕物で，笑いをよぶ滑稽芝居。「小旦」「小丑」の「二小戯」が発展して「小生」が加わり，「三小戯」になったとされる。「二小戯」は歌いつつ舞う形式が主体になるが，「三小戯」は身

体動作・台詞も重要。「二小戯」「三小戯」とも宗教・民俗活動に付随する簡単な滑稽芝居として親しまれてきたが，伝統演劇各種にも多くの演目が吸収されている。例えば「三小戯」には京劇の『*拾玉鐲』，漢劇の『櫃中縁』，川劇の『搶傘』などがある。　　　　　　　　　　　　　　　（細井 尚子）

さんしょうりくぶ【三省六部】　唐代に中央政府の中核を占めた中書省・門下省・尚書省の三省と，尚書省の6部局である吏部・戸部・礼部・兵部・刑部・工部の六部の総称。中書省は，天子の書記局として政策の立案と詔勅の起草を担当した。門下省は，内外の百官から奏上される奏抄を天子にとりつぎ，また中書省から送られてきた案文を審議し，「封駁」と称する拒否権を発動したりした。尚書省は，門下省を無事に通過した政令を施行する機関であった。

　唐の宰相は，数人からなっていた。初めは，中書省の長官である中書令2名と門下省の長官である侍中2名に，尚書省の次官である左僕射＝左丞相と右僕射＝右丞相を加えた6名が宰相の任であった。中書・門下・尚書の三省の序列は，『大唐六典』での記載順の通り，尚書省・門下省・中書省の順であった。しかし，玄宗朝にはすでに中書省の最優位は確立し，門下省がこれについだ。尚書省の格は降下し，中書・門下の命を全国に伝達施行する機関となり，左右僕射は宰相ではなくなった。中書省の判官で詔勅を起草する中書舎人6名と，門下省の判官で封駁の任に直接あたる給事中4名は，「給舎」と併称される重職であった。中書省は西省あるいは右省といい，門下省を東省あるいは左省とよんだ。

　尚書省は尚書都省と六部からなる。六部とは，文官の人事を担当する吏部，財政を担当する戸部，文教を担当する礼部，武官の人事と国防を担当する兵部，司法を担当する刑部，土木事業を担当する工部で，それぞれ長官の尚書と次官の侍郎がおかれた。六部はそれぞれ4曹に分かれ，24曹の各曹に郎中と員外郎などの官僚がおかれた。これら六部を統括したのが都省であった。都省は左司と右司に分かれ，左右僕射の下に左丞と右丞，左司郎中と右司郎中などの官がおかれ，左司は吏・戸・礼の三部を右司は兵・刑・工の三部を分担した。なお六部の序列は，吏・兵・戸・刑・礼・工の順で，兵部は吏部につぐ重要官庁であった。（礪波 護）

さんじん【山人】　元来は山中の仙人または隠遁者のことであったが，南斉の孔稚圭『北山移文』(『*文選』巻 43)以来，山中にいながら官界に関心をもつ者を風刺する言葉となり，さらに隠遁から政界に進出した者をも指した。唐代，安史の乱後に活躍した李泌はその代表である。また在野の詩人・医者・占師・音曲家・画家なども山人を称し，一種の職業的呼称となり，特に明代末期にはその世俗的活動が批判され，山人の弊とみなされた。文人の雅号としても使われる。　　　　　　（金 文京）

さんしんざん【三神山】　渤海の海中に存在し，仙人が住むと考えられていた，蓬萊・方丈・瀛洲の3つの伝説の山。戦国時代のころより，この山（島）には不老不死の仙薬があり，黄金や白銀で造られた建物があると伝えられていた。斉の方士徐福（徐市）は秦始皇帝に上書して，三神山に仙薬を求めに行くことを請い，童男童女数千人を乗せた船で出発したがそのまま帰ることはなかったと『*史記』封禅書は述べている。一説には彼は日本に至ったとも伝えられており，和歌山県新宮市や九州各地など徐福上陸の地と称されるところがすくなくない。

　海中の三神山については，戦国時代の斉や燕の方士たちがその説を唱えたことが知られているが，その起源に関しては，山東地方から望見された海市（蜃気楼）を見て考えついたか，山岳信仰にもとづくのではないかと思われる。三神山の中では古来蓬萊山が最も有名で，李白・杜甫はじめ多くの詩人たちに福・禄・寿の象徴として詠じられた。なおそれ以外にも，三神山とは崑崙・方丈・蓬丘であるという説，また方壺・蓬壺・瀛壺の三壺であるとする説もある。　　　　　　　　　　　（吉田 隆英）

さんすいが【山水画】　五代・北宋から清初までの時期の中国絵画の中心分野。キリスト教絵画などの人物画中心のヨーロッパ絵画や，山水画が中心ではない日本絵画に対する中国絵画の特質を最も端的に示すもの。現実的な表現素材を駆使して理想的な時空間を描き出すのを基本とし，実景山水画も，南北朝時代の宗炳が提唱した臥遊の概念にも明らかなように，その揺籃期から存在する。山水画が分野としての独立を認められるのは，盛唐から中唐時代であり，南北朝時代以来の着色山水画の堅実な発展を踏まえつつ，水墨画の勃興とともに，晩唐時代までには，さらにその内実を豊かにし，五代・北宋に至って，理想性と現実性とを極限まで追求する大様式水墨山水画が成立，人物画を凌ぐものとなる。南宋時代までは，中原（河南省）や関中（陝西省）など，黄河中流域の中華文明発祥の地を基盤とする華北山水画の系統が圧倒的な位地を占めていたものの，元代にその華北系山水画，及び長江下流域（江蘇省・浙江省・安徽省）を基盤とする江南山水画が拮抗，明代前半は華北系山水画，後半は江南山水画が画壇を支配し，明末から清初には，江南山水画からする華北系山水画との総合が行われる。ただ，地

域性を喪失した伝統山水画は，清代中期以後，その位地を花卉雑画に譲ってゆき，終焉を迎える。

(小川 裕充)

さんすいし【山水詩】 自然描写を基調とし，自然の風物にふれてわきおこる感情を叙べる詩。自然を山と河に代表させて山水と呼び，紀元前から詩歌に形象してきたことは，中国文学の一大特色である。つとに『詩経』『楚辞』の比興(比喩)的表現の伝統があったが，魏晋南北朝時代に至って，左思は人為に染まらぬ清新な自然を隠逸への憧憬をこめて描き(招隠詩)，謝霊運は霊性の宿る山水を跋渉して心を洗われ，現実世界を超えた「理」を感得する体験を詠じた。この老荘思想と仏教思想を背景とした自然美の形象化が山水詩の成立で，文学史的には東晋・南朝宋時代におこった「玄言詩から山水詩へ」の推移と呼ばれる。以後の山水詩は洗練と象徴性を加えたが，真と美の融合した詩的形象を追求した点では一貫している。

(衣川 賢次)

さんすいず【山水図(李唐)】 南宋の絵画作品。京都，高桐院蔵。国宝。絹本墨画，双幅(秋景・冬景)，各タテ 97.9cm×ヨコ 43.6cm。寺伝では『観音像』軸(元代。絹本墨画)を中幅とする三幅対の脇幅，ともに唐の呉道子筆と言う。1952 年，島田修二郎は秋景幅に「李唐画」の落款を発見，宋室南渡後の李唐の作品とした。日本において『観音像』と合わせられたときにやや画面を切り詰められており，左右の掛け方も寺伝とは逆が正しい。もと四季山水図の秋冬部分と推測されている。

(嶋田 英誠)

さんすいゆうき【山水遊記】 柳宗元の散文の中で山水を題材とした一群をいう。彼の散文の中でも最高傑作に数えられ，特に流謫地の永州で書かれた作品は，永州八記(『始得西山宴遊記』『鈷鉧潭記』『鈷鉧潭西小丘記』『至小丘西小石潭記』『袁家渇記』『石渠記』『石澗記』『小石城山記』)と呼びならわされる。他に『游黄渓記』があるが，これは八記の総序的意味あいをもつ。散文による自然描写として高度な文学性を獲得し，独立した文学ジャンルとしての山水遊記を確立，後世の典範とされる。

(副島 一郎)

さんすうしょ【算数書】 1983 年末から 84 年初にかけて発掘された湖北省江陵張家山漢墓より出土した数学書。190 枚の竹簡に 69 問の数学問題を展開するが，『九章算術』に記載する主要な算術の類題を数多く含んでいる。その後，近似した内容の数学書，『算術』(2006 年 11 月，湖北省雲夢睡虎地 M77 号前漢墓より出土)および『数』(2007 年 12 月，湖南省長沙の岳麓書院が香港の骨董商より購入，出土情報は不明，秦簡と推定)の 2 点が発見され，これらの古算書の出現によって中国数学の起源が秦以前に遡ることが判明した。

(武田 時昌)

さんせい【三世】 春秋公羊学の基本タームで，「張三世」とも言う。『公羊伝』隠公元年等に「見る所，辞を異にし，聞く所，辞を異にし，伝聞する所，辞を異にす」とあるのに基づき，孔子は『春秋』の隠公から哀公に至る 12 公 242 年間を大きく「所見の世」「所聞の世」「所伝聞の世」の「三世」に分け(それぞれ書き方を変え)ている，とする解釈。何休によれば，「所見の世」とは，孔子自身と父の時代で，昭・定・哀にあたり，太平の世，「所聞の世」とは，祖父の時代で，文・宣・成・襄にあたり，升平の世，「所伝聞の世」とは，高祖父・曾祖父の時代で，隠・桓・荘・閔・僖にあたり，衰乱の世である。つまり，孔子は『春秋』において，「三世」を設定し，時代は，衰乱から升平へ，升平から太平へと進化するという歴史観を暗示している，ということであり，何休が，このような，史実とは全く逆の解釈を案出した理由は，当代の漢こそがこの「太平」の段階にあることを示さんがため，と考えられる。

(岩本 憲司)

さんせい【三正】 夏正・殷正・周正のこと。「正」とは正月の意味。夏・殷・周の三代では，それぞれ年初が異なっており，夏では建寅の月(冬至を含む月の 2 か月後)，殷では建丑の月(冬至月の次月)，周では建子の月(冬至月)を正月としていたとする説。この考えに基づいて，王朝が交代すれば正朔(正月一日)を改めるという説が流行した。しかし，実際に正朔を改めた例は少なく，漢以降ほとんどの王朝は夏正を用いている。

(長谷部 英一)

さんせい【三清】 道教の最高位の神およびその居所をともに三清という。初期の道教教理では，最高位の大羅天の下に，玉清境清微天・上清境禹余天・太清境大赤天の三清境(天)が位置し，そこには洞真・洞玄・洞神の三洞の経典の教主である天宝君・霊宝君・神宝君の三宝君がいると説かれた。後世になると，一般に元始天尊・霊宝天尊(太上道君)・道徳天尊(太上老君)の三神を三清と呼ぶようになる。

(麥谷 邦夫)

さんせいいじ【三世異辞】 春秋公羊学の基本タームで，孔子は『春秋』において，時代を大きく三つに分け，それぞれ書き方を変えている，という解釈。『公羊伝』隠公元年等に「見る所，辞を異

にし，聞く所，辞を異にし，伝聞する所，辞を異にす」とあるのに基づく。なお，「三世」については諸説あるが，何休*によれば，自分と父，祖父，そして高祖父・曾祖父の時代である。また，「異辞」の理由は，何休によれば，時代の遠近に伴って恩愛の度合いが異なるからである。　　　（岩本　憲司）

さんせいしょうにん【山西商人】　明清時代に活躍した山西省出身の商人。北辺の駐屯地に食料や衣料を供給することが明代を通じて重要な財政課題であったが，このために採用された開中法を担う商人として，山西省の商人が活躍するようになった。軍糧等の納入と引き替えに，専売品である塩の販売許可を受け，大きな富を蓄積する商人が現れた。塩以外にも，購入した雑貨や棉布を消費地に輸送して販売するなど，多種多様な山西省出身の客商が存在し，新安商人とともに全国を二分する勢いを示した。同時に山西商人の一部は，北京や天津を始めとする主要な都市に進出して店舗を構え，会館を設けて相互扶助に務め，典当業・油業・顔料業・煙草業など幾つかの分野で独占的ともいえる影響力を発揮した。19世紀になると全国に広がる商人の連携をもとに，為替を運営する票号と呼ばれる金融機関が山西商人の中から現れ，清末には国家財政の輸送・管理にも与るようになり，隆盛を極めた。
（足立　啓二）

さんせいたいいせき【三星堆遺跡】　四川省広漢市南興鎮にある青銅器時代の遺跡。1929(民国18)年(一説には1931年)，農民が玉器坑を発見。1931年英人牧師ドニソーネが，29年出土の玉器を収集したことに始まる。1933～34年には，華西大学が玉器坑付近を発掘した。その後，1956, 63年と調査が行われ，80～97年には四川省博物館等が10回にわたるより規模の大きな発掘を行っている。その結果，遺跡の主要部分は，鴨子河南岸を北壁として，西・南・東の三面を当時の城壁に取り囲まれていたことが知られた。城壁の周囲を含めた遺跡の総面積は約12km²におよぶ。主な遺構としては，城壁・住居址・大型祭祀坑・小型祭祀坑等がある。1986年夏には二つの大型祭祀坑が発見された。1号坑は，約4.5×3.4mの長方形の土坑で，深さ約1.5m。遺物は土坑の南半部に集中し，青銅製の人頭像・罍*(らい)・尊など大型のものは西南部に，玉石器は東南部に，黄金の杖は中央やや西寄りに置かれていた。2号坑は，長さ約5.3m，幅約2.2～2.3m，深さ約1.4～1.68m。遺物は3層に分けて埋置されていた。下層に小型の青銅製品や玉石器・子安貝が投げ込まれ，その上に大型の青銅製品の立人像・人頭像・尊・罍が載せられ，さらにその上に土坑全体をおおうように象牙が敷きつめられていた。器物の多くは破壊されていたり，焼かれており，祭祀を行った跡と見られている。2号坑出土の立人像は，高さ262.0cmあり，他に類例を見ない。青銅人頭像や金面人頭像も極めて珍しいが，大型の青銅縦目*(たてめ)仮面は高さ66cm，幅138cmあり，瞳が筒状に突起するという異様な造形を示している。おそらく2号坑は特別な祭儀に使用されたもので，四川の早期蜀国の独特な宗教観を背景とするものといえよう。蜀国に王朝交替が起こり，前王朝の祭器・宝器が埋められたとする説もある。その一方で1号及び2号坑出土の青銅尊や2号坑出土の青銅罍は，明らかに殷文化の青銅器の形態を持つもので，三星堆祭祀坑の年代を考える上で重要な手がかりとなっている。発掘報告書に，四川省文物考古研究所編『三星堆祭祀坑』(文物出版社，1999年)がある。
（武者　章／西江　清高）

さんせいはちだいとう【山西八大套】　山西省北部の五台・定襄などの諸県で行われる伝統的器楽合奏で，五台山の仏教音楽にも吸収された。清代中葉には形成されていたと見られる。八音会・鼓班と称される演奏組織によって伝統的祝日や冠婚葬祭の折に演奏されて来た。数曲から数十曲を組み合わせて長大な組曲(套)とするのが特徴で，中でも著名な8つのものを八大套といい，これがジャンルの通称として用いられている。各套は演奏順の固定した数曲で構成され，一般に遅いテンポの曲を前に，速いテンポの曲を後ろに配し，第一曲の曲名を套の名称として用いる。それらの楽曲は民謡・器楽曲・劇音楽・宗教音楽を源流としているといわれる。演奏者は7～8人で，主導楽器の管子*が1～2人・海笛(小型の嗩吶*(ツナ))1・笛子1・笙2・堂鼓1・小鈸*(はっ)1の編成を基本とし，これに時に板鼓・大小の鑼*・大鈸・雲鑼・梆子*(ほうし)などが加わることもある。また，各曲には鑼鼓が活躍する部分(鑼鼓段)も設けられている。
（増山　賢治）

さんせいほうし【山西梆子】　→晋劇*(しんげき)

さんせいほくろほうし【山西北路梆子】　山西省北部の地方劇で，山西四大梆子劇の一種。16世紀中期，蒲州梆子を基礎として，山西省北部の言語と民間音楽が結び付き形成された。山西省の北・中部，内モンゴル，河北省の西北と陝西省北部で流行している。清末民初，北京の梆子劇に影響を与えた。役柄には老生・正旦・花臉・小生・小旦・小丑がある。歴史を題材とした演目が多く，『王宝釧』『金水橋』などが有名。歌は高音，激越で，伴奏は板胡を主とする。舞台の表現は力強く，豪快

である。伝統演目の『金水橋』は1980年に映画化され好評を得た。　　　　　　　　　　（孫　玄齢）

さんぜぶつ【三世仏】　現在世・過去世・未来世の三世に出現する諸仏のこと。三世仏の組み合わせは多様で経典上の明確な規定はない。雲岡石窟の曇曜五窟に三世仏を本尊とする北朝北魏の事例があり，敦煌には隋代の造像が現存する。特に北宋以降，儒教による祖先崇拝と仏教儀礼とが結びつきを強める過程で，現在仏に現世の当事者，過去仏に祖先，未来仏に子孫の救済を祈念するため，仏殿に三世仏を本尊として安置した。遼の1038(重煕7)年建立の大同下華厳寺薄伽教蔵殿では，現在・過去・未来の諸仏を釈迦仏・定光仏・弥勒仏，北宋の1067(治平4)年建立の延安石窟万仏洞では，釈迦仏・阿弥陀仏・弥勒仏にあて，宋代仏教を受容した鎌倉時代の造像に釈迦仏・阿弥陀仏・弥勒仏をあらわす泉涌寺本尊がある。絵画では南宋の寧波仏画に趙璚筆『三仏諸尊集会図』(京都，満願寺蔵。重要文化財)があり，釈迦仏を中心とする三世仏が法華経を賛嘆する。仏名会の本尊となる三千仏図では釈迦仏・阿弥陀仏・弥勒仏を各世の諸仏の中央にあらわす例が多い。　　　　　　　　　　（井手　誠之輔）

さんせん【三仙】　中国において3つのものを寄せて吉祥文とするものの一つ。柏樹・水仙・霊芝。柏の木には葉守の神が宿るという伝承がある。水仙は天仙の仙の字を持つことから吉祥とされ，冬の花であり，新春の瑞兆とされている。霊芝は茸の一種で，幸茸・万年茸・芝草などとも称される。徳のある為政者が出た時に生じ，これを食すると長寿を得，登仙すると考えられている。（鈴木　さとみ）

さんせんかんかいかん【山陝甘会館】　河南省開封市徐府街にある山西・陝西・甘粛3省の同郷会館。1776(乾隆41)年創建。

　会館は南向きに建てられている。会館の正面には，華麗な装飾の高さ約8mの大きな照壁(目隠しの塀)がある。照壁の表側は，山石・人物・花鳥の透かし彫りが施こされた塼で仕上げられている。また裏側は，中央部に1辺1mの青石がはめ込まれ，そこに2尾の龍，そのまわりに12尾の龍が取り巻く美しい浮き彫りで装飾されている。

　照壁の両側には門があり，その内側に戯台(舞台)が設けられている。普通，会館では郷里あるいは業種の守護神が安置され，奉納劇を行うために舞台がつくられた。戯台の左右には，2層で高さ約10mの鐘楼と鼓楼が対峙する。その北側には，鳥居型の門，すなわち牌楼が置かれている。この牌楼は，6本の柱と5つの屋根からなる清代の木造のもので，中国に現存するなかでも珍しい形式を見せる。牌楼をくぐって北に進むと，左右の配殿，正面奥の正殿に囲まれた中庭に出る。

　建物は，いずれも屋根が黄緑色の瑠璃瓦で葺かれている。また，棟飾りには蓮台を抱く獅子や玉で戯れる2尾の龍などの装飾が用いられている。さらに，木製の建具には，鳥獣の類から花果，器物，また人物，神仙の故事から吉祥図案に至るまで，さまざまな内容と色合いの透かし彫りなどで飾られている。この会館には，石彫・木彫・瑠璃製品からなる清代の建築芸術の粋が集められている。

　　　　　　　　　　　　　　　　（高村　雅彦）

さんそ【三蘇】　→蘇洵，蘇軾，蘇轍

さんそう【三曹】　→曹操，曹丕，曹植

さんぞう【三蔵】　仏教用語。サンスクリット語トリ・ピタカ(tripiṭaka，三つの籠)に対応。経・律・論のこと。経(sūtra)は釈尊の説いた阿含経典のほか，大乗・小乗の経典すべてを指す。律(vinaya)は出家教団内の戒律規則を述べた文献であり，漢訳に『十誦律』(説一切有部＝薩婆多部)，『四分律』(法蔵部)，『摩訶僧祇律』(摩訶僧祇部＝大衆部)などがある。経と律が仏説の記録とされるのに対して，論(śāstra, abhidharma)は後代の特定個人による論文・注釈の類をさす。また三蔵は，ときに戒・定・慧の三学を指すこともある。このほか，人名に付して，三蔵法師(三蔵すべてに精通した者，trepiṭaka, tripiṭa)の意味で用いられる。

　　　　　　　　　　　　　　　　（船山　徹）

さんだい【三代】　夏(前21～前16世紀)・殷(前16～前11世紀)・周(前11世紀～前771年の西周時代。前770～前221年の春秋戦国時代は含まない)の3代をいう。特に夏の禹王，殷の湯王，周の文王・武王の治世を称えて言うこともある。春秋末，孔子の頃に現れた歴史観。春秋戦国時代の前にあり，五帝(黄帝・帝顓頊・帝嚳・堯・舜)時代の後に続く世として，やはり理想の実現していた世と位置づけられた。これまで，西周の共和元年すなわち紀元前841年以降は編年的に歴史が記述できるがそれ以前は明らかではないとされてきた。しかし1996年以降中国では，この三代の断代編年史の作成を企画し，文献資料・考古資料などを駆使した編年史の作成が国家的事業として進められている。

　　　　　　　　　　　　　　　　（谷中　信一）

さんたいかくちゅうそじ【山帯閣注楚辞】　『楚辞』の注釈。全6巻。他に巻首1巻，余論2

巻，説韻1巻を収める。清の蒋驥撰。屈原に帰せられる作品のみを収め，宋玉『九弁』等を採らない。ただし，『招魂』『大招』は，屈原作と見なして収録し，『漢書』芸文志の「屈原賦二十五篇」の数に合わせる。屈原の伝記を考証して，それを各篇の制作時期に結びつけていること，巻頭に屈原の行跡をたどる5枚の地図を掲げること，巻末に『楚辞』の古韻を検討する「説韻」を付すことなど，独自の特色を備える。　　　　　　　　　　　　　（興膳　宏）

さんだいきっきんぶんそん【三代吉金文存】
民国の金石著録。20巻。羅振玉著。1936(民国25)年に完成，翌年刊行された著者晩年の大作。伝世品としてそれまで知られた青銅器銘文の殆どを収集・網羅した，羅振玉畢生の金文の集大成。収録された金文拓本は4831器，各巻首に付された目録と器種別に分類された拓本からなり釈文はない。拓本の多くは善拓で，金文拓本としては初めてのコロタイプ印刷。収集の豊富さ，鑑別の厳正さ，印刷の精緻さなどの点で，質量ともに当代抜きんでた金文の資料集といえる。于省吾『商周金文録遺』(1957年)は本書の補遺として編まれたもの。　（高久　由美）

さんだいさんかん【三諦三観】
天台智顗が教示する真理と実践についての教法。三諦とは，一切の存在は本体をもたず(空)，しかし名称的に指示しえて(仮)，しかもその二面を同時に具えもっている(中)ということを教える3つの真理のこと。空・仮・中は同一の場面において成立しているということ，つまり円融三諦として了知されねばならない。三観とは，三諦の得知に向かう従仮入空観・従空入仮観・中道第一義諦観の3種の観法のこと。円融三諦に対応し，三観をひと思いに修して，三諦をいっときに得知する一心三観であることが基本とされる。　　　　　　　　　　　　　（新田　雅章）

さんたいし【三体詩】
南宋に編まれた唐詩の選集。原名は『唐賢三体詩法』。巻数は諸本により異なる。編者周弼の生没年は不明。1250(淳祐10)年に成立。唐代の詩人167人の494首を収めるが，おおむねは中唐・晩唐の作であり，杜牧・許渾の作が最も多い。それに対して，盛唐を代表する李白・杜甫は1首も収めていない。また，詩体においても七言絶句・七言律詩・五言律詩の3種のみを収め，古詩・排律は除外する。これが「三体詩」の名前の由来である。そして，各詩体をいくつかの格に分け，詩の構成法を説明する。七言絶句174首は実接・虚接・用事・前対・後対・拗体・側体の7格に，七言律詩111首は四実・四虚・前虚後実・前実後虚・結句・詠物の6格に，五言律詩209首は四実・四虚・前虚後実・前実後虚・一意・起句・結句・詠物の8格に分け，すべて21格。

周弼が主に中・晩唐の詩人の，平明な抒情をたたえた作品をえらび，しかも短い詩体のみをとりあげたことは，その当時首都の臨安(杭州)を中心に一般庶民のあいだに流行していた「江湖派」の趣向に合致するものである。書店の主人陳起が「江湖派」の詩集をあつめて刊行した『江湖集』の中に周弼の『端平詩雋』も収められており，彼もメンバーの一人だったことがわかる。テキストとしては，元の1309(至大2)年に成った，元の裴庚(季昌)・釈円至(天隠)の集注本3巻，清の1693(康熙32)年刊行の高士奇注による清刊本6巻がある。

日本へは南北朝の1332(元弘2)年に渡来し(『暁風集』)，室町時代には京都五山を中心とする禅僧のあいだで流行した。その講義の記録いわゆる抄物として，月舟寿桂(幻雲)輯『三体詩法抄』5冊，塩瀬宗和輯『三体詩絶句抄』6冊，『三体詩素隠抄』13冊，『三体詩賢愚抄』10冊などがある。江戸時代にも流行はつづき，熊谷立閑の『三体詩備考大成』20冊，宇都宮遯庵の『三体詩詳解』23冊などの注釈がある。　　　　　　　　　　　（深澤　一幸）

さんちゅう【算籌】
古来中国で用いられた計算道具。算木とも称する。竹などの木片，獣骨，象牙，金属等で作った長さ5〜15cmくらいの細長い棒で，それを組み合わせて数字を表した。赤と黒に色分けして正負の符号を区別した。縦向き，横向きを交互にして位取りする記数法は『孫子算経』に略述されている。近世になって算盤が発明されると次第に廃れ，明代の数学書は珠算書が主流になるが，朝鮮では引き続き用いられ数多くの籌算書が著された。　　　　　　　　　　　　　　（武田　時昌）

さんちょう【三張(天師道)】
天師道(五斗米道)の天師張陵・嗣師張衡・系師張魯の3人を総称して三張という。張陵は，後漢末沛国豊(江蘇省)の人。張道陵ともいう。蜀(四川省)の鶴鳴山で仙道を学び，142(漢安元)年，太上老君の降臨を得て「正一盟威之道」を受けたと称し，みずから道書24篇を作り，天師と自称して庶民の信仰を集めたという。当時の官辺は彼の教団を天師道ではなく「米巫」と蔑称した。それは，入信に際して信徒から五斗の米穀を納めさせたことと彼の教えが巫覡に類するとみなされたからであり，五斗米道という呼称も同様の背景を有する。『蜀記』によれば，張陵は177(熹平6)年に山中で大蛇に呑まれて死んだが，子の張衡は翌年その事実を隠して，張陵は仙界に昇ったと偽装宣伝したという。張衡についてはほとんど見るべき伝承はないが，『漢天師世家』によ

れば179(光和2)年に死んだという。天師道では後に嗣師と尊称した。孫の張魯にいたって，天師道は教団組織を確立して大きな勢力をもつようになった。彼はみずからは師君と称し，教区を24に分けて各教区ごとに治と呼ばれる施設を設けるとともに，行旅者や流亡者たちに無料で飲食を提供する義舎という宿泊施設を設けるなどして，積極的な布教活動を展開し教勢を拡大していった。やがて後漢末の混乱に乗じて漢中(陝西省南部)を占拠し，30年近くにわたって独立政権を維持したが，215(建安20)年，曹操に降って鎮南将軍・閬中侯の官爵を与えられ，死後は原侯と諡された。天師道では張魯を尊称して系師と呼ぶ。なお，魯には子が5人おり，『漢天師世家』によれば第3子の盛が跡を継いだとされる。

(麥谷 邦夫)

さんちょう【三張(文人)】 →三張二陸両潘一左

さんちょうさいげつ【三長斎月】 六斎日とならんで八関斎を遵守して善行を行うべき，在家仏教徒の戒律遵守期間。正月・5月・9月の1日から15日のこと。遅くとも東晋には広く確立していたが，起源や実態は必ずしも明らかでない。インドの文献に記される，神変月(神足月とも。特別な月，パーリ語 pāṭihāriya-pakkha)に八関斎をすべしとの考え方を何らかの形でふまえるが，中国における習俗信仰との関係もあると考えられている。東晋の郗超『奉法要』，疑経『梵網経』，疑経『提謂波利経』等に見える。

(船山 徹)

さんちょうどうじん【山頂洞人】 華北を代表する現代型新人の化石である。北京市の南西，周口店遺跡の第1地点の西にあたる龍骨山山頂にあることが名称の由来である。民国期1933～34年の発掘調査によって完全な頭骨3点，8～10個体分の各部位の人骨多数が主として第4～5層から出土したが，北京原人化石とともに行方不明となり，石膏模型だけが残されている。頭骨は眼窩上隆起がきわめて弱い，大きく丸みをもつ，脳容量が1400cc，下顎骨先端に突出部があるなどの中国北方の現代型新人の特徴をもっている。人類化石とともに出土したほ乳動物化石の放射性炭素年代測定による年代は2.3～3万年前。第4層からはやや乱された1体分の人骨が，大量のほ乳動物の歯牙やアカガイ殻などからなるネックレスやふりまかれたベンガラとともに発見されたので，後期旧石器時代の墓と認定された。この時期の墓としては現在も中国唯一であり，ロシアのマリタ遺跡や日本の湯の里4遺跡の2～2.5万年前の墓との共通性もあり，北方ユーラシアの後期旧石器人の精神文化や交流を示す重要な資料である。石器には石刃や細石刃は含まれていない。文献に裴文中「周口店山頂洞之文化」(『中国古生物誌』新丁種第9号，1939年〔英文〕)がある。

(佐川 正敏)

さんちょうにりくりょうはんいっさ【三張二陸両潘一左】 西晋の武帝の太康年間(280-290)に活躍した文人，すなわち張載・張協・張亢(三張)，陸機・陸雲(二陸)，潘岳・潘尼(両潘)，左思(一左)のこと。梁の鍾嶸『詩品』序に「太康中，三張・二陸・両潘・一左，勃爾として俱に興り，……亦た文章の中興なり」とある。『文心雕龍』明詩篇では「張潘左陸」とする。

(齋藤 希史)

さんちょうほくめいかいへん【三朝北盟会編】 北宋の徽宗・欽宗，南宋の高宗の3朝における宋と金との交渉を記した史書。250巻。南宋の徐夢莘(1126～1207)撰。北宋の1117(政和7)年から南宋の1161(紹興31)年までの45年間の宋金交渉の関連史料を記述したもの。材料としては，当時存在したあらゆる史料を網羅しており，宋金交渉史の史料の集大成である。しかし，網羅したが故に杜撰な史料も含まれている点，宋側で編纂したものであるから，宋にとって都合良く記述されている点に注意が必要である。

(衣川 強)

さんでん【三伝】 →左伝，公羊伝，穀梁伝

さんてんがふ【酸甜楽府】 元代のウイグル人作家，貫雲石(号は酸斎)と漢人作家，徐再思(号は甜斎)の散曲作品は，前者が豪放，後者が清麗と作風が対照的であったため，明代以降，両者を合わせて「酸甜楽府」と称した。その名の書物があったわけではない。今『散曲叢刊』に収めるものは，元明代の散曲選集から輯録したものである。

(金 文京)

さんてんだいごだいさんき【参天台五台山記】 平安時代の入宋僧成尋が残した日記体の旅行記。8巻。成尋は1013(長和2)年頃，平安京に生まれ，1081(永保元・宋の元豊4)年頃，宋の開封で没した。父の名は不明，母は源俊賢の女，母の弟に源隆国がいる。京都石蔵(岩倉)の大雲寺寺主であり，宇治平等院の護持僧でもあったが，1072(延久4・宋の熙寧5)年3月15日，肥前国松浦郡壁島(佐賀県呼子町加部島)で頼縁・聖秀ら7人と宋船に乗り込み，舟山列島を南下して定海(浙江省)，紹興を経て杭州に上陸。天台山を巡拝したのち開封を経由して北上，五台山を巡拝して開封にもどり，新訳

の木版大蔵経などを賜り，再び天台山に上るために南下する。本書は壁島で乗船してから翌1073(熙寧6)年6月12日，明州(寧波)から日本に向かう宋商人，孫吉の船で帰国する惟観らを見送るまでが記されている。内容は公私の文書200余りを含み，宗教界・中央政界はもとより，宋代の地理・風俗，交通や地方行政，また民衆の生活や物価にいたる社会・経済・文化など幅広い記録を含み，日中交渉史のみならず宋代史研究の貴重な史料である。日記体旅行記の完熟を示す作品。東福寺蔵写本はじめ多くの写本・通行本がある。　　　　　　　（藤善 眞澄）

さんとう【山濤】　205(建安10)〜283(太康4)。西晋の人。河内懐県(河南省)の出身。字は巨源。「竹林の七賢」の一人。若くして老荘を好み，身を韜晦していたが，後に出仕して魏の趙国相，晋の吏部尚書，左僕射を歴任した。人材登用に当たって参考に備えた人物評価録は当時『山公啓事』と呼ばれた。七賢の一人嵇康に職を譲ろうとして「山巨源に与うる絶交の書」を寄せられ，交わりを断たれたが，嵇康は刑死の際，山濤が頼るべき存在であることを子に言い遺している。晋書43　（西岡 淳）

さんどうかい【参同契】　44句220字より成る長詩。唐代の禅者である石頭希遷の著。標題は漢の魏伯陽の同名の道書のそれを借りる。その標題にも端的に現れる通り，現象世界の個別的様相を示す「参」と平等一如の法界たる「同」とが契合する理を説き，禅宗の宇宙観を示す。曹洞宗で重んぜられ，日常読誦される。　　　　　　　（高堂 晃壽）

さんとうかいしょ【山東快書】　山東省の中南部・西南部を発祥の地とし，「武松故事(『水滸伝』)」を専ら語ることに特徴がある語り物曲種。現在では，南京や上海など南方まで広まっている。曲種が生まれた初期(清代後期)には山東大鼓の影響を受けたり，梨花大鼓の梨花片(半月形の鉄片)を打楽器として用いたという。この頃の山東快書はその語りの題材から「武老二(『水滸伝』の武松)」とよばれていた。もうひとつの系譜として山東落子(素朴なリズム唱)を基礎に竹板(竹の板を結びつけたもので，手にもちカチカチ拍子をとる)を伴奏楽器として形成されたという説がある。芸人には流派があり，楊立徳の「楊派」や高元鈞の「高派」がしられている。竹板を用いるようになってから「竹板快書」と呼ばれた時期もあったが，高元鈞が活躍する1950年代頃より「山東快書」の名が定まった。唱詞は七字句の韻文が基本で，そのなかに散文の語りが挟み込まれることがある。発音は明瞭で，動作も大きく，英雄の描写に長けており大衆に愛好されている。　　　　　　　　　　　　　　（井口 淳子）

さんどうこうさく【山堂考索】　南宋の類書。『山堂先生群書考索』が正しい書名。前集66巻・後集65巻・続集56巻・別集25巻。慶元年間(1195-1200)の進士章 如愚の撰。前集は六経・諸史・地理など，後集は官制・賦税・財用など，続集は経籍・律暦・兵制など，別集は礼楽・夷狄・辺防など全部で46門に分けられているが，重複や出入りがあって雑然としている。しかし，古今の諸書を博捜し諸家の説を引用して，撰者の結論を述べており，宋代史研究に重要な史料を提供している。　　　　　　　　　　　　　　（衣川 強）

さんどうしほ【三洞四輔】　道教経典の分類法。道教では経典全体を三洞と四輔の七部に分類する。三洞とは洞真部・洞玄部・洞神部の三洞部，四輔とは太玄部・太平部・太清部・正一部の四部を指し，四部が三洞を輔佐する役割をもつところから四輔と称される。三洞部の洞真部には上清経，洞玄部には霊宝経，洞神部には三皇経が当てられ，四輔部の太玄部には『老子道徳経』『老子河上公注』『老子想爾注』等，太平部には『太平経』，太清部には金丹法関連の諸経典が入れられた。四輔部のうち，太玄部が三洞の洞真部，太平部が洞玄部，太清部が洞神部，正一部が三洞部全体を輔佐する。

上清経・霊宝経・三皇経の分類法としての三洞説は，南朝宋の431(元嘉8)年頃に天師道の道士陸修静によって唱えられた。南朝の天師道では上清派の作成した上清経，葛氏道の作成した元始系霊宝経(元始旧経)と三皇経を摂取して，自派の経典として信奉していたが，これらを分類する項目として三洞説を唱えた。三洞説によって，上清経・霊宝経・三皇経は天上界の三天(清微天・禹余天・大赤天)の三清境(玉清境・上清境・太清境)で作られた天書という地位が与えられ，天師道では三洞部の経典を特別に尊重した。

その後，天師道は更に多くの経典を他派から摂取し，あるいは自派においても新しい経典を作成したので，これらの経典を整理し分類するために，四輔部を形成した。その時期は南朝宋末〜斉初の480年前後である。四輔の分類では，洞真部を輔佐する太玄部を大乗，洞玄部を輔佐する太平部を中乗，洞神部を輔佐する太清部を小乗，三洞部全体を輔佐する正一部を一乗と格付けした。四輔部の成立によって天師道で信奉する三洞四輔の道教経典全体に序列ができ，この序列に基づいて天師道では道士の受法のカリキュラムと道士の位階制度(法位)が設けられた。　　　　　　　　　　　（小林 正美）

さんどうしゅのう【三洞珠嚢】

初唐の道教類書のひとつ。現存10巻35品。高宗朝(649-683)の蜀(四川省)の道士王懸河の編。北朝北周の『無上秘要』と同様，六朝から唐初に至る時期の多数の道教経典や道士の所説の引用によって構成されている。なかでも『道学伝』や『老子化胡経』などの佚書の引用が多く見られ，資料的価値は極めて高い。『宋史』芸文志に30巻と著録されていることなどから，現行道蔵本は不完全なテキストであることがわかる。原本の巻1には，現行本にない「応道降生品」が配されていたことが知られており，本書は『無上秘要』と同じく，道教教理の根幹をなす混元の「道」から展開する道教的世界観の解説から始まり，天神の出現や天界の構成などを体系的に説いていたと考えられる。しかし再編者は，現実の道教徒の修道のよすがとなる先人の伝記的要素から成る「救導品」「貧倹品」「韜光品」「勅追召道士品」を冒頭に置き，その上で投簡・服食・辟穀・煉丹・坐忘・斎戒・禁忌といった実際の道術に関する教説や名数にかかわる教理的要素を配して再構成している。　　　　　　　　　　　　　　　　　(麥谷 邦夫)

さんとうせきぶつ【山東石仏】

山東は，仏図澄の弟子僧朗が前秦の351(皇始元)年に泰山に移り住んで仏教を広めたと伝えられ，泰山一帯の神通寺や霊巌寺，済南の黄石崖，青州の雲門山や駝山石窟などは仏教造像の遺跡として古くからその存在を知られていた。この地域では，近年の出土によって5世紀後半から金銅仏の作例が知られるものの，主流は石窟・摩崖や単体で彫り出された石仏で，520年代以降の作例が数多くのこされている。ただ，ここには山西の雲岡石窟や河南の龍門石窟のように地域の中心的役割を果たした大型の石窟造像が存在せず，地域的なまとまりとしての把握がしにくい面があった。

済南市郊外の黄石崖は，山東省でもっとも古い石窟・摩崖の仏教造像で，523(正光4)年をはじめ，北魏末から東魏にかけての造像銘記が存在する。とくに自然洞窟を利用した大型窟の内部には，唐草文様の光背と龍を浮彫にしてあらわした三尊像が彫られている。これは早くに青州で発見された山東省博物館所蔵の525(正光6)年銘石造一仏二菩薩像や，博興県・広饒県発見の石造三尊像などとの顕著な類似が認められ，これらの単体の石仏の流行を反映したものであることがわかる。これらはいずれも，ひとつの舟形の光背の中に一仏二菩薩の三尊像をつくるもので，日本の研究界では一光三尊像と呼んでいる。同じ一光三尊の石仏は，同時代の河南の地域にも見られるが，河南のものが平滑な石の面に線刻を主体に龍や文様をあらわすのに対して，山東のものはより立体的な浮彫であらわされる点が特徴である。

1980年代以降，地域の開発が進み，それにともなう大量の石仏の出土が相次ぎ，またようやく各地に点在する小型石窟の紹介と研究もおこなわれるようになり，山東造像があらためて注目されるようになった。

1988年には，諸城市で在銘像20件を含む東魏・北斉時代のものを中心とする石仏200件が出土した。また90年代になってから，青州市の興国寺址と龍興寺址から北魏時代のものを含む大量の石仏が出土した。とりわけ龍興寺址からは400件を超える数のものが発見された。これらはその数量もさることながら，当初の彩色がいまも鮮明に残っていること，とくに北斉作品ではこれまで知られていた標準的な河南や河北のものとは異なった，体の表面ににぎやかに装飾品を彫り出す菩薩像の表現が見られることなど，その独自の性格によって人びとの関心を集めている。　　　　　　　　　　　　(岡田 健)

さんとうりゅうざんぶんか【山東龍山文化】

龍山文化の確立は，1928(民国17)年，山東省歴城県の龍山鎮(章丘市龍山街道)で城子崖遺跡が発見されたことに端を発する。当時，同文化は，黄河中・下流域を含めた広範な分布域をもつ考古学文化として認識されていたが，その後，歴年にわたる細分化の過程を経て，現在では，山東を中心に分布する諸遺跡を包括して山東龍山文化と呼ぶのが通例となっている。なお，この文化は，典型龍山文化と呼ばれた時期もあった。

山東龍山文化は，同地の大汶口文化と岳石文化のあいだに編年される，新石器晩期の考古学文化である。存続期間は，前2400年から前2000年の約400年と考えられている。代表遺跡には，両城鎮・尚荘・尹家城などがある。土器製作は，基本的に大汶口文化のそれを継承しつつ高度な発展を遂げ，とりわけ，器壁が卵の殻のように薄い黒色土器は，山東龍山文化を象徴する遺物として有名である。そのほか，この時期になると，泰山山系以北の地域を中心に，多くの城壁付き集落が築かれたことにも注目しておきたい。　　　　　　　　　　　　(小川 誠)

さんとうれき【三統暦】

前漢末の劉歆が，太初暦を増補して作成した暦法。『漢書』律暦志に載る。太初暦は月日の配当を中心としたものであったが，三統暦ではそれに日食・月食の予報や惑星の位置計算などを増補している。三統とは，人統(夏)・地統(殷)・天統(周)の三者が循環するという思想。漢を簒奪した王莽は，この思想に基づいて天統から人統へ改めた。また，天文定数を導き出すの

に，易の思想や音律の理論を用いているのも特徴である。　　　　　　　　　　　　　　（長谷部 英一）

さんとのふ【三都賦】　西晋の詩人左思の賦題名。「三都」は三国の魏・呉・蜀の都（鄴・建業・成都）のこと。西蜀公子と東呉王孫なる人物が，それぞれ華麗な言辞を連ねて自国の自然や文化を賛美するが，最後に魏国先生が同じく魏都の隆盛を説きつつ，その歴史的経緯と繁栄の道理とを明らかにして両者の迷妄を解くという内容。左思は創作に当たり，家中に紙筆を置いて意中の句を即座に書写し，著作郎張載を訪れて蜀地について尋ね，広博な知識取得のため秘書郎となり，10年の歳月を費やしてようやく完成したという。当初左思は無名であったが，名士皇甫謐がこの賦に典雅と博識を讃える序文を冠し，さらに諸家が注するに至って世に知られ，司空張華は左思を漢賦の作家班固・張衡に匹敵するとして感嘆した。かくして富貴の家の者は競ってこの作を書写し，「洛陽の紙価を高める」という故事を生んだ。その出来映えは，同作の構想を持っていた陸機を感服，擱筆させたという。『文選』所収。
　　　　　　　　　　　　　　（西岡 淳）

さんねい【賛寧】　919（貞明5）～1002（咸平5）。宋初の学僧。呉興（浙江省）の人。俗姓は高。五代後唐の天成中（926-930）に杭州の祥符寺で出家し，南山律を究めて「律虎」の異名を得た。呉越王銭氏一族の信望厚く，浙東・浙西の地の僧侶を管理する僧統に任ぜられ，仏教興隆に尽くした。呉越が宋の版図に入ると，王とともに上京し，太宗の信任を得て「通慧大師」の師号を賜った。汴京の天寿寺に住して，左街講経首座や右街僧録などの要職を務め，勅命により『宋高僧伝』を編纂した。完成後は『三教聖賢事跡』や『大宋僧史略』の著作に励んだ。また彼は，王禹偁を初めとする士大夫らと詩文を通して積極的に交わった。仏教は世俗権力の外護によって隆盛するという立場を実践したものと思われる。現存する作品は上述の『宋高僧伝』『大宋僧史略』だけであるが，『駁春秋繁露』『難王充論衡』『非史通』などの著作があり，『内典集』52巻に対し，『外学集』49巻があったという。彼が士大夫に遜色ない高い古典教養と詩文の才を備えていたことは，ここからも推測される。　　　（西脇 常記）

さんばいほう【三倍法】　唐代の度量衡には大小二制があり，玄宗以後併用された。大尺と小尺，大斗と小斗，大両と小両がそれである。唐の大制は直接には隋の大業（605-618）のシステム，小制は隋の開皇（581-600）のシステムにもとづいている。大尺は小尺の1.2倍とされ，大斗と大両はそれぞれ小斗・小両の3倍とされた。小制は湯薬冠冕影表などに用いられた。　　　（川原 秀城）

さんばん【算盤】　珠算盤のこと。そろばん。元代に発明され，明代に爆発的に流行した。算盤の流行の結果，明代中期には籌算（算籌〔算木〕の数学）の高度な成果は忘れ去られ，過去の偉大な籌算書の多くが亡失に瀕した。算盤は梁上に2珠，梁下に5珠あり，梁上の珠は5を意味し，梁下の珠は1を意味するが，その記数法は珠算が籌算から発達してきたことを如実に示している。　（川原 秀城）

さんぱんのらん【三藩の乱】　清初，中国の南半分を巻き込んだ大乱。清は中国本土を平定する過程で，漢人軍閥を起用したが，全土を統一した後も雲南，広東，福建では，それぞれ平西王呉三桂，平南王尚可喜，靖南王耿継茂が，大軍を擁して留まっており，これを三藩といった。1673（康熙12）年に康熙帝が，三藩の軍を撤収することを決定すると，呉三桂はそれに抗して内乱を起こした。そして清に不満をもつ勢力の支持をとりつけ，軍を率いて北上し，各地で清軍を打ち破った。耿精忠（継茂の子）は1674年に，尚之信（可喜の子）は1675年に反乱に加わったが，ともに1677年までに清に降った。呉三桂は一時は長江以南の地域を支配したが，長江を越えないまま1678年に病死する。その後には孫の呉世璠が立ったが，反乱側は劣勢となり，拠点を次々と失って雲南まで追いつめられた。1681（康熙20）年に反乱軍は降伏し，世璠も自殺した。　　　　　　　　　　　　　　（松浦 茂）

さんびゃくろくじゅうりつ【三百六十律】　1オクターブ中に360の律（絶対音高）を設けたもの。三分損益法は律を生じ続けて終わりがないが，そこで南朝宋の銭楽之は，三分損益法を積み重ねて三百六十律を定めた。但し六十律の場合と同様，この三百六十律も，生じた順位が306までの律は3.6セント（1セントは半音の100分の1）の音程差によって処置されるが，残りの54律は，さらに微少な音程差1.8セントを持つという姿を呈している。すなわち律を360設けた数理的な必然性は薄いと言えるが，これは律管候気の法（律管に灰を入れて，地中の気の動きを測る）に用いるために作られたことによる。　　　　　　　　　　（水口 拓寿）

さんぶいっそうのほうなん【三武一宗の法難】　中国仏教史上に行われた，4王朝の4皇帝による廃仏事件を総称する語。法難とは，弾圧や迫害を受けた側からいう語，つまり仏教教団の受難であり，弾圧や迫害をした側の国家からは破仏・廃

仏・滅仏といった語を使った。インド起源の仏教が、東漸して中国社会で勢力を増強するにつれ、道教徒側の画策などにより、何度か国家権力による迫害をうけたが、なかでも①北朝北魏の太武帝(在位423〜452)、②北朝北周の武帝(在位560〜578)、③唐の武宗(在位840〜846)の三武と、④五代後周の世宗(在位954〜959)の一宗、すなわち「三武一宗」の治下における迫害が激甚をきわめたので、迫害をうけた仏教側が一括して「三武一宗の法難」と呼んだ。これら4皇帝による廃仏の直後に即位したつぎの皇帝によって、いつも人心収攬政策としての仏教復興事業が行われた。

①の「魏武の法難」は、道士の寇謙之を尊信した太武帝により、446(太平真君7)年から7年間も強行された。堂塔伽藍はことごとく破却され、僧尼は還俗させられた。太武帝の太子晃は仏教信者で、ただちに急を遠辺に伝えたので、仏教経巻の一部は難をまぬがれ、山谷に厄を避けた僧尼もいた。雲岡石窟は、この直後の復仏事業の一環として開かれたのである。②の「周武の法難」は、574(建徳3)年から577(同6)年にかけて行われた。国家財政の見地からも、また儒教による国論統一のうえからも、仏教のみならず道教をも弾圧し、仏像と天尊像をこわし、沙門と道士たちを還俗させた。ただし官立の宗教研究所である通道観をおき、優秀な沙門や道士たちを通道観学士に選任して、仏教と道教を修めることを保証したのである。次の王朝隋の文帝楊堅(在位581〜604)は、即位するや仏教と道教に対する禁圧を撤回し、五岳の下に僧寺一所ずつを置くべき詔を出した。新しく造営された国都長安城には、大興善寺を始めとする多くの仏寺が建てられ、宗教都市さながらの景観を呈し、つぎの王朝唐に引き継がれた。中国仏教徒の伝承では、釈迦の入滅は紀元前949年で、三時の第三時である末法時が552年から始まるとされたので、この法難の後に末法思想が流布し、それが原動力となって隋唐の仏教全盛を導きだした。③の年号によって呼ばれる「会昌の法難」は、845(会昌5)年に道教徒の画策によって断行されたもので、西方伝来の三夷教、すなわち景教・祆教(ゾロアスター教)・マニ教も禁圧された。この法難に遭遇し、還俗させられた入唐僧円仁の日記体の旅行記『入唐求法巡礼行記』4巻が、生々しい情報を記録している。④の「後周の法難」は、955(顕徳2)年におこった。今回は前3回とは異なり、国家財政の窮迫が主たる動機で、仏像・仏具は改鋳されて銅銭となった。後周を継承し全国を統一した宋は、太祖と太宗のとき、唐の仏教隆盛を再現しようとし、正法流布の功徳事業として『大蔵経』を刊行、西夏・高麗・日本などの近隣諸国に国際友誼の意味をこめて贈与した。　　　(礪波　護)

さんふえん【三婦艶】
南北朝後期、梁のころ流行した歌の一形式。漢の古楽府である『長安有狭斜行』と『相逢行』の一段「大婦　綺羅を織り、中婦　流黄を織る。小婦　為す所無く、瑟(或いは琴)を挟みて高堂に上る」をもとに、後世もっぱら一家の嫁の美しさを描写する同型の詩が作られた。ことに艶詩の盛んであった梁・陳には多くの作が生まれ、『顔氏家訓』にもその流行についての記載がある。これらの詩は『楽府詩集』巻30にまとめられている。　　　(松家　裕子)

さんふきょ【三不去】
古代における、妻を離縁できない3つの条件。三不出ともいう。七去(夫側に認められた妻を離縁することができる7つの事由)があったとしても、次の3条件のうち一つでもあれば離縁は許されない。『大戴礼』本命によれば、妻が離縁されても帰る家がない場合、夫とともに舅姑の3年の喪に服した場合、嫁いだ時夫が貧賤であったが後に富貴になった場合。唐代刑法典の注釈『唐律疏議』戸婚では、三不去に違反した者は「杖一百、追還合」(杖刑百叩き、妻を連れ戻して復縁させる)と規定されていた。　　　(鈴木　健之)

さんふく【蚕服】
漢・晋の頃、皇后・皇太后・太皇太后が春の初め告蚕の祭礼を行う(自ら蚕を飼う)時の礼服である。『後漢書』輿服志に拠れば、衣服の形式は衣裳連属(上衣と下裳がひと続きの形式)の深衣の制である。上衣の部分は青色、下裳の部分は縹色を用いて製作する。これを助ける貴人は助蚕服を着用する。助蚕服は上下ともに純縹色で製作した。形式は同じく深衣の制である。　　　(釣田　敏子)

さんぶん【散文】　→文

さんぷんごてんはっさくきゅうきゅう【三墳五典八索九丘】
古代の伝説上の書物。『左伝』昭公十二年に初めてその名が見え、孔安国『尚書序』は「伏羲・神農・黄帝の著書を三墳といい、少昊・顓頊・帝嚳・堯・舜の著書を五典といい、八卦の説を八索といい、中国九州の地理を記したものを九丘という」としている。なお『古三墳』と称する書が『漢魏叢書』などに収められているが、北宋の『郡斎読書志』より前の書目には見えず、もとより偽託である。　　　(大野　圭介)

さんぶんそんえきほう【三分損益法】
振動数が2:1の音程(絶対協和。オクターブ)を、振動数が3:2或いは4:3の音程(完全協和。完全5度と完全4度)により分割していく方法。具体的には元の律

の振動数を$\frac{2}{3}$倍し，そうして得られた律の振動数を$\frac{4}{3}$倍するという操作を繰り返す。春秋戦国時代には用いられるようになっていたが，$\frac{2}{3}$のn乗と$\frac{4}{3}$のm乗の積は$\frac{1}{2}$や1にならず，この方法は五声・七声や十二律を超えて無限に律を生じ続ける。また，隣接2律の音程が一定にならない。（水口 拓寿）

さんぽ【三輔】
前漢の都長安一帯を管轄する三つの行政区画及びその長官である京兆尹・右扶風・左馮翊の総称。前漢の都一帯を管轄する行政区画は初め秦の制度を継承して内史と呼ばれたが，高祖以来の強本弱末を目的とする移民政策による人口増とそれに伴う治安悪化のため，武帝の前135(建元6)年(『漢書』地理志。百官公卿表では前155年)左右内史に分割され，前104(太初元)年には右内史を京兆尹に，左内史を左馮翊に改名すると共に，列侯を掌っていた都尉(主爵中尉を前144年に改名)を右扶風と改名して都の西部地域を治めさせた。三輔の管轄地域は概ね京兆尹は長安及び長安以東渭水以南，左馮翊は渭水以北涇水以東，右扶風は長安・涇水以西であったが，三輔の治所は全て長安城中に在った。都の警備は初め中尉が掌ったが，三輔分割に伴い京輔・左輔・右輔の三輔都尉が前113(元鼎4)年に新設され三輔を分掌した。三輔の監察は前89(征和4)年に設置された司隷校尉が掌った。なお，後世には，長安一帯を指す語として三輔が用いられるようになる。（鷹取 祐司）

さんぼうくん【三茅君】
茅盈・茅固・茅衷の3兄弟。前漢の人で神仙になったとされる。茅盈は，字は叔申，前145(中元5)年の生まれ。18歳の時に家を棄てて恒山に入って仙道修行を積み，二十数年の間に西城王君と西王母から要訣を伝授されて得道し，郷里に帰る。父母に仕えたのち，句曲山に入って，その洞天に遊び，呉越の境に化を及ぼした。これにちなんで，句曲山は茅山と称されるようになった。その後，2人の弟，すなわち，茅固(字は季偉)と茅衷(字は思和)も，官を捨てて兄に従って仙道修行に入り，得道して，茅固は定録君，茅衷は保命君という仙官の位を授けられ，茅山の洞天に住むことになった。一方，茅盈は司命君(太元真人東岳上卿司命真君)という高い位につき，赤城山にその役所が置かれた。茅盈は1年に2度，3月18日と12月2日に，弟たちのいる茅山に戻ってくることを約束したとされ，のちに，この両日は茅山の縁日として民間の人々の信仰を集めて賑わった。『茅山志』5，『雲笈七籤』104に伝がある。（神塚 淑子）

さんぽうたいかんせいようきつうぞくえんぎ【三宝太監西洋記通俗演義】
明の口語長篇小説。『三宝開港西洋記』とも称する。20巻100回。成書は1597(万暦25)年。編者は羅懋登(字は登之，号は二南里人。陝西の人)。伝奇の『香山記』の作者で，『投筆記』に注釈を，『西廂記』などに音釈をつけ，『捜神記大全』6巻を編纂したことで知られる。三宝太監鄭和が永楽帝の命を受け当時の西洋(東南アジアからインド洋にかけて)を大型船で航海した史実を踏まえ創作された，『西遊記』の南海版ともいえる作品。（大塚 秀高）

さんぽけつろく【三輔決録】
後漢の雑伝。もと7巻あったが宋代に散佚し，今日残るのは輯本のみ。後漢の趙岐の撰，西晋の挚虞の注。前漢の三輔(都長安があった現在の陝西省一帯をいう)に生きた人々の伝記を記したもの。『後漢書』64・趙岐伝の李賢注に引く趙岐の自序には，高潔で義を好む三輔の気風が失われ，権勢や利益ばかりを求めるようになったので，自ら見聞した人々の行状を記し，その「善し悪しを定める」ことから決録と名づけたとある。（大野 圭介）

さんぽこうず【三輔黄図】
漢代の地理書。『西京黄図』ともいう。撰者不詳。「三輔」とは，長安を中心にした首都圏の総称。漢代の長安及びその周辺の区画・宮殿・都城・池沼・官庁・学校・陵墓などについて記す。元来は図を伴っていたはずである。『隋書』経籍志の史部地理類に，『黄図』1巻としてはじめて著録された。現行本は後人の整理を経たもので，6巻36篇。中に後世の記事が混入した個所も少なくないが，漢代の長安一帯の歴史地理を知る手がかりとして，貴重な資料を提供している。（興膳 宏）

さんまし【三麻子】
→王鴻寿

さんみんしゅぎ【三民主義】
民族・民権・民生の3項目から成る孫文の革命思想で，革命運動の展開に伴ってその内容が変化した。清朝末期には「三大主義」と称され，民族主義は満洲人による漢人支配の打破，民権主義は君主制に替わる共和制の樹立，民生主義は地権平均化による階級分化の予防が，主な内容であった。孫文は辛亥革命により前二者が一応実現されたため，以後は民生主義に専念すべきであると認識したが，第二革命の失敗後は袁世凱の独裁を批判して再び民権主義をその主張に加えた。更に孫文は中国国民党を結成すると，民族・民権・民生の三民主義をその綱領として掲げ，1924年には連続講演を行って三民主義の新たな内容を詳述した。即ち，民族主義は中国を「次植民地」としている帝国主義列強からの独立，民権主義は直接民

権制等による欧米型議会制民主主義の超克，民生主義は地権平均化と国家資本主義による階級分化を伴わぬ産業発展を指すというのが，その主な内容である。
(深町 英夫)

さんめい【算命】 広義には占術一般を意味するが，狭義には，生年月日時を基本データにして行う占いを指す。人が生まれた時にその人の一生の命運は予め決められているという大前提に立って，年月日時の4本の柱を干支に変換し，そこに五行の相生・相克を読み込んで吉凶を導き出す。唐の李虚中に始まるとされる。わが国では「四柱推命」といい，中国では「八字」「星命」とも称する。『淵海子平』『三命通会』などが算命術の古典として今も珍重されている。
(三浦 國雄)

さんもんきょうそううんいせき【三門峡漕運遺跡】 河南省三門峡市の黄河河畔に位置する遺跡。黄河は現在の陝西省潼関県付近から河南省孟津県付近までの間，両岸が山に挟まれた峡谷となる。三門峡市市街地の東20余kmの地点は，河が一段と狭くなっているうえに島もあり，水は狭い水道を激しく流れる。古来，黄河水運の難所とされてきたが，政治の中心地が陝西省地域にあり，ここに黄河下流域産の穀物を運ぶことが重要な課題であった前漢時代から唐時代にかけて，この難所を舟が安全に通れるようさまざまな工事が行われた。まず，舟を人力で上流に引き上げるため，河に面した断崖を人が通れるよう，崖に溝を掘り，板を敷いて通路（桟道）とした。後漢の和平元(150)年の銘文が見られるものもあることから，桟道掘削のおおよその時期がわかる。また，唐の741(開元29)年には左岸が半島状に突き出した部分に運河（開元新河）を掘った。また唐時代には北岸に迂回路を作り，倉庫も設けた。政治の中心が黄河下流域に移った宋時代以降は，大規模な工事は行われなくなった。
(谷 豊信)

さんらい【三礼】 『周礼』『儀礼』『礼記』の3つの礼経典の総称。成立の経緯や伝承を異にした三書に体系性を認めようとしたのは，後漢も中期に入ってからであった。馬融に『周官伝』『礼記注』，及び『儀礼』の「喪服」1篇をとりあげる『喪服経伝注』があり，また盧植には『礼記解詁』のほかに『周礼』『儀礼』の注解もあったとされるが，先のような認識を明確に打ち出して「三礼」の注解をおこなったのは鄭玄の『周礼注』『儀礼注』『礼記注』である。これによって「三礼」の名称は確立し，以後，定着してゆくことになる。
(間嶋 潤一)

さんらいず【三礼図】 三礼（『周礼』『儀礼』『礼記』）のなかに出て来る衣冠調度や祭器を図示した書。このたぐいの書物は後漢に始まるとされ，鄭玄の名に仮託されたものもあった。それら6種類の先行書をもとに五代後周の時に聶崇義が勅命を受けて編纂し，宋初に完成したのが『三礼図集注』20巻で，『四庫全書』にも著録され，普通『三礼図』といえばこの書を指す。ほかに明の劉績にも『三礼図』4巻がある。
(小島 毅)

さんらんろく【驂鸞録】 石湖三録と称される南宋の范成大の紀行3篇の第2作。驂鸞の名は，中唐の韓愈の詩「遠く登仙し去るに勝れり，飛鸞驂するに暇あらず」（『桂州の厳大夫を送る』）に取ったという。1172(乾道8)年，范成大は広西経略安撫使を兼ねる静江府（広西壮族自治区）の知事として，郷里の呉郡（江蘇省）を発って任地に赴く。その往路の紀行である。
(山本 和義)

さんりさんべつ【三吏三別】 唐の杜甫の詩，『新安吏』『潼関吏』『石壕吏』および『新婚別』『垂老別』『無家別』と題された一連の6首をまとめて称したもの。粛宗の乾元2(759)年，洛陽から任地の華州へ帰る途次の作。安史の乱の軍が勢力を巻き返し，官軍が敗退する状況のもと，6つの具体的なケースを取り上げて徴兵に苦しむ庶民の姿を描出し，戦乱の終息を希求する。世の混乱を嘆くのは杜甫の詩全体の特徴であるが，平穏な生活を奪われた人々を直接の主題としているところから，杜甫の社会詩のなかでも代表作とされる。問答を交える体裁などが事を叙する楽府に似ると指摘されるが，杜甫個人の嘆きを唱う他の詩と違って，現状を見据える唱い手として作者が登場しているところこそ，楽府に似て且つ楽府を越えている。
(川合 康三)

さんろう【三老】 漢代の郷官の一つ。教化を掌ることを任とする。その職は秦以前にも存在したとおぼしいが，前205(高祖2)年に郷ごとに郷三老一人が置かれ，さらに郷三老のなかから県三老一人が選ばれることとなった。三老には秩禄がなく，父老・豪族といった郷里社会の有力者のうち「脩行あり能く衆を帥い善を為す」（『漢書』高帝紀）者が任じられた。従って三老は純然たる官吏ではなく，郷里社会の代表として国家権力との接点となる者であり，その地位も低くなかった。しかしやがて地方統治の末端を担う小役人として職役化し，郷里社会の代表者たる性格は失われていく。例えば後漢時代の石刻史料「父老僤約束石券」からは父老の地位につけられる目安が資産の多寡におかれていたことが窺え，三老の選出母体でもある父老

の地位が郷里社会における人望よりも，ある程度の財産保有を前提とするものとなっていたことが判る。その後三国時代になると制度としては見えなくなる。
（宮宅　潔）

さんろんげんぎ【三論玄義】

大乗中観仏教の概論。隋の*吉蔵の作。598（開皇の末）年ごろに慧日道場において，三論宗の宗義を破邪即顕正（破邪がそのままで顕正）であると表明した書である。三論とは龍樹の中観思想（般若空を相待概念の否定による中道の実践とする思想）が著された『*中論』『*十二門論』『*百論』であり，『*大智度論』を加えて四論ともする。

冒頭には「総序宗要，開為二門。一通序大帰，二別釈衆品。初門有二，一破邪，二顕正」とある。仏教は迷いを破して真実を得ることであり，教えも執著すれば迷いであるから，その邪執を破することがそのまま無所得の正観を顕すとする。そこでインド・中国の諸思想と小乗・大乗の諸説を批判し，龍樹の中観が仏教の正統な正観であることを論じ，仏と経と論の関係を述べる。後半の「別釈衆品」では，部派仏教成立の歴史と，龍樹の批判の意義を述べ，四論それぞれの趣意や役割と相互関係を論じる。そして最後に『中観論』の題名を解釈して，「中」の意義を明らかにしていく。

大乗仏教の基本を示す書として，多くの人々に読まれてきた。
（三桐　慈海）

さんろんしゅう【三論宗】

隋に成立した仏教の宗派。三論の宗義を基底にして仏教を体系化した。会稽の嘉祥寺で講説し『法華玄論』を著した吉蔵は，晋王広（*煬帝）の招きによって揚州の慧日道場に入り，『三論玄義』を奉献して自らの宗義を表明した。三論とは，2世紀後半に南インドに生まれ北で活躍した龍樹（Nāgārjuna）が当時成立していた般若経類などの大乗経典に説かれる空に対し，縁起・無自性・空の実践を中道として体化し，『中論』『十二門論』に著し，また弟子提婆（Āryadeva）がそれによって他の学派を批判否定して『百論』を著したのを言う。般若経を注釈した『大智度論』を加えて四論という。これらは東晋，秦王姚興（*姚興）の外護のもと，*鳩摩羅什（Kumārajīva）によって漢訳され，門下の*僧叡・*僧肇・*曇影・*道生らに研鑽されて，やがて三論の研究は各地に伝えられた。

吉蔵は三論宗の伝灯が羅什とその門弟による「関河旧説」と，摂山棲霞寺系の「摂嶺相承」による*僧朗――僧詮――法朗から吉蔵へと相承していることを強調する。遼東出身の僧朗は華北で三論の宗義と禅定の実修を学び，南下して摂山に伝えた。受学した僧詮は修禅を専らにしたが，詮公四友といわれる門弟の内で慧布が棲霞寺を継ぎ，法朗は金陵の興皇寺に入って盛んに三論の宗義を鼓吹し多くの門弟を育てた。吉蔵は師の示寂後に興皇寺を預かり，隋初（589年頃）東して会稽の嘉祥寺に止まり弘道演法する。後に晋王の要請により揚州より長安へと移り，その間（600年以降）に多くの経や論の注疏を著した。

摂嶺相承の三論の宗義は，『中論』帰敬偈の八不義によって，独自の宗義を立てず，教に執着することに対する破邪がそのままで顕正であるとして，他家の説を否定する無所得こそが中道であると主張した。吉蔵は八不中道の宗旨を受け継ぎながらも，同じく観四諦品の「諸仏は二諦に依って，衆生のために法を説きたまう」の偈に注目し，「教の二諦」を基底においた諸宗義を用いて，すべての経や論には中道仏性が説示されているとして，経論の注疏を著した。

吉蔵の示寂後はその門弟によって維持され，やがて中国では消滅したが，浄土教や禅宗に多大な影響をあたえた。また日本に伝えられて，奈良時代に南都六宗の一つとして盛んに研修された。
（三桐　慈海）

し

し【士】

原義的には，戦士共同体としての部族集団を構成する成年男子を意味する。殷周時代には，統治階層の基層部に属する人々を指し，戦闘ならびに学芸の主たる担い手であった。春秋戦国時代の社会変動期には，出自身分に関係なく，学問や武芸などを修得して官僚制確立に伴う人材需要に応えようとした人々を指した。漢代以降には，被支配層としての「庶」に対して，支配層全般を意味するようになり，さらに時代が下ると読書人・知識人一般の総称となる。
（高木　智見）

し【尸】
原初には膝を曲げて横たわった死体（しかばね）を示す語であったが，やがて祭祀のときにその死者に代わって祭りを享ける生きた人（かたしろ）をいうようになり，さらに転じて祭祀に用いられる神像（ひとがた）や神主の類の神位を記したプレートなども指す言葉となった。尸が祭祀の中心的・象徴的存在となったのは，別の世界に旅立った死者が，祖霊として，異界とこの世とを繋ぐものであるとの認識が意識下において社会で共有されていたことによるものと考えられる。　　（稲畑 耕一郎）

し【私】　→公・私

し【刺】
名刺。今日のように，札に自分の名前を書き，交際を求める目的で相手に差し出す習慣は，遅くとも漢代には成立していた。当初は木製の札が用いられ，「謁」「刺」等と称されたが，後には「名帖」等と呼ばれて専ら紙が使われ，細く巻いたものや折り畳み式等，形態は時期や用途により異なった。名前のほかに官爵や出身地を書くこともあり，また，刺を差し出す相手との関係で自分の名前の前につける「晩生」「侍生」などの自称の用法は明末以降複雑化して，上流階層の交際儀礼の一環として重要な役割を果たした。　　（岸本 美緒）

し【耜】　→耒耜

し【詞】
韻文様式の一体。唐の中ごろに起こり，宋代に隆盛を極め，清代に再び流行して今日に至っている。もともと楽曲に乗せて歌唱するための歌詞として作られたことから「曲子詞」とも呼ばれ，旋律に文字を填めて作る（＝「倚声」）ものであることから「填詞」，音楽との関連性が漢魏以来の楽府詩に類似することから「楽府」，また作中に長短不揃いの句を含むことから「長短句」，さらに，詩のあとで発生した，もしくは詩から派生した韻文様式との見方から「詩余」などとも呼ばれる。

唐代，伝統音楽の伝承がしだいにすたれ，西域系の胡楽の要素を加えた新曲が増加するに伴い，歌詞も在来の古今体詩と構造を異にするものが求められた。そこで現れたのが詞である。以前には，詞の起源を盛唐の李白に求める見方もあったが，現在では中唐の張志和の「漁歌子」を詞の嚆矢とするのが定説である。その後，白居易や劉禹錫がこの様式に手を染め，ついで晩唐の温庭筠が積極的に取り組み，唯美的で華麗な詠みぶりによって初期の詞風を確立した。つづく五代十国期には，温庭筠を手本として詞が多く作られ，詞の最初の選集『花間集』が編纂された。その間，自己の痛切な体験を詞に吐露して独自の位置を占めるのが南唐の李煜（李後主）である。

宋代に入ると士大夫たちの間に広く流行し，詩・詞並行の様相となる。北宋初期には晏殊・欧陽脩・張先らが五代南唐の風を受け，優雅な感傷を主とする婉約詞を作った。それらの多くは短篇（「小令」）である。中期の柳永は長篇の詞（「慢詞」）を開拓，この様式の可能性を大いに広げた。後期になると，蘇軾が歴史故事を詠ずるなど，詞の内容を詩に近づけて豪放詞の風を開き，末期には措辞を吟味して精妙な詞境を作り出す周邦彦が出た。つづく南宋には姜夔・呉文英・張炎らによって，詞はより精錬の度を加えたが，それと並行して楽曲の伝承が失われてゆき，元以降はもっぱら格律に合わせて文字を填めるという形で作り続けられた。とりわけ清代は詞の復興期であり，実作のみならず，歴代詞の総集・選集が次々に刊行され，また詞の音楽・格律や評論の方面にもきわめて多くの成果が挙げられたことが注目されよう。

詞には「虞美人」「菩薩蛮」「蝶恋花」などの題名がついているが，これは歌詞の内容を表す題ではなく，その詞を歌唱するための楽曲の名称である。これを「詞牌」と称する。初期には詞牌名が示す内容やイメージに即した詠みぶりの詞もあったが，のち詞の内容は詞牌名と無関係のものが大半となった。そして，作品ごとの個別性・自律性がますます重視された南宋以降には，詞牌に副題をつけることも一般化する。さらに詞の楽曲が失われたあとは，先人の作品を参考にして，詞牌ごとの各句の文字数・句法・平仄を示した作詞の手引書が刊行され始めた。『詞律』『詞譜』などの書がそれである。こうして確立した詞の形式的特徴は，①1首の中に長い句と短い句が入りまじっている，②各句の字数が固定されている，③1字ごとに平仄が決められている，の3点に概括されよう。つまり詞は，古近体詩よりもいっそう複雑精緻な定型韻文様式なのである。　　（宇野 直人）

し【觶】
口が開き頸がややすぼまった身に圏足（円形の高台）が付いた容器。横断面は主に楕円形となり，蓋を有するものも多い。その形状から飲酒用の杯だと考えられる。銘文に「觶」と自銘する例はなく，宋代の『博古図録』以来，伝統的に觶と呼ばれる。青銅の觶は殷墟期に出現し，同じく飲酒器の觚と共に大いに盛行した。西周前期・中期にも彝器として一定数が製作されており，この点で觚と異なる。西周後期以降は基本的にみられない。　　（角道 亮介）

じ【辞】
文体の名。辞は戦国の楚の地で生まれたところから楚辞とよばれ，屈原の『離騒』を

中心に『九歌』『九章』などを総称していう。叙情的，浪漫的で，一般に句も篇も詩より長く，楚の方言の「兮」を使う点が特徴的。楚辞の形式を襲う文体も辞と呼ぶ。『文選』巻45では詩・騒とは切り離して「辞」の部類を立てて前漢の武帝の『秋風辞』と東晋の陶淵明の『帰去来辞』の2篇を収めている。
（幸福 香織）

じい【字彙】　明代の字書。14巻。1615（万暦43）年完成。宣城の人，梅膺祚（字は誕生）の著。214の部首に分けて3万3179字を収録する。『字彙』はそれまでの字書にくらべて，以下の大きな変革を行った。①まず楷書体に基づき部首の数を大幅に削減して214にしたこと。②その部首の排列を画数順としたこと。③各部首中の文字の排列も画数順にしたこと。④「検字」を付して，検索を容易にしたこと。これらは『康熙字典』などに採用され，後世の字書のスタンダードとなった。さらに「運筆」で筆画の順序を示し，「弁似」で形の近いものを区別するなど，周到に使用者の利便を計っている。実用的な大型字書として歓迎され，数多くの増補改訂版や節略本が出版されたが，中でも呉任臣の『字彙補』（1666年）は詳細な補遺として広く行われている。日本の江戸時代にも流行し，数種の和刻本がある。
（高田 時雄）

しいがくぶ【四夷楽舞】　周代の宮廷で行われた周辺民族の音楽と舞踊。祭祀や宴会のときに，吹奏楽の伴奏で歌い踊られるものである。周は黄河流域を領地としており，「四夷」とは主として秦・楚・呉・越の4つの地域を指した。「四夷楽舞」や民間楽舞「散楽」（「野人の楽」とも言われた）は，統治階級には重視されなかった。『周礼』春官によると，周は「鞮鞻氏」という下級の官を設けて「四夷楽舞」を掌らせたという。
（池澤 滋子）

じいん【次韻】　和韻の一種。他者の詩の韻字をそのまま順番も違えることなく用いて作詩する方法。概ね相手から贈られた詩に答えて作るという唱和の形式のなかで行われる。中唐の白居易と元稹の間で交わされて盛行し，皮日休・陸亀蒙に至って完成した。次韻は自らの文学的力量を示すことができるが，単に才能と技量を誇る手段となりがちで，嫌って行わない詩人もあった。南宋の厳羽『滄浪詩話』や，清の顧炎武『日知録』も次韻の風潮を批判している。
（道坂 昭廣）

じいん【寺院】　「寺」の意味・由来に対する後世の常套的説明の中で，例えば後漢明帝の感夢求法説に言う洛陽白馬寺の場合，外国使節の迎賓施設である鴻臚寺があげられる。寺とは元来このように中央省庁の一部署であって，寺の名称が転用され，やがて出家の僧・尼が居住する僧院の名称となった。従って中国では，官衙の寺と仏寺とが併存していた。院は，唐の玄奘のとき，長安の大慈恩寺に翻経院が設けられたように，元来子院の意味を持つ場合が多いが，後には大寺にも院と称するものが現れた。記録上では後漢末の笮融が建てた楼閣式の仏寺を最初とし，江南では三国呉の建初寺を初例とする。堂塔と僧房を持つインド伝来の形式は踏襲され，また石窟寺院も数多く造られた。規模の大小はあれ，仏教隆盛の時は王侯・富人から邸宅が寄贈されて寺院となり，廃仏の時は王侯・高官に下げ渡されたのも中国寺院の実態であった。寺院はまた伽藍・精舎・蘭若・招提・道場などとも言う。
（大内 文雄）

しいんがんえい【詩韻含英】　清の韻書。全18巻。1758（乾隆23）年刊。劉文蔚撰。書名の「詩韻」は『佩文韻府』を指す。その体例を忠実に襲いつつ，反切と字義は難読字のみに限定，用例も2字・3字の掲出を基本とし，しかも典拠は示さないなど，簡約を旨として編纂しなおしたもの。同趣向の書としては『韻府一隅』がある。日本にも伝わり，簡便で携帯も可能なことから重宝され，多くの翻刻本がある。
（木津 祐子）

シエホウユイ【歇後語】　→歇後語

しおうごうん【四王呉惲】　清初の正統派の6人の画家。王時敏・王鑑と，彼ら2人に学んだ王翬，王時敏の孫の王原祁の4人の王姓の画家を四王と総称し，さらに王時敏の弟子であった呉歴・惲寿平の2人を加えて，後世四王呉惲と称した。彼らは直接・間接に董其昌に学び，いにしえの画風を尊び，宋元諸家に倣う正統的文人山水画法を実践した。
（宮崎 法子）

じおんだいし【慈恩大師】　→窺基

じおんでん【慈恩伝】　唐の慧立・彦悰撰『大唐大慈恩寺三蔵法師伝』10巻の略称。最も詳細な玄奘伝。前半5巻は，生い立ち，青年時代の就学，それに長安を出発して高昌，西突厥，バーミヤーン，カーピシー，カシミールからインドのナーランダー寺へ入り，帰国するまでを扱う壮大な旅行記。玄奘の行歴は『大唐西域記』ではなく本書によって知ることができる。後半5巻は帰国から示寂葬儀まで，長安洛陽における後半生に太宗や高宗と深く関わりつつ，自らの使命，帯帰仏典の訳経事業を

推進したありさまが活写され，初唐の長安・洛陽を語る資料でもある。688(垂拱4)年3月15日に完成。慧立は玄奘の訳場に文章係として参加，650(永徽元)年に訳場が弘福寺(～648年)から大慈恩寺(～659年)に替わるとそこに移り，玄奘の求法行歴に敬服して本伝を650～659年に作ったが，わけあって地中に埋納。再び編纂し直す寸前，676年頃に没した。玄奘門下の後輩彦悰がこれを受け継ぎ完成させた。1～5巻が慧立，6～10巻が彦悰の手になるとする説と，慧立が作った全体に彦悰が手を入れて完成させたとする説などがある。　(桑山 正進)

しか【子夏】　孔子の弟子。衛(河南省)の人。姓は卜，名は商，子夏は字。孔子より44歳年少。いわゆる十哲の一人で，文学(『詩経』『書経』などの古典の学)の科に配せられる。孔子の没後，西河の守となって魏の文侯の師となる。兵家の呉起は，そのころ子夏に師事したという。諸種の経書の伝承の淵源が多く子夏に帰せられていること，『儀礼』士喪礼に子夏が付載されていることなどから，戦国末期の荀子の学統に連なる，と推測される。史記67　(伊東 倫厚)

しか【之卦】　占筮して得た卦を「本卦」或いは「正卦」といい，それが変爻(老陽・老陰)によって変じた所の卦を「之卦」或いは「変卦」という。『左伝』昭公12年では，坤☷の第五爻が老陰で陽に変じて比☵になるのを「坤の比に之く」と表現するが，その場合は，坤が本卦で比が之卦である。虞翻の卦変説においては，「之卦」とは両爻が交易して得られる卦のことで，例えば，明夷☷を「臨☷の二，三に之く」(臨の第二爻が第三爻と入れ替わる)などという。　(近藤 浩之)

じが【爾雅】　現存最古の訓詁書。作者・成立年代は未詳だが，戦国期に原形ができ，数人の手による増補を経て秦漢の間に成ったとする説が有力。『漢書』芸文志は3巻20篇と著録するが，今本は釈詁・釈言・釈訓・釈親・釈宮・釈器・釈楽・釈天・釈地・釈丘・釈山・釈水・釈草・釈木・釈虫・釈魚・釈鳥・釈獣・釈畜の19篇からなり，首3篇は一般の語詞を釈す辞典的な部分，「釈親」以下の16篇は称謂・天文・地理・器物・動植物などに関わる名称を分類・配列して釈す事典的な部分である。語を意義分類により配列し解釈する体は，しばしば後世の訓詁書に踏襲され，この体に倣う書は『広雅』のように「雅」を以て名付けることが多い。書名の「爾」は「近」，「雅」は「正」という意で全体として「正に近づく」という意味をなし，五経を正しく読むための辞書として，開成石経では経に列せられ

たが，『四庫全書総目提要』は五経を釈したものは3，4割に満たないとする。晋の郭璞注，宋の邢昺疏の十三経注疏本が通行する。清人の疏に邵晋涵『爾雅正義』，郝懿行『爾雅義疏』がある。
(森賀 一惠)

しかい【尸解】　道教において，仙道を体得し不死となった者が，通常の死に仮託してこの世を去り，神仙世界に昇って行く方法の一つ。「尸解」の方法については種々の説明がなされているが，一般には，体道者が肉体の死を迎えた時，あたかも蝉や蛇の脱皮のように，魂神が死骸から脱け出て，後日，その魂神が肉体を取り戻すため，棺など死骸が置かれた場所から死骸も消失するとされる。その場合，死骸の消失に当たり，あとに衣冠・仙経・刀剣・竹杖などを残すとされる。古くは，『史記』封禅書に記されている方士羨門高が行ったとされる「形解銷化」(肉体から脱け出て仙界に向け消去する)の術を後漢の服虔は「尸解」と解釈し(『史記集解』)，また，同書に記されている方士李少君の死を，東晋の葛洪は「尸解」と解釈した(『抱朴子』論仙篇)。このような信仰に対して，後漢の思想家王充は，合理主義の観点から神仙道を批判する中で，「尸解」の説は虚妄であると厳しく指摘した(『論衡』道虚篇)。「尸解」の事例に関する記述は，劉向の撰と伝えられる『列仙伝』や葛洪の『神仙伝』に頻出する。尸解によって現世を超え出る仙人を「尸解仙」と呼ぶが，一般に，「尸解仙」は仙人の中では低いランクに位置づけられる。葛洪は，仙人の中で，白日のもとに昇天する「天仙」，自在に名山に遊ぶ「地仙」の更に下位に「尸解仙」を位置づけており，南朝梁の陶弘景は，下位の「尸解仙」は，現世を超え出た後，死者世界の官である「地下主者」や「鬼帥」に任じられるに過ぎず，仙界に昇ったとしても，仙界の閑職や下級官吏に任用されるに過ぎないと述べている(『真誥』巻5)。尸解に当たって死骸の消失の後に留め置くとされる品物のうち，刀剣や竹杖は，後世になると，単なる遺留品としての意義にとどまらず，神仙の神通力の依拠としての意義が付与されて重視され，護身・邪気払い・飛空・変身などの道具とされ，さらに特殊な製法が論じられた(『雲笈七籤』巻84, 85)。　(松村 巧)

じかい【辞海】　民国の辞書。徐元誥・舒新城等編。初版は1936(民国25)年中華書局刊。商務印書館の『辞源』に対抗して編纂された，辞典と百科事典の性質を併せ持つ総合的な辞書で，214部首と画数による親字の配列法や『音韻闡微』の反切と直音を併用する音注も『辞源』にならうが，近世の小説・詞曲の語彙を収録する点は特徴とされる。

1958年に始まる修訂で百科事典的な性格を強め，古漢語辞典である修訂本『辞源』と相補的な役割を担うことになった。　　　　　　　　　（森賀　一恵）

しかいかくめい【詩界革命】　清末に梁啓超が『汗漫録』（『清議報』第35冊，1900年。のち『夏威夷遊記』と改題）の中で提唱した詩論。詩界のコロンブス，マゼランとなるために必要な3つの要素は，新意境・新語句・古風格であると強調する。新意境は，欧州の意境を指し，西洋の*新思想・新事物・新知識を含む。実作者として黄遵憲・夏曾佑・譚嗣同・蔣智由らの名前をあげる。その後も『新民叢報』誌上で詩界革命を唱え続け，五四時期の白話詩誕生の条件を準備した。　（樽本　照雄）

しかいしょうせつ【志怪小説】　広くは魏晋南北朝時代に文言で記録された説話とその流れをくむ小説を指す。単に「志怪」ともいう。「志怪」とは「怪を志す」（怪異を記録する）という意味の言葉である。これを魏晋南北朝の説話を指すものとして用いたのは民国の魯迅で，「六朝之鬼神志怪書」と言った（『中国小説史略』）。古来「子は怪力乱神を語らず」（『論語』述而篇）とされ，怪異やあやしげな神などについては語るべきでないとされたが，後漢王朝が滅び，儒教による思想統制がゆるむと，知識人の間に怪異を語り合う風潮がうまれ，それが記録されて志怪となった。志怪においては神仙・妖怪・幽鬼・天変地異，人間や動物の奇怪な話などが記録されているが，同時代の事件のほか，古くから伝えられてきた説話も記録されている。また因果応報・輪廻転生など，仏教の影響を受けた話も見られる。最も代表的なものは東晋の干宝編『捜神記』。そのほか西晋の張華編『博物志』，南朝宋の劉義慶編『幽明録』など。　（成田　靜香）

じがぎそ【爾雅義疏】　清の訓詁書。20巻（19巻本有り）。郝懿行が，郭璞の『爾雅』注を再注釈したもので，1808（嘉慶13）年に着手し1822（道光2）年に完成。胡培翬の「墓表」によると，自ら，仮借・声転に関わる字義解釈の詳細さと実際に目で確かめて名物を考釈した点が，邵晋涵の『爾雅正義』と異なるとした。しかし，音韻的な誤りも多く，『正義』より後に成ったため，邵氏の作より優れるという評価もある一方，『正義』を剽窃したといわれることもある。　　　　　　　　　　　（森賀　一恵）

しかく【詩格】　詩の創作に関する細かな規則，またそうした問題をあつかった書。「格」は，元来法律用語で，律令を補う政令のこと。唐・五代には「詩格」の名を有する書が多く作られたが，現存するものは少ない。うち*王昌齢の名に託される『詩格』1巻は，空海が唐に留学中に取得したもので，その一部が彼の『文鏡秘府論』に引かれて伝わり，詩作についてのさまざまな心得を説いている。このほか『吟窗雑録』にも，かなりの詩格の書が収められる。　　　　　　　　　（興膳　宏）

しかくごうま【四角号碼】　漢字の配列・検字法。1925（民国14）年に商務印書館の編訳処長だった王雲五が発表した四角号碼排検法は，漢字のあらゆる筆画の形を，頭（亠），横（一ノ乚丶），垂（｜丿丨），点（丶 丶），叉（十乂），挿（扌），方（囗），角（冖厂凵匚一），八（八丷人𠆢），小（小⺌⺍㇇㇏）の10類に分けて0から9までの数字をわりふり（取る筆画がない場合も頭と同じく0），漢字の左上・右上・左下・右下の順に四すみの筆形を取り，数字に読み換えて4桁の番号を得，漢字をその番号の昇順に排列し検索する方法。4桁だと同一番号が多くなるため，さらに，右下すみ（第4角）の上に最も近いはっきりした筆画をとって附角とし，5桁で用いることも多い。発表後も細則はしばしば改められている。1963年に漢字査字法整理工作組が公布した四角号碼査字法は，排検法の角の取り方や用語法などを改定したもので，『印刷通用漢字字形表』の字体を基準とする。　　　　　（森賀　一恵）

しがくしなん【詩学指南】　清の詩論書。8巻。1759（乾隆24）年刊。顧龍振編。初学者の入門書として，唐代以後の詩論を抜粋して収める。巻1には元の傅与礪の『詩法正論』など詩法を論じた著作が6種，巻2には宋の厳羽の『滄浪詩話』と蔡伝の『歴代吟譜』，巻3と巻4には晩唐五代の詩格に関する著作20種，巻5には『名賢詩旨』と宋の葉夢得の『石林詩話』，巻6には『選詩句図』と『続句図』，巻7には元の楊載の『杜律心法』と范梈の『詩格』，巻8には『応制詩式』と『応試詩式』。　　　　　　　　　　　　　（井波　陵一）

しかにっかい【四河入海】　わが国室町期の抄物のひとつ。禅僧笑雲清三が，『王状元集註分類東坡先生詩』25巻に拠って，先行する蘇軾詩の4注釈——大岳周崇の『翰苑遺芳』，万里集九の『天下白』，瑞渓周鳳の『脞説』，一韓智翃の『蕉雨余滴』——を集めて自説を加えたもの。1534（天文3）年成書。うち，一韓の『蕉雨余滴』は，桃源瑞仙の口述を仮名まじりの口語で記しており，国語史の資料としての高い価値をもつ。　（山本　和義）

じがよく【爾雅翼】　南宋の訓詁書。32巻。羅願撰。1174（淳熙元）年に成り，1270（咸淳6）年

に*王応麟が後序を附して刊行した。元の洪焱祖に『音釈』がある。407条を釈草・釈木・釈鳥・釈獣・釈虫・釈魚の6類に分けて収め，動植物の形状や性質・用途などについて詳しく考証したもの。書名は『爾雅』の輔翼という意味で，専ら『爾雅』の名物の解釈を補うという書の性質は『埤雅』に近いが，『四庫全書総目提要』の評価は『埤雅』より高い。　　　　　　　　　　　　　　　(森賀　一恵)

しかん【止観】　もとはインドの仏教において考えられた修行の方法である。止は śamatha, 観は vipaśyanā の訳語。止とは心を静め一つの対象に集中して，心の散乱・動揺をおさえ，妄念・妄想を休息させること，観とは明智をもって現象世界の真実のありかたを把握すること。止は定に当たり，観は慧に当たる。この止観にとくに注目したのが，天台宗の創始者*智顗である。かれは止観を修し方に応じて，①段階的に実相の把握を進める漸次止観，②修行の浅深・順序を考えることなく行ずる不定止観，③初めから実相に心を寄せ，円満かつ即座に悟る円頓止観の3種に類別する。これらのうちもっともすぐれたものが円頓止観とされる。これの基本を示せば，心にはじまる10通りの対象(十境)を，10種の方法的態度(十観)に従って観察するという形をとって行じられる。十観のうち最重要なものは，従仮入空・従空入仮・中道第一義諦の三観をひと思いに修して，空・仮・中の3つの真理をいっときに得知する一心三観とされる。(新田　雅章)

しかん【史館】　唐の629(貞観3)年に秘書省著作局に代わり，門下省に開かれた歴史編纂所。三国魏以来，著作局では著作郎・著作佐郎らが修史事業を担当するよう規定されていたが，南北朝期の社会的な風潮で十分機能せず，他官の兼務により遂行されることが恒常化していた。この弊害に鑑み，唐の史館では他官の兼任の形で執務することを制度化したものである。史館では宰相の兼任たる監修と修撰4人によって事業が進められ，令史2人・楷書12人・写国史楷書18人・楷書手25人・典書2人・亭長2人・掌固4人・熟紙匠6人がそれを補佐した。史館には起居注や時政記，行状，官庁の記録など基本的な史料のほか，民間の文献記録，地方の報告などが送付され，歴史叙述の編纂を助ける仕組みであった。名称は，宋では史館，元では翰林国史院，明では翰林院，清では国史館というように，王朝によって異なるが，制度は清朝にまで継承され，各王朝の歴史編纂事業の拠点となった。
　　　　　　　　　　　　　　(稲葉　一郎)

しかんぶぎょうでんぐけつ【止観輔行伝弘決】　『*摩訶止観』の注釈書。略して「止観輔行」ともいう。全40巻。唐の*湛然の著。天台止観の研究には不可欠の書とされる。天台宗第6祖である湛然は多くの典籍を引用して天台智顗の『摩訶止観』に対する詳細な注釈を為し，当時の華厳宗・禅宗・法相宗などの隆盛を誇った宗派に対して天台宗義の正当性の顕揚に努めた。湛然はもとは儒家の出身で，本書に儒学の典籍を多く引用して豊富な知識を駆使して『摩訶止観』を解釈している。本書に引用される多数の外典(仏典以外の典籍)のなかには既に失われている書が多く，そのため儒学や漢籍の研究の面からも注目される。本書が引用する外典については，村上天皇の皇子具平親王(964-1009)が，991(正暦2)年，28歳の時に日本に伝わる漢籍を調べてその出典を明確にして注解した『弘決外典鈔』4巻がある。なお，湛然には本書の他に『摩訶止観』の大意を述べた『止観義例』2巻，『止観大意』1巻がある。
　　　　　　　　　　　　　　(木村　宣彰)

じかんへきが【寺観壁画】　仏教寺院や，道教の寺院である道観など，宗教建築物の内外に描かれた壁画。また天井や柱などを彩る建築彩色も寺観壁画に含む。青海省やチベット自治区などに伝わるラマ教寺院壁画もやはり寺観壁画の一つに数える。中国美術史上，寺観壁画は墓室壁画・石窟壁画とともに，壁画三大ジャンルを構成する。寺観壁画の歴史は古く，中国の新石器時代にまで遡る。新石器時代の紅山文化を代表する遼寧省凌源の牛河梁遺跡女神廟からは，紅や黄の彩色が施された幾何学文様の壁画断片が発見されている。これにより，中国では約5000年前の新石器時代から，原始宗教における祭祀空間の演出として，壁画が描かれていたことがうかがわれる。また新疆ウイグル自治区若羌県米蘭(ミーラン)の寺院遺跡からは有翼天人や戴冠の王子，本生図などを描いた壁画が発見されており，仏教が中原地方に伝わる以前，現在の新疆ウイグル自治区一帯で早くも仏教寺院が建立されていた証左となっている。仏教が中国に伝来すると，中国各地で仏寺が造営され，壁画が制作されるようになった。なかでも隋唐代，当時の都長安・洛陽の寺院では数多くの壁画が制作されていたことが，段成式撰『*寺塔記』や張彦遠撰『歴代名記』の記述からうかがわれる。ただし現在，寺院建築の一部として残る壁画は唐代以降の制作である。山西省は中国で最も多くの作例が残り，仏光寺東大殿(五台県，唐)，大雲院正殿(平順県，五代)，仏宮寺釈迦塔(応県，遼)，開化寺大雄宝殿(高平市，北宋)，崇福寺弥陀殿(朔州市，金)，仏宮寺釈迦塔(応県，金)，巌山寺前殿(繁峙県，金)，興化寺中殿(稷山県，元)，広勝寺水神廟明応王殿(洪洞県，元)，永楽宮三清殿・純

陽殿・重陽殿(芮城県，元)，青龍寺腰殿(稷山県，元)，稷益廟正殿(新絳県，明)，聖母廟聖母殿(汾陽市，明)，鎮国寺三仏楼(平遥県，明)などの寺観壁画がある。このほか，陝西省には慶山寺上方舎利地宮(西安市臨潼区，唐)，南庵四帝殿(銅川市耀州区，元)，河北省には浄衆院塔基地宮(定州市，北宋)，静志寺塔基地宮(同)，隆興寺摩尼殿(正定県，明)，毘盧寺後殿(石家荘市，明)，北京市には法海寺大雄宝殿(北京市石景山区，明)，天津市には独楽寺観音閣(薊県，明)，山東省には岱廟天貺殿(泰安市，清)，内モンゴル自治区には美岱召大雄宝殿(土黙特右旗，清)，遼寧省には無垢浄光舎利塔地宮(瀋陽市，遼)，新疆ウイグル自治区には米蘭第3号寺院遺址・第5号寺院遺址(若羌県，鄯善時代)，丹丹烏里克廃寺(ダンダンウィリク)(和田地区策勒県，于闐時代。壁画断片はインド，ニューデリー国立博物館蔵)，北庭ウイグル仏寺遺址南部配殿群(吉木薩爾県(ジムサル)，高昌ウイグル時代。壁画断片の一部はロシア，エルミタージュ美術館蔵)，四川省には宝梵寺大雄宝殿(蓬渓県，明)，観音寺毘盧殿(新津県，明)，雲南省には大覚宮正殿(麗江市，明)，青海省には瞿曇寺隆国殿(楽都県，明)，甘粛省には大仏寺大仏殿(張掖市，清)，チベット自治区には古格王国都城遺跡白廟・紅廟・貢康洞・茶羅殿(ザダ)(札達県，古格時代)，薩迦南寺二楼画廊(薩迦県(タシルンポ)，清)，扎什倫布寺正殿(日喀則市，清)，ポタラ宮紅宮・白宮(拉薩市，清)などの寺観壁画がある。　　　　　　　(勝木 言一郎)

しき【識】　仏教用語。心または心の働き。対象を分析して認識するもの，または認識作用をいう。サンスクリット語 vijñāna の漢訳。基本的には，6つの対象(六境。色・声・香・味・触・法)に対し，五感と思考(六根。眼・耳・鼻・舌・身・意)によって，見・聞・嗅・味・触・知を了別する6つの心的作用(六識。眼識・耳識・鼻識・舌識・身識・意識)を指す。また五蘊や十二支縁起の一つでもある。大乗仏教の唯識説(ゆいしき)では，現象世界は「知らしめる(識の現れ)にすぎない」(vijñaptimātra)とみて，六識に自我意識(manas 末那識(まなしき))と基層意識(ālayavijñāna 阿頼耶識。阿梨耶識，阿黎耶識とも漢訳される)を加えた八識説が立てられた。

中国では北朝から隋唐にかけて唯識説が流行し，阿頼耶識が煩悩に汚染された妄識(もうしき)であるか，自性(じしょう)として清浄な真識であるかが議論された。玄奘訳に依拠する唯識学派では，阿頼耶識を妄識とみる八識説を正当とし，阿頼耶識は虚妄(こもう)なる現象世界を生じる(阿頼耶識縁起)ので，これを智慧に転換(転依(てんね))することで真理(真如)が現れると説く。真諦訳に依拠する摂論(しょうろん)学派では，清浄無垢な真識として第九の阿摩羅識(あんまらしき)(菴摩羅識，無垢識とも)を立て，

これを真如とみなしたが，この説は唯識学派によって否定された。後に九識説は華厳宗や天台宗の教義に吸収され，心の本性は清浄である(心性本浄(しんしょうほんじょう))とする説や，現象世界は真如から生じる(真如縁起)という説の根拠となった。また中国で撰述された『釈摩訶衍論』には八識に多一識心(後得智(ごとくち))と一一識心(根本智)とを加えた十識説がある。この説は空海の密教教学に取り入れられた。　　　　　(吉村 誠)

しき【史記】　前漢の歴史書，黄帝(こうてい)〜武帝の通史。130巻。司馬遷撰。父司馬談の執筆部分も少なくないとされる。史記は歴史記録一般の意味であり，本書はもと『太史公書』といったが，魏晋の頃より『史記』と通称された。太史公自序は前101(太初4)年を記述の下限とするが，現行本は以後の記述をも含み，「褚先生曰」に始まる元帝・成帝期の褚少孫(ちょしょうそん)のそれ以外にも，後人の補筆が少なくない。12本紀・10表・8書・30世家(せいか)・70列伝を立て，列伝の最後に太史公自序を，各巻末に「太史公曰」に始まる論賛を置く。この歴史記述の形式は，紀伝体として以後の正史に踏襲された。本紀・世家・列伝はそれぞれ帝王・諸侯・臣下を記述し，概ね時代順の配列だが，老子韓非列伝は道家・法家の，孫子呉起列伝は兵家の学術史，魯仲連鄒陽(ろちゅうれんすうよう)・屈原賈生・扁鵲倉公列伝は古人・漢人の対比，刺客(かく)・循吏・儒林・酷吏・游俠・佞幸・滑稽・日者(しゃ)・亀策・貨殖列伝は同類の人物を集めた類伝，匈奴・南越・東越・朝鮮・西南夷・大宛列伝は四夷伝であるなど，特に列伝の体裁は柔軟である。表のうち，三代世表(せいひょう)〜秦楚之際月表は秦漢交代期までの王侯分立を表示し，漢興以来諸侯王年表以下は漢代諸侯王・列侯や大事・将相の一覧表である。書は礼・楽・律・暦および天文・祭祀・治水・財政の通史的・総合的記述である。『史記』の原資料には，『詩経』『書経』やその注釈および春秋経伝などの経書，『大戴礼(だたいれい)』五帝徳・帝繋などの系譜，『国語』『戦国策』などの説話集，諸子百家の言説など，現存文献との対応が確認されるほか，今日すでに佚した秦の年代記『秦記』，『令甲』『功令』『列侯功籍』などの官文書，司馬遷自身が収集した口碑や秦石刻までが駆使されている。近年，新出の戦国秦漢期出土資料を素材に，『史記』の原資料・編纂過程を推定復元する研究が進められている。孔子・『春秋』の尊崇などから董仲舒の公羊春秋学の影響が指摘されるが，一方で，太史公自序に道家を賞賛する司馬談の言説を載せ，列伝総序の意味合いを持つ伯夷列伝に『荘子』の引用が認められるなど，むしろ道家的な立場が顕著である。武帝の儒学官学化以前の思潮を反映し，道家に基づく諸学の総合を歴史書のかたちで志向したものである。儒家的名分論

から体例の不備が非難されるが，たとえば帝王・諸侯ならざる呂太后・陳渉(陳勝)に本紀・世家を立てることは，近年これらの紀年をもつ馬王堆帛書『五星占』が発見され，前漢初年の通念であったことが判明しており，毀誉褒貶の対象とされた『史記』の多くの独創・恣意も同時代の通念を反映したものに過ぎぬ可能性を再考すべきであろう。版本としては南宋の黄善夫本(百衲本)など多数あるが，清の同治金陵書局本を底本とする中華書局標点本が便利である。古く南朝宋の裴駰『史記集解』，唐の司馬貞『史記索隠』，張守節『史記正義』の三家注があり，滝川亀太郎『史記会注考証』は諸家の注釈を，水澤利忠『史記会注考証校補』は諸本の校勘を集大成する。　　　　　　　　　　　　　　(吉本　道雅)

しき【詩紀】　→古詩紀

しぎ【詩疑】　南宋の王柏が著した『詩経』研究書。2巻。『通志堂経解』『金華叢書』に単行本として収められているほか，巻2の部分のみ「詩十弁」として王柏の『魯斎王文憲公文集』に収められている。『詩経』300篇全てが周公・孔子の刪定したものとはいえないと考え，自己の論理に則って経文を削ったり移したりと，大胆な内容整理を行った。『四庫全書総目提要』はその独断的態度を非難するが，彼の疑古的精神を高く評価する見方もある。　　　　　　　　　　　　　　(早坂　俊廣)

しきえ【四季絵】　→四時図

しきかちょうず【四季花鳥図(呂紀)】　明の花鳥画家呂紀の代表作。絹本着色。4幅から成り，各タテ175.2cm×ヨコ100.9cm。東京国立博物館所蔵。花鳥を四季の景とともに描く山水花鳥画とも呼べる作品。細密に花鳥を描くが，特に「冬景図」は，大きく屈曲する水流を装飾的に描き，大胆な構成に意を配したものとなっている。このような景を大きく捉えた構成は，のちの花鳥画家に影響を与えた。岩の描写や樹法などに浙派的な要素が見られる。島津家旧蔵。重要文化財に指定されている。　　　　　　　　　　　　　　(伊藤　晴子)

しきご【識語】　書写者・所蔵者・読者等が，解題・考証や伝来のほか読後感など本文以外の種々の情報を，その典籍に記した文章。書きつける場所をとわず，巻首・巻末・表紙などのほか，書中の余白に記すことも多い。また巻子装や折帖装の場合，紙背に記すものもある。書の末尾や本文末尾に記したものを，奥書といい，別にあつかうことがある。
　　　　　　　　　　　　　　(梶浦　晋)

じきたいこう【慈禧太后】　→西太后

しきてんかんしょ【史記天官書】　『史記』の中で，天文占に関する記事を集めた部分。八書(礼・楽・律・暦・天官・封禅・河渠・平準)の一つ。その内容は，星座や恒星の名称とそれぞれが持つ天文占における意味，惑星の運行・色・位置とそれぞれの意味，太陽と月に関する占い，彗星や新星や雲気に関する占い，古代から漢代までの天文占に関する歴史などが含まれる。星座と恒星の名称や位置が体系的に記され，また惑星の状態とその天文占が詳しく述べられている。　　(長谷部　英一)

しきょう【詩経】　殷・周王朝から春秋期にかけて，黄河流域を中心とした各地から集められたとされる詩篇305篇(篇名のみのもの6篇を加えると311篇)を収める中国最古の詩集。国風160篇・小雅80篇・大雅31篇・頌40篇に分類され，『楚辞』とともに中国古代歌謡を代表するものとして「風騒」と並称される。司馬遷『史記』は編纂者を孔子とするが，『春秋左氏伝』その他の記事から孔子の時代には既に300余篇の形になっていたと推測される。四言詩が大半を占めるその内容は，身近な所では求愛・結婚・収穫・狩猟等をテーマとし，壮大なものになると120句にもなる王朝成立史を詠うが(魯頌・閟宮)，そのいずれも本来は宗廟の祭祀において神霊を呼び祭る際に歌われた宗教歌であったと考えられる。

　国風には周南・召南のいわゆる「二南」を含む邶風・鄘風・衛風・王風・鄭風・斉風・魏風・唐風・秦風・陳風・檜風・曹風・豳風の十五国風がある。国風がそれぞれの国ぶりを反映したうたであるのに対して，大雅・頌は王朝祭祀における宗廟歌として，王朝の歴史，一族の歴史をうたいあげる大規模な祭礼歌である。大雅「生民」は周の始祖であった棄の出生と成長を，商頌「長発」は禹に始まる商の歴史をうたう。抒情性の強い国風は後に文学史の中で重視されていくが，実は一族と王朝の歴史を頌える長篇の大雅・頌こそ『詩経』成立時の中心であった。

　もともと「詩」とのみ称されたこの300余篇の総集は，漢代となり儒教の形成とともに聖典化され，『詩経』と称されるようになる。そしてこれ以後『詩経』は古代歌謡としてではなく経典として経学の対象となり，様々な儒教的解釈を付与されていくことになる。『詩経』の解釈学として最も古いものは，漢代の「斉詩」「魯詩」「韓詩」のいわゆる三家詩と呼ばれる3つの学派である。この三家詩は後に「毛詩」の出現によって世に顧みられなくなり順次亡んでいく。「毛詩」は後漢の鄭玄が「箋」を加え

(『鄭箋』)，更に唐の孔穎達が「正義」(「疏」)を加えて(『毛詩正義』)注釈体系の権威的存在となり，以後『詩経』といえば「毛詩」を指すことになる。「毛詩」の特色に，各篇のはじめに付した序文(「毛序」或いは「詩序」とよばれる)がある。これはそれぞれの詩篇の由来や大意を説明したものであるが，特に巻頭の関雎篇には『詩経』全体の特色と詩の原理を説明したいわゆる「大序」が冠せられている。「詩は志を言う(詩言志)」という中国最古の詩論をうたったこの「大序」は，中国文学における詩歌観に大きな影響を与えた。「詩序」は漢代の成作であるため，儒教的文学観を反映し，詩篇を「美刺」すなわち現実に対する批判として捉えようとする姿勢で一貫されている。南宋になると朱子が『詩経』に新しい解釈を施し，『詩集伝』を編んだ。清朝になると綿密な考証学のもとに字義の解釈が飛躍的に進歩した。『詩経』を経典としてではなく古代歌謡として捉え直す試みは1919年フランスのマルセル・グラネの『中国古代の祭礼と歌謡』の一書によって始まり，その後金石学・民俗学・宗教学などの成果を取り入れつつ近年に至っている。　　(牧角 悦子)

しきれきしょ【史記暦書】　『史記』の中で，暦法に関する記事を集めた部分。八書(礼・楽・律・暦・天官・封禅・河渠・平準)の一つ。前半は，黄帝から漢の武帝までの暦法史で，中国天文学史において重要な資料である。後半は「暦術甲子篇」といい，四分暦(1太陽年の長さを365日と$\frac{1}{4}$日とする暦)によって計算した，武帝の前104(太初元)年から成帝の前29(建始4)年までの暦表で，後人が補ったもの。ただし武帝の改暦では，この四分暦は採用されなかった。　　(長谷部 英一)

しきんじょう【紫禁城】　北京にある明，清の宮殿建築。現在は故宮博物院として公開されており，1987年に世界遺産に登録されている。中国古代の星象学における天の中心紫微垣(北極星)の，天帝が住む紫微宮にたとえて，紫禁城と称された。

元々は，明の永楽帝が即位する前に，燕王に封じられたため，元の大都(北京)の宮殿を再利用して王府とし，即位したのちに，南京の宮殿制度を模倣・拡大して，北京宮殿を建設した。1407年(永楽5年)から北京宮殿を建設する詔を以て着工し，1420年(同18年)に南京から北京へ遷都する詔を公布した。

紫禁城(宮城ともいう)は儒教の礼制に基づき左右対称につくられ，都城の南北中軸線に沿って重要な建築群が配置された。その正門は奉天門(清の天安門)，北の門は玄武門(清の神武門)である。宮殿は南側の「外朝」，北側の「内廷」の2ブロックに区分された。統治の場である「外朝」は皇極殿・中極殿・建極殿からなる。「内廷」は寝宮などの生活空間である。明末の李自成の乱で，北京宮殿の大部分は戦火で焼失し，外朝では，午門，歴代帝王像を祀る南薫殿，建極殿(清の保和殿)，内庭では玄武神を祀り秋末に天を祭る儀式を行う欽安殿，咸安宮のみ残されていた。

清は1644年に満洲の盛京(瀋陽)から北京へ遷都し，明の宮殿をベースに増改築をして，紫禁城は東西760m，南北960mの規模になった。1645年(順治2年)に外朝の殿宇が3層の漢白玉石の基壇の上に重建され，南から北へ順次，太和殿，中和殿，保和殿と改称された。太和殿は皇帝の即位，祝日の式典，詔書の頒布の場所で，中央の中和殿は式典の前に皇帝が準備に使用する建物，後ろの保和殿は酒宴や科挙最後の「殿試」の試験場として使われた。

内廷の中軸線にそって，皇帝の寝宮である乾清宮，皇后が主催する祭典を行う交泰殿，皇后の寝宮である坤寧宮が配置されている。坤寧宮は満洲人のシャーマニズム信仰に適するような空間構成となっている。寝宮では，満洲由来の「火地」という暖房方式，すなわち建築の基壇部に加熱層空間をつくり，窓の下や基壇部から地下層へアクセスする入口を設け，そこから無煙の炭(練炭)を入れる仕組みを採用している。内廷の両脇には妃嬪と女官の住居が配置され，東六宮と西六宮と呼ばれていた。中央の三大殿の後ろには，小さい御花園が設けられている。

宮殿の背後の景山から眺めると，紫禁城の，中庭を以て建物を水平的に展開するという中国建築の特徴が一目で分かる。個々の建物の様式は似ているが，建築は序列化，すなわち間口の間数，屋根の形式，琉璃瓦，装飾の部材，彩色の模様及び色まで細かくランク付けされ，それによって統一感を保持すると同時に上下等級を区別していた。そのうち，平面が11間(63.96m)×5間(37.17m)，高さが26.92mもある太和殿は，あらゆる面において最上位の建物として造られた。

紫禁城の建設に携わった人物として，明初の蒯祥，中期の徐杲，明末から清初にかけての梁九，清代の宮廷工匠家系の「様式雷」などが知られている。1901年には，伊東忠太一行が初めて実測した。
(包 慕萍)

しぐ【挚虞】　?～311(永嘉5)。西晋の文学理論家。長安(陝西省)の人。字は仲洽。名士皇甫謐に師事し，学識の博さをうたわれた。ことに礼制に造詣が深く，尚古的な立場から制度に関してしばしば献策を行っている。外戚賈謐の文学サロンにも加わり，二十四友の一人に数えられた。光禄勲・太

常卿などを歴任したが、西晋末の首都洛陽の騒乱に巻きこまれ、清貧を貫いて餓死した。古代から三国魏に至る詩文のアンソロジー『文章流別集』30巻（もとは60巻とも41巻ともいう）を編んで、のち*『文選』によって集成される総集編纂の先駆けとなった。各編にはジャンルごとに論が付されていて、のちに『文章流別論』2巻として独立して世に流布し、六朝文学理論最大の成果である『文心雕龍』にも影響を及ぼした。現在では、類書などにごく僅かの佚文が存している。また『文章志』4巻の著作もあって、歴代文人の略伝を収めたものだったらしく、『文章流別集』『文章流別論』と平行した三部作を成していた。晋書51　　　　　　（興膳 宏）

しくうしょ【司空曙】　生没年不詳。中唐の詩人。広平（河北省）の人。字は文明。一説に、文初。進士に及第したとされるが、その時期は不明。安史の乱の際は、都から江南に避難し、乱がおさまったときには、既に中年に達していた。大暦（766-779）初め頃、入朝して左拾遺を授けられ、盧綸・銭起・独孤及らと交遊、詩を唱酬した。建中（780-783）初年、長林県（湖北省）の丞に貶され、788（貞元4）年前後には、剣南西川節度使韋皐の幕下に在った。官は虞部郎中に終わった。

大暦十才子の一人に数えられ、180余首の詩が現存する。五言律詩に長じ、身辺の写景や送別の作が多い。明の胡震亨『唐音癸籤』は、「婉雅にして閑淡、語は性情に近し」と評する。洗練された真率な表現と、そこに盛り込まれたしみじみとした情感に、特色が認められる。新唐書203　　（亀山 朗）

しくうと【司空図】　837（開成2）〜908（開平2）。唐最末期の詩人、また詩論家。河中虞郷（山西省）の人。司空が姓、図は名。字は表聖。869（咸通10）年の進士。官は中書舎人に至った。その後も官途で嘱望されながら、唐末の騒乱を避けて、中条山（山西省）の王官谷に身を潜め、放達の生活を送っていたが、唐の滅亡を知ると、絶食して死んだ。皎然の詩論を受け継いで、含蓄に富み余韻のある詩風を尊重し、王維・韋応物の詩風を推賞した。「味外の旨」「象外の象、景外の景」などのことばに、彼の考えがよくうかがえる。その主張は、南宋の厳羽や清の王士禛の詩論に大きな影響を与えた。彼の作とされる『二十四詩品』は、単に『詩品』とも称され、詩の芸術的風格を雄渾・沈著・典雅・自然など24類に分かって、それぞれの境地を四言12句の韻文で表現したもので、数少ない唐代の詩論として有名。鍾嶸の『詩品』と、あるいは袁枚の『続詩品三十二首』と併せて「二家詩品」と呼ばれることもある。ただし、最近では明代の偽作とする説が提起されて注目を集めている。『司空表聖文集』10巻がある。旧唐書190、新唐書194　　（興膳 宏）

しくきょう【四句教】　「善無く悪無きはこれ心の体、善有り悪有るはこれ意の動、善を知り悪を知るはこれ良知、善を為し悪を去るはこれ格物」という王陽明の教説。良知（心の体）は既成の価値観に染まっていないからこそ（第1句）、自ら主体的に価値判断を下し得る（第3句）。意念の立ち働くところ、善悪が生ずる（第2句）、その意念の及ぶ対象（物）に即してそのあり方を格すのが格物の実践である（第4句）。四句教の解釈を論争した銭徳洪と王畿は天泉橋において師の裁可を仰ぐ（天泉橋問答）。『伝習録』巻下、115条。　　　　　（中 純夫）

じくどうしょう【竺道生】　？〜434（元嘉11）。東晋〜南朝宋に活躍した学僧。鉅鹿（河北省）の人で彭城（江蘇省）に移住。俗姓は魏。建康（南京）の瓦官寺の竺法汰について出家し竺姓を名のる。のち廬山に7年間幽棲し、慧遠の門に加わった。ついで鳩摩羅什が長安で大乗仏典の伝訳に従事する（401年以降）と、その門に入る。409（義熙5）年には建康に帰り青園寺（のちの龍光寺）に住す。法顕訳『泥洹経』（417年訳出）を精読し、経文には記されていない極悪人も成仏するという闡提成仏説を唱えたため、建康から追放され、蘇州の虎丘を経て、430（元嘉7）年に廬山に入る。しかし、ほどなくして建康に伝えられた同本異訳の曇無讖訳『涅槃経』には闡提成仏が説かれていたのであった。この経典を講説するなどしたのち、廬山で寂す。彼は必ずしも経文に拘泥せず卓抜な新説を次々と唱えたが、とくに「頓悟成仏義」を発表したことから頓悟漸悟の論争が起こった。ただしその諸論や著書は亡失し、『法華経疏』2巻のみが現存するにすぎない。そのほか、僧肇『注維摩』・宝亮等『大般涅槃経集解』などに彼の所説が収録されている。後世、羅什門下の関内の四聖、また廬山の蓮社十八賢の一人に数えられる。宋書97、南史78　　（中西 久味）

じくほうご【竺法護】　233？〜310（永嘉4）？。西晋の大翻訳家であり、中国仏教史の初期にあたって、仏教流布に大きな貢献をなした。月氏（支）の出身で支法護（法護のサンスクリット語名は、Dharmarakṣa。曇摩羅刹と音写する）とも呼ばれ、祖先が数代にわたって敦煌に住んでいたので、敦煌菩薩と敬称される。8歳で出家し、竺高座に師事した。法護は、経典を求めるために、西域三十六国に旅した。彼は西域の諸言語に通じたといわれ、当地で求めた経典を、敦煌・長安・洛陽において翻訳した。晩年は戦乱を避けながらの翻訳事業であった

が，*鳩摩羅什以前の中国で，最大の訳経家とたたえられるように，154部309巻もの多数の，また重要な経典を漢訳した(『出三蔵記集』巻第2による)。漢訳の協力者として，聶承遠，道真の父子を得たことも，法護に大きな助けとなった。代表的な訳経に，『光讃般若経』『正法華経』『維摩詰経』『首楞厳経』『普曜経』などがある。　　　　（菅野　博史）

じくほうらん【竺法蘭】　後漢の明帝のとき，中国にやってきたとされる伝説上のインド僧。*慧皎の『高僧伝』にまとまった記述がみられる。『高僧伝』によれば，摂摩騰と伝道の旅に出ることを約束していたという。明帝がインドに派遣した蔡愔と出会って，竺法蘭は中国へ行くことを決意する。洛陽では摂摩騰と起居を共にし，蔡愔が西域で入手していた5つの経典を翻訳し，その中のひとつ『四十二章経』だけが現存しており，これが漢訳経典の始まりと伝える。　　　　　　（入澤　崇）

しくんし【四君子】　梅・竹・蘭・菊を組み合わせた花卉の画題。明末に出版された『八種画譜』のひとつ『梅竹蘭菊譜』の序において，陳継儒が「文房の清供に独り梅竹蘭菊四君を取るは他無し。則ち其の幽芳逸致が偏えに能く人の穢腸を滌いて其の神骨を澄瑩するを以てなり」と記したことから「四君子」と呼ばれるようになった。12世紀後半に成立した「松竹梅」を補完するものとして位置づけられる。四花は四方に通じる偶数を吉として選ばれた四つの植物で，梅・寒菊・水仙・臘梅の組み合わせをいう。文人趣味にもとづく数目謎語画題のひとつで，早春の画題となる。四清は四神，四君子などと同じく「四」を吉として選ばれた四つの植物，すなわち梅・桂(木犀)・菊・水仙の組み合わせで，文人趣味の数目謎語画題のひとつである。四清は，花の形状，色彩に特色があることに加え，いずれも芳香を持ち「七香」にも数えられている。　　　　　　　　　　　　　（丸山　伸彦）

しけいぞう【思渓蔵】　北宋末から南宋初にかけて，密州観察使王永従一族の喜捨により湖州帰安県の思渓円覚禅院(後に法宝資福禅寺という)で開版された*大蔵経。開版後約100年ののち活動は停滞したが，淳祐年間(1241-52)に復興され，宋末に焼失するまで継続して印刷がおこなわれた。『湖州思渓円覚禅院新雕大蔵経律論等目録』と『安吉州思渓法宝資福禅寺大蔵経目録』の2種の目録があり，円覚禅院時期のものを前思渓版，資福禅寺時期のものを後思渓版という。2種の版があったか否かについては議論があるが，一般には後思渓版は前思渓版の補刻追雕したものであるとされている。1紙1版，毎版30行17字，上下単辺を標準とし，経題の下に千字文函号を，各紙右端の糊代部分に函号・経題・版次・刻工等を刻し，装幀は折帖。各巻末に音釈を付し，以後の大蔵経の先例となる。刊記が少なく，刊刻状況には不明なことも多い。『大正蔵』の対校本として用いられている宋本は，増上寺所蔵の思渓版である。　　　　　　　　　（梶浦　晋）

しけん【支謙】　生没年不詳。後漢末から三国呉の初め(3世紀前半)に活躍した訳経僧。支越とも伝えられる。字は恭明。月氏(クシャン)系渡来人集団数百人のリーダーの末裔で中国に生まれ育った三世である。優婆塞(在家信者)であるままに仏教者として活動した。同集団の一世である支婁迦讖が漢訳した多数の初期大乗経典を，二世の支亮を介して継承し，それらを中国人に理解し易いテキストへと改訳したり，新たに発達した部分を付加して増補したりしている。例えば，後漢の竺大力・康孟詳訳『修行本起経』を改訳・増補した『太子瑞応本起経』は，中国仏教者達の仏教理解の根幹をなした仏伝である。支婁迦讖訳『道行般若経』を改訳した『大明度経』は，支謙作と考えられる双行注を冒頭の第一章に残している。その他『首楞厳経』『維摩経』などの改訳は，その過度の中国化の故であろう，原訳及び他訳と対照させたテキスト「合本」を発達させることともなった。また，法会において，讃仏・菩薩のため詩頌をメロディーに乗せてうたうための「梵唄」の創始にかかわった功績も，忘れられてはならない。　　　　　　　　（荒牧　典俊）

しげん【詞源】　元の詞論書。2巻。宋の遺民張炎の晩年の著作。巻上には曲律・楽譜などの音楽に関する論を，巻下には製曲・詠物などの文辞に関する論を収め，巻末に楊纘の「作詞五要」を付録する。詞人では姜夔を至上とし，高雅で超越的な境地を「清空」と称して詞における理想とした。明代以降，巻下のみが『楽府指迷』として別行することがあり，沈義父の同書名の詞論書と混同されてきた。清朝では張炎の詞とともに盛行した。　（松尾　肇子）

じげん【辞源】　民国の辞書。陸爾奎・方毅等編。正編は1915(民国4)年商務印書館刊。自然・社会科学関連の用語も収める，中国最初の辞典と事典の性格を兼ね備えた近代的な辞書。親字は『康熙字典』と同じく214部首を立て画数順に配列，音注は『音韻闡微』の反切と直音を併用。続編・合訂本等も出て版を重ねたが，1958年からの修訂作業で『辞海』『現代漢語詞典』との役割分担を意図して旧版の百科事典的項目は削られ，修訂本は古籍閲読専用の辞書となった。　　　　　　　（森賀　一惠）

しげんぎょくかん【四元玉鑑】

元の数学書。3巻。1303(大徳7)年刊。朱世傑の撰。24門に分かれ288題を扱っている。問題はすべて方程式(「天元一」など)を立てて解かれており, 1元高次方程式の問題は232問, 2元は36問, 3元は13問, 4元は7問である。連立4元高次方程式の解法は四元術とよばれ, 宋元数学の最高峰の一つに数えられている。そのほか, 高階等差級数の研究(垛積術や招差術など)も興味深い。

(川原 秀城)

しけんさい【脂硯斎】

『紅楼夢』早期抄本の批評者。評語の内容から作者曹雪芹の身近な人物と推定されるが, 詳細は不明。①曹雪芹の叔父(裕瑞『棗窓閑筆』), ②曹雪芹の父方の従兄弟(胡適『考証紅楼夢的新材料』), ③曹雪芹自身(胡適『跋乾隆庚辰本石頭記鈔本』), ④史湘雲のモデルにもなった曹雪芹の後妻(周汝昌『紅楼夢新証』), といった諸説があるが, いずれも決定力に欠ける。李卓吾や金聖嘆, 張竹坡らとともに小説批評史上, 重要な位置を占める。

(井波 陵一)

しげんじゅつ【四元術】

中国古代の連立4元高次方程式の作成法とその解法のこと。金末元初, 天元で未知数を表す, 開方式の機械的作成法が考案された。天元術である。天元術はまもなく2元(天元と地元)まで拡張され, 最後に朱世傑の『四元玉鑑』にいたり, 天元・地元・人元・物元を用いて4つの未知数を表示するようになった。これを四元術という。連立4元方程式の作り方は, 未知数の数が異なることを除いて天元術に等しい。

(川原 秀城)

しげんべんぎろく【至元弁偽録】

元の仏教史書。5巻。禅僧, 祥邁の奉勅撰。原書名は『弁偽録』であるが, 1291(至元28)年に現在の体裁になったことから, 『至元弁偽録』と通称される。憲宗モンケの時に, 皇帝自らが主宰したイスラム教・キリスト教・仏教・道教の各宗教による教義論争が, 首都カラコルムにおいて複数回行われた。また当時, 中国方面を委任されていた弟クビライが主宰した仏教と道教による教義論争が, 開平府(のちの上都)で行われた。本書は道教との論争に勝利した仏教, とくに禅宗の立場から, 両者の論争に限って扱ったもの。第1巻・第2巻では新興道教の全真教との優劣正邪を論じ, 第3巻・第4巻では道教側の無法行為や論争の経緯を記す。第5巻には, 1281(至元18)年に道教の偽経の焚毀を命じたクビライの聖旨碑などの関連資料を収める。本書は華北における仏教と道教との確執や, モンゴルによる宗教政策を知るうえで格好の史料となる。『大正新脩大蔵経』52など所収。

(中村 淳)

しげんべんたい【詩源弁体】

明の詩論書。形式と風格の両面から歴代の詩歌の発展形態を叙述した書物。36巻。初刻本は1613(万暦41)年に刊行された。江陰(江蘇省)の許学夷の著。当時文壇の主流を占めていた公安派と竟陵派が前後七子の復古主義を一方的に批判することに反発して, 南宋の厳羽の『滄浪詩話』に理論的根拠を求める。各種の詩体の源流を明らかにしてその内在的規律を探るとともに, 詩人の風格や作品の特質を具体的に分析する。

(井波 陵一)

じけんれき【時憲暦】

清朝が採用した暦法。西洋の天文学に基づいて作成された。明末に徐光啓が西洋暦算学の書の翻訳を提唱し, 宣教師のアダム・シャール(湯若望)が中心となって編訳した『崇禎暦書』を, 清代になりアダム・シャールが増訂した『西洋新法暦書』が基礎となっている。この暦法は, キリスト教弾圧の際に一時廃された以外は, 清朝一代の暦法として用いられ, その計算には宣教師が従事した。暦法の数値などは『清史稿』45～53に載る。

(長谷部 英一)

しこ【四呼】 →開斉合撮

しこ【刺虎】

崑劇の伝統的演目。清の曹寅の伝奇『虎口余生』の影印本第31齣。明末の逆賊李自成が山西より大挙して北京に迫り, 崇禎帝が自殺。李自成の弟で一隻虎と呼ばれ悪名高い李過は宮殿に侵入し, 公主(皇帝の娘)と名乗る娘を嫁にしようとする。そこで宮女の費貞娥が公主の身代わりとなり, 結婚の夜, 酔った李過を刺し殺し自殺するという筋。伝奇『鉄冠図』(作者不明, 原本は大部分失なわれた)の一齣と類似しており, 曹寅がそれに手を加えて作ったのがこの作品であろうといわれている。

(内山 知也)

しこ【紫姑】

民間信仰の廁の神の名。紫姑神。子姑・廁姑・坑三姑娘・門角姑娘・七姑娘など, 時代・地方によってさまざまな別称がある。『荊楚歳時記』や『異苑』によれば, 紫姑はある人の妾で, 正妻に妬まれていつも汚い仕事ばかりさせられていたので, 正月15日に憤死した。そこで世の人々はその日に人形を作って夜, 廁や豚小屋でその神を迎えて占いをするようになったという。紫姑卜と呼ばれるコックリさんのような占い, あるいは扶箕の占い(乩筆と呼ばれる筆記具を用いて行う占い)はこれに由来するといわれる。

(神塚 淑子)

じこ【字詁】 清の訓詁書。1巻。撰者の黄生は字は扶孟、号は白山、徽州歙県(安徽省)の人、明の諸生で、明滅亡後は清に仕えず著述に没頭した。書名は三国魏の張揖の『古今字詁』に取る。多く1字を採り上げて(全122条のうち2字語は11のみ)、形音義を考え、謬説を正す。抄本で伝わっていたが、『四庫全書』に採られ、後、族孫の黄承吉が文宗閣で四庫の本を録した時、『義府』とあわせて按語を付し、『字詁義府合按』として刊行した。
（森賀 一惠）

しこう【子貢】 孔子の弟子。衛(河南省)の人。姓は端沐(または端木)、名は賜、子貢は字。孔子より31歳年少。いわゆる十哲の一人で、言語の科に配せられる。外交折衝の術に長じ、司馬遷は、「子貢一たび出でて、魯を存し、斉を乱し、呉を破り、晋を彊たらしめて越を覇たらしむ」(『史記』仲尼弟子列伝)と評する。また、貨殖すなわち投機の才を発揮し、巨富を築いた。孔子の没後、6年間その墓を守りつづけたという(孔子世家)。史記67・129、漢書91
（伊東 倫厚）

じこう【兕觥】 注口と把手を持ち、圏足(円形の高台)または4足を付ける注水用・注酒用の青銅彝器。単に觥とも。形態は匜に似るが、蓋を有し立体的な獣頭が飾られる。殷墟後期に盛んに製作されるが、西周中期以降は基本的に姿を消す。自銘器は無い。王国維は当該の器を匜から分けて兕觥と命名したが、本来兕觥と呼ばれた器は牛角形の飲酒器であった可能性が高い。しかし西周後期以降に盛行する匜と当器を区別する立場から、便宜的に兕觥の名称が用いられる。
（角道 亮介）

しこうあん【施公案】 清代の俠義小説。正式名称は『施案奇聞』。97回。1820(嘉慶25)年刊。康熙年間(1662-1722)に実在した名臣施世綸(小説では施仕倫もしくは施仕綸と表記)を主人公とし、彼に敬服した黄天覇(後に施忠と改名)ら市井の俠客が勧善懲悪の活躍をする。『盗御馬』『連環套』など伝統演劇を通じて広く知られたエピソードが多い。清代俠義小説の嚆矢として、『三俠五義』『彭公案』など後続の作品に大きな影響を与えた。（岡崎 由美）

しごういんじゅうたく【四合院住宅】 四角形の中庭を中心に、まわりを4つの棟が取り囲む形式でつくられた住宅。漢族の住宅を代表するこのタイプは、中国全土に広く分布している。そもそも、前後左右を建物だけで閉鎖的に囲う構成そのものは、すでに紀元前10世紀前後の周代に確立していたことが考古学的調査から明らかになっている。以後、明清代の住宅には、四合院の形式が普遍的に見られるようになった。

　四合院住宅は、中心軸に沿って左右対称につくられ、中庭に開いて中央奥に主屋を配置し、その前方左右に向かい合って脇部屋を置き、主屋の向かいに外部からの出入り口を設けた、いわば門長屋を対峙させる。この4つの棟が中央の中庭を取り囲むことから、四合院と呼ばれる。それぞれ、主屋を正房、脇部屋を廂房、門長屋を倒座と呼び、中央の中庭は院子と呼称される。

　通常、四合院住宅は、北京のものをもってその典型とする。北京の官僚・地主などの一般的な南入りの四合院住宅を例に見ると、まず住宅全体は、南北の中心軸に沿って左右対称に配置されるが、入口となる大門だけは、中軸線上にはなく東南隅に置かれる。大門を入ると、正面に影壁があり、左手に細長い前庭が続き、客間・使用人の居室・物置に使われる倒座が北向きに建っている。前庭を通り過ぎると、中軸線上に二門(装飾のついた垂花門の場合もある)がある。二門をくぐると、閉鎖的な住宅の外観とは対照的に、正房と両脇の廂房が四角形の中庭に開く開放的な内院に出る。ここは、主に主人の居間や書斎・寝室にあてられる。また、内院の裏側には、中庭と建物からなる同様の後院があり、女性や子供たちの居間・寝室として使われた。このように、北京の四合院住宅は、内院と後院の前後2つの部分からなるのが普通で、主人と家族、客、使用人の空間を明確に分けている。さらに、後院の裏側には、使用人の居室や納戸に使われる東西に長い後罩房や庭園がつくられることもある。（高村 雅彦）

しこうしゅ【燹公盨】 西周中期の青銅器の固有名称。遂公盨・豳公盨とも呼ばれる。2002年春に香港の骨董市場に現れ北京の保利芸術博物館によって購入された。器高11.8cm・口長径24.8cm。蓋は失われ、頸部に鳥文を飾り獣頭の把手を付ける。内底部には禹の業績とその徳を讃える内容の銘文98字が記され、『尚書』(『書経』)や『詩経』中の禹に関する記述と一部類似する。西周期に禹の伝承が成立していたことを示す重要な資料である。
（角道 亮介）

しこうてい【始皇帝】 →秦始皇帝

しこうてっそく【紫口鉄足】 鉄分を多く含む灰黒色の胎土を用いた青磁にみられる現象。紫口とは、口縁付近の釉薬が薄くなっている部分が、下の胎土が透けることにより黒ずんで見えることをいい、鉄足は底部の釉がかかっていない部分が灰黒色を呈していることを指す。宋の哥窯の青磁の特徴

と伝えられるほか，南宋官窯の青磁や龍泉窯の黒胎青磁にみることができる。　　　　　　（今井　敦）

じこうは【事功派】　→永嘉学派，永康学派

しこうりょう【始皇陵】　→秦始皇帝陵

じごく【地獄】　仏教において，現世の悪業の報いとして死後に赴くべき苦痛に満ちた世界。輪廻の境界たる「六道」の一つ。梵語の原語は naraka（音訳語は「奈落」「捺落迦」等。原義不明）あるいは niraya（「泥犁(耶)」等。原義は「滅亡に向かう」）。古代インドでは，仏教のみならず普遍的に見られた概念。別系統の Yama-rāja（「閻魔王」「閻羅王」）が治める死者世界の説と融合した。初期の仏典では，地獄は雑然と述べられているに過ぎないが，後，地獄説は体系化され，地獄に落ちる因としての悪業の概念も整理された。

地獄の記述は経典によって異なるが，主な地獄説には以下のようなものがある。①「四門地獄」説（『中阿含経』天使経等）。悪業を行った衆生は閻魔王の尋問を受け種々の地獄を巡り責め苦を受けるとされ，閻魔王宮の四方の門内に「四門地獄」があり，門外にも 6 種の小地獄が有るとされる。②「八大地獄・十六小地獄」説（『増一阿含経』八難品等）。最も一般的な説であり，人が住む「四州」を囲む「鉄囲山」の中に，「還活地獄」以下「阿鼻地獄」に至る 8 種の大地獄が有り，各々の大地獄に 16 の「小地獄」が付属しているとされる。③「十地獄」あるいは「八地獄」説（『スッタニパータ』コーカーリヤ経，『雑阿含経』1278 経等）。仏を誹謗したコーカーリヤ（「瞿迦利」）が地獄に落ち苦を受ける様を述べる中で，「阿浮陀地獄」以下 10 種もしくは 8 種の大地獄が記述されている。

ところで，地獄の所在については，上記の②「八大地獄・十六小地獄」説が「鉄囲山」の中に在るとする以外，明言はない。にもかかわらず，中国で仏典を漢訳するに当たり，「地獄」という語を当て，「地下の牢獄」（『大乗義章』巻 8）と解した。その理由は，第一に，輪廻の境界たる「六道」のうち，最下の「地獄」を，最上の「天界」と対にしてとらえたため（たとえば，東晋の郗超の『奉法要』）。第二の理由は，中国固有の冥界のイメージとして，仙界たる「天」と並び，「黄泉」など地下の冥界のイメージが有力であったこと。特に，仏典漢訳が本格的に始まる後漢末期にあっては，当時起こった民衆道教の典籍である『太平経』や『老子想爾注』に，地下の冥界や「地官」が治める冥界の言及がある。他方，「地下の牢獄」とは別に，中国では，天地の間に「地獄」を想定する説が，魏晋以降，広く行われた。南朝梁の陶弘景は，「地獄に至りては……，一処に尽くされず。泰山・河・海にもまた各々これ有り」（『真誥』巻 15）と言っている。そのうち最も有力なのは「泰山地獄」（「太山地獄」とも）であり，特に，『捜神記』『幽明録』等の志怪小説には，「泰山地獄」とその主者たる「泰山府君」に関する記述が散見する。また「泰山地獄」説は，逆に仏教に影響を与え，仏典漢訳において，「地獄」と訳すべきところを，「太山地獄」と訳した例も少なくない。唐以降は，中国で述作された『十王経』が流布し，「閻羅王」や「太山府君」による審判の思想が広まり，民間習俗や文学に大きな影響を与えた。　　　　　　　　　　　　　　　（松村　巧）

しこくき【施国祁】　1750（乾隆 15）～1824（道光 4）。清の学者。烏程（浙江省）の人。字は非熊，号は北研。張鑑，楊鳳苞とともに阮元の弟子。廩膳生（科挙の受験を準備中の見習い生）に終わった。詩文に巧みだったが，作品は多く焼失したという。金史研究の専門家。明の南監本『金史』を底本に『金史詳校』10 巻，『金源札記』2 巻などを書いた。『元遺山詩集箋注』の著者としても知られる。いずれの著書も，その考証の詳細さと正確さには定評がある。清史稿 486　　　　　　　　　（高橋　文治）

じごくへんそう【地獄変相】　安世高訳『仏説罪業応報教化地獄経』，失訳『受十善戒経』，法立訳『大楼炭経』巻二泥黎品，仏陀耶舎・竺法念訳『長阿含経』巻 19 地獄品第 4，鳩摩羅什訳『大智度論』巻 16，『増一阿含経』第 36，『正法念処経』などの経典に基づいて，地獄の光景を表した図像。インドには作例がないが，中国では敦煌莫高窟第 428 窟南壁中央東側盧舎那仏図（甘粛省敦煌市，北朝北周）などのように，盧舎那仏の衣紋に地獄を描く図像や，八大地獄・十三王・六道輪廻図などを単独で描く地獄絵の例が見られる。唐宋代に諸寺の壁画として多くの造像の記録が見られ，キジル石窟・ベゼクリク石窟・敦煌などの作例が残る。張彦遠撰『歴代名画記』には張孝師が地獄図をよく描き，呉道玄も彼の影響をうけたとある。また地獄の思想は道教と混交して展開し，大足宝頂山石窟大仏湾第 20 龕地獄変相図（重慶市大足県，南宋）には，中心に地蔵菩薩と上層左右に十仏，その下に閻魔を含む十三王とそれぞれの侍者，更に下層には 18 もの地獄の変相を刻む。　　　　　　（勝木　言一郎）

しこぜんしょ【四庫全書】　清の乾隆帝の勅命により編纂された，中国最大の叢書。中国歴代の主要な書籍を，経・史・子・集の伝統的な四部分類法により集成する。朱筠の建議にもとづいて，1772

(乾隆37)年に四庫全書館を設立し，紀昀・陸錫熊を筆頭とする総纂官の指揮の下に編纂が始まり，ほぼ10年余りを費やして完成した。収録される書籍の数は，数え方により多少の異同があるが，3503種，7万9337巻に上る。他に，『四庫全書』には未収ながら，解題目録である『四庫全書総目提要』中に書名を存する書が，6793種，9万3551巻ある。

すでに康熙年間(1662-1722)に，『淵鑑類函』『古今図書集成』のような大規模な修書事業があったが，『四庫全書』はそれらを遥かに上回る大がかりな事業で，清朝の最盛期を背景とした，国威発揚の意図が見てとれる。明代にも『永楽大典』という巨大な叢書が編まれたが，過去の叢書と異なる『四庫全書』の特色は，伝存する書籍を分断することなく，その本来の形のままに厳密な校訂を加えて収録したことにある。書物を収集するに当たっては，政府の蔵書(内府本)，清朝皇帝の勅撰による著作，各省や個人の蔵書家からの献本，『永楽大典』からの輯本などが基礎となった。各省に命じて徴収した書籍だけでも，およそ3万3000点にも及んだ。収集された膨大な図書は，厳密な審査を経て，『四庫全書』に収める書と，目録に書名を記される「存目書」とに分かたれた。審査の過程で，満州族王朝である清朝にとって，多少とも害あるものと認められた書は禁書に指定され，関係者に対する厳しい処分が行われた。「夷狄」「胡虜」などの語は削除して空格にするか，別の文字に改められた。この画期的な文化事業は，その反面として，「文字の獄」と称される言論統制を伴っていたことも事実である。『四庫全書』収録の基準として，書きことばである「文言」によって記された著作という暗黙の前提があり，白話小説や戯曲などの俗文学は採録の対象とされなかった。また科学技術関係の書の収録も少ない。

『四庫全書』の各冊は，縦31.5cm，横20cmの形式に統一され，毎半葉8行の朱卦の枠中に，1行21字で楷書により浄書された。装幀は絹の「包背装」によって精緻に整えられ，表紙は経部を緑色に，史部を紅色に，子部を藍色に，集部を灰色に分けて区別した。全て7セットが作成され，先に成った4部は，北京の宮廷内の文淵閣，北京西郊の円明園の文源閣，奉天(遼寧省瀋陽市)の文溯閣，熱河(河北省承徳市)の文津閣に分置された。これらは内邸四閣と呼ばれ，皇帝専用のもので非公開。後に成った3部は，鎮江の文宗閣，揚州の文匯閣，杭州の文瀾閣のいわゆる江浙三閣に分置されて，閲覧に供された。清末の戦禍などでその多くが失われながらも，文淵閣本は台湾に，文津閣本は北京に，文溯閣本は蘭州に，文瀾閣本は杭州にそれぞれ保存されて伝わる。『四庫全書』が学問の普及に果たした役割はきわめて大きい。

(興膳 宏)

しこぜんしょそうもくていよう【四庫全書総目提要】

『四庫全書』の解題目録。『四庫全書総目』『四庫提要』ともいう。200巻。1782(乾隆47)年刊。総裁官である永瑢(乾隆帝の第6子)，総纂官紀昀ら四庫館臣による奉勅撰。『四庫全書』所収の著録本3458種と書題のみ残る存目書を，四部45類67子目に細分しそれぞれに解題を附す。著者の官爵や郷里，書の得失や清に至るまでの流伝状況などが仔細漏らさず記される。各編纂官の提要原稿に，総纂官紀昀が隅々まで目を通し書き改めたという。中国目録学の精華。今流通するのは1795(乾隆60)年文瀾閣本蔵武英殿本を重刻した浙本。

(佐藤 礼子)

しごんし【四言詩】

毎句みな4字である，あるいは主に四字句からなる詩をいう。先秦の詩歌は，たいていが1句4字のもので，『詩経』の詩も，その多くが四言詩である。漢初においても，劉勰が漢代最初の四言詩と指摘した(『文心雕龍』明詩篇)，韋孟の『風諫詩』をはじめとして，四言詩が詩の殆どを占める。もっとも古くに成熟した詩形である。後，五言詩の隆盛とともに作品は減少したが，典雅な詩として製作が続けられた。

(森田 浩一)

しさん【子産】

?～前522。春秋時代の鄭国の政治家。名は国僑，子産は字。鄭の穆公の孫，子国の子。前554年に卿となり，前543年に政権を担うと農地の区画整理を行って税の増収を図り，また軍事税を実施して国家経済を再建した。さらに貴族間の抗争を抑えるため新たな法律，いわゆる刑書を鋳て国内に公布し，法治主義による統治の先駆者となった。現実的・合理的な発想は，孔子などの思想家に大きな影響を与えた。史記42

(町田 三郎)

しさんこうざんひ【祀三公山碑】

後漢の碑。大三公碑ともいう。117(元初4)年の刻。タテ148cm×ヨコ69cm。碑文10行，行の字数は14字から23字で一定しない。常山(河北省)の長官であった馮氏が，旱魃に喘いでいる領民のために西方にある三公御語山の神霊を東の衡山に請じて祀り，降雨を得て豊作に恵まれたことを記念した碑。1774(乾隆39)年，元氏県(河北省)の郊外で発見され，現在は封龍山下の漢碑堂に置かれている。これまで篆書から隷書への移行期の書体とされていたが，新出史料に照らして，署書体と考えられている。初拓本には碑首の「元」字の「儿」が見える。

(横田 恭三)

じざんぶんか【磁山文化】 太行山脈の東麓に位置する河北省武安市磁山遺跡によって代表される，紀元前 6000〜5000 年の新石器文化。南に隣接する裴李崗文化とも近く，ともに仰韶文化の母胎となった。すでに雑穀農耕が始まっていた。家畜は豚と犬がいた。住居は小型円形の半地下式である。一部の貯蔵穴では貯蔵された粟の下から豚の骨が見つかっており，祭祀用と考えられている。土器は砂質の土器が多く，泥質の土器は少ない。縄文が施されることが多い盂と呼ばれる平底の浅い筒状の容器と 3 本の靴形の支脚が組になる煮炊き具が特徴的である。ほかに，平底の深鉢や耳状の把手の付いた壺がある。農耕に関連する石器として土掘り具である石鏟・石鎌・すりうすが多数出ている。土坑からはすりうす・石斧・石鏟・盂・支脚・三足鉢がセットで出ることが多い。骨角器も多く，鑿・錐・ヤス・鏃などがある。狩猟や漁労も盛んであった。
(大貫 静夫)

しし【子思】 前 492？〜前 421？。戦国時代の学者。孔子の孫。名は伋。子思は字である。『子思子』なる著述があったが，つとに亡んだ。現在の『礼記』中庸・表記・坊記・緇衣の 4 篇は『子思子』の残簡という。その思想は，中庸篇に代表されるように，過不及のない中ほどをめざすもので，いわば常識的な道徳倫理である。注目されるようになったのは，宋代，朱子が子思の著作として中庸篇を重んじ，孔子—曾子—子思—孟子という道統をたててからである。史記 47
(弥 和順)

しし【刺史】 州という行政単位の長官名。前漢の前 106（元封 5）年に郡県を統制するために，全土を 13 に分けた州刺史部という監察区域の責任者に始まる。最初秩 600 石で，2000 石の郡守より低かったが，前漢末頃から地位を高め，治所を一定させ，民政との関わりを深めた。後漢末の動乱期に州牧と名を変え，一州の軍政と民政を兼ねる権限を与えられ，明確に郡守の上に位置づけられることになった。

魏晋以降，州牧の権限を抑えるために刺史にもどされ，これが以後定着するが，この時期刺史は，辟召制（官僚スタッフの現地任用制）によって現地有力者（貴族層）を州官に任ずる一方，軍政を支える幕府（将軍府・都督府）を動かす自前の府官を帯同した。そのため地方行政に，州官・府官の対立そして府官系統の優勢，州の細分化による州・郡間の規模の接近という事態をもたらした。そこで隋は，郡の廃止，府官による州官一本化，辟召制の廃止，刺史の任期制などを断行した結果，刺史は州の民政責任者に定まり，唐一代つづいた後，宋以降知州（知州事）と名を変える。
(氣賀澤 保規)

しし【獅子】 百獣を従える王として，権力や威厳の象徴とされる。中国には戦国時代頃までに伝わり，唐代には法隆寺所蔵「四騎獅子狩文錦」にみられるようなササン朝ペルシアの影響を受けた獅子狩文や，「海獣葡萄鏡」の鏡背などにその姿が描出された。また，彫漆や陶磁器などには，繡球と戯れる姿や，百花の王である牡丹と組み合わせた意匠も多く見られる。明から清の時代には，武官の一品と二品が官服につける補子（品級を表す階級章）に，獅子の意匠を用いるよう定められた（『明史』輿服志等）。
(福島 雅子)

しじ【四時】 ①春・夏・秋・冬の四季。四運。『論語』陽貨篇に「四時 行われ，百物 生ず」と見える。②朝・昼・夕・夜の 4 つの時。『左伝』昭公元年に「君子に四時有り。朝はもって政を聴き，昼はもって訪問し，夕はもって令を修め，夜はもって身を安んず」，『国語』魯語下に「士は朝にして業を受け，昼にして講貫し，夕にして習復し，夜にして過ちを計る」と見える。③漢の文帝がつくった楽舞の名（『漢書』礼楽志）。
(新井 晋司)

しじ【指事】 六書の一つ。象事・処事とも呼ぶ。『説文解字』叙では，六書の第一として「指事なる者は，視て識るべく，察して意を見る。上・下是れなり」と言う。つまり，長さの異なる 2 本の横線で相対的な位置関係を表す「上（二）」「下（二）」や，象形字に記号的要素を加えた「本」のように，よく見るとその意味が分かるような，幾分象徴的な造字法である。象形が具体的な物を写実的に表すのに対して，指示は抽象的な概念を象徴的に表す。共に基本的に独体（単体ともいう）である。
(坂内 千里)

ししき【詩式】 中唐の詩僧皎然の著した詩論書。5 巻本と 1 巻本の 2 種が存するが，前者が古い形態をとどめる。5 巻本は，典故の使用の有無を基準として，5 段階の格（五格）を設け，それぞれの格ごとに多くの例句を引きながら，作詩法のありかたを提示する。例句の部分を割愛して，創作理論のみをまとめたのが 1 巻本である。皎然が別に著した『詩議』は一部が『文鏡秘府論』に引かれて伝わるが，現行本『詩式』はこの両書が混淆している可能性がある。
(興膳 宏)

ししざんかんぼ【獅子山漢墓】 江蘇省徐州市の東郊外に所在する獅子山に造営された，前漢の諸侯王の墓。1984 年，先ず山麓で当墓地に付属す

る兵馬俑坑が発見され，徐州市博物館が発掘した。1991年に墓の位置が確認され，94年から95年にかけて楚王陵考古発掘隊が調査した。施設の大半は，南側中腹から山の中央に向かい石灰岩を掘削した洞窟の中に造られている。約48mの露天墓道，約69mのトンネル状墓道，トンネル状墓道の左右に設けられた合計11の部屋(耳室)，そして墓道北端の部屋(後室)によって構成されている。既に早い時代に盗掘を受けたが，3つの耳室と露天墓道付近の陪葬墓一基は未盗掘であり，これらの遺構から多くの土器・青銅容器・青銅武器・玉器などが出土した。中でも17万6000枚出土した銅銭は，前漢の経済を研究する上で重要な資料である。墓の被葬者は前漢初期の楚王国の王であり，第二代劉郢または第三代劉戊と推定される。1998年，『文物』第8期にて発掘の概略が報告された。　　　(黄川田 修)

しじさんよう【四時纂要】　唐末～五代の韓鄂によって著された農書。従来，本書は亡佚したものと思われていたが，1960年代になって朝鮮李朝下で重刻された10巻本が発見された。本書は，気象や天文現象にもとづく各種雑占，食生活上の禁忌，祭祀，農事，畜牧，雑事などが月毎に記されており，典型的な時令型農書に属する。その舞台となったのは華北地方で，農耕栽培記事の多くは，先行する農書『斉民要術』などに依拠しており，茶の栽培記事を除いて特に注目すべき記載はない。
　　　　　　　　　　　　　　　(渡部 武)

ししし【子思子】　戦国時代の学者，子思の学説を記した書。『漢書』芸文志にあるように，元来は23篇であったが，後に7巻に再編集された。しかし，それも南宋頃には亡佚したという。ただし，『礼記』に見える中庸・表記・坊記・緇衣の4篇は『子思子』の残簡といわれる。現在，輯佚書として，南宋の汪晫の1巻本，清の黄以周の7巻本などが挙げられるが，いずれも旧本とは関係がない。
　　　　　　　　　　　　　　　(弥 和順)

しじず【四時図】　四季を山水や花鳥などに託して表現するもの。「(陸璡)四時図を作る」(『宣和画譜』11)とあるのによる。日本では四季絵，通常は「四時山水図」「四季花鳥図」などと称される。年中行事の絵画化の場合，月令図あるいは月次絵といわれる。『唐朝名画録』は，初唐の范長寿『月令屏風』，中唐の王宰『画四時屏風』の存在を伝える。現存最古の作例は南宋の『夏秋冬山水図(四季山水図残三幅)』(山梨，久遠寺蔵，京都，金地院蔵)。陰陽五行説に則り，四方と四季の完備する小宇宙を現出する四方四季障壁画もこの範疇に属し，現存最古のものとして，平安時代の平等院鳳凰堂中堂『四方四季九品来迎図壁扉画』(1053年)が挙げられる。文献的には，遼代の『明四時堂』(938年頃)などに遡り，盛唐時代には，既に四時図も四方四季障壁画もともに完成されていたと推定される。唐代以来，現代に至るまで，1000年を遥かに超えて，東アジアの文化的伝統の核心をなしてきた最も重要な絵画表現の一つである。
　　　　　　　　　　　　　　　(小川 裕充)

しじつがん【資治通鑑】　戦国初，前403(周威烈王23)年から五代末，959(後周顕徳6)年に至る，編年体の歴史叙述。294巻。北宋の司馬光が英宗皇帝の命を受け，劉恕・劉攽・范祖禹らの協力を得て完成した。司馬光は青年時代から紀伝体史の内容を要約して，皇帝にも容易に読める歴史書を編修しようと志していたが，英宗が即位したのを機に，まず戦国初から五代末にいたる1362年間の歴史の見取り図『歴年図』を作成して献上し，ついでその冒頭部分，戦国初から秦末までの具体的叙述を『通志』8巻にまとめて進献した。英宗はその後に続く歴史叙述の展開に大きな期待を寄せ，編修局や2名の助手，紙筆を用意するなど特別の便宜を与えてその続編の完成を要請した。英宗は翌1067(治平4)年1月，崩御したが，後をついだ神宗は父の遺志を尊重してその続修を支援し，前漢紀が完成すると，まだ編修途中の歴史叙述に「資治通鑑」の名を与えて編修者たちを激励した。間もなく政局は新法党の天下となり，司馬光の助手劉攽と劉恕は王安石を批判して左遷され，司馬光も開封を離れ洛陽に編修局を移した。『資治通鑑』の編修過程はまず取材項目たる叢目を作り，ついで史料集たる長編を作成し，長編をもとに『資治通鑑』の本文を作成するという順序で進められた。前漢・後漢・三国魏の長編を劉攽，晋と南朝宋・斉・梁・陳及び隋と五代の長編を劉恕，唐の長編を范祖禹が担当し，それらに基づいて1067(治平4)年に前漢紀，70(熙寧3)年に後漢紀・魏紀，76(同9)年に晋紀・宋紀・斉紀・梁紀・陳紀・隋紀，84(元豊7)年に唐紀・五代紀がそれぞれ完成し神宗に進呈された。司馬光は彼の右腕，劉恕とともに，荀悦『前漢紀』の書法を徹底的に研究し，編年体史に列伝や制度史的叙述を取り入れてこれを紀伝化し，叙述の幅を拡張した。そして客観的な叙述の随所に，「臣光曰」に始まる評論を大義名分論や礼的規範の立場から展開した。評論は司馬光の諫官の立場を反映して諫言的性格が強く，当時流行の春秋学の影響下に皇帝のための帝王学の書として書かれたことが知られる。史料は正史のほか実録から小説にいたるまで356種の書を参照し，政治や戦争ばかりでなく，社会・経済・制度・学術など諸種の事象について古今の沿革を通観

できるようにした。採用した史料には今日なくなっているものもあり、ことに唐紀・五代紀には多くの根本史料が含まれているため、正史の不備を補うことができる。

本文のほかに目録30巻・考異30巻を同時に献じた。前者は全体の内容目録と年表とを兼ねたもの、後者は意見の分かれる史実につき必要な史料を挙げて、その根拠を示したものである。本書の編修に関する凡例を示した釈例1巻も残っている。1086(元祐元)年、哲宗の命により杭州において刊行された。

(稲葉 一郎)

しじつがんがいき【資治通鑑外紀】
伏羲・神農・黄帝より周の威烈王(在位前425〜前402)までを編年形式によって著した歴史叙述。10巻。目録5巻。北宋の劉恕の撰。劉恕は中国4000年の歴史に精通し、司馬光の片腕として『資治通鑑』の編修を助け、長編の一部を作成した人であり、『資治通鑑』の叙述対象とする前後の時代を補足しようとし、それぞれ前紀・後紀とする計画を立てたが、病気のため前紀だけ辛うじて完成し、これを「資治通鑑外紀」と名付けたものである。未整理ながら、他書に見られない貴重な史料を収録しているので、利用価値が高い。羅泌の『路史』や金履祥の『通鑑前編』撰述の契機を作ったとされ、宋人の古史研究を促進したことで知られる。

(稲葉 一郎)

しじつがんこうもく【資治通鑑綱目】
南宋の歴史書。59巻、凡例1巻。朱子撰。1172(乾道8)年に自序が書かれた後も数次の改訂を経、門人趙師淵らの協力を得て成書。司馬光の『資治通鑑』や胡安国の『通鑑挙要補遺』を踏まえ、『資治通鑑』と同じく、東周から五代末までを、編年で扱っている。本文は、事実の大綱のみを記した「綱」の部分と、細部を分注として著した「目」の部分からなり、歴史的事実の要点とその評価をより明確にし、なおかつ細部の機微も失わないよう工夫されている。特に、春秋の筆法に倣い、凡例に基づいて書かれた大綱からは、具体的事実に対する朱子の厳密な褒貶が読みとれる。中でも、三国のうち漢を継ぐものとして蜀を正統視したことや、王莽に仕えた揚雄を貶めたことは、特に朱子が意を払った箇所である。また、こうした名分を明らかにする朱子の姿勢は、日本の林羅山・林鵞峰の『本朝通鑑』などにも影響を与えた。

(志野 好伸)

ししぶ【獅子舞】
民間の舞踊芸能。漢代に西域からもたらされた獅子が吉祥の象徴として崇められたことから、獅子の所作をかたどった舞踊が共同体における除災招福の儀礼となり、やがて民間芸能化していったものと考えられる。『漢書』礼楽志に見られる宮廷芸能象人に対して魏の孟康が「今の蝦魚・獅子を戯する者の若し」と注釈することから、遅くとも三国時代には既に芸能としての基盤が築かれていたことが知られる。唐代には宮廷の燕楽(宴楽)における立部伎に取り入れられ太平楽あるいは五方獅子舞と呼ばれた。『旧唐書』音楽志や段安節『楽府雑録』等の記載によれば、演者が5色の皮衣を被って5頭の獅子に扮し、太平楽の音楽に合わせて獅子使い(獅子郎)に戯れるさまを演じるものであったという。民間では主に祝祭日に行われる舞踊芸能として受け継がれたものと考えられる。現在行われる獅子舞は、獅子郎・兵士・僧侶などに扮する演者が払子、刺繍を施した球、芭蕉扇等を持ち、獅子に扮した演者の舞踊を指揮するという形で行われ、伴奏には通常太鼓・銅鑼といった打楽器とラッパ・笙等の管楽器が用いられる。獅子の舞踊スタイルは文獅と武獅の2種に分かれる。文獅は獅子の従順な様を表現するもので、球を突く、球に戯れる、ころげ回る、毛を舐める、体を掻く、といった細かな演技や仕草に重点が置かれる。武獅は獅子の猛々しい様を表現するもので、高い所に登る、球に乗る、シーソーを渡る、垣の上を歩く、といった曲芸的な軽業が中心となる。現在は春節などに行われる民間芸能として、主に北京・河北・安徽・四川・広東等の漢族地区の他、苗族・チベット族等の少数民族地区においても広く演じられており、獅子の衣裳・装飾や行う舞踊・演技の面でそれぞれに独自の特色を持っている。

(竹越 孝)

ししゅう【施讎】
生没年不詳。前漢の学者。沛(江蘇省)の人。字は長卿。童子として碭(安徽省)の田王孫に従い、易を学んだ。その後、施讎は長陵に移ったが、田王孫が博士になると、再び田王孫に従って業を終えた。孟喜・梁丘賀とは同門。梁丘賀の子の梁丘臨、魭の張禹、琅邪の魯伯らに易を伝授した。梁丘賀の推薦で博士になり、前51(甘露3)年、石渠閣で五経の諸儒と経書の異同について討論した(石渠閣議)。馬国翰『玉函山房輯佚書』に輯本がある。漢書88

(近藤 浩之)

しじゅうじじゅつ【四十自述】
民国の自伝文学。胡適著。1933年上海亜東図書館から刊行。1930年『わたしの母の婚約』から書きはじめて、『9年間の家庭教育』『信仰から無神まで』『上海にて(1)』『上海にて(2)』『如何にして外国に行ったか』の計6章からなり、33年「自序」を付して発表。胡適はつとに青年時代から伝記を書くことに興味を覚えていて、『中国第一偉人楊斯盛伝』や『中国愛国女傑王昭君伝』などを著している。本書は彼

の「伝記熱のささやかな表れ」(「自序」)である。
　第1章にはいくらか虚構が交えられているが，第2章以降はつとめて客観的な態度で，胡適の少年時代の家庭や社会の状況がいきいきと語られている。ただ残念ながら，記述はアメリカ留学以前の段階にとどまっており，それ以降の経緯については，1950年代にアメリカで行った英語による口述自伝を待たねばならない。
（中　裕史）

ししゅうでん【詩集伝】　南宋の朱子の手に成る『詩経』の注釈書。全8巻。唐の孔穎達『毛詩正義』が拠った毛伝・鄭玄箋を古注と呼ぶのに対し，本書を新注と称する。古注と最も異なるのは，「詩序」を排して詩本来の意味を追求しようとしたことである。これは欧陽脩・鄭樵等の説に基づくが，その結果，経書の中に礼制に反する「淫奔詩」(恋愛詩)の存在を認めることになり，後の経学史上に論争を生むこととなった。参考資料に後藤俊瑞編『詩集伝事類索引』がある。
（野間　文史）

しじゅうにしょうきょう【四十二章経】　漢訳仏典。『仏説四十二章経』ともいう。後漢の摂摩騰と竺法蘭の共訳と伝えられるが，忠実ではない。中国仏教史上最初の漢訳経典とされる。仏教倫理を簡明に説く。総文字数2300あまりの短編であるが，多くの異本が存し，序文・本文の内容語句の相違にしたがって系統は大きく3種に分けられる。最も原型に近いと思われる本文は，高麗大蔵経に収められているもので2365字よりなる。それに付く作者不明の序文は，南朝梁の僧祐の『出三蔵記集』第一にも同じ趣旨の文が載せられているが，後漢の明帝が夢に金色の神人を見て仏なるものを知り，天竺に使いを出して，大月氏国でこの「仏経四十二章」を得たことを語る。これは仏教の漢土初伝の伝説であるが，67(永平10)年頃のこととされる。この古い系統本の本文の内容は，初期仏教の阿含経典類に見られる章句を直接引用する箇所もあり，この経典が当時一般に流布していた簡明な仏教教理・倫理の箇条書きのようなものであったことが知られる。また，道教の陶弘景の『真誥』には，この高麗本系統の章句が，真霊の訓戒の言葉として引用されている。他方，別系統のもので広く流布したものとして，北宋末に，禅宗において，『遺教経』『潙山警策』とともに『仏祖三経』としてまとめられたものがある。守遂(1072〜1147)の注が付いたもので，これの序文は古本と異なり，この経典に，釈尊の成道後最初の説法を伝えるものという位置を与えている。この系統の原型はおそらく唐の801(貞元17)年に成った『宝林伝』に載る「四十二章経」であると考えられるが，そこには一切経の根源としてこの経を位置付けようとした当時の禅宗の動きがあった。同じ系統のものは杭州六和塔の四十二章経碑にも見られる。さらに別のものは明版大蔵経に含まれるものである。2604字からなる。北宋の真宗の『御注四十二章経』が依ったとされるもので，大乗的傾向をもった語句・思想が見られる。
（赤松　明彦）

じしゅうよう【磁州窯】　河北省邯鄲市磁県の観台鎮，および峰峰磯区の彭城鎮の一帯に分布する古窯。民衆の日用の器物を焼造する民窯である。北宋に盛んになった。鉄分の多い灰色の素地の表面に白土を薄く掛ける白化粧を施し，透明釉をかけて焼造するのが基本的な技法である。磁州窯では白化粧を削り落として文様をあらわす掻落の技法が発達し，北宋末には白化粧の上にさらに鉄絵の具を塗りつめ，鉄絵の具だけを削り落とすことによって白地に黒の文様をあらわす白地黒掻落の技法で優れた製品が作られた。金以降は鉄絵の具を用いて筆彩で文様を描く鉄絵が主流となり，五彩や三彩の技法も行われた。活動は近代まで続いている。同種の製品を焼いた窯は河北・河南・山西・山東・安徽・陝西といった華北地方一帯に広く分布しており，これらの窯の製品を包括して広く磁州窯の名が用いられている。
（今井　敦）

しじゅんしょう【施閏章】　1618(万暦46)〜83(康熙22)。清初の文学者。宣城(安徽省)の人。字は尚白，号は愚山。1649(順治6)年の進士。江西布政使参議を経て，1679(康熙18)年博学鴻詞科に挙げられ，翰林院侍読となり，明史の纂修にたずさわった。詩風は堅実温柔で，特に五言詩に佳句多く，王士禎がその詩句82聯を選んで摘句図を作った(『池北偶談』)。同時代の宋琬と「北施南宋」として並び称された。著書に『学余堂文集』『学余堂詩集』『学余堂別集』『学余堂遺集』がある。清史稿484
（大平　桂一）

ししょ【四書】　『大学』『論語』『孟子』『中庸』の四部の書を総称する語。大・中・論・孟の順に言うこともある。もと『礼記』の各一篇である『大学』は古くから，『中庸』は北宋から，単行の書になっていた。南宋の朱子はこの四書を聖賢の書として重んじ，『大学』は「初学入徳の門」，『論語』『孟子』は聖人の日常を記した倫理の教訓書，『中庸』は宇宙界人間界を通ずる普遍真理の書とし，この順に学んで儒学の全てを知ることができるとした。唐宋までは『易経』『書経』『詩経』『春秋』『礼記』の五経に加えて『論語』『孟子』を二子として五経二子を学んだが，朱子学では四書に続いて五経

を学ぶとされ，四書五経学となった。朱子は本文を大幅に移動して一部の文章を改めた『大学章句』をはじめ，『中庸章句』『論語集注』『孟子集注』を書き，元明清の科挙試験ではこの四書章句集注を重んじた。降って明清ではそれに拘束されない自由解釈も行われ，古典の歴史的実証的研究が進められて，『大学』『中庸』は聖賢の書であるかが問い直されることもあり，四書を一体の書とみることは少なくなった。

(佐野 公治)

しじょ【詩序】 『詩経』の毎詩のはじめにその詩の由来・大要を記した「序」のこと。ただ冒頭の関雎詩だけには，一篇の大意のほかに『詩経』全体の概説があり，この部分を「大序」と呼び，その他を「小序」と名づけて区別する。作者には*孔子・子夏・衛宏等の諸説があって一定しない。その内容は，詩を特定の歴史事実と結びつけ，政治的・教訓的に解釈する傾向が強く，後に詩本来の意味を曲解するものとして批判された。朱子『*詩集伝』がこれを排したのは有名である。

(野間 文史)

じしょ【字書】 漢字の字形・字音・字義などに関する書物の総称。伝統的には以下の3種に分類される書物を包括する。その第1は『*説文解字』や『*玉篇』『*康熙字典』のように字形の差異に基づいて漢字を分類し解釈するもの，第2は『*切韻』や『*広韻』のように字音の差異によって漢字を類別し，字義を簡潔に記すもの，第3は『*爾雅』『*広雅』のように字義や用法の差異によって類別するものである。ただし『四庫全書総目提要』では上の第1類のみを「字書」とよび，第2類を「韻書」，第3類を「訓詁」と呼ぶが，そのかわりに『*蒼頡篇』『*急就篇』のような識字教科書や，『*干禄字書』や『*五経文字』『*九経字様』のように字体の正俗を規定するものなどをも「字書」と呼んでいる。中国の古い書誌学の用語でいう「字書」とは，それぞれの漢字がもつ意味や音について解説した書物のことで，現代式にいえば字典・辞典・事典類というのが最も近い。

(阿辻 哲次)

ししょう【四象】 中国天文学では，天空を東西南北の四方に分けた場合の，東方蒼龍(青龍)・南方朱鳥(朱雀)・西方白虎・北方玄武を指す。四獣ともいう。それぞれに二十八宿(天の赤道・黄道付近に配された28個の星座)が7つずつ属している。また『易経』の繋辞上伝には「両儀 四象を生む」という句があり，この「四象」の解釈には「春夏秋冬」「少陽・老陽・少陰・老陰」「金・木・水・火」などいくつかの説がある。

(長谷部 英一)

ししょうばん【史墻盤】 西周時代後期の青銅器。1976年，陝西省扶風県荘白村から出土。284字もの長い銘文は，前半では文王から穆王までの歴代周王を特にその事蹟によって性格分けして叙述した上で，当時在位の共王が祖先の保護を受けるよう祈念し，後半では作器者である墻(史墻)が自らの祖先が武王以来代々の周王によく仕えてきたことを述べる。西周王朝の前半史を述べた貴重な資料である。高さ16.2cm，口径47.3cm，重さ12.5kgの大きめの盤である。現在，宝鶏青銅器博物館の所蔵である。

(竹内 康浩)

じじょえいゆうでん【児女英雄伝】 清の長篇白話小説。40巻。文康の撰。反権力の男たちを主人公に据える『*水滸伝』と『婦徳』に馴染まない少女たちをこまやかに描く『*紅楼夢』に不満を抱いた作者は，忠孝の理念を体現した英雄像に適う少女の物語を創造しようとした。父の仇討ちを果たすために技を磨いていた十三妹(本名何玉鳳)は，旅先で悪僧たちに殺されかかった安驥を救い，同時に寺に囚われていた張金鳳を救い出す。その場で安驥と張金鳳を婚約させた十三妹は，やがて自分の父と安驥の父が旧友であり，仇と狙う人物も刑死したことを知る。目標を失って気が抜けた十三妹は急速に普通の女に戻り，安驥の第二夫人となるや，張金鳳とともに内助の功を発揮して，夫を見事科挙に合格させる。大団円に終わる結末は平凡だが，伝統的な俠女譚の流れに沿った前半の十三妹の活躍は痛快この上ない。また文章は典型的な北京語で書かれており，『紅楼夢』とともに語学の教材として重視される。

(井波 陵一)

ししょがいっち【詩書画一致】 詩と書道と絵画が，一個人の才能において同等の比重を以て語られ，評価される社会風潮，または思想。その具体的な例としては，唐の玄宗に献じた鄭虔の詩篇・書・画が三絶と称されたのが最も早い例とされるが，北宋の蘇軾が友人の文同を評した，「詩も書も画も同一の根源より発したものであり，作者の胸襟からあふれ出た結果の区別にすぎない」(「文与可画墨竹屏風賛」)とする「詩書画一致」の思想は，彼の個人的見解を越えて，宋元以来，文人画論として定着する基本思想となった。

(大野 修作)

ししょしっちゅう【四書集注】 宋の経書注釈書。朱子撰。『大学章句』1巻，『論語集注』10巻，『孟子集注』7巻，『中庸章句』1巻からなる。朱子は，主として北宋の*程顥・*程頤兄弟の系統の四書解釈を消化し，それらを集大成する形で四書理解の枠組みを作りあげた。更に，漢唐訓詁学以来の注

釈も細部の解釈には取り入れている。『四書集注』は、『大学』『論語』『孟子』『中庸』四部の書が一貫した学問のあり様を提示していると見、理論付けた。朱子は、この四書に儒教の教えの精髄が尽くされていると考え、儒教の中心テキストの位置を与えた。これは、五経を中心テキストとしていた漢唐代の儒教からの大きな転換であった。朱子以後、儒教の学術は四書を一つの軸にして展開していった。宋末以来、『四書集注』を更に注解した書物が輩出した。明代に至り、朱子学の官学化に伴い、勅命により胡広を中心にして『四書大全』が作成され、『四書集注』解釈は固定されるに至った。『四書大全』は科挙の公式解とされ、『四書大全』を通じて『四書集注』は中国知識人の必読書として大きな影響を与え続けた。　　　　　　　　　　（末木　恭彦）

ししょしゅうちゅう【四書集注】　→四書集注

しじょず【仕女図】　人物画の画題の一つ。士女図とも書く。本来は宮廷に仕える宮女や、上流の女性を描いた人物画を指す。古くは漢代にも遡る画題である。後代には、妓女などを含む広義の美人図と同義に用いられることも多く、若い女性の美しさを鑑賞するための絵画を総称する雅称となった。現存の古い作例としては、伝顧愷之『女史箴図巻』（大英博物館蔵）などを挙げうるが、特に唐代に、周昉・張萱などの名手が現れ、全盛期を迎えた。五代十国南唐の周文矩もその遺風を受け継いだ。北宋の士大夫たちによるそれら前代の仕女図の賞翫も注目されるが、宋代以降のストイックな儒教的芸術観の確立にともなって、基本的に一流の画家が描く画題とはみなされず、廃れていった。やがて明代中期以降に、江南都市における絵画市場の拡大を背景に、女性美を主題とした絵画の需要が高まり、仇英・唐寅や陳洪綬などの画家がこの画題を描き復興した。清代にはさらに盛んになり、宮廷画家を含め、多くの専門画家が活躍した。　（宮崎　法子）

ししょたいぜん【四書大全】　儒教の経典である四書（『大学』『中庸』『論語』『孟子』）に関する明代官撰の総合的注釈書。40巻。『大学章句大全』1巻・『大学或問』1巻、『中庸章句大全』2巻・『中庸或問』2巻、『論語集注大全』20巻、『孟子集注大全』14巻から成る。1415（永楽13）年、胡広らが勅命によって編纂した。『五経大全』『性理大全』と共に全国の学校に頒布され、科挙受験用の参考書とされた。編纂期間が短かったため、元の倪士毅『四書輯釈』をもとにして、宋元時代の朱子学者100余家の注釈を雑駁に収録して編纂している。朱子の『四書集注』に関する注釈を集大成した書であり、科挙の受験者にとっては、閲覧に便利な受験参考書であった。しかし、明末清初の王夫之が『読四書大全説』を著し、その雑駁な引用が朱子の精神を損なっていると批判しているように、心学系の学者の解釈もまま収録されている。清の陸隴其や汪紱らが改訂を施している。李氏朝鮮や江戸時代の日本においても出版され、朱子学学習の参考書として重宝された書である。『四庫全書』経部・四書類に収められる。　　　　　　　　（佐藤　錬太郎）

ししょわくもん【四書或問】　宋の四書解説書。朱子撰。正確に言えば、朱子は『四書或問』を編していない。『大学或問』、『論孟或問』（『論語或問』『孟子或問』）、『中庸或問』をそれぞれ別個に作成した。それらを後に民間の書店が併せて刊行し、『四書或問』の名を冠した。しかし、これらの書は、みな『四書集注』が採用した説を問答体により詳説する点で共通する。但し、『論孟或問』は、初期の『四書集注』に対する補説であり、現行の『四書集注』とは齟齬をきたす箇所も少なくない。朱子自身は、晩年になると未定本としてその流布を止めようとしている。他方、『中庸或問』『大学或問』は、現行の『中庸章句』『大学章句』に対応している。『中庸或問』は、原来『中庸輯略』（朱子の友人石𡼖が程門諸儒の説を集めた）とともに『中庸章句』の付録であった。『大学或問』は、『論孟或問』『中庸或問』と異なり、先行諸儒の説の採否についての論は少なく、『大学章句』に示された理論を更に詳しく解説している。朱子の学問理論の集大成という一面を持つ。『大学或問』には、朱子が死の直前まで修訂を行っていたとの伝承がある。　（末木　恭彦）

ししりん【獅子林】　江蘇省蘇州市園林路にある庭園。元末の1342（至正2）年に僧の惟則の弟子が庵を建てたのが始まり。創建当初は、建物も少なく土丘や竹林、まばらにたつ石峰をその特徴とした。嘉靖年間（1522-66）に富豪が占有して私邸園林とし、清代の中期にはほぼ現在の姿になった。現在は太湖石の築山が巨大な迷路となり大きな池のある中央部へと人々をいざなう。その池をとり囲むように、周囲の壁面にそって土が小高く盛り上げられ、回廊がめぐっている。2000年にはユネスコの世界遺産に登録された。　　　　　　　　　（木津　雅代）

ししん【四神】　天の四方の星宿、またその方角をつかさどる神で四獣あるいは四神獣とも呼ばれた。天の28宿は東西南北の四方に7宿ずつ分けられるが、そのうち東方7宿（角・亢・氐・房・心・尾・箕）は全体で龍のかたち、西方7宿（奎・

婁・胃・昴・畢・觜・参)は虎のかたち，南方7宿(井・鬼・柳・星・張・翼・軫)は鳥のかたち，北方7宿(斗・牛・女・虚・危・室・壁)は亀のかたちをしているとされるのは，それぞれの星宿を動物に見たてたからである。

その観念は漢代ころまでに成立して，当時流行した陰陽五行思想とも結びつけて解釈され，東方は五行では木に属し色は青であるから青龍で季節は春をあらわし，西方は金に属し色は白だから白虎で季節は秋，南方は火に属し色は赤だから朱雀(朱鳥)で季節は夏，北方は水に属し色は黒だから玄武で季節は冬をあらわすとされた。そのうち白虎については瑞祥の動物である麒麟のことであり，朱雀は同じく鳳凰のことであるとの解釈があり，玄武については亀であるという説の他，亀と蛇の合体であるという説もあり，四霊とも呼ばれた。

これら四神には邪を避け不祥を除く意味がこめられていると考えられ，兵家では四神を描いた四神旗を定めた。また前漢から三国時代にかけて，四神を描いた*四神鏡が多数製作されて日本でも出土している。1972年に奈良県明日香村の高松塚古墳で発見された壁画の中に四神図が描かれていた他，1998年に同じ明日香村のキトラ古墳にも四神図が描かれていたことが確認された。

四神のうち青龍と白虎は後世にはさらに神格化されて道教の守護神とみなされるようになり，道観では青龍と白虎が山門を護る神将として祀られることが多い。また，不老長生の仙薬である丹をつくることを目ざした外丹(煉丹術)において，その主要な原料となる朱砂・水銀・鉛・硝のことをも四神と呼んで重視した。　　　　　　　　　　　(吉田　隆英)

ししん【四診】　中国伝統医学における診断方法で，望診・聞診・問診・切診の4種の診断法の総称。これらを総合し運用する「四診合参」が必須条件とされ，これにより証(個々の病気の症状，中国伝統医学における病態の類型，特定の漢方処方の適応する症候群のいずれかをいうが，この場合後者二つを指す)を立て治療方針を決める。術者が患者の発する気の全体像を望み，観察して姿勢や行動，体表や排泄物などの特色(或いは気色)を把握するのが望診で，尺膚診や舌診なども含まれる。患者の発する音声や呼吸音，或いは体臭，排泄物臭など，術者の聴覚と嗅覚によって知られる特徴を捉え分けるのが聞診。患者に病歴や経過・自覚症状・日常の違和感などを尋ね，その応対を考慮するのが問診で，明の張介賓が『景岳全書』に主要な10項目を「十問」としたのが有名。切診は術者が患者に接触しての診断法で主なものは脈診と腹診。経絡系統全体を触察する「切経」も含まれる。体表から触れることの出来る脈動の変化を寸口(手首の内側にある橈骨動脈)など特定の部位によって測るもので，西晋の王叔和『*脈経』の二十四脈の記載が代表的。これら4種の診断方法は『黄帝内経』に見られるが，望聞問切を規定したのは『*難経』61難。脈診を中心に歴代の診断学書は多いが，四診を総合的にとらえた代表書は清の林之翰『四診抉微』(1723年)である。

(浦山　きか)

ししんきょう【四神鏡】　方位を象徴する青龍・白虎・朱雀・玄武の四神を配した*方格規矩鏡。漢代のものは方格規矩四神鏡とも呼ばれる。隋唐代のものは鈕座に四葉座・獣形座・花弁形座などがあり，内区は大型の方格と規矩文のV字形文様によって4区画に分けられ，それぞれに四神が一体ずつ配される。方格だけのものもあるが，主文の四神は常に鈕座の4方向に整然と置かれる。外区に銘帯があり，縁は素文もしくは鋸歯文・変形雲文などの文様帯が入っている。盛行年代は主として武徳・貞観年間(618-649)であり，永徽元(650)年の紀年銘をもつ伝世鏡もある。　(黄　名時)

しじんぎょくせつ【詩人玉屑】　宋代の詩話集。南宋末の魏慶之撰。20巻本と21巻本があるが，内容は同じ。魏慶之は，字を醇甫，号を菊荘といい，建安(福建省)の人。黄昇の序によれば，才能を持ちながら仕官せず，菊作りを好んで文人生活を送った。黄昇序には淳祐4(1244)年の日付があり，それから間もなくの刊行と思われる。

宋代には数多くの詩話が著されたため，北宋末から，それらの記事の要所を分類編纂する書が現われた。阮閲『*詩話総亀』，蔡正孫『詩林広記』，胡仔『*苕渓漁隠叢話』などがそれであり，『詩人玉屑』はそれらの最後に出現した詩話集の集大成となる書である。とりわけ『詩人玉屑』は『苕渓漁隠叢話』とともに，広い視野と一貫した体系性を備えて，評価が高い。南宋初の『苕渓漁隠叢話』には北宋の詩話が多く収められるのに対して，南宋末に出た『詩人玉屑』には南宋の詩話から収録した記事が多いところに特色がある。さらに，採録される記事は遠く南朝梁の『詩品』や唐代の「詩格」にまで及び，また同時代人の書についても，『朱子語類』のような狭義の詩話にとどまらない範囲にまで目配りがなされている点も特筆される。全20巻のうち，前半の巻11までは，詩弁・詩法・詩評・詩体・句法などのように，項目ごとに関連する記事を抜粋している。ことに注目されるのは，詩の原理を説いた巻頭の「詩弁」で，ここには『*滄浪詩話』の詩弁篇が全文収められている。理論的な体系性を備えた唯一の詩話である『滄浪詩話』の出現が，『詩人玉屑』

の構想に大きな影響を及ぼしていた事実が看取できる。「詩弁」に続く詩法・詩評・詩体も『滄浪詩話』の篇名であり，前半の最後に当たる考証篇まで含めて，『滄浪詩話』はその全篇が採録されている。巻12以降の後半は，『苕渓漁隠叢話』の体例にならって，『詩経』から南宋諸家に至るまでの個別の詩評・詩人評を時代順に配列する。日本では五山版があるほか，江戸初期にも刊行されて広く読まれた。

(興膳　宏)

ししんし【四進士】　伝統演劇の演目名。楊素貞は夫を夫の兄夫婦に毒殺され，しかも楊春のもとに妻として売られた。素貞が偶然易者に化けていた巡安毛朋に苦境を訴えるのを聞いて楊春は憐れに思い結婚証書を破り，毛は素貞のために告訴状を書く。楊春と素貞は信陽(河南省)の役所に訴えに行く途中はぐれるが，素貞は宋士傑に救われ告訴して一味は逮捕される。だが，兄嫁田氏の弟田倫が裁判官顧読と知己で賄賂を送ったため素貞は捕まる。そこに毛朋が信陽に来，楊春も来て一部始終を告げると毛が一味をすべて処分し素貞と楊春を宋士傑の養子にした。題名は毛朋，田倫，顧読，地元(河南上沢)の知県劉題の4人が同年の進士合格者であることによる。もと梆子劇の崔霊芝の得意芸だったが京劇では馬連良・周信芳，特に周の代表演目。

(吉川　良和)

しじんしゅかくず【詩人主客図】　晩唐の詩論。3巻。著者の張為は，唐末の江南の詩人で，周樸と名を等しくしたこと以外，不明。この書は中・晩唐の詩人の流派を論じたもので，白居易を「広徳大化教主」，孟雲卿を「高古奥逸主」，李益を「清奇雅正主」，孟郊を「清奇僻苦主」，鮑溶を「博解宏抜主」，武元衡を「瓌奇美麗主」とし，その他の詩人を「客」としてこの六「主」の門下に配し，さらに上入室・入室・升堂・及門の等級に分かつ。宋代に盛行する詩派は，この影響を受けている。

(深澤　一幸)

しじんしょうせつ【志人小説】　魏晋南北朝時代に逸話集の形で盛行した。「軼事小説」ともいう。小説史の中で「志人」の語を最初に用いたのは民国の魯迅で，「志人」とは「志怪」(怪を志す)に対し，人物についての記録を意味する(『中国小説的歴史的変遷』)。志人小説は後漢末以来の，人物評を重んじる風潮や，魏晋以来の清談の流行からうまれたもので，著名人が発した短い言葉や行動から，その人物の特徴を浮かび上がらせている。代表的なものは南朝宋の劉義慶編『世説新語』。　(成田　靜香)

ししんひ【史晨碑】　後漢の169(建寧2)年の石碑。魯国の太守である史晨が，孔子廟を祭った時の文2編を刻した両面碑で，「魯相史晨祀孔子奏銘」(前碑)と「魯相史晨饗孔廟碑」(後碑)が正式名称である。

「史晨前碑」は隷書17行・行36字，「史晨後碑」は隷書14行・行36字。書者に蔡邕をあてる説もあるが根拠はない。しかしおそらく同一人の手によるものと考えられている。碑は現在山東省曲阜市の孔府内に現存する。

(小川　博章)

しせい【四声】　平声・上声・去声・入声の4つの声調を指していう。平・上・去の3声は音節の高低アクセントによる区別で，入声は，音節末が子音［-p］［-t］［-k］で収束する韻を示し，他の3声とは性格が異なる。一方，詩の韻律では，上・去・入の3声は仄声として分類され，平声と対立する。四声の枠組みは，南朝梁の沈約らにより見出されたとされ，『切韻』以降の韻書は，すべて四声により分巻される。中古音以降の四声の発展には，声母の清濁に基づく陰陽2調の分化が大きな影響を及ぼした。平声が陰平・陽平の2調に分かれ，全濁上声が去声に合流するなどは，多くの方言で広く見られる現象である。また，現代北京語の声調体系も，慣例的に四声と称されるが，これは，陰平(いわゆる第一声)・陽平(第二声)・陰上(次濁上声を含む。第三声)・去声(全濁上声を含む。第四声)の4つである。北京語では，中古入声は，全濁が陽平と，次濁が去声とほぼ規則的に合流するものの，清音では四声すべてに分派し，規則性が見出しがたい。

(木津　祐子)

しせい【詩聖】　→杜甫

しせいえん【四声猿】　明の雑劇集。徐渭の作。『狂鼓史漁陽三弄』1折・『玉禅師翠郷一夢』2折・『雌木蘭替父従軍』2折・『女状元辞風得鳳』5折という4本の戯曲の総称であり，明代雑劇の最高傑作。雑劇は北方の元曲の流れを汲み，本来は1本4折(幕)だが，本書はこの形式にとらわれず，長短さまざまである。また，北曲以外の南曲を用いるなど，音律面でも改良を試み，同時代または後世の戯曲に大きな影響を及ぼした。

書名は，子を失った母猿が哀声をあげながら子を追いかけて死んだ「断腸」の故事に由来し，4本の作品には作者の現世に対する悲憤が託されている。『狂鼓史』は，曹操と鼓史禰衡の故事に基づき，陰司判官が閻羅殿に曹操の幽魂を呼び出し，禰衡に曹の残虐非道を糾弾させるもの。当時の悪徳宰相厳嵩を風刺したとされる。『玉禅師』は，腹黒い地方

長官の柳宣教の差し金で妓女紅蓮によって破戒させられた玉通和尚の転生物語。玉通和尚は報復のため柳の遺腹の娘(柳翠)として転生し妓女となるが，月明和尚の導きによって再び仏門に帰依する。『雌木蘭』と『女状元』はともに女性を主人公に，武と文の両面からその活躍を描いたもの。前者は木蘭が男装して父の代わりに従軍し勲功を立てた故事，後者は黃崇嘏が男装して進士に及第した故事に基づく。

（野村 鮎子）

しせいしんぺん【資政新篇】 太平天国の政治綱領。1巻。1859(太平天国9)年刊。洪仁玕著。洪仁玕は洪秀全の族弟で，天京(南京)到着後，将来の国家建設を期した改革の綱領を洪秀全に建議した。内容は4類に分かたれ，朋党の禁・悪習の排除・刑法の改革など多岐にわたるが，とりわけ国際情勢の紹介と，新聞の発行，近代的交通機関や郵便制度の整備，銀行の創設，鉱山の開発など，西洋諸国にならった諸制度の導入の提唱に多くの紙幅が割かれている。建議に対して洪秀全はおおむねこれを是とし，本書の頒行を命じたが，結局，実行されることなく終わった。　（村尾 進）

しせいせついんひょう【四声切韻表】 清の等韻学書。1巻。横に三十六字母を列べ，縦に開合と等呼で区別された韻字を4欄に配する。各欄はさらに四声によって4段に分ける。合計104類。各字下には主として『広韻』の反切を付する。中古音系では同音字になるものを古韻によって区別したり，構成上の制限から照系二・三等字，喩・云母字，また重紐2類の字が同一の個所で衝突するなどの不備があるが，等韻学の方法で中古音系を研究した意義は大きい。補正の作に汪曰楨『四声切韻表補正』，孫文昱『四声切韻類表』がある。（高田 時雄）

しせいとうし【四声等子】 等韻図。1巻。撰者不明。おそらく南宋時代の作。韻部を16摂に分け，それを20枚の図に排列する。韻摂の名称は本書に始まる。横列はまず四等に分け，それをさらに四声に区別する。声母は三十六字母を牙音・舌音・唇音・歯音・喉音・来・日の順に排列し，23行に収める。これは初期韻図の形式を踏襲するもので，36行の『切韻指掌図』とは異なる。入声を陽声・陰声の両方に配当するのは，入声韻尾の弱化を示すものである。その他，切韻音系を離れて当時の音韻を反映する点に価値がある。後世に与えた影響も少なくない。　（高田 時雄）

しせいはっぺい【四声八病】「四声」とは漢語の字音の4種の声調(平・上・去・入)をいい，「八病」は四声の区分等を詩作に応用した8種の声律上避けるべき事項。南朝梁の沈約が提唱したとされ，六朝後期の作詩理論として重んじられた。そのあらましは，南宋の魏慶之『詩人玉屑』巻11・詩病の項に「詩病に八有り」として見えるが，より詳細に「八病」の実態を説くのは，空海『文鏡秘府論』西巻の「文二十八種病」である。以下，同書により，概略を説明する。適用の対象はいずれも五言詩だが，四言詩・七言詩もこれに準ずる。前半の4病に重点がある。
①平頭：五言詩の1聯2句を単位として，第1字と第6字，第2字と第7字が同声であってはならない。たとえば，「芳時淑気清，提壺台上傾」(芳時淑気清く，壺を提げて台上に傾く)は，「芳」と「提」，「時」と「壺」がいずれも平声で，この病を犯す。②上尾：1聯の第5字と第10字(句末の字)が同声であってはならない。たとえば，「西北有高楼，上与浮雲齊」(西北に高楼有り，上は浮雲と齊し)は，「楼」が韻字の「齊」と同声になる。八病中で最も重い病とされる。③蜂腰：句中で第2字と第5字が同声であってはならない。たとえば，「聞君愛我甘，窃独自彫飾」(君の我が甘きを愛するを聞き，窃かに独り自ら彫飾す)では，「君」と「甘」が平声，「独」と「飾」が入声で，2句とも病を犯す。④鶴膝：2聯4句を単位として，第5字と第15字が同声であってはならない。たとえば，「客従遠方来，遺我一書札。上言長相思，下言久離別」(客 遠方より来たり，我に一書札を遺る。上に言う長く相思うと，下に言う久しく離別すと)では，「来」と「思」が平声で，病を犯す。⑤大韻：韻字と同音の字を上の9字に用いない。(以下，例は省略)⑥小韻：韻字を除く他の9字の間で同音の字を用いない。⑦傍紐：1句または1聯中に字を隔てて同声調の双声の字(語頭の子音が同じ字)を用いない。⑧正紐：1句または1聯中に声調を異にする双声の字を用いない。　（興膳 宏）

しせいるい【詩声類】 清の古音学の著作。12巻。1792(乾隆57)年刊。孔広森著。その特筆すべき点は，冬部を東部から区別したことと，師の戴震の陰陽対転説を発展させ古音の各部の中に陰陽の2類を認めるのみで，入声を否定したことである。結果，その古音は陽声9部，陰声9部からなる計18部となった。しかし合・緝以下の入声韻を陰声に入れ，談・塩などの陽声類と対転関係に置いたのは理論に溺れた感があり，後世の批判の的となった。　（高田 時雄）

しせきこう【史籍考】 清の歴史学者章学誠らの手掛けた未完の史部書・歴史叙述の目録・

解説書。清の朱彝尊の『経義考』の体例に倣って，考訂を経た史部書を正史部・編年部・稗史部・地理部・故事部・職官部・儀注部・伝記部などに分かち，それぞれ時代順に撰人姓氏，書名，巻数，板本の異同を記載した上，原書の序跋，編者の評論などを併記していたという。1787(乾隆52)年，章学誠のパトロンであった永清県令周震栄の発議をうけ，河南巡撫・湖広総督畢沅の幕下で章学誠を主編者として着手され(第一次修纂)，ついで謝啓昆の下で増補(第二次)，さらに潘錫恩の下，許瀚を主編者として300巻にまとめられ(第三次)上梓を待っていたが，1856(咸豊6)年，火災に遭い潘氏の家産とともに焼失したという。　　　　　　　　(稲葉 一郎)

じせつ【字説】　①北宋の文字学書。20巻(のち24巻に増補)。王安石撰。1080(元豊3)年成書。その文字解釈は『説文』の説解や先儒の注釈に従わないことが多く，自ら新説を創り，しばしば，形声字を会意字に解釈するなどして，牽強付会の説が多いと謗られた。宋の楊時に『字説弁』1巻がある。新政の間，科挙試験のための必読文献となったこともあるが，書は既に散佚。王安石の文集(『臨川先生文集』)には「熙寧字説序」が収められている。②清の文字学書。1巻。1886(光緒12)年完成し，同年刊行された。呉大澂が『説文古籀補』撰述の際に詳しく述べられなかった説を補うために著した，『説文古籀補』の余論ともいうべき書で，37の古文字を考釈した32篇の短文から成る。金石の文字を博引して傍証とし，小篆の形や『説文』の説解などの誤りを正して，精確で創見に富む。(森賀 一恵)

しせん【紙銭】　宗教行事の際に燃やされる紙製のお金。冥銭・冥鈔ともいう。紙で貨幣や紙幣を模したものだが，金紙(神仏)，銀紙(葬儀，祖先の祭祀)の区別があり，特別の図柄が印刷されたものが用いられることもある。燃やされた煙が天に達して，金が死者や神仏に届いたことになり，寺廟には紙銭を燃やすための「金炉」が設けられている。副葬品の銅銭が紙の模造品に変化したものといい，唐代の小説類に記述が見出される。最近では，外貨・株券・小切手・通帳などを模したものもあり，大陸でも復活している。　　　　　　(森田 憲司)

しせん【詞詮】　民国の虚詞解説書。8巻。1928(民国17)年刊。楊樹達著。主に文言の虚詞について述べる。楊氏には『助字弁略跋』『馬氏文通刊誤』の著述が有り，劉淇や王引之，馬建忠の研究を基礎として本書が成った。『経伝釈詞』が三十六字母順であるのに倣って注音字母(尖団音の区別有り)により排列する。品詞の分類・名称などの文法上の基本的立場は，同氏著『高等国文法』による。複音節の語を取り上げず，共時・通時の観点に欠ける点，先行研究の域を出ない。　(玄 幸子)

しぜん【自然】　本来は実在的な自然 nature を意味する名詞ではなく「みずから」の意の形容詞あるいは副詞。先秦時代の道家では，万物や人間が本来あるべき存在様式や運動形態をとることであり，例えば道・聖人の無為を原因として万物・人民が自分から変化し，自分から正しくなることが自然の原義であった。

このような自然は，万物が自律的・自発的に存在し変化することを認める新しい思想であり，この自然の思想によって，万物のあらゆる存在や変化を支配しているとされた道はその根源的な実在としての意義を失い，次第に形而下的な万物と同じ次元に引き下げられていくこととなった。例えば，当初は万物についてだけ言われていた自然は，やがて「道は自然を規範とする」(『老子』第25章)のように，道のあり方をも表現するようになり，さらに無為とも混淆され「おのずから」の意味となる。そして自然は，道の制約から離れるにしたがって諸子百家にも広く使用されるようになる。

後漢の王充は根源的な実在としての道や天が世界を支配しているという見方や，それを宗教化した董仲舒以来の天人相関説における上帝的な天の考えに強く反対して，世界のあり方を自然つまり万物の「みずから」「おのずから」であると主張した。六朝時代には道を中心とする存在論はほぼ姿を消して，それに代わって万物の自然こそが道であると唱えられるようになる。無を本とする存在論を堅持しつつ，それを基礎にして全ての思索を展開した三国魏の王弼も『老子』第37章の「道は常に無為なり」に「自然に順うなり」と注釈し，やはり自然を道・無の主な内容と考えている。また西晋の郭象は「上では造物者が存在しないことを知り，下では存在者が自然に形成されることを知る」(『荘子注』序)と述べて戦国後期の道家以来の道の存在論(造物者を認める思想)を完全に捨て去った。

魏晋南北朝時代の玄学は王充の自然を継承・発展させたと言えるが，王弼が『周易略例』明象で「物のあり方はでたらめな点がなく，必ずその理によっている」と述べているように，王充が物の自然を結局はでたらめとした点には批判的であった。万物の自然の中に「然る所以の理」があるとする魏晋玄学の思想は，やがて宋学の理気論に継承されていくのである。　(池田 知久／渡邉 大)

しせんせいおん【四川清音】　四川省の語り物の一種。清の乾隆年間(1736-95)以前，長江下

流の民謡が四川に入り，当地の音楽と結合して形成。当初は月琴を主楽器としたため「月琴」と呼ばれたが，1930(民国19)年頃「清音」に改称。演者は1人で，左手で木製の2枚の板を繋いだ「板」を，右手のバチで「竹鼓」を打ちながら歌う。伴奏楽器は琵琶が主。曲調は「大調」「小調」があり曲牌体が主。叙事性の高い長編の作品群と抒情性の高い短編の作品群をもつ。　　　　　(細井　尚子)

しせんせっくつ【四川石窟】　四川省および重慶市に所在する石窟の総称。四川省の石窟や摩崖造像は広い範囲に分布しており，そのうち10個以上の窟や龕のある遺跡は300か所近くある。石窟は，省内の各河川沿いに分布することから，その流域ごとに分類できる(胡文和『四川道教仏教石窟芸術』，四川人民出版社，1994年)。

嘉陵江流域の広元では，千仏崖と皇沢寺石窟が代表的石窟。千仏崖には唐開元年間(713-741)の刻銘が散見され，皇沢寺は初唐の開鑿になる。この地域の石窟が四川石窟では最も早期のものである。千仏崖第366号龕は蝕地印如来を中心とする「菩提瑞像」の重要作例。岷江・青衣江流域には，蒲江・邛崃・丹棱・夾江・楽山に石窟が残る。夾江千仏崖の159号龕には，肉身の弾力と躍動する動きを表現した毘沙門天像の優作が残る。沱江流域の資中では，重龍山石窟と西岸の摩崖造像が主要な遺例で，重龍山石窟では毘沙門天王龕(第88号・第106号)に隣して，同規模の千手観音倚像の大龕(第113号)や釈迦・文殊・普賢三尊龕(第93号)があるのが注目される。沱江と涪江の間の大足・安岳には大規模な石窟が集中する。大足では，北山仏湾造像がその中心で，唐の892(景福元)年に昌州刺史韋君靖によって造像が始められ(第2号『韋君靖碑』)，以後南宋まで続けられた。仏湾造像を3期に分けると，初期の晩唐まで遡る作例に，観無量寿経変相龕(第245号)，三世仏龕(51号)などが，中期の五代十国期の造像に，阿弥陀仏龕(915〔永平5〕年，53号)，千手観音龕(273号)，薬師浄土変相龕(955〔広政18〕年，279号)などがある。後期の北宋末期の作例には，佳作として著名な，水月観音像(113号)，宝印菩薩像(118号)，数珠手観音像(125号)などがある。安岳の各石窟には，盛唐から五代・両宋にかけての年紀が散見され，8世紀初頭以来造像が継続されていることがわかる。県城北方の臥仏院には，経文洞に後蜀の広政24(961)年銘の経幢浮彫がある。また県城近くに，円覚洞・千仏寨・華厳洞などがあり，円覚洞は14号窟に大観2(1108)年，7号窟に紹興23(1153)年の銘があるように，主要な造像は北宗から南宋期に活発になったと見られる。

2001年以降，四川石窟は早稲田大学により網羅的な調査がおこなわれている(『アジア地域文化学の構築──21世紀COEプログラム研究集成』，雄山閣，2006年ほか)。その成果として，観音・地蔵並列像の詳細な分布が報告されたほか，成都西部の蝕地印如来像図像の古例(蒲江飛仙閣摩崖第60号龕，689〔永昌元〕年など)が，今はなき成都造像のありようを伝えるとする新たな見解が提示されている(肥田路美「仏教摩崖造像からみた四川地域」，上掲書)。四川石窟造像の展開は，北部から順次南下したとする従来の見方だけではなく，長安の影響がまず成都に及んだ可能性も今後は考慮される必要があろう。　　　　　(長岡　龍作)

しそう【詞綜】　清代に編纂された詞の選集。36巻。朱彝尊が各詞人の別集や選本，類書から小説・野史に至るまで博捜して26巻を完成，のち友人の汪森が4巻を増補して30巻とし，さらに1691(康熙30)年，同じく汪森が6巻を増補して最終的に完成させた。唐・五代・宋・金・元の計650余家，2250余首の詞を収録する。朱彝尊は南宋詞，とりわけ姜夔を尊崇しており，当時流布していた選本『草堂詩余』に慊らず，改めて詞の規範を世に示すために本書を編纂した。北宋では張先・周邦彦の作が，南宋では姜夔・呉文英・周密・張炎の作が多く採られている。今日なお詞の選集として第一級のものと認められている。裘抒楼刊本(1691年)，四部備要本などのほか，王昶の再増補による38巻本もある。　　　　　(宇野　直人)

しそう【詩藪】　明の詩論・詩学書。20巻，内編・外編・雑編各6巻及び続編2巻よりなる。胡応麟の作。内編は古体詩・近体詩に分けて詩体の起源と変遷を論じたもの。外編は周・漢・六朝・唐・宋・元の詩，雑編は亡佚した詩篇・書籍，および三国・五代・南宋・金の詩についての評論。続編は明の詩を取り上げる。胡応麟は後七子の王世貞の知遇を得て末五子に列せられた古文辞派の文学者である。そのため，これを王世貞『芸苑巵言』を敷衍した書(銭謙益『列朝詩集小伝』)だと酷評する向きもあるが，実際は規模・内容とも『巵言』を凌駕し，古文辞の文学思潮を知るうえで有用である。

本書は詩歌が時代とともに変転してきたことを指摘しており，例えば唐詩が律・排律を経て絶句に窮まったため，宋は詞に，元は曲へと変じたのだという。宋詞・元曲を詩歌発展史の中で位置づけた意義は大きく，「唐詩・宋詞・元曲」の言葉はここから生まれた。詩人・詩篇・詩論に関する豊富な記述は，文学史と文学理論の研究資料として高い価値をもつ。　　　　　(野村　鮎子)

じぞう【地蔵】 釈迦滅後・弥勒出世以前の無仏世界で六道に輪廻する衆生を救う菩薩。梵名クシティガルバの漢訳。インドの地神を起源とする。北宋の常謹『地蔵菩薩霊験記』はその霊験譚を集成したもの。三階教で非常に重視されたほか，閻魔と同体視されて十王信仰とも結合し，民間に浸透した。経典には声聞の姿で示現すると説かれ，通常剃髪の比丘形で表されるが，インドで通行した，髻を結う菩薩形の作例（龍門石窟の唐代造像など）もある。 （稲本 泰生）

じそうぎ【時装戯】 →古装戯

じぞうきょう【地蔵経】 地蔵菩薩の功徳と利益を説く経典の総称。①唐の玄奘訳『大乗大集地蔵十輪経』，②唐の実叉難陀訳とされる『地蔵菩薩本願経』，③隋の菩提灯訳とされる『占察善悪業報経』の三者が特に重要。①は五胡十六国北涼の経録に失訳とある『大方広十輪経』の異訳で，末法の悪世救済という地蔵の本願や三乗の併存を説く内容から，三階教では根本経典の如き扱いを受けた。②は中国撰述の疑いがあるが地蔵の前世や本願を詳説し，①とともに地蔵を六道，特に地獄からの救済者とする信仰の基礎を形成した。末法の世になすべき三世の業報を占う法，懺悔・受戒の法などを地蔵が説く③は，智顗の懺法の影響を受けて成立した疑経で，天台系の懺法として伝えられたと考えられる。唐代には呪術性の強い『坚圖（「地蔵」の異体字）大道心駆策法』や善無畏訳とされる密教系の『地蔵菩薩儀軌』なども撰述された。なお成都の沙門蔵川編述と称する『地蔵菩薩発心因縁十王経』は，日本成立の疑経。 （稲本 泰生）

じぞうぼさつぞう【地蔵菩薩像】 『大乗大集地蔵十輪経』『占察善悪業報経』『地蔵菩薩本願経』のいわゆる地蔵三経は7世紀半ば頃に成立し，また，龍門石窟では薬方洞の麟徳元(664)年の銘記に地蔵菩薩が初めて登場する。中国における地蔵信仰はこのころから始まると考えられる。以後，龍門石窟では，賓陽南洞・老龍洞・万仏洞など，擂鼓台の開元2(714)年銘に至るまで，地蔵菩薩を記す銘文が散見される。これらの銘は地蔵菩薩を単独で造像したとするものの他，阿弥陀・弥勒・観音などとともに造像したとするものが多い。この組み合わせのうち，特に観音と地蔵を並列させる事例が，中唐以後増加する。四川省広元千仏崖には，天宝15(756)年銘の観音地蔵並列像が残り，以後四川では，このタイプの造像が南下しながら展開する。地蔵菩薩への信仰は，初期には僧侶が自身の出家修道を祈願する例もあるが，のちには，地獄からの救済祈願が中心となり，倚坐または半跏坐で錫杖をとる地蔵図像が定型化する。 （長岡 龍作）

しそんふく【只孫服】 元代におけるモンゴル族特有の朝服。只孫（質孫とも）とは一色服のこと。『元史』輿服志によれば，皇帝の質孫は冬服が11種類，夏服が15種類あり，納石失（納赤思）と呼ばれる金錦や，白リスなどの珍しい毛皮でつくられていた。臣下の質孫は冬服9種類，夏服が14種類。いずれも皇帝から下賜されたものであった。マルコ・ポーロの『東方見聞録』（青木一夫訳）によれば「皇帝は誕生日には目にもあやな金糸の縫い取りのある礼服を着，元日には白い衣装を着る。そして13の祝典に着用するための13の衣装がある」「12000の貴族や武将たちも大汗（皇帝）のものと色も形も同じ礼服を着る」「貴族にはそれぞれ一人に13組の衣服を下賜する。これは一つ一つみな別々の色で13の祝典にだけ着用する。この衣装は真珠や宝石やその他の珍しい品々で目にもあやに飾り付けられていて，その価値はたいしたものである」となっており，質孫の姿がうかがえる。 （増田 克彦）

しぞんへん【四存篇】 明末清初の思想家・顔元の主著の一つ。執筆年代の異なる4篇の著述より成り立つ。『存性篇』(34歳)において，「気質」一元論に立つ新たな人間解釈を確立，人間に大幅の可塑性・陶冶性を認める。『存学篇』（同年）において，読書や講解を主とする従来の学問・教養の在り方を根底的に批判，身心一致した活動に基づく労作教育を提唱。『存人篇』（47歳）において，宗教的迷信の打破，人倫界の課題の重視，人間の要求の尊重を訴える。付録『存治篇』（23歳）は政策論の書。
 （村瀬 裕也）

したい【詩体】 詩歌の形式・句法・風格などから見た体裁。詩体は，様々な観点から，様々に認定される。形式より見た詩体は，歌われ方という点から，詩・引・歌・歌行・吟・謡・曲などに分かれ，篇法から，大きく古体と近体に分かれ，さらに古体は楽府・歌行・古詩などに，近体は律詩・絶句・排律に分かれる。句法から，三言・四言・五言・六言・七言・九言・雑言などに分かれ，雑言はさらに回文体・盤中体などに分かれる。風格からは，その風格を生み出した時代に着目すれば，建安体(後漢)・正始体(魏)・元嘉体(南朝宋)などが，その詩風の創始者である詩人に着目すれば，蘇李体（蘇武・李陵）・曹劉体（曹植・劉楨）・陶体(陶淵明)などが，詩風を象徴する詩集に着目すれば，選体（『文選』）・西崑体（『西崑酬唱集』）などが，詩派に関する地名に着目すれば，公安体(湖北省)・竟

陵体（湖北省）などが，詩体として認められてきた。ほかに柏梁体・宮体などもある。　　　　（森田　浩一）

したいあん【施耐庵】　生没年不詳。元末明初の文人。『水滸伝』の作者と言われる。ただし『水滸伝』の作者については施耐庵説以外に羅貫中説や施耐庵・羅貫中共作説などがある。施耐庵については不明な点が多い。現在の江蘇省興化市に墓があり，地方志『興化県続志』には明の淮安（江蘇省）の人とある。また，王道生による『施耐庵墓誌』がある。それによると施耐庵の名は子安，字は耐庵。元貞丙申の歳（1296年）に生まれ，至順辛未の歳（1331年）に進士となり任官するが肌に合わず，退職して帰郷し著作に専念。75歳で亡くなるまでに『志余』『三国演義』『隋唐志伝』『三遂平妖伝』『江湖豪客伝』（即ち『水滸』）を著した。原稿を書くと必ず門人の誰かとともに校正を施したが，その相手は羅貫中が最も多かった，というような内容となっている。しかしこの王道生『施耐庵墓誌』なるものは矛盾する点が多いため偽作と見る人も多く，施耐庵の墓自体も本物かどうか確証はない。
（上野　隆三）

しだいきしょ【四大奇書】　明の白話章回小説『三国志演義』『水滸伝』『西遊記』『金瓶梅』の4作品を指す。「四大奇書」という呼び方をしたのは明末の作家馮夢龍が最初という説があるが，定かではない。『三国志演義』のいわゆる「毛宗崗本」には「四大奇書第一種」と記されているものもある。なお『三国志演義』『水滸伝』と元の戯曲『西廂記』『琵琶記』の4つで「元代四大奇書」と呼ぶこともある。　　　　　　　　　　（上野　隆三）

しだいしゅせい【四大鬚生】　1930年代に京劇界を風靡した四人の鬚生（＝老生。髭をつけ歌を主とする役柄），馬連良・譚富英・楊宝森・奚嘯伯のこと。

馬連良（1901〜66），字は温如。北京の人，回族（イスラム教徒）。幼時，富連成社（京劇俳優の科班）で武生（立ち回り中心の役柄）を，のちに老生を学ぶ。科班卒業後まもなく名声を得，名優賈洪林・余叔岩らの芸風を学び，独自の「馬派」の芸風を確立した。若い頃は喉をこわしたため，演技はしぐさとせりふを中心とした。25歳から精力的に伝統演目の整理・改編を行い，中でも『范仲禹』『清官冊』『一捧雪』『清風亭』『四進士』などは名作の誉れが高い。中年以降，喉が回復したあとに演じた『甘露寺』の喬玄，『赤壁之戦』『空城計』の諸葛亮などの歌は，一世を風靡した。人民共和国成立後は，譚富英・張君秋・裘盛戎らと合作し，秦腔から京劇に移植した新編演目『趙氏孤児』の程嬰を演じて好評を得たほか，多数の京劇映画に出演。北京京劇団団長も務める。新編歴史京劇『海瑞罷官』では主役の海瑞を演じたが，この作品に対する批判を口火として文化大革命が始まると迫害を受け，1966年12月に死去。現在も「馬派」の芸を継承する京劇俳優は多い。

譚富英（1906〜77），原籍は江夏（湖北省），出生地は北京。名優譚鑫培の孫，譚小培の子。幼時，富連成社に入り，蕭長華らの教えを受け，まず武生を，のちに老生を学ぶ。科班卒業後は余叔岩の弟子となる。『空城計』『撃鼓罵曹』など歌中心の芝居のほか，『定軍山』『戦太平』など鎧武者の老生の芝居もよくした。人民共和国成立後は伝統演目を改編した『将相和』が有名。京劇映画にも多数出演。1959年，共産党に入党。64年，病気のため舞台を引退。77年，北京で死去。息子の譚元寿も有名な老生。

楊宝森（1909〜58），字は鐘秀。原籍は合肥（安徽省），北京の人。祖父・伯父・父も京劇の名優。幼時，裘桂仙に師事し，毯子功を学び，のち老生を学ぶ。10歳頃から北京や上海の舞台に立ち，余叔岩の芸風を研究する。青年期は常人よりも長い変声期に苦しみ，舞台を長期間休んだが，その間，読書や書道・絵画・琴を学んで読書人の風格を身につけ，「楊派」の芸風の境地を確立した。代表作は『伍子胥』『失空斬』『撃鼓罵曹』『洪羊洞』など。30歳で劇団「宝華社」を組織。人民共和国成立後は天津市京劇団団長。

奚嘯伯（1910〜77），大興県（北京市）の人，満洲族。祖父・父は清朝の高級官僚。科班には入らなかったが，幼時から京劇を好み，1921年，名優言菊朋の弟子となる。29年にプロ俳優となり，北京・天津・上海などで梅蘭芳はじめ有名俳優たちと共演。代表作は『白帝城』『宝蓮灯』『清官冊』『烏龍院』など。人民共和国成立後は『紅雲崖』『奇襲白虎団』などの現代劇にも出演し，好評を博した。
（加藤　徹）

しだいしょいん【四大書院】　民間の講学や教育の場としての書院は唐代に現れるが，全国に広く普及するのは宋代になってからである。それらの中で，とくに著名な江西省廬山の白鹿洞，河南省太室山の嵩陽，湖南省長沙の岳麓，河南省商邱の応天府を四大書院という。ただし嵩陽の代わりに湖南省衡陽の石鼓書院を入れたり，また，以上に加え，江蘇省三茅山の茅山書院を数えて六大書院という場合もある。いずれも政府から勅額あるいは経書・学田などを賜った。　　　　（近藤　一成）

しだいせいこう【四大声腔】　→南戯四大声腔

しだいふ【士大夫】

前近代の中国社会は，統治する階層と統治される階層を士——庶という身分秩序の概念で区別してきた。当然，時代によって士の内実は変化するが，統治する階層を官職をもつものとして理解するときの一貫した用語が士大夫である。『礼記』王制に「王は，食禄と爵位の制度を定めて侯・公・伯・子・男の五等とし，諸侯は，上大夫卿・下大夫・上士・中士・下士の五等とする」とあるように，本来，大夫・士は封建諸侯の臣下の別々の身分であった。しかし『周礼』考工記序の「座して道を論ずるものは王公と謂い，作ちて之れを行うものは士大夫と謂う」の句に，漢の鄭玄は「王公は天子と諸侯。士大夫は親しく其の職を受け，其の官に居る」と注をつけており，早くから士大夫と熟して使用され，官職を有する者を意味していた。

やがて秦漢の統一国家が出現し，中央集権制度が確立すると，国家の運営にあたる官僚は吏と呼ばれ，士——庶の関係は，史料上は主に吏——民として現れる。漢の士大夫は，その功績や学識に応じて朝廷から与えられる官職を保持する吏であった。次の南北朝時代になると状況は大いに変わり，士大夫は同じ官職保持者であっても世襲の門閥貴族であり，行政の実務にはむしろ疎く，「清」という世論の評価が重視される貴族社会を形成した。こうして士大夫には学問・文学・芸術などの教養が必須とされるようになる。

科挙制度は，再び士大夫の官僚としての性格を前面に押し出した。とくに世襲貴族が社会から姿を消し，文臣官僚が国政の中枢を担う宋代以降は，経世済民の志をもち，儒教経典を学び，科挙を通過して為政者になる人々，すなわち科挙官僚が士大夫とみなされるようになった。同時に士大夫には，科挙で出題される古典に精通し，詩文にすぐれることだけでなく，書画をよくし音楽を嗜むなどの教養も求められ，ここに文人・読書人の概念が重なり合う，中国近世の士大夫像の定着をみた。

高い道徳的能力，豊かな学識と人文的教養にもとづき，政治・社会・文化を指導する士大夫像は，王朝支配の下，貨幣経済の発達・均分相続の慣行・免税特権の欠如などによって出現した流動性の高い競争社会が，一面，露骨な欲望追求と利害打算の渦巻く弱肉強食の社会であり，強者主導の社会秩序を期待せざるを得ない現実が生み出した理想的指導者像ともいえる。南宋の袁采が記した家訓書『袁氏世範』には，「士大夫の子弟の最も能力のある者には儒学を勉強させろ。うまくゆけば科挙に合格して富貴を手に入れられる。だめでも学校の教師になれる。それがだめなら代書屋，寺子屋の先生で生きられる。学問がだめなら医者・僧侶・道士・農民・商人，或いは職人で生計を立て，先祖に恥ずかしくなければそれでよい。放蕩人・乞食・盗人になるのは最も祖先を辱めるものだ」とあり，宋代以降の競争社会にあって，家の存続・上昇を目指す経営戦略の最終目標は士大夫を出すことと説く。これは家単位にとどまらず，さらに宗族結合による戦略ともなり，士大夫官僚を頂点とする独特の構造をもつ中国近世社会が展開することになった。　　（近藤　一成）

しだいめいたん【四大名旦】

20世紀京劇の代表的な4人の女方，梅蘭芳・荀慧生(1900〜68)・尚小雲(1900〜76)・程硯秋(1904〜58)をいう。1927年に北京の新聞『順天時報』の人気投票で彼らが上位4人となった際，この名称が生まれた。20世紀初頭，男性中心の演目から女性の芝居に人気が移り新作が求められた時，まず梅蘭芳が改革の先駆的役割を果たした。彼らは従来の役柄拘束の打破，新作の創作，また心理表現の演技，新しい歌唱や舞踏の創意工夫で各自の特徴を活かし各々流派を形成した。各々役柄を越えて名師についたが，特に引退していた開明的女方の王瑤卿が4名に行った歌唱・演技の創造的指導が重要である。また，梅蘭芳の斉如山・李釈戡，荀慧生の陳墨香，尚小雲の陳墨香と溥緒，程硯秋の羅癭公と金仲蓀らというように，みな文人の脚本家と創作集団を抱えていた。ともに高雅で舞的な所作を有する崑劇を学び，かくて1920年代初頭には4名が歌・演技・立ち回りのすべてに熟達して，新作に新機軸を打ち出した。

尚小雲はその「鉄の喉」で女方正統派として「無上の」歌唱力と称えられ，伝統歌唱劇『祭塔』『三娘教子』『玉堂春』などを得意とし，18年春には『覇王別姫』の元になった『楚漢争』を楊小楼と初演した。以後，10年間『秦良玉』『摩登伽女』等々の新作を上演し，30年代には崑劇『昭君出塞』を『漢明妃』，『戦金山』を『梁紅玉』などと改編し武技も見せた。中年以降，栄春社を結成し後進の育成にも尽力した。人民共和国成立後は陝西省京劇院院長。長男長春は武生，三男長栄は浄役。

荀慧生は天津で河北梆子を学び白牡丹の名で頭角を現す。11歳で北京デビュー。18歳で正式に京劇に転向し崑劇も学んだ。喉は弱かったが身体能力が高かったので曲芸的演技に長けていた。人物の内面を歌・台詞・立ち回り・演技などを通して表現することに心を砕き，1924〜35年の間，新作と伝統劇の改編，また梆子劇・崑劇からの移植作を上演した。彼に始まる，歌よりは演技に重点をおいた「荀派」は伝統劇『金玉奴』，喜劇『紅娘』，悲劇『紅楼二尤』『杜十娘』，武劇『荀灌娘』，移植作『辛安駅』『荊釵記』等々，演技に力点がある演目が多い。人民共和国成立後，河北省河北梆子劇院院長などに

就いた。著書は『荀慧生演劇散論』他。長男令香は父の後を継ぐ。

程硯秋は羅癭公を通じて梅蘭芳・王瑶卿ら名師につき，文学などを修得した。31年『検閲我自己』などの文章を発表して初期の恋愛物は軽薄と反省し，意義深い芝居を目指す。名士李石曾と知りあって，中華戯曲学校院長となり，従来の陋習を一掃した。また，戯曲研究所の理論雑誌『劇学月刊』の編集長も務めた。32年から1年余りドイツを中心に，フランス，イタリアと欧州視察に行き，演劇の技法から舞台美術，団員の福利まで学んだ。若年期は高音で有名だったが，やがて，女性の悲運を低音のむせび歌いで表現し，格調高い所作と多様な水袖（白い付け袖）のさばきで感情表現することを得意とする人気の「程派」を形成した。京劇の伝統劇で悲劇的女性の心情を吐露する歌で有名な『青霜剣』『荒山泪』『竇娥冤』『文姫帰漢』『鎖麟嚢』等々が代表作。著書に『程硯秋戯劇文集』他。　（吉川　良和）

したっそ【史達祖】　?〜1207(開禧3)?。南宋の詞人。汴(河南省)の人。字は邦卿。梅渓と号した。科挙に及第せず，清貧の生活に甘んじていたが，やがて韓侂冑の信任を得，その属官として大いに活躍した。侂冑が暗殺されると彼も黥刑(いれずみ)に処せられ，追放された。詞人としては，とくに詠物詞に憂国の情や自己の失意の悲しみを託し，後世に大きな影響を与えた。とりわけ清代に高く評価されている。詞集『梅渓集』がある。
（宇野　直人）

したん【四端】　『孟子』公孫丑上篇「惻隠の心は仁の端，羞悪の心は義の端，辞譲の心は礼の端，是非の心は智の端，人のこの四端有るや，なおその四体有るがごとし」と説くのに基づく。人が惻隠・羞悪・辞譲・是非の心を具え，この心を拡充して仁義礼智を体現すべきことを言う。孟子の性善説・良知良能と結びつけられて，心性論の展開のなかで，「端」の解釈が分かれる。朱子は仁義礼智の徳を心の本体すなわち性とし，四端をその作用・発現，すなわち情と規定する。よって端を性が情として現れ出た端緒(情をいとぐちとして性の存在を認識する)の意に解する。伊藤仁斎は端本の意に解し，四端がそのまま仁義礼智の本と説く。
（大島　晃）

しち【七】　文体の名。前漢の枚乗の作『七発』にはじまる。病気の太子を客が6種の快楽によって誘い出そうとするがならず，最後に聖人の要言を説くと快癒するというもの。主客の問答のあいまに，押韻する箇所をもまじえた美文で種々の快楽を描写する一種の賦である。後漢から魏晋にかけ，太子を隠遁者に代えたものが流行したが，『七発』のような対話の妙を欠く。『文心雕龍』雑文篇にその沿革を述べる。『文選』34・35に，『七発』のほか曹植『七啓』・張協『七命』を収める。（谷口　洋）

しちおん【七音】　中古音の声母体系をいう等韻学の用語。声母の「五音」分類，つまり唇音・舌音・牙音・歯音・喉音を基本とし，それに半舌音・半歯音の2つを加えて7としたもの。『通志』七音略では，五音にそれぞれ宮・商・角・徴・羽という古代音楽用語での五音の名称を当てはめ，半舌・半歯を，半徴・半商という。七音それぞれに三十六字母を当てはめるなら，唇音は「幫滂並明・非敷奉微」，舌音は「端透定泥・知徹澄娘」，牙音は「見渓群疑」，歯音は「精清従心邪・照穿牀審禅」，喉音は「影暁匣喩」，半舌音は「来」，半歯音は「日」となる。この声母の分類の基本となる「五音」は『五音集韻』など書名にもしばしば冠せられる。「五音」の概念は日本語五十音図の成立に，また「七音」は，李氏朝鮮でハングル字母が制定される際に，字母の分類原則として全面的に導入されるなど，周縁国にも大きな影響力をもった。
（木津　祐子）

しちおんりゃく【七音略】　北宋の等韻図。南宋の鄭樵『通志』第36巻に収められている。鄭樵は『七音略』が西域の『七音韻鑑』に基づくと述べているが，何を指すかは不明。ただ『七音略』は『韻鏡』と同一起源をもつと考えられている。全体は43図。横列に36字母が並び，重軽唇・舌上舌頭・正歯歯頭では上下2列となる。入声はほぼ陽声に配されている。また図の「重中重」「軽中軽」などの表記は『韻鏡』の開合に相当する。
（片山　久美子）

しちかごかんじょ【七家後漢書】　清の汪文台(1796〜1844)の輯。『東観漢記』以後も諸家が「後漢書」を著したが，それらは戦乱などで散逸してしまった。清代になって，范曄『後漢書』の誤りや不備を訂補すべく，諸家「後漢書」の輯本が作られたが，その中で最もできがよいとされる。三国呉の謝承『後漢書』，西晋の薛瑩『後漢記』・司馬彪『続漢書』・華嶠『後漢書』，東晋の謝沈『後漢書』・袁山松『後漢書』・張璠『後漢紀』に，著者不詳の『後漢書』を付したもの。范曄書にない記事も多く史料的価値があり，特に司馬彪と華嶠の書は優れている。
（角谷　常子）

しちかんせいじ【七官青磁】　明に龍泉窯で

焼かれた*青磁の一種に対する日本における呼び名。七官とよばれる明人が将来したことに由来するといわれる。透明性のある葱青色の青磁で，光沢が強く，天龍寺青磁と比べると明るい色合いであるが，いささか品位に欠けるうらみがある。胎土・釉薬とも質は低く，粗い貫入が生じているものが多い。七官青磁の中には，日本で茶道具の香合や花生として取り上げられている例がある。　（今井　敦）

しちきょ【七去】　古代における，夫が妻を離縁できる7つの理由。七出・七棄ともいう。『*大戴礼』本命，『*孔子家語』本命解などによれば，夫の父母に従順でない，子ができない(子は男子を指す)，淫乱である，嫉妬深い，悪い病気がある，おしゃべり，窃盗をした，の7つ。夫はこのうちどれか一つの理由で妻を離縁することができた。すでに漢代に確立したこの封建礼教は唐代刑法典の注釈『*唐律疏議』に「七出」と明文化され，七去による離婚は合法となった。　（鈴木　健之）

しちげんきん【七弦琴】　→琴

しちごんし【七言詩】　毎句みな7字からなる詩をいう。唐代には，長句とよばれることもあった。近体で4句のものを七言絶句，略して七絶，8句のものを七言律詩，略して七律といい，古詩であれば，七言古詩，略して七古という。漢の高祖の『*大風歌』，項羽の『*垓下歌』をはじめ，7字のリズムを基調にした歌行は古くから見られるが，漢末，陳琳の『飲馬長城窟行』，曹丕の『燕歌行』といった歌行から純然たる七言詩が現れ，初唐四傑のころに詩体として完成する。　（森田　浩一）

しちじゅうにちさつ【七十二地煞】　72の星のこと。「煞」は「殺」の俗字。『水滸伝』に「三十六天罡」と一対で登場して人口に膾炙するようになった。すなわち，宋江らが梁山泊の忠義堂で天地の神々を祭ったところ，天から石碑が落ちてきて，その表に宋江ら36人の大頭目の名が「三十六天罡星」の化身として，その裏には朱武以下72人の小頭目の名が「七十二地煞星」の化身として刻まれていた(第71回)。36と72は聖数として特に道教でよく使われ，「天罡」も道教系の星神であるが，「地煞」の由来は未詳。　（三浦　國雄）

しちしゅうるいこう【七修類稿】　明の筆記。51巻，続稿7巻。郎瑛の作。郎瑛の字は仁宝，号は藻泉，仁和(浙江省)の人。天地・国事・義理・弁証・詩文・事物・奇謔の7類に分かれることにより「七修類稿」という。内容は多岐にわたり，運河開鑿事業など『*大明会典』や『*明史』を補う記事もあり，明代史研究の史料として価値が高い。ただ，天地・義理・奇謔類は荒唐無稽で誤謬も多い。　（野村　鮎子）

しちしゅつ【七出】　→七去

しちしん【七真】　全真教開祖王重陽(王嚞)の7人の高弟。すなわち馬鈺(丹陽)・譚処端(長真)・劉処玄(長生)・丘処機(長春)・王処一(玉陽)・郝大通(広寧)・孫不二の7名をいう。七真人，全真七子等とも呼ばれる。このうち，前の4者を四哲，後の3者を三大士という。開祖の没後，実質的に全真教を世に広めた立役者で，開祖に準ずる信仰対象となっているほか，明以降の全真教は彼らのそれぞれを祖とする派に大きく分かれることになる。　（横手　裕）

しちしんしょ【資治新書】　清代の政書。34巻。初集14巻は，1663(康熙2)年刊。二集20巻は，1667(康熙6)年刊。李漁輯。明清時代の公牘の中から1200点余りを選び，文移部・文告部・条議部・判語部に整理したもので，明代後期から清代初期の地方社会を知る上で有益な資料。地方官の手引き書として多数の翻刻をみたが，浙江古籍出版社から発行された『李漁全集』に，校注・標点をへて収録されている。　（足立　啓二）

しちせい【七声】　五声に2声を加えて，1オクターブ中に7つの声(相対音高)を設けたもの。七音音階。その算法に関わらず，低音の声から宮・商・角・変徴・徴・羽・変宮と呼ぶ。春秋戦国時代までに成立した。七声を三分損益法で作った場合，隣接2声間の音程は，変声と正声では共に90セント(1セントは半音の100分の1)，他では全て204セントとなる。さらに十二律も三分損益法で作り，宮の声を黄鐘の律に置くと，七声は十二律が生じる順位の第7までに絶対音高が一致する。　（水口　拓寿）

しちせいすいほ【七政推歩】　元代から明代にかけて中国で用いられていたイスラム系の天文暦法「回回暦」について伝える3種類の資料のうちの一つ。全7巻。明代に南京欽天監の副所長(監副)であった貝琳が編纂し，1477(成化13)年に完成した。巻1で立成(天文表)の用い方を説明し，巻2～7で日・月・5惑星の位置の推算や日・月食の計算のための表を与える。「回回暦」の資料としては『明史』所収の「回回暦」よりもすぐれた点が多い。もう一つの重要な資料は朝鮮李朝の『世祖実録』巻

156以下の『七政算』である。　　　　　（矢野　道雄）

しちせき【七夕】　旧暦7月7日。乞巧節・女児節・双七節ともいう。古く『詩経』小雅・大東に詠まれているように牽牛織女二星は人々に最も親しまれた星であった。当夜，織女と牽牛(牛郎)が銀河で交会する伝説はすでに前漢にほぼ雛形ができあがり，後に新婚の織女が機織りを怠けて天帝によって仲を裂かれる，鵲が銀河に橋を渡す，などの要素が加わり，さらに地上の牛飼いと天女との結婚と別離の昔話として人口に膾炙するようになった。女性は織女にあやかって機織り・針仕事の上達や子授けを占い祈願する星祭り行事(乞巧奠)を行う。
（鈴木　健之）

しちほのし【七歩詩】　南朝宋の劉義慶の『世説新語』文学篇に収められている三国魏の曹植の詩。曹操の息子である曹丕と曹植は，後継争いがもとで次第に関係が悪化し，事あるごとに兄の曹丕が弟の植につらくあたった。ある時兄が七歩あるく内に詩を作らなければ死刑に処すと迫ると，植は即座に「豆を煮て持って羹と作し，菽を漉して以て汁と為す。萁は釜の下に在りて燃え，豆は釜の中に在りて泣く。本　同根自り生ぜしに，相い煎ること何ぞ太だ急なる」という詩を作り上げ，兄は深く恥じ入ったという。『世説新語』ではこの七歩詩は6句より成るが，それをもとに引く唐の李善の『文選』注(梁の任昉「斉の竟陵文宣王の行状」)や『初学記』『蒙求』などではいずれも6句のうちの4句のみを伝え，文字にも若干の異同がある。この詩は，明の『三国志演義』にもみえ，広く曹植の詩と伝えられているが，曹植の本集には採られておらず，後世の偽作の可能性が高い。詩才に優れ，敏速に詩を作り上げることを喩えて「七歩才」と称する。　　　　　　　　　　　　　　（林　香奈）

しちゅう【史忠】　1437(正統2)～1519(正徳14)。明時代中期，呉派の画家。南京(江蘇省)の人。元の姓名は徐端本。字は廷直，17歳まで口がきけなかったため号は癡々道人・癡翁・癡仙など。臥癡楼を営み，80余歳で没した。人物・花木・竹石など様々なジャンルを手掛けたが，中でも「雲山図」をはじめとする山水・樹石画を粗放な筆致で描くことが多かった。沈周と親交があり呉派に分類される一方で，画風において呉偉ら同時代の浙派の影響も認められる。代表作として『晴雪図巻』(ボストン美術館蔵1504年)，『山水図』(ケルン東アジア美術館蔵，1506年)などがある。　（板倉　聖哲）

しちゅうへん【史籀篇】　周の字書・識字教科書。『漢書』芸文志の著録では15篇，宣王の太史の撰で，建武年間(25-56)に既に6篇が失われていたという。その後亡佚し，『玉函山房輯佚書』は『説文』収録の籀文によって輯するが，その字体は石鼓文や春秋の秦金文とあう。『説文』叙は太史の名を籀とし，文献や金文に見える人名に比定されることもあるが，王国維は「籀」は「読」の意で，書の冒頭の句を採って篇名としたとする。成立年代についても西周でなく春秋戦国という説がある。
（森賀　一恵）

しちょう【子張】　孔子の弟子。陳(河南省)の人。姓は顓孫，名は師，子張は字。孔子より48歳年少。『荀子』非十二子篇では，子張の後学が子夏・子游の後学と並べて，外面的形式にこだわる「賤儒」と非難されている。『韓非子』顕学篇にも，儒家の八派の一つとして「子張之儒」が挙げられている。『史記』仲尼弟子列伝には，『論語』中の子張と孔子の問答を3章掲げているが，いずれも言行に関わる孔子の訓戒を内容とする。史記67
（伊東　倫厚）

しちよう【七曜】　日月五星，すなわち太陽・月と，木火土金水の5惑星の総称。これらは古来，七政とも総称された。また，週日名の総称。古代オリエントで，最遠とされた土星から土木火日金水月の順にこれらの天体が各1時間を支配すると考えられ，順次24時間に配当して，1日目第1時は土，2日目第1時は日，などと現行週日の順が生まれた。ソグド語訳されたものが中央アジア経由で伝わる一方，密教占星術とともに唐代に中国に伝わった。これら7つの天体の運行を示した暦を七曜暦という。また，北斗七星を七曜星ともいう。
（宮島　一彦）

じちょうしょうきょく【時調小曲】　「時調」と「小曲」を合わせた名称。清音・清曲ともいう。明清時代に非常に盛行した。時調は通常，今はやりの曲調を指し，すでに長い間にわたり伝わってきた伝統の曲調に対していう。小曲というのはまた「小調」ともいい，一種の民間歌曲である。清初には，職業芸人とその団体組織が生まれ，揚州・北京・天津などはとくに芸人が多く，非常に盛んであった。語り物のうち，時調小曲を曲牌として用いるものがかなりあり，上演中くり返しおなじ曲牌を用いる。たとえば広西の「零零落」，安徽の「四句推子」などであるが，この種の語り物を「時調小曲類」という。もしいくつかの曲牌をつなげて組歌として用いれば，「牌子曲」という。前者は単曲体であり，後者は聯曲体である。もともとは叙情に適

した短曲が，しだいに物語を語り，人物を描くことができる説唱のスタイルに変わったのである。時調小曲の曲牌は非常に多く，「掛枝児」「羅江怨」「打棗竿」「銀絞糸」などがある。　　　　　（山口　建治）

しちようじょうさいけつ【七曜攘災決】　唐代の占星術書。西域の僧金倶吒が西暦800年頃に著した。書名は日・月・5惑星が引き起こす災いを鎮めるための方法を意味し，それについても書かれているが，この書物の中心をなすのは「天体推算位置暦」ともいうべきものである。5惑星は794(貞元10)年を，羅睺・計都は806(元和元)年を暦元とする。二十八宿座標で木星83年・火星79年・土星59年・金星8年・水星33年の周期による位置を与える。日本では，平安時代の宿曜師たちは，ホロスコープを作成するときに，この表を用いて惑星の位置を求めていた。　　　　　（矢野　道雄）

しちりゃく【七略】　前漢の図書目録。劉歆*りゅうきん撰。成帝の時，劉向らが宮中の秘書を校訂し，それぞれの書物の解題を著した(これを『七略別録』という)。全体の目録は，哀帝(在位前7〜前1)の時に，後を受けた子の歆によって完成された。輯略・六芸略*りくげい・諸子略・詩賦略・兵書略・数術略・方技略からなり，中国最古の図書目録である。もとの書は散佚したが，内容は『漢書』芸文志に踏襲され，目録学上大きな影響を与えた。『七略』『別録』とも清代の輯本がある。　　　　　（谷口　洋）

しちろく【七録】　南朝梁の図書目録。阮孝緒*げんこう撰。もと12巻だったが，いまはその序文のみが『広弘明集』*こうぐみょうしゅうに収められる。当時の官撰の目録が採用した四部分類の方法と，漢の『七略』*以来の七部分類の方法とを折衷して，内篇5部(経典録・紀伝録・子兵録・文集録・術技録)と外篇2部(仏法録・仙道録)に構成し，計4万4526巻の書を著録していた。実質的には四部分類に近い。『隋書』*経籍志にその痕跡がうかがえ，梁代の書籍のありかたをしのばせる。　　　　　（興膳　宏）

しつ【瑟】　古代の撥弦楽器。箏よりも大型で，弦数も多い。『詩経』*をはじめとする文献に記載が見られることから歴史の古さが窺える。長沙楚墓の出土品をはじめとする考古学的資料や，今日まで保存されている清代のものなどから，大型は23〜25弦で，全長180cm前後，幅48.5cm，小型は15弦，全長1m，幅40cmほどと，大小の2タイプがあったことが知られる。胴は古代では一木作り，清代のものは上板・底板などを張り合わせて製作された。元の熊朋来編著による『瑟譜』6巻も伝えられている。中国楽器の新様式の合奏形態を模索し，1920年代上海で活動した大同楽会による改良も試みられたが，今日ではほとんど使用されていない。　　　　　（増山　賢治）

しつ【質】　→文質*ぶんしつ

しつ【櫛】　梳・篦*へいなどの理髪用具の総称。くし。梳は歯の間隔が疏(疎)に作られた櫛であり，密に作られたものを篦と称する。現時点において，出土遺物の最古のものは，新石器時代，大汶口文化期の遺跡に見るものであろう。最古の櫛の歯の数は4〜5本で，その材料は獣骨で縦長の形式である。殷代になると玉を材料とし，周代には青銅製となる。秦・漢代には竹・木を主な材料とし，形式は横長になり馬蹄形に変化している。長沙馬王堆一号漢墓など幾つかの漢墓や楚墓からこの形式の漆塗り木製の梳及び篦の出土を見ることができる。隋・唐代以後，形状は更に横長になり梯形を，宋代以後は半月形を呈している。材料には金・銀・玳瑁*たいまい(べっこう)が加わるが，木製を主としている。梳と篦は伴出することが多い。これは理髪用具としての両者の目的が異なることを示すものであろう。梳は髪をすき，篦は汚れをとるのに用いたと考えられる。　　　　　（釣田　敏子）

しつう【史通】　唐の歴史家劉知幾の著した史学理論の専著。則天武后期から玄宗期に史官として活躍した劉知幾が起居注・実録・国史などの編修の合間に書きためたメモ・草稿の類を710(景龍4)年に整理しまとめた10巻36篇の内篇と，その後に執筆した草稿類を彼の死後，722(開元10)年，子息劉餗*りゅうそくが編修した10巻13篇の外篇とからなっている。いわば史館で歴史叙述に従事する史官たちのために歴史叙述の方法論を説いたハンドブックである。(断代)紀伝体史と(断代)編年体史の由来と特色を説き，本紀・年表・制度史・列伝の理想的な姿を過去の事例を挙げながら批判的に論じている。それらの記述の中にはいわゆる史学方法論として水準の高い史料批判や歴史認識論，歴史文体論に相当するものなどを含む一方，「疑古(『書経』*批判)」や「惑経(『春秋』*批判)」「申左(『左伝』*擁護)」の各篇のように経書批判を展開して後の新儒学運動に影響を与えたり，「浮詞」「叙事」「点煩」各篇の文体批判が後の古文復興に一役かうなど，史学のみならず経学，文学の新展開を導いた。　　　　　（稲葉　一郎）

じつう【辞通】　民国の辞書。24巻。朱起鳳(1875〜1948)が30年以上(1896〜1930)の年月を費やして撰した。原名は『新読書通』。初版は1934

(民国23)年8月開明書店発行。連綿語を中心に古書中の二字熟語を採録して、異字同義語を一所に集め、それぞれに出典を明記して用例を挙げ、項目の末に按語を付して仮借・字の誤りなど通用の背景を指摘する。書末に補遺7条、付録の同字異義語約100条がある。異字同義語の中で最も常見のものを項目語にし、下字の106韻の順に排列する。

(森賀 一恵)

じっかきゅうぶん【日下旧聞】 北京の地志。42巻。清の朱彝尊撰。1686(康煕25)年に編まれた。星土・世紀・形勝・宮室・城市・郊坰・京畿・僑治・辺障・戸版・風俗・物産・雑綴の13門に分けられ、40巻以降は「石鼓考」である。多数の古籍から北京に関する資料を摘記し、まま按語を付す。康煕刊本がある。1774(乾隆39)年に乾隆帝の命で、国朝宮室・京城総記・皇城・官署・国朝苑囿を加え、各門に康煕以後の記事などの増補や改訂を加えたのが、『欽定日下旧聞考』160巻で、こちらの方がよく利用される。北京古籍出版社の校点本がある。

(森田 憲司)

じつがく【実学】 実用の学問。また、空疎でない、着実な学問。儒学の本質を表明する概念として、北宋期から多用された。程頤(伊川)らの道学者や朱子も、この語を自己の学問の本質と考えた。今日的な用法とは異なり、本来、この語は多義的な含意を担っていた。すなわち、すぐれて政治社会に有用な実用の学という意義の他に、虚学と観念された老荘の学や仏教に対し、内実を具え、自己に切実な「真実為己」「実践躬行」の学、また、具体的で着実な学問を意味した。

しかし、後には、思想史上、狭義には明末清初期の動乱を経験し、政治や歴史への深い洞察にもとづき、より現実的な経世論・史論を展開した、黄宗羲・顧炎武・王夫之らのいわゆる「経世致用の学」と同義的に用いられることも多い。また、彼らとほぼ同時代の宋応星・徐光啓といった、自然科学や科学技術的な学問を称する場合もあるが、これは多分に近代的な含意によるものである。他に、経学・史学などにおいて「実事求是」を標榜した清朝考証学の特質を表現して用いられる例もある。

(伊東 貴之)

じっかんじゅうにし【十干十二支】 古代の時間を記録する方法。略して干支という。日本では「えと」と呼ぶ。干は木の幹、支は木の枝の意。十干は天干ともいい、甲・乙・丙・丁・戊・己・庚・辛・壬・癸。十二支は地支ともいい、子・丑・寅・卯・辰・巳・午・未・申・酉・戌・亥。十干と十二支を甲子・乙丑…と順に組み合わせると癸亥で終わり60対でき、これを1周期とし六十甲子・花甲子という。すでに殷代から干支で日付を記しており、後に年・月も記すようになった。一日を12等分した時間と方角も十二支で表した。

(鈴木 健之)

しつくうざん【失空斬】 三国劇の演目名。『失街亭』『空城計』『斬馬謖』の3段から1字ずつとった総称である。『三国志演義』第95、96回に基づく。

魏の将軍司馬懿は蜀に通ずる隘路の街亭を攻める。守将の馬謖は諸葛亮(孔明)の指示や王平の忠告を無視して自分の誤った判断で失敗し、ついに街亭を攻略される(『失街亭』)。この段は単独では上演されず、次の段と通して演じられる。

西城にいた孔明は王平よりの知らせで街亭が陥落し、さらに司馬懿が攻めてくると知る。時に西城には老弱兵2000余しかおらず、孔明は進退窮まって「空城の計」を案ずる。城門を大いに開き、おびえる老兵に城内には10万の精鋭が潜んでいると偽って掃除をさせているところに、司馬懿が司馬昭らを率いて城下に攻め込んできた。すると孔明は自ら城楼の上で童子を従え平然と琴を弾いている。司馬懿は、孔明のことだからなにか計略があると思い、兵を退却させる。孔明は司馬懿が再度攻めてくると考え、趙雲に命じ前方に伏兵を忍ばせておくと、案の定、司馬懿が舞い戻ってきて、趙雲の伏兵に撃退され慌てて退散する。かくて、孔明の軍は漢中に無事戻ることが出来た(『空城計』。『撫琴退兵』『西城弄険』ともいう)。この段では、孔明が城楼の上で窮地にありながら平静を装い、その度量の大きさを示す歌が特に有名である。この段だけ単独で上演することもある。

馬謖は軍規を破った大罪を自覚し、自ら死を覚悟して孔明にまみえた。孔明は、以前劉備に、馬謖は「言、その実を過ぎる」ため重用すべきでないと戒められたのに、あえて馬謖の兵法の才を認めて街亭の防備に当たらせたこともあり、処罰するのにいささかの躊躇もあった。だが、軍規を守らねばならないと、結局馬謖を斬首にする決意をする。その際、孔明が死後のことでなにか頼みはないかと尋ねると、馬謖は80歳の老母のことを宜しく厚遇してほしいと願う(『斬馬謖』)。「泣いて馬謖を斬る」という有名な言葉の場面。孔明が馬謖を斬る心理と、軽挙妄動でありながら、どこか聡明さも持つ馬謖の演技も見せ場である。

京劇が有名だが、他に豫劇など北方各梆子腔系劇、さらに川劇や湘劇などでも上演される。

(吉川 良和)

じつげつこ【日月壺】 宋・元代に江南で作られた太陽と月の意匠が施された青白磁や白磁の壺形明器の日本での呼び名。中国では「堆塑缶」または「魂瓶」と呼ぶ。景徳鎮窯で生産されたものが多い。細長い瓶の上半部に太陽・月・龍・虎・雲気文・観音風の人物などを貼り付け、尖った蓋の上には鳥がのる。太陽と龍が施されたものと月と虎のものが一対になることもある。太陽と月は天上世界を象徴しており、中国南部の土俗的な信仰にもとづいて死者の魂を天界に導くための器と考えられる。

（森 達也）

しっこ【執壺】 →水注

じっこくしゅんじゅう【十国春秋】 五代の地方政権を紀伝体で叙述した史書。114巻。清の呉任臣が1669（康熙8）年に著した。呉・南唐・前蜀・後蜀・南漢・楚・呉越・閩・荊南・北漢の10の政権を対象とする。各政権ごとに、帝を称した者は本紀、王の場合は世家を立て、列伝の他に紀元表・世系表・地理表・藩鎮表・百官表を作る。また、後述の乾隆刊本には、周昂の撰になる拾遺・備考が付されている。『新五代史』『宋史』の世家の記事が必ずしも十分でないだけに、史料を博捜した本書は、各政権の研究に至便であるが、典拠が明示されておらず、まま後代の史料が利用されているので、利用に当たっては注意が必要である。1793（乾隆58）年刊本（影印本あり）、人名索引を付した校点本（中華書局）がある他、『四庫全書』にも所収。

（森田 憲司）

しっころく【集古録】 北宋の金石学の書。『集古録跋尾』ともいう。10巻。欧陽脩の著。おおよそ1030（天聖8）〜61（嘉祐6）年に収集した三代（夏・殷・周）〜五代の金石1000種の中の400余種に対して、特に史料的な重要性に着目し、文章や書法にも広く関心を示しながら論評した跋尾を集めたもので、金石学の基礎を確立した著作とされる。1063, 64年を中心に没年まで書き続けられ、生前は未刊。金石1000種全体の目録として、子の棐に『集古録目』（現行本は輯佚書）を作らせた。

（宮崎 洋一）

しっし【湿屍】 長沙馬王堆漢墓において、腐敗することなく、皮膚までが弾力を保った完全な状態で発見された中年女性の遺体のこと。当該墓でこのような発見があったのは、遺体を納めた棺槨が未盗掘であったことに加え、木槨の周囲を木炭で囲み、さらにその外側を白膏泥という粘土で厚く密封していたことによるところが大きい。類似する遺体の発見例については文献上にもいくつか記録が残り、また考古学的にも、江陵鳳凰山168号漢墓や南京太平門外発見の明墓などにおいて類例が確認されている。

（吉開 将人）

じつじきゅうぜ【実事求是】 清代考証学の基本精神を表現する語。出典は『漢書』河間献王伝で、証明できる事実（実事）にのみ依拠し、それ以外のいかなる権威をも排除して真理を追求するという、実証主義と批判精神とを表す。清儒は、宋明儒学の高度な形而上学的体系は経書の実体から離れて観念的であると批判し、実事求是を掲げて漢儒の伝注や古代漢語の音韻・訓詁の正確な認識を背景にして経書の実証的解釈を目指した。後に毛沢東は実践による客観的規律の追求という内容に再解釈する。

（濱口 富士雄）

じっしゃなんだ【実叉難陀】 652〜710（景雲元）。唐の武后期に活躍した、于闐（ホータン）出身の大乗仏教僧。いわゆる『八十華厳』（80巻本の『大方広仏華厳経』）の訳者として知られる。施乞叉難陀、学喜ともいう。サンスクリット名はシクシャーナンダ（Śikṣānanda）。彼が来朝する以前、『華厳経』には東晋の仏陀跋陀羅訳60巻本や唐の地婆訶羅訳「入法界品」があったが、則天武后は、大乗の真髄たる『華厳経』の旧訳が不完全であって于闐に梵本が存するのを知るや、経本と訳者とを求めさせた。その結果招聘されたのが実叉難陀である。『八十華厳』の翻訳は、則天武后の指揮の下、洛陽で行われ（695〜699年）、訳場には菩提流志や義浄・復礼・法蔵らが参与した。実叉難陀は更に『大乗入楞伽経』等を訳出した後いったん于闐に戻ったが（704年）、再び徴せられ来朝した（708年）。『華厳経伝記』1、『開元釈教録』9、『宋高僧伝』2に伝がある。

（船山 徹）

じっしゅうき【十洲記】 →海内十洲記

じっしょうさんぼういんきょ【十鐘山房印挙】 清の古銅印譜。著者の陳介祺は中国を代表する古銅印の収集家として著名。本書は古印史上最大の印譜で、2種類作成された。一つは1872（同治11）年の「六十歳本」で、5帙50冊、3343方の古印を収める。もう一つは1883（光緒9）年の「七十歳本」で、14帙191冊、所収の蔵印数は更に増え10284方となり、年代や官制により整理・分類され48類30挙とされた。各本とも印行数は僅か10部で、原鈐本は極めて稀少。1922（民国11）年、「七十歳本」を底本とした毎葉9印12冊の影印本が商務印書館涵芬楼より刊行。

（高久 由美）

じっせいろく【実政録】 明代の政書。7巻。1598(万暦26)年刊。呂坤著。著者が山西按察使および山西巡撫の任にあった時，下僚に頒布して吏治民生を説いた五つの書(明職1巻，民務3巻，郷甲約1巻，風憲約1巻，獄政1巻)を，門生の趙文炳が一書にまとめて刊行したもの。明代後期における華北の社会と行政の実態を，具体的に論じている。文史哲出版社の中国文史哲資料叢刊に，嘉慶刊本を収める。 (足立 啓二)

じっちくさいしょがふ【十竹斎書画譜】 明末の画譜(絵画教本)。全18巻。1627(天啓7)年刊。金陵(南京)の文人胡正言(号，十竹斎)編。梅譜・石譜・蘭譜・竹譜・果譜・翎毛譜・墨華譜からなる。編者の出身地安徽の名工達を南京に集めて開発した分版分色の多色刷りによる画期的画譜。部分版木を使うこの多色刷技法は飯板法と呼ばれ，濃淡の色調を微妙に表し，明代版画最大の技術的成果である。又，各図に対応する詩文をさまざまな書体でのせる。図は胡正言自身をはじめ呉彬・高陽・魏之璜・帰世昌ほか30余人の同時代画家の原画に基づくとされ，複製画集でもある。 (小林 宏光)

じっつう【十通】 政書。歴朝の制度文物の沿革を述べた史書のなかでも，杜佑『通典』，鄭樵『通志』，馬端臨『文献通考』の三部を「三通」と呼び，清朝の三通館で編纂された『続通典』『続通志』『続文献通考』の「続三通」ならびに『皇朝通典』『皇朝通志』『皇朝文献通考』の「皇朝三通」を併せて「九通」という。「九通」は乾隆帝によって武英殿から刊行されたが，1936年に商務印書館が劉錦藻『皇朝続文献通考』を加えて影印したものが「十通」で，詳細な目録として「十通分類索引」を付している。 (徳永 洋介)

じつろく【実録】 皇帝の言行録である起居注，時政記，日暦や官僚たちの行状，諸官庁の記録などを基本的史料として各皇帝の没後に編纂される公式の年代記。実録の語は歴史事実に忠実な記録の意味で春秋戦国時代から史官たちの目標として用いられてきたが，魏晋南北朝期に起居注などとともに編年形式の歴史叙述の名称として使用されるようになった。実録が公式の史官の編纂する皇帝の一代史として定制化するのは唐代である。唐代以後，複数の実録をより所として国史が編纂され，王朝史の基礎となった。唐宋以後は遼，金，元などの異民族王朝でも撰述につとめ清末まで続いたが，もともと宮廷の秘録として編まれ，民間の流布を禁じたので，明清以前のものは，唐の韓愈『順宗実録』5巻を除き，殆ど残っていない。明清時代に関してはそれぞれの皇帝について実録(『明実録』『清実録』)が完備している。なお唐の許嵩『建康実録』は，建康(南京)に都を置いた六朝(三国呉の孫権——南朝陳の後主)の事跡の記録であり，上の皇帝実録とは若干性格を異にする。 (稲葉 一郎)

してい【子庭】 1284(至元21)～?。元代後期の禅僧画家。四明(浙江省)の人。僧としての名は祖柏，子庭は道号。水墨による枯木や石菖蒲の絵を得意とし，同時代の雪窓の墨蘭と併称された。詩文にも巧みで詩集『不繋舟集』を残し，とくに皮肉な諷刺詩によって知られた。華亭(上海市)の慧聚寺に居住していたことがあり，晩年は郷里である四明の多宝寺に退隠した。1353(至正13)年までの生存が確認される。代表作は『石菖蒲図』(東京，梅澤記念館蔵)。 (荏開津 通彦)

していしょ【子弟書】 清代の語り物曲種。満洲八旗の子弟が創作に関わったことから「子弟書」とよばれるようになった。もともと満洲族の伝統的な「八旗子弟楽」が北京に入ってから，漢族民間の「鼓詞」の形式に影響をうけ，七言体の唱詞(語りはない)の形式をとるようになった。短篇ものが主で，題材は明清の小説からとられることが多かった。詞に重きを置き，曲調は単純なものであったが，歴史ものに適した激しい「東城調」と恋愛ものに適した流麗な「西城調」の両曲調があった。1900年前後には語り物としての「子弟書」は姿を消し，そのすぐれた書詞(テキスト)のみが他の大鼓類(語り物)に用いられるようになった。子弟書のテキストの創作者として名高いのは，早期では羅松窓，晩期では韓小窓である。北京の百本張書舗の抄本や，満漢両語で記された刊本も『尋夫曲』などが残っており，傅惜華著『子弟書総目』(上海文芸連合出版社，1954年)では446種のテキストの存在を確認している。 (井口 淳子)

してんのう【四天王】 釈尊の付嘱を受けて仏法を護る4人の武神。東方の持国天，南方の増長天，西方の広目天，北方の多聞天からなる。インド神話の護世神を起源とし，須弥山の四方に住むという。守護神としての側面と観察者としての側面(斎日に使者を派遣し，また自ら地上に降り，衆生の行いを監視して帝釈天に報告。『長阿含経』などの説)をあわせもつ。『金光明経』では同経を持する国王人民を護るとされ，国家仏教の中心的尊格としても重視された。 (稲本 泰生)

してんのうぞう【四天王像】 四天王の所依経典は多く，そこに説かれる役割は多様である。

『長阿含経』巻20は，須弥山中の四天王城の情景と四天王が六斎日に万民を観察することを，『阿育王経』第6は，釈迦が涅槃後の舎利供養と仏法の守護を四天王に付したことを，『金光明最勝王経』四天王護国品は，同経を護持する者の守護と敵対者の懲罰とを説く。石窟では主尊の脇に神将像2体をあらわす場合が多いが，四天王を揃える初期の画像に敦煌莫高窟285窟西壁(539年)があり，釈迦如来龕の左右下方に2体ずつを描く。同427窟(隋)は彫像の四天王像四体を揃える事例。舎利の守護者たる四天王像は陝西省の神徳寺址出土の舎利石函(604年)上のものが早く，同省の法門寺塔舎利函(874年)，江蘇省の瑞光寺塔舎利宝幢(北宋)などの例がある。観察者としての四天王は，日本では筆と巻子を持つ広目天がその役割を明示する(法隆寺金堂四天王像ほか)のに対し，中国にはそのような図像例は知られていない。　　　　　　　　(長岡 龍作)

しどう【祠堂】　祖先の霊を祭る御霊屋。同種の建物に宗廟があり，今では祠堂を祖堂・祖廟などといって両者の区別はない。前漢では皇帝陵に宗廟，臣僚の墓に祠堂を置き，後に墓所以外の御霊屋も祠堂と呼んだが，唐に家廟の設置が一般化すると祠堂の名は廃れたという。しかし，南宋の朱子『文公家礼』では正寝という建物の東に祠堂が置かれ，元代には皇帝も祠堂を設けた。現在の台湾では家の中央に祠堂を置き，春節や盂蘭盆会等に祖先を供養する。　　　　　　　　　　(金子 修一)

じとう【耳璫】　→璫

しどうが【指頭画】　指先や爪を筆代わりに用いて制作する絵画技法。指画・指墨ともいう。唐時代の逸格画家，張璪が手掌を用いて制作したのが創始とされる。近世では，高其佩が創始した技法は一見して粗放な描写ながら細線・点など様々に使い分けるもので，甘士調・朱倫瀚など多くの追随者を生んだ。高其佩の口述を従孫の高秉が記した『指頭画説』(1770年序)がある。日本では江戸時代，池大雅(1723～76)ら南画家たちを中心に盛んに行われた。　　　　　　　　　(板倉 聖哲)

しどうぎ【師道戯】　湖南省の湘西・湘南地区及び沅水・澧水流域を中心に行われる宗教的色彩の強い地方劇。地域により土地戯・儺堂戯・師公臉殻戯・儺願戯・姜女児戯とも称される。漢族・苗族・侗族・瑶族等に伝承される。もともと宗教者が願掛けの祭祀を行う際に仮面を付けて演じられた。謡には師道腔(ふし)が用いられ，囃子はドラと太鼓で，花鼓戯の影響を受けている。特色ある演目に，徴用されて死んだ夫の遺体を探し求める貞女を描いた『孟姜女』が挙げられる。　(廣田 律子)

じとうき【寺塔記】　唐の段成式が843(会昌3)年に首都長安の寺院を訪れて，その壁画を記録したもの。現行本は上・下2巻からなり，彼の作品『酉陽雑俎』続集の巻5・6に収められている。唐代に輩出した閻立本・呉道玄・王維・周昉といった高名な画家の作品はほとんど残っていないが，『歴代名画記』『唐朝名画録』とこの『寺塔記』がそれを補っている。会昌の廃仏(845年，三武一宗の法難の一)によって破壊される以前の寺院の壁画が描写されており，仏教美術の貴重な資料であると同時に，当時の貴族や民衆の仏教信仰の実状をも伝えている。例えば，韋処厚は『旧唐書』159の本伝では「雅に釈氏の因果を信じ，晩年，尤も甚し」と記されるのみであるが，この書では「丞相の韋処厚，内廷に居りし自り，相の位に至るに，帰る毎にすなわち此の塔(光宅坊光宅寺)に至りて，焚香瞻礼す」と見え，あるいは唐から五代や宋にかけての「僧伽」信仰についても語る。また玄奘と道士呂才の論争など他に見えない記述も含まれる。
　　　　　　　　　　　　　　　　(西脇 常記)

しとうていくん【梓潼帝君】　四川省の地方神。後に，科挙・学問の神である文昌帝君となる。元来四川省梓潼県七曲山の神で，現在も廟がある。『太平広記』には，即位前の後秦姚萇に張亜子と名乗って対面した話がある。以後，四川に変事が生じると出現し，霊験を現した。宋代になると，科挙・学問の神としての面を併せ持つようになり，四川出身者の移動にともなって信仰が全国的なものとなる。文昌星の信仰と重なり，元朝から文昌帝君の封号を贈られる。　　　　　　　(森田 憲司)

しどうりん【支道林】　→支遁

しどそう【私度僧】　法的用語は私入道。官度僧に対する概念で，僧尼籍もないため無名僧とも呼ばれ，国家公認ではなく私に出家得度し，仏僧として生活をおくる者をいう。厳しい取り締まりに関わらず，無名・無籍の僧はおびただしい数に上った。往々にして破戒僧，いわゆる腐敗堕落した偽濫僧と混同されがちである。唐朝は教団の腐敗や僧尼の堕落を口実に，度僧や受戒制度等を国家に移管し，統制を強め度牒を発給した。この度牒を持たず僧尼籍に入らない者が私度僧であり，それ以前は教団の認可しない者を指した。　　(藤善 眞澄)

しとん【支遁】　314(建興2)～366(太和元)。

東晋の清談界で活躍した高僧。本姓は関氏であって陳留もしくは河東林慮を本貫とする漢人。字は道林。父祖の代に江南へ移住してきていて，幼少の頃から老荘哲学の研鑽を積み東晋前半の清談文化の中で成人した。25歳で出家し，支婁迦讖・支謙等の系統の般若学の師伝を承けて学問僧となった。間もなく呉興(浙江省)の余杭山から都の建康へ出て，新しい『荘子』解釈たる「逍遥遊」の思想をもって清談界へデビューする。かれの「逍遥遊」義の特色は，何もしないで，あるがままになるという「無為自然」によって「万物斉同」を体得するのではなく，釈迦仏と同じく「安般守意(出息入息のコントロール)」を修行することによってのみ究極の「万物斉同」たる般若波羅蜜を実現することができるというところにあった。東晋初期の王導・謝安などにつづいて政権を担った何充，会稽王昱(のちの簡文帝)，王羲之などの知識人を指導して，斎会において，ともに禅定修行をしている。会稽地方のあちこちの山中で修行生活を送っていて，「釈迦文仏像讃及序」「阿弥陀仏像讃及序」「詠懐詩」などの作品を残している。かれの山中修行の感興をうたった詩に，つづく時代の山水詩の萌芽がみられることが注目される。　　　　　　　　　　　　　(荒牧　典俊)

しなんしゃ【指南車】　機械的装置を利用して，車の進行方向をいかなる方向に変えても車の上に設置された木仙人の手が常に真南の方角を指す二輪車のこと。別名，司南車ともいう。歯車を利用して，車が移動中に向きを変えた時，変わった角度だけ木仙人を逆回転させ，木仙人の手が常に真南の方角を指すようになっている。だが磁石のように極性を持つものではなく，機械的に一定の方向を指す仕組みであるため，木仙人の手が真南を指すように予め調整する必要がある。伝説では，黄帝が指南車を造り，蚩尤が起こした濃霧の中でも方向を迷わなかったとあるが，指南車の発明に関する史料としては，『三国志』魏書の馬鈞の指南車についての記述が最古である。それ以降，正史の「輿服志」等にその存在が記されており，晋代以後には，鹵簿(天子の行列)の儀仗として用いられた。指南車の内部構造は，『宋史』輿服志の燕粛や呉德仁が製作した指南車の記述が最も詳しいが，いまだ完全には解明されていない。現在，『宋史』にもとづいた復元としては，イギリス人ムール(A. C. Moule)の案を改良した1937年の王振鐸の復元案や1948年の鮑思賀の復元案等が知られている。　　(安　大玉)

しはい【詞牌】　詞を作る時に用いる曲調名。詞人は多く詞牌に示される既成の曲調に合わせて歌詞を作るので，詞牌は題名ではあるが，形式を示すにすぎない。詞牌の意味に即した内容を持つ作品は「本意の作」と呼ばれるが，作品の内容は一般に詞牌とは無関係なので，北宋中期，張先や蘇軾等からは，題に相当する詞序を添えることが多い。詞牌数は，同調異体や同調異名もあり確定し難いが，『欽定詞譜』は826調2306体と称する。
　　　　　　　　　　　　　　　　(松尾　肇子)

しばい【司馬懿】　179(光和2)～251(嘉平3)。三国魏の重臣で晋王朝の始祖。河内郡温県(河南省)の人。字は仲達，諡は宣皇帝，廟号は高祖。後漢代に郡太守を輩出した名家の出身。後漢末の208(建安13)年に曹操の丞相府に出仕して以来，曹氏4代に仕えた。とくに魏の文帝曹丕の信頼厚く，漢魏禅譲革命では積極的に参画，魏王朝成立後は陳群と尚書台をつかさどり，明帝の代，蜀の諸葛亮の北伐を阻み，遼東の公孫淵を滅ぼすという武勲をあげた。斉王芳の代には，元老として宗室の曹爽とともに幼帝を補佐，軍人による屯田の設置や，九品官人法では州大中正の新設を遂行した。249(正始10)年，曹爽をクーデターで倒して実権を掌握，その2年後に没す。享年73歳。三国の統一と王朝の創業は子孫に託され，孫の西晋の武帝司馬炎が実現した。五丈原での対陣など諸葛亮の好敵手であったが，「死せる諸葛，生ける仲達を走らす」の句が示すように『三国志演義』では引き立て役。晋書1
　　　　　　　　　　　　　　　　(福原　啓郎)

じはい【耳杯】　古代中国の飲食用の容器。楕円形の浅い器で両耳があり，この耳を雀の翼に見立てて，羽觴とも呼ぶ。戦国時代から六朝・唐時代に使用された。小型のものは酒杯として用い，大型のものは汁物や食料を盛って広く飲食に使われた。漢代以降は耳の形が円く三日月形で，比較的深くなる。木胎漆塗のほか，漆器金属・玉・陶製のものもある。湖南省長沙市馬王堆漢墓出土の漆耳杯や，陝西省西安市何家村出土の唐代の銀耳杯などが有名。
　　　　　　　　　　　　　　　　(日高　薫)

しばえい【司馬睿】　276(咸寧2)～322(永昌元)。東晋の初代皇帝。在位317(建武元)～322。字は景文。諡は元帝，廟号は中宗。司馬懿の曾孫。西晋の武帝司馬炎の叔父で平呉軍の一翼を任された琅邪王伷の孫。290(太熙元)年に琅邪王を継いだ司馬睿は八王の乱では東海王越に与し，307(永嘉元)年，その命により，建鄴(南京)に乗り込み，琅邪国出身の王導とともに江南の豪族と北来貴族を基盤に政権の母胎を形成した。311(永嘉5)年，永嘉の乱による洛陽陥落・懐帝拉致という王朝の危機に際し盟主と目され，317年，愍帝拉致の報に接し，晋王

に即き多数の幕僚を招請（「百六掾」），幷州（山西省）の軍閥劉琨らの勧進と愍帝の訃報に接し，318（太興元）年，帝位に即き晋朝を再興，これが東晋。内外の多難に直面し法術を重視。王敦の乱の最中に没す。享年47歳。八王の乱時の成都王穎の軟禁下からの脱出行の際，日本の義経主従の『勧進帳』の原型ともいうべき逸話がある。晋書6　（福原　啓郎）

しばえん【司馬炎】 →武帝（西晋）

じはく【自撲】　自分で自分の体を激しく打つこと。自搏とも。苦行を通じて懺悔滅罪を求める方法。後漢末の太平道・五斗米道（天師道）の道教教団では，病気治療のために，叩頭し思過する（罪を反省する）ことが行われ，また『太平経』には「叩頭自搏」して罪を謝するという記述が見える。六朝時代の道教の塗炭斎や諸々の儀式においても，自撲が行われた。隋唐時代，仏教においても滅罪のために自撲の法が行われるようになり，五体投地（全身を投げ伏して仏や高僧を礼拝する）の法と結びつけて理解されていた。
（神塚　淑子）

しはくし【市舶司】　唐代から明代まで存続した，沿岸の港湾都市に置かれた海外貿易の管理をおこなう官庁。

唐以前にも外国との貿易はあったが，宋元時代になると，国内産業・商業の著しい発展，造船・航海術の進歩により，海上交易が盛んとなった。同時に王朝による貿易統制も整備され，秀州（嘉興）・杭州・明州（寧波）・温州・泉州など複数の海港に市舶司が置かれて，商人・商船を管理した。主な業務は，貿易船の積荷の臨検，関税の徴収，専売物品の収買と売出，出港許可証の交付，密輸の取り締まりであり，長官は提挙市舶といった。

明代には，鄭和の南海遠征という海外貿易史上特筆すべき大事件はあったものの，王朝の海禁政策もあって，業務は朝貢使節関連に限定された。設置場所も明州・泉州・広州の3港に縮小され，国家の把握する海外貿易の領域は前代に比べて限られたものとなっていった。
（長井　千秋）

しはくしんか【紫柏真可】　1543（嘉靖22）～1603（万暦31）。雲棲袾宏・憨山徳清と並ぶ万暦三高僧のひとり。呉江（江蘇省）の人。字は達観，紫柏は晩年の号。俗姓は沈。17歳で剃髪，当時の士大夫社会に瀰漫した頽廃的空気に不満をおぼえ，人心の覚醒を使命として生涯天下を周流するかたわら，方冊大蔵経の出版や明朝伝灯録の編纂を企画する。世相堕落の原因を人心の迷妄に求めるその理解は唯識学の心識分析によって整備され，過去七仏の第三仏である毘舎浮（遍一切自在）仏偈の誦持という実践へと収斂する。そして一切の事象を空化しきった自在の境地で社会に立ち向かい，58歳，鉱税徴収のため派遣された宦官に反抗し逮捕された地方官を救出すべく上京，その熱意は神宗をも動かしたのだが，しかし3年後，皇太子の廃立にからんで妖書がばらまかれると嫌疑を受けて逮捕され，捨身を誓った仏者として，前年の李卓吾同様，獄中に自殺する。
（三浦　秀一）

しばこう【司馬光】　1019（天禧3）～86（元祐元）。北宋時代の官僚・歴史学者。陝州夏県（山西省）の人。諡は文正。字は君実。涑水郷出身で，世に涑水先生と称される。晩年には迂叟とも号した。父の司馬池は中級官僚。幼少時代から勉学にいそしみ，特に史書に興味を抱いた。1038（宝元元）年に進士に合格したが，両親が相次いで死去したため，しばらく服喪の時期を過ごした。その後，地方官勤めが続く。1046（慶暦6）年，龐籍の援助を得て中央政界にもどり国子監直講となる。次いで館閣校勘・史館検討・集賢校理となり，しだいに中央政権下での地歩を固める。一旦，鄆州・幷州の通判に転出したが，この間に西夏問題等への関心を深める。再び国都の開封にもどると，しばらくして皇帝への諫諍を主任務とする知諫院の要職に就いた。司馬光は足掛け5年にわたってこの知諫院の地位にあり，政治・軍事・外交・宗室問題等，数々の重要奏議を上奏して注目された。1066（治平3）年，『通志』8巻を書き上げ，続いて編年体の通史『歴代君臣事跡』の編集を命じられ，書局を開設して，その編集に着手する。神宗時代になると翰林学士として重んじられ，編集中の通史に序を賜り，書名も『資治通鑑』と改められた。ほぼ同時期に王安石が知江寧府から翰林学士に栄進し，時弊を説いて神宗に改革の必要性を訴えた。やがて参知政事（副宰相）となった王安石は「新法」の名で呼ばれる一連の政治経済改革案を実行に移したが，司馬光はこれを批判し，王安石本人に新法に反対する書簡を送り付けて抗議した。その効力のないことを悟った司馬光は知永興軍となって開封を離れ，王安石等の新法推進者とは政治的に一線を画することになった。その後，王安石は宰相となって新法諸策を推進させたが，司馬光は1071（熙寧4）年以後，西京洛陽で判西京留台・提挙崇福宮という閑職につき，中央政治には極力介入しない方針を貫いた。洛陽での居住は15年に及んだが，その間，『資治通鑑』の編集に専念し，1084（元豊7）年にはこれを完成させた。その翌年には神宗が死去して哲宗が即位したが，太皇太后の高氏が政務を執り，司馬光はまず門下侍郎（副宰相），つぎに尚書左僕射（宰相）に任じられ，新法政策反対派の

代表人物となった。以後，1年足らずの間に新法の多くを廃棄したが，むしろ，そのために社会の混乱を招いた。王安石の死去から遅れること5か月，1086(元祐元)年の9月に病逝した。その翌月，杭州で『資治通鑑』が刊刻され始めた。詩文集には『温国文正司馬公文集』『司馬文正公伝家集』『増広司馬温公全集』の3系統がある。学識博大で著作も多いが，特に史学にすぐれ，『資治通鑑』『資治通鑑考異』の他にも『稽古録』がある。その他，『書儀』『家範』『涑水記聞』『法言集注』『太玄経集注』等の著作が現存している。宋史336　　　　（木田 知生）

しばしょうじょ【司馬相如】　前179(文帝前元元)?～前117(元狩6)?。前漢の文人。蜀郡成都(四川省)の人。字は長卿。読書・撃剣を好み，幼名は犬子といったのを，戦国の遊説家藺相如にあやかって自ら改名した。景帝の時，武騎常侍となるがあきたらず，梁の孝王のもとに移って鄒陽・枚乘・荘忌ら賓客たちと交わる。孝王の死(前144年)の後帰郷し，富豪卓王孫の宴席で琴を奏した際，王孫の娘文君と駆け落ちを果たす。貧窮のなか酒場を開き，文君に店を任せ，自らはふんどし一丁で皿洗いをしたという。この卓文君との恋愛譚は，のちに詩文の典故や戯曲の題材として好んで用いられた。

武帝が即位すると辞賦の才を見出され，『天子游猟賦(子虚上林賦)』を奉って郎となる。元光年間(前134-前129)ころ，西南夷との交通路開拓にかかわり，2度にわたって蜀に赴き，『巴蜀を喩す檄』『蜀の父老を難ず』を書く。晩年は孝文園令となり，『大人賦』を作る。これは武帝の神仙愛好を批判したものというが，実際には『楚辞』のスタイルを発展させて理想の天上遊行を描いており，武帝はこれを見て「飄飄として雲を凌ぐの気有り」と感じたという。天地の祀りに用いる『郊祀歌』の作詞にもかかわった。死後，皇帝に封禅(統治の完成を天地に報告する儀式)を勧める『封禅文』が発見された。他に『長門賦』『美人賦』などが伝わるが，偽作の疑いもある。

相如の作品は，「枚馬」と並称されるように，枚乘『七発』のスタイルをより推進したものである。大量の難字とオノマトペによって対象を述べつくすその言語世界は「宇宙を包括す」(『西京雑記』)といわれる。反面，極端な誇張が目立ち，枚乘にみられた戦国的な説得の語気は後退して，「虚辞濫説」(『史記』司馬相如伝賛)，「百を勧めて一を風(諷)す」(『漢書』司馬相如伝賛に引く揚雄の語)との批判も受けた。彼には吃言があり，技巧的な作風ゆえに遅筆であったといわれ，速筆の枚皐と対比される。消渇(糖尿病)の持病もあって政治に深入りせず，「言語侍従の臣」(班固『両都賦』序)として帝国の賛美に終始した。当時行われた『楚辞』の体による自己表白の作も残していない。漢賦を完成の域に導くとともに，宮廷文学としての方向を決定づけた人物である。史記117，漢書57　　　　（谷口 洋）

しばしょうてい【司馬承禎】　647(貞観21)～735(開元23)。唐の道士。河内温県(河南省)の人。字は子微，号は白雲子，諡は貞一先生。茅山派の第12代宗師。21歳で道士となり，嵩山で潘師正に師事し，諸道術を伝授され，茅山派の宗師となった。衡山・霍山・茅山などの名山を遍遊後，天台山に居を定めたが，則天武后・睿宗・玄宗の三代の天子から召されてしばしば上京，時の宮廷詩人らとも交わりを持ち，721(開元9)年には，玄宗に法籙を授けた。724(同12)年には，茅山を訪れて陶弘景の功績を記念する碑を建立。この頃，若き李白に会い，その仙風道骨を見抜いたというエピソードがある。また，731(同19)年には，五岳に上清真人の祠を建てることを玄宗に上言して認められ，さらに，玄宗の命を受けて『老子道徳経』を校勘し，5380言の定本を作り，3体の書(篆書・隷書・金剪刀書)で書写して奏上するなど，玄宗との結びつきがきわめて深かった。89歳で王屋山において死去。主著は『坐忘論』。その他，『服気精義論』『修真精義雑論』『天地宮府図』『上清含象剣鑑図』『素琴伝』などの著がある。旧唐書192，新唐書196　　　　（神塚 淑子）

しばせん【司馬遷】　前145?～前86?。生年は前135年とも。前漢の歴史家。『史記』の撰者として有名。『漢書』を撰した班固とともに「班馬」と並称される。龍門(陝西省)の人。字は子長。官は太史令(王朝記録官)で，司馬氏が歴代世襲してきた官職であり，父司馬談も太史令として漢王朝の歴史を編纂してきた。10歳で古い書体の文字を父親から教えられ，やがて長安で董仲舒について『春秋公羊伝』を学んだ。20歳になって，長江流域・山東方面に遊歴し，各地の史跡の調査，伝承の収集をおこない，これが後の『史記』執筆にあたっての資料となった。

前110(元封元)年，武帝は泰山で封禅の儀式をおこなうが，その時に太史令であった司馬談は病気のために参加できず，失意のうちに後事を司馬遷に託して亡くなった。司馬遷は父が果たし得なかった歴史叙述を引き継ぐことになる。前108年，太史令となり，『史記』編纂に本格的に取り組むが，その8年の後に，彼にとって生涯を左右する大きな事件がおこった。前100(天漢元)年，李広利を総大将として，大規模な匈奴征伐が行われた。そのとき，将軍の李陵が居延城からわずか5000の歩兵を従えて出

陣したが，孤軍奮闘の結果，捕虜となる事件がおこる。朝廷の全員が李陵を非難するなかで，司馬遷一人が彼を弁護したが，その弁護の内容が李広利にたいする誣告罪にふれ，前98年，死刑を宣告されたのである。折しも出された赦令によって，代替刑として宮刑を選択することがゆるされ，彼は己の使命である『史記』執筆のために，この屈辱的な刑罰に甘んじ，宦官となる道を選んだのであった。この間の心情は，友人にあてた彼の書簡「報任安書」に詳しい。

『史記』130巻は，かくして武帝末に完成し，司馬遷は昭帝(在位前87～前74)の代になって60歳前後で死亡したと推定される。彼の没年は，前86年説の一方で前93年という説もある。史記130，漢書62　　　　　　　　　　　　　　　(冨谷　至)

しばたん【司馬談】　?～前110。前漢の歴史家。夏陽(陝西省)の人。司馬遷の父。武帝の時，太史令となって暦や記録文書を掌り，傍ら，祖業であった修史に強い使命感を持ち，その完成を志していたが，たまたま挙行された国家的大祭典の封禅の儀に参加できず，無念さのあまり病を発し，道なかばで没した。そのため，修史という祖業の完成は，幼い頃から素養を身につけさせていた子の遷に，遺言として託されることになった。後の『史記』がこれである。史記70　　　　　　　　　　(岩本　憲司)

しばちゅうたつ【司馬仲達】　→司馬懿

しひきょうせん【詩比興箋】　漢から唐までの詩を選んで注釈を加えた選集。4巻。1855(咸豊5)年刊。清の陳沆(1785～1826)撰。陳沆は字は太初，嘉慶年間(1796-1820)の進士であり，詩名も高く，魏源と親交を結んだ。この書もじつは魏源が初め『詩微』と題して編み，さらに拡充を加えて成ったものを，陳沆が亡くなった後に子の陳廷経に父の著とするように贈り，そのことを隠してこの書の序を書いたとされる。古典詩の選集としては，『詩経』以来の詩の技法である「比興」の観点から評釈をおこない，それぞれの詩の本義を明らかにしようとするところに特徴がある。第1巻は漢魏の楽府や古詩，第2巻は晋から六朝の詩，第3巻は初盛唐詩，第4巻は中晩唐詩を収め，その数は400首に及ぶ。中華書局刊校点本(1959年)および上海古籍出版社刊校点本(1981年)がある。　　　　(齋藤　希史)

しびしわ【紫微詩話】　宋代の詩話。1巻。南宋初期の詩人呂本中の撰。『歴代詩話』等に所収。「紫微」は呂本中の号で，かつて中書舎人の任に在ったところから，その官位の別称を用いたもの。その内容は，ほとんどが北宋の詩人や詩をめぐる瑣事に終始し，欧陽脩『六一詩話』に始まる古い詩話の形態を脱していない。呂本中は黄庭堅の詩風から強い影響を受けたが，詩話の内容は特定の流派に偏することなく，全く異質の詩風の李商隠の詩を推賞するような一面も見られる。　　　(興膳　宏)

しひょう【詩評】　→詩品

しひん【詞品】　明の詞話集。6巻・拾遺1巻。楊慎撰。広く宋代の詞人と作品について論評する。柳永・秦観・周邦彦・姜夔等を尊重する他，蘇軾・辛棄疾・陸游を賞賛する。特に女流詞人李清照を推挙している。その他，詞の起源，詞調の縁起，詞と詩歌との関係，音律声韻上の区別，字余りの句の歌い方などにふれ，また詞句の考証弁訂を行っている。　　　　　　　　　　(内山　知也)

しひん【詩品】　南朝梁の鍾嶸が著した詩の評論書。元来の書名は「詩評」。宋以後に別名である「詩品」が定着した。上品・中品・下品の3品から成る本文に，全書の約3分の1を占める長い序文が付いている。本文では，漢から梁までの123人の詩人を，上品12人・中品39人・下品72人に分けて論評を行っており，三国魏の曹植を最高の詩人と位置づける。序文は，独立した文学論となっており，詩の発生論，五言詩史論，四言詩と五言詩の比較論，修辞論，当代文学批判，反典故反声律論，文芸批評史論などを盛り込み，歴代五言詩の傑作22篇を挙げて結びとする。序文の発想と文体は，『古今和歌集』の序文に影響を与えたとされる。

著者の鍾嶸は，『梁書』49と『南史』72の，いずれも文学伝に伝を持つ。潁川の長社(河南省)の人。同族に三国魏の書家の鍾繇がおり，7代前の祖先は東晋の侍中の鍾雅であったという。だが近い時代に顕官を出しておらず，父の蹈は将軍府の幕僚，鍾嶸本人も皇子蕭綱(のちの簡文帝)の幕僚で終わっている。北来の没落貴族であり，2篇の上表文のほかに，『詩品』を残すのみである。生没年は明記されないが，469(泰始5)～518(天監17)年と推定されている。『詩品』に登場する詩人で最後に亡くなったのは513年没の沈約であり，故人のみを対象とするという序文の記述に拠れば，『詩品』は，513年以後の数年間に著されたことになる。

同時代の文芸理論書である『文心雕龍』と並び称されるが，『文心雕龍』の理論的で包括的な体系性に対し，『詩品』は，その自在で痛快な文体と，「気」(生命力・個性)や「奇」(新奇さ・独創性)を重視する文学観が，独特の魅力を醸し出している。唐宋以後に盛行する詩話の祖となった。　　(佐竹　保子)

しふ【詞譜】 清の作詞譜(詞作に用いる譜式を示した書物)。40巻。正式の名称は『欽定詞譜』。陳廷敬・王奕清らが康熙帝の勅命を奉じて編纂，1715(康熙54)年に完成した。『康熙詞譜』とも称せられる。明の程明善が編纂した『嘯余譜』など先行の詞譜を補正すべく，清の万樹が編纂した『詞律』を基礎として増補・編定されたもの。詞牌826調・2306体を収録し，作詞譜の集大成とされる。詞牌ごとにその名称の由来および異称を注記し，作例としてまず「正体」(基本的にその調の創始者の作品であり，唐・宋・元のものである)を掲げ，つづけて「変格」(変形された詞型による作例)を載せる。例示した詞には，すべての文字の傍に〇(平声)・●(仄声)・◔(平声だが仄声でもよい)・◑(仄声だが平声でもよい)の記号を付し，また各句末に「韻」「句」「逗(=読)」を注記して，その詞牌の格律を視覚的に明らかにしている。四庫全書本のほかに，清の丁福保による医学書局影印本がある。

(宇野 直人)

しぶ【四部】 漢籍の分類法。すべての漢籍を，儒教経典とそのための字書類，『史記』をはじめとする歴史書，諸子百家をはじめとする思想の書，文学関係の書に4大別したもの。それぞれを経・史・子・集と称する。

目録学史上の四部は，西晋の荀勗『中経』に始まる。それ以前は漢以来の6大別が行われていたが，『中経』は，それらを統合し，史書を独立させて，経・子・史・集に編成し直した。東晋の李充『晋元帝書目』に至って，そのうちの子と史の順序を入れ替えた。いずれも，史書の飛躍的増加という事態に対応したものである。

『晋元帝書目』の経・史・子・集の順序と分類が，『隋書』経籍志以降の目録にも引き継がれた。清の『四庫全書』もこれに拠っている。 (佐竹 保子)

しふご【子不語】 清代中期の文人袁枚が著した怪談集。『新斉諧』ともいう。前集24巻・続集10巻，あわせて約1020話を載せる。孔子が「語らず」と述べた「怪・力・乱・神」(『論語』述而篇)に関する話題を，逆に積極的に収集して人々に紹介しようとする意図にもとづく。内容は，「鬼」が幽霊・霊魂・怨霊・もののけなどになって，様々な奇怪な事件をひきおこすものが多く，狐などの禽獣の変身がそれに次ぐが，それら妖怪の介在しない猟奇事件や詐欺行為なども採られており，袁枚の潤色があまり加わっていないだけに，当時の社会の諸相や関心を知る材料ともなる。取材の方法は，故郷や居住地，赴任先や旅行先で，自身が実際に見，あるいは広い交友関係から得たものが多いが，邸報(御用通信)を通じてなされたものもある。取材の時期はおそらく著者30代の後半に始まり，73歳の1788(乾隆53)年に前集が出版された後もなお続けられた。

(松村 昂)

しぶそうかん【四部叢刊】 民国の叢書。323種の古籍につき，可能な限りの最善本を影印したもの。1919(民国8)年に刊行開始，22年に完成。1926年より29年にかけて重印した際，21種の底本をよりよいものに変更。またその好評により，『続編』81種が1934年に，『三編』73種が35～36年に刊行された。張元済等編，商務印書館発行。本叢書は重要な基本的典籍を網羅している上，底本についても単に珍貴な古版というのではなく，首尾完全で本文のもっとも優れた善本を選択しているのが著しい特徴。商務印書館ないし張元済の力量を如実に示す，記念碑的な出版というも過言ではなく，その質と量は今も他を圧倒している。ただ個別的に言えば，今日ではより優れた善本を利用できるものもかなりあり，またこれは中国の影印本によく見られる所ながら，本叢書の書影も往々にして手が加えられており，必ずしも原本の姿そのままを伝えているわけではない。このため利用の目的によっては，いささか注意を要する場合がある。

(井上 進)

じぶつきげん【事物紀原】 北宋の類書。10巻，高承撰。55門に分かち，1759項目の事物の起源について，多くは出典を挙げて記述する。陳振孫『直斎書録解題』には高承は北宋の元豊中(1078-85)の人とある。対象は天文地理・儀礼制度・官制・法制・軍事・道釈・技術・風俗・動植物に及び，個々の記事の当否には異論もあるが，利用価値は大きい。明刊本が現存し影印されているほか，『惜陰軒叢書』『格致叢書』などに収められ，和刻本(影印本あり)，人人文庫本，校点本(中華書局)がある。『四庫類書叢刊』本には索引が付されている。

(森田 憲司)

しぶん【詞文】 唐代に流行したとされる語り物芸能の一つ。「詞文」を題に持つ確かな作品としては敦煌文書に残る『季布罵陣詞文』しか現存しないが，その写本数は多い。最後の一句から「詞人」と呼ばれる芸人によって上演されていたことが分かる。散文を交えない全篇7言の長篇韻文で一韻到底。一人の演者によって上演されたとみられる。のちの詞話や鼓詞へ続くものとも考えられている。

(笹倉 一広)

じぶん【時文】 宋代以降，科挙の試験答案に用いられた文体。公用文としての駢文の流れを受

け，古文に比して対偶表現や音律の調和などの形式面に意を用いるところに特徴がある。明清の八股文がその極点とされる。また，清末から近代にかけて，公文書・書簡・報道などに用いられた，文語に俗語体を交えた通行文も時文と称されたが，これも公用文としての性格をもった形式的文体である点で，前代の時文と共通する。　　　　　（齋藤 希史）

しぶんりつ【四分律】　仏教僧団における法規集である「律」文献の一つ。比丘・比丘尼が守るべき生活の規則が詳細に解説されている。仏教はインドにおいて多数の部派に分裂したが，四分律はそのなかの一派「法蔵部」が用いていた律である。その成立はおそらく紀元前にまで遡るであろう。長安に来た罽賓国の三蔵法師仏陀耶舎が暗記していた原本に基づいて410(弘始12)年から412(同14)年にかけて翻訳された。その時，竺仏念が協力したと言われている。全体が大きく4つの章に分けられているため，「四分律」の名がついた。当初は特に注目されることもなく，同時代に翻訳された多数の律の中ではむしろ陰に隠れた存在であった。しかし地論宗を興した慧光が所依の律として採用したため，6世紀以降一躍重要視されることとなった。その後，律宗の基本典籍となり，道宣の『*四分律行事鈔』をはじめ多くの注釈がつくられた。律宗の大家鑑真和尚が日本に伝えたのも，この律である。
　　　　　　　　　　　　　　　　　　（佐々木 閑）

しぶんりつぎょうじしょう【四分律行事鈔】
南山律宗の祖*道宣が著した『*四分律』に対する注釈書。正しくは『四分律刪繁補闕行事鈔』。626(武徳9)年に初稿，その後重修が加えられた。当時の仏教界における僧団生活の乱れを憂慮した道宣が，仏教界の刷新を図って書いたもので，『四分律』に対する注釈という枠組みを保ちながら，大・小乗の融通を理想とする作者の戒律観が随所に色濃くでる独自の構成をとる。そこには極めて多くの大乗・小乗典籍が引用されており，また『四分律』に不足する箇所を補うため，他律の文も多々引用される。全体が上・中・下の3巻に分かれており，上は僧団が全員で行う諸行事の執行方法，中は比丘・比丘尼個々人が守るべき禁止事項の一々についての解説，下は衣食住や修行法など，僧団内での日常生活全般にわたる諸規定を解説する。本書は成立当時から大いに注目され，それを研究する者は跡を絶たず，南山律宗隆盛の一大要因となった。　　（佐々木 閑）

しぶんれき【四分暦】　後漢の暦法。李梵・編訢らの編纂。85(元和2)年から，それまでの太初暦に替えて用いられ，引き続き三国蜀で263年の滅亡まで，および魏で236(青龍4)年まで用いられた。1太陽年の長さを$365\frac{1}{4}$日とし，太初暦より正確である。端数が4分の1であるところからこの名がある。1朔望月は$29\frac{499}{940}$日。またこの値を採用する暦の一般名称としても使われ，太初暦より前に行われていた顓頊暦などもこれに属する。（宮島 一彦）

しへいざん【四平山】　渤海湾に臨む遼寧省大連市の四平山にある龍山文化の積石墓群。1941年に京都大学の梅原末治らが尾根上に累々と列をなす一辺5m足らずの方形積石墓の数基を発掘した。割石積みの竪穴式石室から出土した副葬品には，山東龍山文化に特徴的な轆轤製の泥質黒陶や在地的な褐陶があるほか，遼東半島に産する岫岩玉を用いた牙璧・環・錐形器などの玉器や加工痕を残す玉の廃材があり，被葬者が山東半島との交流の中で玉器の製作に携わっていたことがわかる。報告書に『遼東半島四平山積石塚の研究』(柳原出版，2008年)がある。
　　　　　　　　　　　　　　　　　　（岡村 秀典）

しべんろくしゅうよう【思弁録輯要】　清初の朱子学者・陸世儀撰の『思弁録』35巻(『正誼堂全書』所収。全体を15門に類別)が繁多なため，同書にもとづき，後に張伯行が原本を刪定し，居敬・格致・治平類など，14門に分けて編纂し直したもの。全35巻。『四庫全書総目提要』子部儒家類に収める。平生の思索の剳記の体裁を取る。程朱の学を宗とし，礼法を遵守したとされる陸世儀の面目が発揮され，古来，理学切要の書と称せられるが，同時に実学的な要素をも多分に含み，井田・封建・学校・水利・田制・経界・兵法など，極めて多岐にわたる具体的な政策論を提起している。そこに現れた穏健な現実感覚は，当時の士大夫の政治意識を検証する上で貴重なものである。なお，本書に関連して，劉蓉の『思弁録疑義』1巻がある。
　　　　　　　　　　　　　　　　　　（伊東 貴之）

じぼ【字母】　→三十六字母

しほう【諡法】　諡の付けかた。諡号は，帝王はもちろん后妃や貴族・官僚まで，生前の「名」に代わる呼び名の役割を果たすが，概ね死者に対する評価がこめられており，生前徳行のあった死者の死を悼み，その美徳を褒め称える「美諡」と，生前の所業に難のあった死者の非を指摘する「悪諡」とがある。文・武・忠などは美諡に，幽・霊・哀などは悪諡に用いられる字として知られる。諡法の歴史は古いが，特に漢魏晋に発達し，唐宋において最も盛んであった。
　　　　　　　　　　　　　　　　　　（原田 直枝）

じほうかもん【自報家門】 伝統演劇における登場人物紹介の手法。劇中の主要な人物が初めて登場した際に、詩歌の吟唱（引子・定場詩）やセリフ（定場白）などの一連の所作によって様式化された自己紹介を行い、みずからの姓名・出身地・出自および劇中のシチュエーションやその場面における心情・考えなどを説明するもので、古典演劇の「家門」に起源する。　　　　　　　　　（千田　大介）

しほうしきしょうへきが【四方四季障壁画】 漢代以来の中国の宇宙観である陰陽五行説に則り、理念型としては、東壁に春景、南壁に夏景、西壁に秋景、北壁に冬景を配して、四方と四季の完備する小宇宙を現出するもの。現存最古の作例は、平安時代の『平等院鳳凰堂中堂四方四季九品来迎図壁扉画』(1053年)と遼代の『慶陵東陵中室四方四季山水図壁画』(1055年)。文献的には、さらに遼代の『日月四時堂』(938年頃)や五代の黄筌『後蜀六鶴殿六鶴図壁画』(944年)などに遡り、夙に唐代の皇帝陵墓壁画で行われていたのではないかと推定される。巻軸に描かれる通常の私的な「四季山水図」などでは、縦書きの書写法と同じく、四季が向かって右から左へと進行するのとは全く逆に、建物の四方と絵画の四季が対応する公的な本障壁画の場合は、四季が、日月の運行どおりに時計回りに循環し、画面向かって左から右へと巡行する。中国では、現在のところ、明代以後の作例は知られない。日本では、平安時代以後も発展を遂げ、室町時代の相阿弥・狩野元信合作『大仙院方丈襖絵』(1513年)のように、絵画化された四季が、南面する方丈室中の東西北三方と礼の間の西北二方の襖絵を形づくって巡行するもの、檀那の間の東北二方の襖絵の画面空間内の四方を循環するものの2種からなる、複合四方四季障壁画が出現するとともに、近代に至るまで1000年に亘る永続的伝統として継承される。
　　　　　　　　　（小川　裕充）

しほうへいていきん【四方平定巾】 明代、男子の用いた主なかぶりものの一つ。多くは黒い紗羅でつくる。四方を角張らせる所から四方角巾ともいう。明代初期、四方平定巾と六合一統帽の制が定められたが、商人・小吏・庶民は六合一統帽をかぶるものが多く、知識人・中小地主・退職した官吏は四方平定巾をかぶるものが多かったという。明代、一般の人々のかぶりものは種類が多く、唐・宋・元時代以来のものも広く用いられていた。しかし制度として定められたものは上記の2種類のみで、これらは「四方を平定し、六合を一つに統べる」の意味をあらわし、新しい王朝にとっては政治上の象徴的意義をもっていたと考えられる。楊維楨が明の太祖朱元璋に謁見した際、楊がかぶっていた黒紗の方巾の名を尋ねたところ、彼はこれは四方平定巾ですと答えたため、この形式のかぶりものが採用されたともいわれている。　　　　　　　（増田　克彦）

しほっかい【四法界】 唐中期の華厳宗の澄観が説いた重層的な4種の世界観。底辺の事法界とは普通の事物の世界である。次に理法界とは空の道理で観る世界である。更に理事無礙法界とは、空の真実と事物の現実とが自由自在に関連する世界である。頂上の事事無礙法界とは事物が相互に自在に関連し合う華厳の究極の世界である。澄観は当時盛んであった禅宗の教えを第3法界のレベルと批判し、第4法界の華厳の優越性を示した。
　　　　　　　　　（吉津　宜英）

しぼぼほうてい【司母戊方鼎】 高さ133cm、長辺116cm、短辺79cm、重さ875kgに達する大型の方鼎。1939(民国28)年に河南省安陽市郊外の武官村小営西地で農民が発見した。内壁に「司母戊」の銘文があり、殷の23代帝武丁の妻をさすと考えられている。側壁は帯状の文様帯が中央の無文部を窓状に残して囲み、浮き彫りの饕餮文が表される。殷墟内の苗圃北地で検出された同規模の方鼎の鋳造遺構によると、半地下式のつくりつけの鋳型を用いて器身から四足を鋳造した後に両耳を鋳足したと推定される。中国国家博物館蔵。
　　　　　　　　　（内田　純子）

しぼんげざん【思凡下山】 伝統演劇の演目。清の張照(1691～1745)の伝奇『勧善金科』240齣の中の「思凡」と「下山」の両齣。元来『勧善金科』は乾隆年間(1736-95)に宮廷で上演されたもので、『目連救母』の仏教伝説を題材に、唐代の物語に改め李希烈・朱泚等の反乱事件も加え、鄭之珍の伝奇『幼善記』も参考にし因果応報の思想を強調している。現在の崑劇では、特にその中の「思凡」と「下山」の2齣を頻繁に上演し高評を得ており、それぞれを単独で、あるいは2齣連続で上演する。若い尼が色欲厳禁の戒律の束縛に耐えられず(「思凡」)、若い僧を誘って山中の寺院から脱出して逃走する(「下山」)という筋。2齣を連続して上演する時は『双下山』又は『僧尼会』とも呼ぶ。京劇は崑劇の劇本によって演じる。その他、徽劇・婺劇・秦腔などの劇でもこの名で演じられている。　（内山　知也）

しみんがつりょう【四民月令】 後漢の崔寔(103頃～170頃)によって著された、初期の時令型農書。崔氏一族は、琢郡安平県(河北省)の著名な豪族。本書には、麦や粟などの大田作物のほかに、各

種の蔬菜栽培，酒や醬(調味料)類の醸造，麻織物や絹織物の生産，近郊市場への投機行為，宗族内での相互扶助など，華北豪族の荘園経営の実態が月毎に克明に記されている。原本は伝存せず，いくつかの輯本(しゅうほん)(復原テキスト)がある。
　　　　　　　　　　　　　　　　　　（渡部　武）

じめい【字謎】　謎の一つ。漢字を答えるなぞなぞ。中国のなぞなぞのうちポピュラーなもののひとつ。例えば，「人有它大，天没它大(人はそれがあれば大きく，天はそれがなくても大きい)」，答えは「一」。現存のうち，古い部類に属する字謎は，南朝宋の詩人鮑照の字謎詩3首。其の一は「二の形に二の体，四つの支(手足)に八つの頭，四八一八，飛泉流れを仰ぐ」，答えは「井」(四八一八は4×8+1×8で四十，「井」が「十」を四つ組み合わせた形であることから)。
　　　　　　　　　　　　　　　　　　（幸福　香織）

しめいじゅうぎしょ【四明十義書】　北宋の仏教書。2巻または3巻。1006(景徳3)年に天台宗山家派(さんげは)の中心人物である四明知礼によって撰述された。唐末五代の戦乱や禅宗興隆と天台宗学の衰微などから，天台宗学の正統な伝承が失われ，その結果，北宋の天台において山家・山外の争いが起こっていた。この7年にわたる論争において，合計10回の問答論難が行われ，その最後に知礼が，従来往復した各種の問題を十義に要約して論述し，山外派の学説を総合的に破斥したものである。
　　　　　　　　　　　　　　　　　　（岩城　英規）

しめいしわ【四溟詩話】　明の詩話。4巻。謝榛(しゃしん)著。もとは1612(万暦40)年刊の『四溟山人詩』10巻の巻首に『詩家直説』2巻として置かれていたもの。あわせて300余条。その詩論では「超悟」ということが強調され，詩の興・趣・意・理の四格を悟ることが重要だとする。また盛唐の十四家の詩を推重するなど復古を主張するが，必ずしも字句の模倣は求めていない。歴代詩話続編本，叢書集成初編本，人民文学出版社校点本等が通行している。
　　　　　　　　　　　　　　　　　　（田口　一郎）

しめんぞう【四面像】　方柱状の石の4面に仏教や道教などの尊像や銘文を刻んだ造像。中国では南北朝時代5世紀末から6世紀代に，陝西や山西を中心に流行した。主に民間の造像集団が発願主となり，家族や宗族，村などの小規模な合力によるものが多い。家や村の一角に安置して共同で礼拝したと思われる。造形や銘文の内容は仏教に限らず道教や祖先崇拝の要素も多く，庶民階級の素朴で土俗的な信仰の状況がうかがえる。陝西省銅川市の薬王山博物館や西安市の臨潼(りんどう)博物館の碑林には，道教と仏教が混在する作例が多数認められる。
　　　　　　　　　　　　　　　　　　（石松　日奈子）

しもんろく【思問録】　清初の哲学ノート。王　夫之(おうふうし)著。内篇・外篇によって構成される。内篇は主に人間存在の特異性を，すべての人間に一般的に与えられる初期条件と，そこに自律的に形成される倫理性との関連から解明し，外篇は主に自然界の統一的なシステムの解明に力点が置かれている。王夫之が60代半ば以降，自身の思索の成果を特定の分野に限定して備忘録風に整理した著作として，『噩夢(がくむ)』(政策論)，『俟解(しかい)』(修養論)とともに3部作を成す。
　　　　　　　　　　　　　　　　　　（本間　次彦）

しゃ【社】　原始社会では自然集落を守護する土地神などの依代(よりしろ)として，樹木や玉石あるいは封土といった，宗教儀礼を執り行う対象を意味した。そこはまた構成員達の秩序を整え親睦をはかり，共同意識を涵養する場でもあった。都市国家の成立や統一王朝の出現にともない，社神や稷神(稷)などが政治化され，社稷が国家を表すなど社の形態や内容にもさまざまな変化が生じたが，後世まで永く存続し宗廟とともに共同体を支える大きな役割を担ったのである。後漢末・三国時代いらいの争乱により，危機に瀕した郷村共同体に新たな息吹を与えたのが，東晋の廬山の慧遠による念仏結社，いわゆる白蓮社に象徴される宗教結社である。南北朝時代には南の法社あるいは社邑に対し，北では義邑とか邑義と呼ばれる信仰団体が各地に組織され，仏寺・道観の造営や造像・写経・斎会などに協力したが，それらを通じて相互扶助に至る社本来の機能をも発揮した。隋唐時代には邑会あるいは邑社，某(普賢・米・香行)社という呼称も派生するが，内容にはさほどの違いはない。
　　　　　　　　　　　　　　　　　　（藤善　眞澄）

しゃあん【謝安】　320(太興3)～385(太元10)。東晋の政治家で，風流ぶりでも慕われた。陳郡陽夏(河南省)が本籍の名族。字は安石。任官を嫌い，会稽地方(浙江省)に隠棲していたが，40歳を過ぎて出仕し，中書監・録尚書事など中央の要官を歴任，孝武帝の重臣として権臣桓温の簒奪を阻み，都建康(南京)を増築，五胡十六国前秦の苻堅の南進を弟謝石・甥謝玄を用いて淝水の戦いで退け，さらに北伐を企てたが，皇弟の会稽王道子に権勢を忌まれ，広陵(揚州)に出鎮，その地で没した。晋書79
　　　　　　　　　　　　　　　　　　（中村　圭爾）

しゃい【写意】　外形を写すことよりも，精神の表出を重視する絵画表現。そのため，描かれた物の形状が実物と似ているかどうかの客観性は，ここ

では軽視される。形似の対義語にあたり，中国絵画の特質を形成する重要な表現の一つでもある。写意は知識人に支持されながら，やがて文人画と結びつくと，技巧的に熟練した職業画家では到達できない表現とされ，深い教養や人間性の裏づけが必要と考えられるようになる。北宋の蘇軾は，外面的な形よりも対象の本質を表現することの重要性を説き，また元の倪瓚は，絵とは「胸中の逸気」を写すためのものであり，描いたものが何に見えようと問題ではないと述べている。写意は最初，理念的な側面が強かったが，明代以降，写意画として技法的に定着すると，水墨を主体とした速筆による大胆で簡潔な表現を指す用語となった。明代には陳淳や徐渭が花卉を題材とした写意画を得意とし，清代では八大山人が優れた写意画を残している。 (古田 真一)

ジャイルス Herbert Giles 1845～1935。イギリスの中国学者。オックスフォードに生まれ，ケンブリッジに没した。1867年，北京の英国領事館勤務を皮切りに25年間，上海や寧波で副領事，領事を務める。長年の中国滞在の経験が買われ，1897年，ウェードを継いでケンブリッジ大学の中国学の教授となる。ウェード・ジャイルス式のローマ字中国語発音表記法は有名。またウェードの辞書を改良した『中英辞典』は現在も使用される。『中国文学史』(1901年)など，中国に関する多くの著作がある。 (門田 眞知子)

しゃか【社火】 節季ごとのお祭りに，いわゆる講中を組織して奉納される演芸・遊芸。共同で興行を行う仲間組織もさす。

宋代，特に南宋の郷村社会では，市場地の発達を背景として，旧来の社の祭礼に大きな変化がみられ，市場拠点の廟を中心に新しい祭祀組織が成立してきた。この組織も社会・社火・社夥と呼ばれた。南宋の范成大の「上元紀呉中節物」と題する詩の自注に「民間の鼓楽，これを社火という。ことごとくは記すべからざるも，大抵滑稽を以て笑いを取る」とある。やはり南宋の孟元老『東京夢華録』にも社火の状況が叙述され，「社火は……百戯(楽舞・雑技の総称)が上演されるが，たとえば竿登り，趯弄(手品の類)，跳索(縄渡り)，相撲，鼓板(鼓と笛と柏板とで合奏する俗楽)，小唄，闘鶏，落語，狂言，謎当て，合笙，喬筋骨(大げさな力わざや軽わざ)，喬相撲(大げさな相撲)，浪子雑劇(よたものしばい)，果物売りのものまね，学像主(ものまね)，鉢操り，鬼神扮装，砑鼓(歌と舞)，牌棒(武芸)，道術など……」とあり，演芸の内容が大変豊富であったことがわかる。

清代の，呉綺『揚州鼓吹詞序』や顧禄『清嘉録』には，立春の前日に社火(社夥)に扮装させ，行列をするという叙述がある。「学士(唐の十八学士)，瀛(神仙の山)に登る」「昭君(王昭君)，塞を出づ」等の演目の扮装も行われた。

現在でも，民間において全国各地で社火が盛んに行われ，その内容は，花灯(飾り提灯)，焔火(花火)，龍舞(蛇踊り)，獅舞(獅子舞)，台閣(みこし)，高蹻(竹馬)，竹馬(春駒)，秧歌(労働歌)，早船(陸船)，蟀跤舞(一人相撲)，鼓舞(太鼓の舞)，鞭春牛(はりこの牛のねりあるき)，跳蘆笙(蘆笙踊)，競龍船(龍船競争)，上刀杆(刀の梯子上り)等，舞踏，戯曲，雑技，武術，音楽等多岐の分野にわたっている。 (廣田 律子)

しやか【子夜歌】 東晋の頃，長江下流域の民間に生まれた歌謡である呉歌(呉声歌曲)の一種。伝説には，子夜(まよなか)という名の女性がうたい始めたとも，幽鬼によってうたわれたものともいう。他の呉歌と同様，五言四句で多く連作の形をとる。おもに男女の恋心をうたい，双関語(かけことば)を多用するのが特徴である。バリエーションとして「子夜四時歌」があり，また唐には李白の「長安一片の月」ではじまる名作『子夜呉歌』が生まれている。 (松家 裕子)

しゃかい【社会】 宋元時代，種目ごとに組織していた芸人たちの団体の総称。南宋臨安(杭州)の記録である『武林旧事』に「社会」の条があり，雑劇の芸人たちは「緋緑社」，唱賺(説唱芸能)の芸人たちは「遏雲社」，小説の芸人たちは「雄弁社」という名の団体を構成していた。他にも蹴球の「斉雲社」，清楽(器楽)の「清音社」，影戯の「絵革社」などの組織があった。 (大木 康)

しゃがく【社学】 中国の教化教育機関。南宋の頃に創設され，明清時代に大きな発展を遂げた。明の太祖の『教民榜文』，黄佐『泰泉郷礼』に示されるように，社学は元来，宗教施設としての社に付属して設置された機関であり，地域住民の子弟に，漢字・儒学の基礎を教え，また，儒学の教えに基づく秩序意識を民衆に植え付ける教化教育の機関として重んじられたが，清代には，科挙受験の準備のための施設となったものもある。 (井上 徹)

しゃかにょらいぞう【釈迦如来像】 仏教の開祖釈尊(釈迦牟尼)が入滅の後，次第に神格化され超越的な仏陀として崇拝されるに伴い，画像や彫像に表されて信仰の対象とされたもの。初期には姿を造形化することはせず，聖樹や仏足跡などで象徴的に表現していたが，クシャーン朝の紀元1世紀前後

に人体像としての釈迦如来像が創始された。この頃に中国へ仏教が伝来したことを語る後漢明帝の感夢求法説では、初伝の仏像を「釈迦倚像」という。これは後代の創作に過ぎないが、最初期の請来像やそれを手本に作られた初期金銅仏の多くは釈迦像と見られる。釈迦と銘記された最も早い現存作例としては、五胡十六国の西秦(385-431)の炳霊寺石窟第169窟に立像・坐像・二仏並坐像の壁画がある。二仏並坐像は『法華経』に説く釈迦・多宝の二仏を表したもので、南北朝から隋にかけて盛行した。中国での在銘作例を統計的に見ると、釈迦如来像は南北朝時代を通じて弥勒菩薩像とともに造像の過半を占めているが、唐時代には阿弥陀如来像の急増に取って代わられた傾向が認められる。像の形式は、手を禅定印または施無畏・与願印(但し5世紀頃までは左手に衣端を執る形が一般的)の形とした坐像に作るのが通例であるが、唐代にはインドの金剛座真容像の影響を受けた降魔触地印の形式も流行した。密教では胎蔵界の天鼓雷音如来、金剛界の不空成就如来と同体とされ、また宋代には華厳思想を取り込んだ禅宗において、五仏宝冠を戴き装身具を着けた菩薩形の釈迦が作られた。

一方、釈尊一代の事跡に基づく仏伝美術も南北朝以来おこなわれ、数場面を組み合わせて通時的に表す例だけではなく、誕生・樹下思惟・苦行(あるいは出山)・涅槃などについては独立した礼拝像形式の画像や彫像が多い。特に誕生仏や涅槃像は仏生会や涅槃会の盛行に伴い本尊として造立された。また、優塡王思慕像のように特異な説話的背景をもって造られた釈迦如来像も長く信仰を集めた。

(肥田 路美)

しゃぎ【社戯】 古代以来主に江南の農村で五穀豊穣・六畜繁殖・風雨順調・国家人民安泰などを祈願して行われた演劇。社はもと土地神を意味したが、郷土ひいては国土をも意味するようになり、その祭りの日を「社日」という。民間では社を祀る行事を中心に住民組織が形成され、この組織をも社と呼んだ。のち社稷の壇は壊され、土地廟がこれにとって代わり、社日の行事も廃れて廟会(縁日)の演劇に受け継がれたので、紹興などでは「廟会戯」とも呼ぶ。

やがて廟会の祀りの対象は土地神以外にも拡大され、あらゆる神仏の誕生日ごとに演劇が奉納されるようになった。上演費用は廟や一族の財産から支出され、入場料を取らない。一般に廟宇・祠堂・露天舞台で行われた。神座を祀るのが観劇の主体で人はおこぼれに与るだけというのが建前だが、農民にとっては最大の娯楽、魯迅は『社戯』や『女吊』で清末の上演時の興奮を鮮やかに描写している。紹劇・徽劇・京劇などの劇団が演じ、『目連戯』も重要な演目だった。

(佐治 俊彦)

しゃく【勺】 小さい椀形の容器に長い柄を付けた器。酒や汁を汲むための器とされる。銘文に「勺」と自銘する器は無い。古くから勺は斗と混同され、何を以て両者を区別するか判断が難しいが、柄が容器の口縁部に接続するものを勺とする見解が提示されている(王振鐸「指南針与羅経盤(上)」『中国考古学報』3、1948年)。この分類に従えば、青銅の勺は殷墟期に出現し春秋時代～戦国時代の例が複数知られるものの、西周期にはみられない。

(角道 亮介)

しゃく【尺】 手指を広げて長短をはかったことに由来する長さの単位。また長さをはかる道具。物差し。一般に竹・木・象牙・骨・青銅・鉄・銀などで長条形に作り1尺とした。これを10等分した刻み目(1寸)を入れたものが多く、さらに1寸を10等分した刻み目(1分)を加えた尺も少なくない。尺の実長は時代とともに変化するが、道具としての物差しの形状は、実物の残る殷代の例から近代の例に至るまで大きな変化はない。殷墟出土と伝えられる2本の象牙質の尺は、いずれも長さ約15.8cmであった。洛陽金村古墓出土と伝えられる銅尺は23.1cmあり、戦国時代の1尺の実長を伝える。漢代にもほぼ同じ尺長が続くが、魏晋南北朝以降しだいに長くなる。漢以降の尺には、象嵌・鎏金(鍍金)・彫刻・彩絵などを施した、工芸的にも見事なものが多い。

(西江 清高)

しゃく【笏】 古代に、侍臣百官が帝王に朝見する時に手にしたもの。朝笏・笏板・手板とも称する。漢代には笏と称し、六朝以後は多く手板と称した。その出現は既に殷・周代にある。初めは竹木をもって製作したが、後、白玉または象牙を材料とした。もとは君主の前では手に執り、儀式終了後は腰間に挿した。しかし、後には変化して一種の飾り物となり、併せてその材料により、身分を明らかにするものとなった。『礼記』玉藻に「笏は天子は球玉を以てし、諸侯は象を以てし、大夫は魚須(サメのひげ)を以て竹を交る。士は竹もて本とし象するも可なり」とある。更に、同書には、君主の前で説明が必要な時には指ではなく笏を用いること、また君主からの命令は笏にメモするなどの記載もある。この制は清代になり廃止された。(釣田 敏子)

しゃく【爵】 口縁に注口を付け、その反対側に長くのびる尾を作る三足器。側面に把手を設ける。青銅の爵は注口の付け根に一対の柱(口縁部か

ら立ちあがる柱状の装飾)が付く例が多い。自銘の例は無く，宋代の『考古図』以来，伝統的に爵と呼ばれる。酒を温めて注ぐための器とされ，土製の爵は二里頭文化2期に，青銅の爵は同3期にそれぞれ出現する。特に青銅爵は中国最初の青銅彝器であり，殷代にも中心的な彝器として大量に製作されるが，西周中期以降は激減する。
(角道 亮介)

しゃくい【爵位】 古代中国における宗法制や封建制と密接不可分の関係を有する政治的身分の段階的体系。「爵」字の原義が酒器であることから，この身分体系の起源も飲酒儀礼の際の序列にあると考えられる。文献では，周代には天子の下の国君クラスに，公・侯・伯・子・男の五等爵があり，国君のもとに，卿・大夫・士があったとされるが，甲骨金文史料などとは必ずしも一致しない。戦国から漢代にかけて，軍功に応じて庶民にも爵位を与える軍功爵制が存在したが，それ以降は，皇族や功臣に与えられる名誉的な称号となる。
(高木 智見)

しゃくげき【錫劇】 伝統演劇の劇種名。江蘇省南部から上海一帯に分布。人民共和国建国後の1952年から錫劇という名称を用いる。

19世紀の初め，江蘇省南部の揚子江と太湖に挟まれた，常州から無錫一帯に流行していた灘簧という語り物が演劇化し，うたのゆったりとした常幇(常州)とリズミカルな錫幇(無錫)が形成される。1908(光緒34)年，滬寧鉄道が開通し，常州・無錫から上海に人口が流入，灘簧芸人も上海に進出し大世界などの演芸場で上演するようになった。1920年代には錫幇と常幇が合同し，うた中心の演目が多いため常錫文戯と称して建国後に至る。うたは板腔体，主なメロディーに簧調・大陸板・玲玲調など。主要演目に『抜蘭花』『庵堂相会』『珍珠塔』などがある。
(松浦 恆雄)

しゃくしけいこりゃく【釈氏稽古略】 呉興(浙江省)の覚岸禅師が元の1354(至正14)年に編纂した4巻からなる編年体の仏教歴史書。覚岸は初め『稽古手鑑』を著したが，それを整備補完してこの書を完成させた。彼は『仏祖歴代通載』の編纂者である念常の弟子で，臨済宗の僧侶。南宋の1270(咸淳6)年に著された本覚の『釈氏通鑑』は，宋初で擱筆しているが，それから多くを引用している。引用文には出典を明記しているが，開元中に活躍した不空の記事を載せて唐初の『続高僧伝』からと記し，唐初のことを述べて『梁高僧伝』からとするような初歩的ミスが目立つ。三皇・五帝の上古から南宋末の恭帝の1276(徳祐2)年にいたる政治史の下に仏教事績を編集したもので，仏教と直接関わらない記事も見え，雑然としているとの評もある。しかしそのため仏教の歴史的推移が捉えやすいという特長を持つ。明末には，この書に続いて元から明までの記事を集めた大聞幻輪『釈鑑稽古略続集』3巻が出ている。
(西脇 常記)

しゃくじょう【錫杖】 僧侶が歩行する際に携行する杖の一種。金・銀・銅・鉄製など，各種のものがある。通常，細長い棒状部の頂に逆ハート形をした頭が付き，そこに複数の小環が備わる。歩行時に携行すると，振動によって頭部の小環が触れ合って音を発し，獣や害虫を寄せ付けない役目を果たす。比丘十八物(僧侶の生活必需品)の一つに数えられるが，他の仏具と同様，しばしば供養具にも転用された。
(松本 伸之)

しゃくしようらん【釈氏要覧】 仏教徒が本来知っておくべき仏典中の基本的な事項・名目を抽出し，それぞれ注釈を加えた仏教事典の一種。1019(天禧3)年，北宋の道誠が撰集したもので上中下の3巻からなる。自序によれば真宗が当年8月，天下あまねく登録ずみの童行(修行中の童子・行者)を得度させる勅恩度僧の命を発したのを機に，それまで仏典中より抄録してきた語彙を，内容や項目によって27篇に類別し，諸家の伝記や論疏ならびに内外の文翰をもって釈解を施し，初学者の指南や閲覧に供することにしたという。道誠は銭塘(浙江省)の出身で号を慧悟大師といい，若くして出家し杭州の龍華宝乗寺に住したが，のち月輪山の草堂に移り，もっぱら大蔵経の研鑽にはげみ本書はその成果の一つである。姓氏に始まり中食(斎食)に終わる上巻，礼数から習学に至る中巻，下巻の説聴から送終までの各9篇は，「簡にして要を得た」と評されている。彼にはまた唐の王勃撰『釈迦成道記』の注釈がある。
(藤善 眞澄)

しゃくとうふう【借東風】 三国劇の演目名。別名『南屏山』。赤壁の戦いで互いに繋いだ曹操軍の船を火攻めにすることで諸葛亮と周瑜の意見は一致したが，冬のことで敵陣へ向かう東風が吹かない。そこで諸葛亮は南屏山に祭壇を設けて方術を使い，3日3晩の東風を借りることに成功する。周瑜は諸葛亮の威力を恐れ，生かしておくと以後呉の国の憂いになると思い殺そうとするが，諸葛亮は趙雲の舟で夏口に帰ってしまう。京劇の馬連良の絶唱で有名。馬派の得意演目。
(吉川 良和)

しゃくはち【尺八】 無簧で竹製の縦笛。1尺8寸の管長が呼称の由来となり，前面に5，背面に1の指孔を具える。唐代の宮廷音楽等で流行した

が，宋代に廃れ同系の簫にとって代わられた。『新唐書』は尺八の作成者を唐初の呂才と伝える。宋代には簫管・竪笛・中管とも呼ばれた。福建南音の洞簫は，中国内では恐らく唐尺八の唯一の末裔であり，南尺八とも呼ばれる。日本には唐の尺八が宴饗楽とともに伝わり，実物を奈良正倉院が保管するが，現行の雅楽では用いない。　　　（尾高 暁子）

しゃくみょう【釈名】　後漢の訓詁書。8巻。劉 熙撰。語は釈天に始まり釈喪制に終わる27篇に分けて配列される。『爾雅』にならった意義分類体の辞書であるため，明代，『五雅全書』の一つとして『逸雅』と名を改め刊行されたことがある。専ら声訓を用いて語の由来を説くという特徴があるため，強引な解釈も目立つが，古音研究の資料としても有用である。清の畢沅に『釈名疏証』，王先謙に『釈名疏証補』がある。　（森賀 一恵）

しゃこくぼん【写刻本】　能書家の筆写した版下そのままに刻した刊本。一般に刊本は木板に刻字することを効率的かつ容易にするため，普通の筆写体とは異なる比較的角ばった宋体などと呼ばれる字様を用いることが多い。単に能書家の版下を用いたもののほか，著名人の真跡を版下としたものも多く，東禅寺版大蔵経の内にある蘇軾書写を版下にした『楞伽経』はその一例である。　（梶浦 晋）

しゃこはん【鷓鴣斑】　宋代，建窯（福建省）産の建盞の文様をいう。釉薬に現れた斑文の一種。鷓鴣（キジ科の鳥。別名，越雉）の羽の文様に似ていることからこの名がある。北宋の初めに陶穀が著した『清異録』には「閩中造盞花紋鷓鴣」の記載がある。また，清の朱琰の『陶説』では，鷓鴣斑は兎毫，すなわち禾目のことであるとしている。一方，鷓鴣の胸の羽には白色の円点状の斑文があることから，これを油滴と考える異説もあり，その解釈は一致をみていない。　（砂澤 祐子）

しゃこひ【鷓鴣飛】　湖南地方に伝承される2拍子または4拍子の楽曲。民国の『中国雅楽集』（1926年）に収載後，簫独奏や糸竹合奏など多種の演奏形式へと発展した。現在，笛子（横笛）演奏家陸春齢による笛子用の編曲版が演奏されることが多い。陸は，4拍子の原曲にトリル（顫音）や音の強弱を加えたり，旋律の音価を延ばし速度を遅くするなどの手法により，優美で歌唱性に富む曲調とし，鷓鴣（鶉より一回り大きいキジ科の鳥の総称）が飛び交う姿を巧みに描写している。　（仲 万美子）

しゃじしん【謝時臣】　1487（成化23）～ ? 。没年は1567（隆慶元）以降。明時代後期の画家。長洲（江蘇省）の人。字は思忠，号は樗仙。儒を業としたとされ，詩をよくし，山水画に優れた。蘇州で活躍し，周臣・文徴明・仇英・沈仕ら画家たちとの交遊が認められる。大画面を得意とし，気概があって破綻のない構成が高く評価されている。沈 周のみならず戴進・呉偉らの画法を学んだとされ，現存作品も沈周や浙派の影響を受けた墨色の多いものが多い。代表作には『華山仙掌図』（橋本コレクション），『危楼曲閣図』対幅（サンフランシスコ アジア美術館蔵）などがある。　（板倉 聖哲）

しゃしょく【社稷】　国家の土地神と穀物神。あるいは国家そのものを意味する。後漢時代の字書『説文解字』に「社は地主なり」とあるように，社は土地神すなわち「うぶすながみ」を意味する。甲骨文や青銅器銘文にみえる「土」の字が社の原形である。稷はタカキビあるいはコウリャン。五穀の長とされ，ひいては穀物神を意味するようになった。

　社稷の祭祀は，宗廟における祖先祭祀とならぶ最も重要な国家祭祀とされ，ついには社稷が国家そのものを意味するようになった。古代の礼書に「右社」と記されるように，社稷を祭る社稷壇は天子の右，すなわち宮城の南西に設置され，南東に位置する宗廟と対をなすものとされた。北京故宮の南西にある中山公園内には，明清時代の社稷壇の遺構が残されている。　（松井 嘉徳）

しゃしん【写真】　→肖像画

しゃしん【捨身】　仏教用語。他の生き物や仏・菩薩等に我が身を布施すること。「身・命・財を惜しまず」という考えを基盤とし，『法華経』薬王菩薩本事品，『金光明経』捨身品等にみえる。捨身は多く儀礼的に行われたが，出家者の場合には生命を絶って我が身を仏・菩薩に供養することを主に指し，在家者の場合には「外命」たる財産を寺などに喜捨することを指す。このほか，文脈に応じて，死去することを捨身と表現する場合もある。　（船山 徹）

しゃしん【謝榛】　1495（弘治8）～1575（万暦3）。明の文学者。臨清（山東省）の人。字は茂秦。号は四溟山人，脱屣山人。若くして詩名あり，布衣の身分で李攀龍・王世貞らと交わり，詩は盛唐を尚ぶという後七子の理論的指導者となった。その後李攀龍と仲違いし排斥されたが，依然詩名は高く，諸王が争って招くほどだった。その詩論は，神気・声調等を重視し，必ずしも字句の模倣を目指したものではなかった。著に詩文集『四溟集』。明史287

(田口 一郎)

ジャスミンちゃ【茉莉花茶】 緑茶に花の香りを付けたものを花茶・香片といい，茉莉花・珠蘭・桂花等が用いられるが，茉莉花茶(いわゆるジャスミン茶)が一般的である。茉莉花茶は全国で生産されるが，福建省北部の産品に高級品が多い。香り付けの工程を薫製と呼び，緑茶を茉莉花(学名：Jasminum sambac)の花弁と混ぜ，最大12時間程度放置して花の香りを吸着させ，花弁を取り除いて乾燥させる。茶の等級によって，これを3回から7回繰り返す。茉莉花茶は北中国および四川省で最も愛飲されている。 (高橋 忠彦)

しゃそう【社倉】 民間の管理のもとに運営された救荒・救貧のための倉儲。隋の時代に，25家を単位に社という組織を作らせ，それぞれに義倉を設け，これを社倉とも呼んだのが始まりである。南宋時代にはいり，朱熹が福建建寧府で行った事業にならって社倉が広く作られるようになった。宋代の地方制度である都保制を基礎として社倉は運営され，州県の常平倉米の借用と有徳者からの寄付によって作られた備蓄を貧窮者に貸し付け，所定の利子付きで返還させて運用した。同じく朱熹によって整理された郷約などとともに，在地の士人の指導性のもとに，地域社会内部で問題を解決しようという方策であり，明代後期さらには清朝中期においても，同様の倉儲が各地に設けられた。民間管理を原則としたが，当初より地方官の奨励と監督に依拠するところが大きかったが，時代が降るにつれてこうした傾向は強まり，地方の行政・財政との一体化が進むことになった。 (足立 啓二)

しゃそう【謝荘】 412(義熙8)～466(泰始2)。南朝宋の詩人・文学者。陳郡陽夏(河南省)の人。始興王劉濬の後軍法曹参軍で起家し，太子舎人，太子中庶子等を経て散騎常侍，中書令，金紫光禄大夫を歴任した。容貌と才能に恵まれた名門の貴公子で，『月の賦』『赤鸚鵡の賦』『舞馬の賦』などすぐれた賦を残した。詩では典故を多用し，流行にさきがけて声律を解した。当時著すところの文章は400余篇にのぼるという。宋書85, 南史20
(幸福 香織)

しゃぞうひけつ【写像秘訣】 元時代の肖像画家，王繹による肖像画論。1巻。基本を記した短文の秘訣と，色彩についての采絵法からなる。古訣と，書の九宮格法のことを付している。いずれも実作者の立場から具体的に記述する。陶弘景の『図像集要』，唐代の『采画録』などの肖像論は散佚した今日，古いそれとして貴重である。陶宗儀の『輟耕録』に元刻本が収められている外，近年の『画論叢刊』などにも収録されている。なお，ハーバート・フランケの英訳がある(オリエンタルアート n. s., 3)。 (海老根 聰郎)

しゃちょう【謝朓】 464(大明8)～499(永元元)。南朝斉の詩人。陳郡陽夏(河南省)の人。字は玄暉。名門の生まれであり，同族である宋の謝霊運の「大謝」に対して「小謝」と称され，また謝霊運の族弟の謝恵連と合わせて「三謝」とも呼ばれる。沈約・王融・任昉らとともに竟陵八友の一人であり，永明体を代表する詩人である。その文才は若い頃から名声を博し，情景と声律を精巧に調和させた詩風は斉梁文学を風靡した。「余霞散じて綺を成し，澄江静かにして練の如し」(『晩に三山に登り，京邑を還望す』)などの句は人口に膾炙し，梁の武帝は「謝詩を読まざること三日なれば，口の臭きを覚ゆ」と語ったと伝えられる。宣城(安徽省)の太守に任じられたことから謝宣城とも称され，官は尚書吏部郎にまで至ったが，東昏侯の世に36歳で刑死した。李白が尊崇したことでも知られ，唐詩の先蹤としての評価も高い。『謝宣城集』5巻が伝わる。南斉書47, 南史19 (齋藤 希史)

しゃちょうせい【謝肇淛】 1567(隆慶元)～1624(天啓4)。明の文学者・蔵書家。長楽(福建省)の人。字は在杭，号は小草斎。1592(万暦20)年の進士。湖州推官から，刑部主事に移り，工部郎中在職時には，黄河及びその治水作業の歴史『北河紀略』を著した。のちに官は広西右布政使に至る。著に他に，『五雑組(俎)』『小草斎稿』『滇略』『長渓瑣語』『文海披沙』『塵余』などがある。『小草斎稿』所収の「金瓶梅跋」は有名。明史286 (田口 一郎)

しゃっか【釈家】 中国における仏教者・出家者の総称。「釈」は中国における仏教の名称である「釈教」同様，仏教を指す。例えば『魏志』の「釈老志」，『北山録』の「釈道篇」などの「釈」も，やはり仏教を意味する。「老」「道」はいずれも道教のこと。また，仏教伝来当初は，出家した者は受戒者の姓を受け継ぐのが慣例であったが，東晋代の釈道安以降，仏弟子としての自覚から，釈尊の釈の字を姓とし，出家者が名前に釈の一字を冠することが一般化した。 (中西 俊英)

しゃとう【車灯】 民俗芸能の一種。西南地域一帯で見られる。1人が歌い他が和す農業労働歌が，歌いながら簡単な振りをする「跑旱船」の形態になり，民俗行事や寺社の縁日などで農民が演じ

た。1950年代から船の作り物をやめ，舞台で演じるようになった。演者は1，2〜4，5人，両手に金属製の4枚の板を繋いだ「竹板」を持ち，鳴らしながら歌い踊る。歌詞は1句7字が主，最後の句は楽隊も一緒に和して繰り返す。伴奏楽器は銅鑼・太鼓・二胡など。　　　　　　　　　（細井　尚子）

しゃば【車馬】　車馬は馬車（馬牽引の車両）のこと，また車両と家畜馬（ウマ科ウマ属ウマ）の総称である。中国の車馬の確実な最古の資料は殷代後期いわゆる安陽殷墟の車馬坑出土実物と甲骨文字である。最近はこれより前の資料として河南省鄭州市の紫荊山北鋳銅基址出土の車軸頭笵（『考古学集刊』6，1989年）と偃師商城の轍跡（『考古』1998年第6期）がしめされるが，現段階では詳細は不明である。殷墟出土車は，馬牽引二頭立の輈（殷墟出土車16〜26本，戦国期で30本前後）式二輪車で，車体（殷墟出土車は左右1.0〜1.6m，前後0.8〜1.0m，戦国期は1.3〜1.6m，1.0〜1.5m）中央から1本の牽引ポール（輈/輈）を前方に出し直角に横木（衡）をつけ衡に馬用人字形首木（軛）をつけて輈左右両側に馬をつける方式の，いわゆる古代戦車である。これは元は牛用であった牽引方式から，紀元前2千年紀前半に西アジア北部から中央ユーラシア草原地帯西部にかけての地域で馬用に改良した牽引方式（同地域で車両自体の発明は前4千年紀にさかのぼり，馬の家畜化は前3000年よりは前である）と基本的に同一であり，さらに中国に輻式以前の原始的車輪がみつかっていないこと，家畜馬の資料が見つかっていないこと，により西方からの伝播を推定する説がおおい。しかしその改良である皿状車輪や二轅式牽引方式，また手押一輪車も，中国で発明されて西方へつたわったものである。先秦古典にみえる車両は，たとえば後漢代の画像石にみえるような二轅式でなく一輈式であるので注意しなければいけない。牽引馬数は西周以降三頭立・四頭立がでてくる。『詩経』にいう「四牡」である。軌間は殷墟出土車で2.2〜2.4m，戦国期で1.8〜2.0m，よくいわれる始皇帝による軌間統一は文献に記載がないが9尺（約2m）であると推測できる。

　古典には，馬車が身分の象徴であったこと，御術が「六芸」の一つで重要な教養であったこと，車戦の状況，基本的に左（甲首）・右（陪乗）・御の3人乗車であること，日常生活における馬車使用状況，車両の種類名称，乗車方法，身分による所有台数，墳墓への副葬などについて記述がのこっている。

　役畜としての馬利用は駕・駄・騎すべて手綱を基本馬具とし，手綱が最古の道具である。ただし出土品は手綱の基であり頭絡の一部である銜（馬銜，馬の口中にかませる部品）と鑣（銜の両端外側，馬の口角に付けて銜を頭絡の革にとめる部品）がほとんどである。銜は金属製で，殷代から出土する。鑣は骨製や角製品も出土する。

　騎馬の風習については殷代開始説もあるが確実な例は前5世紀ころからである。『史記』『戦国策』に記載される，趙の武霊王が北方騎馬遊牧民の服装に変えて騎馬戦術を改革したという「胡服騎射」の説話は地域と時代（前4世紀末）を考慮すると騎馬軍事技術改良事件としては何らかの事実を含んでいるであろう。始皇帝陵兵馬俑の馬装でわかるように初期的な鞍は早くからあるが鐙はない。鐙は4世紀中国発明の片側鐙から始まる。

　車馬具・馬具の各部分には装飾がおおくつけられる。めだつものとして，頭絡につく馬面があるが，初期の馬面は後代のような馬の冑というべき大型のものではない。また，鞍のずれをふせぐ鞦と鞅につく垂飾を杏葉という。　　　　　（川又　正智）

しゃばこう【車馬坑】　王や諸侯などの大墓の陪葬用として，あるいは祭祀行為の一環として，車馬を埋めた土坑。遺物は基本的に車馬具のみが出土する。車馬を埋葬する習慣は殷墟期にはじまり，西周・春秋・戦国の各時代にみられる。殷代の例としては河南省安陽市殷墟遺跡の小屯北組祭祀坑や孝民屯車馬坑，陝西省西安市老牛坡遺跡車馬坑などがあり，2頭立ての馬車が多い。西周期の陝西省西安市張家坡遺跡第1地点第2号車馬坑では4頭立ての馬車と2頭立ての馬車が並ぶ。山西省南部，曲村遺跡内の北趙村に位置する晋侯墓地1号車馬坑は西周後期のものと考えられ，100頭以上の馬と50輌近くの馬車が出土した。春秋戦国時代の車馬坑としては，2002年から2003年にかけて，河南省洛陽市の洛陽王城広場大型車馬坑（ZK5）が発掘された。70頭の馬と26輌の馬車が埋められ，うち1輌は6頭立ての馬車であったと報告される。秦始皇帝陵の銅車馬坑からは青銅製4頭立て馬車の模型2点が出土した。これも一種の車馬坑であろう。
　　　　　　　　　　　　　　　　（角道　亮介）

シャバンヌ　Edouard Chavannes　1865〜1918。フランスの東洋学者。リヨンの生まれ。パリの高等師範学校を卒業，1893年にコレージュ・ド・フランスの教授となる。『史記』を始めとする漢籍の翻訳のほか，研究は中国の金石文や画像石・仏教・美術・考古学等の多方面にわたるが，中でも《Les documents chinois découverts par Aurel Stein dans les sables du Turkestan oriental》（1913年）は，今日盛んな中国簡牘学の基礎をつくった業績として注目される。　　　　　（永田　英正）

しゃふく【射覆】
覆い隠した物を射てる透視術。「せきふ」とも。古くは漢の武帝が術数家の占術を試すため、ヤモリを盂の下に隠して当てさせたという記事が『漢書』東方朔伝に見える。三国時代の管輅や明代の劉基など超人的な予知能力をもつ人物の逸話にもしばしば射覆が登場する。後世には酒令の一種である文字当ての遊戯も射覆と呼ばれた。日本への伝来も古く、959（天徳3）年、陰陽師の賀茂忠行が村上天皇の勅命を受け、八角の匣に隠された水晶の念珠を占術によって当てたときの占文が『朝野群載』に見える。 （鈴木　靖）

しゃぼうとく【謝枋得】
1226（宝慶2）～89（至元26）。南宋の詩人。弋陽（江西省）の人。字は君直、号は畳山。宋末に江東提刑、江西招諭使などの官を歴任し、兵を率いて元軍に抵抗した。宋滅亡後は姓をかえ福建一帯に落ちのびた。元朝は威嚇して官につけようとしたが、絶食して死んだという。愛国詩人であり、『畳山集』5巻がある。また『文章軌範』の編者でもあり、和刻本も多い。宋史425 （大野　修作）

ジャムチ【站赤】 →駅伝制度

しゃめんそかい【沙面租界】 →広州沙面租界

しゃもんふけいおうじゃろん【沙門不敬王者論】
東晋の僧慧遠が404（元興3）年に著した論文。5篇。402年に東晋の実力者桓玄が、政府の最高首脳部である八座と、八座の一人王謐ならびに慧遠に書簡をあたえ、沙門も王者に敬礼すべしとの見解を突きつけた。340（咸康6）年に東晋朝廷で行われた礼敬論争を蒸し返したのである。王謐や慧遠らは反対の旨の返書を出したが、桓玄は納得せず、論議の決着をまちきれずに、敬礼施行を指令した。ところが、翌年末に桓玄は晋王朝を簒奪し、その日に敬礼王者の命令を撤回する。反対論を理論的にも論破できず、また人心収攬策として、混乱を回避したのである。桓玄没落ののち、慧遠はこの「沙門不敬王者論」を執筆して、仏教者を出家と在家の2つに明確に区分し、出家した沙門は王者を礼する必要はない、と主張した。隋から唐の玄宗朝にかけ、僧尼は皇帝や父母に対して拝礼すべきや否や、すなわち僧尼拝君親論争がしばしば朝廷で繰り返されるが、王法に対する仏法の優位を説いたこの論文は、僧尼不拝君親論者の重要な論拠とされるのである。 （礪波　護）

しゃりしんこう【舎利信仰】
釈迦や高僧の遺骨を対象とし、その霊験を期待する信仰。古代インド王族の葬法に起源を持つ。釈迦も死後7日目に荼毘に付され、10基の塔が建てられ信仰された。その後、前3世紀の中頃、全インドを版図に収めたとされる阿育王は、鬼神を使って一夜にしてインド各地に8万4000の塔を作り、仏舎利を分割納塔したという。仏教の中国伝播は紀元前後といわれているが、その初期には仏舎利への言及はない。3世紀になってはじめて、天竺僧の康僧会と孫権の挿話に「光かがやく神秘性を持ち、劫火にも焼き尽くされず、金剛の杵にも砕けない硬さを備えたもの」（『高僧伝』1）として登場する。この仏舎利の属性はその後の高僧舎利にも受け継がれる。しかし中国で仏舎利信仰が始まるのは、南朝梁の武帝の時代に阿育王の崇仏事業が意識されるようになってからである。やがて隋の文帝は、全国110余州に仏舎利塔を建て、その費用を国民の布施に仰いで、仏教を治世策の柱に置こうとした。そしてこの国家事業に民衆を巻き込むため舎利の霊性・神秘性と霊験が強調され、仏舎利信仰は大いに広がった。近年、長安の西方にあった法門寺の塔の地下宮殿が発掘され、1989年には数多くの貴重な遺物とともに仏舎利が公開された。これは唐代の仏舎利信仰の中心となったもので、30年に一度の開帳の年には五穀豊穣天下太平が約束されると風聞され、天子から庶民までが熱狂した。人々はその功徳にあずかろうとして家財を処分して布施し、さらには自らの肉体までも差し出したという。仏舎利信仰は、釈迦の真骨である舎利のもたらす数々の功徳を期待するもので、受動的な仏教信仰の形であった。9世紀以降になると、僧侶の火葬習俗の普及とともに高僧舎利信仰があらわれ、高僧の伝記には遺骨舎利の数や形状が克明に記録されるようになる。それは仏道修行や覚悟のバロメーターと考えられ能動的な信仰の象徴であるが、一面ではやはり霊験をあらわすものとして、仏舎利と同様に帰依の対象とされた。 （西脇　常記）

しゃりようき【舎利容器】
舎利すなわち釈迦の遺骨を納入して祀る容器のこと。舎利という語は、仏や聖者の遺骨を示す梵語サリラ Sarira を中国で音写したものである。古代インドにおいて舎利を祀る塔（舎利塔・仏塔）を建立したことに端を発し、仏教が流布するに従い、舎利に対する信仰が各地に広まり、それを収めるための容器にも様々な装飾的な要素が加味されていった。中国では、前漢末に仏教が伝来してほどなく舎利信仰も徐々に浸透し、各地で仏塔が建立されるようになった南北朝以降、ガラス製などの舎利瓶をはじめ、多重の容器で舎利ないしその代用品を手厚く保護、崇拝することが盛行し、唐・宋に舎利信仰が熱狂的な高まりをみせるにつれ、その荘厳も豪奢を極めた。陝西省扶

風県法門寺の舎利塔から発見された唐末の遺品は，金銀宝玉など珍奇な素材の大小八重もの容器によって舎利を厳重に保護しており，数ある舎利容器の遺品の中でも最も豪華な作例として知られている。
(松本 伸之)

しゃりょうさ【謝良佐】 1050(皇祐2)～1120(宣和2)？。一説に，没年は1103(崇寧2)年。北宋の思想家。字は顕道。寿州寿春県上蔡(安徽省)の人。上蔡先生と称された。1085(元豊8)年の進士。北宋における理学の定礎者である程顥・程頤兄弟に師事。程門四先生と呼ばれる高弟の一人。新法党政権下，官歴は不遇に終わる。心の自在な活機を尊重する彼の思想は，張九成など南宋初期の儒学思想や*朱子の初期思想に影響を与えた。『論語解』があったが亡ぶ。その思想は，現存の朱子編『上蔡語録』にうかがえる。宋史428
(市来 津由彦)

しゃれいうん【謝霊運】 385(太元10)～433(元嘉10)。南朝宋の文人。一族の本籍は陳郡陽夏(河南省)であるが，晋の南渡以後は会稽(紹興)に土地をもち，都建康に屋敷を構えていた。祖父謝玄に由来する康楽侯を継ぎ，謝康楽と称される。字は無い。族弟の謝恵連(397～433)も詩人として名高い。時代の重なる陶淵明とは「陶謝」と併称され，ほぼ同年の顔延之とは「顔謝」と併称される。若いころから才能に秀で，また自負もあり，文章の美はもとより，その車馬や衣服の斬新な出で立ちは人々の模倣を呼んだ。従叔父の謝混が中心となって宴に興じ風雅を競った「烏衣の遊」にも加わっている。名族謝氏の嫡流として政治の枢要を担うことを志し，東晋の405(義熙元)年に琅邪王行参軍となったが，晋宋の王朝交替に際して謝混が殺されたこともあって，政治的には不遇をかこつこととなった。

一方で文名は高く，永嘉(浙江省温州)の太守として左遷された時には山水を跋渉して，「白雲は幽石を抱き，緑篠は清漣に媚ぶ」(『始寧の墅を過る』)など多くの名篇をのこし，1年後に職を辞して会稽に戻った時には，隠士の王弘之や孔淳之らと交わりを結び，山麓に築いた広大な居をうたった『山居賦』を書き上げている。思弁を好んで仏教を信仰し，「感は往きて慮の復る有り，理は来りて情の存する無し」(『石門に新たに住する所を営む』)などの句も名高い。

その後，文帝に召し出されて一時は出仕するものの，文士としての扱いに不満を抱き，また会稽に戻って荘園領主として気ままにふるまい，しばしば小吏の反感を招いた。さらに臨川(江西省)の内史となったが，謀反を起こしたとして逮捕され，文帝が祖父謝玄に免じて死一等を減じたのによって広州に流されたものの，その途中で逃亡を企てたとして死刑となった。辞世の詩は，「恨むらくは我が君子の志もて，巌上に泯ぶ(隠士として生を全うする)を獲ざるを」とある。

文学史上は，自然美を発見した山水詩人とされることが少なくないが，その筆致は後の王維や韋応物のように平淡なものではなく，時代の重なる陶淵明のように田園の生活が描かれるのでもない。湖の干拓を企てたり，道なき山林を跋渉したりしたその行動に見合うかのように，修辞もまた過剰であること，『詩品』が彼を上品に置きながらも「頗る繁蕪を以て累(欠点)と為す」と指摘するごとくであろう。その意味でも六朝を代表する詩人であり，『文選』には詩だけでも最多の40首が収録される。
宋書67, 南史19
(齋藤 希史)

シャンハイワイタン【上海外灘】 清代，上海に設けられた租界。南京条約によって開港した上海では，1845(道光25)年に第一次「土地章程」協定が結ばれ，上海県城の北側の湿地帯にイギリス人の租界が誕生した。範囲は洋涇浜(現在の延安東路)から北，李家荘(北京東路)から南に設定され，東側の境界線は黄浦江であった。この区域は英語ではインド植民地で使われていた「バンド」の名でよばれ，中国語では「外灘」と称した。バンドの建設期は三つに区分できる。第1期は，2階建てのベランダ植民地様式がメインとなり，現存する旧イギリス領事館がその代表作である。第2期の19世紀末～20世紀初めには，イギリス本国で流行していたクイーン・アン・リバイバルや，バンドの建築の大半を占めたネオ・ルネサンス，ネオ・バロック様式が導入された。1920～30年代の第3期には，構造技術・設備機械の発達により高層化が進んだ。
(包 慕萍)

しゅ【殳】 長柄武器の一種。『周礼』考工記などによれば，周代に弓矢・戈・戟・矛とともに戦車に常備した5種の武器の一つとされるが，長らくその実態は不明であった。1978年発掘の湖北省随県曾侯乙墓から，はじめて殳の名をもつ武器が発見された。この発見で，殳には2種あることも知られた。一種は長い木柄の先端に青銅製の矛を備え，その下部に釘状の棘を多数付けた青銅製球体を装着したもの。もう一種は晋殳と呼ばれ，長い木柄の両端に刃をもたない青銅製筒状の金具を装着したものである。秦兵馬俑坑や満城漢墓からも青銅製や鉄製の殳が出土したが，いずれも曾侯乙墓の晋殳の類であった。これらの例から，殳とは長柄に金属部分を装着して振り回し，敵を殴打した武器と考えられる。なお『説文解字』に，秦書八体の一つとして

役書をあげる。武器に刻された文字の呼称といわれる。　　　　　　　　　　　　　　　　　（西江　清高）

しゅ【朱】　辰砂と呼ばれ、硫化水銀(HgS)でできた赤色顔料。歴史的には銀朱・真朱・丹砂・朱砂などとも呼ばれ、殷代後期には塗料として利用されていた。硫黄と水銀が天然に化合した辰砂という自然鉱物として産する。本来の朱はこの鉱物を細かく砕き、粒度を揃えて一定の色味を持たせた。現代では水銀と硫黄を化学的に単離して、合成する。その色合いが化学変化しにくいことから赤色顔料として好まれたが、産出量が少なく貴重であった。また有毒なことで知られる。辰砂は水銀の原料としても重要で、鍍金銀に利用された。

鉱物を利用した似たような赤色系顔料には鉛を用いた鉛丹(Pb_3O_4)があり、紅丹とも呼ばれた。また鉄系の顔料としてベンガラ(Fe_2O_3)がある。これは中国では鉄朱・鉄丹などと称していた。
　　　　　　　　　　　　　　　　　（平尾　良光）

しゅ【盨】　やや深い鉢状の身に一対の把手と圏足(円形の高台)を付ける有蓋の青銅彝器。蓋には圏足状あるいは4脚の鈕が付く。同時期の青銅の簋と似るが、簋の横断面が円形であるのに対し盨の横断面は隅丸方形あるいは小判形である。簋と同様に穀物を盛るための器とされる。銘文に「盨」あるいは「盨簋」などと自銘する。西周中期に出現し西周後期に大いに盛行するが、春秋時代前期以降は減少し、中期頃には青銅彝器の中から姿を消した。
　　　　　　　　　　　　　　　　　（角道　亮介）

じゅ【綬】　祭服・朝服等の礼服において、皇帝・皇后以下諸臣が男女を問わず佩用した組み帯。大綬と緺(小綬)があり、組み糸の色と数そして長さにより身分を表示した。漢では大綬とともに緺を下げた。皇帝の大綬は、長さ2丈9尺9寸(約6m89cm)という長大なものであった。緺は長さ3尺2寸(約73.7cm)で、色は大綬と同じであり、ただ使用する糸の本数は半分であった。紫綬以上の者はこの緺の間に玉の環を付けた。

唐になると綬の制度は更に整えられ、624(武徳7)年の服制では、皇帝は黒色、皇太子は朱色、一品は緑綟色(黄緑色)、二〜四品は紫色、五品は黒色と定まり、皇帝・皇太子は双綬(対で下げる)であった。皇帝は緺も双綬で佩用し、長さは2尺6寸(約80.9cm)でその間に玉環3個を付けた。

宋では皇帝の綬は唐制をそのまま踏襲したが、諸臣のものは錦・綾等の織物製となり、これらに玉環や銀環を付けた。明になると、皇帝の大綬は従来からの黒地に縁飾りの付いたものではなくなり、6彩で織られたものとなった。また諸臣の綬も、五品以上は黄緑赤紫の4色、六・七品は黄緑赤の3色、八・九品は黄緑の2色で織られ、それぞれに雲と鳳凰・鶴等の文様が施された。
　　　　　　　　　　　　　　　　　（増田　美子）

しゅいそん【朱彝尊】　1629(崇禎2)〜1709(康熙48)。清初の文学者・経学者。秀水(浙江省)の人。字は錫鬯、号は竹垞。曾祖父は明末の大学士朱国祚。幼い頃から聡明で記憶力がよく、経学・史学に通じ詩文をよくした。1679(康熙18)年博学鴻詞科に挙げられ、翰林院検討に任ぜられて、明史編纂にたずさわり、起居注日講官となった。のち弾劾されて致仕し、帰郷して著述に専念した。若年には王維・孟浩然の詩風に学び、中年以後は経学・史学の学識を発揮した長編の詩を多く作った。同時代の詩人王士禛と並び称され、「南朱北王」と言われた。また詞の名手としても知られている。著書には北京市街の沿革を詳述した『日下旧聞』、明一代の詩の総集『明詩綜』がある。詩文集は『曝書亭集』で、楊謙と孫銀槎がそれぞれ詩の注釈を書いている。清史稿484　　　　　　　　（大平　桂一）

しゅいつ【守一】　道教の修行法のひとつ。「一」とは体内神を指し、これを思念する方法。西晋の『抱朴子』地真篇では「一」に男女それぞれがあって上・中・下の三丹田のどこかに居り、修行者の身を守るとされるが、後に三丹田それぞれに「一」が住み、それをありありと思い描く訓練を積むことにより昇仙できるとされ、守三一とも称されるようになる。神々の名称や居場所についてはいろいろなパターンが見られる。また禅宗においても、四祖道信により精神集中法の呼称としてこの語が使われた。
　　　　　　　　　　　　　　　　　（横手　裕）

しゅいん【朱筠】　1729(雍正7)〜81(乾隆46)。清の学者・政治家。順天府大興(北京市)の人。字は竹君、また美叔。1754(乾隆19)年の進士。許慎の『説文解字』を出版してその流布をはかるなど、清代における小学(文字・音韻・言語の学)重視の学風の形成に寄与した。1772(乾隆37)年には、佚書の文句が大量に引用されている明代の類書(百科事典)の『永楽大典』をもとに失われた書物を復元することを上奏した。この建議が一つの契機となって『四庫全書』の編纂が始まった。清史稿485
　　　　　　　　　　　　　　　　　（水上　雅晴）

しゅう【州】　州——郡——県と連なる地方機構の単位で行政区画。前漢の前106(元封5)年に郡や県を統制するために全土を13に分けた、13州刺史部という監察区域がその始まりをなす。その監

察官である刺史が後漢になると行政官的性格を強め，その末期の動乱期には，州牧と名を変え，軍事力を擁して郡守の上に配置されるなかで，州も郡県の上にくる行政単位に定置された。

　魏晋南北朝時代の分裂期，州の長官は刺史となり民政と軍政を与かった。その間州の細分化が進み，1州が数郡を管轄するにすぎない程度まで州・郡の規模が近接する。この肥大化した機構が貴族層を支える温床になったため，統一を実現した隋の文帝は，郡の廃止による機構の簡素化，貴族層の拠りどころとなる州官（郷官）の廃止と旧軍官（府官）系統による一本化など，一連の行政改革を断行した。なお有力州が府とよばれ，宋代から刺史が知州（知州事）と変わったりするが，隋以降地方行政の基本は州県制として維持された。

（氣賀澤 保規）

しゅう【周】　前11世紀末頃〜前256。父文王の遺志を継ぎ，殷の紂王を倒した武王によって創建された。都は宗周（鎬京。陝西省西安市）。前771年に12代幽王が敗死し，その子平王が東の成周（洛邑。河南省洛陽市）に東遷。前256年，37代赧王の時に秦に滅ぼされた。東遷以前を西周，以後を東周（春秋戦国時代）と呼ぶ。王朝名の周はその故地である陝西省岐山山麓の周原にちなむ。

　周王朝の支配領域は，渭水・黄河中流域の宗周・成周を中心とした内服（直接的支配領域）と，それをとりまく外服（封建諸侯の所領）に二分され，斉・魯・燕などの外服諸侯の封建は西周前期に集中的におこなわれた。西周中期以降，封建諸侯との関係は稀薄となり，王朝の主要な関心は内服の地に限定されるようになったが，同時に，臣下に官職を命ずる冊命（策命）の儀礼が確立するなど，王朝の支配体制の組織化がすすんだ。西周後期になると，王位継承の混乱など王朝の支配体制は動揺しはじめ，10代厲王の亡命，有力臣下による国政の代行（共和期），11代宣王の中興を経て，12代幽王の治世をむかえた。

　幽王は太子宜臼（平王）を廃し，愛妃褒姒の子伯服を擁立しようとしたが，これに端を発して王朝は分裂，幽王・伯服は犬戎などに敗死し，平王は東の成周へと難を逃れた。さらに平王とは別に携王と呼ばれる王が自立する二王並立の混乱を経て，晋・鄭などの支援を得た平王のもとに王統は再統一されるにいたった。

　東遷後の王朝は弱体化し，わずかに都成周の周辺を支配する小国に転落した。政治の実権は斉・晋などの覇者に移ったが，「尊王攘夷」の言葉に示されるように，周王はなおも封建的秩序の頂点としての権威を保持し続けた。戦国期になると，諸侯による王号の採用など，周王を頂点とした封建的秩序は動揺しはじめる。戦国中期には王室自体も東西に分裂し，前256年，秦によって最終的に滅ぼされるにいたった。

　周は殷の高度な青銅器文化を継承したが，同時に青銅礼器に鋳込まれた銘文が著しく長文化するという特徴もみられる。とくに西周期の青銅礼器には，戦功に対する賜与や冊命儀礼の次第などが記録され，歴史研究の最も重要な史料を提供している。東周期，銘文の内容は形式化してゆくが，青銅礼器は封建的秩序を示す重要な指標でありつづけた。

　殷から周への王朝の交代，いわゆる殷周革命は，文王による天命の受命と，武王による征服活動の二つによって正当化されていた。周王が用いた天子と王の二つの称号は，それぞれ受命と征服活動に対応している。東周期，王朝の弱体化によって王号の意味は失われ，受命の天子の性格のみが強調されるようになり，ついには儒家などによる周の理想化をもたらすこととなった。

（松井 嘉徳）

しゅう【宗】　宗は，元来祖先・祖廟・同族などの意味をもつ，中国古代の男系血縁に基づく組織に関わる用語である。ここから，戦国期までには根本などの意味を表す語としても用いられたが，思想的に重要な用語となるのは，仏教圏内においてである。南北朝期の仏教知識人において，般若・空の理解をめぐって，七宗，三宗といった呼称でその主張の類別が語られた。後，隋代の浄影寺慧遠は，仏教教理全体を四宗にわける構想を使用し，唐代には，7世紀，玄奘の高弟の窺基が，自らの奉ずる唯識の立場を最高とする段階的な八宗を立て，対抗する華厳学派の法蔵が，それを抑下する立場から十宗や四宗を立てるなど，仏教内の各種の立場を段階的に宗で表す試みがなされた。8世紀の華厳学派の澄観による，玄奘唯識を法相宗，それ以外の大乗を法性宗とする区分は長く使用された。教が仏からの立場であるとすると，宗は衆生が選び取る視点からの用語とされる。また，各経典の中心テーマを宗のタームで総括することも行われた。

　一方，8世紀頃から，禅宗という自称を伴い，頓悟を主張する仏教者の一群が有力になり，その影響下に他の学派でも，華厳宗・天台宗などという呼称が出現することとなった。禅宗の内部では南宗という名称が始祖とされた菩提達摩に淵源する正統性を示す用語として用いられたが，8世紀の神会は，弘忍の後継者の中で，自らの属す慧能の系統のみに南宗を独占し，神秀から普寂への系統を排除した。慧能は南宗，神秀は北宗とする認識は後世に定着し，南北両宗の概念は，南宗がより真正のものとする含意を伴いつつ，元代に道教内丹の系譜を

全真教下に編成する際，明代に董其昌・莫是龍らが絵画の系譜を編成する際にも用いられ，影響が大きかった。こうした仏教の宗の概念は，日本に移入されると，僧侶・寺院・信徒を含む組織に対する呼称として用いられるようになるが，中国ではそうした組織体をさす用法は見られない。　　　（馬淵　昌也）

しゅう【習】　思想上の概念。字の基本義は反復。学習や習熟の意味でも頻用されるが，思想史的に重要なのは，「性相近し，習相遠し」（『論語』陽貨篇）などに基づき先天的な性に対して後天的な習慣を指す場合。明清では気質之性に悪の原因を求める朱子学を批判して気質を善とする人々が現れ，その多くは人に善悪が発生する要因を習に求めた。清の王夫之や戴震はこの理論を深化させ，後天的な自己形成の努力を重視する新たな人間観を構築した。
　　　　　　　　　　　　　　　　　（林　文孝）

しゆう【子游】　孔子の弟子。呉（江蘇省）の人。姓は言，名は偃，子游は字。孔子より45歳年少。いわゆる十哲の一人で，文学（『詩経』『書経』などの古典の学）の科に配せられる。武城という小邑の宰となっていた時，通りかかった孔子が「鶏を割くに焉んぞ牛刀を用いん」と評した（『論語』陽貨篇），という逸話が伝わる。『荀子』非十二子篇では，子游の後学が子張・子夏の後学と並べて，外面的形式にこだわる「賤儒」と非難されている。史記67　　　　　　　　　　　　　　（伊東　倫厚）

しゆう【史游】　生没年不詳。前漢の元帝（在位前49〜前33）の時の人。黄門令に任じられ，『急就篇』を作った。『漢書』芸文志に「急就一篇，元帝の時，黄門令史游作」とある。唐の張懐瓘『書断』上・章草に「案ずるに，章草なる者は，漢の黄門令史游の作る所なり」とするが，これは『急就篇』が後に章草のテキストとして広まったことによる付会で，史游はあくまでも撰述者であり，章草の作成者ではない。　　　　　　　（福田　哲之）

じゆう【自由】　「自由」という語は漢代から見られるようになる。『礼記』少儀にある「請見不請退」の鄭玄注に「去止，敢えて自由ならず」とあるように，自分の意志で行動すること。自分勝手に振る舞うという悪い意味でも用いる。類似の語として「自在」も同じ頃から用いられる。仏典では当初「自在」のほうが多く用いられ，束縛を脱した境地を表した。他に，老荘系に由来する「自然」も，例えば浄土経典において，浄土の自由な様子を描写するのに用いられている。「自由」が積極的に用いられるようになったのは，禅籍においてであり，例えば，『臨済録』で，「若し真正の見解を得れば，生死に染まず，去住自由なり」「你若し生死去住，脱著自由なるを得んと欲すれば，即今聴法する底の人（今ここで説法を聴いている君たち自身）を識取せよ」のように，悟りの境地を表すのに用いられるようになった。近代的な，政治的あるいは哲学的な意味の liberty や freedom の訳語としての「自由」は，19世紀末に日本から輸入され，梁啓超らによって，自由と国権の問題などが議論されるようになった。
　　　　　　　　　　　　　　　　（末木　文美士）

じゅうあく【十悪】　隋の開皇律ではじめて挙げられ，唐律名例律の中で規定されている10種類の最も重い犯罪。謀反・謀大逆・謀叛・悪逆・不道・大不敬・不孝・不睦・不義・内乱の十罪であり，儒教倫理を価値基準とする。その刑の執行においては，皇族や高官，その親族が享受する特典が除外され，官爵をもつ者が除名となる。十悪にあたる死罪は，老親の扶養を考慮せずに死刑が執行されると律に規定があり，恩赦の対象からしばしば除外された。　　　　　　　　　　　　　（冨谷　至）

しゅうあん【輯安】　鴨緑江の北岸にあり吉林省に属する都市。清時代以来，輯安と表記されてきた。その中心地が通溝である。1965年に集安と改めた。高句麗時代の重要な遺跡が多いことで知られる。
　高句麗がここを都と定めたのは，西暦3年とする説と3世紀初頭とする説がある。427年に高句麗は平壌に遷都したが，その後も輯安は高句麗の重要拠点として栄えた。のちの渤海の西京鴨緑府もここに置かれたとする説もあるが，確かではない。
　輯安の高句麗遺跡は，生活遺跡と墳墓に分けられる。現在の集安市街地には，東西700m余り，南北600mの平面長方形の石築の城壁が残っている。これは文献に伝える高句麗の王宮である可能性が高い。集安市街地の東の東台子には大規模な建物跡が，西北の山中には総延長約7kmの城壁をもつ山城子山城がある。
　これらの遺跡の周囲に多数の積石塚と土築石室墓が残されている。積石塚は石を積み上げて墳丘とするもので，1辺2mほどの小型のものから，太王陵・千秋塚など1辺100mを越える大型のものまである。太王陵・千秋塚と，1辺30mと小振りながら整った積石で築かれた将軍塚（中国では将軍墳）は高句麗の王陵と考えられており，太王陵と将軍塚のいずれが広開土王の墓であるかをめぐって論争が続いている。土築石室墓は，半地下式の石室を築き，その周囲に土を盛り上げたものである。墓室内には，壁画が描かれることがあり，蓮華や飛天など

仏教的な図像や四神図などのほか，高句麗人の生活を描いた図像も見られる。相撲の場面を描いた壁画墓は角抵塚の名で知られている。

太王陵の傍らには広開土王碑がある。方柱形の角礫凝灰岩で，高さは6.39m，1辺は1.34〜2mほどである。四側面に漢字1775字で広開土王の事績を記している。主な内容は広開土王の対外戦争であり，そのなかでも倭との戦争の記述が多くの部分を占めており，東アジア古代史の重要資料として注目されている。

(谷 豊信)

しゅういき【拾遺記】 東晋の小説。10巻。東晋の方士であった王嘉(字は子年)の撰。三皇五帝から東晋に至るまでの奇怪な出来事を記し，最後の1巻は崑崙・蓬萊などの伝説上の山について記す。南朝梁の蕭綺の序があり，それによると王嘉の原著は19巻あったが，戦乱により散佚したため，蕭綺が残欠を拾って再び整理したという。今本は内容から見て王嘉の文と蕭綺の加筆が混交していると考えられている。

(大野 圭介)

しゅういき【集異記】 晩唐の小説集。別名『古異記』『集異録』。原書3巻。薛用弱の撰。薛用弱，字は中勝，官は光州刺史(或いは弋陽郡太守)。本書中には，848(大中2)年のことまで記載されている。王維・王之渙・高適・王昌齢などの詩人や名士の逸話と怪異譚を収め，文彩があることで後世の文人から評価の高い小説集である。『顧氏文房小説』に2巻16話を収録，清の陸心源が『太平広記』などから収集して『集異記校補』4巻を作る。1980年中華書局点校本はそれに訂校を加えて計88話を収める。

(富永 一登)

じゅういく【戎昱】 生没年不詳。中唐の詩人。荊南(湖北省)の人。進士及第後，759(乾元2)年頃に浙西(江蘇省)観察使であった顔真卿に招かれて仕途に入り，766(大暦元)年以後，荊南節度使，湖南(湖南省)観察使などの幕僚を勤めた。そして783(建中4)年には殿中侍御史として朝廷にいたが，その年に辰州(湖南省)刺史に左遷された。さらに791(貞元7)年以降は虔州(江西省)刺史となったことが分かっている。楽府に優れると評される。

(齋藤 茂)

じゅういちめんかんのんぞう【十一面観音像】 11面を備える観音像。サンスクリット名をEka-dasa-mukha(11の顔を持つ者)という。所依経典としては北朝北周の耶舎崛多訳『仏説十一面観世音神呪経』(570年代)がもっとも古く，他に阿地瞿多訳『十一面観世音神呪経』(『陀羅尼集経』所収，654年訳出)，玄奘訳『十一面神呪心経』(656年訳出)がある。耶舎崛多訳は造像の作法として，白栴檀(白檀)を用いて2臂の1尺3寸の像を造るべきことを述べる。この造像法に相当する唐代の作例として，東京国立博物館蔵の十一面観音像(像高42.1cm)や奈良の法隆寺観音菩薩像(九面観音，像高37.5cm)がある。いずれも白檀の一材から造り，緻密な彫刻技法を見せている。二臂像としては，他に，則天武后期の西安市宝慶寺石仏群に含まれる十一面観音像7軀が知られる。また，不空訳『十一面観自在菩薩心密言念誦儀軌経』(8世紀半ば)は4臂の像容を述べるが，東京個人蔵の金銅十一面観音像(唐)がその例である。その他，江蘇省揚州南部の瓜州や河南省の大海寺址からは6臂の石造十一面観音像が出土している。

(長岡 龍作)

しゅういん【集韻】 北宋の韻書。10巻。宋祁・鄭戬の『広韻』に対する批判から，仁宗が丁度らに編纂を命じた。1039(宝元2)年完成。収録字数5万3525字は『広韻』よりも2万7331字多い。『広韻』と同様，韻部は206韻で，韻母の分類もほぼ一致する。しかし声母は「船」と「禅」，「泥」と「娘」が区別されず，韻目名・収録字や同用・独用の範疇にも違いが見られる。また異体字を多く取り入れ，注釈には主に『説文解字』を採用している。『集韻』の最大の特徴は『広韻』の反切用字の改訂に現れている。「およそ字の反切において，旧来"武"であるものは"某"に変え，"亡"は"茫"に変える。いわゆる"類隔"については，ここではすべて本字を用いる」(「韻例」)。つまり『集韻』の反切は『広韻』に比べ，より宋代中期の実際の字音に近づいたといえる。

(片山 久美子)

じゅういんいへん【十韻彙編】 民国の音韻書。1936(民国25)年，北京大学文史叢刊第5種として刊行。劉復・魏建功・羅常培編。唐写本『切韻』の残巻5種，『刊謬補欠切韻』残本2種，『唐韻』残本1種，五代刊『切韻』残本1種に，『大宋重修広韻』を加えた計10種を対比排列したもの。20世紀初頭以来，敦煌・吐魯番から相次いで発見された『広韻』以前の韻書断簡は，本書の出版によって，きわめて便利な形で学界に提供されることになった。刊行後長く音韻史研究に不可欠の参考書であったが，精巧な写真複製が入手可能な今日では，ほぼその役割を終えた。本書の補編として，魏建功「十韻彙編資料補並釈」(1948年，『国立北京大学五十週年紀年論集』所収)があり，また同じく敦煌本など新発見韻書を集めたものに，姜亮夫『瀛涯敦煌韻輯』24巻(1955年)，周祖謨『唐五代韻書集存』2冊(1983年)がある。

(高田 時雄)

しゅうえき【周易】 →易経

しゅうえきがいでん【周易外伝】
清初の易学書。7巻。王夫之著。1655(順治12)年に執筆に着手。数年の内に完成したと見られる。王夫之の易学関係の主著として、『周易内伝』と対をなす。『易経』(『周易』)を全体的に「外から」俯瞰する視点から、自然界と人間社会を統合的に支配する、世界全体の変化と運行の恒常的システムと、そのシステム内に組みこまれ、システムの稼働に不可欠の存在である人間の位置を象徴的に表現したテキストとして、『易経』を解釈しようとした。 (本間 次彦)

しゅうえきさんどうけい【周易参同契】
煉丹術(外丹)の書。後漢ごろの魏伯陽の撰とされる。現在伝わっているテキストから考えると、その内容は象数易の納甲・卦気・十二消息の3説にもとづく。納甲説では陰陽の消長を月の満ち欠けによって示す法が用いられ、卦気説では炉竈・丹薬とされる乾坤坎離の4卦を除く60卦が1日に2卦ずつ配当されて1月を30日として、陰陽の気の消息が示される。また十二消息説では1月を12節に分け、これに十二消息卦を配当し、さらに十二支・十二律を当てて陰陽の消息を示す。このような自然界の変化に対応して、黄芽(鉛)と姹女(水銀)を原料として十二消息卦にもとづく火候(加熱に適切な時間・火力を測ること)で調節しながら飛煉(昇華)を行って金丹を煉成する。このように葛洪らの丹砂・金液を主材料とする煉丹術とは原理的に異なっている。南朝梁の江淹、中唐の白居易などが、これにもとづいて煉丹を行ったといわれる。ただし、煉丹の具体的な方法や技術過程は示されておらず、しかも、その文章にはきわめて難解な比喩と隠語が散りばめられていて、表現上は後世の内丹説とまぎらわしいほどなので、現存最古の注釈である五代十国後蜀の彭暁『周易参同契分章通真義』以来、内丹書と解され、「万古丹経の王」と称されている。なお、その書名は、「大易(周易)」「黄老(道家)」「炉火(煉丹家)」の三家を「参同し契合する」(彭暁)に由来する。 (坂出 祥伸)

しゅうえきしっかい【周易集解】
唐代中期に作られた『易経』(『周易』)の注釈書。全17巻。李鼎祚撰。唐代初期に皇帝の命によって作られた『周易正義』の不備を補い、漢代以来のさまざまな易注を集成した点に特色がある。王弼・韓康伯の注釈を標準とする『周易正義』は哲学的教訓を強調したが、本書は『易経』が本来もつ占いや象数学の面について十分な注意を払っている。また、仏教や道教を儒教の側から包摂するという立場にたち、宋代の道学・朱子学に対しても影響を与えている。 (吾妻 重二)

しゅうえきないでん【周易内伝】
清初の易学書。王夫之著。6巻、自身による解題である「発例」1巻。1685(康熙24)年に本文が、86(同25)年に発例が脱稿した。王夫之の易学関係の主著として、『周易外伝』と対をなす。『周易外伝』の成果を、人間の「内から」主体的に捉え直す視点から、世界の変化と運行の恒常的システムに、占いという媒介を通じて、個々人が倫理的に関わっていくことの絶対的な可能性を表現した書として、『易経』(『周易』)を解釈しようとした。 (本間 次彦)

しゅうえきほんぎ【周易本義】
『易経』の注釈書。12巻。南宋の朱子の撰。1190(紹熙元)年に刊行されるが、その後も改訂が続けられた。『本義』の特色は、第一にその体裁にある。即ち、鄭玄・王弼以来読者の便宜のために彖・象以下の伝を各経文の後に割り付けていたのに対し、朱子は『易経』を原形に戻すという意図の下、経文上下を先に掲げ、伝を後に集めた。朱子は『易経』を素朴に卜筮の書とし、漢代以来盛んに行われた教訓的なこじつけの解釈を極力排しようとした。 (垣内 景子)

しゅうえんきょう【収円教】
清代中期の民間宗教。嘉慶年間(1796-1820)初、和州(安徽省)の人金惊有が創始。金惊有は1808(嘉慶13)年にその教えを巣県(安徽省)の人方栄升に伝えた。方栄升は1813(嘉慶18)年に同教の実権を握ると、清朝への反抗と明朝の復活を説き、15(同20)年に逮捕され、処刑された。方栄升の説いた教義は無生父母(無生父・無生母という夫婦二神の併称。無極聖祖・無生老母ともいう。民間宗教の最高神)を崇拝し、燃灯仏・釈迦仏・弥勒仏がそれぞれ過去・現在・未来をつかさどることを説き、自らを弥勒仏の化身と称するものであった。 (浅井 紀)

じゅうおうか【縦横家】
諸子百家の一つ。戦国時代、各国を巡り、政治外交活動に従事した一群の策士たちをさす。代表的人物は蘇秦と張儀である。秦国が強大化し次第に他国を侵略し始めた頃、彼らは天下を渡り歩き、巧みな弁舌で各国の君主を説き伏せ、さまざまな外交関係を締結させた。蘇秦は燕・趙・魏・韓・楚・斉の六国が南北(縦)に連合して西方の秦に対抗する合縦(合従)策を提唱し、張儀は合縦を分断し、六国がそれぞれ東西(横)に秦と同盟を結ぶ連横(連衡)策を唱えた。「縦横」とは「合縦策」と「連横策」とを合わせた呼び方である。

結果的には張儀の連横策が効を奏し、秦が天下を統一するが、この間二人のほかにも蘇秦の弟の蘇代など、多くの縦横家たちが活躍したであろうことは想像に難くない。『漢書』芸文志は、こうした彼らの著作を漢武帝期の人物の著作までを含めて12種107篇を載録しているが、今はみな亡逸して伝わらない。

(影山　輝國)

じゅうおうきょうず【十王経図】　晩唐に成都(四川省)大聖慈寺の蔵川が著した『閻羅王授記四衆逆修生七往生浄土経』(『預修十王生七経』と略称)にしたがい、亡者が死後の七七日(四十九日)と百か日、一周忌、三回忌の忌日に十王に裁判をうける場面をあらわす図。亡くなった親族の救済と極楽浄土への往生を願うほか、生者が自身の没後の安穏を祈念する生七斎(逆修)でも用いられた。経巻の敦煌画や、地蔵を本尊として一図に描く高麗仏画、地蔵と十王の11幅になる南宋の寧波仏画がある。

(井手　誠之輔)

しゅうおうしょうぎょうじょ【集王聖教序】　唐の碑。行書。碑高350cm×碑幅113cm。30行、行80余字、全1904字。672(咸亨3)年12月の刻。太宗撰「大唐三蔵聖教序」と「答勅」、高宗撰「述三蔵聖記」と「牋答」、および般若心経が刻されている。この碑は、その撰者が太宗と高宗であることから、道経崇拝の当時、仏教の保護と流布に大きな役割を担った。もとは西安の弘福寺に立てられたが、今は西安碑林博物館にある。碑頭に七座の仏が彫刻されているため「七仏聖教序」とも称される。釈懐仁が王羲之の書から集字し、それを諸葛神力が石に写し、朱静蔵が刻したもの。この碑は、北宋の周越の『古今法書苑』によると、唐の太宗の世に伝えられたあらゆる王羲之の真跡から直接集字したものであると推察できる。20余年の歳月をかけ、かつ鉤模(文字を籠字にとること)の手法によるため、王羲之の書にかなり近く、『蘭亭序』などから集字した文字を多数見ることができる。原碑は、明末の震災で断裂したため、それ以前の殊に北宋の拓本が珍重される。また、西安碑林博物館にある『石台孝経』を1972年に修理した際、金代の未断全揚本が発見されており、貴重な資料である。拓本に関しては、王壮弘の『増補校碑随筆』(1984年2月、上海書画出版社)に詳しい。

(池田　利広)

じゅうおうしんこう【十王信仰】　十王は冥府の10人の支配者。死者は、その死後、一七日(7日目)から七七日(49日)まで、7日ごとに7回、さらに100日目、1年目、3年(あしかけ3年)目の、あわせて10回、冥府の王の前に出頭して、生前の罪の裁きを受けるとされる。その審判の日に当たって、遺族たちが回向を行えば、死者の罪が軽くなるとされ、中国・日本などの広い地域において、この日に死者儀礼が行われて来た。南北朝から唐代にかけて十人の冥府の審判者が十王として組織化され、唐代後半期には、この死者儀礼の由来を説く『閻羅王授記四衆預修生七経』が編まれた。十王信仰は、中国においても早くから地蔵信仰と結合していたが、それが日本に伝わったあと『地蔵菩薩発心因縁十王経』と呼ばれる新しい経典が、平安朝末期ころには作られた。10人の王は、その名称にいささか変動もあるが、基本的には次のような構成である(括弧に入れたのは本地仏の名)。一七日：秦広王(不動明王)、二七日：初江王(釈迦如来)、三七日：宋帝王(文殊菩薩)、四七日：五官王(普賢菩薩)、五七日：閻羅王(地蔵菩薩)、六七日：変成王(弥勒菩薩)、七七日：太山王(薬師如来)、百日：平等王(観音菩薩)、一年：都市王(阿閦如来)、三年：五道転輪王(阿弥陀如来)。

これら十王の名の中には、閻羅王(閻魔王)や五道転輪王など仏教的な王名が見えると同時に、泰山府君に由来するであろう太山王などの名が見えて、死者が七七日の間、中有にあるとするインドの観念を基礎に、中国の民間信仰や三年服喪の習俗がそれに結合して、十王の組織が作り上げられたことが知られる。十王が死者を裁く様子を画いた十王図が、敦煌遺書中の画巻をはじめ多く遺されており、また近世には宗教的な語り物を基礎に『十王宝巻』などが編まれている。

(小南　一郎)

しゅうか【銹花】　→鉄絵

しゅうがくきげん【習学記言】　南宋の読書記。『習学記言序目』ともいう。50巻。弾劾により官を辞した葉適が晩年に完成させた著作。経書、正史を中心に儒家・道家・法家・兵家の書および呂祖謙の『宋文鑑』について独自の観点から論評する。多く道学と見解を異にするため、義理の純明ならざる「新奇」の書ともされるが(陳振孫『直斎書録解題』)、南宋の現状を憂慮しつつ論じた史論や、そこに展開される理財論が特に注目される。『四庫全書』『敬郷楼叢書』所収。中華書局1977年刊校点本もある。

(折原　幸恵)

じゅうがさいようしんろく【十駕斎養新録】　清の銭大昕の劄記。20巻。清代の考証学者の多くは劄(札)記体の著述を残しているが、銭大昕もその例に漏れない。考究の対象は、経学・史学・地理・数学をはじめとして幅広い範囲に及び、該博な知識にもとづく一つ一つの考証は参考になる。ただ、同

一テーマを扱っていながら，同じ著者による『潜研堂文集』の中において展開されている考証と結論が異なる場合があるので，注意が必要なこともある。
(水上 雅晴)

しゅうかん【周官】 →周礼

しゅうき【四遊記】 明の4種の白話小説『東遊記』『南遊記』『西遊記』『北遊記』の合本である。『東遊記』は『上洞八仙伝』『八仙出処東遊記伝』ともいい，2巻56回よりなる。作者は呉元泰。8人の仙人が東海を渡り龍王軍と戦う，という話である。『南遊記』は『五顕霊官大帝華光天王伝』ともいい，4巻18回よりなる。作者は明末に『三国志演義』や『水滸伝』を出版した版元として知られる余象斗。華光という少年が誘拐された母を尋ねて天界や地獄を捜しまわるという話。『西遊記』は4巻41回よりなる。作者は楊致和となっているが，呉承恩の作とされる一般の『西遊記』を簡略化したもののようである。玄奘三蔵・孫悟空・猪八戒・沙悟浄の一行が苦難を乗り越えて天竺に経文を取りに行くお馴染みの話である。『北遊記』は『北遊真武玄天上帝出身志伝』ともいい，4巻24回よりなる。作者は『南遊記』と同じ余象斗。天帝の魂が地上に降り輪廻を繰り返しながら修行するという話である。4種の内容には特に共通性はない。
(上野 隆三)

しゅうきゅう【蹴球】 蹴鞠・蹋球ともいう。サッカーないし蹴鞠のような遊戯で，二隊に分かれて行う競技と，球をもてあそぶだけの「白打」に分けられる。早くは『戦国策』に記載があり，また漢代には『蹴鞠二十五篇』という兵法書が存在したとされ，本来は軍事訓練の一環であった。唐宋の時代には革製のボールの発明にともない広く普及し，専業芸人の組合も組織されている。元明以降に妓楼の芸事の一部ともなり，清代中葉に至って衰微した。
(平林 宣和)

じゅうぎゅうず【十牛図】 修行者の悟りの度合を10段階に分け，牛と牧童との関係で示した図。①尋牛，②見跡，③見牛，④得牛，⑤牧牛，⑥騎牛帰家，⑦忘牛存人，⑧人牛倶忘，⑨返本還源，⑩入鄽垂手(悟りの世界にとどまらず，世俗の世界に入って教化の生活を送ること)。宋の清居皓昇撰のほか，宋，普明によるもの，廓庵師遠によるものなどがあり，しばしば刊行される。日本では廓庵のものが最も多く刊行され，五山版もある。
(永井 政之)

しゅうきょうはっしゅ【秋興八首】 唐の杜甫の七言律詩の連作。766(大暦元)年，夔州(重慶市)において作られた。詩題は西晋の潘岳『秋興の賦』(『文選』)に由来する。夔州の秋の景物に触発されながら，都を離れて流浪の生活を続ける我が身の悲哀を唱う。成都での滞在のあと，長江の流れを下りながら転々と住まいを変えた杜甫は，夔州に至ってしばしの滞在をする。すでに晩年に入っていた杜甫は夔州において詩も熟成の頂点に達するが，そのなかでもこの七律連作詩は近体詩の到達した極地として，古来，代表作と称される。身世を嗟嘆するという杜甫の詩全体に通底する情感を，高度に洗練され凝縮された表現によって唱い上げる。「叢菊 両たび開く 他日の涙，孤舟 一たび繋ぐ 故園の心」(其の一)の一節が有名。
(川合 康三)

しゅうぎょくしょく【拾玉鐲】 伝統演劇の演目名。全編『法門寺』の一場。『双玉鐲』『買雄鶏』『孫家荘』等別名は多い。作者不詳で，民間に流布した題材を基に，清の半ば頃から上演された。1952年の桂劇による改編は，初恋の心情の機微を主軸に，コミカルな喜劇に仕立て人気をよび，各地方劇でこの場面だけを単独上演することが多い。京劇では前半を『拾玉鐲』，後半を『法門寺』として上演するが，『双嬌奇縁』の名称で通し上演もある。歴代の名優による競演が多いことでも知られる。
零落した明建国の功臣の末裔傅朋が孫家荘の村娘孫玉姣に一目惚れし，玉の腕輪を愛の証としてわざと落として立ち去り，孫玉姣はそれを拾う。一部始終を目撃していた劉媒婆が2人の縁結びをするまでがこの一場。この後は，極道息子劉彪の邪心が引き起こす殺人冤罪事件へと展開し，最後には大団円となるが，紆余曲折に富む筋立てとなっている。
(有澤 晶子)

しゅうきん【秋瑾】 1875(光緒元)～1907(同33)。清末の女性革命家。原籍は山陰県(浙江省)だが，生地は祖父の赴任地廈門。原名は閨瑾，字は璿卿，号は競雄・鑑湖女俠・漢俠女児。王氏に嫁ぎ，二児をもうけた後，女権の伸張・漢民族主義等の新思潮に傾倒し，1904年日本留学。革命派人士との交流を深め，中国革命同盟会に参加。1907年，徐錫麟の反清武装蜂起に呼応して，浙江での蜂起を計画したが，事前に露見し刑死した。 (蝦名 良亮)

しゅうく【集句】 遊戯詩の一種。過去の詩人の詩句や古典の語句をそのまま利用して新たな詩を作ること。西晋の傅咸の「七経詩」(現存は『孝経詩』『論語詩』『毛詩詩』『周易詩』『周官詩』『左伝詩』の6首)に始まる。「自然に出来上がったかのよ

うで，作為のあとが全く無い」(『滄浪詩話』)といわれる北宋の王安石『胡笳十八拍』や，南宋の文天祥が，元朝に捕まり北京の獄中で，唐の杜甫の詩句のみで作った集句200首は有名である。　（高津　孝）

しゅうげん【周原】　周原の呼称には，現在2種の使われ方がある。狭義においては，関中平原西部の陝西省扶風県と岐山県の県境付近に集中する西周遺跡群を総称した遺跡名称である。広義においては，その所謂「周原遺跡」の所在する扶風県，岐山県の全域のほか，隣接する武功県，鳳翔県等を含めた歴史地理的な地域名称として使われる。広義の「周原地区」の範囲は，渭河の北岸，岐山の南麓に形成された黄土原の地域に相当し，西は千河から東は漆水河にいたる東西約70kmにおよぶ。周原地区では，1970年代以来，所謂周原遺跡に集中して発掘調査が継続されてきたが，2003年にその周原遺跡の西20km余りの岐山県北部で周公廟遺跡が発見され，それをきっかけに，岐山南麓の広範囲で趙家台遺跡・勧読遺跡・水溝遺跡など，西周期あるいは王朝期以前(先周期)の周の大規模遺跡が相いで発見された。その結果，周原遺跡のみならず周原地区全体に広く分布する遺跡の関係性が注目されるようになった。周の文王の祖父，古公亶父はその衆人を率いて豳より岐山の下の周原の地に至り，周人早期の都城を築いたという。文王，武王がそれぞれ「豊」，「鎬」に都城を築いた後も，西周金文には「周」と見え，政治的・社会的に枢要な地域であり続けたことが知られる。

周原遺跡は周原地区の中でも最も稠密に遺跡が集中した場所で，東西約6km，南北約5kmに広がる。1976年，周原遺跡内の岐山県鳳雛村で西周時代の大型建築遺構が発見された。建物は，南北45.2m，東西32.5m，面積約1500m²の版築基壇上に建てられていた。建物全体は南向きに建てられ，北から「後室」「小院」「前堂」「中院」「門房」を配置し，それらを囲むように東西の「廂」が延び，全体は左右対称の構造となっている。建物の使用年代の下限は西周後期頃と考えられている。同じ年，扶風県召陳村では15基の建築遺構が発見された。鳳雛村の建築遺構ほど大型ではなく，構造も異なる。西周中期に建立され，西周後期に至り廃棄されたとみられている。翌1977年秋，鳳雛村建築遺構の「西廂」南端から2番目の部屋の窖穴より，卜甲・卜骨が大量に発見された。そのうち，刻辞された亀甲は190片余り，字数は計600字余りあり，1枚の卜甲に30字契刻されたものもあった。この卜辞の文字の大きさは，肉眼では認識不可能な小字で刻まれており，拡大鏡等で筆写した資料が多く，筆画や字そのものの本来の姿が正確に示されていない場合もある。しかしながら，殷王朝との関係を示す貴重な文字資料として，殷の「文武帝乙」を祭祀したと考えられる卜辞も含まれ，西周史のみならず武王が殷を倒す以前の周の歴史についての関心を高めるものとなった。1976年の冬には，扶風県荘白村の一号窖蔵より，有銘青銅器74点を含む計103点の青銅器が出土した。このうち，史墻盤銘には，文・武・成・康・昭・穆の6代の周王の事蹟が述べられるとともに，「史墻」の家の歴代の人物の業績が刻まれていた。同時に出土した他の青銅器銘文より，高祖・剌祖・乙祖・折・豊・墻・癲の7代の「史墻」家が確認された。これらの関係から史墻盤は共王期に製作された西周中期の標準器であることが確定され，西周時代の編年に重大な影響を与えるものとなった。周原遺跡では多く窖蔵青銅器が発見されているが，その一方，多くの西周墓が発掘されている。1973年，岐山県賀家村で発見された墓出土の青銅器は，殷後期のそれに似ており，先周期のものであろう。周原遺跡を含む周原地区における考古学上の最大の課題は，歴代周王の墓の探索であろう。発見の可能性はけっして低くはない。　（武者　章／西江　清高）

じゅうげんえんぎ【十玄縁起】　華厳宗で説かれる縁起説。十玄門(10の奥深い部門)によって示される究極的な縁起の様態，の意で，あらゆるものごとがもともと一体的で，限りなく関わりあうあり方をいう。十玄門は，智儼が立てた最初の説では，①同時具足相応門(相応して先後無きに約して説く)，②因陀羅網境界門(譬に約して説く)，③秘密隠顕倶成門(縁に約して説く)，④微細相容安立門(相に約して説く)，⑤十世隔法異成門(世に約して説く)，⑥諸蔵純雑具徳門(行に約して説く)，⑦一多相容不同門(理に約して説く)，⑧諸法相即自在門(用に約して説く)，⑨唯心廻転善成門(心に約して説く)，⑩託事顕法生解門(智に約して説く)を指す。のちに法蔵は，その改訂版である新十玄門を立てたが，最大の変更点は，形而上学的性格の強い⑨唯心廻転善成門を除き，空間的観点にもとづく「広狭自在無礙門」を加えたことである。広義には，法界縁起・一乗縁起と同義。　（木村　清孝）

しゅうけんおう【周憲王】　→朱有燉

しゅうげんこうこつ【周原甲骨】　西周(前1100頃～前770)の根拠地，陝西省宝鶏市の東，岐山南麓の周原で発見された甲骨文。周原は陝西省の関中平原のうち東は武功県漆水～西は鳳翔県千水の間80km，南は渭水～北は岐山の間30kmの地域で，狭義では扶風・岐山両県県境の京当郷・黄

堆郷・法門鎮，約20km²をさす。1977〜79年，岐山県鳳雛村で西周初期の宗廟・宮殿遺址が発掘され，西廂2号房基址の2個の窖穴より卜甲1万6371片，卜骨678片が発見され，有字甲骨292片を確認。文字総数903，合文12体である。また1979〜80年に扶風県斉家村周辺で有字甲骨6片を含む23片が採集され，両所の有字甲骨は合計298片，文字数は約1000字である。文字の多くは粟粒大の極細小なものが多い。内容は祭祀・豊凶・出入・田猟を卜するもので，文中に殷を商と記し，殷王の成唐，太甲，文武帝，受(帝辛)や周辺の方国名も見出され，易八卦の符号もある。文字は殷墟甲骨文とかなり相違していて，解読不能のものが多く，貞人名(卜貞に関与する聖職者)は記されていない。殷末から西周初期の遺物と考えられている。その後，周原の西方，岐山・鳳翔両県の県境に近い周公廟付近においても遺跡が発見され，甲骨の発見が相次いでいる。
(石田 千秋)

しゅうこう【周公】 周の文王の子，*武王の弟。姓は姫，名は旦。周公の号は，周原(陝西省)の封地に由来するとされる。武王を補佐して殷王朝を打倒し，魯(山東省)に封ぜられたが，長子伯禽を派遣し，自らはとどまって幼少の成王の摂政を務めた。兄弟の管叔鮮・蔡叔度と殷の王子武庚禄父による三監の乱を平定し，東都として成周洛邑(洛陽)を建設し，周王朝による中原支配の安定を達成し，摂政7年ののち成王に政権を返還した。五誥など*『書経』の最古の諸篇は周公の発言を伝える。魯とは別に周公の号を世襲し王朝の卿士を務める周公家があり，周公楚の失脚(前580年)まで続いた。孔子以降の儒家は周王朝の礼楽を集大成した聖人として周公を尊崇し，漢代儒学でも，孔子を尊崇する今文派に対し，古文派は周公を尊崇し，とりわけ*『周礼』は周公の制作に係る経典として，*王莽・宇文泰・則天武后・*王安石など以後の政治変革に利用された。史記4・33
(吉本 道雅)

しゅうこうき【周公殷】 →井侯殷

しゅうこうてんいせき【周口店遺跡】 北京の南西約50kmにある房山区周口店地区に位置する，中国をもっとも代表する旧石器時代の遺跡。石灰岩地帯の一角にある龍骨山の周囲1km²の範囲に，人類化石と旧石器，ほ乳動物化石の出土地点が集中している。北京原人の頭蓋骨の発見で有名な第1地点とその南約1kmの第13地点(現存せず)は70〜20万年前の前期旧石器時代，第15地点と第4地点(新洞を含む)，そして第22地点は20〜10万年前の前期旧石器時代の終わり頃，現代型新人(山頂洞人)の完全な頭骨の発見で有名な山頂洞と2003年に正式発掘され下顎骨などが発見された田園洞は2.3〜3.5万年前の後期旧石器時代の生活跡や墓である。旧石器時代の各時期の人類化石と石器などの遺物，そして食料であり自然環境の変遷をも示すほ乳動物などの化石が，これほど狭い範囲で大量に発見されたことは世界的にも珍しく，アジアでは周口店遺跡だけである。1921(民国10)年から断続的に行われてきた調査・研究は，1949年以降は中国科学院古脊椎動物古人類研究所によって行われている。その世界的に重要な学術的価値によって，1987年に世界文化遺産に登録された。文献に呉汝康ほか『北京猿人遺址総合研究』(科学出版社，1985年)がある。
(佐川 正敏)

しゅうこうびょういせき【周公廟遺跡】 陝西省岐山県の県城北約7.5kmに位置する殷代末期〜西周時代の遺構を中心とする大遺跡。鳳凰山遺跡とも呼ばれる。唐代以降，当地には周公旦を祭る廟が作られた。2003年の卜甲の発見を契機として翌年から陝西省考古研究院と北京大学考古文博学院が共同で発掘調査に当たり，複数の墓地・大型建築遺構・多数の工房遺跡などを持つ複合遺跡であることが判明した。周公廟遺跡における最大の発見は西周甲骨である。これまで7500点以上の甲骨が出土，1600字余りが確認されており，「王季」「文王」「周公」「新邑」などの人名・地名があった。西周初頭前後の遺物と考えられている。遺跡北部の陵坡墓地では4条の墓道を有する大型墓10基が確認され，版築による壁が墓地の周囲をめぐる。遺跡のほぼ中央に位置する祝家巷の北側では大型建築遺構群が発見され，磚や瓦が出土した。一時期，周の王陵とそれに伴う都邑であるとも考えられたが，遺跡の性格は未だ明らかでない。
(角道 亮介)

じゅうごかん【十五貫】 清代の戯曲。別名『双熊夢』。2巻26齣。朱㿥作。熊友蘭と熊友蕙兄弟が共に十五貫の金が原因で殺人の冤罪を被るが，蘇州太守況鍾が二匹の熊を夢に見て，二人の無実を証明する。小説に『京本通俗小説』の『錯斬崔寧(誤って崔寧を斬る)』，『醒世恒言』の『十五貫戯言成巧禍(十五貫の冗談がとんだ禍となる)』があり，主人公は冤罪で処刑されるが，戯曲はこれを兄弟の話に改編し，況鍾の裁きを加えて大団円にしたもの。崑曲や弾詞にも改編されている。(岡崎 由美)

しゅうここう【秋胡行】 相和歌の楽府題の一つ。魯の人秋胡は新妻を家に残して任官，3年を経て帰宅の途中桑摘みをする美人に言い寄って拒絶されたが，じつはそれは妻で，このため妻は恥じ

て入水したという。この故事は『西京雑記』『列女伝』にみえる。楽府「秋胡行」の古楽府(古辞)は残らず，詩人の作も傅玄の2篇を除き秋胡の物語をうたわない。そのうち，嵆康の作は「秋胡詩」とも呼ばれ，佳作として知られる。また，帰郷して妻を誘惑する，いわゆる「還郷戯妻」は民間文学・俗文学の重要なモチーフでもある。元雑劇に結末を団円とした石君宝『(魯大夫)秋胡戯妻』がある。

(松家 裕子)

しゅうここんぶつどうろんこう【集古今仏道論衡】　唐代に編まれた仏教・道教の論争集。『集古今仏道論衡実録』ともいう。4巻。僧道宣の撰。仏教が中国に初めて伝えられた後漢の明帝の治世以降，執筆時の唐の高宗の治世まで，仏教と道教の二教の間で行われた論争を集録した書。ただし本書に集録された資料は，二教の思想的論争の記録というよりは，むしろ道教が政治的に利用され，為政者によって廃仏の用に供されたものを主としている。巻甲と巻乙には，後漢から隋以前の記事を収めるが，隋代に関する最後の2篇を除くと，道宣『広弘明集』の巻1から巻14にいたる帰正篇と弁惑篇にすでに集録される資料であり，唐初の記事を収める巻丙と巻丁は道宣が在世中に経験した二教に関する新資料である。南朝梁の僧祐『弘明集』に集録された南朝宋・斉時代の記事は，本書には収録されていない。なお唐の僧智昇の撰にかかる『続集古今仏道論衡』1巻があり，西域と天竺のことと注記して，『漢法本内伝』5巻を載せるが，偽書である。

(礪波 護)

しゅうこさんけい【緝古算経】　唐の数学書。李淳風等注釈『算経十書(十部算経)』の一つ。王孝通の著。全20問からなる。堤防等の体積やその土木工事の割当量などを算出する『九章算術』商功章の応用問題を扱っており，三次方程式解法(開帯従立方術)を展開する。祖沖之の『綴術』を敷衍したものと思われるが，宋元時代に発達した高次方程式解法の先駆けとなった。　(武田 時昌)

しゅうこちじん【修己治人】　自分の人格を完成させることで周囲の人々を教化していくこと。もともと『論語』にある「脩己安人(おのれをおさめてひとをやすんずる)」に由来し，儒家には古くからある発想であるが，朱子が『大学』の趣旨をこう要約し，朱子学で重視されるにいたった。朱子は『大学』の三綱領のうち，明徳を修己，新民を治人のこととし，八条目では格物から修身までの前半5つが修己，斉家から平天下の後半3つが治人に当たるとした。前者は後者の前提であり，まず前者を達成することが要求される。したがって，人の上に立つ者は厳しい倫理性を身につけなければならない。こうした気風は，范仲淹の「先憂後楽」に表現される宋代士大夫のエリート意識に支えられていた。朱子学においては，必ずしも科挙に合格しなくても，それぞれの持ち場(家や郷里社会)で政治秩序の維持に参与できる道を開いた。　(小島 毅)

しゅうころく【集古録】　→集古録

しゅうさくじん【周作人】　1885(光緒11)～1967。民国の散文家・翻訳家。紹興(浙江省)の人。筆名は知堂・苦雨斎主人など。1906(光緒32)年から11年まで日本に留学，兄の魯迅と『域外小説集』を共訳して東欧の文学を中国に紹介する。帰国後は北京大学教授をつとめる一方，『人的文学』や『文学研究会宣言』などの文章を発表しヒューマニズムの文学を提唱，啓蒙主義的活動に従事する。また，平淡な中にもユーモアを利かせた独特の散文を多数執筆した。ギリシアや日本の古典文学の翻訳にも力を注いだ。日中戦争時は日本の傀儡政権に協力させられる形となり「漢奸」の汚名を被った。　(中 裕史)

じゅうさんいかん【十三夷館】　→広東十三夷館

じゅうさんぎょうちゅうそ【十三経注疏】　13種の経書と古注(原則として漢魏期にできた経書の解釈)，および疏(原則として唐代に作られた経書と古注とに対する注釈)のこと。南宋期に完成した。内容は以下の通りである。『周易正義』，三国魏の王弼および東晋の韓康伯の注，唐の孔穎達の疏。『尚書正義』，偽孔伝(前漢の孔安国に仮託した注)，孔穎達疏。『毛詩正義』，前漢の毛伝および後漢の鄭玄の箋，孔穎達疏。『周礼注疏』，鄭玄注，唐の賈公彦の疏。『儀礼注疏』，鄭玄注，賈公彦疏。『礼記正義』，鄭玄注，孔穎達疏。『春秋左伝正義』，西晋の杜預の集解，孔穎達疏。『春秋公羊伝注疏』，後漢の何休の解詁，唐の徐彦の疏(と伝える)。『春秋穀梁伝注疏』，東晋の范寧の集解，唐の楊子勛の疏。『論語注疏』，三国魏の何晏の集解，北宋の邢昺の疏。『孝経注疏』，唐の玄宗皇帝の注，邢昺の疏。『爾雅注疏』，晋の郭璞の注，邢昺の疏。『孟子注疏』，後漢の趙岐の注，北宋の孫奭の疏。

(吉田 純)

じゅうさんぎょうちゅうそこうかんき【十三経注疏校勘記】　『十三経注疏』の字句の異同を調べ，いずれが正しいかを示した書。阮元の著，

243巻。阮元撰というが，実際には段玉裁がその大部分を仕上げたらしい。十行本・閩本・監本・毛本等，および日本の山井鼎撰・荻生北渓補遺の『七経孟子考文補遺』を突き合わせて出来たものである。ただし，阮元が南昌府学から刊行した『十三経注疏』に付配したものは出来が悪く，必ず単行本にあたる必要がある。

(吉田 純)

じゅうさんこう【十三行】 →広東十三行

じゅうさんてつ【十三轍】 北中国の伝統演劇や語り物で，歌や詩の押韻の基準となってきた13種の韻目「中東」「人辰」「江洋」「発花」「梭波」「遥条」「由求」「懐来」「乜斜」「言前」「衣欺」「姑蘇」「灰堆」のこと。漢詩の韻と違い，十三轍には権威ある規範的な韻書は存在せず，芸人や劇作家が慣習法的に韻字を選んできたため，韻目名や各韻字の許容範囲には人によって相当の出入りがある。また，例えば京劇の十三轍はいにしえの中原をイメージした舞台用の優美な発音体系である「中州韻」に，京劇初期の名優たちの出身地である湖北省の発音「湖広音」を加味して成立しているため北京語で発音すると韻が合わぬ場合もあり，口語の発音とも微妙なずれがある。

(加藤 徹)

じゅうじきょうろん【十地経論】 北朝北魏に翻訳された仏教の論書。12巻。世親（ヴァスバンドゥ）著。菩提流支・勒那摩提訳。漢訳の他にチベット訳が現存する。『華厳経』の一部をなす『十地経』に対する注釈書である。十地とは菩薩の修行の段階を10に分かったもの。本書は中国に唯識思想をもたらした初期のものの一つであり，これを研究する学派として地論宗が生まれ，地論宗消滅後は華厳宗がその研究を引き継いだ。『大正新脩大蔵経』巻26に収録されている。

(青木 隆)

じゅうしけいはっき【十四経発揮】 元の鍼灸医学（経脈・経穴）書。全3巻。滑寿（字は伯仁）の撰。1341（至正元）年の自序がある。元の忽公泰の『金蘭循経』（1303年刊）を底本とし，これに解説を加えたもの。巻上は経路システムの主体である十二正経脈の総説，巻中は任・督の2脈を加えた十四経脈の各論（経脈図を挿入し，歌訣を添える），巻下は奇経八脈について記してある。中国ではさほど流布しなかったが，簡明なことから日本では大いに歓迎され，初の古活字版医書となり，翻刻を重ねた。

(小曽戸 洋)

じゅうしちししょうかく【十七史商榷】 清の旧史校訂の書。100巻。王鳴盛著。通例をおそって十七史と題しているが，『旧唐書』『旧五代史』を加え，実際には19部の正史を扱っている。正史を対象とした通論的著作として，銭大昕の『二十二史考異』・趙翼の『二十二史劄記』とともに言及されるのを常とする。材料を正史のみに限定せず，雑史・小説から金石文まで広く参照して，正史本文の校勘と異同の検討を行い，とりわけ地理・職官・制度・名物の考証に精彩がある。テキストとしては，1787（乾隆52）年洞涇岬堂本，広雅書局本などがある。

(村尾 進)

じゅうしちじょう【十七帖】 東晋の王羲之書と伝えられる尺牘29帖を集めたもの。現存完本（三井本）でタテ24cm×ヨコ435cm。全文で947字を刻入する。巻首に「十七日先書」云々とあり，これによってその名がある。著録における初見は『法書要録』の「右軍書記」である。これによると「長さ一丈二尺。即ち貞観中の内本。一百七行，九百四二字云々」とある。唐太宗の貞観期(627-649)の内府の真跡本の原形をいったもので，原本は唐末五代の乱で散逸した。したがって現存完本の三井本とは合致しない。祖本は不明としても古来草書の手本として珍重され，清の書学者王澍は「草書を学ぶには『十七帖』を主とし，『書譜』『絶交書』でこれを補佐する」（『虚舟題跋』）というのが古代の見解を代弁していよう。『十七帖』には館本系と賀監本系とがある。館本とは，帖尾に「勅」の大字と「付直弘文館，臣，解无畏，勒充館本，臣，褚遂良校，無失」の文字および，王僧権の押署があるものをいう。賀監本とは，唐の賀知章の臨本を五代十国南唐の李煜が上石したと伝えられるものをいう。館本では，三井本・上野本・欠十七行本が，わが国に現存する。三井本は，29帖が完備し，紙損もない完本である。明の祁豸佳の旧蔵で，江戸時代末，貫名菘翁に帰し，巌谷一六，日下部鳴鶴の手を経て，三井聴冰閣に蔵された。羅振玉は唐模宋拓（唐代に搨模され，宋代に拓に取られたもの）とする。上野本は，『朱処仁帖』の末1行と『七十帖』の計10行分を欠失している。清の姜宸英の旧蔵で，羅振玉によって，上野有竹斎所蔵となった。京都国立博物館に現存する。南宋の翻刻本とみる人もある。欠十七行本は，『児女帖』『譙周帖』『諸従帖』を欠く。また『漢時帖』の首行2行，『薬草帖』の末1行を欠き計17行分がない。この系統では書道博物館本がある。賀監本は「勅」字と跋尾がなく，館本には及ばない。1980年，敦煌石室から発見された文書の中に900年頃書き写された『十七帖』中の『瞻近帖』と『龍保帖』の臨本があったことが報告されている。

(大橋 修一)

しゅうしべん【周之冕】 生没年不詳。明時代後期、呉派の画家。長洲（江蘇省）の人。字は服卿、号は少谷。万暦年間(1573-20)を中心に活躍し、花鳥画を得意とした。呉派の*沈周以来の花卉雑画の伝統において、陳淳と陸治両者の長所を兼ねると評されたが、大画面の構図や肥痩の強い筆線、皴法などの点で浙派の花鳥画とも多くの共通点を見出すことができる。代表作として『百花図巻』（北京、故宮博物院蔵、1602年）、『杏花錦鶏図』（蘇州市博物館蔵、1602年）などがある。〔板倉 聖哲〕

しゅうしょ【周書】 西魏・北周時代を叙述した歴史書で、正史の一つ。北周書・後周書ともいう。50巻(本紀8巻、列伝42巻)。撰者は令狐徳棻ら。唐の629(貞観3)年、*太宗の勅命により梁・陳・北斉・隋の諸史とともに編纂が開始され、636(同10)年に完成した。のち一部が欠失し『北史』等で補われたので、現行本は成立時のままではない。テキストには、諸本を校合し標点を施した中華書局点校本が便利である。なお奈良の大神神社に巻19の唐鈔本が伝わる。〔浅見 直一郎〕

しゅうじょとう【周汝登】 1547(嘉靖26)～1629(崇禎2)。明代の思想家。紹興府嵊県(浙江省)の人。字は継元、号は海門。1577(万暦5)年の進士。王畿や羅汝芳に師事。南京での講会で、許孚遠が無善無悪説を批判して「九諦」を作り、王畿の天泉会語(「天泉証道記」)は蛇足で王陽明の真意を損なうものと批判したのに対し、周汝登は「九解」を作って逐一反論した(46歳)。また陶望齢と『聖学宗伝』18巻、『王門宗旨』14巻を共編。前者は伏羲・神農から羅汝芳に至る、心学による思想史。後者は王陽明及びその門人4名の語録などを収める。他に『東越証学録』16巻がある。明史283〔中 純夫〕

しゅうしん【周臣】 生没年不詳。明中期の画家。呉県(江蘇省)の人。字は舜卿、号は東村。同郷の陳暹に山水画を学び、さらに南宋の院体山水画を取り入れ、院派と呼ばれる画派を形成し、その門下には仇英や唐寅がいた。院派の名称は、周臣の画系が、陳暹、陳公輔、盛懋、陳琳、陳珏へと、南宋画院にまで遡ることに由来する。周臣は、『明画録』の中で「*李成、*郭熙、*馬遠、*夏珪を手本とし、用筆は純熟、特にいわゆる行家(職業画家)の意に勝れる」と評された純然たる職業画家であったが、多くの文人画家とも交友があり、浙派と呉派の中間的な様式を確立した。現存作品から見ると、構図や皴法などには南宋の画院山水画の影響が強く認められる反面、細緻な描写形式には呉派の画風との類似点も指摘でき、画壇の趨勢が浙派から呉派へと移行する時期の、職業画家と文人画家の二つの性格を備えた画家として位置づけされる。また人物画にも巧みで、深い洞察力によって流民を活写した作品が伝わる。〔古田 真一〕

しゅうしん【修身】 人格を陶冶すること。『孟子』では、「修身・斉家・治国・平天下」(後の四条)を説いていたが、『大学』では修身の内容として「格物・致知・誠意・正心」(前の四条)を付加して八条目とした。善なる本性を自力で発揮して本来の自己を実現し(前の四条)、その自己が同時に家・国・天下の場で社会的責任を果たす(後の四条)という、儒教倫理を実践する主体者に焦点をあてた表現。人はなぜ善いことを実践しないといけないのか、またなぜ誰もが実践できるのか、実践する主体者をどのようにして人格的に自立させるのか、などを主題とする前の四条をめぐっては、たとえば朱子学・陽明学などが解釈を異にしたが、その前の四条が「修身」に結節し、「斉家・治国・平天下」に連結するということについては、儒教徒の間に異論はない。儒教倫理が世俗化して社会倫理として普及された時には、前の四条は「修身」に内包されて、「実践倫理」「道徳教育」の意味で使用された。〔吉田 公平〕

じゅうしんおん【重唇音】 音韻学の用語で三十六字母の幇母*p、滂母*pʻ、並母*b、明母*mの4つを指す。『韻鏡』三十六字母では「唇音重」、『四声等子』七音綱目では「唇重」と呼ぶ。中古漢語の声母は調音部位の違いにより七音(或いは五音)に分類されるが、その一つ唇音は重唇音と軽唇音に細分される。重唇音は中古漢語の開口字と合口一・二等字に現れ、音声学で言うところの両唇音であったと推定される。現代漢語諸方言においても一般に両唇音で現れる。なお、中古漢語で起きた重唇音と軽唇音の分化については、同一の文献を扱った研究であっても、分析方法や数値判断の相違や、音声レベルか音韻レベルかという着目対象の相違により、異なる結論が導かれることがある。例えば、『博雅音』に関しては異なる見解が存在する(丁鋒『〈博雅音〉音系研究』、呉波《〈博雅音〉的唇音分合問題》)。『*切韻』『*玄応音義』の反切では重唇音と軽唇音は分かれておらず、『新訳華厳経音義』『慧琳音義』では分かれていることから、水谷真成らは長安における唇音軽重の分化を7世紀末と推定している(『中国文化叢書1 言語』大修館書店)。〔吉川 雅之〕

しゅうしんこうき【周秦行紀】 中唐の伝

奇小説。中唐の宰相牛僧孺(779～847)の撰。一説に韋瓘の撰。貞元年間(785-805)、進士の試験に落第した牛僧孺が、帰途、道に迷い漢の文帝の母薄太后の廟に泊まり、漢の高祖の戚夫人や楊貴妃らの歓待を受け、王昭君と一夜を共にして別れたという奇想天外な話。科挙あがりの官僚の首領牛僧孺と貴族官僚の首領李徳裕(787～849)との抗争「牛李の党争」を背景にした作品で、牛僧孺を陥れるために李徳裕の腹心の韋瓘が書いたともいう。『太平広記』489所収。東洋文庫『唐代伝奇集』(平凡社)などに邦訳がある。　　　　　　　　　　　(富永 一登)

しゅうせいきょくふ【集成曲譜】　民国に編まれた崑曲曲譜(楽譜)集。全32巻。王季烈・劉富梁の撰及び編、高歩雲の定譜により1925(民国14)年、商務印書館から出版。金・声・玉・振の4集に分かれ、崑曲単折(一齣物、見取り)416齣を収録。曲の詞・所作・台詞・工尺(工尺譜の譜字)・拍子等を詳細に載せる。流行の演目を多数収録し、曲・詞・譜についても詳細に考訂され、利用しやすい曲譜集。巻頭に付せられた王季烈の曲律論『螾盧曲談』は、「論度曲」「論作曲」「論譜曲」「余論」の4部に分かれ、著者の実践経験を踏まえた探究により、その理論は創造性に富む。特に崑曲の「主腔(主なふし)」の概念は、以後の伝統演劇の唱腔(ふし)の研究に大きな啓発を与えた。『螾盧曲談』は1927年(民国16)、商務印書館から石版刷り単行本が出版された。　　　　　　　　　(孫 玄齢)

しゅうせん【秋千】　いわゆるブランコのことで、鞦韆とも表記する。上から吊した2本の縄の先に板を付けて行う「盪秋千」が一般的だが、他に4人乗りの大型の秋千もあった。春秋時代に河北一帯の山戎族の遊戯が中原に伝わったものとされ、漢代の初期にはすでに宮廷内で行われている。また後の唐代においては「半仙之戯」と呼ばれ、寒食節に宮中で女性が行う遊戯として定着、宋代以降も主に女性の遊戯とされた。　　　　　(平林 宣和)

しゅうぜんのふ【鰍鱔賦】　1522(嘉靖元)年、泰州学派の祖王艮が、師である王陽明の説を天下に広めるべく上京を決意した時に作った賦。『王心斎先生遺集』巻2に収録。ある道人が、店先で大瓶に入れられ気息奄々たる鱔(たうなぎ)たちを見た。そこに小さな鰍(どじょう)が放たれると鰍は元気よく動き回り、それに連れて空気が通った鱔たちも生気を回復する。やがて鰍は龍と化し鱔を長江、大海へと解き放つ。これを見た道人は万物一体を覚醒し、天下に周流する志を立てる。王艮を始め泰州学派の人士がもつ社会的積極性、行動性をよく示す作品とされる。　　　　　　　　　　　(森 紀子)

しゅうぞうしょうせつ【繡像小説】　清末の文芸雑誌。1903(光緒29)年創刊。半月刊。線装本。李宝嘉が招かれて主編となる。上海商務印書館発行。第13期より発行年月を記載しなくなり、実際の発行は遅延していた。李宝嘉の死後も発行を継続し、1906(光緒32)年末に全72期を出して停刊。誌名は各小説の巻頭に口絵(繡像)を付すのにちなむ。創作に李宝嘉『文明小史』(欧陽鉅源と共作)、『活地獄』(李宝嘉の死後、呉趼人、欧陽鉅源が続作)、劉鉄雲『老残遊記』、呉趼人『瞎騙奇聞』、欧陽鉅源『負曝閑談』、連夢青『隣女語』などがある。『老残遊記』は、連載途中で雑誌編集者による改竄事件のため掲載中止になり、さらには『文明小史』との間に盗用問題が発生している。翻訳に、コナン・ドイル『華生包探案』(『シャーロック・ホームズの思い出』)、ベラミー『回頭看』(『顧みれば』)、呉檮が日本語より重訳したズーダーマン『売国奴』(『猫橋』)、マーク・トウェイン『山家奇遇』(『山家の恋』)などがある。　　　　(樽本 照雄)

じゅうだいけい【十大経】　1973年、湖南省長沙市の馬王堆漢墓から出土した『老子』乙本巻前古佚書4種のうちの一書。全文4600字、立命・観・五政・果童・正乱・姓争・雌雄節・兵容・成法・三禁・本伐・前道・行守・順道の14章と、末尾の無題の章とからなる。「十六経」に改称する説も出されたが、近年李学勤・魏啓鵬らは、「十大経」は末尾の章題で、これら全体は『経』と命名されていたはずであるという。成立は戦国中期から漢初にかけての間であると推定される。その基本的性格は、黄老思想を中心とする点で『経法』と共通するが、黄帝言を臣下との問答体を取って祖述し、政治論の他、軍事思想を多く含むところに特徴がある。　　　　　　　　　　　(谷中 信一)

しゅうちんぼん【袖珍本】　版型が非常に小さな本の呼称。着物の袖に収まり携行にべんりな小型本であるとの意。頭巾を収納する小箱に収まるほどの小型本という意味の巾箱本も同じ意味。清乾隆年間(1736-95)に武英殿で刊行された勅輯『古香斎袖珍十種』のような雅なものもあるが、一般には、通俗的な小説や詩文集のほか受験用の書籍に多くみられる。　　　　　　　　　　　(梶浦 晋)

じゅうていししょしゅうしゃく【重訂四書輯釈】　元の四書説集成書。倪士毅の編。士毅は師の陳櫟の『四書発明』を修訂して『四書輯釈(大成)』として出版したが、さらに修訂増補を続け、内

容を一新して1346(至正6)年ごろに『重訂四書輯釈』を著した。その原稿は明に入ってから発見され，元明の諸儒の書と合刻して，『四書通義』，別名『重訂四書通義大成』として出版された。明版は20冊，朝鮮版と和刻本もあり，ともに23冊の大部の書である。 (佐野 公治)

しゅうとくせい【周徳清】 1277(至元14)〜1365(至正25)。元の文人。高安(江西省)の人。字は日湛，号は挺斉。理学家周敦頤の第6代目にあたる。元曲に精通し，当時の元曲創作の音律を正す目的で『中原音韻』を著した。作品としては『太平楽府』や隋樹森『全元散曲』に小令・套曲を数首見ることができる。『中原音韻』は近代音韻史上最も重要な資料の一つとされている。 (片山 久美子)

しゅうとんい【周敦頤】 1017(天禧元)〜73(熙寧6)。北宋の思想家。営道(湖南省)の人。字は茂叔。諡は元。晩年に廬山の麓に住み，その地に故郷の地名であった濂渓の名をつけたことから濂渓先生と呼ばれた。地方官を歴任し，裁判などを公正に行った。二程の父の程珦と交わり，その縁で少年時代の二程を教えた。二程が道学を形成したことから，周敦頤が道学の祖とされるが，問題視されている。周敦頤のことを，二程及びその門弟たちはさほど重視しなかったが，南宋の朱子が表彰してから，一躍道学の祖としての地位が確定した。著作には*太極図説と『通書』があり，また「愛蓮説」という文は有名である。『太極図説』では，「無極にして太極」と宇宙の本源から説きおこし，道徳的存在としての人間の存立根拠をコンパクトに解説している。この無極と太極を朱子は理の二つの側面を表現したものと解釈したが，太極の原義は宇宙のおおもとの気，無極は太極と同義かあるいはその基底にある無を指している。また『通書』では，人間は全て聖人に到達できるということを前提に，誠を重視する修養論と，学問の意味づけが試みられている。「愛蓮説」では泥中から清い花を咲かせる蓮に対する愛好が表明され，これは宋代の風気の体現と言われる。文章は『周子全書』に収録。宋史427 (土田 健次郎)

しゅうなんざん【終南山】 陝西省南部を東西に走る秦嶺山脈の一部。西安の南，関中盆地すなわち渭水平野の南を仕切る山並みを指し，渭水の北，北山に対応させ南山と呼ばれた。華中と華北を分ける境界線であると同時に南北の要衝でもある。標高2000〜3000m級の峰が連なり，子午道や褒斜道などが縫うように走る。すでに『詩経』に詠われており，古来，文人墨客に親しまれ名所・古跡も多く，長安を中心とする歴史や文化に大きな役割を果たした。 (藤善 眞澄)

しゅうなんざんそていせんしんないでん【終南山祖庭仙真内伝】 金元時代の全真教道士37人の事跡を記録した伝記集。3巻。元の全真教道士天楽道人李道謙撰。『道蔵』604冊所収。祖庭は劉蔣村(陝西省)の，王重陽の故庵の地に建立された道観で，道謙は50余年にわたって祖庭に住んだ。巻上に重陽の劉蔣時代の道友，和玉蟾と李霊陽，弟子の史処厚ら5人，馬丹陽の弟子姚玹ら11人，巻中に丹陽の弟子柳開悟ら14人，巻下に丘長春(処機)の弟子尹志平ら7人の伝記を収録する。37人の入道の動機や修行形態，重陽や丹陽の指導の仕方が見られ，初期全真教の資料として極めて価値が高い。なかでも祖庭時代の丹陽の弟子が大半を占め，丹陽による全真教団の確立する過程を具体的に知ることができる。 (蜂屋 邦夫)

じゅうにき【十二忌】 元の饒自然が『山水家法』(逸書)の中で指摘した，山水画を描く場合に避けるべき12か条の欠点。「絵宗十二忌」ともいう。すなわち①布置迫塞(アンバランスな画面構成)，②遠近不分(遠近の区別がない)，③山無気脈(山の気脈が連接していない)，④水無源流(水の流れが不合理)，⑤境無夷険(単調な地形表現)，⑥路無出入(道のつながりが曖昧)，⑦石止一面(石が立体的ではない)，⑧樹少四枝(単純な樹木表現)，⑨人物傴僂(背中のまがった人物描写)，⑩楼閣錯雑(建物が正確に描かれていない)，⑪滃淡失宜(墨の濃淡が不適切)，⑫点染無法(彩色が理にかなっていない)である。さらに各条ごとに要訣が述べられ，構図・点景・用墨・彩色など，実際の山水画制作に即した細かなアドバイスがなされている。 (古田 真一)

じゅうにじ【十二次】 天の赤道に垂直に天球を12等分割したもの。各次の名は星紀・玄枵・娵訾・降婁・大梁・実沈・鶉首・鶉火・鶉尾・寿星・大火・析木で，冬至点・春分点・夏至点・秋分点を通る赤経線(天の赤道に垂直に引いた経線)がそれぞれ星紀・降婁・鶉首・寿星の各中央を通る。古くは，歳星(木星)は1年に1次ずつ移動すると考えられ，逆向きに十二次と十二辰が対応させられた。十二辰の子が玄枵にあたる。漢代には歳星の周天周期は12年より少し短いことが知られた。占星術では十二次や二十八宿と地上の国や州区分が対応するとされ，分野説と呼ばれる。 (宮島 一彦)

じゅうにしょうそくか【十二消息卦】 陰が

衰えて陽が盛んになるのを息(息は陽が生ずる意),陽が衰えて陰が盛んになるのを消(消は陽を消す意)という。1年12か月及び十二辰に,復・臨・泰・大壮・夬・乾・姤・遯・否・観・剥・坤の十二卦を配当し,この十二卦をもって陰陽消息の理を説く。すなわち,復☷☷は11月・子,臨☷☷は12月・丑,泰☷☷は正月・寅,大壮☷☷は2月・卯,夬☷☷は3月・辰,乾☷☷は4月・巳(以上が六息卦)で,陽爻がしだいに増加する。姤☷☷は5月・午,遯☷☷は6月・未,否☷☷は7月・申,観☷☷は8月・酉,剥☷☷は9月・戌,坤☷☷は10月・亥(以上が六消卦)で,陽爻がしだいに減少する。この十二消息卦は,卦気説における十二辟卦である。また,十二君卦,十二月卦,十二月主卦ともいう。「十二消息」の語は,唐の李鼎祚『周易集解』に引く荀爽や虞翻の注に見える。鈴木由次郎『漢易研究』に詳しい説明がある。

(近藤 浩之)

じゅうにしょうもん【十二章文】 帝王の祭服である礼服に定められた12種の文様のこと。すなわち,日・月・星辰(星座)・山・龍・華虫(雉子)・宗彝(剛猛である虎と知恵豊かな尾長猿を描いた一対の祭器)・藻・火・粉米・黼(斧)・黻(「己」が相背く字形)を指し,周代に成立したといわれる。前六章を衣,後六章を裳,あるいは前八章を衣,後四章を裳に縫いあらわす。初唐四傑のひとり楊炯の『奏議』には,「日は光明の土を照らし万物を生成する陽徳,月は光明の土を照らし万物を養成する陰徳,星辰は四季,雲雨を布散する山は人民への恵与,変化無方なる龍は臨機応変なる布教,五彩をまとう華虫は五体に宿る道理と礼儀,宗彝は武勇,水を上下に逐う藻は時代に応じる高潔,火は日々なる刷新,米は養の根源,黼は決断,黻は分別」をそれぞれあらわしていると説かれている。漢文化の象徴であり,清朝においても朝袍に十二章文は併用されてその意義が保持されたが,西太后が着用に及び帝王専用の禁が破られた。(丸山 伸彦)

じゅうにしん【十二辰】 十二支の古名。年・月・日・方位等に配せられる12の名称。辰は各種の時を観測する基準となるもの全般を意味する。太陽が12か月で天を一周することから,十二次と同様に天の赤道に垂直に天球を12等分割し,十二次の星紀に十二辰の丑を対応させ,以下,十二次は東回り,十二辰は西回りに配される。太陽の宿る辰によって,12か月に十二辰名を配した。また,各月に北斗の柄の二星が指す方角にその月の十二辰名を配した。北を子とし,東回りに配される。一方,太歳の宿る辰の名をその年の十二辰名とした。一日を12等分して十二辰名を配する紀時法も用いられた。夜半を挟む刻が子である。

(宮島 一彦)

じゅうにせいしょう【十二生肖】 十二支を12種の動物に配当したもの。十二属・十二属相ともいう。日本で俗にいう干支。子は鼠,丑は牛,寅は虎,卯は兎,辰は龍,巳は蛇,午は馬,未は羊,申は猿,酉は鶏,戌は犬,亥は猪。最初はその動物でもって年を記す方法であったが,子の年生まれの人は鼠に属するという考え方は遅くともすでに後漢代には成立しており,後に占卜家などが人は生まれた年の動物に似て,運勢とりわけ結婚や葬儀などに影響を与えるとした。中国以外に朝鮮・日本・ベトナム・インドにも同様の習慣がある。(鈴木 健之)

じゅうにへいきんりつ【十二平均律】 隣接2律間の音程が等しい十二律。従来の三分損益法は,$\frac{2}{3}$のn乗と$\frac{4}{3}$のm乗の積が$\frac{1}{2}$や1にはならない以上,律を生じ続けて終わりがないが,南朝宋の何承天や隋の劉焯の試行錯誤を経て,明の朱載堉は等比数列の法を用い,隣接2律間の音程を2の12乗根として十二平均律を定めた。その算法は主に『律呂精義』に記されている。このシステムによれば転調は完全に自由になるが,逆に5度・4度などの音程は近似的なものに後退する。(水口 拓寿)

じゅうにりつ【十二律】 1オクターブ中に12の律(絶対音高)を設けたもの。古代,伶倫が初めて作ったとされるが,いずれにせよ戦国初期には存在した。その算法に関わらず,低音の律から黄鐘・大呂・太簇・夾鐘・姑洗・中呂・蕤賓・林鐘・夷則・南呂・無射・応鐘と呼ぶ。それぞれ子からの十二辰や,11月からの十二月に配当される。なお,律は一般に管律として記述されてきたが,管律は弦律と違って振動数が律長には比例しない一方,絶対音高を定めやすい。(水口 拓寿)

じゅうにろう【十二楼】 清初の白話短編小説集。一名『覚世名言』。1658(順治15)年序。李漁著。すべて楼にまつわる白話短編小説12篇を収め,「合影楼」「三与楼」「夏宜楼」など,各篇の標題からして著者一流の凝った趣向のものである。先に刊行された『無声戯』とは異なり,各篇が1回(「奪錦楼」)から長くて6回(「払雲楼」)に至る章回小説の形式をとるが,いずれの作品にせよ,すんなりと素直に物語の筋を運んだものは一つとしてない。男女の色恋を扱う内容のものが多いが,ひねりにひねって筋を錯綜させるというのが李漁の手法であった。思い設けぬことが起きてみたり,ああかと見えたものがこうであったり,不運が実は幸運につながってい

たりと，読者の意表に出るを狙う。その布置設定の奇抜，伏線照応の巧妙なるところに，この作者独自の手腕と個性が認められる。むしろ海外において評価され，日・英・独・仏・露などで翻訳紹介されている。　　　　　　　　　　　　　　（岡　晴夫）

じゅうはちりつ【十八律】　1オクターブ中に18の律(絶対音高)を設けたもの。七声と十二律を三分損益法で作ると，蕤賓以降に生じた律に宮声を置いた場合には，七声の方が1回以上，23.4セント(1セントは半音の100分の1)高くなる。そこで南宋の蔡元定は，旋宮の候補を十二律のままとする一方，声律間のずれにより生じてくる6つの絶対音高を変律として数え入れ，十八律のシステムを定めた。一面の完結性に留まる解決ではあるが，当時の奏楽は旋宮の候補がこの程度であり，朱熹(朱子)の評価を経て権威ある声律理論となっていった。
　　　　　　　　　　　　　　　　（水口　拓寿）

じゅうはっかししょう【十八家詩鈔】　清後期の政治家曾国藩が編集したアンソロジー。28巻。1874(同治13)年刊行。曾国藩は政務の合間に歴代詩文選集の編集に努め，『十八家詩鈔』『経史百家雑鈔』などを相次いで出版した。「十八家」とは曹植・阮籍・陶淵明・謝霊運・鮑照・謝朓・王維・孟浩然・李白・杜甫・韓愈・白居易・李商隠・杜牧・蘇軾・黄庭堅・陸游・元好問を指し，彼らの作品をそれぞれ五言古詩・七言古詩・五言律詩・七言律詩・七言絶句に分類して集録した。曾国藩晩年の嗜好を反映していると評される。　　（大平　桂一）

じゅうはっしりゃく【十八史略】　南宋末元初の人曾先之が編んだ，宋代に至る中国史の要約版。『史記』から『新五代史』の正史十七史に加え，まだ官撰の正史ができあがっていなかった宋代については『続資治通鑑長編』の簡約本や『続宋編年資治通鑑』などを材料としている。
　元刊の2巻本が正史『三国志』に従い魏朝を正統に立て，終点を南宋の1276(徳祐2)年に置くのに対し，通行本の明刊7巻本では『通鑑綱目』に従い蜀を正統とし，終点を1279(祥興2)年の帝昺の崖山入水までを収めている。
　南宋時代以来，科挙への対策もあって経学・詩文・歴史の簡約本が盛んに編まれるようになったが，この本もその流れの中に位置付けられる。初学向きという点でやがて軽んじられるようになったが，まさにその点が江戸日本の読者の嗜好に合い，ほぼ同時代に成立した『文章軌範』とともに広く読まれた。　　　　　　　　　　　　（中砂　明徳）

じゅうばんこ【十番鼓】　江蘇省の南部，無錫・蘇州などで行われる伝統的器楽合奏。歴代の呼称は十番簫鼓・十番・十番笛などがあるが，単に吹打と呼ばれることが多い。また，仏教・道教の僧による演奏も行われ，その曲目を梵音と称する。十番鼓は十番鑼鼓と同じ地域で行われており，冠婚葬祭の際に演奏され，往々にして演奏者も重複しているが，十番鼓は慶事に演奏されることは少ない。演奏者は5，6人から10人ほどで，笛・簫・笙・嗩吶・二胡・板胡・三弦・琵琶・板鼓・同鼓(大型の堂鼓)・雲鑼・木魚などが用いられるが，笛と鼓類が中心的存在となっている。演奏楽曲は民謡・劇音楽や唐宋伝来の歌舞曲と同名のもの(『浪淘沙』『満庭芳』など)があるが，その構成から太鼓の独奏部分(鼓段)の有無によって2タイプに大別される。1つは鼓段をもたない短い曲で『酔仙戯』『朝天子』など，鼓段を有する長大な曲としては『百花園』などがあり，後者のタイプは套曲と呼ばれ，様々な楽曲の組み合わせで構成されている。　（増山　賢治）

じゅうばんらこ【十番鑼鼓】　江蘇省の南部，無錫・蘇州などで行われる伝統的器楽合奏。明代にはすでに形成されていたと思われる。十番や鑼鼓の略称をもち，十様錦・十不閑などの呼称も通行した。その演奏者は道士や，堂名と呼ばれた職業的演奏団体に所属するプロの奏者，随時招聘されるセミプロの奏者(農民)で，冠婚葬祭，特に春節・中秋・廟会・端午節などの伝統的祝祭日の折に盛んに演奏された。楽器編成によって，2タイプの演奏形態があり，打楽器のみで構成されるのを清鑼鼓，管弦打楽器による編成を糸竹鑼鼓という。前者のうち，雲鑼・拍板・木魚・双磬・同鼓(大型の堂鼓)・板鼓・大鼓・鑼・鈸の編成を粗鑼鼓，それにさらに大小様々な鑼・鈸を加えたものを細鑼鼓と細別している。後者は主奏楽器によって笛吹鑼鼓・笙吹鑼鼓・粗細糸竹鑼鼓などに細別され，打楽器以外には，嗩吶・曲笛・笙・三弦・二胡，時に梆笛・笙・板胡・琵琶・月琴なども参与する。粗細糸竹鑼鼓の楽曲は打楽器・管楽器・弦楽器の各群がそれぞれ順番に演奏するように書かれているのが特色。その他の場合でも，鑼鼓の活躍する部分である鑼鼓段が設けられている。　　　　　　　　（増山　賢治）

しゅうひさんけい【周髀算経】　蓋天説に基づく天文学・天文測量の書。2巻。算経十書の一。作者不詳。趙爽注。上巻は，天地は平行平面で，天は円形，地は方形とし，下巻は天地とも中央が盛り上がっているとする。周髀(圭表)で夏至の日に南中時の太陽の影の長さを測る場合，地上を南北に1000里移動するとその長さが1寸変化するとする

（一寸千里の法）。中国数学の重要ジャンルである句股術が使われている。　　　　　　　　（宮島　一彦）

しゅうひつだい【周必大】
1126(靖康元)～1204(嘉泰4)。南宋の政治家・文学者。廬陵(江西省)の人。字は子充，号は平園老叟等。官は左丞相にまで至り，益国公に封ぜられた。陸游・范成大・楊万里らと親交があった。詩は600首あまり存し，江西詩派の影響を脱けきらないが，散文は高官だけに当朝の人物，掌故をおさえていて見るべきものがある。『二老堂詩話』等を収める『周文忠公全集』200巻がある。宋史391　　（大野　修作）

しゅうふうのじ【秋風辞】
前漢の詩。漢の武帝作。河東(山西省)に行幸して后土神を祀った際，群臣と宴を開き，興に乗って作ったという。「秋風起こりて白雲飛び／草木黄落して雁　南帰す」と秋の情景をうたい，川を船で行く楽しみを描いたあと，「歓楽極まりて哀情多し／少壮なるは幾時ぞ老いを奈何せん」と結ぶ。『楚辞』の情景描写に人生無常の嘆息が加わっている。「兮」字を用いた楚調の形で書かれ，毎句韻をふむ。『文選』45所収。　　　　　　　　　　　　　　　（谷口　洋）

じゅうぶがく【十部楽】
唐代の宮廷燕楽の重要な演奏様式の一。十部伎ともいう。10の楽部により構成されるのでこの名がある。隋の七部楽に由来し，下記の経緯により，唐の太宗の時に十部楽として成立した。

589(開皇9)年，南朝陳を滅ぼして全国統一を果たした隋の文帝(北朝北周の楊堅)は，南朝に伝わる漢民族の伝統楽の清商楽(略して清楽ともいう)と，北朝時代に絶え間なく流入し続けていた胡楽(西域を主とする外国および周辺の少数民族の諸楽)の中から重要なものを選び七部楽を制定し，国家の大宴に用いた。すなわち国伎・清商伎・亀茲伎・安国伎・天竺伎・高麗伎・礼畢(礼のおわり)である。これは，南北の音楽が混淆する趨勢の中で，各伎の分別を明らかにしその伝統を維持するためであり，同時に，北朝時代に朝貢や王室間の通婚，征伐などにより得たこれらの音楽を一堂に集め，新帝国の威勢を四方に示すことにより，一層の帰順を促す一種の外交政策でもあった。煬帝は清商伎を第一伎におき，国伎を西涼伎と改め，新しく疎勒伎と康国伎を加えて，九部楽とした。清商伎は南朝の宮廷楽を指し，隋の文帝が華夏正声(中国の正統の音楽)として尊重したもので，九部の中で最も重要な楽部である。最後に奏される礼畢も清商伎である。高麗伎は東夷の代表，天竺(インド)の楽部は，南朝時代から仏教や交易でインドと関係の深かった扶南(カンボジア)の曲調も交えて演奏しているので，南蛮の代表である。その他は，中央アジアの安国伎・康国伎，新疆の疎勒伎・亀茲伎，甘粛省の西涼伎などはみな西域楽の系統である。この中もっとも重要なものは亀茲伎である。亀茲はインド系の音楽の盛んな地で，伴奏楽器に琵琶，五弦琵琶などのほか，太鼓・羯鼓・腰鼓・鶏婁鼓など種々の鼓類を用いるのが特徴である。また亀茲はシルクロードの要路にあり，疎勒・康国・安国などの西域各地の音楽はここを通って中国に入ったため，みな亀茲の音楽の影響を強く受けている。西涼伎は4世紀の末に涼州で亀茲伎と中原の清商楽とが融合したもので，隋七部楽では国伎としていたものである。楽器に中原の雅楽器も加え，音楽は閑雅の趣をもつ。亀茲伎と西涼伎は唐代の音楽に最も影響を与え，亀茲伎は二部伎の立伎部系，西涼伎は座部伎系統の音楽へ発展し，唐代宮廷胡楽の二大潮流となったものである。

唐初は政治もまだ安定せず，隋の九部楽をそのまま用いたが，唐朝安泰の基礎が固まった太宗(在位626～649)の時，唐九部楽として再編された。すなわち余興的な存在であった礼畢を去り，新しい創作曲の『讌楽』を第1伎においた。これは他の楽伎が主に外来の楽であるのと異なり，宮廷音楽家張文収の創作曲で，当時流行していた清商楽と胡楽の融合した音調を用い，雅楽の要素も楽器や服飾などにとり入れて唐朝を歌頌するものであったから，唐帝国の音楽として宮廷の宴饗楽を代表するにふさわしいものであった。640(貞観14)年，高昌(新疆)が唐に降ったのでその楽を加え，642(同16)年，ここに十部楽が成立した。

十部楽は太常寺が管轄し，公式の行事，外国使臣の招宴などには，他の楽舞や雑伎などに先立ち，第一番に上演された。曲目は各楽伎が1曲から数曲を演奏し，一度に10部を通して上演した。全体の統一をはかり，各伎の民族色をうち出すために演奏の順序，舞人の数，服飾，楽器などが規定された。舞人の数は2人ないし4人，楽人は7人から30人である。

十部楽は初唐の半世紀の間はしばしば上演されたが，その後は上演の機会が少なくなって衰亡し，玄宗朝には代わって二部伎が公式の宴饗楽として制定された。それは，隋七部楽の制定から1世紀の間に胡楽と俗楽の融合が一層進み，国名を楽部名とする十部楽はもはや時代に合わなくなったからであり，さらに，盛世にあっては唐朝の音楽をもって帝国の繁栄と威信を国内外に示すことに重きをおいたからである。十部楽の第1部に編入された楽曲『讌楽』は，十部楽から二部伎への移行の先駆けであったといえよう。　　　　　　　　　　　（古新居　百合子）

じゅうぶさんけい【十部算経】 唐代，国子監に設けられた算学（数学大学）で教科書として用いられた10部の数学書の総称。李淳風・梁述・王真儒などが注釈を施した『周髀算経』『九章算術』『孫子算経』『海島算経』『五曹算経』『夏侯陽算経』『張丘建算経』『五経算術』『綴術』『緝古算経』を指す。南宋の算経十書の源流である。算学には算学博士と助教をおき，これによって数学教育と試験を実施した。 （川原 秀城）

じゅうふにもんしようしょう【十不二門指要鈔】 北宋の仏教書。2巻。1004（景徳元）年に天台宗山家派の中心人物である四明知礼によって撰述された。天台大師智顗の述・章安の記による『法華玄義』に記す「十妙」について，実践的な解釈を行った六祖荊渓湛然が，10種の不二門（相反する概念が実は同一であること）を立てて観心（心を観想すること）の大綱を示したものが『十不二門』であり，この書に対する注釈書である。山家・山外の争いが盛んだった当時，知礼は本書において山外派の説に反論し，妄心観・両重能所・理具事造・別理随縁などについて自説を展開した。 （岩城 英規）

しゅうぶんく【周文矩】 生没年不詳。五代十国南唐の宮廷画家。句容（江蘇省）の人。後主李煜に仕え，翰林院待詔となった。人物・山水・車馬を善くし，とりわけ仕女画（美人画）が名高く，晩唐の周昉を継ぐ画家とされる。その衣文線は，周昉も用いた戦筆と称される特異な描線で，筆致に気力をこめて震える（戦）ようにして描く。戦筆には李煜の書法が反映しているともいう。伝称作品に『重屏会棋図巻』（北京，故宮博物院蔵），『仕女図巻』断簡（クリーブランド美術館ほか蔵）など。 （藤田 伸也）

しゅうぶんでんぎょらん【修文殿御覧】 類書の一つ。『聖寿堂御覧』とも言う。360巻。祖珽ら撰。572（武平3）年2月に北朝北斉の後主高緯の勅命によって編纂された。当初は『玄洲苑御覧』と題されたが，同年8月に『聖寿堂御覧』と改名され，さらに『修文殿御覧』と改められた。『隋書』経籍志では子部雑家に「聖寿堂御覧三百六十巻」と著録され，『新唐書』『旧唐書』以下『文献通考』に至るまでは，類書の部に「修文殿御覧」の名で録される。明以降伝わらないが，その残巻と目されるものが敦煌文書（ペリオ2526）に存する。360巻という巻数は，易の乾坤の策が360本であるのに象ったもので，50の部目から成るものだった（『太平御覧』601文部・著書引『三国典略』）。編纂に当たったのは，北斉の文林館で撰書の職に在った祖珽・陽休之をはじめとする30余名。主な撰者である祖珽は，字は孝徴，范陽遒（河北省）の人。音律に優れ，鮮卑など周辺民族の言葉を解したうえ，陰陽術や占い，医術薬術にも通じた博学多才な人物で，北斉武平期の修書事業に深く関与した。 （原田 直枝）

しゅうへきどうじょう【秋碧堂帖】 清の康熙年間（1662-1722）に製作された法帖。豊富な収蔵を誇る梁清標の鑑定によるもので皆真跡から刻入したという。梁清標は直隷真定（河北省）の人。蕉林と号し，明の1643（崇禎16）年の進士で官は保和殿大学士に至った。刻者は名手と称された尤永福。刻された名跡は晋の陸機・王羲之，唐の杜牧・顔真卿，宋の高宗・蘇軾・蔡襄・黄庭堅・米芾，元の趙孟頫の10家である。刻帖が完成しないうちに梁清標が卒したため，後に金徳瑛が初めて拓して世に出た。収載作品のうち宋の4家（蘇・蔡・黄・米）及び元の趙孟頫の書は出色の出来である。明末清初の法帖としては快雪堂帖とともに佳帖として尚ばれている。初拓は淡黄拓で，濃拓本は後拓とみなされている。 （小川 博章）

しゅうぼう【周昉】 生没年不詳。中唐を代表する道釈人物画家。京兆（陝西省）の人。周景玄ともいい，字は仲朗。節度使の後裔で，官は宣州（安徽省）長史に至る。はじめ張萱の人物画を学び，仏像・真仙・人物・士女等を描いた。徳宗の請で章敬寺の神像を制作する際，画稿を公開し，賢愚を交えた衆目の意見を参考に異論がなくなるまで推敲をかさねてから完成作を仕上げるなど，才気にあふれたパフォーマーとしての逸話もある。肖像画では，写実に加え，モデルの性情や笑っている姿をとらえていたと伝えられ，また水月観音図を創始した。朱景玄『唐朝名画録』は，呉道玄について第二位の神品中に品等づけしている。周昉の描く女性は，体型はふくよか，面貌はなごやかで，ゆったりとして高い気品をもちあわせており，「周家様」と称された（『宣和画譜』）。伝承作に『内人双六図巻』（台北，故宮博物院蔵），『紈扇仕女図巻』（北京，故宮博物院蔵），『簪花仕女図巻』（遼寧省博物館蔵）がある。 （井手 誠之輔）

しゅうほうげん【周邦彦】 1056（嘉祐元）～1121（宣和3）。北宋の詞人。銭塘（浙江省）の人。字は美成。清真居士と号した。1079（元豊2）年ごろ太学生となり，地方官を歴任したあと提挙大晟府（音楽院の管理職）を務めた。詞集『清真集』（一名『片玉詞』）がある。

　周邦彦は，北宋末期を代表する詞人である。詞の楽律面の整備・開拓を進め，修辞面では用字をよ

く吟味し，故事を巧みに織りこんで精妙な境地を創出，それらの功績によって，「詞の集大成者」と称せられる。散る花を詠じた「夜来の風雨 楚宮の傾国を葬る／釵鈿の堕つる処 香沢を遺す」(「六醜」)，柳並木を詠じた「柳陰 直し／煙裏に糸糸 碧を弄ぶ／隋堤の上 曾て見し 幾番か／水を払い 綿を飄して行色を送りしを」(「蘭陵王」)，古都金陵を詠じた「燕子は知らず 何れの世なるかを／尋常の巷陌の人家に入りて／相対して興亡を説くが如し／斜陽の裏」(「西河」)などが名句として挙げられよう。宋史444　　　　　　　　　　　　　　(宇野 直人)

じゅうまんがんろうそうしょ【十万巻楼叢書】
清代・光緒年間(1875-1908)に陸心源が編集した叢書。陸心源は蔵書家としても著名で，十万巻楼はその蔵書室の名。50種395巻を収め，逐次刊行したものを3編にまとめている。収められる書の多くが宋・元時代の著作で，四部全体にわたり，叢書も一つとられており，特定のテーマはない。自らの所蔵するものをはじめとして宋・元古刊本の復刻が多く，陸心源自身の校勘記を付したものもある。眼目は古刊本の復刻，伝播にあるといえよう。『叢書集成』に収められている。　　(木島 史雄)

しゅうみつ【周密】
1232(紹定5)～98(大徳2)。南宋の詞人。祖籍は済南(山東省)だが，曾祖父の代に宋の南渡に伴って呉興(浙江省)に移り住んだ。字は公謹。草窓・蘋洲などと号した。1261(景定2)年より臨安府の幕僚などを勤めたが，南宋の滅亡後は元に仕えず，宋代文化の記録・保存を志し，著述に専念した。その詞は韻律を重視した清新流麗なもので，姜夔や呉文英とともに高く評価される。書画・音楽にも造詣が深かった。詞集『蘋洲漁笛譜』のほか『斉東野語』『武林旧事』『癸辛雑識』『絶妙好詞箋』など，多くの著作がある。
　　　　　　　　　　　　　　(宇野 直人)

しゅうみつ【宗密】
780(建中元)～841(会昌元)。唐の禅僧・学僧。果州西充(四川省)の人。俗姓は何。諡号は定慧禅師。圭峰大師・草堂禅師などとも称される。はじめ儒学を修めたが，25歳の時，遂州で荷沢禅の流れをくむという大雲寺道円に出会い出家する。この頃また『円覚経』を見出した。28歳で具足戒を受け，のち四川を離れ，襄陽で華厳宗の澄観の著述をその弟子から示されたのを契機として32歳でその門に入る。澄観に2年間親しく師事したのち，長安や終南山中の草堂寺などで著述に専念する。当時の多くの貴顕と交際し，とくに裴休とは親密であった。835(太和9)年の甘露の変では，宦官の勢力を一掃しようとして失敗した李訓をかくまった。長安の興福塔院で寂す。彼は荷沢禅と華厳教学を継承すると自認するが，中心に据えていたのは『円覚経』であり，この経によって両者を統合した。それによって仏教教義の各学派と禅の各宗との統合をもはかり，教禅一致を唱えた。さらには儒・道・仏の三教一致をも説いて，中国思想史上でも重視される。その著述は90巻あるいは200巻ばかりなどと伝えられるが，現存するもののなかで，主著『円覚経大疏』『円覚経大疏釈義鈔』の他，『禅源諸詮集都序』『中華伝心地禅門師資承襲図』(『裴休拾遺問』)『原人論』『華厳行願品随疏鈔』などがよく知られる。　　　　　　　　　　(中西 久味)

じゅうめんまいふく【十面埋伏】
古典琵琶曲。清代の『華秋苹琵琶譜』に初収。楽曲は13段から成るが，譜本によっては9～24段のものもある。題材は楚の項羽と漢の劉邦との垓下の戦い(前202年)であり，劉邦が作戦を立て出陣をまつ部分，決戦の描写の部分，敗北した項羽が自殺を遂げ劉邦の勝利の凱旋の3部分に分けて展開する。音楽的にはすばやい同音反復など高度な演奏技法を使い，戦いの情景を効果的に描写する。　　(仲 万美子)

じゅうめんもん【獣面文】→饕餮文

しゅうもんじっきろん【宗門十規論】
唐末・五代の禅者である法眼文益の著。中国禅に潙仰宗・臨済宗・曹洞宗・雲門宗・法眼宗の五家の区別を初めて立て，それぞれの特色を説明する。現存最古の刊本は本邦で1756(宝暦6)年刊のもの。刊記によれば元の至正6(1346)年本のあったことが知られるが逸して伝わらない。　　(高堂 晃壽)

しゅうもんとうよう【宗門統要】
禅宗の代表的な古則公案と，その拈古(評釈)の集成書。全10巻。建渓(福建省)沙門宗永が，1093(元祐8)年に湖南大潙山で蔵主職にあったときに編成したもの。西天東土の聖賢より南岳下11世の楊岐方会・黄龍慧南，青原行思下10世の投子義青まで859人，うち614人見録，計1323則を収録する。

古則公案に対して自らの見解において評釈を加えることは，法眼系の禅者より流行を見るが，北宋代には盛んに頌古・拈古・代別語がものされていく。本書の特色は各禅師の拈提した著語を集成するところにあった。後の『聯灯会要』の根本資料となり，わが道元の真字『正法眼蔵』300則にも影響を与えた。宋代に何度となく開版されるが，京都東福寺・東洋文庫・叡山文庫の宋版が知られる。

元代になって圜悟克勤下8世の古林清茂が増補し，『宗門統要続集』22巻を編した。現在一般に見

られるテキストはこれである。　　（西口　芳男）

じゅうよく【十翼】　『易経』に付けられた彖(上・下)，象(上・下)，繋辞(上・下)，文言，説卦，序卦，雑卦の合計10の伝を言う。「翼」は補佐の意。記述が簡潔で難解な経(卦辞・爻辞)を儒教的な倫理観・政治思想により解釈・敷衍したもの。戦国末期から前漢時代にかけて徐々に著作されていった文献の集成である。十翼を孔子(字は仲尼)の作とする説は，『易緯乾鑿度』に「仲尼は五十にして易を究め，十翼を作った」とあるような，戦国末期から漢代初期に行われた『易』の儒教化・経典化の過程で生み出されたフィクションを反映するものである。　　（池田　知久／渡邉　大）

しゅうりゅうし【秋柳詩】　清初の詩人王士禎の出世作となった七言律詩の連作4首。1657(順治14)年秋，山東済南の大明湖に遊んだ王士禎は「秋来たりて何処か最も銷魂なる，残照 西風 白下の門」に始まる「秋柳詩」4首を詠じた。この作は最終的に数百人の唱和者を生み，全国にブームをまきおこした。楊柳に霞たなびく実景を詠じたとも，明王朝の興亡を連作を通じて詠じたともいわれる。典故の運用は複雑をきわめ，後に胡適の『文学改良芻議』の中で非難されることになった。
　　（大平　桂一）

しゅうりょうこう【周亮工】　1612(万暦40)～72(康熙11)。明末清初の官僚・文学者。祥符(河南省)の人。字は元亮，号は櫟園。1640(崇禎13)年の進士。明滅亡後清に仕えて治績が上がり，戸部侍郎に至ったが弾劾され殆うく死を免れた。詩文に巧みで『頼古堂集』がある。また書画篆刻に造詣深く『読画録』『印人伝』などの著がある。『頼古堂集』は乾隆年間(1736-95)に禁書となり，稀覯本であったが，1979年に清人別集叢刊の一つとして復刻され手に入れ易くなった。　　（大平　桂一）

じゅうろくけい【十六経】　→十大経

じゅうろっこくしゅんじゅう【十六国春秋】　北朝北魏時代，五胡十六国各国の史書を集め一篇とし，513(延昌2)年宣武帝に奏呈したもの。100巻。崔鴻撰。宋代には既に散逸したが，『晋書』載記が主にこれに拠っておりその大略を窺いうる。のち明の屠喬孫らが100巻本を偽作したが，別に由来不明の16巻本が『広漢魏叢書』にあり，清の湯球はこれを纂録(『隋書』経籍志では10巻)と見て10巻本に復元，さらにこれに正史の記事や類書の佚文を補い校勘の上『十六国春秋輯補』100巻を復元した。二次史料ながら五胡十六国史の研究に有益である。　　（佐藤　達郎）

しゅおん【守温】　生没年不詳。唐末の僧。敦煌の石室から発見された韻学の写本に「南梁漢比丘守温述」と記されており，この「南梁」とは梁県(河南省)を指すものと考えられている。「守温韻学残巻」には次の三十字母が記されている。「不芳並明　端透定泥　知徹澄日　見渓群来疑　精清従　審穿禅照　心邪暁匣喩影」。これは敦煌唐写本の「帰三十字母例」に完全に一致する。後の三十六字母はこの三十字母を基礎とし，「非敷奉微娘床」を加えたものである。しかし「日」が舌上音，「来」が牙音，「心邪」が喉音に分類されていることなどは三十六字母と大きく異なっている。また残巻の「四等重軽例」における等の区分は『韻鏡』と同じであり，正歯音の2等と3等，床母と禅母，軽唇音と重唇音などもすべて区別されている。　　（片山　久美子）

じゅか【儒家】　諸子百家の一つ。孔子が創始し，中国思想史上最も大きな影響を残した学派。堯・舜・文王などの先王の政治を継承することを目的とし，仁・義・礼・楽などを尊ぶことを提唱した。最高の徳目である仁は他者を愛することであるが，その愛は自分の家族を最も大切にすることを基本とする差別的な愛であった。儒家は後に8派に分かれたといわれるが，孟子と荀子両派の学説が最も重要である。孔子の死後約100年して生まれた孟子は特に「仁義」を尊び，仁義をそなえた王者による徳治(王道論)と，人はみな生まれつき仁義の心を有するからその心を拡充すべきこと(性善説)を唱えた。孟子より50年ほど遅く生まれた荀子は特に「礼楽」を尊び，人の心は利欲・嫉妬の情があり，本来悪なるものである(性悪説)から，王者が制定した礼楽によって矯正しなくてはならぬ(礼治説)と説いた。漢の武帝の時，董仲舒が他の諸子百家を退け，孔子の教えだけを尊ぶことを主張して，『詩』『書』『礼』『易』『春秋』の5つの経典を教授する五経博士の官が置かれたことにより，儒家の教えは官吏を目指す者の必須教養となり，以後清朝の滅びるまでほぼ2000年にわたり中国知識人の思想の主流となった。諸子百家の思想の競合を許さなくなってからは，次第に経典をより深く，より整合的に解釈する学問が盛んになり，後漢には鄭玄のような大学者がでた。唐の時代にはそうした解釈学の集大成である『五経正義』が孔穎達らによって作られている。六朝以後，儒家思想に対抗するものとして，インドから入った仏教と，道家の教えに基づいて形成された民間宗教である道教とが大きな力をもってきた。こうした情勢をふまえ，儒家思想を革新

する運動が宋代になってから起こった。これが南宋の朱子によって大成される「性理学」または「道学」と呼ばれるもので，五経よりも『大学』『中庸』『論語』『孟子』の四書を重んじ，道徳的人格を完成するための修養をとくに重視した。　　（影山　輝國）

しゅかいこ【酒会壺】　広口壺の一形式で，短く直立した頸部がつき，肩が張って裾が締まる姿のものをいい，蓮葉をかたどった蓋などを伴う。酒を入れる容器であったとされ，酒海壺とも書く。13〜14世紀の元時代にさかんに作られ，陶磁器では龍泉窯青磁をはじめ，景徳鎮窯の白磁や青花磁器，磁州窯の鉄絵などに多く見られる。日本では，大型のものは水屋甕や水指に，小型のものは薄茶器や香合といった茶道具に転用されているものもある。　　（長谷川　祥子）

しゅかいこうぶんか【朱開溝文化】　内蒙古自治区中南部に広がった，紀元前2千年紀前半を前後する初期青銅器文化。内蒙古自治区伊克昭市朱開溝遺跡を標式遺跡とする。半地下式と平地式住居があり，墓は土坑墓である。中原の龍山時代後期から殷代二里岡文化期と同時代であり，1期から5期に分けられている。冷涼乾燥化にともない，前半では豚が多いが，後半では牛や羊が多くなり，農耕から牧畜へ比重が移った。5期には鼎や爵といった青銅製容器，戈・短剣・刀子・鏃などの青銅製武器が現れる。　　（大貫　静夫）

じゅがく【儒学】　孔子によって提唱された知的体系を学び，教える学問。儒学は，政教一致の文明を体現する聖王を至高の権威とし，経典はその権威の内容を指し示している。経典を学び，聖王の統治のもとでの礼の秩序を実現することがその理想であり，礼の秩序を支える倫理として，仁の精神が重んじられた。学ぶべき経典は，唐以前は五経を中心としたが，宋以後には四書が重視されるようになった。南宋の朱子は，四書中心の儒学の大成者として知られる。　　（井上　徹）

しゅかくれい【朱鶴齢】　1606(万暦34)〜83(康熙22)。明末清初の学者。呉江(江蘇省)の人。字は長孺，号は愚庵。清に入ったのちは仕官の道を捨てて著述に専念した。初め，銭謙益に師事して杜甫の注を著そうとしたが，のちに仲違いし，単独で『杜工部詩集輯注』22巻を刊行した。また顧炎武と親しくなって経学に研鑽を積んだ。経書の注釈のほか，李商隠の詩注『李義山詩集箋注』も知られる。自作の詩文集に『愚庵小集』15巻がある。清史稿　　（川合　康三）

しゅき【朱熹】　→朱子

じゅきゅうぼだいき【孺久墓題記】　新の石刻。鬱平大尹馮君孺久画像石墓題記ともいう。王莽新，18(天鳳5)年の刻。1978年，河南省唐河県新店村で発見された画像石墓に記されたもの。原石は同省の南陽漢画館が所蔵。南陽地区で紀年のある漢墓としては最も早い時期にあたる。墓主の姓名は馮孺久。墓は大門・前室・中室・主室など11単位で構築されていて，道家の羽化登仙思想の画像が35石，方位や紀年の入った題記が7石ある。題記の書体は装飾性を備えた篆書の一種で「柩銘(柩の上に被せた布に記された文)」「棨信(使者の身分を証明する旗)」と酷似していることから，許慎のいう「署書(題額に用いる書)」と見られている。　　（横田　恭三）

じゅきょう【儒教】　春秋末期の孔子に淵源する立場の後時的呼称。

孔子は，天に由来し，堯・舜，周の文王・武王・周公ら古代の聖人が体現した，人と社会の正しい道の復興を目指した。その意趣は詩(詩経)・書(書経)などに表現され，一部に現存する礼・楽に具体化されているとし，自らその継承者を任じ，先王の道を学習・体得すること，更に各国の支配層に受容させること，政治回路を通じて民衆にその原理の延長上の統治を行うことを唱えた。それは後に「修己治人」と総括される。彼の主張は知識技能による上昇をめざす「士」中心に信従者を得た。しかし古い秩序の正統性を唱えたため新興権力者には反対された。そこで孔子は政治力をもった時もあったが迫害も受けた。孔子の苦しい生涯は後世の儒にとって範例となった。

孔子の説の中核は仁，思いやりである。仁は孝悌という血縁・地縁での上位者への恭順原理と関係づけられ，血縁・地縁の延長上に広い親愛的秩序を展望するものであった。君主への恭順も重視されたがその要請は出仕した者のみに限られていた。

孔子は信従者を儒と呼んでいる。儒は孔子以前より祭祀や儀礼に関する技能知識を有する職能者を呼称したものらしい。戦国期に他の立場を奉ずる集団が出現する中で儒は孔子の後継集団の専称となる。

戦国期，孔子の後継集団は葬儀他の儀礼専門家として活動しつつ君主の行政顧問をめざし理論整備を行った。孟子・荀子等により孔子の立場が人の本性に関係づけられ，王覇，仁義などの概念が整備された。易伝，春秋伝，礼文献等，膨大な文献群も述作された。後世に影響の大きい理論整備としては，君主行動と自然現象の連関，天と人間の本性の連関がある。前者は漢代に盛行し長く影響を保ち，

後者は宋から明清に人性論の支柱となった。宋以降，儒の理論構築は更に旺盛となり，その一部は英語で Neo-Confucianism（新儒教）と呼ばれる。

秦始皇帝の中国統一時は，儒は軽視され文献破棄などもあり暗黒時代とされる。その折の文献の破壊と漢代の復原に伴い主要典籍（経）に大きな不斉一が生じ，後世の儒の説の多様性を支えた。後儒は攪乱された経の真義を把握し直せば孔子が目指した社会調和が実現するとし，経に根拠づけつつ社会問題への対策を講じた。

前漢末から後漢代，国家と儒の一体化が進んだ。国家は統治の正統性を儒の天命思想に仰ぎ儒のみを官僚とした。儒と国家の一体化は科挙制度の確立を挟んで清末まで続き，儒の成員基準は官僚制度と科挙に媒介されるに至った。一方で明清には儒の礼実践が民間に及んだ。

儒教の語は漢代に儒の教として見える。教とは『白虎通』に「教えとは，效うなり。上之を為し，下之に效う」と言うように，上から下への教化プロセスを意識した語である。儒教は，魏晋後仏教との対比で用いられ始め，道教の出現とともに三教の枠内で多用された。そこでは，他の教との比較において，儒教は死後を語らぬ教，鬼神に積極的に関与せぬ教という評価が定着した。

民国以降，儒の立場は抑圧的名教・礼教として批判されることが多くなった。一方康有為は国民宗教として万人が天と孔子を祭る孔教を建てようとしたが，広がらなかった。　　　　　　　　　（馬淵　昌也）

しゅくいんめい【祝允明】

1460（天順 4）～1526（嘉靖 5）。明の文人・能書家。長洲（江蘇省）の人。字は希哲。右手が六指であったため，枝山・枝指山と号した。また官名から祝京兆と呼ばれる。室名に懐星堂がある。祖父顥が山西布政司参政に官した名門。母は華殿大学士・武功伯徐有貞の娘，妻は南京太僕寺少卿李応禎の娘。徐・李はともに書の名家でもあった。1492（弘治 5）年の挙人。進士に及第できず，1514（正徳 9）年に興寧知県（広東省）に任ぜられ，22（嘉靖元）年，応天府通判（南京）に転じた（京兆の称はこれに因む）が，まもなく辞職した。借金取りの列を連れて得意げに闊歩した，横暴な役人を文廟に誘い込み殴り倒した，馴染みの妓女に頼めば容易にその書を入手できた，など放蕩無頼を伝える逸話が多く，後世からは不良のはしりと非難されるが，太平時代の文化と消費の都市蘇州の庶民には人気があり，文徴明・唐寅・徐禎卿らとともに「呉中（蘇州の別称）の四才子」と称された。学書は環境に恵まれ，幼いころは行草書をよくした祖父徐有貞の膝で，成長してからは義父李応禎の机で，晋・唐の法書を学び，中年以後は宋・元の書にも及んで臨摹しないものはなかった。書の名声は 40 歳頃すでに全国に聞こえ，諸家に明代第一と評された。宋代に書は破壊されたとする古典主義であるが，趙孟頫の書を奴書（人まね）とみて高く評価しなかった。晋人の風韻を追求した明代屈指の本格派で，かれによって蘇州書壇は晋の書を学ぶことを知ったと伝えられる。はやくから魏・晋の小楷（通常，小筆で書く程度の小粒の楷書）を学びその古意豊かな名手として高く評価されたが，晩年はかえって狂草（放縦な草書）がもてはやされた。小楷・狂草のほかにも穏やかな筆致の草書，また古典的な行書などを書き，作風は多様である。著名な作に小楷『前後出師表』（1514 年，東京国立博物館蔵），草書『懐知識詩巻』（1523 年，上海博物館蔵），狂草『前後赤壁賦』（上海博物館蔵）ほかがある。詩文集に『祝氏集略』『懐星堂全集』，書論には魏・晋以下の書を概説した最晩年の『書述』（『停雲館法帖』所刻）ほかがある。明史 286　　　　　（澤田　雅弘）

しゅくじ【祝辞】

文体の名。祭祀に際して，神に祈って福を乞う時に用いる文辞。祝詞。伊耆氏の蜡辞（上古の皇帝が年末に 8 柱の神を祭った祝詞。『礼記』郊特牲），舜の祠田辞（舜が田の神を祭った祝詞。劉勰『文心雕龍』祝盟），湯の桑林禱雨辞（殷の湯王が雨乞い・厄除けを祈禱した祝詞。『荀子』大略）などは，そのはじめをなすものである。
　　　　　　　　　　　　　　　（幸福　香織）

しゅくしん【粛慎】

中国東北地方の伝説的民族名。息慎・稷慎とも書く。『国語』魯語によれば，孔子の言として，かつて周の武王が殷を倒して天下を平定した際，粛慎が「楛矢・石砮」を献上したことが伝えられている。以来東北地方最遠方の異民族として，その朝貢は中国君主の威徳の象徴として扱われた。三国時代の挹婁，北魏代の勿吉，隋唐代の靺鞨も皆その末裔とされたが，粛慎の実態及びこれらの系譜関係は明らかではない。（河上　洋）

しゅくゆう【祝融】

古代の火神。『墨子』に殷の湯王が夏の桀王を伐った時，天帝が祝融に命じて火災をおこさせたとあり，『左伝』杜預注には，五帝のひとり顓頊の子孫である重黎が火をつかさどる官職につき，祝融と名づけられて死後火神となったと述べられている。また一説には炎帝の部下とも，竈神であるとも伝えられ，陰陽五行説では南方をつかさどる神であるともみなされた。この神は後世では，燧人とともに火神廟に祀られ，敬して遠ざけられた。
　　　　　　　　　　　　　　　（吉田　隆英）

しゅけつ【腧穴】　→経穴

しゅけん【朱権】 1378(洪武11)～1448(正統13)。明の劇作家・著述家。号は涵虚子・丹丘先生・臞仙。諡号により寧献王と呼ばれる。太祖朱元璋の第17子。大寧(内モンゴル自治区)に封じられたが、靖難の変の際永楽帝に兵権を奪われ、南昌(江西省)に移封、以後韜晦のため歴史・医学・音楽の著作を残し、自ら出版した。演劇面では雑劇の作があり、また最古の曲譜にして、演劇理論書・作家資料としても重要な価値を持つ『太和正音譜』の著がある。明史117 （小松 謙）

しゅげんしょう【朱元璋】 →太祖(明)

しゅこ【主戸】 両税法のもとで、土地をもたない客戸に対し、土地所有者すなわち税役負担者として戸籍に登録された戸。税戸ともいう。唐代には外来の客戸に対する土着の戸の意味で土戸ともいった。五代から北宋中期にかけて、政府は客戸を官有地や荒地などに入植させて土地を与え、主戸を増加させる政策を実施した。主戸の増加は財政基盤の強化につながるため、政府は州県の長官たちに毎年主戸数を申告させて成績評価の基準とした。宋代の主戸は両税と各種付加税を納め、差役を負担する義務があった。両税の納入額は所有地の面積と土地の等級をもとに定められたが、差役や一部の付加税は、両税の額に基づき第一等戸から第五等戸までの5等級(11世紀前半までは9等級)に区分する戸等に対応してわりあてた。第一・二等戸は上等戸、第三等戸は中等戸、第四・五等戸は下等戸とよばれたが、下等戸の多くは官戸や上等戸の土地を小作する佃戸となり、または土地を手放して農業以外の生業を営んだ。 （島居 一康）

しゅこう【珠江】 華南の広東・広西・雲南・貴州・江西・湖南などの省区にまたがる河川。もともと珠江という名は、河口にある海珠島にちなんでつけられた一部分の名称であったが、今は水系全体をさして用いられる。河口部近くで西江・北江・東江の三大支流に分かれ、最長の西江は雲南東北部に源をもち、河口まで2197km、珠江全体の流域面積は45.3万km²で、長江の4分の1にすぎないが、華南の豊富な雨量を集めるため、河口部での平均流量は1.1万m³/秒と、長江の3分の1を上まわる。河口部には広大な三角洲が展開し、広州、深圳をはじめ今日の開放経済の中心都市が位置している。 （秋山 元秀）

しゅこうしん【守庚申】 →庚申待ち

しゅこうせいじ【珠光青磁】 南宋から元にかけて、福建の同安窯などや、その周辺の浙江などで焼かれた粗製の青磁。器形はやや大ぶりの平茶碗。高台周辺は露胎(釉薬が掛からず胎土が見えている状態)。酸化焼成のため淡黄褐色をしており、俗に猫掻と呼ぶ櫛目文を碗の内外に施す。桃山時代の茶会記に登場する唐物青磁茶碗の「珠光茶碗」は現存しないため、珠光青磁と同一であるという説と、「ヒシヲ色」という赤味がかった茶褐色をした龍泉窯系青磁という説の二説がある。 （砂澤 祐子）

しゅさいいく【朱載堉】 1536(嘉靖15)～1610(万暦38)以後。明の声律学者・暦算学者。字は伯勤。諡は端清。懐寧府(河南省)にある鄭王の世子であったが、位を継がず研究活動に励んだ。声律学では三分損益法を離れて、隣接2律の音程が等しい十二平均律を定め、また管径逓減の制を定めて弦律と管律のずれを解消に近づけた。暦算学では歳差の法に則って正確な暦術を定めた。両方面の業績は、声律に関して上の内容を記した『律呂精義』を含む、『楽律全書』に多く集められている。明史119 （水口 拓寿）

しゅざんかくそうしょ【守山閣叢書】 清代、銭熙祚が編集した叢書。守山閣は銭熙祚の書庫の名。112種665巻を収める。1844(道光24)年刊。熙祚は残存していた『墨海金壺』の版木をもとに、『永楽大典』『四庫全書』をはじめとする善本をもちいて補訂につとめ、多くはコメントや割記を記すなど、きわめて校勘に意を注いでいる。採書の多くは『墨海金壺』に重なるが、選書・校訂ともに大きくまさり、出藍の出来と評される。『叢書集成』も本叢書から多くを採録する。 （木島 史雄）

しゅし【朱子】 1130(建炎4)～1200(慶元6)。南宋の思想家。生涯の大半を閩北(福建省北部)の地で過ごす。いわゆる朱子学の祖、本名は朱熹、朱子は尊称。字は元晦・仲晦、号は晦庵。北宋道学(儒教の再生を目指した北宋の程顥・程頤らの学問)の系譜に連なる父の朱松の指導の下で幼少年期を送るが、生来の知的好奇心から当時知識人の間で流行しつつあった禅宗にも興味を持つ。24歳の時出会った李侗(延平)によって、禅宗の非を悟り、儒教こそが真の道であることを再確認する。以後、道学の嫡流を自任し、その集大成を図ることを通して、宇宙論から人性論や実践論を一貫した原理で説明する壮大な思想体系を打ち立てる。

朱子の思想を貫く原理は「理」と「気」という概念に代表される二項対立の統一である。かくあるべき秩序や人間の当為としての「理」と、かくある現

実や人間の生の姿としての「気」との対立を強く認識しつつ，「心」に於ける両者の統一を目指すことが，朱子の生涯をかけた思想的課題であった。朱子は儒教の「性善説」を根拠に，人間は誰でも学問や努力によって，その「心」の絶対的安定の境地(聖人の境地)に至ることができるとし，そのための理論と方法を築き上げた。しかし，朱子のいう「理」が，経書に代表される既成の価値を最終的な根拠にしていること，さらに朱子畢生の主著『四書集注』が後に科挙の標準テキストとなり絶大の権威を持つに至ったことから，後世朱子学は人間を外的に縛りつけ，生き生きとした人間性を損なうものとして批判される。その一方で朱子の目指した「心」に於ける「理」の統一という課題は，近世儒教を通じての中心的課題となった。

朱子の思想は，弟子たちとの問答の記録である『朱子語類』や友人や論敵たちへの書簡を多く含む『朱文公文集』によって知ることができる。宋史429

(垣内 景子)

しゅしがく【朱子学】 南宋の*朱子が，堯舜以来聖人が伝え，孟子以後断絶した道を復活させた(道統の伝)と評した北宋の周敦頤・張載・程顥・程頤等の学問(道学)を発展させた学問思想体系。道学・理学・性理学・宋学・程朱学とも呼ぶ。道統の伝を示す孔子(『論語』)，曾子(『大学』)，子思(『中庸』)，孟子(『孟子』)の「四書」を「五経」への階梯として重視，その「集注」を著し，また煩瑣な訓詁よりは合理的思索をもとに，孔孟の根本精神を明らかにする立場から広く経典に注釈を付した(新注)。仏教・(老荘)道教を人倫を破壊する異端として排撃しつつ，哲学的には影響を受けた。体用(本体・作用)の論理を活用し，人間を含めた宇宙自然全ての現象を，物を形成する材料やエネルギーとしての気と，そのあるべき秩序・法則としての理(所当然の則，所以然の故)とによって把握する新たな世界観を樹立した。人間の心を性と情の複合体と見なし，性善説の立場から性を理として(性即理)本来性を求めた(本然之性)が，現実には肉体や運動つまり気に左右され(気質之性)，また性の発現である情や，情が偏向した欲のために歪められるとし，人欲を去って天理に復し，道を学んで聖人となることを理想とした。静坐や内省によって性を養い，情の善悪を瞬時に察して正すという心の集中(居敬)と，自然界の観察を含め，外的事物の理を知的に究明して事物に正しく対応すること(窮理，格物致知)とが学問方法であった。後者は『大学』の八条目(格物・致知・誠意・正心・修身・斉家・治国・平天下)の冒頭を占め，自己の道徳性を高めて政治に臨む(修己治人)士大夫の社会的実践を支えた。理は五常(仁・義・礼・智・信)であり，具体的には三綱五倫即ち君臣・父子・夫婦等の人倫秩序に他ならず，また編著『資治通鑑綱目』の名分論・正統論に立脚した歴史観や，『小学』『朱子家礼』の行動規範も，理の顕現として宋以後の名教的社会や支配体制と整合した。朱子の晩年に一時偽学として退けられたが，南宋末に再評価され，元で『四書集注』が科挙の標準となって以後，士大夫の思想や教養の基盤となり，朝鮮・日本・ベトナムにも大きな影響を与えた。

(山内 弘一)

しゅしこう【朱士行】 生没年不詳。三国魏～西晋初の仏教僧。潁川(河南省)の人。経を求めて西域に旅した最初の中国人僧侶。朱士行より前，後漢の霊帝の時代に，大乗仏教の要義を説くものとして『道行般若経』(小品系)が洛陽で訳出されており，士行もそれを講じたことがあったが，彼は『道行般若経』があまりに簡略で文意を十分に理解できないのを恨みに思い，260(甘露5)年，雍州を出発して経典探索の旅に出て，于闐(ホータン)において『放光般若経』(大品系)の原典を入手した。彼がこれを弟子の不如檀(法饒)ら10人に命じて洛陽に送付せしめた結果，291(元康元)年，陳留郡(河南省)において訳出された。同経はその後，303(太安2)〜304(永安元)年に再校された。士行自身は漢地に帰ることなく，80歳で于闐にて没した。後代の文献(『北山録』4，『大宋僧史略』上)には，彼を最初の正式な出家受戒者と解釈するものもある。『出三蔵記集』13，『高僧伝』4に伝がある。

(船山 徹)

しゅしごるい【朱子語類】 朱子学の祖である南宋の*朱子の発言を門人たちが記録した語録。現行の140巻は，朱子没後70年の1270(咸淳6)年に黎靖徳が編纂したもので，それ以前にも何度か試みられた記録者別の編纂を集め，項目をたてて整理・分類が加えられている。門人・友人たちとの対話をこよなく愛した朱子その人の思想を知る上で貴重な資料であると同時に，当時の口語である旧白話の研究に於いても重要な資料とされている。

(垣内 景子)

しゅじせい【朱自清】 1898(光緒24)〜1948。民国の詩人・散文家。東海(江蘇省)の人。本名は朱自華。北京大学哲学科在学中から詩作を始め，1921年文学研究会の結成時に会員となる。1922年葉聖陶らと中国新詩社を結成して『詩』誌を刊行する。1925年に清華大学教授となり，以降散文創作と古典文学研究に精力を注ぐ。散文では，父親への敬愛の情あふれる『背影』や，優美な自然描写の中に自

じゅじつ―しゅしょ

己の心情を投影した『荷塘月色』が名高い。『新詩雑話』などの論文集もある。また聞一多の遺著の整理出版にもあたった。　　　　　　　　（中　裕史）

じゅじつうこう【授時通考】　清代に勅命によって編纂された中国最大の総合農書。78巻。50余人の学者が6年の歳月をかけて，1742(乾隆7)年に完成。本書は，天時・土宜・穀種・功作・勧課・蓄聚・農余・蚕桑の8部門より構成され，その記事のほとんど全てが，『斉民要術』『王禎農書』『農政全書』などの先行文献からの引用記事である。しかし，従来の農書が扱わなかった税制・土地制度・商業や手工業にまで言及しており，その中には社会史資料として重要な記事も含まれている。（渡部　武）

しゅしねんぷ【朱子年譜】　朱子についての年譜。各時代にわたって様々な朱子の年譜が作成されたが，ほとんどが散逸している。『四庫全書』には，清の朱子学者の王懋竑のものが収められており，最も有名である。『四庫全書総目提要』によると，これ以外にも宋の袁仲晦，清の朱世潤・黄中などの『朱子年譜』が存目に載せられて解題されている（『中国歴代人物年譜考録』には57種あげられている）。また，清の李元禄の『朱子年譜綱目』(1817〔嘉慶22〕年刊)は，王懋竑のものより，より客観的な編纂がなされているといわれる。最近では，束景南が『朱子年譜長編』(華東師範大学出版社, 2001年)というすぐれた年譜を出している。
（滝野　邦雄）

しゅしばんねんていろん【朱子晩年定論】　王陽明は程敏政『道一編』の朱陸早異晩同説に触発され，朱子は晩年に旧説の非を悟り定論を確立したと主張，その論拠に朱子「晩年」の書翰34通を選び本書を編纂した。1518(正徳13)年刊。自分が批判するのは朱子中年未定の論であってその定論には些かも背馳しない，との主張を含意。しかし肝心の書翰の編年考証を欠き，羅欽順から批判を浴びる。ここに及んで王陽明は「学は天下の公学，孔子や朱子が私物化できるものではない」と述べた（『伝習録』巻中「答羅整庵少宰書」）。本書は，王陽明が朱子学から決別する途上の所産であった。『王文成公全書』巻3所収。　　　（中　純夫）

しゅしほん【朱思本】　1274(至元11)～?。元の地理学者。臨川(江西省)の人。字は本初，号は貞一。正一教の道士として大都に赴き，山川の代祀，江西の道観の長などを務めた。10年をかけて1320(延祐7)年に中国全図『輿地図』を完成し，明の羅洪先『広輿図』をはじめ明末にいたるまで典拠とされた。現存しないが，百里毎の方眼をほどこし，範囲は主に中国本土，古地名の記載，黄河源流に関する新知識等の特徴があったと推定される。他に『貞一斎詩文稿』が残る。　　　（堤　一昭）

しゅしゆ【朱之瑜】　→朱舜水

しゅしゅくしん【朱淑真】　生没年不詳。宋の女流詩人。幽棲居士と号した。詳しい事跡は不明。一説に，南宋期，海寧(浙江省)の人で，朱子の姪にあたると言い，一説に，北宋末，銭塘(浙江省)の人で，官吏の夫に従って江南の各地を転々としたと言う。また一説に，不幸な結婚をし，のち離縁されて実家に帰り，そのまま生涯を終えたとも言う。詩・詞ともにすぐれた。とくに詞は，悲哀の情を寄託(風景や事物に感情をことよせ，象徴的に表現する)の手法によって巧みに描いており，愛誦される。詩集『断腸集』，詞集『断腸詞』がある。
（宇野　直人）

しゅしゅんすい【朱舜水】　1600(万暦28)～82(康熙21)。明末清初の学者。余姚(浙江省)の人。名は之瑜，字は魯璵または楚璵。号が舜水。明滅亡後，その回復運動に努力する。後，日本に亡命し，水戸藩の賓客となり，日本で生涯を終える。朱子学的立場からいわゆる経世の学を主張する。当時，学問の本場からやってきた学者としてもてはやされ，伊藤仁斎も入門を考えたほどであり，その日本儒学にあたえた影響はかなりのものであった。その文集には，水戸光圀が編纂し，子の綱條によって1715年に出版されたものなどがある。清史稿500
（滝野　邦雄）

しゅしゅんせい【朱駿声】　1788(乾隆53)～1858(咸豊8)。清の言語学者・文字学者。呉県(江蘇省)の人。字は豊芑，号は允倩。1818(嘉慶23)年，郷試合格。段玉裁・桂馥・王筠とともに，清朝を代表する『説文解字』(『説文』とも略称される)四大家の一人。その著『説文通訓定声』18巻は，『説文』所収の漢字を古代の音韻体系によって並べ替えたもので，漢字の意味の派生関係が極めて明瞭になり，漢字研究に大きな進展をもたらした。清史稿481　　　　　　　　（高津　孝）

しゅしょ【殳書】　書体名。秦始皇帝の時に行われた秦書の八体の一つ。武器に用いる。後漢の許慎『説文解字』叙に「七に曰く，殳書」とあり，段玉裁は「殳書」に注して「按ずるに殳と言いて以て凡ての兵器の題識を包み，必ずしも専ら殳を謂わず」と述べる。
（福田　哲之）

しゅしょく【朱軾】　1665(康熙4)～1736(乾隆元)。清の学者・政治家。高安(江西省)の人。字は若瞻、号は可亭。文端と諡される。1694(康熙33)年、三甲九十名の進士。順調に出世をかさね浙江巡撫などをへて文華殿大学士となる。朱子学者として名高いが、見識はそれほど高くない。また、官僚として多忙であったため、その著とされる書物のほとんどが、体例を示すだけであり、実際の仕事は弟子たちが行った。清史稿289　　　（滝野　邦雄）

じゅじれき【授時暦】　元の暦法。制作者の代表は王恂と郭守敬。中国暦法の集大成とされる善暦で、1281(至元18)年の施行以後、大統暦として明に継承された。統天暦の消長術(ここでは1回帰年、365.2425日の長さの短縮率を示す)などを継承しつつ、精密な観測データを得て、招差術(関数値A・B間の任意の値であるCの、できるだけ精密な近似値を求める方法)や、球面三角法(球面上の三角形を扱う三角法)を駆使して中国独自の暦法中、最良の日月食推算などの計算法を樹立した。
（小林　春樹）

しゅしん【朱震】　1072(熙寧5)～1138(紹興8)。南宋初期の学者。荊門軍(湖北省)の人。字は子発、諡は文定。漢上先生と称せられる。1115(政和5)年の進士。給事中兼直学士院、翰林学士に至り、高宗にしばしば講義をおこなった。二程(程顥・程頤)の高弟謝良佐に学ぶとともに、胡安国とも親しく、南宋初期の道学をリードする人物の一人であった。経学に造詣が深く、主著に『漢上易伝』11巻がある。宋史435　　　（吾妻　重二）

しゅしんこう【朱震亨】　1281(至元18)～1358(至正18)。金元医学の四大家(劉完素・張従正・李杲・朱震亨)の一人。李杲と併せて李朱医学とも称される。義烏(浙江省)の人。字は彦脩、号は丹溪。科挙への勉強(挙子業)をしていて、挙子業のため許謙に師事したが、許謙は自分の長患いの病気を治すことのできる優れた医者のいないことから、医学への道をすすめ、朱震亨は挙子業を捨てて医学に専心した。以前、30歳の時に母親が脾病を患った際、医者たちは治療ができなかった。彼は医書を勉強して3年で会得し、その2年後には母の病気に投薬して治した。40歳の時、また医学書を勉強したが、当時盛行の『和剤局方』よりも『素問』『難経』等の必要を知り、武林(浙江省)の羅知悌に10回行って断られたが、44歳のとき、師事した。劉完素・張従正・李杲らの医学を修得して帰郷した。『局方』医学による諸医は朱震亨を排斥したが、彼が許謙の長患いを治癒させたので心服した。朱震亨は著書『格知余論』に「人の一身は、陽は余りがあり、陰は不足している」と述べ、陰分の保養を唱え、滋陰・降火の薬剤を用いることを主張したので養陰(滋陰)派といわれる。ほかに『局方発揮』『傷寒弁疑』『本草衍義補遺』などがある。『医史』7に伝がある。新元史242　　　（山本　徳子）

ジュスイットかい【ジュスイット会】　→イエズス会

しゅせい【主静】　心を静かな状態に維持すること。道学で重視され、そのための修養法としては、「静坐」が行われた。静坐とは静かな場所で座り、意識はありながらも心の安静の状態を維持するもので、坐禅に類似し、動きの中での修養の面が欠ける。そのため程頤は日常生活の中で意識を対象に集中させる「敬」という修養法も強調したが、道学では静坐にもそれなりの意義を認め続けた。また宋以後の儒教の中でも静の重視はしばしば見られる。
（土田　健次郎）

しゅせいけつ【朱世傑】　生没年不詳。元の数学者。字は漢卿、松庭と号す。『算学啓蒙』3巻と『四元玉鑑』3巻の著者であることを除いて、詳しいことはわからない。連立4元高次方程式の解法(四元術)や高階等差級数の研究(垛積術と招差術)などに優れた功績をあげたことで名高い。『算学啓蒙』は東算(朝鮮期の数学)や和算(江戸期の数学)の成立に大きな影響を及ぼした。　　　（川原　秀城）

しゅせん【酒泉】　現在の甘粛省西部に位置し、かつて同名の郡が置かれた。前3世紀頃この地域には遊牧民族月氏がいたが、匈奴が強盛になるとこの地を逐われ、匈奴の渾邪王の分地となった。南方には匈奴が家畜を養った拠点の一つ、祁連山がある。前121(元狩2)年、渾邪王が漢に降ると、一説に拠れば前111(元鼎6)年頃、酒泉郡が開かれ漢人が入植して灌漑農耕が行われた。郡設置の目的は匈奴と羌族との連携を断つことであったが、同時に漢が匈奴勢力を排除しつつ西域に覇権を確立する際に拠点の一つとなった。東北に居延県、西方には敦煌があり、いわゆる河西4郡の一つとして東西交通路の要衝に当たっていた。五胡十六国時代に西涼の李暠が敦煌からこの地に遷都する際、漢人等を徙し農耕を奨励したと言う。北朝北魏時代には酒泉軍、その後酒泉郡が置かれた。隋の文帝の時粛州と改称され、以後粛州と呼ぶことが多くなった。唐後半より宋代にかけて吐蕃・帰義軍節度使・ウイグル・西夏等の拠るところとなり、元代には粛州路総管府が置かれた。明代には西部に嘉峪関が設けられ

た。　　　　　　　　　　　　(山本　光朗)

しゅたん【朱端】　生没年不詳。明の画家。海塩(浙江省)の人。字は克正、号は一樵。1501(弘治14)年に画院に入る。正徳間(1506-21)に仁智殿に奉職し、錦衣指揮となり、「欽賜一樵図書」印を賜ったことから「一樵」をその号とした。山水は、元末の画家盛懋を、墨竹は明の墨竹画家夏㫤を学んだ。代表作に『黒竹図』(個人蔵)、南宋院体画風の『松蔭閑吟図』(天津市芸術博物館蔵)、浙派的画風の『寒江独釣図』(東京国立博物館蔵)などがある。　　　　　　　　　　　　(伊藤　晴子)

じゅつ【術】　中国の思想史・文化史・宗教史で、倫理や政治に関する概念ではなく、自然や人間の様態を特殊な方法(術)によって把握し、またそれに働きかける「具体的な知」のことを「術」(「方術」)という。たとえば、占術や医術など、人間生活を直接左右するような「知的方法・手段」を総称したことば。

漢代の伝承によれば、「術」は、広い意味での占卜(術数)と医術・方術(方技)に分けられている。占卜の中には、天文・暦・陰陽五行・亀卜・筮占・風水に関するものなどがあり、医術・方術の中には、経絡・血脈・骨髄などの生理、薬草・鉱物などの薬剤、房中術(性学)、神仙術(栄養・体操・瞑想等)に関するものなどがある。

「術」(「方術」)の類は、形を変えながら後世まで伝えられた。近代になって、これらは迷信、非科学的なものとして批判されたが、「諸術」はいずれも中国独自の観察原理・行動原理にもとづいており、近年再評価されている。　　　(森　秀樹)

じゅついき【述異記】　①南朝斉の志怪小説。もと10巻あったが宋代に散佚し、各種の類書に引かれた佚文が残る。南朝斉の祖冲之の撰。漢魏から斉に至るまでの吉兆・凶兆に関する逸話や、幽霊譚・異類譚を記し、神仙や仏教に関する物語は少ない。
②南朝梁の志怪小説。2巻。南朝梁の任昉の撰と伝える。もっとも『梁書』『南史』の任昉伝や『隋書』・新旧『唐書』経籍志にはこの書の名がなく、北宋の『崇文総目』に初めて著録されることから、この書を宋初までの偽作とする説もあり、『四庫全書総目提要』は宋初の『太平広記』にこの書が引用されていることを挙げて、これを中唐以後宋以前の偽作と断じている。上古の帝王の伝説や、名所旧跡の由来、奇怪な動植物、六朝期の民間伝説や俗謡を、古書の記事や口伝に基づいて断片的に記しており、民間文学や神話の研究の上で貴重な資料

である。　　　　　　　　　　　(大野　圭介)

じゅつがく【述学】　清の汪中の遺文集。内篇3巻、外篇1巻、補遺1巻、別録1巻。内篇の目録は汪中が既に定めていたが、その死後、子の汪喜孫がさらに遺文を集め編集して刊行した。序文は王念孫。内篇は大旨が「釈九三」「左氏春秋釈疑」などの論文であるが、穿鑿の隘路に陥らず、論点の全体を頭において適確に考察のデッサンを進める点に特徴がある。外篇には名文として有名な「広陵対」や墓誌銘、補遺と別録には多種の文章・論文が載せられている。　　　　　　　　　　(木下　鉄矢)

じゅつこどうしょもく【述古堂書目】　清の書目。清初の蔵書家銭曾著。その蔵書は父の代からのもので、彼自身は「宋刻に佞する」と言われた古版愛好家。本目はほぼ蔵書総目に相当する『也是園蔵書目』、善本目たる『読書敏求記』と並ぶ蔵書目録で、約2300部を著録。『也是園蔵書目』の3800余部よりは少ないものの、こちらには往々冊数、版本が記され、また巻首に「述古堂宋板書目」を付す。もとは10巻だったらしいが、『粤雅堂叢書』中に収められた時に4巻とされ、これが一般に通行する。　　　　　　　　　　(井上　進)

しゅつさんぞうきしゅう【出三蔵記集】　南朝梁代に作られた現存最古の仏教の経典目録。『僧祐録』『祐録』『三蔵記』とも言う。15巻。僧祐撰。510(天監9)年から518(同17)年にかけて定林寺で撰集された。『大正新脩大蔵経』55巻所収。後漢時代から南朝梁までに翻訳された三蔵(経・律・論)の経名、巻数、訳者名や訳経場所を記し、経序や経後記等の資料を集め、さらに訳経者の伝記を掲げる。漢訳仏典の総目録は東晋の道安によって作られたが、本書は道安の目録『総理衆経目録』(あるいは『道安録』『安録』)を基礎とし、その後の目録も参照して補訂を加えている。

内容は「撰縁起」「銓名録」「総経序」「述列伝」の4部に分かれている。

第1の「撰縁起」(1巻)では仏典の成立・漢訳の由来および訳語の変化などを述べている。第2「銓名録」(4巻)には歴代に訳された仏典、450部1867巻(実数438部1878巻)の巻数・訳者・訳出年代を記し、さらに失訳経(訳者未詳の経)や異出経(異訳経)、また抄経や疑経などについても整理している。第3「総経序」(7巻)には120編の経序・経後記および南朝宋の陸澄の『法論目録』などの中国選述の仏教書目録を載せている。第4「述列伝」(3巻)には、歴代の訳経者(外国人22、中国人10)の伝を収めている。これは現存する最初の中国の僧侶の伝記

である。

　なお訳経では異訳・失訳・疑経について注意が払われているが，大乗・小乗の区分は明示されていない。しかし仏教経典翻訳史上の第1級の資料であり，特に集められた経序や列伝は仏教史のみならず中国史・西域史の研究のうえにも貴重な資料となり得るものである。
〔落合　俊典〕

じゅつすう【術数】　別名，術数・数学ともいう。広義の数について，その抽象的な構造や理論を研究する学問のこと。だが術数の意味するところは古今同じでなく，概念の適用範囲も清代中期を境として前後大きく異なっている。秦漢から清代半ばにかけては，術数学とは数の神秘術である亀卜・占筮・天文占・地理占(風水)・五行占・観相(人相)・夢占(占夢)などを主要な分野とする一方で，精密科学に属する暦学・算学・地学などを内に含む広義の数の学術を意味した。当時，種々雑多の占いに対してのみならず数理科学に対しても術数とのべることができるのはそのためである。これに反して清代半ば以降においては，術数学は普通の場合，単に数の神秘術を指すにすぎない。

　中国を代表する術数書としては，内容に即するかぎり，『易経』を第一にあげるべきであるが，中国古代の知識人にとって『易経』は経書の一つであり，術数書ではない。また清中葉以前の場合，術数に広義の医術である方技(人体の神秘術を含む)を加えて，方術と称することも多い。

　中国の数理科学の理論はいうまでもないが，神秘術に属する術数理論も東アジアの人びとの生活に大きな影響を与えた。その最たるものといえば，天文占であろう。漢の前7(綏和2)年，丞相の翟方進が自殺したが，これは火星が心宿の付近に長期間いすわった結果，生じるとされる天下大乱を防ぐために強要されたものにほかならない。また選択(選日)や宿曜の理論などは，今日のわれわれもその影響下にある。そのほか風水・観相・命名など，われわれになじみ深い術数理論も多く，枚挙にいとまがない。
〔川原　秀城〕

しゅつはつこう【甩髪功】　伝統演劇の基本技の一つ。「甩髪」は男役の頭飾りの一種で，人間の頭髪でつくられ，頭頂部で束ねそのまま後ろに垂らしたもの。動転や憤激を表現するため，頭のかぶりものを故意に脱ぎ落とし，首を回して「甩髪」を振り回すという演技をいう。『野猪林』の林冲や『鉄籠山』の姜維ほか，さまざまな演目で見られる。女性の役柄の場合は甩髪を付けないので，代わりに，頭の横から伸ばして垂らした長髪を振り回して激情を表現する。
〔加藤　徹〕

しゅとう【種痘】　病気の予防法の一つ。人工的な痘瘡化により痘瘡に対する免疫をつくる。ジェンナーの牛痘種法以前に，中国で人痘種法が発見され日本にも伝えられた。北宋の真宗の時に峨眉山にいた神人が，丞相の王旦の子に種痘をして治したことから伝わったとされる。清代の『医宗金鑑』の「幼科種痘心法要旨」によると，水苗種法・旱苗種法・痘衣種法・痘漿種法の4法がある。水苗法が最上，次は旱苗法，痘衣法は効き目なし，痘漿法は残忍だという。水苗法は痘苗で鼻中を塞ぎ，その気が肺に伝わる。鼻は肺の外孔で，肺・心・脾・肝・腎と伝送して解毒し，治癒させる。
〔山本　徳子〕

しゅとくじゅん【朱徳潤】　1294(至元31)～1365(至正25)。元の儒学者・文人画家。呉県(江蘇省)の人。字は沢民。儒者の家系に生まれ，経学を姚式に学ぶ一方，早くから高克恭・馮子振に画才を認められた。1319(延祐6)年，趙孟頫の推薦を受けて北京に遊び，瀋王(高麗忠宣王)の庇護を得，仁宗から応奉翰林文字同知制誥兼国史院編修官を命ぜられた。都では多くの古画に接する機会があったとみられる。翌1320(延祐7)年には征東行省儒学提挙として高麗にも出向いたが，官に志を得ず，1327(泰定4)年に帰郷した。以後，読書・文墨の日々を送っていたが，晩年の1352(至正12)年，江浙行中書省照磨官に任じられ，内乱鎮圧に当たっている。北宋華北系の李成・郭熙の画風を学んで山水画を得意とし，元代李郭派の一人に数えられるが，江南系の董源・巨然の画風を示す作品もある。代表作は『林下鳴琴図』(台北，故宮博物院蔵)，『渾淪図巻』(上海博物館蔵)，『秀野軒図巻』(北京，故宮博物院蔵)など。著に『存復斎集』がある。
〔竹浪　遠〕

しゅばいしんきゅうさい【朱買臣休妻】　伝統演劇の演目。明の伝奇『爛柯山』(作者不明)の別称。原話は『漢書』64・朱買臣伝の記事に基づいているが部分的に改作したところがある。劇の筋は次の通り。会稽の爛柯山麓(浙江省衢州市)に住み将来官僚となって出世しようと読書に励む朱買臣は，薪を採って町に売りに行く極貧の生活を送っていた。ある雪の降る寒い日，僅かばかりの薪しか採れずに山から帰った買臣が，あと数年我慢して50歳になれば必ず役人になり楽にしてやると妻の崔氏に誓うが，崔氏は女道士の唐の誘いに乗り張石匠と結婚しようとする。かくて買臣は離婚(休妻)を承諾する。その後買臣は前妻竇氏の援助で都に出て出世し，会稽太守となって帰ってくる。崔氏は買臣の出世を喜び，夢の中で夫人として再婚できるかと思う

（「痴夢」）。買臣の前に現れ再婚を懇願するが，盆に入れた水を地に撒き「覆水盆に返らず」の故事を演じさせられる（「馬前潑水」）。崔氏は自分の行為を恥じ自殺する。崑劇では「前逼」「後逼」「痴夢」「潑水」の各齣部分がよく単独で上演される。

(内山　知也)

じゅふく【儒服】　儒者の衣服。通常は儒冠と儒衣を着用する。儒衣は大袖の衣である。明の王圻の『*三才図会*』に「儒巾，古の士は逢掖の衣を衣，章甫の冠を冠する。これ今の士冠なり」とある。逢掖の逢は大きいの形容であり，掖は身体の腋を指すから，逢掖の衣は袖下の長い衣服である。章甫の冠は殷代の礼冠である。いずれも*孔子が着用してから，儒冠・儒衣となったという。
『*礼記』儒行に「魯の哀公孔子に問うて曰く，夫子の服は，其れ儒服か，と」，この哀公の問に孔子は，「私は幼少時魯の国にいたので逢掖の衣を着用し，長じて宋の国にいたので章甫の冠をつけるのです。私の聞いているところでは，君子の学問は広大であるが，服装は郷里のものに従うといっています。私は儒服など知りません」と答えている（この時の孔子着用の衣服は士大夫の衣服とは異なり，また庶人の衣服とも同じではなかった）。この問答は当時，儒服という特定の衣服形式があったわけではないことを示している。

(釣田　敏子)

しゅぶんたいへいせん【朱文太平銭】　南戯の脚本。劇本は伝わらず，曲詞の残篇のみ『宋元劇文輯佚』に存在する。作者不詳。『*南詞叙録』宋元旧篇に「朱文太平銭」，『*永楽大典』戯文25には「朱文に鬼が太平銭を贈ること」との題名がある。南宋の羅燁『酔翁談録』の「宋元話本」の中に「太平銭」の名が見える。『九宮正始』は「朱文」と題し「元の伝奇」と注する。現在の福建の梨園戯『朱文走鬼』では物語はこうである。書生朱文は親戚を訪ねていく途中，西京の王行首の店に泊まった。王には夭折した一撚金という娘がいたが，その魂が夜，何も知らない朱のもとへ来，契りを結んだ。一撚金は白牡丹を刺繍した箱に太平銭500文を入れて朱に贈るが，翌日朱はその箱を落としてしまう。偶然その箱を拾った王は事情を知って驚き，朱に娘は既に死んでいると告げた。朱は恐れて逃げ出すが，途中で一撚金の魂に追い付かれ，裏切りを責められる。紆余曲折の後，2人は最後に団円する。

(日下　翠)

しゅぼ【主簿】　文書を主管する官名。漢代，中央官庁から地方郡県までの主要部局に置かれる。魏晋以降，将軍重臣の幕僚としても登場し，丞や司馬につぐ高い地位を占めるが，地方の場で貴族層に独占されたため，隋初の郷官廃止のなかで廃された。唐では県機構の一官として残る一方，中央機構では御史台や九寺・五監における中下級の文書官として存続した。宋では科挙から官界に進むものたちの初任官になるが，以後主要な位置を占めることはなかった。

(氣賀澤　保規)

しゅみせん【須弥山】　仏教の宇宙観・世界観において，一つの世界の中央に聳立すると考えられた高大な山。須弥は梵語スメールの音写。蘇迷盧などとも表記し，妙光・妙高・好高・安明などと訳す。高さは16万由旬，四宝（金・銀・玻璃・琉璃）でできており，下半分が海中に没し，海上に出ている上半分は立方体を呈するという。頂上中央に*帝釈天の住む宮殿があり，中腹以下にベランダ状の張り出しが四段あって，その最上段の四方に四天王が住むとされる。

(稲本　泰生)

しゅみせんせっくつ【須弥山石窟】　寧夏回族自治区固原市西北55kmの須弥山東麓に開かれた石窟。石質は赤色砂岩。石窟の規模は南北1.8km，東西0.7km。現存窟は全132窟で，大仏楼・子孫宮・圓光寺・相国寺・桃花洞・松樹窟・三個窯・黒石溝の8区から成る。現存窟の年代は北魏末期以降，北周・隋・唐時代に至る。北魏時代の窟は子孫宮区にあり，第24窟や第32窟など比較的小規模な重層式の中心柱窟が多い。仏像の衣文に細い陰刻線を多用する独特の表現は，陝西北部や隴東（甘粛省東部の隴山東側）地方の北魏造像に通じる。北周時代の窟は圓光寺区の第45・46窟や相国寺区の第51窟など大規模な単層の中心柱窟で，仏像は量感と柔軟さを増し，装飾は華麗を極める。唐時代になると盛唐期から中唐期にかけて再び造営が盛んとなり，相国寺から桃花洞区に多く開かれた。また，大仏楼区の第5窟は唐時代に景雲寺と称され，今も残る像高20mの倚坐大仏は壮観である。

(石松　日奈子)

しゅみん【種民】　終末の世を越えて生き残ることのできる選ばれた人たち。種人・種生とも呼ばれる。六朝時代の道教では終末論が多く説かれ，近い将来に洪水・火災・戦争・疫病などの大災厄が続出して人類は絶滅の危機を迎えるが，選ばれた人たちだけが生き残って，救世主のもとに新しく作られる世（「太平の世」）を見ることができるとされた。『真誥』には，茅山の華陽洞天の中に種民になる者が住んでいて，禁保侯という仙官（仙界での官僚）がそれをつかさどっているという記事があり，種民という観念が，茅山の神降ろしの行われた東晋中期に

は存在したことがわかる。種民という観念の起源としては、大洪水で人類が死滅しそうになった時、瓢箪や壺の中に入って洪水をくぐりぬけた特定の人間だけが生き残って新しい世の始祖となったという中国古代の洪水神話との関連が考えられよう。洞天が瓢箪や壺の役割を果たすと見なされたのである。種民になる資格として、茅山派(上清派)の経典である『上清後聖道君列紀』には、慈仁の人、七世の祖の徳が及んだ人、仙道を信じた人、生まれながら神仙と交わる資質を持つ人などが挙げられており、救世主の金闕後聖帝君は種民の中から、特に上清経典や上清の道術に精通した者を仙官として選ぶとされている。また、種民に選ばれた人の名は、天上界・仙界にある名簿に登録されているともされている。終末──種民の思想は、霊宝派経典や天師道の経典類にも、広く説かれており、上清経典のそれと比べて、種民になれる要件や仙官になることを重視しているかどうかという点にやや違いがあるものの、この思想が六朝時代後半の道教形成期において重要な位置を占めていたことがうかがわれる。やや遅れて、六朝末から唐代にかけて成立した道教の宇宙論である三十六天説では、種民の住む四種民天という4つの天が三界二十八天の上に置かれ、種民は洪水などの終末の災いの及ばないこれらの天に住むとされるようになる。　　　　　　　　　　(神塚 淑子)

しゅめん【手面】　評話・弾詞などの語り物を演ずるときの所作のこと。物語を語ったり、筋を説明したり、人物を真似たりする補助に用いられる。題材が古い時代の演目では、髯をなでる、袖をさばく、刀を舞わす、弓を引くなどのしぐさは、おおよそ伝統演劇の所作と型を取り入れている。現代物の演目では、現実生活における動作を洗練することによって作り上げている。崑劇でも所作を「手面」という。　　　　　　　　　　　　(山口 建治)

しゅゆうとん【朱有燉】　1379(洪武12)～1439(正統4)。明の劇作家。号は誠斎。周王の地位にあり、憲と諡されたので、周憲王と呼ばれる。太祖朱元璋の第5子朱橚の長子。若くして文才をうたわれ、自ら雑劇を著し、刊行した。叔父朱権同様、これは政治的野心を韜晦する手段でもあったものと思われる。その作品は既存作の改作も含めて31篇、すべて北曲雑劇である。地元開封を中心に広く愛好され、『雍熙楽府』など曲の選集にも多く採られている。作風は流麗にして音律正しく、一面俗語をも巧妙に使用する点で明代一の雑劇作家といわれるが、奔放さや力強さに欠けることも否定しがたい。題材としては、『仗義疎財』以下の水滸伝物、『牡丹仙』以下の慶祝劇など多彩だが、特に『香嚢怨』に代表される民間(特に妓女)の哀話を素材とした作品は独自の価値を持つ。また彼の作品はすべて周王府で刊行されており、作者自身の校定を経た最古の戯曲テキストとして非常に重要な地位を占める。明史116　　　　　　　(小松 謙)

しゅらい【周礼】　「周官」ともいい、一般には周王室の官制や戦国時代の諸国の制度を集め、それを儒家の政治的理想で潤色した著作とされている。内容は天・地・春・夏・秋・冬の6篇からなるが、民間で発見された当初、冬官部分を欠いていたので、「考工記」(「周礼考工記」)をもって補ったという。河平年間(前28-前25)に宮中の蔵書を整理していた劉歆が、これを西周の周公旦の作とし、王莽に奏したことから、『周礼』の作者・真偽・成書年代について論争を引き起こすことになった。『周礼』が経書としての地位を確立したのは後漢の鄭玄の注釈による。唐代の科挙ではこれを明経科の九経の一つに列し、宋代に編纂された「十三経」でもその一つに列している。『周礼』の内容はすべてが儒家に属するわけではないが、経書としての影響力は少なくない。北朝西魏の官制改革や北宋の王安石の新法などは、みな『周礼』を理論的根拠としている。　　　　　　　　　　　　(工藤 元男)

ジュリアン　Stanislas Julien　1797～1873。フランスの中国学者。ギリシャ語・アラビア語・ヘブライ語・ペルシャ語・モンゴル語・サンスクリット語などを学んだ後、レミュザに中国語と満洲語を習う。優秀であると同時に権勢欲の強い性格から、周囲から辛辣な非難を浴びる。1832年、レミュザの病死によりコレージュ・ド・フランスの中国学教授となる。INALCO(パリ東洋語学校)の教授も兼任(1863年)。同時にパリ王立図書館の漢籍部の副館長など、稀に見る複数ポストの独占者。プレマールも訳した元曲の『趙氏孤児』(1834年)の他、『灰闌記』(1832年)と『西廂記』(1872～1880年)を訳す。当時過小評価されていた中国の俗文学に関心を持つ。国外の中国学者の中では、レッグの研究を高く評価する。死後、ジュリアンの名を冠する賞が創設され(1875年)、その第1回の受賞者はレッグであった。　　　　(門田 眞知子)

しゅりくどういろん【朱陸同異論】　南宋の朱子と陸象山両者の実践倫理学の違いを主題にした論争のこと。朱子も陸象山も、人間の本性は本来的に善である(性善説)という理解では共通する。しかし、朱子は、肉体的・世俗的欲望や身体的機能の不全のために、その本性は必ずしも順調には発現しないことを深く考慮して、段階を踏んで阻害するも

のを排除することが緊要であるという。それに対して陸象山は本来性を即自に自立させることを力説して、朱子の性善説理解を厳しく批判した。この両者の性善説・実践倫理学をめぐっては、朱陸の生前既に両門の弟子達が安易に図式化して理解する向きがあったが、朱陸の没後、南宋以後に儒教が朱陸に収斂し、更に朱子学が科挙の正統教学となると、性善説を前提にした実践倫理学が考え直されるにあたり、朱陸の是非をめぐる論争が激しく展開された。明代、王陽明の『朱子晩年定論』がそれに拍車をかけ、その影響は朝鮮・日本にも及んだ。

(吉田 公平)

じゅりょう【寿陵】 君主が生前に造営した自己の陵墓。寿陵の語は前335年の趙肅侯「起寿陵」の記事(『史記』巻43)が初見。生前における陵地選定や兆域設定などの予備工程をもって寿陵造営とすることもあるが、耐久性のある墓室と羨道が出現した漢代以後には、墓室を構築し終え、被葬者の不慮の死にも即座に対応できる段階に達した陵をもって特別に寿陵と称することが慣例となる。帝后同穴合葬の陵では皇帝よりも先に死亡した皇后を寿陵に先葬することもあった。 (来村 多加史)

じゅりんがいし【儒林外史】 清の白話小説。全55回。呉敬梓の作。呉敬梓は、1754(乾隆19)年に没しており、『儒林外史』はそれ以前に書かれたが、現存する最も古いテキストは1803(嘉慶8)年刊本であるから、50年以上もの長きにわたって、写本の形で流通していたことになる。官吏登用試験である科挙に及第することによって功名富貴を求めようとする当時の科挙受験生たち、そしてまた官僚やその他の知識人たちを風刺的に描いた作品。元朝末年、世俗を離れた隠者である王冕が、天上の文昌星(文運を司る)が100個あまりの小星とともに地に落ちるのを目撃するところからはじまる。この冒頭は、108個の天罡星・地煞星が散乱するはじまりを持つ『水滸伝』から学んだものである。

山東の片田舎で寺子屋の教師をしていた万年落第生の周進が、ふとしたきっかけから科挙の試験に合格し、広東の試験官として赴任する。このいささか怪しげな試験官が見出して合格させるのが、これまた周進に輪をかけぼんくらな范進という男。范進は試験に及第したとの知らせを受けて、気がふれてしまう。ところが、いままで范進をばかにしてきた周囲の人々の態度もがらり一変して大騒ぎになる。科挙の試験の判定がいかにでたらめであるか、そのようなでたらめな試験にいかに人々がふりまわされているか、ということへの痛烈な風刺である。物語には決まった主人公はなく、周進が中心になった話が続いたかと思うと、今度は范進が中心になっているといった具合に、さまざまな人物たちの話がくさりのようにつながった構造になっている。

名家の出身で家産を蕩尽させる杜慎卿は作者呉敬梓自身がモデルであるとされる。呉敬梓は、科挙の合格者を多数輩出した、安徽全椒県の名族の生まれであるが、科挙制度を批判した作品が、科挙とは切っても切れない深い関係のある名家の一員によって書かれたことは興味深い。 (大木 康)

しゅりんかん【朱倫瀚】 1680(康熙19)〜1760(乾隆25)。清時代中期の画家。明朝宗室の末裔で、奉天(瀋陽)の正紅旗漢軍の軍人の家に生まれたとも、歴城県(山東省)の人ともいう。字は涵斎、号は亦軒・一三。1712(康熙51)年の武進士。官は正黄旗漢軍副都統に至る。高其佩の甥に当たり、その指頭画の手法を継いで、花鳥・山水画をよくした。清史稿504 (板倉 聖哲)

しゅれい【酒令】 酒宴を盛り上げるために行う遊戯の総称。はじめに令官を選び、その命令に従って遊戯を行い、負けた者には酒を飲んだり、歌を歌うなどの罰則が科せられる。酒令の種類には、太鼓を鳴らしている間に一輪の花を回しあい、太鼓が鳴り止んだ時に花を持っていた者が負けとなる羯鼓伝花令、二組に分かれて勾玉を手に隠している者が誰かを当てあう蔵鉤令のほか、射覆令、葉子酒牌、拇戦など数百種ある。歴代の酒令を集大成したものに清の兪敦培『酒令叢鈔』4巻がある。

(鈴木 靖)

しゅん【舜】 古代の伝説的帝王。名は重華、舜は諡。姓は姚・媯、号は有虞氏。『大戴礼』五帝徳・帝繋は黄帝の孫顓頊の6世の孫、五帝の第5とする。西周・春秋時代の陳(?〜前478)は舜の子孫とされ、陳の公室に出自する斉の陳氏(田氏)は戦国時代に田斉(前386〜前221)を建国した。舜が初めて見える『論語』には孔子が斉で舜の楽曲とされる韶を聴いて感動したとあり、舜は陳氏の祖先神として伝承されたものであろう。『孟子』は、舜が父母や弟に憎まれ殺されそうになったこと、堯に登用されてその二女を娶り、ついには堯の禅譲を承けて帝位に就いたこと、舜もまた禹に禅譲したことなど、説話を豊富にしている。『書経』舜典(『今文尚書』代の典の後半部とされる)は、四岳巡狩、十二牧・五刑の設置、四凶放竄など舜の治績を述べ、『史記』五帝本紀の記述は、『大戴礼』五帝徳・帝繋の祖本及び『孟子』『書経』に基づく。『山海経』の帝俊は舜の原型を伝えるものとされる。史記1

(吉本 道雅)

じゅん【盾】 刀・剣・矢などに対する防護用とされた武器の一種。楯とも書く。木・籐・皮革などを用いて長方形・台形・円形などの板状につくり，背面に把手を備える。殷墟で発見された盾の痕跡は最古の実例の一つで，盾面には虎文を飾る。殷の金文中には右手に戈，左手に盾を持った戦士の表現もある。西周時代の遺跡からは，威圧的な人面文や獣面文，あるいは円形の青銅装飾を付けた盾が発見されている。戦国時代には長方形の木製で，盾面に漆を用いて雲気文など精細な図案を描いたものが流行し，以後の時代にも継承された。漢代に短柄武器(短兵)として鉄刀が主流になると，戦士は右手に鉄刀，左手に盾をもって戦場に臨んだ。その姿は漢以降の陶俑や墓の壁画に見ることができる。
(西江 清高)

じゅんう【錞于】 吊り下げて用いられた古代の青銅製打楽器。起源は不明だが，山東南部で出土した春秋中期のものが最古例で，壺を倒置した形に似る。以後，戦国中期にかけての例が安徽・江蘇・浙江・江西・広東の範囲で発見されており，徐・舒などの淮夷から百越に伝播した可能性が考えられる。戦国後期から秦漢時代になると，四川・湖南・貴州の境界地域に分布域を変えるが，虎をかたどった吊手をもつ虎鈕錞于(虎錞)の発展などから，この地域に居住し，虎を崇拝した古代巴族と関連付ける説が有力となっている。南方地域の銅鼓との機能の類似も推測されている。
(吉開 将人)

じゅんうい【淳于意】 前205頃～?。前漢の医家。斉の臨淄(山東省)の人。姓は淳于，名は意。太倉(穀倉)の長官となったので(太)倉公と呼ばれる。公孫光や公乗陽慶を師として，黄帝・扁鵲が遺した脈書や，顔色による五臓の診断法を受く。嫉妬され罪を得たが，娘の上奏で医者の生涯を全うした。脈診・湯液・鍼灸に優れ，漢文帝に示した25例のカルテは，今日貴重である。史記105
(宮澤 正順)

じゅんえつ【荀悦】 148(建和2)～209(建安14)。後漢の学者。字は仲予。祖父荀淑は潁川郡潁陰(河南省許昌県)の人で荀子11世の孫，その八子のうち荀倹が父，荀爽は叔父。父を早くに亡くし，貧しくて書物をもたず，社会に出て閲覧した書物は，一読して記憶したという。のち，孔融や従弟の荀彧とともに，献帝に宮中で講義をし，談論を交わした。曹操の台頭で漢朝統治が形骸化したのを憂い，『申鑒』を著して帝に政治のあるべき姿を進言した。また，『漢書』の繁雑さを厭うた帝の要請により，『左伝』の体例に倣って『漢紀』を著した。後漢書62
(井ノ口 哲也)

じゅんかかくじょう【淳化閣帖】 北宋の法帖。10巻。現存最古の集帖(諸家の書跡を集刻した法帖)。ただし原刻の完本は伝わらず，原版が石か木かも定かでない。歴代の法帖の中で，規模と影響力の大きさにおいて他に匹敵するものがない。淳化秘閣法帖・閣帖・秘閣前帖のほか，官本法帖・官帖などともいうが，淳化閣帖の各巻首の題には「法帖」とだけ刻される。北宋の太宗が992(淳化3)年，秘閣所蔵の(五代南唐で集刻されたと伝えられる集帖も組み込まれた可能性，個人の蔵品も借用された可能性も含め)歴代の名跡を，翰林侍書の王著に命じて10巻に編次して摹刻させ，南唐の澄心堂紙と李廷珪の墨で拓させたものを，諸王および二府(中書省・枢密院)にのぼった大臣に下賜したと伝えられる。しかし，淳化閣帖と王著を結びつけること自体に疑わしい点も多く，992年の集刻であるかどうかも判然でない。また，二府にのぼった大臣に下賜されたとの伝にも疑問がある。各巻の内容は，第1歴代帝王，第2～4歴代名臣，第5諸家で，第6以下を二王(第6～8王羲之，第9・10王献之)の書跡に当てる。刻入される書跡数は約400で，その多くを尺牘が占める。『淳化閣帖』の刊行によって，東晋の二王をはじめ三国魏や南朝の名家の書が多くの人の目に触れるようになり，魏・晋の書を尊崇する書流(すなわち帖学派)の盛行に画期的な意義をもった。ただ編次が杜撰で偽跡も多く混入しているなどの致命的欠陥をかかえ，編次者への指弾は辛辣を極めた。太宗が下賜した数はごくわずかで，需要の増大にともなって多くの翻刻が行われ，南宋のときにはすでにその数30種を超え，幾種かの系統が生じた。その中には編次に訂正を加えたものもあるが，大幅な改定は清の乾隆帝勅撰『重訂淳化閣帖』(1769年)によってなされた。また『淳化閣帖』の翻刻にともない，『淳化閣帖』の研究が興って，南宋には専著も出現し，考証的研究は清の王澍の『淳化秘閣法帖考正』(1730年)で極まった。なお現存最古の帖版は懋勤殿本(北京，故宮博物院蔵宋拓)の底版である宋代の石刻で，現在，浙江省図書館古籍部の碑廊に嵌置されている。
(澤田 雅弘)

じゅんきょう【荀況】 →荀子(人物)

じゅんきょく【荀勗】 ?～289(太康10)。西晋の政治家・声律学者・文献学者。潁川潁陰(河南省)の人。曾祖父は荀爽。官は尚書令に至る。声律の方面では笛律を定めた。これは弦律と管律のずれに対処して管長に管口補正を施し，三分損益法に正しく従う管律を目指したものである。文献学の方面

では，汲郡(河南省)で出土した竹書の整理に当たるなどした。書博士を置いて，文献学の教習を行わせたのも彼の功績である。晋書39　　　　（水口 拓寿）

じゅんげつ【閏月】　うるうづき。太陰太陽暦は，1年を12か月に分けて，30日の大の月と29日の小の月を交互におく。しかし，これだけでは毎年11日前後の季節のずれを生じてしまう。そこで，暦面上の月日と季節のずれを修正するために，2年もしくは3年ごとにまる1か月を閏月として挿入する。置閏法(閏月や閏日の挿入規則)が確立していない殷代には，閏月を年末に置いて「十三月」と呼んだが，前5，6世紀ごろには，19年間に7個の閏月を挿入する19年7閏法が採用された。（新井 晋司）

しゅんけんしんそんえいこくぼち【濬県辛村衛国墓地】　河南省濬県辛村で発見された衛国貴族の墓地遺跡。1931(民国20)年に発見され，32～33年，中央研究院歴史語言研究所と河南省古跡研究会が4回発掘している。大型墓8，中型墓6，小型墓54，車馬坑2，馬坑12が発掘された。盗掘が甚しく，大型墓はことごとく荒らされていた。墓の位置と時期の関係は次のように考えられている。早期(西周前期から中期，成・康・昭・穆王期)の墓は遺跡の北部に位置し，中期(西周中期から後期，孝・夷・厲・宣王期)の墓は遺跡の南部分に位置し，晩期(西周末期から春秋初期，幽・平王期)の墓は，遺跡の東部に点在している。山西省曲村遺跡の晋侯墓地では，大墓が集中して配されていることと比較すると，異なる配置状況を示している。盗掘のために全貌は知り得ないが，小型墓を中心に青銅礼器が出土しており，鼎・甗・殷・尊・卣・爵・盉・方彝など16件が知られる。西周前期及び中期の青銅礼器が多い。「成周」「白犬」の銘を持つ武器の戈や戟も出土しており，周初の衛国を探求する上で重要な遺跡である。発掘報告書に郭宝鈞『濬県辛村』(科学出版社，1964年)がある。
　　　　　　　　　　　　　　　　（武者 章）

しゅんこうかげつや【春江花月夜】　①伝統民族楽器による合奏曲。民国の1920年代半ば，上海の大同楽会会員柳堯章らが，琵琶古曲『夕陽簫鼓』を各段の標題を用いつつ新たな標題を付して改編。琵琶・簫・胡弓・箏・揚琴など(編成の規模により異なる)，奏法や音色の異なる各楽器の特色を活かし，調子・速度などを変化させ主題を緊密に展開させることで，優美な江南水郷の風情を描写する。②南朝陳後主作詞，大常の楽官の編曲による『呉声歌曲』(『旧唐書』音楽志)のこと。（仲 万美子）

しゅんざいどうぜんしょ【春在堂全書】　清末の著名な学者兪樾の著作集。1877(光緒3)年，89(同15)年，99(同25)年と刊行されるごとに増補されて500巻近くある。高い学識と厳密な訓詁考証によって，経・史・子・集はもちろん小説・戯曲に関するものまで幅広く研究を進め，後世に大きな影響を与えた。文字訓詁学の代表的な著述『群経平議』『諸子平議』『古書疑義挙例』のほか，詩編・随筆・書簡など160余種におよぶ浩瀚な全集。日本人の漢詩を精選し略伝を付した「東瀛詩記」2巻も収録されている。　　　　　　　　　　（筧 久美子）

じゅんさん【荀粲】　209(建安14)？～237(青龍5)？。三国魏の思想家。潁川潁陰(河南省)の人。字は奉倩，荀彧の末子。兄たちが儒家の説を本に議論したのに対し，ひとり好んで道家の説を唱え，儒教の経典は聖人の残りかすに過ぎないと述べた。太和年間(227-233)，洛陽で傅嘏や裴徽・夏侯玄らと交遊し，老荘や論理学に基づく議論を盛んに行い，後の何晏・王弼らのいわゆる「正始之音」の先蹤を為す，清談流行の風潮を形成した。三国志10裴松之注　　　　　　　　　　（南澤 良彦）

じゅんし【荀子(人物)】　前4世紀末～前3世紀後半。戦国末期の儒家の思想家。趙国(山西省中部・河北省南部その他)の人。姓は荀，名は況。荀卿・孫卿(卿は敬称)ともいわれる。諸国を遊歴，秦では昭王や宰相范雎と会見，斉では「稷下之学」において三たび祭酒(首席)の座につき，楚では宰相黄歇(春申君)により蘭陵(山東省)の令に任ぜられたが，黄歇の死とともに職を免ぜられ，蘭陵に家居して死んだ。弟子に，韓非・李斯らがいる。荀子は，先秦の思想の諸潮流を集約しつつ，儒家思想に新たな内容を与えた。西周以来の重要な概念である天を，純粋な自然として解し，人をも自然の一環として位置づけ，かつ，自然に対する人為の主体的能動性に着目した。自然に対する能動性を，全天下において理想的に実現すべきものが，荀子の考えた聖王である。彼の意図は，統一国家の出現が迫りつつある現実の状況と，儒家的な理念とを結合して，聖王の統治する国家を構想することにあった。その思想・学説は『荀子』に見られる。史記74
　　　　　　　　　　　　　　　（内山 俊彦）

じゅんし【荀子(本)】　荀子の思想・学説を記した書。主に，彼の自著や後継者たちが編集した彼の言説から成る。前漢末の劉向が『孫卿の書』を32篇に編定，『漢書』芸文志には『孫卿子』として著録する。のち唐の楊倞が20巻32篇に改編して注をつけ，現在この形のものが『荀子』として伝

わる。本書の天論篇は，天を自然として解し，それに対する人の能動性を論ずる。人は自身の内部にも自然な性質を持ち，それ自体は規範に合致しえぬから悪だが，偽(作為)の結果善となると説くのが性悪篇。規範としての礼は，礼論篇等では聖王(先王)の作為とされる。王制篇では，礼を秩序原理とする国家のあり方を構想する。他方，富国篇は，自然界への能動性の発現としての積極的生産活動を説く。更に，王者が名(名辞)を定め名と実の一致した秩序を作ることをいう正名篇，偽の源泉としての心のあり方を論ずる解蔽篇，また，勧学篇の学問論，非十二子篇その他での諸思想家批判等，本書の思想内容は，相互に関連しつつ多彩である。　(内山 俊彦)

じゅんしがくろん【荀子楽論】

『荀子』の第20篇で，戦国時代後期の儒教的音楽理論を述べる。『荀子』楽論の内容は『礼記』楽記や『史記』楽書の内容と一部重なっている。『荀子』ではこの「楽論」のほかに，「富国」「王覇」等で音楽のことに触れているが，これらでは音楽の社会的効用を肯定し，墨子の音楽否定論を強く批判している。「楽論」ではまず「夫れ楽なるものは楽なり。人情の必ず免れざる所なり」と，音楽とは楽しむということでありそれは人情として当然のことであって人間の生活から音楽や舞踊が切りはなせないものであることを述べる。そして「楽中平なれば則ち民和して流れず，楽厳荘なれば則ち民斉にして乱れず」「楽姚冶にして険しければ則ち民流僈鄙賤なり」と，音楽の善し悪しが社会の治乱に大きな影響を与えることを述べ，古の聖人のように雅正な音楽を尊び邪悪な音楽を退けるように努めれば，音楽は人を治めるのに最も優れた道具となることを説いている。さらに，鼓・鐘・磬・竽笙・箎簫・琴・瑟などの具体的な楽器の音の表現についても述べており，作者の実際の音楽に対する理解が窺われる。
　(池澤 滋子)

じゅんしき【遵式】

964(乾徳2)～1032(天聖10)。北宋代の僧。台州臨海郡寧海(浙江省)の人。姓は葉氏，字は知白。義全に就いて出家し，天台山の国清寺に入り，普賢像の前で天台の教法を伝えることを誓う。四明の宝雲寺で義通に師事し，同門の知礼と共に山家派の僧として活躍する。杭州刺史の請いで天竺寺(霊山寺)に住持し，天竺懺主，慈雲尊者と尊称される。晩年は日想庵を建てて西方浄土に往生するため念仏の行に励んだ。著作には『大乗止観釈要』4巻，『往生浄土決疑行願二門』1巻など多数。更に滅後に編集された『天竺別集』3巻，『金園集』3巻などがある。　(木村 宣彰)

しゅんじゅう【春秋】

①春秋時代の列国の公式年代記の通称。春秋時代，列国では，史官のもとに国家の大事の公式記録が蓄積されていたようであり，それらは，『孟子』離婁下篇に「晋の乗」「楚の檮杌」「魯の春秋」とあるように，それぞれ独自の名称で呼ばれることもあったが，『墨子』明鬼篇に「周の春秋」「燕の春秋」「宋の春秋」「斉の春秋」とあるように，通じて「春秋」と呼ばれた。年歳に従って記録されたことから，本来年歳を意味する「春秋」(春夏秋冬の略)が呼称として使用されたものと思われる。これらの年代記は残存していないが，『春秋』経から，あるいは，戦国時代のものだが，『竹書紀年』から，その体裁をある程度うかがい知ることができる。また，『国語』楚語上・晋語七に，「春秋」を学習し，教えた，という記事があり，これによって，春秋学成立以前の「春秋」の利用法も知ることができる。
②儒教の経典の一つ。上記の「春秋」の利用法は，過去の歴史を現在への鑑戒として見るという，素朴な段階のものであったが，その後，儒家の間に，「春秋」に関する全く別の観念が生じてきた。それは，『孟子』滕文公下篇・離婁下篇に初めて見えるもので，孔子は，魯の年代記「春秋」を書きかえて，『春秋』経を作り，そこに義をこめた，というのである。現代の目から見れば，『春秋』経は，多少整理の手が入っているにせよ，魯の年代記「春秋」がほぼそのまま伝わったものとしか言えないが，当時の儒家は，「春秋」と『春秋』との間に，孔子を介在させ，『春秋』経という理念上の存在を設定したのである。かくて，対象はこの『春秋』経にうつり，それにかかわる営為も，学習し，教える，ということから，孔子がこめたとされる義を解明する，という複雑な経学的営為に変化し，ここに「春秋学」が成立するのである。
③国家の年代記ではなく，一般の社会事象や個人の事蹟等を記したもの。例えば，『呂氏春秋』『虞氏春秋』『晏子春秋』等。　(岩本 憲司)

しゅんじゅうがく【春秋学】

儒教の経典の一つ『春秋』に関する解釈学。孔子は，史官が記録した魯国の年代記である「春秋」を筆削して(書きかえて)『春秋』経を作った，つまり，「微言」(微妙な言い回し，一種の暗号)によって，『春秋』の中に「大義」(自分の政治上の理想)をこめた，という認識を大前提として，その「微言」を解読し，「大義」を明らかにしようとするもので，はやくは，『孟子』滕文公下篇・離婁下篇や『荀子』勧学篇・儒効篇に記載が見られ，戦国時代の儒家に始まったと考えられる。そして，漢代になると，「微言大義」は実は孔子の漢への遺言であり，『春秋』は漢のために

作られた，という認識（春秋漢代制作説）が加わり，ここに，春秋学の最初の成果である『公羊伝』（伝とは解釈の意）が出現する。つまり，『公羊伝』は，劉漢帝国の国家学の教科書として提出されたものなのであり，これをうけて，『公羊伝』を中心とする儒教による思想統一を武帝に献言したのが，董仲舒である。ところで，暗号を解くにはコード（義例）が必要であるが，春秋学の場合，そのようなものは始めから存在せず，コード自体を解読者が設定するため，解読の結果は恣意的なものとならざるを得ない。春秋学の創造力の源がこの点にあるとも言えるが，そのため学派の分裂を避けられず，案の定，宣帝期になると，『公羊伝』に対抗する勢力によって，『穀梁伝』が提出され，一時，学官に立てられたりもした。なお，『公羊伝』といい，『穀梁伝』といい，その方法は同一であり，暗号を解読して義を明らかにする，というものであるが，『春秋』は本来，年代記であり，事件が記されているから，その事件の詳細を検討することによって間接的に義を明らかにする，という方法が案出されてもおかしくない。実際，前漢末になると，戦国時代に集められた史話・説話集を資料として『春秋』を解く書物が出現した。それが『左伝』であり，以後，『公羊伝』の好敵手となった。　　　　　　　　　　（岩本 憲司）

しゅんじゅうきょう【春秋鏡】　西周末～春秋時代に作られた鏡。出土例は少ない。西周時代の伝統を継承し，円形の素文鏡が主流である。扁平な薄手の小型鏡が多く，鈕は弓形・半環式など多様で，少数ながら方形鏡が新たに出現した。鏡背に透かし文の板を嵌めた二重体鏡もある。西周末～春秋早期のものとしては禽獣文鏡があり，弓形の双鈕をはさんで上側にロバまたは鹿に似た動物，下側に翼を広げた鳥，左右両側に豹あるいは虎の図文を単線で描出している。早期ではこのほか蟠虎文鏡があり，半環鈕で円形鈕座の外周に2匹の虎が取り巻き，その外側にさらに絡み合う蟠螭文が取り囲んでいる。中期では細密な虺龍文を配した半環鈕の蟠虺文鏡が出土している。これは多数の小蛇が互いに巻きつく図文を単位文として繰り返した幾何学文様である。晩期では蟠螭文透文鏡がある。半環鈕で円形鈕座のそとに透かし彫りの螭龍が施されており，龍の体軀はS字状に屈曲して互いに絡み合う様を呈す。素文の平縁である。その他，外縁近くに一周の盛り上がった弦文を配した弦文鏡などが出土している。　　　　　　　　　　　　　（黄 名時）

しゅんじゅうくようでん【春秋公羊伝】　→公羊伝

しゅんじゅうくようでんかいこ【春秋公羊伝解詁】　後漢の注釈書。12巻。何休著。『春秋経』と『公羊伝』とについて，諸々の事故（ことがら）を解釈したもの。その特色は，「五始」「三科九旨」「七等」「六輔」「二類」（疏に引く何休『文諡例』より）等の義例の導入による創造的解釈にある。創造的解釈は，董仲舒から緯書をへて何休に至る公羊学の伝統であり，その根底には現実の政治への強い関心が存するが，前二者のそれが漢革命の正当化であるのに対して，何休のそれは漢太平の保証であった。　　　　　　　　　　（岩本 憲司）

しゅんじゅうこくりょうでん【春秋穀梁伝】　→穀梁伝

しゅんじゅうこしでん【春秋胡氏伝】　南宋の『春秋』注釈書。30巻。1136（紹興6）年頃成立。胡安国撰。胡安国は早くから『春秋』に長じていたが，金の侵攻による国家存亡の危機に触発されてこの書を著した。徹頭徹尾義理による解釈を行い，「君父を尊んで乱賊を討ち，邪説を防いで人身を正し，中夏によって夷狄を変ずる」（自序）ことを主張した。南宋から明にかけてその義理を説く点を高く評価する学者が多く現れ，元・明には科挙に採用された。　　　　　　　　　　（恩田 裕正）

しゅんじゅうさしけいでんしっかい【春秋左氏経伝集解】　西晋の注釈書。30巻。杜預著。それまで別行していた『春秋経』と『左伝』とを集めて解釈したもの。その特色は，恣意的な解釈を排し，あくまで伝に依拠して実証的，帰納的に経を解釈しようとしたことにあり，春秋学に革命的転換をもたらしたが，その結果，『春秋経』は，孔子の創作というよりも，周公の礼制をうけた史官の記録と見なされ，ここに，経学としての春秋学は解体されて，一種の史学として再生することになった。　　　　　　　　　　（岩本 憲司）

しゅんじゅうさしでん【春秋左氏伝】　→左伝

しゅんじゅうさんでん【春秋三伝】　→左伝，公羊伝，穀梁伝

しゅんじゅうじだい【春秋時代】　→春秋戦国時代

しゅんじゅうせんごくじだい【春秋戦国時代】　一般に，周の東遷（前770年）から秦の天下統一（前221年）までの時代を言う。春秋の名称は，魯の年代記であり経書の一つである『春秋』か

らきている。春秋と戦国の境は，晋が韓・魏・趙によって分割された前453年とするのが普通であるが，この三国が諸侯として公認された前403年，あるいは社会・経済的な観点から前475年とする説もある。

しかし，この境は歴史的に見てそれほど重要ではなく，この時代は中国史上，特筆すべき大変動が起こった時代としてひとくくりにすることができる。政治的には，周王を中心とする世襲的な封建制が崩壊して，各国に中央集権的な新しい官僚制が形成される時代である。周の東遷は，周王権の衰退を端的に示す事件であるが，その後，斉や晋などの国が覇者として周王に代わって他の国々を統轄し，かつ併合を進める。しかし，これらの国の内部では家臣たちがしだいに実権をにぎり，最終的には国を奪うことになる。このような，実力のある者が政治の実権をにぎる下剋上の傾向は，春秋時代を通じて他の国々でも進行し，戦国時代になると官僚制的な国家が成立する。そして，このような国家の一つである秦が天下を統一し，以後2000年にわたって継続する皇帝による中央集権的官僚制が確立するのである。

以上の政治的変動は社会・経済の変動と密接に対応している。周の封建制を支えた氏族制的な社会は春秋中期以後崩壊し，家族が社会を構成する基盤となる。能力を任用基準とする新しい官僚制は家族から出身する個人によって支えられた。また，家族を中心とする自由な経済活動によってもたらされた商工業の発展は，新しい都市の発達を促し，古い政治体制の解体に大きな役割をはたした。このような社会・経済の変動は，春秋時代における鉄製農具と牛耕の普及という農業技術の革新が大きな原動力となったと考えられる。

この時代の社会・経済の変動は文化的にも大きな影響を及ぼした。特に，戦国時代は諸子百家の活躍した思想史上の黄金時代であり，後代の思想の原型はほとんど出つくしている。春秋末に現れた孔子は，儒学の創始者であるだけでなく，このような時代の端緒を開いた思想家である。孔子の思想は，伝統をふまえながら新しい社会に対応するものであり，官僚制に思想的基礎を与えた。その思想は，孟子や荀子によって展開されたが，墨子はその思想から出発して独自の思想をうち立てた。この他，法家・縦横家・道家など様々な思想家が活躍したが，この時代の思想は基本的に政治思想であり，新しい秩序の確立を目指すものであった。また，春秋時代は青銅器芸術の第二の高潮期ともいえる時代であり，その意匠には新興階層の意識が色濃く反映されている。　　　　　　　　　　　　　　（江村　治樹）

しゅんじゅうそんのうはつび【春秋尊王発微】

北宋の『春秋』の注釈書。12巻。孫復撰。唐の陸淳等の春秋学を承けて，三伝によらず経そのものの意味を探究した。春秋時代は聖王の遺風がすべて失われたとし，中国の天子を尊ぶことが『春秋』の大義だと論じた。

この書物には主観的だとの批判もあるが，欧陽脩は孫復の墓誌銘を書いて，「春秋を治めて伝註に惑わず」，「経の本義を得」たものだと評価している。『通志堂経解』春秋に収められている。（島　一）

しゅんじゅうはんろ【春秋繁露】

書名。17巻82篇（そのうち3篇は欠文）。『春秋』と『公羊伝』の解説書の一種。本書は南朝梁の阮孝緒「七録」を襲用した『隋書』経籍志を初見とし，当時の史料にも引用されているので，六朝時代には存在したらしい。現行本は南宋の校訂本による。「繁露」とは冠の飾りの一種で，『春秋』を装飾する意味とされるが，その真義は未詳。前半は政治・社会・制度など，後半は天人相関・陰陽・五行などを述べた雑多な諸篇からなり，古代思想史上，特異な地位を占めている。

従来，本書は董仲舒の撰と伝えられるが，その来歴や内容に関して疑問の点が少なくない。とくにそこに董仲舒の学説とは無縁とされる五行説や前漢末期以降に流行したいくつかの後代の思想が散見することから，彼の著作ではなく，その後学や亜流によって仮託された一書と見なす解釈もあり，その真偽については今日なお未定である。

清朝末期，公羊学派の人々によって，革命理論の典拠として再認識された。　　　　　（福井　重雅）

しゅんじょう【俊芿】

1166（永万2）〜1227（嘉禄3）。平安末・鎌倉初の日本の律宗僧。肥後（熊本県）の人。号は我禅房・不可棄。諡号は大興正法国師・月輪大師。4歳で池辺寺珍暁に投じ，14歳で飯田山寺真俊に天台を学ぶ。18歳で得度し，19歳で太宰府の観世音寺で具足戒を受ける。1199（慶元5）年，入宋し，天台山に登り，雪竇山で禅を学び，径山の蒙庵元聡らに参ず。1200（慶元6）年，四明（浙江省）の景福寺如庵了宏に戒律を学ぶこと3年，さらに天台・浄土・悉曇を究める。鎌倉初の1211（建暦元）年帰国し，仏舎利3粒，経疏2103巻のほか，絵画・碑帖・器物等多数を将来している。中でも儒書の多いことや楼鑰（1137〜1213）の賛のある南山道宣律師像と霊芝元照律師像の2幅の画像（ともに京都，泉涌寺蔵）は注目される。帰国後に栄西の招きにより京都建仁寺に入る。1224（貞応3）年に仙遊寺に入り，伽藍を復興して泉涌寺と改め，台律（天台宗と律宗）の中興の祖とされる。1227

年閏3月8日示寂。世寿62歳。　　（石井 修道）

じゅんせいはっせん【遵生八牋】　明末の日用百科全書。19巻。高濂の著。遵とは尊のことで，生きることを尊び人生をゆたかにするために編纂された。清修妙論牋，四時調摂牋，起居安楽牋，延年却病牋，飲饌服食牋，燕間清賞牋，霊秘丹薬牋，塵外遐挙牋の8項目からなる。古今の格言から四季それぞれの養生法，日常生活を快適にする工夫と用具，長生のための健康管理法・薬餌法，文房清玩の趣味の持ち方まで，自らの体得を交えながら解説し，歴代の隠逸100人の紹介に及ぶ。（夫馬 進）

しゅんせつ【春節】　年始の最も盛大な伝統的節句。旧暦正月元旦。正月一日を年始としたのは漢の武帝の時に定められた太初暦から。12月23日か24日の家の竈神祭りを過小年ともいい，この時から年越しの準備が始まる。大掃除をし，門や入口の両脇に赤紙にめでたい対句を書いた春聯を，門扉に魔除けの武者絵を刷った門神一対を貼る。めでたい図柄の年画を室内に飾る。除夜に一家団欒の食事をし，爆竹を鳴らす。年賀状交換，年始回り(拝年)，獅子舞，龍灯踊り，芝居など娯楽活動が行われる。新年最初の満月の日，正月15日の元宵節まで続く。（鈴木 健之）

じゅんそう【荀爽】　128(永建3)～190(初平元)。後漢の学者。潁陰(河南省)の人。字は慈明。荀子12世の孫。父荀淑の八子「八龍」中，最も優れるといわれた。桓帝の末に至孝に挙げられたが官につかず，後，党錮の禁に遭って隠遁し著述に専念した。董卓が献帝を擁立したときに徴されて司空にまで栄進したが，董卓の非道を許せず，司徒王允らと董卓暗殺を計画中に病没した。著に『礼伝』『易伝』『詩伝』『尚書正経』『春秋条例』などがあったが，今は佚して伝わらない。『礼伝』『易伝』は『玉函山房輯佚書』などにその断片が見える。後漢書62　　（串田 久治）

しゅんそうちんどう【春草闖堂】　福建省莆仙戯の作品。伝統的な劇目『謝雷霆』を，江幼宋・柯如寛・陳仁鑑らが改編したもの。中華人民共和国30周年記念の上演で，創作・演出の一等賞を授与された。内容は，次のようなものである。吏部尚書の子の呉独は，相国李仲欽の娘李半月に戯れようとして，平民の張玉蓮を殺してしまう。呉独は，怒った義士の薛玫庭に殺されてしまう。呉独の母や，都にいた李仲欽などは，知府の胡進を使って薛玫庭を殺そうとするが，結局李半月と下女の春草の機知によって薛玫庭は救われ，李半月と結婚して大団円に終わる。（福満 正博）

じゅんちてい【順治帝】　1638(崇徳3)～61(順治18)。清の世祖。名は福臨。在位1643～61。ホンタイジ(太宗)の第9子。清の第3代皇帝。幼少で即位したので，叔父ドルゴンらが補佐し，ドルゴンが没した1650(順治7)年から親政を行った。1644(崇禎17，順治元)年に明が李自成のために滅ぶと，清は李自成らを追って北京を占領し，ただちに北京に遷都した。それから李自成の反乱を鎮圧した後，各地で蜂起した明の諸王を次々に破り，順治後半にはほぼ中国全土を制圧した。順治帝の時代は混乱と無秩序の苦しいときであったが，清は行政機構を再建し，社会の安定化に努めた。内政では，降った漢人に対して辮髪を強制するなど，民族的な政策をとることもあったが，政治・経済の主要な制度は，明の政策を継承した。またイエズス会士のアダム・シャールらを保護し，その協力により時憲暦を制定するなどした。なおこのころ北のアムール川(黒龍江)沿岸では，ロシア人の活動が激しくなったが，清は朝鮮の援軍を借りてロシア人の船団を打ち破り，一時的にではあるが，ロシア人を北に押しこめることができた。清史稿4・5　　（松浦 茂）

しゅんとうさんすいず【春冬山水図(戴進)】　明の絵画。戴進筆。絹本墨画淡彩。2幅から成り，各タテ144.7cm×ヨコ79.1cm。菊屋家住宅保存会所蔵。もと四季山水図の4幅対であったと考えられている。「春景山水図」は，元の孫君沢作品にみられるような南宋院体画風を基に背景に巨大な主山を組み合わせ，一方の「冬景山水図」は李郭派山水画の構成を基礎に，元末文人画風の樹木など様々な画法を組み合わせている。諸家の法を自在に操っていたと評される戴進の代表作。重要文化財に指定されている。（伊藤 晴子）

じゅんぶ【巡撫】　明・清の官職。明朝は当初，地方には布政使司(民政)・按察使司(監察)・都指揮使司(軍政)を並立させ，これらを統括する官を設けなかった。1391(洪武24)年に皇太子が「巡撫陝西」に遣わされたのを最初に，永楽(1403-24)初期には中央政府高官に巡撫の任を帯びさせ，地方視察に派遣するようになったが，これらはまだ限られた地域に対する短期的な措置に過ぎなかった。宣徳期(1426-35)になると，任地に一定期間常駐して監察や民政運営に携わる者が現れ，派遣される地域も順次拡大かつ固定してゆく。正統期(1436-49)には辺境防衛のため軍事を兼務する巡撫が北辺に増置され，やがて内地の巡撫もすべて軍務兼任となる。明代後半には，巡撫は監察・行政・軍務などを総括す

る常設の地方長官として定制化する。清朝はこれを受け継ぎ，何度かの更改を経て1省1巡撫とした。清では同様の職務をもつ総督と併置される形になり，しばしば両者合わせて督撫と称される。

（谷井　陽子）

しゅんぽう【皴法】　山水画において山石の襞を描いて立体感を表す画法。古代の山岳文様における平行曲線にその起源を求めることができる。山水画は盛唐の「山水の変」によって自然主義的な志向を強め，五代・北宋という山水画の黄金時代を通じて風土に依拠した山水表現を完成させた。山水画の様式を示す一つの指標となったのが皴法と見なすこともできる。五代の董源の画風を象徴する江南の風土から生まれた披麻皴，北宋の*李成による華北の山東周辺の風土を表す雲頭皴，范寛の陝西辺りと結びつく雨点皴などが挙げられる。それらを受けて，筆触を生かすことのできる斧劈皴が登場した。その後も多様化しつつ系統化が行われ，明末清初の画論では30種類以上の皴の名が見える。　（板倉　聖哲）

じゅんりょう【順陵】　唐の*則天武后の母楊氏の陵墓。陝西省咸陽市の東北15km，渭河(渭水)北岸の咸陽原上に所在。1辺48.5m，高さ12.6mの方墳の周囲に2重の陵園が回字形に巡る。内陵園の範囲は東西286m，南北294m。南門跡と陵垣の角楼跡が残る。外陵園の範囲は東西860m，南北920m。東西南北の四門に獅子が残る。石刻は34点が現存。神道に立てられた麒麟と走獅子は帝陵の石刻に比肩する規模と芸術性をもつ。楊氏は670(咸亨元)年に死去。墓は武后によって拡張され，689(永昌元)年に明義陵，690(天授元)年に順陵と号された。
（来村　多加史）

じゅんりれつでん【循吏列伝】　『*史記』の列伝の一つ。法令や刑罰のもつ抑止効果を活用して人民を教導した善意の政治家たちの伝記集。専制権力の体現者として人民を苦しめた官吏たちを批判的に叙述したのが酷吏列伝なら，それに対置して設けたのが循吏列伝である。ただし，取り上げられたのはいずれも先秦時代の官吏であり，最後に引かれた晋文公の獄官李離伝では過当な法の適用の責任をとって自殺した事例を紹介しており，酷吏とは対照的な官吏の在り方を通して司馬遷の官吏の理想像を提示したものである。なお『漢書』以下の正史の循吏伝には善政をしいた地方官らの事績が記録されている。
（稲葉　一郎）

しょ【書(書道)】　東アジア漢字文化圏において育まれた，文字を素材とする芸術。そもそも文字とは，言語を保存し他者に伝えるためのものであるから，一定の体系のもとに，ある程度の数量が必要となる。その意味で，現在のところ最古の漢字は，殷時代の甲骨文であると言わざるをえない。周知のように，甲骨文はその様式の差異から，書風が第1期から第5期に分類され，甲骨文の断代に大きく寄与した。甲骨文においても書風の変遷が見られることは，書の表現が文字の構造そのものに大きく依拠する事を示唆している。

漢字は各時代の文化的な要求のもとに，識別性(読みやすさ)・簡捷性(書きやすさ)・審美性(美しさ)などの要素を満たしながら，文字の構造そのものを徐々に変えてきた。公式書体としては，篆書・隷書・楷書と変遷をとげ，楷書の書体とその表現は唐時代に完成した。唐時代に完成された楷書がいかに完全なものであったかは，それ以降，新たな書体が生まれなかったことからも容易に理解されるであろう。一方，日常の早書きのための通行書体として，草書や行書が併存していた。

書は，漢時代に格段に改良された紙の出現によって，表現の幅を大きく広げた。書体の別にかかわらず，書は文字の内容とは別の次元で，作者の微妙な心の動きを表出しうる恰好の場として鑑賞されるようになった。また，各書体は長い時間をかけて造形的に洗練され，やがて普遍的な美しさを備えるようになった。成熟したそれぞれの書体は，多くの人々が長い時間をかけて磨き上げた，叡智の結晶である。

中国の書の歴史においては，晋時代と唐時代の書が，最も高い水準に到達した。晋時代の書の特記すべき特徴の一つは，何気ない書きぶりの中にも，にじみ出る余韻が最も豊かな点にあり，唐時代の書の特記すべき特徴の一つは，非の打ちどころのない，完膚なきまでの造形美にある。

宋時代以降の書は，すでに完成された各書体によりながら，そこにどれだけの美しさを盛り込めるか，いわば書風の歴史でもあった。これを換言すると，10世紀以降の書は，どのような書を理想とするのか，自らの書に対する考えを表明する歴史でもあった。

用筆と字形は表裏一体の関係にあり，そこにさまざまな意象が盛り込まれる。古くから，名筆は片言隻語のみを留めた断簡でさえも珍重された。これはとりもなおさず，書は文学に従属しないという立場を成立させる。一方で書には，作者の折々の感情の変化や学識までをも読み取ろうとする立場があり，そこから書は人なりという見方も成立する。作者は勿論のこと，造形・意象・内容・時代など，さまざまな側面から評価されうる書は，数千年の長きにわたって，人々を感動させる魅力を持ち続けているの

である。　　　　　　　　　　　　（富田　淳）

しょ【書（本）】→書経

しょ【詩余】→詞

じょ【序】　文体の名。作者自身が作品の主旨や成立の経緯を述べたり，他人が作品を紹介したりする文。前漢の司馬遷が『史記』執筆の経緯を書いた「太史公自序」や，西晋の皇甫謐が左思『三都賦』を紹介した「三都賦序」など。漢代以前には序は作品の後ろに置かれたが，後世，作品の前に置かれるようになった。また唐の韓愈の「孟東野を送る序」のように，唐代以後には友人に贈る送別の文をも序と呼ぶようになった。　　（幸福　香織）

じょ【恕】　孔子が弟子の子貢に「一言にして以て終身之れを行う可きもの有りや」と問われて，「其れ恕か。己れの欲せざる所，人に施すこと勿れ」（『論語』衛霊公）と教えたことからすれば，「恕」という徳目は，自己を判断基準として他者への働きかけを律すること，ということになろう。また文字の成り立ちに忠実に，「心の如くするを恕と為す」（『論語集注』里仁）と解しても，自己の「心」の在りようが，まず問題となるのである。

従って「己」が社会的存在として他者と共生するとき，「理」に照らして自己規制の必要を強く感ずる人は，「己」の判断に条件を付しつつ「恕」を解することになるのであるし，一方「心」の自律性に信頼を置いたり，「情」の「理」に対する優位性を認めるタイプの人は，「恕」を自己拡充の方向で捉えるのである。

「強め恕いやりて行う，仁を求むるに焉より近きは莫し」（『孟子』尽心上）と，積極的に他者へ働きかける場面にあっても同じことで，私心を去ったうえで「己」を推して他者に及ぼすべきものと考える人は少なくない。　　　　　　　　　　（松川　健二）

じょい【徐渭】　1521（正徳16）〜93（万暦21）。明の文学者・画家。山陰（浙江省）の人。字は文長，号は天地・青藤・田水月など。多芸多才の人で，詩文・書画・音楽・戯曲全般に精通した。彼自身はその才を書・詩・文・画の順だといっていた（陶望齢「徐文長伝」）。20歳で秀才に挙げられたが，郷試で落第を続け，生涯無位無官で終わった。1558（嘉靖37）年，浙江総督胡宗憲の幕客に迎えられ，文才と兵略の両面で胡を補佐した。のち胡が罪を得て獄死すると，連座を懼れて精神に異常をきたし，自殺を図って失敗。1566（嘉靖45）年，妻張氏を殺害して下獄した。友人張元忭の助力で死刑を免れ，1572年神宗即位の恩赦によって出獄した。一時，北京で張元忭宅に客寓したが，権貴に逆らって悶着を起こして帰郷。以後は詩文や書画を売って口に糊し，73歳で没した。

徐渭は豪放不羈，礼教に拘われぬ性格で，才を恃んで他者を侮蔑するなど，処世の才に乏しかった。その一因は彼の家庭環境にある。彼は生後100日で父を亡くし，家計逼迫のため21歳で潘氏に婿入りしている。潘家での平穏な生活も長くは続かず，6年後，妻に先立たれた。再び王氏に婿入りしたが離婚。彼に殺害された張氏は3番目に娶った妻である。

このような家庭と科挙での坎坷は，彼の文学を超俗的なものとした。すなわち模倣を斥け独創を尊び，異端であることを恐れない。詩は七言の古詩や律詩を得意とし，李白の飄逸と李賀の怪奇美を兼ね備える。散文は小品文を得意とし，最も蘇軾に近い。詩文は『徐文長三集』『徐文長逸稿』『徐文長佚草』などに収載される。また戯曲作家としても著名で，雑劇『四声猿』はその代表作。本来4折であった雑劇の折（幕）を長短自由に設定したり，南曲による雑劇を創作するなど，雑劇の内容と形式の改良を試みた。『南詞叙録』は，南戯の起源や発展を考察し，作家作品についての評論を載せたもので，南戯研究の史料として貴重である。　（野村　鮎子）

徐渭の絵画は出獄後，書画や売文によって細々と生計を立てたなかで描かれたものである。水墨の花卉画が中心で，同じく写意花卉図で名高かった陳淳（号，白陽）とは「青藤，白陽」と並び称された。しかし独特の墨をはね散らかしたような激しい表現は，陳淳の書画の力強ささえも，結局は蘇州文人の穏やかな安定と感じさせるもので，陳淳をはじめとする従来の文人の写意花卉図とは全く異なった破天荒な力が感じられる。出身地浙江の浙派の画家たちの大胆な墨面の使用の影響も指摘できようが，それ以上に特異な精神性の表れと言うべきであろう。自らの心情を反映させた題詩とともに同一のモチーフを繰り返し描く，作品ごとの表現の変化は大きい。文人としての自負から，多彩な才能のうち自らは書詩文を上に画を最も下に置いていた。画は晩年に糊口をしのぐための手段と位置づけていたのであろう。本格的な山水画を試みた形跡はなく，画題としては人々に受け入れられやすい，吉祥的意味をもつ花卉や身近なモチーフを多く描いた。それは，同じく売画で生計を立てる多くの画家，特に清以降の職業的文人画家たちの中心画題として，山水に代わり文人画の主役の座を占めるに至る。徐渭は，明代の挫折した知識人の悲劇のシンボル的存在として，また近代的な芸術家イメージを先取りする画家として，人々を強く引きつけてやまない。初期の東京国

立博物館の『花卉図巻』(1579年)や，南京博物院の『花卉図巻』などが名高いが，近年中国所在の質の高い紀年作が何点も紹介され，その画業の全貌が明らかになりつつある。明史288　　　　　（宮崎　法子）

しょいん【書院】　宋，元，明，清の学問所，講学の場。宋代，官立の学校(州学・県学)に対して，私人が山林等の静謐な場所に創建したもの。北宋末は州学が盛んで書院は衰えたが，南宋の孝宗(在位1162〜89)以後，各地方官が書院を復活させ，全国に広がった。当初，民間の経営にかかり，科挙受験とは乖離した学術討論の場であったが，やがて半官半民の教育施設になっていった。書院の責任者を山長あるいは洞長といい，学規を持ち，学生には宿舎や机，若干の食費が支給された。朱子学，陽明学の興隆には書院の存在が大きかった。明代では書院講学が流行となり，世論形成の場にもなったため，為政者はしばしば禁令をだした。1579(万暦7)年，*張居正は天下の書院の打ち壊しを命令した。また，東林書院に結集した人士は反内閣，反宦官の一大勢力(東林党)となり，党争を引き起こした。その他，有名な書院に，白鹿洞書院・岳麓書院・応天府書院・紫陽書院・*学海堂などがある。
　　　　　　　　　　　　　　　　　　（森　紀子）

しょいんぼん【初印本】　厳密には，木版本において彫刻完了後，一回目に印刷した印本を言う。実際には，何回目の刷りかを識別することは困難なので，印面が美しく版木の損壊も少ないものを総称し，後印本と区別して特にその価値を強調する用語。私刻本(家刻本)では，藍色や朱色で校正本を若干部つくり(藍印本・朱印本)，ごく近しい友人に配って訂正を求める風習があった。彫り残した部分(墨釘)がある場合，著者が随時そこに改訂を加えて彫り増すこともあり，初印本は内容的にも大きな意味を持つ場合が少なくない。　　　　　　（高橋　智）

しょいんぼん【書院本】　書院や講学所の刊刻にかかる典籍。官刊本・家刻本・坊刻本等に対する称。書院は宋代以降発達した講学・教育の施設で，官立のものと，私立のものとがある。一般に書院本は営利を目的とせず，かつその刊刻に多くの文人学者が関わっており，校勘がゆきとどいた本が多いとされる。いっぽう，「某々書院」と号した書肆の刊行物もあるが，これは書院本とはいわない。　　　　　　　　　　　　　　　（梶浦　晋）

しょう【称】　1973年，湖南省長沙市の*馬王堆漢墓から出土した『老子』乙本巻前古佚書4種のうちの一書。全文1600字，51か条の格言風の単文からなる。戦国中期から漢初にかけての成立と考えられる。君主は，天のはたらきを範として主観を用いず，天の時を得て果断に振る舞い，賢者の補佐と民の自発的生活意欲に依拠しつつ君臨すべきであるという政治思想を主な内容とする。「称」は，客観情勢をはかって行動すべきことの意。天人相関思想を根底に持ち，*慎到の勢，墨子の尚賢，さらに陰陽思想などが取り込まれている。　　　（谷中　信一）

しょう【商】　→殷

しょう【章】　暦法用語。19年を1章という。中国では，前5，6世紀頃に，19年間に7個の閏月を入れると，暦面と実際の季節が大きく食い違うことがないことが知られた。これを章法または19年7閏法と呼ぶ。章法は，後漢四分暦や三国，魏晋時代の暦法で用いられたが，その後，5世紀初頭の北涼の玄始暦は章法を捨て，600年間に221閏月を置いた。この種の新たな置閏法を，章法を破棄したという意味で破章法と呼ぶ。　　（新井　晋司）

しょう【笙】　フリーリードの管楽器。下端に簧(リード)を取り付けた長さの異なる10数本から20余本の竹管を共鳴器(円形が標準的)の形に沿って差し込み，共鳴器の片側にある吹口から息を出入して和音や旋律を演奏する。殷代の甲骨文字にも小型の笙を意味する語が見え，『詩経』『*礼記』などにも記載されており，最も古い実物は湖北省随州市の*曾侯乙墓から出土したものがある。八音による楽器分類や出土文物から，古くその共鳴器は匏製であったことが知られるが，唐代より木製となった。隋唐代の宮廷音楽に用いられ，歴史的には大小および簧数のさまざまな笙が消長したが，現存する伝統音楽(器楽合奏や劇音楽)で使用されるものには14簧や17簧が多い。西安鼓楽や河北吹歌など各地の鼓吹楽，吹打楽では主要楽器の1つとなっている。河南，安徽地方では共鳴器が長方形の方笙が伝えられており，器楽合奏や劇音楽で用いられている。その他，改良楽器においては簧数を増したり(24，26など)，キー付きのものも作られている。
　　　　　　　　　　　　　　　　　　（増山　賢治）

しょう【湘】　湖南省の略称。省境を南北に縦貫して流れる湘江から名づけられた。湘江は源を広西壮(チワン)族自治区北部の海陽山に発し，北東流して湖南省の東部を貫流し，河口は湘陰県で東西二分して洞庭湖に注ぐ。湖南省はもと湖北省と合わせて湖広省と呼ばれたが，1664(康熙3)年に洞庭湖を境に湖南省が設けられた。古くは非漢族の居住地で，春秋戦国時代には楚国の支配下にあった。　　（林　和生）

しょう【鉦】 →鐸・鉦

しょう【頌】 賞賛・賛美を内容とする詩文。ほめうた。『詩経』には，風・雅・頌の3種があり，大序に「頌は盛徳の形容を美し，其の成功を以て神明に告ぐる者なり」というように，頌は，もと祖先の神を祭る神楽であった。後世，個人の偉業をたたえるほめうたとなり，後には純粋な賛美だけでなく，西晋の劉伶の『酒徳頌』(酒の徳を讃える頌)のように諧謔に富むものや，訓諭を含むものなど，さまざまな変化も現れた。南朝梁の劉勰の『文心雕龍』には「本来頌とは典雅で文辞は清く輝かねばならぬ。描写を尽くす点は賦に似ても華美に流れず，敬虔な点は銘に似ながら教戒とは異なり，美徳をたたえて文彩を発揮し，気勢ゆたかに義をうちたてる，ただ繊細・巧緻な趣は情に沿って変化する」という。『文選』には5首の頌を収める。

(幸福 香織)

しょう【璋】 長方形の扁平な板で，身と柄が一体となった造り。身の先端の一辺は斜めに直行するか内湾する。直行するタイプを璋に含めず，戈や圭と呼ぶ説もある。なかでも，身と柄との境目の両側が凸状に出るものは，『周礼』玉人に出てくる「牙璋」にあたると考えられてきた。しかし，その形態を骨製のシャベル形耕具(骨鏟)に由来すると考え，骨鏟形玉器と呼ぶ立場もある。境目付近には幾何学文などを刻んだものもある。山川や農耕の祭器であるだけでなく，割り符のように薄く2枚に挽き切られた痕跡を根拠に，瑞玉としても機能したとする説がある。山東龍山文化に出現した璋は，中原の二里頭文化に継承された。他にも陝西省北部，四川省の三星堆遺跡や金沙遺跡，東南沿海部の福建省，ベトナム北部でも璋が出土している。それらの確実な年代は不明ながら，いずれも龍山文化期から西周時代に併行すると考えられる。飛び石状に分布するその状況は，璋を媒介にした中原の王朝と遠隔地との政治的な接触を示すと考えられている。

(川村 佳男)

しょう【鍾】 酒や水を入れる腹部のふくらんだ壺の一種。漢代には「鍾」を自銘する胴部が円形の青銅器が多く知られている。戦国後期にも，「安邑下官鍾」のように「重(鍾)」と自銘する青銅器が見られるが器形は壺と区別しがたい。戦国時代から漢代にかけて，円形の壺が鍾と呼ばれるようになったようである。

(江村 治樹)

しょう【簫】 簧(リード)のない縦笛で，洞簫ともいう。漢代にはすでに出現していたと考えられ，当初は単管の笛を吹奏の縦横の別なく簫と総称し，単に簫といえば，無指孔の様々な長さの竹管(10数本から20数本)を音高順に横一列に束ねて吹奏するパンパイプである排簫を指したが，唐代以降，今日の洞簫を意味するようになった。白磁製のものも伝えられているが，通常は竹製で，管の下端を開放し，節によって塞いだ上端に吹口を開け，前5後1指孔を施す。竹の種類，節の数，管の長さ，材料，太さ様々なものがあるが，いずれも音量が小さく室内楽向きの優雅な音色を特色とする。竹製の洞簫のうち，節の外側を削り取った細身の管を使用する貴州省玉屏侗族自治県産の玉屏簫は，その優美な音色によって珍重されている。それらは江南糸竹・広東音楽・崑曲・越劇・粵劇などで用いられるほか，古琴との二重奏も行われる。その他，福建や台湾の南曲・梨園戯などには，形状上古代尺八の名残を留める全長56～60cmの太い竹管で製作される洞簫(尺八とも呼ばれている)が伝えられている。

(増山 賢治)

しょう【鐘】 梵鐘の祖先で，春秋戦国時代の「金石の楽」のうち，金(青銅楽器)を代表する。梵鐘は平面形が円だが，楽器としての鐘は平面形が目の形(杏仁形)をなす。その目の形の弧の中央が正面を向く。持ち手(甬)やつり下げ部(紐)，それを受ける部分(舞)，本体からなり，本体下部(鼓部)が開口する。開口部は，正面からみて正面が高くなるように山なりの曲線をえがく。木槌や木製棒で鼓部正面を叩いた音(正鼓音)と，鼓部斜め正面を叩いた音(側鼓音)は，一般に短三度(ミとソの開き)ないし長三度(ドとミの開き)の開きがある。この鐘を複数個，甬や紐を架にひもでくくりつけてセットして演奏する(編鐘)。鐘の複数個の並べ方により，時期がわかる。西周から春秋前期までは個々の模様がばらばらで，個々の鐘の大小と出音との関係が調整されていない。大きな鐘複数の横に急に小さな鐘が並んだりする。春秋中期以後，模様が統一性をもち，大小の変化はなめらかになり，出音との関係も調整されるにいたる。この楽器は，内范と外范を別々につくって開口部の下で接合し，できた空間に青銅を流し込んでつくる。そのため模の段階で出音の調整ができた。青銅にうつしかえて音がどう変化するかは経験によった。時期により大小変化のさせ方が異なる。春秋中期以後，鐘個々の大小の変化は開口部の尺度を寸単位できめて行うようになり，大小の直線的変化を楽しんだ。戦国前期から曲線的変化を好む風が始まる。開口部の長径(銑間径)・短径(鼓間径)のうち，最大鐘の長径に当時の使用尺の整数値などを表現した。戦国中期には，蠟模法が用いられるようになり，本体が胴太りし開口部にかけてすぼ

まる形のものが流行する。この種の鐘の終焉をもって，編鐘の時代も終焉する（前漢中期）。後代，復古により作られた編鐘は，個々が梵鐘の形をしている。正鼓音・側鼓音二つの音を出すことがわからなくなっていたことが関係する。平勢隆郎『中国古代紀年の研究』（東大東文研・汲古書院，1996年）を参照。　　　　　　　　　　　　　　　（平勢 隆郎）

じょう【浄】　伝統演劇の役柄の一つ。個性の強い男の人物像で，臉譜（れんぷ）により特徴を際立たせるため，通称「花臉」ともいう。忠奸いずれの人物もあり，忠では勇猛果敢な英雄豪傑像，奸では悪辣陰険な奸雄像，更に鬼神や妖魔など特異な形象に扮する。太く豪快な声質と大振りな所作で，様式性が強いのを特徴とする。「浄」の役柄名は宋の南戯に既にあり滑稽を演じた。元雑劇の「浄」は，滑稽を継承しつつも多様な人間像を表現し始める。明代には，それまで「生」の役が演じていた関羽・張飛・包拯等の英雄を「浄」によって演じ，特徴を誇張して表そうとした。敵役の人物像も多く描かれ，浄の幅を広げた。清代の地方劇の勃興は，個性的な人物像の多様化を促し，臉譜表現の発達と同時進行で浄の範疇は豊富になった。

地方劇により名称や区分の仕方は多様だが，登場人物の気質や性格，身分および演技の特徴から，「正浄」と「副浄」とに総括される。①「正浄」は通称「大花臉」という。朝廷の重臣に扮することが多く，表現では歌唱に重きをおく。正邪どちらの人物像も表す。明の報国の忠臣徐延昭が武器の一つ銅錘（どうすい）を手にした姿から取り，「銅錘花臉」ともよぶ。白い豊かな髭をつけ老臣を表す。包拯は黒の臉譜で表現するため特に「黒頭」とよぶ。老齢の役所は「老臉」といい，額と顔の色を分けた臉譜で粧（よそお）う。『赤壁之戦』の忠臣黄蓋や，『趙氏孤児』の残忍な武官屠岸賈はこれに属する。②「副浄」は通称「二花臉」という。所作・舞・語りに重きをおく。京劇では「架子花臉」ともいう。忠臣では主に豪放で勇猛な正義感の強い荒武者が多い。項羽・孟良・張飛や『水滸伝』の魯智深・李逵（りき）等がこの役にあたる。奸雄では，特に曹操を白塗りの「大白臉」で表すため「白浄」ともよぶ。正史で奸臣に列する秦檜（しんかい）・厳嵩（げんすう）もこれに属する。立ち回りに比重をおく浄は「武花臉」として区別し，戦闘場面が主となる。川劇では「武浄」ともいう。鍾馗（しょうき）や周倉といった鬼神の役は，特に「油花臉」（通称「毛浄」）とよび，胸部や臀部を強調して奇怪な様相を作り，火噴き等の特技を用いる。　　　　（有澤 晶子）

じょう【情】　情は，「性」そして「欲」と密接な関係をもつ。後漢の字書である『説文解字（せつもんかいじ）』には，情を「人の陰気で欲をもつもの」といい，性を「人の陽気で性善なるもの」という。これには陰陽二元論的な漢代の性情論が反映しているが，古くは『荀子』正名篇に「性が自然に発露する好悪・喜怒・哀楽の心の動きを情という」また「情は性の実質であり，欲は情の反応である」という。唐代の儒学者韓愈（かんゆ）は，補足する形で「情は外物に接して生ずる」（「原性」）という。古代において，要するに情というのは，人の欲望を生み出す生まれながらにしてもつ喜怒哀楽の自然な感情のことであり，性の内実つまり情は性に含まれるものと考えられていた。宋代に至ると，多くの儒学者に，性を心の本体として情は「心の用（はたらき）」と規定された。

情が欲望と密接な関係がある以上，情をどのようにするかということが一方で常に問題となる。儒家においては，必ずしも情と欲は否定し去るものとはならなかった。『礼記』中庸篇の「喜怒哀楽の未だ発せざる，これを中と謂い，発してみな節に中（あた）る，これを和と謂う」を論拠として，節度ある状態に保つことが必要とされた。道家においては，「無情」「無欲」という情欲否定論が基本的な立場であった。仏家も同様で，唐代の文人官僚李翱（りこう）の「情を滅して性に復る」（「復性書」）と説く人性論が，仏教の考えを取り入れたものとして，同時期の韓愈や後の儒学者から批判を受けたことに象徴される。しかしながら，情というのは，本来的に人の生まれながらの「純粋なこころ」の意味を含みもつもので，人間の自然な心の発露として，強いて言えば人性の善なる姿を現し示すものとして，一般的には考えられていたと見做される。情が「人情」「情愛」「心情」「実情」「情趣」「非情」「薄情」などという言葉として使われてきたのはそれを物語る。　（末岡 実）

じょう【字様】　漢字字形における正俗の規範をさだめた書物を一括して字様書と称する。「字様」を書名にもつ書物としては唐初の顔師古による『顔氏字様』（佚書）があり，字様書の嚆矢と考えられている。南北朝期の字体の混乱をうけて，とりわけ経書における字形規範を整理する目的があった。顔師古の玄孫にあたる顔元孫は科挙試験における参考として『干禄字書』を作り，774（大暦9）年，元孫の甥顔真卿の書により石に刻された。この書は字形に正・俗・通という規範的な分類を持ち込んだことが画期的であり，この方法はのちの遼僧行均の『龍龕手鑑（りゅうがんしゅかん）』などにも援用されている。経書の文字については，その後さらに張参『五経文字』，唐玄度『九経字様』などが作られ，837（開成2）年に完成した開成石経に付刻されて通行した。唐代には他にも字様書が作られたらしく，『干禄字書』の序文にも杜延業『群書新定字様』が挙げられており，ま

じょういちゅう【聶夷中】 生没年不詳。晩唐の詩人。河南中都(河南省)の人。字は坦之。貧窮な生活の中で苦学し，871(咸通12)年に許棠らと共に進士に及第して，華陰県(陝西省)の尉となった。楽府や五言古詩を得意とし，『田家を詠ず』『公子行』のような，農民の苦難や豪族の子弟の横暴などの社会的な問題点を取り上げた諷諭詩に優れると評価されている。『新唐書』177の高湜の伝，および孫光憲の『北夢瑣言』2に聶夷中に関する記述がある。　　　　　　　　　　　　　　　　(齋藤 茂)

しょういつきょう【正一教】 江西省貴渓市の龍虎山を本拠とする道教の一派。正一道・正一派ともいう。正一教は後漢末から三国魏にかけて四川省一帯に勢力を有した天師道(五斗米道)の末流である。西晋の永嘉年間(307-313)に第4代天師張盛が龍虎山に本拠を移したと伝えられるが，龍虎山における確かな活動の記録が存在するのは唐末五代の第21代張秉一からである。北宋の真宗は第24代天師張正随を宮中に召し出して真静先生の号を賜い，南宋においても歴代の天師が朝廷に招かれて先生号を賜与されている。元初には，朝廷とのより強固な関係を求めて活動した結果，1276(至元13)年に世祖クビライは第36代の張宗演を召見し，翌年には朝廷として正式に天師に封じて江南の道教を統括させるとともに，宗演の弟子張留孫とその後を嗣いだ呉全節を重用した。1304(大徳8)年には，成宗が第38代天師張与材を「正一教主」に封じ，「三山の符籙」を掌管させた。三山というのは，龍虎山・茅山(江蘇省)・閤皂山(江西省)に本拠を置く天師道・茅山派・霊宝派を指すが，これ以外にも神霄派・清微派・東華派・天心派・浄明道・太一道といった江南の諸教派がその統括下に組みこまれていった。龍虎山に本拠を置く天師道が正一教と呼ばれるようになるのはこれ以後のことである。こうして正一教は，江南のいわゆる符籙派を糾合して一大宗派を形成するようになり，以後，道教諸派は正一教および全真教のいずれかに分属することになった。明代以降も，正一教は朝廷との密接な関係を維持しつつその教勢の拡大を図った。しかし，明の洪武帝は天師号を真人号に改めるとともに，従来天師に認めていた度牒発給の権限を制限するなど，庇護の一方でその統制を次第に強めていった。清朝では，康煕・雍正両帝の庇護を受けて三藩の乱で荒廃した天師府を復興したが，乾隆帝は天師から真人号を取りあげるなど正一教に対しては抑圧的であった。

　正一教は符籙をあらゆる宗教活動の根源として重視する。符籙は師から弟子へと伝授されるもので，道士としての位階に応じてその内容を異にする。通常，神々や神吏神将の名字を記した籙とそれに関連する符から構成されており，道士はこれに依拠して相応の法力を発揮できるとされる。天師はこの符籙伝授の頂点に立つことによって，江南の符籙諸派を統括することができたのである。また全真教とは異なって，正一教の道士は出家して道観に居住する必要はなく，妻帯も許されており，清規戒律も比較的緩やかである。そのため広く民間に散在して活動していた。なお，龍虎山には諸神を祀る上清宮と代々の天師の居処である嗣漢天師府とが置かれたが，現在はそのごく一部を存するのみである。
(麥谷 邦夫)

じょういん【畳韻】 2字で構成される熟語の韻部(主母音と音節末子音)が同じまたは近似音であることをいう。「彷徨」「曖昧」「連綿」「寂寞」など，日本語の中に取り込まれているものも多い。声母(語頭子音)を同じくする双声とともに，「双声畳韻」として音韻上の術語として用いられ，この2つを「連綿字」と総称することもある。2字の韻部が同じであるかどうかは，時代や地域，また文献により異なる。　　　　　　　　　　　　(木津 祐子)

しょういんし【招隠詩】 詩題名。古くは漢の淮南小山作「招隠士」(『楚辞』所収)に淵源する。元は山中に棲む隠士に対し，山野は危険が多く住みがたいから長居すべきではないと説き，人境に招くという内容。のち晋代に「招隠」詩が作られるが(『文選』所収)，老荘思想の流行による自然への志向という時代思潮と相俟って，主題の方は逆に作者が山中の隠者を訪ね，そこでの生活を希求するという方向に変容している。晋代では特に左思の「招隠詩」五言2首が代表的作品。左思は元来門閥の後ろ盾のない寒門の出身で，当時の貴族社会においては活躍の場を得なかった。彼は「詠史詩」にその不満を吐露する一方，「招隠詩」で汚辱に満ちた俗世と無縁の，清浄な自然界に隠棲する者への憧憬を綴る。其の一首は，杖をつき荒れた道を越えて山中に分け入り，いずこからかの琴の音を聞く。白雪と紅花のなか泉水に遊ぶ魚を見て，自然の響かせる音色をうたった「必ずしも糸と竹とに非ず，山水に清音有り」の句は著名である。　　　(西岡 淳)

しょううんじゅう【蕭雲従】 1596(万暦24)～1673(康煕12)。一説に1592～1669。明末清初の画家。蕪湖(安徽省)の人。一説に当塗(安徽省)の

人。字は尺木，号は無悶道人・黙思とし，晩年には鐘山道人などと号した。初め科挙で副榜となるが，間もなく明が滅亡，清には仕えず，蕪湖や金陵を中心に活躍し，その画風は姑孰派とも呼ばれた。山水画の代表作として『安徽全景図巻』（チューリッヒ，リートベルグ美術館蔵）があり，版画として『離騒図』『太平山水図冊』がある。後者は日本にもたらされ，文人画にも大きな影響を与えた。清史稿504　　　　　　　　　　　　　（塚本　麿充）

しょうえいし【蕭穎士】　717（開元5）～768（大暦3）。中唐の文章家。字は茂挺。735（開元23）年に19歳で進士に及第し，天宝年間（742-756）の初めに秘書省正字となった。その後も集賢校理，史館待制，揚州功曹参軍などの官に就いたが，権力者と衝突するなどで，いずれも短期間で官を去った。李華とならぶ古文運動の先駆者であり，その学識・文章を慕う門人も多かった。顔真卿らの名士と交遊が有り，また倭国（一説に新羅）の使者が自国に招聘しようとしたほど文名が高かった。旧唐書190下，新唐書202　　　　　　　　　　　　　　（齋藤　茂）

しょうえき【蕭繹】　508（天監7）～554（承聖3）。南朝梁の3代皇帝。諡は元帝。梁を代表する優れた文人でもある。武帝蕭衍の第7子で，昭明太子蕭統，簡文帝蕭綱の異母弟に当たる。幼少のころ片目を失明し，それが生涯のコンプレックスになった。聡明で文才に恵まれ，父武帝に深くその才能を愛された。梁朝50年間の太平の世を破壊した侯景の乱を平定して，建康から江陵に都を移し，帝位に即いた。だが，やがて北朝西魏の侵攻を受け，王室間の内訌も災いして，3年足らずで梁は滅びた。蕭繹は数多くの書を著したが，代表作とされる『金楼子』6巻14篇のみが現存する。その内容は多岐にわたるが，ことに古今の事跡を広く収集考証して一家の言を立てたところに特色がある。中でも，立言篇は，当時の文学思潮のあり方を知る資料としても重んじられる。ほかに文集52巻など史書に名を留める著作は多いが，全て伝わらない。詩人としては，兄蕭綱の宮体詩の同調者で，『玉台新詠』にも作品が収められている。梁書5，南史8　（興膳　宏）

しょうえん【蕭衍】　→武帝（南朝梁）

しょうおう【商鞅】　?～前338。戦国時代の政治家。衛（河南省）の人。姓は公孫，名は鞅。商（陝西省）・於（河南省）の地に封じられたので商鞅・商君と呼ばれる。秦の孝公に仕え，変法を行い，秦による中国統一の基礎を定めた。井田を廃し，阡陌（田のあぜ道）を開き，賦税の法を改め，度量衡の統一を模索したのがそれである。「商鞅銅方升」（商鞅の交付した升の標準器）の底には秦の始皇26（前221）年の詔書が刻み足されているが，それは始皇帝が中国統一後も商鞅の制を維持強化しようとしていたことを示している。史記68　　（川原　秀城）

しょうか【蕭何】　?～前193（恵帝2）。漢の高祖の功臣。沛県豊邑（江蘇省）の人。沛の主吏掾を勤め，同郷の高祖と親交があった。前209（秦二世元）年，高祖の挙兵に従い，前206（高祖元）年，咸陽に至ると，秦の丞相・御史の律令・図書を確保し，天下の地形・戸口の多少・民の疾苦など戦略情報を掌握した。高祖が漢王となると，丞相に任ぜられ，逃亡した韓信を自ら連れ戻し大将軍に推挙した。前205年以降，高祖が中原に出撃すると，太子（のちの恵帝）を補佐して関中にとどまり，九章律を定め，兵員・軍糧の補給を確保し，軍糧不足に悩む項羽を圧倒して漢の勝利を決定的にした。前201年，功臣第一として鄼侯に封ぜられた。また未央宮を建設した。前196年，代相国陳豨が挙兵し，高祖が親征すると，韓信が長安で挙兵を図った。蕭何は呂后と謀り，陳豨敗死を偽って韓信を誘い出し，逮捕処刑した。この功を以て相国に昇格した。史記53，漢書39　　　　　　（吉本　道雅）

しょうか【鐎盉】　中国古代の温酒器。単に鐎ともいう。戦国時代の作例があるが，主に漢時代に盛行する。山西省太原市東太堡で「鐎」の銘文のある漢時代の銅器が発見されており，その器形は急須形で，鼓腹形の器身に鳥首形の注ぎ口と獣面蹄足形の3足，方形の柄が付き，蓋を備える。青銅製が一般的であるが，陶製のものも見られる。1963年に調査された江蘇省塩城市の三羊墩1号前漢晩期墓では鐎盉が鉄製の炉の上に置かれた状態で出土しており，その使用法がわかる。漢時代の温酒器としては，他に鐎尊等がある。　　　　（高浜　侑子）

しょうが【獐牙】　牡の獐（キバノロ。小型の鹿の一種）の牙（上顎犬歯）。山東省南部から江蘇省北部にかけての地域を中心に大汶口文化から龍山文化の時期に墓の副葬品として用いられた。一対の獐牙を外向きに組み合わせて骨角製の柄にはめ込んだものは「獐牙鉤形器」と呼ばれる。いずれの場合も死者の掌中に握らせた状態で出土することが一般的である。鎌状収穫具の一種とする説もあるが，鉤形で死者の魂を繋ぎとめるものと考えるのが適切であろう。　　　　　　　　　　　　　　（中村　慎一）

じょうが【嫦娥】　古代神話上の人物。もとは「姮娥」といい，漢代に文帝の諱「恒」を避けて

「嫦娥」と書き、「じょうが」と読むようになった。『淮南子』覧冥訓に「羿が西王母から不死の薬をもらったところ、その妻姮娥がそれを盗んで月へ逃げた」といい、後に嫦娥は月の女神、また月そのものをさす言葉となった。なお帝俊(『山海経』のみに見える帝王。『世本』は帝嚳とする)の妻とされる常羲も12個の月を産んだという伝説が『山海経』に見え、嫦娥との関連が指摘される。　　　(大野　圭介)

じょうかい【襄楷】　生没年不詳。後漢の平原隰陰(山東省)の人。字は公矩。天文、陰陽の術にすぐれた。166(延熹9)年に行った上疏が特に有名。その中に于吉(干吉とも)から宮崇、襄楷へと伝えられた神書『太平清領書』についての言及があり、『太平清領書』とは古道教経典の『太平経』であるとされる。また、後漢の桓帝の宮中において黄老の神と仏とがあわせ祭られていたこと、老子化胡説の先蹤と思われるものが当時すでに行われていたことを伝える。後漢書30下　　　(吉川　忠夫)

しょうかいきゅうしょうさんぽう【詳解九章算法】　南宋の数学書。1261(景定2)年刊。楊輝撰。『九章算術』の研究書。原書は総じて12巻からなると自序にいうが、現存するのはその一部にすぎない(現本は不分巻)。書の構成は『九章算術』の経文および三国魏の劉徽注と唐の李淳風注釈と北宋の賈憲細草を前におき、新たに解題・釈注・比類・図説などを作り、後ろに添えている。同書の最大の価値は、賈憲の高次方程式の研究に関する貴重な資料を保存しているところにある。(川原　秀城)

しょうかいしょうせつ【章回小説】　中華民国以降、複数の回によって構成される明・清の長篇小説をさして使われるようになった言葉。章によって本文を区切る作品は古代には存在したが、宋・元の説話にもとづく中・長篇の小説作品にはみあたらない。したがって、実際に本文の区切りとしてもちいられ、成立時期を示めやすともなる巻により、「巻回小説」とすべきであった。そもそも講史にもとづき文字化された平話は本文中の小見出しで、説経による『大唐三蔵取経詩話』は「経女人国処(女人国を過ぎしところ)第十」のごとく絵解きに淵源することを示す「処」と数字の組み合わせで区切られていたが、やがてともに独立した見出しによるようになった。明・清の中・長篇小説は巻とこの則により区切られる時期、巻と回によって区切られる時期をへて、回のみにより区切られるように変わった。　　　(大塚　秀高)

しょうかいたいしぼへきが【章懐太子墓壁画】　唐の高宗と則天武后の間の次男で、中宗の兄にあたる章懐太子李賢の墳墓壁画。1971〜72年発掘。初唐絵画の代表作。章懐太子は、則天武后没後の706(神龍2)年、永泰公主李仙蕙と懿徳太子李重潤とともに名誉を回復され、乾陵の陪塚として葬られた。墓内に暢達した線描と彩色による壁画がある。人馬一体となった躍動感の狩猟図、貴公子が西域から伝来して流行したポロに熱中する馬毬図、唐の文官と長安に集まった周辺異民族をあらわす朝貢図が特に有名。　　　(井手　誠之輔)

しょうがく【小学(学問)】　経学の一分科として漢字について研究する学問をいう。学的体制としては、各漢字に起こされる音節(字音)を分析する音韻学、その音節が言語単位として想起させる意味(字義)を究明する訓詁学、各漢字の姿(字形)を一つの図像として研究する文字学に大別する。後漢時代、文字学は許慎の『説文解字』、訓詁学は鄭玄の経書注釈において、学としての完成された形態を示した。六朝以降、仏教の伝来にともなう異言語との、また古代インドの精緻な音声学との接触が契機となって漢字の字音に分析が加えられ、音韻学が発展した。成果は『広韻』や等韻図など。明末からは経書における漢字の字音が後代の字音とは区別されるべき歴史的対象として研究され、これを古音学と呼ぶ。清の戴震・段玉裁・王念孫は、その成果により古代言語研究を精確にし、その観点から漢代小学の成果を活用、「清朝小学」と特筆される古言語学の高い水準を築いた。　　　(木下　鉄矢)

しょうがく【小学(本)】　人間として守るべき倫理道徳を説いた初学者向けの教訓書。南宋の朱子の指導により編集。内篇は立教・明倫・敬身・稽古(歴代人物の残した教訓)、外篇は嘉言・善行から成り、四書五経中の教訓的な文章、主として北宋諸儒の教説、歴代人物の言行を集めて作られている。古くから用いられた『孝経』とともに、朱子学が普及した元明では、とくにこの書は初学者向けの教科書として広く用いられた。　　　(佐野　公治)

じょうかく【城郭】　中国古代都市の周囲にめぐらされた二重の土壁を指す語で、内側のものを城、外側のものを郭という。しかし、古代都市遺跡の考古学上の発掘調査では、このような二重の土壁はみられず、例えば殷代の都城跡とみられる河南省の偃師商城遺跡や戦国各国の都城跡、漢長安城ではいずれも城壁跡しか発見されていない。文献の記述から周代(西周と春秋時代)の諸侯一族の在住する「国」が城・郭を備えていたと解されるが、城と郭の間は無人であり、農耕地として利用していたとす

る推測もある一方で，城・郭二重壁の実在自体を疑問視する考え方もある。

　同時期に「国」以外の都市や集落における城や郭の存在は定かではないが，戦国時代に入る頃から次々と城壁建築が進み，以後20世紀中頃まで中国の都市の大部分は城壁をもつものとなり，「都市」は中国語で「城市」と表現されている。多くの労働力を費やす城壁の建築の目的は外敵からの居住民や施設の保護という説が一般的であるが，他に水害防止，人民を城内に集居させて支配を容易にする等の説がある。

　考古学上の発掘成果から判断すると，戦国時代の都城は南の城壁の中央に正門をもつ不整形の正方形をなし(この点は以後の都城も同様)，東西南北各面に複数の城門があり，城内には東西・南北の道路が城門間を結んで存在した。また，城門外には堀がめぐらされているのが一般的である。

　南北朝期から，都城内中央北部の宮殿区は城壁で囲まれ，行政区と皇帝一族の居宅からなる内城を形成するようになった。と同時に，城内の他の地域は官僚等の居宅が一定数まとめられて「坊」が形成され，各々がより低い土壁に囲まれていた。一般都市もふくめて，城壁は内外両面とも煉瓦で固められる所が多くなり，また城門は外に丸い甕形の突出部に2つの扉をもつ甕城となった。城壁には馬面とよばれる外への出っ張りが一定間隔で作られ，城壁上端はひめ垣がめぐらされるようになった。

（太田　幸男）

しょうがくこうちん【小学鉤沈】

歴代の小学書44種の佚文を集めたもの。19巻。清の1817(嘉慶22)年刊。任大椿編。清朝には輯佚の学が起こり，古書から佚文を集めて刊行することが流行した。本書は先に『字林考逸』を著した任大椿が，他の小学書についても同一の作業を行ったものである。逐一出処を明記し，文字学の参考資料として便利かつ重要である。第12巻までは王念孫の校定になる。顧震福に『小学鉤沈続編』8巻(1892年)があり，任氏未見の佚文多数を収める。また本書以外では『玉函山房輯佚書』『漢学堂叢書』にも小学書の佚文をのせる。同種の書物に龍璋『小学蒐佚』があり，後出だけに採録数は豊富である。

（高田　時雄）

しょうがくせい【章学誠】

1738(乾隆3)～1801(嘉慶6)。清の歴史学者。紹興府会稽県(浙江省)の人。字は実斎，号は少岩。1762(乾隆27)年，国子監監生。72(同37)年，『文史通義』の執筆を開始。『永清志』『和州志』『亳州志』の編纂を通じて，地方史や目録資料学に関する独自の理論を展開する。78(同43)年，進士を経て国子監典籍に就任後，北京周辺の州県で山長(書院の教学面の責任者)を務めながら，中国目録学史上の傑作『校讎通義』を完成(1779年)。鄭樵の『通志』を再評価し，『文献通考』『玉海』を重視する戴震らを批判した。87(同52)年，生計が窮迫し，開封の畢沅の幕下に身を投ずる。文正書院(帰徳)での講義，『湖北通志』『続資治通鑑』の編纂の傍ら，最後の大著『史籍考』の執筆を進めた。その著述の大部分は，長く世に埋もれていたが，内藤湖南の「章実斎先生年譜」(1920年)を契機に，中国の生んだ独創的な歴史哲学者として内外の注目を浴びることになった。著書に『章氏遺書』(30巻，外篇20巻)がある。『清史列伝』72に伝がある。清史稿485

（緒形　康）

じょうがくは【帖学派】

二王(王羲之・王献之)を中心とする法書(尺牘の行草書や小楷〔通常，小筆で書く程度の小粒の楷書〕)を，主として法帖によって学び，唐の名家欧陽詢・虞世南・褚遂良・薛稷・顔真卿・柳公権らの碑版も兼ねて習った伝統的書派をいう。帖学派の呼称は，清代に漢・魏・晋・南北朝の碑版を学ぶ碑学派が興ったことから生じた。帖学派が法帖のほかに唐碑を習ったのは，唐人が二王の書法で碑を書いたと考えていたことによる。二王を尚ぶとはいえ，直接的には明では元の趙孟頫を，清では明の董其昌の書を学ぶ場合も多い。また碑学派興隆後の帖学派には，漢・魏の碑を兼ねて学ぶ者も現れた。

　帖学派と碑学派にはそれぞれ互いを批難する論拠があった。帖学派は碑学派が尚ぶ漢・魏の碑を，民間の匠工の刻で多くは学書の対象とならない野卑なものとした。これに対し，碑学派は帖学派が尚ぶ法帖を，翻刻を重ねた信頼できないもので，刻入された書跡自体にも贋作が多いとし，帖学派を二王絶対の観念にとらわれ他の書法を認めず，因襲に陥っていると批判した。

　帖学派の書風は，伝統的に官僚採用などの制度と直結していたことから，碑学派が興隆した後も官界を中心に勢力を保ったが，しだいに低迷し，館閣体(院体)とよぶ著しく形骸化した書風と化した。

　なお，二王を中心とする法書の研究と，法帖の源流・優劣，拓の先後，刻入書跡の真偽などを研究する学問を指して帖学とよぶ。法書の研究は南朝以来行われてきたが，二王の真跡や搨摹本の流伝が希有となり，二王らの書跡を刻入した法帖が流布するようになった北宋以降は，法書の研究が法帖を主な対象とするようになり，南宋には法帖に関する専著が現れ，清には王澍・翁方綱らによって実証的研究が極められた。

（澤田　雅弘）

しょうかげっかついかんしん【蕭何月下追韓信】
京劇の演目名。略称は『追韓信』。1920（民国9）年，周信芳が『西漢演義』によって作った『漢劉邦』の一段。項羽の配下にいた韓信を見こんだ張良は劉邦への推薦状を書いた。劉邦のもとへやってきた韓信はあえて推薦状を見せなかったが，蕭何はその人物を見抜いて再三劉邦に推薦する。しかし劉邦は，その身分の卑しさから重用しなかったため韓信は怒って去ってしまった。蕭何はその夜必死に馬で韓信の後を追いかけて連れ戻す。ここで初めて推薦状を見せると劉邦はようやく韓信を元帥とした。歌唱力と演技力双方が求められる芝居。
(吉川 良和)

しょうかん【傷寒】
外感発熱病の総称。中国伝統医学では外部から人体を侵す邪気（外因・外邪）を六淫と称し，風・寒・暑・湿・燥・火の六邪を設定しており，そのうち寒に傷害された病を傷寒という。後漢に原書が成立したとされる『傷寒論』でいう傷寒は腸チフス様の流行性の急性熱性病で，感染・発症してから約1週間ほどで死に至る場合が多く，その進行状況を太陽病・陽明病・少陽病・太陰病・少陰病・厥陰病のいわゆる三陰三陽病に分類している。
(小曽戸 洋)

じょうかん【鑲嵌】
象嵌のこと。木地や漆地に金銀の薄片や，螺鈿・玉石・獣骨・卵殻など各種の素材を嵌め込む技法をいう。

漆工における鑲嵌の例は，新石器時代に遡り，浙江省余杭区安渓郷瑤山9号墓出土の白玉を嵌入した朱漆杯が知られる。西周には蚌泡（貝殻）や金銀薄片によって装飾された漆器が散見され，鑲嵌技術に進展があった。さらに戦国時代の漆器には，金銀箔を鑲嵌する平脱技法が定着するのみならず，金属製のた（箍）を嵌めた奩や，北京市大葆台前漢墓出土漆器のように各種の宝石類を鑲める作例もみられるようになる。鑲嵌技術が頂点に達したのは唐代であり，螺鈿や平脱とともに，各種の素材を一つの器物に鑲嵌する華麗で色彩感溢れる様式が盛行し，奈良の正倉院に多くの遺品が伝わるが，宋代以降は，螺鈿が引き続き行われるものの目立った展開はなく，付加的な装飾にとどまった。明・清代には，浮き彫り状に加工した各種素材を鑲嵌する百宝嵌の技法が新たな流行をみる。
(日高 薫)

じょうかんえんじ【上官婉児】
664（麟徳元）～710（景雲元）。唐代の女性詩人。陝州陝県（河南省）の人。上官は複姓，婉児は名，上官昭容とも呼ばれる。祖父は上官儀。父の上官庭芝は則天武后に殺され，婉児は母に従って宮廷奴隷となるが，文才に恵まれていたため則天武后のもとで詔書を書き，応制詩を作った。李隆基（玄宗）が挙兵した際に殺されたが，玄宗はその詩文20巻を残し，宰相張説が「唐昭容上官氏文集序」を書いた。昭容は，中宗即位ののち拝した官名。旧唐書51，新唐書76
(中 純子)

じょうかんぎ【上官儀】
608（大業4）？～664（麟徳元）。初唐の詩人。陝州陝県（河南省）の人。上官は複姓，儀は名，字は游韶。つねに宮中の宴会に参加し，『晋書』の編纂にも従事した。宰相として高宗の則天武后廃后の建議に加担したため，則天武后のうらみをかう。詩人としては，五言詩に巧みで，対偶法の六対・八対を提唱した。応制奉命の作品が多く，宮廷詩人の形式主義的な創作傾向を代表している。時人の模倣の対象となって，「上官体」と呼ばれた。旧唐書80，新唐書105
(中 純子)

じょうがんこうしがし【貞観公私画史】
初唐の裴孝源による画史書。639（貞観13）年の自序がある。序では，漢王李元昌の命をうけ，魏晋南北朝から初唐に至るまでの前賢遺品を整理し，その出来映えを品評し，時代の前後を明らかにする目的で，魏の貴族から貞観年間（627-649）までの秘府・仏寺・私家所蔵について記述するというが，実際は，南朝宋の陸探微にはじまり，隋代の官本の絵画や東晋の瓦官寺から隋の宝刹寺に至る47箇寺の壁画作者と所在を示すに留まる。隋代以前の絵画史の基本資料として重要。
(井手 誠之輔)

しょうかんざつびょうろん【傷寒雑病論】
→傷寒論

じょうかんしゅう【上官周】
1665（康熙4）～1749（乾隆14）以降。清の画家。長汀（福建省）の人。上官が姓。字は文佐。号は竹荘。山水・人物を描き，篆刻・詩作も残す。特に人物画を得意とし，漢の高祖から明建国の功臣まで歴代有名人を描いた『晩笑堂画伝』（1743年刊）は，版画による肖像人物の集大成としても名高い。康熙帝の還暦を祝う『六旬万寿盛典図』（内府印本，1713年刊）等の版下絵も合作。山水画は福建の地方様式が強く，評価が二分する。他に『山水人物画冊』（東京国立博物館蔵）など。著に『晩笑堂詩集』がある。
(小林 宏光)

じょうかんしょうよう【上官昭容】
→上官婉児

じょうがんせいよう【貞観政要】
唐の類

書。10巻。40篇。呉兢の撰。唐の*太宗と房玄齢・杜如晦・魏徴ら群臣との間で，政治に関してかわされた議論や問題を集めて，編んだ。その内容は，たとえば第1巻の論君道・論政体，第2巻の論任賢・論求諫・論納諫，第3巻の論君臣鑒戒・論択官・論封建など，多岐にわたる。

　元代に至って戈直が注を施し，唐の柳芳や宋の欧陽脩ら22家の評語を付して，『貞観政要集論』を著した。

　唐の太宗の治世である貞観年間(627-649)は，玄宗治下の開元年間(713-741)と並ぶ，唐の極盛期であり，後世において理想の治世と追慕された。そのような治世を実現した太宗と臣下の議論や問答からなる本書は，古来為政者から政治上の指南書として重んぜられ，今日まで欠けることなく伝えられた。日本でも江戸時代に翻刻され，広く愛読された。　　　　　　　　　　　　　(長部 悦弘)

じょうかんたい【上官体】

初唐に流行した詩風。太宗・高宗に仕えた宮廷詩人上官儀は五言詩に巧みで極めて華麗で技巧的な詩を作った。その詩風が当時大変流行し，彼の名をとって上官体と呼ばれた。上官体は六朝末期に流行した宮体詩の流れを継承し，内容面では発展はないが，技巧はより洗練されている。その形式主義が批判されるものの，「六対」「八対」という名称で対句の技法を整理し規則化したことは，以後の詩歌理論にも影響を与え，律詩の成立に貢献した。　　　　(道坂 昭廣)

しょうかんろん【傷寒論】

急性熱性病の薬剤治療書。現伝本は全10巻。後漢の張仲景の原著に由来するとされる。現伝本に付される張仲景の序文には，196(建安元)年以来10年もたたないうちに一族200人余りのうち140人もが死亡し，そのうち100人は傷寒であった，と書かれていることから，原書は3世紀初頭の成立と考えられている。もとは『張仲景方』と称され，腸チフス様の感染症を扱った傷寒の部(『張仲景弁傷寒幷方』)と，種々の疾病類を扱った雑病の部(『張仲景雑方』，のちに『金匱要略』)から成っており，後世『傷寒雑病論』とも称された。のちに傷寒の部が『傷寒論』として独立。唐の開元25(737)年令では医学の教科書の一つに指定された。北宋の1065(治平2)年に編集院校正医書局において林億らによって校刊。これが現伝本の祖本となった。翌1066(同3)年には異本関係にある『金匱玉函経』8巻も刊行された。現伝本は明の趙開美本(1599年)が最古でかつ最善。現在その影印本(燎原書店)がある。全10巻は22の篇から成り，約4万字弱。72種の薬物を組み合わせた112の薬剤処方が登載される。第1～4篇は脈法を中心とした病理・診断の総論部。第5～12篇が最も重視される部分で，傷寒を進行状況に従って，太陽病・陽明病・少陽病・太陰病・少陰病・厥陰病の6つの病期(六経病)に分類し，それぞれの具体的病態とその治療法が記述されている。前3者を三陽病といい，太陽病は体表に熱があるため発表(発汗)剤，陽明病は身体の裏(消化管)に熱があるため下剤など，少陽病は半表半裏に邪があるため和解剤を用いる。後3者は三陰病といい，寒の状態にあるので，治療には温剤を用いる。第13～22篇には類似の病や，発汗法・吐法・下法など，治療法別による条文が記されている。本書は元来，急性熱性病の治方書であるが，後世，三陰三陽の病期は進行せずとも病症さえ適合していればいかなる病気でも治療可能であると拡大解釈され，万病の治療に応用されるようになった。この考えは江戸中～後期の日本医界に広く行われ，古方(古医方)と称された。　　(小曽戸 洋)

しょうき【鍾馗】

民間の魔除けの神。唐の*玄宗が病に罹った時，終南山の落第進士で鍾馗と名乗る大鬼が現れ，小鬼を食べる夢を見て，病が癒えたため，呉道玄にその姿を描かせ，歳暮に鍾馗像で邪気を払ったという伝説(『天中記』巻4に引く唐の盧肇『唐逸史』，宋の沈括『夢渓筆談・補筆談』巻下)が有名で，玄宗の宰相，張説に『謝賜鍾馗及暦日表』(『文苑英華』巻596)がある。一説に同音の終葵(椎〔つち〕の一種)の転化で，椎の魔除け機能が神格化したものという(清の趙翼*『陔余叢考』巻35)。元の*顔輝に『鍾馗嫁妹図』(ニューヨーク，メトロポリタン美術館蔵)があり，明清代には小説・戯曲の題材にもなった。　　　　(金 文京)

しょうぎ【象棋】

中国将棋。日本の将棋や西洋のチェスと同じく32枚の駒を使うが，囲碁の影響からか駒の形は円形で，盤上に描かれた縦9本×横10本の線の交差点上を移動する。盤の両側には九宮，中央には河と呼ばれる領域があり，王将や軍師にあたる駒は九宮を出ることができず，象を表す駒は河を渡ることができないなど独特のルールをもつ。1984年，江西省で北宋時代の銅製の駒が発掘されており，遅くとも12世紀初頭には現在の様式が完成していたと考えられる。　　(鈴木 靖)

しょうきかまい【鍾馗嫁妹】

伝統演劇の演目。清の張大復作の伝奇『天下楽』の一齣。唐の落第進士鍾馗は自殺した後，杜平が自分を埋葬してくれた義俠心に感動し，みずから鬼卒を引き連れ，妹を守護しつつ杜平の家に送ってゆき，二人の結婚を成就させるという筋。この演目は元明以来伝承された鍾馗の舞を挿入する所に特色があるが，民衆に

恐怖心を与えるということで上演禁止になったこともある。崑劇・京劇・川劇・滇劇で上演されている。　　　　　　　　　　　　　　（内山 知也）

しょうきせつ【性起説】　華厳宗で立てられる独特の教義の一つ。仏教一般の縁起説や天台宗の性具説に対比される。『華厳経』(60巻本)の「宝王如来性起品」に由来する思想で、性起は真性の生起、の意。すなわち、仏教では一般に現象の世界を縁起してあるものと見るが、その縁起のあり方の基底に真実・清浄な本体を認め、かつ、それが能動的にはたらいて現実が立ち現れている、とする存在の見方。　　　　　　　　　　　　　　（木村 清孝）

しょうきゅう【商丘】　河南省東部、華北平原の中心に位置する都市。商邱とも書く。周代諸侯国宋の首都商丘城は、現商丘市南西にあたる。秦代ここに睢陽県が置かれ、隋代に宋城、金元代に再び睢陽、明代以降は商丘と名を改めた。この間、漢の梁国・梁郡、唐の宋州などの治所となり、北宋時代には南京応天府として四京の一つに加えられた。北宋末、金の侵入によって荒廃したが、金代以降も帰徳路・帰徳府の治所が置かれた。　（松井 嘉徳）

しょうきろうぜんしょ【湘綺楼全書】　清末民国初に活躍した学者・文人王闓運の全集。1896(光緒22)年から1911(宣統3)年にかけて順次刊行された。王闓運(1832～1916)は字は壬秋、号は湘綺。湘潭(湖南省)の人。若年から駢文・詩に巧みであった。粛順に認められ、ついで曾国藩の幕客となり活躍、後に各地の書院院長となった。『湘綺楼全書』は『周易説』『春秋公羊伝箋』『湘軍志』『荘子注』『唐詩選』『湘綺楼文集』『湘綺楼詩集』など、経史子集にわたる幅広い業績を収めている。　　　　　　　　　　　　　　　　（大平 桂一）

しょうく【章句】　経書解釈の一方法。経書の文章を段落にくぎり、それぞれの文章に句読をつけながら本文を解釈していく学問。前漢に設置された五経博士の講義に端を発した訓詁学の方法で、前漢に流行するが、言語の正確な理解による文献研究を目指した後漢の学者からは、1章1句の読みや解釈にこだわりすぎて、文章全体の理解に欠ける、との非難を受けた。　　　　　　　　　（阿辻 哲次）

しょうぐせつ【性具説】　天台の思想を特徴的に表示すると考えられてきた教説。しかしこの教説は天台智顗の思想を忠実に反映するものとはなっていない。湛然・知礼の天台思想の解釈、とりわけ後者の解釈に拠り所をもつ見解といってよ
い。心はもとより現象世界の諸存在のすべては、自らのうちに他の一切の存在をそれぞれ具えもっており、存在するもののこうしたありかたが現象世界のありかたの真相、つまり「諸法の実相」である、ということを教示するもの。　　（新田 雅章）

しょうぐんかい【将軍盔】　殷代に盛行した土器の器形名称。深鉢形の身の底部先端を円柱状に突出させ、漏斗のような外観を呈する容器。逆にした形が兜に似るために「将軍盔」と呼ばれる。胎土に砂や寸莎を混ぜ、厚手で赤褐色をした器が多い。安陽殷墟の小屯から多数が出土した。当器は銅の精錬に用いた坩堝とされることが多いが、内部に銅滓が付く例はほとんどなく、外壁が内壁に比べ強く被熱する例も少ないため、その正確な用途は不詳である。　　　　　　　　　　（角道 亮介）

しょうくんしゅっさい【昭君出塞】　①明の陳与郊の作った雑劇。元の馬致遠作の雑劇『漢宮秋』の前半部分を題材にし、漢の元帝が匈奴の威力を恐れ、愛妃王昭君をやむなく塞外の匈奴の地に送り出す、その悲嘆の場面を中心にして、宰相・将軍のふがいなさを描く。『盛明雑劇』に収められている。
②伝統演劇の演目。明の伝奇『和戎記』(作者不明)の一齣。王昭君は肖像画家に賄賂を使わなかったばかりに醜く描かれ、匈奴の大酋長呼韓邪単于に王妃として嫁がせられる。昭君は泣きながら馬に乗り北方に向かい、漢と匈奴の国境の砦に着くや昭君の馬は一歩も進まなくなる。昭君が馬夫に原因を尋ねると、「南の馬は北へ行きたがらないのです」という。昭君は大声で泣いた後、南に向かって元帝と祖国に三拝の礼をして、単于のところへ嫁いでゆき最後は入水自殺することで結びとなる。　（内山 知也）

しょうくんしょ【商君書】　戦国の思想書。『商子』は後起の名。5巻26篇(ただしうち2篇は佚篇のため、実質は24篇)。商鞅の所説を基礎として編まれたもの。『漢書』芸文志では「商君二十九篇」とされ、法家に属する。『韓非子』五蠹篇に「商管(商鞅と管仲)の法を蔵する者、家ごとに之れ有り」と、また『史記』商君列伝賛に「余嘗て商君の開塞・耕戦の書を読めり」とあり、戦国末から前漢にかけての流行のほどが窺われる。『史記』に名の見える2篇はそれぞれ今本の開塞篇・農戦篇の前身と考えられる。前者では、賞1に対し刑9を用いる多刑主義や、告発を奨励し、未然の罪に刑罰を適用する重刑主義が説かれ、民に刑罰への恐怖心を植え付けることによって姦事の発生を防ぎ、その結果「刑に借りて以て刑を去る」治世に至るとされ

る。後者では，官職の途を農作戦役の功に限ることにより，学問言論や商業技芸への民力の流出を防ぎ，富国強兵の実を上げる農戦論が展開される。ともに本書の基調をなす主張である。その他，戦国末の秦の国情を知る上で貴重な記載を含む。なお『*群書治要』に今本の佚する六法篇を収める。

(内山 直樹)

しょうぐんづか【将軍塚】 吉林省集安市にある高句麗の墓。中国では将軍墳と呼ばれる。整った切石を積み重ねて方錐形の墳丘としており，底辺の長さは約32m，高さは約13mである。墳丘の中ほどに横穴式の墓室が作られているが，20世紀初頭に学者が調査したときにはすでに盗掘され，石室内には何も残っていなかった。構造・規模および墳丘から発見された瓦などから，5世紀に造られた高句麗の王陵級の墓であることは問題ないが，被葬者については，広開土王(在位391〜412)とする説と，長寿王(在位412〜491)とする説とがある。

(谷 豊信)

しょうけい【象形】 *六書の一つ。班固・鄭衆が六書の最初に挙げるのに対して，許慎は2番目に挙げる。『*説文解字』叙に「象形なる者は，其の物を画き成し，体に随いて詰詘す。日・月是れなり」と言う。つまり，例えば「日」や「月」のように，具体的な対象物の形に沿って線を曲げ，その物の形を写し取るようにして文字の形を造ることである。故に「形に象る」，即ち象形と称する。象形の大部分は，それだけで独立した単一の文字，即ち独体(単体ともいう)である。

(坂内 千里)

しょうけいいん【肖形印】 戦国時代から始まり，漢代に盛行し，その後も永く作られた図像印。肖生印・画像印・象形印などともいう。多くは青銅製の鋳印で，図柄は人物・獣類・鳥類・龍魚亀虫類・器物類・建築類・花文類等，多様である。作柄上，文字印と最も異なる点は，印面の凹部分が，階段状に2層ないし3層になったり，また立体的なレリーフ状になっていて，泥土ないし蠟上にこれを押捺すれば，立体像が浮かび上がる点である。従来の肖形印図録は，文字印と同様に印泥をもって紙上に押捺しているので，その真を伝えていないことに，注意を要する。これらの用途・用法については，未解明である。

これらは戦国期に急速に拡まったと考えられ，メソポタミア文明における円筒印章の浮彫技法や構図との類似性から，その影響が考えられるが，この点もまた未解明である。

(松丸 道雄)

しょうけいいん【象形印】 →肖形印

じょうけいおんがく【場景音楽】 →器楽曲牌

しょうけいが【小景画】 近視化した景観を繊細な筆で描出したもの。山水画的な構成を有する花鳥画，もしくは群鳥・水禽など花鳥画的モチーフに満ちた山水画として，山水・花鳥という2つのジャンルの間に位置する。大観的な山水景観を描いた「大図」に対して，その小画面に湛える詩情が高く評価された(郭熙『*林泉高致集』)。北宋時代前期の詩画僧，恵崇が創始したとされ，その構図は「荒寒平遠」(黄庭堅)，「寒汀遠渚」(郭若虚『図画見聞誌』)などと評された。その後，趙令穣ら宗室画家によって盛んに描かれるようになり，又，遡って唐時代の着色による花鳥的な山水画に対しても「小景画」の語が用いられた。こうした画壇の動向は省略化の傾向を強める南宋院体画にも大きな影響を与えた。小景画の古い作例として，(伝)趙令穣『秋塘図』(奈良，大和文華館蔵)，梁師閔『蘆汀蜜雪図巻』(北京，故宮博物院蔵)などが挙げられよう。

(板倉 聖哲)

しょうげき【紹劇】 地方劇の劇種名。現在の浙江省紹興に起こり，寧波・杭州・上海などで流行してきた。明代に余姚腔の影響の下に調腔(紹興高腔)が生まれ，明末清初の頃秦腔の影響を受けた紹興乱弾が生まれた。これに崑腔を加えた3種の曲調を多くの劇団が競って取り入れ，清の乾隆年間(1736-95)に全盛を誇った。咸豊・同治年間(1851-74)に高腔・崑腔は次第に廃れ，殆ど乱弾のみを唱うようになったので紹興乱弾班と呼ばれるようになった。だが今も目連戯を含む高腔の劇目を紹劇の中に留めている。歌調の豪放激越，表現の簡明鮮烈さが紹劇の特徴とされるが，これは紹劇の俳優が殆ど宋代・明代に罪人に貶められたと言われる「堕民」であったこと，対象が主に農民で，上演場所も農村の廟や祠堂の舞台(「廟会戯」と呼んだ。すなわち「社戯」である)，空地の臨時舞台(「草台戯」)，川辺の半分水の上に組まれた舞台(「河台戯」)であったという，歴史的な上演形態から生まれたと考えられている。1920年代に初めて上海に進出して「越劇」「紹興戯」と呼ばれたが，付近の嵊県(嵊州市)に生まれた小歌班(=「的篤班」「紹興文戯」，つまり今の越劇)と区別するため「紹興大班」と名乗るようになった。1920〜30年代，農村の疲弊のため紹劇は衰退に向かうが，一部の都市特に上海でなんとか命脈を保っていた。中華人民共和国建国前は絶滅寸前にまで至ったが，建国後共産党と政府の積極的

な育成により甦った。紹劇と名が定まったのも1953年である。

紹劇の節回しは秦腔の「二犯」から来た高く激しい「二凡」と，流暢な「三五七」が主で，楽器は板胡・斗子(琵琶に似てやや小型)・梆笛(短い横笛)を主とするが，「紹班鑼鼓」と称される銅鑼と太鼓，目連戯に使う「目連嗩頭」という長大な嗩吶は有名。言語は紹興8声方言を主とする。劇目は長い歴史と複雑な他劇種との交流により極めて豊富，中でも魯迅が『阿Q正伝』『社戯』などに描いた『龍虎闘』『五美図』，目連戯から独立した『調無常』『女吊』『男吊』などは有名である。『孫悟空三打白骨精』は1960年カラー映画になって全国で放映された。　　　　　　　　　　　　　（佐治　俊彦）

しょうげき【湘劇】　伝統演劇の劇種。湖南省の洞庭湖の南，長沙市・湘潭市を中心として，南は茶陵，西は安化あたりまでの一帯に流行した。明代の長沙は，吉王府があり商業の中心地でもあった。湘劇の曲調には，「高腔」「低牌子」「崑腔」「乱弾」がある。「高腔」は，東隣の江西省の弋陽から始まったとされる弋陽腔が発展したもの。徐渭の『南詞叙録』には，当時湖南でも弋陽腔が流行していることが記されているので，明末までには流入したことが分かる。「低牌子」は，一種の曲牌連套体である。「低牌子」と「高腔」を交互に歌う上演方法を「高低間唱」と言い，曲目に『封神伝』『目連伝』『岳飛伝』『百花記』などがあった。「崑腔」は，蘇州の崑山から発したもので，弋陽腔に遅れて1700年頃に流入した。一度は盛行したが，清末にはすたれて『蔵舟刺梁』『思凡』などのわずかな場面が残っているだけである。「乱弾」は，清の乾隆年間(1736-95)に湖北・安徽などから流入した。劇目としては，『水滸』劇・『三国』劇のほかに，推理劇の『四進士』『奇双会』などがある。比較的古い曲目を保存していて，高則誠の『琵琶記』の一場面や，王船山の戯曲『龍船会』なども残している。
　　　　　　　　　　　　　　（福満　正博）

じょうげじょう【上下場】→舞台調度

しょうげん【昌言】　仲長統の主著。書名は『書経』皋陶謨にもとづく。伝存しないが，『後漢書』仲長統伝・『群書治要』その他に逸文が見える。それらによれば本書の内容は，豪族の横暴・外戚の専権・宦官の跋扈の指摘，政治制度・政策の改革や井田法復活の主張，天人相関思想の批判と呪術の排斥，また，王朝の歴史の，実力による天下統一から安定期を経て衰滅に至る過程の分析，等を含む。本書の思想は，しばしば異端，唯物論的と評される

が，政治的立場は曹操集団に近い。　　（内山　俊彦）

じょうけん【常建】　生没年不詳。盛唐〜中唐の詩人。長安(陝西省)の人。玄宗の開元15(727)年，王昌齢と同時に進士に及第した。大暦(766-779)中，盱眙(江蘇省)の県尉を授けられたが，意に沿わず，音楽と酒を楽しむ気ままな暮らしを送り，後，鄂落(湖北省)に寓居して終わった。その詩は五言にすぐれ，山林・寺観を題材にするものが多く，静寂の境を描いて，風格は王維・孟浩然に近い。代表作は『題破山寺後禅院』で，北宋の欧陽脩に激賞された。辺塞詩でも有名であり，『塞下曲』『塞上曲』などは，平和を希求し，戦争をいとう思いを表現している。『全唐詩』144に，その詩58首を録して1巻としている。『新唐書』60・芸文志4に「常建詩一巻　粛(宗)・代(宗)の時の人」とあり，『唐才子伝』2に伝がある。　　（下定　雅弘）

じょうげん【鄭玄】　127(永建2)〜200(建安5)。後漢の学者。北海国高密(山東省)の人。字は康成。没落官僚の家に生まれ，20歳のころ郷里の小吏に就く。26歳のとき京師洛陽の太学に入り，第五元先に師事し『京氏易伝』『公羊伝』などの今文学を学ぶ。さらに東郡(河南省)に行き張恭祖から主に『周礼』『礼記』『左伝』などの古文学を受ける。36，7歳のころ関中(陝西省)に入り，当代随一の大儒の馬融の門下に加わる。讖緯・暦数に通じ，数理的な知識を有していたことで馬融に認められたかれは，その学問を貪欲に摂取する。

166(延熹9)年，40歳の鄭玄は学業を終えて郷里に帰り，生活のために農耕に励むかたわら，多くの学生を教える。このころの著作には4種の緯書各注と，『六芸論』とがある。『六芸論』はかれの経書解釈の設計図といえる著作である。そこには，全ての経書をかれが宇宙の最高神に設定する昊天上帝(紫微宮中の北極星)のことばに収斂して，経学を総合化せんとする経書解釈の基本方針をうかがいうる。これは4種の緯書の注解をとおして導きだされたものと考えられる。

175(熹平4)年，49歳の鄭玄は党錮の禁を被る。かれは門を閉ざして著述に専念し，『三礼注』を『周礼注』『儀礼注』『礼記注』の順に完成させる。

184(中平元)年，黄巾の乱を機に，10年に及ぶ鄭玄の禁錮は解かれる。かれは諸方の将軍から招聘をうけるが，応ずることはなく，黄巾の騒乱を避けて諸国を遊歴し，74歳のとき病没する。この晩年の著作には，成立の順に挙げると，『尚書注』『毛詩箋』『論語注』『周易注』などがある。ただし現存するのは先の『三礼注』と，『毛詩箋』とだけであり，ほかは佚文として残っている。

鄭学とよばれる鄭玄の経書解釈学は，次のようである。かれはまず，周の行政秩序といえる『周礼』を基軸として，「三礼」を緊密に交錯させた礼体系を組成する。『三礼注』以外の諸経注は，この礼体系のなかに諸経を組み入れるためにおこなわれる。つまりかれは全ての経書を総合する礼体系を構想したのであり，更にその根源には昊天上帝を据える。これによって，かれの構想する礼体系は，さながら神聖帝国の実際秩序の様相を呈することになる。『六芸論』の基本方針は，このようにして経書解釈に具体化することができたのである。鄭玄研究の優れた論考としては，藤堂明保「鄭玄研究」（蜂屋邦夫編『儀礼士昏疏』所収，汲古書院，1986 年）がある。後漢書 35　　　　　　　　　　（間嶋 潤一）

じょうげんいん【状元印】　伝統演劇の演目名。別名『三反武科場』。群衆役を除いても登場人物が 40 名を数え，武生や武花臉（戦闘での立ち回りを主とする浄）の役柄が勢揃いする。過去には楊小楼等の名武生が主役常遇春を演じた。常遇春の人物像は威厳と冷静沈着さを際立たせるため，紫の臉譜で表す。

元末の頃，群雄が各地で不穏な動きを見せる中，順帝は丞相薩敦に命じ，武官の登用試験と偽って豪傑を都に集め，一網打尽にしようと謀った。そうとは知らぬ朱元璋（後の明太祖）等はこぞって集まる。腕を競った末に大将常遇春が連勝し，武状元を獲得する。しかし褒美の御酒を賜る際に，毒が盛られていることを見抜いた常遇春は，皆と大暴れして虎口を脱し，襄陽へと逃走する。　　　　　　（有澤 晶子）

しょうげんかんきんふ【松絃館琴譜】　明代の琴譜。虞山派の創始者厳澂（1547〜1625。常熟〔江蘇省〕の人。号は天池）が中心となって編纂した。初版は 1614（万暦 42）年に刊行され，22 曲を収録した。その後数回の再版を経て 29 曲に達した。厳澂はその序『琴川彙譜序』で，当時流行した，琴曲にみだりに歌詞を付ける風潮を批判し，音楽の独立性を強調した。『松絃館琴譜』は明清時代の琴界に大きな影響を与え，厳澂が提唱した「清・微・淡・遠」という 4 つの風趣は，琴曲の最も理想的なものとして尊重された。　　　　　　　　　（池澤 滋子）

じょうげんしんじょうしゃくきょうもくろく【貞元新定釈教目録】　唐の経録。『貞元録』『円照録』などとも呼ばれる。全 30 巻。800（貞元 16）年に長安西明寺の僧円照が勅を奉じて編纂した。分類・体例等は智昇編『開元釈教録』（『開元録』）に倣い，若干の改訂を加え，『開元録』編纂以降の翻訳撰述典籍を増補している。中国では後世流布せず，宋代以降の歴代刊本大蔵経にも未収録。高麗再雕大蔵経および日本の古写経によってのみ伝えられ，『縮蔵』『大正蔵』など近代の大蔵経に編入された。幾度かの改編があったためか，『開元録』編纂以降の新訳経典の数などに，テキストによって若干の異同があるが，最も大きな相違は，隋唐時代の一時期流行した三階教関連典籍の記事で，日本古写経本には収められているが，高麗本では削除されており，日本古写経本が原本のすがたを伝えているとされる。平安時代から鎌倉時代に書写された一切経の多くは本書の入蔵録に準拠して編成されたものが多い。　　　　　　　　　　　　　　　　（梶浦 晋）

しょうけんそ【葉憲祖】　→葉憲祖

しょうこう【紹興】　浙江省の北東部，杭州湾の南岸にある都市。南部は会稽山脈から続く浙東丘陵で，北部は寧紹平原である。春秋時代は会稽と称し越の都があり，「臥薪嘗胆」の故事や越の軍師范蠡と西施の物語などを生んだ呉王夫差と越王句践の争いの舞台の一つである。秦の統一後には会稽郡に属し銭塘江以南の中心地だった。唐代前半に会稽郡治が，後半には越州が置かれ，また五代には呉越国の都であった。南宋時，金の侵攻で一時国都をこの地に遷し，1131 年，紹興に改元したことに因んで越州を紹興府に改めた。紹興の名はここに始まる。杭州と寧波を結ぶ浙東運河が通過し，交通の要衝としても発展した。周囲は湖沼が多く，水路網が発達した水郷地帯で，市内も縦横に水路が通じ「東洋のベニス」とも称される風光明媚な都市である。特産の米と良質の水から醸造された黄酒を長期熟成させた紹興酒が世界的に有名で，また文豪魯迅や革命家の徐錫麟・秋瑾の生地としても名高い。禹王陵や禹廟，書聖王羲之の「蘭亭序」で有名な蘭亭など観光地も多い。紹興一帯は中国最大の紡績産業集積地で，市内には巨大な紡績品卸売市場「中国軽紡城」があり，1 万 6000 社を越える問屋が軒を連ねる。　　　　　　　　　　（林 和生）

しょうこう【焦竑】　1540（嘉靖 19）〜1620（万暦 48）。明の哲学者。南京（江蘇省）の人。字は弱侯，号は漪園・澹園。1594（万暦 22）年の状元。主著に『国朝献徴録』『焦氏筆乗』等があり，その他の詩文等は，現在，『焦竑集』（中華書局）に収録。李卓吾の友人としても知られる。思想的には王学左派に属するが，一方で歴史等に関する考証も多く手がけ，考証学の先駆者としても注目される。明史 288　　　　　　　　　　　　　　　　（永冨 青地）

しょうこう【蕭綱】　503（天監 2）〜551（大宝

2)。在位は549～551。南朝梁の第2代皇帝，文人。字は世纘，諡は簡文帝，廟号は太宗。武帝の第3子で，長兄の蕭統(昭明太子)が531(中大通3)年に没した後，皇太子となる。侯景の乱で死んだ武帝を継いで即位するが，実態は傀儡で，2年後に自身も侯景に殺害される。皇太子時代に属官の徐摛・庾肩吾たちと文学集団を形成し，「宮体」と呼ばれる艶麗なスタイルの詩を競作して，おもに女性美を歌った。また，辺塞をテーマにした楽府詩も少なからずあり，これらも彼の宮体詩とともに後の文学に与えた影響は大きい。「湘東王に与うる書」「当陽公大心を誡むる書」などの書信で文学論を展開していて，儒学から独立した文学の抒情性が主張されている。『昭明太子伝』5巻をはじめ，『老子』『荘子』や礼の注，さらには類書と考えられる『法宝連壁』300巻などを撰したとされるが，伝わらない。梁書4，南史8 　　　　　　　　　　　　　(釜谷 武志)

しょうこうぎ【紹興戯】 →紹劇

しょうこうしゅ【紹興酒】 浙江省紹興市に産する黄酒の総称。会稽と呼ばれた戦国時代よりこの地は酒の産地として知られていた。糯米を原料とし，辣蓼草(ヤナギタデ)を主とした酒薬と麦麴を配合し，鑑湖の湖心の水を使って造る。原料の配分や醸造工程の違いによって紹興酒はさらに幾つかに分かれる。元紅酒はその代表で透明な琥珀色，アルコール分は15％以上。加飯酒は元紅酒より10％以上多い糯米を用いるのでこの名があり，アルコール分は16.5％以上で，国家名酒に選ばれている。花彫酒は加飯酒を長年貯蔵したもの。他に13.6％の善醸酒，20％位の香雪酒などがある。
(佐治 俊彦)

じょうこうしん【城隍神】 都市の守護神。城は城壁，隍は堀の意で，都市を表し，各行政単位ごとに置かれた。それぞれの土地に功績や縁のある人物が城隍神として祀られるので，都市によって異なる。都市の守護神としての城隍神は，南朝の江南に出現する。唐代になると各地の城隍神への祈願文が現存し，晴雨，流行病の消除などが祈られている。明の洪武帝が，府州県の行政単位ごとに，抽象化，階層化して爵位を与え，廟を立てさせたことで体系化されたが，以後も現実にはそれぞれの都市で異なる人物が祀られた。一方で，城隍神は冥界の神としての性格を持ち，地方官が陽官と呼ばれるのに対し，城隍神は陰官と呼ばれ，昼は地方官が，夜は城隍神が司ると言われて，地域の民衆の善悪を判定するともされ，神判がおこなわれたりもした。現世の官僚と同様に昇進や異動があると考えられている。
(森田 憲司)

しょうこうだいはん【紹興大班】 →紹劇

しょうこうは【松江派】 明代の画派の一つ。松江は現在の上海市の一部で，蘇州の東隣に位置する。松江派は「芸林百世の大宗師」と称された董其昌がその代表格で，莫是龍・陳継儒らの名が挙げられる。松江の古名には華亭・雲間・蘇松などがあり，広義には顧正誼らの華亭派，沈士充らの雲間派，趙左らの蘇松派なども含まれる。(板倉 聖哲)

しょうこうぶんぎ【紹興文戯】 →越劇

しょうこつらいでんき【小忽雷伝奇】 孔尚任が北京で入手した唐代の古楽器「小忽雷」に基づいて立案し，顧彩(1650～1718)が制作した伝奇作品。全40齣。1693(康熙32)年の完成。枢密梁守謙の甥梁厚本は鄭注の妹盈盈と婚約していた。ある日，厚本が入手した小忽雷を，宦官仇士良が奪い取って朝廷に献上し，盈盈は兄の翻意によって朝廷に進められる。後に盈盈は皇帝への進御を拒んだために絞殺されるが，厚本によって蘇生されて結ばれる，というあらすじ。本事は唐の段安節『楽府雑録』に見える。顧彩は無錫(江蘇省)の人で，字は天石，号は補斎，また夢鶴居士。『桃花扇』の結末に満足せず，改作『南桃花扇』を書いたことで知られる。
(根ヶ山 徹)

じょうさいごろく【上蔡語録】 北宋の儒学思想家程顥・程頤兄弟の高弟で，上蔡先生と称された謝良佐の語録。正式名称は『上蔡先生語録』。謝良佐の門人曾恬が記録した語録2種，及び胡安国と謝良佐の問答としてもと別行していたものなど，3種の謝良佐の語録を南宋初の1159(紹興29)年に朱子が校合して上・中・下3編に編定した。痛痒を感じとる我が心に天地の生命力としての仁をみてとる「知覚の仁」説，「敬」とは心がいつも目覚めている「常醒醒」ということであるとする敬説など，程顥の「万物一体の仁」説を承けつつ生命感あふれる心の躍動を尊重する謝良佐思想の特色がうかがえる。
(市来 津由彦)

しょうさじゅつ【招差術】 日月の不等速運動を近似的に算定する計算法の一つ。劉焯の皇極暦，一行の大衍暦では，太陽の運動を等加速度として運行距離を二次関数的な補間式で近似したが(二次内挿法)，授時暦ではさらに精密にして三次関数的な補間式を工夫した。それが，招差術(三次内挿法)であり，垛積術などの高階等差級数を応用し

たものである。朱世傑の『四元玉鑑』には，垛積術，招差術をさらに複雑にし，高次に及ぼした数学問題が見られる。　　　　　　（武田　時昌）

しょうさねんだ【唱做念打】　伝統演劇の演技における4種類の表現手段。「唱念做打」とも，合わせて「四功」ともいう。「唱」は歌を指し，人物表現の最も主要な手段で，様々な節回しや拍子を用いて境遇や感情を表現する。「做」は日常の動作を様式化したしぐさ，「念」はセリフで，韻律化した韻白と日常言語に近い散白（京劇の京白など）がある。「打」は立ち回りやアクロバットを指す。それぞれ役柄や場面に応じた細かい要求があり，これらを総合して演技が成立している。（波多野　眞矢）

しょうざん【鍾山】　江蘇省南京市の東北郊外に，東西7km，南北3kmにわたって横たわる名山の名。金陵山・蔣山・北山・紫金山などともいう。主峰の北高峰は約450m，かつて三国蜀の諸葛亮は「鍾山は龍のごとく盤る」と形容した（『建康実録』2）。六朝期には，都近郊の仏教の聖地，著名な隠棲地となる。南麓の東田には，南朝の謝朓や沈約らの別荘があり，北宋の王安石も晩年，西南麓に隠棲した。現在，中国革命の父，孫文の墓（中山陵）で有名。　　　　　　　　（植木　久行）

しょうじが【小爾雅】　訓詁の書。今本は『孔叢子』の第11篇を抽出したもので，広詁・広言・広訓以下の13章から成り，体例は『爾雅』にならう。『漢書』芸文志（書名を「小雅」に作る本もある），『隋書』経籍志，『旧唐書』経籍志，『新唐書』芸文志はいずれも著者名を記さず，秦末の孔鮒撰とされるのは，宋以後で，『孔叢子』が孔鮒の作とされていたことによる。戴震および『四庫全書総目提要』は，今本は『漢書』芸文志の著録する書ではないとし，清の臧庸は『孔叢子』と同じく王粛の偽作とするが，『小爾雅』だけは偽作でないとする説もある。　　　　　　　　（森賀　一惠）

じょうしがい【城子崖】　山東省章丘市龍山鎮の遺跡。1930（民国19）年から31年にかけて中央研究院歴史語言研究所の李済らが発掘調査を実施した。1934年に調査報告書の『城子崖（山東歴城県龍山鎮之黒陶文化遺址）』が刊行された。

遺跡は南北450m，東西390mの城壁で囲まれている。『城子崖』によれば文化層は下層・上層に分かれ，前者は黒色の土器を主特徴とする「黒陶文化」の層であり，その年代は新石器時代であるとされた。ただし現在から見ると，『城子崖』で「黒陶文化」とされた遺物は，新石器時代から周代までの幅広い時代の資料を含んでいる。この「黒陶文化」という呼称はその後の研究に大きな影響を与えた。1939年に梁思永が「龍山文化」の概念を提唱するが，この「龍山」とは城子崖の所在地，龍山鎮から採られている。

『城子崖』の刊行当時，城子崖の城壁が新石器時代に築造されたとする李済らの意見に対し，学界の一部には疑問の声があったが，1990年の再調査により，龍山文化期に築造されたことが確認されている（『中国考古学年鑑1991』）。　（黄川田　修）

しょうしけん【蕭子顕】　487（永明5）～537（大同3）。南朝梁の歴史家また詩人。南蘭陵（江蘇省）の人。字は景陽。南朝斉の高祖蕭道成の孫で，持ち前の才気により貴族社会に重きをなした。官位は仁威将軍・呉興太守に至った。『南斉書』60巻（現行本は59巻）は史家としての代表作。『後漢書』100巻も著したが，伝わらない。詩人としては，宮体詩の作者として知られ，もと文集20巻があったが，いまは『玉台新詠』などに20首足らずの詩が伝わるのみである。梁書35　（興膳　宏）

じょうじじ【浄慈寺】　浙江省杭州市，西湖畔の南屏山にある寺。「じんずじ」と読み慣わす。南宋の五山の第4位。五代の954（顕徳元）年に慧日永明院として創建される。道潜が開山一世となる。二世は『宗鏡録』100巻を撰述し，禅浄一致（禅の悟りの境涯と，念仏往生とが究極では一致する）の仏教を鼓吹した延寿。1139（紹興9）年，火災の後に重建され，浄慈報恩光孝寺の勅額を賜る。道元の師の天童如浄や北礀居簡なども住する。際祥主雲の記になる清代刊行の『浄慈寺志』30巻がある。
（永井　政之）

しょうしせい【鍾嗣成】　1277（至元14）？～1345（至正5）？。元の戯曲作家。汴京（開封）の出身で，杭州に住んだという。字は継先，醜斎と号した。元曲の作者に関するまとまった資料としては唯一の資料である『録鬼簿』の作者として知られる。文章の大家であった鄧文原，曹鑑について学問を学び，科挙に応じたが，及第しなかったという。また，『章台柳』『銭神論』などの雑劇作品を作ったが，すべて散佚し，散曲として小令60首が伝わる。
（赤松　紀彦）

じょうしせつ【上巳節】　古代の祭日。三巳・重三・修禊日などもいう。後漢までは旧暦3月上旬の最初の巳の日で，災いや穢れを祓うために水辺で身を清めたり，香草で沐浴する行事（上巳春浴・祓禊・春禊）を行った。三国魏時代のころから

3月3日に定められ，東晋代王羲之らがこの日行った，屈曲した小川に杯を浮かべ詩を作り酒を飲む曲水宴，流觴曲水の遊びは有名。この習わしは民間にも広まった。宋代ごろから子授け祈願の習俗と習合し，明清以降は春の郊外への行楽の日となった。

(鈴木 健之)

しょうしせん【蔣士銓】 1725(雍正3)～85(乾隆50)。清の詩人・戯曲作家。鉛山(江西省)の人。字は心余，また苕生。号は清容，また蔵園。1757(乾隆22)年の進士。官を辞めて書院の院長を歴任し，晩年に再び国史館の纂修官となる。詩においては袁枚・趙翼と並んで三大家といわれ，戯曲においては湯顕祖に学んでしかも曲律を重んじ，李調元に「近時第一」と称された。『忠雅堂文集』『忠雅堂詩集』などがある。清史稿485 (廣瀬 玲子)

しょうしつさんぼうひっそう【少室山房筆叢】 明の筆記叢書。12種の筆記の合集で，正集32巻・続集16巻，合計48巻。胡応麟の作。『経学会通』4巻は古来の蔵書の集散を論じたもの。『史書佔畢』6巻は史書と史事に関する論評。『九流緒論』3巻は諸子百家に関する考証。『四部正訛』3巻は偽書について系統的に考証した書としては中国最初のもの。『三墳補逸』2巻は『竹書紀年』『逸周書』『穆天子伝』を論じた書。『二酉綴遺』3巻は奇聞怪事を古籍から蒐集したもの。『華陽博議』2巻は博聞強記の古人について記したもの。『荘岳委談』2巻は神話・民間伝承・戯曲・小説といった当時の文人が顧みなかった俗文学に関する書で，文学研究史料として価値が高い。『玉壺遐覧』4巻は道書，『双樹幻鈔』3巻は仏典について論じた書。続集の『丹鉛新録』8巻と『芸林学山』8巻は同時期の学者楊慎の誤謬を弁駁したもの。広範な典籍を引用し詩文の典故や詩人の籍里を考証するなど，今日の文学研究に資するところ大である。考証学は一般に清の学問と考えられがちだが，本書は明代こそ考証学の揺籃期であったことを示している。

(野村 鮎子)

じょうじつしゅう【成実宗】 鎌倉時代の学僧凝然の『三国仏法伝通縁起』によれば，震旦(中国)13宗の一つで，天竺(インド)小乗薩婆多部(説一切有部)の訶梨跋摩の『成実論』を鳩摩羅什が訳出し，僧叡が講釈したことに始まり，以後，門下で広く研究され，南北朝から唐中期まで広く関心を呼び，深く研究が進められ多くの疏釈が作られた。とりわけ南朝梁の光宅寺法雲・開善寺智蔵・荘厳寺慧旻のいわゆる三大法師がともに重視した時代がこの宗の最盛期であった，という。ただ中国の文献に宗派の意味で「成実宗」という表現を用いる例はほとんどなく，唐の道宣撰『続高僧伝』巻10・靖嵩伝に「成雑の両宗を面受す」と見えていて『成実論』の根本義という意味で「成実宗」の語が用いられるものや，また，失名撰『摂大乗義章』巻4に「凡夫之人」「小乗諸師」「薩婆多宗」「大乗法」に対する「成実論宗」などのように『成実論』の基本的立場を示すものとして用いられるものまであり，「宗」といっても幅があり，いわゆる宗派という意味合いを持つ以前のそれと理解した方がよいようである。

(中嶋 隆蔵)

じょうじつろん【成実論】 インド仏教論書。後秦の鳩摩羅什訳16巻(『大正新脩大蔵経』32所収)。サンスクリット原典，チベット訳ともに存在しない。原題は《Tattvasiddhi》(タットヴァ・シッディ，真実の成立)と想定されている。作者は訶梨跋摩(Harivarman，ハリヴァルマン，師子鎧)であり，伝として玄暢作『訶梨跋摩伝』がある(『出三蔵記集』11)。訶梨跋摩は中天竺国の婆羅門の家に生まれ，説一切有部(Sarvāstivādin，薩婆多部とも)の究摩羅陀(Kumāralāta？)の弟子となり有部の教義を学んだが，パータリプトラ(ビハール州都パトナ)で摩訶僧祇部(大衆部)の僧と出会ったのを契機に思想転向を果たし，苦(一切の現象的存在は苦しみである)，集(苦しみは原因が集まって生じる)，滅(苦しみの消滅した状態こそが理想の境地である)，道(滅の状態には到達する方法が存在する)の四聖諦を論述の骨格としながら説一切有部の思想を批判する本書を作成した。当時，説一切有部はインド小乗部派の一大勢力であった。訶梨跋摩の学派的立場は現在のところ未確定であるが，経量部思想との密接な関係を指摘する研究は多い(ほかに多聞部帰属説などがある)。本書は，中国においては訳出直後より重視され，六朝末までの間，いわゆる毘曇(主に説一切有部に帰属するアビダルマ文献)とならんで仏教教義を体系的に論述する書として，極めてよく研究された。とりわけ南朝では多くの注釈が編まれると共に，大小乗の各種教義を『大般涅槃経』と『成実論』にみられる術語を駆使して解説する風潮が起こった。また南朝斉の時代には『抄成実論』9巻を作成して理解の便を図る動きもあらわれた。一方，北朝においては，6世紀に一大勢力を誇った地論宗が本書を小乗典籍であるとして一段低く評価する風潮を確立し，これをうけて隋の吉蔵は『三論玄義』において本書を小乗典籍とする論証を行った。玄奘訳『倶舎論』の登場以降は，アビダルマ教理学における主導的役割を完全に失っていった。なお本書の訳出年については411～412年とする記録(『出三蔵記集』11の『成実論記』)がある

が，鳩摩羅什の没年(409年？)との関連で問題が残る。
(船山 徹)

しょうしぶんけんろく【邵氏聞見録】 宋代の筆記。『河南邵氏聞見録』ともいう。前録20巻は，思想家として有名な邵雍(康節)の子，邵伯温(1065〜1134)の，後録30巻はその子の博(?〜1158)の撰。前録には，新法旧法の争いの記事が多いが，邵雍の関係で旧法の立場に立つ。また，巻18から20は，邵雍に関する記事が集められている。前録に宋・明の，後録に明の刊本がある他，『津逮秘書』『学津討原』に所収，校点本(唐宋史料筆記叢刊)がある。
(森田 憲司)

しょうしゅう【向秀】 生没年不詳。三国魏から西晋にかけて活動した思想家。河内懐(河南省)の人。字は子期。竹林の七賢の一人。日頃から老荘思想に親しみ，『荘子』に注釈したことが記録に見え，彼の死後それが郭象によって剽窃され，『荘子』郭注として世に出たという有名なエピソードがある(『世説新語』文学篇，『晋書』50)。亡き二人の親友，嵆康と呂安とを懐かしんだ『思旧賦』は，『文選』16に採録された。晋書49
(古勝 隆一)

しょうしゅういきつこう【商周葬器通考】 殷周青銅器の研究書。1941年刊。容庚著。上下2編からなり，上編は青銅器を様々な角度から詳細に論じた通論で，起源・発見・類別・時代・花紋・鋳法・価値・去銹(銹とり)・拓墨・仿造・弁偽・銷毀(古器の鋳つぶし)・収蔵・著録からなる。下編は各論で，各器種について具体的に解説する。全書30万字，付図100余点，挿図300余点に及ぶ大作で，宋代以来の伝統的学問である金石学を，科学的かつ総合的に研究する近代的学問へと昇華させた。1979年，汲古書院より2冊組の影印本が刊行。なお，人民共和国成立後の容庚・張亜初『殷周青銅器通論』(1958年)は新出資料が追加され大幅に内容が簡略化されているが，本書に依る所は多い。
(高久 由美)

じょうしゅういんへきが【浄衆院壁画】 定州(河北省)において北宋初の995(至道元)年，義演上人のために営造された舎利塔(第6号)塔基地宮の壁画で，1969年に発掘。地宮内部のプランはほぼ正方形で，中央には須弥壇上に石函を置き，南側に門口を開く。北壁に大きく涅槃相をあらわし，西壁と東壁に，さまざまな楽器を手にする神将形の伎楽天12体，ドーム状の天井に蓮華を中心に飛天や鳳凰・雲文をあらわす。北宋初期の基準作であるが，画風は守旧的で唐代の墳墓壁画にみられる白描画の画技を温存する。
(井手 誠之輔)

じょうしゅうがくは【常州学派】 清代，常州(江蘇省)にあらわれた学者の一派。清代の学術は漢学の考証が盛んであったが，嘉慶・道光期(1796-1850)に学風に一つの転機がみられ，公羊学の研究が始まった。その始祖といわれるのが常州の学者荘存与である。その代表的著作が『春秋正辞』であるが，これは『公羊伝』に孔子の精神があることを研究したものであり，後の公羊学研究の先鞭となった。この荘存与の感化影響を受けて公羊学研究を推進したのが荘述祖・宋翔鳳・劉逢禄であった。特に劉は後漢の儒者何休の公羊学説を解明した『公羊何氏釈例』等の著があり，彼の門下生に魏源・龔自珍がいた。魏源は劉から何休の「三科九旨説」，公羊春秋の理論である「微言大義」の思想を学び，これらを彼の経世(政治改革)の理論的根拠とした。また，魏源は当時劉逢禄と並び称されていた常州の学者李兆洛から歴史地理学を学んだ。これら常州の学者群が清末に新風をおこし，後世の学界に大きな影響を与えた。
(大谷 敏夫)

じょうじゅうしじょうぎょうほうもん【浄住子浄行法門】 南朝斉の仏教典籍。『浄住子』ともいう。20巻。蕭子良撰。在家信者の立場から，仏道修行の具体的な実践方法を説いた典籍。本書の原本は現存しないが，一種の節略本として唐の道宣撰『統略浄住子浄行法門』があり(『広弘明集』27)，そこから蕭子良による原本の形を大凡推定できる。道宣の序によれば，『浄住子』は490(永明8)年に成立し，「浄住」とは布薩と同義であって身・口・意の三業を清浄に保ち戒の通りに住する修行を，「子」とは仏種を継ぐ者を意味する。道宣所撰本は31門より成り，各門に斉の王融の頌を付す。この構成は蕭子良原本の体裁の反映と思われるが，個々の字句には道宣の加筆と思われる箇所も若干ある。本書は斉の頃に行われた斎の具体相を窺い知るための格好の資料である。なお蕭子良「浄住子序」の一部が『文選』60の李善注，『全斉文』7，『漢魏六朝百三名家集』57に，「浄住子巻八」断片が敦煌写本スタインNo.721vにのこる。
(船山 徹)

じょうしゅうしは【常州詞派】 清の嘉慶年間(1796-1820)に形成された詞学の流派。主唱者は常州(江蘇省)の張恵言で，これに黄景仁ら同郷の知友7名が呼応，のちやはり同郷の周済らが継承した。張恵言は，当時の詞の修辞偏重の傾向を否定し，情感の発露と，諷刺性・寓意性とを重視，弟の琦とともに，自己の主張にかなう唐・宋の詞人44名の作品を選録して『詞選』2巻を公刊した。

常州詞派は清末に至るまで詞壇の主流となり，陳廷焯の『白雨斎詞話』，況周頤の『蕙風詞話』は同派の流れを汲む例の代表的なものである。

(宇野 直人)

じょうしゅうじゅうしん【趙州従諗】 778

(大暦13)～897(乾寧4)。唐代の禅僧。曹州(山東省)または青州(同省)の人。真際大師と諡す。俗姓は郝氏。幼時，郷里で出家し，のち池陽(安徽省)にいたって南泉普願禅師に入門，その下で開悟し法を嗣ぐ。趙州57歳のとき南泉が没し，のち諸方を遍歴して80歳より趙州(河北省)の観音院に住持した。宋代になるとこれが伝説化し，61歳で発心して出家，老いの身をもっての厳しい求法のすえに開悟した，と信じられるようになる。棒や喝を用いる禅風が広く行われていたなか，簡潔にして深遠なる言句によって道を示し，「無字」の話，「柏樹子」の話，「喫茶去」の話等，後世の禅問答の主題となる有名な語を数多くのこしている。北宋の圜悟克勤は「趙州の禅は只だ口唇皮(くち)に在り」と評したといい(『大慧普説』)，俗に趙州の「口唇皮禅」などと称される。『祖堂集』18，『景徳伝灯録』10，『宋高僧伝』11に記載があり，単行の語録として『趙州録』が存する。

(小川 隆)

じょうしゅうそうちゅうが【常州草虫画】

常州(江蘇省)地方で制作された草虫画のこと。草虫画とは，花木・草花などに蝶・蜻蛉・螽斯(きりぎりす)などの虫を組み合わせた吉祥的花鳥画。蛙や蜥蜴などの虫偏の動物も虫の仲間に含まれる。昆虫を描くことは六朝に始まり，宋時代以後，草虫画は常州を中心とする地方絵画として確立し，元・明代でも古くからの図様が引き続いて描かれた。一見写実的に描かれているようだが，定形の繰り返しから生じる不正確な点も多く，異なった季節の花が混在する。無名の工房による作品が大半で，現存遺品のほとんどが日本にある請来品である。また二幅対が多いのも，同じように宋代以後江南地方で制作された蓮池水禽図・藻魚図と共通する点である。日本ではそれらの請来品から明代の草虫図の画家として紅白川の名が広まり，また『瓜虫図』(東京，根津美術館蔵)によって呂敬甫も知られる。清の没骨花鳥画の名手惲寿平は常州の出身で，その画風の形成には常州草虫画の伝統が反映されている。

(藤田 伸也)

じょうしゅうむじ【趙州無字】

禅の公案の一つ。「趙州狗子話」などの別称もある。趙州従諗(778～897)が，僧の「狗子(いぬ)」に仏性が有るかとの問いに「無」と答えた故事による。この「無」は相対的な有無を超えた絶対の「無」と理解されている。『従容録』第18則に収録されるが，特に『無門関』第1則に挙げられることから，南宋の公案禅に大きな影響を与える。

(永井 政之)

しょうじゅざんしょぶんか【小珠山諸文化】

遼寧省長海県小珠山遺跡を代表的な遺跡とする新石器時代の文化の総称。小珠山遺跡の層位的調査により，遼東半島西部に広がった新石器時代の文化として下層・中層・上層文化という3つの文化が設定された。下層文化は紀元前4000年頃で連続弧線文土器が特徴的である。次の中層文化になると山東半島の大汶口文化との交流が始まり，豚をともなう雑穀農耕が始まる。紀元前2000年頃の上層文化では山東との交流はより密接になった。山の上に築かれた積石塚には山東龍山文化の黒陶が副葬されている。

(大貫 静夫)

しょうじゅん【焦循】 1763(乾隆28)～1820

(嘉慶25)。清の経学者・数学者。甘泉(江蘇省)の人。字は里堂・理堂。1800(嘉慶5)年の挙人。青年期は数学研究が中心で，四則演算の基本規則を定立した『加減乗除釈』をはじめ多数の専門書を残す。40歳以後は転じて経書の研究に専念し，易学に関する著作集の『易学三書』，『孟子』趙岐注に対する再注釈書の『孟子正義』のほか，膨大な著作を残している。その学説の特徴は，固定化した立場を排除し，融通性を重視することにある。清史稿482

(水上 雅晴)

しょうしょ【小書】 →弾詞

しょうしょ【尚書】 →書経

しょうしょいんぎ【尚書引義】

清初の『書経』(『尚書』)解釈書。6巻。王夫之著。1663(康熙2)年に初稿が完成し，89(同28)年に改訂された。『書経』各篇のポイントを提示し，それを正しく解釈することで，『書経』本来の教えを回復することが目指されている。そのために，『書経』の誤読の様々な可能性や，また，実際にそのような誤読を促す多くの論敵(老荘・仏教・朱子・王陽明など)が批判の対象として設定され，それらを逐次論破するという形式がとられている。

(本間 次彦)

しょうしょう【小祥】

喪礼の中で，没後丸1年の命日におこなわれる祭祀。一周忌。この日を過ぎると，練冠・練衣を身につけるので，練祭ともいう。練とは，煮て白くした繊維を用いること。『礼記』間伝によれば，父母の喪において，それまで過

ごしていた倚廬を出て, 堊室(壁に上塗りしていない部屋)に移る。また, 喪に服している場合, 粗食によって悲しみを表現することになっており, 小祥を過ぎてからはじめて野菜や果物を口にするようになる。
(小島 毅)

しょうしょう【葉燮】 →葉燮

しょうしょう【蕭照】
生没年不詳。南宋の画家。濩沢(山西省)の人。書画に巧みであったが, 靖康の変に際して, 太行山中で盗賊となっていたところに李唐と出会い, 南渡する李唐にしたがい, その指導をうけて高宗の画院に入ったという(朱謀垔『画史会要』3)。その山水・人物は, 李唐の感化を大きくうけ, 山塊や岩の描写に大小の斧劈皴(斧で木を割ったようすの皴法)を駆使し, 濃墨の輪郭線を多用する。代表作に『山腰楼観図』(台北, 故宮博物院蔵)がある他, 伝承作として, 高宗が即位する前の12の瑞兆を描いた『中興瑞応図巻』(天津芸術博物館蔵)がある。
(井手 誠之輔)

じょうしょう【丞相】
官職名。宰相に当たる。戦国秦の前309(武王2)年に左右丞相が置かれ, 統一秦では相国が丞相の上位のランクに当たるとされていた。前漢代にも丞相が置かれたが, 前1(元寿2)年に大司徒へと改称された。後漢も丞相を廃し三公が宰相の任に当たっていたが, 208(建安13)年に復され曹操が就任した。魏晋南北朝時代は廃置を繰り返し, 丞相が置かれず司徒が宰相に相当したりする。唐では中書令・門下侍中・尚書左右僕射が宰相の任に当たったが, この左右僕射が左右丞相と称されたことがある。3代皇帝の高宗朝以降は宰相は同中書門下平章事と称され, これが北宋中期まで踏襲され, 丞相の名称が用いられたこともあった。南宋・元においても左右丞相が宰相の任にあったが, 明の1380(洪武13)年左丞相であった胡惟庸の謀反事件によって丞相は廃される。
(松浦 典弘)

しょうしょうがゆうず【瀟湘臥遊図(李氏)】
南宋山水画の名作の一つで, 大観的な構成, 微細なモチーフの描き込み, 淡墨中心の墨法を特色とし, 様式的には董源以来の江南山水画の伝統に連なる。紙本墨画, 30.3cm×402.4cm, 1巻。絵の制作後まもなく書かれた1170(乾道6)～71(同7)年の跋文から, 呉興(浙江省)の金斗山に住む禅僧, 雲谷の依頼を受けた「舒城の李生」が名勝地, 瀟湘を描いたものと分かる。明代に李公麟の作とされ, 明末に顧従義, 清初の高士奇, 乾隆帝の収蔵を経て, 清末に日本にもたらされた。東京国立博物館蔵。
(救仁郷 秀明)

しょうしょうすいうん【瀟湘水雲】
琴の曲名。南宋の浙派(臨安〔杭州〕を中心として栄えた琴の一派)の著名な琴家郭楚望(名は沔)の代表作。『神奇秘譜』の解題によると, この曲は異民族の侵略によって存亡の危機にさらされている祖国を憂うる気持ちを表現したものであるという。明代の琴譜では『洞庭煙雨』以下10段に分けられ, 清代になるとさらに18段に発展する。浙派の琴家楊瓉と毛敏仲により伝えられ, 明清代には50種もの琴譜に記載され愛好された名曲である。
(池澤 滋子)

しょうしょうはっけいず【瀟湘八景図】
北宋の宋迪によって創始された絵画の一主題。「瀟湘」とは, 湖南省の洞庭湖とその南にある瀟水・湘江の流域のこと。湿潤な空気に包まれたこの一帯は, 様々な古代神話や李白・杜甫らの詩を想起させ, 文人墨客の訪れる景勝地としても有名であった。

瀟湘八景は東アジアの文学・造形において非常に流行した詩画の主題である。北宋時代末の文人画家, 宋迪は1063(嘉祐8)年3月頃に瀟水・湘江の合流する地である永州府の淡山巌に訪れており, 八景の成立もその頃以降と考えられる。八景の各題は, 北宋の沈括『夢渓筆談』巻17には「平沙雁落。遠浦帰帆。山市晴嵐。江天暮雪。洞庭秋月。瀟湘夜雨。煙寺晩鐘。漁村落照」とある。この八景には夕刻や夜にかけての時刻の中で微妙に揺れ動く光線や大気の変化が盛り込まれており, 全体を通して靄におおわれて薄暗い状態を写したものであったという(『画継』巻6)。画家としての宋迪は華北系の李成派に属しており, この主題では江南の風景を華北系の造形語彙で描いたことになる。南宋の王洪『瀟湘八景図巻』(プリンストン大学美術館蔵)はそうした状況を推測させるものである。

覚範恵洪『石門文字禅』巻8・古詩には「無声詩」である画と「有声画」である詩を対応させるため, 宋迪画に応じて瀟湘八景詩を作ったとあり, 八景における詩画の関わりがより明確になったことがわかる。それ以降, 中国のみならず日本・朝鮮半島においても盛んに詩画が制作されたが, 日本では夏珪・牧谿・玉澗といった南宋画, 朝鮮半島では創始者である宋迪の作品が古典とされ, それぞれの風土に応じた選択がなされ絵画伝統が成立したことが理解される。又, 東アジアでは瀟湘八景から派生して, それぞれの地で八景を見出しており, その意味で風景を捉える1つの枠組みとして機能したと見なせよう。
(板倉 聖哲)

しょうじょうほうぎょうきょう【清浄法行経】
4, 5世紀頃, 民衆教化のため清浄なる20の仏教実践徳目を掲げて作られた中国撰述経典。1

巻。道教の老子化胡説を意識した三聖派遣説が挿入されている。仏が3人の弟子を遣わして真丹(中国)を教化させた際、光浄童子を仲尼(孔子)と称し、月明儒童を顔淵と称し、摩訶迦葉を老子と称したという。これらの権現思想の淵源は三国呉の支謙訳とされる『太子瑞応本起経』に認められる。次第に発展して日本の本地垂迹説に到達するが、『清浄法行経』の果たした役割は大きい。なお、本経は、先行する経典(『阿難問事仏吉凶経』『慢法経』『阿難分別経』『分別経』)などをもとに編集されているが、僧祐の『出三蔵記集』では本経を真経とし「失訳雑経」中に配している。『大周録』の入蔵録では小乗の単訳真経として入蔵している。これに対して智昇は疑惑とし、『開元釈教録』の入蔵録から削除した。近年平安時代書写本が発見され、影印・翻刻された(七寺古逸経典研究叢書第2巻『中国撰述経典(其之二)』)。　　　　　　　　　　　　(落合 俊典)

しょうしょうわ【将相和】　伝統演劇の演目名。戦国時代、強国秦は趙の和氏の璧を15の都城と交換すると申し出たので、趙王は藺相如を遣わす。藺相如は秦王に交換の意思がないと見て璧を抱いて戻り、その功績により宰相の位に就く。老将廉頗はこれを不快に思い藺相如の参内する道を塞ぐが、藺相如は取り合わず別の道を通る。廉頗が人を遣って藺相如にわけを尋ねると、趙国は自分と廉頗が文武そろって国を支えているので私憤で争えば敵に乗ぜられるだけだと答える。廉頗は痛く反省しわびる。題名は、将軍と宰相が和解する意。2つの役柄の歌が聞き所。　　　　　　　　(吉川 良和)

しょうしょこぶんそしょう【尚書古文疏証】　清の閻若璩の著書。現行58篇の『書経』(『尚書』)のうち、25篇が偽作であることを確実に論証した書物。8巻(巻3は原闕)。現行58篇の『書経』は東晋の初めに梅賾が孔安国伝(注釈)とともに朝廷に献上したものであるが、そのうち25篇と孔安国伝については南宋の呉棫・朱子以来素性が疑われて、なかんずく明の梅鷟の『尚書考異』は直接に本書の先蹤となるものであった。本書は主となる論考が終わった後、1字落として証拠固めをするしかたで書かれた綿密な論証である。巻6では閻若璩の暦算学に関する素養が窺われ、巻8は『書経』の弁疑(偽作と疑うこと)史である。またこの書に書いておかねば後世顧みられることが無いと考えて、書の本旨と関係ない記事を載せている。聖なる「経」の一部分が偽作であるという論旨は一部で儒学者の反感を買い、同時代の毛奇齢の『尚書古文冤詞』のような反駁書もでた。『尚書古文疏証』はなぜか写本の形で伝写されてすぐには刊刻されず、閻若璩の没後40年経って、1745(乾隆10)年に孫の閻学林によって初めて刊行された。　　　　(吉田 純)

しょうしょたいでん【尚書大伝】　『書経』(『尚書』)の解説書。秦の博士伏生(伏勝)の著と伝えられるがその実弟子の張生・欧陽生が伏生の没後、伏生の遺説に自己の見解を加えてできたものらしい。もと3巻であったのが鄭玄が注を施したときに4巻となった。ただし、『書経』の解説書でありながら『書経』を説く部分と説かない部分、更には「略説」という新たに加えられた篇があって、その体裁は一様ではない。『四庫全書総目提要』は『易緯』等に似るという。今日伝わるテキストには極めて残欠が多い。　　　　(齋木 哲郎)

しょうしりょう【蕭子良】　460(大明4)～494(隆昌元)。南朝斉を代表する文化人。篤信の在家仏教信者としても知られる。斉の武帝の第2子。字は雲英。竟陵文宣王。蕭子良が487(永明5)年にひらいた宗教文学サロン、鶏籠山の西邸には、王融・沈約・蕭衍らの「竟陵八友」のほか多くの仏教僧があつまり、盛んな交遊がおこなわれた。仏教の立場から『浄住子浄行法門』20巻を著した(『広弘明集』27参照)。『出三蔵記集』12に彼の編集した仏教文献を記す目録である『斉太宰竟陵文宣王法集録』が収められる。南斉書40、南史44　(船山 徹)

じょうしるいりゃく【情史類略】　明の故事集。『情史』『情天宝鑑』ともいう。24巻。天啓年間(1621-27)、馮夢龍の編。「情」すなわち男女の愛情にまつわる古今の故事を集めたもの。それら多くの故事を「情貞類」「情縁類」「情私類」「情豪類」「情幻類」「情鬼類」など全部で24のカテゴリーに分類して収めている。同じ馮夢龍の編になることもあり、この書物には白話小説集「三言」の話のもとになったと考えられる話が多く収められている。
　　　　　　　　　　　　　　　　　(大木 康)

しょうじん【小人】　→君子

しょうじん【蔣仁】　1743(乾隆8)～95(乾隆60)。清の書家・篆刻家。仁和(浙江省)の人。初名は泰。「蔣仁之印」という古銅印を得て名を仁と改めた。字は階平。山堂・吉羅居士・女牀山民などと号した。仕官せず布衣として一生を送った。書は米芾・二王を学び、行・草書をよくした。篆刻は浙派の祖丁敬を学び、西泠八家の一人に数えられる。印譜に『吉羅居士印譜』があるが、遺作は少ない。　　　　　　　　　　　　　　(小西 憲一)

しょうじん【資陽人】

1951年に四川省資陽県で発見された現代型新人の化石。鉄橋基礎工事で偶然出土した後期更新世ほ乳動物化石の中から面骨以外は完全な頭骨が発見された。裴文中等の発掘によって本来は第3層に包含されていたことが確認されたが，遺物は骨製錐だけが発見された。人骨は眼窩上隆起が若干発達している以外は，現代型新人の特徴をもっている。ほ乳動物化石と放射性炭素年代測定から約3万年前の人骨と推定されている。文献に裴文中ほか『資陽人』(科学出版社，1957年)がある。　　　　　　　　　　(佐川　正敏)

しょうしんかん【邵晋涵】

1743(乾隆8)～96(嘉慶元)。清の学者。余姚(浙江省)の人。字は二雲。黄宗羲の弟子である邵廷采の従孫。乾隆(1736-95)の進士。四庫全書纂修官として主に史部の調査に当たった。正史の提要(解題)はほとんど彼の手に成る。その稿本は彼の『南江文集』に収められている。浙東学派に連なる邵晋涵の学問の本質は史学であり，宋史や明史の本格的研究の先鞭を付けた。また諸書に引かれた佚文を集めて薛居正の『旧五代史』を復元した功績は大きい。彼は小学(言語学)にも通暁し，『爾雅正義』20巻を著した。清史稿481
　　　　　　　　　　　　　　　　　(山口　久和)

しょうしんさいさっき【小心斎劄記】

明の儒学書。18巻。顧憲成著。1594(万暦22)年から1611(同39)年まで18年間の年次に従って所感や答問の記録を編んだ書物。書名は著者の室名に因み，「小心」は「気をつける」という意味の日常的な言葉で敬を表現したものである。王学左派の無善無悪説を批判して性善を説き，本体と工夫との相即を唱えるなど，著者の性理学上の主張の大体が窺える。著者の曾孫が康熙年間(1662-1722)に刊刻した『顧端文公遺書』に収録。　　　　　　　(林　文孝)

しょうしんしゅ【将進酒】

漢の短簫鐃歌の楽府題の一つ。古楽府は，「将に酒を進め，大白(金星)に乗らん」と，大いに酒を飲み放歌しようとうたう。さらによく知られるのが李白の作で，「君見ずや　黄河の水　天上より来たるを，奔流　海に到りて復た回らず」にはじまり，人生の無常と飲酒の歓びを高らかにうたって「爾とともに銷さん万古の愁い」と結ばれるこの作品は，李白の代表作の一つに数えられている。　　　　　　(松家　裕子)

しょうしんよぎそん【小臣艅犧尊】

殷代末期の青銅器。清代，道光年間(1821-50)に山東省寿張県(梁山県)の梁山から出土したとされる，いわゆる梁山七器の一つ。27字の銘文には，王(紂王)がその即位15年目に人方(東方の異民族)を征伐に出掛けた際，祖先への祭りを行い，随従の艅なる者に貝を賜与したことが記されている。短銘が多い殷金文の中では長い方に属する。器種は酒を入れる尊であるが，犀の形をしているため，犀尊とも称せられる。器の高さは23cmと大きくはないが，写実的な犀の形となっている。現在，サンフランシスコのアジア美術館の所蔵である。
　　　　　　　　　　　　　　　　　(竹内　康浩)

しょうすいか【小翠花】　→于連泉

しょうすう【蔣嵩】

生没年不詳。明の画家。龍潭(江蘇省)の人。号は三松。宮廷医師，蔣用文(1351～1424)の裔。一生仕官せず郷里周辺に在野の画家として終わった。活躍時期は嘉靖年間(1522-66)頃。大胆な筆墨とときに奇矯な形態を用いて詩情豊かな作品を生み出したが，明末には高濂らによって「狂態邪学」の一人として貶められるに至った。遺品は『秋山漁艇図』軸(北京，故宮博物院蔵)，『江山漁舟図』軸(京都，南禅寺蔵)など本領の山水人物画のほか，『秋渓曳杖図』軸(上海博物館蔵)，『帰漁図』軸(日本，個人蔵)，『四季山水図』巻(ベルリン，東アジア美術館蔵)など。
　　　　　　　　　　　　　　　　　(嶋田　英誠)

しょうすういちげん【象数一原】

清朝中後期の数学書。全7巻。戴煦(1805～60)が項名達の遺稿を校補したもの。前の3巻は「項名達著，戴煦校」，第4～6巻は「項名達著，戴煦校補」，第7巻は「戴煦補」という。同書は明安図以来の割円連比例術による円の無限小解析を完成に導いただけでなく，現代数学の楕円積分の領域に属する楕円求周の問題なども論じており，清代数学史上欠くことのできない一冊である。　　　　　　　(川原　秀城)

しょうすうえき【象数易】

前漢末から三国時代にかけて流行した『易経』の解釈法。代表的な人物に，前漢の孟喜・京房，後漢の荀爽・虞翻などがいる。易は，50本の蓍を数えて陽爻(─)・陰爻(--)を決めて卦をつくり，その卦の形が何を象徴しているかを判断して占う。象数易では，八卦(乾☰・坤☷・震☳・巽☴・坎☵・離☲・艮☶・兌☱)を，例えば乾は天・父・君・馬・金などを象徴するというように，それぞれを実際の物事に対応させ，また卦を四季や12か月，1年の日数などに割り当てて易と数を結びつける。そして象と数を中心にして『易経』の経文の一字一句を解釈しようとする。さらに，十二消息卦を設けて陰陽の盛衰と易を結びつけた消息説，ある卦は別の卦が変化したものとする卦変説，六爻の卦から別の八卦を作り

出す互体説などさまざまな占法を生み出した。しかし占法が複雑になった上，解釈の方法も牽強付会であったため，三国時代以降徐々に衰退していった。
(長谷部　英一)

じょうずかぶんぽん【上図下文本】　絵入本(帯図本)の形式。絵入本には口絵式と挿図式とがあるが，上図下文本は，版面の下段に本文，上段に図を配する挿図本の一形式で，戯曲・小説に多い。上段すべてが図のものと，図をやや小さくし左右にも本文を配するものとがある。明代には書肆によって，多様な挿図本が刊行されたが，この形式は福建地方の出版物に多いとされる。ちなみに上図下文本の早期のものとして知られる元刊本『新刊全相平話』は，建安虞氏の刊行である。
(梶浦　晋)

しょうせい【相声】　楽器を一切用いず「語り」のみで「笑い」を追求する語り芸。日本の漫才と共通する点の多い芸能であるが，中国では曲芸(語り物の総称)の一種とみとめられている。相声はもともと，「象声」「像声」ともよばれ，あるものの声をそっくり真似ることを指していた。これを「口技」というが，口技はそもそも戯劇(しばい)の要素であり，その点からも相声が戯劇と深い関わりをもっていたことがわかる。ということは戯劇同様，相声の起源も古く，周～秦にまでさかのぼることができる。しかし，現代の相声の直接の系譜をたどると，早くとも，18世紀中頃(清の乾隆年間)が形成時期と考えられる。その頃，相声が流行していたのは北京や天津であった。20世紀になると，相声は南方にまで広がり，各地の口技・語り物・戯劇・武術などから多様な表現方法を摂取した。

相声の表現特質は「説・学・逗・唱」の4項目に集約される。「説」はさまざまな「語り・はなし」，「学」は動物や物売りなどの声帯模写，「逗」はかけあいで評論・風刺などを展開すること，「唱」は戯劇(とくに京劇)などのうたを楽器なしでまねることである。また，相声の風刺や諧謔のなかにひそむ笑わせるネタを「包袱児」という。

相声の上演形態として「単口」(1人)と「対口」(2人)，「群口」(3人以上)がある。対口には「一頭沈」という，1人が主でもう1人が補助的な役割をになうボケとツッコミ的なやりかたと，「子母哏」という2人が対等にわたりあうやりかたなどがある。

相声の内容は庶民の現実生活をあつかったものが多く，風刺と諧謔の精神が伝統的に受け継がれている。人民共和国成立以前は北京方言を用い，俗悪なことばも多く使われたが，成立後は，普通話(標準語)を用いた質の高い相声作品が創作されている。また，地方にはその地方の方言を用いた相声も生まれている。伝統的な相声作品は200～300段伝承されている。
(井口　淳子)

しょうせい【像生】　宋代の芸能の一種。声帯模写，物売りの呼び声のまね，形態模写などの物まね芸をいう。『東京夢華録』などに見える。また，宋・元代の語り物を行う女芸人を指していう。元曲『風雨像生貨郎旦』では4折で像生の張三姑の唱いが見せ場となっている。本来の意味は「本物そっくりの」ということ。またそのような人工物，造花・人形の類を指してもいう。
(笹倉　一広)

しょうせい【鍾惺】　1574(万暦2)～1625(天啓5)。明の文学者。竟陵(湖北省)の人。字は伯敬，号は退谷，晩年，禅に傾倒し，止公居士または晩知居士とも称した。1610(万暦38)年の進士。官は福建提学僉事で終わった。性質は厳格で，俗人と接するのを好まなかった。

竟陵派の領袖であり，同郷の友人譚元春とともに鍾譚と並称された。竟陵派は公安派末流の浅薄卑俗を批判する形で登場した文派である。おおむね公安派の提唱した反古文辞と性霊(詩人の詩精神の発露)の文学思想を受けつぐが，幽深孤峭(奥深く近寄り難いこと)を旨とする独自の境地をめざした。しかし，新奇な詩想と奇抜な措辞は，ややもすれば現実との乖離を生み，彼の詩は晦渋だと評される。文は記・序に優れ，晩明に登場する小品文に影響を与えた。『隠秀軒詩文集』は詩10集・文23集，合計33集を収める。その他，古文辞派の李攀龍の『古今詩刪』に対抗して，譚とともに『詩帰』を編纂，世に流行した。明史288
(野村　鮎子)

じょうせいきゅう【上清宮】　道教の宮観の名称。現在有名なものとしては，青城山(四川省)・崂山(山東省)・邙山(河南省)の山上に建つものなどがある。歴史上有名なものとしては，正一教の総本山である龍虎山(江西省)の中心的宮観であったそれで，第4代天師が築いた伝籙壇にはじまるという道観を北宋の徽宗の時に上清正一宮，元の仁宗の頃には大上清正一万寿宮とされるなどしつつ，明清期も江南道教の中心として栄えたが，民国時の災禍や，文化大革命で壊滅した。
(横手　裕)

じょうせいは【上清派】　→茅山派

しょうせいはい【照世盃】　清の口語短篇小説集。4篇からなる。編者は酌玄亭主人。康熙帝の諱(玄燁)を避け酌元亭主人とも書く。査継佐説があるが定説とはなっていない。「諸道人批評第二種

快書」の別名がある。第一種快書『閃電窓』は6回分が現存する口語の中篇小説。『照世盃』の佐伯文庫旧蔵本は清の1660（順治17）年の原刊本を康熙年間（1662-1722）に後修したもの。また，和刻本がある。

（大塚　秀高）

しょうせき【松石】　トルコ石。緑松石ともいう。モース硬度5～6，比重2.6～2.8で藍・青・緑・灰緑など諸色ある。中国古例では，新石器時代山東龍山文化期（前25～前21世紀）の山東省臨朐県朱封202号墓出土の松石片と松石象嵌玉笄，殷代二里頭文化期（前20～前17世紀）の河南省偃師市二里頭遺跡出土の松石象嵌獣面飾，殷代安陽期（前14～前11世紀）の河南省安陽市殷墟婦好墓出土の松石象嵌象牙杯などがあり，以後，清代の北京故宮博物院蔵の松石象嵌鎏金殿閣仏龕に至るまで，単体での使用もあるが，主に宝飾や貴金属の象嵌に多用されている。

（谷一　尚）

じょうせきもん【縄蓆文】　→縄文

しょうせつ【小説】　中国では古来，文学ジャンルとしての小説の地位は低く，ギリシアや日本のような豊穣な神話も見られない。「小説」という語は，『荘子』外物篇に，戦国時期の遊説家が職を得るために行った面白い作り話を指して「小説を飾りて以て県令に干む」とあるのに見える。また，『漢書』芸文志においても，「小説家」は「諸子略」の末尾に置かれ，口頭言語を媒体とした価値の低いものとして位置づけられた。そのなかで，六朝時代の「志怪小説」や，「志人小説」を土台として，唐代には恋愛・冒険などさまざまな創造的内容の「伝奇小説」が作られ，宋代には小説の享受者層が拡大し，「話本」「平話」などの形で白話小説が現れ，元代・明代にかけ洗練され，『金瓶梅』や『紅楼夢』など，個人の純粋な文学的営為の産物も現れる。しかし，小説が文学ジャンルとして一定の評価を得るようになるのは，魯迅や胡適の文学革命（1917年）により，西洋の小説観が導入されてからである。

（中　純子）

しょうせつか【小説家】　諸子百家の一つ。現存する最古の図書目録である『漢書』芸文志は「小説家者流は，けだし稗官より出づ。街に談じ巷に語り，道に聴き塗に説く者の造るところなり」と定義して，15種1390篇を載録している。稗官とは，民間の言論を採取して朝廷に伝達する小役人のことといわれる。小説家とは分類上の名称で，ここに挙げられた書物の著者たちが自らを小説家と規定していたわけではない。「小説」とは最も古くは『荘子』外物篇にみえることばで，とるに足らぬ些細な話というほどの意味であり，「君子の為さざる」価値の低いものである。『漢書』芸文志でも，「諸子十家」の最後に置かれ，「諸子十家，その観るべきものは九家のみ」と，小説家の価値を認めていない。芸文志に載録されたものは，『伊尹説』27篇など後世の偽作と思われるもの，『周考』76篇など古代の事件を記したもの，『封禅方説』18篇など漢の武帝のころ流行した方士の説を述べたものの3種に分けられるが，完全な形で現存するものは一つもない。

（影山　輝國）

しょうせつかいかくめい【小説界革命】　清末に梁啓超が『論小説与群治之関係（小説と社会の関係を論ず）』（『新小説』創刊号，1902年）の中で提唱した小説論。当時の中国社会を改良するためには，人に対して影響力を持つ小説を改良しなければならない，というもの。梁啓超の認識は，1897（光緒23）年の「本館付印説部縁起」（『国聞報』）から康有為『日本書目志』を経て出現した。それまで軽視されていた小説の影響力を最大限まで強調するところに特徴がある。この小説功利説は上海に伝えられ，のちの雑誌発行に理論的根拠を与えた。

（樽本　照雄）

しょうせつげっぽう【小説月報】　清末創刊の文芸雑誌。1910（宣統2）年創刊，31（民国20）年停刊。上海商務印書館が『繡像小説』停刊後に発行し，同一誌名で辛亥革命をのりきった長寿雑誌。王西神・惲鉄樵らが主編し，小説を中心に，旧詩・筆記・評論・新劇を掲載する総合文芸誌。民国初期は鴛鴦蝴蝶派の根拠地と目される。外国文学の翻訳が多数ある。長篇翻訳に林紓・陳家麟共訳の『双雄較剣録』（ハガード作『フェア・マーガレット』），『薄倖郎』（サウスワース作『チェインジド・ブライズ』），『哀吹録』（バルザック作短篇集），『亨利第四紀』（シェイクスピア作『ヘンリー四世』），『人鬼関頭』（トルストイ作『イワン・イリーチの死』）などのほか曾樸訳『銀瓶怨』（ユゴー作『アンジェロ』），呉檮訳『大復讐』（押川春浪作，同題）がある。創作には惲鉄樵『工人小史』，許指厳『巫風記』，知幾『新市声』などが，また文学評論に管達如『説小説』，孫毓修『欧美小説叢談』などがある。1921（民国10）年より文学研究会の機関誌となり，沈雁冰（筆名は茅盾）・鄭振鐸主編のもとで新文学を提唱し，内容は全面的に改革された。

（樽本　照雄）

しょうそ【小蘇】　→蘇轍

しょうそう【章草】 書体の名称。草書体の一種。隷書が前漢中期に完成し盛んに使用されたが、末期には隷書の点画を続け書きし、字画も簡略化され、現行の行草書に似た書体が現れた。これを章草と呼ぶ。各字が連続せず独立して、収筆を太く短く隷書のように撥ねるのが特色である。その起源は諸説あり一定しない。①前漢の元帝の時、黄門令の史游が『急就篇』を作り、これを一種特別の書体で書いたとする説、②後漢の章帝が始めたので章草と名づけるとする説、③後漢の杜度がはじめて試みこれを章帝が好んで一般化したとする説などがあるが、前漢の末頃に隷書を早書きすることによって自然に発生したと考えるべきであろう。書跡としては、索靖『月儀章』(『太清楼続帖』所収)、『出師頌』(『三希堂法帖』所収)、『急就章』(『玉煙堂帖』他所収)、章帝『章草千文』(『淳化閣帖』巻1所収)、張芝・崔瑗の書(『淳化閣帖』巻2所収)などがあるが、これらは伝写重刻を重ねている。敦煌発掘の後漢明帝期の「永平11(68)年木簡」などの方にその主な特徴が見られる。また北宋の徐鉉、明の宋克など後世に章草の名筆を残すものもいる。

(河内 利治)

じょうそう【帖装】 折本のこと。法帖に多い装法で法帖仕立てとも言う。中国では経折装・経摺装と呼び、この仕立ての書物を摺本と言う。唐代、仏教の隆盛により、仏典の誦読の便を考慮して、巻軸に改良を加え、長い紙葉を一定の幅で折り畳み、長方形に仕立てて前後に厚手の表紙を貼りつけるもの。類似のものに梵夾装があるが、これはインドで出現し、梵字で写経した貝多羅葉を重ねて板で挟み、穴をあけて縄で固定するもの。中国でも早くにこれを学び、唐写本にもこの梵夾装が現存する。

(高橋 智)

しょうぞうが【肖像画】 特定の人物を描いた絵画。古くは影、写真、伝神などといった。伝説によれば、殷の高宗が夢に現れた賢人を探索するために、似顔絵を描かせたのに始まるというが、その発生は絵画の創始と重なるものと考えられる。すでに東晋の顧愷之は、その名手として知られ、唐代になると、描写対象も皇帝・貴族などの特権身分から、文人・僧などに広がり、専門画家も登場してジャンルとして確立した。宋代以後になると、ますます盛行し、この分野の特性・目的・困難さを論じた画論なども登場した。特に蘇軾の「伝神記」(『東坡続集』巻12)は、肖像画とはただ外形の肖似だけではなく、対象の不可視の精神を表現するものと論じ、このジャンルを職人の業から知的な芸術へと引き上げた論文として注目され、それ以後の論の基礎となった。しかし近代以後、Photographの登場によって、このジャンルに昔の面影はない。

(海老根 聰郎)

しょうそうきょういせき【小双橋遺跡】 河南省鄭州市の西北約20km、石仏郷小双橋村の西南に位置する殷代の大遺跡。1990年に河南省文物研究所(現・河南省文物考古研究所)による調査が、1995年に河南省文物考古研究所を中心に鄭州大学・南海大学による合同調査が行われ、東西800m、南北1800mの範囲内に大型建築遺構・祭祀遺構・青銅器製作関連遺構などを持つ巨大な遺跡であることが判明した(「1995年鄭州小双橋遺址的発掘」『華夏考古』1996年第3期)。建築遺構群の周囲からは牛頭や牛角を埋めた祭祀坑が多く確認され、大量の牛を消費する祭祀が行われたことが知られる。また、炉壁の破片や青銅製建築部材、原始磁器と呼ばれる施釉陶器、朱書された土器など数多くの遺物が出土している。小双橋遺跡から出土した土器は洹北商城出土の遺物と共に、二里岡文化と殷墟文化の間の空白を埋める発見であり、この時期は花園荘期とも呼ばれる。また当遺跡は洹北商城と共に、殷中期という概念の中に含まれることがある。

(角道 亮介)

しょうそうぞう【聖僧像】 一般には寺内の食堂の上座として安置される賓頭盧または文殊菩薩の像をいう。「聖僧」は凡ならざる僧の意。東晋では座のみを設けて賓頭盧を供養したが(『高僧伝』巻5・釈道安伝)、宋の法願・法鏡らが初めて聖僧を図画した(『法苑珠林』巻42)。像には布薩などの儀礼において信心に応じた験をあらわす役割がある。大阪の観心寺に『観心寺勘録縁起資材帳』の「唐聖僧像一躯」に相当する請来像が、また滋賀の千手寺にもよく似た像が残っている。

(長岡 龍作)

じょうそんれいかくこくぼち【上村嶺虢国墓地】 西周時代後期から春秋時代前期の、虢国君主及び貴族層の墓葬を中核とする墓地。河南省三門峡市上村嶺に位置する。1956年から57年にかけ、黄河水庫考古工作隊の手で調査が行われ、南北280m、東西200mの範囲から、234基の墓葬と3基の車馬坑、1基の馬坑が発掘された。この時の報告書として、中国科学院考古研究所編『上村嶺虢国墓地(黄河水庫考古報告之三)』(1959年)がある。90年代には、50年代の調査範囲の北側で新たに200基あまりの墓葬、車馬坑、祭祀坑が確認されている。1990年から92年と、1998年から99年に、その中でも支配者層クラスと思われる18基の墓葬と4基の車馬坑、2基の馬坑が発掘調査された。この

うちM2001号墓は虢季，M2009号墓は虢仲の銘文が記された青銅器が出土しており，虢国君主の墓葬と見られている。M2001号墓を含む一部の墓葬の発掘報告が，河南省文物考古研究所・三門峡市文物工作隊『三門峡虢国墓(第1巻)』(1999年)として出版されている。M2001号墓からは，多くの青銅器と共に玉柄鉄剣が出土しているが，これは現在の所，中国では最も早い人工鉄による鉄器の資料である。上村嶺虢国墓地は，墓葬の配置が整然としており，各墓葬間の副葬品に見られる等級格差も明確であり，この時代の支配者層の墓地「公墓」の代表的資料である。1990年代に調査された地域は，虢国博物館として公開保存されている。　(大島　誠二)

しょうたん【唱賺】　宋代の説唱音楽(語り物音楽)の一種。道賺とも呼ばれる。前身は北宋の纏令と纏達で，いずれも小型の組曲形式の歌曲である。南宋，杭州勾欄の芸人張五牛が「賺」という特殊な拍子の曲調を新しく創り出し，これを纏令・纏達と結合させて用いてから唱賺の形式が確立した。「賺」は文字通りだますという意味で，自由なリズムの散板で音楽が高潮に達し，聴衆が興味津々，次に何がおこるかと期待をもって聴くうちに，いつの間にか定拍の尾声に入っていたという，意外性の効果を拍子により作り出すものである。したがって賺を単独の歌曲として用いることはない。太鼓・拍板・笛などの伴奏で，全曲を同一の宮調で通すが，当時流行のあらゆる曲調を用いて複雑な物語の筋を語ったので盛り場の人気を集めたという。南宋中期に現れた「覆賺」は複数の唱賺を連結した大型組曲である。現存の唱賺の宋代の歌詞と楽譜が南宋の陳元靚『事林広記』にあり，これにより賺が複数の曲牌の間に用いられている例を見ることができる。　(古新居　百合子)

しょうちゅうけいさい【焦仲卿妻】　→孔雀東南飛

しょうちょう【小調】　民謡の一類型。歴史的には，多様な音楽を吸収し都市部で流行した歌曲全般をさし，小曲や里巷歌謡・俗曲・時調など別称も多い。『詩経』の叙事歌，漢代の相和歌，魏晋南北朝に現れた四季や五更・十二月を主題とする民間歌曲，隋唐代の曲子は，いずれも小調の初期的な姿といえる。宋元における都市部の経済発展が歌曲の隆盛に拍車をかけ，地方の民謡にも芸人の手が加わり小調となった。逆に元の小令や散套は，厳格な形式の南北曲と袂を分かって俗化し，小調の源泉となった。明清代には庶民生活に関心を寄せた知識層が，『白雪遺音』『粤風』など小調の歌詞集を刊行し た。現行の小調は明清代の俗曲に由来し，有節歌曲の形式が大半である。代表に『茉莉花』『孟姜女』『繡荷包』『十二月観灯』ほか。　(尾高　暁子)

しょうちょうちょうれんかこしし【商調蝶恋花鼓子詞】　鼓子詞とは宋代に起こった説唱芸術で，鼓を伴奏にいくつかの詞を連ねて歌う。北宋の趙徳麟(名は令畤)の『侯鯖録』5に「元微之崔鶯鶯商調蝶恋花詞」が見える。これは中唐の元稹の『鶯鶯伝』(『会真記』)に基づいて，12首の詞と散文を交互に組み合わせて物語を叙述したもので，商調は曲調を表し，蝶恋花は詞のメロディーを示す詞牌である。趙自身これを「鼓子詞」と記している。後の『西廂記諸宮調』や元雑劇に影響を与えた。
(山本　敏雄)

しょうてい【頌鼎】　西周時代後期の青銅器。出土については地点・時期ともに不明である。内壁には149字の長い銘文があり，作器者である頌が王から官職任命(冊命)を受けたことを記す。本器は，この冊命儀礼の始めから終わりまでを極めて詳細に記録しており，当時の儀礼を知る上で貴重な資料である。同銘器が3件あり，故宮博物院(北京，台北)，上海博物館に1件ずつ収められる。上海博物館蔵の頌鼎は高さ31.4cm，口径32.9cm，重さ9.82kgの鼎である。　(竹内　康浩)

じょうてい【上帝】　天上にあって森羅万象すべてを主宰する最高神のこと。「帝」字は甲骨文では「帝」と書かれ，もとは殷代に天上の神が降臨したことを表すものであった。そこから，殷代では天界の支配者であると同時に地上社会の支配者でもある最高神「帝」を表すようになった。「帝」は「上帝」とも表記され，地上社会に於ける洪水・旱魃，農作物の豊・凶作，異民族の侵攻は「上帝」の意志に拠ると考えられた。「上帝」は絶対神であり，その生殺与奪の権を持つ。その意志に添う為政者には多福を降し，安定を与え，人々も幸せにするが，意志に反する為政者には，天災を降し，国を滅ぼすのである。すなわち，「上帝」は常に社会の安寧を希求し，地上社会の状態如何によって賞罰として豊饒もしくは災禍を降すという絶対的に善なる存在として君臨したのであった。このような「上帝」観念は殷周革命を経て「天命」思想へと継承され，後代に大きな影響を及ぼすことになる。　(家井　眞)

しょうていざつろく【嘯亭雑録】　清の筆記。正録10巻，続録5巻。昭槤撰。昭槤(1776〜1829)は礼親王であったが，後に爵位を奪われ不遇のうちに死んだ。本書は満洲人・宮廷関係の故実

を記すが，紫禁城に突入した林清鎮圧の始末を記した「癸酉之変」など，自らの体験談にも貴重なものがある。一般に清朝前・中期は適当な筆記史料に恵まれないが，本書は例外といえる。1980年，中華書局が各種版本を整理して活字出版した本が便利である。
　　　　　　　　　　　　　　　　（谷井　俊仁）

しょうてき【葉適】　→葉適

しょうてん【小篆】　書体名。大篆（籀文）に対する名称。秦篆・篆書ともいう。後漢の許慎『説文解字』叙には，秦始皇帝の文字統一に際して作成された李斯の『蒼頡篇』・趙高の『爰歴篇』・胡母敬の『博学篇』の文字の書体で，それらはみな周の宣王の太史籀の『大篆』（『史籀篇』）に基づき，一部の文字をやや省き改めたものであると説明されている。秦書の八体では「一に曰く大篆。二に曰く小篆」と第二に位置付けられるが，始皇帝期においては，すでに大篆は小篆のもととなった古体字の位置にあり，小篆が秦の公式書体の中心的位置を占めていた。『説文解字』の見出し字の書体として知られ，秦代の実例としては，始皇帝が統一後の巡行の際に建てた刻石の内，原石の一部が残存する泰山刻石・琅邪台刻石，おもりやますに施された権量銘などがあり，1983年から96年にかけて，西安市郊外で大量の秦代の封泥が発見され，新たな資料が加えられた。
　　　　　　　　　　　　　　　　（福田　哲之）

しょうでん【松田】　生没年不詳。元代に活躍したと推定される，水墨による栗鼠図によって知られる画家。本名は葛叔英。松田・翠山と号した。作品は日本に伝来し，『君台観左右帳記』に，同様に栗鼠図によって知られる画家である用田とともに記載される。松田と用田とには，師承あるいは血縁関係が推測される。松田の現存作として『枯木栗鼠図』（東京国立博物館蔵），『栗鼠図』（東京，静嘉堂文庫蔵）などがある。
　　　　　　　　　　　　　　　　（荏開津　通彦）

しょうと【鐎斗】　中国古代の煮沸用具・温酒器。3足と長柄が付いたなべ状の器で，器底は丸底か平底である。器の一方に注ぎ口が付くものや，蓋を備えたものもある。また柄の先端が龍首形や鳥首形で，脚部が蹄足形のものも見られる。漢代～南北朝時代に盛行し，唐代にも使用された。青銅製が一般的であるが，陶製のものも見られ，唐代には銀製・金製のものが作られた。鐎斗は朝鮮でも発見されており，中国との関連が推測される。
　　　　　　　　　　　　　　　　（高浜　侑子）

じょうと【上都】　→元上都

じょうど【浄土】　浄土の語は中国で成語化されたもので，対応する一定の梵語はなく，初期には仏・菩薩の国土を指すいくつかの語を恣意的に「浄土」と翻訳したものである。

　仏・菩薩はそれぞれが清浄な国土を持つとする思想はインド初期大乗から見られ，やがて十方に無数の仏国土ありとされるに至った。阿閦仏の東方妙喜世界（『阿閦仏国経』），薬師如来の東方浄瑠璃世界（『大般涅槃経』），釈迦如来の西方無勝世界（『大般涅槃経』第24品），弥勒菩薩の兜率天浄土（『法華経』『弥勒下生経』），観自在（観音）菩薩の補怛洛迦（普陀落）浄土（『華厳経』80巻本の巻68）などが説かれる。中でも4世紀末，廬山慧遠の『般舟三昧経』による阿弥陀仏西方極楽世界への往生を願う念仏結社「白蓮社」結成に始まり，5世紀に『無量寿経』『観無量寿経』『阿弥陀経』のいわゆる「浄土三部経」が出そろい，6世紀半ばからの末法思想，7世紀善導の著『観無量寿経疏』などの影響下，汚濁のこの世を嫌い清浄な阿弥陀仏国土への往生を願う「厭離穢土　欣求浄土」信仰の流行につれ，浄土は阿弥陀仏の極楽国土を指す場合が圧倒的に多くなり，ついに「浄土教」は阿弥陀仏の極楽への往生を説く教えのみを指すようになった。

　仏典に説く浄土の様相，特に阿弥陀仏の西方浄土の図が，敦煌壁画に見られるように初唐以降さかんに描かれた。日本の当麻曼荼羅は盛唐の観無量寿経変相図の様式をよく伝え，当時の阿弥陀浄土信仰の隆盛を偲ばせる。一方，キジル石窟の壁画の弥勒浄土図など他の仏・菩薩の浄土変相も描かれた。

　浄土を来世に往生すべき理想世界とする浄土教の流れとは別に，心が清浄であれば現在のこの国土が浄土になるとする，『維摩経』に代表される浄土観もある。『法華経』の南方霊山浄土，『華厳経』の蓮華蔵世界，『大乗密厳経』の密厳世界などはこの系列のものである。
　　　　　　　　　　　　　　　　（山田　明爾）

しょうとう【蕭統】　501（中興元）～531（中大通3）。南朝梁の皇太子で，文人としても知られる。字は徳施，幼名は維摩。諡は昭明。昭明太子と通称される。梁の武帝（蕭衍）の長子。2歳の時，父蕭衍が天子となり，皇太子の位につく。生来聡明で，3歳で『孝経』『論語』を学び，5歳で五経を暗誦し，9歳の時には宮中で『孝経』を講義したという。詩文の才に秀で長編の詩を即座に作り上げ，仏教の経典にも精通していた。生活は質素倹約につとめ，山水を愛好し女楽を遠ざけた。事務処理能力にも優れ，果断に政務を処理したが，性格は寛大温和であり，苛酷な糾弾は行わず，裁判も無罪にすることが多く，天下あげてその仁徳を称賛した。また才学の士を招いて日々学問につとめ，東宮には3

万巻に及ぶ大量の蔵書を擁し，劉孝綽らと古来の詩文の精華を集めた『文選』30巻，五言詩の名編を集めた『文章英華』20巻などを撰した。宮中で船遊びの最中，池に転落したのがもとで病気になり没す。『文選』と『昭明太子集』5巻（四部叢刊初編所収）が現存。梁書8，南史53　　　　　　（富永　一登）

しょうどうか【証道歌】
唐代の禅者である永嘉玄覚(675〜713)の著とされる。はじめ天台を学び，中国禅宗六祖である慧能に参じて一夜にして大悟した玄覚が，その悟りの内容を247句1814文字より成る古詩としたもの。『景徳伝灯録』30に収めるほか，数種の敦煌出土本が存在する。
（高堂　晃壽）

しょうどうしっころく【嘯堂集古録】
南宋の金石書。2巻。王俅著。成書時期は不明だが，李邴の序文や1116(政和6)年出土の斉侯盤と斉侯匜が巻末に追加されている点から，『博古図録』の後まもなく成立したと考えられる。『歴代鐘鼎彝器款識法帖』と同じく器形図は載せず銘文研究に終始した書物。王俅が生涯にわたり収集した殷，周の金石拓本を編年し，器種別にその摸本と釈文を集録，巻末には新獲の彝銘28器が追加され，全部で345器。1176(淳熙3)年以前刻本が1802(嘉慶7)年に涵芬楼より『続古逸叢書』として影印。
（高久　由美）

しょうとうばじょう【牆頭馬上】
元の戯曲作品。白樸作で，雑劇の形式をとる。白居易の古詩『井底引銀瓶』に基づくもので，題名も同詩に「牆頭馬上遥かに相顧みる，一見君が腸を断つを知る」とあるのによる。ヒロイン李千金が裴尚書の息子裴少俊と相愛の仲となり，裴家の屋敷の中で7年間ひそかに暮らし子供までもうける。やがて裴尚書に見つかって，実家に戻されるが，裴少俊が科挙に合格，めでたく団円を迎えるという物語をコミカルに描き出していく。
（赤松　紀彦）

じょうとうほうし【上党梆子】
山西省東南部の旧上党（長治市）地方を中心に行われる地方劇。山西四大梆子の一つ。蒲劇（蒲州梆子）の影響を受けて清の乾隆年間(1736-95)頃に成立したとされる。音楽面では梆子腔を主とするが，崑山腔・皮簧腔・羅羅腔・巻戯等，他の地方劇や土着の芸能の要素を豊富に取り入れていることが特徴である。楊家将や岳飛を主人公とする演目を多く上演することでも知られる。
（竹越　孝）

しょうどうろん【笑道論】
道教攻撃の論文。北朝北周の甄鸞の作。北周の武帝の廃仏（三武一宗の法難の一つ）前夜にあたる570(天和5)年，仏教と道教の優劣を論ぜよとの詔が下った時，道安の「二教論」とならんで発表された。3巻36条から成る。3巻であるのは道教の三洞を笑ってのこと，36条であるのは道教経典の三十六部を笑ってのことであるという。道教に好意的な武帝によって焼き捨てられたが，『広弘明集』8・弁惑篇に抄録を収める。平安時代の『日本国見在書目録』にも著録。
（吉川　忠夫）

じょうどきょう【浄土教】
阿弥陀仏の極楽浄土への往生を説く教え。浄土教という言葉も概念も中国で成立し，以後今日に至るまで中国仏教の中心的な流れの一つとなっている。

インド大乗仏教には，行者自らの精進努力によって煩悩から解脱して覚りに向かう「自力修行」の仏教と，仏・菩薩の力によって仏国土に生まれたのち覚りを得ようとする「浄土願生」の仏教の，2つの異なった流れが初期からあった。中国では道綽が前者を「聖道門」，後者を「浄土門」と明快に区別した（『安楽集』上）。

諸仏はそれぞれに浄土を持つ。したがっていずれの仏の浄土に往生を願うものも広義には浄土教であるが，道綽は阿弥陀仏浄土への願生を説く教えを特に浄土門とし，以後「浄土教」はほぼ浄土門と同義に用いられる。

紀元前後のインド成立と考えられる『無量寿経』『阿弥陀経』の原型には阿弥陀仏の浄土である極楽への往生を願うべきことが説かれている。2世紀ごろ南インドの龍樹菩薩は『易行品』(『十住毘婆沙論』5，鳩摩羅什402〜412年訳。『大正新脩大蔵経』〔以下『大正』〕26，40c〜45a)に，菩薩の修行には自力精進による難行道と，信心を本とする易行道があるとして，諸仏菩薩を念じその名号を称することによって仏，特に阿弥陀仏による救済を待つ易行道を薦めている。また5世紀ごろ西北インドのカシミールに活躍した天親（世親）は『浄土論』(菩提流支529年訳。『大正』26，230c〜233a)に，阿弥陀仏への信仰を表明したうえで往生のための行法を説き示し，これを注釈した北朝北魏の曇鸞の『浄土論註』を通じて以後の中国浄土教の発展に多大な影響を与えた。これより前，廬山の慧遠が同志123人と白蓮社を結成したのが中国最初の浄土教と言われる。しかしこれは阿弥陀仏の浄土に往生を願って坐禅・観想という高度な修行を行う念仏結社で，一般の信者には困難すぎるものだった。

曇鸞の後をうけた道綽は，仏を念ずる「観想念仏」を中心としながらも併せて「称名念仏」の功徳を説いた。高度な修行は困難な，堕落した時代にす

でに入ったとする，6世紀後半にはじまる末法思想の流行とあいまって，行うに易しい称名念仏の教えは民衆に訴えるところが大きかった。次いで善導が『観無量寿経』を注釈し（『観無量寿経疏』），「南無阿弥陀仏」を口に称えることこそ極楽往生のための正しい行法と説くに及んで，浄土教は一般大衆に深く浸透するに至った。善導は『阿弥陀経』書写10万巻，浄土変相図を描くこと300舗と言われ，また音楽的要素の濃厚な『往生礼讃偈』を著すなど，教学面のみならず宗教的情操に訴える点でも，浄土教の流行に貢献するところは大きかった。（山田　明爾）

しょうとく【承徳】 →熱河

しょうとくがいはちびょう【承徳外八廟】

現在の河北省承徳市にある，清皇室の離宮である避暑山荘を囲んでいる仏教寺院群。清朝では理藩院の下に北京ラマ印務処という部署があり，40寺のチベット仏教寺院を管理していた。その中の32寺は北京にあり，他の8寺は万里の長城の外にある。よって，「外八廟」と称す。1713（康熙52）年に康熙帝60歳の万寿を祝うため，モンゴル王公たちが溥仁寺・溥善寺を建設したのが外八廟建設の始まりである。1755（乾隆20）年清朝が西モンゴルのジューンガル部を平定したことを記念して普寧寺を，また1764（同29）年に新疆イリ地方のダシダワ部が清朝に帰順したことで，その故郷にあったクルジャ廟（別称イリ廟）を模倣して，安遠廟（俗称イリ廟）を建設した。1770（同35）年の乾隆帝60歳の万寿および翌年の皇太后の八旬の寿に当たり，チベット，モンゴルなどの諸王公たちを懐柔することを図り，ラサのポタラ宮を模倣して普陀宗乗之廟を建設し，4年をかけて1771年に竣工した。このように，外八廟は，避暑山荘とともに，清朝が藩部を支配するための重要な政治的役割を果たしていた。（包　慕萍）

しょうとくき【葉徳輝】 →葉徳輝

じょうどずいおうでん【浄土瑞応伝】

浄土教の往生伝。『往生西方浄土瑞応伝』『瑞応伝』，また『往生西方浄土瑞応刪伝』ともいう。1巻。唐の僧，文諗・少康の共撰。道詵の刪集を経る。文諗は伝記不詳，少康は貞元年間（785-805）に活動し，「後善導」とよばれた僧。

　本書は，東晋の慧遠から唐の邵願保までの浄土願生者の48則の往生浄土の瑞応を記している。この48の数は，おそらく『無量寿経』の四十八願によったものであろう。記された事蹟はいずれも短いものであるが，浄土教研究に独自の価値ある資料を提供する場合がある。（鵜飼　光昌）

じょうどへんそう【浄土変相】

諸仏の居所である浄土の景観を視覚的に表現した図像。浄土変・浄土曼荼羅ともいう。浄土変相は掛幅・繡帳・壁画・浮彫などさまざまな形で表現された。一般的に浄土変相といえば，多くの場合阿弥陀浄土変相をさすが，薬師浄土変相・霊山浄土変相・弥勒浄土変相など，阿弥陀如来以外の教主の浄土景観を表現した図像もある。阿弥陀浄土変相は畺良耶舎訳『観無量寿経』や鳩摩羅什訳『阿弥陀経』に基づき，阿弥陀如来の居所である極楽浄土の景観を表した図像で，とくに『観無量寿経』に基づく阿弥陀浄土変相を観経変相とも別称する。阿弥陀浄土変相の初期の作例には，麦積山石窟第127窟右壁龕上壁画（甘粛省天水市，北朝西魏），南響堂山石窟第1窟浮彫・第2窟浮彫（河北省邯鄲市，北斉。第2窟浮彫はワシントン，フリア美術館蔵），万仏寺遺址出土経変故事浮彫（四川省成都市，南朝梁。表面は二菩薩立像，四川省博物館蔵），敦煌莫高窟第393窟（甘粛省敦煌市，隋）などがあり，その制作は遅くとも南北朝時代後期に始まったと考えられる。その後，敦煌莫高窟では初唐期に阿弥陀浄土変相が第220窟南壁壁画や第329窟南壁壁画のように壁一面に大きく描かれ，盛唐期に第45窟北壁壁画のように外縁部に観経変相の説話を表した未生怨図や，十六観図，九品往生図などの図像が配置されるようになった。こうした一連の敦煌壁画の図像にも認められるような阿弥陀浄土変相の図像上の展開は当時の中国における阿弥陀信仰によるところが大きいと見られる。九品往生の表現には蓮華化生式と来迎引接式の2種類があるが，中国では来迎引接式の表現をもつ作例は多くない。蓮華化生式の作例には，四川省の大足石窟北仏湾第245龕（重慶市大足県，唐末），大足石窟宝頂山大仏湾第18龕（同，南宋）などがある。薬師浄土変相は玄奘訳『薬師琉璃光如来本願功徳経』・義浄訳『薬師琉璃光如来七仏本願功徳経』・帛梨蜜多訳『灌頂抜除過罪生死得経』巻第12に基づき，薬師如来の居所である浄瑠璃浄土の景観を表した図像で，敦煌莫高窟には第417窟後部天井壁画（隋）・第433窟人字披東側壁画（隋）のほか，第220窟北壁（初唐）などがある。そして弥勒浄土変相は沮渠京声訳『観弥勒菩薩上生兜率天経』・鳩摩羅什訳『弥勒下生成仏経』・義浄訳『弥勒下生成仏経』などに基づき，弥勒菩薩の居所である兜率天宮の景観を表した図像で，その作例には敦煌莫高窟第423窟人字披天井西側壁画（隋）・第329窟北壁壁画（初唐），楡林窟第25窟北壁壁画（甘粛省瓜州県，唐）などが知られる。（勝木　言一郎）

じょうどろんちゅう【浄土論註】

具には無量寿経優婆提舎願生偈婆藪槃頭菩薩造並註(無量寿経優婆提舎願生偈註)といい,無量寿経論註・往生論註・論註と略称される。2巻。北朝北魏〜東魏の曇鸞の著。

世親(Vasubandhu 天親)造・菩提流支訳(『開元釈教録』巻6によれば永安2(529)年,『歴代三宝紀』巻3によれば普泰元(531)年)『無量寿経優波(婆)提舎願生偈』(無量寿経論,浄土論,往生論と称される)を註釈したもの。『浄土論』は24偈96句の願生偈とその意義を述べた長行(散文)から成り,長行では浄土往生の実践として礼拝・讃歎・作願・観察・廻向の五念門を説いている。この註釈書である『浄土論註』上巻は偈頌を対象とし,偈文を五念門に配当し,下巻は長行を対象とするが,阿弥陀浄土往生を大乗仏教の体系上に位置づけたところに特徴がある。上巻冒頭で大乗空思想を説いた龍樹作とされる鳩摩羅什訳(408年頃)『十住毘婆沙論』易行品の難易二道説に依拠し,浄土往生行を易行とし,さらに阿弥陀仏の本願力による他力と位置づけた。また『無量寿経』の第十八願等や『観無量寿経』の下品下生段に着目し,「十念」による往生という概念を提唱した。このような曇鸞の著した浄土思想は,後世の道綽や善導,さらに日本の法然や親鸞といった浄土教家たちに継承された。

中国においては入蔵されず,日本の写刊本が伝存する。『大正新脩大蔵経』40,『浄土宗全書』1,『真宗聖教全書』1所収。　　　　　(宮井　里佳)

しょうとんなんちこうこつ【小屯南地甲骨】

河南省安陽市小屯村において,戦後発掘された最大級の甲骨の一群。1972年末,一農民が取土(レンガ等を造り,併せて土地を平坦化するために土を取る行為)中に数片の甲骨を発見したことがきっかけとなり,1973年に中国社会科学院考古研究所安陽工作隊によって小屯村の南,約430m²が発掘された。120の灰坑(窖穴)より,人骨・陶器・銅器等,多くの遺物が発見されたが,中の数坑より,合わせて1万片余の占卜に用いられた甲骨が発見され,そのうち5335片が有字骨であった。

この大量の卜辞群中には,貞人の記載はなく,発掘者は,故王の称謂や出土坑の位置等から,康丁から文武丁期に至る卜辞と考えたが,のち,当卜辞群中に出現する人物名や,殷墟5号墓(婦好墓)との関連から,武丁・祖庚期とする説が現れて,今も結着がついていない。『小屯南地甲骨』5冊(1980〜83年。5041片所収),「1973年小屯南地発掘報告」(『考古学集刊』9,1995年。294片所収)参照。

(松丸　道雄)

じょうなんりゅう【城南柳】

元末明初の雑劇。谷子敬の作。岳陽楼下の柳は仙人呂洞賓に救済を求めるが,呂はまず酒屋の亭主の楊に柳を斬らせ,その息子に転生させる。20年後,仙桃の生まれ変わりの小桃と夫婦になった柳のもとに呂が現れ,小桃を出家させるので,怒った柳は小桃を殺し,呂を犯人として訴えるが,裁判で真相が暴露され,呂に斬られるその刹那,悟りを開いて仙人になる。馬致遠『岳陽楼』と同じ題材を扱うが,より巧妙なプロットを仕組んでいる。　　　(小松　謙)

しょうにやくしょうちょっけつ【小児薬証直訣】

北宋の小児科の医方書。全3巻。銭乙の原撰,閻孝忠の編校。1119(宣和元)年の閻の序がある。銭乙の字は仲陽。鄆州(山東省)の人。神宗に賞されて太医丞に抜擢された。『宋史』方技伝に伝がある。巻上は脈証治法で81篇。巻中は23種の医案(治験録)集。巻下には119種の処方が録される。臓腑学説をふまえつつ自己の経験から小児の臨床治療体系を組み立てた書で,後世の小児科治方の範となった。現伝本には閻孝忠が追加した処方や,北宋の董汲の『董氏小児斑疹備急方論』が付刻されている。　　　　　　　　　　　　　　(小曽戸　洋)

じょうはいけいぶんか【城背渓文化】

湖北省宜都市城背渓遺跡(湖北省文物考古研究所編『宜都城背渓』2001年)を標準遺跡とする新石器時代中期の文化。紀元前6000年頃から約1000年間継続した。遺跡は宜都市を中心に長江本流および支流沿いに分布する。泥片貼築法(型作りの一種)で製作され多くの植物体を混和する土器が特徴的で,器種には罐・釜類,圈足盤・鉢・支脚などがある。湖南省の彭頭山文化・皂市下層文化とほぼ同時期で,密接な関係を有する。　　　　　　(中村　慎一)

しょうばくきぶん【松漠紀聞】

南宋初期の洪皓(1088〜1155)が,宋の使節として金に赴き,15年間抑留された時の見聞録。帰国後,書き記しておいた原稿を,長男の洪适が1156(紹興26)年に『松漠紀聞』と題して刊行し,1173(乾道9)年に次男の洪遵が補遺11条を付して重刊した。実際の見聞を書き留めたもので,遼と金の交渉の模様,金の宗室の様子,西走した耶律大石に関する話,ウイグルの状況,金の風俗習慣についての記載など,本書にしか見られない独特の記述が多く載せられている。

(衣川　強)

しょうばん【詔版】

皇帝の詔を板状にしたもの。一般に秦始皇帝の度量衡統一の詔版が知られている。『史記』6・秦始皇本紀の始皇26(前221)年

条によれば，「法度・衡石・丈尺を一にし，車は軌を同じくし，書は文字を同じくす」とあり，これに対応するのが度量衡器に付した詔版の文字である。その内容は「廿六年，皇帝 尽く天下の諸侯を并兼するや，黔首大安にして号を立てて皇帝と為す。乃ち丞相(隗)状，(王)綰に詔して，法度量は則ち壹ならずして歉疑する者は皆明らかにして之を壹にせよ」である。
(鶴間 和幸)

じょうひょう【聶豹】
1487(成化23)～1563 (嘉靖42)。明の儒学者。吉安永豊(江西省)の人。字は文蔚，号は双江。諡は貞襄。正徳12年(31歳)に進士となる。県・府の知事，官吏の弾劾官などを歴任し，兵部尚書(66歳)・太保(67歳)にまで昇進した。聶豹は王陽明の直弟子であり，「良知」が現在この場において完全に充足しているという，いわゆる現成派の立場に反対して，良知とは養い育てる必要のあるものだと主張した。そして彼の養い方の特徴は，心の活動が静かに収斂した「未発」の場において工夫を施すという点にあった。良知の完全性回復のために主静の立場をとるのである。彼のこの見解には，良知は動静によって分断されないとする王陽明思想からの変容が認められる。明史202
(木村 慶二)

しょうひんぶん【小品文】
一般には随筆風の散文のスタイルを呼ぶが，特に明末および中華民国時代に流行したものを指すことが多い。明末では公安派や竟陵派が個性尊重の文学を提唱する中で，文語文においても，政治や道徳にかかわることなく，また古典的な格調にとらわれることもなく，身近な題材によりながら，自分の心情を素直に，かつ簡潔に述べようとする気運が高まった。代表的な作家としては例えば陸雲龍の『皇明十六名家小品』(1633〔崇禎6〕年序刊)には，徐渭・屠隆・鍾惺・湯顕祖・董其昌・陳継儒・袁宏道・袁中道・王思任らの作品が収録されている。

この流行は18世紀，清の乾隆時代(1736-95)にいったん終息したが，文学革命をへた1930年代になって，英文学のうちのエッセイが紹介されたのをきっかけにして再評価されることになった。林語堂などがこの形式を使った作品を盛んに発表したが，厳しい時代とのかかわりを全く失う傾向にたいして魯迅が批判を浴びせる事態も生じた。
(松村 昂)

しょうひんほう【小品方】
南朝宋の医方書。全12巻。5世紀後半の成立。陳延之の撰。東晋来遭遇した江南の新開地における新たな疾病。寒食散などに象徴される文化生活の爛熟。とりとめのない数の医方の集積。これらに対処すべく，経験医方と理論の整理を試み，小規模ながらも典範たるべく編まれ『小品方』と名づけられた。巻1～10は種々の疾病に対する処方を収録。巻11は本草，巻12は灸法を記載している。陳延之の意図どおり，本書は唐代に国定医学教科書に採用され(唐令医疾令)，日本に伝えられて大宝律令以降，平安時代を通じ，医方書の首位の座を占め続けた。中国では北宋，日本では室町時代にはすでに失われたが，1984年，東京の尊経閣文庫から古鈔本(巻1)が発見された。そこには謝霊運の『秘閣四部書目録』(431年)の医書の部が引用されており，六朝医学史の空白を埋める資料となる。また序文中では張仲景を絶賛しており，本文中には張仲景由来の処方が多く引用してある。
(小曽戸 洋)

しょうふ【承負】
先人が犯した罪が，負債として後の世代の人に受け継がれ背負い込まれること。『太平経』に見える言葉。承負には，個人レベルのものと社会全体のレベルのものとがある。前者は，祖先が犯した罪がその子孫へと継承されて子孫がその負債を背負わされることで，その人自身は善い行いをしているのに悪い結果を得るのはそのためであるとする。ここには，因果応報の問題を家単位で捉える中国の伝統的な観念が濃厚に見られる。一方，後者は，前の時代の人々の犯した罪の総体が次の時代の人々に引き継がれることで，これは人々が天地の心に背く行いをすることによって，天地開闢以来，次々と承負してきたものであり，その罰は，具体的には国家規模での政情不安や大規模な天災として現れるとされる。後者の承負を断ち切り，天地の心に沿った太平の世を実現するためにはどのようにすべきであるかというのが，『太平経』の中心思想の一つである。
(神塚 淑子)

しょうふ【笑府】
明の笑話集。13巻。馮夢龍の編。708条の笑話をその内容によって，巻1「古艶部」(がめつい奴を笑う)，巻2「腐流部」(ぼんくら学者を笑う)以下巻13「閏法部」(付録)に至るまでの13巻13部に分類して収録してある。多くの条に，馮夢龍の評語が付されている。収められた笑話には，古くから伝わってきた笑話と，新しく作られたものとがある。後漢の邯鄲淳の『笑林』以来，中国には笑話を集めた専著があったが，この『笑府』は，内容から見ても分量から見ても，それらの集大成といってあやまたぬものである。馮夢龍の序文には「古今世界は一大笑府(笑いのくら)」といった言葉が見える。ただし，原本は中国では伝わらず，日本に古いテキストが残っている。日本の江戸時代には数種類の和刻本が刊行され，落語のねたになっているものもある。例えば，落語の「饅頭こ

じょうふく【常服】 →公服

しょうへいしょ【昇平署】 →南府

じょうへいそう【常平倉】 常平倉の名はすでに前漢時代には現れているが、これは軍糧の貯蔵施設にすぎず、物価の調節や農民救済の機能を有したものが出現するのは西晋時代以降である。常平倉は、公的資金で穀物が安いときに買い上げて貯えておき、価格が騰貴したときに安価で放出することにより、穀物の市場価格の安定をはかり、同時に生産者である農民の経営を保護する役割を負わされていた。

唐中期の安史の乱、また唐末の混乱で衰微したが、北宋初の10世紀末には復活し、11世紀になると全国の州県に広く設置されることとなる。時に軍糧への流用によって本来の機能が低下したり、逆に王安石の新法の一つである青苗法(農民への低利の穀物貸与策)と結びつけられて機能が拡大したりするなど、時期や時代により消長があるが、おおむね明清時代になると役割は小さくなり、農民政策の重点は義倉(平時に農民から一定の割合で米穀を供出させ、非常時に備えるもの)・社倉などへ移っていくことになる。　　　　　　　　　　(長井 千秋)

しょうへいほうばつ【昇平宝筏】 清代宮廷演劇の演目。240齣。乾隆年間(1736-95)抄本。張昭の編とされる。明代の白話小説『西遊記』のほぼ全編を舞台化したもので、元の呉昌齢の『西天取経』や明初の楊訥の『西遊記』などの演目も吸収している。従来、『西遊記』の物語の一部を舞台化した演目は多いが、本作品のように小説全編を対象にした通し狂言はなく、紫禁城の三階建てや四階建ての大舞台であればこそ上演しうる大掛かりな作品である。　　　　　　　　　　(岡崎 由美)

しょうへいりん【章炳麟】 1869(同治8)～1936(民国25)。清～民国の学者・革命家。余杭(浙江省)の人。字は枚叔、号は太炎など。杭州の詁経精舎で兪樾に学び、考証学の正統を継承、近代を代表する「国学大師」。戊戌変法期には康有為派に同調したが、1900(光緒26)年以後は排満革命を主張。1903(同29)年、「康有為を駁して革命を論ずる書」などを契機とした『蘇報』事件により入獄。1906(同32)年に出獄、日本に渡り、中国同盟会に参加、『民報』主編となったが、仏教や中国の伝統学術をベースとした彼の種族革命中心の革命論は、孫文らの革命論とはかなり色彩を異にする。辛亥革命後に帰国。1913年の宋教仁暗殺後、袁世凱の排除を画策するが、逆に1916年まで軟禁される。その後、政治活動と並行して、国学の振興を目指し、講学活動などのほか、1923年に雑誌『華国月刊』、1935年に雑誌『制言』の創刊の中心となる。主著に『訄書』『太炎文録』『国故論衡』など、著作集として『章氏叢書』『章太炎全集』などがある。　　　　　　　　　　(高柳 信夫)

しょうほう【鈔法】 11世紀から15世紀にかけて行われた紙幣制度。北宋では四川で、南宋では全国的に紙幣が発行され、銅銭と同じく770文を一貫省と数える省陌制度のほか、有効期限を定めた界制がとられた。省陌と界制は金の交鈔にも当初導入されたが、元代の紙幣では撤廃され、実際の貨幣単位は銀の重量を想定した「錠両」が一律に用いられた。ただ銀と交鈔の兌換比率は一定ではなく、交鈔の信用はむしろ塩の専売による多額の交鈔の回収によって維持された。　　　　　　　　　　(徳永 洋介)

しょうぼう【小帽】 明清時代のかぶりもののひとつで、初めは雑役に従事する人々がかぶるものであったが、のちにはその手軽さから士庶人にも用いられるようになった。6弁または8弁を縫い合わせて作り、形は円頂または平頂で、下に縁がつく。夏用は棕櫚や漆紗(漆塗りの紗)、冬用は毛織物やフェルトで作られた。小帽は明初には「六合一統帽」といわれ、瓜皮帽と俗称された。便帽または秋帽ともいわれ、清代には士大夫の普段用のかぶりものとなる。花帽は文様つきの小帽で、元服前の子供用のものである。　　　　　　　　　　(相川 佳予子)

しょうほうさっせん【蕭方殺船】 川劇高腔の伝統演目。『聊斎志異』庚娘に拠る『打紅台』の一場。金大用・庚娘夫妻は墓参りに行く途中、水賊蕭方とその妻翠娘に出会う。庚娘の美貌に悪心を起こした蕭方は2人を船に乗せ、金大用を川につき落とし、責める翠娘も投げ落とす。船室に縛りつけられた庚娘はその紐で縊死、驚いた蕭方は庚娘の遺体を川に捨て逃げる。瞬時に剣を出したり消したりする「蔵刀」で蕭方が抱いた悪心を視覚化するなど、蕭方の表現が見所。　　　　　　　　　　(細井 尚子)

しょうぼうとく【葉夢得】 →葉夢得

しょうぼく【昭穆】 宗廟に置く祖先の順位、転じて世代の意味にも用いる。皇帝の大祭では太祖の神主(位牌)側から、左(太祖に向かって右)に2世・4世・6世の神主を配置して昭、右に3世・5

しょうほ―じょうみ

世・7世の神主を配置して穆という。臣僚は身分に応じて5世まで，あるいは3世までと制限される。唐では太祖は太廟の西側に東向き，昭は北側に南向き，穆は南側に北向きに置いた。「昭」は「明」で南面の意，「穆」は「順」で子が父に順う意などと解するが，原義は不明。　　　　　（金子 修一）

しょうほん【抄本】　手書きの書籍。「鈔本」「写本」も同じ意。印刷された「刊本」「刻本」に対する用語である。歴史的には唐代以前が抄本の時代とされ，日本では室町時代末期(16世紀末)を境にそれ以前を写本の時代とみる。無論，全時代を通じて存在するが，唐以前の手書き本など価値の高いものを写本と呼び抄本と区別することがある。また，これ以外に稿本という用語もあり，著者の自筆本を手稿本，それを書きうつしたものを稿本と呼ぶ。抄本は，依拠したテキストによって，伝抄本・重抄本・転写本・移写本・影抄(写)本などと使いわける。特に，敷き写しである影抄本は宋・元の版本を底本とする影宋(元)抄本が尊ばれる。一般に，古抄本(旧抄本)と言えば清の嘉慶年間(1796-1820)以前，日本で古写本と言えば室町時代以前のものを指す。仏典を除けば宋・元代の抄本は少なく，明の『*永楽大典』，清の『*四庫全書』などは著名な国家による抄本である。民間の蔵書家では，明の呉寛(蔵書楼の名は叢書堂)，毛晋(汲古閣)，清の銭曾(述古堂)などが輩出し，抄本に価値と美しさを求めた。　　　　　　　　　　　　　　（高橋 智）

しょうまいせんげん【昭昧詹言】　清の詩話。方東樹撰。主として漢代から元代までの詩に関する通論と各詩人に対する評論から成る。方東樹は姚鼐の弟子で桐城派の文学者。この書は桐城派の古文の批評基準から詩を評論し，科挙の課題である八股文や試帖詩を評する術語が多用され，道学的色彩が濃い。乾隆年間(1736-95)の半ばに，袁枚は「性霊説」を提唱して沈徳潜の「格調説」を厳しく批判した。桐城派の詩論は，「格調説」と相通ずるものだったので，方東樹はこの書によって沈徳潜の説を援護しようとしたのだという。事実，沈徳潜の『説詩晬語』から多くの説が採録されている。このように彼自身の説だけではなく各家の説を採用しているが，主なものは姚範・姚鼐の説である。また南宋の厳羽の説をも採り入れているところがあり，それは彼が晩年禅を学んだことと関係があるといわれる。したがって本書中でもしばしば禅の語録の言葉が使われている。汪紹楹校点本(人民文学出版社，1961年)がある。　　　　　（副島 一郎）

しょうまとう【摂摩騰】　中国における仏教初伝説話のひとつ「感夢求法説」に登場するインド僧。『高僧伝』によれば，夢の中で金人を見た後漢の明帝は金人が仏であることを知ると，蔡愔・秦景をインドに派遣して仏教を求めさせた。使者たちに伴われインドから洛陽にやってきた仏教僧が摂摩騰で，彼は中国における最初の沙門といわれる。『*四十二章経』を翻訳したとされ，彼が居住した精舎が白馬寺であり，白馬寺は中国最初の仏教寺院といわれる。　　　　　　　　　　　　　　（入澤 崇）

しょうまんきょう【勝鬘経】　大乗仏教経典。一切の衆生(生きもの)は如来蔵である(如来を宿している，成仏の可能性を秘めている)という「如来蔵思想」を説く代表的経典の一つ。仏に対して，在家信者の勝鬘夫人(波斯匿王の娘)が大乗の教えを語る体裁をとる。原題は《Śrīmālādevīsiṃhanāda-sūtra》であったが，サンスクリット本の完本は現存しない。チベット訳は残る。漢訳は，南朝宋の求那跋陀羅訳『勝鬘師子吼一乗方便方広経』1巻(『大正蔵(大正新脩大蔵経)』12)。436(元嘉13)年に宝雲・慧義らと共に訳された。経序として，慧観『勝鬘経序』と道慈(法慈)『勝鬘経序』がある(『出三蔵記集』9)。なお異訳に，唐の菩提流志訳『勝鬘夫人会』(『大宝積経』119)があるが，広く普及したのは求那跋陀羅訳であった。本経は，訳出後まもない頃から如来蔵系経典として曇無讖訳『*涅槃経』と共に重視された。とくに本経の特徴として注目されたのは，二種生死・無明住地・自性清浄心などの説であった。二種生死説とは，分段生死(通常の輪廻内における生死)と不可思議変易生死(三界を超越した，成仏に至るまでの生死)を区別する説である。無明住地とは，一切の煩悩の根底に横たわる迷いの根元であり，阿羅漢や辟支仏はこれを断ずることができず，ただ仏・菩薩のみが断ずることができるとされる。自性清浄心とは，衆生の心は客塵煩悩が外来的に付着することによって汚されているのであって，本来は清浄で光り輝いているとする説である。六朝時代に本経を講説ないし注釈した僧として，宋の僧馥・僧瑗・道猷・法瑶，斉の法瑗・慧基・僧宗，梁の宝亮・法雲らがいた。六朝時代の現存する注釈としては敦煌文献の『勝鬘義記』『勝鬘経疏』，仮題『挟注勝鬘経』等がある(『大正蔵』85)。注釈のうち最も有名なものは隋の吉蔵『勝鬘宝窟』6巻(『大正蔵』37)であるが，そのほか，隋の浄影寺慧遠『勝鬘経義記』上巻と唐の窺基『勝鬘経述記』2巻が『大日本続蔵経』に収められる。　（船山 徹）

じょうみょうどう【浄明道】　道教の一派。南昌(江南省)の西山を本拠地とする。許遜(許真君)を主神とし，併せて十二真君と呼ばれる彼にゆかり

の深い神々を信仰する。忠孝という元来は儒家の徳目を教理の中心に据えている点に特色がある。

伝えるところによれば，東晋の頃，鹿の母子愛により感悟したという許遜が南昌西山で仙道を成就して昇天すると，その故宅に彼を祀る祠が築かれた。これが後に遊帷観という道観に改められ，その血族が世々道士として祭祀を行いつつ孝道を伝えたという。唐代のはじめには荒廃したが，高宗の永淳年間(682-683)頃に天師の胡慧超が出て再興し，北宋に入って1010(大中祥符3)年に観を宮に昇格され，玉隆宮と賜額された。更に1116(政和6)年には大規模に諸殿を増築し，玉隆万寿宮とされた。

南宋となった1131(紹興元)年，当時の兵火に苦しむ人々の救済を祈禱した何真公なる道士らに対し，許遜らが降臨して霊宝浄明秘法(あるいは浄明忠孝大法)と忠孝廉慎の教えを伝授した。そこで彼は玉隆宮において500余人の弟子を育てたとされる。その内容は浄明法という符呪法を主としたもので，忠孝廉慎などの倫理実践も重視された。

その後，元初に劉玉が西山で再び許遜らの降臨を得，新たに浄明大教を開き，800人の弟子を従えるに至ったという。劉玉の教説は忠孝を中心とすることに変わりはないが，宋学の所説や内丹法などを積極的に取り入れ，符呪法の行使よりは自己の内的な修練に力点が置かれており，また思想性にも富んでいる。劉玉の後に黄元吉，徐異が出て教法を受け継ぎ隆盛を誇った。明以降は，盛衰の波や諸派との混合はあるものの，玉隆万寿宮を中心にひとまず一派としての存在は保ち続けたようである。

なお一般に浄明(忠孝)道という場合，劉玉の開創としてそれ以降を指すとする場合が多いが，その形成を何真公まで遡らせる見方もある。　　（横手　裕）

しょうむいんしょかん【商務印書館】　清末創業の印刷兼出版社。1897(光緒23)年，夏瑞芳と鮑咸恩・咸昌兄弟らが上海で創設した。キリスト教会関係の印刷から始め，のち教科書の編集出版に進出する。編訳所に張元済を迎え，その図書資料室涵芬楼はのち東方図書館となる。1903(光緒29)年から14(民国3)年まで日本金港堂との合辦会社となり長尾雨山らが在籍した。教科書・辞典のほかに『繡像小説』『東方雑誌』『教育雑誌』『*小説月報』などの雑誌，翻訳の『説部叢書』『林訳小説叢書』および古典の叢書発行でも有名。人民共和国成立後の1954年，北京に移転した。　　（樽本　照雄）

しょうめいきょう【昭明鏡】　鏡名は銘文「内清質以昭明，光輝像夫日月，心忽揚而願忠，然壅塞而不泄」の前半2句に由来し，明光鏡とも呼ばれる鏡。重圏文系と連弧文系の2種類がある。重圏文昭明鏡は二重の銘帯からなり，内区に*日光鏡の銘を配し，外区に昭明鏡の銘を置く組み合わせが多い。連弧文昭明鏡は内区の連弧文帯と外区の銘帯からなる。書体は楔形・ゴシック体・小篆体が用いられ，銘文は略字・当て字が多用される。鏡径に応じて便宜的に字句を省略することが多く，また空白を補うために字間に「而」字や渦文を挿入するものもある。前漢中・後期に流行し，晩期および王莽代にもっとも盛行した。　　（黄　名時）

しょうめいさんぽう【詳明算法】　元の数学書。何平子著。序文にある安止斎は号であると考えられている。歌訣(口訣)による乗除簡便法など，『算学啓蒙』から『*直指算法統宗』に至る間に多数著された初等数学入門書の一つである。中国では散佚したが，1373年の明刊本が朝鮮，日本に伝えられ，李氏朝鮮では『算学啓蒙』『*楊輝算法』とともに算学教科書に選定され，朝鮮数学の形成に大きな影響を与えた。　　（武田　時昌）

しょうめいたいし【昭明太子】　→蕭統(しょうとう)

じょうもん【縄文】　焼き物の表面に見られる縄目の文様を指す。中国および台湾では「縄紋」と表記する。

日本考古学では縄を土器の表面に転がしたものを縄文と呼ぶが，中国考古学では，通常は焼き物を成形する過程で縄を巻きつけた板で胎土の表面を叩きしめ，その結果として残された文様を縄文，あるいは縄蓆文(じょうせきぶん)と呼ぶ(『中国新石器文化研究』)。

縄文が施された土器は紀元前5000年紀には出現し，漢代にかけて中国の各地で見られた。
　　（黄川田　修）

じょうゆいしきろん【成唯識論】　世親(ヴァスバンドゥ。400〜480)の『唯識三十頌』に対し，護法(ダルマパーラ。530〜561)の立場を中心として詳細に注釈を施したもの。玄奘(げんじょう)三蔵の翻訳である。内容は，阿頼耶識(あらやしき)を含む八識および心所有法，種子や業および生死輪廻，三性説，修道論，仏身・仏土論等，ほぼ唯識思想の全容を含んでいる。注釈の中で，難陀や安慧らの説を紹介・批判しつつ護法の立場を正義として明かしていく。その護法の独自の立場としては，識の四分説，種子の本有・新熏説などがある。　　（竹村　牧男）

じょうゆいしきろんじゅつき【成唯識論述記】　玄奘訳『*成唯識論』に対する，慈恩大師窺基(きき)の克明・詳細な注釈書。ただし『述記』には，玄奘三蔵訳出時の解説を祖述して記したものと

いう意味がある。『成唯識論』の因明をふまえた訳文は、この『述記』なしには読めないとされる。そこには、インドにおける唯識思想の展開の様子を伝える諸説が見出される一方、中国法相宗の唯識思想の淵源となるもの、たとえば三類境説なども見ることができる。窺基は他に『成唯識論枢要』も著している。
（竹村 牧男）

しょうゆう【倡優】 古代、音楽・舞踊・滑稽・曲芸などに携わる芸人のこと。『管子』小匡に「倡優・侏儒 前にあり」と見え、『漢書』灌夫伝に「倡優・巧匠のたぐいを好んだ」とあり、その顔師古注に「倡は楽人であり、優はふざけ戯れるものである」という。後には芸能・演劇の発達につれて、その上演者である芸人・俳優および妓女を広く指すようになった。
（千田 大介）

しょうよう【邵雍】 1011（大中祥符4）～77（熙寧10）。北宋の思想家。字は堯夫、諡は康節。父の代に共城（河南省）に移り、20代にその近郊蘇門山百源に庵したことから、その学派を百源学派と名づく（『宋元学案』百源学案）。30代後半から洛陽に移り、伊水の上、安楽窩と称する庵に住し、自ら安楽先生と号した。生涯官途に就くことはなく、隠れた士として推薦されても辞して赴かず、因って『東都事略』隠逸伝に載るが、その思想的営為は儒に関わると自任し、その学説と道の意識は「道学」に連なり、北宋の五子に数えられ、『宋史』427・道学伝に載る。またその学統は宋代易学の系譜に関わっている。

天地万物の生成展開と人間の存在の本質を体系的に考察する取り組みを「観物」と称し、その所産として、元会運世という宇宙時間の単位を立てて壮大な宇宙周期の発想に基づく歴史的循環論を説いた。著書には『皇極経世書』『伊川撃壌集』があるほか、彼の作として『漁樵対問』『無名公伝』などが伝わる。宋史427
（大島 晃）

しょうよう【鍾繇】 151（元嘉元）～230（太和4）。三国魏の書家。潁川（河南省）の人。字は元常。成侯と諡された。漢王朝に仕え、尚書僕射となり、魏の武帝（曹操）に従って魏王朝の建国に功績があり、宰相となった。明帝が即位すると、天子の補佐役である太傅を授けられた。魏書の本伝には書に関する逸話はない。西晋の衛恒『四体書勢』によると、「魏のはじめ、鍾繇と胡昭の二家があり、行書の法をつくった。いずれも劉徳昇を学び、鍾はいくらか異なっていた」とある。また銘石書・章程書・行狎書の三体をよくしたといわれる。銘石書とは碑銘に用いる書体で、八分書をさす。章程書とは、秘書省で教えていた書体で、一種の記録用の書体。行狎書とは、相聞、すなわち書簡に用いる実用書体をいう。つまり鍾繇のよくした体とは、八分・隷書（楷書）・行書の三体をさすとみられる。

作品として楷書（小楷）の『宣示表』（『停雲館法帖』所収）、『薦季直表』（『真賞斎帖』）、『力命表』（『快雪堂法帖』）などが刻本として伝わっている。魏書13
（大橋 修一）

じょうよう【襄陽】 漢江の中游、南曲点の南岸にある旧城市。現在の湖北省襄樊市襄城区。地名は南側を流れた襄水に因む。古くは春秋楚の地で、もとは荊州に属したが、東晋・南朝では、関中住民の流入に対応して雍州を置いた。西は漢中、北は関中・中原に直通し、中でも南には江南諸地方を扼する交通と軍事の要衝で、江南の開発が進むとともに重要性を高め、とくに分裂・抗争時には攻守必争の地とされ、西晋の呉平定や元の南宋征圧等々、その帰属が天下の形勢を左右した。南朝期以来、漢江～長江水運に利した物流の一大拠点として栄え、唐の劉禹錫は「酒旗相望む大堤の頭、堤下は檣を連ね堤上は楼」（「堤上行」）と、船着き場大堤の繁華を詠った。学術・文芸の面でも、後漢末の混乱期に荊州牧劉表の庇護下で開花した荊州学は漢の学問を六朝につなぐ役割を果たし、東晋の習鑿歯、唐の杜審言・孟浩然・皮日休、北宋の米芾らをうんだ。諸葛亮ゆかりの隆中をはじめ一帯は名勝旧跡にとみ、明代では蘭亭のある会稽（浙江省）と並んで騒人墨客に人気の遊訪地であったという。端午に粽や競漕・綱引きの歳事を楽しむなど、楚の文化を伝える。
（安田 二郎）

しょうようろく【従容録】 宋代禅宗の公案評唱の書。詳しくは『万松老人評唱天童覚和尚頌古従容庵録』。宏智正覚の頌古百則に対して、万松行秀が示衆・著語・評唱を加えたもの。先行する『碧巌録』に倣うもので、後の『虚堂集』『空谷集』と合わせて『四家評唱録』（四家とは雪竇・宏智・投子青・丹霞淳）と呼ばれる。湛然居士耶律楚材の西域からの7度の勧請により、1223（嘉定16）年燕京報恩洪済寺の従容庵で成った。翌年7月、阿里馬城（新疆ウイグル自治区）で受け取った楚材はすぐに序を書いた。最初の刊行がいつであるかは不明。現存するものは『四家評唱録』の一つとして1607（万暦35）年刊行の万暦本が最古であり、以後のものの底本となる。

『碧巌録』に比して洞山系の古則が取り入れられ、曹洞宗系の禅者の撰述であることから曹洞宗の根本聖典となり、日本では江戸期だけでも20種以上もの注釈書がものされたが、万松の評唱を除くものも

多く，宏智頌古尊重の傾向を示している。

(西口 芳男)

しょうらいびじゅつ【請来美術】 中国・朝鮮などの大陸から日本にもたらされた仏教美術の総称で，書籍・絵画・彫刻・工芸品などさまざまなジャンルにわたる。入唐八家(最澄・空海・円仁・円行・恵運・常暁・円珍・宗叡)の場合は，帰国後に作成された請来目録があり，多数の経典類・両部大曼荼羅・祖師図・密教法具・袈裟などが記載されている。留学僧による請来が厳密に確認できない場合でも，大陸将来の仏教美術については，慣例上，請来美術と呼ぶ。唐物鑑賞の制度が確立した室町時代以来，古渡りとされる美術品には高い価値付けがなされたが，その中には禅宗の水墨画や宋元や高麗の着色仏画などの請来美術が含まれている。請来美術は日本における美術の制作で長らく手本とされる一方，それらと同類の美術品は，母国の中国や朝鮮では失われてしまったものが多い。母国における過去の仏教文化を復元し，日本の美術を東アジア全体の視野から再検討する具体的な資料として，請来美術の重要性はきわめて高い。 (井手 誠之輔)

しょうりけん【鍾離権】 八仙の一人。漢鍾離とも呼ばれる。全真教では，初祖の東華帝君王玄甫から教えを受けた第2祖として崇められた。全真教の五祖七真の伝記である『金蓮正宗記』の正陽鍾離真人伝では，漢から唐まで500年余りを生き，第3祖の呂洞賓に教えを授けたという。宋代以後，神仙としてのイメージが定着して人気がたかまり，全真教の祖師の列に加えられ，また八仙の一人にかぞえられるようになった。 (吉川 忠夫)

しょうりつしょ【鍾律書】 前漢末の音楽と度量衡に関する理論書。劉歆撰。5(元始5)年に平帝に上奏された。『漢書』律暦志に引く劉歆の鍾律説は同書にもとづくと考えられている。劉歆の鍾律説の最大の特徴は，易説や音律理論を利用して，五声・十二律のみならず数(五数)や度量衡(五度・五量・五権)のシステムを理論づけるところにある。同書は東アジアの音楽と度量衡の発展の方向を決定づけた。 (川原 秀城)

しょうりょう【昭陵】 唐太宗李世民の陵墓。陝西省礼泉県の東北郊外16.5kmにある九嵕山の最高峰(唐王嶺)南面に墓室を穿って造営した唐代山陵制の創始となる陵墓である。陵垣は痕跡を留めないが，北麓と南麓にそれぞれ門の跡があり，その間の距離は1.1km。南門内には献殿，北門内には祭壇の遺跡が残る。祭壇には太宗の愛馬を象った昭陵六駿の石板浮彫と14体の蕃酋像が立てられ，それらの台座が現存する。山頂の西南1150mに下宮の遺跡があり，東西237m，南北334mの垣が巡る。墓室付近の崖面には造陵時の桟道の跡が残り，山腹の東西南面には陵園施設の一部と見られる15か所の洞穴がある。神道は未確認であるが，墓室の南9kmの後寨村に立てられた1対の走獅子(西安碑林博物館所蔵)が陵域の南限を標示するものと見られる。現存数167基の陪葬墓は山上と山裾の平野部に分かれて分布する。山上には魏徴や新城公主の崖墓，長楽公主や城陽公主などの墳墓が営まれ，山裾には李靖墓や李勣墓(昭陵博物館内)をはじめ，多数の陪葬墓が築かれている。 (来村 多加史)

しょうりんこうき【笑林広記】 清の笑話集。12巻。遊戯主人の編。1791(乾隆56)年の刊本がある。後漢の邯鄲淳の編纂した中国最古の笑話集『笑林』を増補したもの，というのが書名の意味。明の馮夢龍の『笑府』にならって，巻1「古艷部」，巻2「腐流部」以下の12部に分かって，827話を収めている。『笑府』より収録数は多いが，大部分は『笑府』に収められた話に若干の筆を加えて再録したもの。中国で広く流通したという点では『笑府』を上回っている。 (大木 康)

しょうりんじ【少林寺】 河南省洛陽市の東南約70km，登封市の北に位置する仏寺。大小36峰からなる中岳嵩山の1峰少室山の北麓にある。北朝北魏の孝文帝が，496(太和20)年に仏陀禅師のために創建した。達摩が9年間も壁に面して坐禅し禅宗を始めた寺である。隋の崩壊時，河南は王世充の勢力下に入っていたが，この寺の有力僧13人らが李世民に加担したことが契機となって，唐は全国統一を成し遂げた。少林寺拳法の発祥地として有名。唐の少林寺碑など，多くの石碑がある。

(礪波 護)

しょうるいほんぞう【証類本草】 北宋の本草書(薬物学書)。正式名は『経史証類備急本草』。全31巻。11世紀末の成立。唐慎微の編。劉翰らの『開宝新詳定本草』(973年)，『開宝重定本草』(974年)，掌禹錫らの『嘉祐本草』(1061年)に次いで成った正統本草書で，従来の本草書・医書が豊富に引用され，本草研究上，不可欠の文献。原本は伝わらず，通行テキストに『(経史証類)大観本草』(1108年刊)や『政和(新修経史証類備用)本草』(1116年刊)がある(ただし現伝本はその翻刻)。 (小曽戸 洋)

しょうれい【詔令】 文体の名。天子，あるいは皇太后・皇后が発する命令や文辞の総称。みこ

しょうれい【鍾礼】
生没年不詳。明の画家。上虞(浙江省)の人。字は欽礼、号は南越山人。弘治年間(1488-1505)頃に軍籍にあったと推測されている。明の文人たちにより浙派に分類され、狂態邪学と評される。また詩もよくしたという。代表作に、南宋院体画風の構図を基に筆墨を強調した『高士観瀑図』(プリンストン大学美術館蔵)、『漁樵問答図』(長野県、定勝寺蔵)がある。 (伊藤 晴子)

じょうろ【饒魯】
生没年不詳。南宋の儒学者。余干(江西省)の人。字は伯輿、又は仲元・師魯。少時より学に志し、やや長じて黄幹に従学。居住した石洞書院の前に二つの峰があったことから双峰と号せられ、没して文元と私諡される。陸象山の生地江西に朱子の正統を伝えるが、学風は必ずしも朱子一辺倒ではなく、陸学にも寛容。朱・陸を調停した元の呉澄に影響を与える。『宋元学案』巻83は双峰学案を立てる。 (石田 和夫)

しょうろでんどうしゅう【鍾呂伝道集】
神仙鍾離権から呂洞賓へ伝授されたという架空の想定に基づいて書かれた、近世内丹法の代表的理論書。『正統道蔵』所収の叢書『修真十書』に収められるが、異本として南宋初の曾慥による『道枢』巻39～41所収「伝道篇」があり、北宋期の著作であることが知られる。原則的に『霊宝畢法』に説かれた内丹理論を解説するが、各修行段階で得られる瞑想の内容を描写するなど、『霊宝畢法』にはない特色が見られる。 (森 由利亜)

しょうろん【唱論】
中国で最も早く声楽について論述した専門書。全1巻、31段。元の燕南芝庵著。書中には、古代の音楽家、宋・金・元代の楽曲の名称と内容、歌唱方法、楽曲の流布地域、歌唱に関する音楽理論が列挙されているが、文章が簡略で、当時の方言や術語を多用しているため難解な部分が多い。現代の解説書に周貽白の『戯曲演唱論著緝釈』がある。 (孫 玄齢)

じょうろん【肇論】
五胡十六国後秦の仏教哲学者僧肇の文集。僧肇の論文4編及び「般若無知論」をめぐる東晋の劉遺民との往復書簡が、序論「宗本義」を冠して南朝陳の頃に編集され『肇論』として伝承されたものである。まず鳩摩羅什が『大品般若経』を翻訳しつつ『大智度論』を講義したとき(405年)に、「般若無知論」が著作され、翌年、竺道生の南帰(407年)の際に託されて廬山の慧遠のもとへもたらされた。それを読んだ劉遺民が丁重な挨拶状とともに問いの手紙を送り(408年)、僧肇は、それに対して逐一、答えている(409年)。その後、いつか確定されないが、「般若無知論」を補論する「物不遷論」「不真空論」が著作され、最後に鳩摩羅什が没した直後(一説に413年)に「涅槃無名論」が著作されている。なお413年の時点で、廬山では既に法顕伝来の未訳の『泥洹経』(古訳『涅槃経』)の内容が知られていたと考えられ、「涅槃無名論」に同経への言及があるのは、廬山からその情報を得ていたのであろう。これらの論文において論ぜられているのは、魏晋の老荘思想で問題にされた「有」「無」「心無」「即色」「本無」などは、すべて「俗諦」であって、それを超えたところに「無知にして知らざる無く」「有に非ず無に非ず」「物と我、同根」で「万物は我と一体」である「真諦」があるという思想である。そのような思想が、とくに南朝の三論学派において伝承され『宝蔵論』の偽作や石頭希遷の大悟の遠因となったのであった。 (荒牧 典俊)

しょうろんしゅう【摂論宗】
真諦訳『摂大乗論』を所依とする宗派で、中国13宗の一つにも数えられている。真諦は南朝陳の563(天嘉4)年、広州制旨寺において『摂大乗論』3巻、『摂大乗論世親釈』12巻を翻訳し、かつこれについて講義した。他にも唯識系の諸経論を多数翻訳しており、それら真諦の伝える教学を研鑽する学派として摂論宗が成立した。その教えは、慧愷・法泰・曹毘・道尼らの門人によって講じられていく。彼らは南方で活躍したが、590(開皇10)年、道尼が門人とともに長安に入ると、南方では摂論宗は衰退していった。一方、北方ではこの頃、特に曇遷が活躍し、摂論宗の中心的存在となる。曇遷は587(開皇7)年、長安にて『摂大乗論』の講義を行うが、浄影寺慧遠などもこの講義を聞いている。その後、曇遷は時の皇帝に重用せられ、その門下も大いに摂論宗の弘宣に努めた。その結果、摂論宗は初唐の頃まで盛んであったが、玄奘の新訳が導入される頃になると、独立の宗としての意義を失っていった。

インドの無著(395?～470?)が著した『摂大乗論』は、小乗と異なる大乗の優れた教義を10項目にまとめ、解説する書物で、阿頼耶識(意識下の第八識。過去の一切の経験を貯蔵している)・三性・唯識観・六波羅蜜(大乗仏教の修行者の

基本的な6つの修行。布施・持戒・忍辱・精進・禅定・智慧)・十地・無分別智・無住処涅槃(生死にも涅槃にも住しないことに涅槃を見るもの)・仏身論などを体系的に説いている。したがって摂論宗の教学はこれらの思想をその内容とするのは当然である。しかし摂論宗の教学の最大の特徴は，第九の識である阿摩羅識(本来清浄無垢なる識)を説くことである。真諦訳『摂大乗論世親釈』自身が如来蔵説との深い関係を示すなど独自のものとなっていて，そこに解性梨耶の説がいわれたりした。また，円測『解深密経疏』によるに，真諦は『決定蔵論』によって第九識を説いたという。たしかに『決定蔵論』には，阿羅耶識(阿頼耶識)は無常・有漏法であり，阿摩羅識は常・無漏法であって，悟りとは阿摩羅識を証すること等とある。この第九識を説くことが摂論宗の最大の指標である。他に三性説や浄土観等においても，独特の説を主張した。　　(竹村 牧男)

じょか【女媧】　古代神話の女神。『淮南子』に，太古に天を支えていた4本の柱が倒れて洪水となった時に，女媧が天空を補い，天柱を作ってもとにもどしたとある。『風俗通義』には，女媧は黄土を手でこねて人間を造ったが，後には疲れて縄を泥に浸して人としたとの記述もある。後世には三皇のひとりとみなされたり，伏羲の妻または妹であったとの伝承も生まれ，人面蛇身の女媧が伏羲と互いに尾をからませている伏羲女媧図が多く出土している。　　(吉田 隆英)

しょかい【書会】　宋元時代の民間演劇・芸能作者の組織。当時は，芸種ごとに芸人が団体を組織していた。例えば，「緋緑社」は雑劇の役者の組織であった。そうした組織のうち，脚本を書く作者の団体が「書会」である。書会の作者は「才人」「書会先生」と呼ばれた。「書会」はおおむね人の集まる大都市にあり，燕京(北京)の「玉京書会」「元貞書会」，杭州の「武林書会」「古杭書会」，温州の「九山書会」などがあった。　　(大木 康)

じょかい【徐階】　1503(弘治16)～83(万暦11)。明代の政治家・思想家。松江府華亭県(江蘇省)の人。字は子升，号は少湖，存斎。1523(嘉靖2)年の進士。1552(嘉靖31)年に入閣，1562(嘉靖41)年から1568(隆慶2)年まで首輔(首席内閣大学士)の任にあり，厳嵩による長期腐敗政権の後をうけて弊政刷新に努めた。陽明学を奉じ，北京の霊済宮で講学の会を主宰するなど，嘉靖後半期の講学隆盛に寄与。隆慶初年には王陽明の文廟従祀を求める奏疏が相次いで奉られたが，その黒幕は時の首輔徐階であったとされる。また江南の大土地所有者でもあり，応天巡撫海瑞に土地兼併を摘発弾劾された。著に『世経堂集』26巻がある。明史213　　(中 純夫)

じょかい【徐鍇】　920(貞明6)～974(開宝7)。五代十国南唐の文字訓詁学者。広陵(江蘇省)の人。字は楚金。徐鉉の弟。南唐に仕え，秘書省校書郎から集賢殿学士となり，内史舎人に累遷した。文字の学に精通し，とくにその著『説文解字繋伝』40巻は，『説文解字』に対する最初の本格的な注釈として，後世の小学研究に非常に大きな影響を与えた。他にも『説文解字』の小篆を韻書形式に配列した『説文解字韻譜』がある。宋史441　　(阿辻 哲次)

しょがいっちろん【書画一致論】　書と画が，内容もしくは外的にも調和し，芸術的境地において一致するという考え。書画の外的特質における一致と，芸術的境地における一致の2系統の考え方がある。前者は『歴代名画記』の書画同源論に代表されるが，書画同源というより文字・絵画同源論である。もとより造形的特質が根本的に異なる書と画が外的に一致することはありえないが，勧戒論と同様，絵画庇護のための論法という意味で，絵画が芸術として広く認識されるまでは一定の意味を持った。後者は宋代から論じられるが，この場合の「書」は後世の書(書法・書道)でなく文字・詩文の意味で，蘇軾の論じた詩画一致の概念とほぼ同義の場合が多い。そして北宋の題画詩の流行から，同一画面に詩文が書き込まれるようになり，ここから詩書画一致の概念が形成され，以後の文人画の発展に甚大な影響を与えた。ただし「書画一致」という言葉自体は古い文献にはなく，近代の用語であると考えられる。　　(河野 道房)

じょかかくゆうき【徐霞客遊記】　明の旅行記。10巻本・20巻本等がある。江蘇出身の大旅行家，徐弘祖(号は霞客，1586～1641)の撰。彼は20代の頃からしばしば旅行に赴き，その都度詳細な記録を残した。50代以降に訪れた貴州・雲南などの旅行記が本書の中心をなす。弘祖没後，散逸を恐れた友人の季夢良が整理し，庶子李寄・同郷人陳泓らの整理校勘を経て，族孫の徐鎮により1776(乾隆41)年刊刻された。各種版本・活字本があるが，丁文江の校訂による1928(民国17)年刊20巻本(付年譜・旅行路線図)が良いとされる。こんにちなお盛んに出版され，広く読まれている。　　(櫻井 俊郎)

じょがく【徐岳】　生没年不詳。後漢～三国時代の暦学者・数学者。東萊(山東省)の人。字は公河。後漢末に劉洪から暦法(乾象暦)を学び，後に呉の中書令であった闞沢にその法を授けた。魏の黄

初中(220-226)に太史令の高堂隆を中心とする暦法の論議に韓翊・許芝・董巴とともに加わった。劉徽以前に『九章算術』の研究を行った人物であり、その注釈書を著している。なお、『数術記遺』も徐岳作となっているが、後世の偽託である。

(武田 時昌)

しょがくき【初学記】 唐代の類書。30巻。玄宗から皇子たちのために作詩文の参考書を作るようにとの命を受けて、徐堅(659～729)等が編纂した。全体を23部313子目に分け、子目ごとに「叙事」で概括的な紹介をし、「事対」で関連する熟語を示し、最後に「詩文」で具体的な使用例を挙げる体例をとる。初学者向けに簡便に作られていることから『初学記』と名づけられた。「唐人の類書中に在りて、博は『芸文類聚』に及ばざれども、精は則ち之に勝る。『北堂書鈔』及び『(白孔)六帖』は、則ち此の書の下に出づること遠し」(『四庫全書総目提要』)と評される。散佚した古書の逸文を含んでいることや、現存する古典の誤りを正すことができるなど、学術的な価値も高い。テキストとしては、司義祖等校点『初学記』(中華書局、1962年)および許逸民編『初学記(事対・引書)索引』(中華書局、1980年)が最も便利。我が国には早くから伝えられ、『日本国見在書目録』にも著録されている。

(筧 文生)

しょがしょろくかいだい【書画書録解題】 書画論著の書目提要。12巻。1932(民国21)年刊。余紹宋編。後漢から近代までの書画に関する書籍850余種を著録し、それぞれを内容に応じて、史伝・作法・論述・品藻・題賛・著録・雑著・叢輯・偽託・散佚の10部門に大別し、さらに各類を細目に分ける。著録した書籍に関しては、巻数・版本・著者名・概要のほか、『四庫全書総目提要』の記述を引用しながら編者の論評を加え、詳細に検証しており、豊富な内容を含んでいる。 (古田 真一)

しょかつこうめい【諸葛孔明】 →諸葛亮

しょかつりょう【諸葛亮】 181(光和4)～234(建興12)。三国蜀の宰相。琅邪郡陽都県(山東省)の人。字は孔明、諡は忠武侯。幼くして父を亡くし、従父の諸葛玄に従い荊州(湖北・湖南両省)牧の劉表を頼り、玄の死後も荊州に留まり、「荊州の学」の司馬徽に学び、隆中(湖北省。河南省とも)で隠棲。劉表の客将劉備の「三顧の礼」を受け、天下に覇を唱える手段として天下三分の計を披瀝、劉備と「水魚の交わり」を結ぶ。あるいは諸葛亮の方から劉備を訪ねたともいう。曹操の大軍が南下するや、観望する孫権の下に赴き巧みな弁舌で劉備との同盟を実現させ、赤壁の戦いを勝利に導いた。劉備の入蜀のときには後方を固め、221(章武元)年、劉備の即位にともない丞相に任じられ、223(同3)年、白帝城での劉備の臨終の際には後事を託された。諸葛亮は、外交では呉との修好を果たし、内政では「蜀科」を制定し、法規による厳格・公平な方針を貫き、政情の安定を得た。225(建興3)年、南中(雲南・貴州両省)を鎮撫した上で、227(同5)年、劉禅に「出師表」を奉り、漢中に進駐、丞相府を開き、翌年から魏の関中・隴西方面に対して北伐を5次にわたり敢行した。だが魏側の防御を突破できず、234(同12)年、五丈原(陝西省)にて陣没。享年54歳。なお、三国当時、兄の諸葛瑾が呉の宰相、同族の諸葛誕が魏の将軍というように、琅邪の諸葛氏は三国それぞれに仕え、要職に就いている。

陳寿は『三国志』で、管仲・蕭何に匹敵する「識治の良才」であるが、「応変の将略」に欠けると論評。後世、その忠義が強調され、神秘的な能力が賦与され、『三国志演義』では後半のヒーロー。劉備の墳墓である成都の武侯祠は主客転倒して諸葛亮の廟という面がクローズアップされている。日本では、土井晩翠の長編叙事詩『星落秋風五丈原』により悲愴なイメージが定着しており、評伝も内藤湖南の『諸葛武侯』をはじめ多数存在する。三国志35

(福原 啓郎)

じょかん【女冠】 女性の道士をいう。南北朝の道教教団では女性道士を女官とよんだ。唐では一般に女官、女道士とよぶ。やがて女官は女冠とも表記されるようになり、北宋以降、徐々に女冠が定着していく。道教では女性の救済が説かれ、南朝で道士の道場が山中に築かれると、同時に女性道士の道場も営まれた。唐では皇帝の子女が道士となり、長安に大規模な宮観が建立された。女性道士が神格化され、教義の展開に寄与した例も少なくない。

(都築 晶子)

じょかん【徐幹】 170(建寧3)～217(建安22)。一説に171～218。三国魏の詩人。建安七子の一人。北海の劇(山東省)の人。字は偉長。寡欲で栄利を好まぬ、心穏やかな優れた人物と曹丕がその人柄を絶賛した(「呉質に与うる書」)ように、若い頃から博聞で文才に富んだが、誰からの招きにも応ぜず幽居して書を耽読した。曹操に召されて五官将文学をつとめたが、後に病を得て辞した。詩文の制作を廃して著した哲学書『中論』が名高い。また「室思」「情詩」など数首の詩がいまに伝わる。三国志21

(林 香奈)

ジョカンじ【ジョカン寺】 チベット自治区ラサ市街区の中心にある寺院。チベット語でジョは釈迦牟尼を指し、引いては仏を意味する。カンは房、殿堂である。吐蕃(チベット)を統一したソンツェンガムポ王が7世紀半ばに創建し、釈迦牟尼金像を安置しているためジョカンと名付けられた。寺院は聖地インドのある西に向き、後世の5期に渡る増改築により、大きく前庭、中央仏殿及び南庭の三つの部分によって構成される。中央仏殿は現存する最も古い建物で、8世紀後期から9世紀初めのものである。その平面は正方形で、後壁中央の釈迦堂と周囲の小さい僧房(ヴィハーラ)が羅列して中庭を囲み、インドのナーランダー僧院の1A窟をモデルにしたと言われている。なお、中央仏殿の木柱の様式は、インドのアジャンタ第1・第27号ヴィハーラ窟、第19号チャイティヤ窟のものと類似している。10世紀から13世紀前期の第2期には、中央仏殿の外壁に付く巡礼用廊下及び東側が増築された。1264年にチベットのサキャ派僧八思巴(パスパ)がモンゴルの元帝国の仏教を総領する地位を獲得し、仏教がさらに繁栄したのを機に、13世紀後半から14世紀の元朝期に、第3期の建設期を迎える。中央仏殿の中庭が、経堂として使うため屋根を増築して室内化され、陸屋根上に斗栱を使って金の屋根が増設された。15世紀から1640年代までは第4期となる。この時期は、ゾンカバが仏教改革を推進し、ゲルック派を創建した。1409年にゾンカバがジョカンで大祈願会を開き、ジョカンの聖地としての宗教的地位が不動のものとなった。この時期に、ジョカンの中央仏殿が2階建てから4階建てに増築され、千仏廊院と称する前庭が増設された。1642年に5世ダライ・ラマが政教においてチベットの執政者となったのを機に、1643年からジョカンをさらに拡張し、これが第5期となる。新しい支配体制に合わせて、ジョカンにもダライ・ラマ、バンゼン・ラマのオフィス、チベット地方政府であるカシャの行政空間を併設するようになった。 (包 慕萍)

しょぎ【書疑】 南宋の王柏が著した『書経』研究書。9巻。『通志堂経解』『金華叢書』所収。『詩疑』同様、聖人が残した経書の完全なる姿を求めて、経文に大胆な整理を施した。『四庫全書総目提要』は、『書経』に関し、古文を疑う者や今文も併せ疑う者、部分的に改定を施した者はそれまでもいたが、全体にわたって経文を移し易え補綴したのは王柏に始まるとして、その「独断的で杜撰」な態度を批判したが、先駆的な見解があることも確かである。 (早坂 俊廣)

しょぎ【書儀】 書儀とは書翰儀礼のことで、具体的には書翰の模範文例集を指す。『顔氏家訓』風操篇に書儀への言及があり、また『隋書』経籍志・『旧唐書』経籍志・『新唐書』芸文志に書儀類が著録されており、書儀が六朝隋唐期に流布したことが窺える。敦煌発見遺書中に書儀の残欠写本があり、わが国の『日本国見在書目録』にも書儀類が著録されており、正倉院に光明皇后の手写とされる書儀『杜家立成雑書要略』が保管されている。

書儀は、書翰における多言や紙数の繁雑さを避け簡要を第一とし、書翰を通じての社会生活上の礼節・教養の標準を示すものである。従って、書儀の流行は、模範文例を参照したい個人的欲求の高まりを示すのみならず、当時の士大夫層に社会生活上の礼儀や常識が欠如していたことを表している。

のちに、宋代の司馬光の『書儀』が出現してからは、「書儀」と言えば、ふつう、司馬光の『書儀』を指すようになった。司馬光『書儀』には、冠・婚・喪各儀礼の細則が記され、特に喪儀の記述に比重が置かれている。後の『家礼』は司馬光『書儀』を重視し、その「居家雑儀」を転載する。

元代に至って、書儀は『新編事文類要啓札青銭』『居家必用事類』という日用百科全書としての性格を強めていった。 (井ノ口 哲也)

じょき【徐熙】 生没年不詳。五代十国南唐の花鳥画家。江寧(江蘇省)の人、一説に鍾陵(江西省)の人。江南の名門の出身。孫(一説に子)の徐崇嗣の活躍時期から南唐初期の画家と推定されるが、947(保大5)年に中主李璟の命によって南唐の名画家が合作した『賞雪図』(現存せず)に徐熙は名を連ねておらず、徐崇嗣が池沼禽魚を描いている(『図画見聞誌』6)。江南の花木・草虫・藻魚を得意とし、水墨中心の野趣豊かな画風は五代・北宋の士人に絶賛され、「骨気風神、古今の絶筆たり」(『宣和画譜』17)、「徐熙野逸」(『図画見聞誌』1)と評された。一方で宮中を飾る装飾的な濃彩の花鳥画も描いており、それらは「舗殿花」「装堂花」といわれる生意に欠けた画であった(同6)。富貴とされる蜀出身の黄筌一派との画風の対比から、また徐崇嗣が没骨花鳥画を確立したこともあって、北宋以後、徐熙の水墨花鳥画家としての側面が強調されていった。画中の空と水面の区別に注目しても、黄居寀の画は「天水分色」、徐熙は「天水通色」と評され(同1)、徐熙の画においては、水墨による江南の湿潤な空気の存在が、個々の景物の輪郭よりも重視されていた。こうした芸術性の違いは五代十国から北宋時代の絵画全般に及ぶもので、華北系山水と江南系山水の確立・融合と軌を一にする。

伝称作品として、『玉堂富貴図』(台北、故宮博物院蔵)、『雪竹図』(上海博物館蔵)が有名だが、いず

れも徐熙の本領を伝える作ではない。（藤田　伸也）

しょきゅうちょう【諸宮調】　宋元時代に流行した語り物芸能。諸般品調・搊弾詞ともいう。歌（韻文）と語り（散文）とを交互に繰り返して，長い物語を語ったもの。宮調とは音楽の調子のことであり，同じ調子に属する歌をいくつも連ねて組曲とし，さらに違う調子の組曲を綴り合わせることで全体を構成した。北宋の中ごろに沢州（山西省）の人，孔三伝が創始したとする記録がある。汴京（開封）・臨安（杭州）・燕京（北京）などが流行の中心であり，それらの土地に関する書物の中で記録されている。伴奏には太鼓・拍板・笛，後には琵琶・箏なども用いられた。

現存する作品は『劉知遠諸宮調』『西廂記諸宮調』『天宝遺事諸宮調』の3種である。『劉知遠諸宮調』は五代後漢の高祖，劉知遠の一代記。『西廂記諸宮調』は，金の董解元の作という。唐の元稹の『鶯鶯伝』（伝奇小説）と元雑劇『西廂記』との間をつなぐ作品。『天宝遺事諸宮調』は玄宗と楊貴妃の物語。　　　　　　　　　　　　　　　（大木　康）

しょきゅうちょうせいしょうき【諸宮調西廂記】　→西廂記諸宮調

しょきょう【書経】　儒教の経典である五経の一つ。58篇。戦国時代以前は『書』，漢以後は『尚書』，宋以後は『書経』の名で通行した。伝説的な聖天子の堯・舜から，夏・殷・周三代の帝王たちの詔勅や言行，春秋時代の有力諸侯の言葉まで，時代順に編成されている。その起源は，前11世紀頃の周初の成王・周公たちの言葉が記録され，神聖なものとして周王室に受け継がれたものにある。そののち，前代の殷・夏の時代の天子たちの記録とされるものが次々と作られ，新しい時代の有力者たちの言行の記録も加えられ，まとめて『書』とよばれるようになった。孔子が100篇の『書』を編纂したとも伝えられるが，信はおけない。孔子の当時存在していた『書』は，西周の王たちの言葉に関するものだけであったであろう。しかし『論語』によると，孔子は『詩経』とともに『書』を古代の聖人たちの政治を知るための重要な書物としていたことは，事実である。

前漢の武帝のとき（前136年），儒教が指導的な地位につき，五経が定められた。その一つに秦の博士であった伏生が伝えた29篇より成る『書』が，『尚書』という名称で国家公認のテキストとして指定された。ややおくれて，孔子の旧宅より，伏生本より16篇多い，古い書体で記された『尚書』が出現し，孔子11世の孫の孔安国によって献上され，『古文尚書』とよばれた。これに対し，伏生より伝わったものは，漢代通行の隷書で記されていたので『今文尚書』として区別される。『古文尚書』は後漢に主流となったが，いつしか亡失し，東晋になって梅賾が新しく孔安国の伝（注釈）のついた全58篇の『古文尚書』を入手して献上した。うち33篇は『今文尚書』と同じであるが，25篇はこの書物独自のものである。唐初に五経正義が制定されたとき，この『古文尚書』が国家的に公認された書物としてとり上げられ，孔安国伝も正統な解釈とされた。以来，この系統の本が伝わり，『今文尚書』は姿を消した。のち，明・清の考証学の研究により，この『古文尚書』のうちの，独自の25篇は魏晋の頃の偽作と断定され，孔安国伝も同様に見なされるに至った。

周初の成王・周公に関する数篇は，中国最古の文献資料として歴史的にも極めて価値がある。また，古代地理書としての「禹貢」篇，天下統治の原理を五行思想と結びつけて述べた「洪範」篇などは，思想史上注目される。　　　　　　　　（野村　茂夫）

しょく【蜀（三国）】　221（章武元）～263（炎興元）。三国時代の一王朝。正式の国号は漢で，蜀漢・季漢とも呼ぶ。都は成都。領域は四川・雲南・貴州と漢中。先主（昭烈帝）劉備と後主劉禅の2代。後漢末の軍閥で，漢の一族と称する劉備は，赤壁の戦いの結果，荊州（湖北・湖南両省）西半を獲得，ついで劉璋から益州（四川省），曹操から漢中を奪い，劉邦の故事にならい漢中王と号し，後漢滅亡の報に接し即位した。劉備の死後，後事を託された丞相の諸葛亮は劉禅を輔弼し，西南夷を制圧，漢中に幕府を開き，魏への北伐を敢行。234（建興12）年の諸葛亮の死後も，大将軍の蔣琬・費禕・姜維らは，呉と提携し魏と対決するという方針は変えなかった。末年，宦官の黄皓の専横が目に余る中，263年，魏軍の侵入を招き滅亡。実情は，国の中枢には諸葛亮ら荊州出身者が多く，軍事に重きを置く流寓政権の様相が濃厚である。学者としては，陳寿の師で『古史考』を著した譙周が出ている。

（福原　啓郎）

しょく【蜀（四川省）】　現在の四川省の別名。古くは「巴蜀」と併称され，現在の重慶を中心とする地域を巴，成都を中心とする地域を蜀と呼んだ。蜀の名が現れるのは『書経』牧誓が最初といわれる。古蜀は中原とは異なる文化を有していたが，秦に降って以降中国化が進んだ。秦の李冰らが都江堰を築き，岷江の流域に灌漑するようになって以降，成都平原は農業生産が発達し，蜀は「天府の国」と呼ばれるようになった。南部の自貢では，漢

代にはすでに井塩の生産が行われて，蜀は中原に対して相対的な独立性が高まり，三国蜀(蜀漢)をはじめ，幾多の独立政権がこの地に割拠することになった。唐末891年に王建が立てた五代十国の蜀(前蜀)は，925年まで政権を維持したが，後唐の荘宗に滅ぼされた。後唐の成都尹・剣南西川節度副大使に任命された孟知祥は，930年蜀(後蜀)を立てたが，965年に宋の王全斌により滅ぼされた。宋代になると，蜀は内地化し，四川と称されるようになった。
(森 紀子)

じょくいせき【峙峪遺跡】 泥河湾盆地西端の山西省朔州市にある後期旧石器時代遺跡。1963年に中国科学院古脊椎動物古人類研究所が発掘し，炉跡，人類頭骨の破片，小型石刃やエンドスクレイパーなどの石器，ほ乳動物化石を発見した。歯の化石から少なくとも200頭以上のウマとロバが狩猟されていたと推定される。放射性炭素年代測定法による年代は2.9万年前である。細石刃技術の段階より古い初期石刃技術の段階に位置づけられる。文献に賈蘭坡ほか「山西峙峪旧石器時代文化遺址」(『考古学報』1972-1)がある。
(佐川 正敏)

しょくかのがく【稷下之学】 戦国時代，斉の国で一時栄えた学派・学問。宣王(在位前319〜前301)の時代を中心に，前後1世紀ほどの間，斉の都の稷門(西門)に集まった多くの学者の議論や思想を総称していう。

代表的思想家に，*鄒衍・淳于髡・田駢・慎到・*荀子などがいるが，荀子を除いてその著書は完全な形では残っていない。伝承によれば，鄒衍は，五徳によって歴代王朝の盛衰を説き(「五徳終始説」)，当時の中国は「大九州」という大きな世界の81分の1に過ぎないと述べ(「大九州説」)，時間的・地理的に人知の及ばない無限を追求し，淳于髡は，情況を的確に見すえた微妙な言辞(謎かけ)や着想によって相手を圧倒し，田駢は，すべての物はそれぞれみずからの相対的可能性をひとしく持っていると説き(「貴斉説」)，慎到は，法家的な「勢」を主張し，固定化した「常識」を疑い，物の自然性を重視した，と言われる。現実世界の観念を超えた斬新な「物の見方」を提示しようとした点に稷下学派の特色があったと言える。
(森 秀樹)

しょくじんゆう【食人卣】 動物形の卣の一種で，前足で人を抱き，大きく開いた口の中にその頭を今にも飲み込もうとする迫力に満ちた虎の形を呈している。虎卣・乳虎卣・虎食人卣ともいわれる。背面からみると虎の尾を鼻とする象と，牛・羊の合体した動物の頭部が表されており，蓋上に鹿，ほかの部分も鳥や龍などさまざまな獣文で覆われている。湖南省出土と伝えられる泉屋博古館(京都)蔵品(高さ35.7cm)のほか，チェルヌスキ美術館(パリ)に酷似する器(高さ35.2cm)が所蔵されている。
(内田 純子)

しょくてんもんりゃく【続天文略】 清の天文学書。2巻。戴震の著。もともとは『欽定続通志』の一部分として書かれたものと考えられる。『欽定続通志』は南宋の鄭樵『*通志』の続編。現行の『欽定続通志』の天文略は10篇であるが，戴震の『続天文略』はそのうちの7篇に相当する。内容は，古典に載る天象記録，古代の天文学書である『*周髀算経』や歴代正史の天文志や律暦志などの記事を，当時の天文学の知識で解説したもの。『戴氏遺書』に載る。
(長谷部 英一)

しょくほうがいき【職方外紀】 明末の世界地理図志。5巻。1623(天啓3)年，イタリア人イエズス会士アレーニ(艾儒略)が杭州で楊廷筠の協力により作成。地名の漢訳などからパントハ(龐迪我)らの資料を基に作られたとみられる。巻首に「万国全図」やアジア・ヨーロッパ・アフリカ・南北アメリカ等の地図を掲げ，五大州各地の風土・民俗・気候や海洋について漢文で著す。『*天学初函』や『守山閣叢書』等に収められ，『中外交通史籍叢刊』(中華書局)所収の点校本がある。
(大澤 顯浩)

しょくほん【蜀本】 宋代に四川地方で刊行された典籍のことで，成都と眉山を中心におこなわれた。蜀は四川の別称。四川では，唐代すでに暦や韻書などが刊行されていた。敦煌遺書中に唐代に四川で刊行された印刷暦などがあることや，入唐僧宗叡の『新書写請来法門等目録』の記述によっても知ることができる。宋初にこの地で開版された『勅版大蔵経(*開宝蔵)』は，5000巻を越える大規模なものである。南宋時代には，多くの文集や史書なども刊行された。
(梶浦 晋)

じょげん【徐鉉】 916(貞明2)〜991(淳化2)。五代十国南唐〜北宋の文学者。広陵(江蘇省)の人。字は鼎臣。徐鍇の兄。南唐に仕えていたが，南唐滅亡後，宋に召され，*太宗に仕えて左散騎常侍となった。弟徐鍇とともに文字学に精通し，世に「二徐」と称せられ，兄を大徐，弟を小徐と呼ぶ。兄弟はそれぞれ『*説文解字』を研究し，鉉は986(雍熙3)年，勅命によって『説文解字』を校定した。これが今に通行する『説文解字』のもっとも一般的なテキストであり，世に「大徐本」と称せられる。また詩文にも長じ，『徐騎省集』30巻や，『稽神録』6巻

などがある。宋史441　　　　　　（阿辻 哲次）

じょけんがく【徐乾学】　1631（崇禎 4）～94（康熙 33）。清の政治家・学者。崑山（江蘇省）の人。字は原一。号は健菴。顧炎武の甥。要職を歴任（最高位は刑部尚書），且つ『明史*』編纂の総裁や『康熙会典*』『大清一統志*』編纂の副総裁を務める等，大規模な編纂事業を主導した。著作に『読礼通考』『資治通鑑後編』，詩文集『澹園集』等。当代随一の蔵書家でもあり『伝是楼書目』はその目録である。清史稿271　　　　　　（佐々木 愛）

じょこうけい【徐光啓】　1562（嘉靖41）～1633（崇禎 6）。明代の政治家・科学者。南直隷松江府上海県（上海市）の人。字は子先，号は玄扈，諡は文定。父の代に蘇州より上海に移住し，家業は商業・手工業を兼業する小規模な地主で，徐光啓は勤労と倹約を美徳とする家風の中で育った。1581（万暦 9）年，秀才に選ばれ，1597（万暦 25）年，郷試に合格。2度の進士試験に不合格の間に，南京でイエズス会士ダ・ローチャ（Da Rocha）の知遇を得てキリスト教に入信する。1604（万暦 32）年，ようやく進士に合格し，翰林院庶吉士に任命され，北京において念願のマテオ・リッチのもとを訪問し，彼から本格的に西欧の数学・天文学・地理学・水利工学などを学ぶ。そしてリッチとともにユークリッドの数学書『幾何原本*』（1606 年）を漢訳し，中国数学の発展に大きな影響を及ぼした。またイタリアの宣教師ウルシス（中国名熊三抜）と共同して西洋水利技術書『泰西水法』（1612 年）を訳出した。1618（万暦 46）年，満洲族の南侵によって撫順（遼寧省）が陥落し，明朝が危機にさらされると，徐光啓は，服喪中および休職中に上海と天津で実践した農事試験活動や開墾経験をもとに，積極的に国防政策を提案した。その結果，詹事府少詹事に昇進し，河南道監察御史を兼任し，練兵の職務を管理した。しかし，彼の計画は，財政不足と宮中の宦官勢力によって実現が阻まれ挫折した。晩年の徐光啓の活動は，崇禎帝治世下で西欧暦法にもとづく改暦に努め，大著『崇禎暦書*』（1631～34 年間に成る）を編纂し，1632（崇禎 5）年，礼部尚書兼東閣大学士にまで栄達し，現職のまま没した。彼の著作『農政全書*』は，未完成のまま残された草稿を陳子龍が整理したものである。明史251
　　　　　　（渡部 武）

じょじ【助字】　実詞に対する文法用語。虚字・虚詞とも言う。具体的な概念を表さない，文成分とならない，単独で問いに対する答えとならない，語法の働きをになうだけである，等の定義がされているが，人によって解釈に違いがある。例えば中国語文法の最初の体系的専著である『馬氏文通*』では，「介字（介詞）」「連字（連詞）」「助字（助詞）」「嘆字（感嘆詞）」を虚字としているが，『中学教学語法系統提要』（北京人民教育出版社，1984 年）では，副詞・介詞・連詞・助詞，さらに感嘆詞・象声詞を虚詞とするなどである。

『馬氏文通』以前の訓詁学で言うところの助字は，古くは辞・詞，また語辞・語詞，さらには語助・助語などの用語で呼ばれ，経伝に早くに助字研究の萌芽が見える。一方南宋のころには虚字という用語が，実字に対するものとして詩論で用いられるようになったが，本来は，修辞上の用語であった。後世助字と同義と見なされるに至って混用されるようになる。『馬氏文通』以前の助字に関する専著には，元の盧以緯『語助』を初めとして，清の劉淇『助字弁略*』，王引之『経伝釈詞*』等がある。　（玄 幸子）

しょしかいよう【書史会要】　明の書人史伝。正編9巻。補遺1巻。1376（洪武9）年刊。陶宗儀著。南宋の董史『書録』3巻（外篇1巻），陳思『書小史』10巻を継ぐ最も重要な書道史の著作。初刊本は宋濂・曹睿の序，孫作「南村先生伝」，引用書目，自序，巻1：三皇から秦，巻2：漢から三国，巻3：晋，巻4：宋・斉・梁・陳・後魏・北斉・後周・隋，巻5：唐から五代，巻6：宋，巻7：元，巻8：遼・金・外域，巻9：書法，補遺，考詳，目録，鄭真の後序からなる。上古から元末までの書人伝，インド・ウイグル・日本などの文字の字形と音（「外域」），古人の書論の語録（「書法」）を収める。巻1から巻8の書人伝は他の書物には見られない人物をも収録し，「夏文彦の『図絵宝鑑*』と相伯仲す」（楊守敬『日本訪書志*』）と言われ，まま加えられる評論も「褒貶頗る其の平（公正）を得たり」（余紹宋『書画書録解題*』）と高く評価されるが，巻9の書法は真偽が入り交じり，信じることができない部分が多い。しかし隷書・八分・楷書の各書体の区別を論じた部分など，書について独特の見解を提示する箇所もある。
　　　　　　（河内 利治）

じょししんず【女史箴図】　西晋の張華撰『女史箴』を絵画化したもの。『女史箴』は，後宮の婦女のために倫理道徳を説き，恵帝の皇后賈氏の放恣な行為を風刺したものとされる。伝顧愷之筆の大英博物館蔵本が，最古の中国伝世品絵画として最も著名。大英本は，勧戒（善を勧め悪を戒める）画・風俗画・美人画の三要素をあわせもち，東晋の風俗を伝える唐代の模本とするのが定説である。
　　　　　　（河野 道房）

じょしたい【徐氏体】　花鳥画の様式を示す

語で，黄氏体と対比して用いられる。五代十国南唐の徐熙に始まり，孫（一説には子）の徐崇嗣によって広まった。北宋花鳥画の主流となった黄氏体が鉤勒塡彩技法による繊細華麗で巧緻な画風であるのに対し，線描にこだわらず水墨や淡彩の没骨技法を用いた野趣豊かな画風。「野逸」「天水通色」と評され（『図画見聞誌』1），瀟洒で詩情に富む点が文人に好まれた。潑墨の花卉画は落墨花とも呼ばれた。

（藤田　伸也）

じょじたい【叙事体】　語り物の文体の一形態。語り手の視点から登場人物を三人称を用いて叙述する文体で，現代の語り物曲種の多くがこの「叙事体」を主としている。俳優が登場人物に扮する演劇と異なり，語り物においては，語り手1人で物語を叙述する必要がある。語り手は物語を聴衆に伝えるために，さまざまな叙述の工夫を生み出した。きわめて日常会話に近い表現から，文言（書き言葉）を用いた典雅な韻文表現まで多様である。語り物はこれらの「叙事体」と補完的に「代言体（登場人物に扮した，一人称によるセリフ）」をまじえながら演唱される。

（井口　淳子）

しょしひゃっか【諸子百家】　百家は，概数である。諸子はそもそも著作を残したとされる太古から漢代にかけての人物の総称であり，戦国時代の思想家を論じることが多い。その著作は，戦国から漢代にかけて成立した。ただ，諸子をどう説明するかは，『韓非子』顕学（戦国末）・『史記』太史公自序（前漢中期）・『漢書』芸文志（後漢）でそれぞれ異なっており，またその後の歴代や近来の説明もこれらと違っている。『韓非子』『史記』『漢書』を比較対照して汲み取れるのは，諸子には，統治理念を述べる記述，統治の術を述べる記述の二種があるということである。統治理念を述べた者の代表が儒家・墨家，法家・道家の両者に大別される。多くの研究者の説を参照して述べれば，春秋戦国時代の社会変動の中から儒家・墨家の祖が起こり，また道家の祖が起こって法家と密接な関係をたもち，儒墨・法道両者が交流する中でさまざまな統治の術が説かれた，とまとめることができる。一般に誤解しやすいのは，今我々が目にする経典についてである。戦国時代になって，原始的なテキストができあがり，さまざまなテキストに進化し，統合淘汰が進んで今の形になった。その統合淘汰の歴史が，戦国時代から漢代にかけて議論される。例えば儒家・墨家も一つの学派とはいえなかった。『韓非子』顕学によると，儒は8家，墨は3家に分かれていてテキストの異同もあったらしい。儒家が一つの学派になったのは漢代である。『漢書』芸文志は，諸子が王官から出たと説明した。儒家（司徒の官。行政官）は政治理念を語る。それ以外は統治の術が具体的に示される。道（史官）・陰陽（羲和の官。天文官）・法（理官。理はすじめ）・名（礼官）・墨（清廟の守）・縦横（行人の官。外交官）・雑（議官）・農（農稷の官）・小説（稗官。巷間の雑事）が問題になった。宋以後，科挙官僚の時代には，儒家経典は統治者たる官僚たちの心得を提供するものとなった。道家思想は儒家思想に組み込まれ，宇宙論の基礎を提供した（『老子』の無為自然，『荘子』の希有壮大な宇宙観）。法家の書は，行政の法律至上主義の過酷さを戒めるものとなった。現代の我々が諸書を読む際，各時代の読み方を知っておくと本質の理解に役立つ。名家について，『史記』太史公自序は法家に近いように議論した。我々はこれと違って，一般に『公孫龍子』の論理を楽しんでいて，名家の理解も違う。白馬は馬ではないという議論は有名である。我々は縦横家が外交を述べたことを知っている。しかしその外交は，天下の下に複数存在した国家の抗争の産物である。戦国時代はまだ国書（国王から国王への文書）がなかったが，国を背負った外交の妙が議論できる。我々は一般にそれを今に応用するが，国書のことには思い至らないので注意する必要がある。『管子』について，『漢書』芸文志は儒家の教養書と同列に位置づけた。我々が一般に『管子』の位置づけにとまどうのは，我々が儒家や法家・道家などを後代の常識で規定するからである。実際に諸書を読むと，常識では計り知れない雑多な世界をかいま見ることができる。平勢隆郎『史記の正統』（講談社，2007年）を参照されたい。

（平勢　隆郎）

しょしへいぎ【諸子平議】　清の兪樾の著。35巻。同じ著者による『群経平議』と同様，王念孫『読書雑志』・王引之『経義述聞』にならって，諸子の著作の文字の校勘を行ったもの。兪樾は，諸子の書物には秦の焚書によって失われた経書の古義が断片的に保存されている，と考えてこの作業に従事したのであるが，結果として諸子のテキスト中の誤字が正され，諸子研究の発達に大いに貢献することとなった。続編に『諸子平議補録』20巻がある。

（水上　雅晴）

じょじべんりゃく【助字弁略】　清の古漢語虚詞研究の専著。5巻。1711（康熙50）年刊。劉淇著。全476の虚詞を上平声・下平声・上声・去声・入声に分巻して収め，重言・省文・助語など30類に分け詳説する。収録数が多いのみならず，引書の範囲も広く先秦から宋まで，経・伝・子・史及び詩詞・小説などあらゆるジャンルから用例を集め収める。特記すべきは，各時代の方言・俗語をも一部

収録しており，文言はもとより俗語の虚詞についての分析も行っている点である。　　　　　（玄　幸子）

じょじゅ【徐寿】　1818(嘉慶23)〜84(光緒10)。清の技術者にして西洋近代科学技術書の翻訳者。無錫(江蘇省)の人。字は生元，号は雪村。はじめ，蒸気船の研究・製造に従事するが，上海の江南製造局に移ると，翻訳館の設立を建議し(設立は1868年)，自らも17年にわたって西洋科学技術書の翻訳に従事する。徐寿がイギリス人の傅蘭雅(J. Fryer)と共同で翻訳した科学技術書は約30種あり，なかでも『化学鑑原』(1871年)は，はじめて西洋近代化学の知識を中国に系統的に紹介した書として影響範囲も広かった。清史稿505　　（白杉　悦雄）

じょしゅうがぞうせきぼ【徐州画像石墓】　蘇北(江蘇省北部)地方の中心をなす徐州は，漢代を通じて農業および手工業の先進地区であった。また高祖劉邦の出身地でもあった関係上，王侯・貴戚・富豪が蝟集し，前漢末期以後から後漢末にかけて，贅を尽くした画像石墓が流行した。当地の画像石墓は3期に時代区分できる。早期(前漢末〜後漢初)は石槨墓タイプが主で，その四壁に線刻の画像を伴う。銅山県柳新漢墓，沛県栖山漢墓等。中期(後漢初〜後漢中期)は石槨墓から石室墓に変化し，浅浮き彫りの画像が顕著となる。銅山県漢王郷永平4(61)年銘墓と同元和3(86)年銘墓等。晩期(後漢晩期)は地上建築を思わせる多室石室墓構造を採用し，磚と石材とを併用している。邳州市燕子埠元嘉元(151)年銘墓，銅山県茅村郷熹平4(175)年銘墓等。画像の内容は，天上の神仙世界と地上の人間社会に題材を取ったものが多く，山東地方の画像石墓と共通している。中華人民共和国成立後収集された画像石資料の多くは，徐州市の徐州漢画像石芸術館で見ることができる。　　　　　　　　　（渡部　武）

しょしゅうでん【書集伝】　南宋の蔡沈の手に成る『書経』の注釈書。全6巻。師の朱子晩年の命により，10年を費やし，師の没後の1209(嘉定2)年に完成させた。孔穎達『尚書正義』が拠った孔安国伝を古注と呼ぶのに対し，本書を新注と称する。元代に科挙の公式解釈書として採用されたため，古注とともに盛行した。諸家の説を折衷した簡潔平易な解釈には，清朝考証学以降の金文・甲骨学を踏まえた研究が出現した後にも，なお取るべき説が少なくない。『毛詩・尚書』(冨山房，「漢文大系」第12巻)が便利である。　　　　　（野間　文史）

しょしょ【署書】　書体名。秦始皇帝の時に行われた秦書の八体の一つ。題字に用いる。後漢の許慎『説文解字』叙に「六に曰く，署書」とあり，段玉裁は「署書」に注して「凡て一切の封検の題字は皆な署と曰い，題榜も亦た署と曰う」と述べる。
　　　　　　　　　　　　　　　　（福田　哲之）

しょじょ【書序】　『書経』(『尚書』)58篇の文頭にあって，それぞれの篇の作られた事情を述べた短文。『尚書』全体の成立発展の経由を論じた『尚書孔安国序』を大序というのに対し，小序ともいう。『漢書』芸文志は，孔子の作とするが，事実は戦国から漢にかけて作られたものであろう。もと『尚書』の末尾に一篇にまとめられていたが，魏晋の頃に『偽古文尚書』が作られると，偽作諸篇の序も作られ，現在の各篇首に序をおく形となった。
　　　　　　　　　　　　　　　　（野村　茂夫）

しょじょう【書場】　語り物の上演場。南方(蘇州・上海などの長江下流域)では，専用の建物があり，前方に演台が設置され聴衆は椅子に座って茶を飲みながらきくようになっている。北方でもかつては，このような語り物上演専用の建物があり，評書が上演される「書館」や落子(蓮花落とも。リズムを刻む打楽器をともない七言句などの韻文を調子よくうたう)が上演される「落子館」などがあった。北方(華北)の農村地域では，野外の空き地や街路もひとたび芸人が座る机と椅子が運び込まれるとそこは「書場」とよばれる。　　（井口　淳子）

じょしん【女真】　中国の東北地区に居住した民族。女直とも記される。現在の満洲族(満族)はその子孫。東北地区では，10世紀に民族の交替が進行した。それまでこの地域を支配した渤海は，遼(契丹)の攻撃を受けて滅亡し，渤海人の多くは高麗や遼の領内に移住した。その間女真が史上に現れ，瞬く間にこの地域全体を占めるに至った。
　12世紀の初めに現在の黒龍江省阿城市付近に住む女真の内部から，完顔氏族の一族が興って，金を建国した。金は中国本土に侵入して，淮河以北の地を占領したが，13世紀にモンゴル人のために滅んだ。その後女真はモンゴル人の元と，14世紀後半に元を倒した明に，直接または間接の統治を受けたが，17世紀初めにアイシンギョロ(愛新覚羅)氏族のヌルハチ(太祖)が台頭して，女真を統一し，明の遼東地方を占領した。ヌルハチは対内的にはマンジュという国名を使ったが，対外的には金(後金)を称した。その後を継いだホンタイジ(太宗)は，1636(崇徳元)年に国名を清と変え，前後して民族名も女真からマンジュ(満洲)に改めた。清は1644年に北京を占領し，その後全土を制圧して，1911年まで中国を統治した。

一般に女真は，半農半猟の民であったといわれるが，事実は農耕民であった。1960年代以降東北地区においては，考古学の発掘調査がさかんに行われ，金代の女真に属すとみられる遺跡や遺物も，多数発見されている。それによると，かれらは独自の製鉄と加工の技術をもち，その生産工程は，鉱山付近と都市で分業化していた。発掘された鉄製品は，種類・用途も多岐にわたり，武器や日用品から農具・手工具・馬具・車具まであった。とくに農具の中には鍬・鎌・押し切りなどに混じって，牛耕用の大型の犂さきが，幾例も発掘されている。当時の女真は大型の犂を数頭の牛に牽引させ，親子，兄弟が協同して農作業を行ったと考えられる。その原型は，高句麗の遺跡で見つかっており，この地域で独自に発展したものである。　　　　　（松浦　茂）

じょしんもじ【女真文字】　女真族が建てた金の国定文字。金国滅亡後も約200年間にわたり使われ続けた。しかし史書に記載のある漢文から女真文に翻訳された書籍は全て失われており，現存する資料は碑文などが主である。なかでも明代に編纂された女真語と漢語の対訳単語集『女真館訳語』が，解読に重要な役割を果たしてきた。女真語はツングース系の満洲語と近い関係にある。女真文字には大字と小字の2種類があり，大字は金の太祖完顔阿骨打が完顔希尹に命じ，漢字の楷書体を模倣しつつ契丹文字の表記法をもとに創作し，1119（天輔3）年に公布された。その字形は漢字に似て漢字に非ず，学びにくいことから，熙宗の完顔亶の1138（天眷元）年に小字が公布され，1145（皇統5）年から使用され始めた。女真文字は約9000字が知られているが，そのほとんどが独体字で，偏や旁に分解できない。現存する女真文字資料は，表意文字の大字と表音文字の小字との混合体であると考えられている。　　　　　（池田　巧）

じょすうし【徐崇嗣】　生没年不詳。五代十国南唐〜北宋の花鳥画家。江寧（江蘇省）の人。徐熙の孫（一説には子）。兄弟の崇矩・崇勲とともに徐熙の画業を善く継いだ。徐崇嗣は花鳥・草虫・藻魚にすぐれ，徐熙の水墨技法を祖述するだけでなく，淡彩による没骨花鳥画を創始した。彼ら一族の画風を徐氏体といい，北宋画壇におけるその中心は徐崇嗣であったが，現在その確かな作品は残っていない。　　　　　（藤田　伸也）

じょせき【除夕】　旧暦の一年最後の日，またその晩。大みそか。旧年を除き払うの意。除夜・歳除・大年夜ともいう。大掃除を済ませ，門扉に新しい武者絵の門神を貼り，室内にめでたい年画を飾り，神や祖霊を迎えるために線香・花・供物を供える。夜，一家団欒の食卓を囲む（年夜飯・団円飯）。北方では必ず餃子を，南方では多く年糕という餅を食べる。守歳といって，長寿を願ってこの夜一晩中寝ずに明けるのを待つ。子供はまた年長者から圧歳銭（お年玉）をもらう。家々で爆竹を鳴らす。この年越しを「過年」という。　　　　　（鈴木　健之）

じょせんがいし【女仙外史】　清代の神魔小説。100回。1711（康熙50）年刊。呂熊著。明代山東で起きた唐賽児の乱に着想を得たもの。月宮の仙女嫦娥の転生である唐賽児が建文帝を守り，帝位を簒奪した燕王朱棣（成祖永楽帝）と戦うという内容で，凶星の転生である燕王は嫦娥の仇敵とする天人感応の因縁譚をはじめ，作者は永楽帝の即位を断固として認めない立場にある。史実にはほど遠く，民間信仰や神仙伝説に彩られている。　　　　　（岡崎　由美）

しよそうわ【詞余叢話】　清の楊恩寿（1843〜?）が著した伝統演劇に関する専著。内容によって3巻に分かれている。巻1「原律」は曲調・楽譜・音韻について，巻2「原文」はせりふ・歌詞について，巻3「原事」は伝統演劇の題材の出典や物語の変遷について述べている。記載されている材料は清代中期以後のものが比較的多い。また同じ著者によって『続詞余叢話』という続編も刊行されている。　　　　　（氷上　正）

しょたい【書体】　書の体裁，スタイル。個々の文字ごとに他と区別される字形に対して，文字体系全体にわたり一定の様式的特色をもつものをいう。書体と類似の用語に字体があるが，両者の区別は必ずしも明確ではない。なお，個人や特定の流派の特色は書風といわれる。文献上に見える最も古い書体の名称は，後漢の許慎の『説文解字』叙が記す秦書の八体であり，用途の相違に基づいて書体が区別され，命名されていたことが知られる。　　　　　（福田　哲之）

じょたん【女丹】　女性のための内丹法の総称。18世紀以降発達した。男性の丹法では臍下丹田の精気の喪失を警戒しこれを体内に循環させることを尊ぶが，女丹では乳房に蓄積された生命の元気を経血とともに喪失することを警戒し，両乳の中間にある気穴の気を養い，経血を停止（斬赤龍）することを修行の特色とする。
　女丹関連の著作収集には傅金銓や閔一得が関心を示すことがよく知られるほか，成都二仙菴から刊行され現在は同青羊宮に版木の残る賀龍驤『女丹合編』（1885年序）。序と目録は『重刊道蔵輯要』所収）

が包括的で重要とされる。　　　　　（森　由利亜）

しょっかし【食貨志】　一般には紀伝体史に設けられた経済制度史をいう。食貨志の名を最初に用いたのは班固の『漢書』である。固は『史記』平準書を増広するに当たり、『書経』洪範で八政の一・二に位置づけられている食と貨について重点的に論述することとし、平準書の賛で触れられるに過ぎなかった貨幣に関する叙述を増補して食貨志下として独立させる一方、食を中心とした一般経済史を充実させて食貨志上とした。食貨志は、『漢書』以後では『晋書』『隋書』『新唐書』『旧唐書』と『宋史』以後の正史に置かれている。第二次大戦後の歴史学界では社会経済史研究が盛んになり、その資料を求めて食貨志に関心が集中した。（稲葉　一郎）

しょっこうもん【蜀江文】　文様の一種。蜀江は古代中国の首都であった成都（四川省）を流れる河で、長江の上流の一部である。良質の生糸を産すこの地方は赤染めにすぐれ、赤い地の錦という絹織物を産出することで知られていた。「蜀江の錦」として日本にも輸出され、その文様は蜀江文と呼ばれるようになった。名物裂として能装束や茶器の仕覆、書画の表装などに重宝されてきた。特に有名なのは日本の法隆寺に伝えられる蜀江錦で、格子に蓮華文のもの、花亀甲文様、獅子・鳳凰を連珠円文におさめた文様の3種とされている。桃山時代の頃に中国から日本に伝えられた蜀江錦は、八角形の四方に正方形を連ね、その中に牡丹唐草や雲龍文などを配した文様が多い。これを模したものが京都西陣でも織られ、帯の図柄などに用いられている。
（鈴木　さとみ）

しょとうしけつ【初唐四傑】　初唐の4人の詩人、王勃・楊炯・盧照鄰・駱賓王を指す。「王楊盧駱」ともいう。在世当時から既に彼らは併称されていたが、4人を並べて言及する最初の作品は宋之問「杜学士審言を祭る文」で、彼らを才能をもちながら不遇に終わった人達とする。彼らは駢文に優れ詩風も六朝的華麗さを脱しきれないが、杜甫が「王楊盧駱は当時の体」（『戯れに六絶句を作る』其の二）と詠うように、文学活動を含む彼らの存在そのものが初唐文学を象徴するものであった。なお名前の順序については従来議論がある。（道坂　昭廣）

しょばんし【諸蕃志】　東は日本から東南アジア諸国、西はザンジバルなどの地中海諸国に至る地理書。2巻。1225（宝慶元）の自序がある。南宋の趙汝适撰。撰者は泉州（福建省）に置かれ内外の商舶業務を掌握していた市舶司の長官となった折、往来する商人達から諸国の事情を聞き、古今の資料を集めた。のち周去非の『嶺外代答』などにならって、泉州を起点に各国の方位・行程・地理・歴史・風俗のほか、主として香料など交易品を中心とする物産について詳しく紹介した。（藤善　眞澄）

しょびょうげんこうろん【諸病源候論】　隋の医書。全50巻。610（大業6）年に成った。太医令の巣元方らが煬帝の勅を奉じて撰した。文字どおり、諸々の病気の原因と症候を論じた一大病理・病因・病態学書で、現存する隋代の医書としては唯一のもの。全65門、1726の病項より成っており、古代より六朝時代を通じて中国人が得た病気に関する経験と解釈の集約といえる。唐代以降の医書における疾病分類法の規範となった。治療法は原則として記載されないが導引術（体操療法）についてはしばしば言及してある。（小曽戸　洋）

しょふ【書譜】　唐代の書論。孫過庭が687（垂拱3）年に書写した「書譜」は、唐時代における草書の名品であるだけでなく、漢魏以来の書を論じた歴史的な名著として、高い評価を得ている。3700余字に及ぶ自筆の原本が、台北の故宮博物院に収蔵されている。

王羲之を典型に据え、漢魏以来の名家の書を論じ、書の価値や書を学ぶ上での理念を論じた内容である。六朝以来の書の価値観を継承し、また書の実作家として自らの体験を踏まえた独自の見解を盛り込んでいる。真跡本以外に、太清楼帖本などの刻本があり、『書苑清華』ほかの刊本がある。また、わが国には空海の臨書と伝える断簡本があり、真跡本に見られない語句がある。

『書譜』はその末尾で、全体を6篇とし、上下両巻に分けると述べる。しかし、巻頭で「書譜巻上」と自書しながら、「巻下」の語はどこにもない。そのため、現在の真跡本『書譜』は、未完であるか完本であるか、長い間、議論の的となってきた。現在では、『書譜』の内容が6篇に分かれうること、また改写の部位を詳しく検討することで、真跡本の『書譜』は不全本ではなく、独立した完本であると考えられている。（富田　淳）

じょふく【徐福】　生没年不詳。秦代に活躍した斉（山東省付近）の方士。『史記』6・秦始皇本紀では「徐市」。始皇帝に取り入って東海に存在する三仙山への仙薬探索の命を賜る。童男童女数千人を乗せた大船団を率いて出発するが、そのまま行方不明となり、始皇帝のもとには帰って来なかった。東海の先には日本があるため、徐福の一行は日本にたどり着いてそのまま住み着いた、とも言われる。

日本には徐福伝説と彼の墓が全国にいくつも存在する。　　　　　　　　　　　　　　　　（亀田　勝見）

じょふくそ【徐復祚】　1560(嘉靖39)～1630(崇禎3)?。明末の劇作家。常熟(江蘇省)の人。原名は篤儒，字は陽初。号は薝竹，また破慳道人・陽初子・絡誦生・休休生・三家村老。詩文を善くし，とりわけ詞曲に巧みであった。岳名張鳳翼に就いて曲学を研鑽したと伝えられる。『紅梨記』『霄光剣』『投梭記』『題塔記』の作がある。現行の戯曲理論書『曲論』は，1912(民国元)年，鄧実が復祚の『三家村老委談』36巻から戯曲制作に言及した箇所を集めたもの。また戯曲の散齣集『南北詞広韻選』の編纂も彼の手に成る。　　　　　　（根ヶ山　徹）

じょぶんちょう【徐文長】　→徐渭

しょぼう【書帽】　語り物曲種の「快書」や「大鼓」などで，本来の演目を語るのに先立って演唱する短い完結した小段を指す専門用語。この小段の内容はそのあとにつづく本来の演目と何ら関係をもたない。つまり書場(上演の場)をこの書帽を演唱しているあいだに静め，聴衆の注意を演芸にひきつけるための芸人の方策といえる。　　　（井口　淳子）

じょほん【徐賁】　?～1380(洪武13)?。元末明初の文人画家。蘇州呉県(江蘇省)の人。字は幼文。詩作に巧みで，高啓らとともに呉中四傑，北郭十友と称された。元末，張士誠の支配する蘇州を離れ，湖州(浙江省)の蜀山に隠棲した。1374(洪武7)年，推薦により上京して任官し，河南左布政使に至ったが，1380年頃に下獄して死す。山水画を得意とし，董源を学ぶと評される。代表作は1372年の『渓山図』(クリーブランド美術館蔵)。明史285　　　　　　　　　　　　　　　　　（救仁郷　秀明）

しょもくとうもん【書目答問】　清の書目。不分巻。1876(光緒2)年刊。張之洞著。著者が1874(同治13)年に四川学政(視学官)となった際，初学の者はどういう書を読むべきか，その書はどういう版本がよいかを示すべく著したもの。すべて2000余部を経・史・子・集の四部と叢書に分け，各類ごとに年代に従って排列する。選択に際しては清朝考証学の成果を重視，分類についても子部の第一に「周秦諸子」類を設けるなど，独自の見識を示す所がある。また版本については，通行するもので比較的よい本を挙げるように努める。本目は清末における伝統学術の全体をバランスよく取りあげ，版本の指示も含めて実用性に優れるところから，刊行以来ひろく歓迎され，民国以後も「国学」入門書として読みつがれてきた。その誤りや不足については，すでに重刊の過程でかなりの補正を加えた本も出ているが，1931(民国20)年刊行の范希曾『書目答問補正』5巻はそのもっとも包括的なもので，今日，標準的な読本となっている。　　　（井上　進）

じょゆうじん【徐有壬】　1800(嘉慶5)～60(咸豊10)。晩清に活躍した数学者。烏程(浙江省)の人。字は君青または鈞卿。政治家としては江蘇巡撫となり，王韜らと親しく交わったが，李秀成の率いる太平天国軍が蘇州を陥落させた際に殺害された。フランスの宣教師ジャルトー(杜徳美)が中国に伝え，明安図が敷衍した三角関数，逆三角関数の無限級数展開式を項名達・戴煦・李善蘭等とともに研究し，『測圓密率』3巻，『造各表簡法』1巻，『割圓八錢綴術』4巻などを著した。著書は『務民義斎算学』11巻にまとめられている。清史稿395　　　　　　　　　　　　　　　（武田　時昌）

じょゆたい【徐庾体】　南朝梁の時代に，徐摛・徐陵父子，庾肩吾・庾信父子の作った，艶麗な詩文のスタイルを合わせ称したもの。典故や声律における修辞を重んじる南朝文学の流れの中でも，その傾向が最も濃厚に表れ「綺艶」と評された。主に太子蕭綱(のちの簡文帝)のサロンを舞台として展開したため宮廷文学の側面も備え，作品の数量は決して少なくなかったと予想されるが，梁末の動乱の中でその大半が失われ現存する作品は少ない。　　　　　　　　　　　　　　　　（原田　直枝）

じょよう【汝窯】　北宋宮廷御用の青磁を焼造した窯。作風はきわめて精巧であり，器形は端正で，釉は気品にあふれる淡い縹色を呈し，貫入とよばれる釉薬のひび割れが一面に生じている。鉢や皿は底部を含めて全面に施釉し，底裏にごく小さな丸い目跡(窯道具で支えた跡)が3ないし5個ある。現存数はきわめて少なく，全世界で100点に満たない。窯址は長く不明であったが，1986年に河南省宝豊県の清涼寺においてこの種の青磁が焼かれていたことが判明した。　　　　　　　　（今井　敦）

しょり【胥吏】　「官」とともに旧中国の政体を構成する要素。「官」が中央政府の正式任用によるのに対して，「吏」は元来官庁の必要に応じて徴発・雇用された者で，役所の実務万般をとりしきった。南北朝時代の貴族制社会の中で，士族出身の「官」と庶民出の「吏」の別がはっきりするようになった。その差は科挙によって登用された士大夫官僚との間にも受け継がれた。科挙がいったん中断された元代には胥吏出身者にも出世の途が開か

れ, 士大夫さえも胥吏ルートの立身を目指した。胥吏としての技術を学ぶ「吏学」も成立し, 『吏学指南』という書物も生まれた。しかし, 明以降は再び上昇経路を閉ざされた。

　胥吏になるには試験こそないものの, 先輩による身分保証が必要であって, ポストは株のように譲渡され, 世襲化される傾向にあった。基本的には俸給は与えられず, そのかわりに租税納入や訴訟受け付けの際に取る手数料で生計を立てた。任期が終われば異動で他の部署へ動く「官」と異なり, 長く官署に居座った「吏」は旧中国とくに地方政治の実際の担い手であった。

　「官」と「民」の中間にあって搾取を行ったため, 怨嗟の的となったが, 彼らへの批判が見られるのは「官」側の記述であることに注意すべきである。『水滸伝』の梁山泊の首領宋江は胥吏出身であるが, 小説の作者は第22回において「官となるは容易なるも, 吏となるは最も難し」と述べ, その理由として吏が罪を犯した時の処断が官に比べて格段に厳しいことを述べている。官の不正の責めが吏に転嫁されることも往々にしてあった。　（中砂 明徳）

じょりょう【徐陵】　507（天監6）〜583（至徳元）。南朝梁〜陳の詩人。東海郯(たん)(山東省)の人。字は孝穆(こうぼく)。父の徐摛(ち)が梁の晋安王(しょうこう)（蕭綱, 後の簡文帝）に仕えたのにともない, 徐陵も若くからこのサロンに参加した。六朝末から初唐にかけて艶麗な詩風が大流行したが,「宮体」と呼ばれるこの詩風は徐摛・徐陵父子と庾肩吾(ゆけんご)・庾信父子を中心メンバーとするこのサロンで生み出されたものであった。のち梁の使者として北朝の東魏に滞在中, 侯景の乱が勃発し, 徐陵は北方に寄留を余儀なくされた。南帰後は陳朝に仕え, 王朝の重要な文章はすべて彼が起草した。また, 文壇のリーダーとして後進を積極的に推薦した。梁朝時代に『玉台新詠』10巻を蕭綱の命で編纂したが, その序文は彼の代表作品であり, 六朝駢文の精華と評される。庾信とともに六朝末期を代表する文学者であり,「徐庾」と併称されるが, その文学は庾信には及ばないとされる。文集30巻があったが, 現在の文集『徐孝穆集箋註』6巻は清初の輯本である。陳書26, 南史62　（道坂 昭廣）

じょりん【舒璘】　生没年不詳。南宋の儒学者。奉化（浙江省）の人。字は元質, また元賓。号は広平。淳祐年間（1241-52）に賜諡, 文靖。太学に遊学し, 更に張栻(ちょうしょく)・陸象山・朱子・呂祖謙(りょそけん)らに学ぶ。1172(乾道8)年の進士で, 官は徽州教授。宋室南渡後,『詩経』や礼書に関する学の不振を憂え,『詩学発微』『詩礼講解』『広平類稿』を著して以後の詩や礼に関する学術の振興に契機をなし, 宰相留正に「当今第一教官」と称された。『舒文靖集』2巻がある。宋史410　（近藤 正則）

しょりんせいわ【書林清話】　清末民国初年の書籍史・出版史研究書。10巻。1911(宣統3)年に成り, 三次の修改をへて1920(民国9)年刊。葉徳輝著。本書は書籍, 出版の歴史に関する最初の本格的な研究書であり, その叙述にはかなりの誤りを含むものの, 今なお入門書として高い参考価値をもつ。なお本書刊行後に著された同類の文章は, 著者の没後, 1928(民国17)年に『書林余話』2巻として出版され, 今日では正編にこれを付録した排印本が通行している。　（井上 進）

しょろん【書論】　書に関する理論・著述。日本では書論, または書法理論, 書道理論, 書理論などと呼ぶ。中国では, 書は一定の則るべき規範を備えていると考えられてきた。その規範が書法であり, 書法を中心として書に関する学問的体系を集成したのが書学である。それゆえその歴史的な展開は思想史と密接に関連し, 人間とは何かという問題意識を常に根底に持っている。その範疇は, 広義には, 小学を基礎として, 書体論, 書家論, 書作品論, 書道史論から執筆論, 用筆論, 運筆論や金石学, 碑法帖学, 文房四宝論など, 書について論述した著作のすべてを指し, 狭義には, 書の本体論, 筆意論, 筆勢論, 書品論などを指す。また近年注目される書の美学や芸術学なども含まれる。清の康熙帝の勅命を受け孫岳頒らが編纂した『佩文斎書画譜(はいぶんさいしょがふ)』は, 書体・書法・書学・書品の4部門に分け, さらに書家伝・書跋・弁証・鑑蔵の4項目を加えているが, この4部4項が単独または複合的に現れるのが中国の歴代の書論の特色である。歴代書論の叢書, 即ち書を全体的にとらえて学問的方法の体系を立てた著述としては, 南朝から唐代までの多くの伝統書論を収録する唐の張彦遠『法書要録』10巻, 北宋の朱長文『墨池編』20巻, 南宋の陳思『書苑菁華』20巻, 明の王世貞(おうせいてい)『古今法書苑』76巻, 前述の『佩文斎書画譜』100巻がある。その他近現代の『美術叢書』『芸術叢編』『歴代書法論文選』『歴代書法論文選続編』『明清書法論文選』等があり, 日本にも1970年代から刊行中の『中国書論大系』18巻がある。中国で書論が発生するのは, 後漢末から魏晋にかけてで, 後漢の趙壱『非草書』, 西晋の衛恒『四体書勢』, 東晋の王羲之『自論書』などは, 文学論・芸術論・人物論などの素地の上に著されたものである。南朝時代は内容が多岐にわたるが, 特に顕著なのは庾肩吾(ゆけんご)『書品』に代表される書の品第と, 袁昂『古今書評』に見られる自然の物象や特定の人物に比喩して書の美を表現するも

のである。唐以後の書論はこの魏晋南朝時代の達成を出発点として発展する。唐代は書を学習するための書論が圧倒的に多い。古典派の代表として孫過庭『書譜』，張懷瓘『書断』，竇臮『述書賦』がある一方で，革新派の書論も登場する。宋代になると書法よりも書の精神性を高く評価し，欧陽脩・蘇軾・黄庭堅・米芾のように一人間の書としてその特性を生かして考えるようになる。明代は文人として詩書画の三絶に潜心する祝允明，文徴明，何良俊，王世貞，董其昌，莫是龍，李日華らが各自独特の論説を展開し，また張弼，陳献章，沈周，呉寛，徐渭ら新しい逸格の理論も登場した。清代は前半に馮班，姜宸英，楊賓，王澍，梁同書，梁巘などの帖学派が起こり，後半は阮元，包世臣，康有為らの碑学派が台頭した。　　　　　　　（河内 利治）

しょんずい【祥瑞】 明時代末の崇禎年間(1628-44)頃，日本からの注文によって，江西省の景徳鎮民窯で焼成された青花磁器の一種。精選された白磁胎に，鮮やかな青堇色の青料(コバルト顔料)を用い，精緻な絵付けがなされた上手の作品群であり，器底に青花で「福」字や「大明嘉靖年製」銘を記したものがあるほか，「五良大甫呉祥瑞造」の青花銘をもつ遺品が少なからずあることから，この名で総称されている。崇禎8年銘の茶巾筒(兵庫，滴翠美術館蔵)が，紀年銘のある唯一の作例。祥瑞では，器面がいくつかの文様帯に区画され，その中に丸文・亀甲文・四方襷文といった幾何学文が細密に描き込まれているのが主たる特徴であるが，その文様帯とともに花鳥文・人物文・山水文や詩文を，余白をもって片身替わり風に，あるいは窓絵風に表すものも多い。口縁部はしばしば鉄泥が塗られ，「縁錆」(「口紅」ともいう)となっている。器種は主として茶碗・水指・香合といった茶道具，鉢・向付などの懐石道具で占められ，その造形は，均整がとれたものから，意図的に歪みが加えられた作品まで幅広い。いわゆる「型物」が多く，茶人による特別注文品であったことが知られる。日本の茶道具のなかで高位に格付けされ，珍重される作品群であり，これに準ずる作風のものは，俗に祥瑞手と称されている。日本では，永楽保全(1795〜1854)・和全(1823〜96)らの作陶に，祥瑞を見事に写した作品が多く知られている。　　　　　　（長谷川 祥子）

しらい【士礼】 →儀礼

しらとりくらきち【白鳥庫吉】 1865(慶応元)〜1942(昭和17)。日本の東洋史学者。文学博士。千葉県出身。帝国大学文科大学(のちの東京大学)に学び，学習院教授を経て，東大教授。アジア全域を研究対象とするが，とくに中国・朝鮮・北アジア・西域の諸民族研究においては，文化・言語などを重視する新しい歴史学研究法を確立した。1919年，帝国学士院会員。1924年の東洋文庫開設以来，文献収集など，その発展のために尽力した。その業績は『白鳥庫吉全集』(岩波書店)に見える。
　　　　　　　　　　　　　　　　　（原山 煌）

しり【糸履】 はきものの一種。糸屨ともいう。本来は絹を以て製作したものであるが葛及び皮製の履も含まれる。履は元は単底の鞋を指すが，後には各種の鞋を指している。糸履の名は『礼記』のなかに，そして，漢や六朝の詩の中に見えるが，漢代以降の糸履は出土遺物の中にも見ることができる。出土の遺物に拠れば，糸履は，1色の絹糸で織られた布で製作した履を指している。多色の絹糸を用いて織られた布で製作した履は，錦履と呼ぶ。
　　　　　　　　　　　　　　　　　（釣田 敏子）

じりん【字林】 西晋の字書。呂忱の著。『隋書』経籍志によれば7巻。『説文解字』の不備疎漏を補うために作られ，『説文』の540部首に依拠して1万2824字を収録した。唐代には『説文』とならんで試験に課せられるなど重んじられたが，のち元明の頃に亡んだ。清の任大椿が古書に引用された佚文を集めて『字林考逸』8巻(1782年)を作り，また陶方琦に『字林考逸補遺』1巻がある。
　　　　　　　　　　　　　　　　　（高田 時雄）

しりんいっし【詞林一枝】 青陽腔の脚本選集。正式名称は『新刻京板青陽時調詞林一枝』。明の万暦(1573-1620)の黄文華・郤繡甫による編集。青陽腔は安徽の青陽県で形成されたのでこう呼ばれ，また，青陽県はかつて池州府に属していたので，「池州調」とも言われる。他の声腔と融合し，元代に形作られたと言われている。素朴で，力強く，高い調子であり，管弦楽器の伴奏はなく，通常銅鑼や太鼓のみの伴奏で，歌い方や節回しは融通無碍で，曲調は美しくて心地よく，歌詞も分かりやすいので，庶民に愛好された。

　35の演目から48の幕を選び収めている。たとえば『獅吼記』の「夫妻閙祠」，『三桂記』の「杜氏勘問小桃」，『羅帕記』の「王可居逼妻離婚」や「王可居翁婿逃難」などが選ばれている。　（氷上 正）

しりんこうき【詩林広記】 唐宋の詩人の選集。正式の書名は「新刊名賢叢話詩林広記」。全20巻。元の至元26(1289)年に成書。宋末元初の蔡正孫編。前集10巻に陶淵明および杜甫，李白以下の唐代の詩人，後集10巻に欧陽脩，王安石以下の北

宋の詩人の作品を選び、各作品に関する批評を詩話から摘録したもの。続集も計画されたが、実現しなかった。元刊本、明弘治(1488-1505)刊本、寛文8(1668)年和刻本、中華書局標点本(1982年)がある。蔡正孫の編書には別に『唐宋千家聯珠詩格』がある。　　　　　　　　　　　　　　　　（金　文京）

じりんこうき【事林広記】　南宋～明の日用類書。陳元靚撰。内容や構成を異にする諸本が、元から明の嘉靖年間(1522-66)まで10種以上伝来し、広く読まれたことが分かる。内容は、天文地理・歴代帝系・学校などの知識面、冠婚葬祭・占い・医薬・料理・遊戯・農事・官制・文書書式といった実用面、さらには俗語や蒙古語の語彙など多岐にわたる。古事よりは実際的内容が多く、各分野の研究に利用されてきた。台湾故宮蔵元刊本、北京大学蔵元刊本と和刻本(底本は元泰定刊本か)に、それぞれ影印本がある。　　　　　　　　（森田　憲司）

しりんてきえん【詞林摘艶】　伝統演劇散曲の選集。明代の人、張禄が『盛世新声』の内容を削除、増補してできた書物。歌詞が音律にかなっているか、あるいは歌詞の表現が典雅であるかどうかを基準にしているので、『盛世新声』の口語的な作品の多くは削除されている。10集に分かれ、散曲集の『南北小令』『南九宮』『北九宮』が含まれ、戯文では『下江南戯文』など5種、雑劇では『麗春堂』など34種が取り入れられている。　（氷上　正）

じるいふ【事類賦】　宋代の類書。20巻、呉淑撰。天・歳時・地・宝貨・楽・服用・什物・飲食・禽・獣・草木・果・鱗介・虫の14部に分けられ、賦の形で古事が述べられるとともに、注で出典が引用される。撰者の呉淑(947～1002)は丹陽(江蘇)の人。南唐の進士で宋に仕え、『太平御覧』『太平広記』などの編纂に参加している。紹興刊本が『北京図書館古籍珍本叢書』に影印される他、清の五柳居本の影印本、校点本(『事類賦注』)があり、引書書目が付されている。　　　　　（森田　憲司）

しるかせん【支婁迦讖】　生没年不詳。後漢の訳経僧。支讖とも略称。「支」は月支(月氏)国の出身であることを示し、「婁迦讖」はLokakṣemaの音訳。桓帝代(147～167)に洛陽に入り、霊帝の光和～中平年間(176-189)に胡文の経典を翻訳。『般若道行品経』10巻(179年)、『首楞厳経』2巻(185年)、『般舟三昧経』1巻(179年)など、14部29巻を訳したという。これらはみな重要な初期大乗経典。うち9部は安世高が支婁迦讖訳と判定したように、翻訳に特色があり、質実無飾、胡音そのままの音訳も随所にある。『般若道行品経』は般若経典の初訳。『般舟三昧経』は「阿弥陀仏」思想を中国に初めて伝えた。支婁迦讖自身が将来した胡本はなかったらしく、『般舟三昧経』などは竺朔仏が授与した本を支婁迦讖が翻訳したもの。『出三蔵記集』2、『梁高僧伝』1に伝がある。　　　　（桑山　正進）

シルクロード　Silk Road　1877年にドイツの地理学者F.v.リヒトホーフェンが、東西の史料に関する先行研究を参照しつつSeidenstrasse(「絹の道」の意)の語で中央アジアを通る絹交易の道を跡づけようとしたことから始まり、後にA.ヘルマンにより詳細に定義づけられた語。後により広義に解し、タリム盆地縁辺を通るオアシスルート、天山山脈の北側を通るステップルート、そして南方の海のルートを合わせて東西交通路と呼ぶこともある。また現在は他の地域でも中国の絹織物等が運ばれたルートをこの名で呼ぶことがある。

シルクロードを公式に開いたのは前漢の張騫とされるが、その前に西域との間に間接的交易を認める説があり、「禺氏の玉」なる語をその証とする説もある。いずれにしても張騫以後に中国と西方世界の交通が活発となり、朝貢貿易等により絹織物その他が西方に運ばれたことは明らかである。また北方遊牧民族との間には「絹馬交易」ということが言われ、馬等の家畜と交換に中国の絹織物等が北方に齎された。中国の絹織物等に対する西方世界の需要の高さは、『後漢書』西域伝の大秦国(ローマ、又はローマ帝国東方領など諸説がある)に関する「国王は常に漢との交易を望んだが、安息(パルティア)が漢の絹織物を大秦との交易手段とするため直接交易を阻んだ」という記述がよく示している。交易に関わったのは各国の王・高官・商人等と見られるが、歴史上有名なのはソグド人・ウイグル人・イスラム商人等で、その詳細が明らかにされつつある。

シルクロードは、ゾロアスター教(祆教)・仏教・マニ教(摩尼教)・ネストリウス派キリスト教(景教)そしてイスラム教(回教)がその教徒により東方の中国にまで伝達される道でもあった。各宗教の伝達の状況は多様で、例えばゾロアスター教では、ソグド人が東方貿易に際して伊州(ハミ)・敦煌等に植民し「祆神」の神殿を置いた例、北周が西域諸国を招来するため「胡天(ゾロアスター教の神とされる)」を拝する制を採用した例、唐王朝等が国内のイラン系の祆教教徒の管轄のため薩宝なる官を設けた例等があり、多様な背景が考えられる。仏教に関して言えば、中国の初期漢訳仏典の単語にクシャン朝で行われた一言語ガンダーラ語からの訳と考えられる語があり、また吐魯番地域で発見されたウイグル語の仏典の奥書きにインド語からいわゆるトカラ語に訳

し，さらにウイグル語に訳したことを記す例などがあり，これらは仏教がシルクロードをへて東方へ伝達される際に，内陸アジア各地で多様な形で受容または消化されていたことを示している。

シルクロードは中国で宋代以降長江流域が経済的に発展し，南方等の海上貿易の比重が高くなると，元代を過ぎ西方でティムール朝が倒れる頃から，その意義は相対的に低下していった。　　（山本　光朗）

しれい【四霊(霊獣)】　4種の霊獣，麒麟・鳳凰・亀・龍のこと。『礼記』礼運に「麟，鳳，亀，龍，これを四霊と謂う」とある。亀を除いて，麟・鳳・龍は想像上の動物。獣類を代表する麟は鹿に似て一角，鱗甲におおわれ，仁獣・瑞獣として崇められる。鳥類を代表する鳳は歌舞を善くし，現れれば吉祥をもたらし天下は安寧になるという。亀は吉凶を知り，人と神の間を仲介すると考えられていた。龍は雨水を支配し，天子に化身する霊力を持つ。また4つの星で東西南北四方の神(四神)，青龍・白虎・朱雀・玄武も四霊という。　　（鈴木　健之）

しれい【四霊(詩人)】　→永嘉四霊

じれい【時令】　時とは四時つまり四季のこと。時令とは為政者が人民に対して頒布した，四季おりおりの自然界の変化に応じた政令の意味で，人間社会の営為を自然界の変化に適応させようとするもの。古代にあっては，人々の暮らしや生産的営みは自然の推移と密接な関係を持っていた。とりわけ農耕は自然条件に依存する度合いが高く，早くから農事暦が生まれ，それによって農耕を指導することが為政者の重要な任務であった。こうした農事暦の原初形態を示すものとして『詩経』豳風「七月」，今では『大戴礼』の一篇となっている「夏小正」，および『国語』周語中などに引かれる「夏礼」などが挙げられる。またその完成された姿は，月ごとの細かな政令を規定した『呂氏春秋』十二紀，『淮南子』時則訓，『礼記』月令にみられる。これら三者では陰陽五行説によって自然変化の仕組みが説明されるとともに，正しい時令を守らぬ場合の災害が述べられ，災異説の原型をみることができる。

　　（影山　輝國）

シレート・ジョーじ【シレート・ジョー寺】　内モンゴル自治区フフホトにある寺院。清の康煕帝により延寿寺と命名。1585年にアルタン・ハーンの長男のドゥーレン・センゲ・ホン・タイジが，イヘ・ジョー寺の東に寺院を創建。その後，アルタン・ハーンのひ孫が4世ダライ・ラマに認定され，経師に抱かれてこの寺院の「シレート」すなわち「法座」に座して，「座床典礼」を行ったことから，寺院がシレート・ジョーと呼ばれるようになった。ジョーは寺の意。17世紀初頭には，寺院がチベットの建築スタイルを取り入れて拡大された。1694年から2年間に渡って，さらに増築工事が行われ，現在フフホトの最大規模の仏教寺院となる基盤を築いた。　　（包　慕萍）

しろ【子路】　孔子の弟子。魯の卞(山東省)の人。姓が仲，名が由，子路は字。孔子より9歳年少。いわゆる十哲の一人で，政事の科に配せられる。もと任俠の徒であったが，孔子の礼による誘掖に接し，進んで弟子入りした。「君子，勇を尚ぶか」の子路の問(『論語』陽貨篇)や「由や勇を好むこと我に過ぐ」(公冶長篇)の孔子の評などは，その人となりの一端を伝える。衛の大夫の邑の宰となっていた時，内乱に巻き込まれ，壮絶な最期を遂げた。史記67　　（伊東　倫厚）

じろうしん【二郎神】　古代の水神。その神については，秦の孝文王の時の蜀の太守で水利工事をおこない都江堰を建設した李冰，冰の次子で父を助けたと伝えられる李二郎，青城山の道士趙昱，さらに鄧遐，楊戩など多くの説があるが，四川省都江堰市で1974年に李冰像が発見されたこと，李二郎が記録に登場するのは宋代以降で，それ以前は元気な若者のことを李冰の息子と呼んだことなどを考えあわせると，二郎神とはもとは李冰のことであったとみなしてよかろう。　　（吉田　隆英）

しろく【四六】　→駢文

しろくべんれいぶん【四六駢儷文】　→駢文

しろくほうかい【四六法海】　明の，四六文(駢文)の総集。12巻。編者の王志堅(1576～1633)は，字を弱生，また聞修といい，崑山(江蘇省)の人。1610(万暦38)年の進士。『文選』『芸文類聚』から諸家の文集や正史・野史に至るまで，各種の書籍を渉猟して，魏晋から元に至る702篇の作品を収める。全体を40類に分けて，勅では南朝宋の武帝，書では三国魏の文帝，序では陸機，論では謝霊運を創始者とみなすなど，唐以前の作者に遡って四六文の源流を考えている。　　（井波　陵一）

しろふくりん【白覆輪】　金代12～13世紀に，華北一帯に広がる磁州窯系の窯で焼いた天目。白縁天目ともいう。覆輪のように口縁端に白色の釉が施されていることからの名称。総じて腰部の丸い椀形と，口づくりで，口縁が外部に向かって反る端

反り形の二種がある。内外面に黒釉が施され，油滴が生じているものもある。素地は白土が使われ，端反り形は高台部が露胎(釉薬が掛からず胎土が見えている状態)のものとなり，椀形は腰から高台部にかけて鉄化粧が施されている。口縁部の内外は焼成前に釉剝ぎして白化粧を施し，透明釉を掛けている。

(砂澤 祐子)

じろんしゅう【地論宗】 北朝北魏より唐初まで存在した仏教の学派。世親の『十地経論』に対する研究を中心としたところからこの名があるが，天台宗の智顗や三論宗の吉蔵は地論師と呼び，今日では地論学派とも言う。地論宗はその初期の頃から北道派と南道派の二派に分かれていた。この分派は唯識思想に対する解釈の相違から生じたものである。北道派はこころの最深層を妄識(迷いのこころ)とし，迷いを断じて空を解悟することを目指した。一方，南道派はこころの最深層を真識(真実のこころ)とし，空を解悟するだけではなく，さらに真実のこころである仏性を顕現させなければならないとした。北道派の学匠には道寵・僧休・法継・誕礼・牢宜・儒果・志念などがいた。北道派の勢力は南道派に比べてかなり弱かったようであり，その著作なども現存していない。南道派は慧光より始まる。慧光は北朝東魏の国統(国内の僧を統率する官)を務めたことから光統律師と呼ばれる。慧光の門下には法上・僧範・道憑・曇遵・慧順・霊詢・道慎・曇衍・安廩という高徳たちが輩出した。その中で重要なのは法上と道憑であり，人々から「憑師の法相，上公の文句，一代の希宝」と並び称されたという(『続高僧伝』8・道憑伝)。法上の門下からは浄影寺慧遠，道憑の門下からは霊裕という地論宗の二大学匠が出た。彼らはともに膨大な量の注釈書や綱要書などを著し，多くの弟子を育て，地論宗の最盛期を築いた。慧遠には現存する著作が多いが，その中で主著と見なされるのは『大乗義章』26巻である。霊裕の著作として現存するものは『華厳経文義記』巻6だけである。また敦煌文書の中から十数種の南道派の文献が発見されている。それらのうち，法上の時代のものとしては，『大乗五門十地実相論』巻6(北8377)，『勝鬘経疏』(S6388)，慧遠の時代のものとしては，『華厳略疏』巻1(北80)・巻3(S2694)，『融即相無相論』1巻(北8420)，『綱要書S613』，『綱要書S4303』などが重要である。

(青木 隆)

しわ【詞話】 元・明代に流行した語り物芸能の一つ。『元史』には非常に流行し，禁令が出された記録もある。しかし，その詳細ははっきりしない。比較的様子を伝えるとされるものに，現存する最も早い出版物である明中期の成化年間(1465-87)の作品群があり，それらは七字句を主とする韻文を主体に口語の散文を交え物語をすすめている。のちの弾詞や鼓詞へ連なっていくものと考えられる。

(笹倉 一広)

しわ【詩話】 ①詩歌や詩人を評論したり，詩人の逸話故実を記載した著述。南宋の許顗の『彦周詩話』冒頭に「詩話なる者は，句法を弁じ，古今を備え，盛徳を紀し，異事を録し，訛誤を正すなり」とあり，近人の朱光潜の『詩論』抗戦版序には「詩話とはおおむね偶感の随筆で，さまざまな材料を思いのまま持ち来ったものだが，片言隻句が要点を衝き，こなれていて親しみが持てる。その点が特長である」と説明する。

南朝斉〜梁の劉勰の『文心雕龍』や鍾嶸の『詩品』が祖であるとされるが，詩話と題する最初の著作は，北宋の欧陽脩の『六一詩話』，司馬光の『温公詩話』，劉攽の『中山詩話』などである。以来途切れることなく書かれたが，とりわけ宋代と清代の作が多く残っている。南宋の厳羽の『滄浪詩話』，清の王士禎の『漁洋詩話』，袁枚の『随園詩話』などは，独自の詩論を展開した著作として有名である。

②語り物の一形式。詩と説話から構成されるため，詩話と言う。登場人物たちがしばしば詩によって応酬するが，それらの詩は通俗的なものが多い。宋代から元代にかけて起こり，『大唐三蔵取経詩話』3巻が有名である。

(佐竹 保子)

しわそうき【詩話総亀】 北宋の詩話集。元来の書名は『詩総』。1123(宣和5)年に成る。阮閲編。阮閲の原著の序によれば，1400余の記事，2400余の詩を，46部門に分かって収録していた。現行本(四部叢刊本)は，前集48巻，後集50巻から成り，16世紀半ばの明嘉靖年間(1522-66)に改編刊行されたものだが，明代の抄本では前集が50巻から成る。前集・後集ともそれぞれ100種の北宋の詩話や筆記から詩に関する記事を集めて，出典を明示しながら部類によって排列しており，宋代の詩話を知るための資料価値は大きいが，雑駁なのが欠点である。

(興膳 宏)

じわぶんか【寺窪文化】 1924年にJ.G.アンダーソンが甘粛省臨洮県寺窪山で発見した青銅器文化で，中原の殷周時代に並行。主に甘粛省東部の渭河や涇河の上流域に分布する。土器から「寺窪類型」と「安国類型」(甘粛省平涼市安国郷)に分けられている。一般に竪穴土坑に仰身直肢で単独埋葬されており，「部分解体」された例もある。墓坑規模

や副葬品内容の較差が顕著で，動物供犠が行われる場合もあった。土器は夾砂質の紅褐陶が主で，各種罐・豆・鼎・鬲(れき)などがある。馬鞍状口縁の双耳罐が特徴的である。多くは無文であるが縄文・貼付文が散見される。また，器表面に符号が刻まれたものもある。青銅器には，生産工具の他に戈・矛・刀・鏃などの武器が普遍的に見られる。

寺窪文化の遺存は甘粛省東部に集中しており，西方に向かって辛店文化，卡約(かやく)文化と排他的な分布状況を示す。アンダーソンの甘粛六期編年では寺窪期は辛店期の後に位置づけられたが，これらは一部並行したとみてよい。陝西省宝鶏市南郊の西周遺跡では安国式の系統を引く土器が発見されており，西周文化との強いつながりも窺い知れる。

(倉林 眞砂斗)

しん【心】 心臓や胸部，物の中心，さらに広く精神思考活動の場所，精神思考活動そのものとしてのこころの意味までを含む語。字形は心臓を形象化した文字。心臓の脈動や血液の環流は精神活動と連関すると考え，身体と精神とを分析しないで連続した一体のものとし，天地の生成作用とも一体視して論ずることがある。思想範疇としては，食欲・性欲などの生理的自然な欲求属性，または本来から備わる道徳的本性とされる性とともに論ずることがあり，心性論と呼ぶ。性は，古くは自然性を表す生の文字を用いていたのが，のちに性を用いることになった例があることからも判るように，自然性を性とする考え方が根強くある。これに対し孟子は四端(惻隠・羞悪・恭敬・是非)の感情や判断力を持つ心には仁義礼智の道徳性の端緒が備わるとして心と性を関連づけた。荘子は善とか悪とかの価値判断を超えた自然のままの本性を回復して保全することを説く。戦国時代に盛況をみた心性論議は，後世にも続いていく。南北朝以降の中国仏教には，仏や衆生の心性について，本来から清浄か煩悩により汚染されているかといった論議があり，一即一切，一切即一を仏と衆生との本質的同一性とみる華厳宗，三千世界は一念心にありと世界を心に包摂する天台宗，以心伝心と言い，心から心への真なるものの伝承を説く禅宗など，心を強く意識する傾向があった。北宋の程顥・程頤から南宋の朱子に始まる程朱学では，仏教は心を重んずるとして，ここに視点を置いて批判し，現実の心には天から賦与される本源的な性が備わるとして性即理説を樹て，『書経』にいう人心(現実の心)は道心(本来の心)に従うべきだとする道心人心説を説いている。

ただ，朱子は社会や人間の現実態への関心も強く，理気論としてみると，現実世界を構成する気への関心を強く持ち，理気二元論的傾向があり，心性論でいえば心への関心も強い。明になると現実の人間が持つ活発な能動性への関心が高まり，王陽明は心即理説を提唱して，心に備わる良知は天地万物の本質的存在契機だとして，天地万物一体説を樹てた。その後も心性をめぐる論議があり，心は思想史上の重要な思想範疇となっている。 (佐野 公治)

しん【神】 神という字は，金文では禮と書かれ，示(祭壇)と𢑥(いなずまが斜めに屈折して走るさま)とから成る。天神・人鬼・地祇という言葉がある(『周礼』春官・大宗伯)ように，神はもともと天帝や雷神，日月星辰など天上の神々を指したが，転じて，広く天地山川の自然界の神々を指す。また，『易経』繋辞上伝に「陰陽不測これを神という」とあるように，人知でははかり知ることのできない霊妙なはたらきそのものを指すこともある。死者の霊魂を意味する鬼とは本来別個の概念であるが，神という字の中に鬼的な性格を含むことも少なくなく，鬼と神の区別があいまいなまま鬼神という熟語で呼ばれることが多い。『論語』述而篇に「子は怪力乱神を語らず」とあるように，不可思議な領域の事柄である神について積極的に語ることをせず，実体的な鬼神の存在については否定的な態度をとるのが儒家の伝統であったが，一方で儒家は儀礼としての祖先祭祀を重視したため，鬼神をめぐる議論が儒家(特に朱子学)の一つの重要なテーマとなった。

神はまた，形(肉体)に対する精神・霊魂という意味も持つ。形と神の関係については，中国における仏教受容の過程で起こった，神の永遠性に関する議論が注目される。これは，人が死んで形が滅んだのちも神は存続するのか否かという議論であり，魏晋南北朝時代に盛んに行われた。インドの仏教思想では実体的な霊魂の存在を認めないのであるが，中国では，仏教の因果応報・輪廻転生の思想が成り立つためには死後も霊魂が存続することが必要であると理解され，仏教者は神の永遠性(神不滅)を主張した。神を絶対的超越世界に冥合させることが泥洹(ないおん)(涅槃)であると説いた東晋の慧遠の『沙門不敬王者論』，形身を離れて純一な神を完成したものが法身であると説いた宗炳の『明仏論』などは，いずれも神不滅の立場から論じられたものである。これに対し，梁の范縝(はんしん)は儒教知識人の立場から『神滅論』を著して，形と神は本体と作用の関係にあり相即不可分であるとし，形が滅びると同時に神も滅びると説いて，仏教擁護側と大きな論争を巻き起こした。 (神塚 淑子)

しん【晋(春秋)】 前11世紀～前376。周初に，成王の弟，叔虞が封建された国で，子の燮(しょう)の時

に晋侯を称したとされる。始封の地には異説があるが，1992年，山西省曲沃県の曲村鎮で，燮の子の武侯から九代にわたるとされる晋侯墓地が発見され，その都も近辺にあったと考えられるが位置は確認されていない。春秋時代初，献公(在位前676〜前651)の時に絳(山西省)に遷都し，文公(在位前636〜前628)の時には城濮の戦いで楚を破って覇者となった。その死後，君主の権力は弱体化したが，有力な大夫たちが国政の実権を握り，覇者の国として楚に対抗した。昭公(在位前531〜前526)の頃からは，韓・魏・趙・范・中行・知の6つの家が六卿として国政の運営にあたった。一時，知氏が権力を掌握したが，前453年に韓・魏・趙の三家が知氏を滅ぼして晋を分割し，前403年にそれぞれ諸侯に列せられた(韓・魏・趙三国は三晋と称せられる)。ただし，晋は前376年まで存続した。なお，春秋末の晋都新田に比定される山西省侯馬市周辺では大規模な都市遺跡や大量の盟書が発見されている。　　　　　　　　　　　　　　(江村 治樹)

しん【晋(西晋・東晋)】　265(泰始元)〜420(元熙2)。六朝時代の王朝。三国の分裂に終止符を打った前半の西晋(265〜316)と北の五胡十六国と対峙した後半の東晋(317〜420)に分ける。都は，西晋が洛陽，東晋が建康(南京)。帝室は河内郡温県(河南省)を本籍とする名族の司馬氏。蜀の諸葛亮(字は孔明)との対決で有名な魏の重臣司馬懿(字は仲達)が249(正始10)年のクーデターにより実権を掌握，その死後も子の司馬師・司馬昭兄弟が相次いで大将軍となり，2代にわたり皇帝を廃立。263(景元4)年，蜀を滅ぼし，265(咸熙2)年，前年に晋王に封ぜられた司馬昭が死に，後を継いだ子の司馬炎が元帝(陳留王曹奐)の禅譲を受けて即位(武帝)，晋王朝が成立した。

「竹林の七賢」の山濤・王戎が人事を司り，法家的で苛酷な魏に対して儒家的で寛大な方針を標榜。魏が親族を冷遇し滅んだのに鑑み，大々的に司馬氏一族を封建した。280(太康元)年，呉を滅ぼし，中国再統一を実現。この西晋代に泰始律令という法典が制定され，税制では戸調制，土地制度では占田・課田制が施行された。290(太熙元)年の武帝の死後，八王の乱が勃発，永嘉の乱を誘発し滅亡した。

当時建康にいた琅邪王司馬睿が即位し，晋王朝を再興(東晋)。北来の貴族と流民軍団，および江南豪族が基盤である。347(永和3)年には五胡十六国の成漢を滅ぼし，三国期の呉・蜀の地を領有，北の五胡諸国と対峙し，旧都洛陽を奪回したこともあり，383(太元8)年には淝水の戦いで前秦の大軍を撃破したが，孫恩・盧循の乱や桓玄の乱の鎮圧に功があった劉裕に簒奪され滅亡した。

西晋では陸機・潘岳・左思ら文学者が輩出，東晋に入り貴族文化が花開き，書では王羲之・王献之父子，絵画では顧愷之，詩では陶淵明が出た。晋代，格義仏教が流行し，また葛洪が『抱朴子』を著し，道教の成立に寄与。陶磁器では，オリーブ色がかった古越磁と呼ばれる動物意匠の多い青磁が主流をなした。　　　　　　　　　　　　(福原 啓郎)

しん【真】　道家思想の重要概念の一つ。生得的本源，また本来の帰るべき所の死だともいう。『説文解字』には「真とは，仙人が変身して天に昇ること」とある。『老子』21章にも道に関連して真への言及があるが，真は主に『荘子』で重視され，理想的人間は真人ともいわれる。亡くなった親友についての言葉「而は既に真に反る」(大宗師)，「人を以て天を滅ぼさず，……謹み守りて失わず，是れ其の真に反るを謂う」(秋水)，儒家の主張を「詐巧虚偽の事，以て真を全くすべきにあらず」(盗跖)といい，「反真」「全真」など真への言及がみえる。しかし「真とは，天より受くる所以なり。自然にして易うべからざるなり」(漁父)とあるのが，最も的確な概念規定と思われる。『列子』には「精神は形を離れ，各おの其の真に帰る，故に之を鬼と謂う，鬼は帰なり，其の真宅に帰る」(天瑞)とあり，『荘子』での親友の死の叙述に共通する。『淮南子』には「性を全くし真を保つ」(覧冥)と「保真」の語がみえる。道蔵では主要な典籍を3類に分けその一つに洞真部門がある。『道門大論』に，「洞は通の意味である」とあり，『本際経』に「洞真は，雑ならざるを以て義と為す。……故に洞は通を言うなり。……洞真とは，霊秘雑ならず，故に真と名づくるを得」という。　　　　　　　　　　(澤田 多喜男)

しん【秦(春秋戦国)】　戦国七雄の一つにして，中国最初の統一帝国。伝説によれば，その遠い祖先は帝顓頊の末裔で，女脩という女性が燕の卵を呑んで懐妊して生んだ大業に遡るという。周王室が諸侯に背かれて東遷した際，秦の襄公は周を助けた功績により，岐山以西の地を平王から賜与されて国を建てた。1994年，甘粛省礼県大堡子山の古墓から「秦公」の銘文をもつ青銅器が出土し，秦国の最も古い都城の所在地が明らかになった。

その後，徳公の時代に勢力は東進し，前677年に雍(陝西省)に都を置いた。前659年に即位した穆公は，百里傒や蹇叔といった他国出身の人材を国政の補佐役とし，中原の大国である晋としきりに干戈を交えた。西方での足場を固め，東方進出の一歩を踏み出した穆公は，春秋五覇の一人に数えられる。雍城遺跡の南郊からは30基を超える大墓(秦公大

墓)が検出されており，歴代秦公の陵園であろうと推定されている。

秦国が大きく発展したのは，前4世紀，献公・孝公父子の時代である。商鞅を登用して制度改革(商鞅変法)を断行し，咸陽に遷都するなど，孝公の業績は広く知られているが，什伍の制(五人組制度)の導入や櫟陽城の建設など，献公が行った施策も看過できない。改革にあたっては，先進地域であった魏の制度が手本となった。秦の改革が他国に比べて成功したのは，国君の権力を阻む貴族勢力が弱体だったためである。

孝公の子の恵文王は，連衡を説く*張儀の策に従って六国を互いに離間させ，一方で巴蜀に出兵してこれを併合した。その孫の昭王(昭襄王)の代，白起将軍は楚の郢を陥落させ(前278年)，長平の戦いで趙軍に大勝するなど(前260年)，戦国の帰趨を左右する戦果を挙げた。こうした歴史の流れの中で前246年に即位した政は，前230年に韓を滅ぼすと，趙，燕，魏，楚，斉の諸国を次々と併呑，前221年に天下を統一し，自ら皇帝と称した(*秦始皇帝)。しかし統一帝国としての秦は短命であった。始皇帝の死後に勃発した*陳勝・呉広の反乱と，それに続く項羽と劉邦の挙兵によって，前206年，都の咸陽は陥落し，秦王の子嬰が降伏したことにより帝国は瓦解した。
(籾山 明)

しん【秦(五胡十六国)**】** 五胡十六国時代の王朝名。同名の王朝が3つあり，区別してそれぞれ前秦(351〔皇始元〕～394〔延初元〕)・後秦(384〔白雀元〕～417〔永和2〕)・西秦(385〔建義元〕～431〔永弘4〕)と呼ぶ。氐族の苻健は父，洪の後を継ぎ351年長安に侵攻，天王・大単于を称して秦の国号を称し，翌年には皇帝についた。これが前秦である。前秦は3代目の苻堅の時代に全盛期を迎え，江北ほぼ全域を統一し国内もよく治まったが382(建元18)年肥水の戦いで東晋軍に大敗，以後諸勢力の離反を招き国力は衰え，394年後秦に滅ぼされた。後秦は羌族の姚萇が立てた王朝である。萇は長安に侵攻して敗れたのち前秦に一旦降り武将として活躍，その後苻堅と反目し384年自立，386年には長安に侵攻し皇帝に即いて国号を大秦とした。次の姚興の時代には前秦を滅ぼし中原を支配下に収める一方涼州(甘粛省)に大きく勢力を拡大，また国内では*鳩摩羅什を迎え仏教が栄えたが，次第に諸勢力が離反し弱体化，417年東晋に滅ぼされた。西秦の祖，鮮卑族の乞伏国仁も肥水の敗戦後苻堅から独立，385年隴西で自立した。跡を継いだ弟の乞伏乾帰は金城を中心に隴西から巴西一帯(甘粛省東部～四川省北部)を支配，409(更始元)年秦王を称した。431年，夏に滅ぼされる。
(佐藤 達郎)

しん【清】 1636(崇徳元)～1911(宣統3)。都は1644(順治元)年まで盛京(瀋陽)，のち北京。1616(天命元)年に太祖ヌルハチが，東北地方で明に反旗を翻して建国した後金を前身とする。2代目太宗ホンタイジが，1635年，リンダン・ハーンを打倒し内モンゴルを配下に収めたことをきっかけとし，翌年，国号を「清」と改めた。その際，マンジュ(満洲，ジュシェン)，モンゴル，漢人の代表がそれぞれ自らの君主として勧進したことにも示されるように，この3族を束ねる国家として出現した。1644年，明が滅亡すると山海関から北京に軍を進め，*李自成を敗走させ，遷都をおこなった。約10万の禁軍八旗とその家族らが北京および郊外に移住することとなり，北京の風俗に大きな変化をもたらした。清は，漢人に辮髪を強制するなど，強圧的な政策も採用したが，天命をうけた正統の王朝として明を継ぐものであることを強調し，明朝の官僚や軍隊を吸収するとともに，礼制を含めて国家の制度にも大きな変更は加えなかった。儒学の尊崇，科挙の実施，書物の編纂などの手段によって，知識人の忠誠と支持を得ることにつとめたのである。また，モンゴルに対しては，その帰依するチベット仏教を手厚く保護し，ボルジギンの血統につらなる支配者と皇室との通婚を維持するなど，良好な結盟関係を保つ一方で，集団ごとに遊牧範囲をわりあて，官員を任命するなど盟旗制度の中に組み込んで，支配秩序の安定を実現していった。

17世紀後半は，清朝支配の拡大と確立の時期であった。三藩の乱(1673～81)を平定し，その2年後には，長年台湾に拠って反清活動をつづけていた鄭氏の勢力を降伏させ，遷海令を解除した。西北方面では，ジュンガルの圧迫を受けたモンゴルの3ハーンと部衆10万が，1691(康煕30)年，東奔して内モンゴルに逃げ込んできた。*康煕帝はドロンノールでこれと会盟し，外モンゴルも清朝の版図に入ることとなった。清朝は対ジュンガル戦争を開始し，1697(康煕36)年には，ガルダンを自殺に追い込んで，西北方面での清の支配を安定させた。その後も，青海やチベットをめぐってジュンガルとの対立がつづいたが，1755(乾隆20)，57(同22)年の2度にわたる遠征でこれを完全に解体し，東トルキスタンを「新疆」として版図に加えることになる。こうして18世紀中葉には，歴代中国の国家として最大の帝国となった。

政治的な安定の実現とともに，経済や文化の発展も著しかった。日本など周辺諸国ばかりでなく，茶や陶磁器を中心として西洋諸国との貿易も拡大し，人口の増大もあって国内の商品流通も活発化した。人心収攬のための大規模な文化事業もあいつぎ，『康煕字典』『佩文韻府』『全唐文』『四庫全書』な

ど，その成果の恩恵は今日にまで及んでいる。民間でも，経書や諸子についての文献学的研究（考証学）が盛んにおこなわれ大きな成果をあげた。

アヘン戦争（1840～42）の敗北以後，列強の侵略にさらされ，国内でも太平天国，捻軍などの反乱があいつぎ，19世紀後半から清朝の衰退は顕著となった。洋務官僚による自強の試みも，改良派の変法運動も退勢を挽回することができず，20世紀になると「反満」を唱える民族主義的革命運動の挑戦を受けた。1911年には辛亥革命が勃発し，2000年におよぶ中国の帝政の歴史は清朝とともに幕を閉じた。

（岩井 茂樹）

しん【新】 →王莽（おうもう）

しん【箴】 文体の名。箴は戒めるの意で，他人あるいは自らを戒めるための文。風刺を含み，時弊を批判する点で銘と共通するところから「銘箴」「箴銘」と並称されることが多い。箴は古く夏殷周の三代から盛んに作られたといわれ，「夏の箴」（『逸周書』文傅伝），「商の箴」（『呂氏春秋』応同篇），「虞人の箴」（『左伝』）が残る。漢代には揚雄の「十二州牧箴」「二十五官箴」，崔駰（もんぜん）の「大尉箴」「司徒箴」がある。『文選』巻56には西晋の張華の「女史箴」1首を収めている。

（幸福 香織）

しん【篸】 →軋箏（あっそう）

しん【簪】 →笄（けい）

しん【讖】 →讖緯（しんい）

じん【仁】 孔子によって提挙された儒教の中心かつ最高の徳目。『詩経』『書経』にも見える概念だが，そこでは特別重要視されるものではない。『論語』には約60条に「仁」を説くが，統一した明確な定義は難しい。しいて，後世，「仁」を論ずる上で焦点になり易いものを数例あげれば，「人を愛す」（顔淵），「己に克ちて礼に復（かえ）る」（同），「己の欲せざる所は人に施すことなかれ」（同），「己立たんと欲して人を立て，己達せんと欲して人を達す」（雍也），が目につく。思いやりと説明されることが多いが，人間を人間として相重んずる，人と人との関わりにおける一体性の自覚を宣揚するものである。個人の全人格的陶冶の目標であるとともに，徳治の基礎と考えられている。

孟子の提唱した王道政治も，君主自身の心に存する「忍びざるの心」（痛みを覚えて平気でいられない心）を他者に推し及ぼし拡充することによって，仁政を行うことを期待するものであった。また孟子は「仁は人の心なり。義は人の路なり」といい，「仁」とともに現実の差別相に応じてけじめをつける道理として「義」を併称した。これに礼・智を加えて人倫を説いた。とくに「忍びざるの心」を「惻隠の心」といいこれを「仁の端」と認め，羞悪の心・辞譲の心・是非の心をそれぞれ義・礼・智の端として，「四端」説を展開，性善説に結びついている。これも後世儒家の「仁」の議論上，焦点となった。

前漢になると，仁・義・礼・智・信として五常が説かれ，五行説とも関係づけられる。ただ，「仁」は首位におかれ，他の諸徳に対して中心的・包括的な性格を有し続けた。とくに南宋の朱子理気論によって「仁は愛の理」と定義，「惻隠の心」との関係を性情説によって体系立てた心性論を展開した。また，天地が万物を生々・生育するそのことを「仁」と捉えて，「偏言の仁」（仁義礼智の１つとしての仁）と「専言の仁」（仁義礼智を根源づけ包括する仁）を立てて，「仁」の根源的性格をより強く根拠づけている。ここではまた，『易経』の「元亨利貞」の四徳が重ねられ，「元」と結びつけて論じられる。

一方において，天地の生意（生命力）を「仁」とする思想は，仁者とは天地の生意が万物を貫くのと同質の一体感を体現する者であるという，北宋の程顥（こう）の「万物一体の仁」の主張を生む。生の本源において自分（我）が万物と根底的に連なっているという確信に立脚して，他者そして万民に関わっていくことを志向するものである。この「万物一体の仁」の思想は，明王陽明をはじめ陽明学において顕著な高まりを見せ，「仁」は，生民の困苦窮乏を我が身の疾痛と受けとめ，一身と万物とを通感せしめる道徳的感性として重要な位置を占める。

近年，儒家の再評価の中においても，「仁」から道徳を基礎づけたことにあらためて注目したり，グローバル化の中で，天地とともに一体を形成し万物との調和を実現する思想的原動力として「仁」が強調されている。

（大島 晃）

しんあし【沈亜之】 781（建中2）～832（大和6）。唐の文学者。呉興（浙江省）の人。字は下賢。815（元和10）年の進士。李賀と親しく，韓愈の門下にいたこともある。詩文・伝奇小説に長じた。詩はわずか20数首が残るのみ。伝奇の『湘中怨解』『異夢録』『秦夢記』が有名で，人と神の遭遇・恋愛・婚姻を描く。中でも『異夢録』は宋代話本に大きな影響を与えた。著作を集めたものに『沈下賢文集』12巻（四部叢刊本）。『唐才子伝』6に伝がある。

（筧 久美子）

しんあんおきかいていひきあげぶんぶつ【新

安沖海底引揚文物】　韓国全羅南道新安郡の沿海で1975年に発見された沈没船から引き揚げられた遺物。1976年から1984年にかけて11次にわたる調査が実施され，全長約28m，幅約9mの中国式の木造帆船と陶磁器約2万1000点，金属製品約730点，木製品多数，銅銭約28tなどが引き揚げられた。荷札(木簡)の記載などから，至治3(1323)年に慶元(ニンポー)を出港し博多に向かった貿易船と推定されている。日本の下駄や将棋の駒，刀装具なども発見されており，日本人乗員・乗客がいた可能性が高い。遺物の大部分を占める中国陶磁は，1万2000点余りが龍泉窯青磁，5300点余りが景徳鎮窯の青白磁と白磁・鉄絵白磁・釉裏紅などで，ほかに建窯・磁州窯系・吉州窯・贛州窯・宜興窯，浙江産の㰤釣窯磁器など中国各地の窯の製品が含まれる。また少量の高麗青磁や日本の古瀬戸梅瓶2点などもある。韓国国宝に指定され国立中央博物館，国立光州博物館，国立海洋遺物展示館(木浦)に収蔵・展示されている。　　　　　　　　　(森　達也)

しんあんしょうにん【新安商人】
明清時代に活躍した安徽省徽州府出身の商人。長江下流の経済先進地の後背にありながら農耕条件に恵まれない徽州では，古くより商業に従事するものが多かったが，明代中期以降の塩専売制度の変化の中で，両淮・両浙の塩を扱う商人として多くの成功者を生み出すことになった。塩を扱う大商人以外にも，穀物・棉布・絹など様々な商品を扱う客商が全国的に展開し，その一部は海外に及んだ。また多くの新安商人が都市部に移住し，典当業を中心とする金融業や店舗商業にも進出し，会館を設けて相互扶助に務め，山西商人と並んで中国の商業界を二分する勢いを示した。質素をもって知られる山西商人に比して，豪奢を極めた徽州商人の生活が知られている。しかし清朝の乾隆時代から始まる塩業不振の中で，次第に影響力を低下させ，開港以降は茶商など一部業種を除けば，山西商人のみならず，寧波商人・広東商人・山東商人などにも圧倒されるに至った。
(足立　啓二)

しんい【深衣】
古代の服飾の一つで，衣裳連属の様式に属する衣服。深衣の名称は身体を深く包む所からきている。

中国古代服飾の基本様式は2種に大別される。上衣下裳制(ツーピース形式)と衣裳連属制(ワンピース形式)である。衣裳連属制とは裁断時は上下を分けて裁断し縫製時に上衣(衣)と下衣(裳)を相連ねる一部形式の衣服である。

深衣には制があり，『礼記』の玉藻及び深衣の中に着装・裁断などに関する記載がある。明末清初の黄　宗羲は『礼記』をもとに『深衣考』を著している。また，『礼記』記載の裁断法は，清代の百科全書である『古今図書集成』の礼儀典衣服部に要約されている。わが国においても，昭和初期に原田淑人がその著書『漢六朝の服飾』のなかで，『礼記』及び『深衣考』に基づき考究している。近年になり中国の服飾史研究者や考古学者もまた深衣の研究を重ねているが，『礼記』の記載には難解な部分がある。しかし，上下の衣服を続けた一部式の衣服であることには違いない。『礼記』玉藻には「朝玄端夕深衣」とある。三代(周代及びそれ以前)の衣服には，冕服・玄端及び深衣があり，深衣のみが衣裳連属制であった。『礼記』玉藻の記載は朝の礼に比べて夕方の礼は簡便であるから深衣を着装する，即ち，深衣は玄端の次に位置する衣服であることを示しているのである。以上は古文献により知ることのできる深衣であるが，出土の遺物の中にも深衣形式の衣服を見ることができる。しかし，多くの報告書は衣裳連属の衣服に関しての報告に深衣の名称は使用せず，袍と記載している。
(釣田　敏子)

しんい【讖緯】
中国古代の予言説である讖と緯。讖とは「詭って隠語を為り，予め吉凶を決する」(『四庫全書総目提要』)ことで，未来記をいう。図・図讖・図録・符命などとも呼ばれる。緯は「よこいと」の意で，「たていと」を意味する経に対する語。「経の支流にして旁義に衍及する」(同上)もので，経書に対して緯書という。孔子に仮託して経書を神秘的に解釈し，孔子を神格化することに成功した。後漢には『易緯』『尚書緯』『詩緯』『礼緯』『楽緯』『春秋緯』『孝経緯』が作られ，七緯と呼ばれる。もともと，図讖などによって未来を予見しようとする讖と，経書を神秘的に解説敷衍する緯とは別のものであったが，両者はその共通項である神秘性・予言性から結合して讖緯と称される。また，讖の多くが緯書の類に見えることから，広義の緯書を緯と讖に分類する考え方もある。

讖緯の起源は，顧炎武が「讖記の興り，実に秦人より始まる」(『日知録』巻30)というように，秦に遡ることができる。古くは，秦の穆公が夢に晋の大乱を予言する天の声を聞き，それを公孫支が書き記して保管した，これが秦讖の始まりとする扁鵲の言(『史記』趙世家)が見える。また，始皇帝の末年，方士盧生の奉った録図書「秦を亡ぼす者は胡なり」(同，秦始皇本紀)は二世胡亥による秦の滅亡を予言していたとされ，これも讖の先駆とすることができる。その後，「図讖は哀・平の際に成る」(『後漢書』張衡伝)で知られるように，漢王朝の国政が衰え始めた哀帝・平帝のころから讖が頻出する。その代表が哀帝の時に夏賀良が奉った「赤精

の讖」で，15年間の王莽の漢王朝纂奪と，光武帝による漢王朝再興を予言している。そして，王莽は「安漢公莽，皇帝と為れ」との符命によって新を建て，光武帝は「卯金(劉)，徳を修めて天子と為れ」との讖記に乗じて漢王朝の再興を果たした。明帝も章帝も讖緯を信じ，讖緯に批判的な学者は昇進の道を閉ざされたほどで，かの大儒鄭玄も緯書に注釈をほどこしている。もちろん，讖緯説を否定した思想家も少なくない。桓譚は光武帝が讖緯によって霊台の場所を決めようとしたことを激しく批判したために危うく処刑されそうになっているし，張衡も讖緯の禁絶を上疏し，王充もその著『論衡』で讖緯を「虚妄の言」「神怪の言」として否定している。

確かに讖緯は時の統治者にとってその正当性を主張しカリスマ的権威を確立するには好都合であったが，反面，それは現状を変革する口実ともなる危険性を内包していた。そのため，讖緯の書が民心を惑わすことを警戒した統治者はしばしばこれを禁止した。西晋の武帝・南朝宋の孝武帝・北朝北魏の孝文帝・南朝梁の武帝・隋の文帝など，多くの天子が禁圧している。しかしながら，讖緯思想は根強く継承され，歴代の歴史書の「五行志」や「符瑞志」などに反映されている。　　　(串田 久治)

しんいん【神韻】　明末清初の詩人王士禎が提唱した詩論を神韻説と呼ぶ。「神韻」とは魏晋南北朝から使われている語で，もともと人間の雰囲気・品格を指した。たとえば，南朝梁の『高僧伝』巻6に「(慧)遠の神韻は厳粛で容姿は端正だった」などとあり，また絵画を品評する際にも「神韻・気力は以前のすぐれた画家たちに及ばない」(南朝斉の謝赫『古画品録』第二品顧駿之)のように使われている。後世「神韻」は次第に詩文の批評に使われるようになったが，この言葉を最も有名にしたのは王士禎である。かれは，完全にすべてを描写しようとはしない風景描写，古典の重層的引用によって「味外の味」をかもしだそうとする作風を神韻と総称し，詩が到達する最高の境界とした。王士禎の神韻説は明の古文辞派・公安派・竟陵派にあきたらない清初の詩壇においては清新な主張で，一世を風靡した。後に彼および追随者の詩が千篇一律・内容空疎であるとの批判が相次いでなされた。
　　　(大平 桂一)

しんえい【沈璟】　1553(嘉靖32)～1610(万暦38)。明の戯曲作家・曲論家。呉江(江蘇省)の人。字は伯英。号は寧庵，また詞隠。1574(万暦2)年の進士。官を辞めてから20年あまり詞曲の音律を研究し，『南九宮十三調曲譜』を編纂した。戯曲作品(伝奇)17種のうち『紅蕖記』『埋剣記』『双魚記』『義俠記』『桃符記』『墜釵記』『博笑記』の7種が今に伝わる。音律を重んじた点で，文辞を重んじた湯顕祖と対照されることが多い。明史206 (廣瀬 玲子)

しんえき【津液】　「津液」は「津」と「液」が熟した言葉であるが，古典において三者の区別は必ずしも明確ではない。例えば，津は組織の間隙を満たし，液は器官の空所を満たすとする場合，津は汗，液は関節液・髄液とする場合，液は汗・鼻水・涙・唾液とする場合，津液は膀胱に蓄えられた尿とする場合などがある。明確なのは津・液・津液が体内の生理的な水液の呼称ということである。通常は生理作用を営むが，津液が不足したり，停滞する時には各種の病変を引き起こす。　　(林 克)

しんえつじん【秦越人】　→扁鵲

しんおんかんころく【審音鑑古録】　清代中期の崑劇演出ノートと言うべき性格の台本。編者は未詳。王継善の校訂本は1834(道光14)年刊だが，原本は乾隆期(1736-95)のものと見られている。『琵琶記』『荊釵記』『長生殿』『牡丹亭還魂記』『西廂記』など全9劇から選ばれた，よく上演された65場の台本である。単なる台本ではなく，上演に供する演出台本で，人物の扮装や扮する場合の心構え，歌いながらの動作などがト書きにあるばかりでなく，歌詞・台詞の旁らと上の余白(眉批)にも，字の正誤や，演技上の注意が記されている。特に心理描写の表現，表情，動作，台詞の発音の仕方，同じ役柄でも他の人物を演ずる場合の相違，各場の特殊な状況に即した演技や台詞回しと，その場の動作や発音の上でしてはならないこと(した場合の問題点)などを詳述している。また，『荊釵記』の「上路」では「身段譜」という型の動作を記しており，清朝以前の刊本で，唯一の貴重な崑劇演出台本といえよう。　　　(吉川 良和)

しん・か【真・仮】　「ほんもの」と「にせもの」。『荘子』に「その人柄は真実(郭象注，仮のないこと)そのもの」(田子方)や「ましてや真実(郭象注，真実とは外物に仮りることのない自然の姿)については言うまでもない」(大宗師)とあるように，「もって生まれた本来のもの」と「外物に借りたかりそめのもの」として対立的に捉えられている。また，仏教では「権(方便)・実(真実の教え)」と同義に用いる。

明の李卓吾は，人間の真実の姿を童心(生存のための素朴な欲望として発露される人間原初の心)に求め，それを覆い隠す「仮」として，当時の士大夫

による固定・形骸化した経書理解を強く批判する。読書による後天的な聞見・道理が本来の真心を阻害する状況を，「仮の人間が仮の言葉を語り，仮の事柄に取り組み，仮の文章を文るだけのこと」(『焚書』巻3・童心説)とし，彼らが自らの言説の根拠とする儒家経典をも，必ずしも聖人の本意を伝えるものではないとして相対化する。　　　　　(大西 克巳)

しんかい【秦檜】　1090(元祐5)～1155(紹興25)。南宋の政治家。江寧(江蘇省)の人，字は会之。1115(政和5)年の進士で，詞学兼茂科にも合格し，哲宗朝の宰相王珪の孫娘を妻とした。1126(靖康元)年，金軍が首都開封府を包囲すると，金の要求によって軍事拠点を割譲したが，秦檜は一貫して反対し，御史中丞に抜擢された。翌1127(同2)年，金軍は張邦昌を擁立し楚国を建て，これに反対した秦檜らが家族共々，徽宗・欽宗らと，北方へ拉致された。1130(建炎4)年，秦檜は家族と共に逃れて帰国した。金国の内情を熟知する人物として高宗から信任され，1131(紹興元)年には宰相になったが，翌年には罷免された。1138(同8)年，再び宰相に起用された秦檜は，対金講和を主張し，反対派を朝廷から一掃して，1142(同12)年に講和が成立した。講和のために岳飛を殺害し，時の「忠臣良将」を追放したとして，中国史上最大の売国奴と言われる。後に王号は剥奪され，諡は謬醜に改められた。宋史473
(衣川 強)

しんかいてん【清会典】　→大清会典

しんかぎ【辰河戯】　伝統演劇の劇種。湖南省の西部，沅水の中・上流域から貴州省・四川省にかけての地域で流行する。主な曲調は，弋陽腔から発展した高腔で，これ以外にも崑腔・弾腔などがあった。清朝の初めには専門の劇団があった。「高台班」と呼ばれる舞台で上演する職業劇団，「矮台班」と呼ばれる人形劇団(主にアマチュア)，「囲鼓堂」と呼ばれる歌唱だけのものなどの区別がある。「高台班」の上演活動も，人民共和国成立以前には酬神・家演目的のものが多かった。伝統的な曲目には，『黄金印』『紅袍記』『一品忠』『琵琶記』などがある。　　　　　　　　　　(福満 正博)

しんがく【心学】　人間の本性を明らかにし，正しい人間となるための学問，南宋の陸象山，明の王陽明の学問や思想傾向をいう。心学の語は中国仏教でも用い，心を統一して精神の清浄安楽をもたらす修養法についていう。これに対して陸象山は本心である心は，宇宙に充満する理そのものだとして，内観・内省によって理を獲得しようとした。この陸象山に始まる思想傾向を心学と呼ぶことが古くからある。明の王陽明は，生命の活動態である心は宇宙天地の生成作用そのものだと把握し，「聖人の学は心学なり」と主張した。陽明学徒は心学を自認することもある。ここから陸王心学，陽明心学の呼称ができた。この心学に対して朱子の学を対立する思想傾向と見なすこともある。しかし朱子学は聖賢伝授の心法を学ぶということから心学の性格を持つとの見方もあり，また陸と王とは思想傾向が異なるから心学として同一視できないとの見解もある。なお，日本の石門心学は上記の心学とは別個の学問である。　　　　　　　　　　(佐野 公治)

じんがく【仁学】　譚嗣同の主著。1897(光緒23)年春完成。宇宙全体生命である「以太」(エーテル)の天地・万物・人我の一体平等(仁・通)と「日新」(動)の立場に立ち，民権伸長と産業振興により民生安定を図る変法を主張した。変法を妨げる「網羅」(束縛)である「君権・倫常」上下秩序と清朝異民族支配を「衝決」(突破)せよ，全体生命と合一し自己を犠牲にして衆生を救い，貴賤・貧富のない「大同」を実現せよ，と叫んだ。
(近藤 邦康)

しんがくぎけいこう【新学偽経考】　清末今文学の復興の到達点となる書。『偽経考』ともいう。14巻。1891(光緒17)年刊。著者は康有為。公刊直後から，物議をかもし，何度か毀版された。内容は，秦の焚書では六経は焼失していない，従って前漢の今文経書が真経で，伝統の古文経書は，劉歆が王莽の漢王朝簒奪の為に偽作したとし，『史記』など関係書と鄭玄らの経書継承の跡を具体的に検証して論証したもの。資料に語らせる体裁をとり，民国後も学術史書として評価された。
(竹内 弘行)

しんかくじこんごうほうざとう【真覚寺金剛宝座塔】　北京の真覚寺(俗称五塔寺)にある石塔。明の孫国敉(1584～1651)の『燕都遊覧志』では，真覚寺のもとの名前は正覚寺で，元朝のモンゴル人が建てたという。『帝京景物略』(1635年)によれば，明の永楽帝(在位1402～24)が来朝したチベット(西番)の班迪達(五明精通の学者)を大国師に封じ，寺院を建てて住まわせた。本塔は，1473(成化9)年に，班迪達が献上した金剛宝座規式に準じて，大きな台座を造り，上に五塔を立て，中には献上された五軀金仏を安置した。台座は密教の金剛界聖壇を，五塔は五方仏を象徴するため，金剛宝座塔と命名され，様式の起源はブッダガヤの大菩提塔とされている。
(包 慕萍)

しんかけん【沈下賢】 →沈亜之

しんかつ【沈括】 1031(天聖9)〜95(紹聖2)。北宋の政治家・科学者。銭塘(浙江省)の人。字は存中。1063(嘉祐8)年の進士。数学・天文学・物理学・地学・医学・音楽など幅広い分野で当時一流の知識を得ていた。政治家としては，王安石の変法に積極的に参加し，水利や灌漑，契丹との外交交渉などで活躍した。晩年は，鎮江(江蘇省)の夢溪園で著述に専念した。著書に『夢溪筆談』『長興集』『蘇沈良方』がある。宋史331　（長谷部 英一）

しんがふ【新楽府】 広くは，古楽府に対し，新たに唐代に起こった楽府で，李紳の『楽府新題』(亡佚)・元稹の『和李校書新題楽府』・白居易の『新楽府』などを指す。しかし，「新楽府」といえば，ふつう白居易の作品の名。白居易の作は，七言歌行，あるいは七言を主とする雑言歌行で，全50篇。制作の目的は，天子がこれらの歌辞を耳にすることによって，民の実情を知り，政治の得失を熟知することにある。『詩経』国風の歌や，漢代の楽府の現代版をめざし，自ら『漢書』芸文志に記す采詩官の役割を担おうとの抱負を持って制作した。各篇には，全て「海漫漫，仙を求むるを戒むるなり」(其4)，「驪宮高，天子の人の財力を重惜するを美むるなり」(其21)，「杜陵叟，農夫の困しむを傷むなり」(其30)のように，題と主旨が記されている。その大部分は，白居易38歳の809(元和4)年，左拾遺・翰林学士の職に在る時の作だが，一部母の喪に服して下邽退去中の作を含み，全50篇の完成は，812(同7)年の可能性が高い。　（下定 雅弘）

しんかほん【沈家本】 1840(道光20)〜1913(民国2)。清末の法律家。帰安(浙江省)の人。字は子淳，号は寄簃。1883(光緒9)年の進士。天津府知府・光禄寺卿・刑部侍郎・大理卿・法部右侍郎を歴任した。1907(光緒33)年修訂法律館設立にあたり，修訂法律大臣として欧米・日本法を参照し伝統法制の近代化を指導，「大清現行刑律」(1910年)を施行した。さらに革新的な「新刑律」を立案したが保守派にはばまれた。「歴代刑法考」をはじめとする法制史及び史籍等に関する著作は『沈寄簃先生遺書』にまとめられている。清史稿443　（池田 温）

しんかりょう【新嘉量】 新の王莽が容積単位の基準を示すために配布した青銅製の量(枡)。完全な形で残っているものは1点で，台北の国立故宮博物院にある。高さ約26cm，径約33cmの円筒形の枡の両側に細い腕が伸び，それぞれに小型の円筒形の枡が付くが，そのうちの片方は上下に二つのくぼみがあり，全体で5種類の枡となる。側面に81字の銘文があり，9(始建国元)年に作られたことがわかる。この五つの枡は，当時(秦漢時代)の龠・合・升・斗・斛という五つの容量単位に対応したものと考えられる。古代中国の容積単位を知るうえで重要な資料である。　（谷 豊信）

しんかん【申鑒】 荀悦の著書。政体，時事，俗嫌，雑言上・下の5篇から成る。前代までの世の治乱を鑑とするという執筆意図をもつこの書は，曹操の台頭で漢朝統治が形骸化した献帝期に，帝に政治のあるべき姿を進言したもので，儒家思想を基底に据えつつも，社会の現実への対応策として法制度との併用を認め，賢臣の登用や国情の観察を説く国家統治論，人為では操作不可能な運数の論議，性三品説を中心とする性命論などを内容とする。しかし，その所論は，もはや政策に効果をもたらすことはなかった。　（井ノ口 哲也）

しんかん【沈煥】 1138(紹興8)〜90(紹熙元)。南宋の儒学者。定海(浙江省)の人。字は叔晦。号は定川。諡は端憲。父の鉄が程頤門下の焦瑷に業を受け，煥もまた程氏に私淑。太学に学んで陸九齢を師友とした。1169(乾道5)年，進士に登第し，太学録事となるが，朝暮に学者を招いて程学の正統性を説き，信条への一途さと厳正な人柄が疎まれて高郵軍教授に転出。以後，舒州通判など地方官として行政的成果をあげた。『定川集』5巻がある。宋史410　（近藤 正則）

しんかん【秦簡】 戦国から統一秦時代の簡牘をいう。従来，戦国時代の楚簡や漢代の漢簡は20世紀の初頭以来知られていたにもかかわらず，秦簡は長い間未発見であった。その最初の発見は1975年12月から翌年1月にかけて，湖北省雲夢県の睡虎地11号秦墓で出土した1150余枚の竹簡で，雲夢秦簡・睡虎地秦簡とよばれているものである。ただし後年同じ雲夢県の龍崗で秦簡が発見されたために，今日では睡虎地秦簡とよぶべきである。竹簡の内容は次の10篇から成る。すなわち①編年記，②語書，③秦律十八種，④効律，⑤秦律雑抄，⑥法律答問，⑦封診式，⑧為吏之道，⑨日書(甲)，⑩日書(乙)である。①は昭王元(前306)年から始皇30(前217)年までの秦の国の重大事件を記した年代記と墓主の個人的な経歴等を並記したもの。②は南郡の郡守が所轄の県や道にたいして綱紀の引き締めを促した通達文書。⑧は官吏の心得を説いたもの。⑨と⑩は日の吉凶を中心とした占いの書である。これら5篇を除いた残りの約半数は全て秦の法律に関する内容で，これは墓主が南郡に属する県の

司法の吏であったことと関係があると考えられている。このように睡虎地秦簡は秦簡として最初の発見であるのみならず，内容的にも秦の法律と日書が大部分を占めていて極めて貴重な資料である。

この睡虎地秦簡の発見を皮切りに，秦簡の発見が相次ぐ。すなわち1986年3月に甘粛省天水市の放馬灘1号秦墓で竹簡460枚を発見，うち452枚が日書である。1989年10月～12月には上述の湖北省雲夢県の龍崗6号秦墓で法律関係の竹簡150余枚の発見があり，1990年12月には湖北省江陵県の楊家山135号秦墓から竹簡の遣策（副葬品目録）75枚が発見されている。1993年になると3月には湖北省江陵県の王家台15号秦墓から法律と日書の竹簡800枚以上，6月には同じく湖北省沙市市の周家台30号秦墓から暦譜・日書・医書等の竹簡389枚が出土している。そして特に注目されるのは，2002年に発見された湖南省龍山県の里耶古城秦簡約3万7000枚である。里耶古城の古井戸から出土しており，漢代辺境の烽燧遺跡出土の簡牘と同様に，実際に使用した行政文書類を廃棄したものである。まだ40枚程度しか公表されていないので全貌は明らかでないが，秦の統一前年の始皇25（前222）年から二世皇帝2（前208）年までの年代をふくんでおり，今後秦代史を研究する上で極めて貴重な資料である。

（永田 英正）

しんかん【秦観】 1049（皇祐元）～1100（元符3）。北宋の詞人。高郵（江蘇省）の人。初めの字は太虚，のち少游と改める。淮海居士・邗溝居士と号した。若くして蘇軾の知遇を受け，「蘇門四学士」の一人に数えられる。1085（元豊8）年に進士に及第，太学博士，秘書省正字，兼国史院編修官などを務めたが，旧法党の一員と見なされてしばしば左遷され，藤州（広西壮族自治区）で没した。貧苦につきまとわれる生涯であったが，詩・詞・文にすぐれ，詩文集『淮海集』，詞集『淮海居士長短句』などがある。

秦観の詩には都雅な繊細さを感じさせるものが多く，とりわけ「情 有る芍薬 春涙を含み／力無き薔薇 暁枝を臥す」（七絶「春日」後半）は，灰汁抜けした頹唐味が印象深い秀句。詞では師の蘇軾よりも柳永や周邦彦に近い作風を見せ，「夜月 一簾の幽夢／春風 十里の柔情」（「八六子」），「柔情は水に似て／佳期は夢の如し」（「鵲橋仙」），「霧に楼台を失い／月に津渡に迷い／桃源 望断するも尋ぬる処無し」（「踏莎行」）など，縹緲たるロマンの世界を創造している。宋史444 （宇野 直人）

じんかんしわ【人間詞話】 清末の詞の評論集。著者の王国維は，カント，ショーペンハウア
ー，ニーチェなどから西洋の哲学や文学理論を学んだ後，それらを中国の伝統的な批評形式に溶かし込んで『文学小言』を発表し（1906年），さらにテーマを詞に絞り込んで『人間詞話』を著した（1910年）。『国粋学報』に掲載した決定稿64則のほか，現在では刪稿49則・付録29則・拾遺13則を含める。王国維は，真摯な感情によって天下万世の真理を求めることを創作の要と考え，作品の優劣を決定する最も重要な要素を真情の有無に求める。真摯な感情に支えられた言語表現は，「言情」に対応する「意」と「写景」に対応する「境」が，主観対客観，有我対無我といった緊張関係を孕みながら融合したものであり，それによって作品の生命力が維持されることを「意境が有る」と称する。また「意境が有る」言語表現を可能にする対象世界を「境界」と呼ぶ。「境界」には人の心も含まれ，また大小による優劣はない。 （井波 陵一）

しんかんたいようしゅうたいぼ【新干大洋洲大墓】 江西省新干県（旧新淦県）大洋洲郷の沙丘で発見された墓葬。1989年9月に発見され，江西省文物考古研究所と新干県博物館が11～12月に発掘を行った。東西約8.22m，南北約3.60mの東西方向に長い長方形の竪穴土壙墓で，深さは2.15mある。槨の四辺ははっきりしていない。槨室の東西両辺に幅約1.2mの二層台が設けられていた。副葬品は多彩である。青銅器は主として棺外の槨室内に置かれていた。西側二層台上には，やや小振りの青銅器及び工具と武器がひとかたまりで置かれていた。玉器の大部分は，棺の床面より出土している。青銅礼器48，楽器4，農耕具51，工具92，武器232，雑器48，玉器1072，陶器356，骨器等があり，埋納品の質は高く，量は豊富である。墓葬の年代は，殷代後期と考えられている。青銅器の年代は幅があり，早期・中期が鄭州二里岡上層期から殷墟文化早期までの時期，晩期が殷墟文化早期から中期の時期に相当し，晩期の青銅器が大部分をしめるという。鄭州商城出土の大方鼎とよく似た方鼎に認められるように，殷文化の青銅器の造形・文様との共通性を示す一方で，この地方独特の造形・文様も見られ，江西省に広がる土着の呉城文化との関連が指摘されている。殷文化の多くの墓で通常見られる青銅の爵と觚が出土していない点も注意すべきである。新干大洋洲大墓の性格・年代の探求には，なお見極めなければならない問題が少なくない。発掘報告書に，江西省文物考古研究所ほか編『新干商代大墓』（文物出版社，1997年）がある。 （武者 章）

しんかんぼん【清刊本】 →清版

しんぎ【清規】

禅院における規則。清は清浄大海衆(修行者)、規は規矩準縄(軌範となる規則)の略語という。年分・月分・日分の行持、住持の入退院、役職の作法、受戒作法、修行者の所持品や出処作法、亡僧の葬儀方法など寺院全般の規則。唐代の百丈懐海が最初に制定したとするものは逸書で、現存最古のものは北宋の長蘆宗賾撰『禅苑清規』であり、元代の東陽徳輝編『勅修百丈清規』が有名である。天台宗や道教でも作られる。

(石井 修道)

じんぎ【仁義】

儒教における最高の徳。『説文解字』によれば、仁はもともと人と二の会意。二人の人間が並びあうかたちで、ひいては身近な者の間に生じる親密な感情をいう。孔子はこうした自然感情にもとづく仁を最高の徳目にまで高めた。孔子が仁とは何かという問いに「人を愛す」と答えているのはそのことを示すが(『論語』顔淵篇)、さらに「己に克ちて礼に復るを仁と為す」(同上)と述べているのは、仁が礼という社会的規範と合致すべきものになったことをあらわす。自然感情——自己克服——社会的規範との合致という、重層的な意味を仁の概念がになうことになったのである。一方、義は字形に羊の字を含んでおり、もとは羊を神に捧げる儀礼のさまを意味し、そこから『礼記』中庸篇に「義とは宜なり」というように、宜しきにかなったあり方、ひいては正義を意味するようになった。

仁と義をはっきり並称したのは孟子である。『孟子』冒頭に、一国の利を求める梁の恵王に対し、孟子が「王、何ぞ必ずしも利を曰わん。亦た仁義有るのみ」(梁恵王篇)と説いた話を載せるが、これは私的な利益追求に対して公的な倫理を重んじる儒家の立場をよく示している。ここから孟子は、仁・義などの徳をおこなう素質が人間に生まれながらに備わっているという性善説を唱えた。利己主義者の楊朱を非難するとともに、告子の仁内義外説を批判したのはそのためである。同時にまた、他人も家族もひとしく愛するという兼愛主義を唱えた墨子についても、それが自然感情に反すると非難している。

これ以降、仁義の思想とりわけ仁の概念は、中国の倫理思想を強く規定することになった。前漢の董仲舒の「仁人は、其の誼(宜)を正して其の利を謀らず」(『漢書』董仲舒伝)という語は後世の儒教において常に想起されたものであり、北宋の程顥が唱えた「万物一体の仁」の思想、すなわち万物をすべて仲間としていつくしむという主張は、のちに陽明学の基本的発想を形づくった。

(吾妻 重二)

しんきしつ【辛棄疾】

1140(紹興10)～1207(開禧3)。南宋の政治家・詞人。歴城(山東省)の人。字は坦夫、のち幼安。稼軒居士と号した。諡は忠敏。21歳のとき、金主海陵王(完顔亮)の大軍が南侵するに際し、義勇軍を率いて奮戦、その後、高宗に謁見して官につき、建康府通判、江西提点刑獄や各地の安撫使を歴任した。しばしば朝廷に上書して対金強硬策を進言したが容れられず、張浚・虞允文ら上層部の主戦派が次々に世を去る中で孤立、免職と復帰とをくり返した。1206(開禧2)年、兵部侍郎に任ぜられたが、翌年、病を得て没した。没後、少師を贈られている。詩文集『辛稼軒詩文鈔存』、詞集『稼軒長短句』がある。

辛棄疾は憂国の悲憤と信念とを詞に託し、蘇軾と並ぶ豪放派詞人として「蘇辛」と並称される。両宋の詞人中、最も多い600余首の詞が現存し、それらの内容はきわめて多岐にわたっている。北中国が金の支配下にあることを嘆いた「南郷子」(何れの処にか神州を望まん／満眼の風光 北固楼／千古 興亡 多少の事／悠悠たり／不尽の長江 袞袞として流る)は、彼の豪壮な詞風をよく伝える例。一方、農村風景を描いた「清平楽」(大児は豆を渓東に鋤き／中児は正に鶏籠を織る／最も喜ぶ 小児 亡頼〔やんちゃ〕にして／渓頭に臥して蓮蓬〔ハスの実の皮〕を剥く)の素朴さ、人なつこさも、彼の詞風の重要な一面である。宋史401

(宇野 直人)

しんぎしょうほうよう【新儀象法要】

北宋の水運儀象台の説明書。3巻。1092(元祐7)年に成る。蘇頌の著。同年に完成した水運儀象台の構造を詳細に説明するもので、上巻は渾儀の構造、中巻は渾象の構造とそれによって表される天文現象や表面に描かれる星座、下巻は報時装置の構造や全体の水力駆動機構および水運儀象台の全容を、多数の図を用いて記述している。元豊年間(1078-85)の観測に基づくと考えられる星図を含む。

(宮島 一彦)

しんきせい【沈既済】

750(天宝9)？～800(貞元16)。唐の小説家・史学家。呉興徳清(浙江省)の人。一説に蘇州呉(江蘇省)の人。徳宗の時代に、左拾遺、史館修撰となり、左遷をへて、また朝に入り礼部員外郎で終わる。著名な史家の杜佑と親しく、群書に通じ歴史著述にすぐれたが、今すべて伝わらない。人生虚幻と功名否定を描く『枕中記』や、狐の化生した女が貞節を貫く『任氏伝』は中唐伝奇の盛行を導き、清代の『聊斎志異』にも影響を与えた。旧唐書149, 新唐書132

(筧 久美子)

しんきひふ【神奇秘譜】

現存する最も古い琴譜。全3巻。明の太祖の第17子朱権の撰。朱権は琴の演奏を善くし、南昌に封ぜられて後自ら得意

とする34曲に当時の名演奏家が伝えた琴曲を加え，さらに唐宋の古譜16曲を集めて，12年間の歳月をかけて1425(洪熙元)年に『神奇秘譜』を刊行した。

上巻は「太古神品」と名づけられ，『広陵散』『高山』『流水』『陽春』『酒狂』『小胡笳』等16曲が収められた。これらはすべて北宋以前から伝わる名曲であり，明以降に整備された「減字譜」とは異なる古い楽譜の形態を伝えている。中・下巻は「霞外神品」と名づけられている。南宋時代に首都臨安(杭州)一帯に著名な琴師が多く出て「浙派」という琴の一派を形成した。その有力者の一人揚瓚が『紫霞洞譜』という13巻の大部な琴譜を編纂し，後世に大きな影響を与えた。さらに同派の徐天民は『紫霞洞譜』所収以外の独自の15曲を集めて『霞外譜琴』を編纂したが，『神奇秘譜』の「霞外神品」はこの『霞外譜琴』の意味を受け継いだものであろう。その中には『梅花三弄』『長清』『短清』『白雪』『雉朝飛』『烏夜啼』『昭君怨』『大胡笳』『離騒』『樵歌』『瀟湘水雲』等34曲の宋・元の時代に流行した伝統的琴の名曲が収められている。またこの譜中の『広陵散』は，現存のうち最も時代が早く，形も整っているとされて現代の演奏家にも広く演奏されている。

『神奇秘譜』は付載する解題も含めて隋・唐・宋・元の古代琴曲研究の上で欠かせない貴重な資料である。現在よく見られる版本には2種類あり，一つは明の嘉靖汪氏刻本(1963年版『琴曲集成』第1輯上冊に影印)，一つは上海図書館蔵の明の万暦刻本(1981年版『琴曲集成』第1冊に影印)である。

(池澤 滋子)

しんきゅう【鍼灸】 湯液療法とともに中国伝統医学における特徴的な治療方法。金属製の鍼(針とも表記する)を皮下組織に刺入又は皮膚面を擦圧し，しかるべき手法を運用して治療効果をあげる「鍼法」と，皮膚表面を「もぐさ(艾葉の繊維を精製したもの)」で焼き又は輻射熱で温めることで，その温熱効果を期待する「灸法」の総称。いずれも経絡と呼ばれる気と血のネットワークをその治療原理とし，孔穴(ツボ)と呼ばれる特定部位に施術する。歴史的には鍼法は身体に害を与えると認識された時代もあり，治療法としては灸法がより一般的であったが，近年は鍼法が主流となっている。文献的には「灸法」の出現が早く，長沙馬王堆漢墓(前168年埋葬)出土の医帛の中に，『足臂十一脈灸経』『陰陽十一脈灸経』の2種の「脈灸経」が存在し，いずれも左右11条の脈上に灸をすえる治療法を記している。鍼の起源は「砭石」と呼ばれる石製のメスで，初めは体表のできものの排膿と小血管に対する瀉血の役割に使われてきた可能性が高い。それが後漢期に成立した『黄帝内経』に至って，陰陽五行の思想が導入され，臓腑も含め全身に気をめぐらす左右の「十二経脈」(正中の2脈を加えて「十四経脈」とも)が成立し，あらゆる病状に対応できるシステムが完成した。人体に気血・陰陽の不足を補う補法と，人体の病邪を除去する瀉法による治療(「補瀉」と合称する)が施されることもある。病気別の治療方法や効果的な術式も『黄帝内経』に多く記載されている。以後鍼灸書の歴史は疾病に対応する経脈と孔穴および術式の記載の変遷に帰納される。『黄帝内経』に記載された孔穴は160種余りであるが，西晋の皇甫謐が『素問』・『針経』(『九巻』とも。のちの『霊枢』)・『明堂孔穴』の3書を撰した『甲乙経』には349種の孔穴を記す。唐代，752(天宝11)年に王燾が撰した『外台秘要方』には鍼は人を殺す危険があるとして灸法のみが採用され，蔵府(蔵腑)ごとに孔穴を配して記載する。北宋の王惟一が勅命によって1026(天聖4)年に撰し，翌年刊行されたのが『銅人腧穴鍼灸図経』で，所載の孔穴は354種類657穴(単穴と双穴とを合わせた数)，全3巻。「十四経脈」に全ての孔穴を帰属させる態度を見せており，以後の鍼灸書はこれに倣う。現在はこれらの治療法に加えてもぐさを葉巻状に巻いて一端に点火し，その輻射熱を利用する「棒灸(艾条灸・雷火鍼とも)」や，刺入した鍼の柄の上にもぐさをまるめて点火する「灸頭鍼(温鍼灸)」と呼ばれる方法も普及している他，刺入した鍼に電極をつないで弱い低周波を通したり，皮下に刺入することなく「経絡」や「孔穴」を軽く刺激するだけの方法など，手法が多様化している。2006年にWHOにより腧穴位置が標準化され，2010年には「中医鍼灸」がユネスコの無形文化遺産に登録されるなど注目を集めている。

(浦山 きか)

しんきゅうしょう【秦九韶】 1202(嘉泰2)頃～61(景定2)頃。南宋の数学者。祖籍は魯郡(河南省)，普州安岳(四川省)に生まれる。字は道古。元の侵攻に遭ったが義兵として活躍し，建康府(南京)の通判(1244年)，瓊州(海南省)の知事(1258年)になるなど役人として活躍したが，晩年は梅州(広東省)に左遷され，任地で亡くなった。1247年に『数書九章』を著して一次同余式解法(大衍術)や高次方程式解法(正負開方術)を展開し，李冶とともに中国数学の最盛期を築いた。

(武田 時昌)

しんきょう【神珙】 生没年不詳。唐代西域の僧。神珙撰といわれる『四声五音九弄反紐図』は『玉篇』の最後に収められている。「五音図」は反切の方法を表したもので，声母と韻母の組み合わせが円状に描かれた5つの図から成る。「九弄図」に

も反切方法が記されており，2つの方形に描かれている。しかし両図とも不可解な部分が多く，まだ完全な解釈はなされていない。　　　　（片山 久美子）

しんぎょう【信行】　540（興和2）～594（開皇14）。隋の仏教者。隋唐仏教の一派である三階教の開祖。魏州衛国（河南省）の人。姓は王，信行は法名。若くして出家し，相州の法蔵寺・光厳寺などに住して頭陀乞食行，坐禅や礼仏，『法華経』の常不軽菩薩にならった民衆への礼拝行などの実践に励んだ。時代と人々の能力に適合した仏教のあり方を追求し，末法思想や仏性・如来蔵思想などに基づいて「三階」の教えを提唱した。589（開皇9）年，高熲に迎えられて長安に入り，真寂寺（後の化度寺）の三階院に住んだ。著作には，『三階仏法』4巻，『対根起行之法』30余巻などがある。20世紀初頭，その一部が敦煌写本の中から発見され，三階教思想の全容が明らかとなってきた（矢吹慶輝『三階教之研究』1927年）。弟子には僧邕・浄名・裴玄証・慧如・慧了・本済など300余人がいたとされる。『続高僧伝』16，『故大信行禅師銘塔碑』に伝がある。
　　　　（西本 照真）

じんきょうろしそう【人境廬詩草】　清末の黄遵憲の詩集。古今体詩を制作年順に11巻に編集している。黄遵憲は伝統的な古典詩歌の革新を提唱した新派詩の詩人で，近代詩歌史における先駆者。作品は外交官としての経歴を反映し，日本・アメリカなどを舞台とするものも多く，古典詩としては題材や内容も古来の枠を抜け出た新しさを持つ。「今」を積極的に反映し，自分の詩たるを失わない，新しい文学を生み出そうと宣言したとおり，新しい境地を，新しい風格で，新しい事物をうたうのに努めた。民歌調の楽府詩を意識してロンドンで作った「今別離」4首は，海を隔てる男女の相聞歌の形をとりつつ，汽車・汽船・電報・写真などをうたい，長篇古体詩の「逐客篇」「悲平壌」「東溝行」「哀旅順」「哭威海」など多くの叙事詩は，時局に対する詩人の熱心な関心を示す。先輩詩人としての陶淵明と龔自珍への傾倒を伝えるのが，「人境廬」と一連の「己亥雑詩」。銭仲聯『人境廬詩草箋注』3冊（上海古籍出版社，1981年）は『日本雑事詩』や「年譜」なども収載して便利。　　　　（筧 久美子）

しんきょく【申曲】　→滬劇

しんぎんご【呻吟語】　明の儒学書。6巻，もと4巻か。呂坤著。1593（万暦21）年自序。自己や世の中の病弊に苦しみ折々に記した短文を内外篇17類に編集。独自の学を標榜し，厳しい自己点検や人情への洞察，万物一体観に基づく重民思想などを説く。『呻吟語摘』2巻は自身が摘録し若干条を増補したもの。篤実な思想内容が評価され，その後も各種の増補本や節録本が刊行された。日本では大塩平八郎による言及で知られ，公田連太郎の全文訓読本がある。　　　　（林 文孝）

しんくうきょう【真空教】　清末に成立した新興民間宗教の一派。江西省の廖帝聘なる人物が，羅教に学びながら創始したと言われている。真空教によれば，万物は「真空」という根源的な存在が変化して姿を現しているに過ぎず，修養を通して世界の根源たる「真空」を悟ることこそ最も重要な実践であった。また，世界は一体であるがゆえに他者への救済という慈善行為が重視され，アヘンの禁止を唱えたことでも知られている。近代以降，真空教は中国全域に，さらには華僑を通じて東南アジアにも広がっていった。　　　　（山田 賢）

しんけい【沈璟】　→沈璟

しんけいでん【秦蕙田】　1702（康熙41）～64（乾隆29）。清の高官にして考証学者。金匱（江蘇省）の人。字は樹峰，号は味経，文恭と諡される。1736（乾隆元）年の進士。翰林院編修にはじまり，工部尚書・刑部尚書にいたる官界のエリートコースを歩んだ。礼学にくわしく，40年近い歳月をかけ，戴震をはじめとする当時の代表的な考証学者を動員して，『五礼通考』262巻を編纂した。易・音韻・律呂・算数の学にもすぐれていた。清史稿304
　　　　（小島 毅）

しんげき【晋劇】　山西中部および内蒙古・河北・陝西の一部で演じられている地方劇。山西中路梆子のこと。中路戯・山西梆子とも呼ばれていたが，現在では晋劇と呼んでいる。蒲州梆子（蒲劇とも）・山西北路梆子・上党梆子と合わせて山西四大梆子と呼ばれている。蒲州梆子から派生し，清代の道光・咸豊年間（1821-61）に盛んになった。歌を重んじ，特に2人以上で歌う対唱を重視している。伝統的な楽隊は9人編成で九面面と呼ばれていた。演奏は呼胡・二弦・三弦・四弦の弦楽器と鼓板・鐃鉢・小鑼・馬鑼・梆子の打楽器が用いられる。演目は200余りあるが，その中でも『満床笏』『蝴蝶杯』『算糧』『殺宮』が有名である。著名な俳優に丁果仙・牛桂英などがいる。　　　　（氷上 正）

しんげつは【新月派】　民国の重要な文学流派。とりわけ中国現代詩の発展に寄与した。1923年に北京で胡適や徐志摩が，演劇活動を中心とす

る新月社を旗揚げ，25年，徐志摩が『晨報』副刊『詩鐫(しせん)』の編集を始めると，聞一多や朱湘などの詩人が集まり，新月派を形成した。1927年には上海で新月書店を設立し，『新月』や『詩刊』といった文芸誌を刊行して，「健康と尊厳」(『「新月」的態度』)をうたう文学を標榜した。評論の方面では，梁実秋が人性論を掲げて魯迅と論争を展開した。

(中 裕史)

しんけん【秦権】 秦の全国統一にともない，商鞅(しょうおう)の変法に由来する秦国の重さの基準を，青銅製や鉄製の権(分銅)に作って各地に配布したもの。1斤250g前後を基準とする。陝西・甘粛・河北・山西・内蒙古・遼寧・山東・江蘇などで実例が出土している。多くは半球状で頂部に鈕が付いた形状をなす。度量衡に関する始皇帝26年(前221)の詔書を篆文で刻したものと，さらにそれに二世皇帝元年(前209)の詔書を加えて刻んだものがある。

(西江 清高)

しんけんかん【進賢冠】 中国古代の冠。『後漢書』輿服志に「進賢冠は古の緇布冠である。文人・儒者のつけるものである。形式は前の高さ7寸(約16cm)，後の高さ3寸(約7cm)，長さ8寸(約18cm)である。公侯は梁(芯)が3本あるものを，中二千石以下博士までは梁が2本のものを，博士以下小史，私学の弟子までは1本の梁のものをかぶる」とある。冠梁の多少により身分階級を区別したのである。当時，皇帝は通天冠を諸侯王は遠遊冠をかぶったが，これらは進賢冠を基礎として発展したものである。漢以後，南北朝より唐・宋に至るまで，進賢冠は歴代の服制の中で終始重要な地位を占めており，その形式も次第に変化して，明代には梁冠と改称された。宋の孟元老の『東京夢華録(とうけいむかろく)』巻10には，宰相以下百官が品級に応じて，9梁から2梁までの(進賢)冠を着けたことが記されており，宋代の進賢冠の様式が明代に継承されたことがわかる。

(相川 佳子子)

しんけんし【沈兼士】 1887(光緒13)～1947(民国36)。清末から民国初にかけての言語・文字学者。呉興(浙江省)の人。北京大学，輔仁大学等で教鞭をとる。訓詁学に多くの業績を残す。特に，漢字の音と義の関係を重視する伝統的な「声訓」「右文説」を発展させ，独自の手法で漢字のグループ化を試みる「漢語字族学」を構築する。主要論文は『段硯斎雑文』(後に『沈兼士学術論文集』〔中華書局，1986年〕に全て再録)にまとめられている。

(清水 政明)

しんげんし【新元史】 『元史』を改訂した歴史書。257巻。柯劭忞(かしょうびん)著。清末の進士で遺臣を自任した柯劭忞が清代の改訂の試みを集大成して1922(民国11)年に刊行された。当時の北洋軍閥政府の民国大総統徐世昌の命で正史に加えられ，本書により柯劭忞は東京帝国大学から博士号が授与された。改訂箇所・改訂の根拠と考証が記されず，改訂にも当を得ないところがあるため利用には注意を要し，この点で同時期の屠寄(とき)『蒙兀児(モンゴル)史記』が勝る。1930年に刊行された定稿の影印本がある。

(堤 一昭)

しんご【新語】 前漢初期の儒家の書。12篇。陸賈著。『漢書』芸文志・儒家類には「陸賈23篇」とある。現行本はその原形をほぼ保っていると見られる。高祖劉邦の「秦が滅び漢が起こった理由は何か」との諮問に答えるために著された。内容は，孔子や老子の言葉を引用して仁義道徳に基づく政治を説く。蘇秦・張儀らのいわゆる縦横家思想は治世に不要として退け，堯舜の治世を模範とすべきことを言う点では従来の儒家の思想を継承する。始皇帝がよりどころとした法家思想を専制君主の独裁政治を増長するとして，また不老不死を求めた神仙道を邪説として否定する。

(谷中 信一)

しんこう【真誥】 六朝の道教の書。茅山派(上清派)道教の起点となった東晋中期の神降ろしの記録をまとめたもの。南朝梁の陶弘景の撰。真誥とは，真人(高い位の神仙)のお告げという意味。運題象(または運象篇)・甄命授(けんめいじゅ)・協昌期・稽神枢・闡幽微・握真輔・翼真検の7篇から成り，現在のテキストではこれが20巻に編成されている。東晋の興寧年間(363-365)を中心に，茅山にあった許謐の山館などで，霊媒の楊羲(ようぎ)のもとに，南岳夫人魏華存ら多くの真人が降臨してお告げと経典を授けた。それを楊羲が筆録し，許謐・許翽(ぎそん)父子もそれを書写した。楊羲・許謐・許翽の3人の手になる真人たちの言葉の記録の真跡(三君手書)は，3人の死後，江南の地で関係者たちの手に伝えられたが，一部は散佚・焼失を免れず，また，王霊期らによる増飾も行われ，次第に混乱していった。その収集・整理の仕事は，はじめ顧歓によってなされ，『真跡(しんせき)』という題で編集されたが，陶弘景はそれにあきたらず，自ら江南各地に分散していた三君手書の捜集を精力的に行い，真偽を分別して整理し，注を付して，『真誥』7篇としてまとめ上げた。

7篇のうち，運題象篇から闡幽微篇までの5篇には，真人たちの言葉の記録，握真輔篇には楊羲と許謐父子の手紙や夢の記録が載せられている。また，翼真検篇は陶弘景自身が書いたもので，「真誥叙録」

（全体の解題）・「真経始末」(三君手書がたどった軌跡)・「真冑世譜」(許氏一族と楊羲らの伝記)から成る。真人たちの言葉の内容は多岐にわたり、天上世界のことを歌った詩、修道上の注意点、具体的な道術の方法、茅山にある華陽洞天と仙官の説明、羅酆山(らほう)にある死者の世界と鬼官の説明など、さまざまな事柄が言及されている。必ずしも教理が体系的に説かれているわけではないが、独自の宇宙論と修道理論を備えた宗教書として、茅山派道教の最も中心的な位置を占めるとともに、*白居易をはじめ歴代の詩人・知識人たちにも愛読されてきた。天上世界を歌った詩には楚辞・遊仙詩の流れをひく文学性の高いものが見られ、また、お告げの言葉には六朝時代の口語表現が多く用いられており、文学・言語史の資料としても重要である。　　　(神塚 淑子)

しんこう【秦腔】　陝西・甘粛・青海・新疆など中国西北地区で演じられている地方劇。陝西・甘粛および山西の民謡や小唄と宋金元の鐃鼓雑劇から生まれ、明代中頃に形成されたといわれている。陝西・甘粛一帯は古くは秦といわれたので、秦腔あるいは西秦腔と呼ばれている。梆子(ほうす)を用いて拍子を取るため、梆子腔とも呼ばれる。清代乾隆・嘉慶年間(1736-1820)にかけて、盛んになり全国各地に広まった。

節回しは、花音と苦音に分かれ、花音は喜びや爽やかな気分を表し、苦音は悲しみや憤り、物寂しい気分を表すのに適している。伴奏の管弦楽器は、中音板胡が主となり、*三弦・月琴・京胡・笛・哨吶(ツナ)などが用いられ、打楽器では梆子・牙子(指板ともいう)・乾鼓(単面鼓ともいう)・勾鑼・手鑼・馬鑼・鐃鉢・鉸子(小鑔ともいう。形は鐃鉢と似ているが、鐃鉢より小さく、軽い。音は小さく、音色は柔らかい)などが用いられる。伝統演目は、歴史物や神話・伝説によるもの、民間の風俗を題材にしたものなど幅広い。有名な演目には『五典坡』『串龍珠』『蝴蝶杯』『火焔駒』『遊西湖』『春秋配』などがある。

1912(民国元)年、李桐軒・孫仁玉・范紫東たちは、秦腔を利用して古い風俗習慣を改めようとする運動を興そうと、秦腔芸人の陳雨農を招いて西安易俗社を設立した。彼らは愛国主義を宣揚したり、時局を批判した演目を上演し、節回しも京劇などほかの劇の要素を取り入れ、秦腔本来の風格に新しい要素を融合させていった。この時期に、王天民・李正敏・蘇育民・劉毓中(りゅういくちゅう)などの有名な俳優が輩出した。　　　(氷上 正)

しんこうき【秦公殷】　出土地不明。秦公は秦国君主。殷は上からみた形が円形で圏足をも

つ器。この秦公殷は、蓋つきである。西周後期の様式をひきつぐ。ところが、銘文には、秦公自らが先祖にあたる十二公が帝のところにいると述べる。秦が諸侯となったときから十二公を数えると、春秋後期の器となる。関連器が戦国墓から出土していることを重視すると、戦国時期の器(十二公は戦国時期の回顧)となる。この秦公殷とほぼ同銘の鎛(秦公鎛・秦公鐘)が知られる。銘文は白川静『金文通釈』34(1961年)を参照。　　　(平勢 隆郎)

しんこうたいぼ【秦公大墓】　春秋時代の秦公の墓地。陝西省鳳翔県の南西郊外3kmにあり、春秋時代の秦国都城である雍城遺跡に近接する。墓地の面積は約21km²。西部は外壕に囲まれる。墓地内では大小合わせて43基の土坑墓があり、内壕によって区画される矩形の墓園が10か所見つかっている。さらに、4基の墓には墓坑のみを囲む矩形の壕が巡らされていた。墓の設計には規則性があり、すべて東西に軸をとる長方形の墓坑が掘られ、東西両方向に墓道をもつ大型墓の南東に墓道のない中型墓がつく配置となる。最大の1号墓は全長300m、墓坑長東西59.4m、南北幅38.45m、深さ24m、東墓道156.1m、西墓道84.5m、総面積5334m²。この時期の墓としては最大級の規模である。墓坑中央に東西16m、南北8mの主槨室、その西南に東西5m、南北7mの副槨室を設けていた。墓は200回以上の盗掘を受けていたが、出土品は3500点にのぼる。また、槨室の周辺では殉葬者の人骨166体が発見された。出土した石磬(けい)の刻文から、被葬者は秦の景公(在位前576～前537)と推定される。大型墓は享堂(墓上建築)が建てられ、いずれも瓦が出土している。37号墓の直上では礫敷きの雨落溝と版築の壁の基底部が発見された。
　　　(来村 多加史)

しんこうはく【秦公鎛】　鎛は鐘の一種。秦公は秦国君主。この秦公鎛と称するものは二種が議論される。一種は、戦国中期または春秋後期とされる*秦公殷と同じ銘文をもち、「十二公」に言及。宋刻に見えていて器は後に失われた。もう一種は陝西宝鶏出土。銘文は「十二公」に先んじる文公・静公・憲公に言及する。「十二公」の鎛が失われ、比較に困難をもたらしたことが惜しまれる。これら以外に、鎛でない鐘の秦公鐘(新出、銘文は別)が別にある。白川静『金文通釈』34(1961年)を参照。
　　　(平勢 隆郎)

しんこうれん【秦香蓮】　京劇などの演目『鍘美案(さつびあん)』(別名『明公断』)に登場する女性の主人公。劇の内容は次のようなものである。時は宋代、秦香

蓮と陳美士は夫婦であったが，陳美士は科挙の試験に合格し役人になると，妻や自分の両親のことを顧みず，名誉と金銭に目が眩み，公主(皇帝の妹)を娶った。秦香蓮の住んでいる土地はひでりのために穀物が全く収穫できず，食べるものもなくなり，義理の父母は餓死し，秦香蓮はやむを得わが子を連れて，夫の陳美士を尋ねて都に行く。陳美士は秦香蓮に会っても妻と認めず，逆に彼女がいると自分が皇帝を騙した事が明らかになるため，家来の韓琪に秦香蓮親子の殺害を命じる。韓琪は三官廟で秦香蓮親子を殺そうとするが，秦香蓮から真相を知らされると，主人への忠誠と彼女への同情の板挟みとなり，秦香蓮を逃した後自害する。秦香蓮は大臣の王延齢の助けを得て，陳美士の誕生日に屋敷で琵琶を弾きながら，自分の身の上を語り，陳美士に目覚めてもらおうとするが，陳美士はやはり妻と認めようとしない。そこで秦香蓮は開封府の知事である包拯に訴える。包拯は正義を貫き，公主や太后の関与を顧みず，陳美士を胴切りの刑に処した。

劇中，秦香蓮は正直で温厚，善良で自己犠牲の精神に富む一方，権力に対しては一歩も譲らない激しい性格を備えている女性として描かれている。また包拯は公正無私，皇帝の親族に対しても厳しく法の裁きを下す，人々の理想とする裁判官として現れている。

人民共和国成立後，多くの地方劇がこの劇を整理改編して上演し，評劇や京劇では改編した脚本によって映画にも撮られている。　　　　　　(氷上　正)

しんこくぎょうせいほう【清国行政法】

清朝の制度の解説書。6巻8冊。1905〜15年刊行。台湾総督府編，主編は京都帝大教授織田萬。日清戦争後植民地となった台湾をいかに有効に統治するかという目的のもと，台湾総督府下の臨時台湾旧慣調査会が，清朝の制度を近代行政法の観点から概説した書である。主要資料は嘉慶『大清会典』による。制度の理解は概して静態的で誤りもあるが，現在に至るまで清制をここまで網羅的に述べた書はなく参照価値がある。山根幸夫の手に成る索引がある。
　　　　　　　　　　　　　　　　　　　　(谷井　俊仁)

しんこくせき【秦刻石】

秦始皇帝が各地を巡行した際に建立した自らの顕彰碑。典型的な小篆で文が刻され，李斯の書とも言われる。始皇帝が前220年から前210年までの間に5回の巡行を行い，嶧山刻石・泰山刻石・琅邪台刻石・之罘刻石・之罘東観刻石・碣石刻石・会稽刻石の7つの刻石を建てたことが，嶧山刻石を除く6つの刻石の刻辞内容とともに『史記』秦始皇本紀に記される。のちに二世皇帝の詔が追刻された。刻石の多くは失われ，泰山刻石と琅邪台刻石のみ原石の一部が現存する。『史記』によれば泰山刻石は本来222字あったが，その後の磨滅や損傷が激しく，宋代では165字が判読可能，嘉靖年間(1522-66)には29字が残るのみであった。現在は10字が残るが，明代の富豪であった安国が旧蔵していた宋拓とされる165字本など複数の拓本が伝えられている。また琅邪台刻石も保存状態が悪く，現在は13行86字が残る。現在，泰山刻石は山東省泰安市の岱廟に，琅邪台刻石は北京の中国国家博物館に収蔵されている。
　　　　　　　　　　　　　　　　　　　　(角道　亮介)

しんごだいし【新五代史】

五代十国時代のことを記した史書。原名『五代史記』。74巻。北宋の文人政治家，欧陽脩の撰。1036(景祐3)年頃から53(皇祐5)年頃にかけて書かれた。もと私撰書で，著者の死後に正史の列に加えられた。薛居正の『旧五代史』に対して『新五代史』と呼ばれる。断代史の体例を採らず，5王朝を1つにして紀伝体で記述した点が特徴的である。考(志に相当)は司天・職方の2篇のみ，次いで十国について記した世家とその年譜，末尾に四夷付録が続く。『旧五代史』が実録に拠る記述なのに対し，欧陽脩は『新唐書』と同様，古文を用いて原史料を書き改め，『春秋』の筆法を意識して一字一句に毀誉褒貶の意味を込めた。簡潔な文体・一貫した記述が，「君臣道徳」「華夷思想」を根幹とする彼の史観を際立たせている。義児伝・伶官伝を立てて時代の特徴を描こうとした点や，小説類を史料に用いた点も斬新である。徐無党の付注は，欧陽脩が自らの叙述について弁明すべく口述したものという。　　　　(辻　正博)

じんこでん【人虎伝】

唐代の伝奇小説。人が虎に変身する話の構成は，六朝志怪小説の奇怪な逸話を受け継ぐものである。主人公の李徴は皇族出身で名声があったが，才におごり発狂して，虎と化してしまう。のちに同僚の袁傪に会い，孤独の心情を吐露し，妻子のことを袁傪に頼むというストーリーである。『太平広記』427は「李徴」として収録し，『唐人説薈』第16冊に収める「人虎伝」では，著者は唐の李景亮とある。のち中島敦『山月記』の題材ともなった。　　　　　　　　　　(中　純子)

しんごんごそぞう【真言五祖像】

京都の教王護国寺(東寺)に所蔵される真言八祖像の中で，空海が806(大同元)年に中国から請来した五祖(金剛智・不空・善無畏・一行・恵果)の画像。李真の作。日本で龍猛・龍智と空海の諸像を加えて真言八祖像とした。李真は，中唐の徳宗朝(在位779〜804)に道釈画の画家として知られた人物。本作は唐時代の絵画で，作者名と作品とが一致する数少ない遺品

であり，不空像に代表される，線を使った迫真的な面貌表現が当時の絵画制作の高い水準を伝えている。　　　　　　　　　　　　　　　　　　（井手 誠之輔）

しんさん【沈粲】　1379(洪武12)〜1453(景泰4)。明代の書家。華亭(上海)の人。字は民望，簡庵と号した。官は，中書舎人より大理少卿に至った。詩や書に長じ，兄の沈度とともに書法をもって官位を授けられ，兄弟で「大小学士」とよばれた。明初の書家として，宋璲・宋克・宋広・沈度・沈粲で「三宋二沈」と称され，兄同様，宮廷内の勅書を浄書した。書は，楷書や行草をよくし，特に宋克の法を学んで，草書にたくみであった。兄は行草を作らず，沈粲は楷書を習わず，兄弟で争うことを好まなかったという。明史286　　　　　（鍋島 稲子）

しんさんみん【真山民】　生没年不詳。南宋末の詩人。自ら「山民」と名のるも，姓名ははっきりしない。ある人は，名前は桂芳，括蒼(浙江省)の出身で，南宋末の進士である，という。「先祖の真徳秀に恥じない才能である」と言われ，姓は「真」と分かる。宋元初の混乱期に遭遇し，世間との交渉を絶った。行く先々で好んで題詠をしたので，詩が世に伝わり，その詩風は「宋末の一陶元亮(陶淵明)」と言われる。『真山民集』1巻が伝わる。　　　　　　　　　　　　　　　　　　　（高津 孝）

しんし【申子】　戦国の思想書。申不害の所説をまとめたもの。佚書。『史記』老子韓非列伝に「申子の学は黄老に本づきて刑名を主とす。書二篇を著し，号して『申子』と曰う」とある。『漢書』芸文志では「申子六篇」とされ，法家に属する。北宋以降，亡んで伝わらない。『群書治要』に大体篇が収められ，他に三符篇・君臣篇のあったことが知られる。類書等に引用が散見し，厳可均編『全上古三代秦漢三国六朝文』，馬国翰編『玉函山房輯佚書』に輯佚されている。君主による臣下の統御術を説いた，法家の重要な作品。　　　　　（内山 直樹）

しんし【神思】　六朝以来の文学批評用語。元来は「思い」の美称。南朝の斉末の文芸理論書である劉勰『文心雕龍』が，その創作論の筆頭に「神思」篇を設けている。それによれば「神思」とは，外界の対象と緊密に関わりうる，文学的な想像力及び構想力のこと。これについては西晋の陸機『文賦』が初めて詳細に説き，『文心雕龍』及び南朝梁の蕭子顕『南斉書』文学伝論が「神思」という語に定着させた。　　　　　　　　　（佐竹 保子）

しんし【慎子】　戦国時代の思想家慎到の著作。『史記』孟子荀卿列伝では慎到が「十二論」を著したといい，『漢書』芸文志・法家に『慎子』42篇が著録され，班固は「名は到，申不害・韓非子より上の世代で，申・韓は彼を称賛した」と述べるが，このテキスト自体は伝わっていない。現在は「威徳」「因循」「民雑」「徳立」「君人」および「知忠」「君臣」の7篇と明の慎懋賞による『慎子内外篇』や逸文が伝わるのみである。　（久保田 知敏）

しんしうんどう【新詩運動】　民国初期の新文化運動の一環としておこった詩体の革新。つとに清末に梁啓超や黄遵憲らが，新思想や新事物を詩に採り入れるいわゆる「詩界革命」を提唱したが，これを発展させる形で，口語を採用し，伝統詩歌の格律を打破することを目指した。
　胡適は，自然のリズムにまかせて押韻は必ずしも必要としないとの立場から，新詩の創作実践に取り組み，1920(民国9)年に詩集『嘗試集』を発表した。康白清や周作人らも伝統詩歌の枠組みにとらわれない自由な作品をつぎつぎに発表した。1921年の郭沫若『女神』にいたって，口語自由詩は確立されたといえる。郭沫若は，鮮烈なロマンチシズムによって時代精神を高らかにうたいあげた。1920年代から30年代にかけて，或いはイギリスのロマンチシズムやフランスのサンボリスムの影響をうけて，或いは中国の古典詩詞や民謡の手法を導入して，新詩は順調に発展していく。代表的な詩人には，徐志摩や聞一多・李金髪・戴望舒・卞之琳・何其芳らがいる。　　　　　　　　（中 裕史）

しんしこう【清史稿】　清朝一代の紀伝体の史書。民国の趙爾巽等撰。本書は近代の編纂であるため，編者の政治的立場によって内容を異にするいくつかの版本がある。利用の観点からすれば，1977年に中華書局から活字出版された529巻本が便利である。清代は実録・公文書(檔案)・各種伝記などの史料が膨大に残っており，本書を根本史料とすることはできない。しかし志の部分など清朝史全体を概観するには有用であり，清朝史研究の格好の手引書である。　　　　　　　　　　　　（谷井 俊仁）

しんしこうてい【秦始皇帝】　前259〜前210。秦国第31代の王にして，統一秦帝国の初代皇帝。在位前221〜前210。姓は嬴，名は政。趙に人質となっていた秦の王子，子楚(のちの荘襄王)の子として邯鄲に生まれた。母親はもと呂不韋の愛姫。そのため実の父親は呂不韋であるとも言われる。荘襄王の死後，13歳で秦王に即位(前246年)。当初は呂不韋を相国として国政を委ねていたが，嫪毐の乱(前238年)を契機に彼を退けて国政の

実権を掌握，楚国出身の李斯をブレーンに親政を開始する。前230年の韓の征服を皮切りに，趙，燕，魏，楚の諸国を次々と併合し，前221年，最後に残った斉を滅ぼし，戦国の分裂時代に終止符を打った。

天下統一後にまず着手したのは，諸制度の改訂・整備であった。第一に，それまでの王号に代えて皇帝という称号を自ら案出した。同時に，命令を意味する制や詔，自称としての朕などの皇帝用語が制定されたが，最初の制は，君主の諡号を撤廃し，死後の呼称を始皇帝と定めるよう命じたものであった。第二に，歴代王朝の交替を五行の循環で説く五徳終始説に基づいて，秦王朝の徳を水とし，衣服や旗の色，割符や冠，馬車などの制度を水徳に従って規格化した。第三に，郡県制と呼ばれる集権的な統治方式に従って全土を36の郡に分け，郡ごとに守・尉・監の役人を置き，民の呼称を黔首と定めた。第四に，天下の武器を没収して首都咸陽に集め，溶解して鐘鐻（鐘を懸けるスタンドの支柱）の金人12体を作った。そして第五に，度量衡や馬車の軌間，文字や貨幣を統一したと言われる。ただし，貨幣の統一が布告されたのは始皇帝最晩年のことであり，結局は統一貨幣が普及しないまま秦は滅亡を迎えたというのが実情に近い。

ついで始皇帝は，大規模な天下巡遊を行った。5回におよぶ巡遊は，初回が西部辺境を，第2回以降は東方・東南方の領域をめぐるページェントであった。泰山の封禅をはじめとする名山祭祀を各地で行い，皇帝の功業を讃えた刻石を要所に残していることから明らかなように，その主たる目的は，支配者としての正当性を天下に宣揚することにあった。前215年に蒙恬を将軍として匈奴を討ったのも，前214年に屠睢に命じて南越に遠征軍を派遣したのも，「日月の照らすところ帰順しない者はない」皇帝の威徳を示すという点で，巡遊と同じ目的のもとに理解できる。

始皇帝に対する後世の非難は，こうした統一政策と無縁ではない。司馬遷が民力の乱費であると指弾した長城（いわゆる「万里の長城」）や，オルドスを縦貫する軍事道路の直道は，匈奴遠征の産物であった。悪名高い焚書坑儒も，郡県制の施行をめぐる思想対立と，東方巡遊の際に知りあった方士の裏切りとに端を発する。坑儒を難じた長子の扶蘇を身辺から遠ざけたことは，秦帝国の没落を早める結果となった。前210年夏，第5回巡遊の途上，沙丘（河北省）で始皇帝が病没した際，随行していた趙高は丞相の李斯を説き伏せて，扶蘇と蒙恬に自決を命じた璽書（皇帝の親書）を偽造し，自らの息のかかった末子の胡亥を次期皇帝に定めた。史記6

（籾山　明）

しんしこうていりょう【秦始皇帝陵】

秦始皇帝嬴政の陵墓。陝西省西安市臨潼区に所在。現存する墳丘は截頭方錐形を呈し，規模は東西345m，南北350m，高さ約50m。驪山北麓の扇状地上に黄土を版築して築造。墳丘の周囲に2重の陵垣を巡らせ内外陵園を設定。内陵園の範囲は東西580m，南北1355m，外陵園の範囲は東西940m，南北2165m。墳丘直下の墓室は未発掘であるが，墓坑を保護する東西392m，南北460mの壁が確認されている。また，地下探査により墳丘の中に9層の高台建築が内蔵されていることが明らかとなった。内陵園の南半では，墳丘の裾に沿って多くの陪葬坑が巡る。そのうち西辺中央の陪葬坑から銅車馬2両が出土した。銅車馬は前方（西側）に4頭立ての立車，後方に屋蓋付きの安車を埋納。いずれも実物車馬のほぼ2分の1サイズの銅製模型である。銅車馬坑の南には厨房を表現した面積6000m²の陪葬坑や廷尉の官府を表した百官陪葬坑が連なり，墳丘の南側には東西に横切る石敷の道が設けられていた。墳丘の北辺には東西55m，南北65mの寝殿がある。

内陵園の北半は隔壁によって陪葬墓区（東区）と便殿区（西区）に区画される。陪葬墓区では28基の陪葬墓が確認された。便殿区では4基の建築跡が発掘され，直径61cmの夔文大遮朽（鬼瓦）が出土した。外陵園は東西と南北の軸線によって4区に区画される。西北区では密集した四合院式の建築群が発見され，「驪山飤官」銘のある陶器や銅鐘が出土したことから陵園管理の園寺吏舎の遺跡と見られる。西南区には珍獣坑（多種動物坑）や面積2280m²の大規模な馬厩坑があり，東南区では研磨した青石を銅線で綴った甲冑が面積1万2800m²の方形坑に稠密に並べられている状況が確認された。また，青石甲冑坑の南には宮廷での娯楽を表した百戯陶俑坑もある。

陵園外には関連遺跡が分布し，その範囲は東西約3.5km，南北約4.5km。西部には，北から石材加工遺跡・磚瓦製造遺跡・居貲役（労役）人墓地・刑徒墓地が分布。北部には造陵関係の官邸が密集した魚池遺跡，南部には驪山の大水溝口から流出する泥流を東方へ誘導する堤の遺跡がある。東部には内側から17基の陪葬墓，98基の馬厩坑，3基の兵馬俑坑が並ぶ。陪葬墓から出土した人骨の推定年齢はいずれも20〜30歳前後。肢解と縊殺の形跡もあることから，二世皇帝胡亥に惨殺された，始皇帝の庶子を葬ったものと見られる。馬厩坑には馬を立たせた状態で埋葬。跪く僕役の俑を埋めた陪葬坑を付設している。墳丘の東方1.5km，東西軸線の北側には秦の精鋭部隊を実物の戦車や実物大の兵士俑で表現した兵馬俑坑がある。

（来村　多加史）

しんしせいぼでん【晋祠聖母殿】

晋祠は山

西省太原市西南25kmの懸甕山東麓にある北宋の祠廟である。最初は春秋時代に晋の諸侯の始祖である唐叔虞を祀る廟であった。北宋仁宗天聖年間(1023-32)に唐叔虞が汾東王に追封され，熙寧年間(1068-77)にその母に昭済聖母の号が加封された。現存する聖母殿は，棟木の墨書によれば，北宋1102(崇寧元)年に勅建されたものである。

晋祠は晋水の源になる泉が多くある場所に位置し，聖母殿の他，明・清に再建された唐叔虞祠・水母楼・関帝廟・水鏡台・劇台など数多くの建物が緑の多い敷地に散在している。

聖母殿は東向きの二重入母屋造で，間口7間，奥行き6間であるが，周囲に『営造法式』でいう「副階周匝」(吹き放しの裳階)を巡らしている。前廊正面8本の檜柱は北宋1087(元祐2)年に彫られた盤龍柱で，中国で現存する最古例である。内部では，減柱造を採用して2行計8本の柱が抜かれ，天井を張らずに大空間をつくりだしている。空間の中央には宋式の仏帳が置かれ，上に宋代の塑像である聖母像が安置されている。3面の内壁と仏帳の両側に沿って，人間と等身大の42軀侍女塑像がずらりと立ち並び，宋代塑像の珍品と称される。

殿の側柱と入側柱の高さが等しく，柱層・斗栱層・梁組層の3つの構造層が水平の段層に積みあげられている。明以降では，入側柱が斗栱を介さず，直接，梁や桁を受けるので，側柱より高くなる。二重屋根の上層の軒下は3手先の斗栱，下層は2手先の斗栱を使い，『営造法式』での「下屋減上屋一鋪」の規定と一致する。他にも，『営造法式』の規定に合致する箇所が見られ，同書の「殿堂式」の好例である。

殿前の矩形の池には，魚沼飛梁と呼ばれる十字平面の石橋が懸けられている。北朝北魏に創建されたが，現物は北宋に再建されたものである。橋の前には，金の1168(大定8)年に増築された間口3間，単層入母屋造の献殿があり，その軽快な造りは，秀麗な聖母殿と呼応する。　　　　　　　（包　慕萍）

しんしそう【清詞綜】　清詞の総集。正式には『国朝詞綜』と称する。48巻。1802(嘉慶7)年刊。王昶の選。朱彝尊の『詞綜』が元までで終わっているのを承け，明詞の選集『明詞綜』とともに編集刊行したもの。清初から王昶の同世代までの作品を収める。1803(嘉慶8)年には，王昶より下の世代の作品を集めて『国朝詞綜二集』を刊行した。これらをあわせて「列朝詞綜」と総称する。王昶は朱彝尊に心服しており，彼の作品を最も多く採録，それ以外でも，浙派(清の朱彝尊に始まり，厲鶚に至って完成された詞学の流派。南宋の慢詞，とくに姜夔・張炎を重んじ，婉曲・優美で音律の調和した詞風をよしとした)の詞人の作品を多く採っている。　　　　　　　　　　　　　　　　（宇野　直人）

しんしたく【清詩鐸】　清代の詩の選集，26巻。清末の1868(同治7)年，張応昌によって編輯・出版された。書名の「鐸」は，大昔，政治の現状を知る手段とするため役人が地方の詩を採集する時に鳴らした木の振り鐘。詩は政治や社会を反映すべきものであるという，『詩経』以来の伝統的な考えにもとづき，911人の歌行体の作品2000余首を，「財賦」「農政」「民変(住民暴動)」「水災」「鬻児女(子売り)」「倡優(役者)」「鴉片煙」など，152の項目に分けて配列している。　　　（松村　昂）

しんじっちょうせいくん【清十朝聖訓】　太祖ヌルハチから穆宗同治帝まで10人の清朝皇帝の上諭を分類編纂したもの。全922巻。奉勅撰。順治帝が唐の太宗の『貞観政要』，明の太祖の『洪武宝訓』に倣ってヌルハチ・太宗ホンタイジの上諭を編纂させたのに始まる。原則として次の皇帝が実録とともに編纂させるが，ヌルハチから順治帝までは康熙帝の時に完成した。清代，実録は公開されず，かわりに聖訓が頒行された。現在は実録が見られるのでそちらを見るべきであるが，本書は上諭が内容別に分類されており利用に便利である。（谷井　俊仁）

しんじつろく【清実録】　清の太祖ヌルハチから徳宗までの各皇帝の事績を編年体で編纂した史書。全4355巻。奉勅撰。満・漢・モンゴル語本がある。これ以外に『満洲実録』8巻・『宣統政紀』70巻があるが，これらも『清実録』に含めてよい。清代は公文書(檔案)などの一次史料が豊富であるが，二次史料である実録もその網羅性によって史料価値が高い。満洲国が瀋陽故宮漢文本を影印出版したものが通行していたが，中国第一歴史檔案館によって別版本も出版された。　　（谷井　俊仁）

じんしでん【任氏伝】　中唐の伝奇小説。著者沈既済は，蘇州呉県(江蘇省)の人で，宰相楊炎に史才を認められ左拾遺史官修撰になるが，楊炎の失脚に連座して処州(湖南省)の司戸参軍に左遷された。『任氏伝』はその途上で781(建中2)年に書かれたことは，あとがきにみえる。任氏は狐の女妖で，それを知りながらも自分を愛する鄭六に無償の愛情をもって献身するが，最後は馬嵬(陝西省)で猟犬に殺される。『太平広記』452に「任氏」として収録されている。　　　　　　　　　　　　　　（中　純子）

しんしべっさいしゅう【清詩別裁集】　清代詩歌の総集。五朝詩別裁集の一つ。『国朝詩別裁集』

とも称す。全32巻，補遺4巻。1760(乾隆25)年刊。清の沈徳潜・周準等の撰。清初から1759(乾隆24)年に至るまでの詩を，正篇と補遺，合わせて約1000家，約4000首を収める。沈徳潜撰の別裁集としては，『唐詩別裁集』『明詩別裁集』に継ぐ第3集。選詩の基準は格調説に基づいた「温柔敦厚」と唐詩にある。各詩人の評伝を付し，簡潔な評語を伴う作品も多い。後に，乾隆帝の意向を受け，二朝に仕えた二臣，もしくは不孝の詩人との理由から，銭謙益ら計226人もの詩人を除くと同時に新たな増補を行い，同じく32巻の御定本として出版した。

(木津 祐子)

しんしめい【晋祠銘】 唐の石碑。646(貞観20)年の立碑。唐の太宗の撰および書。行書28行・行44～56字。太宗が高句麗征伐の帰途，山西太原の晋祠(春秋時代の晋国の祖である唐叔虞を祭ったもので，唐朝創始の地)に立ち寄り，神に天下の統一と感謝の意を告げるため文を撰し，自ら書いた石碑である。太宗は王羲之の書を酷愛し，自らもそれを習ったので行書には自信を持っていたものと思われる。行書体を用いた石碑としては最初の例である。また碑額には「貞観廿年正月廿六日」と3行に飛白書(装飾書体の一種。筆画中の渇筆または用筆法によって表現されたカスレをリズミカルに散在させたもの)が刻されている。太宗が飛白書に優れていたことは記録に残っているが，その遺例はこの碑額のみである。

(小川 博章)

しんしゅ【神主】 死者や神明を祭る時にその依代として用いられる，木製のふだ。位牌。主とは神霊が宿る場所を示すしるしであり，古くから石や木で作られたものが用いられた。多くの場合，その表面に祭られる者の名称が記される。喪礼では遺体埋葬後から主をもって死者を表象し，祭礼で宗廟に安置するのも主である。儒教では神明についても主をもって祭るべきものとされ，実際には偶像を用いることの多い民俗慣行としばしば衝突した。

(小島 毅)

しんしゅう【沈周】 1427(宣徳2)～1509(正徳4)。明代中期の文人画家。蘇州(江蘇省)の人。字は啓南，号は石田・白石翁。文徴明・唐寅・仇英とともに明四大家の一人に数えられ，呉派の祖とされる。

沈氏一族は蘇州郊外の相城里の名家で，元末，曾祖父である良琛の時代以来多くの文人たちが集い，収集した書画も多かった。沈周ははじめ糧長として徴税事務に従事したが，官途にはつかず在野の処士として生活した。詩書画にすぐれ，詩は蘇軾・陸游，書は黄庭堅を学んだ。画は父の家学を受け継ぎ，陳継の子の陳寛や杜瓊・劉珏に師事した。沈周が父祖のコレクションを受け継ぎ，黄公望『富春山居図巻』(台北，故宮博物院蔵)をはじめとして多くの書画を収蔵していたことは，親友の都穆『寓意編』の記載や台北故宮博物院に収められている現存作品によって窺える。山水画のみならず花卉雑画をもよくした。著に『石田集』がある。

山水画は董源・巨然の江南山水画，黄公望・呉鎮らの元末四大家の画風を学び，祖として呉派文人画の方向性を示した。沈周の画業の中では前期に位置する『九段錦画冊』(京都国立博物館蔵，1471年以前)の倣古の対象は北宋末から明初に及んでおり，様々な古典を学んで自己の様式を模索する姿が見て取れる。又，ほぼ同時期の『策杖図』(台北，故宮博物院蔵)は元末四大家の倪瓚を意識した構図を採り，『廬山高図』(台北，故宮博物院蔵，1467年)は同じ四大家の王蒙に倣って描いている。弘治年間(1488-1505)頃には『夜坐図』(台北，故宮博物院蔵，1492年)，『山水図冊』(カンザスシティ，ネルソン・アトキンズ美術館蔵)などに見られるように，沈周画の特徴である力強い線描，特に中濃墨渇筆の比較的太く短い線皴が顕著になる。又，花卉雑画としては『写生図冊』(台北，故宮博物院蔵，1494年)，没年の制作になる『菊花文禽図』(大阪市立美術館蔵，1509年)などがあり，北宋時代の文同・蘇軾らによる文人墨戯に始まり，南宋末の禅画僧牧谿によって確立された花卉雑画の伝統が，この沈周によって再び絵画史の重要な分野として取り上げられる。明史298

(板倉 聖哲)

じんしゅう【神秀】 ?～706(神龍2)。世寿100余歳。唐代の禅僧。尉氏(河南省)の人。大通禅師と諡す。俗姓は李氏。蘄州黄梅の東山で五祖弘忍の「東山法門」を嗣ぎ，当陽山(のちの荊州玉泉寺，湖北省)に住した。700(久視元)年，則天武后に召されて入内。長安，洛陽において武后・中宗・睿宗の帰依を受け「両京の法主，三帝の国師」と称される(張説「大通禅師碑」)。没後は弟子の普寂と義福がひきつづき朝野の信仰をあつめ，当初，禅の正統として勢力を誇ったが，中唐期以降，慧能を六祖と仰ぐいわゆる「南宗」禅が主流となり，こちらの系統は「北宗」とよびなされて傍流扱いとなった。著述として『観心論』が伝わるが，後に菩提達摩の撰に帰せられ『破相論』と変えられている。『伝法宝紀』，『楞伽師資記』，『宋高僧伝』8に伝がある。旧唐書191

(小川 隆)

しんじゅうきょう【神獣鏡】 写実的な丸浮き彫りの神仙像・獣形を主文様とする鏡。紀年銘鏡

が多い。後漢中期から六朝時代にかけて製作され，長江流域はじめ南部地域で広く流行した。構図の違いにより分類される。重列式神獣鏡：内区を5段に区切り，第1段に南極老人，第2段に伯牙弾琴像，第3段は鈕の両側に*東王公と*西王母，第4段に*黄帝，第5段に天皇大帝の座像を置き，さらに左右に青龍・白虎，上下に朱雀・玄武を配する。主に「吾作明竟」銘で，「建安」紀年鏡が著名である。環状乳神獣鏡：東王公・西王母・伯牙・黄帝などの群像の他に侍神を配する。獣形の腰と肩にあたる乳が環状に配され，獣首は龍形あるいは虎形で右向きに巡らせるものが多い。対置式神獣鏡：正座する東王公・西王母・伯牙などの神仙像が鈕を挟んで対置され，各々の両側に二獣を置き，一神二獣を単位文とする。求心式神獣鏡：図像を鈕の周りに求心的に配する。東王公・西王母・伯牙などの神仙像が各々独立して単位文をなし，四神四獣が交互に配される。同向式神獣鏡：神獣を一方向からみるように配する。鈕の左右上下にそれぞれ西王母・東王公・伯牙・黄帝を配列し，各々の間に獣形を置く。重列式を除く4形式は内区の外周に半円方形帯があり，さらに外区に銘帯または画文帯をもつ。このほか三角縁神獣鏡もある。 （黄　名時）

しんしゅうほんぞう【新修本草】　唐の本草書(薬物学書)。全20巻。659(顕慶4)年に成った。蘇敬らの奉勅撰。『*本草経集注』を基本文献とし，新しい薬物と注を加えた書で，全850種の薬品を収録。中国王朝初の勅撰本草書で，『唐本草』とも称され，以後の勅撰本草書の範となった。同時に『薬図』25巻・『図経』7巻が作成されたが，失伝した。京都仁和寺に残巻が現存(鎌倉時代古写本。国宝)。敦煌蔵経洞から発見された断簡もある。また『*証類本草』などを資料に作られた復元本がある。 （小曽戸　洋）

しんじゅがくあん【清儒学案】　清代の思想史。208巻。1939(民国28)年刊。徐世昌の撰。実際はその幕客呉廷燮らの撰述。黄宗羲の『*宋元学案』『*明儒学案』を継承して清代300年の学術を概観すべく，179学案を立て，1169名の伝記と主要な業績を紹介し，その師承と交流関係を明らかにする。著述や文集からの資料の収集は広範囲に及ぶが，原典の摘録はやや杜撰である。しかし出典の明示があるので清代学術の研究資料としては有用である。楊向奎『清儒学案新編』全8巻はこれを補完する。 （濱口　富士雄）

しんじゅきょう【神呪経】　中国仏教ではダラニ(陀羅尼)経は神呪経とも称される。ダラニとは総持の意味であり，経典の教えや語句を記憶して忘れないことをいう。ダラニ経の経文には不可思議な力があり，それを記憶して唱えれば不可思議な呪力が得られると考えられた。密教ではダラニと神呪が結び付き，ダラニが除障や滅罪あるいは得道を目的とする呪法として用いられた。三国呉の*支謙訳『仏説持句神呪経』や竺律炎・支謙共訳『摩登伽経』，東晋の竺曇無蘭訳『仏説玄師颰陀所説神呪経』や帛尸梨蜜多羅訳『大孔雀王神呪経』や『孔雀王雑神呪経』，東晋の失訳(訳者不明)の『仏説安宅神呪経』，南朝宋の法賢訳『仏説大吉祥陀羅尼経』『仏説無畏陀羅尼経』『仏説辟除諸悪陀羅尼経』，等々，多くのダラニ経典・神呪経典が翻訳された。

東晋末の道教(神仙道)では仏教のダラニ経典・神呪経典の影響を受けて，道教の神呪経典として『太上洞淵神呪経』が作成された。道蔵本『太上洞淵神呪経』は20巻本であるが，初めの10巻が原initial部分である。この10巻本も一時に形成されたものではなく，最初に巻1が東晋末に作成され，続いて巻5が加わって2巻本ができ，さらに巻2と巻4が加わって4巻本が作られ，南朝宋末までに残りの6巻が追加されて10巻本となった。

『太上洞淵神呪経』の内容は道教の終末論に基づくものであり，もっとも古い巻1によれば，この世の終末の時に大洪水が発生し，悪人は全員死滅するが，この神呪経を受持する者は九頭の龍が現れて救済してくれる。また甲申の年には大災害が起こり，天地が一旦崩壊し，再度天地が形成されると，真君李弘が出現し，この神呪経を信仰すれば，真君の種民となって生き延びることができると説く。 （小林　正美）

しんしょ【真書】　→楷書

しんじょ【晋書】　西晋・東晋両朝の正史で，二十四史の一つ。全130巻。本紀10巻，志20巻，列伝70巻と，五胡十六国の歴史を叙述した載記30巻で構成される。646(貞観20)年，唐の*太宗(李世民)の勅命をうけた房玄齢らにより編纂が開始され，648(同22)年に完成した。晋代史については数多くの先行晋史が個人の著作として書かれたが，臧栄緒『晋書』110巻を含めて，著名な18家の先行晋史を参照して編纂された。それまでの正史は個人によって著述されたが，晋書は多数の史官の共同編纂による最初の正史となった。叙述内容には矛盾や記載の不統一がまま見られ，その他の面でも唐の劉知幾『*史通』に批判があるが，特に五胡十六国時期の歴史である載記は北朝史研究の重要史料で，清の趙翼はこれを評価している。完成後「新

「晋書」と称されて正史の地位を確立し，他の晋史は散逸していった。太宗が宣帝・武帝の本紀および陸機・王羲之の伝の史論を自ら執筆したので御撰と称せられたが，太宗自身の六朝史に対する歴史観が編纂に影響を与えているという指摘もある。

(東　晋次)

しんじょ【新序】　前漢の政治思想書。10巻。前漢の劉向の撰。『玉海』は前24(陽朔元)年2月に上奏されたとする。『左伝』『国語』『戦国策』『韓詩外伝』『史記』『荀子』『韓非子』などの諸書から，先秦より漢に至る古人の言行を採録し，為政者に教訓を提供しようとしたもので，劉向が同じ頃に撰述した『説苑』『列女伝』と同様の性格を持つ。

(大野　圭介)

しんじょ【新書】　前漢初期の儒家の書。55篇。但し，もとは58篇であった。賈誼著。黄老の無為の政術と法家の過酷な法治とを批判し，荀子流の礼制の確立を目指す。尊卑のけじめをつけるとともに，地方勢力を削ぎ中央の皇帝権力の集中強化を説く。三代の長期の繁栄と秦の短命の原因を明らかにし，前車の轍を踏まぬための具体的方策を時の文帝に進言する。思想史上は，戦国末期の荀子から漢武帝期の儒教一尊に至るまでの中間的役割を果たした。内容の一部は『漢書』賈誼伝や『大戴礼記』などに見える。

(谷中　信一)

しんしょうせつ【新小説】　清末の文芸雑誌。1902(光緒28)年，梁啓超が亡命先の横浜で創刊した文芸専門雑誌。月刊，全24冊。当時，東京春陽堂から発行されていた『新小説』に似る。刊行は遅れがちでその終刊年月は不明。梁啓超は創刊号に掲載した『論小説与群治之関係(小説と社会の関係を論ず)』で小説の重要性を強調し，自らも『新中国未来記』を書く。魯迅らに大きな影響を与えた。呉趼人『痛史』『二十年目睹之怪現状』『九命奇冤』のほか，翻訳に梁啓超訳『世界末日記』(フラマリオン作『世界の末日』)，盧藉東訳『海底旅行』(ヴェルヌ作『五大州中海底旅行』)，周桂笙訳『神女再世奇縁』(ハガード作『アッシャ』)などがある。

(樽本　照雄)

しんしょうは【神霄派】　北宋末に出現した道教の符籙呪術を行う一派。元始天王という神の子である神霄玉清真王に由来する道法が派の根拠であるという。神霄という語は天の上部を示す名称である。北宋末に江西の王文卿(1093〜1153)が創始し，徽宗朝(1100-25)で温州出身の林霊素によって宣伝され，後に大きな影響力を持ち，薩守堅・白玉蟾・莫月鼎らに継承された。符籙の理論として内丹を応用している点が注目に値する。正一教や霊宝派の伝統でこの派の影響を受けないことはあり得ない程に重要性を持つにいたった。(丸山　宏)

しんしょうへいしょしりゃく【清昇平署志略】　清代宮廷演劇史料の研究書。1937年，国立北平研究院史学研究会刊。王芷章編。「昇平署」は清朝宮廷内にあって京劇や崑曲など伝統演劇の訓練と上演をつかさどっていた役所の名前で，1827(道光7)年から清朝滅亡の1911(宣統3)年まで存続した(名目的には，溥儀が紫禁城から追われる1924年まで存続)。清朝滅亡後，昇平署の記録文書は民間に流出し，北平図書館(現在の中国国家図書館)に収蔵され，そこに勤務していた王芷章によって整理・研究された。本書の内容は「引論」「沿革」「昇平署之成立」「分制」「職官太監年表(「民籍学生年表」を付す)」「署址」の6章に分かれる。著者は，昇平署の上演記録，小道具や衣装の作成・修理・廃棄を報告する上奏文，経費の記録など，さまざまな材料を使い，昇平署の歴史や制度・人員・上演演目などについて考証した。考証の対象は，昇平署の前身である「南府」や，各地の離宮での上演にも及ぶ。伝統演劇の研究上，重要な価値を持つ労作である。王芷章にはほかに『清代伶官伝』の著作がある。

(加藤　徹)

しんしょさんたいか【清初三大家】　清初における散文の大家の総称。侯方域・魏禧・汪琬。「国初三家」と呼ばれた三者は，明代の叙情に流れる公安派や竟陵派の風潮を払拭し，銭謙益らの標榜する「載道」の文すなわち唐宋の古文に回帰させたと評価される散文家。ただ，『桃花扇』の主人公として知られ小説も書いた侯方域と，それを批判し正統な文のみを認め碑文や経書の考異に優れた汪琬，遺民の志士の伝記を能くした魏禧とは，自ずから作風も異なり，『四庫全書総目提要』は三者を評して「惟れ琬の学術最も深く，軌轍正に復る」という。桐城派の先駆となった。

(佐藤　礼子)

しんしょさんたいじゅ【清初三大儒】　明末清初における代表的な三人の儒学者の総称。①孫奇逢・黄宗羲・李顒。陽明学を主としつつ総合的な学問を修め，征服王朝である清朝に仕えなかったこの三者は，それぞれ北方・南方・西方を代表する儒者とされた。『清史稿』480・李顒伝に列挙の例がある。②黄宗羲・顧炎武・王夫之。清代中葉以降，清朝考証学の祖として重視されはじめ，清末には孔子廟に合祀されるなど，この三者を清初三大儒とする認識が一般的となった。

(鈴木　達明)

しんじょてんもんし【晋書天文志】
『晋書』の十志の一つ。『晋書』は唐太宗の648(貞観22)年に完成された勅撰書であるが，多人数による分纂の方法が用いられ，志20巻のうち「天文志」上・中・下3巻の部分は，「律暦志」「五行志」とともに麟徳暦の編者，李淳風の手になる。沈約の『宋書』天文志は，論天三家(蓋天説・渾天説・宣夜説)や観測儀器の記述が簡略であったので，それを完備，整理して天文学史的な総合的著作に仕上げたもの。淳風は，さらにその遺漏を補って『隋書』天文志を編んだ。
(橋本 敬造)

しんしれつでん【清史列伝】
清代の伝記集。全80巻。編者不明。清初から清末に及ぶ2894件の伝を，宗室王公・大臣・忠義・儒林・文苑・循吏・弐臣・逆臣の8門に分ける。史料源は，主として清国史館編纂の大臣列伝稿本，『国朝耆献類徴』『満漢名臣伝』である。本書は『清実録』を補正する独自の史料価値をもつが，原史料の性格上，公的な経歴の抜き書きのような記事が多い。1928年上海中華書局から活字出版されたが，1987年中華書局からでた王鐘翰点校本が利用に便利である。
(谷井 俊仁)

しんしわ【清詩話】
1916(民国5)年に丁福保(字は仲祜)が編輯した清代の詩話の選集。清初の王夫之『薑斎詩話』以下43種を収録する。代表的な詩話であっても大部なもの，あるいは一般に通行しているものは省略されているため，各詩論を研究するうえでの補助文献にすぎない。たとえば「神韻説」を説いた王士禎に関しては『漁洋詩話』3巻など4種が収録されているが，これらを含んで張宗柟が1760(乾隆25)年に編纂した『帯経堂詩話』30巻は収録されていない。「性霊説」を説いた袁枚にあっては詩論詩32首の『続詩品』1巻だけで，主要著作の『随園詩話』36巻はない。また彼と似た考えを持つ趙翼の『甌北詩話』12巻も収録されていない。さらに「肌理説(思想と学問に裏打ちされた筋目正しい作詩法)」を説いた翁方綱の『石洲詩話』8巻も見えない。以上の不足を補うかたちで編輯されたのが郭紹虞の『清詩話続編』で，趙・翁の2種を含む34種を収録し，1980年の序をつけて刊行された。ちなみに郭氏によると，清人の詩話は約300〜400種あるとされる。
(松村 昂)

しんじん【岑参】
715(開元3)?〜770(大暦5)。唐代の詩人。荊州江陵(湖北省)の人。晩年，嘉州刺史の任にあったことから岑嘉州とも称される。高適とともに辺塞詩人として知られ，「高岑」と併称される。744(天宝3)年に進士登第，その後，節度使の幕下に仕えていた時期に初めは安西へ，次は北庭へ赴く。辺塞詩は二度にわたる辺境体験に基づいている。豪放かつ悲壮な情感が昂揚するところが盛唐の辺塞詩に共通する性質であるが，高適と較べると，高適が抒情にすぐれ，質朴で沈鬱な詩風を備えるのに対して，岑参は叙景に秀で，奇抜さと俊逸さを特徴とする。官人としては高適ほど高位に至らず，地方官を歴任して終わった。
(川合 康三)

しんじん【真人】
仙人の別称，または上級の仙人の呼称。元来『荘子』では道の体得者の謂であったが，神仙思想を媒介にして道教に取り込まれ，「仙人」よりランクの高い神仙として天界の官僚組織の中に位置づけられた。それとは別に，前漢の末頃から，天命を受けた「真人」が世直しのために現れるという思想が広まった。たとえば，後漢を興した劉秀(光武帝)は「白水真人」と呼ばれ，魏の曹操もしばしば「真人」と称された。
(三浦 國雄)

じんしん【人心】
→道心・人心

しんしんぜんしょ【搢紳全書】
清朝の文官の職員録。京官から外官(外官は省別)の順に並べ，官職・姓名・字・本籍地(八旗は旗籍)・官界入りの経緯(出身)を載せている。本書は実用書であるため需要があり，官僚相手の専門書店が営利目的で発行した。明後期・清初のものも現存するが，乾隆年間(1736-95)から増え，光緒(1875-1908)・宣統(1909-11)年間のものが多い。同様の本に『爵秩全覧』がある。武官の職員録は『中枢備覧』といい，ともに官僚に関する基礎事実を網羅的に与えてくれる。
(谷井 俊仁)

しんしんでんいせき【晋新田遺跡】
春秋時代後半から戦国時代初期までの晋の都の跡。山西省侯馬市の西北一帯にある。前585年に絳より遷都，前453年の晋分割後も，前376年の晋滅亡まで君主が居城した。1952年に発見され，山西省文物管理委員会，山西省考古研究所などが断続的に調査。早期の白店古城は遷都以前の城址とも言われるが，詳細は不明。中核となる城址は，牛村・平望・台神の3古城に分かれており，それぞれ1辺が1000m前後の城壁に囲まれ，長方形を呈し，品字形に連結する。その東側には，小規模な馬荘・呈王・北塢の各古城址が点在する。東側の秦村付近からは，盟誓遺跡が発見され，「侯馬盟書」と呼ばれる朱・墨書で盟辞を記した玉石片が大量に出土した。牛村古城南郊には，青銅器・土器・骨器・石器などの製作工房

遺跡が分布する。鋳銅工房遺跡からは，数万点の鋳型片が出土している(『侯馬鋳銅遺址』文物出版社，1993年)。墓地も上馬・柳泉・平望・喬村など数か所で確認されており(『上馬墓地』文物出版社，1994年及び『侯馬喬村墓地』科学出版社，2004年)，柳泉墓地は，晋公の陵墓区ではないかと推測されている。　　　　　　　　　　　　　　　　(大島　誠二)

しんじんめい【信心銘】

四言146句584字より成る長詩。中国禅宗の第三祖，隋の僧璨の著とされる。あらゆる二元対立を離れ，平等一如の真如法界に遊ぶことを説く。「至道無難，唯嫌揀択(しどうはぶなんにして，ただけんちゃくをきらう)」の冒頭は特に有名で多くの禅者に引かれる。『景徳伝灯録』30に収める。　　　　　　　　　(高堂　晃壽)

しんせいねん【新青年】

民国の月刊総合誌，のち中国共産党機関誌(季刊)となる。1915(民国4)年9月上海で陳独秀が『青年雑誌』として上海群益書社から刊行，巻頭に自らの論文『敬告青年』をおいた。第2巻から『新青年』と改称した。1917年に蔡元培の招聘をうけて陳独秀が北京大学文科学長に就任すると，編集部も北京に移り，李大釗や銭玄同・魯迅・周作人ら北京大学の進歩派知識人の言論活動の拠点となった。

『新青年』は，「徳先生」(デモクラシー)と「賽先生」(サイエンス)を提唱し，鋭い儒教批判を行うとともに，文学革命を主導して，新文化運動の推進に重要な役割をはたした。儒教批判では，陳独秀『孔子之道与現代生活』(2巻4号)や呉虞『家族制度為専制主義之根拠論』(2巻6号)などが，また口語文提唱では胡適『文学改良芻議』(2巻5号)や陳独秀『文学革命論』(2巻6号)が代表的な論文である。魯迅の『狂人日記』(4巻5号)は，口語文による短篇小説において鋭い儒教批判を展開したものであり，中国文学の転換点を示した作品としてその意義は大きい。

『新青年』は，7巻6号を『労働節記念号』とした直後から3か月の休刊を経て，1920年9月の8巻から上海の新青年社の発行となり，マルクス主義宣伝誌へと変容していった。8巻1号の巻頭におかれた陳独秀『談政治』は，青年の意識や思想の変革を訴える従前の態度を転換して，真正面から政治に取り組む決意を表明した。また，新たにロシア研究という専門欄を設けて，革命ロシアの状況を紹介した。それでも，この時期にはまだ胡適や周作人らも依然として寄稿を続けていた。

しかし1922年7月に9巻6号を刊行したのち，休刊となり，23年6月からは季刊の形式で，中国共産党の理論機関誌として刊行されるようになった。執筆者の顔ぶれも変わり，陳独秀のほか，瞿秋白・任弼時らがその中心となった。　(中　裕史)

しんせき【真跡】

通常，筆者自身の手になる筆跡，すなわち肉筆の書(絵画も同様)をいうが，法帖や碑版などに刻入された字跡に対して，墨跡(筆墨による字跡)自体を真跡とよぶこともある。その場合には，事実上，臨書や搨摹の方法で作られた複製のほか，偽跡や代筆が真跡中に含まれていることが少なくない。一般に，学書は名家の肉筆を手本にするのを最善とするが，その伝世は稀であるため，写真印刷の導入前は，肉筆に代わるものとして搨摹本・臨書本などの複製や拓本が手本として多く用いられた。　　　　　　　　　(澤田　雅弘)

しんせっきじだい【新石器時代】

旧石器時代につづく地質学上の完新世にあたるこの時代，人類史上に革命的な大変化がおこった。人びとの生活は次第に狩猟採集経済から農耕経済に移行し，定住化と家畜飼育が行われるようになった。そして文化・技術の面からは，土器の使用，磨製技術による石器作り，紡織技術の発達がみられる。中国では前9000年頃から前2000年頃までの時代を指す。しかし新石器時代といってもその諸文化は一様ではなく，生態系への適応の仕方から，それぞれ地域的な個性や特徴を示すものである。例えば，耕作面では，黄河流域の作物はアワ，キビが，長江流域ではイネが栽培された。また考古学的にいう文化特徴の目印である土器からみると，内蒙古の興隆窪文化をはじめ東北地方の文化には，平底筒型の土器が特徴的であり，黄河下流域の大汶口文化では鼎などの三足土器が，中・上流域の仰韶文化には尖底土器もあり，かつ装飾として彩色された土器が盛行していた。また長江下流域の河姆渡文化では丸底土器が目立ち，中下流域には黒色土器(黒陶)が発達する。つまり土器からみても，中国新石器時代には文化の地域性が強く指摘される。なお中国の新石器文化の出現と発展に関して西方地域からの東漸説(伝播論)や黄河流域中心説(単系的発展論)がかつて膾炙されたが，今日では，国内諸地域の諸文化は，その起源と発展において独自であったと理解され，その時代における文化の多様性と相互交流という枠組みが強調されている。

新石器時代の歴史的意義に2点があげられる。ひとつは農耕の開始という人類の飛躍的発展に決定的な契機をもたらしたこと。ふたつには，来たるべき文明の時代を形成していったことである。中国文明は中国の新石器時代諸文化が作り上げたもので，西来したものではない。この文明の形成過程をみると前後両段に分けられる。まず前段として，前

3000年前後に，のちの夏殷周三代が登場する黄河中流域からするとその周辺にあたる地域の諸文化に，文明の萌芽的な発達が認められる。遼寧の紅山文化，山東の大汶口文化，浙江北部の良渚文化，長江中流域の石家河文化，そして黄河上流域の大地湾文化などでは，階層の分化と政治的権力の存在を示す遺物と遺構があり，国家が文明の政治的表現であるとすれば，文明の萌芽段階の様相をみせている。このときの紅山文化や良渚文化の社会は祭祀社会でもあり，*玉器の発達が著しい。玉器は巫者ないし社会的高位者たちの身分的象徴物であった。そして後段は，黄河中流域(中原地域)に初期王朝，つまり中国文明が形成される過程である。中国文明は前段の諸文化の後裔というものではない。黄河中流域に前2500年頃から発達した河南龍山文化が核となり，これと周辺地域の諸文化との戦争を含めた相互交流のうちに中国文明が形成されるのである。中国史における中原世界の先進性は，先験的なものではなく，歴史的に形成されたものである。　　　　　　　　　　　　　　　（量　博満）

しんせん【沈荃】　1624(天啓4)〜84(康熙23)。清の能書家。華亭(上海市)の人。字は貞蕤，号は繹堂。諡は文恪。明の能書家沈粲の6世の孫。子の沈宗敬も能書で名があった。1652(順治9)年，進士に探花(第3位)で及第し，国史院編修を授けられ，のち大梁道按察使となり，『河南通志』纂修にも加わった。直隷通薊道按察使であった折，事に座して左遷が決したが，明の*董其昌の筆法の継承者であったため特旨により召された。その折に揮毫した行書・楷書の各体が，董の書に心酔する康熙帝の意に適い，翌1671(康熙10)年に翰林院侍講を授けられ，南書房に直して康熙帝の書の相手をつとめた。1674年には国子祭酒に抜擢され，のち詹事府詹事に進んだ。御製の碑文，殿中の屛風，御座の箴銘をもっぱら揮毫し，書の名声は董其昌や元の*趙孟頫にも匹敵した。その筆法は王鴻緒，ついで張照に伝えられたという。内府所蔵の沈荃の書を集刻した法帖に，1705(康熙44)年奉旨の『落紙雲煙帖』，詩集に『沈繹堂詩』がある。清史稿266
　　　　　　　　　　　　　　　　（澤田　雅弘）

しんせん【神仙】　空中飛行等の超能力を備えた不老不死の人。仙人。「仙」の字はもともと「僊」と書き，その原義は「遷」と同じく「うつす」であり，死者を殯葬の小屋に移すとする説もある(白川静『字統』)。のちに山中に遷り住んで不死を得た人とされて「仙」の字になったともいう(『釈名』釈長幼篇)。
　『史記』の封禅書と秦始皇本紀には，初期の神仙に関するまとまった記述が見える。仙人たちの住む不死の楽園は，初期の神仙思想では波に阻まれて容易に接近しがたい海中(三神山)や，一般人の安易な登攀を拒絶する険しい山(崑崙山)などに設定されていたが，やがて天界に設けられるようになる。『*荘子』天地篇に，「千年の長生ののちに，世間がいやになれば地上を去って大空に昇り，あの白い雲に乗って天帝の都(帝都)に行こう」と書かれている。ここから，戦国時代末期にはすでに長生から不死への飛躍が果たされ，同時に仙郷を天上に置く思考が芽生えていたことが読み取れる。
　前掲『史記』封禅書などに顕著に現れているように，初期の神仙は「在るもの」であった。後天的な修練や努力によって凡人でも仙人になれる，と考えられていたわけではない。奇跡的な幸運によって仙郷に辿り着くか，またはめったに出会えない仙人から不死の霊薬をもらう以外に，不老不死に至る道は閉ざされていたのである。その不死の霊薬も与えられるものであって，決して人間が発見したり造りうるものではない。ところが，人智が開け人間の技術力が向上するにつれ，一般人と仙人との距離が縮まって，仙人は人の手に届くところまで引き寄せられて来る。この転換点に立つ人が葛洪(283〜343?)であった。彼は，『*抱朴子』を著して不死の薬＝金丹の合成法を惜しげもなく公開し，「在るもの」としての神仙を「成るもの」，つまり後天的な努力によって原則的には誰でも成りうるものに変えたのである。
　神仙思想を母胎にして道教が成立すると，仙人の世界にも変化が生じてくる。天上の仙界に地上の官僚制が持ち込まれ，仙人に上下の身分差が設けられるようになるのである。大雑把なランク分けとしては，上位から，天仙——地仙——尸解仙という3階級があり，これらはそれぞれ，天上——山(洞天)——地下というその居場所と対応している。
　仙人となって不老不死を獲得するのは至難の業であったが，六朝期の道教徒は，仙人となれずに死んで鬼となる大多数の人々のために，鬼から仙に至る救済のルートを開拓した。そのような下級の神仙は最下位に位置づけられて「鬼仙」と呼ばれる。
　仙人の主な伝記として以下がある。『列仙伝』『神仙伝』『*墉城集仙録』(女仙の伝記)，『仙苑珠編』『三洞群仙録』『玄品録』『歴世真仙体道通鑑』『*太平広記』(巻1〜70)。　　　　　　　　　（三浦　國雄）

しんせんき【沈佺期】　656(顕慶元)?〜714(開元2)。一説に没年は716年。初唐の詩人。相州内黄(河南省)の人。字は雲卿。675(上元2)年進士に及第。則天武后から中宗の時期の代表的な宮廷詩人。現在に伝わる彼の作品は概ねこの生涯を反映し

皇帝の命令で作った応制の詩が多く，内容的にはさほど見るべきものはない。しかし技巧的であるとともに詩律は厳密に守られており，同時期の*宋之問とともに近体詩(律詩)を完成させた詩人として，「沈宋」と併称される事実を裏付ける。但し宋之問が五言詩に優れていたのに対し，沈佺期は特に七言詩に秀でている。なお，張易之・昌宗兄弟が殺されたとき，沈佺期は他の多くの詩人と同じくこれに連座し流罪となったが，この時期の作品は境遇を素直に述べ都を思う哀傷が強く詠われており，内容的にも高く評価される。のち許され都に戻り宮廷詩人として復活した。文集はもと10巻あったが失われ，現在みることができるのは明人による輯本に基づく。『唐才子伝』1に伝がある。旧唐書190中，新唐書202

(道坂 昭廣)

しんせんず【神仙図】 中国古来の神仙思想に基づく神仙や仙境を描いた図像。古代中国人の死生観や神話世界観を反映し，神仙や彼らの住む仙境を表す図などが数多く生み出され，天体や山水，楼閣を描くほか，俗世間と仙境を結ぶ龍・鳳凰・麒麟などの瑞獣や四神(青龍・白虎・朱雀・玄武)，西王母・東王公などを表す。昇仙図は死後に人間の魂が崑崙山の仙界に昇る様を描いた図である。洛陽卜千秋墓頂脊壁画(河南省洛陽市，前漢)，長沙陳家大山楚墓出土帛画龍鳳仕女図(湖南省長沙市，戦国，絹本墨色)，長沙子弾庫1号墓出土帛画人物御龍図(湖南省長沙市，戦国，絹本墨色)，長沙馬王堆軟侯妻墓出土帛画(湖南省長沙市，前漢，絹本着色)，長沙馬王堆軟侯子墓出土帛画(同，絹本着色)，臨沂金雀山9号墓出土帛画(山東省臨沂市，前漢，絹本着色)など，死してなお不死の仙境へ上ることを希求し，墓室内や棺郭を装飾する主題として表現された絵画作例が多い。これらのほか，副葬品の漆器，陶器や青銅鏡にも神仙図は表されてきた。また瀛山図は瀛州図ともいい，渤海中にあり神仙が住むという仙境の図，蓬萊山図は渤海の遥か東方に不死の薬があるという仙境の図である。宋代以降は，蓬萊山が青緑山水の画題として表現されたほか，不老長寿の妙薬である霊芝を採集する仙人・仙女を描いた採芝図，二人の仙人を描いた蝦蟇・鉄拐図や，彼らに呂*洞賓や鍾離権らを加えた八仙図が流行した。

(勝木 言一郎)

しんせんでん【神仙伝】 神仙伝記集。10巻。晋の葛洪撰。その序によれば，前漢の*劉向撰『列仙伝』を受け継いだとされる。現存する『神仙伝』には大きく分けて3種ある。最も通行する『広漢魏叢書』所収本は82人，『四庫全書』所収本は84人の伝を載せる。『説郛』所収本も84人だが，神仙の名前とその短い説明のみで，詳しい内容を伴わない。『四庫全書』所収本には老子の伝がないなど，互いに神仙の種類に出入りがあり，その記述内容も一部には無視できぬほどの相違が存在する。『広漢魏叢書』所収本では神異譚が中心で，『四庫全書』所収本ではやや道術の継承について重点を置く傾向が見える。『抱朴子』外篇自叙にその書名が見えることから，葛洪が『神仙伝』を著したことに疑いがないが，現存の3種については内容などに問題が多い。そのため，葛洪の著したものそのままではなく，後世の加筆・再編集が行われた可能性が高い。

(亀田 勝見)

しんそう【沈宋】 →沈佺期，宋之問

しんそう【神宗】 →万暦帝

じんそう【仁宗】 →嘉慶帝

しんぞくきぶん【清俗紀聞】 日本の江戸時代，1795(寛政7)年9月より1796年9月まで長崎奉行であった中川忠英が配下の近藤重蔵等に命じて長崎に来航していた中国商人から中国の風俗等に関して聞き取り調査させた書物。当時長崎に来航していた中国商人は江南の商人が大多数であったので江南の風俗等の今日では知られない資料が本書によって残されたと言える。利用し易いテキストとしては平凡社の東洋文庫(vol.62, 70)がある。 (松浦 章)

しんそくり【心即理】 →性即理・心即理

しんだい【真諦】 499～569(太建元)。インドの翻訳僧の一人。特に『大乗起信論』の訳者と伝えられることで有名である。南朝梁の時代，中国に至り，武帝に迎えられる。しかし当時は戦乱のあいつぐ時代であり，以後，諸方を転々としながら翻訳事業に携わった。訳業として，『倶舎論』『十七地論』『決定蔵論』『摂大乗論世親釈』『仏性論』『金光明経』『金剛般若経』『解節経』『無上依経』などがある。中でも『倶舎論』の翻訳は中国に仏教の基本的枠組を伝えるに大きな成果があった。また，『摂大乗論世親釈』の訳出は，世親の詳細な注釈の紹介でもあるだけに，当時の学人の関心を大きく集めた。これは，他の*玄奘訳等と比べ，如来蔵思想の影響の色濃い，独自のものである。また，真諦は『決定蔵論』によると九識説を説いたとされる。こうした点で，『大乗起信論』との接点も考えられることになるであろう。門人には，慧愷・法泰・道尼らがおり，彼らの研学は摂論宗と呼ばれた。南朝陳の太建元年，没している。

(竹村 牧男)

じんだいちん【任大椿】

1738(乾隆3)〜89(同54)。清の経学者。興化(江蘇省)の人。字は幼植,また子田。1769(乾隆34)年の進士。『四庫全書』の編纂に加わっている。礼学,特に古代の器物を考証することに長ずる。経書の字句を体系的に理解することを重視するのは,学兄たる戴震の影響であろう。売名のために考証に従事するような者も少なくなかった同時代の風潮には批判的であった。『弁服釈例』『深衣釈例』『小学鉤沈』などの著作がある。　　　　　　　　　　　　　　　(水上　雅晴)

しんだいどうきょう【真大道教】

金代に興った道教の一派。河北滄州の人,劉徳仁(東岳真人)にはじまる。劉は1142(皇統2)年,老子を思わせる老人から『道徳経』の要言を授けられて道の深奥に通じたとし,符籙や薬物を用いずに「虚空に黙禱する」独自の祈禱法により,治病を中心に多くの人々を救済して信仰を得た。初期は大道教と言ったが,元朝になって真大道教の名を賜与された。金元を通じて全真教・太一教と鼎立して隆盛を誇り,江南にも信徒を増やしたが,元末に衰退して足跡が途絶える。　　　　　　　　　　　　　　　(横手　裕)

しんたいひしょ【津逮秘書】

明末に「蔵書天下に甲たり」と称された大蔵書家毛晋の編集した叢書。15集,141種,752巻。明代の叢書『秘冊彙函』の残版を引きつぐとともに,彼の蔵書楼「汲古閣」収蔵のものもあわせて刊刻した。汲古閣は『十三経注疏』『十七史』といった基本文献の善本を刊刻したことで知られ,清以後の文献学術研究にあたえた影響はきわめて大きい。この『津逮秘書』は,比較的伝存のまれな書をとりあげて可能な限り完本をそろえ,かつ厳密な校訂をほどこして評価が高い。収録の範囲も,経学・史学・典章制度・志怪小説・詩話筆記・科学技術・書画・書跋まで,宋・元以前の書についてきわめて多岐にわたっている。なかでも『唐国史補』などの筆記類や,『法書要録』『歴代名画記』『図画見聞志』『画継』などの書画関係書は,現在でも研究の底本とされるものが多い。『叢書集成』に収録され,また『金石録』などを増補した『増補津逮秘書』が,京都の中文出版社から出されている。　　　　　　　(木島　史雄)

しんだいれいかんでん【清代伶官伝】

清代宮廷演劇史料の研究書。4巻。1936年10月,中華印書局刊。著者の王芷章は,字は伯生,号は二葉,平山(河北省)の人。北京の孔教大学を卒業後,1933年から北平図書館(現在の中国国家図書館)に勤務。収蔵されていた昇平署(清代後半,宮廷演劇をつかさどっていた役所)の記録を整理・研究し,本書及び『清昇平署志略』を編んだ。伶官とは,音楽や演劇にたずさわる官人という意味で,本書は宮廷内の上演に参加した俳優・楽師・検場(演技者の介添え役。日本の歌舞伎の「後見」にあたる)など295名の小伝を集録したもの。巻1は乾隆・嘉慶・道光年間(1736-1850)の人物を,巻2は咸豊・同治年間(1851-74)の人物を,巻3は光緒・宣統年間(1875-1911)の人物伝を収録。巻4には付録として「北平図書館蔵昇平署曲本目録」「腔調考源」を収める。　　　　　　　　　　　(加藤　徹)

しんちゅうぎん【秦中吟】

中唐の白居易の作品の名。『白氏文集』2・諷諭に収める社会風刺の古詩10首を指す。「秦中」は地名,長安を中心とする陝西が,古の秦の地であることによる。809(元和4)年11月から810(同5)年4月までの左拾遺の任にある時の作。議婚・重賦・傷宅・傷友・不致仕・立碑・軽肥・五弦・歌舞・買花の10首からなり,すべて時の政治の問題をとりあげて批判している。序に「貞元・元和の際,予は長安に在り,聞見するの間,悲しむに足る者有り。因りて直ちに其の事を歌い,命づけて秦中吟と為す」といい,五言古詩『傷唐衢二首』其の2にも「憶うに昨元和の初め,忝なくも諫官の位を備う。……但だ民の病痛を傷み,時の忌諱するを識らず。遂に秦中吟を作り,一吟しては一事を悲しむ」といっており,制作意図は明らかである。　　　　　　(下定　雅弘)

しんちょう【沈重】

500〜583。南朝梁の儒学者・声律学者。呉興武康(浙江省)の人。字は子厚。南朝梁で五経博士となったが,北周の武帝に招かれて五経について討議したり,鐘律(鐘の絶対音高)を校定したりした。その後も南北朝の間を往来した。道教・仏教や陰陽図緯にも通じた博学の人物であり,三分損益法を十二律を超えて継続して三百六十律を定め,律管候気の法(律管に灰を入れて,地中の気の動きを測る)に用いた。著書に『周礼義』『儀礼義』などがある。周書45,北史82　　　　　　　　　　　　　　　　(水口　拓寿)

しんちょうこうしょうがく【清朝考証学】

→考証学

しんちょうすい【沈寵綏】

?〜1645(順治2)。明の演劇音楽家。呉江(江蘇省)の人。字は君徵,号は適軒主人。演劇音楽理論の著作『度曲須知』と『弦索弁訛』があり,南北曲の演奏・歌唱技術について論述している。この2つの著作は作者の経験に基づいて書かれたもので,崑曲の俳優たちが歌う際には常により所とした。　　(氷上　正)

じんつうじしもんとう【神通寺四門塔】 山東省済南市歴城区柳埠鎮に位置する神通寺の石塔。仏殿などは早い時期から廃墟となり，塔のみが現存。塔は方形で，屋根がピラミッド形となり，全て青石によって積み上げられる。塔刹(相輪にあたる部位)は宝篋印式で結び，全体の高さは約13mである。内部の方形の中心柱の四面に四方仏が彫刻されている。四面の壁にアーチ門が開くことから，四門塔と呼ばれている。内部の仏像は北朝東魏544(武定2)年のものであるから，塔も6世紀のものと断定されたが，1972年に塔を修理する際，屋根裏で隋の大業7(611)年建の墨書が発見され，隋塔と判定された。　　　　　　　　　(包　慕萍)

しんていこ【神亭壺】 三国時代から西晋代に江南地方で作られた楼閣や鳥・動物・魚・人物・仏像などを貼り付けた壺で，日本では神仙の住む館と考えて神亭壺と呼ぶ。中国では「穀倉罐」「堆塑罐」「魂瓶」などの名称がある。副葬用の明器で，後漢代の「五管瓶(5つの壺が組み合わされた瓶。五穀豊穣を意味する説がある)」から発展した。豊穣への祈り，神仙世界への憧れ，古代の宇宙観などがこの壺に込められており，死者の魂を天界に送る役割をはたしたという説が有力である。(森　達也)

しんていこぼ【新鄭古墓】 1923年に河南省新鄭県城南門内で発見された春秋中後期の大型墓。中国で初めて未盗掘のまま副葬品の構成が明らかとなった古代の大型墓で，李家楼大墓とも呼ばれ，大量に出土した青銅器は新鄭彝器と呼ばれている。

新鄭には，春秋から戦国時代にかけて鄭と韓が相次いで国都を置いた。出土した青銅器の一点には「王子嬰次」を作器者とする銘文が認められた。これにより，それを楚公子嬰斉の作器と推定し，副葬品の規模などを加味し，鄭の成公ないし簡公の墓とする説が有力である。副葬されていた青銅器の特徴は，楚王子午の作器を含む淅川楚墓出土の青銅器と相似する。成公・簡公説を裏付けると同時に，新鄭の青銅器群が楚の様式に属するものであることを示している。

出土遺物は戦後，台湾と大陸に分散したが，近年，総合的な図録として『新鄭鄭公大墓青銅器』(2001年)が出版され，ようやくその全貌が明らかになった。現地には鄭韓故城と呼ばれる春秋戦国時代の都城遺跡が残り，青銅礼器や楽器を埋納した祭祀坑群など，近年もさまざまな発見が相次いでいる。(吉開　将人)

しんてんぶんか【辛店文化】 1924年にJ. G. アンダーソンが甘粛省臨洮県辛店で発見した青銅器文化で，中原の殷周時代に並行。斉家文化の影響を受けて成立したと考えられているが，洮河や湟水の中・下流域，大夏河流域など比較的狭い範囲に分布する。代表的な遺跡は姫家川・張家嘴(甘粛省永靖県)，蓮花台(同省臨夏県)など。住居址は屋内炉を伴う長方形の半地下式である。一般に仰身直肢で単独埋葬されたが，「二次葬」も大きな割合を占める。頭位は北〜東北のものが多い。土器は夾砂質の紅陶が主で，彩陶が大きな割合を占める。紅・黒色で雷文・鋸歯文・渦巻文・双勾文などが描かれ，白・紅色の上がけが施されている。青銅器は，小形装飾品の他に匕や刀などがある。

辛店文化の起源を考える上で青海省民和県の山家頭遺跡は注目され，近年は山家頭期→姫家川期→張家嘴期という形で土器編年の整備が進んでいる。この場合に「唐汪式土器」は張家嘴期に包含されるか，並行期のものとされる。また，辛店文化の双耳彩陶罐の中には馬鞍状口縁のものが散見されることから，寺窪文化と並存した可能性が高い。
(倉林　眞砂斗)

しんてんゆう【信天游】 陝西省北部地方の民謡。1段は上下2句で構成される。1段だけの短いものもあれば，数十段とつながって，一つのテーマを歌い続けていくものもある。歌の内容は，男女の恋情，生活の苦しさなどさまざまである。上下2句で，上句が問いかけ，下句がその答えといった形式になっているものがあるが，これは実際に対歌の形で歌われたものと考えられる。

中国共産党が延安に根拠地を置いたことから，この地方で歌われる信天游が注目された。1946年に発表され茅盾が「民族形式の史詩」としてたたえた李季の長編叙事詩『王貴と李香香』は，この「信天游」の形式で書かれている。貧農の子の王貴が革命運動に加わり，父の仇の地主を捕らえ，恋人李香香と結ばれるまでを描く。この作品にも本来対歌・恋歌として歌われてきた名残が随所にうかがわれる。(大木　康)

しんど【沈度】 1357(至正17)〜1434(宣徳9)。明代の書家。華亭(上海)の人。字は民則，自楽と号した。弟の沈粲とともに書を能くして「二沈」と称えられ，翰林院に入り，翰林侍講学士となった。永楽帝はその書を酷愛し，「わが朝の王羲之」と賞賛した。永楽帝の命により，重要な朝廷の文書は全て揮毫したという。沈度の平明な楷書は，宮廷内のみならず多くの人に貴ばれ，「館閣体」とよばれる楷書の典型を確立した。唐の虞世南や柳公権，元の趙孟頫などの楷書を宗とした，端麗かつ温雅

な楷書作品が多い。明史286　　　　（鍋島　稲子）

しんとう【慎到】　生没年不詳。戦国時代斉(山東省)の宣王・湣王の時(前320～前280頃)，稷下に集った思想家の一人。『戦国策』楚策二では襄王(在位前298～前263)の教育係であったという。『荘子』天下篇では田駢と同系統の思想家とされ，既成の価値観・倫理観からの脱却を説く道家的側面が，『荀子』非十二子篇と解蔽篇，『韓非子』難勢篇では法律や権勢の重視を説く法家的側面が描かれている。史記74　　　　（久保田　知敏）

しんどう【簪導】　幘や冠を頭に固定させるためにさす簪。幘の中に束ねた髪を入れ，左右を簪導で貫いてとめる。形については，晋代は偏平形で，隋代には円錐形に変化したと言う。長さも伸びて30cm程になったことから，簪導が幘より左右に突き出して見える。素材については一例に「群臣の服，二十有一。袞冕は一品の服なり。……宝にて飾りたる角の簪導」(『新唐書』車服志)とあるように，官職によって異なるもので，玉・犀角・牛角・象牙・玳瑁(べっこう)・金などがある。
　　　　（田中　陽子）

しんとうじょ【新唐書】　北宋に成った唐一代の歴史書。単に『唐書』ともいう。225巻。1060(嘉祐5)年刊。欧陽脩ら撰。本紀10巻・志50巻・表15巻・列伝150巻から成る。宋代になって新出の史料を利用して『旧唐書』の不備を補正しようという動きが起こり，仁宗皇帝の命で宋祁が列伝，欧陽脩が本紀・志・表を編纂し，曾公亮の名のもとに奉呈された。『旧唐書』では利用されていない筆記小説・碑誌等を用い，記載事項を豊富にしているが，『旧唐書』が駢文で書かれているのに対して，古文を用いたため記述は簡便になっている。その際，記事を刪改しすぎている部分が多々あり，史料的な価値は『旧唐書』に劣るとされる。しかしながら，志の部分には独自の記述も多く，新たに選挙志・兵志・儀衛志を設けている。また，表を設けているのも『旧唐書』にはない特徴で，特に宰相世系表は唐代の門閥貴族の系譜を知る上では貴重な史料となっている。　　　　（松浦　典弘）

しんとうせいじょう【心統性情】　北宋の張載の『性理拾遺』に基づく語で，「心は，天から与えられた性とその働きである情を包摂し，統御するもの」の意。南宋の朱子はこの心の定義を評価し，自己の思想体系に組み入れ，性を心の本体(理)，情を心の作用と解し，心はこの2者を包摂し，主宰・統御するとした。朱子は心を感情を統御する主体とすることで，「心は作用である」と主観的行動を全面肯定する禅を否定し，敬を重視する心の修養法の思想的根拠とした。　　　（石川　泰成）

しんとうつりつ【神荼鬱塁】　古来民間で門神として尊ばれていた二神。神荼と鬱塁の二人は兄弟とも，同一神の別名であるともされる。『山海経』等によれば，東海中の度朔山上の大桃樹の北東にある鬼門の上で，百鬼を監視していて，人間に危害を加えんとする鬼があると捕らえて虎に食わせたという。そこで，年末には家々の門の扉にこの二神の姿を描き悪鬼をはらうようになった。後世には唐の秦瓊と尉遅敬徳を門神とする説も生じたが，神像の代わりに神荼鬱塁の4字を門に書くだけのところもあった。　　　（吉田　隆英）

しんどうひ【神道碑】　墓道に建てられた石碑。墓碑・墓碣などと同様，地面から出たその表面に故人の生前の事蹟を記した文章が刻まれた。『文選』58に収録される後漢の蔡邕『郭林宗碑文』『陳仲弓碑文』をはじめ，唐以前の駢文の時代にも一定の形式に則って作られたが，故人の個々の事蹟に即した内容を持つ文章としては，中唐の韓愈ら以降，古文による散文著作の中でめざましい発展を遂げた。「碑誌伝状の文学」という一つのジャンルに括られる。　　　　（原田　直枝）

しんどく【慎独】　『大学』『中庸』で提示されている儒家の修養法。『中庸』には「隠微より顕現したものはない。故に君子はその独を慎む」とある。「独」とは他人にはわからないが，本人にだけは感じ取れる微妙な分別心。独の分別が的中すれば善となり，分別に過不及があれば不善となる。つまり，人の判断や行動が善になるか不善になるかは独の分別のあり方にかかっている。人は他人の見ていない所では不善を行いやすい(『大学』)という反省に立って，思考や行動が他人の目にさらされる以前に，独の分別過程を慎重に点検し，不善を改め善に遷すことが肝要である。この一連の行程が慎独である。
　慎独は特に朱子学者や陽明学者が重視した修養法であるが，彼らの具体的な慎独法は一様ではない。朱子は独を「独知」と認識し，その独知が分別する対象は「心の発動した意が善であるか不善であるか」であると考え，「致知」に力点を置く。これに対して明末の劉宗周は独を「善を好み悪を悪む意」と認識し，「意を誠にする」ことが「独を慎む」ことであるとして，「誠意」に力点を置いている。
　　　　（難波　征男）

しんとくしゅう【真徳秀】 1178(淳熙5)～1235(端平2)。南宋の朱子学者。浦城(福建省)の人。字は景元，後に景希と改む。西山先生と称せられる。魏了翁と共に朱子学の宣揚に功があった。主著に『大学衍義』があり，朱子の全体大用思想(全き本体としての仁愛の心が広く現実に適用される実学的な思想)を継承展開させながらも，『心経』を撰して，窮理を支える居敬(心の存養)の工夫に重点を置いた。よって仏老や陸象山心学の長所を認める傾向があった。要職を歴任し，剛毅直言の士であった。宋史 437
(牛尾 弘孝)

しんとくせん【沈徳潜】 1673(康熙12)～1769(乾隆34)。清の文人・学者。長州(江蘇省)の人。字は確士，号は帰愚。1739(乾隆4)年，67歳で進士に及第し，翰林院編修を授けられるが，高齢のため，出仕せずに家に在って俸給を受け，乾隆帝により江南の老名士と称された。詩作においては古文辞派の流れを汲み，古体詩は漢魏，近体詩は唐に倣うことを唱えた。また，「性情」を重んずる「格調説」の提唱者として知られ，その主張において「性霊説」を唱えた袁枚と対立した。文集に『竹嘯軒詩鈔』『帰愚詩文鈔』などがある。その詩論は，『詩経』から明末に至る重要詩人及び作品に対する評論『説詩晬語』にも表明される。また，『古詩源』『唐宋八大家文読本』や，唐から清に至る諸朝の詩のアンソロジー，『唐詩別裁集』『明詩別裁集』『清詩別裁集』の編纂に力を注いだ。彼の遺志を継いだ清の張景星等の撰になる『宋詩別裁集』『元詩別裁集』と併せて，これらを五朝詩別裁集と称する。明の茅坤編『唐宋八大家文鈔』で最初に用いられたとされる「唐宋八大家」という名称は，沈徳潜の『唐宋八大家文読本』により広まった。清史稿 305
(木津 祐子)

じんね【神会】 684～758。唐代の禅僧。襄陽(湖北省)の人。諡号は真宗大師。俗姓は高氏。俗に荷沢大師・南陽和上などとも称された。四川の浄衆寺神会は別人。慧能の法を嗣ぎ，720(開元8)年より南陽(河南省)の龍興寺に住した。732(同20)年，法会を挙行，当時主流の神秀——普寂系統を漸悟を説く傍系の禅と断じ，頓悟を説く慧能こそが正統の六祖だと訴えた(『菩提達摩南宗定是非論』)。ついで745(天宝4)年より洛陽の荷沢寺に住して運動を続けたが，753(同12)年弾劾をうけて流謫の身となり，最後は荊州(湖北省)の開元寺で没した。最晩年，安史の乱に際し，授戒の法会を主催して「香水銭」を集め，朝廷の軍費調達に貢献したともいう(『宋高僧伝』8)。敦煌から『神会語録』ほかが出土，胡適『神会和尚遺集』，楊曾文『神会和尚禅話録』に集成される。
(小川 隆)

しんのう【神農】 古代の伝説中の帝王で三皇のひとり。その名は『孟子』にも見えるが，農業の始祖と述べるだけで，漢代以降に，農業神・医薬神・楽神・火神・商業神とみなされるようになり，薬草を口にした人身牛首の姿であるともいわれた。伝統医学では『神農本草経』を編んだと伝えるが，もちろん仮託である。大阪市中央区道修町の少彦名神社とその祭りを「神農さん」と呼ぶのは，中国の薬神である神農と日本の薬神少彦名を結びつけたからで，湯島の聖堂にも廟がある。
(吉田 隆英)

しんのうはじんがく【秦王破陣楽】 →破陣楽

しんのうほんぞうきょう【神農本草経】 今日うかがい知ることのできる中国最古の本草書(薬物学書)。全3巻もしくは4巻。著者不詳。書名に託される神農は伝説上の帝王である三皇の一人で，赤い鞭で百草を打ち，それをなめて薬効を定め，そのため1日に70回中毒したと伝えられる。本書の成立年代は明らかでないが，紀元前後ないし後漢前期頃かと考えられる。はじめに薬物総論を説いた序録があり，本論には1年の日数にあわせた365種の鉱物・植物・動物由来の生薬を収載。本論は全3巻に分かち，上巻には上品(君薬・養命薬)120種，中巻には中品(臣薬・養性薬)120種，下巻には下品(佐使薬・治病薬)125種を録し，別名・気味・産地・薬効について記している。以後歴代にわたり編纂された中国本草書の核となった。本書自体は早くに佚亡したが，明代以降，後代の本草書等を資料に復元本がいく種も作られた。ことに日本幕末の考証医家森立之による復元本は校勘が精密で完成度が高い。
(小曽戸 洋)

しんのていりょう【清の帝陵】 清の皇帝の陵墓群。11代の皇帝ならびに祖陵が現存。陵は関外・東陵・西陵の3か所に分かれて所在。関外にあるものは永陵・福陵・昭陵の3陵。あわせて盛京三陵という。永陵の原名は興京陵。遼寧省新賓満族自治県の啓雲山下にある。1598(万暦26)年に創建され，太祖ヌルハチ(奴児哈赤)の遠祖にあたる肇祖孟特穆，曾祖父の興祖福満，祖父の景祖覚昌安，父の顕祖塔克世の4祖帝を葬る。陵園の敷地面積は約1万m²。福陵はヌルハチと孝慈高皇后の陵。遼寧省瀋陽市東郊外，渾河北岸の天柱山上にある。陵園面積は19万4000m²。昭陵は太宗ホンタイジと孝端文皇后の陵。瀋陽市の北陵公園内にある。陵園面積は18万m²。

東陵と西陵は清が中国を支配した後の2大陵区である。東陵は北京市の東方130km, 河北省遵化市の昌瑞山下にある。順治帝孝陵をはじめ, 康煕帝景陵, 乾隆帝裕陵, 咸豊帝定陵, 同治帝恵陵の5陵と, 太宗孝荘皇后昭西陵, 順治帝孝恵皇后孝東陵, 咸豊帝孝貞皇后(東太后)普祥峪定東陵, 咸豊帝孝欽皇后(西太后)普陀峪定東陵などの皇后陵を営み, あわせて5皇帝・14皇后・136妃嬪を葬る。諸陵が分布する前圏(陵区南半部の平地)の面積は48km²。後方の保護区である後龍(陵区北半部の山岳地帯)の範囲を含め, 陵区全体の占有面積は2500km²におよぶ。

西陵は北京市の南西110km, 河北省易県の永寧山下の丘陵地帯にある。雍正帝泰陵をはじめ, 嘉慶帝昌陵, 道光帝慕陵, 光緒帝崇陵の4陵と, 雍正帝孝敬皇后泰東陵, 嘉慶帝孝和皇后昌西陵, 道光帝孝静皇后慕東陵などの皇后陵を営み, あわせて4皇帝・9皇后・57妃嬪を葬る。陵区の周長は100km余り。占有面積は東陵の約4分の1。

福陵と昭陵の陵園は墓室と宝頂(墳丘)を囲む宝城と明楼・隆恩殿・東西配殿・隆恩門を含む方城からなり, 周囲に陵垣をめぐらせて外陵園を設けた。東陵と西陵では各陵の外陵園を除き, 方城を紅色の築地にかえ, 明楼の基礎のみ磚城を築き, それを方城と称した。墓室は明代の陵墓に倣い後室の方向が主軸に直交する形式が採られた。青白石をもって築かれた墓室の天井は全室にわたってアーチがかけられている。墓室が公開された東陵の裕陵・普祥峪定東陵, 西陵の崇陵は, 壁面や門扉に仏教彫刻が見られる。

清の陵区や陵園の設計には墓地の吉凶を占う堪輿家の思想が反映され, 理想的な環境を守るため, 占有地を必要以上に拡大した。盛京三陵の陵区は, 平地では紅柵, 山地では紅椿(杙)をもって限り, 紅椿の外64mに白椿を連ねて緩衝帯を設定し, 白椿の外5kmに青椿を打ち, 一般民の立ち入りを禁じた。東陵と西陵では紅柵にかえて陵垣を築き, 紅椿・白椿間の樹木を除いて火道(防火帯)を設け, さらに青椿外10kmの範囲を官山として保護した。陵の管理は最寄りの鎮の長官が陵区の総管大臣を兼任し, 皇室の王公が派遣されて東府と西府を管轄した。その下に陵寝内務府・陵寝礼部・陵寝工部が置かれ, 別に八旗兵と緑営兵が詰めて防衛と警備を担った。陵の大祭は清明・中元・冬至・歳暮・忌辰に, 小祭は毎月の朔日と望日に挙行された。また, 盛京三陵への巡拝は1671(康煕10)年に制度化された。　　　　　　　　　　　　(来村 多加史)

しんはいるいしょう【清稗類鈔】　清代に関する類書。1917(民国6)年, 商務印書館より刊行。編者は徐珂(字は仲可, 杭州杭県〔浙江省〕の人)。清代の筆記・文集などから広く清代の事柄に関する記録を収集し, それを『宋稗類鈔』の体例にならい, 時令・気候・地理・名勝・宮苑・第宅・園林・祠廟・帝徳・恩遇・巡幸・宮闈・朝貢・外藩など, 92類・1万3500余条に分類して時代順に配列する。清代史に関して他の文献史料に見られない貴重な史料を提供している。　　　　　　　　(井上 裕正)

しんぱん【清版】　清代に刊行された典籍。清刊本ともいう。明代後半期より出版活動は隆盛を極め, 清代もひきつづき多数の典籍が刊行された。刻字の技術は完成の域に達し, 宋体と呼ばれる画一的な字体が多く用いられる一方, 下書きの筆致を正確に表現する写刻本も刊行された。乾隆年間(1736-95)以降は, 考証学の発展にともない, 古典の校訂本や宋元の古版を忠実に模した覆刻本などが多数刊行された。明代に発達した民間書肆による出版は, 引き続き盛んではあったが, 清代の特色は, 官による出版と, 学者・文人による出版である。官による出版には, 中央においては紫禁城内の武英殿で刊行された殿版がよく知られる。地方においては, 清末に総督巡撫によって開設された官書局があり, 1864(同治3)年に曾国藩によって江寧府(南京)に設立された金陵書局をはじめとして, 各地に設立された。正史などの学術書を多数刊行した。学者・文人自らが刊行する家刻本も多数刊行され, 精刻のものが多い。　　　　　　　　　　　　(梶浦 晋)

しんぶ【真武】　古代の四霊(青龍・朱雀・白虎・玄武)のうち, 亀と蛇の姿であらわされる玄武が, 後に道教において人格化されたものが真武である。宋においては王朝始祖神の趙玄朗の諱を避けて真武と改名された。元代以降, 真武は位階を上げて玄天上帝と称される。明では特に王朝の守護神とされたため, その信仰は非常に盛んになった。その姿は神としてはかなり特異なもので, ざんばら髪に裸足, 黒い服を着, 手に七星剣を持つ。勇武に優れた神として知られ, 北方守護の任に当たる。また, 水神としての役割も有している。その聖地である武当山(湖北省)には, 主に明代に営まれた巨大な道教建築群がいまも残されている。　　(二階堂 善弘)

じんぷうし【任風子】　元の戯曲作品。馬致遠作で, 雑劇の形式をとる。元の雑劇には, 当時重んじられた道教の一派全真教に関する故事を扱ったものが少なくないが, この作品は『黄粱夢』と並んでその代表作といえる。全真教の創始者王重陽の弟子である馬丹陽が, 肉屋をいとなむ任屠を度脱しようと, まずその地に赴いて布教, 肉食を禁じさせ

たため同業者たちが生活に困り，任扈に丹陽を殺させようとするが，任扈は逆に感化されて，ついに度脱するというのがそのあらすじである。

(赤松 紀彦)

しんふがい【申不害】 ？～前337(顕王32)。戦国の思想家・政治家。鄭の京(河南省)の人。韓の昭侯の相となり，没するまでの15年間，他国に国境を侵されることがなかったという。前漢期，その名はしばしば商鞅*・韓非と併称され，法家の代表的な思想家であったことが知られるが，商鞅の「法」に対し，「術」すなわち君主による臣下の統御術に重点を置くのが特色とされる。臣下の職分を明確に規定してその履行を督責する「刑名の学」の首唱者と目される。その所説をまとめたものに『申子』があったが，佚書。史記63　(内山 直樹)

しんふく【沈復】 1763(乾隆28)～？。清の文学者。蘇州(江蘇省)の人。字は三白。各地で幕友(地方官の私設秘書)をしたり，商売をしたり，家庭教師をしたりして生計を立てた。冊封使の一員に加わって琉球に来たこともある。こうした生涯，そして愛妻陳芸との思い出を自伝『浮生六記』に記した。絵画にも造詣が深かった。1825(道光5)年，63歳までの足どりはたどれるが，その最期に関しては詳らかではない。

(大木 康)

じんぶつが【人物画】 人間が主題となっている絵画。道教・仏教的題材を描いた道釈画とは区別し，俗人，世俗の人事を描いたものをいう。両者を合わせて道釈人物画と呼称する場合もある。この中には，日常生活に材をとった風俗画，歴史的事件などに取材した歴史画・故事人物画，文学を基にした神話画などがある一方，物語的・日常的文脈から離れた個人を描いた肖像画なども含まれる幅広い分野である。

唐時代以前は，この主題が絵画のメインテーマであり，歴史的展開もここを軸にして進展してきた。この時代を代表する顧陸張呉，すなわち，顧愷之(東晋)・陸探微*(南朝宋)・張僧繇*(南朝梁)・呉道玄(唐)も，この分野の大画家たちである。しかし，その後，道釈画が登場し，さらに唐末五代，10世紀をさかいとして，山水画や花鳥画が絵画の中心主題となり，人物画や，人物画家たちは，マイナーな分野へと後退していった。　(海老根 聰郎)

じんぶつし【人物志】 三国魏の人物批評の書。3巻，12篇。劉劭撰。北朝北魏の劉昞による注がある。後漢以来の政治や為政者を批評・論難する談論の盛行と，人材を鑑別して挙用しようとする後漢末以降の趨勢に応じて著された書で，人間の才能・資質・品性などを幾つかの型に分類し，その根拠やそれぞれの問題について論じている。劉劭は，人の資質としては平淡無味であらゆる変化に応じられる「中和」の状態が最も優れており，人を見る際にはまず平淡であるか否か，次に聡明であるか否かを見る必要があるとする。また人の能力は材質(体質)によって異なる(五質)ことに着目，そのあらわれ方を五徳に分類する。そしてあらゆる徳を兼ね備えた「中庸」の質が人の理想的なあり方であると唱えた。『隋書』経籍志の名家の部に録され，『四庫全書総目提要』子部雑家類に「蓋し其の学は名家に近しと雖も，其の理は則ち儒者に乖かず」とあるように，名家の手法をとりながらその内容は儒家・法家・道家などの思想も反映している。いま『漢魏叢書*』や『四部叢刊』などに収められている。

(林 香奈)

じんぶつじゅうはちびょう【人物十八描】 人物画における18種の衣紋線の描法。衣紋線の性格の相違は，「呉帯当風　曹衣出水」(『図画見聞誌』巻1)など，早くから注意され，名称がつけられ，分類が試みられたりした。しかし，18に分類され，名称が決められたのは明代，16世紀頃にはじまる。名称の語の異同，首唱者などについては，異説があるものの，鄒得中『絵事指蒙』(1509年序)，周履靖『夷門広牘』(1597年)，汪砢玉『珊瑚網』(1643年)から，鄒氏によって称えられたとする説が近年主張されている。18とは，高古遊糸描・琴絃描・鉄線描・行雲流水描・馬蝗描・釘頭鼠描・混描・撅頭丁描・曹衣描・折蘆描・橄欖描・棗核描・柳葉描・竹葉描・戦筆水紋描・減筆描・柴筆描・蚯蚓描(鄒氏による)，その他，他の論者によれば，蘭葉描，枯柴描などの名もある。なお日本では，中林竹洞による図入りの弘化年間(1844-48)本がある。

(海老根 聰郎)

しんへいばようこう【秦兵馬俑坑】 秦始皇帝陵*に付随して建設された陪葬坑の一つ。陝西省西安市の東北約30kmの臨潼区秦陵鎮にあり，始皇帝陵の墳丘の東側約1.5kmに位置する。1974年に発見，同年始皇陵秦俑坑考古発掘隊が組織され，発掘調査が始まった。1979年には秦始皇兵馬俑博物館が開館し，同博物館が調査を継続している。兵馬俑とは，兵士や軍馬を表現した俑で，始皇帝陵のほか，前漢皇帝陵の陪葬坑や北朝期の墓葬からも出土している。始皇帝陵の兵馬俑は，そのスケールと表現力において，最大かつ最高のものである。秦兵馬俑坑は4つの坑からなり，その総面積は2万5380m²に達する。1号坑は，東西230m，南北62m

の長方形を呈し，6000体余りの兵士俑と180頭余りの馬俑，40両余りの木製の戦車が配置されている。2号坑は，東西124m，南北98mのL字形を呈し，約900体の兵士俑と約90両の戦車，戦車を牽引する馬俑350頭余りと騎兵用の馬俑110頭余りが配置されている。3号坑は，東西約29m，南北約25mの凹字形を呈し，68体の兵士俑と戦車1両，馬俑4頭が配置されている。4号坑は，東西48m，南北96mの長方形であるが，内部には土砂が堆積するのみで，未完成坑と見られる。1～3号坑は，版築で築いた土壁によって坑内を溝状に仕切っており，本来はその上部に天井板を渡してさらに筵と土で覆い，地下に空洞をなす構造であった。空洞の床面には塼が敷かれ，俑が配置された。各坑の性格については，1号坑を右軍，2号坑を左軍，3号坑を司令部の置かれた軍幕，未完成の4号坑を中軍，と見る意見が有力である。軍は東を正面に配され，始皇帝が征服した東方六国を見据えるようでもある。軍陣は，戦車を中心にして組み立てられているが，騎兵も並立して用いられており，軍の中心が戦車から騎兵に移る過渡期にあったことを示している。兵士俑は，全て180cm前後の高さに作られており，ほぼ実物大である。胴体・腕・頭部などの部位を，型取りと彫塑の技法を併用して制作し，それらを組み立てた後，焼き上げて彩色を施した。兵士は，一体ごとに表情が異なり，髪の毛の一本，履物の裏側など，細部まで丁寧に表現され，写実性が極めて高い。この兵馬俑は，編成・装備など当時の軍隊がそのままの姿で出土しており，中国軍事史上の貴重な資料である。1号坑を扱った報告書として，陝西省考古研究所・始皇陵秦俑坑考古発掘隊編『秦始皇陵兵馬俑坑一号坑発掘報告(1974～1984)』(1988年)，2号坑を扱った報告書として，秦始皇帝兵馬俑博物館編『秦始皇陵二号兵馬俑坑発掘報告』(2009年)がある。　　　　　　　(大島　誠二)

じんぼう【任昉】　460(大明4)～508(天監7)。南朝斉～梁の詩人。楽安博昌(山東省)の人，字は彦昇。「竟陵八友」の一人。文，とりわけ上奏文に秀で，沈約とともに「任筆沈詩」と並称され，斉・梁のみならず北朝にまで名声を轟かせた。しかし本人はその評に満足せず，晩年になって詩に精力を傾けたものの，技巧が過ぎて，かえって才能が尽きたと評されたという。『文選』にも多数の作品が採られるが，詩は2首にすぎないのに対し，文は17篇と『文選』の作者中最多を誇る。官は黄門侍郎，吏部郎中に至り，のち新安太守に転出，清廉高潔な人柄が多くの人々に慕われた。著作は『隋書』経籍志に『雑伝』『地記』及び文集34巻が著録されるが，いずれも現存しない。志怪小説『述異記』，また詩文の各ジャンルについてその最初の作品を記した『文章縁起』の作者とも伝えられるが，疑問視する見解もある。梁書14，南史83

(大野　圭介)

しんましょうせつ【神魔小説】　明清の白話小説のジャンル。魯迅が『中国小説史略』で，『平妖伝』『西遊記』『封神演義』などを取り上げて命名した。儒教・仏教・道教が混在した世界観のもと，神話や民間信仰を吸収し，神仏仙人と妖怪幽鬼の対立や交渉，あるいはそれらと人間の対立や交渉を描く。これに対し，孫楷弟の『中国通俗小説書目』は宋代の旧称による「霊怪」を用い，また六朝志怪以来の神仙譚・怪異譚も併せ「神怪」と総称する見解もある。　　　　　　　(岡崎　由美)

しんめつろん【神滅論】　死後の肉体と精神の関係をめぐる六朝時代の一大論争。死後，肉体は滅びても精神は存続し新たな肉体に宿るとする仏教の輪廻転生説を神不滅論といい，これに反対する中国伝統の立場からの説を神滅論という。神不滅の立場は，つとに『修行本起経』(後漢ないし東晋の失訳。中国撰述説もある)現変品，呉の支謙・維祇難等訳『法句経』生死品冒頭，牟子『理惑論』等にみえるが，本格的な議論は東晋の慧遠『沙門不敬王者論』にはじまり，梁まで行われた。同じ頃，羅含は『更生論』を著して神不滅論に立ち，また慧遠に師事した宋の宗炳は神不滅論を掲げたが，これに対して何承天は，出家者でありながら神滅論に立つ慧琳『白黒論』を支持しつつ，神不滅論を批判した。何承天は「生があれば必ず死があり，肉体が尽き果て精神が離散するのは，春にものが生き生きとし秋に凋落しながら四季が交代して行くのと同様であって，新たな肉体を得て生まれ変わることなどあり得ない」と主張し(達生論)，神不滅論者の宗炳や顔延之と論争を繰り広げた。宗炳『明仏論』，鄭鮮之『神不滅論』などの著述がある。その後，梁の范縝が『神滅論』を著して，精神と肉体は一体なのであって，肉体が存在すれば精神も存在し，肉体が滅びれば精神も滅びるという立場から神滅論を展開すると，賛否の論が一世を風靡した。范縝を批判した人物に蕭琛や曹思文がいる。梁の武帝は『立神明成仏義記』を著し神不滅に基づく成仏の理を説くと共に，『大梁皇帝勅して臣下の神滅論に答う』を発表した。沈約も『神不滅義』を著した。なお神不滅論は死後の霊魂の存在をみとめる論であり，そこには，一切の現象的な存在は瞬間(刹那)ごとに生滅すると考えるインド仏教本来の刹那滅論と合致しない点もある。また神滅論のうち何承天説には，死後は霊妙なる精神だけの存在となるという考えがみら

れ，それは輪廻転生を否定する点で仏教説と大きく袂を分かつのであるが，范縝の神滅論とも同じでない点が注意される。神滅・不滅の論争は体用説の形成とも密接に関係する。　　　　　　（船山　徹）

じんめんとうか【人面桃花】　美人の顔と桃の花。晩唐の孟棨『本事詩』「情感」の逸話にみえる言葉。進士に失敗した崔護は桃花の下で娘を見初める。しばらくしてまた訪ねるが会えず，崔護は「去年今日此の門の中，人面桃花相紅を映ず，人面祇だ今何処にか去る，桃花旧に依り春風を笑う」と題詩して去る。それをみた娘は崔護を思うあまりに病に倒れ命を落とすが，再び崔護が来て蘇る。「人面桃花」は，現代でも欧陽予倩の京劇の脚本などに使われている。　　　　　　　　　（中　純子）

しんやく【沈約】　441(元嘉18)〜513(天監12)。南朝の文人・政治家。呉興武康(浙江省)の人。字は休文，諡は隠公。宋・斉・梁の三代に仕えた。武門の出身でありながら，そのたぐいまれな文才ゆえに，位は尚書令にまで昇った。父の璞は，淮南(江蘇省)太守であったが，元嘉(424-453)の末に誅せられたため，幼くして身を隠し流寓孤貧の身の上となる。幼い頃から学問に篤く励み，母は，彼が勉強のし過ぎで病気になるのを心配し，しばしば灯りの油を減らして火を消させたとの逸話が残る。

宋に奉朝請として仕官，のち，荊州(湖北省)刺史となる。斉初において，文恵太子のもとで太子家令となり，中書郎・黄門侍郎などを歴任した。また，蕭衍が梁の武帝として即位した際には，彼は，范雲とともに斉の禅譲を承けるよう勧進した建国第一の功臣であり，尚書左僕射の位に昇った。光禄侍中・少傅の官に在任のまま，73歳で没した。

彼は，竟陵王蕭子良の文学サロンの中心メンバーたる竟陵八友の1人に数えられ，当時の文壇に大きな影響力をもったことでも知られる。声律を重んじた永明体詩の創始者として，またその理論化である四声八病説の提唱者として知られる。文字における声調の区別を明確に論じ，それを詩文の声律へと理論化した。

彼自身は，四声の妙義を古今を通じて唯一会得したと極めて得意であったとされ，いまは伝わらない『四声譜』を「入神の作」と自負していたというが，武帝はその説を好まず，その同好の士周捨に「四声とは何だ」と尋ね，捨の「天子聖哲(平上去入に配列)がそれです」という答えにも，ついに用いようとしなかったとされる。

また，史家として編纂した『宋書』には「謝霊運伝論」「隠逸伝序」を始め，彼自身の筆になる文学観や隠逸思想の表明が随所に窺える。

『隋書』経籍志には「梁特進沈約集一百一巻并録」が著録される。梁書13　　　　　　（木津　祐子）

しんよう【晋陽】　現在の山西省太原市。汾水(汾河)の東西岸の都市。晋陽は古く春秋時代に晋の邑として登場し，戦国時代には趙の都が置かれた。漢から唐まで，隋代に太原郡が廃された一時期を除いて，県として太原郡に属した。唐代には汾水を挟んで晋陽・太原両県が並存した。その後両県は廃止されるが，その旧地は太原府に属した。

晋陽は戦国時代以来，山西地方の政治・経済・文化の中心地として発展し，軍事上の要衝たる地位も占めた。戦国時代には趙の国都が置かれ，南北朝時代には東魏・北斉の副都として機能した。唐代には高祖李淵挙兵の地として「北都」という地位を与えられるとともに，突厥・ウイグルの南侵に備えて河東節度使が設けられた。

晋陽には，その周囲も含めて，今日多数の文物・古跡が残っている。たとえば，大原市南西郊外には，北宋代の遺構である晋祠聖母殿や，東魏から唐代まで刻まれた天龍山石窟がある。　（長部　悦弘）

しんよう【瀋陽】　中国遼寧省の省都。遼寧省の南部地域は，古くから漢人居住地域の北限となっていた。その間この地域の中心は，南の遼陽にあって，瀋陽は一小都市にすぎなかった。瀋陽が大きく発展をとげるのは，17世紀になってからである。ヌルハチ(清の太祖)は明の遼東地方(遼寧省)を占領すると，遼陽に都を定めたが，国内の状況が不安定なうえに，明軍の反撃も強力であったので，東京城をへて1625(天命10)年には安全な瀋陽に都を遷した。それ以来2代20年間，瀋陽は後金(清)の首都として発展し，1634(天聡8)年からは盛京と称した。1644(順治元)年に都が北京に遷ってからは，陪都として重視された。当時の都市プランは，1982年に発見された『盛京城闕図』からうかがうことができる。現在市内に残る瀋陽故宮は清初の宮殿であり，福陵(東陵)と昭陵(北陵)は，それぞれヌルハチとホンタイジ(太宗)の陵墓である。　（松浦　茂）

しんようこきゅう【瀋陽故宮】　清の太祖ヌルハチ，太宗ホンタイジが創建した宮殿。

後金1625(天命10)年にヌルハチは東京(現遼陽)から瀋陽へ遷都し，盛京と命名した。1626(同11)年に朝政空間である大政殿と十王亭が竣工し，その年にヌルハチがなくなるが，次に即位した太宗が引き続き中心部分の大清門・崇政殿・鳳凰楼・清寧宮の建築群を竣工させた。1636(崇徳元)年に太宗が崇政殿で，国号を「清」，民族名を女直から「満洲」に改称することを宣告した。

大政殿は八角亭式の重層宝頂造である。その前には，左右2列に左翼王亭・右翼王亭とその管轄下の八旗王亭が八の形に開いて配置された。宮殿建築には特異な八角亭造は，遊牧社会におけるハーンの天幕や平面の様式に由来する。崇政殿は間口5間の単層硬山建築で，その前後廊にチベット式方柱が使われており，架構全体で全く斗栱を使わない。屋根の琉璃瓦は，黄をメインに緑で縁取る。鳳凰楼は，間口，奥行き共に5間の3層入母屋造で，寝宮群の入り口となる。5つの寝宮は3.8mの高台に位置し，朝政空間よりも高く配置されるのは中国内地の宮殿と正反対であり，満洲人が山城に住んでいた名残と思われる。　　　　　　　　　　　　（包　慕萍）

しんようちょうだいかんそぼ【信陽長台関楚墓】　河南省信陽北方20kmの長台関で1957～58年，2基の竪穴式木槨墓が発掘された。ともに戦国中期墓かとされている大型楚墓で，保存状態のよい1号墓は905件，2号墓は414件の遺物を出土した。1号墓の墓坑は14.5m×12.3m，深さ10.35m。東に12mの墓道を開いている。方形の槨室の内部は7室に区画されており，中央主室に木棺が安置され，前室には編鐘・瑟などの楽器と竹簡類，北側室に車馬具，南側室に漆器類，後中室には鎮墓獣，後北室と後南室に生活用具などが随葬されていた。竹簡は「竹書」の他「遺策(副葬品の目録)」がある。このうち鹿角・大眼・長舌・銜蛇状の奇怪な木彫大型鎮墓獣は殊に有名。瑟には射猟，舞踏，宴飲などのほか仙人，神怪等の彩色漆画が描かれており，楚人の生活や信仰の一端を垣間みせている。出土遺物は河南省文物研究所に保管されている。なお，この楚墓群の北には楚の末期，頃襄王が臨時の国都とした城陽城址がある。　　　　　　　　　　　　（吉村　苣子）

じんようびわ【潯陽琵琶】　→夕陽簫鼓

しんようめいしょ【沁陽盟書】　河南省温県沁陽で出土した石製の盟書。温県盟書とも呼ばれる。侯馬盟書がほぼ朱書されていたのと違って，この盟書はすべて墨書されていた。時期は侯馬盟書と同じである。字句内容からは盟誓の主体はわからないが，出土地から，晋の韓氏の作成したものだろうと推定されている。主に仕え賊徒と盟誓を行わないことを誓っている。このころの晋国は，山西から河南にかけてを勢力圏とする大国であった。晋国の有力者は，新たに支配するにいたった都市を与えられ，しだいにそれを県として統治するにいたる。前5世紀はじめ，晋国の有力者知氏・趙氏・韓氏・魏氏・范氏・中行氏のうち，范氏・中行氏が国外に追われた。沁陽一帯は，これら有力者のうち，韓氏の勢力圏下にあった。侯馬盟書と同じ神格を記して誓いをたてている。この共通の神格の存在が，趙氏・韓氏など有力者を晋という一国につなぎとめる役割を果たしていたようだ。　　　　　（平勢　隆郎）

じんよく【人欲】　→天理人欲

しんらくいせき【新楽遺跡】　遼寧省瀋陽市にある集落遺跡。紀元前5000年頃の下層文化と紀元前1000年頃の上層文化がある。新楽下層文化は遼西から遼東に広がる連続弧線文土器文化群の一つである。住居は方形の半地下式住居で，大型と小型からなる。石器にはすりうすや石刃製の鏃がある。栽培されていた可能性のある炭化した黍が出ている。上層文化は遼西の夏家店上層文化と類似する初期青銅器文化。袋足の鬲が特徴的である。現地に博物館があり，遺跡も公開されている。
　　　　　　　　　　　　　　　　（大貫　静夫）

しんらん【甄鸞】　生没年不詳。北朝北周の数学者。中山無極(河北省)の人。字は叔遵。『九章算術』『周髀算経』『孫子算経』等に注釈を施し，『五経算術』『五曹算経』『数術記遺』を著したとされる。それらは，李淳風等注釈『算経十書(十部算経)』に収められて後世に伝えられた。玉尺などの度量衡の研究を行い，暦学にも通じた。北周の武帝時に天和暦を造り，566(天和元)年より施行された。なお，仏教を深く奉信し，道教を批判する『笑道論』を著し，道仏論争を巻き起こしたことでも知られている。　　　　　　　　（武田　時昌）

しんりつ【秦律】　秦代に行われた成文法規の一つ。法体系の中核を占める。文献史料は魏の法経六篇が商鞅によって秦に導入されて六律(盗律・賊律・囚律・捕律・雑律・具律)となり，さらにこれが漢にも受け継がれ，興・厩・戸律の三篇を加えて九章律を形成したとする。従来秦律は断片的な条文が伝わるのみだったが，1975年湖北省の睡虎地秦墓より秦律を記した竹簡が大量に出土し，その具体像が知られるようになった。そこに見える律の名称は金布律・田律など，すべて商鞅六律の篇名とは重ならないもので，これにより秦律は6種以外にも多くの篇目・条文を持っていたことが判明した。その内容は刑罰規定のみならず行政上の制度規定をも含み，様々な王の命令書が抄録のうえ分類・整理されたものと考えられる。睡虎地秦律や四川省青川県より出土した秦の為田律に類似する律文が湖北省張家山から出土した漢律にも見え，秦律から漢律への継承関係は出土史料からも明らかとなっている。　　　　　　　　　　　　　　　（宮宅　潔）

しんりつ【清律】 清朝の刑法典。清律は明律を継承して成立した。総則規定の名例と各則の吏・戸・礼・兵・刑・工律に分かれ、後者の下に更に篇目を立てるという構成をとる。律を六部に則して編成するという発想は唐律にはなく、明律において確立された。これは刑法の根本に行政的発想がある、逆にいえば行政法が刑法的に表現されていることを意味している。そのため乾隆期(1736-95)以降、各部の行政規則である則例が自立してくると、清律は真に刑法的な刑律を中心に発展していくことになる。その法的思惟は精緻を極め、注釈・判例・学術研究書などに展開されたが、これは同時に、基本法典である律が条例・判例などの副次的法源にとってかわられる過程でもあった。著名な注釈・研究書に、王明徳『読律佩觿』、沈之奇『大清律輯註』、呉壇『大清律例通考』、薛允升『読例存疑』がある。なお明清律は、江戸時代の藩法に影響を及ぼしている。 (谷井 俊仁)

しんりょう【秦量】 秦の全国統一にともない、商鞅の変法に由来する秦国の容量の基準を、青銅製や陶製の量器に作って各地に配布したもの。1升・2升・2升半・参(3分の1斗)・4升・半(2分の1斗)・1斗などの各種があり、実測では1升200ml前後を基準としていた。銅量には方形と楕円形のものがあり、単柄が付く。度量衡に関する始皇帝26年(前221)の詔書を篆書で刻したものと、それに二世皇帝元年(前209)の詔書を加えたものがある。上海博物館蔵の著名な商鞅方升は、商鞅が大良造(丞相に相当)の任にあった秦の孝公18年(前344)の作器で、後に始皇帝26年の詔書が加えられた量器である。 (西江 清高)

しんりょうくん【信陵君】 ?～前243。戦国時代魏国の公子。安釐王(前276～前243)の異母弟。名は無忌。安釐王即位後、信陵君に封ぜられた。食客3000を養い、大梁(河南省)夷門の門番侯嬴や屠畜者朱亥と交際した。斉の孟嘗君・趙の平原君・楚の春申君とともに戦国四君と称される。前257年、秦が趙都邯鄲(河北省)を包囲すると、信陵君の姉婿たる平原君が魏に援軍を求めた。魏王は将軍晋鄙を出動させたが、秦の脅迫に屈し、軍を国境に留めた。魏王の寵姫如姫は信陵君に父の復仇を果たしてもらった恩に報いて虎符を盗み、信陵君はそれを使い王命を偽り晋鄙に進撃を命じた。なお肯んぜぬ晋鄙を殺し、軍を奪って邯鄲救援に成功したが、魏王の怒りを慮り趙にとどまった。10年後帰国し、前247年、5国連合軍を率いて秦将蒙驁を撃退したが、秦の諜略で魏王に冷遇され、酒に溺れて病死した。信陵君を敬慕した漢の高祖は、前195年、守冢(墓守)5家を置いた。漢代には『魏公子兵法』が流布した。史記77 (吉本 道雅)

しんれい【秦嶺】 中国中部を東西に貫く崑崙山脈の支脈で、西は甘粛省東部から東は河南省西部にまで連なる断層山脈である。延長1500km以上、平均海抜高度は2000～3000mで、最高峰は太白山(3767m)。『詩経』にみえる終南山・玉泉山などの山峰がある。北側は急峻な断層で深く落ち込んでおり、雄大な山容を呈している。古来、渭水盆地では「南山」と称し、山間部は横谷が多く、南北交通の要路となり「九州の名阻、天下の険峻」といわれた。南宋と金が南北に対立した時代には、秦嶺は国境線でもあった。

秦嶺は黄河流域(渭水)と長江流域(漢江)の分水嶺であり、暖温帯と亜熱帯を区分し、年間降水量800mmの等雨量線と最寒月平均気温0℃の等温線が通る気候上の分界線でもある。また東の淮河とともに形成する秦嶺・淮河線は、北の畑作と南の稲作の境界線になっていた。山中には、トキ、ジャイアントパンダ、キンシコウなど独特の稀少動物が生息し、ヤクタネゴヨウマツなどの独特の植物なども見られる。 (林 和生)

しんれいいぎょうず【真霊位業図】 道教の経典。1巻。南朝梁の陶弘景の編纂、唐の閭丘方遠の校定とされる。本書は真霊(神仙)の階位を7位に分けてランクづけしたもので、『漢書』古今人表と同様の発想に基づく。各位階はさらに中位・左位・右位の3位に分けられ、これに女真位と散位が付加される場合がある。第1位には、虚皇道君(元始天尊)を中位とする玉清境の諸神が連ねられ、以下冥界を治める酆都北陰大帝を主神とする第7位にいたる。全体を7位に区分するのは、「7」こそ数理の神秘を象徴する数であるという(『真誥』翼真検篇)陶弘景の名数観念の反映と考えられる。また、本書に収録された真霊の多くが、『真誥』『元始上真衆仙記』『周氏冥通記』などに見えるものであること、下位の真霊の多くは正史にもその名が見えない無名の人物であることは、江南の寒門層を主要な支持母体とする茅山派道教の真霊体系を伝えるものであることを示している。 (麥谷 邦夫)

しんろうふどき【真臘風土記】 13世紀末のカンボジア(真臘)に関する中国書。1巻。元の周達観撰。撰者については不明の点が多いが、本書は彼が1296年に元の使節にしたがって真臘に至り、翌年帰国した後に滞在中の見聞を記したもの。40項目にわたり真臘の政治・風俗・物産などを詳しく記しており、アンコール朝盛時のカンボジアに関する

しんろん【新論】 *桓譚の著書。もと29篇で構成されていたが、早くに散佚して、孫馮翼輯本と厳可均輯本によって断片記載が伝えられ、安徽大学中文系《桓譚新論》校注小組によって厳可均輯本の修正がなされている(上海人民出版社、1976年)。この書は、『春秋』と同じ執筆意図を有すると自負し、*劉向『新序』・*陸賈『新語』に着目して作られたものという。断片記載から窺えるその所論は、王覇論・賢輔登用論・讖緯批判・形神論・経書論・神仙説批判など多岐にわたる。王充に与えた思想的影響は大きい。

(井ノ口 哲也)

しんわい【秦淮】 江蘇省南京市の南をめぐり流れて長江にそそぐ、全長約100kmの川の名。古くは淮水と呼ばれたが、唐の杜牧『秦淮に泊す』詩の愛唱後、秦始皇帝開鑿伝説による秦淮の名が広く流布した。六朝期、都の交通・運輸の中心となり、両岸は繁華な地となる。南京が首都、ついで副都となった明代、秦淮河の両岸には妓楼が林立し、画舫(遊覧船)の浮かぶ狭斜の巷となる。清初、銭謙益や王士禛らは、当地で明の滅亡を悼む詩を詠んだ。

(植木 久行)

す

ずい【隋】 581(開皇元)〜619(皇泰2)。中国の王朝。都は長安・洛陽。北朝北周の有力武将で、宣帝の后妃の父であった楊堅(文帝)が、581年北周の譲りを受ける形で建国。名称は楊堅の北周時代の爵位である随国公に由来するが、辶が除かれた理由は不明。文帝は即位後ただちに従来の長安の近くに広大な都城を新設、大興城と名づけて首都とし(唐の長安城)、開皇律令の編纂を進めた。また府兵制を継承・拡充して中央の指揮権を強化するとともに、三省六部制を確立するなど中央官制を整備した。一方で地方制度の大改革を断行、従来の州——郡——県の3段階制が、州の細分化によって過度の重複が生じていたのを、郡を廃止して機構を簡素化し、冗官を整理し、地方官の辟召(現地任用)を廃止して中央派遣に改めた。また九品官人法を廃止して科挙制度を創始したとされるが、科挙の起源については異説もある。いずれにせよ、これらの施策は地方官庁を拠点としていた門閥貴族に打撃を与え、その首都周辺への移住、官僚貴族への転身を促した。一方対外的には北方の強国である突厥に対しさまざまな離間工作を行って東西に分裂させ、東突厥は隋に臣と称するに至った。以上のような中央集権政策により国力を蓄積した隋は、587(開皇7)年に後梁を併合、589(同9)年には南朝の陳を滅ぼして南北朝時代に終止符を打った。なお宗教面では北周武帝の廃仏で打撃を受けた仏教・道教を復興し、とくに仏教については仁寿年間(601-604)に全国の要地にある111か寺に舎利塔を建設するなど、保護するとともに統治に利用したが、これは複数の王朝を統合した隋では仏教が人心収攬に有効であったからであるともいわれる。文帝の死後即位したのは、長子の楊勇に代わって皇太子となっていた次子の楊広(煬帝)で、即位後ただちに洛陽に新たな都城(東都)を建設し、長城を修築するとともに、北は涿郡(北京付近)から南は杭州に至る長大な大運河(永済渠・通済渠・山陽瀆〔邗溝とも〕・江南河)の開削に着手した。また大業律令を編纂し、官制を改革し、府兵制を拡充するなど、前代以来の中央集権体制を一段と推し進めた。対外的にも積極策をとり、突厥の啓民可汗を臣従させ、林邑・流求(台湾と考えられる)を討ち、吐谷渾へ親征して西域諸国を朝貢させ、倭国(日本)も数回にわたって朝貢の使者(遣隋使)を派遣した。しかし相次ぐ大規模な土木事業と戦役は民衆の疲弊を招き、612(大業8)年以降3度にわたる高句麗遠征が失敗すると全国で反乱が続発、煬帝は江都揚州に逃れた。群雄割拠の状況の中、太原を守っていた李淵が617年に長安を占拠、煬帝を太上皇として孫の楊侑を擁立し(恭帝)、翌年煬帝が揚州で近衛兵に殺害されると恭帝の譲りを受けて即位し、唐を建てた。また洛陽でも煬帝の孫楊侗(やはり恭帝)が官僚たちに擁立されて即位したが、619年王世充に譲位したあと殺され、ここに隋は完全に滅亡した。なお時代の名称としては陳の滅亡(589年)から唐の成立(618年)までを指すのが

普通である。　　　　　　　　（浅見　直一郎）

すいいじょう【酔怡情】　崑曲の脚本集。正式名称は『新刻出像点板時尚崑腔雑曲酔怡情』。8巻。明末の菰蘆釣叟編。元明の雑劇や戯曲作品から166の幕を選び収めている。そのほとんどが明末当時の舞台で演じられ人気のあった作品であった。
　　　　　　　　　　　　　　　（氷上　正）

すいうんぎしょうだい【水運儀象台】　宋の天文台兼時計台。北宋の蘇頌が発案し、韓公廉に設計させて、1092(元祐7)年に都の汴京(開封)に完成した。屋上に渾儀を据え、その下の階に渾象、さらにその下に、5層の「木閣」の窓に人形が時刻札を持って現れたり、鉦や太鼓を鳴らしたりする報時装置と、これらを動かし渾儀・渾象を回転させる水力駆動装置を置いた。速度を一定に保つための世界初の脱進装置を有した。南宋の1127(建炎元)年、金軍によって破壊された。　（宮島　一彦）

ずいえんしょくたん【随園食単】　清代中期の文人袁枚が著した料理解説書。随園は袁枚の号。全体を14の項目に分け、1・2は全般的な心得、3～12は海産物、川魚、豚肉、牛・羊、鳥、鱗のある魚、ない魚、精進もの、あしらいもの、スナックなど、材料による分類で、326種の料理におよぶ。13は飯と粥、14は茶と酒。袁枚は上司や友人の家などで珍味に出会うと、そこのコックに頼んで料理法のメモをもらったり、自宅のコックを派遣して弟子入りさせた。記録の始まりは35歳ごろと思われ、「四十年来、頗る衆くの美きを集めて」(自序)、77歳の1792(乾隆57)年に出版された。
　　　　　　　　　　　　　　　（松村　昂）

ずいえんしわ【随園詩話】　清代中期の詩人袁枚(号は随園)が著した、詩に関する評論・雑記。正編16巻・補遺10巻、あわせて約2000の文章から成る。『詩経』から明代までの詩人や作品についての評論、また清代では「神韻説」の王士禛や「格調説」の沈徳潜に対する批判など、詩話本来の性質をもつほかに、1700人以上の同時代の詩家を登場させるところに、この詩話の特長がある。その中には、それまで作詩に縁の薄かった妻妾や妓女、満洲人や蒙古人、あるいは商人や職工なども数多くみられ、詩界の大衆化といった現象をうかがい知ることができる。執筆開始は60歳以降と思われ、死の直前まで書き続けられた。袁枚自身の生涯を知るうえでも貴重な資料である。中国では毛沢東の枕頭書であったとされ、郭沫若には読書ノートがある。日本でも江戸時代に山本北山に愛好され、明治では永井荷風の愛読書であった。　（松村　昂）

すいえんせいどうき【綏遠青銅器】　→オルドス青銅器

すいおうだんろく【酔翁談録】　説話の話柄集。仙台藩伊達家の観瀾閣から発見された、おそらく元初の福建建安の刊本で、現在天理図書館に蔵される。他に所蔵を知らない。10集各2巻あわせて20巻からなるが、甲集巻1舌耕叙引の「演史講経並びに通用すべし」と題下に注される「小説引子」及び「小説開闢」の存在で名高い。「小説引子」は小説に代表される説話の淵源を論じたもの、「小説開闢」は小説人の会得すべき基本文献をあげ、なおかつ霊怪・煙粉・伝奇・公案・朴刀・捍(桿)棒・神仙・妖術の8ジャンルに分け100余の小説の演目をあげたものである。なお、この2篇以外は説話人が実際に語っていたと思われる話柄や詩を、私情公案・煙粉歓合・婦人題詠などに分け、文語で簡潔に記したもので、『緑窓新話』とともに説話人の底本だったとみられている。編者は盧陵(江西省)の羅燁とされるが、具体的な経歴などは明らかでない。　　　　　　　　　（大塚　秀高）

ずいかきょう【瑞花鏡】　吉祥を表す瑞花、宝相華・蓮華・牡丹などの文様を配した鏡。唐初に盛行した団花鏡、盛唐とそれ以降に流行する宝相花鏡・花枝鏡、中唐以降に出現した亜字形花葉文鏡がある。団花鏡は円形で、内区に団花文が6つ、外区に銘帯がある。葵花形の宝相花鏡は鈕座の外に2種の宝相華文が交互に6つ或いは8つ配されている。菱花形の宝相花鏡には花弁が放射状に広がるものや、瑞花文を6つ或いは8つ配するものがある。花枝鏡は6本または8本の花枝を環状に配するもの、鈕の周りの蔓枝から8つの瑞花がのびるものなどがある。また、宋代には亜字形の花草鏡が盛行し、金代には円形の菊花鏡、元代には円形の牡丹文鏡がある。　　　　　　　　　　（黄　名時）

ずいかんろく【随函録】　五代の仏典音義。正式名称を『新集蔵経音義随函録』という。30巻。940(天福5)年成書。後晋の可洪撰。河中府(山西省蒲州)の方山延祚寺蔵経を底本としつつ、諸寺の蔵経を調査し、付属の経音を利用する一方で、先行各師の経音も広く参考した。写本の一切経(大蔵経)が通行していた時代の掉尾を飾る音義書で、蔵経間で異なる異体字を多数収録しており、字体変遷史の資料として重要である。高麗蔵に付録して通行したために、今日まで伝来した。断片は敦煌写本の中にも発見され、北方ではかなり広く用いられたらしい

が，南方には普及しなかった。同時期に江南で行われた一切経音義に行瑫の『内典随函音疏』(一部現存)がある。
(高田　時雄)

ずいきょう【隋鏡】　六朝末～隋代に作られた鏡。隋はわずか38年で滅んだため，鏡の種類は限られる。円形のほか，少数ながら方形の鏡もある。界圏(境界をなす円圏)を用い，区画に分けて文様を配し，方格やV字形が置かれる。連珠文や四葉文の鈕座が用いられ，半球鈕は唐鏡よりやや大きい。素縁の内側に鋸歯文を飾ることが多い。主文様は写実的な浮き彫りの神獣・瑞獣を主とし，対称を重んじ，獣形文を4方向に配置するものが多い。銘文帯には楷書体で吉祥を表す4文字の詩句が配され，隋の年号の「仁寿」を鋳出した鏡も見られる。いずれも漢魏以来の伝統的要素を強く残すが，唐鏡の先駆をなす様式もそなえている。特徴として鏡体が厚手・大型で銀白色を呈するものが多く，風格が一変した。直径33cmの鏡もある。隋の開皇3(583)年墓と大業4(608)年墓から十二支唐草文鏡が出土しており，これは外区の12の枠に区画された十二支文に最も特色がある。また，四神十二支文鏡や*四神鏡があるほか，大業7(611)年墓からは外区に銘帯をもつ方格四獣鏡が出土している。
(黄　名時)

ずいぎょく【瑞玉】　瑞玉とは，臣下となる者に権威の象徴として上位の者が下賜した*玉器を指す。代表的な瑞玉として，圭が挙げられる。一説によると，瑞玉は単なる財貨とは異なり，本来よりしろとして神を招き降ろし，祭祀・政治・軍事を執り行うために欠かせない器物であった。また『尚書大伝』などによると周代には，諸侯に授与された瑞玉は，代替わりなどのたびに持参して，天子の手元に残したものと合わせた。その際，諸侯の行いに過失がなければ天子は瑞玉を返却し，過失があれば返さなかったとある。すなわち，それは任命の保留あるいは否定を意味し，諸侯にとっては権威を剥奪されるに等しかった。以上は古文献の記載によって知られる内容であるが，山西省の侯馬盟誓遺跡から出土した圭など，瑞玉と推定される考古学遺物が，おもに春秋～戦国時代の遺跡で見つかっている。龍山文化期から西周時代にかけての璋を，瑞玉の先駆けとみなす説もある。
(川村　佳男)

すいぎん【水銀】　化学元素の1つ。元素記号Hg，原子番号80，密度13.546g/cm³(20℃)。融点-38.8℃。沸点356.6℃。常温で液体状態の金属である。近代では熱による膨張率が大きいことから，温度計に利用された。神経を冒す猛毒であることを人類は早くから理解していたと思われる。水銀は天然鉱物である辰砂(HgS)を原料として，得られる。水銀を各種金属と混ぜると，アマルガムと呼ばれる液体状態の合金となる。加える金属の量が多くなれば柔らかいペースト状の塊となる。金の粉を溶かした金アマルガムを銅表面に塗布し，水銀を加熱飛散させて金を残し，磨き上げる技法は鍍金と称され，中国で戦国時代には利用されていた。この他に銀，錫，鉛とのアマルガム合金が歴史時代に利用された。

古くから赤い顔料の1つである朱(HgS)の構成要素として認識されていた。また白色顔料(甘汞：Hg_2Cl_2，昇汞：$HgCl_2$)の1つとしても利用されたが，いつ頃から使われ始めたかは定かでない。
(平尾　良光)

すいけいしん【睢景臣】　生没年不詳。元の散曲作家。字は嘉賓。また天一閣本『*録鬼簿』は名を舜臣とする。『録鬼簿』に著者鍾嗣成の知人と記されていることから，元代後期の人と思われる。事跡も揚州から杭州に移住したこと以外は不明である。作品も雑劇3篇はすべて佚し，散曲3篇が伝わるのみである。代表作『高祖還郷』は，朴訥な農民の目を通して漢の高祖劉邦の帰郷を描くことにより，権力者を痛烈に風刺したもので，揚州におけるこの題による散曲の競作にあたり，その「新奇」さにより他を圧倒したと伝えられる。また，演劇資料としても興味深い『詠鼓』という作品を残した睢玄明という散曲作家を，睢景臣と同一人物と見なす説もある。
(小松　謙)

すいけいちゅう【水経注】　北朝北魏の地理書。40巻。北魏の*酈道元の著作。もともと『水経』という著作があり，それをもとに酈道元が注というかたちで，みずからの豊富な地理的知識を加えて，河川ごとの沿岸地誌にしあげたもので，中国の地理書の中で独特の地位を占める。『水経』は後漢の桑欽や晋の*郭璞の著述といわれるが，はっきりしない。内容から後漢から三国・西晋のころのものと考えられる。『水経』の本文はきわめて単純なもので，酈道元によって増補された記事はとりあげた河川の数でも10倍ほどあり，それ以外にも関連する湖水や井水にも言及している。それには当時の地理的情況や，河流が経由する地域の沿革，歴史的事件，あるいは神話や伝承などが記されており，南北朝以前の地域研究資料の宝庫である。酈道元は范陽(河北省)の生まれで，5世紀末から北魏の官界で活躍したが，地方官を歴任した期間も長く，その間にたくわえた地理的知識が『水経注』をつくる基盤になっていると考えられる。引用文献も400余種の多数に

のぼり，また当時の金石資料も利用している。その中には現在伝わらないものも多く，歴史地理学のみならず，文学・史学各分野から重視されてきた古典である。『水経注』をめぐる研究はとくに酈学と呼ばれて，古典研究の中で独特の分野を形成してきた。

本書はもと40巻であったのが，北宋初に既に5巻を失っており，現行本の40巻の体裁は後人の編集による。また経と注との錯綜も多く，『水経注』の研究は，まず文献学的精査が必要で，とくに清朝考証学において，諸本の精密な比較校訂や失われた本文の探求が行われた。代表的な成果としては，明の朱謀㙔『水経注箋』，清の全祖望『七校水経注』・趙一清『水経注釈』・戴震『水経注武英殿聚珍本』・王先謙『合校水経注』などがあるが，清末の歴史地理学者・考証学者として高名な楊守敬とその高弟熊会貞が，民国になってから完成した『水経注疏』は，明清の考証学者の成果をすべて取り入れた『水経注』本文研究の定本として評価されている。最近では，陳橋駅が多くの詳細な研究を発表している。

（秋山　元秀）

すいげつかんのん【水月観音】　観音菩薩像の一形式。補陀落山（『華厳経』入法界品等に説かれる観音の住処）の景観（水・岩・植物等を配する）の中に，くつろいだ姿態で坐す観音を表す。唐の画家周昉が8世紀後半頃に創案した「水月の体」の画像が起源とされる（『歴代名画記』）。ただし「水月」の呼称は，仏菩薩が姿を現す際の様子を比喩的に示す語に由来し，美術表現と直接関わる用語に基づいている訳ではない。その図像・信仰は仏身（仏の存在のあり方）をめぐる議論の隆盛や，四十巻本『華厳経』の重視を背景として，唐代に形成されたとみられる。

（稲本　泰生）

すいげつかんのんぞう【水月観音像】　中唐の周昉が創始した仏画の主題で彫像もある。『華厳経』入法界品の説話が典拠。善財童子が補陀洛山（普陀山）を訪れて観音菩薩と対面するようすをあらわす。水月とは，水に映し出される月の光に，衆生を摂化救済する観音の無限の働きを譬えたもの。敦煌や朝鮮の高麗時代の仏画に多くの作例がある。周昉の作では身体をとりまく大円相をともない竹が描かれていたと伝え（張彦遠『歴代名画記』），10世紀の敦煌の作例にその原型をみる。80巻本『華厳経』では，補陀洛山の岩谷で，泉流が輝映し樹林が鬱蒼とする中に，観音が金剛宝石上に結跏趺坐しているとするが，一連の作例にみられる竹林・月・大円相等のモチーフや半跏趺坐の形姿について，経典上の典拠は判明していない。朱景玄『唐朝名画録』によれば，800年を前後する頃，中国を訪れた新羅人が淮南で周昉の作品を購入して帰国したと伝え，それが高麗の水月観音の源流となった。

（井手　誠之輔）

すいけんろく【吹剣録】　宋代の筆記。著者は南宋の兪文豹，字は文蔚，括蒼（浙江省）の人。淳祐3(1243)年の序をもち，それによれば40年の間，世間をさすらった末に引退閑居し，筆にまかせて書き記したものだという。内容は歴代の朝野の異聞や詩話などの類であるが，特にまとまった叙述はない。ただ三国時代の諸葛亮をめぐる著者の兄（文龍）の議論を紹介している一節は，南宋時代の魏を否定し蜀を評価する機運とともに，「忠義」の問題に一石を投じていて興味深い。

（岡本　不二明）

すいこう【吹腔】　安徽省南部で形成された伝統演劇音楽の一つ。明末に弋陽腔から変化した四平腔を起源とする。近代以来多くの地方劇で使われ，樅陽腔・石牌腔ともいわれるが，京劇・徽劇等では吹腔と呼ぶ。吹腔は笛子（横笛）を伴奏に使い，歌われる詞は大体が7字句か10字句で，完全な対句によって段構成される。板式（リズムによる構成形式）には導板・正板・畳板等がある。京劇の『奇双会』（『販馬記』）は吹腔を用いた代表演目である。

（孫　玄齢）

すいごうこちん【水郷古鎮】　長江下流の江南地方は，大小無数の湖沼が点在し，その間を水路が縦横に巡って地域を組み立てている。そこには舟運を主とし，建物が水路に沿って並ぶ歴史的な水郷都市が多くある。なかでも蘇州や杭州は，ひときわ輝かしい歴史を誇る都市としてよく知られている。そして，その周辺には，マーケットタウンとしての役割を果たす小さな水のまちが数多く点在している。こうしたまちは，行政区画とはまったく別の系統として扱われ，郷村内の商業的密集集落そのものの名称として鎮と呼ばれ，南宋にはじまり明末清初にその数を増す。蘇州や杭州が城壁で囲まれた中に水路を巡らした都市であるのに対し，これらの水郷古鎮は城壁を持たない。

一面に水の広がる特異な自然環境のもとで，江南の人々は，居住や生産には適さない湿地帯に排水のための水路網を整備して水害を防ぎ，水運・生活用水・防御などさまざまな面でその水を積極的に利用しながら，水と密接に結び付く独特の方法によるまちづくりを成し遂げた。そこでは，住宅から店舗・市場・公共施設に至るまで，その大部分が水路に面し，環境に適応した他に類例のない個性的な都市空間をつくりあげている。

とくに，蘇州近郊の周荘鎮や同里鎮では，いまだに車が旧市街に入ることができず，水辺を中心とした生活文化を保持している。これら水郷古鎮の多くは，明末清初の水路の再整備によって現在のまちの骨格がかたちづくられ，中央を貫く主要な水路に沿って商業地，その周辺に住宅地が形成され，さらに周縁地に寺廟や倉庫，防御施設などが置かれるという共通した特徴を持つ。一般に，住宅や店舗は，水路側に出入口を持ち，間口方向が狭く，複数の中庭を間に挟みながら奥に長く伸びる。また，市場，社交の場である茶館，舞台を持つ寺廟や会館などの重要な施設も水路沿いに存在し，水辺に華やいだ雰囲気を持つ個性的なまちがつくりだされた。

(高村 雅彦)

ずいこうじとう【瑞光寺塔】 江蘇省蘇州市瑞光寺にある八角七重の磚築木架構の仏塔。瑞光寺は三国呉の241(赤烏4)年創建と伝えるが，現在の塔は，北宋の1004(景徳元)年から1030(天聖8)年頃にかけて建立され，以後，幾度かの改修を経て，今日に至っている。1978年の調査の際に，第3層の塔心部から，舎利，宝塔，仏像，写経，金銀・陶磁・木漆器(螺鈿ほか)，染色品など，五代から北宋初期の制作とみられる多彩な納入品が発見され，注目を集めた。 (松本 伸之)

すいここうでん【水滸後伝】 明末清初の白話小説。全40回。「古宋遺民著」と題されているが，陳忱の作。『水滸伝』の続編の一つ。梁山泊の豪傑たちの多くが亡くなり，生き残った李俊・李応・孫立・阮小七・孫新・顧大嫂らが，仲間の危機を救い，また宋のために活躍する。しかし彼らの活躍にもかかわらず，宋は金に敗れ南遷する。彼らは海を渡り蛮国を乗っ取って李俊が国王となり，南宋王朝を助ける，といった内容である。

(上野 隆三)

すいこでん【水滸伝】 明の白話章回小説。作者は施耐庵，あるいは羅貫中，あるいは二人の共作など諸説ある。北宋末期，宋江を首領とする天罡星36名，地煞星72名，計108名の豪傑たちが梁山泊(山東省西南部にあった大沼沢。北宋の頃には盗賊などの巣窟であったともいう)に集い，様々な武勇伝を展開する。前半部では豪傑たちが梁山泊に合流していく過程が描かれ，中でも暴れん坊の黒旋風李逵，虎殺しで有名な行者武松，やくざな僧侶の花和尚魯智深らの活躍は有名である。第71回で勢揃いした108名の豪傑はその後朝廷に帰順し，官軍となって遼国との戦争に参加し勝利する。続く方臘征伐(方臘の乱は北宋の徽宗の治世に江南地方を中心に実際に起こった反乱)で108名の大半を失いながらも勝利するが，この後，宋江が朝廷の高官高俅の奸計により殺され，他の豪傑たちもばらばらになる，といった内容である。なお武松が兄の無念を晴らすため潘金蓮と間男の西門慶を殺害する一段は『金瓶梅』の原典である。

宋江は北宋時期に実在した盗賊で，南宋の王偁の『東都事略』に「宋江，三十六人を以て……」と記載があるほか，その名の見える書はいくつかある。南宋の周密の『癸辛雑識』続集に引用される龔聖与の「宋江三十六賛」には36人の名があり，『水滸伝』の108名に全て含まれている。ただしこの名簿が実在した人物を記載したものかは不明である。南宋時期には語り物で梁山泊の豪傑たちの故事が盛んに語られていたようで，羅燁の『酔翁談録』には「青面獣」「花和尚」「武行者」といった語り物のタイトルが記載されており，それぞれ『水滸伝』の楊志・魯智深・武松の故事であったと思われる。元の時代に盛んになった雑劇にも『水滸伝』に関する演目が多くあるが，これら戯曲とともに『水滸伝』成立の重要な材料となったものに『宣和遺事』がある。『宣和遺事』は元明時期に成立した話本で，北宋末期の事件について記したものである。その中に宋江ら36人についての部分があり，梁山泊への集結と朝廷への帰順，方臘征伐が描かれる。『水滸伝』に近い構成ではあるが矛盾点も多く，『水滸伝』成立前の未分化な状態のものと言える。小説『水滸伝』は『宣和遺事』や戯曲，語り物あるいはそれ以外の民間伝承など，年月を経る間にふくらんだり改変されたりした様々な故事をまとめて成立したものであろう。

版本は描写や記述の詳しい繁本と，本文は粗略ながら挿図のある簡本に大別される。知識人に親しまれてきたのは繁本の方で，100回本・120回本・70回本があり，そのうち100回本が最も古い形態を留めていると言われる。明の万暦年間(1573-1620)に刊行された容与堂本は完全な形で伝わる最古の版本である。120回本は100回本の遼国征伐のあとに，田虎・王慶征伐の20回を挿入したものである。70回本は明末の金聖嘆が編纂したもので120回本をもとにしており，金聖嘆が『水滸伝』の最初の70回は施耐庵の原作であるが，残りの50回は羅貫中が付け加えたものであって不要であると判断し，その部分を削除してしまったものである。 (上野 隆三)

すいし【水詞】 伝統演劇や語り物の用語。一種の決まり文句(長さは不定)で部分的に語句を入れ替えるだけでどんな劇種や演目にも臨機応変に使用できる。語り物で「㵼水」(原義は「流れる水」)とよばれるものもこれに近く，あらかじめ決まった言

い回しや既存の韻文を演唱の場で即興的にストーリーに合うように語句を部分的に変えながら挿入する。芸人の編詞の即興能力が試される部分である。
(井口 淳子)

すいしのひょう【出師表】 三国蜀の諸葛亮(字は孔明)の作。出師は,軍隊を出動させること。出は,他動詞の場合,「すい」と読むことがある。表は,自分の考えを明らかにして君主に告げる文。
　227(建興5)年,中原(黄河中流域)を支配する魏に対して,蜀はかねて準備してきた北伐の計を実行に移した。すでに劉備は亡く,子の劉禅(後主)が後を継いで4年目のことである。蜀の命運は,劉備から死後を託された丞相の諸葛孔明の双肩にかかっていた。魏軍との遭遇を間近に控えた漢中(漢江の上流域)を出発する際,諸葛孔明は,「出師表」を後主に奉った。蜀は,三国の中で最も弱体であった。「危急存亡の秋(とき)」(「出師表」の語)と見定めた以上,その先にしか活路はない。後主に向かって,劉備との過去を振り返り,君主の心構えを説き,次の世代への信頼を語る文中に,緊迫感が溢れ出ている。自らの死を幻視する末期の眼が生じさせている緊迫であろう。
(成瀬 哲生)

ずいしょ【隋書】 隋代および南北朝時代後期を叙述した歴史書で,正史の一つ。85巻(本紀5巻,志30巻,列伝50巻)。629(貞観3)年,唐の太宗の命で梁・陳・北斉・北周・隋の5王朝の歴史書が編纂されることになり,魏徴が『隋書』および全体の総括を担当した。『隋書』の編纂には他に顔師古・孔穎達(くようだつ)・許敬宗らが参加し,636(同10)年,本紀・列伝55巻が他の4史とともに完成した。次いで641(同15)年にはこれら5王朝の制度を叙述する五代史志の編纂が開始され,令狐徳棻(れいことくふん)(652年から長孫無忌)の監修のもと,于志寧・李淳風・韋安仁・李延寿らが執筆して656(顕慶元)年に十志30巻が完成した。この五代史志を本紀・列伝と合編したのが現在の『隋書』で,北宋時代に木版で刊行した際に本紀・列伝は魏徴の撰,志は長孫無忌の撰とされた。本書は6～7世紀の中国とその周辺地域に関する最も基本的な史料で,特に志は各分野の専門家の手になり優れていると評価される。巻81・倭国伝には遣隋使や冠位十二階など当時の日本に関する記事を含む。利用には中華書局点校本が便利である。
(浅見 直一郎)

ずいしょけいせきし【隋書経籍志】 『隋書』の十種の「志」の一つを成す南北朝期の図書目録,またあわせてこの時期の学術文化史としての意義を有する。元来,『隋書』とは別に『五代史志』の一篇として編纂され,五朝(南朝の梁・陳,北朝の斉・周・隋)の最後に位置する隋の正史に組み入れられた。『隋書』32から35までの4巻を占める。目録学では,『隋志』と略称される。李淳風・李延寿らが編纂にあずかり,唐高宗の656(顕慶元)年に15年の歳月を費やして完成した。『漢書』芸文志(『漢志』)に次ぐ目録学の古典として重視される。全体は経・史・子・集の四部から成り,約3万7000巻の典籍を著録する。漢の『七略』以来の七部(実質的には六部)分類を廃して,新しい流れとして形成されつつあった四部分類を採用し,以後目録学史上における四部分類の優位を決定づけた。全書の構成は,冒頭に先秦から隋末唐初に至る典籍及び書目の歴史を概括する総序を冠し,次いで四部それぞれをいくつかの子目に分かって,典籍を系統的に排列する書目が置かれ,末尾に小序を配して,各子目の歴史が簡約に述べられる。また各部の終わりには総論があって,部門ごとの概要を記す。さらに巻末には道経・仏経の歴史と概況を記した総論を設ける。このような書目と序とから成る構成は,『漢志』やその藍本である『七略』の方法を継承しつつ,より細密に発展させたものである。四部それぞれについて『漢志』との異同を検討してみると,まず経部は讖緯(しんい)が加わったほかは『漢志』の六芸略(りくげい)とほとんど変化がない。第二の史部は,『漢志』では春秋類(六芸略)の一部として録されていた史書が,新たに独立した部類として立てられたもの。第三の子部は,『漢志』の諸子略と同じく諸子の書を収めるが,子目には大きな変化があり,陰陽家・法家・名家などの学派は衰えて,代わりに兵書・術数・方技など自然科学や技術系統の書が多くを占める。第四の集部は,詩文集の部で,『漢志』の詩賦略を拡充したもの。六朝期における詩文の急速な発展をうかがわせる。『隋志』の分類法は以後の書目の基準となった。
(興膳 宏)

すいしょどうしょもく【遂初堂書目】 南宋の書目。1巻。尤袤(ゆうぼう)著。尤袤は「淳熙(1174-89)の名臣」といわれた大官でまた大蔵書家。本目は宋代において「近世の冠」であった彼の蔵書,3100余種を著録したもの。書名のみで著者,巻数などは記さないのを例とするため,その書誌的価値は限られているが,経書や正史など一部の書籍に「杭本」「旧監本」といった記述があり,版本を意識した最初期の目録として知られる。テキストには『説郛(せっぷ)』『常州先哲遺言』本などがある。
(井上 進)

ずいしょりつれきし【隋書律暦志】 正史『隋書』の中で,楽律・暦法に関する記録の部分。3巻。唐の李淳風撰。正史の律暦志中,最も科学的と

の誉れが高い。上巻の内容は主に音律と度量衡の考察からなり，南朝宋の銭楽之の三百六十律や歴代の尺度の比率などに関する記載が重要である。中下巻の内容は暦議と暦法であり，張賓の開皇暦と張冑玄の大業暦と劉焯の皇極暦に関する記述が詳しい。皇極暦は実際に頒行された暦法ではないが，定気法を創始し月の視差を考慮し，時代を先取りした点がきわめて多い。　　　　　　　（川原　秀城）

すいじん【燧人】　古代の伝説的な帝王で三皇のひとり。燧皇，燧人氏とも。『書経』をはじめとする古文献に断片的な逸話が見え，はじめて木をこすって火を取り，食物を調理して食べることを人間に教えたと伝えられる神話中の人物で，その名が三皇伝説にとり入れられたのは戦国時代以降のことであろう。道教では火祖燧人帝君と呼ばれる。後世には祝融とともに火の神として廟に祀られ，敬して遠ざけられることが多かった。　　　（吉田　隆英）

すいせいせき【酔醒石】　明末清初の短編白話小説集。全15回で各回は独立した内容である。編者は東魯古狂生という人物となっているが，その本名や事績は不明。第6回の「李微，虎と化す」の故事が唐の『李徴伝』(『人虎伝』とも。『太平広記』巻427，『宣室志』所収)に典故を持ち，第4回の烈女の話が明の屠隆の『由拳集』巻19・程烈女伝に取材したと考えられるのを除けば，作者自身が見聞きし創作したオリジナル作品であると考えられる。なお『李徴伝』は中島敦の小説『山月記』の原典である。　　　　　　　　　　　　　（上野　隆三）

ずいぞう【瑞像】　めでたく不可思議なしるし(瑞)を示す仏像。最も広義には仏像の美称に用いる。すなわち，瑞相(三十二相)をそなえた仏像のこと。進んで，霊異(奇跡)を現す仏像をいう。例えば初唐の道宣の『集神州三宝感通録』巻中には，光を放つ，声を発する，涙や汗を流すなどの霊異を示したり神秘的に出現した仏像50種が挙げられ，瑞像と呼ばれた例が見える。また，敦煌文書に『瑞像記』数本があり「鹿野苑釈迦瑞像」「濮州鉄弥勒瑞像」などインド・中央アジア・中国の地名を冠した種々の瑞像を列記する。莫高窟第231窟を始めとする石窟壁画や敦煌請来絹本画に，そうした像を集め傍題を付して描いた作例が見られる。これらはいずれも霊験ある著名像として各地で厚く信仰された仏像である。また狭義には，特に優塡王思慕像を指し，栴檀瑞像・根本瑞像などと称する。瑞像信仰の根底には，仏像を生身の仏と異ならぬ姿とはたらきをもつものとする信仰があると考えられる。

（肥田　路美）

すいそんず【水村図(趙孟頫)】　元代の文人画家，趙孟頫の代表作。1302(大徳6)年の作。紙本墨画，24.9cm×120.5cm，1巻。汀を平行に描き連ねて水郷を表現する画面構成や，山肌や汀を表す，ゆるやかに絡み合う線は，江南山水画の祖，董源に倣うものであるが，画面上端から水平線がはみ出ない点に華北山水画の影響も窺える。絡み合う線と紙の地色が醸し出す独特の効果は，素材の美と空間表現を両立させる宋代までの江南山水画の本質を継承するものの，光と大気の表現は失われている。北京，故宮博物院蔵。　　　（救仁郷　秀明）

すいちゅう【水注】　水を入れて注ぎだす容器で，執壺・注子とも呼ばれる。通常，器の片側に注口が付き，その反対側に弧状の把手が備わる。殷周青銅器にある盉がこの種の器の先例となるが，盉はあくまでも酒器であり，唐以後に現われる水柱とは系統を異にする。注口が太く短いものから，しだいに細長い形態に変化していき，時代をおって，利便性が追及されていった。金属製・陶磁製・玉石製・木漆製など，各種の素材になるものがある。

（松本　伸之）

ずいとうえんぎ【隋唐演義】　清の歴史小説。全100回。褚人獲の作。隋の成立から安史の乱に至るまでの歴史を扱う。著者が自序で述べているように，前半は『隋唐両朝史伝』『隋史遺文』『隋煬帝艶史』という3篇の先行作品をつなぎ合わせたものである。特に後2者の影響は顕著で，前半は『隋史遺文』同様，豪傑秦叔宝を事実上の主人公とし，任侠の世界を中心にしつつ，『隋煬帝艶史』における煬帝の豪奢な生活を点綴している。女戦士花木蘭の登場など，作者の独創になると思われる部分もあるが，任侠物語の中に才子佳人の恋物語を挿入した結果，内容の一貫性を失い，人物の性格を弱体化する結果に終わっている。後半は則天武后，更に玄宗と楊貴妃のことを語るが，玄宗は煬帝の愛妃朱貴児，楊貴妃は煬帝本人の生まれ変わりとして，前後の統一を図っている。全体にまとまりに欠ける嫌いはあるが，『隋史遺文』などに替わって比較的上層の読者に受け入れられ，庶民向けの『説唐』と並んで愛読された。　　　　　　　　（小松　謙）

ずいとうかわ【隋唐嘉話】　盛唐の小説集。別名『国朝伝記』『国史異纂』『伝記』『伝載』『小説』。3巻。劉餗の撰。劉餗，字は鼎卿，『史通』の撰者劉知幾の次男，天宝(742-756)の初めに集賢学士となる。隋から唐の開元年間(713-741)までの有名人の逸事・言行録を収める。太宗李世民に関する話が最も多い。別名から見て，国史の補遺として

編纂されたと考えられる。『顧氏文房小説』『歴代小史』などに所収。前者を底本に諸本と校勘した程毅中点校本(中華書局，1979年)に，補遺を含めて200話近くを収録する。　　　　　　　　　(富永　一登)

すいどうこういせき【水洞溝遺跡】
寧夏回族自治区銀川市にある後期旧石器時代を中心とする遺跡群。1923(民国12)年にフランスのE.リサンなどが初めて発掘した，*周口店遺跡と並ぶ記念碑的旧石器時代遺跡である。1963～80年，中国科学院古脊椎動物古人類研究所などが第1地点で3回発掘し，ルバロワ尖頭器，石刃，石刃製エンドスクレイパーなどの石器を発見した。放射性炭素年代測定法などにより3万年前前後の年代が測定されている。2002年からは同時期の第2地点や，より古段階の第7地点，やや新しい細石刃技術の段階の第8地点も発掘されており，中国西北地方における後期旧石器時代の成立と，シベリアやヨーロッパとの文化的関係を知る上で重要な遺跡である。文献に寧夏文物考古研究所『水洞溝――1980年発掘報告』(科学出版社，2003年)がある。　(佐川　正敏)

ずいとうちょうあんじょう【隋唐長安城】
陝西省西安市街と重なっている隋唐の都城遺跡。いまも城壁や城門が保存されている明清代の西安城は，隋唐長安城のおよそ7分の1の面積である。隋唐代の建築で地上に残されているのは，わずかに大雁塔，小雁塔などのみであるが，発掘調査によって明らかとなった興慶宮，*青龍寺などは復原されている。隋の文帝が582(開皇2)年に北朝北周の遺臣である*宇文愷らに命じて漢長安城の南20里の龍首原に新都を建設させたのが大興城で，翌年に遷都した。隋の大興城の規模，構造を踏襲したのが唐長安城であるが，その異同の研究は進んでいない。文帝による建城は，まず宮城・皇城の完成をみたのち外郭城の建築に及んだと，史籍は伝えている。唐長安城の外郭城は，東西9721m，南北8651m。東西が長い矩形である。のち，北東部に*大明宮などが増設された。東西南北壁に各3門がある。外郭城は，西の金光門と東の春明門を結ぶ大街によって，大きく南北に二分されていて，北の中央約3分の1を占めて北に宮城，南に皇城が配されている。宮城の南門である承天門(隋代は広陽門)から南にのびる朱雀大街(路面幅150～155m)が皇城の南門である朱雀門をへて，外郭城の南門である明徳門まで布設され，長安城の中軸線としている。城内には，外郭城の門と門を結ぶ大街が東西方向に3街，南北方向に3街，城外に通じない街道と合わせて，東西方向に14条，南北方向に11条あり，方格都市(碁盤目とも俗称する)を形成している。街道によって出来た長方形の区画は，隋では里，唐では坊といい，坊の周囲も高い墙壁(基底幅2.5～3m)で囲まれていた。坊は合わせて110あり，各坊の面積は一定していなかった。各坊には佳字2字による固有名詞が付されていた(曲江池の北側の坊が欠名)。最大は皇城左右の坊で東西幅1025～1125m，南北幅660～838mで，最小は朱雀大街の東西2列の坊で東西幅550～700m，南北幅500～590m。

皇帝の居城である太極宮(隋代は大興宮)を中央に，西に掖庭宮，東に東宮を配した宮城は，東西2820m，南北1492m。宮城内部の発掘調査は進んでいない。太極宮内の太極殿(隋代は大興殿)は，皇帝の執政の中心であり，北半は生活の空間である。東宮は東西が約830m，宮女の居住する掖庭宮は東西約702mである。

皇城は宮城の南にあり，横街によって宮城と隔されている。皇城の南北は1843m。皇城内には南北方向の3道と，東西方向の7条があり，官衙が，各々の方格の地に設けられていた。発掘調査はまったく実施されていない。長安城の東西に，東市(隋代は都会市)と西市(隋代は利人市)が設けられていた。一部が発掘調査されている。東西対称の位置にあり，規模(東西約1km，南北約927m)も同じで，市の周囲は基底幅4mの墙壁で囲む。市場内は，幅16mの南北2道，東西4道によって井の字形に9区画されている。出土品から，市の繁華ぶりがうかがえる。長安城は南東から北西に傾斜していて，郊外から渠水を引き入れて飲料水などとしていた。また，城内の宮や邸宅の庭園にも豊かな水を供給していた。龍首渠・永安渠・清明渠など4渠ある。城内に興慶宮，城外に大明宮，西内苑などがあった。京内には多数の仏寺・道観・波斯寺などがあった。発掘調査は，わずかに青龍寺・西明寺・実際寺などの一部がなされているにすぎない。明徳門外に圜丘があり，発掘調査されていて，唐代の郊祀壇の一部が明らかになっている。　　　　　　　　(菅谷　文則)

ずいとうらくようじょう【隋唐洛陽城】
河南省洛陽市にある隋唐代の都城遺跡。隋の*煬帝は605(大業元)年に西の大興城(西安市)に対する東京として将作大匠宇文愷らに命じて建設を始めた。同じ宇文愷らによる西都長安城とは，都市の平面プランは大きく異なっている。また，外郭城(京城)の中央部を洛河が東西に貫流し，宮城と皇城を洛河左岸の外郭城の西北隅に配置するなど，伝統的な中国の首都の都市計画とは大きく異なっている。唐代にも沿用され，*則天武后の垂拱3(687)年に宮城の中心である乾元殿を毀拆して，巨大な明堂(通天宮ともいわれた)を建設した。

全体の中軸線は宮城の南門である応天門(隋代で

は則天門)，皇城の南門である端門と外郭城の定鼎門(隋代では建国門)とを結ぶ南北道路である。外郭城は，ほぼ方形の平面であるが，南と東の外郭城は直交するが北は斜交し，西は曲折している。南では7290m，東では7312mの版築の外郭城壁がめぐっていた。城壁には，東と南面に各3門，北に2門の計8門があった。南門である定鼎門を南すると伊闕龍門に至る。定鼎門から応天門に至る大街は洛河に架けられた橋をへて幅100mもあった。城内には南北方向に4条，東西方向に3条の大街があり，103坊(隋代では里)が設けられ各坊は佳字2字の坊名がつけられていた。坊の四周は墻壁で囲まれ，南に門があった。一坊の規模は約500m四方のものが多い。城内には3市が設けられていた。南市・北市・西市(隋代では豊都市・通遠市・大同市)といい，繁栄していた。外郭城は2000年代の新市街地造成によって，ほぼ壊滅した。

　宮城は，ほぼ矩形で南面の長さ1710m，北面1400m，西面1270m，東面1275mで版築した城壁の内外を磚積している。宮城中軸線上に7棟の大規模宮殿を配していた。その南から2棟目の乾元殿を拆毀して建築された明堂の地下遺構が1986年に発掘調査されている。明堂は万象神宮ともいわれ，特異かつ複雑な形態の建築であった。3層12角形で，周囲を室と廊で四角形に囲む。地下に埋め込まれた中心柱は，屋頂の宝鳳まで80数mも延び，巨大な建築の中心になっていた。明堂の北約16mに天堂を建築している。天堂の内部には仏像が安置されていたので，仏堂とも称された。この両建築は，則天武后の願望によって建築されたもので，武周王朝の思想を具現するものであった。応天門も発掘調査されていて，基壇などが古ành公園として復原，公開されている。宮城の東西には，掖庭宮が設けられていた。宮城内の西北部には，南北130m，東西205mの九洲池の遺構が確認されている。皇城の発掘調査は進んでいない。宮城の北には円璧城・含嘉倉などがある。隋唐洛陽城の北には邙山があり，洛陽城の墓城となっていて，多数の墓誌が出土している。なお，隋の煬帝は多くの時間を洛陽で過ごした。唐代には合わせて40余年間にわたって皇帝が移居してきていた。
（菅谷　文則）

すいはいず【推背図】　未来予言書(讖書)。唐の李淳風*(または彼と袁天綱)の作と伝えられ，近年まで通行していた。最も古いものは敦煌出土『大雲経疏』(スタイン2658。689年11月～690年7月の作)所引のもので，則天武后の革命に利用された。内容は60の図像が易卦に分けられ，それぞれに七言四句の讖語が付せられ，天人相感・陰陽循環の観念にもとづき王朝の興亡と世の変乱を予言している。推背とは，李・袁が背を推して行くの意といわれる。
（坂出　祥伸）

ずいひつ【随筆】　文体としての形式や内容に特定の規範はなく，また多くの場合は特定の用途に即すでもなく，折にふれて気まま自在に書かれた体裁を持つ散文の称。筆記・劄記。主に宋以降に発達したジャンルで，その先駆けと目される宋の洪邁*『容斎随筆』序には「意の之く所，随いて即ち紀録するに，其の後先に因りて，復た詮次すること無し，故に之を目して随筆と曰う」と説かれる。
（原田　直枝）

すいびょう【水瓶】　水を容れ，飲水あるいは口・手足などの洗浄に供する器。古くから仏教用具の一つに採り入れられ，比丘十八物(僧侶の生活必需品)の一つに数えられる。後に仏前に浄水を供える供養具や仏像の持物としても用いられるようになった。中国の水瓶には，長頸瓶(細長い頸と丸みのある胴を持つ)，軍持(頂部と胴の肩との2か所に注口を備える)，湯瓶(把手と細長い注口を備える)など，いくつかの形式がある。これらの内，軍持は梵語kundika(クンディカー)の音訳語で，東南アジアで用いられるケンディーという水注と類縁関係にある。中国ではこの形式の水瓶を浄瓶と呼ぶことが多い。日本では，長頸瓶形の水瓶を王子形水瓶，軍持形を仙盞形水瓶あるいは布薩形水瓶，湯瓶形を信貴形水瓶と呼称し，さらに長頸瓶形の胴の形の違いによって，玉子形・蕪形などと区別して呼ぶことが多い。
（松本　伸之）

すいぼくが【水墨画】　華北山水画の祖である唐末五代の文人画家荊浩*が，「水暈墨章(水墨による暈と章)の如きは，我が唐代に興る」(『筆法記*』)と断言するとおり，唐代に始まる革命的な単色画法。その成立は，中国絵画史上最大の絵画史的事件であり，世界的に見ても最も重要な美術史的事件の一つと言える。隋唐時代以前からの伝統的なものでもあり，世界的にも普遍的な着色による通常の多色画法と対極をなし，とりわけ山水画において最も卓越した成果が挙がった技法である。中晩唐時代に潑墨山水画や逸格人物画を加えつつ，北宋後期，理想性と現実性を両つながら追求する五代・北宋大様式水墨山水画の大成と相前後して，墨竹・墨梅や花卉雑画などの文人墨戯にも拡大するに及んで，隋唐時代以前の人物画に代わって，山水画と花卉雑画とが中心分野となり，ヨーロッパ絵画や日本絵画とは異なる中国絵画の特質が確立する最大の要因の一つとなるに至る。

　その始源は，初唐，「墨色を用いる」殷仲容の花

鳥画法にあるとされる。ただ，盛・中唐時代に分野としての独立を認められたばかりの花鳥画や山水画よりは，張璪らによる水墨樹石画において，より早く完成を見ており，(伝)李成『喬松平遠図』や郭熙『早春図』の双松(2本の松)にその反映が認められる。唐代水墨山水画は，荊浩その人が，江南の在野画家王墨による潑墨山水画を介して，華北の宮廷画家呉道玄による「筆の山水画」と江南の在野画家項容による「墨の山水画」とを総合したものと認識されており(『図画見聞誌』『宣和画譜』)，筆線と墨面という絵画性，華北と江南という地域性，宮廷画家と文人画家という社会性の対立・融合が既に始まっていたことがわかる。北宋後期，北宋最大の宮廷画家郭熙が大様式水墨山水画を大成するのと前後して，文人画家王詵が水墨山水画の展開を承ける新たな着色山水画を創始，水墨と着色という今一つの絵画性を含む伝統絵画の枠組が確立するとともに，水墨画が各分野で重要な位地を占める絵画史の方向性も定まって，清代へと至る。　　　(小川　裕充)

すいぼだい【酔菩提】　清の口語中篇小説。正式名称は『済顛大師酔菩提全伝』。別称に『済公全伝』『済顛大師玩世奇蹟』『皆大歓喜』『度世金縄』がある。20回。天花蔵主人の編。南宋の瘋癲和尚済顛が西湖畔に建つ浄慈寺を中心に巻き起こす奇瑞を語ったもの。済顛和尚にかかわる民間故事を点綴してなっている。済顛大師を主人公とする先行する小説に，『銭塘湖隠済顛禅師語録』『済顛大師全伝』がある。　　　　　　　　　　　　　　(大塚　秀高)

すいまこう【水磨腔】　→崑腔系

すいまちょう【水磨調】　→崑腔系

すいようごろうず【睢陽五老図】　北宋中期の士大夫肖像。真宗朝から仁宗朝に奉職し，引退の後，洛陽九老会にならって睢陽(河南省)で五老会を創始し交遊した5人を，杜衍，王渙，畢世長，朱貫，馮平の順で描いた画巻。数多くの旧法党の人々が跋文を寄せ，元時代には士大夫肖像の制作の手本となった。後に切断され，メトロポリタン美術館(畢世長)とエール大学美術館(杜衍・朱貫)，フリア美術館(王渙・馮平)に分蔵。1056(至和3)年の銭明逸の序が畢世長像に付随する。　　(井手　誠之輔)

ずいようだいえんし【隋煬帝艶史】　明代の白話長編小説。8巻40回。崇禎年間(1628-44)刊。斉東野人編。隋の煬帝が兄を差し置いて皇位を簒奪し，広大な庭園や運河を建設して奢侈を極め，女色に耽ったすえ，隋が滅ぶまでを描く一代記。主に文言小説の『海山記』(庭園建設を描く)，『迷楼記』(荒淫を描く)，『開河記』(運河開鑿を描く)に取材している。清の褚人穫の『隋唐演義』は本書の影響が大きく，その煬帝故事の部分は，本書の叙述をほぼそのまま取り入れている。　(岡崎　由美)

すいりくどうじょう【水陸道場】　飢餓に苦しむ水や陸の衆生を済度し，功徳とする法要。施餓鬼会の別称。水陸会・水陸斎とも言う。南朝梁の武帝に始まるとされ，唐代を経て宋代以降に盛んとなった。北宋の高承『事物紀原』歳時風俗部・水陸の条に「今，釈氏の教の中に水陸斎の儀あり」と言う。蘇軾に「水陸法像賛」等があり，南宋の宗鑑『釈門正統』巻4・利生志にもこれを引く。
　　　　　　　　　　　　　　　　(大内　文雄)

すういっけい【鄒一桂】　1686(康熙25)～1772(乾隆37)。清の文人画家。無錫(江蘇省)の人。字は原褒。号は小山・二知老人・譲卿など。1727(雍正5)年の進士で，内閣侍学士，礼部侍郎などを歴任した。要職を務めつつ宮廷画家的な役目も果たし，とくに惲寿平を学んだ花卉画にすぐれた。また，王翬の影響を受けた繊細な筆致の山水画も手がけている。著に，花卉画を中心に論じた『小山画譜』や『小山詩鈔』などがある。清史稿305
　　　　　　　　　　　　　　　　(竹浪　遠)

すうえん【鄒衍】　生没年不詳。戦国の思想家。斉(山東省)の人。騶衍とも書く。稷下の先生の一人で，孟子より後の世代。斉に尊重され，また魏・趙・燕を歴訪したが，いずれも礼をもって迎えられた。特に燕の昭王(在位前311〜前279)はこれを師として敬事した。その著に「終始」「大聖」「主運」があったとされ，また『漢書』芸文志にその名を冠する『鄒子』49篇，『鄒子終始』56篇(ともに陰陽家に属する)が著録されるが，いずれも佚書。僅かに残るそれらの佚文が馬国翰編『玉函山房輯佚書』に集められている。その議論はきわめて遠大な時空間を対象としたもので，当時「談天衍」と綽名された。秦・前漢の制度や思想に多大な影響を与えた五徳終始説のほか，大九州説と呼ばれる地理学説があり，中国を9州に分かつ儒者の説に対し，中国は世界を9州に分けたその1州の，さらに9分の1の小地域を占めるにすぎないと主張した。鄒衍に共鳴した人に同時代の斉の鄒奭がいる。また斉・燕の沿海地方に出た方士たちもその所説の伝承に与ったらしい。史記74　　(内山　直樹)

すうがく【数学(本)】　→翼梅

すうがく【数学(学問)】 →術 数

すうがくじとう【嵩岳寺塔】　河南省登封市に位置する仏塔。嵩山の太室山の西麓にあり，この地はもと北朝北魏の宣武帝が509(永平2)年に建立した離宮のあった処であるが，孝明帝が523(正光4)年喜捨して寺とし，殿宇を興した。現存する塔も伽藍草創に際して建てられたものである。塔は12角15層の磚造で，高さ39.5mである。2層以上は各層の塔身の高さを上層に至るにしたがって逓減し，全体の形を緩やかな曲線状としている。中国の仏塔の密檐塔類型(多層の檐，すなわち軒が密になるように積み上げるスタイル)の典型例である。
(包　慕萍)

すうげんひょう【鄒元標】　1551(嘉靖30)～1624(天啓4)。明末の陽明学者。吉水(江西省)の人。字は爾瞻，号は南皐。1577(万暦5)年の進士。教学・階層の分化以前の「真なるもの」として現在に完全に充足する本心を説くが，王学左派の倫理・規範を軽視する傾向や情念の過熱暴走を修正するために，頓悟漸修(本心へ直入し，更に本心の自己展開としての修練を加える)論を強調した。官界では宦官派に対抗した東林学派の人士と交流し，東林書院で講学した。明史243
(荒木　龍太郎)

すうざん【嵩山】　現在の河南省登封市の北にある山。嵩高山ともいい，五岳の一つである中岳にあたる。太室山(海抜約1400m)と少室山(海抜約1500m)からなり，洛陽の東南方，秦嶺山脈の東に位置する。嵩山は古来神聖な山として崇められ，なかでも唐の則天武后は自ら登り，少室山にて天を祭った。嵩山には，中岳廟をはじめ，文物・古跡が数多く点在する。たとえば，中岳廟には後漢代の太室闕，北朝北魏代の「中岳嵩高霊廟之碑」，北宋代の鉄人などが現存する。西麓の少林寺は北魏代に創建され，中国禅の初祖である達摩が住し，二祖慧可に伝法した。南麓に有る嵩岳寺塔は，北魏代に建てられた，中国に現存する最古の磚塔である。登封市北郊の嵩陽書院は北魏代に寺院として建立されたが，五代十国時代に書院に改められ，北宋代には程顥・程頤兄弟が講学した。門前には，嵩山地区最大の碑「大唐嵩陽観紀聖徳感応之頌」がある。
(長部　悦弘)

すうしゅえき【鄒守益】　1491(弘治4)～1562(嘉靖41)。明の儒学者。安福(江西省)の人。字は謙之，号は東廓，諡は文荘。正徳6年(21歳)に会試第一位，廷試第三位で進士となる。官職は翰林院編修より始まり，嘉靖19年(50歳)には国子監祭酒となる。思想家としては，師王陽明との5度の会見(20～34歳)を通して陽明学を受容し，良知は動静によって分断されないという陽明の基本的立場を受け継いだ。しかし後年，良知は現在この場で完成されているという現成思想の持つ，安易に自己肯定しがちな危険性を敏感に感じ取り，「戒慎恐懼」「敬」といった主体を統制する工夫を第一義のものとしてとらえた。心の自由裁量を縮小する方向へ師説を変容させたといえる。明史283 (木村　慶二)

すうじゅつ【数術】 →術 数

すうじゅつきい【数術記遺】　『算経十書』の一つ。ただし，北宋元豊7(1084)年の『算経十書』再刻時に散佚した『綴術』に代わって補入されたものである。旧題は漢徐岳撰，北周甄鸞注となっているが，後世(もしくは甄鸞)の偽託とされる。記数法として通常の籌算(積算)に加えて，太乙算・両儀算・三才算・五行算・八卦算・九宮算・運籌算・了知算・成数算・把頭算・亀算・珠算といった特殊な方法を論述する。
(武田　時昌)

すうしょきゅうしょう【数書九章】　南宋の数学書。『数学九章』とも称す。1247(淳祐7)年刊。秦 九韶撰。大きく9類からなる。類名はそれぞれ含まれる計算法の内容を示しており，大衍・天時・田域・測望・賦役・銭穀・営建・軍旅・市易(市物)という。数学史上とりわけ重要であるのは，大衍類であり，その連立1次合同式の解法である大衍術は，現代数学の整数論の定理や方法(中国剰余定理)とほぼ一致しており，宋元数学の偉大な成果の一つに数えられている。
(川原　秀城)

すうせいじせんじんとう【崇聖寺千尋塔】　雲南省大理市の旧城の北に位置する仏塔。蒼山と洱海の間に立地する崇聖寺は，烏蛮系蒙氏が建国した南詔国の仏教寺院である。建設年には諸説あり，825年に重修された記録がある。千尋塔は南詔の833(保和10)年に着工され，840(天啓元)年に竣工したという。現存する三つの磚塔のうち，中央の塔が千尋塔で，高さ69mもある。一辺9.9mの方形で，内部は空洞となっている。第1層はとりわけ高く，その上に16層の檐(軒)が高さを逓減して配され，全体に膨みのある輪郭が特徴である。南北の両脇の塔は，後の大理国の時代(937-1258)の前期に建てられたものである。
(包　慕萍)

すうたくぶんか【崧沢文化】　上海市青浦区崧沢遺跡(上海市文物保管委員会編『崧沢──新石器時代遺址発掘報告』1987年)を標準遺跡とする

新石器時代後期の文化。紀元前3800年頃から500年間ほど継続した。分布は上海市・江蘇省南部・浙江省北部に及ぶ。遺跡は沖積平野に立地することが一般的である。崧沢遺跡以外の主要な遺跡としては，上海市の青浦福泉山，江蘇省の常州寺墩・昆山綽墩，浙江省の嘉興南河浜・海塩仙壇廟などがある。

土器は水篩した粘土を原料として還元炎焼成された灰色土器が特徴的であり，豆・罐・壺・杯などの器種がある。これらの器種は黒皮陶(表面黒色土器)や*彩陶として製作されることもある。それに対して，煮炊用の鼎は植物体などを混和材として用いる赤色土器である。出土石器の大半を占めるのは石鉞(有孔石斧)と石錛(扁平片刃石斧)である。後半期になると安徽省の凌家灘文化の影響下に軟玉製品の製作・使用が始まる。　　　　　　　　(中村　慎一)

すうていれきしょ【崇禎暦書】　明末の暦書。全137巻。*徐光啓撰。授時暦に基づく大統暦の誤謬が顕著になり，最終的には1629(崇禎2)年五月朔の日食の予報に西法の推算が精密であったことから，徐光啓の建議を受けて改暦の運びになった。光啓を督修改暦とし，西洋天文学書を翻訳し，儀器を製造し，観測を行って改暦事業が進められた。古い地球中心説でも新しいコペルニクス説でもない，ティコ・ブラーエ(漢名は第谷)の観測に基づく天文体系が採用された。テレンティウス(鄧玉函)，アダム・シャール(湯若望)，ロー(羅雅谷)らの参加のもとに編訳事業は進行し，事業開始の翌年，1631(崇禎4)年の第1次進呈から34(同7)年の第5次進呈までの段階を経て，46種，全137巻からなる『崇禎暦書』が編まれた。これをもとに暦書の名称を変えて1645(順治2)年，清の時憲暦を編んだ湯若望によって『西洋新法暦書』103巻が印行され，『新法暦書』とも略称された。『四庫全書』は，明の徐光啓撰『新法算書』100巻(編修陳昌齊家蔵本)を収録する。　　　　　　　　　　　　(橋本　敬造)

すうはくき【鄒伯奇】　1819(嘉慶24)～69(同治8)。清の科学者。南海(広東省)の人。字は一鶚，また特夫。数学・天文学・地理学・測量と製図・度量衡などを研究した。とくに幾何光学と儀器の制作に通じ，太陽系の惑星の運行を目に見えるように示す天文器械「七政儀」を制作した。光学の分野では『格術補』1巻を著し，光が平面鏡やレンズなどによって像を結ぶときの法則を，数学的に述べた。光学器械の制作原理や撮影技術についても研究がある。清史稿507　　　　　　　(白杉　悦雄)

すうふ【枢府】　元時代後期に景徳鎮窯で製作された*白磁の一種。器の内面に，元王朝の軍事機構の枢密院を指すとされる，「枢府」の文字を，雲龍文や唐草文とともに印花技法で表した作例をいう。また同様の作風で，「太禧」や「福禄」の文字が記されたもの，また文字の記載のない類品も広く「枢府(手)」と称される。わずかに青みを帯びた失透気味の透明釉がかかり，その色沢が鵞鳥の卵殻に似るとして，「卵白釉磁」とも呼ばれる種の白磁である。
　　　　　　　　　　　　　　　(長谷川　祥子)

すうぶんそうもく【崇文総目】　北宋の書目。66巻。王尭臣・欧陽脩等奉勅撰。1041(慶暦元)年に成る。宋朝がその成立以来収集してきた図書を，仁宗の時に改めて整理，編目してできたもの。3万669巻を収める。ただし原本は早くに亡びてしまい，今に伝わるのはその簡略化された本だけである。今日この目録の概要をうかがうには，清の銭侗らが簡本をもとに，諸書から佚文を集めて編集しなおした本によるのがよい。銭氏輯本は『粤雅堂叢書』等に収められ，また粤雅堂本による排印本もある。　　　　　　　　　　　　　　(井上　進)

すうみついん【枢密院】　官署名。唐の代宗の永泰年間(765-766)に内枢密使が置かれ，宦官が任命され，機密文書などを扱っていたが，徐々に大きな権力を持ち，禁軍にまで関わるようになる。五代後梁は唐の宦官の弊を鑑み，枢密院を改め崇政院とし，初めて士人を任用した。後唐に再び枢密院に改称され，軍政を握り，宰相とは相並ぶ存在であった。宋でも軍政を掌握しており，民政を担当する中書と並んで二府と称され，国政の中枢を担う重要な官司であった。一方，遼・金においても軍事機密を担当する機関として機能した。元では軍機を掌る枢密院に加え，国初の軍事行動の際には行枢密院が置かれた。明の洪武年間(1368-98)にも行枢密院が置かれたが，間もなく廃され大都督府となった。
　　　　　　　　　　　　　　　(松浦　典弘)

すうゆうろん【崇有論】　「有」の優位を説く哲学的論文。西晋の裴頠撰。『晋書』35に引用され，現在に伝わる。老荘思想が多大な影響力を持った西晋の風潮を憂慮する裴頠が著したこの論は，当時一世を風靡した道家的言論，貴無論を明確に意識し論駁したものである。『老子』の言説を曲解したものとして貴無派を退け，有，すなわち現に存在する事物を中心とした世界観を展開する。しかしその論は，何晏・王弼らの思想を全面的に克服し得たとはいえず，貴無に対しての直接的な反発たるにとどまる。　　　　　　　　　　(古勝　隆一)

すうよう【鄒容】

1885(光緒11)～1905(同31)。清末の革命家。巴県(四川省)の人。原名は紹陶，または桂文，字は蔚丹(一に威丹に作る)。1902年日本に留学し，排満共和革命思想に傾倒する。1903年上海で愛国学社に参加し，以後章炳麟と行動を共にする。同年『革命軍』を刊行し，社会進化論・人権思想に基づいて「野蛮から進歩へ」「奴隷を去って主人となる」革命の必要を訴えた。筆禍事件『蘇報』案に連座し，2年の懲役を科せられ，1905年獄中にて病死した。　　　(蝦名 良亮)

すうらいほう【数来宝】

語り物曲種。明代以前より北京をはじめ各地に流布していた。数来宝の芸人は元来，大道の芸人であった。その場の状況に合わせて即興的に編詞するのが特徴で，その詞句は上句(六字)と下句(七字)からなり，それぞれの末字は押韻するようにできている。伴奏楽器には多種多様なものが用いられてきたが，現在一般に用いられるのは竹の板をつないでつくられた大・小の竹板である。これを指に挟んで拍子をとりながら1人，あるいは2人がかけあいで演唱する。(井口 淳子)

すうりせいうん【数理精蘊】

清代の数学書。53巻。康熙帝御製の科学宝典『律暦淵源』100巻の第2部分。1723(雍正元)年に刊行された。編纂の責任者は，何国宗・梅瑴成・王蘭生・方苞など。書中には多くの中国伝統数学の問題がとりあげられているものの，康熙帝が刊行を通して目指していたところは，西洋伝来の幾何学(平面・立体幾何)や代数学(対数・三角関数・借根方)などの中国への紹介・導入である。だが，『数理精蘊』は当時の最高水準の科学書であり，西洋の数学理論の叙述を目的とした西学の書でありながら，同時に数学の本源を河図洛書におき，西学のルーツが中国にあることを主張している。数理科学の図書起源説は，科学の根幹に易学があることを示し，西洋科学の中国起源説は，康熙帝が中西科学知識の統一や西学の中国化を計っていたことを物語っている。(川原 秀城)

すかしぼり【透彫】

彫金の一種で，成型した器物の表面を切り透かして文様とする技法のこと。春秋戦国時代の青銅器などにある透かしは，切削ではなく，鋳造によるもので，鏨などを用いて器物の表面を切削して表現する透彫は，漢以後にみられるようになる。雲気文や花鳥文，円文などをこの技法で表現することによって，器物の見映えに変化をつけ，また重量を軽減することも意図した。香炉の制作に応用し，香煙の漂い出る空隙にするといった実用的な側面もある。(松本 伸之)

すがわらのみちざね【菅原道真】

845(承和12)～903(延喜3)。平安時代の漢学者・政治家。祖父清公，父是善も，ともに優れた漢学者。宇多天皇，のちに醍醐天皇の殊寵をうけて，文人官吏として異数の栄進を重ね，899(昌泰2)年には右大将を兼ねた右大臣に任ぜられるに至った。しかし，901(昌泰4)年正月に突如太宰権帥に左遷され，翌々年，失意のもとに没した。11歳から作り始めた詩作は『菅家文草』『菅家後集』(『日本古典文学大系』72所収)にのこされる。また和歌の作もあり，和歌と漢詩を並載した『新撰万葉集』の編纂者とも伝えられる。『日本三代実録』の実質的な編纂者であり，『類聚国史』は宇多天皇の勅により道真が編述したもの。その死後，疫病や干魃が相次ぎ，宮中に落雷，さらに道真の対立者藤原時平に縁のある人たちにも不幸が重なって，それが怨霊の祟りと信じられ，天神として北野社に祀られるに至った。

(大谷 雅夫)

スキタイぶんか【スキタイ文化】

黒海北岸地方では前7世紀中頃からスキタイと呼ばれる民族が居住し，勢力を振るった。これは独特の文化を持つ騎馬遊牧民であり，その生活習慣はギリシアの歴史家ヘロドトスなどにより詳細に記録されている。彼等は定住することなく家畜を追って移動する騎馬の遊牧民であり，戦闘にあたっては騎射を得意とした。物質文化の面では馬具，剣・鏃などの武器，それらを飾る動物文様などにその独自の特色を見出すことができる。前4世紀はスキタイ文化の最も栄えた時期であり，ドニエプル川の下流域にはスキタイの王墓級の古墳が多く見出され，彼等の使用した金銀器，身を飾った金製小型飾板などの豪華な副葬品が大量に発見されている。しかし前3世紀には東方から来た同じく遊牧民であるサルマタイによって黒海北岸は占領され，スキタイはクリミア半島の一角に押し込められることになった。

スキタイは騎馬によって遊牧を行った最初の遊牧民の一つと考えられるが，同種の文化は当時のユーラシア草原地帯に数多く見出される。ヴォルガ川・ドン川地方のサウロマタイ，サルマタイ，中央アジアのサカの文化や，山地アルタイのパジリク文化，エニセイ川中流域ミヌシンスク盆地のタガール文化などで，まとめてスキタイ系文化，あるいは初期遊牧民文化などと呼ばれている。中国北辺に居た匈奴も同様の生活様式を持った遊牧民族であったことが，『史記』匈奴伝などから知られており，中国北辺で発見される中国北方系青銅器(オルドス青銅器)のかなりの部分もこの初期遊牧民文化の特徴を示している。初期遊牧民文化の起源については幾つかの説がある。代表的な説としては，スキタ

イ文化はスキタイがオリエントの影響を受けて創り出した文化であり、それが東へ伝えられたという説があり、逆にシベリアで成立し民族移動などにより黒海沿岸まで伝わったという説もある。シベリア、トゥバのアルジャン古墳において前8世紀頃の初期遊牧民文化が発見されたことにより、現在ではシベリア説が有力になってきている。　　　　　（高濱　秀）

すぎょうろく【宗鏡録】　北宋初の961（建隆2）年、五代十国呉越国忠懿王（ちゅうい）の要請により法眼宗3世の永明延寿が編集した。100巻の大部の書で、万法唯心・禅教一致の立場から一切の仏教諸宗を総合統一せんことを目ざす。あらゆる諸経律論・仏祖聖賢の語句から外典までを博捜渉猟して繁文を削って要文を集めた一種の仏教汎論百科全書的な書。

全体は標宗章（巻1）、問答章（巻1～93）、引証章（巻94～100）の3章に分かれる。標宗章は禅の正宗と教の大旨は心を宗とすることを標わし、問答章は教禅諸宗における800余条の法義を問答形式で説明し、引証章は劣根の人のために大乗経・祖師の語・聖賢集によって先の諸法義を引証するものである。宗密の幻の逸書となっている『禅源諸詮集（禅蔵）』の一部が『宗鏡録』に使われているのではと疑われており、現在逸書逸文となっているものの引用が多くあり、本書の資料的価値をより高めている。
　　　　　　　　　　　　　　　　（西口　芳男）

ずきん【頭巾】　布帛製のかぶりもの。巾に同じ。『釈名*』に「20才で成人し、士は冠し、庶人は巾をつける」とある。巾は本来腰にさげる手拭いであったから、かぶりものの巾を区別して頭巾ともいった。庶民のかぶるもので、色は青か黒であったため秦代には庶民を「黔首（けんしゅ）」、漢代には「蒼頭」と云ったが、漢代以降は貴賤の別なく用いるようになった。『後漢書』列女伝の文姫の条には「頭巾履韈を賜う」とある。古代の巾はその後種々の変形が加えられて多様なかぶりものを生んだ。北宋時代には文武官のかぶりものに階級制度による明確な区別があったが、南宋時代になると混同が生じ始めた。この間の事情について『雲麓漫鈔』は次のように記している。即ち、「政和・宣和（1111-25）の頃、皇帝が巾を用い始めた。元祐年間（1086-94）に司馬温公*（司馬光）と伊川先生*（程頤）だけは体が弱く風を嫌って、絹を裁って頭を包むようにしていた。当時はただこれを温公帽、伊川帽といって、巾の名はなかった。南宋になると巾をつけ紫衫を着用して、これを窄衫尽巾といい、公卿小吏から民間の賤民にいたるまでみな一様であった。巾の形には円頂、方頂、磚頂、琴頂があった。秦伯陽は磚頂の内側の重紗を取り去り、これを四辺浄と呼んだ。外にまた面袋など

があるが怪しむに足るものである。魏道弼が政治に参画するようになると、衫帽の復活を願ったがついに実行できなかった」と。明代には网巾、儒巾、四方頭巾、平頂巾、漢巾、軟巾などの多様な巾があり、弘治年間（1488-1505）には平頂のものが流行し、正徳年間（1506-21）には頂が桃の実のようにとがった形になり、嘉靖（1522-66）以後もなお様々な形式を生んでいる。
　　　　　　　　　　　　　　　　（相川　佳予子）

すくようきょう【宿曜経】　インド占星術の書。中国に帰化したインド人密教僧不空*（アモーガヴァジュラ）が口述して中国人に翻訳させ、弥勒菩薩所造の経典とした。唐の759（乾元2）年の初訳を764（広徳2）年に楊景風が改訳。「宿」はインド古来の二十七宿を、「曜」はヘレニズムからインドに伝えられた七曜を意味する。当時インドで流行していた占星術の基本のみを教えるものであり、あまり専門的な手法は見られない。空海*によって日本に伝えられ、「宿曜道」の根本経典になった。（矢野　道雄）

すくようどう【宿曜道】　インド人密教僧不空*が口述して中国人に翻訳させた占星術書『宿曜経*』に基づき日本で行われた密教占星術。空海が初めて日本に伝えた『宿曜経』だけでは十分ではなかったので、後に『符天暦*』や『七曜攘災決*』などが請来されて次第に整備され、平安時代中期には陰陽道と対抗するほどまで盛んになった。基本的にはヘレニズム起源のホロスコープ占いであり、実際にこの手法によって作成された数種類のホロスコープが現存している。そのうち1113（天永3）年のもの（『続群書類従』908所収）が最も古い。　（矢野　道雄）

すず【錫】　化学元素の1つ。元素記号Sn、原子番号50、密度7.27g/cm³（20℃）。融点232.0℃。銀白色の金属で非常に柔らかい。金属錫は錫石（SnO_2）を還元することで比較的容易に作られる。錫は銅と混ぜられ青銅と呼ばれる合金を作る。実用品には錫濃度10～20％、銅鏡には錫濃度20～30％の青銅が利用された。青銅は銅よりも溶融温度が低くなり、色味は組成により黄金白色を示し、また硬さも強靱性も上がるために非常に重要視された。錫が20％（銅80％）の場合で、融点は900℃（純銅は1084.5℃）と約200℃も下がる。しかし錫石の生産場所が比較的限られることから、青銅生産は制限された。

純錫の利用は殷代に始まっており、殷墟から錫塊や錫製の戈（か）が出土している。錫は鉛と混ぜると、溶融温度の低い合金を作る。錫61.9％（鉛38.1％）のとき最低融点183℃の柔らかい合金となる。これは現代でいうハンダである。
　　　　　　　　　　　　　　　　（平尾　良光）

スタイン Marc Aurel Stein 1862〜1943。イギリスの考古学者・探検家。ハンガリーのブダペストで生まれ，1904年にイギリスの国籍を取得する。オックスフォード大学や大英博物館で考古学・東洋諸語を修めた後，1887年末にインドへ渡る。当時，中央アジアで未知の古文書資料が次々に発見されていることを知り，20世紀初頭，3回にわたり中央アジアを調査する。第1次調査(1900年5月〜01年7月)は，タクラマカン砂漠南縁のコータンを中心に，ダンダン・ウイリクやニヤなどの遺跡を発掘調査し，漢字・ブラーフミー文字・カロシュティー文字などの文書・木簡や多くの文物を獲得する。第2次調査(1906年4月〜08年11月)は，楼蘭の発掘のほか，敦煌において膨大な古文書・美術遺品を入手し，第3次調査(1913年8月〜16年3月)では，吐魯番(トルファン)等のタクラマカン周辺遺跡やカラホトなどに及んで調査している。このほか，イラン，イラク，シリアに及ぶ広い地域を踏査しており，その報告書は今なお高い学問的情報価値を有している。
（荒川 正晴）

するがばん【駿河版】 伏見版とともに徳川家康が慶長年間(1596-1615)に出版せしめた活字印刷本。伏見版は，足利学校庠主(しょうしゅ)(校長)の三要に命じ，京都円光寺を建立して木活字を新彫，『孔子家語』『貞観政要』『武経七書』などを印行した。この活字は今に伝わる。1607(慶長12)年駿府に隠棲した後に，林羅山と金地院崇伝に命じて，新鋳の銅活字をもって『大蔵一覧集』『群書治要』を刊行せしめたのが駿河版。家康没後，活字は紀州(和歌山)徳川家に移収された。いずれも古写本を底本とし，テキスト上の価値は高い。
（高橋 智）

ずんあん【童行】 →童行(ずんなん)

ずんなん【童行】 童子と行者。出家を願い寺院に入ったものの，まだ剃髪得度せず具足戒(大戒)を受け度牒(資格証)を得ていない，入門段階の修行者を指し，一般に16歳以上を行者，それ以下を童子，両者をあわせていう。中国の南北朝時代に現れ，唐代に普遍化した制度である。力役を逃れ勝手に僧となるのを防ぐため，国家が僧尼籍や年齢制限など，厳しい取り締まりを行ったことが誘因と見られる。唐朝は童行を出家者と認めなかったが，宋代には教団の一員として公認した。道教教団も同様である。
（藤善 眞澄）

せ

せい【生】 伝統演劇の役柄の一つ。男役で，顔は素顔に似せた俊扮という化粧をほどこす。現存する宋の南戯の戯曲『張協状元』等において既に生の役柄は男の主役を指していた。明末清初には崑劇の演技の充実に伴い，生の役柄も細分化し，生・小生・外・末に分かれ，その後も各地方劇で多様化が進んだ。現在では主に年齢や身分，性格や人間性および演技の特質から，老生・小生・武生に大別される。外と末の役柄はほとんどの場合，老生に組み入れられた。①「老生」は厳粛で端正な人物像を演ずる。役者の層も厚く，多くの流派が形成された。常に髯口とよぶ髭を蓄えた装いから「須生」ともいう。主に中年以上の男性を演ずるが，年齢とは関係なく，老成した人物，心労の多い緊迫した状況におかれた役所も演じ，黒・灰色・白の3種類の髯口の色で年齢層を示す。演技傾向により「文老生」と「武老生」に分けられる。「文老生」(衰派老生ともいう)は，歌唱・語り・所作のいずれも重んじられる。『借東風』の諸葛亮のような人物像がこれにあたる。それに対し，重厚な立ち回りに重きをおくのが「武老生」で，『定軍山』の黄忠のように，靠(こう)という鎧の装いで，老将を演ずることが多い。この他「紅生」とよぶ役柄があり，特に関羽と趙匡胤に扮する場合に区別される。顔は赤い臉譜(れんぷ)のため，崑劇では浄の役柄「紅臉」が扮するが，京劇や徽劇では老生が担う。②「小生」は青年役を演ずる。演技上の特徴として裏声を用いる。動作も優雅さを基調とする。身分や性格により細分化され，かぶりものにより命名される。書生を象徴する「巾生」は粋な文人気質で，扇を常用するため「扇子生」ともいう。それに対し「窮生」は落ちぶれて不遇な書生。文武両道で地位もある華やかな青年役は兜に雉の尾を飾り「雉尾生」という。玄宗皇帝や李白といった風流な皇帝や奔放な才人は「冠生」とよぶ。武芸がたち「武生」と同様の立ち回りを見せる趙雲のような若武者を「武小生」とよぶ。③「武生」の成立は

最も遅い。武芸に秀でた果敢な壮年を演じ，華麗な武技による立ち回りが中心となる。髯口はつけない。鎧の靠をつけ，馬上で戦う将軍など地位のある人物は「長靠武生」。短く身軽な装いで機敏な鋭さを表すのは「短打武生」で，孫悟空などもこの役柄が担う。　　　　　　　　　　　　　（有澤 晶子）

せい【制】　帝王の命令，またその命令を記した文書およびその文体の一種。帝王の命令書として『*書経*』の誓や誥がその原型をなし，既に後漢の蔡邕『*独断*』に策書・制書・詔書・戒書と4種挙げられる中にその文体名が見える。元来はそれぞれの用途の違いも明確であったが，時代が下るにつれ命令の内容と用途とに即してその名称は雑多となり，「詔令」の称のもとに一括される。多くの場合臣下が起草するので，臣下の別集に収録される。
　　　　　　　　　　　　　　　　（原田 直枝）

せい【性】　人間・ものの本質的属性。実践論の根拠として議論された。

性の語は『*詩経*』『*書経*』に見え，『*論語*』にも言及があるが，詳しい議論は戦国以降に見える。郭店楚簡『*性自命出*』や『*礼記*』中庸では性が天と結合される。『*孟子*』では，孟子は性を儒教的道徳性すなわち仁義礼智と考え性善を主張したという。また同時期の告子は生来の所与を性として性無善悪を主張したという。『*荀子*』では，荀子は生来の所与は欲望で馴致されない限り闘争と混乱に帰結するゆえ，規範の学習が重要だとして性悪を主張したという。一方『*荘子*』外雑篇では，性は生来の自然として人為的道徳との対比で語られ，人為を去り性を保全せよという。

漢代には性と情の区分が確立し，*董仲舒*の性情・善悪を陰陽で論ずる立場，揚雄の善悪混とする見方，王充の性三品説などがあるが，概して性の段階的区別を説き，魏晋以降の儒教に継承された。

魏晋より玄学・仏教・道教で性が議論される。玄学の郭象は性を各人に賦与された完璧なる分として自足の必要を説いた。仏教では衆生に備わる仏の本質・仏となる能力が仏性と訳され議論された。特に『*涅槃経*』の一部が紹介された際，すべての衆生の仏性具有と成仏を主張する*竺道生*の説を巡って議論があった。

より完備した『*涅槃経*』の紹介とともに，中国仏教は悉有仏性・悉皆成仏が主流となった。しかし初唐の*玄奘*は，インドから正統説として一部衆生の成仏を否定する五姓各別説を齎した。窺基・慧沼・智周らはこれを堅持したが批判者も多かった。法宝・法蔵・澄観・宗密らの著作や日本の最澄『*法華秀句*』に集められた当時の諸師の議論には玄奘説への批判が見える。後に禅宗の興隆とともに悉有仏性・悉皆成仏説は強化され，玄奘の説は傍流となった。

宋代天台学派は，仏の広大な救済力に即して地獄の仏への内在を主張し，華厳学派や禅宗の仏は清浄とする説を仏を狭隘化するものと批判した。これは性悪説と呼ばれる。

仏教の影響下，六朝道教では神仙たる能力として道性が案出されたが大きな論題とはならなかった。唐末五代以降の内丹説では，『*孟子*』以来の性と命の対概念を用いて性—心—神，命—身—気という配当を行い，禅宗との距離を測るなどの試みが見られた。

宋以降科挙制度とともに儒教が思想界の主流に復帰すると性は議論の焦点となった。北宋には多様な性論が見られるが，程頤は性即理を唱え，性を天の本質で事物に多様に遍在する，儒教道徳を中核とする理だとした。これは南宋の朱子学に継承され，その後の儒教の根幹となった。明の陽明学も現実の人間の心への性の発現の見積もりは朱子学と異なるが，性即理は踏襲する。なお朱子学では気が性の表現を攪乱する要因とされたが，明清にかけて性を気の属性ととらえるようになった。

明清交代期以降，儒教では性即理を否定し，性は潜在的道徳能力で後天的な拡充によって初めて現実化するという説が現れた。これは清中期の戴震によって理論化された。　　　　　　　　　　（馬淵 昌也）

せい【斉(周)】　前11世紀末頃〜前221。周代諸侯国の一つ。姜姓の太公望呂尚が建国。都は臨淄(山東省)。戦国前期に臣下の田氏が王位を簒奪，それ以前を姜斉，以後を田斉と区別する。西周期に公位継承などで混乱していた姜斉は，春秋初期頃から頭角をあらわし，春秋最初の覇者となった15代桓公(在位前685〜前643)の時に最盛期をむかえた。しかしその死後，公位継承をめぐる内乱が勃発し，しだいに西方の晋におされるようになった。この間，陳から亡命した田完(陳完)の子孫田氏が政権を掌握し，ついに田和が主君康公を幽閉して，前386年に周王より斉侯に封ぜられるにいたった。田斉は前4世紀後半から前3世紀はじめにかけて最盛期をむかえ，前288年に西帝を称した秦から東帝の称号を贈られ，前285年には宋を滅ぼして勢力圏を拡大した。しかし，前284年，その強大化を恐れた燕・趙・秦などの5か国連合に敗退して国勢はかたむき，前221年に秦に滅ぼされた。　（松井 嘉徳）

せい【斉(南朝)】　479(建元元)〜502(中興2)。北朝の斉に対して南斉とよぶ。都は建康(南

京)。蕭道成(高帝)が建国。蕭氏は蘭陵(山東省)を本籍とし、南遷して僑郡南蘭陵(江蘇省)に本拠をおいた一族で、南朝宋王朝の姻戚でもあったが、宋末年の混乱に蕭道成が武将として台頭し、宋第8代順帝の禅譲を受けた。即位3年で没した高帝を継いだ武帝蕭賾は、出身身分の低い中書舎人を中心に実務的行政に励み、権限濫用のため深刻な弊害となっていた朝廷派遣の台使を廃止するなど、その治世は永明の治と称されたが、当時の混乱した戸籍の検査を強行し、罰則を強化して、唐寓之が率いる農民反乱を招き、後継に嫡孫(前廃帝)を立てたが暴君で、傍系の明帝に帝統を奪われた。明帝は高帝・武帝の子孫の大半を殺戮して、帝室の弱体化を招き、その子東昏侯もまた南朝有数の暴虐君主で、人心の離反ははなはだしく、尚書令であった兄蕭懿を殺された蕭衍(梁の武帝)が挙兵し、和帝を立てて建康に進軍する中、東昏侯が宮中で殺されて斉は滅んだ。

(中村 圭爾)

せい【斉(北朝)】 →北斉

せい【勢】 法家思想の主要概念の一つ。権威ある地位。また兵法家でも重要な概念。法家思想では、理想的な統治には法・術・勢の3つが不可欠だとされる。『韓非子』定法・難勢によれば、法の必要性は商鞅が、術の必要性は申不害が、勢の必要性は慎到が説いたとされる。賢人であっても愚か者に屈服するのは、賢人に権限が無く地位が低いからであり、愚か者でも賢人を屈服させることができるのは、愚か者の権限が大きく地位が高いからだと、慎到は主張する。堯や舜のような立派な人物も一介の庶民であれば、数人をも服従させられないが、桀や紂のような悪人も権威ある地位に居れば、国中の人民を服従させることができるという。また孔子はいくら立派な人格者でも、凡庸な魯の君主に臣下として従うのは、凡庸な君主は権威ある地位に身を置いているからだという。法が整備されても、権威ある地位がなければ守らせることはできないし、臣下を操縦する術があっても、権威ある地位がなければ臣下を思うように従わせることはできないとして、勢の必要性が説かれる。ただ『韓非子』難勢では、世襲的な制度下の権威ある地位としての勢は「自然の勢」で、理想とするのは非世襲的な制度下の「人設くる所の勢」だという。

兵法家の書『孫子』勢では、戦争に際しての勢いの重要性を力説する。或いは激流に喩えて、激しい水の流れが重い石をも浮かし流してしまうのは勢だといい、或いは転石に喩えて、高山の上から丸い石を転がり落とし邪魔物を排除できるのは、勢だともいう。また強力か弱体かは、具体的に見える実力だが、勇敢か卑怯かは、士気の勢いに属するものだとして、巧みな軍事指導者はそうした勢を重視するという。巧みに有利な態勢を作り、軍隊を指揮する人物は、彼が指揮する軍隊を恰も丸い石を高い山から転がり落とすように、快速で進み停止しないようにさせる、これが勢というもので、こうした勢が戦争の勝利に重要な役割を果たすと考えた。

(澤田 多喜男)

せい【誠】 誠は、朱子学の体系の中で根幹をなす概念である。『大学章句』において啓蒙の基礎づけに取り組んだ朱子は、他者を啓蒙する前に自己啓蒙が必要であり、その内実は「誠意」にあると考えた。その定義によると、「誠とは、充実することである。意は、心から出てくる意図である。心から出てくる意図を充実させるのは、必ず自己に満足し自己を欺かないようにするためだ」(『大学章句』)。朱子にとって、啓蒙された状態とは、自己を欺く虚偽が一切無い状態である。しかし、この本来的なあり方は、欲望によって不可避的に覆われるため、意図が充実していない不実な欺瞞状態が生じる。だからこそ、「意を誠にすること」(同上)で、意図の純粋な充実をはかる必要がある。ところで、この充実は、他人が窺い知ることができず自分独りだけがわかる自己充実である。したがって、それは「必ず自分独りの状態で慎んで、その兆しをつまびらかにしておく」(同上)という、「慎独(独りを慎む)」(『大学』その他)にほかならない。だが、ここで重大な困難にぶつかる。他人から見えない内面においてどのようにして意図を充実させ、その充実をどう保証するのか、さらにはそれがなぜ他者啓蒙に繋がるのか。後者の困難に対して朱子は極めて楽観的である。それは「自然に及ぶ」(『中庸章句』)のである。なぜなら、最終的には「天地万物は、もともとわたしと一体である」(同上)からだ。同じことは、祖先祭祀に関しても述べられていた。朱子は、「誠敬を尽くす」(『朱子語類』鬼神)ことを祖先祭祀の要に置くが、その誠敬とはまさに自己充実であって、自らの精神を結集しさえすれば、それに感じた祖先の精神もまた結集し、到来すると言う。なぜなら、祖先という他者とわたしは「血脈貫通」(同上)しているからだ。もう一つの困難に対しては、朱子は「格物補伝」を書いてまでして打開しようとした。つまり、「格物致知」によって外部の事物の意味をすべて知り尽くせば、内面の意図はそれに対応しているはずだから、それもまた充実すると言うのである。「知り尽くしたのなら、意も充実できるはずだ」(『大学章句』)。しかし、外の事物の意味を知り尽くすことは、権利上は可能であるにしても、事実上はほとんど不可能であったはずである(だからこそ、聖人に

なるための修養を行う意義があった)。そうすると，誠という純粋な自己充実は絶えず延期されるほかない。朱子学において，誠は統制的な理念なのである。

(中島　隆博)

せい【精】　精という字の原義は，きれいに洗って白くした米。そこから引伸して，純粋で混じりけがない，優れた，くわしく緻密な，といった意味になる。精という語は，中国思想の重要な概念である神や気と関連が深い。精は物質を構成する要素である気の中で特に優れたものであるとされ，また，形体に対するいわゆる精神・心という意味で用いられることもある。天と人の感応を説く古代思想においては，人の精誠(純粋なるまごころ)が天地の鬼神を感動させることがしばしば言われ，また，道徳修養論においては，精一なる心が重んじられた。身体論・医学養生思想の面では，純粋な気である精気が人の生命の根源的なエネルギーであるとされ，これが体内を順調にめぐることが健康の条件であると考えられた。そのために自然界から精気を積極的に摂取して身体を浄化することや，腎中の精気をもらさずに脳に引き上げる還精補脳の道術などが，神仙思想・道教において説かれた。　(神塚　淑子)

せいあく【性悪】　人の本性は先天的に「悪」であること。戦国の思想家荀子が，孟子の性善説に反対して主張した見解。「人の性は悪，その善なるは偽(人為)なり」(｢*荀子』性悪篇)と説く。人性のもつ現実的な欲望や争いの本能などを強く認めて「悪」とし，それ故にこそ善に向かう努力が希求されるのであって，人は教育や修養などの後天的な作為により初めて善に導かれると主張し，悪を抑制・規制する社会的規範としての「礼」を重視するとともに，学問や教育の必要性を強調した。一見，性を善と見做す孟子の見解と相反する立場のように見えるが，現象的な善悪のそれぞれの面を強調した観があり，性の放任を戒め教育の必要性に帰着するところは同一である。しかし荀子以後，情や欲を悪とはするが性を全面的に悪とする見解は見られない。それは人間の本性が先天的に悪であるとすれば，自分自身そして人間相互の信頼の基盤を絶望的なものへ導いてしまうからであろう。　(末岡　実)

せいあん【西安】　渭水盆地の中央に位置する，現在の陝西省の省都。漢唐の国都である長安の地。長安城は唐末の戦乱で荒廃し，904年に旧皇城を中心に新城が再建されたが，城内面積は旧長安城の16分の1に過ぎなかった。宋金の京兆府城，元の奉元路城はこの縮小再建された新城を継承したものである。元代にこの地の行政区名が京兆府から安西路に改称され安西王が鎮したが，安西王が廃藩されて奉元路とされた。明初に西安府と改称され，清を経て今日に至っている。西安の呼称は明代におけるこの地の西北方面に対する軍事的重要性に基づくものである。明の西安府城は元の奉元路城を北と東に拡張したもので，東西4.2km，南北2.6km，周13.7kmの規模となったが，それでも唐城の10分の1に過ぎない。清の西安府城は明城を継承しながら，城内4分の1強を八旗兵の駐防城(満城)として区切り，漢人の立入や居住を禁じた。現在の西安城壁は明清城を継承したもので，甕城構造の城門，馬面，馬道，女墻，垜口など城壁細部までほぼ完全に保存され，貴重な歴史遺跡となっている。

(愛宕　元)

せいあんこがく【西安鼓楽】　陝西省の伝統的器楽合奏。各村や寺院に演奏組織が存在し，廟会などで演奏する。明清代には確立されたと考えられるが，伝承曲目の中にはその源流が宋詞・雑劇・伝奇に求められるものもあり，歴史の古さが窺える。演奏形式は座楽と行楽の2種がある。座楽は室内演奏用で，その楽曲は導入部・主要部・終結部の3部分からなっている。使用楽器は管楽器では笛を主とし，笙や*管子を配し，座鼓ほか形状の異なる4種類の太鼓を用い，その他大小の鐃・鑼などの金属打楽器をも擁する。また，演奏組織によっては雲鑼を加えるものもあるが，擦弦楽器を一切用いないことは，唐代燕楽との関係を思わせるものがある。座楽の演奏者は長方形のテーブルの三方を囲む形で配置され，その楽器配置は鼓類と笛を対角線上に据え，金属打楽器と笙・管子をそれぞれの周りに配するなど細かな決まりがある。行進しながらの演奏形式である行楽の場合，旗持ちを先頭に，その両側に大型の銅鑼を2面引き連れ(但しこれは行列の合図で楽曲演奏には無関係)，各種の楽器の演奏者がその後に続く。　(増山　賢治)

せいあんじょうしょうろう・ころう【西安城鐘楼・鼓楼】　陝西省西安市の中心に位置する，明の鐘楼と鼓楼。

鐘楼と鼓楼の併置を文献で確認できる最初の例は，三国魏の鄴都で，宮殿の中に配置された。唐・宋の都城では，都市住民に時間を知らせる鼓楼や鐘楼は宮殿や寺院，道観の中に設けられた。元の大都で初めて，都市の中心部に鼓楼と鐘楼を配置するようになり，明はそれを定制にした。西安の鐘楼と鼓楼はその現存する最古の例である。

明・清の地方都市の典型プランの西安城は，矩形城壁の四方に城門を一つずつ設ける。東西，南北の城門をつなぐ十字道路が都市の幹線街路になり，そ

の交差点に鐘楼，西側に鼓楼が配置された。現存する鼓楼は明1380(洪武13)年に再建され，間口9間，奥行き5間の3層入母屋造で，矩形の磚造基壇(高さ8.7m，東西52.6m，南北38m)の上に建ち，基壇を含めた建物の高さは33mである。基壇中央に，南北方向に幅と高さ共に6mのボールト状通路が造られている。鐘楼は明1384(洪武17)年に再建され，間口と奥行きが共に7間の3層宝形造で，基壇を含めた建物の高さは36mである。基壇は辺長35.5m，高さ8.6mで，東西，南北街路の交差点に位置するため，幅6mのボールト状通路が十字に交差している。　　　　　　　　　　　　　　　　　　(包　慕萍)

せいあんせいしんじ【西安清真寺】　陝西省西安市内の化覚巷にある明の1392(洪武25)年創建のモスク。現在の建物は，明，清を通して数回修復された。敷地は東西245.68m，南北47.56mで，聖地メッカの方向に礼拝するため，建物は東向きに配置される。照壁・木牌楼と大門が第一中庭を，続いて，石牌坊と碑亭および第二門が第二中庭を構成する。第二門を過ぎると，モスクのミナレットの役割を果たす木造の省心楼(邦克楼ともいう)が第三中庭の中央に位置し，これは八角形の重層(三重櫓)宝頂造である。また，南北の庭塀に沿って講堂と浴室が配置される。第三門後方の第四中庭の中央に真一亭(鳳凰亭ともいう)，その後ろ側に礼拝大殿が位置する。大殿は間口7間で32.95m，奥行きは前廊から後窯殿の奥壁まで38.53mで，凸形平面をなす。後窯殿は3間四方で，奥(西)壁に聖龕(ミフラーブ)が彫刻されている。木造で大空間を造るには屋根の処理が難題だが，ここでは礼拝殿の正面に対して平入りに入母屋を2つ並列してから，後窯殿の入母屋と90度で交差させる。屋根の琉璃瓦は，イスラム教で好まれる青色を使用している。　(包　慕萍)

せいあんひりん【西安碑林】　現在の西安碑林博物館。陝西省西安市にあり，西安にゆかりのある石碑や墓誌などを集める。唐末の904(天祐元)年，洛陽遷都により荒廃した長安城を当時の群雄の一人，韓建が再興した時に，もと国子監にあった石経(儒教経典の石刻)を孔子廟で保存したのに始まる。北宋末の1090(元祐5)年に孔子廟は現在地に移り，数度の修築を経た。名品が数多く林立するが，近代以降はこの地方出土の石刻が精力的に集められ，所蔵点数は飛躍的に増加した。　(辻　正博)

せいい【誠意】　『大学』に，「意を誠にすれば，自ら欺くなし。悪臭を悪み好色を好むがごとし。これを自ら謙しと謂う」とあるように，儒家の自己修養法。朱子によれば，意は心が事物に対して愛好するか憎悪するかを感じ発動する意念，誠は真実無妄である。意を誠にすれば，人は妄念を改めて真実無妄な心に遷ることができるという。王陽明は朱子と同様に「意は心が(物に接して)発する所」と考えて，善悪混在する意念の修養を重視し，「意を誠にするの功は，物を格す(善を為し悪を去る)なり」と教示している。

　これに対して明末の劉宗周は，善念悪念の混在する「念」と「意」を厳正に区分したうえで，意は「心に存して，善を好み悪を悪む」という一定方向を示す心の羅針盤であるとして，独自の誠意説を提唱した。尚，この慎独を修養とする劉宗周の誠意説は，幕末維新期の儒学者(春日潜菴等)によって受容され，日本近代化思想にも影響を与えている。　　　　　　　　　　　　　　　　　　(難波　征男)

せいいき【西域】　中国の歴代王朝で中国文化とは異質な西方の地域・国々を指した呼称。一般的にはタリム盆地から西アジア付近迄の地域を指すと見てよい。西域はしばしばユーラシアの遊牧民族の支配下に入ってその財源となり，あるいは東西交易上に占めた重要性の故に，中国の歴代王朝によって重視され，漢は西域都護を，唐は安西・北庭都護府をタリム盆地付近に置き，清では伊犁将軍をイリ河畔に置いて，西域の国々を皇帝支配下の秩序ある位置に置こうとした。アヘン戦争以後の中国人の西方世界に対する知識の拡大と，新疆省の設置がこの言葉を歴史上のものとした。

　西域は漢代に「三十六国」あったと記録されているが，各国の人口は数百人から百余万人さらに未知数の国まであり，内実は一様ではない。また各国の王の称号を見ると，1〜3世紀のクシャン朝ではギリシア文字を使ってイラン語の一方言で「王中の王」等と貨幣に刻し，3〜4世紀の鄯善(楼蘭)国では「侍中」という中国の官号を帯びた王号で，6世紀の高昌王は希利発(イルテベル)なる突厥の官号を帯びたなどの例があり，周辺の国・地域との強い政治的・文化的関係を窺わせる。

　西域の人種については「深目にして高鼻，鬚髯多し」(『隋書』西域伝)という記述が，一部の例外を除き該当するようで，キジル石窟・ベゼクリク石窟等出土の壁画はこのことを窺わせる。9〜10世紀頃を境に西域にはトルコ系言語を話す民族が移住しその主流となっていくが，人種混交の経過は不明な点が多い。言語は東部の一部での中国語の他は，中期インド語・ソグド語・コータン語その他のインド・イラン系の言語，これらと関連しつつも系統を異にするいわゆるトカラ語などがアラム・インド系の文字を用いて行われたが，9〜10世紀以降，様々な過程

を経て次第にウイグルその他のトルコ系言語が主流となった。宗教はゾロアスター教(祆教)・仏教・マニ教・ネストリウス派キリスト教(景教)等が多様な形で行われたが，サーマーン朝・カラハン朝の頃からイスラム教が漸く有力となり，その後徐々に東方に拡大し，15世紀末迄には最東部のハミや吐魯番(トルファン)がイスラム化したと言われる。　　　　(山本 光朗)

せいいん【生員】　明清時代，官立の地方学校である府学・州学・県学に籍を置く学生で，秀才とも称する。古くは中央の太学に在籍する学生も指した。府・州・県学の入試に臨む受験生は童生と呼ばれ，童試(県試・府試・院試の3段階)を経て選抜された。生員は，進士・挙人など科挙によって得られる資格と異なり，学生の身分は過ぎないが，本人には徭役免除等の特権が与えられ，地域有力者としての地位を有した。一定額の学資が給付される廩(りん)膳(ぜん)生以下，増広生，附生などの別があり，学籍保持の年数や歳試(3年に1度の定期試験)の成績により昇降された。歳試の成績上位者は，さらに科試(学内の選抜試験)を受け，科挙の地方試験である郷試に応じる権利を得た。清の府・州・県学は教育機関としての実質を殆ど失い，生員が資格保持のために学籍を置くだけの存在と化した。なお，貢生として国子監に進んだり，知県や教官に任官する進路のほか，胥(しょ)吏や幕友になる場合も多かった。
(櫻井 俊郎)

せいいんがく【声韻学】　→音韻学

せいえい【精衛】　神話上の鳥の名。炎帝の娘が東海に溺れて死に，精衛という鳥に化身し，海を埋めるために木や石をくちばしで運び続けたという(『山海経』北山経，西晋の張華『博物志』巻3，南朝梁の任昉(じんぼう)『述異記』巻上)。成語「精衛塡海(海を塡める)」「塡海精衛」は困難を恐れず意思堅固なこと，また深い恨みを持ち必ず仕返しをしようと志すことの喩えに用いられる。　　　(鈴木 健之)

ぜいえん【説苑】　前漢の政治思想書。20巻。前漢の劉 向の撰。『玉海』は前24(陽朔元)年2月に上奏されたとする。劉向の叙録によれば，宮中所蔵の『説苑雑事』なる書物を整理し，『新序』と重複するものを除き，分類・増補して全20篇とし，『新苑』と名づけたという。『漢書』芸文志には，『新序』『列女伝』と併せて「劉向所序」と録されるが，『隋書』・新旧『唐書』経籍志は『説苑』20巻と著録する。五代に大半が散佚したが，北宋の曾鞏(そうきょう)が失われた部分を発見して復元し，現行本はこれに基づく。内容は先秦より漢に至る古人の言行を記して，君臣のあるべき姿を示す教科書としたものであり，『漢書』36・楚元王伝によれば，劉向は『新序』『列女伝』とともにこの書を上奏して，宦官や外戚勢力の台頭による時の政治の混乱を収拾するために，帝に秩序の模範を示そうとしたという。それ故この書の記述は劉向の意図に合うよう史実を改変したものもまま見られる。　　　　(大野 圭介)

せいおうぼ【西王母】　中国の神仙的女神。中国古代の神話的地理書である『山海経(せんがいきょう)』の西山経は，西王母について，玉山を居所として，人間の形をしているが，豹の尾，虎の歯をもって，ざんばら髪に勝の飾りをつけ，災害や五刑などの殺害の気をつかさどっていたという。これが西王母の最も古い形であり，勝の飾りはそのシンボルであった。その後，人格化が進むとともに，大地の中央にして中国の西北に位置する神山崑崙山(こんろんざん)を居所とするようになる。前漢中期の洛陽のト千秋墓壁画や前漢末期の江蘇省沛県棲山漢墓の画像石では，女性の形をして，新たに兎，三本足の鳥，九尾狐，蟾蜍(せんじょ)などを眷属として伴っている。西王母に対する民衆の信仰が爆発的に起こったのもこの頃で，哀帝の建平4(前3)年，関東に起こった騒擾は都の長安にまで波及した。これらの信仰は西王母が本来属性としてもつ不老不死と関係がある。中国の神話的英雄である羿が西王母の所に行って不死の薬を貰い帰ったところ，妻の嫦(じょう)娥(が)がそれを服用して月に奔(はし)ったという伝説(『淮南子(えなんじ)』覧冥訓)は，西王母と不死の関係を示す古い例である。また墳墓において壁画や画像石に西王母が表されたのは，死後における霊魂の昇仙の先の不死の世界としてであった。前漢初期の長沙馬王堆漢墓出土の帛画では，死後の霊魂は不死の世界である崑崙山のパラダイスへと昇仙していくと考えられたが，前漢後期になると，ともに不死を属性とする崑崙山と西王母が結びついて，西王母が崑崙山に住むこととなり，死後の霊魂も崑崙山の西王母のところへと昇仙するようになった。この結果，西王母は墓室装飾の中心的存在となり，後漢時代の画像石墓や画像磚墓において盛んに表された。四川の成都市近郊出土の西王母画像磚はその完成した形式を示し，奥に西王母が龍虎座に座して，その周りに不死の仙草を持つ兎，三足鳥，九尾狐，蟾蜍が配され，手前に昇仙した墓の主人公夫婦を迎える姿を表している。また，前漢の武帝のもとへ西王母が訪れて仙桃を渡したという伝説(『漢武帝内伝』)も，不死の権化たる西王母の表れである。　　　(曽布川 寛)

せいか【西夏】　1038〜1227。現在の寧夏回族自治区〜甘粛省西部を中心とする地域で農牧業と通商を基盤として栄えた，チベット系王国。タングー

ト(党項)族が建てた。仏教・儒教文化が発展し，特に仏教は中国の他チベットの影響も大きく受け隆盛した。国号は大夏。西夏は宋の呼称。タングートという民族名は漢籍・突厥碑文に見え，自称はミ，チベットからの呼称はミニャク。タングートは6世紀ごろ四川北部の辺外で遊牧を営んでいたが，8世紀に吐蕃(とばん)の進出で，その一部が唐の辺境沿いに北方へ移住，霊州から夏州などオルドス南部地方で3部(平夏・東山・南山)の勢力を形成し，唐の羈縻支配を受けた。9世紀末，平夏部の長の拓跋思恭は黄巣の乱の平定に活躍，夏州定難軍節度使に任じられ，李姓を与えられた。

北宋代には，982年，当主の李継捧が内紛から夏州などの領域を宋に献上，入朝したが，族弟の李継遷(太祖)は宋へ対抗，遼と結び，夏国王に封じられ，霊州を占拠した。11世紀初め，李徳明(太宗)は，宋・遼から冊封され，西方ではウイグルへ侵入，農業・商業もさかえ，興慶府(のち中興府，現在の寧夏回族自治区銀川市)に都を置いた。この繁栄を継いで李元昊(げんこう)(景宗)の時代には，禿髪令を発し，西夏文字を制定して部族の独自性を打ち出し，官僚機構を整備し，吐蕃・ウイグルを押さえた。1038年に大夏皇帝を称し，宋の西北辺を脅かし，1044年，宋との和議(慶暦の和約)により宋から毎年莫大な銀・絹・茶の支払いを受け，貿易場も開設された。11世紀後半以後，王韶(おうしょう)の熙河経略など宋の攻勢が続いたが，12世紀前半，金が遼を滅ぼすと，金と良好な関係を結び，宋の南渡によって宋との直接の国境がなくなり，以後，金と西ウイグル・西遼との間にあって繁栄を続けた。12世紀後半の西夏は対外的に平和であったが，13世紀に入りモンゴルの侵入をしばしば受け1227年に滅んだ。その遺民の一部はモンゴル帝国・元朝の軍人・官僚として活躍した。1908年に西夏王国の黒水城(カラホト)遺蹟から西夏語訳の仏典や法典の『天盛旧改新定律令』，西夏文字辞典の『文海』，西夏語=漢語対訳用語集の『番漢合時掌中珠』などが発見され，1970年代以後，西夏陵の発掘も進んでいる。

(松田 孝一)

せいか【青花】　白色の磁胎に，酸化コバルトを主成分とする顔料(呉須(ごす))で文様を絵付けし，透明釉をかけて還元焼成したやきもの。日本でいう「染付」。白地に青藍色の文様が浮かびあがる，釉下彩技法の一種。元時代の景徳鎮窯で創始された。1320〜30年代頃，景徳鎮窯では「枢府手(すうふで)」と呼ばれる白磁が完成し，釉裏紅や鉄絵など釉下彩技法を獲得していたことから，そこに西アジア産のコバルト青料(回青)が輸入されたことで，本格的に青花磁器の生産が始められたと考えられている。陶磁器における絵付け装飾の流行，イスラム圏を中心とする海外市場の需要もあり，元末には，至正様式と呼ばれる青花磁器の大作を世に生み出すまでになった。至正11(1351)年銘をもつ「青花雲龍文象耳瓶(一対)」(大英博物館蔵)はその基準作。明時代初めに景徳鎮に官窯が設営されて以降も，青花は五彩とともに磁器装飾の主流であり続けた。安南(ベトナム)では14世紀末，朝鮮半島では15世紀に青花磁器の焼造が始められ，日本では肥前有田窯が，白磁の焼成に成功してまもない17世紀初頭からその生産を始め，主要製品となった。

(長谷川 祥子)

せいかいき【斉諧記】　志怪小説集。南朝宋の東陽無疑撰。『隋書』経籍志に7巻と記されるが，現在は失われ，『玉函山房輯佚書』『古小説鉤沈』等に佚文が収録される。東陽無疑は伝未詳。書名は『荘子』逍遙遊篇の「斉諧は怪を志(しる)す」に由来し，内容も怪異譚を主とするが応報譚の要素をもつものも見られる。発狂して人食い虎になった薛道詢の話などが有名。梁の呉均に『続斉諧記』1巻がある。

(齋藤 希史)

せいがくかざんびょうひ【西岳華山廟碑】　後漢の石碑。弘農太守である袁逢が西岳(華山)の祠堂を修復しその経緯を記したもの。165(延熹8)年の立碑。隷書22行・行38字。碑額は篆書で「西岳華山廟碑」とある。原石は明の1555(嘉靖34)年の大震災で壊滅したと伝えられるが，現在，長垣本(東京，書道博物館蔵)・関中本(北京，故宮博物院蔵)・四明本(北京，故宮博物院蔵)・順徳本(香港中文大学文物館蔵)の4本の拓本が伝わっている。漢隷中，書格の高さには定評がある。

(小川 博章)

せいがくそうでん【聖学宗伝】　明の儒林伝。18巻。陽明学泰州学派の周汝登が，1605(万暦33)年に陶望齢と共同で編集する。上古の伏羲から明の羅汝芳に至るまでの儒学路線上の人物89人の小伝と関連資料から成る。陸象山・楊簡・王陽明・王艮・王畿ら，いわゆる陸王学(心学)に連なる人々に高い評価が与えられるが，異なる思想傾向の人々も包摂している。後に黄宗羲は，本書や孫奇逢の『理学宗伝』を批判する立場から『明儒学案』を編纂する。

(柴田 篤)

せいかじ【棲霞寺】　江蘇省南京市東北郊，摂山にある仏寺。栖霞寺とも表記。5世紀末，逸士明僧紹が寄進した草庵の地に，法度を開基として創建。南朝期には同寺及び周辺に僧朗(法度門下)・僧詮・法朗・慧布らが住し，三論(中論・百論・十二

門論)研究の一大拠点として繁栄した。僧紹の子の明仲璋と法度が造立した無量寿三尊など南朝期の石窟造像群や，隋の601(仁寿元)年建立の舎利塔の後身で，五代十国南唐代重修の八角五層石塔が遺り，今も江南有数の名刹として偉観を保つ。

(稲本　泰生)

せいかじしゃりとう【棲霞寺舎利塔】　江蘇省南京市の棲霞寺にある舎利塔。もともと隋の601(仁寿元)年に創建されたが，現在のものは五代十国南唐に再建された。高さ18m。石造で八角形の平面を持ち，五重塔の形式からなる。石造ではあるが，造形の面で木造を模倣している。周囲に欄干が巡る基壇には，花や波の文様，魚や龍などが彫られている。また，塔身には四天王像や菩薩像が彫られている。軒下の飛天などの像は，敦煌の石窟のものとも類似している。

(高村　雅彦)

せいかじせっくつ【棲霞寺石窟】　江蘇省南京市の東北，摂山(棲霞山)に開かれた石窟。『金陵摂山棲霞寺碑』(南朝陳の江総撰)と『摂山棲霞寺明徴君碑』(676年。唐の高宗立。棲霞寺に現存)に拠れば，5世紀後半に山東から南渡して摂山に来住した明僧紹と，同じく摂山に住した僧法度によって寺の基が築かれ，明僧紹の没後，子の明仲璋と法度によって無量寿大仏龕が造られたという。明僧紹の没年に関しては484(永明2)年と489(永明7)年の2説があり，また，大仏の完成年代も5世紀末(南朝の斉)説と6世紀初の梁の天監11(512)年説がある。

現存する大仏窟(第14窟)は高さ約6mの本尊如来坐像と両脇侍菩薩立像を彫りだす。本尊は禅定印，上半身は後世の補修に覆われているが，台座前面が裳懸座となる中国式服制の像である。脇侍は台座蓮弁以外は全身補修されている。また，隣接する第13窟にも梁代頃の二仏並坐像があるが補修箇所が多い。なお，近年の修復・調査により大仏窟周辺に梁代と思われる中小龕が確認されるようになった。とくに頂上付近の龕に「中大通二年」(530年)の刻銘が残っており，この一帯が梁代の造営であることを示している。このほか唐代を含む計290余の仏龕が数えられる。南京周辺の数少ない南朝石窟造像として重要である。

(石松　日奈子)

せいかぶんか【斉家文化】　1924年にJ.G.アンダーソンが甘粛省東郷自治県斉家坪で発見した初期青銅器文化。主に寧夏回族自治区の南縁部から甘粛省東部，青海省東縁部に分布する。アンダーソンは斉家文化を甘粛六期編年の最古段階に位置づけたが，後に馬家窯文化に後出したことが確認された。代表的な遺跡は大何荘・秦魏家(甘粛省臨夏県)，皇娘娘台(同省武威県)，柳湾(青海省楽都県)など。炉を伴う方形住居址の他，祭祀址と考えられる円形配石遺構や卜骨も発見されている。墓葬は西～北頭位の仰身直肢葬が一般的であったが，「二次葬」も一定の割合を占める。また，2ないし3体の成人男女の合葬墓も注目される。

土器は無文の泥質紅陶と夾砂質の紅褐陶が主で，器種は各種罐・鬲・斝など。大双耳罐と高頸深腹双耳罐が特徴的である。西寄りに位置する遺跡では彩陶も見られるが，一般に彩文は直線的で簡素である。生産工具は石器・骨器を主とし，匕・刀・錐などの銅製品が散見される。斉家文化は，馬家窯文化(彩陶文化)と客省荘文化(灰陶文化)の複雑な影響関係のもとに成立したと考えられる。

(倉林　眞砂斗)

せいかもじ【西夏文字】　党項羌族(タングート)の建てた西夏の大慶年間(1036-38)に，国王李元昊が大臣の野利仁栄らに命じて漢字に倣って創作させ，公布した国定文字。全部で6000余字があり，字形は漢字に似て正方形をなし，1文字が1音節を表す。少数の独体字と多数の合体字から構成され，会意合成字と音意合成字が総字数の約80％前後を占める。西夏王朝は「蕃学院」を設立して西夏文に通じた人材を養成し，この文字で西夏の法律，歴史，文学，医学などの書籍が撰述されたほか，大量の漢籍と仏典が西夏語に翻訳された。漢語との対訳語彙集のほか，西夏文字の字典および韻書があり，解読の基本資料となっている。西夏国滅亡後も元代の中期から明代まで使われていた資料があるが，その後は死文字となった。20世紀初頭の中央アジア探検で発見された大量の西夏文字資料をもとに各国で解読が進められた結果，今日では大多数の文字の意味が特定され，チベット―ビルマ語派に属する西夏語の音形式の再構と文法構造の解明が試みられている。

(池田　巧)

せいかりょう【西夏陵】　寧夏回族自治区銀川市に所在する，西夏の陵墓群である。西夏陵の陵区は，銀川市の西方35km，賀蘭山の東側に位置し，南北約10km，東西約4.5kmの範囲に帝陵9基，陪葬墓207基が発見されている。調査は1972年から1977年にかけて発掘を中心に行われ，さらに1986年から現在に至るまで測量及び発掘調査が断続的に続けられている。調査報告は1995年に，寧夏文物考古研究所・許成・杜玉冰編著『西夏陵』が出されている。

9基の帝陵は文献の記載と考古学的調査より，太祖継遷から開国の皇帝元昊を経て第7代皇帝安全ま

でのものと考えられている。帝陵は各辺に門闕を持つ方形の陵城に，陵台・献殿などを配し，正面に月城・碑亭・鵲台などを設ける。建築物は土を突き固めて作り，周囲を塼や瓦で飾っていたと考えられる。陪葬墓は大小さまざまあり，大きいものは墓城・月城・碑亭などを持ち，小さいものは墳丘のみである。
〔三宅　俊彦〕

せいかろく【清嘉録】　蘇州の年中行事記。12巻。初刻本は1830(道光10)年に刊行された。清の顧禄の著。毎月1巻の構成をとり，月ごとに民間の行事や風俗及びそれに関連する詩詞を引き，合計242条に及ぶ。また各条の最後には，その記事にちなんだ文献資料を付載しており，資料的価値も高い。書名は西晋の陸機の楽府「呉趨行」の句「土風は清く且つ嘉し」に基づく。刊行の翌年には早くも日本に舶来し，1837(天保8)年には訓点本が出版された。
〔井波　陵一〕

せいかん【西漢】→漢

せいき【斉己】　生没年不詳。10世紀唐末五代の詩僧。長沙(湖南省)の人とも益陽(湖南省)の人ともいう。本名は胡得生。幼少のころから詩才を愛でられ，各地を遍歴してのち，長安に至って，詩名とみに上がった。当時の著名な詩人だった鄭谷と親しく交わり，斉己の『早梅』詩に，「前村深雪の裏，昨夜数枝開く」とあったのを，鄭谷が「数枝」を「一枝」に改めた方がよいといった話は，「一字の師」の故事として知られる。詩集『白蓮集』10巻のほか，詩の風格を類別して論じた『風騒旨格』がある。『唐才子伝』10に伝がある。
〔興膳　宏〕

せいぎ【正義】　経書の注解の名。唐の孔穎達『五経正義』を嚆矢とする。その由来は後漢の桓譚の上疏文に基づくといわれ，「正しい義」を意味するが，賈公彦『周礼疏』『儀礼疏』が正義と命名されないことからすると，経書に関しては欽定の意味をも併せ持ったと考えられる。ただ同時期に正義の名を持つ文献も存在し(張守節『史記正義』等)，経書のみならず他の文献にもこの名称が使用された。特に清代では焦循『孟子正義』をはじめ，その用例は多い。
〔野間　文史〕

せいぎ【清議】　六朝時代の地域社会やグループ内における興論のこと。もともと漢代の郷挙里選においては，郷里の人々の評判(郷評・郷論)に基づいて中央への推薦が行われていたが，後漢末期，宦官勢力による選挙の乖乱が激しくなると，官僚候補者たる士人層が，仲間内で人物評価を行い，宦官派に対抗するようになる。時政批判も含めたこの種の談論は，清議・清論あるいは清談とも呼ばれた。士人によるこのような人物評論は，儒家的礼制を基準とする人物の品行評価も含めるようになり，三国魏の建国と同時に施行された九品官人法によってさらに社会的制裁力を強め，郷党の清議によって郷品を降格されたり，任官権を失う者も出現した。『三国志』を著した陳寿の場合はその最たるもので，父の喪中に下女に丸薬を作らせたことや母を郷里に葬らなかったかどで，郷党の貶議を受け，長らく任官できなかった。この貶議から脱出するには皇帝の赦令が必要な場合もあった。
〔東　晋次〕

せいぎどうぜんしょ【正誼堂全書】　清初の朱子学者張伯行が編纂した，朱子学中心の叢書。全525巻。立徳・立功・立言・気節・名儒粋言・名儒文集の6部から成る。もと55種であったが，清末に左宗棠が重刊するに当たり，68種に増添した。宋代から清初までの朱子学者やその周辺の思想家の著述を集めており，周張二程(周敦頤・張載・程顥・程頤)の著作をはじめ，明代では羅欽順の『困知記』や胡居仁の『居業録』など，清代では陸隴其の『問学録』，張伯行自身の文集や『困学録集粋』などを収録する。
〔前川　亨〕

せいきょ【制挙】　科挙の臨時試験。進士科のように恒常的に行う試験を常科というのに対し，臨時的に行う試験を制科・制挙と呼ぶ。天災などの際に，臨時に皇帝の詔を受けて，近臣・公卿・郡守などが有能な士を推薦する漢代の賢良方正などの科がその前身に当たる。唐宋代は，試験制度が整備され，推薦とともに自薦も併せ行われた。合否には，皇帝の面前で行う御試の成績が重視されるようになり，科挙の特別な試験と見なされるようになった。
〔平田　茂樹〕

せいきょうしょう【西狭頌】　後漢の摩崖。正式には「漢武都太守漢陽河陽李翕西狭頌」。またの名を「李翕碑」ともいう。171(建寧4)年の刻。武都太守の李翕が険しい路を修復し，人民の利便を図った功績を頌えた摩崖刻石。書体は隷書，20行・行20字，1字が約6〜8cm。文末に仇靖書と刻されている。甘粛省成県の天井山に石は現存する。その右側には黄龍・白鹿・嘉木・甘露・木連理の五瑞図と題記が隷書で刻されている。同時に製作されたものと考えられる。また，上部には「恵安西表」の4字が篆書で刻されている。
〔小川　博章〕

せいきょく【西曲】　南朝荊蘇(湖北地方)の民謡から出た歌曲・舞曲。西声ともいう。江南

の呉歌とともに清商楽の重要な要素である。西曲とは，東の呉歌に対する名称である。

　晋の王室の南遷後，北の中原の文化が徐々に揚子江上・中流の南岸の地方に溶け込み，水運を利用した経済の発展とともに南朝の斉・梁代の頃からここに新しい文化が生まれた。民謡もまた，土地の純朴な曲調の中に中原の相和歌の系統が受け継がれて西曲と呼ばれ，江南の呉歌とともに清商楽を形成し発展した。鈴・鼓(鈴と笙，箏と鈴鼓という説もある)の伴奏で独唱する倚歌，曲の中間に和(伴唱)を用いる舞歌などの形式がここに新しく生まれた。『三州歌』『莫愁歌』『烏夜啼』など30余曲の西曲が北宋郭茂倩『楽府詩集』清商曲辞に収められている。その中には港町を訪れる商人と伎女たちの離情をうたったものが多い。　　　　　　　　　(古新居　百合子)

せいくん【声訓】　　訓詁学上の術語。音訓ともいう。語の音声的類似性から語源を探り，解釈(訓)を与えようとすることからそう呼ばれる。後漢の劉熙『釈名』は，専らこの方法で語義を解説した字書で，「天，顕也」「日，実也」「月，缺也」などの訓がそれに当たる。完全な同音というよりも，注字と被注字は双声畳韻などの関係にあることが多い。語義の解釈としては民間語源説の域を出ないが，文字間の声訓関係は，上古音を考察する一助となる。　　　　　　　　　　　　(木津　祐子)

せいけい【盛京】　→瀋陽

せいけいざっき【西京雑記】　　晋の小説。6巻。唐以前の書目は2巻とする。晋の葛洪の撰。葛洪の跋文に「葛家には前漢の劉歆が著した『漢書』100巻があり，劉歆が史書を編纂しようとして漢代の出来事を記録したが，未刊のまま亡くなり，後の好事家が整理したものと伝えられてきた。班固の『漢書』はほとんどすべてこの書に基づいており，班固が取らなかった部分を2巻にまとめて『西京雑記』と名づけた」といい，これによれば原作者は劉歆であるが，『隋書』・新旧『唐書』経籍志が既にこれを疑っており，今日では葛洪自らの撰とする説が有力である。内容は王昭君の匈奴との政略結婚や，後宮の女官趙飛燕とその妹が成帝の寵を争う話など，前漢の宮廷にまつわる逸話を中心とするが，他に前漢の名士の逸話や，伝説に属する非現実的な物語などが，時代やテーマにかかわらず雑然と並べられている。　　　　　　　　(大野　圭介)

せいげんえい【成玄英】　　生没年不詳。初唐の重玄派の道士。陝州(河南省)の人。名は英，字は子実。名前に玄の字を加えるのは重玄派道士に共通する習慣。早く東海に隠棲していたところ，貞観年間(627-649)に召し出されて都にのぼったが，のち罪を得て永徽年間(650-655)に郁州に流されたと伝えられる。著に『老子道徳経注』『老子開題序訣義疏』『南華真経(荘子)疏』などがあり，いずれも三論などの仏教教理学の影響を強く受けた解釈を施している。　　　　　　　　　　　　(麥谷　邦夫)

せいげんぎょうし【青原行思】　　671(咸亨2)～738(開元26)。没年は一説に740。唐代の禅者。吉州安城(江西省)の人。諡号は弘済大師。俗姓劉氏。幼くして出家し，韶州(広東省)の六祖慧能に参じた。南岳懐譲とともに慧能の二大弟子とされる。吉州の青原山静居寺で弟子を教化した。門下に石頭希遷を出し，遠孫には洞山良价・曹山本寂・雲門文偃・法眼文益らがあり，それぞれ一家をなした。伝は『宋高僧伝』9，『祖堂集』3，『景徳伝灯録』5ほか。　　　　　　　　　　　(高堂　晃壽)

せいこ【西湖】　　現在の浙江省杭州市にある湖水。西湖の名は，湖水が杭州城の西に位置していたことに由来する。また，武林水・銭塘湖・西子湖の名でも呼ばれる。古代，西湖は銭塘江と連なっていたが，しだいに泥砂によって外海から隔絶されて現在の湖沼を形作った。現在，周囲約15km，湖面約5.68km^2。東が市街区に面しているのを除き，北・西・南の3面が山に望む。孤山・小瀛洲・湖心亭・阮公墩が湖面に点在し，また，湖水の浚渫に尽力した唐の白居易と北宋の蘇軾にちなんで名付けられた白堤・蘇堤が湖面を東西と南北に貫く。古来，湖面内外の美しい景物は人々を魅了し，その景観は蘇堤春暁・平湖秋月・花港観魚・柳浪聞鶯・双峰挿雲・三潭印月・雷峰夕照・南屛晩鐘・曲院風荷・断橋残雪の「西湖十景」で名高い。孤山には清の行宮跡に中山公園が設けられ，西冷印社・浙江省図書館・同博物館等の文化施設が集まり，『四庫全書』の「江南三閣」の一つであった「文瀾閣」も孤山の南麓にある。また，西湖周辺には林和靖・岳飛・于謙・章炳麟・秋瑾等，古今の著名人の墳墓も少なくない。　　(木田　知生)

せいこう【声腔】　　伝統演劇音楽用語。通常は，ある劇種の中で使われる，共通の由来と共通の音楽的特徴をもつ腔調(ふし)をさす。伝統演劇音楽の発展の過程において，多種の声腔が生まれたが，多くは海塩腔・崑山腔のように発生地・流行地の名が付けられている。また，梆子腔・高腔のように音楽の特徴によって命名されたものもある。海塩腔・余姚腔・弋陽腔・崑山腔は明代の，また，崑山腔・弋陽腔・梆子腔・弦索腔は清代中葉の四大声腔

といわれ，崑山腔・高腔・梆子腔と皮簧腔は近代中国における伝統演劇の主要四声腔とされる。各々の声腔は多種の劇種を包含しているが，具体的な内容については皮簧腔系，梆子腔系等の項を参照されたい。　　　　　　　　　　　　　　（孫　玄齡）

せいこうき【井侯殷】　西周時代前期の*青銅器。1921年に洛陽から出土したとも言われるが，定かでない。銘文末に「周公の彛を作る」とあることから周公彛(殷)とも呼ばれる。内底に69字の銘文があり，王が栄と内史に井侯の後を継ぐように命じた内容を記す。作器者の栄は西周前期の金文によく現れる人物で，ここでも王から直接命令と賜与を受けている。栄が周公の子孫であることを示す重要な器である。高さ18.5cmほどの殷で，現在，大英博物館の所蔵である。　　　　　　　（竹内　康浩）

せいこうでん【済公伝】　清の白話小説。『済公全伝』『済顚大師酔菩提全伝』『済顚大師玩世奇跡』『皆大歓喜』『度世金縄』など多くの別名があり，20回本，36回本など多くの版本がある。済顚を描いた物語として，明の1569(隆慶3)年に刊行された『銭塘漁隠済顚禅師語録』は，短編であるが，早い時期に小説化された作品である。『*西湖佳話』に収める『南屏酔蹟』も済顚の物語である。済顚の事跡は，田汝成の『西湖遊覧志余』に見えている。済公は名を道済といい，南宋の人。紫金羅漢の生まれ変わりであるという。杭州の霊隠寺で出家し，のちに浄慈寺に移るが，酒を飲み，肉を食らい，型破りの行動をしているので，「済顚」というあだ名がついた。ところがこの済顚には不思議な力があり，皇太后，やがては皇帝からも莫大な金額のお布施をいただいてくるのである。最後には，円寂する。済顚は古くから人気のキャラクターの一つであって，読み物としての小説ばかりでなく，語り物・演劇などの題材になっている。最近でも映画やテレビドラマになっている。　　　　　　　（大木　康）

せいこうのへん【靖康の変】　北宋王朝が女真人の金のために滅ぼされた事件。1115(政和5)年に成立した金が遼東に進出すると，徽宗はそれまで契丹人の遼に贈っていた歳幣(毎年贈る金品)を金に贈り，金と同盟して遼を挟撃し，燕雲十六州の奪還を狙った。連戦連勝の金軍に比べ，宋軍は弱く，燕京(北京)の攻撃は金軍が実行した。宋は歳幣40万や軍糧20万石，銅銭100万緡を贈与する約束で，1123(宣和5)年に燕京一帯を獲得した。しかし，宋は約束を守らなかったので，遼を滅ぼした金の太宗(在位1123～35)は金軍を南下させ首都開封を包囲した。徽宗(在位1100～25)は退位し欽宗(在位1125～27)が立ち，金に対する約束不履行ということで*蔡京らが処罰され，ひとまず講和が成立して金軍は撤退した。しかし宋はやはり講和条件を守らず，金に対する背信行為を重ねたので，1126(靖康元)年に再び金軍が首都開封を包囲した。金軍は張邦昌を即位させて楚国を建て，徽宗・欽宗や宋の皇族を拉致し，首都の民間から金銀財宝を奪取して撤収した。唯一人金軍の手を逃れた康王が南宋王朝を再建した。　　　　　　　　　　　　　　（衣川　強）

せいこかわ【西湖佳話】　清の短篇白話小説集。16巻。『西湖佳話古今遺蹟』ともいう。古呉墨浪子の作。各巻ごとに杭州西湖の名勝16か所にちなむ著名人16名の事跡を物語る。例えば「白堤政蹟」(第2話)では杭州の長官であった唐の*白居易が，「岳墳忠蹟」(第7話)では宋の愛国英雄岳飛が，そして「雷峰怪蹟」(第15話)では民間説話として名高い『白蛇伝』の白娘子が，それぞれ主人公となっている。　　　　　　　　　　　　　　（大木　康）

せいこにしゅう【西湖二集】　明の短篇白話小説集。34巻。明末清初ごろの杭州(浙江省)の人，周清原の作。杭州の西湖を舞台にした物語を集めている。書名から推して，もと『西湖一(初)集』があったと考えられるが，早くに逸してしまい，今日見ることはできない。ともに西湖にちなむ話を集めた『西湖佳話』が，特定の名勝と結びついた著名人の物語を集めているのに対し，『西湖二集』の方は，市井の庶民の話をも含めたより広い範囲にわたる話を収めている。　　　　　　　（大木　康）

せいこゆうらんし【西湖遊覧志】　明の地理書。24巻。田汝成の著。田汝成は銭塘(浙江省)の人。1526(嘉靖5)年の進士。この書の初版は1547(同26)年に出されている。中国屈指の名勝，杭州の西湖とその周辺の山川および杭州城内の名所旧跡に解説を加え，あわせて名人の題詠などを収めた書物である。各巻は「孤山三堤勝蹟」「南山勝蹟」など地区別に構成されている。同じ田汝成にその続編として『西湖遊覧志余』26巻がある。こちらは地理書というよりむしろ，杭州と西湖にまつわる著名人の故事を集めた書物であって，「帝王都会」「賢達高風」「熙朝楽事」「幽怪伝疑」など，故事の内容別に編纂されている。明末の白話小説集，とりわけ明末に刊行された周清原の『西湖二集』は，この『西湖遊覧志』に多くその素材をあおいでいる。杭州西湖についての資料であるとともに，小説史・民間文芸史を考える上でも貴重な資料である。　（大木　康）

せいこんしゅうしょうしゅう【西崑酬唱集】

北宋の詩歌集。2巻。1005(景徳2)年，北宋の真宗が資政殿学士の王欽若，知制誥の楊億らに命じて『歴代君臣事跡』(後に『冊府元亀』と改名)の編纂を開始させたのを機に，この編纂事業の参加者を中心に外部の文人も加わり，頻繁に詩の応酬が行われた。1008(大中祥符元)年，楊億がこれらの詩を編纂して『西崑酬唱集』と名づけた。主として楊億・劉筠・銭惟演の3人の酬唱によって構成され，それに丁謂・李宗諤・張秉・薛映ら15人の作247首を収める。これらの酬唱詩は晩唐の李商隠の詩風を学び，典故の多用，対偶の重視，韻律の流麗さ，言語の妍麗巧緻を特徴として「西崑体」と呼ばれ，この一群の詩人達は「西崑派詩人」と呼ばれた。社交の詩だけに当時の政治体制への批判もほとんど無く，新しい詩を作ろうとする意欲にも乏しい。

(大野 修作)

せいこんたい【西崑体】 北宋初期に楊億(974～1020)・劉筠(970～1031)・銭惟演(962～1034)らによって行われた詩のスタイル。晩唐の李商隠・温庭筠の詩風に学び，典故を多用して詩としての表現の美しさを追求した。彼らの詩風は，表現の華麗さを追求するあまり，詩の内容としては軽薄なものとなる危険性をはらんでいたが，当時において広く流行し，楊億ら17名の唱和詩を集めた『西崑酬唱集』2巻の書名から「西崑体」と呼ばれた。またこの詩風を用いた楊億ら，及びそれに学ぶ詩人を「西崑派」と呼称する。

北宋の欧陽脩は『六一詩話』で，この『西崑酬唱集』が世に出されてから，後進の詩人が争ってこれを模倣したために，世間に行われている詩風が一変することになったと述べ，さらに「之を崑体と謂う」と記す。また南宋の厳羽は『滄浪詩話』詩体の条に，「人を以て論ず」るもののひとつに「李商隠体」を挙げ，「即ち西崑体なり」と注記する。

(湯浅 陽子)

せいさいそうろく【聖済総録】 北宋の勅撰医学全書。『政和聖済総録』とも。全200巻。徽宗の命によって編纂された。政和年間(1111-18)の編纂で，宋代最大の医書。徽宗にはこれに先だち『聖済経』10巻の撰著もある。『総録』は全66門。歴代の医籍，民間の経験方，名医の献上方などを収集し，収載処方数は2万方近くもある。版木は金軍に奪われ，のち元の1300(大徳4)年に重刷。その印本は日本に伝わり，幕末に翻刻された。現行の中国版は日本刊本に拠っている。

(小曽戸 洋)

せいさこうぎ【青瑣高議】 北宋の伝奇・詩話などを集めた一種の通俗類書。もと18巻からなった。通行本は27巻。仁宗朝(1023-63)の人劉斧が著した。宋代伝奇の代表作が収められているのみならず，小説などの話芸で語られていた話柄を多数収載しており，いわゆる話本研究の必須文献。劉斧にはほかに『翰府名談』25巻，『摭遺』20巻，『続青瑣高議』巻数不明などがあったが，『青瑣高議』ともども散逸し，明の万暦年間(1573-1620)に『青瑣高議』20巻として再編されたらしい。通行の董氏誦芬室刊本は，これを前集10巻・後集10巻とし，その後に発見されたものを別集7巻に編集したものと考えられる。

(大塚 秀高)

せいさしょうらん【星槎勝覧】 明代の地理書。2巻本と4巻本があり，2巻本の方が原本に近いと考えられる。1436(正統元)年成る。費信著。費信は崑山(江蘇省)の人で，15世紀前半の鄭和の南海遠征に4度随行しホルムズまで到った。本書は東南アジア・インド・西南アジアにかけての風土・人物等を記す。実際の見聞は前半の22か国に限られ，他は前代の『島夷誌略』等の引用などからなり，利用には注意を要する。『史地小叢書』(商務印書館，中華書局重刊)所収の馮承鈞『星槎勝覧校注』が有用である。

(大澤 顯浩)

せいザビエルきょうかい【聖ザビエル教会】 マカオに建つ教会。イエズス会の創設者の一人フランシスコ・ザビエルは，インド・日本での宣教活動を経て，中国への宣教を志し，1552(嘉靖31)年に広東の上川島(広東省江門市台山)に上陸したが，病を得て，46歳で没した。その遺骨の一部を保管するために，マカオに聖ザビエル教会が建てられた。マカオ半島と橋で結ばれるコロアン島に立地する現在の教会堂は，1928年に新築されたものである。ザビエルの遺骨(右臂肱骨)が1978年までここで所蔵されていた。教会堂建築は単廊式で，聖壇は半円形平面，内部空間は素朴である。また，上海市黄浦区董家渡にある聖ザビエル教会は，清代1847(道光27)～53(咸豊3)年に建てられた中国内地で最初のイエズス会の教会堂である。

(包 慕萍)

せいざんいせき【西山遺跡】 河南省鄭州市古滎鎮孫荘村に所在する遺跡。仰韶文化の数少ない，城壁を持つ集落遺跡として著名。1984年に発見，93～96年に国家文物局が組織した調査隊が発掘した。

城壁はほぼ円形に集落を囲み，直径は約180m。外側に濠を持ち，2箇所の城門が確認された。城壁内の面積は2万5000m²以上と推定される。建築物の基礎部・墓地・道路などが確認され，土器・石器が多数出土している。1999年，『文物』第7期上に

て発掘の概略が報告された。　　　　（黄川田 修）

せいざんしょうしゅちゃ【正山小種茶】　福建省武夷山市星村鎮桐木関一帯で作られる紅茶。茶の乾燥の工程で、8〜10時間かけて、松の薪を燃やした煙を室内に充満させていぶすため、特有の煙の香りと味を有する。土地の伝承によれば、道光年間(1821-50)に、戦乱で時間がなくなり、あわてて薪でいぶした事で発明されたという。多くは欧米に輸出され、ラプサン・スーチョン(Lapsang Souchong)の商品名で知られ、南中国を代表する紅茶として愛飲されている。小種は、武夷茶の等級の名。　　　　　　　　　　　　　（高橋 忠彦）

せいさんひんせつ【性三品説】　人間の本性には三等級があるとする説。前漢の董仲舒、後漢の王充の流れを受け、唐代の文人官僚韓愈が「原性」を著し、「上は善のみ、中は上下に導くことができる、下は悪のみ」と説いた。これは人間に等差を認めたものだが、逆に中性つまり凡人も修養・学問によって上性つまり聖人に至ることができるという道を拓くことになった。　　（末岡 実）

せいさんるい【青衫涙】　元の戯曲作品。馬致遠作で、雑劇の形式をとる。白居易の古詩『琵琶行』にヒントを得た作品で、題名も同詩に「座中泣下つること誰か最も多き、江州司馬青衫湿う」とあるのによる。琵琶を善くする妓女裴興奴を、白居易が見初めるが、白居易は江州に左遷され、裴興奴の方はいやいや茶商劉一郎に身請けされる。後に江州で裴興奴が弾く琵琶の音を聞きつけたのがきっかけで再会、劉一郎のもとから彼女を救い出すという物語を、典雅な歌辞で描き出していく。また、この作品をもとに、明代には顧大典(1540〜96)による戯曲『青衫記』が編まれた。　　（赤松 紀彦）

せいし【正史】　厳密には四部分類の文献目録の史部正史類に分類される紀伝体史をいうが、一般的には正統的な王朝史として二十二史、二十四(五)史を構成する紀伝体史を指していう。正史の語は『隋書』経籍志の史部に紀伝体史の子目として用いられているのは周知の所だが、唐代、経籍志の撰者令狐徳棻が五代史、『梁書』『陳書』『斉書』『周書』『隋書』の撰述を高祖李淵に進言した際、これらを「正史」と呼んだことがこの名の端緒となった。『隋書』経籍志では必ずしも系統だった正史の概念はなかったようだが、御撰『晋書』、五代史を収録した『唐書』経籍志以後、紀伝体史の一系統を指すようになったものである。　　（稲葉 一郎）

せいし【西施】　春秋時代の越の美女。西子ともいう。『呉越春秋』越王句践陰謀外伝によれば、句践は会稽で呉に敗れた恥を雪ぐために、呉王夫差の好色につけ込むことにし、苧蘿山(浙江省)の美女、西施と鄭旦を宰相の范蠡に命じて、夫差に献上させた。のち夫差は国事を怠り、呉は越に亡ぼされた。呉が亡んだ後、西施は范蠡とともに五湖に身を隠したとする説(『呉地記』に引く『越絶書』)や、江に沈められたという説(『墨子』親士)がある。　　　　　　　　　　　　　　　　　　（小池 一郎）

せいし【青詞】　道教の斎醮時に神仙に奉る祭文のこと。青藤紙と呼ばれる用紙上に朱筆で書くため、この名がある。緑章・緑歌とも言う。唐の天宝年間(742-756)に始まるとされ、その形式は皇帝に奉る奏章の文と類似している。文章は多く駢文が用いられ、後に文体の一種となった。元来は施主自身が書くものであったが、後には著名文人の代作が多くなり、宋人の文集中には多くの青詞が残されている。　　　　　　　　　　　　　　（坂内 栄夫）

せいじ【正字】　漢字の字体の一つ。漢字の異体字のうち、『説文解字』や石経、あるいは『康熙字典』など、漢字をめぐる過去の伝統的文化の中で規範とされた、由緒ある文献などで正しいと規定された字体。唐代におこなわれた楷書の字体の整理によって正字と俗字が区別された。経書に関する学問や科挙の試験の答案などでは、かならずこの字体を使用しなければならなかった。　　　（阿辻 哲次）

せいじ【青磁】　青ないし緑色を呈する磁器のこと。青磁に分類される磁器の範囲はかなり広く、厳密な定義には見解の相違もあり、その輪郭は必ずしも明確ではない。青い色は釉薬や胎土に含まれる微量の鉄分によるものである。窯の中に次々と燃料を投入して火度を上げ、窯の中の酸素が不足する状態となる還元焔で焼成されることにより、鉄分が酸素を奪われ青みを帯びる。珠光青磁・米色青磁などのように、同様の成分の胎土・釉薬を用い、窯の中の酸素が十分な状態で焼成する酸化焔を受けることによって、黄色ないし黄褐色に焼きあがったものも広く青磁に含めることがある。また、青や緑色の磁器のすべてが青磁なのではなく、銅やコバルトを呈色剤として加えた釉薬を用いたものは青磁の中に入れない。青磁は東洋独特のやきものであり、きわめて長い歴史をもっているばかりでなく、北宋の汝窯青磁、南宋の官窯青磁など、宋には皇帝の用に供され、陶磁器の最高位におかれていた。（今井 敦）

せいじぎ【正字戯】　伝統演劇の劇種。劇中

で使用される言葉は，北方官話。海豊県・陸豊県を中心とする広東省東部から福建省南部にかけて，さらに現在では台湾でも流行している。広東省や福建省で，北方官話方言のことを「正字」「正音」と言うことに由来する。広東省の潮州市潮安県の墓から，「宣徳六(1431)年」と記された抄本の戯曲「劉希必金釵記」が出土していて，巻末に「正字」の字が見えることから，劇種の由来は明代初期にまで遡る。文戯と武戯に分かれ，伝統的劇目に『琵琶記』劇・『三国』劇などがある。　　　　　（福満 正博）

せいじきせき【西字奇跡】　明代，イエズス会士マテオ・リッチの著作。キリスト教の奇跡を表す図に付された解説文で，それにローマ字で音注を付してあるのでこの書名がある。『西儒耳目資』に先行するローマ字資料として貴重視される。西字奇跡の書名をもつ本はバチカン図書館所蔵本が唯一のものである。同じ版木を用いたと思われるものが『程氏墨苑』中に収録されているが，両者の刊行の先後関係は不明である。　　　　（高田 時雄）

せいしせっけい【正始石経】　三国魏の正始年間(240-249)に刻された石経。前漢の景帝の時に古文の経書が発見され(壁中書)，これを奉ずる古文派が次第に盛んになり，魏晋以降は博士に取り立てられた。『正始石経』は古文のテキストによって『書経』『春秋』，及び『左伝』の一部が刻されたもので，この約70年前に今文で刻された『熹平石経』と同様，国都洛陽城南の太学に建てられたが，間もなく失われ，宋代には『熹平石経』よりも残っていなかった。古文・篆書・隷書の3体を縦一列に並べて刻されたので『三体石経』とも言う。古文をよくした邯鄲淳や衛覬が書者と伝えられるが未詳。遺物から推測すると，縦2m幅1mの石碑，計28石に，各行20字(各字それぞれ3体で書かれているので60字)，表の『書経』が34行，裏の『春秋』が32行で刻され，この他に『左伝』の碑が若干枚あった。3体を品字のように配したもの，2体や1体のものも僅かに残る。　（宮崎 洋一）

せいしつ【静室】　道教徒が道術を実修したり，祈りを捧げたり，罪の懺悔告白を行ったりするところの施設。発音が近似する「靖室」「精室」「浄室」「清室」などの文字によって表記されることもあり，意味上の連関から「道室」「神室」「斎室」などと呼ばれることもある。時にはただ「静」とのみ呼ばれる。

　道教の歴史的展開の過程に即応して，静室は①専門的な道術修行者のためのもの，②「治(教会)」に設けられたもの，③信者の家庭に設けられたもの，の3種に分けて考えることができる。たとえば『真誥』18・握真輔に，静室の構造を具体的に示したうえで，「これは名山大沢無人の野におけるものであって，世俗にはふさわしくない」とあるのは①。ところが，信者と教団組織を備える宗教として道教が成立すると，「治」に静室が設けられるようになった。たとえば天師道の教団では，病人を静室に入れて思過(罪の懺悔告白)を行わせたというのは②。そしてさらに，「道民，化(教化)に入れば，家々に各々靖室を立つ」(『要修科儀戒律鈔』10)とあるように，在家信者の各家庭にも静室が設けられ，さまざまの宗教儀礼がそこでごく日常的に行われるに至った。

　各家庭の静室は，主屋とは独立して，家全体のプランの西側に東を正面として設けられた。西は，古くから聖なる方角と観念されたからである。南朝宋の陸修静の『陸先生道門科略』によれば，静室内のしつらえはせいぜい簡素にこころがけ，香炉・香灯(香油を燃やした灯明)・章案(神々に捧げる上章文を置く机)・書刀(簡牘に文字を刻むための小刀)の4種の道具が備えられているならば必要にしてかつ十分であるとされている。しかしながら陸修静が，世の中には猥雑な静室が少なくないと慨嘆しているのは，これまた道教の教線の拡大にともなって雑多な信者をかかえることとなった必然の結果でもあった。　　　　　　　　　　　　（吉川 忠夫）

せいじつう【正字通】　明末の字書。張自烈の著。体例は『字彙』にならって214部首に分類し，子集から亥集までの全12集からなる。『字彙』を基礎とし，親字と注釈に増補を加えてある。したがって当初『字彙弁』と称し，また『増補字彙』と題する版本もある。『康熙字典』の藍本の一つである。引証が繁雑で誤りが多いという批判もあるが，俗語義を多く採用するなど今日から見ると利点も多い。清朝に入ってかなりの数の版本が出現したが，最初の幾つかの本は著者を廖文英とする。
　　　　　　　　　　　　（高田 時雄）

せいしのおん【正始之音】　正始は三国魏の斉王の年号(240-249)。魏が西晋にとって代わられようとしていたこのころ，清談と呼ばれる高踏的な議論が貴族社会に流行し，何晏や王弼といった才子たちが華々しく活躍したが，後の世代の人々は当時の風尚を回顧し，このように呼んだ。なお音というのは，口頭での議論が重んじられた証である。西晋滅亡寸前の混乱期，王敦が大将軍として豫章にいたとき，この語を用いたというエピソードが『世説新語』賞誉篇に見える。　　（古勝 隆一）

せいしひ【聖旨碑】 モンゴル帝国および元朝の皇帝が，中国の寺院・道観等に下賜した命令文を刻んだ石碑。聖旨とは皇帝の命令を指すモンゴル語「ジャルリク」の漢訳。モンゴル語正文のみ，あるいは対訳漢文のみを刻んだもの，および両者を合刻したものがあり，数百通が確認されている。内容はおおむね画一的で，モンゴルの最高神格であるテングリ(天)に皇帝一族の長寿・安寧を祈ることを命じ，同時に寺産等の保護や各種特権を付与したものが多い。
(中村 淳)

せいしゅう【西周】 →周

せいしゅうきょく【西洲曲】 南朝期に長江中・下流域で生まれたと思われる，作者不詳の五言三十二句の長詩。女性と西洲に下ったその恋人との掛け合いのかたちでうたわれる。恋のうたであること，四句ごとに換韻しており，五言四句の短詩に分解できること，双関語（かけことば）が多用されることや「郎（あなた）」など特徴的な語彙から，南朝の民間歌謡である呉歌・西曲の影響下で詩人が創作したものと考えられている。『玉台新詠』では江淹作とされ，その可能性も否定できない。
(松家 裕子)

せいじゅじもくし【西儒耳目資】 明末の音韻書学書。1626（天啓6）年に，杭州で木版により出版された。イエズス会士金尼閣(Nicolas Trigault, 1577～1628)の著作。原本の現存するものは極めて少ないが，民国および人民共和国成立後の2種の影印本が利用できる。マテオ・リッチ以来，在華イエズス会士のあいだでは漢字音を筆記するのにポルトガル式のローマ字転写法が用いられてきた。それを王徴などの協力を得て字書の形に整理したもの。音系の基礎には南京官話が用いられたものと考えられる。西洋人の漢字学習の補助が主目的であったが，中国の音韻学にも一定の影響を与えた。著作は3部からなり，「訳音韻譜」は総論，「列音韻譜」はローマ字順に漢字を配列したもの，「列辺正譜」は部首順の漢字からローマ字表記が検索できる。
(高田 時雄)

せいしょ【正書】 →楷書

せいしょ【政書】 漢籍のうち，歴代諸制度に関する諸書の総称。会典・会要の類から，典礼・経済・軍事・法令・学校科挙・外交関連の書籍に至るまで，その含む範囲は広い。漢籍目録の分類項目に立てられたのは比較的新しく，明の銭溥撰『秘閣書目』にようやく見える。『四庫全書総目提要』の分類では，従来の「故事類」から国政朝廷制度と六官職掌関連書を抽出，それに儀注・条格の類を加えて「政書類」とした。現在の漢籍分類も，多少の異同はあるが，基本的にそれに準拠する。中州古籍出版社から『政書集成』が出版されている。
(櫻井 俊郎)

せいしょう【成相】 中国古代の口承芸能。「相」は，『正字通』目部の鄭玄注によれば，小鼓に似た打楽器のこと。「成相」とはこれを打ち鳴らして語ることを指す。その存在は，『荀子』成相篇によって知られる。成相篇は殷周の興亡や春秋戦国の治乱，また遡って堯舜の善政を語りつつ，為政者の道を説く。文言は，3字・3字・7字・4字・4字・3字の6句を1章とし，これを繰り返すもので，対句や押韻の規則性が見られる。
(岡崎 由美)

せいしょうき【西廂記】 元の戯曲作品。王実甫作で雑劇の形式をとる。通常4つの折からなる雑劇のなかで，この作品は異例の長編であり，全部で5本21折からなる。『北西廂』とも呼ばれるが，それは明代後期に南曲による伝奇のスタイルに改編されたものを『南西廂』と称することによる。大徳年間(1297-1307)に作られたという説が有力で，第4本までを王実甫が作り，最後の第5本はこれまた元雑劇の作者として有名な関漢卿が作ったという説が明代以来よく知られているものの，確証はない。その原拠は，唐の元稹による伝奇小説『鶯鶯伝』（一名『会真記』）である。この恋物語は，やがて北宋の秦観や毛滂により詞の題材として取り上げられ，さらに趙徳麟により語り物化される。『商調蝶恋花鼓子詞』と呼ばれるものがそれである。しかしながら，これらはいずれも文人の手になるもので，直接『西廂記』につながる作品とはいえない。それが，金の董解元の『西廂記諸宮調』に至って，原作とは全く面目を改めた。『西廂記』は，ストーリーの点ではおおむねこの作品に基づき，また歌辞についても時に踏襲したあとが見受けられる。

今は亡き宰相崔珏の夫人が娘鶯鶯とともに，その柩の供をして帰郷の途中滞在していた河中府の普救寺へ，張珙(字は君瑞)がやって来て，鶯鶯を見そめる（以上第1本）。折しも，この地の守備兵を率いる孫飛虎が，鶯鶯を奪おうと寺を包囲，崔夫人は賊徒を退けた者には，鶯鶯を妻にしようと約束する。これを聞いた君瑞は，友人の杜確将軍に助けを求め，賊徒の包囲を解いてもらう。そして祝宴が開かれることとなる（以上第2本）。祝宴では，夫人は君瑞を鶯鶯の兄として扱い，結婚の約束を反故にする。君瑞は恋心を募らせたあげく，病気になってしまう。そこへ侍女紅娘が密会を約束した手紙を届

け，鶯鶯に会いに行くものの，鶯鶯は君瑞を礼にもとるとして罵倒する(以上第3本)。君瑞の病気はますます重くなるが，そこへ再び紅娘が手紙を届け，とうとう思いを遂げる。鶯鶯の様子を不審に思った夫人は，紅娘を詰問，紅娘は逆に夫人の態度を非難する。そして，無官のものに娘はやれぬという夫人の言葉により，君瑞は鶯鶯と別れて科挙のために上京する(以上第4本)。君瑞は首席及第するが，都にいる間に，崔珏の在世中に鶯鶯と結婚の約束をした鄭恒が現れて，君瑞は衛尚書の婿となったと嘘をつき，信用した夫人は鶯鶯と彼を結婚させようとする。婚礼の日，君瑞は河中府の長官として赴任してくる。鄭恒は，祝賀のために河中府にやってきた杜確に詰問されて自殺，君瑞はめでたく鶯鶯と結ばれる(以上第5本)。

『西廂記諸宮調』では脇役にすぎなかった紅娘が，夫人に逆らって恋の仲立ちに大活躍するなど，登場人物それぞれに際だった個性が与えられ，いきいきとしたストーリーを形成している点がこの作品の何よりの特徴であろう。雑劇が衰えたのち，明代清代においても高く評価され，多くのテキストが刊行されたばかりでなく，湯顕祖の『還魂記』(すなわち『牡丹亭』)などにも影響を与えた。　　　(赤松 紀彦)

せいしょうきしょきゅうちょう【西廂記諸宮調】　唐の元稹の伝奇小説『鶯鶯伝』にもとづく長編の語り物。「諸宮調西廂記」「董解元西廂記」「董西廂」ともいう。題名は『鶯鶯伝』の中で主人公，張生が女主人公，鶯鶯に送った詩の一句「待月西廂下」(月を待つ，西の廂の下)による。諸宮調は宋金元代に流行した組曲形式の歌と散文を交互に繰り返す講唱文学(語り物)の形式で，本作品は完全な形で現存する唯一の諸宮調である。作者の董解元については，元の鍾嗣成の『録鬼簿』に，「金の章宗(在位1188〜1208)の時の人」とあるのみで，詳細は不明。「解元」は科挙の地方試である解試の首席合格者のことであるが，広く知識人の通称として用いられた。『鶯鶯伝』は，書生の張生が蒲州(山西省)の普救寺で出会った鶯鶯と結ばれ，のち都へ科挙の受験に行ったのを機に，最後は鶯鶯と別れる話であるが，これを芸能化したものに，北宋の趙令畤『商調蝶恋花鼓子詞』があり，また南宋の講釈師の種本と言われる『緑窓新話』に引用された梗概では，両者が結ばれるところで話が終わっている。『西廂記諸宮調』もまた結末を団円に変えたほか，二人が結ばれるまでの過程に新たなプロットを加え，内容をふくらませ，また登場人物の個性を際立たせ，全6巻，195の套数(組曲)を連ねる長編の物語とした。その曲辞の部分は，宋詞を巧みに取り入れながら，俗語を交えた独特の風格を示す。またその套数の形式は，一曲に「尾」(終曲)を付した二曲形式が約半分，二曲以上に「尾」を付したものが46あり，後者には「纏令」「賺」の語が用いられているが，これは『都城紀勝』の「瓦舎衆伎」にみえる宋代の組曲形式である「唱賺」や「纏令」が元曲の套数に発展してゆく過渡的な性格を示している。中国戯曲史上最高の傑作と称される元の王実甫作『西廂記雑劇』は，本作品にもとづいて劇化したものであり，粗筋と多くの曲辞を本作品に負っている。テキストには，明の嘉靖36(1557)年序刊本，その翻刻である嘉靖末万暦初刊本などがあり，その底本は元以前の刊本に遡ると推測される。訳注に赤松紀彦等共編『「董解元西廂記諸宮調」研究』(汲古書院，1998年)がある。　　　(金 文京)

せいしょうきょう【西昇経】　道教の経典。『老子西昇経』ともいう。春秋末に老子が関令尹喜に『老子道徳経』を授けた後，さらに「道」の要諦を39章にまとめて教示したものとされるが(第1章)，魏晋の間の偽書である。各章は，『老子道徳経』の文体や思想をもとに，主として肉体と精神の錬養を説く短い韻文で構成され，第26章の「おのれの性命は自身の制御の下にあって，天地に属するのではない(我命在我，不属天地)」など，後の道教教理の根幹にかかわる思想を表明するものとして重視されてきた。早く，北朝北魏の韋処玄に注があり，唐の徐道邈や李栄のほか，北宋の徽宗も注を付している。なお，唐の杜光庭『道徳真経広聖義』巻42には，「西昇経は全36章，972句，4278言」とあり，現行の39章本以外のテキストの存在が示唆されている。　　　(麥谷 邦夫)

せいしょうざん【西樵山】　広東省仏山市に位置する周囲約13km，主峰の海抜344mの火山で，石器時代遺跡が所在する。1955年以降，中山大学や広東省博物館などが継続して調査を実施し，山中・山麓において人為的に掘削された洞穴及び石器散布地が確認された。これによって西樵山遺跡は長期的に継続した石材採掘場或いは石器製作跡として考えられている。出土石器は細石器群と有肩石器(平面に両肩部をもつ石器)群に大別される。細石器群は華北の後期旧石器時代との比較から，土器出現以前のかなり古くまで溯る可能性もあるが，華南では他に類例がなく，その位置付けが問われている。一方，有肩石器は華南の新石器時代後期に一般的にみられる石器で，土器を伴う。なお珠江三角州を中心とした諸遺跡から西樵山に産する石材を用いた有肩石器(製品，未製品)が出土しており，珠江三角州内外の地域間交流を示す考古資料としても注目される。『考古』1983年第12期に広東省博物館

「広東南海県西樵山遺址」が掲載された。

(後藤 雅彦)

せいじょうざん【青城山】 四川省都江堰市の西南に位置する道教の名山。赤城山・大面山とも言う。道教の十大洞天のうち第5洞天とされる。後漢に張道陵が後ろの鶴鳴山で太上老君より道を伝授されてより、孫の張魯がこの山に治を定め天師道を広めた。以来、西晋の范長生、隋の趙昱、唐の杜光庭らを始めとして数多くの道士がこの山に隠棲し、山中には多くの名勝古跡がある。現在この山にある宮観は、全真教龍門派の所属となっている。

(坂内 栄夫)

せいじょうじ【清浄寺】 福建省泉州の市街区にあるモスク。

イスラム教が中国に伝わるルートは二つあり、一つは海の航路、もう一つは陸のシルクロードである。泉州は、外国との貿易が許された数少ない港町のため、14世紀までに多くのアラビア・ペルシャ商人が住んでいた。文献に記された泉州で最古のモスクは、唐の753(天宝12)年に創建された麒麟寺で、現在の清浄寺の前身である。清浄寺は、大門の北壁に刻まれたアラビア語の記録によれば、元は聖友寺で、回暦400年、すなわち北宋1009～10(大中祥符2～3)年に建てられ、元の1309(至大2)年にエルサレム人アハマが修復したとある。

一方、清浄寺内にある別の石碑のアラビア語の碑文によれば、大門は1310(至大3)年に建設し、ペルシャのシーラーズ人のムハンマド・グデシが設計したという。大門は間口6.6m、奥行き13.3m、青緑色の石で造られたアーチ門で、ペルシャでいうイーワーンの形式が使われている。大門の西側には、礼拝殿の遺跡があり、間口5間、奥行き4間で、12本の石柱の基礎が残されている。殿の西壁の中央部に1間四方の窯殿が突き出して、中央に聖龕(ミフラーブ)が彫刻されている。 (包 慕萍)

せいしょくむ【西蜀夢】 元の戯曲作品。関漢卿作で、雑劇の形式をとる。歌辞のみで台詞は全く省略された元刊本が現存唯一のテキストである。そのあらましは、荊州で呉と対戦中に関羽が敗死し、閬州で張飛が部下に殺害されるや、諸葛亮がいち早く天文の異変からそれを察し、ついで関羽と張飛の魂が一緒に蜀の劉備のもとへ帰り、その夢に現れて復讐してくれるよう訴えるというもの。この話は、『三国志平話』などには見えず、『花関索伝』別集にのみ見える点でも注目される。 (赤松 紀彦)

せいしん【西晋】 →晋(西晋・東晋)

せいじん【聖人】 聖人は、古い時代には、一般人とは異なる特別な能力を持って礼楽の制度を発明し、それを用いて統治を行う「聖王」であった。そもそも、「耳聡い」という語義を有する聖は、仁・義・礼・智と並びながらも、それらを越えた徳として理解されていた(『馬王堆帛書』五行篇)。その中心は、知性的な判断力としての思慮である。そのため、それを有した聖人は人々を教化する教導者としてイメージされた。また、そうした特別な能力には特殊な器官が対応するはずだとして、八彩の眉があったり(堯)、瞳が二つあったり(舜)と、常人とは身体的に異なってイメージされることもあった。こうした聖人観は、道家にも共有されていて、道を得ている聖人は、人々から知を奪うという逆の啓蒙によって、やはり統治を行うのである。ところが、時代が下ると、聖人は手の届かない超人から、誰もが努力さえすれば到達できる人間の理想となる。「聖人学んで至るべし」(『近思録』為学篇その他)。朱子学をその代表とする宋学は、その修養論の核に、学ぶことによって到達可能な聖人という新しい聖人観を据えたのである。万人には聖人になる可能性が備わっている。しかし、それは欲望によって覆われている。その覆いを取り除くには、かつて聖人が述べた言葉を記録した経書を学ぶほかない(この点で仏教とは異なる修養が位置づけられる)。これが聖人になるプロセスであるが、ここで重要なことは、覆いの除去は権利上可能だが、事実上は困難であり、人によって遅速・出来不出来の違いがあると設定されていることである。「生まれながらに知っている人もいれば、学んで知る人も、困しんで知る人もいるが、知るという点では同じなのだ」(朱子『中庸章句』)。つまり、聖人に至ることは現実には繰り延べられていて、繰り延べられるからこそ、絶えざる修養が必要となる。しかし、経書を知り尽くすことができない以上、これではいつまでたっても終わりは見えないだろう。この繰り延べられるプロセスに耐え切れなくなった時、人は最初から聖人であったのだという議論が登場する。王陽明もまた、「人欲を去って天理を存すること」(『伝習録』)が聖人になることであり、その人の気質に応じて遅速があると考える点では、朱子と同様であるが、その方法として、読書を通じていたずらに知を獲得してもだめで、外ではなく内に求めて、欲望を減らしていけばよいと述べた。その結果、「衆人もまた生まれながらに知っている」(同上)、あるいは、門人に語らせた言葉であるが、「街中の人が聖人である」(同上)ということになる。こうなれば、もはや聖人になるためのプロセスは必要ない。王学左派に見られるように、人間のあり方がそのまま肯定され、最後は聖人性を覆っていたはずの欲望それ自体

の肯定にまで行き着くのである。それは，聖人という概念が最終的に辿り着いた地点であると同時に，それが決定的に意味を失った地点である。

(中島 隆博)

せいしんぎ【西秦戯】 伝統演劇の劇種。「乱弾戯」「西秦腔」などとも言う。広東省の東部，福建省の南部，台湾などで流行する。清代の初期には，既に広東で盛行していた。中国西北地方から，湖南・湖北を経由して流入したものと，江西・福建を経由して流入したものとがあり，「上路」「下路」と区別する。主な曲調として正線・西皮・二簧などがあり，陝西省・甘粛省・四川省一帯の秦腔劇・漢調二簧劇や安徽省の徽劇などと淵源関係があると考えられている。伝統的劇目に『斬鄭恩』『薛仁貴回窰』などがある。 (福満 正博)

せいしんじ【清真寺】 中国でのイスラム寺院の呼称。礼拝寺ともいう。清真は「イスラム」の意訳。伝承ではイスラム教の中国伝来は唐代とするが，現存建築では，泉州市の清浄寺，広州市の懐聖寺などが宋元時代のものである。伝統的なイスラム建築に中国的な要素が加味され，独自の建築様式を有する。内部は簡素で偶像はなく，メッカの方向を示すくぼみがあるだけである。中国各地に現存するが，上述の他，西安市，北京市牛街のものなどが有名。各寺には阿衡(アホン)などの宗教指導者がいる。

(森田 憲司)

せいせいいんねんでん【醒世姻縁伝】 明末清初の長篇白話小説。作者は西周生と名乗っているが未詳。文中に山東方言が多く使われていることもあって，蒲松齢の筆名ではないかと推定されたこともあるが，その可能性は低い。物語は明代，晁源(ちょうげん)という士人の前世と現世の因縁話が中心となって，展開されている。当時の士人の家庭内の女性描写や，役人の世界の不正腐敗ぶりをえぐった描写などは，『金瓶梅(きんぺいばい)』とはなはだ共通したものがある。

(岡本 不二明)

せいせいこかん【西清古鑑】 清の金石書。40巻。1749(乾隆14)年の勅命により，梁詩正・蔣溥(しょうふ)・汪由敦(おうゆうとん)が2年間かけて編纂し，1755(乾隆20)年に刊行。『博古図録』に倣った青銅図録で内府の収蔵する青銅器1436器・鑑93器を収める。器形図・銘文ともに縮小され，全体の3分の1は偽器が占めるなど，研究資料として問題が多いものの，元，明に一旦衰えた青銅器研究の復興の先駆けとなった。乾隆年間(1736-95)に本書に続き刊行された『寧寿鑑古』『西清続鑑甲編』『西清続鑑乙編』とあわせて西清四鑑という。 (高久 由美)

せいせいしんせい【盛世新声】 元明代の散曲・戯曲の選集。北曲9巻，南曲1巻，万花集2巻，全12巻からなる。編者は不明。正徳12(1517)年の序文をもつが，現存の正徳刊本は原刊本ではない。他に嘉靖(1522-66)・万暦(1573-1620)刊本があり，明代の曲選中，もっとも早く，かつ何度も刊行され，広く流通した。文学古籍刊行社による正徳刊本の影印本(1955年)がある。 (金 文京)

せいせいみょうきょう【清静妙経】 道教の経典。正式には『太上老君説常清静妙経』という。唐の玄宗朝(712-756)までには成立していたと考えられる。全文約400字足らずのごく短い経典であるが，道教史の中で占める地位は決して低いものではなく，杜光庭注をはじめとして多くの注釈が作られた。『老子』の「清静」の概念を根本にすえ，「心」の修養を通して欲望を捨て去り，「心」の本来のありかたを回復して「道」の真理を体得するための階梯を説く。全真教の創始者王重陽が，全真教徒の修習すべき経典として，儒教の『孝経』，仏教の『般若心経』と並べて本経を勧めてからは，もっとも身近な道教経典のひとつとして一般に親しまれてきた。その結果，道観における朝晩の勤行の必須経典として現在に至るまで生き続けている。

(麥谷 邦夫)

せいぜん【性善】 人間の本性すなわち人の生まれつきの心や性質，別のいい方をすれば天が人間に人間として生きるべき根本のものとして賦与したもの，それが「善」であること。中国における人間観の議論は人性の善悪を中心に展開され，戦国の思想家孟子が「性に善も不善もない」とする説や「善である性や不善の性がある」という説などを退け，初めて「性は本質的に善であり，人が不善を行うのは外的・後天的な要因による」と明確に断じた(『孟子』告子上篇)。そして人には惻隠(あわれむ)・羞悪(はじる)・辞譲(ゆずりあう)・是非(善悪を判断する)という4つの基本的な道徳心の端緒(四端)が備わっているとし(同・公孫丑上篇)，それ故に道徳教育の必要性を説いた。性を本質的に善と見る考えは，以後の人間観の主流となり，儒教の正統的地位を占めただけでなく中国仏教にも流入し，現代の我々の社会における人間相互信頼の基盤となっているといってもよいであろう。 (末岡 実)

せいそ【世祖(元)】 →クビライ

せいそ【世祖(清)】 →順治帝(じゅんちてい)

せいそ【成祖(明)**】** →永楽帝

せいそ【聖祖】 →康熙帝

せいそう【世宗(後周)**】** →柴栄

せいそう【世宗(明)**】** →嘉靖帝

せいそう【世宗(清)**】** →雍正帝

せいそくり・しんそくり【性即理・心即理】
［性即理］朱子学は，万物は理と気より成るとの理気二元論。従って人間存在にも当然，理は具わる。朱子学では万物一般に具わる理と区別し，人に具わる理を性と呼ぶ。しかしそれは単に呼称上の区別であって，性は理に他ならない(性即理)。理(＝性)と気の関係は水と器に例えられる。水そのものは清浄だが，盛られる器の清濁に応じて器中の水も清濁多様。即ち性そのもの(本然之性)は善だが，人間が現実に具える性は気とともにあり(気質之性)，それは気の清濁に応じて善悪多様。性即理説は伝統的な性概念を新たに理気二元論中に捉え直すことにより，孟子以来の性善説を継承しつつ，現実の人間存在の多様性をも説明し得る理論として提起された。
［心即理］宋の陸象山に淵源する語で，陽明学の重要なテーゼ。朱子学は規範としての理を学び取る実践方法論として格物窮理を説く。その実践を試みては挫折した王陽明は，やがて心を離れて理を求めることの非を悟り，「心即理」を提唱。朱子学における心は性(理)と情(気)から成っていて心と性は峻別されたのに対し，陽明学では心を直ちに理と等置し，個々人の心が自らにその依拠すべき規範を具えているとした。　　　　　　　　　　　　　（中　純夫）

せいたいごう【西太后】　　1835(道光15)～1908(光緒34)。清の咸豊帝の妃，同治帝の生母。葉赫那拉氏。慈禧太后とも呼ばれる。1851(咸豊元)年入宮し，56(同6)年には，載淳を生んだ。1861(咸豊11)年，咸豊帝が熱河の行在で没し，載淳が即位(同治帝)すると，東太后とともに摂政の任にあたった(垂簾の政)。同治帝の死後，奕譞の子載湉を立てて光緒帝とし，ふたたび垂簾の政を行い，光緒帝の親政後も実権を握り続けた。1898(光緒24)年，戊戌変法を押さえ，光緒帝を中南海の瀛台に幽閉し，三たび垂簾政治を開始した。1900(光緒26)年には，光緒帝の退位を画策し，ついで義和団利用策をとって列強に宣戦したが，8か国連合軍の北京入城直後，西太后は光緒帝とともに西安に逃れ，翌年には北京議定書(辛丑条約)が締結された。この義和団事件を契機に，清朝は以後，1905年の科挙廃止など，一連の制度改革を打ちだすこととなる。西太后は1908年11月，光緒帝と相前後して頤和園に没した。清史稿214　　　　　　　　　　　（村尾　進）

せいだく【清濁】　　音楽・音韻学の術語。一般的に，日常用語が術語としても使用される場合には，術語としての概念は曖昧なものになりがちであるが，清濁という用語もその例である。日常的には「清い」と「濁っている」または，「清む」と「濁る」という意味であるが，意味の延伸は，「清」を「善」，「濁」を「悪」に理解する傾向があり，そういう比喩的な意味で使用することも多い。清濁は，対立するものを組み合わせた語であるから，同じ構造の陰陽や軽重と組み合わされて使用されたり，似た意味で用いられることもあった。『三五暦記』では「陽は清みて天と為り，陰は濁りて地と為る」，『広雅』では「清は精と為り，濁は形と為る」とも言う。天地の始まりの際に，軽く清いものは天となり，重く濁ったものは地となったという表現はよく見られる。

　術語としてはおそらく音楽用語としての清濁が早いものであろう。『礼記』楽記では「倡和清濁，迭相為経(歌い掛ける声と唱和する声，清の音と濁の音とが交互に基準となってゆく)」と言い，陰陽と同じ意味合いで使用されているようである。『礼記』月令の注釈で，鄭玄が清濁を音の高低の意味に使用しているが，音楽用語としての清濁はこのような，清＝高，濁＝低がふつうである。したがって宮商角徴羽の五音のうち，宮は濁，羽は清とされる。

　清濁は，陰陽や軽重と近い意味合いを含む場合があることから，音韻記述にも利用されるようになる。『顔氏家訓』では「古語与今殊別，其間軽重清濁，猶未可暁(古語と現代語では違いがあり，その間の軽重や清濁の違いははっきり分からない)」と言い，『切韻』の陸法言序では「欲広文路，自可清濁皆通，若賞知音，即須軽重有異(文路を広げようとすると，清濁はみな通用させるべきであるし，もし音の違いを重視すれば，軽重は全て異なってしまう)」と言う。ここでは音声について清音・濁音と表現しているのは確かであるが，無声音・有声音だけを指しているのではなく，陰陽調や介音の違いなどの音声的特徴まで含めているようである。やがて音韻学の中で，無声音を清音，有声音を濁音と呼ぶ習慣ができる。鼻音や母音も有声音であるが，これらは濁音に含めないのが普通で，無声・有声の対立のある声母(子音)についてのみ清音・濁音と呼ぶ。等韻図の中では，「清濁」という術語もあるが，これは「次濁」とも呼ばれ，鼻音を表す。

　声母が清音のものと濁音のものでは，声調の変化が異なっていたので(清音は陰調，濁音は陽調)，声

調の下位区分と見られることもあった。

（木田　章義）

せいだん【清談】　後漢末期から六朝時代にかけて，知識階層に属する士人層によってになわれた談論。場合によっては清議や清言などとも言い換えうる。後漢末，宦官を中心とした政治勢力（濁流）に対抗した清節ある士大夫たち（清流）が，宦官派による官吏登用（選挙）の乖乱を批判するために人物評価を中心にして盛んに議論を行った。汝南郡（河南省）における「月旦評」が有名である。時政批判も含めたこの時期の談論は，清議と言い，あるいは清談とも呼ばれた。三国時代から西晋にかけて，儒家の政治や道徳及び礼制に関する議論と並んで，老荘思想や仏教の哲学的論議も盛んとなり，清談とは文字通り，清らかな正論，高尚な政治理念や哲理に関する議論の意味で用いられるようになり，以降も基本的にはそうであった。三国魏の建国と同時に九品官人法なる選挙制度が実施され，中正官が郷党の清議を参考にして郷品を決定するようになると，清議はもっぱら儒家的な価値観による品行評価の判定基準として，清談とは次第に社会的機能を異にするようになり，清談は貴族の社交界で取り交わされる機知に富み，洗練された言語表現を競う談論に傾いた。そこでは，塵尾とよぶ払子をもった清談家たちによって，学問・政治・宗教・生き方などをめぐる理が真剣に追究された側面も見のがしがたい。『世説新語』にその情景が活写されている。魏の斉王芳の正始年間（240-248）に実権を掌握した曹爽を中心に清談が盛行し，司馬懿のクーデター以降も竹林の七賢などの清談家が輩出し，老荘的思想を顕揚した。西晋に入っては王衍や楽広などが代表的な人士であって，清談の黄金時代を現出した。当時の清談家の中には儒教（礼教）の拘束性を嫌い，ことさらに奇矯の言論を行った者がいたため，当時の識者からその虚誕性が強く批判された。現実乖離した浮華の談論であるとの根強い清談評価は，この時期の清談のそうした一面に対してのものである。

（東　晋次）

せいだんざんぶんか【西団山文化】　中国吉林省東南部，東遼河および松花江上流の長春，吉林地区に分布する紀元前1千年紀の青銅器文化。豚飼育をともなう雑穀農耕文化であり，代表的な遺跡に吉林市郊外の西団山遺跡がある。住居は方形ないし長方形の半地下式住居が多く，新しい段階には平地住居も現れる。遼寧式銅剣や銅矛が副葬された石棺墓もある。石器には石製穂摘み具や打製の鍬がある。土器には平底の深鉢や長頸壺のほかに鬲や鼎という中原系の煮炊き具がある。

（大貫　静夫）

せいちゃもんきょう【清茶門教】　東大乗教（聞香教）の清代における名称。東大乗教は1622（天啓2）年の反乱が明朝当局により平定され，教主王好賢も刑死し，一時的に消滅した。しかし教主王氏一族はその後も灤州（河北省）の石仏口を中心的根拠地とし，密かにその教えを保持し，布教活動を行い，教名を清茶門と改めた。その後，清茶門教は1813（嘉慶18）年から16（同21）年にかけて官憲の摘発を受け，王氏一族の大部分が逮捕され，その勢力は壊滅した。

（浅井　紀）

せいちゅうき【精忠記】　明中期の伝奇作品。全35齣。姚茂良の作とされるが確証はない。秦檜の岳飛陥害を演ずる。対金強硬派である南宋の忠臣岳飛が朱仙鎮で金軍と対峙した際，金と内通していた奸臣秦檜は岳飛に和議を命じた上，讒言する。岳飛は息子の岳雲らを残して帰還し，大理寺の獄に繋がれ，続いて召還された岳雲らと共に風波亭で謀殺され，妻子も自害する。陰司（死後の世界）において岳飛一族は褒奨され，病死した秦檜らは酆都（地獄）に落とされる，というあらすじ。先行作品としては，元雑劇『東窓事犯』，明伝奇『東窓記』（共に作者不詳）がある。

（根ヶ山　徹）

せいちゅうふ【清忠譜】　1626（天啓6）年，蘇州で起きた大規模な民変である「開読の変」に取材した明末の伝奇作品。全25齣。主編は李玉で，畢魏・葉稚斐・朱素臣も編撰に参画した。東林党の周順昌が，天啓帝の寵を受け，権力をほしいままにしていた魏忠賢ら閹党に抵抗の姿勢を示したために弾圧され下獄した際，顔佩韋ら蘇州の市民が釈放を要求して官衙に押しかけたが，結局，周は北京で獄死し，顔らも殺される，というあらすじ。なお，宦官魏忠賢を糾弾する戯曲は10数篇作られたが，現存するのは『清忠譜』と，范世彦『磨忠記』の2篇のみである。

（根ヶ山　徹）

せいちょうさい【成兆才】　1874（同治13）～1929（民国18）。評劇の役者・劇作家。直隷省永平府灤州（河北省）の人。字は捷三，芸名は東来順。貧農の家に生まれ，18歳から蓮花落を学ぶ。1909（宣統元）年，唐山（河北省）で慶春班（のち警世戯社）を組織，河北梆子や京劇などの音楽や上演方法を取り入れ，秧歌の流れを汲む蓮花落を平腔梆子戯（のちの評劇の原型）に改める。女形の月明珠とのコンビで評劇の基礎を固めた。創作・改編・整理した台本は100本以上にのぼり，代表作に『馬寡婦開店』『花為媒』『楊三姐告状』など。『成兆才全集』4巻（1994年）がある。

（松浦　恆雄）

せいちょうめいがひょう【聖朝名画評】

画家伝。『宋朝名画評』ともいう。3巻。1056(嘉祐元)〜59(同4)年の間に成立。北宋の劉道醇撰述。五代末から北宋中期の画家90人余りを、人物・山水林木・畜獣・花木翎毛・鬼神・屋木の6門に分類し、その画技によって神・妙・能の3段階の品を与え、人物門ではさらに各品を上・中・下に分別している。画家の略伝とともに撰者の評語を加えており、この時期の絵画史における主要な文献の一つ。『王氏書画苑』『画品叢書』などに所収。　(竹浪 遠)

せいでいれんかき【青泥蓮花記】

明代の文言小説集。梅鼎祚の編纂。万暦庚子(1600)年の序文がある。13巻で、内容はそれぞれの話を、記禅・記玄・記忠・記義・記孝・記節・記従・記藻・記用・記豪・記遇・記戒の12に分類してまとめてある。巻頭に録されている「摩登伽経」の話が、身分差別の虚妄を説く、仏陀の経典であることからも窺われるように、梅鼎祚の明確な意図のもとに編纂されたものである。巻2「曹文姫」、巻8「蘇小娟」などの話は、当時の白話小説の作家凌濛初が『拍案驚奇』巻25「趙司戸千里遺音、蘇小娟一詩正果」の入話と正文に翻案して、『青泥蓮花記』をもとにしていることも作品中に明かしている。このように、同時代の小説・戯曲文学にも大きな影響を与えた。　(福満 正博)

せいでん【井田】

『孟子』(滕文公上)などの記述によれば、かつて郊外に居住するすべての農夫には、正方形に区画整理された土地が、さらに均等に「井」字の形に9分割された上で、個別に配給され、その対価として農夫は王への納税の義務を負っていた。王より確実になされる一定面積の土地の配給と王へとなされる忠実な納税が、井田法を支える。しかし、孟子にとっても、井田法はすでに失われた過去の仁政の記憶であって、来たるべき将来の仁政にとって不可欠の要素として構想されていたにすぎない。文献の上では、井田法は最初から、今やすでに失われた制度として登場した。井田法は文献を通じてかろうじてその記憶が保たれるとともに、一方では、その理念はその後の現実の土地政策をめぐる議論に一定の影響を与え続けた。土地の私的所有を制限するために、政府が積極的に土地の再分配に関与していこうとする、漢代から唐代にかけての限田・均田などの政策には、すでに失われているだけでなく、すぐに実施できるとも思えない井田法の理念を、現実の政策に少しでも反映させようとの意図が認められる。宋代以降も、政策提言の形式を通じて、土地所有の公平・公正を可能にする抜本策として井田法の施行が提案されたり(北宋の張載など)、井田法の理念を限定的に現実化することを提唱する限田論がくりかえし浮上した(南宋の朱子など)。他方で、井田法はもちろん、その理念の限定的な実現の提案である限田論まで含めて、それらの時代錯誤性を指摘する立場も存在していた(南宋の葉適など)。井田法への評価はどうあれ、現実の土地問題に対する政策提言の際にそれに言及し、それによって自身の立場を明らかにする伝統は清代初期まで続いた。雍正年間(1723-35)には、一部の地域に限定して井田法が実験的に施行されたが、その実験は10年ほどで失敗に終わっている。井田法が現実の土地政策に関連して登場した最後の例である。　(本間 次彦)

せいでんほう【井田法】

周代に行われたと伝えられる土地制度。この制度を最も詳細に伝えるのは、戦国中期の『孟子』滕文公上篇にみえる滕の文公と孟子との問答である。『孟子』によれば、人民に土地を分配する制度は、夏・殷・周の三代にわたって存在しており、それぞれ50畝・70畝・100畝の土地を人民に分け与え、およそ10分の1の税を徴収していた。周代の井田法は、1里(約400m)四方の土地(900畝)を井字形に9等分し、8家に各1区画(100畝)を与え、中央の公田を共同で耕作させる制度であったという。

西周期の青銅器銘文に「一田」「五田」などの表現がみえることから、当時なんらかの土地区画があったことは確実であり、さらに『詩経』小雅・大田の「わが公田に雨ふらし、ついにわが私に及べ」という表現から、公田と私田の区別もあったものと考えられる。しかしながら、それらの土地が『孟子』の井田法のように整然と区画され、人民に分配されていたと考えることは困難であり、周代に仮託された理想的土地制度とすべきである。

一方、周代の制度を記述したとされる『周礼』には、『孟子』とは別の土地制度が記録されている。たとえば地官・大司徒条によれば、土地は地味によって上中下の3等に分かたれ、不易(連作可能)の上地ならば家ごとに100畝、一易(1年休閑)の中地は200畝、再易(2年休閑)の下地は300畝が支給されたという。また小司徒条には、7人以上の家には上地、6人の家には中地、5人以下の家には下地を与え、さらに「九夫を井となし、四井を邑となし、四邑を丘となし…」という行政組織があったと記されている。

後世、これらの異なる記述の統合が試みられ、井田法は理想的土地制度としての姿を整えていった。王莽の王田制や北朝北魏・隋・唐の均田制など、井田法の理念は中国史上の土地制度に多大な影響を与えた。　(松井 嘉徳)

せいと【成都】 四川省中央部，岷江と沱江の形成した沖積平野である成都平原の南東部に位置する。

前500～400年頃，蜀王開明九世（あるいは開明五世）がこの地に建都し，周の太王が岐に遷った際「1年にして邑を成し，2年にして都を成した」という故事に因んで，「成都」と名づけたといわれる（「天族」の地区という意味の古蜀語の地名という説もある）。蜀山氏を滅ぼした秦は，前311年から張儀，張若が都城を築き，秦城と称した。その形が亀に似ているところから亀城とも呼ばれた。秦，漢では成都県を置き，蜀郡の治所としたが，漢の武帝は益州を兼置した。三国では蜀（蜀漢），五胡十六国では成漢が国都を置いた。唐では益州を成都府と改め，玄宗が安史の乱をこの地に避けて以降，南京と称される。五代には前蜀，後蜀が国都を置いた。芙蓉を好んだ後蜀の孟昶が城内に遍く植樹したのに因んで，芙蓉城あるいは蓉城と呼ばれ，蓉は現在でも成都の雅称である。また絹織物の蜀錦で有名なところから，錦城あるいは錦官城ともいう。

221年，劉備は帝を称して成都に定都し，国号を漢として（蜀。歴史上「蜀漢」と呼ぶ），魏，呉と三国鼎立を成したが，263年魏に滅ぼされた。756年，唐の玄宗は安史の乱を避けて成都に逃れ，880年，唐の僖宗は黄巣の乱を避けて成都に定居した。北宋期の1008年，中国最初の紙幣である交子が成都で発行され，1023年，宋は成都に益州交子務を置いて，交子の発行，流通を一元管理した。清初の1644年，張献忠は成都を攻略し，大順と改元して大西王と自称した。1911年，成都から四川保路運動が起こり，辛亥革命の導火線となった。

古くから茶館が多く，説書などの演芸が行われた。地方劇である川劇も盛んである。四川料理も麻婆豆腐をはじめ多彩で，とくに小吃（点心の類）は種類が多い。春には灯会，花会などで賑わう。

諸葛亮を祀った南門外の武侯祠，浣花渓の畔にある杜甫草堂，城東南の九眼橋，その南，錦江に沿う望江楼公園，市内には道観の青羊宮，王建墓など旧跡も多い。
（森 紀子）

せいとう【正統】 歴代の王朝の継承されてゆく正しい系統。また，特に王朝交替や皇位継承の適否，すなわち「正閏」を定める議論を指す。その際，たんなる政治的な正統性のみならず，儒教的な見地からの道徳的な根拠が問題とされる。一般に，歴史叙述や修史事業に当たっては，各王朝の正統性の認否が論点となるが，殊に王朝交替の正統性，すなわち，それが君臣の義に悖る簒奪によるものか否か，の認定が鍵となった。これが，いわゆる「正閏」の問題である。

こうした「正統論」は，周の時代までは，あまり議論されなかったが，夙に漢代には，五行説に依拠して秦を斥けた例がある。次いで，魏・呉・蜀の三国が鼎立した三国時代の評価をめぐって，いずれを正統と見なすかが問題となった。晋の陳寿は，『三国志』において，魏・晋を正統として，呉・蜀を斥けた。これに対し，東晋の習鑿歯は，『漢晋春秋』を著して論駁を加え，蜀を正統と主張した。更に，南北朝時代には，おのおの国史を編纂し，互いに相手を偽として斥けたため，この時期の諸王朝の正偽の弁別が，第二の問題となった。やがて，この問題に関する原理的な考察も試みられる。正統の判別の基準として，唐の皇甫謐は，徳・時・力・義を挙げている。その後，五代の梁を簒奪者として正統の列から外すべきか否か，といった論争も惹起された。『旧五代史』『新五代史』では，いずれもこれを帝位に数えたため，章望之の『明統論』のような道徳的な観点を強調する立場からの反駁もなされた。

一般に，宋代には，名教理念の高揚や道学的な名分論の台頭とも絡んで，大いに議論が盛行した。しかし，有名な欧陽脩の『正統論』は，天下の統一性を重視する傾向があり，司馬光の『資治通鑑』も，王朝の連続性を前提視する側面は否めず，天下の分有の是非などについて，決定的な解決策を提示するには至らなかった。それに対し，朱子の『資治通鑑綱目』は，蜀を正統として，南北朝・五代を無統の時代とする正統史観を確立し，その道徳的勧戒主義を鮮明にしている。また，漢族以外の諸王朝が正統の列から外されている背景には，当時の攘夷思想が介在していよう。
（伊東 貴之）

せいとう【斉刀】 戦国時代，斉で鋳造された刀銭。各種ある刀銭のなかでは最大で，長さ18cm強である。斉では戦国末期に方孔円銭も若干つくられたが，その他はすべてこの形式の貨幣で表面に鋳出された銭文には「斉（之）法化」「斉造邦䢧法化」「安陽之法化」「節墨之法化」などがあり，前二者は国都における鋳造，後二者が地方鋳造とされている。重量は30～50gとかなりばらつきがみられ，現在のところ斉国領域内のみで流通したと考えられている。
（廣川 守）

せいどうき【青銅器】 青銅で作られた武器・容器・工具・装飾品などの総称。世界中で広く使われる。青銅は銅と錫の合金であり，両者の割合によって性質が変化する。金属としての銅は，青銅のほかに黄銅（銅と亜鉛の合金）や純銅（純度の高い銅）などの形で古来利用されてきた。中国において単に銅器，あるいは銅といわれる場合，青銅器を指す場合が多い。

中国で青銅器が社会の中で大きな役割を果たし，真の意味で青銅器文化と呼べる段階に入るのは二里頭文化の時代であるが，それ以前の時代にも純銅器や青銅器は存在した。純銅器・青銅器の起源をめぐる問題は，青銅器の西方からの伝播説と中国国内での独自発展説の対立を軸として，しばしば激しく論じられてきた（唐蘭「中国青銅器的起源与発展」『故宮博物院院刊』1979年第1期，安志敏「中国早期銅器的幾個問題」『考古学報』1981年第3期）。現状の資料から判断する限り，中国における新石器時代の純銅器・青銅器は西北地域に集中しており，当地がいち早く青銅器利用を開始したことが知られる。二里頭文化期にも中央ユーラシア地域との関連が強い北方系青銅器文化が中国北部～西北部に広がっており，初期の純銅器・青銅器に関しては西方とのかかわりの中で位置づけられる可能性が高い。中国の青銅器文化の特徴はむしろ，鋳造技術を高度に発達させ複雑な形の青銅彝器を製作し，それを通じてのちに礼制と呼ばれるような独自の社会システムを作り上げていった点にある。その意味で，爵などの青銅彝器を初めて作った二里頭文化は青銅器文明の萌芽期であり，殷代や西周時代は青銅器文明の頂点であった。戦国時代に入ると墓の副葬品に占める青銅器の割合は減少し，土器や漆器が増加する。また戦国時代の中頃から鉄器が普及するにしたがって，青銅器の利器としての役割も後退する。前漢代には青銅器から鉄器への移行がほぼ完了し，ここに二里頭時代から続く青銅器文化は終焉を迎えた。

（角道 亮介）

せいどうきじだい【青銅器時代】 青銅（銅と錫や鉛との合金）で道具や武器，容器が製作されるようになった時代。鉄器時代に先行する。世界の諸地域に「文明」が出現した時代でもある。その年代は，全人類史的にみれば，前4000年頃から前1000年頃の範囲がいわれようが，中国で青銅器物が歴史的な意味を有していた時代としていえば，ほぼ前1900年頃から前5世紀頃までを指す。丁度，夏殷周三代の初期王朝が盛衰した時代に相当する。青銅器は主に各時代の墓の副葬品として出土する。古代中国の青銅器は歴史的に格別な特徴をもっていた。すなわち，まず青銅素材は当時の社会的高位者たちに独占され，一般庶民に利用されることはなかった。このことは，農民たちが日常使用する農耕具にこれが供されることがなかったという意味である。そして王朝ないし社会的高位者たちは，原鉱の採掘から製品の製作に至る生産の全過程を管理して，武器や楽器のほかに多くの容器を作った。しかしながら青銅製容器は，日常の生活用品ではなく，祖先の宗廟祭祀に使用される祭器であった。そして最も早い青銅製容器は，夏の文化であろうと考えられている二里頭文化に初現する。その器形には鼎のほかに爵・斝・盉などと呼ばれるものがあるが，それらは日常の「用」の器とはいえず，すでに特異な器形をしていた。用途は祭祀用の酒器である。

ところで氏族制社会であった三代の社会的諸関係は，祖先への祭祀行為を中核にして形成された身分・秩序関係，すなわち礼の関係に基づくものであるが，青銅器はこの秩序関係を表す象徴物であった。青銅器が礼器と称される所以である。すると中国での青銅素材の用途は，主に祭器としての容器と戈や矛などの武器類とにほぼ特定されていて，「祀（マツリ）と戎（モリ）」に用いられたといえるのである。祀と戎とは，古代国家の主権の所在するところといわれることから，まさしく青銅器とはひとつの器物でありながら，その歴史的意義は中国古代社会の中核に位置した文物であるといいうるのであり，ここに中国の青銅器時代の特質がみられる。

青銅容器は饕餮文や夔鳳文などの特徴的な文様で飾られている。これらはその時代の世界観を表現したものであり，また作器の事情を記した文章（金文）が鋳込まれる場合があって，これは同時代史料として貴重である。複雑な器形や繁縟な文様，さらに鋳込まれた金文も含めてひとつの器物にまとめあげるためには極めて高度な製作技術が必要だが，多くが土製范を用いた鋳造作りであった。そしてその精巧な土製范は，またすぐれた土器作りの技術に支えられていたのである。

なお非常に発達した中国の青銅器文化の出現は，自生的と考えられるのであるが，その発展過程には西域，北方モンゴルの草原地域，さらにシベリアの青銅器文化との接触もあったであろうことは留意されるべきである。

（童 博満）

せいとうやご【斉東野語】 宋の随筆。20巻。南宋の周密の著。南宋滅亡後の1291（至元28）年ごろに成った。書名は，周密の祖籍が済南であることによるという。当時の貴重な史料や自己の見聞を生かして，数々の事件とその背景を詳述し，正史を補う資料として価値が高い。その他，有職故実の研究や詩文評論・文物鑑定などの諸条にも彼の博識がよく発揮され，読者を益するところが大きい。稗海重刻本，津逮秘書本，学津討原本などがある。

（宇野 直人）

せいとしょくおうぞくぼち【成都蜀王族墓地】 四川省成都市商業街に所在する，春秋から戦国にかけての墓地。巴蜀文化に属する。2000年，建築工事中に発見され，同年に成都市考古研究所が発掘調査を実施した。縦約30m，横約21mの坑の

底部には大小の材材が規則的に敷かれ，その上に直方体の棺および船棺（船形木棺）が大小30組以上置かれていた。これらの木棺には長さ10m以上の大型船棺が4組含まれ，最も大きなものは長さ18.8m，直径1.4mに達する。当墓地では多くの青銅器・土器・石器・漆器などが出土した。特に大型船棺の副葬品は量・質共に圧倒的で，銅製編鐘など，小型墓では見られない製品が多数出土しており，従って大型船棺の被葬者は当時の成都一帯の支配階層の人間と考えられる。坑の上面からは墓と同時期の建築物の跡が確認されており，墓に付随する祭祀施設と墓地が同時に確認された貴重な事例である。2002年，『文物』11期にて遺跡の概要，および主要遺物の写真等が報告されている。　　　　　　（黄川田 修）

せいどつう【制度通】　中国・日本の制度解説書。13巻。1724(享保9)年に伊藤東涯が著した。夏殷周から宋明に至る中国の諸制度を62部に分けて詳述し，日本の律令制を唐制の後に掲げて比較に供する。1797(寛政9)年刊本(中文出版社影印本，1978年)の外，飯田伝一校訂本(金港堂書籍，1912年)，吉川幸次郎校訂本(岩波文庫，上1944年，下1948年)があり，滝本誠一編『日本経済大典』10(啓明社，1928年)にも収録されている。
　　　　　　（丸橋 充拓）

せいなんのへん【靖難の変】　明朝第2代建文帝と叔父燕王とのあいだで，1399(建文元)年から1402(同4)年にかけて起こった内乱。太祖朱元璋は，王朝の安泰と帝室の永続を願って，全国の要地に諸子の分封を行った。諸王は土地と人民に対する支配権はなく，歳禄を支給されるだけであったが，北辺の諸王には強大な軍事権があたえられ，北方防衛が任されていた。太祖の死後，皇太孫が建文帝として即位すると，叔父である諸王は脅威の的となった。建文帝は兵部尚書斉泰・太常卿黄子澄の議を入れ，1398(洪武31)年7月の周王を皮切りに，五王の削藩を断行した。この結果，かねて帝位を窺っていた北平(北京)の燕王は，君側の悪を除き，帝室の難を靖んじることを名目に起兵したため，この内乱を靖難の変と呼ぶ。内乱は前後4年にわたって国内を混乱に陥れたが，最後は燕王が勝利し，即位して第3代成祖永楽帝となった。即位後，永楽帝は太祖政治を継承・発展させて，より一層の専制体制を確立した。　　　　　　（檀上 寛）

せいはくきょう【清白鏡】　銘帯を主文様とし，銘文の第一句「潔清白而事君」にもとづいて命名された鏡。精白鏡とも。内区に連弧文帯，外区に銘帯を施す連弧文清白鏡と，銘帯を内・外区に二重にめぐらす重圏文清白鏡の2種類がある。いずれも外区に48文字に及ぶこの銘文があるが，鏡の大きさに応じて一部の字句を省略することが多く，とりわけ後半の4句が任意に取捨される。書体は小篆体・ゴシック体などがある。鏡径は日光鏡・昭明鏡よりも大きく，14cm以上のものが多い。前漢中期に現れ，晩期に盛行した。　　　　　　（黄 名時）

せいはくじ【青白磁】　宋・元に中国南部一帯で焼かれた青みを帯びた白磁をいう。影青（インチン）ともいう。白磁は，珪酸分を多く含み不純物をほとんど含まない白色の磁土に透明な釉薬を施し，1200℃以上の高温で焼成した白色の磁器であり，窯の中の酸素が不足する状態となる還元焔で焼成されると，透明釉に含まれる微量の鉄分が酸素を奪われて青みを帯び，涼しげな水色を呈する。江西省の景徳鎮窯・南豊窯が代表的な生産窯であるが，類似の製品を焼造した窯は江西省・福建省・広東省・広西壮族自治区をはじめ，浙江省・安徽省・湖北省・湖南省などきわめて広い範囲に分布しており，作風にもかなりの幅があるため，その輪郭は必ずしも明確でない。青白磁の初期の様相は今なお不明な部分が多く，独特の作風が確立されたのは北宋である。器形は銀器に倣っており，北宋後期には，薄手に作られたシャープな器形に，澄んだ水色の釉薬がかけられた優品が作られた。　　　　　　（今井 敦）

せいびは【清微派】　北宋末に出現した道教の符籙呪術を行う一派。神霄（しんしょう）派と並び称され，ともに符呪の理論として内丹を応用し，雷法(雷の力を作用させて駆邪を行う呪術)を得意とする点で共通する。この派の教えは清微天の元始天尊から授かったとされ，唐末の祖舒が始めたという伝説を持つ。実在の創始者としては南畢道（なんひつどう）(1196〜?)が黄舜申(1224〜?)に伝授し，黄がこの派の呪法を集大成させたという。この派の道士としては趙宜真や張守清が有名で，多くの関連文献が『道法会元』に収録され現存する。　　　　　　（丸山 宏）

せいふ【声符】　文字が表す語と，語音上の関連のある字符(文字を構成している符号)のこと。音符とも言う。声符そのものは，元来独立した文字であったが，形声字の中では読音を表す符号となっている。形声字の声符には，単純に読音のみを示すものと，意味上も関係があり声符と意符を兼ねるものがある。初めは声符とその表す読音は一致或いは類似の関係にあったが，語音の変遷に伴って，現在では読音を示す働きをしなくなってしまった声符も多い。　　　　　　（坂内 千里）

せいぶき【聖武記】

紀事本末体をとった，最初の清朝現代史。14巻。魏源著。1842(道光22)年刊。1844年，46年改訂増補。巻1から巻10までは，「開創」「藩鎮」「外藩」「土司・苗民・瑤民・回民」「海寇・民変・兵変」「教匪」の各項目に分かち，清朝の興起から道光年間(1821-50)にいたるまでの内乱・外征の顛末を記し，巻11から巻14までは「武事余記」として兵制をめぐる故実・考証と戦略・軍儲の法を述べる。アヘン戦争の勃発に憂憤して著されたもので，『海国図志』とならんで，経世思想家魏源の面目を存分に発揮した著作である。大要を把握することにすぐれ，後世の清朝史の概説書はこれを下敷きとするものが多い。また中国のみならず，日本でもさかんに読まれ，一部分の和刻本もある(『聖武記抜萃』『聖武記摘録』など)。版本の種類は多いが，道光26年第3次重訂刊本が最もよるべきものであり，1984年にこれを底本として，校訂を行い標点をほどこした排印本が，中華書局から出版された。　　　　　　　　　　　(村尾　進)

せいふじゅつ【正負術】

中国数学の基礎理論の一つ。正の数，負の数の加減計算のやり方を，同符号の場合(「同名」)と異符号の場合(「異名」)とに区別立てして公式化したものである。『九章算術』巻8・方程章に見られ，そこでは連立一次方程式解法に応用されている。正負の二数は算木の赤黒で色分けされたが，正負術によって負数概念とその演算処理法が明確に理論づけられ，代数学の発達を促した。　　　　　　　　　　(武田　時昌)

せいへいさんどうわほん【清平山堂話本】

日本の内閣文庫から発見された短篇小説集。他に所蔵を知らない。3冊。各冊5篇計15篇からなる。版心に清平山堂の文字の見えるものがあり，明代嘉靖年間(1522-66)に杭州で活動をしていた洪楩の清平山堂から刊行されたと推定されている。大半が口語で書かれており，宋代の盛り場瓦子で語られていた話芸の一つである小説の演目が文字化されたものとみなされ，発見当時話本がそうしたものを指す言葉と誤認されていたため，『清平山堂話本』と命名された。だが，話本はテキストそのものを指す言葉ではないので，『清平山堂刊小説十五種』とすべきである。その後寧波の天一閣から，書口(下小口)の文字と『四明天一閣藏書目録』により『雨窓集』上と『欹枕集』上下とよばれることになる3冊の残本が発見された。『雨窓集』上は巻末が，『欹枕集』下は首尾が欠け，『欹枕集』上にいたっては2篇あわせて7葉分が残るにすぎないが，3冊のいずれにも版心に清平山堂の文字が見える作品があり，内閣文庫(国立公文書館)所蔵のものと同じく清平山堂の刊行物とみなされた。広義の『清平山堂話本』にはこの12篇を含める。

『清平山堂話本』に「西湖三塔記」と題される作品があり，田汝成の『西湖遊覧志』の改訂本に見える『六十家小説』の「西湖三怪」に比定された。他方，顧修の『彙刻書目』には『雨窓集』『欹枕集』を含む6集からなる『六家小説』が著録されていた。かくて6集60篇からなる短篇小説集『六(十)家小説』が嘉靖年間に杭州の清平山堂から刊行され，『清平山堂話本』はその一部であるとみなされることとなった。晁瑮の『宝文堂書目』によれば，こうした短篇小説は当初単行されていたようで，清平山堂は既刊の版木を集め，一括再印したものと推定される。なお，清平山堂刊行の短篇小説とされる後日発見の断簡2篇には，それを裏付ける証拠がない。　　　　　　　　　　　　　　　(大塚　秀高)

せいべんず【青弁図(董其昌)】

董其昌の代表作。1617年の作。クリーブランド美術館蔵。紙本墨画。タテ224.5cm×ヨコ67.2cm。膨張する山塊と複雑な形態が入り組んだ中景表現が，単純化された前・後景に挟まれるようにあり，遠近感・凹凸感の合理と非合理が一図中に止揚されている。青弁は呉興(浙江省)の景勝地である弁山(卞山)のこと。元末四大家の一人で呉興出身の王蒙が制作した『青卞隠居図』(上海博物館蔵，1366年)を董其昌は実見しており，本図の中景表現は王蒙画を踏まえたものである。又，本図の自題には董源に倣うとあるように，前・後景表現の前提には江南系山水画を古典として追究した平遠景がある。さらに，本図の筆墨技法や空間の構築性は，家蔵していた『富春山居図巻』(台北，故宮博物院蔵)を代表作とする黄公望の存在も意識されていよう。　　　(板倉　聖哲)

せいぼ【声母】

韻母，声調とともに漢字音を構成する三要素の一つ。音節頭子音，語頭子音とも。チベット・ビルマ語族，タイ・カダイ語族，ミャオ・ヤオ語族の言語音に対しても用いられている。音節のうち最初に発音される子音的要素を指す。例えば普通話(中華人民共和国の国家語)では「漢(hàn)」[xan]だと子音[x]が声母であり，「語(yǔ)」[y]だと最初に発音される子音的要素が存在しないため零声母/∅/とが概念として立てられることがある。また半母音も声母として扱われることが多く，粤語(広東省広州)の「二」[ji]の[j]や「関」[kwɐ:n]の[kw]も声母と見なされる。音韻学の用語である「声」「声紐」は声母とそれに続く介音を含めた概念である点，現在の「声母」とは若干異なる。中古漢語の声母は，調音部位の違いにより唇音・舌音・牙音・歯音・喉音に分類され

る。これを「五音」という。『韻鏡』では舌音を舌頭音と舌上音，歯音を歯頭音と正歯音に細分する。また『韻鏡』では調音方法の違いにより清・次清・濁・清濁に分類するが，「清」は現代漢語方言学の「全清」，「次清」は「次清」，「濁」は「全濁」，「清濁」は「次濁」に相当する。　　　　　（吉川　雅之）

せいぼう【盛懋】　生没年不詳。元時代の画家。嘉興魏塘鎮（浙江省）の人。字は子昭。父の洪も臨安の職業画家であったが，のち趙孟頫に学んだ陳琳に師事し，その画風を変じたという。元末四大家の一人呉鎮とは隣家でありながら，呉鎮に画を求める者はなく，盛懋に求める者は後を絶たなかったという。青緑山水に見るべきものがあり，『山居納涼図』（カンザスシティ，ネルソン・アトキンス美術館蔵），『秋舸清嘯図』（上海博物館蔵），『故事山水図』（京都，本法寺蔵）がある。唐寅や仇英などの山水にも影響を与えた。　　　　　（塚本　麿充）

せいほうしゅ【西鳳酒】　800年以上の歴史を持つ陝西省鳳翔県に産する白酒(バイチュウ)。この地は西府鳳翔と呼ばれていたことからこの名がつけられた。無色透明，アルコール分は約55％と約65％の2種，柳林鎮産のものが最高とされ，蘇軾が「柳林の酒　東湖の柳　婦人の手（女性による手工芸）」が鳳翔の3つの宝であると賞賛したという。酸・甜・苦・辣・香の五味全てがバランス良く具わった酒とされる。高粱(コーリャン)を原料とし，大麦とえんどう豆から成る大麴を配合し，木蓋のある暗窖(あんこう)（発酵用の穴蔵）と無蓋の明窖に分けて発酵させたのち蒸留し，柳の枝で編み，豚の血を塗った麻紙を貼った巨大な「酒海」と呼ばれる容器に密封貯蔵し，3年以上熟成させた後出荷される。　　　　　（佐治　俊彦）

せいまつ【砌末】　伝統演劇の舞台に用いる大道具・小道具・簡易舞台装置に対する旧称。元雑劇の中で既に砌末は多用されている。たとえば白樸の『梧桐雨』第1折ト書きに「正末と旦が砌末を使うしぐさをして言う」とあり，ここでの「砌末」は「簪と香箱」を指し，玄宗皇帝（正末）が楊貴妃（旦）にこれを与える演技をする。砌末は小道具では生活用具・交通用具・武器・旗等があり，大道具では場所を表現する卓（机）と椅子・帳等がある。

伝統演劇の舞台は象徴的表現を基調とし，道具も装飾的，象徴的な作りになっており，その役割は多彩で，場面に応じた効果を演出するために多用な使い方をする。①情景や場所を暗示する手段としての役割。舞台上に設置する大道具の基本は，朱塗りの卓と椅子で，「一卓二椅」を基本型とする。これを異なる色と文様のカバーで覆い，場所や人物の身分を暗示する。その配置の仕方には定型があり，宴席・広間・書斎といった場所を象徴的に表現する。これに酒器・茶器・文房四宝（紙墨筆硯）等の小道具を加えて，更に場所を特定する。背景を表すものとして城郭・城門を示す布製の「布城」，陣中・宮殿・寝室を表す赤い「大帳」，葬儀の場を表す白の「霊帳」等がある。陣営の標示は「門槍旗」で赤黄黒白緑の5色を配し，本陣は中央に龍の絵を配した三角形の「大纛旗(だいとうき)」を使う。②乗り物など移動手段の象徴的表現。鞭を装飾化した「馬鞭」は騎馬を意味し，その色の違いが馬の色の違いを表す。舟に乗っていることは櫂(かい)の動きで表し，馬車や輿に乗っている様は車輪を描いた「車旗」で示す。③暗さを表す手段としての役割。燭台や提灯といった小道具を手にすることにより，照明はそのままで夜や暗闇を暗示する。④登場人物の職業や身分を特徴づける役割。手にする扇の形状は，登場人物の身分や性格によって異なる。たとえば『還魂記』遊園での令嬢杜麗娘の持つ扇は檜扇の形だが，下女春香は団扇型で，人物形象の違いを示す。「羽扇」は三国志ものでは諸葛亮が常に手にするシンボルマークでもある。同様に「雲掃」は払子(ほっす)の一種で本来塵払いの用具だが，舞台では仏門の人・道士等の身分を象徴する。⑤自然現象やその精霊の表現。風や風の精を表す「風旗」は黒の角旗を用い，鬼神や魔物が風に乗って飛来することを表す。「水旗」は白か水色の布を用い，波や『白蛇伝』水漫金山寺の水族といった精霊を表現する。火や火神を表す「火旗」は白地に火焔の文様を配する。赤色無地の「紅門旗」は火と吉祥を表す。「雲片」は雲をかたどった小道具で，仙人の登場とともに4人の童子が手に持って先導し，雲に乗って姿を現す様を意味する。⑥武器の小道具を総称して「刀槍把子」という。武技を美しく様式性のある舞にするために装飾的な作りになっている。役柄ごとに使う武器も決まっており，武器を駆使した武技の演技様式がある。⑦舞を効果的に表現する道具。仙女の舞で用いる帯状の羽衣等がある。　　　　　（有澤　晶子）

せいみんざつげき【盛明雑劇】　明代の雑劇の選集。初集30巻，2集30巻から成る。1629（崇禎2）年序刊。明末の沈泰が編纂した。収録作品の中では宣徳年間（1426-35）の周憲王朱有燉(しゅうとん)の『風月牡丹仙』『香嚢怨』が最古のもので，その他，嘉靖年間（1522-66）から明末にかけて活躍した許潮・葉憲祖・汪道昆・徐渭・沈自徴・孟称舜(しんしょう)・陳与郊など，明代の代表的な作家33名の雑劇60篇を収める。明代においては南戯が主流であったが，優れた雑劇作品も数多く制作されたことを示している。

（根ヶ山　徹）

せいみんようじゅつ【斉民要術】

北魏の農業・農家経営指導書。現存する中国最古の総合農書。10巻。6世紀半ばの成立。農書の模範として、中国史上高く評価されてきた。著者は賈思勰。

構成は、序、巻頭雑説(成立年代未詳)、巻1農耕総論・粟の栽培法、巻2主穀類栽培法、巻3野菜類栽培法、巻4果樹類栽培法、巻5養蚕・樹木類栽培法、巻6畜産類飼育法、巻7醸造法、巻8醸造・加工法、巻9調理・貯蔵法、巻10外国の作物、である。それ以前の関係史料を幅広く引用し、農業技術および農家経営にかかわる重要事項を網羅している。

淮河以北の畑作地帯が対象で、当時の農業経営の特質がうかがえる。とくに、いわゆる華北乾地農法が定式化されている点は注目される。それは畜力による耕起・整地過程と人力による中耕・除草過程の結合として表明されている。また、野菜や果樹栽培の項目では近郊農業的記述もあり、中国農業の一側面を明瞭に示している。最近は食物史の史料としても注目されている。版本は北宋本以後多く存在するが、天野元之助が指摘したように(天野『中国古農書考』龍渓書舎、1975年)、いずれも問題がある。邦訳の西山武一・熊代幸雄『校訂訳注斉民要術』(アジア経済出版会、1969年)は貴重な成果である。

(大澤 正昭)

せいむあいらくろん【声無哀楽論】

三国魏の音楽論。嵇康の『嵇中散集』(『四庫全書』集部所収)に収められている。儒家の伝統的音楽観の代弁者「秦客」と作者自身「東野主人」の論争という形で、儒家の音楽思想を批判し自己の音楽論を展開している。その論は「心と声とは明らかに二物なり」という語に端的に述べられている。音楽は外界の事物に属するもの、哀・楽は主観的感情的なもので、音楽は悲哀や快楽といった感情とは無関係なものであるという主張である。『楽記』を代表とする儒家の音楽思想では、音楽は人の心が周囲の物事に感応して生まれるとし、音楽は人間のさまざまな感情を表現し、政治の状況をも反映するものであるとした。嵇康が生きた魏晋の時代ではこのような音楽観がさらにエスカレートし、荒唐無稽な話や神秘主義的な思想が音楽と結び付けられて語られるようになっていた。本書の中でも「秦客」は、世の中の盛衰や吉凶はすべて音楽に現れるとし、自説の根拠として葛盧が牛の声を聞いてその子牛が祭りの犠牲になったことを知ったという例や、師曠が律管を吹いて楚の軍が滅びることを知ったという例等を挙げている。これに対し嵇康はこのような俗儒の論は後世の人を欺くものだとして強く非難し、音楽を独立した音声の芸術と認めて、最高の調和した音楽は人の心にもともと存在していた感情を発露させることだと述べている。また「声無哀楽論」は、音楽が鑑賞する人に「躁と静の反応」を与える等、音楽美学上重要ないくつかの問題をはじめて提示しており、音楽美学の研究の上でも重視されている。

(池澤 滋子)

せいめい【正名】

名(名称)と実(それの指し示す実体、または実態)との一致を求める考え方の一種で、名称に(それからずれた)実態を合わせる方向で名実の一致を図る思想。戦国時代中期の終わりころから、名と実の関係が諸子の各思想家たちのあいだで論じられるようになった。戦国時代後期の荀子は、それ以前の墨家や弁者の論理学的思考を名実の一致を混乱させたものとして批判し、新たに名実の一致を基礎とした論理学的思考の枠組みを提出した(『荀子』正名篇)。その理論の核が、名に実(実態)を合わせる(名で実態を規制する)ことで名実の混乱状態を終止させる正名(名を正す)である。

この正名は同時に政治思想でもあった。荀子にとって名は王者の定める価値体系そのものという性質をもっており、それによって現実の在り方を規制することは秩序の回復、維持を意味したからである。政治思想としての正名思想は、当時一般には刑名または形名と呼ばれていた。国家統治の視点から、君臣の分などの名分や官職名称(名)により現実の人の行動や働き(形・刑)を規制しようと図るのである。『呂氏春秋』の正名篇・審分篇などは、形名思想の尹文学派の遺説であると言われているし、法術思想の韓非も形名参同を唱えている。

ただ、『論語』に「必ずや名を正さんか」という孔子の有名な言葉が載っていることから(子路篇)、孔子が正名思想の淵源と見なされるようになり、儒学経書の一つの『春秋』が名分を重視する書とされた。こうして、漢代以降、正名思想は儒学の「名分を正す」政治倫理観念となった。

(関口 順)

せいめい【西銘】

北宋の張載の銘文。その書斎の西の窓に掲げられ、原名『訂頑』、約250字。「東銘」(もと「砭愚」)と対の文章で、ともに『正蒙』乾称篇に収載するが、程朱学において高く評価され『近思録』巻2に収載する。とくに朱子は『西銘解』を著し独立して扱った。「乾を父と称し、坤を母と称す」「民は吾が同胞、物は吾が与」の句で標榜する万物一体観は、儒家に流れる家族共同体の志向を天地に立脚せしめ、天下万民に関わる士大夫の使命感を掲げるものとして作用し続けた。

(大島 晃)

せいめい【性命】

『中庸』に「天の命ずる之

を性と謂う」というように，天の側から人間に賦与されるものを命，人間の側からはそれを性と呼んだ。すなわち，性が人間に内在し，天に基づく本来のあり方を指すのに対し，命は人為を超えた吉凶禍福の運命につながり，性と命は本質的に対立する要素をはらむ。だが，これらが一語として結びついた時，内外両面から人間の存在を規定する語となり，ここから生命の意味も持つに至った。性命の語は『荘子』外篇・雑篇など道家系で用いられたが，やがて主に儒教で重視され，多くは性と命の対概念として問題にされた。南宋に完成した朱子学は，仏教の性説を批判的に取り込んで本来の性に復することを説いたが，このため性命の概念が変化したとして，清朝考証学者の阮元の「性命古訓」などでは唐宋以前の経学への復帰が図られた。また，道教の一派の全真教は，見性成仏を説く仏教が性しか修めないとして，精神(性)と身体(命)の双方を修養する「性命双修」を説いた。　　　　　　　　　(松下 道信)

せいめいしゅう【清明集】 →名公書判清明集

せいめいじょうかず【清明上河図】　風俗画の主題のひとつ。北宋末期，清明節の汴河と都城汴京のにぎわいを張択端が描いたものが始まりとされる。現存する北京故宮博物院蔵本は，よく制御された極めて精緻な描写を特徴とし，張択端原本もしくはそれに近い北宋本とするのが通説である。また市街地の看板，店舗の具体的情景，船舶や橋梁の克明な描写などから，社会経済史・建築史・科学史・文化史の資料としても注目され，美術史の一級資料としてだけでなく，多方面から研究されている。ほかに明の趙浙(岡山，林原美術館蔵)や仇英(東京，大倉集古館蔵)の作品，台北故宮博物院本(清院本)等明清の作品が40点以上知られているが，これらはすべて明清時代の蘇州の景観をもとにした虚構とされ，写実的な北京本とは一線を画するものである。
　　　　　　　　　(河野 道房)

せいめいせつ【清明節】　二十四節気の一つ。踏青節・挿柳節ともいう。春分後15日目。陰暦では3月前半にあり，陽暦では毎年4月5日か6日。もとこの日の2日前或いは1日前の寒食節の伝統行事であったが，後に寒食節が廃れて清明節の行事になったものがある。その一つ掃墓(または上墳)という祖先の墓参りの習俗がこの日に定まったのは唐代からである。唐代以降，さまざまな風俗が形成された。魔除けのために柳の枝を，頭・鬢に戴いたり(戴柳)，門口・軒先に差したりした(挿柳)。また植樹造林をする。墓参の後，野外のピクニック(踏青)をする。ブランコ乗り(盪鞦韆)・凧揚げ(放風箏)・綱引き(抜河)・闘鶏・蹴鞠などの娯楽があった。この日の墓参の習わしは現在も受け継がれ，各家々のほか，団体・学校・部隊などの革命烈士陵墓の祭礼献花が行われている。江南地方では，清明と聡明が音通なのでこの日に子供が生まれるのを喜ぶ。　　　　　　　　　(鈴木 健之)

せいもう【正蒙】　北宋の張載の主著で，『性理大全』にもその全篇を収める，宋代性理学の主要な書。17篇500余条から成るが，全体が整った構成を有する，一貫した文章で記述されたものではない。門人呂大臨「横渠先生行状」には，死の前年1076(熙寧9)年秋に夢に異変を予感し，すでに書いてあった文章を集めて整理させ，作ったという。実際，そのほとんどは経典に関連する発言・注釈で，少なくとも全体の2割の条は『易説』と重なるが，その一方『論語説』の遺文も認められ，散佚した諸注釈の精華を集めた意図がうかがえる。太和・参両・天道・神化・動物・誠明・大心・中正・至当・作者・三十・有徳・有司・大易・楽器・王禘・乾称の篇名は各篇首条の2字に採る。また，乾称篇首条及び末条を「西銘」「東銘」として言及することも多い。「正蒙」の書名は『易経』蒙卦・彖伝「蒙は以て正を養う」に拠るが，天地の生成・造化を幻妄とする仏教の世界観を否定しつつ，新たな「性」と「天道」との合一を説く儒教思想を提示するものである。　　　　　　　　　(大島 晃)

せいもく【正目】 →題目正名

せいもよう【盛茂燁】　生没年不詳。1594(万暦22)年から1637(崇禎10)年までは生存を示す資料がある。明末の蘇州を代表する職業的な文人画家。長洲(江蘇省)の人。その印章より，字は与華，号は念庵・研庵とされる。山水・人物画に優れ，同郷の画家である李士達の影響を受けたという。現存作品のほとんどは人物表現を伴う山水画であり，淡墨・淡彩を用いて煙霞の模糊とした雰囲気の表出を意図したものが多い。最初期の制作である，丁雲鵬との合作『五百羅漢図』(仁和寺・京都国立博物館他蔵)の他に，代表作として『秋山観瀑図』(橋本コレクション，1633年)などがある。　　　(板倉 聖哲)

せいゆうじ【聖友寺】 →清浄寺

せいゆこうくん【聖諭広訓】　康熙帝が1670(康熙9)年に発布した16か条の聖諭(敦孝弟以重人倫・篤宗族以昭雍睦・和郷党以息争訟・重農桑以足衣食・尚節倹以惜財用・隆学校以端士習・黜異端以崇正学・講法律以儆頑愚・明礼譲以厚風俗・務本業

以定民志・訓子弟以禁非為・息誣告以全善良・誡匿逃以免株連・完銭糧以省催科・連保甲以弭盗賊・解仇忿以重身命)に対して，雍正帝が毎条600字程度の解釈を付し1724(雍正2)年に頒布したもの。地方官は月2回，これを民衆に向け宣講(読み上げ)した。日本には早くも1726(享保11)年に伝わる。中国文化の理解と中国語の教材として宣教師にも重視され，露訳・独訳・英訳など訳本は10種を下らない。

(森 紀子)

せいようきゅう【青羊宮】 四川省成都市にある道観。名は老子が函谷関を去るおり，関令の尹喜に蜀の青羊肆にて再会を約束したという伝説にもとづくという。古くは玄中観といったが，唐の僖宗時の882(中和2)年に重修されてこの名とされた。今日，都市部に建つ道観としては，四川省で最大の規模を誇る。清代に出版された道蔵，『道蔵輯要』の通行本を刊行した二仙庵と隣接し，現在その貴重な版木を所蔵していることでも知られる。

(横手 裕)

せいりがく【性理学】 狭義には北宋の程顥・程頤らを淵源とし，南宋の朱子によって集大成された新しい儒教の学派(朱子学・道学・宋学・程朱学・理学・新儒学〔Neo Confucianism〕)を指すが，広義には朱子学に反対の立場をとる南宋の陸象山や明の王陽明の学派(陸王学・心学・陽明学)及び羅欽順・戴震ら明清の「気の哲学」をも含め，広く宋代以降「性」や「理」の問題を議論した儒教全体を指す。

(垣内 景子)

せいりたいぜん【性理大全】 明代官撰の総合的学術書。70巻。1415(永楽13)年，胡広らが勅命によって編纂した。北宋の二程と朱子の学説を中心として，理気論・性説など13の項目別に，宋代の儒者120家の学説を編纂したもので，『五経大全』『四書大全』と共に全国の学校に頒布された。編纂期間が短かったため，宋の熊節『性理群書句解』をもとに増補した。雑駁であったが，網羅的であったため，科挙受験用の参考書として重宝された。後に，清の康熙帝が学説を李光地らに精選させ，『性理精義』12巻を作らせた。これは，江戸前期の朱子学で重用された。『四庫全書』子部・儒家類に収められる。

(佐藤 錬太郎)

せいりつ【声律】 文字の発音を4種類(四声)に分け，それを用いて詩文の音律を整えること。そもそも人の声には音律がある(『文心雕龍』声律篇)と古くより意識されており，西晋の陸機は既に文章の音律を意識的に整えようとしていた。しかし，全ての文字を四声に分かち厳格に音律を整えようとするのは南朝梁の沈約ら以降のことである。近体詩・詞・散曲の声律は，主に平仄の配列により表される。つまり，平声字とそれ以外の仄声字に二分し，その組み合わせにより音調の調和を求めたのである。

(坂内 千里)

せいりゅうじ【青龍寺】 唐の都城長安の新昌坊(陝西省西安市街の東南約5km)にあった仏寺。隋代に創建されて当初は霊感寺と称し，唐の711(景雲2)年に青龍寺と改められた。空海(弘法大師)は804(貞元20)年に留学して青龍寺で恵果阿闍梨から密教を授けられ，その後，円仁・円暁らも入唐して当寺に学んだ。1973年から発掘調査により塔・仏殿・回廊・門が検出され，仏殿は2期の遺址が重畳し，846(会昌6)年再建の基壇は約29m×22mの規模であった。

(田中 淡)

せいりょうじしゃかにょらいりゅうぞう【清凉寺釈迦如来立像】 京都嵯峨清凉寺本尊である釈迦如来像。1954(昭和29)年7月29日，像内から多くの納入品が発見され，その中の「奝然入宋求法巡礼行並瑞像造立記」によって，983(太平興国8)年に入宋した東大寺僧奝然が，帰国の途次台州(浙江省)において，985(雍熙2)年7月21日から8月18日にかけて造立したものであることが判明した。作者は造仏博士の張延皎・張延襲兄弟である。納入品は，台州開元寺僧，妙善寺尼僧のほか，俗人男女を含めた多数の僧俗によって納められた。本像は，優塡王思慕像として古来中国において著名な栴檀釈迦瑞像の模刻像だが，奝然の入宋当時，原像は開封(河南省)の滋福殿・啓聖禅院にあった。その形を写した「様」(下図)をもとに，奝然が台州の僧俗の協力を得て造立した。本像が日本にもたらされて後は，三国伝来の霊像として信仰を集め，平安時代後期以降，生身仏の代表として日本各地に模刻像が多数造られた。

(長岡 龍作)

せいりょうたい【斉梁体】 南朝の斉梁期の詩体。南宋の厳羽『滄浪詩話』詩体に「斉梁体」の称がある。この時期は，沈約・謝朓・王融らを中心に，声律や対偶などを重視して修辞を凝らす詩が盛んであり，唐の近体詩成立の基盤となった。また，唐の岑参に「夜 磐石を過ぎ河を隔てて永楽を望み閨中に寄せて斉梁の体に效う」と題した詩があるように，閨情を主とした軽艶な詩風を指すこともある。

(齋藤 希史)

せいるい【声類】 三国魏の韻書。10巻。李登の著作で，ふつう最古の韻書とされる。『封氏聞

見記』に「五声もて字に命づけ諸部を立てず」というのにしたがえば，宮・商・角・徴・羽の五音によって分類され，後世の『切韻』のような精密なものでなかったと思われる。すでに亡んで伝わらないが，佚文が『小学鉤沈』『玉函山房輯佚書』などに見える。それによればすでに反切を用いて音注したものもあるが，李登自身の反切であるか否かは明らかでない。　　　　　　　　　　　　（高田　時雄）

せいれいせつ【性霊説】　最初は16世紀末に明の袁宏道が唱えた文学論で，「性情」，すなわち男女の情愛をはじめ，心情・真情・詩情など，人間がもって生まれた心の，霊妙なはたらきを重んじる。したがって官職での制度や実務，世間的な道徳や礼儀，古典文学の格調や形式などに縛られることを嫌い，当時流行した古文辞派「後七子」の格調説に対抗した。

ついで18世紀後半に清の袁枚が継承したが，袁宏道とちがって，学問の重視ということを条件に加えた。彼は恋愛詩の評価，女流や働く人々の詩の発掘，唐詩と宋詩の区別の撤廃，などをおこなうとともに，王士禛の「神韻説」にたいしては典故の頻用という点で，沈徳潜の「格調説」にたいしては政治や道徳との関係という点で批判した。市井の側からの文学を理論づけるもの，ということができる。

日本でも18世紀後半から19世紀にかけて江戸時代の山本北山らの詩論に影響を与えた。（松村　昂）

せいれいはっか【西泠八家】　清朝の篆刻の流派，浙派の代表的作家である，丁敬・黄易・蔣仁・奚岡・陳予鍾・陳鴻寿・趙之琛・銭松の8人をいう。時に銭松のかわりに屠倬を入れる。みな杭州西湖畔の西泠に居住したのでこの称がある。前者4人を西泠四家，後者4人を西泠後四家ともいう。いずれも詩書画をよくし，また金石学にも通じ，当時の代表的な文人である。

民国の馬光楣の著した『三続三十五挙』の第12挙に，八家を合評し「有清の中葉（清朝中期），西泠八家，崛起し，力めて前規を摹し，秦漢の制度を重んじ，為に大いに振るう。丁龍泓（丁敬）の樸拙，蔣山堂（蔣仁）の美茂，奚鉄生（奚岡）の古趣，黄小松（黄易）の丰姿，陳秋堂（陳予鍾）の純粋，陳曼生（陳鴻寿）の瀟洒，屠琴塢（屠倬）の秀逸，趙次閑（趙之琛）の峻雅なるがごとき，みな峰に登り極に造る。元明を邁軼（超越）し，直ちに漢人の堂奥に入れり」という。

八家を合集したものに『西泠八家印選』『西泠八家尺牘』などがある。　　　　　　　　（小西　憲一）

せいれんきょう【青蓮教】　清代道光年間(1821-50)に華南一帯に広まり，摘発を受けた宗教結社の一つ。摘発後，先天道・同善社・一貫道など多くの派に分立した。羅教の流れを汲み，19世紀初，浙江・江西より貴州に伝わった。貴州龍里県の生員であった袁志謙による再編を経て，四川や長江中上流域の各地に広まった。無生老母信仰や内丹・喫斎（菜食主義）の理論を取り入れたその教義は，今日でも台湾の一貫道などの各派に継承されている。　　　　　　　　　　　　（武内　房司）

せいれんこうぶんか【青蓮岡文化】　青蓮岡文化は，概念の定まらない未定着の考古学文化である。発見の端緒は，江蘇省淮安市で，彩文土器をともなう青蓮岡遺跡が発掘された1951年までさかのぼる。その後，同文化は，江蘇省の北部と南部を含む龍山期以前の文化として通用したが，山東省や長江下流域における発掘成果が世に出るにつれ，大勢は，大汶口文化や馬家浜文化に吸収される方向へ傾いていった。しかし，青蓮岡文化を一考古学文化として見直す意見も存在する。　　　（小川　誠）

せいろうしゅう【青楼集】　元代の名妓列伝。著者は元末明初の松江（上海市）の人，夏庭芝。北京大学所蔵清代写本付録の「青楼集志」に至正20(1306)年の著者自署があり，この頃に完成したと考えられる。元代に活躍した妓女117名の芸名と簡単な事跡を記すが，その大部分は当時流行の演劇である雑劇の俳優，または院本・諸宮調・小説・小唱・舞踊などの芸人であり，それぞれの芸風の特徴が述べられている。また主に妓女の夫である男優，および当時の劇作家や名士との交流にも触れており，元代の演劇・芸能の実情を知る貴重な資料である。付録の「青楼集志」には，唐の伝奇，宋の戯文，金の院本から雑劇に至る歴史と雑劇の種類，代表的演目などが簡単に述べられている。妓女についての記録としては唐代に『教坊記』『北里志』，清初の『板橋雑記』などがあるが，演劇俳優についての専著は，清末以前には本書以外にない。孫崇涛・徐宏図『青楼集箋注』（上海戯劇出版社，1990年）が便利である。　　　　　　　　　　　　　　（金　文京）

せき【戚】　一説によれば，斧は身が縦長のものを戚，横長のものを鉞という。この説を踏まえると，通常の玉斧・石斧は戚となる。円孔をもち，その孔に紐を通して柄と身を縛りつけた。玉戚は，伐採用の石戚から新石器時代に派生した。前3千年紀の良渚文化では，細かい彫刻や彩色による文様をもつ玉戚が現れ，地位の高い者が独占した。通説では，これを権力の象徴とみる。殷時代には青銅製の戚も使われたが，西周時代に玉戚とともに途絶え

た。　　　　　　　　　　　　　（川村　佳男）

せき【舄】　はきもの（履）の一種。底に木を入れて二重底にしたものをいう。『釈名』釈衣服に「履は礼であり，足を飾り礼を行うためのものである。その底が二重になったものが舄である。礼を行うとき長時間地面の上に立っているが，たとえそこが泥湿地であっても底が二重であるため（くつの中は）いつも乾燥している」とあり，底の材質については，『古今注』に「舄は履の底に木が使ってあるので，いつも乾燥していて泥湿地も畏れるには及ばない」と記されている。『周礼』天官には「履人は王および后の服とくつを司る。赤舄と黒舄――赤舄には赤い繶，黒舄には黄の繶がある――および青い絇のある白いくつ，夏用の葛のくつを作る」とある。その鄭玄注に「下を二重にしたものが舄であり，下がひとえのものが履である」といい，また，繶や絇はその飾りであると言っている。ほかに舄に似た底の高いくつで婦人用のものに踠下というものがある。『釈名』釈衣服に「踠下は舄のようなものであるが，その下は踠々として（踠はつまづく・足を折る意，蹶に同じ）危うく，婦人の背の低いものがこれを着用する」とある。楽浪彩篋塚出土の漢代の「複舄」は，表面に漆を塗った皮で作られている。皮は型打ちで形を整え，縫い合わせている。底に木製の入れ底があり，木の中央部には深い長方形の孔が穿たれていた。この部分の作りからみると，もとこの木底の上にはさらに柔らかな材質の下敷きがあったものと思われている。このような複舄は漢代に普通にはかれたものらしく，画像石にも多く描かれている。　　　　　　　（相川　佳予子）

せき【齣】　宋元南戯や明代の伝奇作品における，幕ないし場にあたる段落をいい，「出」とも呼ばれる。表記としては「出」の方がより古い。また「折」とも呼ばれるが，いずれも音が近い関係にある。ストーリーの展開のうえでの単位となるもので，役者が舞台に現れてから，退場して舞台が空になるまでを，一つの齣とする。ただ，『永楽大典戯文三種』を代表とする南戯の古いテキストでは，こうした標記はなく，明代後期になって盛んに戯曲が出版されるようになってから現れたものである。
　　　　　　　　　　　　　　（赤松　紀彦）

せきいんぼん【石印本】　粘着性のある薬品を含む墨をもって，薬紙に原稿を手書し，これを石版に貼りつけ，そのあと薬紙を取り除き水で洗浄し，乾かないうちに油墨をそそぎ，文字のある部分だけに油墨を付着させ，この石版に紙を押しあてて印刷したもの。18世紀後半にヨーロッパで発明された製版技術。清末に来華した宣教師が布教文書等を印刷するために，この技術を中国へもたらした。清末から民国期にかけて，多くの出版物がこの石印で刊行された。
　　　　　　　　　　　　　　（梶浦　晋）

せきえい【石鋭】　生没年不詳。明の画院画家。銭塘（浙江省）の人。字は以明。宣徳年間（1426-35）に，仁智殿の待詔となった。官は錦衣衛鎮撫。書画の収蔵で有名な雲南の黔寧王沐家の庇護を受けたとみられ，成化年間（1465-87）の前期には，なお活動していたと考えられる。宋の趙伯駒や元の盛懋などの影響を受けた古様な金碧山水を主に描き，楼閣などの界画表現にもすぐれた。現存作品に『探花図巻』（東京，個人蔵），『楼閣山水図』（東京，個人蔵）などがある。　　　　　　（竹浪　遠）

せきかい【石介】　1005（景徳2）～45（慶暦5）。北宋の思想家。兗州奉符（山東省）の人。字は守道。1029（天聖7）年の進士。徂徠先生と称せられる。隠遁生活を送ったのち国子監直講として学生を育て，太学の隆盛に貢献した。仏教・道教を批判して儒教の理想をかかげたこと，浮華な美文をしりぞけたこと，慶暦年間（1041-48）の新政を「慶暦聖徳詩」によって称えたことにより，宋代における儒教復興者の一人として知られた。文集に『徂徠集』20巻がある。宋史432　　　　（吾妻　重二）

せきぎょくこん【石玉崑】　1810（嘉慶15）？～71（同治10）？。清末の道光・咸豊間（1821-61）に活躍した西城調の子弟書を語る旗人の説唱芸人。なかんずく『龍図公案』の「五鼠鬧東京」にヒントを得，錦毛鼠白玉堂と御猫の名を賜った南俠展熊飛とのせめぎあいを導入部におき，五鼠ら俠客の協力をえた包拯が反乱を企む襄陽王と闘う経緯を語った長篇の説唱で名高い。この石玉崑の口演を文良などが文字化したものが『龍図耳録』で，これをさらに整理したものが『三俠五義』ならびに『七俠五義』である。　　　　　　（大塚　秀高）

せきさいざんこぼぐん【石寨山古墓群】　雲南省晋寧県郊外の小丘，石寨山上に存在する古墓群。1954年に発見され，1955～60年と1996年に5次にわたる発掘調査が行われている。これまでに発掘された墓の数は86基だが，大型墓を中心とした構成を見せるのがこの古墓群の最大の特徴である。6号墓から「滇王之印」と刻まれた金印が発見されたことにより，『史記』西南夷列伝で「滇」と記された民族集団の王墓を含む墓群と考えられている。墓地としての存続年代は戦国中後期から後漢初期だが，大型墓が築かれるのは戦国後期から前漢中期の

時期であり、『史記』の記述とも重なる。

多くの墓から、副葬品として独特の様式をもつ*青銅器が発見され、同一様式の青銅器群は、石寨山が面して立地する淡水湖の滇池周辺の江川李家山・呈貢天子廟・安寧太極山・昆明羊甫頭などで発見されている。考古学的にはこれを「石寨山文化」と総称し、歴史学などではこれを『史記』の記述と重ね合わせて「滇文化」と呼ぶことが一般的である。

石寨山古墓群で発見された遺物には、地元特有の文化要素のほかに、金印に代表される漢系文化、さらに四川の巴蜀系文化や、雲南西北部を経て草原世界に結び付く北方系文化、広東・広西からベトナム北部にまたがる百越系文化の要素が複合して見られる。副葬品には、*銅鼓のように東南アジア地域にまたがって発見される特徴的な遺物があり、また*貯貝器に蓄えられた子安貝からも、内陸に展開した石寨山文化の担い手と東南アジアの海域世界との交渉が示唆される。滇王は、漢民族世界の南に広がった多様な地域を、ネットワークの結節点として取り結ぶ存在であったと考えられるのである。

なお上述の「滇王之印」金印については、漢朝によって異民族の君主である滇王に下賜された官爵印で、実例として見るものが数少ない蛇の鈕(つまみ)をもつ金印であるという考えに立ち、福岡県志賀島出土「漢委奴国王」金印の類品として注目する研究者も多い。また稲作を生業とし、前漢時代に青銅器を中心として著しい発展の様子がうかがえる石寨山文化は、そこに見られる銅鼓とわが国の銅鐸とのさまざまな類似点ともあいまって、日本の弥生文化との比較という点でも広く注目を集めている。

(吉開 将人)

せきさぞう【磧砂蔵】 南宋の中期、平江府(蘇州)の磧砂延聖院(のち延聖寺)において開版された*大蔵経。1216(嘉定9)年に比丘了憼によって雕造がはじめられたが、『大般若経』のごく一部分を刊行したのち、1231(紹定4)年以降、趙安国が都勧縁大檀越として、民間に財を募り雕造が本格化した。宋末元初に活動は停滞したが、大徳年間(1297-1307)以降、補刻追雕が行われ、経版は明代まで使用された。今日伝存するものは、元代から明初にかけての印本が多い。版式は了憼開版部分を除き、先行する思渓版とほぼ同じで、折帖装で、1紙1版、毎版30行17字、上下単辺を標準とし、経題の下に千字文函号(帖次を加えたものもある)を刻す。ただし思渓版では糊代部分に刻されていた函号・版次・刻工等が、本文行間折目部分にある。1930年代に西安の臥龍寺と開元寺の所蔵本を主たる底本に『影印宋磧砂蔵経』と題して影印されたが、欠落部分を思渓版や普寧寺版などで補っている箇所もあり、利用には注意を要する。 (梶浦 晋)

せきじ【析字】 漢字の字形を成分に分解して表現すること。拆字(たくじ)ともいう。たとえば「劉」を卯金刀、「李」を十八子などとするたぐい。見え透いた単純な手法で、今日では字謎(なぞなぞ)に用いられるが、識字率の低かった古い時代には、神秘的に受け取られ、予言など政治的デマゴギーに利用された。「千里の草、何ぞ青々たる、十日卜すれど、得て生ずべからず」という童謡が後漢末、都に流行った。これは董卓のことを言い、千里草(董)が一旦は勢いを得るが、その十日卜(卓)はやがて滅ぶという前兆だったというのである(『*後漢書』五行志)。 (高田 時雄)

せきしせいけい【石氏星経】 「星経」と題する書物のうち、戦国時代、魏の石申(石申夫とも)の著とされる占星術書。原題は『天文』8巻と伝えられるが、『石氏星経』7巻なる書があったともいう。逸書だが、『*開元占経』をはじめ緯書、歴代正史の天文志などに引用があり、天・日月・五惑星・星座などの異変に対する占いのほか、天文学的な記述もあり、また石申設定と伝えられる星座の基準星の座標は前70年頃の観測と推定される。 (宮島 一彦)

せきしつぼ【石室墓】 石材で墓室を造る墓葬。紀元前1000年紀には東北地方で、春秋戦国時代には長江下流域や四川省西南部の涼山地域などでみられる。長江下流域では土墩墓の内部施設として石室が造られた。涼山地域のものは「大石墓」と呼ばれ、大型の石室を造り、多数の死者を埋葬している。漢代にはいると各地で造営されるようになり、以後の時代にも継承される。石室墓のうち墓室内に画像彫刻を施すものは「画像石墓」と呼ばれる。 (小澤 正人)

せきしょうざん【石鐘山】 ①江西省湖口県の鄱陽(はよう)湖畔にある山。南に上石鐘、北に下石鐘の二山が対峙しており、併せて双鐘山とも呼ばれる。山の下の洞穴にさざ波が寄せる音が打楽器の鳴る音に似ることから命名される。風光明媚で古来文人がしばしばここに遊び詩文を題している。なかでも宋の蘇軾(そしょく)が長男と共に訪れ、その名の由来を実地に検証して書いた『石鐘山記』が有名。
②雲南省剣川県の西南にある山。唐代に開削された仏教石窟群がある。 (大西 陽子)

せきしょうし【赤松子】 最古の神仙伝説に属する神仙。『*戦国策』や『*楚辞』遠游にその名が見える。『列仙伝』の冒頭にある伝では、神農の時

代の雨師(雨の神)で，いったん神仙となって天上へ昇ったが，後に高辛氏(帝嚳)の時にも雨師となったという。前漢の名臣張良がその務めを終えて引退する際，赤松子に従って遊びたい，と引き合いに出したように，古来神仙の代表的存在とされた。服餌術(種々の物質を薬物として服用する術)に秀でた神仙とされ，彼の名を冠する仙術や仙経は『道蔵』中にいくつか見える。　　　　　　　　　　（亀田 勝見）

せきじんせきじゅう【石人石獣】　人物や獣を表した石造彫刻。発達したのは漢時代である。最古のものは，前漢の霍去病墓で，石人・石馬など大小16個の像を墳丘上に並べた。南北朝時代の南朝では，皇帝陵に至る参道に石製の獅子などを配した。石人石獣を墓の参道に配する制度が確立したのは唐時代で，高宗と則天武后を合葬した乾陵には，ペガサス1対，朱雀1対，馬5対，人物10対，獅子1対のほか，外国人の像が53体ある。貴人の墓に石人石獣を配する風は清時代まで盛んに行われた。その最後の例は1916年に没した袁世凱の墓(河南省安陽市)で，伝統的な姿の文官や獣に加え，洋式軍服を着て鉄砲を持つ兵士像を伴う。朝鮮半島の高麗・朝鮮王朝でも，中国に倣い貴人の墓に石人・石羊などを供えた。　　　　　　　　　　（谷 豊信）

せきすう【石崇】　249(嘉平元)～300(永康元)。西晋の詩人。渤海南皮(河北省)の人。字は季倫。晋開国の功臣石苞の末子。賈皇后の外戚賈謐をパトロンとする文学集団二十四友の一人。巨万の富を有し奢侈の限りを尽くした。特に金谷園での豪遊と詩会は有名。賈謐が趙王司馬倫によって誅殺されると，愛妾緑珠を趙王配下の孫秀に渡すことを拒んで死刑となった。『詩品』中品はその詩を「英篇有り」と評するが，現存する詩は10首，文は9篇に止まる。晋書33　　　　　　（野村 鮎子）

せきせんそぼ【淅川楚墓】　河南省淅川県下寺で1978年から79年にかけて発掘された春秋中後期の墓地遺跡。甲・乙・丙と分類された3つの墓群からなる。それぞれの墓群は中心となる男性墓およびそれと規模の近い女性墓，さらに中小規模の陪葬墓群によって構成される。青銅器には銘文を持つものが少なくないが，一つの墓に副葬されたものの中に複数の作器者名が認められるため，被葬者の推定をめぐって議論がある。有力なのは，乙群の中央に位置する2号墓の被葬者を，出土した青銅器の銘文によって楚「王子午」＝「令尹子庚」＝「倗」とする説であり，これによればこの墓地は春秋中後期の楚王族墓地の一つということになる。出土した副葬品は青銅器・玉器など多岐にわたるが，いずれも春秋中後期の楚墓の指標となる遺物である。報告書として河南省文物研究所ほか編『淅川下寺春秋楚墓』(1991年)が刊行されている。淅川県ではこのほかに和尚嶺・徐家嶺で春秋中後期の大型楚墓群が発見されているが，同時期の大型楚墓については戦国楚の中心地である湖北省中南部には発見例が少ない。淅川付近が初期の楚国都丹陽の推定地の一つであることが注目される。　　　　　（吉開 将人）

せきだいこうきょう【石台孝経】　唐の石碑。正式名称は「大唐開元天宝聖文神武皇帝注孝経台」という。745(天宝4)年の立碑。玄宗皇帝の書と伝えられる。4面碑で3面は18行・行55字，残りの1面は前半は7行，後半は上下に分かち上は批答(皇帝が臣下の上奏文に対して可否を答える文書)，下は諸臣の題名(公に名を記すこと)が刻されている。篆額は李亨の筆。高さ150cmの台座の上にタテ375cm×ヨコ127cmの方柱形の碑身。玄宗皇帝は最も孝経を尊重し，722(開元10)年これに自ら注を施したものを石に刻し，最上のテキストとして世に示したものである。その書は玄宗皇帝得意の隷書体で書かれており，同じく玄宗皇帝筆の泰山にある摩崖『紀泰山銘』に似ているといわれる。碑は現在，西安碑林中庭の中央にある。　　（小川 博章）

せきてん【釈奠】　儒教の聖人の先聖・先師を祭る儀礼。釈奠の語は『礼記』『周礼』等に見えるが，実例は三国の魏が初見。中央の太学や国子学と共に地方の州学・県学等でも行い，こうした官学に併置される孔子廟(文廟)で行うこともある。中央では皇帝が儒教の経書を講じて主宰する例もあるが，皇太子が主宰して講経することが多い。臨時の釈奠もあるが，定期の釈奠は北朝の北斉に毎年2月・8月に行うようになり，唐以後の各王朝もこれに従った。先聖・先師は孔子・顔淵とする王朝と周公・孔子とする王朝とがあったが，唐の732(開元20)年の『大唐開元礼』で孔子が先聖，顔淵が先師と定まった。同じく唐の647(貞観21)年に代表的な儒者22人を合わせ祭るようになり，その顔ぶれは経学の変遷に応じて入れ代わった。明清まで盛んに行われ，清には孔子崇拝の宗教儀礼として，ローマ・カトリックにおける典礼問題の一争点となった。日本には飛鳥時代に導入され，幕末まで各地の学校で行われた。　　　　　　　（金子 修一）

せきてんとう【石点頭】　明代白話短編小説集。14巻14篇。崇禎年間(1628-44)刊。天然痴叟著。題名の由来は，梁の高僧生公が蘇州虎丘で説法した際，石も感じ入って点頭いたとの故事。雑記や稗史，文言小説に取材し，講談調の白話小説に改編

したもの。夫に貞節を尽くす妻(第2巻)，生き別れの父を探す孝子(第3巻)，義母を養うため身を売る烈女(第11巻)など美談を伝奇的に叙述するものが多いが，市井の世態人情がよく描かれている。

(岡崎 由美)

せきとう【石濤】 1642(崇禎15)〜1707(康熙46)。清の画僧。俗姓は朱，名は若極，法名は原済(道済とする文献もあるが，後人による称号とみられる)といい，石濤は字。号は苦瓜和尚・大滌子・瞎尊者など。明宗室の靖江王朱亨嘉の子として桂林(広西壮族自治区)に生まれたが，明滅亡後の諸王間の争いにより4歳で父を失い，武昌(湖北省)に逃れて僧となった。1663(康熙2)年，松江(上海市)で臨済宗の高僧旅菴本月の弟子となり，1666(康熙5)年からは宣城(安徽省)の敬亭山広教寺に住した。施閏章・呉嘉公・曹鼎望などの名士と交わり，梅清に画を学び，黄山に遊んでその奇観に触れるなど，後世の画業の基礎がこの時期に培われた。1680(康熙19)年，39歳の時，南京(江蘇省)に移り，長干寺一枝閣の住持となり，孔尚任・龔賢・査士標・戴本孝・程邃らと交わった。以後の10年間は，南京と揚州(江蘇省)を往来し，南巡中の康熙帝に1684(康熙23)年と89(同28)年の2度拝謁している。90(同29)年には仏教界での地位を得ようと北京に上り，康熙帝への再拝を試みた。結局，拝謁はかなわなかったが，3年にわたって滞在し，宗室の博爾都らの庇護も得て，都の書画コレクションに接する機会も多かったとみられる。1692(康熙31)年に揚州に戻ってからは還俗し，大滌草堂を建てて，売画により余生を送った。1707(康熙46)年，腕を病みほどなくして没した。

彼は，董其昌以降の倣古主義を批判し，創造性を重んじた。その思想は画論『画語録』に著され，「一画の法，乃ち我より立つ」(一画章)，「我の我たる，自ずから我の在る有り」(変化章)などの理論が，禅および儒教・老荘思想を踏まえて展開されている。遍歴から得られた黄山をはじめとする自然への感興が込められた斬新な構図，奔放かつ繊細な筆致，清趣溢れる淡彩は，四王呉惲らの正統派が形式主義に陥りつつあった当時において，際立っている。ただ，画名の高さゆえに贋作も多く，鑑識には十分な注意が必要である。泉屋博古館の所蔵する『黄山八勝図冊』『廬山観瀑図』『黄山図巻』の3点が名高く，近年では『山水図冊』(京都国立博物館蔵)も知られる。清史稿504

(竹浪 遠)

せきどう【石幢】 唐の則天武后期〜元代に，主に仏の功徳を求めて造られた八角(四角，六角，十角のものもある)の石柱。経幢ともいう。柱の各面に仏経や由来などを刻し，蓮華台などに立てて蓋(屋根形のおおい)を載せる。さらに仏龕や宝珠などを載せたものもある。『原起寺経幢』(747年，山西省潞城市)のように，『仏頂尊勝陀羅尼経』を刻すものが多いが，中には『般若心経』などを刻すものもあり，他に田神功の平癒の祈願文を刻した『八関斎会報徳記』(772年，河南省商丘市)や道教の経典を刻したものもある。

(宮崎 洋一)

せきとうき【石頭記】 →紅楼夢

せきとうきせん【石頭希遷】 700(久視元)〜790(貞元6)。唐代の禅僧。端州高要(広東省)の人。無際大師と諡す。俗姓は陳氏。少年時代，最晩年の六祖慧能に参じ，その没後は「尋思去」という遺言に従って吉州(江西省)の青原行思を尋ね，その法を嗣いだ。行思没後，天宝(742-756)初より南岳衡山(湖南省)の南台の石の上に庵を結んで住し，「石頭」和尚と称された。この時，南岳懐譲が同地におり，石頭との問答が伝わる。青原と南岳はともに六祖の法嗣であったが，のち南岳門下の馬祖道一の系統と青原門下の石頭の系統が中国禅の二大潮流となり，現実密着型の馬祖の宗風は「雑貨舗(雑貨の店)」，超越志向の石頭の宗風は「真金舗(純金の店)」と評された。著に『参同契』『草庵歌』がある。『祖堂集』4，『景徳伝灯録』14，『宋高僧伝』9に伝がある。

(小川 隆)

せきとく【尺牘】 手紙。尺牘の原義は1尺の木札。すなわち，尺は1尺，牘は数行書ける程度に幅をもたせて加工した細長い木札。木札の長さは，書かれる内容によって決まりがあり，詔や経書などの特殊な内容を除く一般の文辞は1尺の木札に書かれた。そのことから尺牘を文辞の意に，また書かれた文辞が手紙の用をなしたことから手紙の意に用いるようになった。出土品の漢の尺牘中にわずかながら手紙文があり，『史記』『漢書』にも尺牘を手紙の意味で用いた例がある。『後漢書』に手紙を鑑賞収集した記事がみえ，東晋の王羲之の書として伝えられた書跡のほとんども手紙であることから，はやくから手紙が鑑賞収集されていたと想像される。また，書の古典として後世に普及した法帖に収める書跡の多くは，能書家の手紙であり，古人の手紙ははやくから学書の主要な対象でもあった。『十七帖』は王羲之の手紙を集めた法帖，『万歳通天進帖』は王羲之一門の手紙の搨摹本であるほか，『平復帖』『喪乱帖』『孔侍中帖』など手紙の名跡は数多い。

(澤田 雅弘)

また手紙文。主に，家族やごく親しい者の間で交わされる文書で，内容・形式とも特定の規範に縛ら

れることが無く，互いの近況を知らせ合うもの，物品の調達依頼など，実用性の強いものを含む。このため文学作品と見なされることは稀で，個人の集から漏れることも珍しくないが，文書の一形態という点でその歴史は古い。風俗・文化・思想など，個人の生活に密着した情報を伝える史料としての価値も持つ。　　　　　　　　　　　　　　（原田 直枝）

せきのただし【関野 貞】　1868(慶応3)～1935(昭和10)。日本・中国・朝鮮の建築史研究の基盤を築いた建築史家。東京帝国大学建築学の教授。越後国高田藩(新潟県)の生まれ。1895(明治28)年に東京帝国大学造家学科卒業。翌年より奈良に赴き，古代建築の調査を任されて，薬師寺，唐招提寺をはじめとする世界最古の木造建築群を次々と発見して行く。寺院建築，仏像，工芸品など幅広く対象を論じ，『日本建築史講話』(岩波書店，1937年)などを著述すると同時に，古建築の修理及び保存事業を開拓した第一人者でもある。法隆寺金堂などが7世紀初めの聖徳太子の時代のまま残っていることを主張して，著名な「法隆寺再建非再建論争」を引き起こしたが，その論争の中で，正確な調査データに基づき，建築のスタイルや装飾をはじめ，使われている材料の風化具合などを総合して，建造年代を推定するという建築様式による編年史的な分析手法を確立した。また，平城宮跡を発見して，その研究で1908(明治41)年に工学博士となった。1902年から朝鮮半島を踏査しはじめ，高句麗時代や三国時代の古墳を発掘調査し，『朝鮮古蹟図譜』全15冊を刊行し，朝鮮の建築史研究の基盤を築いた。また，1906年の中国大陸調査を皮切りに，亡くなる1935年までに10回に渡り中国調査を実施。調査地域は，北の華北，満洲から南の浙江省まで，広範囲に及んだ。その成果を大型の図録・調査記録の『支那仏教史蹟』(1925-31年，のちに『支那文化史蹟』)全12冊として刊行した。中国の石碑・画像石・石窟・仏寺・陵墓など，多岐にわたって研究を展開したが，とりわけ陵墓に関しては通史的な研究を行った。現在，東京大学総合研究博物館では，関野貞自筆のフィールドカード(約4000枚)や所持した写真・書類・模型・模写・瓦などを保管している。日本・朝鮮・中国に渡る広大な地域を自ら踏査し，現物に対峙して正確かつ精緻な基礎資料を収集し，それに基づいて論考を行ったことは，関野の最大の業績である。　　　　　　　　　　　　（包 慕萍）

せきびのらん【赤眉の乱】　王莽時代の末年に起こった民衆反乱。眉を朱に染めて集団の目印としたので，この名がある。8年，前漢を簒奪して新を建てた王莽の復古主義的政策は，社会に大きな混乱を招き，その末期には各地に反乱が起こった。赤眉の乱はその一つで，18(天鳳5)年，樊崇を頭目として莒県(山東省)で挙兵し，1年ほどで数万の勢力に拡大して王莽の討伐軍を破り，10数万の大勢力となった。このころ王莽に反旗を翻した南陽(河南省)の豪族集団は，漢帝室の血を引く劉玄を皇帝(更始帝)に立てていたが，王莽が23年長安城内の反徒に殺害されると，更始帝は赤眉集団を招致した。赤眉はこの帰順勧告に応じたが，長安に入った更始帝との対立が深まると，25年自ら漢室の復興を掲げて劉盆子を皇帝とし，更始帝を破って長安を占拠した。しかし，社会の混乱を収拾することができず，内部の統制もとれなくなり，撤退して東方へ帰郷する途中の27(建武3)年，すでに即位していた後漢の光武帝に大敗し，これに投降した。
　　　　　　　　　　　　　　（藤田 高夫）

せきふ【射覆】　→射覆

せきへき【赤壁】　現在の湖北省赤壁市の長江沿岸の地名。三国時代の古戦場。後漢の208(建安13)年に孫権と劉備の連合軍が曹操軍と赤壁で水軍による戦闘を行い，勝利を収めたことは正史『三国志』の「魏書」武帝紀・「蜀書」先主伝・「呉書」呉主伝などに記載がある。現在は当地の崖に「赤壁」という大きな刻字がある。なお同じく湖北省黄岡市の長江岸にも北宋の詩人蘇軾が『赤壁賦』や『赤壁懐古』などを作った地として知られる赤壁があるが，区別するため蘇軾の号にちなんで「東坡赤壁」と呼ばれている。　　　　　　（上野 隆三）

せきへきず【赤壁図】　蘇軾の『前後赤壁賦』(1082年)を絵画化する作品群の総称。現存最古の作例は，蘇軾の盟友李公麟の弟子である喬仲常の作とする失われた跋があったことが知られる『後赤壁賦図巻』(カンザスシティ，ネルソン・アトキンズ美術館蔵)である。賦をほぼ逐語的に絵画化する点や，蘇軾らの乗船を赤壁のある長江北岸から見ており，長江の流れが画巻の進行に巡行して右から左に向かっている点に特色がある。以後の赤壁図の作例は，金の武元直『赤壁図巻』(台北，故宮博物院蔵)や南宋の李嵩『赤壁図団扇』(ネルソン・アトキンズ美術館蔵)など，続く南宋・金時代のものに窺えるように，逐語的にではなく，長江に舟を浮かべる場面を一図で集中的に表現し，流れも南岸から見たように，画巻の進行に逆行して左から右へと向かうようになる点で，大きく異なる。なお，白鶴が描かれる場合，賦の内容から「後赤壁賦図」。描かれない場合は，前後賦いずれとも決し難いので，単に「赤壁図」と呼ぶ。　　　　　　　　　　（小川 裕充）

せきへきのたたかい【赤壁の戦い】 208（建安13）年，曹操の南征軍を孫権・劉備の連合軍が破った三国時代屈指の戦い。曹操の天下統一は挫折，三国鼎立の端緒をなす。前年に袁氏勢力を一掃し華北を制圧した曹操は荊州（湖北・湖南両省）に対する南征を発動，急死した劉表を継いだ劉琮を降伏させ，客将の劉備を長阪の戦いで破り，長江北岸の江陵（湖北省）に達した。長江を東下する曹操軍20万は赤壁（同省）で，諸葛亮と魯粛の尽力により劉備と同盟を結んだ孫権が西上させた周瑜・程普率いる水軍3万と遭遇，孫権の部将黄蓋の火攻めによる水上戦に大敗北を喫した。優勢の曹操軍の敗因として，南北の風土の違いに由来する疫病の蔓延や水上戦の不慣れが挙げられる。『三国志演義』が語る，連環計・苦肉計・七星壇・華容道などはフィクション。後世，李白・杜牧・蘇軾らに詠まれたが，「前赤壁賦」など蘇軾の赤壁はかれの流罪の地である黄州（同省）の赤鼻磯を指す。　　　　（福原 啓郎）

せきへきのふ【赤壁賦】 北宋の蘇軾（号は東坡居士）が，1082（元豊5，壬戌）年，烏台詩案にかかる流罪の地黄州（湖北省）に在って作った前・後2篇の賦。押韻・対句を重んずる律賦とは異なり，散文的な文賦である。この赤壁は，黄州城外の長江左岸にある赤鼻磯（いわゆる東坡赤壁）をいい，蘇軾はその地を三国時代の古戦場に見立てる。
　前篇は，秋7月の既望（16日），「蘇子」は友人と赤壁の下に舟を浮かべて清遊し，「江上の清風」と「山間の明月」を愛でつつ，人として世に在ることの深いよろこびを語る。後篇は，3か月後の冬10月の満月の夜，「月白く風清き」江上に舟を浮かべ，「断岸千尺」の赤壁に攀じ登って，天地と一体として在ることに深く感動する。前篇が賦に通有の問答体を含むのとは異なって，後篇はそれを含むことなく，遊記に似ている。　　　　（山本 和義）

せきほうこうざんこう【赤峰紅山後】 内蒙古自治区昭烏達盟赤峰市にある紅山文化の命名の由来となった遺跡。英金河右岸の山麓に位置する。この山は花崗岩からなる赤い岩肌の山であるところから，モンゴル語で「ウランハタ」と呼ばれ，「赤峰」はその漢語訳である。それが市の名前となっている一方で，山自体は「紅山」が漢語名となった。1935年に，浜田耕作を主任とした日本の東亜考古学会が初めて赤峰紅山後遺跡で本格的な調査をおこなった。この調査の結果については，1938年に東亜考古学会より『赤峰紅山後』という大部の報告書が刊行されている。調査では，それ以前に知られていた多くの資料が帰属する，青銅器時代の「赤峰第二次文化」，現在の夏家店下層・上層文化の墓地や包含層とともに，別の地点から，当時は「赤峰第一次文化」と呼んだ現在の紅山文化に相当する彩文土器や住居址が発見された。これによって，初めて紅山文化の内容が明らかにされたのである。
　　　　（大貫 静夫）

せきもんしょう【石門頌】 後漢の摩崖。正式名称は「故司隷校尉犍為楊君頌」という。また「楊孟文頌」とも略称される。148（建和2）年の刻。陝西省勉県の褒斜渓谷石門道の巌壁に刻された摩崖。石門道を修理した楊孟文を頌えたもの。タテ204cm×ヨコ185cmに，隷書22行・行30字（31字の行もあり），字形は7cm程度。摩崖に刻された文字のせいか伸びやかな結構が多く，「命」「什」「陽」「誦」字などの下垂は長めに書かれている。現在では簡牘中にそのような例も見られるのでそれほど珍しいものではないが，石刻としては希少である。1973年ダム建設のために切り剥がされて，漢中市博物館に移されている。　　　　（小川 博章）

せきもんそうしいせき【石門皁市遺跡】 湖南省石門県所在の遺跡で，上層は殷代併行文化，下層が新石器時代中期文化。下層を標準として「皁市下層文化」が設定された。この文化は彭頭山文化と大渓文化の中間を埋めるもので，紀元前5500〜4900年に年代づけられる。土器は罐・圏足盤・支脚などからなり，泥片貼築法（型作りの一種）で製作されるものもある。器表を拍印縄文や沈線文で飾ることが多い。石器には盤状器（スクレーパーの一種）や粗雑な磨製石斧類などがある。　　　　（中村 慎一）

せきもんもじぜん【石門文字禅】 北宋の詩僧恵洪の詩文集。全30巻。『石門文字禅』の書名は，恵洪が洪州（江西省）の石門に住したこと，また禅の「不立文字」が詩作と両立しないことを逆手にとっての命名。大半を詩が占めるが，他に記・序などの古文や，偈・讃（賛）・銘・賦などの韻文もかなりの数に上る。序の末尾に収める『寂音自序』は，恵洪の自伝で，少年のころからの閲歴をかなり詳細に述べており，伝記資料として貴重である。刊本は四部叢刊が収める明万暦25年刊本が唯一のもの。　　　　（興膳 宏）

せきようしょうこ【夕陽簫鼓】 琵琶曲。夕陽琵琶・潯陽夜月・潯陽琵琶などの別名あり。夜，船上から響く簫鼓の音を描写。明るい曲調と優美で流暢な旋律による叙情性豊かな作品。清代の姚燮の『今楽考証』に曲名の記載あり。鞠士林による『伝抄琵琶譜』及び呉琬卿による手抄本（1875年）に収載。『南北派十三套大曲琵琶新譜』（1895年）では

「潯陽琵琶」と題されている。民国の1920年代半ばの大同楽会による民族楽隊合奏用の改編版では『春江花月夜』と改称。　　　　　　　　　　（仲 万美子）

せきりんしわ【石林詩話】　宋代の詩話。3巻，あるいは1巻。南宋初期の文人葉夢得撰。『歴代詩話』等に所収。葉夢得は，北宋末に新法によって政治を専断した蔡京の門下であったところから，王安石の詩を推賞する半面，欧陽脩・蘇軾・黄庭堅など旧法党の人々には厳しい評価を下していると批判される。しかし，『四庫全書総目提要』がいうように，詩文の大家であった著者の見識には，要所を突いた鋭いものが感じられ，凡庸な批評とはおのずと一線を画したところがある。　（興膳 宏）

せせつしんご【世説新語】　5世紀中頃，南朝宋の臨川王劉義慶によって編纂されたエピソード集。これに南朝梁の劉孝標が詳細な注を付す。最初は『世説』と呼ばれたが，六朝末期から唐代にかけて『世説新書』と称され，宋代以降『世説新語』という書名が定着する。前漢から南朝宋までの名士のエピソードを収録するが，この書物の扱う中心的な時代は，あくまで後漢末（2世紀末）から東晋末（5世紀初）である。

後漢末から東晋末に至るまで，すなわち魏晋の時代には，相対的なしばしの安定期は間々訪れたとはいえ，全体に見れば，短い周期で反乱や戦争が相つぐ激しい動乱の時代であった。しかし，政情不安をよそに，繊細にして豪華な貴族文化が花開き，貴族たちの多くは道家思想にもとづく個性的な生き方を誇示し，机上の空論たる清談（観念的な哲学談議）に寝食を忘れて熱中した。彼らは清談で鍛えた言語感覚をフルに生かし，日常の場面においても機知にあふれた会話をかわし，一瞬の知的快感に酔った。『世説新語』は，こうした魏晋の貴族たちの特筆すべき言動を記すエピソードを収録したものである。

総数1130条にのぼるエピソードはおおむね短く簡潔であり，政治的状況は等閑に付して，好んで個々人のプライベートな状況に着目し，印象鮮やかな行為や発言にスポットをあてる。膨大なエピソード群，640人余りの登場人物によって構成される『世説新語』の世界は，多種多様な要素を併せもつ。この多様にして複雑な世界は，類似した傾向のエピソード群を一括りにし，36の部門に分類する方法によって構造化される。

これら36の部門は，いわゆる孔門四科の徳行・言語・政事・文学をそのまま篇名に用いた冒頭の4篇以下，方正篇で非妥協的な剛直さが称揚されたかと思えば，これに続く雅量篇では，逆に余裕たっぷりの冷静さや柔軟さが称賛されるというふうに，多元的な価値観のありようを自ずと示す。

また，これらの部門の前半，全体の3分の2にあたる徳行篇第1から簡傲篇第24までは，種々の角度から，プラスイメージを帯びた好ましい言動を描いたエピソードを収める。これに対し，後半の排調篇第25から仇隙篇第36までは，これまた種々の角度から，マイナスイメージを帯びた言動を描くエピソードを収録する。こうして価値的な言動と反価値的な言動をさりげなく並列することによって，『世説新語』は，魏晋の貴族の一筋縄ではゆかない複雑にして痛快な生のありようを，臨場感を以てみごと全体的に再現しえたのだった。『世説新語』の編者たる劉義慶およびその周囲の文人グループの，魏晋貴族社会に対する思い入れの深さが，この傑作エピソード集を編み出したといえよう。

後世，『世説新語』に魅せられた者は枚挙に暇がなく，12世紀の北宋の頃，孔平仲が『続世説』を著したのをはじめ，『世説新語』の体裁を模倣した続作も多い。　　　　　　　　　（井波 律子）

せせつしんしょ【世説新書】　→世説新語

せつ【折】　→齣

せつ【摂】　等韻学の用語。音色が似通った韻母をまとめたグループをいう。中古音の206韻は，通（東冬鍾）・江（江）・止（支脂之微）・遇（模魚虞）・蟹（咍灰皆佳斉）・臻（痕真殷魂諄文）・山（寒桓山删仙元先）・効（豪肴宵蕭）・果（歌戈）・仮（麻）・宕（唐陽）・梗（庚耕清青）・曾（登蒸）・流（侯尤幽）・深（侵）・咸（覃談咸銜塩厳凡添），計16摂のいずれかに分類される（括弧内は206韻を平声字で代表したもの）。入声は主母音を同じくする陽声韻のグループに入れられる。例えば，屋韻は東韻と同じく通摂に，また屑韻は先韻と同じく山摂に分類される。「摂」とは「包摂」の意で，悉曇学で用いられた概念とされる。平安時代の釈安然『悉曇蔵』に「真旦の『韻詮』五十韻頭の如きは，今天竺悉曇十六韻頭に於いて，皆悉く摂し尽くし更に遺余無し」といい，中国（真旦）の韻目を悉曇学の概念で全て概括しうると記すのがわかりやすい。　（木津 祐子）

せつ【節】　漢代では，竹棒に犛牛（ヤク）の毛で作った房を付けた旗印の一種を言う。皇帝の命をうけた使者に与えられ，全権を委任されたことを示す。戦国時代には「節」を自銘する遺物として「鄂君啓節」がある。これは青銅製で竹を割った形に作り，銘文から楚王が鄂君啓に与えた関税免除の通行証とされ，舟税免除の舟節1枚，車税免除の

車節3枚が現存している。漢代では，この種の証明書は竹使符(竹製の使符)と呼ばれており，符の一種とみなされる。　　　　　　　　　(江村 治樹)

せつ【説】　文体の一つ。「義理を解釈して己の意を述べる」(『文体明弁』)ものである。自己の主張を述べる点で論と非常に似た文体で，六朝期の『文心雕龍』では「論説」の篇をたてるが，元来は論にくらべて口頭による伝達の性格が強い。西晋の陸機『文賦』に「説は煒曄(あきらか)にして譎誑(あざむき惑わす)」と説かれる。中唐以降の古文家の文章において，韓愈の「雑説」「師説」などで知られるように，より議論性の強い文体として，論の性格に接近した。　　　　(原田 直枝)

せついん【切韻】　隋の韻書。5巻。601(仁寿元)年成書。陸法言の撰。本書の原本はすでに失われたが，その残巻のほかに，唐以後数多く作られた増訂版のうち完全な形で残るものとして唐写本の王仁昫『刊謬補缺切韻』がある。これらによってその体裁について述べると，声調によって全体は上平声・下平声・上声・去声・入声の5巻に分けられる。平声の字は多いので便宜的に2巻に分けられる。各巻は押韻を許容される文字群である「韻」に分けられる。原本の『切韻』には全体で193の韻がある(『刊謬補缺切韻』は195韻。なお，『刊謬補缺切韻』は平声を上下に分けていない)。「韻」の中では全く同音の文字群ごとにまとめられ，その最初の文字の所に反切によりその文字群の発音が示される。本書は以前に編纂された多くの韻書の得失を検討した結果を踏まえ，「南北の是非，古今の通塞を論じ」(自序)て，統一国家隋にふさわしい韻書として撰述された。その後，原本『切韻』に対しては幾多の人により増補改訂の手が加えられ，最終増訂版である『広韻』(1008年)に至る。　(花登 正宏)

せついんこう【切韻考】　清の音韻学書。6巻，外篇3巻。陳澧の撰。1842年の自序がある。本書は『広韻』の反切を整理・分析し，切韻音系(中古音)に初めて実証的検討を加えたもので，中国音韻学史上画期的な成果を挙げた音韻学書である。反切は漢字2字により他の1字の音を示すもので，反切の上字は声母，下字は韻母の音を示す。しかし，ひとつの声母・韻母の音を表すために使用される上字・下字には複数あって一定しない。そこで，陳澧は「同用」「互用」「遞用」という3つの原則と，この3原則によれない場合の補則とをたてて『広韻』中の反切の分析を行い，声類40類，韻類311類という分析結果を得た。この陳澧の創案した反切分析の方法を反切系聯法というが，これにより反切の分析方法が確立することになった。なお，陳澧は啓蒙教育に意を用いた人であり，字音の習得を学問の基礎と位置づけ，字音を知るための方法である反切の原理を解明し，反切から字音を取り出す方法を平易に示そうとしたところに本書編纂の意図があったものと考えられる。　　(花登 正宏)

せついんししょうず【切韻指掌図】　宋代の韻図。北宋の司馬光の著作と伝えられるが，定かではない。全体は20図から成る。韻目の順序は『韻鏡』や『四声等子』とは異なり，『広韻』との関連性が全く見られない。『切韻指掌図』には「摂」「転」「内外」「軽重」などの呼称が一切なく，「開」「合」「独」の区別があるのみである。三十六字母の配列は『七音略』と同様最後の牙喉音が「影暁匣喩」の順になっている。韻部では東・冬・鍾，魚・虞，尤・幽，覃・談，銜・咸，塩・厳・凡などが合併している。また3等字の多くが4等に配され，支韻精照系の字が1等に位置している。入声韻は陽声韻(鼻音韻尾をもつ)のみならず，陰声韻(鼻音韻尾をもたない)にも配されている。これらの特徴は宋代の実際の字音を反映するものと考えられている。
　　　　　　　　　　　　(片山 久美子)

せついんしなん【切韻指南】　元の等韻図。正しくは『経史正音切韻指南』という。1336(至元2)年成書。劉鑑の著。16摂に分かつなど体例と音系は『四声等子』に基づく部分が多いが，4図を増し計24図とする。金の韓道昭『五音集韻』(1208年)と密接な関係があり，同書の韻字を用いて韻図に編成したものと考えられている。巻末に付される13項目の『玉鑰匙門法』は，宋元時期の音韻資料として重要である。劉鑑にはまた『経史動静字音』の作もある。　　　　　　　　(高田 時雄)

せつおんしゃくじきんふ【浙音釈字琴譜】　明代の琴歌譜。明の龔経の編。明太祖の第17子で『神奇秘譜』を編纂した朱権の子孫，寧康王朱奠培が1491(弘治4)年ごろに出版したものであると考えられる。『神奇秘譜』所収の曲に，宋から元の間に流行した曲を加えて編纂され，1音ごとに歌詞が添えられている。現存するのは39曲。明刻本(寧派範氏天一閣旧蔵本)が『琴曲集成』第1輯上冊(中華書局，1963年)と『琴曲集成』第1冊(中華書局，1981年)とに影印されている。琴の弾き語りや琴を歌の伴奏に用いるという演奏形式は古代より行われ，後漢の蔡邕『琴操』や北宋の郭茂倩『楽府詩集』中に多くの琴歌の歌詞が遺る。しかし曲譜は失われ，現存最古の琴歌譜は南宋の姜夔の『古怨』(1202年)である。その後唐宋の詩詞を歌詞とした

『*陽関三畳』『*漁歌調』『*烏夜啼』などの曲がこの『浙音釈字琴譜』や『謝琳太古遺音』(1511 年),『重修真伝』(1585 年)等によって伝わっている。1983 年に王迪は『琴歌』(文化芸術出版社)を著し,主な琴歌を五線譜に表している。
（池澤　滋子）

せっかがぶんか【石家河文化】　長江中流域の新石器時代後期の文化。1955 年に湖北省天門市の石家河遺跡で最初に発見されたが，文化の特徴が不明確であったために，湖北龍山文化や青龍泉第三期文化などと呼ばれたこともある。屈家嶺文化に後続するおよそ紀元前 3 千年紀後半に位置づけられ，江漢平原を中心に，北は河南省南部，南は洞庭湖一帯に分布している。屈家嶺文化の斉一性がくずれて土器の地域性が次第に顕著になるが，総じてみると，泥質灰陶，次いで泥質紅陶が多く，黒陶は少ない。中・後期には人や動物をかたどった土偶が盛行し，石家河遺跡の駅家湾では数千点がまとまって出土している。また，後期には人(神)面・獣面・鳥・蟬をかたどった玉器が出現し，その文様や表現技法などに龍山文化の影響が認められる。石家河遺跡では 1300m×1100m の巨大な城郭の内外に居住区・手工業区・祭儀場・墓地などが分布する萌芽的な都市に発達したが，後期には衰退に向かっている。
（岡村　秀典）

せつがくぜんでん【説岳全伝】　清の歴史小説。銭彩の作，金豊の増訂と題するが，詳細は不明。*岳飛の生涯と後日談を語り，主要人物をすべて天界から下生したものとし，史実から乖離した記述も多く，民間伝説や芸能を取り入れている点で，『大宋中興通俗演義』などの先行作とは一線を画す。史実からは遠いが，その叙述は先行作より遥かに生彩に富み，特に岳飛の片腕である牛皐の粗暴豪放な性格は，張飛などと同系列に属する庶民的な英雄像の典型といってよい。
（小松　謙）

せっかこういせき【薛家崗遺跡】　安徽省潜山県所在の遺跡(安徽省文物考古研究所編『潜山薛家崗』2004 年)。この遺跡の新石器文化層を標準遺跡として「薛家崗文化」が設定された。新石器文化層は紀元前 3500 年頃から紀元前 2600 年頃まで継続したとされる。150 基の墓から土器・石器・*玉器等の大量の副葬品が出土している。彩絵を施した多孔石刀が著名である。長江流域の諸文化と相互に影響を及ぼし合うが，とりわけ下流域の崧沢──良渚文化との関係が密接である。
（中村　慎一）

せっかんぼ【石棺墓】　石材で棺を造る墓葬。東北地方および黄土高原西部から青蔵高原東部(甘粛省西部・青海省東部・四川省西部・雲南省西北部)といった中原の周辺部に分布する。東北地方では新石器時代以降，複数の地域で確認できる。甘粛省西部・青海省東部では新石器時代後期に地域的に石棺墓がみられる。四川省西部から雲南省西北部では紀元前 1000 年紀後半に石棺墓による集団墓地が形成されている。
（小澤　正人）

ぜっかんろん【絶観論】　禅宗の文献。1 巻。敦煌出土禅宗文献のうち菩提達摩の作とされるもののひとつ。古来達摩の語録は『二入四行論』のみとされているところからその真偽か否かが疑われて来たが，唐代の禅僧宗密の『円覚経大疏鈔』11 下や北宋初の禅僧延寿の『宗鏡録』97 に，牛頭禅の初祖法融に「絶観論」が有ったことを伝えること，また従来法融の言葉として知られているものが多く含まれていることなどにより，法融の作が仮託されたものと推定される。絶観というのは縁観を絶つ(一物も見ない)ということであり，徹底した空の立場である。これは宗密が牛頭宗を評して「泯絶無寄(なんの手掛りもない)」と言ったのと符合する。当時の禅の特長として安心の方法を示すことが主題であるが，絶観の立場から無心こそが真道であると説く。
（古賀　英彦）

せつきせん【薛季宣】　1134(紹興 4)～73(乾道 9)。南宋の思想家。永嘉(浙江省)の人。字は士龍または士隆。号は艮斎，諡は文憲。幼少時に父を失い，二程(程顥・程頤)の弟子と称される袁溉(薛季宣作の伝あり)に師事。また胡安国の門人であった父，徽言の学の継承をも志した。経書や史書，諸子のみならず，兵法・小説・象数にいたる広範な学識で知られ，実践に主眼をおいた議論を展開。薛季宣により「事功派」としての永嘉学派が確立し，陳傅良・葉適の先鞭をなしたと評される。著書は文集『浪語集』(2003 年刊上海社会科学院出版社校点本『薛季宣集』あり),『書古文訓』など。宋史 434
（折原　幸恵）

せっきょうしわ【雪橋詩話】　『初集』12 巻は 1914(民国 3)年刊,『続集』8 巻は 1917 年刊,『三集』12 巻は 1919 年刊,『余集』8 巻は 1925 年刊。著者の楊鍾羲(1865〔同治 4〕～1939〔民国 28〕)は漢族の姓をもつ満洲旗人で，1889(光緒 15)年の進士ののち翰林院編修から知府となり，1911(宣統 3)年の辛亥革命後は著述に専念した。4 集それぞれ明末清初から清末民国初までの詩人と作品をとおして史実や制度におよび，著者自身が詩史(詩による歴史記述)という性格づけをしている。特に満洲族詩人に関する記述に富み，その方面の文学や歴史の

研究に欠かせない。　　　　　　　　（松村　昂）

せっきょうぶんか【石峡文化】　広東省韶関市石峡遺跡の下文化層を標準遺跡とする新石器時代後期の文化。この遺跡は1973年から断続的に広東省博物館などにより発掘調査が実施されている。土器には鼎・圏足盤・豆・罐・壺などがあり，石器には有段片刃石斧・石鉞(有孔石斧)・石鑿(石鍬)などがある。琮や璧といった良渚文化系統の玉器が出土しているほか，土器や石器も長江下流域と密接な関係を示している。栽培種とみられる稲も出土している。　　　　　　　　　　　　　　　（中村　慎一）

せっきょかくぎ【石渠閣議】　前漢の前51(甘露3)年，宣帝の詔勅によって儒教経典の字の異同や経説の異同を糾す目的で，石渠閣で開催された学術会議。主として『春秋』の『公羊伝』と『穀梁伝』の解釈の優劣をめぐって議論が交わされた。結果は，当時の漢王朝が求めていた法的な教義が『穀梁伝』により多く含まれていたことから穀梁学派の勝利に終わり，『穀梁伝』も博士官に立てられて，以後の穀梁学の台頭を促した。　（齋木　哲郎）

せっきょくもん【窃曲文】　『呂氏春秋』離俗覧に，「周鼎に窃曲有り，状甚だ長く，上下皆曲れり，以て極の敗を見るなり」という記述があり，この書の成立期の戦国時代に殷周青銅器の文様としてすでにこの名称があったことがわかるが，実際にはどの文様をさすのかわからない。目の両側に棒状の文様がつく簡略化された鳥文や獣文を比定することが多いが，現在は西周期から春秋期に用いられる波形文にこの名称をあてることもある。
　　　　　　　　　　　　　　　（内田　純子）

せっきょほうきゅう【石渠宝笈】　清代の書名。44巻。1744(乾隆9)年，張照・梁詩正らの奉勅撰。清朝乾隆帝勅撰の宮廷所蔵の宗教関係書画の目録である『秘殿珠林』の体裁に倣い，内府所蔵の書画を所蔵先により分類し，さらに宸翰を首におき，次いで年代，表装別により配列，書画の等級を千字文により示す。個々の作品について，材質・寸法・印章・題跋から御題・御璽まで記録する。内府所蔵の伝世の名品を網羅し，書画の著録中でも最も重要なもの。1791(乾隆56)年に二編，99(嘉慶4)年に三編が勅撰されている。　　　　　（味岡　義人）

ぜっく【絶句】　4句の近体詩をいう。4句は第一句から順に，起句・承句・転句・結句とよばれ，起承転結の構成を取る。五言詩と七言詩とがあり，前者は五言絶句(五絶)，後者は七言絶句(七絶)と呼ばれる。六言絶句もごく稀に見られる。押韻は同一の声調の韻を用い換韻せず，五絶では偶数句末で押韻，七絶では加えて起句の末で踏むことがある。対句を用いることは少ない。1句のなかの2字目と4字目の平仄を同じにしない(二四不同)。

　なお，近体詩成立以前にも4句の詩で絶句とよばれるものが存在したが，これは，古体詩で，古絶句と呼ぶことがある。　　　　　　　　（森田　浩一）

せっけい【石経】　内容や文字を正しく伝えるために石に刻された経典。印刷術発明以前の伝達手段として起こったとも考えられるが，後唐の932(長興3)年に初めて経書を木版印刷したいと上奏した馮道が「今は朝廷には余裕が無く石経を刊立することは出来ません」(『冊府元亀』巻608)と説明したように，印刷術普及以後も権威あるテキストの公示のため何度も作られた。もとは儒教の経典が碑に刻されたが，後には仏教・道教のものも現れ，摩崖・碑・板・幢などに刻された。

　儒教：国家事業として，太学や国子監の前に建てられた7例がある。①後漢の『熹平石経』。②三国魏の『正始石経』。③唐の『開成石経』。④五代後蜀の『広政石経』。938(広政元)年から起工し成都の学宮に建てられたので，『蜀石経』とも呼ばれる。『開成石経』をまね，張徳釗らによって30年ほどかかって『易経』『書経』『詩経』『周礼』『儀礼』『礼記』『左伝』『論語』『孝経』『爾雅』が，さらに皇祐年間(1049-54)に田況によって『公羊伝』『穀梁伝』が，宣和年間(1119-25)に席貢によって『孟子』が刻された。他の石経と異なり注も併せて刻されたが，明末の火災で全ては伝わらず著録も少ない。⑤北宋の『嘉祐石経』。1041(慶暦元)年から始め，1061(嘉祐6)年に完成した。『易経』『書経』『詩経』『周礼』『礼記』『春秋』『論語』『孝経』『孟子』が刻され，汴京(開封)の太学に建てられた。書家趙克継らによって，1行は篆書，1行は楷書で書かれたので『二体石経』とも言う。大部分は散逸。⑥南宋の『紹興石経』。1135(紹興5)〜43(同13)年に，高宗趙構によって書かれたので『御書石経』とも言う。楷書の『易経』『書経』『詩経』『左伝』と行楷の『論語』『孟子』が建てられたが，1177(淳熙4)年に更に『礼記』の「学記」「経解」「中庸」「儒行」「大学」5篇が集められ，臨安府(杭州)の太学の光堯石経之閣に置かれた。200石ほどあったが，現存するのは約3分の1。⑦清の『乾隆石経』。1740(乾隆5)年に蒋衡によって書かれ，1791〜95年に刻された。『易経』『書経』『詩経』『周礼』『儀礼』『礼記』『左伝』『公羊伝』『穀梁伝』『論語』『孝経』『爾雅』『孟子』の13経，計189石の両面に，各面6段，各段10字づめ35行，楷書で，北京の国子監に建てられた。

現存。以上7例の他に各地に『孝経』などが建てられた。

仏教：中国では552年に末法に入ると考えられたが、その根拠の『大集月蔵経』が556年に漢訳され、さらに574(建徳3)年に北朝北周の武帝によって廃仏が断行されると、仏教徒達は末法の到来を現実感を持って意識し、仏典を石に刻して伝えようとした。北朝北斉・北周〜元代に、深山や石室内に作られたものが多い。『水牛山文殊般若経碑』(北斉、山東省寧陽県)、『鉄山摩崖』(579年、山東省鄒城市)、『房山石経』などの他、やや性質は異なるが唐の『仏頂尊勝陀羅尼経幢』(728年、陝西省隴県)などの石幢も含められる。

道教：8世紀初め〜元代に刻されたが、数は少ない。唐の『龍興観道徳経碑』(708年、河北省易県)や『龍興観道徳経幢』(738年、河北省易県)など。

(宮崎 洋一)

せっけい【石谿】 1612(万暦40)〜73(康熙12)？。明末清初の僧侶画家。武陵(湖南省)の人。俗姓は劉、名は髠残、字を介丘といい、号には白禿・電住道人・残道者・石道人などがある。明滅亡以前にはすでに出家し、諸地を遊歴した後、1654(順治11)年頃金陵の大報恩寺の覚浪道盛(浪上人)について修行し、郊外の棲霞寺などに住した後、牛首祖堂山幽棲寺に晩年を送った。当時南京に集っていた銭謙益や龔賢など多くの文人と交流をもち、特に周亮工はその支援者として、程正揆は親しい友人として生涯の交わりを結んだ。王蒙を受けた美しい渇筆と力強い画面構成に特徴があり、1658(順治15)年の黄山への旅行と程正揆所蔵書画の臨模がその画風形成に大きく影響したと考えられる。代表作に末公なる人物の依頼を受けて程正揆の祝寿のために画いた『報恩寺図』1633〔康熙2〕年、京都、泉屋博古館蔵)などがある。漸江・石濤とともに明末三和尚、八大山人を加えて明末四僧の一人に数えられる。清史稿504

(塚本 麿充)

せっけつ【石闕】 石造の闕(楼閣)。後漢時代から三国時代にかけて、墓や祠堂にいたる神道(参道)の両側に一対の石闕を設けることが流行した。現存するものから推測すると、本来の高さは4〜6mほどのものが多い。木造瓦葺きの楼閣を模し、屋根・斗栱・欄干などを彫刻で表す。人が中に入って上に上がれる構造にはなっておらず、墓や祠堂を飾り、またその入り口を明示するためのものと考えられる。河南省登封市の太室闕、四川省雅安市の高頤墓石闕などが著名である。 (谷 豊信)

せつこうふ【薛昂夫】 1290(至元27)？〜1351(至正11)以後。元代のウイグル人散曲家。本名は薛超吾(セチャウル)、字は昂夫、号は九皐。中国風の姓は馬で、馬昂夫ともいう。父祖は元朝に仕えたウイグル貴族で、共に覃国公に封じられた。劉辰翁に師事し、江西行中書省令史、秘書監郎官、太平路と衢州路の総管などを歴任。豪放な作風で、小令60首余り、套数3篇がある。また篆書に巧みであった。

(金 文京)

せつごくきかん【折獄亀鑑】 南宋初、鄭克が撰した歴史上の名裁判官の故事集。8巻。五代・北宋初の和凝・和𡐛父子が撰した『疑獄集』を増広し、そこに撰者の按語(解説)を加えた。材料としては多くは歴代正史の列伝、加えて当時の小説や司馬光・欧陽脩らの文集にとっている。釈冤・弁誣・懲悪・察姦など20門280条に分けられ、類似の事例を各条に付す。犯罪捜査や判決にあたる地方官の手本として刊行、流布した。現行の版本は『永楽大典』から集録したもの。

(植松 正)

せっこくぶん【石刻文】 永く後世に伝えるために石に刻した文の総称。単なる甲骨や青銅器の説明だった甲骨文や金文に比べ、石刻文は石自体と関係ない文を刻んで文字が記載言語として独立した点で大きく異なる。しかし制作に手間がかかり持ち運びが不便なためと、石が建築や彫刻にも用いられるために、石刻文の内容は竹帛や紙のように全く自由にはならなかった。文の内容が多岐にわたる上、拓本によって文だけが読まれたために、石刻文の分類や呼称は基準が一定していないが、石の形態と目的や用途から整理するなら以下のように分類できる。

(A)文章の記録や顕示を主眼とするもので、摩崖・碑碣・墓誌・板券に分けられる。墓誌以外は制作目的や文の内容は様々である。①摩崖。天然の巌壁や岩などに刻されたもの。漢代から継続して作られ、1字の一辺が30cmを越すような巨大なものも多い。後漢では道路の開通を記念する『褒斜道刻石』や墓地購入を記した『大吉買山地記』(76年、浙江省紹興市)、鄭羲の事績を記した北朝北魏の『鄭羲下碑』(511年、山東省青州市)、仙人の乗る鶴の死を悼む南朝梁の『瘞鶴銘』、末法の到来を憂い仏典を録す『泰山金剛経』(6世紀後半、山東省泰安市)、唐王朝の再興を頌える『大唐中興頌』(771年、湖南省祁陽県)など。②碑碣。様々な文を刻して記録し特立して顕示するもの。碑は台座の上に平板な石を建てて本文を刻し、その上に額などを刻したもので、碣は碑以外の立石の総称。その文章の内容はいずれも多岐にわたる。秦始皇帝の功徳を謳う『泰山刻石』、北海国の丞相景君の墓碑である『北海相

景君碑」，唐の玄宗注の『孝経』を刻した『石台孝経』など。③墓誌。本文をほぼ正方形の石板に刻して上向きに安置し蓋石をかぶせるもので，墓室の中に安置された。内容は，いずれも墓主の経歴と顕彰である。北朝北魏の『寇臻墓誌』(506年，河南省洛陽市)など。④板券。装飾の少ない石板に刻されているもの。記録に重点が置かれ複数一組のものもある。土地神との墓地売買契約を記す東晋の『朱曼妻薛買地券』(338年，浙江省平陽県)，仏典を録す『房山石経』，書家の書を集刻した清の『三希堂法帖』(1750年，北京市)など。

(B)別の目的に彫造された石に文字を付刻するもの。大多数は彫造の依頼者・年月・由来・内容などを記す「題記」である。画像石と闕・柱が陵墓の彫造物，像・塔・幢は仏教や道教の彫造物である。①画像石。漢代に墳墓内の壁面に刻された人物の伝記や馬車の行列などの絵で，題記が刻されることがある。後漢の武氏祠の画像石などの他，墓主の事績を記した『許阿瞿画像石題記』(170年，河南省南陽市)もある。②闕・柱。主に漢～南北朝に，宮殿や陵墓の前に建てられたもので，闕は牆壁の中央が闕けて門のようになっているもの。題記のほかに題額がある場合もある。後漢の『嵩山太室石闕銘』(118年，河南省登封市)，南朝梁の『蕭景神道石柱題字』(523年以後，江蘇省南京市)など。③像。南北朝以降，盛んに造られた仏教や道教の像の台座や背後などに，石窟の場合には像の周辺に，造像記と呼ばれる題記が刻された。南朝斉の『妙相寺造像題字』(488年，浙江省紹興市)，北朝北魏の『始平公造像記』(498年，河南省洛陽市)，唐の『伊闕仏龕碑』など。④塔。浮図ともいう。寺院の巨大な塔の他に，南北朝～唐に功徳を求める士庶による小さな塔もあり，題記の他に仏経が刻されるものもある。北朝北魏の『曹天度造塔銘』(466年，山西省朔州市)，唐の『田義起造七級石浮図頌』(712年，北京市)など。⑤幢，すなわち石幢。八角(四角などのものもある)の石柱の各面に仏経などを刻し，蓮華台などに立てて蓋(屋根形のおおい)をかけたもの。内容は，『原起寺経幢』(747年，山西省潞城市)のように，『仏頂尊勝陀羅尼経』を刻したものが多いが，『龍興観道徳経幢』(738年，河北省易県)のような道教の経を刻した幢もある。⑥橋梁・井戸・棺柩・楽器など。春秋時代の『秦公大墓石磬銘』(前574年，陝西省鳳翔県)など。⑦追刻。別の石刻に，後の人が姓名・年月・感想などを追刻するもの。
　　　　　　　　　　　　　　　　(宮崎　洋一)

せっこさいしょうていいきかんし【積古斎鐘鼎彝器款識】　清の金石書。10巻。1804(嘉慶9)年に成る。阮元著。積古斎はその室名。薛尚功『歴代鐘鼎彝器款識法帖』に倣い金文研究の書を成さんとしたもので，編次は朱為弼による。経学や小学に精通した学者による清代初の金文の文字学的研究書で，これ以降の金石著録に与えた影響は大きい。巻首には「商周銅器説」と「商周兵器説」を付す。所収の550器は孫星衍や張廷済ら12家と自蔵品で，商(殷)器173・周器273・秦器5・漢晋器99。一器ごとに拓本の摸本，釈文および詳細な考釈を掲載。
　　　　　　　　　　　　　　　　(高久　由美)

せっこぶん【石鼓文】　太鼓の形をした石塊(石鼓)に刻まれた文字。一般に現存最古の石刻資料とされる。唐代初期ごろに現在の陝西省鳳翔県付近で10点の石鼓が出土，表面に大篆で文章が刻まれていた。王の狩猟の光景を詠んだものとされ，現在では戦国時代の秦の遺物と考えられている。出土当時から遺存状態が悪く，今では272字を残すのみだが，明代の富豪，安国旧蔵の中権本497字などの宋代の拓本が伝えられる。現在，石鼓は北京の故宮博物院蔵。
　　　　　　　　　　　　　　　　(角道　亮介)

せつこんわ【説諢話】　宋代の盛り場瓦子で語られていた話芸の一つ。『東京夢華録』『武林旧事』に見える。「諢」には諧謔の意味があり，落語に相当する話芸と考えられる。北宋の神宗期(1068-85)・哲宗期(1086-1100)の張山人(蛮張四郎)で知られる。独特の「十七字詩」によって時事を風刺したという。同種とおもわれる話芸に，呉自牧『夢梁録』に見える戴忻庵の説諢経がある。灌園耐得翁『都城紀勝』などに見える「仏書を演説」する説経とは異なる。
　　　　　　　　　　　　　　　　(大塚　秀高)

せつさんぶん【説三分】　宋・元の時代の語り物で，三国(魏・呉・蜀)の説話をもとにしたもの。宋の孟元老の『東京夢華録』という当時の都東京(開封)の賑わいを綴った書があるが，その演芸についての項(巻5)には，「講史」や「諸宮調」といった語り物とならんで「説三分」とあり，霍四究という芸人の名も記している。こういった語り物も後に小説『三国志演義』が成立する際の材料となった。また，『三国志平話』は「説三分」など三国の語り物の台本のようなものをベースにして作られたと考えられている。
　　　　　　　　　　　　　　　　(上野　隆三)

せっしが【折枝画】　花の咲く枝の先端部分を描いた花鳥画。狭義には折り取った花枝の図を指すが，多くは団扇や画帖などの小画面に，花や果実がついた枝先を原寸に近い大きさで精密に描き出す。園庭に植えられた花木全体の姿を地面や石などと共に描く全株画に対するもの。唐代にすでに折枝

画はあったが，北宋時代に入って写実的絵画が発達し，写生画の名手趙昌によって注目されるようになった。さらに南宋時代の宮廷画院で盛んに制作された。質感表現を求め，写実主義に基づきながらも，題材である花や枝の組み合わせや配置，全体の構成などが画家の裁量に任される点など，その芸術性において西洋の静物画に通じる。北宋後期から南宋にかけて流行した花枝に小鳥が止まる花木小禽図，例えば伝徽宗筆『桃鳩図』(個人蔵)は折枝画に類する作品で，両者は密接な関係にある。　　(藤田 伸也)

せつしかんし【薛氏款識】 →歴代鐘鼎彝器款識法帖

せっしぎ【折子戯】　伝統演劇用語。名場面劇のこと。「折子」は脚本の一部・一段をさし，南戯などの「一場」(見取狂言)という意味である。明清の伝奇では一場劇を「齣」(または折)という語を用いて分けるが，長いものでは数十齣(折)に及ぶものが普通であった。このような劇は通しで演じるには長すぎるため，明の中期から早くも名場面のみを選んで演じることが行われていた。清代に至ると，崑劇などは全篇を演じる通し狂言(「全本戯」または「整本戯」)よりも，名場面のみを取り上げて演じることが通常となった。これを「折子戯」という。「折子戯」は推敲をかさねているため，内容もより完成されており，多くの優秀作が伝えられている。現代の京劇でも演じられることが多いが，観客にはおなじみの場面であるため，ストーリー展開よりも，役者個人の歌唱力や技芸が問われることになる。役者としての腕の見せ所といえる。(日下 翠)

せっしょうぶんがく【説唱文学】 →講唱文学

せっしょうほう【薛紹彭】　生没年不詳。北宋の書家・収蔵家。長安(陝西省)の人。字は道祖，号は翠微居士。官は秘閣修撰，知梓潼路漕などを歴任した。当時の書壇では，蘇軾・黄庭堅の革新派が活躍する一方で，章惇や黄伯思らのように古法を守った人々がいた。かれは中でも傑出した存在であった。米芾・劉涇らと書画の交わりがあり収蔵家としても知られる。晋・唐を法とし，楷・行をよくした。とりわけ『蘭亭序』を愛し，その賞鑑においては名高く，また臨模することも多かった。南宋の時は米芾の専帖である『紹興米帖』が刻されたが，かれの法帖は作られず，元代ではすでにかれの書はめずらしいものとなっていた。正統書を保守する立場においては，米芾と同じではあるが，米芾の書との違いを生じたのは，古法への視点や解釈の違いが

あったためであろう。作品に『雲頂山詩帖』がある。また『蘭亭序』の臨本は『停雲館法帖』巻6に見え，『戯鴻堂法帖』巻14にも尺牘が収められている。　　(大橋 修一)

せつしょく【薛稷】　649(貞観23)～713(先天2)。唐の文章家・書家。蒲州汾陰(山西省)の人。字は嗣通。進士に及第し，中書舎人となった。従兄に『夏日游石淙詩』『秋日宴石淙序』を書いた薛曜がいる。睿宗のとき，晋国公に封じられ，太子少保，礼部尚書を歴任し，世に薛少保と称せられた。彼は外祖の魏徴家に所蔵されていた虞世南・褚遂良の書を臨書し，遒麗な書風を作り上げたという。欧陽詢・虞世南・褚遂良に並べて初唐の四大家の一人に挙げられるが，その書は『昇仙太子碑碑陰』(699年，河南省偃師市の緱山に現存)と『信行禅師碑』(706年，大谷大学蔵宋拓本)を見るだけである。旧唐書73，新唐書98　　(横田 恭三)

せつじんきいきんかんきょう【薛仁貴衣錦還郷】　元雑劇の作品名。簡名『衣錦還郷』，また『薛仁貴』。『元曲選』本のほかにも元刊本が現存。『録鬼簿』や『太和正音譜』は元の教坊勾管張国賓(酷貧，国宝とも)の作とし，『元曲選』もそれを踏襲する。農民の子薛仁貴は唐の太宗の征遼に身を投じ，功をとげ貴人の妻をたずさえて帰郷。貴人となった薛仁貴と農民である父母・友人との生活感覚のギャップをおもしろく描く。特に第4折は圧巻。元刊本は，『元曲選』本と曲数曲辞を異にし，庶民感覚を描いてすぐれる。　　(高橋 文治)

せっせいえん【拙政園】　江蘇省蘇州市東北街にある，江南古典庭園の代表作の一つ。正徳年間(1506-21)に，御史の王献臣が大宏寺の跡地に私邸庭園を造営したのが始まり。明の文徴明『王氏拙政園記』は，現在とは趣の異なる簡素で静かな雰囲気を伝えている。現在，水系を主体とし建築物や築山が配置されおおらかな味わいがある中央部，長い水廊と光緒年間(1875-1908)の雰囲気を伝える西部，1950年代に新たに整備された東部からなる。1997年にはユネスコの世界遺産に登録された。

(木津 雅代)

せつせん【薛瑄】　1389(洪武22)～1464(天順8)。明初の朱子学者。河津(山西省)の人。字は徳温，号は敬軒。時の宦官王振と対立したことでも知られる。朱子学者としては先聖の書を熟読し，心性の修養に精進する篤実な性格がよく表れている。著述には『読書録』『読書後録』があり，いずれも彼の実直で内省的な精神が窺われるが，思想家として

の個性に欠けることも否定できない。その学統からは呂柟(号は涇野)らを輩出し，陽明学と並ぶ勢力を保った。明史282
(前川 亨)

せっそう【雪窓】 生没年不詳。元代後期の禅僧・画家。華亭(上海市)の人。俗姓は曹氏。僧としての名は普明，雪窓は道号。晦機元熙の法嗣となり雲巌寺，承天能仁寺など蘇州の諸寺に歴住し，1349(至正9)年の後まもなく没。趙孟頫に倣ったその墨蘭は，虞集や黄溍らの文人達に称賛された。墨蘭の筆法について記す画譜を著したと伝えられるが，概略しか残らない。雪窓に学んだ墨蘭を描いた禅僧として，仲黙宗瑩や入元僧の頂雲霊峰らがいる。代表的な現存作は『蘭竹図』4幅対(東京，宮内庁三の丸尚蔵館蔵)。
(荏開津 通彦)

せったんとくこう【拙庵徳光】 1121(宣和3)〜1203(嘉泰3)。南宋の禅僧。臨林軍新喩(江西省)の人。俗姓は彭氏，東庵と号した。21歳の時に東山光化寺の足庵吉のもとで出家，福州(福建省)西禅寺に住した。大慧宗杲が四明(浙江省)の阿育王寺を領した際，その会下に参じて教えを受け，その法を嗣いだ。

1167(乾道3)年，四明の鴻明寺に住し，天寧寺にうつった。1180(淳熙7)年に，阿育王寺の第23世となり，宋の孝宗に臨安(浙江省杭州)霊隠寺第17世として召され，仏照禅師の号を賜った。書は「金渡し墨蹟」と称される偈頌が東京国立博物館に現存する。
(鍋島 稲子)

せっちょうじゅうけん【雪竇重顕】 980(太平興国5)〜1052(皇祐4)。北宋の禅者。雲門宗4世。字は隠之，俗姓は李氏。遂州(四川省)に生まれ，20歳前後の頃に父母を亡くして出家する。蜀を出で，襄陽(湖北省)石門蘊聡に参ずること3年，その指示で随州(湖北省)智門光祚に参じて開悟し，5年留止してその法を嗣ぐ。廬山，池州(安徽省)景徳寺，杭州霊隠寺，万寿寺を経て，1019(天禧3)年，蘇州洞庭の翠峰禅寺に出世した。1024(天聖2)年に明州(浙江省)の知事に赴任した曾会の請疏により雪竇資聖寺に移り，住すること30年，度する僧78人，雲門宗を中興した。世寿73歳，僧臘50。

『洞庭録』『雪竇開堂録』『瀑泉集』『祖英集』『頌古百則』『拈古百則』『雪竇後録』の選述があり，雪竇七部集と呼ばれる。宋代に古則に対して頌や著語(短評)・拈古(評釈)を加えることが流行し，雪竇の頌は高い評価を受けた。『頌古百則』に圜悟克勤が評唱と著語を加えたのが『碧巌録』である。
(西口 芳男)

せっとう【説唐】 清の歴史小説。全68回。作者は不明。初期の版本では「説唐演義全伝」，後に『説唐後伝』等の続編と合刻した本では「説唐前伝」と題される。豪傑秦叔宝を主人公に，前半は叔宝ら任俠の徒36人が義兄弟の契りを結び，瓦岡寨にこもって隋朝に弓を引くまでを描いて『水滸伝』に似る。後半に入ると叔宝らは唐の李世民の配下に入って天下平定に尽くす。物語は世民が敵対する自身の兄弟を倒して即位し太宗となるところで終わる。先行作『隋史遺文』『隋唐演義』と内容的に重なるが，むしろ『説唐』の方が多く物語の古い内容を伝えているものと思われる。物語は荒唐無稽ではあるが生命力にあふれ，敵味方に分かれても揺るがない秦叔宝と単雄信の友情に示されるように，忠義とは必ずしも両立しない朋友間の信義が重視され，またあらゆる権威を笑い飛ばす程咬金の活躍に象徴されるように，素朴な反権力の精神に富む。庶民の間では絶大な人気を誇り，多くの続編が作られた。
(小松 謙)

せっとう【薛濤】 770(大暦5)〜832(大和6)。唐代の女性詩人。長安(陝西省)の人。字は洪度。現存する詩篇は90首にのぼり，その9割は絶句が占める。『薛濤詩』1巻と，『洪度集』1巻の2つの系統の作品集が残されている。蜀の地で官妓として，785(貞元元)年から804(同20)年まで西川節度使の任にあった韋皐を主人とした。また時の詩人元稹とも詩の応酬がある。彼女が詩篇を書きつけた小型の紙片は「薛濤箋」として有名である。『唐才子伝』6に伝がある。
(中 純子)

せっとうがくは【浙東学派】 浙江省の寧波・紹興・台州・温州・金華等の地域は清代，浙東と呼ばれた。この地域で，朱子や陸象山の学問を批判し社会実践を重視する学派が誕生したのは南宋時代のことである。呂祖謙の金華学派，葉適の永嘉学派，陳亮の永康学派がそれで，この三派を浙東学派と称する。特に金華学派は歴史学を中心に経世致用の学を展開した。清初の思想家である黄宗羲は，この金華学派を継承した劉宗周に師事し，南宋の浙東学派の思想に新たな要素を加えた。儒教経典を歴史文献と捉え，その再解釈を通じて現実の政治を批判し，社会変革の方向を示したのである。

黄宗羲の学風は浙東の地に脈々と継承され，万斯大・万斯同・全祖望・章学誠等の優れた歴史学者や文献学者を輩出した。彼らは，地方史や遺文，碑伝といった広いジャンルの歴史資料を整理・編纂・保存する方法論を確立し，歴史学の実証主義を推し進めた。また，その社会変革や帝国批判の思想は，清末以来の変法・革命運動に決定的な影響を与え

た。　　　　　　　　　　　　　　（緒形　康）

せつどうこう【薛道衡】　540（興和2）〜609（大業5）。北朝の北斉・北周〜隋の詩人。河東汾陰（山西省）の人。字は玄卿。中国統一以前は，他国との折衝の場での応酬詩が常に評判を得た。盧思道・李徳林とともに隋初期を代表する詩人。楊素と唱和した「従軍行」や初唐の七言歌行の先駆といえる「予章行」，南朝風の「昔昔塩」，また「人日思帰」など詩の題材は多様。煬帝に憎まれ，「高祖文皇帝頌」を口実に殺された。文集30巻があったが，現存するのは詩20首余，文8篇のみ。隋書57，北史36　　　　　　　　　　　　　（道坂　昭廣）

せっとうらこ【浙東鑼鼓】　浙江省東部地方の冠婚葬祭における民間器楽合奏。いわゆる吹打楽の一種。明代の張岱*『陶庵夢憶』は，明の中葉にすでに隆盛をみたと伝える。金属製の銅鑼や鉦，シンバル類を中心に，他の打楽器と嗩吶*や管弦楽器を交える。銅鑼の編成の違いにより，嵊州市一帯の五鑼と寧波*市一帯の十鑼に分かれ，五鑼はことに著名である。いずれも多数の銅鑼を，一人の奏者が難しい技巧を交えて奏する。曲牌は民謡や伝統劇を基にし，「将軍得勝令」など，庶民の日常を音響で活写する代表曲が数多い。　　　　（尾高　暁子）

せつどし【節度使】　→藩鎮*

せっぱ【浙派（絵画）】　明の画派。南宋院体画風に，元末の李郭派の山水画法，浙江地方様式である水墨画法を加え展開させた，平板で筆墨を強調した画風の画家らを指す。祖とされる戴進をはじめとし，李在・呉偉・張路ら，宣徳から嘉靖年間（1426-1566）頃の職業画家がこの画派に分類される。

師承関係に基づくものではなく，嘉靖から万暦年間（1522-1620）に董其昌*ら文人たちが提唱した，歴代の画家を南北に分類し文人たちの優位性を説く南北二宗論などと結び付き確立していった分類であり，南宗に連なるとされる明の沈周*・文徴明*ら蘇州を中心とする文人画家を呉派と称するのに対し，戴進の出身地から浙派と名付けられ，北宗に連なるものとされた。

浙派の画風は，宣徳から正徳年間（1426-1521）には，画院にまで広まり一時代をなしたが，嘉靖年間（1522-66）頃になると，呉派が主流となり，同時代の張路・鄭顛仙ら浙派の画家たちは，その放逸な画風から狂態邪学と評されることとなった。
　　　　　　　　　　　　　　　　（伊藤　晴子）

せっぱ【浙派（篆刻）】　清代，浙江省銭塘（杭州）を中心とする篆刻の流派をいう。書画篆刻家である丁敬*が創始した。清朝中期に盛行し，後世の作家にも影響を与え続けた。明の篆刻家何震が創始した徽派と合わせ，篆刻の二大流派である。清朝金石学の発達により，篆刻においても秦漢印復古の気風が生じ，浙派は生まれた。創始者丁敬を含む西泠八家*を中心に，それまでの徽派を追いやり一気に主流となった。浙派の篆刻家らによって，篆刻は一層芸術として認識されるに至った。　　　（小西　憲一）

せっぷ【説郛】　元末明初の人，陶宗儀*が編集した書。叢書とされるが，採用した書物の全体を収録するのではなく，書きぬきの集成であって，その性格はむしろ類書に近い。また全巻数も100巻とするが，伝来の過程で30余巻が散佚し，幾度か再編集が繰り返された。編集された時代も古く，他に見えない多くの書を収録するが，引用が断片的であるうえ，原著の数十分の一，あるいは数百分の一しか収録せず，くわえて伝来の不確かさのために，利用にあたっては十分な注意が必要である。収録分野は，経書から小説筆記，趣味にかかわるものまで極めて広い。編集当初の目的を考察・考慮した上で利用が必要である。1988年上海古籍出版社が，100巻本，120巻本両種と，『説郛続』46巻をおさめ，書名索引を付した『説郛三種』（全10冊）を刊行した。また「『説郛』版本諸説と私見」（倉田淳之助　京大人文科研創立25周年論集）が，明代の多くの叢書との版本流用関係を詳細に解き明かして必読である。
　　　　　　　　　　　　　　　　（木島　史雄）

せつふくせい【薛福成】　1838（道光18）〜94（光緒20）。清末の改革派官僚。無錫（江蘇省）の人。字は叔耘，号は庸庵。副貢生の出身だが，曾国藩*・李鴻章*の幕下で頭角を現し，『籌洋芻議』で洋務のエキスパートとして認められる。湖南按察使等を経て，1889年に英仏等4国駐在公使となり，西洋体験を踏まえて中国の政治改革の必要性を訴えた。留欧中の日記に『出使英法義比四国日記』，著作に『庸庵文編』『庸庵海外文編』等があり，『庸庵全集』に収録されている。清史稿446　（佐藤　慎一）

せっぽうぎそん【雪峰義存】　822（長慶2）〜908（開平2）。晩唐の禅者。泉州南安（福建省）の出身。17歳のとき沙弥となる。福州に出て芙蓉山弘照大師霊訓に師事した後，幽州宝刹寺で具足戒を受けた。江湖の禅会を歴参し，「三たび投子に到り，九たび洞山に上る」の成句ができたほど苦修した。法を徳山宣鑑に嗣ぎ，故郷の福建に帰り，雪峰山を開創した。多くの修行者を擁する大叢林を経営し，1500人の大善知識と称され，玄沙師備*・雲

門文偃等の禅者を打ち出した。教育者としての力量を遺憾なく発揮した一面，禅者としての透徹した厳しい面を欠くと批判される。唐末五代の混乱によって江湖の禅会が疲弊していくなか，平穏を保った閩の王氏政権の外護のもと，雪峰門下の禅が発展し，この時代の禅界をリードした。伝記の第一資料は黄滔撰「福州雪峰山故真覚大師碑銘」であり，『宋高僧伝』巻12はこれを承ける。また『祖堂集』巻7，『景徳伝灯録』巻16に略伝と問答語句を録し，『雪峰語録』が存す。　　　　　　　　　　（西口 芳男）

ぜつみょうこうしせん【絶妙好詞箋】　南宋詞の選集。もと『絶妙好詞』と称した。7巻。南宋の周密が晩年に編纂したもので，1295(元貞元)年ごろに成った。張孝祥より仇遠に至る，全132家，385首の詞を収める。それらの多くは彼の主張に沿う婉約詞(宋詞の正統とされた詞風をもつ詞。内容面では人事や季節の移り変わりに対するそこはかとない憂愁を主とし，技巧面では婉曲な表現と，音律の調和を重んじている)である。本書は元・明にはあまり流布しなかったが，清代にまた刊行され，1750(乾隆15)年に至り，査為仁・厲鶚が箋注を施した『絶妙好詞箋』が刊行された。その箋注は作者の小伝や，作品に関する故事，諸家の評語などから成る。以後，本書はこの形で通行している。会稽章氏刻本，四部備要本，文学古籍刊行社本などがある。　　　　　　　　　　　　　　　（宇野 直人）

せつもん【説文】　→説文解字

せつもんかいじ【説文解字】　中国最古の本格的漢字字書。『説文』と略称される。15篇。後漢の許慎の撰。100(永元12)年に完成し，121(建光元)年に息子の許沖によって朝廷に献上された。当時，2つの学派が対立関係にあり，孔子の旧宅の壁中より出土した，古文という字体で書かれた経書に基づく古文派である許慎は，漢代通行の字体隷書で書かれた経書に基づく今文派の字形解釈を批判し，秦代の李斯によって作られた小篆という字体に基づき，漢字の構造を「六書」の理論によって分析して『説文解字』を著した。許慎の後叙によれば，親字は9353字，異体字である「古文」「籀文」が1163字，説明文である「説解」が13万3441字である。親字を，文字の形態や偏旁の構造によって540部の部首に分かち，部首を形態によって連係させている。全体は数字の「一」に始まり，十二支の「亥」に終わる。漢字を部首によって分類配列する漢字字書の基本形態はここに始まる。注釈書として清の段玉裁『説文解字注』がある。　　（高津 孝）

せつもんかいじけいでん【説文解字繫伝】　後漢の漢字字書『説文解字』に対する注釈書。40巻。五代の徐鍇の撰。徐鍇の兄，徐鉉の校訂した『説文解字』が大徐本と呼ばれるのに対し，小徐本と呼ばれる。『説文解字繫伝』は，注釈を加えた『通釈』30巻，部首配列の意味を説いた『部叙』2巻，文字構造の意義を明らかにした『通論』3巻及び『祛妄』『類聚』『錯綜』『疑義』『系述』各1巻からなる。『説文解字』に対する最も早い校訂本・注釈書である。　　　　　　　　　（高津 孝）

せつもんかいじこりん【説文解字詁林】　後漢の漢字字書『説文解字』に対する後世の注釈を集大成した書物。15巻。民国の丁福保の編。丁福保は，日本医科大学に留学し，帰国後，上海に医学書局を創設，多数の医学書を刊行した。本書は，主として清朝の『説文解字』注釈書を網羅的に集め，その漢字解釈を各漢字毎に分類したものである。集められた注釈書は，182種，1036巻に及ぶ。『説文解字』及び中国古代文字研究のための必備の書物である。　　　　　　　　　　　　　　（高津 孝）

せつもんかいじちゅう【説文解字注】　後漢の漢字字書『説文解字』に対する注釈書。15巻。清の段玉裁の撰で，「段注」と称される。『説文解字』に対し，本文を校訂し，全書の構成を明らかにし，詳細な注釈を施した。注釈は，許慎の漢字解釈の根拠を明確にし，清朝で発展した古代音韻学の知識を活用し，漢字の本来の意味および意味の展開を明らかにした。考証は精密で，創見に富み，『説文解字』注釈上最もすぐれるが，独断のそしりを免れない部分もある。　　　　　（高津 孝）

せつもんぎしょう【説文義証】　後漢の漢字字書『説文解字』に対する注釈書。50巻。清の桂馥の撰。本書の目的は，許慎の漢字解釈の根拠を明らかにすることにある。中国古代の書物中の漢字解釈に関連する部分を可能な限り博捜し，各漢字について数条から10数条にわたって順に配列した書物である。桂馥自身の解釈は施されていない。資料は極めて豊富であり，秩序立った内容で，後世の『説文解字』研究者にとっては，極めて有用な書物である。　　　　　　　　　　　　　　（高津 孝）

せつもんくとう【説文句読】　後漢の漢字字書『説文解字』に対する注釈書。30巻。清の王筠の撰。先行する段玉裁『説文解字注』，桂馥『説文義証』を主として参考にし，広く他の注釈書にもあたり，その優れた部分を取り上げ，増損を加えた書物。清朝の『説文解字』研究全体に対し，整理総合

せつもんこちゅうほ【説文古籀補】 清末の文字学書。14巻，補遺1巻，付録1巻。呉大澂著。1883(光緒9)年自写刻本。宋代以来大量に出土した殷周秦漢の青銅器銘文および陶文・石刻の文字を収集し，『説文解字』部首の編次に従いそれらを配した，それまでに類を見ない古文字の字書。書名は「『説文解字』に古文と籀文を補う」の意で，集録字は全篇で4000字を超えるが，呉大澂氏による文字の摸録はいずれも原拓により非常に正確。金石文字を乾嘉(1736-1820)以来盛んな説文学と結びつけた点で，後の古文字学の発展に寄与する所極めて大であった。 (高久 由美)

せつもんしゃくれい【説文釈例】 後漢の漢字字書『説文解字』に対する注釈書。20巻。清の王筠の撰。『説文解字』全体に対する注釈ではなく，その配列構成のみを専門に論じた書物。段玉裁『説文解字注』の後を受け，段注に不備であった『説文解字』の構成について論じたもの。特に，漢字の構成原理「六書」及び許慎の漢字解釈の構成については創見に富む。王筠には他に，清朝説文学の成果を整理し，全体に注釈を施した『説文句読』がある。 (高津 孝)

せつもんせいるい【説文声類】 漢字の諧声符(漢字の構成要素のうち発音を表す部分)を利用して古韻(上古の音韻)を研究した書物。2巻。清の厳可均の撰。古韻を16部に分かち，それぞれの部に後漢の許慎『説文解字』所収の全ての漢字を，諧声符を等しくするもの毎にまとめ配列し，古韻各部の対転も示したもの。更に，『広韻』の206部の韻目を相当する古韻の部に配し，検索に便利なようにしてある。自序には「漢字の仮借の法則が総括された」という。 (高津 孝)

せつもんつうくんていせい【説文通訓定声】 後漢の漢字字書『説文解字』に対する注釈書。18巻。清の朱駿声の撰。『説文解字』は，漢字を部首を中心に540部のグループに分け配列しているが，『説文通訓定声』は，清朝における古代音韻学研究の成果に従い，漢字の構成要素のうち発音を表す部分「諧声符」を中心に漢字を18部に分類配列し，注釈を施した書物である。その結果，「諧声符」が共通であると，意味も共通すること，及び意味の展開が明確になった。 (高津 孝)

せつろん【設論】 文体の名。出世できないことをそしる架空の客に答える形で，自らの生き方を述べるもの。その原型は戦国にもあるが，前漢になって自由に押韻する広義の賦に発展し，東方朔『答客難』・揚雄『解嘲』のように，自らの心情を諧謔を交えて語る作品を生んだ。後漢から魏晋にかけて班固『答賓戯』など多数の作品が書かれるが，理念が先行し問答の妙味は薄らいだ。『文選』45に上の3篇を収めるほか，『文心雕龍』雑文篇に言及がある。のち唐の韓愈がこの体を用いて書いた『進学解』は有名。 (谷口 洋)

せつわ【説話】 宋の盛り場瓦子でおこなわれていた演芸のなかで，話芸に属するものの総称。灌園耐得翁『都城紀勝』の「瓦舎衆伎」によれば，説話にはいくつかの種類があり，その有力なものを説話四家，それを演ずる芸人を説話人とよんだという。だが四家が具体的に何をさすかについては明確な記載がなく，定説といえるものもない。呉自牧『夢梁録』20の「小説講経史」によれば，独立し一家を構える話芸は四を越えて存在したようで，四家で説話を代表させる考え方はあっても，四家についての共通認識はなかったらしい。ただし有力なものが三家あり，これに適宜一家を加え四家と称したものであろう。有力な三家には銀字児の別名をもつ小説，演史ともよばれる講史，仏書を敷衍して説いたという説経(別名は談経)があり，ほかに説参請・説諢経などがあった。 (大塚 秀高)

せん【洗】 漢代の盆形容器の総称。従来は盥水器と考えられてきたが，銘文をもつ例が発見される中で，「洗」という名称は漢代に存在せず，「盆」「銅」「盂(杅)」が当時の名称であり，おもに酒などを盛る容器であったことが明らかになった。後漢代には，底部内面に双魚文や銘文を鋳出した例が多い。銘文には，「朱提堂狼」「蜀郡厳氏」や「富貴宜侯王」など，生産地や吉祥句が目立つことから，民間ブランドとして商品流通していた可能性が考えられる。同時期のベトナムでは，銅鼓の影響を受けて楽器化した製品も作られた。 (吉開 将人)

せん【釧】 腕飾り。手釧ともいう。前腕部を飾る腕釧と，上腕部や臂を飾る臂釧に分けられる。前腕部を飾る腕釧のうち環状を呈するものは鐲と称することが多い。他に，条脱・跳脱と称する，主に女性が使用したと考えられる腕飾りもある。条脱・跳脱はともに金銀をリボン状にし，螺施状にした腕飾りである。

釧の考古資料にみる最古のものは仰韶文化期のものであろう。甘粛省永昌県の鴛鴦池遺跡(前2100

年頃)出土の人骨の右前腕部に骨製の釧があった。この他にも，新石器時代の中原及び周辺各地の遺跡より，遺体の人骨に着装の釧の出土を見ることができる。材料は石(玉を含む)・陶(土)・蚌(ドブガイ)などであるが，ほとんどが石と陶(土)である。青銅器時代になると出土遺物に見る釧の材料は主として玉となる。殷墟婦好墓に見る釧も豪奢な玉製であった。周代に至ると周辺地域の遺跡より出土の釧には銅・鉄を見るようになるが，中原地域は依然として玉が多い。他には，水晶・瑪瑙などを連ねて串珠として腕部を飾っているものも見られる。秦・漢代には中原地域の釧の出土例は少なくなるが，反面，出土例より見て周辺地域における使用が盛んであったことが窺い知れるのである。魏・呉・蜀の三国時代には釧に金・銀の使用が多く見られるようになる。この金・銀製の釧の使用はササン朝ペルシアの影響を受けた隋，唐そして元，明，清へと続く。釧は男女ともに使用したが，多くは女性の使用であったことは，出土の人俑に，そして詩のなかに，また，絵画中にみる着装例より知ることができる。特に，清代の絵画には陶磁製と見ることのできる釧着装の女性の像を散見する。また，釧はその材料により着装の意義が異なることも理解できる。即ち，玉製の釧の着装は装身を主としながらも，古代社会においては社会的地位の表明や呪的な要素を持っていたと考えられる。また，異文化のもたらした金・銀使用の釧は，玉製釧と同様に装身と社会的地位を示すと同時に宝器的な役割を持っていたと考えられるのである。　　　　　　　　(釣田　敏子)

せん【牋】　実用文の文体の一つで，上表文。「箋」の字にも作る。臣下が君主や所属長官にたてまつる文書である上表文は，それが用いられるケースに応じて幾つか称し分けられるが，後漢の頃には，地方の役人が地方の長官・将にあてたものを牋と呼び，三国時代以降は，皇后・太子や諸王・大臣にあてた文書を指すようになるなど，時代によっても牋と称される文書は推移する。文はほとんど無韻だが，有韻のものもある。　　(原田　直枝)

せん【箋】　→牋

せん【磚】　建築物の壁体を構築したり，床面や道路を舗装したりするのに用いる陶製の建築資材。現代日本では煉瓦と呼ぶほうが通りが良いが，煉瓦という語は近代日本で作られた語で，中国では用いられない。中国では古来，塼，甎などとも書き表されてきたが，現代中国では磚に統一されている。中国の磚の起源は西周時代に遡るようであるが，本格的に用いられるようになったのは戦国時代

以降である。磚には銘文や文様が表されることが多く，研究と鑑賞の対象となっている。　(谷　豊信)

せん【籤】　巻軸装は挿架して保存すると，書名等が見えにくくなるので，それらを記した札を軸の端に垂らして検閲の便をはかった。この札を呼ぶ言葉。「簽」とも書く。唐の韓愈の詩に「鄴侯の家に書多し。架に挿む三万軸。一一に牙籤を懸く」とみえるように，象牙を用いた牙籤が好まれ，唐の玄宗の時の国家の書庫は，牙籤の色により経(紅)・史(緑)・子(碧)・集(白)と分類されていた。籤を用いる習慣は線装書(線装本)にも受け継がれ，紙片を書根(小口)に挿んで書名等を記した。
(高橋　智)

せんあい【線鞋】　色糸や麻糸で作ったはきもの。唐代に流行した。『新唐書』車服志に「武徳年間(618-626)，婦人は履および線靴をはいた。開元年間(713-741)のはじめに線鞋があったが，侍女は履をはいた」と記されている。また，『旧唐書』輿服志には開元年間に婦人たちのあいだで線鞋の軽妙さが喜ばれて流行した，とみえる。
(相川　佳予子)

せんいえん【錢惟演】　962(建隆3)〜1034(景祐元)。北宋の西崑詩派を代表する詩人。臨安(浙江省)の人。字は希聖。呉越王錢弘俶の次子であり，父とともに宋朝に降服した。官は右神武軍将軍，翰林学士，工部尚書，枢密使等を歴任した。家は蔵書に富み，才能を愛し，後進を育てた。欧陽脩・梅堯臣ら著名な詩人は多く彼の推重を受けている。『西崑酬唱集』には54首を収める。宋史317
(大野　修作)

せんいじょう【錢維城】　1720(康熙59)〜72(乾隆37)。清の政治家・画家。武進(江蘇省)の人。字は宗磐。号は茶山・稼軒など。諡は文敏。1745(乾隆10)年の状元で，官は刑部侍郎に至り，没後，刑部尚書を贈られた。画は，董邦達に学び，王原祁を倣って山水にすぐれた。画院にあって乾隆帝に重用され，帝が木蘭囲場(河北省)で虎を倒した時に，その図を描かせたことで知られる。蘇軾を学んで書にもすぐれた。著に『茶山集』がある。弟の維喬も山水にすぐれた。清史稿305　　(味岡　義人)

ぜんう【単于】　匈奴の最高君長の称号で，正式には「撐犁孤塗単于」と言い，「撐犁」は「天」，「孤塗」は「子」の意で，「単于」は「広大の貌」を表すと言われる。単于には本来，匈奴の屠各種(匈奴の支配種族)の中の攣鞮(虚連題)氏出身の者が

なり，その閼氏(夫人)は呼衍・須卜など四氏族出身の女性がなった。後漢から五胡十六国の時代にかけて漸く匈奴の貴種以外でも単于を称す例が出，さらに後趙の石勒のように自身は趙天王を称し，子の宏を大単于にする場合も出てきた。　　(山本　光朗)

せんうこうひ【鮮于璜碑】　後漢の石碑。正式名称は「漢故雁門太守鮮于君碑」という。165(延熹8)年の立碑。1972年河北省武清県蘭城村で出土し，現在は天津市博物館に所蔵されている。篆額10字の両側には白虎・青龍を配し，碑陰には穿(孔)の上に朱雀が刻されている。碑面は隷書16行・行35字，碑陰は15行・行25字，全文827字。碑文は雁門太守である鮮于璜の業績を子孫が頌えたもので，異体字や文字結構など注目すべき点が多い。　　(小川　博章)

せんうすう【鮮于枢】　1257(宝祐5)?～1302(大徳6)?。元代の書家。漁陽(天津市)の人。複姓で枢が名。字は伯機。困学民・直寄老人などと号した。趙孟頫とならぶ元代書壇の大御所であり，当時は，鄧文原を加えた3人がもてはやされた。1287(至元24)年頃，従仕郎・嶺北湖南道按察司経歴という官についた。のち江浙行省都事・太常寺典簿となった。官を退いてのちは俗客と交わらず，悠々自適の生活を送った。書は行・草をよくした。趙孟頫は，かれの書を尊び，次のように述べている。「鮮于とともに草書を学んだことがあるが，私よりはるかに上をゆく。懸命に追ったが及ばなかった。伯機がすでに亡くなり，いまは自分が能書と呼ばれるようになった」(『松雪斎文集』)。古来，鮮于枢の作品で伝わるものは少ないとされる。そのためか「趙孟頫は鮮于の書の方がすぐれ，後世そのために自分の書名がかすむのをおそれて，自書の三紙と鮮于枢の書一紙を交換して焼き捨てた」(『新元史』)といわれる。書の出自については，明の解縉は，「王庭筠より出た金の張天錫に学んだ」という。かれ自身は，「草書の法は黄庭堅に至ってくずれた」といい，「張旭・懐素の書で二王の法がないものは偽物であるという米芾の語を，草書を習うとき忘れないようにしている」(『困学斎集』)とのべるなど，あくまでも二王父子を法としていたことが知られる。また元の陳繹曾は「今の代ではただかれだけが懸腕で上手にかく。私が質問したところ目をとじ臂を伸ばしてみせた」(『書史会要』)といっている。

伝世品は少なく，30余点を数えるのみである。行・草作品として，『独孤僧本蘭亭序跋』『行書詩賛』『唐詩巻』『杜甫茅屋為秋風所破歌』がある。楷書作品として『李愿帰盤谷序』がある。詩文集に『困学斎集』が伝わる。新元史237　　(大橋　修一)

せんえんのめい【澶淵の盟】　1004年，南侵してきた遼の聖宗(在位982～1031)と防戦のため北上した北宋の真宗(在位997～1022)とが澶州(河南省)で対陣して締結した講和条約。澶淵は澶州の雅名。五代十国以来の燕雲十六州をめぐる問題などで，宋と敵対関係にあった遼は国力の充実を背景にして，宋の征服を目指して聖宗が大軍を率いて親征した。遼軍の南侵に対して，宋の朝廷には遷都論も出たが，宰相の寇準が真宗を親征させて澶州に至り，ここで両者が対峙した。結局，両軍が講和に傾き，使節が往復して講和条約が結ばれた。①宋は軍費として毎年絹20万匹，銀10万両を遼に贈り，②真宗は聖宗の母を叔母とし，両国は兄弟の立場に立ち，③国境は現状のままとして，捕虜や越境者は相互に送還する，というのが講和の条件であった。これ以降，両国の和平は長期にわたって維持され，経済や社会の発展には目覚ましいものがあった。特に遼は東アジア最強の国となっていった。
　　(衣川　強)

せんえんろく【洗冤録】　宋の法医学書。5巻。1247(淳祐7)年に宋慈によって撰述。提点刑獄(路ごとに置かれ，州県の行う司法行政を監督する)としての豊富な実績をもとに，『内恕録』など当時の司法関係書から検屍に関わる法規や施行上の心得を整理し直し，独自の見解を付したもの。『洗冤集録』として湖南提刑司よりまず刊行され，以来，検屍を扱う書物の藍本として長く影響を及ぼした。なお『宝顔堂秘笈』本に付載する「聖朝頒降新例」は『元典章』と内容的に重なる部分も多く，元刻本の面影をいまに伝えている。　　(徳永　洋介)

せんおう・こうおう【先王・後王】　先王は，古の聖王を指す言葉であり，そこには危機と復古の意識がついてまわっている。すなわち，先王によって理想的に治まった状況が過去にあったにもかかわらず，今現在は乱れていて，それを克服するには，先王の作ったモデル(儀礼や刑法)を継承し直し，それに則らなければならないという意識である。ただし，先王は唯一の絶対者ではない。堯・舜・禹とか，文王・武王・周公・孔子というように，論じられる文脈によって違いはあるにせよ，先王はつねに複数存在し，しかもその間には継承関係が設定されている。ここには，時代に応じて治のモデルは異なるが，治を目指すという形式は一貫しているはずだという儒家の確信がある。先王思想には，最初から反復継承が要求されていたのだ。しかし，それを逆から言うなら，先王思想には反復継承の失敗＝乱が構造的に組み込まれていることでもある。では，どうすれば先王を失敗せずに正しく反復

継承できるのか。先王が古の聖王である以上，その事跡は時代が遠ざかるほどに見えにくい。ここで荀子は，後王を主張した。「聖王の事跡を見るには，それが燦然と現れている者を見ることだ。後王がその人である」(『荀子』非相篇)。後王は現今の君主であり，そこに治の理想が燦然と現れている以上，則るべきは後王である。しかし，これは先王とそのモデルへの復古を否定したのではない。現在を無みして過去をただただ崇めることは，原理的に困難であり，意味がないのであって，反復継承を確実に行うことで，先王と後王を繋ぐことが必要だと考えたのである。したがって，荀子の唱えた後王思想はそれ以前の儒家の先王思想を完成させることであった。ただし，この議論が成り立ちうるのは，強力な後王が実際に存在する(と見なされる)場合だけである。そのために，王者の現実の「制礼作楽(礼楽に代表される統治制度の制作)」を支える原理が，復古とは違った仕方で発明されなければならなかったのである。　　　　　　　　　　　　　　　　(中島　隆博)

せんがいきょう【山海経】　戦国の空想的地理書。18巻。作者不詳。中国とその四方に位置する辺遠の世界を描いた地理書の体裁をとるが，その記すところは山川の地理，奇怪な動植物，鉱物，神話伝説，古帝王の系譜など多岐にわたり，とりわけ神話伝説には他書に見られないものも多く，神話研究や古史研究の方面で重視されている。

　しかしその由来や成立時期・地域，編纂の目的には不明な点が多い。この書を最初に整理校定した前漢の劉歆は，その序文で「今定めて一十八篇と為し，已に定まれり」というが，その父劉向の『七略』に基づいた『漢書』芸文志には「山海経十三篇」とあり，この矛盾は古来論争が絶えない。また作者についても，劉歆は夏の帝王禹とその臣の益であるとしているが，これはもとより仮託であり，今日では一手になるものではなく大勢の無名の人が書き継いできたものであるという点で諸家とも一致する。成立時期は漢以後とは根本的に異なる世界観が描かれることから，戦国期とする説が有力である。成立場所は楚(袁珂)，蜀(蒙文通)，洛陽(前野直彬・小南一郎)などの諸説があり，今なお定説はない。その性格のわかりにくさも歴代の目録が数術(『漢書』芸文志)，地理(『隋書』経籍志)，小説(『四庫全書総目提要』)など様々に分類していることからうかがえよう。

　この書はその内容があまりに荒唐無稽であることから，「怪力乱神を語らず」を旨とする知識人には軽視されがちであったが，六朝期には西晋の郭璞が注釈を著してから，神仙思想の流行に伴って比較的よく読まれ，陶淵明も「読山海経(山海経を読む)」詩13首を作った。その後は注釈も書かれず細々と伝えられたが，明清に至って考証学者の注目するところとなり，清の郝懿行『山海経箋疏』のような精緻な注釈も現れた。近代以後は西洋の神話学や文化人類学の成果を取り入れた研究も行われるようになっている。　　　　　　　　　　(大野　圭介)

せんがく【選学】　文選学の略称。南朝梁の蕭統(昭明太子)が編纂した『文選』の解釈学は，隋の蕭該に始まり，隋唐の間に曹憲が揚州江都(江蘇省)で教授し，許淹・李善・公孫羅らの学者が出て盛行した。中でも658(顕慶3)年に上表された李善の『文選注』は後世の評価が高い。718(開元6)年には五臣注が上表され，宋代には李善注とともに『六臣注文選』として刊行される。清朝考証学の中でも文選学は中心的研究となり，数多くの著書が出た。その主なものは『選学叢書』(広文書局，1966年)に収録されている。　　　　　(富永　一登)

せんかし【千家詩】　初学教育のために唐宋の有名詩人の詩を集めたもの。その名の由来である南宋の詩人劉克荘の『分門纂類唐宋時賢千家詩選』22巻は1200余首からなる。その後これから七言絶句・七言律詩のみ120余首を選ぶなどしたものが南宋末のひと謝枋得名義で編集され，『千家詩』として出版された。通行本は清初の王相が編集した『新鐫五言千家詩』2巻を合刊するなどした4巻本で，220余首を収める。なお，謝枋得の編集への関与についてはさだかでない。　　　(大塚　秀高)

ぜんかじ【善化寺】　山西省大同市にある寺院。現存する遼～金代の寺院では最大規模である。唐開元年間(713-741)の創建で，開元寺といった。山門(天王殿)内に保存される金1176(大定16)年の『西京大普恩寺重修大殿碑』によれば，兵害を受けた寺院を金1128(天会6)年から1143(皇統3)年にかけて修理・再建したという。のち，明1445(正統10)年に修理した際に，善化寺に改名された。

　伽藍はやや東に振れた南北の軸線に，南から北へ山門，三聖殿，大雄宝殿が配置され，両側の庭塀に沿って遼代の回廊があったが，現在はその痕跡だけが認められる。回廊のほぼ中央部の東側に文殊閣，西側に普賢閣が左右対称に建っていたが，現在は後者のみが残されている。

　大雄宝殿は遼代，山門・三聖殿と普賢閣が金代の遺構である。普賢閣は金1154(貞元2)年に再建され，外観は2層，内部3層(一つは闇層)，四周に勾欄のある縁を巡らす入母屋造であり，間口10.40mの正方形プランである。下層では正面は3間，側面は2間であるが，上層は方3間(9.8m)に変え，斗栱は金の特

徴がみられる。　　　　　　　　　（包　慕萍）

せんかん【仙官】　神仙世界における官吏および官職の総称。中国古代においては，天上世界にも地上同様に天帝を頂点とする官僚組織(天官)が存在すると考えられていたが，それがそのまま神仙道教に継承されて，元始天尊を頂点とする神仙世界の官僚組織と官職に応じた権能が説かれた。南朝梁の陶弘景が編纂したとされる『真霊位業図』はそのような組織体系を記した最初のものである。また，明の永楽宮壁画などからは，その具体的表象を知ることができる。　　　　　　　（麥谷　邦夫）

せんかん【宣巻】　唐代の俗講の流れを汲む宗教系講唱文学の一つ。明中葉以降，多くの仏・道教系新興宗教が勃興するなか，宣巻(宝巻を宣講するの意)の慣習が各地に広まった。北方では念巻，南方では宣巻と呼ばれる。弾詞など一般の語り物と異なり，宣巻においては『香山宝巻』などの経巻の念誦をつうじて宗教の教義や修養法が説かれた。清末民国初期には江南の大都市や各市鎮に宣巻人とよばれる専業者も現れ，女性らを対象に盛んに講唱を行った。　　　　　　　　　　　　（武内　房司）

ぜんかんさくしん【禅関策進】　参禅辦道する者のために，禅の本質と学道の手だて及び策励を示す手引書。前集後集の2巻より成る。全110章を有す。1600(万暦28)年に開版された。明末の雲棲袾宏の編。
　前集は「禅宗五灯録」や祖師の語録伝記より参禅実究の指針となるものの要を取ってまとめ，示衆・普説・小参・垂誡・書など39章を「諸祖師法語節要第一」に，参究の実例24章を「諸祖苦功節略第二」に収める。後集は「諸経引証節略」と称し，『大般若経』より『心賦注』にいたる諸経論書の中から前集の根拠となる要文を抜粋して引証としたもので，47章を収める。全篇のうち，39章に批判と解説が加わる。
　我が国では1656(明暦2)年に京都で刊行され，1762年に東嶺円慈が再刻する。白隠(1684～1768)が本書を読んで発憤し，常に嚢中に入れて精進し，遂に大悟に至ったことは有名である。しかし白隠は，念仏に参究するところを嫌い，袾宏の禅浄双修に対して批判している。　　　（西口　芳男）

ぜんかんさんごくしんなんぼくちょうし【全漢三国晋南北朝詩】　漢から隋までを網羅した詩の総集。54巻。1916(民国5)年刊。民国の丁福保編。明の馮惟訥編『古詩紀』および清の馮舒撰『詩紀匡謬』にもとづき，全面的に訂正補充を施したもの。全漢詩(5巻)・全三国詩(6巻)・全晋詩(8巻)・全宋詩(5巻)・全斉詩(4巻)・全梁詩(14巻)・全陳詩(4巻)・全北魏詩(1巻)・全北斉詩(1巻)・全北周詩(2巻)・全隋詩(4巻)によって構成される。影印本のほか，台湾世界書局(中国学術名著歴代詩文総集)の校正断句本がある。　（齋藤　希史）

せんかんそう【船棺葬】　中国古代の墓葬形式。竪穴の墓坑を掘り，葬具には船の形をした木棺を使う。春秋戦国時代から前漢時代にかけ四川盆地に分布した。船棺は丸太を半裁した後，割り抜いて作られ，底部をやや平らにする場合もある。副葬品は巴蜀式青銅器や土器・漆器など。船棺葬は竪穴土坑木棺墓の一種であるが，特徴ある葬具の形態や出土遺物などから，四川盆地を主な分布域とした地方文化である巴蜀文化を代表する文化要素とされている。　　　　　　　　　　　　（小澤　正人）

せんがんばんがくず【千巌万壑図(龔賢)】　清の龔賢筆の山水画。紙本墨画，タテ62.4cm×ヨコ100.3cm。チューリッヒ，リートベルク美術館所蔵。横長の画面に，広大な山水景観を描く。大幅ではないが，彼の特徴である点皴を施した大小様々の角張った群峰が，複雑に重なり合いながら奥まっていく空間は印象的で，彼の代表作となっている。制作年代は，その雄大な構成から，50歳頃(1670年前後)と考えられている。　　　（竹浪　遠）

せんき【銭起】　710(景雲元)?～782(建中3)?。中唐の詩人。呉興(浙江省)の人。字は仲文。751(天宝10)年(一説では前年)に進士に合格し，秘書省校書郎となった。代表作の『湘霊鼓瑟』詩は進士の試験の答案として書かれたが，末聯の「曲終わりて人見えず，江上数峰青し」は試験官を感嘆させ，神助が有ったに違いないと言われたという。758(乾元元)年頃に藍田県(陝西省)尉となり，輞川荘にいた王維と親しく唱和している。その後は朝廷において拾遺，考功郎中，司勲員外郎などの官を歴任した。その詩風は流麗閑雅で近体詩に優れ，とくに送別の作に長じていた。郎士元とともに「銭郎」と並称され，当時高官が地方へ出るときに，二人から送別の詩を得られないと恥であるとさえ言われた。大暦十才子の一人であるが，大暦詩壇の首とする評価も有る。著に『銭考功集』10巻が有る。旧唐書168，新唐書203　　　　（齋藤　茂）

せんきぎょっこう【璇璣玉衡】　玉を使った天文観測器。璇璣は，璇璣，琁璣とも書く。このことばは，『書経』舜典に「璇璣玉衡を在て，以て七政を斉す」と見える。後漢の馬融らは渾天儀と解釈

し，北宋の蘇頌は渾天儀のなかの四游儀とするが，今日では，渾天儀の祖型で，玉製の簡単な観測器ではないかと考えられている。一説に，北斗七星を指す。中国星座では，北斗のマスを形づくる4星を璇璣といい，柄の部分の3星を玉衡という。

(新井　晋司)

せんきゅう【旋宮】　伝統音楽の用語。宮(調高，キー)の移高と調(調式，旋法)の転換を指す。一般には旋宮転調という。初見は『礼記』礼運。宮音(ド)が十二律を順に旋ることを指し，これで五音・七音の音階が作られる。雅楽では天行と音楽を結びつけ，毎月旋宮する観念があった。また，音階の各音を主音として十二律を旋ることもでき，各々宮調式・商(レ)調式……等を形成する(『楽書要録』に初出)。要するに，現代における転調(調高と旋法)と同じである。

(孫　玄齢)

せんきょ【潜虚】　北宋の司馬光が揚雄の『太玄』に倣って著した占筮書。1巻。虚から万物が生み出される過程に擬え，五行の原理に基づく10種の記号を組み合わせて55「行」(易の64卦に相当)を形成，そのうち元・余・斉を除いた52行にそれぞれ7つの「変」を割り当て(計364変，元(1)・余$\left(\frac{1}{4}\right)$を合わせて1年の日数に合致)，各「変」に対応する「変辞」(易の爻辞に相当)に基づいて占う。自然界の原理との整合を図るとともに，変辞等の内容には道徳論や名分論など著者の社会観も強く反映される。なお現行本は司馬光の未完稿に南宋の張行成が増補を加えて成ったもの。

(名畑　嘉則)

せんきょうそん【銭杏邨】　1900(光緒26)〜77。作家・評論家・文学史家。蕪湖(安徽省)の人。原名銭徳富，筆名張若英・阿英・魏如晦・寒峰など。1926(民国15)年，中国共産党に参加，28年蔣光慈らと太陽社を結成し雑誌『太陽月刊』を発行，プロレタリア革命文学を提唱した。魯迅を批判する論文が議論をよぶ。1930年，中国左翼作家連盟に参加，抗戦期は『救亡日報』『文献』などを主編した。評論活動のほか近現代文学の資料収集，特に清末文学研究の開拓者の一人として有名。清末文学の研究論文をもとに編集しなおした専著『晩清小説史』(1937年)は先駆的業績で，修訂版(1955年)も出た。創作と翻訳に分類し原物に基づいた『晩清戯曲小説目』(1954年)は長らく学界に権威を持っていたし，『晩清文芸報刊述略』(1958年)は新聞雑誌に注目した成果といえる。清末の作品を復刻する『中国近代反侵略文学集』(1957〜60年)と『晩清文学叢鈔』(1960〜61年)の大型叢書も編集した。死後，『阿英文集』(香港1979年，北京1981年)，『阿英全集』(2003〜06年)が出版された。

(樽本　照雄)

せんぎょく【顓頊】　古代の伝説的帝王。号は高陽氏。『大戴礼』五帝徳・帝繋は黄帝の孫で五帝の第2とする。『史記』秦本紀は顓頊を秦の祖先とするが，すでに秦の景公4年(前573)の石磬銘に「高陽霊有り」と見える。また，『史記』楚世家は顓頊を楚の祖先とする帝繋の祖本の系譜を引用するが，顓頊を楚の祖先とすることは，『楚辞』離騒で楚の王族屈原が「高陽の苗裔」を自称することにようやく示唆され，前4世紀末に楚が自らの系譜に中原の古帝王たる顓頊を加えたものと考えられる。史記1

(吉本　道雅)

せんぎょくれき【顓頊暦】　四分暦の一種。秦から前漢の太初暦採用まで使用された。1年を365日と$\frac{1}{4}$日とし，夏正(立春月を正月とする)を採用する一方，楚正(立冬月である10月を年始とする)を併用することによって他の四分暦に対する独自性を示した。1972年に山東省臨沂県の銀雀山漢墓から出土した前134(元光元)年の竹簡暦譜によって，前漢の顓頊暦は，前1506年乙卯歳正月己巳立春の正午を暦元としていたことが確認された。

(小林　春樹)

ぜんきんし【全金詩】　金の詩を網羅的に集めた総集。74巻。『佩文韻府』の編纂にも参画した清の郭元釪が康熙帝の勅命をうけて編纂，1711(康熙50)年に『御定全金詩増補中州集』として上梓された。358人，全5544首を収め，『中州集』に比して巻数は約7倍，人は1.4倍，詩は約2.7倍に達するが，『永楽大典』や『道蔵』中の金詩を収めず，その他の遺漏，詩人の排列の不体裁もあって，1995年にこれを補うより完全な『全金詩』が南開大学から出版された。

(高橋　文治)

せんきんほう【千金方】　唐の医学全書。全30巻。7世紀半ば(650年代)の成立。孫思邈の撰。書名は，人命は千金より貴いということから。はじめに医師の倫理を説き，ついで婦人病・小児病に巻をあてる。婦人・小児を優先したのはこの書の特徴の一つ。ついで種々の急性・慢性疾患の病態と治法を述べる。多くの疾病は陰陽五行説にもとづく臓腑理論で分類されている。後半は雑病・救急・食治・養生・脈診・鍼灸などについて記される。日本へは奈良時代(天平年間)に伝来し活用された。北宋代には『備急千金要方』(略称『千金要方』)と題して校刊され(1066年)，現伝本の祖本となった。同著者が晩年，本書を扶翼する目的で編んだとされる『千金翼方』30巻の書も伝わり，同じく北宋代に校刊さ

れた(1067年)。『千金翼方』は『千金方』よりも道教的色彩が濃く、北宋代までの伝来が不透明なことも考え合わせると、後人の仮託で、その成立は8世紀まで降る可能性もある。日本への渡来は『千金方』とは異なり、版本により鎌倉時代に伝入した。『千金方』の古鈔本、『備急千金要方』の宋版、『千金翼方』の元版がいずれも日本に伝存する。

(小曽戸 洋)

せんきんようほう【千金要方】 →千金方

せんけいしがん【潜渓詩眼】 宋代の詩話。北宋末の范温撰。范温は、史家范祖禹の子で、詩人秦観の女婿。成都華陽(四川省)の人。黄庭堅に師事して詩を学び、その詩論を継承発展させた。『潜渓詩眼』は、もと1巻。のち散逸して、『説郛』『苕渓漁隠叢話』などに佚文が散見する。郭紹虞『宋詩話輯』はそれらをまとめて29条を収める。句法や用字などの詩作技術に重点を置く論が多く、江西詩派詩学の特徴を示す。また、禅家の論法を詩論に応用した点では、『滄浪詩話』の先駆けとなった。

(興膳 宏)

せんけいどうしょもく【千頃堂書目】 清の書目。32巻。黄虞稷の著といわれているが、実際には黄氏の著した『明史芸文志』稿を後人が増補したもの。その内容は明一代の著作を主に、それまで正史芸文志に著録されたことのない宋・遼・金・元四朝の著作を付録し、特に明代の著作総目として高い史料的価値をもつ。ただこの目録は長らく写本でのみ伝わってきたため、通行する『適園叢書』本はむろん、1990年に上海古籍出版社より出版された点校本にしても、そのテキストにはかなりの問題がある。

(井上 進)

せんげき【川劇】 伝統演劇の一種。旧称、川戯。四川省を中心に、近隣の雲南省・貴州省の一部で親しまれる。川劇は当地の宗教的・民俗的文脈から生まれた「灯戯」と、外地から入って四川の言語・楽器・民謡などを吸収して四川化した「高腔」「崑腔」「弾戯」「胡琴」の5種の演劇の集合体。「灯戯」は節日などに行われた端公(男巫)による「跳神」に、後に付随するようになった簡単な滑稽芝居が、人形劇・舞踊の影響を受けて発展したもの。「高腔」は江西の弋陽腔が18世紀初頭までに四川化した。打楽器のみを用い、1人が歌い、他の人々が和す「幇腔」という歌唱形式をもつ。「崑腔」は17世紀に江蘇から入った当時は歌唱のみで、上演は18世紀に入ってから、上層階級の「家班」(自家のお抱え劇団)による。嘉慶年間(1796-1820)に「家班」が禁止され、民間での上演に転じた。「弾戯」は17世紀後半、農民反乱の首領李自成の兵とともに入った陝西の秦腔の四川化。「胡琴」は安徽の徽調・湖北の漢調・陝西の漢中二簧が18世紀に四川化したもの。当初、5種の演劇は別々に一座が組まれ、「灯戯」は山間部を含めほぼ全域で演じられたが、「高腔」は四川中部・南部・西部、「弾戯」は北部、「胡琴」は東部に勢力をもち、「崑腔」は勢力範囲を形成せず、各地で上演されていた。18世紀後半から異種の一座が同じ場で上演する形が現れ、「川戯」(四川の芝居)の概念が培われる。20世紀に入ると商品経済の発達により都市部に劇場が出現、市場競争が激化しエロ・グロ芝居が増加したため、1905(光緒31)年「戯曲改良公会」が組織された。1911(宣統3)年、高腔の名優康子林などが中心になり、5種の一座8つ、180人余りを集め「三慶会」を組織、1つの一座で5種の演劇をこなす川劇が誕生した。「三慶会」は川劇改良を目指し、演者の福利厚生や給金制度の改革といった舞台裏の現状改革のほか、演者を養成する「昇平堂」や、演技・演出研究、脚本の創作、新脚色を担当する「研精社」を付設し、成都の悦来茶園の常設劇場で舞台上の改革を実践した。

川劇の演目名は2000近く、脚本は約1000本に上る。音楽体系は「灯戯」「高腔」「崑腔」が曲牌体、「胡琴」「弾戯」が板腔体。演技術では細かな手指や足の型が豊富で、衣装や靴、かぶり物などを使った型も多い。椅子や机を積み重ねた上で演じるなどのアクロバット系のもの、瞬時に剣を出したり消したりするなどマジック系の瞬間芸、誇張化が過度に進んだ彫像化などもある。化粧でも瞬時に顔を変える「変臉」や年齢に合わせて成長する「覇児臉」など、川劇独自のものがある。演出面では脚本が悲劇でも喜劇として演じるものや、「鬧劇」と呼ぶドタバタ演出ジャンルがある。「行当」(役柄類型)では特に旦・丑が細分化している。旦の周慕蓮(1900～61)・陽友鶴(1913～84)など全国に知られた名優も多い。

(細井 尚子)

ぜんげつしゅう【禅月集】 唐末五代の詩僧貫休の詩集。書名は貫休が晩年、禅月大師と称されたことによる。全24巻。当初は30巻があったが、のち文と讃の部分が佚して、詩のみの現行本となった。巻末に弟子曇域の「後序」があり、それによると、曇域は人々から先師の詩文集編纂を請われて、草稿や自分の暗記していた作品約1000首をまとめて、五代十国前蜀の923(乾徳5)年に版に付し、『禅月集』と題したという。木版印刷が始まって間もない時期に、個人の文集の刊行のいわれを記す珍しい資料である。

(興膳 宏)

ぜんげつだいし【禅月大師】 →貫休

せんけんえき【銭謙益】 1582(万暦10)～1664(康熙3)。明末清初の詩人・学者。蘇州府常熟県(江蘇省)の人。字は受之、号は牧斎など。1610(万暦38)年の進士。東林党のリーダー格であったため、政府の要職に近づくにつれて弾劾にあい、1625(天啓5)年以降は罷免、再起、罷免、投獄、釈放をたどった。1644(崇禎17)年に明王朝が滅亡し南京に南明政権ができるとその礼部尚書に迎えられたが、翌年、清朝軍の攻撃に迎降し、その礼部侍郎を半年務めたため、のちに弐臣として指弾される結果となった。

その文学論では儒家の経書を根底としつつ、それに縛られることなく独自の性情を述べることを主張し、詩では杜甫・韓愈・白居易・蘇軾・陸游を、文では『史記』や唐宋八大家を学習文献とした。明代の詩にたいする批評では李東陽を評価する一方、前後七子の古文辞派を模倣と剽窃だとして鋭く批判し、竟陵派についてもその倫理的退廃を非難した。公安派についてはその性情の吐露と古文辞批判を認めるが、学問の軽視を批判する。文では唐宋派の帰有光を評価した。半世紀にわたって文学と学問の大御所として存在し、黄宗羲や顧炎武ももともとは彼の影響下にあった人である。清代の初期、呉偉業・龔鼎孳とともに詩文での「江左三大家」とよばれる。

彼自身の詩作も壮年期においてはその持論にもとづいておこなわれたが、60歳以降は人間臭さがあらわになり、仏教への関心、愛妾柳如是との文学的交歓、清朝に降ったことへの悔恨、門人の瞿起田(名は式耜)や鄭成功の反清活動への密かな支援、などが歌われる。

その著作は、明時代のものは『初学集』110巻(1643〔崇禎16〕年刊)に収められ、清時代のものは『有学集』50巻(1664〔康熙3〕年刊)に収められている。このほか『列朝詩集』(1652〔順治9〕年序)・『銭注杜詩』(1661年脱稿、1667年序)などの編修・注釈がある。しかし1769(乾隆34)年、銭謙益の編・著書はすべてが禁書の対象となって焼却処分にあい、その片言隻句の引用も許されない状態が1820年代まで続いた。清史稿484　　　(松村　昂)

ぜんげんしょせんしゅうとじょ【禅源諸詮集都序】 唐の仏教書。2巻または4巻。宗密撰。教禅一致を唱えたもの。宗密は初期中国禅の言句詩偈を収集して『禅源諸詮集』(一名『禅那理行諸詮集』)という禅蔵(禅文献の集大成)を編纂したが、101巻あるいは130巻とも伝えられるそれは現存しない。この書はもとその禅蔵の総序として著された。仏語としての教義と仏意である禅宗との一致を唱え、教義については①密意依性説相教(おもに唯識系統)・②密意破相顕性教(般若空観系統)・③顕示真心即性教(華厳教学と如来蔵系統)の三教に分類し、禅宗については①息妄修心宗(北宗禅など)・②泯絶無寄宗(牛頭禅と石頭の系統)・③直顕心性宗(荷沢禅と洪州の系統)の三宗にまとめ、三教と三宗とは順次それぞれが相応すると説く。そのうえで第三のものを最上とし、前二者も第三で顕示される絶対的な一心を前提として展開されたにほかならず、第三のなかに包摂されてしまうとする。つまりは全仏教が一心(真心・本覚真性などとも称す)に帰着することが論証される。この教禅一致論は後世にも大きな影響を及ぼした。『大正大蔵経』48・『大日本続蔵経』第2編第8套所収。　　(中西　久味)

せんげんどう【銭玄同】 1887(光緒13)～1939(民国28)。清末～民国の言語学者・評論家。湖州(浙江省)の人。原名は夏、字は中季。号は徳潜、又は疑古。章炳麟に師事し、文字学・訓詁学等の研究を行う。北京大学、北京師範大学の教授を歴任。文学革命を推進し、『新青年』の編集に加わった。また、文字改革の提唱者でもあり、『国語月刊』等の雑誌を通じ漢字の廃止、エスペラント語教育、ローマ字式字母の採用等を主張する。また史学者としては顧頡剛らとともに「疑古派」とよばれ、歴史史料の科学的再検討に従事した。著書に『音韻学』『中国文字概論』等がある。　　(三木　夏華)

ぜんこう【漸江】 1610(万暦38)～64(康熙3)。清代の僧侶画家。歙県(安徽省)の人。俗姓は江、名は韜といい、字は六奇、またの名を舫、字を鷗盟という。はじめ諸生であったが、南京の陥落と共に、乙酉の年(1645)に福建に入り、1647(順治4)年、福建省建陽鳳凰山古航道舟のもとで出家した。法諱は弘仁、字は無智といい、漸江は故地歙県の漸江水に由来する号である。その後は新安に帰り、南京、揚州、杭州などを遍歴した。黄山を愛し『黄山六十景図冊』(上海博物館蔵)がある。しかしその山水はむしろ倪瓚の蕭散体に学んだ渇筆を生かした清冷な画風に特徴が認められる。初期の作品である『竹岸蘆浦図巻』(1652〔順治9〕年、京都、泉屋博古館蔵)にはすでにその画風が現われ、その他の代表作に『江山無尽図巻』(1661〔順治18〕年、泉屋博古館蔵)、『秋景山水図』(ホノルル美術館蔵)等がある。査士標、孫逸、汪之瑞とともに、「海陽四大家」とも呼ばれ、著に『画偈』1巻がある。清史稿504　　(塚本　麿充)

ぜんこう【髯口】 伝統演劇の扮装の一部で、

作り物の髭のこと。口面・口条ともいう。両耳に掛け，上唇で中心部を支える構造になっている。形態は様々で，髭が中央と左右の計3本に分かれる三髯，切れ目なく口全体を覆う満髯の二種類が最も一般的である。このほか口の部分だけを開けた扎や，八の字髭に顎髭のついた吊搭など，浄や丑には特殊な形の髯口が多い。また髯口は単なる扮装用具ではなく，一種の舞具としても使用される。

（平林 宣和）

せんこうしゅく【銭弘俶】 929(天成4)～988(端拱元)。五代十国の一つ，呉越国第5代国王。杭州臨安(浙江省)の人。字は文徳，諡は忠懿王。建国者銭鏐の孫。947年，第4代国王銭弘倧が内紛により幽閉され，代わりに王に迎えられた。建国以来の方針通り，中原王朝に入貢してその正朔を奉じ，後周の世宗，北宋の太宗がそれぞれ敢行した南唐侵攻にも協力した。960(建隆元)年に北宋が成立すると，太祖趙匡胤の父の諱(弘殷)を避けて俶と改名した。中原との和平政策は呉越に富を齎し，北宋への朝貢品には金銀・珍宝を連ねた。978(太平興国3)年，所領13州をもって北宋に平和裏に降り，俶は太宗の優遇を得てその生涯を終え，子孫らも仕官した。なお銭弘俶は，955年に金色の宝篋印塔8万4000基を造立して諸国に頒布したことでも有名で，その一部は日本にも伝わっている。『呉越備史』に詳しい伝記を載せる。旧五代史133, 新五代史67, 宋史480

（辻 正博）

せんこうしゅくはちまんよんせんとう【銭弘俶八万四千塔】 →金塗塔

せんこく【銭穀】 1508(正徳3)～？。没年は1578(万暦6)以降。明時代後期，呉派の文人画家。呉県(江蘇省)の人。字は叔宝，号は磬室。文徴明門下であり，居節とほぼ同世代に位置付けられる。作品では『恵山煮茶図』(台北，故宮博物院蔵，1570年)など師の文徴明の影響が強いものもあるが，『虎丘図』(天津市芸術博物館蔵，1572年)・『山居待客図』(上海博物館蔵，1573年)に見られるような筆墨の力強さは，むしろ，沈周を学んだものといえよう。明史287

（板倉 聖哲）

せんごくきょう【戦国鏡】 戦国時代～前漢前期に作られた鏡。径は10～20cm前後，厚さは1～8mm。ほとんどが円形で方形は少ない。平縁と匕縁(断面が匙状に反った匕面縁)の2タイプがあり，匕縁が一般的。鈕座には円形と方形があり，小型の三弦鈕が最も多い。前5世紀代の戦国早期の鏡は，春秋鏡の晩期のものと同様に薄手の扁平な小型鏡が多く，素文鏡のほかに重圏文鏡・羽状獣文鏡・雲雷地文鏡・四葉文鏡・山字文鏡・透文鏡などが見られる。前4世紀代の戦国中期から鏡作りが発展し，実用化して量が増える。様式と種類も多様多彩になり，一部の鏡はやや大型化している。技法が複雑になり，鏡背文様は下地文の上に主文を加える手法のものが主流になる。地文には羽状獣文・渦文・雲雷文など青銅器に見られる文様が用いられ，主文には幾何学文様(山字文・菱形文・雲雷文)，植物文様(葉文・花弁文・花葉文)，動物文様(禽獣文・蟠螭文)があり，龍や鳳などを中心とする図案が用いられるほか日常生活を写した狩猟文様の人物図も現れる。複数の図案が一つの鏡に表現されるようになり，例えば山字文鏡では，主文の「山」字文のほかに葉文・花弁文などを配する。早期の文様が変化しながら続いて盛行したほか，新たに菱文鏡・禽獣文鏡・蟠螭文鏡・連弧文鏡・彩画文鏡などが登場し，また金銀で複雑な文様を象嵌した精緻な金銀錯狩猟文鏡なども相次いで出現した。透かし彫りの蟠螭文のほかに禽獣文などを鏡背に合わせた二重体鏡も継続して作られる。前3世紀代の戦国晩期は中期の鏡を踏襲するものの，山字文鏡など一部を除き中期の鏡式の多くは中心的存在から後退していく。新たな変化として，連弧形の鈕座や連弧文の平縁が出現した。蟠螭文鏡と連弧文鏡が大幅に増加し，文様にも変化が見られる。新たに現れた鏡には四葉蟠螭文鏡・菱文蟠螭文鏡のほか，緻密な3層文様を構成する雲雷文地蟠螭連弧文鏡などがある。戦国鏡の特徴として銅を多く含み錫の比率が低く，表面は漆黒色や赤錆色を呈するものが少なくない。湖南・湖北の楚鏡を中心とする戦国式鏡が形成されたが，湖南省長沙は薄手の精巧な浅浮き彫りの鏡で知られ，中原の河南省洛陽は精緻な金銀錯文鏡の産地として著名である。

（黄 名時）

せんごくさく【戦国策】 戦国時代の遊説家の弁論集。「国策」とも言う。原作者は不明。前漢の劉向の編。劉向の自序によれば，宮中の蔵書を整理した際に，それまで『国策』『国事』『短長』等と呼ばれていた諸文献を，比較校定し，合わせて1書33篇として，『戦国策』と名付けたという。周の元王から秦の始皇帝の天下統一(前221年)まで，約250年にわたる，戦国時代の遊説家達の弁論言説480余条を，12の国別に収録する。とりわけ秦・斉・楚・趙・韓・魏の諸国の記述が多い。

後漢末に高誘が注をつけたが，大部分散逸したので，北宋の時に曾鞏が33篇に再編した。南宋の姚宏の続注，鮑彪の『戦国策注』10巻，元の呉師道の『戦国策校注』10巻(四部叢刊本)がある。1973年には長沙(湖南省)の馬王堆漢墓より帛書(馬王堆

帛書)『戦国縦横家書』が出土した。秦の天下統一前後の編定と推定される。出土全27章のうち11章は今本と大体同じであるが、他章は新出の資料であった(馬王堆漢墓帛書整理小組編『戦国縦横家書』1976年)。

『戦国策』は史書として戦国の様々な権謀術数を記録するとともに、各国の遊説家、縦横家の弁論・言説を生き生きと活写し、同時に、蘇秦や張儀、荊軻等、戦国の世に活躍した人物を、対偶や比喩などの修辞を用い、また虚構・誇張を交えて、すなわち小説化して面白く描いている。その文章の豊かな表現力は、史記に大きな影響を与えた。「蛇足」「虎の威を借る」「傷弓の鳥」などの故事成語の宝庫としても、世に親しまれている。

『戦国策』には史実の記載に疑わしいものが多い。例えば、蘇秦をめぐる年代の混乱・矛盾については、司馬遷も「時を異にする事、これに類する者有れば、皆これを蘇秦に付す」(『史記』蘇秦列伝)と嘆いているが、馬王堆帛書『戦国縦横家書』の出土によって、蘇秦に関する事情は基本的に明らかになった。帛書本には誇張や修飾が少ない。これは、今本が遊説家の言説の本来の姿を伝えておらず、そこに後人の修飾加工が加わっていることを示唆する。

(小池 一郎)

せんごくじだい【戦国時代】 →春秋戦国時代

ぜんごしちし【前後七子】 明代の詩文における擬古主義、いわゆる「古文辞」を唱えた人々。その代表者から「李何李王」と称されることもある。

「前七子」は弘治・正徳年間(1488-1521)の李夢陽・何景明・徐禎卿・辺貢・康海・王九思・王廷相を指し、「文は秦漢、詩は盛唐」(『明史』李夢陽伝)を唱えたとされる。七子の名列は康海の指摘によるが、むしろ後世に形成された感が強く、元来は1498(弘治11)年からの10年間に開かれた、古学の復興をめざす中央の若手官僚20名以上(王陽明もその一人)の集まりの一部であった。代表格は李夢陽と何景明であるが両者の間には擬古をめぐる論争がなされた。

「後七子」は嘉靖・隆慶年間(1522-72)の李攀龍・王世貞・謝榛・宗臣・梁有誉・徐中行・呉国倫を指し、固い結束のもとで「前七子」の擬古主義を継承した。1548(嘉靖27)年の李攀龍と王世貞の出会いに始まり、70(隆慶4)年の李攀龍の死後も、王世貞の指導のもとに78(万暦6)年ごろまで続いた。

前後七子は江戸時代の荻生徂徠や服部南郭に影響を及ぼし、古文辞学派を形成させた。 (松村 昂)

ぜんごだいし【全五代詩】 五代十国期の詩の総集。清の李調元編。同じく李調元の編である『函海』所収本(乾隆刊)では90巻補遺1巻であるが、後に子の李朝夔が100巻補遺1巻に増補したものが道光刊『函海』に収められる。『叢書集成初編』所収本はこれにもとづくが、別に校訂を加えた光緒重刊『函海』本があり、通行している。構成は、作者ごとに詩を配列して、初めに小伝を付し、さらに詩話等を引いて注を加える場合もある。『全唐詩』と相互の欠を補う資料として参考に値する。

(齋藤 希史)

せんざいかく【千載佳句】 漢詩佳句集。2巻。天暦年間(947-957)中に成立か。大江維時編。唐代の詩人約153人の七言詩から二句一聯、1083首を選ぶ。うち白居易の句が半分を占める。詩句は部類に分かって編纂され、上巻に四時・時節・天象・地理・人事、下巻に宮省・居処・草木・禽獣・宴喜・遊放・別離・隠逸・釈氏・仙道の計15の部門、そして各部門は更に258項の小部門に細分される。『和漢朗詠集』など後の佳句集の編纂に大きな影響を与えた。金子彦二郎『平安時代文学と白氏文集』句題和歌・千載佳句研究篇所収。(大谷 雅夫)

せんし【剪紙】 切り絵。窓の障子紙やガラスに貼る「窓花」や、婚礼の品々を飾る「喜花」などに使われる。その起源は古く、南北朝時代には絹や金箔に四季折々の模様を刻んで髪に飾る「華勝」の風俗があったことが南朝梁の宗懍『荊楚歳時記』に見える。一方、紙の普及とともに紙を素材とする剪紙も各地に広まっていった。新疆ウイグル自治区の阿斯塔那墓群からは「章和十一年」(541年)という高昌国時代の年号が記された剪紙が発見されている。

(鈴木 靖)

せんじ【銭時】 生没年不詳。南宋の儒学者。淳安(浙江省)の人。字は子是。融堂先生と称される。楊簡の高弟。袁蒙斎が建てた象山書院では講席を主る。陸象山没後陸学の中心は槐堂(江西省)から甬上(浙江省)へと移るが、甬上の西隣厳陵に陸学の拠点を築く。「尊徳性」「道問学」(中庸)の兼採を説き、朱・陸の橋渡しを図る。『四書管見』等の著書があり、『宋元学案』は巻74慈湖学案に伝を収める。宋史407 (石田 和夫)

ぜんしちし【前七子】 →前後七子

せんしつし【宣室志】 晩唐の小説集。10巻。

張読の撰。張読，字は聖用，852(大中6)年の進士，官は礼部侍郎兼弘文館学士，伝記は『新唐書』161・張薦伝に付載されている。書名は，漢の文帝が宮中の宣室で賈誼に鬼神のことを問うた(『史記』屈原賈生列伝)のに由来する。唐代の神仙・鬼怪・動植物・宝物などに関する怪異譚を収める。明の商濬(一名商維濬)編『稗海』に10巻(143話)と補遺1巻(12話)を収録。張永欽・侯志明点校本(中華書局，1983年)には，更に「李徴化虎」(「人虎伝」)を含む65話を輯佚する。　(富永 一登)

せんじもん【千字文】

南朝梁の韻文。1巻。梁初に周興嗣(470頃～521。字は思纂)が撰した。最初の2句と，最後の2句(この4句は各 毎句韻)を除き，1句おきに韻を踏む(隔句韻)，四言古詩250句1000字からなる。唐の李綽の『尚書故実』によると，梁の武帝は王子たちに書を学ばせるため，東晋の王羲之の筆跡の中から重複しない文字1000字の模本を作らせたが，1字ずつの紙片であって，ばらばらで順序はなかった。武帝は周興嗣にその1000字で韻文を作るよう命じた。周興嗣は一晩かかって整然たる韻文に仕立て，その苦心のため髪の毛が真っ白になったという。よく使われる漢字をすべて包含しているわけではない(例えば，「北」字がない)が，用字が多方面にわたり，儒家の経書はもとより『老子』『荘子』などの道家の著書から取った故事や古人の逸話などを踏まえ，朗読・暗誦に適しているため，文字を学ぶ初歩の教科書として漢字文化圏の諸国に広く普及した。日本にも早くに将来され，遅くとも7世紀の初めには広く利用されていた。書の名品としては，隋僧智永『真草千字文』(日本個人蔵真跡本・関中本〔拓本〕)，唐僧懐素『草書千字文』(台北，故宮博物院蔵)，欧陽詢『行書千字文』(遼寧省博物館蔵)などがある。　(河内 利治)

せんしゅう【泉州】

現在の福建省泉州市。福建省の南部沿海地域に位置する。隋が南朝の陳を滅ぼしてはじめて泉州の名が知られた。しかしその泉州の治所は北部の閩県(今の福州)にあった。唐は貞観はじめに泉州を設けているが設置と廃止が断続している。宋以降はほぼ泉州の呼称で呼ばれている。泉州の名が世界的に知られるようになるのは宋代以降のことで，海外貿易によってムスリム商人が海船で来航していた。宋元時代において泉州から出港した中国の船舶は「泉舶」とも呼称され中国船舶を代表する別称でもあった。マルコ・ポーロやイブン・バットゥータなどの紀行記にも世界の大港市として登場するとされる。現存する史跡として，宋代に海外へ渡航した人々が航海の安全を祈念して石刻した九日山や，1975年に泉州市の后渚で発見された海船の木造船体を展示する古船館が開元寺にある。また海外交通史博物館など見学地は多い。
(松浦 章)

ぜんしゅう【禅宗】

禅宗は中国で成立した実践を重視する仏教宗派。釈尊の坐禅を取り入れ，悟りを開くことに基本をおく。開祖は菩提達摩(6世紀初めに活躍)とされ，達摩はインドから中国へ来て，大乗禅をもたらした。達摩の教えは『楞伽経』を研究する人々により継承され，集団化の起こりは，唐初に蘄州 黄梅県(湖北省)の双峰山で活躍した四祖道信や五祖弘忍の時であり，安心・修心の禅風を伝え，東山法門と呼ばれている。この東山法門を発展させたのは，長安・洛陽で活躍した神秀やその弟子の普寂たちであり，皇帝の庇護の下に大きな勢力をもった。この集団を後に南宗(南宗禅)に対して北宗(北宗禅)という。この北地の勢力に攻撃をかけたのが，荷沢 神会である。北宗の漸悟より，南宗の頓悟が勝るといい，6祖は北の神秀ではなく，南の慧能であり，慧能が6祖である証拠に達摩からの袈裟が伝えられていると主張した。この南北の対立の外に三論宗系の禅から出発した一派に牛頭宗(牛頭禅)があるが，やがて南宗に吸収された。また，四川には浄衆宗や保唐宗の名で呼ばれる独自な禅宗もあった。北宗は安史の乱後に急速に勢力を失い，南宗の系統のみが発展し，特に慧能門下の青原行思と南岳懐譲の2派が後世に残った。中でも馬祖道一の門下に百丈懐海が出て，「清規」を最初に制定して，律宗寺院からの禅宗寺院の完全な独立を果たした。

その後，南岳系が2派に，青原系が3派に分かれた。これを五家という。南岳系からは，百丈下に潙山霊祐と黄檗希運の2人の弟子がいて，湖南の潙山は弟子の仰山慧寂とともに潙仰宗を，黄檗下には臨済義玄が出て，河北に臨済宗を形成した。一方，青原系からは，洞山良价と弟子の曹山本寂が江西に曹洞宗を，唐末五代になると，雪峰義存下に雲門文偃が出て，韶州(広東省)に雲門宗を形成した。また同じ雪峰系統より法眼文益——天台徳韶——永明延寿が出て，五代十国の呉越国の保護の下に法眼宗を形成した。特に永明延寿は，禅浄一致を説いて，念仏禅の形成に大きな影響を与えた。宋代は臨済宗のみが盛んとなり，慈明楚円下の黄龍慧南と楊岐方会が黄龍派・楊岐派の2派に分かれ，先の五家にこれらの2派を加えて五家七宗という。楊岐派に『碧巌録』の撰者圜悟克勤とその弟子の大慧宗杲が出て看話禅を確立した。元・明・清代は大慧の兄弟子の虎丘紹隆の法系が栄え，中峰明本や密雲円悟を出した。北宋末には曹洞宗の宏智正覚が出て黙照禅を盛んにしたが，後世まで残ったのは北伝

曹洞宗で，万松行秀や湛然円澄・永覚元賢などが活躍した。また明の万暦年間(1573-1620)には臨済系を引きながらも，諸宗派を越えた活動をした紫柏真可・雲棲袾宏・憨山徳清の3高僧を輩出した。なお禅宗はチベット・北ベトナム・朝鮮・日本へ伝わり，大きな影響を与えた。　　　(石井 修道)

ぜんしゅうごとうろく【禅宗五灯録】　禅宗では教えの流れを灯火の伝授にたとえて「伝灯」と呼び，そのテキストを「灯史」と呼ぶ。中国における伝灯と各禅僧の略伝および語を記録する5つの灯史。1004(景徳元)年の『景徳伝灯録』，1029(天聖7)年の『天聖広灯録』，1101(建中靖国元)年の『建中靖国続灯録』，1183(淳熙10)年の『宗門聯灯会要』，1202(嘉泰2)年の『嘉泰普灯録』を指す。1252(淳祐12)年の『五灯会元』は五灯の内容を整理したもの。また一説に，『聯灯会要』を除き，『会元』を加えて「五灯」と呼ぶとも。(永井 政之)

せんしゅうわんそうだいかいせん【泉州湾宋代海船】　福建省泉州市の東郊，后渚港の干潟から1974年に発見された木造の船。発掘自然乾燥の後，同時に発見された積み荷などとともに，泉州市開元寺に隣接する泉州湾古船陳列館に保存展示されている。甲板を含む船体上部は失われ，長さ24.2mの船体下部だけが残っていたが，船首付近と隔壁の一部を補修し形を整えて展示してある。

　船倉の底からは積み荷の一部のほか，銅銭，日用品や食料の残滓などが見つかり，最も年代の新しい銅銭の年代から，南宋の咸淳年間(1265-74)かその直後の沈没と推定されている。積み荷の中には香木・胡椒・乳香など南方の産物が含まれており，南方との貿易に従事していた船の可能性が強い。船内は12枚の隔壁で13の船倉に分けられ，外板は2枚，または3枚を重ねて張ってある。

　韓国西岸の新安で大量の陶磁器を積んだ状態で発見された，1323年に沈没したと推定される船と共に，中世の中国船の貴重な資料である。(松木 哲)

せんじゅかんのんぞう【千手観音像】　千の手を持つ変化観音像。大悲，大悲菩薩とも称された。7世紀半ばに漢訳された，智通訳『千眼千臂観世音菩薩陀羅尼神呪経』(『以下『千臂経』)，伽梵達摩訳『千手千眼観世音菩薩広大円満無礙大悲心陀羅尼経』(以下『千手経』)が初期の千手観音経典として知られる。いずれも千手観音陀羅尼の効能を強調し，除災・護国・滅罪・浄土往生など現世と来世の利益や，陀羅尼を誦す者を守護するため諸善神や龍王などが召喚されることなどを説く。千手観音像へは陀羅尼を誦すべきであり，供養することでそ

れが大光明を放つと『千臂経』が説くとおり，像は礼拝者に瑞応を示すものとして期待された。初期の作例に，盛唐時代の龍門石窟東山2137号像(万仏溝北崖)，四川省の安岳臥仏院45号像がある。同省の丹棱鄭山新40号像は，周囲に雲に乗り来臨する守護神をあらわす唐代千手観音像の優作。陝西省の長安大慈恩寺には尉遅乙僧による「千手眼大悲」があり(『唐朝名画録』)，浙江省の杭州上天竺寺千手観音像(天竺観音)は北宋期の名工孔仁謙による霊験像だった(『咸淳臨安志』)。(長岡 龍作)

せんしゅく【銭俶】　→銭弘俶

せんしゅとう【尖首刀】　刀の先端が尖った刀銭。河北省および遼寧省西南部を中心に分布しており，戦国時代燕の貨幣と考えられている。刀身が長く刀背が大きく曲がるタイプと，刀身が小さく直線的なタイプの2形式がある。前者にはほとんど文字がみられないのに対し，後者は様々な文字がみられる。なかには「明」字をもつものもあり，戦国時代に大量につくられた明刀の前段階貨幣と考えられている。ただし，現在のところ確実な鋳造年代のわかる資料はない。　　　　　(廣川 守)

せんしょ【潜書】　清代の論説集。唐甄撰。原名は『衡書』。上下篇(計97篇)。上篇の思想・学問論では陽明学支持の姿勢で注目される。下篇の政治論では，自身の著しい生活の困窮や知県を務めた経験に立脚した，民生の安定こそが政治の要諦とする主張で際だち，有能な君主による強い指導力の発揮を期待するが故の君主批判は大胆で激烈である。『明末清初政治評論集』(平凡社)に下篇の抄訳がある。(佐々木 愛)

ぜんしょ【善書】　すべての人々が善行に励み，悪を行うことのないように勧める説話集とその類書の総称。勧善書ともいう。ここでいう善とは，必ずしも儒教的な実践倫理道徳に沿ったものとは限らず，善書が流行した宋代以降の社会的思想状況を反映して，儒・仏・道三教のいずれにも適応できる通俗的な善であることが多い。人々の禍福は，個人の努力に感応した神や天によって下されるのであるから，善果を得ようとするときには，先に善行がなければならない，と説くことが多く，自己の命運の自己の行為による開拓の可能性が述べられる。善書によって修行する個人のみでなく，その功過は子孫にも応報するという考え方も盛り込まれている。初期の善書としては，南宋初の『太上感応篇』が有名であり，地域郷村の教化・安寧に関心をもつ在野の郷紳知識人層によって述作されたようである。明

代には，太祖の『六諭』などの勅撰勧戒書を敷衍したものが多く，泰州学派の流れを汲む林兆恩や袁了凡なども撰述した。清初のころからは，扶乩（フーチー）による神の啓示という形式をもつ善書も数を増し，やがて絵入りや俗語の混用が試みられて，普及・理解に便であるような工夫が施されるようになった。現今でも，台湾・香港や東南アジアなどの華人社会では，道教的信仰とも結びついて，主として寺廟などにおいて無償で賜与され，なかには日本語表記のものもある。琉球・朝鮮半島にも伝来・流布し，日本では江戸期の文人の間に流行した。『太上感応篇』と『文昌帝君陰騭文』『関聖帝君覚世経』は三聖経，または三省篇と呼ばれ，古い型の代表的な善書とされている。明・清時代に知識人によって作成された功過格や，民間の宗教結社が経典として作成した宝巻の類も，善書の一種である。

（野口 鐵郎）

せんしょう【銭松】 1807（嘉慶12）～60（咸豊10）。清の書画篆刻家。銭塘（浙江省）の人。字は叔蓋。耐青・友梅・西郭外史と号した。篆刻を最もよくした。西泠八家の最後の一人である。漢印の摹刻は2000に及び，趙之琛がこれを見て，丁黄（丁敬・黄易）後の第一人者と評したという。印譜に『未虚室印譜』があり，また親友胡震（号は鼻山）との合集『銭叔蓋・胡鼻山両家刻印』『銭胡両家印輯』がある。清史稿493

（小西 憲一）

ぜんじょう【禅譲】 禅も譲もともに「ゆずる」という意味で，帝位を他姓の有徳者にゆずることをいう。儒家の経典である『書経』堯典篇は，帝堯が民間から登用した舜に帝位をゆずったことを述べ，『史記』巻1の五帝本紀ではこれを転載することにより，同本紀はそのような理想的な禅譲によって帝位が継承された事跡を述べた一篇となっている。そこで一般的に禅譲は，儒家の徳治主義の立場から虚構された政権交代の理想モデルとされている。しかし近代の学者顧頡剛（1893～1980）は，それは血縁主義の儒家思想と齟齬する点から，禅譲は能力主義の立場に立つ墨家の尚賢説によるもので，後にそれを儒家が吸収して堯典が成立した，という見方を提起した。ただし尚賢説は儒家や法家の著作の中にも見られ，必ずしも墨家の独占物ではない。禅譲説と尚賢説をめぐる論争は，戦国諸国の君主権の在り方をめぐってなされたすぐれて現実的な論戦だったのである。

（工藤 元男）

ぜんじょうこさんだいしんかんさんごくりくちょうぶん【全上古三代秦漢三国六朝文】 上古から隋に至る文章の総集。741巻。清の厳可均編。全上古三代文・全秦文・全漢文・全後漢文・全三国文・全晋文・全宋文・全斉文・全梁文・全陳文・全後魏文・全北斉文・全後周文・全隋文・先唐文の15部から成り，原本はさらに韻編全文姓氏5巻が付されていた。作者の別集はもとより，総集や史書，また類書や小説を博捜し，収録する作者の数は3500人に近い。朝代ごとに身分によって作者を並べ，それぞれの作者については，まず小伝を掲げ，文章は文体別に配置する。遺漏や錯誤が皆無とは言えないが，基礎文献として価値は高い。編者の生前には公刊されることなく，原稿だけが残されたが，1887（光緒13）年から1893（光緒19）年にかけて全741巻が広雅書局によって刊刻され，翌年には王毓藻による校刊本も出版された。さらに広雅書局本にもとづいて断句と簡単な校注を施した影印本が1958年に中華書局から発行された。その現行本の別冊に，『全上古三代秦漢三国六朝文篇名目録及作者索引』がある。

（齋藤 希史）

ぜんしょうだいぼち【前掌大墓地】 山東省滕州市官橋鎮前掌大村の一帯に所在する，殷後期から西周にかけての遺跡。薛城遺跡（殷代末～漢代）の東1kmに位置する。1964年に発見，81～92年に9回にわたり中国社会科学院考古研究所が発掘した。多数の墓・車馬坑が確認され，殷・周両王朝の文化に属する青銅礼器・玉器・灰釉陶などの遺物が多数出土した。山東西部における殷・周の拠点と考えられる遺跡である。2005年，中国社会科学院考古研究所編『滕州前掌大墓地』が出された。

（黄川田 修）

せんじょりこん【倩女離魂】 元の戯曲作品。鄭光祖作で，雑劇の形式をとる。唐の陳玄祐作の伝奇小説『離魂記』を題材とする。あらましは，婚約者王文挙が科挙に受験のため，都に上ることとなり，主人公倩女は病気となるが，その魂が抜け出て分身となって後を追い，二人は一緒に都へと向かう。文挙はめでたく科挙に及第，3年ののち地方官となって倩女とともに，故郷へと帰り，病気となっていた倩女とその分身が合体して団円をむかえるというもので，鄭光祖の代表作とされる。

（赤松 紀彦）

ぜんしんいっし【禅真逸史】 明末の白話章回小説。8巻40回。天啓年間（1621-27）刊。方汝浩著。南北朝時代を舞台に，東魏の将軍林時茂が，剛直な性格から奸臣と対立し，出家して澹然と名乗り，市井で勧善懲悪の活躍をする。主人公は錫杖を振るって大立ち回りを演じる荒法師であり，物語後半は，彼に弟子入りした任俠の好漢が官府を相手に

闘うなど、『水滸伝』の影響が強い。また仏僧でありながら、天書を授かり神仙術を会得するなど、道教の影響も濃く、神魔小説の趣もある。

(岡崎 由美)

ぜんしんきょう【全真教】 全真道・全真派などとも称する。金代に咸陽(陝西省)の王重陽(喆)が始めた新道教。王喆は1159(正隆4)年、48歳のときに甘河鎮で、ある道士から道教の口訣を授かり、50歳で出家した。終南の南時村に活死人墓(地面に穴を掘り、その上に数尺の高さに土を盛ったもの)を造って52歳の秋までそこで修行し、墓を出た後は布教生活を送った。56歳のときに庵を焼いて山東に行き、寧海の馬丹陽(従義)を入道させた。翌1168(大定8)年、崑嵛山に煙霞洞を開き、丹陽の他、譚長真・丘長春(処機)らを教導した。8月に文登で三教七宝会を組織した後、山東に合計5つの会を作った。萊州で劉長生を弟子とし、丹陽ら4人と陝西に行く途中、汴梁(河南省)で客死した。王玉陽・郝広寧・孫不二の3人を加えた重陽の直弟子を七真と称する。

重陽の全真教は、儒・仏・道の三教合一を説き、とくに禅宗の教理と修養法を摂取し、出家主義の立場に立ち、旧道教の即身成仙を否定して精神の不死を主張し、符籙などの道術を排除して自修を尊重した点などに特色がある。

重陽の死後、丹陽らは重陽の故里の祖庵で服喪し、喪明け以後は丹陽が祖庭で教勢を確立する一方、各個に別れて修行と布教をした。1187(大定27)年に王玉陽が金室に招聘されたことを始めとして劉長生や丘長春も朝廷に呼ばれ、教勢は漸次盛んとなったが、とくに長春が蒙古の太祖チンギス・カンの要請を受け、1220年から1224年にかけて西域に旅行して太祖に面会し、その信頼を得て教団の優遇措置を獲得したことが以後の全真教発展の基礎となった。

元の憲宗の1255年、仏教側と論争が起こり、全真教側が破れて道経が焚かれるという打撃を受けた。しかし約30年ほどで教勢を盛りかえし、元朝による中国統一の後は、鍾離権、呂洞賓(純陽)から王重陽に伝わったとされる本来の全真教は北宗とされ、北宋の張伯端から南宋の白玉蟾に至る内丹道の系統が南宗とされて全真教に融合した。かくて全真教は江南に教勢を張る正一教と天下の道教を二分したが、明代には政府の厳しい統制を受けて衰退し、清初に王常月らの活動によってやや持ち直し、教勢も東北地方から香港にまで及んだものの、全般的には低調であった。民国以後も同様で、人民中国では文革中に壊滅的打撃を受けた。しかし1978年以後、信教自由の政策によって徐々に教勢

を回復し、現在では教団組織も整備され、信徒の活動もかなり盛んである。

遺跡には山西省太原市西南の龍山と山東省萊州市南の寒同山に石窟があり、元代に劉長生・丘長春(処機)の弟子の宋徳方が開削、整備したものと伝えられる。崑嵛山煙霞洞もまた重陽当時の雰囲気を伝える。宋徳方はまた1244(淳祐4)年に7800余巻の『大元玄都宝蔵』を編集した。これらは元代の全真教隆盛のあかしである。

明清時代には、教勢の衰退とともに分派が起こり、七真などを派祖とする多くの派に分かれた。このうち、現在では丘長春(処機)を派祖とする龍門派がもっとも多く、約8割から9割を占める。

(蜂屋 邦夫)

せんしんろん【銭神論】 西晋の魯褒が、元康(291-299)の後に、当時の金銭を尊ぶ風潮を憂え、匿名で風刺した文。『芸文類聚』66引く所によれば、富貴で若い司空公子と貧しく年老いた綦母先生の対話の形式で、公子が金銭万能の世に質や実を尚ぶ先生をあざ笑い、金銭を賛美するところから始まる。厳可均は後半に先生が銭神をなじる一段があったと推測するが、『晋書』94隠逸中の魯褒の伝・『太平御覧』836・『初学記』27などに引かれるもので補っても、後半はほとんど残らず、全文を復元することはできない。

(森賀 一恵)

せんせいいん【宣政院】 元代の宗教行政機関。仏教の僧徒への行政とともにチベットの行政も管轄した。至元(1264-94)の初年に総制院として設置され、初期はサンガ(桑哥)が院使である一方で、国師パスパ(八思巴)の外部からのコントロールのもとにあり、以後も国師あるいは帝師の支配に属した。1288(至元25)年に宣政院と改名。長の院使以下各2名置かれた同知・副使・参議などの官には、僧俗が併用された。江南には杭州に行宣政院が置かれ、チベットに分院が置かれた時期もある。

(森田 憲司)

せんせいりゅうざんぶんか【陝西龍山文化】
→客省荘第二期文化

せんせん【銭選】 生没年不詳。南宋末元初の文人画家。呉興(浙江省)の人。字は舜挙。景定(1260-64)の郷貢進士。1287(至元24)年、呉興八俊の一人として趙孟頫らとともに元朝から出仕を求められたが、銭選だけは仕官せず、終生、在野の文人として生きた。山水・花鳥・人物の各ジャンルを描き、花鳥は趙昌を師とし、青緑山水は趙伯駒を師としたと伝える。また自画に自作の詩を書き付け

て，詩書画一致の文人画の理想を実践した。現存する作品として代表的なものに2点の『山居図巻』(ともに北京，故宮博物院蔵)，『王羲之観鵝図巻』(ニューヨーク，メトロポリタン美術館蔵)，『浮玉山居図巻』(上海博物館蔵)，『来禽梔子図巻』『楊貴妃上馬図巻』(ともにワシントン，フリア美術館蔵)，『花鳥図巻』(天津市芸術博物館蔵)，『八花図巻』(北京，故宮博物院蔵)，『蓮花図』(山東省鄒城市朱檀墓出土，山東省博物館蔵)がある。銭選は趙孟頫とともに元初における復古主義を主導し，山水画では，『山居図巻』のように青緑を主調とした色彩本意の作品がいくつか残っている。それらは宋代に追求された遠近や光の再現的表現を捨て去り，唐以前の古風な様式に回帰しており，宋代との懸隔が著しい。花鳥画では『来禽梔子図巻』をはじめとし，彩色する場合に通常用いる絹ではなく紙に描き，これに淡い彩色を施し，宋代宮廷画家の花鳥画様式を踏まえた写生的で繊細な表現を踏襲している。このように淡い彩色で紙に描かれた爽やかな画風は，絹に濃彩で描かれた宋代の花鳥画とはやや異なるものとなっている。銭選は幅広いジャンルをこなした文人画家だが，存命中から花鳥画で名高く，その贋作が出回るほどであった。なお日本には，『牡丹図』(京都，高桐院蔵)など，宋代の宮廷絵画様式に属する花鳥画が銭選筆として伝わり，狩野山楽を始めとする日本の画家に大きな影響を及ぼしている。

(救仁郷　秀明)

せんそう【宣宗】　→道光帝

せんそう【銭曾】　1629(崇禎2)～1701(康熙40)。常熟(江蘇省)の人。字は遵王，号は也是翁。高名な文学者・官僚・蔵書家であった銭謙益の一族。若い頃から銭謙益の薫陶を受け，書誌学・詩学を授かった。父と銭謙益の蔵書を継承した銭曾は，江浙屈指の蔵書家として名を知られるようになった。また銭謙益の『銭注杜詩』を整理出版し，『初学集』『有学集』の注釈を書いた。著書に，蔵書の中の精品を紹介した『読書敏求記』があり，後代の善本書目録のほとんどがその影響を受けたとされる。

(大平　桂一)

ぜんそうさんごくしへいわ【全相三国志平話】　→三国志平話

ぜんそうへいわごしゅ【全相平話五種】　元の平話。周が殷を滅ぼすことを扱う『新刊全相平話武王伐紂書』(『武王伐紂平話』)，燕の楽毅が斉を伐つことを扱った『新刊全相平話楽毅図斉七国春秋後集』，秦の始皇帝の天下統一を扱った『新刊全相秦併六国平話』，劉邦による漢建国のその後を扱った『新刊全相平話前漢書続集』，『至治新刊全相平話三国志』(『三国志平話』)の総称。いずれも上・中・下3巻からなる。作者は不明。刊行年代を確定しうる最古の白話小説である。日本東京の国立公文書館内閣文庫に1セットのみ現存する。このうち刊行年が明記されているのは，「至治(元の年号。1321-23)新刊」とある『三国志』のみであるが，封面(扉)を欠く『楽毅図斉』を除くすべてに「建安虞氏」と共通する刊行者が明記され，様式的にもほぼ一致するため，5種すべてが元代後期に前後して刊行されたものと考えられている。また題名から見て，孫臏と龐涓の物語を扱う『七国春秋前集』と項羽と劉邦の物語を扱う『前漢書』がかつて存在したことは確実と思われる。「全相」とは「全頁絵入り」という意味で，5篇はいずれも毎頁上から3分の1ほどが挿絵，下が本文という，いわゆる上図下文形式を取る。刊行地建安は今の福建省建甌市で，隣接する建陽と並んでもっとも早く商業出版が成立した地であり，本書は明代に当地から大量に刊行される歴史小説の先駆けをなすものと思われる。挿絵は相当に精緻であるが，本文には当て字・誤字が多く，文章も文言に若干の白話を交えたものであるが，全体に舌足らずで意味を取りがたい部分が目に付く。これは，商業出版初期の当時にあって，小説の刊行自体前例の少ない事業であり，表現方法が確立していなかったことのあらわれであろう。内容的には，『武王伐紂』『楽毅図斉』が神仙・妖術使いを登場させ，史実を大きく逸脱する内容を持つのに対し，『前漢書』『三国志』は荒唐無稽な要素も残しつつ，かなり史実に近づき，『秦併六国』はほとんど乾燥した叙述に終始する。ただ5種ともに『五代史平話』とは異なり，史書の文面をそのまま使用した部分が多くを占めることはなく，『五代史平話』とは系統を異にするもののように思われる。現存しない2種も含めた7種の内容は，明代以降にも受け継がれることになる。明代中期以降，やはり福建建陽地区から，多くは上図下文形式により刊行されることになる『列国志伝』『両漢開国中興伝誌』『全漢志伝』などの歴史小説は，全相平話の文章がそのまま用いられている部分を多く含んでおり(ただし『秦併六国』のみは継承されていない)，失われた2種の内容も，これらの小説の該当部分からある程度推定可能である。また『三国志演義』には『全相平話三国志』と同文の部分を見出しがたいが，内容的には非常に親近性が認められる。更に明朝の宮廷演劇のテキストの中にも，平話と同文の部分が認められ，演劇にも大きな影響を及ぼしたことを確認しうる。なお『三国志』の異本として「至元刊」と題する『三分事略』が天理図書館

に現存し，『全相平話』との先後関係について議論があるが，おそらく『全相平話』の翻刻本であろうと推定される。　　　　　　　　　　（小松　謙）

せんそうぼん【線装本】　袋綴じの書物。「線」は糸を指し，「綫」とも書く。線装（線訂とも）は包背装から発展した装訂法で，各葉の印刷面が外側に，裏面が内側になるように折って書葉を重ね，2枚の表紙（書皮）を前後にして挟み，右側に4箇所穴をあけて（四眼訂線・四針眼訂法・四眼線装と呼ぶ）糸で綴じるもの。その際，表紙を加える前にあらかじめ紙捻りで書葉を綴じて固定する包背装のような場合と，そうでない場合とがある。また，大型本で針穴を5箇所にする（五眼訂・五針眼訂法）こともある。傷みやすい表紙右側（綴じ目側）上下の角を補強するために，両隅に更に穴をあけて綴じる六眼訂や八眼訂も行われた。中国では線装書といい，日本では和装本などとも呼ぶ。朝鮮の古刊本は大型本が多く五眼訂が流行した。蝴蝶装はページを移るのに2度紙葉を繰るという手間が欠点で，包背装は容易に散乱してしまうというのが主な弱点であった。線装はこれらの難点を克服した装訂法で，明代中期（15～16世紀）以後に盛んとなって今日に至る。まさに古典籍の代名詞と言っても過言ではない。
　　　　　　　　　　　　　　　　（高橋　智）

ぜんそうぼん【全相本】　書葉の上部に絵図，下部に文章のある形式の典籍で，元代から明代にかけての建安刊本に多く見られる。全相は全像のことをいう。元来は毎葉上部に絵図が付されているものをいうが，明代後期になると，書名に「全像」の二字を冠する章回小説などで，毎葉に絵図があるのではなく，巻頭や毎回の首に口絵があるだけのものが増える。　　　　　　　　　　　　（梶浦　晋）

ぜんそぼう【全祖望】　1705（康熙44）～55（乾隆20）。清の歴史学者。寧波鄞県（浙江省）の人。字は紹衣，号は謝山。1736（乾隆元）年の進士。37（乾隆2）年，北京の官僚世界から離脱後，48（同13）年まで，揚州の富商馬曰琯の下で華やしい詩文活動に従事。浙東学派の学風を受け，人物碑伝の撰述に心血を注ぎ，黄宗羲『宋元学案』の補修を完成させる。また，『全氏七校水経注』40巻の諸見解については，後代の戴震が『校水経注』40巻で剽窃した疑いが持たれている。著書に『鮚埼亭集』50巻，『続選甬上耆旧詩集』80巻等がある。『清史列伝』68に伝がある。清史稿481　　　（緒形　康）

せんだい【籤題】　→題簽

せんたいきん【錢大昕】　1728（雍正6）～1804（嘉慶9）。清中期の学者。江蘇嘉定県（上海市）の人。字は暁徴，辛楣また竹汀居士と号す。初め郷試に応じて振るわず，紫陽書院で王峻・沈徳潜に師事，恵棟らの教えを受け王鳴盛らと交わり，詩文・古学に潜心した。1751（乾隆16）年の南巡の召試に詩賦を以て応じ挙人を特賜され内閣中書に任ぜられた。1754（同19）年，進士に及第。翰林院庶吉士，同編修，右春坊右賛善，翰林院侍読，同侍読学士，詹事府少詹事をへて，74（同39）年，提督広東学政となったが，翌75年，父の喪に遭い帰田。以後は鍾山書院，婁東書院，紫陽書院で講席を主どり，とくに紫陽書院では院長をつとめた。

　錢大昕は経学・史学・音韻学・天文学に通じたが，中でも史学の造詣は最も広深かつ精確無比とされ，同時期の考証学者，趙翼や王鳴盛の力量を遠く抜きん出るものがあった。晩年，編修した『乾隆鄞県志』『長興県志』には歴史家としての片鱗が示されている。

　代表的な著述には『経典文字考異』『声類』『二十二史考異』『三史拾遺』『諸史拾遺』『十駕斎養新録』『潜研堂金石文字目録』『潜研堂金石文跋尾』『呉興旧徳録』『先徳録』『竹汀日記鈔』『疑年録』『三統術衍』『恒言録』『潜研堂文集』『潜研堂詩集』『詩続集』などがあり，ほかにも『元史稿』の編修に着手したが，完成しなかったとされる。清史稿481
　　　　　　　　　　　　　　　　（稲葉　一郎）

せんだいしょう【錢大昭】　1744（乾隆9）～1813（嘉慶18）。清朝の考証学者。嘉定（上海市）の人。字は晦之・竹廬。号は可廬。清朝の著名な考証学者錢大昕の弟。錢大昕より16歳若く，兄から学問的指導を受けた。後に北京で『四庫全書』の校正に携わり，広く群書秘籍に目を通し，学問が広がった。兄錢大昕から「古代の言語に通じて始めて，六経に示された道を理解することが出来る。六経の道を窮めようとしたら，必ず『爾雅』から始めよ」という手紙をもらい，中国最古の字書『爾雅』の研究を始め，『爾雅釈文補』3巻，『広雅疏義』20巻，『説文統釈』60巻を著した。『説文統釈』は，『説文解字』についての総合的な注釈書であるが，序文と『説文徐氏新補新附攷証』だけが出版された。また，歴史学に造詣が深く，前漢・後漢・三国の歴史を研究し，『漢書弁疑』22巻，『後漢書弁疑』11巻，『三国志弁疑』3巻，『後漢書補表』8巻などを著した。清史稿481　　　　　　　　　　　　（高津　孝）

せんたいへい【戦太平】　伝統演劇の演目名。別名『花雲帯箭』。明の通俗小説『英烈伝』29回に同様の題材が見られる。徽劇・京劇・秦腔等で上演

される老生役の演目。

元末の戦乱期，花雲は朱文遜(後の明太祖の甥)を補佐して太平城を守っていたが，北漢の陳友諒に包囲される。花雲は包囲突破を主張するが朱文遜は聞かず，2人は惨敗して捕まる。陳友諒は花雲の才を惜しみ，甘言ですかしたり，竿に吊して弓矢で脅したりして降伏を勧める。死んでも屈せずとする花雲は，矢で深手を負い，自刎して仁王立ちのまま息絶える。

(有澤 晶子)

せんちゅうとし【銭注杜詩】 明末清初の銭謙益による杜甫全詩の注釈，『杜工部集箋注』20巻の略称。銭謙益は1633(崇禎6)年に『読杜小箋』，翌年に『読杜二箋』を書き上げた後，さらに増補を重ね，前後30年を費やして，死の3年前の1661(順治18)年，完成した。宋本である呉若本を底本に選んだ見識をはじめとして，ことに史実の考証に深い学識を発揮し，杜甫の詩注のなかでも卓越する。銭謙益の著作ゆえに清代では禁書とされた。

(川合 康三)

せんちゅうりく【千忠戮】 清代伝奇の劇本。『千忠録』『千鍾禄』『琉璃塔』とも呼ばれる。作者はなお定論はないが，清初の李玉の伝奇『千忠会』がこの劇であろうといわれている。明の燕王棣(第3代永楽帝)の建文帝(第2代)に対する奪権戦争(靖難の変)に敗れた帝が，南京城の地下道から逃れ，僧の姿を装って，湖南・広東・雲南などの地を流浪し，迫害を受けるという筋。この戯曲の中の「惨睹」「捜山」「打車」などの名場面が崑劇で多く上演される。

(内山 知也)

せんでん・かでんせい【占田・課田制】 西晋の280(太康元)年頃発布された土地所有と課税に関する規定。三国魏の屯田制と北朝北魏の均田制をつなぐものとして注目されてきたが，史料の乏しさと解釈の困難さゆえ，その理解は多岐に分かれる。近年の見解によれば占田とは庶民1戸に100畝(一夫一婦の場合)，官人なら一品の50頃ないし九品の10頃を上限とした土地所有の認可，課田とは丁男50畝より丁女20畝までの耕作割り当てとそれに応じた戸単位の課税(戸調：租4斛・絹3匹・綿3斤)であり，占田に対しては10分の1税として1畝当たり租約3斗が課されたようである。占田と課田の関係については，両者が別系統の農民を対象とした(課田民が三国魏の屯田民の系譜を継ぐ)との説，同一系統ながら一戸内の別の者(戸主と非戸主)を対象としたとの説，同一の者を対象としながら占田と課田両者があった，さらに実体としての課田の有無に拘わらず全戸に課田——戸調と占田——地租の2系統の税が課された，等の説がある。発布後まもなく西晋は崩壊したためその実効性は疑わしいが，大土地所有の制限，耕作割り当て(と賦課)の理念は均田制に引き継がれた。

(佐藤 達郎)

せんてんほうい・こうてんほうい【先天方位・後天方位】 北宋の邵雍が唱えた易の卦を方位に当てはめる2種類の方式。それぞれの配当を図示したものを先天図・後天図と称する。先天図は北宋初の道士陳摶が伝承していたものとされるが，その原典は失われ確認できない。先天の呼称は『易経』乾卦文言伝に由来し，伏羲が自然界の原理に基づいて創始した易の原初の姿を表現する。後天とは自然の摂理の人為的運用を意味し，周の文王が敷衍し孔子が十翼を作って成立したとされる『周易』(『易経』)を指す。先天方位は説卦伝の「天地位を定む」以下の記述に表されているとされ，乾が南，坤が北，離が東，坎が西，兌が南東，震が北東，巽が南西，艮が北西に配置される。後天方位は説卦伝の「帝は震に出づ」以下の記述に当たるとされ，離が南，坎が北，震が東，兌が西，巽が南東，艮が北東，坤が南西，乾が北西に配置される。わが国で八卦を方位に当てて，乾を「いぬい」，巽を「たつみ」などと訓じるのは後天方位。大韓民国の国旗に描かれている乾坤坎離の図式は先天方位である。

(名畑 嘉則)

せんと【銭杜】 1763(乾隆28)〜1844(道光24)。一説に1761〜1842，1764〜1845。清代の画家。銭塘(浙江省)の人。原名は楡，のちに杜，字は叔美，松壺・壺公・卍居士と号す。裕福な家に生まれ，一生官にはつかず，家には文徴明の画100点以上を所有していたという。画風は細微な線描と清廉な色彩が特徴で，文派の影響が指摘される。代表作に『夢游天台図巻』(クリーブランド美術館蔵)，著に『松壺画贅』『松壺画憶』がある。清史稿504

(塚本 麿充)

ぜんどう【善堂】 慈善公益事業を営む団体(＝善会)の事務所ないしはその施設。郷紳をも含む在地の有力者が共同で経営するのを原則とするが，官営とほとんど区別できないものもある。最も早期のもので後世に大きな影響を与えた善会は，1590(万暦18)年創設の河南省虞城県の同善会であるが，善堂としては1641(崇禎14)年創建の浙江省嘉善県の同善会館が最も古い。嘉善県同善会では1年に4回，勧善の講話がもたれて教化を行うとともに，貧民救済と死者への施棺を中心事業とした。さらに米価高騰時には賑済を行い，貧窮する下級知識人と再婚しない寡婦には特別な配慮を行った。

捨て子を養育する善堂を一般に育嬰堂と呼ぶ。これは清代のはじめに江南地方の大都市や北京などでまず設立され，次第に小都市や鎮にも置かれた。乳母を雇って乳を与えたが，死亡率が高く，このため清末になると保嬰会という善会が生まれ，生みの母親に育児資金を与える方法もとられた。また寡婦を収養する施設を一般に清節堂と呼ぶ。大金を投じて大都市を中心に設立されたが，入居希望者は必ずしも多くなく，在宅のままで給付を受けられる恤嫠会の人気が高かった。

多くの善堂では放生（生きた魚畜の類を逃がす），施棺（棺を施す），賒棺（棺の代金を後払いする），義学（無料の児童教育），惜字（文字の書かれた廃紙をとむらう），水龍（消防）などを同時に行うのが一般的であった。同郷ギルドや同業ギルドが独自に善会を持つ場合，宗教結社が善堂と一体化した場合もある。上海同仁輔元堂のように近代地方自治の出発点となるものもあった。大半の善堂は中華人民共和国の誕生とともに消滅したが，ホンコン保良局，マカオ同善堂，バンコク報徳善堂など，現在なお活動を続けるものもある。　　　　　　　　　（夫馬　進）

ぜんどう【善導】
613（大業9）～681（永隆2）。唐の仏僧。臨淄（山東省）の人。一説に泗州（安徽省）の人。俗姓は朱。『新修往生伝』巻中「善道」は同一人物とみなされている。『続高僧伝』巻27，『往生西方浄土瑞応刪伽』，『浄土往生伝』巻中などに異なる諸伝が存する。一説に，幼くして密州（山東省）の明勝法師のもとに出家した。貞観年間（627-649）に西河（山西省）の道綽の教団で「念仏弥陀浄業」を行じ，後に長安に出て，終南山の悟真寺や光明寺，慈恩寺，実際寺に住し，『阿弥陀経』を書写し，布教した。また龍門石窟の大廬舎那仏像の造営に関わった（「河洛上都龍門之陽大廬舎那像龕記」）。著作にいわゆる「五部九巻」，『観念法門』（観念阿弥陀仏相海三昧功徳法門）1巻，『往生礼讃』（勧一切衆生願生西方極楽世界阿弥陀仏国六時礼讃偈）1巻，『法事讃』（転経行道願往生浄土法事讃）2巻，『般舟讃』（依観経等般舟三昧行道往生讃）1巻，『観経疏』（観無量寿経疏）4巻（以上成立順［推測・諸説中の一つ］）があり，中国浄土教を大成したとされる。　　　　　　　　　　　　　（宮井　里佳）

ぜんとうし【全唐詩】
清に編纂された唐詩の総集。900巻。1706（康熙45）年完成。康熙帝の勅命を受けて彭定求ら10人が編纂。明の胡震亨の『唐音統籤』と清初の季振宜の『唐詩』をもとに，宮中所蔵の唐人の詩集などから採集して増補したもの。1705年3月に作業を開始して翌年10月に完成した。太宗の詩から始まり，皇帝や宗室関係者の後は，基本的に科挙の登第年と仕官の年にしたがって排列され，最後に聯句，僧侶や道士の詩，謠諺，占辞などを置いて，全部で2200余人の詩人の詩，4万8900首余りを収録している。『唐音統籤』とちがい出処を注記していない上，後人の詩が誤って入ったり，重複して掲出されたり，詩人小伝に誤りがあるなど問題点も少なくない。1707年刊行の揚州詩局本をもとに，1960年に中華書局から活字本が出た。これを訂正補欠したものに，陳尚君『全唐詩補編』（中華書局，1992年）がある。　（釜谷　武志）

ぜんとうしいつ【全唐詩逸】
唐代の詩を網羅した『全唐詩』900巻に，収録が漏れた詩を補った最初のもの。3巻。江戸時代，1804（文化元）年刊行。日本の市河世寧の編で，『文鏡秘府論』『千載佳句』などから拾い集めて，『全唐詩』の体例にならい排列している。世寧は本名で，中国風に河世寧とも記されるが，号の寛斎の方がよく知られる。『知不足斎叢書』第30集所収。『全唐詩』（中華書局，1960年）にも付録として載せている。　（釜谷　武志）

ぜんとうしわ【全唐詩話】
宋代の詩話。6巻。『歴代詩話』等に所収。南宋の尤袤撰とされるが，実は後人の偽託になる。元来は南宋末の宰相賈似道の撰とされていたともいわれる。300人以上に及ぶ唐の詩人に関する批評・逸事を載せるが，その多くが計有功『唐詩紀事』の内容を転載したもので，詩論としての価値はさほど高くない。李白・杜甫についての記事を収めず，また白居易についての記事が2か所に分散しているなど，杜撰なところも見られる。　　　　　　　　　（興膳　宏）

せんとうしんわ【剪灯新話】
明代の文言短編小説集。全4巻各5話，付録2話で計22話。作者は元末明初の杭州（浙江省）の人，瞿佑（1347～1433）。著者が若い時に書いた『剪灯録』40巻が後に散逸し，晩年に入手した写本残巻を改訂したもの。幽霊の登場する伝奇的作品が多数を占め，唐代伝奇小説を継承し，清代の『聊斎志異』につながるが，詩詞を多数挿入するなど美文調の文体に特色がある。6話が明末の『拍案驚奇』などの小説・戯曲に翻案されたが，中国では明代後期から流行らなくなり，清代には完本が伝わらず，日本から逆輸入された。朝鮮に伝わり，金時習の模倣作『金鰲新話』，および注釈書の『剪灯新話句解』が作られ，ベトナムでも模倣作である『伝奇漫録』が生まれた。日本には室町時代に伝わり，江戸初期の『奇異雑談集』『霊怪草』，林羅山『怪談全書』などに一部が翻訳され，また浅井了意『伽婢子』に19話が翻案，さらに上田秋成『雨月物語』などにも影響をあ

たえたように，東アジア文化圏で広く受容された。続作に『剪灯余話』『覓灯因話』がある。（金 文京）

ぜんとうぶん【全唐文】
清に編纂された唐・五代の文の総集。1000巻。1814(嘉慶19)年完成。嘉慶帝の勅命を受け，董誥らが6年の歳月を費やして編纂。宮中所蔵の写本『唐文』を底本にし，『文苑英華』『唐文粋』『永楽大典』などの書物，金石文などの資料を用いて，唐詩の総集である康熙帝勅撰の『全唐詩』(1706年完成)と双璧をなす形で編纂した。それまでの総集が文体順に排列されていたのに対して，『全唐詩』同様作者ごとに，高祖から皇帝・后妃・宗室・臣下を経て，僧侶・道士・女流に至るまで，3035人，2万25篇（序では1万8488篇という）の作品を収録する。作者の部類の中はそれぞれ時代順で，より詳しくは科挙の登第年，仕官の年，生没年にしたがっている。各人ごとに小伝をつけて，作品の排列は『文苑英華』の文体順にならっているが，出典は記されていない。1814年刊行の内府刊本が現存しており，それに句読点を付した影印本が，1983年に中華書局から出版されている。採録漏れに対しては，早く清の陸心源の『唐文拾遺』『唐文続拾』などがあるが，それ以降の出土文物などの資料に基づいて，補遺が編纂され，あわせて『全唐文新編』（吉林文史出版社，2000年）として刊行された。
（釜谷 武志）

ぜんとうぶんきじ【全唐文紀事】
清に編纂された唐の文に関するエピソード集。122巻。嘉慶年間(1796-1820)，陳鴻墀が『全唐文』の編纂に加わった際に，膨大な資料の中から唐代の文章にまつわるエピソードを集め，南宋の計有功の『唐詩紀事』にならってまとめた。しかし『唐詩紀事』のように作者ごとに並べることをせず，『世説新語』にならい，述徳・政治など2字からなる篇名をつけた合計80の部類に分けて収録した。1873(同治12)年の刊本があり，1959年に中華書局上海編輯所から活字本が出ている。
（釜谷 武志）

せんとくこう【銭徳洪】
1496(弘治9)～1574(万暦2)。明の儒学者。余姚（浙江省）の人。字は洪甫，号は緒山。嘉靖11年(37歳)の進士。王陽明が50歳の時直接師事し(26歳)，陽明学を受容した徳洪は，王畿と共に，陽明門下生たちに対して指導的地位にあった。徳洪の思想は，良知は現在この場で完成しているという立場，並びに心が活動していない静かな状態のときに良知を養い育てるべきという立場を共に批判するという点で，鄒守益と同じ傾向を持つ。だが徳洪は「心は無善無悪といっても差し支えない」(復楊斛山書)と述べる。この立場は心を「至善無悪」と規定し，自己自身による価値創造を行うための「無的要素」を，自身の思想から徹底的に排除した鄒守益の立場とは，明確に一線を画すものだと言える。なお王陽明の文章・語録などの集大成である『王文成公全書』の編纂に多大な功績があった。明史283
（木村 慶二）

せんとくろ【宣徳炉】
明の第5代皇帝宣宗(在位1425～35)が宣徳年間(1426-35)に制作させた銅製香炉のこと。略して宣炉とも呼ぶ。当時，宮中や寺観において，器物の製法や，それを用いる作法があまりに無秩序となっていたことを憂い，古代の青銅器の形式を採り入れて設計させたもの。宣徳年間の半ばまでに1000個以上が作られたと伝えるが，制作後，ただちにそれを真似た香炉が民間で多数出まわり，偽物が横行したという。そのためか，今日でも宣徳炉と称する遺品は数多くある。
（松本 伸之）

せんないじ【宣和遺事】
南宋末元初に成立した歴史小説。『大宋宣和遺事』ともいう。北宋末から南宋初におよぶ宋金攻防の歴史を，首都汴京（開封）落城の経緯と，北宋最後の皇帝欽宗とその父徽宗が金軍の捕虜となり，北辺を点々としたあげくそこで没したいわゆる北狩とに焦点をあて，欽宗の弟趙構が江南にのがれ，杭州を臨安として高宗となり南宋を開国するまでをえがいた作品。書名は正統な史書に採録されないエピソード，遺事によることを表明したもの。宣和(1119-25)は徽宗の年号。出自を異にする複数部分からなり，文語の部分と口語の部分がある。文語部分のうち，北狩部分は『南燼紀聞』と『窃憤録』『窃憤続録』を節略し引き写したとみられる。口語部分では，説話の語り口をとどめ，のちに『水滸伝』に発展する宋江と三十六将の反乱を語る部分が名高い。南宋の光宗趙惇の名を避けること，「大宋」を称することから宋刊本とみられたが，元人の詩が引かれるなどしており，元初の増補をへていよう。講史の底本との説もある。
（大塚 秀高）

せんながふ【宣和画譜】
北宋の徽宗(在位1100～25)の宣和内府に所蔵された絵画の著録。20巻。1120(宣和2)年，徽宗御製の序があり，御撰の説もあるが，実際は複数の臣下の撰述によると考えられる。道釈・人物・宮室・番族・龍魚・山水・畜獣・花鳥・墨竹・蔬果の10門を立て，各門に叙論・画家伝・作品名と数量を記す。三国より北宋に至る画家約230人，作品約6400点を記載。成立過程は曖昧ながら北宋末の絵画状況を伝える重要な文献。『津逮秘書』『学津討原』『画史叢書』など

に所収。なお，姉妹編に『*宣和書譜』がある。

(竹浪 遠)

せんなしょふ【宣和書譜】　北宋の代表的な書論。20巻。徽宗の*宣和年間(1119-25)に，内府所蔵の書跡を著録したもの。撰者氏名および序も跋文もないので成立の事情が不明である。巻1：歴代諸帝王の書，巻2：篆書・隷書，巻3〜6：正書，巻7〜12：行書，巻13〜19：草書，巻20：八分書・制詔誥命を収める。作品についての解説はなく，題名を記すのみだが，歴代諸帝王の書を除く7部門の初めには叙論があり，制詔誥命以外には著録の前に作者の伝記がある。伝記は五代後漢から北宋末に及ぶ主要な書人をほぼ網羅し，また先人の書論を多く引用しており，文献として高い価値をもつ。姉妹編に『*宣和画譜』がある。

(河内 利治)

せんぷうよう【旋風葉】　一定の大きさの紙葉に両面書写して紙葉を重ねる装訂法。紙葉の表面のみに書写し，長さも自由に伸ばして巻きあげる巻軸は，常用する場合，閲覧に不便であったため，唐代(8世紀)に考案された。北京故宮博物院所蔵唐写本『刊謬補欠切韻』(唐の王仁昫著)は，24枚の紙葉からなり，首葉は表面のみに書写して裏面を台紙に糊づけし，次葉からは表 裏の順に両面書写し，右端のみを糊づけして裏面をめくれるようにし，各葉を約1cmほど左にずらして順次同様に糊づけをし，右から左に台紙ごと巻きあげて巻軸にし保存してある。巻きあげる際に，各葉がつむじ風のようになるので旋風(葉)，各葉がうろこに見えることから「龍鱗装」「魚鱗装」とも言う。

(高橋 智)

せんぷくじしょうがんとう【薦福寺小雁塔】　陝西省西安市内にある仏塔。*則天武后の684(文明元)年に創建された献福寺が，690(天授元)年に薦福寺に改名された。707(景龍元)年に，15層の磚塔が建てられ，大慈恩寺の大雁塔に対して，小雁塔と呼ぶ。唐の塔の特徴である方形平面を持つ。初層のみ高く，第2層以上は著しく低くかつ高さを逓減している。また，各層の広さは減縮の度が少なく，中央部において多少膨れて美しい輪郭を作っている。第1層内には菩薩・仏・羅漢の像が安置されており，正面入り口の上の立石には宝相華・*飛天などの図案が陰刻され，日本の奈良時代のものと近似していると言われる。

(包 慕萍)

せんぶつ【千仏】　諸説あるが，賢劫(現在の世)に出現する千仏を表したもので『賢劫経第六名号品』など多数の経典による。賢劫千仏ともいう。広義では千に限らず多数の仏像を意味し，敦煌千仏洞(莫高窟)，万仏寺などのように名称する。莫高窟やキジル石窟・ベゼクリク石窟・トユク石窟・崖爾湖石窟・文殊山石窟などでは壁画として，雲岡石窟や龍門石窟・南響堂山石窟・北響堂山石窟・鞏県石窟などでは浮彫として，主に天井に近い部分の壁面を小仏で埋め尽くす。

(勝木 言一郎)

せんぶつ【塼仏】　凹形の型に粘土を押し当てて抜き取り，それを焼きしめて，金箔や彩色を施して仕上げた仏像。数cm角の小型のものから，縦横30cmにおよぶ大型のものもある。塼は磚・甎とも記す。中国では瓦仏(wǎfó)・泥仏(nífó)などと呼ぶ。ひとつの型から大量に同じものをつくることができるので，仏堂の壁面をタイル壁のように飾ったり，人びとがそれぞれに購入し寺院へ寄進供養するなどの用途があった。中国では南北朝時代からつくられた。遠くへの運搬が可能で，中国の塼仏の図様が朝鮮半島・日本・東南アジアへも伝えられた。背面に年記や銘文を型押しであらわしたものもある。

(岡田 健)

せんぷろん【潜夫論】　*王符の著書。10巻36篇。「潜夫論」という書名は，その名を世に表したくない王符の懐いに由来する。この書は，その賤しい出自と世俗に泥まない性格とによって，出世コースから外れた王符が，不満と憤りを以て当時の政情や社会を見据え，自宅に引きこもってその得失を論じた現実批判の書である。その所論は，農本思想・国家治乱論・奢侈批判・辺防論・吉凶論など多岐にわたり，貴戚へ厳しい批判を加え，太平の治世を理想に掲げるものである。

(井ノ口 哲也)

せんぼう【占夢】　夢の内容を占うこと。夢は魂がぬけだし，死者や生者の魂と出会うこととされた。『論語』述而篇で，周公の神霊が孔子の夢にあらわれたのもその意味であろう。定命論の世界観では神霊が運命を定め，夢の中で予め告知することができる。ただし夢は不可解なもので内容を解釈する占夢者が必要で，その任にあたるのが巫など神と人を媒介するものであった。『*左伝』成公10年の晋侯の夢では大厲(背の高い幽霊)があらわれ，侯をとり殺そうとした。大厲は晋侯が殺した者たちの祖先の霊であった。占夢を依頼された巫は晋侯の命が新麦の季節までだと占う。その季節になり晋侯は麦料理をそろえ，わしはまだ死なぬぞ，と巫にみせつけた上で巫を殺した。しかし麦料理を食べないうちに晋侯は腹が張り，廁におちて死亡した。占夢は的中した。ただし古代の感覚では予め決められていた運命を告げ知らせたと解すべきである。『周礼』春官には占夢官があり，『捜神記』にも占夢の例が

多数ある。　　　　　　　　　　（大形　徹）

せんぼう【氈帽】　羊毛などの毛を圧縮して作った帽子。氈冒とも記す。西域から伝えられたとされ，古文献中の西域伝には「土人髪を剪り氈帽を著す」(『南史』夷貊下・西域・末国伝)とある。また宋代の『事物紀原』には「……本は羌人(西北部の遊牧民族)の首服，羊毛を以てこれを為し，これ氈帽と謂う。即ち今の氈笠なり」(冠冕首飾部・蓆帽)とも記されている。古い作例として，且末県扎滾魯克5号墓から紀元前800年頃の出土資料が発見されている。　　　　　　　　　（田中　陽子）

せんみょうれき【宣明暦】　唐の暦法。制作者は徐昂。822(長慶2)年から892(景福元)年まで施行された善暦。日食計算に対する月の視差(地球の中心から見た場合の月の視位置と，実際に地表の或る地点から見た場合の視位置との差)の影響を，季節や食甚(日食などにおいて最も天体が欠けること)の時刻をも考慮して，具体的補正値として示している点に新機軸が存する。朝鮮では高麗の建国から滅亡まで，日本では平安初期の862(貞観4)年から江戸時代の1684(貞享元)年まで使用された。
　　　　　　　　　　　　　　　（小林　春樹）

せんむ【占夢】　→占夢

ぜんむい【善無畏】　637(貞観11)〜735(開元23)。インドの密教僧。東インドのオリッサ，もしくは中インドの王族の出身で，出家後はナーランダー寺院で大乗仏教とともに密教を学ぶ。師の勧めに従い，中央アジア経由で中国に入り，716(開元4)年，長安に達した。玄宗は国師として迎え，興福寺南塔院に住まわせた。のち西明寺菩提院で訳経に従事し，724(開元12)年には洛陽の大福先寺に移って一行禅師の協力のもと『大日経』7巻を訳出。続いて一行に『大日経』を講義し，それにもとづき一行は注釈書『大日経疏』20巻を著した。他に『蘇悉地経』3巻，『蘇婆呼童子経』3巻など多数の密教経典を訳出したのみならず，『胎蔵図像』『五部心観』等の白描図像とも関係を持つ。732(開元20)年，西域帰還の希望も許されず，735年，入寂。洛陽龍門の西山に葬られる。一行・玄超・温古・智厳，新羅の不可思議，日本の道慈など弟子が多い。日本の真言宗では，伝持の八祖の第五祖とする。
　　　　　　　　　　　　　　　（頼富　本宏）

ぜんもん【蟬文】　中国では幼虫期に土中に潜って生活して成長し，成虫になる時に地上に現れる蟬を生命復活の象徴としてみたてていた。殷代中期より青銅器上の文様として蟬文が用いられていることから，すでにこの時期には蟬を神格化する考え方が存在していたことがわかる。脚の表現の有無や簡略表現などのバリエーションがあり，その後，単独で帯状文様を構成したり，三角形の枠におさめて装飾として用いられるなどし，春秋時代まで用いられた。　　　　　　　　　　　　（内田　純子）

せんやせつ【宣夜説】　中国古代の宇宙論の一つ。詳細な内容は残っていないが，後漢の秘書郎であった郤萌(郗萌とも)が先師から伝えられた断片が残されている。この宇宙論の特徴は，天には天球のような実体はなく，宇宙は無限であるとした点である。そして太陽や月や星は，気の作用でそれぞれ独自に運行しているとする。このような考えは，道家の書である『荘子』に原形がみられ，宣夜説と道家の思想には密接な関連があると考えられる。
　　　　　　　　　　　　　　　（長谷部　英一）

せんゆ【襜褕】　前漢時代に百官が常に着用した平服。『説文解字』衣部に「直裾これ襜褕と謂う」とあるように直裾の禅衣である。直裾とは，衣服の裾が真っ直ぐになった形式をいう。前漢の初期に出現し最初は多く女性が着用した。前漢晩期に至り普及し広く男子も用いるようになった。深衣と同様，上衣と下裳の続いた衣裳連属の衣服である。後，袍服が内衣から変化して外衣となり，襜褕に取って代わった。　　　　　　　　　　（釣田　敏子）

ぜんよがか【禅余画家】　禅の修行以外の時間に画を描く禅僧のこと。禅僧が修道の余暇，あまりに仏教以外の行為を行うことを禅余に何々するというが，この用法は古くから使用されていた。しかし，こうして描かれた画を禅余画，作者を禅余画家と呼称することは，古い例はない。恐らく，こうした呼称は，比較的近年，日本で使用されはじめたものと考えられる。宋時代の智融・牧谿・顕牛子，元時代の雪窓・日観などがそれにあたるだろう。
　　　　　　　　　　　　　　　（海老根　聰郎）

せんらくし【銭楽之】　生没年不詳。南朝宋の天文学者・声律学者。後漢の張衡が作った渾儀は，西晋の滅亡以後は北方民族に死蔵されていた。418(義熙14)年，東晋の安帝は長安を陥した際にそれを入手したが，経星と七曜に関する部分が不備であった。436(元嘉13)年，南朝宋の文帝は太史令であった彼に，改めて渾儀を鋳造させ，4年後，小渾儀を作らせた。

　彼はまた，三分損益法を十二律を超えて継続して三百六十律を定め，律管候気の法(律管に灰を入れ

せんりそうけいじょう【千里送京娘】 伝統演劇の演目。明末清初の劇作家李玉の伝奇『風雲会』に取材したもの。現在も京劇・淮劇等の多くの劇団で公演される。宋の太祖趙匡胤が戦乱の最中盗賊の中から少女趙京娘を救出し、兄妹の契りを結び、彼女の実家に送り届ける。京娘は匡胤の颯爽高潔な人格に強くひかれるが、匡胤は婉曲にことわり、家の近くで別れてゆくという筋。 (内山 知也)

ぜんりんそうぼうでん【禅林僧宝伝】 北宋の禅宗の僧伝。30巻。1123(宣和5)年に成る。臨済宗黄龍派の覚範恵洪撰。嘉祐中(1056-63)に達観曇頴が『五家宗派』を著したのを承けて、政和中(1111-18)までの雲門宗・臨済宗の法孫を中心に唐末五代の雲門文偃・風穴延沼以下81人の伝と機縁を中心に、司馬遷の『史記』に倣って各章ごとに賛を付したもの。撰者の恵洪は筠州(江西省)出身で、新出の曹洞宗の資料も含まれ、冒頭は曹山耽章(本寂)章より始まっている。本書は灯史類が説法や師資の問答を中心としているのに対して、略伝に重点が置かれているので、北宋代の主要な禅者の行状を知る貴重な資料である。一般に流布しているテキストは、大慧派の舟峰庵慶老が五祖法演・雲岩悟新・南岳石頭懐志庵主の伝を補っている。一説では、初め『百禅師伝』として100人の伝を収めたが、大慧宗杲が19人を除いて81人にしたと伝える。 (石井 修道)

せんれんたい【蟬聯体】 蟬の声が連続して絶えないように(「蟬聯は絶えざる貌」〔『文選』5, 左思『呉都賦』李善注〕)、前の句末(押韻する句の末であることが普通)のことばを次の句の最初で繰り返してつづけていく表現方法を特徴とする詩体。早く『詩経』邶風の『静女』の詩や、項羽の『垓下歌』、漢代の楽府詩『飲馬長城窟行』(「青青たり河辺の草、綿綿として遠道を思う」)などに見え、唐以降も古詩・楽府詩によく見られる。 (森田 浩一)

せんろ【宣炉】 →宣徳炉

そ

そ【俎】 長方形の板状の身に2脚または4脚の支えを付け、台とした青銅器。小型の机のような形を呈する。肉をのせるための台として使われたとされる。自銘の例は無く、古典中に記される俎であるかは確証がない。俎は伝世品・出土品ともに極めて少なく、遼寧省義県花児楼村出土の殷末周初期の器、河南省淅川県下寺2号墓出土の春秋時代後期の器、安徽省寿県朱家集李三孤堆出土の戦国時代後期の器などが知られる。 (角道 亮介)

そ【疏(注釈)】 経書の注釈の形式の名。前漢初期までに「経」「伝」が出揃うが、その「注」釈書が後漢から晋代に至るまでに著作された。そして南北朝時代には、この注を疏釈する形をとって経・伝を解釈する書物が多数著作された。これらは「疏」とか「義」、また「義疏」と命名されている。いわば経・伝の再注釈であり、その疏釈は細部にわたり、詳細を極める。ちなみに『春秋』の文字数を例にとると、『春秋』1万6500余字、『左伝』19万8945字、『杜預注』14万6788字に対し、孔穎達『春秋疏』(『春秋正義』)は実に68万1530字である。疏作成の背景として仏典の講釈法の影響が指摘されるが、このような大部の書物の出現には、書写媒体としての安価な紙の普及も関係していよう。ただこれらの疏は唐初に『五経正義』(また九経疏)として集大成されたため、そのほとんどが亡佚した。完存するのは梁の皇侃『論語義疏』のみ。部分的には『講周易疏論家義記』『礼記子本疏義』『孝経鄭注義疏』『孝経述議』が伝えられる。なお『公羊疏』は北朝で著作された可能性が高い。 (野間 文史)

そ【疏(文体)】 実用文の文体の一つで、臣下が君主に意見をたてまつる文書、またその文体のこと。上書の一つ。その歴史は古く、前漢の賈誼が文帝に対して数次にわたって「疏をたてまつり政事について陳べ」(『漢書』賈誼伝)た文章は有名である。奏議と合わせて「奏疏」と称されることも多い。 (原田 直枝)

そ【楚】 ?～前223。西周から戦国時代末ま

で，現在の湖北省・湖南省を中心として存在した国。芈姓，熊氏。都は郢。長江文明の流れをくむといわれる独特の文化をもち，中原諸国からははじめ蛮族として扱われていたが，次第に力をつけ，春秋時代はじめには近隣の諸国を征服してみずから王を称するようになり，荘王(在位前613～前591)にいたってついに晋を破って覇者となり，春秋五覇の一つに数えられる。春秋末には呉王闔閭の軍に都の郢を一時占領されるが，のち再び強盛となり，戦国七雄の一つとして西方の秦と対抗し，前334年には越王無彊を破ってこれを滅ぼした。しかし次第に秦の圧迫を受けるようになり，前278年に郢をおとされて陳(河南省)に遷都し，前241年には寿春(安徽省)に移ったが，前223年に滅ぼされた。1980年代末から相次いで発見された包山楚簡・郭店楚簡など戦国末期(前4～前3世紀)の資料にもとづいて，楚国文字や楚文化の再評価が進められている。

(林 謙一郎)

そう【宋(春秋)】 前11世紀末?～前286。西周～戦国時代の諸侯国。子姓，公爵。周は殷王朝打倒ののち，殷の紂王の子武庚禄父に殷の遺民を治めさせた。武庚禄父が反乱を起こすと，周は彼を誅殺し紂の庶兄微子啓を商丘(河南省)に封じ宋を建国させた。春秋時代には斉の同盟に参加し，斉の桓公死後，宋の襄公は中原の覇者たらんとしたが，前638年，泓水で楚に大敗した(宋襄の仁)。のち晋の同盟に参加し，戴公の子孫(戴族)が世族として政権を独占した。宋の執政の華元・向戌は各々前579・前546年に晋楚講和を斡旋した(第一・二次宋の盟)。戦国時代には諸大国の侵攻に苦しみ，楚の恵王の宋包囲を墨子が破った逸話は有名である。前4世紀半ば，戴族の剔成が公位を簒奪し，その弟偃もまた兄の公位を簒奪，王を称し，斉・楚・魏に侵攻したが，前286年，斉湣王に滅ぼされた。また孔子は宋人の子孫であり，『詩経』商頌は宋人の伝えた殷王朝に関わる神話伝説を謡ったものである。

(吉本 道雅)

そう【宋(南朝)】 420(永初元)～479(昇明3)。都は建康(南京)。劉裕(武帝)が建国。劉裕は彭城(江蘇省)が本籍で，漢の後裔と称し，京口(江蘇省)に僑居する北府の武人であったが，東晋末の孫恩の乱の鎮圧に活躍し，東晋を簒奪した桓玄を倒して実権を握り，南燕・後秦を征服，国内では義熙土断(北方から流入した戸籍のない避難民を戸籍に登録し，行政区画を整理する政策で，義熙9年実施)を断行して体制を固め，東晋の恭帝の禅譲を受けた。即位後3年で没した武帝を継いだ長子の少帝義符が乱行によって廃された後，武帝第3子の文帝義隆が立ち，30年に及ぶ治世で宋最盛期を実現した(元嘉の治)が，晩年には荊州・予州の蛮の騒乱や北朝北魏の南侵があり，太子劭に暗殺された。その兄劭を倒した弟の孝武帝駿は専制的体制を敷いたが，これ以後は宗室相殺戮し合う状態が続き，衰勢に向かった。孝武帝の子の前廃帝子業は悪業を重ね，叔父の明帝彧に取って代わられたが，別に宗室の晋安王子勛が擁立されて帝位を争い，その混乱に乗じた北魏に淮河以北を奪われた。明帝の子の後廃帝も暴逆で，蕭道成(南朝斉の高帝)がこれを殺し，後廃帝の弟順帝から禅譲を受けた。

(中村 圭爾)

そう【宋(北宋・南宋)】 960(建隆元)～1279(祥興2)。1127(靖康2)年に一時中断したので，それ以前を北宋，以後を南宋という。北宋の都は開封，南宋は臨安(杭州)。建国者は趙匡胤(太祖)。太祖とそれにつづく太宗とによって，唐末以来分裂していた中国を統一し，君主独裁による中央集権体制を築いた。しかし，五代後晋が遼に割譲した燕雲十六州は奪回できず，1004(景徳元)年，遼と澶淵の盟を結び，毎年銀と絹をおくること(歳幣)にした。西北方に興った西夏とも，長期の戦争の後，和議を結んで多額の歳幣をおくった。国内では，農業生産力が高まり，諸産業が勃興し，商業が盛んになって繁栄をもたらしたが，軍事費・人件費などの増大で国家財政が窮乏した。それを救うため，王安石が抜本的な行財政改革(新法)を断行した。改革をめぐる官僚間の争いが激化して国力が弱まり，1127(靖康2)年，金軍が開封を占領，徽宗・欽宗らを北へ連れ去った。一族の高宗が江南に逃れて宋を再興し，1142(紹興12)年，金との和議が成り，淮河と大散関(陝西省)とを結ぶ線が国境と定められ，南北朝の再現となった。その後，比較的平穏な時期がつづいたが，13世紀に入ると，軍事費調達のため加重な負担で人民を苦しめ，会子という紙幣の乱発によって経済界の混乱を招いた。元軍の南侵をうけて，1276(徳祐2)年ついに臨安が陥落，その3年後，残存勢力が広州湾の崖山島に追いつめられて全滅し，宋は完全に滅亡した。

唐から宋の間に中国の社会は大きく変動し，かつての支配階級であった門閥貴族は没落し，代わって新興の士大夫階級が台頭して，政治・社会の指導層となった。彼らは儒教の教養を身につけた知識人であり，旧来の伝統にとらわれず，個性的で自由清新の気風をもって，新文化を創造した。学術思想では，訓詁の学を退けて，経書の真の精神をつかむことにつとめ，新しい儒学，宋学をおこした。それは，北宋中期の周敦頤に始まり，張載，程顥，程頤を経て，南宋の朱子にいたって大成した。朱

子学，性理学，理学などともいう。儒学の正統として明清時代に受け継がれ，朝鮮・日本・安南にも大きな影響を与えた。朱子と論争した陸象山の学説は，明代の陽明学につながる。歴史学への関心も高く，多くの史書が作られたが，特に司馬光『資治通鑑』は史書の模範とされた。文体も一変して，駢儷体の文章をやめて，形式にこだわらぬ古文が主流を占め，詩とともに，民間の俗謡から発展した詞が盛んであった。一方，大都市を中心にして，さまざまな庶民文化が生まれたことも，この時代の特色である。開封や臨安の盛り場(瓦子)で演じられた講談のテキスト(話本)は，後代の白話小説の源流となり，雑劇も金から元に及んで大いに発展した。また，木版印刷術が発達して大量の書物が出版されるようになり，知識の伝達・普及が容易になったことが，知識人層の厚さを増し，文化の向上をもたらしたことも，忘れてはならない。 (竺沙 雅章)

そう【相】 容貌など外形にあらわれるその人の特徴。精神的なものも含む。相を観て性格を知り，運命を予見することができるとされた。後漢の王充は『論衡』骨相篇で，人の運命は天より受けるもので，それは体の特徴となってあらわれる。また富貴貧賤ばかりでなく，操行の清濁もわかる，といった内容を説く。相を観て将来，王侯になれるといった類の話が多い。漢の高祖劉邦は「隆準」(たかいはな)，「龍顔」(りゅうのひたい)，「美須髯」(うつくしいひげ)で左股に72の黒子をもつことから，その相を呂公にみこまれ，女をめあわされた(『史記』高祖本紀)。尉繚は秦王(始皇帝)を観て「人となり，蜂準(たかいはな)，長目(きれながのめ)，鷲鳥膺(たけきはやぶさのような胸)，豺声(やまいぬのこえ)，少恩にして虎狼の心……」と評して逃げ出した(『史記』始皇本紀)。相を観て性格を判断したといえる。後漢の名医華佗は「君に急病有り，面に見る」(『三国志』方伎伝)と病が相にあらわれていることを指摘した。体内の変調が体外に表出したものを望診したわけであり，医学とも関連する。この人はそのあと死亡するので，死相を観たことになる。唐の宋斉邱『玉管照神局』等には人相や手相の例が詳しく図解されている。 (大形 徹)

そう【琮】 四角い柱状の玉器で，円形の孔が上下に貫く。大きさ・重さは一定でなく，特に高さは10cmから最大約50cmのものまである。10cm未満の類品は，首飾りなどに使用されたことが出土状況によって知られており，通常，琮と区別される。琮の外側は，節状に区切られている。節の数は1段から19段まで，器高によって異なる。文様は，同じ意匠が段ごとに繰り返し配置される。その種類や有無は時代によって変わる。琮がもっとも発達した良渚文化では，精緻な浮き彫りの獣面文が盛行した。殷周時代になると獣面以外の文様や無文のものが多くなり，造りは粗雑で小さくなる。天地が通ずるイメージの象徴，地を祭る道具，神のよりしろなど，その性格や機能をめぐって諸説がある。いずれにせよ，何らかの祭礼用具とする点には異論がない。良渚文化では特別な墓からしか出土しないため，特定階層が独占した権威の象徴とも考えられている。 (川村 佳男)

そう【箏】 撥弦楽器の一種。今日の通称は古箏。起源は明らかではないが，『史記』などの記載や秦箏という歴代の呼称から，秦代には広く演奏されていたと考えられる。最初期は5弦であったが，漢代以降12弦となり，唐代には12弦・13弦の2タイプが併存し，後者が日本の箏の源流となったと考えられる。元・明代には14弦・15弦，清代には16弦となり，今日では21弦のタイプが普及している。弦の素材は古くは絹であったが，清代より銅弦も使用され，中華人民共和国以降はスチール弦が主流となり，右手に義爪をつけた弾奏が定着した。現在の中国箏は弦の数や材質を除いては日本の箏と形状上の大差はない。伝統的には語り物の伴奏や器楽合奏の一楽器として機能していたが，清代以降独奏形式の基礎が確立され，山東派・河南派・潮州派など今日流派と称される演奏様式も，それらの地方様式をベースにしている。語り物の形式も保持されており(広東の南音など)，また，モンゴルのヤトガやベトナムのダンチャンには，胴の前後の湾曲，左端の屈曲，糸巻きが胴面に露出しているなど部分的に中国箏の古制を残している。単に箏といえば通常，上記のような撥弦楽器を指すが，軋箏のような擦弦楽器もある。 (増山 賢治)

そう【甑】 底部に多くの小孔をあけた容器。形態は基本的に深鉢形を呈する。容器底部に多数の貫通孔が認められることから，蒸し器の上部容器としての機能をもった土器であることが考えられる。おそらく，鼎や鬲などの煮沸具の上にのせて使われたものであろう。新石器時代に黄河中流域を中心に数多くの土製品が製作され，殷周時代以降，青銅製品もあわせてつくられるようになった。 (小川 誠)

そう【鋤】 先端に金属製鋤先を装着した木製鋤の呼称。あるいは鋤に装着される金属製鋤先。殷代に出現した当初の青銅製品は鋤身の全体を覆う形態であるが，西周期になるとU字状ないしは凹字状で鋤先と側縁のみを保護する形態へと変化する。戦国時代から漢代には同様の形態の鉄製品が

盛行する。漢代には横長長方形で口の平坦なものもあるが，出土例は多くない。隋唐以降の考古事例は少ないが，その使用は近代の民俗例にまで及ぶ。
　　　　　　　　　　　　　　　　　　（中村　慎一）

そう【騒】　狭義には『*楚辞』の『離騒』，広義には『楚辞』全体を指す。『離騒』は，屈原の作とされる『楚辞』冒頭の篇で，『楚辞』全体を代表する作品でもある。『*史記』屈原伝によれば，「離騒」は「離憂」のこととされ，漢の班固の説では，「憂いに遭う」意に解される。『*文選』では，「騒」の分類の下に，『離騒』以下『九歌』『九章』『卜居』『漁父』『九弁』『招魂』『招隠士』の諸篇を収める。『*文心雕龍』では，弁騒篇を設けて，『楚辞』の文学史上の意義を説く。「騒」一字で，詩文を意味することもある。　　　　　　　　　　　（興膳　宏）

そうあい【草鞋】　わらじやわらぐつの類。麻や，芒草，蒲草など南方で多く産する植物を材料とした粗末なはきもので，一般士人や貧者の用いたもの。『*太平広記』には『玉堂閑話』を引用して「江南に芒草あり，貧民これを採りて履縁を織る」とある。『*事物紀原』に「古は草で作ったものを履といい，皮で作ったものを屨といった」とある。麻鞋は周の文王が麻で鞋を作って名付けたとされ，蒲鞋は秦代に始まり，唐代の女子に好まれたという。　　　　　　　　　　　　　　　（相川　佳予子）

そうあかえ【宋赤絵】　金時代を中心に，いくつかの磁州窯系窯で作られた，上絵付陶器に対する日本での呼び名。透明釉をかけて高温で焼き上げた半磁器に，上絵の具と筆を使って文様を描き，低温焼成で絵文様を焼き付けている。後世磁器生産の主流となる*五彩の源流。白化粧をした酸化炎焼成の黄色味を帯びた白釉陶の上に，簡略な筆使いで赤い弁柄の文様が描かれ，緑と黄色のエナメル彩が点じられる。碗や人形など小品が大多数。　（矢島　律子）

そういしゅっすい・ごたいとうふう【曹衣出水・呉帯当風】　北宋の郭若虚『*図画見聞誌』に記される用語。北朝北斉の曹仲達の描いた衣は水からあがったようであり，唐の呉道玄の描いた帯は風に当たったようである，との意味。この用語は，曹仲達ならびに呉道玄の個人的なスタイルを述べるものではなく，両者に仮託して仏画の基本的な様式を規定する概念と解釈できる。同書はさらに，「離塑鋳像，亦本曹呉」と述べ，この様式が立体像にも共有されているとしている点は特に注目される。　　　　　　　　　　　　　　　（長岡　龍作）

そういん【曹寅】　1658（順治15）〜1712（康熙51）。清の政治家。遼陽（遼寧省）の人。満洲正白旗人。字は子清，号は楝亭・荔軒。父の曹璽に始まり，息子の曹顒，継子の曹頫に及ぶまで，3世4代にわたって江寧織造に任ぜられる。織造は表向き官用の各種織物製造所の長官に過ぎないが，康熙帝の在位中（1661〜1722）は江南各地の情勢を密奏する役割を担っていた。曹寅の場合，母が康熙帝の保母だったこともあって，とりわけ信頼が厚く，蘇州織造に任用された妹婿の李煦，杭州織造に任用された母方の親戚孫文成とともに，三織造一体となって細大漏らさず情報の提供に努めた。また，李煦と輪番で10年にわたって両淮塩政の地位を独占し，塩商から流れ込む潤沢な資金を投入して『全唐詩』や『佩文韻府』の刊行も手がけている。康熙帝の6回に及ぶ江南巡幸のうち，後の4回の接待も担当した。曹家は1728年初（雍正5年末）に財産没収の憂き目に遭うが，その栄光と悲惨は曹寅の孫に当たる曹雪芹が著した『紅楼夢』に色濃く反映されている。清史稿485　　　　　　　　　　　　　（井波　陵一）

そううん【宋雲】　生没年不詳。北朝北魏の官人。敦煌（甘粛省）の人。518（神亀元）年，北魏の胡太后の命により，僧の慧生や法力らとともに，取経のために西域に派遣される。北インド諸国（烏場・乾陀羅国等）を巡歴し，521（正光2）年（あるいは翌年），経論170部を洛陽に将来した。行途，吐谷渾の庇護のもとに青海より鄯善に進み，またエフタル国ではその王に会見し，同国に関する貴重な情報を提供する。著作として『宋雲家記』があるが散佚。『*洛陽伽藍記』巻5所引の『宋雲行記』は，これを含む複数の著作に依拠して作成されたものである。魏書102　　　　　　　　　　（荒川　正晴）

そううん【漕運】　中国の歴代王朝が租税としての米穀や諸物資を水路によって国都へ輸送する制度。すでに戦国時代・秦漢代に水運により多量の物資を国都に集めたとされる。しかし運河による本格的な輸送が始まるのは隋からで，黄河から江南の杭州までを運河でつなぎ，南方の物資を都長安まで運ばせた。これにより大運河の骨格がほぼできあがった。北宋は黄河と運河との交点に当たる開封に都を置き，汴河によって南方の物資を，また北方にも運河を開き物資を都に集中させた。そのため地方に転運使・発運使を置き，漕運を担当させたので制度は完備した。元は大都（北京）を首府にしたがやはり江南の物資に頼らざるをえず，大都のすぐ東の通州から天津をへて杭州に達する運河を完成させた。しかし元はこの運河を十分利用せず，海運が主力となった。明は永楽帝のとき北京に遷都（1421

年)した際，この運河を改修して輸送の大動脈とした。明は軍運を主体とし，輸送専門の軍隊を運河沿いに配置し船団によって米穀を毎年400万石以上も北京へ輸送させた。清は明の漕運制度をほぼそのまま受け継ぎ，やはり軍運を用いた。淮安(江蘇省)に漕運総督を置くとともに各省に糧儲道を置き制度を整えた。しかし太平天国の乱以後は運河の維持が困難となり，海運にその地位をうばわれた。

(谷口 規矩雄)

そうえい【僧叡】 生没年不詳。五胡十六国時代後秦の僧。鳩摩羅什門下の四哲。魏郡長楽(河南省)の人。18歳で出家し，釈道安に師事した。道安の没後，長安で鳩摩羅什の訳経に参加し，特に『法華経』の翻訳に際しては中国僧として貴重な提言をなした。訳出経論の多くに序文を著している。鳩摩羅什の没後，長安から江南に移った。慧皎の『高僧伝』では，長安の僧叡と江南の慧叡とを別々に立伝しているが，両者は思想および道安や鳩摩羅什に対する呼称が一致するため同一人物と考えられる。慧叡と同人であれば，南朝宋の元嘉13(436)年に85歳で没した。 (木村 宣彰)

そうえん【宋琬】 1614(万暦42)～73(康熙12)。清初の官僚・詩人。萊陽(山東省)の人。字は玉叔，号は荔裳。1647(順治4)年の進士。戸部主事から浙江按察使にすすんだが，無実の罪で3年間投獄された。後に四川按察使となり，単身北京滞在中に呉三桂が反乱をおこし，成都に残してきた家族を案じつつ亡くなった。宋琬は杜甫・韓愈・陸游の詩風に学び，施閏章らと唱和して詩名を高め「南施北宋」と並称された。著書に『安雅堂未刻稿』がある。清史稿484 (大平 桂一)

ぞうえんきゅうしゅきょく【蔵園九種曲】 清の戯曲集。「紅雪楼九種曲」ともいう。蔣士銓著。蔵園はその号で，16種の戯曲作品のうち，『一片石』『四絃秋』『第二碑』(以上，雑劇3種)と『空谷香』『桂林霜』『雪中人』『香祖楼』『臨川夢』『冬青樹』(以上，伝奇6種)とを合刊したもの。『一片石』『第二碑』は明の寧王朱宸濠の妃婁氏の事跡にもとづく。『四絃秋』は白居易の『琵琶行』を忠実に敷衍する。『空谷香』は姚夢蘭，『香祖楼』は李若蘭というそれぞれに薄幸の妾(謫下された天界の蘭花という設定)を描く。『桂林霜』は呉三桂の事跡。『雪中人』は査培継と鉄丐呉六奇との交際。『臨川夢』は作者が戯曲作家として尊敬する明の湯顕祖を主人公としてその生涯をたどりつつ，『還魂記』に心酔して命を落とした俞二娘のエピソードを織り込み，『玉茗堂四夢』の登場人物たちも登場させる

という趣向を凝らした作品。『冬青樹』は南宋滅亡の際の文天祥と謝枋得の忠節を描く。 (廣瀬 玲子)

そうおうせい【宋応星】 1587(万暦15)～1666(康熙5)？。明の学者・政治家。南昌府奉新県(江西省)の人。字は長庚。1615(万暦43)年，兄応昇とともに郷試に合格，34(崇禎7)年に江西の分宜県教諭となる。その後，福建・安徽の地方官を歴任し，44年に官を辞して帰郷。37年，各地を採訪した実見にもとづき技術書『天工開物』を編著した。文化大革命中に江西省図書館で，散佚していた政治哲学の『野議』，天文・物理等を論じた『論気』『談天』および『思憐詩』の4種の著作が発見された。

(田中 淡)

そうかいよう【宋会要】 宋の諸制度の沿革を部門ごとに集成した書。500～600巻。北宋初めから南宋中頃までの詔勅・条例・上奏を，官制・教育・文化・宗教・軍事・法制・経済・地理・外交など17分野にわけて年代順に編成したもの。一般には『宋会要輯稿』の名で知られる。

宋代において会要は，『慶暦国朝会要』から『嘉定国朝会要』まで計10回編纂されたが，明初に『永楽大典』中に採録された部分以外は散逸してしまった。のちに清代になって徐松が『全唐文』作成の過程で，『永楽大典』に残されている宋代の会要を収集・編成して稿本を作ったが公刊されることはなかった。1935年になって，北平図書館がこれを『宋会要稿』200冊として影印出版し，広く世に知られるようになる。

文字や年代の間違いや脱落，資料の重複も見られるが，内容は政治・経済・文化・軍事の多岐にわたり，宋代史研究における最重要の根本資料である。

(長井 千秋)

そうがく【宋学】 朱子を代表とする道学のこと。また朱子と対立したが広い意味では傾向を同じくする陸象山らの諸思想を含める場合，さらに拡大して，宋代に登場した新たな儒教思想全般を指すときもある。道学を宋学と言うのは，それが宋代の学術の代表と見なされたためであるが，宋代以後の道学の流れも宋学と呼ぶこともある。宋学はこのように狭義から広義までいくつもの用法があり，理学・性理学・義理学・程朱学・英語の neo-confucianism(新儒教)など，それぞれの枠組みに応じて種々の呼び方がある。なお宋学が明学と対照されるときは，朱子学と陽明学の対立，漢学との対照では，朱子学の思弁的傾向と清朝考証学の実証主義という対比が意識されている。

北宋の仁宗の慶暦年間(1041-48)頃から，儒教に

新たな思想的生命力を吹き込もうという思想運動が起こった。それを主導したのは范仲淹や欧陽脩らで，教育の場でも胡瑗や孫復らが活躍し，その影響から司馬光・王安石・蘇軾・二程兄弟（程顥と程頤）らの思想家が登場していく。広義の宋学は彼らの思想や，この潮流を継承する南宋の諸思想全体を包摂する。

　狭義の宋学である道学の創立者としては普通，周敦頤・程顥・程頤・張載・邵雍の5者が数えられ，「北宋五子」と称されるが，周敦頤を含めるかについては異論もある。彼らはそれぞれ弟子を持ち，思想的連帯感を持っていた。このうち程頤が最も長命で，他の思想家の没後，その弟子たちを徐々に門下に吸収していった。ここにまとまった学派ができ，それが「道学」である。北宋から南宋に移行する頃，道学は社会的勢力を増したが，それとともに内部の分裂に悩むようになった。その道学を集大成したのが南宋の朱子である。朱子は先輩道学者の学問を集大成して理気二元論を確立し，まれに見る完成度の高い思想体系をうち立てた。朱子の思想は朱子学と呼ばれるようになり，朱子が道学を統一したことによって，道学は朱子学と同義になっていった。なお朱子と激しい論争を展開した陸象山や陳亮らも，北宋道学の展開あるいは刺激の中から登場し問題意識も共通するという点から，道学と近い位置にあると言え，道学とこれらをあわせて宋学と呼ぶ場合もある。

　朱子学は元になって国教となり，それ以後明の陽明学や気を強調する思想，清の考証学の登場などで思想的インパクトは薄れたが，国家の指導理念であり続けた。また朱子学は東アジアの他の地域にも広まり，それまでこの地域に君臨していた仏教にかわって普遍思想として大きな力を持った。なおこれらの地域では，流布した宋代の思想が朱子学中心だったため，宋学は朱子学の同義語に近い。

（土田　健次郎）

そうかん【僧官】　国家から任命されて仏教教団を統率しその事務をつかさどる僧。記録では，北朝北魏の道武帝が皇始年間(396-398)に法果を道人統に任じ，後秦の姚興が401(弘始3)年ごろ僧䂮を国内僧主，僧遷を悦衆に任じ，法欽と慧斌に僧録を掌らせたのに始まる。しかし，これより先，東晋にはすでに僧司が置かれ僧官もあったようである。南朝では，後秦系統の僧正・僧主，都維那・悦衆が中央，地方ともに置かれ，俸給のほか車輿・奴婢まで支給された。北魏の道人統は沙門統と改められ，教団統制の官庁である監福曹は昭玄寺と改称し，大統1人・統2人・都維那3人それに功曹・主簿員がいて，州・郡・県の沙門曹を統轄した。昭玄寺は皇帝に直属する独立の官庁であって，大きな権限をもっていた。この系統の僧官は隋代まで行われた。僧官のほか，1寺の統制に当たる上座・寺主・維那の寺職も南北朝から見られ，勅任される場合もあった。唐代は，国初に十大徳が数年間設けられた以外，長いあいだ組織立った僧官制度はなく，度牒の発給，僧籍の管理など主要な業務は中央官庁の鴻臚寺，礼部の祠部が管掌した。中期になって功徳使が設けられると，その下に左右街僧録が置かれ，地方にも十道に僧統，各州に僧正がいて，管内の寺院・僧尼の事務を掌った。五台山には都検校・十寺僧長・都供養主など特別の僧官があり，敦煌には都教授あるいは都僧統を長とする独自の組織がつくられていた。宋代は唐の制度を引きつぎ，中央に左右街僧録司があって，寺院・僧尼の事務を扱ったが，鴻臚寺・祠部に従属していた。元代には僧官の勢力が強大になり，世俗の官僚と対等であった。世祖クビライの時，仏教とチベットに関する事項を処理する総制院（のちの宣政院），法会等を掌る功徳使司などがつくられ，僧は高い官位を授かり寵遇をうけた。明初に僧録司が創設され僧官制度は整備された。一方で国家による教団統制はますます強まった。僧官は民国初に廃止された。

（竺沙　雅章）

ぞうがん【象嵌】　金属や木・漆・陶磁・ガラスなどの器物の表面に別の素材（時には同様の素材）のものを嵌め込み，装飾とする工芸技法の一種。象眼とも表記する。メソポタミアやエジプトの器物にすでに見られる古い技法で，以後，時代や地域を問わず，様々な器物を飾るのに用いられた。

　中国では，新石器時代末期に先例ともいえる技法が認められるが，普及をみるのは春秋以降のことで，戦国から漢にかけて広範に展開した。特に青銅器や鉄器の表面に金や銀の薄板や細線を嵌め込む金銀錯と呼ばれる技法は，華やかな見映えがたいへん好まれたゆえか，鼎・壺といった容器をはじめ，武器・武具・車馬具，さらに帯金具（帯鉤）などの装身具に至るまで，多種多様な器物に盛んに応用された。

　象嵌には，器物の表面加工の方法や象嵌自体の施し方の違いによって，糸象嵌・線象嵌・平象嵌・布目象嵌・鑢象嵌など，多様な種類のものがある。糸象嵌ないし線象嵌は，器物の表面に設けた細い溝に金銀などを嵌入するもので，文字や細線を表すのに用いられ，平象嵌は，わずかに窪めた平面に別材を平らに貼り付け，地金と同じ高さに整えるものである。布目象嵌は，鏨などによって器物の表面に縦横の溝を彫り，そこにできた細かな凹凸を利用して別材を貼り付けるもので，鑢象嵌も同類の技法である。いずれも，ふつうは，別材を嵌め込んだ

後，表面を研磨するなどして全体を平滑な面に整えて仕上げとする。

漆器でいう沈金(戧金)や螺鈿，木器の木画や寄木細工なども，象嵌の一種である。　　　(松本　伸之)

ぞうかんたいおん【蔵漢対音】　チベット文字によって漢字を音写したものを一般に蔵漢対音と呼んでいる。チベット文字はインド系の表音文字で，7世紀ソンツェンガムポの時代にチベットに導入された。おそらく吐蕃(チベット)支配期(787～848)の後半から，敦煌の漢族住民の一部により次第にチベット文字を用いて漢語を書くことが開始され，10世紀まで行われた。その結果として仏教経典や仏教の教理問答，仏教の賛歌から，童蒙書，詩歌，九九に至るまで幅広い種類のチベット文字書写漢文文献が，敦煌写本中に発見されており，またチベット文字で漢字の旁らにルビを振ったような資料も存在する。敦煌文献以外では，ラサにある唐蕃会盟碑の一部も蔵漢対音資料として用いることが可能である。漢字の古い発音を直接に知るための材料が極めて乏しい中にあって，蔵漢対音資料は特異かつ貴重な存在である。その音写形式を分析することにより，敦煌を中心とする当時の河西地方で使用された漢語方言の音韻の実態を解明することができる。
(高田　時雄)

そうかんぽん【宋刊本】　→宋版

そうき【双喜】　「喜」の字を2つ横に並べた図案で，「二重の慶事」という意味がある。小さい喜字を多数並べて囍字に代えることもある。「囍」は袱紗・風呂敷・皿・文具・建築などに用いられるほか，結婚用品にも多く使われる。中国では式日，その家の門柱に赤紙に「囍」を金刷りしたものを貼り付ける。また「喜鵲」と呼ばれる鵲を2羽ならべて双喜の意を表すこともある。鵲は喜びを報ずる鳥といい，晨(夜明け)にその声を聞けばその日に喜びがあると信じられている。　　(鈴木　さとみ)

そうき【宋祁】　998(咸平元)～1062(嘉祐7)。北宋の史学者・文学者。雍丘(河南省)の人。字は子京。1023(天聖元)年，兄の宋庠とともに進士に及第し，二宋と称された。官は龍図学士，史館修撰などを歴任し，中でも欧陽脩とともに『新唐書』を編纂したことで知られる。特に列伝150巻はすべて宋祁の執筆に成り，『旧唐書』にくらべ，『春秋』の影響が強い。『景文集』62巻が存する。宋史284
(大野　修作)

そうき【曾幾】　1084(元豊7)～1166(乾道2)。南宋の詩人。字は吉甫，号は茶山居士。祖先は贛州(江西省)の出身であるが，後に河南洛陽に移った。陸游の先生であり，陸が書いた「曾文清公墓誌銘」によれば，曾幾は雅正純粋で，詩に最も巧みであり，杜甫と黄庭堅を宗としたという。『詩人玉屑』では彼は韓駒に学んだので，江西詩派中の詩人に列せられるという。『茶山集』8巻がある。宋史382
(大野　修作)

そうぎ【奏議】　臣下が君主に向かって政治政策を論じて進言すること，またその文章を奏議と総称する。秦以前には上書と総称されたものが，秦代に奏と呼ばれるようになり，漢代以降はさらに名称が細分化。表・奏・疏・議・上書・封事など，内容により，また時代により個々の名称が分かれる。曹丕『典論』論文に「奏・議は宜しく雅なるべし」と述べられるように，整斉が重視される文体である。　　(原田　直枝)

そうぎこ【僧祇戸】　北朝北魏の沙門統曇曜によって創設された教団による農民統治のための組織の一つ。北魏は平定した山東の軍民を都平城(山西省)の近くに強制移住させ平斉郡を置いた。曇曜の奏請により彼らを宗教行政庁にあたる昭玄曹の管轄にゆだね，毎年粟60石を納めさせた。これを僧祇粟といい，制度を拡大して各州郡に置かれ，凶作に備え農民救済に当てられたが，重罪人を寺院に奉仕させる仏図戸の制度とともに，教団の復興・興隆事業にも役立った。　　(藤善　眞澄)

そうきょう【曾鞏】　1019(天禧3)～83(元豊6)。北宋の文章家。建昌南豊(江西省)の人。字は子固，諡は文定。南豊先生とも呼ばれる。年少より文章を綴ることに巧みで，欧陽脩に評価された。1057(嘉祐2)年の進士に合格して太平州司法参軍となり，続いて編校史館書籍や館閣校勘等の史書編纂官に任じられたが，その後は長期間に渡って地方知事の職を歴任し，やっと1080(元豊3)年になって神宗に引見せられ，史館修撰等として都に留まることとなった。さらに1082(元豊5)年には中書舎人，翰林学士となった。

散文の作者としての評価が高く，唐宋八大家の一人に数えられる。呂公著が神宗に「鞏の人となりはその政治手腕に及ばず，またその政治手腕はその文章には及ばない」と言上したため，鞏は登用されなかったという逸話も残されている。詩文集に『元豊類藁』50巻がある。宋史319　　(湯浅　陽子)

そうきょく【宋旭】　1525(嘉靖4)～？。没年は1606(万暦34)以降。明時代末に活躍した画家。

嘉興(浙江省)の人。字は初暘，号は石門。禅宗に帰依し，法名を祖玄といい，天池髪僧・景西居士と号した。松江(上海市)に居して活躍したため，「松江派」の先駆として位置付けられる。その門下には蘇松派の趙左，雲間派の沈士充らがいる。沈周の画風を学び，大幅を得意としたという。代表作に『雲壑秋瀑図』(台北，故宮博物院蔵，1583年)・『五岳図巻』(北京，故宮博物院蔵，1588年)などがある。
（板倉 聖哲）

そうぎょく【宋玉】 生没年不詳。戦国末期(前3世紀末)の楚の文人。屈原の弟子とも後輩ともいわれ，「屈宋」と併称される。『楚辞』の中の『九弁』『招魂』が彼の作に擬せられている。『九弁』では，秋の風景にことよせて身の不遇を詠い，悲秋の文学の原型となった。『招魂』は屈原の魂を招き寄せるために作られたが，屈原自身の作とする説もある。『漢書』芸文志には，「宋玉賦十六篇」が存したとあり，『隋書』経籍志等にも「宋玉集三巻」が録されるが，確実に宋玉の作と断定できる作品はない。『文選』には，『九弁』『招魂』に加えて，『高唐賦』『神女賦』『登徒子好色賦』『楚王の問いに答う』の4篇が採られており，他にも彼の作品とされるものがいくつかある。『高唐賦』の問答体や美辞を重ねる描写法は，漢の辞賦に近い趣を呈する。古くから宋玉をめぐる伝説が『韓詩外伝』などに見えており，のちにそれらが独立して宋玉の作に帰せられたものも少なくなかったようだ。宮廷文人的なイメージは，司馬相如など漢の宮廷文人のあり方の源流になっている。
（興膳 宏）

そうぎょず【藻魚図】 淡水魚や蟹などを，水草とともに水中の景色として描く絵画。モチーフとしての魚は，生まれる稚魚の多さなどから豊かさの象徴として古くから好まれ，絵画以外にも陶磁器や漆器の図案に多く用いられた。絵画における藻魚図は，大気中とは見え方の異なる水中のモチーフの表現として，輪郭線を用いない没骨画法と強く結びついている。こうした藻魚図という画題と没骨画法との結びつきは，五代十国南唐の徐崇嗣にさかのぼるものとされる。北宋の画院には劉寀や趙克夐といった藻魚図の名手があり，南宋画院にも藻魚図を得意とする画家として范安仁などの名が残り，明代の画院画家の劉進・劉節父子も藻魚図を以て知られた。頼庵は中国の画史類には見られない画家であるが，『君台観左右帳記』に魚の絵を描く元代の画家として記録され，日本には頼庵筆との伝称を持つ作品が少なからず存在する。現存する藻魚図の作例としては，伝劉寀『落花遊魚図巻』(個人蔵)，伝趙克夐筆『藻魚図冊頁』(ニューヨーク，メトロポリタン美術館蔵)，伝頼庵筆『藻魚図』(カンザスシティ，ネルソン・アトキンズ美術館蔵)などがある。
（荏開津 通彦）

そうぎょもん【双魚文】 二尾一対にしてあらわした魚の文様。吉祥文とされる。二尾の魚を向かい合わせ，または並べて配し，口と口を紐でつないだものなどがある。陝西省西安市半坡村出土の新石器時代の彩陶類にすでに原型がみられ，頭を同じ方向に向け腹を向かい合わせるものや，並べて描く例がある。漢代には洗や盆の内面に多く描かれ，宋代には龍泉窯の青磁などに頭尾相反する双魚文が盛行した。
（福島 雅子）

そうきん【戧金】 漆器の装飾技法の一つ。鎗金・創金とも書く。漆塗の表面に先の尖った鏨状の刀で文様を線彫りし，その溝に生漆を摺り込んだのち金箔を押し付け，文様を表すもの。古い作例としては，湖北省光化県五座墳前漢墓出土の漆卮，安徽省馬鞍山市の三国時代呉国朱然墓出土の黒漆盒などが知られ，これらは刻文に金粉を埋め込む技法を用いている。金箔を用いる一般的な戧金の例に，江蘇省武進県村前郷南宋5号墓出土の長方盒や，十二稜奩(常州市博物館蔵)があり，いずれも朱漆地に比較的大きく余白を残し，人物や折枝花卉を伸びやかに描く。長方盒蓋裏には，「丁酉温州五馬鐘念次郎上牢」の銘があり，1237(嘉熙元)年に温州(浙江省)で製造されたことがわかる。このほか，元代の作例が多数日本に将来され伝世しているが，このうち尾道市浄土寺蔵の孔雀文戧金経箱をはじめ，浄土寺の末寺光明坊や福岡市誓願寺等に伝わる戧金経箱は，いずれも1315(延祐2)年の銘を有し，漆書銘文によれば，禅定が棟梁となり，浙江省杭州油局橋の金家あるいは同じく杭州の名刹明慶寺前の宋家とが製作したという。これらの経箱は，構造形式・技法・文様をほぼ一にするが，武進の出土例とは大きく異なり，画面全体を文様が隙間無く埋め尽くす点に特色がある。各面に眼象形の飾り窓を設け，その枠内に孔雀・鳳凰・尾長などの双鳥雲気文を回旋状に表し，枠の周囲を花文で充塡する緻密な文様構成をとる。元初には嘉興府西塘(浙江省)に彭君宝という戧金の名手が出るほど盛んとなり(『格古要論』)，明代にも，朝廷から足利将軍家への贈物として，各種の朱漆地の戧金漆器が選ばれた(『善隣国宝記』)。室町時代に日本にもたらされた戧金は，唐物として珍重され，その技術が模倣されたが，日本では舶載・国産ともに沈金と呼ばれた。存星の技法が盛んとなる明代中期以降は，戧金技術は衰退へ向かったと推測され，見るべき遺品は少ない。
（日高 薫）

そうけい【宋銒】 生没年不詳。戦国時代，孟子と同時期の思想家。宋牼・宋栄とも。『孟子』告子章句下で，反戦平和を説く者として描かれている。『荀子』正論篇や『韓非子』顕学篇では「侮らるるも辱とせず」「人の情は欲寡なし」を根拠に闘争を否定し，『荘子』天下篇では尹文とともに，反戦平和と寡欲説を説く姿が描かれている。『漢書』芸文志・小説家に『宋子』18篇が著録されるも，現在は伝わらない。　　　　　　　　（久保田　知敏）

そうげい【曾鯨】 1568（隆慶2）～1650（順治7）。明末清初の肖像画家。莆田（福建省）の出身だが金陵（南京）に流寓し，そこで活動し，没した。字は波臣，号は波渓。彼の画風は，顔貌などに西洋画風の陰影を温和に加味する一方，衣服・背景は伝統的な画法で描く折中的なものであったが大変流行し，多くの弟子を育て，彼らは波臣派と呼ばれた。遺品は多いが，日本に遺存する作品としては，『蘇軾　採芝図』（岡山，個人蔵）がよく知られている。　　　　　　　　　　　　　　（海老根　聰郎）

そうけいとう【宋刑統】 宋の法律書。30巻。竇儀らの奉勅撰。963（建隆4）年，後周の『顕徳刑統』21巻をもとに編纂されたもので，『重詳定刑統』ともよばれる。唐から宋初にかけて現れた「刑統」の掉尾を飾る存在。律502条と律疏12篇を中心に，唐代中期以後の令・式・格・勅177条，起請32条が，213門に分けて収められており，『唐律疏義』と本質的な差異はない。現行の嘉業堂刊本（1912年）と国務院法制局刊本（1918年）はともに天一閣蔵の明鈔本による。　（徳永　洋介）

そうけつ【蒼頡】 伝説上の人名。神話上の帝王である黄帝に仕え，文字を発明したとされる人物。また倉頡とも書く。蒼頡の名は戦国後期の『荀子』に初めて登場し，その後『呂氏春秋』や『説文解字』序などに文字発明の様子が記されるが，それによれば，蒼頡は地面の上に印される鳥や動物の足跡には各動物の特徴がよく保存されており，それを観察すればその足跡を残した鳥獣を特定できるという事実に気づいた。そしてそこから足跡と同じように，さまざまな事物の特徴をうまく造形的に表現することによって，その事物を意味する文字を作ることに成功した，という。さらに蒼頡がこのように常人よりもはるかに鋭い観察眼を備えていたのは，彼には目が4つあったからにちがいないという伝説が作られた。蒼頡を描いた画像は，後漢の墓の内部に装飾として使われた画像石に見えるもののほか数種類が残っているが，いずれも伝説の通り，目が4つ描かれている。　　　（阿辻　哲次）

そうけつへん【蒼頡篇】 秦代の識字用の字書。1篇。始皇帝の時，文字統一に際して作成された。李斯が『蒼頡篇』を，趙高が『爰歴篇』を，胡母敬が『博学篇』を作り，漢初に民間の文字の教師がこれらを合わせ，1章60字，全体で55章，総字数3300字とし，『蒼頡篇』と総称した。書名は冒頭第1句「蒼頡作書」の初めの2字による。収録字は，周の『史籀篇』を母体とし，大篆（籀文）を省改した小篆を用いる。唐代以後に亡逸したが，20世紀に入って発掘された漢代の簡牘資料から残簡が検出され，実態解明に大きな進展がもたらされた。4字句・押韻によって朗読や暗唱の利便が図られており，同類の事物に関わる文字を配列した事物分類的形態が見られる。漢代に入ると『蒼頡篇』を母体として『急就篇』などの識字書が相次いで編纂された。また，『蒼頡篇』の続編として，揚雄の『訓纂篇』，賈魴の『滂喜篇』が作成され，これらは三蒼（倉）と総称された。なお，『蒼頡篇』は『倉頡篇』とも表記され，段玉裁『説文解字注』15上は，「倉或いは蒼に作る。按ずるに広韻に云う，倉姓，倉頡の後，と。則ち蒼に作るは非なり」とするが，漢代の『蒼頡篇』残簡には，全て「蒼頡」と記されており，「蒼」が原表記であった可能性が高い。　　　　　　　　　　　　　　　（福田　哲之）

そうげんがくあん【宋元学案】 宋・元時代の学術思想史。全100巻。黄宗羲が『明儒学案』を編纂してのち，本書の編纂に着手したが，完成せず，子の黄百家や全祖望らがこれを引き継いだ。清末道光年間（1821-50）に至って，王梓材・馮雲濠らが，これらの原稿を集めて全面的に整理し，学案表を加えるなどさらに補訂を行ってようやく刊行に至った。宋・元時代の儒学について，学派とその系統を知る上で有益であるのみならず，当時の知識人の伝記資料としても有用である。　（小野　和子）

そうげんぎきょくし【宋元戯曲史】 民国初，中国における演劇の発展を初めて体系的に述べた著作。別名は『宋元戯曲考』。王国維の撰。中国の演劇は口語小説とともに正統文学から排除されてきたが，王国維は「一代には一代の文学がある」という観点から，元曲に「漢文唐詩宋詞」に匹敵する価値を認め，その淵源をはるか上古の祭祀儀礼にまで遡って発展の歴史を跡づけた。上古から五代までを萌芽期ととらえ，続く宋金二代を元雑劇誕生の条件が整えられていった時代とみなす。故事・音楽・俳優など，様々な視点から各種文献資料を整理する作業は，1909（宣統元）年前後に『戯曲考原』『優語録』『古劇脚色考』などにまとめられた。出版社の依頼に応じて通史のスタイルに書き直した

のが『宋元戯曲史』である。1913(民国2)年から14年にかけて『東方雑誌』に連載され，15年に単行本化された。明清の演劇には触れていないが，文学の伝統的枠組みそのものを変えた著作として，魯迅の『*中国小説史略』とともに画期的な意義を有する。　　　　　　　　　　　　　　　（井波 陵一）

そうげんきょう【宋元鏡】　宋〜元代に製作された鏡。北宋初期には唐鏡を模倣したが銅質が悪く，薄手で文様も粗雑である。中・晩期に鋳鏡が一時期復興し，質が向上した。稜形鏡は六稜形，花形鏡は六花形のものが一般化し，鈕が小型化した。図文は細密で花草や花鳥が多く，また神仙人物故事・吉祥銘・双龍・八卦・連銭文などがある。南宋代になると鋳鏡は再び衰退し，背に文様のある鏡が急減する一方，有柄鏡のほかに新たに長方形・扇形・壺形・盾形・鐘形・鼎形のものが作られるなど，鏡形が多様化した。実用性が重んじられ，素文鏡や製造者の商号・商標の銘のみを鋳出した鏡が盛行した。鋳造地，屋号や作者名を冠し，さらに店舗の所在地，宣伝文句，値段などを記したものもある。それらのうち最も代表的な浙江省の湖州鏡は，北宋末期には鋳造されはじめ特に南宋代に盛行した。金代には双魚鏡などの精緻な優品があるほか，人物故事鏡の題材に新しいものがある。役所の花押が特徴。元代の鏡はさらに退化し粗造のものが多い。円形と有柄形が多く，六稜形・六花形もある。商号を刻んだ鏡はまれで，素文鏡や「寿山福海」「金玉満堂」などの吉祥銘辞のみを記した鏡が少なくない。ほかに牡丹文鏡・龍文鏡・双魚鏡・神仙人物故事鏡などがある。　　　　　　　（黄 名時）

そうこう【双鉤】　摸本を作成するための技法の一つ。原本の上に紙を置き，原本の輪郭を籠写(かごうつし)にすること。写し取った字を籠字(かごじ)という。籠字の中に墨を入れることを塡墨あるいは廓塡といい，一連の作業を双鉤塡墨あるいは双鉤廓塡と総称している。南朝梁時代の頃すでに広く行われ，唐初の遺例が現存する。精緻な作例は，籠字の中に髪の毛ほどの線を用いてカスレなどの表現までをも正確に写し取っている。　　　　　　　　　　　　　　（富田 淳）

そうこう【双簧】　語り物の種類。双黄とも書く。舞台に長方形の机と椅子を置き，1人が坊主頭に髷(まげ)を立て，目と口の周りに白い粉をつけ，椅子に座ってまったく喋らない。もう1人は椅子の後ろに蹲り，扇子で顔を隠し，もっぱら歌い喋る。前の演者は後ろの歌い喋る内容に合わせて，滑稽で誇張した表情や動作をし，観衆にまるで前に座っている演者が1人で語り歌っているように見せる。ときにはわざと破綻するところを見せて観衆の笑いを誘う。我が国の二人羽織の類の芸である。言い伝えによると清の咸豊・同治年間(1851-74)に北京の芸人黄輔臣が創ったという。黄は評書芸人で，人物の言葉，しぐさ，動物の鳴き声，町の物売りの声などを真似るのがうまいことで有名であった。のちに発展して，1人が仕草をし，もう1人がそれを真似るようになり，それで2人の黄，「双黄」という語り物芸ができたという説がある。現代の芸人では孫宝才・王文禄が有名である。　　　　　　　（山口 建治）

そうこう【宋広】　生没年不詳。明代の書家。南陽(河南省)の人。字は昌裔，東海漁者・桐柏山人と号した。官は，湖北省の洶陽同知。書は，唐の*張旭・懐素を宗とした草書や章草を得意とし，また画にも長じた。宋克・宋璲(すい)とともに書壇に名を馳せ，「三宋」と称された。宋広の書は，他の二人に比して連綿体が目立ち，古法に基づいていないと評される向きもあるが，筆鋒を働かせて美しく流れるような連綿をつくりだす運筆は，明時代の新たな章草の様相を呈している。　　　（鍋島 稲子）

そうこう【倉公】　→淳于意(じゅんうい)

そうこういつぼ【曾侯乙墓】　湖北省随州市西郊の擂鼓墩で1977年に発見され，1978年に発掘された戦国前期の大型木槨墓。副葬品は，*青銅器・*玉器・漆器を中心に，金器・竹簡などをまじえるが，青銅器だけでも6000余点を数え，その総重量は10.5tに及ぶ。今日までに中国国内で発見された秦漢以前の未盗掘墓の中で，最も大きな質量の副葬品群が出土した墓である。

　銘文をもつ青銅器のほとんどに作器者として「曾侯乙」の3文字が見られることから，被葬者は曾侯乙その人と推測され，この墓も曾侯乙墓と呼ばれるようになった。副葬青銅器の一つである鎛(はく)には，楚の恵王が前433年に曾侯乙(本人ないしその先祖)の宗廟の祭器として作ったことが銘文として記されており，それからほど遠くない時期が埋葬年と推測される。この鎛そのものが楚器であるのは間違いなく，また曾侯乙の作器を含む多くの青銅器についても，楚の様式的特徴が認められることから，曾国の文化を広義の楚文化の一部分として理解することが一般的である。編鐘などの楽器類は音楽史において，また漆器に描かれた二十八宿は天文学史において，広く注目されている。

　出土した240点の竹簡は，中国国内で発見された竹簡の中では今のところ最古のものである。竹簡には，曾侯乙の葬送儀礼に際し，楚王や楚の官僚，楚の各地の封君，曾の官僚など，被葬者の関係者から

下賜・奉納されたと見られる*車馬・武器・武具類の詳細なリストが記されており，戦国楚墓や秦漢墓に多く見られる遣策と性質が類似する。

宗廟の祭器を楚王が贈り，葬送儀礼に楚の王侯貴族が参与し，曾国の官制も楚のそれと一致する上，文化的にも楚の色彩が強く認められることから，曾は楚の附庸国であったとする見方が一般的である。問題は，文献中においてこの地域に認められるのは，曾国ではなく姫姓の随国であるという点である。しかも考古学的には，この地域において随器の出土例はなく，曾侯乙墓の周辺からは曾器が他にも数多く発見されている。曾と随の関係をめぐっては，一つの国の2つの名称の差にすぎないとする見方が有力であるが，状況証拠以外にそれを裏付けるものは今のところ見つかっていない。報告書として湖北省博物館編『曾侯乙墓』(1989年)が刊行されている。　　　　　　　　　　　　　　　　　　(吉開 将人)

そうこうそうでん【宋高僧伝】　北宋の賛寧(919～1002)が*太宗の勅命を受け，988(端拱元)年に完成させた僧伝。正式な名は『大宋高僧伝』。30巻。道宣の『*続高僧伝』を続ける形で，唐の貞観以降から五代までの時代をカバーする。10科に分類して整理する形式は，慧皎『高僧伝』以来の型を踏襲している。10科とは訳経(経典翻訳)・義解(経典解釈)・習禅(坐禅の実践)・明律(戒律研究)・護法(仏法守護)・感通(神通力)・遺身(肉体供養)・読誦(経典暗誦)・興福(社会福祉)・雑科であり，正伝533人，付伝130人，あわせて663人を載せる。唱導を雑科とする以外はすべて道宣のままである。それぞれの篇の末には「論」が置かれ，その意義が説かれている。時に伝末に「系」や「通」が置かれ作者の見解が開陳されるが，これは先の高僧伝には見られない新しい試みである。また分類ごとの立伝者の数の多少からは，その時代の仏教の傾向が読みとれる。第一に習禅篇は6巻を占め，正伝と付伝とあわせて132人の多きを載せるが，これは唐に始まる禅宗の隆盛を示している。第二に感通篇は5巻で113人に及ぶが，訳経や義解僧の少なさとあわせ考えれば，仏教がすでに中国の民衆の中に生きていた実態を表しているといえよう。北宋末になって，慧洪は禅の立場からこの書を批判して，「賛寧は学に博きも然るに其の識は暗く，永明を以て興福と為し，厳頭を施身と為す」(『石門文字禅』26題仏鑑僧宝伝)と述べるが，それはまたこの書の特色をあらわす。賛寧はあえて永明延寿や厳頭全豁を他の分類に配置してまで，10科立伝数のバランスに配慮し，あくまでこの分類形式の高僧伝にこだわり，中国仏教の全体を載せる最後の高僧伝を編纂したのである。これ以後，禅宗と浄土宗が中国仏教の主流となり，続いて出来た『明高僧伝』は訳経・解義と習禅の3科のわずか5巻で終わっている。賛寧は史料として塔銘や野史の類を豊富に利用しているが，とくに感通篇では，直前に編まれた『*太平広記』を多く用いている。　　　　　　　(西脇 常記)

そうこく【宋克】　1327(泰定4)～87(洪武20)。明代の書家。長州(江蘇省)の人。字は仲温，南宮生と号した。翰林侍書となった後，陝西省の鳳翔府同知となる。詩文に長じ，呉門文士の*高啓，張雨ら9人とともに「十才子」と呼ばれた。書は宋広，宋璲とともに「三宋」と称され，その力量は3人の中でも傑出していた。小楷を三国魏の鍾繇，草書を東晋の王羲之の法から得，三国呉の皇象の書と伝える草隷で書かれた『急就章』を深く研究した。特に，筆勢が鋭く力強い章草を得意とする。明史285　　　　　　　　　　　　　(鍋島 稲子)

そうこくじ【相国寺】　河南省開封市にある寺院。555(天保6)年の創建，最初は建国寺と称した。災害で一旦廃れ，710(景雲元)年に再建。翌年「相国」の寺号を賜り盛大となる。北宋代には「大相国」の寺額を賜い，帝室の信仰のもとで厚遇された。日本の僧成尋が滞在したことがある。また境内を市場として開放し，庶民生活の中心ともなっていた。明末の災害後，清代に修増築が行われた。現存の伽藍などは，おおよそこの時のものである。　　　　　　　　　　　　　　　　(桂華 淳祥)

そうこくはん【曾国藩】　1811(嘉慶16)～72(同治11)。清末の政治家・学者。長沙湘郷(湖南省)の人。字は伯涵，号は滌生，諡は文正。1838(道光18)年の進士。1851年1月(同30年12月)に太平天国の乱が勃発すると，53(咸豊3)年，母の喪に服するために帰郷中の曾国藩は命を受けて太平天国軍に対抗する郷土防衛軍である湘軍を編制した。翌年，出陣に際して曾国藩は「粤匪を討つの檄」を発し，太平天国が儒教的な名教の危機であることを訴えて士気を鼓舞した。その後，湘軍は反乱鎮圧に大きく貢献し，曾国藩も1860年には両江総督に任命された。反乱鎮圧後は捻軍の鎮圧や西洋の軍事技術を導入する洋務運動の推進に努め，1867(同治6)年に内閣大学士，翌年には直隷総督に任命された。1870(同9)年に発生した天津教案への対応で責任を問われて両江総督へ転任したが，1872年に南京で病死した。学者としては朱子学を修め，桐城派の古文を尊んだ。文集に『曾文正公全集』『曾国藩全集』(岳麓書社)がある。清史稿411　(井上 裕正)

そうざいじょう【争座位帖】　唐の書道の名

品。「争座位文稿」「与郭僕射書」「論座帖」とも呼ばれる。顔真卿書。行草書。タテ81cm×ヨコ152cm。全1295字。764(広徳2)年11月に，顔真卿が尚書右僕射の郭英乂に与えた尺牘(手紙)の草稿。争座位帖の名の通り，朝廷における百官集会の座位(座席)の順序を乱したことに対する抗議文。『祭姪文稿』『祭伯父文稿』と合わせて三稿と称され，その中ではもっとも評価が高い。真跡は北宋までは伝わっていたようで，それを過眼した蘇軾は「顔真卿の他の作品に比べて，もっとも頭抜けている」(『東坡題跋』)といい，顔の楷書を嫌った米芾でさえも，この稿だけは「篆文と籀文の気があり，顔書の第一である」(『書史』)と称賛している。また刻本を見てであろうと推測されるが，清の王澍も『虚舟題跋』の中で，『蘭亭序』に匹敵する傑作だと言っている。刻本は，北宋以来多数作られたようで，そのことについては清の王昶『金石萃編』に詳細な解説がある。刻本の質は北宋の安師文が刻した関中本がもっともよく，広く知られており，日本では三井氏聴冰閣が蔵する。原石は現在西安碑林博物館に保存されている。　　　　　　（池田 利広）

そうざつげき【宋雑劇】　宋代の各種演劇の総称。南宋の呉自牧『夢梁録』20は雑劇についてこう記す。「雑劇では末泥が長となり，1場につき4人から5人が登場する。まず，おなじみの場が1段で艶段という。つぎが正雑劇で，通じて両段と名づける。末泥色が主張し，引戯色が分付し(いいつける)，副浄色がおどけ，副末色が打諢する(ふざける)。もう1人装狐というのが加わることもある。雑劇で曲破・断送(いずれも楽曲の名)を吹くものを把色という。だいたいが故事形式をとり，滑稽な唱と念(せりふ)で対応して終始する。これは元来鑑戒(かがみ)とされるもので，また諫める意味を含む。だから都合しだいで露骨にやっても，無過虫(おとがめなし)といわれる。(中略)また雑扮があり，雑班とも紐元子とも抜和ともいう。これが雑劇の後散段(切狂言)なのである」。元の陶宗儀の『輟耕録』には「宋には戯曲・唱諢(歌い物)・詞説(講釈)があり，金には雑劇・院本・諸宮調(語り物)がある。院本・雑劇はその実一つのものである。国朝(元)では院本・雑劇が初めて二つに整理された」とある。これで見るに，宋雑劇とは，滑稽な笑劇形態のもの(金・元でいう院本)，及び歌舞・語り物等の各種演芸の総称であったことがわかる。宋の雑劇の脚本は現在残っていないが，南宋の周密『武林旧事』10には「官本雑劇段数」として280篇の名目を載せる。幸いこれらには「争曲六么」「四僧梁州」(いずれも大曲〔歌を含む大型楽曲〕の曲名)という如く，その雑劇に用いる楽曲名を記すものが多いた

め，音楽的系統を知ることができる。またこれには爨体と呼ばれる題名のものが43本載っている。新水爨・酔花爨・木蘭爨・鍾馗爨・天下太平爨などがそれである。田仲一成は「要するに『爨体』は(中略)跳神をなすものであり，物語を演じるというよりは，儀礼動作にちかい舞踊演技であり，宗教儀礼と芸能演劇の中間混合形態であったといえよう」と述べる(『中国祭祀演劇研究』第4章「慶祝演劇の発生」)。宋雑劇にはまだ宗教舞踊が残っていたことが分かる。この他に脚色(役柄)名を含む題名もいくつか見受けられる。『目薬孤』『思郷早行孤』(孤は役人の役柄名)，『老姑遣旦』『双売旦』(旦は女役)，『目薬酸』(酸は書生役)などがそれであるが，これらはその脚色が中心となる演劇(短い笑劇)と考えられる。これらの笑劇は後に金元代に至り，当時興ってきた本格的な演劇である「雑劇」と区別するため，特に「院本」と呼ばれるようになった。『東京夢華録』8には「7月15日の中元節(仏教の盂蘭盆会に当たる)の時，劇場の役者は七夕が過ぎてからずっと『目連救母』雑劇を演じ，15日になって止めるが，この日は倍以上の客の入りがある」とある。当時すでに目連戯が長期間演じられていたことがわかる。宋雑劇のこれらの演劇形態の中には，次の金元代に至って元雑劇として大きく発展して行く要素が含まれていたのである。　　　　　　（日下 翠）

そうさん【僧璨】　?～606(大業2)。隋代の禅者。中国禅宗の第三祖とされる。出身不詳。『続高僧伝』25・法冲伝に慧可の後継者として名を挙げる。荷沢神会による南宗の法系整備の際，四祖道信の師として三祖の地位を与えられ，以後の禅宗史書もそれを承ける。『信心銘』は彼の作とされる。伝は，『楞伽師資記』『伝法宝紀』『歴代法宝記』などに見える。　　　　　　（高堂 晃壽）

そうざんほんじゃく【曹山本寂】　840(開成5)～901(天復元)。唐代の禅僧。曹洞宗の祖。泉州莆田(福建省)の人。元証大師と諡す。俗姓は黄氏。19歳で出家。25歳で具足戒を受く。のち咸通年間(860-874)，洞山良价に参じて法を嗣いだとされるが，師事は2年以下のごく短期間だったらしい。『祖堂集』8や『景徳伝灯録』17の伝は，その後，まず撫州(江西省)の曹山，のちに荷玉山に住持したと記すが，荷玉山は曹山の旧名で実は一か所と考えられる。洞山の最も主要な法嗣は雲居道膺であったが，のち曹山本寂の系統が注目され，「曹洞宗」なる一派として分類されるに至った。具体個別の現実相と平等一如の本来相の関係を5種に分類した「五位」の思想を組織したことでも知られる。単行の語録に『曹山録』がある。また上記のほかに『宋

高僧伝』13に伝がある。　　　　　　（小川　隆）

そうし【宋史】　宋代を扱った正史。496巻。元の脱脱ら奉勅撰。1345(至正5)年に完成した。編纂に当たって，宋を正統として遼・金を載記とする説，遼・金を北史，宋を南史とする説などが議論されたが，3国とも正統王朝として別々に正史を作ることに決定した。宋代に編纂された『三朝(太祖・太宗・真宗)国史』『両朝(仁宗・英宗)国史』『四朝(神宗・哲宗・徽宗・欽宗)国史』『中興四朝(高宗・孝宗・光宗・寧宗)国史』を基礎にして，実録・日歴・野史・文集などを資料に加えて編纂された。わずか2年半で出来上がったので疎漏が多いと評されるが，基になった国史が亡佚しており，史料価値は高い。1346(至正6)年の杭州路刊本が現存し，百衲本はこれを影印している。テキストとしては，1979年の中華書局標点本が最良である。明代には，王洙『宋史質』100巻，柯維騏『宋史新編』200巻，王維倹『宋史記』250巻など，『宋史』を改作した史書が多く作られた。　（竺沙 雅章）

そうし【宋詩】　宋代に至って，詩にかかわる人々が飛躍的に増加した。中世の文化を支えていた貴族層に代わって，皇帝による強力な独裁政治の支え手として，文官登用試験(科挙)によって選抜された士大夫(文人官僚)が文化の主たる担い手となり，また富裕化した市民層が加わったことが因をなす。加えて，宋代に入って本格的に発達した印刷技術が文学の営みの基盤となった。

宋代の詩一般は，すでに唐代に確立されていた詩の諸様式を継承しており，新たな形式を生むことなく，そこに新しい文学精神を盛ったのである。宋代に盛行した詞(詩余)について見ても，その形式は宋人によって開発されたものではなく，中唐から五代十国にかけて用意されていたものである。ただ唐の詩の世界と異なるのは，詩人がおおむね詞人でもあったことで，歌謡体の抒情詩にふさわしい領域が詞によって担われたことである。われわれが宋代の詩の世界を考える場合は，詩と詞の双方を対象とすべきで，いずれか一方のみでは偏頗な理解にとどまってしまう。

宋代は北宋・南宋300年余にわたった王朝であり，詩の流れをひとつに括ることは困難だが，その宋詩としての特色を顕著に示しているのが，王安石・蘇軾・黄庭堅らが活躍した「隆宋」の名でよばれる北宋の後期ということになる。その期を中心に宋詩の特色を示せば次の如くになろう。

南宋末の詩論家である厳羽は，宋詩について，「遂に文字(散文)を以て詩を為し，才学を以て詩を為し，議論を以て詩を為し」たという(『滄浪詩話』)。宋人は理知の人であり，本来は散文によって表現するにふさわしい思索を詩にするのをためらわなかった。しかし宋人は感情の表出を忌避したというのではなく，唐人の如く高揚した感情を詩によって燃焼させることをせず，それすらも思索の対象とすることで細やかに表現したのである。

宋人は詩作のいとなみを日常化させ，詩の題材を日常生活の瑣事にまで拡大した。それは時に詩を平板化させたとする誹りを招くのであるが，生活の細部に潜んでいる価値を積極的に掘り起こして価値づけることであり，おおむねは平板に推移する人生を「よく生きる」ことに導くものであった。そこに詩の文学の新しい価値を見出したと言ってもよい。

宋詩は多く人事をうたうが，われわれの日常生活を彩る自然にも細やかに目を注いで美しい詩篇を成しており，ときには自然を擬人化することで，親しむべきものとして詠じている。

宋人にとって唐詩は「古典」として意識されていて，それを否定するのではなく，それに学びつつ新しい詩の世界を拓いたのである。

そうした宋詩に学ぼうとしたのが，清朝の道光・咸豊年間(1821-61)から清末にかけての宋詩派である。その前期を導いた何紹基は，詩と思索(学問)の調和を重んじて，宋詩に倣うべきを主張し，その流れは清末の陳衍(1856〜1937)らに及んでいる。
　　　　　　　　　　　　　　　　（山本 和義）

そうし【荘子】　生没年不詳。老子と並ぶ戦国中期の代表的道家思想家。姓は荘，名は周。宋国の蒙県(河南省)の出身で，その地の漆園の官吏となったという。戦国時代の楚の威王に宰相として招かれたが，泥中に生きる亀と殺されて尊重される卜占の亀甲との喩えを挙げて，高禄高位での危険を避け，無位無冠で自由な生活を求め，任官を辞退したとされる。この話は『荘子』に一貫して流れる思想と合致するが，史実のほどは不明。名家の恵施と無二の親友だったと『荘子』に見える。史記63
　　　　　　　　　　　　　　　　（澤田 多喜男）

そうし【曾子】　孔子の弟子。魯の南武城(山東省)の人。名は参，字は子興。孔子より46歳年少。父(名は点)も孔子の弟子。至孝の人物として登場する説話や言説が数多く伝えられる。『孝経』，あるいは『大戴礼』中の「曾子」十篇は，その後学の著作である可能性が高い。もっとも，曾子その人を『大学』(もと『礼記』の一篇)の作者と見なすこと，及び孔子の孫，子思に学を伝えた人物と位置づけるのは，根拠を欠く後代的観念に過ぎない。史記67
　　　　　　　　　　　　　　　　（伊東 倫厚）

そうじ【荘子】
『老子』と並ぶ道家の代表的書物。『南華真経』ともいわれる。『漢書』芸文志には，52篇と記されていて，唐の陸徳明『経典釈文』序録には52篇本があったと記されているが，現存する完本は33篇。隋の時代までは，司馬彪注52篇本の他，崔譔注の27篇本，向秀注の26篇本，郭象編注の33篇本，李頤注の30篇本などがあった。これらは全体の篇数は異なるが，いずれも内篇は7篇だったという。陸徳明は晋の郭象の編纂注釈を施した33篇本を，雑駁な諸篇を除いた荘周（荘子）の真意を伝えるものとして『荘子』の底本として採用した。そのため33篇本以外のテキストは完本としては現存しない。33篇本は内篇7・外篇15・雑篇11の各篇から成り，内篇は荘周の真意を伝えるものではないかとされるが，確証はない。現在の研究段階では，外篇・雑篇は戦国末期から漢代初期にかけての著作で，内篇と密接に関連する篇もあり，多くは神仙家や隠遁家など広い意味での道家的傾向の著作とされるが，中には縦横家的な思想傾向のものなど他学派の著作もあるとされる。
（澤田 多喜男）

そうじい【草字彙】
草書の字典。12巻。清の石梁の編。1787（乾隆52）年の自序がある。法帖を中心に漢から明に至る87家の草字を模写し，明の梅膺祚『字彙』に従い，214の部首別に編次したもの。単字数は5295字。各草字の傍らに書家の名号が注記されている。模写が精良で検索に便利であることから広く行われた。乾隆丙午同文会刊本・乾隆丁未敬義斎刊本・道光5年刊本などがあり，近年のものとしては上海古籍出版社1981年重印本がある。
（福田 哲之）

そうじかくしょうちゅう【荘子郭象注】
『荘子』の有力な注解の一つであり，遺欠なく伝存する最古のもの。もと33巻（現行本は10巻に改編）。西晋の郭象による。漢代以来，『荘子』の注解は世に多数おこなわれたが，郭象はそれらを不十分として『荘子』の本文を整理し注解を施した。まず，当時通行の55篇本『荘子』には荘子の意に沿わぬ後人の付加があるとして，33篇本が定められた。この33篇本がすべての『荘子』現行本の基礎となっている。その内容は，三国魏以来の玄学の展開を受け，事物の変化に順応する聖人によって実現されるという万物斉同の世界観を中心に据え，個々の人間にあっては「分」に従うべきことを強調し，秩序ある社会を実現させようとするものである。南朝陳の陸徳明は「唯だ（郭）子玄の注する所のみ，特だ荘生の旨に会う」として，『経典釈文』の根拠として採用した。唐の成玄英の『荘子』疏も郭注に基づく。なお郭象注をめぐっては，向秀の注を盗用したものであるという説が存在する。（古勝 隆一）

そうしきじ【宋詩紀事】
清の厲鶚撰。100巻。3812人の宋代の詩人の詩を収録し，各々の詩人の簡便な伝記を付す。また詩の後ろには，詩話に見える評価や関連する逸話も掲げられている。しかし広範な詩人を採録しているために遺漏も逃れ得ず，後に陸心源が『宋詩紀事補遺』と『宋詩紀事小伝補正』を編んでこれを補った。（湯浅 陽子）

そうししょう【宋詩鈔】
清の呉之振の編纂した宋詩の撰集。目録には100人の詩人の名を挙げ，全106巻と記すが，現行本では84人の詩人の作品を収め，全94巻となっている。明末の詩の世界では種々の詩派が乱立し，また様々な詩風が流行する状況にあったが，清代の初期には宋詩の詩風が流行するようになっていた。この『宋詩鈔』も当時の宋詩流行の風潮のなかで編まれたものであり，本書によることで宋代の詩のあらましを知ることができる。それぞれの詩人の作品撰集の冒頭には，明の元好問が金代の詩を集めた『中州集』の体裁に倣って，作者の簡単な伝記が掲げられている。

呉之振は，個人の詩文作品集が存在することを選択の基準としたと述べているが，実際はそのうち16人の詩人の個人作品集が伝わっていない。そのため曹庭棟は『宋人百家詩存』を上梓してその欠落を補い，また後に管庭芬・蒋光煦によって『宋詩鈔補』も編集された。（湯浅 陽子）

そうじっかい【宋十回】
揚州評話の演目。『宋江』とも呼ぶ。小説『水滸伝』の登場人物宋江を主人公とする。『武十回』（武松），『石十回』（石秀），『盧十回』（盧俊義）とともに揚州評話の『水滸』を代表する4つの「十回書」の一つ。『武十回』の後に直接続く。全体は10回に分かれ，それぞれ「清風山結義」「清風寨鬧花灯」「鬧青州」「宋江起解」「鬧江州」「梁山定計」「沿江聚義」「混城」「劫法場」「活捉黄文炳」と題する。物語は，ほぼ小説『水滸伝』の第33回から第41回に当たり，宋江が武松と別れて清風寨に花栄を訪ねる途中，清風山で燕順らに出会うことから始まる。清風寨で花栄とともに捕らえられ，燕順らに助け出された後，官軍の秦明・黄信らを破ってこれを味方につけ，揃って梁山泊に向かう。宋江は途中で家からの手紙を受け取り帰郷，逮捕され江州（江西省）に流刑にあい，張横・戴宗・李逵らの好漢と知り合う。その後宋江は潯陽楼で壁に反乱の詩を書きつけたかどで，死刑の獄に落とされるが，梁山泊と江州の好漢たちが協力し，刑場から宋江を救い出して仇の黄文炳を捕殺す

るところまでを演ずる。中でももっとも有名なのは「混城」の段で、好漢たちが死刑に処されようとする宋江と戴宗を救うためさまざまな職業の姿に扮して江州の市中に潜入する様子を微に入り細を穿って語る場面である。この他、「清風寨鬧花灯」の元宵節の灯籠見物の段は小説に比べ極端に長く、「活捉黄文炳」で宋江が救われたのち再び潯陽楼に上る段は評話にのみ見られるなど、独自の工夫も多い。現在残るいわゆる揚州評話王派の『宋十回』に直接つながるのは、清の咸豊年間(1851-61)の芸人鄧光華による『水滸』であり、王少堂が第5代の伝承者に当たる。1962年、揚州評話研究小組によって王少堂の録音が整理されたが出版前に原稿と録音が散逸し、のち1985年になって江蘇人民出版社から『揚州評話水滸 宋江』として出版された。なお京劇では宋江を主人公とする『烏龍院』などの折子戯の総称として用いられる。　　　　　　　　(川 浩二)

そうしべっさいしゅう【宋詩別裁集】　宋代詩歌の総集。原名は『宋詩百一抄』。清の張景星・姚培謙・王永祺の撰。編者が宋代の理学に傾倒していたことから、朱子の作品からの選詩が突出して多いなど、顕著な偏りが目立ち、考証上の誤りも多い。同撰者には他に『元詩別裁集』があり、この2集を清の沈徳潜撰『唐詩別裁集』『明詩別裁集』『清詩別裁集』と合わせ、五朝詩別裁集の一つに数える。　　　　　　　　　　　　　　(木津 祐子)

そうしもん【宋之問】　656(顕慶元)?〜712(先天元)。初唐の詩人。虢州弘農(河南省)の人。字は延清、または少連。675(上元2)年に進士に及第して以後、官僚としての人生は徹底して権力者に媚びたものであった。庇護者を密告して自身の罪の免除を願ったり、「年々歳々花相い似たり、歳々年々人同じからず」の句を譲らなかったとして劉庭芝を殺害したと噂されたりと、「醜行多し」と評される。最後は配流先で玄宗に死を命じられた。若い頃から詩人としての才能を発揮し、特に五言詩は優れ並ぶ者なしと称された。同時期の詩人沈佺期とともに近体詩(律詩)の完成者と目され、「沈宋」と併称される。その詩は則天武后・中宗の時期の宮廷文人であったという事実を反映し、技巧を凝らした応制詩などが多い。一方、左遷され任地へ向かう途上において不安と悲しみを吐露した一連の詩は高く評価される。10巻の文集があったが失われ、現在明人の輯本を整理した詩文集をみることができる。『唐才子伝』1に伝がある。旧唐書190中、新唐書202　　　　　　　　　　　　　　　　　　(道坂 昭廣)

そうしゅう【荘周】　→荘子

そうしゅう【総集】　複数の作家の作品を収録した詩文集。個人の作品を集めた「別集」に対する。目録学史上では、南朝梁の阮孝緒『七録』が、詩賦を録する「文集録」を、楚辞部・別集部・総集部・雑文部に4分割しており、この名称が、『隋書』経籍志以降に踏襲された。　　　(佐竹 保子)

そうしゅうこちょうむ【荘周蝴蝶夢】　明末の伝奇。多く『蝴蝶夢』と略す。『蝴蝶夢』には2種類あり、一つは謝国の作、一つは清の石龐の作である。謝国(生没年不詳)、字は弘儀、号は寉雲、紹興(浙江省)の人。広西において左都督兼右副都御史に任ぜられたという(清の談遷『北游録』による)。石龐(生没年不詳)、字は晦村、号は天外、太湖(安徽省)の人、清初の伝奇作家で他に伝奇『揚州夢』がある。

①謝国の伝奇『蝴蝶夢』は、一名『蟠桃宴』ともいう。荘子は漆園令の職をやめ、妻の韓氏と抱犢山に隠棲し、長桑公子に随って道術を修得した。家に帰る途中墓の土を扇いでいる婦人を見て尋ねてみると、墓の土が乾けば他の男と結婚できるからだと言う。そこで荘子は妻の貞操心を試そうと思い、家に帰るや術を使って病死し、そして若い弟子の周生に化ける。夫が死んだとばかり思った韓氏は初めは悲嘆にくれているが、次第に若い周生が好きになり、盛んに荘子の墓を扇ぐ。荘子が棺を破って生き返り韓氏をなじると、韓氏は恥じて道術の修行に励んで、夫婦共に昇天して仙人になるという筋。

②石龐の『蝴蝶夢』は①と筋がやや異なっているが、京劇その他地方劇の『大劈棺』の名を改めたものである。前半では外出して家に帰る途中、墓を扇いでいる若い未亡人のために術を使って土を乾かしてやる。荘子は家に帰ると、妻の田氏にこの話をし、人は死ねば無になるものだから再婚してもいいと言うが夫人は絶対再婚はしないと誓う。まもなく荘子は術を使い一声叫ぶと死んでしまう。そして若い弟子の楚王孫に化け田氏と結婚する。新婚の夜楚王孫は発作を起こして倒れる。死んだばかりの人の脳を薬にして与えれば生き返ると聞いた未亡人は、急ぎ荘子の死体の入った棺を斧で切り開く。すると棺の中から荘子が笑いながら現れる。田氏は自分の行為を恥じ、斧を揮って自殺し、荘子は家を棄て旅に出る、という筋。　　　(内山 知也)

そうしゅうしょう【宗周鐘】　→㝬鐘

そうじゅつそ【荘述祖】　1750(乾隆15)〜1816(嘉慶21)。清中期の経学者。武進(江蘇省)の人。字は葆琛。1780(乾隆45)年の進士。常州公羊学の祖である荘存与の甥であるところから、公

羊学を継承したようにいわれるが，現存する著述をみる限り乾嘉の学的色彩の方が強い。『明堂陰陽夏小正経伝考釈』では夏暦に準拠して天文・暦数を考え，『説文古籀疏証』では，残存せる古文・籀文によって，許慎の『説文解字』に異議を唱えた。著述は『珍芸宦遺書』に収録されている。清史稿481

（石黒 宣俊）

そうしゅんず【早春図（郭熙）】 北宋の宮廷画家，郭熙の山水画。絹本墨画淡彩。タテ158.3cm×ヨコ108.1cm。台北，故宮博物院蔵。早春の夕暮れの景を描く。郭熙の現存唯一の真筆で，「早春，壬子(1072)年，郭熙画」の落款がある。李成を学んだ精緻な水墨画風に，范寛の高遠表現を導入するなど，それまでの五代・北宋山水画を総合する性格をもち，三遠法の実践など，自らの『林泉高致集』の記述に符合する点も多い。雲の沸き上がるような幻想的な山岳表現と，大気，光などの再現的な表現が高度に融合し，北宋山水画を象徴する大作である。

（竹浪 遠）

そうしょ【草書】 書体名。草とは草率（あわただしく，おおざっぱ）の意。後漢の許慎『説文解字』叙や後漢の趙壱『非草書』によれば，草書は隷書の簡易体として秦漢の際に起こり，漢末に広く流行したが，公式の篆書・隷書に対して，あくまでも非公式な便宜的書体として位置付けられていた。漢代の軍書や帳簿などの木簡に見られる草書の実例には，隷書の波勢を備え，個々の文字が独立しているという特徴が認められる。これに対して，漢魏の際から晋代にかけての木簡や残紙などには，隷書の波勢が見られず，時に2字の連綴を示す新たな様式が見いだされるようになる。六朝期の文献に現れる「章草」という名称は，こうした新たな草体の成立に伴い，波勢を持つ旧体の専名として起こったものであり，他方，旧体に対して波勢を持たない新体を「今草」と称することもある。その後，六朝期後半には，楷書の影響のもとに，隋唐の資料に見られるような草書が完成したと推測されている。

（福田 哲之）

そうしょ【叢書】 或る一定の目的や方針に応じて選んだ複数の書籍を，編集しなおして一つにまとめ，刊行した書物の称。総合的性格のものと分野別専門的性格のものとがあり，例えば『十三経注疏』『漢魏叢書』はそれぞれ経学と輯佚の専門的叢書，『四庫全書』は総合的叢書である。南宋の左圭編『百川学海』に叢書は始まり，明清期に盛んに刊行された，とその前言に説く『中国叢書綜録』は，歴代の叢書名及び各叢書の収録内容とをほぼ網羅し整理した目録。

（原田 直枝）

そうじょ【宋書】 南朝宋の正史。100巻（本紀10巻・志30巻・列伝60巻）。沈約が南朝斉の永明5(487)年に勅を受け，翌年，本紀・列伝を完成させた。志はやや遅れて成る。宋の修史は早くから始められ，すでに徐爰『宋書』60巻があり，本書は多く徐爰書に拠る。宋史はこの他に数種あったが皆佚して，本書が唯一完存する。特に古代の典章制度の沿革を詳細に述べる志と，独自の史観をもつ列伝の伝論（伝末に撰者が記した批評）は本書の特色の一つである。中華書局評点本が利用に便である。

（中村 圭爾）

ぞうしょ【蔵書】 明の李卓吾が編纂した歴史書。68巻。1599(万暦27)年初刻。紀伝体を採用し戦国期から元までを扱う。各篇本文は既存歴史書の節略にすぎないが，彼の主張は整理編成された全体像の中にうかがうことができる。人間の本来的な欲望を肯定する李卓吾は，歴史の展開をも欲望の増幅とそれに伴う社会崩壊の過程と捉え，人間生活の混乱期における質朴と安定期における華麗を両極として，その間を循環する歴史像を構成してみせる。また「人が他人を評価するにも定論などはない」（世紀列伝総目前論）とする李卓吾は，従来の人物評価を踏襲することなく，秦始皇帝を「千古の一帝」と顕彰し，李斯を「才力名臣」に位置付けるなど，反儒家的とも言いうる新たな視点を提出する。こうした主張が後の李卓吾弾劾において，彼を非難する論拠の一つとされている。本書の後を承けるものとして，明代人士の列伝を編纂した『続蔵書』があり，李卓吾没後，1611(万暦39)年に出版されている。

（大西 克巳）

そうしょう【走唱】 語り物芸能の上演形式の一種。腰掛けたり立ったまま歌い語るものに対して，舞台を大きく動き回り，歌い語りながら舞踊も行うものを指す。東北の二人転や西南中国の車灯，湖北の三棒鼓，全国に分布する打連廂などに見られる。演者が登場人物に扮してそのせりふを歌い語る場合は演劇に近似して見えるが，演者はあくまで語り手であり，演劇のように一貫して配役に徹してはいないため，舞踏を含む語り物とみなされる。

（岡崎 由美）

そうしょう【奏摺】 清代の上奏文の一種。内閣を経由する題本にたいし，皇帝への親展状としての性格をもち，上奏者から直接に宮中へ届けられた。皇帝はこれに硃批を書きくわえて返答した。奏摺は，皇帝の親筆が入っているために，官僚が保有

することは許されず，宮中に再送，保管された。これが宮中檔（硃批奏摺）である。乾隆期（1736-95）から軍機処を経由して下達されるようになり，録副とよばれる写しが作られた。清末には，題本にかわり正規の上奏文となった。
　　　　　　　　　　　　　　　　（岩井　茂樹）

そうじょう【曾静】　1679（康熙18）〜1736（乾隆元）。清の学者。永興（湖南省）の人。号は蒲潭先生。康熙の生員であったが科挙受験を捨て，教師となった。1728（雍正6）年，弟子の張熙を陝西省に派遣して，漢人の武将である川陝総督岳鍾琪に書を投じ，反清の武力蜂起を促した。驚いた岳鍾琪の告発により二人は獄に下される。取り調べの中で，呂留良の遺著を読んで影響を受けたことを自供し，雍正帝が皇位を簒奪したという巷間の風聞を披瀝したため，事態を重く見た雍正帝は『大義覚迷録』を出版・配布し反論とした。呂留良は大逆罪として棺を暴かれて遺骸がさらされ，その著書は焚かれて，子孫・門生も連座させられたが，皇帝の寛大さと度量の大きさを示すため，曾静・張熙は釈放された。しかし，乾隆帝が即位すると，再び京師に送られ反逆罪で磔刑に処せられ，配布された『大義覚迷録』は回収された。
　　　　　　　　　　　　　　　　（森　紀子）

そうじょう【僧肇】　374（建元10）〜414（弘始16）。但し塚本善隆編『肇論研究』（1955年）の説による。五胡十六国時代，後秦の第2代皇帝姚興（在位394〜415）治下の鳩摩羅什翻訳活動において華々しく活躍した漢人協力者であり，当時，最高の仏教哲学者。京兆（陝西省）の人。前秦王朝末期，道安没後の長安仏教教団において老荘哲学から維摩経哲学へと転向した天才的青年僧としてデビューし，いち早く涼州姑臧（甘粛省）まで出かけて鳩摩羅什に師事していたが，姚興の涼州攻略の際に羅什とともに長安へ連れて来られた（401年）。羅什が『大品般若経』を翻訳しつつ『大智度論』を講義したとき（405年）には「般若無知論」を著作し，その後，いつか確定されないが，その補論ともいうべき「物不遷論」「不真空論」を著作している。つづいて羅什が『維摩経』を翻訳したとき（406年）には『注維摩』を完成させ，羅什が没した直後には，姚興・姚嵩から提起された問いに答えて「涅槃無名論」を著作している（413年頃）。文集『肇論』は以上4編の論文を収める。一言にしていえば魏晋老荘哲学に，新来の真俗二諦を区別する仏教哲学を導入した天才哲学者であった。
　　　　　　　　　　　　　　　　（荒牧　典俊）

そうしょうほう【宋翔鳳】　1776（乾隆41）〜1860（咸豊10）。清中期の経学者。呉県（江蘇省）の人。字は于庭。1800（嘉慶5）年の挙人。官は新寧県（湖南省）の知県。母が荘述祖の妹であったため，述祖から公羊学を学んだ。家学の影響からか『論語』中には孔子の微言大義が含まれ，太平の治，素王の業について説かれていると考え，『論語説義』10巻を著したが，公羊学的特色は希薄で，劉逢禄の『論語述何』よりも劣る。門下に戴望がいる。著作集に『浮谿精舎叢書』がある。清史稿482
　　　　　　　　　　　　　　　　（石黒　宣俊）

ぞうしょきじし【蔵書紀事詩】　清末に著された蔵書家の故実集。7巻。1910（宣統2）年刊。葉昌熾著。印刷術が本格的に実用化されだした五代より，清末に至るまでの蔵書家1100余人の記事を収める。歴史叙述として整理された著作ではないものの，史料集としてははなはだ有用。版本には7巻の定本以外，これ以前に刊行された6巻本があるが，よくない。なお今日では王欣夫の補正および索引を付した標点本（上海古籍出版社，1989年）があり，これがもっとも便利。
　　　　　　　　　　　　　　　　（井上　進）

そうしょく【曹植】　192（初平3）〜232（太和6）。三国魏の詩人。譙（安徽省）の人。「そうち」とも。字は子建。最後に陳王（河南省）に封じられ，「思」と諡されたことから，陳思王と呼ばれる。父は魏の武帝曹操，兄は文帝曹丕。併せて三曹と称される。10歳余りで『詩経』や『論語』，辞賦数十万言を諳んじ，文章をよくした。聡明で難問にも即答した植を曹操は寵愛し，何度も太子に立てようとしたが，節度なく酒を飲み，つとめ励むこともなく気ままにふるまう植の奔放な性格が災いして，果たされずに終わった。後継争いのもつれから，兄曹丕との関係は次第に悪化し，丕の帝位継承が決定して以降は監視下に置かれ，何度も国替えを命ぜられた。七歩の内に詩を作らねば死刑に処すと兄に迫られ，即座に「七歩詩」を作って許された逸話は有名。幾度となく登用されることを願い出たが，結局かなうことなく不遇のまま41歳で病死した。『詩品』上において「陳思の文章に於けるや，人倫の周・孔有り，鱗羽の龍鳳有り，音楽の琴笙有り，女工の黼黻有るに響う」と周公や孔子に準えて絶賛されているように，その詩文の才は異彩を放つ。三曹と建安七子を中心に気骨ある詩風を生み出した建安文学を代表するばかりでなく，唐以前の最大の詩人と目される。動きに富むスケールの大きな表現を駆使しながら個人的な思念を積極的に詩に詠み込み，激情的な作品を次々と生み出して，叙情性の拡大と五言詩の発展に大きく貢献した。主な作品としては，五言詩に「雑詩」6首，「白馬王彪に贈る」詩，「七哀詩」など，楽府に「白馬篇」「美女篇」などの傑作がある。また賦のジャンルにおいても

「洛神賦」などの優れた作品を残す。『三国志』の伝に，死後，明帝が曹植の著した詩や賦など100余篇を撰録し副本を作って蔵するよう命じたとあり，『隋書』経籍志に「魏陳思王曹植集三十巻」と録される。もとの集はつとに失われ，現在，宋の輯本『曹子建文集』10巻や，明の輯本『陳思王集』2巻などが伝わる。三国志19　　　　　　（林　香奈）

そうしょさんせんせい【宋初三先生】

胡瑗・孫復・石介の3人をいう。彼らは青年時代に苦労をともにした間柄で，のちにいずれも太学において学生教育を担当し，宋代初期における儒教を推進した。胡瑗は経書を基本としつつ実用的技能を学ぶという「明体達用の学」を唱え，孫復は『春秋』における微言大義に注目して華夷の分を明らかにし，石介は仏教と道教をきびしく排斥したという点で特色をもつ。彼らの思想は二程（程顥・程頤）や張載に始まる道学の先声をなしている。　（吾妻　重二）

そうじょしゃれいうんでんろん【宋書謝霊運伝論】

南朝梁の史論。沈約撰。『宋書』謝霊運伝の論賛として書かれたが，『文選』にも収載され，史論の名編として名高い。通常の史書の論賛の体例とは異なり，その内容は謝霊運個人に対する評論ではなく，前半では古代から5世紀の宋に至る文学の歴史が，後半では沈約の創作理論である声律諧和の論が述べられる。通時的な文学史の論述は，それまでに例がなく，文学史に対する自覚をうながした理論として意義がある。ことに文学史の流れを大きく3つの時期に分けて把握しようとする「文体三変」の考えは有名で，以後の文学史の時代区分の基準となった。声律論においては，詩作に際して「浮声」（軽い音声）と「切響」（重い音声）の交替により音声の調和をもたらすべきことを主張しており，沈約が主唱して六朝の詩学に大きな転機をもたらした「四声八病」説の原理が示されている。声調の自覚による声律諧和を体現した自分たちの詩こそ，有史以来の最高峰とする自負が感じられる。（興膳　宏）

そうしょしゅうせい【叢書集成】

『四部叢刊』にひきつづいて1935年，商務印書館が出版した叢書の叢書。宋代3種，元代1種，明代25種，清代71種の計100種の叢書を収め，書でいえば4100余種，2万余巻となる。複数の叢書に重複してとられている書については，最善本をえらんで収録している。また哲学類，宗教類などと，四部分類とは異なる10大分類を採用した。戦争のため全編の刊行はかなわなかったが，1985年以降台湾，中国大陸双方から補欠して出版された。　（木島　史雄）

そうしん【曾参】→曾子

そうしん【竈神】→竈神

そうしんき【捜神記】

東晋の歴史家干宝が著した志怪小説集。30巻。志怪は，怪を志すの意。『捜神記』という書名は，神秘的な異変を捜求してこれを記録したということ。干宝が『捜神記』を著した直接の動機は，干宝の伝記（『晋書』82）によれば，兄の数日間に及ぶ臨死体験と墓の中に生き埋めにされた父の愛妾が10数年後も生存していた異変にあったという。宋代に散逸し，その後，再編集された。通行本（20巻）は，明代の叢書である『秘冊彙函』（胡震亨編）に収められたテキストが始まり。別に8巻本も伝わるが，後人の偽託で，原本との関係は，希薄である。

六朝の志怪小説は，怪を事実として記録するという精神の所産で，その点で，意識的に構成その他に技巧を駆使して虚構の面白さを追求する唐代の伝奇小説とは大きく異なる。『捜神記』は，六朝の志怪小説を代表しているだけではなく，著者が歴史家であることで，六朝の志怪小説の記録性という本質をも象徴している。小説史の観点からは，古小説としての史的意味や後代の小説への影響に注目される。また中国古代における生と死のコスモロジー（宇宙像）の記録という観点に立てば，中国文化の伝統的深層構造を解明する上で，不可欠かつイメージ豊かな神話・伝説・説話の情報源である。

通行本も巻ごとにテーマ性が色濃いが，原本『捜神記』は，「感応篇」「神化篇」「変化篇」「妖怪篇」など，幾つかのテーマ別の編集であったことが知られている。このことから判断すると，干宝が『捜神記』の序文の中で説明もなく用いている「八略」という語は，テーマを8つに分類していた証左と考えることができる。8が神秘数とすれば，『易経』の八卦にもとづく数字に違いなく，『捜神記』において，鬼神の存在を証明しようとした干宝は，その形而上学的根拠を『易経』に依拠していたことを示す。ちなみに干宝は，陰陽術数を好んだだけではなく，『易経』にも注釈を施している。

（成瀬　哲生）

ぞうしんしゅく【臧晋叔】

1550（嘉靖29）～1620（万暦48）。明の戯曲理論家。長興（浙江省）の人。名は懋循，晋叔はその字で，顧渚と号した。荊州府学教授，夷陵知県，南京国士監博士を歴任，1585（万暦13）年，弾劾をうけて官界から退き，著作および書籍の編纂と刊刻に没頭した。詩文集に『負苞堂詩選文選』5巻がある。また，『古詩所』『唐詩所』などを出版，とりわけ，古典戯曲の模範

として雑劇を捉え，100種を選んで刊行した『*元曲選』は，元雑劇を網羅した作品集として名高い。

(赤松 紀彦)

そうすい【宋璲】 1344(至正4)～80(洪武13)。明代の書家。浦江(浙江省)の人。字は仲珩という。元末明初の文学家で知られる宋濂の次子。官は中書舎人で，父の宋濂とともに，洪武帝の信任が厚かったが，洪武帝に謀反を企てた胡惟庸派に兄が関わったとされ，連座して殺された。書は，秦の李斯を宗とした篆書で，明朝第一の小篆と謳われたが，夭折のため篆書作品は現存しない。行草は東晋の*王献之より学び，さらに元の*趙孟頫や康里巎巎の妙を得た，自由奔放な草書を残している。明史128・宋濂伝に付伝 (鍋島 稲子)

そうせい【双声】 2字で構成される熟語の声母(語頭子音)が同じであることをいう。畳韻とともに「双声畳韻」として音韻上の術語として用いられることが多く，この2つを「連綿字」と呼ぶこともある。「恍惚」「彷彿」「琳瑯」などがそれにあたる。広義には，「機関」「傷心」「理路」などもすべて双声語となるが，一般には，オノマトペに近い性格を有するものを指す。2字が双声であるかどうかは，時代や地域，文献により異なる。 (木津 祐子)

そうせい【双清】 東洋画の画題の一つ。梅と水仙を描いたもので，ともに歳寒の清絶なるもの。梅は中国が原産地で奈良時代に日本に伝わり，万葉集には梅を詠んだ歌が非常に多い。百花に先がけ寒中に咲き，芳香を放つことから吉祥の花とされている。また水仙も新年の頃満開であるため新春の瑞兆花とされ，水仙の仙は天仙の仙であるため吉祥の花とされている。 (鈴木 さとみ)

そうせつきん【曹雪芹】 1715(康熙54)？～63(乾隆28)？。清の小説家。遼陽(遼寧省)の人。満洲正白旗人。名は霑，字は夢阮。雪芹はその号。『*紅楼夢』の作者。曾祖父曹璽(？～1684)の妻孫氏が康熙帝の保母を務めたことも作用して，曹家は3代4人，通算すると半世紀以上にわたって江寧織造のポストを占める。江寧織造は南京に置かれた官用の各種織物製造所の長官だが，蘇州や杭州の織造とともに，反満洲感情が強い江南地方の情勢を監視する職務も帯びる。身分的には包衣(奴隷)に過ぎないが，皇帝の「耳目」として大きな権力を握る。とりわけ華やかな活躍を見せた祖父曹寅は，蘇州織造の妹婿とともに，蘇州に大きな利益をもたらす江南製塩業の長官である両淮塩政を10年間独占し，潤沢な資金を投入して『全唐詩』や『*佩文韻府』を刊行する。しかし8年間に4度行われた康熙帝の江南巡幸の接待などが原因で多額の負債を抱え込むことになり，1728年初(雍正5年末)に公金費消の罪に問われて家産を没収され，その繁栄は終わりを告げる。北京に戻ったとされる一族の消息は明らかでないが，僅かに残された関連資料から見る限り，曹雪芹は貧しい生活をものともせず，決して俗世に迎合しなかったようだ。夢阮(阮籍を夢見る)という字が何よりその証拠である。北京の西郊に住んだ彼が全力を傾けたのは，最大の衝撃的体験である家の没落を，小説の世界で再現することだった。最初は没落の直接的原因となった精神的頽廃や経済的放漫に目が向けられたが，後にそれらを背景として残しつつ，天上の仙女たちが地上に下って少女世界を築くという『紅楼夢』(紅楼の夢)，その哀歓の記録を一個の大岩に託すという枠組みから言えば『石頭記』(石の物語)を構想した時，曹雪芹は「人間の関係性とは何か」という困難な課題と格闘することになる。20年の歳月をかけて練り上げた作品は未完に終わったが，「真仮」や「有無」をキーワードとする物語構造は緻密に考え抜かれており，決して平板な二項対立に陥っていない。 (井波 陵一)

そうせん【宋銭】 宋代に鋳造された*貨幣を指し，これが日本に輸入されて，日本の中世の貨幣流通において大きな役割をはたした。

歴代中国王朝のなかで最も貨幣鋳造が盛んであったのが北宋時代(960～1127)で，ピーク時には年間の銅銭鋳造額が500万貫に達した。一方，日本では奈良時代から平安時代初期にかけて十数種の貨幣が鋳造されており，また同時に唐や朝鮮から輸入した貨幣も流通していた。しかし，この時期の日本における貨幣流通は極めて限定されたものであり，平安中期以降の約2世紀は米・布・帛といった実物貨幣が主流になっていく。こうした状況を変化させることとなったのが，平安末期，12世紀後半の平清盛による日宋貿易の推進，宋銭輸入の開始である。当時の寺社や貴族の荘園経営の進展により，これまで以上に貨幣経済の需要が高まったことを背景に宋銭の輸入がおこなわれ，以後鎌倉・室町時代を通じて宋銭・明銭といった中国渡来の銅銭，とりわけ*北宋銭が日本における主要な通貨として流通し続けた。 (長井 千秋)

そうぜんそけいしょきゅうちょう【双漸蘇卿諸宮調】 南宋の語り物。張五牛の作。『*太平楽府』巻9の楊立斎「哨遍」の序文に「張五牛商正叔が編んだ『双漸蘇卿』があった」とある(商正叔を別の人の名とする説もある)。現存はしていない。双漸蘇卿の物語は，演劇にもなっている。元の王実

甫作の『販茶船』がそれである。書生の双漸は名妓蘇卿となじみであった。後に蘇卿は茶商人である馮魁のものになろうとするが，最後に双漸と一緒になるという物語。　　　　　　　　　　（大木　康）

そうぜんひ【曹全碑】　後漢の碑。郃陽令曹全碑ともいう。185(中平2)年の刻。隷書。タテ253cm×ヨコ123cm。碑陽は20行，満行45字。碑陰は5段で建廟関係者57人の名を刻す。黄巾の乱のとき，郃陽県(陝西省)の長官であった曹全が動乱の収拾に尽力した功績を称えた頌徳碑である。明の万暦(1573-1620)初め，郃陽県から出土。1956年に西安碑林博物館へ移置された。出土時の初拓本は「因」字未損のほぼ完全な姿(城外本とよぶ)を留めていたが，明末には二つに断裂した。用筆・結構・布白(筆画と筆画との間)がゆきとどき，艶やかで潤いのある姿態を具えている。礼器碑とともに八分様式の代表作とされる。碑陰の文字は碑陽よりやや小粒で，飾り気の少ない書風である。（横田　恭三）

そうそう【曹操】　155(永寿元)～220(建安25)。後漢末の政治家・軍事家・文学者。三国魏の武帝。沛国譙(安徽省)の人。字は孟徳。宦官の養子の子供として生まれ，20歳で孝廉に挙げられ官に就いた。黄巾の乱平定に功を挙げて頭角をあらわし，後漢末期に董卓の討伐を目指す群雄の一人として決起，200(建安5)年，官渡の戦いで袁紹を破るなど，他の群雄を次々に併合し，北方の全域を掌握した。後漢の献帝を根拠地とする鄴に移しておのれを権威づけ，丞相の地位にのぼり，魏王に封ぜられるなど昇進していったが，208(建安13)年の赤壁の戦いで劉備の蜀と孫権の呉との連合軍に敗退，事実上の三国併存の状態になり，帝位には就かないまま没した。武帝の称は死後に贈られたもの。小説『三国志演義』では劉備の敵役として悪玉に配されるが，軍事家としても為政者としても卓越した力を発揮した。のみならず，学者，文人としても傑出した存在であり，老年に至るまで，戦場にあっても書物を手放さなかったといわれる。学者としての著述に『孫子』の注釈がある。袁紹のもとにいた陳琳，劉表のもとにいた王粲など，当時の名だたる文人を配下に集め，鄴を当時の文化の中心地とした。自身の詩文としては「令」などの公的文書のほか，詩は楽府のみがのこる。楽府『歩出夏門行』のなかの「老驥は櫪に伏するも，志は千里に在り。烈士は暮年なるも，壮心已まず」のように，力強い精神が溢れる。子供の曹丕・曹植と合わせて，「三曹」と称される。三国志1　　　　（川合　康三）

そうぞうしゃ【創造社】　民国の文学団体。1921年6月日本の東京で結成。帝国大学の留学生であった郭沫若・郁達夫・成仿吾・田漢・張資平・陶晶孫などが当初の成員であった。機関誌は創作主体の『創造季刊』，評論中心の『創造週報』など。また「創造社叢書」として郭沫若の詩集『女神』，郁達夫の小説集『沈淪』などを刊行した。同人は「芸術はわれわれの自我の表現」(郭沫若『印象与表現』)，「詩は天才の創造」(成仿吾『詩的防禦戦』)と主張，強烈なロマンチシズムによって読者を魅了した。

　1924年8月から『洪水』，26年3月から『創造月刊』を創刊，郭沫若が「社会主義のリアリズム」(『革命与文学』)を提唱して左傾を開始，郁達夫の脱退後，新たに馮乃超や李初梨が加入して『文化批判』を創刊，マルクス主義の宣伝に努めると同時に魯迅を激しく批判して革命文学論争の口火をきった。1929年国民党政府に閉鎖されて，彼らの左翼文芸運動は左翼作家連盟に受け継がれる。
（中　裕史）

ぞうぞうめい【造像銘】　石刻のジャンルの一つ。造像記・造像題記ともいう。一家眷属の冥福を祈るために盛んに造仏したのは中国では北魏にはじまり，南北朝，隋，唐を経て五代，両宋，元，明に及んだ。仏像を造るに際し，発願者・製作者・由来・願意・紀年などを記したものを造像銘とよぶ。銘記の場所は台座・光背裏・仏背・胎内・足枘など多岐に及ぶ。また素材は金・陶・木・石などさまざまである。日本においても，飛鳥時代の法隆寺釈迦三尊金銅仏などに見られ，平安時代以後は，木彫仏銘が主流である。中国の造像銘は，量的には石窟造像銘がもっとも多く，資料的価値も高い。現在知られている主なものに，雲岡石窟(山西省)・龍門石窟(河南省)・鞏県石窟(河南省)・麦積山石窟(甘粛省)・大足石窟(四川省)・響堂山石窟(河北省)・千仏堂石窟(山東省)・敦煌莫高窟(甘粛省)などがあり，中には蔵仏数千に及ぶ大規模なものがある。造像銘で最多なのは龍門石窟で3600件が報告されている。　　　　　　　　　　（大橋　修一）

そうぞく【宗族】　中国における父系血縁集団の呼称。周代に存在したとされる宗法を理想とする一族の結び付きが古くから存在し，貴族・豪族の社会的地位を示すものとなり，また彼らを支える社会勢力をなしていた。同時に犯罪に際しては，一族連座の対象とされた。

　宋代以降になると，「宗族」の語は，組織をもった社会集団としての性格を強めるようになる。唐から宋への社会変革のなかで門閥貴族が影響力を弱め，官僚の登用において科挙制度の比重が増し，官

僚の地位の世襲的性格が次第に弱まった。これにつれて一族の勢力を保持するために，宗族の組織化が意識的に強められるようになった。族譜を編纂して同宗を確認するとともに，宗祠を設けて共同で祖先を祭った。義田などの共有財産を保有し，その土地から得られる小作料をもとに，一族への給付や，科挙受験者への経済援助，学校運営などをおこない，科挙合格者を輩出することが目指された。北宋の范仲淹が10頃の義田をもって始めた范氏義荘が著名である。宗族の内部では，輩行と呼ばれる世代の上下と年齢の長幼関係が重んじられ，尊長の位置にあり人望のある人物が，主奉などと呼ばれる族長の任にあたり，祭祀や族産管理などの任に当たった。

しかしこうした組織が広く作られるようになるのは明代中期以降のことであり，一族の系譜と様々な規則類を収めた族譜が，清朝から中華民国期には大量に編纂された。明清時代を通じて進行した人口増加と地域開発の進展の中で，有力な家族は宗族のつながりを手がかりにして結びつきを強化し，地域社会に影響力を発揮した。したがって必ずしも血縁関係が自然発生的に宗族を形成しているのではなく，社会的な条件にしたがって血縁集団が分離・結合を経ながら，宗族が作りあげられたというのが実態である。

(足立 啓二)

そうそんよ【荘存与】

1719(康熙58)～88(乾隆53)。清代公羊学(常州学派)の始祖。武進県(江蘇省)の人。字は方耕，号は養恬。1745(乾隆10)年の進士。官は礼部侍郎。六経全般に通じ，特に『春秋』に造詣が深かった。代表的著作である『春秋正辞』13巻では，当時主流であった訓詁考証的方法論を退け，『公羊伝』本文を分析することによって微言大義を求めた。その学風は劉逢禄らに継承され，康有為ら清末公羊学者たちに影響を与えた。著作は『未経斎遺書』に収録。清史稿305

(石黒 宣俊)

そうだいきゅうていたいぶ【宋代宮廷隊舞】

宋代に宮中の宴席で行われた群舞。「隊舞」という舞踊形式は唐代に始まり，宋代に盛んになった。隊舞の編成は，現代の司会・進行係の役割を果たす「竹竿子」，隊舞の主体である「歌舞団」，隊の中心的役割を果たす「花心」，楽隊の「後隊」から成る。「竹竿子」は手に竹の竿を持っていることからこう呼ばれた。「竹竿子」はまず最初に観客に挨拶のことばを述べ，次に出し物の説明をする。これは「致語」と呼ばれ，多くの場合駢文が用いられた。次に歌舞団を誘導して舞台に整列させ(「勾隊」)，踊りが終了すると再び全歌舞団を舞台に上げ(「放隊」あるいは「遣隊」)観客に応えた。

音楽には唐代の形式を踏襲した「大曲」が用いられた。唐代の「大曲」の多くは数十遍(「遍」は楽曲の単位)から成るが，宋の隊舞はその一部を用いて行われた(「摘遍」)。「大曲」は「散序」「中序」「破」という3つの部分から成り，「散序」の部分では舞踊は無く，「破」に至ると楽曲の速度が次第に速くなり，舞踊もクライマックスを迎えた。

宋代宮廷隊舞の基本的形式を最も備えた「採蓮舞」は，仙女達が舟に乗って蓮を摘みながら，美しい景観を愛でるという内容である。この隊舞は4場から成り，仙女が水上を漂うしぐさ，花を摘むしぐさなどが群舞と「花心」による独舞とを交えて表現された。途中「竹竿子」による「致語」，全員の斉唱，「花心」による「致語」や歌，「竹竿子」と「花心」の掛け合いなどがあり，変化に富んだ演出であった。「柘枝隊舞」は唐代に流行した「柘枝舞」に基づくものであるが，宋代になると踊り手の衣装は本来の西アジア風のものから中国風に変化し，音楽・演出ともに「大曲歌舞」の形式を備えたものになった。

『宋史』楽志には「女弟子隊」「小児隊」等の宋代宮廷隊舞の演出についての記載がある。それによると，「小児隊」は72人からなり，その中に「柘枝隊」「剣器隊」等10隊が含まれた。また「女弟子隊」は153名からなり，「拋球楽隊」「佳人剪牡丹隊」等10隊が含まれた。「佳人剪牡丹隊」は10名ほどの女性が金の冠に紅の衣装を纏い，牡丹の花を持って踊った。周密の『斉東野語』には，北宋時代に牡丹の花見の会でこの舞が行われたことが記されている。

宮廷隊舞では，演出の中に歌やせりふを取り入れたり，役を演じ分けたりする等，明らかな演劇的要素が見られ，宋代に現れた「雑劇」や「院本」等の戯曲芸能と宮廷隊舞とは互いに影響を受けあって形成されたと考えられる。

(池澤 滋子)

そうたいこ【曹大家】 →班昭

そうだいしょうれいしゅう【宋大詔令集】

北宋の太祖から徽宗に至る8代の皇帝の発した詔令を編んだもの。240巻。17の部門を立て，それをさらに子目に分けて，それぞれ年次順に詔令を配列し，3800余件を収録している。北宋時代に『唐大詔令集』を編んだのは掌故の学に通じた宋綬・敏求父子であるが，その宋氏の子孫が，王朝の南渡後の紹興年間(1131-62)に本書を完成したと言われている。刊本が後世に伝わっておらず，抄本にもとづいた現行本は巻71～93，106～115，167～177を欠いている。

(中砂 明徳)

そうたん【曹端】
1376(洪武9)～1434(宣徳9)。明初の朱子学者。澠池(河南省)の人。字は正夫，号は月川。朱子学の理論を篤実に記述した人で，思想的な独自性に欠ける面はあるが，『太極図説述解』を著して朱子学の理気論に強い関心を示したことは注目される。また，経典を「聖人の糟粕」に過ぎないとする彼の主張の中に，心学的な傾向を認めることができるとする学説もある。著述としては他に，『四書評説』などがある。『明儒学案』44 に伝がある。明史 282 　　　　(前川 亨)

そうち【曹植】 →曹植

そうちはく【曹知白】
1272(咸淳8)～1355(至正15)。元代の文人画家。華亭(上海市)の人。北宋の李成・郭熙の山水画様式を継承し，唐棣・朱徳潤とともに元代李郭派を代表する画家の一人となった。治水によって財をなして出仕せず，華亭で多くの文人を集めて雅会を開き，その豪邸は著名であった。顧徳輝に匹敵する大物パトロンとしても活躍し，江南における文人清遊の中心の一人となった。代表作は 58 歳のときの『双松図』(1329 年)，79 歳のときの『群峰雪霽図』(1350 年)(以上，台北，故宮博物院蔵)，『疎松幽岫図』(1351 年。北京，故宮博物院蔵)など。いずれも李成以来の双松のモチーフを前景に描き，平遠の構図法をとるが，郭熙ほどの大きな空間を幻出せず，簡潔な空間構成にまとめあげている。　　　　(救仁郷 秀明)

そうちゅう【僧稠】
480(太和4)～560(乾明元)。北朝仏教史上最大の修禅者の一人。鉅鹿(河北省)の人。もと儒学を修め，太学博士となったが 28 歳で出家し，仏陀(跋陀)禅師の高弟道房から禅法を学んだ。常に『涅槃経』聖行品に依拠して四念処(身・受＝感覚，心＝意識，法＝対象が，不浄かつ無我であることを観ずる法)の行を実践し，のちに嵩山に入って仏陀禅師から直接教えを受け，諸山を渡り歩いて修行した。551(天保 2)年に鄴都に入って北斉の初代文宣帝の厚遇を受け，禅道を伝授し，菩薩戒を授けた。翌 552(同 3)年に帝が建立した鄴都西南郊外の雲門寺に居住し，石窟大寺(河北省邯鄲市の北響堂山石窟)の寺主も兼務した。555(同 6)年に完成した小南海石窟中窟(河南省安陽市)の造営にも関与しており，洞内にはその姿が浮き彫りで表され，「比丘僧稠供養」の傍題がある。門下から道宣を孫弟子にもつ智旻や，のちに三階教教団の中心人物となった僧邕などが出た。著書に『止観法』2 巻があったというが，現存しない。『続高僧伝』に立伝される。　　　　(稲本 泰生)

そうちゅうが【草虫画】 →常州草虫画

そうちゅうたつ【曹仲達】
生没年不詳。北朝北斉の画家。中央アジア・サマルカンドの西北にあった曹国(ソグディアナ)の出身。『歴代名画記』8 の伝に，北斉で最も巧みであると称され，仏像画に秀で，官位は朝散大夫に至ったという。北周の袁子紹を師としたが，師をしのぐ名手であった。宮廷画家として活躍したとみられ，『貞観公私画史』は斉神武臨軒対武騎図や慕容紹宗像など皇帝や将軍・官人を描いた作品等 7 巻を挙げる。しかしむしろ仏教絵画の草分けと言われ，「仏を描くに曹家様，張家様及び呉家様あり」(『歴代名画記』2)とあるように，南朝梁の張僧繇，唐の呉道玄と並んで唐・宋代の仏画の一つの典型となった。その仏像の様式は，『図画見聞誌』に「曹衣出水」と評されており，衣を着けて水から出たように身体に密着した稠密な衣文を表す西域的・インド的な着衣表現に特色があったと推測される。初唐の道宣の『集神州三宝感通録』には，西域天竺の瑞像を伝えて模写し，都人に推奨されたという記事が見える。　　　　(肥田 路美)

そうてき【宋迪】
生没年不詳。1058(嘉祐3)年から 1078(元豊元)年までは生存を示す資料がある。北宋時代後期の文人画家。河南洛陽の人。字は復古。5 世代にわたる士大夫の家に生まれた，司馬光と親しい旧法党の文人官僚である。画家としては李成派の山水を学び，瀟湘八景図を創始したとして知られる。嘉祐年間(1056-63)には荊湖南路の転運判官尚書都官員外郎となり，瀟湘の地と直接関わりを持っている。1062(嘉祐 7)年には京兆府開封におり，司馬光のもとで殿試の試官，対読官の一員として参与したという記録がある。1074(熙寧 7)年三司使院の火災に連座して官を退き，洛陽に移り住んだ。　　　　(板倉 聖哲)

そうとう【双檔】
語り物の表現形式。各種の弾詞で，1 人で演ずるのを「単檔」といい，2 人 1 組で上演する形式を「双檔」という。「双檔」では客席に向かって右に座る「上手」と左に座る「下手」の役割分担があり，伝統演目を演ずるとき，「上手」は三弦を弾き，表白と男の役柄を担当し，「下手」は琵琶を弾き女の役柄を担当する。3 人 1 組で演ずると「三个檔」という。　　　　(山口 建治)

そうどうじ【草堂寺】
終南山の圭峰山麓，陝西省西安市戸県にある古刹。五胡十六国の後秦の鳩摩羅什が仏典を翻訳した地と伝えられる。ただし確実なことは知られない。隋の『歴代三宝紀』によれば，羅什の訳経の地には逍遥園と長安大寺の 2 か

所があり，後者の大寺の本名が草堂寺であった。この寺は北朝北周初めまでに4か寺に分かれ，うち1寺がもとの名をとどめたという。これが現在に及ぶとも推測される。唐の*宗密はここで著述に専念した。宋代以後，棲禅寺などと改名されたこともある。唐代の製作とされる鳩摩羅什舎利塔，宗密の事績を記した碑『唐故圭峰定慧禅師伝法碑』(855年建立)などの文物が存する。　　　　　　(中西 久味)

そうとうしゅう【曹洞宗】　中国禅宗の五家七宗の一つ。禅宗開祖の菩提達摩から6祖慧能に至り，その門下が*青原行思と*南岳懐譲の2派に分かれた。青原系から唐末の洞山良价と弟子の曹山本寂を派祖とし，曹山と洞山の名を一字ずつとって成立したのが曹洞宗である。派祖の良价は，現在の浙江省諸暨市に生まれ，「無情説法の話」を通して師の雲厳曇晟に参じ，曇晟の示寂後，長沙に向かおうとして川を渡る途中で大悟した。その時に作った歌を『過水の偈』という。会昌の破仏(三武一宗の法難の一つ)の後，筠州(江西省)の新豊洞(洞山)で活躍した。偈頌に優れ，行持綿密(仏の教えを規則正しく行ずること)の宗風を確立し，仏向上事(悟りにも安住しないこと)を説くところに特色をもつ。洞山教団は一時，黄巣の乱に呼応した王仙芝の乱で勢力を失ったが，その反乱が平定されて後に洞山一帯を支配した鍾伝の庇護を受けて，曹山本寂系の禅者によって復興された。曹山の名が曹洞宗の中に入る理由である。特に曹山本寂は，師の洞山の五位思想の説を参学者の指導原理として曹洞宗の思想基盤を確立した。

その後の曹洞宗は曹山の系統は滅んで，曹山の兄弟子の雲居道膺(902年寂)の系統が永く栄えていく。特に北宋末期に芙蓉道楷(1043〜1118)の孫の慧照慶預(1078〜1140)・*真歇清了(1088〜1151)・*宏智正覚の3人が出て，一時大きな勢力をもつのである。宏智正覚の『宏智録』6冊は，この派の代表的な語録である。その後，真歇清了の系統に属する*天童如浄の法を入宋した*道元が鎌倉時代の日本に伝え，日本の曹洞宗として一大教団となる。日本へは宏智派の系統も伝来されたが，大きくはならなかった。また，中国で永く継承されたのは，芙蓉道楷の弟子の鹿門自覚の系統であり，この系統より*『従容録』の撰者の*万松行秀が出ている。その後の代表的な曹洞宗禅者に明末の湛然円澄・永覚元賢などがいる。　　　　　　　　(石井 修道)

そうどうしよ【草堂詩余】　南宋初期に編纂された唐宋詞の選集で，北宋の詞が多い。撰者不明。2巻の祖本は失われ，現存する諸刊本は，分類本と分調本の2系統に分かれる。分類本は，春・夏・秋・冬の4景に分かつ前集と，節序・天文・地理等7類の後集とからなり，分調本は詞牌による分類である。共に詞注や詞話などが施されている。明代に流行したが，清朝に南宋詞が流行してからはあまり顧みられなくなった。　(松尾 肇子)

そうどうしわ【草堂詩話】　宋代の詩話。2巻。南宋の蔡夢弼撰。一名を『杜工部草堂詩話』というように，『韻語陽秋』など宋の種々の詩話や随筆から杜甫に関する評論を集めた編著で，著者独自の見解は直接的には示されていない。元来は，同じ著者による杜詩の注釈『草堂詩箋』の末尾に付されていたもので，『古逸叢書』本はその形をとどめるが，別に単行の形でも行われた。冒頭に「名儒の嘉話凡そ二百余条」とあるが，実際には80条あまりにとどまる。　　　　　　　　(興膳 宏)

そうとく【総督】　明・清の官職。明朝では，地方に都指揮使司を設けて軍政を担当させ，軍事要地にはさらに総兵官を置いて軍務を統べさせた。総兵官以下はすべて武官であるが，その後，情勢に応じて中央から高位の文官を派遣して軍事を総括させるようになる。正統(1436-49)期には軍務兼任の巡撫が辺境要地を中心に布置されたが，より広域にわたる軍事行動を監督するため，総督(あるいは総制・総理)の肩書きを帯びた官の派出が始まる。1441(正統6)年，雲南地方への遠征の際，兵部尚書を総督に任じたのが最初と言われる。当初は臨時に設置されて任務終了とともに廃されていたが，やがて常設されるようになり，軍務以外の職務を有する者も現れた。清朝はこれを受け継いで整備し，軍務のみならず監察・行政その他の任務を拡充して，1〜3省を統括する地方長官の位置を与えた。ここに至って巡撫との職務上の区別がほとんどなくなり，協同かつ牽制し合いながら並立することになる。

(谷井 陽子)

そうのていりょう【宋の帝陵】　宋の皇帝の陵墓群。河南省鞏義市(旧鞏県)の北宋陵区と浙江省紹興市の南宋陵区を合わせて15帝陵が現存する。北宋陵区は鞏義市西南の黄土台地に設けられ，その範囲は東西13km，南北12km。北は伊洛河が流れ，東から南にかけて嵩山連峰の青龍山・金牛山・白雲山が連なる。陵区には宣祖趙弘殷の永安陵をはじめ，太祖永昌陵・太宗永熙陵・真宗永定陵・仁宗永昭陵・英宗永厚陵・神宗永裕陵・哲宗永泰陵の8陵と17基の皇后陵が分布。陵区は北部・中部・南部・西部の4区に細分され，北部には永昭陵・永厚陵・皇后陵2基，中部には永定陵・皇后陵3基・陪葬墓2基，南部には永安陵・永昌陵・永熙

陵・皇后陵7基・陪葬墓2基，西部には永裕陵・永泰陵・皇后陵5基・陪葬墓6基が残る。北宋陵の設計は唐制に倣い，方墳(陵台)の周囲に方形の陵園を巡らせ，四方に門を開き，南門外の神道に双闕(双塔)2対(乳台・鵲台)を置く。神道石刻は皇帝陵が24対，皇后陵が11対。門外獅子と陵台前の宮人像をあわせた石刻総数は，皇帝陵60点に対し皇后陵は半数の30点。陵園の規模においても，長さにしておよそ2：1の比率となる。皇帝陵の墓室は未発掘であるが，発掘された太宗元徳李皇后陵の墓室は，陵台直下に平面円形の磚室1室を築き，アーチ天井の羨道と傾斜する墓道をもって地上に通じる構造である。各陵の西北には陵園管理の下宮が置かれ，昭孝禅院(北部)・永定禅院(中部)・永昌禅院(南部)・寧神禅院(西部)の4寺院が建立された。

南宋陵区は紹興市の東南12km，北に霧連山，南に大渓崗の峰が迫る小盆地に設けられ，東西1.0km，南北1.3kmの狭い陵区に陵跡と推定される松の密生地と微高地が12か所認められる。陵区には哲宗昭慈献烈孟皇后の陵園をはじめ，徽宗永祐陵・高宗永思陵・孝宗永阜陵・光宗永崇陵・寧宗永茂陵・理宗永穆陵・度宗永紹陵の7帝陵と皇后陵7基が営まれた。そのうち，永祐陵・徽宗顕仁韋皇后陵・永思陵・永阜陵の4陵は該当する陵跡を特定できる。陵はいずれも高い陵台が築かれず，殯柩を仮に安置する石室のみが設けられたため攢宮と称される。地上には石室の位置を示す標識(亀頭)や献殿・殿門・櫺星門などの陵園建築と下宮が建てられたが，元代に荒廃し消失した。　　　(来村 多加史)

そうばいし【早梅詩】　明の蘭茂が『韻略易通』の声母の表記に用いた詩。蘭茂は「早梅詩」について「『*玉篇*』や『*切韻*』にはおそらく方言が混ざっており，三十六字母のうち16は重なっていて紛らわしい。本韻書では『早梅詩』1首を用いて声母を表す」(「凡例」)と述べ，「東風破早梅，向暖一枝開。冰雪無人見，春従天上来」の20字を用いて20声母を表した。従来の三十六字母との対応関係は次の通りである。冰：幫　破：滂・並　梅：明　風：非・敷・奉　無：微　東：端　天：透・定　暖：泥・娘　来：来　早：精・従　清：従　雪：心・邪　枝：知・照　春：徹・澄・穿　床　上：審・禅　見：見　開：渓　群　向：暁　匣　一：影・喩・疑　人：日

このように，「早梅詩」の声母体系は現代北方方言とほぼ一致していることがわかる。

(片山 久美子)

そうはん【宋版】　宋代に刊行された典籍。宋刊本ともいう。中国における木版印刷は，隋代から唐初にかけて始まったといわれるが，今日に伝わる初期の印刷本は，唐代後半期から五代にかけてのものである。本格的な刊本の時代は宋代よりはじまるが，すでに中国各地で印刷が行われるようになっていた。*葉夢得『石林燕語』に，「天下印書。以杭州為上。蜀本次之。福建最下……」とあり，四川・浙江・福建の3地方の印刷物がよく知られ，浙江地方のものが，もっとも質が高いとされる。その字様は，はじめ欧体(*欧陽詢)が多く用いられたが，のち顔体(*顔真卿)や柳体(*柳公権)が増加していった。欠筆は比較的厳密におこなわれているが，一部の坊刻本では，おこなわれていないこともある。今日伝存する宋版は少なく，ことに北宋刊・北宋印のものは極めて少なく，多くは南宋刊・印である。宋版は，紙質・墨色が良く，精刻のものが多いとされ，学者・収蔵家のたっとぶところである。　　　(梶浦 晋)

そうひ【曹丕】　187(中平4)〜226(黄初7)。三国魏の文帝。文学者でもある。沛国譙(安徽省)の人。字は子桓。曹操の次男として生まれたが，長男が早く死亡したため，事実上の長子。幼い時から文武にわたる帝王学を授けられたことは，みずから『典論』のなかに記している。211(建安16)年に五官中郎将，217(同22)年に魏太子に立てられ，220(同25)年に曹操が死去すると，魏を興して帝位に就いた。病死するまでの7年間の在位中には，九品官人法を推進し，以後，貴族が支配する体制の基礎を築いた。また早くから，曹操政権に蝟集した文人たちの中心となって文学の興隆を導いた。自身の詩文は広いジャンルにわたり，完成された七言詩として最も早いものといわれる『燕歌行』，中国の文学論の始まりとされる『典論』論文篇など，様々な文学様式に通じることを理想として，新たな領域の開拓にも果敢に挑んでいる。三曹のなかでは，軍事・政治の面では父の曹操，文学においては弟の曹植，と2人の華やかしさの陰に隠れて目立たない印象が否めないが，曹丕独自の貢献を挙げれば，建安文学の統率として，後代に受け継がれていく文人の集まりを主催したことがある。217(建安22)年の疫病で建安七子の多くが一時に死ぬと，彼らとの交情を懐かしんでのこされた作品をまとめて一書を編むなど，活動の中心としての役割を果たしている。三国志2　　　(川合 康三)

そうひがんいせき【甑皮岩遺跡】　広西壮族自治区桂林市にある洞穴遺跡。1973〜75年に広西壮族自治区文物工作隊らが，2001年には中国社会科学院考古研究所らが調査を行った(中国社会科学院考古研究所ほか『桂林甑皮岩』2003年)。新石器時代前半(紀元前1万年〜5000年)をほぼカ

ぞうふ【臓腑】 人体の最重要器官である五臓六腑の略称。古くは「蔵府」と表記し、蔵も府も「クラ」の意味で、蔵と府の区別が明確でなかった。『素問』『霊枢』では、五臓は各々が特有の精気や精神作用を行う神気を貯蔵し、気を変化させる能力を持つものとし、六腑は飲食物を受納・消化・伝達・吸収するものとする。臓と腑に臓陰腑陽の対応関係を想定するに当たり、腑より一つ少ない臓に心包絡を加えて六臓六腑(肝——胆、心——小腸、脾——胃、肺——大腸、腎——膀胱、心包絡——三焦)とした。心包絡と三焦以外は近代医学の同名の器官を元来指したと推定できる。ただ、脾は脾臓を指す場合と膵臓を指す場合がある。心包絡は心の脈と古典に記述され、元来は冠状動脈・静脈を指したのではないかと考えられ、後に心を包んで保護するとされるので、心臓の外膜をも意味したと推測されるが、今のどの器官と対応するのかは明言できず、文字通り「心臓を包み、心臓にまつわりつくもの」が最も正確な表現である。「心包」と略称される。三焦は膀胱と緊密に関係し水液を司る器官と古典に記述され、尿管かと考えられるが、解剖学的詳細は不明。後に恐らく三焦の「三」を契機にその概念は変化し、受納を主に司る上焦、消化吸収を主に司る中焦、排泄を主に司る下焦の三部に分かれる。変化後の三焦は形態がないと記述されるが、消化器官系を機能的に上・中・下に三分し、それを総称するものであろう。脳・髄・骨・脈・胆・女子胞を奇恒の府と呼ぶこともある。『難経』が一対の腎の左を腎、右を命門と区別し、命門を生命の根源の気の存在部位とした後、命門が注目され、命門に関する諸説が登場した。 (林 克)

そうふう【宋風】 日本の中世美術にみられる中国風の様式に対する呼称。特に仏教美術においてしばしば用いられ、仏像では特殊な印相や装飾的な着衣表現を持つ像をそう称することが多い。快慶作の阿弥陀三尊像(兵庫、浄土寺蔵)はその一例だが、重源の『南無阿弥陀仏作善集』が「唐筆」の阿弥陀画像をこの像の本様としたと伝えるように、その影響は主に絵画作品によってもたらされたとみられている。また、これを造像技法上の問題として捉え、鎌倉時代以降にあらわれる像の表面を金泥によって仕上げる技法や玉眼技法を宋代彫刻の影響とみる見方もある。このような様式が成立する理由として、鎌倉時代の天平復古の指向と共通する、唐代美術への回帰という側面がある、という指摘もある。いずれにしろ、宋風がみられる美術は中国風を装っているとみることができる。その場合、和風と対置されるそのような様式がなぜ望まれたのかという受容者側の意識が問題になる。今後の課題といえよう。 (長岡 龍作)

そうぶんかん【宋文鑑】 北宋の詩文の総集。150巻。南宋の呂祖謙が孝宗の勅命によって編纂した。『皇朝文鑑』ともいう。「文」は広義の文学の謂いで、排列は賦・詩・騒の順に韻文から始まって散文が多くを占める。文体を61種類に分けて(実際は77種類に分かれている)、80余篇の賦、1000篇以上の詩・騒、1400余篇の文を収め、作者の総数は200人を超える。北宋の初期から末期まで、時期によって偏りが出ないようできるだけまんべんなく載録され、また作者の人物評価にあまり左右されず、作品の価値に基準を置いたとされる。別集が散逸してここにしか伝わらない作品も少なくない。臨安の書坊で刊行された『聖宋文海』を目にした孝宗が、校訂と増補の必要性を感じて呂祖謙に命じ、完成して周必大が序を書く時点で『皇朝文鑑』の名を賜った。その後明代に『宋文鑑』に改めた。四部叢刊本は宋本の影印本。 (釜谷 武志)

そうほう【宗法】 父系出自の親族を統制する原理をいう。宗法の「宗」とはもともと祖先を祭る廟を意味していたが、後に転じて、祖先の祭祀を主宰する嫡長の継承者を指すようになった。周代の封建制では、諸侯の嫡子(長子)が君統を継ぐのに対して、庶子(群弟)はすべて臣下にくだり、嫡子と分かれて一家を創設するが、宗法では、この諸侯の庶子を別子と称す。別子は後世、その子孫の始祖として祭られることになる。別子の嫡長子は、別子を継いで祭祀を主宰し、これを宗という。この別子を継ぐの宗以降、その嫡系の子孫は、永遠に始祖を祭る宗の地位を継承し、これを大宗という。大宗は、始祖の祭祀を受け継いで、その血統から分かれた傍系の4つの小宗(高祖を継ぐの小宗・曽祖を継ぐの小宗・祖を継ぐの小宗・禰を継ぐの小宗)を率いた(『礼記』大伝)。戦国時代以降、宗法制度は崩壊したが、宗法を理想とする考えは儒家のなかで継承された。

宋代になると、蘇軾・張載・程頤などの儒者が、宗法の復活を主張するようになる(『蘇軾文集』『張載集』『河南程子遺書』)。「宗法がなければ、世襲官僚も存在しない」という命題に示されるように、その目的は、原則として官僚身分を一代限りとした科挙官僚制の原理に抗して、宗法によって統合される宗族集団を基盤とするところの、実質的に官界との

関係を永続するような家系を樹立することにあった。南宋の朱子の『文公家礼』は，宗法実践の標準的な方法を提示し，後世に大きな影響を与えた。宗法の理想は士大夫の間に根強く受け継がれたが，宗法の普及という点での画期は16世紀である。以後，清代にかけて，華中・華南の広汎な地域で，地域や家系の実状に応じて，宗法を柔軟に運用しつつ，父系親族を組織化する動きが広まっていった。

(井上 徹)

そうほう【相法】 人の顔や手・骨格，場合によっては声や仕草などによってその人の命運を占断する法。内部にあるもの，秘められたものは，外部に何らかの徴表として現れずにはおかないとする特有の人間観が前提になっている。すでに戦国時代から理論の整備が始まっており，『漢書』芸文志には，最古の相法『相人書』24巻が著録されている。唐宋時代には，袁天綱・李淳風・麻衣道人などの伝説的な相法家が現れ，大いに世に普及した。明代に編まれた『麻衣相法』や『神相全編』は，総合的な相法のテキストとして近世の東アジアで広く読まれた。

(三浦 國雄)

そうぼうこ【僧帽壺】 元〜清時代における水注の一形式で，丸い胴部に太い頸部がつき，頸部の側面に嘴状に突き出した注口と湾曲した把手のつくもの。注口の上部はピッチャーのように開いたまま丸い口縁につながり，内部に正円形の蓋がおさまる。口縁は襟が立つように高く作られており，その形が僧侶の帽子に似るとしてこの名がつく。僧帽壺はラマ教の宗教器物の一つで，本来は金属製であるが，磁器では景徳鎮窯焼造の白磁・青花磁器・瑠璃釉・紅釉などの作例が知られ，とくに明初永楽年間(1403-24)に優品が多い。

(長谷川 祥子)

ぞうぼうじゅん【臧懋循】 →臧晋叔

そうみょうたつ【曹妙達】 生没年不詳。北朝北斉から隋初の宮廷楽人。曹国(ウズベキスタン)の人。西域の商人から亀茲(新疆ウイグル自治区庫車一帯)の琵琶を入手した音楽家である祖父曹婆羅門が，その技芸を息子の僧奴，孫の妙達へ伝授した。妙達の琵琶演奏技巧については，北斉文宣帝高洋(『旧唐書』音楽志)や後主高緯(『隋書』音楽志)らが賞讃しており，隋代には宮廷音楽の指導者として絶賛を博した。隋書15

(仲 万美子)

そうめいしんげんこうろく【宋名臣言行録】 宋代の名臣たちの言行や逸事から世教の役にたつものを集めた書。前集(『五朝名臣言行録』，朱子撰)10巻，後集(『三朝名臣言行録』，朱子撰)14巻，続集(『皇朝名臣言行続録』，李幼武撰)8巻，別集(『四朝名臣言行録』，李幼武撰)26巻，外集(『皇朝道学名臣言行外集』，李幼武撰)の5集からなる。朱子が編纂した『前集』の五朝とは太祖・太宗・真宗・仁宗・英宗のことで，『後集』の三朝とは神宗・哲宗・徽宗を指す。これら北宋各朝の名臣たちの言行を，当時の書物などから選び出して編纂したものであるが，通行本では，名臣たちの良い所だけを残し，朱子が批判的に引用した名臣たちに都合の悪い部分は割愛されている。通行本は朱子学の隆盛とともに愛読され，宋代の士大夫に対する後世の評価を形成していった。原本は『四部叢刊』所収。李幼武は朱子にならって，『続集』では南宋の高宗朝の，『別集』では高宗・孝宗・光宗・寧宗朝の名臣たちを，『外集』では道学の学者たちを取り上げた。

(衣川 強)

そうもくし【草木子】 元末明初の随筆。4巻。葉子奇著。明初の1378(洪武11)年完成。葉子奇の字は世傑，号は静斎。龍泉(浙江省)の人。宋濂や劉基と並ぶ学者であったが，明朝には評価されず，地方の小官に終わった。本書は事件で下獄した際に書き記したものである。内容は天体の運行，音律暦法とその計算，政治の得失，戦乱災害から自然界の現象，動植物の形態まで広く及ぶ。とくに元朝の故実や元末の反乱に関わる記述には独自の価値がある。標点本がある。

(堤 一昭)

そうもくじょうぶつ【草木成仏】 草や木も仏と成る，の意。成仏は，仏教の究極的目的であるが，人間であっても成仏できない者もあると説く経典もある中，すべての人間どころか，草木のような通常は心を持たないと考えられている物も成仏ができることを主張する，徹底した成仏論。「非情成仏」「無情成仏」ともいう。中国では，湛然の『金剛錍』に明確に説かれるが，日本の安然の著作には「草木国土悉皆成仏」という句が現れ，謡曲などに盛んに引用された。

(堀内 伸二)

そうゆう【僧祐】 445(元嘉22)〜518(天監17)。南朝斉〜梁に建康で活躍した仏教僧。律師ならびに仏教典籍の撰者として知られる。建康に生まれ，14歳で定林寺の法達法師のもとで出家し，20歳で具足戒を受けた後，当時，『十誦律』の第一人者であった法穎(414〜480，『高僧伝』11)に律学を学んだ。また法献(『高僧伝』13)の弟子ともなった。僧祐は，斉の竟陵文宣王蕭子良に高く評価され，永明年間(483-493)には呉において『十誦律』の講義を行い，受戒法を教えた。律師としての著作

に『十誦義記』10巻,『薩婆多師資伝』5巻があったが,現存しない。一方で彼は,仏教典籍を批判的に編纂した仏教史家としても大きな業績を残した。とりわけ『出三蔵記集』15巻と『弘明集』14巻は,当時の仏教界に多大なる影響を与えたのみならず,今日の仏教研究においても第一級の資料的価値を有する。弟子に開善寺の智蔵,正度,法音,慧廓らがいる。『高僧伝』11に伝がある。　　（船山　徹）

ぞうよう【臧窯】　1680(康熙19)年に御器廠が本格的に復興した直後の1681(同20)年(一説には1683年)から1688(同27)年まで臧応選(生没年不詳)が督造官であった間の景徳鎮官窯のこと。単色釉,特に銅紅釉に優れていた。　（矢島　律子）

そうようもんきょう【草葉文鏡】　前漢前期・中期に盛行した鏡。方格葉文鏡ともいう。鈕座の外側を方格銘帯がとり囲み,銘文が方格の四辺に均等に配される。方格の四隅からのびる一組の葉文が縁部との間を4区画に分けている。文様構成により四乳草葉文鏡・花弁草葉文鏡・方格規矩草葉文鏡の別があり,四乳草葉文鏡が大多数を占める。縁は16個の連弧文からなり,どの方向から見ても対称的な構図になっている。銘文は4文字もしくは3文字からなり,「見日之光,天下大明」「日有熹,宜酒食,長貴富,楽毋事」など多種ある。半球鈕のもの以外に三弦鈕・伏獣鈕の鏡も見られる。　　　　　　　　　　　　　　　（黄　名時）

そうらく【宋犖】　1634(崇禎7)～1713(康熙52)。清初の文学者・政治家。商丘(河南省)の人。字は牧仲,号は漫堂また西坡。順治朝の宰相宋権の子。官は吏部尚書に至った。若くして侯方域ら名士と文学結社応社を設立,詩文を学び,任官の後は各地の文人と交際するなどして詩名を高め,王士禎と並び称された。絵画の名手,蔵書家としても知られている。文集に『綿津山人集』『西坡類稿』がある。
清史稿274　　　　　　　　　　　　（大平　桂一）

そうらんじょう【喪乱帖】　王羲之の尺牘を唐の内府において搨摸(敷き写し)した模本。もと巻子本であったが,現在は軸装に改められている。全17行からなり,冒頭の8行が一通の尺牘をなし(「喪乱帖」),第9行から第13行までは一行ずつの断簡(「二謝帖」),第14行から末行までがもう一通の尺牘をなしている(「得示帖」)。それぞれ冒頭の語をとって帖名にあてている。

歴代の皇帝は王羲之の書を愛好し,天下の遺墨を収集せしめ,臣下に命じて整理させた。ことに唐の太宗皇帝は王羲之の書を崇拝し,双鉤塡墨という極めて精巧な技法で王羲之の尺牘を搨摸させ,これを臣下に下賜した。太宗から高宗の治世には,少なからぬ王羲之の書が搨摸されたと考えられる。現存する搨摸本はごく僅かであるが,幸いにも奈良時代に我が国に将来したと考えられる数本が伝来している。今日,王羲之の真跡は絶無と考えられるだけに,「喪乱帖」は王羲之の書の本来の姿を類推する上で,最も信頼の置ける作例ということができる。

初行の「之極」の右に梁の徐僧権の「僧権」の左半の,9行目の「良不」の左にこれも梁の姚懐珍の「珍」字の押署が見られる。徐僧権・姚懐珍はいずれも梁の武帝の勅命により,内府の書跡を鑑定した人物であり,本帖の原本は梁代の内府にあって真跡と鑑定されたものであることが分かる。

本紙右端には桓武天皇の「延暦(印文は歴字)勅定」の朱文方印が押されている。おそらく遣唐使によって古く奈良時代に日本に将来され,聖武天皇ご遺愛品の一つとして東大寺に献納され,桓武天皇が781(天応元)年に借覧した書跡の一つであろう。帖中,第一の「喪乱帖」は356(永和12)年頃の書写と考えられている。『晋書』や『書譜』によると,王羲之の書は晩年が良いという。「喪乱帖」は,自らの書風を確立した王羲之晩年の書風を伝える恰好の資料である。宮内庁蔵。　　　（富田　淳）

そうりがもん【総理衙門】　清末の外交機関,中国における外務省の前身にあたる。第2次アヘン(アロー)戦争で締結された天津条約(1858年)で西洋諸国は外交使節を首都北京に常駐できるようになった。そこで清朝はこの新事態に対応するために1861(咸豊11)年に総理各国事務衙門,通称,総理衙門を設立した。設立当初の構成員は恭親王や文祥ら,第2次アヘン戦争以来の和平派であり,イギリスをはじめとする西洋諸国も総理衙門の設立を歓迎した。総理衙門に付属する機関として天津に辦理三口通商大臣(北洋大臣),上海に辦理通商事務大臣(南洋大臣),開港場の税関を統括する総税務司,外国語学校である同文館などがあった。総理衙門は外交を担当すると同時に,国際法『万国公法』の翻訳・出版など,外交の近代化をも推進したが,恭親王の政治力が衰えるにしたがって,その権限は弱体化し,1880年代以降,外交上の指導権は北洋大臣を兼ねた直隷総督李鴻章に移った。義和団事件後に締結された北京議定書(1901年)の規定によって総理衙門は外務部に改組された。
　　　　　　　　　　　　　　　　（井上　裕正）

ぞうりん【臧琳】　1635(崇禎8)～1715(康熙54)。清の経学者。武進(江蘇省)の人。字は玉林。在世時は無名だったが,代表作『経義雑記』が没後

75年あまりして出版されると，高い評価を受ける。『経義雑記』の内容は経書の文字の校訂が大半で，臧琳の手法は，最古の辞書の『爾雅』と『説文解字』を駆使し，古代文献を総合的に解釈した鄭玄の説に全面的に従うことを特徴とする。この点で，後の考証学者たちが活躍した時期の学風を先取りしている。清史稿481　　　　　　　　　　　（水上　雅晴）

そうれい【喪礼】　死者をとむらう一連の儀式の総称。儒教において，子は親に対して足掛け3年間の喪に服するとされたため，冠婚喪祭の中でも，もっとも多くの儀式と煩雑な式次第を持つ。日本でいう葬儀も，喪礼中の一段階にすぎない。

『墨子』の中に，儒家による大規模な喪礼が民衆生活を圧迫しているという批判が見え，先秦時代にすでに喪礼重視が儒家学派の特徴として受け取られていたことがわかる。喪礼を実施するのは儒教ばかりではなく，道教や仏教にも固有の式次第があって，儒教側からの批判対象となっていた（たとえば，遺体を荼毘に付することなど）。ただし，それらの要素には，古代の習俗あるいはそれに基づく儒教の喪礼をふまえて形成されたものも含まれ，三教の喪礼がそれぞれ截然とした区別のもとに実施されたわけではない。

儒教が喪礼の規範とするのは，『儀礼』の諸篇である。これらは『儀礼』全体の3分の2を超える分量を持ち，経学成立の時点でいかに喪礼が重視されていたかを示している。そこに規定された儒教式の個別の儀礼については，それぞれの項目（復・殯・虞・祔・小祥・大祥・禫・五服・倚廬・神主・奠）を参照されたい。

六朝貴族制社会においては，喪礼の実践が家柄の威信に直結するものとして作用し，多くの指南書が書かれた。宋代に家のあり方が大きく変容し，あらためて宗族組織の形成が意図されるようになると，司馬光『書儀』や朱子『文公家礼』のように，『儀礼』に基づきつつも，それを時世に合った形に改変する書物が広く受容された。明代に丘濬が『家礼儀節』を著してから，士大夫階層のみならず，経済的にゆとりのある庶民層にも儒教式の喪礼がしだいに普及し，『儀礼』に見える諸儀式の名称が，簡略化して実践された。ただし，実際には，儒者が構想する儒教風儀礼とはいい難い要素が混入していることは，前述のとおりである。　　（小島　毅）

そうれん【宋濂】　1310(至大3)〜81(洪武14)。明初を代表する文臣・朱子学者。潜溪(浙江省)の人。字は景濂。彼の朱子学は黄幹(号は勉斎)――許謙(号は白雲)の学系に属するが，陸象山(名は九淵)の思想にも接近し，柳貫(号は静倹)・黄溍(号は文貞)に学んで，仏教にも深い造詣を示した。そのような学風は，後世の儒者からは攻撃の的ともなった。『明儒学案』には立伝されていない。彼は文章家としても優れ，『宋史』の編纂に携わった。『宋学士文集』75巻がある。『宋元学案』82に伝がある。明史128　　　　　　　　　　（前川　亨）

そうろう【僧朗】　①泰山(太山)の竺僧朗。生没年不詳。五胡十六国前秦の僧。釈道安や竺法雅らとならぶ，仏図澄の高弟の一人。京兆(西安)の出身。はじめ『放光般若経』を講じて名をあげたが，仏図澄没後の351(皇始元)年，後趙滅亡によって中原一帯が混乱に陥ると，泰山西北に寺を建て隠逸し，厳格な戒律を遵守する求道的漢人教団を結成した。

②摂山棲霞寺の僧朗。生没年不詳。南朝斉・梁時代の僧。大朗法師，摂山大師と呼ばれる。遼東(遼寧省)の出身で，法度(『高僧伝』8)を師とし，現在の南京郊外にある摂山の棲霞寺に住した。『華厳経』と三論すなわち龍樹『中論』『十二門論』，提婆『百論』を得意とする義学僧として名をあげ，摂山三論学の端緒を築いた。棲霞寺は明僧紹が法度のために開いた寺であるが，斉・梁時代を通じて江南の仏教界に活力をあたえ，新風を吹き込む華北仏教の拠点として機能した。僧朗の三論学は僧詮へ，僧詮から興皇寺法朗(『続高僧伝』7)へ，そして法朗から嘉祥大師吉蔵へと伝えられた。　　（船山　徹）

そうろうしわ【滄浪詩話】　宋代の詩話。1巻。1230年代に成った。南宋の厳羽撰。厳羽は，字を儀卿，あるいは丹邱といい，滄浪逋客と号した。邵武(福建省)の人。官途に仕えず生涯を終えた。詩集に『滄浪吟巻』3巻がある。ただし，厳羽の名はもっぱら『滄浪詩話』によって知られ，詩人としては二流以下の存在だった。

宋代には大量の詩話が著されたが，おおむね雑多で断片的な詩評にとどまっていた。その中で，南宋末に現れた『滄浪詩話』は，ほとんど唯一といえる理論的な体系性を備えた書で，後世の詩論にも多大の影響を与えた。詩弁・詩体・詩法・詩評・考証の5篇から成る。最初の「詩弁」はとりわけ特色ある篇で，いわば詩の原理論であり，「詩体」以下の各篇はその原理の下に，詩型・技法や個別の詩人論・作品論などを展開する。「詩弁」の特異性は，まず禅の比喩によって詩を説くことで，「禅道はただ妙悟に在り，詩道もまた妙悟に在り」と詩禅相関の視点から詩の本質に迫ろうとする。「妙悟」とは，言語によっては尽くしがたい詩の妙味を意味し，この書のキーワードの一つになっている。「妙悟」の最高の到達は漢魏と盛唐にあり，唐中期以後の詩

や宋詩はもはや学ぶに足りないとして退けられる。「妙悟」に関連して提示される「興趣」の論は，とりわけ刺激的で，大きな反響を呼んだ。「それ詩には別材有り，書に関するには非ざるなり」。詩の役割は心情を詠うことこそにあり，読書による教養とは無関係だとし，それを具現した理想的な姿を「興趣」と呼んで，盛唐詩こそがその典型とされる。この理論には，宋詩の持つ理屈っぽさへの反感がこめられているが，同時に一種の神秘主義的な曖昧さもぬぐえない。明代以降有力となった，盛唐を詩史の頂点とし，唐詩を初・盛・中・晩の4期に分かつ考えの源流は，事実上『滄浪詩話』に発している。また，「妙悟」や「興趣」など言外の風韻を重んずる理論は，清の王士禎（士禛）の神韻説や，袁枚の性霊説にも影響を及ぼした。厳羽の論に強く反駁する清の馮班の『厳氏糾謬』のような書も現れた。

(興膳　宏)

そうろうてい【滄浪亭】 江蘇省蘇州市城南人民路三元坊にある，蘇州最古の庭園。北宋中期に，五代末の別荘跡に蘇舜欽が水路に臨んで滄浪亭を建てたのが始まり。南宋時は，韓世忠の住居。明代には木々の生い茂る荒れ地となる。1696(康熙35)年に再建され，滄浪亭は土丘の上に移されて現在の姿となる。滄浪亭の北側には大運河と直結した河が流れ，橋を渡って園林に入る。園林全体は静かで落ち着きがあり，周囲にめぐらされた白壁の透かし窓から外部の水景をかいま見ながら，回廊をめぐる。2000年にはユネスコの世界遺産に登録された。

(木津　雅代)

そうろくし【僧録司】 明清時代に置かれた仏教を統轄する役所。明初の善世院に代わって，1381(洪武14)年に道教に対する道録司とならんで設けられた。左右善世・左右闡教・左右講経・左右覚義の8員がいて，全国の寺院僧尼名籍の作成と管理，住持の選任，度牒の発給，僧尼の戒行の監督と処罰などを掌り，地方の僧綱司以下の諸司を統べた。清代は明の制度によったが，ただ乾隆(1736-95)後期に善世の上に正印・副印の官を設けた。

(竺沙　雅章)

そうわたいきょく【相和大曲】 魏晋時代の歌舞大曲。漢代の相和歌の発展した形式である。初期の相和歌は，当時の民謡をもとに戦国時代の楚声(楚の民謡)の伝統を受け継ぎ，「糸竹(弦と管)が互いに相和し，節鼓を打って拍子をとる者が歌う」ものであった。相和の名はここに由来する。

相和歌は発展するうちに舞踏や器楽演奏と結びつき，組曲形式の歌舞大曲を形成していった。大曲の典型的な構成は，諸説があるが，基本的には「艶」―「曲」―「趨」または「乱」の3部から成るとする。「艶」は叙情的な器楽の序曲である。「曲」は全曲の主体で，複数の楽章から成り，各楽章は小型の歌曲と解を含む。「趨」は舞のある器楽の終結部で音楽はここで最高潮となる。「乱」は一説に，楚声の終章「乱」を受け継いだもので，舞はなく，歌及び楽器が総出で高潮を作り出す終結部であるという。大曲の構成を拍子の上から見ると，各楽章毎に変化を見せながら慢から急へ移行して終曲で高潮に達する形は，後の唐代の大曲に受け継がれるものである。楽器は笙・笛・琴・瑟・琵琶・箏・篪・筑などが用いられる。『宋書』楽志に「東門」「羅敷」など15曲の歌辞が記録されている。多くは叙事的な歌辞であることから，後世の説唱音楽との関連も見られる。

相和大曲には主に平調・清調・瑟調の「三調」がある。その解釈については未だ定説がないが，一般に相和曲は，正式に音楽が演奏される前に旋律のみで歌詞のない平調・清調・瑟調などと呼ばれる曲が演奏されていた。これは音楽の主音を明らかにし，主題を提示するためのものである。相和大曲は，晋の王室の南遷にしたがい，揚子江以南の地に受け継がれて清商大曲を形成し，さらに隋唐の燕楽大曲へ発展した。

(古新居 百合子)

そおう【素王】 『荘子』天道篇に「玄聖素王」と見えるのが「素王」の初出の例で，その意味するところは太古の帝王。ただし，『春秋』公羊学の立場の董仲舒が漢の武帝への対策中で，「孔子，『春秋』を作り，先づ王を正して万事に繋ぎ(まず「王」の意義を正し明らかにしてすべての事柄に関係づける)，素王の文を見らす」(『漢書』董仲舒伝)と発言して以後，孔子を『春秋』の制作と結びつけて「素王」と称することで定着する。賈逵の『春秋』序に，「孔子，史記を覧，是非の説を就し，素王の法を立つ」，鄭玄の『六芸論』に，「孔子既に西のかた麟を獲，自ら素王と号し，後世の受命の君と為り，明王の法を制す」，王充の『論衡』超奇篇に，「孔子，『春秋』を作り，以て王の意を示す。然らば則ち孔子の『春秋』は，素王の業なり。諸子の伝書は，素相の事なり」などと見えるのが，それである。通説では，「素」は「空」の意で，現実には王ではなかった孔子を，王者の徳を備えていた者，と位置づける。

(伊東　倫厚)

そおうあんかんてい【楚王酓忎鼎】 楚王酓忎は，伝世文献に見える楚の幽王熊悍(在位前237〜228)。楚王の名の「熊」は金文では「酓」に作る。出土地は安徽省寿県朱家集の李三孤堆。当地

は前240年に楚の王都となったところで，考烈王熊元(酓肯，在位前261〜228)の器も一括出土する。酓忎には盤もある。いずれも刻銘であるのが特徴で，書体は近い。筆画の一部をふくらませた装飾書体(盤銘)もある。楚の王都として年代が特定できるので，基準器たり得る。『書道全集』2(平凡社，1965年)を参照。　　　　　　　　　　(平勢　隆郎)

そおうえい【楚王英】　？〜71(永平14)。後漢光武帝の第6王子劉英。明帝の異母兄弟。41(建武17)年に楚王に封ぜられる。65(永平8)年，縑帛(絹)を納めれば死罪を赦す旨の詔が下ると，死罪を犯したわけでもないのに，縑帛30匹を納めて罪の贖いとした。彼はかねてから黄老の神と仏とをあわせ祭り，楚国の都の彭城(江蘇省)には仏教流伝初期の教団が成立していたのであって，宗教的な罪の意識に基づいてのことであったと推察される。その後，大逆不道の罪に問われて自殺。後漢書42
　　　　　　　　　　　　　　　　(吉川　忠夫)

そかん【楚簡】　戦国時代の楚の領域から出土した簡牘の総称。近代の楚簡の出土は，1953年湖南省長沙市の仰天湖楚墓に始まり，1993年湖北省荊門市の郭店楚墓に至るまで20数か所で見られるが，地域的には河南省信陽市の長台関と新蔡県葛陵楚墓以外は湖北省南部と湖南省北部に集中している。これら楚簡の特色としては，全て竹簡で墓中から発見されていることである。発見場所が墓中であるから，竹簡の内容は副葬品のリストである遣策や書籍が主であり，他にはト筮や祭禱の記録，秦簡の日書に類したものや各種文書類などがある。ここでは数量的に多い1993年の荊門郭店1号楚墓出土簡(郭店楚簡)と，異色の内容の1987年の荊門包山2号楚墓出土簡(包山楚簡)を取り上げる。

郭店1号楚墓出土簡804枚は書籍である。『郭店楚墓竹簡』(文物出版社，1998年)によると，次の18種類に整理している。すなわち『老子』甲・乙・丙本の3種，『太一生水』『緇衣』『魯穆公問子思』『窮達以時』『五行』『唐虞之道』『忠信之道』『成之聞之』『尊徳義』『性自命出』『六徳』及び『語叢』一〜四である。このうち『五行』以外は整理した段階で仮に付けられた篇題である。道家・儒家両学派の学説を主としているが，今まで知ることのなかった文献も多く，今後の書誌学的研究に期待するところが大きい。先秦時代の思想研究には欠かせない貴重な資料である。なお墓主の下葬の時期は紀元前300年前後とされているが，これより更に数十年下げる説もある。また郭店楚簡に関連して注目されるものに，1994年に上海博物館が香港の骨董市場から購入した約1200枚の楚の竹簡がある(上博楚簡)。盗掘されて流出したもので，整理の結果，内容は儒家・道家・兵家・雑家などの文献80種余にのぼり，現在では郭店楚簡とほぼ同時期の資料とみなされている。個々の文献はもちろんのこと，両者の比較をふくめて今後の研究が期待される。

包山2号楚墓出土簡については，『包山楚簡』(文物出版社，1991年)によると墓主は楚の国の左尹の官職に就いていた邵(昭)佗で，下葬の年代は紀元前316年とする。竹簡は全部で448枚，そのうち文字の書かれているものは278枚である。内容は副葬品のリストである遣策，墓主の吉凶禍福を占ったト筮や祭禱の記録，そして文書類の3種に大別される。この中で特に注目されるのは文書類である。『包山楚簡』によると，文書類を「集箸(著)」「集箸(著)言」「受期」「疋獄」とその他の5種に分ける。「集箸」は名籍(名簿)の検査に関する記録，「集箸言」は名籍に関する訴訟の記録，「受期」は各種の訴訟を受理した時期や審理の期間および判決の要点の記録，「疋獄」は起訴に関する簡単な記録である。その他の文書は更に3類に分ける。すなわち，官員が黄金や砂金を貸して種もみを購入せしめた記録，訴訟事件の内容と審理情況に関する記録，各級の司法官員が審理し再調査した訴訟事件の記録である。『包山楚簡』は，全体としてこれらの文書類は各地の官員が中央に送った文書とする立場をとる。しかしこれには異論があり，たとえば陳偉『包山楚簡初探』(武漢大学出版社，1996年)は，各地の官員が作成して送ったものではなく，左尹の官府で処理し保留した官府文書と位置づけている。研究はまだ緒についたばかりであり，戦国楚の国の司法制度や地方制度等を知る貴重な資料であるだけに今後の研究の進展が期待される。　(永田　英正)

そかんしゅんじゅう【楚漢春秋】　前漢の歴史書。楚の陸賈の著。彼は漢の劉邦の天下平定につき従った雄弁家である(『史記』97)。『漢書』芸文志には9篇とあるが，現在は散逸。漢の劉邦と楚の項羽との戦いを中心に，両国の興亡を述べる。民間流伝の武勇談を多く取り入れており，文章は未だ荒削りである。司馬遷の『史記』は多くこの書に依拠している。清の茆泮林が『史記』『漢書』『文選』などの注に引かれたものを集めて，1巻に再編成した。『後知不足斎叢書』56所収。　(小池　一郎)

そかんしん【蘇漢臣】　生没年不詳。北宋末南宋初の画家。汴京(河南省)の人。北宋徽宗朝の画院の待詔となり，南宋で復帰し，仏画の制作で承信郎を授かり，高宗・孝宗両朝に仕えた。北宋の劉宗古に道釈画を学び，また嬰児図を得意とした。道釈画家としての実態は不明であるが，1154(紹興24)

年，杭州西湖の東畔へ移築された顕応観に壁画があったという（周密『武林旧事』）。『秋庭戯嬰図』（台北，故宮博物院蔵）をはじめ，数多くの嬰児図や貨郎図に伝承作がある。　　　　　　　　　　（井手 誠之輔）

ぞく【俗】　→雅・俗

ぞく【鏃】

矢の先端に装着する利器。矢尻のこと。旧石器時代後期の山西省峙峪遺跡で出土した石鏃は最古の実物で，狩猟具としての弓矢の使用を物語る。後氷期の新石器時代に森林環境がひろがると，そこでの狩猟に適した弓矢がいっそう盛んになり，主に骨鏃が使われた。新石器時代後期には，武器としての石鏃が急増する。二里頭文化（夏），殷，西周時代には2枚の翼と装着用の茎（なかご）をもつ青銅鏃が大量に使用されたが，春秋時代以降，矢の直進性にすぐれた三角鏃や三翼鏃が主流となる。前漢時代には殺傷力を強化した鋼鉄製の鏃が出現する。　　　　　　　　　　　　　（西江 清高）

そくえんかいきょう【測円海鏡】

元の数学書。全12巻170問。1248（至元24）年刊。李冶の著。直角三角形とそれに内接する円を用いた平面図形の面積に関する問題を扱う。直角三角形の三辺の長さ及びそれらの和や差と内接円の直径との関係を公式化し，さらに天元術と呼ばれる高次方程式解法を用いて解く。明の顧応祥の注解書『測円海鏡分類釈術』がある。　　　　　　　　　　　（武田 時昌）

ぞくがく【俗楽】

雅楽以外の音楽。燕楽に同じ。西域などの音楽や楽器を摂取しつつ展開し，その流れは唐中期に二部伎として一つの結晶を見た。同時期には声楽や器楽が隆盛し，俗楽二十八調の理論や工尺譜という記譜法も確立した。唐代にはまた，朝廷が教坊で俗楽の楽工（楽人）を養成するようになった。宋代には音楽と演劇の結合した雑劇が成立し，これは元の元曲，明の崑曲，清の京劇へ繋がっていった。元代にはアラビアから胡琴や三弦が伝来した。　　　　　　　　　　（水口 拓寿）

ぞくがくにじゅうはちちょう【俗楽二十八調】

旋宮の候補を十二律のうち7律に限り，また転調（主音の相対音高の選定）の候補を宮・商・角・羽の4声に限って，以上の組み合わせにより28の調を生じたもの。俗楽で用いられ，胡楽の調理論に刺激されて唐中期に確立したものであるが，結果としては必然的に，雅楽八十四調から俗楽の実用に供するものが抜粋された形となっている。なお元以降の劇音楽は，あまり理論を意識しないものとなった。　　　　　　　　　　　　（水口 拓寿）

ぞくこう【俗講】

唐代中期以降に盛行した，在俗一般大衆向けの仏教講釈。僧侶が行った。その幅は広く，講釈の内容形式も一様ではないが，大きくは2つのタイプに分けられる。第一は，六朝以来の「講経」の伝統を継ぐもので，円仁『入唐求法巡礼行記』にその実態が記録されている。それによれば，春と秋に勅命により，長安の7つの寺において俗講が開かれ，著名な高僧たちが『法華経』『華厳経』『涅槃経』などの経典について講釈した。その儀式次第についても，円仁の記録や幾つかの敦煌文書にかなり詳しい記載がある。第二は，もっと通俗的な説教で，遊里のありさまを記す『北里志』によれば，長安の保唐寺で毎月8の日に開かれる俗講には，妓女たちが連れだって聴きにいったという。そうした場では，絵図を掲げて吟詠をまじえながら，おもしろおかしく聴衆の関心を引きつける話がくり広げられた。中には，説教という名で，かなりいかがわしい話をする僧侶もいたらしい。語り物の元祖として，宋以後に開花する説話文学への道を開いた。　　　　　　　　　　　　（興膳 宏）

ぞくこうせいけいかい【続皇清経解】

清の阮元が刊行した『皇清経解』を継いで，王先謙が1888（光緒14）年に刊行した清の学者たちの経書研究の論文・注釈書などを集成した叢書。正式には「皇清経解続編」。王先謙は1885（光緒11）年より江蘇省の文教行政の長官をつとめた折，この地に盛んな考証学関係の学術書を収集し，その内の精要なるもの209種を1430巻に編集して刊行した。明末清初の顧炎武・王夫之・毛奇齢・閻若璩に始まり魏源・兪樾・黄以周など111人の業績が収められている。　　　　　　　　　　　　（木下 鉄矢）

ぞくこうそうでん【続高僧伝】

南北朝より唐初にわたる高僧の伝記。30巻。唐の道宣撰。書名は南朝梁の慧皎が撰した『高僧伝』に続ける意味であるが，北宋の賛寧が『宋高僧伝』を撰すると『唐高僧伝』『唐伝』とも呼ばれた。これらに『明高僧伝』をあわせ四朝高僧伝という。梁以降および『高僧伝』に欠落した北朝地域をも含め，唐の高宗の時代に至る高僧について本伝485人，付伝219人の伝記を収録する。各僧の教行により訳経・義解・習禅・明律・護法・感通・遺身・読誦・興福・雑科の10篇に分けて事績を述べ，篇末には論賛を付す。645（貞観19）年に脱稿したが，その後も補筆が続けられ，649（同23）年のものを祖本とする写本が京都の興聖寺より発見された。道宣は補筆を続ける一方，664（麟徳元）年に『後集続高僧伝』10巻を著したが，730（開元18）年に成立した智昇の『開元釈教目録』では欠本の扱いとなっており，玄宗朝の中頃

にはすでに散佚していたようである。幸い南宋時代に保唐寺経蔵から残欠本が発見され，それを福州版『大蔵経』が印刷される際『続高僧伝』に合纂の上，31巻本に増大された。福州版の『続高僧伝』巻22習禅篇第6と巻27感通篇巻中の全部とが『後集続高僧伝』のものとみられる。道宣は古今の史料に加えて陝西・山西・河北・河南・山東など華北一帯はもとより，江蘇・浙江・湖北・湖南・四川の各地を歴遊しながら資料の蒐集に当たっており，本書も自らの実地見聞にもとづく史伝だけに，詳細で生々しい記述が随所にみえる。明らかに誤解と思われる資料や矛盾した記述も散見するが，南朝に偏った『高僧伝』の弊を改め，広域にわたって埋もれた高僧の発掘に尽力し，ともすれば軽く扱われがちな同時代人にも目を注ぎ，高僧のありようも時代とともに変わるべきだという立場を明確にした。護法篇・感通篇がそれであり，とりわけ前者は度重なる廃仏事件と，その背後にひそむ寺院・僧尼の腐敗堕落，道教との確執などに危機感をつのらせたことに起因する。護法意識に駆られるあまり独断と偏見・曲筆のあることが指摘されているが，南北朝より唐初にいたる仏教史研究には必要不可欠の文献であるばかりか，この時代の宗教史さらには歴史全般にわたる貴重な史料となっている。

（藤善　眞澄）

そくこせきさいさんがく【則古昔斎算学】

清朝後期の数学書。李善蘭の撰になる算学論文13種共24巻を合刻したもの。1867(同治6)年刊。則古昔斎は李善蘭の書室名。書中とりわけ重要であるのは，中国式の積分法と形容すべき尖錐術を展開しているところである。尖錐術は中国算術(中法)の最後を飾るに足る卓越した技法であり，著者の数学的天才を余すところなく証明している。同書は尖錐術をもちいて円周率の級数展開式や三角関数・逆三角関数の級数展開式を求め，対数の級数展開式などを定めた。

（川原　秀城）

そくじ【即事】

最初にテーマを決めて作った詩ではなく，目の前の事物・景色に触発されて詠んだ詩のこと。また，唐以降，杜甫の『草堂即事』詩，司空曙の『江村即事』詩のように，そのような詩詞の題として多く用いられる。元来は，東晋の陶淵明の『癸卯の歳　始春　田舎に懐古する』詩に「未だ歳功(収穫)を量らざると雖も，即事欣ぶ所多し」とあるように，眼前の景物そのものをいうことばであった。

（森田　浩一）

ぞくじ【俗字】

漢字の異体字のうち，民間に流行している通俗的な字形のものをいう。『説文解字』や石経など由緒正しい文献などに見える「正字」に対する呼称で，学問的な分野や科挙の答案などでは，俗字の使用が厳にいましめられた。俗字は個人的な備忘，暦や占書あるいはごく通俗的な字書などに使われるのが常であったが，近代の文字改革では書きやすさと覚えやすさが大きく評価され，多くの俗字が「簡体字」として採用された。

（阿辻　哲次）

ぞくしじつがん【続資治通鑑】

宋から元までの編年体史書。220巻。清の畢沅等が編纂。司馬光『資治通鑑』を継ぐ試みは何度かなされ，そのうち清初に徐乾学等が編纂した『資治通鑑後編』184巻は特に優れていたが，当時は李心伝『建炎以来繋年要録』など重要な史料を利用できなかったため，不十分なものであった。本書はこれを畢沅等が修訂し，乾隆(1736-95)末年に完成させたものである。史料的価値は高くないが，宋・遼・金・元の通史として最高水準の書である。

（谷井　陽子）

ぞくしじつがんちょうへん【続資治通鑑長編】

北宋の太祖以下九朝の編年体の史書。南宋の1163(隆興元)年から1183(淳熙10)年にかけて李燾が上呈したもので，20年の歳月を傾注した大著である。書名は，司馬光の『資治通鑑』を継いで「続資治通鑑」を編纂すべく，その未定稿であるとの意味から長編と称した。原本は全部で1063巻で，当時の史料を博捜し，李燾自身の史料批判や取捨録の理由，原史料の同異などが注記されており，北宋史研究の第一級の史料である。本書は南宋に刊刻されたが，南宋末から元・明にかけて散佚した。清朝の乾隆年間(1736-95)，『永楽大典』の中から採集したものと，残存していた部分とを合わせて，太祖から哲宗までの7朝分520巻が復原された。神宗朝と哲宗朝の一部を欠き，徽宗・欽宗両朝は全部を欠いている。この欠落箇所を『通鑑長編紀事本末』などを使って補ったものが清の秦緗業等輯『続資治通鑑長編拾補』60巻である。現在，中華書局から文字の異同を校訂して刊行されている。

（衣川　強）

そくしんぜぶつ【即心是仏】

あらゆる衆生の有する心こそがとりもなおさず仏である，の意。この語を用いて教化した禅者としては，馬祖道一が有名。後代の禅宗ではしばしば公案として取り上げられる。

（高堂　晃壽）

そくじんばん【夨人盤】

西周時代後期の青銅器。散氏盤とも呼ばれる。清朝，乾隆年間(1736-95)に陝西省鳳翔県から出土したと伝えられるが，確実ではない。357字にも及ぶ長い銘文は，夨が散

の土地を侵した結果，代償として矢から散へ土地が譲渡されることとなり，その境界設定と手続きの様子を詳しく書いたものであり，当時の土地をめぐる慣習を記した極めて貴重な資料である。また文中に矢王なる人物が現れ，それをめぐっての議論も多い。高さ20.6cm，口径54.6cmの巨大な盤である。現在，台北の故宮博物院の所蔵である。

(竹内 康浩)

そくすいきぶん【涑水記聞】

北宋の政治家・学者である司馬光が書いた筆記文。3種の版本が知られるが16巻本が流布している。内容は宋の太祖から神宗に至る間の故事を，国政に関するレベルで詳細に叙述している。欧陽脩『帰田録』と内容は似るが，該書の方が歴史書の性格が強い。鄭文宝の『南唐近事』や銭易『南部新書』などが先行の書とみなせるが，或いは『資治通鑑』の補遺と見ることも可能である。

(大野 修作)

ぞくぞうきょう【続蔵経】

大蔵経の続編のことであるが，特定の仏典叢書をさしていうことが多い。そもそも大蔵経の構成は個々に異なるが，『開元釈教録』(『開元録』)成立以降は，おおむねこの目録によって整備されることが多い。宋代以降，刊本大蔵経がつくられると，『開元録』に準拠した正編部分の後に，新たに翻訳・撰述された典籍などが続編としておかれ，『開宝蔵』以降の刊本大蔵経の多くに『開元録』未入典籍を収めた続編部分がある。この続編部分は広義の続蔵経といえるが，一般には，『高麗続蔵』，『嘉興大蔵経』の『続蔵』『又続蔵』，『大日本続蔵経』の3種の仏典叢書を「続蔵経」と呼ぶことが多い。

『高麗続蔵』は，高麗文宗第4王子である大覚国師義天が編纂・刊行したもの。義天は大蔵経未収の章疏類の集成を企図し，『新編諸宗教蔵総録』を編み，これにもとづき高麗王の宣を奉じ刊行した。こんにち原刊本や覆刻本でその一部を見ることができるが全貌をしることができず，事業が完結したかについても不明である。なお韓国では，義天の意図は経・律・論をおさめた大蔵経刊行ではなく，章疏の集成・刊行であり，「続蔵」ではなく，その目録名称にしたがい「教蔵」とすべきであるとの議論がある。

『嘉興蔵』は，明末清初に刊行された私版の大蔵経で，正編刊行後，『続蔵』『又続蔵』と続編部分の刊行がおこなわれた。語録などの禅籍がその大半を占めることが特徴であり，歴代の大蔵経中，異例な構成である。

『大日本続蔵経』は「卍続蔵経」ともよばれ，明治末期に日本の京都で蔵経書院が鉛活字で刊行したものである。蔵経書院ではこれより先に，法然院所蔵の江戸時代の僧忍澂が建仁寺蔵高麗再雕本を以て校訂した『黄檗蔵』に基づき，鉛活字で刊行した大蔵経があり，これを「卍正蔵」といい，その継続事業として刊行したものを「続蔵」という。歴代の大蔵経や叢書におさめられていない典籍を多数おさめ，中国仏教を研究するうえで貴重な資料源となっている。

(梶浦 晋)

そくてんぶこう【則天武后】

623(武徳6)?〜705(神龍元)。生年に624年説，625年説もある。唐を奪い武周朝を開いた中国史上唯一の女帝。在位690(天授元)〜705。姓は武，名は照(曌)。則天は諡。武則天ともいう。父武士彠は，幷州文水県(山西省)の人，若いときに木材商人となって財をなし，隋末に李淵(唐高祖)の挙兵に加わり，唐で荊州都督まで進んだ。母は隋室と遠縁にあたる楊氏。武照は父の死後，636(貞観10)年14歳で太宗の後宮に召され，才人(後宮の妃嬪の一ランク)につけられるが，太宗の死で宮中を出て長安城内の「感業寺」に移った(感業寺の所在は不明)。

のち関係のあった高宗の引きで再び宮中にもどると，子のない皇后王氏を策謀によって退け，655(永徽6)年に皇后位につく。以後病弱で気の弱い高宗に代わって政治全般をとり仕切り，高宗とともに二聖とよばれた。683(弘道元)年高宗が死んで全権を握り，690年ついに帝位につき，新王朝周を興した。これを武周革命とよぶ。ここに至る過程で，長男李弘や次男李賢を殺し，三男李顕(またの名は哲。のち中宗)を追い出し，異母兄や実姉を殺害するなど多くの肉親が犠牲になった。また酷吏や銅匭(目安箱)を用いた反対派の弾圧，他方で『大雲経』の新編纂や道教より仏教を重視する「仏先道後」方針など，仏教をつうじた人心の収攬，独特の則天文字の制作，新政をとる明堂の建築など多様な方法をとって，権力の座にすわる準備をした。

在位期間は705年までの約15年間となるが，その政治を支えたのは，旧来の主流を占めた「関隴」系(北朝西魏・北周に始まる政治集団)に代わる新興の山東系官僚であり，科挙(選挙)制の重視がそれを促した。狄仁傑らがその代表格になるが，武后はかれらの能力を巧みに駆使し，比較的安定した政治状況が築かれた。ただ内政へ関心がむけられている間に，周辺の突厥(東突厥)や契丹や吐蕃などの動きが活発化し，渤海国につながる大祚栄の自立もよんだ。これらを抑えるために新たな動員などに出た結果，府兵制の変質や逃戸の増大を招き，体制全般の動揺・矛盾を蓄積させた。

武后の登場はまた女性の活動を際立たせ，つぎの中宗の皇后韋氏とあわせ，後世非難をこめて「武韋

の禍」とも呼ぶ。武后時代は統治勢力の交替，体制の矛盾の深化などもふくめ，大きな時代の転換点に位置づけられる。その統治も705年1月，張柬之らの率いるクーデター軍が，男姿張昌宗兄弟を殺し，武后を退位させ，唐が復活して終わる。同年末に崩じ，高宗の乾陵に埋葬された。墓前には武后を記念した「無字碑」が建つ。　　　（氣賀澤 保規）

聡明で文章詞賦，書法にも優れていた。『昇仙太子碑』は則天武后の草書体として有名である。更に武后は「武周新字」といって年月・年号などを中心に17字のべ21字の新字を制定した。これらの新字は705年，唐が復国すると同時に使用されなくなった。旧唐書6，新唐書76　　　　　　　　（小川 博章）

ソグドもじ【ソグド文字】　2〜3世紀から11世紀頃まで中央アジアで商業活動に従事していたソグド人がソグド語の表記に使用していた文字。アケメネス朝ペルシアの公用語であったアラム語を表記するアラム文字に由来する。母音を表示しない表音文字の一種で，弱子音字の組み合せで母音の表記を兼ねる場合がある。もとは右から左へ横書きしていたが，後に上から下へ縦書きするようになった。ソグド文献は敦煌や吐魯番，サマルカンドなどで発見されている。　　　　　　　　　　　　（池田 巧）

ぞくふ【族譜】　宗族の系譜集。宗譜・家譜ともいう。一族の系図や伝記を中心に，賜与された詔勅・家訓・族規・祭田や墓地の記事などが収められている。家族史・社会史などの史料として価値は大きい。門閥貴族の時代には家格を誇示するために家譜が流行したが，北宋時代に，欧陽脩や蘇洵などが族譜のあり方について論じ，五世の祖からに限定するなど，修譜の法が一変したという。ただし，現実には各支派の系譜を収録して巨冊となるものが多い。一般には数十年に一度修譜がおこなわれ，印刷されて一族の各派系に配られる。現存するものはほとんどが明代以降のもので，日本では東洋文庫・東京大学東洋文化研究所・国会図書館，米国ではユタ系図協会が多くを収集し（日本語版目録あり），2008年刊行の上海図書館編『中国家譜総目』には，5万点以上が著録されている。この他，全国や地域の名族を著録した「氏族譜」「名族譜」と呼ばれるものもある。　　　　　　　　　　　　　　（森田 憲司）

ぞくぶんがく【俗文学】　明代後期の『三国志演義』『三言二拍』など平易な文言または白話で書かれた小説は，多く通俗的効用を標榜したが，俗文学という概念が生まれたのは，1917年の文学革命以後のことである。1918年，北京大学教授の劉半農が民間歌謡収集の重要性を訴え，蔡元培・魯迅・周作人・胡適など多くの新文学提唱者が呼応し，1922年，周作人などにより『歌謡周刊』が創刊された。このころ敦煌で発見された唐代の変文や白話詩が注目を集め，1929年に鄭振鐸が『小説月報』20巻第3期に「敦煌俗文学」を発表，初めて俗文学という言葉を使用した。鄭振鐸は『中国俗文学史』（1938年）において，詩と散文のみの古典文学ではなく，小説・戯曲・民間歌謡を主とする俗文学こそが中国文学の中心であり，古典文学は民間の俗文学から発生したと主張，以後，抗日戦争期を経て人民共和国誕生後も，社会主義文学理論の重要な概念として今日に至っている。　　　（金 文京）

ぞくぶんけんつうこう【続文献通考】　明代の政書。254巻。1586（万暦14）年に完成。明の王圻の撰。馬端臨の『文献通考』のあとをうけ，南宋末から遼・金・元をへて明の万暦初年にいたるまでの諸事を叙述する。『文献通考』と大体同じ目次になっているが，さらに節義・氏族・六書・諡法・道統・方外などの諸考を加えている。体裁は整わず，記事にも脱落誤謬があるが，本書独自の記事も多い。とくに明代の制度や社会経済の史料として価値が高い。　　　　　　　　　　　　　　　（谷口 規矩雄）

そくほん【足本】　本文の内容を省略していない本。全本・広本などともいう。これに対し，内容の一部が省略されたり，ごく一部のみを抜粋して鈔写・刊刻したものを刪本・刪節本・節本・簡本などという。通俗小説などにおいては，内容を簡略化したものが数多く出版されたので，省略されていない本には，これを強調するため書名に，「足本」「全本」等の語を冠するものがある。　　　（梶浦 晋）

そくれい【則例】　明清時代，皇帝の裁可を受けた処理案や規則，中央から地方への指示，各省で総督・巡撫の下した通達などのうち，先例や通則として遵守すべきものを「例」と称し，「例」を関係部局や地方ごとに編纂した書物に，「条例」「事例」「則例」「省例」などの名称を付した。清代には，中央政府の六部がそれぞれ「例」を編纂するようになり，『吏部処分則例』『戸部則例』などを刊行したほか，民間でも「則例」の名をもつ書物が刊行された。　　　　　　　　　　　　　　　（岩井 茂樹）

そげき【楚劇】　伝統演劇の劇種名。湖北省の武漢市黄陂区・孝感市一帯に分布。黄孝花鼓，また俗に哦呵腔とも言う。楚劇の成立時期は，清朝道光年間（1821-50）。その主なメロディー（迓腔）が黄梅採茶戯と同じ打鑼腔系統に属し，初期の演目の多くを黄梅採茶戯と共有，しかもその登場人物がいず

れも黄梅一帯の出身であることから，黄梅採茶戯が黄陂・孝感一帯に伝わり，当地の方言を舞台言語として成立したと考えられる。光緒(1875-1908)末年に長江沿岸の都市部に進出し，それまでは地芝居が主であった演目に，本戯や連台本戯も加わった。楚劇の名称は，1926(民国15)年より用いる。主な演目に『百日縁』『葛麻』『討学銭』など。
(松浦　恆雄)

そげき【蘇劇】　伝統演劇の劇種名。江蘇省南部から上海に及ぶ地域に流行する。蘇灘という語り物が演劇化した。清末に蘇灘の職業芸人林歩青(1862〜1918)が簡単な扮装をして蘇灘をうたい演じたのが演劇化の始まり。民国になって文明戯にならい化粧蘇灘が生まれ，1920(民国9)年には最初の化粧蘇灘劇団が蘇州に誕生した。化粧蘇灘はその後上海に進出し，30年代には崑劇の俳優の加入などにより上演水準が上がった。1941(同30)年，上海国風蘇劇団が初めて蘇劇の語を用いた。蘇劇の演目は，蘇灘の前灘と後灘のそれを受け継ぐ。主なメロディーは，太平調・弦索調など。代表的な演目に『白兎記』『蕩湖船』など。
(松浦　恆雄)

そこう【蘇黄】　→蘇軾，黄庭堅

そこうし【祖暅之】　生没年不詳。南朝斉〜梁の天文学者・数学者。祖暅とも。字は景爍。祖沖之の子。天文学の面では，父の祖沖之が作成した大明暦を修訂し，これは梁の510(天監9)年に正式に施行された。数学の面では，同じ高さで水平に切断した面積がつねに等しい2つの立体は，その体積も必ず等しいという原理を応用して，球の体積を求める正確な公式を算出した。また父とともに『綴術』という数学書を著した。南史72 (長谷部　英一)

そこうじぼしめい【蘇孝慈墓誌銘】　隋の墓誌銘。603(仁寿3)年の刻。小楷37行・行37字，全文1283字。平安公蘇慈(字は孝慈)の生前の功徳を頌えたもの。清の1888(光緒14)年陝西省蒲城県から出土し，現在は蒲城県博物館に所蔵されている。同年夏，知事の張栄升が2行の跋文を刻したが，後に削り取られている。よって初拓本は無跋，張跋本はそれに次ぎ，跋を刪去した拓は後拓である。文字完好で，筆鋒も明らかなことから偽刻説もあるが，『九成宮醴泉銘』の先声をなすものとして評価されている。
(小川　博章)

そさんさい【素三彩】　磁器製三彩のことで，特に清時代の官窯で制作されたものをいう。康煕年間(1662-1722)に完成された。素地に文様を彫り付けて素胎のまま高温焼成したあと，白釉・黒釉・黄釉を掛けて下地とした上に鉛釉を塗り分けて，低火度で焼成する。下地と溶け合い，文様に柔らかさが生まれる。華やかさを避けた，抑えた色調が名称の由来ともいう。
(矢島　律子)

そじ【楚辞】　戦国後期の楚(長江中流域)におこった韻文の一種，並びにそれを集めた書物。楚辞という名称は前漢武帝期の朱買臣の伝(『史記』酷吏列伝)に既に見られるが，前漢末に至り，劉向が，楚の屈原・宋玉から劉向自身までの作品を16巻の書物にまとめた。現在伝わるのは，これに後漢の王逸が注を付した『楚辞章句』17巻である。ただし楚辞という場合，屈原・宋玉の作とされるものに限ることも多い。

『楚辞』は，中国の韻文文学として『詩経』に続くもので，『詩経』の重要な部分である『国風』と，『楚辞』の巻頭の作品『離騒』とから，「風騒」の称もある。ただ『詩経』が古代人の現実生活を反映するのに対し，『楚辞』は神話的・巫術的な幻想性が強い。代表作とされる『離騒』は，帝王の子孫としてよき日に生を受け，香草で身を飾った主人公が，この世で受け容れられず，「美人」を求める天上の旅も挫折し，「吾将に彭咸(主人公が尊敬する古人の名)の居る所に従わんとす」と結ばれる。『九歌』は，東皇太一(天神)・雲中君(雲神)・湘君・湘夫人(湘水のほとりで亡くなった舜の2人の后とも，湘水の神ともいう)・大司命・小司命(人の寿命を司る星神)・東君(太陽神)・河伯(黄河の神)・山鬼(山の霊)・国殤(戦没者の霊)・礼魂(送神曲)の11篇からなり，楚国の祭祀歌を原型とする。『天問』は，神話や歴史に関する問いを連ねる。『招魂』は，死に瀕した人の魂をこの世に招き返す招魂儀礼の体裁をとり，宋玉が屈原の魂を招いたとも，屈原が懐王の魂を招いたともいう。『大招』も同類の作であり，屈原の作とも，やや後の景差の作ともいう。

しかし，戦国後期の楚国の衰亡を反映して，『楚辞』の古代的伝統は，上記の諸篇にも見るように滅びゆくものとして現れ，それが屈原の悲劇とも結びつく。『九章』は，惜誦・渉江・哀郢・抽思・懐沙・思美人・惜往日・橘頌・悲回風の9篇よりなり，『離騒』のような幻想ではなく，現実の乱世に対する悲憤を歌う。『卜居』『漁父』は，屈原が占い師や漁師と交わしたすれ違いに終わる対話であり，世に容れられぬ屈原の生き方を示す。宋玉の名を冠せられる『九弁』では，「悲しいかな秋の気たるや」「坎廩(不遇なさま)たり　貧士職を失いて志平らかならず」など，周囲との対立よりも，悲哀と失意の表出が主となる。『楚辞』の変容を示すとともに，「悲秋」「賢人失志」という文学的系譜を生んだもの

として重要である。漢代の作では，悲哀と失意への沈潜がいよいよ顕著であるが，淮南小山(淮南王劉安のもとに集まった賓客の集団とも，そこで作られた詩の分類ともいう)の『招隠士』は，『九歌』の山鬼篇に倣い，山中の怪奇と，戻らぬ「王孫」への思慕を描いて秀逸である。なお『遠遊』は，『離騒』後半の天上遊行を発展させたものであるが，神仙思想への傾斜が著しく，前漢の作品とも疑われる。

『楚辞』の各篇は，『詩経』に比べて概して長編であり，『離騒』は373句にも及ぶ。『天問』『招魂』などは，『詩経』同様に4字句を基調とするが，『離騒』『九歌』『九章』『九弁』などは，6字句を基調に変化を交え，意味をもたない「兮（けい）」字を挿入してリズムをとる。このような詩形を「騒体」とよぶ。『詩経』が本来音楽を伴ったのに対し，『楚辞』は独特の調子で朗誦されたもので，漢代以降の賦(辞賦)とよばれる朗誦文学につながってゆく。

『楚辞』の注釈としては，後漢の王逸『楚辞章句』が現存する最古のものであり，北宋の洪興祖『楚辞補注』は，それを大幅に拡充する。南宋の朱熹（しゅき）(朱子)『楚辞集注』は，解釈に新生面を開くとともに，漢代の作の一部を「病気で痛いわけでもないのにうめくようなもの」として削除し，代わりに屈原の精神を継ぐものを独自に選んだ『楚辞後語』を付す。他に明の汪瑗『楚辞集解』，清の王夫之『楚辞通釈』，蔣驥（しょうき）『山帯閣注楚辞』，戴震『屈原賦注』などがあり，近代では，聞一多の文献学と民俗学の両方にわたる研究が特色を示す。　　　　(谷口　洋)

そじしっちゅう【楚辞集注】　『楚辞』の注釈。全8巻。南宋の朱熹(朱子)撰。『楚辞』の注釈としては，後漢の王逸の『楚辞章句』とそれを補った北宋の洪興祖の『楚辞補注』が通行していたが，朱熹は彼らの注が訓詁に傾いて，大義を明らかにしていないことを不満に思い，旧注の成果に依拠しながら，新しい注釈を著した。屈原自らが著した『離騒』『九歌』『天問』『九章』『遠遊』『卜居』『漁父』の7題25篇を「離騒」類とし，次に宋玉等後人の著した『九弁』『招魂』『大招』『惜誓』『弔屈原』『服鳥賦』『哀時命』『招隠士』の8題16篇を「続離騒」類としてまとめた。各作品は，章ごとに，朱熹『詩集伝』の方法を踏襲して，賦(直叙)・比(直喩)・興(物にこと寄せて描く隠喩的技法)のいずれの表現法を用いるかを指摘する。『楚辞』の注釈として，王逸・洪興祖の注と並んで今日なお大きな位置を占めている。他に考証をまとめた『楚辞弁証』2巻，北宋の晁（ちょう）補之『続楚辞』『変離騒』にもとづいて，『楚辞』の系列に連なる後世の作品を集成した『楚辞後語』52篇を併せて一書としている。
　　　　(興膳　宏)

そじしょうく【楚辞章句】　『楚辞』の注釈書。17巻。後漢の王逸の著。『楚辞』の注には，早く前漢の劉安『離騒伝』などがあったが，王逸は，屈原・宋玉から前漢までの作品を劉向が集めた16巻本の全体に注をつけ，自作を加えて17巻とした。現行の『楚辞』の本文はこれにより，注釈もそれまでのものは失われた。その篇目と，王逸の序に記される作者は，順に『離騒』『九歌』『天問』『九章』『遠遊』『卜居』『漁父』(以上屈原)，『九弁』『招魂』(以上宋玉)，『大招』(屈原あるいは景差)，『惜誓』(作者不詳あるいは賈誼（かぎ）)，『招隠士』(淮南小山)，『七諫』(東方朔)，『哀時命』(厳忌)，『九懐』（りゅうきょう）(王褒)，『九歎』(劉向)，『九思』(王逸)。

「章句」は本来，経典を章(段落)や句に区切り，一字一句の読みを追究する漢代の経学者の学問を指す。『楚辞章句』では特に『離騒』を「経」として尊崇し，『詩経』学の方法により，作品中の動植物や美人などを，高潔な屈原，邪悪な俗人，屈原が忠誠を誓う君主などの比喩として読み解く。そのため付会も多いが，現存する最古の『楚辞』注釈としての意義は大きい。注の一部は韻文で書かれ，当時の学術の一面を示す。単行本もあるが，洪興祖の『楚辞補注』と合刻されたものが流布する。　(谷口　洋)

そしぜん【祖師禅】　禅宗開祖の達摩の禅。圭峰宗密は，①生天を目的とする外道禅，②仏教の涅槃の目的が目指されていない凡夫禅，③小乗の禅観に基づく我空のみを目指す小乗禅，④我と法の二空を目指す大乗禅，⑤達摩が伝えた最上乗禅(如来清浄禅とも)の5種に禅を分類した。⑤の達摩の伝えた禅を，祖師禅という。更に⑤の禅も，理に偏るとして，真の禅は理事相即のものと主張し，これを祖師禅として区別する立場もある。
　　　　(石井　修道)

そじつうしゃく【楚辞通釈】　『楚辞』の注釈。全14巻。清の王夫之撰。後漢の王逸『楚辞章句』によりながら，屈原の作品を中心にして，後来の『七諫』など5篇を削り，新たに江淹（こうえん）の『山中楚辞』や撰者自作の『九昭』などを加えた44篇について，注釈を施している。王夫之は明の遺民で，異民族である清の統治に強い反抗意識を抱き，『楚辞』に託して時世への思いを述べた。そこに独自の特色が発揮されているが，同時にいささか牽強付会の説も多いと評される。　　　　(興膳　宏)

そじとう【楚辞灯】　『楚辞』の注釈。全4巻。他に首1巻，懐襄二王在位事跡考1巻を収める。清の林雲銘撰。『招魂』『大招』を屈原の作として収録する一方で，宋玉『九弁』等の作品を収めな

い。その点で，蔣驥『山帯閣注楚辞』などに影響を与えた。その『楚辞』解釈は，王逸『楚辞章句』や朱熹『楚辞集注』とは異なった独自の道を開くもので，清代には大きな影響を及ぼした。各篇につき句を逐って解釈を施し，圏点を加え，一篇の趣旨を総括している。寛政年間(1789-1801)の和刻本もある。　　　　　　　　　　　　　　（興膳　宏）

そしば【蘇祗婆】　生没年不詳。北朝北周の武帝(在位560～578)時代の亀茲(新疆ウイグル自治区庫車一帯)の楽人。568(天和3)年，突厥(テュルク国)の王女阿史那と武帝との婚礼の際に北周に随行した五弦琵琶の名手。蘇祗婆が伝えた「七声五旦」の理論に影響を受け，隋の楽戸万宝常と音楽理論家である楽官鄭訳は「七声八十四調の理論」を打ちたて，唐代の雅楽において実用化した。隋書14　　　　　　　　　（仲　万美子）

そじほちゅう【楚辞補注】　『楚辞』の注釈書。17巻。北宋の洪興祖(1090～1155)の著。現行の体裁では，『楚辞』の本文の後，王逸『楚辞章句』をはじめ先行する諸注釈を引き，テキストの異文を掲げた上で，「補曰」として自説を述べる。王逸と同様，『楚辞』には屈原の忠君愛国の情が込められているとして道義的に解するが，王逸の付会の甚だしいところは訂している。人名・地名・動植物名や史実について，多くの文献を引いて考証するほか，著者不明の『楚辞釈文』，洪興祖自身の『楚辞考異』など，今は失われた注釈の成果を反映する点も貴重である。宋本は伝わらず，明代の覆刻本の影印が『四部叢刊』に収められる。　　　　　（谷口　洋）

そしゃく【蘇綽】　498(太和22)～546(大統12)。北朝北魏～北周の文章家。京兆武功(陝西省)の人。字は令綽。博学で算術にも長じ，北周の太祖宇文泰に信任重用されて宇文泰の発する文書作成を担当した。宇文泰の命により，南北朝期の駢文を主流とする美文至上の傾向に対して，『書経』の字句を用い，その文体を模した「大誥」を作った。545(大統11)年に発布。しかし文体としてはあまりに無理があったため綽の死後は廃れる。周書22
　　　　　　　　　　　　　　　　（原田　直枝）

そしゅう【蘇州】　上海の西約80kmに位置する都市。古くは春秋戦国時代に呉の都が置かれ，その後も江南地方の一中心地ではあったが，隋代に大運河が開通してから大いに繁栄するに至った。宋代にはすでに「上に天堂(天国)有り，下に蘇杭(蘇州と杭州)有り」という諺が一般化していた。しかし，蘇州が南京や杭州をも凌駕し，文化・情報の最大の発信地となったのは，明末のことのようである。蘇州の繁栄は，この地域が全国で最も重い税が課せられるほど生産力が高く人口が多かったこと，周辺農村では木綿の栽培と養蚕が普及したこと，水路が縦横にはりめぐらされて南は杭州付近，西は太湖西岸，北は長江北岸，東は上海付近まで緊密につながり，また大運河を擁して全国につながるだけでなく，呉淞江(蘇州河)を通じて上海へ出，ここから日本など海外へ販路が通じていたこと，などをあげることができる。つまり蘇州は江南随一の物資の集散地であり，これにともない文化・情報の最大の集積地・発信地となったのである。蘇州城を構成するのはもと呉県と長州県の2県であったが，清代雍正年間(1723-35)には元和県を加え3県分治とした。1城に3県が置かれたのは全国で蘇州だけで，これは明末から清初にかけて急激な膨張があったことを示す。

　蘇州城西側の閶門内外は，商業・金融の一大センターであり，閶門外はまた綿布加工業，城内東側は高級絹織物の一大生産地であった。綿布加工職人や機織職人によるストライキや暴動も頻発した。蘇州城の内外には数多くの文人が生活したほか，近くの常熟県・呉江県・昆山県・太倉州などからも多くの文人が始終訪れ，文化センターとしての機能ももった。蘇州が凋落するのは太平天国軍によって占拠されてからであり，その後は上海に中心地としての機能が移ってゆく。　　　　　　　　（夫馬　進）

そじゅん【蘇洵】　1009(大中祥符2)～66(治平3)。北宋の文人。眉州眉山県(四川省)の人。字は明允，号は老泉。蘇軾・蘇轍の父で，兄弟が大蘇・小蘇と称されるのに対しては老蘇の称があり，3人を括っては三蘇の称がある。

　蘇洵は20歳代の後半に至って本格的に学問に取り組んだ晩学の人で，進士科・制科のいずれにも及第できなかったが，ときの有力者であった欧陽脩らの推挽によって試校書郎の官を授かり，朝廷の儀式次第集である『太常因革礼』100巻の編纂に参加した。

　蘇洵は詩人としての才には恵まれなかったようだが，その散文は独創的な見解を大胆に展開して，戦国遊説の士の論議にかようところがあり，とりわけて政治論と軍事論に長じていた。蘇軾・蘇轍とともに唐宋八大家に数えられる，すぐれた散文作家。『嘉祐集』15巻がある。宋史443　　　（山本　和義）

そしゅんきん【蘇舜欽】　1008(大中祥符元)～48(慶暦8)。北宋の詩人。梓州銅山(四川省)の人。字は子美。宰相蘇夷簡の孫であり，宰相杜衍の婿であるという毛並みの良さを誇ったが，進奏院の

役人であった時，役所の反故を売った金で，芸者を呼んでさわいだのを反対党から弾劾されて失脚した。以後，江蘇の蘇州に「滄浪亭」という別荘を築いて隠棲したが，41歳の若さで亡くなった。豪傑肌の人物で，軍事論を好んだ。詩は，彼と並称される*梅堯臣ほど生活に密着して従来の詩人の目にとどかなかった細部にまで浸透することはないが，奔放な力強さにあふれている。自らを題材にしたともとれる「覧照」の詩で，「心は曾つて終に虜を平らげんと国に許せしに，命は未だ時に逢わず合に退きて耕すべし。称わず文を好みて翰墨に親しむに，自ら嗟く病多くして風情足しと」とうたう。『蘇学士文集』16巻がある。宋史 442 　　　　　（大野 修作）

そじょ【素女】　古代の伝説で房中術に長じていたとされる神女。『*史記』『*楚辞』などでは瑟や歌をよくしたとされているが，後漢末から魏晋時代にかけて，素女は*彭祖とともに，房中術の達人としてまつりあげられ，その名を冠した『素女経』が成立した。これは中国では早くに失われたが，わが国の丹波康頼撰『医心方』房内篇(984年)に佚文が伝存しており，*黄帝が問うて素女が答えるという問答体で，詳細な性技が説明されている。　（坂出 祥伸）

そしょう【蘇頌】　1020(天禧4)〜1101(建中靖国元)。北宋の政治家・天文学者・本草学者。泉州南安(福建省)の人。字は子容。掌禹錫らと『嘉祐補注神農本草』(1061年)，『図経本草』(1062年)を作る。1077(熙寧10)年には遼に使いして，暦学の知識を外交に活かし，後，韓公廉の協力を得て，水運儀象台や仮天儀(球の中に入って内部に描かれた星座を見る装置)などを作り，前者の説明書『新儀象法要』を著した。宋史 340 　　　　　（宮島 一彦）

そしょうしょう【蘇小小】　南朝斉の銭塘(浙江省)の名妓。晋の人ともいう。『玉台新詠』にも収められている「我は油壁の車に乗り，郎は青驄の馬に乗る。何処で結ぼう同心を，西陵のあの松柏の下」という『蘇小小の歌』で知られる。李賀や温庭筠ら中晩唐の詩人が好んで詩に詠み，とくに嘉興県(浙江省)にあったという蘇小小の墓がよくとりあげられた。清の擬話本『西湖佳話』に蘇小小の故事を題材にした小説『西泠韻跡』がある。
　　　　　（松家 裕子）

そしょく【蘇軾】　1036(景祐3)〜1101(建中靖国元)。北宋の文人・書家・政治家。眉州眉山県(四川省)の人。字は子瞻，号は東坡居士，諡は文忠。弟の蘇轍を小蘇と称するのに対しては大蘇の称があり，あわせて二蘇と称される。さらに老蘇と称される父の蘇洵を加えては，三蘇と称され，そろって唐宋八大家に数えられるすぐれた文人であった。

蘇軾は，1057(嘉祐2)年の進士科に弟の轍と共に及第，さらに61(同6)年の制科に共に及第して官界に入る。そのころの政界は，国家財政を建てなおし行政改革を果敢に推進しようとする王安石らの新法党と，それに反対する蘇軾・蘇轍らの旧法党が鋭く対立し，官界における蘇軾はその渦中に在って，2度の流罪を経験するなど波瀾に富んだ生涯を送った。

新法党との対立から中央政府を去って，杭州の副知事，密州，徐州，湖州の知事を歴任するが，1079(元豊2)年，その詩文によって朝政を誹謗したとして*御史台(司法機関)の獄に投ぜられ(烏台詩案)，翌年には長江中流域の黄州(湖北省)に流罪となる。不如意な生活の中で自ら農耕に携わるかたわら，東坡居士と号して，前後2篇の「赤壁賦」を含むすぐれた作品を生んだのはこの期のことである。85年，神宗が崩じて，旧法党が復活する(元祐の更化)と，蘇軾は中央政府に復して，杭州，潁州，揚州の知事に転出することもあったが，中書舎人，翰林学士，兵部尚書，礼部尚書など国政の中枢を担うこととなる。のち哲宗が父神宗の政策を復活させるに及んで，再び暗転，1094(紹聖元)年には恵州(広東省)に流罪となり，さらには海南島に流される。苛酷な境涯にはあったが，そこでの文学(「海外の文学」)は弟が「精深華妙」と評した如く，最も深い境地に至っている。1100(元符3)年，赦されて大陸に帰還した蘇軾は，翌年，常州(江蘇省)に至って，病没する。

欧陽脩は近世の士大夫の風を拓いた巨人であるが，蘇軾が及第した進士科の試験を主宰したこともあって，深くその人と交わって当代の文化を導き，欧蘇と併称される。また北宋期のすぐれた詩人としては，黄庭堅と双璧をなして蘇黄と併称される。文業の集成として『東坡七集』121巻がある。
　　　　　（山本 和義）

書道史上，蔡襄・黄庭堅・米芾とあわせて「宋の四大家」と称される。現存する書跡は少なくなく，3期に大別できる。早年から1079(元豊2)年44歳までが第1期，1093(元祐8)年58歳までが第2期，没年の1101(建中靖国元)年66歳までが第3期である。第1期には王羲之の『蘭亭序』を学んだ行書を刻す『西楼帖』(1168年，天津博物館蔵)や顔真卿を学んだ大字楷書を刻す『表忠観碑』(1078年，杭州，銭王祠)があり，学書の根底が窺える。第2期には『黄州寒食詩巻』(1082年以降，台北，故宮博物院蔵)，『前赤壁賦』(1083年，台北，故宮博物院蔵)，『李太白仙詩巻』(1093年，大阪市立美

術館蔵)があり，いずれも蘇軾の代表的な真跡である。第3期には『洞庭春色賦・中山松醪賦』(1094年，吉林省博物館蔵)，『与夢得秘校翰』(1100年，台北，故宮博物院蔵)があり，円熟味を増している。たとえば明の王世貞は『洞庭春色賦・中山松醪賦』について，「此れ惟だ古雅を以て勝れるのみならず，且つ姿態百出して，結構緊密，一筆も操縦を失う無し」(『佩文斎書画譜』巻77)と評し，「眉公最上乗(蘇軾の最高傑作)」の書とみなしている。総じて彼の書作は，はじめ『蘭亭序』に自然の風神を学び，のち顔真卿に人間性の発露を会得して大成したものである。特にその行草書の筆力が雄大豪放で，逸気が縦横に溢れ，肥えた線質でありながら俗気がなく，自由自在である。蘇軾は「昔の書を批評した者は，作品とともにその平素の生活をも問題にした。もし立派な人物でなければ，たとえ字が上手でも貴ばない」(『書唐氏六家書後』)と考え，まず人物が立派であることを書の第一条件としている。また書を人間の身体にたとえて，「書には必ず神・気・骨・肉・血の五つの要素がなければならない。この一つを欠いても書にならない」(『論書』)という。それゆえ顔真卿以来の人間性の発露の場としての書を指向し，諸家の長所をあわせ学ぶという学書態度である。書に関する著作には，さまざまなところに記した題跋を，後人が集録した『東坡題跋』がある。全6巻中の巻4には，二王から当代(北宋代)の書についての評論や書論が見られる。真偽を鑑定し，その本質を究め，善し悪しを品評するなど，極めて多岐に渉る書の鑑賞法が，題跋という形式で書き留められており，この分野を代表する著作である。宋史338 　　　　　　　　　　　　　　(河内 利治)

そしん【蘇秦】　?～前284?。戦国時代，諸国をめぐって外交策を説いた縦横家の一人。合従策をとなえて東方の六国を同盟させ，秦に対抗させようとした。『史記』によると，この合従は秦の策謀により破れ，蘇秦は斉で暗殺されたとされる。1973年出土の馬王堆帛書『戦国縦横家書』によると，蘇秦の伝承は兄弟の蘇代や蘇厲との混同があるようで，連衡策をとなえた張儀の死後(前310年)も生き続け，むしろその後に活躍した人物のようである。史記69　　　　　　(江村 治樹)

そせきぼんき【楚石梵琦】　1296(元貞2)～1370(洪武3)。臨済宗の僧。明州(浙江省)の人。字は曇曜，のちに楚石。西斎老人と号す。俗姓は朱氏。9歳で出家し16歳で具足戒を受ける。径山の虚谷希陵，天童山の雲外雲岫，浄慈寺の晦機元熙などに学び，径山の元叟行端の教えを嗣ぐ。海塩の福臻寺をはじめとした諸刹に歴住し，仏日普照慧弁禅師を賜る。『楚石梵琦禅師語録』20巻があり，「行状」「塔銘」が付載される。　(永井 政之)

そぞう【塑像】　綿花・藁すさなどを混ぜた塑土を用いて造る像。木材を芯とするのが一般的だが，石胎塑像や麻布を使う技法もある。殷の帝乙による天神が塑像の始めと伝える(『史記』)。石窟の塑像は敦煌莫高窟，麦積山石窟が代表例。洛陽永寧寺からは塔中の塑像(北朝北魏)が出土し，唐の開元・天宝期(713-756)には塑像の名手が輩出した(『中国美術史彫塑篇』)。山西省の平遥鎮国寺には五代の，浙江省の温州白象塔，山西省の太原晋祠には北宋の，山西省の大同下華厳寺には遼の塑像がそれぞれ伝わる。　　　　　　　(長岡 龍作)

そそぶん【詛楚文】　北宋のときに出土した石に刻した銘文。原石は失われ，現在は拓本のみが知られる。翌年に王となる秦の嗣王(恵文王)が祭祀官を用いて大神に告げたという文言から始まる。恵文王が嗣王になったのは，前325年。楚王熊相(威王熊商)の多くの罪が語られる。ついで秦の先君穆公と楚の成王の友好往来から18世あったことが述べられる。18世は秦の君主。楚王の比定，18世をどう数えるかは別の説もある。郭沫若『石鼓文研究・詛楚文考釈』(科学出版社，1982年)を参照。
　　　　　　　　　　　　　　(平勢 隆郎)

そちゅうし【祖沖之】　429(元嘉6)～500(永元2)。南朝宋～斉の天文学者・数学者。范陽(河北省)の人。字は文遠。天文学の面では，大明暦を作成した。この暦の特徴は冬至点が年々西に移動するという歳差現象を初めて暦法に取り入れた点。この暦は，子の祖暅之の進言により梁の510(天監9)年に施行された。数学の面では，円周率を $3.1415926 < \pi < 3.1415927$ とし，小数点以下6桁まで正確な値を算出した。南斉書52, 南史72
　　　　　　　　　　　　　　(長谷部 英一)

そちょう【楚調】　楚地方の曲調。漢の高祖劉邦が好んだので，漢の房中楽に用いられ，後，楽府相和歌の主要な楽曲のひとつである楚調曲へ発展する。楚調曲には，白頭吟行・泰山吟行・梁甫吟行・東武琵琶吟行・怨詩行 などがあり，楽器は笙・笛弄・節・琴・箏・琵琶・瑟の7種を用いる(『楽府詩集』相和歌辞，楚調曲に引く『古今楽録』)。　　　　　　　　　(森田 浩一)

そていじえん【祖庭事苑】　南宋の禅宗の辞典。8巻。1154(紹興24)年重刊。睦庵善卿著。北宋代に行われた『雲門録』『雪竇録』など，禅宗祖師

の語録の要語に注釈したもの。仏教や世典の故事をはじめとした広範囲にわたる内容は，禅宗最古の辞典として重要視されている。日本でも覆宋刊本をはじめとしてしばしば刊行される。また注釈が逐語的になされていることから，対象となった語録の古形を探る上での手がかりを与える。　　　　（永井 政之）

そてつ【蘇轍】

1039(宝元2)～1112(政和2)。北宋の文人・政治家。眉州眉山県(四川省)の人。字は子由，晩年の号は穎浜遺老，諡は文定。兄の蘇軾が大蘇と称されるのに対しては小蘇の称があり，兄弟を二蘇とよび，父の蘇洵を加えて三蘇ともよばれる。3人は唐宋八大家に数えられる散文作家として知られる。

1057(嘉祐2)年に兄と共に進士科に及第，さらに61(同6)年の制科にもそろって及第，官界の人となる。そのころの官界は王安石らの新法党と，蘇軾・蘇轍らの旧法党が激しく抗争していて，蘇轍は長く地方官として不遇をかこつが，旧法党が政柄を執った元祐年間(1086-94)には，朝廷に入って中書舎人，翰林学士，礼部尚書などを歴任して尚書右丞(宰相)に至っている。しかし，哲宗が新法を復活させると，南方の僻地に流され，晩年は穎州に隠棲した。『欒城集』84巻がある。宋史339

（山本 和義）

そてんしゃく【蘇天爵】

1294(至元31)～1352(至正12)。元の文章家。真定(河北省)の人。字は伯修。呉澄や虞集に学び，国子学生から監察御史，粛政廉訪使，集賢侍講学士，江浙行省参知政事などを歴任，紅巾軍を鎮圧するために出軍し，軍中に病没した。『武宗実録』『文宗実録』編纂にも参画。碑記の類はきわめて多く，その文章は理に傾く欠点はあるが叙事にすぐれる。『元朝名臣事略』『元文類』の編者。文集『滋渓文稿』30巻がある。元史183　　　　　　　　　　　　　　（高橋 文治）

そどうしゅう【祖堂集】

五代十国南唐の泉州(福建省)で編纂された禅宗史書。20巻。韓国の海印寺に再彫高麗大蔵経(高麗蔵)の版木が現存することが1904年に報じられ，その調査の結果，蔵外補版中に本書が発見されて，学界に知られるようになった。祖堂とは寺院の開山大師とその系譜を祀る祖師堂をいう。五代期の福建に盛行した雪峰義存の系統の禅宗の立場から，その淵源をインド以来の法統に求め，インドから数えて48代までの法孫246人を法系・世代ごとに列し，その伝記・説法・対話を叙す。全書に一貫する主題は，仏性の発現をめぐる本来性と現実態の統一の課題である。仏典に説かれる仏陀の覚醒(仏性)をいかにして日常の現実の中で実現してゆくのかが仏教徒の課題であったが，中唐期に至って，仏教の核心が「即心是仏(心こそが仏)」であると主張したのが禅宗であった。本書にはそのことが，ありのままの現実態の無条件的肯定(馬祖道一の系統)と，これに対してむしろ本来性への志向の重視(薬山惟儼の系統)という両派の葛藤と交流として描かれている。本書は南唐の保大10(952)年に静・筠という2人の禅僧によって1巻本が編まれ，ついで10巻に増広されたものが高麗に伝わり，1245(高宗32)年に匡僑が刊刻に際して新羅・高麗出身禅師の章を増補し，20巻に再編して成った。中国では宋代に散佚し，朝鮮においても広く読まれなかったのは，『景徳伝灯録』の盛行によるものと推測される。本書の価値は，禅思想史においては，本書の記録が宋代以後に参究された公案の原態を留め，研究の資料的基点の位置にあること，また漢語史においては，本書によって，中古漢語から近代漢語に推移する唐末五代の時期の音韻・語法・語彙の特徴を知ることができ，敦煌・吐魯番(トルファン)で発見された同時期の西北資料と対比すべき東南地方の漢語の実態を知る手がかりを提供するところにある。　　　　　　　　　　　　　（衣川 賢次）

そとうば【蘇東坡】　→蘇軾

ソナ【嗩吶】

ダブルリード(リード2枚が接触して，空気の振動をひきおこす)の管楽器。西アジアを源流とするスルナーが，元代の中国に流入し，その音訳として蘇爾奈などの文字が当てられたのが始まりと考えられる。上端にリード(多くは蘆製)を差し込んだ柏木や紅木の管(前7孔，後1孔が標準的)の下端に朝顔型の金属(拡声器)を取り付けたいわゆるラッパで，日本でいうチャルメラ。最初は軍楽に用いたが，明代以降，劇音楽・器楽など広範囲なジャンルに普及し，清代には回部楽(清朝の雅楽の一種で新疆省の楽房を主体としたもの)にも用いられ，民間では冠婚葬祭の音楽(鼓吹楽や吹打楽)に欠かせない存在となった。現在でも，別称や特定の音楽ジャンルだけで用いられる通称など様々な呼称があり，音高・音域・音色から楽器各部の製作素材まで微妙な違いが見られる。サイズの違いで大・中・小の3種に大別し，小型のものを海笛と呼ぶことが多い。また福建南曲では嗳仔，莆仙戯では梅花または吹鞭，広東音楽では大笛と称し，その他，管の素材によって銅笛・錫笛と呼ぶこともある。ウイグル族・チベット族・布依族なども独特の嗩吶を伝えている。　　　　　（増山 賢治）

そはくしょ【楚帛書】

1942(民国31)年(一説に1934年)に湖南省長沙市東郊子弾庫の戦国時代

の楚墓(73長子M1)から盗掘によって世に出た帛書。帛すなわち絹に戦国時代の文字が毛筆で墨書され，「長沙楚帛書」「帛書図像」とも呼ばれる。盗掘後国外に流失し，現在はアメリカ，ワシントンにあるスミソニアン研究所のサックラー・ギャラリー蔵。長さ38.7cm，幅47cm。構成は中央に計21行の文章(13行と8行の2つの区画に分かれ，互いの文字の方向は上下逆。したがって，書き始めは対角の位置となる)，その周囲に1年各月の神と思われる12の怪異な図像が各辺3体ずつ配され，そのそれぞれに計12段の文字，さらに四隅に植物が描かれている。字数は計900余。文字の不鮮明などもあって読みにはまだ定説はないが，中央の2つの区画の文章には天象・災異と楚の古史・伝説が，周囲の12神像に付属する文には神名と各月ごとの行うべきことと禁忌事項とが書かれている。子弾庫楚墓の年代が1973年の発掘調査により，戦国中期から晩期の頃と判明したことから，この帛書は戦国時代の楚人の歴史観・世界観・宗教・芸術・文字などの研究の貴重な資料とされる。　(齋藤 道子)

そふく【素服】　→衰服

そふとんいせき【蘇埠屯遺跡】

山東省青州市蘇埠屯村にある殷代後期の墓地遺跡。1920〜30年代，この地でたびたび青銅器が発見され，注目されていた。1965〜66年，山東省博物館が殷代の墓4基，車馬坑1基を発掘し，そのうち1号大墓について報告している。1号大墓は早くから盗掘を受けていたが，墓壙は安陽殷墟の王墓に匹敵する規模の亜字形を呈している。墓は南北15m，東西10.7mあり，東西南北に墓道を有する。南墓道の長さは26.1m，幅は2.7〜3.2mある。出土した青銅礼器は，鼎の残片3，方鼎1，斝の足1，爵の破片1である。ほかに独特の獣面文を透かし彫りした鉞2(うち1点に「亜醜」銘が見られる)が発見され注目されている。1986年，山東省文物考古研究所はさらに墓6基を発掘した。そのうち，盗掘を受けてはいるが保存状態が良好な7号墓と8号墓について報告している。長方形を呈する7号墓から青銅礼器8点(「亜醜」銘が爵と觚に見える)，甲字形の8号墓から青銅礼器21点(うち15点に同一の図象銘が見える)が出土している。

墓の年代は，8号墓が殷墟文化第3期または第3期後半，7号墓が殷墟文化第4期とされている。これらを参照して，1号大墓の年代は殷墟文化第4期頃と考えられる。青銅器の基本的性格は，殷墟出土器に極めて近い。殷墟文化第3期と第4期は，殷王朝の後半に相当し，この時期，殷王朝と密接な関係を持つ有力な政治勢力がこの地に存在していたこ

とを示している。　(武者 章／西江 清高)

そへいき【蘇秉琦】

1909(宣統元)〜97。20世紀後半の中国を代表する考古学者。高陽県(河北省)の人。1934年北平師範大学(北京)歴史系卒業。同年より1949年まで，北平研究院史学研究会(後に史学研究所)副研究員として考古学研究に従事。1949年以降，中国科学院(1977年以降社会科学院)考古研究所研究員を務める一方，1952年から82年の間，北京大学歴史系考古専業の考古教研室主任となり，多くの有能な研究者を育てた。1934年の陝西省宝鶏闘鶏台や1954年の河南省洛陽中州路における調査とその報告書は，中国考古学における土器研究と型式学研究の指針ともされた。1980年代には，中国大陸における文化の多元的な成り立ちを説明する区系類型論を提唱し，また国家形成の過程を古文化，古城，古国という発展段階で説明する独自の学説を展開して，学界に多大の影響を与えた。

(西江 清高)

そまくしゃ【蘇幕遮】

唐代歌舞の一種。幕は莫とも書く。唐朝では，潑胡王乞寒戯・潑寒胡戯・乞寒胡戯といった。唐の慧琳『一切経音義』41に「『蘇莫遮』とは，西戎の胡語である。正しくは『颯磨遮』という。この戯は，もとは西亀茲国に始まる。或いは獣面をなし，或いは鬼神に象る。我が国の渾脱・大面・撥頭の類である。(中略)或いは泥水を以て行人に浴びせ，或いは紐を持って引っ掛け，人を促して戯させる。毎年7月の始めにこの戯を公行し，7日で停める。一般に『常にこの法で以て災いを祓い，羅刹悪鬼が人を喰らう災難を駆逐する』と言い伝える」とある。唐の呂元泰はこの状況についてこう記す。「このごろ街や村で隊を為して裸形と為り，騎馬胡服するものを名付けて蘇莫遮という。(中略)君主がよく政治を行えば寒気は順調に来るのに，どうして裸体を現し，街路に水をまき，鼓舞跳躍して寒を求める必要があるのか」(『全唐文』270・陳時政疏)。因みに今日，日本の雅楽にも舞楽『蘇莫者』が伝わっている。　(日下 翠)

そまんじゅ【蘇曼殊】

1884(光緒10)〜1918(民国7)。清末民国初の詩人・作家・翻訳家。香山(広東省)の人。名は戩，字は子穀(子谷とも)，のち玄瑛(元瑛とも)。蘇傑生と日本人河合若の子として横浜に生まれる。日中間を往復しながら横浜の大同学校，早稲田大学高等予科，成城学校に学び，拒俄義勇隊に参加，広東で出家(1903年)，曼殊の別号を使う。康有為暗殺を企てるが未遂に終わる。南社に参加。各地で教師をしながら翻訳『惨社会』(ユゴー『レ・ミゼラブル』，1903年)，『拝輪詩選』

(1908年)を出す。小説は『断鴻零雁記』(『太平洋報』, 1912年)などが有名。柳亜子編『蘇曼殊全集』5冊(北新書局, 1928〜29年)がある。　(樽本 照雄)

そみどう【蘇味道】　648(貞観22)〜705(神龍元)。初唐の詩人。趙州欒城(河北省)の人。20歳で進士合格後, 西域遠征に参加, 文章作成を任された。則天武后の朝において数度宰相となったが, 決断力がなく蘇模棱と呼ばれた。中宗復位後, 左遷され死去。文学者として, 若い頃から同郷の李嶠とともに「蘇李」と併称され, のち崔融・杜審言を加え文章四友と称された。彼の詩は社交の場で作られ, 多くが近体詩の詩律に合致する。律詩完成に功績ある詩人のひとりである。文集15巻があったが, 現在詩15首が残っている。旧唐書94, 新唐書114　(道坂 昭廣)

そめつけ【染付】　→青花

そもん【素問】　医書。『黄帝内経素問』ともいう。中国伝統的医学の基本的な内容を伝え, 歴代医学における経書的な存在。『霊枢』とともに『漢書』芸文志・方技略・医経所載の『黄帝内経』18巻の一部と考えられ, 魏晋以降は『黄帝素問』8巻本で伝来した。南朝斉・梁期の全元起が『素問訓解』を著し, それを唐の宝応年間(762-763)に太僕令の王冰が家蔵の旧本を補い, 再編纂・加注した。現在流行している諸本は王冰注を底本に北宋の校正医書局が校訂したもので, 刺法篇と本病篇が亡佚して全79篇, 12巻本と24巻本がある。『素問訓解』の篇次や北宋時の『甲乙経』他の医書との校訂記事を保存する。最古の版本は北京図書館所蔵の金刊本(24巻本, 一部欠)で, 12巻本の最古の版本は元の古林書堂本, 最も流行しているのは明の顧従徳翻刻本。黄帝と岐伯・雷公の問答形式で記され, 内容は該博で経絡や気血など人体の生理・病理理論のほか道教的色彩を見せる養生理論にわたって収録しており, 治療は主に鍼灸を採用する。岐伯は, 王冰注によれば「天師, 岐伯也」といい, 黄帝に仕えた名医とされる。「天師」は馬王堆医書『十問』にも答者として見えている。　(浦山 きか)

そもんしがくし【蘇門四学士】　北宋の文学者である黄庭堅・秦観・晁補之・張耒の4人を並称する言葉。ともに蘇軾と交流しその推薦を受けた。当時, 蘇軾は欧陽脩の後をうけて文壇の領袖であった。『宋史』文苑伝に「黄庭堅は張耒・晁補之・秦観とともに蘇軾の門に游び, 天下称して四学士と為す」とある。ただ文学の風格は各々異なり, 黄庭堅は自ら流派を創り, 秦観は美髯公と称されたが女性的な詞に長じ, 張耒は白居易風の詩を作った。晁補之は詩よりも散文を得意とした。
　(大野 修作)

そようちょう【租庸調】　隋唐時代に完備された税役制度で, 賦役令に定められている。土地の還授規定である田令, つまり均田法と一体の国家財政の根幹をなす法令である。国家が戸籍上に把握した自立小農を徴税対象とし, 田租の穀物(租), 絹や麻布という小農の家内労働で生産する現物徴収(調), そして中男(18〜20歳)・丁男(21〜59歳)の力役奉仕(庸)からなる。制度的淵源は北朝北魏の均田制と三長制(5家を1隣, 5隣を1里, 5里を1党とする隣保組織で, 戸籍作成の基礎単位)に求められる。北魏では1牀(夫婦)を単位として租2石・調1匹(4丈)を課し, 丁男の未婚者4人, 奴婢8人, 耕牛20頭にも共に1牀分を課した。北斉では1牀の租2石, 調は絹1匹と綿8両, 耕牛1頭当たり租1斗と調2尺(1牀の20分の1)であった。北周では1牀の租5石, 調は絹1匹と綿8両, 奴婢と耕牛にもしかるべく課税された。隋では当初は1牀の租3石, 調は絹1匹と綿3両であったが, 煬帝の時に婦人や奴婢への給田を停止して, その租調の負担も免除した。ここに課税の主対象は牀単位から丁男単位に転換され, この方式は唐に継承される。唐では丁男と中男に100畝が給田され, 丁男は租として粟2石, 調として綾・絹・絁のいずれか2丈と綿3両, または麻布2.5丈と麻糸3斤が課せられた。正役である庸は中央の両京(長安・洛陽)での年20日の徭役で, 1日当たり絹・絁3尺の代納が認められた。雑徭は中男以上と残疾者(軽度の障害者)に課せられる地方での軽い徭役で, 年50日以内であった。丁男への給田100畝という規定は全く満たされていないことが敦煌文書などで明らかにされているが, 租庸調は全額が徴収された。唐の租庸調制は丁男の労働力は一律に同じと見なし, そのために等面積を給田することで, そこで生産される穀物量も同量であるという前提に立ち, その結果として丁男に対する税役賦課も定額とされる。8世紀になると, 逃亡戸の増加などで均田・租庸調体制は崩壊し, 戸籍からの遺漏戸が激増して国家財政が窮乏する。そこで戸税や地税という資産税が付加されるようになり, 徭役の不足を補うため雇用制へと移行する。780年に戸単位・定率賦課の両税法の実施により租庸調制が廃されたのは, 社会の多様化に伴う時代の必然的な趨勢であった。　(愛宕 元)

そろばん【算盤】　→算盤

そん【尊】　口が開き圏足(円形の高台)を持つ

大型の酒器。青銅の尊には肩が大きく張り出す有肩尊，胴部があまり張らず筒形を呈する觚形尊，頸部がややすぼまり胴部下部が膨れる觶形尊の3種類がある。自銘の例は無く，当該の器を尊と呼ぶのは宋代の『博古図録』に始まる。有肩尊は二里岡文化期に出現し，殷墟期に大型化し盛行する。西周前期には觚形尊が，西周中期には觶形尊が増加した。西周後期以降，尊は彝器の中から消滅する。

(角道 亮介)

そんい【孫位】 生没年不詳。晩唐の画家。東越(浙江省)の人。後に遇と改名。号は会稽山人。『益州名画録』は，簡略な筆跡ながら形態が自然に具わり，模写できないものを逸格とし，孫位のみを位置づける。僖宗に従って長安から蜀に入り，成都の寺院の壁画に，粗筆による荒々しい筆遣いで道釈人物画のほか，水のさまざまな変態を描き，同時代にやはり蜀で活躍した火の画家張南本と比較された。早期の墨竹の画家としても記録されている。伝承作に竹林の七賢を描いた『高逸図』(上海博物館蔵)がある。

(井手 誠之輔)

そんいじょう【孫詒譲】 1848(道光28)〜1908(光緒34)。清末の考証学者・文字学者。瑞安(浙江省)の人。字は仲容，号は籀廎。彼の業績には，先秦の書物の精密な注釈『周礼正義』『墨子間詁』と，彼において最高水準に達した古代文字の考証学的研究に関するものとがある。『古籀拾遺』3巻は，青銅器に刻まれた文字である金文の研究，『契文挙例』2巻は，当時発見されたばかりの殷の甲骨文字についての最も早い研究である。清史稿482

(高津 孝)

そんえん【孫炎】 生没年不詳。三国魏の訓詁学者。楽安(山東省)の出身。西晋の武帝と同名であるため，孫叔然と字で呼ばれることが多い。鄭玄の門に学び，「東州の大儒」と呼ばれたという。王粛が『聖証論』を書いて鄭玄を譏ったとき，反駁して師を弁護した。『周易春秋例』を著し，『毛詩』(『詩経』)，『礼記』，『春秋』三伝，『国語』，『爾雅』などの注を作ったが，すべて現存しない。その著作『爾雅音義』は音注に反切を用いた最初の書物として有名で，馬国翰『玉函山房輯佚書』に佚文を見ることができる。三国志13

(高田 時雄)

そんおん【孫恩】 ？〜402(元興元)。東晋時代の宗教反乱(孫恩・盧循の乱)の指導者。琅邪(山東省)の出身。字は霊秀。一族は代々五斗米道を信奉し，叔父の孫泰は方術を用いて布教し，貴族達にも知遇を得ていた。孫泰が反乱を企てたかどで処刑されたため，孫恩は海上に逃れ，叔父の仇を討とうと図った。司馬元顕の失政への不満が江南地域に高まるのを見た孫恩は，399(隆安3)年，上虞から上陸し会稽を攻め，内史の王凝之らを殺すと，8郡の土豪層や信徒達が反乱に呼応した。会稽に拠点を置き，軍勢数十万と称したが，北府軍団を率いた劉牢之の討伐によって退却した。翌年再び上陸，401(同5)年には首都建康(南京)に迫ったが，当時頭角をあらわしてきた北府軍の一武将の劉裕(のちの南朝宋の武帝)の周到な防戦に会い，本拠地も奪われ，信徒らと共に入水して自殺した。孫恩の妹婿の盧循が残党を率いて反乱を継続する(〜411年)。この反乱は，桓玄の妖賊討伐に名を借りた建康への侵攻および劉裕の禅譲革命のきっかけとなった。晋書100

(東 晋次)

そんかてい【孫過庭】 生没年不詳。唐代の書家。貞観年間〜垂拱年間(627-688)に活動した記録が残る。孫過庭の伝記については諸説あり，また生没年も定まらない。唐の竇臮撰『述書賦』の注には，孫過庭，字は虔礼，富陽(浙江省)の人で，官は右衛冑曹参軍とあり，張懐瓘の『書断』によれば，孫虔礼，字は過庭，陳留(河南省)の人とある。陳子昂撰文による孫過庭の墓誌銘「率府録事孫君墓誌銘」にも，名は虔礼，字は過庭とあり，40歳の時，讒言したことにより官を追われ，意を遂げずして病に倒れ，洛陽で没したとある。

また，孫過庭の書作品としての代表作であり，書論としても著名な『書譜』(687年)の本文冒頭には，「呉郡(江蘇省)孫過庭」と自ら書いている。

博学で文章にすぐれ，書にたくみで，特に草書を得意とし，王羲之・王献之を基礎とした。張懐瓘の『書断』では，隷書，草書をすぐれた書と位置づけ，楷書，行書は草書に次ぐと書かれている。

孫過庭は，かつて「運筆論」という書の指南書を著したといわれるが，これがいわゆる『書譜』に相当する。『書譜』は，王羲之の書を典型とした内容で書かれた書論であり，王羲之を高く評価しつつ，書の本質と価値や，古の書を学ぶ際の心得などを説いている。書に関する名言集であるとともに，書かれた書風もまた王羲之の書を基盤とした草書の典型とされ，現在でも広く学ばれている名品である。真跡本は台北の故宮博物院に所蔵されている。また刻本も多く作られており，手習いの手本として普及していたことがうかがえる。

孫過庭の真跡本は『書譜』の他，『草書千字文第五本』が遼寧省博物館に所蔵されている。本文末に「垂拱二年呉郡孫過庭」とあり，『書譜』の前年に書かれたことがわかる。これらの真跡本は，伝世品としての唐時代早期の草書の姿を知り得る資料とし

て，中国書法史においても重要な位置を占めている。また，刻本によって伝わる他の孫過庭作品として，『景福殿賦』『孝経』などが知られる。

(鍋島 稲子)

そんきほう【孫奇逢】 1584(万暦12)～1675(康熙14)。明末清初の儒者。容城(河北省)の人。字は啓泰・鍾元，号は夏峰。左光斗や周順昌ら東林派人士と交流を持つとともに，『伝習録』からは万物一体論を学び，宦官魏忠賢に対する抗議や，容城の地域社会における自主的な運営をとおしてその思想を具体化する。明朝倒壊後は河南の蘇門山で講学と執筆に専念，朱王折衷の学者として李顒や黄宗羲に匹敵する名声を獲得する。康熙朝の高官となる湯斌や魏裔介を弟子とし，『理学宗伝』『四書近旨』等を著す。清史稿480 (三浦 秀一)

そんくんたく【孫君沢】 生没年不詳。元代の山水画家。杭州(浙江省)の人。界画の手法をとり入れた楼閣山水図を多く描いた。馬遠・夏珪に代表される南宋院体山水画を継承しつつも，明確な輪郭線によって個々のモチーフに強い存在感を与える。明代画院の浙派山水画の先駆けとしての前浙派を代表する画家。その作品は日本においてとくに好まれ，室町・桃山時代の山水画に大きな影響を与えた。代表的な作例は，『蓮塘避暑図』(カリフォルニア，サラ・ケイヒル・コレクション)，『雪景山水図』(東京国立博物館蔵)など。 (荏開津 通彦)

そんけい【孫卿】 → 荀子(人物)

そんけん【孫権】 182(光和5)～252(建興元)。三国時代の呉の初代皇帝。父の孫堅は富春(浙江省)の県吏から予州刺史に至った。兄の孫策は孫堅の死後その部隊を率い，長江を渡って江南五郡を支配下におさめ，曹操から呉公に封ぜられる。200(建安5)年，孫策が刺客の手に倒れると，孫権は張昭・周瑜・程普・呂範・魯粛・諸葛瑾らを謀臣として，異民族の山越を懐柔平定しつつ，江南の諸豪族の信頼をも得てその勢力を拡大した。208(同13)年，曹操が南進して荊州を陥れた時，劉備の使者諸葛亮と会談し，魯粛ら主戦派の意見を採用して，赤壁で曹操軍を退却させ，天下三分の形勢を実現した。219(同24)年，劉備の守将関羽を殺して荊州を取り，長江中流域以南を領有した。曹丕が220(黄初元)年に帝位に即き，翌年劉備も蜀に漢国を建てると，孫権は魏に表面上は服しながら，2年後，黄武の年号を以て帝位に即き，都を建業(南京)に定めた。孫権が死ぬと内部に対立が生じ，呉国は弱体化した。三国志47 (東 晋次)

そんし【存思】 道教の観想法のひとつ。存想・内観ともいう。道教では，人の身体諸官には天上の神々の分身である体内神が宿って生命活動を維持しており，人の死は体内神の身体からの離脱によると考えられた。そこで，体内神の服飾姿形を思い描くことによってその離脱を防いで不死を実現し，最終的には天上の神々と混然一体となって昇仙するための道術としての存思が発展し，六朝期の茅山派などで盛んに実修された。代表的経典に『黄庭経』や『大洞真経』などがある。 (麥谷 邦夫)

そんし【孫子】 兵法書。3巻，13篇。春秋時代の孫武の著とされる。『漢書』芸文志には「呉孫子」「斉孫子」の2種の『孫子』が認められるが，後に両者は一つの書と考えられ，戦国時代の孫臏の著とする説もあった。しかし1972年，山東省臨沂県(現臨沂市)の銀雀山漢墓より2種の『孫子』が発見され，両書が別々の書として確認されたことにより，一般的には孫武の著を『孫子』と呼ぶ。「武経七書」の一つで，注釈書として『魏武帝註孫子』などがある。 (小林 久美)

そんしさんけい【孫子算経】 李淳風等注釈『算経十書(十部算経)』の一つ。著者不詳。仏典の文字数に関する設題があることから，三国時代以降の仏教伝来初期の著作と考えられる。度量衡の単位，記数法や算木の布算法，九九算等々，『九章算術』では扱われていない初等数学の理論的説明を展開しており，中国数学の入門書として活用された。また，理論的に高度なものとしては百五減算と呼ばれる一次合同式解法等を扱うが，生まれてくる嬰児の性別を推算する非数学的問題も例外的に含んでいる。 (武田 時昌)

そんしばく【孫思邈】 581(開皇元)頃～682(永淳元)。隋唐間の著名な医薬学者で道教や仏教にも関心をよせた。京兆華原(陝西省)の人。官に就かず，孫処士・孫真人とも呼ばれる。道教的養生・儒教的施仁・仏教的修善を説き人々に慕われる。故郷の辺りでは薬王として祀られる。薬物・鍼灸の治療は，婦人・小児に特に効があった。多くの著作の中で，『(備急)千金要方』『千金翼方』が有名。旧唐書191，新唐書196 (宮澤 正順)

そんしゃく【孫綽】 314(建興2)?～371(咸安元)?。東晋の文学者・思想家。太原中都(山西省)の人だが，南遷後は会稽(浙江省)に住んだ。字は興公。西晋の詩人孫楚の孫。老荘思想や仏教に親しむ一方で『論語』の注解を作るなど，儒・道・仏の三教に通じた。詩は許詢とともに，当時流行し

た玄言詩(道家の哲学談義に似た四言詩)の大家とされるが, 現存詩10首の中に玄言詩は見えない。文は碑・誄にすぐれ, 東晋中興の名臣の碑文は彼の手になるものが多い。『文選』所収の「天台山に遊ぶ賦」を含めて36篇が伝わる。晋書56　(野村　鮎子)

ぞんせい【存星】　漆器の装飾技法の一つ。存星は日本における名称で, 中国では一般に彫塡(ちょうてん)と呼ばれている。朱地・黄地・褐色地等の漆器の表面に, 彩漆で文様を表し, 加えて輪郭線や細線に, 刀で線刻して金を埋め込む鎗金(そうきん)の技法を用いたもの。彩漆の文様部分は, 大半の作例が漆画技法を用いるが, 一部に彩漆を象嵌する塡漆の技法を用いるものもあり, 明代の技法書『髹飾録』では, 前者を鎗金細鉤描漆, 後者を鎗金細鉤塡漆と呼び分けている。また, 輪郭線に金を埋め込まず, 線彫りだけのものなども広く存星と称される。古い例では, 江蘇省武進県村前郷南宋墓から長方盒が出土しているが, 本格的に流行したのは明代で, とくに嘉靖から万暦年間(1522-1620)頃はその黄金期を迎えた。日本にも唐物として舶載され, 多数伝世する。存星の語は室町時代からの用例が認められるが, その由来は不明で, 彫りに星のようなものがあるためとするもの(『茶道筌蹄』)や, 存清と書いて人物名であるとする説(『万宝全書』)がある。　(日高　薫)

そんせいえん【孫星衍】　1753(乾隆18)～1818(嘉慶23)。清代の学者。陽湖(江蘇省)の人。字は淵如, 号は薇隠・季述。1787(乾隆52)年の進士。翰林院編修, 刑部主事, 山東兗沂曹済道按察使, 山東督糧道などを歴任。常州体駢文の代表作家の一人で, 経・史・文字学・音韻学・諸子百家・金石碑版などに博通した。杭州詁経精舎・南京鍾山書院等に主講し, 『平津館叢書』『岱南閣叢書』『問経堂叢書』などを校刊した。著作に『平津館読碑記』『寰宇訪碑録』『尚書今古文注疏』『周易集解』『平津館金石萃編』『続古文苑』『問字堂集』などがある。清史稿481　(陳　捷)

そんでんがく【村田楽】　宋代の歌舞芸能。都市で祝祭日に行われた民間の諸芸能である舞隊(社火)の一種であったことが知られる(周密『武林旧事』2・舞隊)。范成大が呉中(江蘇省蘇州市)の元宵節の模様を詠んだ詩『上元紀呉中節物俳諧体三十二韻』に「村田(楽)の簑笠は野, 街市の管弦は清」とあるように, 本来は農村の田植え歌に類するものであったと考えられる。　(竹越　孝)

そんとくせい・どうもんがく【尊徳性・道問学】　南宋以後の儒学において人間性を陶冶する学問方法を象徴していう, もと『中庸』にみえる語。「徳性を尊び, 問学に道る」と訓む。朱子は, 理が世界を覆っているということを前提に段階を追って主知的にこの理をつかむ格物窮理と, その窮理していく主体において心がいつもここにあるようにする居敬との, 相補する二つの心の陶冶論を唱え, 後者が尊徳性, 前者が道問学にあたるとした(『中庸章句』第27章)。朱子の最大の論敵陸象山は, 朱子のこの方法論を批判し, そのように理を窮める以前に性善の本来的能力が主体に具わることの先験性を重視し, その固有をまず確信することを唱えた。こうした批判を受けて, 朱子は, 陸氏の学は尊徳性にすぐれるが道問学に欠けると評し(『朱文公文集』答項平父), その評語に対し陸象山は, 尊徳性ぬきの道問学はありえないと語った(『象山先生全集』語録)。両者の没後の南宋末からは, 相互のこの評語にもとづき, 道問学は朱子学の立場, 尊徳性は陸学の立場を象徴する語とみなされ, これを受けて元の呉澄「尊徳性道問学斎記」・明初の程敏政『道一編』は, 朱子学が学術界の主流となった中で, 尊徳性の意義を重視した朱陸調和論を唱えた。
　(市来　津由彦)

そんのうじょうい【尊王攘夷】　夷とは中原農耕地帯に侵入する遊牧民等の塞外民族を指し, 塞外民族を撃退(夷を攘う)し, 統一された中国の象徴としての王を尊ぶとする認識が本来の意味である。後に, 中国の秩序の混乱を, 夷狄の状態に堕したとみなし, これら夷狄の状態を一掃する意味において, 天下を統一する王を尊ぶとする理論に展開した。王を周王, また, 中国としての文化を維持する者とし, 夷を特定の塞外民族とするなど, 時代による多元的な認識がある。　(田村　和親)

そんぴん【孫臏】　生没年不詳。戦国時代の兵家。斉の阿(山東省聊城市東阿県)・鄄(同省菏沢市鄄城県)の近くの生まれ。『孫子』の著者とされる孫武の子孫と伝えられている。若い頃, 共に兵法を学んだ龐涓の讒言により, 足斬りの刑に遭い, 顔には入れ墨をされたという。その後, 斉の将軍田忌に見いだされ威王に仕え, 斉が魏を攻めた際, 将軍であった龐涓を倒し名をあげた。その兵法は世に伝わったとされ, 『孫臏兵法』はその著とされている。史記65　(小林　久美)

そんぴんへいほう【孫臏兵法】　兵法書。戦国時代の孫臏の著とされる。司馬遷の『史記』に孫武の子孫である孫臏の兵法が世に伝わったという記載があり, また『呂氏春秋』の孫臏に関する記述には後漢の高誘が「作謀八十九篇」と注を施してい

る。『漢書』芸文志は2種の『孫子』を載せているが、そのうちの一つは「斉孫子八十九篇」とあり、注には「孫臏」とある。しかし『隋書』経籍志にはすでにその名称はなく、早くに散逸したようである。　　　　　　　　　　　　　　　　（小林　久美）

そんぶ【孫武】　生没年不詳。春秋時代の兵家。斉(山東省)の人。呉王闔閭が孫武の著書13篇を読み、試みに婦人を使って練兵をさせたところ、用兵に堪能なことを知り、将軍としたという。その後、呉は楚を破り、諸侯の間で名声をあげたが、そこには孫武の力が大きかったとされている。中国の代表的な兵法書『孫子』を著したことでも名高い。史記65　　　　　　　　　　　（小林　久美）

そんぷく【孫復】　992(淳化3)～1057(嘉祐2)。北宋の思想家。晋州平陽(山西省)の人。字は明復。進士には及第せず、泰山の麓で講学していたので泰山先生と称せられる。地方官をつとめたあと、国子監直講となった。『春秋』に詳しく、当時の国難に際して『春秋尊王発微』12巻を著し、天子を尊び夷狄をはらうというナショナリズムを唱えて後世の春秋学に影響を与えた。石介はその門人。宋史432　　　　　　　　　　　　（吾妻　重二）

そんぶん【孫文】　1866(同治5)～1925(民国14)。字は逸仙・中山。広東省香山県(現同省中山市)の貧農家庭に生まれる。移民として成功した兄を頼ってハワイへ渡りイギリス系教会学校等に学び、帰国後は広州・香港で西洋医学を習得する一方で次第に民族意識に覚醒し、満洲族の清朝を打倒して漢族の共和国を樹立すべく、1893(光緒19)年から広州・香港の同志と共に興中会を結成して、広東省で2度の武装蜂起を試みたが失敗した。1905(光緒31)年に東京で中国人留学生を集めて中国同盟会を組織し、華南一帯で度々武装蜂起を起こしたが、やはりいずれも成功しなかった。清朝を滅亡させた1911～12年の辛亥革命に際しては、中華民国の初代臨時大総統に選ばれたが実権を掌握し得ず、職位を袁世凱に委譲した。議会政党となった中国同盟会は国民党に改組されて第一党となったが、その活動には消極的だった。1913年に袁世凱政権に対抗する第二革命を発動して失敗に終わると、亡命先の東京で1914年に中華革命党を結成し、一部の旧国民党員を吸収しつつ国内各地で武装蜂起を試みたが、袁世凱の帝政を阻止した護国運動に際しては殆ど無力であった。北京政府によって停止された臨時約法・国会の回復を求める護法運動に際し、1917年に一部国会議員の支持を得て広州に軍政府を組織したが、西南軍事勢力にその主導権を奪取されると、上海に退いて『実業計画』『孫文学説』の執筆に専念した。1919年に中華革命党を中国国民党に改組し、翌年に広州へ復帰して軍政府を奪回し、1923年には大本営を広州に組織して北京政府に対抗する一方で、「連ソ・容共」政策によりロシア共産党に倣って中国国民党を改組し、大衆運動への支援を通じて党組織を社会に浸透させ、広東省を拠点として全国統一を目指したが、北京で病死した。その後、蒋介石を中心とする彼の後継者達が、1926～28年の国民革命によってこれを実現した。その革命思想は、民族・民権・民生の三民主義に集約される。　　　　　　　　　　　　　　　（深町　英夫）

た

タールじ【塔爾寺】 青海省西寧市から西南に27km程離れた蓮花山の中にある寺院。敷地面積は40haに及び、ラサと並んでチベット仏教の中心地である。ゲルック派を創建したツォンカパの生誕地を記念するため、1379年に建てられた塔は、チベット語で10万の仏を意味するクンブム(Kumbum)寺と称され、中国語では塔爾寺と呼ばれた。1560年に仏殿を建設し、1577年に方形の重層入母屋造の弥勒仏殿を増築、1582年に3世ダライ・ラマがここに駐錫する際、ツォンカパ塔の表面に銀殻を施し、菩提塔式に改築した。1622年にツォンカパ塔を覆う覆堂として、間口21.32m、奥行き17.65m、高さ19.69mの大金瓦殿が建設され、寺院の中心になった。 (包 慕萍)

たい【帯】 おび。ベルト。『釈名』の釈衣服に「帯とは蒂ということである。着衣に使用すると、ものが蒂でつなぎとめられているようだからである」という。その作りについて『礼記』の玉藻は次のように記している。即ち、「天子は素(白い絹)の帯に朱の裏をつけ全体に縁取りをする。諸侯は表裏とも素の帯で周辺に縁取りをし、大夫は素の帯で垂れた部分に縁取りをする。士以下はひとえの帯を使う。士は練(白い練り絹)の帯でふちをかがったもの、居士は錦帯、弟子は縞帯で、いずれも組み紐で結ぶ。組み紐の幅は3寸、長さは帯と等しい。紳(帯の垂れる部分)の長さの制は、士は3尺、有司は2尺5寸である。……大夫以上の大帯の幅は4寸、雑帯は天子は朱と緑、大夫は玄色(赤黒)と華色(黄色)、士は緇色(黒い泥の色)の縁をつけ、幅は2寸、再び腰に繞らせば4寸となる」と。また、『説文解字』に「帯は紳である。男子は鞶を帯し婦人は絲(絹帛)を帯す」とある。鞶とは大帯の一種で革製の男子用の帯である。『晋書』輿服志に「革帯は古の鞶帯である」と記されている。革帯には帯鉤がつく。帯鉤とは胡服に付属する帯金具で、今日のバックルに相当する。古くは春秋時代の墓から出土しており、戦国から漢代にかけて盛行をみた。形は種々あり、2〜3cmの小形鉤から30cmにおよぶ大形のものまで多様である。金属製(青銅が多く、次いで鉄製、まれに金・銀製)の実用品のほか、玉・貝・骨製のものもある。一端の裏側にあるボタン状の留め金に革帯の端を固定し、他端の鉤を革帯の孔に引掛けて留めるのである。表面のデザインは人物、獣首、怪獣、幾何学文様など様々である。形式は長形鉤(琴状・棒状・絡龍状)、中形鉤(匙形・鳥形・琵琶形)、小形鉤(虎形, その他の小鉤)などがある。『淮南子』説林訓では「満堂の座において、皆の帯鉤をみると各自異なっているが、それをつけた環帯(ベルト)は一様である」といっている。環帯は北朝から隋にかけては天子は九環帯であったが、唐代には天子の革帯は十三環帯となった。『新唐書』車服志に、三品は金玉帯で銙13、四品は金帯で銙11、五品は金帯で銙10、六品と七品は銀帯で銙9、八品と九品は鍮石帯で銙8、流外官および庶人は銅鉄帯で銙7とある。銙は革帯の飾り金具で、唐制では一品・二品は金、六品以上は犀、九品以上は銀、庶人は鉄とされた。方形または円形で、帯の背にあたるところにつける。環帯に佩びるものに魚袋と鞢䩞七事があった。魚袋は魚の形をした割り符で宮門の通行証のようなもの、鞢䩞七事は佩刀、刀子、礪石、火石袋など7種である。 (相川 佳予子)

たい【敦】 半球形あるいは半卵形の身と、それとほぼ同形の蓋からなる器。身に3足が、蓋に3鈕が付き、蓋を載せると上下対称に近い球形となる。穀物を盛るための器とされる。銘文に「錞(敦)」と自銘する。青銅敦は春秋時代後期ごろ出現し、戦国時代に大いに盛行した。春秋期の「敦」と自銘する器の中には、鉢状の身に足を付けず扁平な蓋を持つタイプの器が存在する。このタイプの敦は同時期の盆の形態とよく似ており、判別が難しい。 (角道 亮介)

だいあんこくじせきぶつ【大安国寺石仏】 1959年、陝西省西安市の安国寺址から出土した11件の石仏。安国寺は長安城長楽坊にあった。睿宗(在位710〜12)の邸宅だったが、710(景雲元)年にその即位を記念して仏教寺院に改め創建された。とくに中唐以降伽藍の造営が盛んになり、当時の高僧があつまり、歴代の皇帝もしばしば訪れている。石仏は総高1mほどの大理石製で、白い石の肌に今も彩色や貼金(tiējīn, 切金)が残っている。これらは

いずれも明王像で，現在中国ではすでにほとんど見ることができない密教美術の作例として貴重である。845（会昌5）年の廃仏に際して，地下に埋められたものと考えられる。　　　　　　　　　　（岡田　健）

たいいつ【太一】　陰陽分化以前の根源的存在を意味する。泰一・太乙・泰乙も同じ。戦国時代末期から秦漢にかけての方士の説と関係すると考えられ，『荘子』天下篇に「之を主るに太一を以てす」，『呂氏春秋』大楽篇に「太一，両儀を生じ，両儀，陰陽を生ず」などと見える。また，天界の最高神（北極星）も太一と呼ばれて祭祀の対象とされ（『史記』天官書や封禅書），道教では太一救苦天尊として厚く信仰された。　　　　　（麥谷　邦夫）

たいいつきょう【太一教】　金代に興った道教の一派。蕭抱珍（一悟真人）により，天眷年間（1138-40）に開創される。蕭はある仙人より「太一三元の法籙」を授かったとし，それを用いた符呪法によって当時災禍に苦しむ河北の人々を救済し，大いに信仰を得た。河南の汲県に太一万寿観を築いて本拠地とし，金元を通じて全真教・真大道教と鼎立して隆盛を誇ったが，元末に同じく符籙派の正一教に吸収されるなどで消散したらしい。（横手　裕）

たいいつきんかしゅうし【太乙金華宗旨】　仙人呂洞賓（呂祖）に仮託された神仙書。世俗の修行者が身体内に眼光を廻らして行う養生術を説く。もと，1668（康煕7）年に昆陵（江蘇省）にある呂祖の乩壇（扶乩の祭壇）において製作された経典。最も古い版本は邵志琳編『呂祖全書』（64巻本，1775年）巻49に載せられる。その後，この書は『道蔵輯要』の編者である蔣予蒲や，『古書隠楼蔵書』編者閔一得など，自ら呂祖乩壇を運営する士人の注目を浴び，彼らの系譜観念を正当化するための経典として編集を加えられた。西欧では心理学者C.G.ユングが注目したことで知られる。　　（森　由利亜）

だいいっとう【大一統】　『春秋公羊伝』隠伝元年に見える言葉。「大」は，尊ぶの意。「一統」は，統一と同じで，全てがある一つのものに繋がるの意。董仲舒が，「天地の常経，古今の通誼なり」（『漢書』56）として，特に重視して以来，春秋学の基本タームとなったが，それに伴い，「一統」も，時の王者による思想・法度等の統一の意に敷衍された。そして，後世には，「大」が形容詞化されて，大なる統一の意としても使用されるようになった。
　　　　　　　　　　　　　　　　（岩本　憲司）

だいいはりきょう【提謂波利経】　北朝北魏の僧曇靖が都平城（山西省）で撰述した在家の庶民向け経典。『提謂経』と略称される。2巻。曇靖は太武帝の廃仏事件（三武一宗の法難の一つ）のあと，仏教復興に力を尽くした沙門統曇曜の下で活躍した人物である。7年にわたる廃仏により仏典はほとんど焚かれ，民衆の教化に用いる経典に乏しく，この欠を急ぎ補う必要から撰述された。有名な菩提樹下の成道後の7日目，食を奉じて仏法に帰依した提謂と波利の率いる500名の商人に，釈迦が説法するスタイルを取る。本書は敦煌より発見され，また隋唐時代の論疏などにも引用文があり，僧俗に広く読まれたことを物語る。在家仏教・在家信者の経典として成立し，三帰五戒十善の受持，焼香・散華などの仏事法要を営み，六斎日や三長斎月の斎会などを通じて功徳を得ると説く教えは，中国の習俗や民間信仰の影響を強く受けた実践的な内容であり，まさに中国的な庶民経典・民俗経典といえる。仏教界では疑経と位置づけられながら，天台の智顗・法相の窺基・華厳の澄観などまで取り上げている。
　　　　　　　　　　　　　　　（藤善　眞澄）

だいうてい【大盂鼎】　→盂鼎

だいうんが【大運河】　中国の大河川は，基本的には西部の山地から東流して海洋に注ぐ。したがって南北の水運を通ずるために，早くから運河が開鑿されてきた。すでに前漢代に黄河と淮河を通ずる鴻溝という運河が開かれており，江南でも網状の水路を利用して，小規模な運河がつくられていた。とくに南北朝期以降は，南方の開発とともに，主要都市の間の運河が開通していたと考えられる。このような南北にある断片的な運河を基礎に，南北を貫通する大交通路を整備したのが隋の煬帝である。南北を統一した隋は，まず584（開皇4）年に黄河と長安を結ぶ広通渠，587（同7）年，淮河と長江を結ぶ山陽瀆，605（大業元）年に黄河より淮河に至る通済渠など，主要な部分の整備を進め，610（同6）年，江南の長江から杭州に至る江南河を完成させた。この間，608（大業4）年には黄河から北へ天津付近まで伸びる永済渠もつくられ，江南から河北まで舟運が通じることになった。

　大運河の開通は，南北の経済交流を活発にし，水路で通じているとはいえ内陸の長安や洛陽にかわって，大運河沿いの要衝にある揚州や汴州などが，新しいランクの高い中心地となり，中国全体の地域構造を転換する要因となった。南方からの北方への糧食の輸送（漕運）が，北方の政治・軍事体制を支え，それが南方の安定した経済的発展を保証するという南北のマクロな役割分担は，大運河によって実現した。その結果が開封に都する北宋の誕生である

といえる。この後，清末に至るまで，大運河沿岸地域は，中国全土を活性化する生命線であり続けた。

　全国統一を果たした元が北京を都にすると，黄河のところで西に迂回する大運河のルートは無駄が多く，山東丘陵の西端を通って河北へ至る短捷路が開かれ，1289(至元26)年の会通河の完成により，ほぼ今日いう京杭運河が生まれた。全長1794km。現在でも南方ではある程度利用されているが，往年のような南北交通の中心的な役割を果たしているわけではない。

(秋山　元秀)

だいうんきょう【大雲経】　仏教経典。原題は《Mahāmegha sūtra》。『方等無想大雲経』等ほかにも多くの経題がある。通常6巻に分かれて37品から成る。417(玄始6)年の曇無讖(Dharmakṣema)訳(『大正蔵』12巻)。もともと南インドと深い関係のある著作で，梵本は残存しないがチベット訳は存する。中国語に翻訳されてから，六朝時代に盛んになり『人弘法経』『善得婆羅門求舎利経』等『大雲経』の六抄本も流行した。

　『大雲経』は7世紀前半の護国経典のひとつであり，とりわけ7世紀末の中国の歴史に重大な役割を演じた。第4巻と第6巻に浄光天女授記があるが，その授記は南インドアーンドラ朝の女王に関するもので，もとより武曌(則天武后)についてのものではない。690(載初元)年，神都(洛陽)内道場僧であった法明・処一・恵儼・慧稜・行感・徳感・知静・玄軌・宣政の9人がその授記の詳しい疏を書き，臨朝であった神皇の尊号で呼ばれていた武曌に上表した。その疏の題名は『大雲経神皇授記義疏』，略して『大雲経疏』と言ってもよいが，正史等ではそれをただ『大雲経』と呼び，偽経とされているが，実は法明等が書いた疏である。『旧唐書』等の正史はこの『義疏』と『大雲経』とを取り違えている為，多くの研究者が惑わされた。

　『大雲経神皇授記義疏』は日本に昔から伝わってはいたが，中国でも日本でも散逸して，敦煌写本の中に発見された。それがS.6502とS.2658の断片的な2写本に当たる。種々の面で興味深い文書で政治宣伝の大切な資料である。武曌がこの『大雲経神皇授記義疏』を690(載初元)年，天下に分かち，武周革命の端を開いた。すなわち唐を周と改め，天授と改元，3日後自ら聖神皇帝と称し，同年両京諸州に大雲寺を設置した。この『義疏』によって，周朝樹立が宣言される前夜，どんなテーマが宣伝として最も効果的であったのかを明確に知り得る。そこで宣伝されたのは仏教国家の理想であった。『義疏』によれば武曌は菩薩であり，世界をまた仏教国家へ導く転輪聖王であった。『義疏』は他に類例のない唯一の史料を含み，明堂と弥勒教の関係を示している。

(Antonino Forte)

だいうんこうみょうじ【大雲光明寺】　唐代に中国内地に建立されたマニ教寺院の名。マニ教を信奉した東ウイグル可汗国の牟羽可汗の要請を受け，代宗の768(大暦3)年に長安に建立されたことに始まる。以後，9世紀初頭にかけて，洛陽・太原・揚州など各道の主要都市にも建てられた。いずれも安史の乱鎮圧に派兵し，発言力を増したウイグルの命令による。840年のウイグルの滅亡を機に廃止され，武宗による会昌の廃仏(三武一宗の法難の一つ)に際してはマニ教自体も弾圧された。

(中村　淳)

だいうんじ【大雲寺】　武周代，武曌(則天武后)の詔により両京諸州に置かれた官寺。大雲寺建立の詔は，武曌が周朝を建ててから50日後の690(天授元)年10月29日に発せられた。寺の名は417(玄始6)年に曇無讖(Dharmakṣema)が翻訳した『大雲経』から採られた。大雲寺はイデオロギー面・政治面で重要な官寺であった。豊富な文献・石刻資料から，大雲寺がいかに際だった特徴をもち，広範囲に亙って置かれたかがわかる。洛陽と長安のほか，南は広州・柳州，西は中央アジアに至るまでこの寺が置かれた。杜環は750年頃砕葉(キルギス共和国トクマクの南西約8km)を通ったときのこととして，そこにも大雲寺があったと記している。大雲寺は日本の国分寺のモデルともなった。

(Antonino Forte)

だいえいけつれつ【大英傑烈】　伝統演劇の演目。『鉄弓縁』ともいう。母と茶館を営む陳秀英は武芸に秀で，鉄の弓を引けた者と結婚せよとの父の遺言に従い軍官の匡忠と婚約する(『開茶館』)。嫉妬から匡忠を陥れ秀英を娶ろうとする史公子を殺した秀英は，男装して匡の親友王富剛を訪ねるが史殺害の容疑で王は捕らえられてしまう。秀英は王の名を騙って王の婚約者の婿となり，妻の父の命により史公子の父を討伐する。その鎮圧のため派遣された王と匡に出会い，晴れて夫婦団円となる。

(波多野　眞矢)

だいえそうこう【大慧宗杲】　1089(元祐4)～1163(隆興元)。宋代臨済宗楊岐派の禅僧。宣州寧国(安徽省)の人。俗姓は奚。道号は妙喜，賜号は仏日大師・大慧禅師，諡号は普覚禅師。16歳で東山慧雲院の慧斉について得度し，翌年具足戒を受ける。洞山道微・湛潭文準に参学し，1125(宣和7)年，開封の天寧寺の圜悟克勤に参じて大悟する。揚州を経て，江西で活躍し，1134(紹興4)年，福建

に行き，雪峰山の真歇清了一派の黙照禅を攻撃し，看話禅を大成する。49歳で径山に住したが，4年後に政争にまき込まれ，湖南の衡州，次いで広東の梅州に流罪に処せられる。68歳で復僧し，翌年阿育王山に住し，次いで径山に再住した。1163年8月10日示寂。世寿75歳。僧臘58歳。著書に『正法眼蔵』3巻があり，『語録』30巻は大蔵経に編入された。大慧派の祖として，日本の五山文化に大きな影響を与え，特に松平不昧の伝来品の墨蹟『無相居士あて尺牘』(東京国立博物館蔵，国宝)は有名である。　　　　　　　　　　　　(石井 修道)

だいえんじゅつ【大衍術】　南宋の秦九韶が『数書九章』において，一次合同式(ある自然数を割った除数と剰余を用いた算式)の解法を大いに発展させたもの。『易経』繋辞伝の「大衍の数」に結びつけて大衍術もしくは大衍求一術と称した。同類の不定方程式は暦元などの算定法に古来用いられているが，算術書では『孫子算経』にある数を3, 5, 7でそれぞれ割った余りからその数を算出する問題として見られ，後世に秦王暗点兵・韓信点兵・剪管術・鬼谷算・百五減算といった名称で広まった。近代の欧米数学者にも注目され，孫子の定理，中国剰余定理(Chinese Remainder Theorem)と呼ばれている。　　　　　　　　　　　　(武田 時昌)

だいえんれき【大衍暦】　唐の暦法。制作者は密教僧の一行。729(開元17)年から761(上元2)年まで施行された。大規模かつ精密な観測にもとづくデータを使用するとともに，官暦として初めて日行盈縮(太陽の運行の不等)を考慮して，種々の名称の補正値や，補間法(関数値A・Bの間の未知の値Cを求める。内挿法ともいう)に相当する公式を駆使した暦算法を樹立した。暦の名称は『易経』において万物の根元とされた大衍の数，50を諸定数の根拠としたことに由来する。　　(小林 春樹)

だいかいじししゅつどせっこくぞうぞう【大海寺址出土石刻造像】　1976年3月に河南省滎陽県大海寺址から発見された造像碑と石像。現在は河南博物院と鄭州博物館に所蔵される。北朝北魏の孝昌元(525)年銘の造像碑が最も古く，他の多くは唐代の石像。阿弥陀如来坐像には顕聖2(762)年の銘がある。六臂十一面観音像は頭上面もよく遺る唐代十一面観音像の代表作。元和15(820)年銘の弥勒菩薩像，長慶元(821)年銘の天王菩薩像・観世音菩薩像・光相菩薩像はいずれも像高200cmを越える晩唐期造像の重要作例。　　　　(長岡 龍作)

たいがく【太学】　宋代の最高学府。国子監に属する。北宋当初は中級以上の官員の子弟を教育する国子監が設けられていただけであったが，仁宗時代の1044(慶暦4)年に太学が設置され，下級官員の子弟や民間人が受け入れられた。神宗時代には収容枠がさらに拡充され，外舎から試験を経て順に内舎・上舎へと進学する三舎法が実施された。その後，徽宗時代には辟雍が創建されて外学とされ，太学は一時的に科挙に代わって人材を選抜する組織となり，学生数が3000名を上回り極盛期を迎えた。その後，科挙による人材選抜が復活したが，南宋時代の1142(紹興12)年に再興された太学も宋末まで存続した。　　　　　　　　　　　　(木田 知生)

だいがく【大学】　儒家の経典「五経」の一つ，『礼記』49篇のなかの1篇であった「大学篇」は，宋代に至って『論語』『孟子』，そしてこれも『礼記』49篇のなかの1篇であった「中庸篇」とともに，「四書」として尊重されるようになった。二程子(程顥・程頤)は，初学入徳の門であり，「四書」のうちで最初に学ぶべきものとし，朱子はこれを承けて旧本を大幅に改訂して注釈を施し，『大学章句』を作った。つまり，全体を孔子の言を曾子が述べたという「経」1章と，曾子の意を門人が記したという「伝」10章(伝1章を補う)に分け，己を修め人を治める(修己治人)方法が体系的に提示されているものであり，「明徳を明らかにす」「民を新たにす」「至善に止まる」の「三綱領」は学問の目的であり，「物に格る」「知を致す」「意を誠にす」「心を正す」「身を修む」「家を斉う」「国を治む」「天下を平らかにす」の「八条目」は目的達成のための順序次第とされた。

朱子学を批判することによって成立した陽明学では，「民を親しむ」「物を格す」などと読みかえ(『古本大学』)，わが国でもこの問題は，学問の性格に直接関わることとして盛んに論じられた。
　　　　　　　　　　　　　　　　　(松川 健二)

だいがくえんぎ【大学衍義】　南宋の学問・政治の書。43巻。1234(端平元)年，真徳秀が撰して理宗に奉る。朱子の『大学章句』に基づき，全体大用思想(全き本体としての仁愛の心が広く現実に適用される実学的な思想)の立場から為政者の学問・政治のあるべき理念と方策を説いた。帝王の為政・為学の2綱目と格物・致知，誠意・正心，修身・斉家の6条目に分け，経典や史書などを引用し，程朱(程顥・程頤・朱子)の論をまじえ，按語を付している。明代に入って丘濬が『大学衍義補』160巻を撰して，治国・平天下の条目を補っている。
　　　　　　　　　　　　　　　　　(牛尾 弘孝)

だいがくえんぎほ【大学衍義補】 明代の学問書・政書。160巻。1487(成化23)年成る。明，丘濬の撰。南宋の真徳秀の『大学衍義』を補うことを意図し，天下国家を治める要諦を論じた。内容は正朝廷・正百官・固邦本・制国用・明礼楽・秩祭祀・崇教化・備規制・慎刑憲・厳武備・馭夷狄・成功化の12項目に分けて叙述。明以前のことも論じているが，中心は明代におかれ，とくに著者の生存した時代の記事には注目すべきものがある。明代中期頃までの史料は非常に少ないので，その時代の政治・社会経済の研究にとって貴重である。万暦・崇禎刊本のほかに和刻本もある。　　　(谷口 規矩雄)

だいかくたい【台閣体】 文体名，書体名。明の永楽～成化年間(1403-87)に，内閣(台閣)の要職にあった楊士奇(名は寓)，楊栄(字は勉仁)，楊溥(字は弘済)の「三楊」を中心とする高級官僚の間で流行した文体。太平な時勢を背景として，詩は典雅ではあるが生気に乏しい唱和応酬が多く，散文は欧陽脩に範をとった宋人的なものが多い。のち李東陽一派(茶陵派)や前七子の台頭により，急速に勢力を失った。また書体名として，清代でいう「館閣体」を指すこともある。　　　(田口 一郎)

だいがくべん【大学弁】 清代の『大学』批判の書。「大学弁」本文とその関連資料20余編から構成される。1654(順治11)年，陳確51歳時の著書。「大学首章は聖経に非ず。その伝十章は賢伝に非ず」と，『大学』を孔子や曾子の書ではなく偽書であると説く。随時随所に理は個別無限に顕現するが，その理を追究する格物致知の正偏は「心の正偏」によって考え，主敬・致良知・慎独によって「心を正す」修養が肝心であるとする。この立場から『大学』三綱領八条目等の矛盾や朱子補伝の頓悟主義を「聖に似て実は禅」と批判する。
　　　(難波 征男)

だいがくべんぎょう【大学弁業】 清初の思想家・李塨の主著の一つ。概ね師である顔元の実践的学風に立脚した『大学』解釈であるが，陽明学との対決が強く意識され，そのことを通して顔元の学説との重要な相違点も露呈している。すなわち，顔元が『大学』における「格物」の「格」字に「手格」という特色ある解釈を与えたのに対し，李塨はこれを再び「至」の意味に引き戻し，「格物」を専ら知的学習として捉えた。それと関連して，知行関係についても，顔元の知行一体説を大幅に修正し，知先行後説の方向に大きく傾斜した。
　　　(村瀬 裕也)

だいがくもん【大学問】 王陽明が1527年(嘉靖6，56歳)8月，広西の思恩・田州の乱の討伐に出発するに際し，請われて『大学』首章の解釈を口授し，銭徳洪が筆録したもの。これに先立つ1518年(正徳13，47歳)7月，王陽明は大学旧本のテキストに自らの傍釈を添え，『大学古本傍釈』として刊刻。しかしそれは致良知説提唱(49歳)以前の著作であり，『王文成公全書』にも未収(今『百陵学山』等所収)。その意味でも本書は，王陽明最晩年の大学解釈を伝える資料として貴重である。『王文成公全書』巻26所収。　　　(中 純夫)

だいがし【題画詩】 山水画や人物の肖像画などに書き付けられた，その絵画の内容にちなんだ詩。唐代以降，社会における絵画と詩の受容層の拡大に伴って次第に多作されるようになった。南宋の孫紹遠の『声画集』8巻は，唐・宋代の題画詩を題材別に26部門に分けて集め，また清の康熙帝の『御定題画詩』120巻は，唐代以降の8962首を30部門に分けて収録している。　(湯浅 陽子)

たいかん【太監】 宦官の通称。老公とも。唐の内侍省長官の監や遼～元の太府監長官の太監にちなむ。明は内廷に二十四衙門(12監・4司・8局)を設けて宦官に領させ，掌印太監や秉筆太監等を配し，宮中の職務全般を司らせた。国政参与は厳禁されていたにもかかわらず，永楽(1403-24)以後は監軍・鎮守や，東廠など特務機関の長に任じられ，重用された。明中～晩期には外廷と結び強権を握った者も少なくない。清はその弊に鑑みて人員を削減し，総管太監を設けて内務府に所属させ，権限を縮小した。　　　(櫻井 俊郎)

だいかん【台諫】 言事(政事批判)と監察(行政監察)を担当する官。唐宋代は諫官と御史台の官を指し，明代には諫官が廃止されたため，明清代は御史台の官を指す。官僚の行政上の過失を弾劾し，政治上の諫言を行うことを職務とする。台諫は皇帝直属のもとにおかれ，将来の宰相・執政を約束されたエリートコースのポストであり，しばしば宰相・執政を中心とする行政府と対立し，政治抗争の原因となった。　　　(平田 茂樹)

だいかんかくきんふ【大還閣琴譜】 琴の楽譜集。明末の琴の一流派，虞山派の徐上瀛(生年不詳，1657年ごろ在世。字は青山)が伝えた30曲余りの琴曲を，弟子の夏溥が清の1673(康熙12)年に編纂し刊行した書。もとは『青山琴譜』といった。徐上瀛と『松絃館琴譜』を編纂した厳澂(1547～1625)とは友人であったが，厳澂にリズムが忙し

ないとして斥けられた『烏夜啼』や『雉朝飛』『瀟湘水雲』等の曲も伝えられている。『大還閣琴譜』には琴譜の他に，徐上瀛が著した琴の美学論『渓山琴況』と指法書『万峰閣指法閟箋』各１巻をも収める。特に『渓山琴況』は北宋の崔遵度(954〜1020)の「清麗にして静，和潤にして遠」という主張を発展させたもので，琴の美を「和・静・清・遠・古・澹・恬・逸・雅・麗・亮・采・潔・潤・円・堅・宏・細・溜・健・軽・重・遅・速」という24の項目に分けて詳細に系統的に論じている。漢代の劉向の『琴説』に始まる琴の美学論を集大成した書として後世に大きな影響を与えた。　　　　（池澤　滋子）

だいがんとう【大雁塔】　大慈恩寺の楼閣式磚塔。四角七層，全高64m。名称の由来はインド・マガダ国の「雁塔」とする説などがある。唐の652(永徽3)年に玄奘が将来した経典・仏像を納めるため建立，654(同5)年に完成した当初の塔は五層で，西域の形式に倣ったという。現存塔は長安年間(701-704)，則天武后の再建で，初層南面に褚遂良書の２碑『大唐三蔵聖教序』『聖教序記』(雁塔聖教序)を嵌入する。北宋の熙寧年間(1068-77)に火災に遭い，他にも数度の改修を受けている。
（稲本　泰生）

だいがんとうせんこくが【大雁塔線刻画】
陝西省西安市南約４kmに位置する大慈恩寺大雁塔の門扉の楣石(門の上部に渡した半円形の石)や戸枠に刻まれた唐代の線刻画。制作年代が652(永徽3)年，発願者が玄奘と判明するだけに基準作として十分なだけでなく，中原地方に隋唐代の仏教美術の遺例が少ない中で，その空白を埋める貴重な作例である。西の門楣に刻まれた仏殿での説法図は，殿内に阿弥陀如来１尊や菩薩16尊，比丘４尊，童子２尊，供養者と思われる女性３人を刻み，屋根の上の鴟尾・斗栱・柱・石段・瓦など仏殿を細部に至るまで精緻に表す。花樹などの植物の表現も写実的である。また東の楣石は倚坐仏の説法図で，弥勒如来と思われる倚坐仏１尊，比丘２尊，菩薩８尊，その他の眷属８尊，獅子２匹からなる。左右に神将を刻み，植物文様で細部を装飾する。これらの線刻はきわめて流麗である。さらに門框に力士各２尊，神将各２尊が刻まれる。ただし宋・明代，楣石の線刻画の上に当時の文人によって詩や名などが刻まれてしまい，威風を大きく損ねたことが惜しまれる。
（勝木　言一郎）
西口の楣石に陰刻された仏殿図は，長安年間(701-704)のものと思われる。仏殿は間口５間の寄棟造で，柱上の斗栱は２手先，中備斗栱は間斗束と人字形割束，上下二重の頭貫があり，隅軒は平行垂木，大棟両端に鴟尾を上げている。柱は円柱で，頂部の肩をわずかに丸く落としている。写実的な図像で，唐代初期の建築様式を知る上で貴重な史料である。
（包　慕萍）

たいき【戴逵】　？〜396(太元21)。東晋の隠士・文人，画家・彫刻家。譙国(安徽省)の人。字は安道。博学多才で詩文・書・彫塑・絵画に秀で，何度も官途に招聘されたが遂に仕官せず，会稽に隠棲して多くの隠士と交遊した。画家・彫刻家として名声を博したが，作品は現存しない。仏教に傾倒して慧遠と交わり，竹林の七賢に好意を寄せ多くの詩文を遺した。『隋書』経籍志に『戴逵集』９巻が載る。子の勃・顒も画家。『歴代名画記』５に伝がある。
晋書94　　　　　　　　　　　（河野　道房）

たいき【戴熙】　1801(嘉慶6)〜60(咸豊10)。清の画家。杭州(浙江省)の人。字は醇士，号は楡庵・松屏・鹿牀居士・井東居士など。1832(道光12)年の進士で，官は兵部侍郎に至り，南書房に直した。太平天国の乱の際殉じ，文節と諡された。四王正統派を継ぎ，湯貽汾(1778〜1853)と名を斉しくした。弟の戴煦も画家。『古泉叢話』『習苦斎詩集』がある。清史稿399　　　　　（塚本　麿充）

たいぎかくめいろく【大義覚迷録】　清の雍正帝が編集した書。４巻。1729(雍正7)年に刊刻され，各州・県の学校に配布，宣講(読み上げ)された。曾静・呂留良の文字の獄に関する上諭と曾静の審問・自供を編集したもの。曾静の『帰仁録』を付録する。内容には雍正帝簒奪問題に言及したところもある。乾隆(1736-95)の時に回収され，禁書に指定されたため，流伝したものは少ないといわれる。
（森　紀子）

たいきょ【太虚】　太虚とは，太虚空，大いなる空間ということ，それも万物を内に包含する大きな空間，具体的には天空がイメージされるが，宇宙万物の根源・原始の混沌を問題にする概念となり，「道」あるいは「気」と密接に関わり，また「心」も投影して扱われる。この語の初出は『荘子』知北遊篇で，漢代以来宇宙生成論的概念として用いられ，道教においてますます顕著である。この語に関連して，「虚空」「太虚空」の語が「心は虚空のごとし」(『六祖壇経』)のように，仏家とりわけ禅家において心性のアナロジーとして用いられている。

北宋の張載は「太虚即気」の論を唱え，仏者の幻妄説を斥けて気による存在論を樹立した。太虚は気だとして，虚無・空無を否定し，気が聚まると万物となり，気が散じると太虚となる。すなわち太虚

は気の原初態で，形ある物は絶えることない一気の運動による一時的・局部的な現象物だとし，かつ天性(本来性)もまた太虚において捉えて，その性説を展開し，朱子学をはじめ後世に多大の影響を与えた。　　　　　　　　　　　　（大島　晃）

たいきょく【大曲】　ここでは唐代の歌舞大曲を指す。唐大曲・燕楽大曲ともいう。大曲は，多くの「曲子」と呼ばれる独立した小曲(遍から成るものもある)を連結した大型の組曲形式の音楽で，器楽・歌唱・舞踏の総合芸術である。唐大曲は，南北朝統一を契機として，魏晋以降の中原の漢民族の音楽の伝統を受け継ぐ清楽大曲と，北朝時代から中国に流入し続ける新旧の胡楽(主に西域の諸楽)とが相互に複雑に融合した結果，新たな風格の大曲を形成し発展したもので，唐の玄宗朝(712-756)には芸術性・種類・規模・風格の多様性において古代宮廷音楽における最も華やかな時代をつくりあげた。作品は唐の崔令欽『教坊記』などの記載により『玉樹後庭花』『破陣楽』『霓裳羽衣舞』『緑腰』『涼州』など数十曲を数えることができる。

　唐大曲の構成は諸説があるが，基本的には，散板(自由な拍子)の器楽の序曲「散序」，慢板(ゆるやかな定拍)で叙情的な歌唱を主とする「中序」又は「歌」，拍子が急で舞踏を主とする「破」又は「舞遍」の3大部から成る。各部はさらに拍子や曲調の趣の異なる複数の遍から成り，それにより全曲に音楽的に複雑な変化が作られる。例えば，全遍の中で最も音楽的な変化に富む「破」の部分を拍子の上から見ると，第1遍の「入破」は散板で一定の拍がなく，続く「虚催」で緩やかな拍子となり，「滾遍」，「実催」と拍が加速するとともに情緒も高まり，2度めの「滾遍」で音楽は高潮に達する(催は加速，滾はもとは琵琶の奏法であるがここでは快速の意味である)。そして「歌拍」でゆるやかな節拍に転じ，最後は「殺滾」で終曲となる。全曲は数遍のものから50遍に及ぶものまであるが，曲全体としてみると，慢から急へ移行し，いったんゆるやかに転じてふたたび終曲で最高潮に達する形が，魏晋以来の相和大曲・清商大曲の伝統を受け継ぐものである。

　大曲に用いられる宮調は「燕楽二十八調」である。1楽曲は全曲同じ宮調で通すが，時に「犯調」と呼ばれる転調の手法を用いることもある。

　宋代の大曲は，唐大曲が多くは純粋な歌舞曲であったのに対し，物語性をもつものとなり，歌詞(曲子詞)も，五言あるいは七言の定型の詞体から，長短句入り交じった詞体に変化した。また「摘遍」といって唐大曲の1遍あるいは複数の遍を選び，その曲調のみを用いて填詞(既存の曲に歌詞を付けること)した。例えば，『薄媚摘遍』は唐の『薄媚大曲』の「破」の第1遍「入破」の曲調を用いたものである。また，大曲の中で舞踏のある音楽的にも最も精彩な部分である「破」の部分全遍を，独立した楽曲とするものを「曲破」という。

　唐・宋大曲の発展は宋元の戯曲音楽形成への重要な過程である。　　　　　　　　（古新居　百合子）

たいきょく【太極】　世界の究極的実在をいう。もともと『*易経』繋辞伝に「易に太極有り。是れ両儀を生ず。両儀，四象を生じ，四象，八卦を生ず」とあり，太極→両儀(陰陽ないし天地)→四象(春夏秋冬)→八卦(万物)という宇宙生成論の始源の位置に置かれた。太極が実質的に何を意味するのかについては，①北極星とする説(後漢の*馬融)，②混沌未分なる気とする説(前漢末の劉歆，後漢の鄭玄)，③『老子』にいう道と同一視して，これを無ととらえる説(東晋の韓康伯)などの解釈があらわれたが，存在の根源を意味する概念であり続けたことに変わりはない。後漢時代の『孝経鉤命訣』には，太極を気とする説を受けつぎ，気の原始的状態を「太易→太初→太始→太素→太極」という5つの段階に引き伸ばした五運説が見えるが，この五運説も西晋の皇甫謐『帝王世紀』を通じて，六朝隋唐期に大きな影響を与えた。

　北宋に至って，周惇頤の『*太極図説』は「無極にして太極」と冒頭に述べ，「無極・太極→陰陽→五行→男女→万物」という系列を主張して，以後，宋明儒教における宇宙生成論のモデルをつくった。これを受けついだ南宋の朱子は「無極にして太極」とは「形無くして理有る」(『朱子語類』巻94)ことをいい，存在物としては無だが原理としては有であるの意味に解して，無極・太極を形而上的原理たる「理」そのものを指すと規定した。朱子は，すべての存在は理と気によって構成されるという理気二元論をとるため，理すなわち太極は万物にもれなくそなわることになる。こうして太極概念は宇宙生成論のみならず，万物構造論の根本原理としての意味をもつことになった。　　　　（吾妻　重二）

たいきょくず【太極図】　北宋の周惇頤の撰。太極に始まる万物の生成過程を図示したもので，5つの小図によって構成される。①まず究極的実在たる太極が一つの円によってあらわされたあと，②「陰静・陽動」が白黒の三重の円で描かれ，陰陽のまじわるさまが示される。③ついで五行が「木──火──土──金──水」というように線分によって連結され，五行相生の順序があらわされる。④さらに「乾道成男・坤道成女」の図が円によって示され，⑤最後に「万物化成」の図がやはり

円によって示される。太極→陰陽→五行→男女→万物というプロセスをたどって世界が生じるというわけである。これは伝統的な易学理論を簡明な形で図像化したものであり、のちの中国における宇宙生成論に多大な影響を与えた。従来、太極図は道教における煉丹術の図を剽窃したものとする説や仏教の阿頼耶識図の影響を受けたという説がおこなわれてきたが、必ずしもあたっていない。むしろ太極図が後世の道教・仏教に対して与えた影響の方がはるかに大きいといえる。

(吾妻 重二)

たいきょくずせつ【太極図説】 北宋の周惇頤の著。『太極図』を解説した250字ほどの短篇。「無極にして太極」という根源的実在から、陰陽・五行・男女・万物が次々と生成するプロセスを説き、さらに万物のうち最も霊なる存在として人間存在のあり方を述べ、「大なるかな易や、是れ其の至れるなり」の語でしめくくっている。伝統易学を基本に、道家思想の影響を受けつつ成ったものであるが、朱子がこれに注目して『太極図説解』を作ったことで一躍有名になり、のちの道学の存在論における重要な文献となった。

(吾妻 重二)

だいきんこくし【大金国志】 金朝の歴史を紀伝体でまとめた書。40巻。宇文懋昭の撰とされるが、その内容から後世の人によって増補された部分も多いと考えられる。しかし制度服飾などに関する記載は詳しく、また傀儡国家としてつくられた楚・斉両国関係の記事や宋・金両国往来誓書など他書にはみられない資料も含まれる。『大金国志校証』(中華書局、1986年)は詳しい校証がなされており有用である。索引として『大金国志通検』(中法漢学研究所通検叢刊、1968年)がある。(桂華 淳祥)

たいけいどうしわ【帯経堂詩話】 清の乾隆時代 張宗柟(1704〜65)によって編纂された王士禎の詩話の集大成。30巻。張宗柟は王士禎の詩の熱狂的な愛好者で、王士禎の詩文集・詩話・随筆集・旅行記など18種類の著作から、詩をめぐる文章を抽出し、『帯経堂詩話』としてまとめた。書名は『漁洋詩話』と区別するために王士禎の室号(書斎につけた名称)「帯経堂」にちなんでつけられた。『帯経堂詩話』は巻首と綜論門・総集門・懸解門など8門に分かれ、各門はさらに入神類・真訣類・自述類・佳句類などの64類に分かれており、テーマ別に王士禎の詩学を概観するのには格好の書物である。たとえば、家学類・自述類を見れば、彼の文学修行の過程が詳細にわかるし、標挙類・佳句類を見れば彼が目指した詩境を帰納することが可能になる。各条の後には出典が明示され、また地名人物の考証を含んだ張宗柟の識語が付され、便利である。反面、分類があまりにも細かすぎ、引用の記事に重複が多い、といった批判もある。

(大平 桂一)

だいけいぶんか【大渓文化】 長江中流域の新石器文化。1959年に四川省重慶市巫山県の大渓遺跡で最初に発見されたことにより命名された。江漢平原の中・西部を中心に、西は三峡地域、南は洞庭湖北岸に分布している。湖北西部の城背渓文化と湖南西北部の彭頭山文化に後続し、屈家嶺文化に継承される、およそ紀元前4千年紀に位置づけられる。土器は外面に赤いスリップ(化粧土)をかけた泥質紅陶が多いが、長江以南では前半期(湯家崗類型)に白陶が一定量を占め、後半期には各地域で黒陶が増加している。煮炊きには丸底の釜や鼎があり、外面が赤色で内面が黒灰色を呈した碗、円形や長方形、爪形などの小さなスタンプを押した高坏、仰韶文化廟底溝類型の影響を受けた花弁文の彩陶、刺突文をほどこした陶球などが特徴的である。水稲農業が盛んで、住居の壁材に稲籾や藁を混ぜた土が用いられたほか、湖南省澧県の城頭山遺跡では直径300mあまりの土塁と濠に囲まれた城郭集落や水田遺構も発見されている。

(岡村 秀典)

たいげん【太玄】 前漢の占筮書・思想書。揚雄の著。『易経』を模倣して書かれたもの。玄とは自然界の最高原理。易の陽陰にあたるのが、━・━━・━━━で、天・地・人を象徴している。これを4つ重ねたものを「首」といい、全部で81首ある。それぞれの首には9つの「賛」がつけられ、729賛を2賛で一日として一年の日数に割り当て、首と賛で占う。陰陽の消長や天文暦法の定数を取り入れた点は、前漢時代の象数易の流行を反映したものである。

(長谷部 英一)

たいげん【太原】 山西省太原市。同省の政治・経済・文化の中心都市。太原盆地の北端に位置し、汾水が北から南に貫流する。その起源となる晋陽は、汾水の西で、晋祠から流れ出る晋水の北側にあり、春秋時代の晋、戦国時代の趙の北辺の固めであった。秦・前漢には太原郡が、後漢に入ると并州が設置され、治所はいずれも晋陽にあった。

五胡十六国時代以降、北方騎馬民族の侵攻を防ぎ、一方中原や関中(長安)をにらむ、戦略・交通の要衝たる役割を一層増した。その頂点に、李淵(唐の高祖)がここに決起し、汾水沿いに長安に攻め入り、全土に覇を称えた行動があった。唐は北都(并州太原府)として重視した結果、新たに汾水の東側(太原城)が発展し、治所もここに移った。

唐後半期には河東節度使が拠り，その流れをうけ五代の後唐・後晋・後漢もここに興起した。このため北宋に平定されると，一時徹底的に破壊されたが，後半重要さが見直され，明清からは太原府とされ山西省の省都となって今日に至る。

（氣賀澤 保規）

だいげんたい【代言体】 伝統演劇と語り物における文体の一形態。演唱者が物語の中の登場人物に扮し，一人称で語りうたうセリフの部分を指す。伝統演劇では説白(セリフ)・旁白(わきゼリフ)・独白(モノローグ)などすべて代言体である。一方，語り物ではこの代言体と，もうひとつ叙事体という三人称で語られる，いわば「地」の部分があり，いくつかの例外を除いて多くの曲種では叙事体が大部分を占める。

（井口 淳子）

たいこ【太湖】 江蘇・浙江の両省にまたがる湖。東西約60km，南北約45km，面積約2000km^{2}に達する。湖面には多くの島々があり，古くより五湖の一つに数えられる景勝の地である。西側は天目山系の丘陵地帯，東側は長江の沖積による微高地に囲まれ，周辺を含めて広範な凹地をなしており，宋代以降開発が進められて，水稲作と養蚕業で全国の先進地をなした。しかしこの凹地には，夏期には天目山系からの出水とともに，水位を増した長江水系の増水までが流入し，しばしば氾濫を引き起こした。太湖東岸における運河水路の整備によって海への疎通が困難となり，凹地の耕地化の進行とも重なって，水害は深刻化した。これに対し多くの議論がたたかわされ，北宋景祐年間(1034-1038)における范仲淹の白茆等の開浚を始めとして，しばしば下流への疎通工事が実施され，また南宋期以降，湖沼の耕地化の禁令と構築された圩田の整理，さらには長江からの洪水流入の防止工事が繰り返された。

（足立 啓二）

だいこ【大鼓】 語り物の一種。一般には清初のときに山東・河北の農村で形成されたと考えられているが，一説によれば，「大鼓」は旧称を「鼓詞」といい，その「鼓詞」が変化してできあがったという。おもに中国北方の各省・市と長江流域・珠江流域の一部の地区で流行している。京韻大鼓・西河大鼓・梅花大鼓など数十の種類がある。各種の大鼓の多くは，1人が書鼓と呼ばれる平たくて丸い太鼓と拍子木を打ち，1人から数人が三弦などの楽器で伴奏する。たんに太鼓と拍子木を用いるだけのものもある。立って唱うものが多い。歌詞の基本は七字句と十字句である。早期の曲目には長篇ものが多く，語りかつ唱うものであり，後期のものは短篇が多く，唱うだけで語らない。流行する地域の違いにより，伴奏楽器，節まわしなどに違いがある。

京韻大鼓は，河北と東北地方および華北の一部地域で流行する。清末に木板大鼓(河北の農村で流行した素朴な語り物)が北京・天津に伝わり，胡十・宋五たちによって改良され，三弦・四胡(四弦の胡琴で大小の二種がある)などの伴奏楽器がつけ加わり，短篇ものが長篇化した。そののち劉宝全・白雲鵬が改革し，京劇の発音法，民謡の曲調を取り入れ，新しい節を創造して京韻大鼓と名づけた。伴奏楽器は，三弦・四胡・琵琶などである。西河大鼓は，河北中部の農村に起こり，河北・山東・河南および東北地方・西北地方の一部地域に流行する。清の道光年間(1821-50)，馬三峰が木板大鼓と弦子書(伴奏に三弦を用いる語り物)の基礎の上に，伝統演劇・民謡の曲調と市井の売り声をとりいれ，もとの節まわしに手を加え，伴奏楽器の小三弦と木板を大三弦と鉄板に改めて，西河大鼓の音楽的な基礎を定めた。初めは「梅花調」「仙鋱頭」と称され，1900(光緒26)年頃に天津に入ってきて1920(民国9)年に現在の名称になった。梅花大鼓は，「梅花調」「清口大鼓」とも呼ばれ，清末の北京に起こり，華北各地に流行した。伴奏楽器には三弦・琵琶・四胡などがある。歌詞は古雅で，字数が少なく語尾をひきのばす。梅花大鼓の芸人としては，金万昌(1871～1943)，盧成科(1903～53)らが有名である。楽亭大鼓は，河北の楽亭県に起こり，河北東部と東北地方に流行した。初めは当地の民謡のメロディーで唱っていたが，乾隆年間(1736-95)にしだいに発展して，種々の曲調ができた。光緒(1875-1908)の初年，温栄が楽器・演唱法などの規範を創り，北京に行って演じ楽亭大鼓と称した。京東大鼓は，北京の東の通県(北京市通州区)・三河・香河と天津の一部地域に起こり，当地の民間小調「地頭調」が方言の音調と結び合って形成された。唱うだけで語らない。演者は左手で銅板を打ち右手で鼓を打つ。伴奏楽器はふつう三弦と揚琴などである。東北大鼓は，「遼寧大鼓」「奉天大鼓」ともいわれ，東北各地に流行する。起源については，東北の農村に起こるという説，北京の弦子書が瀋陽に伝わり当地の民歌と結合して形成されたという説などがあり，一致しない。伴奏楽器は，三弦・四胡などである。

ほかに山東大鼓・膠東大鼓・安徽大鼓・上党大鼓・湖北大鼓・広西大鼓などがある。

（山口 建治）

たいこう【帯鈎】 中国古代において帯を留めるのに使われた道具。形には棒形・琵琶形・琴形・獣形など様々なものがあり，大きさも長さ数cmの小さなものから，20cm以上に及ぶものまで

ある。小型のものは，帯を留める以外の用途に使われた可能性もある。裏側にボタン状の突起があり，一端が上方を向いた鉤となる。帯の端をボタン状突起に留め，腰を一周した帯の先の孔を帯鉤の鉤に留める。帯鉤の使用状態は，戦国時代の青銅製の人物像や*秦始皇帝の兵馬俑などにも見ることができる。帯鉤が中国で使用され始めたのは，発掘例によると春秋時代である。戦国時代には，金製のものや，青銅製で，金・銀・トルコ石・玉・ガラスなどによる象嵌の施されたもの，あるいは鍍金による装飾のあるものなど，金属工芸の粋を凝らした様々な華やかな帯鉤が作られた。少数ではあるが鉄製のものや，玉製のものもある。魏晋南北朝時代には，北方草原地帯に起源をもつ鉸具（針のついたバックル）を使用する帯が，帯鉤の代わりに，盛んに用いられるようになった。帯鉤が正確にいつまで用いられたかは明らかでない。朝鮮半島の初期鉄器時代においては，漢代の動物形帯鉤を模倣したと思われる帯鉤が作られ，その一種である馬形帯鉤は日本岡山の榊山古墳や長野の浅川端遺跡でも出土している。なお帯鉤と似た鉤状の道具がユーラシア北方草原地帯にあるところから，その影響により中国で帯鉤が作られたという説もある。しかしそれらは主に矢筒などを吊るすと考えられるもので，鉤部分が裏側に曲がっている。加えて北方草原地帯で帯を留めるために用いられたのは，帯鉤とは異なる留め方の帯釦あるいは鳥形鉸具と呼ばれるものであり，それが後の鉸具につながることを考えると，帯鉤は中国独自のものと考えられよう。 (髙濱　秀)

だいこうえきかいぎょくへん【大広益会玉篇】 北宋の字書。30巻。顧野王の『玉篇』は唐代にさまざまな改編が加えられた。唐の上元年間(674-676)に孫強により増補がなされたのはその一例であるが，収録字数は増えたが，注は大幅に削減された。『大広益会玉篇』は，この種の改編本玉篇を基礎として，1013(大中祥符6)年に陳彭年によって重修されたものである。宋・元版が存在するが，宋版による沢存堂本及びその翻刻本がもっとも流布している。 (高田　時雄)

たいこうかきょう【太公家教】 唐宋時代に流行した啓蒙書。作者未詳。太公とは人生経験豊かな老人の称。その人が家庭の教訓として語る通俗道徳の教科書。本文は『論語』『礼記』等の警句や格言・諺の類を，子供が暗誦しやすいように四字句を基調とし隔句に押韻する体裁をとり，全文622句から成る。中唐の8世紀にはすでに存在し，中国周辺の漢字文化圏でも学ばれたが，今では敦煌で寺院や学塾の生徒(学士郎)が書写した写本群によってのみ伝わる。 (衣川　賢次)

たいこうさんみゃく【太行山脈】 山西省の高原と河北省の平原の間に位置する山脈で，北東から南西にのびて河南省の沁河平原に達する。標高は1500～2000mほどで，斜面の西側は緩やかであるが，東側は急峻で高度差が1000mに達する断崖絶壁が多い。山麓では北京原人や許家窯人が生活していた。黄河や海河の支流の多くが山脈中より発し，両岸には多数の鍾乳洞が発達する。河道が形成した横谷(陘)に沿い，古来「太行八陘」と呼ばれる井陘や軍都陘など隘路が通じる。紫荊関・娘子関・虹梯関などの関があり，天然の要害として「第二の長城」と称された。東麓には安陽殷墟や中山国遺跡などがあり，また抗日戦争期の革命根拠地の一つでもあった。 (林　和生)

たいこうたい【太康体】 西晋の詩体。太康は武帝の年号(280-290)。この時期，潘岳・陸機・*左思らを中心として，詩句の彫琢や対偶に意を用いる修辞的な詩風が盛んになった。南宋の厳羽『*滄浪詩話』詩体に「太康体」とあるのが早く，原注に「左思，潘岳，二張(張載・張協)，二陸(陸機・陸雲)諸公の詩」とする。 (齋藤　希史)

たいこうぼう【太公望】 前11世紀末頃。周王朝建国の功臣にして斉開国の祖。本姓は姜，その祖先の居住地にちなんで呂を姓としたという。名は尚，一般的には呂尚とよばれ，師尚父と尊称された。太公望の名は，彼が渭水で釣りをしていた時に，周の文王にみいだされ，先王太公(古公亶父)が待ち望んでいた賢者とされた故事にちなむ。しかしながら，その経歴には不明な点が多く，殷の紂王の臣下，あるいは東方の隠者であったという異聞も伝えられている。太公望呂尚の出身氏族とされる姜族は，周王室と代々の通婚関係にあり，彼はその姜族を率いて文王・武王に仕え，周王朝の建国に貢献したものと考えられる。軍師としてたたえられ，兵書『六韜』の著者に仮託される。建国後，山東半島の営丘に封ぜられ，よく政治を修めて漁業・製塩業をおこし，東方の大国斉の基礎を築いた。史記32 (松井　嘉徳)

だいこうほう【大紅袍】 清の弾詞の演目。『玉夔龍』とも呼び，1892(光緒18)年上海紫雲軒刊本は『繡像海公奇案玉夔龍伝』と題するが，現代では多く『大紅袍』の名が用いられ，清末の版本とは登場人物の名もわずかに異なる。物語は，明の兵部尚書の子の鄒彬が辺境の守将王汝川，「神弾子」のあだ名を持つ鏢客(用心棒)韓林と義兄弟の契りを

結ぶ。韓は妻の裏切りにあい，殺人の罪を着せられ辺境に流されるが，王の助けを得て将軍となる(「神弾子」)。丞相の子宿英は鄒彬の許婚梁鳳鳴に横恋慕し鄒を殺人の罪に陥れるが，名判官の海瑞が真相をあばく。また海瑞は安楽巡辺王の張保の反乱に気づいて入京し，妻を殺して死刑に処されようとする韓林に御賜の大紅袍を着せかけて執行を食い止めて救い，ともに張保のたくらみをくじく(「大紅袍」)，というもの。同題の京劇は10本におよぶ連台本戯で，道光年間(1821-50)，厳問樵の作。多く史書に見える海瑞の逸話に材を取る。また京劇には別に清の小説『海公大紅袍全伝』に基づく『海公大紅袍』の演目もある。　　　　　　　　　　　　(川　浩二)

たいこくがくは【太谷学派】　清末，江蘇・山東などの地域で活動した学派。創始者周穀(1771頃～1832)は安徽省石埭の人，字は星垣，号は太谷。儒家の立場から『易経』に独特の解釈を加え，内聖外王の学(聖人の徳を外に施し王者の政を実現する)を提唱するとともに，山川などの自然神を祀って永遠の生命を祈求した。弟子の一人，張積中は，揚州を中心に講学を行ったが，清末の動乱を避けて弟子たちとともに山東の黄崖山にこもる。彼らは武器を備えて自衛しようとしたため，当局の嫌疑をこうむり，1866(同治5)年，清朝側の包囲攻撃を受けて，張積中以下2000人の教徒がその犠牲となった(いわゆる黄崖案。後に嫌疑が晴れた)。この学派は入門の弟子にのみ学問を伝えるという非公開の方式をとった上，黄崖案が起こったこともあって，著作はほとんど流布せず，その思想や活動についても不明の点が多かったが，『太谷学派遺書』(1997年)が刊行され，周穀と弟子らの著作を見ることができるようになった。　　　　　　　　　(小野　和子)

だいこくてい【大克鼎】　→克鼎

だいこくてん【大黒天】　仏法を護る善神中の一尊。梵名マハーカーラ(摩訶迦羅)の漢訳。元来はシヴァ神(大自在天・摩醯首羅天)の眷属。インドの諸寺の厨房などに「金嚢(巾着袋)」をとる像が安置されていたといい(義浄『南海寄帰内法伝』)，財宝神的性格をもつ伽藍神として崇敬された。密教では「毘盧舎那仏の化身で，荼吉尼(人の心臓を食らう女鬼)を除く」(一行『大日経疏』)，「シヴァの化身の闘戦神」(良賁『仁王経疏』)など，戦闘的な忿怒尊とされる。　　　　　　　　　　　　　(稲本　泰生)

たいこせき【太湖石】　園林の石組みや築山に用いられる石材の一つ。江蘇省の南端，太湖一帯から産出する，石灰岩。石の色は一般に青白く，湖中での侵食で，石が痩せその表面に皺が生まれ弾窩と呼ばれる穴が多数空き，奇怪な様相を呈する。この石を好んで用いるようになったのは唐代頃からで，歴代の文化人たちの愛好の対象となってきた。玉玲瓏(上海，*豫園)・冠雲峰(蘇州，*留園)・瑞雲峰(蘇州，第十中学校内)などが有名。　(木津　雅代)

たいさい【太歳】　天を遊行する神。古代中国では，天球上を約12年で一周する木星の位置に着眼して歳を記述したが，木星の動きは十二辰に逆行(右行)するので，暦元の位置を起点として木星とは正反対に順行(左行)して12年で一周する太歳を想定した(太歳紀年法)。漢初までは，太陰・大陰とも称した。吉凶を占う方位神として神格化され，占術に大いに用いられた。馬王堆漢墓帛書である『刑徳』甲篇，乙篇には，六十干支で記した歳ごとに遊行する方位をプロットした一覧表が見られる。
　　　　　　　　　　　　　　　　　(武田　時昌)

たいざん【泰山】　山東省泰安市の北にある山。海抜約1500m。岱山・岱宗・太岳ともいい，五岳の筆頭の東岳にあたる。古く『書経』『詩経』『*周礼』『孟子』などの古典に，その名がみえる。

　秦代以後「封禅」の儀が行われた地として，よく知られている。「封禅」とは，「封」が泰山の頂上で天の神を祭ることであり，「禅」がその麓の梁父で地の神を祭ることである。その目的は，天子が天地の神に「天下太平」であることを報告することにある。「封禅」の儀は，莫大な費用がかかる一大事業であったので，挙行できたのは，国内が平和で国力が充実した時期に限られた。古来この儀を催した天子は，秦の始皇帝，前漢の武帝，後漢の光武帝，隋の文帝，唐の高宗・玄宗，北宋の真宗など，少数にしかすぎない。

　泰山には，*孔子をはじめ，*司馬遷・*曹植・*杜甫・*李白・*蘇轍・元好問・*銭大昕・*袁枚・*姚鼐など，多くの文人が足跡を印し，詩歌や散文を残している。北宋代には，名儒胡瑗らが，この地に「泰山書院」を創建した。

　泰山は，民間信仰の対象としても尊崇された。はじめは泰山府君とよばれたが，やがて東岳大帝と称せられ，道教の神として信仰を集めた。明代からは，その娘とされる*碧霞元君が，信仰の中心にとって代わった。

　泰山には，いわゆる「泰山刻石」などの碑刻類をはじめ，数多くの文物や旧跡が散在している。山頂には，前漢代または後漢代の「無字碑」，唐代の「紀泰山銘碑」がある。山腹には，北朝北斉代に『金剛経』が刻まれた経石峪がある。山麓には，北宋代の建造物天貺殿を擁する岱廟がある。岱廟内には，

秦代の「泰山刻石」，後漢代の「衡方碑」「張遷碑」など，数多くの貴重な碑刻類が保管されている。山麓には，この他に民国期に活躍した軍人馮玉祥の墓がある。　　　　　　　　　　　　（長部 悦弘）

だいさんかん【大散関】　陝西省西安市の西，宝鶏市南西の大散嶺に位置し，関中より秦嶺を越えて漢中に，さらに蜀(四川)に通じる隘路にあった関門。両側は急峻な山に挟まれた険阻な地形で唐の詩人李白が『蜀道難』で「一夫当関，万夫莫開」と詠った要害で，古来より兵家必争の地であった。関の前を散谷水(清姜河)が流れることから，もとは散関と呼ばれたが，周代の散国の関所が置かれたことに因むともいわれる。武関，潼関，蕭関と合わせ「関中四関」と呼ばれた。劉邦配下の韓信は「明修桟道，暗渡陳倉」(あからさまに蜀の桟道を修復して敵の目をあざむき，ひそかに旧道を迂回して軍を進めて陳倉から大散関を攻めた)の計で大散関を奪取し，諸葛亮もここより関中の奪取を謀った。南宋はここに大軍を進駐させて金と対峙し，何度も激突した。　　　　　　　　　　　　　　（林 和生）

だいじ【題辞】　文体の一つ。或る書物の全体的な体裁や要旨，由来などについて述べた文章で，書物の中における役割は序や跋と非常に似ているが，題辞の場合は巻首に置かれるのがふつうで，巻末に置かれる題跋と対照的である。後漢の趙岐が『孟子』に付した「孟子題辞」，それに倣った南宋の朱子「小学題辞」などがある。　（原田 直枝）

だいじおんじ【大慈恩寺】　陝西省西安市街南方にあった仏寺。慈恩寺とも称す。唐の648(貞観22)年，皇太子李治(後の高宗)が母文徳皇后の菩提を弔うため，晋昌坊の無漏寺(一説に浄覚寺)の古址に造営。50人の大徳(高僧)を請じ，上座として玄奘を迎え，翻経院を建立して仏典漢訳の拠点とした。総柱間数1897間，10余院を擁する大寺として創建され，その後も法相宗の大成者，慈恩大師基(窺基)らが活躍して寺勢を保ったが，現存する遺構は大雁塔のみ。　　　　　（稲本 泰生）

だいしこいせき【大師姑遺跡】　河南省滎陽市広武鎮大師姑村に所在する，二里頭文化期から殷にかけての遺跡。1984年に発見，2002年から03年に鄭州市文物考古研究所が発掘調査を行った。主要な遺構・遺物は二里頭文化期に属し，南北約670m，東西約970mの範囲をめぐる城壁と濠，多くの墓・灰坑・住居跡などが発見された。二里頭文化期～殷の鄭州近辺における政治的中心と考えられる遺跡である。2004年に鄭州市文物考古研究所編『鄭州大師姑』が出された。　（黄川田 修）

たいしずいおうほんぎきょう【太子瑞応本起経】　仏教経典。2巻。『瑞応本起経』『瑞応経』ともいう。『大正新脩大蔵経』3所収。三国呉の支謙の訳と伝えられるが，中国撰述であって純然たる訳ではないとの説もある。『修行本起経』『普曜経』『十二遊経』『過去現在因果経』などとならんで，釈迦仏の伝記を主題とする仏伝文学経典の一つ。本経は，釈迦仏の生誕より成道(菩提樹のもとで悟りをひらいたこと)前後の様子をえがく。本経には『修行本起経』(後漢ないし東晋の失訳，中国撰述説もある。一説に竺大力・康孟詳訳)と逐語的に一致する箇所も少なくなく，両経は何らかの密接な関係の下に成立したと考えられる。少なくとも本経の漢文にぴったり対応するインド語原典が存在したことは疑わしい。本経は中国仏教史を通じてもっともよく読まれた仏伝の一つであり，南朝梁の僧祐撰『釈迦譜』や唐の道世『法苑珠林』など多くの類書に引用される。とりわけ本経と『修行本起経』の説く「老」「病」「死」「沙門」の定義，釈迦牟尼の訳語としての「釈迦文」「能仁」，また錠光仏や濡童菩薩の事績などは広く知られる。　　　　　（船山 徹）

だいしゃ【台榭】　春秋戦国時代に流行した高層建築。「台」とは，夯土で固められた高い見晴らしのための土台である。その上に，木造の「榭」を立て，台榭建築と呼ぶ。大体は，宮殿・庭園や水辺に建ち，祭祀あるいは宴会・娯楽用建築として使われた。1955年に山西省長治県で出土した銅匜は前5～4世紀のものと推定され，その上に台榭建築が陰刻されている。5間2層の寄棟造で，2階の中央間では祭祀が行われ，屋根と軒の輪郭は直線で描かれる。　　　　　　　　　　（包 慕萍）

たいしゃくてん【帝釈天】　インドのヴェーダ神話に起源をもつ最強の武神。仏法を護る善神の代表格。梵名インドラの漢訳。釈提桓因・天帝釈・天帝・天主などとも訳する。諸神の王とされ，須弥山頂上の忉利天善見城に住み，四天王(衆生の行いを斎日に観察する)の上位神として，その報告を受けるという。中国仏教では閻魔・十王などと同じく，衆生の善悪に応じて審判・懲罰などを行うとの説(『四天王経』)が，特に重視された。密教では護世八方天・十二天の一尊。　（稲本 泰生）

たいしゅ【太守】　郡の長官。秦の始皇帝が統一後，全土を36郡(のち48郡)に分け，郡守・郡尉・郡監を設置し，中央の丞相・太尉・御史大夫に対応させ，前漢の前148年に太守と改名する。後漢

になり，州が郡の上にたつ行政単位へと進み，魏晋以降州刺史の力が増すと，太守の影が薄れ，隋の583(開皇3)年に廃郡が断行され，姿を消す。のち隋煬帝期や唐玄宗期に郡制が復活するが長く続かず，太守の名は宋以降知州(州の長官)の雅名として残った。　　　　　　　　　　　　　　(氣賀澤 保規)

たいしゅうがくは【泰州学派】

陽明学派の一派。黄宗羲『明儒学案』巻32～36「泰州学案」に収録されている学者の総称。泰州(江蘇省)出身の王艮(心斎)を学祖とし，王学左派に分類される。徐樾・趙貞吉・鄧豁渠の一派および顔鈞・羅汝芳・何心隠らの一派からなる。王艮が製塩業に従事していたことから製塩業に関わる樵夫や陶工など庶民が入門しているため，泰州学派を庶民学派と見なす東洋史分野の研究も存在する。しかし，「泰州学案」は出身地に基づく分類であり，収録されている学者も思想を異にしており，一概に泰州学派と呼ぶことには無理がある。楊起元・耿定向・焦竑・潘士藻・周汝登・陶望齢などは，高級官僚であり，彼らを庶民学派と見なすことはできない。李卓吾は，王艮を祖とする泰州学派の人士が，身の危険を顧みずに他人の危難を救おうとした俠士である，と見なす観点から，「心斎は真の英雄なり，故に其の徒も亦英雄なり」(『焚書』巻2・為黄安二上人三首)と賞賛している。　　　　　　　　　　　　(佐藤 錬太郎)

たいしゅくりん【戴叔倫】

732(開元20)～789(貞元5)。中唐の詩人・政治家。潤州金壇(江蘇省)の人。字は幼公。政治家としては，清廉であるとともに，計略にもすぐれていた。大暦(766-779)中，湖南転運留後・河南転運留後を勤め，785(貞元元)年，撫州(江西省)刺史となり，788(同4)年には容管(嶺南道の五鎮の一つ)経略使に任ぜられる。翌年，病により勤務を交代，帰還の途中，没した。

詩は，楽府・律詩・絶句など各種のスタイルにすぐれる。詩の題材も幅広く，『女耕田行』『屯田詞』等は農村生活を描写した詩であり，『塞上曲』等の辺塞詩は，辺境の防衛にあたる兵士の気概を歌っている。また『除夜宿石頭駅』『湘南即事』等は旅人の愁いを詠じている。明人が編輯した『戴叔倫集』があり，『全唐詩』はその詩を273・274の2巻に編んでいる。事蹟は權德輿の「朝散大夫容州刺史戴公墓誌銘」に見え，『唐才子伝』5に伝がある。新唐書143　　　　　　　　　　　　(下定 雅弘)

だいしょ【大書】　→評話

たいしょう【大祥】

喪礼の中で，死後満2年におこなわれる祭祀。仏教の三回忌にあたる。儒教が三年喪を唱えるにともない，制度として確立していったものと考えられる。ただ，君主の場合，長期間の服喪が政治に支障をきたさないよう，本来の25か月ではなく，先君没後25日目に政務に復帰する措置がとられた。大祥を過ぎれば喪服を脱いで普通の服装に戻る。また，『礼記』間伝によれば，調味料を用いた食事を摂り，居所も通常の寝室に戻る。　　　　　　　　　　　　　　　(小島 毅)

たいじょうかんのうへん【太上感応篇】

善書(勧善懲悪の書)の一つ。作者不詳であるが，最初の注解者は南宋初の李昌齢である。『関聖帝君覚世真経』『文昌帝君陰騭文』とともに「三聖経」の名で親しまれ，近世の中国でよく読まれただけでなく，朝鮮，日本，それに琉球でも出版された。

内容は，「太上老君」(神格化された老子)の訓戒という体裁になっており，善因善果・悪因悪果の思想が基調になっている。書名中の「感応」という語も，善悪の行為(感)に対してその応報(応)が必ずやって来るというところに基づく。『抱朴子』や道戒(道教戒律)に由来する戒めが多く，また，背後に「司過神」の監視を設定し，犯した罪の軽重によって寿命を削るとするなど，一見したところ道教的であるが，実質的には儒・仏・道の三教にまたがる日常的・実践的な教訓集になっている。

最も多いのは，市民生活を営んで行く上での，ごく常識的なモラルである。「忠孝友悌，己を正して人を化す」などというのは儒教的であるにしても，「人の急を済い，人の危を救う」などは，一般的な隣人愛を説くものと捉えるべきであろう。「昆虫草木も猶傷うべからず」「他の色の美なるを見て，これを私せんとする心を起こす」などというのは，仏教戒に由来するだろう。他に，「井を越ぎ竈を越ぐ」「北に向かってツバを吐き小便する」といった，のちの道教戒に取り入れられた古い民間のタブーもある。また，「心に善念を起こせば，善行として外に出ていなくとも吉神が承知している」というのは，内面倫理を説いたものとして注目される。

本書は，儒教の教えに近いとして清朝の大儒者，恵棟や兪樾が注を書き，銭大昕も序文を書いたが，この種の善書としては異例のことである。
　　　　　　　　　　　　　　　　(三浦 國雄)

だいじょうぎしょう【大乗義章】

北朝北周・隋頃の仏教綱要書。26巻。浄影寺慧遠著。仏教の重要語を集めて解説したものであり，4聚(教聚・義法聚・染法聚・浄法聚)222門よりなる。教聚(3門)は経典の分類についての解説，義法聚(26門)は真理に関する用語の解説，染法聚(60門)は迷いに関する用語の解説，浄法聚(133門)は実践行に

関する用語の解説である。本来は第5編として雑法聚があったと伝えられるが，現行本には欠けている。各々の聚において増一の形式(二諦・三無為・四諦・五果・六因というように法数を持つ用語を小から大へと並べる形式。仏教ではインド以来よく用いられる)で用語が並べられている。慧遠の師の法上に『増一数法』40巻の著作があったと伝えられるので，その形式を踏襲していると推測される。各用語においては毘曇(びどん)・成実(じょうじつ)の教説と対比させる形で大乗仏教における語義・用法が明らかにされている。毘曇とはアビダルマ仏教であり，いわゆる小乗仏教である。成実は『成実論』。『成実論』はアビダルマ仏教を基盤としながらも，大乗の空思想に通じるような内容も併せ説く特異な論書である。南朝梁の時代までは大乗論として盛んに研究され，成実宗という学派も形成されていたが，慧遠はこれを小乗に属するものとして批判的に扱っている。慧遠は多様かつ多数の経典・論書を引用しながら，それを根拠として論述を進めているため，辞書としての使用にも十分堪えうるものになっている。慧遠は地論宗の学匠であるので，地論宗の立場からの解説が一部に見出されるが，全体的にはそれほど偏った解説とはなっていない。それは慧遠が大乗諸経に深浅の差を認めないという考えを持っていたからであり，偏りのないことがこの書物を流行させる一因となったと考えられる。『大乗義章』は『大正新脩大蔵経』巻44に収録されている。『大乗義章』の「八識義」に対する注釈として，日本の平安時代の僧，珍海が『八識義章研習抄』3巻を著している。　　(青木　隆)

だいじょうきしんろん【大乗起信論】　大乗仏教の要義を体系的にまとめた綱要書で，その整合性と簡便性とから仏教を志す者に広く読まれてきた。真諦(しんだい)訳と実叉難陀訳との2本があるが，古来，中国撰述ではないかとの疑いが消えず，今日でも学界において決着したとは言い難い。文体は確かに翻訳調であり，用語は北方系であって，謎は深い。

本書の教義は，一心・二門・三大・四信・五行という整然とした体系によって組織されている。一心とは衆生心のことであり，そこに仏の内容を含む一切が蔵せられているという。二門とは，生滅門と真如門で，いわば現象と本性のことである。この両者は一心にあり，決して別のものではない。三大は，体大・相大・用大で，本性・性質・作用の3方面において衆生心に偉大なものがあることをいう。以上を立義分で簡潔に示したあと，解釈分で詳しく解説していくが，特に生滅門の解説では，如来蔵，阿梨耶識(あらやしき)(阿頼耶識の異名。ただし真妄和合として語られている)，独自の唯識説等が述べられていく。中に本覚・始覚・不覚の説があり，この本覚の語は後の仏教史に大きな影響を与えた。また，真如が無明に熏習(くんじゅう)(はたらきかけること)し，無明が真如に熏習するという独特の説も説かれている。四信とは，真如と三宝に対する信で，この信が定まると正定聚(仏となることが約束された仲間)に入る。本書はその意味で信を最重要視するのである。五行は，この信を確立するための修行という位置づけであり，その内容は六波羅蜜(大乗仏教の修行者の基本的な6つの修行。布施・持戒・忍辱・精進・禅定・智慧)である。なお，この行に耐え得ない者のために，念仏の方便が用意されている。

一心・二門は一種の二諦説と見ることができる。とすれば，本書は，唯識・如来蔵・中観を統合的に把握する試みを示したものといえよう。たとえ中国撰述だとしても，その思想内容はインド大乗仏教思想史の延長上に正しく位置するものである。

本書は後世に広く影響を与えたが，とりわけ華厳宗の法蔵は本書を詳しく研究し，その代表的な注釈書である『大乗起信論義記』を著している。

(竹村　牧男)

だいじょうきしんろんぎき【大乗起信論義記】　『大乗起信論』の注釈書。華厳宗の大成者，法蔵の著作。慧遠と新羅の元暁(えぎょう)の注釈と共に「大乗起信論の三疏」と称される。本書では4宗の教判を示し，大乗起信論を第4宗の如来蔵縁起宗とする。大乗起信論が第3宗の玄奘(げんじょう)訳『成唯識論』などによる法相唯識宗より優れるが，華厳の法界縁起説よりは低いことを論証する。大乗起信論注釈史の上では義記の出現は画期的であり，これ以降は大乗起信論自体よりも義記を研究する時代がやってきた。　　(吉津　宜英)

たいじょうげんげんこうてい【太上玄元皇帝】　老子(太上老君)の尊号。唐王朝は太宗以来，みずからを同姓の子孫であるとして老子(李耳)を尊崇する政策を取った。高宗は666(乾封元)年にはじめて老子に太上玄元皇帝の尊号を追贈した。玄宗は715(開元3)年に老子の誕生日を玄元節として国の祝日に定めるとともに，以後3回にわたって封冊を繰りかえし，754(天宝13)年には大聖祖高上大道金闕玄元天皇大帝の尊号を贈っている。

(麥谷　邦夫)

だいじょうげんろん【大乗玄論】　初唐の仏教書。5巻。吉蔵撰。南北朝以来の仏教研究の過程において議論された大乗仏教の諸問題について，三論学派(三論宗)の立場から論述したもの。内容は，二諦義・八不義・仏性義・一乗義・涅槃義・二智義・教迹(きょうしゃく)義・論迹義の8項目から成る。吉蔵の真

撰か否か疑われる点もあるが，吉蔵によって大成された三論教学の思想がまとめられており重要である。とくに日本仏教への影響が顕著である。『大正蔵』45巻に収録。　　　　　　　　（伊藤　隆寿）

たいじょうじ【太常寺】　国家の礼・楽・祭祀・天文などを司る最高機関の名。太常の「常」は，国家を永久に保持するの意味である。前身は『周礼』春官に記載される，周代の国家の礼制を司った大宗伯であるとする（『通典』）。秦代に奉常が設置され，漢に太常となり，北朝の北斉の時に太常寺（寺は役所の意）と称した。以後，一時北周が大宗伯と称したが，大体この名称により清代まで続いた。漢以降は太常卿が統帥した。その下に属する実務機関の中で最も重要な音楽の役所としては，同じく周代，大宗伯の下に貴族の子弟の道徳教育と楽舞の教習にあたった大司楽があり（『周礼』），これに倣い，秦代に奉常の下に太楽が設置されたとする。北朝の北斉に大楽署となった。北周の時大司楽の古称が用いられたが隋代にまた戻り，太常寺とともに清代まで存続した。太楽（大楽署）は歴代，太（大）楽令を長官とし，いずれも主に奏楽，楽人の養成，試験制度などを実施した。秦漢以降，唐代までは宮廷の雅と俗の音楽をともに扱っている。なお，大楽署の外に軍楽，儀仗の楽を司る鼓吹署も晋代以降，太常寺下に入っている。宋代には復古思想により雅と俗は区別されるべきものとして，『宋史』職官志には，太常寺下の大楽は雅楽，教坊は俗楽を掌握したとある。また太常寺は九寺のなかでもっとも重視された。　　　　　　　　　　　　（古新居　百合子）

だいしょうじ【大召寺】　→イヘ・ジョー寺

だいしょうじ【大昭寺】　→ジョカン寺

だいじょうだいぎしょう【大乗大義章】
仏教文献。『鳩摩羅什法師大義』ともいう。『大正新脩大蔵経』45，木村英一編『慧遠研究遺文篇』所収。長安の鳩摩羅什が，廬山の慧遠から寄せられた質問に答えて，『般若経』所説の仏教教義について，自己の所見を，様々な角度から懇切丁寧に披瀝した書簡の記録。本書のもととなった問答のやりとりが行われた時期は詳らかでないが，おそらくは羅什の晩年と思われる。ただし本書が編纂され，序とともに成立したのは南朝の宋末斉初の頃と推定されている。問答の一部は陸澄撰『法論』にも記録された（『出三蔵記集』12・法論目録）。現行本は3巻から成り，「初めに真法身を問う」以下18章に分かたれるが，必ずしも形式的に整然とした分類ではなく，主題が重なる章も少なくない。慧遠は，鳩摩羅什が長安に到来する以前，ほぼ40年の長きにわたって『般若経』を研究していた。しかし羅什によって『摩訶般若波羅蜜経』とその注釈書『大智度論』等が訳出されると，羅什のもたらした新たな教学情報に対して種々の疑問と興味をもった。とりわけ法身と色身の二身説および大乗と小乗の相違に関する疑義には浅からざるものがあった。本書において慧遠が法身について繰り返し真摯な質問を投げかけるのは，このような事情を反映している。本書を内容から分類するならば，仏・菩薩の法身と色身について，修行の過程における菩薩と仏の関係，色（物質）の構成について，真如とそれを悟ることについて，修行における種々の課題について，の5点に集約できる。本書は，5世紀初頭の中国における仏教教理学の実態，とりわけ東晋末の仏教を代表する慧遠における教義に対する疑念の所在，鳩摩羅什自身の仏教観，大乗と小乗の区別に関する慧遠と羅什の理解，さらには，インド的思惟と中国的思惟の接触と相違，等を知る上で格好の資料である。　　　　　　　　　　　　　　　（船山　徹）

たいしょうやご【対牀夜語】　宋代の詩話。5巻。南宋末の范晞文撰。「夜語」を「夜話」に作るテキストもある。『知不足斎叢書』『歴代詩話続編』等に所収。初期の詩話のような詩に関する考証や雑事の寄せ集めではなく，六朝詩・唐詩を主とする詩の評論から成っており，数多い詩話の中でもかなり高い水準を示す。詩語の影響関係の考察に特色があり，理論面では『滄浪詩話』の影響が感じられる。詩人としては杜甫に対する評価が最も高く，晩唐詩やその詩風を模した宋の永嘉四霊には厳しい評価を示している。　　　　　　　　　　（興膳　宏）

たいじょうれいほうごふじょ【太上霊宝五符序】　東晋末期に葛氏道によって編纂された道書。編者未詳。道蔵本『太上霊宝五符序』は上・中・下3巻より成る。巻上には初めに『霊宝五符』という経典の出現譚，続いて五方の気の食気法を説く「仙人挹服五方諸天気経」，五帝神に関する「霊宝五帝官将号」，採薬法を述べる「霊宝要訣」，瞑想法の「太清五始法」，日月の食気法の「食日月精之道」，巻中には仙薬の服食法の「霊宝服食五芝之精」や「霊宝三天方」など，巻下には霊宝五符を用いた醮祭儀礼や，霊宝五符とその他の諸符が記載されている。　　　　　　　　　　　　（小林　正美）

たいじょうろうくん【太上老君】　道教の神。また，道徳天尊・混元老君などとも呼ばれる。道家の始祖とされる老子が，後漢末から魏晋の頃に神格化されてまず「老君」となり，さらに最上

を意味する「太上」の語が加えられて「太上老君」と呼ばれるようになったもの。南北朝に入ると，老子の教えの中心概念である「道」そのものが神格化された太上道君，さらには最高神としての元始天尊が加上されて，その地位は相対的に低下した。
(麥谷　邦夫)

たいしょれき【太初暦】　前漢の暦法。制作者の代表は鄧平。前104(太初元)年から後85(元和2)年まで施行された。顓頊暦が天象に遅れたという事実をうけ，受命改制思想(新たに受命した天子は旧制度を一新することを主張する)や律暦思想(音楽で，基本的な音，すなわち西洋音楽のハ調のドを生成する黄鐘律管の容積である81立方寸に関係の深い数である9や81を森羅万象の根本原理とみなす)を基本理念として作成された。1年を365日と$\frac{385}{1539}$日，1朔望月を29日と$\frac{43}{81}$日とする。
(小林　春樹)

たいしん【戴進】　1388(洪武21)～1462(天順6)。明の画家。銭塘(浙江省)の人。字は文進，号は静菴・玉泉山人。はじめ鍛工であったが，永楽年間(1403-24)にはすでにその画名をなし，宣徳年間(1426-35)には京師(北京)に住していたという。その師法関係は不明だが，父景祥に学び，のちに雲南黔国の沐晟所蔵の古画も学んだとも推測されている。戴進は画院に奉職したと伝えられるが，在籍時期については，画院画家謝環の讒言にあったとされる宣徳年間からとする説や，晩年の正統年間(1436-49)の短期間であったとする説などがある。楊士奇・王直・夏㫤ら当時の文人との交流も知られ，1436(正統元)年には夏㫤より画が贈られている。正統末には銭塘へ帰郷し，同地で没した。

山水・故事人物・花鳥などを描き，江南の穏やかな漁民の生活を描く漁楽図も得意とした。その画風は，頂上付近で屈曲する山並みを象徴的に描いた李郭派風のもの，平板で謹直に描いた南宋院体画風，墨の濃淡を用い簡素に描く元末文人画風のものと幅広く，それらを同一画面に融合させた作品も数多く見いだせる。そして，その折衷的かつ画面を平板化させた画風は，のちの職業画家たちに影響をあたえることとなった。

明の文人董其昌らにより提唱された画家を分類する南北二宗論では，北宗の系譜に連なる明第一の画家と評され，その出身地から浙派の祖と称された。直接の弟子として，夏芷らが挙げられるが，戴進の画風は，むしろ師法関係のないのちの呉偉ら職業画家を中心に展開していった。また，前浙派とも称される浙江地方山水画様式を画院を中心に広めた功績も考えられている。院体山水画風の作品『春冬山水図』(菊屋家住宅保存会蔵)，文人画的な作品『春山積翠図』(上海博物館蔵)などの現存作品があり，道釈画に戴進の款のある『達摩六代祖先師像巻』(遼寧省博物館蔵)がある。
(伊藤　晴子)

たいしん【戴震】　1723(雍正元)～77(乾隆42)。清の学者・思想家。休寧県(安徽省)の人。字は東原。幼時のかれは智恵が遅く，10歳になるまで口がきけなかったという。その後の発達は目覚ましく，音韻学・暦算学に優れ，同郷の江永を師と仰いだ。33歳のとき北京に出，このときすでにピタゴラスの定理や三角関数を説いた『句股割圜記』，またその科学知識を応用して『周礼』考工記にある器物を作図して見せた『考工記図』を完成させていた。39歳のとき，挙人としては異例の四庫全書纂修官に任ぜられたが，会試は6回受けて6回とも落第した。

かれが生涯最大の著作と自認したのは『孟子字義疏証』であり，『孟子』に現れる哲学概念の意味を再解釈したものであるが，特に「理」については宋儒が説いたような，天上にあって人欲を束縛するものではなく，字義からいって玉の筋目の意であり，人間が自然な欲を遂げる際の自然な秩序であるとした。清史稿481
(吉田　純)

だいしんいっとうし【大清一統志】　清の全国地理総覧。1743(乾隆8)年成立の初版356巻以下，84(同49)年成立の424巻(『四庫全書総目提要』は乾隆29年奉勅撰・500巻とするが不適切)，1842(道光22)年成立の560巻の各増訂版がある。いずれも勅命により，一統志館などの組織が編纂に当たった。清朝の行政区画に基づいて，各々の境域・沿革・地勢から，城池・津梁・堤堰などの土木建造物や，学校・祠廟・寺観などの施設，戸口数，賦税額，人物，物産にまで及ぶ広範な地誌情報を網羅的に記載している。初版成立後，新疆などへ領土が拡大したため第二版纂修が命じられ，その後さらに情報量が増大したことから第三版が編纂された。第三版は1820(嘉慶25)年までの情報を含み，質量ともに充実した完成度の高い編纂物である。初版・第二版は成立後まもなく刊行されたのに対し，第三版は写本があるのみであったが，1934年に『嘉慶重修一統志』の名で影印出版された。現在，これが重印されて通行している。
(谷井　陽子)

たいしんがいでん【太真外伝】　→楊太真外伝

だいしんかいてん【大清会典】　清朝の制度を体系的に記述した国制総覧。単に清会典ともいう。中国統治後，官庁内で規則が増え混乱してきた

ので、*康熙帝はそれらを把握できるよう本書を編纂させた。官庁の資料と既頒の政書をもとに、国制を官庁・官職別（官職内では職掌別）に分類して記述し、1690（康熙29）年、162巻本を頒行した。1732（雍正10）年には増補改訂して250巻本となった。ところが乾隆年間（1736-95）になると制度が肥大し、規則が蓄積され、従来の体例では整理できなくなった。そこでそれらを不変の典と可通の例に分けて編纂し、1764（乾隆29）年、会典100巻・会典則例180巻に分冊した。1818（嘉慶23）年には『周礼』*『大唐六典』にならい、国制の根幹を叙述する会典を80巻に圧縮したが、前例集たる会典事例が920巻に膨れあがり、図版集である会典図132巻が分冊された。現在通行している光緒本（1899年）は、会典100巻・事例1220巻・図270巻とさらに肥大している。本書は清朝制度史の基本史料であるが、あくまでも国制の根幹、前例の叙述にすぎず、実態と乖離している場合があるので注意せねばならない。

（谷井　俊仁）

たいしんけん【戴進賢】　→ケーグラー

だいしんそういせき【大辛荘遺跡】
山東省済南市歴城区王舎人鎮大辛荘東南に所在する、龍山文化期から西周にかけての遺跡。1930年代に斉魯大学のドレイク（F.S. Drake）が発見。1984年に山東大学歴史系考古専業などが、2003年に同大学東方考古研究中心などが発掘調査を実施。これまで殷の青銅礼器が多数出土し、近年は甲骨資料も発見されている。このため大辛荘一帯は山東半島北部における殷王朝の政治的拠点であったと考えられる。2004年、『考古』第7期にて03年の発掘の概略が報告された。

（黄川田　修）

だいしんりつれい【大清律例】
清朝中期以降の刑法典。満洲人による中国征服後、従来通りの秩序維持を望んだ漢人と逃亡奴隷問題の解決を求めた満洲人の思惑が合致し、1647（順治4）年に刑法典『大清律集解附例』（全459律）が頒行された。本書は明律をほぼ踏襲しているが、「隠匿逃亡新旧家人」なる新たな律を付加し、律本文中に割注（小注）を多数挿入した。康熙年間（1662-1722）は律改訂の機運の高まった時代で、各律に総論的な注釈（総注）が作られた。1728（雍正6）年の『大清律集解附例』（全446律）は、その成果を取り込んだものである。しかし本書は雍正帝の厳格な性格を反映しすぎたため忌避され、1740（乾隆5）年、総注を省いた『大清律例』（全436律）が頒行された。書名から集解が落ちたのは、総注が集解（注釈集成）と理解されていたことによる。翌年には律改訂を禁ずる上諭が出され、律文は固定する。以後は律を補足する条例の編纂が5年に1度、1870（同治9）年まで行われた。

（谷井　俊仁）

たいせい【戴聖】
生没年不詳。前漢の昭帝（在位前87〜前74）・宣帝（在位前74〜前49）期頃に活躍した儒者。梁（河南省）の人。字は次君。『大戴礼』を編集した戴徳の甥に当たる。戴徳とともに『后氏曲台記』という礼説書を著して著名であった后倉に師事し、礼学の専家となった。宣帝の時に博士となり、後に石渠閣議に加わった。その後は九江郡の大守にまで位を進めている。彼も伯父の戴徳と同様『礼記』の編纂に従事したが、彼の編集した『礼記（小戴礼）』は「礼記」の名で今日に伝わっている。

（齋木　哲郎）

だいせいしょう【大西廂】
清の鼓詞の演目。短篇。物語は『西廂記』に基づき崔鶯鶯と張君瑞が紅娘の手を借りて逢い引きする場面までを演ずるが、紅娘を中心とし、演劇に比して諧謔に富む。7字句を基本とするが、まま長短の句を挟む。由来には子弟書からと蓮花落からの2説があるが、同治年間（1862-74）ころには鼓詞に取り入れられていた。その後「鼓王」と呼ばれた京韻大鼓の創始者劉宝全が梆子腔系の音楽を取り入れ改作したことにより代表作の一つとなる。老舎の小説『鼓書芸人』にも登場し、「大鼓書の中でも最も歌うのが難しい一段」とされている。また紅娘の活発な形象は民国期の荀慧生の京劇『紅娘』に影響を与えた。現代でも劉宝全の流れをくむ芸人は皆これを習い、劉派の孫書筠はこの演目を得意とし、演劇の花旦の演技を取り入れて人気を博した。同名の演目は西河大鼓の他、東北地方の二人転・評劇など蓮花落の影響下にある劇種にも見られる。『中国伝統鼓詞精匯』（華芸出版社）所収。

（川　浩二）

たいせいふ【大晟府】
北宋末年、徽宗により設立された雅楽府。天才的な芸術家であり音楽を愛好した徽宗は、当時の雅楽に飽き足らず、1105（崇寧4）年、新しい風格の雅楽「大晟楽」を制定し、大晟府を設立した。長官には、楽律に通じ作曲も善くした格律派の代表詞人周邦彦を任用し、その他多くの文人や音楽家を集めて、古曲の審定、及び新曲新詞の製作にあたらせた。また大晟律と呼ばれる標準音高を制定し、これに合わせて鐘・磬など大量の楽器を新たに作製した。大晟府は北宋滅亡を間近にして設立後20年足らずで廃止となったが、大晟楽は、高い芸術性をもって後世の音楽、文学に影響を与えた。

（古新居　百合子）

だいせん【題簽】

線装本の表紙(書衣・書皮)の左上に貼付する縦長の紙片。絹を用いることもある。「題籤」とも書く。また,「籤題」「外題」ともいう。中国語では「書簽」。書名や巻数等を記し,直接書写する場合と印刷する場合がある。前者の古い例としては,北京中国国家図書館蔵宋刊本『文苑英華』に南宋内府の題簽が残っている。後者は遼の『契丹蔵』(10～11世紀出版)に見られるものが古い例で,明代のものは比較的多く残存する。表紙は後世になるとしばしば替えられるので原題簽が残るのは稀である。　(高橋 智)

たいそ【大蘇】→蘇軾

たいそ【太祖(遼)】

872～926(天顕元)。遼(契丹)の建国者。在位916～926。姓は耶律,名は阿保機。契丹迭剌部の人。痕徳菫可汗のもとで迭剌部長となって周辺諸族の征討に活躍し,またしばしば華北に侵入して多くの漢人を連れ帰り,その経済力を利用して契丹統一への基盤を固めたといわれる。906年に痕徳菫可汗が没すると,諸部に推されて翌年契丹の君長の地位につき,さらに916年には中国風の皇帝に即位して神冊と建元した。太祖は韓延徽・韓知古らの漢人官僚を重用し,中国の制度・文化をとり入れて体制を整備する一方,契丹文字を制定するなど,独自の文化の維持にもつとめた。即位後も中国支配をめざして華北への攻勢を続ける一方で,西方の阻卜などの諸部族へ親征してこれを平定した。次に926(天顕元)年には東方の渤海国を滅ぼしてこれを東丹国と改称し,皇太子耶律倍に統治を任せて凱旋したが,その途上の扶余府(吉林省)で病没した。遼史1・2　(河上 洋)

たいそ【太祖(後周)】→郭威

たいそ【太祖(宋)】

927(天成2)～976(開宝9)。北宋の初代皇帝。涿郡(河北省)の人。姓は趙,名は匡胤,趙弘殷の次男として洛陽の軍営で生まれた。五代後周の世宗に重用されて,禁軍の総大将である殿前都点検となった。959(顕徳6)年,世宗が没し幼い恭帝が立つと,それを不満とする禁軍将兵に擁立されて,960年正月,皇帝になり,国号を宋,年号を建隆,都を開封に定めた。世宗が始めた天下統一の事業を受け継いで,荊南,楚,後蜀,南漢,南唐の順に征服し,呉越,北漢を除いてほぼ統一を成し遂げた。その一方で,君主独裁による中央集権体制を築いていった。まず,皇帝をおびやかす存在であった禁軍を改組して,殿前都点検を置かず,3軍に分けて皇帝がそれを統轄することにし,藩鎮が握っていた軍事・行政・財政・司法の権限を中央に取り上げた。また地方官は中央から派遣し,知州のほかに通判(副知事)を置いて互いにけん制させ,地方勢力の台頭を防いだ。中央の機構でも,宰相の同中書門下平章事に加えて参知政事を置いて合議制とし,財政は三司使,軍事は枢密使に委ねるなど,宰相の権限を縮小して,君主独裁の仕組みをつくった。科挙を重視し,皇帝みずからが行う最終試験である殿試を創設した。世宗が行った廃仏政策を撤廃して仏教を保護し,971(開宝4)年,四川の成都に命じて大蔵経を開板させた。これを『開宝蔵』といい,最初の印刷本大蔵経である。彼には多くの逸話が伝わり,小説・戯曲の題材となった。一代記『飛龍記』は亡佚し,清呉璿編『飛龍伝』60回が現存する。宋史1～3　(竺沙 雅章)

たいそ【太祖(金)】

1068～1123(天輔7)。在位1115(収国元)～23。女真人,完顔氏族の出身。本名は阿骨打。後に完顔旻と称した。阿骨打の先祖は,現在の黒龍江省阿城市付近に居住したが,曾祖父石魯のときから勢力を伸ばした。1113年に兄烏雅束のあとを継いだ阿骨打は,翌年遼の国内に攻めこみ,国境付近にいた係遼籍女真を併合して,全女真の統一を達成した。1115年には金を建国して,自ら皇帝に即位した。一時は遼との間に和平交渉を行ったが,不調に終わると戦闘を再開して,都の上京臨潢府(内蒙古自治区)などを陥落させた。他方宋に対しては,銀や絹などを支払うことを条件に,燕京(北京)以下6州を割譲した。内政面では,従来の勃極烈(金朝初期の官名。女真語で官長の意)制を発展させて国政の最高機関とし,一族のものを勃極烈に任命した。また支配下に入った各民族を,みな猛安謀克に組織したが,これには漢人などの不満が大きかった。金史2　(松浦 茂)

たいそ【太祖(元)】→チンギス・カン

たいそ【太祖(明)】

1328(天暦元)～98(洪武31)。明朝の初代皇帝。在位1368～98。姓は朱,名は元璋。廟号は太祖。年号にちなんで洪武帝ともいう。濠州(安徽省)の貧農の出身。元末に紅巾の乱が起こると反乱に参加し,戦功をあげて頭角を現した。穀倉地帯の江南に向かって仲間と南下し,1356(至正16)年に集慶路(江蘇省南京市)を奪取,当地を拠点に地主・知識人の協力を得て地方政権を樹立する。その後,陳友諒・張士誠などの群雄を平定し,中華の回復を掲げて大都(北京)の元朝に討伐軍を送り,1368(洪武元)年正月,南京を都として明王朝を創設した。

彼は即位後モンゴル色を一掃し,元末の反乱で疲弊した社会の回復を図る一方,秩序の再建をめざし

て皇帝独裁体制を強化した。治世31年間に功臣・官僚・地主・知識人約10万人を粛清し、地方では1376(洪武9)年に布政使司(行政)・按察使司(監察)・都指揮使司(軍事)の三権分立体制を確立。中央では1380(同13)年に中書省(宰相府)を廃止して六部を独立させ、軍事は五軍都督府、監察は都察院に改組するなど、あらゆる権限が皇帝一人に集中する体制を作り上げた。

また110戸を単位に郷村組織の里甲制を施行し、*賦役黄冊や*魚鱗図冊を作成して租税の徴収と農民の把握を行い、教育勅語の「六諭」によって儒教道徳の徹底を図った。『*大明律』など法制面での整備に加え、残虐刑や錦衣衛のスパイ活動、文字の獄などの恐怖政治によって、皇帝の権威を高めることにもつとめた。さらに対外的には海禁を実施して、国際交易は国家間の朝貢貿易に限定したため、明を中心とした東アジアの国際秩序が彼の時に回復した。国内・国外を貫く古今未曾有の専制体制を明初の社会に実現したが、家庭生活には恵まれず、皇后・皇太子に先立たれ、孤独の中で波瀾の一生を閉じた。明史1〜3　　　　　　　　　　　(檀上 寛)

たいそ【太祖】(清)　→ヌルハチ

たいそ【太素】　唐の医書。正式名称は『黄帝内経太素』。30巻、現存25巻。楊上善撰。残巻に依れば、『*素問』と『*霊枢』(当時の名は『針経』)両書の記述を19類に分類再編したもの。19類をまとめると、養生(摂生)・自然法則(陰陽)・天人相関(人合)・解剖生理(臓腑・経脈・腧穴・営衛気・身度)・診断(診候・証候)・治療論(設方・九針・補瀉)・疾病論(傷寒・寒熱・邪論・風論・気論・雑病)となる。中国では南宋代に滅んだが、京都の仁和寺に伝承された。『素問』『霊枢』の古態を窺いうる貴重な資料である。楊上善は*高宗(在位649〜683)の時に活躍した人物で、『*新唐書』および『*旧唐書』には『*老子』『*荘子』の注、仏教関係の『*六趣論』など、道家・仏教関係の著作が記録されているが、人体のツボに関する『黄帝内経明堂』の一部を残してすべて亡佚した。　　　　　(林 克)

たいそう【太宗】(唐)　598(開皇18)〜649(貞観23)。唐の第2代の皇帝。在位626(武徳9)〜649。姓は李、名は世民。高祖の次子。太宗は幼少にして聡明、機に臨んで勇断で度量のひろい人物であった。隋の617(大業13)年、群雄が各地に蜂起するのを見て、父の李淵にすすめて義兵をあげた。618(武徳元)年父の即位とともに尚書令を任ぜられ、秦王に封ぜられた。のち兄の皇太子建成、弟の元吉と不和を生じ、玄武門でこの二人を倒し、位を譲られて帝位についた。領土を拡げる一方、内政にも力を注ぎ唐王朝300年の基礎を築いた。後世その治政を「貞観の治」とよんだ。文化政策として南北文化の統一をはかり、孔穎達に勅命して『*五経正義』を撰せしめ南北の経学を統一させた。また書を重んじ高官の子弟を選考して弘文館に集め、*虞世南・*欧陽詢に楷法を教授させた。とりわけ王羲之の書を酷愛し、蕭翼に命じて僧弁才の手から『*蘭亭序』を召し上げた逸話は有名である。行書の作品として『晋祠銘』『温泉銘』(ともにパリ国立図書館蔵)がある。
旧唐書2・3、新唐書2　　　　　　(大橋 修一)

たいそう【太宗】(遼)　902〜947(大同元)。遼の第2代皇帝。在位926〜947。姓は耶律、名は徳光、字は堯骨。太祖耶律*阿保機の第2子であったが、926(天顕元)年、太祖が渤海遠征からの凱旋途上に没すると、長子耶律倍から譲られる形で即位した(耶律倍はその後、後唐へ亡命)。太宗は中国経略に意をそそぎ、936(天顕11)年には石敬瑭が後唐に代わって後晋を建てる際にこれを援助し、その代償として燕雲十六州を獲得した。その後石敬瑭を継いだ石重貴(出帝)が不遜な態度をとったため、大軍を率いて南進し、947(会同10)年に開封を占領して後晋を滅ぼした。華北の大部分を支配するようになった太宗は、同年、国号を中国風に大遼とし、大同と改元した。しかし遼の中原統治はおよそ3か月で失敗に終わり、太宗は北方の本拠地へ帰る途上、欒城(河北省)で没した。太宗の時代は漢人支配の本格化とともに官制も整備され、漢人に対する南面官と部族民に対する北面官による二重統治体制が始められた。遼史3・4　　　　　　　　　　(河上 洋)

たいそう【太宗】(宋)　939(天福4)〜997(至道3)。北宋の第2代皇帝。初名は匡義、のち光義に改め、即位後炅とした。趙弘殷の第3子、太祖の実弟。976(開宝9)年太祖の急死をうけて即位したが、その継承に疑惑がもたれてきた。太祖の政策を受け継ぎ、呉越を併合し、北漢を滅ぼして、ほぼ中国を統一した。ついで燕雲十六州の奪回をはかって、幾度も出兵したが敗北し、成功しなかった。内政では、科挙制度を拡充して、合格者の数を急増し、知識人を官僚に登用する門をひろげた。文化政策に力を入れ、『*太平御覧』『*太平広記』『*文苑英華』など大部の書物を編纂させ、宮廷図書館である三館の蔵書の充実につとめ、秘閣所蔵の書跡を摹刻した『*淳化閣帖』を作らせた。仏教を保護して、訳経院(伝法院)と印経院を設置し、インド僧がもたらした仏典の翻訳と大蔵経『*開宝蔵』の印刷を行わせた。現存する著作に、『御製蓮華心輪廻文偈頌』『御製逍遥詠』がある。宋史4・5　　　(竺沙 雅章)

たいそう【太宗(清)】 1592～1643(崇徳8)。在位1626(天命11)～43。ヌルハチ(太祖)の第8子。本名はホンタイジ。清の第2代皇帝で，1636(崇徳元)年に国号を金(後金，またはマンジュ)から清に改めた。内政では，ヌルハチ時代のいきすぎた漢人抑圧策を修正し，漢文化にも理解を示した。歴史・軍事・法律などの実用的な漢籍を満洲語に翻訳させて，漢文化の移入をはかったことは，その表れである。さらに六部を設置するとともに，法律の整備を行うなどした。また蒙古八旗と漢軍八旗を編成し，従来の満洲八旗と合わせて3軍とした。外国との関係では，明との戦争を継続したが，戦闘の拡大を抑え，和平の機会をうかがった。さらに内モンゴルを併合して，モンゴル人を統治する機関として理藩院を設立した。他方朝鮮にも2度侵入し，1637(崇徳2)年にはこれを臣従させた。またアムール川(黒龍江)方面においては，その住民を辺民化して貂皮を貢納させている。清史稿2・3　　　(松浦 茂)

だいぞうきょう【大蔵経】 一定の体例と内容をもった仏典の叢書。「一切経」「衆経」などともいう。インドでは，経典を経・律・論の3部門に分かち三蔵として伝えたが，漢文の大蔵経では，経・律・論の翻訳経典のほか，目録・紀伝・類書など中国撰述書を含む。

中国では仏教伝来以降，さまざまな経典類が翻訳され，また中国人自身による仏典が撰述されたが，やがてそれらを一定の分類にしたがい収集配列したり，一つの叢書として書写することがおこなわれ，分類配列のために目録が編纂された。大蔵経あるいは一切経という用語のはじまりについては不明であるが，5世紀にはすでに用いられていた。木版印刷技術は，唐代すでにあったが，大部の叢書である大蔵経の印刷は，宋代までおこなわれなかった。北宋初期に『開宝蔵』が刊行されると，以後は刊本大蔵経が主流となり，写本大蔵経はごく稀となった。今日写本で残る中国の大蔵経は敦煌遺書中にある残本などごく少数である。

歴代の刊本大蔵経は今日その存在が確認されているものだけでも，官版・私版とりまぜ十数種におよぶ。宋代においては『開宝蔵』のほか，東禅寺版・開元寺版・思渓版・磧砂版などが福建・江浙の寺院で刊行された。遼代にも大蔵経の開版があったことは史料によってしられていたが，近年その一部が発見された。金代には山西天寧寺において『開宝蔵』にもとづいて大蔵経が開版され，近年『中華大蔵経』(漢文部分)の主たる底本として影印されている。元代では磧砂版や普寧寺版があり，近年あらたに官版の存在が明らかになった。明代では南京・北京の両京で官版大蔵経が刊行されたほか，明末から清初にかけて，民間で『嘉興大蔵経』が刊行された。清朝においては乾隆時代(1736-95)に官版が刊行され，版木が現存する。また清末には民間で大蔵経の出版がこころみられた。楊文会が主導した金陵刻経処の事業もあるが，これとは別に常州天寧寺で刊行された「毘陵蔵」とよばれる大蔵経の存在が新たに知られるようになった。

また中国のみならず，漢訳仏典を用いる周辺地域でも，いくつかの大蔵経が刊行された。朝鮮半島では，高麗時代に初雕と再雕二度の開版があり，再雕本は今日も版木が海印寺に現存する。日本では，写本が重んじられ，独自の開版はながくおこなわれなかったが，近世初期に宗存版(未刊か)・天海版・黄檗版の3種の大蔵経が刊行され，前の2種は木活字によるものである。黄檗版は僧鉄眼によって『嘉興蔵』にもとづき刊刻がはじめられたが，版木は今日も宇治宝蔵院にあり，印刷に供せられている。黄檗版の流布は，江戸時代の日本の仏教学の隆盛の契機となったとされる。

刊本大蔵経はその版式と本文によって，3つの系統に分類される。『開宝蔵』『金版大蔵経』『高麗蔵』は開宝蔵系，『契丹蔵』は唐代長安写経を引き継ぐ中原系，東禅寺版など江南諸蔵は江南系とされる。また日本では多くの古写経が残されているが，これらのなかには，唐代写経系のものも少なくない。今日では，大蔵経の利用にあたっては，刊本と古写本の得失を判断して，比較検討して利用することがもとめられている。　　　(梶浦 晋)

だいそうせんないじ【大宋宣和遺事】 →宣和遺事

だいそうそうしりゃく【大宋僧史略】 賛寧(919～1002)が『宋高僧伝』を撰述した後に著した，中国仏教の小型百科事典。『僧史略』とも呼ばれる。この命名が妻子野の『宋略』に拠ることは，著者自らが「序」で語っている。3巻。仏教が中国に伝播されてからの，教団の制度・儀礼・戒律・懺法などの来歴・沿革を事類ごとに58項目に分けて記す。所々に「論に曰く」と著者の見解が入る。末尾の「総論」にはこの書を著した意図と意義を載せるが，その形式は『史記』太史公自序の司馬遷と上官の壺遂の問答を踏襲している。すなわち質問者をたててその問いに答える形で，宋の天下統一後，仏教が重んじられ太平の世は実現しているのに，一介の僧侶が「仏道を中興させ，正しい仏教の教えを永遠に定着させよう」と意図して著作することの意義を述べている。仏典・仏典目録・高僧伝・正史など多くの書物からの引用からなり，資料集としても用いられるが，短時日のうちに完成されたため，

不正確な引用がまま見られる。　　（西脇　常記）

だいそうちゅうこうつうぞくえんぎ【大宋中興通俗演義】　明の歴史小説。8巻。福建の出版業者熊大木の作とされる。北宋の滅亡から岳飛の処刑に至る南宋初期の歴史を扱い，岳飛を全篇の主人公に据える。当時の歴史小説の例に漏れず，歴史書の体裁をとり，史書の文を援用した箇所が多いが，岳飛をめぐる部分には史書に見えない物語も含まれ，他の小説の影響がある可能性も考えられる。清代に成立した『説岳全伝』などの岳飛ものの小説は，この小説と何らかの類縁関係を持つものと思われる。　　（小松　謙）

たいそく【胎息】　道教の長生術の一種，その実態は特殊な呼吸法である。常に吐く息を吸う息よりも少なくし，呼吸する音も耳に聞こえない程微かにし，体内に元気を蓄積して長く留められるようにする。そして，胎児が母親の体内にいる時に臍で呼吸しているように，口や鼻での外気呼吸を極めて微弱にし，あたかも臍で息しているように呼吸する。そうする事により長生が可能になるという。その由来は古く，道教が本格的に発達するより以前，後漢時代には既に存在していた。　　（坂内　栄夫）

だいそくせっこく【大足石刻】　重慶市大足県に所在する摩崖造像の総称。そのうち北山仏湾は，県城西北2kmにある。唐の892（景福元）年に昌州刺史韋君靖によって造像が始められ南宋まで続けられた。晩唐まで遡る作例に観無量寿経変相龕（第245号），三世仏龕（51号）などが，五代十国期の造像に阿弥陀仏龕（915〔永平5〕年，53号），千手観音龕（273号），薬師浄土変相龕（955〔広政18〕年，279号）などが，北宋末期の作例には美作として著名な水月観音像（113号），宝印菩薩像（118号），数珠手観音像（125号）などがある。また，宝頂山は県城東北17.5kmにあり，大仏湾を中心に，小仏湾ほかの18か所の摩崖造像がある。主要部分は南宋の淳熙〜淳祐年間（1174-1252）に造営された。大仏湾には千手千眼観音（8号），仏涅槃（11号），観無量寿経変（18号），柳本尊行化図（21号）などの大規模な造像がある。他に，県城南2kmの南山，西南27kmの石篆山，東21kmの石門山石刻などがある。　　（長岡　龍作）

だいたい【大帯】　礼服用の帯。革帯と，糸条と呼ばれる絹製の帯の2種がある。秦・漢代以前には革帯は主として男子が使用し，女子は絹製の帯を使用した。その使用は既に殷・周代にあり，『詩経』にも見ることができる。長短及び幅・材料・色彩そして帯上の飾りには一定の制度があり，それにより身分を知ることができる。上は天子より，下は下級の官吏に至るまで祭礼時には必ず大帯を付けた。結んで下に垂らした末端部分を紳という。　　（釣田　敏子）

だいちどろん【大智度論】　漢訳仏典。『大論』また『釈論』と略称される。全100巻。『二万五千頌般若経』（「大品般若経」）の注釈書（mahā-prajñapāramitā-śāstra）で，インド大乗仏教の中心的思想家龍樹（ナーガールジュナ）に帰せられる論書。サンスクリット原典は発見されておらず，チベット訳も存在しない。鳩摩羅什（クマーラジーヴァ）によって漢訳されたものが現存するのみである。この書の著者については学界でも諸説あるが，インド2世紀頃の思想家龍樹の思想を核として，実際の訳出にあたった鳩摩羅什の加筆増広部分などを含むと考えられる。羅什が全訳したのは，『二万五千頌般若経』の序品に対する注釈部分のみであり，残りは抄訳したものとされる。般若波羅密・菩薩・空・無我・諸法実相といった大乗仏教の中心概念について，数々の初期経典類，部派仏教の論書類，初期大乗経典類などを引用しつつ浩瀚に論じるもので，大乗仏教の百科全書的性格を有する。401（弘始3）年，後秦の姚興が後涼を降し，羅什を長安に連れ帰るが，その直後から訳経事業が開始された。羅什がその事業の第一に取りかかったのが，『二万五千頌般若経』とその注釈書の『大智度論』であった。前者の経文の翻訳は403（弘始5）年4月に始まり翌年4月に終わっている。後者『大智度論』の翻訳は，それに先立つ402（同4）年の夏に始まり405（同7）年12月に終わっている。おそらくこの過程で，経文の深義が論じられ，訳場は講義の場ともなっていたに違いない。本論はそのような訳業の集大成である。『大智度論』の特色は，積極的な空の思想にあると言われるが，それは様々な比喩の力を借りて存在の真相を語っているからである。『大智度論』は，『中論』『百論』『十二門論』の三論とともに四論学派を興したが，また，天台宗・華厳宗・禅宗などの教理を支え，中国・日本の仏教に大きな影響を与えた。　　（赤松　明彦）

だいちわんぶんか【大地湾文化】　陝西省から甘粛省に広がり，仰韶文化に先行する，紀元前6000〜5000年の新石器文化。遺跡としては古い段階を代表する甘粛省秦安県大地湾遺跡と，新しい段階を代表する陝西省宝鶏市北首嶺遺跡がある。いずれも豊富な仰韶文化の遺物が出土するとともに，その下の文化層から仰韶文化に先行する文化層が発見されている。かつては老官台文化あるいは北首嶺下

層文化と呼ばれたこともあった。住居は小型円形の半地下式である。墓は伸展葬による土坑墓である。一部には豚の下顎骨が副葬されている。小児甕棺葬もあるが，華北では古い例である。土器は底に小さな三足の付いた平底や丸底の縄文深鉢や浅鉢が多い。一部の浅鉢の口縁部は赤色で塗彩されており，内面に点や波状文を描く原初的な彩陶もある。主な石器は石斧や石鎌，削器である。すりうすはないかきわめて少ない点で同時代の裴李崗文化や磁山文化と異なる。骨角器には刀子・鏃・ヤスなどがある。大地湾遺跡から黍が見つかっている。　（大貫　静夫）

たいてん【対転】　漢語音韻学における音韻理論の一つ。漢語の音節は「音節＝語頭子音＋介母音＋主母音＋語末音(子音または母音)/声調」と分析できる。このうちの語末音が子音のとき，その子音が口音の場合(p, t, k など)は調音位置を同じくする鼻音に変化し，鼻音の場合(m, n, ng など)は調音位置を同じくする口音に変化する現象，あるいは語末子音が脱落したり語末子音がない音節が新たに語末子音を獲得したりする現象をいう。このような音韻変化は漢語史において頻繁に起こっている。例えば，「沂」という字は現代北京音では yi と発音されるが，「斤 jin」を声符に持つ形声字であり，古代では鼻音韻尾を持っていたと推測される。現代上海方言で「山 shan」を se と発音するのも対転の一つと見ることができる。対転の理論は音声をアルファベットで表記できる現代人にとっては理解しやすいが，音を漢字でしか表せなかった時代には体得するのが困難であったらしい。清代の江永・戴震の師弟が初めてこれに気付き，戴震の弟子である孔広森が理論化した。これによって上古音の研究は大きな進歩を遂げることになる。　（中西　裕樹）

だいてん【大篆】　→籀文

だいと【大都】　→北京，元大都

だいどう【大同】　現在の山西省北部にある省内第2の都市。内蒙古自治区に隣接し，大同炭鉱で知られる石炭産業が盛んである。古来南の農耕世界と北の遊牧世界の接点に位置し，漢族と北方民族との支配を交互に受けた。前漢の高祖が匈奴に包囲された白登山はその東方にあった。398(天興元)年に鮮卑(北魏)の道武帝がここを平城と定めて以来，495(太和19)年の洛陽遷都までの約100年間，北魏の都となった。この時期の後半460年から495年まで，西郊の武周山において，僧曇曜の上奏に始まる雲岡石窟の開鑿があり，信仰を集めた。

唐では雲州(雲中郡)が置かれ，北辺を固める要地となったが，五代の後晋の938(天福3)年，燕雲十六州に含まれて契丹(遼)に割譲された。次の金にかけて西京大同府とよばれ，以後大同の名が定着した。明には北京を防衛する9辺鎮の一つとして重視され，今日も一部残る周囲7kmの強固な城壁が築かれた。日中戦争中には日本の晋北政庁が置かれた。　（氣賀澤　保規）

だいとうおしょう【大頭和尚】　→要和尚

だいとうかいげんれい【大唐開元礼】　唐代の礼典。150巻。玄宗治世の732(開元20)年に完成。蕭嵩ら奉勅撰。王朝儀礼の式次第を記録する。先行する唐代礼典として，太宗治世の『大唐儀礼』100巻と高宗治世の『顕慶礼』130巻があり，両書を折衷し総合したもの。ただちに全国に頒布され，行用された。集賢院で練達の士によって編纂された本書は，数年後に完成の『大唐六典』と並んで，集賢院の文化活動の素晴らしさを今に伝える文献で，仁井田陞『唐令拾遺』の重要な資料となった。その構成は，序例3巻・吉礼75巻・賓礼2巻・軍礼10巻・嘉礼40巻・凶礼20巻である。歴代の礼制を集大成したものとして，永く後世に準拠されたばかりか，外国にも流伝した。入唐留学生の吉備真備が735年に朝廷に献上した『唐礼』130巻は『顕慶礼』であるが，『日本国見在書目録』には，『唐礼』150巻と『唐開元令』150巻が著録されている。これは『大唐儀礼』100巻と『大唐開元礼』150巻のことであると考えられる。　（礪波　護）

だいとうさいいきき【大唐西域記】　唐の太宗の勅命で玄奘が撰述したインド・中央アジア地理誌。玄奘自身の旅行記ではない。燕国公(于志寧)ないし敬播の序があり，12巻から成る。玄奘の記録を基に弘福寺翻経院の弁機が編纂，646(貞観20)年7月完成。一貫した編集方針，客観的な叙述の下，親践110と伝聞28の全138国を国別に国情と仏教事情を記述。国情は全体100字程度で概略を四周・首都・物産・気候・風俗・言語・貨幣・支配者について記す。仏教事情は当時の実際面より寺院や遺跡などを精確に網羅，強調している。説話・伝説・ジャータカ(釈迦の前生譚)・仏伝にまで多くの字数を割く。巻1・巻12はインド外。巻1は自序で始まり，ソグドとトハーラの概説も挿入されている。巻2～11がインド。巻2冒頭にインドを概観し，北中東南西の地方順に記述。書名と配列は『大隋西国伝』を手本とし，内外諸典をも参照している。道宣は『大唐西域伝』と記し，智昇以後『大唐西域記』とよぶ。　（桑山　正進）

だいとうさいいきぐほうこうそうでん【大唐西域求法高僧伝】 唐の義浄がインドや東南アジアで見聞あるいは伝聞した求法僧たち60人の伝記。上下2巻。『大周行人伝』が原書名。義浄が広州に一旦帰り、再度室利仏逝(スマトラ島)のパレンバンに戻った690～691年に『南海寄帰内法伝』とともに撰述。『南海寄帰内法伝』や若干の翻訳経典類などと共に僧大津に寄託し、長安で則天武后に献上。現行本は、上記の大津を含む56人が本伝で、それに広州制旨寺から助手としてパレンバンに連れていった4人が追加されて全60人の旅行伝となっている。陸路海路を問わず、インドに渡った同時代の求法僧の旅行のありさまは、見聞伝聞のみによっているので他の高僧伝と異なり不備はあるものの、ほとんど全員が本書にしか名を見ない僧で、資料価値は高い。伝中にはナーランダー寺の規模その他も叙述され、なかんずく冒頭の玄照伝には中央アジアとインドとを結ぶ7世紀中葉当時の陸路がネパール道とカーピシー道のみであったことが知れるなど、仏教ばかりでなく、多くの情報を提供している。なお義浄の行伝は特に設けていない。

(桑山 正進)

だいとうさんぞうしゅきょうしわ【大唐三蔵取経詩話】 日本の京都高山寺で発見された、唐の三蔵法師の天竺取経の旅をえがく作品。『西遊記』の祖型として知られる。宋代の説経において語られていたもののおおすじを読み物として刊行したもの。上・中・下3巻に分かれ、13の処とよばれる小節からなるが、第1処にあたる上巻巻頭3葉と中巻第2葉を欠く(大倉集古館所蔵)。同種のものに『大唐三蔵法師取経記』と題するものがあり、同じく高山寺から発見されたが、残欠がはなはだしく、これを補填する役には立たない(お茶の水図書館所蔵)。すでに史実から離れて物語化しており、孫悟空に相当する猴行者とのちに沙悟浄に発展する深沙神が登場するが、猪八戒は登場しない。詩話を称するのは、処の多くが詩によって総括されているからであろう。「中瓦子張家印」とあり、南宋の都臨安の中瓦子に近い保佑坊(宝佑坊)の「張官人経史子文籍鋪」から刊行されたと推定されている。

(大塚 秀高)

だいどうしょ【大同書】 『礼記』礼運篇の大同思想を基に未来社会を構想した書。草稿8章、公刊10部。著者は康有為。彼は、27歳(1884年)の作というが、草稿は1901(光緒27)年から1910年頃にかけて書かれた。1913年に甲乙2部が『不忍』雑誌に発表されたが、全文は35年に弟子の銭定安により公刊された。草稿は、1985年、江蘇古籍出版社より影印された。内容は、孔子改制説の「拠乱」「昇平」「太平」の三段階進化論に依拠して、現実世界を混乱苦悩の世とみて、その原因を除けば、太平大同の極楽世界に進化到達が可能だという。康有為は、その苦因を、国家・階級・家族制度・人種・男女・産業職種などとして、その排除を世界公政府の権力で実現するように主張した。とりわけ家族制度の廃止と契約結婚による男女関係の完全平等を主張し、個人は育児院から養老院まで、全てを世界公政府の管理と保護の下に置かれるとした。ここには、西欧の空想社会主義思想の影響もみられるが、仏教・道教など伝統宗教思想も一役買っている。

(竹内 弘行)

だいとうしんおうしわ【大唐秦王詞話】 明の長編詞話。『唐秦王本伝』『唐伝演義』ともいう。8巻64回。諸聖鄰(澹圃主人)の作。諸聖鄰は万暦年間(1573-1620)ごろの人。不遇の文人であった。明末の万暦・天啓年間(1573-1627)に刊行された版本が残っている。歌(韻文)の部分と語り(散文)の部分とからなる説唱芸能のテキストである。目次には「重訂唐秦王詞話目次」と題されることから、諸聖鄰はあるいは民間芸人の持っていたテキストを改編整理してこの作品を作ったとも考えられる。唐の太宗李世民が、南北朝を統一した隋王朝の煬帝の失政によって乱れた天下を平定し、唐王朝を建国する物語。秦叔宝・尉遅敬徳ら功臣たちの活躍も描かれる。タイトルの「秦王」は、李世民が父の高祖李淵の即位後、秦王に封じられたことによる。清の褚人穫『隋唐演義』などと同じ題材を扱っている。

(大木 康)

だいどうしんけい【大洞真経】 道教の経典。南岳夫人魏華存が伝授されたという31巻の上清経典のひとつに過ぎないが、魏華存が本経を実修して真人の位を得たという伝承から、初期の茅山派にとっては象徴的な地位を占めた。しかし、その実体は必ずしも明確ではなく、多くの篇題を含んだ複合経典の姿を呈していたが、その後の茅山派の教理展開の過程で次第に39章の『大洞玉経』を中核に『玉清隠書』などを配した『大洞真経三十九章』に収斂していった。本経は、『黄庭経』と同じく、天上の神々及び体内神の名字とそのはたらき、神々の存思による不死の肉体の獲得と昇仙などを宗教的隠語を多用して説くとともに、祖先(死者)の救済をその教説に加えることによって、5世紀末頃には仏教教理に対抗しうる経典として茅山派教理の中核を担うようになった。道蔵には『上清大洞真経』6巻以下数種の異本が収められている。

(麥谷 邦夫)

だいとうしんご【大唐新語】

中唐の小説集。別名『唐新語』『大唐世説新語』『唐世説新語』『唐世説』。13巻。劉粛の撰。劉粛は，元和年間(806-820)に江都県(江蘇省)・潯陽県(江西省)の主簿を歴任。807(元和2)年の自序があり，唐初から大暦年間(766-779)までの有名人の逸話を，公直・清廉・忠烈・節義・孝行・文章・著述・隠逸・諧謔などの30部門に分けて収録。『世説新語』の体例に倣ってはいるが，勧戒の話が多く内容は異質。許徳楠・李鼎霞点校本(中華書局，1984年)が，明の商濬(一名商維濬)編『稗海』所収本の不備を改め佚文も収録。　　　　　　　　　　　　(富永 一登)

だいとうないてんろく【大唐内典録】

唐の経録。全10巻。長安西明寺の道宣が664(麟徳元)年に編纂した。隋の費長房撰『歴代三宝紀』，隋の法経等撰『衆経目録』，唐の静泰撰『衆経目録』など歴代の経録を参考に，その長所を取り，短所を排し，編年的叙述と，主題別叙述を併用。前の5巻は「歴代衆経伝訳所従録」と題して，後漢から唐代初期までに翻訳・撰述された経典を編年史的に経典名・撰者等について記す。後の5巻は，「歴代翻本単重人代存亡録」「歴代衆経見入蔵録」「歴代衆経挙要転読録」「歴代衆経有目闕本録」「歴代道俗述作注解録」「歴代諸経支流陳化録」「歴代所出疑偽経論録」「歴代所出衆経録目」「歴代衆経応感興敬録」など主題による目録。日本においては奈良時代の一時期，大蔵経整備の基本目録とされたが，『開元釈教録』『貞元新定釈教録』伝来以降は用いられなくなった。中国の敦煌では，上記二経録編纂以降も用いられていたことが，近年の研究によって明らかになっている。　　　　　　　　　　　　(梶浦 晋)

だいとうりくてん【大唐六典】

唐の玄宗朝の開元年間(713-741)の官職を基準に，その職掌に関する律令格式および勅などの諸規定を分類編集した書。『周礼』の六官の制にならい，唐の官僚機構を明示した政典なので，『大唐六典』といい，『唐六典』あるいは『六典』と略称する。30巻。玄宗の勅撰，李林甫ら奉勅注。6年前の732年に編纂された『大唐開元礼』に続き，738(開元26)年に完成したが，およそ50年間は行用されなかったらしい。その構成は，三師・三公から始まり，尚書省六部，門下・中書・秘書・殿中・内侍の五省，御史台，太常寺などの九寺，国子監などの五監，十二衛から，東宮王府，府州県の諸官および，各官の職掌に関連する唐代の行政法規を採録している。引用された律令格式は，開元25年度のものでなく，開元7年度のものである。本書は令・格・式の復元研究にとって貴重な資料である。テキストとしては近衛家熙校訂の近衛本をも活用した中華書局点校本が最良。　　　　　　　　　　　　(礪波 護)

だいとうれき【大統暦】

明の暦法。1367(至正27)年から1644(崇禎17)年まで施行された。1384(洪武17)年に暦元を同年に変え，消長法(1回帰年の長さを100年に0.0002日の割合で減ずる)を廃して365.2425日を固定値とした以外は授時暦と同内容。万暦年間(1573-1620)に至り天象に約6日遅れたので，徐光啓やカトリック宣教師のアダム・シャール(湯若望)により『崇禎暦書』が著されたが，明の滅亡のため改暦事業は頓挫した。
　　　　　　　　　　　　(小林 春樹)

たいとく【戴徳】

生没年不詳。前漢の昭帝(在位前87〜前74)・宣帝(在位前74〜前49)期にかけて活躍した儒者。梁(河南省)の人。字は延君。甥の戴聖とともに后倉を師とし，后倉の著した『后氏曲台記』を授かって礼に優れ，後に信都国の太傅となった。今日に伝わる『大戴礼』の編集者として有名である。その彼が『大戴礼』を編集した作業について，一説には『漢書』芸文志に見える「礼記百三十一篇」から85篇の礼文献を選び出す事であったというが，詳細は不明である。
　　　　　　　　　　　　(齋木 哲郎)

だいにちきょう【大日経】

密教の根本経典の一つである『大毘盧遮那成仏神変加持経』のことで，7世紀中頃に西インド，あるいは中インドで成立したと推定されている。サンスクリット原典は発見されていないが，漢訳とチベット訳がある。漢訳者は，インドの王族の家系に生まれ，修学の後に陸路中国へ来て，密教の組織的な伝承者として唐王朝に迎えられた善無畏(637〜735)である。密教の代表的な曼荼羅である「胎蔵(界)曼荼羅」は，本経にもとづき，仏の菩提心が，母の胎内のような大悲の助けにより，教化活動する意味を図示したものといわれる。　　　　　　　　　　(田中 文雄)

たいはくきんせい【太白金星】

もとは金星を指す。太白も金星のこと。後に天上界の神仙。名前は李長庚といい，至高神玉皇大帝の老臣で知恵者。東海と冥府で狼藉を働いた孫悟空を手なずけるために玉帝から下界に遣わされる(『西遊記』第3, 4回)。長庚と呼ばれるのは，明けの明星を啓明といい，宵の明星を長庚(庚は方角では西，五行では金に当たる)といったことから(『詩経』小雅・大明「東に啓明有り，西に長庚有り」)。金星は古来戦争の吉凶を占う象徴とされた。　　(鈴木 健之)

たいはくすいしゃ【太白酔写】

伝統演劇の

演目。明の呉世美(生没年不詳)『驚鴻記』の第15齣「学士酔揮」を改編した崑劇の代表的作品。唐の玄宗皇帝が楊貴妃を連れて興慶宮の沈香亭で牡丹の花を鑑賞したとき，翰林供奉李白を召して新曲『清平調』に合わせた詞を作らせるように命じた。宦官高力士は町へ行って，酔っぱらった李白を連れ帰り，帝と貴妃の前で作詞させたところ，酔いながらみごとに『清平調詞』3首を詠じ，お褒めに与ったという筋。　　　　　　　　　　（内山 知也）

たいはくそん【太白尊】　瓶の型式の一つ。別名吐魯瓶ともいう。口が小さく，撫で肩で器高が低く，平底で腹が大きく張り，あたかも梅瓶の上半分のような形状の瓶をいう。太白尊の名は，酒仙として知られる唐の詩人，李白(字は太白)に由来する。宋・金に流行し，青白磁や磁州窯・河南天目などの例がある。また，清の官窯においても桃花紅などの太白尊が焼造された。　　（今井 敦）

だいばつ【題跋】　書籍・書画・碑帖などに書く識語を指し，前部に付す文を「題」，後部に付す文を「跋」という。「題」は題辞ともいい，「跋」は跋尾・書後・奥書ともいう。冊子・巻子・立軸などの体裁に，標題・品評・校訂・考証などの内容を，散文や詩・詞等の韻文といった形式を用いて記述する。作品の内容，創作の過程，所有者の変遷の情況などを分析し理解する上で，きわめて有用で，作品の真偽を鑑定する上でも役立つ。北宋の欧陽脩が金石に関する多くの題跋を作り，それらをまとめて『集古録』を刊行して以後，この風潮が急激に盛んとなり，蘇軾『東坡題跋』や黄庭堅『山谷題跋』など文学の一ジャンルにまでなった。題跋はその形態から2種類に分別できる。一類は，清の安岐『墨縁彙観』など個人の収蔵にかかるものや乾隆・嘉慶勅撰『石渠宝笈』など各朝内府の収蔵の著録，もう一類は，ある個人の手を経たものまたは過眼したものである。後者の場合は誤認のおそれがある。　　（河内 利治）

たいひてんもく【玳皮天目】　南宋から元にかけて，吉州窯(江西省)で焼造した鼈甲(玳瑁の甲羅)に似せた釉調の天目。玳皮盞ともいう。鉄分を含む黒釉と藁灰質の釉を二重掛け，または混ぜ掛けしたもの。型紙を使って文字・花鳥の文様を表したものや，木の葉を置いて焼成したもの(木の葉天目)もいう。室町時代の『君台観左右帳記』では，型紙で文字・花鳥をぬき表したものを鼈盞といい，区別していた。江戸後期以降の茶書では，玳皮盞と鼈盞を同一とみなしている。　　（砂澤 祐子）

だいひぼさつ【大悲菩薩】　→千手観音像

たいふ【大夫】　「大」「夫」両字は本来，同一の文字で，直立した成人男性を象り，立派な男の意である。統治階層の上層を意味する語としては，西周時代後期に出現し，当時は，国君から分封された土地と農民を世襲的に領有する小君主であった。春秋中期以降の社会変動のなかで，政治的実権を掌握することもあったが，統治階層としては消滅に向かう。戦国以降は，上層官僚の名称となるとともに，士と結合した士大夫の語によって，広く官僚階層を意味するようになる。　　（高木 智見）

たいふうか【大風歌】　前漢の歌。漢の高祖の作。高祖(劉邦)が，前195(高租12)年に淮南王鯨布を討って帰る途中，故郷の沛(江蘇省)を過ぎ，親類・知友を集めて宴会を開いた折に，自ら歌い，沛中の童児120人に唱和させた楚歌風の歌。漢代には「三侯の章」と呼ばれ，初唐の『芸文類聚』で初めて「大風歌」と称した。歌詞は「大風起こって，雲飛揚す。威海内に加わりて，故郷に帰る。安くにか猛士を得て，四方を守らしめん」。『史記』8，『漢書』1，『文選』28，『楽府詩集』58 所収。
（小池 一郎）

たいふくこ【戴復古】　1167(乾道3)～1252(淳祐12)？。南宋の詩人。天台黄岩(浙江省)の人。字は式之，号は石屏。生涯，官に仕えず，長期にわたって各地を放浪し，足跡は南中国全域におよんだ。長命であり，理宗の淳祐年間(1241-52)，80歳をこえてなお健在であった。詩は早年に「永嘉四霊」の影響をうけたが，晩唐の詩を学び，時に江西詩派の風味をまじえた。後に陸游・杜甫・陳子昂らに心酔し，時勢を傷み，愛国の情を吐露する詩もあるが，基本的に各地の大官をパトロンとし，詩を献上して謝礼をもらって生活していたので，俗な面があるのは否定できない。南宋の亡国を早めた権力者賈似道にも手づるを求め，「世に一りの秋壑有り，時に両りの石屏無し(秋壑は賈似道の号)」ともうたっているが，当時，要路の大官にとりいることが詩人の風潮ともなっていた。『石屏詩集』10巻がある。
（大野 修作）

だいぶつ【大仏】　大仏は，インドにおいては見ることができず，アフガニスタンのバーミヤーンなどのようにインドの周辺地域から中央アジアにおいて出現し，中国では北朝の北魏時代以降数多くつくられた。敦煌莫高窟から麦積山石窟までの河西回廊には大仏をつくった石窟が点在している。巨額の費用を投じた造像は，像の大きさのみならず発願

者の権力を誇示する役を果たし，中国ではしばしば皇帝の勅願によって，あるいは像を皇帝そのものに見立てて，王権の象徴として大仏が造立された。北魏時代のものとしては，僧曇曜が発願して460(和平元)年から平城(山西省)近郊に道武帝以下5人の皇帝をまつって開かれた雲岡石窟第16〜20窟(曇曜五窟)がある。大仏には釈迦や毘盧遮那仏(盧舎那仏)・弥勒などがあるが，とくに弥勒は交脚や両足を揃えてすわる倚坐など，インドにおける王者の姿勢をとってあらわされたので，王権との結びつきという点で理想とされた。唐時代には倚坐の弥勒大仏が流行し，甘粛，四川，江南の各地に作例を見ることができる。また675(上元2)年完成の龍門石窟奉先寺大仏は，あらゆる世界の中心にいる尊格としてまさに唐王朝の支配力を象徴する存在としてつくられた盧舎那仏像である。 （岡田 健）

たいぶてい【太武帝】
408(天賜5)〜452(正平2)。北朝北魏の第3代皇帝。在位423(泰常8)〜452。鮮卑族拓跋部の出身。平城(山西省)の人。姓は拓跋，名は燾，諡は太武皇帝，廟号は世祖。太武帝は427(始光4)年に夏(赫連氏)を倒し，436(太延2)年に北燕(馮氏)を滅ぼし，439(同5)年に北涼(沮渠氏)を平定し，華北を統一した。また，425年には外モンゴルで柔然を破り，450(太平真君11)年には南侵して南朝宋に大勝した。

道教を厚く信仰して道士寇謙之を天師に崇奉する一方，仏像や経典の破棄，僧尼の穴埋めを命じて仏教を弾圧した。これが，史上悪名高い「三武一宗の法難」の一つである。漢人貴族の崔浩を重用し，鮮卑族と漢族との合作体制を確立したかにみえたが，崔浩が禁忌を直筆したのが原因で起こったとされる国史事件により，多くの漢人貴族が迫害された。魏書4上・下，北史2 （長部 悦弘）

だいふんこうぶんか【大坌坑文化】
台湾における新石器時代の初期段階に属する文化。1962，63年に実施された台北県八里郷の大坌坑遺跡の発掘調査で層位的に確認され，文化名が付された。縄蓆文土器(粗縄文土器)を特徴とする。同文化は台湾西海岸に広く分布し，東海岸でもその存在の可能性が認められる。また縄蓆文土器は対岸の中国東南沿海地域でも出土している事から，台湾海峡両岸地域に広範囲にわたって分布していたとされる。しかし，各地における土器群の様相には地域差も認められる。当時の生活の内容を示す資料は少ないが，狩猟・採集を主とし，根茎類などの栽培の可能性も指摘されている。この他，先行する長浜文化との継承関係など課題も多く残されているものの，台湾の先史文化の解明ばかりでなく，原オーストロネシア語族の源流を考える上でも注目される。 （後藤 雅彦）

だいぶんこうぶんか【大汶口文化】
山東省の泰安市と寧陽県の境に位置する大汶口を標準遺跡とする新石器時代の考古学文化。大汶口遺跡は，1959年，74年，78年の3回にわたり大規模な発掘が行われ，1960年代の初頭には，類似の遺物や遺構が検出された諸遺跡を統合するべく，同遺跡の名を取って，大汶口という文化名称が使われはじめた。

大汶口文化は，同じ山東省内の考古学文化である北辛文化と山東龍山文化のあいだに位置づけられ，前4300年から前2400年のあいだ，およそ1900年間，途絶えることなく存続していたと考えられている。これを，黄河中流域の諸文化と比べてみるならば，仰韶文化の初期から龍山文化前期段階(廟底溝第二期文化相当)の時間幅におさまることになる。分布範囲は，山東省の全域と江蘇省の北部におよぶほか，河南省の中央部や，渤海海峡を渡った遼東半島でも同文化の遺物が確認されている。

大汶口文化の遺跡群からは多くの墓が検出された。墓は，基本的に長方形の土坑墓であるが，墓坑内の周囲を台状に成形した二層台と呼ばれる構造をとったり，また，木槨や木棺をともなった墓もみることができる。埋葬法は単人の仰身直肢を主体とし，一部に抜歯等の人体加工がほどこされている。副葬された土器は多様である。なかでも，三足土器や高坏仕様の土器が豊富であること，彩文土器や白色土器の精美なつくりなどに目が行く。そのほか，麞牙(ノロのキバ)やブタの下顎骨の副葬にも当文化の独自性がうかがわれる。

大汶口文化の主要な遺跡としては，大汶口のほかに，野店・王因・三里河・東海峪・呈子・尚荘(以上山東省)，劉林・大墩子・花庁(以上江蘇省北部)などがあげられる。当文化の段階になると，墓の大小，副葬品の多寡に差があらわれ，また，前寨遺跡や陵陽河遺跡からは符号を刻した土器が出土するなど，社会構造に変化が生じたことが推測される。 （小川 誠）

たいへいがふ【太平楽府】
元の散曲の総集。正式名称は『朝野新声太平楽府』。編者は楊朝英。全9巻からなり，前半5巻は小令1062首を，後半4巻には140の套曲を収める。85人の作者の作品ならびに作者不詳の作品を宮調ごとにならべる。成立は1351(至正11)年。楽府は漢代に民間音楽の採取を目的に設置された官署の名であり，そこで採取された民間音楽の名でもあるが，ここでは元代の朝野に澎湃として巻き起こった新声，すなわち散曲を意味する。散曲は元雑劇と共通する曲の一種。一曲の

みからなる小令と同一宮調に属する複数の曲を一韻到底でつらねる套曲(套数・散套)に分かれる。楊朝英には同じく散曲の総集『陽春白雪』があり、楊氏二選と称される。

（大塚　秀高）

たいへいかんうき【太平寰宇記】　北宋初期の地理書。200巻、目録2巻。太宗の命による楽史らの奉勅撰。寰宇は天下の意味。979(太平興国4)年に宋は全国を統一したが、唐代より支配領域は縮小し、周辺の諸民族の状況も大きく変わった。そのため本書は中国全土を唐代以来の行政区画により13道171巻、周辺地域を四夷29巻に分け、府州軍監の沿革、県数、里程、戸数、風俗、姓氏、人物、土産を記し、各県の里程、郷数、沿革、山川・湖沼、陵墓・寺観・古跡などを詳述する。今に伝わらない諸書からの引用も多く、唐代以前からの地名の変遷や地域社会の変容などを知ることができ、史料価値は高い。完本は伝わらず、清の乾隆刊本は巻4と巻113〜119の計8巻を欠く。陳蘭森『太平寰宇記補闕』8巻は逸文を集めて欠落を補い、嘉慶重校刊本・光緒刊本はこれを合わせて全200巻とした。1883(光緒9、明治16)年、宮内庁書陵部所蔵の宋刊本から欠落部のうち5巻余を影刻、『影宋本太平寰宇記補闕』として『古逸叢書』に収めた。

（島居　一康）

たいへいぎょらん【太平御覧】　北宋初期の類書。1000巻。李昉・扈蒙(915〜986)等、前後合わせて14人が編纂に携わった。976(太平興国元)年、太宗の即位とともに開始し、983(同8)年に完成。当初は『太平総類』とする予定だったが、太宗がみずからの学問好きを誇示するため、「乙夜の覧」すなわち夜の読書に備えて、日に3巻ずつ進呈せしめたから、『太平御覧』と命名された。『易経』繋辞伝に「凡そ天地の数は五十有五」とあるのに基づき、全体を55部門に分け、その下に4558類の子目を立てた。「太平御覧経史図書綱目」によれば、本書に引用された経史関係の書物だけでも1690種、范希曾『書目答問補正』によれば、詩・賦・銘・箴の類まで含めると2800種以上になるという。わずか7年足らずの間に完成できたのは、南北朝末期から初唐期にかけて編纂された『修文殿御覧』(佚)・『芸文類聚』・『文思博要』(佚)などの類書を下敷きにしたからであるが、転写のミスや重複、妥当を欠く分類など、ずさんなところも目立つ。しかし引用書の本文は大字、注は双行小字にはっきり分けて記し、『芸文類聚』や『初学記』が両者を区別せずに引用していて紛らわしくなっているのと対照的であることや、引用資料の7、8割がすでに佚書となっているなど、他の類書に比べて学術的価値は非常に高い。江戸末期(1855-61)、幕府の医官喜多邨直寛が刊行した学訓堂倣宋活字本がある。テキストとしては、四部叢刊三編に収める影宋本(中華学芸社が日本の帝室図書寮・京都東福寺・静嘉堂文庫所蔵宋刊本に幕末倣宋活字本を補配したもの)を、1960年に縮印した中華書局本が便利。なお銭亜新編『太平御覧索引』(商務印書館、1934年)、燕京大学図書館引得編纂処編『太平御覧引得』(哈佛燕京学社、1935年)がある。

（筧　文生）

たいへいけい【太平経】　道蔵の太平部の中心経典。もとは170巻あり、甲乙丙丁戊己庚申壬癸の10部に分けられ、各部17巻から成っていたが、現在は57巻しか残っていない。しかし、唐の閭丘方遠の作とされる『太平経鈔』に各部の概要が記されているので、残欠した部分についてもその概略を知ることができる。ただし、『太平経鈔』癸部は実は甲部に相当するもので、本来の癸部は欠落している。一方、『太平経鈔』甲部は『太平経』全体の序文のような性格のものであると考えられる。

『太平経』は後漢の于吉(干吉とも)が感得した神書『太平清領書』に起源を持つとされている。『太平清領書』は帝王のために「興国広嗣の術」を説いたもので、陰陽五行思想をもとにして巫覡の語を多く含んでいたとされ、後漢末の張角は、『太平清領書』に基づいて初期道教教団の太平道を起こしたと言われている。六朝時代の『太平経』の流伝は明らかではないが、南朝梁の桓法闓や陳の周智響らが『太平経』を手に入れたという伝承があり、現在の『太平経』は、後漢以来のものをもとにしながら六朝末に茅山派(上清派)の道士による再編の手が加わっていると推測される。

『太平経』の内容は、社会・政治・倫理思想から不老長寿の法に至るまできわめて多岐にわたるが、その中心思想は漢代の天人相関説・災異思想をふまえて、自然界の異変と政治・社会の混乱の原因は、帝王が天地の心に従った行為をせず、社会全体の罪が前の世代から次の世代へと継承され積み重なってきた(『太平経』ではこれを承負と呼んでいる)からであるとし、太平の世を実現するためには天地の心に従い、承負を断ち切らなければならないと説く点にある。また、陰陽中和・天地人・父母子・君臣民など自然と社会を通じて三者協調のあり方を理想とする点、人の寿夭禍福を決定する司命神が人の身体中に存在するとし、長寿を得るためには儒教的な倫理を守るとともに守一の法を行わなくてはならないと説く点なども、『太平経』の特徴として注目される。

（神塚　淑子）

たいへいけいみんわざいきょくほう【太平恵

民和剤局方】→和剤局方

たいへいこ【太平鼓】 打楽器名・歌舞種目名。東北地方では単鼓ともいう。直径30〜40cmの円形の鉄枠にロバ（または馬・羊）の皮を張った団扇型の太鼓で、皮面に花模様の図案が描かれているものもある。枠の周囲には装飾としてビロードなどで作った数個の小球を，下端柄の部分には数個の鉄輪や小さな銅製の鈸（シンバルのようなもの）をつけ，時折それらを振りつつ，籐の細木のバチ1本で皮面をたたく。もとは満洲族のシャーマンによる宗教歌舞であったが，清代以降東北・華北の漢民族にも広まり，正月などの祝祭日に行われる娯楽的色彩を帯びた大衆歌舞となった。
　　　　　　　　　　　　　　　　（増山 賢治）

たいへいこうき【太平広記】 宋代に編纂された小説集。500巻，目録10巻。李昉らの奉勅撰。漢から五代までの小説や野史，伝記の類を当時伝えられていた書籍から網羅的に収録したもの。977（太平興国2）年3月，太宗の勅命によって編纂が開始された。李昉の他に，呂文仲・呉淑・陳鄂・趙鄰幾・董淳・王克貞・張洎・宋白・徐鉉・湯悦・李穆・扈蒙の12人が編纂に携っている。早くも翌978年8月には完成し，981（太平興国6）年に刊刻されたが，内容が不急の書であるとのことで流伝は少なく，いま宋代の刊本を見ることはできない。明代に至り，1566（嘉靖45）年に談愷が抄本に拠って重刻すると，はじめて広く流通するようになった。現在は中華書局刊行の活字本が通行本となっているが，これも底本は談愷本であって，他の諸本を用いて校勘したものである。

　巻頭の「引用書目」には343種の書が掲げられているが，実際には475種を数える。おそらく後人の増補に係るものが含まれていると考えられるが，引用書の半数以上がすでに散逸していて，この書のみによっていまに伝わるため，その資料的価値はきわめて高く，中国の小説史研究における基本資料の一つとなっている。記事は「神仙」以下「雑録」までの92種に分類されている。その体裁は，まず題名を掲げ，次いでその本文を記し，末尾にはたとえば「列仙伝に出づ」のように，出典を明記している。巻484から巻492までの「雑伝記」には，『李娃伝』『鴬鴬伝』などをはじめとして，比較的長篇の代表的な唐代伝奇小説が収められている。

　なお，引用された本文に他の版本や抄本などで伝えられる原典がある場合，文字の異同が散見する。総じて本書の方が読みやすいテキストになっているようであるが，それが本書のテキストとしての信頼性を表すとは限らず，逆に後人の手による改変を経ている可能性のあることも考慮に入れなければならない。
　　　　　　　　　　　　　　　　（中原 健二）

たいへいせいけいほう【太平聖恵方】 北宋の国定医方書。全100巻。992（淳化3）年に版刻。王懐隠・王祐・鄭彦・陳昭遇が太宗の勅を奉じて編纂。最も早期の北宋版医書。太宗みずから1000余方を集め，978（太平興国3）年に医官院に命じて全国より秘方1万余方を収集させ，整理・編集させたという。太宗御製序からは太宗の医療に対する興味の深さがうかがえる。全1670門に1万6834処方を収録。巻99・100は鍼灸。中国では散佚。現行中国版は日本からの還流本に拠る。
　　　　　　　　　　　　　　　　（小曽戸 洋）

たいへいせいりょうしょ【太平清領書】 後漢の道書。170巻。琅邪国（山東省）の術士于吉（一説に干吉）が曲陽の泉のほとりで得て同国の弟子宮崇に授けたと伝えられる。宮崇はこの書を順帝（在位125〜144）に献上したが，巫術の荒唐無稽な言葉を記した妖妄の書として禁書となった。ついで166（延熹9）年頃，平原郡（山東省）の術士襄楷がこの書を桓帝（在位146〜167）に献上した。襄楷によれば，この書は天地を奉じ，陰陽五行を根本とし，国家を興し多くの世継ぎを得るための術も記されており，文章はわかりやすく，儒教経典の趣旨とも合致するという（『後漢書』30下）。順帝・桓帝とも世継ぎにめぐまれず政治問題となっており，宮崇・襄楷がこの書を朝廷に献上した理由の一端はこの「興国広嗣」の術にあったろう。一方，後漢後半に太平道を創始した張角は，この書を入手して根本経典としたという。『太平清領書』は後代では「太平経」ともよばれるが，現行本の『太平経』とどう関連するかについては諸説がある。
　　　　　　　　　　　　　　　　（都築 晶子）

たいへいてんごく【太平天国】 19世紀中葉，清朝の打倒を掲げて広西省で蜂起した反乱軍が建てた国号。反乱の指導者である洪秀全は広州花県（広東省）の客家の出身で，『勧世良言』というプロテスタントの伝道パンフレットなどの影響で1843（道光23）年にキリスト教的な宗教結社である（拝）上帝会を結成し，広東・広西両省の客家を主な対象として伝道を始めた。客家とは「よそもの」という意味で，比較的遅れて移住してきた人々で概して貧しく，「本地」（土地のもの）と対立していた。こうした客家のなかに信者を獲得していった上帝会は次第に本地，さらには清朝官憲との対立を深めた。

　1851年1月（道光30年12月），洪秀全に率いられた上帝会は広西省桂平県（現在は広西壮族自治区桂平市）の金田村で蜂起し，同年春には太平天国の国号を建て，「滅満興漢」（満洲族王朝を滅ぼして漢民族王朝を復興する）をスローガンに掲げた。そ

のため，反乱軍は満洲族支配の象徴である辮髪を切ったことから，清朝側から「髪匪」や「長髪賊」と呼ばれた。反乱軍は広西省から進軍した湖南省で多くの失業していた運搬労働者を吸収した。かれらのなかには，やはり清朝打倒を目指す秘密結社である天地会のメンバーが多くおり，以後，反乱軍は天地会のネットワークをも利用しながら破竹の進撃を続け，1853年1月(咸豊2年12月)に武昌(湖北省)を攻略後，長江沿いに下って同年3月，激戦の末，南京を占領した。ついで反乱軍は長江をさらに下流へと進軍すると同時に，北京へ向けても北伐軍を派遣したが，北伐軍は1855年5月までに全滅させられた。また，長江下流への進軍に対してもイギリスをはじめとする上海の外国勢力からの牽制があり，結局，太平天国の支配地域は南京を中心とする長江中流域に限定されることとなった。こうして太平天国は南京を都と定め，天京と称した。

このころまでの太平天国では厳しい規律が守られ，『天朝田畝制度』というパンフレットを配布して男女平等の土地均分思想を唱えるなどの革命性も見られた。しかし，1856年に，洪秀全につぐ有力な指導者であった楊秀清と韋昌輝の間に権力争いが生まれ，二人とも殺害された。この事件を境として太平天国はそれまでの勢いを失い，また，内部の体制も清朝とあまり変わらず，地主制も容認するなど，革命性も見られなくなった。他方，清朝側は曽国藩や李鴻章らが編制した郷勇という地方防衛義勇軍，上海で編制され外国人が指揮して西洋式の武器で装備された常勝軍という外国人部隊の活躍によって次第に劣勢を挽回していった。その結果，1864(同治3)年7月20日に清軍は南京を取り戻し，洪秀全も南京陥落のすこし前に病死したと言われる。こうして太平天国は滅んだが，残存勢力がその後も活動を続けたこととあいまって，同時期に各地では「捻軍」(黄河と淮河にはさまれた地域を中心に清朝打倒を目指す活動を展開した軍事組織)，「回民」(イスラム教徒)，苗族など少数民族による諸反乱が相次ぎ，清朝の支配体制は大きく揺らいだ。

(井上 裕正)

たいへいどう【太平道】　後漢の2世紀後半，冀州鉅鹿郡(河北省)の張角によって創始された宗教およびその教団。2世紀半ばに張陵が四川に創始した五斗米道(後の天師道)とともに道教の源流となった。張角は「黄老道」を信奉し，さらに琅邪郡(山東省)の宮崇が朝廷に献上して禁書になった『太平清領書』を入手して経典とし，太平道を創始したという。

当時の社会では豪族による大土地所有が進行して貧富の差が拡大，連年の自然災害も加わって飢饉と疫病の悪循環に陥り，華北を中心に大量の流民が発生，社会は根底から崩壊に瀕していた。一方，2世紀前半から外戚と宦官が対立して政権を争っていたが，160年代に宦官が知識人・官僚を弾圧した党錮の禁が起こり，宦官が政権を掌握，政治は形骸化して当時の社会状況に対処する力を失っていた。

太平道では五斗米道と同様，病気の原因を犯した罪に対する神々の罰とみなし，病人に罪を告白させ，符と水を飲ませて呪文をとなえ，病気を治癒した。このため太平道は飢饉と疫病に苦しむ華北の流民と貧農を中心に急速に浸透した。ついで張角は弟子を四方に派遣，善道と称して太平道を布教し，10数年後には全国の12州のうち8州(現在の河北・河南・山東・湖北・安徽・江蘇各省一帯)に数十万人の信者を得た。各地に「方」とよぶ拠点を置き，「大方」では数万，「小方」では7～8000人の信者を組織して各方に指導者を立てた。全体では「三十六方」あったという。政府は張角を何度か逮捕したが，抜本的な解決策を打ちだせず，張角は恩赦などで釈放された。やがて張角は「蒼天すでに死す，黄天まさに立つべし。歳は甲子にあり。天下大吉たり」——万物一新する甲子の歳に後漢王朝が滅び，太平道の理想とする天下が出現すると予言，甲子の歳の184(中平元)年が近づくと蜂起の準備を進めた。しかし184年，教団の内部から密告者が現れて計画が発覚，太平道は直後の2月に全国一斉に蜂起，張角は天公将軍，弟の宝と梁はそれぞれ地公将軍・人公将軍と号した。教団の信者は黄色の頭巾をつけて目じるしにしたので，黄巾とよばれた。政府は宮中と首都洛陽を捜索して宦官ら信者1000余人を処刑，各地に政府軍を派遣して河北を中心に攻防戦が展開された。まもなく張角が病死，弟の宝と梁も相次いで戦死し，黄巾の乱は10月に平定された(『後漢書』71)。だが各地で黄巾の残党が抵抗し，疲弊した民衆も蜂起して後漢王朝は実質上崩壊し，全国に群雄が割拠した。山東方面の黄巾の残党は曹操に投降，青州兵とよばれて曹操の軍団に編入された。

太平道は反乱を起こして弾圧されたため，その教義はほとんど伝わっていない。張角が依拠した『太平清領書』は「太平経」ともよばれるが，現行本『太平経』との関連については諸説がある。太平道はこの時代に成立する個人の罪の意識を背景に，病気など災厄の原因を罪に求める教義と罪の告白による療病の儀式を体系化し，地域を超えた教団組織を形成した。その意味で，中国の宗教史を画期するものである。

(都築 晶子)

たいほ【台歩】　伝統演劇の運歩法。日常の歩き方を様式化したもの。老生は斜め前に爪先をあげ

て靴底を見せて一歩踏み出し，もう一方の足をそこへ引きつけ，続いて同じように逆の足を斜め前に踏み出す。青衣は歩幅は小さく爪先を反らせて床を擦るように踏み出し，後ろの足の爪先のすぐ前に反らしたまま踵からゆっくり下ろし，続けて次の一歩を爪先の前に踏み出す。花旦ならばもっと軽やかで小刻みになる。このような役柄による基本動作に加え，身分・性格・境遇・場面などに応じたそれぞれの歩き方が定められている。雲が風に流されるように上体を動かさず爪先と踵を交互に使いハの字を描くように移動させる雲歩や，背が低い人物を表現する場合のしゃがんだ状態のまま上から衣装を被せて歩く矮歩，左右に膝を開き両足を斜め前に向けた状態からバタバタと小刻みに左側・右側に横方向に移動する焦燥や混乱などを表す蹉歩などがある。

(波多野 眞矢)

たいぼう【戴望】 1837(道光17)～73(同治12)。清末の学者。徳清県(浙江省)の人。字は子厚。常州公羊学の学統を継承する宋翔鳳に師事した。代表作の『論語注』20巻は，公羊学の凡例に依って『論語』中の微言大義を勘案し，新たなる解釈を試みたもので，劉逢禄の『論語述何』，宋翔鳳の『論語説義』に基づくものである。他の著作に顔元の言行・師承を編次した『顔氏学記』10巻，『管子校正』24巻，『謫麟堂遺集』4巻，『続明史』(未完)などがある。清史稿482 (石黒 宣俊)

たいほうき【大豊段】 →天亡段

たいほうぐんちし【帯方郡治址】 帯方郡の郡治(郡の役所)については，戦前より，文献の記載から現在のソウルとみる説が有力であったが，考古学的な証拠はいまも皆無に近い。現在，帯方郡治としてもっとも有力であるのは，朝鮮民主主義人民共和国黄海北道鳳山郡の智塔里土城(古くは唐土城あるいは古唐城とも呼ばれた)である。智塔里土城は，南北600m，東西600mの範囲を囲む不定形の土築の城壁をもち，その規模は楽浪郡治址(楽浪土城)に匹敵する。城内には漢式の瓦磚が散布していることが戦前から知られていた。1957年に朝鮮民主主義人民共和国科学院考古学民俗学研究所が実施した発掘調査の報告書によれば，古代層と命名された層位から出土した土器は，楽浪土城出土品とよく似ている。こうしたことから智塔里土城は中国王朝の郡県支配の有力な拠点であったと推定できる。智塔里土城から約4kmの地点に「帯方太守張撫夷塼」の銘文を持つ塼で築かれた墓(張撫夷墓)があることは，智塔里土城が帯方郡治であった有力な傍証となる。なお，朝鮮民主主義人民共和国では，智塔里土城は朝鮮半島系の人々が建てた楽浪国の遺跡とする説が定説化している。 (谷 豊信)

だいほだいかんぼ【大葆台漢墓】 北京市豊台区に位置する前漢時代の貴族墓。1974年に中国科学院考古研究所が調査した。1号墓と2号墓からなる。1号墓の墓坑は長方形で，墓坑の底に降りるための道が墓坑の北と南に1本ずつ付く。墓坑は深さ4.7m，底の広さは南北23.2m，東西18mで，このなかに黄腸題湊と呼ばれる形式の大規模な木槨が築かれていた。墓道には馬車3両と12頭の馬が埋められていた。2号墓は26.5mを隔てて1号墓の西にある。墓坑は現状で深さ3.2m，南北17.3m，東西11.5mで，南側に墓道がつく。2号墓も木槨をもち，墓道には馬車が埋められていたが，保存状態は極めて悪かった。1・2号墓とも盗掘されていたが，土器・青銅器・玉器・漆器など，両墓あわせて1000件以上の副葬品が残されていた。出土遺物の年代，墓の規模，史書の記載などから，1号墓の被葬者は前漢時代の広陽国王劉建(在位前73～前45)，2号墓の被葬者はその妃と考えられる。大葆台漢墓は遺跡博物館として整備保存され，北京の観光名所の一つとなっている。発掘報告書に中国社会科学院考古研究所『北京大葆台漢墓』(文物出版社，1989年)がある。 (谷 豊信)

たいほんこう【戴本孝】 1621(天啓元)～93(康熙32)。清の文人画家。和州(安徽省)の人。字は務旃，号は鷹阿山樵・天根道人・守硯庵老生・破琴老生など。父の戴重は明末の烈士で，義兵を挙げたが負傷し，絶食して朝に殉じた。戴本孝も遺民として清には仕えず，故郷の鷹阿山に隠棲し，のち黄山，泰山，北京，華山，蘭州などを旅遊し，漸江・王士禛・龔賢・石濤らと交わった。黄山などの名山に着想を得た奇峰を，洒脱な渇筆によって白描風に描き，清初の新安派，黄山画派の一人に挙げられる。代表作は『文殊院図』(米国，個人蔵)，『山水図冊』(上海博物館蔵)など。詩にも優れ，『前生詩稿』『余生詩稿』がある。 (竹浪 遠)

たいまい【玳瑁】 熱帯，亜熱帯の海に住むウミガメの一種で，その甲羅は，美しい斑文をもち，器物の素材や装飾材として珍重された。日本では鼈甲と呼ぶ。ベトナムやインド産の玳瑁は，南海貿易により中国にもたらされ，戦国から漢時代にかけては，笄・釵・櫛・勝などの髪飾りの材料とされた。唐代には，木製品の装飾で流行し，彩絵や金銀箔を施した上に玳瑁を貼る伏彩色の玳瑁貼や，螺鈿・琥珀などの象嵌と併用した例が見られ，奈良の正倉院の伝世例が知られる。 (日高 薫)

だいみんいっとうし【大明一統志】
明代の総志(全国地誌)。『明一統志』とも略す。90巻。1461(天順5)年成る。李賢らの編。明初以来の総志編纂の流れをうけて1456(景泰7)年に『寰宇通志』が完成したが，復位した天順帝が景泰帝の事績を否定すべく，1458(天順2)年新たに総志の編纂を命じて61年に完成し，元の『元一統志』にならって『大明一統志』と名づけた。初めに首都(京師・南京・中都)と首都圏直轄地(北直隷・南直隷)を置き，さらに国内各省(十三布政使司)，朝貢国(外夷)の順に中華世界を総述する一種の世界地誌というべきもので，各省冒頭に簡単な境域図と山川図を置いて府州ごとに記事を列記する。内容は建置沿革や郡名，風俗・山川・土産・学校・寺観・古跡・名宦(歴代地方官)・人物・列女等20項目あり，先行する『寰宇通志』と大差はなく，内容的に必ずしも正確ではない。16世紀以降度々版刻され清代に『天下一統志』という名で刊行されたものや朝鮮古活字本，和刻本もある。原刊本や和刻本に影印本がある。
(大澤 顯浩)

だいみんかいてん【大明会典】
明代の中央官庁の諸制度を集成した国政総覧。『明会典』とも略称する。李東陽ら撰の正徳本180巻(『正徳会典』)と申時行ら撰の万暦本228巻(『万暦会典』)の2種がある。『正徳会典』は1497(弘治10)年に編纂が命じられ1502(同15)年に完成したが刊行されず，校訂を経て11(正徳6)年刊行された。178巻が文職衙門，2巻が武職衙門についてのもので，宗人府から六部，都察院以下の北京と南京の中央官庁を記載するが，宦官についての記述はない。明初の『諸司職掌』や『大誥』『大明令』等の詔令や政書類及び各衙門の後年の変更事例を資料として編纂し，各事例の引用書の出典を記した。その後1585(万暦13)年までの事例を追加して『万暦会典』を編纂，87(同15)年刊行されたが，引用書は示さず単に年代だけを記す。明代官制の基本史料であるだけでなく，田土や戸口，税糧等の統計数字も挙げられている。『正徳会典』には汲古書院の影印本(1989年)がある他，『万暦会典』の影印本が通行している。
(大澤 顯浩)

だいみんりつ【大明律】
明の基本刑法典。略して『明律』ともいう。全30巻。1367年，洪武帝は『大明令』と共に制定を命じ，翌1368(洪武元)年に全285条が刊刻された。1374(同7)年，89(同22)年の改定・増損を経て，97(同30)年に最終的な形になった。以後は改定されず，時代の変化には『問刑条例』を発布することで応じた。名例・吏・戸・礼・兵・刑・工の7律，全460条からなる。唐律の理念・体裁をもとにしつつ，宋・元の法体系から強い影響を受けている。明の高挙撰『大明律集解付例』30巻など，多くの注釈書がある。日本・朝鮮・ベトナムでの法研究へも大きな影響を与えた。日本の荻生徂徠撰『明律国字解』や朝鮮の『大明律直解』等が知られる。特に前者は，法律用語を知る上で極めて有用であり，内田智雄・日原利国の校訂による活字本がある(創文社，1966年刊，89年重印)。代表的な研究に，黄彰健編著『明代律例彙編』全2冊(中央研究院歴史語言研究所〔専刊75〕，1979年，台北)等がある。
(櫻井 俊郎)

だいみんれい【大明令】
明の行政法典。略して『明令』ともいう。全1巻。明の李善長・楊憲ら奉勅撰。1367年，『大明律』とともに編纂され，翌68(洪武元)年に刊刻。74(同7)年に一度だけ改定されたが，以後は全く改められず，新令も作られなかった。吏・戸・礼・兵・刑・工の6令，全145条からなる。『唐令』を下敷きにするが，異なる点も多く，『元典章』や『通制条格』からの影響が指摘されている。その後に発布された法令が明令と矛盾した場合には，新法令の効力が優先された。各種明刊本・清刊本のほか，1579(万暦7)年刊の『皇明制書』に収められており，大蔵永綏校訂の和刻本も存する。
(櫻井 俊郎)

だいめいきゅう【大明宮】
唐の太宗の貞観8(634)年に太上皇帝李淵の避暑のために長安城外北側の禁苑東南部の龍首原上に永安宮として建設され，翌年大明宮とした。高宗の時に太極宮が湿潤であるとして，地勢の高い大明宮において執政し，蓬萊宮と改名した。中宗の神龍元(705)年に，大明宮に戻された。長安城宮城の太極宮，興慶宮と合わせて三大内と称された。唐代を通じて，皇帝執政の宮として重要な地位を占めた。遺跡は，西安鉄道駅の東北部の黄土台地上にあり，全体の面積は3.2km²である。南面は長安城北垣を利用している。東西長さ1674m。西垣は長安城の啓夏門大街を北へ延長した線上にあり，長さ2256m。東垣は┐形に曲折している。城垣は版築で，今も高さ5m以上を残している部分もある。南垣に丹鳳門があり，大明宮の正門となっている。丹鳳門と大明宮の正殿である含元殿，北垣の玄武門を結ぶ南北線が中軸線である。玄武門は李世民が発動した玄武門の変の舞台で，遺構の保存状態はよい。含元殿は，龍首原南端の高さ10数mの崖上にあり，その高低差を巧みに利用して，高く見上げる権威性を演出している。含元殿の基壇は東西60m，南北20.2mで，間口11間の重層大殿が建てられていた。左右に翼廊がのび東に翔鸞閣，西に栖鳳閣があり，全形は┌┐の形とな

っている。前面の低地に東西朝堂があり，東朝堂は発掘調査されている。含元殿の北には宣政殿があり，以南が朝廷区で以北が園林区である。園林区には紫宸殿などの大殿と太液池などがあった。太液池の一部は今も残っている。唐朝を通じて宴遊の場であった麟徳殿が太液池の西にあり，西垣外には，馬球場を伴う含光殿などがある。他にも大小多くの宮殿建築があり，宗教建築としては道教の三清殿があり，天王寺などの仏寺も設けられていた。大明宮は規模・構造ともに雄大で，朝貢国の宮殿構造などに大きな影響を与えた。　　　　　　　　　（菅谷 文則）

たいめいせい【戴名世】

1653(順治10)～1713(康熙52)。清の歴史家。桐城(安徽省)の人。字は田有，号は南山。1709年の進士。「桐城派」の指導者の一人。司馬遷を尊崇し，独自に史書の編纂をめざした。明末期の諸史料の収集につとめ，著書『南山集』において南明の諸王に同情を示し，かつ永暦帝の年号を用いたことから左都御史趙申喬の弾劾を受け，1713年に処刑された。連座者は300余名にのぼった。清初に起こった知識人への思想弾圧(文字の獄)として有名。清史稿484　　（武内 房司）

たいめいれき【大明暦】

南朝梁～陳の暦法。制作者は祖沖之。510(天監9)年から589(禎明3)年まで施行された。①春秋時代に成立して以来，種々の暦法に継承されてきた十九年七閏法(19年に7閏月を置く)，すなわち章法を廃して，391年に144閏月を置く破章法を採用したこと，②歳差運動(地軸の首振り運動)によって冬至点が45年11か月に1度の割合で西に移動するとしたこと，などが新機軸である。なお遼・金の大明暦は当該暦とは別法と考えられる。　　　　　　　　（小林 春樹）

だいめん【大面】

→蘭陵王入陣曲

だいめん【代面】

→蘭陵王入陣曲

だいもくせいめい【題目正名】

元明雑劇で全篇の内容を概括する対句。正目ともいう。2句もしくは4句からなり，前句(前聯)が題目，後句(後聯)が正名。最後の1句が雑劇の正式題名たる全名で，そこから3～4字を抜き出した略称が簡名。例えば雑劇『望江亭』は，題目「清安観にて邂逅し親を説く」，正名(全名)「望江亭にて中秋に鱠を切る」，「望江亭」が簡名である。本来，劇場の外に掲げて劇の梗概を宣伝するのに用いられたとされ，雑劇台本では冒頭あるいは末尾に付される。　（千田 大介）

だいもんこうぶんか【大汶口文化】

→大汶口文化

だいゆうほうでん【大雄宝殿】

中国の仏寺伽藍で最も中心をなす，釈尊を祀る仏殿。朝鮮の寺院では大雄殿という。江戸時代に福建省から伝来した黄檗宗でも釈迦三尊を安置する正殿を中国流に大雄宝殿と称する。大雄は偉大な英雄の意で，仏のことをいう。中国の仏寺では中心的な仏殿を単に大殿あるいは正殿という例も多いが，ほとんど差異はなく，実質的には日本の古代寺院で金堂，中世・近世に本堂あるいは禅宗寺院で仏殿などと称したのと同様の位置づけになる。　　　　　　（田中 淡）

たいよう【体用】

宋代の儒者によってさかんに用いられた哲学用語。本質(体)と具体的顕現(用)，および形体(体)とその機能・属性(用)のこと。日本の仏教学者は呉音で「たいゆう」と読む。この哲学概念の特徴としては，体と用とが対にして用いられること，さらに両者が相関的に用いられることが挙げられる。

体用の初出に関しては，南朝梁の劉勰の『文心雕龍』徴聖，南朝梁の武帝の『立神明成仏記』に対する梁の沈績の注，および北朝北斉の法上和尚のものとされる『十地論義疏』などが指摘される。しかし，三国魏の嵇康の『声無哀楽論』の用例も指摘されており，定説をみていない。

体用概念は，南北朝期末から隋・唐にかけて，主として仏教の内部で洗練され，中国仏教を特徴づける要素のひとつとなった。思弁の範疇として体用概念を用いる例は枚挙にいとまがないが，その嚆矢としては，東晋の僧肇が挙げられる。彼の主著である『肇論』には，直接「体用」の用語を用いた表現はみられないが，彼は「静」と「動」という用語を不動の本体面(体)と変動の現象面(用)とにあてるなどし，体用論理にもとづいて般若思想を体系づけた。その後，隋・唐代に至っては，智顗や吉蔵の著作をはじめ，数多くの文献に，般若を体，方便を用とする例や，体と用との相即を説く「水波の喩え」，法身を体，二身を用とする仏身論の例などが確認される。なお，仏教以外でも，唐代においては，『易経』の注に，天を体，乾を用にあてる用例がみられる。

このような仏教による整備・普遍化を背景に，次の宋代において体用概念は盛んに用いられ，宋学・朱子学の完成に大きな役割を担うこととなった。宋元の哲学史である『宋元学案』の開巻第一において，胡瑗が「明体達用の学」をかかげているのをはじめ，朱子の『中庸章句』第一章に「大本なる者は……道の体なり，達道なる者は……道の用なり」とあるように，邵雍，程顥，張載といった宋代の儒者

らは縦横にこの概念を用いた。その他，文芸用語・社会的標語などにも広範な用例がある。

体用概念は，体と用との二者を用いて説かれることが多いが，三者以上が用いられる場合もある。例えば，『大乗起信論』には「体・相・用」の三大思想が説かれ，中国天台宗においては「名・体・宗・用・教」という五重玄義が説かれる。これらは，一つの抽象的概念を複数層に分かつというもので，体用使用の変形といえる。

その後，体用は，近代においても用いられた。特に清末において，洋務運動のスローガンとして，張之洞が『勧学篇』において「中学為体，西学為用」の中体西用論を主張した。また，現代においても，マルクス主義をふくむ外来思想を骨格にしつつ，その用法を儒学をはじめとした中国的な意識や感覚によって展開しようとする「西体中用論」が説かれるなど，その思想は今なお人々のなかに生き続けている。　　　　　　　　　　　　　　　　　（中西　俊英）

だいらてん【大羅天】　道教の説く天界の中で最上位に位置する天の名。下位の天を大きな羅のように包みこんでいる天という意味で大羅天と称する。道教教理では，大羅天以下三清天，四種民天に，無色界・色界・欲界の三界二十八天，全部で三十六天の存在が説かれ，最上位の大羅天は，宇宙生成の根源である道気および最高神である元始天尊と三位一体とされる。また，大羅天には元始天尊の居所である玄都玉京山があるとされる。（麥谷　邦夫）

だいり【大理】　雲南省西部，大理白族自治州の中心都市。洱海西岸に南北に広がる盆地に南詔・大理国の首都，元代の大理路，明清の大理府の府治が置かれた。古くから雲南とチベット・ビルマを結ぶ交通路の要衝であり，滇池沿岸の昆明とならんで雲南地方における文化の中心の一つ。大理石はこの地に産することからその名がある。大理国は南詔滅亡後の混乱を収拾して白族の先民である段思平が建国(937年)した雲南地方第2の統一政権。歴代大理国王は仏教をあつく信仰し，さかんに建寺鋳仏を行った。11世紀には国権は高氏の掌握するところとなり，14代段正明のとき高昇泰に国を奪われるが，昇泰の死後正明の弟正淳が即位して再興する(後理国)。1253(天定2)年にクビライ軍に攻められ，22代の段興智は翌年モンゴルに投降した。大理国と宋朝とのあいだには継続的な冊封関係は成立しなかったが，北宋時代には四川南部，南宋時代には広西西部で雲南馬や麝香等の特産物と漢文典籍などの交易が行われていた。　　　　　（林　謙一郎）

たいれいじん【大荔人】　陝西省大荔県で発見された化石人類。1978年に完全な頭骨化石が偶然発見され，中国科学院古脊椎動物古人類研究所などが78，80年にその地層を発掘し，中期更新世後期のほ乳動物化石と石器を多数発見した。頭骨は脳容量が1120cc，眼窩上隆起と骨壁が北京原人並みに分厚いが，他の特徴から古代型新人に分類されている。石器は石英岩・チャート製の小型剥片石器からなるが，近隣の丁村遺跡のような大型重量石器が見られない。ウランシリーズ年代測定法による年代は18～23万年前である。文献に呉新智ほか「大荔人遺址的初歩観察」(『古脊椎動物与古人類』1979-4)がある。　　　　　　　　　　　　　　　（佐川　正敏）

たいれいのぎ【大礼の議】　明，嘉靖年間(1522-66)，皇帝の実父(興献王)の称号を確定する際に生じた論争。1521(正徳16)年，武宗が没すると継嗣がなかったため，興献王の長子朱厚熜(武宗の従弟)が帝位を継いだ。世宗(嘉靖帝)である。即位後，世宗は父興献王の尊号を議論させた。内閣首輔の楊廷和，礼部尚書の毛澄は，世宗を孝宗(武宗の父)の後嗣とみなし，孝宗を皇考とし，興献王を皇叔父とする案を提出した。しかし世宗は不満であり，皇帝の意向を察した張璁，桂萼らが興献王を皇考と称する提言をした。両派は激烈な論争をしたが，1524(嘉靖3)年，世宗はその父母をそれぞれ「本生皇考恭穆献皇帝」「本生聖母章聖皇太后」と追尊することにした。これに反対する朝臣200余人が左順門前に額ずき，固く抗議の意を示したため，世宗は激怒して143人を獄に下し，16人が杖殺された。大礼の議論は前代からの老臣と新進官僚の権力闘争の色彩も帯び，楊廷和・楊慎父子，毛澄らはこれにより失脚した。　　　　　　　　（森　紀子）

たいれきじっさいし【大暦十才子】　唐の大暦年間(766-779)を代表する10人の詩人。中唐の姚合の『極玄集』の記載に拠れば，10人は盧綸・吉中孚・韓翃・銭起・司空曙・苗発・崔峒・耿湋・夏侯審・李端を指す(『新唐書』203の盧綸の伝の記載も同じ)。但し，郎士元・李益・皇甫曾・李嘉祐を加えて吉中孚・韓翃・崔峒・夏侯審を外す説(『唐詩紀事』30・李益の条)もあって，一定しない。大暦年間は安史の乱による混乱をようやく脱した時期であり，詩人達も新しい詩風を開いた。総体に南朝斉の謝朓に学んだ清新で流暢な詩風を持ち，表現も洗練されている。古体詩より近体詩を得意とし，七言よりは五言に優れる。とくに五律(五言律詩)に長じ，精工で均整の取れた盛唐の五律とは異なる新たな風格を開いた点で，後世に与えた影響は小さくない。南宋の厳羽の『滄浪詩話』では，彼等の詩風を「大暦体」と呼び，唐詩を5つの時期に分

けたその3番目に置いている。　　　　　（齋藤　茂）

たいわせいいんぷ【太和正音譜】　明の戯曲理論書。寧献王朱権が著した。2巻。洪武年間(1368-98)の刊本に基づく影印本が『涵芬楼秘笈』に収められており，それには1398(洪武31)年の序が付されている。しかし，この時朱権はまだ21歳であることから，おそらくその後も改訂が加えられたと考えられている。その内容は，「予今新定楽府体一十五家及対式名目」「古今群英楽府格勢」「雑劇十二科」「群英所編雑劇」「知音善歌者三十六人」「音律宮調」「詞林須知」「楽府」の8章からなる。そのうち北曲についての曲譜である「楽府」は，全書の5分の4に及ぶ紙幅を占めている。曲譜とは，戯曲の歌辞の部分について，曲牌と呼ばれる固定した旋律ごとに，模範となるそのスタイルを示した書物で，この書はこうした曲譜のなかで現存最古のものである。335種に及ぶ曲牌を12の宮調に分類した上で，散曲・雑劇作品から例を挙げて，その句格・襯字・平仄について示している。
　　　　　　　　　　　　　　　　（赤松　紀彦）

たいわりつれい【泰和律令】　金の章宗の泰和年間(1201-08)に施行された法典。1190(明昌元)年，律令の制定に着手，1201(泰和元)年に司空の完顔裏らによって上進され，翌年に施行された。律は12篇，完備した唐律の影響を受けながら，改修部分も少なくない。令は29篇，唐令のほか宋令の系統の部分もある。但し律・令ともに伝わらず，逸文として金・元代の諸書に散見される。元初には泰和律令が用いられていたが，1271(至元8)年に至って適用禁止となった。　　　　　（植松　正）

たいわん【台湾】　台湾の名が文献に見えるのは清代以降のことであるが，中国文献には古く夷州，流求などと記されたものが現在の台湾といわれている。16世紀に東アジア海域に現れたポルトガル人によって Ilha Formosa(美麗島)と呼称されて以後，フォルモーサとして知られた。台湾の南部の台南にはオランダが占拠しゼーランディア城やプロヴィンティア砦を築いた。その時期は明朝の末のことである。それ以前には琉球として隋書に記されている小琉球が台湾であるとの説が有力であるが，定説とはなっていない。1661(順治18)年，大陸に根拠地を失った鄭成功がその一党を引き連れオランダが占拠していた台南に入り，翌年鄭成功が死去するとその子の鄭経が統治し，鄭経が死ぬと子の克塽の代に清に降り，清朝の統治下に入り，福建省台湾府となった。台湾は亜熱帯～熱帯に属し農業生産力が高く，耕地が少なく人口の多い福建省の食料供給地の役割を担い，また砂糖の生産も多く福建商人が海船で沿海各地の港市に供給した。台湾には先住民族がいたが，移住してきた大陸の福建省や広東省からの漢民族に追われ山岳地域や東部沿海地域に追いやられた。台湾に入植した漢族は南部の台南から中部の台中，北部の台北へと拡大し，中央の山岳地帯以西をほぼ開墾することになる。1858(咸豊8)年にイギリスと清国との間で締結された天津条約によって，台北西北にある淡水河河口の淡水と台南が対外開放され，台湾の主要物産であった茶葉・砂糖・樟脳などが海外に輸出された。1874(同治13，明治7)年の台湾における琉球民殺害を口実に明治政府は台湾へ出兵した。その後1895(光緒21，明治28)年に日清戦争後の下関条約によって台湾全島及び澎湖列島の日本への割譲が決定した。そして明治政府による台湾総督府の設置により日本の台湾統治が始まり，日本の制度等を浸透させようとした同化政策が1945(民国34，昭和20)年まで行われた。1945年に中国に返還されたが中国国内の戦争に敗北した国民党政府が1949年に移転して台北を拠点に台湾の支配を行うのである。台湾島は約3万6000km^{2}の南北に細長い島で，北回帰線が通り気候的には亜熱帯～熱帯に属している。
　　　　　　　　　　　　　　　　（松浦　章）

たきがわかめたろう【滝川亀太郎】　1865(慶応元)～1946(昭和21)。日本の東洋史学者。松江藩士の子。名は資言，号は君山，通称亀太郎。1887(明治20)年，東京帝国大学付設古典講習科卒。法制局・文部省雇員を経て，1897年，二高教授。1920(大正9)年，大東文化学院教授。1923年，東北大学講師・東京文理科大学講師を兼任。『史記会注考証』10巻(1932～34年)は今日なお『史記』研究の必読書である。他に市村瓚次郎との共著『支那史』6巻(1892年)がある。　　　（吉本　道雅）

たきょく【岔曲】　語り物曲種。独立曲種として演唱されることもあるが，一曲調として語り物「八角鼓」「単弦」(演奏形態によって呼称が異なる)のなかに取り入れられることもある。岔曲そのものは清代の乾隆年間(1736-95)に流布していた演劇の声腔「高腔」のなかから生まれたという起源説があり，満洲旗人が創作に関わっていたともいわれる。曲調は流麗で北京・天津など都市部で流行し，のちに語り物「単弦」と合わさって，岔曲が単弦の曲頭や曲尾に用いられるようになった。　　（井口　淳子）

だきんし【打金枝】　→満床笏

たく【托】　→杯・托

たく‒たしこ

たく【鐸】 →鐸・鉦

たくじ【坼字】 文字占い。「坼」は分ける，ばらす意。任意の文字を書かせ，その字体や書き癖から吉凶を占断する。測字・破字・相字ともいう。讖緯思想が流行した漢代には，たとえば「卯金刀(合成すると劉の字になる)が天子になる」という予言を流して劉秀(後漢の光武帝)を担ぎ出すという世論操作に使われたが，宋代頃から民衆の間にも広まって行った。謝石がその立役者で，宋代の随筆『春渚紀聞』等には，神技のようなその坼字術が具体的に書き留められている。　　　　(三浦 國雄)

たく・しょう【鐸・鉦】 鐘の紐や甬の部分に，短い円筒または長い棒状の柄をつけた楽器。短い円筒も木の柄を挿したらしい。柄のついた部分(舞)の裏側に舌がついたものを鐸といい，それがないものを鉦という。『説文解字』に「鐸は大鈴なり」というのは舌を説明したもの。鉦には「句鑃」と自銘するものがある。春秋後期呉越の間に出土し漢代の南越に及ぶ。「句」は「撃」の意味，「鑃」は「鐸」のこと(音通)で舌のない鐸である。林巳奈夫『殷周時代青銅器の研究・殷周青銅器総覧1』(吉川弘文館，1984年)を参照。　　　　(平勢 隆郎)

たくせん【謫仙】 仙界で罪を得て流刑に処せられ，俗界に島流しにされた仙人。「謫」は罪または罪を罰する意。『論衡』道虚篇や『抱朴子』袪惑篇に「斥仙」と呼ばれて登場する河東の項曼都は，謫仙の早い例とすることができる。
『真誥』1・運題象に，羊権のもとに降臨した愕緑華なる女仙について，現在では九嶷山に住まっているものの，宿世の時，師母(女性司祭)のために妊産婦を毒殺した罪により，仙界の玄州の役所では俗界に謫降して罪の償いをさせたことがあったと語られている。また同書16・闡幽微の陶弘景の注には，幽界と顕界の全体は，仙・人・鬼の三部世界から構成され，「人の中の善なる者は仙となることができるが，仙の中の謫ある者はあらためて人となり，人の中の悪なる者はあらためて鬼となるが，鬼の中の福徳ある者はまた人となる」と述べられている。このように『真誥』における謫仙は，重い罪業を背負った存在であり，仏教の六道輪廻の思想の影響が認められるのであるが，しかしながら一般的に言って謫仙には，あっけらかんとした明るいイメージがともなうことを否定しがたい。南朝斉の蔡某が謫仙と呼ばれたのは，山中で飼育する数十匹の鼠と自由にコミュニケーションができたとか，平生の話がいささか異常であったとか，ただそれだけのためであった。また唐の李白は，賀知章から「謫仙人」なる異名をたてまつられてすこぶる上機嫌であったという。かく謫仙に明るいイメージがともなうのは，流刑の刑期が満ちたあかつきには，再び至福の仙界に召還されることが約束されているからであろう。北朝北魏の道士の寇謙之に使用人として7年間仕えていた成公興なる人物，実は仙界で7間の家屋を焼失した罪のため俗界に追放された謫仙であったのだが，「謫が満ちる」と再び仙界に去って行ったという。
ちなみに『高僧伝』神異篇の史宗伝や杯度伝は，『高僧伝』に収められているのが不思議なほど，その内容はまったくの謫仙物語である。　　　　(吉川 忠夫)

たくほん【拓本】 石刻文字や文様，器物などの凹凸のあるものに紙をあて，墨を使って写しだしたもの。搨本・打本ともいい，日本では石摺などともいう。取拓の方法に，磨った墨を使う湿拓と，蠟墨などでこする乾拓とがある。紙を湿らせ対象物に密着させて取る湿拓の方が，はるかに精密である。量産可能な一種の印刷術ともいえるが，印刷原版のように裏文字である必要がない。拓本によって書の古典は碑版・法帖などの形で，学書の手本，鑑賞の対象として広く普及し，書道の発展に大きく寄与した。　　　　(小西 憲一)

たけぞえせいせい【竹添井井】 1842(天保13)～1917(大正6)。外交官・漢学者。肥後天草郡の人。名は光鴻，通称は進一郎。井井は号。熊本藩に仕え，維新期は国事に奔走した。1875(明治8)年に，特命全権公使森有礼に随行して清国に派遣され，翌年陝西・四川から長江を下る旅行を試み，その紀行『桟雲峡雨日記』を著した。後，大蔵省・外務省の官僚として活躍したが，1893(明治26)年に外務省を退任。短期間ながら帝国大学文科大学講師を勤めた。著書『左氏会箋』により帝国学士院賞をうけた。　　　　(大谷 雅夫)

だこ【唾壺】 唾液や痰などを入れる容器のことで，渣斗ともいう。漢頃からの遺品があり，中国ではかなり古くから用いられていた器物のようである。虎子(尿瓶)とともに，寝室などに備えた日用品の一種で，人が吐き出した痰などを受けやすいよう，器の口がロート状に大きく広がり，その下に球形の容器が備わる。金属製か陶磁製が一般的で，中国では今日でも，同様の器物を部屋の片隅に置き，実用に供している。　　　　(松本 伸之)

だこばそう【打鼓罵曹】 →撃鼓罵曹

たしこ【多嘴壺】 宋時代に作られた独特の

形式の壺をいう。多管瓶ともよばれる。龍泉窯をはじめとする浙江省地方では，肩部から5本の管状の突起が上方に向かって立ち上がり，花形の鈕のついた蓋を伴う青磁壺が焼かれていた。墳墓に副葬するための*明器の一種であり，大半は管状の突起が器身に通じていない。このほか，6本の管状の突起をもつ多嘴壺が磁州窯などで作られている。（今井 敦）

だじょうぎ【打城戯】 福建省泉州・晋江一帯で親しまれる伝統演劇に分類されているが，宗教儀礼におけるパフォーマンスが，泉州糸操り人形劇の演技・演出・演目を吸収して発展したもの。武術・気功系の技，儀礼用の法器を使った技を特徴とする。仏教の僧が中心になった「小開元」と，道教の道士の「小興源」が雄として競い合ったが1952年「泉音技術劇団」として統合，60年「泉州市打城戯劇団」に改称。文化大革命により解散後，90年代に入って「小興源」系の民間劇団が組織され復活した。 （細井 尚子）

タシルンポじ【タシルンポ寺】 チベット第2の都市で西部地域の代表都市であるシガツェに位置する寺。1447年にゲルック派の開祖ツォンカパの弟子，のちに1世*ダライ・ラマに追認されたゲンドゥ・トゥプンによって創建された。1645年にタシルンポ寺の住職が，ゲルク派の援軍としてチベットに入った青海モンゴルのグシ・ハーンから「パンチェン・ボクド」という尊号を与えられ，パンチェン活仏の転輪制度が創立された。それ以来，タシルンポ寺はパンチェン・ラマが住む寺院となっており，寺院には歴代パンチェンの舎利塔が建てられている。 （包 慕萍）

だせきじゅつ【垜積術】 酒瓶など物を何層も積み上げてできる四角錘台の三辺の長さから総個数を導き出す算法。高階等差数列の総和を求める公式に相当する。*沈括が『夢渓筆談』巻18・技芸において，四角錐台の体積公式との相異に着眼し，隙積術として解法を示した。その後，楊輝の『詳解九章算法』『算法通変本末』，朱世傑の『算学啓蒙』『四元玉鑑』などで取り上げられ，垜積術として後世に広まった。 （武田 時昌）

タタール Tatar 8世紀から13世紀までは，一部のモンゴル系遊牧民を指す名称であった。14世紀後半に元朝を滅ぼした明朝は，東モンゴルに拠ったモンゴル人を始め故元とか北元とか称したが，15世紀に入るとタタール（韃靼）と称し，以後それが東部のモンゴル人全体を指すことばとなった。明のために中国本土を追われた北元は第2代の脱古思帖木兒（テムル）が殺された後は，まったく衰退した。それからは弱小の勢力が，覇権をめぐって抗争を繰り広げたが，15世紀前半に西モンゴルでオイラート（瓦刺）が勃興すると，タタールはその支配下に入った。しかしオイラートの繁栄も長くは続かず，エセンの死後たちまち分裂した。その後15世紀末にタタールからダヤン・ハーンが現れて，内モンゴルを統一すると，ダヤン・ハーンは生前に子供たちを各地に分封し，かれらはやがてモンゴル諸部の祖先となった。トメット部を率いた孫のアルタン・ハーンは，たびたび明の領内に侵入したが，1571（隆慶5）年に明との間に和議を結んで，順義王に封じられてからは，一転して朝貢国となり平和的な関係を維持した。一方ダヤン・ハーンの嫡流が率いたチャハル部は，明に敵対を続けて，女真にも干渉を行った。しかしリンダン・ハーンが没すると，チャハル部は瓦解して，大半のものは清に降った。 （松浦 茂）

だたいらいき【大戴礼記】 →大戴礼

だたいれい【大戴礼】 儒教の礼経典。前漢宣帝時の儒者戴徳の編集。「大戴礼記」とも呼ばれる。その書名は甥の戴聖の編集した「礼記（小戴礼）」と区別したことによる。*鄭玄の『六芸論』にはもと65篇であったというが現存するのはそのうちの39篇にすぎない。先秦から前漢にかけての礼説や礼関係の記述を集めているが，中には夏代の農事暦といわれる「夏小正」や，「保傅」以下に前漢文帝期の儒者賈誼の文章等を含んでいて，雑纂的な色合いを濃厚にする。 （齋木 哲郎）

だつう【打通】 打鬧台とも言う。宗教・民俗活動の一環として広場などに仮設舞台を作り芝居を上演する際，開演に先立って行われた銅鑼・太鼓・*嗩吶（ソナ）などによる楽器演奏。間をあけて3回行う。1回目「頭通」は小堂鼓を中心に大鑼・鐃鈸，2回目「響通」はすべての打楽器，3回目「吹通」（別名「吹台」）は，嗩吶が中心。本来は神々への知らせの意だが，人々への知らせ，客招きとして機能した。
（細井 尚子）

たつかい【達海】 →達海

だっき【妲己】 前11世紀末頃。殷の紂王の妃。有蘇氏の娘で，妲は字，己は姓とされる。彼女を寵愛した紂王はその言葉をすべて聞き入れ，酒池肉林などの享楽に耽るとともに，重税や炮烙の刑などの悪政をくりひろげた。やがて周の*武王によって紂王は討伐され，妲己もともに殺されたという。国君を誤らせて滅亡へと導く亡国の美女として，妲己

は夏の桀王の妃妹喜、西周の幽王の妃褒姒とならび称される。　　　　　　　　　　　（松井　嘉徳）

だったん【韃靼】　→タタール

だつちょうこう【笪重光】　1623(天啓3)〜92(康熙31)。清初の書家。丹徒(江蘇省)の人。字は在莘。号は君宣・蟾光・江上外史・鬱岡掃葉道人。1652(順治9)年の進士で、江西巡撫となるが、吏部尚書の納蘭明珠を弾劾して、官界を去った。書画に巧みで、姜宸英・汪士鋐・何焯と名を等しくし、「清初四大家」の一人に数えられる。書は蘇軾・米芾を宗としたというが、董其昌の風もある。『書筏』『画筌』などの著述が伝わる。清史稿282
　　　　　　　　　　　　（河内　利治）

たて【盾】　→盾

だどうたい【打鬧台】　→打通

たなばた【七夕】　→七夕

ダハイ【達海】　1594〜1632(天聡6)。満洲族。清の言語文学者。清の太宗のホンタイジの時に文館を主持し、1632年に太宗の命を奉じて、蒙古文字を借用して表記していた老満文に改訂を加えた。圏点で音声の区別を明らかにしたほか、新たに10の外字を創り、漢語音の表記法を工夫した「切音法」を定めた。この改訂で満洲文字の形体と書写法が定まった。満漢両言語の翻訳にも精通し『黄石公素書』『六韜三略』『綱鑑会纂』などがある。　　　　　　　　　　　　（池田　巧）

だび【荼毘】　古代インドの葬法の一つ。パーリ語 jhāpeta の音写。闍毘・闍維、あるいは焚屍・焼身とも表される。遺体を火葬にしてその遺骨を蔵す。釈迦がこの葬法を阿難に指示したため、中国では仏教の葬法と受け止められた。高僧伝では、荼毘に付されると、「西域法に従う」とか「外国の法に依りて火を以て屍を焼く」と特記される。唐代末になってようやく信徒にも若干の例が確認できるが、遺体を完全に保存して再生を願う中国人には、この習俗はなかなか定着しなかった。
　　　　　　　　　　　　（西脇　常記）

だほうぎ【打炮戯】　俳優が本拠地を離れて巡演に赴いた際、その地で最初の三日間に演じる芝居を打炮戯と呼ぶ。当地の観客への顔見世の芝居であり、その良し悪しが以後の公演の成否に関わるため、多くの場合俳優の実力が遺憾なく発揮される演目が選ばれた。1913(民国2)年、梅蘭芳が王鳳卿とともに初めて上海に赴いたときの打炮戯は、『彩楼配』『硃砂痣』『玉堂春』『取成都』『武家坡』であり、いずれも両者の十八番であった。（平林　宣和）

だゆうし【打油詩】　通俗的な諧謔詩。唐代に張打油という人物があって俗語を用いて滑稽を旨とする詩を好んで作った。例えば「雪詩」は次のような調子である。
　江上　一籠統　　川はぼんやり
　井上　黒窟窿　　井戸は黒い穴
　黄狗　身上白　　黄色い犬は白くなり
　白狗　身上腫　　白い犬は腫れあがる
後に、このような類の詩を「打油詩」と呼ぶようになり、近くは胡適や魯迅・劉半農らもこうした詩を作っている。　　　　　　　　　（中　裕史）

ダライ・ラマ　Dalai bla ma　チベットの政・教両権を掌握する最高活仏の尊称。ダライ dalai はモンゴル語で「海」の意(チベット語でギャッツォ)。ラマ bla ma はチベット語で上人の意、サンスクリットのグル guru(師)に相当。この尊称はモンゴルのアルタン・カンが第3世のソナム・ギャッツォにダライの尊称を贈ったのが最初。第1世、第2世には遡って諡として与えられた。以下のように現在に至るまで14人のダライ・ラマが存する。1. ゲドゥン・ドゥプ(1391〜1474)、2. ゲドゥン・ギャッツォ(1475〜1542)、3. ソナム・ギ〔以下ギ゚＝ギャッツォ〕(1543〜88)、4. ヨンテン・ギ゚(1589〜1616)、5. ガワン・ロプサン・ギ゚(1617〜82)、6. ツァンヤン・ギ゚(1683〜1706)、7. ケルサン・ギ゚(1708〜57)、8. ジャンペル・ギ゚(1758〜1804)、9. ルントク・ギ゚(1805〜15)、10. ツルチム・ギ゚(1816〜37)、11. ケードゥプ・ギ゚(1838〜55)、12. チンレー・ギ゚(1856〜75)、13. トゥプテン・ギ゚(1876〜1933)、14. テンジン・ギ゚(1935〜)。中でも1642年にダライ・ラマ政権を確立する第5世が特に有名。第14世は1959年4月以降インドに亡命、現在に至る。　　（御牧　克己）

タラスがわのかいせん【タラス川の会戦】
751(天宝10)年の唐とイスラム帝国(アッバース朝)との戦い。タラス川は、天山の西部、タラス連山より北流する川で、この中流に主戦場となるタラス・オアシスがある。唐将の高仙芝による石国討伐に端を発する戦闘で、唐側に属していた葛邏禄の裏切りにより、イスラム側が勝利する。これにより、唐の西域経営は後退したと評されるが、その後もイスラム側(漢文史料では「黒衣大食」と表記)は唐に使節を派遣する。またこの戦いにより、中国の製

だりょうさっか【打漁殺家】 伝統演劇の演目。『慶頂珠』『討漁税』ともいう。『水滸後伝』に基づく。梁山泊の豪傑の一人阮小二は, 蕭恩と名を変えて娘の桂英とともに漁夫の生活を続けている。そこにかつての仲間の李俊が倪栄を連れて訪れ, 船中で飲み交わしていると, 土豪の丁自燮に遣わされた丁郎が漁税を取り立てに来, 李と倪がこれを退ける。丁は拳術の教師を送りつけるが, 蕭恩に負かされ, 丁は先回りして知県に賄賂を送り蕭恩が訴え出た所を捕らえて打ちつける。蕭恩は怒り, 花栄の子の花逢春から結納として贈られた真珠である慶頂珠を献上すると偽って, 娘を連れて丁の邸に入り, 一家を殺害する。漢劇・蒲劇また川劇に『打漁招親』, 豫劇・晋劇に『蕭恩打漁』があり, このあと蕭恩が自害する結末の河北梆子・同州梆子の『慶頂珠』がある。京劇では清末の名優譚鑫培の得意劇として有名。　　　　　　　　　（波多野 眞矢）

ダルガチ【達魯花赤】 チンギス・カン以来, モンゴルの支配下に入った農耕地帯の諸地方に服属の監視や, 徴税・徴兵・駅伝整備の確保を目的として配備した官職の名。元朝時代には路・州・県等の地方行政の最末端まで配備され, 路総官・州県令といった行政官の上に置かれた。この任にはモンゴル以外にウイグル・回回(イスラム教徒)等の異民族出身者が起用された。語源はモンゴル語の「押さえる人」の意。モンゴル語史料では一般に「ダルガ」とのみ表記する。　　　　　　　　　（松田 孝一）

だるま【達摩】 生年は不詳。没年は495(北朝北魏の太和19)年, 536(南朝梁の大同2)年など諸説あり, 世寿150歳ともいう。中国禅宗の初祖とされる伝説的インド僧で, くわしくは菩提達摩という。達摩は唐代には「達摩」, 宋代以後は「達磨」と書かれることが多い。諡は円覚大師。釈尊より代々伝えられてきた正法を受け継いで西天(インド)の第28祖となり, その法を中国に伝えて中国禅宗の初祖となったとされる。確実な伝記は不明で, 唐の中期以後, 重層的に形成された禅宗内の伝承では, 海路より中国に到着, 梁の武帝と会見したが相容れず, 北方に行って嵩山少林寺に入り, そこで壁に対ったまま9年間坐禅(面壁九年)したすえ, 慧可(恵可)に法を伝え, 以下, 二祖慧可——三祖僧璨——四祖道信——五祖弘忍——六祖慧能と, 代々「以心伝心」で法が伝えられていったとされる。また死後, 棺のなかに片方の履物(隻履)のみを遺して再び西方に帰って行ったという伝説もある。『祖堂集』2, 『景徳伝灯録』3, 『碧厳録』1, 『無門関』41等に記載がある。

以上のように伝説化される以前の達摩の教説を伝える比較的古い資料は, 敦煌出土の『二入四行論』(柳田聖山『達摩の語録』ちくま学芸文庫, 1997年)およびそれを要約する『続高僧伝』16で, それによれば二入は「理入」(一切の衆生に平等にして真実なる本性が具わっていると信ずること)と「行入」(四行：4種の実践)を指し, 「行入」の内容は①「報怨行」(あらゆる苦難を前世の業の報いとして甘受する), ②「随縁行」(苦楽はすべて因縁によって生じた実体なきものと達観する), ③「無所求行」(執着を捨て何ものも求めない), ④「称法行」(本性の真実・清浄のままに生きる), とされている。

なお後世, 『二種入』『心経頌』『破相論』『安心法門』『悟性論』『血脈論』の6書が達摩の撰に帰せられ, 『少室六門』として纏められている。「少室」は嵩山の少室山のことで, 達摩を指す。（小川 隆）

だれんそう【打連廂】 民間の語りものの一種で, 全国各地に分布する。覇王鞭・金銭棍などとも称する。歌いながら踊るが, その際に1mほどの細い竹や木の棒に銭を通した連廂棍(花棍・覇王鞭・金銭棍とも)を振ったり身体にぶつけたりして銭を鳴らし拍子を取る。人数は1人から多人数までさまざま。清の毛奇齢は, 金代, 諸宮調の歌に合わせてしぐさをした連廂詞に起源するとする(『西河詞話』)。　　　　　　　　　（千田 大介）

たん【旦】 伝統演劇の女性を演ずる役柄の総称。旦の呼称は宋代の歌舞に既に見られ, 宋の南戯・元雑劇ともに女性の主人公を指す。旦は主役脇役による区別から, 性格や年齢による分化へと質的変化を遂げ, 清代半ばまでには崑劇では, 「正旦・小旦・貼旦・老旦」の4つに分かれ, 現在の基礎ができあがった。旦を演ずる役者は男女いずれもあるが, 明末における崑劇の女旦の流行や, 京劇成立初期の女旦による公開上演の禁止, 近代の男旦による四大名旦の盛況等, 時期によって比重が異なる。清の地方劇が盛んになるにつれ, 多様な女性像が演じられて類型も増えたが, 基本形は劇中人物の気質や性格, 年齢や身分あるいは演技様式の特徴により以下の5つに大別される。

①「正旦」は貞女烈婦や良妻賢母で中年までの女性像を演ずる。古代より黒い無地の衣服を「青衣」といったが, この役は衣装に苦境を暗示する黒い無地の袷の長衣を着用することから「青衣」ともよぶ。歌唱に重きをおく。京劇では近代になって王瑶卿が創始し, 梅蘭芳が大成した青衣と花旦を融合

した「花衫」という役柄を開拓し，演技の幅を飛躍的に広げた。②「花旦」は外向的で明朗快活あるいは奔放で気の強い娘の役で，喜劇的な要素も含み，台詞と所作に重きをおく。演ずる人物像により細分化された。「閨門旦」は主に恋愛ものでの少女役をさす。崑劇では愛の果てに殺傷事件を引き起こす一筋縄ではいかない女性を演ずる「刺殺旦」があり，潘金蓮が旦役となる『義俠記』殺嫂等，名場面の6演目を「三刺三殺」という。③「武旦」は武芸の達者な女武者で，演技と衣装から2つに区分される。「短打武旦」は軽快な丈の短い衣装で立ち回る聡明機敏な役所で，精霊に扮することも多い。鎧をつけ馬上での長槍の演技を得意とする武芸のたつ女元帥や女大将の役柄は「刀馬旦」という。④「老旦」は老婦人の役で，平民から皇太后まで網羅する範囲は広い。特に歌唱に蘊蓄があり，老旦を主役にした演目もある。⑤「彩旦」は「丑旦」「丑婆子」ともいう。滑稽な中にも癖のある役所で，多くは丑役が兼ねる。
(有澤 晶子)

たん【禫】 喪礼の最終段階，喪服を着なくなる時におこなう祭祀のこと。『儀礼』士虞礼に大祥との関係を「中月而禫」と規定している。鄭玄は「中」を間をおくことと解し，1か月をおいてから禫をおこなうものとみなした。したがって，死後27か月目になる。ところが，王粛は「中」を当該の月と解し，大祥の月，すなわち死後25か月目に禫をおこなうとした。この両説は，三年喪の期間を実際に何か月とするかにおいて対立しており，多くの経学者が議論を展開するもととなった。
(小島 毅)

たん【罎】 酒を入れる器。高さより横幅が広く，低い頸につば状の口縁が付く。肩の部分に一対あるいは二対の耳(取っ手)か環が付けられている。自銘の青銅器は春秋後期，斉の「国差罎」が知られるだけであるが，同類の器は同時期にかなり見られる。漢代ではこの種の器は山東地域では甀と呼ばれたらしく，醬を入れたことを示す記事が『史記』貨殖列伝に見える。
(江村 治樹)

たんい【襌衣】 一層の衣，即ち単衣の上衣である。『礼記』玉藻に「襌を絅と為し，帛を褶と為す」とあり，襌衣を絅という。絅とは麻・葛の類である。漢の鄭玄の注に「衣裳あり しかるに裏なし」とある。また，『説文解字』衣部には「襌，衣重ねず」，『釈名』釈衣服には「裏あるを複といい，裏なきを襌という」とある。更に，襌衣で窄袖(筒状の袖)のものを褠衣という。これは袖の形が溝に似ている所からくる名と考えられる。また，裾の真っ直ぐのもの(直裾)を襜褕と称した。襌衣は漢・魏の時代には礼服に，北朝以後は公服に用いられたことが『隋書』礼儀志に見ることができる。この制度はその後，唐代まで見られるが，宋以後には見られない。

出土遺物としては，前漢時代の長沙馬王堆一号漢墓出土の副葬衣服及び着装または遺体を包んでいた衣服に見ることができる。この墓の主は女性であるが，保存状態のよい副葬衣服15点，着装衣服13点の報告が見られる。報告書に拠ると，その中に襌衣(単衣)10点を見る。この10点の襌衣のうち保存状態の非常によい3点は，内2点が白の紗，他の1点は白の平織の絹である。形状は直裾の衣と，曲裾の衣(背部の裾が三角状に尖っている形式)の両形式である。また，遺体着装及び遺体を包んでいた衣服のうち襌衣と確認できるものの材料繊維は絹と麻であり，7点の出土が報告されているが，形状は定かでない。他に，1973年，湖北省江陵県の鳳凰山八号墓出土の竹簡に襌衣の文字を幾つか見る。それに拠れば紗縠(米粒を並べたように見える織り方の紗)で製作した衣に襌衣の名を用いている。
(釣田 敏子)

たんいん【探韻】 遊戯的な作詩法の一つ。探字とも言う。複数の人が集まって詩を作るとき，韻字を無作為に各人に割り当て，その韻を韻脚として作詩する方法。「賦韻」や「探字」「探一字」「探某字」などと詩の題に書き加えられる。如何に早くかつ巧みにその韻で詩を作ることができるかが問われる。作詩に即興と技巧が尊ばれた南朝梁の頃から始まり，初唐の頃まで特に盛んに行われた。ちなみに日本でも平安朝の貴族の間に流行し，『源氏物語』にも探韻のことが見える。
(道坂 昭廣)

だんかもん【団華文】 唐代に盛行した丸い花形の文様。団花文とも書く。花形の内部は小さな要素を複雑に配置して構成する。錦などの織物の文様として唐代に発達したもので，それが金工や漆工といった他の工芸分野にも広範囲に採用されたと考えられる。唐代の鏡の鏡背内区には，錦の文様のように団華文を鋳出した例がみられる。朝鮮の統一新羅や日本の奈良時代の美術にも盛んに取り入れられた。
(福島 雅子)

たんかりいせき【炭河里遺跡】 湖南省寧郷県黄材鎮寨子村に所在する，殷末より西周中期頃の遺跡。1963年の発見以来，断続的に殷末〜西周の青銅器が多数出土。2003〜05年に湖南省博物館などの合同調査隊が発掘し，建築の基礎部・城壁・墓地や多数の土器・青銅容器などを確認した。城壁内の面積が約20万m²に達すること，多数の青銅器の

だんぎょくさい【段玉裁】 1735(雍正13)〜1815(嘉慶20)。清の経学・文字学・音韻学・訓詁学者。金壇県(江蘇省)の人。字は若膺、号は茂堂、また硯北居士・長塘湖居士・僑呉老人。1760(乾隆25)年の挙人。北京で戴震に師事し、また銭大昕らとも交流があった。代表的著書である『六書音韻表』5巻では顧炎武の『音学五書』や江永の『古韻標準』に分析を加え、古韻を17部に分けた。『説文解字注』30巻は30余年をかけた大作で、1815(嘉慶20)年に出版された。段玉裁は『説文解字』に対して文字・声音・訓詁の3方面から詳細な研究を行い、その後の漢語訓古学の発展に大きな影響を与えた。他に『毛詩古訓伝』『古文尚書撰異』『春秋左氏古経』『毛詩小学』『汲古閣説文訂』『経韻楼集』などの著作がある。清史稿481　(片山 久美子)

たんきん【鍛金】 槌(鎚)などによって金属を叩いて打ち延ばし、器物を成形する金属加工の基本的な技法の総称。金・銀・銅・鉄・鉛など種々の金属ないしその合金を素材として使用するもので、金属加工においては最も古くからみられる普遍的な技法の一つである。中国では、『後漢書』などにすでにこの用語がみられ、概念的にも古くから認識されていたようである。鍛冶や鍛錬といった言葉も元来はほぼ同義語で、日本では打物ともいう。

遺物に照らしてみると、新石器時代の終わり頃から、金製の装身具などを制作する際の技法として用いられていたことが確認される。しかし、殷・西周・春秋頃までは、器物を制作する際には鋳造が主体であり、鍛金は装身具など小物の制作に援用される場合がほとんどであった。戦国になり、象嵌などの新たな加飾法が流行するようになると、その制作に鍛金技法が広く応用されるようになり、漢になると、鍛金によって器物全体を制作することもかなり行われるようになっていった。仏教文化が隆盛した南北朝には、仏像や仏具の制作にも鍛金技法が採用されるようになり、唐には、金銀器がもてはやされたことにより、延展性の高い金銀という素材の加工に最も適する技法として著しく発達した。以後、金銀器の制作には鍛金技法が主流になるとともに、銅や鉄、鉛など、他の金属の加工にも様々に応用されるようになっていった。なお、鋳造によって成形した器物を部分的に鍛金によって仕上げるといった併用技法も漢以降に散見される。

鍛金の際には、金属製や木製の大小様々な槌(鎚)をはじめ、素材の金属をはさんで槌の力を受け止める当金・金切鋏・鑢など、今日まで日本などで継承される伝統的な工具と同類のものが用いられたと推測される。鍛金技法の進展に伴って、加工の用途や形状などによって使い分けられるといったように、工具の面でも多彩な発展をとげたものと考えられるが、中国の古い時代の鍛金工具の実物は、ほとんど残っていない。

金属の薄板を型にあてて仏像や器物の形を写し取る鎚鍱(押出)や、文様などを部分的に突出させる鎚金(打出)、さらに加熱処理や圧力などを加えて金属を加工する鍛造なども、この鍛金技法の一種である。ただし、これらの技法の区別は、主に日本の伝統的な金属加工の分類がもととなっており、必ずしもそのまま中国の実態に当てはまるわけではない。
(松本 伸之)

たんきんばい【譚鑫培】 1847(道光27)〜1917(民国6)。清末、京劇の老生の名優。武昌(湖北省)の人。幼年期、父譚志道について北京に来る。父は「叫天(ひばり)」と呼ばれた美声で鑫培も「小叫天」と呼ばれた。変声期に喉を余り使わない武生をやって農村を回り、1870(同治9)年に北京にもどった。三慶班の班主程長庚に認められ、喉が回復してからは老生役を習い、余三勝などの名優にも学んだ。程の死後、四喜班に移り名声を博した。79(光緒5)年以後、上海・漢口などで公演した。90年以後、御前芝居の常連となり「伶界大王」の称号を得る。時人は「国家の興亡誰か管し得ん。満城争って説く叫天児」と詠み、梁啓超は「四海一人譚鑫培、声名卅載(30年)轟くこと雷のごとし」と称した。演技・立ち回りに優れていたが、特に変化に富んだリズムと装飾的唱法が評判を取り、「譚派」が形成されて多くの役者がまねた。1912(民国元)年、俳優組合「正楽育化会」会長となる。また、中国最初の映画は譚鑫培の『定軍山』を撮ったもの。孫の譚富英、曾孫の譚元寿などはその衣鉢を継ぐ名優。
(吉川 良和)

たんげん【単弦】 語り物曲種。別名「単弦牌子曲」。清代の乾隆・嘉慶年間(1736-1820)に満洲八旗の子弟が曲詞を創り、一人で三弦を伴奏し演唱もしたことから「単弦」の名がついた。のちに、八角鼓(八角形の小型の太鼓)を打ちながらうたう演唱者と三弦の伴奏者に分かれて上演されることが多くなった。ゆえに「八角鼓」とよばれることもあった。19世紀後期には、満洲旗人の随縁楽が曲詞の創作はもとより、音楽面での改革をおこない、単弦を独立した曲種として完成させた。単弦の音楽形式は「曲牌聯套体」といい、旋律の定型である曲牌を次々に連結させる形式である。曲牌の数は多く、

曲詞の内容に応じて使い分けられ，変化に富む曲調をつくりだしている。長篇演目もあったが，現在では主として短篇ものが演唱され，題材は伝統的な小説『三国志演義』『水滸伝』『紅楼夢』などからとられている。現代生活を題材にした新演目も多い。北方を中心に非常に広い範囲に流布している。この曲芸音楽に基づいて創られた新劇種に「(北京)曲劇」がある。

(井口 淳子)

たんげんしゅん【譚元春】
1586(万暦14)〜1637(崇禎10)。明の文学者。竟陵(湖北省)の人。字は友夏。1627(天啓7)年の挙人。同郷の先輩鍾惺の影響を受けて，古文辞派に反対する一方で公安派の浅薄卑俗をも斥け，幽深孤峭(奥深く近寄り難いこと)を重んじた竟陵派の領袖となる。五言の山水詩に見るべきものがあるが，奇字を多用するため難解である。会試のため北京に赴く途中，52歳で没した。鍾惺とともに編纂した『詩帰』が流行した他，詩文は『譚友夏合集』に収められる。明史288

(野村 鮎子)

たんこう【灘簧】
清代の乾隆年間(1736-95)に起こり，江蘇・浙江一帯に広く分布する語り物。灘王・灘黄・弾黄などとも記す。正しくは灘王と書き，芸人の符丁で説唱の意とする説がある。のちに蘇灘などになる灘簧と花鼓灘簧(のちの錫劇・滬劇など)に大きく分かれる。花鼓灘簧は，道光年間(1821-50)には演劇化していた。蘇灘は，対白南詞とも言い，南詞(弾詞)・崑曲・花鼓灘簧が融合してできた語り物。5〜7人が机を囲んで座り，生・旦・浄・丑といった役柄を分担して自ら楽器を演奏しながら代言体の脚本をうたう。蘇灘の演目は，前灘と後灘に分かれ，前灘は殆どが崑曲から移植し歌詞をわかりやすくしたもの。後灘は生活感に富むユーモラスなものが多く油灘とも言うが，その演目の多くは花鼓灘簧から移植したものである。蘇州から杭州に伝わり杭簧，金華に伝わり金華灘簧となった。同治年間(1862-74)には上海に伝わり，光緒10(1884)年に，林歩青らが最初の職業蘇灘班を組織した。

(松浦 恆雄)

たんこうぼん【単行本】
ひとつの典籍だけを単独に刊行した本。合刻本や叢書・叢刻に対しての称。合刻本は，複数の典籍をまとめて刊行したもので，叢書・叢刻とは，複数の典籍を一括して『某々叢書』などの総名のもとに刊刻あるいは鈔写したもの。

(梶浦 晋)

だんこうれいがんき【断鴻零雁記】
民国の文言小説。蘇曼殊著。1912(民国元)年，上海『太平洋報』に連載されたが中断，死後1919年に上海の広益書局から出版された。主人公は，婚約者の雪梅と分かれ出家したのち乳母から自分が日本人河合三郎であると聞かされる。日本に帰国し，逗子で生母と従姉の静子にめぐりあい，学識教養豊かな静子に心を引かれながらも，仏道に生きる三郎は静子を残してふたたび中国に渡る。乳母の死去を聞かされ雪梅を訪ねると，彼女もまた死亡していた。作者の体験を色濃く反映した自伝風幻想小説。

(樽本 照雄)

たんごせつ【端午節】
全国広く行われる陰暦5月5日の節句。午は五に通じ，端は初めの意味で，5月最初の5日の意。端五・重五・端陽・天中節・沐蘭節・五月節・女児節などさまざまな呼び名がある。南朝梁の『荊楚歳時記』五月五日の条に，この日は浴蘭節といい香草を入れた湯に沐浴する，摘み草などの行楽に出かける，毒気の侵入を防ぐために艾で作った人形を門戸に飾る，菖蒲(ショウブに似た石菖)の根を刻んだものや粉を酒に入れて飲むといった行事が見える。菖蒲酒は後世雄黄酒(鉱物雄黄の粉末を混ぜた酒)に代わられ，虫除け，毒消しとして飲用される。同条に「是の日競渡す」とあり，これは現在でも南中国で行われている水上の龍船競渡・賽龍舟(ドラゴン・ボートレース)のことで，俗説に戦国時代楚の詩人屈原がこの日に国を憂えて汨羅江に入水したのを記念したのに始まるという。粽子を食べる習慣も屈原にちなむ伝説がある。盛夏に当たって疫病毒虫を祓い，水神雨神を祭るのがこの節句の本来の趣旨であろう。

(鈴木 健之)

たんじ【探字】
→探韻

だんし【弾詞】
語り物の一種。「南詞」ともいう。江蘇・浙江一帯では「小書」ともいう(「評話」を「大書」といい，「小書」と合わせて「説書」と総称する)。一般には明代中葉に形成され，その前身は「陶真」あるいは「詞話」であると考えられている。ただ元末の楊維楨に『四游記弾詞』があり，元末にすでに弾詞があった可能性がある。蘇州弾詞・揚州弾詞・四明南詞・長沙弾詞・桂林弾詞などがあり，紹興の平胡調などもこの類に属す。現在の弾詞は，演者はだいたい1人から3，4人であり，語りかつ唱うものと唱だけで語りのないものとがある。楽器は三弦・琵琶・月琴が主で，座って弾き語りをする形式である。歌詞は基本的には七字句で，曲牌を含むものもある。曲調，節まわしはそれぞれ異なり，それぞれの土地の方言で語り唱う。現在知られている弾詞の伝統演目は180種以上に達し

ており，どれも長篇で，なかでも『*珍珠塔』『*玉蜻蜓』『*三笑』『*倭袍伝』などが有名である。

蘇州弾詞は，蘇州方言で語り唱う弾詞であり，江蘇南部，上海と，浙江の杭州・嘉興・湖州地区で流行する。清の乾隆(1736-95)の時にたいへん流行し，当時の著名な芸人*王周士が呼びかけて，説書芸人の同業組合「光裕社」をつくったという。嘉慶・道光年間(1796-1850)に，陳遇乾・毛菖佩・兪秀山・陸瑞廷(一説では陸士珍)の四大名家が出，咸豊・同治年間(1851-74)には著名な芸人馬如飛・趙湘舟・王石泉などがいる。蘇州弾詞は体裁の面では，散文と韻文とが結合し，物語るのを主とし，会話体を従とする。「説・嚛(笑い)・弾・唱」を主要な技巧とし，演技の面では各種の類型的な人物のまねをすることを重視する。歌詞は基本的には，七字句である。基本の曲調はもとからある兪調・馬調の基礎の上に，近代に大きな発展があり，たくさんの流派の唱調が生まれた。またいくつかの曲牌も補助的に用いられる。楽器は三弦・琵琶を主とし，二胡・阮(円形扁平の胴をもつ四弦の楽器)などが引き立て役に用いられることがある。伝統演目で常に上演されるのは，20部ちかくで，『珍珠塔』『玉蜻蜓』『三笑』『描金鳳』『白蛇伝』などが有名である。揚州弾詞は，揚州方言で語り唱う弾詞であり，江蘇の揚州一帯に流行する。清の乾隆の時にはすでに流行していた。初めは1人で語り唱い，三弦で伴奏していたので「弦詞」といった。のちに2人で語り唱うようになり，「弾詞」あるいは「対白弦詞」と改称された。語りと人物の口吻をまねるのを主として，弾唱を従とし，語りを主とし会話を従とする。芸人は自ら弾き唱う。楽器は三弦と琵琶。伝統演目には『珍珠塔』『刁劉氏』『双金錠』『落金扇』などの長篇がある。四明南詞は，四明文書ともいい，寧波方言で語り唱う弾詞で，浙江の寧波と，上海などで流行する。通常は2人で演じ，1人が三弦を弾きながら説唱し，1人が揚琴を打って伴奏する。ときには琵琶・二胡・笙・簫などを伴奏に加えることもある。演ずるときには類型的な人物のまねをすることに意を払う。文辞はやや難解である。伝統演目に『珍珠塔』『果報録』『盤龍闕』などの長篇がある。

(山口 建治)

だんじ【暖耳】 明代の官僚が宮廷に参内するときにかぶった，あるいは着けた一種の防寒具。寒気から耳を守る袋状の耳当てだが，ただ耳を覆うものもあれば，帽全体を覆うものもあった。狐あるいは貂の毛皮を用いる。宮廷では月令(月毎に行われる定例の年中行事)と節分(立春・立夏・立秋・立冬の前日)に暖耳をかぶったが，皇帝の許可なしでは用いることができなかった。従って庶民は暖耳を自由にかぶることが許されず，かぶれば罪になった。同様の防寒具としては，比肩(ショール)・風領(えりまきの類)などがあり，いずれも朝服の上に使用した。

(増田 克彦)

たんしこう【毯子功】 伝統演劇の身体訓練法および演技術の一つで，各種の筋斗(跟頭とも。日本の歌舞伎でいうとんぼのこと)の技術の総称。柔軟性や筋力を鍛える「腰腿功」，武器の扱いや立ち回りの技術である「把子功」とともに三大功と呼ばれる。毯子功という名称は，激しい動作ゆえに絨毯(毯子)の上で練習，演技することに由来する。

一口にとんぼといってもその種類はきわめて多様で，伝統演劇の演技術を解説する『中国戯曲表演芸術辞典』(湖北辞書出版社，1994年)に収録されているだけでも優に200種を越える。これら毯子功は，技術的な特質から，大きく小筋斗(単筋斗)・長筋斗(串筋斗)・軟筋斗(軟毯子功)・高台筋斗(桌子功)・走跤・弾板筋斗(弾板功)に分けられる。小筋斗は助走無しに行われる動作で，代表的なものに小翻(バック転)・単前撲(前宙)・虎跳(側転)・単蛮子(側宙)などがある。反対に長筋斗は助走のつく動作で，小筋斗の組み合わせからなる。また軟筋斗は背部・胸部などで着地する動作であり，前毛(前転)・後毛(後転)・撲虎(飛び上がって床に手を着き，胸部から順に着地する)・搶背(受け身)・烏龍絞柱(両足を回転させながら起きあがる)などが代表的である。高台筋斗は机や台の上から飛び降りつつ行う動作で，動きそのものは小筋斗や軟筋斗と同様だが，一部には前方に飛び上がりながら後転する雲裏翻のような難度の高い動きも含まれる。走跤は2人以上が組になり，一方が補助役となって各種筋斗を行うもの，また弾板筋斗は踏切板を使用する筋斗である。

毯子功は，立ち回り以外に，たとえば絶命や失神を表す「僵尸」，落馬や卒倒を意味する「吊毛」など，感情表現や状況描写にも多用される。前者は『白蛇伝』の許仙，後者は『満床笏』の劉秀の演技などが典型例で，いずれも軟筋斗の一種である。伝統演劇の俳優は，一般に幼少時からこれら毯子功の厳しい訓練を積む。

(平林 宣和)

だんしずい【檀芝瑞】 生没年不詳。画家。中国の記録には見えないが，日本においては墨竹図の作者として知られ，『君台観左右帳記』に元代の画家として記録される。「芝瑞洞檀」と読まれる印を持つ作品を含む伝称作品が多く日本に伝存するが，基準的な作例は決めがたい。浙江省温州博物館所蔵の，「一山」の款記と「檀芝瑞印」の印章を捺す『送別図巻』の作者をこの檀芝瑞と同人と

し，題跋からその活躍年代を明代嘉靖年間(1522-66)とする説がある。日本に現存する伝称作品は『墨竹図』(大阪，藤田美術館蔵)，『墨竹図』(東京，根津美術館蔵)など。　　　　　(荏開津 通彦)

たんしどう【譚嗣同】
1865(同治4)〜98(光緒24)。清末の変法派の思想家。瀏陽(湖南省)の人。字は復生，号は壮飛。父は湖北巡撫。幼時母に死なれ，父の妾に虐待された。豪快な性格で，武術を侠客から学び，騎馬・狩猟や旅行を好んだが，科挙を6回受けて合格しなかった。日清戦争敗北後，亡国の危機を感じて変法を志した。父の命により南京へ行き，父が買った候補知府の職についたが，*梁啓超らと連絡を取った。ついに官を捨てて湖南新政の中心人物となり，時務学堂・南学会・湘報・保衛局・鉱山・汽船・鉄道等に尽力した。1898年4人の軍機章京・参与新政の一人として光緒帝を補佐して戊戌変法を推進し，政変により逮捕され処刑された。実践に挺身しつつ，*張載・*王夫之の「気」と西洋自然科学のエーテルを結びつけ，孔子の仁と墨子の兼愛・任侠・科学と仏教の慈悲とキリスト教の愛を総合して『仁学』を書き，変法を妨げる障害を根底的に批判した。清史稿464　　(近藤 邦康)

たんじゃくすい【湛若水】
1466(成化2)〜1560(嘉靖39)。明の官僚・思想家。増城(広東省)の人。字は民沢，号は甘泉。官職は南京兵部尚書など。40歳の時，北京で*王陽明と知り合い，終生の学友となる。陳献章の門人で，王陽明と共に朱子学を批判して心学を標榜するが，陽明心学に比べ「心の中正」(倫理性)を重視し，「随時随処に天理を体認する」ことを強調した。その学派は明代末期まで続いた。著書に『聖学格物通』などがあり，文集として『湛甘泉先生文集』『甘泉先生文録類選』がある。明史283　　(柴田 篤)

たんじょ【啖助】
724(開元12)〜770(大暦5)。唐の春秋学者。趙州(河北省)の人。字は叔佐。安史の乱を契機として江南に住み，潤州(江蘇省)で*『春秋』を研究した。その遺稿は陸淳によって整理された。

啖助は，従来の春秋学が，伝・注・疏に捕らわれて経の意味を正しく理解していないと考え，『*公羊伝』『*左伝』『*穀梁伝』の長短を相互に比較することで経そのものに孔子の真意を求めるべきだ，と主張した。旧唐書189，新唐書200　　(島 一)

たんしょう【譚峭】
生没年不詳。五代の道士。泉州(福建省)の人。字は景升。唐の国子司業譚洙の息子。道士の*陳摶と師友の間柄であった。若い時から黄老・諸子の学や神仙の伝記等を好み，終南山を始めとした天下の名山を遊歴した。嵩山の道士について10余年間修行し，辟穀養気の術を会得した。後に衡山で金丹を完成して服用し，水に入っても濡れず火に入っても焼けない体となり，また体を隠したり変化させたりできるようになった。最後は，蜀の青城山に入り2度と出てくる事はなかった。著書に『化書』6巻がある。『化書』の中で譚峭は，一切のものは全て変化するとの立場から，「化」(変化のこと)の働きを強調した。万物の根源は「虚」であり，「虚」が変化して「神」に，「神」が変化して「形」になり，万物が生成される。そして，万物もまた最後は「虚」に戻るというのである。なお，ここに見える「虚」の概念は北宋の張載に受け継がれ，よりいっそう深められる事となった。　　(坂内 栄夫)

だんぞう【檀像】
白檀・栴檀を用いて造られた仏像。①北朝北周の耶舎崛多訳『仏説十一面観世音神呪経』ほかの十一面観音経典は白栴檀(白檀)を用いて1尺3寸(*玄奘訳『十一面神呪心経』では「一搩手半」)の十一面観音像を造るべきことを述べるため，檀像には十一面観音の小型の作例が多い。奈良の*法隆寺観音菩薩像(九面観音，像高37.5cm)は唐代8世紀の檀像としてもっとも著名。唐の慧沼による『十一面神呪心経儀疏』(玄奘訳の注釈書)は，白檀を得られない場合は栢木を用いて像を造るべきことを述べ，栢木を榧に比定した奈良・平安時代前期の日本では榧材を用いた代用材檀像が多数造られた。②栴檀釈迦瑞像。釈迦在世中にインドのコーシャンピーの優塡王が釈迦を思慕し，牛頭栴檀を用いて造ったとされる像(優塡王思慕像)。この像は鳩摩羅琰によって4世紀初頭に亀茲国にもたらされたという。以後長安，揚州などを経て，北宋期には都開封にあった。日本の清凉寺釈迦如来立像はこの像の模刻像という伝承を持っている。　　(長岡 龍作)

たんそぼん【単疏本】
経書の本文解釈である注を，さらにくわしく解釈した疏のみを書写・刊刻したテキスト。経文のみのテキストを単経本，経文に注のみを付したものを経注本，経文に注・疏を合わせ付したものを注疏本という。がんらい疏文は，本文や注文とは別におこなわれていたが，やがて使用の便のため，これらを合写・合刻するものが増加した。刊本が本格的におこなわれはじめた北宋時代には，単疏本があったが，南宋時代前期以降，注疏合刻本がもっぱらおこなわれるようになり，単疏本の今日に伝えられるものは少ない。*金沢文庫には，宋刊の単疏本『*五経正義』すべてがあったとされるが，現在では散逸している。現存する単疏本

は，中国国家図書館蔵『周易』や宮内庁書陵部蔵『尚書正義』など数種の宋版のほか，覆宋鈔本『周易正義』や清代覆宋刊『儀礼疏』などがあるのみである。

(梶浦 晋)

だんだいし【断代史】

叙述の範囲を一朝代に限定した歴史叙述の形態をいう。班彪・班固父子が漢代の帝王たちを，秦や項羽などの，百王の末に叙述することを嫌い，高祖劉邦に筆を起こし，平帝までの漢一朝代の歴史叙述として『漢書』を著したことから生まれた。『漢書』以下の紀伝体史の多くがこれに相当する。また『漢書』の内容を編年形式で再構成した荀悦の『前漢紀』以後，編年体史も『前漢紀』の範にならい一朝代を叙述対象とするようになった。断代史は紀伝体史では歴史事象を王朝単位に価値付けることができる反面，多くが次の王朝によって編纂される結果，前朝に殉じた人物が不当な評価をされる欠陥のあることが指摘されている。

(稲葉 一郎)

だんちゅう【段注】 →説文解字 注

たんでん【丹田】

道教の身体論でいう三一神が鎮座し，人の精気が収蔵される場所。上中下の三丹田に分かれる。上丹田は頭部にあり泥丸宮，中丹田は心臓の位置にあり絳宮，下丹田は臍下にあり黄庭宮とも称される。また，内丹術では丹を作り出し貯蔵する場所を意味し，気を任脈と督脈に沿って三丹田の間を循環させることにより，精を煉って丹に変化させ，不老長生を達成できるとする。

(麥谷 邦夫)

ダントルコール Franççis Xavie d'Entrecolles

1664～1741。フランスの宣教師。リヨンの貴族出身のイエズス会士。1699(康熙38)年中国に入り，江西省方面で布教活動を行う。1709～36年の間に，パリのイエズス会本部へ宛てて書いた書簡があり，とくに景徳鎮窯業について詳細に叙述した1712年および1722年の書簡は，日本では『中国陶瓷見聞録』という通称でしられている。1767(乾隆32)年刊行の『陶説』以前の段階における貴重な史料である。

(砂澤 祐子)

たんねん【湛然】

711(景雲2)～782(建中3)。唐代の僧。天台宗の第6祖。常州晋陵県荊溪(江蘇省)の人。姓は戚氏。生地に因んで荊溪湛然といい，妙楽大師，円通尊者と尊称される。儒家の出身であったが，17歳で天台の止観を学び，20歳の時，東陽左溪で天台宗5祖の玄朗に就いて本格的に天台の教観を修め，38歳になって初めて出家した。会稽の曇一に就いて律を究め，呉州の開元寺で『摩訶止観』を講じた。師の玄朗の寂後は，天台宗の流布を自らの使命とした。華厳宗・法相宗や禅宗に対抗して智顗の三大部を注釈し，『法華玄義釈籤』20巻，『法華文句記』30巻，『止観輔行 伝弘決』40巻を著して天台宗義の顕揚に努めた。著書に『止観義例』2巻，『止観大意』1巻，『金剛錍論』1巻などがある。宋代の天台宗に大きな影響を与え，天台宗の中興とされる。『金剛錍論』では，草木などの非情にも仏性を認めて草木成仏を説き，のちの日本仏教にも影響を与えた。

(木村 宣彰)

だんぶん【弾文】

文体の名。弾劾の上奏文。貴族・権臣をはじめ百官の過誤を糾弾して，天子の採決を促すもの。弾奏・弾事ともいう。『文心雕龍』奏啓によれば，法制を明らかにし，国を浄化する手段で，周では太僕，秦では御史大夫，漢では御史中丞がつかさどったという。『文選』巻40には，弾事と称して，南朝梁の任昉の「曹景宗を奏弾す」「劉整を奏弾す」，南朝梁の沈約の「王源を奏弾す」の3首を収める。

(幸福 香織)

たんぽう【端方】

1861(咸豊11)～1911(宣統3)。清末の政治家・金石家。満洲正白旗の人。字は午橋，号は匋斎，諡は忠敏。1898(光緒24)年に直隷覇昌道台，ついで北京に創設された農工商局に務め，陝西按察使・同布政使・河南布政使・湖北巡撫・湖広総督を経て，1904(光緒30)年，両江総督に就任。1905～06年，五大臣の一人として欧米を視察。帰国後，『欧美政治要義』を上呈し，立憲予備運動の立役者となる。両江総督在任中，学堂を設け，海外留学を支援し，警察・陸海軍を整備するなど開明派官僚として活躍した。1909(宣統元)年，弾劾され罷免。1911年，清朝の鉄道国有化令に反対する保路運動鎮圧を命ぜられ，川漢粤漢鉄路督辦として四川に赴いたが，指揮下の鄂(湖北省)軍が武昌蜂起に呼応して反逆し，殺害された。金石書画に通じた文人としても著名で，著作に『端忠敏公遺集』16巻，『匋斎吉金録』8巻『匋斎吉金続録』2巻，『匋斎蔵石記』42巻，『匋斎蔵塼記』2巻などがある。清史稿469

(吉本 道雅)

だんぼう【暖帽】

清代の官吏が礼服を着る時に用いた冬季用のかぶりもの。形は多くが円形で，周囲につばがある。革製が多いが，緞子・布製もある。おそらく気候の変化によるのであろう。帽子のまわりを帽辺といい，帽辺には繻子・毛繻子・ビロードなどを用いる。色は黒。一般的に紅纓と呼ばれる房飾りを帽頂につけるが，これには絹糸，馬の毛，毛糸などが用いられた。色は赤が普通で，父

母の喪中には白，その他の不吉時には藍または黒が用いられた．頭頂部の珠飾りを帽載・頂珠といい，色は紅・藍・白・金などがあり，それぞれ身分・位に基づいて用いられる．また，頂珠の下には2寸程の管があり，羽根が挿される．やまどりの羽根でつくるものと孔雀の羽根でつくるものがある．夏季に用いるものは涼帽といい，円錐形で籘・竹・葦あるいは麦藁で編んだ．裏は綾羅．色は多く白．薄緑色や黄色もある．涼帽の上に赤い房の紅纓そして頂珠がつくのは暖帽と同じである．規定によれば旧暦3月の20日前後に涼帽をかぶり始め，8月の20日前後に暖帽に替える． (増田 克彦)

たんぼくし【端木賜】 →子貢（しこう）

だんようじょう【談容娘】 →踏謡娘（とうようじょう）

ち

ち【知】 人の認識がどのような条件の下に成立し，また，その際に経験がどの程度，認識の成立に関与・寄与しているか，さらに，獲得される知識の種類と人の生得的な，または，後天的に開発される認識能力がどのように関係づけられるかについては，中国では古来さまざまに議論されてきた．その種の議論を特徴づけているのは，認識（知）をほとんど常に行為と，中でも，道徳的実践（行）と結びつけて問題化する伝統の強固さである．そのような伝統を通じて，行は知よりも重要であり，知の価値は，それ自体によってではなくて，あくまで行にそれがスムーズに移行されるかどうかで判断される，という知と行の関係の枠組みが維持された．特に，宋代以降になると，真理の獲得と正義の実践をどのように連係・連動させていくかという問題が，知と行の関係の再整理の作業を通じて問われていく．その場合でも，行が知より重要であり，知は行に移行することで価値をもつ，という2点は当然の前提であり，その上で，両極の立場が登場した．一方は，行の実現は，知から行への段階的な移行として現れる以上，その移行のためには一定の時間差を要する（知先行後）と主張し，他方は，知から行への移行と行の実現は同時並行的に遂行される以上，知と行は一定の時間の内部にともに織りこまれる（知行合一）と主張する．前者が，朱子によって代表され，後者は，王陽明によって代表される．知と行の関係を問題化することは，民国期（1912-49）に入っても続いた．孫文は，知行関係の伝統的な枠組みを転倒させ，知自体の有する独自な価値とその重要性を行以上に強調することで，既成秩序の大胆な変革を訴えた．また，実践から認識，認識から実践へと繰り返されるサイクルを弁証法的により高次の段階に高め続けていくことを共産党員に求めた．毛沢東の『実践論』は，副題（「認識と実践の関係——知と行の関係について」）に見られるように，知と行の関係を問うものでもあった． (本間 次彦)

チーパオ【旗袍】 →旗袍（きほう）

ちえい【智永】 生没年不詳．南朝陳～隋代の僧・書家．会稽（浙江省）の人．俗姓は王氏，字は法極．王羲之7代目の子孫で，王徽之の後裔にあたる．陳～隋時代にかけて能書を謳われ，草書，章草の名手として知られる．兄の孝賓とともに仏道修行に入って永欣寺の僧となり，永禅師と称された．永欣寺の閣上において永年にわたり書に専念し，その研鑽ぶりは，使い古しの禿筆が大きな竹かご5杯分を満たしたほどであった．使えなくなった筆頭は土に埋め，「退筆塚」と称して供養した．智永の書を求める者多く，敷居が磨り減るほど引きもきらずに人が来るので，敷居を鉄板で包んだために，「鉄門限」と号されたという．

永欣寺の閣上に30年間こもり，800本の真草千字文を書き，浙東の諸寺に各一本を施入した．南北朝が統一された隋時代とはいえ，当時の書は異体字が氾濫する状況にあった．王羲之の伝統的な書法を継承する智永は，この真草千字文によって王羲之書法を後世に伝えようとしたと考えられる．智永の代表作である真草千字文は，王羲之書法の典型としてテキストの役割を担うべく，明快な書法をもって書かれている．書風は，楷書に関して智永の時代よりやや遡る梁・陳時代の遺風をたたえている． (鍋島 稲子)

ちかじけいおんがく【智化寺京音楽】 北京の智化寺に伝わる仏教音楽．明の1446（正統11）年

の建立以来，1953年の時点で27代継承されていた。かつては12歳未満の子供だけを入山させて厳しい音楽教育を施し，他寺より高い演奏技術を誇った。京音楽には太鼓・鐺子・鐃・鈸・鈷子(小鈸)による法器曲(打楽器楽)と，管2，笙2，曲笛2，雲鑼2と上記の打楽器で演奏し，時に歌も交える管楽がある。これらは唐宋詞楽や元明の南北曲の曲牌等を起源とし，旋律は単純である。京音楽は宋代音楽の遺産でもある。17管全てが簧を具え音が出る笙や，9孔の管子(前7後2)の形状は宋代教坊の楽器と共通し，音律も宋代教坊の黄鐘に近く清代律によらない。また清の1694(康熙33)年，永乾による抄本『音楽腔譜』ほか，同寺に伝わる多くの工尺譜も，古式を伝え，一部の譜字が宋代の俗字譜と一致する。　　　　　　　　　　　　(尾高　暁子)

ちぎ【地戯】　貴州省安順市を中心に行われる地方劇。明代に江南一帯から屯田した漢族の後裔である屯堡人を中心に周辺の布依族や苗族にも伝承されている。明代嘉靖年間(1522-66)の『貴州通志』等から，明代中頃には広く行われていたことが分かる。年に2回，旧正月と7月の稲花の開花時期に演じられ，それぞれ「玩新春」と「跳米花神」と称される。

上演の構成は，開箱・跳神・掃場からなる。開箱は，仮面を取り出すにあたって祭祀を行い，仮面を付けた演者が村内を巡る。跳神は，村の広場で行われ，軍記物語を主体とする演目が10日間程演じられる。掃場は，最終日に土地神等に扮した演者によって縁起の良いことが歌われ，祭祀が行われ，仮面等がかたづけられる。地戯の盛んな安順では，村ごとに演者の一座があり，それぞれ十八番の出し物がある。多くは『三国志演義』『封神演義』『東周列国志』に題材を取った軍記物で，唱本が伝えられている。七言調の歌詞は上句が独唱され，下句は合唱となる。囃子はドラと太鼓が用いられる。

(廣田　律子)

ちぎ【智顗】　538(大同4)～597(開皇17)。南朝梁～隋代の僧。天台宗の開祖。荊州華容県(湖南省)の人。姓は陳氏，字は徳安。18歳で法緒の下で出家し，慧曠から律を学び，20歳で具足戒を受けた。陳代，560(天嘉元)年，23歳で光州(河南省)大蘇山に入り，慧思に師事し『法華経』によって法華三昧を悟った。この大蘇開悟を得て，567(光大元)年，30歳で金陵(南京)に移り，瓦官寺で『大智度論』『次第禅門』などを講じるとともに学解中心の江南の仏教界において実践的禅法の指導に努めた。そのため名声を博し，年々講席に列する者が増加した。聴法者は増えたが，逆に法を悟る者は年々減少していったため自ら内心を反省し，また北周の廃仏などを機縁として天台山に隠棲した。575(太建7)年，38歳の時に天台山の華頂峰で『法華経』の妙理を大悟した。583(至徳元)年，陳の後主の強い要請で天台山を出て金陵の光宅寺において『法華経』を講義した。その際の講義録が『法華文句』である。陳末の混乱を廬山や南岳に避けた。揚州に居た晋王広(後の煬帝)に菩薩戒を授け，智者大師の号を賜った。592(開皇12)年，当陽県(湖北省)玉泉山に一宇を建立し，翌年4月には『法華玄義』を講説した。同年7月に隋の文帝から「玉泉寺」の額を賜った。594(同14)年，同寺において『摩訶止観』を開講し，多くの人々の信仰を得た。595(同15)年，晋王の要請で『維摩経疏』を撰したが，自らの死期を感じて再び天台山に戻り，門弟に『観心論』を口授した。開皇17年11月24日，60歳で寂した。

智顗は天台山で大悟し，そこで寂したので天台大師と尊称される。その教えを継承する人々によって天台宗が形成された。生涯に36か所の寺塔を建立した。灌頂・普明・智璪など，伝法の門弟数十人を数える。その著作は数多いが，殆どは灌頂が智顗の講述を筆録整理したものである。主著は『法華経』の教理(教相)を講じた『法華玄義』『法華文句』と実践(観心)を説いた『摩訶止観』の三部である。これを「天台三大部」あるいは「法華三大部」と呼ぶ。智顗の教学は，教相と観心を具備し，中国仏教史上の一つの頂点を示すものである。(木村　宣彰)

ちく【筑】　古代の打弦楽器。戦国時代から隋唐代にかけて，相和歌から九部楽・十部楽まで各時代の主要ジャンルで多用されたが，宋代以降次第に消滅した。大まかな外見および琴柱を有する点は箏に近いが，右手の竹片で弦を打って演奏する点が異なる。文献では12弦，13弦，21弦とも記されているが，初期は5弦で，馬王堆漢墓からはその明器が，曾侯乙墓からは筑と思しきものが出土している。雲南・広西の少数民族に筑に類似した楽器が伝えられている。　　　　　　　　　(増山　賢治)

ちくしし【竹枝詞】　楽府の名。土地の風俗や男女間の情を歌ったもの。中唐の劉禹錫が朗州(湖南省)司馬に左遷されていたとき，夔州建平(湖北省)に来て作った『竹枝詞九首幷びに引』『竹枝詞二首』に始まる。劉禹錫の引(序)によれば，屈原が楚の民歌を摸して『九歌』を作ったのに倣い，この『竹枝詞』を作詞したという。いま11首を伝える。唐代では七言絶句の形式，内容は巴蜀の風景を述べるが，宋代に入って形式内容ともに変わり，土地の風土であればよく，方言を用いるようにもなっ

た。*蘇軾の『竹枝の歌并びに引』は36句の長編の詩である。「この歌はもともと楚の国のひな歌であり，怨みと悲しみに満ちる。楚の国の人が，舜の二妃や屈原，楚の懐王や漢の項羽たちに対して悲しみと憐れみの心を抱き続けてきたからで，ひなびた風景や風俗は，すでに劉禹錫や弟蘇轍の作品に表現されているので，自身の詩は楚人の原点に沿ってうたう」(蘇軾の序)と述べる。『楽府詩集』巻81近代曲辞に劉禹錫・白居易等の作品を収録。

(西村 富美子)

ちくじゅうが【畜獣画】

花鳥画の一ジャンル。狭義の花鳥画が花と鳥を描くのに対し，牛馬・犬猫・羊鹿などの四足動物を描いた図を畜獣画と呼び，北宋末の『*宣和画譜』では花鳥門とは別に畜獣門が立てられ，晋以来の専門家27名が記載される。その中心は馬と牛の絵，すなわち画馬と画牛で，『宣和画譜』は乾坤に譬える。馬は権威の象徴として早くより造形化され，漢代には*画像石や壁画に盛んに描かれ，唐時代には*曹覇・*韓幹などの名手が現れた。肖像画のように宮廷の名馬を馬丁と共に克明に描くことも多く，鞍馬図・馬匹図ともいう。その伝統は，北宋の李公麟や，元の龔 開・趙 孟頫らに受け継がれたが，宋以後は画題としての重要性は薄らいだ。中唐の戴嵩は画牛画家の筆頭に挙げられ，田園地帯の牛を生き生きと描き出した。馬は華北の乗物であるのに対し，牛は江南の風物として自然景を伴って描かれる場合が多く，画牛は南宋画院において盛んで，*李唐・*李迪・閻次平らの名が知られる。

(藤田 伸也)

ちくしょきねん【竹書紀年】

戦国時代魏国の歴史書。原13篇。西晋の279(咸寧5)年(一説に281[太康2]年)，汲郡(河南省)の不準が魏の襄王(一説に安釐王)の家(墳墓)を盗掘して得た竹書(竹簡に記された古書)75篇の一部。汲冢紀年ともいう。夏(一説に黄帝)以降の年代記で，殷・西周・春秋晋・戦国魏を経て，今王(魏襄王)20(前299)年で終わる。独自の記事を多く含み，近代以降，出土文字資料との合致が確認されたことで，戦国時代の年代など『史記』の錯誤を正すのに用いられる。荀勗・和嶠・束晳らが校訂した『古本竹書紀年』は唐代以降散佚し，元明以降，今本が偽作され通行したが，清末以降，南北朝以降の文献に引用された佚文による古本の復元が進められ，朱右曾『汲冢紀年存真』・王国維『古本竹書紀年輯校』・范祥雍『古本竹書紀年輯校訂補』などの輯本がある。これらを踏まえた方詩銘・王修齢『古本竹書紀年輯証』(上海古籍出版社，1981年)が有用である。 (吉本 道雅)

ちくとうおく【竹筒屋】

広東や福建などの華南地域にある町屋の一種。竹筒屋は，文字通り，「竹筒のような細長い家」で，竹が節で区切られるように，いくつかの部分に分割される。間口は約4m，奥行き15mが一般的な規模である。奥行きが更に長い例もある。概ね，10mごとに，坪庭を設置する場合が多い。住宅専用の場合もあれば，街路に面して店舗を構え，奥と2階が住宅となるケースもある。住宅は，リビングの庁と寝室の房が前後に位置し，さらに，前，中，後の3つの部分に区分されている。玄関ホールは前部に当たり，約2m四方の坪庭を経てからメインの居間である大庁に続く。それと背中合わせでメインの寝室があり，中部が構成される。ここは主要な居住空間であるため，天井は高くし，もっともきれいに飾る場所でもある。中部の後には再び坪庭が設けられ，続く後部には寝室が配置される。一番奥には厨房がある。神楼は，上を歩いてはいけない決まりがあるから，2階に設置される。断面的には，玄関辺りが1層建て，中部は1.5層，後部は2層と，部屋の高さに変化がある。この高低差および庭や入口の通風可能な柵式の門などと合わせて，部屋に通風をさせる仕組みとなっている。竹筒屋のファサードは，飾りのない煉瓦壁に，門だけが中央に開けてある。このように，竹筒屋は，経済性を第一とする都市型住宅の典型的な事例である。華南の都市には，例えば広州では竹筒屋が密集して，大量に現存しているが，文献資料や土地登録簿などの歴史的な記録が発見されていないため，いつ建てられたのか不明である。通説では近世からあるとされるが，広州で竹筒屋が集中しているバンド新市街地や西関の都市区域は，1840年代以降に開発されたことから，少なくとも，これらの竹筒屋は，近代に形成された町屋といえる。そして，この形式は，華南に止まらず，ベトナムから他の東南アジアの都市にも見られる町屋類型なのである。 (包 慕萍)

ちくはしわ【竹坡詩話】

宋代の詩話。南宋初期の文人周紫芝撰。元来は3巻から成ったとされるが，現在では1巻を存し，80余りの条を収める。恐らく残本であろう。『歴代詩話』等に所収。その内容は，唐宋の詩の考証に関するものが多いが，江西詩派の詩論の影響に染まりすぎているところや，先人の誤りを安易に踏襲しているのが難点とされる。ただ，元稹が李白に対する杜甫の優越を説く論について，他の唐人には見られない独自の説とするなど，折々創見も見られる。 (興膳 宏)

ちくばんか【竹板歌】

福建省西部に分布する，客家の居住地区に流布する語り物曲種。およそ

200年の歴史をもち，人民共和国成立以前には，語り芸で門付けをして金銭を得ることから「乞食歌」などと称された。曲種名にもある「竹板」とは長さおよそ18cmの薄い2枚の竹板をつないだもので，両手にもちリズムをきざむ。語りはなく，七言五句を基本とする唱詞がうたわれる。『趙玉麟』などの長篇ものや数多くの短篇ものがあり，近代以降さかんに現代作品も創作されている。　　（井口 淳子）

ちくふ【竹譜】　竹および画竹について記した書の総称。古くは西晋の戴凱之撰『竹譜』1巻があり，四言の韻語により70余の竹について記す。画法については，元の李衎撰『竹譜詳録』が最初の体系的な書で，もと20巻というが散逸，『知不足斎叢書』所収の7巻本が最も完備している。1299（大徳3）年の自序があり，画竹の技法について論じた画竹譜，墨竹画の技法について述べる墨竹譜，竹の種類とその生態を記した竹態譜，実際の竹について考察した竹品譜の4部門に分けられ，実際の観察・制作に基づいて記され，後代に与えた影響は大きい。民国の余紹宋撰『書画書録解題』には画竹についての書として，他に『張退公墨竹記』，柯九思撰『画竹譜』があり，清代に入って汪之元撰『天下有山堂画芸』に墨竹譜と墨蘭譜があって精到といわれるほかに，蔣和撰『写竹雑記』，李景黄撰『李似山画竹譜』，王冶梅撰『冶梅竹譜』，および『竹譜』（撰者不詳）が載る。　　（味岡 義人）

ちくようせいしゅ【竹葉青酒】　古い歴史を持つ薬酒。中国各地に同名の酒があるが，山西省汾陽市杏花村鎮の汾酒工場産のものが最良とされ，国家名酒に選ばれ続けている。汾酒を原料とし，竹葉・陳皮・公丁香・香排草・当帰など12種の薬材の浸液と氷砂糖を配合して造る。色は名前の通り笹の葉色を呈し，味は温和で甘味の中にやや苦味がある。アルコール分は約45％，糖分約10％で，養血・消炎・解毒・利尿などの薬効があるとされる。　　（佐治 俊彦）

ちくりんのしちけん【竹林の七賢】　自由で個性的な思想と行動を理想とした魏晋時代の7人のグループ。すなわち阮籍・嵆康・山濤・劉伶・阮咸・向秀・王戎。なかでもリーダー格は阮籍と嵆康。彼らはいつも竹林に集って大いに酒を飲み，談論風発したという。これらの7人を一つの交遊グループとしてまとめ，「竹林の七賢」と呼んだのは，東晋の孫盛の『魏氏春秋』が最初であったようである。七賢は，最年長の山濤と最年少の王戎との間では29歳の年齢の開きがあり，また性向も一様ではなく，魏・晋両王朝との関わり方や身の処し方もさまざまであった。それにもかかわらず一つのグループにまとめられたのは，彼らそれぞれがさまざまの生き方を引き出すべき人間の典型とされたからであろう。七賢はしばしば詩文に取り上げられ，また画題となった。1960年，南京市の西善橋で発見された六朝時代墓の磚画には，七賢に春秋時代の栄啓期を加えた8人の人物像が描かれている。
　　（吉川 忠夫）

ちげん【知言】　南宋の胡宏が普段の自らの考えを記した随筆。もと1巻，通行本は6巻。性を未発，形而上の万物の本体，現実世界の相対的な善悪を超越したものとして，性善とはいえないとした。日常の工夫では形而上の性に直接働きかけることはできないため，已発である心に現れた天理の端緒を把持し拡充する察識端倪説を主張する。後に朱子の批判を招き，朱子はこれらの点に関する呂祖謙・張栻との議論を『胡子知言疑義』（『朱子文集』73）に編んだ。　　（恩田 裕正）

ちこうごういつ【知行合一】　王陽明の行動主義を象徴する学説。朱子学では知先行後を説いたが，王陽明は，道理を客観的に認識してから行動したのでは，現実に対処しきれないと考えて，認識と実践を一致させねばならぬという知行合一説を提唱した。知識優先では書斎の学問で終わってしまう危険があるので，王陽明は，実践しながら認識を深め，自己を鍛錬する必要があるという事上磨錬を説いた。ただ，王陽明自身は『伝習録』の中で，自分の言う主旨が分かったら，知が先と言っても良いし，行が先だと言っても良い，と述べている。朱子学の知先行後説に固執するなという戒めである。自己の心を内省する方法を通じて，現実に正しく対処する判断力を磨き，危機的状況に苦悩する民衆を救済すべく行動せよ，という致良知説を支える学説の一つである。　　（佐藤 錬太郎）

ちごん【智儼】　602（仁寿2）～668（総章元）。初唐代の僧侶で中国華厳宗の第2祖とされる。天水（甘粛省）の出身。俗姓は趙氏，諡は至相大師。求道的で，とくに唯識系の思想に詳しく，華厳宗の教学の基礎づけを行った。三階教の民衆救済にも共感を示している。12歳で杜順の弟子となり，終南山至相寺に入った。14歳で出家し，法常・智正らに学び，27歳の時に『華厳経』の注釈書『捜玄記』5巻を著した。著書として他に『五十要問答』2巻，『華厳孔目章』4巻など。その門から，第3祖となる敦学の大成者法蔵，海東華厳初祖義相（義湘）などを輩出し，華厳宗を隆盛に導いた。　　（木村 清孝）

ちしゅう【知州】　官職名。州の長官。宋の太祖皇帝は中央集権化を図り，藩鎮の権力を削減しようとした。そのため唐末五代に大きな権限を有した節度使や刺史に代えて，文官を中央から派遣し知某州某軍事とした。その後，文官・武官の両方が用いられることになるが，これを略して知州と称する。正式な官名として知州と称されるのは明以後で，清にも受け継がれる。　（松浦　典弘）

ちせいこう【知制誥】　官職名。唐代，詔勅の起草は原則として中書舎人が担当したが，他官がこれを担当する場合に知制誥と称された。開元(713-741)末年には同様に詔勅を起草する官として翰林学士が設けられ，中書舎人・知制誥は外制(宰相の命により起草される詔)，翰林学士は内制(皇帝直属の詔)を担当するとされたが，唐代には職掌の分担は確立していなかった。北宋代には中書舎人が名目化したため知制誥が専ら外制を担当したが，神宗皇帝の官制改革で中書舎人が実職を伴うようになり知制誥は廃された。　（松浦　典弘）

ちせんこうご【知先行後】　知(認識)を優先し行(実践)を後にする，という朱子学の主知主義的学説。先知後行とも言う。陽明学の実践主義的な知行合一説に対置される。朱子は『大学』の「格物致知」という句について，「物に格(いた)り，知を致(いた)す」と読んで，外界の事物に具わっている「理」を究め，認識を確立する，という意味に解釈した。朱子は，「知の先たること，行の後たること，疑ふべきこと無し」(『朱文公文集』巻42・答呉晦叔)と述べている。また，「知行は常に相互に依存する。……先後を論ずれば知が先である。軽重を論ずれば行が重い」(『朱子語類』巻9・論知行)とも述べている。外界の道理を客観的に認識してはじめて正しい行動ができるという主知主義である。これに対して，王陽明は，該句を「物を格(ただ)し，知を致す」と読み，自己の心を正して良知を実践する，という意味に解釈した。朱子が外界に対する認識を重視したのとは対照的に，王陽明は自己の心を内省すると同時に，実践を通じて認識を深めるという実践主義を説いた。王陽明のねらいは，知識の充足よりも，民衆を救済すべく行動することが大切だと説く点にあった。陽明学から見ると朱子学では実践よりも認識を優先している，というのである。知先行後という言葉は，陽明学では肯定的な意味では使われていない。　（佐藤　錬太郎）

ちち【致知】　→格物致知

ちつ【帙】　布や細竹で作られた書衣を指し，巻軸を数巻まとめて包んで保護した。敦煌で発見された莫高窟蔵経洞の大量の経巻はこうして保存されていた。『英蔵敦煌文献(一)』(四川人民出版社，1990年)にその図版が有る。日本で言う帙は中国語の書套を指し，線装本を前後左右に包む保護函(四合套)のこと。上下も加えた六方を包むものを六合套と言う。乾燥した北方で用いられた。南方は湿度が高いために，通気性を考えて前後を板で挟むだけの夾板を用いた。書套は古く明代に作られたものが残されている。　（高橋　智）

ちのう【智嚢】　明の故事集。10部28巻。1626(天啓6)年，馮夢龍の編。智を基準にした古今の人物のエピソード集。まず大きく「上智部」「明智部」など10の部に分け，さらにその下に「上智部見大巻」など全部で28巻に分けて故事を収めている。臨機応変の知恵のはたらきを重視したことには，明末の混乱状況が背景にあろう。1637(崇禎10)年にこれを増補した『智嚢補』が出されている。日本にも伝わり，幕末に昌平坂学問所より官板として刊行されている。　（大木　康）

ちふそくさいそうしょ【知不足斎叢書】　清代，乾隆から道光の間(1736-1850)，50年近くをかけて刊行された，30集207種781巻にもおよぶ一大叢書。編者の鮑廷博はみずから蔵書家としても著名であるが，家蔵本に朱彝尊らの所蔵する善本，永楽大典本，日本伝存本(『論語集解義疏』『孝経孔安国伝』『五行大義』など)をも加え，また鮑廷博自身はもちろん，盧文弨・何焯・銭曾・銭大昕・顧広圻らの校勘の成果も取りこんで，量・質両面で最高水準の文献集成となっている。分野を限定せず，諸書の善本を世に普及させることを目指しているが，自序にもいうとおり大部なものは収めていない。またいっぽうで姚際恒の『古今偽書考』など当代の学術著作の普及にもぬかりなく意をもちいている。鮑廷博は完перед前に没したが，子の士恭によって完成された。鮑氏の原刻本のほかに民国時代の上海古書流通処の影印本があり，また『叢書集成』にもおさめられている。　（木島　史雄）

ちへいつうぎ【治平通義】　清末の変法論書。4冊8巻。1893(光緒19)年刊。著者は陳虬。内容は経世博議4巻・救時要議1巻・東遊条議1巻・治平三議1巻・蟄廬文略1巻からなる。この内，治平三議は，1883(光緒9)年の旧作だが，既に世界公政府構想がみられる。東遊条議は90(同16)年，山東巡撫張曜への上陳書。特に救時要議では，官鈔を設ける(富策)，服制を更める(強策)，議院を開く(治策)など，富国強兵を目指し具体的な改革案が展

開されていて，日清戦争後の変法運動に一定の影響を与えた。　　　　　　　　　　　（竹内　弘行）

チベットだいぞうきょう【チベット大蔵経】

主に梵語原典からチベット語に翻訳された仏教聖典の集成。後期インド密教文献を始め中国には伝承されなかった典籍を多く含み，チベット仏教各宗派において聖典として重視されている。釈尊の教説を収めた「カンギュル(仏説の翻訳)」とその注釈論書を収めた「テンギュル(論書の翻訳)」の2部分からなる。

　チベットにおける仏典翻訳はチベット(吐蕃)王国時代の8世紀後半に始まり，9世紀初頭から訳経目録である『デンカルマ目録』『パンタンマ目録』『チンプマ目録』が順次作られた。現存する前2者の内容から，この時期に現行チベット大蔵経の萌芽のあったことが知られる。9世紀後半のチベット王朝の崩壊により一時中断した仏典翻訳は，11世紀頃の仏教復興と共に再開され，14世紀初頭にはウパロサルを始めとするチベットの学匠たちにより各地に散在していた諸仏典が書写蒐集され，シガツェ南西ツァン州のナルタン寺の文殊堂に安置された。これが現行チベット大蔵経の原型となる旧ナルタン写本カンギュル・テンギュルである。その後，同写本カンギュルとテンギュルは別々に伝承されていく。前者は仏説そのものと考えられたため，仏像同様に尊重され，頻繁に書写・開版・覆刻された。一方，テンギュルはカンギュルの副次的資料と考えられ，量の膨大さも妨げとなり，伝承数は少ない。いずれも木版本と筆写本の2種類あるが，カンギュル・テンギュル共に揃っているのは北京版・デルゲ版・チョネ版・ナルタン版の4版本のみである。

　全てのチベット大蔵経所収仏典は，最初に梵語題名，次にチベット語訳の題名，3番目に翻訳者による礼拝文という定型の冒頭で始まる。礼拝文には3種類あり，三蔵区分に対応している。礼拝対象が「仏・菩薩」であれば経蔵，「一切知者」であれば律蔵，「文殊菩薩」であれば論蔵である。この点から，チベット大蔵経が独自の区分法を用いながらもインドの伝統を踏襲していることがわかる。

　チベット大蔵経に含まれるものは仏典がほとんどであるが，中にはカーリダーサの叙情詩『メーガドゥータ』，チャンドラゴーミンやパーニニの文法書等，仏典でないものも含まれている。これらは間違いで編入されたわけでなく，インドで用いられていた学問技法の分類法，所謂「五明」——①声明(言語・文学・文法)，②因明(論理学)，③内明(仏教学)，④医方明(医学・薬学)，⑤工巧明(工芸・技術・天文暦数)——がチベットにも受け継がれている結果であり，チベット大蔵経のほとんどのものは「内明」に含まれ，『メーガドゥータ』等は「声明」等に含まれる。チベット大蔵経の大部分は梵語からの翻訳であるが，中には漢訳からの重訳や，モンゴル語やギルギット語からの翻訳なども含まれている。さらに，雑部にはイェシェデ等のチベット人自身による著作も含まれている。　　（佐藤　直実）

チベットぶっきょう【チベット仏教】

ラマ教と呼ばれたこともあるが学問的に正確でないので現在では用いられない。チベット仏教史は9世紀中頃までの前伝期(仏教前期伝播期の意)と11世紀中頃以降の後伝期に分けられる。前伝期はチベット王朝の庇護による統一された国家仏教，後伝期は，カダム派・サキャ派・カギュ派・ニンマ派・ゲールク派などの諸宗派が台頭する宗派仏教と位置付けられる。

　最初にチベットに仏教を伝えるのは，ソンツェンガムポ王(581〜649)の時代にそれぞれ唐とネパールから降嫁した*文成公主とチツンであり，さらに，チデツクツェン王(在位704〜754)に唐より降嫁した*金城公主である。チソンデツェン王(742〜797)はインド，ナーランダー寺の大学匠寂護を招き，サムエ寺を建立した。同寺の大本堂は779年に完成し，王は仏教を正式に国教とした。中国からは禅宗が以前より伝わっていたが，敦煌から摩訶衍が連れてこられるとさらに勢力を増し，インド系仏教との間の抗争に決着をつける必要が生じた。寂護の遺言により蓮華戒がインドより招かれ，794年サムエ寺に於いて王の御前で摩訶衍との間に論争が行われた結果，インド系仏教側の勝利となった。チデソンツェン王(777〜815)の時代には仏典翻訳の為の辞書『翻訳名義大集』とその語釈『二巻本訳語釈』が著作され(814年)，チツクデツェン王(806〜841)時代に最初の訳経目録『デンカルマ目録』が作成された(824年)。最後のダルマ王(在位841〜842)は政治抗争の結果842年に暗殺され，チベット王朝は843年分裂崩壊した。

　後伝期の仏教復興運動は戒律復興運動とインド僧アティシャ(982〜1054)による布教運動に象徴される。アティシャの直弟子ドムトン(1005〜64)を祖師として後伝期最初の宗派カダム派が興った。最初の*チベット大蔵経である古ナルタン大蔵経を14世紀に確立したのもこの派である。

　サキャ派はサキャの地を拠点として興り，教義的に「道果説」や密教経典『呼金剛タントラ』を重視する点に特徴がある。サキャ・パンディタ(1182〜1251)等の多くの学者を輩出し，パスパ(八思巴)が*クビライ・カンの帝師となる等，元朝の守護を得て政治的実権を握った。

　カギュ派の諸系統のうち，特に重要なのはマルパ

(1012～97)を祖とするマルパ・カギュ派である。マルパの弟子に宗教詩人として有名なミラレパ(1040～1123)が，ミラレパの弟子にガムポパ(1079～1153)が出た。ガムポパの弟子ドゥスムキェンパ(1110～93)からはカルマ派が生じ，活仏相続制というチベット独特の制度を生み出し，後代ゲールク派にも取り入れられた。

ニンマ派(古派)は「前伝期に翻訳された古タントラに拠る者」の意であり，寂護と共にチベットに入った蓮華生を祖とする。主な教義に九乗の教判があり，第九乗のゾクチェンの教えを最高の教義とする。14世紀にはロンチェン・ラプジャムパ(1308～63)が出て「七つの蔵」と通称される七論書を著作しゾクチェンの教義を体系化した。

他にも「他空説」のチョナン派や「断境説」のシチェ派など多くの宗派が出た。

最後にツォンカパ(1357～1419)を祖とするゲールク派はカダム派を継承し，顕教では帰謬論証派を，密教では『秘密集会タントラ』の聖者流を重視する教学を確立し，厳密な戒律主義の下にチベット仏教の基盤を確立した。政治的にも歴代ダライ・ラマをその中から輩出することによって勢力を延ばし，特に第5世ダライ・ラマはモンゴルのグシ・カンの後ろ楯を得て1642年強大なダライ・ラマ政権を確立した。しかしながら，それによってそれ以外の宗派が滅んでしまった訳ではなく，各宗派の伝統と歴史は個々に現在に至るまで継続されている。特に，ゲールク派の勢力に対する巻き返しとして，19世紀にカム地方を中心に興り，カルマ派，ニンマ派，ボン教の巨匠達によって担われたリメ運動と呼ばれる宗派折衷運動は特筆に値する。　(御牧 克己)

チベットもじ【チベット文字】　チベット語を表記する表音文字。左から右へ横書きし，30の子音字と4つの母音記号で構成され，音節ごとに小点を打ち隔てる。文字の読音は方言により地域差があるが，書写形式は統一されている。多数の字体があり，印刷用の有頭体と行書の無頭体のふたつに大きく分類できる。7世紀の吐蕃王朝のソンツェン・ガンポの治世に文臣トンミ・サンボータが梵字を参照して創作したという伝承がある。仏典を始めとする豊富な文献資料がある。　(池田 巧)

ちほう【郗萌】　生没年不詳。後漢の天文学者・占星術師。郄萌とも。宣夜説を伝えた。『晋書』『隋書』の天文志等は漢末の秘書郎(郎中とするものも)と伝えるが，班固の『典引』序に永平17(74)年に郗萌らと召されたとあり，紀元1世紀頃の人と考えられる。予言や雑占を集めた『春秋災異』15巻，『秦災異』1巻や『霓虹通玄記』7巻を著した(すべて散逸)。『開元占経』『天地瑞祥志』『天文要録』ほかに「郗萌占に曰く」などとして占星を主とする多くの引用がある。　(宮島 一彦)

ちほうぎ【地方戯】　ある地方の言語・風俗・年中行事などと密接な関係を保ちつつ発展してきた伝統演劇。現在も中国には300以上の劇種が存在している。

地方戯は，大戯(地方大戯)と小戯(地方小戯)に分かれる。大戯は，そのうたが崑腔系・高腔系・梆子腔系・皮簧腔系・乱弾系などの声腔に属し，劇団・官僚・商人・軍隊の移動や大規模な移民などによって全国各地に広まり，伝播先で地方化され新しい兄弟劇種を生んだ。例えば梆子腔系では，山西商人が北京入りするルートに沿って北路梆子・河北梆子などとなった。早くから職業劇団が成立し，歴史物・才子佳人物などの演目が多い。一方，小戯は，地方の小唄・民間歌舞・説唱芸能などが演劇化した劇種(採茶戯・蘇劇など)のことで，地方との密着度は高い。三小戯(小旦・小生・小丑)と言われる庶民の日常生活を喜劇風にまとめた演目(玩笑戯)が多く，丑の役割の大きいことも特徴である。　(松浦 恆雄)

ちほうし【地方志】　→方志

ちほくぐうだん【池北偶談】　清の王士禎の随筆集。26巻。1691(康熙30)年の自序がある。王士禎の邸宅に池があり，その北に数千巻を擁する書庫があった。そこで白居易の「池北書庫」にちなんで命名したという。談故(清代の典章制度)，談献(明清の人物逸事)，談芸(文芸評論)，談異(志怪小説)の4部門から成っており，談芸の部分は王士禎の詩論を知る上で不可欠の資料で，後人が編纂した『帯経堂詩話』にも数多く採られている。　(大平 桂一)

ちゃいれ【茶入】　葉茶を石臼でひいて作った抹茶をおさめ，茶の湯に供するための陶磁製の小壺をいう。なかでも，鎌倉時代から室町時代にかけて将来された中国産の茶入は，唐物茶入と呼ばれて最も尊ばれてきた。褐釉がかけられたこの種の小壺が中国で本来どのような用途をもっていたか，また当初から茶入として将来されていたかどうかについては判然としない。福建省福州市の洪塘窯で生産されていたことが確認され，産地の一端が解明された。近年の考古学の調査によって，唐物茶入の多くは南宋から元にかけて焼かれたものと考えられている。茶入がわが国の記録にあらわれ始めるのは室町時代であり，この頃唐物茶入の分類や評価が確立

していったとみられる。戦国時代には茶道具の中でもとくに重視されており，武将たちは競って優れた茶入を求め，唐物茶入は政治的な権威を象徴する存在であった。また，日本の瀬戸窯において，唐物茶入の倣製品がさかんに作られた。（今井 敦）

ちゃきょう【茶経】 唐代の，茶に関する最古の専門書。上中下3巻。陸羽（733?〜804?）著。760年頃の著述と推定。当時の茶について詳細を記す総合茶書。巻上は茶の起源や造り方，巻中は茶器，巻下は茶の点て方・飲み方・文献・産地など，10項目に分かれる。『茶経』の刊本は宋代の叢書『百川学海』本をはじめとし，20類以上に及ぶ。翻刻は江戸前期の元禄頃から訓点を付したものがあり，近年では布目潮渢編『中国茶書全集』（汲古書院，1987年）に収録されている。（砂澤 祐子）

ちゃくしょくが【着色画】 色彩を用いた絵画。白描画・水墨画とともに中国絵画の基本的な表現形式をなす。水墨画に先行し，その成立以降も，道釈人物画・花鳥画では主要な位置を占める。一方，五代・北宋に水墨表現によって著しい発達をとげた山水画においては，特殊な形式となり，なおかつ水墨との融合が図られていくという複雑な展開をたどった。

水墨表現の未発達であった唐以前には，山水画でも山岳や土坡などに群青や緑青などの彩色を施す青緑山水が一般的であった。これには金泥が併用される金碧山水もあり，唐の*李思訓・李昭道父子は，後世その祖とされる。

その後，青緑・金碧山水は，五代に*董源などが知られるのみで，水墨山水の影に隠れるが，北宋後期から南宋前期になると*王詵や趙伯駒・趙伯驌兄弟らにより復興され，以後，古様な形式として，主に故事や仙境を描く場合に用いられるようになった。また，この時期，董源を再評価した*米芾・*米友仁父子により創始された米法山水にも，青緑山水の例がある。続く南宋の画院では，藍や代赭などを淡彩的に用いる水墨着彩山水が盛行し，水墨との融合が推し進められた。この他，代赭を主とする水墨淡彩の浅絳山水（絳は赤色の意）があり，元以降の文人画では，これらの着色山水が多様に導入されて，色彩の美しさが追求されている。（竹浪 遠）

ちゃしゅろん【茶酒論】 敦煌出土写本によって伝えられる対話体の通俗文学。1000字足らずの短篇である。内容は，まず短い韻文の序のあとで茶と酒が登場，それぞれがみずからの長所を挙げ，相手の欠点をあげつらって論争をするが，最後に水が出てきて話を収める，というもの。茶と酒の言葉の部分も押韻している。喫茶の習慣が普及したのは中唐以後なので，おそらく晩唐のころの成立と考えられる。原文の校録は『敦煌変文集』などに見える。（中原 健二）

ちゃつぼ【茶壺】 日本で葉茶を充塡し，保存や運搬のために用いる陶磁製の壺。胴が丸く張り，肩に耳が付く。宋・元頃に中国南部の窯で焼かれ，本来輸入商品の容器として将来された雑器の壺の中から，作行きの優れたものが選ばれ，南北朝時代頃より珍重された。この種の中国産の茶壺は俗に*呂宋壺とよばれる。室町時代以降，瀬戸や備前など国産の茶壺も作られるようになった。桃山時代には床飾りとしてとくに高い評価を受けていた。（今井 敦）

ちゃようまつ【茶葉末】 鉄呈色の不透明な高火度釉で，鉄分と珪酸が化合して結晶が生じ，黄と緑が入り交じった艶のない釉調が特色。特に清朝官窯で発達し，雍正（1723-35）・乾隆（1736-95）年間に古銅器の形を写した名品が多い。（矢島 律子）

ちゅう【丑】 伝統演劇の役柄の一つ。顔の中央に白い臉譜を描いて道化の特徴を強調するため「小花臉」「三花臉」ともよぶ。善悪いずれの人物像も演ずるが，その演技形態や役割には共通性があり，軽妙さや滑稽味を醸し，諷刺も込めた役柄である。丑の役柄名は，宋の南戯で既に用いられている。『元刊雑劇三十種』には丑という役柄名はなく，浄か副浄が滑稽を演じた（明中期以降に刊行された*臧晋叔編『元曲選』には丑は頻繁に見られる）。明の中期頃には浄の役割が明確になるとともに，新たに丑の役割が独立して分岐し，役柄の性質が明確となった。明末清初の頃の崑劇では歌唱を短くして，諷刺や滑稽味を効かせた長台詞を，土地の言葉で盛り込む改編がおこなわれ，浄と丑が独擅場の地芝居が好まれた。丑が個性をもった人物像を演ずるようになり，「丑なしでは芝居にならず」という口伝も残る。

丑は近代にはいって立ち回りの演技が磨かれ，その演技の特徴から，台詞や語り中心の「文丑」と立ち回り中心の「武丑」とに大別されるようになった。①「文丑」はその身分や職業，年齢および性格によって細分され，外見で区別のつく衣装に基づき命名される。「袍帯丑」は衣冠束帯を着用する身分だが，善悪いずれもあり，智慧の働く正義の判官，あるいは暗愚な君主や高官の放蕩息子の役。「方巾丑」はかぶりものの方巾をつける官吏や策士の身分で，小心な役人や計算高い策士，忘恩不義の輩といった人物像が多い。「茶衣丑」は職をもった

庶民の役で，茶館の給仕などが着ることから名付けられた茶衣という無地の藍染めの袴を着用する。「老丑」は善良洒脱な老人役。川劇では丑の演目が多く，役柄も更に細分化している。「褶子丑」は官僚や金満家の息子といった風流と軽佻浮薄を兼備した役で，扇を使った演技を駆使する。「龍箭丑」は暴虐非道な君主を演じ，「襟襟丑」は物乞いや悪漢に扮する。②「武丑」は歯切れのよいせりふや語りとともに，軽業師のような跳躍や武術を見せることから「開口跳」ともよばれる。武芸に秀で敏捷で機知に富み，義侠心の強い人物像を演ずる。
(有澤 晶子)

ちゅう【忠】 忠とは，心を尽くす意で，もともとは自己および他者に対して誠実を尽くすという個人的な感情をあらわす語であった。それが戦国時代になると，君臣関係を結びつける語へと変化する。有能な人材を確保しなければならない戦国期の君主は，君臣関係の強化のために臣に対して君主への忠誠を尽くすことを要請したため，忠は個人よりも国家を優先しそれに尽くす意となっていった。さらに忠は家族の秩序を示す孝と並んでもっとも重要な徳目となるが，両者の間には親と君主とどちらが優先されるべきかという矛盾も生じた。しかしこの矛盾は，役職・地位の世襲を否定する官僚制の成立によって調和へと向かう。君臣関係は，臣が一方的に君主に服従するのではなく，君主が臣に仁愛を与え，臣が君主に忠誠を尽くすものと考えられ，君主の仁愛のもとに家族が安定することから，孝を成し遂げる手段として忠が位置づけられるにいたる。ここに皇帝制度を支える思想が完成したことになる。
(飯尾 秀幸)

ちゅう【注】 古典の注釈の形式の名。「注」の原義は水をそそぐ意。引伸し，水をそそいで固い地面を柔らかくするように難解な文章・字義を解き明かす，つまり注釈・解釈の意として使用される。経書でいえば，先秦時代から前漢時代に至るまでに，経書とその釈義の書(伝・説・記・章句と表記)が出揃うが，「注」釈書は前漢時代にはまだ存在しない。本文の一字一字に対応した訓詁を踏まえた注釈は，後漢時代を待って出現し，晋代に至るまでに多数著作された。これらは伝・箋・解とも表記される。そして南北朝時代には，この注を疏釈する形をとって経・伝を解釈する「疏」(また義・義疏と表記)が生まれる。ここに経・伝・注・疏という経書解釈の形式が完成する。諸子では後漢の許慎『淮南子』注がその早い時期のものであろう。なお経学史では後漢の鄭玄に代表される古注と，南宋の朱子等の新注とに大別する。また「註」とい
う表記について，これが明代以降の誤用だとは清儒段玉裁の指摘である。
(野間 文史)

ちゅう【冑】 武器の一種。戦闘時に頭部を保護する防具。甲と併せて甲冑とも総称される。先史時代すでに籐製や皮革製の冑があったと推測されるが，安陽侯家荘1004号墓で出土した141点余の青銅冑が最古の実例である。冑面には威圧的な獣面が飾られ，頭頂には管があって飾り物を立てた。類似する青銅冑は西周時代の華北各地の遺跡で出土するようになる。やがて鉄製武器の普及とともに，戦国時代には鉄製の冑が出現する。燕下都遺跡からは，89片の鉄甲片を糸で組み合わせ，頭部全体を被うようにした高機能の冑が出土している。漢代以降，鉄冑と鉄甲は戦士の防具の基本となった。
(西江 清高)

ちゅう【紂】 殷王朝最後の王。殷王帝乙の子。名は辛。即位して帝辛を称する。紂は諡。才知・膂力にすぐれたが，妲己を寵愛して酒池肉林を恣にし，炮烙の刑を設けた。時の三公のうち，九侯を醢にし，鄂侯を脯にした。昌(周の文王)を監禁したが，洛水以西の地の割譲を受けて釈放し，西伯に任じた。天下の3分の2が西伯に帰順し，庶兄微子啓は殷を去り，諫言した王子比干の胸を剖いて殺害した。周武王との牧野の決戦に破れ，鹿台に火を放って自決した。『孟子』に「湯桀を放ち，武王紂を伐つ」とあるように，夏王朝最後の王たる桀と並称される暴君だが，すでに『論語』に「紂の不善，是くの如きの甚だしきにあらざるなり」と見えるように，後代の創作が過半であろう。『竹書紀年』には紂の祖父文丁が周文王の父季歴を殺害したとあり，甲骨文には尸方(夷方)遠征が見える。王朝末期の殷の積極的軍事行動への周人の反感が暴君紂に結晶したものであろう。史記3
(吉本 道雅)

ちゅう【紐】 一個もしくは一類の声母・韻母をいう。「紐」という名称が字の連なりを連想しやすいためもあってか，韻図の解釈や配列を論ずる際にも用いられる。後に，専ら声母をいう「声紐」「声類」の意に特化された。「重紐」という時の「紐」は，一小韻中に重複して表れる特定の声母グループを本来指すが，韻図上の重紐三等・四等韻という時は，韻母グループとして議論することも多い。
(木津 祐子)

ちゅうい【中衣】 ①祭服や朝服の下に着る衣。中単。深衣と同様に上衣下裳が一連に仕立てられた衣服で，領袖に縁取りがされる。『後漢書』輿服志によれば，絳で領袖を縁取るものは祭服の中衣

で，朝服の中衣には皁で領袖の縁取りがされる。『礼記』郊特牲には「繡黼丹朱の中衣するは大夫の僭礼なり」とみえる。繡黼の領，丹朱の縁の中衣を着るのは諸侯の礼であった。また，『隋書』礼義志に「祭服の裏に中衣あり，即ち今の中単なり」とあり，中衣と中単はともに祭服の下着とされている。②なかぎ。したぎ。『釈名』釈衣服に「中衣とは小衣の外にあり，大衣の中にあるという意味である」と記されている。ここでは，内衣，或いは襯衣を意味している。『中華古今注』に漢の高祖が楚と戦った時，汗が中単にしみとおったため汗衫と改名されたと記されているが，この中単は襯衣としての中単と解される。　　　　　　　　（相川 佳予子）

ちゅういんじぼ【注音字母】 →注音符号

ちゅういんふごう【注音符号】　元来，民国政府教育部による読書統一会(1913年開会)が章炳麟の考案した記音字母を，若干の修正を加えつつ，漢字音を表記する補助記号として採用したもの。1918年，「注音字母」と命名され，正式に公布される。1930年，本来独立して存在しうる単位を示す「字母」との区別を明確にするため「注音符号」に改名され，翌年には『注音符号総表』が趙元任により刊行される。そのシステムを現代北京方言を基準に拼音字母と比較すると，例えば，母音/ə/を含む韻の表記は拼音字母が音声的であるのに対し(例：dou/diu, ben/bin, leng/ling 等)，注音字母は音韻的である(例：ㄉㄡ／ㄉㄧㄡ，ㄅㄣ／ㄅㄧㄣ，ㄉㄥ／ㄉㄧㄥ等)。しかし，それ以外はほとんど差異がみられず，基本的に同一の規則にしたがって作成された転写システムといえよう。字形は元来，その音素を含む篆文の略体を用いたが，後に楷書のそれに改変された。　　　　　　　　　　　（清水 政明）

ちゅうかいずへん【籌海図編】　明代の兵書。13巻。1562(嘉靖41)年刊。鄭若曾編。鄭若曾は崑山(江蘇省)の人で，嘉靖(1522-66)の頃，浙江で倭寇防衛にあたった胡宗憲の幕友。編者については天啓刻本が「胡宗憲輯」としたために誤って伝えられた。本書は鄭が多くの奏議や地方志・地図を参照して編纂した倭寇対策の図説。沿海の地図114種と戦船・武器の図59種を載せ，沿海の情況や日本事情，防衛体制や歴代の倭寇，防御対策，兵器等を論じ，後の兵書にも影響を与えた。『中国兵書集成』(解放軍出版社・遼瀋書社)に嘉靖本の影印本がある。　　　　　　　　　　　　　　　（大澤 顯浩）

ちゅうがく【中岳】 →嵩山

ちゅうかしそう【中華思想】　文化の華さく中華(中国)に王道をしき，その徳が周囲の野蛮の地におよぶという考え。この徳治主義のおこりは，戦国時代の領域国家にあり，王が徳をもって統治する領域が漢字圏たる天下の中で特別であることを述べた。新石器時代以来の文化地域を横断して広大な漢字圏ができたので，中国も夷狄も漢字圏の中を論じることになった。そのため自然に，中国と夷狄の別は「種」によるのではなく礼儀の有無によるという考えが生まれた。中国と「見なす」，夷狄と「見なす」という感情の問題であるが，礼節を重んじる伝統は官僚国家の基礎となった。戦わず徳を及ぼすから，徳があれば戦わない。しかし，時代を遡った「徳」の字の意味は違う。周代の「徳」(省と同字)は征伐を支える霊力で，徳がそなわったので相手を滅ぼしたという話になっている。徳で征伐した都市を官僚国家が統治するようになった結果，意味が変化していったようだ。中国が漢字圏の外と外交を結ぶようになると，経典内容に関わりなく「種」の違いを強烈に意識するにいたる。（平勢 隆郎）

ちゅうきょしんけい【沖虚真経】 →列子

ちゅうげん【中原】　中国周辺の文化未開の蛮夷の地に対して，高度な文明を持つ漢民族の住む中華の地を指す語。おおよそ周の王畿(周王の直轄地)と封建諸侯領を含む地域を指すが，狭義には現在の河南省洛陽市一帯を，広義には河南省，山東省西部，河北省・山西省の南部，陝西省東部の黄河中流域を指して使われる。中国文化が周辺地域へ拡大するに伴い，未開の蛮夷に対する文明の中華という意識は薄れ，江南に対する語として黄河流域を指すようになった。　　　　　　（鷹取 祐司）

ちゅうげんおんいん【中原音韻】　元の韻書。1324(泰定元)年周徳清により，元曲創作の規範となることを目的として編まれた。『中原音韻』は「韻譜」と元曲に関する論述である「正語作詞起例」の2つの部分からなる。「韻譜」の内容は，入声を平・上・去に含め，反切を付さないなど，従来の韻書とは全く異なる革新的なものになっている。音韻体系的な変化としては，韻母の合流によって『広韻』の206韻が『中原音韻』に至って19韻となった。また全濁音声母が消失するとともに，全濁上声が去声化する現象も見られる。『中原音韻』が基づいた口語音の地域については，大都・洛陽・杭州などさまざまな説があり，また周徳清自身の方音が現れている部分もある。いずれにせよ『中原音韻』は近代音の研究において重要な資料となっている。

（片山 久美子）

ちゅうげんせつ【中元節】 旧暦7月15日。鬼節・七月半ともいう。もともと道教で人間の運命を司る神である天官・地官・水官を三元といい，それぞれの誕生日，正月15日を上元節，7月15日を中元節，10月15日を下元節とし宗教行事を行った。7月15日には地官が下界に降り人間の罪を許し，善悪を定めるとされる。6世紀から7世紀にかけて仏教の盂蘭盆会の影響を受けその行事と習合し，墓参り・祖霊の供養・放河灯(灯籠流し)などが行われるようになった。日本では近代以後歳暮とともに贈答し合う習慣が結びついた。　　(鈴木 健之)

ちゅうこうかんきしゅう【中興間気集】　中唐に編まれた唐詩の選集。2巻。編者の高仲武は渤海(山東省)の人。生没年などは不明。*銭起・*郎士元ら中唐の詩人26人の詩134首を選ぶ。その「序」によれば，選ばれた詩は756(至徳元)年から779(大暦14)年までの20数年間のもの。「中興」とは，755(天宝14)年の安史の乱がおさまり，政治も詩歌も復興した粛宗・代宗の両朝，「間気」とは，詩をつづる群臣をいう。高仲武は，殷璠の『*河岳英霊集』を手本にし，選詩の時代もその後をうけ，また同様に評語を加える。その選詩は「体状風雅，理致清新」，つまり格調はみやびやかで，情緒は清く新しいものという基準にもとづき，五言律詩が最も多く，五言古詩がそれに次ぐ。評語の妥当なものとして*劉長卿については「大抵十首已上は，語意稍や同じく，落句に於いて尤も甚だし。思い鋭く才の窄きなり」という。しかし，「前には沈(佺期)・宋(之問)有り，後には銭・郎有り」という「士林」当時の知識人たちの語を引き，銭起・郎士元を最も評価することなどには，その不公正に対する後人の批判がある。　　(深澤 一幸)

ちゅうごく【中国】　世界の中心，中央の国を意味する美称で，中華・中夏・中州などとも呼ばれた。これは，後に漢民族と呼ばれるようになる人々が，古代に黄河中・下流域に国を建てたとき，自らを四夷(東夷・南蛮・西戎・北狄)の中央に位置するものと考えて，その領域および都城を指して呼んだ自称である。中国は，このように夏夷の弁別をともなった空間概念であるが，さらにその空間に存在する漢字や儒教などを特徴とする文化や民族についても包摂する，柔軟で多義的な概念としても使用されている。他称としては，秦に由来すると考えられるティナイ Thinai，シナ Sina，シン Sin，チャイナ China や，契丹に由来するカタイ Khatai などが知られ，日本では，から・もろこし・漢土・唐土などといわれた。また，東アジアの仏教者からは仏教世界の中心としてインドを指して中国が用いられたり，日本が自らを世界の中心と構想して中国を，さらには朝鮮やベトナムも同様に中国・中華を自称したりするなど，世界の中心という意味での中国・中華という呼称は，東アジアの漢字文化圏においては広く用いられる呼称であった。

黄河流域に建国して以来，歴代の王朝が周辺諸民族と交渉しつつ興亡するなかで，その流域を越えて王朝の権力の及ぶ範囲を中国と呼ぶようになり，その範囲は伸縮を繰り返した。19世紀後半以降，西洋近代国家と対峙するなかで，もっぱら主権の及ぶ領域全体に対する呼称として使用されるようになり，清末には満洲・チベット・モンゴル・新疆などを包含することとなった。

これと連動して，西洋諸国との交渉において，清代に多く用いられていた天朝などの自称に代わり，王朝が交替してもそこに一貫して連続する国家の自称として，中国が選択されるようになっていった。辛亥革命前後には，その一貫して連続する中国がナショナリズムの結集核となった。中華民国の成立，その後の中華人民共和国の成立以降は国家の略称として，さらにその国土をあらわす地理的呼称として用いられることとなった。その結果，現在の国土の範囲を過去にさかのぼって適用し，その領域全体を中国として考えるようにもなった。

中国が中華民国の略称として用いられるようになると，日本はそれまで用いていた清国という王朝の名称をやめ，欧米のチャイナに相当する支那を国名として使用するようになったが，これには中国側が反発した。戦後，占領国側の勧告もあって公文書において中国が使用されるようになり，また知識人の間でも，戦前の日本の大陸政策を支えた認識と結びついた呼称として支那は忌避され，中国が使用されるようになったため，他称としても中国の使用が一般化した。　　(茂木 敏夫)

ちゅうごくえいぞうがくしゃ【中国営造学社】　中国伝統建築の研究を主な責務とする民間学術団体。1929(民国18)年に北京で創立され，1946年に活動が停止された。創立者は清末民国初年の政治家朱啓鈐である。朱は北宋の建築技術書『*営造法式』を発見したことをきっかけに，中国の伝統的な営造技術や芸術に関する研究が皆無であった当時の状況に危機感を覚えて，学社を創設し，自ら社長に就任した。1931年から*梁思成，劉敦楨が相次いで入社し，梁は『営造法式』研究を中心に行う法式部の部長に，劉は文献部の部長に着任した。学社の全盛期には社員が20人余りいた。学社の主な活動は三つに分かれる。一つ目は，文献から古い建物をリストアップし，現地でその所在を確認し，

建築調査を行って，図面や写真で記録することである。学社が存続した17年間に，16省200余県で現地調査を実施した。特に，1937年には山西省五台山で，中国に現存する最古の木造建築物で，唐時代857(大中11)年に造られた仏光寺を発見した。二つ目は『中国営造学社彙刊』という学術雑誌の発行である。1930年から1945年までに7巻23号を発行した。この雑誌には中国第1世代の建築史家たちの論考が掲載されており，現在もなお必読文献である。三つ目は建築や営造に関わる重要な古典文献を校正して再版することである。中国で伝承されていなかった古籍，例えば明代の庭園の造営原理を語った『園冶』，漆工芸を解説した『髹飾録』なども日本から取り寄せて再版した。中国営造学社は創設当初から日本人学者の中国建築研究と競争する意識がありながら，伊東忠太や関野貞を学社へ招き，講演を行うなどの学術交流を継続していた。日中戦争時期には，営造学社は北京から四川の李荘，さらに雲南の昆明へ疎開した。疎開する前に，それまでに収集した文献や実測資料を天津の銀行貸金庫に預けたが，洪水の害によって失われた。学社の社員であった劉致平・陳明達・莫宗江・羅哲文・単士元などは第2世代の建築史家として成長した。中国建築史研究の基盤を築いた学術団体であり，その歴史的影響はきわめて大きい。
(包 慕萍)

ちゅうごくしきふくせい【中国式服制】

仏教造像において，5世紀末から6世紀代にかけて中国全土で流行した中国風の着衣形式。褒衣博帯式・双領下垂式などもほぼ同義。インド式(西方式)に比べて肉体の露出部分が減少し，中国の服飾を採用した点に特色がある。この新形式は北朝では北魏の雲岡石窟第6窟(480年代)，南朝では四川省茂県出土の南斉永明元(483)年銘造像碑が早期作例として知られている。如来像は袈裟の胸元を大きく開いて内衣や結紐を表し，袈裟末端部を左腕に懸け，厚い襞を幾重にも表し，坐像では華麗な裳懸座も発達した。菩薩像においても裙は襞を畳みながら長く裾を引き，天衣は両肩をふかく覆って体前でX字状に交差し，中国古来の交領大袖衣(襟を打ち合わせ，袂の長い衣)も現れた。中国式服制の起源については，北魏孝文帝の漢化政策の一つである服制改革を重視し，冕服を着用した北魏皇帝の姿を模した北魏式の服制であるとする長廣敏雄説や，永明元年銘像を重視して南朝起源を唱える楊泓説などがある。ただし，南朝の都・建康(江蘇省南京)を中心とする江南地域での作例がほとんど見つかっていないため，現段階ではいずれの説とも決しがたい。
(石松 日奈子)

ちゅうごくしょうせつしりゃく【中国小説史略】

民国の小説史研究書。魯迅著。1920年から北京大学で中国小説史を講じたときの講義録をもとにした著作。新潮社から1923年に上巻，24年に下巻刊行。1925年北新書局から改訂本刊行。近くは1981年，人民文学出版社から『魯迅全集』第9巻として刊行。第1篇『小説についての史官の著録と論述』から始めて，計28篇の文章によって神話・伝説から清末に至る小説の作家・題材・技巧等について詳述している。

本書は中国小説史の専著としては草創の書であるが，魯迅がかねてから精力を傾けていた古小説の収集と校訂の成果の一つであり，豊富な資料を駆使して中国小説の発展に明確な体系を与えた好著である。例えば，明清の小説を「神魔小説」「人情小説」「狭邪小説」「風刺小説」「譴責小説」等の枠組みによって分類し，従来淫書と目されてきた『紅楼夢』を「人情小説」として客観的に論じるなどは，小説概念の位置づけの転換を促す態度のあらわれであるといえる。
(中 裕史)

ちゅうごくぞくぶんがくし【中国俗文学史】

民国の中国俗文学研究書。上下2冊。鄭振鐸著。1938年商務印書館から出版。1954年作家出版社から重版。1984年上海書店から影印。第1章「俗文学とは何か」において，俗文学は中国文学史の中心であるという見解をうちだし，旧来の文学概念の転換を図る。第2章以降は『詩経』や『楚辞』などの古代歌謡から清代の民謡にいたるまで，時代をおって俗文学の流れを系統的に論述している。小説については言及されないが，民間歌謡研究には大きな成果をあげたといってよい。
(中 裕史)

ちゅうごくとうじけんぶんろく【中国陶瓷見聞録】

フランス人宣教師イエズス会士ダントルコールが書いた，当時の景徳鎮窯業を詳述した長文の書簡の日本での通称。原題名《Lettre du Père d'Entrecolles》。1712(康熙51)年9月1日付と1722年1月25日付の2回，パリの本部に送ったもの。1702年から76年にかけてパリで刊行された《Lettres édifiantes et curieuses écrites des missions étrangères par quelques missionaires de la Compagnie de Jésus》(『宗話および異聞書簡集』)の第12集と第16集に収録。邦訳には，小林太市郎訳注・佐藤雅彦補注『中国陶瓷見聞録』(東洋文庫383，平凡社，1979年)がある。
(砂澤 祐子)

ちゅうごびきゅうほう【肘後備急方】

東晋の医方集。原書名は『肘後救卒方』。全3巻。葛洪の原撰。のち南朝梁の陶弘景により補訂されて『補

闕肘後百一方』3巻(あるいは『補肘後救卒備急方』6巻)となった。現伝本はさらに金の楊用道の校改を経た8巻本の『肘後備急方』(正統道蔵本)。文字どおりの救急医療ハンドブックで，一般庶民の救済を目的とし，ありふれた薬物を用いた簡易処方，あるいはむずかしい経絡経穴名によらない簡便灸法が採録され，危険な鍼法は排除してある。

(小曽戸 洋)

ちゅうざんこくいせき【中山国遺跡】 河北省行唐県李家荘や唐県釣魚台などで発見された春秋時代後期頃の墓は，当時の中山国のものと考えられている。河北省平山県三汲公社には，戦国時代の中山国の都であった霊寿城の遺跡が所在する。東西幅4km，南北最大長さ4.5kmの不規則な形を呈する。その内外に3つの王陵区があり，1974年から78年にかけて，6基の大墓とそれに伴う陪葬墓が発掘された。なかでも王䁂の墓からは，龍鳳形で金銀象嵌装飾の方案(方形のテーブル)，虎が鹿を食う形の金銀象嵌の屏風座，銀象嵌双翼獣など，戦国時代の金属工芸の粋を凝らした数々の青銅器や，黒色磨研陶器，見事な玉器などが出土した。鉄足大鼎と龍飾方壺に刻まれた長文の銘文は，中山国の王の世系と重大事件を記録しており，中山国の歴史を復元するために重要である。これにより，䁂墓の年代は前310年頃と考えられる。また金線や銀線を象嵌した青銅製兆域図が出土したが，これは当時の王侯の墓の設計図として大きな価値を持っている。発掘報告書に河北省文物研究所『䁂墓——戦国中山国国王之墓——』上・下(文物出版社，1996年)がある。

(高濱 秀)

ちゅうじ【仲尼】 →孔子

ちゅうじぼうてんじょう【仲尼夢奠帖】 唐の書道の名品。欧陽詢が書いた現存する唯一の真跡。紙本。タテ25.5cm×ヨコ16.5cm。9行，全78字。書写時期は不明だが，彼の晩年にあたる貞観(627-649)前半に書いたとする説がある。もと宋の御府にあったが，南宋の頃に民間に流れたと考えられる。のち郭天錫，楊士奇，王鴻緒らを経て，清の御府に入る。現在は遼寧省博物館に蔵されている。郭天錫の跋にこの書は「点画の勁さ鋭さは武庫にある長柄の戈戟のようであり，字形は二王の風格を得ている。世上にある欧陽詢の行書の第一である」とあるように，北魏碑と二王の書をベースにして作られた欧書第一等の作とされる。

(池田 利広)

ちゅうしゅうがふ【中州楽府】 金の詞を集めた総集。1巻。独立した一書としてではなく，『中州集』の一部として金の遺民元好問が編纂，『中州集』に付して出版された。36人，113首を収める。『中州集』とほぼ同一の形式によって編輯されているが，『中州集』にすでに登場した詩人については小伝を付けていない。したがって完顔文卿・張信甫・王玄佐等数名の人に小伝が付くにすぎない。また，呉彦高・蔡伯堅・趙秉文の詞には元好問の評が付されている。

(高橋 文治)

ちゅうしゅうがふおんいんるいへん【中州楽府音韻類編】 元の韻書。燕山(河北省)の卓従之述。明の『太平楽府』(鉄琴銅剣楼本)の巻首に付されている。成書年とされる1351(至正11)年とはこの『太平楽府』の出版年である。韻目数・韻目名，小韻内部の字の配列などが『中原音韻』と近似であることから，一般的には『中州楽府音韻類編』は『中原音韻』に基づいて編まれたとされるが，近年では『中原音韻』が『中州楽府音韻類編』に基づくという説も報告されている。

(片山 久美子)

ちゅうしゅうしゅう【中州集】 金の詩を集めた総集。10巻。金の遺民元好問が，金詩を後世に伝えようと後半生をかけて編纂，1249年に成り，翌年に上梓された。本書の基礎には元道明なる人が集めた金詩集があり，それを増補した商衡の『国朝百家詩略』なる書があったという。元好問は20年の歳月をかけてこれを更に増補，各詩人に小伝を付した。251人，2062首を収める。本書成立時に存命だった金人は含まれない。巻首には帝王，巻9の途中からは諸相・状元・異人・隠徳，巻10には三知己・南冠五人・附見の見出しが掲げられ，その他の部分も時代順を基本としながらも，各詩人の軽重が判断できるよう，排列に多くの工夫がなされている。各詩人に付された小伝は，短い文章ながら，元好問が知り得た史事・詩評が簡潔にもりこまれ，金の歴史を知る重要な資料になっている。多くの詩人・詩は，本書によってのみ伝わっている。清の康煕帝は「人を以て詩に属し，事を以て人に属し，詩史(詩によって時代を写し取った歴史)を為す」と評した。この種の総集の典型として，後世に大きな影響を与えた。

(高橋 文治)

ちゅうしゅうせつ【中秋節】 旧暦8月15日。仲秋節・団円節・月節ともいう。この日は秋の3か月の半ばに当たるのでこう呼ぶ。一家が団欒し，祭壇に西瓜・柿などの果物，芋・月餅・兎の置物(兎児爺)などを供え満月を拝し愛でる習わしである。また，月餅を贈答し合う。唐代以後，盛んになった。元宵節・端午節とともに三大佳節として，今なお一家団欒の月見・月餅の贈答などの習わし

が行われている。　　　　　　　　（鈴木　健之）

ちゅうじん【仲仁】　1051(皇祐3)頃？〜1123(宣和5)。北宋の禅僧。会稽(浙江省)の人。衡州(湖南省)花光寺の住職になったことにより、花光と号した。墨梅の創始者とされ、その人品・画風は同時代の蘇軾や黄庭堅に絶賛されているが、作品は残っていない。その墨梅は墨暈(ぼかし)をもって梅花を描き、簡疎な構図のものであったらしい。また、潑墨風の平遠山水にもすぐれたという。墨梅に関する著述があったらしいが、今に残る『華光梅譜』は仲仁に偽託した明代の作である。
　　　　　　　　　　　　　　　　（味岡　義人）

ちゅうじんでん【疇人伝】　歴代の暦算家の伝記。46巻。清の阮元の編纂。「疇人」とは『史記』暦書や『漢書』律暦志にみえる語で、天文学や数学に明るい人物の意。太古から阮元の時代までの天文学者・数学者の記録を収めるだけでなく、中国に西洋科学をもたらした外国人宣教師や、コペルニクス、ニュートンといった西洋の著名な天文学者の伝記をも含む。各伝記の末尾の多くに阮元自身の見解を付している。羅士琳による続編6巻、諸可宝による三編7巻がある。　（長谷部　英一）

ちゅうせつ【中説】　隋の儒学者王通の言行録。『文中子』ともいう。10篇。王通の子孫による編纂。問答体形式で、『論語』に擬せられている。『易経』や、『礼記』の大学篇・中庸篇を取り上げて新しい人間観を示し、道統論を唱え、唐宋の儒学者に影響を与えた。また古文を称賛し、唐代古文復興の先駆となる。儒道仏一致を説き仏教や老荘思想からの摂取も多いが、王通が儒教を継ぐ者と自負し、自ら新しい儒学の機運をおこそうとしているさまが読み取れる。　　　　　　　　（高橋　朱子）

ちゅうそ【注疏】　儒学の経典である「経」を解釈したものを「注」といい(「伝」とか「箋」ということもある)、「注」をさらに詳しく敷衍し解釈したものを「疏」という。経書は聖人の思想を伝えるものと意識されるが、同じ経書でありながら数種の異なるテキストが存在し、それぞれに異なった解釈がおこなわれるため、漢から南北朝期まで、経書の解釈をめぐって種々の論争がくり広げられた。それで唐の太宗(李世民)が勅命により、640(貞観14)年に『易経』『書経』『詩経』『礼記』『左伝』の5種の経書を校定し、『五経正義』を作らせた。これによって五経に関する国定の規範的な注と疏(「正義」)が作成され、のちに他の経書にも同様の疏が作られていった。ただ疏は注に見える経書解釈を否定しないという原則を貫くため、たとえ注の解釈に無理があっても、疏はそれを否定せず、むしろ強引なまでに無理な解釈を通そうとすることもあった。
　　　　　　　　　　　　　　　　（阿辻　哲次）

ちゅうぞう【鋳造】　金属をはじめ、ガラス・石膏などを熔解して鋳型に流し込み、それを冷却して器物を成形する技法のこと。金属を素材とする場合は、特に鋳金ともいい、鍛金と並んで、金属加工の最も普遍的な技法の一つといえる。鋳金の場合、金・銀・銅・鉄・錫・鉛など種々の金属ないしその合金を材料に用いるが、中でも青銅は、それに最も適した素材として、時代の新旧や洋の東西を問わず、広く用いられた。中国では、新石器時代末期頃、青銅器が制作されるようになった当初からこの技法が用いられ、以後、歴代に渡って金属器制作技法の主流となった。

　鋳造は、大別すると、原型を用い、そこから鋳型をかたどりしていくものと、原型を用いず、鋳型に器物の形や文様を直接表していくものとの2種がある。また、原型には木・粘土・蠟(蜜蠟に松脂などを混ぜたもの)・石膏・金属など、鋳型には砂・粘土・石・金属など、種々の材料が用いられ、一口に鋳造といっても、これらの別や制作法の違いによって、様々な種類に分類される。

　中国の場合は、殷・周から南北朝頃まで、粘土で作った原型を別の粘土で覆って器物の形を写し取ることによって外型(外側の鋳型)を作り、その後、もとの原型の表面を器物の厚さ分だけ削り取って、それをそのまま内型(内側の鋳型＝中型)として用い、両者の間にできた数mmの間隙に熔解した金属を流し込んで器物を成形するという、いわゆる惣型と呼ばれる鋳造技法が基本であった。ここで使用された鋳型は、粘土を焼成した一種の陶製であることから、陶笵と呼ばれる。

　一方、春秋頃から、原型を蠟で制作し、それを粘土で覆って外型とした後、全体を加熱して原型を形作っていた蠟を溶かし出し、そこにできた空洞に熔解した金属を流し込んで器物を成形するという、蠟型鋳造(ロスト・ワックス Lost wax)が徐々に行われるようになった。この蠟型鋳造は、しばらくの間、それほど普及することはなかったが、南北朝末頃から仏像制作などにしばしば用いられるようになり、隋を経て唐になると、器物制作全般にこの蠟型技法が盛んに行われるようになった。

　殷周青銅器に代表される惣型鋳造では、鋳型の制作法の制約から、複雑で立体的な形を表現することが難しく、脚や耳といった部分的に突出した部位の成形には、先にそうした部位のみを鋳造した後、本体の鋳型にそれを挿入して組み合わせる鋳接といっ

た複雑な工程がとられた。これに対し，蠟型鋳造の場合には，原型を作る段階から自在な造形が可能であり，仏像のように，立体的で柔軟な表現に適していたため，原型の素材となる蜜蠟が広く用いられるようになると，鋳造における主要な技法の一つとして普及するようになった。　　　　　　（松本　伸之）

ちゅうたいせいよう【中体西用】　洋務論において唱えられた中学（中国の学術。名教）を清朝体制維持のための根幹（体）とし，西学（西洋の学術）の成果を体制維持の補助的手段（用）として位置づけようとする思想を端的に示す成語。「中学為体，西学為用」の省略語。沈寿康『匡時策』・張之洞『勧学篇』などにこの主旨の語がある。しかし厳復が批判するように「体用」とは本来ある事物の本質とその作用のことであり，この語は論理的矛盾をはらんでいる。　　　　　　　　　　（佐藤　豊）

ちゅうたん【中単】　→中衣

ちゅうちょうとう【仲長統】　180（光和3）？〜220（建安25）。後漢末の思想家。高平（山東省）の人。仲長は複姓，字は公理。若くして好学，博覧，文辞に富み，諸方に遊学。一時仕官せず上党（山西省）にいたが，曹操の謀臣荀彧は彼を召して尚書郎とした。のち荀彧は曹操と対立，自殺するが，仲長統は曹操の陣営にあり，再び尚書郎となり，曹操の子，曹丕が魏を建て漢が滅んだ年に死んだ。主著は『昌言』。他に，「楽志論」と通称される文がある。後漢書49，三国志21　　　　（内山　俊彦）

ちゅうなんかい【中南海】　中海と南海の併称。これに北海を加えて「前三海」ともいう。中海は，元代以来の皇室御苑で，北海とあわせて太液池と呼ばれた。明代永楽年間（1403-24）に皇城が南に拡張されると，南海が新たに開鑿され，瀛台を設けるなど，整備が進んだ。清末には，皇帝や皇太后がここにしばしば滞在して，聴政の場となった。その後も，1912（民国元）年には袁世凱の大総統府が置かれ，1949年以後は共産党中央と国務院の所在地となり，政治的権力中枢を構成している。
　　　　　　　　　　　　　　　　（新宮　学）

チューノム【字喃】　ベトナム語を表記するために漢字をもとに考案された音節文字。ベトナムでは古くから漢字を借用して固有語の表記を試みていたが，元の侵略をはねかえし民族主義の高揚した13世紀の陳朝の時代以降に大きく発展した。その起源については諸説がある。「字喃」とは南国の文字，または話し言葉の文字の意で，「字儒」儒学者の文字，つまり正式の文字である漢字に対する呼称。漢字の音を借りて固有語の音を表す仮借に始まり，漢字の一部を意符として固有語の音の声符を添えた形声（諧声）文字が主体で，そのほかにわずかながら音の暗示を含まず意符のみを組み合わせた会意文字もある。これらを用いて日本語の漢字仮名交じり文のように，明白な漢語は漢字で書き，固有語は字喃で表記した。字喃は筆画も多く複雑で，漢字・漢文の素養がなければ使えない性質のものであったため，19世紀にフランスの支配下でローマ字による「字国語」チュー・クォックグーが正書法として採用されるに至り字喃の使用は急速に廃れた。
　　　　　　　　　　　　　　　　（池田　巧）

ちゅうぶん【籀文】　書体の名称。大篆ともいう。周の宣王の太史籀が作成したという『史籀篇』（『大篆』）の文字で，後漢の許慎『説文解字』に200余字が収録されている。『説文解字』叙によれば，壁中書の古文とは形体の異なる文字があったとされ，小篆のもとになった書体として，秦書の八体の第一に位置付けられている。唐代に発見された石鼓文を籀文と見なす説が早くから行われており，戦国期の秦の文字との間に密接な関係が認められる。　　　　　　　　　　　　　　　（福田　哲之）

ちゅうべんいむしまつ【籌辦夷務始末】　清代，道光・咸豊・同治3朝の外交に関する官撰の史料集。260巻（道光朝80巻，咸豊朝80巻，同治朝100巻）。1930（民国19）年に故宮博物院が影印出版した。外交に関する上諭・奏摺などが時代順に配列されており，道光朝については1836（道光16）年以降の史料が収録され，いわばアヘン戦争に関する清朝側の外交史料集となっている。道光・咸豊両朝のものは中華書局から鉛印標点本が出版されている。また，この史料集を補うものとして『籌辦夷務始末補遺』（1988年），『鴉片戦争檔案史料』（1992年）も刊行されている。　　　　　（井上　裕正）

ちゅうほうみょうほん【中峰明本】　1263（中統4）〜1323（至治3）。元の禅僧。銭塘（浙江省）の人。俗姓は孫氏。無準師範三世の高峰原妙の弟子で，貴族階級との接触を極力避け，諸処遊して定まった居処もなく，それぞれの庵居や草廬に幻住と名付けて住んだ。日本・インド・朝鮮から参学の禅者や居士たちの往来があり，元代禅林中の代表的禅僧である。その筆跡は独自の書風を示し，笹の葉の形に似ていることから「柳葉体」「笹の葉書き」と称される。日本には墨蹟として『与済侍者警策』（神奈川，常盤山文庫蔵），『与大友直庵尺牘』（東京，静嘉堂文庫美術館蔵），『一庵筆頂相自賛』（1316年，

兵庫，高源寺蔵)などが現存する。　　(河内 利治)

ちゅうゆいま【注維摩】　後秦の僧肇が鳩摩羅什訳『維摩詰所説経』3巻に施した注釈。現行本は10巻。中に僧肇注の他に，鳩摩羅什・竺道生の注も含む。羅什注に比べると肇生二注の説明には玄学的色彩が濃厚である。従来，中国最初の維摩経注釈で，僧肇が羅什注を再解釈したものに後人が道生の注を併せたという見解がある。しかし隋の法経撰『衆経目録』巻6に「維摩経注解三巻羅什」「維摩経注解三巻竺道生」「維摩経注解五巻釈僧肇」とあり，三つの注は本来独立のものであったらしい。また唐の道宣撰『大唐内典録』巻10に「釈曇詵……注維摩詰経五巻」「鳩摩羅什注維摩経」「釈僧肇……注維摩経」とあるのによれば，最初の注釈は東晋孝武帝代の曇詵のものということになる。この記録の当否は不明。　(中嶋 隆蔵)

ちゅうゆう【仲由】　→子路

ちゅうよう【中庸】　儒家の経典「五経」の一つ，『礼記』49篇のなかの第31篇。孔子の孫の子思の作と伝えられ，古来注目されてきたが，特に宋代に至って『論語』『孟子』，そしてこれも『礼記』のなかの1篇であった「大学篇」とともに，「四書」として尊重されるようになった。「四書」のなかで最後に読むべきものと朱子が言ったのは，「中庸は工夫密にして規模大」「以て古人の微妙の処を求む」(『朱子語類』14)るに相応しいと判断したからである。

朱子は『中庸章句』を作るに当たって，本文の前に「中庸は始めに一理を言い，中ほどは散じて万事と為り，末に復び合して一理と為る」(『中庸輯略』)という程顥のことばを掲げた。始めの一理とは開巻冒頭の，「天の命ずるをこれ性と謂う」を指す。本文は「性に率うをこれ道と謂い，道を修むるをこれ教と謂う」と続いて，全存在の存在根拠と人間の在り方から説き起こすのである。末の一理とは「上天の載は無声無臭，至れり」。顕在化しない徳の絶妙なしわざを讃えるのである。

『中庸』一書の目的は，「天の道」としての「誠」に基づき，「天下の大本」たる「中」を極めることに在るのである。　(松川 健二)

ちゅうろん【中論】　後漢末の儒家派の思想書。建安七子の一人である徐幹の撰述。今本は2巻20篇。文学制作の世界ですでに名声を得ていた徐幹が，その営為を捨ててまで精力を傾注した著作が本書である。基本的に儒家思想の伝統に則った論を展開しつつ，漢末の混迷した時代背景を反映して，修己行善・明哲保身を旨としながら，単純な運命論・性善説には与せず，また技芸を重視するなど，儒教に新傾向を構築しようとしている。
　　(南澤 良彦)

チョイジン・ラマじいん【チョイジン・ラマ寺院】　モンゴル国ウランバートルにある寺院。ジェブツンダムバ8世活仏の弟であるチョイジン・ラマの創建。1904年着工し，08年に竣工。漢字名は興仁寺。1938年から博物館として開放。主な仏殿は，前廊と後ろの仏堂が前後につながっており，縦長なプランとなっている。仏堂には18世紀のシャガムニ金像が中央に，向かって右にチョイジン・ラマ，左にジェブツンダムバ8世活仏の経師であるボルダンチョイムボルの像が安置されている。仏堂の壁画が地獄の様相を描いているのが特徴である。
　　(包 慕萍)

ちょう【趙(戦国)】　前453〜前228。戦国時代の強国で七雄の一つに数えられる。祖先は秦と同じで，周の穆王の時，趙城(山西省)を賜って趙氏を名乗り，周の東遷の際に晋に仕えたとされる。春秋時代，趙氏は晋の六卿の一つとして力を伸ばし，前453年，韓・魏とともに晋国を実質的に三分して独立した。最初，晋陽(山西省)を本拠地としたが，後に邯鄲(河北省)に遷都した。この地には，現在でも巨大な都市遺跡が残されている。武霊王(在位前325〜前299)の時，「胡服騎射」として知られる軍事改革を行い，恵文王(在位前298〜前266)の時には北方の中山国を滅ぼして強盛となった。しかし，前267年，長平の戦い(山西省)で秦に大敗し，以後急速に衰え，前228年に秦に滅ぼされた。武霊王の改革には北方遊牧民の影響が強く見られるが，軍事的・経済的に独立した多くの都市を支配する，韓・魏と共通する中原的な国家であった。　(江村 治樹)

ちょう【趙(五胡十六国)】　五胡十六国時代の王朝名。同名の王朝が2つあり，区別して前趙(304〔元熙元〕〜329〔光初12〕)・後趙(319〜351〔永寧2〕)と呼ぶ。南匈奴単于の末裔，劉淵は西晋末の混乱中，大単于に推戴され304年左国城(山西省)で漢王を称し自立，更に308(永鳳元)年には皇帝に即いた。三代目の聡は洛陽・長安に侵攻，西晋の懐帝と愍帝を相次いで殺害し西晋を滅ぼした(317年)。劉曜の代に至り長安に都し国号を趙と改め(319年)，陝西省一帯を領有したが，329年，漢から独立した石勒に滅ぼされた。後趙を建てた石勒も匈奴系の羯族の出で，劉淵の傘下で武将として東方征伐に当たり，次第に諸族を糾合し勢力を拡大して幽・冀州(河北省)を支配下に収めた。319年には大単于，つ

いで趙王を称して自立，330(建平元)年には皇帝に即いた。その最大版図は華北全域に及び，国内では中国風の諸制度を整備，また仏図澄を迎えて仏教を篤く信奉した。次の石虎は盛んな外征を行う一方，暴虐な政治を行い国は乱れ始め，虎の死後朝廷の内紛が続くなか漢人武将の冉閔は自ら擁立した石鑒と北族20余万を殺害，帝位を奪い国号を大魏と改めた(350年)。閔と争い帝を称した石祇も翌年殺され，ここに後趙は滅んだ。　　　　(佐藤　達郎)

ちょうあく【張渥】　元時代末の画家。銭塘(浙江省)，あるいは淮南(安徽省)の出身。字は叔厚，号は貞期生。職業画家ではなく，博学多芸な文人画家だったらしい。元末の有名な雅会，顧瑛の玉山草堂に出入りし，そのさまを描いている。画は*李公麟を学んだ白描人物画を善くした。現存作例は，『九歌図巻』(クリーブランド美術館蔵)，『雪夜訪戴図』(上海博物館蔵)など，元代の復古主義の一面を代表している。　　　　(海老根　聰郎)

ちょうあん【長安】　渭水南側の現在の陝西省西安市に置かれた前漢と隋唐の都城であるが，位置はやや異なる。前漢の長安城は秦都咸陽城南郊の離宮群の版築土塁を利用し，その上にまず長楽宮や未央宮などの宮殿群が建てられて宮殿区を宮墻で囲み込んだ後，全体を囲む城壁を築いた。北を流れる渭水の河道にも規制されて，都城全体の形状は方形ではなく凹凸のあるものとなった。しかし4面に各3門を開き，西北部に東西市を配置するなど，都城の理念的形状は踏まえており，計画性を持った造営であることがわかる。現存の城壁は基厚10〜15m，残高5〜8mある。城周は25.7kmで，文献記録の63里とよく合致する。城内の3分の2を宮殿区が占め，9市160里の居民区のほとんどは城外にあったと推定される。宮殿など公的空間が城内の過半を占めるのが中国古代の都城の特徴である。考古学調査で城内の武器庫や南郊の明堂址などいくつかの漢代遺跡が発見されている。漢長安城はその後も五胡十六国期の前秦と後秦，北朝北魏分裂後の西魏と北周が都城として再利用し，その度に城壁の修築がなされたので，地表面での残存は良好である。北周を継いだ隋文帝は統一をも視野に入れた大規模な都城を新たに漢城の東南10kmの地に造営した。黄土の段丘の高低差を巧みに利用して，南北8.5km，東西9.7km，城周36.5kmの壮大な都市計画に基づく左右対称の新都城である。まず城内中央の北側に宮殿区の宮城，その南に接して官庁街の皇城が建設され，都城全体を取り囲む外郭城が最終的に完成するのは唐代になってからである。宮城と皇城という公的空間は城内面積の12％を占めるだけであり，そのコンパクトさは漢城とは対照的である。外郭城内は大街で東西2市と108坊にブロック化され，多数の仏寺や道観，三夷教(祆教・マニ教・景教)の神殿などが立ち並び，また西市界隈は外国人居住者も多く，国際色豊かであった。ただ当初の都市計画があまりにも壮大であったため，城内を完全に居民で満たすに至らず，唐最盛期の玄宗期ですら南4分の1の諸坊では空隙地が目立った。唐末に朱全忠により宮殿・官衙・寺観・邸宅など城内の主要建築物のほとんどは解体され洛陽に筏送されて移築されたために，長安は廃墟と化した。
　　　　(愛宕　元)

ちょうあんじょう【長安城】　→漢長安城，隋唐長安城

ちょうい【張謂】　721(開元9)？〜780(建中元)？。盛唐〜中唐の詩人。河内(河南省)の人。字は正言。24歳で従軍し，東北の辺塞にあること10年に及んだ。743(天宝2)年，進士に及第。758(乾元元)年秋，尚書郎を以て夏口(湖北省)に使いした時，夜郎に流される李白と出会い，江城(雲南省)南湖で宴飲した。767(大暦2)年前後，潭州(湖南省)刺史に任ぜられ，元結と交わりがあった。後，入朝して太子左庶子となり，礼部侍郎にうつった。

詩のテーマは幅が広い。社会批判の作では，たとえば『代北州老翁答』は，玄宗治世の後期にむやみに戦争を行って人民に与えた苦しみを歌っており，『杜侍御送貢物戯贈』は官僚の贈収賄を諷刺している。抒情の詩では，『同王徴君湘中有懐』は旅人の愁いを巧みに詠じており，『早梅』は白い寒梅を詠じて，すがすがしくひやりとした空気の香りがただよってくるようである。『全唐詩』は1巻(197)に編む。事蹟は『唐摭言』8，『唐詩紀事』25，『唐才子伝』4などに見える。　　　　(下定　雅弘)

ちょういきず【兆域図】　河北省平山県で発見された戦国時代，前310年頃の中山王䰉の陵園平面図。「兆域」とは，王陵の区域を意味する。94cm×48cm×1cmの銅板の一面に，金銀を嵌めこんで，国王と王后たちの墓及び陵園の平面図が描かれ，金文で陵墓を建造する詔令や各建物の用途・尺度を明記する。中央に王堂，左右に王后堂と哀后堂が造られ，その左右にさらに小さい堂を並列し，周囲に内宮垣(壁)を巡らせている。尺と歩で寸法を記して，縮尺をもって描かれ，中国で発見された最古の平面図となる。　　　　(包　慕萍)

ちょうう【張羽】　1333(元統元)〜85(洪武18)。元末明初の詩人。潯陽(江西省)の人だが，元

末の兵乱を避け呉すなわち蘇州(江蘇省)に移住。字は来儀のち付鳳、号は静居。詩は楽府や歌行に優れ、高啓・楊基・徐賁とともに呉中の四傑と称された。また、高・徐とともに北郭十友の一人。元末に揚州海陵(江蘇省)の安定書院の山長(塾長)をつとめる。明の洪武帝に召されて太常司丞を拝命したが、のち粛正によって嶺南(広東省)に流された。途中、召還の命が下ったが、龍江に身を投じて死んだ。詩集に『静居集』がある。明史285　　　　　(野村 鮎子)

ちょううしょ【張宇初】　1361(至正21)～1410(永楽8)。明代初期の道士。江西の龍虎山を拠点とする正一教の第43代天師。字は子璿、号は耆山と称し、17歳で正一教の代表者としての資格を継いだ。洪武から永楽にかけて、皇帝の招きにより京師(北京)で儀礼を行って霊験を示したほか、国家の支持により龍虎山で大上清宮等の宮観を修復整備した。著作には、教団の位置付けを述べた『道門十規』や教義を明らかにした『元始無量度人上品妙経通義』、詩文をまとめた『峴泉文集』などがあり、文人としての評価も高い。明史299　(丸山 宏)

ちょうえん【張炎】　1248(淳祐8)～1320(延祐7)?。宋末元初の詞人。原籍は西秦(陝西省)、実際には臨安(浙江省)の人。字は叔夏。号は玉田・楽笑翁。循王張俊を祖とする名門に生まれる。32歳の時に南宋が滅亡し、以後隠遁して江南を縦遊し、遺民として生涯を終えた。詠物詞の名手として南宋の代表的詞人に数えられ、作品は絵画的で雅ななかにも悲しげな響きを持つ。詞集『山中白雲詞』5巻、詞論書『詞源』2巻がある。
(松尾 肇子)

ちょうおうきょ【張横渠】　→張載

ちょうおうじょう【趙王城】　戦国時代の強国趙の都城。現在の河北省邯鄲市内に位置し、当時から邯鄲城とよばれていた。戦国時代の邯鄲は中原の大都市の一つとして人口も多く、この地域の商業・手工業の中心都市として栄えた。『史記』秦始皇本紀によると、ここは秦始皇帝の生地でもあった。

現在の邯鄲市街の西約1kmの所に、3つの城址(北城・東城・西城)が品字形に連なった広大な城址があり、現在は発掘整備されて保存されている。とくに南西に位置する西城がよく整備されており、中央の基壇と四周の城壁、西と南の城門ははっきり確認され、また城壁の内側が階段状になっているのも特徴的である。またこの他に、現在の邯鄲市街地の下に、ボーリング調査によって城壁が確認されており、これら4つの城址が趙王城とどう一致するか、都城の遷り変わりもふくめて論議の対象となっている。
(太田 幸男)

ちょうか【張華】　232(太和6)～300(永康元)。西晋の詩人・政治家。范陽方城(河北省)の人。字は茂先。下級貴族の出ながら、司空(宰相)に昇りつめ、西晋文学の担い手を多く推挽し、自身も詩文を善くした。当代随一の蔵書家でもあり、博学多識で、怪異譚や民間伝承を集めた『博物志』10巻を撰した。後、西晋王朝のお家騒動である「八王の乱」に巻き込まれ、非命の最期を遂げた。晋書36
(佐竹 保子)

ちょうか【貼花】　陶磁器の表面装飾技法のひとつで、素地と同じ材料を使い、型抜きなどで文様部分をつくり、貼り付けたもの。越窯の神亭壺や北朝北斉の黄釉陶、唐三彩で文様を表すためにしばしば使われているほか、龍泉窯の青磁でも浮き牡丹の文様などに使われている。
(出川 哲朗)

ちょうか【趙過】　生没年不詳。前漢に活躍した勧農官。武帝期(前141-前87)の度重なる外征によって疲弊した民力を復興させるため、捜粟都尉に抜擢され、主として三輔地方(長安を中心とした首都圏)の篤農家を介して、伝統的な古農法である代田法を復活普及させた。代田法の最大の特色は、年毎に溝と壟とを交互に利用して作物を栽培し、除草と耐旱処理につとめることにある。また耕牛の不足を補うため人力犁の導入も推進し、大きな成果を収めた。漢書24
(渡部 武)

ちょうかい【趙偕】　?～1366(至正26)。元の儒学者。慈渓(浙江省)の人。字は子永。宝峰先生と称される。科挙の学を捨て、楊簡の遺書を読んで悟境に達し、大宝山の東麓に隠れ棲む。宋の宗子であることを理由に元への出仕を辞退するが、憂世の心は懐きつづける。混乱の際、浙東に拠った方国珍に出仕を迫られるが拒否。静虚を本領とする学風は、禅に墜ちたとの評もある。『趙宝峰集』2巻あり。『宋元学案』巻93は静明宝峰学案を立てる。
(石田 和夫)

ちょうかいかん【張懐瓘】　生没年不詳。唐代中期の学者。海陵(江蘇省)の人。玄宗期から代宗期にかけて活躍した書家であり理論家でもある。鄂州司馬から地方官を経て、弟の懐瓌とともに翰林院に入った。書は楷・行・小篆をよくし、ことに草書に新意があったといわれる。しかし書家としてより、むしろ理論家としての方が評価が高い。かれ

自身も書の研究者・理論家を任じていたらしく「古の書の名手は，書くという行為にのみ専念し，書の心を説くことができない。私は書を書くことは拙であるが，書の心は説明できる」（『書議』）といった。代表的書論は，『書断』であろう。上巻は，古文・大篆・籀文・小篆・八分・隷書・章草・行書・飛白・草書の十体につき，起源と沿革をのべ，中・下巻は古今の書家を神・妙・能品に分け，各人の小伝をかかげている。南北朝の書論の佚文までも網羅し，実証的である。ほか『書佐』『書議』『二王等書録』『文字論』が『法書要録』に収められている。

（大橋 修一）

ちょうかいひん【張介賓】

1563（嘉靖42）～1640（崇禎13）。明代の医家。山陰県（浙江省）の人。字は会卿，号は景岳，別号は通一子。明末の温補（先天の気である腎，後天の気である脾の不足を補う）派の代表。主著『景岳全書』64巻は50年をかけ1637（崇禎10）年に成書。温補学説による方剤は虚労虚損の疾患に効果がある。易や天文，兵法にも造詣が深い。『黄帝内経』を再編纂し注釈した『類経』32巻に加え『類経図翼』8巻，『類経附翼』4巻は評価が高い。他に『質疑録』1巻がある。

（浦山 きか）

ちょうかかん【跳加官】

京劇や崑曲といった演劇や人形劇の前や合間に，観客への慶賀の意を表すために行われる。軽快にシンバルの鳴らされる中，福々しい面を付け，赤い装束に身を包んだ演者が登場し，「一品当朝」「天官賜福」「恭喜発財」「風調雨順」といっためでたい言葉が書かれた軸を観客に見せたとされる。現在でも江南では部分的に伝承されている。加官（官職を上げる）と称するように，舞台でめでたいことを示すことで，観客の願望の実現を予祝する意味があると考えられる。

（廣田 律子）

ちょうかきゅう【張可久】

1279（至元16）～1354（至正14）？。元代の散曲作家。慶元（浙江省）の人。名前については，名は可久で号が小山，名は久可，字が可久，号は小山など諸説ある。40歳を過ぎて，浙江省の紹興，衢州の路吏，処州の酒税都監となり，一度は引退したが，60歳以降，また徽州（安徽省）の税務大使，昆山（蘇州）での幕僚を務めるなど，一生を下級役人の生活に甘んじたが，作家としての名声は高く，馬致遠・貫雲石などの大家と交際した。作風は元代後期における散曲古典化，雅化の傾向を代表し，典故の多用，俗語の排除，景情一致の境地などに特徴があり，唐詩や宋詞の風格に近い。小令853，套数9の作品があり，元代散曲作家の中でもっとも多作であるが，他の作家の多くが雑劇も作ったのに対し，散曲のみに専念した。生前に『今楽府』『呉塩』『蘇堤漁唱』『新楽府』を自ら編集したというが，伝わらない。任訥編『小山楽府』（『散曲叢刊』所収）は，元代の写本をもとにこれらを復元したものだが，元来の形態ではない。

（金 文京）

ちょうかく【張角】

？～184（中平元）。後漢末の宗教家，黄巾の乱の指導者。鉅鹿郡（河北省）の人。「黄老道」を信奉し，『太平清領書』を経典として道教の源流となった太平道を創始した。張角は「大賢良師」と名乗って病気を治癒，太平道は飢饉と疫病に苦しむ流民や貧農を中心に急速に浸透した。ついで張角は弟子を各地に送って布教させ，10数年後には中国の東半分に数十万人の信者を獲得，各地に「方」という拠点を設けて教団を組織した。当時の政府は宦官が実権を掌握，張角の逮捕と釈放を繰り返すのみで抜本策を打ちだせなかった。やがて張角は後漢が滅んで太平道の理想とする天下が出現することを予言し，184（中平元）年，全国一斉に蜂起，張角は天公将軍，弟の宝と梁は人公将軍・地公将軍と号した。信者は黄色の頭巾を着けて目じるしとしたので黄巾と呼ばれた。だが張角は病死，宝と梁も戦死し，黄巾の乱は平定される。張角の死骸は掘り返され，刑罰が加えられた。後漢書71

（都築 晶子）

ちょうかこう【張家口】

現在の河北省西北部の都市。華北と内モンゴルの交通の要衝に位置する。西欧では，「カルガン」（モンゴル語で「扉」の意）の別称でも知られていた。遼・金・元がここを通って中国に侵入したように，重要な軍事上の拠点であった。明代にアルタン・カンに備えて築かれた張家口堡と，のちモンゴルとの互市のために設けられた来遠堡をあわせて張家口と呼ぶようになった。明末からはモンゴル貿易の重要地として繁栄し，帰化城（フホホト＝「西口」）に対して「東口」と呼ばれた。

（原山 煌）

ちょうかはいせき【張家坡遺跡】

陝西省西安市西南の灃河の西岸，張家坡村付近にある西周時代の遺跡。周の文王が造営した豊邑内の一画にあり豊鎬遺跡の一部をなす。西周時代の居住遺跡・墓・車馬坑等が発見されている。特に墓の発見例が多く，1956年に中国科学院（現在は中国社会科学院）考古研究所が発掘を開始して以来これまでに，発掘された墓あるいはボーリング調査で確認された墓は1500基以上にのぼる。墓から出土した大量の土器資料は，西周文化編年の考古学的基礎となって

いる。1961年，張家坡で発見された窖蔵青銅器群は，青銅礼器53件が一括出土したもので，西周前期の盂殷や後期の師旂殷等，西周史研究上の重要な銘文を含んでいる。1984年に発掘された157号墓は，2本の墓道をもつ豊鎬遺跡最大級の墓で，西周王朝の重臣であった井叔の墓と考えられている。

(西江 清高)

ちょうかわんようりょうようこう【張家湾陽陵俑坑】 陝西省咸陽市張家湾村で発見された前漢の6代景帝の陽陵に付属する陪葬坑。1991年より陝西省考古研究所漢陵考古隊が調査を開始し，墳丘の周囲で86基，東南400mの地点(南区)と西北300mの地点(北区)で各24基を発見。発掘された南区と墳丘東北側の陪葬坑からは裸体の男性俑，武士俑，動物俑，木製車馬，明器の兵器等が出土した。現在博物館が建設され，陪葬坑の一部を見学できる。また王皇后陵でも30基，北側の2基の陪葬墓でも合計30基の陪葬坑が発見されている。文献は焦南峰「漢陽陵従葬坑初探」(『文物』2006-7)がある。

(高浜 侑子)

ちょうかん【朝冠】 清朝の皇帝・皇后・皇族および諸臣の第一礼服である朝服の冠。

朝冠を含めて当時の正式な冠には全て冬用と夏用があり，旧暦3～7月の間は夏冠，それ以外は冬冠を用い，その材質は身分による違いがあった。皇帝の冬冠は貂または黒狐の毛皮製，夏冠は玉草または細い藤糸や竹糸で編んだ笠状のもので，いずれも帽頂部は朱色の房で覆われている。頂子は3層になっており，4つの金龍の上にそれぞれ東珠(混同江等より産出される珠)を貫いたものであった。皇后の冬冠は貂，夏冠は青絨で作られ，やはり頭頂部は朱房で覆われる。頂子は3層で，金鳳の上にそれぞれ東珠を貫いたものであり，朱房の上周に金鳳7羽，後ろに金翟(尾長雉)を付けるとともに翟尾垂飾を垂れ，真珠・珍玉をちりばめたものである。文武官の冬冠・夏冠も頭頂部は朱房で覆われ，頂子の違いで位階を示した。

(増田 美子)

ちょうかん【澄観】 738(開元26)～839(開成4)。唐代以後の基準となる形で華厳教学をまとめあげ，華厳宗の第4祖と称される学僧。越州会稽(浙江省)の人。姓は夏侯。多くの皇帝の師となり，清涼国師の号を授かった。諸宗を広く学び，華厳宗では法詵，天台宗では湛然に師事し，禅宗では牛頭慧忠，径山法欽，荷沢宗など様々な系統の師に参じた。不空三蔵の訳経にも協力したのち，五台山に登って大華厳寺に入り，中国古典などの諸学を学び直したうえで，各宗の教理や禅宗の主張を総合しつつ『華厳経疏』を執筆した。さらにその講義を行い，複注である『華厳演義鈔』を著した。法蔵の教判を批判した慧苑を非難し，杜順作とされる『法界観門』を重視して事事無礙を柱とする教学を打ち立てたが，実際には慧苑の影響を受けている点も多い。同様に，老荘思想を批判しつつもその影響を受け，また中国思想色が濃い李通玄の影響もきわめて大きいため，その著作は中国で広く歓迎されるに至った。著作には他に『三聖円融観』『法界観玄鏡』などがある。

(石井 公成)

ちょうき【趙岐】 109(永初3)?～201(建安6)。後漢の学者。京兆長陵(陝西省)の人。字は邠卿。ときの大儒，馬融と親交があり，その姪と結婚したという。後に京兆の長官，唐玹を批判したため，生命の危険を感じ，姓名を隠して各地を逃亡した。晩年，儒家の書の中で『孟子』にのみ注釈がないことを憂え，はじめて注解をほどこした。それが『孟子章句』である。その他，著述として，当時の長安のいわゆる紳士録『三輔決録』があったという。後漢書64

(弥 和順)

ちょうぎ【張儀】 ?～前310。戦国時代，諸国をめぐって外交策を説いた縦横家の一人。『史記』によると，蘇秦とともに鬼谷先生に学んだ同時代の人物とされる。当初，秦に対抗する合従策をとなえたが，秦に仕えた後，秦と諸侯を個別に同盟させる連衡策を進めた。しかし，秦国内で恨みをかい，魏に逃れて宰相となり1年で死んだとされる。1973年出土の馬王堆帛書『戦国縦横家書』によると，張儀が活躍したのは合従策をとなえた蘇秦の前になる。史記70

(江村 治樹)

ちょうぎ【跳戯】 合陽県を中心に行われる，陝西省の地方劇。起源については，①古代に行われた儺舞，②宋代の宮廷で行われた隊舞，③金元代の鑼鼓雑戯，とする説がある。旧正月の5日から16日まで村々で上演される。村によって演目は異なり，劇本は厳格に相伝され，題材を『封神演義』『東周列国志』『三国志演義』等に取った軍記物語が，500余りにもなる。最初に宗教色の強い演目が上演される。戦闘場面が中心となるが，科白は七言調を主体とし，囃子は打楽器が中心となる。

(廣田 律子)

ちょうきしん【趙帰真】 ?～846(会昌6)。唐代の太清宮道士。826(宝暦2)年，両街道門都教授博士となるが，敬宗の死後嶺南(広東・広西地方)に流された。その後赦され，840(開成5)年に武宗により宮中に呼び寄せられた。衡山道士の劉玄靖と

共に武宗の道教尊崇につけこみ、仏教を排斥して廃仏を行うよう画策し、845(会昌5)年に廃仏を断行させた。翌年、武宗が死に宣宗が即位すると、皇帝を惑わし廃仏を行った罪により劉玄靖らと共に杖殺された。
（坂内 栄夫）

ちょうきゅうけんさんけい【張丘建算経】

六朝時代の数学書。李淳風等注釈『算経十書(十部算経)』の一つ。序文で『孫子算経』の蕩杯術、『夏侯陽算経』の方倉術に言及しており、その成立は二書よりも後れ、設題内容から北朝北魏の著作とされる。著者である「清河張丘建」については不詳。等差数列・過不足算など『九章算術』の設題を複雑にした応用問題を数多く扱っており、分数計算等に工夫がなされている。また、三元一次不定方程式である百鶏術を巻末に掲げる。（武田 時昌）

ちょうきゅうせい【張九成】

1092(元祐7)～1159(紹興29)。南宋の儒学者。銭塘(浙江省)の人。字は子韶。号は横浦、また無垢居士。追諡は文忠。程門の楊時に師事し、宋室南渡後初の科挙に首席及第。趙鼎の推により経筵に先導的地位を得るが、秦檜と対立し、晩年は南安軍に貶謫される。南宋の程学隆盛に先鞭をなし、陸王学の先駆とされる。大慧宗杲と親交があり、経典の解義にも禅味をおびた所がある。朱子はこれを異端思想への出入と批判し、その著書を斥けて洪水猛獣の害に比喩したことでも知られる。官は礼部侍郎。著書に『孟子伝』、文集に『横浦集』がある。宋史374
（近藤 正則）

ちょうきゅうれい【張九齢】

673(咸亨4)～740(開元28)。唐代の政治家・文人。曲江(広東省)の人。字は子寿、またの名が博物、諡は文献。702(長安2)年に科挙の進士科に及第し、733(開元21)年に宰相に昇った。玄宗に協力して、唐の極盛期「開元の治」を実現した人物の一人である。学問にすぐれ、古今の経籍を収集・校勘する集賢院学士にも就いた。著述には、『曲江集』20巻、『千秋金鑑録』5巻、『朝英集』3巻がある。旧唐書99、新唐書126
（長部 悦弘）

ちょうきょう【趙匡】

生没年不詳。唐の春秋学者。河東(山西省)の人。字は伯循。蕭穎士の教えを受けた。安史の乱を避け、江南で節度使の幕僚を務めた。770(大暦5)年から775(大暦10)年まで、啖助の遺稿を参考にして、陸淳と共同で『春秋』を研究した。『左伝』の作者とされる左丘明は孔子以前の人物で『左伝』は当時の諸国の史書を集めて『春秋』を解釈した書物にすぎない、と主張して、三伝の比較を通して『春秋』の意味を探究した。旧唐書189、新唐書200
（島 一）

ちょうきょういん【趙匡胤】→太祖(宋)

ちょうきょく【張旭】

生没年不詳。唐の書家。玄宗のころに活躍した。蘇州呉(江蘇省)の人。字は伯高。左率府長史の官に就いたことから張長史と呼ばれる。詩書に巧みで、楷書をよくし、草書で名を知られた。懐素と共に狂草(字形を極端にくずし連綿した草書)の祖と称される。

杜甫の『飲中八仙歌』に「張旭三杯、草聖伝う、帽を脱ぎ頂を露わす王公の前、毫を揮い紙に落とせば雲煙の如し」と謳われたり、文宗の時の詔に、李白の歌詩、裴旻の剣舞、張旭の草書を合わせて天下の三絶といわしめたことから、当時の彼の草書が並々ならぬものであったことが分かる。書は王羲之の流れを汲む陸柬之の甥の陸彦遠に習ったといわれる。世人からは「張顚」と呼ばれたものの、その書は後の顔真卿や黄庭堅の評によれば、王羲之の書法を逸脱するものではなかったようである。酒を好み、大酔すれば絶叫狂走しながら草書を書いたり、頭髪を墨で濡らして書くといった書作態度を「顚」と呼んだと推測される。伝統作品に『古詩四帖』『自言帖』『晩復帖』『肚痛帖』があり、確実に彼の書とされるものに『郎官石記』『厳仁墓誌』がある。新唐書202
（池田 利広）

ちょうぎょくしゅう【珊玉集】

類書の一つ。15巻、あるいは20巻という記録がある。編者不詳。成立は六朝末期とする説が有力。紙背文書として12巻と14巻だけが日本に残り、清末『古逸叢書』に収録された。本書は、聡慧篇、美人篇などの項目の下に、各句が人名(2字)と2字または4字の言葉で構成される対句が作られ、対句の羅列の後、句の解説と出典を記すという体裁をとる。これは詩や駢文を作る際の参考に資する目的で編纂されたことを示している。
（道坂 昭廣）

ちょうきょせい【張居正】

1525(嘉靖4)～82(万暦10)。明の政治家。江陵(湖北省)の人。字は叔大、号は太岳、諡は文忠。嘉靖(1522-66)の進士。翰林院編修、国子監司業等の官を歴任。徐階に重用され、1567(隆慶元)年、東閣大学士となり国政に参与、アルタン・カンの封貢を促す。1572(隆慶6)年、神宗(万暦帝)が即位すると、宦官馮保と結託し内閣首補となる。幼帝を補佐すべく皇太后より大権を委ねられ、皇帝も彼を師とした。10年間の在任中、内政・財政の改革に着手して、独裁的な手腕を振るった。全国的な丈田(検地)の実施、一条鞭法

の遂行により国庫の建て直しを図った。1577(万暦5)年，父親の喪に服することなく政務をとり続け(奪情起復)，物議を醸す。1579(同7)年，世論の批判を抑えるため天下の書院の打ち壊しを命じた。死後，その強権政治への反動が起こり，棺は暴かれ，家は籍没の憂き目にあう。『張文忠公全集』等の著作がある。明史213 　　　　　　　　　　　　（森　紀子）

ちょうきん【彫金】 鏨によって金属の表面に文様や文字などを切削して表現する技法のことで，鋳金や鍛金に次いで，金属加工の基本的な技法の一つに数えられる。

一口に彫金といっても，文様を高く彫り上げて浮彫のように見せる高肉彫，文様を線条で表す毛彫や蹴彫，同じく線条文でも筆勢や筆意に近い形態を表現する片切彫や肉合彫，極小の円文を魚卵のように密に打ち連ねる魚々子，金属の表面に他の金属を嵌め込む象嵌，地金を切り透かす透彫など，様々な技法がある。

中国では，殷周青銅器に代表されるように，古代の金属器はもっぱら鋳造技法のみによって制作されており，彫金の技法は春秋戦国の象嵌技法などに伴ってみられるようになる。戦国末期以降，器物自体に線刻を施すといった，象嵌とは異なる種類の彫金技法が現れ，漢を通じてしだいに普及していくが，南北朝には，金属器の制作が全体的に低調なこともあって，彫金技法の大きな展開はほとんどみられなかった。次いで，隋を経て唐になると，金銀器の隆盛に伴い，種々の彫金技法が一気に花開いていった。特に，蹴彫と魚々子は，高度な発達を遂げ，唐の金属器の代表的な技法となった。ちなみに，毛彫も蹴彫と同類の技法ながら，鏨を打ち放しながら長三角形状の彫り跡を連続して残す蹴彫と異なり，鏨を打ち付けたまま同じ太さの線条を持続的に表現するため，細かく観察すると，同じ線条表現でも，大きな違いが認められる。中国では蹴彫が伝統的に主流であったのに対し，日本では，奈良時代以降，毛彫が主流であったことは，彼我の美術工芸の相違をみる上で興味深い。
　　　　　　　　　　　　　　　　（松本　伸之）

ちょうくんぼう【張君房】 961(建隆2)?～1045(慶暦5)?。北宋の道士。安陸(湖北省)の人。字は伊方，一説に允方・伊才。1005(景徳2)年，科挙に及第して任官したが，官人としては不遇であった。真宗に戚綸らが奏上した道蔵が不備であったため，1013(大中祥符6)年，王欽若の命を受け，道蔵の再編纂に従事した。1019(天禧3)年に完成し，「大宋天宮宝蔵」と題して真宗に献上した。後に『大宋天宮宝蔵』の精華を取った『雲笈七籤』122巻を編纂し，仁宗に献上した。（坂内　栄夫）

ちょうけい【張継】 生没年不詳。盛唐～中唐の詩人。字は懿孫。襄州(湖北省)の人。詩人皇甫冉とは竹馬の友である。753(天宝12)年，進士に及第。大暦(766-779)末，洪州(江西省)に任官，検校祠部員外郎・塩鉄判官となるが，劉長卿の詩『哭張員外継』によれば，この地で，夫人とあいついで没した。蘇州に遊んだ時に作った七言絶句『楓橋夜泊』(「月落ち烏啼きて霜天に満つ，江楓漁火愁眠に対す。姑蘇城外寒山寺，夜半の鐘　声客船に到る」)は，よく知られている。『全唐詩』242に詩1巻を録する。『新唐書』69・芸文志4に事蹟が見え，『唐詩紀事』25，『唐才子伝』3に伝がある。
　　　　　　　　　　　　　　　　（下定　雅弘）

ちょうけいぎょいんそうわ【苕渓漁隠叢話】 宋代の詩話集。『漁隠叢話』と略称される。前集60巻・後集40巻から成る。前集は1148(紹興18)年に，後集は1167(乾道3)年に完成した。南宋初期の胡仔撰。苕渓漁隠は胡仔の号で，苕渓(浙江省)に隠棲して漁釣をこととする自適の生活を送ったところからの命名。前集・後集の2部から成る体裁を始めとして，阮閲『詩話総亀』を継承したところが多い。北宋の詩話や筆記などから詩に関する記事を集めて，出典を明示しつつ，『詩経』国風から南宋初に至るまで，時代順，詩人ごとに分類編纂しており，北宋の詩話の集成として有用である。ことに唐の李白・杜甫，北宋の蘇軾・黄庭堅の四家に重点を置いた構成になっている。『詩話総亀』に収載するものは重出を避けて収めず，同書が党錮の禁をはばかって利用できなかった資料を広く収集することに努めた。その点では，二書相補って資料的価値を有する。ただ，『詩話総亀』が記事の内容ごとに部類を設けるのに対して，詩人ごとの分類になっている本書の方が，利便性は高い。しばしば胡仔自身の評論を加えている点にも特色がある。　（興膳　宏）

ちょうけいげん【張恵言】 1761(乾隆26)～1802(嘉慶7)。清の詞人・散文家。武進(江蘇省)の人。原名は一鳴，字は皋文。1799(嘉慶4)年の進士。同郷の惲敬とともに唐宋の古文を修め，駢文と散文の長所を融合することを目指して陽湖派を開く。常州詞派の創始者でもあり，1797(嘉慶2)年，唐・五代・宋の詞人44家，116首の作品を選んで『詞選』を編纂し，「比興寄託(比興の手法による諷諭)」の主張に基づいて内容重視の姿勢をとる。著書に『茗柯文編』4巻，『茗柯詞』1巻がある。清史稿482 　　　　　　　　　　　　（井波　陵一）

ちょうけいたい【長慶体】 中唐の詩人元稹・白居易の詩風を称したもの。長慶(821-824)は

穆宗の年号。終生文学の友であった両人は，交遊，唱和を通じて詩風が近似していた。一般的にはその詩風は「元和体」と呼ばれるが，元稹が823(長慶3)年に『元氏長慶集』，白居易が824(同4)年に『白氏長慶集』と，長慶年間に相前後して各々の詩文集を編纂したこと等によって，元稹・白居易両人の詩風は「長慶体」ともいわれるようになった。

(西村 富美子)

ちょうげき【潮劇】 伝統演劇の劇種名。古称を白字戯。明代には潮調とも。400〜500年の歴史がある。広東省東部を中心に香港および東南アジア華人社会(特にタイ)で広く愛好されている。序引・正曲・尾声の連結形式による音楽構成は南戯の伝統を引くものとされる。明代中葉以降，弋陽腔・青陽腔・高腔などとも密接にかかわったと考えられる。清代以降は，秦腔や漢劇の影響も受け，組曲形式ともいうべき従来の曲牌に基づく歌唱様式に加えて，リズム変奏による歌唱様式である板腔体の要素をも取り入れた。その他，仏教音楽(廟堂音楽)をはじめ潮州・汕頭地域の各種の伝統音楽をも吸収し，今日の潮劇音楽が形成された。潮劇の歌唱の音階・リズム・楽式は，潮州弦詩楽と共通しており，ソラドレミの五音音階(軽三六)を基礎に，ラとミの音高を高めてシやファ#に近づけた変形としての重三六，レの音をビブラートによって強調する活五などが用いられている。伴奏打楽器のほとんどは，潮州大鑼鼓のそれと共通で，大鑼戯・蘇鑼戯・抗鑼戯など演目もその伴奏形態(主導打楽器の如何)によって分類されることがある。管弦楽器の伴奏グループは二弦・嗩吶・笛のそれぞれを主奏楽器とする各種組み合わせがある。2つの伴奏グループが左右の舞台裏に配置されているのが潮劇の特色の1つ。

川劇などわずかなジャンルが保持している幇腔を伝えている点が興味深い。すなわち，独唱者の歌唱の一段の終わりの部分あるいは，歌唱全体を2，3人(あるいはそれ以上)の合唱で行う。過去において，潮劇は子供の俳優(童伶)によって演じられており，今日，女性役の一部が極めて甲高い発声を使用するのはその名残と考えられる。代表的演目として『荔鏡記』『蘇六娘』などがある。役柄の種類は生・旦・浄・丑を基本に，それぞれが細分化されている。その上演は盂蘭盆会など祭祀活動と密接な関わりをもち，その伝統は香港・東南アジア華人社会に生きている。

(増山 賢治)

ちょうけん【張萱】 生没年不詳。盛唐の画家。長安(陝西省)の人。人物画を善くし，とくに貴公子・婦女・嬰児に画才を発揮し，点景の台閣・樹木・花鳥も精妙をきわめた。徽宗が模写したという伝承がある宋代に作られた2本の模写，『搗練図巻』(ボストン美術館蔵)と『虢国夫人遊春図巻』(遼寧省博物館蔵)によってその画風は推測される。

(藤田 伸也)

ちょうけん【張騫】 ?〜前114(元鼎3)。前漢の中頃，使者として西域に赴き，初めて公式に西域諸国の情報をもたらした人物。漢中成固(陝西省)の人。武帝(在位前141〜前87)の治世初め，月氏と同盟して匈奴を挟撃するため使者を募った時，張騫は郎の身分で応募し月氏の国に派遣された。前139(建元2)年頃，異民族出身の甘父ら100余人を率い隴西郡より出発したが匈奴に捕らえられ10余年間拘留された。その間匈奴の妻子を得たが，やがて逃亡し西方の大宛国(フェルガナ盆地)・康居国を経て，当時アム・ダリヤ北部に移住していた大月氏の国に至った。しかし大夏を支配し肥饒の地に居た月氏にその意志は無く，使命は果たせなかった。帰途再度匈奴に捕らえられたが，甘父と匈奴の妻と共に逃走し，前126(元朔3)年帰国し太中大夫に任ぜられた。張騫が前123(同6)年に博望侯に封ぜられたのは，外国の地理を熟知していて，それが匈奴戦で生かされたことが一因であった。また張騫の言により蜀から身毒(インド)を目指す使者が派遣された。後，匈奴戦で期に遅れ庶人とされたが，天山山脈北方の烏孫国を朝貢させた功で大行令となり，翌年亡くなった。史記123, 漢書61

(山本 光朗)

ちょうげん【趙原】 ?〜1374(洪武7)。元末明初の画家。斉東(山東省)の人。蘇州(江蘇省)に長く寄寓したため，呉の人ともされる。名は元とも書く。字は善長，号は丹林。元末の江南文壇の中心的なサロンであった顧徳輝の玉山草堂に出入りし，倪瓚・王蒙ら多くの文人たちと交遊した。顧徳輝のためにその別荘を描いた『合渓草堂図』(上海博物館蔵, 1363年)は，顧徳輝と趙原の繋がりを示す端的な作例である。明の洪武年間(1368-98)に宮廷画家となるが，太祖洪武帝の意に逆らい刑死した。代表作は他に『陸羽烹茶図』(台北, 故宮博物院蔵)，『晴川送客図』(ニューヨーク, メトロポリタン美術館蔵)などがある。

(板倉 聖哲)

ちょうげんえん【張彦遠】 815(元和10)?〜877(乾符4)?。唐の書画理論家。河東(山西省)の人。字は愛賓。編著に『法書要録』10巻，『歴代名画記』10巻があり，ともに書画の名著として後世に多くの影響を与えた。張家は『博物志』の著者，西晋の張華から出たという。高祖父の嘉貞(666〜729。玄宗の宰相, 嘉貞は字, 河東公)，曾祖父の延賞(727〜787。徳宗の宰相，初名は宝符，延賞は

字，魏国公)，祖父の弘靖(760〜824。憲宗の宰相，字は元理，高平公)の時は「三相の張家」と呼ばれる名門であった。父の文規は，裴度に引き立てられて，右補闕，吏部員外郎となるが，右丞の韋温に弾劾される。安州刺史となり，852(大中6)年に桂管観察史となった。張彦遠自身は，大中年間(847-859)のはじめに，左補闕から尚書祠部員外郎となり，875(乾符2)年に大理寺卿に至った。博学能文，文字学に詳しく，隷書の筆法に長じ，当時随一の収蔵家であった。張家の富は，宮中御物と比肩するに足るといわれた。その収集は嘉貞の代から始まるが，延賞が書画の収集や琴の趣味で李勉と親しく，張家の書画の収集と鑑定の基礎を作ったといえ，このことが張彦遠の教養の形成にとって大きな意味を持った。しかし祖父弘靖の代には，憲宗に進献したり，幽州で散失してしまい，10に1，2も残っていない状態であった。幼時の張家の栄光と，やがて訪れた凋落，それが彼をして『法書要録』や『歴代名画記』といった著述を企てさせた背景の一端にある。そのほか張彦遠には『彩牋詩集』『閒居受用』の撰があったというが両書とも今日では散佚して伝わらない。
(河内 利治)

ちょうげんそ【張元素】 生没年不詳。12世紀，金代の医家。易州(河北省)の人。字は潔古。8歳で童子挙，37歳で進士の試験を受けたが廟諱(科挙の試験で，帝の名前〔諱〕の文字を答案に書くとの禁)を犯して不合格，医学の道へ進んだ。無名の時に名医の劉完素が自身の病気を治せないのを治癒させ，誤りを指摘し有名となった。「運気は不斉，古今異なり，古い処方で新病を治せない」と説き，家法にした。著書は伝わらず，存するものは後人の伝えるもので真書ではないとされ，『医学啓源』『珍珠嚢』等あるも完全なものは少ない。『医史』5に伝がある。金史131
(山本 徳子)

ちょうこう【長江】 中国第一の河川。もともと「江」というのは長江の固有名詞。揚子江というのは，その一部分(揚州付近)に対する名が河川全体の名として中国にやって来た西洋人に伝わり，それが世界に広まったものと考えられている。最上流の沱沱河は，青海・チベットの境界に近い唐古拉山系の各拉丹冬山(海抜6621m)に発し，通天河と称して四川省境に至る。そこからは金沙江として四川・チベット境界を南流，雲南・四川省界を経て四川盆地に流入する。宜賓で岷江，瀘州で沱江，重慶で嘉陵江，培陵で烏江を合して東流し，三峡の大渓谷を経て華中の大平野に達し，宜昌より下流に広大な沖積平野(長江中下流平野)を形成する。それより下流では湘江，漢江，贛江の大支流を合し，その合流点付近には洞庭湖，鄱陽湖などの遊水池性の湖水を中核とする大規模な低湿地帯を形成する。そしてそれぞれの支流の形成する平野が，湖南・湖北・江西となり，それぞれ有数の穀倉地帯となる。鎮江より下流は巨大な三角洲を形成し，河口は80km余の幅をもち，その間には崇明島などの砂州性の島嶼が散在する。

流長は6380km，中国第1位であり，世界でもナイル，アマゾンに次ぐ第3位である。流域面積は180.72万km²，中国総面積の19％を占める。中国南半の豊かな降水量をあつめ，河口での年間平均流量は3.11万m³/秒で，黄河の17倍以上ある。長江の水量は豊富で安定しているため，早くから水運の大動脈として，中国南部各地を東西に結びつける大きな役割を担ってきた。中国南部の経済発展は，生産力の大きな大規模な平野があるだけでなく，それが長江水運で結ばれていることによる。現在でも，南方の東西交通は鉄道路線が未発達で，長江に頼るところが大きい。武漢までなら万t級の船舶が遡航可能であるし，小型の貨物船なら宜賓まで遡航する。長江では歴史時代，黄河のような本流の河道変遷をともなう洪水は発生していないが，南方の開発が進むにつれ，北宋から圩田・囲田と呼ばれる低湿地の干拓がさかんに行われ，その結果，自然の流量調整機能が失われ，長江中流の本支流の沿岸では，多雨期に慢性的な洪水が発生するようになり，下流平野でも海潮の逆流による洪水が頻出するようになった。江南の治水が，政治上の大きな課題になるのもこの頃からである。

近代になり，中下流の治水と，豊富な水量の総合利用を図るために，四川と湖北の間の三峡渓谷にダムを建設する計画がすすめられ，1994年から宜昌のやや上流の葛洲ダムの建設に着工した。1997年には本流の堰き止めが完了し，2003年には第2期工事も完成して送電を開始している。すべてのプロジェクトは2009年に完工する予定である。
(秋山 元秀)

ちょうこう【張宏】 1577(万暦5)〜？。没年は1668(康熙7)以降。明末清初，呉派終焉期の文人画家。呉県(江蘇省)の人。字は君度，号は鶴潤。官は荊州府長官。山水画を得意とし，『石屑山図』(台北，故宮博物院蔵，1613年)，『棲霞山図』(台北，故宮博物院蔵，1634年)，『越中真景図冊』(奈良，大和文華館蔵，1639年)，『勾曲松風図』(ボストン美術館蔵，1650年)など，呉派の伝統を継承した実景山水画では景観の巧みな組み合わせによる奥行感・臨場感の演出が認められ，その機知的な構成に西洋銅版画の影響が指摘されている。肖像画にも優れていた。
(板倉 聖哲)

ちょうこう【張衡】 78(建初3)〜139(永和4)。後漢の天文学者。南陽郡西鄂県(河南省)の人。字は平子。太史令(天文台台長)となる。張衡の作製した天体観測用の渾天儀は，水力で回転し，実際の天体の動きと一致していた。また候風地動儀という地震計も作製した。当時流行していた図讖の説を批判したことでもしられる。天文学に関する著書に『*霊憲』と『渾天儀』がある。文章にもすぐれ，『*文選』に『*二京賦』が載る。後漢書59　（長谷部 英一）

ちょうこう【朝衡】　→阿倍仲麻呂

ちょうこう【調腔】　伝統劇の劇種名。明末から清にかけて現在の浙江省の紹興や杭州一帯で流行した。清代には「高腔」「高調」と呼ばれ，紹興では「紹興高調」と呼ばれた。起源については弋陽腔から出たという説，徽池雅調だという説などもあるが，余姚腔の遺音とする説が有力。節回しは調腔，崑腔，調腔の変形の四平の3種があり，伴奏は殆ど打楽器のみで，笛や板胡の伴奏がつくのは四平のみである。楽師が歌詞の終わりの1，2字を伴唱する「帮腔」も調腔の特徴。劇目は『西廂記』『琵琶記』『*荊釵記』など元明の雑劇・南戯から伝わったものが多く，新昌調腔はこれら「古戯」のほか，「時戯」という新作を得意とする。清末に調腔は凋落し，一部の劇目と音楽は紹劇に吸収され，紹劇の『女吊』や『磨房串戯』などは調腔の形式で演じられている。新昌調腔だけが人民共和国成立後復興され，1957年に新昌高腔劇団が成立し，古戯・時戯のほかに現代劇にも積極的に取り組んでいる。
（佐治 俊彦）

ちょうこういじ【趙后遺事】　北宋の伝奇小説。『趙飛燕別伝』『趙氏二美遺踪』ともいう。秦醇著。趙飛燕は漢の成帝の皇后であったが，飛燕に続いて昭儀になった妹に成帝の寵愛を奪われた。皇后も昭儀も懐妊せず，昭儀は，宮女が懐妊すると，それをことごとく殺した。成帝も精力を回復させる薬を昭儀に呑まされ，そのために亡くなる。昭儀は罰せられることをおそれて自殺するが，死後に北の湖の大亀になってしまう。北宋の劉斧編『*青瑣高議』前集7等所収。
（成田 靜香）

ちょうこうしょう【張孝祥】　1132(紹興2)〜70(乾道6)。南宋の詞人。烏江(安徽省)の人。字は安国，号は于湖居士。1154(紹興24)年の科挙で，時の権力者秦檜の孫秦塤を退けて首席合格したため，秦檜から恨まれ無実の罪で入獄するも，翌年秦檜の死によって釈放される。地方官として優れた業績をあげた。詞風は，豪放で北宋の*蘇軾の後継者といわれる。『于湖居士文集』40巻，『于湖詞』3巻がある。宋史389
（高津 孝）

ちょうごんか【長恨歌】　中唐の*白居易の作品の名。全120句の七言歌行で，白居易35歳の作。陳鴻の『*長恨歌伝』によれば，元和元(806)年冬12月，盩屋の県尉だった白居易と，陳鴻・王質夫の3人が仙遊寺に遊び，玄宗・楊貴妃の故事を語りあって感嘆しており，王質夫が「楽天は詩に深く，情に多き者なり。試みに為に之を歌え」と勧めたのにしたがい，白居易がまず『長恨歌』を作り，陳鴻が『長恨歌伝』を書いたのだという。
『長恨歌』の主題が，「尤物(絶世の美女)を懲らし，乱階(乱の起こるもと)を窒ぐ」(『長恨歌伝』)ための「諷諭」にあるのか，2人の愛への感動，「愛情」にあるのかという問題は，中国において，半世紀以上にわたって議論され続けてきた。日本では，愛情を主題とする説が一貫して優勢であり，現在では，『長恨歌』は，玄宗皇帝の楊貴妃への愛の深さと，貴妃を失った悔恨・痛恨の情を歌ったものだとするのが，学界の主流をなす理解だろう。それは，男女の愛情が全人格を捕らえて放さない深い力を持っていることについての，新たな人間認識の宣言といえるものであり，中国のみならず世界の文学の歴史の中にあっても輝ける名作である。
（下定 雅弘）

ちょうごんかでん【長恨歌伝】　中唐の陳鴻の作品の名。『白氏文集』巻12『*長恨歌』の前に付載されている。「伝」の意については，「注釈」「伝奇」「解説」等の説があるが，「解説」とするのが妥当であろう。「伝」の末尾の記述によれば，元和元(806)年12月のある日，白居易・王質夫・陳鴻の3人が，仙遊寺に遊んで，*玄宗と楊貴妃の故事を語りあった時，王質夫が，白居易に，これに基づいて詩を書くよう勧めた。そこで，白居易は，『長恨歌』を作り，陳鴻はこれを解説する目的で，「伝」を書いたのだという。

前半で玄宗と楊貴妃の愛の顛末を語り，後半は方士に仙界の貴妃を訪ねさせる話であるのは，「歌」と同じである。ただし，「伝」には，明らかに楊貴妃に溺れる玄宗を批判する言葉が見える。この伝の最後に，「楽天，因りて長恨歌を為る。意は，但だ其の事に感ずるのみならずして，亦た尤物を懲らしめ，乱階を窒ぎ，将来に垂れんと欲するなり」とあることから，『長恨歌』が，帝王が「尤物(美女)」に迷って，国を滅ぼしたことを風刺する作だと主張する根拠の一つとなってきた。だが歌の主題を，この「伝」の記述に沿ったものと見る必要はない。
（下定 雅弘）

ちょうこんすい【張恨水】
1895(光緒21)～1967。民国の作家。潜山(安徽省)の人。江西の生まれ。本名は心遠。筆名は、哀梨・水・半瓶・旧燕など多数。のち蘇州の蒙蔵墾殖学校に入学、1918(民国7)年、蕪湖『皖江日報』の総編集となり小説を発表し文学生活にはいる。1919年、北平(北京)で『益世報』、聯合通訊社、『朝報』『今報』の編集者をへて『春明外史』(1924～29年)、『金粉世家』(1927～32年)など新聞に小説を連載しはじめた。1930年、上海『新聞報』に連載した『啼笑因縁』は大評判となり、劇・映画になる。中華人民共和国以後は文化部顧問、作家協会に加入。中・長篇小説は合わせて110種以上ある。　(樽本 照雄)

ちょうさ【長沙】
湖南省の東部、湘江の下流沿岸、京広鉄道沿線に位置する省都である。古くは青陽と呼ばれ、長江流域から広東に通じる最古の交通路上にあり、嶺南に対する軍事的要衝であった。長沙の名は『逸周書』に見え、貢物の「長沙鼈(スッポン)」に因むと伝える。春秋戦国時代には楚国に属し、秦代に長沙郡が置かれた。前漢初、高祖劉邦は南方の要地として異姓諸侯王の呉芮を封じ「長沙王」と称した。1972年に郊外の馬王堆で漢代初期の古墓が完全な形で発見された。副葬品の帛書・絹織物・竹簡・地図などは古代文化の研究に貴重な資料である。南北朝時代には湘州、隋以後は潭州の治所になった。五代に馬殷がここを都に楚国を建て、宋代の1015(大中祥符8)年には潭州の治所となり岳麓書院が設けられた。明以後、長沙府と称し、1664(康熙3)年から巡撫の治所として湖南省の中心になった。長沙は中国共産革命の要地でもあり、毛沢東の初期の革命活動の舞台であった。湖南省最大の農産物集散地として、古くから米市や茶市でにぎわった。下関条約により開港したものの、外国貿易は振るわなかった。精巧な刺繡(湘繡)や羽布団、革細工など伝統的な手工業が有名である。　(林 和生)

ちょうさい【張載】
1020(天禧4)～77(熙寧10)。北宋の思想家。鳳翔郿県(陝西省)の人。自ら汴(河南省開封)の人と称したこともあり、父祖代々の原籍は大梁(同)。字は子厚。郿県横渠鎮で講学したことから、横渠先生と呼ばれる。1057(嘉祐2)年、38歳で進士に合格、ともに登第した程顥・蘇軾・蘇轍らより一回り以上年長である。官吏としては地方官がほとんど、また王安石とは意見が合わず、生涯の中心は講学と著述にある。程顥・程頤の洛学、蘇軾・蘇轍の蜀学、王安石の新学に対して、関学と称される。

その思想の特質は、仏教の世界観・心性説に対抗すべく、自覚的に気をその思想体系の基底にすえて、「太虚即気」の説を唱えた点にある。その気論・心性論は朱子の学説の形成に影響を与えた。世界の真の実在たる「太虚」に人間の本来性を求める志向は、『西銘』に代表される、天地を父母とする人類家族の主張として、今日の儒学評論にも作用し続ける。著作には『正蒙』『西銘』『経学理窟』『易説』等がある。宋史427　(大島 晃)

ちょうさいしつ【彫彩漆】
彫漆の一種で、複色彫漆、あるいは剔彩ともいう。朱・黒・緑・黄・茶など2色以上の彩漆を塗り重ねたのち文様を彫り表すもので、大別すると、文様の彫目から様々な色の漆の層が美しく見えるように仕上げたものと、花を朱、葉を緑などモティーフごとに異なる色が露出するよう彫り分ける手法とがある。前者は南宋時代を中心とした作例が遺されるが、後者は明代後期以降に流行し、日本に多くもたらされて紅花緑葉と呼ばれた。　(日高 薫)

ちょうさく【張鷟】
658(顕慶3)?～730(開元18)?。唐の文芸家。深州陸沢(河北省)の人。字は文成。号は浮休子。青銭学士と称された。679(調露元)年の進士。文筆に長けて時流にのり、作品が新羅や日本の遣唐使に好んで買われたという。中国で早くに失われた『遊仙窟』は、仙女と契りを交わした男の一夜物語で、開元年間(713-741)に日本に伝えられ、その後の日本文学に影響を与えた。20世紀初頭に中国に逆輸入された。著に『朝野僉載』『龍筋鳳髄判』。旧唐書149、新唐書161　(筧 久美子)

ちょうさじゅつ【重差術】
重差とは、表(ノーモン。地面に垂直に立てた長さ8尺の棒)によって測量した二つの影の長さを重ね合わせてできる差のことである。その影差に着目して、物の高さ、深さやそこまでの距離を導出する算法。『周礼』鄭衆注が掲げた九数算法の一つ。『周髀算経』では趙爽が日高図によって図解している。また、劉徽の『海島算経』には、その応用術が展開されている。　(武田 時昌)

ちょうさそぼ【長沙楚墓】
湖南省長沙市の先秦墓群の総称。年代は春秋後期から秦の統一にまで及ぶが、春秋にさかのぼるものは少なく、戦国のものが中心である。湖北省江陵周辺の事例を基準として見ると、長沙では高位貴族の卿ないし封君クラスの規模をもつ楚墓は確認されず、それに次ぐ大夫・士クラスのものだけが見られる。墓制や副葬品の構成から土着の越人墓や巴人墓と推測されるものも含まれ、楚の南境の邑であった長沙の社会状況の

一端をうかがい知ることができる。

　江陵周辺の楚墓に比べ，長沙楚墓では*鉄器・銅鏡・ガラス器・*印章などが比較的多く認められる。また五里碑や仰天湖楚墓で副葬品リストである遣策の竹簡が発見されているほか，子弾庫楚墓から1973年の再発掘で出土した戦国時代の楚帛画（ニューヨーク，メトロポリタン美術館蔵）は，他地域に例を見ないものとして注目される。報告書として中国科学院考古研究所編『長沙発掘報告』(1957年)や湖南省博物館ほか編『長沙楚墓』(2000年)が刊行されている。

　長沙では続く秦漢時代にも多くの墓が築かれた。その一例として馬王堆漢墓があり，墓制や帛画・漆器などの副葬品に長沙楚墓の伝統が色濃く認められる。
　　　　　　　　　　　　　　　　（吉開 将人）

ちょうさよう【長沙窯】　湖南省長沙市望城県銅官鎮に位置する古窯。望城窯・銅官窯・瓦渣坪窯ともいう。唐後期に輸出向けの陶磁器を量産し，その製品は日本の遺跡をはじめ，広く東南アジアや*西アジアの遺跡で出土している。白磁，越州窯の青磁と並んで初期貿易陶磁器の一つに数えられている。型づくりの張り付け文様や褐釉による斑文，あるいは褐色と緑の筆描き文様で装飾し，黄釉を施した碗や*水注が代表的な製品である。五代に衰退していった。
　　　　　　　　　　　　　　　　（今井 敦）

ちょうさんほう【張三丰】　生没年不詳。元末明初に存在したとされる道士。元末以降の道士としては最も著名な人物の一人であるが，不明な点が多い。一般に全真教系の人とされる。『明史』によれば，遼東懿州（遼寧省）の人で，名は全一，三丰は号だという。湖北の武当山にしばらく居住したが，各地を遍歴しつつ姿をくらます。明初の諸皇帝は彼の高名を慕って諸方を探し，ついに見つからなかったが，彼のため武当山に大いに*宮観を造営した。また武術の達人ともされる。彼に帰せられる内丹書・武術書が数多く存在する。明史299　　　（横手 裕）

ちょうし【張芝】　？～190（初平元）？。後漢の書家。酒泉（甘粛省）の人。字は伯英。後漢末の武将張奐の子。弟張昶も能書家である。朝廷から有道（官吏登用の科目）をもって推挙されたが，辞してつかなかった。人々はかれを張有道とよんだという。終生仕官せず，潔白の処士として世を終わった。平生から書を好み，家にある白絹は，すべて文字を書いてからのち，練って漂白した。また池に臨んで字を書き，池の水が真っ黒になったという，いわゆる「臨池」のエピソードは有名である。はじめ崔瑗・杜度を師とした。崔瑗は張芝の書の立派なことを評して，「龍がかけめぐるようであり，君子が豹変するようで，杜度先生よりは勝っている」（『書断』）という。王羲之は，自らの書を張芝と魏の鍾繇とに比較して「私の書は鍾・張に比べてもきっと対抗できるし，あるいはそれ以上かもしれない。しかし張芝の草書には少し後からついてゆかなければならないだろう」（『自論書』）といった。『淳化閣帖』巻2には『二月八日帖』『秋涼平善帖』などを収めている。後漢書55　　　　　　　　　（大橋 修一）

ちょうし【頂子】　清朝において皇帝・皇后以下諸臣が儀礼時にかぶる朝冠等の頭頂に付けた珠玉。頂戴とも。冬冠夏冠ともに付け，官吏の身分表示の一つとして重要なものであった。光緒本『大清会典』の図に基づいて記すと，皇帝・皇后の朝冠の頂子は3層になっており，皇族は2層で，以下は1層であった。男性の皇族のものは各層に金龍を配し，それぞれに東珠（混同江等より産出される珠）を貫き，女性の皇族のものは各層に金鳳を配し，同様に東珠を貫いたものであり，この東珠の数と最上部の珠で位階を区別した。諸臣のものは，一品から七品までは金花の上に珠玉を載せ，八品は金花の上に陰刻の金花，九品は陽刻の金花で珠玉の飾りは付かなかった。

　第二礼服である吉服冠の頂子は朝冠を簡素にしたもので，東珠や小宝石の飾りは付かず，最上部に飾った主珠玉のみであった。
　　　　　　　　　　　　　　　　（増田 美子）

ちょうじき【張爾岐】　1612（万暦40）～78（康熙17）。清初期の学者。済陽（山東省）の人。字は稷若，号は蒿庵。生涯官途につかず隠棲した。代表作『儀礼鄭注句読』は，鄭玄注や賈公彦疏に基づいて解釈したもので，顧炎武の推賞をうけた。一方，理学系の分野への関心も大いに持ち，その所論は朱子学の系統に属し，陽明学に対する批判も見える。著作は他に『周易説略』『詩説略』『蒿庵集』『蒿庵閑話』など。清史稿481　　　　　　　（佐々木 愛）

ちょうしきょう【張思恭】　日本の室町時代の『君台観左右帳記』に阿弥陀如来画像などの仏画を得意とする画人として記録され，数々の着色系の宋元仏画や高麗仏画にその伝承が付託されている。中国側の記録はなく，その実態は不明。張思恭筆の落款がある作例では，従来，京都高山寺本の不空像が注目されてきたが，近年，京都廬山寺本や京都禅林寺本の阿弥陀如来像の存在を有力視し，天台浄土教の広がりを背景に，阿弥陀画像を専門とする寧波の仏画師であったとみなす見解が有力である。
　　　　　　　　　　　　　　（井手 誠之輔）

ちょうしけん【趙之謙】
1829(道光9)～84(光緒10)。清の書画篆刻家。会稽(浙江省)の人。字は初め益甫, 後に撝叔, 冷君・悲盦・无悶と号した。室名を二金蝶堂という。裕福な商家に生まれたが, 家は次第に没落し, 25歳の時父を失い, 売画刻印で生計を成した。1859(咸豊9)年, 31歳で挙人となる。34歳の頃, 洪秀全の乱により妻子を失い, これ以後悲盦と号す。1862(同治元)年, 北京に赴き会試を目指すが, 3度受験するも果たせず, 43歳の時『江西通志』編纂主任として江西に招かれ, ついで江西各地(鄱陽・奉新・南城の諸県)の知県となり, 56歳で病没した。

書は, 初め科挙に応ずるため顔真卿を学んだが, 会試受験のため訪れた北京で, 同年代の書家沈樹鏞(字は均初)・胡澍(字は荄父)・魏錫曾(字は稼孫)らと交友, 共に金石学に触れ北碑に傾倒し, また, 書学者包世臣の書論に影響を受け, 逆入平出という独特の筆法を各書体に展開した。いずれの書体にも定評があるが,「北魏書」と呼ばれる特異な楷行書(楷書と行書の中間的な書きぶり)に最も強烈な個性を発揮した。

画は揚州八怪, 特に李鱓の影響を受け, また徐渭・八大山人らの作風も取り入れ, 花卉雑画を中心に構図・色彩に新意を出し, 書と同様華麗な作を残した。

篆刻は, 書画に先駆けて30歳代に表現が完成した。初め浙派の技法を学ぶが, さらに鄧石如の影響, また, 秦漢古印の他, 権量銘・古銭・漢碑篆額・漢鏡・摩崖碑などのあらゆる篆書資料を印に摂取し, 表現の幅を拡大させ, 篆刻芸術の一つの頂点の作品群を生んだ。さらに側款(印側に落款を刻したもの)に見せた豪毅な楷書は, 趙自身の書に先駆けて完成した。

また, 金石の鑑蔵にも力を入れ,『補寰宇訪碑録』『六朝別字記』『二金蝶堂双鉤漢刻十種』の著がある。その他, 詩文集に『悲盦居士詩賸』『悲盦居士文存』, 作品集に『悲盦賸墨』, 印譜に『趙撝叔印譜』『観自得斎印集』『二金蝶堂印存』の他, 呉熙載との合集『呉趙印存』などがある。　　(小西 憲一)

ちょうしこうぼ【長子口墓】
河南省鹿邑県大清宮において, 1998年に発見・発掘された西周初期の大墓。南北二墓道をもつ中字形墓で, 全長49.5mに及ぶ。9m×6.63mの墓室中央の棺槨を, 直径6mほどの円台をもって覆う特異な構造をもつ。かつ該墓は, この地方に点在する堌堆(高さ数mの小丘)上から掘り下げて作られており, 低湿地であるところから, 水災を避けるための構造であったと考えられる。

槨室は亞字形をなしており, 該墓が殷系のものであることを示している。出土遺物も極めて豊富で, 青銅器は, 礼楽器85点・車馬器78点・兵器46点・工具14点など, 計235点に及び, 玉器・骨器・陶磁器等も大量に出土した。殷墓の特徴である腰坑土の人骨は, 推定60歳前後の男性であり, 腰坑内の別の人骨及び殉犬と混じって出土したが, 墓主の人骨のみは朱に染まっていたため, 識別が容易であった, とされる。

大量の青銅器には,「長子口」と読みうる銘文をもつものが多く, これが墓主の名であるに相違ないが, 殷周期の文字では, 後世の長字と微字は著しく字形が近似しており, 口は啓の省略とも考えられるところから, これが文献中に, 帝辛(紂)あるいは帝乙の子で, 殷周革命後に殷祀を嗣いだ「微子啓」その人であろう, とする説があり, 解明がまたれる。河南省文物考古研究所・周口市文化局編『鹿邑太清宮長子口墓』(中州古籍出版社, 2000年)を参照。　　(松丸 道雄)

ちょうしこじ【趙氏孤児】
元の戯曲作品。紀君祥作で, 雑劇の形式をとる。18世紀にはヨーロッパにも紹介されて, ヴォルテールによる翻案劇『中国の孤児(L'orphelin de la Chine)』を生んだことでも知られる。ほとんど歌辞のみしか記されていない元刊本と, 明の臧晋叔による『元曲選』本が現存するが, 異同が多い。

故事は, 古くは『左伝』, 漢の劉向『新序』などに見える晋の趙盾にまつわる事件に基づいている。晋の霊公に仕える屠岸賈は, 趙盾と仲が悪く, 霊公に讒言して趙盾一族を誅殺し, さらに, 趙盾の子で公主の夫趙朔を自殺に追い込み, 懐妊中の公主を幽閉する。公主は男児を出産, 屠岸賈は生後1か月を待って殺そうとするが, 医者程嬰がこれを救い出す。程嬰を宮門で捕らえた武将韓厥はこれをわざと見逃し自殺, 趙氏の孤児の救出を知った屠岸賈は, 嬰児の皆殺しを命じる。一方程嬰は自分の子を孤児とすり替えて公孫杵臼に託し, 孤児を隠している者がいると訴え出る。程嬰の子は惨殺され, 公孫杵臼も自殺, 屠岸賈は程嬰を重んじ, その子, 実は孤児を義子とする。孤児が20歳の時, 程嬰は趙一族の悲劇を絵巻物で示し教え, 孤児は魏絳の助力を得て, 復讐を遂げる。以上が,『元曲選』によるそのあらすじであり,『元曲選』では, 通常4折からなる元雑劇の通例を破って, 最後の復讐の場面として, 第5折を設けている。　　(赤松 紀彦)

ちょうししん【張子信】
生没年不詳。北朝北斉の民間の天文学者。清河(河北省)の人。天体観測器具を用いて30年あまりにわたって日・月・五惑星を観測した。その結果, 中国で初めて太陽と惑

星の視運動が不均等であることを発見した。また日食の予報においても，月が黄道の南側にあるときは，食限内にあっても日食が起きないことがあるということを発見した。いずれの発見も，後世の暦法の精度を向上させたという点で貢献した。

(長谷部 英一)

ちょうしせいもうちゅう【張子正蒙注】
清初に書かれた，北宋の張載の『正蒙』に対する注解。9巻。王夫之著。1685(康熙24)年に初稿が完成し，90(同29)年に改訂された。張載の『正蒙』は，孔子以来の儒教の正統，とりわけ『易経』の理論的な核心部分を過不足なく継承しており，その意味で，『易経』に準拠した，人間と世界をめぐる儒教の統一的な理論の基本的なテキストであると位置づけた上で，そのような特権的テキストの論旨の忠実な敷衍・再現が目ざされている。　(本間 次彦)

ちょうしちん【趙之琛】
1781(乾隆46)～1860(咸豊10)。一説に1852(咸豊2)年没。清の篆刻家。銭塘(浙江省)の人。字は次閑。献甫と号した。陳予鍾の高弟で，ともに西泠八家にあげられる。師風の他，浙派の先人，黄易・奚岡・陳鴻寿の技法を取り入れ，浙派技法を集大成したと評される。金石に精しく，書学者としても知られる清の阮元の著した金文集『積古斎鐘鼎彝器款識』の古器の手写は半ば趙によるという。印譜に『補羅迦室印譜』などがあり，遺作は西泠八家中最も多い。

(小西 憲一)

ちょうしつ【彫漆】
器物の表面に漆を何層にも塗り重ね，その漆の層を刀で彫ってレリーフ状に文様を表す漆工技法の総称。唐代に始まるといわれる(『髹飾録』)が，現存遺品から判断する限りでは，南宋ごろから本格的に行われるようになり，元・明・清代に盛行し，現代にいたるまで製作され続けている中国を代表する漆工技法である。様々な技法があり，その名称も中国名と日本名とが異なる。代表的なものでは，朱漆を用いたものを剔紅(日本では堆朱)，黒漆を用いたものを剔黒(堆黒)と呼ぶほか，剔黄，剔緑，各色の漆の彩色を彫り表した彫彩漆などがある。

最古の遺品としては，イギリスの探検家スタインが新疆ウイグル自治区ミーランで発見した革製鎧小札(大英博物館蔵)が有名である。8～9世紀頃の遺物といわれる小札には，黒・朱・黄色の彩漆を塗り重ねて，勾玉文や円文，逆S字文などを彫り表すが，彫り目は浅く，彫漆の原初的段階を示す。このほか，江蘇省武進県村前郷南宋墓出土の鏡箱(常州市博物館蔵)，江蘇省金壇市茅山東麓南宋周瑀墓出土の団扇(鎮江博物館蔵)などがあり，伝来から南宋代の作とみなされるものに，1279(弘安2)年に仏光国師が将来したという酔翁亭文盆，牡丹孔雀文合子(ともに鎌倉，円覚寺蔵)などが知られる。これら宋代の彫漆の特徴は，文様が細緻で，塗りは比較的薄く，彫りが鋭くなく丸みを帯びていることである。浙江省杭州では，宋代から彫漆器が作られていたと考えられるが，元代は，嘉興府西塘楊匯(浙江省)から張成・楊茂の名工が出て，椿尾長鳥文香盆(京都，興臨院蔵)に代表されるように，彫りが鋭く写実的な作風の漆器が製作された。明初の永楽年間(1403-24)には北京に官営工房の果園廠が設けられ，明代後期の嘉靖から万暦年間(1522-1620)，清代の乾隆期(1736-95)にも盛行したが，その様式は，厚く柔らかい漆層に細緻な文様を彫り出す技巧的な傾向を強めていった。

(日高 薫)

ちょうしつしん【趙執信】
1662(康熙元)～1744(乾隆9)。清初の文学者。益都(山東省)の人。字は伸符，号は秋谷，又は飴山。1679(康熙18)年の進士。官は右春坊賛善。朝廷の忌日に観劇したとして弾劾され，職を解かれて二度と出仕しなかった。王士禎の甥の女婿で，一時その門下に出入りしていたが，後に仲違いし，『談龍録』を著して王士禎の詩説に反駁を加えた。また『声調譜』によって古詩平仄論を世に公開した。著に『飴山堂集』がある。清史稿484

(大平 桂一)

ちょうしどう【張之洞】
1837(道光17)～1909(宣統元)。清の政治家・学者。南皮県(河北省)の人。字は孝達，号は香濤，諡は文襄。1863(同治2)年の進士。四川学政などを歴任し，『書目答問』『輶軒語』を著して伝統学術の振興に努めた。山西巡撫，両広総督を経て，1889(光緒15)年，湖広総督に転じ，漢口――北京間の鉄道建設に着手，漢陽製鉄所など新式工場の開設，外国語など新学科を置いた両湖書院の創設など，1907(光緒33)年に北京に戻るまで産業振興や教育改革に従事した。その間，康有為らの改革運動にも一定の理解を示したが，1898(光緒24)年戊戌変法に際しては『勧学篇』を著してその行き過ぎを批判した。1900年華北が義和団に端を発した列強との戦争で揺れるなか，劉坤一や李鴻章らとともに，列強と東南互保の協定を結び，南方における戦争を回避した。その後，1901年に劉と連名で上奏した内政改革の意見は，光緒新政と呼ばれる近代化政策の基礎となった。1907年軍機大臣に就任したが，まもなく病没。著書・奏議等は『張文襄公全集』に，後に増補して『張之洞全集』(1998年)に収録されている。清史稿437

(茂木 敏夫)

ちょうじゃくきょ【張若虚】
生没年不詳。初唐の詩人。揚州(江蘇省)の人。兗州兵曹になったという履歴以外は不明。中宗の神龍中(705-707)，呉越地方(長江下流域)の代表的な文学者のひとりとしてその名が都にまで伝わっていた。また賀知章・張旭・包融とともに呉中四士とも称された。現在に伝わる詩はわずか2首であるが，七言の長編「春江花月夜」は，恋人を待つ女性を登場させ，江南の美しい自然を感傷的に詠った名作とされる。旧唐書190中 　　　　　　　　(道坂 昭廣)

ちょうしゅうか【潮州歌】
語り物曲種。「潮州歌冊」ともいう。広東省潮州市と仙頭市を中心に広く流布している。明代中頃にはすでに，潮州歌冊(唱本)が存在し，清代以降，大量に歌冊が出版された。かつては，婦女がこの歌冊をみて無伴奏でうたうことを娯楽にしていたが，のちには専業の芸人が楽器の伴奏をつけて演唱するようになった。唱詞は説白(語り)の少ない七字句を基本形とする韻文であり，題材は潮州戯(潮州方言で演じられる伝統地方劇)と共通するものが多く，伝統曲目・現代曲目ともに膨大な量の歌冊が伝わっている。
　　　　　　　　(井口 淳子)

ちょうじゅうせい【張従正】
1156(正隆元)？〜1228(正大5)？。金元医学の四大家(劉完素・張従正・李杲・朱震亨)の一人。睢州考城(河南省)の人。字は子和，号を戴人(一説に字)。医学に精通し，ことに『黄帝内経』素問，『難経』の学に優れる。劉完素の説を重んじ寒涼剤を多く用いた。疾病の原因は外部の邪気が体内に侵入することによると考え，汗・吐・下の三法で邪気を攻撃する治療法を用い，下剤をよく使用したので，攻下派と呼ばれる。著作は『儒門事親』等。『医史』5に伝がある。金史131 　　　　　　　　(山本 徳子)

ちょうしゅうだいらこ【潮州大鑼鼓】
広東省潮州市・汕頭市一帯の伝統的器楽合奏。従来は主に伝統的な祝祭日・宗教行事の際に演奏されてきた。当初は簡素な金属打楽器主体の合奏だったといわれ，清代以降，潮劇や広東漢劇から各種の楽器を吸収し，大編成の演奏形態が成立した。大鼓(指揮者的存在の，樽型の胴の両面に皮を張った鋲打ち大型太鼓)を中心に大型や中小型の鑼・鈸で構成される大鑼鼓・小鑼鼓，広東漢劇の打楽器を中心に構成する蘇鑼鼓，打楽器に嗩吶や笛を加えた笛套鑼鼓の各種演奏形式と演奏曲目がある。 　(増山 賢治)

ちょうじゅおう【張寿王】
生没年不詳。前漢の天文学者。漢の武帝は，前104(太初元)年に太初暦を施行したが，前78(元鳳3)年に，太史令(天文台台長)であった張寿王は，太初暦施行後は陰陽が調和しないと主張し黄帝調暦を用いることを進言した。そこで太初暦と黄帝調暦を含めた11の暦法の比較検討が行われたが，黄帝調暦の精度は低かった。しかしその後も，太初暦批判を繰り返したため，獄につながれた。黄帝調暦は殷暦であるとされる。 　　　　　　　　(長谷部 英一)

ちょうしゅんしんじんさいゆうき【長春真人西遊記】
金末蒙古初の旅行記。2巻，李志常撰。『道蔵』1056冊所収。金末の全真教道士丘長春(処機)が蒙古の要請を受け，アフガニスタンあたりの行在にいたチンギス・カンに会見し，道を説いて燕京に帰り，逝去するまでを，随行した弟子の一人，李志常が記録したもの。長春は1220年4月に18人の弟子をつれて燕京を出発し，1224年の4月に燕京に戻った。孫錫による1228年の序があり，長春が逝去した翌年に出されたことが分かる。道中に詠んだ長春の多くの詩詞や長春が説いた道の内容もある程度収録され，道教思想史の資料となるほか，道中の自然状況や人々の衣服食物，果実や動植物にいたるまで正確に記録されており，歴史地理学の資料としても価値が高い。訳に，岩村忍の『長春真人西遊記』(筑摩書房，1948年3月)がある。
　　　　　　　　(蜂屋 邦夫)

ちょうしゅんみん【張舜民】
生没年不詳。北宋の文学者・画家。字は芸叟，号は浮休居士・矴斎。邠州(陝西省)の人。1065(治平2)年の進士。妻は，北宋の詩人陳師道の姉。司馬光の推薦を受け，官は吏部侍郎に至るも，1103(崇寧2)年，旧法党に属することで商州(陝西省)に流される。作品は豪快で着想がおもしろく，詩に優れる。晩年，楽府体の詩を多く作り，「百世の後，必ず知音が現れるだろう」と言った。『画墁集』8巻がある。宋史347
　　　　　　　　(高津 孝)

ちょうしょう【趙昌】
生没年不詳。北宋中期の花鳥画家。漢州(四川省)の人。字は昌之。真宗朝(997-1022)に活躍。五代十国後蜀で活躍した滕昌祐を師として，花果を善くし，自ら写生趙昌と称した。正統的な鉤勒塡彩ではなく，彩色の没骨で描く異端的な画風のため，蘇軾らの文人から俗悪と批判されたが，絵画の変革期には注目され，北宋末の徽宗朝では再評価された。折枝画の確立者であり，院体画風の折枝画はしばしば趙昌作とされる。伝称作に『歳朝図』(台北，故宮博物院蔵)がある。 　　　　　　　　(藤田 伸也)

ちょうじょう【長城】 外敵に対する防御を目的として築かれた長く連続した城壁。遺構が残る最古の例は戦国時代のもので、石を積み上げ土を固めて築かれた。防御の対象は、敵対する隣国のほか、胡や戎などの周辺民族であった。烽火台のような駐屯施設とあわせて、長城という防御施設の原型が形成されたのは、この時代であったと考えられる。

秦始皇帝は天下を統一すると、諸国間の長城を破壊する一方で、周辺民族に備えて築かれていた防壁を修築し、北方の匈奴に対する防衛線として整備した(いわゆる「万里の長城」)。臨洮(甘粛省)を起点とする西の部分は秦の昭王の長城を、内モンゴル東部から鴨緑江にかけての東の部分は趙と燕の長城を継承し、中間の内モンゴル中部の陰山に沿った部分は将軍の蒙恬が新たに築いた。続く漢王朝は秦の長城を基本的に踏襲したが、武帝の時代に勢力が河西へ進出するに伴い、長城も西へと延長された。その全長は8000kmを超え、歴代の長城で最長を誇る。

北魏は平城(山西省)に遷都したのち、まず北方の柔然に対する長城を赤城(河北省)から五原(内モンゴル自治区)まで築き、ついで南朝の宋と結んだ盧水胡の侵攻を防ぐ目的で上谷(北京市)から黄河に至るラインを築いた。2本の長城は王畿(王城を中心とする一帯)を取り囲む位置にあるところから畿上塞囲と呼ばれる。続く隋唐時代においても、突厥や吐蕃の侵攻に対しオルドスや青海に長城を築いたことが、文献や遺構から確認される。

長城史の掉尾を飾る明の長城(辺墻と呼ばれる)は、一般に山海関から嘉峪関まで、モンゴルの遊牧勢力に備えて築かれたと言われているが、実際にはさらに東の遼東地方にも女真に備えた辺墻があった。この辺墻に沿って9つの鎮(軍管区)が配置され、駐屯軍が置かれて北辺の防衛を担っていた。全長は5700km余り。外壁を磚(レンガ)で固めた堅固な造りで、北京市郊外の八達嶺や慕田峪などは現在、観光資源として活用されている。　　(籾山 明)

ちょうしょうえい【張商英】 1043(慶暦3)〜1121(宣和3)。北宋の政治家・居士。蜀州新津(四川省)の人。字は天覚、無尽居士ともいう。1065(治平2)年、進士に及第して官途につき、王安石の推挙によって観察御史となり新法の施行に関与した。しかし旧法党の勢力が拡大すると河東提点刑獄として山西に追われ、しばらく地方を任地とした。その後、徽宗の即位とともに新法党が復活すると中央に召還され翰林学士となったが、のちには丞相の蔡京と意見が合わず排斥され、かえって元祐姦党の一人として党籍に入れられた。この間、任地であった山西では五台山(清涼山)の聖跡や太原にある唐の華厳学者李通玄の遺跡を訪ねて華厳学に傾倒し、洪州(江西省)では臨済宗の諸僧と、また随州(湖北省)では曹洞宗系の大洪報恩と交流して禅を学ぶなど仏教の理解を深めた。著述には『護法論』1巻、『続清涼伝』2巻などがある。宋史351　　(桂華 淳祥)

ちょうしょく【張栻】 1133(紹興3)〜80(淳熙7)。南宋の思想家。綿竹(四川省)の人。字は敬夫、欽夫など。号は南軒。諡は宣。父は宰相の張浚。道学の一派である湖南学の胡宏の教えを受け、未発(心の発動以前)と已発(心の発動以後)のうち、已発のみを修養の対象とする態度をとり、朱子に影響をあたえた。しかし後に朱子が未発・已発の両者をひとしく重視する修養論を確立するのに触発され、湖南学から離れて朱子に同調していった。著作に『癸巳論語解』『癸巳孟子解』『南軒易説』など。文集に『南軒先生集』がある。宋史429

(土田 健次郎)

ちょうしわ【張志和】 生没年不詳。中唐の詩人。婺州金華(浙江省)の人。字は子同。自ら煙波釣徒と称し、また玄真子と号した。粛宗(在位756〜762)の時、16歳で明経に合格して、待詔翰林を命ぜられ、左金吾衛録事参軍を授けられた。ほどなく事に座して、南浦尉に貶せられた。許されて帰ると、隠居して、会稽(浙江省)に住んだ。774(大暦9)年、湖州刺史顔真卿の幕客となり、『漁父歌』5首を撰する。「漁父歌」は、後、詞の曲調の一体となっている。事蹟は『唐詩紀事』46、『唐才子伝』3に見える。新唐書196　　(下定 雅弘)

ちょうずいと【張瑞図】 1570(隆慶4)〜1641(崇禎14)。明の政治家・能書家。晋江(福建省)の人。字は無画、号は二水・果亭山人・白毫庵主ほか。1607(万暦35)年、進士に探花(第3位)で及第。1626(天啓6)年に入閣し、翌年、毅宗の即位後、吏部尚書・中極殿大学士に進んだが、朝政を専横していた魏忠賢の一党(閹党)とみなされて弾劾された。その折は毅宗が庇護して内閣次輔に昇したが、退官を請い、1628(崇禎元)年、許されて帰郷した。しかし、魏忠賢の生祠に加えて賀屏までも揮毫していたことで毅宗の怒りをかい、翌年、逆案第6等に列せられて官籍を剝奪された。その後は禅に心を寄せ詩書画に沈潜した。書は邢侗・米万鍾・董其昌とともに邢張米董と称された名家で、自我意識の強烈な明末清初の新書風の先駆けであったが、閹党の汚名を被って以後、その書は一般に蔑視された。ただ日本には黄檗宗の帰化僧らによって多く舶載された。また火厄を避けるとの伝承もあり、福州(福建省)から琉球に流出した数も少なくな

い。比較的有名な作に草書『王維終南山詩軸』(京都国立博物館蔵)，行草『西園雅集図記十二屏』(東京国立博物館蔵)ほかがある。明史306　　（澤田　雅弘）

ちょうせいけん【張正見】　生没年不詳。南朝の梁～陳の詩人。陳の太建年間(569-582)に49歳で死去。清河東武城(山東省)の人。字は見賾。13歳のとき，当時皇太子であった梁の簡文帝(蕭 綱)に認められた。五言詩に優れ，律詩完成途上の重要な詩人のひとり。現存する90首あまりの詩の多くは，遊技的雰囲気をもった社交の場で作られており，典拠を多用し対句や韻律といった技巧を重視したものである。文集は14巻あったとされる。陳書34, 南史72　　（道坂　昭廣）

ちょうせいでん【長生殿】　清の戯曲。2巻50齣。洪昇撰。前作の『沈香亭』『舞霓裳』を経て，1688(康熙27)年に完成した。洪昇の原刻本に拠った徐朔方校注本が普及するが，原刻本を校正した呉梅校本がより信頼できる(『彙刻伝劇』所収)。

『長生殿』は，白居易「長恨歌」に於て典型化され，「楊太真外伝」「梅妃伝」「梧桐雨」「驚鴻記」等の諸作品を経て潤色され流伝する楊貴妃故事について，新たに愛情の主題下に集大成した崑曲の名作である。

その粗筋は「長恨歌」に倣い，前半25齣の楊貴妃生前の栄華と惨死の描写，後半25齣の死後の仙界描写とに大別される。前半では，「定情」「禊遊」「舞盤」等の各齣に於て，玄宗と楊貴妃の歓楽の場面が活写される。「七夕密誓」に於て，2人の誓いを天上の牽牛織女星が確認する描写は後の大団円の伏線である。なお「夜怨」「絮閣」齣に於て玄宗と梅妃の密会の現場へ楊貴妃が乗り込む場面は，「梅妃伝」を大幅に敷衍したものである。後半では，織女星の取りなしで晴れて天上宮殿への永住を許された2人が，霓裳羽衣曲に導かれて団円を迎える。『長生殿』には他に安史の乱や李亀年の追憶，更には楊通幽の招魂の場面等があり，関連故事が総合的に縷述される。

『還魂記』や『紅楼夢』と同様に，死生を超越した永遠の情愛のテーマを標榜した『長生殿』は，清初文壇に於て爆発的に流行した。しかし作者の洪昇は1689(康熙28)年，政争に巻き込まれ，皇族の喪中に上演したかどで弾劾される。以後，任官の道を断たれた洪昇は，在野の文人と交流しつつ，やがて没する。

1704(康熙43)年，60歳の洪昇は江寧織造使曹寅に招かれ，共に『長生殿』を観劇する。その情景は『紅楼夢』第11回の寿宴描写に於て，『長生殿』を上演する場面に反映されるであろう。曹雪芹は曹寅の族孫である。

孔尚任『桃花扇』と並んで清劇の双璧とされる『長生殿』は，文人洪昇の全存在を傾注した畢生の名作である。　　（竹村　則行）

ちょうせき【張籍】　768(大暦3)？～830(大和4)？。中唐の詩人。和州烏江(安徽省)の人。字は文昌。799(貞元15)年，進士に及第。太祝(祭祀の官)に任ぜられて10年間この職にあった。国子助教，秘書郎を経て，821(長慶元)年，韓愈の推薦で国子博士となる。翌年，水部員外郎に遷り，世に張水部と称せられた。828(大和2)年，国子司業となり，世に張司業と呼ばれた。楽府詩や古体詩にすぐれ，王建とともに張王と併称された。『野老歌』『山頭鹿』『促促詞』『築城詞』等は，官府の横暴を批判し，農民の苦しみに対して深い同情を示している。『張司業集』8巻がある。『唐才子伝』5に伝がある。旧唐書160, 新唐書176　　（下定　雅弘）

ちょうせん【張先】　990(淳化元)～1078(元豊元)。北宋の詞人。烏程(浙江省)の人。字は子野。41歳で進士となり，地方官を歴任，83歳のころ都官郎中の官をもって致仕し，郷里に隠棲した。名士との交遊が多く，とりわけ晩年には蘇 軾と親交があつかった。詞をよくし，柳永とほぼ時を同じくして慢詞に手を染め，警句に富む。とくに「影」を詠ずることが多いので「張三影」と呼ばれた。また，詞牌の横に副題をつけ，和韻の詞を作るなど，作詩上の習慣を詞に取り入れている。詩集『安陸集』，詞集『張子野詞』がある。　　（宇野　直人）

ちょうせんざん【張船山】　→張 問陶

ちょうせんひ【張遷碑】　後漢の碑。蕩陰令張遷碑ともいう。186(中平3)年の刻。隷書。タテ315cm×ヨコ102cm。碑陽15行，満行42字。碑陰3段。題額は篆書で「漢故穀城長蕩陰令張君表頌」と2行に陰刻。明初，東阿県(山東省)で出土し，同省泰安市にある岱廟の歴代碑刻陳列室に現蔵。善政を布いた張遷の徳を頌えたもので，穀城の民が転任に際して建てた，「去思碑」(徳政を布いた長官が去ったあと，士民が記念として建てた碑)である。宋代の著録に見えず，かつ碑文中に仮借字が多いことから，一時，好事家による旧拓からの模刻であると疑われた。字形はときに縦長が混じり，点画は角張っていて，古朴な筆致の代表である。天津市武清区出土の鮮于璜碑(165年)の碑陰の書風と酷似する。　　（横田　恭三）

ちょうせんぼん【朝鮮本】　朝鮮半島で刊行

された典籍。狭義には李氏朝鮮時代に刊行されたものをいう。朝鮮半島では，高麗時代には，大蔵経など大規模な刊刻ができる環境が整っており，李朝以降も印刷文化は発達していった。ことに活字印刷が特色のひとつで，種類も多く，その技術の高さも，中国を凌ぐものがある。装幀においても独特のものがあり，大判で，黄色の型押紋様の厚手表紙を用い，書外題を施し，太い糸をもって五針眼訂で装幀したものが多い。
(梶浦 晋)

ちょうそ【鼂錯】 ？〜前154(景帝3)。前漢前期の政治家。潁川(河南省)の人。晁錯・朝錯とも。最初は法家，のちに儒者の伏生から『尚書』(『書経』)を学び，儒法両家を兼修した。前165(文帝15)年，中国最初の官史登用試験である賢良科に応募し，対策高第をもって合格，中大夫に抜擢された。前155(景帝2)年，御史大夫に昇進。中央集権の強化を企図し，王国抑損策を強行したために，前154(景帝3)年，呉楚七国の乱の勃発を招き，責任者として処刑された。その辺防策や勧農策が名高い。史記101，漢書49
(福井 重雅)

ちょうそ【張蒼】 生没年不詳。前漢の政治家。陽武(河南省)の人。もと秦の御史であった。漢代になって北平侯に封じられ，文帝(在位前180〜前157)の時に丞相となった。音律や暦法に詳しかった。公孫臣という人物が文帝に改暦すべきであるという上書を行うが，張蒼はこれに反対し，10月を歳首とする秦の暦(顓頊暦)を用いることを主張した。そのため公孫臣の意見は退けられ，結局顓頊暦は武帝の太初暦改暦まで用いられた。史記96，漢書42
(長谷部 英一)

ちょうそ【張璪】 生没年不詳。中唐の山水樹石画家。呉郡(江蘇省)の人。字は文通。盛中唐の画家畢宏らが発展させた樹石画を山水画に先駆けて完成に導く。『唐朝名画録』は，呉道玄・李思訓らとともに，神品に品等する。唐代山水画を総合した荊浩は，『筆法記』で当の呉道玄・李思訓，王維とともに先行する水墨画家として高く評価する。李成『喬松平遠図』や郭熙『早春図』の表現素材の中心をなし，距離の指標となる双松(2本の松)は，唐代樹石画の成果を継承するものと解される。
(小川 裕充)

ちょうそ【趙爽】 生没年不詳。数学者。字は君卿。『隋書』経籍志は趙嬰に作る。『周髀算経』に注釈を施した。伝不詳であるが，劉洪の乾象暦を論拠に引用しており，後漢末から三国時代の人であると考えられる。句股術(三平方の定理)を句股円方図によって，重差術を日高図によってそれぞれ図解し，理論的に証明するなど，数学的にすぐれた注解を展開しており，『九章算術』劉徽注にもその影響が窺える。
(武田 時昌)

ちょうそう【蝶装】 →胡蝶装

ちょうそうそう【張宗蒼】 1686(康熙25)〜1755(乾隆20)。一説に没年は1756。清の画家。蘇州黄村(江蘇省)の人。字は黙存・墨岑，号は篁村・瘦竹・太湖漁人。黄鼎の門下で，1751(乾隆16)年乾隆帝南巡の際，画冊を進呈し，内廷供奉，54(同19)年戸部主事となった。濃淡墨と乾擦筆をかさねて山水をつくりあげる画風に特徴がある。子の張洽も画家。『姑蘇十六景図』『江潮図』(いずれも台北，故宮博物院蔵)等がある。清史稿504
(塚本 麿充)

ちょうそうよう【張僧繇】 生没年不詳。南朝梁の画家。呉中(江蘇省)の人。武帝(在位502〜549)とその息子，武陵王蕭紀に仕え，右軍将軍，呉興太守を歴任した。仏画・肖像画・故事人物・龍の絵に優れ，古今の様々な民族や官民を描き分けたという。唐以降次第に評価を高め，顧愷之・陸探微・呉道玄とあわせて「顧陸張呉」と並び称された。金陵安楽寺の四白龍図に瞳を点ずると，たちまち雷電が壁を破り，雲とともに龍は天上に飛び去ったという逸話は有名。画風の上では，衛夫人筆陣図の書法の用筆を参考にし，線に新たな表現を取り入れた。一方で西方絵画の影響も受け，隈取りとおぼしき立体表現に秀で，彼の描いた建康の一乗寺の扁額画は凹凸画と呼ばれ，寺は凹凸寺と呼ばれた。『続画品』，『歴代名画記』2，7に伝がある。南史53
(河野 道房)

ちょうそく【調息】 道教の身体修練に関する用語。気息すなわち呼吸を調節してととのえること。道教の気功法の中で，最も基礎的な技法であり，高度な修練をする場合も，まずこの調息から着手する。具体的には呼吸のリズムをととのえ，次第に浅くから深く呼吸するようにし，口，胸，膈膜，腹というように身体の深部で呼吸し，さらに息を意念によって体中に巡還させ，達人になると踵で呼吸できるとされる。調息は一番初歩の呼吸法で，心の安静にも作用する。
(丸山 宏)

ちょうそくし【張即之】 1186(淳熙13)〜1266(咸淳2)。南宋の書家。歴陽(安徽省)の人。字は温父。号は樗寮。張孝祥の甥。官は地方官を歴任したのち，司農寺丞となり，退官にあたっては，

直秘閣を授かった。書は楷書をよくした。禅に造詣が深く，名だたる禅僧と広く交遊した。後世の評価は，清勁（きよらかで強い）さを称えるものと悪札（へたくそな字）と決めつけるものとに分かれる。わが国にも入宋の僧らにより，はやく鎌倉時代に将来されたものが多数現存している。東福寺蔵の国宝『方丈』などはその一例。宗史 445 （大橋 修一）

ちょうたい【張岱】 1597（万暦 25）～1689（康熙 28）。明末清初の文人。山陰（浙江省）の名門出身。字は宗子，号は陶庵。1644（崇禎 17）年の明滅亡まで，多芸多趣味の快楽主義者として生活を楽しんだ。明滅亡後は貧窮のどん底で明の遺民として生き，ジャンルを横断する大量の作品を著した。代表作に歴史書の『石匱書』『続石匱書』，筆記（随筆）の『陶庵夢憶』『西湖夢尋』『快園道古』などがある。 （井波 律子）

ちょうたい【頂戴】 →頂子

ちょうだいふく【張大復】 生没年不詳。一説に生年は万暦（1573-1620）末年とも。明末清初の劇作家。呉県（江蘇省）の人。字は星期，また心其，彝宣。寒山寺に寓居したことから，号は寒山子。1641（崇禎 14）年に蘇州で曲学家の鈕少雅に面識を得て詞曲に傾倒した。彼の作品は，伝奇では岳飛・秦檜の事を描く『如是観』，観音伝説に基づく『海潮音』，南宋の済顚を題材とする『酔菩提』，『西遊記』の「劉全進瓜」に取材する『釣魚船』等の10篇が，雑劇では『万寿大慶承応』6篇が伝存する。曲律に詳しく『寒山堂新定九宮十三摂南曲譜』も残している。 （根ヶ山 徹）

ちょうたん【張湛】 生没年不詳。東晋の学者。字は処度，高平（山東省）の人。官は中書侍郎に至ったようである。正史には列伝されないが，『世説新語』任誕篇並びに注，及び『晋書』巻 75 范甯伝に関連記事が見える。袁山松（？～401）・范甯（339～401）と同時代の人物らしい。范甯との間で眼精疲労を治癒する方法に関してのやりとりがあり，「読書を減らす，思慮を控える，内観に努める，外観を控える，起床を遅くし，就寝は早くする」ことを旨とすれば，眼疾は癒え，視力が強化されるだけでなく延年も可能だ，と説いた。『晋書斠注』には『養生要集』10 巻，『養性伝』2 巻，『延年秘録』12 巻を著したという。『列子』序によれば，当時存在した 3 種の残欠本を対校整理して本来の 8 篇本『列子』を復元し注解を施した。 （中嶋 隆藏）

ちょうたんく【長短句】 1首の中に長さが同じでない句を交える詩歌。長句短句を交えた詩は『詩経』以来存在し，雑言詩と呼ばれることが多い。これに対して長短句は特定の様式を指すことがあり，楽府の別称として用いられることが多い。その他，晩唐には三言五言七言の句が混合した新様式の歌詩を指した。また，詞も長短さまざまな長さの句を交えるのが特徴であるため，宋代においてはもっぱら詞の別称として用いられることとなった。
 （松尾 肇子）

ちょうちゅうけい【張仲景】 生没年不詳。後漢の官僚。南陽（河南省）の人。名は機，仲景は字。3 世紀初頭に薬物治方書である『張仲景方』（現伝本は『傷寒論』『金匱玉函経』『金匱要略』）を著したとされ，伝統医学史上，医聖として高い評価を受けている。医を同郷の張伯祖に学び，孝廉に挙げられ，官は長沙（湖南省）の大守に至ったとされる（唐の『名医録』）。ほかにもいくつかの伝説があるが，正史に伝がなく，詳細は不明。 （小曽戸 洋）

ちょうちゅうしょ【鳥虫書】 書体名。虫書ともいう。新の王莽の時に行われた六書の一つ。幡信（しるしとするはた・のぼり）に用いる。後漢の許慎『説文解字』叙に「六に曰く鳥虫書，幡信に書する所以なり」とあり，秦書の八体の「虫書」に対応する。漢代の幡信の実例としては，居延から出土した「張掖都尉棨信」があり，その文字を「虫書」に擬する説もある。 （福田 哲之）

ちょうちゅうろん【雕虫論】 南朝梁の裴子野の著した文学論。『通典』16・『文苑英華』741 に収められる。元来は編年体の史書『宋略』の一部だったと推測される。「雕虫論」の名称は『文苑英華』による。300 字程度の短い論文で，『詩経』を文学のあるべき基準としながら，『楚辞』に始まって六朝の宋から南斉に至る時期の文学がいたずらに華麗さをこととして，教化の役割を喪失したことを批判する。修辞主義文学への反省を促した論として一定の意味がある。 （興膳 宏）

ちょうていさい【張廷済】 1768（乾隆 33）～1848（道光 28）。清の書家。嘉興（浙江省）の人。原名は汝林。字は順安・説舟・作田。号は叔未・海岳庵門下弟子。晩年は眉寿老人と号した。室号を清儀閣という。兄張燕昌は梁同書の高弟。1798（嘉慶 3）年の解元（郷試の第 1 位）。詩詞を巧みにし，金石の考証に精通し，古器・文物の収蔵に富んだ。書ははじめは鍾繇・王羲之を手本とし，50 歳以後は顔真卿・欧陽詢を学び，晩年は米芾を宗とした。篆書・隷書も善くした。阮元が極めて推重し，金石学

における交友を結んだことはよく知られている。阮元の『積古斎鐘鼎彝器款識』の資料は，半分以上張廷済の蔵品であるという。しかしその書は彼の金石の好みとは異なり，帖学派によっている。米芾の筆法および八分を善くし，現存作品に『行書文語軸』(東京国立博物館蔵)，『行書臨米芾帖』(1838年，山西省博物館蔵)などがあり，著に『清儀閣題跋』『清儀閣印譜』『眉寿堂集』などがある。

(河内 利治)

ちょうとくりん【趙徳麟】 1061(嘉祐6)～1134(紹興4)。宋の文人・政治家。名は令畤，字は景貺，のちに徳麟。宋の太祖5世の孫。官界に入ったが，旧法党の蘇軾と密に交遊したことから不遇であった。しかし南渡の後は安定郡王を継いで厚く遇された。その筆記『侯鯖録』8巻は，故事・詩話の類をひろく採録して研究に裨益するところが大である。宋史244

(山本 和義)

ちょうねん【奝然】 938(天慶元)～1016(長和5)。平安時代の東大寺僧。俗姓は秦，山城(京都)の人。法済大師と号す。出家して三論・真言を学び，983(永観元)年8月，弟子の嘉因・盛算らと宋の商人陳仁爽の船に乗り，台州(浙江省)に上陸した。天台山を巡拝後，越州(紹興)より杭州・揚州を経て都開封に至り太宗に謁見を許された。翌年3月に五台山に上り開封へもどり，太宗から法済大師号と彫板されたばかりの木版『大蔵経』5048巻・新訳経41巻を下賜され帰国の途につき，台州より商人鄭仁徳の船に乗り，987(永延元)年2月都へ帰着した。功をもって法橋位に叙せられ，989(永祚元)年7月には東大寺別当に補せられた。京都の愛宕山に，五台山ゆかりの清涼寺を建立するという宿願は果たせなかったが，入宋に随行した弟子成算が嵯峨棲霞寺の釈迦堂を五台山清涼寺とする勅許を受け，ここに奝然が台州で模刻将来した優塡王造立の釈迦像を安置した。1954年，胎内に納めた絹製の五臓や願文などが発見され注目を集めた。一方藤原道長の法成寺に奉納された『大蔵経』は火災にあい焼失した。また彼が宋の太宗に献上した『日本年代記』や日本紹介などは『宋史』日本伝の資料となっている。

(藤善 眞澄)

ちょうはくく【趙伯駒】 生没年不詳。南宋の画家。太祖7世の孫。字は千里。趙伯驌の兄。弟と共に高宗(在位1127～1162)の寵愛を受け，仕えて浙東路鈐轄に至り，若くして官に没した。当時の宗室に一般的な定芸として，花卉・翎毛や青緑山水を善くしたものと推測される。現存する伝称作品のうち，『江山秋色図』巻は最近の説では，趙伯駒より早く徽宗(在位1100～25)画院の作品という。また『漢宮図』軸(台北，故宮博物院蔵)は南宋画院の精品。

(嶋田 英誠)

ちょうはくこう【張伯行】 1651(順治8)～1725(雍正3)。清の学者・政治家。儀封(河南省)の人。字は孝先，晩年に敬庵と号す。1685(康熙24)年，三甲八十名の進士。江蘇巡撫などをへて礼部尚書となる。学問は二程子・朱子を宗とする。『正誼堂全書』という宋・元・明・清の儒者の文集を集めた叢書を出版したことで知られる。ただ，利用するにあたっては自分の学派に都合のいいように節略している点に注意しなければならない。清史稿265

(滝野 邦雄)

ちょうはくしゅく【趙伯驌】 1124(宣和6)～82(淳熙9)。南宋の画家。太祖7世の孫。字は希遠。趙伯駒の弟。紹興(1131-62)初に入官，高宗(在位1127～62，太上皇1162～87)の恩寵を受けた。晩年は平江(江蘇省)に退居，1181(淳熙8)年，天慶観正殿を重建するのにこれを設計・建設した(現在の玄妙観三清殿)。また当時の宗室に一般的な定芸として，花卉・翎毛や青緑山水を善くしたものと推測される。現存遺品に『万松金闕図』巻(北京，故宮博物院蔵)がある。

(嶋田 英誠)

ちょうはくたん【張伯端】 987(雍熙4)?～1082(元豊5)。北宋の道士。天台(浙江省)の人。一名，用成。字は平叔，号は紫陽。年少の頃より進士を志して勉学に励み，辟雍(大学)に身を置いたともいわれる。三教の典籍はもとより刑法・算術・医学・兵法・天文・地理等を幅広く学んだが，ある時罪を得て嶺南に謫せられ，官途に望みを失い，以後内丹の道に潜心する。治平中(1064-67)に桂林に来た陸詵の幕下に招かれ，1069(熙寧2)年，陸詵に従って成都へ移ると，その地で真人に出会い，金液薬物火候の訣すなわち内丹の秘訣を伝授されたという。後にそれを81首の詩と12首の詞にまとめるなどして『悟真篇』を著し，1082年に没した。この『悟真篇』は宋代以降に内丹書の中でとりわけ尊ばれ，白玉蟾ら張伯端の道の伝承者を主張する者たちが現れる。これは後世「南宗」と呼ばれ，張伯端を初祖に位置づけている。また他にも『金丹四百字』『青華秘文』等有名な内丹書が彼の名に帰されている。

(横手 裕)

ちょうはんさりく【張潘左陸】 →三張二陸両潘一左

ちょうはんは【長坂坡】 伝統演劇の演目。

内容は小説『三国志演義』41〜42回に基づく。劉備は曹操の大軍に攻められ敗走した。乱戦の中で、糜(び)夫人は劉備の子阿斗(あと)を趙雲に託し、井戸に身を投げる。趙雲は阿斗を抱き、ひとりで敵の包囲を突破し、劉備のもとに帰る(『単騎救主』)。張飛もただ一騎で当陽橋を守り、追撃してきた曹操の大軍を大声で一喝し、撃退する(『当陽橋』)。京劇・川劇・漢劇・徽(き)劇・滇(てん)劇・湘劇・豫(よ)劇・秦腔(しんこう)・同州梆(ほう)子・河北梆子など、各地の地方劇に広く分布する。

(加藤 徹)

ちょうひ【趙㔻】 生没年不詳。五胡十六国の北涼の天文学者。河西(山西省)の人。玄始暦を作成した。これ以前の暦法の置閏法は、19年間に7つの閏月を置くというもので、これを章法という。玄始暦では、600年間に221の閏月を置くという新しい閏周期を採用した。これを破章法という。これによって回帰年と朔望月の長さが改良された。破章法は祖沖之(そちゅうし)に影響を与え、これ以後の暦法は置閏の割合は異なるものの、すべて破章法を用いた。

(長谷部 英一)

ちょうひえん【趙飛燕】 ?〜前1(元寿2)。前漢の成帝の皇后。卑賤の出であったが歌舞をよくし、軽やかな舞から飛燕とよばれた。成帝が微行した折に見初められ、妹とともに婕妤となる。許皇后・班婕妤を追い落とし、前16(永始元)年に至り皇后に立てられ、妹も昭儀となり、10余年にわたって寵愛を得たが、ともに子はなかった。のちになり、帝と他の宮女との間にできた子が相次いで殺されていたことが露見して、庶人に貶され、その日に自殺した。寵愛を得た歌姫の典型として班婕妤と対比され、しばしば文学の題材となった。なお、漢の伶玄(れいげん)の著とされる『飛燕外伝』は、後人の偽託。漢書97下

(谷口 洋)

ちょうひえんがいでん【趙飛燕外伝】 →飛燕外伝

ちょうひえんべつでん【趙飛燕別伝】 →趙后遺事(こうういじ)

ちょうひんぶんか【長浜文化】 台湾における土器出現以前の先陶(先土器)文化。1968、69年、台東県長浜郷の八仙洞洞穴群(潮音・海雷・乾元)において確認され、文化名が付された。礫石器及び不定形の剥片石器を特徴とし、東南アジア、南中国の打製石器群との関係が指摘された。各洞穴の海面高度は異なり、放射性炭素年代の測定値として、今から1万5000年(さらに年代が溯る可能性もある)〜5000年前の年代幅があり、同文化が完新世まで及んでいた事が知られる。1969年、『中国民族学通訊』第9期に宋文薫「長浜文化(簡報)」が掲載された。

(後藤 雅彦)

ちょうふく【朝服】 朝服(廟服・具服とも)は朝儀の時に着用する準礼服であったが、時代が下がるとともに祭服の役目も担うようになる。中国において正式な形で服装制度が整えられたのは後漢の59(永平2)年であり、この時に皇帝以下諸臣の祭服・朝服の制が定められた。しかし、その元となる制度は既に周代にはみられる。後漢の朝服としては、皇帝の通天冠、諸王の遠遊冠、諸臣の進賢冠等があり、進賢冠の梁の数で位階を区別した。この時の衣服は深衣形であった。女性の場合は皇后以下全て、祭服の蚕服(深衣形)を朝服として転用していた。

魏晋南北朝時代も後漢の服制を踏襲したが、皇帝諸王等も進賢冠をかぶることがあった。

唐の624(武徳7)年の衣服令では、皇帝の朝服としては通天冠が、諸臣では進賢冠等が定められた。朝服の構成は位階や用途により異なるが、基本的には冠・袍(衣)・裳(裙)で、これに白紗中単・白羅方心曲領・絳紗蔽膝(こうへいしつ)が加わることもあった。その後、貞観年間(627-649)に朝服として翼善冠を制定した。その冠は幞頭(ぼくとう)に似たものであり、白練の裙襦(くんじゅ)を着用したが、玄宗(在位712〜756)の時に更に簡略化がはかられ、翼善冠と弁服は廃止されて常服(日常の公服)が朝服にも用いられるようになった。

宋でも唐制に倣って服制が定められ、皇帝の朝服としては通天冠・絳紗袍が継承された。諸臣の朝服冠は3種類あるが、主たるものは進賢冠であり、梁の数に5梁・4梁・3梁・2梁の別があった。宋初の制では衣服も位階によって異なっていたが、その後皆、朱衣朱裳となった。

元代には、朝服的なものとして只孫(しそん)(漢語では一色服)と称するモンゴル族の服飾が用いられた。夏服と冬服の制があり、諸臣の服は皇帝から下賜された。后妃以下重臣の正室の朝服は、罟罟(ここ)冠と称する高い冠をかぶり、大袖または寛袖で袖口が窄(せま)くなった形の寛闊な大袍姿であった。

明では漢民族の伝統が復活し、祭服・朝服の制が定められ、皇帝の通天冠は、朝服よりさらに儀礼的なものに格上げされて、一般の朝服としては皮弁服が用いられた。皮弁服は1393(洪武26)年の制では絳紗衣に蔽膝が用いられたが、1405(永楽3)年の制では絳紗袍と紅裳に改定されている。文武官の朝服の主要な構成は、梁冠・赤羅衣・白紗中単・赤羅裳・青縁赤羅蔽膝というものであり、梁冠の梁の数(8〜1梁)で位階を区別した。

清では，朝服は第一礼服となり，従来皇帝の冕服に付けられていた十二章文はこの朝服に付けられるようになった。皇帝の服飾には，朝服・吉服・常服・行服の別があり，吉服は第二礼服，常服は日常の公服で，行服は旅行用であった。皇后・皇族・諸臣にも，朝服・吉服の制があった。皇帝以下諸臣の朝服の冠・袍にはそれぞれ冬冠・冬袍，夏冠・夏袍の別があり，朝袍の形態はいずれも丸首大襟で，袖口は馬蹄形である。皇帝の朝袍の色は明黄色が基本であるが，豊作祈願の時等は藍色を，朝日(春分の日の日拝礼)には紅色を，夕月(秋分の日の月拝礼)には月白色を用いた。皇后は朝袍の上に朝褂(袖無しのベスト形式の長衣)を重ねることが多く，下には朝裙を着用した。皇后の朝袍の色はいずれも明黄色で，冬朝袍・夏朝袍の別があった。貴妃の袍色は金黄色，嬪のものは香色(浅い黄色)でその他は皇后とほぼ同じである。諸臣の朝冠は頂子(頭頂部の飾り)が異なり，この別によって位階を明示した。文武四品官以上の朝袍は，基本的に皇帝のものと同形であるが，色は藍色と石青色(藍銅鉱による藍色)で，正蟒(正面向きの諸臣龍文)と行蟒(横向きの諸臣龍文)の下に八宝平水文が付いた。五〜七品官の朝袍は石青色の雲文地に行蟒を刺繍し，八・九品，未入流官の朝袍も石青色であるが蟒文は付かない。文武官はこの朝袍の上に，位階相応の補子の付いた補服を重ねた。皇帝以下文武官はそれぞれ位階に応じた朝帯を締め，文五品武四品以上はやはり位階に応じた朝珠(珠を連ねた装身具で，皇帝・皇后以下が儀礼の際に身につけた)を首に掛けた。

(増田 美子)

ちょうふく【趙復】 生没年不詳。元初の朱子学者。徳安(湖北省)の人。字は仁甫，号は江漢。1235(端平2)年，南宋攻略の途上にあったモンゴル軍の俘虜となるが，燕京(北京)の儒臣姚枢に救出されて朱子『四書集注』等の書物を提供し，許衡が朱子学に覚醒する機縁を作る。1240(嘉熙4)年頃，燕京太極書院の師儒となり道学生の教育や朱子書の刊行に尽力する。また，元好問や楊奐と交流する一方，自ら『伊洛発揮』『伝道図』等を編纂し，郝経ら河北や山東の人士に宣布する。元史189

(三浦 秀一)

ちょうふくがく【貂覆額】 →臥兎児

ちょうぶん【重文】 『説文解字』での文字掲出法。また「じゅうぶん」とも読まれる。『説文解字』は総字数9353字を540の部にわけて分類配列し，それぞれの字について小篆による字形を基として，字形と字義を系統立てて解説するが，小篆の他に古文と籀文の字形で，小篆の字形と異なる構造のものがあれば，解釈の末尾に参考としてそれを掲げる。それを重文といい，序文によれば合計1163字ある。

(阿辻 哲次)

ちょうへいぶん【趙秉文】 1159(正隆4)〜1232(天興元)。金の文章家。磁州滏陽(河北省)の人。字は周臣，号は閑閑。1185(大定25)年の進士。1195(明昌6)年に応奉翰林文字同知制誥になって以来，翰林の職を歴任し，1217(興定元)年に礼部尚書になった。北宋の欧陽脩のごとき役割を金の文壇で果たした。学問は広く，詩文は漢魏・盛唐の長所を折衷し，礼部尚書という政治力を利して金末の文風を一変させた。文集『閑閑老人滏水文集』20巻がある。金史110

(高橋 文治)

ちょうほう【趙汸】 1319(延祐6)〜69(至正29)。元代の春秋学者。休寧歙県(安徽省)の人。字は子常。黄沢・虞集に師事し，呉澄の学問を受け継いだ。胡安国『春秋胡氏伝』が流行した時代に在って，『春秋左氏伝』(『左伝』)を基準として，唐の啖助・趙匡，南宋の陳傳良の説を参照し，『春秋公羊伝』と『春秋穀梁伝』の記述の問題点に批判を加えた。著書に『春秋師説』『春秋集伝』『春秋属辞』『春秋左氏伝補注』『春秋金鎖匙』がある。清の公羊学派の，荘存与や孔広森に影響を与えている。明史282

(佐藤 錬太郎)

ちょうほうよく【張鳳翼】 1527(嘉靖6)〜1613(万暦41)。明の戯曲作家。長洲(江蘇省)の人。字は伯起。1564(嘉靖43)年の挙人で，会試には通らなかったが才名は高く，弟の献翼・燕翼とともに三張と称えられた。『処実堂前集・後集』『文選纂注』などの著作がある。また曲律にくわしく，代表作『紅払記』(唐の小説『虯髯客伝』にもとづく)や『祝髪記』『灌園記』などの伝奇6種を「陽春六集」という。

(廣瀬 玲子)

ちょうほし【晁補之】 1053(皇祐5)〜1110(大観4)。北宋の文人・政治家。鉅野(山東省)の人。字は無咎。1079(元豊2)年の進士科に及第して官界に入るが，新法・旧法両党派の抗争の渦中に在って，旧法党人として浮沈した。朝廷に入って，著作佐郎，礼部郎中に任じたこともあるが，地方官としての官歴が長い。学問の人で，詩詞は幽婉俊逸，蘇門四学士のひとり。『鶏肋集』70巻がある。宋史444

(山本 和義)

ちょうめいせい【趙明誠】 1081(元豊4)〜1129(建炎3)。北宋の金石学者。密州諸城(山東省)

の人。字は徳父あるいは徳甫。*李清照の夫。1105(崇寧4)年，鴻臚少卿の任に就く。1108(大観2)年に青州(山東省)に帰り，金石の収集に努めた。1129年に湖州(浙江省)の知州に任ぜられたが，赴任前に建康(南京)で没した。主著に金石2000点の目録である『金石録』30巻がある。欧陽脩とともに，宋代金石学の先駆者であった。　　　(角道　亮介)

ちょうもうけん【趙孟堅】　1199(慶元5)〜

1264(景定5)。南宋後期の宗室画家。北宋の*太祖11世の孫で，字は子固。趙孟頫の従兄にあたる。1226(宝慶2)年の進士，官は朝散大夫・守厳州に至った。好古博雅の人で，嘉興海塩(浙江省)に居住し，舟に雅玩の物を積んで往来し，趙子固書画船と称された。蘭蕙・梅・竹・水仙の墨戯を得意とし，『梅竹詩譜』を著した。晩年，禅に帰依し，彝斎居士と号している。現存作に『歳寒三友図』(台北，故宮博物院蔵)，『水仙図巻』(ニューヨーク，メトロポリタン美術館蔵)がある。　　(井手　誠之輔)

ちょうもうふ【趙孟頫】　1254(宝祐2)〜

1322(至治2)。元代の文人・書家。呉興(浙江省)の人。字は子昂，号は松雪道人。別に趙呉興・趙鷗波・趙承旨などとよばれた。宋の*太祖の四男である秦王徳芳の末裔，南宋の孝宗の実子子偁の5代の孫。詩文をよくし，音楽にも精通したが，とくに書画にすぐれ，元代随一の書人というだけでなく，書の伝統の橋渡し役として書道史上重要な役割を果たした。元の世祖クビライの1287(至元24)年に兵部郎中を授けられ，その後成宗，武宗，仁宗，英宗と5人の皇帝に仕えた。とりわけ仁宗には寵愛された。1319(延祐6)年，病床の妻を郷里に送る途中，その死に遇い，以後郷里にひきこもって上京せずに没した。ときの英宗は，かれに江浙行省平章事を贈り，魏国公に封じ，文敏と諡した。宋を亡ぼした王朝に仕えたため，節を欠くとの手厳しい非難を浴びた。同族で書人としても著名な趙孟堅もかれを嫌い，かれが帰ったあとその座具を灌がせたといわれる。画は山水・木石・花竹・人馬を描いたが，馬においては最も精緻を極めた。書は篆・隷・楷・行・草の各体をよくした。楷・行・草は晋の*王羲之・王献之父子の典型を学んだ。1日に1万字を書きその精到さは他の追随を許さなかった。趙孟頫の書は一生の間に3回変化したといわれる。最初は40歳前後で，宋の*高宗の字を習った。次の40歳から60歳までは，王羲之を学び，とくに王羲之の『蘭亭序』の拓本(定武蘭亭本)を手に入れたことが，書作に拍車をかけた。晩年には唐の李邕や柳公権を学んだが，終生目標としたのは王羲之・王献之であった。ほか智永の『真草千字文』も好んで臨書した。趙孟頫44歳の千字文自題には，ここ20年，*千字文を書くこと百数，といっている。元の虞集は，「*蘇軾・*黄庭堅以来失われていた晋代の復古の道を，かれがとりもどした」といっている。事実，元の書壇の大勢は，かれの影響下にあり，その権威は次の巨頭*董其昌が痛烈に批判するまで維持された。また元代の巨碑はおおむねかれの手に成り，徐浩，李邕以来の巨匠といわれる。碑文の書には，『玄妙観重修三門記』『仇鍔墓碑銘稿』(京都，陽明文庫蔵)が現存し，李邕への傾倒がうかがえる。ほかよく知られている作品には『唐人臨膽近漢時帖』(右六行の補書)や『蘭亭十三跋』(東京国立博物館蔵)，尺牘の『与中峰明本書』(台北，故宮博物院蔵)などがある。専帖に『清華斎趙帖』『松雪斎法書』『松雪斎法書墨刻』『橘隠園趙帖』がある。代書人に章徳懋や次男の趙雍らの名が伝わり，趙書の鐫刻では，茅紹之が名高い。詩文集に『松雪斎集』がある。また『印史』2巻の著作があったが，現在は伝わらない。

　　　　　　　　　　　　　　(大橋　修一)

　絵は唐および北宋の様式を範とし，山水では唐の*李思訓・李昭道の青緑山水，五代・北宋の董源・*巨然の江南山水画，北宋の李成・郭煕による華北山水画を学んだ。その比較的早期の遺作に，古様な青緑山水画を復古した『謝幼輿丘壑図巻』(プリンストン大学付属美術館蔵)があり，クビライの招呼による大都(北京)への出立以前の作と考えられている。大都行きおよびその後の地方官としての赴任により，趙孟頫は唐宋の古画や北方の画家たちに接した。大都から持ち帰った古画の中でも特に董源の『河伯娶婦図』は重要で，彼のその後の制作に大きな影響を及ぼしたが，現存する伝董源筆『夏景山口待渡図巻』(遼寧省博物館蔵)はそれと同系統の作品と考えられる。そうした古画を学習した成果として，李郭派山水画に青緑山水の技法を融合した『江村漁楽図団扇』(クリーブランド美術館蔵)や，基本的に董源の山水画に依拠しながら友人周密のために彼の故郷，済南(山東省)の二つの名山を絵画作品として抽象化し知的に再構成して描いた1295(元貞元)年の『鵲華秋色図巻』(台北，故宮博物院蔵)があり，『重江畳嶂図巻』(台北，故宮博物院蔵)は，李郭派山水画に忠実に倣って描いた趙孟頫の原作の模写とみられる。また友人銭重鼎のために1302(大徳6)年に描いた『水村図巻』(北京，故宮博物院蔵)では，華北山水画と江南山水画の構成法を統合し，また光や大気の表現を放棄してマチエール(作品の材料・素材の美)の効果を追求しており，元代山水画の代表作となっている。また畜獣画・人物画の遺品として『二羊図巻』(ワシントン，フリア美術館蔵)，『調良図』(台北，故宮博物院蔵)，息子趙雍・孫趙麟の作品と合装された『人馬図巻』(ニューヨーク，メ

トロポリタン美術館蔵)の第1図(1296年), 行書の『前後赤壁賦』の冒頭に描いた1301(大徳5)年の『蘇東坡像』(台北, 故宮博物院蔵), 道釈画の遺品に1304(同8)年の『紅衣羅漢図巻』(遼寧省博物館蔵)がある。元史172　　　　　　　　　　(救仁郷 秀明)

ちょうもんとう【張問陶】
1764(乾隆29)〜1814(嘉慶19)。清代中期の詩人。潼川府遂寧県(四川省)の人。字は仲冶, 号は船山。代々官僚の家柄で, 彼も1790(乾隆55)年に進士となった。それから数年して同窓の洪亮吉が彼を袁枚に紹介すると, 袁枚は「私が80近くなってもまだ生きているのは, 彼の詩をまだ読んでいなかったからだ」と言った。その詩論を述べた詩では「性情」「天真」「霊光」などを用い, 明らかに袁枚の「性霊説」と軌を一にするが, 彼自身は師のまねではないとした。作品も「人情に近い」ものが多く, なかでも御者・従者・下男などとのつきあいを歌ったものが目新しい。官吏としては中央での吏部郎中のあと山東省萊州の知県となったが, 上司とのおりあいが悪く, 1812(嘉慶17)年49歳で退職し, 蘇州に移り住んだ。書と画をもよくした。その詩集『船山詩草』20巻は死の翌年1815(嘉慶20)年の刊行, 『補遺』6巻は49(道光29)年の刊行, あわせて約3000首を収める。江戸・明治期の日本でも愛好されたのは, その親しみやすさだけでなく, 日本の刀や鏡を詠んだ作品があるからだろう。清史稿485　　(松村 昂)

ちょうやしんせいたいへいがふ【朝野新声太平楽府】 →太平楽府

ちょうやせんさい【朝野僉載】
初唐の小説集。原書20巻。張鷟の撰。張鷟, 字は文成, 『遊仙窟』の著者として有名。隋から初唐の朝廷や民間での見聞を記し, 則天武后の時代の記事が多い。著名人の言行から, 仏教・道教説話, 民間風俗, 社会制度まで幅広い話を収める。原本は散逸し, 『古今説海』などの1巻本と, 『宝顔堂秘笈』の6巻本, 鈔本(静嘉堂文庫蔵)の10巻本がある。趙守儼点校本(中華書局, 1979年)が宝顔堂秘笈本の370話を底本として, 他書との校勘と, 94話の佚文を補輯している。　　　　　　　　　(富永 一登)

ちょうゆう【張揖】
生没年不詳。三国魏の学者。正史に伝はなく, 顔師古「漢書叙例」により, 字は稚譲, 清河(河北省)の人, 一説に河間(河北省)の人で, 明帝の太和年間(227-233), 博士となったことが知られる。著書に『爾雅』を増広した『広雅』, 『三蒼』を補った『埤蒼』, 『説文』にならった『古今字詁』などがある。『埤蒼』『古今字詁』は佚したが, 『玉函山房輯佚書』『漢学堂叢書』『小学鉤沈』『小学鉤沈続編』などに輯本がある。
　　　　　　　　　　　　　　　(森賀 一恵)

ちょうゆうしょう【張裕釗】
1823(道光3)〜94(光緒20)。清末の書家。武昌(湖北省)の人。字は廉卿。廉亭・濂亭と号した。1846(道光26)年の挙人。内閣中書に官し, 江寧・湖北・保定・陝西などの書院の主講を歴任。曾国藩に師事し, 黎庶昌・呉汝綸・薛福成らとともに「曾門の四弟子」と称された。古文辞を善くし, 桐城派末期の一人である。書にも巧みで, 楷書にすぐれ, 結体風格は北朝北魏の『張猛龍碑』に基づき, 用墨法も独特である。宮島大八(詠士)など, 日本の書家にも影響を与えた。著に『古文尚書考証』がある。清史稿486
　　　　　　　　　　　　　　　(河内 利治)

ちょうようきゅう【重陽宮】
陝西省西安市の南西, 戸県にある道観。全真教三大祖庭の一つ。もとは全真教開祖の王重陽(王嚞)が庵を結んで修行と布教をした地に, 弟子の王処一らが霊虚観という道観を建立したもので, 元代にその後裔の李志常が重陽宮に改称し, さらに勅許を得て諸殿を大いに拡張して重陽万寿宮とされた。元一代に大いに繁栄したが, 明清時代は次第に衰えた。境内には王嚞の墓や, 元朝により建てられた巨大な石碑群など貴重な文物が存在する。　　　　(横手 裕)

ちょうようせつ【重陽節】
旧暦9月9日の節句。陰陽の陽に当たる奇数9が重なっているのでこう呼ぶ。登高節・重九節・茱萸節・菊花節ともいう。古来この日は近郊の高い丘や山に登って野遊びをし, 茱萸(かわはじかみ)を頭にさし, 菊を愛で, 菊を浮かべた菊花酒を飲む。また, 菊・棗・栗などを入れた蒸し菓子重陽糕を食べる。九と久が音通で, 長久の意味をこめ, 古くは邪気を祓い長寿をもたらす日と考えられていた。女児節といい, 嫁いだ娘が里帰りする日とする地方もある。　(鈴木 健之)

ちょうよく【趙翼】
1727(雍正5)〜1814(嘉慶19)。清の詩人・史学者。陽湖(江蘇省)の人。字は雲崧または耘松, 号は甌北。1761(乾隆26)年の進士で, 翰林院編修を授けられ, 官は貴西兵備道に至った。1773(乾隆38)年, 官を辞して帰郷, 一時, 揚州の安定書院の主講をつとめた。詩は性霊説を奉じて袁枚・蔣士銓とともに乾隆三大家と称される。家居40余年, 著述に専念し, 88歳で没した。文学面では『甌北詩集』『甌北詩話』, 史学面では『二十二史箚記』『陔余叢考』などの著作がある。清史稿485
　　　　　　　　　　　　　　　(野村 鮎子)

ちょうらい【張耒】 1054(至和元)～1114(政和4)。北宋の文人・政治家。楚州淮陰(江蘇省)の人。字は文潜,号は柯山。1073(熙寧6)年の進士科に及第して官界に入り,著作郎,史館検討,起居舎人などを経たが,哲宗親政の期には旧法党人として地方官に出され,黄州(湖北省)に流されもした。蘇軾に学んだ蘇門四学士のひとりで,詩は白居易らに倣って平易を旨とした。『張右史文集』60巻がある。宋史414 (山本 和義)

ちょうりしょう【張履祥】 1611(万暦39)～74(康熙13)。明末・清初期の朱子学者。桐郷(浙江省)の人。字は考夫,号は念芝。また,楊園先生と称された。明の諸生。はじめ劉宗周に従学して慎独の学に傾倒するが,後に程朱の学を学ぶ。実践躬行を重んじた篤実な朱子学者で,陸王学を論駁。没後,文廟に従祀された。また,農事を中心とした実学的な志向も強く,『沈氏農書』を補綴して自説を付した『補農書』は,たんなる技術論に止まらず,農業の経営的側面への関心も注目され,当時の郷紳地主層の実態を窺うに足る。著書には,他に『備忘録』『願学記』『読易筆記』『読史偶記』『楊園文集』など。『清史列伝』66に伝がある。清史稿486 (伊東 貴之)

ちょうりゅうそん【張留孫】 1248(淳祐8)～1321(至治元)。元朝に仕えた正一教の道士。信州貴渓(江西省)の人。字は師漢。若い時に龍虎山で道士となり,1276(至元13)年,天師張宗演に従って入朝し,世祖クビライの絶大な信任を得た。世祖が天師の号を下そうとすると,留孫は張天師に世嗣のあることを理由に辞退したので,代わりに玄教大師の号を授けた。以来,皇帝直近の正一道士として仁宗の代まで皇帝の側近政治に参画。宋以来の集賢院の改革を発議して道教専任の機構とし,全国の道教を統領した。死後,その地位は呉全節に継承された。元史202 (森 由利亜)

ちょうりょう【張良】 ?～前186。漢高祖の功臣。字は子房。祖父・父は韓の相。前218(秦始皇29)年,博浪沙で秦始皇帝暗殺に失敗し,亡命中,黄石公に太公兵法を授かった。前209(秦二世元)年,挙兵して高祖に従い,ついで韓王成の大臣となったが,前206(高祖元)年,項羽が成を殺すと高祖に仕えた。鴻門の会で高祖を救うなど知謀に富み,前201年,留侯に封ぜられた。のち太子(のちの恵帝)廃位を防いだ。史記55,漢書40 (吉本 道雅)

ちょうれい【重黎】 人名。重と黎。重黎と熟読して一人の名とする説もある。重は羲氏の祖,黎は和氏の祖で(『書経』呂刑・疏),顓頊に命じられて,南正(官名)の重が天をつかさどり,火正(官名)の黎が地をつかさどった(『国語』楚語下)。『史記』では,顓頊高陽氏の後裔で,帝嚳高辛氏の火正,楚の国の祖先にあたる(楚世家)。また,昔の天文暦数を伝える人物で(天官書),司馬氏の祖先でもある(太史公自序)。史記40 (新井 晋司)

ちょうれいじょう【趙令穣】 生没年不詳。1061(嘉祐6)年から1100(元符3)年までは生存を示す資料がある。北宋時代後期の宗室画家。字は大年,諡は恭敏。北宋の太祖(趙匡胤)の5世孫。官は光州防禦使から崇信軍節度観察留後となり,没後には栄国公を追封された。経書・史書を修め,文章・書をよくした。画は蘇軾を学んだ墨竹のほか,小景画を得意としたが,両者は共に当時,画壇で流行した新傾向を示すものであった。その小景画は開封・洛陽近郊の水郷風景とも江南の自然とも見なされ,山水・花鳥にまたがるモチーフを,距離に応じて着色から水墨へと変化していくように描いており,そうした画風を最もよく伝えるものとして『秋塘図』(奈良,大和文華館蔵)が挙げられる。 (板倉 聖哲)

ちょうろ【張路】 生没年不詳。明の画家。祥府(河南省)の人。字は天馳,号は平山。太学に学んだが,在野の職業画家となった。正徳・嘉靖年間(1506-66)頃活躍したと考えられており,浙派に分類され,嘉靖から万暦年間(1522-1620)頃の文人たちからは狂態邪学と評された。師承関係は不明だが,浙派の祖とされる戴進に私淑したと伝えられる。

その戴進の画風を展開したと考えられる『道院馴鶴図』(個人蔵)などのように,李郭派風の山水を背景に人物を配した山水人物画を数多く描いている。またおなじく浙派の画家である呉偉の影響が顕著にみられる『漁夫図』(東京,護国寺蔵)をはじめとする,潤沢な墨を大胆に用いた隠逸的な人物図も多数残しているが,いずれも対角線構図と余白をたくみに生かした簡潔な作品が多い。代表作として,ほかに『雪江泊舟図』(天津市芸術博物館蔵)などがある。 (伊藤 晴子)

ちょくおん【直音】 漢字の注音法の一つ。同音字によって,被注字の音を表す仕方で,たとえば「肇,音兆」のようにする。服虔の『左伝音』が最初だという説があるように,後漢の末ごろから盛んに用いられるようになった。「読若」などそれ以前の注音法に比べてより正確な音注が可能になった

のは一定の進歩といえるが，同音字が存在しないとき，或いは同音字があっても常用字でない場合には困難が生じる。また往々にして全くの同音字ではなく，類似音で代用する場合も多いために，実際には正確さの点でも問題が多い。したがって反切法が現れてからは，韻書など正確な音注が要求される場からはしだいに姿を消した。ただ反切にくらべて簡便なために，民間では重宝され，通俗的な字書類や実用を旨とする注釈類には頻繁に利用された。唐の『*九経字様』は主として直音を用いるし，元の撰人未詳『九経直音』，明の章黼『直音篇』など直音を用いた書は決して少なくない。　　　　（高田 時雄）

ちょくさいしょろくかいだい【直斎書録解題】
南宋の書目。原本は56巻。現在見られる本は22巻。ほぼ13世紀前半の人，陳振孫著。解題つきの宋代私家目録として晁公武『郡斎読書志』と並ぶもの。約3100部を著録。その本文にまま見られる「随斎批注」は，程大昌の曾孫で宋末ないし元代の人，程棨の手になるといわれる。本目は『郡斎読書志』と同様に，ある書物の南宋以前における姿を伝え，またそのうちには今日すでに佚亡，残欠しているものも多いことから，特に唐宋間の書誌に関して高い史料的価値をもつ。馬端臨『*文献通考』の経籍考は，もっぱら本目と『郡斎読書志』に依拠したもの。ただ本目は明代中期に一度流伝が絶えてしまい，今見うるのは『四庫全書』編纂時に『*永楽大典』より輯出・復原して22巻にまとめられた本の系統しかない。また本目は一般に収蔵書目，つまり陳振孫個人の蔵書目録と見なされているが，これも恐らくは知見書目と考えるべきであり，よってその記事は，必ずしも一々正確とは限らない。
（井上 進）

ちょくしさんぽうとうそう【直指算法統宗】
明の数学書。正式の書名は「新編直指算法統宗」である。首編及び17巻592問からなる。程大位の著。自序によれば万暦20(1592)年に完成した。全体の構成は，『九章算術』の編目に依拠し，算盤を用いる珠算算法が中心であるが，方陣やインド・イスラムの乗法である写算にも言及がある。南宋の朱世傑の『*算学啓蒙』や楊輝の算書の後を継ぐ数学啓蒙書であり，国内外に広く伝播し大きな影響を与えた。
（武田 時昌）

ちょくはん【勅版】
朝鮮の活字印刷術が日本に伝来したことを受けて，文禄・慶長・元和間(1592-1623)に後陽成天皇と後水尾天皇が，勅命で出版した活字版を指し，宸刻本とも呼ぶ。1593(文禄2)年の『古文孝経』は未発見。1597(慶長2)年の『錦繍段』『勧学文』をはじめ，同じ頃の『日本書紀神代巻』『古文孝経』『四書』『職原抄』『長恨歌琵琶行』が現存し，これらは慶長勅版(木活字)とも呼ばれる。勅版は主に印刷史上の意義が大きいが，1621(元和7)年の『皇朝類苑』は銅活字版で，底本(宋版)が中国でも亡び，テキスト的価値が高い。
（高橋 智）

ちょくろくか【勅勒歌】
北朝北斉の斛律金の作。「勅勒の川，陰山の下」にはじまり，北方の広漠たる風景を力強くうたいあげた歌謡文学の名作の一つ。斛律金は勅勒族の出身で，左・右丞相など位を極めた北斉の名将。この歌は東魏の時，実力者高歓の命によりうたわれた。斛律金は鮮卑語でうたい，現存の歌詞はその漢訳という。現存する10世紀以前のトルコの民間歌謡との間に形式的類似が見いだされ，漢訳は原詩に忠実に作られたものとの考証もある。
（松家 裕子）

ちょけん【猪圏】
中国における豚小屋と便所が一体化した建物の模型。漢時代に明器として墓内に納入された。この時期中国では，死後，墓主の霊魂やその肉体が墓内で生活すると考えられており，それに支障のないようにするため，多くの従者や家畜，また建物など様々なものが陶器で作られた。猪圏もそのひとつであるが，人糞を飼料として豚に与える便所の形式は，現代でも地方に残っている。
（八木 春生）

ちょこうぎ【儲光義】
707(景龍元)?～760(上元元)?。盛唐の詩人。潤州延陵(江蘇省)の人，祖籍は兗州(山東省)。726(開元14)年の進士。天宝(742-756)の末年，監察御史となった。安禄山が長安を陥れた時，偽政府に仕えたため，乱後，嶺南に流されて没した。その詩は田園の風光を描写して，純朴閑雅な味わいがある。王維・孟浩然・韋応物などと併称された。『田家雑興』8首，『田家即事』等が代表作。『全唐詩』はその詩を編して4巻(136～139)とする。事蹟は顧況「監察御史儲公集序」，『新唐書』59・芸文志3，『唐詩紀事』22，『唐才子伝』1に見える。
（下定 雅弘）

ちょさくさろう【著作佐郎】
官名。歴史編纂を担当する著作郎の補佐役として三国魏のとき中書省に置かれた中書佐著作という七品官が起源。晋代に佐著作郎と改められて六品に昇格，所属も秘書省に変わり，南朝宋のとき著作佐郎と改称された。以後歴代の王朝で各種の記録をつかさどる六品または七品の官として元の時代まで存続した。九品官人法の施行下では，名門貴族の子弟の起家官

(初任官)として秘書郎に次いで尊重された。

(浅見　直一郎)

ちょじんかく【褚人穫】　生没年不詳。清の小説家。長洲(江蘇省)の人。字は学稼、また稼軒、号は石農。袁于令や張潮、毛宗崗らと交わる。1691(康熙30)年から1703(同42)年にかけて文言小説集『堅瓠』15集66巻を著した。社会風刺に富み、怪異滑稽譚を網羅している。また『隋唐志伝』などに基づいて、隋の天下統一から安史の乱に至る通俗歴史章回小説『隋唐演義』20巻100回を著した。物語は英雄結義、煬帝の奢侈、玄宗と楊貴妃の恋愛譚を軸に展開される。『封神演義』も刊行している。

(井波　陵一)

ちょすいりょう【褚遂良】　596(開皇16)〜658(顕慶3)。初唐の官僚・書家。杭州銭塘(浙江省)の人。字は登善。太常卿を贈られ、昭陵に陪葬された褚亮の次男。代々、南朝梁・陳に仕えた名門の家柄である。隋の大業(605-618)の末、薛挙に仕え、李世民(のちの唐太宗)に秦王府鎧曹参軍を授けられ、貞観(627-649)中、起居郎に遷る。その後、諫議大夫に遷り、太宗に諫言することを憚らず、その信任を得た。太宗が崩御するに臨んで、皇太子に「遂良と長孫無忌がいるから、心配はいらない」とまでいわせ、褚遂良に詔を作らせた。高宗が即位したあと、河南県公に封じられ、650(永徽元)年、河南郡公に進められた。この官名から褚河南とも呼ばれる。同年、事に座して、同州刺史に左遷されたが、その後吏部尚書に返り咲き、ついで尚書右僕射を授けられた。655(永徽6)年、高宗が皇后王氏を廃して武氏(のちの則天武后)を皇后に立てたことを諫めたことで怒りをかい、潭州都督に左遷された。657(顕慶2)年、さらに桂州に遷され、まもなく愛州(ベトナム中部)刺史に貶されて、彼の地で63歳の生涯を閉じた。没2年後、許敬宗・李義府の讒言によって官爵を削られ、その子2人も愛州に流され、殺された。神龍年間(705-707)に入って、官爵を回復され、徳宗のとき、大尉を追贈された。

太宗が「虞世南が死んで、ともに書を論ずるものがいなくなった」と嘆いたとき、侍中の魏徴が褚遂良を推薦したため、侍書に抜擢された。文学・史学に博く豊かな学識を備え、隷書・楷書に巧みで鑑識にも優れ、太宗が天下に号令して収集した王羲之の真跡鑑別に一つも誤ることがなかったという。欧陽詢・虞世南とともに、初唐の三大家に数えられる。張懐瓘は『書断』で彼の楷書・行書を二王らの神品に次ぐ妙品に位置づけた。その書に『伊闕仏龕碑』『孟法師碑』『房玄齢碑』、最高傑作とされる『雁塔聖教序』などがある。このほか、集帖に刻入

された『枯樹賦』『文皇哀冊』、彼の臨模本とされる『蘭亭序』の墨跡本がある。また、王羲之の書の目録として『晋右軍王羲之書目』を残している。旧唐書80、新唐書105

(横田　恭三)

ちょばいき【貯貝器】　雲南の石寨山古墓群など、石寨山文化に属する遺跡の大型墓で、多数の子安貝を収納したまま、副葬品として発見される青銅製容器の総称。内陸部に位置する雲南の民族社会では、南シナ海・ベンガル湾産の子安貝が、近世まで財貨の象徴として価値を持った。銅鼓などの文化要素が、これらの墓から共通して見られることからも明らかなように、当時、雲南は東南アジアの諸地域と密接な交流を持っていた。子安貝もそうした関係の中で集積されたものであると考えられる。石寨山文化の前半期には円筒型の専用容器が作られたが、後半期には銅鼓を再加工して作った貯貝器が目立つようになる。

(吉開　将人)

ちりょうちせつ【致良知説】　明の王陽明が、晩年に「良知」の語と『大学』の「格物致知」の語とを結び付け、学問の根幹として提唱した説。王陽明がもともと唱えていた「心即理」説は、理(普遍的な道理)は外界の事物や経典のなかにあるのではなく、おのれの心に先天的に備わっていることを説いたものであった。しかし「心即理」という語を用いると、あたかも「理」というものが「心」のなかに存在するように考え、外界の事物に背を向けてひたすら内向きに理を探究しようとする態度を招きかねない。その実、重要なのは、内向きに理を捜し求めることではなく、子供が親を愛するように、自分のなかに本来存在する道徳心(良知)を外界にむけて十全に発揮することである。そこで王陽明は、「心」に代えて「良知」の語を用いるとともに、その良知をさえぎることなく万物に対して「致し」(発揮し)、それによって万物万事を正しくする(格物)ことを説いた。これは、「心即理」説の深化であると同時に、「格物致知」を独自のやり方で解釈し直すものでもあった。

(岸本　美緒)

ちれい【知礼】　960(建隆元)〜1028(天聖6)。北宋初期の僧。天台宗第14祖。四明(浙江省)の人。俗姓は金、字は約言。諡を法智大師というが、一般に四明尊者・四明大法師・或いは四明知礼などと称す。7歳で母を失い、父に請いて出家。太平興国寺の洪選に師事し、15歳で具足戒を受けて律を学び、20歳のとき義通につき天台の教義を学ぶ。991(淳化2)年、乾符寺に住し、995(至道元)年、四明の保恩院に移って以後ここに住して天台教法の教化に努める。この間、1004(景徳元)年に

は『十不二門指要鈔』を著すなど，山家派を代表して銭塘(浙江省)の梵天慶昭・孤山智円らを中心とする山外派と論戦し，混乱していた天台宗を復興した。いわゆる山家・山外の争いの中心人物である。また，1003(咸平6)年，日本から寂照によって源信の27条の問書がもたらされると，それに答えた。著作は『四明教行録』に収められる。　(桂華　淳祥)

ちん【陳】　557(永定元)〜589(禎明3)。都は建康(南京)。陳覇先(武帝)の建国。陳覇先は呉興郡長城県(浙江省)の人で，南朝梁の下級武人として広州に赴いたが，侯景の乱に頭角を現し，建康付近を手中に収めた。梁の元帝が江陵で北朝西魏に敗死した後，北斉と結んだ王僧弁を倒し，梁の敬帝の禅譲を受けた。しかし長江中流と漢水流域はすでに西魏(のち北周)の支配下にあり，長江下流北岸には北斉が迫り，版図は南朝最小であった。武帝の一子は北周にあり，武帝死後は兄の子文帝蒨が継いで，政務に精励し，華南山中の土豪熊曇朗らの反抗を抑え，王朝の基礎を固めた。ついで文帝の弟宣帝頊が文帝の子廃帝伯宗を廃して立ち，北斉の弱体化に乗じて江北に進出し版図を拡大したが，北斉を滅ぼした北周に北進を遮られた。宣帝の子後主叔宝は奢侈淫溺で，宮廷文化の爛熟期を現出したが，低身分の官僚を側近に用い，政治をゆるがせにしたため，晋王広(煬帝)率いる50万の隋軍に滅ぼされた。滅亡時に戸50万・口200万(『通典』7)。
　　　　　　　　　　　　　　　　(中村　圭爾)

ちん【鎮】　鎮とはもと鎮将を長とする軍隊の屯戍の地で，南北朝時代には主に辺境に配置されていた。「鎮市」あるいは「市鎮」とも呼ばれる。唐末から五代にかけて，節度使は規模の大きな市場町を財政拠点として掌握し，腹心を将師(鎮将・鎮使)に充て，その軍団を鎮と称した。その後，各地に割拠した軍閥政権は，郷村の支配権を固めるため土豪も鎮将に任命し，その支配区域も鎮と呼ばせた。鎮将は自立し，恣に民の財物を収奪し，県官の権限を奪った。北宋朝は節度使の勢力削減につとめ，彼らの財政基盤である鎮を支配下においた。無制限に設置されていた鎮を淘汰し，政府に有用な鎮のみ存続させた。鎮には監鎮官を派遣し治安維持と徴税業務にあたらせた。

鎮は県城レベル以上の都市間商業の下位に位置し，局地的な地場流通と全国規模の遠隔地流通とを接合する巨大な仲買機構群として機能してきたが，明代には江南地方を中心に鎮内で手工業も発展して商工業都市の様相を呈するようになった。

現代中国では郷級の行政区画の名称として使用され，郷村の中心地としてインフラが整備され非農業人口が集住する地域に鎮を設置した。この鎮は「建制鎮」とも呼ばれる。　　　　(林　和生)

ちんあし【沈亜之】　→沈亜之

ちんいすう【陳維崧】　1625(天啓5)〜82(康熙21)。明末清初の文学者。宜興(江蘇省)の人。字は其年，号は迦陵。名門に生まれ，若年にして侯方域・冒襄ら名士と交わった。1679(康熙18)年，博学鴻詞科に応じて翰林院検討となり，明史編纂に携わった。陳維崧は口下手な人であったが，筆をとると別人の如く，もっとも駢文に優れ清一代に冠絶した。詞の作者としても知られ，作品は千数百首を数え，宴席で興に乗ると簫を手にして自作の詞に伴奏したという。著書に『湖海楼全集』がある。清史稿484　　　　　　　　　　　　　　　(大平　桂一)

ちんいんかく【陳寅恪】　1890(光緒16)〜1969。現代の歴史家。本籍は義寧(江西省)，生地は湖南省長沙市。祖父は湖南巡撫陳宝箴，父は詩人陳三立，兄は書画家陳衡恪。日本，ドイツ，アメリカなどに遊学した後，1925(民国14)年に清華大学国学研究院に招聘され，梁啓超・王国維・趙元任と並んで四大国師の一人に数えられた。以後，西南聯合大学，中山大学などで研究・講学した。

研究範囲は，仏教文献・魏晋南北朝史・隋唐史にわたる。なかでも，『隋唐制度淵源略論稿』『唐代政治史述論稿』などの著述に結実した魏晋南北朝史・隋唐史の研究は創見に満ち，今日でも古典としての価値を失っていない。教育者としても，門下から北京大学教員の周一良・王永興・汪籛など，数多くの俊秀を輩出し，学界に巨歩を印した。(長部　悦弘)

ちんえい【沈璟】　→沈璟

ちんえん【陳苑】　1256(宝祐4)？〜1330(至順元)。元の儒学者。上饒(江西省)の人。字は立大。静明先生と称される。少時より聖学を講求し，陸象山の書物を読んでこれに傾倒。科挙に採用された朱子学には目もくれずに実践躬行につとめ，訓詁に堕した朱子学の陋習を一洗する。象山没後，陸学は浙東へと流伝して，江西では衰退するが，その江西の地で陸学再興のために尽力する。『宋元学案』巻93は静明宝峰学案を立てる。　(石田　和夫)

ちんえん【陳垣】　1880(光緒6)〜1971。近代の歴史学者。広東省新会県に生まれる。字は援庵，書斎名は励耘書屋。はじめ西洋医学を学ぶ。衆議院議員，教育部次長を経て，北京大学・燕京大学などの教授，輔仁大学校長となり，人民共和国成立後も

北京師範大学校長，中国科学院歴史研究所第二所所長などを歴任した。著書論文は200篇に近く，特に『元西域人華化考』はじめ元代史・宗教史の業績が多い。また『二十史朔閏表』『史諱挙例』なども中国学の重要な工具書である。
（竺沙 雅章）

ちんかいき【陳介祺】 1813（嘉慶18）～84（光緒10）。清の金石学者・収集家。濰県（山東省）の人。字は寿卿，号は簠斎。晩年は海濱病史・斎東匋父などと号する。1845（道光25）年，進士となり翰林院編修の任に就く。たいへんな収蔵家で，青銅器数百点のほか陶磁器・瓦・印・彫像などを数多く収集した。毛公鼎は代表的な収蔵品である。死後にその図録である『簠斎吉金録』（1918年）が刊行された。青銅器の鑑識眼に優れ，呉大澂や潘祖蔭らと交流があった。清史稿365・陳官俊伝に付伝
（角道 亮介）

ちんかく【陳確】 1604（万暦32）～77（康熙16）。明末清初の儒学者。海寧県（浙江省）の人。初め名は道永，字は非玄。後に名を確，字を乾初に改めた。劉宗周に慎独を修養法とする誠意説を学び，明朝滅亡後は遺民として黄宗羲等と交流し学問著述に専念した。人欲を天理の対立概念ではなく「人欲の恰好な所が天理」と認識し，性善説の立場から悪は後天的「習」によって生じると考えて「習を慎み性に復す」修養に努めた。『大学』を聖経ではなく偽経とする『大学弁』を著した。（難波 征男）

ちんかけん【沈下賢】 →沈亜之

ちんかげん【陳嘉言】 1599（万暦27）～？。明末清初の画家。嘉興（浙江省）の人。字は孔彰。師承関係など，詳らかではないが，潤いのある細やかな筆致で描いた水墨花鳥画を数多く残している。代表作に，『梅竹寒禽図』（天津市芸術博物館蔵），『水仙梅雀図』（蘇州市博物館蔵）などがあり，1678（康熙17）年作『雪景鷺鷥図』（上海博物館蔵）の落款中に「八十老人」とある。（伊藤 晴子）

ちんかし【陳家祠】 広東省広州市にある，広東省72県の陳姓家族が出資して建てた祖先崇拝の家祠。陳氏書院とも呼ばれる。清1888（光緒14）年に3.66haの土地を購入し，1894年に竣工。南を正面とする三進の中庭建築群を東西方向に3つ並列する正方形の平面配置が特徴である。中央大門を入ると，同氏族の集会堂である聚賢堂があり，春と秋に祖先祭祀の儀式が行われる。後ろ中庭の後堂は祖先の位牌を安置する。家祠は木彫・石彫・陶塑などの工芸で著名である。聚賢堂の屋根大棟を飾る陶塑は224の人物がつくりだされ，八仙賀寿や加官進爵などの題材でかざられ，長さ27m，高さ4.2m，陶作の産地として名が知られる広東石湾県の作品である。
（包 慕萍）

ちんかつ【沈括】 →沈括

ちんかほん【沈家本】 →沈家本

ちんかん【沈煥】 →沈煥

ちんかん【陳奐】 1786（乾隆51）～1863（同治2）。清の考証学者。蘇州長洲（江蘇省）の人。字は碩甫。師竹・南園老人と号した。1851（咸豊元）年，考廉方正科に挙げられたが，辞退した。20代より段玉裁門下の江沅について小学を修め，後に段玉裁の門に入って『毛詩』『説文解字』について直接教えを受けた。また，王念孫，王引之や胡承珙等との交流により，その学問を深めていった。その主著『詩毛詩伝疏』は『詩経』毛伝の解釈を絶対的なものとして尊崇する立場をとる。他に『毛詩音』『鄭氏箋考証』『三百堂文集』がある。清史稿482
（家井 眞）

ちんき【陳起】 生没年不詳。南宋の詩人・書店主。銭塘（浙江省）の人。字は宗之，号は芸居，陳道人。南宋の寧宗（在位1194～1224）の時，郷試に首席合格（解元）したので陳解元という。首都臨安（杭州）の棚北大街睦親坊に書店を開き，息子の陳続芸とともに，南宋の民間詩人の詩集を集めた総集『江湖集』や唐の詩人の詩集など100種を越える書物を出版した。詩集に『芸居乙藁』1巻がある。
（高津 孝）

ちんきい【陳希夷】 →陳摶

チンギス・カン　Chinggis qan 1162？～1227。モンゴル帝国の創始者，元の太祖。在位1206～27。漢字表記は成吉思汗。名はテムジン（鉄木真）。モンゴル部のボルジギン氏出身。父はイエスゲイ，母はホエルン。生年については1155，67年などの諸説もある。幼少にして父を亡くし，あいつぐ苦難のうちに長じ，ケレイト部長オン・カンの援助を得て部族の長となる。1203年には，そのオン・カンを倒し，分立していた諸部を次々に撃破してモンゴル高原の東部を掌握，04年には，モンゴル高原の西部に勢威を張っていたタヤン・カン率いるトルコ系のナイマン部を破って，分裂状態にあったモンゴル高原全域を制覇した。こうしてテムジンは，1206年，オノン河上流でクリルタイ（大集会）

を開催してカン位につき，統一国家「イフ・モンゴル・ウルス（大モンゴル国）」を樹立した。チンギス・カンは，そのさい得た称号である。

彼は，ウイグル文字をもとにしたモンゴル文字を採用し，行政・軍事機構を整備し，新体制にふさわしい独自の法を周知させ，従前の部族国家から専制国家へと転換した。支配下のすべての部民を，95の千戸と呼ばれる単位に再編成し，それぞれ牧地を指定し，功臣をその長に任じた。全土の千戸は，左右両翼に配置され，別に中軍としてチンギス・カンが直轄する集団があった。左右両翼軍は，チンギス・カン腹心のムカリ，ボオルチュが万戸長としてそれぞれ統括した。この千戸制は，政治・社会・行政・軍事の基盤となった。千戸の一部はチンギス・カンの子や弟たちに分与された。また，千戸長など貴族の子弟から選抜したケシクテイ（ケシクとはモンゴル語で恩寵の意）と呼ばれる親衛軍を組織し，カンの身辺を守らせたが，この集団は中軍の要となり，カンを中心に強固に結ばれた特権階級となった。新体制の規範となったのは，チンギス・カンの言葉を集成したヤサ（法）やビリク（格言）と呼ばれる法であった。その内容は，軍律から慣習にいたるまで多岐にわたるが，彼はこれらの条項によって，モンゴルの新しい秩序を確立したのである。チンギス・カンは，その後，西夏（タングート），金に進撃したが，やがて彼の派遣した隊商が虐殺されたことを口実に，西方の大国ホラズムに大遠征をおこない，1223年までには中央アジアを平定した。またその際，驍将スベエテイ，ジェべらに南ロシアを征服させ，1225年モンゴルに帰還した。のち西夏を滅ぼしたが，1227年甘粛の六盤山で没した。

これらあいつぐ遠征の背景には，アジアの大半を商圏とするムスリム商人との緊密なつながりがあった。チンギス・カンの，通商行為や異文化に対する開明的な態度は，彼ののちもなお続くモンゴルの勢力拡大に決定的な意味を持ったのである。

このようにユーラシアの大半をおおう帝国建設の基礎を固めたチンギス・カンは，のちに，モンゴルにおいては神格化されて祭祀の対象となり，また広く内陸アジアにおいて君主権の裏付けと見なされるようになった。今日もモンゴル人のアイデンティティーの重要項目であり続けている。元史1（原山　煌）

ちんきせい【沈既済】　→沈既済

ちんきゅう【陳虬】　1851(咸豊元)～1904(光緒29)。清末の医学者・改良思想家。楽清（浙江省）の人。字は志三，号は蟄廬。1889(光緒15)年の挙人。陳黻宸・宋恕と並び「東甌の三傑」のひとり。1885(光緒11)年，利済医学堂を設け，医療活動のかたわら経世の学を治めた。1893(光緒19)年『治平通義』8巻を公刊し，変法運動の先駆となった。また，同郷の大儒，孫詒譲と対立し，温州に報館を開設して医学の普及と変法の啓蒙に努めたが，戊戌政変で閉鎖された。著書に上記の他に『報国録』『蟄廬叢書』がある。　　　　　（竹内　弘行）

ちんきょういん【陳恭尹】　1631(崇禎4)～1700(康熙39)。清初の文学者。順徳（広東省）の人。字は元孝，号は独漉。父の邦彦は明亡国の際に清軍に抵抗して殺され，彼自身も抵抗運動に参加し，各地を奔走した。後，広州に居を構え詩文の創作に潜心し変節を疑われたが，内心の苦悶は詩文から窺えるとされる。同世代の文学者で広東出身の屈大均・梁佩蘭とともに「嶺南三大家」と並び称された。著書に『独漉堂集』がある。清史稿484（大平　桂一）

ちんけい【沈璟】　→沈璟

ちんけいじゅ【陳継儒】　1558(嘉靖37)～1639(崇禎12)。明末の文人。松江華亭（上海市）の人。字は仲醇，号は眉公。29歳にして科挙による功名を放棄し，小崑山，後に佘山に隠棲して，書画などの趣味，そして著述にあけくれる生活を送った。友人であった董其昌がその才能を喧伝したことから，文名は大いに高まった。

陳継儒は，趣味的かつ美的な生活を送る一方で，王錫爵をはじめとする高官の屋敷に入り浸り，文章の代作，詩文書画その他趣味的生活の指南などをすることで，金品を得ていた。陳継儒は当時のこのような「山人」の代表格の一人である。さらには，貧しい知識人たちを招き集め，他の書物からの切り貼りをさせて，数多くの書物を編纂し，陳継儒の名前で売り出した。かくして，陳眉公の肖像がいたるところの酒楼茶館にかかげられ，菓子や味噌にまで眉公の名が冠せられるに至ったともいう。明末出版文化の隆盛を背景に活躍した出版文化人の典型の一人でもある。

陳継儒の著作は経・史・子・集（四部）そして叢書と広い範囲に及ぶが，とりわけ興味深いのが，隠遁生活あるいは趣味的生活の教科書ともいえる一群の著作である。隠遁生活の総論である『巌棲幽事』1巻，『太平清話』4巻，隠者の列伝『逸民志』22巻，書画についての『眉公書画史』1巻，茶についての『茶董補』2巻，酒についての『酒顛補』3巻などがそれである。本来ひそかに楽しむべき隠遁や趣味についての知識が書物の形で出版され，それが陳継儒の収入につながっていたのである。

他に筆記小説『眉公見聞録』8巻，詩文集『晩香堂集』10巻などがある。また，『古文品外録』24巻

など，詩文の選集も数多くある。さらには，白話小説や戯曲などに批評を加えたものも多数残っているが，これらのうちには，売れっ子であった陳継儒の名に仮託されたものも多く含まれていると考えられる。明史298　　　　　　　　　　　　　　（大木　康）

ちんけん【陳建】　1497(弘治10)～1567(隆慶元)。明代の思想家・歴史家。広州府東莞県(広東省)の人。字は廷肇，号は清瀾。1528(嘉靖7)年の挙人。1532(嘉靖11)年，侯官(福建省)県学教諭。時の福建提学副使潘潢と朱陸の異同を論じ『朱陸編年考』を著す。在任7年で臨江(江西省)府学教授。『周子全書』『程子遺書類編』を編輯。陽信(山東省)知県を最後に1544(嘉靖23)年致仕し，帰京後は著述に専念。朱子学の正統性を主張して『学蔀通弁』を著し，また洪武～正徳(1368-1521)の編年体史書『皇明通紀』『皇明従信録』を編纂。同治『広東通志』巻279，宣統『東莞県志』巻58に伝がある。　　　　　　　　　　　　　　　　（中　純夫）

ちんけんし【沈兼士】　→沈兼士

ちんけんしょう【陳献章】　1428(宣徳3)～1500(弘治13)。明の儒学者。新会県白沙(広東省)の人。字は公甫，諡は文恭。白沙先生と呼ばれた。会試受験は3度とも不合格。思想的には，実践主体である「心」が朱子学的定理によって規制を受けるのを嫌い，「この世の理は中に到ってはじめて安定するが，その中に一定の形は無く，時処の宜しきに随いながら，私の心の安(落ち着き所)に極まる」(与朱都憲書)と言って，心を理の規制から解放させることを企図した。これは明代の儒教的心学を確立した王陽明につながる傾向である。他方，静坐を重要視し，積み重ねによらず一挙に宇宙の真理を捕捉して，天地万物を主宰する主体を確立しようという白沙の実践論は，やや観念に堕する傾向を持ち，現実的対応力を欠く嫌いのあるものだと言える。明史283　　　　　　　　　　　　　　（木村　慶二）

ちんげんぴん【陳元贇】　1587(万暦15)～1671(寛文11)。明から日本に帰化した文人。余姚(浙江省)の人。元贇の読みは「げんいん」が正しく，「げんぴん」は誤読による慣用音。字は義都，号は既白山人。1619(万暦47，元和5)年ごろに来日。ただし，出身や来日時期には異説も多い。長崎滞在後江戸に出て，38年より尾張藩の儒官をつとめた。林羅山・石川丈山ら当時一流の学者詩人と交友があった。詩は公安派性霊説の信奉者で，僧元政との唱和集『元元唱和集』が有名。書画・製陶・武術などにも精通した。　　　　　　（野村　鮎子）

ちんこうじゅ【陳洪綬】　1599(万暦27)～1652(順治9)。明末清初の画家。諸曁県(浙江省)の人。字は章侯。号は老蓮，明朝崩壊後に悔遅・勿遅，又，老遅と別号す。主に杭州で活動した文人画家。特に人物画で明末を代表する。藍瑛に画を学び，山水・花鳥にも個性を発揮した。代々官吏の家に生まれ，若くしてすでに書画の人気は高いが満足せず，あくまで官界をめざすが，科挙受験に繰り返し失敗する。42歳頃北京に行き，宮廷に画家として招かれるが固辞して帰郷。当時北京で名声があった人物画家崔子忠と並び「南陳北崔」と称される。清代に入り，濫作の時期もあり，放埒・奇行の逸話をのこす。明朝遺民の自負，誇りを持ちながら職業化した文人画家として売画を続けた。交遊があった張　岱の随筆集『陶庵夢憶』にしばしば登場する。

　独自に典型化した人物画は，たおやかな美人像から灰汁の強い怪異な相貌まであり，いずれも六朝から唐，宋にいたる古様を変形・復元したとしてその画名を不朽にする。人物像には，角のある肥痩の変化をもつ描線を用いることもあるが，肥痩のない連綿としたスムーズな描線による白描的表現が多い。独特の典型化した下膨れの面貌と合わせ，これを息子の陳字をはじめ多くの後続の人物画家が倣う。一方得意の人物画を用いて挿絵版画を創作し，『楚辞』や『水滸伝』『西廂記』等の古典や人気通俗文学書に優れた版下絵を制作した。少年期に杭州で模写した伝李公麟原画の石刻『聖賢図』を後に版画に応用した例もある。その版画活動は，中国版画の芸術性を高め，新たに複製絵画としての版画の有効性を示すもので，清代人物版画発展の端緒となった。没後に詩文を集めた『宝綸堂集』が出る。代表作は『喬松仙寿図』(台北，故宮博物院蔵)，『宣文君授経図』(クリーブランド美術館蔵)，『陶淵明図巻』(ホノルル美術館蔵)，『十六隠居図冊』(台北，故宮博物院蔵)など。版画には『張深之先生正北西廂秘本』(中国国家図書館。台北，故宮博物院蔵)，『博古葉子』(歴史上の著名人を描いたゲーム・カード。米国，個人蔵)など。清史稿504　　　（小林　宏光）

ちんこうじゅ【陳鴻寿】　1768(乾隆33)～1822(道光2)。清の書画篆刻家。銭塘(浙江省)の人。字は子恭。曼生と号した。1801(嘉慶6)年の抜貢(清代，12年ごとに各省から中央に推薦された学生)で，溧陽(江蘇省)の知県を経て江南の海防周知に至った。詩文・書画・篆刻に，いずれも才を発揮した。書は，開通褒斜道刻石などの摩崖碑を基調にした隷書と，帖学を基礎とした行書に定評がある。画は山水・花卉・蘭竹をよくした。篆刻は西泠八家の一人にあげられ，当時流行の浙派の中興を成した。秦漢の古印を宗として，さらに浙派の先

人，丁敬・黄易・蔣仁・奚岡の作を摂取し，特に黄易に最も影響を受け，技法を完成させた。以降の浙派の篆刻家に多大な影響を与えている。交友のあった陳予鍾とともに二陳と称される。宜興(江蘇省)に官した時に，当地の紫砂壺をもとに作った新様式の茶壺(急須)は，曼生壺と称され珍重されている。著に『種楡仙館詩集』『桑連理館集』，印譜に『種楡仙館摹印』『種楡仙館印譜』がある。

(小西 憲一)

ちんさいたい【陳際泰】 1567(隆慶元)〜1641(崇禎14)。明の文学者。臨川(江西省)の人だが，父の流寓先の汀州武平(福建省)で生まれた。字は大士。貧苦のなかで学問に励み，帰郷後，同郷の艾南英とともに文名を知られた。のち復社に加入し，1634(崇禎7)年，進士に及第したが，時に68歳であった。文集『太乙山房集』がある。八股文を得意とし，制芸用の書物(科挙受験参考書)の編者としても著名。明史288

(野村 鮎子)

ちんさん【沈粲】 →沈粲

ちんさんごじょう【陳三五娘】 梨園戯(小梨園)の伝統演目。莆仙戯・薌劇(台湾，福建省龍渓地区などで流行。台湾歌仔戯から発展，子弟戯，改良戯と呼ばれたが，1954年薌江一帯を主要流行地域として薌劇と改称した)・高甲戯にもある。泉州の書生陳三は，兄夫婦を赴任先の広南まで送る途中，潮州の元宵節の灯会で黄九郎の娘，黄五娘と出会い，互いに引かれ合う。金持ちの林大は美しい黄五娘を妻にしたいと財力を使い求婚，欲深い黄九郎は了承する。広南からの帰途，潮州で黄五娘の居室の脇を通りかかった陳三に，黄五娘は茘枝を投げ，自分の心を伝える。鏡磨きに身をやつした陳三は黄家の鏡をわざと割り，弁償のためと黄家の召し使いになり，五娘の下女益春の働きで2人は再会する。婚姻の日が迫りやむなく益春も連れ3人で逃亡，逮捕されるが，陳三の兄夫婦に助けられ，2人は結ばれる。

民間故事として流布していた陳三五娘の故事は，明代中葉に文人の手による小説『茘鏡伝』のほか，伝奇『茘枝記』，『茘枝記』の整理本である『茘鏡記』などを生んだ。梨園戯の『陳三五娘』は『茘枝記』に拠る。

(細井 尚子)

ちんさんりつ【陳三立】 1853(咸豊3)〜1937(民国26)。清末から民国にかけて活躍した政治家・文学者。義寧(江西省)の人。字は伯厳，晩年には散原老人と号した。湖南巡撫陳宝箴の長子で早くから名をしられ，譚嗣同らとともに「四公子」と称された。1886(光緒12)年の進士で，吏部主事となった。戊戌の変法の際には父に協力して湖南で新政を施行し，西太后ににらまれて父子ともに免官となり南京に蟄居した。以後詩作に専心し，文名はいよいよ上がった。陳三立はまず韓愈を，ついで黄庭堅を学び，つとめて平易な表現や俗っぽさを避けた。辛亥革命後は杜甫・梅堯臣・黄庭堅・陳師道を渾然一体と化した作風に転換し，表現はやや平明となり，世の中の激変に対する鬱屈憤懣の情がストレートに表れるようになった。鄭孝胥とともに詩壇を代表する大家と称された。長子の陳衡恪も詩才に富んでいたが夭折，三子の陳寅恪は高名な歴史学者であった。著書に『散原精舎詩』『散原精舎文』がある。

(大平 桂一)

ちんしどう【陳師道】 1053(皇祐5)〜1101(建中靖国元)。北宋の詩人。彭城(江蘇省)の人。字は履常，又は無己，号は後山居士。黄庭堅とあわせて「黄陳」と並称される。彼は黄庭堅以上に詩に専念する人であり，「此の生の精力は詩に尽く」とみずから言い，友人の黄庭堅も「門を閉ざして句を覓む陳無己」という。外を歩いていても，詩の句を思いつくと，家へ帰って蒲団をかぶり，病人のごとく呻吟したと，『朱子語類』は伝える。宋詩は，理知の表出であろうとすることは，蘇軾と黄庭堅をその飽和点とし，しだいに唐詩風の素直な抒情に帰ろうとするが，陳師道の詩はその傾向の起点をなす。杜甫の崇拝者であり祖述者として黄庭堅・陳与義とともに江西詩派の一祖三宗の一人に数えられるが，黄庭堅のようにひねった祖述ではなく，そのままの祖述であり，線が細い。著に『後山詩集』12巻，『後山詩話』1巻などがある。宋史444

(大野 修作)

ちんしゅう【沈周】 →沈周

ちんしゅうちょうべい【陳州糶米】 元代の雑劇。正式名称は「包待制陳州糶米」。作者は不明。『元曲選』所収。陳州の飢饉に際して，奸臣劉衙内の息子，劉得中と女婿の楊金吾が救済に派遣され不正を働いたため，包拯が乞食に身をやつして，ひそかに二人の行状を探り，処断する。官吏の汚職と闘う包拯の清官ぶりが現代中国では評価される。包公戯の中で私訪・暗訪(身分を隠してひそかに捜査すること)を扱う代表的作品。成化本説唱詞話にも『包龍図陳州糶米記』があるが，内容は同じでない。

(金 文京)

ちんじゅき【珍珠記】 明代の伝奇作品。作者不詳。洛陽の貧乏書生高文挙は富豪の王百万に見込まれ娘金真の婿となり，上京して科挙に首席合格

する。丞相の温閣は高文挙を娘婿にしようとし，娘も妻を呼び寄せる文挙の手紙を離縁状に書き換える。金真はなお夫を信じ上京するが，夫が宮中詰めで留守であったために温家の下女にされてしまう。帰宅後文挙は点心の中に契りの証の真珠（＝珍珠）をみつけ金真と再会し，名裁判官の包拯に訴え出る。のち金真は温の娘を許し，共に夫に仕えた。

（笹倉　一広）

ちんじゅとう【珍珠塔】　伝統演劇・語り物の伝統的な演目の一つ。一名『九松亭』。作者不詳。清の馬如飛改編と伝えられる蘇州弾詞の上演本によればその梗概は以下のようである。

宰相の孫である方卿は家が没落したので，おばに借金しようと河南から湖北の襄陽に行くが，おばから嘲笑され憤って帰ろうとした。いとこの陳翠娥はそれを知り，秘かに高額な珍珠塔を贈り，おじの陳廉は九松亭まで追いかけて翠娥と婚約させた。方卿は途中強盗に珍珠塔を奪われ，行き倒れになるが，畢雲顕に助けられ，その屋敷で科挙のための勉強を続ける。方卿の母は息子が帰ってこないので，襄陽に行き息子が難に遭ったらしいことを知り，絶望して河に身を投げ，白雲庵の尼に助けられる。その庵で方卿の母は翠娥と出会う。最後に方卿は科挙に合格し官僚になるが，道士に変装して陳の屋敷に行き，「道情」を唱っておばを当てこすり恥じ入らせ，翠娥と結婚し，一家再会してめでたしとなる。清の乾隆年間・嘉慶年間・道光年間の刊本がある。

（山口　建治）

ちんじゅん【陳淳（宋）】　1153（紹興23）～1217（嘉定10）。南宋の儒学者。漳州龍渓（福建省）の人。字は安卿。北渓と号した。朱子の晩年の高弟。分析的思考に優れ，『北渓字義』で，性・理など朱子学の重要概念を解説した。仁の全体性と生命力を重視する仁説や淫祀の禁止に陳淳独自の主張が見られる。また，『厳陵講義』『似道之弁』などを著し，陸象山の心学や禅の排除と朱子学の擁護に努めた。『北渓大全集』に彼の著述を集める。宋史430

（石川　泰成）

ちんじゅん【陳淳（明）】　1484（成化20）～1544（嘉靖23）。一説に1482（成化18）～1539（嘉靖18）。明代後期の文人画家。長州（江蘇省）の人。字は道復，後に字が名のようになったので，さらに復甫を字とした。号は白陽山人。文徴明の弟子となり，詩書画経学などを学んだ。画は文徴明の影響よりも米芾・米友仁父子の創始した米法山水によるものが多く，明末の董其昌に先駆けて宋代の米法山水を復興した。また沈周に倣った簡略な花卉画は，徐渭・八大山人らの先例となった。明史287

（藤田　伸也）

ちんじょ【陳書】　南朝陳の正史。36巻（本紀6巻・列伝30巻）。唐の太宗貞観中の五朝史修史事業の一環として姚思廉が勅を受け，すでに梁・陳2史の編纂を進めていた父姚察の事業を継承して，636（貞観10）年完成させた。志を欠くが，その該当部分は656（顕慶元）年に成った『五代史志』（現『隋書』の志）に含まれる。最も小規模な正史の一つである。帝室陳氏に関する記事の比率が高いのが目立ち，重要な事実を記事にしていないところが多いという。中華書局評点本が利用に便である。

（中村　圭爾）

ちんじょう【陳襄】　1017（天禧元）～80（元豊3）。北宋の思想家。福州に近い侯官（福建省）の古霊の人。字は述古。古霊で講学していた古霊四先生の一人で，特に彼は陳古霊の名で知られる。人の本性を聖人と同じとし，『中庸』を「聖人理性の学を祖述」した書として位置づけた。道学に似た思想を所有していたが，そのグループには属さず，当時道学と類似の思想が他にもあったことを示す好例として重要な存在である。官吏としても活動し，司馬光ら33人を推薦した文章が当時から有名だった。『古霊先生文集』がある。宋史321

（土田　健次郎）

ちんしょう・ごこう【陳勝・呉広】　秦末の反秦蜂起の指導者。陳勝は陽城（安徽省）の人で，字は渉。呉広は陽夏（河南省）の人で，字は叔。前209（二世皇帝元）年，徴発された里民とともに漁陽（北京市）の屯戍に赴くが，大沢郷（安徽省）で大雨にあい道が不通となった。到着期日に遅れれば処刑されるとみた両名は，同じ死ぬなら大計を興すほうに賭けよう，「王侯将相，寧んぞ種（血統）あらんや」と決起を呼びかけ，秦に反旗をひるがえす。各地の兵力を併せて陳（河南省）を陥落させると，土豪の推戴を受けて陳勝は陳王を称し，国号を張楚と定めた。反乱軍は秦都咸陽を目指すが，滎陽（河南省）を攻めた呉広は，攻略に手間取るうちに不満をもつ部下の田臧らに殺され，函谷関を攻撃した先遣隊も章邯のひきいる秦軍に破れた。これを機に反乱勢力内部の対立が顕在化し，陳勝も御者の荘賈に殺害される。陳勝らの王国はわずか半年で壊滅したが，各地の反秦勢力を誘起して，秦帝国滅亡の引き金となった。史記48，漢書31

（籾山　明）

ちんじょげん【陳汝言】　1331（至順2）～71（洪武4）。元末明初の画家。字は惟允，号は秋水。臨江（江西省）の人だが，父とともに呉県（江蘇省）に移住する。元末，張士誠の幕下に入り参謀となり，

明初に済南(山東省)の経歴(文書出納官)に任ぜられた後、事件に連座して刑死した。兄の陳汝秩とともに、顧徳輝サロンの一員として、倪瓚・王蒙など多数の文人たちと交友があった。山水画は趙孟頫を学んだとされるが、王蒙の影響を受けながら独自の画風を確立し、元末明初の蘇州画壇で活躍した。

(古田 真一)

ちんしりゅう【陳子龍】 1608(万暦36)〜1647(永暦元)。明の文学者。松江華亭(上海市)の人。字は人中改め臥子、号は軼符・大樽。古文辞派の流れを汲む明末の代表的作家で、幾社創設者の一人。1637(崇禎10)年の進士、官は兵科給事中に至る。清兵の南下で南京が陥落すると郷里で起兵。敗れた後も他所で起義の機会を狙ったが、事が露見して逮捕され、船上から身を投げて死す。『皇明詩選』『皇明経世文編』を編纂。乾隆朝に忠裕と諡され、1803(嘉慶8)年『陳忠裕公全集』が刊行された。明史277

(野村 鮎子)

ちんすごう【陳子昂】 661(龍朔元)〜702(長安2)。初唐の詩人。梓州射洪(四川省)の人。字は伯玉。豪族の家に生まれ粗暴であったが、のち学問に沈潜し進士に合格、高宗から則天武后の治世中官僚として過ごし、その間北方遠征にも参加した。積極的に自分の意見を上書したものの、採り上げられることがなかったため、失望して官僚をやめ故郷に帰った。帰郷後、その地の県令に陥れられ獄死した。陳子昂は六朝の余習を脱しきれず新しい文学を模索していた初唐の詩風を一変させた、唐詩革新の立て役者として文学史上極めて高く評価されている。その主張は「修竹篇の序」中の「漢魏の風骨を取り戻す」という言葉に集約される。代表作「感遇詩」38首はそのような主張と意欲に裏打ちされた作品群である。文集10巻があったが、現在の『陳伯玉文集』は明代に再編されたものである。『唐才子伝』1に伝があり、また、同時代人の盧蔵用の手になる陳子昂の伝記「陳氏別伝」がある。旧唐書190上、新唐書107

(道坂 昭廣)

ちんせん【沈荃】 →沈荃

ちんせんき【沈佺期】 →沈佺期

ちんそう【沈宋】 →沈佺期、宋之問

ちんぞう【頂相】 禅僧の肖像画。禅僧の肖像画は、唐時代の俗人や僧侶の肖像画(真、影などと呼ばれた)の盛行に伴って描かれ、影堂にまつられたり葬祭の際に使用されていたが、北宋時代末頃から頂相と呼称され、伝法の証明の一つとしての意味付けが新たに与えられた。その制作は、他の肖像画と同じように専門の肖像画家によって描かれた。中国には宋元時代に遡る遺品はなく、日本にのみ遺っている。代表的作品は、『無準師範像』(京都、東福寺蔵)、『中峰明本像』(兵庫、高源寺蔵)など。

(海老根 聰郎)

ちんだい【陳第】 1541(嘉靖20)〜1617(万暦45)。明の音韻学者。連江(福建省)の人。字は季立、号は一斎。万暦(1573-1620)時に秀才となる。のち薊鎮(河北省)の遊撃将軍を務め戦功をあげた。50歳のとき当時の巡撫に逆らって官を辞し、古音学を研究するかたわら全国を遊覧する。主な著作に『毛詩古音考』『屈宋古音義』『読詩拙言』『一斎詩集』などがある。

(片山 久美子)

ちんたん【陳摶】 ?〜989(端拱2)。北宋初の道士。字は図南、号は扶揺子。亳州真源(河南省)の人。五代後唐の長興年間(930-933)に進士に挙げられたが及第せず、仕官をあきらめて武当山に隠居して道教の術を修め、のち華山雲台観に移り、少室山石室にもいた。五代後周の世宗と北宋の太宗に召され、太宗から希夷先生の号を賜った。易を好み、彼の「無極図」「先天図」は、宋学の形成に影響を及ぼした。相法(人相見)の士としても知られていた。宋史457

(竺沙 雅章)

ちんちきょ【陳致虚】 生没年不詳。元代、14世紀前半の道士・内丹家。廬陵(江西省)の人。字は観吾、号は上陽子。40歳の頃、衡陽(湖南省)にて師趙友欽より得道。主著『上陽子金丹大要』16巻では、主に『周易参同契』『悟真篇』、鍾呂丹法、趙友欽『仙仏洞源』を踏まえ、丹道と禅の一致を強調した。また『周易参同契』『悟真篇』『度人経』等にも注を残している。長らく華南の金丹道と華北の全真教を全真南宗・北宗として結合させた人物と見なされてきたが、現在では両宗の結合は更に遡り、陳致虚はその完成者とされる。

(森 由利亜)

ちんちゅうき【枕中記】 中唐の伝奇小説。著者は沈既済、蘇州呉県(江蘇省)の人。「邯鄲の夢」の出典である。邯鄲の農民である盧生は、学問によって立身出世することを願望していた。ある日、宿屋で道士の呂翁から枕を与えられると、宰相、燕国公まで出世し、一族は栄華の絶頂を極めるという夢をみた。しかし夢からさめると、まだ黍も炊きあがっていない一瞬のことであった。『文苑英華』833に、「枕中記」と題し、沈既済撰と明記して収められている。『太平広記』82には、「呂翁」として収

録されている。このテーマは元の*馬致遠の「邯鄲道省悟黄梁夢雑劇」や，明の湯顕祖の戯曲「邯鄲記」にもなった。　　　　　　　　　　　（中　純子）

ちんちゅうしょ【枕中書】　東晋後半期に成立したと考えられる道教の書物。正式名は『元始上真衆仙記』。西晋の葛洪(抱朴子)に仮託され，『葛洪枕中書』という題がつけられているが，内容から見て，葛洪の撰ではなく，東晋の興寧年間(363-365)を中心に行われた茅山における許氏の神降ろしよりも後に，葛玄・葛洪の流れを引く葛氏道の人々によって作られたと考えられる。その構成は，序にあたる部分と「真書」と呼ばれる本文とから成る。「真書」は，序にあたる部分の説明によれば，葛洪が羅浮山で清斎をしていた時に玄都太真王と名のる真人が降臨して葛洪に授けたものということになっている。「真書」では，宇宙創成から始まる神々の体系と，天上の宮殿と地上の山岳洞室のどこにどの神・仙人が住んでいるかということが書かれている。神々の体系の冒頭には，天地未分の混沌の中から生じた盤古真人のことが記され，盤古の創世神話が取り入れられている。また，山を治める仙人の中には，左慈・葛玄・許映・許穆・許玉斧らの名が見え，葛氏道と茅山派(上清派)の人々が並んで挙げられている。　　　　　　　　　（神塚　淑子）

ちんちょう【沈重】　→沈重

ちんちょうすい【沈寵綏】　→沈寵綏

ちんてんか【陳天華】　1875(光緒元)～1905(同31)。清末の革命思想家。新化県(湖南省)の人。原名は顕宿，字は星台，また過庭。号は思黄。1903年3月，日本留学。以来，拒俄義勇隊・華興会等の排外排満の留日学生運動に参加。『猛回頭』『警世鐘』『獅子吼』を著し，反清革命思想を鼓吹した。1905年，中国革命同盟会の成立に加わり，『民報』誌上で革命派の論陣を張った。12月，日本政府の清国留学生取り締まり強化に抗議し，大森海岸にて投身自殺。　　　　　　　　　　（蝦名　良亮）

ちんど【沈度】　→沈度

ちんどくしゅう【陳独秀】　1879(光緒5)～1942(民国31)。民国の思想家，中国共産党の初期指導者。懐寧(安徽省)の出身。字は仲甫，号は実庵。反清活動に参加して日本に亡命し，東京高等師範学校で学ぶも，まもなく送還され，上海で言論活動を展開した。辛亥革命後は安徽都督府秘書長に就任。1913年の第二革命に敗れて東京に亡命した後，15年に上海で『青年雑誌』(のちの『新青年』)を創刊し，やがて「民主と科学」を旗印に掲げる新文化運動のリーダー的存在となった。1917年に蔡元培の招きで北京大学の文科学長に就任し，19年の五四運動では反政府のビラをまいて逮捕・投獄された。まもなく釈放されたが，次第にマルクス主義に接近し，コミンテルンの働きかけを受けて1921年に中国共産党を結成，初代の中央局書記(総書記)に選ばれた。1924年に国共合作が成立すると，国民革命を理論・実践の両面で推進したが，27年の国共分裂後，革命敗北の責任を問われて職務を解任され，29年にはトロツキー派として党から除名された。1932年国民政府に逮捕され，37年に釈放。四川省江津(重慶市)で病死。　（村田　雄二郎）

ちんとくせん【沈徳潜】　→沈徳潜

ちんとくりん【陳徳霖】　1862(同治元)～1930(民国19)。京劇の女形の名優。北京の人，満洲人。本名は鑾璋，号は漱雲，幼名は石頭。徳霖は芸名。幼時より崑曲の女形や，京劇の武旦(立ち回り中心の女形)や青衣(歌中心の女形)を学び，張りのある歌声で名声を博した。代表作は京劇『祭江』，崑曲『昭君出塞』，吹腔『販馬記』など。私生活では硬骨漢で，義和団事件(1900年)で北京が外国の連合軍に占領されたとき，乱暴なアメリカ兵を素手で殴り倒した逸話は有名。梅蘭芳はじめ多くの名優が陳徳霖の教えを受けたことがあり，京劇界では「老夫子」と尊称された。　　（加藤　徹）

チンパン【青幇】　紅幇とともに近代中国において大きな影響力を持っていた代表的な秘密結社の一つ。青幇の起源については諸説あるが，もともと羅教の信仰を紐帯として成立していた水運労働者の相互扶助組織から発展したものと考えられる。太平天国の乱によって大運河の機能が麻痺すると，彼らは塩の密売者として陸に上がり，結果的に青幇のネットワークも長江下流域の広い地域に広がっていった。民国期には，国民党と結んで上海などでも大きな勢力を誇っていたことでも知られる。

　　　　　　　　　　　　　　　　（山田　賢）

ちんふく【沈復】　→沈復

ちんふのうしょ【陳旉農書】　南宋の農業指導書。3巻。本来の書名は『農書』。王禎などの『農書』と区別するため，著者名陳旉(一説には陳敷，没年・出身地は不詳)を付す。1149(紹興19)年，陳旉74歳のおりに完成。各巻の主題は，①農業経営および稲作技術，②牛の用役・飼育，③桑の

栽培と養蚕。なかでも稲作技術に関する記述は，それ以前の史料がほとんどないこともあり，重要。また当時の最先端技術(肥料や苗代)が記述されており，農業生産力の到達点の高さを知ることができる。版本としては『知不足斎叢書』本が比較的信頼できる。大澤『陳旉農書の研究』(農山漁村文化協会，1993年)参照。　　　　　　　　　(大澤 正昭)

ちんふりょう【陳傅良】　1137(紹興7)〜1203(嘉泰3)。南宋の思想家。瑞安(浙江省)の人。字は君挙，号は止斎，諡は文節。薛季宣に学び，葉適と交友。彼らとともに南宋期の永嘉学派の中心をなし，後進を指導した。太学では呂祖謙・張栻らとも親交。36歳で進士に及第後は内外の官職を歴任した。『周礼』『左伝』をはじめとする経書や史書の学とともに，政治・財政改革に関する現実的な議論を展開したが，そうした姿勢を朱熹(朱子)に批判された。著書は文集『止斎文集』のほか，『歴代兵制』『周礼説』『春秋後伝』などがある。宋史434　　　　　　　　　　　　　(折原 幸恵)

ちんほうねん【陳彭年】　961(建隆2)〜1017(天禧元)。北宋の学者・政治家。撫州南城(江西省)の人。字は永年，諡は文僖。幼時より学問を好み，徐鉉に師事した。985(雍熙2)年，進士となり，官を累ねて，兵部侍郎に至る。博覧強記で儀制沿革・刑名の学に詳しく，真宗に信任された。丘雍らと共に『切韻』『玉篇』を重編して『大宋重修広韻』『大広益会玉篇』を編纂したが，共に中国語学史上重要な資料となっている。宋史287　　　　　(花登 正宏)

ちんぼじゅう【鎮墓獣】　鎮墓獣とは墓内に置く明器で，侵入者や悪霊を防ぐための神獣をいう。その代表的なものの一つとして，戦国楚墓の木彫漆絵の鎮墓獣がある。頭上に鹿角をつけ，長い舌を垂らした怪獣型のものが木槨内に置かれた。また，前漢の淮陽墓では，鹿角をつけ両手を広げた人型座像が墓道の左右に置かれた。後漢墓では頭上に鋭い1本の角をつけた有翼の四足獣が出現し，魏晋墓以後，剣と楯をもつ鎮墓武士俑が加わってくるが，北朝墓では，前足を立て蹲踞する人面・獣面の有翼鎮墓獣が多用されるようになった。また唐墓では，三彩明器の流行とともに，鎮墓獣も自由奔放な形状となり，武士俑も二天王や四天王俑へと変化し，より一層豪華なものとなった。これに対して南朝墓では，独角・有翼系鎮墓獣が継承され，背骨上に数条の毛角をつけた牛型鎮墓獣が用いられた。南朝墓の影響を受けた韓国公州の百済武寧王陵でも，墓道を守る独角・有翼の石製鎮墓獣が発見されている。　　　　　　　　　　　　(吉村 苣子)

ちんやく【沈約】　→沈約

ちんよう【陳容】　生没年不詳。南宋時代末の龍を得意とする画家。長楽(福建省)の人。字は公儲，所翁と号した。理宗朝の1235(端平2)年の進士。一時，宰相賈似道の幕下に招致されていたが，酒を飲んでは賈似道を軽侮したともいわれ，変幻自在の龍のようすを逸格的な水墨技法をもって描き出した点など，その略歴と画風において，画僧牧谿との共通点がある。代表作に1244(淳祐4)年銘の『九龍図巻』(ボストン美術館蔵)がある。弟の陳珩，子の陳龍巌も画龍で名を馳せた。　　(井手 誠之輔)

ちんようがくしょ【陳暘楽書】　北宋の音楽百科全書。単に『楽書』とも。全200巻。陳暘(11世紀後半〜12世紀初。字は晋之，福建の人)が編纂した。陳暘は熙寧・元豊年間(1068-85)から40年近い歳月をかけて編纂し，1101(建中靖国元)年に完成させて徽宗皇帝に献上した。初刊は南宋の1199(慶元5)年で以後たびたび重刊された。現在通行の版本は1876(光緒2)年方濬重刻本で，『四庫全書』の経部・楽類に著録されている。

　内容は大きく2つの部分に分かれる。第1部「訓義」は第1巻から第95巻までで，『礼記』『周礼』『儀礼』『詩経』『書経』『春秋』『易経』『孝経』『論語』『孟子』中の楽に関する章句に注釈を加えるもの。第2部「楽図論」は第96巻から第200巻で，内容は楽律理論・楽器(雅部・声楽(胡部〔外来音楽〕)・舞踏雑技(俗部〔民間音楽〕)・典礼音楽等多岐にわたり，540種の図を載せている。また雅部・胡部・俗部の楽器は八音(金・石・土・革・糸・竹・匏・木)から成る楽器の材質によって分類している。陳暘は古今内外の資料を広く収集し，歴史考証に意を払って資料を調査研究している。最も貴重なのは当時の知識人達に顧みられることのなかった外来や民間の音楽についてのたくさんの資料を胡部・俗部に記録したことである。唐代の楽器の詳細を図入りで説明していることも貴重な資料となっている。しかし曲に楽譜を併載していないことが惜しまれる。また「四清」(宮清・商清・角清・徴清の4つの高音)と「二変」(変宮と変徴の2音)を用いないよう提唱するなど，当時の状況とは合わない主張もみられるが，後世に大きな影響をあたえ，日本の雅楽書にも引用された。(池澤 滋子)

ちんよぎ【陳与義】　1090(元祐5)〜1138(紹興8)。北宋末から南宋の詩人。洛陽(河南省)の人。字は去非，号は簡斎。24歳で官途について以後，北宋の滅亡に至る十数年の詩のうち，七絶「墨梅」5首は徽宗皇帝の歎賞を得た。37歳，国都の陥落

とともに，金兵を避けつつ，河南，湖北，湖南，福建の各地を転々とすること数年，臨安府(杭州)の高宗の政府に招かれて参知政事(副宰相)となった。詩は杜甫を好んだが，「蘇黄」の時代はすでに終わり，杜甫から蘇軾と黄庭堅が発掘しなかった部分を発見してこそ杜甫に近づけるとし，新しい感覚による抒情に努めた。温和な語調と透明感のある独自の詩境を樹立したが，同時に金軍の南侵による流浪の体験は，杜甫に似た憂国の詩，嘆きの歌など重厚な趣のある詩をも生んだ。胡穉箋注『簡斎詩集』30巻が通行している。宋史445　　　（大野 修作）

ちんよこう【陳与郊】　1544(嘉靖23)～1610(万暦38)。明の劇作家。海寧(浙江省)の人。字は広野，号は玉陽。太常寺少卿に上ったが，派閥抗争の渦中で弾劾を受けて辞職，更に長子が投獄されるなど，不幸な晩年を送った。曲律に通じ，自らの失意の人生を反映した『桜桃夢』以下4篇の南曲と，3篇の雑劇を著している。また『元曲選』に先行する元明雑劇選集として貴重な価値を持つ『古名家雑劇』(63篇が現存)の編者とも考えられてきたが，その当否には疑問がある。　　　（小松 謙）

ちんよしょう【陳予鍾】　1762(乾隆27)～1806(嘉慶11)。清の篆刻家。銭塘(浙江省)の人。字は浚儀。秋堂と号した。書画をよくしたが，篆刻に最も長じ，交友のあった陳鴻寿とともに西泠八家に数えられ，「二陳」と称される。小印を得意として，精緻な側款(印側に落款を刻したもの)にも定評がある。また金石に親しみ，自ら採拓し，名画や硯の収集にも力を尽くした。著に『古今画人伝』『明画姓氏韻編』があり，印譜に『求是斎印譜』がある。　　　（小西 憲一）

ちんりゅう【陳立】　1809(嘉慶14)～69(同治8)。清代の学者。句容県(江蘇省)の人。字は卓人，号は黙斎。1841(道光21)年の進士。官は雲南曲靖府知府。凌曙に学び公羊学を修めた。公羊学研究で最高の著作とされる『公羊義疏』76巻は，前漢董仲舒・司馬遷，後漢の何休，清儒では孔広森・荘存与・劉逢禄などの説を選択し，厳正な判断を下したもので，徐彦の疏をしのぐという。他に『白虎通疏証』12巻，『旧唐書校勘記』66巻などの著作がある。清史稿482　　　（石黒 宣俊）

ちんりゅうせい【陳龍正】　1585(万暦13)～1645(順治2)。明の儒学者。嘉善(浙江省)の人。字は惕龍，号は幾亭。40歳で高攀龍に本格的に師事。1630(崇禎3)年，その思想の根本となる生生の旨(生命尊重論)を悟り，翌年，貧民救済と教化を行う嘉善同善会を設立，主幹。1634(崇禎7)年の進士。閑職にあり盛んに上疏する一方，同善会の普及や郷村活動に尽力した。北京陥落後，福王朱由崧政権の任用に応ぜず病没。著作は『幾亭全書』『幾亭外書』に収める。明史258　　　（林 文孝）

ちんりょう【陳亮】　1143(紹興13)～94(紹熙5)。南宋の思想家。永康(浙江省)の人。字は同甫・同父，号は龍川，諡は文毅。朱熹(朱子)の批判者として知られ，1185(淳熙12)年前後の書簡による論争が有名。永康学派の代表者で，永嘉学派の葉適らとともに「事功派」「功利学派」「浙学」と称される。朱熹が「陳同父の一生は歴史で駄目にされた」(『朱子語類』)と評したその学は，歴史に材をとった政策論に特徴づけられ，10代後半の著作「酌古論」やその10年後の上書「中興論」では史書を基に北方の金に対する具体的戦略を論じ，朱熹との書簡でも漢・唐の君主を主題に義利王覇の別を問題とした。治世実現という現実的な課題を重視し，事物に即した実践的思考を旨として，現実から離れた議論を批判。しかし二程(程顥・程頤)の尊崇，道学継承の自負などでは朱熹と立場を共にする。

生涯金に対する徹底抗戦を主張し，戦略を構想したが，科挙では失敗が続き，最晩年に合格したが赴任前に死去，実政への参与は果たせなかった。その文章は近世日本でも読まれ，幕末には攘夷論者大橋訥庵が序を付した抜粋本も刊行された。主著『龍川文集』。中華書局校点本『陳亮集』あり。宋史436　　　（折原 幸恵）

ちんりん【陳琳】　？～217(建安22)。三国魏の詩人。建安七子の一人。広陵射陽(江蘇省)の人。字は孔璋。文章に優れ，特に書や表などの上奏文を得意としたので，何進・袁紹・曹操のもとで書記の仕事をつとめた。袁紹に仕えていた際，陳琳は「袁紹の為に予州に檄す」(『文選』44)を書いて曹操を父祖にまで遡って口汚く罵ったが，袁紹が敗れて後，曹操はその才能を愛して罪を咎めず，自らの配下に収めたという逸話は有名。代表作に「飲馬長城窟行」「東阿王に答うる牋」などがある。三国志21　　　（林 香奈）

ちんれい【陳澧】　1810(嘉慶15)～82(光緒8)。清の学者・教育者。字は蘭甫。番禺(広東省)の人。1832(道光12)年の挙人。広東の2つの書院，学海堂と菊坡精舎において長く院長を務めた。科挙受験対策に傾斜しがちな当時の書院のあり方を問題視し，経学などの幅広い古典的教養によって人格を涵養することを教育方針とした。考証を主とする漢学，思弁を主とする宋学の両者を統合し

た学問を目指し，その意図は代表作の『東塾読書記』に結実している。清史稿482　　　（水上　雅晴）

ちんれき【陳櫟】　1252(淳祐12)～1334(元統2)。元代の儒学者。休寧県(安徽省)の人。字は寿翁。定字先生と称される。1314(延祐元)年に科挙地方試験の郷試に合格したが，中央試験を受験できず，民間の学者として生涯を終えた。朱子学を篤信し，1317(延祐4)年に宋元の諸儒の四書説を編集して『四書発明』を著した。この書は現存しないが，のちには修訂されて倪士毅『四書輯釈』となり，明の『四書大全』の底本の一つになった。ほかに『尚書集伝纂疏』『定字集』などの著がある。元史189　　　（佐野　公治）

つ

ついく【対句】　中国の詩文における修辞的手法の一つで，「対偶」とも言う。同じ字数の2句間で対応する位置にある字が，文法機能を等しくし，且つ意義の上でも関連を有するように配列され，2句が完全な均衡を成すものを言う。対句は，単音節語が多いという中国語の性質に密接に関わる表現法であり，中国文学において広く長期間にわたり使われ続けてきた。六朝の文学理論書『文心雕龍』麗辞篇に，人体のように自然はおしなべて対の形を与えられており，文章も自然と対偶の形式を取ると言う。実際古くは『易経』繋辞伝等の経書や諸子の書にも，既に対句表現が使用されている。対句は漢代に発達し始め，六朝時代に最も盛んとなる。唐代に確立した律詩や，六朝から唐に発達した駢文には，対句を用いることが必須条件となった。初期には同類の対応を重視する一種の反復表現であったが，次第に2句間の内容の対照効果を重視するようになり，形式面では平仄の対応関係も重要な要素とされるようになった。空海『文鏡秘府論』では，対句を29種類に分けて論じている。　　　（坂内　千里）

ついけい【椎髻】　髪型の名称の一つ。椎とは把手のある槌の事であり，椎髻の名はこの槌とよく似た髪型であるためつけられたものと考えられる。戦国時代より，西南地区の女性たちにこの椎髻の習慣があったらしい。その後，この髪型は中原に伝わった。秦・漢時代の女性の髪型はこの椎髻の影響をうけ，後方に髪を梳き下方に垂らすのが一般的となった。　　　（釣田　敏子）

ついしゅ【堆朱】　彫漆の一種の日本における呼称。朱漆を何層にも塗り重ね，文様を彫り表したもの(中国における剔紅)のほか，表面の層に朱漆を塗ったものをすべて堆朱と呼ぶ。これに対し，表面が黒いものはすべて堆黒となる。さらに彫漆全般を指し示して堆朱ということもある。

日本における彫漆の名称は，技法名ではなく，表面の漆の色，彫り目に見える漆の層，彫り方の特徴，文様など，外観上の特質に基づいて区別されているが，これは鎌倉時代以降の唐物としての彫漆器鑑賞の中で定着した名称であることによる。『君台観左右帳記』をはじめとする文献に登場する日本の彫漆名は，剔紅・堆紅・堆朱・金糸・九連糸・桂漿・松皮・紅花緑葉など多種にわたるが，中国にある名称でもその示す意味内容が異なることがあり，術語の混乱を招いている。日本でも室町時代以降に彫漆の模倣が行われ，堆朱楊成らの名工を輩出した。また木彫漆塗で彫漆風の表現を目指した鎌倉彫も普及した。　　　（日高　薫）

ついれん【対聯】　相互に対偶する文句や，相対する詩文の対句を分けて書いたもの。対・聯・対句・対子・対幅ともいう。上聯と下聯からなる。壁に張ったり懸けたり，門・柱・広間などに彫りつけたりする。立軸・冊頁・巻子・扇面など書の表現体裁を表すものの一つでもある。字数の多寡には定めがないが，対仗(詩賦・句の対偶)がきちんとそろい，ぴったりであることに工夫をこらす。上句末字の声調は必ず仄声，下句末字の声調は必ず平声にする。設置する場所から門聯や柱に掛ける楹聯などと，内容から寿聯・輓聯・春聯などと分類される。清の梁章鉅に『楹聯叢話』がある。　　　（河内　利治）

つうか【通仮】　文字学・訓詁学上の理論。本来の漢字を使うかわりに，それと同音か，または字音がきわめて近い別の漢字を借りて使う方法。先秦の文献中では頻用される方法で，2字の間に意味の関連性はなく，単に字音の近似性だけによって文字

が選ばれている。たとえば『詩経』七月に「七月は瓜を食らい，八月は壺を断つ」とある「壺」は「瓠」(ひょうたん)の通仮である。　　　(阿辻 哲次)

つうが【通雅】　明の訓詁学書。52巻，首3巻。方以智撰。1666(康熙5)年刊。巻首は「音義雑論」以下7篇の文を収め，巻1, 2「疑始」は古篆古音を論じ，巻3～49は「釈詁」以下，天文・地理・制度・礼楽・暦数・動植物・方言俗語など様々な事柄に関する20門の分類の下に語句を列べ釈し，巻50「切韻声原」は音韻を，巻51「脈考」・巻52「古方解」は医術薬方を論ずる。「雅」を以て名付けるが，内容は『爾雅』の範囲を越え，百科全書的性格を持つので，『四庫全書』は雑家雑考類に収める。　　　(森賀 一恵)

つうげんしんけい【通玄真経】　→文子

つうし【通志】　南宋初期の歴史学者，鄭樵の著した紀伝体形式の歴史叙述。帝紀18巻・后妃伝2巻・年譜4巻・略51巻・列伝125巻から成っているが，もっぱら取り上げられるのはその総序と20略，とくに総序である。総序は通志全体の総論であるとともに，彼の特異な史学思想を開陳したものであり，そこで彼は班固が『漢書』を著して以来，一王朝のみを対象とする断代紀伝体史が流行する形勢に鑑み，班固の責任を追及するとともに，班固の『漢書』を持ち上げた劉知幾(『史通』)を批判し，歴史のあるべき姿は会通史(複数の王朝を通して叙述した歴史)であると説いた。『通志』はその会通史の具体化の試みであったわけである。構成は本紀・后妃伝の後に氏族略・六書略・七音略・天文略・地理略・都邑略・礼略・諡略・器服略・楽略・職官略・選挙略・刑法略・食貨略・芸文略・校讐略・図譜略・金石略・災祥略・昆虫草木略をはさみ，世家・宗室伝・列伝・外戚伝・忠義伝・孝友伝・独行伝・循吏伝・酷吏伝・儒林伝・文苑伝・隠逸伝・宦者伝・游俠伝・芸術伝・佞幸伝・列女伝・載記・四夷伝の順に叙述されている。一見，過去の歴史叙述の集成の観を呈しているが，例えば都邑略には南陽を一時的な都として中原の回復をはかるべしと説くなど，経世的な所見がちりばめられ，処々に鄭樵の一家言をみることができる。なお彼の会通史の提唱は後に清朝中期の章学誠(『文史通義』申鄭)に注目されることになる。　　　(稲葉 一郎)

つうし【痛史】　清末の小説。角書きは「歴史小説」。呉趼人の作品。「我仏山人」の名前で『新小説』第8号(1903年)から連載が始まり雑誌の停刊にともない27回で未完。上海の広智書局本(1911年)がある。南宋がモンゴル軍によって滅ぼされる有様を史実にもとづき描き，愛国の義士を賞賛し，売国の漢奸を痛罵して愛国精神をうたいあげる。外国に圧迫される当時の中国と重ねあわせる意図があった。1938(民国27)年，阿英が該書を復刻して風雨書屋から出版したのも同様の考えによる。
　　　(樽本 照雄)

つうしどうけいかい【通志堂経解】　清初期に編纂された経書解釈書の叢書。おおよそ140種1800巻。1680(康熙19)年に完成。同治年間に重刻。納蘭性徳および徐乾学の輯刻。通志堂は性徳の書斎名。所収書は徐乾学の蔵書が中心である。本叢書により稀覯伝本を含む書籍群が後世に伝えられた。
　　　(佐々木 愛)

つうしょ【通書】　北宋の周敦頤の著作。『易通』とも言われた。全部で40の短い章からなる。『易経』と『中庸』を有効に使用して，聖人に到達できることを前提に，聖人を目指す学問と修養の意義と方法を説いている。本書は周敦頤の代表作で，彼のもう一つの著作『太極図説』は本書の付録のような形で出回っていたが，南宋の朱子はそれを逆転させ，『通書』を『太極図説』の解説と位置づけ，その立場から『通書解』という注釈を著した。朱子の学問の一般化に伴い，『通書』は『太極図説』を補佐する書という見方が流布していく。
　　　(土田 健次郎)

つうせいじょうかく【通制条格】　元代官撰の法典『大元通制』中の条格部分の残巻。『大元通制条格』ともいう。22巻。元の孛朮魯翀らの奉勅撰。『元典章』と並んで，元代の制度や法律を研究するための貴重な史料。『大元通制』は1323(至治3)年に頒行され，すべて2539条，40～50冊に分かれ，少なくとも88巻はあった大部の編纂物。4部から構成され，条格以外には制詔・断例・別類があったが早くに散逸した。今日残るのは条格の半分ほどであり，1234(太宗6)年から1316(延祐3)年の事例646条である。『元典章』に収載する事例と共通する場合もあり，同じくモンゴル語の語順に従った蒙文直訳体の文体を含む。『元史』刑法志は『経世大典』憲典を資料として成立したとされるが，その『経世大典』憲典の重要な材料となったのが『大元通制』であるとの説がある。1930年，明初の抄本を用いて影印刊行され，その洋装影印本が刊行されている。『通制条格の研究訳注』(1；小林高四郎・岡本敬二編，1964年。2, 3；岡本敬二編，1975, 76年)がある。
　　　(植松 正)

つうぞくへん【通俗編】 清の俗語辞書。38巻。翟灝撰。俗語・常言・方言を集め、天文・地理・時序・倫常・仕進・政治など38類に分類し、それぞれを1巻として収める。全部で5000余条。経伝子史・詩文詞曲・小説・字書・詩話・芸談・仏教・道書などの広範囲を対象として収集し、時に音注や按語を付す。各条ごとに、語源を示し、出典を引いて説明、多くの成語の発展変化に対しても説明を加える。補として出されたものに梁同書著『直語補証』がある。 （玄　幸子）

つうてんかん【通天冠】 中国古代の冠。天子の常服用。『後漢書』輿服志に「通天冠は高さ9寸（約21cm）で、正面は高く、頂はやや後に傾斜しそこからまっすぐに下に向かっている。鉄線を曲げて梁を作る。前面に三角状の飾りと展甬（箍状の飾り）があり、鷸の羽根の飾りをつける。天子が平常に着けるものである」という。通天冠と共通する形式をもつものに遠遊冠と高山冠がある。 （相川　佳予子）

つうようじ【通用字】 漢字の字体の一つ。通体・通用字体ともいう。唐代におこなわれた楷書の字体整理で、正字と俗字の中間に位置するとされた字体。正字に基づきながらも、筆写の際に字形をすこし変えたり、運筆を簡略にした形。正字体ではないが社会的に慣用されているから、表向きの文書にも用いることが許される。『干禄字書』では「駆」に対する「駈」、「冰」に対する「氷」などが通用字とされている。 （阿辻　哲次）

つがんきじほんまつ【通鑑紀事本末】 歴史書。42巻。南宋の袁枢撰。本書は、一つの事件を始まりから終わりまでまとめて記述する形式である「紀事本末体」を用いて編集された。生起する時間の順に従って複数の事件を並記した編年体を用いたため一つの事件の経過を追うのに骨が折れる『資治通鑑』の弊を克服する目的で、編まれた。内容は、戦国時代から五代十国まで239の題目が立てられた。これ以後、「紀事本末体」は、独立した歴史叙述形式となった。 （長部　悦弘）

つがんちょうへんきじほんまつ【通鑑長編紀事本末】 北宋一代の編年史『続資治通鑑長編』の記事を、各朝代ごとに項目を分けて関係記事を集め、紀事本末体に編纂した史書。150巻。1253（宝祐元）年に刊行され、57（同5）年に重刊された。楊仲良の撰。現行の本書は、巻5～8の一部を欠き、巻6～7と巻114～119とは項目だけが見え記事は欠落している。本体の『続資治通鑑長編』は徽宗・欽宗の部分などが欠けているが、本書によってそれらの部分を、ある程度補うことができるので、重要な史料である。 （衣川　強）

つてん【通典】 上古から唐の玄宗の天宝年間（742-756）までの諸制度を沿革的に通観した政書。「つでん」とも読む。200巻。唐の杜佑（735～812）撰。杜佑は名門の出身なので、恩蔭によって官界に入った。地方官を歴任したのち、国家財政の責任者ともなり、宰相にもなった。本書は劉秩が741（開元29）年ころに撰した『政典』35巻を増補訂正したもの。801（貞元17）年に完成した。内容は食貨（財政経済）12巻、選挙（官吏登用）6巻、職官（官僚制度）22巻、礼（儀礼）100巻、楽（音楽）7巻、兵（軍事）15巻、刑（法律）8巻、州郡（地方制度）14巻、辺防（辺境防備）16巻の9門からなる。財政経済の通史である食貨門を最初におき、選挙・職官をそれに続ける分類配列は、律暦や礼楽を首位においてきた従来の価値観を一変させる新機軸であった。ただし礼門100巻が全体の半分で、そのうち玄宗朝の「開元礼纂類」に35巻を充当しているので、社会経済史、法制史のみならず、礼制史の研究に際しても重要な書物である。正史の「志」の項目を通史的にまとめた本書は、後の鄭樵『通志』、馬端臨『文献通考』とともに「三通」と呼ばれる。 （礪波　護）

て

てい【鼎】 円底の胴に3本の足を付ける容器。青銅器では対になった耳が付く。方鼎と区別して円鼎とも呼ばれる。青銅の鼎は肉類を煮るための器で、身分と関連する重要な祭器であったと古典中に記される。銘文中に「鼎」あるいは「鼑（貞）」と自銘する例が多い。土器の鼎は新石器時代中頃に出

現し，龍山文化期以降は各地で広く使用された。青銅の鼎は二里岡文化期に出現し，殷墟期〜戦国時代まで主要な彝器として墓に数多く副葬されている。　　　　　　　　　　　　　　（角道 亮介）

てい【鄭】　前806?〜前375。西周〜戦国時代の諸侯国。姫姓，伯爵。周の厲王（一説に宣王）の子，王子友（桓公）が鄭（陝西省）に封ぜられ建国した。前771年の周の幽王敗死後の混乱期に新鄭（河南省）に移動し，武公は周王朝の卿士として平王による東遷に功績があった。荘公も卿士を務めたが，やがて周と対立し，前707年には桓王と交戦した。厲公は前673年，王子頽の乱を平定し，恵王を王城（洛陽）に復帰させた。斉の桓公の同盟に参加したが，桓公死後，楚に接近した。前632年，晋の文公が楚を破ると，晋の同盟に参加したが，ほどなく楚の側に離反し，以後，晋楚の間にあって叛服を重ねた。穆公の子孫たる世族7氏（七穆）が政権を独占し，そのうちの国氏の子産は賢大夫として賞賛された。戦国時代に入ると，韓の圧迫を受け，前423年，幽公が殺された。内紛も発生し，前397年，繻公は駟氏の子陽を誅殺したがその徒に弑殺された。ほどなく罕氏が公位を簒奪したが，前375年，韓に滅ぼされた。　　　　　　（吉本 道雅）

ていい【程頤】　1033（明道2）〜1107（大観元）。北宋の思想家。洛陽（河南省）の人。字は正叔。諡は正。兄の程顥と並んで二程と言われ，道学（宋学）形成の中心的人物。洛陽の郊外の伊川で講学していたことから伊川先生と呼ばれた。科挙は最終試験の殿試で落第，在野で講学をしていたが崇政殿説書に登用され，哲宗に学問を講義した。もともと王安石批判の立場にたっていたが，同じく反王安石側にあった蘇軾一派や司馬光の人脈を継承する派閥とも対立した。複雑な党争の中で涪州（重慶市）に流され，一時赦されるが，王安石の流れをくむ蔡京による弾圧（元祐党禁）でまたも追われ，洛陽の郊外で没した。程頤は「性即理」「理一分殊」を主張した思想家として名高い。前者の「性はそのまま理である」とは，人間の本性は理であるということであって，その理は万物の理と本質的に同じとされる。後者の「理は一つであり分は殊なる」の語を，程頤は道徳的問題に限定された一例しか使用してないが，彼の思想の端的な表明である「理一」には同時に「分殊」の意味も内包されている。程頤は一物には必ず一理があるとする。そして物はそれぞれ個性を持ち，それぞれの物に現れた理は個別性をもつが，それらの理は最終的には一つとする。ここに個物の独自性（分殊）と，万物の理の普遍性（理一）の共存が理論づけられた。世界には厳然たる秩序があり，万物がそれぞれ秩序になりきった姿こそ「理一」の顕現なのであって，人間も人間としての秩序，つまり道徳にそって生きることが求められる。程頤の強烈な秩序志向は，厳格主義という印象を後世にあたえ続けた。また程頤は学問修養論として「格物」と「敬」を説いた。「格物（物に格る）」とは物の理を完全に理解することで，その理の追求が同時に心内の理の発掘につながるとした。「敬」は心を対象に専一にすることで，当時一部の儒者の間で行われていた静坐が外部から隔絶された状態での冥想であるのに対して，日常生活の中での修養という面を強く持った。これは社会的実践を重視する儒家にとって，画期的修養法として継承されていく。程頤は「格物」と「敬」の積習の結果，一気に貫通するという悟りがおとずれ，最終的に聖人と同じ境地に到達できるとした。彼の思想は理性的な理の追求と身体的な悟りの両方を共存させるもので，南宋の朱子に発展的に継承されていく。主著は『程氏易伝』。文章と語録は『二程全書』に収録。宋史427　　　　　　　　　　　　　　（土田 健次郎）

ティーエルブイきょう【ＴＬＶ鏡】　→方格規矩鏡

ていうんぽう【丁雲鵬】　1547（嘉靖26）〜?。明の画家。休寧（安徽省）の人。字は南羽，号は聖華居士。父の丁瓚は医師で書画に関心が深く，雲鵬もその影響で早くから画を学んだ。中年になって同郷の詹景鳳の門弟となり，古画学習に励んでから画技が進んだという。初期には北宋の李公麟，元の銭選を学んだ繊細な道釈人物画を手がけたが，後年は五代の禅月大師（貫休）などの古様も吸収し，奇古な画風を開拓した。山水も同時代の呉彬に通じる奇抜な表現を取り，明末の個性的な画家の一人に位置づけられる。職業化した文人画家として蘇州（江蘇省）で活動し，程大約（号は君房）編『程氏墨苑』にも挿図下絵を描いている。詩文も善くし，著に『丁南羽集』があった。代表作に『五像観音図巻』（カンザスシティ，ネルソン・アトキンズ美術館蔵），『掃象図』（台北，故宮博物院蔵），『玄扈出雲天都暁日図』（クリーブランド美術館蔵）などがある。
　　　　　　　　　　　　　　（竹浪 遠）

ていえいのおん【鄭衛之音】　春秋時代の鄭と衛の地（河南省と河北省の接する地域）の民謡。また鄭声ともいう。周の王室の権威が墜ち，礼楽も乱れていくのにしたがい，自由奔放且つ情調豊かに旋律をうたう鄭衛の音楽は「新楽」としてたちまち全国を風靡し，諸侯の間にまで及んだ。礼楽による治世を理想とした孔子はこの風潮を憂慮し，「鄭声

の雅楽を乱るを悪む」(『論語』陽貨)と述べている。後の儒家も鄭声をもって亡国の音としてこれを斥けた。一方、鄭衛之音の流行は止まるところを知らず後には芸術音楽を指す言葉ともなった。鄭と衛は商(殷)の故地で、すでに高度な音楽文化をもち、河川の交通の要地で商活動も盛んであったから、民謡もその風を継承して生気に溢れ、諸国への伝播も速かったのであろうという説もある。また、衛の音楽はテンポが速く、斉の音は旋律の抑揚が大きく躍動的である(『楽記』)というように、民間の音楽は雅楽や礼楽の規制にとらわれることなく自由闊達に歌うものであったから、当時の新興の諸侯も旋律に5音のみを用いて抑揚が少なく、リズムも穏やかな雅声を疎んじ新楽を好んだようである。『詩経』国風には鄭風21編、衛風10編が選ばれていて恋愛の詩が多いが、これらを政治を批判した比喩詩、祭祀の詩としてみるなど、その解釈には諸説がある。

(古新居 百合子)

ていおうしゅ【帝王珠】

川劇高腔の伝統演目。別名『鉄籠山』『元朝乱』。老いた元の英宗は杜后の讒言を受け入れ、長男鉄木耳を鉄籠山に左遷する。権臣蔡宗華と通じた杜后は英宗を毒殺、わが子を皇帝にするため次男を殺そうとする。知らせを受けた鉄木耳は兵を率いて帰朝、蔡宗華一派を殺害、杜后は狂ったふりをして抵抗するが、鉄木耳の部下牛乃成に殺される。杜后の性格描写、特に狂いが見せ場。

(細井 尚子)

ていおうず【帝王図】

皇帝や王を描いた図のことで人物画の一種。聖賢図・功臣図と同様、皇帝家臣の勧戒のため歴代の王朝で制作された。漢から唐までは政治的にも芸術的にも最も重要な画題であり、著名な画家が描いた事例も多い。初唐の伝閻立本筆『帝王図巻』(ボストン美術館蔵)は現存する巻軸画中の好例で、前漢昭帝から隋煬帝までの13人の帝王を描く。『南薫殿図像』(台北、故宮博物院蔵)は清朝内府に収蔵されていた500を超える図像を集成したもの。

(藤田 伸也)

ていおうせいき【帝王世紀】

西晋の通史性の歴史書。魏晋の著述家・医家の皇甫謐の撰述。『隋書』経籍志には「十巻」とあるも、宋以降亡佚。ただし、今日でも輯本によってほぼその概要はうかがえる。宇宙生成論を冒頭に備え、三皇五帝の時代から、漢魏に至るまでの帝王・王朝の歴史を記述した書物である。史料的には緯書に大きく依存し、また理論的には緯書に加えて、前漢末の劉歆の「世経」(『漢書』律暦志所収)から多大な影響を受けている。

(南澤 良彦)

でいがわんいせきぐん【泥河湾遺跡群】

河北省北西部から山西省北部にかけて広がる泥河湾盆地に分布する、旧石器時代の遺跡群。盆地は、更新世にここに存在した巨大な湖が桑乾河によって開析され、形成された。その湖沼堆積物と黄土の累々たる地層、桑乾河に発達した河岸段丘堆積層には、ほ乳動物化石や古地磁気年代測定法、放射性炭素年代測定法などによって年代が与えられ、華北地方の旧石器時代遺跡編年作成の重要なフィールドとなっている。まず盆地東端の大田窪台地では前期更新世の地層から石器を出土する馬圏溝・半山・小長梁・仙台・東谷坨・霍家地・許家坡・飛梁・岑家湾などの遺跡が集中して発見され、華北地方最古段階の遺跡として注目を集めている。石器はチャート製の小型剝片石器から構成され、大型重量石器を含まない。盆地中央にある6～12万年前の許家窯遺跡は人類の頭頂部と後頭部、歯の化石、大量の大小の球形石器が出土したことで知られている。さらに盆地西端にある約3万年前の峙峪遺跡は小型石刃が出土したことで、1.1～1.3万年前の虎頭梁遺跡は各種の楔形細石刃核が出土したことで知られている。文献に衛奇「泥河湾盆地旧石器時代」(『中国考古学研究的世紀回顧 旧石器時代考古巻』科学出版社、2004年)がある。

(佐川 正敏)

でいがん【泥丸】

頭部または脳内を指す道教の用語。六朝期の道教経典『黄庭経』には、「泥丸の百節にはみな神が宿っている」とあり、『大有妙経』では、9人の泥丸の神々に9つの宮殿を設けている。「泥丸」が仏教の涅槃(悟り)を換骨奪胎したものだと指摘したのは、フランス中国学の泰斗、アンリ・マスペロといわれるが、実はわが国の幸田露伴も同様のことを述べている(『仙書参同契』1941年)。

(三浦 國雄)

ていかんおう【鄭観応】

1842(道光22)～1922(民国11)。清末の企業家で初期変法論者。香山県(広東省)の人。鄭官応とも書く。字は正翔、号は陶斎・杞憂生・慕雍山人など。外国企業の買弁から出発し、後に上海機器織布局や輪船招商局などの洋務企業の経営者に転身。主要著作に『易言』『盛世危言』『盛世危言後編』など。豊富な西洋知識をもとに、1880年代から議会制の導入など制度改革の必要性を提唱した。『盛世危言』は日清戦争直後に大流行した。主要著作は『鄭観応集』(上海人民出版社、1982年)に収録されている。

(佐藤 慎一)

ていかんこじょう【鄭韓故城】

河南省新鄭市に位置する、春秋戦国時代の鄭国及び韓国の都城遺跡。周の諸侯国の一つ鄭が、前770年の周の東遷

に相前後してこの地に移転した。戦国時代に領土を拡大した韓は，前375年に鄭を滅ぼすとこの地に本拠を遷し，前230年の滅亡まで韓の国都とした。遺跡は南北に流れる黄水河と，北西から南東に流れる双洎河とが合流する突端部に築かれ，東西約5km，南北約4.5kmの菱形に近い不規則な方形をなす。最大残高約18mの巨大な城壁で囲まれ，中央を走る隔壁で東西に二分される。西城のほぼ中央に宮殿址とみられる基壇が残るほか，その北側に建築物の遺構が密集し，こちらが内城とみられる。一方東城からは銅器製作場・鉄器製作場など手工業施設の遺構とさまざまな製品が出土し，商工業で名を馳せた鄭城の繁栄を今に伝える。城壁の版築の様相などから，この遺跡が春秋期以降段階的に増築されていったことは判明しているが，各遺構の細かい先後関係などはなお不明である。　　　　（高津　純也）

ていかんずせつ【帝鑑図説】　中国歴代の皇帝に関する故事・史評の書。原書は不分巻だが，6巻本など他に数種ある。明の閣臣張居正・呂調陽撰。1572(隆慶6)年，帝王学のテキストとして10歳で即位した万暦帝に献じられた。皇帝として見習うべき81例，戒めとすべき36例を挙げ，各例毎に古典から抜粋した本文と図，平明な直解を載せる。1573(万暦元)年私家刊本が出されて以後，多くの版本・鈔本が世に出た。万暦元年本を翻刻した和刻本もある。現在なお，注釈や現代中国語訳を付した活字本がしばしば出版されている。　　（櫻井　俊郎）

ていぎょく【鄭玉】　1298(大徳2)〜1357(至正17)。元代の儒学思想家。徽州(安徽省)の人。字は子美，号は師山。初めは朱子学を学び，朱子を基準に修学する。後に陸象山の流れを承ける楊簡・銭時の門流に親しむようになり，当時の朱陸を判別して相互に排斥する風潮を嫌って，朱子学を基礎に据えながらも，科挙の教学になった朱子学が俗学に退廃堕落することを牽制する機能を陸学に求めて，朱陸を折衷する立場をとる。著書に『師山遺文』がある。元史196　　　　　　　　　　　（吉田　公平）

ていきょさんぽう【丁巨算法】　元の数学書。丁巨の著。丁巨は伝不詳。元の至元15(1355)年8月の自序があり，それによれば『九章算術』以下の算術書から算法の要略を抜粋して8巻にまとめた。『知不足斎叢書』所収本は62問しか残っておらず，完本ではない。他に『永楽大典』に28問の引用が残っている。初歩的な算法が中心で，乗除簡便法(撞帰法)の歌訣(口訣)にも言及がある。
　　　　　　　　　　　　　　　　　（武田　時昌）

ていけい【丁敬】　1695(康熙34)〜1765(乾隆30)。清の書画篆刻家。銭塘(浙江省)の人。字は敬身。龍泓山人・鈍丁・硯林外史などと号した。1736(乾隆元)年，博学鴻詞科(清代，科挙を補う臨時の制科)に推挙されるが応じなかった。篆刻の流派浙派を創始し，西泠八家の第一に挙げられる。清朝中期を中心とする，浙派主流の時代に長く影響をもち続けた。詩書画もよくし，金石に精しく鑑別に長じた。書画家金農との交友は知られる。著に『武林金石録』『硯林詩集』，印譜に『龍泓山人印譜』，黄易との合譜『丁黄印譜』がある。『清史列伝』71に伝がある。　　　　　　　　　　（小西　憲一）

ていけいけいぶつりゃく【帝京景物略】　明代の北京の名勝志。8巻。明の劉侗・于奕正撰。1635(崇禎8)年刊。劉は麻城(湖北省)の人，崇禎7年の進士，于は宛平(北京)の人。北京城を東西南北，城内城外に分け，西山・畿輔が付されている。129項の古跡名勝を取り上げて紹介するとともに，ゆかりの詩を引用する。北京の名勝志としては古いものに属する。崇禎(1628-44)以降，清朝にかけて繰り返し刊行されるが，乾隆刊本には削除部分がある。校点本が数種ある。　　　　（森田　憲司）

ていけん【鄭虔】　685(垂拱元)?〜764(広徳2)?。唐の詩人・画家・書家。鄭州滎陽(河南省)の人。字は若斉，また弱斉。国史を私撰した罪で左遷されるなど長い不遇な時期を過ごし，60歳半ばになってその才を愛した玄宗が彼のために広文館を設け博士に任じた。その詩・絵・書は玄宗から「鄭虔三絶」と賞賛された。安禄山の政権に就いたために安史の乱後に左遷されて没した。詩は1首のみ，絵と書はのこらない。その不器用で芸術家肌の人柄は杜甫が親しみをこめて詩に唱っている。新唐書202
　　　　　　　　　　　　　　　　　（川合　康三）

ていげん【鄭玄】　→鄭玄

ていけんかんぼ【定県漢墓】　漢時代の中山国の国都が置かれた河北省定県(現・定州市)の一帯に点在する，前漢〜後漢の中山王とその一族を埋葬した大墓の総称。前漢の中山国の王墓は八角廊と三盤山で発掘されている。1973年に河北省文管会・定県博物館が調査した八角廊40号墓は墓道・前室・後室から成る大型木槨墓で，後室に「黄腸題湊」を築いていた。墓室内から金縷玉衣が出土しており，墓主は前55(五鳳3)年に没した中山懐王劉修と推定される。後漢の中山国の王墓は1959年に河北省文化局文物工作隊が調査した北荘漢墓，1969年に定県博物館が調査した定県43号墓がある。前

者は石材で題湊を築いた大型塼室墓で，2体分の鎏金銅鏤玉衣が出土しており，90(永元2)年に没した中山簡王劉焉と王后の合葬墓，後者は東・西耳室，前室，中室，東・西後室から成る大型多室塼墓で，銀鏤と銅鏤の玉衣，精美な*玉器，金器等が出土しており，174(熹平3)年に没した中山穆王劉暢と王后の合葬墓と推定される。　　　　　（高浜 侑子）

ていこう【程顥】
1032(明道元)〜85(元豊8)。北宋の思想家。洛陽(河南省)の人。字は伯淳。諡は純。弟の程頤と並んで二程と言われ，道学(宋学)創立の中心人物とされる。明道先生の名で知られる。科挙に合格し，地方官まわりの後，監察御史裏行として中央に入る。一時は王安石の下にいたこともあるが，後には対立し，地方官に転出した。そのおだやかで寛容な人柄は，しばしば弟の程頤の厳格さと対比される。彼は「私の学問は継承する点があるけれども，天理の二字だけはむしろ自分自身が体得してきたものだ」(『*上蔡語録』上)と誇った。この天理の意味については諸説あるが，「天下の善悪はみな天理であって，悪というものも本来悪なのではなく，ただ行き過ぎたり足りなかったりしてそうなるということなのだ」(『程氏遺書』2上)，「事に善があり悪があるのはみな天理である」(同上)と，善も悪も実在するのが天理とされていることからすると，善悪の存在がこの世界の前提になっていることの表明だと思われる。程顥は，善悪を根源的問題ではないとする仏教を否定し，善悪の存在こそが逃れられぬ現実であることを主張した。そしてその自覚から出発して，学問修養によって最高の善である仁の実現が可能であることを説いた。善悪があるのも天理なら，「悪というものも本来悪なのではなく」云々とあったように，善そのものの状態へと移行できるのも天理なのである。天理とはこの世界の現実と理想的状況の両者を含む概念である。その仁は「仁とは物と渾然一体となることだ」(同上，この条は「識仁篇」と呼ばれる)というように万物一体の境地において発現するものであって，程顥はその境地に到達するために自己と他者の両方に対する意識を消し，外界と一体になることを要求した(「答横渠張子厚先生書」，この書簡は「定性書」と呼ばれる)。これが程顥の万物一体の仁の思想である。程顥は経書の学問に関しては語句の厳密な解釈よりも内容を玩味する傾向があり，心の状態をそのまま万物一体へ移行していくことを重視した。これは程頤の厳格な学問修養論と著しい対比をなし，しばしば後世の学者の共感を呼び起こした。文章と語録は『*二程全書』に収録。宋史427　（土田 健次郎）

でいこう【禰衡】
173(熹平2)〜198(建安3)。後漢の文人。平原般(山東省)の人。字は正平。才に任せ傲慢な振る舞いが多かったが，20歳年長の孔融とは年齢を超えた友情を結んだ。曹操が彼に粗末な服装で太鼓を叩かせたときには，曹操の面前で裸になって着替え，逆に曹操をはずかしめた。その後劉表・黄祖のもとに送られ，結局黄祖の怒りを買って殺された。作品に『*鸚鵡賦』があり，『*文選』に収める。晋の葛洪の『*抱朴子』には弾禰篇があり，その事跡を論評する。後漢書80下
　　　　　　　　　　　　　　　　（谷口 洋）

ていこうしょ【鄭孝胥】
1860(咸豊10)〜1938(民国27)。清末から民国にかけての政治家・文学者。字は太夷，また蘇戡。閩県(福建省)の人。1882(光緒8)年の郷試に首席合格。日本に派遣され，駐日公使館書記となり，神戸大阪総領事を歴任。帰国後は軍官として地方に転出，辛亥革命直前には短期間ではあるが湖南布政使となった。革命後は上海で書を売って隠遁生活を送り，詩名がますます上がった。1923年，招きに応じ溥儀に仕え，翌年内務府総理大臣となった。1932年の満洲国成立とともに国務院総理に就任，1935年，辞職した。鄭孝胥は若いころから詩才を認められ，30歳以前は謝霊運・柳宗元・孟郊を学び，以後は呉融・*韓偓・梅堯臣・王安石を学び，中でも王安石を好んだ。同時代の陳三立と詩名を斉しくし，彼の詩を模倣する者が多数出た。ひとたびでき上がった詩には二度と手を入れなかったという。また，書の達人としても知られ，*蘇軾・王安石の書風を学び，その跡をもとどめない彼の書は現在でも愛好者を持つ。著に『海蔵楼集』がある。　　　　　　　（大平 桂一）

ていこうそ【鄭光祖】
生没年不詳。元の戯曲作家。平陽襄陵(山西省)の人。字は徳輝。杭州路吏の職についたことがあるという。元曲四大家の一人に数えられ，元代後期を代表する作家である。その作品は当時大いにもてはやされ，題目の伝わるものは18種，そのうち『*倩女離魂』『*王粲登楼』『*㑇梅香』『周公摂政』など8種が現存しており，いずれも優美な歌辞を大きな特徴としている。
　　　　　　　　　　　　　　　　（赤松 紀彦）

ていこうとうぶん【丁公陶文】
丁公遺跡出土の土器片に刻まれた新石器時代の文字。丁公遺跡は山東省鄒平県丁公村に位置する龍山文化期の城址遺跡で，この土器片は1991年度調査時に灰坑中から出土した。11字の刻字を持つ。土器片を書板として複数の字を刻む点で新石器時代の他の線刻記号とは性格が異なり，文字である可能性が高い。丁公陶文を古代彝族の文字とみる見解もある(馮時

「山東丁公龍山時代文字解読」『考古』1994年第1期)。　　　　　　　　　　　(角道 亮介)

ていこくきょ【鄭国渠】　戦国末に韓の間諜の鄭国が秦王政(始皇帝)のもとに送られ，秦の軍事力を弱めるために現在の陝西省涇陽県に建設された灌漑施設。鄭国は水工という水利技術者であった。関中盆地の涇水(涇河)の水を乾燥地に引いて灌漑する工事を始めたが，途中スパイであることが発覚して政治的な問題を引き起こした。しかし秦王政が工事を続行させ，完成した。司馬遷の『史記』では，秦が天下を統一した経済的基盤として高く評価されている。この地には，秦以来，漢，北宋，元，明の歴代の取水口の遺跡があり，現在でも涇恵渠という施設が機能している。秦代の取水口は，涇水が山地から盆地に出た所で，瓠口というひさごのように湾曲した箇所が選ばれた。春の渇水時にも沿岸から水を引き入れやすいからである。東南の微傾斜の渭北平原の洛水(洛河)まで300里(約120km)を流した。この地は地上に塩が吹き出るほど乾燥した塩害の土壌であり，灌漑と同時に地下水の上昇で表出した塩分を洗い流す作用もあった。
(鶴間 和幸)

ていし【帝師】　元朝の皇帝がチベット仏教の高僧に贈った称号。モンゴル帝室によるチベット仏教崇拝を象徴する。1269(至元6)年に詔勅用の文字であるパスパ文字を上程したチベット仏教サキャ派の高僧パスパが，翌70(同7)年に皇帝クビライによって任命されたことにはじまる。以後，歴代帝師は同じサキャ派の高僧が選ばれた。帝師は，仏教・チベット地区専管の高級官庁である宣政院の最高顧問でもあり，元朝仏教界に君臨した。　(中村 淳)

ていしえきでん【程氏易伝】　北宋の程頤の主著。繋辞伝・説卦伝・序卦伝(各卦の冒頭に引用だけはなされている)・雑卦伝の部分の注釈はないが，もともとその意図がなかったと見られる。儒教的義理易の立場に立ち，卜筮や象数の要素を後退させ，天地に根拠づけられた人間の行為の基準を本文から読みとることに意を用いている。南宋の朱子はこれに不満で卜筮を重視する立場から『周易本義』を作成したが，後世この両書を『伝義』として合刻することが広く行われた。序文の「体用一源，顕微無間(本体と作用は源を同じくし，あらわなものととらえがたいものはへだてが無い)」という一節は，本質と現象の不即不離の関係を表す標語として有名である。　(土田 健次郎)

ていしき【程式】　伝統演劇の表現の特徴である型のことをいう。伝統演劇を構成するすべての表現方法は程式を持っている。即ち役者の演技をはじめ，脚本・音楽・舞台空間・道具・衣装・化粧等すべてに様式化された一定の型がある。特に演技の型は「程式動作」とよび，伝承の中で一挙手一投足を洗練昇華し，誇張し，リズムを持つ規範化した表現である。型の認識は20世紀前半に西洋演劇との比較を通して，伝統演劇の価値を問う論争の中で明確になった。『国劇運動』(余上沅編，1927年)の中で，西洋演劇のリアリズム表現に対し，象徴的表現をとる伝統演劇の特徴として，「程式」という言葉が初めて用いられた。何もない舞台に演技一つで山川を想像させたりできる程式の特徴は「虚擬表現」とよばれ，程式とともに伝統演劇の特徴を概括している。程式形成の淵源は，伝統演劇が祭祀とともに歩んできたこととも関係が深い。程式は，伝承と同時に常に変容する性質も備え，精神文化や日常生活，あるいは時代の美意識等が濃厚に反映されてもいる。　(有澤 晶子)

ていしきはん【鄭氏規範】　元末明初に「東浙第一家」と呼ばれた名門鄭氏の家訓。鄭太和撰。元末に鄭濤らが3巻168則に整理して出版した。金華府浦江県(浙江省)の鄭氏は，南宋以来同居同財を続け，義門として宋・元・明の三王朝から表彰された。本書は名門宗族の儒教道徳に基づく行動の指針で，家庭内ばかりか地域社会でのあり方についても，罰則を伴う規定がつぶさに定められている。明代中期まで影響力を持ち，本書にならった家訓も多い。『学海類編』に所収。『金華叢書』所収の『鄭氏旌義編』は同内容。　(檀上 寛)

ていじしゅんじゅう【鼎峙春秋】　清代の宮廷演劇の演目。240齣。昇平署抄本。乾隆年間(1736-95)に周祥鈺・鄒金生ら共編。三国志を題材にしたもの。漢末の黄巾の乱から魏・蜀・呉三国の興亡を，劉備・関羽・張飛・諸葛亮ら蜀の英雄を中心に描く。『連環計』『単刀会』『草廬記』『赤壁記』など三国志のエピソードに取材した元・明・清の演劇作品を基礎とし，小説『三国志演義』も参照して通し狂言に改編した。演劇における『三国志』物語の集大成といえる。　(岡崎 由美)

ていししょう【鄭思肖】　1241(淳祐元)〜1318(延祐5)。南宋末〜元期の詩人・画家。連江(福建省)の人。宋の太学生。もとの名は不明。思肖とは亡国後の名で，「肖」に「趙(宋の国姓)に従う」意を寓した。字の憶翁は故国を思う意，号の所南も南を所とする意。住居に名づけて「本穴世界」といい，「本穴」に大宋を寓した。彼が描いた根なしの

蘭は有名。元への抵抗は有名だが実人生は不明。『鄭所南先生文集』1巻，『所南翁一百二十図詩集』1巻，『錦銭余笑』1巻がある。明末に古井戸から発見されたという『心史』は偽作ともいう。

（高橋 文治）

ていしちん【鄭之珍】 1518（正徳13）〜95（万暦23）。明の劇作家。徽州府祁門県清渓（安徽省）の人。字は汝席。号は高石，また高石山人。万暦年間（1573-1620）に邑の庠生（県学の生員）に補せられたが，仕官することができず，著作に専念した。1582（万暦10）年，伝来の目連戯に手を加え，高石山房から家刻本『新編目連救母勧善戯文』を上梓した。また『五福記』（『清渓鄭氏族譜』に著録）の作もあったようだが伝わらない。（根ヶ山 徹）

ていじゃくよう【鄭若庸】 1489（弘治2）〜1577（万暦5）。明の文学者・戯曲家。崑山（江蘇省）の人。字は中伯。号は虚舟（山人）・滎陽生。蘇州地域での民間南戯から伝奇への過渡期に於ける最も初期の戯曲作者の一人。数度の郷試失敗後，支硎山に隠居し古文辞の研鑽に励み，謝榛と並び称された。のち趙康王朱厚煜に招かれ，大型類書『類雋』を著した。伝奇『玉玦記』が最も有名。他に詩文集『蛣蜣集』などが残る。（田口 一郎）

ていしゅうしょうじょう【鄭州商城】 河南省鄭州市内に所在する殷代前期の都城遺跡。1950年に都城遺跡の一部にあたる二里岡遺跡が発見されたことから調査が始まった。1956〜73年には城壁遺構が重点的に発掘された。城壁は，周囲約7km，東壁と南壁は約1700m，西壁は約1870m，北壁は約1690mある。城壁は部分的に地表に露出しているが，大部分は地下に埋没していた。その後この長方形に囲まれた城壁の外の西南から東南にかけて，長さ約3425mのもう一重の城壁が発見され，外郭城の一部と考えられている。城壁の四面には，11か所の開口部があって，城門であろうという。城壁の内外には「護城坡」と呼ばれる傾斜した版築構造を造成して城壁本体を支えている。城壁建設の年代は，二里岡下層期よりは早くなく，^{14}C測定年代で前16世紀ごろとされている。考古学の編年にいう二里岡期（下層期・上層期）の間つづいた都城址と考えられている。城壁内からは宮殿の版築基壇や大型の住居址等が発見されている。一方，城壁外の南と北には青銅器鋳造遺跡，西北に土器製作遺跡，北に骨器製作遺跡が確認されている。城壁外ではまた多くの墓葬が報告されており，白家荘・人民公園・銘功路西において著しい。城壁外西側の張寨南街と南順城街及び東南角に近い向陽回族食品工場の3か所で発見された埋納坑出土の青銅大方鼎は，二里岡期の青銅器文化を代表する造型と文様を持つものである。その他，井戸・壕溝・多数の窖蔵等が報告されており，殷墟文化より古い二里岡文化期の殷文化の認識が確立された。鄭州商城を殷王朝中期の王仲丁の築いた隞と考えるのか，殷王朝の創始者，湯王の都の亳と考えるのか等の議論がなされてきたが，考古学の編年研究により，鄭州商城は偃師市の偃師商城とともにほぼ殷王朝の開始期に建設が始まった都城であることが明らかになっている。なお，二里岡遺跡からは2片の習刻（練習用に刻まれた甲骨文）の刻字骨が発見されており，鄭州商城の時代と殷墟の時代との接続を示唆する資料とも考えられる。（武者 章／西江 清高）

ていじゅつ【綴術】 南朝斉の数学書。祖沖之撰。唐の十部算経の一つ。十部算経中，最も高度の内容を誇ったが，「学官，能くその深奥を究むるなし」（『隋書』律暦志）。その結果「廃して埋められず」，北宋時すでに失伝した。内容については，精密な円周率（$3.1415926 < \pi < 3.1415927$）や正確な球の求積法などからなると推定されているが，詳しいことはわからない。（川原 秀城）

ていしょう【鄭樵】 1104（崇寧3）〜62（紹興32）。南宋の歴史学者。興化軍蒲田県（福建省）の人。字は漁仲。青年期に北宋朝の滅亡に遭い，一時，夾漈山に入って交際を断ったが，やがて従兄鄭厚と各地を歴遊して珍奇や古蹟を探訪し，蔵書家をたずねて文献を渉猟した。こうして蓄えた知見を，経旨・礼楽・文字・天文・地理・虫魚・草木・方書に類別してまとめ，1149（紹興19）年，朝廷に献上。秘府に収蔵された。その後，侍講王綸らの推薦で高宗皇帝に召見。帝の面前で班固の『漢書』以下の断代紀伝体史の欠陥を批判して評価され，右迪功郎の官を授けられた。以後，秘閣に出入りして資料を収集したものらしく，一時，外任の後，旧稿の基礎の上に新獲の知見を増補，整理し『通志』を完成して献上。その功により枢密院編修官に任ぜられ，検詳諸房文字などを歴任した。平生，著述を好み，大量の著作を遺したが，死亡時の赤貧に加えて，遺児も8歳の幼弱であったことから，その大半は刊行されることなく散逸した。大部の主著『通志』のほかは『爾雅鄭注』『詩弁妄』『夾漈遺稿』などが伝わっているにすぎない。宋史436（稲葉 一郎）

ていしょう【鄭燮】 1693（康熙32）〜1765（乾隆30）。清の書家・画家・文学者。興化（江蘇省）の人。字は克柔，号は板橋。1736（乾隆元）年の進士。山東省范県と濰県の知事になるが，飢饉の際難民救

済のことで上司に背き官を辞したといわれる。退官後は、揚州を舞台に活躍し、金農・李鱓らとともに「揚州八怪」の一人に数えられる。「板橋に画・詩・書の三絶あり、三絶には各々真気・真意・真趣の三真あり」(張維屏『松軒随筆』)と評される。詩は人民の苦しみを詠った『悍吏』『孤児行』などがあり、彼の正義感と慈愛の深さが感じられる。書は八分に楷・行・草書を加えて特殊な書風を創造し、自ら「六分半書」と呼んだという。また、「波磔に蘭葉の画法がある」(李斗『揚州画舫録』)と言われるように、書の中に画の筆法も取り入れた。詩文を集めたものに『板橋集』がある。　　　　(池田 利広)

画は、水墨による竹・蘭・石を善くし、揚州八怪の一人に数えられる。古人の画に倣うことは少なかったが、明の徐渭だけには心服したと伝えられる。仕官した経歴も含めて八怪の中で最も文人性が強く、墨竹・墨蘭という墨戯画題に徹しているが、モチーフの立体性や空間の把握は高度の熟達をみせる。墨面対比と筆勢のきいた葉の表現や、輪郭線による幾何学的な岩の形態などに個性を発揮しており、竹幹や岩の間に「六分半書」による自題を配した、書画一体の大胆な構成力も魅力となっている。代表作に『竹林図屏風』(東京国立博物館蔵)、『墨竹図』(四幅対。プリンストン大学美術館蔵)などがある。清史稿504　　　　　　　　　　　　　(竹浪 遠)

ていしょういんねん【啼笑因縁】　民国の小説。全22回。張恨水著。1930(民国19)年、北京で書いて上海の『新聞報』文芸欄「快活林」に連載中(3月17日〜11月30日)から好評を博し、上海の三友書社から3冊本で出版された。作者は主人公樊家樹に理想を託し、彼と複数の女性との真面目な恋愛模様を中心に描く。その過程で軍閥の専横と醜悪さを暴いた。時代の圧迫を受けていた市民層からの支持を得て、劇に編まれ数回映画化された。その際、撮影権をめぐって訴訟がおこされるほどだった。　　　　　　　　　　　　　　　(樽本 照雄)

ていじょうし【定場詩】　伝統演劇の登場人物が自己紹介する際の伝統的手法。座場詩ともいう。劇の主要な人物が最初登場したときに朗唱する、4句から成る詩。　　　　　　　(氷上 正)

ていしんたく【鄭振鐸】　1898(光緒24)〜1958。民国の文学者・編集者。永嘉(浙江省)生まれ、本籍は福建省。筆名は西諦など。五・四運動に参加し、瞿秋白らと『新社会』誌などを創刊。1921年には茅盾らと文学研究会を結成し、『文学研究会叢書』などの編集にあたる。1922年『児童世界』誌を創刊、23年から『小説月報』の主編となる。1927年から28年にかけてパリに滞在。帰国後、燕京大学の教授などをつとめる一方、『挿図本中国文学史』や『中国俗文学史』などを執筆したり、許広平らと復社を組織して『魯迅全集』を出版した。
(中 裕史)

ていせい【鄭声】　→鄭衛之音

ていせいき【程正揆】　1604(万暦32)〜76(康熙15)。明末清初の画家。孝感(湖北省)の人。初名は正葵、字は端伯、号は鞠陵・青渓道人。1631(崇禎4)年の進士。のち江蘇省江寧に移り、清にも官を得たが1657(順治14)年帰郷した。画は董其昌の指導を得、黄公望などの古画を倣する行為を創造的に進展させ、1651年頃より生涯100巻を目標に『江山臥遊図巻』を制作した。現存するものにクリーブランド美術館本(1658年、第90)、東京国立博物館本(1662年、第153)などがある。別集に『青渓遺稿』。　　　　　　　　　　(塚本 麿充)

ていせいこう【鄭成功】　1624(天啓4)〜62(康熙元)。明の遺臣。名は森、字は明儼、号は大木。福建省泉州府南安県出身の鄭芝龍を父に、日本の平戸の田川助左右衛門の娘を母に平戸で生まれる。父鄭芝龍は海賊顔思済の配下に入り、その勢力を吸収して台頭し明朝から官を与えられている。明朝が崩壊すると鄭成功は父と共に大陸に移り南京の国子監で学び銭謙益にも学んでいる。明朝の後裔等によって樹立された南明政権に従った鄭成功は、隆武帝より明朝の国姓である「朱」を賜り姓名鄭森を朱成功と改めたため、その後一般に国姓爺と呼称された。日本では江戸時代の1715年に初演された近松門左衛門作の人形浄瑠璃『国性爺合戦』によって全国的にその名が知られるようになった(主人公の「和藤内」が国姓爺即ち鄭成功である)。父の鄭芝龍は1646(順治2)年に清に降るが、鄭成功は終生明朝に臣従した。彼のことは17世紀以降東アジア海域に進出してきたオランダにも知られ、離散していた中国人を集め一大勢力を形成したと注目されていた。特に福建を中心とする海域において大きな勢力を保有しており、海上貿易を掌握していた。父の芝龍が清に降ってのちは成功は福建の厦門に拠点を置き、1655(順治12)年には現在の厦門の地を明朝復活の根拠地として「思明州」と名付け、中国沿海のみならず日本や東南アジア諸地域と海上貿易を行っていた。その貿易による利権が彼の反清活動の経済基盤であったと言われる。当時オランダ東インド会社は競争相手として鄭成功の活動を注視しており、1656・57年頃に鄭成功の貿易船が日本に来航し、また安海(福建省晋江市西南の臨海地域)のみ

ならず，カンボジア・タイ・ベトナム・マレー半島の諸地域と長崎を結ぶ貿易ルートを確保していたことを記録している。しかし，圧倒的軍事力を誇る清軍の前に，鄭成功は大陸の拠点を失い，1661(順治18)年末には台湾に移って反清活動を継続した。しかしその後半年たらずして彼は1662(康熙元)年5月に享年39歳で急死した。その志を継承するのが子供の鄭経である。清史稿224　　　（松浦　章）

ていせいしょ【定性書】　心を安定させる方策について張載がした質問に対する北宋の程顥の返書。正式には「答横渠張子厚先生書」(『程氏文集』2)。程顥の若い頃の書簡で，彼の思想の出発点を示す。程顥はここで「内外の両忘」を説き，自己の内心とその対象である外物の両方に対する意識を消すことで万物一体の心境が実現するとした。禅宗の影響を受けつつ，儒教の場での修養論を確立しようとした有名な文章である。　　　（土田　健次郎）

ていせん【鄭箋】　後漢の鄭玄による『詩経』の注釈。『毛詩箋』の通称。『毛伝』を注として重んじた鄭玄は，毛伝を少しく明らかにするという意味で「箋」と称した。鄭玄は三礼を中心に据えて儒教の体系化を図ったため，『詩経』(毛詩)を根拠として礼を説明する。また，漢の正統化のために『詩経』に唱われる始祖伝説を天の意図と結びつける所謂天人感応説を強調したこともその特徴である。
　　　　　　　　　　　　　　　　（牧角　悦子）

ていそんいせき【丁村遺跡】　山西省襄汾県丁村一帯にある旧石器時代の遺跡。1954年に中国科学院古脊椎動物古人類研究所等が調査・試掘し，汾河両岸11kmの範囲の第3段丘から11か所の旧石器地点と約2000点の旧石器が発見された。54100地点では3点の人類の歯の化石が，1976年の発掘でも人類頭頂部の化石が発見された。これらは丁村人と呼ばれ，当時は北京原人の段階と山頂洞人(現代型新人)の段階の間を埋める古代型新人(旧人)の標式遺跡として注目された。ほ乳動物化石については中期更新世後葉説や後期更新世前葉説があり，一致していない。54100地点の化石・石器包含層の絶対年代は，1980年代以降，ウラニウムシリーズ法で16～21万年前，アミノ酸法で約7万年前，ESR法で7～10万年前，古地磁気法でブレイク事件(ブリュンヌ正磁極期の中の約12万年前の逆磁極亜期)直上にあることから11～12万年前とそれぞれ測定され，後期更新世前葉説を支持する結果が多い。石器は1976年からの断続的発掘で出土した新資料を加えて検討すると，黒色白岩製を主体とし，ピック(三稜尖状器)や球形石器，クリーバーなどの

剝片素材の多様な大型重量石器が依然として存在し，華北地方北寄りの許家窯遺跡や周口店遺跡第15地点の小型剝片石器主体の状況と異なる。文献に裴文中『山西襄汾県丁村旧石器時代遺址発掘報告』(科学出版社，1958年)がある。　（佐川　正敏）

ていたいい【程大位】　1533(嘉靖12)～1606(万暦34)。明の数学者。休寧県(安徽省)の人。字は汝思，号は賓渠。明代には近世的商業の発達に伴って算盤が普及したが，その珠算算法を中心として基礎的な数学理論を集成し，『直指算法統宗』(1592年自序)及びその簡略版である『直指算法纂要』を著した。民間に広く流布したその二書を通じて中国及び日本の珠算文化の普及に大きな貢献を果たし，今日では珠算宗師・珠算鼻祖と称えられている。
　　　　　　　　　　　　　　　　（武田　時昌）

ていたんれい【程端礼】　1271(咸淳7)～1345(至正5)。元の儒学者。鄞県(浙江省)の人。字は敬叔，号は畏斎。朱子学者の史蒙卿に学び，学校や書院の教育職を歴任した。朱子学の教育理念に基づく『読書分年日程』を著し，この書は元明清に広く用いられた。ほかに『畏斎集』6巻の著がある。元史190　　　　　　　　　　　　（佐野　公治）

ていちょうこう【程長庚】　1811(嘉慶16)～80(光緒6)。清代，京劇早期の老生の名優。「京劇の鼻祖」とも称される。潜山(安徽省)の人。京劇の基礎である安徽徽班出身。父と北京に来て三慶班に加入した。以後，京劇のもう一つのルーツ湖北漢調や崑曲を融合し，さらに磨いて京劇の歌唱をより豊富にし様式化した。天性の美声と崑曲の発音・発声を参考にした精確な台詞回しと演唱で，張二奎・余三勝と共に19世紀中期の「老生三傑」といわれた。老生以外にも米応先の関公戯を発展させて紅生役もやるなど豊富な演目を持っていた。演技は型にはまらず人物をよく表現した。三慶班班主となった後に別の劇団も束ね，北京京劇界の重鎮となって廟主(劇界の責任者)を務めた。「站台」(開演前に女方を舞台に立たせ，客に選ばせて終演後酒席に侍らせる)などの陋習を廃止し，芸人の地位向上に努めた。同時に劇界の規則を厳しくしたが，その人徳で劇界の尊敬を受けた。また後進の指導にあたり，譚鑫培・孫菊仙・汪桂芬19世紀後期の「老生新三傑」を育てた。孫の程継先は小生役の名優。（吉川　良和）

ていていそ【程廷祚】　1691(康熙30)～1767(乾隆32)。清朝の学者。上元(江蘇省)の人。初名は黙。字は啓生。号は綿荘。または青溪居士とも号す。郷試を受け続けるが合格しなかった。もともと

顔李の学に親しみ，1720(康熙59)年，南京で李塨に直接師事する。学問は顔元を主とし，顧炎武・黄宗羲の考えをまじえ，きわめて博学であり，実用を主張したといわれる。議論が戴震と似ていることから，戴震への影響関係が注目されている。清史稿480
(滝野 邦雄)

ていてん【邸店】 唐宋時代の流通斡旋業。商品を保管する倉庫(邸)をもち，旅館・食堂を営むが店舗はもたない。唐代の商業は，都市に居住し店舗(肆・鋪)を構える坐賈と，産地から消費地へと商品を運ぶ客商(行商)，両者の商品取引を仲介する牙人の3者の活動によって営まれた。8世紀半ばごろから全国的に商品流通が発達し，客商に宿泊・飲食を提供し，取引の斡旋や委託販売，商品や貨幣の保管，車馬や船の賃貸，時には金融などを行う邸店が各地に生まれた。唐後半期には皇族・貴族や寺院・官僚のほか藩鎮も邸店を経営し，地方の富豪が営む邸店も増えた。五代から北宋にかけて商品流通はさらに大規模となり，客商・牙人・坐賈を仲介する邸店の機能がさらに高まった。北宋になると都市の商業とともに，産地・首都・西北辺境を結んで塩茶などの専売品を扱う客商の活動が活発となり，邸店は商品流通の結節点として重要な位置をしめた。
(島居 一康)

ていてんせん【鄭顛仙】 生没年不詳。明の画家。閩侯(福建省)の人。画中に捺される印から，名を文林，顛仙はその号であると推測されている。正徳から嘉靖年間(1506-66)頃，江南を中心に活動していたと考えられている。狂態邪学と評される浙派系の在野の画家。現存作品は，いずれも素早い肥痩のある墨線で形態を誇張して描いた奇狂な趣がある山水人物画である。代表作に『漁童吹笛図』(個人蔵)がある。
(伊藤 晴子)

ていど【丁度】 990(淳化元)〜1053(皇祐5)。北宋の音韻学者。祥符(河南省)の人。字は公雅。諡は文簡。大中祥符(1008-16)中，服勤詞学科に上り，大理(雲南省)の評事，通州(吉林省)の通判を務める。仁宗のとき京西転運使，翰林学士となる。1037(景祐4)年勅を奉じ『集韻』『礼部韻略』を編纂する。著作に『邇英聖覧』『亀鑑精義』などがある。宋史292
(片山 久美子)

ていどうしょう【鄭道昭】 ?〜516(熙平元)。北魏の書家。滎陽(河南省)の人。字は僖伯，号は中岳先生，諡は文恭。父の鄭羲は孝文帝のとき中書令となり，娘も帝の後宮に入れられた。当時，鄭氏は，范陽の盧氏，清河の崔氏，太原の王氏とともに「四姓」と称せられた。道昭は若くして学問を好み，群書を総覧して，好んで詩賦をつくった。官は国子祭酒，秘書監，滎陽邑中正となった。のち光州(山東省)，青州(山東省)の刺史となり，ふたたび秘書監として洛陽に帰って没した。鄭道昭が多くの作品を残したのは光州在任中のことである。雲峰山・太基山・天柱山に刻した摩崖は29種が挙げられる。代表作に『論経書詩』『鄭羲下碑』がある。清の考証学の勃興によって，嘉慶・道光年間(1796-1850)に発見された鄭書は，阮元・包世臣らによって推重され，北碑を習うものの宗とするところとなった。わが国にも楊守敬の啓蒙により，日下部鳴鶴・巌谷一六らに多大な影響を与えた。北史35
(大橋 修一)

ていとく【提督】 清の官職。明・清の文武官には，提督軍務・提督四夷館・提督学政など提督の名を冠した職務がいくつかあるが，一般に提督の呼称で通用しているのは，清の武官である提督軍務総兵官のこと。この名称は明にもあるが，臨時特設の官職名に過ぎなかった。清ではだいたい1省に1提督を置くが(巡撫が兼ねることもある)，水軍のために別に設けることもある。直属の軍である提標を指揮するほか，緑営兵を率いる総兵以下を統括し，自らは総督の指揮に従う。
(谷井 陽子)

ていとくき【鄭徳輝】 →鄭光祖

ていばく【程邈】 生没年不詳。下杜(陝西省)の人。字は，元岑。唐の張懐瓘『書断』上・隷書によれば，はじめ衙県(陝西省)の獄吏であったが，秦始皇帝の時，罪を犯して囚われ，獄中で大篆・小篆を改良して隷書を作って上奏し，その功績で御史に取り立てられたという。程邈を隷書の作者とする説は，六朝期の書論などに多見されるが，出土文字資料などから見て疑問とすべき点が多い。
(福田 哲之)

でいふう【泥封】 →封泥

ていふくほ【丁福保】 1874(同治13)〜1952。清末〜民国の学者・蔵書家。無錫(江蘇省)の人。字は仲祜，号は梅軒，また疇隠居士とも号した。上海で医学と日本語を学び，1909(宣統元)年には医師として日本の医学を視察するために来日。帰国後は日本の医書の翻訳にも力を入れた。医業のかたわら，古籍の整理出版も精力的に行い，その成果は『説文解字詁林』『全漢晋南北朝詩』『歴代詩話』『文選類詁』『一切経音義匯編』『道蔵精華録』など，きわめて幅広い。また，仏教者としても知られ，『丁

氏仏学叢書』や『仏教大辞典』などの編著がある。
（齋藤　希史）

ていほ【鄭簠】　1622（天啓2）〜92（康熙31）。清初の隷書家。上元（江蘇省）の人。字は汝器。号は谷口。周亮工と姻戚関係にあった。医術を家業とし，終生仕官することがなかった。若いころ宋珏（1576〜1632，福建莆田の人）に隷書を学んだことで，明人の隷書を離れ，漢碑を学ぶこと30年余りに及んだ。山東や河北の漢碑のすぐれた拓本を購求するためには，家財を惜しまず費やしたという。『鄭固碑』『史晨碑』『夏承碑』などを学び，最も力を得たのは『曹全碑』である。交友があった朱彝尊は，鄭簠の隷書を古今第一の隷書と賞賛する。包世臣もまた「逸品上」（『芸舟双楫』）に挙げる。帖学派全盛時代にあって，漢碑の学復興の端緒を開いた人として，また後の碑学派の隷書の展開を知る上でも重要な存在である。代表作に『謝霊運石室山詩軸』（北京，故宮博物院蔵）などがある。（河内　利治）

ていほう【邸報】　唐代の藩鎮が，長安の邸との間で政治情報を往来させたのが邸報の起こりであるが，印刷された一種の官報として普及するのは明末のことである。政府が発行するのではなく，報房とよばれる民間の業者が内閣から取材した上諭や上奏の内容，人事情報などをまとめて，内外の官僚に配送していた。清代には，「京報」とよばれ，複数の業者が，質や内容を異にする数種類のものを毎日発行した。同種のものに「諭摺彙存」がある。
（岩井　茂樹）

ていほん【底本】　既存の写本や刊本にもとづいて，新たに書写・刊行するときに，よりどころとした本のこと。日本では，定本と区別するために「そこほん」とよぶことが多い。書写した本は，転写本・重写本・重鈔本・移写本などという。しき写しなどによって底本を忠実に複製した写本を，影鈔本・影写本・模写本・臨写本・臨模本などという。宋元の古版を忠実に模写した本を，特に影宋鈔本・影元鈔本などという。これに対し底本にもとづき，板木を彫り刊行したものは，翻刻本・翻雕本・重刊本・重刻本などという。翻刻本・翻雕本の語は，原本をそのまま版下にしたり，薄葉紙等を用いてしき写ししたものなどを版下に用い，原本の版式や字様を元の通り忠実に覆製しようとした，いわゆる被せ彫りの本とは異なり，原本通りの版式・字様でない再刊本に用いる。また，底本にもとづき，新しく活字本にしたものも翻刻本ということがあるが，厳密には翻字本あるいは翻印本というべきものである。
（梶浦　晋）

ていもんしせんせい【程門四先生】　北宋における理学の定礎者である程顥・程頤兄弟の門人の中で両人に師事した4人の高弟のこと。4人とは，呂大臨・謝良佐・游酢・楊時をいう（『宋史』340・呂大防伝付呂大臨伝）。ただしこれは呂大臨顕彰の意図が含まれる文章での評価。程学の展開という思想史的観点からいえば，このうちの楊時と，程顥没後に程頤に師事した尹焞とが，南宋初まで長生して程学を南宋に伝えるのに貢献した。このことからすると，尹焞も高弟の列に並ぶのがふさわしい。
（市来　津由彦）

ていよう【定窯】　河北省曲陽県澗磁村一帯にある古窯で，宋代を代表する白磁の産地。開窯は隋までさかのぼるが，晩唐に邢窯白磁の影響を強く受けた本格的な白磁の生産を開始した。五代から北宋初期には刻花文が用いられるようになり，北宋中期には片切彫りによる流麗な施文が確立した。この時期に燃料が薪から石炭に変わり，釉色が純白から牙白色となり，次いで口縁を無釉にして輪状の窯道具をあてて焼成する伏せ焼き技法や，押型による印花施文技法が採用された。金代にも生産が盛んで，元代まで続いた。黒釉や褐釉磁，白磁銹花などもわずかに生産された。
（森　達也）

ていようでん【程瑤田】　1725（雍正3）〜1814（嘉慶19）。清の考証学者。字は易疇。徽州府歙県（安徽省）の人。46歳，挙人。72歳，孝廉方正。同郷の江永に学び，また戴震との交友も深く，学風にも共通するところがある。その特徴は工学・農学・河川工学・社会工学などに分類されるテーマを取り上げ，技術家精神の横溢する精密な考証を行う点にある。「宗法小記」「溝洫疆里小記」「九穀考」「考工創物小記」などが『通芸録』にまとめられている。清史稿481
（木下　鉄矢）

ていりょう【定陵】　明の神宗万暦帝朱翊鈞と孝端王皇后・孝靖皇后の合葬陵墓。明十三陵区内の大峪山下，長陵の神道を挟んで世宗嘉靖帝の永陵と向かい合う位置にある。宝頂（円墳）は山裾に築き，周囲に磚積みの宝城を巡らせる。宝城の前方には明楼・五供（石製の香炉1・燭台2・花瓶2）・欞星門・祾恩殿・祾恩門・重門・陵門・無字碑亭・三孔石橋が並ぶ。陵垣は2重に巡り，外側陵垣の規模は長さ617m，幅258m。陵園外には宰牲亭・司祭署・定陵監・神馬房などを付設。宝頂の地下約30mに築かれた墓室は全長87.34m，左右幅47.28m，床面積1195m²。金剛墻（墓門）・隧道券（羨道）・前殿・中殿が陵の主軸線上に連なり，後殿は中殿と直交してT字形に連接し，中殿の両側に

は左右配殿がある。各部屋はすべて石材でアーチをかけ、石門で仕切る。中殿の後部には神宗と二后の石座を品字状に配置し、それぞれに黄瑠璃の五供と青花油缸(長明灯)を添えていた。後殿の棺床には中央に神宗、左(北)に孝端皇后、右に孝靖皇后の棺槨が並ぶ。出土遺物は2648点にのぼり、紡織品も比較的良好に残っていた。　　　　(来村 多加史)

ていりょうこ【提梁壺】 器の上部に半弧を描く把手が付いた壺の類。南北朝頃から作例があり、唐になって盛んに用いられた。金銀製や銅製のものが大半をしめ、胴が丸々と張った球形に近い形をし、概して直径10cmに満たない小型になる。装飾があまりない質素な作りのものが多く、身辺において、菓子や薬剤、あるいは化粧料などを入れて用いたものと推測される。宋以降は、しだいに制作されなくなった。　　　　　　　　(松本 伸之)

ていわ【鄭和】 1371(洪武4)～1434(宣徳9)?。明初の宦官で武将。昆陽(雲南省)の人。姓は馬、名は和。三宝(三保)太監と通称される。彼の家は代々イスラム教徒で、先祖は西域出身といわれる。1382(洪武15)年、明軍が雲南を攻撃したときに捕虜となり、去勢されて北平(北京)に送られ燕王(後の永楽帝)に仕えた。靖難の変で武功があり、このため永楽帝は即位後、彼を内官監太監(宦官の最高官職)に抜擢し、鄭姓を賜った。

　彼の名を不朽にしたのは、艦船数十隻、兵卒2万数千人を率いて敢行された「鄭和の西洋下り」と呼ばれる南海遠征である。1405(永楽3)年を皮切りに27年間に都合7回実施された。宋元以来の海洋発展の最後を飾る大事業であり、訪問先は東南アジアからインド洋沿岸、果てはアラビアやアフリカ東海岸にまで及んだ。鄭和の使命は明の勅書をもたらし海外諸国に朝貢を促すことにあり、これに応えて60近い国が来貢して永楽の盛時を現出した。「大航海時代」に先立つこと約1世紀で、当時の中国の国力と造船技術のほどが知られる。

　この遠征は、永楽帝の行った積極的な対外政策の一環としてとらえる必要がある。永楽帝は父太祖朱元璋の方針を継承・発展させ、明を中心とした国際秩序の確立につとめた。南海遠征はそんな政治色の強いものであったため、永楽帝の死とともに中断し、鄭和も陸に上がって副都南京の守備に任命された。1431(宣徳6)年に最後の遠征が実施されて以後は、明の国力の衰退もあり、二度と計画されることはなかった。鄭和の最期も明らかではなく、後に南海遠征の記録も闇に葬られたため、大事業のわりに不明な点が多い。しかし後世にあたえた影響は大きく、遠征随行者の著した『瀛涯勝覧』『星槎勝覧』『西洋番国志』などを通じて、東南アジア方面の知識が豊富になり、当地の華僑が増加する契機ともなった。現在でも東南アジア各地に、鄭和を祭る三宝廟が残っている。明史304　　　(檀上 寛)

てきこう【剔紅】 彫漆の代表的なもので、木製あるいは金属製の器物の表面に朱漆を何層にも塗り重ね、最後に文様をレリーフ状に彫り表す技法。同様に黒漆を用いたものを剔黒、黄漆を用いたものを剔黄、緑漆を用いたものを剔緑という。日本において堆朱と呼ばれるものに相当するが、剔紅は、基本的に赤い漆のみを塗り重ねた彫漆をさす中国における技法用語であり、堆朱の語の含む範囲とは若干の相違がある。　　　　　(日高 薫)

てきさい【剔彩】 →彫彩漆

てきとくはん【的篤班】 →越劇

てつ【鉄】 化学元素の1つ。元素記号Fe、原子番号26、密度7.874g/cm³(20℃)。融点1535℃。モース硬度4.5。鉄は酸化物あるいは金属として古くから人類に利用された。鉄酸化物(Fe_2O_3が主成分)は赤い顔料として洞窟絵画などに旧石器時代から利用された。天然の金属鉄は極めて少ない。自然鉄の一種である隕鉄を使った製品として、中国では殷代後期(殷墟時代)に鉄歯青銅戈、鉄歯青銅鉞などが作られた。これら資料の歯部分には金属鉄が利用されており、ニッケル濃度の高いことが特徴である。金属鉄は青銅よりも強靭で、折れにくいため非常に有用であった。鉄の製法が中国中原地域へ伝来したのは前8世紀初頭といわれるが、新疆方面では前10世紀ともいわれている。鉄の精錬は鉄の酸化鉱物(赤鉄鉱・磁鉄鉱・褐鉄鉱など)を高温で炭素還元して行われる。精錬開始の初期には鉄の融点が高いので銅のようには融解できなかった。しかし鉄金属は炭素濃度が高くなると融点が下がり、また融点近くで流れ出すほど柔らかくなる性質が利用された。鉄は含まれる炭素量によって融点や強度が異なるので大きく3種類:銑鉄(炭素1.7%以上)、鋼(炭素1.7～0.04%)、錬鉄(炭素0.04%以下)に分けられる(炭素濃度範囲は文献で異なる)。炭素量の多い鉄は硬いが割れやすい。しかし融点が低いため鋳造に用いられる(鋳鉄)。炭素量が少なくなると鉄は粘性を増し、また融点も高くなる。炭素濃度の低い鋼は剣の刃部などに利用された。古代の鉄製品は一般的に鍛造という方法で作られた。鉄を暗赤色程度まで加熱し、何度も繰り返したくことで鉄中の炭素量、不純物量を制御した。この製法でできた鉄を鍛鉄と呼び、鋳鉄より均質で鬆が少な

い。強度を上げるために急冷操作(焼き入れ)を加えることがある。鉄に含まれる微量のチタンやバナジウムの量，あるいはヒ素やアンチモンの濃度の違いから，産地や製鉄技術などに関する情報が得られる。
(平尾 良光)

てつうんぞうき【鉄雲蔵亀】 清末の甲骨文拓本資料集。6冊。1903(光緒29)年刊。劉鶚(字は鉄雲)の撰。甲骨文を公刊した最初の本。王懿栄旧蔵の甲骨文1000余片をはじめ収集した5000余片から1058片を撰び収録した。しかし，早くも，僅かながら近人の偽作も混入している。序文で，甲骨文が殷人の刀筆文字で，卜辞であると判定し，車・馬・龍・虎・雨等の象形文字や，祖乙・祖辛・祖丁・母庚の祖先王・王妣名を検出している。出土地については骨董商の言のまま，「河南省湯陰県古牖里城」と記している。
(石田 千秋)

てつえ【鉄絵】 陶磁器の表面装飾技法のひとつで，酸化第二鉄で文様を描き，青磁釉ないし透明釉を施したもの。銹花・鉄彩ともいう。越窯では三国時代から東晋時代，南朝時代に青磁鉄絵の作例がある。青磁鉄絵は唐時代に長沙窯に見られる。宋時代になると吉州窯・磁州窯などのほか，広州西村窯・磁竈窯・徳化窯など諸窯でこの技法が使われている。
(出川 哲朗)

てつかいり【鉄拐李】 元の雑劇。岳伯川の作。役人岳寿は役所の実権を握り，仙人呂洞賓の出家の勧めも無視するが，変装した高官韓琦に専横ぶりを見られ，ショックで死ぬ。あの世で岳寿は閻王に断罪されるが，呂洞賓に救われる。遺体が焼かれていたため，足の悪い食肉処理業者李屠の体に再生した岳寿は，岳李両家の争いを見て悟りを開き，出家して八仙の一人鉄拐李になる。神仙劇ではあるが，役人の非道を詳細に描き，庶民生活を浮き彫りにした点に特色を持つ。
(小松 謙)

てっかんのんちゃ【鉄観音茶】 福建省安渓県原産の茶樹の品種。また，それで製造した烏龍茶。安渓鉄観音は，閩南(福建省南部)烏龍茶の雄であり，香港などでは，馬騮搣(広東語で猿が摘んだ意)の名で売られている。形は締まった濃い緑色の球状で，茶湯は黄金色を呈し，観音韻という特有の香味を持つ。台湾では，もと安渓から移入した木柵鉄観音が知られる。鉄観音の名は，茶樹を発見した茶農の魏蔭が観音を信仰しており，茶の外貌が鉄のようであったことから付けたといわれる。
(高橋 忠彦)

てっき【鉄器】 中国における初期の鉄器としては，殷から西周時代にかけて，青銅製の柄に鉄製の刃をはめた遺物が若干知られているが，いずれも隕石から得られた隕鉄である可能性が高いと指摘されている。

鉄鉱石から生産したと考えられる鉄製品で最古とされるものは，河南省三門峡市の上村嶺虢国墓地2001号墓(西周後期)で出土した短剣である。春秋時代中後期には，鍛造によって鉄剣や刀子が，鋳造によって容器などが造られたことが確認されている。戦国時代に入ると鉄器鋳造技術が発展し，鋤や鍬の類の農具が大量生産されるようになった。安価で丈夫な鉄製農具は耕地の拡大を容易にし，人口増大と社会構造変革の基礎となった。戦国時代後期になると鉄器鍛造技術が向上し，硬くかつ折れにくい鋼鉄が作られるようになり，鉄製の剣や甲冑が登場した。漢時代に入ると鉄製武器が一層発達し，前漢時代には鉄剣が青銅剣にとってかわり，後漢時代になると鉄剣よりも威力のある鉄製長刀が普及した。また漢代には日用の什器も鉄で作られるようになり，釜などの容器も陶製や青銅製からしだいに鉄製に代わるようになった。

考古学では，刃物の材質を基準に，過去を石器時代・青銅器時代・鉄器時代に三分する方法が広く用いられている。中国の場合，戦国時代が鉄器時代であることは多くの研究者が認めているが，それ以前の鉄器の資料がまだ少ないことと，鉄器の普及は漸次的であったと考えられることなどから，鉄器時代の開始時期に関する議論は活発ではない。
(谷 豊信)

てっきゅうえん【鉄弓縁】 →大英傑烈

てっきんきおん【摘錦奇音】 伝統演劇の演目の一幕を集めた選集。正式名称は『新刊徽板合像滾調楽府官腔摘錦奇音』。6巻。明の龔正我の編纂。『琵琶記』『会真記』『白兎記』など32種の演目から66の幕を選んで収めている。
(氷上 正)

てっきんどうけんろう【鉄琴銅剣楼】 清代の蔵書家，常熟(江蘇省)瞿氏の蔵書楼。その蔵書はほぼ19世紀前半(嘉慶，道光間)の瞿紹基・鏞父子のものだが，これより後もよく保存されて散佚せず，人民共和国成立の後には，善本のすべてが北京図書館に寄贈され，他は大半が常熟市図書館に入った。所蔵善本の内容を伝えるものに『鉄琴銅剣楼蔵書目録』『鉄琴銅剣楼宋金元本書影』があり，また『四部叢刊』中にも，瞿氏が蔵した善本を多く見ることができる。
(井上 進)

てっこうろく【輟耕録】 元の筆記。30巻。天文・地理・政治・制度・法律・人物・故実・宗教・文学・小説戯曲・文物・巻間の逸事など、あらゆる分野に及ぶ585条からなる。正確には『南村輟耕録』といい、南村とは著者陶宗儀の号。彼が松江(上海市)に隠棲していた折、樹蔭に休み樹葉を取ってそれに記事を書きつけたことに因んだ書名だと序はいう。本書は、著者みずからの見聞を記した条と、他文献からの引用とからなり、引用の多くは宋元の筆記から取ったものと見てよいが、その情報源が判明しない記事も多く、中には巻頭の大元宗室世系、氏族、宮闕制度など元史研究に必要不可欠なもの、金院本の条のように戯曲小説研究に必要不可欠なものも含まれる。このほか、本書は一介の隠者が知り得べくもない記事に満ちており、宋金元の歴史・文化を知る重要な資料になっている。津逮秘書本と四部叢刊三編本とがある。 （高橋 文治）

てつちょうそう【綴葉装】 日本で発達した装法で、片面または両面書写の紙葉を半折して、折り目を1枚1枚糊づけして冊子にした粘葉装に改良を加え、紙葉数枚を1束とし、数束を重ねあわせて、糸で折り目を括るもの。「列帖装」「列葉装」も同じ意。「ていようそう」「てつようそう」とも言う。糸穴は4箇所で、表紙は前後2枚を、1cm程、束を包むように折り込み、ともに綴じる。糊づけの粘葉装も糸とじの綴葉装も、袋綴じでない所は中国の蝴蝶装に似ている。綴葉装は和歌や物語などに各時代を通じて広く用いられた。 （高橋 智）

てつはくきゅう【綴白裘】 清代の崑劇や地方劇を含んだ上演に供された台本集。明末から清の乾隆(1736-95)中期まで、流行演目に合わせて改編・増補した。書名は「百(白)狐の脇の下を取って綴り裘(皮衣)にした」(李宸序)意味だという。即ち、全劇のうち精彩ある場の台本を取って集めた選集。崑劇が通しで上演しなくなった時代背景を映している。現存最古の『綴白裘合選』4巻8冊は、1688(康熙27)年の序があり、序文に明代末期の醒斎編の『綴白裘』を補足して39劇85場の崑劇台本とし、南京の翼聖堂から出版したというから、明版に基づいていると見なされている。次に古い1739(乾隆4)年序の『新刻校正点板崑腔雑劇綴白裘全集』は36劇120場の同じく崑劇台本集である。翼聖堂本との比較で約50年間の崑劇演目の推移がわかる。現行本の基になったのは玩花主人の旧本を銭徳蒼が増補改訂した『時興雅調綴白裘新集初編』で、1764(乾隆29)年に上梓した。12集48巻で、銭が蘇州(江蘇省)で自らの宝仁堂から出した。これ以後増補を重ね、1774(乾隆39)年には、勃興してきた地方劇専門の『綴白裘梆子腔十一集外編』を入れ、それまでの12編を合訂本にした。「銭本」という。特徴は原作を舞台用に改編した上演台本であること、初編から崑劇以外に各編とも地方劇の台本を載せたことである。銭本は毎編4巻で全48巻、崑劇の台本が87劇438場、地方劇は西秦腔・高腔・乱弾腔・梆子腔などの劇種の59場を収録している。1777(乾隆42)年には、『重訂綴白裘全編』が四教堂より出され、銭本の「編」を「集」に、「風調雨順」等の集名を廃して「巻」を数とするなど体裁を単純にし、さらに作品の取捨選択をしたほか、銭本の「梆子腔」をすべて「雑劇」と改名した。綴白裘は後世上演される多くの演目を含み、特に地方劇の台本は清初から乾隆までの劇種を研究する上で極めて貴重な史料である。 （吉川 良和）

てつろうざん【鉄籠山】 →帝王珠

デュ・アルド　Jean-Baptiste Du Halde 1674～1743。フランスのイエズス会士。パリに生まれパリに没す。1692年、イエズス会に入会。書記の役職上、1709年、北京滞在の宣教師からの手紙のコレクション『ためになり好奇心をそそる手紙』の監修者となる(この出版自体は1702年より始まる)。それをもとに、さらに全4巻の『中国帝国と中国韃靼の地理、歴史、年代学、政治、自然の叙述』(1735年)を編纂、出版。ルイ15世へ献上する。これは当時、中国に関する百科事典の役割を果たす。彼自身は中国も中国語も知らなかった。 （門田 眞知子）

デルベ・ド・サンドニ　Léon, le marquis d'Hervey de Saint-Denys 1822～92。フランスの中国学者。1870年、ジュリアンを襲ってコレージュ・ド・フランスの教授となる。父は男爵。36歳のとき侯爵であった伯父が死に、伯父の称号を受け継ぐ。以来、「マルキ・デルベ・ド・サンドニ」を名乗る。フランスで初めて原詩からの訳詩集《Poésie de l'époque des Thang(唐詩)》を出版(アミオ社、1862年)。序文に相当する「中国人における詩法と韻律法」(全103頁)では、中国詩の韻律法などを解説する。夢研究家としても有名でフロイトやブルトンも彼に興味を示した。 （門田 眞知子）

てん【天】 地上のあらゆるものを覆う広大な空間、およびそれに対して人間が抱く宗教的・哲学的・科学的な認識・観念を言う。

天の観念は周代に発生した。周代における天は善なる意志を持つ人格神であり、周王は主宰者である天から命を受けて天下を統治する天の子(天子)と

された。天は周王の権威の根拠であったが、王はつねに天の意向に沿った政治を行わなければならず、もし天の意志に背けばその譴告（日食・地震・旱魃・水害・火災など）を受けるとされていた（天譴論）。そのため、天を祭る郊祀は為政者のみが行いうる特権であると同時に、為政者が行わなければならない義務でもあった。

周代の天観は、春秋戦国時代になると諸子百家によって各方面に分化・展開させられていった。儒家では、天命といった逃れえない運命を支配する一面と、善を志向するその道徳面とが強調され、孔子は「自分に不正があれば天が見捨てるだろう」（『論語』雍也）といったが、荀子は天を自然、人を人為の意味であると見なし、天が人を制約することを認めつつも、逆に人の能力だけがなしうる天の及ばない領域のあることを主張したため、「天の運行は一定不変である」（『荀子』天論）として天の理法（法則性）を強調することとなった。墨家は、人格神的な天観を継承し「天は正義を欲し不義を嫌う」（『墨子』天志上）とし、天が為政者の政治の是非に対して賞罰を下すと主張している。道家は「天地は無為であるが、どんなことをも為し遂げる」（『荘子』至楽）として、天を人為の対極としてとらえ、それに世界の根源者である道の超越的・絶対的性格を付与した。

以上のような春秋戦国時代のさまざまな天観は、前漢時代武帝期の儒家、董仲舒によって総合された。董仲舒は、天は主宰者的意志を持ち為政者に賞罰を下すとする一方で、自然法則的な理法の天も否定せず、後者を人が天の意志をはかるための指標としてその理論体系の中に組みこんだ。人は天の陰陽に感応して働く小宇宙であると考える董仲舒の天人相関説は、その後、前漢・後漢時代を通じて広く社会に浸透していった。後漢時代の王充は「天道は自然であり、無為である」（『論衡』譴告）として天の人為への干渉を否定し、万物の自律性・自発性に重点を置いたが、その思想は当時は主流となることはできなかった。しかし、三国魏の王弼が「天地は自然によっており為すことも作ることもしない」（『老子注』第5章）というように、魏・晋時代に流行した玄学では天の道徳性・人格性が否定された。

唐代の柳宗元は、天地は気で作られた容器に過ぎず、人に対して賞罰を下す能力はないと断じ（『天説』）、劉禹錫は、天と人との間には区別もあるが同時に関わるところもあるとして、万物を貫く理を把握して人為に携わることにより人は天に勝つこともできるとしている（『天論』）。宋代に至って程顥は「天とは理のことである」（『二程遺書』巻11）と唱え、朱熹（朱子）は天を運行・生成する自然的天、社会秩序を司る倫理的天、そのようにさせる主宰者的天など多義的にとらえ体系化した。朱子によって体系化された天は結局のところ自然の理であるが、同時に人を知り、親に仕え、身を修めるための基本でもあった。このような朱子の天観は、それ以降の中国伝統社会の天観に大きな影響を与えることになった。

（池田 知久／渡邉 大）

てん【奠】 喪礼において、死者が没してから埋葬するまでの、死者に供物を捧げる行為の呼称。『礼記』檀弓下につけられた孔穎達の疏によれば、尸がいない段階では供物を直接地面に置く（「奠」）ので、こう呼ばれるのだとする。埋葬後は虞と呼ばれるようになる。また、喪礼にかぎらず、酒と食物を捧げる祭りを広く指す用法もある。そのうちの、孔子への祭祀儀礼を「釈奠」と呼ぶ。

（小島 毅）

てん【滇】 雲南地方の古代民族・国家。現在は雲南省の略称として用いられる。その民族系統には諸説ある。中心は現在の滇池東南部。『史記』は戦国時代に楚の将軍荘蹻がこの地に入り王となったという伝説を載せる。前漢武帝のとき、張騫の進言によりインド方面へのルートを通じる目的でこの地を攻略、滇王は漢のために西へ使者を送ったが、雲南西部の昆明に阻まれ目的を果たすことはできなかった。のち滇王は降伏してその地に益州郡が置かれた（前109年）。1950年代に雲南省の晋寧石寨山古墓群から出土した蛇紐金印（滇王之印）は武帝が滇王に賜わったものとされる。独特の青銅器文化には東南沿海地方の文化の影響とともに北方遊牧文化の影響も見られ、この地方が古くから交通・交易の要衝であったことを反映している。滇国は前漢末には滅びたらしく、次第に漢人・漢文化の流入が進み、後漢ごろからは墓葬・遺物も漢式のものが中心となる。

（林 謙一郎）

でん【伝】 →経・伝

でん【鈿】 金や銀、珠玉などで作った花型の髪飾り。『中華古今注』に、隋の煬帝の宮人が「鈿頭の釵子」を挿していたとある。『隋書』礼儀志に「皇后の褘衣は十二鈿、三妃、皇太子妃などの褕翟は身分に応じて九鈿、八鈿、七鈿、闕翟は六鈿または五鈿」とされている「鈿釵礼衣」は唐代の皇后や皇太子妃の燕見賓客の服であり、内命婦の常参、外命婦の朝参、辞見、礼会の服である。その髪飾りは皇后は十二鈿、皇太子妃は九鈿、命婦は一品九鈿、二品八鈿、三品七鈿、四品六鈿、五品五鈿と定められていた。

（相川 佳予子）

てんいちかく【天一閣】

明の范欽の蔵書と書庫。寧波(浙江省)に現存。范欽は明の1532(嘉靖11)年の進士、官は兵部右侍郎に至る。同郷の豊坊の蔵書を基礎に蒐書に努め、生地の鄞県(寧波)に二層の蔵書楼を建てて保存した。天一の名は、『易経』鄭玄注の「天一、水を生ず」に由来する。建物は周囲に池をめぐらすなど火災に配慮し、清朝は『四庫全書』を収める建物の建造に際して参考としている。范欽は、死後についても、分家が揃わないと開庫しない、閣外への持ち出しや他氏の登楼の禁止などを厳しく定め、管理に努めた。『四庫全書』編纂時には、602部、8000余巻を乾隆帝に差し出し、19世紀初めで4094種が目録に載る。以後、アヘン戦争の英国軍や、太平天国軍などの被害を受けたが、中華人民共和国の成立直後で、1852部、2万7000余巻が現存。蔵書の多くが稀覯の書で、とくに明刊地方志と、明代の登科録に富み、『天一閣蔵明代地方志選刊』『天一閣蔵明代科挙録選刊』などがある。　　　　　　　　　　　(森田 憲司)

てんうか【天雨花】

清の長編弾詞。30回。1651(順治8)年の「梁渓陶貞懐自叙」があり、作者は梁渓(江蘇省無錫)の女性作家陶貞懐とされるが、他にも諸説がある。明末の万暦年間から崇禎年間にかけて(1573-1644)の時代が舞台。主人公左維明は文武にすぐれる忠節の士で、万暦帝の鄭貴妃の兄鄭国泰、天啓帝の宦官魏忠賢らの権臣と対立し、最後に明の滅亡に殉ずる。『紅楼夢』と並べて「南花北夢」とする評価もあった。　　(大木 康)

てんえん【天演】

evolutionの訳語。T.H.ハクスレーの《Evolution and Ethics》の翻訳である『天演論』(1898年正式出版)において厳復が使用、同書の流行に伴い「物競(生存競争)」「天択(自然淘汰)」などの訳語とともに一般に流布。しかし、その後、梁啓超や留学生による日本経由の西洋思想紹介が活発化すると、西洋の概念の訳語も次第に日本製のものが多く定着、evolutionを指す語としても「天演」よりも「進化」が多用されるようになった。　　　　　　　　　　　　　　(高柳 信夫)

てんおうのいん【滇王之印】

1956年、雲南省晋寧県石寨山の古墓発掘中に発見された「滇王之印」4字の印文をもつ金印。印面は約2.4cm四方、90g、蛇鈕。『史記』西南夷列伝に、前109(元封2)年、漢の武帝の出兵に滇王が降伏したため「滇王」の王印を賜った、との記事と合致した。科学的な発掘品であるだけに、とかく偽作説のつきまとう漢委奴国王印と酷似する当印は、偽作説への一反証として注目された。　　　(松丸 道雄)

でんおんかいじ【伝音快字】

1896(光緒22)年、蔡錫勇により作られた速記文字。米国視察中に速記文字の優れた点を知り、それをきっかけに北京語音を標準とする速記として考案した。8方向の弧と線の方向・太さで24の声母を、小さな弧や線・点で32の韻母を表し、声母・韻母をあわせて1音を、2つの筆画で1字を構成する。リンズレーの速記式に倣ったとする。蔡錫勇は伝音快字を速記のみに限定させず、常用文字としての使用を目指した。
　　　　　　　　　　　　　　(三木 夏華)

てんか【天下】

『礼記』曲礼下「天下に君たるときは天子と曰う」の鄭玄注に「天下とは外四海に及ぶまでを謂うなり」とある如く、古典文献では中華思想のもとで、天の下の諸国、すなわち世界の意に用いられる。甲骨文には、「天下」に先立つ同じ概念として「四方」「四国」「四海」がある。「天下」は、西周以後、天命思想の発展とともに生じたものであり、周初に見られるあまねく広い天を意味する「敷天」「溥天」という観念が、地上世界を「天」に対して「下土」「下土方」「下地」「下民」という下地視する観念と結合した結果(『詩経』小雅・北山「溥天之下」)、生じた概念である。
　　　　　　　　　　　　　　(山辺 進)

でんか【田何】

生没年不詳。前漢の学者。斉の菑川(山東省)の人。字は子荘。一説に荘漢。孔子が易を商瞿に伝えてより、6世にして田何に至るという。秦朝以来の学者で、漢が興起してから、斉の田氏として杜陵に移り、杜田生と号し、易を東武の王同、洛陽の周王孫・丁寛、斉の服生に伝授した。なお、西晋の皇甫謐『高士伝』には「漢の恵帝は親らその廬に幸して業を受けたり」という。漢初の易学は田何に始まる。史記67・121,漢書88・30
　　　　　　　　　　　　　　(近藤 浩之)

てんがくしょかん【天学初函】

明末の科学と教理の叢書。李之藻が編集し、1628(崇禎元)年に刊刻された翻訳編著。理編と器編の2編、それぞれ10種よりなる。理編にはキリストの教理および地理にかかわる論著、器編には数学・天文学・水利学など科学技術にかかわる訳書が含まれる。理編には『西学凡』『天主実義』『職方外紀』など、また器編には『泰西水法』『渾蓋通憲図説』『同文算指前編』『同文算指通編』『幾何原本』『天問略』など、クラヴィウスの数学や天文学の注釈書や論著の編訳を含んでいる。　　　(橋本 敬造)

でんかくだいがくし【殿閣大学士】

官名。殿閣名を帯びた大学士。708(景龍2)年、唐に始ま

る。明の洪武帝は中書省と丞相を廃止し，1382(洪武15)年に宋制にならい華蓋殿・謹身殿・武英殿・文華殿・文淵閣・東閣に大学士を設けた。当初は官秩5品の顧問官に過ぎなかった。1402(建文4)年に永楽帝が内閣制度を始めると，閣臣に殿閣大学士の肩書きが加えられた。やがて政務全般を統べるようになり，事実上の宰相へと性格を変える。清も明制を承け，閣臣が殿閣名を帯びたが，清初の一時期を除き実権は軍機処に移った。 （櫻井 俊郎）

てんかぐんこくりへいしょ【天下郡国利病書】 明末清初の一種の歴史地理書。もとは不分巻(後人の手で120巻に分かつ)。清の顧炎武撰。各地の地方志をはじめ多くの史書などから政治の利害にかかわる記事を抜粋，各省府県別に配列したもの。現実の政治・経済に役立つという立場から編纂されている。ただ原本からそのままの引用が多いので，原本がある場合には原本を見なくてはならない。しかし日本には現存しない地方志で，本書によってのみ見ることができる記事も多いので貴重である。『四部叢刊三編』所収のものがテキストとしては最良で，これの影印本が流布している。 （谷口 規矩雄）

てんかんしふく【天官賜福】 伝統演劇の公演の最初に半ば儀礼的に上演される，めでたい演目。『大賜福』とも。登場人物は道教の神々で，内容は，天帝の命令を受けた賜福天官が，地上に幸福をもたらすため，禄寿二星や五財神をともなって降臨し，ついで八仙もやって来て瑞祥を献じ，最後はみなで天に帰る，というもの。崑曲・京劇・川劇・秦腔・粤劇・漢劇・徽劇・滇劇・同州梆子・河北梆子など各地の地方劇に広く分布するが，内容は劇種や時代によって多少の出入りがある。 （加藤 徹）

でんき【伝奇】 ①晩唐の小説集。原書3巻。裴鉶の撰。裴鉶は咸通(860-874)・乾符(874-879)年間ごろの人。878(乾符5)年に成都節度使副使，御史大夫となる。本書は，866(咸通7)年ごろ静海軍節度使高駢の書記官をしていたときに撰したという。原書は散逸し，現在，周楞伽輯注本(上海古籍出版社，1980年)に31話を輯佚する。「元柳二公」などの道教的色彩を帯びた神仙に関する話，「崑崙奴」「聶隠娘」などの豪俠小説，藍橋での神女との出会いで有名な「裴航」などの人神恋愛小説をはじめ虚構性に富む作品が多く，後世の戯曲・小説に大きな影響を与えた。
②唐代小説の総称。六朝の怪異を記録したものを「志怪小説」と呼ぶのに対して，唐代の意識的に怪異を創作した作品を「伝奇小説」という。「伝奇」の名は，裴鉶の撰した小説集『伝奇』に始まるが，宋代の説話人が唐代の「鶯鶯伝」「李娃伝」などの恋愛小説を題材として語った一ジャンルを「伝奇」と呼び(『酔翁談録』)，明の胡応麟も同類の唐代小説を「伝奇」と名付け(『少室山房筆叢』)，魯迅がそれ以外の「枕中記」「任氏伝」「李章武伝」「虬髯客伝」などの意識的に創作された夢・動物・幽鬼・豪俠等に関する怪異譚も含めて「唐の伝奇文」と称して(『中国小説史略』)以後，その呼称が一般化した。魯迅は，宋代の「楊太真外伝」「流紅記」なども併せて45作品を収録した『唐宋伝奇集』を編纂している。
③宋の諸宮調(歌曲に合わせて歌い語るもの，元曲の先声という)，元の雑劇，明の中期以後に盛行した「琵琶記」「牡丹亭」などの長編の南曲なども「伝奇」と称される。明の戯曲を集めた『伝奇四十種』(宮内庁書陵部蔵)，清の李漁の編集した戯曲集『伝奇八種』など「伝奇」の名で戯曲を収集したものもある。久保天随『支那戯曲研究』(弘道館，1928年)，青木正児『支那近世戯曲史』(弘文堂，1930年)，鄭振鐸『中国俗文学史』(商務印書館，1938年)，胡士瑩『話本小説概論』(中華書局，1980年)に詳しい。 （富永 一登）

でんきしょうせつ【伝奇小説】 →伝奇

でんぎょうだいし【伝教大師】 →最澄

てんきょうはっかい【天橋八怪】 北京の天橋で清末から民国期にかけて人気を博した大道芸人の総称。老舎の話劇『龍鬚溝』の舞台ともなった天橋は，清末以来，天津の三不管と並んで大道芸のメッカであった。天橋八怪がどのような芸人たちを指すのかについては諸説があるが，民国期に天橋を調査した張次渓はこれを義和団事件期(1900年頃)，辛亥革命期(1912年頃)，30～40年代の三期に分け，義和団事件期の八怪に窮不怕・醋溺膏・韓麻子・盆禿子・田瘸子・醜孫子・鼻嗡子・常傻子，辛亥革命期に耍蛤蟆教書的老頭児・老雲裏飛・花狗熊・耍金鐘的・傻王・趙瘸子・志真和尚・程傻子，30～40年代に雲裏飛・大金牙・焦徳海・大兵黄・沈三・蹭油的・拐子頂磚・賽活驢を挙げている。芸の種類としては相声(窮不怕・醋溺膏・韓麻子・醜孫子・焦徳海)，滑稽京劇(老雲裏飛・雲裏飛)，武術・軽業(田瘸子・常傻子・傻王・趙瘸子・志真和尚・沈三・拐子頂磚・賽活驢)，動物使い(耍蛤蟆教書的老頭児・程傻子)，のぞきからくり(大金牙)などがある。 （鈴木 靖）

てんぎょく【瑱玉】 目・耳・鼻・口・肛

門・陰部など遺体の孔に詰める玉の総称で，漢時代に盛行した。これらを塞玉と総称し，丸い棒状の耳栓を耳璫ないし瑱と呼ぶ説もある。この他，簪から耳の横に垂らす装身用玉器とする説もある。いずれにせよ，考古学用語としての瑱玉は第一の意味を指すのが通例である。瑱玉を遺体の孔に詰めることで，生気を体内に留め，同時に体内に流入する悪い外気を遮断して，遺体の保全を図ったと考えられる。　　　　　　　　　　　　　　　（川村 佳男）

てんけいあかえ【天啓赤絵】　明時代末期，天啓年間(1621-27)を中心に，江西省の景徳鎮民窯で焼造された五彩磁器。わが国で「古染付」と呼ばれる青花磁器と同時期の製品で，それに赤・緑・黄などの上絵付(赤絵)が加えられたものを称している。胎の厚い粗製の白磁に，絵文様が自由奔放に描かれているのが特徴。製品の多くは日本の茶人からの注文品と考えられており，器種は一般使用のための碗や中皿をはじめ，鉢・向付・火入・蓋置・徳利など多岐にわたる。　　　　（長谷川 祥子）

てんけいこ【天鶏壺】　東晋から初唐にかけて主に中国南部で作られた鶏頭形の注口と龍頭形の把手をもつ水注形の明器の日本での呼び名。中国では鶏首壺または鶏頭壺と呼ぶ。三国から西晋に江南で作られた，胴に鶏頭と尾が付けられた青磁盤口壺から発展し，東晋代に龍頭形の把手が付く形態が確立する。初期には青磁と黒釉磁の2種がある。時代が下がるにつれて大形化し，注口の穴がなくなることなどから，実用器ではなく明器と考えられる。華北でも北朝北魏後期から青磁天鶏壺が作られるようになり，北斉には黄釉陶，隋・初唐には白磁のものも見られる。　　　　　　　　　　　　（森 達也）

てんけいすうていりょうちょういし【天啓崇禎両朝遺詩】　明末の二つの時期の詩の選集。10巻。明の遺臣陳済生(字は皇士，蘇州の人)の編。1655(順治12)年に成り，刊行された。選詩の対象は，この時期の特に三つの艱難に節義を貫いた人たち，すなわち1625(天啓5)〜26(同6)年に宦官魏忠賢の圧政の犠牲となった東林党の人士，1644(崇禎17)年の明王朝滅亡の際に殉死した人々，および清王朝の支配に各地で抵抗した遺民たちである。目録には691人を載せるが実際に詩が採られているのは286人であるなど，整合性に欠けるところがある。巻末に各詩人の小伝を付する。　（松村 昂）

てんけいりゅうざんぶんか【典型龍山文化】
→山東龍山文化

てんけいわくもん【天経或問】　清初の天文書。前集・後集よりなる。游芸(字は子六，建寧〔福建省〕の人)撰。1730(享保15)年の和刻本があり，1671(康熙10)年の後序を付す。前集は天文現象，日月五惑星の運行，日・月食や気象現象についての問答体の解説書。後集は前集の議論を敷衍したもの。游芸はイタリア人宣教師ウルシス(熊三抜)に学び，この書では中国古来の天文説と西洋天文学の知識に基づいて諸事象を記述している。江戸期の日本で広く読まれ，その天文学の展開に大きな影響を与えた。　　　　　　　　　　（橋本 敬造）

てんげき【滇劇】　伝統演劇の劇種名。ほぼ雲南省の全域に分布する。絲弦腔・襄陽腔・胡琴腔という3つの異なる板腔体の声腔からなっており，いずれも清代中頃に他省から流入してきた。役者は「三大調」と呼んでいる。絲弦腔は，秦腔に源し，ナツメの拍子木でリズムを刻み激しい感情表現を得意とするが，濃やかな表現力にも富み，滇梆子と呼ばれる。滇劇を代表する声腔である。襄陽腔は楚調(西皮)が伝わったもの。他の劇種の西皮と異なり，明るくユーモラスな感触があり，滇劇の喜劇はおおむね襄陽腔を用いる。胡琴腔は徽調の二簧が伝わったものであるが，独特の形態変化もある(歌いだしに用いる倒板が崑曲を吸収して崑倒板を形成するなど)。この3つの声腔と地元の小歌が溶け合い一つの劇種を形成したのは，道光年間(1821-50)のことと考えられ，当時すでに祥泰班のような有力な劇団が存在した。光緒(1875-1908)初年には，泰洪班・福寿班・福昇班・慶寿班の四大劇団が活躍した。代表的な演目に『闖宮』『送京娘』『打瓜招親』など。　　　　　　　　　　　　　（松浦 恆雄）

てんげんじゅつ【天元術】　中国古代の数字高次方程式の機械的作成法のこと。籌算(算籌〔算木〕の数学)の技法の一種。13世紀金末元初に発明された。現存する資料にもとづくかぎり，天元術を系統的に述べた算書は，李冶の『測円海鏡』12巻と『益古演段』3巻が最も古い。命名の由来は「天元一を立て」，独自の代数記法に則って高次方程式を導き出すところにある。「天元一を立てて某と為す」とは，某＝x(未知数)とすることであり，天元術は現在われわれが未知数xを用いて方程式を作る方法と基本的に等しい。ただ算式は各項の係数と定数項の数値のみを記す点が，現行代数法と同じでない。例えば$2x^3+3x^2-81=0$には4種の記法があり(次ページの図参照)，(1)(2)は『測円海鏡』，(3)(4)は『益古演段』の用法である。天元術はやがて4元まで拡張され，四元術となった。

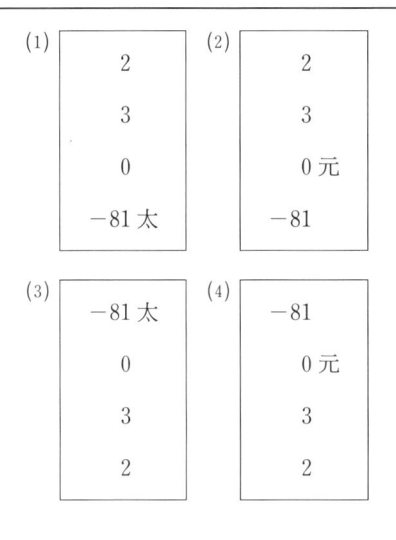

(1) 2 / 3 / 0 / −81 太	(2) 2 / 3 / 0 元 / −81
(3) −81 太 / 0 / 3 / 2	(4) −81 / 0 元 / 3 / 2

(川原 秀城)

てんけんろん【天譴論】 天子が失政をしたら，天が日食・地震・火災・洪水・旱魃などの災害・異変を下して警告・譴責を与え（災異），なお改善されない場合には，その天子を戴く王朝が滅亡するという政治思想。周代に生まれ，墨子学派にも継承された。前漢の董仲舒が陰陽説で理論づけを行って以来，漢一代を通じて特に盛んに唱えられた。本来は君主権の放埒な伸張を抑制するために考え出されたものであるとの説があるが，実際には天子の側近にいて政治を壟断する権臣や外戚を批判するための論理として機能した側面が強い。 （影山 輝國）

てんこ【典故】 典故とは，文学の創作に際して古典の言葉や古人の故事を引いて，その概念を類型化して自らの主張を叙述することである。「文章は学に由るも，能は天資に在り，才は内自り発し，学は外を以て成る」（『文心雕龍』事類篇）と言うように，才能と学識が調和してこそ文学作品は成功作となる。学識に裏打ちされた典故の使用は中国古典文学創作には本質的に欠かすことができないものであった。それ故，この極めて技巧的な修辞法は，六朝に栄えた駢文には欠くことのできない条件となったばかりではなく，本来は駢文に反対する立場であった古文に於ても脈々と受け継がれてきたのである。典故は，古い書物や事実の中から，ふさわしいものを選び出して使用するものであるが，この「古い」という観念を持つためには，歴史としてある程度熟成する期間が必要となる。 （坂内 千里）

てんご【転語】 音声変化の結果，ある語から派生して意味の似た語がつくられること。語転・声転・語声転などともいう。『方言』巻3に見える「蘇，芥，草也」に対して，晋の郭璞はすでに「蘇は猶蘆のごとし。語転なり」といい，この概念による説明をしている。清朝訓詁学ではこの概念を洗練させることで，語源研究に大きな進歩がもたらされた。戴震は『転語二十章』（序のみ現存）を著し，語の派生に一貫した法則を見いだそうとした。また王念孫の『広雅疏証』，郝懿行の『爾雅義疏』などの著作はみな転語の概念を用いて成果を挙げている。
（高田 時雄）

でんこ【佃戸】 中国の小作農の一般的な呼称。佃客ともいい，西晋時代に初めて豪族の荘園の労働者として登場し，唐代初期の吐魯番（トルファン）地方にも口分田を小作する佃戸が見える。小作で生計を立てる佃戸が普及したのは土地所有と土地売買が公認された両税法の施行以後である。両税法では土地を所有する主戸が税役を負担したため，零細な所有地で税役負担に苦しむ下層の主戸の多くは一部または全部の土地を手放し，地主との間に小作契約を結び，佃戸となって生計を立てた。土地をもたない客戸や雇傭人も佃戸となったので，一部地域には土地とともに売買される佃戸や，「主僕の分あり」として裁判などで地主の下位におかれる佃戸もあった。西欧の農奴は被支配身分として領主に隷属したが，中国の佃戸と地主との関係は土地の貸借にもとづく個別の経済関係にすぎなかった。小作農としての佃戸は元・明・清を経て民国時代まで広く存在し，しばしば地主に対し連帯して小作料の減免を要求した。 （島居 一康）

てんこうかいぶつ【天工開物】 明代最末期の1637（崇禎10）年，宋応星によって著された技術書。全3巻。書名は，人間の技術は天工（自然）をもとに成り立つという意。内容は，穀物栽培・衣服・染色・収穫加工・製塩・製糖・製陶・鋳造・舟車・鍛造・焙焼・製油・製紙・精錬・兵器・朱墨・醸造・珠玉の18部門よりなり，明末に産業が発達した江南地方の社会情勢を反映した著作。必要な生産技術をほぼ網羅した著者の見聞にもとづく詳細で実証的な記述で，豊富な挿図を併載するのが特色。日本でも1771（明和8）年に和刻本が出版されて広く読まれた。 （田中 淡）

てんこく【篆刻】 書道の分野の一つ。篆書を刻す，すなわち篆書を印材に刻み込み，印章を制作し，押印することによって成立する芸術である。刻す刃物を印刀，また鉄筆と称し，鉄筆により筆意をともなって文字を刻むことから書道の一分野とされ，日常の印判（俗にいうハンコ）とは区別する。

篆刻という語は，前漢の揚雄の著した『法言』に「童子は雕蟲篆刻す，俄かにして曰く，壮夫は為

さざなるなり」とあるのが初出である。ただしここでいう篆刻は，現在のような刻印の意味ではなく，彫琢の意であり，「雕蟲(彫虫)篆刻」は詩文の字句をかざりたてることをいう。唐代には，篆書を金石に刻すことを篆刻といったとされるが，この語が多く見られるのは明末以後で，「文彭・文嘉，並びに篆刻を工みにす」(『明史』文苑伝)などと用いられている。

印章の歴史は春秋戦国時代まで遡るが，篆刻史は明代に石印材が工夫されたことによって始まる。元末明初の画家王冕が，青田花乳石を初めて印材として用いたという。これ以前は，主として金属による鋳造印であったり，牙・玉などの硬質な印材を用いて，職業的専門家によって印章は制作された。その用途も，現在の実印に近い，信用の証，身分役職の証明などが中心であった。これに対し，明代，比較的軟質の石印材が使用されるようになって以降，誰にでも刻せることから，宋元時代には専門家が刻していた書画の落款印などを，文人達が好んで刻すようになった。さらに，詩句成語などを刻して，篆刻作品自体を鑑賞することも行われた。

明の書画篆刻家である文彭とその弟子何震は，灯光凍石を用いて印章を制作した。両者を合わせて「文何」と称し，篆刻の祖とする。これ以後篆刻は，詩書画と並ぶ文人必須の教養となっていき，芸術の一分野として発展していく。何震と，その影響を受けた篆刻作家が安徽を中心に活動したため，その流派を徽派といい，明末〜清初にわたり盛行した。清朝中期の書画篆刻家である丁敬は，篆刻の流派浙派を創始し，丁敬を含む西泠八家と呼ばれる作家を中心に，清朝中期の主流となった。また，同時期の乾隆年間(1736-95)には，鄧石如が鄧派を打ち立て，その影響を受けた呉熙載・趙之謙，また清末の呉昌碩に至って篆刻芸術は最盛期を迎えた。

篆刻作品の種類には，書画に用いる落款印(姓名印・字印・雅号印など)・収蔵印(蔵書印など)・斎堂館閣印(室名を刻したもの)など実用的なものと，成語印・詩句印など印の鑑賞を主目的とするものがある。また，刻し方の種類に，陰刻の白文印と陽刻の朱文印がある。紙が普及する以前の時代は，印は主に書簡の封じ目に置いた粘土上に押された(これを封泥という)。したがって，粘土上の文字が盛り上がる白文印が正式な印であった。南北朝時代以降，紙上に押印されるようになって，朱文印が官印などにおいて主となる。篆刻芸術においては，現代にいたるまで朱白ともに表現として行われている。

(小西 憲一)

でんさいうん【田際雲】 1864(同治 3)〜1925(民国 14)。清末民国に活躍した河北梆子の花旦俳優で，芸名を想九宵という。河北高陽の人。進取の気風に富み，20歳で玉成班を設立，京劇と河北梆子を組で演じる「両下鍋」の習慣を初めて採用した。その後北京と上海の間を往来，上海では主に『夢遊上海』などの灯彩戯を手掛けている。清末の革命前夜には社会改革を意図した『恵興女士』などの改良新戯を複数創演，その後正楽育化会の発起人となり，副会長をつとめた。

(平林 宣和)

てんし【天子】 君主に対する尊称。宇宙を主宰する至上神である天帝の命を受けて，その「元子」(長子の意，『書経』召誥)としてその意志に従い，天下を統治する君主という意味を持つ。殷代，「天子」の「天」は，「大」と通用し，また，「元」とも音・義がともに近い関係にあった。すなわち「天子」は「大子」「元子」と同じく，長子の意に用いられ，「天」に関係付けられるものではなかった。しかし，殷代には，下土の為政者は領土の秩序を維持し，社会の安寧を保たなければならないという上帝の命を遵守し，その実現のための政治を行うことが殷王の当為として規定された，上帝と殷王との宗教的契約観が存在した。そして，それが殷周革命論として発展し，殷を滅ぼし，新たに周王朝を樹立した正当性を理論付ける目的で，下土の安寧を保つべき紂王が悪政を行ったため，天命は殷を離れて周に下り，周王に社会秩序の回復を命じたとする天命思想のなかで，本来，人的関係を示す「天子」は「天の佑命する子」の意へと変化していった。

(山辺 進)

てんし【天師】 元来は，医書の『黄帝内経素問』や道教経典の『太平経』などに見られるように，天子の師となる人物を意味した。後漢末に張陵が五斗米道を興してみずからを天師と称し，やがてその教えが天師道と呼ばれるようになると，もっぱら天師道(正一教)の教主を意味するようになった。しかし，唐以前には高名な道士の一般的称号として用いられる場合もあった。

(麥谷 邦夫)

てんし【塡詞】 →詞

てんし【纏枝】 →唐草文

でんし【鈿子】 清代の貴族(満洲族)女性の髪飾り。金珠や翠玉の飾りを施した装飾的なかぶりもので，等級による区別がある。形は前は鳳冠に似て後は塵とりのようで，上はアーチ型で下は広い。鉄線や籐で土台を作り，皁(濃い紫味の黒)紗の網，或いは黒い毛織物か緞子を網状に作ったものを重ねた上に翠珠宝石をちりばめたものである。鈿に鳳鈿，

満鈿，半鈿の三種があり，鳳鈿の装飾は翠珠玉石の鈿花9塊，満鈿は8塊，半鈿は5塊で，1塊は鈿花5〜10個で構成されていた。材料は金，玉，ルビー，サファイア，真珠，珊瑚，琥珀，瑪瑙，緑松石，翡翠の羽などで，デザインも双龍戯珠，葵花，菊花，花卉蝙蝠，鳳凰，如意その他と多様である。様式の詳細については『大清会典』や『皇朝礼器図』に図示されている。　　　　　（相川 佳予子）

てんしけん【展子虔】　生没年不詳。北朝北斉・北周を経て隋までの3朝に仕えた宮廷画家。渤海(山東省)出身説が通行しているが，『通志』巻28・氏族略4・以名為氏・魯人名に河東(山西省)出自とある。隋の文帝のもとで朝散大夫，帳内都督となり，董伯仁・楊契丹とともに隋を代表する画家となった。道釈人物画を得意とし，山水画は寸尺に広大な遠景を表す「咫尺千里」の趣があると称賛された。伝展子虔筆『遊春図』(北京，故宮博物院蔵)は，模本であるが唐初期の画風を伝える資料である。
　　　　　　　　　　　　　　　　（河野 道房）

てんしつ【塡漆】　漆器の装飾技法の一つ。漆器の表面に，各種の彩漆を埋めて文様を表す技法をいう。塡漆にはさまざまな方法があり，漆塗面に刀で文様を彫り込み，その溝に彩漆を埋め込む技法と，粘稠性の高い漆を塗り重ねることによって文様の輪郭を高く盛り上げ，その内外に平らに漆を埋めていく技法とに大別される。いずれも最終的に研ぎ出すことにより，埋め込んだ彩漆の文様を滑らかな平面に仕上げるところに共通点がある。塡漆に戧金を併用した関連技法としては存星があり，中国では彫塡と呼ばれる。タイやミャンマーでおこなわれる蒟醬も塡漆の一種であり，中国における塡漆との影響関係が想定されるが，蒟醬の大半は籃胎漆器であり，主として黒漆地に細く浅い線で細かい鳥獣文などを刻み，そこに朱漆を埋め込んだのち研ぎ出して文様を表す独特の様式を示す。（日高 薫）

てんしどう【天師道】　後漢末，張陵が蜀(四川省)で始めた初期道教の一派。太平道とともに道教の源流をなす。入信者に五斗の米穀を供出させたことやその教説が巫覡に類するとみなされたことから，官辺からは「米巫」「米賊」などと蔑称され，あるいは五斗米道などとも呼ばれたが，教団は張陵の尊号である天師にちなんで天師道と自称した。また後世，張陵が伝えた「正一盟威之道」にちなんで正一教とも呼ばれる。張陵以後，子の張衡(嗣師)，孫の張魯(系師)へと継承され，張魯の時に教団組織を確立して，漢中(陝西省南部)に独立政権を樹立するまでに発展したが，やがて三国魏の曹操の軍門に降って政治的独立を失った。

張魯段階の天師道の教義は，太平道と同様，符(お札)や呪水による呪術的病気治療を主とするものであったが，その一方で，病気の原因を病人自身の過失に対する司命神の懲罰と考え，病人に静室にこもって自己の過失を反省させ，服罪の意を記した三官手書という文書を天官・地官・水官の三神に捧げさせるなど，倫理道徳的要素を巧みに制度化したところに特徴が見られる。教団組織は，一般信者である鬼卒(鬼民・鬼吏)を底辺にして，その上に祭酒・大祭酒(治頭)が置かれ，頂点に師君(天師)が君臨するという形態をとった。祭酒は教会堂の司祭に相当し，鬼卒を統率するとともに『老子道徳経』の学習を指導し，病人のための祈禱をとり行った。この際に使われた注釈が『老子想爾注』であるといわれ，天師道教徒として守るべき戒律である道誡の遵守が強調されている。また，教区を24に分けて各教区ごとに治と呼ばれる施設を設け，大祭酒に教区の政治・宗教両面の経営に当たらせた。祭酒たちは，行旅者や流亡者たちに無料で飲食を提供する義舎という宿泊施設を設けるなどして，積極的な布教活動を展開していった。

張魯以後，祭酒を中心とする教団組織は次第に中国全土に広がって各地に治が置かれるようになり，さまざまな要素を吸収しながら教義を発展させていった。しかし，陰陽男女の調和を性的儀礼を通じて実現することなどが，風紀を乱すものとして儒教や仏教から激しく批判されるようになった。このため，南北朝期には北魏の寇謙之や南朝宋の陸修静らの手によって教義や組織の整備改革が行われ，次第に士大夫層にも受け入れられるようになった。その後，天師道は活動の中心地を龍虎山(江西省)の天師府に移し，宋以後は朝廷と結んで勢力を拡大していった。第36代天師張宗演が元の世祖クビライから江南の道教を統括するよう命じられてからは，天師道は全真教に対する旧来の道教の代表として大きな権威を持つようになった。
　　　　　　　　　　　　　　　　（麥谷 邦夫）

てんしゆうりょうのふ【天子游猟賦】　前漢の賦。司馬相如作。建元年間(前140-前135)制作と考えられる。梁の孝王のもとで書いた『子虚賦』が武帝に激賞されたのをうけて執筆。賦の前半では，楚の使者子虚が楚王の狩りの豪勢さを自慢し，斉の烏有先生がそれをたしなめる。後半では亡是公が登場し，天子は広大な上林苑で盛大な狩りを行ったあと，すぐに反省し倹約に努めるので国が治まると言うと，子虚・烏有先生ともに平伏する。『文選』では前半を『子虚賦』，後半を『上林賦』の名で収める。戦国の遊説の伝統をふまえ，架空の人物による説得の枠組みを用いてはいるが，豪奢な狩りを描

きながら結末に至って突如節倹を説く点,「百を勧めて一を諷す」(『漢書』司馬相如伝賛に引く揚雄の語)の典型である。他方, オノマトペ・難字奇字を駆使した誇大な措辞で, 四方に膨張を続ける帝国とそこに君臨する皇帝を描き出しており, 漢賦の最高峰と目される。以後の狩猟・京都賦はみなこの賦を意識して書かれたといってよい。その極度に技巧的な修辞は, 制作に数百日を費やしたという伝説(『西京雑記』)を生んだ。『史記』117,『漢書』57,『文選』7〜8所収。　　　　　　　　　　（谷口　洋）

でんしゅうろく【伝習録】 王陽明の語録及び書翰を収めた, 陽明学の基礎資料。上・中・下3巻。〔上巻〕1512(正徳7)年, 徐愛が王陽明(時に41歳)との論学問答を筆録し, 伝習録1巻を編む。これが今本『伝習録』上巻の1〜14条(徐愛録)。1518(正徳13)年(陽明47歳), 徐愛編の伝習録に陸澄・薛侃所録各1巻を加え, 薛侃が虔(江西省贛県)で伝習録3巻を刊行。これが今本の15〜95条(陸澄録), 96〜130条(薛侃録)。上巻は王陽明41〜47歳の思想を伝える。〔中巻〕1524(嘉靖3)年(陽明53歳), 南大吉は薛侃刻本に王陽明の論学書翰を加えて浙江にて刊行。後, 銭徳洪が南大吉本をもとに取捨増補を加えて編んだのが今本の中巻。致良知説提唱(49歳)前後から晩年に至る, 門人知友7名に宛てた書翰を収録。〔下巻〕1528(嘉靖7)年王陽明没の直後から, 銭徳洪は同門諸氏に呼びかけて各自筆録の陽明の語録を集めて編纂(伝習続録)。銭徳洪はさらに増補を加え, 1556(嘉靖35)年に完成。これが今本の下巻で, 48歳前後から晩年までの語録。『伝習録』上・中・下3巻は1572(隆慶6)年の『王文成公全書』編纂に際し, 下巻末尾に『朱子晩年定論』を付して『王文成公全書』巻1〜3に収められた。　　　　　　　　　　　　（中　純夫）

てんしゅきょう【天主教】 天主教とは中国でローマ・カトリックを指す名称で, プロテスタント諸派を基督教と称するのと区別して用いられる。また公教ともいう。神を表すのに天主という名称をはじめて用いたのは明代の1583(万暦11)年で, 受洗した一中国青年ヨハネ(若望)の命名とされる。そのはじめフランシスコ・シャビエル(ザビエル)は日本での布教ののち1552年に, 念願の中国布教を果たすことなく広東の上川島で死去した。その遺志を受けたイエズス会士のミケーレ・ルッジエリ(羅明堅), マテオ・リッチ(利瑪竇)等は16世紀末から広東で布教を開始し, 各地における布教活動の末, 1601(万暦29)年ついに北京に入ることが出来た。その後, 主としてイエズス会によって担われた布教活動は, 皇族をはじめ徐光啓・李之藻・楊廷筠などの有力な支援者を獲得し, それによって順調に信者を増やしていった。このようなイエズス会の中国布教戦略は, まず社会の上層にある人々を改宗させることで社会全体に影響を及ぼそうとするものであり, また祖先崇拝など中国の伝統的慣習との妥協を拒否しない, いわゆる適応主義を採用したことであった。しかしこれらのやり方はやや遅れて中国布教に従事したドミニコ会やフランシスコ会の批判を浴び, いわゆる典礼問題に発展することとなった。このようなカトリック教団内部における意見の対立と, くり返される弾圧とによって, 布教活動は停滞を余儀なくされる。1742年, 典礼問題は一方的にイエズス会にとって不利なかたちで終結を見, さらに1773年, イエズス会は教皇から解散を命ぜられるに至った。かくしてカトリックの中国布教は大きな痛手をこうむることとなった。

近代以前の中国における天主教は布教の面ではさして大きな成果を挙げることが出来なかったものの, 天文学や数学をはじめとする西洋の学術を中国に紹介し, 中国知識人のあいだにかなり大きな影響を及ぼした。清末に至って開花する西学の種を蒔いたということができよう。イエズス会士のこの方面における著作は李之藻の編になる『天学初函』に収められている。またマテオ・リッチの世界図『坤輿万国全図』やジュリオ・アレーニ(艾儒略)の世界地理書『職方外紀』などは, 中国のみならず日本人の地理知識に変更をせまるものであったし, 遠近法を用いた西洋絵画は中国美術に新しい技法をもたらした。

1840(道光20)年のアヘン戦争以後, 何度かの条約改正により, 天主教の布教活動が再開され, それまでの修道会以外にも多数の会派が中国布教に参入した。彼らは孤児院や病院, さらには輔仁大学をはじめとする学校経営にも従事し, プロテスタント各派の事業とも共存しつつ社会的影響力をもった。しかし1949年, 中華人民共和国が成立し, すべての修道会が撤退を余儀なくされると, かわって北京政府のコントロールする中国天主教愛国会が組織された。バチカンとは長く没交渉であったが, 21世紀に入って交流再開の兆しが見えはじめている。
　　　　　　　　　　　　　　　　（高田　時雄）

てんしゅじつぎ【天主実義】 明の宗教書。天主教(カトリック)の教義について中国文で著された書物。8篇, 2巻。イエズス会士マテオ・リッチが利瑪竇という中国名で著し, 1603(万暦31)年に北京で初刻される。西士(西洋の修道士)と中士(中国の学者)との問答形式で, 神(天主)の存在, 人間の霊魂, 倫理的諸問題等が議論される。中国思想との対話を踏まえながら書かれたもので, 後世に大き

な影響を与える。西洋人修道士と中国人士大夫との間の思想的交流の深さを窺わせる作品である。

（柴田　篤）

てんしょ【篆書】　書体名。秦代以前の古文字の書体の総称。おもに石刻や青銅器銘文などに見られるものをいい，狭義には，秦代の小篆を指すことが多い。後漢の許慎『説文解字』5上・竹部に「篆は，引書なり」とあり，筆を引いて線条的に書かれる書体の意。また『周礼』冬官・鳧氏に「鐘帯は之を篆と謂う」とあるように，鐘の口縁の帯状の飾りを篆と称し，『呂氏春秋』審分覧・慎勢に「功名は槃盂に著し，銘篆は壺鑑に著す」とある用例などを考え合わせれば，銅器の文様に見られるような均一整斉で丸みを帯びた線条的な書体を指すと解される。篆書の語の用例は，『漢書』芸文志・『説文解字』叙にあり，両書には，その他「大篆」「小篆」「秦篆」「繆篆」の名称が見られる。（福田　哲之）

てんしん【点心】　軽く腹の足しにする食物。一般に米の粉や小麦粉を主材料にした，焼いたり，蒸したり，油で揚げたりした菓子類。広く間食，軽食をも指す。すでに唐代に「とりあえず空腹を塞ぐ」という意味の動詞としてこの語が使われ，その後その食品も指すようになった。広東・香港の飲茶の軽食はすべて点心で，カステラ・餅菓子・シュウマイ・ギョウザの類がそれ。日本でも禅宗の伝来とともにこの語が伝わり（「てんじん」ともいう），団子・饅頭などを指した。（鈴木　健之）

てんじんごういつ【天人合一】　自然界と人間界とが相通ずるとする思惟のこと。厳密には「天人相関」「天人感応」と区別されうるが，同様のものとしてここでは一括する。天と人とは分離しており無関係だとする思惟（天人之分）と対立する。古くは『中庸』などに見られるが，この思惟を思想として体系化したのは漢代の董仲舒である。彼は，天変地異は人間界の政治に対する天帝の譴責だとする学説を，『公羊伝』の解釈を通じて樹立した。『漢書』五行志は，董仲舒のほか，劉向・劉歆父子の所説を伝えており，具体的にどの災異がどういう事柄に対して生じた現象なのかを解き明かしている。その後，このように一対一に対応させる手法への批判が強くなり，宋代には理を媒介とする新たな天人合一説が誕生する。人は修養によって聖人の境地に近づき，天の理法を体現しうるとする所説である。中国の自然観を支えるものとして，道教にもこの思惟は濃厚に表れている。（小島　毅）

てんしんじちょう【天津時調】　清末民国初より天津の船乗り・運輸労働者・手工業者・人力車夫などのあいだでおもに伝承された民謡の一種。明清以来の「時調小曲」に来源し，各地の民間小調とも密接な関係がある。多くは1人独唱で，伴奏楽器は大三弦・四胡・節子板である。その節には，「靠山調」「老鴛鴦調」「新鴛鴦調」「啦哈調」などがある。句式は七字句を主として，長短句を挟む。その語音声調は郷土色が豊かである。1920年代以降，職業歌手が出てきた。（山口　建治）

でんしんほうよう【伝心法要】　禅の問法集。裴休は842（会昌2）年，観察使として鍾陵（江西省）に在任した時，黄檗山より希運禅師を迎えて龍興寺に住持せしめて朝夕に問法し，更に宛陵（安徽省）に赴任した848（大中2）年にも開元寺に迎えて問法し，退室した後に書き留めた。裴休は857（大中11）年10月，それに序を付して黄檗山に送り届ける。現存のものは『伝心法要』と『宛陵録』の2部に分かれるが，恐らくは黄檗希運の弟子たちが裴休の記録をもとに，各自の記録を持ち寄って集大成したものであろう。

馬祖に始まり臨済に至って大成されたとされる大機大用（活作略による禅の開示）・棒喝の禅は，宋代の臨済禅が総括するものだが，そうした禅機の働きを重んじて言葉の介入を許さぬ立場とは趣を異にし，知的分析的に「一心の法」が説かれ，洪州宗の禅を完成度の高い言葉で論述している。

（西口　芳男）

てんせいじゅうたく【天井住宅】　小さな中庭を四方あるいは三方から取り囲む形式でつくられた華中・華南の住宅。一般に安徽省や浙江省，江蘇省の天井住宅をもってその代表とする。北方の広々とした中庭を院子（ユエンズ）と呼称するのに対し，南方の小さな中庭は天井（ティエンジン）と呼ばれる。中庭から見上げると，明るく開かれた天の井戸のようであることから，この名が付いたと言われる。安徽省の黄山一帯の天井住宅では，軒を接する2層の建物が小さな中庭を囲い込み，光庭としてほぼ室内化している。なかでも，歙県や休寧県には，商人が建てた17世紀頃の明代の華麗な天井住宅が数多く現存している。この地域は，冬は比較的寒く，夏は暑くて湿度も高い。それゆえ，2層の建物を四周に配し外壁を高くすることによって，冬の冷たい風を防ぎながら熱を保留し，一方で深く狭い天井をつくることで，夏の強い陽射しをさえぎりつつ通風を確保しているのである。こうしてつくられた天井空間は，まさに住宅の中心としての役割を果たし，そのまわりに祖堂や寝室が配置される。

（高村　雅彦）

でんせいゆう【澱青釉】　鈞窯で用いられる失透性の青い釉薬の日本における呼称。珪酸と燐を多く含む成分を加えることにより白濁しており，清澄でしっとりとした発色をみせる。青い色は青磁と同じく，釉薬中に含まれる微量の鉄分が，窯の中で還元焰焼成を受けて，酸素を奪われたことによる発色である。中国ではこの釉色を天青釉といい，比較的色が濃いものは天藍釉，色の淡いものは月の光に見立てて月白釉と呼ぶ。　　　　　　　（今井　敦）

てんせつ【天説】　唐の論説文。1篇。*柳宗元著。天には意志があり，天地・元気・陰陽を壊して繁栄する人を悪むのだとする韓愈の説に対して，天地・元気・陰陽は単なる物にすぎず，天に功を賞し禍を罰する意志はなく，天と人とは無関係だと論じた。中国思想史上，人格神の有無に関する問題を論じたものとして注目される。*劉禹錫・柳宗元の文集の他，『文苑英華』362，『唐文粋』47，『全唐文』584に収録されている。　　　　　　（島　一）

てんせんしょうどうき【天泉証道記】　四句教をめぐる*王畿と銭徳洪の論争，及び天泉橋での王陽明による裁定の王畿による記録(1527〔嘉靖6〕年)。銭徳洪は四句教を師門の定本(根本教義)とする(四有説)。王畿はこれを権法(一時の方便)とし，心意知物の全てが無善無悪だと主張(四無説)。王陽明は，銭徳洪の四有説(実は一無三有説)は中根以下を導く教法，王畿の四無説は上根を導く教法だとして両説を調停。ただし『龍溪王先生会語』巻3「東游問答」はこの調停の部分も王畿の語とし，また『龍溪王先生全集』巻10「答呉悟斎」第2書では王畿自身が四有説を説く。従って，王畿の思想的立場は四無説と四有説の両面からとらえられるべきである。『龍溪王先生全集』巻1所収。　（中　純夫）

てんせんはい【天仙配】　黄梅戯の演目。『七仙女下凡』ともいう。農民の董永は父の葬儀のため身を売り傅家の奴隷となる。玉帝の7番目の娘七仙女が下界に降り槐樹を媒として董永と結婚し，一夜で10匹の錦を織り董永の3年の奉公を100日で終わらせる。期限が満ち夫婦が家に帰ろうという所へ玉帝の夫人の王母が七仙女を連れ戻しに来，二人は槐樹の下で永別する。古代から広く民間に流布した題材で，婺劇では『槐樹縁』，楚劇では『百日縁』など，多くの劇種に見られる。　（波多野　眞矢）

てんそく【纏足】　身体変工のひとつで，幼いうちから女性の足を固く縛って足の発育を妨げ，小さな足を人為的に作り上げる風習。漢民族のなかに自然に生まれた風習で，その起源についてはいくつもの考証がなされており，漢代以前からあったとする説もあるが，唐から五代にかけての時期とする説が多い。親指以外の足の指を足の裏側へ向けて折り曲げる形で緊縛するため，足の先は尖り，足の骨は弓状に彎曲する。踵から爪先まで10cm程度の小さな足が理想とされ，女性の性的魅力のひとつとされた。当初，纏足は宮中の舞姫などのあいだで行われており，北宋時代の初期にはまだ纏足をする者は少なかったが，やがて宮廷人から庶民層にまで広まり，明代以降は，纏足をしない女性が侮蔑の対象にさえなった。満洲族の清朝は初期には纏足を禁止しようとしたが，清代を通して盛行した。纏足の風習は優雅な女性美の象徴として20世紀の初めまで続いたが，清末における啓蒙運動や女性解放運動の高まりとともに終焉を迎えた。

（相川　佳予子）

てんたい【天対】　唐の論説文。1篇。*柳宗元著。『*楚辞』天問篇に示された疑問に答えるという形式で，天地創造に始まるさまざまな神話・伝説に対して合理的な説明を加えたものである。神秘・奇怪を否定する柳宗元の立場をあらわす作品として注目される。ただ，朱子は『楚辞』の注釈を書いて，柳宗元がその合理主義に徹しきれていないと評価した。柳宗元の文集の他，『全唐文』585に収録されている。　　　　　　（島　一）

てんだいさん【天台山】　浙江省天台県にある，主峰の華頂峰を始め赤城や仏隴等の諸峰の総称。古来，道教の霊地として知られ，唐代には天台道士司馬承禎が有名である。晋代以降，仏教も盛んとなり，特に南朝陳の575(太建7)年に智顗が入山し，陳滅亡後，隋の晋王楊広(煬帝)の帰依を受け，598(開皇18)年に天台寺，のちの国清寺が建立された。以後，天台学の根本の地として日本にも大きな影響を与え，唐代に最澄や円珍，宋代には成尋や重源，栄西等が訪れた。　（大内　文雄）

てんだいさんだいぶ【天台三大部】　隋の天台*智顗が講述した『*法華玄義』『*法華文句』『*摩訶止観』の三部をいう。『*法華経』の教義と実践を説き明かしているので「法華三大部」ともいい，天台宗の根本聖典とされる。『法華玄義』20巻は，経名を解釈した「釈名」，所説の真理を顕した「顕体」，経の趣旨を明かした「明宗」，経の力用を論じた「論用」，教相を判釈した「判教」の五重玄義によって『法華経』の根本精神を明らかにする。『法華文句』20巻は，智顗独自の解釈法である四種釈(因縁・約教・本迹・観心)に依って経文を解釈する。『摩訶止観』20巻は，天台宗の実践法門である

四種三昧や一念三千の観法を詳述する。『法華玄義』と『摩訶止観』は荊州(湖北省)の玉泉寺で,『法華文句』は金陵(南京)の光宅寺で智顗が講説したのを第2祖の灌頂が筆録し整理したものである。第6祖湛然の『法華玄義釈籤』『法華文句記』『止観輔行伝弘決』は天台三大部の最も権威ある注釈書とされる。　　　　　　　　　　　(木村 宣彰)

てんだいしきょうぎ【天台四教儀】
高麗時代に著された天台宗の教理学書。1巻。諦観著。呉越王銭弘俶は,唐末五代の法難(仏法の受難)によって散逸した天台典籍を高麗と日本に求めた。その際,高麗王の命を受けた諦観が,天台宗の教えの両翼をなす教(教理)と観(実践)を,開祖である智顗の天台三大部に基づき要略した入門書。特に天台宗独特の教判を,五時八教という形で整理し体系的に示している点が勝れており,多くの注釈書が現存する。　　　　　　　　　　　　　　　(堀内 伸二)

てんだいしゅう【天台宗】
隋の智顗が『法華経』を所依として開いた宗派。天台法華宗・法華宗・円宗・台宗とも呼ばれる。智顗は天台山(浙江省)で修行し,その地で入寂したので天台大師と尊称され,それにより智顗を開祖とする宗派を天台宗という。智顗は『法華経』によって現象世界がそのまま真如の実相であるという円融三諦の妙理を体得し,円頓一乗の教義とその実践を説いた。智顗が講述した『法華玄義』『法華文句』『摩訶止観』の三部は天台宗の根本聖典とされる。これを「天台三大部」または「法華三大部」という。そのうちの『法華文句』は『法華経』の経文の一々を解釈し,『法華玄義』は五時八教の教相判釈を説いて『法華経』を仏陀の出世本懐の経典であるとして全仏教を体系化した。さらに『摩訶止観』は漸次・不定・円頓の三種止観を説き,一心三観・一念三千の円頓止観によって『法華経』の妙理を達観して仏果に至る実践法を明らかにする。『法華玄義』と『法華文句』は天台宗の教理を説き,『摩訶止観』は実践法を説いている。前2者の教門と,後者の観心門を兼ね備える「教観双備」を以て天台宗の特色とする。

天台宗は北朝北斉の慧文・慧思の法系を経て隋の智顗に依って大成された。智顗の門弟の灌頂は「三大部」を編纂し,天台の教学を整備したので第2祖とされる。そののち天台宗は,智威,慧威,玄朗によって伝承されたがやや沈滞した。第6祖の湛然は智顗の教学を祖述して「三大部」の注釈を著し,華厳宗・法相宗・禅宗などの諸宗に対抗して宗義を顕揚したので天台宗の中興とされる。湛然門下の道邃や行満に師事した最澄によって天台宗は日本に伝えられた。北宋時代には第13祖に列せられる義寂門下に知礼,遵式らが出て天台の宗義を宣揚した。高麗の義天は天台教学を学んで帰国し天台宗を鼓吹した。明末には藕益智旭が天台の宗義を顕揚したが,その後は次第に衰退していった。なお,智顗を開祖とする中国天台は法華至上主義を堅持するが,最澄に始まる日本天台は円・密・禅・戒および浄土を兼学し独自の宗風を展開する。　　　　　　　　　　　　　　　(木村 宣彰)

てんだいしょうしかん【天台小止観】
仏教書。1巻。南朝末〜隋の天台智顗の著述。智顗の初期の教学思想が変質をみせはじめ,『摩訶止観』等の「天台三大部」の中で開陳される円熟期の思想の輪郭が固まりつつある時期に著されたものと考えられる。構成をみると,最初の思想を伝える『次第禅門』の第6章「分別禅波羅蜜前方便」の一段の要略としての体裁を保ちながら,円熟期の思想の骨格を形づくる重要な見解が,はっきり示され,かつそれらを中心として論述が進められるといった内容をもっている。智顗において,実践の機軸が禅に代わって「止観」でなければならないという構想がはじめて打ち出されたのが,本書である。そしてこのことを通じて,仏道は学解と実践との総合でなければならないとの見解が明示されもする。それからこの止観は方法的には観心(心の観察)として絞り込まれるべきことも示される。さらに三止三観の構想も述べられている。ただしそれは三観をひと思いに修して三つの真理(=空・仮・中の三諦)をいっときに得知する一心三観(=円頓止観──止・観併修といわれながら,観が重視される)ではなく,次第三観(=漸次止観)の域にとどまっている。こうしたことから明らかなように,本書は円熟期の智顗の思想が形成される前段階の思想を伝える著述である。　　　　　　　　　　　　　　　(新田 雅章)

てんだいちりゃく【天台治略】
清代の政書。10巻。1721(康熙60)年刊。戴兆佳著。著者は1719(康熙58)年に浙江省天台県の知県に任ぜられたが,在任中に発した祥文・讞語・告示・呈批等の公文書を中心に,まとめて一書とした。記述は極めて具体的で,地方行政のみならず,当時の社会・経済を知る上で有益な資料である。成文出版社の中国方志叢書第一期に,原刊本を収める。　(足立 啓二)

てんたつ【纏達】
北宋末に流行した語りもの。南宋の耐得翁『都城紀勝』に「唱賺は北宋のころには,纏令・纏達というものだった。序曲(引子)と終曲(尾声)があるのが纏令,序曲のあとに曲を2種類だけ交互に用いるのが纏達である」と見

え，同じ調の曲を複数組み合わせた組曲形式の語りものとしては最も古く，南宋初期に唱賺へと発展した。王国維は，北宋初期に流行した「伝踏(転踏)」が発展したものであるとする(『宋元戯曲考』)。

（千田　大介）

てんだん【天壇】　北京にある，天を祀り五穀豊穣を祈願するための明・清代の礼制建築。礼制建築とは，宇宙観や祖先崇拝，儒教の観念に基づき行う祭祀のための建築を指す。天壇は皇帝が「受命於天(命を天から授かる)」の正統性を表明するための祭祀建築である。皇帝が自ら，即位時と毎年の冬至の日に，祭天の儀式を行う。天子による天の祭祀は必ず南郊で行うと定められていたため，天壇は北京城の南郊に位置する。

明の1420(永楽18)年に大祀殿が創建されたのが天壇の始まりである。1530(嘉靖9)年に，天と地を合祀するのは古制に反するという理由で，大祀殿の南に天を祭るための圜丘が，北京城の北郊に地を祭るための方沢が創設され，天壇・地壇と呼ばれるようになる。この制度は清まで継続されたが，大祀殿はのちに廃棄されて大享殿が築かれ，さらに祈年殿と改められる。具体的には，全体は2重の壁によって，内壇と外壇の2区域に分けられる。内壇では，南北の軸線にそって，南側に圜丘と皇穹宇，北側は祈年門と祈年殿が設けられ，西側に祭祀の前夜に皇帝が斎戒する斎宮が配置されている。外壇では，祭祀に供える犠牲(いけにえ)の飼育・洗浄をする犠牲所や儀式のための舞楽者たちの神楽署がある。現在の建物で祈年門と斎宮だけは明代の創建で，他は清の18世紀以降に再建されたものである。

天壇は，平面計画も建築形態も中国の古建築の中で特別な存在である。あらゆる面において，象徴的な手法で「天」の概念をデザインしているためである。まず，古代の宇宙観「天円地方」の概念に基づき，全体配置は南側が方形，北側両隅が円弧となっている。次に，平面配置の軸線は中国の古建築の慣例である左右対称ではなく，東に寄っており，東から日が昇ることを暗喩する一方，入口の「西天門」は落日の方向の西側に設けられた。さらに，「天」を祭祀する建物，すなわち天を祭る圜丘，天の位牌を安置する皇穹宇，五穀豊穣を祈願する祈年殿は全て円形プランにし，それらを囲む壁や柵は全て大地を象徴する方形を取っている。また，諸施設はいずれも陽を表象する奇数を用いてデザインされている。圜丘は白い大理石による3段の基壇が設けられ，その直径や敷かれた石，欄干の数など全て奇数が用いられている。祈年殿は圜丘によく似た3層の大理石の基壇上に建ち，円形かつ天を象徴する青色の三重屋根をもつ。上層の四天柱，中層の屋根を支える12本の身舎柱，下層の屋根を支える12本の側柱は，それぞれ1年の四季，12か月，1日の十二辰を象徴する。他に，四合院のような壁で空間を囲む中国古建築の慣習的な手法に反して，紫禁城の約4倍の273haの敷地に個々の建物が離れて配置され，敷地内には柏樹の森が広がる。圜丘と祈年殿は幅30m，高さ4mの煉瓦通路の丹陛橋で繋がる。これらの全てが，凡塵の世界から脱出し天に接近するような雰囲気を造り出す。

圜丘とセットになっている皇穹宇は単層攅尖頂(円形の宝形造)の形態を持つ。皇穹宇は円形の石壁によって囲まれ，壁は眠り目地により平滑に積み上げられているため，こだまの音響効果が生まれ，「回音壁」と呼ばれている。また，圜丘の壇面の中央部は凹んだ弧状に設計され，精密な計算で立てられた石勾欄と合わさった結果，円心の石に立って発声すると，囲繞するような反響が発生し，音が天から降りてきたような錯覚を起こさせる。これらのすべては，天壇のデザインと施工の巧みで完璧な技術を物語っている。

（包　慕萍）

てんちいんようこうかんたいらくのふ【天地陰陽交歓大楽賦】　作品名。敦煌文書のペリオ本2539号。白行簡の撰と伝えられる。一種の性愛讃歌。男女の成長変化・新婚初夜の性交・愛妾との交わり・春夏秋冬の性の歓び・老夫婦の性の歓び・皇帝の性生活・野外での営み・他家の美貌の婢女や，醜女との交わりの興趣などを，駢文で，微細かつ艶麗に描出している。葉徳輝『双梅景闇叢書』に甲寅(1914年)秋8月の跋語を付して収められている。飯田吉郎編著『白行簡大楽賦』(汲古書院，1995年)が訓訳を提供していて参考になる。

（下定　雅弘）

てんちかい【天地会】　清の秘密結社。その名称は，天と地を拝して誓いを立てる入会の儀礼に由来するといわれる。三点会・三合会ともいわれ，また洪門という通称で呼ばれることも多い。華中・華南を中心として，18世紀半ば以降，急速に発展した。起源としての少林寺説話を持ち，「反清復明」を標榜するが，日常的には，兄弟関係を主軸とした擬制的血縁関係を通しての相互扶助ネットワークという色彩が濃い。入会に際しては，「歃血結盟(血をすすって盟を結ぶ)」の儀式が行われ，その後，天地会独特の暗号や隠語が伝授された。初期の天地会による著名な反清運動としては，1786(乾隆51)年の台湾の林爽文の乱がある。清末においては仇教(反キリスト教)運動の担い手となり，また哥老会とともに興中会・中国革命同盟会の勢力の地盤となった。さらに華僑社会の成立・拡大にともなって各地

てんちゅう【転注】

六書の一つ。『説文解字』叙に「転注なる者は，建類一首，同意相受く。考・老是れなり」と言う。あるまとまりごとに整理された文字は互いに字義が関連しあうということであるが，この解釈をめぐっては数十種類の説がある。用字法と考えて，部首を等しくするもの，語源的に同類の音のもの，字義が近く互いに字訓となる関係にあるものをそれぞれ「一首」とする説等がある。一方，あくまで造字法と考えて，原字の省略形を義符(意符の一種)となる部分に使った合体字の変種とする説もある。　　　　　　　　　　(坂内 千里)

てんちょうでんぽせいど【天朝田畝制度】

太平天国が発した社会・行政制度についての書物の名称であり，また通常その書物に記されている制度をいう。南京を占領して都と定め，統治機構の樹立を図っていた太平天国軍は，1853(太平天国3・咸豊3)年ないし1854年に同書を発布した。田土を9等に分かった上で人民に等しく給田し，5家を基本単位とし，25家ごとに国庫と礼拝堂を設けて共同生活を営ませるとともに，これらの単位を基礎として人民を軍事的に編成すること等を内容としている。土地の共有化と均分とを，地主制を廃絶する政策と評価する見解もあったが，実際には『周礼』を下敷きとする復古主義的な税財政政策としての性格がつよく，しかも実行を前提としない観念的な内容で，太平天国支配地域で実施された形跡も無い。大英博物館とパリ東方言語学院に各一冊が現存しており，『太平天国史料叢書』等に収められている。
　　　　　　　　　　(足立 啓二)

てんていざんせっくつ【天梯山石窟】→涼州石窟

てんとう【転踏】

宋代，特に北宋に人気を博した歌舞芸能の一種。伝踏とも言う。まず，駢体や長短句の勾隊詞を歌って演者が登場し，続いて七言八句の1詩と「調笑令」の詞牌の1詞とを1組として幾組かを演じた。詩の前半は平声，詩の後半と詞は仄声で押韻し，詞の冒頭2字は前の詩の末2字をくり返す。最後に七言絶句の放隊詞で終える。ほかに「九張機」詞だけを連ねる作品もある。現存作品は歴史上の美女を詠じており，女性が隊を組んで歌いながら舞ったと推定される。　　(松尾 肇子)

てんどうさん【天童山】

現在の浙江省寧波市にある山。太白山ともいう。五山の第3の天童寺が存在する。開山は義興で，西晋の永康中(300-301)に庵を結ぶ。その折，太白星が童子となって現れ，薪と水を給して手助けしたことによりこの名が起こる。唐の759(乾元2)年に天童玲龍寺，869(咸通10)年に天寿寺，北宋の1007(景徳4)年に景徳禅寺の名を賜わった。歴住の中では，宋代の宏智正覚，明末の密雲円悟が有名であり，また，日本の栄西・道元の修行道場である。　　(石井 修道)

てんどうにょじょう【天童如浄】

1162(紹興32)～1227(宝慶3)。没年には異説もある。曹洞宗の僧。浄長・長翁と呼ばれる。越州(浙江省)の人。出家の後，教学を学び，禅に転じて雪竇山の足庵智鑑につきその教えを嗣ぐ。建康(江蘇省)の清涼寺に住した後，台州(浙江省)の瑞巌寺，浄慈寺，明州(同省)の瑞巌寺などに住し，1224(嘉定17)年，明州の天童山景徳禅寺に入る。永平道元を導き教えを伝える。厳格枯淡な宗風であったという。『如浄禅師語録』2巻がある。　　　　　　(永井 政之)

てんどく【転読】

梵唄とならぶ仏典読誦の一形態。転経ともいう。経典の文章を一定のふしや抑揚をつけて朗々と読み上げること。東晋頃より斎などで盛んに行われた。「詠経は則ち称して転経と為し，歌讃は則ち号して梵唄と為す」(『高僧伝』13)と言われ，偈文を楽器の伴奏と共に歌い上げる「梵唄」と区別される。なお後代の日本では，「真読」(経典の通読)に対して，単に経題や一部の数行を略読することを「転読」と称するようになった。
　　　　　　　　　　(船山 徹)

てんねいじ【天寧寺】

①北京市宣武区広安門外の寺。北朝北魏の孝文帝期の創建。初め「光林寺」。のち隋に「宏業寺」，唐に「天王寺」，金に「大万安禅寺」と改名。元に兵火にかかり，明初に重建されて今の名となる。授戒のための「広善戒壇」あり。②江蘇省揚州市の城北の寺。「揚州八大名刹」の首。もと東晋の謝安の別荘を改めて「興厳寺」としたもので，唐には「証聖寺」，宋には「天寧禅寺」と称された。のち兵火にかかり明・清期にそれぞれ重建。寺内の大観堂に文匯閣があり，『古今図書集成』『四庫全書』を蔵した。　(小川 隆)

てんびん【天秤】

重さをはかる秤の一種。秤には天秤と棒秤がある。天秤は竿の一端にはかる物，他端に権と呼ばれる分銅を吊して重さをはかる衡具で，権は複数を一組として用いた。棒秤は砣と呼ばれる1個の分銅を竿の上で動かし，梃子の原理で重さをはかる衡具である。古い天秤の実例として，湖南省長沙左家公山や安徽省寿県朱家集で出

土した戦国時代楚国のものが知られる。いずれも木製の竿の中央を紐で吊し，左右両端に青銅の皿を垂らして，それぞれに権とはかる物を載せた。左家公山の天秤には倍数階梯の1銖・2銖・3銖・6銖・12銖・1両・2両・4両・半斤からなる大小9個の環状の権が伴っていた。このほか戦国時代から漢代のもので，偏平な棒状で中央に鈕をもつ青銅製天秤竿が多数出土している。魏晋南北朝の頃からは棒秤が普及し，その後の時代に継続した。棒秤に使用する装飾をこらした各時代の砣が多く残されている。

(西江 清高)

てんぺん【転変】 講経・説話などとともに唐代の語り物の一つ。「変」を「転」ずる(＝語る)もの。「変」については議論があるが，いわゆる変文の類とされる。当時の転変の様子を詠む詩や，現存変文の多くにある絵を指し示す言葉，また，一点だけだが絵も残っていることなどから，一般に絵解きの語り物であったと考えられている。 (笹倉 一広)

でんべん【田駢】 生没年不詳。戦国時代斉(山東省)の宣王・湣王の時(前320〜前280頃)，稷下に集った思想家の一人。陳駢とも。弁舌に優れ，「天口駢」と称された。『荘子』天下篇によれば万物一体を表す「貴斉」を主張し，慎到と同系統の思想家とされた。『荀子』非十二子篇ではさらに法家的傾向も指摘されている。『漢書』芸文志・道家に『田子』25篇が著録されるが散逸して伝わらない。史記74 (久保田 知敏)

てんぽう【点法】 水墨技法の一種。各種の墨点によって樹葉や苔草を表現する描写法で，山水画の中で広く用いられる。点法は，単なる葉や苔の省略的な表現ではなく，点葉や点苔によって画中にアクセントを与え，画面全体の調子を整える重要な役割を担っている。墨点の形状によって，それぞれ介字点，胡椒点などの名称がつけられ，『芥子園画伝』では点法を36種に分類し図解している。また米点は，水分を多く含んだ大きな横点により山樹を表す描法で，江南の湿潤な景を描くのに用いられる。 (古田 真一)

てんぽういじしょきゅうちょう【天宝遺事諸宮調】 玄宗と楊貴妃のロマンスと悲劇を描いた語り物。元の王伯成作。原作は散逸し，明の『太和正音譜』『雍熙楽府』，清の『北詞広正譜』『九宮大成南北詞宮譜』などの曲選に約60の套数(組曲)が引用され，凌景埏・謝伯陽校注『諸宮調両種』(1988年)など複数の輯本があるが，配列に異同がある。せりふは残っていない。内容は唐の白居易『長恨歌』，五代の王仁裕『開元天宝遺事』などに拠りつつ，『玄宗捫乳』『媾歓楊妃』などエロチックな描写が多いこと，また『禄山偸楊妃』『禄山戯楊妃』などで楊貴妃と安禄山の密通を描く点に特色がある。後者は唐の姚汝能『安禄山事蹟』，宋の小説「驪山記」(『青瑣高議』)に由来し，著者とほぼ同時期の白樸の雑劇『梧桐雨』も同じ設定である。『梧桐雨』との間には曲辞の類似した箇所があり，影響関係が想定される。吉川幸次郎『杜甫私記』続稿「天宝遺事」(『吉川幸次郎全集』第12巻)に解説がある。

(金 文京)

てんぼうき【天亡簋】 西周時代前期の青銅器。長く大豊簋と称して来たが，現在では作器者名を冠して天亡簋と称することが多い。銘文中で文王を父と称しているので，通常，武王期の器とされ，それならば西周最初期の器ということになる。しかし，器の文様は西周でもごく一時期にだけ見える特徴的な文様であって，そこからすれば時代は若干あとになるとも考えられ，時期はまだ確定しない。高さ24.2cm，口径21cm，下に四角い台座が付いた簋である。現在，中国国家博物館の所蔵である。

(竹内 康浩)

でんほうぼうき【伝法宝紀】 唐代の禅宗史書。開元(713-741)初の頃の成立。著者は杜胐(字は方明)。禅門では，初祖菩提達摩——二祖慧可(恵可)——三祖僧璨——四祖道信——五祖弘忍と法が相伝され，五祖の下が大通神秀の「北宗」と六祖慧能(恵能)の「南宗」に二分，のち南宗が禅の正統となったとされている。しかし，これは中唐期以降にいわゆる「南宗」禅が主流となってから定着した伝承であって，則天武后期から玄宗期にかけて禅宗が興起した当初においては，神秀の系統が唯一の正統であった。本書はその時期，その立場から編まれたもので，達摩から五祖弘忍までの伝のあと，6代目として法如と神秀の伝を述べ，さらに神秀の教説と塔文を詳しく録す。20世紀に入って敦煌文書のなかから発見された。柳田聖山『初期の禅史Ⅰ』(『禅の語録』2，筑摩書房，1971年)に原文と訳注を収める。 (小川 隆)

てんめい【天命】 →命

てんもく【天目】 抹茶を飲むための器の一種。低く小さな高台，側面から見ると漏斗状に開いた胴部，口縁部は，内側にややすぼまったのちに外反する「鼈口」という形状に対しての3条件に，高台とその周辺は土見せ(露胎)になっているという計4条件を備えた喫茶用の陶器製の容器に対して日

本で使用する語。台（天目台）を添えて使用する。室町時代には，南宋から元にかけて建窯（福建省）で焼かれた曜変・油滴・禾目（のぎめ）などの建盞は天目の概念に含まず，それ以外の灰被（はいかつぎ）天目や吉州窯（江西省）産の玳皮盞（たいひ）*（玳皮天目）などの呼称であったが，現在ではそれらと日本の瀬戸産を含む総称として用いる。語源は，天目山（浙江省）の禅院で使用されていた黒褐色の器を，日本の禅僧が持ち帰ってわが国で天目と呼んだというのが通説。「天目茶碗」という語は，明治末期から大正初期に一般化した呼称。本来，茶碗とは磁器を指し，また形状も天目形以外の総称であり，天目とは区別する。灰被天目・兌天目・黄天目などの区別があるが，現在では，その差異が明瞭ではない。　　　　　　　　　　　　（砂澤 祐子）

てんもん【天文】　歴史的用語としての天文は現在の天文学とは違い，天空の文様，ようす，天文現象のこと。天子の政治などに対する「天」（この世の真の支配者）の意思や，その天域や星座に対応する地方や役職などに起こっていることを，それらが反映していると考えられた。「天文を観る」とは，天空の様子を観察して，天の意思や地上の出来事を知ることであった。正史中の天文志の巻には，多数の天文現象が記録されている。　（宮島 一彦）

てんもん【天問】　『楚辞』*の一篇。戦国の屈原の作と伝えられる。「遂古の初めは，誰か之を伝え道う。上下未だ形あらざるに，何に由りて之を考う」と，天地創造に関する疑問に始まり，天体の運行，古代の神々，辺境の怪物，上古以来殷周までの歴史伝承などについて，170以上の問いかけが延々と提示されてゆく。一見脈絡に欠ける印象があり，王逸*は，神霊や古代のできごとを描いた壁画に書きつけたものであるために次序が一貫しないのだと説く。後の学者の中には，句の順序に乱れがあるとして，それを正そうとする者がある一方，現在のテキストのままで解釈できるとする立場もある。ほぼ全篇4字句で構成され，「兮（けい）」「些（き）」など『楚辞』特有の助字を用いない。戦国後期の世界観を反映するとともに，古代神話の研究に多くの材料を提供する。のち中唐の柳宗元が作った『天対』は，この篇に対する答えという形で書かれている。
　　　　　　　　　　　　（谷口 洋）

てんりきょう【天理教】　清代の民間宗教結社。1811（嘉慶16）年，直隷の林清らによって創始された八卦教分派の一つ。八卦教の支派坎卦教の指導者であった林清は「八卦帰一」をとなえて八卦教各派の統合をはかり，同教創始者劉佐臣の転生と称し，1813（同18）年には弥勒である教主劉氏の統治する理想の「白陽」世界が到来すると称して各地で蜂起した。林清はまた，百数十名を北京に派遣し，信者であった宦官の手引きで紫禁城*内に侵入させたが鎮圧された。　　　　　　　　（武内 房司）

てんりじんよく【天理人欲】　近世に再生した新しい儒教に於いて議論の中心となった概念。『礼記』*楽記篇に初出する対概念だが，これを思想の中心的課題に取り上げたのは，北宋の道学者程頤*であり，又その嫡流を自任する南宋の朱子*である。程頤は「天理を存し，人欲を去る」，或いは「人欲を去って，天理に復す」を儒教者の実践指針として強調する。即ち，天理とはこの世界を支える原理的秩序で，人間に於いては善なる「性」として誰もが本来もつもの，人欲とは現実の人間のもつ様々な欲求・欲望で，必ずしも善きもの，正しいものとは限らない。人間は天理に反した人欲を克服することによって，心の絶対的安定の境地（聖人の境地）に到達することができるし，到達しなければならないというのがいわゆる道学のテーゼであった。朱子学の壮大な体系はこのテーゼをより理論化し，その実現のための方法を築き上げるものであった。程朱のいう「人欲を去る」は，必ずしも食欲などの人間の基本的な欲求を否定するものではなかったが，常に厳しい自己コントロールを強いるもので，後世その禁欲的厳格主義が様々な議論を誘発する。

　朱子学に激しく異を唱えた王陽明*も，「天理を存し，人欲を去る」ことを主張する。しかし，陽明に於いては天理そのものが人間の心に内在するものとされたために，人欲を克服する根拠は心の実感的な判断に委ねられ，天理と人欲の対立は実際にはなし崩しにされてしまう。そのため程朱が人欲の不善の側面を意識的に注視していたのと対照的に，陽明は人欲の善なる側面を強調し，その不善の可能性は語られない。陽明が不善の可能性を敢えて語らなかったことは，その後人欲を積極的に肯定しようという思想史の流れを作り出す。明末清初の社会的変化と思想的議論は，ついには「人欲こそが天理だ」という逆転にまで行き着く。欲望か規範か，何を「理」（妥当性の根拠）とするのかという近世から近代への中国思想界の中心話題は，この天理人欲論に由来する。　　　　　　　　　　　（垣内 景子）

てんりゅうざんせっくつ【天龍山石窟】　山西省太原市の西南15km，天龍山の東西二峰に開かれた仏教石窟寺院。東峰に8窟，西峰に13窟，計21窟が開かれている。石質は砂岩。534年に北朝の北魏が東西に分裂すると，東魏は都を洛陽から鄴*へ移したが，太原（晋陽）は東魏の宰相高歓の本拠地，すなわちのちの北斉皇室の発祥地で，鄴と晋陽とは

この期間密接な関係にあった。天龍山石窟の創建は高歓の東魏時代で，東峰第2，3窟が開かれた。次いで北斉時代に西峰第10，16窟が開かれた。濃厚な北魏晩期様式が見られる東魏窟から，鄴を中心に発展した北斉様式への，劇的な変化のさまを見ることができる。東峰第1窟は北斉～隋の開鑿。同第8窟は窟外の壁面に彫り出した碑形の銘文から584（開皇4）年に開かれたものと推定されている。これらの他の15窟はいずれも唐時代のもので，ほぼ7世紀末から8世紀前半の間に開かれた。従来これらの唐窟は8世紀半ば頃の盛唐期の開鑿と考えられていたが，最近西安周辺の唐代石窟寺院についての再検討が始まり，盛唐様式の典型を示すと考えられた天龍山石窟についても，おのずから見直しがせまられることになった。なお，本石窟は20世紀前半に日本人による発見と紹介がなされるとたちまち破壊略奪の場となり，いま像のほとんどが頭部を失い，あるものは頭体部の全体を奪われて，多くが日本・欧米の所蔵するところとなっている。

（岡田　健）

てんりゅうじせいじ【天龍寺青磁】　元・明に龍泉窯で焼かれた青磁の一種に対する日本における呼び名。天龍寺船によって日本にもたらされたことに由来するといわれ，また京都嵯峨の天龍寺の浮牡丹香炉がその名の起こりであるとする異説もある。深い緑色の釉薬が厚くかけられた一群をいい，多くはさまざまな彫り文様があらわされている。日本や西アジアなどに向けて大量に輸出されている。大盤や大鉢・花瓶など大型の器物が多い。

（今井　敦）

てんれいもんだい【典礼問題】　16世紀末以降，カトリック教会の中国伝道に際し，中国の伝統儀礼を教義上どう取り扱うべきかをめぐって生じた問題。初期の伝道に当たったマテオ・リッチらイエズス会士たちは，中国の伝統への適応に努め，「天」「上帝」の語は造物主たる神を表現するとして祀天の慣習を容認したり，孔子や祖先の崇拝は純粋に道徳的なものとして信者に許可するなどした。彼らの布教はかなりの成功を見たが，後に渡来したドミニコ会などはこうした布教方法を異端的と非難し，教皇庁に告発した。以後，カトリック教会内部の対立も絡んで抗争に発展し，教皇庁の立場も揺れたが，18世紀初には中国の伝統儀礼への妥協を一切否認する方針が確定した。一方，清朝の康熙帝（在位1661～1722）は，臣民の礼教に関して自らのほかに権威が存在することを認めず，教皇庁の決定を知るや，伝統儀礼を容認しない布教活動を禁止する。雍正帝（在位1722～35）の代には全面的な禁教が行われるに至った。

（谷井　陽子）

てんれき【天暦】　天歴とも。①暦法。『史記』太史公自序に「天暦始めて改む」と見える。②天の暦数。帝王となる運命。『文選』晋武帝華林園集詩に「陶唐（堯）既に謝り，天歴虞に在りき」，その李善注に「天暦は，天の歴数なり」とある。③清末に洪秀全が南京に建国した太平天国が施行した暦法。1年を366日，12か月とする。奇数月は31日，偶数月は30日，閏月は置かない。日の干支は清朝の時憲暦より1日を先んじている。郭廷以『太平天国暦法考訂』（商務印書館）に，天暦と時憲暦，西洋暦との対照表がある。

（新井　晋司）

てんろく【天禄】　→辟邪

てんろくりんろうしょもく【天禄琳琅書目】　清の勅撰書目。10巻，『後編』20巻。1744（乾隆9）年，乾隆帝は宮中の善本を昭仁殿に集めて「天禄琳琅」と名づけたが，1775年に至り目録編纂を于敏中等に命じ，できたのが正編。のち1797（嘉慶2）年に昭仁殿の蔵書は焼失，これをうけ，改めて彭元瑞により編纂された宮中善本書目が後編。版本の時代順に排列し，蔵書印を詳記するなど，書物の文物的側面を重んじているのが特徴。ただしその版本記載には問題が多く，あまり信頼できない。（井上　進）

てんろん【天論】　唐の論説文。3篇。劉禹錫著。柳宗元の『天説』を承けて天と人との関係を論じたもの。天は物を生み，人は法によって生活する別々の存在だが，法がゆるむにつれて天が神秘化・絶対化される。法が完全ならばそのようなことはありえないと主張する。人格神の存在を否定し人の主体性を論じたものとして注目される。劉禹錫・柳宗元の文集の他，『文苑英華』739，『唐文粋』34，『全唐文』607に収録されている。

（島　一）

てんろん【典論】　三国魏の曹丕の著した書物。もとは5巻。魏の明帝の時に至って石に刻して立てられたというが，今は類書などに引かれた断片がのこるのみで，全容はわからない。裴松之『三国志注』に引く箇所には，幼い時から文武にすぐれたこと，数々の戦功を立てたことなど，曹丕自身の事跡が克明に綴られている。また『文選』に収められた「論文」篇は，中国における文学論の嚆矢とされる。そこに同時代の文人としてあげられた7人が，のちに「建安七子」と称される。7人それぞれの長所短所を記しているが，文学の根本は同じでも，表現されたものは様々に異なると具体的に差異を挙げる。そこにはジャンルによる違いを認め，作

者の個性によって得手不得手が分かれるという考えが見られる。その前提には「文は気を以て主と為す」という，文学は生得の資質によって決定されるという文学観がある。また「文章は経国の大業，不朽の盛事」と述べて，文学の意義を高らかに宣言し，文学によってのみ人は永遠でありうるとする。先に司馬遷*が人は逆境に置かれることによってすぐれた著述を生み出すとしたのに対して，境遇のいかんにかかわらず不朽を求めて人は文学を営むものだとして，貧窮のなかで生活に追われたり，富貴のなかで安逸に流れたりすることなく，文学に努めるべきだと論じる。皇太子として生まれ，帝位に就いた者ゆえに提起した文学の動機といえよう。文学の概念が固まってきた時代を反映するこの文学論は，以後の陸機*『文賦*』，劉勰*『文心雕龍*』などに大きな影響を与えた。

(川合 康三)

と

と【斗】 小さい椀形の容器に長い柄を付けた器で，圏足(円形の高台)を持つ例もある。酒や汁を汲むための器とされる。「斗」と自銘する器は無い。古くから斗は勺(しゃく)と混同されてきたが，柄が容器の胴部付近に接続するものを斗とする見解が提示されている(王振鐸「指南針与羅経盤(上)」『中国考古学報』3，1948年)。この分類に従えば，青銅斗は殷墟期に出現し西周後期までに多数製作された彝器*(いき)である。尊・卣などの盛酒器と共に出土する例も多い。

(角道 亮介)

ど【弩】 横置きの弓と，矢を載せる臂(腕木)，それに臂後部の弦を懸ける牙と引き金にあたる懸刀(併せて弩機と呼ぶ)からなる武器の一種。原型は新石器時代に弓から派生したと推測される。実物が確認できるのは，弩機が青銅で作られた戦国時代以降のもので，南方の楚国で発達し各国に波及したとされる。城壁都市の守備において特に威力を発揮する歩兵用の武器となった。漢代以降，弩機は懸刀部分を堅固な筐体(郭)内に固定して精度と強度を増した。その製造と流通は公的に管理され，銘文には，製造官署，工人名，製造年月，弩の強度などが記された。漢墓出土の弩の残片や模型明器によれば，臂の長さは60cm前後で，横弓の長さはその2倍余であった。

(西江 清高)

とう【刀】 青銅や鉄でつくられた利器の一種。武器・刑具・工具などさまざまな用途のものがあった。身の片側に刃を付け，後部に短柄をもつ。刃は直に伸びたもののほか，内反りや外反りのものも多い。新石器時代の石製・骨製の利器を祖形とし，新石器時代後期の黄河流域でナイフ状の青銅刀子が出現する。殷・周時代には工具としての小型の青銅刀が多く作られたが，それとは別に大振りで長い柄を装着した武器や刑具の類もあった。後者は金文中の刀の表現に似る。戦国時代から前漢前期まで短柄武器(短兵)の中心は剣であったが，武器を振りまわして使う騎馬兵の発達とも関連して，前漢中期以降は鉄刀が剣に代わって普及し，以後近代に至るまで盛行した。

(西江 清高)

とう【豆】 盤状の上部容器に高柄とラッパ状に開く足を付した，高坏仕様の土器。蓋が付く場合もある。豆は単なる盛食器というよりも，供献の目的を有していたことが想定される。新石器時代には東部沿海地域を中心に土製品が数多くつくられたが，それらは，新石器の中期段階以降に属するもので多くが占められている。豆は殷周時代以降も引き続き製作され，土製品以外に，青銅製品や漆製品などもあらわれるようになった。

(小川 誠)

とう【唐】 618(武徳元)～907(天祐4)。隋末の大動乱を平定して再統一に成功し，約300年の長期の国運を保った。唐室李氏は北朝西魏・隋室と全く同じ関隴貴族(かんろう)(武川軍閥)集団の出身で，初唐政権の中枢を占めたのも同様の胡漢混淆色の濃厚な勢力であった。唐は隋の諸制度をほぼ踏襲して律令制度に基づく国家体制を整えた。均田制で土地還授と人民支配を行い，租庸調を国家財政の基盤とした。府兵制で中央禁軍を編成し国防を，任子制と科挙制で官僚組織を構築した。三省六部九寺六監という整然たる中央官制の下，およそ300州1500県の地方行政官府により，農本主義的な方式で全国統治を行った。兵役や力役という人民労働力の直接的徴

発に依拠する徭役制度は，中期以降には人民の本貫地からの離脱や貨幣経済の進展といった社会の多様化が進むなかで維持困難となり，府兵制は傭兵制へ，均田・租庸調制は両税法へと転換せざるをえなくなり，静的な農本社会に立脚した律令制では対処出来なくなった。そこで続々と新設されるのが転運使・塩鉄使・節度使という使職（令外の官）である。また貴族層の特権であった任子（恩蔭）制での官僚化に対し，科挙制による庶人上層の官僚化が次第に優越していく。

　2代太宗の628（貞観2）年に再統一を完成し国内基盤を確固たるものにした。太宗の治世は「貞観の治」と称され，後世の帝王学の手本とされる。3代高宗期には周辺諸民族を羈縻政策の下に包摂して世界帝国へと発展する。しかし国内的には武皇后が地主や富商といった新興勢力を背景に武周革命を行い，空前絶後の女帝（則天武后）の登場となり，唐は一時的に中絶する。とは言え，武周期は国力のなお伸長期であり，玄宗期の唐の極盛期に繋がる時期であった。玄宗期には人口は5000万を越え，唐代での最大数を示している。玄宗末年に勃発した安史の乱を契機に唐の衰退が始まる。律令的一元統治は著しく機能不全となり，分権化の傾向が強まる。両京（長安・洛陽）を除く全国には40～50の藩鎮が置かれ，華北では節度使ポストを世襲して中央の統制から離脱し地方軍閥化を強めた。唐朝中央がかろうじて確保した財源地帯である江南では高級官僚から天下った節度使が羨余と称して中央への財物進奉のための法外な収奪を行い民心の怨嗟と離反を招き，傭兵からなる節度使管下の地方軍団の兵乱や民衆反乱を多発させた。一方，中央では傭兵からなる新たに編成された禁軍を掌握した宦官が政治に直接介入して皇帝をも廃立し，官僚は出身階層などによる党派を組んで党争を繰り返した。中央の混乱や腐敗，統治能力の低下，そして地方での分権化がさらに進む過程で勃発した黄巣の乱は，唐朝の滅亡を決定付けた。山東に起こり，四川を除くほぼ全国を反乱にまきこみ，最後には長安をも占拠した10年に及ぶ大乱で，唐朝は事実上崩壊し，その後の20年余は反乱降将・群盗首領・自衛団首領・異民族首長などから実力で成り上がった軍閥勢力が各地に割拠し，五代十国の軍閥政権興亡へと時代は移る。五代十国をはさんで，960年に成立する統一政権宋との間には大きな時代相の違いがある。中国史上での最大の歴史的変質の時期，「唐宋変革」の時代である。　　　　　　　　　　　　　　　　　（愛宕　元）

とう【等】　等韻学の基本的概念。韻図において，韻の音色の違いを一等から四等に分けて図表化したことに基づく。基本的には母音の開口度の広い狭いによる区別で，一等が最も広く，四等が最も狭い。麻韻は二等と三等をもつが，支韻には三等しかないなど，韻母と等の組み合わせは一定ではない。また，語頭子音によっては特定の等の韻母としか結びつかないことがある。例えば軽唇音の非組声母は三等韻とのみ，正歯音荘組声母は二等韻とのみ結びつく。　　　　　　　　　　　　　　（木津　祐子）

とう【璫】　璫には2種ある。
①冠上につけた金の飾り。漢代の近臣は金を以て製作した璫を冠の前につけることにより恩籠を示したという。
②耳飾りの耳璫。耳墜ともいう。耳璫は耳環の前身であり耳に穴を穿って用いた。『釈名』釈首飾に「耳を穿ち珠を施すを璫という」とある。この風習は本来蛮夷のものであり，女性の軽々しく淫な行動を戒めるものであったが，やがて中原に入り漢族にも用いられるようになった。　　　　（釣田　敏子）

どう【道（行政制度）】　歴代の地方監察・行政区画。早くには，漢代に陝西・四川の少数民族居住区に置いた，県に相当する行政単位としてみえる。のち北朝中期頃から，都督府（地方方面軍）の軍管区や行台尚書省（地方出先機関）の管区を指した。

　唐初の627（貞観元）年，交通・自然の形勢にあわせ全土を大きく10道（のち15道）に区分した。当初地域的区分の意味を出なかったが，8世紀前半に各道を担当する10道按察使，15道按察処置使が登場して監察・監督区へと変化した。さらにこれが安史の乱をへて，観察処置使となり，また各地に分立した節度使の領地が道とよばれるなかで，州の上にくる行政区域へと変質した。

　宋は道に代わり路という監察区域を設置したが，元では省・行省の下に，宣慰使司の道（担当区分）などが現れ，明・清では布政使司の分守道，按察使司の分巡道という地方官制・区分などがあり，道台・道員ともよばれた。　　　　　　（氣賀澤　保規）

どう【道（思想）】　→道

どう【銅】　化学元素の1つ。元素記号Cu，原子番号29，密度$8.96g/cm^3$（20℃）。融点1084.5℃。モース硬度3。銅は金属（自然銅）としても産出されるほか，炭酸塩鉱物，酸化鉱物あるいは硫化鉱物から精錬される。炭酸塩である孔雀石（$Cu_2CO_3(OH)_2$），藍銅鉱（$Cu_3(CO_3)_2(OH)_2$）は緑青や群青などの顔料として利用される。銅は人類が最も古くから利用した金属である。銅は純銅，あるいは銅とヒ素（ヒ素青銅），銅と錫（青銅），銅と錫と鉛（鉛入り青銅）として早くから利用された。銅と亜鉛（黄銅または真

鑰），銅と金(赤銅），銅と銀（朧銀，シブイチ）などの合金は歴史時代に利用された。

中国で金属銅製品が最も早く利用された例は現在の所，前5000〜前3000年の仰韶(ぎょうしょう)文化の臨潼遺跡で，純銅製の器具が見つかっている。その後，馬家窯文化の東郷遺跡(前3000年頃)，河南龍山文化の登封(前2500年頃)などで発見された。これらは自然銅を鍛造したといわれる。前2000年以降，鋳造した青銅が現れた。*二里頭遺跡・*盤龍城遺跡・*三星堆遺跡出土品には純銅，青銅，鉛入り青銅製品が含まれる。

青銅は銅と錫との合金で，錫濃度が増すと共に融点が低くなる(錫濃度20％で，融点約900℃。純銅よりも約200℃低い)。硬さは錫濃度が増すと共に増加するが，強靱さは錫濃度20％程度までは増加するが，それ以上錫濃度が高くなるとかえって減少する。色味もいわゆる銅色(純銅)から，黄金色(錫10％程度)，淡黄色(20％)，銀白色(25％以上)と変化する。漢式鏡では錫濃度20％以上が一般的である。これは割れやすくはなるが，青銅の色味が白色になり，鏡として用いやすいからであろう。白色の青銅を歴史的には白銅と称するが，現代では(高錫)青銅と表現する方が間違いが少ない(現代の白銅は銅とニッケルの合金)。

『周礼(しゅらい)』には青銅の利用方法として，銅と錫の比で6:1は鼎，5:1は斧(か)，4:1は戈・戟，3:1は大刀，5:2は鏃，1:1は鏡を作ると記されている。錫濃度を目的製品のために変えていたことを示す1つの実例である。しかしこの数値の量比を実際に用いて製品化していたかどうかは疑問である。

(平尾 良光)

とうあん【檔案】 清代以降，保存された公文書の通称。明代までの案巻(あんとく)，案牘などに相当する。入関前の清朝では，紙の欠乏から木簡を使うことがあり，それを保管したものをDangse(檔子)と呼んだ。これ以降，保存文書を檔案，冊子体のものを檔冊と言うようになり，現代の中国でもこの呼称が使われる。各地の檔案館で整理されている清代檔案は1000万件に近いが，地方の官署の檔案は10数万件にすぎない。

(岩井 茂樹)

どうあん【童行】 →童行(ずんなん)

どうあん【道安】 314(嘉平4)〜385(建元21)。中国仏教の基礎を確立した高僧。西晋王朝が永嘉の乱によって衰亡し五胡十六国時代へ入ったばかりの年に胡族治下の河北常山に生まれ，河北から河南北部の地を転々としながら，主として康僧会(こうそうえ)によって中国化されはじめた安世高系仏教を独学した

と考えられる。つづいて後趙石氏の帰依を受けた仏図澄教団に入って実力を認められ師の代講をも務めるようになる。この頃から『大品般若経』と『小品般若経』の比較研究を始めている。仏図澄死後の348年，戦乱を避けながら200〜300人もの教団を率いて移動しつつ南下して，365年頃東晋治下の襄陽に入って安住の地を得た。この地にあって師徒数百が修行する教団を指導していたが，379年，ふたたび前秦の苻堅によって長安へ連れて行かれ，新来の律・阿毘曇などの漢訳事業に参画している。苻堅が南攻して淝水の戦いで東晋軍に敗れた直後の長安の混乱の中で，その生涯を終えた。

道安は，インド伝来の仏教文化を完全に中国化して中国仏教の基礎を確立した開基大師だといってよい。かれが開基した諸事業として，①教団規則の確立：インド・中国両系の経典講義の儀式を融合し仏経講義の儀式を確立した。年間の諸行事から日々六時にいたるまでの仏教儀礼の細則を制定した。②仏道修行の方法の確定：安世高系の瑜(ゆ)伽行を修行しながら『*般若経』の理を究明する。③最初の経録『総理衆経目録』の編纂。④釈迦を宗祖とする「釈氏」教団を自覚し，自ら釈道安と称した，等が挙げられる。なお，他に北周の道安，嵩山会善寺の道安(584〜708)等，同名の高僧が存在する。

(荒牧 典俊)

とうあんむおく【陶庵夢憶】 明末清初の文人張岱(ちょうたい)が著した随筆集。張岱は高祖父・曾祖父・祖父と三代続いて進士を出した山陰(浙江省)の名門出身だが，彼自身は科挙を受験せず，芝居・骨董・庭園・美食等々，趣味に耽溺する豪奢な前半生を送った。しかし，1644(崇禎17)年，明が滅亡した後は，一転して貧乏暮らしに耐えながら，明の遺民として生きぬき，大量の著作を完成させた。

『陶庵夢憶』はそんな張岱の最高傑作と目される随筆集である。ここで，張岱は明末快楽主義者として生きた華やかな前半生を回顧し，当時の見聞を多様な角度からいきいきと描きあげている。とりわけ庭園マニアだった従弟の張燕客(ちょうえんかく)をはじめとする多種多様の奇人群像の描写はまことに鮮烈であり，士大夫知識人階層のなかから儒教イデオロギーを等閑視し，「私自身の生き方」を求める人々が続々と出現した，明末快楽主義の気風をみごとに浮き彫りにしている。

(井波 律子)

とういしりゃく【島夷誌略】 14世紀の南海諸国に関する地誌。原名は『島夷誌』。1巻。元の汪大淵(おうだいえん)撰。撰者は1330〜34年ごろと39〜44年ごろの二度にわたって南海諸国を遊歴した。本書全100条は末尾の「異聞類聚」を除けば国・地域別に条項

を立てるが，言及する地名は全220数か国におよぶ。その大部分が著者の実際の見聞に基づいて記されており，史料価値が高い。藤田豊八の校注本(『雪堂叢刻』所収，1915年)，蘇継廎の『島夷誌略校釈』(中華書局，1981年)がある。　(林　謙一郎)

どういつへん【道一編】　明代中期の程敏政が1489(弘治2)年に著した朱陸論争の書。南宋の朱子と陸象山は性善説の内容をめぐって激しく対立したために，その後の儒学徒の間で両学の是非をめぐる論議(朱陸同異論)が交わされた。程敏政は朱陸の両者は若いときには対立していたが，晩年には一致したという「早異晩同論」を述べて調停しようとした。これを承けて王陽明が『朱子晩年定論』を編集したために朱陸論争が盛んになった。(吉田　公平)

とういほうかん【東医宝鑑】　朝鮮李朝の医学全書。全23巻。1610年成立，1613年刊。許俊の奉勅撰。許俊(1546〜1615)は宣祖に好遇された太医(皇帝・皇室の侍医)で，字は清源。朝鮮では英雄的名医。本書は全体を内景・外景・雑病・湯液・鍼灸の5門に分かち，中国医書を資料として広範の病気の論治を収載。朝鮮医書中，最も盛名がある。初版は銅活字版で，朝鮮では翻刻を重ね，今日でも教科書的存在として用いられている。日本でも1724年に江戸幕府官刻版が刊行された。(小曽戸　洋)

とういん【唐音】　元代に編纂された唐詩の選集。15巻。楊士弘(士宏とも記す)が10年の歳月を費やして1344(至正4)年に完成。全体は3つに分かれ，最初の「始音」は初唐四傑の詩を集め，中心部分の「正音」は，五・七言の古詩・律詩・絶句ごとにそれぞれ初唐盛唐・中唐・晩唐の3類に分けて載せ，「遺響」はそれら以外の作や僧侶・女性などの詩を録し，総数は1300首を超える。李白・杜甫・韓愈の3人は，世に全集が多いとの理由で収めない。時代区分のしかたや盛唐詩に重きを置く点で，南宋の厳羽『滄浪詩話』を受け継いでおり，また明の高棅『唐詩品彙』につながる。(釜谷　武志)

とういん【唐寅】　1470(成化6)〜1523(嘉靖2)。明の画家・文人。呉県(江蘇省)の人。字は伯虎，後に子畏。号は六如(居士)・桃花庵主・魯国唐生・逃禅仙吏・江南第一風流才子など。唐解元とも呼ばれる。呉中四才子の一人(他に徐禎卿・祝允明・文徴明)。書室を学圃堂・夢墨亭という。1498(弘治11)年，郷試に首席(解元)で合格したが，会試で問題漏洩事件に連座し失格し，故郷に帰る。以後は無官のまま，桃花塢に居を構え，書画文章で生計を立て，自由奔放な生活を送った。後，寧王朱宸濠の聘に応じたが，彼に反乱の意志のあることを知るや狂を装い，帰郷し難を逃れた。その詩文は，早期は六朝を崇尚した華美なものだったが，後には修飾を事とせず，平俗な言葉で自由に個性を表出するものへと変化した。　(田口　一郎)

絵画において，唐寅は早くから才能を現し，10代の終わりから作品を残している。早熟で多方面にわたる天性の才能を持っていた唐寅は，子供の頃から蘇州の職業画家周臣のもとに出入りし，職業画家の高度な技法を早いうちに習得したと言われている。周臣は，南宋院体の李唐・劉松年の様式に倣っており，同じく南宋院体画風を継承した明の浙派の画家が，馬遠・夏珪の画風を継承していたのとは異なっていた。唐寅は周臣や周臣の弟子であった仇英らとともに院派と呼ばれ職業画家の技法や大画面の構築力を身につけていた。よって，唐寅の画法は，同時期の蘇州で活躍し互いに幼い頃から交流のあった文徴明を代表とする呉派の画法とは異なるものであった。沈周や文徴明が，元末四大家の画風に基づく滋味ある筆墨法による文人の山水画を追求したのに対して，素早く達者な筆使いによる大画面山水や精緻な人物描写などに特色がある。代表作『山路秋声図』(1516年頃，台北，故宮博物院蔵)は，47歳頃，呉県知事に贈った大作で，その他にも多くの大幅山水画や，『事茗図巻』(北京，故宮博物院蔵)などの山水画巻を残している。それらにはいずれも，唐寅の自題詩が自書されている。一方，『王蜀宮妓図』(北京，故宮博物院蔵)など，職業画家が専ら描いていた濃彩の美人画も描き，他にも古典や史書に題材をとった彩色や水墨の美人画を多く描いて，仇英とともに美人画でも名声を博した。彼の活躍は，当時の蘇州の経済的繁栄を背景にしており，伝統的教養の裏付けのある，しかも旧来の文人士大夫の価値観のみに収まりきれない，新たな絵画の需要に応えた画家であったと言える。自身も，「江南第一風流才子」の印と，南京での郷試首席合格を示す「南京解元」の印を生涯用いた。その多彩な才能と挫折，その生涯によって，後々も人々の人気を集めた。官につかず自らの才能のみによって生きた芸術家のはしりとしての唐寅の生涯は，当時では蘇州という文化的な都市においてはじめて可能であったが，実際には，まだ多くの困難をともなうものであったと推測される。著に『六如居士全集』がある。尚，『六如画譜』が伝わるが，仮託。明史286　(宮崎　法子)

とういん【唐韻】　唐の韻書。5巻。作者の孫愐は天宝年間(742-756)に陳州(河南省)司馬の官にあった。『切韻』を増補して作ったもので，開元本と天宝本とがある。前者はすでに亡びて伝わらないが，『式古堂書画彙考』の著録する明の項子京蔵本

によってその概略を知り得る。その製作は732(開元20)年以前で，体例は王仁昫『刊謬補欠切韻』に近いとされる。後者の天宝本も完本は伝わらないが，呉県蔣斧旧蔵唐写本残巻および敦煌写本残巻が存在し，さらに『鶴山大全集』に引用される「唐韻後序」も参考に出来る。それらによると先行の切韻系韻書とはかなり違い，あわせて204韻に分け，注釈もかなり増補されている。その成立は751(天宝10)年。開元・天宝両本とも孫愐の作とするのは王国維の説で，唐蘭によれば後者は別人の作である。

(高田　時雄)

どういん【導引】　屈伸・静坐・按摩・啄歯(叩歯)などの動作に瞑想を加えて，清気を導き体を柔軟にして，治病と益寿を図る健康法。昔は，呼吸と筋骨とを舞踏で健全化した(『呂氏春秋』古楽)。故に導引は，踏引・宣導・導養・道引とも記され，気功とも関連する。その具体的なポーズとしては，前漢の馬王堆漢墓出土の導引図に示されているように，棒を用いたり動物のポーズを模した44種の姿態が参考になる。また，後漢の名医華佗には虎・鹿・熊・猿・鳥の五禽戯(模範技)がある。導引の出発点は，柔弱は生命の象徴(『老子』)であり，枢と流水は絶えず動いていることで腐朽の害を免れていること(『呂氏春秋』尽数)に着目したところにある。荘子は，外気を吸い引伸姿勢(ストレッチポーズ)をとる人を導引養形の士とし，内面的修練を積む養神の士の下に置いた(『荘子』刻意)。道教でも，養形を偽道としたり養神を真道として区別することもある。身体の中でも特に軟らかい小腸を神に見立てて道教では導引君とする。導引の形式には，彭祖導引法・鍾離八段錦などが有名で，インドとの関係では，婆羅門導引法(十二法)とか天竺(国)按摩法(訣)などと呼ばれるものがある。

(宮澤　正順)

とういんいっとく【等韻一得】　清末の等韻学書。2巻。1883(光緒9)年初版。労乃宣の著。内外篇に分かち，内篇は「字母譜」以下10の表からなり，外篇では等韻の源流と音韻の理論を述べる。「字母譜」では有音無字の22母を含めて58の字母を立て，「韻摂譜」では韻母をまず音節末の部位によって唇音・舌歯音・鼻音および喉音3部の計6部に，さらにそれを4等呼および母音の開口度の違いによる陽声・陰声・下声で区別し，あわせて52摂に分かつが，これも実際に存在しない音を除くと37韻母となる。等韻学の枠組みで理論的に中国語音を分析したきわめて精細な書物で，なお参考とすべき点が多い。

(高田　時雄)

とういんがく【等韻学】　等韻図によって漢語の音韻体系の分析や音韻変化の研究を行う学問分野。等韻図の作成・歴代の等韻図の構造の分析を主な内容とし，漢語音韻学史上，重要な概念を多く生み出した。等韻学は唐代中期以降，宋代初頭までに成立し，以後，漢語音韻研究の主要な分野となり元，明，清と発展していく。現代でも，漢字音の再構や音韻変化の説明のために，等韻図は必要不可欠である。初期の等韻学では，等韻図の作成およびそのための音声分析こそが等韻学そのものであったということができる。等韻図は，声母を横軸に，韻母および声調を縦軸にとって，交点にそれぞれの声母・韻母・声調を組み合わせた音節をもつ代表字を示すという表音法であり，等韻図を作成するために「七音(あるいは五音)」と「清濁」によって声母の調音位置と調音方法がそれぞれ分析され，「等(主母音の開口度と介母音の有無)」により韻母の構造が分析された。韻母の分類は古くから中国に存在していたが，この頃になって声母と韻母が相互に密接な関係を持っていることに人々が気づいたということが重要である。それによって「七音(あるいは五音)」や「等」の概念を生み出し，韻母の分類に声母を利用するようになり，その成果を等韻図上に結晶させることができたのである。等韻学の成立にインド伝来のサンスクリットの影響があったことは間違いなく，等韻図の起源もおそらくインドの音節表であろう。しかし，このような音声分析の方法はけっしてサンスクリットというウェスタン・インパクトのみによって成立したわけではなく，古代中国にその萌芽がすでに見られる。周代に成立した『詩経』中の「双声」「畳韻」という修辞法にあらわれている音節の二分法もそのひとつである。等韻学は，中国にももともとあった音声分析法(音節二分法や韻母の分類)にサンスクリットから得た音声分析法(「七音〔あるいは五音〕」による声母の調音点の認識やそれによる声母の分類)を加えて成立したものと考えられる。初期の等韻図はある特定の韻書の音韻体系を反映するように作成されており，『韻鏡』『七音略』などは切韻系韻書を元にしている。時代が少し下った『四声等子』『切韻指掌図』などは，切韻系韻書を元にしながらもいくつかの韻類を統合しており，韻書が作られた時代から等韻図が実際に作成された時代までの間の音韻変化を反映していることが窺われ，非常に興味深い。これらの等韻図には，元になった韻書の反切に表されている音韻と，当時の実際の発音との違いを説明するために，「門法」と呼ばれる一種の注釈が付されている(『切韻指掌図』では「門法」とはされていないが，これに相当する注釈がある)。この「門法」の研究も等韻学の一分野である。

(中西　裕樹)

とういんず【等韻図】 漢語の音韻を体系的に示すように描かれた一種の音節表。単に韻図とも。横軸に声母、縦軸に韻母と声調をとり、その交点でひとつの音節を示す仕組みになっている。各音節は代表字で表される。横軸の声母は調音部位と清濁の組み合わせによって示される場合と三十六字母などの代表字で表される場合とがある。縦軸はまず「平」「上」「去」「入」ないしは各声調を表す代表字によって四声調に分類された後、各声調がそれぞれ一等から四等の4つの「等」に分けられる。一般に一等から四等へと主母音の開口度が狭くなっていき、三等はiという介母音をもっていると解釈されている。1枚の図表に表される音節群の韻母は「等」による主母音の開口度や介母音の有無などの違いにより関係づけることができ、同じ「等」の場合は韻母も同一である。図表の枚数は各時代の音韻体系を反映して、等韻図によってそれぞれ異なっているが、韻書の音韻体系を元にして作られている初期等韻図は、元になった韻書の小韻の代表字すべてが含まれるように編集されている。
(中西 裕樹)

とういんとうせん【唐音統籤】 明に編纂された唐・五代の詩の総集。1033巻。胡震亨の編。唐・五代の詩を、詞曲・歌謡・謡諺・占辞の類に至るまで集録して、原則として時代順に排列し、十干にしたがって第1集「甲籤」から第9集「壬籤」までの9つに分けた。さらに第10集として、詩に関する資料を網羅した「癸籤」33巻を設けており、全体をまとめて「統籤」とよぶ。収録している詩篇は膨大な数に上り、個人が編纂した唐・五代の詩の総集としては最大規模である。清の康熙年間(1662-1722)に『全唐詩』900巻を編纂する際に、底本の一つとされ、なかでも中晩唐の詩や散逸した詩句の収集は、本書にほとんどを負っている。『唐音癸籤』の内容は、詩のスタイル、特質、創作の要諦、詩語や典故、詩人をめぐるエピソードから、別集、選集、詩話、さらには音楽や金石にまで及んでおり、広い範囲を網羅した文学評論といえる。統籤のうち『唐音癸籤』は刊本があり、活字本(上海古籍出版社、1981年)もあるが、甲籤から壬籤までは、半分以上が抄本のままで伝わっている。
(釜谷 武志)

とういんひじ【棠陰比事】 南宋末、桂万栄が撰した歴史上の裁判の故事集。1巻、また2巻。和刻本では3巻。書名は「名裁判比べ」の意。裁判の手本となる事例144例を類別し、『蒙求』にならって表題を4字の韻文で表し、2事ずつ対比させて72群とする。材料は『疑獄集』『折獄亀鑑』からとる。日本には江戸初期に朝鮮から伝わって流布し、井原西鶴『本朝桜陰比事』をはじめ、『本朝藤陰比事』『大岡政談』など多くの裁判説話の種本となった。
(植松 正)

とういんぼん【套印本】 重ね刷り(多色刷り)本。套とは重ねるの意。一般に、本文を墨色で印刷し、別の色で圏点・批点や評語などを印刷する。挿図を多色で印刷するものもある。現存最古の套印本は、1341(至正元)年に中興路資福禅寺で刊刻された元の釈思聡注解『金剛般若波羅蜜経』(台北、国家図書館蔵)で、経文本文を朱で、注解を墨で、挿図を朱墨で印刷する。明代以降、盛んに刊行されるようになるが、ことに万暦年間(1573-1620)には、烏程の閔斉伋・凌濛初の2家が多数の套印本を刊行した。閔凌2家の套印本は、3色套印もあるが、多くは朱墨套印である。清代以降、套印の技術はより発達し、武英殿で刊行された5色套印『勧善金科』などは、極めて精緻な印刷である。また坊刻本でも5色・6色のものも刊行されたが、道光年間(1821-50)に涿州の盧坤が刊行した『杜工部集』はよく知られるもので、本文を墨で、王世貞等5家の評語を、朱・藍・紫・緑・黄の5色であらわした6色套印本である。
(梶浦 晋)

とうえいしせん【東瀛詩選】 江戸時代日本人の漢詩アンソロジー。40巻、補遺4巻。1883(光緒9)年序の刊本。清末の学者兪樾が、1882(明治15)年の秋、岸田吟香の依頼を受け選定した。300余名の詩集から選んだ5000余首を、林羅山・伊藤仁斎など漢学者関係35巻、方外4巻、閨秀1巻の40巻に編集。さらにそれ以外の諸家総集より、7世紀の大友皇子から幕末の那珂通高まで261人の詩500余首を選んで補遺4巻とした。わが国では有名な詩でも漢詩の押韻や平仄が合わないとか、和習が強いという理由で選ばれなかったものも多いが、日本漢詩史を概観するには有益な書物である。なお、兪樾がこのうちから150人の詩を精選摘録した2巻を自身の『春在堂全書』に収めた「東瀛詩記」は、中国人学者の日本漢詩に対する初めてのまとまった評価を示す。今日利用しやすいものとしては佐野正巳解題『東瀛詩選』(汲古書院影印本、1981年)がある。
(筧 久美子)

とうえき【湯液】 中国伝統医学の薬剤療法。熱水を用いて生薬から有効成分を抽出し、内服するいわゆる煎じ薬(薬草のスープ)をいう。馬王堆漢墓出土の薬剤療法書である『五十二病方』に薬物を水煎する湯液剤が載せられていることから、戦国時代末期には既に行われていたと考えられる。『史記』

倉公伝には湯剤名が記されており、『漢書』芸文志には「湯液経法三十二巻」の書名がみえ、『黄帝内経』の『素問』には湯液醪醴論の篇がある。後漢末に成立した『張仲景方』(現伝の『傷寒論』と『金匱要略』)では治療薬剤の多くが湯液の剤型で用いられている。西洋では1種の生薬の効能で治療が考えられたのに対し、中国医学では生薬は処方の一素材であり、投薬は生薬を巧みに組み合わせた複合処方が用いられた。とくに『傷寒論』系の医学では処方には、たとえば葛根湯(葛根・麻黄・桂枝・生薑・甘草・芍薬・大棗の煎液)などのように固有の名称が与えられて性格づけられ、以後現代まで引き継がれ、中国伝統医学の一大特色をなした。

(小曽戸 洋)

とうえきゅう【湯恵休】 生没年不詳。南朝宋の詩人。「とうけいきゅう」ともよむ。字は茂遠。俗姓を湯といい、仏門に入ったが、後に宋の孝武帝に命じられて還俗し、官位は揚州従事史まで至った。「怨詩行」「楊花曲」など情感あふれる楽府詩を作り、通俗的な詩風がもてはやされた。鮑照と並び称されたが、『詩品』に「淫靡」と評されるように低俗な流行歌風で、鮑照には遠く及ばないというのが通説である。『玉台新詠』では「湯僧済」といい、これは還俗後の名とされる。宋書71 (釜谷 武志)

どうえん【道衍】 →姚広孝

とうえんめい【陶淵明】 365(興寧3)〜427(元嘉4)。東晋〜南朝宋の詩人。潯陽柴桑(江西省)の人。本名は潜、淵明は字、あるいは本名は淵明、字は元亮ともいう。死後、靖節先生と称された。曾祖父は東晋の大司馬の陶侃。年老いた親をかかえて貧苦のため、29歳で仕官を余儀なくされ江州の祭酒となるが、宮仕えに耐えられずしばらくして辞職し、州から召されても応じなかった。その後農耕生活を続けるうちにリウマチのような病気にかかり、35歳から鎮軍参軍などになり、41歳で最後の仕官となる彭沢県(江西省)の長官に就いて、80余日で辞職する。義熙(405-418)の末年には著作佐郎に徴されるものの就かず、以後ずっと田園で農耕生活を営んでいた。

彭沢県令を辞める経緯は史書によれば、郡から監察官が派遣された時に、県の役人が礼装して出迎えるべく申したところ、「我は五斗米の為に腰を折って郷里の小人に向かう能わず」と言ってその日のうちに職を去ったという。また「帰りなんいざ、田園将に蕪れんとす」の書き出しで始まる「帰去来辞」は、この時の帰郷の喜びを述べており、その序によると、もともと辞職の気持ちをもっていたところに、妹の死がきっかけで辞したとする。「帰園田居」5首は帰郷の翌年の作で、来し方を振り返って田園に帰るまでの事情を述べるとともに、帰郷後の田園生活を描写していて、「曖曖たり遠人の村、依依たり墟里の煙」などの農村の情景描写は、のちの南宋の詩の趣をすでにそなえている。しかし、俗世に無関心で穏やかな隠遁生活を送っていたのではなく、激烈な志を内に秘めて詩を書いていたのである。

「菊を采る 東籬の下、悠然として南山を見る」は最も人口に膾炙した淵明の句で、「飲酒」20首の第5首にある。彭沢県令となった理由の一つが、官田に酒造用のもち米を植えていつも酒に酔っていられるからというのは、史書が伝えるエピソードであり、それと対応するように、淵明の詩の多くに酒が登場する。「飲酒」はその最たるものであるが、必ずしもすべてが飲酒をうたっているわけでなく、むしろ胸中の想いを表白する雑詩、無題詩の性格が強く、阮籍の詠懐詩の系譜につらなる。作者の分身3者が問答する風変わりな「形影神」をはじめ、「詠貧士」「読山海経」「挽歌詩」など、詩の総数は120首を超え、他のジャンルでも「五柳先生伝」「桃花源記」、生前に自分の死を想定した「自祭文」などがある。また「閑情賦」は、なまめかしい美女を描いていて、これだけが他の作品と趣を異にしており、そのわずかなきずを、南朝梁の昭明太子に「白璧の微瑕」と評された。

卑近な題材を取り上げたり、俗語表現をまじえたりしていたので、六朝期には「古今隠逸詩人の宗」(『詩品』)とあくまで隠者として見られていた。詩人としての真価が認識されるのは、唐以降、とりわけ北宋に入ってからである。同じく山水の自然描写を善くした南朝宋の謝霊運とともに「陶謝」と並称される。注釈本として、清の陶澍の『靖節先生集』(文学古籍刊行社、1956年)、逯欽立の『陶淵明集』(中華書局、1979年)などがある。宋書93、晋書94、南史75 (釜谷 武志)

とうおう【湯王】 殷王朝初代の王。帝嚳の子たる契の子孫。廟号は天乙、名は履。湯は字。成湯と通称。亳(河南省)におり、賢臣伊尹を登用し、夏の桀王を破り、殷王朝を創建した。儒家は堯・舜・禹に続く聖人とする。甲骨文は大乙・唐と称する。湯の夏殷革命は、殷の子孫たる宋人に伝えられ、『詩経』商頌や斉の霊公(在位前581〜前554)時代の金文に見える。宋景公(在位前516〜前469)製作の金文にも「有殷の天乙唐の孫」とある。史記2

(吉本 道雅)

とうおうかく【滕王閣】 唐の滕王李元嬰(高

祖李淵の子）が，653（永徽4）年，洪州都督在任中に，洪州城（江西省南昌市）の西門「章江門」外の西北，贛江東岸の高地に創建した朱ぬりの楼閣(たかどの)の名。唐初の675（上元2）年，詩人王勃が滕王閣で華麗な駢文『滕王閣の序』と懐古の名篇『滕王閣』詩を作って以来，黄鶴楼や岳陽楼と並ぶ有名な詩跡となる。歴代のたび重なる再建も，王勃の詩序の力といってよい。現在のものは，1989年の再建。
　　　　　　　　　　　　　　　　（植木　久行）

とうおうこう【東王公】　中国の神仙的男神。東王父ともいう。もともと一元的存在であった西王母から新たに東王公が派生し，西の崑崙山に住む女性神の西王母に対して東の男性神としての地位を占めた。最初に図像として登場するのは2世紀半ば頃で，山東省嘉祥県の武氏祠では，木造建築を模した石造祠堂内の西壁と東壁の頂部に各々西王母と東王公が刻され，以後山東や陝西北部地域などの画像石に盛んに表された。しかし西王母信仰が強い四川などでは，東王公が表されることはなく，また終始その居所や眷属が定まらないなど，西王母に比し性格は曖昧であった。そして西王母ともども，神仙思想の衰退や仏教の伝来とともに，後漢末を最後に次第に影が薄くなっていく。
　　　　　　　　　　　　　　　　（曽布川　寛）

とうおうぶんか【唐汪文化】　1956年に甘粛省東郷県唐汪川で確認された青銅器文化で，中原の殷周時代に並行。洮河流域を中心に分布する。土器は夾砂質の紅陶が主で，各種罐・坏・豆・鬲などがある。双耳罐の把手は長大化したものが多い。彩陶には紅色系の上がけが施されており，文様は渦文・S字文・N字文など黒色の連続文を主体とする。唐汪式土器は甘粛省永靖県張家嘴遺跡で辛店文化層内から発見されており，辛店文化の後半段階に相当すると考えられる。一方で，唐汪文化を卡約文化の後に位置づける意見，唐汪式土器を卡約文化の中に含める意見もある。　　　　　　　（倉林　眞砂斗）

とうか【踏歌】　隋唐時代，主に巴蜀（四川地方）の農村に盛行した群舞。のち全国に広まった。笛や太鼓の伴奏で，男女袂を連ね，地を踏み鳴らして歌いながら舞うもので，仲秋節などに行われる民間の重要な娯楽であった。唐の詩人顧況は『山鵰鴟を聴く』の詩に「夜，桃花村に泊まった。踏歌の声が暁け方まで続いた」と詠んでいる。

　踏歌の曲調は，西域の音調を交えた流行の新しい音楽，曲子である。唐の劉禹錫の『乾那曲』の詩に「踏曲は実におもしろい。旋律は同じだが歌詞が異なる」とあるように，同じ旋律をくり返しながら，異なる歌詞を歌い継いでゆく。多勢が調子を合わせるため，節奏は明確で形式は整っている。これは唐代に既成の曲調に合わせて数章の歌詞を作る風潮が盛んになり，専業の詞人により大量の曲子詞が生み出される要因となった。白居易をはじめ文人たちも踏歌の曲調に合わせて作詞している。

　踏歌の風習は宋代にも盛んであった。また，踏歌の音楽と歌詞が後の宋代歌曲・文学に影響を与えたことも見逃すことができない。　（古新居　百合子）

とうが【匋雅】　清末期の古陶磁専門書。原名は『古瓷彙攷』。上下2巻，889条。1910（宣統2）年刊行。陳瀏著。陶磁の起源，胎土・釉色・装飾，伝世の歴代名窯や名匠，およびその市場取引の状況について，一物一条で簡潔にまとめている。特に清代の康熙・雍正・乾隆三代(1662-1795)の官窯について，器物の名称・釉色・款識・特徴などの詳細な記述がある。邦訳注解本に塩田力蔵訳『匋雅新註　支那陶器精鑑』（雄山閣，1939年）がある。
　　　　　　　　　　　　　　　　（砂澤　祐子）

どうか【道家】　諸子百家の一つ。万物の根源で，究極の存在である「道」を尊崇し，作為を捨てて，自然に生きることを主張した一群の思想家たち。道家とは儒家のように学団を形成していたものではなく，思想内容の近い個々の思想家たちを漢代になってから総括的に呼んだものである。彼らの残した文献として『老子』『荘子』『列子』などがあり，これらの書名はまたその著者を指すが，彼らの伝記はいずれも明確ではない。『老子』『荘子』には戦国時代中期から後期の思想内容が盛られている。『老子』では「有は無より生ず」として，有と無とを対立させ，万物の根源である「道」は無であると説かれている。『荘子』（とくに荘子自身の思想を伝えるとされる「内篇」）では，この世の中のあらゆる相対的差別を否定して，有無の対立さえも認めない「万物斉同」の説が唱えられている。現存の『列子』は漢代から東晋までの道家たちの主張を集めたもので，戦国時代の諸子百家の書ではないと考えられる。　　　　　　　　　　（影山　輝國）

どうか【鐃歌】　楽府の一つで，公式の軍楽，鼓吹楽。短簫鐃歌とも呼ばれ，鼓吹曲の一分類或いは同義語として用いられる。鐃は軍隊で用いる金属製の打楽器のこと。最初の作品である前漢の鐃歌18曲が最もよく知られる。戦争の悲劇をうたう『戦城南』，恋心を大胆率直に表した『有所思』『上邪』など，時を経て意味不明となった部分を含みつつ，その骨太で素朴な味わいが好まれて，後世多くの擬作を生んだ。また制度としての鐃歌は，後世の「鼓吹曲」に継承された。　　　　（松家　裕子）

どうかい【堂会】 演劇の上演形態の一種。中国の伝統演劇には，劇場での商業的上演のほか，宮廷への出仕，廟会における奉納など様々な上演の形態があるが，堂会もそのひとつで，官僚や豪商の誕生日や節句，婚礼の宴など，プライベートな祝いの席に劇団を招き，芝居を演じて興を添えた。会場は個人の邸宅，飯荘（レストラン），劇場など様々で，短くても半日，長い場合は夜を徹して芝居が上演された。堂会で上演される芝居は堂会戯と呼ばれ，冒頭に演じられる『跳加官』『天官賜福』など慶賀の意を表す「帽児戯」，集まりの性質に応じて演じる「吉祥戯」以外は，みな雇い主の注文により演目が決められる。大規模な堂会戯は，複数の劇団の主要な俳優が一堂に会する機会となり，雇い主もこのことを名誉とした。また通常より高額の謝礼を受け取ることが出来たため，劇団にとっては重要な臨時収入源となっている。一方で俳優を慰み者扱いする場面も多かったため，堂会をあえて拒否する俳優も一部にいた。
（平林 宣和）

とうかいげんせいしょうき【董解元西廂記】
→西廂記諸宮調

とうかいこうこう【東海黄公】 前漢の角抵戯（現在のレスリングのような形でおこなう舞踊）の出し物。晋の『西京雑記』に次のような記載がある。東海の人である黄公は若い頃，方術を学び，蛇や虎などの獣を取り押さえることができた。彼は常に赤金刀を身につけ，赤いリボンで髪を束ね，方術で雲や霧を起こすこともできた。しかし，年老いて気力が衰え，また酒を飲み過ぎたため，方術も効き目がなくなった。秦末に東海に白虎が出現し，黄公はそれを取り押さえようとしたが，術が効かず，逆に白虎に食い殺されてしまった。この物語が角抵戯の出し物となり，前漢の皇帝によって宮廷に取り入れられた。『東海黄公』は，他の角抵戯のように，人と人とが単なる優劣を争うというのでなく，先に述べたように，ある物語に基づいて，人と虎が争うといった演劇的な要素を持っている。ここに，演劇にいたる初歩的な形態を見て取ることができる。
（氷上 正）

とうかいよう【唐会要】 北宋に成った，唐一代の制度を沿革的に著した書物。100巻。961（建隆2）年刊。王溥撰。唐の蘇冕は唐初から徳宗朝に至るまでの事跡を『会要』40巻に撰した。それを承けて崔鉉らは853（大中7）年『続会要』40巻を撰した。王溥はそれに宣宗朝以降唐末までの事跡を付け加え補訂して『新編唐会要』100巻として完成させた。514の項目に分けられており，項目として分類しがたい条文は雑録の形で各条項の後ろに置かれ，さらに所々に蘇冕の駁議を付している。項目は多岐にわたっており，制度の変遷が詳細に記されているので，極めて貴重な史料である。但し，脱文や誤記も多く，取り扱いには注意を必要とする。特に巻7～10は欠損が甚だしかったので，清の乾隆年間（1736-95）の『四庫全書』編纂に際し『旧唐書』『新唐書』『冊府元亀』等の諸書から条文を集め編纂し直されたものである。
（松浦 典弘）

とうがえん【竇娥冤】 元の戯曲作品。関漢卿による元雑劇の代表作の一つ。幼い頃母に死別し，父と生き別れた竇娥という女性が，姑殺しの冤罪により死刑となり，のちにその冤罪がはらされるというストーリーで，やはり姑殺しの嫌疑を受けて死罪になり，その後3年にわたる干ばつが続いたという『捜神記』に見える東海孝婦の話と，『蒙求』に収められた戦国時代の斉の鄒衍が無実の罪にあって殺されたとき，真夏に霜が降ったという話とを下敷きとしている。明代にはさらに『金鎖記』という伝奇作品を生んでいる。
（赤松 紀彦）

どうがく【道学】 宋代に成立した儒学の一派。宋学とほぼ同義語として使用されることが多い。本来は普通名詞であったが，北宋末から次第に一定の学派を指すようになった。その創始者は従来北宋の周敦頤とされてきたが，問題視されている。道学の形成に力があったのは，実際には二程兄弟，特に弟の程頤であった。程頤の門下には，彼と血縁や地縁で結びつき思想的に親近性を持つ思想家（程顥・張載・邵雍）の弟子たちが次第に吸収されていき，ここにまとまった勢力の学派が登場した。これが道学である。道学は北宋末から南宋初期にかけて徐々に勢力を伸ばしていったが，その一方で内部の分裂に苦しみ，また矯激な思想として危険視された。その中で登場したのが南宋の朱子である。朱子は道学の経書解釈の集成，二程の基礎文献の整理，他の道学者や近接学派との論争を通して道学の統一をはかるとともに，道学が士大夫社会の中で市民権が得られるように努力した。朱子以後，道学は朱子学と同義語に近くなっていく。
（土田 健次郎）

とうがくたいてい【東岳大帝】 五岳の一つ，山東省の東岳泰山の神。泰山府君ともいう。北宋の1011（大中祥符4）年に贈られた封号では，東岳天斉仁聖帝。冥府の神として人の生死をつかさどり，さらにこの世の罪人をあの世で罰する神でもあり，七十二（あるいは七十五，七十六）司と呼ばれる部下を従える。また，地獄の十王の一人の泰山府君

としての信仰は日本にも伝わった。廟は各地にあり，北京朝陽門外の廟が有名。　　　　　（森田　憲司）

とうかくちょう【唐鶴徴】　1538(嘉靖17)〜1619(万暦47)。明末の思想家。武進(江蘇省)の人。字は元卿，号は凝庵。1571(隆慶5)年の進士。父は唐順之。天然の真機を重視する。その基盤は，生々たる気を尊重して万物の生成・存在の根元とし，理を気の変化の条理とする理気一体論である。気は調和を志向し調整能力を持つが，心での調和の維持は実質的には既成の理意識に依存する。朱子学・陽明学の中間を模索し王学左派に反発した。明史205
　　　　　　　　　　　　　　　　（荒木　龍太郎）

とうがくら【透額羅】　羅の一種。頭を包むのに多く用いられた。頭を包んだ時に，額が透けて見えるほど薄いことから名付けられ盛唐期に流行した。常州(江蘇省)産のものが著名であったらしく，唐代の詩人元稹は「新妝様を巧みにして双蛾を画き，ゆるやかに常州の透額羅にて裹む」(『贈劉採春』)と謡っている。この形については，敦煌莫高窟壁画130窟の唐代女性像に見ることができる。
　　　　　　　　　　　　　　　　　（田中　陽子）

とうかげんき【桃花源記】　東晋の物語。陶淵明著。「桃花源詩幷記」「桃花源詩幷序」「桃花源記幷詩」などともいい，詩とワンセットになっている。東晋の太元年間(376-396)に武陵(湖南省)の漁夫が川に沿って上流に行くと，ふと一面の桃花の林に出会い，さらにその奥をきわめようと進んでいくと，山の小さな洞穴の向こうに別天地があった。『老子』に描かれる小国寡民のユートピアのようで，人々は秦時の戦乱を避けてこの地へ来て以来，外界とは隔絶されて，今が何の世かも知らない。漁夫はもてなしを受けて数日間滞在して，ここを後にするが，以後二度と発見できなかったという。非現実的な仙界の一つといえるが，当時の民間伝説を利用しながら，著者の理想世界を描いたものであろう。陶淵明に編者が擬せられる志怪小説集『捜神後記』などにも収録されている。　　　（釜谷　武志）

とうかこう【桃花紅】　清時代康熙年間(1662-1722)の官窯で制作された銅呈色による紅釉の一種。淡雅な紅色が特色で，釉薬の配合と焼成雰囲気により，濃淡の苔のような緑版が現れることがある。焼成が困難で，製品は文房具など小品に限られる。　　　　　　　　　　　　　（矢島　律子）

とうかせん【桃花扇】　清の伝奇(戯曲)。全40齣(ただし試1齣・閏20齣・加21齣・続40齣が加わる)。1699(康熙38)年の作。孔尚任著。明末復社の文士侯方域とその妻となった南京秦淮の妓女李香君を中心として，1643(崇禎16)年から福王の擁立・明朝滅亡を経て48(順治5)年までの歴史を描いている。題名は，李香君が身請けされそうになったとき抵抗して節を守ったために血の付いた扇(侯方域からの記念の品)に，楊文聰が枝葉を描き添えて桃の花の図としたのに基づく。登場人物のほとんどが実在し，少し前の時期の東林党と宦官魏忠賢との対立を継承するかたちで，復社の侯方域・呉応箕・陳貞慧，明朝に殉じた史可法・左良玉・黄得功ら節義の士と，阮大鋮・馬士英ら奸臣とが明らかな対照を成し，節義の者の周りには彼らを援助する講釈師・幇間・妓女を配している。芸人たちは最後にはみな俗世を捨てて隠棲し，長く生き別れになっていた侯方域と李香君も先帝供養の場でやっとめぐりあうが別れて仙道に入り，余情を残して終わる。

　当時の芸能・出版の具体的な状況が窺える箇所も多く，講釈師柳敬亭が『論語』を講釈に仕立てる場面(第1齣)や「説唐」故事を語る場面(第13齣)，李香君が歌の師匠蘇崑生に『還魂記』驚夢の一くさりを習う場面(第2齣)，敵役の阮大鋮による新作戯曲『燕子箋』の評判が高く，お抱えの役者を借りる客が来る場面(第4齣)や阮が刊行予定の伝奇を校正する場面(同)，書店での文集の編集作業の場面(第29齣)などがある。　　　　　（廣瀬　玲子）

とうかていきょくわ【藤花亭曲話】　清の梁廷柟(1796〜1861)の戯曲論集。5巻。内容は元・明・清の劇作家の作った雑劇や伝奇の戯曲名，同名の作品，曲牌名を戯曲名とした作品などを詳しく列記する。また女流作家や僧侶・道士の作品も挙げ，用語・構成・音律・典故などについて述べている。中国古典戯曲論著集成本(1959年刊)では『曲話』と略称している。　　　　　　　　（内山　知也）

とうかろく【東華録】　清一代の編年体史書。まず蔣良騏撰の32巻本が完成した。彼は乾隆期(1736-95)の国史館の纂修官で，仕事の合間に書きためた国初から雍正(1723-35)までの史料をまとめたのが本書である。書名は国史館が紫禁城の東華門内にあったことに由来する。清末の1884(光緒10)年，王先謙は，蔣の『東華録』が簡略に過ぎるため195巻本に編纂しなおし，乾隆から同治(1862-74)までの『東華続録』430巻を加えた。他にも咸豊朝(1851-61)は潘頤福の69巻本があり，光緒朝(1875-1908)は朱寿朋の220巻本がある。清・民国期は実録を利用することが難しく，清一代の事績を知るには本書と『清十朝聖訓』が参照された。現在は実録が利用できるので本書の価値は低下したが，独自の

史料を含んでいる場合があり参照価値がある。特に蔣良騏本・朱寿朋本は有用である。なお本書には様々な版本があり、各種東華録が混在しているので、注意せねばならない。　　　　（谷井　俊仁）

とうかろく【登科録】　科挙（進士科）試験の合格者の記録。唐代に「進士登科記」なる名称が残されているが、現存するものは南宋代の２つの登科録『紹興十八年題名録』『宝祐四年登科録』以降のものである。殿試の担当者の名前並びに担当任務、殿試の試験問題、殿試後の合格発表・宴会などの儀礼式次第、第３位合格者までの答案、名前・本籍・年齢・家族などを記した合格者名簿などが記される。なお、明清代には登科録の他郷試・会試合格者の郷試録・会試録（合格者名簿）も作成されるようになる。　　　　　　　　　　（平田　茂樹）

とうかん【東漢】　→漢

どうかん【道官】　道官には、幾つかの意味がある。①古くは北朝北魏の寇謙之の新天師道で、教化と運営を行う道士を道官とよんだ（『老君音誦誡経』）。②唐の中宗を端緒に唐・北宋・明の道教に傾倒した皇帝が道士に官位を濫発、後代これを道官ともいう（『事物紀原』）。③一般には、北宋以降に設けられた道士専用の官を道官とよぶ。道官は官僚や官庁の監督下、道士として所属する宮観で執務した。職掌は時代によって変化するが、概ね宮観・道士の名簿、道教の祭祀、道官の人事などを管轄した。

北宋以降の道官の起源は道教の勢力が拡大した南北朝後半に遡る。道教統制のために、南朝梁では大小道正を、隋以降では道門威儀を設けて道士を任用した。その一方、官僚機構にも道教管轄の部署を設置した。北朝北斉では崇虚局、北周では司玄、隋では鴻臚寺に崇玄署が置かれた。唐は隋制を踏襲するが、しばしば担当部署を変更する。唐室は同じ李姓の老子を祖先とみなし、とりわけ道教に傾倒した玄宗は崇玄署を鴻臚寺から唐室一族を扱う宗正寺に移管、ついで崇玄署を廃止、封爵を担当する吏部尚書の司封に管轄させた。唐後半には、中央から長安の左右両街に設けた功徳使に移管された。北宋では礼部尚書の祠部や鴻臚寺が道教を管轄した。さらに、道門威儀に代えて中央に道録院（司）を、地方官庁や宮観に道正などを設けて道士を任用、道官とよばれる道士の官位・官職を増設し、中央から地方まで道官の制度化が進む。道教に耽溺した徽宗は一時期、道録院を秘書省に移管、また官僚の文官の官（寄禄官）と職（館職）に対応した道官の道階・職階を定めた（『九朝編年備要』）。南遷後、道官は祠部に移管された。元では中央の集賢院を中心に、地方官庁と宮観に多数の道官を置いた。明では礼部に道録司、府・州・県に道紀司・道正司・道会司を設置、道教各派の本拠地の宮観にも道官を置き、員数も増大した。清は明制を踏襲したが、道教そのものが低迷し、道官の員数も削減された。　　　　（都築　晶子）

どうかん【道観】　道教の道士が居住して修行し、祭儀を行うところ。道館・道院・玄壇などともいい、治・台・庵・宮・廟・祠などと称するものも道観の一種である。その起源については諸説あるが、後漢末に成立した天師道（五斗米道）教団の置いた二十四治が実質的な始まりであろう。この治は魏晋以降各地に拡散して天師道の教会として機能し、祭酒を中心に信徒を統括し祭事を執行していた。また、南北朝時代を通じて、南朝では宋の陸修静の崇虚館・簡寂館、斉の孫遊岳の興世館、梁の陶弘景の華陽館などの存在が知られるが、いずれも館を呼称としおおむね民間道士の個人的修行道場かつ祭事執行の場であった。一方、北朝では北魏の終南山の楼観をはじめとしておおむね観と称し、寇謙之の新天師道以来の国家権力との強い結びつきを反映して、北周の玄都観や国立宗教研究所とでもいうべき通道観、およびその後身の隋の玄都観などの国立の大規模な道観が次々と建てられた。南北朝末期の成立とされる『三洞奉道科戒営始』置観品は、天尊殿を中心とする建物の配置・種別や役割を詳しく記すが、それらはこの時期の道観の様子を伝えたものである。唐王朝は老子を祖として尊崇し、州ごとに老子を祀る玄元皇帝廟を建てた。また玄宗は各地に開元観を置くとともに、長安と洛陽のそれを太清宮、太極宮と称した。このため、唐以降は館よりも観や宮の呼称が一般的に用いられるようになり、道観内部の建物の配置規則や管理組織が整えられていった。全真教が隆盛になった元以降の道観は、全真教系の道観とそれ以外の道観に大別され、全真教系の道観はさらに、北京の白雲観をはじめとする戒壇を備え伝戒儀礼を執行できる十方叢林と一般の道観とに分けられる。　　　　（麥谷　邦夫）

どうかん【潼関】　関所の名。現在の陝西省潼関県にあった。最初は後漢代に設置され、隋代と唐代に移築されるが、さほど離れた位置ではなく、いずれも黄河・渭水が合流する地点にあった。河南省方面から侵入してくる外敵から、長安を防衛する東方随一の要衝であった。安史の乱の時、756（天宝15）年にここを守っていた哥舒翰が安禄山の軍に敗れたのがきっかけで、玄宗が四川に避難し、長安が陥落した。　　　　　　　　　　（長部　悦弘）

とうかんかいよう【東漢会要】

後漢時代の制度に関する記事を歴史書中から選び，項目別に並べた書。40巻。南宋の徐天麟の撰。1226(宝慶2)年奏進。范曄『後漢書』はもともと志を欠いており，北宋真宗の時に合刻された司馬彪『続漢書』の8志には食貨・兵刑・学校・選挙の類が欠けている。そこでそれらを補い，『西漢会要』とあわせて両漢の沿革を知り，是非得失を考えるに資せんとしたという。随所に徐天麟の注釈や他人の論説の引用を付す。ただ，概要を把握するには便利であるが，史料の引用の誤りや不備なども指摘されており，注意が必要である。　　　　　　　　　　　　（角谷　常子）

とうかんかんき【東観漢記】

後漢時代，1～2世紀にかけて編纂された紀伝体の歴史書。宮中の東観という建物が編纂所であったため，そう呼ばれる。最初は班固らが明帝(在位57～75)の命をうけて光武帝紀や列伝など28編を編纂し，安帝(在位106～125)のとき劉珍がそれを継ぎ，桓帝(在位146～167)のとき，伏無忌，辺韶，崔寔らが紀・表・志・伝114編を完成させ，『漢記』と名づけた。その後，霊帝(在位167～189)の時代に蔡邕らが霊帝紀・十志・列伝42編を加え，最終的には143巻になった。晋代には『史記』『漢書』とともに，三史と称されて愛読されたが，やがて南朝に范曄の『後漢書』が登場し，唐になって章懐太子がそれに注釈をつけ通行していくと，次第に読まれなくなって散逸していった。北宋には43巻を残すだけとなり，南宋ではさらに散逸がすすみ僅か8巻だけとなった。清の時代に遺文が輯佚され，現在の本は，『永楽大典』その他から集められた帝紀3巻，年表1巻，列伝17巻，志1巻，載紀1巻，逸文1巻からなる24巻の輯本である。　　　　　　（冨谷　至）

どうき【道器】

占いの書として通行していた『易経』を，道家の思想的影響を昇華しながら，儒家が自派の基本的文献として領有しようとする試みが，「易伝」の執筆であった。道と器が対概念として登場する繋辞上伝では，形を超えた，形に先行する(形而上)存在である道によって，形とともにある(形而下)存在である器は基礎づけられ，そのことによって，器の存在は積極的に肯定された。器は個々の現象・事物・事件を指すとともに，それらの総体である世界そのものでもあった。世界を構成するあらゆる事象を基礎づけ，また，それらを積極的に肯定するものとして，道は位置づけられている。他方で，唐代の『周易正義』の疏では，「有は無より生ずる」を当然の前提に，道が無に，器が有に対応させられているように，「易伝」自体が，道家的な思想用語によって解釈される余地をいまだ残していた。宋代になると，儒教の側から「易伝」の解釈を浄化し，「易伝」を，さらには，『易経』自体を再領有化することが目ざされていく。それは，朱子において明確化されたように，道と器を理と気に固定的に対応させ，道を理と器を気と自動的に言い換えることを可能にする新たな用語法を確立することであった。道または理こそが器または気を基礎づけ，肯定し，その存在の価値を担保しているとされるのである。その後，清代には，道器をめぐる新たな見解が登場した。王夫之は，器を基礎づける道は，それが器を基礎づけているにもかかわらず，常に器を通じて事後的に，遡及的に見いだされるしかないことを指摘し，また，戴震は，道(形而上)とは知覚可能な形に先行する状態(陰陽)のことであるとして，道と形ある器(形而下)を同一レベル上の先後関係として位置づけた。清末には，欧米の科学技術や政治制度などの受け入れを正当化するために，道器の対が活用され，その際には，道器が対立的に関係づけられたり(不変と変)，両者の連動性(相互に影響しあいながら変化する)が強調された。
　　　　　　　　　　　　　　　（本間　次彦）

どうき【銅器】　→青銅器

とうきしょう【董其昌】

1555(嘉靖34)～1636(崇禎9)。明末の書家・画家にして鑑定家・美術理論家。「百芸の宗主」と称された。上海の人。字は玄宰，号は思白・香光。諡は文敏。1589(万暦17)年の進士。官は，翰林庶吉士から太常寺少卿などを経て，晩年に南京礼部尚書に至る。禅の南北二宗になぞらえ中国絵画の流れをとらえる南北二宗論を唱え，王維に始まる文人画(南宗画)の優位を論じた(尚南貶北論)。20歳の頃，嘉興(浙江省)に遊学し，時の大収蔵家項元汴と知り合い，その蔵品を見る機会を得た。23歳の頃同郷の顧正誼に絵を習いはじめたが，当時は莫是龍(1537～87)の影響を最も受けた。進士合格後，北京に上りさらに多くの名画を見る機会を得て，南北二宗論や尚南貶北論を論じ始める。文人山水画の習得において，自然を師とするとも言ったが，実際には元末四大家を主に，遡って董源・李成・郭忠恕などの古人を師とする倣古山水画を専ら追求した。そのことは，『集古樹石図巻』(1611年頃，北京，故宮博物院蔵)によく表れている。初期の代表作としては，43歳の『婉孌草堂図』(台北，個人蔵)がある。董其昌ならではの抽象化や奇想的傾向が顕著な作品である。そののち20年近く，官界では不遇であり江南で過ごしたが，その間にさらに多くの名画を実見し，賛や題跋を記し，鑑定や南北二宗論についての考察を深め，文人画の本質は画を楽しむことにあるとも述べている。江南の

邸宅に閑居していた1616(万暦44)年，董其昌と家人の横暴なふるまいが民衆の怒りをかい，邸宅が焼き討ちされる事件が起こった(董奴の変)。その後，蘇州に避難し江南各地を漂泊する。事件直後63歳の時に描かれた『青弁図』(1617年，クリーブランド美術館蔵)は，董其昌の代表作となる傑作である。自身は董源に倣うというが，明らかに，数年前に見た王蒙の『青卞隠居図』(上海博物館蔵)に想を得た作品である。この作品にみられる水気の多い墨の用法は，先行する呉派文人画に見られない，董其昌画の特色である。3年後の『秋興八景図冊』(1620年，上海博物館蔵)もまた董其昌の代表作であり，彩色に独自の新しい色感を見せている。このように失意の時期に優れた作品を次々に残している。晩年になって，かつて教育係をつとめた光宗の即位にともない官界に復帰し，『神宗実録』や急逝した光宗の『光宗実録』の編纂にあたるなど，2度出仕し南京礼部尚書に至ったが，それぞれの期間は短い。黄公望に倣う『江山秋霽巻』(無年紀，クリーブランド美術館蔵)と，最晩年1636(崇禎9)年の『細瑣宋法巻』(北京，故宮博物院蔵)はともに「思翁」の款をもち，晩年を代表する作品である。董其昌の倣古山水は，習練による筆墨法の成熟と，冷徹で強靱な構築力の相乗の妙により，他から抜きんでている。彼の「古人を師とする」という理論は直接に王時敏などの正統派の画家に影響を与え，また「造物(自然)を以て師とする」という理想は，間接的に八大山人のような野逸な画家に影響を与えた。彼の唱えた文人画優位論と倣古山水画は，中国画の伝統と流れを再確認し，中国の芸術観を貫く本質の一面をとらえたものであり，当時の芸術市場の急激な広がりの中で，一つの指標を与えた。以後の中国画史上で，董其昌の影響を受けなかった画家や鑑賞者はいないといっても過言でない。　　　　　　(宮崎　法子)

本格的な学書は17歳からである。18歳で莫如忠の家塾に学び，その子莫是龍に兄事し，文学芸術の素養を高めた。書学に重大な契機をもたらしたのは20歳頃から交際のあった項元汴で，その所蔵の晋・唐の真跡を縦覧し用筆用墨を悟った。以来，碑版に向かわず，もっぱら真跡の臨摹につとめた。項元汴以外にも，翰林庶吉士時代の教習官韓世能の所蔵品や，顧正誼の所蔵品を鑑賞する機会を得るなど，環境にも恵まれた。書の理論では，天真爛漫の境地を理想とし率意の書を提唱し，王羲之・顔真卿・楊凝式らを評価して，趙孟頫を熟達と認めつつも二王(王羲之・王献之)の形骸を真似た書として酷評した。そして，その矛先を蘇州文人の領袖文徴明にも向けた。董の書風はのち康熙帝に酷愛され清代前期を風靡するなど，その理論と書風の影響力には絶大のものがあった。また文房清玩の全盛期に鑑賞家の権威として，その品題の手跡は収蔵家の垂涎の的となった。自身も書画の収蔵に努め，『戯鴻堂法帖』を集刻したほか，『宝鼎斎法書』『来仲楼法書』など彼の書を集刻した法帖は，彼やその子孫，門人らによって多数刊行された。著名な作に楷書『三世誥命』(1624年，北京，故宮博物院蔵)，行書『項元汴墓誌銘』(1635年，東京国立博物館蔵)，『行書詩巻』(1603年，東京国立博物館蔵)ほか，著に『容台集』『画禅室随筆』ほかがある。明史288
　　　　　　　　　　　　　　　(澤田　雅弘)

どうきょ【道挙】　唐の玄宗朝に創設された官吏登用制度。唐は同姓の老子を祖先に祀りあげ道教を重んじた。高宗の時，国学で『老子道徳経』を学ばせ，さらに玄宗が741(開元29)年，長安と洛陽の玄元皇帝(老子)廟に崇玄学を，諸州に道学を設け『老子道徳経』『荘子』『列子』『文子』を学ばせて科挙の明経科(儒教古典の試験)と同形式で，年ごとに選抜試験を行い任官させた。この制度は一時廃止されたが，間もなく復活し唐末まで存続した。
　　　　　　　　　　　　　　　(藤善　眞澄)

とうきょう【唐鏡】　隋〜唐代に鋳造された鏡。文様が多様で種類が多岐にわたり，独特の様式をもち，数多くの逸品がある。厚手・白銅質で白銀色の鏡が多いが，黒褐色のものもある。発展段階はおよそⅠ期：6世紀後半〜7世紀後半，Ⅱ期：7世紀後半〜8世紀初頭，Ⅲ期：8世紀初頭〜後半，Ⅳ期：8世紀後半〜10世紀初頭に分かれる。Ⅰ期の隋鏡と唐初の鏡は魏晋以来の伝統的要素が色濃く残る。十二支唐草文鏡・四神鏡・団花鏡・方格四獣鏡などが盛行し，主文は異なるが構成や銘文などに定型化した共通性をもつ。やがて走獣葡萄鏡が登場し，多くの変化が現れる。銘帯がなくなり，内外両区に忍冬文・蔓草文・葡萄文が採用され，獣文も動的な表現へ変化した。Ⅱ・Ⅲ期になると，鏡は豪華絢爛の時代に入る。主要な産地は揚州で，鏡が特産品として宮廷へ献上されたことにより多彩で洗練されたものに発展し，独特の装飾美が形成されて広く流行した。Ⅱ期の高宗・則天武后時代は，瑞獣を主文とする海獣葡萄鏡が流行し，続く狻猊双鸞鏡では鳳凰と瑞獣が対等の位置を占め，文様が瑞獣から花鳥へと変化する過渡期の形態を呈する。瑞獣は次第に副次的な存在になり，替わって飛禽と花枝を主文とする雀繞花枝鏡が現れる。鏡形も円形・方形の伝統を破り，八稜鏡・八花鏡などの花式鏡が出現した。Ⅲ期は玄宗皇帝の開元・天宝年間(713-756)前後に相当し，製作と献上の最盛期にあたる。内外区の束縛がなくなり，鏡背全面に写実的絵画的な表現が可能となった。稜形・花形の鏡が主流。主文は瑞

獣から禽鳥へ，さらに瑞花・花枝の植物文様へと変化していく。他方，神仙故事に由来する文様が大量に出現した。花鳥鏡・瑞花鏡・飛仙鏡・高士弾琴鏡・孔子栄啓期鏡・月兎鏡・馬毬鏡・狩猟鏡および雲龍鏡などが盛行した。また，技巧を凝らした金銀平脱鏡・螺鈿鏡・鍍金貼銀鏡などの宝飾背鏡が流行した。IV期以降，鏡製作は急速に衰退し，技術・文様とも粗略・脆弱になる。銘帯をめぐらす例が再び多くなり，鏡形は円形のほかに亜字形や方形が流行する。道教的な八卦文を置いた八卦鏡，仏教の卍形文様を配した卍字文鏡，単純な植物文様の花葉文鏡などが盛行した。唐代には多くの鏡が日本へ舶載され，正倉院(奈良)には海獣葡萄鏡のほか多彩な宝飾背の伝世鏡がある。　　　　　　　　　　　（黄　名時）

どうきょう【道教】　道教は一言でいうと，「気」の宗教である。「気」という視覚では捉えられない存在，それは人間を含む万物を生成する根源的なエネルギーだと考えられているのであるが，道教では，その「気」を操作して，仙人とか真人という最高の境地に到達することを目ざすのである。儒教でも「気」の観念は説くが，儒教が目ざすのは「経世済民」つまり世の中を正しくし民の生活を安定させることである。そのために為政者は自分の心を正しくし，すなわち強い意思で自分の「気」をコントロールして暴発しないようにして，わが身を修め，ついで家を斉え，さらには国を治め，最終的には天下を平らかにするのである。道教の「気」の操作は，修行法である存思法や内丹などに顕著に見られ，また，様々の儀礼の過程でも「気」の操作を用いる。符法師の発布する呪符でさえも書き終わった最後には符紙に息，すなわち「気」を吹き込む。仏教でも，例えば『天台小止観』では「気」を治めることを説いているのであるが，しかし，それはあくまでも方便であって，仏教は最終的には「気」という肉体的なものを否定し，「空」に到達することで修行が完成するのである。

現在の道教は大きく二つの宗派に分かれる。天師道と全真教である。天師道は後漢末の2世紀末から3世紀ごろに太平道や五斗米道などの呪術治療に依拠する集団から始まった。やがて茅山派(上清派とも)や霊宝派などの道流が登場するが，ついには張陵を祖師とする天師道が主流となり，その後，いくたの変遷を経て今は江西省貴渓市にある聖地龍虎山に本拠，すなわち天師府を置いている。ここで入道者は修行を積んで道士(仏教の僧侶に相当する)の資格を得る。その特徴としては呪符・呪言や煉丹および攘災祈願の儀礼を主体とするのであり，在家のままでよく，妻帯し飲酒肉食も認められている。唐代には玄宗が道士としての資格(道籙)を授かったり，詩人の李白も道士であり煉丹術を行ったように，この時代に天師道は特に発展した。これに対して，全真教は，南宋時代の12世紀の中頃，異民族政権の金に支配されていた華北地方に簇生した新道教のひとつであり，王重陽を開祖としていて，弟子である7人の真人の熱心な布教活動とモンゴル王朝のチンギス・カンの庇護を得て，信者は北方に急速に拡大し，現在では北京の白雲観を十方叢林(総本山)としている。その道士は妻帯せず，飲酒肉食は禁じられて厳しい戒律を守って，仏教的な坐禅を行い，『般若心経』『孝経』『老子道徳経』『清静妙経』の読誦を行うというように，儒仏道三教は同源だとする考えかたに立っている。したがって全真教は天師道が主体とする呪術的要素を基本的に排除している。

冒頭で，道教は「気」の宗教だと定義したが，そうであるならば，道教に神像があるというのは矛盾している。じっさい，道教成立初期のころには神像はなかったのであり，南北朝期の4，5世紀ごろに仏教の造像に刺激されて，釈迦(世尊)を真似た天尊を造るようになったのが始まりとされる。その後，六朝時代から隋唐時代にかけて元始天尊・老君・太上道君などの道教造像が出現した。さらに北宋代になると民間信仰の神々も道教の神統譜にとりこまれ，とりわけ真宗が玉皇大帝を尊崇して以来，これが最高神とされるようになる。

道教儀礼は斎・醮と呼ばれる。古くは黄籙斎と称されていた死者儀礼(台湾では做功徳と呼ばれる)，また宮廟の建築完成を慶福したり地域の平安を祈願する慶成祈安醮，道士としての免許皆伝の経籙を授ける伝度(儀礼)，あるいは疫病神である瘟神を船に乗せて川や海に流す王醮，仏教の施餓鬼に相当する孤魂を救済する中元普度の儀礼などが主な儀礼である。儀礼には高功と称される高い修行を積んだ道士を中心に複数の道士が参加し，楽師の演奏する音楽にあわせて読経と科儀(仏教の儀軌に相当)に従った手訣・呪言・振る舞いが行われる。道士は儀礼の進行中，神々を招くための存思という「気」によるイメージを描く。読経される経典は儀礼の目的により異なっていて，例えば死者儀礼においては道壇では『度人経(霊宝無量度人経)』が読まれ，霊堂では『太上慈悲滅罪宝懺』『太上霊宝冥王抜罪宝懺』などが読まれる。なお，道教の経典は明の1445(正統10)年以前のものと1607(万暦35)年までのものは，多くは，現在ではそれぞれ『正統道蔵』『万暦続道蔵』に収められている。これらは，仏教の大蔵経に相当するものである。　　　　　　　　　　　（坂出　祥伸）

どうきょうおんがく【洞経音楽】　雲南省の漢族や納西族・白族に伝わる，道教音楽を中心とし

た民間器楽。道教色の強い洞経会に属する知識人を中心に伝承されてきた。明の中葉におこり清に発展したあと，抗日戦争で下火となった。洞経会は毎年，各地の廟などで神々を祭る做会を催し，洞経音楽の声楽と器楽も主にこれに伴い演奏された。声楽は，各種経典を説き語る経腔(経曲とも称す)で，韻文と散文を交える。伴奏には管弦合奏と管打合奏の2種類ある。器楽は3種類ある。第1が大楽曲牌で嗩吶・竹笛・笙・管子と太鼓や銅鑼類を伴う。第2が細楽曲牌で竹笛・洞簫・各種擦弦楽器・箏・三弦・琵琶・揚琴・スグドゥ(モンゴルの火不思に似た4弦の撥弦楽器)・木魚・磬などを用いる。第3の鑼鼓経曲牌は多種の打楽器を組み合わせたリズム合奏で，経典や上記曲牌の末尾で奏す。大楽・細楽の演奏曲牌は200あまり，唐宋詞曲や道教の儀礼楽，江南糸竹や白族の民謡など多様な出自をもつ。　　　　　　　　　　　　(尾高 暁子)

どうきょうぎすう【道教義枢】　唐の高宗朝(649-683)の道士孟安排が編纂した道教教理書。20巻。当時の大部の道教教理書『玄門大義』の内容を忠実にダイジェストして，その枢要を「道徳義」以下の37義にまとめたもの。現行本は巻5「二観義」の後半から巻6末までが欠落していて見ることができない。『玄門大義』なき今日，南北朝末から初唐における道教教理学の体系を伝える代表的な書物のひとつとして貴重である。本書の特徴は，六朝末から初唐にかけて『老子』の解釈に新境地を開いたいわゆる重玄派の教理学を基盤としていること，三論宗・天台宗・華厳宗をはじめとする仏教教義学の方法論を全面的に導入して教理構成を行っていること，時代や地域や宗派的差違などに起因する呪術から宗教哲学にわたる道教教理の諸相を一元的に体系化しようという明確な意図を有する点などに見ることができる。　　　　　　　　　　(麥谷 邦夫)

どうきょうぞう【道教像】　道教の神，特に道教の最高神である老君・太上老君・天尊・元始天尊などの像。道教は中国固有の思想で，不老長生を願う神仙思想や無為自然を説く道家思想，さらに民間信仰も含む。道教が儒・仏2教に対する独自の思想となるのは南北朝時代で，『弁正論』(唐の法琳撰)等の文献に拠れば，南朝宋の陸修静や北魏北周の寇謙之らが登場する5世紀前半頃に，仏教造像の影響を受けて道教像の製作が始まったとされている。

作品は陝西を中心に四川・山西・河南などの地域に残っている。特に陝西省銅川市の薬王山博物館，西安市の臨潼博物館や西安碑林博物館には南北朝及び隋・唐時代の石彫の道教造像碑が数多く収蔵されている。また，米国のボストン美術館やシカゴフィールド自然史博物館にも西安近辺の道教像が所蔵されている。道教像の図像上の特色は頭上に冠を載せ，長い顎鬚や口髭をたくわえ，中国風の衣を着て帯を締め，手に塵尾を握る点などである。光背や台座に龍や日月が表される場合もある。また，北魏時代の陝西の四面像では道教像と仏教像を組み合わせた道仏混合像も多く，銘文中に「龍華三会」など弥勒信仰との関わりを示す語句も見られるなど，道教信仰と仏教信仰の混在が窺える。現存作例中最も早い在銘像は薬王山博物館の496(太和20)年銘『姚伯多皇老君造像碑』で，彫刻は極めて素朴であるが，造像記は長文で内容も豊富である。なお，424(始元元)年という最古の年記を有する道仏造像として注目されてきた『魏文朗造像碑』については，近年年号の判読をふくめて新たな検討がなされ，製作年代は6世紀前半と考えられている。

道教石窟としては，陝西省宜君県の福地水庫石窟(北朝西魏時代)や山西省太原市の龍山石窟(唐時代)があり，また，四川省には重慶市の潼南大仏寺石窟をはじめ綿陽・安岳・仁寿牛角寨・剣閣などの各地に隋時代以降の道教石窟が多数残っている。
　　　　　　　　　　　　　　　(石松 日奈子)

とうきん【唐巾】　元・明時代，官吏が用いたかぶりものの一種。唐代の「舒脚幞頭」「四帯巾」をこう呼ぶ。材料は黒の紗羅，上部はやや突起して少し前に傾く。もとは脚(帯)が4本で，うち2脚を頭の後ろで縛り，2脚をあごの下で縛ってしっかりと固定するものであった。このような形式のものは比較的早く見られ，北朝北斉，隋を経て初唐になって定型化した。様式は時代と共に変化し，元代のものは，後ろの，先端部分が匙の頭のような形になっている2本の帯が外側に向かって垂れ，明代のものはその2本が左右にやや開いている。なお，明代の宮中における女性楽人のリーダー，歌い手，楽器を演奏する者は黒漆の唐巾をかぶることになっていた。　　　　　　　　　　　　　　(増田 克彦)

とうけい【闘鶏】　鶏を闘わせて優劣を競う遊戯。起源は非常に古く，春秋戦国時代には行われていた。『左伝』昭公二十五年に，季氏と郈氏とがそれぞれ仕掛けを弄して鶏を闘わせる話，『列子』黄帝篇，『荘子』達生篇に，周の宣王と闘鶏飼育人紀省子との闘鶏問答が見える。唐の玄宗が特に好み，唐宋時代に盛行した。旧時賭博であった。現在も民間で清明節などの祝祭日によく行われる。特に広東・広西地方で盛ん。　　　　　(鈴木 健之)

とうけいじょう【東京城】　黒龍江省寧安市

に残る都城遺跡。渤海国五京の一つ。1933～34年に東亜考古学会が発掘調査した。人民共和国成立以降，中朝連合考古隊の発掘調査もあった。東京城は牡丹江上流の盆地にあり，渤海の版図の北に位置したので上京といわれた。宮城南門の台基が五鳳楼と俗称され，外城の石積みの城垣も地上に残っている。唐長安城に倣った平面形をもつ外郭城は南北約3.4km，東西(南垣)約4.6kmの規模で，碁盤目の道路を縦横に設け，里坊を区画した都市構造である。外城中央北よりに宮城・皇城を置く。宮城と皇城は，合わせて南北約1390m，東西約1050mで，石積み城垣で囲む。宮城・皇城南門から外郭城南門に至る幅約92mの大街が布設されている。宮城東南部は池をめぐる禁苑である。宮城では多くの宮殿・掖庭寝殿などが発掘されている。寝殿などにはオンドルが設けられていて防寒対策をしている。屋根を飾った鴟尾や施釉した鬼面など多くの出土品があり，1933年には和同開珎が出土していて，日渤交流を物語っている。

(菅谷 文則)

とうけいむかろく【東京夢華録】 南宋初に書かれた都市繁盛記。10巻。1147(紹興17)年，孟元老の撰。東京開封府(河南省)で北宋時代の末年を過ごした孟元老が，江南に遷居した後，開封城の往時の繁栄を偲んで記述したもの。前半部分は開封城内外の都市構造や官署，市街の盛況や典礼制度，及び生活風俗や文化活動について記載し，後半部分では毎月の諸行事について詳述する。飲食・建築・交通や種々の商業活動等，いずれも事細かな描写が特色である。『宋史』や『宋会要』等，宋代開封城関連のその他の史料記載とともに，北宋末年当時の都城経済の活況や城内の文化生活，さらには民間伎芸の実態を探ることができる得難い社会史史料である。静嘉堂所蔵の元刊本が最善の版本。点校を施したものに『東京夢華録(外四種)』や鄧之誠校注『東京夢華録注』，伊永文箋注『東京夢華録箋注』等がある。翻訳には入矢義高・梅原郁訳注『東京夢華録―宋代の都市と生活―』がある。また，索引には梅原郁編『東京夢華録夢粱録等語彙索引』がある。

(木田 知生)

とうけん【唐甄】 1630(崇禎3)～1704(康熙43)。清初期の思想家。達県(四川省)の人。初名大陶，字は鋳万，号は圃亭。代々官僚を輩出する富裕の家に生まれ，少年時より父の転任に伴い浙江地域に寓居。42歳で知県に任ぜられたが10か月で免職された。商業を営んだが次第に赤貧に陥り，困窮のうちに死去した。著作は政治論で知られる『潜書』の他は散逸し，若干の詩文が伝えられるだけである。清史稿484

(佐々木 愛)

とうげん【董源】 生没年不詳。五代の画家。鍾陵(江蘇省南京市)の人。董元とも書く。字は叔達。五代十国南唐の中主李璟(在位943～961)に仕えて北苑使(あるいは後苑副使)となったため，董北苑とも呼ばれる。北宋の郭若虚『図画見聞誌』では士大夫画家とされるが，宮廷画家的な役目も果たし，947(保大5)年の元旦(949年とする考証もある)に，李璟が雪見の宴を催した折には，周文矩・徐崇嗣らと宴の様子を共同で描き，「雪竹寒林」を担当したことが知られている(鄭文宝『江表志』)。

山水・人物・龍・虎・牛など幅広い画題を善くしたが，とくに山水画にすぐれ，水墨と着色の双方を手掛けて，水墨は王維に，着色は李思訓に似ると評された。自らの暮らす江南地方の風景を，麻の繊維をほぐしたような披麻皴(麻皮皴)を用いた大まかな筆致で描いて，江南山水画を創始し，その伝統は，後継者の巨然により北宋へと伝えられた。

ただ，董源自体が脚光を浴びるようになったのは，北宋の後期に入ってからで，米芾は，董源の作品を「平淡天真」で，技巧や作意をこらさずに「一片の江南」を描いたものと称揚し(『画史』)，彼を規範とした米法山水を描いた。また同時代の沈括は，董源の山水は用筆が草々として，近くから見ても判然としないが，遠観すれば景物が粲然と現れ，『落照図』には夕陽の反照の色までが表されているようだと評している(『夢渓筆談』17)。その後，彼の画風は，元初の趙孟頫や元末四大家の黄公望らをはじめとする文人画家に大きな影響を与え，明末の南北二宗論では南宗の大家として尊重されるにいたった。

伝称作品に，沈括の評に適合する『寒林重汀図』(兵庫，黒川古文化研究所蔵)，図柄の近似する部分があり，共通の祖本によると見られる『瀟湘図巻』(北京，故宮博物院蔵)と『夏景山口待渡図巻』(瀋陽，遼寧省博物館蔵)，両巻に類似した作風を示す『夏山図巻』(上海博物館蔵)などがある。 (竹浪 遠)

どうげん【道元】 1200(正治2)～53(建長5)。鎌倉時代，日本の曹洞宗の開祖。京都の人。俗姓は久我。比叡山で出家し，建仁寺で禅を学ぶ。1223(嘉定16)年，明全に伴われて入宋し，天童如浄に嗣法した。1227年帰国し，33年に京都深草に興聖寺を開く。1243年越前に下り，44年吉祥山大仏寺(後に永平寺と改称)を開く。1247年に半年，鎌倉で檀那に説法する。1253年8月28日京都で示寂。主著に『正法眼蔵』『広平広録』がある。

(石井 修道)

どうげん【道原】 1973年，湖南省長沙市の馬王堆漢墓から出土した『老子』乙本巻前古佚書4

種のうちの一書。全文464字。その成立は戦国最末期であろうと推定される。『老子』の思想を踏まえて，道が天地・宇宙・万物の本源であることを論じたあと，そのような道を体得した聖人こそが天下万民を統治してこれを一つにすることができると説く。その論じ方は観念的で，漢代に至って，『淮南子』原道訓に継承されている。 　　　(谷中 信一)

とうけんさんまいしゅう【唐賢三昧集】
清の王士禎が1688(康煕27)年に編集した唐詩のアンソロジー。上・中・下3巻に分かれ，上巻には王維ら9人，中巻には孟浩然ら9人，下巻には高適ら25人の作品が収められている。現行の『唐賢三昧集』は1775(乾隆40)年に呉煊・胡棠の注を付して出版されたものである。選ばれた43人の中に，李白・杜甫が入っていないことについて，王士禎は李杜を好まなかったのではないかとの議論がある。彼自身は王安石の『唐百家詩選』の体例にならっただけだと序文で言っているが，本当のところはわからない。 　　　(大平 桂一)

とうげんず【桃源図】
故事山水図の画題の一つ。武陵桃源図ともいう。陶淵明の『桃花源記』に基づく。東晋の太元年間(376-396)，武陵(湖南省)の漁師が桃花の咲き乱れる渓に迷い込み，水源の奥の洞窟を抜けると，秦の兵乱を避けて移り住んだ人々の子孫が平和に暮らす別天地があったという話。桃花・漁夫・小舟・洞窟・山奥の村落を図の要素とする。中国・朝鮮・日本で描かれ，朝鮮王朝の安平大君が安堅に描かせた『夢遊桃源図巻』(1447年，天理大学蔵)が現存作品では最も優れる。 　　　(藤田 伸也)

とうけんそ【湯顕祖】
1550(嘉靖29)～1616(万暦44)。明の戯曲作家。臨川(江西省)の人。字は義仍，号は海若，また若士。1583(万暦11)年の進士。幼少から詩文の才能をあらわし，少年時代に王学左派の代表的人物である羅汝芳に学を受け，李卓吾の『焚書』に共感した。また詩文においては，当時隆盛をきわめていた古文辞派の作を既成の詩文を模倣した「贋文」として一貫して批判し，「霊性」を重視して袁宗道・宏道・中道の公安派の先駆けとなった。さらに万暦(1573-1620)の三高僧の一人である紫柏真可(字は達観)と親しく，情と理について手紙で議論するほか，達観に寄せる(あるいは達観を思う)詩は詩文集のうちでほかの人物と比べてもっとも多い。また当時，社会の変革をめざした官僚グループである東林党の顧憲成・趙南星・李三才ら主要な人々，特に鄒元標と親しかった。

このような万暦期の先端的な知識人との関わりからも窺われることであるが，湯顕祖の思想的・文学的な思考の中心は，「理」に対立するものとしての「情」であったといえよう。その戯曲作品としての結晶が「玉茗堂四夢」と呼ばれる4作品，夢をモチーフとした『紫釵記』『還魂記』『南柯記』『邯鄲記』である。もう一つもっとも早い作品として『紫簫記』があるが，これは執筆過程で時の権力者を謗ったものであるといううわさが広がり，急いで上梓してそれが事実無根であることを示したため，はじめに意図した形にできあがってはいなかった。1577(万暦5)年から79(同7)年のあいだ，湯がまだ臨川にあって会試を受けるたびに落第していた30歳前に作られたこの『紫簫記』を，1587(万暦15)年前後に書き改めたのが『紫釵記』である。『還魂記』以下は官を棄てて臨川に帰った1598(万暦26)年以降に制作された。詩文集には『紅泉逸草』『問棘郵草』『玉茗堂集』などがある。明史230 　　　(廣瀬 玲子)

とうこ【投壺】
周代に饗宴の余興として行われた儀礼。頸長の壺に矢を投げ入れ，入った数を競う。『礼記』投壺篇はその古礼を記録したもの。後世，遊戯として普及するとともにルールも複雑化し，壺の口の両側には耳と呼ばれる小さな輪がつけられ，この3つの穴に入った矢の組み合わせで得点を決めるようになった。宋の司馬光『投壺新格』や明の汪禔『投壺儀節』は投壺のルールを集大成したもの。日本へは奈良時代に伝来し，正倉院に耳つきの投壺が所蔵されている。 　　　(鈴木 靖)

とうこ【鼗鼓】
丸胴の両面鼓に柄がはめ込まれた打楽器。別称，雷鼗・霊鼗・路鼓。手でその柄を持って振ることで太鼓の両側にある金具に紐で結ばれた珠が鼓面を打ち音を発する。唐代以来，宮廷雅楽に使用されたが，特に顧客を招来するために民間の商売人に普及したものは貨郎鼓と呼ばれる。鼗鼓を起源とする撥浪鼓はモンゴル族・チベット族・満洲族・漢族に流布，チベット仏教の寺院では半球の鼓を貼り合せた柄のないものが使用されている。 　　　(仲 万美子)

どうこ【堂鼓】
木製(桑など)の胴(樽型)の両面に牛皮を張った太鼓で，唐鼓とも書く。高さ・直径ともに大小様々あり，それらの総称として使用されたり，時に特定のものを指したりするが，胴の側面の3～4か所に輪が取り付けられており，それらを木架の四脚に備え付けのフックに掛けて据え置くものが多い。鼓面の直径が40cmを超える大型のタイプは十番鑼鼓などの吹打楽に用いられ，同鼓とも呼ばれる。中型・小型のものは劇音楽や歌舞音楽で使用される場合が多い。鼓楼に設置されている鼓面

が1m以上にもなる太鼓や，祝典に使用する大型太鼓を大堂鼓ということもある。　　　（増山 賢治）

どうこ【銅鼓】　中国南部から東南アジア島嶼部にかけて分布する青銅製の片面太鼓。前5世紀頃に，雲南からベトナム北部にまたがる範囲で，鍋釜などの青銅製炊器を母体に生み出された後，使用する民族や分布域を変えながら，おもに儀礼に用いられる金属楽器として伝統を持続させた。今日も苗(ミオ)族や壮(チワン)族のあいだで使用が確認される。時期ごとに，形態や用途などが異なるが，古代の文字史料がとぼしく，単純な考古遺物の多いこれらの地域においては，古代文化の年代関係，地域間の文化交流のあり方，各地域の社会発展の様子を理解する上で，重要な手がかりとなる。1902年にヘーガー（F. Heger）が提示した4つの型式への分類案が，今日最も広く採用されているが，中国では「石寨山型」などのように出土した遺跡名などによる独自の命名法が行われており，ベトナムでも「ドンソン銅鼓」という名称でヘーガーの複数の型式を概括することが慣例となっている。用途・文様などの面で，弥生時代の銅鐸との類似が注目されることも多いが，それを最初に問題提起したのは鳥居龍蔵である。彼はまたヘーガーの銅鼓分類の日本への最初の紹介者でもあった。　　　　　　（吉開 将人）

とうこう【罩甲】　明代の軍服。兵衣の上に着て，帯で締める。正徳年間(1506-21)に武宗が創始したという。材料はさまざまで，小花錦・純繡・酒線繡・透風紗などがある。表面にはいろいろな文様が刺繡され，下には房がたれているものもある。形式も多様で，わずかに腰までの長さしかないものから脛までの長さの罩甲もあり，実用的なものから単に皇帝の身辺に仕える者が飾りとして着るにすぎないものまでその使用方法も多様であったようである。　　　　　　　　　　　　　　（増田 克彦）

とうこうきょう【透光鏡】　表面に光をあて壁面に反射光を投影すると，鏡背の文様や銘文がくっきりと見える鏡。日本では「魔鏡」と呼ばれる。初唐の小説『古鏡記』にこの透光現象が記述されているが，隋鏡・唐鏡ではこの種の鏡は確認されていない。戦国時代の蟠螭(ばんち)文鏡と，前漢中期から王莽時代にかけての*日光鏡・*昭明鏡の中にこの鏡があるも，その数は極めて少ない。透光現象は，鏡面上に鏡背文様の肉厚の違いに相応する曲率の差異や凹凸があるため起こる。鏡面を薄く削ることで微細な凹凸ができるが，研磨・研削加工での押圧以外に鋳造時の凝固収縮で生じる熱ひずみも影響を及ぼす。鏡面に光を当てると凸面の反射光は散乱し，凹面に当たる光だけが収束して焦点に像を結ぶ。　　　　　　　　　　　　　　　　（黄 名時）

とうこうきんふ【東皐琴譜】　明末の兵乱を避けて日本に渡り，1677年に長崎の興福寺に招かれた禅僧東皐心越(とうこうしんえつ)(1639〜96。俗名蔣興儔(しょうこうちゅう))の琴譜。東皐心越は水戸光圀の招聘を受けて1681(天和元)年に江戸に下り，光圀の庇護の下，1692(元禄5)年水戸天徳寺に入り開堂した。心越のもとにはその高名を慕って多くの知識人が集まったが，琴も善くした心越は，その技を教授し約50曲の琴曲を邦人に伝えた。中国伝来の曲の他，日本の和歌を歌詞として付した『富士』『山里』等の曲がある。代表的な弟子が碩儒人見竹洞(せきじゅ)(1628〜96)と杉浦琴川(1671〜1711)である。『東皐琴譜』はこの杉浦琴川が18世紀はじめに編纂したもので，その後種々の写本や刊本が出された。琴の演奏法や知識は，この2人から主として儒者や蘭学者等の間に伝えられ，江戸中期から後期にかけて非常にさかんになった。その興隆に力があったのは小野田東川(1683〜1763)で，東川が初学者用に本書から選んだ『秋風辞』『子夜呉歌』『*陽関三畳』等の16曲が広く世に通行した。　　　　　　　　　　　　（池澤 滋子）

とうこうけい【陶弘景】　456(孝建3)〜536(大同2)。茅山派(上清派)道教の大成者，本草学者。揚州丹陽(江蘇省)の人。字は通明。南朝斉の下級貴族の家に生まれ，官途には恵まれなかったが，「一事知らざればもって深恥となす」という態度で中国古典や医薬学をはじめとする諸科学を修め，博学をもってうたわれた。少年のころから仙道への憧れを抱いていたが，484(永明2)年，大病による神秘体験を契機として著名な道士孫遊岳の門下に入り，やがてその唯一の高弟として，*陸修静，孫遊岳と伝えられてきた三洞(洞真・洞玄・洞神)の道教経典を継承した。その中には，東晋期，茅山(江蘇省)で仙道修行に励んでいた許謐(きょひつ)・許翽(かい)父子が霊媒楊羲を通じて授けられた一連の神仙のお告げ書きや上清経典が含まれていた。陶弘景はその教理に強く引かれるとともに，楊羲二許の書蹟に対する書芸術的興味をも強く抱いて，各地に分散残存するお告げ書きや上清経典の真本10余巻を精力的に蒐集した。

492(永明10)年，官を辞して茅山に隠棲し，自ら華陽隠居と号した。以後，500(永元2)年までの間に，これらのお告げ書きなどを整理して『*真誥(しんこう)』7篇を編み，また仙道の要諦を諸経典から抜粋集成した『*登真隠訣』24巻を編纂するとともに，そのいずれにも詳細な注釈を付して，茅山派教理の確立と教団の発展に努め，唐代における茅山道教隆盛の礎を築いた。この上清経典の整理作業と並行して，

祖父以来の豊富な医薬学知識をもとに，当時混乱していた『神農本草経』を整理して『本草経集注』を編み，それに基づいて詳細な処方書である『効験方』や日用簡便な処方書である『補闕肘後百一方』などを編纂して，本草学の再興に尽くしたことでも著名である。また，南朝斉から梁への王朝交替に当たっては，「梁」の国号を図識によって定めて武帝に奉呈し，以後大事に際してはことごとに武帝の諮問に与ったので，世人から山中宰相とも呼ばれた。
梁書51，南史76　　　　　　　　　　　　　（麥谷　邦夫）

とうこうし【蕩寇志】　清の白話小説。全71回。作者は清末の俞万春。『水滸伝』の続編の一つ。金聖嘆の70回本の続編の形式をとるため，第71回から第140回までと最後に「結子」が1回分という構成になっている。梁山泊の豪傑たちが揃ったところから始まり，陳希真と娘の陳麗卿などの英雄が登場し梁山泊と対抗する。蔡京が梁山泊と内通した罪で処刑されたり，梁山泊が外国人を軍師に迎えたりという原作とはかけ離れた内容で，最後は梁山泊の豪傑たちは陳希真らとの戦闘で次々に命を落とし平定される。　　　　　　　　　　（上野　隆三）

どうこうじゅうさんぜつ【同光十三絶】　清の咸豊・同治・光緒年間(1851-1908)に活躍した京劇・崑曲の名優13人のこと。13人の各人の生年には数十年もの幅があり，同治年間に死去した俳優も混じっているが，この13人の肖像を1枚の絵の中に並べて描いた沈容圃の絵画作品が有名となり「同光十三絶」の称が世に知られるようになった。この絵では，13人の俳優は，それぞれ劇中人物に扮装して描かれている。13人のうち生は，程長庚（『群英会』の魯粛に扮した姿），張勝奎（『一棒雪』の莫成），盧勝奎（『戦北原』の諸葛亮），楊月楼（『四郎探母』の楊延輝），譚鑫培（『悪虎村』の黄天覇），徐小香（『群英会』の周瑜）の6人。旦は，梅巧玲（『雁門関』の蕭太后），時小福（『桑園会』の羅敷），余紫雲（『彩楼配』の王宝釧），郝蘭田（『行路』の康氏），朱蓮芬（『琴挑』の陳妙常）の5人。丑は，劉赶三（『探親家』の胡媽媽），楊鳴玉（『思志誠』の閔天亮）の2人。浄が1人も入っていない，選に漏れている名優が多いなど，「十三絶」の人選にはやや問題があるものの，沈容圃のこの絵は，京劇史に関する書物では必ず言及されるほどの人気を持っている。　　　　　　　　　　　　　　　（加藤　徹）

とうこうそうでん【唐高僧伝】　→続高僧伝

どうこうてい【道光帝】　1782(乾隆47)〜1850(道光30)。清の第8代皇帝。在位1820〜50。名は旻寧。廟号は宣宗。諡は成皇帝。嘉慶帝の第2子。1813(嘉慶18)年，宦官の手引きで嘉慶帝不在の紫禁城に乱入した天理教徒を自ら撃退し，智親王に封じられる。即位後は，まず新疆回部のジャハンギールの反乱を平定し，その後，内政に関心を移し，河政・塩法の改革を行うなど，財政収入の増加をはかった。1820年代以降，インドから来航する地方貿易商人が密貿易を通して持ち込むアヘンによって，中国から銀が流出するようになり，銀銭比価のもたらす問題が顕著になると，朝廷内外でアヘン論議が盛んになった。その結果，道光帝は1839(道光19)年，広東に欽差大臣林則徐を派遣しイギリス側と直接交渉させることとしたが，結局，アヘン戦争に敗れ，香港島の割譲，上海・寧波・福州・厦門・広州の5港の開港，などの条項を含む南京条約の締結を余儀なくされた。清史稿17〜19　（村尾　進）

とうこくしほ【唐国史補】　中唐の小説集。原名『国史補』。3巻。李肇の撰。李肇は，元和年間(806-820)の翰林学士。自序によれば，劉餗の『伝記』（『隋唐嘉話』）を継いで，開元(713-741)から長慶(821-824)の間の逸事を，報応・鬼神・夢卜などの怪異を除いて，事実・勧戒・風俗や談笑の助けになるものを記したという。有名人の言行録を中心に，事物の由来，制度・風俗に言及する308話を収める。『津逮秘書』『学津討原』に収録，上海古典文学出版社の排印本(1957年)がある。
　　　　　　　　　　　　　　　　　（富永　一登）

とうこのきん【党錮の禁】　後漢末期に2度にわたって起こった政府批判弾圧事件。党錮の獄，党錮事件ともいう。党錮とは党人を禁錮（政界追放）すること。後漢の桓帝（在位146〜167）の時代，宦官およびこれと結託した勢力（濁流派）が政治を私物化し，これに対する批判運動が儒家的官僚や都の太学生，地方人士の間で高まった。彼らは濁流派と対立する人物を清節の名士（清流派）として擁護し，宦官政府を非難した。166(延熹9)年濁流派は桓帝を動かし，李膺・陳蕃ら批判勢力200余人を党人として一斉に逮捕し，禁錮に処した（第1次党錮）。この禁錮は半年ほどで解除されたが，霊帝（在位167〜189）が即位し，外戚竇武が李膺・陳蕃を抜擢して宦官の一掃をはかると，169(建寧2)年宦官一派は機先を制して大弾圧を加え，党人100余人を処刑し，その一派を再び禁錮に処した（第2次党錮）。184(中平元)年黄巾の乱が起こると，党人と黄巾との結託を恐れて禁錮は解除されたが，この事件で政府は空洞化し，後漢の衰亡は加速した。
　　　　　　　　　　　　　　　　　（藤田　高夫）

とうごりん【唐語林】 北宋の筆記。全8巻。元祐年間(1086-94)に国子監丞であった王讜の編纂。六朝の志人小説である『世説新語』の体裁にならって唐代の様々な逸話を収録し，その引用する筆記小説や雑史は50種類にものぼる。現在では散逸した資料を収めている点で貴重であるが，誤記や改竄も多いので慎重な校訂が必要である。北宋の前期に勅命で編纂された小説集『太平広記』500巻の欠を補うに足る筆記といえる。
（岡本 不二明）

とうさい【豆彩】 青花で文様の輪郭線を描き，本焼後に輪郭線の中を上絵付で着色する技法。闘彩とも書く。豆彩は宣徳年間(1426-35)に試行的に始まるが，成化年間(1465-87)に極めて優れた作例があり，「成化豆彩」として高く評価されている。万暦年間(1573-1620)や雍正年間(1723-35)にも景徳鎮の官窯で豆彩が制作されている。
（出川 哲朗）

とうざいかんえんぎ【東西漢演義】 明の歴史小説。前漢を扱う『西漢演義』8巻と後漢を扱う『東漢演義』10巻の総称。作者はそれぞれ甄偉と謝詔とされるが，詳細は不明。いずれも先行する『全漢志伝』『両漢開国中興伝誌』を踏まえたものであるが，両者の性格は全く異なり，『西漢』が基本的に史実を大きくはずれることがないのに対し，『東漢』は民間伝説に基づく荒唐無稽な展開を示す。なお『西漢』は，日本でもその翻訳が『漢楚軍談』の名で広く親しまれた。
（小松 謙）

とうさいぎ【灯彩戯】 照明や大道具をふんだんに利用したきらびやかな舞台面を売り物とする演目の総称で，清末から民国期にかけて流行した。もともとは伝統的な提灯を並べる程度だったのが，後に劇場の設備の近代化につれてより豪華なものとなった。先に近代化の進んだ南方に始まり，後に北方にも広まっている。また，宮廷でも独自の灯彩戯が行われていた歴史がある。各節句に演じられる応節戯や，『目連救母』『斗牛宮』など神怪ものの芝居が多い。
（平林 宣和）

とうざいきん【東西均】 明末清初の哲学書。1巻。方以智が自己の哲学思想を述べたもの。序文に相当する「東西均記」は1652(順治9)年に書かれた。「東西」は「物」を意味し，かつ物に内包される「正」と「反」の両面を意味する。「均」は陶器製造に用いるろくろ，もしくは弦楽器の調律器である。書名の「東西均」は，物に内在する対立を止揚して，より高い次元にある「所以」を探求しようとする方以智の哲学的方法論を表明したもの。総論に相当する「東西均開章」と「東西均記」，続く正文25篇が伝わる。
（白杉 悦雄）

とうさいしでん【唐才子伝】 元代に編纂された唐の詩人の評伝。10巻。辛文房撰。辛文房は生没年不詳，字は良史で，元代前期の西域の人。時代順，とりわけ科挙の登第の順に詩人を排列し，詩人の伝記資料やエピソードを記していて，なかでも科挙に関する記述が詳細で，清の徐松が『登科記考』を著す際に参考にしているほどである。専伝で278人，付伝で120人，計398人の詩人を扱っている。専伝では，略伝に続いて，各詩人の詩の特質についてのコメントが載せられるが，唐代における評語がそのまま採られていることが多く，同時代の評価を知るうえで貴重な資料である。さらに著作の有無にふれて，撰者自身の評を加える。詩人の経歴に紙幅を費やしてはいるが，重点はむしろ詩人の詩風に置かれている。中唐・晩唐の詩人に関する部分がより詳しく，対象は五代の詩人にも及んでいる。このうち新旧両唐書に伝のある者は100人で，残りは随筆や伝記の類から資料を収集している。

1304(大徳8)年に完成し，元代に刊行された。少なくとも明初までは完全な形で伝わっていて，永楽年間(1403-24)に編集された『永楽大典』には，「伝」の韻に本書すべてが収録されていた。しかし，清の乾隆年間(1736-95)の『四庫全書』編纂時には，刊本は伝わらず，『永楽大典』「伝」韻も散逸していて，他の韻から断片を8巻分拾い集めて収めた。ただ，元刊本は日本に伝わっていて，これに基づいて14世紀後半の五山本をはじめ，幾度か和刻本が出版されている。傅璇琮主編『唐才子伝校箋』全5冊（中華書局，1987～1995年）は，この元刊本を底本にして，詳細な注を施している。
（釜谷 武志）

とうさいじょう【唐才常】 1867(同治6)～1900(光緒26)。清末の思想家。瀏陽県(湖南省)出身。字は紱丞または伯平，号は仏塵。同郷の譚嗣同と共に，『湘報』『湘学報』の編集や南学会結成などを通じて，南方における変法維新運動の重要人物となる。戊戌政変後，国外亡命を経て，1900年上海を拠点に正気会(後に自立会)結成，「国会」開催など維新派人士を糾合するとともに，自立軍蜂起による実力を背景とした勤王路線を構想したが，同年8月21日逮捕，その翌日に処刑された。清史稿464
（蝦名 良亮）

とうざいしんえんぎ【東西晋演義】 明の歴史小説。作者は楊爾曾とする説もあるが不明。『西晋演義』4巻と『東晋演義』7巻の2部からなるが，元来セットで作成されたものと思われる。西晋・東

晋の歴史を，時代を追って史実に忠実に語る。小説的潤色や民間伝説の影響はほとんど認められず，文も文語を主として，史書の文を流用した部分が多い。わずかに存在する小説的描写の部分には，『三国志演義』の顕著な影響が認められる。（小松　謙）

とうざいようこう【東西洋考】
明代の地理書。12巻。1618(万暦46)年の序文をもつ刊本がある。張燮著。張燮は龍渓(福建省)の人で1594(万暦22)年の挙人。1567(隆慶元)年ごろの海禁解除の後，海外貿易が活発化した情況で編纂された一種の貿易案内といえる。東南アジア諸国を東西両洋に分けて，風俗や風景旧跡・物産・交易を記し，さらに当時の貿易制度や関税，航海知識を記す。日本やオランダに関する記述や，福建での「鉱税の禍」(万暦年間に鉱山や商税徴収の監督に派遣された宦官が各地で行った誅求)に関する記事もある。『中外交通史籍叢刊』(中華書局)所収の地名索引を付した点校本がある。（大澤　顯浩）

とうさくひん【董作賓】
1895(光緒21)〜1963。民国の甲骨学者。南陽市(河南省)の人。字は彦堂，号は平廬。北京大学国学門を卒業後，1928年より中央研究院歴史語言研究所研究員として李済・梁思永らと共に殷墟の発掘調査に携わる。人民共和国成立後は台湾へ移り，台湾大学教授・中央研究院歴史語言研究所所長を歴任。主著に「甲骨文断代研究例」(1933年)，『殷暦譜』(1945年)など。董作賓による甲骨文の5期区分は現在に至るまで甲骨文研究の基礎となっている。（角道　亮介）

とうさんさい【唐三彩】
唐の7世紀後半から8世紀前半にかけてさかんに焼造された三彩陶器。三彩とは緑・褐色などの釉薬をかけ分けて彩る技法をいう。唐三彩の多くは墳墓に副葬するための明器として製作されたものであり，主に西安および洛陽一帯の貴族の墳墓より出土している。墓室を守る鎮墓獣をはじめ，人物や動物，各種の器物など器種は変化に富んでいる。意匠には西方の影響がみられ，華麗で国際色豊かな唐の貴族文化を代表する工芸品である。（今井　敦）

とうざんりょうかい【洞山良价】
807(元和2)〜869(咸通10)。唐代の禅僧。曹洞宗の祖。紹興諸曁(浙江省)の人。悟本禅師と諡む。俗姓は俞氏。幼時，郷里で出家。はじめ五洩霊黙，ついで南泉普願，潙山霊祐の下を経て，雲巌道晟に参じた。そこで5年間師事し，「無情説法」(無生物の説く法)についての問答などで得る所はあったが，悟りには至らなかった。雲巌の死後，川を渡る際に水に映った己が姿を見てついに大悟，有名な「過水の偈」を作った。この直後，武宗による会昌の破仏(三武一宗の法難の一)のため一時還俗したとも言われるが，宣宗の復仏後(846年〜)，潙潭寺(江西省)を経て，852(大中6)年，新豊洞(同省)を開き，これがのちに洞山普利禅院に発展した。門下に雲居道膺，曹山本寂らが出，のち曹山の系統が曹洞宗と呼ばれるようになった。『祖堂集』6，『景徳伝灯録』15，『宋高僧伝』12に伝があり，単行の語録として『洞山録』が存する。また，禅の奥義を韻文でよんだ「宝鏡三昧歌」が伝わる。（小川　隆）

とうし【唐詩】
唐代290年間に作られた詩の総称。「漢文・唐詩・宋詞・元曲」という言葉があるように，詩のジャンルでは「唐詩」が最も高い水準に達したとされる。唐代は，政治史と同じく文学史でも「初唐」(618〜709)・「盛唐」(710〜765)・「中唐」(766〜835)・「晩唐」(836〜907)の4期に区分される。「初唐」の前半は，宮廷を中心に華麗さのみを追求する六朝時代の影響が強く残っていた時期。後半の則天武后時代になって，ようやく「王・楊・盧・駱」(王勃・楊炯・盧照鄰・駱賓王)と並称される「初唐の四傑」や「沈・宋」すなわち沈佺期・宋之問らが古い殻を破り始め，陳子昂は「文章の道弊れて五百年，漢魏の風骨，晋宋伝わる莫し」(「修竹篇序」)と主張して注目されたが，彼らはみな下級士族の出であった。「盛唐」は，唐朝の全盛期である玄宗の治世を生き，その末期に起こった安史の乱に翻弄された人たちから大詩人が輩出した。自由奔放な詩風を楽府や絶句に発揮した李白。五言・七言の律詩を優れた技法で高い境地に結実させた杜甫。輞川荘での連作に閑寂な境地を描いて，「王・孟・韋・柳」すなわち孟浩然・韋応物・柳宗元とともに山水詩人の代表とされる王維。西域や北方の異様な風物を描いて辺塞詩人の名をほしいままにした高適・岑参(「高・岑」)など。「中唐」は，貴族社会が大きく揺らぐ中で，科挙出身で大官になった者から大詩人が出た。韓愈は，李白や杜甫の詩を高く評価すると同時に，悲哀を抑制しつつ，日常の暮らしの中でみずからの哲学を語ることによって，宋詩への道を開いた。彼の門下からは張籍・李賀・孟郊・賈島らが輩出した。白居易は，社会を風刺した「新楽府」50篇や名作「長恨歌」「琵琶行」などで我が国にも大きな影響を与え，親友の元稹とともに「元・白」と称される。「晩唐」は，衰退に向かう時代を反映して退廃的・耽美的な詩を多く生んだ。詠史詩や艶詩を作った杜牧，後世恋愛詩の代名詞にもなった「無題」詩で知られる李商隠，滅亡に瀕した社会の暗部を描いた皮日休と陸亀蒙(「皮・陸」)ら，群小詩人が多く出た。総じて唐詩は，その力点

の置かれ方に違いはあっても，後世から常に模範とされ，愛読される対象であり続けた。わけても李白・杜甫・韓愈・白居易の4人は，「李・杜・韓・白」と並称され，唐代のみならず，中国文学史上最大の詩人とされる。唐詩の選集としては，中国では『唐詩三百首』，日本では『唐詩選』(初盛唐詩が中心)・『三体詩』(中晩唐詩が中心)がよく読まれた。唐詩を網羅したものとしては，1706(康熙45)年，彭定求等が康熙帝の命により編纂した『全唐詩』900巻があり，2200余人の詩4万8900余首を収める。これを日本に伝わる資料で補ったのが，1804(文化元)年，市河世寧(寛斎)の『全唐詩逸』3巻。両者を合わせた『全唐詩』25冊(中華書局，王全等校点，1960年)が便利。さらに敦煌発見の資料などで補った王重民・孫望・童養年輯録『全唐詩外編』2冊(中華書局，1982年)がある。　　(筧　文生)

どうし【道士】　道教の教義を信奉して戒律を遵守し，規定の道服を身に付け道教の経典読誦や斎醮等の宗教儀礼を執り行う職業的宗教者のこと。羽客・羽人・羽士・黄冠等とも言う。なお，道士の語は漢代では神仙の術などを操る方士の意に用いられ，後には僧侶の意味に用いられる事もあった。道教の聖職者を意味するようになるのは，4，5世紀になってからであり，道教が一つの宗教勢力として発展を始めた時期と一致している。

(坂内　栄夫)

とうじいせき【陶寺遺跡】　山西省襄汾県にある龍山文化陶寺類型の指標遺跡。東西2km，南北1.5kmの範囲に多数の遺跡が集中し，1978年から中国社会科学院考古研究所の発掘によって，廟底溝第二期文化から龍山文化への連続的な発展が跡づけられた。龍山文化陶寺類型の放射性炭素年代測定法による年代はおよそ紀元前2500年から前1900年である。

居住区の発掘では，小型の竪穴式住居や窰洞式住居のほか，土器窯・貯蔵穴・井戸・道路などが検出された。墓地は居住区の東南にあり，面積は3ha以上におよんでいる。発掘された1000基あまりの墓は，規模，木棺の有無，副葬品の多寡などによって大・中・小型墓の3階層に分けられている。副葬土器には，黒や赤のスリップ(化粧土)がけをして焼成した後，赤・白・黄の彩色をほどこしたものがあり，なかでも蟠龍文盤は殷周青銅器の源流と考えられる。また，彩色をほどこした木製の案・俎・几・盤・豆などの食器やワニ皮を貼った太鼓，石磬などの楽器も，殷周時代の礼楽器のさきがけとなるものであろう。なお，1999年からの再調査で東西1800m，南北1500mの城郭が発見された(拙著『夏王朝　王権誕生の考古学』講談社)。　(岡村　秀典)

とうしえんきんほう【透視遠近法】　伝統中国絵画に一貫する空間表現法。15世紀，イタリア・ルネサンス時代に確立した一点透視図法とは異なる。空気遠近法や色彩遠近法と並ぶ，透視図法に準ずる遠近法の意味である。全画面を統一的に捉える基本的な視点を一点定め，その視点の高さに地平線や水平線を想定して，それより下の地面や水面は見え，上のそれは見えないように描く，ごく日常的な視覚に適う手法。個々の表現素材は，それぞれを側面視し俯瞰し仰視する複数の視点から描くのが通例である。全画面を捉える基本視点を定める一方，個々の表現素材はそれぞれに見る複数の部分的な視点をも有する点で，一点透視図法(単点透視)と，個々の表現素材などを捉える複数の部分的な視点のみしかもたないもの(散点透視)との中間的な手法であると言える。南北朝時代，宋の宗炳の画論『画山水序』に始まり，北宋時代の郭熙『早春図』において，樹高比により空間の奥行きを計量化しつつ，空気遠近法をも併用して，大気と陽光の再現的表現を達成するに至り，完成を見る。

(小川　裕充)

どうしぎ【僮子戯】　江蘇省の南は南通から北は連雲港まで行われる宗教的色彩の強い地方劇。民間の宗教職能者の僮子は，古代に駆邪逐疫を行う儺祭に参加した侲子の流れを引くとされる。

農民達が喜捨をし，神の誕生日等に神を喜ばせる名目で人を楽しませる民衆観劇の場や，村や個人の除災招福を意図した種々の願掛けの場で演じられる。

祭壇が設けられ，色とりどりの紙の上に神々の名を記した神位が祀られる。仏教や道教をはじめとする民間の神々が50柱ほども連なる。豚の頭部，魚，果物等の供物が供えられ，天井からは剪紙が吊り下げられ飾りたてられる。祭祀の内容によって，祀り手の無い孤魂の画像が掛けられたり，紙人形等が置かれる。

祭祀儀礼では，法冠や法裙を着けた僮子が，針をさす等自分の体を傷つけたり，刀梯子を上る荒行を演じるが，これは超人的能力を誇示する他に辟邪のためであるとされる。この他，雄鶏を犠牲にしたり，禹歩や歩罡と称される，北斗星座や八卦の図形をかたどった呪術的な足の運びや逆時計まわりの旋回等，神通・召霊・制邪のための所作が見られる。

祭祀儀礼の合間や後に，僮子戯が上演される。戯の内容も，辟邪を意図するものがあり，例えば『斬龍買卦』は，旱魃に雨乞いを目的として上演される。また『包公審替』は，名裁判官として有名な

包公が冥界の鬼を断ずる内容であり，病人が出た時等に演じられる。他にも『西遊記』から取った『唐僧取経』や，仏道の宣揚をテーマとした『鄭屠夫丢刀成仏』等がある。

歌唱は，悲愴な調子で，ドラや太鼓が伴奏される。以前は師弟や父子の間に，歌詞等を収めた神書が相伝されていた。またかつては仮面も使用されていたが，現在は伝承されていない。

1957年以後，南通僮子戯実験劇団が作られ，その後僮子戯は通劇と改称され，宗教者でない専門俳優が養成され，新しい演目も創作上演されている。
　　　　　　　　　　　　　　　　（廣田　律子）

とうしきじ【唐詩紀事】　南宋に編纂された，唐の詩人と詩にかんする逸話集。81巻。編者の計有功は，北宋徽宗の1121（宣和3）年の進士で，南宋の1137（紹興7）年には高宗に著書『晋鑑』を献上している。皇帝から始まって，ほぼ時代順に詩人を排列し，僧侶や女性にいたるまで，1150人を対象にして，詩人ごとに詩篇を録し，詩の制作にまつわるエピソードを記して，評論を兼ねている。詩人の伝記についても，家系・出身地・経歴などの情報を提供している。基本的に編者自身の見解はさしひかえて，収集した資料に語らせる方法を採用しているので，ここにしか見られない資料も少なくない。唐の孟棨『本事詩』や范攄『雲渓友議』は，すでに詩の制作にかんする逸話を集めていたが，計有功は唐詩に関係する資料の散逸を防ぐという目的で，系統的に集録した。清の厲鶚『宋詩紀事』や陳田『明詩紀事』は，これにならったものである。南宋の1224（嘉定17）年に王禧が刊行し，それに基づいて明の1545（嘉靖24）年に洪楩が翻刻したが，この洪楩本が活字本（中華書局上海編輯所，1965年）のもとになっている。
　　　　　　　　　　　　　　　　（釜谷　武志）

とうしけん【桃氏剣】　『周礼』考工記に，「桃氏剣を為る」とあり，その形状を記して，上士・中士・下士によって佩く剣の長さが異なることが述べられている。そこから春秋戦国時代の剣の代表的な型式を桃氏剣と考えることがあるが，考工記の剣の形状についての記述の解釈には諸説あり，現在知られている春秋戦国時代のどの型式の剣にあたるか，限定するのは困難である。
　　　　　　　　　　　　　　　　（高濱　秀）

とうしこすい【唐詩鼓吹】　金代に編纂された唐の七言律詩の選集。10巻。詩人としても知られる元好問の編で，中唐・晩唐の詩人を中心に96人の七言律詩596首を収める。なかでも許渾・陸亀蒙・杜牧・李商隠らの詩が多い。収録される詩は，感傷に傾くものが少なくないが，あくまでスケールの大きい力強さを基調としていて，こまごまとした瑣事を歌った作品はまれである。同時期の選集で，唐・宋の律詩だけを集めた方回の『瀛奎律髄』が，さまざまな作風の詩を収めているのに対して，収録の基準は明確である。元好問の弟子の郝天挺が注を施した刊本が，元の1308（至大元）年に出ている。明の廖文炳の補正と注釈が加わった『唐詩鼓吹注解大全』が1579（万暦7）年に刊行され，清の乾隆年間（1736-95）には銭朝鼒ら4人の手になる『唐詩鼓吹箋注』が出版されている。
　　　　　　　　　　　　　　　　（釜谷　武志）

とうしさんびゃくしゅ【唐詩三百首】　清に編まれた唐詩の選集。6巻。編者は孫洙（1711～78），字は臨西，号は蘅塘退士。無錫（江蘇省）の人。1751（乾隆16）年に進士及第し，三たび県知事となった。『蘅塘漫稿』の著作がある。『唐詩三百首』は1763（乾隆28）年に完成。清の沈徳潜の『唐詩別裁集』に基づき，各時期の詩人77人の300首あまりを収め，内訳は五言古詩40首，七言古詩42首，五言律詩80首，七言律詩51首，五言絶句37首，七言絶句60首。『唐詩別裁集』と同様，杜甫39首，李白35首と多く収録し，王維・李商隠がこれに次ぐが，李賀は1首も収めない。しかしもともと家塾の教科書として編んだものなので，当時人口に膾炙していた李商隠の「無題」詩なども収める。また，五言律詩が多いのも科挙受験への配慮と考えられる。この書が刊行されると，知識人は重視しなかったものの，選詩のバランスの良さから一般庶民の間に空前の流行をまきおこし，現在の中国においても最も人気のある唐詩選本となっている。
　　　　　　　　　　　　　　　　（深澤　一幸）

とうしせん【唐詩選】　明に編まれた唐詩の選集。7巻。編者は古文辞派の指導者たる李攀龍とされるが，清の中期に『四庫全書総目提要』によって否定された。それによれば，かれの編になる歴代詩の選集『古今詩刪』のうちの唐詩の部分742首から445首ほどを，明末の書店が抜きとり，かれの文集中の「選唐詩序」を「唐詩選序」と書きかえて冒頭におき，別に20首ほどを増補して作りあげたもの。あるいは，李攀龍一派の唐汝詢の選注書『唐詩解』から抜粋して，李の名前をかぶせたものともいう。

唐の詩人128人の465首を収め，その内訳は五言古詩14首，七言古詩32首，五言律詩67首，五言排律40首，七言律詩73首，五言絶句74首，七言絶句165首。杜甫・李白・王維・岑参ら盛唐，沈佺期・宋之問・陳子昂ら初唐の作品を多く選び，中・晩唐の選択は少ない。たとえば，韓愈は1首，李商隠は3首，李賀・白居易・杜牧は1首もとられ

ていない。また，盛唐重視の結果として懐古，送別，旅愁など荘重なしらべを持つ作が多く，そこからはずれた代表作は漏れている。このような偏った傾向は，しかし盛唐の詩を典範とする李攀龍もしくは古文辞派の主張にはかなうものだった。そして，李攀龍の名声を背景に，作詩の手本にふさわしい簡便な選集として，明末から清初にかけてはかなり普及した。原本には評箋が無かったので，出版されるや十数種の評注本が出現するほどだった。しかし清になって古文辞派が批判されると，私塾の教科書としてのみ使われるという衰落をたどることになった。

ところが日本では，江戸時代の中期になって，李攀龍の懐古主義的文学論を奉じて盛唐詩を鼓吹する荻生徂徠一門，いわゆる「古文辞派」が文壇を牛耳ると，『唐詩選』が広く愛好されるようになり，徂徠門下の服部南郭の『唐詩選国字解』(1775〔安永4〕年)はその平易な口語訳によって最も盛行した。それ以後，この書の流行は衰えず，釈大典の『唐詩集註』(1774〔安永3〕年)，戸崎淡園の『箋註唐詩選』(1784〔天明4〕年)というすぐれた注釈書もある。

(深澤 一幸)

とうしっしゅつ【闘蟋蟀】 雄の蟋蟀2匹を鉢に入れ闘わせる遊び。闘蟋・闘促織・闘曲・秋興ともいう。唐代の開元・天宝年間(713-756)に始まり，宋代に朝野をあげて盛んになり，南宋末の宰相賈似道が薀蓄を傾けて著した『促織経』は，現在なお愛好家の必読書となっている。清の蒲松齢『聊斎志異』中の短篇小説『促織』は，明の宣徳年間(1426-35)，宮中でこの遊びに凝った宣宗が民間に蟋蟀を供出させた狂騒を描いている。かつては賭け事であったが，現在なお愛好者は少なくなく，全国規模の大会まである。

(鈴木 健之)

どうしつぼ【洞室墓】 墓葬の一形態。土洞墓とも呼ばれる。洞室墓は，竪穴の土坑を掘り，土坑側面に横穴を穿ち，土中に空間を設けて，そこに死者を葬る構造の墓である。早くは，周原の先周文化の墓葬に登場するが，これは一時的な現象である。戦国時代中期頃に，秦の領域であった関中盆地で多用され，その後拡大した。出現当初は墓室部が狭く，竪穴墓の槨の代用として土中の空間を利用していたと思われるが，その後墓室部が拡大し，秦漢時代には塼室墓や石室墓に発展した。広義には，こうした塼室墓や石室墓などを含めて，洞室墓と呼ぶ場合もある。殷周時代には，中国では竪穴墓が一般的であったのに対し，中央アジアから甘粛，青海一帯では，新石器時代から洞室墓の形態を取る墓葬がまま見られることから，中国の洞室墓もこの影響で出現したと見る意見が有力であるが，竪穴墓の壁面に穿たれた壁龕が墓室部に発展し，洞室墓が成立したとする意見もある。

(大島 誠二)

とうしひんい【唐詩品彙】 明に編まれた唐詩の選集。90巻。高棅の編。かれの「総序」によれば，10数年をかけて，1393(洪武26)年に完成。詩人620人の詩5769首を収める。詩は詩体によって配列され，五言古詩24巻，七言古詩13巻(歌行も含む)，五言絶句8巻(六言も含む)，七言絶句10巻，五言律詩15巻，五言排律11巻，七言律詩9巻(排律も含む)。各詩体は，正始・正宗・大家・名家・羽翼・接武・正変・余響・旁流の9格に分かつ。そして正始は初唐，正宗から羽翼までは盛唐，接武は中唐，正変・余響は晩唐，旁流は方外の異人にあてる。この書ではじめて明確に規定された初・盛・中・晩唐の四分の体系は，南宋の厳羽の『滄浪詩話』，元の楊士弘の『唐音』三分説を参考して成ったもので，李白・杜甫を中心とする盛唐重視とともに，現在でも基本的に継承されている。また高棅はこの豊富な収録にもあきたらず，6年をかけて『唐詩拾遺』10巻を補い，これらのダイジェスト版たる『唐詩正声』22巻を編んでいる。 (深澤 一幸)

とうしべっさいしゅう【唐詩別裁集】 唐代詩歌の総集。五朝詩別裁集の一つ。清の沈徳潜撰。1717(康熙56)年に初版の後，40年以上の年月をかけ改訂を加え，1763(乾隆28)年に，全20巻として重訂刊行された。近体詩は唐に倣うべしという自身の格調説に基づき，その選詩態度は，明の李攀龍『古今詩刪』を継承するとも指摘される。さらに王士禎の『唐賢三昧集』が李白・杜甫の詩を全く収めないという偏向を糾すことを目指して撰したとされ，李杜以外に，陳子昂・王維・孟浩然・高適・岑参・王昌齢・韓愈・柳宗元・白居易・李商隠らの詩を多く採り，唐詩の全体像をよく伝える選集となっている。分類は詩体に依っており(五言古詩・七言古詩・五言律詩・七言律詩・五言長律・五言絶句・七言絶句)，その中では詩人をほぼ時代順に配列し評伝を付し，各詩には評語をともなう。その評語は絶妙かつ示唆に富むものが多いとされ，詩評家としての沈徳潜の地位を確かなものとした。

(木津 祐子)

とうしゃ【陶謝】 →陶淵明，謝霊運

どうしゃく【道綽】 562(河清元)〜645(貞観19)。北朝北斉〜唐の仏僧。并州(山西省)の汶水，一説に晋陽の人。俗姓は衛。14歳(575年)で出家し，『涅槃経』を講義した。後年には慧瓚(『続高

僧伝』巻18, 智満や志超ら多くの高僧を弟子に持つ)のもとで「空理」を学んだ。609(大業5)年以来, 講説を捨てて浄土行を修め, 石壁谷玄中寺に住し, 曇鸞浄土教を継承した。称名念仏を重んじ, 『観無量寿経』を200遍講じた。道綽は延命・若返りを果たし, 臨終の際には瑞相が現れたという(『続高僧伝』巻20, 迦才『浄土論』巻下)。道綽の宗教的能力が評価されていたであろうことは, 唐の太宗皇帝が道綽に礼謁し, 文徳皇后の病気平癒を願ったという記事(「石壁鉄弥勒像頌碑」)からもうかがえる。戦乱・飢餓の時代, 北周の武帝による廃仏といった人生体験が, 道綽浄土教の大きな特徴である末法思想を醸成したとされている。

著作に, 『観無量寿経』を解釈し, 人々に浄土往生を勧めた『安楽集』2巻がある。　　(宮井　里佳)

どうしゃくが【道釈画】　仏教や道教に関わる内容をあらわした絵画を, 一括して道釈画と呼ぶ。人物画とともに道釈人物画と総称する場合も多い。古代中国では, 絵画は道徳的勧戒の具とみなされ, 道釈画は人物画とともに, その主要なジャンルであった。唐の都の長安や洛陽では, 著名な画家が, 寺院や道観, 宮廷の壁画に数多くの道釈画を描いたが, その職掌は必ずしも仏教と道教とに二分できない。中唐に発生した水墨山水画が, 五代から宋代にかけて大画面の古典的な様式へと発展し, また宋代の新興士大夫が絵画の鑑賞層として台頭すると, 道釈人物画は, 鑑賞性のつよい山水画・花鳥画や文人墨戯に主要なジャンルとしての位置を奪われ, 宮廷周辺から在野へと制作の場を移していった。

日本では, 宋元時代の道釈画が数多く舶載されて絵画制作の手本とされたため, さまざまな道釈画の主題や表現は, 中国的題材をあらわす唐絵または漢画として, 屏風絵や襖絵で広く採用された。

(井手　誠之輔)

どうじゃくだい【銅雀台】　後漢の210(建安15)年, 曹操が根拠地とする鄴(河北省)に築いた楼台。羽を広げた銅製の孔雀を屋根に飾ったところから名付けられた。曹操をはじめ, 息子の曹丕・曹植, そして彼らのもとに蝟集した文人たちと宴を催し詩文を応酬して, 建安文学が開花する舞台となった。曹操が自分の死後もそこで妓女たちに舞を見せるように命じたことから, 後に「銅雀台」ないし「銅雀妓」は主にその故事を唱う楽府題にもなった。

(川合　康三)

とうじゃくぼう【湯若望】　→アダム・シャール

とうしゅうおうじょう【東周王城】　河南省洛陽市の中央部に位置する王城公園を中心とする地に存在した東周王朝の都城。周の平王は前770年に鎬京より東遷して洛邑(洛陽)のここに都を定め, 以後12代250年間都にしたとされている。そののち東周王朝は都を東方の成周城に遷した, と一般的には考えられているが, 引き続き東周王城にとどまった, とする見解もあり, 定かではない。

この遺跡は1954～58年に, 中国科学院考古研究所洛陽工作隊によってボーリング調査・試掘調査がおこなわれた。王城は不等辺方形であり, 城壁の全長は2890mであるが, 幅は3～15mで一定ではない。宮殿は王城の中央やや南寄りにあったと思われ, 遺跡からは板瓦・筒瓦等の遺物も発見されている。城壁の外部に郭とも推定されている土壁が確認され, その内側からは車馬坑(天子駕六博物館内に保存・公開)や王墓と推定される墓址の存在も確認されているが, 郭内と推定される部分は現在の市街地と重なっているため, くわしい調査は困難である。

(太田　幸男)

どうしゅうほうし【同州梆子】　陝西省東部の旧同州(大荔県一帯)地方を中心に行われる地方劇。老秦腔あるいは東路梆子とも呼ばれる。山西省の蒲劇(蒲州梆子)とともに梆子腔としては最も古い歴史を持つ劇種で, 遅くとも明末頃には成立していたとされる。特に陝西・山西の商人層に愛好されたことから, 清代以降北京を始め全国に伝わって板腔体音楽を広めるとともに, 多くの梆子腔系地方劇を生み出した。

(竹越　孝)

とうしゅうれっこくし【東周列国志】　清の長篇歴史小説。幽王が褒姒の笑顔見たさに烽火をあげて諸侯を集めたことにより都を鎬京から洛邑に移さざるをえなくなって以後の東周, いわゆる春秋戦国時代の歴史を, 七雄とよばれた斉・楚などの諸国が, 始皇帝の秦に統一されるまでに焦点をあててえがく。全108回からなる。1736(乾隆元)年の自序により編者は蔡元放(字は元放, 号は野雲主人, 江寧〔江蘇省〕の人)と知れる。『東周列国志』は先行作品を改編してなった。元代の『七国春秋平話』に淵源するとおぼしく, 族叔の余邵魚が史書を参考に敷衍編集したものを重刊した余象斗の『列国志伝』8巻, これに陳継儒(号眉公)が評を加えた『春秋列国志伝』12巻, それをさらに馮夢龍が108回に改めた『新列国志』などの先行作品が現存する。『東周列国志』は『新列国志』の本文に多少の増刪潤色を加え, 蔡元放が評を加えたものにすぎないが, 以後はもっぱらこれが通行した。

(大塚　秀高)

とうじゅくどくしょき【東塾読書記】
清の陳澧が著した学術書。当初の計画では25巻になる予定だったが，完成したのはそのうち15巻分である。諸子を扱った1巻を除き，内容の大半は，儒家の経典の成立・構造，および経書の解釈を中心とする学術史によって構成される。少し前の清代中期に顕著であった漢学と宋学の対立状況に対する反省から，どちらにも偏らない態度を保持しようとしている。したがって，新奇な説は少ないが，議論はおおむね穏当である。

（水上 雅晴）

どうじゅつ【道術】
道術には大別して3つの意味がある。第一は，宇宙の根源である「道」や「道」に基づく人間の生き方を追求する道家思想にかかわる広汎な学術の総体を意味する。しかし，後世の学者たちは天地の根源や古人の根本的な生き方を理解せず，そのために道術が分裂して諸子百家の狭隘な一家の学問が興起してきたとされる（『荘子』天下篇）。第二に，聖人の道を実現するための術を意味する。この意味での道術は，道家に限らず墨家や儒家の説く聖人の統治の術一般を指して使われたが，戦国時代を通じて多方面に分化し，医術・養生術・神仙術・観天望気術・占卜術・巫術など特定の範囲に限定された学術技芸を意味する方術とほぼ同義となった。とりわけ，秦始皇帝や漢武帝の神仙希求を反映して，斉（山東省）や燕（河北省）の方士の操る神仙方術はその代表とみなされるようになる。漢代に入ると，もっぱら讖緯の学や天文暦数，象数易学などと結合した未来預言や災異を扱う学問が一般的に道術と称されるようになり，『漢書』芸文志・術数略に載せる天文・暦譜・五行・蓍亀・雑占・形法，同方技略に載せる医経・経方・房中・神僊などの方術との間には一定の区別が意識されるようになった。また，「道術の士」には官僚として登用される道が制度的に開かれた。第三は，道教の法術を意味する。後漢から魏晋にかけて道教が成立すると，神仙方術をはじめとするあらゆる既存の方術を取りこむとともに，外丹術・内丹術・符籙・禁呪・劾召・内観存思・算命・雷法などさまざまな道術を生みだした。これらはいずれも道（すなわち神）のはたらきや力を現実世界に顕現・作用させるための術とされ，道法あるいは法術とも呼ばれて道教の重要な要素となっている。魏晋以降，道術は第三の意味で用いられることが多い。

（麥谷 邦夫）

とうじゅぼ【冬寿墓】 →安岳三号墳

とうじゅんし【唐順之】
1507（正徳2）～60（嘉靖39）。明の文学者。武進（江蘇省）の人。字は応徳，また義修。諡は襄文。荊川先生と称される。1529（嘉靖8）年会試に首席合格し，兵部主事，翰林編修などを歴任，その後免職され十数年に渡り家居した。1558（嘉靖37）年，兵部郎中の身分で浙江に赴き，自ら倭寇鎮圧の海上指揮に当たり，戦功をもって通政司右通政に昇任，右僉都御史に移り鳳陽を巡撫するなど活躍したが，通州（江蘇省）で病死した。前七子の擬古的な文体が支配的であった明中葉（16世紀）にあって，はじめ李夢陽の詩文に傾倒したが，同僚王慎中の影響を受け，唐宋諸家の文体を推賞するようになり，『唐宋八大家文鈔』を編纂した弟子茅坤らとともに，当時の擬古の風潮に反発し，文学史上いわゆる「唐宋派」の中心人物となった。博学多才で，天文・楽律・地理・兵法・算術などにも通じた。著に『唐荊川先生文集』『荊川稗編』『文編』など。明史205

（田口 一郎）

とうじょ【唐書】 →新唐書

どうじょう【道情】
語り物の一種。道情の源は道観での道士による経韻（道教における唱え方）といわれる。やがて民間で布教するようになり，南方にも広まっていった。南宋の頃になると，漁鼓（竹筒ででき，長さは65～100cm，面の直径は13～14cm。一方の面に豚の皮か羊の皮か豚の膀胱膜が張られている。演者は左手で漁鼓を立てて持ち，右手で筒の面を叩いて節を取る）と簡板（竹ベラででき，長さは45～65cm，幅は1.7～2cm。一方の端が外側に曲がり，2本でワンセットとなる。演者は左手で2本を挟んで叩き節を取る）を伴奏楽器に使ったので漁鼓とも呼ばれた。明・清代にはかなり広まり，一句七言を主とする語り物形式で演じられ，題材も広範囲にわたるようになった。各地で演じられた道情は数十種にも及び，多くはその土地の地名がつけられた。代表的なものに金華道情と晋北説唱道情がある。浙江金華一帯で演じられていた金華道情は「唱新聞（ニュースを歌う）」とも言われる。語りと歌からなり，金華方言を用いて歌い語るような調子で物語を述べる。伴奏楽器は漁鼓と簡板で，1人で歌い語る。伝統演目は『銀袋記』『銀牌記』など100余りあり，その内容の殆どは清代から民国初期の金華周辺でおきた社会的事件である。晋北説唱道情は山西雁北地区で演じられる語り物。「座腔」ともいう。道情と現地の方言や風習及び民間芸能とが融合して，独特な語り物形式となった。演者は漁鼓を抱き，手に簡板を持って節を取りながら歌い語り，ほかに5，6人が竹笛・四胡・板胡などの楽器を用いて伴奏する。演目には『張良伝』『韓湘子伝』などがある。ほかに，浙江の温州道情・義烏道情・東陽道情，山西の洪趙道情（洪洞県）・神池道

情，また湖北漁鼓・湖南漁鼓のように漁鼓の名称を使っている地域もある。四川では竹琴と呼んでいる。それぞれ，その地域の民謡や小唄，伝統演劇や語り物の影響を受けて，独自の味わいを生み出している。伴奏楽器は漁鼓や簡板のほかに，弦楽器や他の打楽器を用いる地域もある。多くは歌が主となり，語りがそれに加わるという形式をとるが，まったく語りのないものもある。　　　　　（氷上　正）

どうじょうぎ【道情戯】　地方劇の一つ。唐宋にかけて道教の音楽から派生した語り物「道情」が，主に西北部で梆子腔系地方劇と結びついて清代半ば以降に形成された。音楽は方言の影響を受け，「十里を隔てれば道教音楽は異なる」とされ，地域によって山西省は晋北道情戯等4種，陝西省は陝南道情戯等3種に分かれ，山東省の漁鼓戯・藍関戯・八仙戯，甘粛省の隴劇等もこれに属する。語り物道情の本来の形態は，一人で漁鼓（漁師が漁皮と竹筒で作ったことに始まり，宋代にはその音を模し「通風扎」の呼称がある）・簡板（竹製の拍子木で左手に持ち拍子をとる）を打ち鳴らし道教の教えを歌うものだが，舞台化された時点で音楽も演目も道情の特性は希薄となる。漁鼓・簡板は得度昇仙を描いた元の戯曲の中ですでに頻繁に登場する。これを手にするのは呂洞賓や韓湘子といった八仙で，語りや歌唱の内容も俗界の虚しさと神仙世界の境地を説いたものが多い。晋西道情戯では伴奏楽器である弦管楽器8点と漁鼓簡板を含めた打楽器8点をそれぞれ「文八仙」「武八仙」とよぶ。特徴的な演目に，『韓湘子出家全伝』といった得度昇仙を主題にした系統のものがある。　　　　　（有澤　晶子）

とうじょうは【桐城派】　清代の散文流派。創始者方苞と有力な継承者劉大櫆・姚鼐がいずれも桐城（安徽省）の出身だったため，桐城派と呼ばれる。方苞の文論の核心は「義法」である。「言に物有り」（『易経』家人）に由来する「義」は文章の内容，「言に序有り」（『易経』艮）に由来する「法」は文章の形式を指しており，形式が内容を決定するという前提に基づきながら，両者の統一を求めた。また「雅潔」を尊び，通俗あるいは蕪雑な表現を排した。劉大櫆は「法」に関する理論を発展させて散文の芸術性を探求し，「神気」を重視して「声に因りて気を求む」という説を提出した。姚鼐は桐城派の集大成者であり，「義理」「考証」「文章」の3者を融合させることを強調するとともに，文章の風格を「陽剛」と「陰柔」に大別した。「清真雅正」を重んじる桐城派の文章は清代文壇に絶大な影響を及ぼし，姚鼐が編纂した『古文辞類纂』も広く読まれた。　　　　　（井波　陵一）

とうじょうろうふでん【東城老父伝】　中唐の伝奇小説。作者は陳鴻祖。『太平広記』485に収録されているが，そこに作者陳鴻とあるは誤り。この作品は，陳鴻祖が810(元和5)年に老父賈昌の話を聞いて作ったものとある。賈昌は闘鶏の名人として玄宗に可愛がられたが，安史の乱のために妻子と生き別れの悲痛を味わうなど，開元・天宝の治乱を実際に体験した者の口を通した形で記述している。中唐に流行した玄宗時代を物語る作品の一つである。　　　　　（中　純子）

とうじょじゅん【唐汝詢】　生没年不詳。明の詩人。松江華亭（上海市）の人。字は仲言，酉陽山人と号す。5歳にして盲目となるが，兄汝諤らの読書の場に臨席し，自ら詩を修めた。1615(万暦43)年に『唐詩選』の評解本『唐詩解』50巻を著し，銭謙益に「新義有り」と称えられた。他に，『彙編唐詩十集』41巻(1623〔天啓3〕年)の撰者としても知られる。別集には『編蓬集』『姑蔑集』がある。　　　　　（木津　祐子）

とうしるいえん【唐詩類苑】　明に編まれた唐詩の選集。200巻。編者は張之象，字は玄超。華亭（上海市）の人。生没年は不明だが，嘉靖年間(1522-66)に活動したらしい。かれは『古詩類苑』120巻を編んでおり，また南宋の趙孟奎の『分門纂類唐歌詩』100巻が一部しか残っていないのにかんがみ，この書を編んだ。しかし貧乏で刊行できず，原稿は浙江の卓明卿の手に入り，初・盛唐詩をぬき出し，卓の編書として1586(万暦14)年に刊行されたが，華亭の王徹がもとどおり復原し，1601(万暦29)年に刊行。「凡例」に「詩は数万を逾え，人は千余に至る」というごとく，これほど大規模な選集はまれである。天・歳時・地・山など39の部，その下に1092の項をおき，それに応じて詩を配列する。たとえば巻1から巻8の天部は日・月・星・河・風・雲・雷・雨・雪・陰・霽・虹・霧・露・霜・氷・火・煙の小項に分かつ。張之象は少しでも多く収録しようとして，内容の吟味が足らず，「冗濫」の批判をうけているが，類別で唐詩を検索するには，きわめて役に立つ。　　　　　（深澤　一幸）

とうしん【東晋】　→晋（西晋・東晋）

とうしん【陶真】　江蘇・浙江の民間ではやった語り物芸で，宋から清代に至るまで演じられた。淘真とも書き，もとは卑俗な大道芸であった。今日，陶真の唱本は残存しないが，『七修類稿』などの記述から七字句であったことがわかる。一般には弾詞の前身と考えられている。『西湖遊覧志余』

に，盲人が琵琶を伴奏に唱う芸があり，それを陶真というとの記事がある。清の李調元『童山詩集』38・弄譜百詠の一首に「聞書調，一名陶真」とあり，「聞書（文書の誤りか）調」とも呼ばれていたらしい。『西湖老人繁勝録』で陶真と並称される崖詞は，語りと唱があり，都市の若者に愛好されるやや文雅な語り物であったらしい。　　　（山口 建治）

どうしん【童心】　こどもごころ。「子供のように純真無垢な心」を意味する語であるが，一方で「成人の志が無いままに童子の心を持つ」（『史記』魯周公世家第三・集解所引）と注されるように，「分別に欠けた成熟していない心」との意味合いが含まれている。実際の用例はむしろ後者の意にこそ重点を置いて卑下・批判あるいは韜晦のために用いられ，さらには幼児と同様に自らの欲望そのままに振る舞う様子までをも示すものとして扱われていた。
　明の李卓吾は，朱子学的な欲望の制御に形式的にのみ従っている当時の士大夫への批判のため，多く否定的に扱われてきた童心こそが人の原初・真実の心であるとして，その維持・発揮を求めねばならないことを説いた（『焚書』巻3・童心説）。
　こうした態度は，後天的な聞見・道理の廃除を説く点において公安派の性霊説にも通ずるものであり，さらに明末以降の白話小説にも強い影響を及ぼしている。　　　（大西 克巳）

どうしん【道信】　580（太建12）～651（永徽2）。隋代の禅者。中国禅宗の第四祖。蘄州広済（湖北省）の人。諡号は大医禅師。俗姓司馬氏。三祖僧璨より嗣法。蘄州（湖北省）黄梅県の双峰山で30余年後進の育成に当たった。門下は500人を数え，東山法門と称する。『楞伽師資記』にはその著書として『菩薩戒作法』『入道安心要方便法門』を挙げる。伝は『続高僧伝』21，『楞伽師資記』，『伝法宝紀』，『祖堂集』2などに見える。（高堂 晃壽）

とうしんいんけつ【登真隠訣】　六朝の道教の書物。南朝梁の陶弘景撰。現行本は上・中・下の3巻。書名は，真人になる（得道する）ための秘訣という意味。巻上は，真符・宝章・九宮・明堂・洞房の項目から成り，符や章の用い方や人の頭の中にいる神々とそれを存思する方法について説く。巻中では，按摩・沐浴・体内神存思・邪気を避ける法などが説かれ，その文はほとんど『真誥』の文と重なる。巻下は，誦黄庭経法・入静・章符・請官の項目から成り，入静以下は，天師道の儀礼との関係が深い。　　　（神塚 淑子）

どうじんしゅけつしんきゅうずけい【銅人腧
穴鍼灸図経】　北宋の鍼灸医学（経脈・経穴）書。全3巻。1027（天聖5）年刊。王惟一の奉勅撰。王惟一は太医局翰林医官・殿中省尚薬奉御で『難経集注』の編著もある。王惟一は同年勅命により，医官院において銅人形（等身標準人体模型）2体を鋳造。これは従来混乱のあった経穴・経脈の説を統一・標準化し，国家試験に備えるため行われたもので，本書はそのテキスト。同時に石碑にも刻されて公開された。金の大定刊本系は5巻本。
　　　（小曽戸 洋）

どうしん・じんしん【道心・人心】　「人心」が「人の心」「民衆の心」，「道心」が「菩提心」「道念」等の意味で使われることもあるが，中国思想史にとってより重要な意義を持つのは，一対の語として宋元明代の儒学者が使用する場合である。それは，『書経』大禹謨篇の「人心惟れ危く，道心惟れ微かなり。惟れ精惟れ一，允に厥の中を執れ」という文言を典拠とする。この文言は，「虞廷の十六字の伝心訣」とも呼ばれる。端的にいえば，「人心」は人欲によって起こる心，「道心」は天理によって起こる心。朱子は「中庸章句序」で次のように説明する。人間の心はもちろん一つだが，それには，肉体という制約によって不安定な状態に陥りやすい「人心」と，天の理法そのままではあるが明らかにし難い「道心」という二つの顕れ方があり，どんな人間の心もこの二面性から逃れることはできない。人として為すべきことは，常に「道心」を自己の主役にしておき「人心」がその命令を聞くようにしむけることだ，と。王陽明は「人心が正しきを得ることそれ自体が道心で，道心が正しきを失うことそれ自体が人心なのであり，もとより二つの心があるわけではない」（『伝習録』上）と朱子の説を批判したが，「人心・道心」という枠組み自体を否定したわけではなく，逆に『書経』の16文字を「心学の源」とまで称揚した（『王陽明全集』巻7「象山文集序」）。清朝考証学の成果により『書経』のこの部分は，『荀子』等の言葉を切り貼りして捏造された偽古文であったことが明らかになった（閻若璩『尚書古文疏証』巻2）のだが，宋元明代の儒学者の主観に即していえば，これこそが堯から舜，舜から禹へと受け継がれた黄金統治の秘訣であり，その秘訣を体得し継承した自分達の学問こそが「聖学」なのであった。その意味では，宋元明代儒学の精神を最もよく表現した言葉の一つであったといえる。
　　　（早坂 俊廣）

どうしんせつ【童心説】　明の李卓吾の文章。1592（万暦20）年の作。『焚書』巻3に収める。持って生まれた童心（こどもごころ）をそのままに維持・

発揮することこそ真の人たる道であるとし，それを失わせる読書による「聞見道理」を強く批判する。後来の知識に執着する当時の士大夫の態度を批判するものであるが，さらに進んで経典の内容についても，その多くは聖人の言ではなく，あるいは場に応じた一時的な発言に過ぎないとして，儒家経典の絶対性に疑問を呈するに至っている。　　（大西　克巳）

とうじんせんとうし【唐人選唐詩】

唐人が編んだ唐詩の選集。ふつうはその選集を集成したものをいう。代表的なものとしては『唐人選唐詩八種』23巻，明の毛晋の輯，1628（崇禎元）年刊行。収録するのは，令狐楚輯の『御覧詩』1巻，元結輯の『篋中集』1巻，芮挺章 輯の『国秀集』3巻，殷璠輯の『河岳英霊集』3巻，高仲武輯の『中興間気集』2巻，輯者未詳の『捜玉小集』1巻，姚合輯の『極玄集』2巻，五代十国の前蜀の韋縠輯の『才調集』10巻の8種。

近年になると，さらに2種を加えた『唐人選唐詩十種』（中華書局上海編輯所編，1958年12月）があり，毛晋の8種のほかに，輯者未詳の『唐写本唐人選唐詩』（羅振玉が影印出版した敦煌石室の唐詩残巻），韋荘の『又玄集』3巻（日本の江戸昌平坂学問所官板本）が追加されている。また，最近の『唐人選唐詩新編』（傅璇琮編，陝西人民教育出版社，1996年7月）では，さらに許敬宗等撰の『翰林学士集』，崔融編の『珠英集』，殷璠編の『丹陽集』，李康成編の『玉台後集』の4種が加えられている。『新唐書』芸文志などによれば，当時の同時代人による選集は80種あまりあったようだが，現在まで伝わるのは以上にほぼ尽きるだろう。
（深澤　一幸）

どうすう【道枢】

宋以前の道術に関する百科全書とでもいうべき書。42巻。南宋の曾慥（道号は至游子）の編。現行の道蔵本は「玄軸篇」以下全108篇からなるが，陳振孫『直斎書録解題』には20巻122篇と著録されている。全書にわたって道教の修養錬成にかかわる教説が集められており，時代的には漢魏から北宋まで，内容的には外丹・存思・服食・導引といった多様な道術から内丹説にまで及んでおり，本書にしか見られない佚書からの引用も多い。各篇題の下には，4言4句の韻文でその要点が述べられており，本文中にも往々「至游子曰く」として彼自身の意見や解釈が示されている。また，道号しか伝えられていない引用書の作者の本名が注記されている点も貴重である。　　（麦谷　邦夫）

とうせいしょう【董西廂】　→西廂記諸宮調

どうせいふこん【同姓不婚】

族外婚（exogamy）に基づく婚姻習俗。姓は血族を表示するもので，同血族間の通婚を禁止するために同姓の者は婚姻を結ばない。父系社会においては，最低単位として男兄弟の子（平行従兄弟〔parallel-cousin〕）どうしは結婚できない。婚姻習俗に発するが，後に，同姓婚＝同血族婚は親子兄弟で子をつくる禽獣の行為とされ，族内婚（endogamy）を行う塞外民族への差別，ひいては，中国内での秩序の混乱を象徴するものと目され，習俗としての同姓不婚が中国の文化程度を表す理念の一つに昇華した。
（田村　和親）

とうせき【鄧析】

？～前501？。春秋時代鄭（河南省）の思想家。『呂氏春秋』離謂篇からは，成文法の成立や法をめぐる弁論の巧みさとの関連が予想され，そこには構成的ジレンマを示唆する「両可之説」も見られる。弁論の巧みさから『荀子』非十二子篇では恵施と同類として批判されている。『漢書』芸文志では名家に分類され，『鄧析』2篇が著録されるが，現存の『鄧析』2篇は偽作と考えられる。
（久保田　知敏）

とうせきげん【唐摭言】

五代の小説集。原名『摭言』。15巻。王定保（862～？）の撰。王定保は，唐末899（光化2）年の進士。五代十国南漢の劉隠に仕え，五代後周の顕徳年間（954-960）まで生存していたといわれる。唐代の科挙制度に関する様々な雑事逸話を集めて，歴史資料としても貴重なものとなっている。明の商濬（一名商維濬）編『稗海』など所収の1巻本と『雅雨堂叢書』『学津討原』など所収の15巻本がある。上海古典文学出版社の排印本（1957年）及び上海古籍出版社の排印本（1978年）は，15巻本をもとに清の蔣光煦の校勘記を付載する。
（富永　一登）

とうせきじょ【鄧石如】

1743（乾隆8）～1805（嘉慶10）。清の書家・篆刻家。懐寧（安徽省）の人。初名は琰，石如は字であったが，嘉慶帝仁宗の諱である顒琰を避け，石如を名とし，字を頑伯とした。故郷懐寧の皖公山の「皖」字をとり完白山人と号した。一生官につかず書・篆刻の売芸を行いながら諸国を遊歴した。30歳代の時，寿春書院の院長であった書家梁巘に認められ，金石の収蔵に富む江寧の挙人梅鏐を紹介され，8年間梅家に寄寓した。5年間は石鼓文，嶧山・泰山刻石など篆書8種を100回臨摹し，さらに『説文解字』を20本臨写し篆書が完成し，次の3年間は史晨碑など隷書8種を各50本臨摹し隷書が完成した。梅氏のもとを離れた後，さらに各地で文墨の名士と交わり，曹文埴・劉

塘らから高い評価を受けている。特に60歳の時，鎮江で当時28歳の書学者包世臣と出会い，鄧に心酔した包の書論を通して，後世に喧伝されることとなった。包は『国朝書品』の中で，鄧の篆書・隷書を清朝書道の第一に位置付け，また，鄧の伝記『完白山人伝』を著した。これにより，鄧の評価は一層高まり，清朝碑学の発展に影響を与え，さらには呉熙載・趙之謙らの追随者を呼ぶことになった。

書は篆・隷・楷・行・草の五体をよくしたが，特に古代の書体である篆・隷書復活に果たした功績は大きい。当時，小篆の円筆（起筆・収筆などが円い線質）を表現するのに筆先を焼いて書くことが行われていたが，鄧は柔毛筆を使用し，起筆を逆入させ中鋒（穂先が線の中を通るように運ぶ）の筆法によって篆書を書いた。これにより，後の篆書作家は多くこの筆法を用いるようになった。書の代表作には篆書『白氏草堂記』（個人蔵）などがある。

篆刻は，父一枝から手ほどきを受けた。初め徽派（明の何震を祖とする篆刻の流派）の技法から出発したが，次第に書における篆書技法を刻印に取り入れ，史上初めて書刻一致の境地に至った。書と同様，呉熙載・趙之謙らに多大な影響をもたらし，鄧派と称される流派の祖となった。印譜に，子の伝密が関わった『完白山人篆刻偶存』の他，『完白山人印譜』『鄧石如印存』がある。清史稿503

（小西 憲一）

とうせせつ【唐世説】 →大唐新語

とうせつ【陶説】
清代の陶磁専門書。6巻，1774（乾隆39）年刊。朱琰（生没年不詳）著。陶磁専門書としては，中国初のもの。巻1は，乾隆中期までの清代の景徳鎮窯業の沿革と，焼造方法。巻2は，文献による陶磁器の起源の考証と漢以来の名窯の解説。巻3は，洪武から万暦まで（1368-1620）の明代歴代官窯についての記述。巻4・5・6は，古代から明にいたる各代の陶磁器の解説である。邦訳注解本に尾崎洵盛著『陶説注解』（雄山閣，1981年）がある。

（砂澤 祐子）

とうせん【刀銭】
小刀を模倣した青銅貨幣。その初現を春秋後期に比定する説もあるが明確な根拠はない。少なくとも戦国初頭に定型化し，戦国後半期になってからようやく普及したと考えられる。刀銭は中国各地で鋳造されているが，国によって形態が異なる。主なものとして斉の斉刀，燕の尖首刀・明刀，趙の直刀などを挙げることができるが，そのなかで斉刀と明刀が数量的に他を圧倒している。重量は，最も大きい斉刀が30〜50g，明刀が17〜20g，直刀が10g前後と，国によってまちまち

である。当時の青銅貨幣は，実重量によって価値が決定されていたため，重量の異なるこれら刀銭には互換性がなく，ほぼ鋳造国の領域内での使用に限定されている。燕では韓・魏・趙の布銭に対応するために，三国と同じ重量の布銭も鋳造しているが，斉では布銭はなく刀銭のみで他国との貨幣流通は現在のところ認められていない。

（廣川 守）

とうせん【陶潜】 →陶淵明

どうせん【道宣】
596（開皇16）〜667（乾封2）。隋・唐時代の僧。呉興（浙江省）の人。俗姓は銭。字は法徧，諡は澄照・法慧。長安の南，終南山の豊徳寺や浄業寺を拠点としたため南山大師（律師）と呼ばれた。16歳で智䫢のもとに出家。智首に律を学び，また各地を行脚して律学の完成と仏教史料の蒐集に努力した。645（貞観19）年，勅命により玄奘の訳経に参加，652（永徽3）年に西明寺が建立されると上座となり晩年まで勤めた。この間，長安仏教界をリードし朝野の尊敬を集め，多くの門弟を育成した。その一人，文綱の法孫こそ唐招提寺の鑑真であり，入唐僧道慈なども道宣の流れを汲む。浄業寺に戒壇を築き『関中創立戒壇図経』を著し，『祇園図経』『西明寺図』のほか，『続高僧伝』『後集続高僧伝』『広弘明集』『大唐内典録』『集古今仏道論衡』などの史伝，さらに『四分律行事鈔』『四分律含注戒本疏』『四分律刪補随機羯磨疏』の律三大部等，35部188巻を著した。

（藤善 眞澄）

どうせん【銅銭】
青銅製の円形有孔貨幣の総称。中国では戦国時代後期からこのスタイルの貨幣が各地で鋳造されたが，当初は孔が円形のものや方形のものなど，国によってまちまちであった。布銭や刀銭の補助貨幣と考えられているが，秦では戦国時代より方孔円形銭である半両銭のみを鋳造しており，統一以降は半両銭が統一貨幣となった。さらに漢時代の五銖銭では，外縁と方孔周囲とを一段高くしたスタイルをとるようになる。さらに唐時代に鋳造された開元通宝のスタイルが以後の銅銭の規範となり，清朝末期まで受け継がれた。

（廣川 守）

どうぜんしゃ【同善社】
清末民国初期，四川省に成立した宗教的結社。大足県（重慶市）の人，彭如尊が1912年に創始した。人々が悪事を行うがゆえに世界には災厄が満ちているのであり，さらに大きな災厄が迫り来るのを避けるためには，善行に努めねばならない，と説いていた。この考えに基づき，同善社ではコックリさんにより神意を問い尋ね，慈善活動を行った。1920〜30年代には全国に組織を張り巡らし，政治権力とも結びついて大きな

影響力を持つに至った。　　　　　（山田　賢）

どうぞう【道蔵】　道教の典籍を三洞四輔の項目に分類し整理した道教経典の叢書。中国各地の道教経典を収集し，それらを三洞四輔の分類法に従って整理する道蔵の編纂は国家的事業であり，唐の玄宗皇帝の開元年間(713-741)に最初の道蔵『三洞瓊綱』の編纂が実施された。『三洞瓊綱』には3744巻(あるいは5700巻)の道経が収められた。巻数は，『無上黄籙大斎立成儀』巻21末尾に引用する杜光庭述によると7300巻，『文献通考』巻224に引く『宋三朝国史志』によると3744巻，『道蔵尊経歴代綱目』によると5700巻という。巻数に大きな差異があるのは，経典の数え方によるようである。例えば，10巻本の経典を1巻と数えるか，10巻と数えるかの違いである。玄宗は748(天宝7)年に勅令を発して道蔵を全国に流布せしめた。

北宋の真宗皇帝は1010(大中祥符3)年に王欽若らに命じて道蔵を補充させた。その結果，洞真部620巻・洞玄部1013巻・洞神部172巻・太玄部1407巻・太平部192巻・太清部576巻・正一部370巻，総巻数4350巻に増えた。この道蔵の目録を『宝文統録』といい，道蔵を『大宋天宮宝蔵』という。『仏祖統紀』巻48や『雲笈七籤』の序によると，この道蔵には摩尼経典(マニ経)も入れられたという。『雲笈七籤』は張君房が『大宋天宮宝蔵』の中の肝要な経典を集めて編纂したものである。

北宋の徽宗皇帝も政和年間(1111-18)に道蔵を増補して，経典数を540函，5481巻に増やした。この道蔵を『政和万寿道蔵』という。

金の章宗皇帝は1190(明昌元)年に北宋の『政和万寿道蔵』に基づいて『大金玄都宝蔵』を編纂した。新たに1074巻の経典を得て補充し，経典数は602帙6555巻に上った。

元の初めに全真教の宋徳方が丘処機の遺志を継いで道蔵の編纂を企画し，弟子の秦志安が平陽(山西省)の玄都観で金の『玄都宝蔵』に基づいて元の『玄都宝蔵』を編纂した。経典数は7800余巻である。元の『玄都宝蔵』の特色は全真教の経典が多く入蔵されたことである。

明の成祖永楽帝は第43代天師張宇初に道蔵の編纂を命じた。張宇初は道蔵の編纂に取り掛かったが，途中で成祖が崩じたために編纂は一旦中断された。英宗皇帝は道蔵の編纂事業を再開し，1445(正統10)年に道蔵は完成された。経典数は480函5305巻である。これを『正統道蔵』という。神宗万暦帝は1607(万暦35)年に第50代天師張国祥に命じて続道蔵を刊行した。これを『万暦続道蔵』という。『正統道蔵』と『万暦続道蔵』を合わせると，経典数は512函5485巻である。道蔵の編纂はこの正統(1436-49)・万暦(1573-1620)年間の道蔵編纂をもって終了する。現行の道蔵はこの『正統道蔵』と『万暦続道蔵』である。なお，現行の『正統道蔵』には三洞四輔の経典分類に多くの混乱が見られる。
　　　　　　　　　　　　　　　　（小林　正美）

とうそうぎ【陶宗儀】　1316(延祐3)～？。元～明初の文章家。黄岩(浙江省)の人。字は九成，号は南村。その生涯はほとんど解らない。元末に江南の文人たちと往来し，明初に学官に任ぜられたが赴かなかった。1403(永楽元)年にはまだ存命だったという。詩集『南村詩集』4巻，『輟耕録』30巻，『滄浪櫂歌』1巻，『草莽私乗』1巻，『古刻叢鈔』1巻，『遊志続編』2巻などがある他に，書にも通じて『書史会要』9巻補遺1巻がある。『説郛』の編者としても有名。明史285　　　　　　（高橋　文治）

とうそうしじゅん【唐宋詩醇】　清代に編まれた，唐の李白・杜甫・白居易・韓愈及び宋の蘇軾・陸游の詩を集めた撰集。47巻。1750(乾隆15)年に乾隆帝によって選定された。清朝初期には宋詩が流行し，またその風潮に対して異を唱え唐詩を擁護する者もいたが，ここでは唐代を詩の最盛期とし，その後の宋代の詩は唐詩の変化した姿であるとする考え方に則って，盛唐期の李白と杜甫の詩を最も正統的なものとして位置づけている。その上で，唐詩のうちでも平易さを特色とする白居易の詩と，奇をてらうようであるが，その反面で儒教的な道徳を強く意識する韓愈の詩を収めている。さらにそれらの唐詩の変奏として，北宋の詩から蘇軾を取りあげ，南宋からは陸游の詩を収める。それぞれの詩の後に諸家の批評や考訂，注解を掲げている。
　　　　　　　　　　　　　　　　（湯浅　陽子）

とうそうじはん【東窓事犯】　岳飛・秦檜をめぐる有名な話柄。和議を成立させたいなら岳飛を殺せとの金の兀朮四太子の密書を受け罪に陥れた岳飛の最終処分に惑い，東向きの窓のもとで鬱々としていた秦檜を，夫人の王氏が「虎を擒にするは易く，虎を縦つは難し」とそそのかしたというもの。古くは『夷堅志』に収められていたというが現行本には見えない。各種伝統演劇に仕込まれ，元の孔文卿(1260-1341)の雑劇に，まさに汴京を回復しようとしていた岳飛を13通の金牌で呼び戻して謀反の罪をきせた秦檜のたくらみを地蔵王の化身の呆行者があばき，これをとらえようとした虞候の何宗立に地獄で秦檜が罪を受けるさまをみせることなどを仕込んだ『地蔵王証東窓事犯』があり，南戯の『岳飛破虜東窓記』でも知られる。（大塚　秀高）

とうそうはちだいか【唐宋八大家】

唐の韓愈・柳宗元、北宋の欧陽脩・蘇洵・蘇軾・蘇轍・曾鞏・王安石の8人を指して言う。彼ら8人を唐宋古文の代表者とすることは、明初の朱右『八先生文集』から始まり、後にその主張を受け継いだ茅坤の『唐宋八大家文鈔』が盛行したことで広まり定着した。しかし宋代ではこの8人という数もその構成も出入りがあり、彼ら8人を古文の代表的作者とする認識はまだ出来上がっていなかった。この認識は、明のいわゆる唐宋派の文学的主張に沿うものなのである。そして清代でも各種の選本にこの8人の文章が多く取り入れられ、文言散文の模範として大きな影響力をもった。

彼らは一まとめに呼ばれるとはいえ、各々の散文の風格はもちろん異なり、全体的傾向においても唐の2家と宋の6家では大きく異なっている。唐の韓愈・柳宗元の文章はどちらかといえば、ごつごつと骨太で難解になりがちであるのに対し、宋の6人は、行文が流暢で、平易自然なのが共通の特徴である。　　　　　　　　　　　　　　（副島　一郎）

とうそうはちだいかぶんしょう【唐宋八大家文鈔】

唐宋を代表する古文家として唐の韓愈・柳宗元、北宋の欧陽脩・蘇洵・蘇軾・蘇轍・曾鞏・王安石の8人の古文作品を選び編集したもの。明の茅坤編。164巻。茅坤は嘉靖年間(1522-66)に活躍したいわゆる唐宋派の文人であり、この書もその文学的主張を表現し広めるものとしての性格をもつ。弘治年間(1488-1505)に活躍した李夢陽・何景明を中心とする前七子たちは、「文は必ず秦漢、詩は必ず盛唐」として、文体から語彙まで、模範を必ず秦漢の文と盛唐の詩に仰ぐべきことを主張した。それに対して文学はただ儒学の道に随って盛衰すると考え、時代の新旧は文学的価値には関係ないとするのが唐宋派の主張であった。それゆえ唐宋の古文家の文集を編んだのである。この書ははじめ杭州で出版され、後に孫の茅著が欧陽脩の『新五代史』の文章を付加し、また誤りを訂正して出版してから「田舎の若者でも茅鹿門(鹿門は茅坤の号)を知らぬ者はない」といわれるほど広まった。通行本はこの重訂本である。しかしこの書が流行したのは、科挙の受験参考書(模範文例集)として作られ、重宝がられたためである。その評語や句読は粗雑で誤りが多く、批点も多く不適切だとされるが、八大家個々人の浩瀚な全集を通読するのは困難でもあり、またその必要もない。茅坤の書は収録した文章の選択と分量においてちょうど適当であったのである。

8人を唐宋古文の代表とすることは、明初の朱右『八先生文集』から始まり、唐順之の『文編』がそれを受け継ぎ、茅坤の書は唐順之の書に基づいたものである。「引」という各作家につけられた序文や各作品への評語には、唐宋派の中心人物唐順之や王慎中の語が多く採用されている。しかし「唐宋八大家」を書名に冠することは茅坤に始まり、その書が広く読まれたことによって、「唐宋八大家」の称が広まった。『四庫全書』総集類所収。　　（副島　一郎）

とうそうはちだいかぶんとくほん【唐宋八大家文読本】

唐宋八大家、つまり唐の韓愈・柳宗元、宋の欧陽脩・蘇洵・蘇軾・蘇轍・曾鞏・王安石の古文を集めたもの。全30巻。1750(乾隆15)年序。清の沈徳潜の撰。明の茅坤『唐宋八大家文鈔』など、それまでの選集の選詩が粗雑であるとの批判に立ち、新たに諸集を厳選し、さらに、各作品に評点・句読や前人の批評等を加え、学習者に便であることを期した。中国のみならず日本にも伝わり、漢詩文の教本として広く用いられた。日本において「唐宋八大家文」というのは、通常本書を指す。　　　　　　　　　　　　　　（木津　祐子）

とうそうぶんじゅん【唐宋文醇】

清、乾隆帝御撰の古文撰集。58巻。明の茅坤は、唐の韓愈と柳宗元、宋の欧陽脩・蘇洵・蘇軾・蘇轍・曾鞏・王安石の古文の撰集である『唐宋八大家文鈔』を編んだが、清の儲欣はこれに唐の李翱と孫樵の2人の作品を加えて『唐宋十大家全集録』を編んだ。しかし乾隆帝は儲欣の作品選択と評論に不十分な点があると考え、臣下に命じて重ねて作品を選択させ、修訂を施して1738(乾隆3)年に『唐宋文醇』として編集した。選択の基準とされているのは、儒教思想に合致しているもの、および、秦、前・後漢の古文に迫るものという点である。それぞれの文には評論や注が付されているが、清の康熙帝によるものは黄色で冒頭に掲げ、乾隆帝によるものは文の後ろに朱書して示している。また先人の評論のうち見るべきものは紫色や緑色に区別して末尾に掲げている。　　　　　　　　　　　　　　（湯浅　陽子）

とうそくしょく【闘促織】　→闘蟋蟀

とうだいじょうきょう【東大乗教】

明末の民間宗教。別名聞香教。王森が万暦年間(1573-1620)初期に創始。灤州(河北省)の石仏口を根拠地に、華北を中心に多くの教徒を擁する大勢力に発展。しかし、王森は官憲に逮捕され、1619(万暦47)年に獄死した。その後、1622(天啓2)年、山東の徐鴻儒、河北の周印・于弘志らに率いられた同教の教徒は各地で蜂起し、約半年にわたり明朝の軍隊と戦うも、結局平定される。王森の子の教主王好賢

も処刑され，同教は一時消滅したものの，清代には清茶門教という名で復活した。　　　　　（浅井　紀）

とうだいしょうれいしゅう【唐大詔令集】
唐朝の歴代皇帝が発布した詔勅の主なものを集めた書物。もと本編130巻・録3巻。北宋の宋敏求撰。父の宋綬が編纂していたものを増補して，1070（熙寧3）年に完成した。その後久しく刊刻されず，清末に『適園叢書』に入れられた時には本編23巻と録3巻とが失われていた。詔勅の専集として貴重であるが，伝写の間にかなりの誤りが生じており，利用に際しては『冊府元亀』『唐会要』『文苑英華』などを併せ見る必要がある。　（辻　正博）

とうだいぶつぞうようしき【唐代仏像様式】
唐（618〜907）は隋（581〜618）による中国統一を継承し，300年近くの長い期間存続した。この間，中国の各地では多彩な仏像様式が生まれた。唐の仏像様式は朝鮮半島・日本・東南アジアに及ぶ広大な地域の仏像様式にも多大な影響を及ぼした。

隋は仏教を統一国家の精神的支柱と定め，北周の廃仏（574〜578年）によって破壊された寺院・仏像の修復と新たな造営を国家的規模で実施した。このため仏像様式にも前代の復古的要素と新しい要素が混在し，次の唐時代における発展の重要な基盤となった。統一は北方の実践的仏教に南方の思弁的仏教を統合させる結果を生んだが，初唐時代における諸宗派の成立によって，その教理を反映した多種類の仏像の登場を促した。いっぽう唐王朝の発展と充実によって西域との往来が活発となり，玄奘や義浄に代表される僧侶によるインド求法の成果によって，大量の新訳経典がもたらされると同時に，新しいインド的要素を持った仏教美術も紹介され，これが唐の仏像様式発展に大きな役割を果たした。

従来わが国では，唐の仏像様式については初唐（618〜712），盛唐（713〜81），中唐（781〜848），晩唐（848〜907）という時代区分に即して，発展（初唐），完成（盛唐），衰退（中晩唐）という変化の理解がなされてきた。だが唐の仏像様式は，実際にはこのような単純な時間軸だけでは理解しきれない状況をもっていた。

西晋（265〜316）の滅亡後，五胡十六国，魏晋南北朝から隋の国家統一にいたるまでの期間，中国は分裂と多民族の侵入による王朝の交替を繰り返した。混乱の時代，仏教は各地で人々の信仰をあつめ，陝西・河南・河北・山西・山東・甘粛・四川・江蘇・浙江など，地域ごとに発展と衰退の歴史を刻み，特色のある仏像様式を生んだ。隋・唐による国家統一という状況にあっても，それらの個別の造形伝統を出発点としたので，初唐期には都の長安様式との間にさまざまな違いをもった独自の仏像様式が見られる。

河南省洛陽市の龍門石窟は，今日，初唐期を代表する仏像様式が見られる場所として知られている。ここは北朝北魏の創建で6世紀前半に最盛期を迎えたものの，以後東魏・西魏の分裂によって6世紀半ば以降数十年間ほとんど打ち捨てられる状況になった。7世紀半ば近くになってようやく再興されたが，仏像は細々と伝えられた旧来の洛陽様式を基盤とし，やがて波のように伝えられる長安様式を受容しつつ独自の洛陽初唐様式を確立したことがわかる。

陝西長安（西安）様式は，隋時代の仏教復興期にそれ以前の北周様式を基盤としながら都の建設を機会として飛躍的に発展・変化を遂げたもので，仏像の体型と装身具とに現実的で洗練された表現を取り入れた。しかし次第に理想主義的傾向が強まり，則天武后期（680年代〜700年前後）にその頂点を迎えた。陝西省咸陽市彬県の大仏寺石窟にその典型的作例を見ることができる。従来唐代仏像様式の最盛とされる盛唐期は，統一的な仏像様式が中国全土に広まったが，反面その理想主義的傾向に緩みが生じた時期で，山西省太原市の天龍山石窟などがその始まりに位置する例である。

唐は盛唐以降，ウイグルやチベットなど外部民族の侵入が相次ぎ，安史の乱（755〜763）の後，一挙に衰退に向かった。四川は初唐期以来，数多くの石窟が造営され唐時代を通じて仏像制作が見られたが，陝西などのように戦火が及ばなかったおかげで，とくに8世紀後半以降，他の地域の作例がすでにほとんど残されていないのに対して，当時の作例を数多く残している点で重要である。陝西地域においては現在ほとんど見ることのできない密教的図像，阿弥陀信仰の発展にともない成立した浄土変相，さらにチベットに接する地域性から守護神としてつくられた毘沙門天像など，多彩な内容がある。（岡田　健）

とうだいわじょうとうせいでん【唐大和上東征伝】
唐（律）招提寺の開基で渡来僧の鑑真の伝記。1巻。779（宝亀10）年，淡海三船（僧元開）撰。1322（元亨2）年に賢位が元開のものに手を加え，仮名書きの普及版に仕立てた2巻本もある。鑑真は5回にわたる渡航の失敗後，753（天宝12）年に来日するが渡航の苦難はもちろん，正統の戒律を伝え大和尚の号を授けられ，東大寺戒壇院，唐招提寺を創建した次第を伝える。江戸時代，東征が日本を征伐する意味になるのを嫌い，発禁になったエピソードをもつ。　　　　　　　　　　　（藤善　眞澄）

とうちけんしんこうめい【唐知県審誥命】
華北の梆子腔系地方劇で行われる伝統演目。宰相の

妹である諤命夫人は，美女林秀英を強引に娶ろうとした息子が殺されたことに怒り，秀英の父を殺害する。県知事の唐成は夫人の圧力に屈せず，計略を用いて夫人を断罪する。丑の演じる主人公唐知県の機智と風刺が全体の見せ場となっている。整理改編を施した河南省豫劇の作品が，1980年に『七品芝麻官』の題で映画化されている。　　　　（竹越　孝）

どうちてい【同治帝】

1856(咸豊6)〜75(同治13)。清の第10代皇帝。在位1861〜75。名は載淳。廟号は穆宗。諡は毅皇帝。咸豊帝の唯一の男子で，母は西太后。1860(咸豊10)年，4歳の時，母とともに咸豊帝の熱河への避難に同行，61年8月，咸豊帝が熱河で没すると，継承を巡って内紛が起こったが，西太后は粛順一派を抑え，同治帝はわずか5歳で即位した。その後，両太后(東太后・西太后)による垂簾政治(幼少の天子にかわって太后・皇太后がする政治)を経て，政権はしだいに西太后に移り，1873(同治12)年の同治帝の親政開始後も，実権は依然西太后に握られていた。この時期，内は太平天国・捻軍(北方の反清秘密結社)・回族・苗族などの起義が続き，また対外的にもイリ地方・台湾などにおいて外交的紛争が起こったが，清朝は郷勇を組織した曾国藩・李鴻章・左宗棠らの漢人を登用して内乱を鎮圧し，また西洋の軍事技術を導入して伝統的体制の回復維持につとめた。この改革は「同治中興」と称されることがある。清史稿21・22
　　　　（村尾　進）

とうちゅうじょ【董仲舒】

生没年不詳。前2世紀の前漢の思想家・儒学者。広川国広川(河北省)の人。景帝年間(前157-前141)，春秋学の博士となり，前140(建元元)年，武帝即位の直後，官吏登用制度の1科である賢良に察挙され，対策(皇帝の下す質疑に答える形式の試験)ののち，江都相に任命された。のちに中大夫をへて膠西相に就任したが，冤罪を恐れて在職中に退官。以後，終生，修学と著述に専念した。中国史上最大の学者の一人として名高い。

その学問は儒学内部の異説を整理するとともに，儒家以外の諸説をも吸収し，総合折衷した哲学からなるといわれる。とくに陰陽災異の要素を加味した独自の春秋公羊学を創唱し，それに立脚して，宇宙の主宰者は天であり，天と人間とは相互に感応するという「天人相関説」を説いた。また動機を重視して心情を優先する罪刑主義も，彼の思想の特色の一つとされる。

定説によると，董仲舒は武帝に応じた対策の中で，儒教を国家唯一の正統思想とすべきことを献言し，それが採択された結果，儒教の体制化が実現したとされている。しかしこの事実は『史記』を筆頭に，前漢時代の史料には存在せず，ただ後漢時代の『漢書』においてはじめて見出される。しかも『史記』董仲舒伝では，彼は不遇な一生を送った人物として描かれているにすぎないが，事実，その官歴から推測しても，儒学の官学化を実施する役職に就任した形跡はない。要するに儒学の一尊化に貢献した第一人者という董仲舒論は，ただ『漢書』の文中においてのみ見出されることである。

他方，その『漢書』董仲舒伝に掲載される対策は，彼の真作と見なすには疑わしい部分も多く，またその提言が武帝の儒教政策にどのように具体化したかという結果についても不明である。これらの疑問点から推測して，董仲舒に関する『漢書』の記載は，前漢末・後漢初の思潮の影響を受けて，撰者班固が董仲舒を先覚者として特別視し，その伝記や功業を意図的に粉飾したとする反定説的な見解も存在する。

『春秋繁露』は彼の著作の一つとされるが，その真偽に関しても問題が少なくない。史記121，漢書56
　　　　（福井　重雅）

とうちゅうゆう【唐仲友】

1136(紹興6)？〜88(淳熙15)？。南宋の思想家・官僚。金華(浙江省)の人。字は与政・与正，号は説斎。若くして進士となり，中央・地方官を歴任したが，台州知事時代の行状を朱熹(朱子)に激しく弾劾され辞職。弾劾の当否は不明だが，朱熹の他に陳亮や宰相王淮をも含めた確執が諸説伝わる。経書や史書を通して治世の要を探究する姿勢は陳亮・葉適らと相通ずるが，彼らとの交流の跡は乏しい。『帝王経世図譜』を除き，著作の大半は散逸。『続金華叢書』に僅かに残る。
　　　　（折原　幸恵）

とうちょうめいがろく【唐朝名画録】

唐の画家品評の書。1巻。9世紀中葉に成立。朱景玄撰。序文・目録・本文から成り，張懐瓘『画断』(散逸)を受けて，唐代の画家約100人を神・妙・能の3品に分け，上中下に細分した9品等に分類・序列化し品評する。格外に逸品を初めて設定し，常法からはずれた技法の画家も評価した。『歴代名画記』とは異なり，「見ないものは記録せず，見たものは必ず記す」(序文)態度が特色。『王氏書画苑』『学津討原』等に所収。
　　　　（河野　道房）

とうてい【唐棣】

1296(元貞2)〜1364(至正24)。元時代の画家。湖州帰安(浙江省)の人。字は子華。官は嘉興路照磨，休寧県尹，蘭渓知州，呉江知州に至ったが，1357(至正17)年には官を辞し，呉興に帰って遁斎と号した。

画は同郷の*趙 孟頫の指導を受け，また延祐(1314-20)の初め，馬煦の推薦により，嘉熙殿の屛風を，また文宗の建てた龍翔寺の壁画を描いた。その画は*李成・郭熙の画風にならったもので，『雪港捕魚図』(上海博物館蔵)，『帰漁図』(台北，故宮博物院蔵，メトロポリタン美術館蔵)等がある。

(塚本 麿充)

どうていこ【洞庭湖】

湖南省北部，長江(荊江)南岸にある中国第二の淡水湖。湖名は湖中の洞庭山(君山)に因むが，かつて青草湖とも称した。北より長江が，南より湘江・資水・沅江・澧水の四水が注ぎ，長江の増水期に松滋・太平・藕池・調弦の四口から泥水が流入して洪水を調節する。水は岳陽市の岳陽楼区城陵磯より再び長江へ流出する。湖は魏晋南北朝期頃より拡大し，唐宋時代には「八百里洞庭」と称する巨大な湖に成長した。水深も深く，高さ丈の「千人楼船」も航行できたという。後，長江への流出口が塞がれて泥砂が湖に堆積して水深は浅くなったが湖面はさらに拡大した。1852(咸豊2)年に荊江が決壊して藕池口が生じ，1873(同治12)年には松滋口も生じ，「荊江四口」の状況が出現した。そのため長江より大量の泥砂が堆積して湖面は急速に縮小し，今では東洞庭・南洞庭・西洞庭と大通湖など小さな湖沼群に分割される。通常期の面積は2820km^{2}だが，7〜9月には増水した長江の水が流入して，水面の面積は大きく拡大する。北東岸の岳陽楼は「洞庭天下水，岳陽天下楼」と称され，杜甫など多くの詩人に詠まれ，范仲淹は*『岳陽楼記』を著した。南部の瀟水と湘江が合流する一帯は「瀟湘湖南」と称されて多くの詩に詠まれ，宋代より「瀟湘八景」を主題とする山水画が流行した。

(林 和生)

どうていざん【洞庭山】

江蘇省太湖中にある洞庭東山と洞庭西山の総称。前者は半島で，後者は島。この島に包山と呼ばれる山があり，その下に道教の聖地の一つである林屋洞という大洞窟が広がっている。元来「洞庭」とは洞窟の庭を意味する普通名詞であって，湖南省の北方にある洞庭湖も，その名称は湖中にある君山(一名洞庭山)というその下に大洞窟を擁する島に由来する。しかも，太湖の洞窟と洞庭湖のそれとは，地脈(地下道)によって結ばれているという伝承が長く信じられていた。

(三浦 國雄)

とうてつもん【饕餮文】

饕餮とは，*『呂氏春秋』先識覧に「周鼎に饕餮を著す。首有りて身無し，人を食ひて未だ咽まざるに，害其の身に及ぶ，以て報更を言ふなり」と記載されている貪欲な怪物の名で，『左伝』文公18年の条にも人々の貪欲の象徴として饕餮の名を使ったという記事がみられる。宋代に青銅彝器上の奇怪な動物の正面形の文様を，饕餮に比定して呼び習わすようになった。しかし，これらの書は戦国時代のものであるので，この名称で呼ぶことに否定的な見方もあり，特に中国では「獣面文」と称されることが多い。

(内田 純子)

どうてんせいろくしゅう【洞天清禄集】

南宋の趙希鵠撰。文房趣味の対象となる古器物や文房具・書画などの真偽優劣を論じた鑑識の書，その元祖的存在で，『四庫全書総目提要』に「弁析精審(識別が正確でくわしい)」と評されている。『読画斎叢書』所収本およびその復刻が通行する。内容は古琴弁・古硯弁・古鐘鼎彝器弁・怪石弁・硯屛弁・筆格弁・水滴弁・古翰墨真蹟弁・古今石刻弁・古画弁の10門。江戸時代官板の和刻本および中田勇次郎の訳注(『文房清玩一』所収，二玄社，1961年)がある。

(村上 哲見)

どうてんふくち【洞天福地】

名山勝地の奥深くに実在すると信じられた別天地。洪水・戦禍・疫病から解放され不老不死を享受しうる地上の楽園。

「福地」の語は，*『真誥』稽神枢篇に見えるのが早い。「洞天」もそこに出ており，『真誥』の原型が成立するのは六朝時代の4世紀中葉のことだから，洞天福地説は道教茅山派(上清派)の人々によってその頃に唱え出されたものであろう。同時代に生きた陶淵明の「桃花源」も，実は洞天福地説を淵明流に換骨奪胎したものと考えられる。

唐代，*司馬承禎は全国各地に散在する洞天と福地を，十大洞天，三十六小洞天，七十二福地に整理し，その個々に対して，規模・名称・所在地・統治者名を付して体系化した(「天地宮府図」)。

洞天は天上世界と地上(俗界)との中間に位置し，各洞天は天上から派遣された真人によって統治され，地仙という比較的ランクの低い神仙がそこに居住していた。そこへ入るには，不死の身体を錬成することが条件であったが，善行を積んだり斎戒をした人にも洞天はその門を開くといわれていた。

洞天説の特異なところは，各地の洞天がそれぞれ独立した共同体でありながら，たがいに「地脈」という地下道のようなものによって結び合わされ，ネットワーク化されていた点である。たとえば，茅山派の人々の活躍の舞台になった茅山にある洞天は，東は太湖の林屋山洞，北は山東半島の東岳泰山洞，西は四川の峨嵋山洞，南は広東の羅浮山洞に通じていると信じられていた。

この洞天福地説は，六朝時代をピークに次第に

人々の信仰と吸引力を失っていった。近世に入ると，由緒ある大洞窟や文人墨客の清遊の地の代名詞になったり，都市の庭の大仮山に造られた人工の洞窟にその名残りを留めるだけになってしまうのである。

（三浦　國雄）

とうてんれき【統天暦】　南宋の暦法。1199（慶元5）年から1207（開禧3）年まで施行されたが，日食の推算に失敗して制作者の楊忠輔が免官されるほどに粗略な暦法であった。しかし，①近距（暦元を近い過去に置く）の採用，②冬至点を挟んだ3日分の日影を基礎とした正確な冬至日時の決定，③グレゴリオ暦と同じ365.2425日という1回帰年（太陽が冬至点などを起点に黄道を1周する周期）の使用，④1回帰年の減少率を算出する消長法，などは業績として授時暦に継承された。（小林　春樹）

どうとう【道統】　儒学において，「道」の自覚と意識のもと，その普遍性を承認し，歴史的伝統と使命を正しく継承した聖賢の系譜のこと。「道統」の語及び系譜は，南宋の李元綱『聖門事業図』(1172年成立)に見えるが，朱子「中庸章句序」に「道統の伝」として論述するのが，道統論の典型とされる。

「中庸章句序」の道統の説は次の5つの柱によって構成される。①堯・舜・禹における「道」の授受とその後の聖賢への伝承。②孔子によって既往の聖人からの道統の継承と後世への伝承がなされた。③孔子以後の学統の正系。すなわち孔子——顔淵・曾子——子思——孟子による伝統の継承と孟子以後の断絶。④諸子百家の異端の説の横行，さらに老荘道教・仏教による聖人の道の攪乱。⑤二程子（程顥・程頤兄弟）が1000年に亙って断絶した道の伝統を再び継承した。これに加え，この5つをふまえて，朱子自身の，この「道統」の継承を自ら任ずる意識の表明でもある。

上記の朱子の「道統」説は『宋史』道学伝に踏襲されるが，この原案・原型をなすものとして重視されるものに，『孟子』尽心下篇末章と韓愈「原道」がある。『孟子』では，堯・舜——湯王——文王——孔子と約500年周期に聖人が出現し，その間は「見て知る者」「聞きて知る者」を経て承け継がれたと述べる。そして孔子から孟子に至るまで100有余歳，孟子自らを「見て知る者」に擬して後世の「聞きて知る者」への伝承を使命としている。中唐の韓愈「原道」は，仏老の道を退け先王の道こそ真の道であるとして，堯から孟子までの道の伝授と孟子以後の断絶を説く。

晩唐から北宋において，儒教の道の正統性を主張して仏老を排撃する思潮を抱く者は，古聖賢の道の尊重を説き，おのずから道統を意識している。その点，朱子学の道統論は宋代におけるこれら儒学の粋雑・真偽の弁別を強く意識する面を有している。また，その道の体得と伝授において，ときに「心伝」「伝心」を以て説く点は，後世，朱子学の道統論が仏教の法灯・伝灯，道教の道経伝授に拠ると論ぜられる所以である。

（大島　晃）

どうとく【道徳】　道徳という言葉は，そもそもは道家思想において顕著に用いられた。もともと『老子』という書物は，道経と徳経からなる『道徳経』と呼ばれていたし，司馬遷の父司馬談は，学問を6つの学派に分類した「六家要旨」のなかで，道家を「道徳家」と称したほどであった。『老子』において，道は万物を生み出す根源である。「道は隠れて名無し」（『老子』41章）とあるように，道は現象の世界から隠退しながらもそれを支え，言語を超越しながらもそれを可能にするという意味での根源なのだ。それに対して，徳は，「徳は得なり」という音通による古い定義が示すように，道の取得として理解された。「立派な徳のありようは，ただ道に従う」（同，21章）。万物との関係で言うと，「道がこれを生じ，徳がこれを畜う」（同，51章）とあるように，徳は道による産出を受けて，万物を現実的に成り立たせるはたらきである。したがって，道徳とは万物を根源的かつ現実的に支える原理だと定義できる。そして，道をえた聖人はこうした道徳の原理に合致し，人為を越えたはたらきとしての「無為」によるからこそ，よく治めることができるのである。他方，儒家は，人間社会における伝承されるべき規範としての道（「先王の道」）を説いた。したがって，徳はその規範を内に具体化した倫理的なあり方を意味することになる。これが，モラルの意味で通常理解されている「道徳」である。理想的な治（「徳治」）は，有徳の王が風が草をなびかせるように民衆をおのずから感化させることであって，刑罰や法といった制度に訴えて，外から規矩をはめていくことではない。結局のところ，そこに付与された内容が，道家のように形而上学的であろうが，儒家のように倫理的であろうが，道徳はつねに政治と結びついた概念だったのである。

（中島　隆博）

とうどじょう【唐土城】　→帯方郡治址

とうとじりゃく【東都事略】　紀伝体で記載された北宋時代史。130巻。南宋の王称の撰。東都とは北宋の国都開封のこと。北宋初代皇帝の太祖以下，欽宗までの歴史を，本紀12巻・世家5巻・列伝105巻・付録8巻の構成で記述する。表と志はない。北宋滅亡後，それほど時を経ずして書かれ，

加えて国史や実録を史料来源とし，それ以外にも野史や雑記も利用している。記載は『宋史』より簡略ではあるが，『宋史』の記事の修訂や補充に役立つ他，この書にのみ見える詔令も含まれており，史料価値はかなり高い。南宋刊本の他にその影印本，及び清刊本とその影印本，また，それに基づく和刻本とその影印本等がある他，点校本もある。

（木田 知生）

とうのていりょう【唐の帝陵】 唐の皇帝の陵墓群。陝西省の関中平原北部に18基の皇帝陵が現存し，唐十八陵と称される。その他，高祖李淵の高祖父李熙の建初陵及び曾祖父懿祖李天錫の啓運陵が河北省隆堯県，祖父太祖李虎永康陵が陝西省三原県，父世祖李昞興寧陵が陝西省咸陽市にあり，皇后陵・太子陵・追諡皇帝陵が咸陽市および西安市の臨潼区・長安区に，則天武后の母楊氏の順陵と武氏一族の僭号陵が咸陽市の底張公社一帯に分布する。

唐十八陵は高祖献陵・太宗昭陵・高宗乾陵・中宗定陵・睿宗橋陵・玄宗泰陵・粛宗建陵・代宗元陵・德宗崇陵・順宗豊陵・憲宗景陵・穆宗光陵・敬宗荘陵・文宗章陵・武宗端陵・宣宗貞陵・懿宗簡陵・僖宗靖陵をいう。東西142kmの範囲にまたがる陵区は乾県地区（乾陵・靖陵），礼泉県地区（昭陵・建陵），涇陽県地区（崇陵・貞陵），三原県地区（献陵・荘陵・端陵），富平県地区（定陵・元陵・豊陵・章陵・簡陵），蒲城県地区（橋陵・泰陵・景陵・光陵）の6地区に分かれる。18陵中，献陵・荘陵・端陵・靖陵の4陵は截頭方錐形の方墳が築かれ（起墳形式），残る14陵は山腹に墓室を穿った山陵である。山陵は連山の一峰に陵園を設ける形式（昭陵型）と，独立した山全体を陵園で囲む形式（乾陵型）の2種に分かれる。

山陵の墓室は斜面を縦断面L字状に掘削して墓道を開き，最奥部に墓門を穿つ構造。墓道の平均幅は3.8m。長さは斜面の傾きによって異なり，短いもので20～30m，長いもので60～70m。乾陵では切り石を積んで墓道を閉塞している状況が確認されている。起墳形式の陵園は内垣と外垣によって整然とした回字形に設定され，山陵の場合は垣の方向が地形に応じて変化する。陵園は門を四方に開き，門外に石獅を置き双闕（双塔）を建てる。調査された橋陵南門は間口30m，奥行12m前後の基壇をもつ。門枕石（礎石）が完存する光陵東門は総幅13.3mの門道に幅3.28mの門が3門開く。闕は版築土台の基底部に切り石をめぐらせ壁面に磚を葺いた土心磚皮の三出闕（大中小の屋根を横に連ねた塔）。基壇の平均規模は間口16.6m，奥行10.7m，闕間距離64.2m。

南門内には献殿を建て，南門外から南へ神道を敷設し，左右に蕃酋像・官人10対・鞍馬5対・駝鳥1対・翼獣1対・華表（石柱）1対を配列。北門外にも鞍馬3対を置いた。蕃酋像は唐に服属した西方諸国の国君の石像。昭陵・乾陵・泰陵・崇陵・簡陵に現存する。官人は乾陵・定陵・橋陵では左右2列とも武官，泰陵以後は東（左）列を文官，西（右）列を武官とする左文右武配列となる。神道石刻列の南端に築かれた双闕（乳台）は陵園外垣の南門を標示し，その南方に築かれた双闕（鵲台）は陵域の南限を標示する。南門——乳台間の平均距離は600m，南門——鵲台間の平均距離は2～3km。陵域内には神道の東に陪葬墓区，西に下宮を置いた。陪葬墓には太子・公主・功臣が葬られ，その現存数は献陵10基，昭陵167基，乾陵17基，定陵6基，橋陵10基，泰陵1基，建陵8基，景陵2基，光陵1基，荘陵1基。その他の陵では陪葬墓の存在が確認されていない。陪葬墓もそれぞれに方形の墓園をもち，神道石刻が並ぶ。また，地下式墓室の規模と規格に明確な等級が認められる。

（来村 多加史）

とうばきん【東坡巾】 頭巾の一種。もともとは一般的に高装巾とよばれるものであったが，宋の蘇軾（号は東坡）がかぶっていたので，後にこれを東坡巾というようになったという。二重になっており，内側は角張った4枚の巾からなり，その外側に内側の巾より少し短い巾をつける。（増田 克彦）

どうはく【道白】 →念白

とうばしりん【東坡志林】 北宋の蘇軾（東坡居士と号した）の筆記（随筆）200則を5巻（あるいは12巻）に編んだもの。その編者は分からないが，夏敬観の「跋」によると，おそらく蘇軾の死後に編まれて，南宋の期には世に通行していたようである。各篇はいずれもごく短いが，多様な題材が流れる水の如き達意の文によって，興趣深く綴られている。

（山本 和義）

とうばにく【東坡肉】 →東坡肉（トンポーロウ）

とうばんかいめいひ【唐蕃会盟碑】 唐の穆宗と古代チベット帝国（吐蕃）のチツクデツェン（Khri gtsug lde brtsan）王との間に結ばれた不可侵条約を刻した石碑。チベットのラサ（拉薩）のジョカン（大昭寺）の正面に，寺を背にして西向きに建つ。高さ約5.6m。上に蓮座宝珠を載せ趺石は亀。会盟は821（長慶元）年に長安で，翌年にラサでおこなわれ，碑は823年に建てられた。西面の向かって左半分はチベット文，右半分は漢文。清水と将軍谷（共に甘粛省）を国境と定め，和平を目的とする会盟

の内容が刻され，ほぼ同様の条文が『*旧唐書』吐蕃伝にも録されている。東面は全てチベット文で，文成公主のチベットへの嫁入りから会盟に至るまでの両国関係を概観する。北面は会盟に参加したチベット側18名，南面は同じく唐側の17名の官と名がチベット文と漢文で刻される。基本的に唐の官名と人名はチベット文字で音写され，チベットの官名は漢語に意訳，人名は漢字で音写されている。

(大原　良通)

とうひん【湯斌】　1627(天啓7)～87(康熙26)。清初期の学者・政治家。睢州(河南省)の人。字は孔伯，号は荊峴・潛庵。諡は文正。1823(道光3)年，文廟に従祀された。朱子学者の孫奇逢に師事。1652(順治9)年の進士。まず翰林院に入り，更に江寧巡撫などを経て，官は工部尚書に至る。李光地らと並ぶ，康熙帝側近のいわゆる道学官僚の代表的な人物。朱子学を宗としつつも，陸王学にも通じ，誠意正心を本とするなど，両者を折衷する傾向が見られる。文章にも秀で，また，その政策論には現実的な政治感覚が顕著である。著書に『洛学編』『湯子遺書』など。『清史列伝』8に伝がある。清史稿271

(伊東　貴之)

とうぶん【陶文】　いわゆる陶器(土器)に表現された文字の総称。あるいは刻し，あるいは筆写し，あるいは璽印を押捺する。陶器であるだけに，符号時代から事例がある。識者の間で特に注目を集めたのは，官印を押捺した封泥である。文書行政の申し子で，印は封印に用いられた。竹簡・木簡を袋に入れ，木札ははめ込み式に合わせて，ひもをからげ泥をおして捺印した。漢印のみでなく，秦印や他の国家の印は，史書の欠をうめるものとして活用される。高明『古陶文彙編』(東方書店，1989年)を参照。

(平勢　隆郎)

どうぶんいんとう【同文韻統】　清の1750(乾隆15)年刊行の等韻の書。6巻。章嘉胡図克図の撰。書中の「華梵字母合璧譜」では漢語の三十六字母および四呼(開合斉撮)を，チベット文字，梵字および満洲文字の12字頭と対照して，反切の原理を論述する。反切がチベットとインドに由来し，文字は異なるが原理が同じであることを明らかにすることからこの書名がある。所収の「華梵合璧諧韻生声十二譜」は一種の等韻図で，12の韻類と28の声母にまとめ，平声字を掲げて下に反切を記している。

(池田　巧)

とうぶんげん【鄧文原】　1259(開慶元)～1328(致和元)。元代の書家。綿州(四川省)の人。字は善之。号は匪石。素履先生ともよばれた。没して文肅と諡された。はじめ浙西転運司の試験をうけ同輩中の首席となった。元になると1301(大徳5)年に応奉翰林文字に抜擢された。修撰にすすんで『成宗実録』編纂にあずかった。江浙儒学提挙として転出したのち国子司業となり，最後は集賢直学士にすすみ，国子監祭酒をかねた。書名も趙孟頫・鮮于枢とともに名高かったが，たいへん趙孟頫に似た字を書いたという。『書史会要』によれば楷・行・草ともに早くから晋の王羲之・王献之を法とし，のち唐の李邕を学んだという。鄧文原の書としては，楷書の『清居院記』，行書の『七言古詩』，章草の『臨急就章』などがある。著に『巴西文集』『内制集』『素履斎稿』などがある。元史172

(大橋　修一)

どうぶんさんし【同文算指】　明代の数学書。前編2巻，通編8巻。1613(万暦41)年刊。泰西の利瑪竇(Matteo Ricci)授(口授)，李之藻演(演説)。クラビウスの《Epitome arithmeticae practicae (実用算術概論)》(1585年)を底本とするが，程大位『直指算法統宗』(1592年)などの問題も集録している。西洋の筆算(加減乗除から開方にいたる)を初めて中国に紹介し，東アジアの後の数学発展に大きな影響を与えた。当時の代表的な西学書の一つである。

(川原　秀城)

とうぶんすい【唐文粋】　北宋に編纂された唐の詩文のアンソロジー。100巻。姚鉉編で，1011(大中祥符4)年に完成。『文選』の体例にならって，賦・詩・頌の順に20余種の文体ごとに排列し，さらに各文体を主題によって細かく分類している。1000首近い量の詩とそれを上回る数の賦や文を収録するが，「古文」部を設定してこれだけに8巻を充てている点からも知られるように，採録の基準として，詩では近体詩を採らずに古体詩を中心とし，文では駢文を退けて古文に重きを置いている。詩人では陳子昂・李白・杜甫，文人では韓愈・柳宗元などを高く評価しており，唐末から五代にかけての彫琢をこらした淫靡な作風を改めて，風骨たくましいスタイルに回帰しようとする意図がうかがわれる。この点で，欧陽脩・梅堯臣らの先駆けをなす。四部叢刊所収本は，明の嘉靖年間刊本で，宋本との校訂を付している。

(釜谷　武志)

とうへい【鄧平】　生没年不詳。前漢の暦学者。前漢では始め秦の顓頊暦を用いていたが，武帝の頃になると実際の天象との誤差が大きくなってきたために前104(元封7)年に改暦(太初改暦)が行われ，その結果，太初改暦が作成・施行された。当初改暦事業は公孫卿・壺遂・司馬遷らによって行わ

れたが暦計算の精度を高めるために治暦郎の鄧平,民間の暦学者の落下閎などが新たに選ばれて改暦事業に加わった。なお『漢書』の律暦志に,太初暦を「鄧平暦」と記していることによれば彼が改暦に果たした役割の大きかったことが知られる。

(小林 春樹)

とうほうけんぶんろく【東方見聞録】

ヴェネツィア出身の旅行家マルコ・ポーロが13世紀後半に行った東方旅行の見聞談を,ピサの物語作家ルスティケロが記録した書。1298年に成ったが祖本は失われている。「東方見聞録」は日本における通称で,ヨーロッパでは「世界の叙述」と呼ばれる。写本による最古の書名は『世界誌』。記述はヨーロッパ以東の世界,日本までのほぼ全域に及び,なかでも全体の3分の1を占める元朝に関する記述は,史料として貴重なものも多い。ただ,百数十点にのぼる写本は相互に異同がはげしく,祖本の復元もなされていない。マルコ・ポーロ自身の実在すらも疑問視し,ルスティケロが実際に東方に貿易もしくは旅行した複数の人物から情報を収集し,作成したとする説もある。今一度,諸写本の厳密な調査,テキスト自体の検討・解釈が求められる。いずれにせよ,中国を含むユーラシアの大半がモンゴルによって結びつけられ,東西交流が活発化した時代の産物と言える。

(中村 淳)

とうぼうさく【東方朔】

生没年不詳。前漢の道化役者・文人。平原厭次(山東省)の人。字は曼倩。44万言を誦すると称して武帝に認められ待詔となり,機知に富んだ言動で気に入られ,侍郎を経て一時は太中大夫となった。しかし枚皋・郭舎人とともに道化扱いされるだけで,国政を論じた数万言の上書も用いられなかった。そこで『答客難』を書いて不平を鳴らし,『非有先生論』では架空の問答に借りて君主を説得する難しさを述べた。『漢書』では以上のような不遇の士として描かれる東方朔だが,『史記』褚少孫補伝では滑稽さがより強調され,一方で「世を朝廷の間に避く」すなわち朝廷にありながら隠遁の心を保つという醒めた一面も示される。このような「朝隠」とよばれる態度は,六朝士大夫の生き方に一つの典型を提供した。さらに『風俗通義』には「東方朔は太白(木星)の精」といい,神仙・異能の士としての伝承をも生む。西王母の桃を盗み食いして長生きしたといわれ,わが国でも謡曲『東方朔』で知られる。『神異経』『海内十洲記』などの著者に擬せられるが,偽託。史記126,漢書65

(谷口 洋)

とうぼうし【悼亡詩】

亡くなった妻を悼む詩。西晋の潘岳に妻楊氏の死を悼んで作った『悼亡詩』3首(『文選』巻23。また『玉台新詠』巻2はうち2首を録する)があり,魏晋期の挽歌詩や寡婦詩などの一般的な修辞を受け継ぎながら,もちまえの技巧をさらに凝らして,自らの妻の死を悼んで尽きない思いをうたう。この時の作には他に『悼亡賦』『哀永逝文』があるが,詩がもっとも人口に膾炙し,南朝梁の江淹の『雑体詩』で模擬されたように潘岳の代表作と目され,さらに「悼亡詩」というジャンルの濫觴ともなった。後代の悼亡詩としては,唐の元稹,宋の梅堯臣,清の王士禛らの作が有名であり,しばしば潘岳に倣って3首連作で構成されるが,潘岳『悼亡詩』は連作の結果として3首になったものであり,唐以後にそれが定型化したと見るべきであろう。「悼亡詩」というジャンルは,前近代の中国においては妻への愛情を公にすることのできる数少ない機会でもあり,恋愛詩の系譜の中でも独特の位置を占めている。

(齋藤 希史)

とうほうたつ【董邦達】

1699(康熙38)〜1769(乾隆34)。一説に没年は1774。清の画家,乾隆朝の詞臣。富陽(浙江省)の人。字は孚存,非聞,号は東山,諡は文恪。1733(雍正11)年進士,1747(乾隆12)年直南書房となり,『石渠宝笈』『西清古鑑』等の編纂に加わり,乾隆帝の文化事業の一翼を担った。絵画をよくし,乾隆帝に応えて多くの画作をなした。代表作に『四美具合幅』『西湖十景幅』(ともに台北,故宮博物院蔵)などがある。清史稿305

(塚本 麿充)

とうまり【塔鋺】

香炉の一種で,蓋の頂に,仏塔の相輪に似た形の丈高い鈕(つまみ)が付くことから,この名がある。球形の胴の中ほどで,蓋と身が上下に分かれ,身の底には裾広がりの高めの脚が備わる。遺品はすべて金属製になるが,青銅・響銅・真鍮・銅など,素材には多種のものが用いられた。唐に最盛期を迎え,切れ味の鋭い造形と,滑らかに整えられた表面の仕上げに特徴がある。奈良の正倉院宝物に伝わる数種の遺品が著名である。

(松本 伸之)

とうみんりつがっぺん【唐明律合編】

清末の律学書。唐律と明律を対照・比較した研究書。30巻。薛允升(1820〜1901)が40年に及ぶ法律実務の経験をふまえて撰述した書物で,『読例存疑』54巻と並ぶ代表的著作。著者の按文はもとより,引用の明令や条例および注釈書に参考になるものがあるほか,明律と元制の符合に着目し,『元史』刑法志を元律として引くところも注目される。徐世昌得耕堂本(1922年)にもとづく台湾商務印書館本(1968

年)があり，利用に便である。　　　　（德永　洋介）

とうも【搨摸】　双鉤塡墨の技術を用いて模写することをいう。模搨・摹書，あるいは搨などともいう。双鉤塡墨とは，硬黄紙(透明もしくは半透明な紙)で原跡の上を覆い，面相筆か遊糸筆で点画のまわりを囲み取り(双鉤)，その上で点画の中を潤渇，濃淡にいたるまで墨でうめる(塡墨)方法をいう。真跡を模写することは六朝時代からおこなわれていたが，唐代では，太宗の王羲之崇尚によって多くの模本がつくられた。いわゆる唐模本である。活躍したのが趙模・韓道政・馮承素・諸葛貞らの搨書人である。とりわけ有名なものに，奈良時代わが国に舶載された『喪乱帖』(三の丸尚蔵館蔵)，『孔侍中帖』(東京，前田育徳会蔵)がある。ちなみに真跡本の別本をつくるためにはほかに，臨書，つまり「見うつし」，原本を傍らに見ながら書写する方法もある。太宗が『蘭亭序』を入手したとき，虞世南・欧陽詢・褚遂良らに臨本を作製させたのは有名な話である。　　　　　　　　　　　　（大橋　修一）

とうもん【答問】　文体の名。問答体によって自らの志を述べることは，戦国諸子や『楚辞』の『漁父』『卜居』にもあるが，漢魏に至り，「設論」「七」などの文体が成立する。『文選』『文心雕龍』は，宋玉の「楚王の問いに対う」を，「対問」としてこれら問答体の文章の祖に位置づけ，以後のアンソロジーでも，『文苑英華』雑文類に「問答」，『宋文鑑』に「対問」の部をおく。また，問答体の文は，経学や諸子の著述でも行われ，「答問」の名を付した著作が，『隋書経籍志』以降歴代の書目に見える。　　　　　　　　　　　　　　（谷口　洋）

どうもんがく【道問学】　→尊徳性・道問学

とうゆうせい【董祐誠】　1791(乾隆56)～1823(道光3)。清の暦算学者。陽湖(江蘇省)の人。字は方立。1818(嘉慶23)年の挙人。著書には『三統衍補』『水経注図説』などがあり，その学は典章・礼儀・輿地・名物と多方面に及ぶ。だが最も評判が高かったのは暦算であり，「尽く諸家法に通ず」(『清史稿』486)と称された。円の無限小解析を扱った『割圜連比例術図解』3巻がその代表作である。明の安図とは異なった図を描いて，ジャルトー(Pierre Jartoux)の伝えた三角関数の級数展開式を証明している。清史稿486　　　　　　（川原　秀城）

とうよう【陶俑】　→俑

どうよう【童謡】　誰とはなくうたい始められた民間のはやり歌で，比喩や象徴的な表現によって，政治・社会上の大きな変化を予言したり，不正常な状態を風刺したとされるもの。「謡」の一字で表されることもある。「童」の字が付されるのは，無心なものが口ずさむからこそ，そこに真実が隠されているとの考えを背景とする。史書などに散見されるこうした歌は，清の杜文瀾編『古謡諺』に網羅的に集められている。　　（松家　裕子）

とうようじょう【踏謡娘】　南北朝から唐にかけて行われた歌舞の演目。談容娘とも。唐の崔令欽『教坊記』によれば，北朝北斉の時，蘇中郎というものが酒に酔っては暴力をふるうため，妻が隣近所に哀訴したことに起源する。妻役の男が婦人の衣を着て歌いながら場に歩み出て，1曲歌うごとに旁らの人々が「踏謡よ，踏謡の女の辛いことよ」と唱和し，最後に夫が登場して妻を殴るしぐさで笑いをとる。歩き歌うことから踏謡と称するという。唐の段安節『楽府雑録』や『太平御覧』等は「踏揺娘」に作り，歩きながら身を揺らすためであるとする。
　　　　　　　　　　　　　　　　　　（千田　大介）

とうようとう【湯用彤】　1893(光緒19)～1964。近代中国を代表する仏教史学家。黄梅(湖北省)の人。字は錫予。1917(民国6)年に北京の清華学堂(現在の清華大学)を卒業した後，米国ハーバード大学に留学し著名なインド学者ランマン(Lanman)のもとでインド哲学，パーリ学などを学び，また人文学者バビット(Babbit)の講義をも聴講したという。帰国後，いくつかの大学で教えた後，1930年に北京大学哲学系教授に就任。以来，北京大学にあって『漢魏両晋南北朝仏教史』(1938年)，『魏晋玄学論稿』(1957年)などを著作し教育・研究に専念するとともに，人民共和国成立後は国家レベルでも要職を歴任して人文・社会科学系学問の伝統を確立することに貢献した。　　　　　（荒牧　典俊）

とうりえんず・きんこくえんず【桃李園図・金谷園図】　故事人物の画題。名園で酒宴を催し，詩作を楽しむ文人たちを描く。桃李園は長安の果樹園。図は盛唐の詩人李白が，桃の花咲く夜宴で詠われた詩集に「春夜宴桃李園(桃花園ともいう)序」を書いた折の雅集の様子。金谷園は西晋の富豪石崇が洛陽郊外の金谷に贅をつくして築いた名園。酒宴で，詩ができないと三斗の罰杯を飲まされたという。桃李園の夜宴でもこの罰杯にならった。明の仇英の対幅(京都，知恩院蔵)は代表例。
　　　　　　　　　　　　　　　　　　（小林　宏光）

とうりくてん【唐六典】　→大唐六典

とうりつそぎ【唐律疏議】
唐王朝の刑法典たる律の官撰注釈書を元代に翻刻したもの。正しくは『故唐律疏議』。30巻。唐は隋の煬帝の苛法を改むべく，国初より律の改訂を行ったが，637(貞観11)年頒行の貞観律12篇500条でその形は定まった。「律疏」30巻は，科挙の一つ，明法科の受験生に法解釈の基準を明示すべく，653(永徽4)年，長孫無忌らが勅命を奉じて撰したものである。唐律疏議がこの永徽律疏なのか，737(開元25)年李林甫らが刊定した開元律疏に拠るのかについては，見解が分かれている。唐律疏議は，律502条の条文について字句の解釈を施し，難解箇所には問答形式による解説を付す。更に律の規定の不足部分を独自に立法した部分もある。なお，敦煌・吐魯番出土文献中に数点存する律疏写本の書式が唐律疏議とは若干異なること，『宋刑統』『律音義』等の宋代の書物の影響とおぼしき箇所があること等から，唐律疏議は律疏をそのまま翻刻したものではないと考えられている。　　　　　　　　　　(辻　正博)

とうりゅうもん【登龍門】
龍門を登るの意。有力者に取り立てられ立身出世することに喩える。また科挙の会試(都で行う試験)に合格することにも喩える。龍門は黄河上流，山西省河津市と陝西省韓城市の間にある急流。魚がここを登りきると龍になるという伝説に基づく。「水険しく通ぜず，魚，鼈の属よく上るものなし。江海の大魚龍門の下に薄せ集まるもの数千，上るを得ず。上ればすなわち龍となる」(『後漢書』巻67李膺伝注所引『三秦記』)。日本では，出世の道が開かれる関門の意味で用いられる。　　　　　　　　　　(鈴木　健之)

どうりょくざんいせき【銅緑山遺跡】
湖北省大冶市銅緑山で1973年に発見され，74年から85年にかけて発掘された，銅鉱山の複合遺跡。殷代後期から前漢時代および隋唐時代の採掘坑と，西周末から春秋初期および戦国晩期の製錬遺構をともなう。古代における鉱石の採掘と製錬の具体的な工程が復元され，時代的な変化を読み取ることができるのは，科学史的に貴重である。付近では製錬を経た銅のインゴットも発見されており，都市部に設けられていたと見られる鋳造工房への資源流通のあり方を推測する手がかりとなる。報告書として黄石市博物館編『銅緑山古鉱冶遺址』(1999年)が刊行されている。銅緑山遺跡の調査以後，中国各地では類似する鉱山遺跡が相次いで発見されており，その中には，江西省瑞昌市の銅嶺古銅鉱遺跡のように殷代中期にまでさかのぼる例も認められる。　(吉開　将人)

とうりんがくは【東林学派】
明の学派。中心人物である顧憲成・高攀龍が東林書院を拠点としたことによる名称。清の黄宗羲『明儒学案』東林学案は，この2人をはじめ孫慎行，憲成の弟顧允成，史孟麟，宗羲の父黄尊素，陳龍正ら計17人を採る。王学左派の無善無悪説を排撃し朱子学的な修養を重んじながらも，致良知説には意義を認め，性善を体得する性学を唱えた性理学上の一学派。この人々は言論の尊重を訴え，皇帝・内閣の専権を批判して東林党と呼ばれた政治勢力でもあり，現実社会への強い関心も特徴の一つである。ただ，東林党には鄒元標・馮従吾ら，学派が異なる者も含まれる。学派を超えたこうした連帯を思想史的に把握するため，溝口雄三は皇帝一元的支配に対抗し郷村地主主導の社会秩序再編を目指した人々を指して「東林派」と呼んだ。東林学派は天啓年間(1621-27)，魏忠賢の弾圧により指導的人物と書院を失うが，その思想は清初の黄宗羲らに受け継がれ，発展させられた。　　　　　　　　　　(林　文孝)

とうりんしょいん【東林書院】
明の東林学派の拠点となった書院。無錫城東門内(江蘇省)。政和年間(1111-18)楊時の設立。1604(万暦32)年，政界を追われて郷里にあった顧憲成・高攀龍らが講学の場として復興。顧の『東林会約』のもと活発な講学を行い，政治的論議にも影響力をもった。顧・高らの人脈を反対勢力は東林党と称した。魏忠賢の東林党弾圧と書院禁止に伴い1626(天啓6)年に破壊。3年後に修復されたが，以後顕著な活動はない。　　　　　　　　　　(林　文孝)

とうりんとう【東林党】
明末，江南の士大夫を主として結成された政治集団。万暦中(1573-1620)，吏部郎中顧憲成は退職して故郷の無錫(江蘇省)に帰ると，同郷の高攀龍らと東林書院で講学をし，時政を論じた。当時，宦官の横暴により社会問題となっていた礦山開発・商税徴収(礦税の害)に反対して監税使の撤回を要求し，朝政の改革，人材の登用を主張した。彼等に同調する朝臣も多く，宦官・内閣に対抗する清流勢力として東林党と呼ばれた。熹宗の時(1620-27)，宦官魏忠賢が専横するや，宦官派は『東林点将録』『同志録』等を作成し，東林党人をリストアップして三案(挺撃・紅丸・移宮という宮廷内で起きた三大事件)に借口して弾圧を加えた。楊漣・黄遵素・左光斗・周順昌・高攀龍らが相前後して被害にあった。1627(天啓7)年，崇禎帝が即位すると魏忠賢とその一党は失脚，東林党への迫害も終止符を打った。　(森　紀子)

とうるいかん【唐類函】
明末の兪安期が編纂した類書。隋・唐時代に作られた『北堂書鈔』

『芸文類聚』『初学記』『白氏六帖事類集』などの類書を取捨選択して，43部200巻にまとめたもの。当時，呉允兆も同じような類書を編纂していたが，途中でその資料をすべて兪安期に譲ったといわれる。本書は，資料の脱落や錯簡など，ずさんな部分もあるが，詩文を作る際の見本用例集として，また百科事典として，はなはだ便利であったため，世に盛行した。 (筧 文生)

とえんさつ【兎園冊】 書名。唐の杜嗣先撰。唐の蔣王李惲(太宗の第7子)が僚佐杜嗣先に命じて，科挙の策問(政治や経書についての出題)に倣って，経書や史書を引き注釈を加えて編んだ問答集。唐代に地方の学校で農民や牧夫を教育するのに，用いられた。内容は鄙俗ではなかったが，各家毎に1冊は所蔵されているほど，広く普及していたので，士大夫からは軽んぜられていた。 (長部 悦弘)

とおく【杜臆】 明末の王嗣奭による杜甫全詩の注釈。10巻。40年間にわたって続けていた杜詩注釈をもとに，1645(順治2)年，80歳の時にわずか7か月で一気に書き上げた。長く稿本のまま蔵されていたが，仇兆鼇の『杜詩詳注』が頻繁に引用したことから初めて世に知られた。但しのちの影印本・活字本と『詳注』の引用の間には異同がある。書名の臆は意に同じ。孟子の「意を以て志を逆う」に基づく。考証より詩の意味を解明するところに特徴がある。 (川合 康三)

とかいほうかん【図絵宝鑑】 元末の画家伝。5巻。1366(至正26)年刊。夏文彦の撰。至正25年の自序がある。三国呉から元代末期に至る画家約1500人の略伝を収載。先行の画史書類の記述の集成という性格が強く，また編集上の杜撰が指摘されるものの，広範囲の画家が網羅され，とくに南宋および元の画家については貴重な記述が見られる。明代後期の1519(正徳14)年に重刊された際には，巻6として明の韓昂撰『図絵宝鑑続編』が付加された。15世紀初頭までには日本に伝わり，以後中国画家についての知識の多くがこの書に拠られた。 (荏開津 通彦)

とがけんもんし【図画見聞誌】 北宋の画論。6巻。郭若虚撰。張彦遠『歴代名画記』の後を継ぎ，唐の841(会昌元)年より北宋の1074(熙寧7)年までの絵画について述べる。巻1「叙論」では気韻などの16の事項について論じ，巻2〜4「紀芸」においては唐末より北宋後期にいたる292人の画家の略伝を記す。巻5では「故事拾遺」，巻6では「近事」として古今の逸話を収録している。

この時期の絵画史の最も基本的な文献で，『津逮秘書』『学津討原』『画史叢書』などに所収される。 (竹浪 遠)

とかりゅうせい【杜家立成】 唐代の日常応酬した書簡の規範文例集。詳しくは『杜家立成雑書要略』という。1巻。撰者未詳。書名に「杜家」を付した意は不明。中国ではすでに佚書であり，我が国奈良の正倉院御物としてのみ伝わる。用紙は美麗な19枚の色紙を継いで書かれており，その書風とともに極めて貴重な高い価値を持つ芸術作品でもある。『東大寺献物帳』には「頭陀寺願文幷杜家立成一巻，皇太后御書」とあり，光明皇后筆である。本書によって唐代の文人の日常生活，文化的認識を知ることができる。 (西村 富美子)

どきょく【度曲】 度曲には二義あり，第一は dùqǔ の読みで歌唱・演唱の意。第二は duóqǔ と読み，語義は現代で言う作曲・譜曲(歌詞に曲を付ける)に相当する。度曲(duóqǔ)する場合は曲牌創作の規律・方法に通じていなければならない。ちなみに，自度曲(zìduóqǔ)とは作者自ら作った曲の意で，宋代の『白石道人歌曲』は撰者の姜夔(号は白石)の自度曲集であると明示している。 (孫 玄齢)

ときわだいじょう【常盤大定】 1870(明治3)〜1945(昭和20)。日本の中国仏教学者。宮城県の浄土真宗の寺に生まれる。23年間東京帝国大学で中国仏教史を講ずる一方，1920年代(大正9〜昭和4)に5次にわたって中国各地の遺跡を踏査し，『支那仏教史蹟』6冊，『支那文化史蹟』12輯(関野貞と共著)にまとめた。雲岡石窟や玄中寺など仏教史上重要な遺跡を確認し世に紹介した功績は大きい。また『支那仏教の研究』等の仏教学の著作がある。 (肥田 路美)

ときんぎん【鍍金銀】 金属の表面に金や銀の被膜を定着させる技法で，世界各地に古くから見られる。日本では鍍金をめっきともいい，滅金とも書くが，中国では一般に鎏金(鎏銀)と呼び，時に金塗または黄塗とも称した。古代以来の鍍金では，水銀に金を溶かして金属表面に塗布し，全体を熱して水銀のみを蒸発させた後，表面を磨いて金の被膜を定着させる方法(水銀アマルガム法)がとられた。水銀を金属面に先に塗布し，その上に金箔を貼り付けて加熱し，鍍金とすることもあった。中国では，春秋の青銅器に鍍金の早い例があり，戦国から漢にかけて発達し，以後，歴代にわたって，銅・鉄製品を中心に盛んに用いられた。鍍金に比べると鍍銀の実例は時代が降り，遺品の数もそれほど多く

はない。鍍金と鍍銀を併用する場合もままあり，中国ではこれを花鍍と美称する。鍍金した銅製品を金銅ともいうが，金銅には金泥を塗布したものも含まれており，厳密には鍍金の概念と若干のずれがある。
(松本 伸之)

とく【徳】 社会に於いて正しいとされる行動規範，また，その規範を身につけた人格的な品性のこと。「徳」字は，甲骨文では「㣎」(「直」)と書き，まっすぐ見る意。金文では心を足して「悳」と書き，まっすぐな心の意となった。後に「彳」が加えられ「徳」字が生まれ，「子曰く，道に志し，徳に拠り，仁に依り，芸に游ぶ」(『論語』述而篇)，「子曰く，徳は孤ならず，必ず隣あり」(『論語』里仁篇)とあるように，社会的に正しい心，正しいとされる行動規範の意となった。
(家井 眞)

とく【牘】 →簡牘

どくこきゅう【独孤及】 725(開元13)〜777(大暦12)。中唐の政治家・文学者。洛陽(河南省)の人。字は至之，諡は憲。754(天宝13)年，科挙に登第。765(永泰元)年，左拾遺に任ぜられ，のち太常博士，礼部員外郎などを歴任。768(大暦3)年，濠州刺史に転出。常州刺史在任中に亡くなった。その文章は当時より評判が高く，梁肅や柳冕とともに，*韓愈・柳宗元に代表される古文運動の先駆的存在とされる。没後，弟子の梁肅によって文集が編纂された。『毘陵集』20巻が今に伝わる。新唐書162
(山本 敏雄)

とくさんせんかん【徳山宣鑑】 780(建中元)〜865(咸通6)。唐代の禅者。南宗禅の*青原行思の法系の四代目に当たる。龍潭崇信の法嗣。剣南(四川省)出身。諡号は見性大師。俗姓周氏。武宗の排仏(845年)の後，武陵(湖南省)の徳山で教化につとめた。伝は『宋高僧伝』12，『祖堂集』5，『景徳伝灯録』15などに見える。
(高堂 晃壽)

どくししょたいぜんせつ【読四書大全説】 『四書大全』をめぐっての，清初の講義録(または読書ノート)。10巻。王夫之著。1665(康熙4)年には改訂版が完成した。王夫之の四書関係の著作としては，他に大部の『四書訓義』がある。『四書訓義』が基本的に朱子の『四書集注』に対する疏(注の注)の役割に徹しているとすれば，『読四書大全説』は，『四書大全』に引用された諸説を，朱子の説も含めて批判的に再検討し，王夫之の独自な四書解釈が示されている点に特徴がある。(本間 次彦)

どくしほうよきよう【読史方輿紀要】 清代の地理書。130巻。撰者の顧祖禹(1631〜92)は無錫(江蘇省)の人で字は瑞五，号は景范。明の遺民として生きたが，後年徐乾学らの『大清一統志』の編纂にも加わった。明の滅亡の一因は地理を疎かにしたためとして『大明一統志』を批判し，1659(順治16)年から編纂を始め，30余年を経て92(康熙31)年の臨終前にようやく完成した。明末以来の経世致用の地理を受け継ぎ，明代の行政区画にもとづく歴代の沿革と軍事上から見た各地の形勢を中心に歴史地理的考証を大成した。歴代州域形勢9巻，全国地誌114巻，水系地理6巻，天文分野説1巻を内容として『漢書』地理志に範をとったとみられる構成をもつ(刊本は別に『輿図要覧』という地図帳4巻を付す)。国学基本叢書本等の多くの版があり，1993年には『読史方輿紀要稿本』(上海古籍出版社)が出版された他，2005年に中華書局から標点本が出版されている。青山定雄『読史方輿紀要索引——支那歴代地名要覧』(東方文化学院，1933年。省心書房，1974年)は民国当時の地名を用いるが索引として有用である。
(大澤 顕浩)

どくじゃく【読若】 経書の伝・注に，文字の読みを「読若某」などと記される，その記法から来た用語。「読如」も同じ。『*説文解字』で「沖，読若動」という場合，「沖」が「動」字に近い音であることを示す。表音の厳密さは反切にかなわないものの，破読(破音)字の読みを特定したり，仮借用法を示すなど，訓詁上の機能は豊かである。例えば，『*周礼』掌交「使咸知王之好悪辟行之」の「辟」への鄭玄注に「辟，読如辟忌之辟」というのは，「辟」を「避ける」という動詞で読むことをいうもので，ここでの発音指示は破音を特定する機能をもつ。また，『*礼記』儒行「雖危起居，竟信其志」に「信，読如屈伸之伸，仮借字也」と注するのは，「信」の発音を「伸」と指定すると同時に，この場合「信」が「伸」の仮借字として用いられていることも示す。字の発音を記述する方法としては直音法と同等の歴史を有し，反切が定着してからも長く用いられた。
(木津 祐子)

どくしょざっし【読書雑志】 清朝小学を代表する古言語学者・古文献学者の*王念孫による，『逸周書』『戦国策』『史記』『漢書』『管子』『晏子春秋』『墨子』『荀子』『淮南子』及び漢代碑石の言句に関わる本文校訂や読みについてのノートをまとめたもの。全82巻。王念孫の子の王引之が1831(道光11)年までに順次刊行，翌32(同12)年に「余編」2巻を刊行した。その論証・論定は清朝考証学の中でも群を抜く成果である。
(木下 鉄矢)

どくしょびんきゅうき【読書敏求記】

清の書目。4巻。清初の蔵書家銭曾著。銭曾の蔵書は『也是園蔵書目』『述古堂書目』を通じてほぼその全体をうかがいうるが、本目はその中の善本630余部を解題つきで著録したもの。「宋刻に侔する」と言われた古版愛好家の手になるだけに、しばしば版本の種類や版刻・鈔写のよしあしを述べるのが特徴。雍正、乾隆刊本などのほか、『叢書集成』本その他の排印本もあるが、もっともよいのは1926(民国15)年、章鈺が校刊した『銭遵王読書敏求記校証』。　　　　　　　　　　　　　　（井上　進）

どくしょぶんねんにってい【読書分年日程】

儒学の学習課程の要綱を示した書。3巻。著者は元の程端礼。1315(延祐2)年ごろの作。朱子の「読書法」を基本として、年齢によって段階を設け、『性理字訓』『小学』に始まり、『大学』『論語』『孟子』『中庸』の四書、『易経』『書経』『詩経』『礼記』『春秋』の五経の本文暗誦、四書および科挙受験のときに選択する五経のうちの一経について、朱子学的注釈に基づく内容理解、さらに基本的な歴史書・文学書の学習、科挙試験での文章作成までを説いている。元明清には広く用いられた書。　（佐野　公治）

どくしょろく【読書録】

明初の薛瑄(号は敬軒)の劄記、随想録。全11巻。のちに続編である『読書後録』12巻も編纂された。先聖の書を読んだ際の感想、自己修養への決意・抱負・反省などを覚書として書きとめたもの。断片的な条が多く、重複もあるが、彼のひたむきな性格がしのばれるとともに、明初の朱子学が著しく内省的・内向的な傾向を帯びていたことを知ることができる。このことは居敬・復性の強調にも表れている。朝鮮・日本の朱子学者にもよく読まれた。　　　　（前川　亨）

とくせいのち【徳性之知】　→聞見之知・徳性之知

とくそう【徳宗】　→光緒帝

どくたい【独体】

漢字の構成法に関する分類。伝統的な文字学では漢字を「独体」(「単体」とも)と「合体」(「複体」とも)にわけ、それぞれを「文」と「字」という名称で呼ぶ。「文」は山・水・馬のようにそれ以上分解できないもの、「字」は崎・港・駆のように、いくつかの「文」を合わせて作ったものである。この違いは六書にも反映されており、独体字を作る時には象形と指事が、合体字を作る時には会意と形声が使われた。　（阿辻　哲次）

どくつがんろん【読通鑑論】

北宋の司馬光編の編年史『資治通鑑』を資料に、歴代の事件・人物に対する論評が記された読書ノート。30巻、叙論1巻。王夫之著。全編の記述に反映されているのは、正統論に束縛されない『資治通鑑』の編集方針を当然の前提にした上で、歴史が、民衆の集合的な行為の積み重ねの結果、常に一定の方向に推移してきたこと、また、それは単なる一方的な堕落でも単純な循環でもない、ある不可逆的な方向性をもつ、という認識である。　　　　（本間　次彦）

どくとしんかい【読杜心解】

清の浦起龍による杜甫全詩の注釈。6巻。1724(雍正2)年刊。全体を詩体によって分け、それぞれの詩体のなかでさらに編年によって配列する。そのため連作の詩が一か所に並ばないなど、繁雑な構成が批判される。忠君愛国に結びつけたり、八股文の様式を押し当てるなど無理が生じる点もあるが、銭謙益・朱鶴齢・仇兆鰲らの解釈を取捨しながら、煩瑣な語釈や考証を避けて詩の言わんとする意味を説こうとした簡潔な注釈になっている。　　　　（川合　康三）

どくは【読破】　→破読

どくらくじ【独楽寺】

天津市薊県城の中にある遼の寺院。その観音閣は中国で現存する最古の木造楼閣建築である。独楽寺の創建年は不明だが、遼986(統和4)年に建てられた翰林院学士承旨劉成碑には、「故尚父秦王請談真大師入独楽寺、修観音閣。以統和二年冬十月再建、上下二級、東西五間、南北八架大閣一所。重塑十一面観音菩薩像」とあり、984(統和2)年に2層の観音閣が再建されたことがわかる。歴史家の宿白の研究で、尚父秦王とは本籍が薊州の韓匡嗣のことであると明らかにされた。韓氏は父の韓知古が太祖に仕えたため名臣の家系になり、韓匡嗣家族の墓は内モンゴル自治区赤峰市バイリン左旗で発掘されていることが著名である。

やや西に振れた南北の軸線に、山門と観音閣が前後に配置され、共に984年造の建物である。軸線の東側の中庭に「座落」という建物があり、清皇室の東陵へ墓参りする途中の宿泊所である。

山門は間口3間(16.56m)、奥行き2間(8.67m)、高さ45cmの低い基壇の上に立つ単層寄棟造である。間口中央の柱間は6.1m、檐柱の高さは4.33m、屋根構架高(挙高)は2.57mで、重心が低く、屋根の流れは緩やかで、全体は安定感がありながら伸びやかな造形となっている。

観音閣は高さ90cmの基壇上に建ち、間口5間(19.92m)、奥行き4間(14.08m)で、内槽と外槽の2

周柱が配置され，外観は2階建てだが，実は3階建てで，2階は闇層となっている。内外の柱は高さが等しく，上下の柱は「叉柱造」でつなぐ。すなわち，柱頭斗栱の上に上の柱を差し込む構造になっており，通し柱の「永定柱」より不安定であるので，それを補強するため，闇層には筋違を設けた。

観音閣の内部には，高さ15.4mの11面観音塑像の立像が安置されている。これは中国で現存する最大の塑像である。この像を安置するため，内槽中央部は吹き抜けになっており，2階回廊の平面形状は方形，3階回廊の平面形状は6角形と平面形状を変えて構造を強くした。回廊の天井に張られた平棊(格子天井)の井口(格子の大きさ)が後世のものと比べてたいへん小さく，日本鎌倉時代の禅宗様と類似している。

観音閣の斗栱は24種もある。場所や構造上の役割に応じて形状が変わり，後世の建築で斗栱が飾りでしかなくなるのと全く異なる。斗栱の寸法比率と細部は山西省仏光寺とよく似ている。屋根は，巨大な扠首(きず)と短い侏儒柱を併用して，棟桁を支える。仏光寺大殿では扠首のみで，ここにいたると侏儒柱があらわれており，後世では扠首が消えて侏儒柱だけになる時代的変化を示唆している。観音閣2階の柱が1階柱より短くなるが，柱径は変わらない。これは，清代の柱高と柱径の比率が規定されることと異なる。また，柱頭部位は，丸く削る「巻殺」という手法で処理されている。

観音閣は高さ23mと大きいが，部材は6種類しかなく，標準化された部材で巨大な楼閣を組み立てている。構造上の数々の優れた手法により，記録上では28回の地震を耐えてきた。その中には，1976年の100km余り離れた唐山を震源とするマグニチュード7.5の直下型地震も含まれている。

(包 慕萍)

とこう【杜康】 太古，初めて酒を造ったといわれる人。また酒の別名。後漢の許慎の字書『説文解字(せつもんかいじ)』7下「帚」字に「古者(いにしえ)少康初めて箕帚(チリトリとホウキ)，秫酒(じゅつしゅ)(モチアワの酒)を作る。少康は杜康なり」とある。三国魏の曹操は「何を以てか憂いを解かん，惟だ杜康有るのみ」(『短歌行』)と詠んだ。杜康の故郷とされる陝西省白水県と河南省汝陽県に杜康廟がある。酒造業者は祖神として祭る。

(鈴木 健之)

とこうえん【都江堰】 戦国時代の秦の蜀守の李冰(りひょう)が，現在の四川省成都市の北西，都江堰市に建設した治水灌漑施設。『史記』29・河渠書によれば，岷江(びんこう)の水害を避けるために岩を切り崩して分水し，2つの水路を成都に引いて灌漑に利用した。後漢王劭の『風俗通義』には李冰が江神と闘った故事が見える。蜀には毎年江神に童女を生け贄として捧げる習俗があった。李冰が河中に飛び込むと，やがて李冰と江神は2頭の蒼牛の姿となって岸辺に現れた。人の姿となり再びもどってきた李冰は印綬を下げた方が自分であることを属官に告げた。属官たちは李冰の言に従い江神の蒼牛を刺殺した。江神の死後，李冰は治水灌漑工事に取り組んだ。この故事は漢代になって李冰が神話化したものである。現在の都江堰は，魚嘴(内外江に分ける分水洲)，飛沙堰(ひさえん)(土砂を外江に排出する堰(ほうへいえん))，宝瓶口(急激な増水を抑える瓶の口のような形の取水口)の施設からなり，春の渇水期には水が内江に多く流れ，夏秋の増水期には外江により多く排出するように工夫されている。古代の都江堰の魚嘴は現在の位置よりも上流にあったが，基本的な原理は変わっていない。

(鶴間 和幸)

とごうさん【兎毫盞】(のぎめてんもく) →禾目天目

とこうてい【杜光庭】 850(大中4)～933(長興4)。唐末五代の茅山派道士。処州縉雲(しんうん)(浙江省)，或いは京兆杜陵(陝西省)の人。字は賓聖，一説に賓至・聖賓。号は東瀛子(とうえいし)・広徳先生・広成先生・伝真大師。始め儒学を修めて科挙に応ずるも及第せず，天台山に入り応夷節に従って修道した。博学をもって聞こえ，唐の僖宗に召され厚く遇された。僖宗が黄巣の乱を避けて蜀に行幸するのに従って蜀に行き，そのまま蜀に留まり五代十国前蜀の王建・王衍父子に仕えた。杜光庭は，儀礼書を始めとする道教文献の収集整備に努力し，著作の数も極めて多かった。現在『太上黄籙斎儀』『道徳真経広聖義』『道教霊験記』『広成集』等，『正統道蔵』中に20種以上が伝わっている。なお，思想的特徴として，『道徳真経広聖義』中に見える「道」の解釈について，有にも無にも何事にもとらわれないという重玄派の影響が見られ，また「道」の働き(道化)の中に「仁義」の徳も含まれるという儒道一致思想を見る事ができる。

(坂内 栄夫)

とこうぶしゅうせんちゅう【杜工部集箋注】(せんちゅうとし) →銭注杜詩

とこのうしん【吐故納新】 呼吸法の一つ。吐納と略称することもある。「故」は古。字義通りには，古い気を吐き新しい気を納れること。『荘子』刻意篇に，「吹呴呼吸(すい)，吐故納新，熊経鳥申(ゆうけいちょうしん)(熊や鳥の所作を真似た体操)は単に寿命を延ばすことしかできない」と否定的に評価されているが，後世の養生法では呼吸法の基本となった。たとえば，「毎

朝，南に向かって座り，両手を膝の上に広げて百の関節を按摩しながら，口から濁気を吐き鼻から清気を引き込む」などと言われる（『太平御覧』720所引「修養雑訣」）。　　　　　　　　　　（三浦　國雄）

とごふ【都護府】　唐代，中国内地外縁に布置された機関で，羈縻府・州を統轄した。唐前半期に，6都護府が設置され，西方に安西（640〔貞観14〕年設置。西州，後に亀茲〔クチャ〕）・北庭（702〔長安2〕年。庭州〔ジムサ〕），北方に単于（650〔永徽元〕年。雲中〔帰化城〕）・安北（647〔貞観21〕年・燕然，663〔龍朔3〕年・瀚海，669〔総章2〕年・安北。モンゴル高原のウトゥケン山，のち陰山方面），東方に安東（668〔総章元〕年。平壌，のち遼東城），南方に安南（679〔調露元〕年。ハノイ付近）都護府が配された。

羈縻府・州の都督・刺史には，各民族の首長が当てられ，それを近接の内地都督府もしくは都護府が掌握する体制が取られた。なかには西州都督府の安西都護府や庭州の北庭都護府などのように，都護府と並置される形で内地都督府や州が置かれている場合がある。こうした都護府の場合，都護府が都督府・州管下の諸県を直接に統轄していたことが出土文書からうかがえ，天山東部に置かれた両都護府の特異な性格がうかがえる。

また安北都護府や単于都護府には，毎年，駅賜という名目で庸調布が給付されていたことが明らかとなっている。管下の羈縻都督府・州も，参天可汗道と呼ばれる道上に66におよぶ駅を置き，それを通じて貂皮を賦税として献上していたとされるので，駅賜はそうした献上品に対する回賜としての性格を有していたとも見られる。これに対して，亀茲の安西都護府下の羈縻府・州は，同じように賦税が課せられていたことが知られているが，それが中央に進貢されることはなく，中央への献上は，羈縻府・州が置かれたオアシス国家が，朝貢国として行っていた。

唐が四方に設置した都護府とその下に置かれた都督府あるいは羈縻府・州との具体的な関係は未だ詳らかではないが，各地の羈縻支配のあり方の相違とともに，それぞれの都護府が帯びた機能・性格も同一には論じられない側面がある。　　　　（荒川　正晴）

とさついん【都察院】　明清時代の中央官庁。政務の監察を司る。明の洪武年間（1368-98）初期に断行された官制改革の一環として，漢代以来の御史台に代えて，1382（洪武15）年に新設された。名称は察院（唐の監察御史の別称）にちなむ。官僚の弾劾や定期勤務評定などを職掌とし，大理寺・刑部と併せて三法司と呼ばれた。左右の都御史・副都御史・僉都御史が置かれ，また全国13の監察区域に十三道監察御史を分巡させた。明中期以後，総督・巡撫等の官が都御史・副都御史の肩書きを帯びて地方の文武政令を統轄する制が始まり，明末以降は地方に常駐する地方長官としての実質を備えるに至った。清も明制に倣って都察院を置き，1723（雍正元）年，六科給事中を吸収している。　　　（櫻井　俊郎）

とし【杜詩】　？〜38（建武14）。後漢の政治家・機械技術者。河内郡汲県（河南省）の人。字は公君。光武帝のとき軍功をあげ，河南・安徽地方の都尉等を歴任して名声があった。31（建武7）年，南陽（河南省）太史に任ぜられて水利工程を治め，また水排を発明して農器具を鋳造した。水排は水力を利用して送風する鞴で，製鉄に用いられ，1世紀前半すでに人力の鞴に替わって水排が普遍化したことは漢代の製鉄の発達をもたらす要因となった。後漢書31　　　　　　　　　　　　　　　　　　　（田中　淡）

どし【土司】　元代以降，中国周辺地域，とくに南部・西南部において非漢民族の支配者に対して与えられた官職の総称。一般の科挙官僚（流官）に対する称。唐宋までの羈縻制度の発展形ともいえ，土着の支配者に宣慰使・宣撫使・安撫司などの武官職や土知府・土知州・土知県などの文官職を与え，従来の慣習にそって自民族を支配することを許した。前者（武官系）を土司，後者（文官系）を土官と呼んで区別する場合もある。土司・土官は世襲を許されたが，継承にあたっては中央王朝の認可が必要とされ，隣近の土司との領域争いなどにも中央の干渉を受けた。納税や貢納（内地では3年に1度の朝覲），有事の際の兵力提供なども義務づけられていた。明中期以降，次第に土司・土官を廃して流官統治に切り替える「改土帰流」が行われるようになり，明末清初には一部に土司統治の復活も見られたが，雍正期（1723-35）以後大々的に改土帰流が推進された。雲南などでは1950年代まで土司が存在した。　　　　　　　　　　　　　　　　（林　謙一郎）

としきょう【杜子恭】　生没年不詳。東晋の五斗米道（天師道）の師。呉郡銭唐（浙江省）の人。名は炅（一説に昺）。子恭は字である。銭唐に杜治（杜氏の教会）を営み，医術や道術を通して当時の一流の名族とも交流があった。詩人の謝霊運も無事成長するよう15歳まで杜治で養育されたという。一方，東晋末に道教反乱を起こした孫恩の叔父孫泰は杜子恭に師事，その道術を伝えた。杜子恭の五斗米道は，玄孫である南朝斉の杜京産とその子の栖まで継承された（『南斉書』54）。晋書100　　（都築　晶子）

としきょうせん【杜詩鏡銓】　清の楊倫によ

る杜甫全詩の注釈。20巻。1791(乾隆56)年成書。書名は杜甫の『秋日夔府詠懐』詩の末句,「鏡象未だ銓を離れず(鏡に映った像は真の存在ではなく,測ったものにすぎない。銓は測るの意)」から取ったもので,謙遜の意を表す。詩集の構成は編年にかぎるとして正確な編年に努め,信頼しうる配列がされる。注釈は穿鑿や付会を避け,先行する注を取捨選択しながら,簡潔明快な注をこころがける。初学者にふさわしいために,乾隆年間(1736-95)から現在に至るまで,多くの刊本・活字本がある。

(川合 康三)

とししゅんでん【杜子春伝】 唐の伝奇小説。『杜子春』ともいう。著者は李復言,牛僧孺,また鄭還古とも伝えられる。北周から隋の頃,長安で,放蕩者の杜子春が見知らぬ老人に再三,金銭を恵まれ,その老人に身を預ける。何を見ても声を出さないよう命じられ,さまざまな苦痛に耐えたが,口のきけない女になって,子を夫に殺されたときに声を発する。そのために老人は仙薬を得ることに失敗する。インドの説話が中国化したものである。芥川龍之介の『杜子春』はこれに取材したもの。『太平広記』16等所収。

(成田 靜香)

とししょうちゅう【杜詩詳注】 清の仇兆鼇による杜甫全詩の注釈。『杜少陵集詳注』ともいう。25巻。50歳を越えた頃に着手し,1703(康熙42)年に初めて刊行,さらに増補を重ねて13(同52)年に重刻本を刊行,20年あまりを費やした。詩はおもに朱鶴齢の編年に基づいて配列される。先行する注釈・批評を取り込み,伝記資料なども付載する。張之洞『書目答問』が初学者に対して『杜詩詳注』と『杜詩鏡銓』の二つのみを挙げるように,標準的な注釈とされる。

(川合 康三)

としゅうじょう【杜秋娘】 生没年不詳。唐代,元和年間(806-820)の楽妓。杜秋ともいう。金陵(江蘇省南京市)の人。妓女の代名詞としても使われる。名歌手として後世まで多くの詩人にうたわれた伝説的才媛。楽曲の「金縷衣」詩は彼女の作とされる。節度使李錡の妾だったが,李錡が誅殺されると後宮に没収され,憲宗の寵愛を受けた。のち,宮廷内権力闘争の巻きぞえになり都を追われ,最後は故郷で窮乏のうちに死んだという。詩人杜牧の長篇「杜秋娘詩幷序」が有名。

(筧 久美子)

とじゅん【杜順】 557(天保8)～640(貞観14)。華厳宗の初祖と称される北朝末から唐初の神秘的な僧。法順ともいう。雍州万年県(陝西省)の人。18歳で出家し,因聖寺僧禅師に師事して禅定に励んだ。様々な奇跡を起こして「神僧」と称され,やがて文殊の化身とみなされるようになった。華厳宗の智儼を幼い日に見出して出家させているため,唐代の半ばには華厳宗の初祖とされるに至った。弟子の樊玄智に『華厳経』の読誦に勤めて普賢行を修するよう命じており,『華厳経』を重視していたようではあるものの,華厳教学にどれだけ関わっていたかは不明である。その著とされる『法界観門』にしても,偽作と推定される。本書は,禅宗を考慮しつつ『華厳経』を事と理の関係の観点から簡略にまとめる形で観法を説いているため,禅宗を始めとする僧侶や儒教の知識人たちの間で広く読まれ,大きな影響を与えた。

(石井 公成)

とじゅんかく【杜荀鶴】 846(会昌6)～904(天祐元)。晩唐の詩人。池州石埭(安徽省)の人。字は彦之,号は九華山人。一説に杜牧の庶子であるという。891(大順2)年の進士。梁王朱全忠の推薦によって主客員外知制誥から翰林学士になったが,直後に没した。近体詩,特に律詩を得意とし,杜甫や白居易のように社会の現実に眼を向けたが,その詩は通俗化しているといわれる。宋の厳羽『滄浪詩話』はその詩体を「杜荀鶴体」と呼ぶ。『唐風集』『杜荀鶴文集』が伝わる。旧五代史24

(山本 敏雄)

どじょうりどじょう【土城里土城】 →楽浪郡治址

どじんきょう【度人経】 道教の経典。東晋末から南北朝初期の成立。「度人」とは「衆生を済度する」という意味。道教の代表的経典として『正統道蔵』の冒頭に置かれている。『正統道蔵』に収められるものは,「霊宝無量度人上品妙経」を経題とする61巻本であるが,これは宋代以降に増広されたもので,その第1巻のみが元来の度人経である。北宋時代に通行していた1巻本をもとに編纂された陳景元の『元始無量度人上品妙経四注』は,南朝斉の厳東,唐の薛幽棲・李少微・成玄英の四家注をまとめたものであるが,それによると本経は字数約5000字,道君前序および「元始洞玄霊宝本章」「元洞玉暦」からなる第1部分(経),道君中序および「元始霊書」上中下3篇からなる第2部分(大梵隠語)と道君後序の3部から構成される。このうち,最も古い厳東の注は「元始洞玄霊宝本章」以下のみに残されており,道君前序は本来の経にはなかったと考えられる。本経は,元始天尊が太上道君に伝えた経典とされ,「大梵の気」(道気)から十方および三界二十八天の諸天神が生まれて無数の衆生を済度する役割を担うこと,人はこの経典を読誦し,天界の神々の秘められた言葉(大梵隠語)を唱え

ることによって，生者は天神の加護を得てあらゆる災厄を逃れ，長生を得て仙界に昇れること，死者（祖先）もその功徳によって，冥界から再生して同じく仙界に昇れることを説く。仏教の天界説をもとに四種民天や大羅天などを加上した道教独自の天界説を展開し，天神と体内神の一体性を説くとともに誦経の功徳を強調し，祖先を含む衆生済度を前面に打ち出している。そのため，神仙思想のもつ個人救済の限界を打破し，仏教の救済説に対抗できる教義を説く道教経典として重視されてきた。

（麥谷 邦夫）

とじんけつ【杜仁傑】 生没年不詳。元の詩人・散曲作家。済南（山東省）の人。はじめの名は之元，字は善夫（甫とも書かれる），止軒と号した。金朝の遺民で，元好問や王惲とも親交があった。至大年間(1308-11)に息子の杜元素が闘海道廉訪使となったので，翰林承旨・資善大夫の官を与えられた。その散曲の代表作『荘家不識勾欄』（いなか者芝居小屋を知らず）は，当時の芝居見物のありさまを描いたユニークな作品として知られ，演劇史の上でも貴重な資料となっている。

（赤松 紀彦）

としんげん【杜審言】 646（貞観20)？～708（景龍2)。初唐の詩人。襄陽（湖北省）の人，父に従い鞏県（河南省）で暮らした。字は必簡。先祖に晋の杜預がおり，孫に杜甫がいる。則天武后に抜擢され，中宗復位後一時配流されたが，基本的には宮廷詩人として一生を終えた。杜審言は才を恃んで傲慢だったが，五言詩と書に優れ，李嶠・崔融・蘇味道とともに文章四友と称される。律詩の完成に貢献した。詩集10巻があったが，現存は詩41首のみ。宋之問による祭文の他，『唐才子伝』1に伝がある。

旧唐書190上，新唐書201 　　　　　（道坂 昭廣）

とそしゅ【屠蘇酒】 古代，正月元旦に飲む薬酒。屠酥酒とも書く。除夜に大黄・白朮・桔梗など生薬7，8種を調剤した屠蘇散を袋につめて井戸の中に沈め，元旦にそれを引き上げ酒に浸して一家で飲むと，一年間無病息災でいられるという。一説に，三国魏の名医華佗が考案し曹操に献上してから世に広まったという。この習俗は現在中国南方の一部の地域にだけ残っている。日本には平安時代前期に宮中に伝わってから民間にも「おとそ」として普及した。

（鈴木 健之）

とちしん【土地神】 土地の守護神。城隍神の部下としてその土地を管轄すると考えられた。大は村落から小は路傍の田畑まで各種ある。善行を積んだ人が土地神になり，昇進や異動もあるという。呼称は，土地公・土地爺（華北）・伯公（客家語）などさまざまで，台湾では福徳正神と呼ばれる温和な顔つきの髭を生やした老人として表現される。夫人は土地婆と呼ばれ，意地悪で欲張りとされる。台湾の商家などでは旧暦2月2日を頭牙（タオゲー），12月16日を尾牙（ボエゲー）と呼び，盛大に祀るとともに，宴会をして従業員をねぎらう習慣が今もある。沖縄では，土帝君（トーティークン）と呼ばれて祀られる。

（森田 憲司）

どちょう【度牒】 僧尼になること（得度）を許可した官文書。祠部から発給したので，祠部牒ともいう。南北朝時代に始まり，唐代に制度化された。これを取得して剃髪するとはじめて僧尼と認められて，労役免除などの特典を得，反対に持たない者は私度僧として取り締まられた。売牒は唐代でも行われたが，宋代では，財政赤字を補う一策として，僧名を書き入れない空名度牒を売り出し，僧尼の質の低下をもたらした。度牒の発給は清代まで行われた。

（竺沙 雅章）

とっかよう【徳化窯】 福建省南東部の徳化県に分布する窯の総称。宋・元代には青白磁や白磁を中心に，白磁鉄彩・黒釉磁などを生産し，主に東南アジア地域に輸出された。明代には，象牙色や乳白色を呈する上質な白磁が主製品となり，合子・碗・皿・瓶・水注などの容器と仏像や人形などの造形物が生産された。清代前期の17世紀以降には白磁のほかに青花磁器や五彩磁器も盛んに作られるようになり，アジア一帯からヨーロッパにまで広く輸出され，白磁は日本では白高麗，ヨーロッパではブラン・ド・シーヌと呼ばれ珍重された。（森 達也）

とっくつ【突厥】 Türküt の漢字音訳で，トルコ族の部族名またはそれを中心とする遊牧国家名。6世紀中葉より8世紀前半にかけて，モンゴリアを中心に，一時は中央アジアを包含する形で建国する。はじめアルタイ山の南西に拠り，鍛鉄の技術をもって柔然に服属していたが，552年にいたって柔然を破り，阿史那氏の土門が初代可汗（伊利可汗）に即いた。彼の子どもたちの時代，とりわけ第3代の木汗可汗の治世（553～572）は，突厥の大発展期で，柔然の残党を滅ぼすほか，西は叔父の室点蜜（イステミ）（ディザブロス）が，563～567年ごろにササン朝ペルシアと組んでエフタルを挟撃して征服した。この結果，ソグディアナの諸都市が突厥の支配下に置かれるようになると，絹交易を目的として，ササン朝ペルシアやビザンツ帝国にソグド人を使節として派遣している。これ以降も，ソグド人は突厥内部において商業のみならず，政治や文化面でも重要な存在となっている。この時期の突厥がソグド語・ソグ

ド文字を公用語・公用文字に採用しているのは，そうした一端を示している。

583年になると，突厥は，モンゴリアを中心とするいわゆる東突厥と，アルタイ・ジュンガリアからソグディアナ方面を支配する西突厥とに分裂した。その後，東突厥は，南方の隋・唐王朝の興亡と相反する形で盛衰し，ついには630(貞観4)年，第12代の頡利可汗(イルリグ)の治世に唐によって滅ぼされた。この滅亡により，鉄勒諸部を含めたトルコ系諸部族は唐の皇帝を天可汗として，その羈縻(きび)支配下に身を置いたが，やがて3度の反乱を経て，682(永淳元)年に復興・独立するにいたる。この復興突厥(突厥第2可汗国)は，頡跌伊施可汗(骨咄禄)(イルテリシュ/クトルグ)を初代可汗とし，3代目の毗伽可汗(ビルゲ)の治世に最盛期を迎えるが，745(天宝4載)年には内紛とともに滅亡するにいたる。

一方，西突厥も，分裂後，唐初の統葉護可汗(トンヤブグ)時代に中央アジアにおいて最盛期を現出したが，唐の西域経略の進展にともなって，阿史那賀魯(アシナガロ)の反乱(651年)を最後に，その羈縻支配を甘受するにいたる。

（荒川　正晴）

とっくつひぶん【突厥碑文】

6世紀末〜7世紀半ばに建国した突厥第2可汗国の可汗・皇子・重臣らの紀功碑群。発見地ごとにホショ・ツァイダム碑文・バイン・ツォクト碑文などとも呼ばれ，前者はビルゲ可汗碑文とその弟のキュル・テギン碑文，後者はイルテリシュ可汗の功臣であるトニュクク碑文からなる。古トルコ語を突厥文字(トルコ・ルーン体)を用いて刻す。また広くウイグル(タリアト碑文・シネ・ウス碑文など)やキルギス(エニセイ碑文)のものを含めて指すこともある。チュルク人が自らの言語で残した文字資料としては最古のもので，突厥では，それまでソグド語・ソグド文字が公用語・公用文字となっていた。　（荒川　正晴）

とっくつもじ【突厥文字】

古代チュルク語(突厥語と古代ウイグル語)を表記するのに用いられた表音文字。古代ゲルマンのルーン文字との類似から「チュルク・ルーン文字」とも呼ばれる。7世紀から10世紀にかけて使用され，碑文や写本がシベリア，モンゴル，イェニセイ川流域，中央アジア，東ヨーロッパにわたる広大な地域で発見されている。文字の形体には地域的な変種と特徴があり，多くは右から左へ横書きする。1893年デンマークのトムセンが解読に成功した。オルホン碑文では4種類の母音字と34種類の子音字が使われている。

（池田　巧）

ととくふ【都督府】

中国において軍政を統轄した地方官府。長官は都督。魏晋期に始まり，途中，改名もしくは廃絶されるものの，民国初期にまで及んで設置された。地方にあって民政をつかさどる州の刺史とならび，原則的にその官制は，府官・州官の二重構造を取ったが，唐の場合に即して見ると，都督は治所となる州の刺史を兼任しており，そこでは明確な府官・州官の区別は認められない。また唐は，周辺諸族を支配するための羈縻(きび)政策において，州とともに都督府を置いた。羈縻都督府・州の性格は決して一様ではないが，帰順してきた周辺諸族の首長らに都督・刺史の称号を与えるのを基本とする。突厥の場合であれば，兵1万人以上を動員できる部落の長には都督(とっくつ)を，それ以下の部落長には刺史を授けている。これに対して，中央アジアのオアシス国家であれば，各国の王に対して都督が授けられており，なかでも安西四鎮の一つであったコータン国では，王子クラスに刺史の称号が与えられている。

（荒川　正晴）

どとんぼ【土墩墓】

土盛りによる墳丘墓。墳丘墓は中国の各地にみられるが，長江下流域では良渚文化に首長を埋葬した巨大な墳丘墓が散発的に出現した後，殷・西周時代から戦国前期にかけて普遍的な墓制として墳丘墓が盛行したため，殷周時代の江南の墳丘墓に限定して土墩墓と呼ぶことが多い。その土墩墓には墳丘面に直接埋葬するもの，墓坑をもつもの，礫敷きのもの，石室をもつものなどがあり，土墩石室墓は西周後期から戦国時代の太湖・杭州湾地域に，そのほかの土墩墓は江南に普遍的にみられる。一つの墳丘内に数次の埋葬をくり返したために，何層にも埋葬が重複した土墩墓が少なくない。副葬品は印紋硬陶の罐・瓿(ほう)(貯蔵器)や灰釉(かいゆう)陶の豆(とう)・碗(食器)が主で，青銅器には中原からの搬入品，その模倣品，独特の青銅器の3種類があり，南にいくほど在地的な特徴が強くなっている。春秋後期の呉・越はこの土墩墓を指標とする考古学文化から興起したものと考えられている。　（岡村　秀典）

とばん【吐蕃】

チベットに対する中国側からの呼称。一般には7世紀から9世紀中ごろまでチベット高原とその周辺を統治した古代チベット国を指すが，14世紀までのチベットに対しても同じ呼称が使われた。吐蕃の原語については諸説ありいまだ明確ではないが，チベット人自身は自らの国をプー(Bod)と呼んだ。王朝は中央チベットのヤルルン渓谷出身。ソンツェンガムポ(581〜649)の時に，史上初めてチベットを統一した。皇帝はツェンポと呼ばれ，各氏族・外国諸王と婚姻関係を結び，外交関係を強めた。特にソンツェンガムポの時，唐より文成公主を，ネパールよりチツンをそれぞれ妃として迎えたのが有名である。強固な軍事体制と農耕に裏

付けられた安定した経済基盤を有し，チベット高原とその周辺諸国を支配下においた。特に755年に始まる安史の乱によって唐の軍事力が低下すると東進し，763年には一時唐の都長安を占拠するにいたる。長安からはすぐに退却したものの，河西・隴右地帯は吐蕃の支配地となった。また東トルキスタン方面へも進出するが，天山北方の北庭を争奪する戦争(789〜792年)でウイグルに敗北。拡大の勢いは止まり，東トルキスタンでの支配地はパミール〜タリム盆地南辺までにとどまった。その後821〜823年に唐・ウイグル両国と和平会盟を結び，そのうち唐との会盟内容を記した唐蕃会盟碑がラサのジョカン(大昭寺)前に現存する。しかし842年，ツェンポのダルマが暗殺され，ツェンポの系統はウースンとユムテンの二つに分裂，統一国家としての吐蕃は崩壊する。東西交易の中継点であったチベットには中国・インド・ペルシアより多様な文化が流れ込み，国際色豊かな文化が花開いた。宗教に関しては仏教を積極的に取り入れて8世紀後半には国教になるにいたるが，一方で儀礼などを司るチベット固有の宗教(含ボン教)も大きな影響力を有し，二教の争いはしばしば有力氏族の政争へ発展した。　(岩尾　一史)

とびせいじ【飛青磁】　鉄斑文を施した元代の龍泉窯青磁についての日本での呼称。青磁に鉄斑文のあるものは東晋時代の越窯にも見られるが，元代の青磁鉄斑文と直接の関連はない。元代に流行した鉄斑文の青磁は1324年に沈没した韓国新安沖沈船出土の盤にも見られる。日本では国宝の飛青磁花生が著名である。　(出川　哲朗)

とぶん【斗分】　暦法用語。二十八宿の宿度(星座の占める角度)は，斗宿を除く27宿をすべて整数とし，端数は一括して斗宿に付属させるのが通例である。この斗宿に付属させる端数を斗分という。たとえば，前漢三統暦の周天度数は $365\frac{385}{1539}$ 度であるが，この端数の $\frac{385}{1539}$ 度が斗分として，斗宿に配される。したがって三統暦の斗宿は $26\frac{385}{1539}$ 度，他の27宿はすべて端数をもたない。中国暦は暦法ごとに1年の長さが違うので，斗分の数値も暦法ごとに異なる。　(新井　晋司)

とほ【杜甫】　712(先天元)〜770(大暦5)。盛唐の詩人。原籍は襄陽(湖北省)。字は子美。西晋の杜預を遠い祖，初唐の杜審言を祖父とすることを杜甫は誇りにするが，父は地方官を歴任する程度の下級士人。青年期は呉越，斉魯の地に遊び，作品もほとんどのこらない。長い放浪生活の理由は明らかでないが，この漫遊のなかで李白・高適らを知るなど，詩人としての十分の熟成期間をもったことは確かである。30歳を過ぎて長安に出て官職を求め続けるが得られず，玄宗に直接「賦」を上奏してやっと官を得たとたん，755(天宝14)年，安史の乱が起こった。長安から脱出して粛宗が行在所を設けていた鳳翔(陝西省)に馳せつけた。そこで左拾遺の官を授かったが，房琯を弁護して罪を得，華州司功参軍(陝西省)に左遷された。玄宗に仕えた旧官僚である房琯，彼に属した杜甫らは，粛宗の新政権に容れられなかったのである。759(乾元2)年，官を捨てた杜甫は生活のために家族を引き連れて秦州(甘粛省)に赴く。以後，後半生の放浪が始まる。転々と居を移すのは，身寄り，知り合いの世話を長くは受けられなかったためか。ほどなく同谷(甘粛省)に移り，そこから険しい山岳地帯を越えて成都(四川省)に移る。郊外に浣花草堂を作り，しばしの平穏を得た。節度使の厳武の庇護を受け，検校工部員外郎の官も得たが，765(永泰元)年には厳武が死去し，杜甫は成都を離れて，長江の流れを下っていく。雲安(重慶市)を経て，夔州(重慶市)にはしばらく滞在するが，さらに長江を下り，岳州(湖南省)から洞庭湖を経て湘江に入り，耒陽(湖南省)に至って没した。終生，故郷を思い，朝廷で尽力することを願っていたが，その行程は皮肉にも長安から南へ，さらに長江沿いに東へと，都から遠ざかる一方であった。

当時の現実を克明に記すその詩は「詩史(詩による歴史)」とも称された。杜甫を中国随一の詩人とする評価は時代を通じて動かない。宋代以降では儒家の理念から詩聖と称され，人民共和国成立後は社会主義の理念から人民詩人と讃えられた。杜甫のなかから時代のイデオロギーに応じた面が取り上げられたもので，杜甫の文学が様々な要素を含んでいたからであるが，同時にそれは彼の本質を捉えることがいかにむずかしいかを示してもいる。中心を成すのは，時代を憂い泰平を希求する思い，それと自身の境遇への嘆きを一つのものとして唱い上げた詩群で，そこには骨太の精神が貫いている。それは中国古典文学の精髄を体現するものであるが，一方，語彙・表現手法・題材など，文学のあらゆる面で新しさをもち，それは中唐に至って浸透していき，宋代以後の文学を築くことにもなった。従来の文学が因襲のなかで形式美を発揮していたのを打ち破り，個人の肉声を普遍的な文学にまで昇華したといえよう。旧唐書190下，新唐書201　(川合　康三)

とぼく【杜牧】　803(貞元19)〜852(大中6)。晩唐の詩人・文学者。京兆万年(陝西省)の人。字は牧之。号は樊川。祖父の杜佑は徳宗，順宗，憲宗に仕えた宰相で，『通典』の著者として知られる。828(大和2)年の進士。江西観察使の沈伝師の招きに応じて江西団練巡官となった後，淮南節度使の牛僧

孺のもとで掌書記となる。この頃の揚州における名妓・佳人との艶聞が伝わっている。835(大和9)年，長安に戻ったが，弟の顗が眼病を患って官を辞し，多くの家族を養わねばならないこともあって，より収入の多い地方官に転出した。842(会昌2)年に黄州刺史となり，以後，池州刺史，睦州刺史を歴任。848(大中2)年，長安に呼び戻され，司勲員外郎に任官。湖州刺史に転出したものの1年で戻り，851(大中5)年には考功郎中に進み，最終的には中書舎人となった。

詩は「高絶を求め，奇麗を求めず，習俗に渉らず」(「献詩の啓」)を基本としていた。近体詩に特に才能を発揮し，「江南春」「清明」「山行」などの七言絶句が人口に膾炙している。また，「赤壁」「烏江亭に題す」などの詠史詩にも想像力の豊かなところを見せる。同時代の李商隠と並んで「李杜」と称せられ，杜牧の敬愛する詩人であった杜甫と区別するため「小杜」と呼ばれた。

時事に関わる文章も多く，牛僧孺のもとにあった時には「罪言」を書いて，藩鎮の横暴と朝廷の無策に対する憤りを表した。他に軍備論である「原十六衛」や「戦論」「守論」などの文章もある。また，兵書として有名な『孫子』に注をつけている。

批評家としても優れ，唐代を代表する文学者とされる李白・杜甫・韓愈・柳宗元の4人を「近者四君子，古と強梁たるを争う」(「冬至日，小姪阿宜に寄する詩」)と評して，中国文学における古典の地位を与えたのは彼が最初である。

死の直前に旧作の詩文の殆どを自ら焼いたとされるが，外甥の裴延翰が『樊川集』20編を編纂した。『樊川文集』20巻が伝わる。旧唐書147，新唐書166

（山本　敏雄）

トユクせっくつ【トユク石窟】
新疆ウイグル自治区吐魯番市街から東へ60km，高昌故城の東約15kmの峡谷に沿った断崖に穿たれた石窟寺院群。洞窟の数は大小合わせて46，その造営年代は五胡十六国時代から麹氏高昌時代に及ぶ。塑像は全て失われ，壁画の損壊も著しいが，敦煌莫高窟の初期に似た作例やインド・イラン風の様式など興味深い。また『諸仏要集経』や貴重な多数の仏典，帛画や舎利容器なども探検隊によって発見された。

（勝木　言一郎）

どよ【杜預】
222(黄初3)〜284(太康5)。西晋の学者・政治家。京兆杜陵(陝西省)の人。字は元凱，諡は成。司馬昭の妹婿。律令の制度，異民族の平定，経済政策の施行など，様々な分野で大活躍し，「杜武庫」(ないものはない)と称せられ，特に呉の平定の功によって，死後「征南大将軍」を追贈された。また，「臣に左伝癖あり」と自称するように，若い頃から『左伝』に傾倒し，晩年に至って，大著『春秋左氏経伝集解』を完成させた。晋書34

（岩本　憲司）

とよくこん【吐谷渾】
中国・モンゴリア・中央アジア・チベットの間に位置し，東西交渉史上，重要な役割を果たした国家。青海省の青海(ココ・ノール)地域を中心に建国する。王族は，鮮卑の慕容氏の出と伝えられる。吐谷渾は，また退渾とも吐渾とも写される。チベットではこれをアシャ('A zha)と呼び，民族的にはモンゴル系と見る説が有力である。五胡十六国時代に既に，その地理的な位置から，南は四川方面に通じ，北は河西と交わっていたが，6世紀初頭には，その勢力を拡大し西はタリム盆地東南辺を支配するにいたる。この結果，吐谷渾は，中国(南朝)と中央アジアさらにはモンゴリア(柔然)とを結ぶ要衝の地となり，貿易だけでなく北魏をめぐる当時の国際関係に重要な影響を与える存在となった。やがて唐や吐蕃が勃興すると，634〜635(貞観8〜9)年の唐の吐谷渾征討を皮切りに，青海に拠る吐谷渾国は消滅するが，その勢力はなお河西や中国内地に残ることになる。

（荒川　正晴）

とりゅう【屠隆】
1543(嘉靖22)〜1605(万暦33)。生年は一説に1542年。明の文学者・戯曲家。鄞(浙江省)の人。字は緯真，長卿。号は赤水・冥寥子。1577(万暦5)年の進士。官は礼部郎中に至る。その詩文では，王世貞に「末五子」の一人に数えられるように後七子の一派に与する。著に『鴻包集』『由拳集』『白榆集』『考槃余事』など。また伝奇(戯曲)では神仙の怪事を描いた『曇花記』『修文記』，李白の故事を描いた『彩毫記』の3種が有名。明史288

（田口　一郎）

どりょうこう【度量衡】
長さ・容積・重さ，またそれらの単位を定めた制度。中国における度量衡の歴史はきわめて古い。最も原初的な形態は身体尺であり，指や手の幅で寸や尺を定義した。殷墟から出土した「牙尺(象牙製の1尺物差し)」は，相当早い時期から度量衡器が存在していたことを示している。戦国期には秦の商鞅が度量衡の統一を模索し，秦始皇帝が中国統一時(前221年)にそれを実現した。「商鞅銅方升」の示す制度がそれである。前漢末には，劉歆が黄鐘(十二律の基音)にもとづく五度・五量・五権のシステムを構築した。度量衡理論は劉歆の黄鐘秬黍の説にいたって，定型化を完成した。中国の学者は以後，2000年にわたって同説を最も完備したものとみなし，基本的にそれに

従った。だが実際の単位量の値は理論とは裏腹に絶えず増大した。唐宋代には、量制と権衡制が大きく変化した。権衡においては以後、1両＝10銭＝24銖（しゅ）、銭以下分・釐（り）・毫（ごう）……とする新たな10進法の称名が使われ、また量においても従来の斛（こく）＝10斗に代わって斛＝5斗、石＝10斗とするシステムが用いられた。

（川原　秀城）

トルファン【吐魯番】

新疆ウイグル自治区の東部天山南麓に位置するオアシス都市で、それを含む盆地をも指す。綿布や葡萄の産地として、古くより中国にその名が知られる。天山南北および中央アジアから河西通廊へ通ずる要地として、北方遊牧勢力と中国との係争地となった。

はじめこの地は、車師（姑師）人の拠点となっていたらしく、遅くとも前漢時代には、その国（車師前国）の王都がトルファン西方の交河城（ヤール・ホト）に置かれていた。彼らは、本来天山北方の遊牧民であり、その一部がトルファン盆地に南下して、半農半牧の生活に移行していったと推測されている。最近の考古発掘により、人種的にはコーカソイド種の特徴を有し、その文化にはサルマタイ系統のそれが入っていることが明らかになっている。モンゴリアに匈奴が勃興すると、その支配を受けたが、これに対して漢は軍を派遣して匈奴と争い、併せてトルファン東方の高昌壘（カラ・ホージャ近辺）に駐屯した。これを契機として、魏晋南北朝期には、車師人と漢人（魏晋および五胡十六国の五涼〔前・後・西・南・北涼〕政権下、河西等より入植してきた人々）とが東西に対立したが、5世紀中葉には、車師国は高昌城に拠った沮渠（そきょ）氏高昌国により滅ぼされ、トルファン盆地は政治的に統一される。やがて、6世紀はじめには、麴氏高昌国が成立し、640（貞観14）年に唐によって滅ぼされるまで、この地を統治した。また唐は、ここを内地同様の直轄支配地にすべく、西州以下、5県を設置したが、8世紀末にはその支配は完全に終焉を迎え、長きにわたった漢人優位の時代にも終止符が打たれた。

その後、9世紀中葉のウイグルの西遷を皮切りに、タリム盆地のトルコ化が本格化するが、トルファン盆地は、西ウイグル王国の領地となり、高昌城は冬都（夏都はビシュバリク）となる。13世紀初頭、モンゴル帝国が勃興すると、西ウイグル王国は、これに進んで投降するとともに、*チンギス・カンより公主を降嫁され、モンゴル帝国内でチンギス一族に準ずる地位を得て活躍した。続いて、14世紀前半以降に、当地はチャガタイ・ウルスの実質的な支配下に組み込まれ、16世紀初頭には、東トルキスタンにおいて最後まで仏教を堅持してきたこの地のイスラム化が決定的となる。

トルファンからは、19世紀末以来、都城・古墓・石窟遺跡などから、多くの出土文書・文物が発見されており、敦煌と並んで東洋学研究の貴重な資料の宝庫となっている。

（荒川　正晴）

トルファンもんじょ【吐魯番文書】

新疆維吾爾（ウイグル）自治区の吐魯番地域で出土した古文書の総称。通常、紙に書写されたものをさす。多くは、20世紀初頭以来、高昌故城の城内やその北方に広がる阿斯塔那（アスターナ）・哈拉和卓（カラホージョ）古墓群から出土したものだが、近年ではそれ以外の地からも出土している。漢文文書のほとんどは、4世紀前半、五胡十六国の前涼によって吐魯番に高昌郡が設けられてから、高昌国を経て、唐により西州が置かれていた8世紀末に吐蕃やウイグルの支配が及ぶまでの約450年間のものである。大半は世俗文書で、仏典をはじめとする典籍は少数にとどまる。また古墓群から出土したものはほとんどが、被葬者用の冠、帯、および鞋などの素材として再利用するため小さく裁断されており、断片が多い。20世紀前半に出土したものは、北京をはじめ中国各地、日本、イギリス、ドイツ、ロシア、およびフィンランドなどに分散しているが、それ以降の出土品は、烏魯木斉（ウルムチ）や吐魯番など現地に所蔵されている。

（關尾　史郎）

トロピン【吐魯瓶】 →太白尊（たいはくそん）

どんぎんざつろく【鈍吟雑録】

清の馮班（ふうはん）の遺稿集。10巻。内容は雑多であるが、厳羽の『*滄浪詩話』を批判した「厳氏糾謬」が有名。その他に詩文批評としては「正俗」「読古浅説」の各篇がある。彼の議論は過激なところがあるものの学問的裏付けを備え情理をわきまえているので得るところが多いとされる。また同名の書に、馮班の著作中の楽府（がふ）を論じた語を集めたものがあり、はじめ『花薫閣詩述』に収められ、後に丁福保が『清詩話』中に収録した。

（副島　一郎）

とんこう【敦煌】

甘粛省の西端にある都市。いわゆるシルクロードの中国側の起点として有名である。漢の進出以前、月氏（げっし）ついで匈奴の支配下にあった。漢の武帝は匈奴を河西から追い払ったのち、河西四郡を置いた。その一つの敦煌郡は前93（太始4）〜前92年の設置と推定されている。その西には、西域に通ずる関門として玉門関と陽関とが設けられ、万里の長城は玉門関まで達し、西北辺境の要衝であった。20世紀になって、長城址はじめ漢代の諸遺跡から守備隊が残した木簡類が多数発見された。東西の交易が盛んになると、貿易の基地として栄え、西域人の居住者も多かった。また仏教の

東漸にともなって仏教が盛んになり，敦煌菩薩と称された竺法護ら高僧が現れ，法顕ら求法僧もここを通ってインドに向かった。東南25kmにある莫高窟は，唐代の記録では，366(建元2)年に楽僔がはじめて開いたという。この時期には，河西諸王国の支配下にあり，5世紀初の西涼はここに国都を置いた。北朝北魏の時，敦煌鎮ついで瓜州となり，隋代にふたたび敦煌郡となったが，唐初に沙州に改められた。786(貞元2)年ころ，吐蕃が占領して，行政・軍事組織はチベット式になり，住民の生活にもその習俗が及んだ。848(大中2)年，漢人の張議潮は吐蕃を追い出し，唐朝から帰義軍節度使に任命され，以後を帰義軍期という。唐が滅んだ後，一時期，独立して西漢金山国と称し，そのあとに立った曹氏は節度使に復帰したが，これも実際には独立国であった。1036(景祐3)年，西夏に占領されて完全に宋から離れ，1226年にはモンゴルの支配下に入った。マルコ・ポーロは1274年にここを訪れ，仏教信仰の盛んな様子を『東方見聞録』に記した。明朝は沙州衛を創設したが維持できず，吐魯番の侵略をうけてこの地を放棄した。清朝は勢力を伸張してふたたび沙州衛を置き，1760(乾隆25)年敦煌県に改めた。1900(光緒26)年，莫高窟第17窟から数万点の文献が発見され，一躍注目を集めることになった。 (竺沙 雅章)

とんこう【遁甲】 式盤という器具を使って占う式占の一つ。奇門遁甲とも称す。「六壬」「太乙(一)」を合わせて三式と呼ぶ。式盤は回転する天盤とそれを受けて動かない地盤から成っていて，太一九宮図(9つのブロックを巡ení太一神が巡幸する)を基本に，八卦・九星・九神などの時空要素が両盤に刻まれている。今日，遁甲や六壬はもっぱら占術として理解されているが，宋元時代，天文学と数学を学ぶ者は，三式に通じていることが求められた。 (三浦 國雄)

とんこういしょ【敦煌医書】 敦煌莫高窟の蔵経洞から20世紀初頭に発見された文書類のうちの医薬書。約100点ほどが知られ，五代以前の医薬学の情況をうかがう現物資料として有用。医経(『黄帝明堂経』など)，本草(『本草経集注』『新修本草』『食療本草』など)，鍼灸(『灸経明堂』『新集備急灸経』など)，脈書(『平脈略例』『玄感脈経』など)，医方書(『劉涓子鬼遺方』『輔行訣用薬法要』『備急単験薬方』など)や『五蔵論』，そのほか失名医書の断簡が多くある。 (小曽戸 洋)

とんこうがくふ【敦煌楽譜】 中国の古楽譜。4弦4柱の唐代琵琶譜との説が有力で，敦煌大曲譜・敦煌巻子譜などとも呼ばれる。清の1900(光緒26)年に甘粛省敦煌莫高窟蔵経洞で発見された。『仁王護国般若波羅蜜多経』変文を手写した巻子本1巻の背面に，25の楽曲を墨書する。同資料はフランス人ペリオが持ち帰り，現在パリ国立図書館が保管する(Pelliot, No. 3808)。楽譜の書写年代は，巻子表の変文が筆写された五代後唐の933(長興4)年と同年代と仮定すれば，唐末から五代初めと推定される。

記譜法全般は，日本に伝わった『天平琵琶譜』(奈良，正倉院蔵)など他の盛唐期の琵琶譜と基本的に一致し，20種類の譜字で開放弦4音と各ポジション16音を示す。調弦の記載はない。譜字の右側には「丁」(停頓か延長)や「口」(太鼓拍子)ほか「火」「・」(黒点)などリズム符号がある。ただし音楽学者の林謙三は黒点を返し撥と解釈した。また重頭・尾・今・重など楽曲の反復や終止を示す符号も現れる。同譜は現存最古の古工尺譜としても高い研究価値を有する。

全体は3種類の筆跡で以下の3群に分けて書かれ，各群ごとに共通の調弦を用いた可能性が高い。第1群は「品弄」「(脱字)弄」「傾盃楽」「又慢曲子」「又曲子」「急曲子」「又曲子」「又慢曲子」「急曲子」「又慢曲子」の10曲。第2群は「(逸題)」「傾盃楽」「又慢曲子西江月」「又慢曲子」「慢曲子心事子」「又慢曲子伊州」「又急曲子」「水鼓子」「急胡相問」「長沙女引」の10曲。第3群が「(逸題)」「撒金砂」「営富」「伊州」「水鼓子」の5曲である。このうち傾盃楽・心事子・伊州・水鼓子・胡相問は盛唐期の固有曲名だが，曲子は演唱形態とみられる。大方の推測では，同譜の内容は唐代歌曲の曲子伴奏譜か，歌舞音楽である大曲の伴奏譜とされ，日本の雅楽唐曲にはない3拍子系の割合が高いとも指摘されてきた。ただし譜字1字を1拍と数える林謙三説と，他の研究者の見解には食い違いが見られる。 (尾高 暁子)

とんこうかんかん【敦煌漢簡】 甘粛省の疏勒河流域の漢代烽燧(監視哨などの軍事施設)などの遺跡から出土した簡牘の総称。1907年のスタインの発見に始まり，その後もスタインや夏鼐，甘粛省文物考古研究所や敦煌市博物館などによる発掘が行われ，最新の1990年から92年にかけての懸泉漢簡に至るまで前後9回，およそ4万枚に近い簡牘が発見されている。このうち懸泉漢簡を除く他の簡牘は，いずれも漢代烽燧の跡から発見されたものであり，したがって簡牘の内容も居延漢簡と大差はなく，大部分が公文書であり，他は私信や暦や書籍などの断簡である。これにたいして約2万3000枚を出土した懸泉漢簡は特異である。懸泉の地は敦煌市の東北60kmにあり，漢代に置という郵

亭施設すなわち駅が設置されたところである。簡牘は350枚余りが公表されただけで全容はまだ不明であるが，烽燧などの純粋な軍事施設の跡から出土した簡牘とは異なる内容のものが含まれていることが予想され，将来漢代史研究に新しい地平を開く資料として期待される。

(永田 英正)

とんこうかんすふ【敦煌巻子譜】 →敦煌楽譜

とんこうさいそ【敦煌彩塑】 敦煌莫高窟につくられた彩色塑像群。莫高窟一帯の地質構造は大泉河が形成した堆積礫岩層である。この地層は洞窟を開削するのに容易である反面，脆く崩れやすいため，彫刻には不向きであった。そのため窟内の装飾には壁画や塑造による造形が採用された。敦煌の彩塑は楊樹・紅柳・芨芨草などの植物を心材，綿・麻を細かくしてまぜた泥土を可塑材として成形し，最後に像の表面を顔料で彩色した。顔料はベンガラ・辰砂・鉛丹・ラピスラズリ・緑青・二酸化鉛・カオリン・石膏などが用いられた。その材料は顔料を除けば，いずれも現地で調達可能なものばかりであった。莫高窟では五胡十六国北涼期より元に至るまで，仏・菩薩・仏弟子・神将・力士・千仏など様々な塑像がつくられた。また現存の彩塑像は2415体を数えるが，その大きさも高さ30m以上の大仏から，10数cmの小像まで様々であった。北涼時代，莫高窟の塑像は外来美術の影響を受けていたが，その像容は北朝北魏時代以降しだいに漢化し，隋代にはずっしりとした存在感を備えるようになった。初唐では女性的で華麗な造像へと昇華し，中原地方と同時期にピークを迎えるが，晩唐以降作例も減って形式化が進むと全盛期を終えた。

(勝木 言一郎)

とんこうせんぶつどう【敦煌千仏洞】 →莫高窟

とんこうたいきょくふ【敦煌大曲譜】 →敦煌楽譜

とんこうぶふ【敦煌舞譜】 甘粛省の敦煌莫高窟蔵経洞(第17窟)で発見された，唐末五代初めの俗楽舞踊譜。1907年に英国人スタインが，1908年にフランス人ペリオがそれぞれ自国に持ち帰り，現在は大英図書館(Stein, No.5643, 5613。後者は「南歌子」の断片)とパリ国立図書館(Pelliot, No.3501)が保管する。巻子本に前者は「遐方遠」「南歌子」「南郷子」「双燕子」「浣溪沙」「風帰雲」の6曲，後者は「(逸名)A」「(逸名)B」「鵞山渓」「南歌子」「双燕子」の5曲を記す。全て当時の曲子で，歌詞の無い曲もあれば，長短詞と七絶の併用曲もある。舞譜は常用8字の令・送・舞・挼・据・奇・揺・頭と約・拽・請・与・掯の5文字を用い，1～5，7文字のいずれかからなる句を4，5句並べて舞節とし，2～8節で1舞譜を構成する。舞譜の前には，曲名と，譜字の拍数や段・緩急・後続舞曲等に関する短い説明文がつく。

(尾高 暁子)

とんこうへきが【敦煌壁画】 狭義は敦煌莫高窟に描かれた壁画をさすが，広義は莫高窟のほか，西千仏洞，東千仏洞などの壁画をも含む。莫高窟をはじめ，この地域の石窟寺院が立地する地質は堆積礫岩層からなり，浮彫も含め彫刻に不向きであったことが，壁画を多く制作することにつながり，莫高窟が砂漠の大画廊と呼ばれるゆえんとなった。壁画の構造は礫岩堆積層からなる崖体，土砂に麦草・麻・綿花などの繊維を混ぜた地伏層(下地層)，そして彩色層の3層からなる。莫高窟の壁画は五胡十六国北涼時代から元代に至る約1000年間制作され，その総面積は4500m²に達する。その画題は多種多様で，仏伝図・本生図・説法図・変相図・千仏図・供養者図・装飾文様などがある。莫高窟の開創は366年とされるが，現存する最古の窟は5世紀前半の北涼期で，続く北朝北魏期とともに西方の影響を受けた作例を残す。そして隋唐代に質量ともにピークを迎え，中国仏教芸術の最高潮というべき一時代をなした。チベット密教芸術の影響を受けた元代にも作例を残すものの，シルクロードの衰退に伴い，オアシス都市敦煌の没落が進むと，莫高窟に新たに壁画が制作されることもなくなっていった。隋唐代の都長安・洛陽につくられた寺院はもはやなく，その寺院の壁面に描かれたとされる仏画を知る術も無い中にあって，敦煌壁画は往時の仏教図像を知る重要な手がかりとなっている。

(勝木 言一郎)

とんこうもんじょ【敦煌文書】 甘粛省敦煌市にある莫高窟千仏洞の第17窟などから，20世紀の初頭以来，発見・出土した古文書の総称。文書の上限は4世紀に遡り，下限は11世紀まで及ぶ。その過半は仏典であるが，仏典以外の典籍も少なくなく，世俗文書の占める割合は小さい。また典籍が大半を占めるため，敦煌文献と称されることもある。内容的には，仏教や道教などの宗教・思想・文学・歴史から，医学(本草)や天文(暦学)など多岐にわたる。また敦煌は，8世紀末以降，吐蕃やウイグルなどの支配も受けたので，チベット文字やウイグル文字などいわゆる胡語の文書も見つかっている。20世紀末，莫高窟の北石窟(莫高窟北区)から，世俗文書が出土した。文書は，中国各地をはじめ，

日本，イギリス，フランス，およびロシアなどに分散しているが，伝来の経緯が不明で，真贋の鑑定が必要なものもある。また文書の研究は，彫像や壁画などの研究とともに，「敦煌学」という学問分野を形成している。
（關尾 史郎）

とんごぜんご【頓悟漸悟】 中国仏教において問題になった悟りかたのこと。一挙にただちに悟るのを頓悟，段階的にしだいに悟っていくのを漸悟と言う。

頓悟は事実上，東晋〜南朝宋の竺道生によって創唱された。彼は「頓悟成仏義」を唱え，絶対的な空の真理は分割できず，悟りとはその真理との一体化であるから，部分的に悟っていくのではなく，一挙に真理と冥合せねばならない，「理（真理）と智（智慧）と兼ね釈くるを，これ頓悟と謂う」と論じたとされる。彼の説は謝霊運に支持されたが，悟りは常識的には漸悟と考えられるため頓悟漸悟の論争が起こった。またのちには南朝斉の劉虬なども頓悟を祖述している。

頓悟漸悟がふたたび注目を集めるのは唐代の禅宗においてである。とくに神会は自ら奉ずる慧能を禅の六祖に据え，頓悟に立脚する慧能の南宗が正統であると主張した。かつ，長安・洛陽地域に当時盛行していた神秀の系統を北宗とし，北宗では漸悟を説くにすぎないと批判した。神会によれば，頓悟とは頓に自らの仏性を見ること（見性），具体的には「無念を見る」ことであり，心を起こさずただちに無念であれば，そこにおのずと本来具わっている霊妙な空寂の智慧がはたらいているとする。さらに，これに対して北宗では「心を凝らして定に入り，心を住めて浄を看，心を起こして外に照らき，心を摂めて内に証す」と教えているとまとめたうえで，それは，すでに心を起こして心を修めようとしているのであって，妄心を滅除しようとしてかえって妄心を起こしている，などと批判した。ところがこのように批判された北宗においても頓悟が説かれていた形跡がある。

なお華厳宗の澄観は悟りと修行それぞれの頓・漸を理論的に整理し，それが宗密に継承された。宗密においては頓悟漸修（一挙に悟ったのち，それにもとづいてしだいに修行すること）を正格とした。

ただし，頓悟を徹底し，それを実践体認したのは同じ慧能の禅の流れをくむ馬祖道一の系統の禅（洪州宗）である。馬祖は，おおよそ，一念のもと本来の仏性を頓悟すれば，行住座臥すべてのありかたが真理であり，即今のあたりまえの心そのものが仏にほかならない，「平常心是れ道」とした。この頓悟主義が中国禅の基調となる。
（中西 久味）

とんごようもん【頓悟要門】 唐の大珠慧海（8世紀頃）撰。1374（洪武7）年，妙叶により編刊。慧海撰の本論たる『頓悟入道要門論』を上巻，『景徳伝灯録』より集めた慧海の語を『諸方門人参問語録』と題して下巻とし，さらに『初祖菩提達磨安心法門』を付録として加え，総題を『頓悟要門』としたもの。慧海は馬祖道一の門下で，南宗禅の頓悟の思想を『頓悟入道要門論』に平明にまとめる。
（高堂 晃壽）

どんせきざんいせき【曇石山遺跡】 福建省閩侯県にある新石器時代後期に属する貝丘遺跡。閩江下流域に分布する曇石山文化の標準遺跡である。1954年から数次にわたって調査が実施されている。福建省博物館が実施した第6次調査の報告（『考古学報』1976年第1期「閩侯曇石山遺址第六次発掘報告」）によって，層序関係が明らかになり，下層から上層までを連続した文化として曇石山文化が命名された。その後，下層・中層は継承関係が明らかで，これを新石器時代後期の曇石山文化と称し，青銅器時代に属する上層と区別された。下層は紅陶，中層は灰陶を主として，器種には釜・壺・圏足器などがみられる。上層になると印文（硬）陶と呼ばれる硬質土器が増加する。石器は，磨製片刃石斧を主とし，石鏃などを含み，他に骨器，貝器が出土している。多くの墓葬の他に土坑，土器焼成窯なども確認されている。その文化内容は，地域的に展開した独自性を保持しながらも，長江下流域や華南，とくに台湾との文化関係が指摘されている。
（後藤 雅彦）

とんでん【屯田】 国防及び財政の必要上，特にしばしば辺境等の未開・荒廃地に設けられた集団耕作地区。軍人によるものを軍屯，非軍人によるものを民屯という。早くは西周期すでに軍屯があったともいうが，文献上確実には前漢の武帝期に河西四郡（甘粛省）に内地より数十万規模の屯田兵を投じ軍屯を設営したのが最初とされる。その後，羌族の鎮圧のため西北辺境の屯田を一層整備した。同様の軍屯は後漢にも継承され，一時期内地にも置かれた。三国の魏は辺境に軍屯を置く一方，戦乱で荒廃した内地に貧民を召募，屯田民とし一般民とは別扱いとして5, 6割の重い税を課した。この民屯は西晋初には廃止されたが，軍屯は依然存続，東晋南朝を通じて主に辺境に施行された。北朝では北魏のはじめ征服民を国都周辺に強制移住し土地耕牛を支給する，いわゆる計口受田が盛んに行われたが，これも民屯の一種と見なせる。計口受田策は後の均田制の源流となった。その他，北朝を通じて辺境では軍屯が行われている。唐前期には兵卒による辺境の軍

屯の他，丁役による内地の民屯も行われ，後者は営田とも呼ばれた。これらは唐後期には募兵や農民の雇用で賄われ，節度使の兼ねる営田使が管掌，藩鎮の財源となったが9世紀以降はほぼ中央の手に帰した。北宋では屯田(営田)が遼・西夏と対峙する西北辺に多く置かれ弓箭手などが耕作に当たり，南宋でも金に接する前線に多く設置された。遼・金も兵農一致に基づく屯田を辺境に施行，特に金は猛安謀克制をもとに組織的な屯田を行った。元は国初から侵略戦の前線に軍屯を展開，中国統一後は全国に大規模な屯田を敷き，軍戸(多くは旧南宋軍)及び民戸を耕作に当てた。明は軍戸を各地の衛所に属せしめ軍屯に当てたが後に廃れた。他に召募民による民屯，塩商による塩屯があった。塩屯は開中(北辺への食料輸送の代償に塩販売許可)に関係する。清では明以来の内地の軍屯はやがて概ね廃されたが，辺境では軍屯や民屯が行われていた。　　(佐藤達郎)

トンポーロウ【東坡肉】　北宋の詩人蘇軾(号は東坡)が作ったという浙江省杭州市の代表的料理。角切りした豚三枚肉を氷砂糖・醬油・紹興酒でじっくり煮込んだもの。蘇東坡が黄州(湖北省)に左遷されていたある時，客と碁の対局に夢中になっている間に期せずしてとろ火の鍋にできあがっていたという。また彼が杭州の長官時代，西湖の水利工事完成のお礼に住民から贈られた豚を角煮にして各戸に一切れずつ配らせたことからこの料理が広まったという伝説がある。　　(鈴木健之)

トンミ・サンボータ　Thon mi sam bho ṭa
生没年不詳。トンミは氏族名，サンボータはサンスクリット音で，意味はチベットの賢哲，インド人の彼に対する尊称。伝承では吐蕃王朝のソンツェン・ガンポの大臣で，632年にインド留学に派遣され，仏教とサンスクリットを学び，梵文のランチャ文字をもとにチベット文字を創作した人物とされる。現存する著作に文法書の『三十頌』『性入法』があるが，歴史上のトンミ・アヌイプという人物の事績が，9世紀に活躍した同名の訳経僧に仮託されて伝説化した可能性が高い。　　(池田巧)

どんむしん【曇無讖】　385〜433(義和3)。五胡十六国北涼に活躍したインドの大乗仏教僧。曇摩讖ともいう。サンスクリット名はダルマクシェーマ(Dharmakṣema)を想定するのが一般的。中天竺の婆羅門の家に生まれ，はじめ小乗仏教を学んだが，大乗涅槃経との出会いをきっかけとして大乗に転向した。中天竺より罽賓(ここではガンダーラか)に赴き，ついで亀茲(クチャ)・敦煌等を経て，412(玄始元)年(一説に421〔同10〕年)，沮渠蒙遜の治める北涼国の都，姑臧(甘粛省)に到来した。北涼における曇無讖の活動は，訳経僧と神異僧としての活動に大別される。訳経僧としては，『大般涅槃経』40巻，『菩薩地持経』10巻，『大集経』(『大方等大集経』60巻所収)，『悲華経』10巻，『金光明経』4巻など，多数の大乗経典を訳出した。彼の訳経には，大乗仏教の中でも羅什訳の段階では知られていなかった，如来蔵思想や菩薩地思想を説く経典が含まれる点に特徴があり，直後の中国仏教史に多大な影響を及ぼした。とりわけ『大般涅槃経』の及ぼした影響は計り知れない。また大乗仏教独自の戒律である菩薩戒の思想は『菩薩地持経』戒品に見られ，曇無讖はこれを史上初めて中国に伝え，法進(道進とも。『高僧伝』12)をはじめとする多数の中国人が受戒した。一方，曇無讖は，神通力を発揮して北涼の国政にも関わった。しかし皮肉にも神異僧としての曇無讖の名声が北魏の太武帝に届く程に絶大であったため，曇無讖を欲する太武帝と蒙遜の間に軋轢が生じ，曇無讖は，蒙遜の刺客によって433(義和3)年に殺害された。その後，北涼の仏教は，北魏による北涼滅亡(439年)を契機に，高昌(吐魯番)・平城(北魏の都，現在の大同)・建康(南京)に三分して伝わった。『出三蔵記集』14，『高僧伝』2に伝がある。魏書99・沮渠蒙遜伝　　(船山徹)

どんよう【曇曜】　生没年，出身地とも不明。北朝北魏の仏教僧。はじめ北涼で活動したが，北涼の滅亡(439年)後，北魏の都，平城(山西省)に移った。太武帝による廃仏(三武一宗の法難の一つ)の間は身を潜め，仏教が復興されると，460(和平元)年頃，沙門統となり，以後20余年のあいだ，仏教教団の首長として仏教界と政界に深く関わって，雲岡石窟の造営や『付法蔵因縁伝』6巻の訳出など，北魏仏教全盛の礎を築いた。『続高僧伝』1に伝がある。魏書114　　(船山徹)

どんようごくつ【曇曜五窟】　雲岡石窟の第16〜20窟をさす。『魏書』(北斉の魏収撰)の「釈老志」によれば，460(和平元)年に沙門統の曇曜が文成帝に奏請して，京城の西の武州塞に石窟5所と仏像各1体ずつを造ったとあり，大仏を本尊とする第16〜20窟をこの時の5窟に当てて「曇曜五窟」と呼んでいる。皇帝と如来を同一視した北魏では，雲岡開窟に先立つ454(興安3)年に，建国以来の5人の皇帝(道武帝・明元帝・太武帝・景穆帝・文成帝)のために5体の丈六釈迦像が鋳造されており，曇曜五窟も同様の造像と思われる。各窟とも像高13〜16mに及ぶ本尊像を窟内いっぱいに彫り出す尊像窟で，力溢れる雄大な巨像群である。各窟の本尊は，第19窟と第20窟が如来坐像，第18窟と第16

窟が如来立像，第17窟は*菩薩交脚像である。第19窟は左右に脇窟が付属する雲岡最大規模の窟，第20窟は石窟の前壁が崩落した露坐仏，第18窟は脇侍菩薩と十大弟子像が本尊を囲む壮大な群像表現である。第17窟は涼州から伝来した新式の弥勒交脚像で，唯一菩薩像を本尊とするこの窟は，皇太子のままで崩じた景穆帝のために造られたと思われる。第16窟本尊像は中国式服制で表されており，西方式服制の他の4窟の本尊像よりは，遅れて完成した。

(石松 日奈子)

どんらん【曇鸞】 476(承明元)～542(興和4)？。北朝北魏～東魏の仏僧。一説に「魏末高斉之初猶在」(迦才『浄土論』)とあり，北斉(550～)まで生存したとされる。雁門，一説に并州汶水(へいしゅうぶんすい)(ともに山西省)の人。魏主は神鸞，自ら玄簡大士と号したという。霊山五台山で出家し，「四論仏性」を研究した。『大集経(だいじっきょう)』の注解を試みて気疾を患った経験から，長生の法を修習しようと，高名な道士陶隠居(弘景)をめざして梁を訪れ(大通年間〔527-529〕)，途中武帝と仏教問答を行った後，『仙経』10巻(未詳)を授かる。帰途洛陽で菩提流支(ぼだいるし)から『観経(かんぎょう)』を授かり，仙方を捨て浄土教に帰する。并州の大〔厳〕寺や汾州(山西省)の北山石壁玄中寺に住し，信者とともに願生行を実践した。平遥(山西省)の山寺で卒したが，そのとき瑞相が現れたという(『*続高僧伝』巻6)。

著作に『浄土論註』2巻，『讃阿弥陀仏偈(さんあみだぶつげ)』(無量寿経奉讃(じゅきょうぶさん))ならびに『略論安楽浄土義』各1巻(敦煌写本によると一連のもの「讃阿弥陀仏偈並論上巻」)があり，浄土信仰を論理的に説き明かした。また敦煌写本中に『涅槃経疏(ねはんきょうしょ)』が存する(真偽未定)。道教関係では『曇鸞法師服気法』(『*宋史』205では「服気要訣」)1巻が伝存し，「療百病雑丸方三巻」「論気治療方一巻」(『*隋書』34)，「調気方一巻」(『*旧唐書』47，『*新唐書』59)等の著書名が伝わっている。

(宮井 里佳)

な

ないがいてん【内外転】 内転と外転の総称。初期の韻図は，各図に両者の別を明記した。16摂の内，通・止・遇・果・宕・曾・流・深の8摂は「内八転」，江・蟹・臻・山・効・仮・梗・咸は「外八転」となる。内・外の語が何を意味するかについては，『四声等子』巻首に代表されるように，伝統的には，独立した二等韻をもつものを外転，もたないものを内転と解釈される。但し，外転の臻韻は二等韻を持たないためこの定義に当てはまらない。近代以降は，主母音の長短・高低等調音の問題とする説も現れ，いまだ定説はない。近年では，李新魁などが，明の呂維祺『同文鐸』の「照之内」「照之外」という語に手がかりを得，正歯音ण組(韻図で二等配列と，三等配列の二類を有す)の二等反切下字をもとに，それが三等にも通用される摂を外転，二等単独で用いられる摂を内転とし，それは等韻学者が照組二等と三等の別を判断する為に考案したという説を提出している。　　　　　　　（木津　祐子）

ないかくだいがくし【内閣大学士】 明清時代の官名。内閣制度は1402(建文4)年，明の永楽帝が解縉ら翰林官7名を文淵閣に入直させ，君側の顧問官としたことに始まる。閣臣は，やがて殿閣大学士の肩書きを帯びるに至り，以後内閣大学士と称された。定員はなく，3〜4名で構成されることが多かった。品秩は5品と低く，はじめは権限も小さかった。三楊(楊栄・楊溥・楊士奇)が閣臣に在任した洪熙(1425)・宣徳(1426-35)年間に，票擬(上奏に対する皇帝の返答作成の任)にあたるようになって以降，急速に重みを増した。はじめ閣臣全員が票擬にあずかったが，のち筆頭者である首輔のみの権限となった。以後，首輔は宰相の実質を備え，嘉靖(1522-66)末〜万暦(1573-1620)初には徐階・張居正らが登場した。清は中国内地支配を開始すると，内閣に代えて内三院に大学士を属させた。1658(順治15)年に内閣を復活，のち再び内三院の旧に復したが，70(康熙9)年，三たび内閣が設けられた。1729(雍正7)年に軍機処が設置され，内閣に代わる政務の中枢となってゆく。清末民国初に至り，旧内閣・軍機処は廃され，責任内閣制がしかれた。
　　　　　　　　　　　　　　　　（櫻井　俊郎）

ないたん【内丹】 辞書的に定義づけると，外丹が鉱物を主材料として火法もしくは水法による操作で変化させて金丹を煉成するのに対して，内丹は身体を炉鼎(反応器)とみなし，外丹的操作の代わりに「意」(現在の気功でいう「意念」)の強弱(火候)によって「精・気・神」を，精から気へ，さらに神へ，そして虚へと操作変化させて，最終的には「大道」に合し，超越して成仙する。

　内丹は唐末から五代・宋の間に盛んになるのであるが，その前奏として守一・体内神存思・日月芒存思などの存思法や行気がある。さらに，天台宗の「止観」が摂取され，外丹書とされていた『周易参同契』の技法が転用されて，内丹法の大転換が生ずる。

　「内丹」という語そのものの初出は，道教文献ではなく，南北朝時代末期に活躍した天台宗の第2祖慧思禅師の修行記録である『南嶽思大禅師立誓願文』に見えている。しかし，内丹は実際には，隋から唐初の間に外丹と並行して行われるようになったと考えられる。

　隋の道士蘇元朗の著『龍虎金液還丹通元論』には，短い引用ではあるが，外丹の術語を用いつつ，実は内丹的な修法が説かれていて，腎(丹田)に蔵された元気を鵲橋や河車(ともに元気を運搬するルート)で上部(頭)に運搬することが論じられている。これは初期内丹に固有の還精補脳(精気を洩らさずに背から脳へと逆流させる)である。唐代前半までに成立したと考えられている太極真人嗣孫手述『上洞心丹経訣』は外丹・内丹双修を論じているが，その「修内丹法秘訣」には，精気を尾閭から脊椎を通り，脳にめぐらせた後に，内丹ができると述べている。ここでは胎息・導引・行気・還精補脳をもあわせて内丹と称されている。こういう修法が唐初の内丹説の実情であったと思われる。

　北宋時代に施肩吾の名に託された『鍾呂伝道集』が現われた。その内丹説は五行五臓の配当をベースに腎気と心液を融合させて内丹を煉成するという説である。これによると，内観(存思)を内丹の前段階に位置づけて，神識を安定させる必要のある段階にあって妄念を除く，あるいは美しい風光景物の情景を描くとか，金液還丹の想，肘後飛金晶の想，河車の想などのように，気の運行している情景を想念

し，その後，「朝元」(五気が中元に朝する段階)を過ぎると「絶念無想」「真空の一境」となり，「禅僧入定の時の如く」なるのである。ここで注意しなければならないのは，五代〜北宋にいたって，にわかに内丹書として脚光をあびるようになった『周易参同契』の存在である。北宋の*張伯端が1075(熙寧8)年に著した『悟真篇』によって，内丹説の基本型が完成するのであるが，その修法は従来の内丹で行われていた五臓存思，日月五星の服気，体内神存思，休妻，断穀，還精補脳(房中術)，服丹(煉丹)などの養生術をみな支離滅裂なものとして全面的に否定する。そして，『周易参同契』の真鉛真汞・坎離重視の思想を継承して，坎卦(腎＝丹田)・離卦(心)の二気を交感させて(坎離転倒)身中に丹(乾卦)を煉成し，さらにこれを身中に還流させる(金液還丹)修行を10か月続けると完成して神仙に等しくなる，さらに，肉体的修養に止まらず，「性」をも兼ね修め，仏教の「空観」に依拠する悟りの境地に到達することを求める，という彼独自の修法を完成した。これはもはや「気」に根拠を置く道教的修法ではない。彼の内丹説は北宋末から南宋にかけて石泰・薛道光・陳楠・白玉*蟾らに継承されて様々なバリエーションが展開される。 (坂出 祥伸)

ないていきょうほう【内廷供奉】 清代末期，宮廷に出仕して芝居を演じる民間の俳優を，通称内廷供奉と呼んだ。清朝宮廷内では，もともと宦官および八旗の子弟に芝居の訓練を施し，祝い事などの際に芝居を上演をさせていた。これに飽きた*西太后によって1881(光緒7)年，民間の名優を随時宮廷に呼び芝居を演じさせる制度が作られた。これらの俳優の正式な職名は「教習」だったが，一般には「内廷供奉」と呼ばれ，譚*鑫培・楊小楼・汪桂芬・孫菊仙・田際雲等，京劇を中心に崑劇，河北梆子の名優達が選ばれている。多い時には110名ほどが出仕，月に数度宮廷での上演を行う義務があり，これを「伝差」と呼んだ。報酬として銀子三両と一石あまりの米が月々支給されるほか，上演のたびに別途銀子が与えられていた。宮廷に呼ばれることは俳優の水準の高さの証となり，民間の芝居に内廷供奉の俳優が出演する際には，広告にその旨特記することが多かった。 (平林 宣和)

ないてん【内典】 仏教の信奉者が仏教関係の書物を呼ぶ言葉。内典に対して，それ以外の書物は外典と呼ばれる。従って，内典に基礎を置くところの仏教は内教，それ以外の教説は外教と呼ばれるのであるが，これらの言葉には，内典ないし内教が優り，外典ないし外教が劣るものであるとする意識が刻印されている。北朝北周の道安の「二教論」は，精神の救済に関わるものが内，肉体の救済に関わるものが外であると定義する。 (吉川 忠夫)

ないてん【内転】 →内外転

ないとうこなん【内藤湖南】 1866(慶応2)〜1934(昭和9)。東洋史学者。秋田県鹿角郡(鹿角市)毛馬内の儒者の家にうまれた。字は炳卿，名は虎次郎，湖南は号。父の調一(号は十湾)から，頼山陽の『日本外史』などを習った。秋田師範学校を卒業，2年近く小学校教師をしたのち，上京して雑誌の編集者，また『大阪朝日新聞』の記者などを経歴，ジャーナリストとして活躍した。1907年に京都大学の史学科開設とともに東洋史学講座を担当した。哲学・文学の狩野直喜とともに「支那学」と呼ばれる清新な学風を創始し，宋以後を近世とする時代区分論を提唱，満洲史や史学史・目録学・絵画史などの論考のほか，『支那論』『日本文化史研究』などで多くの読者をえた。1926(大正15)年に停年退官，京都南郊の瓶原村の恭仁山荘に隠棲し，重厚な学術論文集『研幾小録』『読史叢録』などを編集し刊行した。『内藤湖南全集』全14巻がある。1981年以後，鹿角市の内藤湖南先生顕彰会から年刊誌『湖南』が刊行されている。 (礪波 護)

ないどうじょう【内道場】 宮廷内に置かれた仏事法会の道場(精舎)をいう。宮中の精舎創設を後漢時代とする説もあるが，明確なのは晋代であり，内道場の呼称は隋の煬帝時代に始まる。唐の則天武后時代に，宮中の仏教施設を広く内道場と呼ぶようになり，名僧達を招いて供養し，講経・転読・念誦・授戒・斎会あるいは訳経事業などを行わせ，常時出入が許された僧に(入)内供奉の肩書を与えた。なお道教にも同様のものがある。安史の乱後，内道場は全盛を迎え，新羅や日本にも影響を与えた。 (藤善 眞澄)

ないとうとらじろう【内藤虎次郎】 →内藤湖南

なかみちよ【那珂通世】 1851(嘉永4)〜1908(明治41)。日本の東洋史学者。盛岡生まれ。もと藤村氏，のち那珂通高の養子に。慶應義塾に学び，東京女子師範学校校長，一高教授などを歴任。日本の学問分野・教科名としての「東洋史」の創始者。宋代までの通史『支那通史』は，清朝でも多く翻刻された。そののち刊行の『成吉思汗実録』は，『*元朝秘史』の世界最初の学問的訳注書。同書の大量の訳注は，高度の考証学的研究であり，研究上必見の名著となっている。それゆえ，日本モンゴ

ル学の創始者に擬されることがある。　　（原山　煌）

なぎ【儺戯】　悪疫を祓い、災いを除き、福を招くことに主眼が置かれた芸能の総称。儺舞から発展したとされるが、劇的構成を持つものにとどまらず、舞踏や歌唱等広範囲の芸能的要素を含む。基本的に仮面仮装をともなう。

　文化大革命のあいだ儺戯は迷信とされ息をひそめてきたが、80年代以降、西は西蔵自治区から黄土高原、雲貴高原、揚子江流域と中国ほぼ全域にわたって分布が確認されている。民族では、漢族・壮族・苗族・布依族・侗族・彝族・土家族・仡佬族・仏佬族・チベット(蔵)族・門巴族・蒙古族等に伝承されている。呼称も種々で、師道戯・師公戯・儺堂戯・儺願戯・端公戯・打城戯・壇灯戯・鬼瞼殻戯・孟戯・僮子戯・土地戯・神戯・関索戯・地戯・殺戯等がある。

　周代の礼制を記した『周礼』方相氏の条に、「方相氏は熊皮をかぶり、黄金の四目あり、玄衣と朱裳にて戈を執り、盾を揚げ、百隷を帥いて時に儺し、以て室をもとめ疫を殴う」とあり、古代の宮廷で仮面仮装をした方相氏によって、辟邪逐疫を行う儺の祭りが行われていたことがわかる。

　時代を下って宋代の孟元老『東京夢華録』巻10・除夕からは、将軍・門神・判官・鍾馗・小妹・土地・竈神が、方相氏に代わって儺の祭りに登場したことがわかる。方相氏は、時を経て民間に入り、地方色豊かな種々の神に交代をしたが、現在でも邪を祓う性格は受け継がれている。面に表される神々は、武将・爺・媼・雷神・判官・鍾馗・鬼神・婦人・動物等種々である。

　儺戯の上演に際しては、儺の神々等を祭る祭壇が設けられ、祭祀儀礼が行われる。地域によって、この祭祀が節季に行われる村全体の祭りと結びついているか、個人の願掛けに応じた家の祭りと結びついているかの違いが見られる。

　祭祀の中味も呪術性に富むものと、そうでないものがある。祭祀に重点がおかれるか、仮面劇に重点がおかれるかによって地域差が見られる。祭祀に呪術性がほとんど見られない儺戯では、仮面劇のストーリーに重点がおかれ、人々を楽しませる娯楽劇となっている。呪術性に富むものは、神を招き、神と交感する儀礼が行われる。招かれた神は、仮面を介して人々の前に姿を現し、神の言葉を発し、人々の災いを除く動作をする。

　仮面をつけた神々の所作は、武術的な動きによって、儺のもともとの意味である除災や鎮めに重点を置くものと、一年の豊作を祈願して農耕の所作を模倣する予祝としての性格を強く帯びるものとがある。

劇的構成の整ったものの演目は、『封神演義』『東周列国志』『三国志演義』に題材を取った軍記物の他に、種々の故事や伝説に本を置くもの等がある。七言調の歌詞が唱本によって伝承されているものもあり、伴奏には主にドラ・太鼓・嗩吶が用いられる。　　（廣田　律子）

なた【那吒】　インドに起源をもつ童形の武神。梵名ナラクーバラ。哪吒とも書く。毘沙門天の子。五人兄弟の三男とされる。唐代の長安崇聖寺には、道宣が那吒から授かったという仏牙(仏の歯)があった。唐宋の禅の公案は、那吒がわが身を割いて両親に返した後、本来の姿を現して父母に説法したとの逸話を記す。のち道教・民間信仰で人気を博し、『西遊記』『封神演義』などの小説・戯曲に武勇伝が活写される。太子爺・中壇元帥などとも称し、台湾には多数の廟がある。　　（稲本　泰生）

ななこ【魚々子】　金属器の表面に小円を密に打ち連ねた文様。魚子・斜子とも書く。小円が密集している様があたかも魚卵のように見えることからこの名がある。蹴彫の技法とともに、唐前半期の金銀器に多用されており、ササン朝ペルシャの銀器にある連珠・連点文との関連性が考慮されているものの、技法的には異質であり、中国で考案された文様の可能性が高い。先端に小さな円形の刃をもつ鏨を連続して金属面に打ち込んだり、小円形の刃を複数並べて仕込んだ鏨を使用して一時に数個の小円を刻むなどし、器表を隙間なく埋める地文とすることが多い。唐文化の影響を受けたソグドや日本でも作例が散見されるが、唐における魚々子が最も的確かつ躍動感に富む。唐の魚々子が器物の横方向に展開するのに対し、ソグドの銀器では縦方向に打ち込まれるといったように、地域により技法上の微妙な違いも認められる。魚子と書く場合、紙や絹織物の一種(布目紙、ななこ織)を指すこともある。　　（松本　伸之）

ななじゅうにこう【七十二候】　二十四節気の各気を3分して、1年をほぼ5日ごとに分けたものが七十二候である。中国や日本で使用された太陰太陽暦において、季節の移り変わりをこまかく示すために、暦に記入された。例えば、立春は「東風解凍(東風　凍を解く)」「蟄虫始振(蟄虫　始めて振く)」「魚上氷(魚　氷に上る)」の3候からなる(『礼記』月令)。元来、黄河流域の季節感を反映した名称がつけられている。

　七十二候の名称は『礼記』月令にまとまって見える。ほかに『逸周書』、『呂氏春秋』十二紀、『淮南子』時則訓、『魏書』律暦志、『素問』巻1の王冰

注などにも見えるが，異同がある。　（新井 晋司）

なぶ【儺舞】　辟邪慶進を目的とする舞踏。古代の儺舞の様子は，『後漢書』礼儀志に窺える。宮中で行われた追儺の儀礼(儺礼)が叙述されており，その中に「方相氏は黄金の四目にて熊皮をかぶり，玄衣朱裳にて戈を執り盾を揚げる。(中略)因りて方相氏となれるもの，十二獣とともに儺い，嚾呼して前後の省をめぐりつくし，三たびよぎりて炬火を持し，疫を送りて端門より出でしむ」とある。この舞踏(儺舞)が時代を経て劇の構成を持ち，儺戯へと発展したとされる。

現在では，悪を逐い，福を招く儺戯と総称される芸能の中で，舞踏を主体とするものが儺舞とされる。実際に儺戯の中に儺舞が取り込まれている場合が多い。従って，分布及び伝承民族は儺戯とほぼ同じである。

儺舞には，願掛け等に行われる祭祀儀礼の中で，宗教者によって巫師特有の動きで舞われる，巫舞の流れを引くものがある。それとは別に，追儺行事の中で，神々が現れ辟邪を意図して舞踏が行われるものがある。

個人の家の祭りと結びついて行われるものと，村全体の祭りと結びついて行われるもの，そして廟の祭りで行われるものがある。

辟邪を意味する動きとして，手訣(呪術的な指のくみ方)や旋回動作や，星型に足を運ぶ反閇や片足跳びの動作の他，目に見えない悪鬼と戦う武術的な動きがあり，武器をふるい弓矢を射かける動作もある。囃子には主としてドラ・太鼓が用いられる。

特徴として神々を表す仮面仮装が行われるが，すでに面が伝承されなくなり，化粧等に変わっているものもある。面に表現される神々は，伝承される地域によって種々だが，武神の面，老体を表す面，こっけいな表情の面，雷神の面，判官・鍾馗の面，鬼神の面，動物の面等がある。面には魂を入れる祭祀儀礼が行われる。

中でも特徴のある恐ろしいいかりの形相の面は，古代の方相氏にも通じ，邪悪をなすものを驚かせ屈服させることができると考えられた，追儺の神ならではの造形といえる。　（廣田 律子）

なまり【鉛】　化学元素の1つ。元素記号Pb，原子番号82，密度11.35g/cm³(20℃)。融点327.5℃。沸点1744℃。モース硬度1.5。古くから利用された元素の1つで，柔らかく，錆びにくい性質である。金属鉛は自然鉛として少量産出されるが，方鉛鉱(PbS)あるいは白鉛鉱(PbCO₃)などの鉱石を還元して容易に得られる。前2千年紀前半の二里頭文化第4期には鉛入り青銅が出土している。青銅に鉛を加えることにより，融点が更に低くなり，鋳造時に溶けた金属が流れやすくなる。鉛は金・銀・銅などと比べると華やかではないが，実用的な利用価値が高かった。鉛は銀の精錬にも利用された。ルツボの中で鉛を加熱して溶融状態とする。この液体の中へ銀鉱石を細粉して加え，銀を鉛に溶かし込む。銀が溶けた鉛液を，灰で固めた炉の中で約800℃に温度を上げ，空気を通して鉛を酸化して取り去ると，銀が残る(灰吹き法)。中国では明代の『天工開物』に記載があるが，開始時期は定かではない。鉛はまた顔料として利用される。鉛化合物の種類により，白色(鉛白：塩基性炭酸鉛，Pb₂CO₃(OH)₂)，黄色(密陀僧：一酸化鉛，PbO)，橙～赤色(鉛丹：四三酸化鉛，Pb₃O₄)などがある。また石英(二酸化珪素)と混合して溶融することで，鉛ガラスが早くから作られた。

鉛の同位体比は鉛を含む青銅・顔料・鉛ガラスなどの材料の産地推定に利用される(鉛同位体比法)。この方法では鉛同位体比が鉛を産出した鉱床毎に異なるという特徴が利用される。日本産・中国産資料の青銅器に関して測定が進んでおり，中国では遼寧省，華北・華南，四川省などでそれぞれ特徴的な鉛同位体比を持つ鉱山のあることが理解された。実例として，紀元前1000年以前に，殷墟(河南省)と三星堆遺跡(四川省)は距離が1000km以上離れているにもかかわらず，両文化が持っている青銅器の鉛同位体比が同じであることから，青銅材料が四川省から殷墟へ運ばれていたこと，および日本の初期の青銅器材料は朝鮮半島からもたらされたが，その後中国産材料に変化したことなど考古学的に新しい情報を与えている。　（平尾 良光）

なんえつ【南越】　前203～前111。秦漢時代，現在の広東・広西・ベトナム北部を支配した国家。首都は番禺(広州)。始皇帝の時，秦は50万の大軍を送って嶺南を平定したが，始皇帝の没後，龍川県令であった趙佗が混乱に乗じて自立し，南越の武王と称した。呂后のとき漢朝の抑圧に対して反発，武帝と称し，のち文帝の時にはふたたび漢の藩臣となったが，広州の南越王墓から出土した「文帝行璽」にみられるように国内的には「帝号」を使用し続けた。王墓の出土品からは中原との関係だけでなく，南海諸国との交易も繁栄の要因であったことがわかる。

支配階級は中原からの移民，被支配階級は原住の越人(百越)という民族構成であったが，歴代南越王は越人との融和策をとったとされ，後期には越人出身の丞相呂嘉や，母が南越人であった最後の南越王趙建徳のように両者の通婚も進んでいた。前漢武帝の時，呂嘉が趙建徳を擁立して漢朝に反抗したた

め，武力討伐を受けて滅んだ。　　（林　謙一郎）

なんえつおうぼ【南越王墓】　広東省広州市の小丘，象崗で，1983年に未盗掘のまま発見された大型石室墓。「文帝行璽」と刻まれた金印が見つかったことから，独自に帝号を称していたと『史記』南越列伝が記す，南越国第2代君主趙胡（趙眜）の陵墓と推測されている。この考えに立てば墓の年代は前122年頃となる。副葬品としては，金印のほかに，青銅器・玉器・陶器・漆器・金銀器・ガラス製品などの遺物が出土し，青銅器だけでも500余点を数えた。印章や青銅器銘文なども数多く含まれ，南越独自の文献が伝存しない中で，同時代の文字資料として価値をもつ。

南越国は，内地における楚漢の興亡の時期に趙佗によって建国され，前111年に5代93年の歴史を閉じた。南方の地で独自の歴史を展開させた南越国の文化は，戦国時代の楚や秦漢時代の内地文化の影響を基盤としつつも，地元の百越文化の伝統を色濃く反映し，ベトナム方面からの影響を一部に織り交ぜた複合的な内容のものであった。南越王墓の副葬品にも，こうした多様な文化の交流の様子を見て取ることができる。報告書として広州市文物管理委員会ほか編『西漢南越王墓』(1991年)が刊行されている。　　　　　　　　　　　　　　　（吉開　将人）

なんおん【南音】　伝統音楽の名称。福建南音と広東南音の2種がある。福建南音は福建の伝統的な語り物兼器楽合奏で，南曲・弦管・南楽などともいい，台湾・東南アジアの華人社会でも広く愛好されている。その楽曲は指・譜・曲の3タイプがある。指とは歌詞・楽譜(工尺譜)および琵琶の演奏指法(指づかい)が指示された曲で，古くは歌詞を演唱していたが，今日では器楽演奏のみで供されることが多い。譜は純粋の器楽曲で，標題が付けられており，花鳥風月・四季の景色などの描写を内容としている。曲は声楽曲で，南音の楽曲中の大多数を占める。指と曲では歌詞の最初の3文字あるいは4文字がそのまま曲のタイトルとして用いられている。楽器編成は上四管・下四管に大別される。前者は洞簫(福建南音特有のもの)・二弦(福建南音特有の胡琴)・琵琶(福建南音特有のもの)・三弦・拍板(通常，声楽曲では独唱も兼任)で構成され，別名を洞管といい，洞簫が笛子(福建南音では品簫と呼ぶ)に代わるときは品管と称する。下四管は南嗳(福建南音特有の小喇叭)・琵琶・三弦・二弦・響盞(竹籤で編んだ小さな籠に糸を交差させて通し，その上に小さな銅鑼を乗せたもの，細いバチで打つ)・狗叫(小型の銅鑼)・木魚・四宝(4枚の竹片を左右両手に2枚ずつもち，それぞれをカスタネットのように打ったり，左右互いに打ち合わせたりする)・碰鈴(紐で先端を結び合わせた小型の2つの鐘を打ち合わせる)・扁鼓(福建南音特有の太鼓)の10種を基本とする。福建南音ではそれぞれの楽器配置も厳密に決められており，例えば洞管では，聴衆から見て左から三弦，琵琶，拍板，洞簫，二弦のように配置する。福建南音は梨園戯の節としても用いられている。広州・香港で行われる語り物の広東南音は，清の乾隆・嘉慶年間(1736-1820)に誕生したと考えられる。独唱者に洞簫・椰胡・箏・拍板などの伴奏楽器を伴い，歌詞は7字句を基本とし，導入・本体・終結の3部構成をとる演目(曲目)が多い。低音をも活用しつつ，ややかすれた発声で歌われる叙情的な旋律を特色とし，粤劇にも吸収されている。
　　　　　　　　　　　　　　　（増山　賢治）

なんかいききないほうでん【南海寄帰内法伝】　「南海方面から本国へ送った仏教の規律の記録」の意。略して『南海寄帰伝』『寄帰伝』ともいう。唐の義浄はインドから室利仏逝(スリヴィジャヤ)(スマトラ島)のパレンバンを経て一旦広州に帰り，再度パレンバンに戻って多数の経典の帯帰を図った。その再度のパレンバン滞在に際し，690～691年に『大唐西域求法高僧伝』とともに撰述した。4巻。内容は，義浄がインド滞在中とくにナーランダー寺などにおいて経験した僧院生活の実際を，根本説一切有部の規律に則って40条にわけて叙述し，中国における当時の僧規と比較・省察し，本国のそれをただそうとしたもの。法顕や玄奘は僧院などの外観を記録したのに対し，これはとくにその内部の組織や宗風に限定してあり，当時のインドや東南アジアの仏教教団を知るうえできわめて重要な資料である。
　　　　　　　　　　　　　　　（桑山　正進）

なんかいじん【南懐仁】　→フェルビースト

なんかき【南柯記】　→南柯太守伝

なんがく【南岳】　→衡山

なんがくえじょう【南岳懐譲】　677(儀鳳2)～744(天宝3)。唐代の禅僧。金州安康(陝西省)の人。大慧禅師と諡す。俗姓は杜氏。15歳，荊州(湖北省)玉泉寺で出家，20歳，同寺で具足戒を受く。700(久視元)年以後，同学の坦然とともに嵩山慧安(老安)に参問。ついで六祖慧能に参じ「什麽物か恁麽に来る(かく来れるおまえ自身は何ものか)」と問われ，「一物を説似せば即ち中らず(これだと言えばもうそのものではない)」と喝破した。かくて六祖に師事すること15年(12年とも)，その法を嗣ぎ，の

ち713(先天2)年より南岳衡山(湖南省)の般若寺に住した。開元年間(713-741)，馬祖道一に法を伝う。はじめ坐禅に励んでいた馬祖に「磚（しきがわら）を磨いて鏡と作す」ようなもの，と戒めた問答は名高い。中唐期以降，この南岳――馬祖の系統と青原行思――石頭希遷の系統とが，中国禅の二大主流を成す。『祖堂集』3，『景徳伝灯録』5，『宋高僧伝』9に伝がある。　　　　　　　　　　　（小川　隆）

なんかしんきょう【南華真経】 →荘子

なんかたいしゅでん【南柯太守伝】　唐の伝奇小説。『南柯記』『淳于棼』『南柯太守』ともいう。李公佐著。唐の時代，広陵郡(江蘇省)で遊び暮らしていた淳于棼は，ある日，槐安国の王女の婿として迎えられ，南柯郡の太守となり，五男二女をもうけ，出世を重ねるが，後に国王にうとんじられ，故郷に帰される。しかし槐安国のことは昼寝の間に見た夢に過ぎず，淳于棼はそこから人の世のはかなさを知り，道教の教えに従った。『太平広記』475等所収。　　　　　　　　　　　（成田　静香）

なんぎ【南戯】　北宋末から明の嘉靖(1522-66)にかけて南曲を用いて形成された演劇形式。もと「永嘉(温州)雑劇」と呼ばれていた演劇が南方に広まっていき，類似の演劇を発展させていったものが，のちに元代に興った北曲雑劇と区別するため，南曲戯文と呼ばれた。それを簡称して南戯・戯文・南曲等という。

　元代には『殺狗勧夫』『祖傑戯文』などの作品はあるものの中葉以前は北劇に比べ南戯は振るわなかった。元末の葉子奇は「俳優戯文は王魁に始まる。(中略)其の後元朝なお盛行す。(中略)乱に当たるに及んで北院本とくに盛んにして南戯遂に絶ゆ」(『草木子』)と記す。南戯復興のきっかけとなったのは『琵琶記』であった。明初において太祖は「高明の琵琶記は珍羞百味のようなもので，富貴の家に欠かすことはできない」(明の徐渭『南詞叙録』)と賞賛し，以後南戯を作る者はこれを手本にしたという。

　南戯の音楽形式は北曲である元雑劇に比べて規制が少なく，劇の長さや套曲(組歌)の使用もかなり自由であり，曲調は南曲を用いていた。南戯は各地へ流伝し，変化していく中で様々な土着演劇の影響を受け，明初より「南戯四大声腔」といわれる弋陽腔・余姚腔・海塩腔・崑山腔，その他数種の声腔を発展させるに至る。南戯の起源については「南戯は宣和(1119-25)の後，南渡(1127年)の際より出づる」(明の祝允明『猥談』)とするものと「南戯は宋の光宗朝(1190-94)に始まる。永嘉の人が作った『趙貞女』『王魁』の2種が最高である」(『南詞叙録』)とするものがある。現存する戯文では『永楽大典』に残る『張協状元』『宦門子弟錯立身』『小孫屠』の3作品が比較的元来の姿をとどめている。南戯の代表作とみなされるのは，俗に「荊劉拝殺」といわれる『荊釵記』『白兎記』『拝月亭』『殺狗勧夫』の「四大伝奇」であり，もとの宋元南戯の面目を色濃く残す作品としては明の成化本『白兎記』や明の宣徳写本『劉希必金釵記』，清の陸貽典抄本『元本蔡伯喈琵琶記』等がある。また，南戯のうち明代に発展し崑曲を用いた作品を狭義の伝奇と称し，その演劇を今日「崑劇」と呼ぶ。　　　（日下　翠）

なんぎしだいせいこう【南戯四大声腔】　南戯の代表的な4つの声腔，弋陽腔・余姚腔・海塩腔・崑山腔をいう。南戯は宋代の12世紀前期から明代の16世紀中期にかけて，ほぼ400年間にわたり次第に発展していくが，その間に各地方の特徴ある声腔(メロディーと拍子)を有するに至る。南戯に用いる声腔は，北曲のように一套(組歌)にただ一つの調を用いるという制約がなく，複数の調を用いることができた。そのために音楽としての表現力を増すことができ，やがては北曲を圧倒するに至ったともいえる。明初以来の，その代表的な声腔，弋陽腔・余姚腔・海塩腔・崑山腔を「南戯四大声腔」という。この四大声腔の他にも，杭州・楽平・徽州・青陽・太平・四平腔等の各声腔があるが，その中のあるものは四大声腔が変化してできたものである。例えば弋陽腔は変化して楽平・徽州・青陽腔の各声腔になっている。これらの声腔の出現により，南戯はより一層広まり，影響力を拡大していくことになった。　　　　　　　　　　　（日下　翠）

なんぎょう【難経】　後漢の医書。『黄帝八十一難経』『黄帝八十一難』『八十一難経』『八十一難』とも呼ばれる。扁鵲(姓名は秦越人)の著と伝えられるが，『漢書』芸文志には見えず，張仲景『傷寒雑病論』序に初見する。本書は81篇から成り，問答形式を取る各篇は「難」と呼ばれ，その構成が書名となっている。81篇を6分類することができ，第1難～22難は脈診と脈象，第23難～29難は経絡，第30難～47難は臓腑と気血営衛，第48難～61難は疾病，第62難～68難は経穴，第69難～81難は鍼法を，それぞれ論じる。『難経』の論述は『素問』『霊枢』の理論・方法を発展させ，陰陽五行説をより積極的に医術に応用しているが，手の厥陰心包経が手の少陰心経の別脈のため五臓六腑は11で経脈は12という説など『素問』『霊枢』への過渡的段階の記述もある。寸口部(手首の動脈拍動部)で全身の状態を診る寸口脈診法や右腎を命門として特別の意義付けをする命門説などを創案し，ま

なんぎょうほんぎ【難経本義】　『難経』の注解書。全2巻。1366(至正26)年初版。元の滑寿(字は伯仁)の撰。1361(同21)年の自序がある。唐より金・元に至る諸家の説を採り，自己の見解を加えて校定・注釈した。この注解は簡明で要を得ていたため，当時から高い評価を博し，以後『難経』のテキストとして後世に大きな影響を与え，中国でも日本でも『難経』といえばこの書を指すほど広く世に流布した。しかし『難経』のテキストとしては『難経集注』のほうが善本性が高い。　(小曽戸 洋)

なんきょく【南曲】　宋元代の南方の伝統演劇・散曲(歌曲)に使われる各種曲調の総称。北曲とあい対する。その多くは唐宋の大曲，宋詞，南方の民間曲調を源とし，元明代に盛行した。南曲の音楽はファとシのない五音音階で，曲調は柔らかく，リズムも緩やかで，婉麗な美しさをもつ様式である。伴奏には簫笛(縦笛)を用いる。宋元の南戯と明清の伝奇は皆，主として南曲を使用する。構成上は曲牌体をとるが宮調は臨機応変に，1つの套曲(組曲)の中で，2，3種の宮調の曲牌を使うこともできる。套曲の中間部分に繰り返し使われる曲牌を南曲では前腔という。

南曲ではどの役柄でも歌うことができ，独唱，2人で歌う対唱，そしてドラマティックな合唱(斉唱)も行われる。南曲が各地に伝播していく過程で，その地の民間音楽と結合し，明代の海塩腔・余姚腔・弋陽腔・崑山腔等，多くの新しい声腔が生まれた。その中でも，崑山腔は明代に魏良輔等による改革・改良を経て，また北曲の声楽芸術を参考とすることにより，南曲の芸術水準を高度な段階にまで向上させただけではなく，南北曲の合流も果たさせた。現代の崑曲で南曲と示された部分は依然として伝統的な南曲の音楽を伝えている。　(孫 玄齢)

なんぎよんだいせいこう【南戯四大声腔】
→南戯四大声腔

ナンキン【南京】　江蘇省の省都で，長江下流に位置する中国屈指の商工業都市。戦国楚の時に初めて金陵邑が置かれ，秦漢時代には秣陵県に属したが，三国呉の孫権が建業と改め，229(黄龍元)年に国都と定めた。以来，江南の政治的軍事的要地として発展し，西晋の時には建康と改称された。五胡の反乱による晋室の南渡(317年)に伴い首都となり，続く南朝の諸王朝(宋・斉・梁・陳)も建康に都を置いた。この間，難を避け北方から移住した士大夫によって，建康を中心に六朝文化の花が開いた。

やがて梁末の侯景の乱と，南北朝統一時の隋の徹底した破壊を受け，隋唐時代の江南の中心地は，建康から大運河の拠点である揚州に移った。しかし，五代十国期に南唐が金陵を都としたことで繁栄を取り戻し，宋は江南東路都転運使を駐在させ，南宋を滅ぼした元は集慶と命名して江南支配の拠点とした。元末の反乱で朱元璋(明の太祖)が最終的に勝利したのも，当地に根拠地を置いたことが大きい。彼は応天と命名して明朝の首都に決定したが，第3代永楽帝の時に北平を北京，応天を南京とし，これが現在の地名の起源となった。1421(永楽19)年の北京遷都以後は，副都として中央に準じた官庁が置かれた。

南京が再び脚光を浴びるのは，時代を下った清末のアヘン戦争の時である。このとき結ばれた不平等な南京条約は，それ以後の苦難の近代史の幕開けとなった。1853(咸豊3)年には太平天国軍の攻撃を受けて陥落し，その後12年間は太平天国の首都となり，天京とよばれた。1911年の辛亥革命では当地に臨時政府が設けられ，のちに蒋介石は北伐の途上，南京に国民政府を樹立して正式な首都と決定した(1927年)。南京は歴史の節目ごとに表舞台に登場しているが，それは伝統的な土地柄から，江南の中心地と目されていたことによる。現在でも南朝の古寺や明の太祖の孝陵，孫文の中山陵など，古今の史跡が多い。　(檀上 寛)

ナンキンあかえ【南京赤絵】　明時代末期から清時代初期に景徳鎮民窯で焼造され，輸出された五彩磁器に対する，日本での呼び名。特に，青花の使用を底面と圏線に限り，色絵だけで絵付けしたものをいう。余白を生かして，人物・山水・花鳥文が描かれている。落ち着いた調子のものが多い。　(矢島 律子)

なんくんでんずぞう【南薫殿図像】　清朝紫禁城南薫殿におさめられた歴代帝王画像。南薫殿は北京故宮の西南隅，武英殿の南側にあった。歴代の王朝に於いては臣下や帝王の像は極めて重要な意義を持ち，宋元明と継承された画像は，1749(乾隆14)年乾隆帝によって改装され，南薫殿に集約されて保存された。これは「古昔帝后聖賢名臣画像」と呼ばれ，中華民国成立後は古物陳列所，中央博物院籌備処と移動し，一部が失われたものの現在は台北の故宮博物院に所蔵されている。清の胡敬『南薫殿画像考』がある。　(塚本 麿充)

なんざんこん【南山根】　内モンゴル自治区赤峰市にある夏家店上層文化の代表的な遺跡。1958

年に独特な青銅器が出土した後，11基の墓が調査され，また発掘区では多くの灰坑が発見されている。なかでも著名なのが，101号石槨墓である。これは夏家店上層文化としては大型の墓で，500点以上の青銅器が発見された。なかには北方草原地帯と関連をもつ型式の剣や刀子，飾金具などと共に，西周時代後期から春秋時代前期の中国青銅器や遼寧式銅剣があり，夏家店上層文化を考える上に重要な手掛かりを提供した。発掘報告に，遼寧省昭烏達盟文物工作站・中国科学院考古研究所東北工作隊「寧城県南山根的石槨墓」(『考古学報』1973-2)がある。　　　　　　　　　　　　　　(高濱　秀)

なんし【南史】
南朝の宋・斉・梁・陳の4代170年間の紀伝体の通史。正史の1つ。80巻(本紀10巻・列伝70巻)。659(顕慶4)年北史と対で成立。唐初の人李延寿撰。父大師の遺志をつぎ，16年かけて完成させた独力私撰の書。大統一王朝唐の建立と歴史の新思潮とを踏まえて，4朝の各正史は記述に公平と正確を欠くうえに冗雑すぎると批判，4正史に基づきつつ，詔勅・奏議・詩文等を刪略して簡潔化をはかる一方，独自に収集の雑史から軼事を増補，特に梁について貴重な情報を伝える。ただし，過度の節略が文意の暢達を損うとともに原正史の豊饒さを失わしめ，増補も荒誕の因縁話が多くを占めるなどに加え，とりわけ列伝で，人材が輩出した門閥貴族の場合，最初に活躍した人物の後にその子孫を朝代に拘りなく一括付伝したことは，国家の歴史を家伝に堕さしめたと非難をあびる。しかしこの点は，王朝をこえて繁栄を保った門閥社会の実情を反映するものとして評価されるべきであろう。司馬光も佳史と称えるなど簡便さが重宝され，近世士大夫の南朝史理解は専ら本書によった。　(安田　二郎)

なんしじょろく【南詞叙録】
明の戯曲理論書。1559(嘉靖38)年，徐渭の著。最初にして唯一の南戯の専論である。南戯の起源から説き起こし，明代における弋陽腔・崑山腔などの状況，曲律・歌唱法の問題などを論じた後，専門用語・特殊な語彙に解釈を加え，最後に宋元と本朝(明)に分けて劇名を列挙するという形で，短篇ながら多様な情報が盛り込まれている。情報の少ない分野だけに，その資料価値は高く，また実作者による評論としても興味深いものがある。　　　　　　(小松　謙)

なんしゃ【南社】
清末から民国の文学団体。柳亜子・陳巣南・高天梅ら中国同盟会員が発起した。1909(宣統元)年，蘇州で成立集会を催し，機関誌『南社叢刻』を創刊(全22集)，反清朝の革命的激情にもとづいた作品を発表した。社員には蘇曼殊・李叔同・周痩鵑・徐枕亜・包天笑などがいる。辛亥革命後は社員400名に増え，一時1000名を超え，上海の新聞はそのほとんどが社員の主筆となることがあった。のち内部に意見の相違が生じ1923(民国12)年に新南社が成立，36(同25)年まで活動した。また『南社小説集』(1917年)がある。
　　　　　　　　　　　　　　(樽本　照雄)

なんしゅうが【南宗画】　→南北二宗論

なんしゅうぜん【南宗禅】
唐代，禅宗の初期の集団。一般には北宗禅に対して南宗禅と呼ばれるが，結果的には，北宗禅は滅び，禅宗教団は南宗禅の発展・展開となる。禅宗内での南宗という呼称は，元来，さまざまな意味に使用されていた。浄覚の『注般若波羅蜜多心経』の李知非の「略序」では，求那跋陀羅が，南朝宋の太祖文帝の435(元嘉12)年に中国に来て後に，4巻本『楞伽経』(『四巻楞伽』)の翻訳をして，楞伽の伝灯が南インド国より起こったので南宗といい，この伝灯が菩提達摩より五祖弘忍を経て，その門下の神秀・慧安・玄賾へ伝わったとするのである。神秀・慧安・玄賾は，後に北宗と言われるが，当時はこれらの人々が南宗の系統と呼ばれていたのである。荷沢神会は，その著『菩提達摩南宗定是非論』においては，神秀の弟子の普寂が菩提達摩南宗と口で称しているが，本心では南宗を滅ぼそうとしているから認められないとし，天下の修行者に神会のいう菩提達摩南宗が正しいことを明らかにしようとする。この神会のいう「菩提達摩南宗」が，価値的に優れたものとして，北宗禅に対して南宗禅と呼ばれるようになる。その相違を荷沢宗を自認する圭峰宗密は，『裴休拾遺問』の中で，「北宗は菩提達摩の法系では傍系であり，思想は漸悟を主張する劣ったものに過ぎない」と神会の攻撃の要旨を総括する。つまり，南宗禅と北宗禅とは，宗祖の違いで「南能北秀」といい，南宗禅は韶州(広東省)の曹渓山で活躍した慧能を祖とし，北宗禅は当陽県(湖北省)の玉泉寺で活躍した大通神秀を祖とする。また教えの違いから「南頓北漸」といい，南宗禅は自己の本来清浄を頓悟するのに対して，北宗禅は自己の真性を覆っている煩悩を次第に払拭して漸悟することによって完成を目指す立場をとる。後世発展した禅宗は南宗のみで，この場合，結果的には南宗という語は「南」の優位を主張し，北宗の「北」は劣ったものとなる。南宗禅で尊重された慧能の言行録としてまとめられた『六祖壇経』では，五祖弘忍の真の伝法者は六祖慧能であって，神秀は後継者として認められない。その決定的な場面は，両者の心偈(悟りを述べた偈)の争いにおいて，神秀が心の塵を払拭して解脱を求め

る(漸悟)のに対して，慧能は本来無一物(頓悟)を説いて，人間の根源の普遍性を唱うことにより，慧能のみが伝法者となるのである。

南北の集団とは別に江南に展開した牛頭禅も南宗の集団と呼ぶこともあるが，この集団は後に南宗禅に吸収される。南宗禅の教団の展開は，北宗禅を攻撃した荷沢神会の系統は永く続かず，同門の青原行思と南岳懐譲の2系統が発展し，唐・五代にかけて，前者から曹洞宗・雲門宗・法眼宗の3派が，後者から潙仰宗・臨済宗の2派が分かれ，五家が展開して，中国仏教の主流となっていく。

(石井 修道)

なんじゅんせいてん【南巡盛典】 清の乾隆帝の巡幸録。120巻。高晋等撰。乾隆帝の度重なる巡幸は莫大な負担を強いたが，一方で乾隆盛世の象徴ともみなされた。本書は，乾隆16・22・27・30(1751・57・62・65)年における江南巡幸(南巡)の網羅的な記録で，恩綸(上諭)・天章(御製詩文)・蠲除(租税減免)・河防(水利)・海塘(堤防)・祀典(祭祀)・褒賞(賞給)・籲俊(人材登用)・閲武(軍事演習)・程途(路程)・名勝・奏議(関連上奏)から成る。特に河防・海塘・閲武・程途・名勝には図が付載され，史料的に面白い。 (谷井 俊仁)

なんしょう【南詔】 8～9世紀に雲南地方を支配した王国。王は蒙氏。支配下には多くの民族が含まれるが，支配階層を構成する烏蛮・白蛮はともにチベット・ビルマ系。8世紀前半，雲南西部には六詔とよばれる6つの王国が存在したが(詔は王の意)，蒙氏のたてた蒙舎詔が最南にあったので南詔という。8世紀半ば，第4代の皮羅閣は他の五詔を倒して洱海西岸に進出，さらに雲南東部の爨氏を打倒して雲南中央部を統一する。次の閣羅鳳のときそれまで従っていた唐と断絶，吐蕃と関係を深め，支配体制の整備を進めた。794年第6代異牟尋は再び唐朝に帰順，共同して吐蕃を討つが，9世紀後半にはたびたび唐の領域へ進攻した。これにより国力を消耗し，902(中興6)年に漢人系の鄭買嗣に簒奪された。南詔が雲南統一に成功したのは，唐と吐蕃が角逐を演じる国際情勢の中で両者の力を利用すると共に，中国・チベット・東南アジア・インドを結ぶ国際交易ルートを掌握したことにその要因が求められる。 (林 謙一郎)

なんしょうたいわじょう【南詔太和城】 雲南省大理市に所在する南詔国の都城遺跡。南詔国は8世紀前半に雲南地方を統一し，対立しあう唐と吐蕃との間にあって繁栄し，10世紀初めに滅んだ。太和城は739年に南詔国の最初の都が置かれた場所であり，王都移転後も都市として存続した。同時代の名称は「大和城」だが，元代に「太和城」と改称されている。西を蒼山に接し，東を洱海に向かって開いた要害の地にあり，北城壁が3225m，南城壁が3350m，それぞれ現存する。城内には，8世紀に建てられた「南詔徳化碑」が存在する。

(吉開 将人)

なんせい【南斉】 →斉(南朝)

なんせいじょ【南斉書】 南朝斉の正史。59巻(本紀8巻・志11巻・列伝40巻)。原本は60巻で，自序1巻が欠けたらしい。『梁書』蕭子顕伝に載せる自序がその一部といわれる。南朝斉の高帝蕭道成の孫に当たる蕭子顕が，斉・梁交替の後，梁の武帝に申し出て編纂したもので，当時すでにあった江淹・沈約・呉均らの斉史に基づきながら，斉の宗室を殺戮した明帝や，亡国の暴君東昏侯のことを直書詳述するなど，独自の立場で撰したとされる。中華書局評点本が利用に便である。

(中村 圭爾)

なんせいしょう【南西廂】 明の戯曲作品。元の雑劇の代表作である『西廂記』を，雑劇が衰えたのちの明代後半，嘉靖年間(1522-66)に，当時隆盛を極めていた南曲による伝奇のスタイルに改作したもので，李日華によるものと，陸采によるものの2種ある。前者は，もともと崔時佩の作品を増補したものといわれ，ストーリーのみならず，歌辞もしばしば『西廂記』雑劇に負うところが多いため，非難を受けてきた一方，実際の上演に際しては，広く用いられた。また後者は，これにあきたらず作られた作品で，歌辞を新たに作り直した苦心の作であるが，評価は必ずしも高くない。 (赤松 紀彦)

なんぜんじ【南禅寺】 仏教の聖地，山西省の五台山に現存する中国最古の木造建築。五台県の西南22kmにある陽白郷李家荘に位置し，東冶鎮から約5km離れた山中にある。1953年の調査で大殿の梁下端に「因旧名時大唐建中三年歳次壬戌……重修殿」の墨書が発見され，唐の782(建中3)年に修理されたと判明。他の梁に，北宋の墨書「……元祐元年三月一日堅柱樑坊……」があり，1086(元祐元)年に大修理が行われ，柱の一部が取り替えられたことも記されている。明・清時代にも部分的な修理が行われたが，架構は虹梁・抟首・通り肘木・蟇股などからなり，斗栱は柱上が二手先で中備組物はなく，隅の扇垂木も配付の名残を留め，8世紀の唐の原形が保持されている。

現存する南禅寺は，東南向きで，山門から中庭に

入り，向かって左手側には羅漢殿・護法殿，右手側に伽藍殿・観音殿があり，正面の広い月台の上に大殿が配置されている．しかし，唐の遺構は大殿だけで，他は明・清のものである．

大殿は小規模であるため，唐の会昌の法難(三武一宗の法難の一つ)を免れたという．規模は，間口3間(11.62m)，桁行3間(9.67m)，檐高5.39m，柱高3.82m，棟木の高さは9mで，単層入母屋造である．中央間口の広さは両側間口の1.5倍である．また，柱の高さはちょうど斗栱層と挙屋(軒桁から棟木までの高さ)の高さの合計になる．これらの寸法の比率によって，唐のスタイルが出来上がっている．平面の3面は日干し煉瓦の壁に囲まれ，正面には唐の様式の特徴とされる版門(裏桟唐戸)，直櫺窓(連子窓)が用いられている．殿の中央には，磚積み須弥壇上に釈迦・文殊・普賢・阿難・迦葉などの唐代塑像17体が立ち並ぶ．また，内部は天井をはらずに，架構を全てみせる手法の「徹上露明造」である．12本の柱は7cmの側脚(内転び)，うち4本の隅柱は6cmの生起(隅延び)があり，いずれの柱頭でも巻殺(エンタシス)が用いられ，大殿の屋根に安定かつ緩やかに伸びる風格を醸し出している．

12本の柱は，丸柱が基本だが，西側の3本のみ角柱である．その断面は30cm×36cmで，創建期のものと断定された．大殿の架構の実寸から逆算して，大殿は営造尺27.5cmに基づきつくられたと推測されている．唐尺の29.5〜29.9cmより短く，隋の27.3cmの伝世尺と接近することから，南禅寺は北朝末期あるいは隋代に創建された可能性がある．陳明達は南禅寺大殿の架構を宋『営造法式』と照合して，庁堂式で，三等材を使用したと分析する．大殿の規模こそ小さいが，等級は高く，簡素かつ雄健で，中国建築史において重要な事例である．

1974年に修理工事が行われた際，架構は基本的に元のままに保持されていたが，歴代の修理で檐椽が短く切られ，屋根の曲面が変更されていたため，復元設計によって，創建期の唐のスタイルに戻された． (包 慕萍)

なんそう【南宋】 →宋(北宋・南宋)

なんそうかんよう【南宋官窯】
南宋の宮廷御用の青磁を焼いた窯．文献によるとまず修内司(宮中の営繕を掌る官署)に置かれた官窯で青磁が焼造され，後に郊壇(皇帝が天に祈りを捧げる壇)下に別の窯が立てられたとされている．1996年に浙江省杭州市の鳳凰山と九華山の間に発見された老虎洞窯址が修内司官窯にあたると考えられている．郊壇官窯の窯址は杭州市街南郊の烏亀山の山麓に発見されている．これらの製品は鉄分の多い胎に厚く青磁釉がかけられており，いわゆる紫口鉄足や，貫入とよばれる釉薬のひび割れが複雑に生じる点に特徴がある． (今井 敦)

なんそうぐんけんしょうしゅう【南宋群賢小集】 →江湖小集

なんそうしたいか【南宋四大家】 →楊万里，范成大，陸游，尤袤

なんちょうりょうぼ【南朝陵墓】
東晋及び南朝宋・斉・梁・陳4朝の皇帝陵と諸王墓群．江蘇省の南京市と丹陽市の周辺に，神道石刻の遺存するものだけで30基余りの南朝陵墓が分布する．東晋の陵墓は南京市の近郊に営まれ，穆帝の永平陵が北郊の幕府山北麓，恭帝の沖平陵が南京城内の富貴山で発見されている．王氏墓区は北郊の象山，謝氏墓区は南郊の雨花台一帯にある．宋の陵区は鍾山(紫金山)の東北に設けられ，武帝の初寧陵は明代南京外城の麒麟門外(麒麟門地区)，文帝の長寧陵は南京市東北12kmの丘陵地帯(甘家巷地区)にある．斉の陵は丹陽市の東郊外8kmの平野部(前艾地区)に武帝景安陵と明帝興安陵，同東北郊外12kmの経山周辺(経山地区)に高帝泰安陵・宣帝永安陵・景帝修安陵ならびに3廃帝の陵がある．梁の陵区は斉の陵区と重なり，前艾地区に文帝建陵・武帝修陵・簡文帝荘陵がある．また，梁の王侯墓は甘家巷・麒麟門地区，南京市東南15kmの青龍山及び大連山南麓(上方鎮地区)に多く分布する．陳の陵は上方鎮地区に武帝万安陵，麒麟門地区に文帝永寧陵(霊山大墓)があり，1960年に南京市の南方郊外9kmの西善橋油坊村で発見された大型磚室墓を宣帝顕寧陵とする説もある．

南朝陵墓は墓地の選択に特徴があり，大半は浅く長い谷を陵墓域とし，谷の最奥部に墳丘を築き，開口部に神門を設けて石刻を配列する．墳丘から神門までの平均距離は800m．墓室は長方形の単室とアーチ構造の短い羨道を磚で積み，石製の門扉で封門する形式である．経山地区の斉陵に大幅の磚画を構築して壁面を飾るものが2例あり，「竹林の七賢と栄啓期」「羽人戯龍虎」「騎馬武士」などを題材としている．墓室は時期が下るにつれて大型化し，平面形が丸味を帯び磚積みの手法も複雑化する．

葬制は後漢の制に倣い夫婦同室合葬を基本とする．ひと筋の谷の中に複数の墳丘が築かれ，陵墓域が数代にわたる家族の塋地として設けられた例も見られる．神道石刻は梁文帝建陵や甘家巷地区の梁安成康王蕭秀墓によく残り，その配列は外から石獣1対・石碑1対・華表(石柱)1対・石碑1対の順である．石獣は帝陵が麒麟，王侯墓が獅子と

なる。　　　　　　　　　　　　（来村 多加史）

なんでんぶっきょうびじゅつ【南伝仏教美術】　インドから中国への仏教伝播のルートとして、従来一般に知られている西北インド、中央アジア、西域を経由して長安、洛陽へ入ったとするいわゆる北伝ルートのほかに、南インド・セイロン（スリランカ）からの南海経由(海上)、あるいは東南アジア・ビルマ（ミャンマー）・チベット・雲南経由(陸上)という二つの南伝ルートが想定されるようになった。近年中国国内での考古学および美術史研究の成果により、これに関連すると思われる各時代の遺物、仏像彫塑の存在が確認されつつある。このため、北伝ルートのみを視野において各時代のインドからの影響を見る中国仏教史および仏教美術史に再考が求められている。

まず中国への初期仏教伝播の時期、中国の北方には漢時代の仏教伝来の伝説はあるものの仏像の作例が4世紀の五胡十六国期まで確認されていないのに対し、南方では後漢、三国呉、西晋、東晋前期までの仏像作例の存在が報告されている。それは雲南省・四川省から揚子江流域の湖北省・湖南省・安徽省・江蘇省・江西省・浙江省の広い地域におよぶ。

ただし、確認されている遺物は、墓室壁面に浮彫にされた仏像、墓室内から発見された「揺銭樹」や「神亭壺(魂瓶とも呼ばれる)」に表された仏像、銅鏡の背面に表された仏像など、いずれも本来仏教とは関係のない中国の伝統的な墳墓芸術の中に他の多くのモチーフとともに取り込まれたものにすぎず、これらから当時の地上の仏教寺院における仏像の信仰形態や仏教美術の状況を推定するにはなお困難がある。また中国へ入る前の同時代(3, 4世紀)の各地域について、実際の仏教と仏教美術の痕跡をたどることができないことも事実で、これらを「南伝」とするかについてはさらに検討を要する。

仏教の伝播は、各時代連綿と続き、外来文化としての仏教美術は新たなインド的要素の受容と中国的変化を繰り返した。中国の南朝には、南海諸国との往来を通じて、時には仏像が献上されたという記録も残っている。東南アジアを経由してグプタ様式や南インドの仏像様式がもたらされたと考えられ、現在も東南アジアの各地でそれを跡づける作例を見ることができる。それらはやがて中国の北方にも伝えられ、6世紀後半の北朝北斉様式や7世紀半ばの初唐様式へも少なからぬ影響を残している。

（岡田 健）

なんとう【南唐】　937～975。五代十国の一つ。都は金陵（南京）。十国の呉の重臣徐温の養子で斉王の徐知誥が、呉帝楊溥に譲位され建てた王朝。初め斉と号したが、939年に本姓に復し李昪と改名して、国号を唐と改めた。大唐の継承者を自任し、契丹と通好して中原回復を目指した。江北の塩と特産の茶は、十国中最強の国力を齎した。943年、長子の璟が即位し、閩国・楚国に出兵して占領したが、すぐにその大半を失い、以後衰亡に向かう。955年、後周に攻められ、958年、江北諸州の割譲と多額の歳貢により講和し、後周皇帝を奉じて国主と称した。961年、南昌遷都直後に璟が亡くなると、子の煜が嗣ぎ国の保全に努めたが、975年、北宋の金陵侵攻により降伏、南唐は3代38年で滅んだ。画院では絵画が保護奨励され、新形式の韻文・詞が宮廷で盛行するなど、南唐が文化面で残した影響は大きい。李昪・李璟の陵墓(南唐二陵)は1951年に発掘され、報告書が刊行されている。

（辻 正博）

なんとうじょ【南唐書】　五代十国の一つである南唐王朝の歴史を扱った書。北宋末に馬令が編んだもの(30巻)と、南宋になって陸游が著したもの(18巻)の2種が残っている。明末に毛晋が『陸放翁全集』に収録した後者の方がよく読まれた。馬令が郷国の歴史への関心を受け継いで編纂したのに対し、陸游の関心は過去のみでなく、宋と金が南北で対峙する現況にあった。そのことは、馬の書と異なり明確に「本紀」を立て、独自の王朝として扱っていることに示されている。

（中砂 明徳）

なんとうにしゅ【南唐二主】　→李煜, 李璟

なんとうにりょう【南唐二陵】　五代十国南唐の先主李昪と妻宋氏の欽陵、ならびに中主李璟と妻鍾氏の順陵をいう。江蘇省南京市の南14km、江寧区の牛首山南麓に所在。谷の奥に二陵の墳丘が東西に近接して並ぶ。いずれも墳丘内に磚石配合の墓室を築く。欽陵の墓室は羨道・前室・中室・後室と側室10室よりなり、全長21.48m。中室奥の門柱に着鎧衛士、門額に双龍戯珠の浮き彫りを施し、後室の天井に天体を描き、床に河川を彫刻する。順陵の墓室も類似した構造をもつが、各部にやや省略がある。出土品は二陵を合わせて600点余り。刻した文字に金を埋め込んだ哀冊などが出土している。

（来村 多加史）

なんふ【南府】　清朝宮廷内の演劇管理機構。もとは宮廷の植物栽培所で、「南花園」と呼ばれていたが、後に演劇など娯楽を管理する部門となった。内務府の管轄下にあり、その建物からみて南側にあったため、この名称で呼ばれた。1827(道光7)年に昇平署と改称され、以後消滅するまでこの名称

が使われている。南府は宮内で行われる節句や慶賀の際の上演，および平時に娯楽として演じられる芝居を管理し，上演は全て南府で訓練を受けた俳優たちによって行われた。これらの俳優は「内学」と呼ばれる宦官，および「外学」と呼ばれる八旗の子弟によって構成され，当初民間の俳優がこれに加わることはなかった。昇平署に改称後の光緒年間（1875-1908），西太后の指示により民間の名優達を直接宮廷内に呼び，芝居を上演させる制度が作られた。出仕する俳優を正式には「教習」，通称「内廷供奉」と呼び，民間の俳優の同業者組織である精忠廟は，昇平署のためにこれら内廷供奉の俳優達を組織する役目を負っていた。

内廷供奉となった俳優は，まず出し物を一覧として提出し（報戯目），上演される演目に関しては，歌詞をあらかじめ文字に起こす義務があった。これらは昇平署で検閲の後，「安殿本」として皇帝の観劇時に御卓の上に置かれるしきたりとなっていた。安殿とは殿上に置くという意味で，俳優はこの安殿本に準じて演じなければならない。また宮内独特の「忌字」や皇族の干支などについても独自の規則があり，たとえば西太后は未年であったため，『牧羊圏』『蘇武牧羊』などの演目は，西太后の前では上演を許されなかった。

昇平署は辛亥革命後も維持され，1924（民国13）年に溥儀が故宮を出るまで存続した。昇平署によって催された最後の上演は，1923年8月22日，漱芳斎で行われたもので全16演目，取りは楊小楼，梅蘭芳の『覇王別姫』である。　　　　（平林　宣和）

なんぶ【軟舞】
唐代に宮廷や貴族・士大夫の宴会或いは民間で演じられた規模の小さな舞踊。しっとりと叙情的な舞で琵琶が重要な伴奏楽器である。唐の崔令欽『教坊記』には『垂手羅』『春鶯囀』『烏夜啼』『回波楽』『渠借席』『蘭陵王』，唐の段安節『楽府雑録』には『涼州』『緑腰』『屈柘枝』『甘州』等の軟舞名が列挙されている。中でも『緑腰』『春鶯囀』『涼州』『屈柘枝』は芸術的水準も高く，広く流行して大きな影響を与えた。

『緑腰』（『録要』『六幺』とも）は唐宋歌舞の「大曲」の一つである。唐代の詩人李郡玉が『長沙にて九日東楼に登り観舞す』という詩でこの『緑腰』を詠じている部分を見ると，『緑腰』は女性が1人で舞い，踊り手は衿と袖の長い衣装を身につけている。最初はゆっくりとした流れるような踊りで，次第にリズムが速くなり，あたかも空中を舞い落ちる雪のように袖と衿をひらひらとさせ，最後には鳥が飛び立っていくかのようであった，という。『緑腰』は唐代に非常に流行し，白居易『琵琶行』に，もと都の妓女であった女性が『緑腰』の曲を見事に演奏する様が詠じられているほか，五代の画家顧閎中の『韓煕載夜宴図』にもブルーの袖の長い衣装を着て優美に『六幺』を舞う姿が描かれている。『緑腰』は宋代教坊の四十大曲に含まれる。『緑腰』の音楽と舞踏とは戯曲にも影響を与え，南宋の宮本雑劇では「鶯鶯六幺」など『緑腰（六幺）』の名を付した段は20種余りにのぼった。

『教坊記』によると，『春鶯囀』は唐の高宗が亀茲国（新疆ウイグル自治区）の音楽家白明達に命じ，朝にさえずる鶯の声を模して作らせたもので，曲には亀茲楽の趣があったという。唐の詩人張祜は『春鶯囀』詩で，女性の歌声に合わせて梅花の下で柔らかく軽やかに舞う姿を詠じている。『春鶯囀』はやがて朝鮮半島に伝わり，『進饌儀軌』という書の中にその説明と舞踏図が記載されている。また日本にも伝わり，尾張浜主という舞の名手が847（承和14）年にこの曲を舞ったという記録がある。日本では4人から6人の男性が烏帽子を被って舞う雅楽の舞踊の一つとなり，宮廷や寺院などで演じられた。

軟舞『涼州』（『梁州』とも）は地名を舞踊名に付けたもので，現在の甘粛省武威市である。『隋書』音楽志等の記載によると，5世紀に五胡十六国北涼の沮渠蒙遜（在位401〜433）によって，西涼地方の音楽と舞踊の基礎の上に亀茲音楽の要素を加えた「西涼楽」が完成されたということである。『涼州』の曲は唐代に流行し，著名な琵琶演奏家康崑崙などによって改編されて演奏された。唐の詩人張祜は『悖拏児舞』詩で手に金の碗を持って踊る様を詠じている。宋代になると宮中で『涼州』を踊るのが上手であった仙韶院菊夫人という芸人が現れた。南宋の宮本雑劇の中に「四僧梁州」「詩曲梁州」等の調令があり，『涼州』が戯曲に吸収されていったことがわかる。　　　　（池澤　滋子）

なんぶしんしょ【南部新書】
北宋の筆記。通行本は全10巻。作者は銭易，字は希白，銭塘（浙江省）の人。真宗朝の進士でのち翰林学士となった。内容は主として中唐・晩唐の士人の旧聞や逸事であるが，断片的な記事も多い。その中では大中年間（847-859），百姓の娘が病気の父のため股肉を割いた話（癸集）や，咸通年間（860-874）に滄州の吏が罪を犯し，娘が父と共に刑に就きたいと申し出た話（丁集）などが小説的要素に富んでいて興味深い。　　　　（岡本　不二明）

なんぼくきょく【南北曲】　→南曲，北曲

なんぼくちょう【南北朝】
江南に漢族が建てた南朝諸王朝と華北に鮮卑族が建てた北朝諸王朝

とが相対峙した5・6世紀の汎称。

　寒門武人出身の劉裕(武帝)が，420年東晋の禅譲を受けて開いた南朝最初の王朝宋は，東晋で確立した門閥貴族制を行うとともに，皇族諸王を重用して体制の強化をはかったが，門閥体制から疎外された寒門貴族や地方豪族が諸王のもとに集結してその反中央化を招致，皇帝も専制化を強めて対抗したことから殺戮と反乱が頻発，間隙に乗じて外戚すじの軍閥蕭道成(高帝)が台頭，479年斉を創めた。斉も宋と軌を一にし，とくに明帝の皇族虐殺と東昏侯の暴政は，502年疎族蕭衍(武帝)の梁朝創立を許すこととなって24年の短命に終わった。梁は，初め武帝が貴族制の改革など積弊の是正にとりくんで社会・文化の隆盛を称えられたが，仏教篤信の弊に加えて侯景の反乱で潰乱，貴族も大打撃を受け，557年江南軍閥の陳覇先(武帝)が代わって陳朝を建てた。陳は北朝の強圧に苦しみ，宣帝の北伐惨敗が衰勢を加速，貴族制国家の再建を果たしえないまま589年隋の文帝の攻撃に敗滅。古都の建康(江蘇省)は破壊，貴族も長安(陝西省)に連行されて華麗の南朝文化も幕を閉じた。

　一方の華北では，いったん覇を唱えた五胡十六国の前秦が，383年の淝水の戦で東晋に惨敗し瓦解すると鮮卑族拓跋部が再起，386年拓跋珪(道武帝)が北魏を建国，平城(山西省)に遷都して国勢を伸ばし，439年太武帝が華北全土を制圧。五胡十六国時代は終わりを告げ，南北両朝対立の新局面を迎えた。引き続き北魏は，漢人名族を登用して部族連合体制から集権国家への転換を推し進め，中でも孝文帝は493年洛陽(河南省)遷都を断行，九品官人法の整備や姓族の格付け，また鮮卑族本来の言語・習俗の規制等々，南朝の貴族制国家を目標に華化政策を強力に展開した。しかしその反動として北辺鎮兵の六鎮の乱が勃発，その平定を通して鮮卑族の高歓と宇文泰の両雄が頭角を現し，534年歓が鄴都(河北省)に，翌年泰が長安に拠り，それぞれ魏帝を擁して対抗，東魏と西魏に分裂，南朝梁と三国鼎立の形勢となる中，550年歓の子洋(文宣帝)が北斉を，556年泰の子覚(孝閔帝)が北周を創め，北魏は名実ともに滅んだ。初め国力で優った北斉が胡族の元勲武将と漢人貴族とが内訌を重ねたのとは対照的に，西魏＝北周は，府兵制を始めるなど『周礼』を範に制国を整えて富国強兵に努め，577年武帝が北斉を攻滅，華北統一をなしとげた。しかしそれも束の間，581年外戚の楊堅(文帝)が禅譲を迫って隋を開国，まもなく文帝は南朝陳を征服し，ここに南北両朝の対立は終結，同時に後漢末黄巾の乱以来400年余に及んだ混乱と分裂の時代にもようやく終止符が打たれた。

　抗争を重ねつつも胡・漢両族が融合を深めた北朝と一様に，南朝においても原住蛮族の同化が進み，陳では漢化蛮人が軍事面で活躍した。江南の開発は飛躍的に進展し，通貨不足が深刻化するまでに商業は栄え，北朝でも貨幣経済が次第に回復した。質実の北朝に対して南朝では，魏晋の潮流を承けて貴族を主体に学問思想や文学芸術の各分野にわたって華麗の展開を見せ，人・物・事それぞれの個別的独自性を尊重し，彼岸を含めた世界全体の豊饒多様さを観賞する志向が昂まると共に，貴賤・文武・清濁などの美と価値の意識が生まれ，仏道2教の両朝での拡まりとも相まって，精神面からも世界帝国唐の盛世実現に多大の影響を与えた。　　　(安田　二郎)

なんぼくちょうぶつぞうようしき【南北朝仏像様式】

　南北朝時代は，439年以降江南に漢民族王朝(南朝)の宋・斉・梁・陳，華北に北方胡族王朝(北朝)の北魏・東魏・西魏・北斉・北周が対峙した150年間のことで，589年に隋が再び中国全土を統一した。この時期は，仏教美術が中国で本格的に発展する活気あふれる時代である。

　現存する作例は石窟造像・石彫像・金銅仏・塑像・塼仏などで，圧倒的に北朝地域に多く残っているため，北朝造像様式については系統的な研究がかなり進んでいる。一方，南朝の残存例は，四川省成都市近辺出土の石彫像と，南京棲霞寺石窟や新昌大仏寺石窟の一部，数例の小金銅仏など極めて僅かで，文献に記された大量の南朝造像の実態を知ることは現状では難しい。しかし，この時代を総体としてながめれば，南北両地域に普遍的な，大きな美術の流れは間違いなく存在しており，その全体的な変化の中に個別の地域的特色を見るべきであろう。

　南北朝仏像様式の全体的な流れについては，大きく以下のように捉えることができる。まず，5世紀半ば過ぎ(北朝の北魏時代前半，南朝の宋時代)までは，インド起源のいわゆる西方様式が次々と流入し，中国の諸地域で様々に受容されていった。次に，5世紀末から6世紀前半(北朝の北魏時代後半～東魏・西魏時代，南朝の斉～梁時代)にかけては，西方様式を中国的な感覚によって再生し，仏像の体型や表情，服飾や文様に漢文化的趣向が取り入れられた。とくに肉体表現より衣文表現に優れた芸術性を示し，インドや西域にはなかった中国独特の仏像表現を確立した。やがて，6世紀半ば頃になると肉体表現を復活させた新たなインド風の様式が現れ，6世紀後半(北朝の北斉・北周時代，南朝の梁～陳時代)にさらにこの傾向が強まり，量感や柔軟性を増していった。さらに，隋・唐時代にかけては，理想的人体と自然な衣文表現を調和させた新たな中国式仏像を完成させた。

　個別の地域的特色については，こんにち作品が残

る甘粛・陝西・山西・河南・河北・山東・四川・江南地方などの諸地域で，それぞれ独特の仏像様式が認められる。また，各地域内においても，都市部の造像と周辺地域の造像とでは先進性・洗練度・土俗性など，さらに微妙な違いがある。とくに民間造像では，地元の石を使った石彫造像が主流となり，道教や神仙思想，墓葬のモチーフなども混入した。しかし，これら多種多様で個性的な地域様式も，場所によって多少の時間差や程度差を見せながら，総体としては「西方式仏像の伝来→中国化→新たなインド風→新たな中国化」という一つの流れに沿って進展していったといえる。　　（石松 日奈子）

なんぼくにしゅうろん【南北二宗論】　絵画を南宗・北宗の二大様式に大別して論じようとするもので，董其昌や莫是龍らによって提唱された。董其昌は『画禅室随筆』の中で，禅の南北二宗になぞらえて絵画を南北二宗に分け，北宗は唐の李思訓を祖とし，宋の趙幹，趙伯駒，趙伯驌を経て，馬遠，夏珪に至る系譜，一方南宗は唐の王維を祖とし，張璪，荊浩，関仝，郭忠恕，董源，巨然，米芾，米友仁を経て，黄公望，呉鎮，倪瓚，王蒙の元末四大家に至る系譜として説いた。そして禅において北宗が廃れ南宗が栄えているのと同様に，絵画においても北宗よりも南宗の方が栄えていると主張した。このように南北二宗論とは，単なる南北宗の様式論にとどまらず，そこには画の価値観までもが導入されており，まさしく董其昌らの系列である南宗画の正統性，および北宗画に対する優位性を立証するためのものであった。尚南貶北論（南宗画を尚び，北宗画を貶める考え方）を意図して作られ，論理的整合性に欠ける南北二宗論ではあるが，この論が提唱されると北宗画は壊滅的な打撃を受け，以後，南宗画が画壇の主流となっていった。（古田 真一）

なんぼくりょうそうしでん【南北両宋志伝】　明の歴史小説『南宋志伝』『北宋志伝』各10巻の総称。福建の出版業者熊大木の作とされる。題名とは異なり，前者は宋の建国，後者はそれに続く時期を扱う。史書の体裁を模倣しながら，前者の趙匡胤伝や，後者における呼延賛や楊家将の物語は史実を著しく逸脱する。これは先行する小説の影響と考えられ，事実後者は多く『楊家府演義』と文言に至るまで一致する。清代に刊行された『楊家将伝』はほとんどが『北宋志伝』の節略本である。
（小松 謙）

なんみん【南明】　明朝滅亡後，明の宗室は中国の南部に相次いで政権を樹立した。これを南明という。福王が南京（江蘇省）に建てた弘光政権（1644〜45），唐王が福州（福建省）に建てた隆武政権（1645〜46），魯王朱以海が紹興（浙江省）に建てた魯王監国政権（1645〜53），桂王が肇慶（広東省）に建てた永暦政権（1646〜61），唐王の弟が広州（広東省）に建てた紹武政権（1646），韓王が建てた定武政権（1646〜63）などである。清軍の南下に伴い，福王は蕪湖（安徽省）に逃げたが北京に送られ殺される。唐王は汀州（福建省）に逃れたが清将李成棟に殺され，弟の紹武帝も李成棟に捕らえられ自殺した。魯王は転戦して舟山に進駐するが清軍に占拠され，厦門から金門島に逃れて病没した。桂王は雲南に入った清軍に追われ，ミャンマーまで逃げるが，清軍に送還され昆明で呉三桂に殺されるなど，いずれも悲惨な最期を遂げ，政権は短命に終わっている。
（森 紀子）

なんよう【南陽】　河南省南西部一帯の古地名および現代都市名。周代には伯夷の子孫を封じて申国とした。春秋時代には楚の中原への前線基地，戦国時代には楚・韓・秦3国の境界領域となった。この地域はもと夏禹の国で，住民は素朴で誠実であったが，秦は統一後，宛県を設置して南陽郡治とし，不逞の徒を徙したため，豪放で任俠の気風を尊ぶ土地柄となったという。四通八達の地の利を生かした商業や絹織物業が盛んで，製鉄業による富豪がおり，鉄官や工官も置かれ，漢代の宛は斉の臨淄や蜀の成都と並んで五大都市の一つとなった。また華北の流民を吸収して大土地経営を行う豪族が多く，開発のフロンティアを形成した。南陽舂陵の豪族の劉秀（光武帝）は王莽政権に不満を持つ南陽の諸豪族と結んで後漢を建国した。三国魏代は荊州となるが，晋は再び南陽郡を置いた。隋代には郡は廃止されるが，唐代の宛県は鄧州に含まれ，元代以降，南陽府の治所が宛県に置かれて民国まで継続した。
（東 晋次）

に

におう【二王】 史上もっとも長く書の典範の座を占めた，東晋の王羲之とその第7子王献之との合称。南朝では，羲之は自然，献之は華麗などと評され，一時は献之の書風が盛行した時期もあったが，唐の太宗の称揚により羲之が書聖に押し上げられ，以降，献之の影はやや薄らいだ。二王の書跡の普及は法帖によるところが大きい。北宋以降，学書対象として絶対視してきた法帖の欠陥が，清の阮元に指摘されてから，二王の法帖の権威が揺らいだとはいえ，書人の最高峰として，二王はいまなお敬仰されている。 （澤田 雅弘）

にかつ【二葛】 三国呉の葛玄とその従孫である晋の葛洪の2人を指す。左慈から葛玄，鄭隠，葛洪へと神仙方術が継承されたが，これを葛氏道と呼ぶ。葛洪の『抱朴子』内篇によれば，葛氏道では金丹と呼ばれる仙薬を服用して仙人になる道を重視する。葛洪については特に後代の道教に対する影響が大きく，道教思想史の中でも最重要の部類に入る。 （亀田 勝見）

にきょうろん【二教論】 北朝北周の僧，道安の作。『広弘明集』8所収（『大正新脩大蔵経』52）。二教とは儒教（外教）と仏教（内教）を指す。東都（洛陽）の逸俊童子と西京（長安）の通方先生の問答に託つけて，道教を批判するために書かれた。570（天和5）年に成立。この前年，北周の武帝が儒教を先，仏教を後，道教を最上と位置づけようとしたのに対して，反論として甄鸞『笑道論』が書かれた。本書はこれを承けるが，4年後には廃仏が断行された。 （船山 徹）

にくぶとん【肉蒲団】 清代の好色小説。別名『覚後禅』『循環報』など。20回。清初刊。情痴反正道人著。清の劉廷璣『在園雑志』は著者を清初の戯曲家で小説家の李漁だとしている。主人公未央生は孤峰禅師に色の道を諭されるも，盗賊賽崑崙に女の扱いを教わり，天際真人による房中術の指南と陽物の改造手術を受けると，様々な女性と趣向を凝らした夜を共にする。しかし，寝取った女の夫に復讐され，自分の妻が娼婦に売られて自殺するに至り，虚しさを悟る。そして孤峰禅師のもとで出家する。『金瓶梅』のリアルで精緻な人情世態の描写には及ばないが，一種の奇想小説ともいえる趣があり，『金瓶梅』を模倣した後続の好色小説の中では，代表的作品である。日本においても早くから受容され，1705（宝永2）年に翻刻本が出版され，内容を日本に置き換えた翻案『金勢霊夢伝』も作られた。 （岡崎 由美）

にけいのふ【二京賦】 後漢の賦。張衡作。班固の『両都賦』を模し，10年がかりで書いたという。「西京賦」「東京賦」の2部からなる。「西京賦」で憑虚公子が前漢の都長安の豪奢を述べると，「東京賦」で安処先生が後漢の都洛陽の統制と調和を説いて論破する。「西京賦」のリアルな描写や，「東京賦」の祭祀を軸とした構成の妙には創意がある。ことに前者における雑技（サーカス），後者における追儺（鬼やらい）の場面は史料としても貴重。『文選』2～3所収。 （谷口 洋）

にしせんぶつどう【西千仏洞】 甘粛省敦煌市の西南約35km，敦煌から陽関への中継地に位置し，党河北岸の崖面に開削された石窟寺院。河岸の地質は敦煌莫高窟と同様，粗く脆い礫岩層であるため，多くの崖面は崩壊し，創建当初の姿を求めようもない。現存する数十の窟のうち，わずかに壁画や塑像の痕跡のあるものは22窟，造営年代は北朝北魏晩期から元に及ぶ。壁画の様式や技法は莫高窟と類似するものの，第12窟南壁窟門の東西に描かれる労度叉闘聖変・睒子本生説話図（北朝北周）や，第19窟の十六羅漢像（塑造，五代）など希少な作例も残る。 （勝木 言一郎）

にじゅういっしだんし【二十一史弾詞】 長篇の語りものである詞話の演目。別名『歴代史略十段錦詞話』。2巻。作者は明の楊慎。『史記』から『元史』に到る二十一史を題材に，歴代王朝の歴史を描く。全体は10段に分かれる。各段は冒頭に小唄（詞）と数首の詩を配し，本文は散文と1句10文字（3字3字4字に分かれる）の歌詞「賛十字」で構成され，段末にも詩や小唄を置く。明の梁辰魚にも同名作があるが，伝わらない。 （千田 大介）

にじゅうごしほへん【二十五史補編】　民国時代に編集された工具書。6冊。1936(民国25)〜37年，上海の開明書店刊。二十四史に『新元史』を加えた二十五史は本紀と列伝からなるが，志・表を欠いていたり不十分であったりするものがある。たとえば万斯同撰の『北斉将相大臣年表』など，その不備を補った，おおよそ250種類の書籍を集めたのが本書である。その大部分は，清代・民国期の著述である。二十五史を閲覧する時に，参照するものである。　　　　　　　　　　　　　　　　(長部　悦弘)

にじゅうしき【二十四気】　季節の指標として，1年の中に設けられた24の時点。日本では二十四節気と呼ぶ。1つおきに節気(大雪など)と中気(冬至など)に分けられ，中気を含まない月を閏月とした。太陰太陽暦において日付と季節との関係が毎年1か月幅で変動する不便を補うもので，戦国時代に導入され，華北の季節の移ろいに沿った名称が付された。前漢の太初暦における名称(大雪・冬至・小寒・大寒・立春・驚蟄・雨水・春分・穀雨・清明・立夏・小満・芒種・夏至・小暑・大暑・立秋・処暑・白露・秋分・寒露・霜降・立冬・小雪)に対し，後漢の四分暦以降は驚蟄と雨水，穀雨と清明の順が逆転する。隋の大業暦以降は驚蟄を啓蟄と書くことが多い。1太陽年を時間的に24等分した約15.2日ごとに置かれたが，清の時憲暦と日本の天保暦では，黄道を15度ずつ等間隔に区切った24か所の点に太陽が達した日時と改められた。　(宮島　一彦)

にじゅうしこう【二十四孝】　24人の孝子の物語を集めたもの。メンバーの異同によりいくつかの種類があり，もっとも早いものは，敦煌発見の『故円鑑大師二十四孝押座文』(五代宋初)であるが，数名の名前が見えるだけで，全体の構成は不明。次に高麗末の『孝行録』に見える二十四孝は，北宋，金，元代の華北一帯の墳墓から発見された壁画等の二十四孝のメンバーと一致しており，これがこの時期，北方で流行していたことが分かる。ついで元末明初の福建の人，郭居敬の『二十四孝詩選』(中国国家図書館に絵入りの明初刊本がある)が現れ，そこから兄弟愛にかかわる二人を孝子に換えた『日記故事』系の二十四孝が生まれた。明以降の中国では，もっぱら後の二者が行われたが，朝鮮・日本では『孝行録』系も後世まで残った。『郭巨埋子』『孟宗泣竹』など荒唐無稽な内容も多く，絵画とともに民間に広まり，児童教育に使われただけでなく，中国・日本では演劇や語り物など芸能の題材ともなった。　　　　　　　　　　　　　　　(金　文京)

にじゅうしし【二十四史】　政府公認の代表的な正史の総数であり，正史の総称を意味することもある。三国時代には『史記』『漢書』『東観漢記』を一括して三史と呼んだが，その後，『東観漢記』に代えて范曄『後漢書』が選ばれ，司馬遷『史記』，班固『漢書』，范曄『後漢書』，陳寿『三国志』を前四史と呼びならわした。唐代には初唐に編修された五代史と『晋書』が加わることによって紀伝体史に一つの正統的系譜が生まれ，『史記』，『漢書』，『後漢書』，『三国志』，『晋書』(房玄齢)，『宋書』(沈約)，『南斉書』(蕭子顕)，『梁書』(姚思廉)，『陳書』(姚思廉)，『魏書』(魏収)，『北斉書』(李百薬)，『周書』(令狐徳棻)，『隋書』(魏徴)を一括して十三史と呼称するようになった(『唐書』芸文志)。宋代にはこれに『南史』(李延寿)，『北史』(李延寿)，『新唐書』(欧陽脩・宋祁)，『新五代史』(欧陽脩)が加わって十七史なる概念が形成され(『宋史』芸文志)，明代には『遼史』(脱脱)，『金史』(脱脱)，『宋史』(脱脱)，『元史』(宋濂)が加えられて二十一史，清代には『明史』(張廷玉)が加えられて二十二史となり，さらには一時，亡んでいた『旧唐書』(劉昫)，『旧五代史』(薛居正)が復元されてこれに加えられ二十四史となった。歴史を重ね歴史叙述が数を増すに従って十七史から二十四史へと膨らんだものである。民国時代には大総統徐世昌により『新元史』(柯劭忞)が加えられて二十五史なる呼称も生まれたが，人民中国では『新元史』を削り『清史稿』(趙爾巽)を加えている。二十四史の合刻本としては乾隆期(1736-95)に刊行された武英殿版二十四史が権威あるテキストとされたが，清朝皇帝の諱を避けて別字に代えたり欠筆し，『遼史』『金史』『宋史』『元史』などでは人名の訳字を改めているので史料的価値に問題があり，刻本としてはむしろ民国時代に商務印書館が宋版以下の善本を集めて景印刊行した百衲本二十四史を利用するのが一般である。今日では人民中国で刊行された，中華書局のいわゆる標点本二十四史が句読点や固有名詞，書名などの標記をそなえ，諸版本の校勘記も付していて利用に便利である。　　　　　　　　　　　　　　　　(稲葉　一郎)

にじゅうししつうぞくえんぎ【二十四史通俗演義】　清の長篇歴史小説。別名『綱鑑演義』。26巻44回からなる。作者は呂撫。字は安世，浙江省新昌県の人。原刊本に冠される1727(雍正5)年の李之果桂岩の序と1732(同10)年の自序により，康熙(1662-1722)・雍正(1723-35)間の人と知れる。第1回の盤古による天地開闢から李自成が明を滅ぼす第38回までの歴朝の興亡をえがく部分と，第41回以降の付録に相当する部分とからなる。第39回と第40回については「本朝開国の事，未だ国史実録の頒行有らず，不識不知の民を以て，草野の見聞に

拠って朝事を妄談するを敢えてせず」として, 回目と頌詩のみにとどめている。文字の獄きびしき時世に配慮したものであろう。『資治通鑑』と二十四史を折衷し, まま他書に及ぶという編輯方針と, なかば口語なかば文語による表現との必然的な帰結として事実の羅列に終始する教科書的な作品となってしまっており, 読み物としての魅力にはかける。

(大塚 秀高)

にじゅうししひん【二十四詩品】 晩唐の詩人司空図の著した詩論。『詩品』と略称されることもあり, 六朝梁の鍾嶸の『詩品』と併せて「二家詩品」と呼ばれることもある。詩の芸術的風格を雄渾・沖淡・纖穠・沈著・高古・典雅・洗練・勁健・綺麗・自然・含蓄・豪放・精神・縝密・疎野・清奇・委曲・実境・悲慨・形容・超詣・飄逸・曠達・流動の24類に分かって, 四言12句の韻文でその境地を表現する。たとえば沈著は,「緑林野屋, 落日 気清し。巾を脱ぎて独り歩めば, 時に鳥声を聞く。鴻雁来たらず, 之の子遠く行く。思う所遠からず, 平生為るが若し。海風碧雲, 夜渚に月明らかなり。如し佳語有らば, 大河 前に横たわる」。司空図の尊ぶ「味外の旨」「象外の象, 景外の景」に通ずる趣を感じさせる。数少ない唐の詩論として貴重な存在であり, 後世の詩論にも影響を及ぼした。ただ近年, 中国の学界で, これは司空図の作ではなく, 明代末期の偽作だとする説が提起されて, 議論を呼んでいる。

(興膳 宏)

にじゅうしせっき【二十四節気】 →二十四気

にじゅうしち【二十四治】 後漢の五斗米道(後の天師道)が設置した教会・教区。治には信者が所属し, 祭酒とよばれる指導者が配置されて統率した。道教内部の伝承では, 2世紀前半, 創始者の張陵が蜀(四川省)に24か所の治を設け, その後も各地に増設したという。後漢末の戦乱で教団は崩壊, 祭酒と治も各地に分散した。南朝では治を再編し, 信者は家ごとに特定の治に籍を置くことが提唱されたが, 当時の治の実態は伝わらず, 多くは宮観に吸収されたと思われる。

(都築 晶子)

にじゅうしゆう【二十四友】 西晋恵帝の元康年間(291-299), 時の実力者であった賈謐のもとに出入りした石崇・欧陽建・潘岳・陸機・陸雲・繆徵・杜斌・摯虞・諸葛詮・王粋・杜育・鄒捷・左思・崔基・劉瓌・和郁・周恢・牽秀・陳眕・郭彰・許猛・劉訥・劉輿・劉琨の24人の文人を言う。『晋書』賈謐伝には, 彼らが賈謐の権勢に詩文によって阿諛追従し, 自ら「二十四友」と号して他の者を排除したと非難され, 同閻纘伝には, 世に「魯公(賈謐)二十四友」と呼ばれたとある。また, 石崇の金谷園に集ったとして「金谷二十四友」の称もある。

(齋藤 希史)

にじゅうにしこうい【二十二史考異】 清の旧史校訂の書。100巻。銭大昕著。正史を対象とした通論的著作として, 趙翼の『二十二史劄記』・王鳴盛の『十七史商榷』とならび称されるが, 校勘学を応用した正史のテキストの厳密な吟味, 史料としての金石文への注目, 音韻学・天文暦算学の利用, 沿革地理の学への関心などという特徴から, 三書のなかで最も精審, かつ清朝史学に確実な基礎を与えたと高く評価される。テキストとして『潜研堂全書』本などがある。

(村尾 進)

にじゅうにしさっき【二十二史劄記】 清の旧史校訂の書。36巻。補遺1巻。趙翼著。「二十二史」と題しているが, 唐書・五代史についてそれぞれ新・旧を併せているので, 実際には二十四史全部にわたっている。正史を対象とした通論的著作として, 銭大昕の『二十二史考異』・王鳴盛の『十七史商榷』とともに言及されるのを常とする。使用する材料が正史に限定され, また学者としての力量において銭大昕・王鳴盛に及ばないとしばしば評されるが, 三書の中では史論的傾向が最も際だち, 北朝北周・隋・唐三王朝の祖がいずれも武川(内モンゴル自治区)の出身であることなど, 近代以降の中国史研究の方向付けを行う鋭い指摘を随所に示している。清末の張之洞はその『勧学篇』の中で, 考史の書として本書を最も高く評価・推奨している。『甌北全集』本以後, 広雅書局本・西畲山館本・和刻本など多くのテキストがある。また, 1984年には中華書局から王樹民の考証を付した『廿二史劄記考証』が出版された。

(村尾 進)

にじゅうねんもくとのかいげんじょう【二十年目睹之怪現状】 清末の長篇小説。全108回。1903(光緒29)年, 呉趼人が「我仏山人」の筆名で日本で発行していた『新小説』に連載をはじめたもの。45回まで連載したところで雑誌が休刊した。後, 単行本が広智書局により1906(光緒32)～11(宣統2)年に8冊に分けて発行され完結した。新小説書社・世界書局・広益書局などから繰り返し重版され, 中華人民共和国でも人民文学出版社版など多数がある。九死一生と名のる人物の見聞手記という形をとる一人称で書かれた「社会小説」。盗みを副業とする官吏, 妻のズボンをはくほどの貧乏をしながら体裁をつくろう旗人, 金融機関から金をだまし取り官位を買う男など, 官界・商界を中心としてくり

ひろげられる奇々怪々な事柄を寄せ集め，それらを通して清末20年間の腐敗した社会を描写した。見聞手記の形がとられたのは，作者が，友人からの伝聞，筆記の抜粋，新聞記事の切り抜きなどで作った取材ノートをもとにしたからである。魯迅により譴責小説の一つとして名前があげられる。

(樽本 照雄)

にじゅうはっしゅう【二十八宿】 春秋頃確立した大小28の星座の体系。角・亢・氐・房・心・尾・箕・斗・牛(牽牛とも)・女(須女・婺女とも)・虚・危・室・壁(東壁とも)・奎・婁・胃・昴・畢・觜(觜觿とも)・参・井・鬼・柳・星・張・翼・軫の28個。月の周天周期(1恒星月)27.3日に由来するとされるが，異説もある。古くは二十八舎と呼ばれたが，インド伝来の類似の27〜28の星座体系が宿と訳されたため混同された。各宿1個の基準星(距星)を通る経線を日月や星の座標基準とし，また，それらによる天の不等分割と地上の地方区分とが対応していると考えて(分野説)，星占いを行った。7宿ずつに4分し，東方宿などと方位名で呼ぶ。

(宮島 一彦)

にしんきゅう【二進宮】 伝統演劇の演目。明の穆宗の死後，皇后李艶妃の父李良は帝位簒奪を企図し宮廷を封鎖する。幼い太子を抱え後悔し嘆嗟する李艶妃のもとに定国公の徐延昭と兵部侍郎の楊波が諫言の奏上に参内。李艶妃はこの二臣に国事を託し，楊波は兵を率いて李良を誅罰する。京劇では李艶妃・徐・楊の二簧原板の連唱が聞き所の唱工戯として有名。晋劇では『忠保国』，粤劇では『徐楊三奏』，川劇・徽劇・漢劇・湘劇・秦腔・豫劇などに見られる。

(波多野 眞矢)

にすいしけ【二水四家】 宋代の6人の僧の総称。二水とは長水子璿(965〜1038)と晋水浄源(1011〜88)，四家とは法蔵の『華厳五教章』に注釈した4人，雪渓道亭(1023〜1100)・笑菴観復(〜1141・1152〜)・可堂師会(1102〜66)・武林希迪(〜1202・1218〜)のこと。いずれも宗密以来振わなかった華厳教学の再興および研究に尽力した。子璿は『楞厳経』や『大乗起信論』などについて華厳の立場から天台教学を導入しつつ注釈。宗派を超えて参照された。浄源は散逸していた多くの経論を弟子の高麗僧義天などから収集して校勘・開板し，自らも多くの著述を残したほか，華厳思想に基づく礼讃儀を制定・実践し，さらに華厳の祖統を定めるなど，教団形成の基礎を築いた。晩年に住持を勤めた杭州の慧因院(高麗寺)が華厳の伝統を伝える十方教院として初めて朝廷に認められ，華厳中興教主

と称される。道亭は浄源が校勘した『五教章』に初めて注釈し，天台学との融和的な解釈を行ったが，南宋代には華厳経の位置づけを定める教相判釈に関して異説が生じ，特に師会と観復の間では激しい論難往復が繰り返された。希迪は師会に一部同ずるものがある。彼らの著書は，鎌倉期の僧凝然や湛睿らが参照，日本の華厳宗における伝統教学の確立に強い影響を与えた。

(吉田 叡禮)

にせんえいげつ【二泉映月】 二胡(擦弦楽器)の名曲。無錫(江蘇省)出身の華彦鈞(1893?〜1950，幼名は阿炳)作。第1段の主題を変奏展開する6段からなる。1928(民国17)年頃，両眼の視力を失い，流浪芸人となった華は，以後，江蘇省南部地方の民間音楽から大きな刺激を受けた。二泉(無錫の名勝)の澄みきった水に映る月光への憧憬の念を，美しく憂いのある旋律に託した作品。この曲以外に，華は『聴松』(二胡)，『大浪淘沙』『龍船』(ともに琵琶)などの名曲を残している。

(仲 万美子)

にそ【二蘇】 →蘇軾，蘇轍

にっかん【日観】 生没年不詳。南宋末から元初の僧・画家。華亭(上海市)の人。僧としての名は子温，道号は仲言で，日観は別号。玉山・知帰子とも号した。瑪瑙寺や霊隠寺などの西湖周辺の諸寺を遍歴し，1293(至元30)年から97(大徳元)年頃に没。水墨による葡萄図を得意とし，詩・書にも優れた。枝葉の描写に草書の筆法を用いた逸格的な日観の葡萄図は，同時代あるいは後代の僧や文人らに珍重された。代表作は『葡萄図』(長野，サンリツ服部美術館蔵)。

(茬開津 通彦)

にっき【日晷】 太陽による圭表(周髀)の影。後には圭表そのものをも指した。明末の西洋天文学伝来以後は，西洋・イスラム式の日時計も日晷または日晷儀と呼ぶ。古来，高さ8尺の表の日晷(影)が夏至に1尺5寸となる地が世界の中央と考えられて地中または土中と呼ばれ，陽城(河南省登封市)がそれに当たるとされた。また，南北に1000里移動すると長さが1寸変化するとされた(一寸千里の法)が，実測により，南朝宋の何承天はこの率を誤りとし，唐の一行は緯度および季節によって違うことを明らかにした。

(宮島 一彦)

にっこうきょう【日光鏡】 銘文の字句の一部「日之光」をとって命名された鏡。銘帯を主文様とし，連弧文系と重圏文系の2種類がある。連弧文日光鏡は内区の連弧文帯と外区の銘帯で構成される。銘文の書体は楔形や小篆体で異体字・略字が多

く，各字の間に渦文や菱形文を挟んでいる。「見日之光，天下大明」の銘文が多く用いられる。径6〜8cmの小型鏡が多い。重圏文日光鏡は内・外区がいずれも銘帯で，銘文は「見日之光，長母相忘」が多用され，昭明鏡の銘と組み合わされることが多い。前漢中期に出現し，晩期および王莽代にかけて盛行した。　　　　　　　　　　　　　（黄 名時）

にっちろく【日知録】
読書劄記体による短論文集。32巻。清の顧炎武撰。1676(康熙15)年の自序，1695(同34)年弟子の潘耒により刊行。経典の語句・政治・経済・社会等，広く様々な事柄について，文献を博捜した精密な考証の上に著者の鋭い見解が示される。清初期の経世致用の学を代表する一書である。　　　　　　　　　　　（佐々木 愛）

にっとうぐほうじゅんれいこうき【入唐求法巡礼行記】
比叡山延暦寺，第3代天台座主の慈覚大師円仁が請益僧として838(承和5・唐の開成3)年の入唐より847(同14)年に帰国する間の旅行記。4巻。『入唐記』『入唐巡礼記』『五台山巡礼記』ともいう。円仁(794〔延暦13〕〜864〔貞観6〕)は下野国都賀郡(栃木県都賀郡)に生まれ幼くして父を失い，9歳で出家，15歳のとき比叡山に上り，最澄の弟子となった。大使藤原常嗣の遣唐第1船に乗り博多津を出港，揚州開元寺，登州(山東省)の赤山法華院などに滞在したのち，許可なく五台山を巡礼し長安に入って修法するが，いわゆる三武一宗の法難の一つ，武宗による会昌の廃仏事件にあって還俗，登州より新羅商人の船で太宰府に帰着する。本書は玄奘の『大唐西域記』，マルコ・ポーロの『東方見聞録』とともに，東アジアの三大旅行記に数えられ，また円珍の『行歴抄』，成尋の『参天台五台山記』に先だつ古典的な日記文学としても著名である。内容は江蘇・山東・河北・山西・陝西・河南諸地域にわたり遣唐使，唐の地理・政治・交通はもとより各地の風物誌・民衆の生活文化・風俗・行事・宗教は　ては物価に至るまで，広く社会や経済について記述し，公私にわたる文書を収録するなど貴重な史料となっている。東寺観智院蔵古抄本のほか覆製本・通行本がある。　　　　　　　　　　　　（藤善 眞澄）

にてい【二程】
→程顥，程頤

にていいしょ【二程遺書】
北宋の二程兄弟(程顥・程頤)の語録を南宋の朱子が集大成したものである。『河南程氏遺書』のこと。全25巻。最初の1〜10は二程混合，11〜14は程顥，15〜25は程頤の語録。本書に漏れた語録を，朱子は『程氏外書』(詳しくは『河南程氏外書』)として編集した。二程没後，その門流は二程の語録をもとにそれぞれの二程像を描いていた。二程学派の統一のためにも二程の語録群の集大成は課題であったが，それを果たしたのがこの書である。　　　　　　　　（土田 健次郎）

にていぜんしょ【二程全書】
南宋の朱子が編集した『程氏遺書』(『二程遺書』)のこと，詳しくは『河南程氏遺書』)と『程氏外書』(詳しくは『河南程氏外書』)に，『程氏文集』『程氏易伝』『程氏経説』『程氏粋言』を合わせて刊行した北宋の二程(程顥・程頤)研究の基礎文献。最後の『程氏粋言』は口語で記録された語録を文語化した二次資料で，楊時の編集と伝えられてきたが否定されている。朱子以後，これらの書物は次第に合刻されはじめ，そのうち『程氏遺書』『程氏外書』『程氏経説』『程氏文集』は南宋に既に『程氏四書』として刊行されていた。明になって，元に編集された『程氏遺文』なども加え，現在のような『二程全書』になった。
　　　　　　　　　　　　　　　　（土田 健次郎）

にどばい【二度梅】
伝統演劇の演目名。別名『杏元和番』。唐代，郷里に隠居していた陳東初は俄の風雪に散る梅を見て冤罪を被った友人梅伯高を思い，出家を考える。陳家の書生，実は梅伯高の息子梅良玉が祈ると梅は再び咲き，彼の身元も明かされ，陳の娘杏元と婚約。その時，異民族との和議のため杏元を嫁す宣旨が下る。杏元は良玉に釵を贈り，自らは崖から身を投ずるが，神風が吹き鄒家の中庭に落ち，鄒家の養女となる。一方，梅良玉は穆栄と名を変え鄒家の書生となっていたが，鄒家の夫人のとりなしで二人は結ばれる。川劇では『重台別』。『二度梅』の名称は漢劇・湘劇・徽劇・秦腔・評劇。　　　　　　　　　　　　　　（松浦 恆雄）

ににゅうしぎょうろん【二入四行論】
「二入四行論」というのは禅宗の初祖菩提達摩の二入四行説の通称であって，この表題をもつ文書が存在するわけではない。唐代の禅宗史書『楞伽師資記』(716年頃撰)や北宋代の『景徳伝灯録』(1004年撰)には「略弁大乗入道四行弟子曇林序」の表題で収録されている。敦煌出土禅宗文献のなかに，達摩の遺文と見られるものを付録したものがあり，発見者の鈴木大拙によって「四行論長巻子」と名づけられた。すでに『楞伽師資記』も弟子の曇林が師の言行を記録して一巻の書となし「達摩論」と名づけたと言っている。ただし直接の聞き書きは二入四行説のみであったと言う。その内容は理論面と実践面とから大乗仏教の綱要を述べたものである。なかでも壁観と呼ばれる観法は『楞伽経』にもとづくものであり，禅宗形成の基礎となった。　　　　　（古賀 英彦）

にんだい【二人台】

演劇の一種であるが，歌舞的要素がつよく，セリフを用いない歌舞劇も多い。二人台の名のとおり，男性と女性の2名が組んで演じる。起源はそう古いものではなく，清代末期頃である。流布地域は，内蒙古や山西・陝西・河北の北部3省であり，モンゴル族と漢族の音楽要素が混交した曲調もみられる。二人台の唱腔(ふし)は豊富で200種以上を数える。伴奏楽器は，笛・四胡・*揚琴などと打楽器類を自由に組み合わせて使っている。 (井口 淳子)

ににんてん【二人転】

中国東北部および内モンゴルの一部に流布する伝統芸能。双調ともいう。約200年の歴史を持つ。東北地方の民謡を基に河北の語り物芸能蓮花落などの影響を受けて成立した。歌を中心としたせりふの混じる語り物芸能であるが，所作や舞踊など演劇的要素もあり，舞台を大きく動き回って歌い語るのが特徴である。旦(女形)と丑(道化役)の二人による掛け合いで演じる。旦は清朝期は男優が演じていたが，中華民国以降女優が登場し，現在は男女一対で演じる。主に演者がそれぞれ物語の中の役柄に扮して一人称で歌うが，演者が語り手の立場に立って物語を歌う部分も混じる。伴奏楽器は板胡(胡弓の一種)・*嗩吶(チャルメラ)・竹板(竹の板を2枚合わせた打楽器)，節子(竹の板を5枚綴り合わせた打楽器)などを用いる。演者は，手に扇子や絹のハンカチを持ち，ハンカチを水平に広げて飛ばすといった曲芸的な演技もする。一般的な上演形式では，初めに洒落や風刺，軽口が中心の滑稽な掛け合いの「説口」や，農村の風俗や短い物語を歌う「小帽」を演じ，次いで本題の演目を演じる。伝統演目は300篇以上あり，『三国志演義』や『*水滸伝』・『楊家将』・『*呼家将』・岳飛故事・包公故事・『西遊記』・『白蛇伝』・『梁山伯与祝英台』など古典小説や演劇を題材にしたもののほか，農村の嫁の里帰りを描く『小住家』や夫婦喧嘩のやり取りをユーモラスに描く『小分家』など，日常生活の一こまを題材にしたものも多い。『三国志演義』の諸葛亮の妻を天才発明家とする『孔明招親』や『楊家将』の楊八姐が仁宗皇帝の求愛に肘鉄を食らわす『楊八姐遊春』など，小説には見られない伝承も題材になっている。なお，本来二人で演じる二人転の変種として，男性一人もしくは女性一人で演じるものを「単出頭」，三人以上で演じるものを「拉場戯」といい，これらも習慣的に「二人転」と総称されている。吉林省の地方劇吉劇は，二人転を基に演劇へと発展したものである。 (岡崎 由美)

にはく【二拍】 →三言二拍

にぶぎ【二部伎】

唐代の宮廷燕楽の重要な演奏様式の一。堂下(殿庭)で立奏する楽部「立部伎」と堂上(殿上)で座奏する楽部「座部伎」の2部からなるのでこの名がある。唐代には南北朝以来の漢民族の俗楽である清商楽と，外来の新旧の胡楽とが盛んに融合して新しい音楽が生み出されていたが，宮廷においても唐初からすでにこの種の音楽を創作することが行われていた。これらは宮廷音楽家により皇帝の功業，朝廷の繁栄を歌頌するものであったので，自ずから儀式性を具え，国家の宴饗に供されるのにふさわしいものであった。また，漢民族伝統の雅楽器を用い，衣冠をかえて雅楽として祭祀に用いられることもあった。座部と立部に分けることも雅楽の堂上・堂下の形式にならうものである。二部伎の名称はすでに則天武后の頃にあったが，これを十部楽に代わる制度として立部と坐部の楽曲計14曲を選定し，二部伎としての形式を整えたのは，盛世とうたわれた玄宗朝(712〜756)の初めである。

「立部伎」8曲：『安楽』(原名は城舞)は城郭を象った隊勢を作って舞い，南朝陳を滅ぼした北朝北周の武帝の武功を賛えたもの。西周の楽舞『大武』になぞらえたといわれる。『太平楽』(原名は五方獅子舞)は隋代民間の雑伎より出たもので娯楽性が強いが，獅子は武威と吉祥を象徴する珍獣であるとして唐代に宮廷楽舞となった。以上の2曲は唐以前の作である。その他は唐の太宗(在位626〜649)から玄宗までの約100年間に創作されたものである。すなわち『破陣楽』と『慶善楽』は太宗の時の武舞と文舞，『上元楽』と『大定楽』は高宗(在位649〜683)の時に作られた武舞と文舞である。『聖寿楽』は則天武后朝の盛世を祝う「字舞」で，慶賀たい文字を象りながら舞う。『光聖楽』は玄宗が，中宗の后を弑して朝廷の難を除いた功を祝うものである。

「座部伎」6曲：『讌楽』は唐初の張文収作の『景雲河清歌』に『慶善楽』『破陣楽』『承天楽』を加えて4部曲としての編曲したもの。『長寿楽』と『天授楽』の長寿・天授は則天武后朝の年号。『鳥歌万歳楽』は則天武后の時，朝廷の鸚鵡が万歳を唱えたのを吉祥とし，『龍池楽』は玄宗の時，興慶宮に泉が湧き池となったことを瑞祥として作られた。『小破陣楽』は玄宗の作品で，立部伎の『破陣楽』の編曲である。

二部伎は太常寺が管理した。14曲を通して演奏されることはなく，毎回，数曲が選ばれた。当日は先ず座部伎の楽曲，次に立部伎，そして馬戯，散楽の順に上演された。

立部伎は規模が大きく，舞人の数は60人から180人，伴奏の楽器に琵琶・簫・篳篥などのほか，大小の太鼓類を多く用いる。『旧唐書』音楽志に，破陣楽から後の楽曲は亀茲伎の音調を交えて太鼓の

音は遠く四方に響きわたり，文舞である『慶善楽』のみは西涼の音楽を用いて閑雅であったという。

座部伎は小規模で，舞人の数は3人から10人前後，音楽は『長寿楽』から後の楽曲は亀茲伎を用い，舞人は西域の服装で靴を履き，『龍池楽』のみは雅楽の形式にならって舞人は漢民族の履をはく(『旧唐書』音楽志)。座部伎は堂上の楽であるから，亀茲の音楽といっても文舞・武舞ともに太鼓の類は少なく，琵琶や五弦，笙など主に管弦を用いた法曲の類で，清雅の趣のものであった。音楽の芸術性，楽人の技と容貌においても座部伎は当時の最高の水準であったといわれる。

二部伎の制度は，安史の乱後消滅したが，楽曲はひき続き上演されていた。中唐の詩人，白居易の詩『立部伎』により，当時の立部伎は雑技も演じていたことがわかる。しかし，座部伎の音楽は，同詩に「笙声清し」といわれるように，なお本来の面目を残していたようである。　　　　　　　　（古新居 百合子）

にぶつへいざぞう【二仏並坐像】　2体の如来像(釈迦如来と多宝如来)が左右に並んで坐す像のこと。『法華経』見宝塔品に拠れば，釈迦の説法中に多宝如来の宝塔が地中から出現し，多宝如来は釈迦を讃嘆して塔内に招き入れ，半座を分かち，2仏が並んで坐したという。二仏並坐像はインドに先行作例が見あたらないが，中国では5世紀前半の炳霊寺石窟第169窟壁画をはじめ，敦煌莫高窟・雲岡・龍門・鞏県などの石窟造像・四面像・碑像・金銅仏などで盛んに造像された。2仏のうち片手を挙げる方が多宝如来と考えられる。

（石松 日奈子）

にほんこくげんざいしょもくろく【日本国見在書目録】　平安時代の図書目録。「本朝見在書目録」「外典籍目録」とも。1巻。891(寛平3)年以前の成立か。巻頭に「正五位下行陸奥守兼上野権介藤原朝臣佐世奉勅撰」とある。漢学者の藤原佐世が，勅命により，当時現存した漢籍を，『隋書』経籍志に倣って4部40家に分かち，書名・巻数，あるいは撰者・注者などを略記したもの。ただし，『弘帝範』や『弁色立成』など，一部に国書と思われるものを含む。経部は，1の易家から10の小学家まで，史部は11の正史家から23の簿録家まで，子部は24の儒家から37の医方家まで，集部は38の楚辞家から40の総集家まで。総計1578部，16997巻の書籍を記載する。

平安時代前期までに日本に舶載された漢籍の全体像を示すだけではなく，著録される図書の多くが現存せず，また中国で逸して日本にのみ伝存していた書名も見られるので，漢籍の書誌学にとっても貴重な資料となる。　　　　　　　　　　（大谷 雅夫）

にほんこくし【日本国志】　中国歴史上，初の総合的かつ本格的な日本研究書。40巻。清末の黄遵憲の著作。1877(明治10)年末，清朝政府派遣の初代駐日公使何如璋に随行し来日した30歳の著者が，外交官の責務として日本研究を自らに課した。明治維新直後の，大きく変動しつつある日本のすべてを，できる限り正確に理解しようと努める彼の熱意にこたえ，当時の日本を代表する漢学者の石川鴻斎・亀谷省軒・岡鹿門らが公私の資料を提供し，翻訳の労を執るなど積極的な援助を行った。全体は中国史書の体裁にならい，中東年表および国統志3・隣交志5・天文志1・地理志3・職官志2・食貨志6・兵志6・刑法志5・学術志2・礼俗志4・物産志2・工芸志1の全40巻13門。叙述の中心は一般的な日本古今の通史を書くことにはなく，近代化を進める明治期日本の詳細な調査とその記録にあった。1890(光緒16)年広州富文斎刊本をはじめ，浙江書局本・上海図書集成印書局本などがある。なお富文斎刊本は2001年，人名索引を付して影印され，2005年には呉振清らによる点校本が天津人民出版社より出版されている。　　　　　（筧 久美子）

にほんざつじし【日本雑事詩】　清末の詩人である黄遵憲が，外交官として見聞したさまざまな日本像を，七言絶句に詠みこんだ百科全書的な大型組詩。明治維新以後の日本に対し中国の関心がたかまったことから，『日本国志』執筆を志した著者が，日本事情を分かりやすく説明するため，詩に解説を添えたもので，日本人読者にも好評を博した。1878年秋から79年春までの詠詩を，著名な日本人漢学者，重野安繹・岡千仞・青山延寿・蒲生重章らが批評と校正に加わって出来上がったのが最初の154首同文館聚珍版活字本。その後，香港や日本でも刊行されて流布し，格好の日本案内書とされるにいたった。のち，ロンドン在任中の余暇に改訂増補した1890(光緒16)年の序文を付すものが，現在一般に通行している定本2巻200首。歴史・政治・制度・人物・風俗・習慣・芸能など，当時の日本を中国人の目で観察した記録としても貴重。実藤恵秀・豊田穣 共訳がある(平凡社東洋文庫，1968年)。

（筧 久美子）

にほんしし【日本詩史】　日本人の漢詩の歴史を通観する詩話。全5巻。1771(明和8)年刊。著者は江村北海。巻1は上代から慶長末までの堂上貴族の詩を，林鵞峰の『本朝一人一首』を主たる資料として引用し，批評する。巻2は巻1と同じ時代の武家・医師・隠者・僧侶・女性。巻3以降は元和

(1615-24)以後の在野の詩人を，3は京阪，4は関東，5は諸国と地域を分かち，それぞれに評する。引用される詩句はほとんど著者による添削をうけている。『新日本古典文学大系』65所収。

(大谷　雅夫)

にほんほうしょし【日本訪書志】　清の書目。17巻，のち部分的に改編され16巻。1897(光緒23)年刊。楊守敬著。著者は歴史地理，金石，版本学者で，1880(光緒6，明治13)年に清国駐日公使の随員となり来日，以後84年に帰国するまで，日本に伝わる旧鈔本や宋元版など，大量の善本を収集した。彼が来日した当時は，明治維新により旧家伝来の古書が市場に多く流出し，またそうした古書に積極的な価値を認める者も少なく，更に『経籍訪古志』を著した森立之など，古書に詳しい日本人の協力を得たことが，その収集を驚くべき成功に導いた原因であった。本書はこうして彼が集めえた，もしくは親しく見た古書のうち約230種の版本的特徴を述べた目録で，その中には朝鮮刊本や若干の国書，朝鮮書，また本文の優れた近世の和刻漢籍なども含まれる。本書は中国人に対し，日本に伝来する漢籍の価値をはじめて本格的に，信頼できる形で伝えた文献であり，その記述には今なお相当の学問的価値がある。

(井上　進)

ニヤいせき【ニヤ遺跡】　新疆ウイグル自治区ホータン民豊県の沙漠に埋もれた都市遺跡。スタインによって1901年に発見，調査され，中国による発掘が続いている。東西10km，南北5kmにわたって遺構が確認された。ニヤ河に沿って灌漑水路，橋，溜池，果樹園，畑，家畜小屋，墓地，住居，役所，寺院，仏塔などが発見されている。墓では箱形，舟形の木棺に，コーカソイド系の人々が埋葬されている。棺内からは毛皮やフェルト，麻や絹織物，木製容器や弓矢，後漢時代の青銅鏡や五銖銭などがみつかっている。建築址からはカロシュティー文字木簡，漢字木簡，紙文書，「司禾府印」の銅印などが出土している。内容は公文書，売買契約文書，帳簿類，個人的な手紙などで，公文書の中には鄯善王国からの命令や通達などがある。往時は水が流れる緑豊かな環境で，東西南北の交易で栄えたオアシス都市であった。その後，河川流路の変遷でしだいに乾燥して住めなくなり，4世紀ころには廃絶した。1988年から仏教大学による日中共同調査が始まり，寺院址や墓地を発掘している。

(岡内　三眞)

にゅうこゆう【乳虎卣】　→食人卣

にゅうしょくき【入蜀記】　南宋の陸游の旅行記。6巻。1170(乾道6)年夏，陸游は家族を伴い，故郷山陰(浙江省)から夔州(四川省)副知事赴任の途に就く。大運河を北上して鎮江(江蘇省)から長江に入り，これを遡上する5か月余りの旅程を日記体で綴ったもの。立ち寄った各地の気候・風土・生活風景・人物および名所旧跡や土地にゆかりの人物，文学作品などについて記し，范成大の『呉船録』とともに宋代の旅行記の代表とされる。

(中原　健二)

にゅうもん【乳文】　乳文とは小さな円形の突起を表した文様で，特に青銅器上に多く用いられる。明確な定義はないが，表面が平らなものを乳丁文(乳釘文)と称することもある。最も原始的で簡単な文様であるため，青銅彝器の出現した二里頭文化期に初めて用いられた。その後も用いられ，例えば二里岡文化期以降の大方鼎の側壁四周を縁取る帯の中に乳文を数列配したものを特に百乳文といい，殷墟期以降には斜方格乳文などの複合的な文様がある。また漢代から三国時代の銅鏡上には星などに見立てられた乳文の系統をひく円錐状の乳文が多用される。

(内田　純子)

にゅうやくきょう【入薬鏡】　崔姓の人物によって書かれたとされる内丹書。宋代には複数の「入薬鏡」が存在し，夏元鼎は7種の異なる本を得たという。現行本としては，『修真十書』巻21に崔希範による唐末の紀年を有する『天元入薬鏡』が，曾慥『道枢』巻37に「入薬鏡」上篇と中篇の2篇が収められる。最も流通しているのは一句三字から成る歌訣で，南宋の蕭廷芝注本等がある。いずれも内容が異なることから，本書は五代から南宋にかけて書名と本文とが別個に流通し，やがて三字句本による淘汰が進んだもののようである。(森　由利亜)

にゅうわ【入話】　説話の中の小説に特徴的な，本題の前に語られる導入部分の名称。講釈師が本題の主題や内容を要約した詩詞を解説したり，本題と類似の話，あるいは正反対の話を短く語り，座を整え盛り上げ本題へと導く働きをする。日本の落語・講談・浪曲の枕のようなもの。内容は固定的なものでなく，演じる時々で講釈師による自由度が高かったと考えられる。のちの短篇白話小説(話本・擬話本)でもこの形式は踏襲された。(笹倉　一広)

にょい【如意】　長い柄の先端に手指の形をした頭部がつくという，孫の手と同様の器物。僧侶の持物の一つで，すでに古代インドで使用され，背中をかくなどする実用具であった。仏教伝来に伴って中国へも伝わり，「意のままになる」ということ

から，この漢名が付けられた。後には威儀を正す儀礼具あるいは仏前での供養具として用いられ，頭部の形が雲形をしたものも出現した。骨角・木竹・陶磁・玉石・七宝・金属など，多様な素材で制作される。
（松本　伸之）

にょいりんかんのんぞう【如意輪観音像】
最も遅れて成立した変化観音。唐の実叉難陀訳『観世音菩薩秘密蔵如意輪陀羅尼神呪経』が所依経典として古い。その姿として，菩提流志訳『如意輪陀羅尼経』は2臂を説き，同訳『不空羂索神変真言経』は6臂を説く。一般には6臂の姿が知られ，如意宝珠と法輪の力を併せ持つ観音として信仰された。唐大智禅師碑（西安碑林博物館蔵）額頂部が6臂の古例であり，他に四川省丹棱鄭山第40号龕，広元千仏崖大雲洞などに遺例がある。
（長岡　龍作）

にょらいぜん【如来禅】
禅宗の開祖菩提達摩の禅の別称。4巻本『楞伽経』（『四巻楞伽』）に①愚夫所行禅，②観察義禅，③攀縁如禅，④如来禅の4つの分類があり，この経においては④すなわち「自覚覚他（自らが覚ると共に他人を覚らせる）の如来の禅」を指す。この説に基づいて北宗禅の有作定の禅（作意を伴う坐禅）を批判した唐の荷沢神会は，如来禅を無念・無住・第一義空と同義語とし，般若の智慧そのものと主張する。荷沢宗を自認する圭峰宗密は，達摩が伝えた最高・最深の最上乗禅を「如来清浄禅」と呼ぶ。その後，一般に禅宗の禅を如来禅というようになった。
（石井　修道）

にょらいぞう【如来蔵】
衆生にそなわっている如来（＝仏）としての本性。サンスクリット語のtathāgata-garbha（如来の母胎，あるいは如来の胎児）の訳。仏性とほぼ同義。煩悩に纏われた仏の法身（在纏位の法身）で，一切の衆生に平等に遍在するとされる。インドの大乗仏教において形成された思想で，『如来蔵経』『勝鬘経』『究竟一乗宝性論』などに説かれる。中国では特に『大乗起信論』を通して，華厳宗や禅宗の思想に大きな影響を与えた。
（末木　文美士）

にりく【二陸】
→三張二陸両潘一左

にりこうぶんか【二里岡文化】
1952年に河南省鄭州市内で発掘された二里岡遺跡を文化名の由来とする。黄河中流域において，夏王朝が担い手とされる二里頭文化に後続し，殷王朝中期の文化や殷王朝後期の殷墟文化に先行するもので，殷王朝前期に相当する。その前半を二里岡下層，後半を二里岡上層と呼んで前後2時期に区分する。二里頭文化に
はじまる青銅礼器を発展させて青銅器時代全盛期の基礎を築いた。鼎をはじめ，斝・觚・爵に代表される酒器類など，殷・周時代を代表する青銅器の器種は二里岡文化においてほぼ出揃う。

二里岡文化の時代，殷王朝の2つの都城が並存していた。一つは河南省偃師市にある偃師商城で，もう一つは河南省鄭州市にある鄭州商城である。二里岡遺跡は後者の一部分をなす。いずれも長方形プランの大規模な城壁をもつ都市遺跡で，より規模が大きい鄭州商城を殷王朝前期の王都の亳，偃師商城を副都の位置づけをもつ西亳とする説が有力である。この2つの都城は，夏王朝の王都と推定される二里頭遺跡の廃絶と相前後して台頭した殷王朝の都城であった。二里岡文化の前身は先商文化と呼ばれ，太行山脈東側の河南省東北部を中心に，夏王朝の二里頭文化と併存した。この先商文化が南下して中原の二里頭文化に取って代わり，殷王朝前期の二里岡文化へと発展したのである。

二里岡文化を特徴づける鬲・罐・大口尊などの土器は，山東省西部から陝西省東部に至る黄河中流の全域から長江中流の北岸にまで分布し，殷王朝前期の政治圏の広がりを反映している。陝西省東部の老牛坡遺跡や湖北省の盤龍城遺跡など，二里岡文化の周辺部には殷王朝の植民的拠点集落が建設された。これらの拠点集落を通じて，殷王朝はその政治圏の外の諸地方とも交流し，中国の政治的文化的まとまりの原型を形成した。
（西江　清高）

にりとういせき【二里頭遺跡】
河南省偃師市西部の二里頭村で発見された初期王朝時代（夏・殷・周時代）最古の都城遺跡。その年代は殷前期の二里岡文化期より古く，新石器時代に後続するものである。1959年，徐旭生らの所謂「夏墟」（夏王朝の都跡）の調査によって発見された。発見以降今日まで，中国社会科学院考古研究所によって発掘調査が継続されている。遺跡の範囲は東西約2400m，南北約1900mおよび，面積は約300万m^2ある。1972年，遺跡中央部の1号宮殿址が発掘された。ほぼ正方形を呈する基壇（東西約108m，南北約100m）の中央部北寄りに殿堂（東西約36m，南北約25m）が作られ，基壇南辺には大門（東西約34m，南北約2m）が設けられていた。大門の東西両側から基壇の四周には回廊がめぐらされていた。つづいて1977〜78年には2号宮殿址が発掘された。東西約57.5m，南北約72.8mの基壇が築かれていて，建物の構造は1号宮殿址とほぼ同様であった。2003〜04年には，これらの宮殿址をとり囲む長方形の土塁壁が発見された。東壁約378m，西壁約359m，南壁約295m，北壁約292mあり，周囲は井字状に交差した4本の道路で囲まれていた。宮城と

呼ばれるこの区画の内外から，これまでに各階層の墓，中小の建築址，祭祀遺構，青銅器製作址等各種の手工業工房址が発見されている。2002年に発掘された3号墓からは2000片余りのトルコ石片で形づくられた長さ約64.5cmの龍形器が出土し，注目された。『漢書』地理志に偃師県には殷の創始者湯王の都があったとあることから，1970年代まで二里頭遺跡はその湯王の都の西亳であるとする説が有力であった。しかし，1983年に同じ偃師市に所在する二里岡文化期の偃師商城が発見されると，この新発見の遺跡を殷湯王の都城とする説が支持されるようになった。その結果，二里頭遺跡は偃師商城に先行して存在した夏王朝の王都とする説が広く受け入れられることとなった。　　　（西江　清高）

にりとうぶんか【二里頭文化】　前19世紀から前16世紀頃，黄河中流域を中心に展開した青銅器時代早期の文化。殷王朝前期の二里岡文化に先行し，新石器時代に後続する。その年代と分布域の特徴から，現在一般に夏王朝がその担い手であったと考えられている。二里頭文化の存在は1953年の河南省登封玉村や，1956年の河南省鄭州洛達廟の小規模な発掘ではじめて知られ，当時は洛達廟類型と称された。1959年，中国科学院考古研究所の徐旭生らによる「夏墟」探索の過程で，洛達廟類型に属する大規模な集落遺跡である河南省偃師二里頭遺跡が発見され，以後，二里頭文化の名称が確立した。1970年代には二里頭文化の前半（1期・2期）を夏王朝の文化，後半（3期・4期）を殷王朝早期の文化とする説が広まったが，1983年に二里頭遺跡の北東6kmの地点で二里岡文化期の偃師商城が発見されたことで，二里頭文化はその1期から4期まですべてが殷王朝に先立つものであり，夏王朝がその担い手であるとする説が有力となった。

二里頭文化は，前3千年紀後半の黄河中流域南部に栄えた新石器時代の王湾三期文化を母体とし，周囲の文化を吸収しながら前2千年紀前半に洛陽地区・鄭州地区を中心に生成した初期国家の文化である。その分布は，河南省洛陽地区・鄭州地区にもっとも濃密で，西は陝西省東部，東は河南省東部，北は黄河以北の山西省西南部や河南省北部，南は長江流域の河南省南部にまで広がる。黄河中流域に二里頭文化の担い手たる政体が誕生したことで，中国大陸にはじめて中原を中心とした，華北・華中の広域を巻き込んだ地域間の関係圏が成立した。

二里頭文化最大の遺跡である二里頭遺跡は，総面積約300万m²。中央部に城壁に囲まれた10.8万m²の宮殿区があり，そこに1970年代発掘の1,2号宮殿址をはじめとする多数の大型建築基壇が折り重なるように集中している。宮殿区の内外からは，支配層・平民層の墓，青銅器・骨器の製作工房，祭祀場，井戸，水溝，南北に交差する道路網などが発見され，青銅器・玉器・トルコ石象嵌の祭祀用器・骨器・土器・灰釉陶・漆器・紡織品など，当時の工芸技術の結晶といえる数々の製品が出土している。そのうち特に爵・盃・鼎に代表される青銅容器やトルコ石象嵌の龍形儀仗などは二里頭遺跡以外で出土することはなく，王の周囲に独占された権威の象徴物であった。一方，玉璋やトルコ石象嵌の獣面文牌飾などは，類似品が二里頭文化圏の外に位置する黄土高原地帯や黄河上流部，あるいは南方の四川成都平原（三星堆遺跡）や華南・ベトナム北部などでも出土しており，中原の王都と遠隔地の首長層との緩やかな交流を物語る。中国的世界の地理的枠組は，このときはじめてその姿を現したといえよう。中国における青銅器の出現は新石器時代後期にさかのぼるが，複雑かつ精巧な鋳型と大量の青銅原料を必要とする青銅容器の製作は二里頭文化で開花する。二里頭文化の青銅器容器は礼器としての扱いをうけ，青銅礼器はやがて殷・周王朝に継承されて著しく発展し，政治的儀礼の中核に位置する象徴的道具となる。その意味でも，夏王朝を担い手とする二里頭文化の出現は，中国文明史の画期であった。　　　　　　　　　　　　　　（西江　清高）

にんい【任頤】　1840（道光20）〜95（光緒21）。清末の画家。蕭山（浙江省杭州市）の出身だが，原籍は山陰（同省紹興市）なので，作品には「山陰任頤」と署名することが多い。字は伯年，号は小楼。同郷の任熊（1823〜57。任頤の伯父）・任薫（任熊の弟）・任預（任熊の子）とともに「四任」と称される。若い頃の一時期，太平天国軍に従軍したこともあったが，その後，任熊や任薫について画を習い，1868（同治7）年に上海に出てからは名声を得て，海上派を代表する画家となった。花鳥画や人物画を得意とし，初期の頃は，明瞭な輪郭線と鮮やかな色彩を特徴とした花鳥画や，奇怪にデフォルメされた陳洪綬ふうの人物画を多く描いたが，やがて軽妙な筆致による簡潔な作風へと変化していった。彼は上海の新興階層の嗜好を敏感に察し，身近で通俗的なテーマを題材に選んで，しかも詩などの難しい題記はほとんど記さず，学問的素養がなくとも鑑賞できる平明な絵画を好んで描いた。形骸化した清末の絵画に新風を吹き込み，近代絵画の発展に大きく貢献した。
　　　　　　　　　　　　　　　　（古田　真一）

にんきょう【任俠】　任俠とは，人の恩には死を以て報い，約束履行のためには命も顧みない，他人を救うためには自己犠牲をものともしない，といった狷介剛毅・自由奔放な精神ならびにその体現

者を指し，原初形態は，中国史上最大の社会変動期である春秋戦国時代に見られる。変動が生み出した大量の遊民には，人との結合を求める以外に自己保存の術がなく，学問や弁舌，あるいは武芸といった自らの能力と引き替えに，有力者の「客」として保護されていった。そうした彼らが，「主」としての有力者に対して抱いた素朴な生活感情から生まれた行動規範こそが，任俠であり，それはいわば習俗として，戦国から秦漢にかけて形成されたさまざまな社会集団における人的関係を規定していた。以後の王朝体制下では弾圧の対象とされるが，戦乱時に発生する武力集団はしばしば任俠的精神を核として形成され，民衆的な正義の実現をめざすこともあり，様々な形態の文学の主要な題材となっている。

（高木 智見）

にんぎょうで【人形手】 人物の型押し文をもつ明中・後期の青磁の日本での呼び名。下部が丸みをもった器形の碗や鉢の内側に，4，5人の人物が並ぶ文様のものが主であるが，型押しの吉祥文や文字文をもつものをこの名で呼ぶこともある。大部分が龍泉窯の製品であるが，福建省あたりで生産された倣龍泉青磁と思われる粗質のものもまれにある。海外にも盛んに輸出され，日本では素朴な造形が好まれて茶道具として盛んに使われた。

（森 達也）

にんし【任子】 →恩蔭

にんじんぱつ【任仁発】 1254（宝祐2）〜1327（泰定4）。元時代の画家。青浦（上海市）の人。字は子明，号は月山。官は都水少監から都水庸田副使，浙東道宣慰副使に至った。画家としては仁宗に『春熙図』『天馬図』二図を奉り，画馬，人物花鳥に長じたという。しかしその生涯はむしろ水利家として優れた業績を残し，著には『水利集』がある。代表作に『二馬図巻』（北京，故宮博物院蔵）があり，その一族の墓志が上海市青浦県で発見されている。

（塚本 麿充）

にんだいちん【任大椿】 →任大椿

にんでんがんもく【人天眼目】 南宋の禅宗の書。3巻あるいは6巻。1188（淳熙15）序刊。晦巌智昭 編。禅宗五家の宗要を知らせるために，各派の先人の掲げた宗綱と，それに対する後人の偈頌や拈提（禅の立場から解説すること）の語を収録する。公案禅の流行を受けて，中国・日本でしばしば刊行され，朝鮮本もあるが，編集意図による宗派等の異同がみられる。また注釈書や提唱・講述の記録（抄物）も多数伝えられる。

（永井 政之）

にんでんほうかん【人天宝鑑】 南宋の宗教書。2巻。1230（紹定3）年序刊。曇秀編。仏教界のみならず，儒教，道教などにわたって，修行者を督励する先人の業績や言葉110余編を博捜したもの。

（永井 政之）

にんどうもん【忍冬文】 植物文様の一種。忍冬はスイカズラ科の蔓性植物で，冬も葉の一部が枯れないためこの名がある。忍冬文は単純にスイカズラを文様化したものというよりも，パルメットや半パルメット（パルメットを縦に半裁した形）を連続させた一種の唐草文様であり，パルメット唐草文あるいは忍冬唐草文とも称される。パルメットは棕櫚の葉を扇形に開いたような植物文様で，その原型は古代エジプト，アッシリア，ギリシアにもとめられるとされる。中央アジアを経て中国に伝わり，南北朝時代の仏教美術と結び付いて独自の発展をとげた。南北朝時代の雲岡や龍門といった石窟寺院に好例がみられる。日本にも伝播し，飛鳥時代の装飾意匠に盛んに取り入れられた。

（福島 雅子）

にんぷうし【任風子】 →任風子

ニンポー【寧波】 浙江省東部の都市。余姚江と甬江との合流点に位置する。古くは越国に属し，中心地は甬江の東にあり，前漢には鄞県が置かれた。現在地へ移ったのは東晋時代であり会稽郡に属した。唐の738（開元26）年，西南の四明山にちなんだ明州の名が生まれ，五代呉越国のとき県名を鄞と改め，南宋では慶元府，元では慶元路といい，寧波の名は明の寧波府に始まった。古来，東方国際貿易の海港として繁栄を続け，遣唐使船をはじめとする日本や朝鮮の船舶が多く出入りし，宋代には南海貿易も行われ市舶司も置かれた。遣唐使や入唐僧・入宋僧の発着地となり，多くの巡礼僧・禅僧が訪れた。明代にも勘合貿易船の指定港となり，嘉賓堂という迎賓館も設けられた。また茶や綿の産地として活況を呈し，上海に進出し浙江財閥を生むエネルギーとなった反面，皮肉にも倭寇の略奪目標ともされた。1840（道光20）年，アヘン戦争の結果（南京条約）開港された。

（藤善 眞澄）

ニンポーぶつが【寧波仏画】 浙江省寧波の地で制作された，南宋時代から元時代に至る一群の仏画のこと。現存する作品は，すべて鎌倉時代から南北朝時代にかけて中国から舶載され，日本の寺院を中心に伝来するもので，一部は，近代になって欧米へ流出している。仏画の落款から，普悦・金

処士・*金大受・林庭珪・周季常・陸信忠・趙璃（ちょうけい）・周四郎・張思訓・*張思恭・陸仲淵・陸王三郎などの画家名が知られるが、いずれも中国の画史書には著録がない。日本では、室町時代以降、『御物御絵目録』や『君台観左右帳記（くんだいかんそうちょうき）』に、同朋衆の能阿弥・芸阿弥・相阿弥らが過眼した宋元画とあわせて寧波仏画の画人を記録する。これらは、作品の落款に由来し、西金居士のように誤読から生まれた架空の仏画師も存在する。寧波仏画は、かつて南宋以降の禅宗寺院の活動と関係すると考えられたが、実際は、寧波が明州あるいは慶元府と呼ばれた12世紀から13世紀の頃、寧波城内の東南廂に所在した天台宗寺院延慶寺を中心とする地域社会の信仰を背景に制作されている。延慶寺は、北宋初、知礼が主導した唯心浄土説の修行道場であり、一方で、地域社会との間で1万人の浄土結社を長期にわたって存続させてきた中心寺院であった。唯心浄土説による普悦の『*阿弥陀三尊像』（京都、清浄華院（しょうじょうけいん）蔵）をはじめ、金処士・金大受・陸信忠らの十王図・羅漢図・涅槃図などに描かれる内容も、延慶寺を中心とする天台浄土教や法華経信仰と深く結びつく。出家僧の普悦以外は、いずれも俗姓をもつ職業的な仏画師で、延慶寺に近い車橋の西に位置した石板巷などの地域に集中的に居住し、画行を組織し、世代を継いで仏画制作にあたったものと考えられ、既存のパターンを共有反復し、演劇的ともいえる説話性や物の緻密な質感表現、明るい色調を主とするなど、庶民にわかりやすい表現を特色とする。また、阿弥陀画像を専門とする張思恭は、阿弥陀浄土信仰の中心地であった寧波と結びつく可能性が高い。

（井手　誠之輔）

ぬ

ヌルハチ　Nurhaci　1559〜1626（天命11）。清の太祖。在位1616（天命元）〜26。漢字では弩爾哈斉、奴児哈赤などと表記する。現在の遼寧省新賓満族自治県に生まれた。満洲族（マンジュ）の出身、アイシンギョロ（愛新覚羅）氏族。『満洲実録』によると、ヌルハチは明初に活躍した建州左衛の創始者猛哥帖木児（モンケテムル）（メンテム）の直系子孫であるというが、この説に信憑性はない。その事績が明らかになるのは、祖父ギオチャンガのときからで、かれは撫順馬市に出入りして、漢人商人と手広く取引を行う商人であった。

ヌルハチが登場する以前、東北地区では海西女真系のハダが、最も強力であった。それに対して建州女真系の各勢力は、分立抗争を繰り返していた。1583年にギオチャンガと父タクシが事故でともに死亡して、ヌルハチがその後を継いだが、一族の中にも敵対するものが少なくなかった。ヌルハチはこの困難な時期を乗り越えて、着実に勢力を拡大し、1589年には主要な建州女真を統一して、それからは海西女真のハダを併合し、続いてホイファ、ウラを滅ぼした。1619（天命4）年にはイェヘを倒して、満洲族を統一するのに成功した。その間従えた住民を居城近くに移住させ、旧来の社会組織をもとに佐領（ニル）を編成し、それを基礎に満洲八旗を作り上げた。そして1616（天命元）年には、皇帝の位についた。ヌルハチは、早くから国内ではマンジュの国名を使っていたが、このころから対外的には金（後金）を称するようになった。

ところで1600年代に入って、明との関係は急速に緊張した。明は、ヌルハチがハダを滅ぼし、ワルカやホイファを併合したあたりから、ヌルハチに脅威を感じ始める。ヌルハチは、経済的な要求では明に譲歩したが、その後国境の問題が起こると、対決姿勢を強めて、1618年に明への攻撃を開始した。これに対して明は翌年大軍を動員して、4方面からマンジュ国内に攻め込んだが、かえってヌルハチ軍のために大敗を喫した（サルフの戦い）。1621（天命6）年にヌルハチは遼東地方に進出して、満洲八旗とその家族を遼陽周辺に移住させたが、その後は漢人の反抗に苦しみ、毛文龍のゲリラ戦にも手を焼いた。1626年に病気のために死亡した。清史稿1

（松浦　茂）

ね

ねっか【熱河】 河北省承徳市の古称。北京の北にある。この地域はもともと長城の外にあり、少数民族の居住地であったが、清のときに康熙帝が、たびたび巻き狩りを行ったことから、開発が進むようになった。1723(雍正元)年に初めて熱河庁が設けられたが、その後変遷を重ねて、78(乾隆43)年に承徳府となった。管内には、康熙帝以降歴代の皇帝が滞在した避暑山荘など、多くの離宮が点在しており、府の北側には木蘭囲場(清が設けた特別の狩猟地で、そこで定期的に軍事演習を兼ねた大規模な巻き狩りを行った)もあった。なお熱河は、避暑山荘の東を流れる武烈河の別名であった。　(松浦　茂)

ねはんきょう【涅槃経】 釈迦の入滅と遺骨分配、最後の説法などを説く仏教経典。涅槃経の種類は多い。小乗涅槃経と大乗涅槃経に大別されるが、成立過程には未解明な点も多い。漢訳の小乗涅槃経に、『大正蔵(大正新脩大蔵経)』1に収める『長阿含経』の「遊行経」、『仏般泥洹経』2巻、『般泥洹経』2巻、『大般涅槃経』3巻などがある。しかし中国において広く普及したのは、『大正蔵』12に収める次の3種の大乗涅槃経であった。①東晋の仏陀跋陀羅・宝雲共訳『大般泥洹経』6巻(または『六巻泥洹』。法顕訳ともされる)、②北涼の曇無讖訳『大般涅槃経』40巻(北本)、③南朝宋の慧厳・慧観・謝霊運ら『大般涅槃経』36巻(南本)。①は、法顕がパータリプトラ(ビハール州パトナ)で獲た原典をもとに、建康で訳された(417～418年。『出三蔵記集』8の『六巻泥洹記』)。②は中天竺および于闐(ホータン)よりもたらされた原典をもとに、姑臧(甘粛省武威市)で訳された(412～421年)。経序に涼州道朗『大涅槃経序』(『出三蔵記集』8)がある。③は翻訳ではない。建康に②が到来した(430～431年頃)のをうけて、②の字句を一部修正し、また①にあわせて品名(章名)を改めた再治本である(433年頃成立)。大乗涅槃経の思想は2点に集約される。第一は仏は常住不滅であるという思想であり、キーワードに「常・楽・我・浄」がある。以前の仏教においては、一切の存在は無常・苦・無我・不浄であり、常・楽・我・浄を誤った見解(四顛倒)としてきたが、大乗涅槃経は迷いの状態と仏の悟りの境地とを区別して、仏においては常・楽・我・浄が成立することを述べる。ここに、原始仏教以来、仏教が否定し続けたアートマン(我)を、ある意味で肯定する思想が登場した。第二の特徴は、一切の衆生(生きもの)は仏性を有すると主張する点である。如来蔵経の「一切の衆生は如来蔵である(如来を宿している、成仏の可能性を秘めている)」という考え方を承け、涅槃経は「一切衆生　悉有仏性(一切衆生に悉く仏性あり)」と説く。とりわけ他の諸経典および①の6巻本の段階では、仏となる能力がないとして「一闡提」とよばれる人々を仏教的救済の対象から除外していたのに対し、②の曇無讖訳が「一闡提等にも亦た仏性あり」として救済の対象にふくめたことは思想史的に重要である(一闡提成仏説。『高僧伝』7・竺道生伝も参照)。六朝時代の涅槃経理解を窺う資料として撰者未詳『大般涅槃経集解』71巻(南本系)があり、宋の竺道生・僧亮(道亮とも)、斉の僧宗、梁の宝亮らの説が記録される。その後の注釈としては、隋の慧遠『大般涅槃経義記』10巻(北本系)、隋の灌頂『大般涅槃経疏』33巻(南本系)、隋の吉蔵『涅槃経遊意』、新羅の元暁『涅槃宗要』等がある(『大正蔵』37～38)。なお本来、生きもの(衆生)に関して言われた「一切衆生悉有仏性」は、吉蔵以降、「山川草木悉有仏性」と言い換えられ、植物を含むものとして拡大解釈され、様々な局面で中国独自の仏性説を展開した。また本経は、南朝宋の慧観以降、教判思想(教相判釈、判教)と密接に関わったほか、伊字の三点(インドのブラーフミー文字やシッダン文字では、伊すなわちイの音を表す文字として点を三つ書く。それと同様に、法身・般若・解脱の三つが一つになったとき、はじめて涅槃の境地が現出するということ)、醍醐の譬え(牛乳が酪・生蘇・熟蘇を経て最終的に醍醐に変化すると滋味をきわめることをもって、涅槃の境地も醍醐の如くであるとする)など、多くの有名な表現を生み出した。　(船山　徹)

ねはんしゅう【涅槃宗】 鎌倉時代の学僧凝然の『三国仏法伝通縁起』によれば、震旦(中国)13宗の一つで、曇無讖が訳した『涅槃経』を南朝宋から隋唐に至る諸法師が研鑽し、それぞれ宗義を明らかにし疏章を制作し、師資相承して広く教えを伝え、涅槃宗と号した。また、隋の慧遠・道綽、

唐の道宣など立場を異にするひとびとがともに『涅槃経』を重視し，慧遠の門人智徽が涅槃宗を興し，法礪が涅槃宗を学び，法宝が涅槃宗を立てた，という。凝然も『涅槃経』を所依の経典とする宗派という意味でよりも『涅槃経』の根本義という意味で「涅槃宗」の表現を用いているようである。

(中嶋 隆藏)

ねはんへんそう【涅槃変相】 日本において，釈迦の涅槃のようすをあらわした図相のほか，特に涅槃図のなかで，涅槃前後の出来事を涅槃のまわりにめぐらした図相をいう。中国からの請来画にもとづいて，鎌倉時代から数多く制作された。場面は，宋代天台宗における『涅槃経後分』の解釈に忠実で，純陀供養の場面，釈迦が阿難や帝釈天に遺訓を伝える場面，黄金身を開示する場面，虚空へ昇る場面，力士が金棺を動かせない場面，金棺が城門から出入する場面，荼毘の場面，分舎利の場面などを描くほか，金棺出現を加える作例もある。

(井手 誠之輔)

ねんが【年画】 新年や慶事を祝って家の内外を飾る民間絵画。木版画で長寿・厄除け・富貴・立身出世・良縁・子孫繁栄など吉祥の意味が込められた図柄を，華やかな色彩で表すものが一般的。起源は漢代以前の門神像にさかのぼるといわれ，北宋の都汴京では，新年をひかえて木版の年画が街角で売られた。遺存例としては，金・元代の版画が最古。明代には各地で生産され，清代になると蘇州版画(姑蘇版)をはじめ全国に広がった産地ごとに特色をもった版画が大量に作られ，現代に継承されている。

(小林 宏光)

ねんごう【年号】 皇帝が在位の年を表すためにつけた名号。漢の武帝が即位の翌年(前140年)に建元と定めたのに始まる。以後，清末まで間断なく行われ，朝鮮・日本もこれにならった。元号ともいい，それを改めるのを改元という。新帝が立つとその翌年に改元するのが例であった。1帝のうちでも，前漢は6～4年ごとに改め，後には休祥災異などがあると改元した。則天朝では，在位21年中に18の年号があった。明清代に一世一元となった。

(竺沙 雅章)

ねんどきょう【念奴嬌】 詞(詩余)をうたうときの曲調を示す詞牌のひとつ。3字は，もと唐の玄宗のときの歌妓である念奴のあでやかなるさまをいう。この詞牌がひろく知られるに至ったのは，北宋の蘇軾が流罪地の黄州で，「赤壁懐古」の小題を付して，「大江 東に去り，浪は淘い尽くせり

千古 風流の人物を」で始まる豪放な詞をこの詞牌で作ったことによる。

(山本 和義)

ねんぱく【念白】 伝統演劇の様式化されたせりふのこと。話白・賓白・道白・説白・白口とも。伝統演劇では，登場人物の身分や性格に応じ，古雅で韻律的なせりふ「韻白」と，演劇的誇張をほどこした口語「口白」を使い分ける。韻白は，「中州韻」(いにしえの中原の読書人階層の発音をイメージして作られた舞台用の発音体系)をふまえたセリフ，という意味であり，韻文のセリフという意味ではない。身分や性格が高貴な登場人物が使う韻白は日常語との区別化が著しく，ある種の文字について「上口」という特殊な読み方をし(例えば京劇で「可(ke)」を"ko"と読むなど)，文語表現を多く交え，アクセントやイントネーションも口語と異なるため，芝居の「通」でないと難解である。一方，庶民的な登場人物や道化役が使う口白は一般観客にも容易に理解される。このほか，準主役級の人物が舞台に登場するときにとなえる五言詩の二句「上場白」(上場詩とも)，退場するときにとなえる「下場白」(下場対とも)，複数の登場人物が舞台上にいるとき人物の一人が袖をあげて自分の顔を他の登場人物から見えぬよう隠し観客に顔を向け心のうちを独白する「打背供」，江南の語り物の「郷談」と同じく登場人物の地方色を強調するためわざと方言を使う「方言白」など，特定の場面にのみ使われるせりふの様式も多い。

(加藤 徹)

ねんぶつ【念仏】 「念」の原語をたどれば，初期仏教における念仏・念法・念僧の「三念」に見られるような「随念(くり返し想起すること)」〔sam〕-anu-√smṛ と『無量寿経』の「十念」に見られるような「作意(心を起こすこと，思念すること)」manasi-√kṛ との両者が考えられるが，漢訳においてその区別は明確ではない。大乗仏教において諸仏の姿などを憶念する実践がさまざまな形で行われ，浄土経典においては阿弥陀仏を念じて浄土往生を成就する実践とされた。初期仏教以来念仏と口称とが同時に行われる例があるが，『観無量寿経』に「汝若し念ずること能わざれば，応に無量寿仏と称すべし」(下品下段)とあり，中国の曇鸞が注目して以来，道綽，善導らを経て，日本の法然や親鸞の浄土教においては念仏を「南無阿弥陀仏」と口でとなえる称名念仏と解するようになった。中国においては宋・明代には禅浄一致の念仏禅が主流となった。

(宮井 里佳)

ねんぽう【粘法】 近体詩の声律上，各句の偶数番目の字の平仄を横に見た時の規則の一つであ

る。同一聯中の2句は，その偶数番目の字の平仄を逆にする（反法）のに対して，第2句と第3句のように隣り合う聯の隣り合う句の間では，その偶数番目の字の平仄を等しくすることを粘法という。その平仄が異なる場合，失粘と呼んで，破格とされる。また，広く平仄の誤りを失粘と呼ぶこともある。粘法を用いたものが正規の形となるのは盛唐以後のことである。

(坂内　千里)

ねんよう【年窯】　1726（雍正4）年から1735（雍正13）年までの景徳鎮官窯のことで，この間の御器廠督造官であった年希堯（？～1738）に因む。清朝官窯の最高峰とされ，新たな釉薬の開発と歴代陶磁器の再現に優れていた。宋代青磁の倣製に優れ，特にこの青磁を年窯と呼ぶことがある。

(矢島　律子)

の

ノイン・ウラ　Noin-Ula　モンゴル国の首都ウランバートルの北約120kmのところにある墓地。1924年，カズロフの探検隊により発掘され，漢代の匈奴の墓地と考えられている。墓地はノヨン・オールと呼ばれる山地の斜面の林の中に幾つかに分かれて分布しており，墓は数百基にのぼる。カズロフ探検隊の発掘した数基の大型墓からは前漢建平5（前2年）年の銘のある漆耳杯，漢の錦などの織物，鏡の破片，壁掛けなどが発見されている。中国で作られたものだけではなく，鍑の破片，鹿やヤクを表した銀製の飾板や動物闘争文を表した壁掛けなど，北方遊牧民族としての特徴を示すものがあり，またさらに西方で製作されたと考えられる人物や馬を刺繡した織物なども出土している。参照すべき文献としては，梅原末治『蒙古ノイン・ウラ発見の遺物』（東洋文庫，1960年）がある。　(高濱　秀)

のうか【農家】　諸子百家の一つ。戦国時代から前漢にかけて農業生産と農耕技術指導を重視した一派。『漢書』芸文志に『神農』20篇，『氾勝之』（『氾勝之書』ともいう）18篇など9種114篇が挙げられているが，すべて失われた。他書に引用された逸文によると，『神農』には天子が率先して農業に従事する君民皆農の論が説かれており，『孟子』にみえる許行もこの一派であったと考えられる。前漢成帝の時に書かれた『氾勝之』には麦・稲・豆などの栽培法や，区田法という多肥料・多収穫農法が記載されている。

(影山　輝國)

のうかいさいまんろく【能改斎漫録】　南宋初期の筆記。一名は「復斎漫録」。通行のテキストは全18巻。著者は呉曾，字は虎臣，臨川（江西省）の人。南宋の紹興年間（1131-62）に成立したが，宋室を誹謗する言葉があったため発行停止になったという。「漫録」と称するとおり内容はかなり雑多にわたり，一種の百科全書の体裁をとっている。言葉の原義，官職や地理の考証から詩文をめぐる議論や志怪記事まで含んでいるが，唐宋の詩文をめぐる資料の引用や議論は価値がある。　(岡本　不二明)

のうこうせつ【納甲説】　十干十二支すなわち六十甲子を八卦及び各爻に納入する考え方。納甲子というべきを略して納甲という。十干のうち甲・丙・戊・庚・壬は陽卦（乾・艮・坎・震）に，乙・丁・己・辛・癸は陰卦（坤・兌・離・巽）に配当するが，甲・壬は乾の内卦（卦の下半分）外卦（上半分）に，乙・癸は坤の内卦外卦に配する。また，十二辰のうち子・寅・辰・午・申・戌を陽卦の六爻の下より上へ順次配当し，丑・卯・巳・未・酉・亥を陰卦の六爻の上より下へ順次配当する。ただし，陽卦における子の位置は，乾と震とは同じく初爻にあり，艮は第五爻，坎は上爻にある。陰卦における丑の位置は，坤は第四爻，兌は第三爻，離は第二爻，巽は初爻にある。『京氏易伝』下巻に「天地乾坤の象を分け，之れを益すに甲乙壬癸を以てす。震巽の象は庚辛に配し，坎離の象は戊己に配し，艮兌の象は丙丁に配す」とある。納甲説は，前漢の京房が創始し，後漢の魏伯陽・三国の虞翻が発展させたが，その先駆は孟喜あたりからであろう。鈴木由次郎『漢易研究』に詳しい説明がある。　(近藤　浩之)

のうしょえいきょくふ【納書楹曲譜】　伝統演劇曲集。全24巻。清代，蘇州の葉堂により撰・編，校訂がなされ1792（乾隆57）年完成。主に清唱（扮装なしで歌う）の楽譜を収録。正集4巻，続集4巻，外輯2巻，補遺集4巻と，『西廂記』全譜2

巻，*湯顕祖の『臨川四夢』全譜8巻より成る。『西廂記』と『臨川四夢』の10巻を除く正集～補遺集の14巻には，元・明から伝わる曲353套(組)が収められ，その中には元雑劇36折(齣)，南戯68出(齣)，明清伝奇114出，時劇(当時流行していた弋陽腔・吹腔等の民間伝統演劇)23出，散曲10套，詞曲1套，諸宮調1套を含む。これは中国史上，民間ではじめて版刻され，豊富に曲を収録した曲譜集であるが，歌の部分のみで，所作・台詞は付されず，拍子・リズムの表示は細部が省略されている。しかしながら歌に関してはその細部の変化を重んじた記譜がなされ，後の清唱家の評価は高い。清代乾隆年間(1736-95)の原刻本と道光年間(1821-50)の補刻本があり，世に広く用いられた。　　　　(孫　玄齢)

のうせいぜんしょ【農政全書】　明の農業・農政指導書。60巻。1639(崇禎12)年刊行。著者は*徐光啓。内容は農本(農業総論)・田制(土地制度)・水利・農器・荒政(救荒政策)など12項目からなる。各主題ごとに，それ以前の関連史料を整理したうえで，西洋からもたらされた新知識を加え，徐光啓自身の評語も適宜挿入している。農業技術にとどまらず，農政全般にわたる指導書である。版本としては崇禎12年刊本(平露堂本)などがある。(大澤　正昭)

のうそういしょくさつよう【農桑衣食撮要】　元(14世紀初)のウイグル人魯明善が著した農書。2巻。『農桑撮要』とも称する。農家がなすべき作業を月毎に列記した時令型農書で，華北地方の農業はもとより，著者が南方の安豊路(安徽省)の監察官として赴任した際に観察した，江南地方の農業の実情をも記している。農政の最前線で活躍する役人の便覧となるよう配慮されているため，文章はきわめて平明かつ簡潔で，農業技術の説明も的確である。
　　　　　　　　　　　　　　　　(渡部　武)

のうそうしゅうよう【農桑輯要】　元の農業指導書。7巻。世祖クビライが司農司に編纂を命じた。完成は，序文によって1273(至元10)年とする説と，他の史料から1286(至元23)年とする説がある。元代を通じて数回刊行された。内容は，総論以下，主穀・桑栽培・養蚕・野菜・果実・竹木・薬草・家畜・養魚などに分かれる。各項目ごとに古今の農書を網羅しているだけでなく，「新添」として当時の新しい知識をも付け加えている。勅撰という性格もあり，農書としての評価は高い。版本は諸種あるが，繆啓愉が元刻本をもとに『元刻農桑輯要校釈』(農業出版社，1988年)を公刊している。
　　　　　　　　　　　　　　　　(大澤　正昭)

のうらんせいとく【納蘭性徳】　1655(順治12)〜85(康熙24)。清の詞人。満洲正黄旗人。字は容若，号は楞伽山人。1676(康熙15)年の進士。康熙帝の侍衛となってその才能を認められる。父は大学士として権勢を振るった明珠。24歳で『飲水詞』を刊行すると，「家家争って唱う飲水詞」(曹寅「題楝亭夜話図」)と評されるように，清々しい風格と斬新な措辞によって詞人としての地位を不動のものにする。明末清初の混乱を体験した年輩の世代の人々やその子弟たちと親しく交際して，文学上の影響を受ける一方，彼らに対して政治的経済的な支援を惜しまなかった。彼が23歳の時に亡くなった妻の盧氏に捧げた詞など，男女の愛を題材にした哀艶な作品にすぐれたものが多い。また塞外の風光を描いた作品も雄大で凜々しさに満ちている。技巧に走らない「自然」な作風は南唐の*李煜や北宋の詞人たちに匹敵するとみなされる(*王国維『*人間詞話』)。著書に『通志堂集』20巻，『淥水亭雑識』4巻がある。清史稿484　　　　　　　　(井波　陵一)

のぎめてんもく【禾目天目】　南宋の建窯(福建省)で焼かれた建盞の一種で，禾目の現れた天目。器の内外に兎の毛のような柔らかみのある細長い斑文が細かく浮き上がっているところから，中国では兎毫琖(盞)という。日本では稲の殻に突き出た禾に見立てて，禾目と呼ぶ。江戸時代に入ってから登場した用語で桃山時代以前の記録には見出せない。釉中の酸化鉄の結晶が流れて線状になったもので，銀色のものは少なく青色(青兎毫)や茶色(黄兎毫)が多い。
　　　　　　　　　　　　　　　　(砂澤　祐子)

ノルブリンカ　Nor-bu-gling-ka　チベット自治区ラサの西郊外，ポタラ宮から1.5km離れた場所にある宮殿庭園。チベット語でリンカは庭園，ノルブは宝石の意味である。ダライ・ラマ5世の夏の宿営地であったが，1740年代からダライ・ラマ7世によって夏の常設の宮殿が建設され始め，歴代のダライ・ラマの増築により敷地面積は36haまで拡大し，チベットに現存する最大の宮殿庭園となった。庭園内は，ダライ・ラマの宮殿区，行政区，庭園区に大まかに分かれる。ダライ・ラマ14世が1954〜59年に最後の拡張工事を行った。(包　慕萍)

は

はい【拝】 目上の者に挨拶する際の礼。古代中国では椅子を用いず床に座っていたが，正座の姿勢から腰を持ち上げて跪き，手を床につけると，それが「拝」の動作となる。『周礼』等の記載によれば，頭を地につけて叩頭するか否かなど，敬意の度に応じて様々な種類があった。隋唐以降，椅子の使用が一般化すると，「拝」の際には立った姿勢から跪いて手を地につけることとなり，相手との上下格差がより強調された。辛亥革命後，専制時代の悪習として廃止された。
(岸本 美緒)

はい【杯】 →杯・托

はい【盃】 →杯・托

ばいか【貝貨】 中国では，新石器時代末頃より，南海産の子安貝が多産・豊穣・再生の象徴として珍重されていたが，殷周時代になると出土例が急増し，とくに愛用されていたことが窺える。それらは主に呪術品・装飾品として使用されたようであるが，とくに西周前半期には，貝は王からの賜与品として頻繁に使用された。そこでは，子安貝をいくつか紐でつないで使用し「朋」という単位で計量した。1朋が貝何枚であったかについては諸説あって定かではない。ただ明確に交換の尺度を示していたことは明らかで，物品貨幣としての機能を十分に備えていたと考えられる。また，海産の子安貝のほかに，その形を模倣したものも骨・石・土・青銅などでつくられた。このうち骨・石・土の貝はもっぱら装飾品・呪術品として使用されたが，青銅貝は貨幣としての機能を有していたと考えられている。また戦国時代の楚では，これから派生した蟻鼻銭が大量に鋳造された。
(廣川 守)

ばいかさんろう【梅花三弄】 琴の古曲。またの名を『梅花引』『玉妃引』という。最も早い楽譜は明代の『神奇秘譜』に見え，その解題によると，もとは東晋の桓伊が演奏した笛曲で後に琴曲に写したとある。琴曲『梅花三弄』は泛音(自然ハーモニックス)で演奏されるメロディーを，オクターブを変えて3度演奏することから「三弄」といわれ，寒さに堪えて咲く梅の高潔で不屈の気質を表現している。歴代の琴譜に採られてきた名曲である。
(池澤 滋子)

はいかつぎてんもく【灰被天目】 唐物天目の一種。鉄釉系の釉薬を二重掛けした天目。現在の福建省内に窯があったと推定されるが，建盞とは別系統であって産地は未詳。高台はやや大きめで，高台際には削り目がまわっている。二重掛けされた釉薬は，被るほうを上薬(上釉)，被されるほうを下薬(下釉)といい，下薬の色調が白色系を呈するものを白天目，黄色系を呈するものを黄天目と区別した。日本の侘茶の喫茶用器として室町末期から桃山前半，すなわち天正年間(1573-92)まで主流をなした。
(砂澤 祐子)

はいかん【稗官】 民間に伝わる物語を集めるために置かれたとされる古の官名。『漢書』芸文志によれば，諸子百家の中で小説家と呼ばれる一派の流れはこの稗官から出たものであり，「街談巷語，道聴塗説(ちまたに伝わる噂話)」の言がその元であるという。「稗」とは「ひえ」の事であり，「つまらぬもの」の意とも，正史に対する野史の意とも言う。転じて「稗官」は小説あるいは小説家を意味するようになり，「稗官小説」は正史や君子の言を「大説」とするのに対して，作り物の人情話や戯作の類を指す言葉となる。
(牧角 悦子)

ばいかん【梅関】 北宋の1063(嘉祐8)年，広東転運使蔡抗らが，大庾嶺(江西と広東の省境。五嶺〔南嶺山脈〕の東端部)上の最高処(広東省南雄市の北45km)に設けた関所(関城)の名。梅嶺関とも呼ぶのは，大庾嶺の別称「梅嶺」(梅花の咲く嶺)にちなむ。秦漢以来，大庾嶺越えの道は，嶺南(広東・広西)に入る2大幹線の1つとして利用され続け，関所自体も秦代すでに設置された。梅関の南面には，「嶺南第一関」と書かれている。(植木 久行)

はいぎ【裴頠】 267(泰始3)〜300(永康元)。西晋の政治家・思想家。河東聞喜(山西省)の人。字は逸民。官は侍中，尚書左僕射にまで昇り，張華らとともに賈后の乱政に対抗し，愍懐太子(司馬遹)の廃位を阻止しようとしたが力及ばず，のち，帝位

篡奪を企てた趙王の司馬倫により殺害された。議論に長けた才人であり，当時は「言談の林藪（りんそう）」とも称された。著作としては，浮華に流れた時世を憂う『崇有論』が有名である。晋書35　　　　（古勝 隆一）

はいきゅう【裴休】　791（貞元7）～864（咸通5）。仏教と深い因縁を有した唐の士大夫。宣宗期の宰相。河内済源（河南省）の人。字は公美。宗密の多くの著作に序を寄せ，宗密の「伝法碑」は裴休の撰文ならびに書であるほか，『禅門師資承襲図』は宗密が裴休の質問に答えたもの。湖南観察使時代には潙山霊祐（いざんれいゆう）と，宣歙観察使（せんしょうかんさつし）時代には黄檗希運（おうばくきうん）と交わり，『伝心法要』と『宛陵録』は裴休が黄檗に道を問い法を授かった記録である。旧唐書177，新唐書182
　　　　　　　　　　　　　　　（吉川 忠夫）

ばいきゅういせき【貝丘遺跡】　古代人類の居住遺跡の一種で，人間が捕食して廃棄した貝殻の堆積が特徴である。日本で言う貝塚遺跡に相当する。多くは新石器時代に属し，一部，青銅器時代やそれ以降までみられる。主に遼寧省・山東省・福建省・広東省・海南省・広西壮族自治区・雲南省，そして台湾にみられ，海岸・河川・湖沼に沿って分布する。貝殻以外にも様々な食物残滓や土器・石器などの人工品を含み，当時の生活や自然環境を復元するにあたって有効である。　　（後藤 雅彦）

ばいぎょうしん【梅堯臣】　1002（咸平5）～60（嘉祐5）。北宋の詩人。宛陵（えんりょう）（安徽省）の人。字は聖兪。最終の官は尚書都官員外郎。官僚としての出発は，「任子」すなわち叔父梅詢が翰林侍読学士だったために与えられた太廟斎郎という下級職。一生の大半を下積みの地方官として過ごさなければならなかったのは，進士出身ではなかったからである。桐城（安徽）・河南・河陽（河南）の県主簿，徳興（江西）・建徳（安徽）・襄城（河南）の県令，呉興（浙江）の監税官，許州・陳州（河南）の節度判官を経て，進士出身と同じ資格を与えられた時には50歳になっていた。55歳で国子監直講（国立大学教授），翌年，知貢挙欧陽脩の下で小試官（科挙の試験委員），58歳で『新唐書』の編纂に参加するなど，ようやく運が向いてきたかに見えたその翌年，病死する。59歳。しかし，詩人としての名声は生前から高く，当時の政治・文化の最高指導者で，彼のよき理解者であった欧陽脩からは「詩の能く人を窮するにあらず。殆ど窮するものにして後工（たく）みなり（詩を作ったから貧乏になったのではなく，貧乏したからこそ詩が上手になったのだ）」と評された。宋初は，晩唐の余風を受けて「西崑体（せいこんたい）」と呼ばれる詩風が流行していた。現実を離れて形式美を重んじ，典故の使用と華麗な対句にのみ価値を求める傾向に反対した彼は，「風月の詩は作らず」と宣言，「詩は本と情性を道（い）うも，その声を大にするを須（も）いず」と主張して，日常の平凡な事象の中から人間の真実を描こうとした。下級官吏の暮らしや庶民の生活を活写した詩にすぐれたものが多いのは，そのため。彼が求めたのは「情性に適うを吟（かな）ずるに困（よ）りて，稍（ようや）く平淡に到らんと欲す」と詠んでいるように，従来は反価値的な意味で使われていた「平淡」の境地であった。南宋の朱子から，「平淡」ではなく「枯槁（ここう）」（かさかさで潤いがない）と評されはしたが，その詩風は，宋詩のもつ平静さ・日常性の方向を決定づけた。一方，彼の詩には，虱や便所のうじ虫など，これまで誰も取り上げなかった題材をわざと選び，そこから人の意表をついた議論を展開する傾向があり，宋詩のもつもう一つの特徴である散文化・哲学化への道をも開いた。彼が，宋詩の風を開いた詩人と言われるゆえんである。朱東潤『梅堯臣集編年校注』3冊（上海古籍出版社，1980年）が便利。伝記資料として欧陽脩の「梅聖兪墓誌銘」がある。宋史443　　　　　　　　　　　　　　（筧 文生）

はいぎょく【佩玉】　珩・璜などの装飾や，結び目を解く觿（けい）など実用の玉器を，組み紐の綬で結んで腰帯から吊るしたもの。殷時代に龍などの動物を象った玉器が佩玉として使用され，西周後期には珩・璜などが登場する。瑪瑙・ガラスなどの小玉類も使われるなど，その種類と組み合わせは多様である。玉を帯びることで，単なる装飾とは異なる神秘的な力が得られると信じられた。さらに，組み合わせる内容によって，身分や地位の違いを示す象徴にもなった。　　　　　　　　　（川村 佳男）

はいけいどうそうしょ【拝経堂叢書】　清初の経学者臧琳と，その玄孫臧庸二人の著作と輯佚，校訂作業の成果を中心に集めた叢書。拝経堂は臧庸の書斎の名。10種63巻。乾隆・嘉慶間（1736-1820）の自刻本のほか，東方文化学院京都研究所による景印本がある。音義・小学・鄭学（鄭玄による経学の研究）から『拝経日記』（臧庸撰12巻），『経義雑記』（臧琳撰30巻）などをふくむが，すべて訓詁学にかかわるものである。臧庸は盧文弨に師事し，銭大昕（せんたいきん）・段玉裁・阮元（げんげん）らと交流があった。清代の一姓所著書類（同じ家系に属する人たちの著作を集めた叢書）と分類される叢書の典型である。（木島 史雄）

はいげつてい【拝月亭】　元の戯曲作品。関漢卿作で，雑劇の形式をとり，台詞のほとんど省略された元刊本のみが現存する。金末の戦乱の中，肉親と離ればなれになった蔣世隆と王瑞蘭という男女

が結ばれ，一旦は仲を裂かれるが，再び団円をとげるというもの。元末明初には『拝月亭記』(一名『幽閨記』)として，南戯にも改作され，こちらの方は『荊釵記』『白兎記』『殺狗記』とともに，早期の南戯の代表作として「荊劉拝殺」と称される。

(赤松 紀彦)

はいこう【排行】 輩行とも表記する。一族内部の世代の順序，同世代の者の年齢の順序を命名法・呼称で表すことをいう。同世代の者について，2字名では1字を，1字名では偏や旁を同じにして命名，属する世代を明示して尊卑を表した。また古くは伯仲叔季，後代では一・二・三などの数字を呼称の一部に用い，同世代での長幼を表した。排行は主に兄弟・姉妹，従兄弟・従姉妹に適用されたが，宗族が強化された宋代以後では，宗族全体に及ぶこともあった。

(都築 晶子)

ばいこう【枚皐】 生没年不詳。前漢の文人。淮陰(江蘇省)の人。字は少孺。枚乗の庶子。17歳で梁の共王の郎となるが，罪を得て長安に逃れ，自ら枚乗の子と名乗って武帝の郎となる。学問に通ぜず，東方朔らの道化役者と同様に扱われた。朝廷の祭祀から狩猟・けまりに至るまで，帝が感ずるところあればただちに賦にしたという。筆は速いができはまずく，司馬相如の遅巧と対比された。読むべきもの120篇，読むにたえぬもの数十篇があったというが，今は一字の断片も伝わらない。漢51

(谷口 洋)

ばいこくせい【梅瑴成】 1681(康熙20)〜1763(乾隆28)。清の暦算学者。宣城(安徽省)の人。字は玉汝，号は循斎または柳下居士。諡は文穆。「国朝算学第一」と令名の高い梅文鼎の孫にあたり，梅文鼎が開いた清学暦算派の継承者と目された。1715(康熙54)年の進士。官は左都御史に至る。『律暦淵源』の編集に参与。著作には『増刪算法統宗』『赤水遺珍』『操縵卮言』ほかがある。明代以来300年間知る者のなかった天元術(高次方程式の機械的作成法)の意味を明らかにしたことで名高い。清史稿506

(川原 秀城)

ばいさく【梅鷟】 生没年不詳。明の考証学者。旌徳(安徽省)の人。字は鳴岐，号は致斎・平野。1513(正徳8)年の挙人。主著に『尚書譜』『尚書考異』『古易攷原』等がある。経書の考証に関する書を多く著したが，特に『尚書』(『書経』)の研究に優れ，朱子の見解を発展させ，『古文尚書』を皇甫謐の偽作と断じ，閻若璩『尚書古文疏証』の先駆となった。

(永冨 青地)

はいし【背子】 朝服の衫の上に着る衣。褙子とも書く。『中華古今注』に「背子は隋の大業(605-617)末に煬帝の宮人や百官の母や妻たちが金で鳳凰を織り出した緋色の羅(縒り組織で織った薄絹)で作った背子を朝服，賓客や舅姑に見える時の長服とした。天宝年間(742-756)に四川からの貢物に五色の織成の背子があった」とある。『事物紀原』には背子の形について，「袖は衫より短く，身丈は衫に等しく大袖である。のちに長さは裙に等しくなり，袖は纔かに衫より寛くなった」と記されている。同書はまた半臂について，「隋の大業年間に内官の多くは半臂を着用した。唐の高祖がその袖を短くしてこれを半臂といった。今(宋代)の背子である」といっている。背子と半臂はいずれも袖の短い上衣である。その原形は三国時代の半袖で『宋書』の五行志にみえる。これが隋代に流行し始め，唐代に至って男女とも着用するようになったが，特に女子に多く用いられ『新唐書』車服志には「半袖，裙，襦は東宮女史の常の供奉の服なり」と記されている。半臂は常に上質の織物で作られており，錦の半臂という記述もしばしばみられる。成都と広陵から錦の半臂が献上されたことが『大唐六典』や『通典』にみえる。唐代の女装にみる半臂には袖口がまっすぐなものと，袖口にフリルのついたものの二種があり，これは亀茲の服装の影響を受けたものといわれる。半臂は唐代前期に流行したが，中晩期には減少した。宋代には背子は貴賤，男女を通じて着用された。宋代の背子は長袖で丈も長く，腋の下が開いており，えりの形は直領対襟式(突き合わせえり)，斜領交襟式，舟領交襟式の三種があった。直領式が最も多く，斜領と舟領は男子が公服の下に着るもので，女子用はみな直領対襟式であった。宋代女子の背子は初期には小型であったが，次第に長さは裙とひとしくなり，袖も衫のように大型になって形式も整えられていった。宋代の半臂は半袖の長衣で，男女ともに用いた。半臂の袖の無いものが背心で，背心の身丈の短いものが補襠といわれた。明代の女子服制の中で，背子は大袖衫，霞帔とともに用いられた。比甲は元の世祖の皇后が創象したとされる。領や袖のない装飾的な上衣で，明末から清初にかけて流行した。背心は清代には満洲貴族が旗袍の上に着用した。また，霞帔は明代には幅3寸2分，長さ5尺7寸の一幅の織物を前開きに肩に掛けるものであったが，清代には背心のように幅の広いものに変化して補子がつき，裾に五色の飾り糸がついた貴族女性専用の服飾品となった。

(相川 佳予子)

はいしきょく【牌子曲】 曲牌体の語り物の総称。曲牌を連ねて歌われる曲種はすべて牌子曲といえるが，各地の曲種は，北京単弦牌子曲・河南大調

曲子・甘粛蘭州鼓子・江蘇揚州清曲・湖北小曲・四川清音・広西文場等それぞれの名称で呼ばれる。多くは曲頭、中間部分(各種曲牌が綴られている)、曲尾による構成。曲種により歌う人数、伴奏楽器等は異なり、北方牌子曲は主に*三弦を、南方牌子曲は主に*琵琶・揚琴を伴奏に用いる。各曲種を通して用いられる曲牌に「銀紐糸」「寄生草」「剪剪花」「畳断橋」「羅江怨」「太平年」「満江紅」等があり、これらの多くは明清時代からのはやり歌である。

(孫　玄齢)

ばいしそうしょしゅうよう【梅氏叢書輯要】

清の暦算学叢書。23種60巻。梅文鼎の撰。1723(雍正元)年に刊行された『暦算全書』を元に孫の梅瑴成が1761(乾隆26)年に再編改名。中国伝統の暦算学に加え、筆算・幾何学・三角法・球面天文学など明末清初に東伝した西洋の天文学・数学知識を網羅。その構成は、西洋の分類に従い算学を算術と量法(幾何学)とに大別しており、暦算学における西洋の学的進歩を認め、西学の受容に貢献した。だが同じ梅文鼎による『暦学疑問』では、西洋の地円説を『*周髀算経』起源と解する(西学中源説)など尚古主義的性格も併せ持つ。

(安　大玉)

はいしょう【排簫】

古代の管楽器。別称としては、洞簫・雅簫・頌簫・籟・比竹・参差・鳳簫・雲簫などがある。雅楽や燕楽などに用いる。長短の竹管13〜24本を水平に並べ木帯で束ねるタイプと、鳳翼形の木枠に入れるタイプがある。殷代の甲骨文字に編管楽器を示す「龠」の字が見られ、漢、および唐代以降の石彫刻や副葬品の陶俑には演奏する様子を象ったものもある。また『書経』益稷や『詩経』周頌などに言及されているほか、漢代の辞典『*爾雅』釈楽では、大型の言(23管、管長は約30cm)と小型の筊(16管、管長は25cm)とがあり、開管と閉管の二つのタイプがあるとされる。遺跡からの出土品にも見られ、1978年、河南省淅川県の下奇1号楚墓からは春秋中晩期の石製で、最長管が15cm、最短管が3.1cmの13管のものが、また同年、湖北省随州市の曾侯乙墓からは戦国初期の竹製で最長管22.5cm、最短管が5.1cmの13管を竹製の箍で3か所を束ねたものが出土した。

(仲　万美子)

ばいじょう【枚乗】

?〜前140(建元元)。前漢の文人。淮陰(江蘇省)の人。字は叔。呉王劉濞の郎中であったが、王が反乱を企てたのを諫めて容れられず、梁の孝王劉武の上客となる。前154(景帝前元3)年、呉王が呉楚七国の乱を起こすと、再びこれを諫めてまたも無視されるが、結局呉王は敗れ、枚乗の名が上がることとなった。景帝によって弘農都尉に任じられるがあきたらず、梁に戻って*司馬相如らと交わった。孝王の死後郷里に帰る。武帝が即位すると「安車蒲輪」(特別仕様の車)で召し出されるが、老齢には勝てず道中で病死した。呉王への2通の上書と、「七」の体による『七発』が『*文選』に採られるほか、『*玉台新詠』では『古詩十九首』の一部を「枚乗雑詩」の名で収める。諸侯王の間を渡り歩く「遊説の士」の最後の一人である一方、『七発』のような漢賦につながる美文をも残した。司馬相如に与えた影響は大きく、「枚馬」と並称される。武帝はその子で文才のあるものを求めたが得られず、のちに庶子枚皐が御用文人となった。漢書51

(谷口　洋)

ばいせい【梅清】

1623(天啓3)〜97(康熙36)。明末清初の画家。宣城(安徽省)の人。字は淵公、瞿山・梅癡・雪廬などと号した。1654(順治11)年の挙人。親友である石濤の描いた『黄山図』をみた経験から、1671(康熙10)年黄山にあそび、『黄山十九景図冊』(上海博物館蔵)を描いた。その実景の写生に留まらない幻想的な画風は高く評価される。弟の梅庚も画家。『梅氏詩略』『天延閣前後集』がある。清史稿484

(塚本　麿充)

はいそうろん【廃荘論】

東晋の*王坦之が370年代の初め頃に書いた論文。当時は謝安らの荘子風生活態度が貴族たちの間で流行し、礼教から逸脱する者が多かった。坦之は政治の責任者として、礼教は天地自然に即し、人情にかない、その道は世界全体を貫徹しているのに、荘子に拠って道について考える者にはそのことが分からず、脱俗的な生活をよしとしている、それが風俗となって人びとを巻きこみ、偽や利、邪だけが目立っている、と批判した。これは東晋時代にふさわしく、儒道合一の立場から批判したものであった。

(蜂屋　邦夫)

はい・たく【杯・托】

水や酒をはじめとする飲料の容器である杯は、古今東西を通じて最も普遍的にみられる器種の一つで、中国ではすでに新石器時代の彩陶に把手付の杯の作例がある。以後、把手のないもの、蓋や脚が付くものなど、歴代に渡って器形のうえで多彩な展開を遂げ、陶磁・金属・石・骨牙・木漆・ガラス・琺瑯など、各種の素材によって夥しい数量が制作された。殷周の青銅器にある瓚・觚・觶などもすべて杯に相当する器物であり、漢にある卮(把手付き杯)も同様である。盞や盃といった語も杯と同義であるが、盃は杯の俗字になる。

托は、杯の受け皿としての機能から始まり、杯の変化とともに多様な素材・形式のものが数多く制作

された。漢から南北朝にかけて杯と托のセットが頻出するようになり、以後、金属・陶磁・漆器を中心に多彩な展開を遂げた。なお、特に茶托のことを托子といい、いわゆる天目台もその一種である。

（松本　伸之）

ばいちけん【買地券】　漢・魏・晋時代には、土地購入の証文を板状の鉛・瓦・石・玉に刻み、買地券、地券といった。墓地を購入した墓田(墓地)売買文書も見られる。何年何月何日に某人が某人から土地を買ったことを記し、土地の面積、周囲の状況、代価を示し、最後に契約時の儀式にふれる。墓地の場合は、山公、土公、東王父・西王母などの土地神が売り主となる。最後に当事者間で飲酒を行ったが、その代金は折半された。古代には土地が自由に売買されていた。

（鶴間　和幸）

パイチュウ【白酒】　高粱・とうもろこし・米・さつま芋・じゃが芋などを原料とし、糖化剤としての麴が糖化とアルコール発酵を同時進行する複式発酵と、固体発酵・固体蒸留という中国独得の製法によって造られる蒸留酒の総称で、1000年前後の歴史を持つ。一般に無色透明なのでこの名がある。白乾・焼酒とも言う。アルコール分は30〜70％で、中国各地で様々な原料・麴・製法によって造られており、種類も生産量も最大である。茅台酒・五糧液・汾酒・西鳳酒などがその代表。

（佐治　俊彦）

はいてい【廃帝】　政治上の実質的な権力者によって殺害されたり、位を追われた皇帝には廟号も諡号も贈られないのでこれを廃帝という。皇帝の地位が軽く不安定だった魏晋南北朝時代に特徴的な存在。霍光によって廃された前漢の昌邑王劉賀(在位前74)がそのはしりだが、司馬氏との権力闘争の犠牲になった魏の斉王芳・高貴郷公髦(在位254〜260)、軍閥の桓温によって海西公に貶された東晋の廃帝(司馬奕、在位366〜370)、暴虐を理由に殺害された後、皇帝としての処遇を失った南朝宋の前廃帝(劉子業、在位465)、斉の蕭道成に暴虐を口実に殺害され蒼梧王に貶された宋の後廃帝(劉昱、在位473〜477)、ほかに北朝西魏の廃帝(元欽、在位551〜553)、北斉の廃帝(高殷、在位559〜560)、陳の廃帝(陳伯宗、在位566〜568)などが挙げられる。清朝最後の皇帝、宣統帝溥儀も廃帝と呼ばれることがある。

（稲葉　一郎）

ばいていそ【梅鼎祚】　1549(嘉靖28)〜1615(万暦43)。明の文学者・戯曲家。宣城(安徽省)の人。字は禹金、また彦和。号は勝楽道人。王世貞や汪道昆らと交わり、若くして詩名があったが、郷試に9度連続して落第し、以後は著述に力を注いだ。彼は蔵書家の父、梅守徳の影響もあり、書籍の収集を好んだ。その成果は彼が編纂した、上古から隋に至る歴代の文の総集である12種の『文紀』(『皇覇文紀』『西漢文紀』など)や、郭茂倩『楽府詩集』を増訂した『古楽苑』などに生かされている。また湯顕祖と親しく交流した彼は、伝奇・雑劇の作者としても名高く、『長命縷』や『玉合記』等の伝奇、『崑崙奴』等の雑劇の著作があるが、いずれも唐宋の筆記や小説に題材をとり、愛情離別を記したものである点に特徴がある。その他、詩文集として『鹿裘石室集』(或いは『梅禹金集』)、小説に『才鬼記』『青泥蓮花記』等、編に『漢魏八代詩乗』『宛雅』などがある。

（田口　一郎）

はいてき【裴迪】　生没年不詳。盛唐の詩人。絳州聞喜(山西省)の人。一説に関中(陝西省)の人。天宝年間(742-756)、王維と親しく、しばしば王維の別荘である輞川荘に招かれ、琴を弾じ詩を賦して過ごした。輞川荘の景勝を選んで王維と題詠唱和した五言絶句20首が『輞川集』に収められる。安史の乱で長安が占領されたときは長安にいて、軟禁中の王維から、唐王朝への忠誠心を吐露した詩を示された。

（亀山　朗）

ばいば【枚馬】　→枚乗、司馬相如

ばいふ【梅譜】　梅花およびその画法について記した書の総称。現存する最古の梅譜は南宋の范成大撰の『石湖梅譜』で、11種の梅の特色を論じる。ついで宋伯仁撰の『梅花喜神譜』2巻があり、梅の様態を100の画図に描き分け五言絶句を添える。元代では日本にのみ伝存する呉太素撰『松斎梅譜』があり、画譜を兼ねた梅譜として体裁が最も整い、墨梅の画法を述べた画梅譜、梅の様態を画図に表した梅態譜、『石湖梅譜』を引用した梅品譜、梅に関する詩賦を集めた梅詩譜、墨梅画家の小伝を集めた画梅人譜から成る。明代にはこれをもとに王冕に偽託した『王冕梅譜』、仲仁に偽託した『華光梅譜』が作られたほか、沈襄の『小斎梅譜』1巻があって、梅の様態を12種に分け、画梅の「八忌」「十四病」などを示して画法を記す。明末には劉世儒撰『雪湖梅譜』、王思義撰『香雪林集』が、清末には王冶梅撰『冶梅梅譜』がある。

（味岡　義人）

はいぶつろん【排仏論】　仏教を批判攻撃し排斥する議論。仏教が中国の社会に着実に根づくにつれ、さまざまの局面において、中国の伝統的な思想・習俗・生活・国家体制、ひいてはまた中国自生

の宗教である道教との間に摩擦衝突を生じ，排仏の議論は次第に激しさを増した。そしてそれに対抗して，仏教側も理論武装をし，護法の議論が起こる。たとえば，中国人にとって重要な倫理である「孝」の立場から，仏教の僧侶の剃髪の習俗と出家主義に批判が向けられたのに対して，一人が出家することによって一家の祖先が済度され，ひいては万人が済度されるのであり，「大孝」を実現するものであると仏教側が応酬したのは，その一例である。

　排仏の議論は，往々にして論調が踏襲され，いくつかのパターンに類型化することができる。たとえば南朝梁の僧祐は，『弘明集』の後序の「弘明論」において，排仏の議論をつぎの6種に分類している。①仏典の所説は迂遠虚誕であって現実主義的ではないとの批判。つまり現実主義を特色とする中国文明の本質に関わる問題。②死後に神(霊魂)は滅し，仏教が説くように過去・現在・未来の三世を輪廻するわけはないとの批判。中国にはそもそも三世の観念も輪廻の思想も存在しなかった。③真仏がこの世に顕現することはなく，国治にとって益がないとの批判。④仏教が中国に行われるようになったのは，せいぜい漢代以後のことであるとの批判。⑤仏教はそもそも夷狄を教化するための教えであり，中国に行うわけにはいかぬとの批判。顧歓の「夷夏論」に代表される議論であり，後世の傅奕や韓愈にも継承される。⑥仏教が中国において盛んとなったのは，晋代以後のことであるとの批判。

　顔之推の『顔氏家訓』帰心篇にも，5種の排仏の議論が列挙されている。①上記の僧祐の①に同じ。②人間に訪れる吉凶禍福が，善行には善果が，悪行には悪果が伴うという因果応報説としばしばくい違うとの批判。③僧尼の中に清純でない者が多いとの批判。④財宝を浪費して寺院仏像が造営製作され，また出家者は課役が免除されることによって国家財政に損失をもたらすとの批判。⑤たとい善行を積んだところで，報いを受けるのは後世の人間なのだから，無駄であるとの批判。

　そしてまた道宣も，『広弘明集』6・弁惑篇の「列代王臣滞惑解」において，魏晋以後の排仏家25人を集めた傅奕の『高識伝』に基づきつつ，それら排仏家の論調をつぎの5種に整理している。①業(行為)と報いとの間の規則性に関する批判。顔之推の②にあたる。②仏教の教説は通俗虚偽であって虚しいものであるとの批判。僧祐の①および顔之推の①にあたる。③造寺造像批判。顔之推の④にあたる。④雑行の僧に対する批判。顔之推の③にあたる。⑤沙門が君主と対等の礼を執ることに対する批判。いわゆる沙門不敬王者論。

　僧祐とは異なって，顔之推が③④に，また道宣も③④に，教理の問題ではない仏教教団のあり方に向けられた批判を取り上げていることに注目される。それはつまり仏教教団が肥大化し，国家にとっての脅威となったことの反映なのであって，とりわけ傅奕の排仏の議論はその点に批判が向けられている。
　　　　　　　　　　　　　　　　　(吉川　忠夫)

はいぶんいんぷ【佩文韻府】　清の類書。106巻。拾遺106巻。のち444巻に分冊。詩作の用に供するため，熟語を最下字の106韻の順に配列したもの。先ず親字の反切を記して訓釈し，韻藻・対語・摘句に分けて，熟語の出典・対になる語・親字を韻字とする五言七言の詩句を収める。「佩文」は康熙帝の書斎の名。正篇は1704(康熙43)年に張玉書らが勅を奉じて編纂をはじめ，『韻府群玉』『五車韻端』をもとに増補して1711(康熙50)年に完成。拾遺は王掞らの奉勅撰，4年をかけて1720(康熙59)年に成った。
　　　　　　　　　　　　　　　　　(森賀　一惠)

はいぶんさいえいぶつしせん【佩文斎詠物詩選】　詠物詩の総集。486巻。清の康熙帝の勅命により張玉書・汪霦らが編纂。1706(康熙45)年の完成。漢魏から明代までの詠物詩を486部類(中にその他49類を付す)に分類・編次したもの。もと不分巻64冊であったが，『四庫全書』に著録された際に部類ごとに巻を分かち，486巻とした。佩文斎とは康熙帝の書斎の名である。古体詩・近体詩それぞれの詩体が各部類ごとに完備し，収める詩は1万4690首にも及ぶ。本格的な詠物詩の総集としては，規模・内容とも古今無双である。
　　　　　　　　　　　　　　　　　(野村　鮎子)

はいぶんさいしょがふ【佩文斎書画譜】　清代に康熙帝の勅命によって編纂された，書画に関する古今の文献・記録の集大成。100巻。1708(康熙47)年成書。引用書籍1844種。編者は孫岳頒・宋駿業・王原祁・呉暻・王銓。その構成は，第1〜10巻論書，第11〜18巻論画，第19〜20巻歴代帝王書，第21巻歴代帝王画，第22〜44巻書家伝，第45〜58巻画家伝，第59〜64巻歴代無名氏書，第65〜66巻歴代無名氏画，第67巻御製書画跋，第68巻歴代帝王書跋，第69巻歴代帝王画跋，第70〜80巻歴代名人書跋，第81〜87巻歴代名人画跋，第88〜89巻書弁証，第90巻画弁証，第91〜100巻歴代鑑蔵。
　　　　　　　　　　　　　　　　　(荏開津　通彦)

はいぶんちゅう【裴文中】　1904(光緒30)〜82。考古学者・古人類学者。灤県(河北省)の人。1927年，北京大学地質系を卒業。1929年，北京周口店第1地点で，旧石器時代前期の北京原人の頭蓋骨をはじめて発見した。1933から34年には，同じ周口店で発見された旧石器時代後期の山頂洞人の文

化を調査研究した。その後，旧石器研究の先進国フランスで旧石器考古学を学び，パリ大学で博士号を得る。中華人民共和国成立後は，中国科学院古脊椎動物与古人類研究所研究員，北京自然博物館館長などの要職に就いた。1950年代には山西省丁村遺跡や四川省資陽人の研究を指導し，同世代の賈蘭坡(1908～2001)とともに中国における古人類学・旧石器考古学の基礎を築いた。　　　　（西江　清高）

ばいぶんてい【梅文鼎】　1633(崇禎6)～1721(康熙60)。清代初期の暦算学者。宣城(安徽省)の人。字は定九，号は勿庵。生涯仕官せず暦算学の研究に徹した。中国伝統の暦算学のみならず，明末清初にイエズス会宣教師によって伝えられた西洋の天文学・数学も積極的に受容し，その内容をほぼすべて正確に理解した最初の中国人とされる。西学の長所を認め，中国の学問との融合を求めた徐光啓の中西会通の思想を継承しつつ，西学の起源を中国に求める西学中源説をも唱えた。著述に『暦算全書』『梅氏叢書輯要』などがある。清史稿506　　　　（安　大玉）

はいゆう【俳優】　→倡優

ばいらんほう【梅蘭芳】　→梅蘭芳

はいりこうぶんか【裴李崗文化】　河南省中部に広がり，仰韶文化に先行する，紀元前6000～5000年の新石器文化。河北省南部の磁山文化と同一の文化とする理解も一部にある。代表的な遺跡に新鄭市裴李崗遺跡・舞陽県賈湖遺跡・新密市莪溝遺跡などがある。この文化の遺跡は山を背にした河川沿いの高台に立地する。遺跡の規模はいずれも小さい。墓地は集落から近いところにある。住居は半地下式であり，円形が多く，方形は少ない。貯蔵穴は一般的に多くない。横穴式の土器焼成窯も見つかっている。石器の9割は磨製石器である。野外生産活動に用いられる石斧・石鏟・石鎌が副葬された墓と食料加工具であるすりうすを副葬した墓があり，前者の多くは男性の，後者の多くは女性の墓であることから，生業における性別の分業がうかがわれる。土器は平底の深鉢が多いが，ほかに三足の丸底の鼎，丸底及び平底の壺がある。多くは無文であるが，砂質土器の一部には沈線文や櫛目文などの文様が施されている。　　　　（大貫　静夫）

バウ【巴烏】　苗族・彝族・哈尼族などの管楽器の，漢語による総称。広西壮族自治区・雲南省・貴州省などに流布。形状は各々異なるが代表的なものは竹製で，長さは約30～60cm，長いものは演奏時横に構える。前面に7つ背面に1つの指孔があり，尖舌形の銅製のリードを振動させ音をだす。音量は小さく，音色は優美で，恋歌・語り物・舞踊などの伴奏に用いる。1950年代以来，北京の中国芸術研究院音楽研究所などで音域や音量の改良が行われた。　　　　（仲　万美子）

ばえん【馬遠】　生没年不詳。南宋の画家。原籍は河中(山西省)，臨安(浙江省)の生まれ。号(一説に，字)は欽山。先祖は仏画師であったが，北宋末の馬賁以来，数代にわたって画院画家を輩出した家系の出身。「山水・人物・花禽を画き，種種妙に臻り，院人中に独歩す」と評された(『図絵宝鑑』)。淳熙年間(1174-89)すでに画院にあり，光宗朝(1189～94)・寧宗朝(1194～1224)を経て，理宗朝(1224～64)初期になお待詔であった。なお馬遠は寧宗の恭聖仁烈皇后楊氏(1162～1232，1202年に皇后冊立)の庇護を受けたらしく，しばしば画上にその題賛を見る。子の馬麟もまた画院に奉職した。

　馬遠は同時代の夏珪とともに南宋院体山水画様式を完成した画家である。余白を大きく取り，対角線構図法を用いたその山水画は，後にはしばしば「辺角の景」「馬の一角」「残山剰水」などと貶称せられた。

　『十二水図』巻(北京，故宮博物院蔵)と『禅宗祖師図』三軸(清涼法眼禅師像・雲門大師像と洞山渡水図。京都，天龍寺と東京国立博物館に分蔵)は，いずれも各幅に楊皇后の題が施された馬遠の代表作。『十二水図』は波や早瀬など，水の12態をえがき分けたもの。馬遠には梅の諸態をえがき分けた画冊も現存し，特定のモチーフの様々な形態を自然主義的にえがき分ける趣味があったが，それらの中で『十二水図』がずば抜けて良い。数少ないモチーフにもかかわらず，墨色の巧みなグラデーションによって空間やアトモスフィアの描写に優れ，部分的に雪・鳥・暁日などを配して，詩情の表現にも巧みである。『禅宗祖師図』の自然描写も同様であるが，ここでは各々の祖師たちの精神的な深さの個性的なえがき分けがすばらしい。そのほか『西園雅集図(春遊賦詩図)』巻(カンザスシティ，ネルソン・アトキンズ美術館蔵)，『華灯侍宴図』軸(台北，故宮博物院蔵)が著名。

　なお，馬遠・夏珪らの作品は，14世紀以降数多く日本にもたらされ，室町時代の漢画に重要な様式上の基盤を提供した。　　　　（嶋田　英誠）

ばおうたいかんぼ【馬王堆漢墓】　→馬王堆漢墓

ばおうたいはくしょ【馬王堆帛書】　→馬王堆

帛書
はくしょ

はおうべっき【覇王別姫】 京劇の演目名。明代伝奇の沈采作『千金記』に基づき，また尚小雲と楊小楼主演の『楚漢争』を参考に，斉如山が1921(民国10)年に創作した翌22年，北京第一舞台で初演。古装戯の代表的作品で，梅蘭芳が虞美人を演じた。

漢の李左車は韓信の命により，楚に降ったと偽り項羽の軍営に留まる。項羽は計略にはまり，部下や虞美人の諌めも聞かず漢を攻めたため，伏兵の攻撃に遭い垓下で包囲される。周囲の漢軍が歌う楚の歌を聞いて兵卒は離反し，わずか800余騎となった(四面楚歌)。項羽は楚の地がすべて劉邦のものとなったと悲観し，宴を張り有名な垓下の歌を吟じ，虞美人は剣の舞を舞い終わると自害する。項羽は敵陣を逃れて烏江(安徽省)まで来たが，郷里の人々に会わす顔がないと自害する。

初演から数度改編が続けられ，しかも項羽役が武生の楊小楼から正浄の役者である金少山に代わったこともあって，項羽役の立ち回りは減少し，虞美人の歌と剣舞が見所の中心となった。人民共和国成立後の映画は劉連栄と梅蘭芳の共演。　(吉川　良和)

はおうべん【覇王鞭】 →打連廂
だれんそう

ばかい【馬褂】 清代に満洲族の男女がともに着用した腰丈の袖付き短衣。袖は比較的短いものが多く，活動的なので騎馬に便利なため馬褂(マークァ)と称された。一般的には袍服の上に着用し，対襟(真ん中で直線的に合わさっているもの)・大襟(右前に重ねた襟)・琵琶襟(大襟が琵琶のように湾曲しているもの)があり，対襟は主として礼服用で，大襟は一般的な常服であり，琵琶襟は行装に用いられることが多かった。袖口は広いものが一般的であったが，中期には袖の細い馬褂も流行した。
(増田　美子)

ばかし【馬和之】 生没年不詳。南宋前期の士大夫画家。銭塘(浙江省)の出身。紹興年間(1131-62)の進士。高宗・孝宗の二朝に仕え，官は工部侍郎に至った。士大夫の墨戯や北宋の李公麟が復興した白描画の伝統をふまえ，唐の呉道玄に起源する蘭葉描の様式を洗練させたやわらかな線描に特色があり，高宗の書写した『毛詩』(『詩経』)300篇に図を描いた。『毛詩』300篇の画事をうらづける伝承作が，台北故宮博物院，北京故宮博物院，ボストン美術館本，京都の藤井斉成会有鄰館に収蔵されている。
(井手　誠之輔)

ばかふかいてん【馬寡婦開店】 評劇の代表演目。別称『陰功報』。成兆才の作。唐代，書生狄仁傑は科挙の受験に向かう途中，若い寡婦馬氏の旅館に泊まる。馬氏はお茶を狄の部屋に持って行った際，その若い書生に心が動く。狄を誘惑しようとするが拒まれ，かえって貞節を守り子供を立派に育てるよう諭される。本来の色情的な劇が花蓮芳・新鳳霞などにより寡婦の苦悩と狄の善良性を出すように改編された。歌唱・演技共に重要。京劇・中路梆子にもあり。
(吉川　良和)

ばかほうぶんか【馬家浜文化】 浙江省嘉興市馬家浜遺跡を標準遺跡とする新石器時代中期の文化。紀元前5000年頃から紀元前3800年頃まで継続した。杭州湾南岸の河姆渡文化と時期的にほぼ併行し，文化の様相も近似する。浙江省北部(杭州湾北岸)・上海市・江蘇省南部を分布域とする。標準遺跡の馬家浜遺跡は1959年，1986年，2001～02年と3次にわたり発掘調査されている(嘉興市文化局編『馬家浜文化——江南文化之源』2004年)。馬家浜遺跡以外の主要な遺跡としては，浙江省の桐郷羅家角，江蘇省の金壇三星村・常州圩墩・江陰祁頭山などがある。

土器は赤色土器を主体とするが，灰黒色土器や白色土器もある。赤色土器には外面は赤く内面が黒く発色するものがあり，外紅裏黒陶と呼ばれる。多くは無文であるが，赤色スリップ，沈線文，スタンプ文などを施す場合もある。器種には罐・釜・豆・鼎・壺・鉢などがあるほか，人や豚をかたどった塑像もある。石器の多くは磨製で，両刃・片刃の石斧類やナイフからなる。骨角器は種類・数量ともに豊富で，鏃・鋤・斧柄・笛・櫛・簪・勾形器・靴形器などがある。しばしば表面に刻線文様を施す。低湿地遺跡や深い遺構からは木製品も出土しており，建築部材・鋤・鍬・櫂・斧柄・容器・柄杓・独楽などが確認されている。玉器は瑪瑙や玉髄で製作され，軟玉はいまだ使用されていない。玦や璜といった装身具類のみからなる。

遺構としては，住居址・墓・ピット・土器焼き窯・溝などがある。住居址の検出例は少なくないが，いずれも平地式で，高床式とされる河姆渡文化の場合とは異なる。墓はいわゆる集団墓地を形成する。一般に副葬品は少なく，数点の土器・石器・骨角器・玉器に限られる。時に木製葬具の痕跡が残る場合があるが，多くは土坑直葬であったようである。遺体は北頭位の俯身葬が多いが，伸展葬・甕棺葬もある。蘇州草鞋山・昆山綽墩の両遺跡では水田址も発見されている。
(中村　慎一)

ばかようぶんか【馬家窯文化】 黄河上流域

では，中流域の仰韶文化から強い影響を受けつつ石嶺下期→馬家窯期→半山期→馬廠期と独特の彩陶文化が展開した。これを一般に馬家窯文化と呼ぶ。J.G.アンダーソンの甘粛六期編年では，仰韶期(実は半山期)・馬廠期として早くから知られていた。1957年に甘粛省臨洮県馬家窯で発見された文化遺存は，いわゆる甘粛仰韶文化の馬家窯類型に当たる。馬家窯文化は新石器時代後期に相当し，紀元前4千年紀後半から2千年紀初頭頃まで続いた。

馬家窯文化の起源を考える上で甘粛省秦安県大地湾遺跡は重要である。長期に及んだ文化内容は仰韶文化各期との対比が可能で，まさに甘粛仰韶文化と呼ぶにふさわしい。石嶺下類型の詳細は不明ながら，土器の器形や黒色の変形鳥文・蛙文などから仰韶文化廟底溝類型の影響が窺える。馬家窯類型の彩文は具象性が薄れ，連続旋文・弧線三角文・網格文などが黒色を基調として細密に描かれた。双腹耳壺や単耳罐の他に，鉢・盆・豆などの内面にも施文された。

半山・馬廠類型は比較的資料に恵まれている。花寨子・青崗岔(甘粛省蘭州市)や地巴坪(同省広河県)は半山類型，土谷台(同省蘭州市)は過渡段階，馬家湾(同省臨夏県)と鴛鴦池(同省永昌県)は馬廠類型の遺跡である。半山期前半は二次葬が主で，以後減じつつも一定の割合を占め続けた。埋葬姿勢は，東の側身屈肢に対して西の鴛鴦池や柳湾(青海省楽都県)では仰身直肢と対照的である。主な副葬品は土器で，半山期後半から墓葬間の点数較差が顕著となり馬廠期中頃で頂点に達した。表面研磨された泥質の双腹耳壺・罐・甕には黒・紅色で旋文・鋸歯文・網格文が描かれ，夾砂質の罐類は貼付文・刻目文で装飾された。馬廠期の彩文には地域色が認められ，以後の文化形成との関連から注目される。

主に粟を栽培し，豚・羊なども飼育していた。原則的に生産工具は男性に，紡錘車は女性に副葬されており性的分業の進行が窺える。また，すでに銅器が使用されていた可能性がある。　　　(倉林　眞砂斗)

ばきゅう【馬球】　騎馬のままスティックを用いて行うポロのような球技で，唐代を中心に盛行した。撃鞠・撃球・打球という別称があるが，ルールははっきりしない。当初は騎兵隊の軍事訓練を目的として主に軍人によって行われていたが，後に宮廷内に馬球場が設けられ，皇帝や文官にも親しまれた。特に唐の玄宗皇帝は馬球の名手として知られる。その後の各王朝においても官民双方で行われていたが，清代に入り，武装に対する規制が厳しくなって以降衰微した。　　　　　　　(平林　宣和)

ばきょうぶんか【馬橋文化】　上海市閔行区所在の馬橋遺跡(上海市文物管理委員会編『馬橋——1993-1997年発掘報告』2002年)を標準とする初期青銅器時代の文化。紀元前1900年から紀元前1200年に年代づけられ，黄河中流域の夏・殷時期にほぼ併行するとされる。上海市・江蘇省南部・浙江省北部を分布域とするが，浙江南部と福建北部に分布する肩頭弄文化との密接な関係が指摘されている。馬橋遺跡以外の主要な遺跡としては，上海市の金山亭林，江蘇省の昆山綽墩，浙江省の湖州毘山・象山塔山などがある。馬橋遺跡では馬橋文化期の遺構として掘立柱建物・井戸・墓・ピットなどが検出されている。土器は水篩した粘土を用いる「泥質陶」が主体となる。器表に叩きやスタンプで文様を施すいわゆる「印文陶」が大部分を占める。豆と罐には施釉したものがあり，「原始磁器」と称される。石器には斧類・鏃・石包丁・鎌・破土器(土切具)などがある。青銅器の出土はごく少量の鏃，小刀などに限られる。　　　　　　　(中村　慎一)

ばきん【馬鈞】　生没年不詳。三国魏の機械技術者。扶風(陝西省)の人。若い時に織機を改良して効率を従来の4～5倍に高めたのをはじめ各種の機械を造った。魏の都洛陽で仕官し，後漢時代に畢嵐が発明した翻車と異なり，槽に沿って多くの木板を繋いだ龍骨を児童に回させて水を汲み上げる灌漑装置の翻車を設計した。魏の明帝の命を受けて，人形がつねに南を向く指南車や水力回転で人形が踊る百戯を造り，連弩などの兵器も改良した。

　　　　　　　　　　　　　　(田中　淡)

はく【箔】　金・銀・錫などの金属を薄く延ばして平たくしたもの。古代エジプトで始まったといわれるが，中国においていつ頃から行われたのか，定かでない。伝統的な美術工芸の世界では，主に絵画や仏像，工芸における表面装飾のために，金箔や銀箔が使用された。金箔は，金に微量の銀や銅を混ぜて薄く伸ばしたもので，銀箔の場合も，銀に金や亜鉛などをごく少量混ぜて作ることが多い。延展性や強度の確保ないし防腐のための処置である。

　　　　　　　　　　　　　　(松本　伸之)

はく【鎛】　鐘の一種。一般の鐘は開口部が湾曲し中央が高くなるが，鎛の開口部は横から見て扁平である。鎛はまた架にかける紐の部分や側部の稜の装飾が華麗であることが少なくなく，特別の器であったことがわかる。鎛を一個中央に置いて何組かの編鐘とセットで配置したり，編鎛にしたりする。楚恵王「56年」(前434年)の銘をもつ鎛が湖北省隋州の曾侯乙墓から出土していて，一括遺物とともに基準器として活用できる。　　(平勢　隆郎)

はくいし【博異志】 晩唐の小説集。別名『博異記』。原書3巻。谷神子の撰。谷神子は鄭還古の号とする説が有力。鄭還古は，元和年間(806-820)の進士，官は太常博士に至る。南宋の晁公武の『郡斎読書志』は，馮廓の撰とするが，根拠未詳。鬼神・龍などに関する怪異譚を収め，記事の年号で最も遅いのは，839(開成4)年である。『顧氏文房小説』『古今逸史』などに自序と10話を収録。中華書局排印本(1980年)には，更に『太平広記』などから24話を輯佚する。 （富永 一登）

はくい・しゅくせい【伯夷・叔斉】 前1100年頃，殷末周初の賢人兄弟。伯夷と叔斉は孤竹(河北省)の君主の子であった。孤竹君は跡継ぎに弟の叔斉を考えていたが，君の死後，叔斉は兄の伯夷に譲位した。伯夷はそれを受けず，叔斉も位につこうとせず，相前後して文王を慕って周に逃げた。文王は既に亡く，後を継いだ子の武王が殷の紂王を討とうとすると，二人は「父を葬らない中に戦うのは不孝であり，臣が君を殺すのは仁ではない」と諫めた。武王が武力によって殷を亡ぼした後，彼らは周に仕えることを恥とし，首陽山(山西省)に隠れて薇(ゼンマイ)を採って暮らしたが，「暴を以て暴に易え，その非を知らず」「吁嗟徂かん，命の衰えたるかな」と歌って，そのまま山中で餓死した。

孔子は伯夷・叔斉を「仁を求めて仁を得たり。また何をか怨まん」(『論語』述而篇)と評するが，これに対して司馬遷は彼らに「怨み」が無かったかどうかを疑い，「天道是か非か」と問うている。伯夷叔斉の伝は『史記』列伝の冒頭に置かれ，司馬遷がいかに彼らの生き方を重視していたかが分かる。史記61 （小池 一郎）

はくうんかん【白雲観】 白雲観という名の道観は中国各地にいくつか存在するが，最も著名なものが北京白雲観であり，北京市西城区にある。全真教三大祖庭の一つ。もとは唐代に天長観の名で創設されたが，モンゴル朝の頃にチンギス・カンの信奉を得た全真教掌教の丘処機(長春)が入って後に長春宮と改名され，さらに明の正統年間(1436-49)に白雲観とされた。元代以降ほぼ一貫して全真教の総本山の役割を果たしたが，同時に十方叢林(あらゆる門派に開かれた道場)として全国より様々な教派の道士を受け入れ修学させた。現在も中国道教協会の本部が置かれ，全国の道教活動の中心的な役割を担っている。この他，上海白雲観も著名。 （横手 裕）

はくうんしゅう【白雲宗】 宋～元時代の新興宗教。北宋末，西京(洛陽)の僧孔清覚が杭州白雲庵で開いた。『華厳経』を最高の教えとし，禅宗を排斥した。彼の著書に『初学記』『正行集』がある。教団は妻帯せず菜食主義の半僧半俗の信仰団体で，長江下流の浙西地方に広まったが，南宋の1202(嘉泰2)年邪教として禁圧された。元初に公認されて，普寧寺版大蔵経(『普寧蔵』)を開版した。仏教とは異なる独自の組織をもち強大な教団となったが，たびたび弾圧されて，明初に滅んだ。 （竺沙 雅章）

はくえんでん【白猿伝】 →補江総白猿伝

はくが【帛画】 帛すなわち絹に描かれた絵。湖北・湖南両省の戦国時代の楚墓と，湖南・山東・広東・甘粛省などの漢墓からあわせて20件以上出土。中でも湖南省長沙市出土のものが内容・技法ともに優れ，数も多い。帛画は葬祭具として，もしくは死者の安寧のために副葬されたと思われる。例えば，長沙にある戦国期の子弾庫楚墓(73長子M1)出土の墓主らしき人物が龍に乗る「人物御龍図」や，前漢の馬王堆漢墓1号・3号墓(長沙)出土の「非(飛)衣」と呼ばれるT字形の帛画は，死後の招魂などの儀礼に使われた可能性もあるが，墓主の魂の死後の世界(あるいは神仙世界)への移動を表現している。また馬王堆3号墓からの「車馬儀仗図」など生前の生活を描いたと思われる帛画や，「人物御龍図」と同じく子弾庫楚墓出土の各月の禁忌事項の記載のある「楚帛書」は，死者のこの世と同様の安寧な生活を願って副葬されたと考えられる。帛画は，招魂など独特の文化を持つ戦国時代の楚に始まり，漢になって他の地域へ伝播したものの，前漢初期を最盛期として次第に消滅へ向かった。しかし，天上界・人間界・地下界を描く馬王堆1号・3号墓出土の「非衣」や，馬王堆3号墓出土の「導引図」など，楚文化を含めて中国古代文化の神話・宗教・医学をはじめ広い分野の研究に貴重な資料を提供している。 （齋藤 道子）

はくがきん【伯牙琴】 南宋末の詩文集。1巻。鄧牧の著。跋文に「詩文六十余篇」とあるが，今，序跋と序遺3篇を合わせて29篇のみが現存する。同書は春秋の琴の名手，伯牙にとっての鍾子期のような真の理解者に向けて書かれている。著者は宋の遺老で，元朝支配に対する批判の精神が全編に貫かれている。また道家，特に荘子の思想を根本理念としている。同書中，「君道」「吏道」の2篇は，明末の黄宗羲『明夷待訪録』の「原君」「原臣」の先駆的存在とされる。『四庫全書』『知不足斎叢書』所収。 （久米 裕子）

はくきょい【白居易】 772(大暦7)～846(会

昌6)。中唐の詩人・政治家。字は楽天。先祖は太原(山西省)の人。父季庚は、彭城県令・襄州別駕などを勤めた地方官僚だった。

800(貞元16)年、進士に及第、803(同19)年、書判抜萃科に及第して秘書省校書郎に任命された。806(元和元)年、制挙(臨時に才能ある人材を抜擢するため、天子が直接行う試験)に及第して、京兆府の盩厔県(陝西省)尉に任ぜられ、集賢院校理となった。まもなく、召されて翰林学士となり、官は左拾遺に昇進する。白居易は、旱魃で苦しむ江淮両地方(江蘇省・安徽省一帯)の課税の免除、宮中の女官の解放など、精力的に天子に意見を具申し、諫官として懸命の日々を過ごしていた。しかし、811(元和6)年、母の喪に服して下邽(陝西省)に退居。814(元和9)年冬、喪が明けると入朝して東宮職の太子左賛善大夫を拝命する。

815(元和10)年6月、凶漢が宰相武元衡を暗殺し、長安市中を震え上がらせた。居易はまっさきに上疏して、直ちに盗賊を捕らえることを請うが、これが越権行為と咎められて、江州(江西省)の司馬に貶謫の身となった。江州での居易は、「兼済」(社会と人民のために尽くすこと)の志衰えず、長安への復帰を切望して苦しみながらも、一方で廬山に草堂をかまえて、山水を愛で、詩作に情熱を注ぐなど、「独善」(個人的な快楽を追求すること)の暮らしを楽しんでもいる。

819(元和14)年春、江州を離れて忠州(四川省)刺史に転任。同年夏、召還されて尚書司門員外郎に任ぜられる。ついで主客郎中の地位にあって知制誥を兼任し、821(長慶元)年10月には中書舎人(詔勅の作成をつかさどる官。「文士の極任」〔杜佑『通典』巻21〕といわれ、学問によって官僚となった者が到達する究極の職とされた)に転じた。居易は、穆宗の狩猟好きを諫めるなど、熱心に意見を具申する。しかし、天子の放縦な行為と執政者の無能に落胆し、なすべきことはなしたとの思いもあって、822(長慶2)年、杭州刺史を命ぜられると、半ば進んでその任に就いた。杭州での居易は西湖の水を堰きとめて灌漑にあてるなどの治績を挙げている。

824(長慶4)年5月、杭州刺史より太子左庶子に任ぜられ、その秋洛陽に至る。825(宝暦元)年3月、蘇州刺史に任ぜられたが、病により9月には官を罷める。翌年春、洛陽に帰り、秘書監に召される。その後、刑部侍郎、太子賓客、河南尹(洛陽を中心とする河南府の長官)を歴任した後、833(大和7)年4月、再び太子賓客を授けられて、東都(洛陽)に分司(中央官僚であって洛陽で奉職すること)する。以後、亡くなるまでのほぼ四半世紀、白居易は牛李の党争や宦官の専横の禍を、洛陽に閑居することによって避け、雪月花を愛で、詩と酒と琴を友とする

日々を過ごした。しかし、その心底に、長安での活躍への思いは終生消え去ることはなかった。842(会昌2)年、刑部尚書で致仕(退官)。846年8月、洛陽履道里の自宅で没した。享年75歳。尚書右僕射を追贈された。

白居易は自ら、「兼済」と「独善」の二つを達成することを自己の人生の理想と考えていた。江州に左遷された815(元和10)年、親友元稹に宛てた手紙「元九に与うる書」において、「独善」を「兼済」と同じように大切にする人生観(平たくいえば、プライベートも仕事と同じように大切だという考え)を述べたことは、中国における人生観の展開の歴史において、画期的な意義を持つものだといえる。

彼は、ほぼ三千首の詩歌と八百数十首の文という大量の作品を後世に残した。世に有名な作として、『新楽府』50篇、『長恨歌』『琵琶行』などがある。しかし、人として思い感じるあらゆることがらを、話すように歌い続けた大量の律絶(律詩と絶句)も、白居易の文学の重要な柱である。また、「制誥」(任命辞令の詔勅)や判決文の習作などの公文書を中心とする文も、当時の人間と社会を映し出して高い文学性を備えている。旧唐書166、新唐書119

（下定 雅弘）

はくぎょくせん【白玉蟾】 1194(紹熙5)～1229(紹定2)?。南宋の道士。瓊州（海南省）の生まれで、先祖は福建閩清の人という。もとは名を葛長庚、字を白叟といったが、父が早逝したので母の白氏に従い改名したとされる。幼くして雲遊に旅立ち、陳楠に師事して内丹と雷法の伝授を得たというが、実際の経歴には不明な点が多い。武夷山や廬山など江南の名山を放浪しながら、該博な道教の知識と詩文の才能で各地に弟子や支持者を増やした。特に福建では、第一の高弟である彭耜との交流など重要な宗教活動が行われた。内丹については『悟真篇』の張伯端を初祖として石泰、薛式、陳楠そして自分へと続く伝授系譜を説き、後世「南宗の五祖」と呼ばれ、図解を多用したユニークな著作等を多く残し、後世に多大な影響を与えた。また雷法では神将の辛天君から陳楠、自分へという系譜を説きつつ独自の神霄説を形成した。彼の説く内丹と雷法は別個のものではなく、その著作の中で両者の構造的な連関が比較的詳しく説き明かされている。

（横手 裕）

はくぎょくぞう【白玉像】 白大理石を用いて作られた像。おもに仏像を指す。古来中国で、玉は徳をそなえた尊いものとされ、龍のような奇瑞をあらわす動物や、璧など吉祥の器物を作るのに用いられた。仏像製作は、初期は砂岩や石灰岩を用いる

ことから始まったが，やがて玉を用いる伝統的思想が結びついた。実際には白大理石を用いることが普通で，銘文に「白玉像」「玉像」などと記して代用した。河北省・河南省・山東省では北魏時代から唐時代にかけて，陝西省では唐時代にそれぞれ個性のある白大理石による仏像製作がおこなわれた。

（岡田 健）

ばくげつてい【莫月鼎】

1223（嘉定16）〜91（至元28）。一説に1226〜94。宋末元初の道士。浙西湖州（浙江省）の人。原名は起炎，別名は洞乙。月鼎は号。時の人からは莫真官と呼ばれた。高官の家に生まれ，科挙に挑戦したが合格せず，道法を慕って四川の青城山で徐無極から五雷法（雷の力を作用させる呪法の一種）を，南豊の鄒鉄壁から斬勘雷法の書（雷の力により邪鬼を駆逐する方法を述べた書）を伝授されたという。宋末から元初に民間で雷法を使って儀礼を行い，大きな影響力を発揮すると同時に，元代には宮廷に召された。その呪法は王文卿の雷法を受け，先天の気や自己の元神によりつつ外界の感応を引き出す方法を用いる。

（丸山 宏）

はくこうかん【白行簡】

776（大暦11）？〜826（宝暦2）。中唐の文学者。祖籍は太原（山西省）。字は知退。白居易の弟。804（貞元20）年，進士に及第。居易が江州に左遷されるとこれに従う。819（元和14）年，居易とともに忠州より都に帰り，820（同15）年，左拾遺となり，司門員外郎，主客郎中を務めた。50余歳で病没。文集20巻があったが亡佚。『全唐詩』466に『春従何処来』などの詩7首を録す。伝奇に『李娃伝』『三夢記』があり，敦煌文書の『天地陰陽交歓大楽賦』は白行簡の作とされている。事蹟は白居易『祭弟文』に見える。旧唐書166，新唐書119

（下定 雅弘）

はくこうりくじょう【白孔六帖】

唐の白居易の『白氏六帖事類集』（略して『白氏六帖』とも）30巻と，その続編として南宋の孔伝が編纂した『後六帖』30巻を合わせて一書にした類書。『唐宋白孔六帖』ともいう。ただし現存するものは60巻ではなく100巻。部門に分けず，子目は1000項余り。項ごとに「白」「孔」で正・続の別を明らかにしている。成語や典故，詩文の一部を分類編集し，作詩文の参考書としたもの。ずさんな部分はあるが，散佚した資料も保存されていて，資料的価値は十分にある。宋の韓駒（？〜1135）の序に拠れば，『後六帖』が成ったのは「建炎（1127-30）紹興（1131-62）の際」。ただし『四庫全書総目提要』がいうように，いつ誰が正続二書を合本にしたのか，誰が100巻に編集し直したのかは不明。孔伝は，もとの名を若古，字を世文，また聖伝と言い，曲阜（山東省）の人で，孔子の子孫だったが，北宋の滅亡とともに南渡し，撫州（江西省）知事などを務めた。明の1522（嘉靖元）年に宋版を覆刻したものの影印本（台北・新興書局，1971年）がある。

（筧 文生）

はくさいしょもく【舶載書目】

江戸時代，1694（元禄7）年より1754（宝暦4）年に至る間，長崎を通じて輸入された漢籍の記録集。題箋では58巻だが本文は不分巻。編者は確実でないものの，寛政中に長崎奉行であった中川忠英と推定されている。内容は書物改役の記録を写し取ったもので，江戸時代における中国文化の受容や漢籍書誌を研究する上での有用な史料となっている。宮内庁書陵部に写本40冊が蔵されるほか，関西大学東西学術研究所の影印本が通行している。

（井上 進）

はくさそうぼ【白沙宋墓】

北宋末の趙氏家族墓群。河南省禹州市白沙鎮の東北1.2kmに所在。穎水の治水を目的とした白沙ダムの建設に伴い1951年に発掘調査された。発見された3基の墓のうち，南に位置する1号墓は墓門・甬道・前室・過道・後室よりなる全長7.26mの複室墓。1号墓の西北20mにある2号墓と1号墓の東北15.8mにある3号墓は，墓室の前室が省かれた単室墓。3基ともに彫刻磚を組み合わせて木造建築の室内を模倣した磚室墓である。壁面から天井にいたるまで彩色の装飾と壁画で埋め尽くされ，壁画には墓主夫婦の対座会飲図をはじめ，財物や酒を貢納する人々，侍衛侍女，女楽隊，化粧更衣婦人などの人物や調度品が忠実に描写されていた。宋代風俗史研究の貴重な資料である。1号墓は出土した磚の買地券や壁面に書写された題記から，1099（元符2）年に埋葬された当地の地主，趙大翁の墓であることが判明しており，以後2号墓・3号墓の順に造営されたものと推測される。一説に3墓の配置が堪輿家の葬法に合致するという。

（来村 多加史）

はくじ【白磁】

珪酸分を多く含み，不純物をほとんど含まない白色の磁土に透明な釉薬を施し，1200℃以上の高温で焼成した白色の磁器。釉膚の白さを増すために，白土を水に溶いて器表に塗りかける白化粧の技法がとられる場合もある。ほぼ完全にガラス化しているため吸水性はほとんどなく，指ではじくと涼しげな音を放ち，胎が薄い場合には光を透過する。中国の白磁は北朝末に華北地方で完成された。唐には邢州窯で優れた白磁が焼かれている。宋には定窯が優美で軽快な作風の牙白色の白磁で天下に名声を馳せ，中国南部では景徳鎮窯を中心とす

る諸窯で水色をおびた釉薬がかけられた，いわゆる*青白磁が作られた。元には景徳鎮窯で枢府手とよばれる純白の白磁が焼かれ，明初期の景徳鎮官窯において作られた精妙な白磁は「甜白」と評されている。明・清の徳化窯の白磁は観音などの塑像で名高い。また，*青花や*五彩などの絵付け磁器の多くは白磁の上に描かれている。　　　　　　　　　（今井　敦）

はくじぎ【白字戯】
伝統演劇の劇種。劇中では方言が使われる。南方では，北方官話を「正字」と言ったのに対し，方言のことを「白字」と言ったことに由来する。「正字戯」の流入に対し，在地の民間芸能を集めて形成された。したがって，「正字戯」と併せて上演されることが多かった。もとは福建省南部の「老白字」，広東省潮州の「潮州白字」，海豊県・陸豊県の「南下白字」に分かれていた。現在では，海豊県・陸豊県の「南下白字」のみをさして「白字戯」とするが，福建省南部の泉州の梨園戯，潮州戯とは，密接な関係を持っている。伝統的劇目として『英台連』『同窓記』などがある。
　　　　　　　　　　　　　　　　（福満　正博）

はくしちょうけいしゅう【白氏長慶集】
唐の白居易の詩文集。50巻。824(長慶4)年の冬，*元稹により編まれた。長慶3年冬，杭州刺史在任の途中までの作品2191首（元稹の序による）を収めている。前の20巻が詩で，後の30巻が文。詩は，諷諭詩・閑適詩・感傷詩・律詩の4類に分類されている。諷諭詩の『*新楽府』50篇，感傷詩の『*長恨歌』『*琵琶行』は，とりわけ有名である。元来の姿は，今日では，『四部叢刊』に収める『白氏文集』（『四部叢刊』での封面の書名は『白氏長慶集』だが，巻1第1行に記す書名は『白氏文集』）の前50巻に，もっとも近いものを見ることができる。（下定　雅弘）

はくしていし【博士弟子】
前漢代，武帝期に董仲舒の提言をうけて，五経博士が置かれ，儒学が国家公認の学になる。それをうけて前124(元朔5)年，時の丞相公孫弘が博士のもとに計50人の学生を置くことを上奏し，認可された。その学生を博士弟子という。具体的には，太常（文部省）が年齢18歳以上の容儀端正で，行状が優れている者を選んで，その定員とし，一年に一度試験をおこない，成績優秀者を郎中に任用し，エリート官僚として育成することにした。　　　　　　　　（冨谷　至）

はくしもんじゅう【白氏文集】
中唐の白居易の作品集の名。『白氏文集』の書名は後世の刊本に始まるものである。白居易自身は，自己の集を『白氏文集』といったことはなく『文集』と称していた。

　書名の読みかたについて，わが国では，『枕草子』211段に「書は文集・文選」とあるのを代表例として，『白氏文集』の「文集」は，「もんじゅう」と読むとされてきたが，最近の研究で，鎌倉初期以後，明治20年ころまで，一貫して「ぶんしゅう」と読まれてきたことが明らかになっている。

　白居易の作品集は，まず824(長慶4)年に，*元稹の手により，『白氏長慶集』50巻が編まれた。次に，白居易64歳の835(大和9)年，『白氏長慶集』50巻より後の作品を10巻にまとめたものが，巻50の後に追加されて，『白氏文集』60巻が成立，東林寺に奉納された。『文集』の書名はこれに始まる。翌836(開成元)年，65巻本を編して，東都(洛陽)聖善寺に奉納。839(開成4)年，67巻本を蘇州南禅院に奉納。842(会昌2)年，『白氏長慶集』50巻に，それ以後の作品を20巻にまとめた『後集』を加えて，『文集』70巻本が成立。日本に伝わり，平安貴族たちに読まれたのは，この70巻本である。845(会昌5)年，70巻本以後の作品を5巻にまとめた『続後集』を加えて，75巻本を編集。この75巻本は，唐末の乱により失われ，今は，五代後唐の書写本に発する71巻本が通行している。

　したがって白居易の作品集は，元来，制作年の順に編まれていったもので，この体裁を保つテキストを「前後続集本」と称する。だが，北宋に入って，詩を先に，文を後にまとめた「先詩後筆本」が発生する。南宋では，両者が共存していたが，明にいたって，「先詩後筆本」が「前後続集本」を圧倒した。長らく白居易の作品は，中国でも日本でも明の馬元調校本によって読まれてきたが，そのはるか元とされる南宋紹興本も詩と文とを別々に編集しなおした「先詩後筆本」で，白居易の元来の集の姿とは異なる。

　これに対して，1618(日本の元和4)年，那波道圓が，朝鮮銅活字本に基づいて印刷したいわゆる「那波本」（『四部叢刊』に収載。ただし原本との間にほぼ50箇所の文字の異同がある）は，元来の編集の跡をとどめている。日本には，この他にも，完本ではないが，北宋の「前後続集本」の姿を伝える良質の重鈔本が少なからず伝わっている。そのもっとも重要なものは金沢文庫旧蔵本であり，白居易生存中の会昌年間(841-846)に，日本の留学僧恵萼が筆写したものの重鈔本が一部含まれている。（下定　雅弘）

はくじゃでん【白蛇伝】
*馮夢龍の『警世通言』28の『白娘子永鎮雷峰塔』を代表とする，白蛇の精白娘子と薬屋の番頭許宣を主人公に，蘇州・鎮江・杭州とその周辺の寺院，とりわけ長江の川中島金山に建つ金山寺と西湖畔に位置する浄慈寺・雷

峰塔をめぐってくりひろげられる物語。『*西湖佳話*』や『西湖拾遺』にも同内容の作品が収められている。宝巻・蘇州弾詞の代表演目の一つでもある。以下に『白娘子永鎮雷峰塔』のあらすじを記す。

　南宋の杭州で姉の夫が営む薬屋を手伝う許宣は，清明節の墓参の帰路，雨の西湖で白娘子とあい，傘を貸した（『借傘』）縁で婚約し銀子（馬蹄銀）をあずかった。この銀子が盗品で，罪に問われた許宣は蘇州に身柄を移されることになった。蘇州には杭州の屋敷から姿を消した白娘子が先回りしていて，二人はそこで夫婦生活を始める。白娘子が承天寺参詣のために用意した衣装がまたもや盗品だったため鎮江ゆきとなった許宣だったが，あとを追ってきた白娘子とよりをもどし，薬屋を開いた。金山寺へ参詣にでた許宣を追ってきた白娘子をみかけた法海和尚は，その本性を見抜き，侍女の青青ともども捕らえようとするが，二人は船を覆し姿を消す。杭州まで追ってきた二人から逃れるべく，許宣は浄慈寺にやってきていた法海和尚に救けをもとめる。法海和尚の托鉢用の鉢をかぶせられ，白娘子は白蛇に変わる。青青が変わった青魚と白蛇が鉢とともに埋められた場所に許宣が建立した塔が雷峰塔である。

　『白蛇伝』はそもそも杭州の西湖周辺で語られていた洪水神話の断片と寧波から移入された仏教説話，なかんずく龍蟒（リュウボウ）退治説話がないまぜになって成立したもので，先行する作品には『清平山堂話本』所収の『西湖三塔記』があった。西湖湖中の三塔を鎮妖塔とする『西湖三塔記』は三塔消滅後にすたれ，西湖畔にそびえる雷峰塔を鎮妖塔とする『白蛇伝』がこれにとってかわったとおぼしい。かくて小説としては一応の完成をみた『白蛇伝』であったが，この間もその後も，小説としてのみならず，民間説話・戯曲・説唱文学の各ジャンルで不断の変化を遂げてゆく。それらを代表する作品に，いずれも清代の，玉花堂主人の小説『雷峰塔奇伝』，黄図珌や方成培の戯曲『雷峰塔伝奇』，陳遇乾の弾詞『義妖伝』などがあげられる。これらにあっては主人公の名も白素貞と許仙に改まり，二人の間に生まれた子が科挙に合格し雷峰塔前で母を祭る後日談（『祭塔』）などが加わった。『白蛇伝』は京劇・川劇をはじめとする伝統演劇においても盛んに演じられたが，そのなかには小説『白蛇伝』にはなかったり簡略だったりした部分を演ずるものが少なくない。雄黄酒に苦しみ本性を現したため夫を危地に陥れた白娘子がそのつぐないに仙草を盗みにいく『盗仙草』，金山寺を舞台に法海和尚と白娘子の闘いをえがく『金山寺』，西湖の白堤における許仙と白娘子の再会をかたる『断橋』などがそれであり，広義の『白蛇伝』にはこれらを含める。なお，小説『白蛇伝』は日本文学にも深甚な影響を与えており，上田秋成の『雨月物語』所収の『蛇性の淫』はその代表作といえる。
　　　　　　　　　　　　　　　（大塚　秀高）

はくしゅ【白酒】　→白酒（パイチュウ）

はくしょ【帛書】　帛すなわち絹に書かれた書をいう。紙以前の書写材料としては竹や木の札*（かんどく）（簡牘）が多く使用されてきたが，帛もその1つであった。現存する帛書の古いものとしては1942年（一説に1934年）に湖南省長沙市郊外の戦国楚墓で発見された帛書*（楚帛書）がある。彩色の絵入りで，宇宙秩序の起源や人間の社会行動の吉凶などを記した神秘的なものである。1973年には同じ長沙市の馬王堆（まおうたい）3号漢墓から帛に書かれた大量の書籍が発見された（馬王堆帛書）。墓葬の年代は前漢の文帝12（前168）年で，書籍は『*老子*』や『周易』をはじめとして，『*戦国策*』『左伝』に関係のある史書，天文占星書，医書などで，全部で12万字にのぼる。『老子』甲本のばあい，上下24cmの帛に0.7～0.8cm間隔の罫は簡牘の長さと幅に相当し，帛書は罫を引くことによって簡牘を並べた姿になり，書籍の上製本ということになる。なお同墓からは中国最古の帛の地図が出土している。また帛に絵を描いたものを*帛画というが，同じ馬王堆1号漢墓からは昇仙の帛画が発見されている。
　　　　　　　　　　　　　　　（永田　英正）

ばくしょ【曝書】　書物を日に干すの意。晒（きい）書・晒霉ともいう。長江・淮河流域の地方で，旧暦6月6日は曝書日・晒経日・晒衣節と呼び，書籍や衣服などを虫干しする。日本の土用干しに当たる。唐僧玄奘（*げんじょう）がインドから経典を持ち帰る途中，誤って経典を水中に落とし，門徒が引き上げて炎天下に干して無事であったという日がこの日と伝えられる。湖南などでは，寺廟や祠堂で経典・族譜を干すので，曝譜節（*さいふ）と呼ぶ。後漢の崔寔（さいしょく）『四民月令』に「七月七日経書及び衣裳を曝す，蠹（むし）まれず」とあるように，古くは旧暦7月7日に行われた。
　　　　　　　　　　　　　　　（鈴木　健之）

はくじょうそう【陌上桑】　相和歌の楽府題（がふだい）の一つ。主人公の名から「艶歌羅敷行」（えんからふこう）とも，古楽府（古辞）の第1句をとって「日出東南隅行」（にちしゅつとうなんぐうこう）とも呼ばれる。漢の古楽府は，桑を摘む美女秦羅敷（しんらふ）に，通りかかったお殿様が言い寄ったところ，羅敷がわたしには立派な夫がいる，とこれを退けたという内容をもつ五言の物語詩である。後世この楽府題，或いは主題のもとに多くの詩人がおもに桑を摘む美女を描く詩を作り，羅敷は美人の代名詞の一つになった。
　　　　　　　　　　　　　　　（松家　裕子）

ばくしょくかん【幕職官】 属官の総称。元来は将軍配下の属官を指す。安史の乱以降の唐代後半期、節度使や観察使を長とする藩鎮が全国に設けられ、州の上級の地方行政機構として機能した。その属官である副使や判官などを幕職官と称する。宋代に至って藩鎮が軍事や民政への実権を中央に奪われた後も、府や州の属官としての名称は残り、地方官は幕職州県官と称されることになる。

（松浦 典弘）

はくじんぽ【白仁甫】 →白樸

ばくせきざんせっくつ【麦積山石窟】 甘粛省天水市東南45kmにある麦積山に開かれた石窟。「麦積山」の名は、聳立する山の形が麦束を積み上げたように見えることに由来する。石窟の開鑿に関する明確な資料はないが、東崖千仏廊西端の崖面に刻まれた南宋紹興年間（1131-62）の銘文には姚秦（384〜417。五胡十六国の後秦）の時に始まると記されている。また、『高僧伝』（南朝梁の慧皎撰）には名僧玄高（402〜44）が麦積山に隠居したことが見え、5世紀の初めに石窟が開かれたと推定される。唐時代734（開元22）年の大地震で崖面の中央部分が崩落したが、現在は東崖と西崖に合わせて194窟を残し、北魏から宋代に及ぶ造像が残る。技法は塑造と壁画が中心であるが、石彫像や造像碑を安置する窟もある。

現存窟中、最早期に属する第78窟や第74窟は正壁と左右壁に仏坐像3体を造り、北魏前半期の量感に満ちた西方風の造形を示している。近年、78窟の基壇部剝離面下層に胡服の供養者像壁画と「仇池鎮」云々の題記が発見され、これにより本窟の造営年代は北魏による仇池鎮設置期間内（446〜88年）で、かつ太武帝の廃仏終了（452年）以降と推定されている。第115窟は本尊台座に「景明三年」（502年）銘の墨書が残り、麦積山で年代が確実な唯一の窟である。初期の西方様式を継承しつつも、細身の体軀や穏やかな面貌表現に北魏後半期の中国風造像様式への接近を示している。これ以後第133窟や第135窟等では龍門石窟に見られるような中国風の袈裟の着装法や華麗な裳懸座が出現し、特に麦積山では塑造という技法を生かした現実的な衣文表現が発達した。仏像の姿や表情も優雅な趣をたたえ、洛陽様式の影響が窺われる。

西魏時代の代表窟は第44窟で、仏像の表情は気品に満ち、中国風の豊かな衣を身にまとい、柔らかな生動感を漂わせている。隣接する第43窟は、西魏と柔然両国間の対立の中で犠牲となった悲劇の皇后乙弗氏を葬った「寂陵」と伝えられる。北周期に入ると量感に富む柔軟で伸びやかな姿態をもった像が現れ、隋時代には東崖摩崖大仏などの大規模な造像が行われた。唐時代は地震が多発して荒廃したが、宋時代には仏像の修復と新たな造像活動が再び盛んになった。

（石松 日奈子）

はくせついん【白雪遺音】 清の歌謡集。4巻。1828（道光8）年の刊。華広生の編。華広生は済南（山東省）の人。南北の俗曲780首を収めている。「馬頭調」「嶺児調」など各地で歌われた情歌を中心とするものの、内容は多岐にわたり、例えば巻4「南詞」には蘇州の語りものである弾詞『玉蜻蜓』9回、蘇灘『占花魁』の『酔帰』『独占』など、比較的長い芸能のテキストもそのままの形で収められている。当時の音楽・芸能、そして人々の生活ぶりを知るためにも貴重な資料である。

（大木 康）

はくちょぶ【白紵舞】 江南の民間歌舞で、六朝時代盛んに行われた雑舞の名。形式は群舞・二人舞・一人舞の形があり、手と袖の動きが重要で、ゆっくりしたリズムから徐々に速度を増していく。舞姿の艶麗さと流れるような動きが特徴である。衣装は軽やかで袖が長い。呉の地では白紵（白い麻布）の生産が盛んであり、『楽府解題』には『白紵舞歌』を引いて「質は軽雲の如く、色は銀の如し」とある。南朝斉・梁以降、白紵舞は宮廷に入り艶麗な舞踊となった。梁の詩人沈約に『四時白紵歌』があり、春白紵・夏白紵・秋白紵・冬白紵・夜白紵とあることから、当時この舞が四季・昼夜を問わず盛んに行われていたことが分かる。白紵舞の伴奏は多彩で、筝琴合奏、弦楽器・管楽器による交響形式、鐘・磬・鼓等の打楽器のみの演奏形式などがあった。

（池澤 滋子）

はくていじょう【白帝城】 後漢の初期に自立を図った公孫述が、長江に臨む北岸の白帝山上に築いた城塞（とりで）の名。重慶市東端の奉節県にある（三峡の入口）。三国蜀の劉備が、義弟関羽の弔い合戦に大敗して立てこもった場所でもあった。唐の夔州城は、ここを基礎にした城（まち）であったため、その雅称となる。李白の『早に白帝城を発す』詩は特に有名であり、晩年、当地に仮寓した杜甫の、沈鬱な詩風をしのぶ詩跡となる。現在、この跡に白帝廟が建つ。

（植木 久行）

はくとう【白陶】 高嶺土を用いた白色の土器。殷代後期に盛行した。青銅器と共通する繁縟な文様を器面に彫刻し、器形も似せた高級なやきものであった。それ以前に、一部に高嶺土を用いた白陶は長江中流域では新石器時代の城背渓文化期からわずかにあらわれ、大渓文化期に多く見られるように

なる。長江下流の馬家浜文化や山東の大汶口文化にも出てくる。しかし、*黒陶のように発達することはなかった。
（大貫 静夫）

はくとうぎん【白頭吟】 相和歌の楽府題の一つ。本辞(もとうた)は、「君(愛しい人)に両意有りと聞」いた人の、「一心の人を得て、白頭(ともしらが)まで相離れざらんことを願う」気持ちをうたう。『*西京雑記』に、妾を入れようとした夫、司馬相如に向かって卓文君が白頭吟をうたって、これをやめさせたという逸話が残り、本辞は作者不詳とも、また卓文君の作ともいわれる。本辞のほか、これにもとづいた晋の宮廷で奏された歌詞も残っている。
（松家 裕子）

はくとき【白兎記】 五代後漢を興した*劉知遠と李三娘の悲歓離合を描く南戯。作者未詳。古くは金の『劉知遠諸宮調』が知られ、現存する南戯は元の劉唐卿『李三娘麻地捧印』(朱権『太和正音譜』に著録、佚書)に淵源しながら二系統に分化している。成化(1465-87)刊『新編劉知遠還郷白兎記』は劉知遠の立身出世を主軸とし、崇禎(1628-44)刊『白兎記』全33齣(汲古閣本)も同系統に属する。また『劉知遠風雪紅袍記』(張牧『笠沢随筆』百二十家戯曲全錦目に著録、佚書)の系統に、糟糠の妻李三娘に力点を置く1553(嘉靖32)年刊『劉智遠』(『風月錦囊』所収)、萬暦(1573-1620)刊『新刻出像音注劉知遠白兎記』全39折(富春堂本)がある。
（根ヶ山 徹）

はくばじ【白馬寺】 現在の河南省洛陽市の東郊に位置する、中国最初の仏教寺院として名高い寺。後漢の明帝の時代、インドの僧(または求法の使者)が経典や仏像を白馬に載せて洛陽に至り、白馬寺という寺院が建立されたという説明が一般になされる。白馬寺は西晋の*竺法護が経典を翻訳した場所として知られるように、訳経場としての白馬寺が明帝の感夢求法説と結びつき、いつしか中国最初の仏寺という伝説が生み出された。現在の伽藍は、明代に再建されたもの。
（入澤 崇）

はくばひばろん【白馬非馬論】 「白馬は馬ではない」とする議論。戦国時代の中国で相当に流行した議論であったが、その議論の内容をうかがいうるのは、『*公孫龍子』白馬論篇のみで、そこでは認識のみが実在するとする立場で「白馬非馬」を対話法で論証する。そこには背理法なども用いられ、この議論がすでに高度に熟達したものになっていたことが見てとれる。また、『*荘子』斉物論篇に「馬非馬」などの表現も見られることから、当時の思想界では「馬」「白馬」などが思索の術語として使用されていたと推測できる。恐らく、『*墨子』経、経説に見られる比較的常識的な議論での「馬」「白馬」などの使用から出発し、この思索が墨家の活動の広がりとともに戦国時代の思想界に広まり、これらの概念を用いた複雑な思考を生み出した。こうした思索は他学派から拒否され、『*韓非子』外儲説左上では児説なる人物が、「白馬非馬」を説いて学術界には認めさせたものの、現実社会では通用しなかったと批判されている。
（久保田 知敏）

はくびょうが【白描画】 色彩を用いず、墨線のみによって描いた絵画。古くは白画・素画といい、白描画と呼称するようになったのは元時代以後からであろう。外形的には、漢代の遺例もあり、下絵・粉本などと区別できない側面もあるが、この表現形式特有の美しさが認識され、独立した表現となったのは、東晋の顧愷之が盛んに白画の肖像・歴史画などを描いた六朝時代からであろう。さらに盛唐期(8世紀前半)に出現した呉道玄は、線の肥痩・遅速などの表出力を高め、長安・洛陽の寺観の壁面に白画を盛んに制作した。彼の作品には専属の色彩画家がいて、その線描を引き立てるため「呉装」と呼ぶ独特の淡彩が加えられた。

　白描画の生命は、さまざまな表情をもつ線描の美しさにあるから、中唐期(8世紀後半)に、線描を否定し、墨面のさまざまな変化を主な表現手段とする水墨画が、山水画と結びついて絵画の主流となると、衰退に向かった。しかし、北宋時代末に文人画家*李公麟が登場し、白描画を復興し、仏教絵画・歴史画・人物画をこの技法で描き、大きな名声をえた。そのため、彼以後、白描画は文人の芸術となり、もっぱら人物画、特に古い歴史上の物語・神話画などを描く技法となっていった。元時代の趙孟頫と張渥は、この流れをつぐ人である。明代以後は、文人ばかりではなく、職業画家たちもこの技法を使用し、特に幻想的表現などに使用されている。画家としては、杜菫・尤求などがいて、彼らの作品はかなり遺っている。白描画の名作としては、『九歌図巻』(遼寧省博物館蔵)、李公麟『五馬図巻』、牟益『擣衣図巻』(台北、故宮博物院蔵)、張渥『九歌図巻』(クリーブランド美術館蔵)などがあげられるだろう。
（海老根 聰郎）

はくぶつし【博物志】 西晋の博物の書。10巻。著者は*張華。内容は雑駁で、山川地理・歴史人物・植物・動物・医薬・神仙方技などに及ぶ。自然現象の観察記録や光学方面の記述なども含まれ、科学史の史料としても貴重である。『博物志』の原本は、武帝(在位265～290)のときに初稿がで

きあがり，恵帝(在位290〜306)の初めに完成した，と推定される。今本は宋以後に後人が各種の書から張華の遺文を採り，それに他書から雑取し付益して編纂したもの。　　　　　　　　　(白杉 悦雄)

はくぼく【白樸】　1226〜?。元の戯曲作家。隩州(山西省)の人。字は仁甫，また太素。蘭谷と号した。父の白華は金の亡国の際，枢密院判官であった。1234年に汴梁(開封)が蒙古軍によって陥落したとき，父と別れ，父の友人で，詩人として名高い元好問に引き取られて育てられたが，のちに当時の有力な軍閥の一人であった史天沢の幕客となった父とともに，真定(河北省)に居を定めた。さらに元朝が中国を統一した翌年，1280(至元17)年には，建康(南京)に移り住んだ。雑劇の作者としては，例外的ともいえる名士の家柄に生まれ，士大夫としての高い教養を備えた人物である。元曲四大家の一人に数えられ，題目の伝わるもの16種，そのうち現存するものに『梧桐雨』『牆頭馬上』『東牆記』の3種があり，伝統的な教養に基づく典雅な歌辞を大きな特徴としている。また，詞や散曲にも優れ，これらを収めた『天籟集』2巻が伝わっている。
　　　　　　　　　　　　　　　(赤松 紀彦)

はくめいたつ【白明達】　生没年不詳。隋唐間の宮廷音楽家。亀茲(新疆ウイグル自治区庫車一帯)の出身で，突厥(テュルク国)の皇后に随行し隋に渡来した白智通の一族に属する。煬帝(在位604〜617)治世に『万歳楽』『長楽花』などの多くの新曲を創作した(『隋書』音楽志)。唐代には宮廷楽舞の教習所(武徳年間〔618-626〕に創設)の楽師となり，高宗に命じられ『春鶯囀』を創作した。後に日本にも伝来したこの曲は現在でも雅楽の演目として演奏されている。　　　　　　(仲 万美子)

ばくゆう【幕友】　清代の地方官の行政顧問。科挙は，経書理解や文才に反映される全人格を問うのであり，個別のスキルたる行政能力を問うのではない。そのため清代の科挙官僚は地方官に任命されると，幕友なる顧問を雇い実務を助けてもらわねばならなかった。幕友になるのは，挙人・国子監生など官僚より社会的地位の低い者であるが，官僚から師爺と尊称され，有能な幕友は引っ張り凧となった。幕友には様々な職種があったが，重要なのは裁判を担当する刑名と財政を担当する銭穀で報酬も高かった。そもそも地方官庁で民衆と直に接するのは，事務員である胥吏，執行員である衙役であるが，彼らは数百人おり官僚一人では把握できない。幕友の重要な仕事の一つは胥吏・衙役対策である。一方上司対策も大切で，雇用主が上司から低い人事評価を受けないようにせねばならない。このように幕友は，職員と上司に挟まれた地方官僚を助け，行政のスムーズな運営を実現する裏方だった。
　　　　　　　　　　　　　　　(谷井 俊仁)

ばくゆうし【莫友芝】　1811(嘉慶16)〜71(同治10)。清の学者。独山(貴州省)の人。字は子偲，号は邵亭。1831(道光11)年に挙人となるが，進士には合格せず，長く曾国藩の幕友(秘書)をつとめる間，金陵書局で出版の仕事を担当したりした。学者としてははじめ小学を治めたものの，後にはむしろ目録・版本学に力を注ぎ，『宋元旧本書経眼録』『邵亭知見伝本書目』などを著す。他の著作には『韻学源流』など小学方面のものや詩文集がある。清史稿486　　　　　　　　　　　　　　(井上 進)

はくらく【伯楽】　春秋時代の半ば伝説的な畜牧獣医家。姓は孫，名は陽。伯楽は字。秦の穆公(在位前659〜前621)に仕えて，良馬を選び，軍馬としてたくみに調教したばかりでなく，馬の病気治療にも長けていたので，戦国時代以後，良馬の鑑別や治療の便覧書に『伯楽相馬経』『伯楽針経』などと，伯楽の名に仮託した書物が多く著された。また賢人逸材を発見し得る能力を有する人物を，伯楽の代名詞で呼ぶことがある。　　　(渡部 武)

はくらくてん【白楽天】　→白居易

ばくりょう【幕僚】　古来より将帥が出征地で設営した幕府において参謀・秘書官的役割を果たす者を称したが，清代に至り地方官の私設顧問である幕友を特に指す。明清時代，地方官は原則として本籍を回避して事情に疎い地に赴任するため，行政実務を当地の胥吏に依存せざるをえなかった。そこで地方官は行政運営の補佐として幕僚を私的に雇用して政治上の主導権の回復を図った。雇用される幕僚の出自や教養水準は一般に科挙官僚と同等で，賓客として遇され相当額の報酬を得た。地方官幕僚には，税糧徴集(銭穀)と裁判事務(刑名)のどちらかを担うことができる少なくとも2名が求められた。幕僚全盛期とされる雍正・乾隆期(1723-95)には幕僚はかくあるべきと教える幕学書が多く出版され，浙江省紹興は汪輝祖を代表として多くの幕僚を輩出した。また，康熙期の徐乾学，清末の曾国藩・李鴻章などは，学術方面からも人材を集め育成し，その幕府は士大夫層の交流の拠点として機能した。
　　　　　　　　　　　　　　　(黨 武彦)

はくりょうだいし【柏梁台詩】　前漢の詩。柏梁台は，長安城にあったかどのの名。『芸文類

聚』56などの記述によれば，武帝が前108(元封3)年に築き，七言句を作ることができた者のみを登らせたという。詩は帝の「日月星辰 四時に和す」に始まり，梁王・大司馬・丞相以下郭舎人・東方朔に至る25人の臣下が，1人1句ずつ，帝の句と韻をふむように作ったもので，七言詩のはじめ，中国最古の連句とされる。顧炎武『日知録』では，その内容が当時の史実や官職名と合わないことから，これを後世の偽作とする。ただ，七言毎句韻は鏡銘をはじめ前漢にも多くみられるものであり，押韻が上古韻によることを考えれば，偽作であるとしても漢代の作であることは否定しがたく，さらなる研究が待たれる。鈴木虎雄『柏梁台の聯句』(『支那文学研究』所収)に詳しい考証がある。のちこの詩をまねた毎句韻の連句がおこなわれ，柏梁体とよばれる。

(谷口 洋)

はくろう【白鑞】 錫と鉛の合金。日本ではしろめまたは白鉛とも称す。組成は錫4と鉛1の割合といわれ，この場合の融点は約200℃。ただし割合は用途によって異なる。不純物として，アンチモン，ビスマス，銅，亜鉛などを含むことがある。金属としては柔らかく，加工性に優れているので，皿・花器・神仏具等の製作，合わせ目，スズ細工品の接着，銅容器の内側に防錆のためなどに用いられた。

(平尾 良光)

はくろくどうしょいん【白鹿洞書院】 江西省九江市の盧山にある。唐代に李渤・李渉兄弟がこの地に隠棲，彼らが白鹿を飼いならしていたので白鹿洞と命名された。五代の南唐の時，盧山国学(白鹿国庠)という国立学校が置かれた。北宋の時に書院が設けられたが，やがて衰退した。1179(淳熙6)年に朱子が再建復興してからは，「四大書院」の一つに数えられるほどの名書院となった。朱子の「白鹿洞書院掲示」，陸象山の「白鹿洞書院講義」が思想史的に重要である。

(早坂 俊廣)

はくわ【白話】 口頭の会話。白は話すこと。白話文は文言文に対して口語文をいう。『史記』など文言古典にも口頭語は使用されているが，特に後漢末の初期漢訳仏典に多く用いられ，唐代には敦煌発見の変文や王梵志などの白話詩が現れ，唐詩にも白話語彙が用いられた。さらに禅宗の語録，『朱氏語類』など宋代新儒学の語録はもっぱら白話体で書かれた。ついで元代の散曲・雑劇の歌詞に多用され，雑劇の台詞は基本的に白話，また儒教経典を白話訳した直解も作られた。明代以降，『水滸伝』『金瓶梅』など白話小説の登場により，その地位は大きく向上するが，文言を圧倒するのは文学革命(1917年)を契機とする。その提唱者の胡適は『文学改良芻議』で俗語の使用を主張し，自ら白話詩8首を作った。ついで魯迅が小説『狂人日記』(1918年)を発表するに及び，近代文学における白話文の地位が確立した。またこれと並行する国語運動においても，1920年に白話文が正式の国語とされるに至った。

(金 文京)

はくわぶんがくし【白話文学史】 胡適が1928年に新月書店から刊行した著作。中国文学史についての彼の講義録に加筆・修正を施したもので，上冊のみ刊行された。胡適はその「自序」の中で白話の意味を「自然に口から出，耳に入る言葉」「飾りたてない言葉」「分かりやすい言葉」だと定義し，漢代の散文から始めて民間歌謡，仏教の翻訳，唐詩に至るまで，白話の範囲を大きく拡げて論述した。新文学の源泉は民間にあるとして，「白話文学運動」に歴史的な根拠をあたえた。

(中 裕史)

ばけんちゅう【馬建忠】 1845(道光25)〜1900(光緒26)。清の文法学者。丹徒(江蘇省)の人。字は眉叔。幼年より伝統的な四書五経の教育を受け，さらに1852(咸豊2)年には上海郊外のフランス・カソリック系の学校「徐匯公学」に入学，英語・フランス語・ラテン語・ギリシャ語を学ぶ。1876(光緒2)年李鴻章によりフランスへ郎中(正五品。ほぼ局長に相当)の身分で留学生の随員として派遣され，後に中国在仏公使館の通訳を兼任する。この間，パリ大学法科に入学し，1879(光緒5)年に法学士の学位を授けられる。帰国後は，洋務派のグループに参加，1881(光緒7)年にインドに赴きアヘンに関する協定を結び，1882年には李鴻章によって朝鮮へ派遣され，米・英・仏との条約締結の斡旋を行った。

　西洋諸国の言語には文法(書)があるのに，自国にはなく児童が古典を理解するのが困難である状況を鑑み，経籍中の用例から帰納して，中国で最初の体系的な古漢語文法書である『馬氏文通』を著した。他に『適可斎記言』4巻，『記行』6巻の著作がある。清史稿446

(玄 幸子)

ばこう【馬甲】 清の男女が長袍や長衫の上に愛用したチョッキ風上衣。背心・坎肩ともいう。チョッキ風の上衣は，防寒やおしゃれを目的として古代から着用され続けたものであり，清代に始まったものではないが，清朝になるとその形はバラエティーに富んだものとなった。襟の形も大襟(右前に重ねた襟)・対襟(真ん中で直線的に合わさっているもの)・琵琶襟(大襟が琵琶のように湾曲しているもの)・一文字襟(合わせ目が横一文字になっているも

の)と多様になり，縁飾りや刺繍も施された。この馬甲の丈が長く膝下まで達するのが比甲である。比甲は，満洲族・漢族の区別なく女性の間で愛好された。
(増田 美子)

はしこう【把子功】 毯子功と並ぶ伝統演劇の立ち回りの演技の基本技術の一つ。把子とは刀槍把子ともいい，刀・大刀(長柄の付いた太刀)・槍・剣・棒・戟(ほこ)・斧(まさかり)・匕首・錘(柄の先に金属塊のついたもの)・手把子(徒手による格闘)などの武器を指し，そうした武器を用いての立ち回りそのものをも指して言う。古代の戦闘に民間武術を取り入れ，伝統演劇の特徴に合わせその様式ができあがった。武器の長さから長把子(大刀・槍・戟など)と短把子(刀・剣・錘など)に大別され，立ち回りの性格から荘重把子(厳粛な戦闘)と滑稽把子(相手を手玉に取り笑いを誘う戦闘)に分類される。武器により構えや扱いにそれぞれ規定の動作があり，例えば双槍(2本の槍)の構えの型には，挙双槍(開いた角度で左右に持った槍を高く掲げる)・懐抱双槍(2本一緒に左手で水平に抱え，右手を上に挙げる)・叉地式(両足を開き穂先は地面につけ下向きに槍を交差させる)などがあり，扱う技術として双槍倒花(2本を平行に大きく身体の前で回す)・双槍大刀花(半身に構え左右の槍を交互に回していく)・双槍打靴底(喜びや感激の表現で穂先で左右の靴裏を叩く)などがある。立ち合いの様式には，搭(双方の武器を上方で交差させる)・兜(同様に下方で交差)・幺二三(上，下，上と3回交差)・漫頭(一方が相手の頭部を攻撃し頭を下げてかわす)・馬腿(脚部を攻撃され片足を反対方向に避けて武器を出してかわす)などがある。また特殊な様式として，放る，蹴るなどして武器を手から放しまた受け取る「出手」(打出手・踢出手・過家夥とも言う)がある。多くの敵から投げられる武器を順に蹴り返すなど激しい戦闘を表現したり，刀を投げて鞘に収めるなど人物の機敏さ・諧謔を表すものもある。こうした基本に加えて，人物の身分・心理・性格や，騎馬戦・夜・船などの場面，筋の展開などによる演じ分けが要求される。
(波多野 眞矢)

ばしぶんつう【馬氏文通】 清の古典中国語文法書。古漢語語法を系統だてて全面的に論述した中国で最初の文法書。10巻。1898(光緒24)年出版。但し上海商務印書館より出た初版は，「正名」「実字」篇の6巻のみであり，翌1899年に「虚字」「句読」篇の4巻が出版された。馬建忠著。中国語語法学の基礎を築いたといえる画期的な専著である。中国語学史は大きくこれ以前と以後に区分される。

馬建忠自身が，「例言」において「この書は，ヨーロッパ諸国では"葛郎瑪(grammar)"と称される」と言うようにヨーロッパの伝統的文法概念を借り，さらに中国古典からの膨大な用例を帰納して法則を述べている。この点で「古今以来特創の書である」(「例言」)と自負をし，又，後世に引き続き不動の評価を受けることとなった。とりわけ虚詞についての捉え方が画期的である。一方で構文分析に用いる2系列の体系の差異が曖昧である点，「句」と「読」の概念の境界が不明確である点などの欠点も指摘されるが，以後の研究がこれを基礎，出発点としており，中国語学史における意義・評価・地位は不変である。
(玄 幸子)

ばしゃ【馬車】 →車馬

はじゃろん【破邪論】 唐代の仏教の論文。1巻。僧法琳の作。621(武徳4)年6月に，道士の傅奕が寺塔と僧尼を減少して益国利民すべき旨の11か条の建白書を高祖に上呈したのに対し，翌年正月に法琳が高祖に上呈した反駁論文。巻数については，1巻本とするもののほか，『大正新脩大蔵経』(『大正蔵』)に収録された2巻本があるが，この虞世南の「襄陽法琳法師集序」を冠した大正蔵本は，法琳の『破邪論』に関する文章を網羅した『破邪論集』であるから，元来は1巻本である。(礪波 護)

ばしゅく【馬驌】 1620(泰昌元)〜73(康熙12)。清代初期の史学者。鄒平県(山東省)の人。字は聡卿・宛斯。1659(順治16)年の進士で，安徽省霊壁県の知県として治績を上げた。その学問は経史に通じ，該博で知られたが，特に夏・殷・周の三代など，古史に精通していたことから「馬三代」と称された。著書に『左伝事緯』12巻，『繹史』160巻がある。主著『繹史』では，先秦の古書を博捜・渉猟し，その真偽や異同を検証しつつ，太古から秦末に至る歴史を叙述した。その学問的方法論は，顧炎武なども高く評価するところであり，校勘・弁偽など，後の清朝考証学の手法の先駆と見なされ，清代の経史考訂の学に多大な影響を与えた。『清史列伝』68に伝がある。清史稿481
(伊東 貴之)

ばじょうはい【馬上杯】 酒盃の一種で，長い脚台をもつ杯。名の由来は，馬上でその長い脚部を持って飲むのに適しているという説，腰が高く不安定な形が，馬上にいるようであるとする説，また「馬上」は，中国語で「即座に」という意味であることから，酒を注ぐと即座に飲み干すべき杯(「可杯」)の一種という説などがある。中国では金属器のほか，青磁・青白磁・白磁・青花・釉裏紅・

五彩・豆彩磁器などに，朝鮮半島では，粉青沙器(三島手)や白磁などに多く見られる。

(長谷川 祥子)

はしょくぶんか【巴蜀文化】
主に先秦時代の四川盆地に展開した地方文化。先秦時代の四川盆地には，隣接地域と関係をもちながらも，地方色を強く具えた文化が展開していた。この文化のことを，秦による征服以前の四川盆地に巴・蜀といった国があったとする文献記載に基づき，巴蜀文化と呼んでいる。春秋戦国時代の様相は比較的はっきりしているが，それ以前については三星堆遺跡・竹瓦街遺跡といった注目すべき遺跡もあるが，なお不明な点が多い。特徴的な文化要素としては，中原との共通点を持ちながらも地方色の強い巴蜀式青銅器，船型の木棺を使う船棺葬，独自の符号を彫った印章などがある。このように巴蜀文化には強い地方色がある反面，隣接する陝西・湖北などとの関係も認められる。特に戦国時代になると長江中流域の楚文化から強い影響を受けている。秦代にも巴蜀式青銅器などの巴蜀文化の文化要素は残るが，漢代になると巴蜀文化に特徴的な文化要素はほぼ消滅してしまう。

(小澤 正人)

ばじょひかいへん【馬如飛開篇】
清の弾詞開篇集。『(馬如飛先生)南詞小引初集』ともいう。2巻。1886(光緒12)年の刊本がある。清の馬如飛の作。馬如飛は清の咸豊・同治年間(1851-74)ごろの蘇州弾詞の名人。開篇は，弾詞の冒頭に歌われる短い歌。第1部は「西施」「王昭君」「白居易」など，歴史上の人物を歌い込んだもの。第2部は「白兎記」「長生殿」「還魂記」など，戯曲のストーリーを読み込んだものが収められる。

(大木 康)

はじんがく【破陣楽】
唐代の歌舞大曲。原名は『秦王破陣楽』で，もとは唐初の軍中の楽舞であった。唐太宗(在位626～649)が皇子秦王として四方を征伐した時，将士たちが民間の旧曲に新たに歌詞をつけ，建国間もない唐朝安泰の基礎を築いた太宗の武功を歌頌したもので，627(貞観元)年，太宗即位の時『秦王破陣楽』として奏された。この時太宗は，太平の世の本となった歴戦を顧みて深く感じるところがあり，「武を以て天下を平定したが，これからは文を以て世を治めん」と決意した。同時に，王業の艱難を子孫に示すために自ら実戦の陣勢を摸して『破陣楽舞図』を描き，宮廷音楽家呂才に命じて楽人の舞の指導にあたらせ，虞世南らの文人に歌詞を新しく作らせて『七徳舞』と改名し，633(貞観7)年正月に上演した。群臣みな万歳を称し，蛮夷の庭に在る者も揃って踊り出したという

(『新唐書』楽志)。七徳とは，太宗の7つの徳行を挙げたものである。歌詞は早くに散佚したが，中唐の詩人白居易の詩に太宗の功業をのべた『七徳舞』がある。全曲52遍から成る大曲で，舞人の数120，銀甲を被り，戟をとって舞う。また，左方右円の陣，魚群鳥群の陣等々，12たび変化する陣形はまさに太宗の百戦百勝の戦術の妙をみせるものであった。音楽は亀茲伎の音調を交えて音響壮大，太鼓の音は百里に鳴り渡ったという。以後，元日をはじめ慶賀の宴に奏された。

『破陣楽』はその後様々の形に編曲された。『神功破陣楽』は，規模を2遍に縮小して雅楽の武舞として用いられ，『功成慶善楽』『上元楽』とともに唐三大楽舞と呼ばれる。立部伎に編入された『破陣楽』は，太宗の時の大型の武楽である。十部楽と座部伎の『讌楽』4部楽中の『破陣楽』は，舞人の数が少なく，緋色の綾絹の服や雅楽器を用いていることなどから，小規模の文舞である。同じく座部伎の『小破陣楽』は，『旧唐書』に「玄宗が作曲し，立部伎より生まれる」とあり，金甲をつけた舞者の服装，戦いのしぐさ，亀茲楽器を用いていることなどから，小規模の堂上の武舞に編曲されたものであろう。唐末には雑戯の演目として『破陣楽』の名が見え，宋代には詞牌『破陣子』がある。

『破陣楽』は，日本には遣唐使により7世紀末から8世紀初めの則天武后の時，すなわち文武天皇の時にもたらされたといわれる。　(古新居 百合子)

パスパ【八思巴】
1235～80(至元17)。元のチベット仏教指導者。パスパ(あるいはパクパ)は，チベット語で「聖者」の意で，名はロドゥ・ギェルツェン。13世紀のモンゴルの拡大にともなって，伯父のサキャ・パンディタがチベットを代表してコデン王と1247(定宗2)年に接触し，その後パスパは1253(憲宗3)年即位前のクビライに謁見して，信任を受けた。クビライの即位後は，1260(中統元)年には国師，1270(至元7)年には帝師の称号を授けられ，モンゴル政権下の仏教全体の統率者としての地位を得るとともに，チベットの支配をまかされた。1274(至元11)年に，地位を異母弟の赤憐真(リンチェン・ギェルツェン)に譲ってチベットに帰り，80年に没した。以後，帝師の地位はサキャ派によって継承される。また，クビライの命を受けて，モンゴル語のための新文字を創製し，1269年に国字として制定された。これがパスパ文字である。元史202

(森田 憲司)

パスパもじ【パスパ文字】
元の世祖クビライが国師であるチベット人学者の八思巴に命じて創らせた表音文字。1269(至元6)年に「蒙古新字」と

して公布された。蒙古国字あるいは方体字ともいう。字母の大多数はチベット文字の楷書体にあたる有頭体(ウチェン)に基づき，いくつかの字を梵字から，または新規に作成して補い，41の字母と4つの補助記号から構成される。音節ごとに連書して縦書きし，左から右へと行を進める。パスパ文字はモンゴル語以外に漢語，チベット語，サンスクリット，ウイグル語など多数の言語の表記にも用いられ，汎用性の高い文字として使われることが意図されていたが，繁雑であったことから旧来のウイグル式蒙古文字のほうがさかんに使われ，元の滅亡とともに廃れた。現存するパスパ文字の資料には，文献以外に碑刻，印章*，貨幣*，牌符などがあり，中期蒙古語の研究の貴重な資料となっているほか，『蒙古字韻*』というパスパ文字による韻書は，元代の漢語研究の重要な基礎資料である。　　　　　　　　　　(池田　巧)

ばそどういつ【馬祖道一】　709(景龍3)〜788(貞元4)。禅宗を代表する唐代の禅者。実質的な中国禅の創始者。漢州徳陽(四川省)の人。五祖弘忍門下の智読に嗣いだ資州(四川省)唐和尚処寂に依って幼くして落髪し，渝州(重慶市)円律師に具足戒を受けた。恐らくは金和尚(浄衆無相)にも学び，益州(四川省)長松山，荊州(湖北省)明月山で山居修道していたが，740(開元28)年前後に衡山(湖南省)の南岳懷譲(えじょう)禅師のことを伝え聞いて赴く。懷譲「坐禅してどうするつもりか」，馬祖「仏になります」，懷譲は瓦を磨きはじめた。馬祖「瓦を磨いてどうするのですか」，懷譲「鏡にする」。馬祖「磨いても鏡にはなりません」，懷譲「そのように坐禅しても仏にはなれぬ」(『景徳伝灯録*』)。こうして懷譲に心地の法門を示されて大悟した。この頃，吉州(江西省)青原山から行思禅師の手紙を持って懷譲のもとに来た男がいた。後に南岳の石頭に住する希遷禅師である。「諸聖を慕わず，己霊も重んぜず，永劫に沈淪(ちんりん)すとも，諸聖に従って出離するを求めず」(『景徳伝灯録』)と懷譲に言ってのけたこの男のことを馬祖は生涯意識し続ける。修行者は馬祖の指示で石頭に参じて往来し，純禅の時代の基礎となる。石頭希遷が南岳に入るのと入れ替わるように山を下り，742(天宝元)年，建陽(福建省)仏跡巖で教化の第一歩を踏み出す。743年，撫州(江西省)西裏山に移り，10年ほどして虔州(けんしゅう)(江西省)龔公山(きょうこうざん)に移住し，虔州刺史裴諝(はいしょ)の帰依を受ける。769(大暦4)年，洪州(江西省)開元寺に入り，路嗣恭の景慕するところとなり，修行者が雲集した。世寿80歳，僧臘60(一説に50)，大寂禅師と諡号された。入室の弟子は西堂・百丈・南泉・帰宗など139人(一説に88人)といわれ，多くは地方に展開した。

馬祖の禅は「即心即仏(心こそが仏である)」の句に代表される一心法門であり，端的には「作用即性(一切の働きは仏性の働きに他ならない)」といい表される。宗密*によって洪州宗と呼ばれ，用のみあって体がないと批判された。　　(西口　芳男)

はたく【波磔】　書の運筆法の一つ。右払いをいう。波撇(はへつ)ともいう。波は南朝梁の武帝の論書に見え，磔は「永字八法*」(永の字に楷書の基本となる8種の点画がみな含まれているとする法)などに見える。

南宋の陳思は，「磔」を詳説する中で「筆毛をひらいて張りつけて，のばすようにする」(『永字八法詳説』)といっている。波のようなうねりを見せながら，右に筆をいっぱいに開いて引きはらうの意が波磔であろう。隷書の場合は，横画の終筆を右に大きくはねあげるようにして引き抜く筆法をいう。前漢には装飾性豊かな八分隷が見られ，後漢になるとみごとに完成された波磔をもつ『曹全碑』『礼器碑』の作品が現れた。　　　　　　　　　(大橋　修一)

ばたんよう【馬丹陽】　1123(宣和3)〜84(大定24)。金代の道士。寧海(山東省)の人。名は従義，字は宜甫。丹陽の号は1168(大定8)年に師王重陽(ちょうよう)*から授かった。その前年，馬は陝西から山東半島に布教に訪れた王と出会い，夫人とともに王に師事して出家入道。1170(大定10)年における師の死を経て以降，終南山の祖庭を修築するなど，掌教として山東と陝西を結ぶ教線を確立し，教団の基礎を固めた。日常の修行のほか，師と同じく頻繁に詩詞を用いて人々を啓発したが，特に晩年は伝統的な道教儀礼である霊宝斎醮(さいしょう)を頻繁に行い，もともと三教を標榜する新興の修行セミナーであった全真教に，道教的な環境を導入した。　　(森　由利亜)

はちいつ【八佾】　周代，礼楽制度による天子の楽舞の規模。佾は舞人の列のことで，八佾は8列から成る舞隊である。周代の礼制は宗族制度，階級制度の上に立てられたものであったから，礼楽の舞隊の規模も地位にしたがって定められていた。『左伝』に「天子は八佾，諸侯六佾，大夫(たいふ)四佾，士二佾」とある。1列の人数については諸説があり，いずれも8人とするものと，列数と同じ数，すなわち八佾は8人，六佾は6人などとするものなどがある。『論語*』八佾に，孔子が諸侯の季氏が魯の大夫の身分でありながら天子の八佾の舞を廟庭に舞わせたと聞き，「これが忍ばれるなら，天下にほかに何が忍ばれようか」と，その僭越を憤慨したと記されている。春秋時代は周王室の権威が失墜し，反対に勢力を強めた諸侯たちが，権威を誇示するために競って天子の楽を用いたのである。

漢代，儒学の復興とともに八佾の舞も新たに復活し，その形式は清代まで宮廷で用いられた。

（古新居 百合子）

ばちえん【馬致遠】　元の戯曲作家。大都(北京)の人。東籬と号した。生没年は未詳だが，1250(淳祐10)年前後に生まれ，1321(至治元)年から24(泰定元)年の間に死んだと考えられる。叙情的で典雅な曲辞で知られ，元曲四大家の一人に数えられる。その作品として現存するものに，『漢宮秋』『岳陽楼』『青衫涙』『薦福碑』『任風子』『陳摶高臥』，そして元貞年間(1295-97)に元貞書会に参加して，李時中及び俳優の花李郎と紅字李二と合作したとされる『黄粱夢』がある。また，人に貸した愛馬をいとおしむ気持ちをよんだ『借馬』をはじめ，散曲作品も数多い。

（赤松 紀彦）

はちおうのらん【八王の乱】　西晋後半の宗室諸王の内乱。前哨戦は，武帝没・恵帝即位の翌291(永平元)年の皇后の賈南風が楊太后を幽閉し，外戚の楊駿を誅殺したクーデター。「八王」に数えられる汝南王司馬亮・楚王司馬瑋も殺害される。平穏な元康年間(291-299)を挟み再発する。300(永康元)年，愍懐太子司馬遹を廃嫡・殺害した賈皇后に対し趙王司馬倫が挙兵。以後，賈皇后を倒し専権を振るう趙王倫が斉王司馬冏に打倒されるというように，暗愚な恵帝に代わり実権を握る宗室諸王が同じく宗室諸王に打倒されるというパターンを繰り返す。306(永興3)年の成都王司馬穎・河間王司馬顒・恵帝の死と東海王司馬越の専権の確立により一応の終結を見るが，異民族部隊の利用により，すでに西晋滅亡の直接の原因である永嘉の乱を誘発していた。八王の乱は西晋王朝の自壊であり，当時の貴族制の矛盾の噴出であった。西晋を代表する文人，潘岳や陸機・陸雲兄弟もこの内乱の渦中，命を落としている。

（福原 啓郎）

はちおん【八音】　周代の楽器の素材による分類法の名。『周礼』春官・大師にこの語がみえ，「金・石・糸・竹・匏・土・革・木の八音を以て演奏する」とある。「金」は青銅製の鐘類，「石」は石又は玉製の磬類，「糸」は絹糸の弦の琴・瑟類，「竹」は簫・管類，「匏」は匏の台座に編管を組み込んだ笙類，「土」は陶製の塤類，「革」は太鼓類，「木」は柷(上部が広く底部が狭い櫃型。木の棒を左右に振り櫃の内壁を撃って音を出す)・敔(伏虎の形。背筋に沿ってつけられた鋭い歯型の木片を木尺でこすって音を出す)類である。

八音の分類法は上記の8種類の楽器が出揃う西周末期から遅くとも春秋時代の前期末までには生まれていたとされる。楽器の種類を素材によって分けるという発想と，異なる物質を用いてこれらを統一し調和を作り出すということは，その頃まだ初期の段階であった五行思想や礼楽思想に関わるものであろう。古代では音楽は政治や道徳と密接な関係があり，音楽はしばしば善い政治を行うための比喩として用いられているが，『国語』周語下には伶州鳩の言葉が次のように記されている。それは，「政治には音楽と同じように平正と調和が必要である」とし，音楽にそれを作り出すための八音の用い方を述べたものである。すなわち，八音はみな異なる性質をもち，それぞれ奏出するにふさわしい音があり「金は羽音(5音音階中の第5音)を尚び，石は角音(第3音)を尚び，土と糸は宮音(第1音)を尚び，匏と竹は議(時に応じた音)を尚び，革と木は一声(音に高低がない)である」という。そしてこれらの楽器を合奏に用いる時は，先ず鐘や磬などの「金石」が奏楽して他を先導し，琴・瑟・簫などの「糸竹」がこれに従って演奏し，歌唱に入ると，笙などの「匏」は詩の抒べんとする志を伴奏によって際立たせ，塤の「土」もそれをたすけ，太鼓の「革」は演奏が乱れぬよう拍子を司って指揮の役目をし，柷・敔などの「木」は楽曲の開始と終わりを決定する，という。すなわち，八音の楽器は各々の分に従い，音楽を作る上での任務があり，音調の調和，音量の対比，演奏に入る順序等々を考慮しつつ全体の統一をはかり，しかもこれにより詩に抒べられている道徳的な意味を明らかにするというものである。古代の合奏は大体このような形が守られていたようであるが，その後礼楽の制度が確立されてからは八音の調和は一層重要な意味をもつようになった。

八音の分類法は，当時の人々のこのような時代背景から生まれた楽器観と音楽観を表すものであるが，その後も中国の伝統的な分類法として古代音楽史を通して用いられ，また八音の語は「音楽」の意味にも使われた。

（古新居 百合子）

はちきっしょう【八吉祥】　→八宝

はちだいさんじん【八大山人】　1626(天啓6)〜1705(康熙44)。清初の遺民画家・書家。明の宗室として，南昌(江西省)の弋陽府に生まれた。本名朱統𨨨。朱耷は幼い頃の呼び名。八大山人は還俗後の号の一つ。僧名は伝綮，僧号は刃庵など。明清の王朝交替の嵐の中，平穏な生活を一瞬に失い，1648(順治5)年，23歳のとき清軍による南昌陥落に際し，僧となって命を繋いだ。禅門では，曹洞宗の宗師として多くの弟子を擁するまでになるが，それを自ら棄て，1680(康熙19)年，55歳で南昌に帰り還俗し，書画詩文で生計を立て「文人」と

して生きる道を選んだ。八大山人の名を用い始めたのは，1685(同24)年頃，60歳以降のことである。80歳で没するまで，決して恵まれていたとは言えない晩年の生活の中で，自身の作風を展開させ，独自の画風を築き，多くの傑作を生みだした。最初期の「伝綮」落款の『写生冊』(1659年，台北，故宮博物院蔵)，直線的な表現の『雑画冊』(1681～85年頃，プリンストン大学美術館蔵)などを経て，『山水花鳥冊』(1694年，上海博物館蔵)や『安晩帖』(一部を除き1694年作。京都，泉屋博古館蔵)に見られるような，まろやかな線描とたっぷり潤った墨の滲みを特徴とする円熟期の画風へ展開し，やがて最晩年には渇いた描筆主体のさらに簡略な表現に向かった。文人画家として八大山人は，董其昌に学び，董源や黄公望に倣う倣古山水画に生涯を通じ真摯に取り組んだ。しかし，今日から見て，八大山人の残した最も大きな成果は，山水画より花卉雑画にあったと言うべきであろう。文人山水画のような長く重い伝統の重圧が存在しない分，画家はより自由にのびのびと花や鳥，魚などの画題を描き得たと考えられる。結果として彼は，文人の副業的画題であった花卉雑画に，山水画に匹敵し得る画格と絵画的な完成を与えた。実際，のちの清代絵画において，花卉画や花鳥画が山水画を凌駕するかたちで展開したのである。また，最近の研究によって画家として生きるに至った経緯や花押の意味などが明らかになり，従来の遺民としての生き方の強調や，抗清の思いを直截にその造形や署名の仕方に結びつける見方は見直しを迫られている。作品からは，生涯の鬱屈を払うかのように造形に打ち興ずる画家の喜びこそが伝わるのである。　　　　　　　　　　(宮崎　法子)

　書は晋・唐の名家，ついで明の董其昌，さらに北宋の黄庭堅に転じ，60代に独創の風をなした。その風は，禿筆(穂先が消耗した筆)もしくは短鋒(穂が短い筆)を用いた悠揚迫らざる運筆と肥痩をつけない簡素な点画，さらに余白を生かした大胆にして清楚な結構によって，明るく澄んだ趣を誇る。なお，書・篆刻に好んで使用した合文(複数の字を合成したもの)や花押には，当時の金石学の影響が認められる。清史稿504　　　　　　　(澤田　雅弘)

はちだいしせん【八代詩選】　清の詩集。20巻。1859(咸豊9)年成書，1881(光緒7)年四川尊経書局刊。王闓運編。漢から隋までの詩歌を選び，四言・五言・新体・雑言・郊廟楽章及頌徳楽詞・歌謡・雑体の順に並べる。うち五言詩が10巻を占める。光緒16年南京江蘇書局刊本，光緒20年善化章氏経済堂刊本，民国59年台北広文書局用民国31年四川存古書局刊本景印本などがある。
　　　　　　　　　　　　　　　　　　　(二宮　美那子)

はちふう【八風】　東西南北および北東・南東・南西・北西の8方向から吹く風のこと。八風のそれぞれが意味や役割を持っており，風の観測を行うことで将来を占う。八風のそれぞれの名称は文献によって異なるが，『史記』律書，『呂氏春秋』有始覧と『淮南子』時則訓，医学書である『黄帝内経霊枢』九宮八風の3系統に大きく分けられる。この八風によって，その年の吉凶や穀物の実り，軍事における吉凶，起こりやすい病気などを占った。
　　　　　　　　　　　　　　　　　　　(長谷部　英一)

はちりょうきょう【八稜鏡】　菱花鏡とも呼ばれる稜形鏡の代表的なもの。鏡の輪郭が，8つの尖った花弁をもつ菱花の形を呈する。7世紀末に鏡の主文様の変化に対応して出現し，八花鏡とともに盛唐代およびその後まで主流を占めた華麗な様式である。内外区の区分がなく，鏡背を広く使った絵画的表現が可能となった。早期の例に神龍3(707)年墓出土の狻猊双鸞八稜鏡がある。装飾的写実的な図文が配され，花鳥鏡・瑞花鏡・飛仙鏡・月兎鏡・高士弾琴鏡・馬毬鏡・狩猟鏡など種々の優品が多い。揚州で鋳造された鏡が多数ある。大型の豪華な鍍金貼銀鏡のなかにも八稜鏡が多い。宋代にも盛んに作られ，柄鏡にも採用された。　　(黄　名時)

ばつ【跋】　→題跋

はっか【八卦】　易学の用語。陰爻--と陽爻—とを3本重ねることによって作られる8種類のパターンで，乾☰・坤☷・艮☶・兌☱・震☳・巽☴・坎☵・離☲の8つ。八経卦ともいう。「天地位を定め，山沢気を通じ，雷風相い薄り，水火相い射わず」(『易経』説卦伝)というように，それぞれ，天・地・山・沢・雷・風・水・火を象徴する。因みに，「乾」などをその卦の卦名，「☰」などを卦画，「天」などを卦象という。また，「乾は健なり。坤は順なり。震は動なり。巽は入なり。坎は陥なり。離は麗なり。艮は止なり。兌は説なり」(『易経』説卦伝)というように，それぞれ，健・順・止・説(悦)・動・入・陥・麗の徳性(これを卦徳という)がある。また，『易経』説卦伝の「万物は震に出ず。震は東方なり。巽に斉う。巽は東南なり。……」によれば，乾は西北，坤は西南，艮は東北，兌は西，震は東，巽は東南，坎は北，離は南の方位の卦とされる。易はこの八卦を重ねあわせた64種類のパターン(六十四卦)によって占うが，その場合の乾☰・坤☷・艮☶・兌☱・坎☵・離☲・震☳・巽☴を八純卦という(ただし，八経卦を指して八純卦ということもある)。『易経』繋辞上伝に「易に太極あり，これ両儀を生ず。両儀は四象を生じ，四象は八卦を生ず」

と八卦の生成を述べる。繋辞下伝には「古者包犧(伏羲)氏の天下に王たるや，仰いでは象を天に観，俯しては法を地に観，鳥獣の文と地の宜とを観，近くはこれを身に取り，遠くはこれを物に取り，是に於いて始めて八卦を作る」と八卦創造の伝説を述べる。なお，前漢の馬王堆帛書『周易』の卦序(六十四卦の排列順序)では，八卦を重ねあわせて六十四卦になるという構造を前提にしており，その二三子篇や繆和篇に「〔嗛(謙☷)は〕上川(坤)にして下根(艮)なり」，「明夷(☷)は離下にして川(坤)上なり」とあり，上下3本ずつに分解して，八卦によって解説をする例がすでに見える。　(近藤 浩之)

ハッカ【客家】　中国史上，華北から南方に移住して先住者(「本地」)から，客家すなわち「よそもの」と見られた漢民族。「ハッカ」は客家の客家語音。中国史は漢民族の移住の歴史でもあり，たとえば南宋末，モンゴル族の南下によって南に移住した漢民族の多くが現在の福建・広東などに居住する客家の祖先と考えられている。かれらは比較的恵まれない生活環境のなかで団結力が強く，客家円形土楼に代表される「囲屋」という円形や方形の大型集合住宅に住み，南下する前の北方の風俗・習慣・言語を維持して現在に至っている。また，同族・同郷の関係に支えられながら華僑として東南アジアや北米に渡ったものも多い。様々な理由で「本地」と対立し，時には「械闘」といって武器をもって集団で戦うこともあった。また，太平天国の乱の指導者である洪秀全も客家であり，かれの活動も客家を組織するところから始まった。他面，客家には学者・文人も多く，科挙に合格して官僚となったものも少なくない。　(井上 裕正)

ハッカえんけいどろう【客家円形土楼】　福建省西部・広東省東部に分布する円形の集合住宅。少数民族の多い辺境の地に移住してきた漢民族(客家)がつくりあげた伝統的な住居形式である。単に円形土楼とも呼ばれる。円形土楼の規模は，直径が約20mから70mと大小さまざまだが，いずれも外部からの出入り口は1か所しかなく，外壁の窓は上層部に小さなものが設けられているにすぎない。一方，内部は円形の中庭に面して各部屋が開き，各階に回廊が巡る開放的な構成をとる。大きいものでは，柱間の数で300間余りの部屋を持つ例もある。普通，1つの土楼には1つの宗族が居住し，中庭の中央あるいは入り口の正面に祖堂が置かれる。福建省永定県には，多くの円形土楼が点在している。3層または4層のものが多く，1階を家畜小屋や台所，2階を穀物倉庫，3・4階を居間や寝室として使う。円形のほかに，楕円形や方形のものも少なくない。この種の住宅では，その形態や門の位置，部屋数などに風水の考えが，また住み方には長幼の家族制度が強く反映されている。　(高村 雅彦)

はっかきょう【八花鏡】　葵花鏡とも呼ばれる花形鏡の代表的なもの。鏡の輪郭が葵花をかたどったもので，8つの弧形を呈する。八稜鏡とともに8世紀の盛唐代およびその後まで主流となった様式で，内外区の区分がなく素縁の鏡が多い。鏡背面いっぱいに主文様を表現できる形式は，華麗な写実的文様への変化に対応して開花したものである。狻猊双鸞鏡・花鳥鏡・瑞花鏡・月兎鏡・飛仙鏡・高士弾琴鏡・孔子栄啓期鏡・狩猟鏡・雲龍鏡などの優品が多く，多彩な装飾的・絵画的図文が配されている。8世紀中葉の絢爛豪華な大型の金銀平脱鏡や螺鈿鏡のなかにも八花鏡が少なくない。宋代にも盛んに作られた。　(黄 名時)

はっかきょう【八卦教】　17世紀後半，山東省単県の劉佐臣によって創始された民間宗教結社の一つ。五葷道ないし収元教ともよばれる。八卦の方位ごとに郜氏・王氏など8名を教主として配置し，劉氏自らが中央の九宮を掌握する独自な宗教組織を形成したことから八卦教と呼ばれた。八卦教は人類の創造者として無生老母を崇拝し，老母によって人類救済のために地上に派遣された弥勒こそ劉氏であり，劉氏の統治下に理想世界が実現されると説いた。　(武内 房司)

はっかんさい【八関斎】　在家仏教徒の戒律。八斎戒・八戒・一日戒ともいう。六斎日に一昼夜，生物を殺さない，盗まない，性交渉しない，嘘をつかない，飲酒しない，歌舞音曲・身体装飾を行わない，安楽な床で眠らない，正午以降は食事しない，の8つを守り，念仏・坐禅・経典読誦・懺悔などを行うこと(8項の数え方は経典により若干異なる)。もとインドの伝統風習に端を発し，仏教に取り込まれた。中国では東晋以後広く定着し，仏教儀礼の基盤となった。　(船山 徹)

はっき【八旗】　清の軍事・行政組織。満洲八旗・蒙古八旗・漢軍八旗の3組織からなる。八旗の基本単位は佐領(ニル)で，300人からなる。5佐領で1参領(ジャラン)を構成し，1旗(グサ)は5参領25佐領からなっていた。八旗の組織は，この旗が8個集合したものである。したがって1旗は7500人，8旗全体で6万人というのが原則であった。8旗は，それぞれ鑲黄・正黄・正白・正紅・鑲白・鑲紅・正藍・鑲藍の名称で区別される。各旗には，都統・副都統・参領・佐領などの官があって，それぞれの単

位を統轄していた。

　最も早く組織されたのは，満洲八旗である。満洲八旗の大部分は，ヌルハチ(太祖)時代に従った満洲族である。ヌルハチは周辺の地域を従えると，その住民を国の中心部に移住させて，一族ごとあるいは地域ごとに同じ佐領に組織した。そして佐領の数が増えると，それらを集めて旗の組織を作った。満洲八旗の成立年代に関しては，文献により1601年とも1615年ともいうが，これらの文献には問題があり，はっきりしたことはわからない。おそらく1601年ごろに最初の佐領が組織されて，その後佐領の数が増えるにつれ，まず4旗が形成され，それから15年までに8旗に拡大したと考えられる。

　蒙古八旗は，清に降ったモンゴル人を組織したものであるが，その過半数はハラチン部である。モンゴル人の佐領は，ヌルハチのときすでに満洲八旗とは独立に存在していた。その後服属するモンゴル人が増えたので，1635(天聡9)年にホンタイジ(太宗)は，それらを合わせて蒙古八旗を組織した。

　漢軍八旗は，大砲の製造とその操作を目的として編成された漢人部隊から出発した。ホンタイジは，1631年に漢人を中心に最初の1旗を編成し，それから2旗，4旗と増して，1642(崇徳7)年に8旗としたのである。

(松浦　茂)

はっきょくはい【八曲杯】

　身の周囲が八曲の花形に作られた扁平な酒杯のことで，ペルシャの器を模倣して制作された。八曲長杯とも。南北朝に先例があるが，唐になって最盛期を迎え，この頃には随所に中国的な意匠が採り入れられ，さらに四曲や十二曲といった中国独自の形式も出現した。唐における金銀器の精巧な作がいくつか知られているが，陶磁製の作例が最も多く，玉製のものも散見される。正倉院宝物にも金銅製の遺品が伝存している。

(松本　伸之)

はっけ【八卦】　→八卦

はっけいしつきんせきほせい【八瓊室金石補正】

　清の金石学の書。130巻，目録3巻，札記4巻，祛偽1巻，元金石偶存1巻。1925(民国14)年刊。陸増祥の著。王昶の『金石萃編』を補おうとする諸書の中で最大の著作。体例は同じで，王昶以後に発見されたものが大部分だが，改めて考論出来るものは再録し，春秋時代～金の他に朝鮮・ベトナム・日本のものを加え，自蔵の3000種余りの金石文を録した浩瀚かつ重要な著作。『金石萃編』と併せると，民国以前の金石文の大半が知れる。

(宮崎　洋一)

ばっこうくつ【莫高窟】

　甘粛省敦煌市街の南東約25kmに位置する仏教石窟。鳴沙山東麓の粗い礫岩層の崖壁に，南北1680mにわたって夥しい窟龕が開かれている。敦煌千仏洞とも称され，周辺に点在する石窟寺院の中で最大で，造営期間も最も長期にわたる。塑像・壁画の残る窟は南区に集中し，窟数492，塑像の総数2415体，壁画の総面積は4万5000m²と報告されている。また北区には僧侶の修行・生活・埋葬などの用途に供された243の窟が残る。

　唐代の『重修莫高窟仏龕碑』は五胡十六国前秦の366(建元2)年，沙門楽僔の創建と伝えるが，現存最古の窟群(第268・272・275窟など)は5世紀に下る。最初期窟の年代は五胡十六国北涼説と北朝北魏説があり，その後北魏・西魏・北周・隋・唐・五代・北宋・西夏・元の各時代を通じて盛んに開窟が行われた。諸窟の構造は中心柱窟(中央に方柱を造る，北朝期の代表的形式)，禅定窟(小室が附属する形式。北朝期に数例)，伏斗形方窟(天井部分が四角錐台に近い形をもち，奥壁に一大龕をおく形式。隋唐期に一般的)，背屏窟(背屏のついた仏壇をもつ形式。五代・北宋期に多い)などに大別される。造窟の最盛期であった唐代には，奥壁に巨大な涅槃仏をおく窟(第148・158窟)や，高さ20～30mに達する大仏を造る窟(第96・130窟)も開かれた。このうち第96窟は則天武后が各地に建立した大雲寺に比定され，695(延載2)年の造営と伝える。781(建中2)～848(大中2)年にかけ，敦煌の地は吐蕃の支配下に入ったが，その間も莫高窟の仏教美術は隆盛し，結果的に会昌の廃仏(845年。三武一宗の法難の一つ)の波及も免れた。

　清末の1900(光緒26)年，第17窟(蔵経洞)から道士王円籙によって大量の写本・文書・絵画が発見され，英国のスタイン，フランスのペリオ，日本の大谷探検隊らによって国外に持ち出された。これらの文物は国際的規模で敦煌学が興隆する端緒となったが，今日では現地に設置された敦煌研究院を中心に，石窟の保存修復・研究活動が活発に行われており，1987年には世界遺産に登録された。

(稲本　泰生)

はっこずろく【博古図録】

　北宋の金石書。30巻。1107(大観元)年に徽宗の勅により作られ，1123(宣和5)年より後に重修が加えられたことから，『重修宣和博古図録』とも称される。先行の『考古図』の形式に倣った青銅器図録だが，所収青銅器数は839器と大幅に増え，20種類に器種分類された。各器種の冒頭には器形学的見地から総説が記され，一器ごとに器形図，寸法，法量，銘文拓本の模刻，釈文を記載。実物に基づき『三礼図』の誤りを

正したとされる。　　　　　　　（高久　由美）

はっこぶん【八股文】　文体名。明清両朝の「科挙」試験での解答用の文体。経書の句・節・段を抜き出した出題に対し，その意を朱子学派の説を以て敷衍し解説するもの。制義・制芸・時芸・時文等の異称があり，また多く四書からの問題が重視されるので四書文ともいう。その形式の完成は，明の成化(1465-87)以後といわれる。その特徴は，①破題・承題・起講・分股・収結の各部により構成される独特の論理展開，②分股に於ける股法(対偶表現)の使用，③起講部分以後では聖人になりかわり，その語気を用いて解答すること，が挙げられる。八股の八は概数で，必ずしも対偶表現が8組或いは4組(1股を2比と数え8比)必要とされる訳ではないが，この股の部分の優劣が最も合否を左右したので，この名がある。科挙での八股文は，1898(光緒24)年に康有為の上奏により廃止されたが，現在でも「八股文」は形式的で無意味な文章，陳腐な言い回しの代名詞として用いられている。（田口　一郎）

ばつしと【伐子都】　伝統演劇の演目名。周代，鄭の荘公が恵南王を討つ際，元帥の座をめぐり穎考叔と公孫子都(関)が対立。元帥となった穎考叔に手柄まで奪われた子都は，隠し矢で考叔を暗殺，戦果を横取りして凱旋。しかし，荘公の設けた祝宴で，子都は考叔の霊に取り殺される(『金殿』)。長靠武生(鎧兜をつけた武生)が子都役を演じる。特に『金殿』は，机を飛び越えてうつ伏せに着地する(蹲卓撲虎)演技が入るなど難度が高い。婺劇の『火焼子都』では，霊に脅える子都が3度昏倒し，その度に変臉。京劇・晋劇・滇劇・河北梆子では『伐子都』，漢劇・湘劇・秦腔では『牛脾山』，川劇・桂劇では『取華城』という。京劇では民国初年まで梆子をまぜてうたった。　　　　　　（松浦　恆雄）

はっせつ【八節】　立春・春分・立夏・夏至・立秋・秋分・立冬・冬至をいう。これらは1年の季節の8つのかわりめである。『周髀算経』巻下に「凡そ八節・二十四気を為す」とあり，趙爽が注して「二至(夏至・冬至)は寒暑の極み，二分(春分・秋分)は陰陽の和，四立(立春・立夏・立秋・立冬)は生長収蔵の始め」とある。八節は二十四節気に含まれる。　　　　　　　　　　　（新井　晋司）

はっせん【八仙】　近世の民間道教で重んじられた8人の神仙。一般には鍾離権・張果老・韓湘子・鉄拐李・呂洞賓・何仙姑・藍采和・曹国舅を指す。八仙の称は，杜甫の『飲酒八仙歌』や蜀の「八仙図」(『太平広記』巻214)など，唐代以前からすでに存在したが，近世の八仙は金元代に流行した新道教の一派である全真教の影響で成立し，おもに戯曲・小説を通じて広まった。金代の院本に『八仙会』があり，元代の雑劇『岳陽楼』『鉄拐李』『竹葉舟』『城南柳』などにも八仙が登場，また明初には朱有燉の雑劇『瑶池会八仙慶寿』があるが，『岳陽楼』『鉄拐李』では何仙姑の代わりにそれぞれ徐神翁と張四郎が，『竹葉舟』では曹国舅の代わりに徐神翁が入るなど，顔ぶれが一定していない。現在の顔ぶれは明代の小説『八仙出処東遊記』(単に『東遊記』とも)に始まる。また民間でもっともよく知られ，絵図にも描かれる「八仙過海」は，明初，作者不詳の雑劇『争玉板八仙過海』に由来する。　　　　　　　　　　　　　　（金　文京）

はったい【八体】　秦始皇帝の時に行われた8種類の書体の総称。後漢の許慎『説文解字』叙に「爾れより秦書に八体有り。一に曰く，大篆。二に曰く，小篆。三に曰く，刻符。四に曰く，虫書。五に曰く，摹印。六に曰く，署書。七に曰く，殳書。八に曰く，隷書」とある。「大篆」は当時の公式書体の「小篆」のもとになった古体として上位にあり，「刻符」から「殳書」までが用途別，最後の「隷書」が簡易化された通行体として位置付けられる。　　　　　　　　　　　　　　　（福田　哲之）

はっちん【八音】　→八音

はつとう【鉢頭】　唐代の歌舞の曲目。撥頭・抜頭・馬頭ともいう。西域から伝来したもの。唐の段安節『楽府雑録』鼓架部によれば，虎に父を殺された胡人が山に登って遺体を探す様子を演じたものという。山道に八曲がりがあるため曲も8番まであり，ざんばら髪に白色の喪服，泣き顔で登場するのは，不幸があったことをあらわす。『通典』では「撥頭」に作り，親の仇の虎を探し求め格闘して退治する様子を演じたものだとする。（千田　大介）

ばっとう【抜頭】　→鉢頭

はっとりなんかく【服部南郭】　1683(天和3)〜1759(宝暦9)。江戸時代の漢詩人。京都の町人の子。名は元喬，字は子遷。南郭は号。江戸に下り，はじめ歌人として世に立ったが，荻生徂徠に入門して後，和歌を廃して詩作を専らにした。徂徠の古文辞の主張，ひいては明の古文辞派の詩説を承けて，その詩は盛唐詩に倣おうとする擬古詩であり，結果的に明詩の風に染まる。『南郭先生文集』に詩文をのこす。また1724(享保9)年に『唐詩選』を校訂刊行し，版を重ねた。『唐詩選国字解』はそ

の講義録。　　　　　　　　　　（大谷 雅夫）

はっぷちゅうどう【八不中道】　中国三論学派（三論宗）の吉蔵が主張した学説で、鳩摩羅什訳『中論』冒頭の八不偈「不生にして亦不滅，不常にして亦不断，不一にして亦不異，不来にして亦不出」に対する独創的解釈である。ただし，八不（8種の否定）は中道に他ならないという思想は、インド中観学派において、最高の実在は有ということも無ということもできず、一切の言葉や分別や辺を離れているという「離辺中観説」を、羅什を介して継承発展させたものと考えられる。吉蔵の『中観論疏』と『大乗玄論』に詳しい。　　（伊藤 隆寿）

はっぷん【八分】　書体の名称。隷書の典型化したスタイルをさし，分隷・分書ともいう。漢代を通じて盛行した代表的な隷書体の一つである。語の初出は衛恒『四体書勢』隷書の「（梁）鵠の弟子，毛弘，秘書に教う。今の八分は皆弘の法なり」であるが、また「隷書なる者は篆の捷（早書き）なり。上谷の王次仲，始めて楷法を作る」（同上）の「楷法」も八分を指す。即ち隷書の規範性（楷法）を果たしたという意を表す。広義の隷書は，古隷・草隷（早書きによる自然発生した隷書）・八分を包括するが，それぞれに判然とした基準はない。従って八分は，横画の起筆と収筆部の「波勢（波策・波磔）」の特徴が顕著な態を指すとみてよい。八分の名称の由来は聚訟あって明白ではない。その主なものは，①隷書の二分（2割）と篆書の八分（8割）をとる，②一字が八分（約1.8cm）四方，③八の字ように左右に分散の勢をとる，④「八」の字義は「別」に通じ，字勢が分別して背き合う形をもつ（八字分背説），⑤「八」は「背」に通じ，字勢が左右分布の背き合う形をとる，⑥三国魏のころ楷書に近い新書体が出たため，漢碑で用いる公用体に名づけたもので，その八分（8割）が雅体であるため，などである。八分書の代表作品には，後漢の石碑の『礼器碑』『西岳華山廟碑』『曹全碑』『張遷碑』『史晨碑』などが挙げられるが，『論語』および「六安王朝五鳳二（前56）年正月起居記」など8種を含む定県漢墓出土の竹書により，前漢末には隷書の書風も多様化していることが判明し，八分体の定着を後漢とする従来の説よりさらに半世紀も遡らねばならなくなった。　（河内 利治）

はっぽう【八宝】　幸福の前兆といわれる8つの宝。八吉祥ともいう。北京の雍和宮（清時代創建）の『宝物説明冊』は，仏教で吉祥とされる8つの法具や荘厳具として，法螺・法輪・宝傘・白蓋・蓮華・宝瓶・金魚・盤長を挙げている。一方道教では，八仙人の持物である魚鼓・宝剣・花籃・笊籬（蓮の花にすることもある）・瓢箪・扇子・玉板・横笛を八宝（「暗八仙」とも）としている。また珠・銭・磬・祥雲・方勝・犀角杯・書・画を八宝とするもの，紅葉・艾葉・蕉葉・鼎・霊芝・元宝・錠・杵・珊瑚・丁字・方勝・角杯・火焔宝珠・厭勝銭などから8つを組み合わせて雑八宝とするものもあり，時代や地域，階層によって内容は一定しない。これら8つ全て，もしくは数個を組み合わせたり，単独で使ったりした文様を八宝文といい，元時代からよくみられる。日本の宝尽くしはこれらを日本風に置きかえたもので，宝珠・隠れ蓑・隠れ笠・金袋・打出の小槌・宝巻・丁字・熨斗・分銅など独自のモチーフを組み合わせた。室町時代末頃から用いられ、江戸時代に大いに好まれた。　（鈴木 さとみ）

はつぼく【溌墨】　墨を溌ぎ散らし，人類共通の視覚的な連想能力に従って，本来意味をもたないその形状に基づき山や水を描いてゆく手法。中唐時代の王墨や顧姓ら，溌墨山水画家によって始められた。一点一画を重ねてゆく本来の画法と対極をなすため，『唐朝名録』は，「画の本法に非ず」として，格外の逸品に品等する。唐末以後の山水画の発展の基盤の一つをなす。『廬山図断簡』（岡山県立美術館蔵）など，南宋の玉澗の作品が現存最古のもの。　　　　　　　　　　　　　　　　　（小川 裕充）

ばとう【鉢頭】　→鉢頭

ばとうきん【馬頭琴】　モンゴル族の擦弦楽器。サイズに統一的な規格はなく，大小様々なものが見られるが，共鳴胴は台形で，両面に羊皮などを張る。2弦を馬尾の弓で擦奏するが，漢民族の胡琴と異なり，弓は弦から取り外されている。棹の先端に馬の頭の彫刻が施されているのがその名の由来で，モンゴル語ではモリンフールなどと呼ばれ，馬頭琴とは漢民族による呼称。伝統的な演奏姿勢は演奏者が床に座して楽器を地面に付け，やや左側に傾けて演奏する。語り物や民謡の伴奏のほか，独奏曲もある。時に左手で弦を横から押し当てるようにする按弦が特徴的。　　　　　　（増山 賢治）

はどく【破読】　漢字一字を，意味によって読み分けること。読破・破音ともいう。破読をもつ文字を破読字という。例えば，「楽」を，音楽の意で「ガク」（普通話でyuè），楽しいという意で「ラク」（同lè）と読むのがそれである。これは日本漢字音からも判別できる破読字だが，声調で読み分ける字も多く，それらは日本漢字音では判別し難い。例えば，「種 zhong」は，名詞「たね」では第三声，動詞「種まく」では第四声に読む。　（木津 祐子）

ばはじん【馬壩人】 1958年に広東省曲江県馬壩鎮の獅子山にある石灰岩洞穴から発見された化石人類。第2層の中層から，右眼窩と鼻骨が残存する頭骨が華南地方の後期更新世初頭のほ乳動物化石とともに発見された。頭骨厚は大荔人より薄く，眼窩上隆起は柳江人より強く，眼窩形状が円形である点はネアンデルタール人に類似することから，古代型新人に位置づけられている。1964，84年の発掘ではほ乳動物化石だけが出土した。ウランシリーズ年代測定法による年代は約13万年前である。文献に呉汝康ほか「広東韶関馬壩発現的早期古人類型人類化石」(『古脊椎動物与古人類』1巻4期，1959年)がある。

(佐川 正敏)

はぼく【破墨】 水墨画制作のある段階までに得られた，画面の全体的あるいは部分的な調和をさらに墨によって破り，より高い調和を求めること。ある墨面の広がりを破る場合，墨を重ねて，物の凹凸深浅を表現してゆく技法となり，ある筆線の連なりを破る場合，披麻皴などの皴法を補って山容表現を完成に導いてゆくものとなる。その写実的技法としての内実は，盛唐以来の山水樹石画の発展に伴って変化し豊かになっていったと考えられる。

(小川 裕充)

ばゆう【馬融】 79(建初4)～166(延熹9)。後漢の学者。扶風茂陵(陝西省)の人。字は季長。校書郎・郎中・議郎や武都太守・南部太守などを歴任。後漢初期の名将の馬援の後裔という貴顕の一族に属し驕慢であったが，当代随一の大儒の名声を得ていた。盧植・鄭玄は馬融の晩年の弟子である。馬融の著作の大半は，60歳代の武都太守の時期に著された。『周易伝』『尚書伝』『毛詩伝』『礼記注』『喪服経伝注』，及び『周官伝』がそれである。これらのほかに『春秋三伝異同説』『孝経注』『論語訓説』がある。このように大方の経書に注釈を施したものは，馬融以前にはいなかった。また老荘思想にも通じ，『老子』『淮南子』各注がある。さらに『離騒注』を著した辞賦の作家でもあった。後漢書60上

(間嶋 潤一)

はゆぶ【巴渝舞】 漢代の舞踊。またの名を俞児舞という。もとは古代中国西南地方の少数民族の舞踊であったが，漢代には戦闘を表現し帝王の徳を讃える宮廷舞踊になった。踊り手は武具を身につけ弓矢をもって賨人の古歌を唱いながら舞う。踊り手の人数は漢代では36人であったが，後8人に減じた。伴奏楽器は銅鼓が主で撃磬・遥鼗・撫琴などが加わる。巴渝舞は三国魏の時「昭武舞」，晋の時「宣武舞」と改称され，武功をたたえる武舞として祭祀に用いられた。

(池澤 滋子)

はようこ【鄱陽湖】 江西省北部の長江南岸，名峰廬山の東側にある中国最大の淡水湖の名(泥沙の堆積と干拓によって縮小した洞庭湖を，1950年代に追い越す)。古称は彭蠡沢・彭蠡湖。六朝の後期から清の前期まで拡張し続け，北湖と南湖から成る。南湖の名は，隋末以降の呼称「鄱陽湖」よりも古い。古来，長江──鄱陽湖──贛江──大庾嶺──北江──広州と連なる交通幹線上に位置し，渡り鳥の楽園としても知られる。

(植木 久行)

はり【玻璃】 サンスクリット語でスパティカ sphaṭika といい，塞頗胝迦・玻璃・玻瓈・頗黎・頗梨などとも音写され，仏典では，古代インドでこの世の最高の宝とされた七宝の一つ。水精と訳し，本来，赤・紫・白などの水晶の意であるが，原語に石英の意味もあり，もともとパーリ語のパリカ phalika からサンスクリット語化したもの。中国考古学などでは従来，有色不透明ガラスを料，有色半透明ガラスを瑠璃，淡色から無色の透明ガラスを玻璃と呼んで区別していたが，最近は英語の glass の概念に対応させて，これらをすべて玻璃と呼ぶ傾向にある。また，現代中国においては，無色透明ガラスに近い質感のプラスチック・ビニール・ナイロン・セロハンの類もいう。

最近の考古学と分析化学との共同研究により，中国独自の透明ガラスがかなり古くから存在していたことが次第に明らかとなった。年代の明確なものでは，春秋戦国時代の湖北省江陵県望山1号楚墓出土の越王句践(前465年没)銘青銅剣などの格(柄と刀身との間)の部分に象嵌された，淡青色透明ガラスがある。これは，カリ硝石を原料としたカリ石灰ガラスで，西方にはない成分の中国独自ガラスである。漢代では，広西壮族自治区貴港市南斗村6号墓出土の淡青色透明ガラス製有脚杯と托皿セットや，安徽省亳州市董園村1号曹氏墓(164年葬)，同市元宝坑1号曹氏墓(170年葬)出土の，水晶と同程度の透明度のあるレンズ状ガラスなどがある。魏晋南北朝期は流入透明ガラスが全盛だが，隋代には鉛ガラスによる中国製緑色透明ガラスが復活。陝西省西安市李静訓墓(608年葬)出土の盒や瓶，唐代では寧夏回族自治区固原市の史道洛墓(658年葬)出土の六曲杯(70％の鉛を含む高鉛ガラス)，宋代では河北省定州市静志寺北宋6号塔基壇(995年埋納)出土の青色透明ガラス碗(カリ鉛ガラス)などがあり，清代乾隆期(1736-95)を中心とした鼻煙壺などの容器中にも淡色透明のものがある。また，壁画に描かれたガラスの器物は，例えば甘粛省の敦煌莫高窟401窟北壁(初唐)の菩薩持物の透明ガラス盤(向

パリちゃかじょじ【巴黎茶花女遺事】
清末の翻訳小説。原作は，フランスの小説家アレクサンドル・デュマ・フィスの『椿姫』(1848年)。高級娼婦マルグリット・ゴーチェと純真な青年アルマンとの悲恋を描く。1897(光緒23)年，王寿昌が該書を口述し林紓がそれに基づいて文言で翻訳した。1899(光緒25)年，林紓は「冷紅生」，王寿昌は「曉斎主人」の筆名で木刻本100部を出版，同年素隠書屋が昌言報館に依頼して活字本を印刷した。そのほか玉情瑶怨館・文明書局・商務印書館本などがある。該作品は大評判をとり，林紓が口述者と協力して翻訳を始めるきっかけとなる。　(樽本 照雄)

ばりん【馬麟】
生没年不詳。南宋の画家。原籍は河中(山西省)，臨安(浙江省)の生まれ。画師の名門馬家の末裔，馬遠の子。寧宗朝(1194-1224)から理宗朝(1224-64)の画院祗候。父に較べ，自然に対するより鋭敏で繊細な感性と，洗練された描写を示すが，造形的には弱い。現存遺品は，『層畳氷綃図』軸(1216年。北京，故宮博物院蔵)，『芳春雨霽図』冊頁(台北，故宮博物院蔵)，『暗香疏影図』冊頁(台北，故宮博物院蔵)，『夕陽山水図』軸(1254年。東京，根津美術館蔵)，『坐看雲起図』団扇(1256年。クリーブランド美術館蔵)など。
(嶋田 英誠)

はん【范】
青銅器や鉄器を鋳造する際に使用された鋳型。笵・範とも書く。石製のもの(石范)や土製のもの(陶范)がある。范を作る際に木や粘土で作った原型から型を取る場合があり，このような原型は模と呼ばれる。中空の器や複雑な形をする容器は外范(外型)と内范(内型・中子)を組み合わせて作る。二里頭文化期から春秋時代中期頃までは蠟型が未だ知られておらず，当時の青銅彝器は模に粘土を貼りつけて外范を作り，その後に外范をはずして模を削り内范としたと考えられている。複数に分割された外范には枘と枘穴が作られ互いに結合された。殷周青銅器の製作に用いられたこのような技術は陶模法と呼ばれる。器内壁に銘文を作る場合は内范に凸状の反転文字を付ける必要があり，極めて高い技術が必要となる。外范は製品を取り出す際に打ち砕かれるため基本的に一度しか使用できず，したがって同范の器は存在しない。安陽市小屯村や洛陽市北窯村で殷周青銅器の范の破片が多数見つかっている。
(角道 亮介)

ばん【盤】
円形で浅く平たい器。一般に圏足(円形の高台)が付く。付耳を持つ例や圏足下にさらに3足を付ける例もある。手を洗う際に注いだ水を受ける器とされ，銘文中に「般」または「盤」と自銘するものが多い。青銅の盤は二里岡文化期に出現する。殷代〜西周前期までの盤は圏足が比較的高く器身もやや深めだが，西周中期以降は器身が浅く扁平になり，出土点数が増加する。戦国時代には圏足の無い盤も出現した。同形の土器や漆器も盤と呼ばれる。
(角道 亮介)

ばんか【挽歌】
挽き歌。死者を入れた棺をひくときにうたう歌，さらに広く葬送の歌一般をいう。輓歌とも書く。葬送に際して歌がうたわれるのはおそらく普遍的なことであったと考えられるが，古い時代の挽歌については『左伝』に「虞殯」の名が出るだけで，ふつう挽歌のはじまりは漢の楽府『薤露』『蒿里』とされる。これらの歌は七言を中心とするリズムで生の無常をうたい，劉邦に敗れた斉の人，田横の死を悼んでその門人がうたったものという伝承もある。その後，魏晋から南朝期，詩人たちによって五言の挽歌詩が多く作られ，挽歌は文学として大きく結実した。『文選』所収の繆襲・陸機・陶淵明の作はその精華である。これらは死をすべての終わりととらえ，死後に望みを託さぬことで共通し，このことは有名な陶淵明の挽歌第三首，死者に擬してうたった「幽室一たび已に閉せば，千年復たび朝ならず」や「親戚は或いは悲しみを余すも，他人は亦た已に歌わん」の句によく示されている。
(松家 裕子)

はんがく【潘岳】
247(正始8)〜300(永康元)。西晋の文人。滎陽中牟(河南省)の人。字は安仁。幼いころから詩文の才にめぐまれ，奇童と称された。容貌も美しく，洛陽の道を行けば婦人に取り囲まれ，投げ入れられた果物で車がいっぱいになったという逸話が伝わる。賈謐の二十四友の有力な一員でもあった。任官と免職を繰り返し，隠遁を少なくとも二度は志しつつ，官位は著作郎，散騎侍郎から黄門侍郎に至るが，時に権勢を振るっていた趙王司馬倫の懐刀であった孫秀の私怨によって，石崇とともに刑死した。同時代の陸機とともに，西晋の文学を代表する存在として潘陸と併称され，その修辞は詩文の新しい局面を拓いた。『文選』にも賦・詩・文にわたって14作品が採録され，『詩品』では上品に置かれる。人の死を悼んで悲傷にくれる詩文を得意とし，亡妻を悼む『悼亡詩』や『哀永逝文』，友人の夏侯湛の死を悼んだ『夏侯常侍誄』などが知られるが，『西征賦』『秋興賦』『懐旧賦』『閑居賦』など，賦にもすぐれたものが多い。晋書
(齋藤 希史)

はんかしゆいぞう【半跏思惟像】 半跏坐は，両脚を組む結跏趺坐に対して片脚のみ組む坐法のことで，この体勢でさらに片手を頬に当ててうつむく姿の像を，一般的に半跏思惟像と呼んでいる。多くの場合は右脚を組み左脚を踏み下げ，右手先を顔に近づけて思惟する形をとるが，左右反転形もある。菩薩形が圧倒的に多いが，まれに如来形もある。半跏思惟像の起源は西北インドのガンダーラとされ，東アジア地域へ伝播して日本まで及んでいる。ただし，その尊格は時代や地域によって異なり，ガンダーラでは悉達太子（成道前の釈迦）や観音菩薩として表されるが，朝鮮半島や日本では専ら弥勒菩薩と解されている。半跏思惟像を弥勒とする根拠は大阪野中寺伝来の金銅菩薩半跏思惟像（666年銘）に記された「弥勒御像」の文字である。しかし，この銘文の用語や語法，文字の状態などについては問題が多く，「半跏思惟像＝弥勒」説の適応範囲については注意を要する。

中国の半跏思惟像は三国～西晋時代の仏獣鏡の図柄の一部に認められるが，明確な仏教造像の作例は5～6世紀に集中している。甘粛省から発見された北涼時代の白双且石塔（434年）では，過去仏や弥勒菩薩（未来仏）とともに，釈迦菩薩の半跏思惟像が表されている。また，敦煌莫高窟や炳霊寺石窟・麦積山石窟・雲岡石窟など十六国～北魏時代の石窟造像や南北朝時代の個体造像（石仏・金銅仏）にも多く見られる。とくに雲岡第6窟明窓左右の半跏思惟像龕のように足元に馬を配する作例は，出家する悉達太子と愛馬の別れの場面に由来するものである。仏伝関係の経典によれば，出家前の釈尊は閻浮樹下で生滅の法を思惟し，その後，出家，愛馬との別離，山中苦行へと向かうことになるが，現存作例中にも馬や繁茂する樹木，山岳などを付すものが多く，「太子像」「太子思惟像」と明記されることからも，釈迦菩薩の思惟像であることが分かる。

いっぽう，菩薩交脚像と組み合わされたり，菩薩交脚像の脇侍として左右に配される半跏思惟像も見られ，尊格については意見が分かれる。これらは特定の尊名を冠さずに「思惟像」とのみ記す場合が多く，河北省曲陽近辺で東魏・北斉時代に流行した白玉像中には一対の半跏思惟像を主尊として「双思惟像」と刻む例もある。おそらくこれらは「菩薩の思惟」を強調する造像と推察される。中国の半跏思惟像で「弥勒」と明記された例は今のところ見当たらないが，施無畏印の半跏像で弥勒菩薩を表す例が，北魏末から北斉時代に認められる。

（石松 日奈子）

はんかん【范寛】 生没年不詳。北宋初期の山水画家。華原（陝西省）の人。字は中立，一説に仲立。名は本来，中正であったが性格が温厚で寛大なため范寛と呼ばれるようになった。仁宗の天聖年間（1023-32），高齢ながらも在世し画名が高かった。市井の職業画家と思われるが，北宋初の三大山水画家として李成・関仝とともに挙げられる（『図画見聞誌』1）。

はじめ李成を学んだが，人を師とするより自然そのものを学ばなければ山水画は描けないとして，山中に入り，独自の画風を創出したとされる（『聖朝名画評』2）。陝西地方の風土に根ざしたその山水は，山東の李成の淡墨平遠とは対照的な，濃墨を積極的に用いた高遠山水で，「李成の筆，近視すれども千里の遠の如く，范寛の筆，遠望すれども座外を離れず」（同）と評された。山や岩の質感・立体感を李成は墨の微妙な濃淡で表現するのに対し，彼は筆致で表現し，その皴法は雨点皴と称される。范寛によって完成された高遠山水の影響は北宋山水画の大成者郭熙に色濃く見られる。また山頂部の植生を細筆で描く画法も范寛画の特徴と認識され，模倣され形式化したそれは菊花点と呼ばれるようになり，南宋画院の梁楷筆『雪景山水図』（東京国立博物館蔵）などに散見する。

『谿山行旅図』（台北，故宮博物院蔵）は真筆または良質の模本で，范寛画の基準作となっている。伝称作品に無款の『臨流独坐図』（台北，故宮博物院蔵）がある。范寛画には李成よりも同じ陝西出身の関仝の影響が強く見られ，范寛は李成を継ぐ画家ではなく，北宋山水画史において李成と対比される存在である。

（藤田 伸也）

ばんがん【板眼】 漢民族の伝統音楽における拍子の概念。強拍の板も弱拍の眼も1拍と数え，これを組み合わせた一板一眼（2拍子），一板三眼（4拍子），有拍無板（1拍子），あるいは散板（無拍節）を含む。発音が基本拍に当たれば実板か実眼であり，タイや切分音による持続音や半拍休止後の開始音など，発音と基本拍がずれる場合を腰板や腰眼と呼ぶ。板眼に速度の緩急を組み合わせた概念が板式で，基本旋律を板式で変奏する旋律構成原理を板式変化体，一般に板腔体と呼ぶ。京劇を例にとれば，原板（2拍子の基本旋律），慢板（原板を4拍子に拡張した旋律），流水板（原板を速い1拍子に縮めた旋律）ほか各種の板式がある。板腔体に依らない崑曲にも，一板三眼を倍に延ばした板式の贈板があり，これによる情緒纏綿とした曲牌が，崑曲の特徴ともなっている。

（尾高 暁子）

ばんきもん【蟠虺文】 春秋戦国時代に青銅器上で発達した絡まり合う鳥文や龍文を表現したいわゆる蟠螭文の中で，原形を留めないほど簡略化さ

れたものは，目が明確に表現されるのみになるため，その絡まり合う動物が一見，蛇のようにみえる。こうした文様こそが「蟠虺文」と称されるべきものであろう。しかし，よく見ると原形である鳥や龍，象などの頭部の特徴を残すものもあるので，明確に区別できるわけではない。　　　　　　　　（内田　純子）

はんきょうざっき【板橋雑記】　清初の筆記。3巻。余懐(1617～?)の撰。明の遺民として康熙年間(1662-1722)前半まで生きた作者が，明末の金陵(南京)の繁栄に思いを馳せながら，書名の拠り所となった長板橋が架かる秦淮の地を中心に活躍した妓女たちの思い出を綴る。上巻「雅遊」では秦淮のにぎやかな様子が描かれ，妓館の風情，粋な音楽，華やかな提灯船について記す。中巻「麗品」は名妓の伝記であり，最も力をこめて書かれた。容姿と才能に恵まれ，気品に満ち，不幸な境遇にも関わらず最後まで誇りを失わなかった女性に対して惜しみない賞賛と哀悼の念を捧げている。下巻「逸事」では説書芸人として有名な柳敬亭や孔尚任の『桃花扇』のヒロイン李香君などが取り上げられる。しかし作者はたんに古き良き時代を懐かしんだわけではなく，王朝交代の激動の中で翻弄された人々の姿や一つの文化が凋落した有様を通じて，時代の転変の意味を改めて問い直し，また読者に対しても「訓戒を垂れる」ことによって深い反省を迫っている。　　　　　　　　　　　　　　（井波　陵一）

はんくん【反訓】　反義語を用いて語を釈するようにみえる現象。訓詁法の一種とされる。しばしば挙げられる例に「離は麗なり」(『易』説卦・繋辞伝など)，「乱は治なり」(『尚書』皐陶謨・盤庚中の偽孔伝，『爾雅』釈詁下など)，「故は今なり」(『爾雅』釈詁下など)などがある。一つの語が相反する意味を表しうる原因としては，語義の変化(分化，引伸)や文字の通借が考えられるが，反訓はそれらの結果として現れる現象に過ぎず，訓詁法として存在するものではないという説もある。
　　　　　　　　　　　　　　（森賀　一恵）

はんげつしょう【潘月樵】　1870(同治9)～1928(民国17)。清末の上海で活躍した京劇の老生俳優で，芸名を小連生という。当初天津で梆子を学び，のちに京劇役者に転向，上海では天仙茶園(劇場の名称。かつての上海では劇場＝劇団であった)に所属し，『鉄公鶏』などの新編演目を舞台にかけた。のちに夏月潤等夏氏兄弟の求めに応じて彼らの経営する丹桂茶園に移籍し，『潘烈士投海』など社会の改革を訴える改良新戯を数多く手掛ける。さらに1908(光緒34)年，夏氏兄弟等とともに旧城外の十六舗に商辦新舞台を開場，引き続き改良新戯を演じるとともに，公共施設や商団の資金援助のための義務戯を頻繁に行った。後の辛亥革命の際には，江南製造局での戦闘に参加，この功労によって滬軍調査部長に任命され，一時期舞台を離れる。後に常州で病没。しゃがれ声であったため，歌よりも仕草やセリフを重視する做工老生を専門とし，清末の上海京劇界ではトップクラスの老生であった。また演技の風格は写実的で，後に周信芳の演技に大きな影響を与えたとされる。　　　　　　　（平林　宣和）

はんこ【班固】　32(建武8)～92(永元4)。後漢時代の歴史家，『漢書』の撰者。扶風安陵(陝西省)の人。字は孟堅。『史記』を撰した司馬遷とともに「班馬」と並称される。王莽政権後の混乱期に班彪の長子として流寓地河西に生まれた。父彪の死後，太学を退いて郷里の安陵で服喪。ついで父の遺作の紀伝からなる『後伝』を増補し『漢書』を著そうとして密告をうけ国史改作の嫌疑で投獄されるが，弟班超らの奔走と明帝の英断により釈放され，改めて『漢書』の完成を命ぜられる。その後，固は資料館の東観で著述に専念し，82(建初7)年，一旦，これを完成。ついで表と志の作成を企てるが，業半ばにして獄死。最終的には妹班昭や馬続らの手によって完成される。
　固は明帝・章帝・和帝の3代に仕えたが，とくに明帝・章帝時代にはその文才により皇帝たちの寵遇をうけ，白虎観会議では議事の記録を委ねられ，それを整理して『白虎通』を著した。しかし章帝の皇后に，父彪と親しかった竇融の孫娘がたつと，その兄憲は宮廷内に勢力を広げんとし，三輔出身の固をも党与に組み入れた。和帝が立つと，竇憲は外戚として政治を専断したため，帝は宦官と結んでこれを排除し，班固はそのあおりで官職を失った上，自家の奴隷の監督不行き届きの罪で投獄され，獄死したのである。後漢書40　　　　　　　　（稲葉　一郎）

はんご【反語】　魏晋南北朝時代さかんに行われた一種の言語遊戯。2字ないし3字からなる語の，声母・韻母を交互に入れ替えることで，新しい語が得られるが，こうした操作あるいは方法を反語という。南朝梁の武帝の時代に，同泰(dung＋t'ai)寺に通じる大通(dai＋t'ung)門を作ったのは反語を用いたものである。また予言や占いとして使用されることもしばしばあった。たとえば陳の後主は名を「祝宝」といったが，反語にすると「少福」になり，それが滅亡の原因になったのだとする。反語は音節の分析を前提にしていて，音注法としての反切と密接な関係があり，『顔氏家訓』音辞篇が「漢末の人独り反語を知る」というように，反切を指して反語

ということもある。　　　　　　　（高田　時雄）

ばんこ【盤古】　中国神話の神。漢代以前の文献には見えない。3世紀三国呉の徐整『三五暦記』には，原初，宇宙は鶏卵状の混沌であったが，その中に生まれた盤古が1丈生長するごとに，天は1丈高くなり，地は1丈厚みを増し，1万8000年後に天地は今日のようになったとある。6世紀南朝梁の任昉*『述異記』には，昔，盤古が死ぬと，頭が四岳，目が日月，脂膏が江海，毛髪が草木となったとある。5世紀南朝宋の范曄『後漢書』南蛮西南夷列伝には，五帝の第3である高辛氏の飼い犬槃瓠(盤古と同音)が，犬戎の呉将軍を討ち取った褒美に高辛氏の娘を娶り，その子孫が武陵蛮となったとある。今日，中国西南の瑶族・畬族などは槃瓠を開祖とする神話をもつ。『述異記』にも南海(広東省)に盤古墓が，桂林(広西省)に盤古廟があると見え，三国以降の文献にようやく見えることとも相俟って，盤古・槃瓠の神話が南方の非漢族に由来するものであることを示唆する。　　　　（吉本　道雅）

ばんこう【盤庚】　殷の王。帝祖丁の子。兄の陽甲を嗣いで即位し，帝盤庚と称する。甲骨文は般庚と記す。王朝衰退を打開すべく殷邑への遷都を断行したことが，『書経』盤庚に見える。その書序は殷邑を「亳殷」即ち湯の旧都亳とし，『史記』殷本紀もこれに従うが，今日では，『竹書紀年』に従い，殷邑を河南省安陽のいわゆる殷墟とし，盤庚以後，紂の滅亡に至るまで殷王朝がここに都したとすることが一般である。史記3　　（吉本　道雅）

ばんこうたい【板腔体】　伝統演劇・語り物の音楽で常用される構成形式。板式変化体ともいう。

　板式は楽曲のリズムによる構成形式の一つとして理解することができる。板式変化とは，一つの曲調を基本旋律とし，これを基にリズムの発展・変化を様々に行うことをいうが，基本旋律の骨格線を変えることはできず，本来のスタイルを保たなければならない。

　基本単位となるのは対をなす上句と下句(上下句)の歌のふしで，定まった変化の原則により各種の異なった板式に変化させる。京劇の男性の歌のふしである男腔を例にとれば，原板($\frac{2}{4}$拍子)を基本とし，原板曲調のリズム，テンポ等を拡大・発展させれば慢板(快三眼を含む。$\frac{4}{4}$拍子)になり，縮小すれば快二六板($\frac{1}{4}$拍子)あるいは流水板($\frac{1}{4}$拍子)となる。また，ふしを自由拍節にすれば，散板にすることができる。

　同じ類に属する板式の中では，役柄によってそれぞれの性格・特色を具えた歌のふしを使うことができる。例えば，京劇の歌のふしは男腔と女腔の別があるが，その中でまた，役柄により旋律に大きな違いがある。そのほか，京劇の音楽に西皮と反西皮，二簧と反二簧があるように，板腔体の歌のふしには正調と反調の別があり，旋律の調式(旋法)に変化をもたらしている。梆子腔系の音楽では，秦腔の花音と苦音のように，調式(旋法)のなかの特徴のある音でふしの違いを対照付ける。ほかに，板腔体は一つの劇種で多種の腔調(ふし)を使うことができ，京劇の音楽では西皮・二簧・吹腔・高撥子などの腔調を使用している。このようなことから，板腔体は大きな包含性をもつといえる。　　（孫　玄齢）

ばんこぶ【盤鼓舞】　漢代の舞踊の一種。地面に盤と太鼓を置き，踊り手はそれらを踏み渡りながら，あるいはその周りをまわりながら踊る。盤と太鼓の数は一定でないが，盤を7つ用いることが多かったことから「七盤舞」とも呼ばれた。女性が1人で踊ることが多い。歴城(山東省)出土の漢代画像石では，1人の女性が花冠に袖の長い燕尾の衣裳をまとい，先の尖った靴を履いて7つの盤と1つの太鼓を踏み渡って踊る「七盤舞」の様子が描かれている。　　　　　　　　　　　（池澤　滋子）

ばんざいつうてんしんじょう【万歳通天進帖】　王羲之一族の書簡集。唐の則天武后は，王羲之の子孫にあたる宰相の王綝(字は方慶)に，王羲之の書跡を求めた。王家では，太宗の貞観12(638)年，すでに家蔵の王羲之の書跡を献上していたが，王氏一族の書簡を収めた一巻が伝存していた。そこで綝は697(万歳通天2)年の4月3日，それを則天武后に進呈した。これが『万歳通天進帖』である。

　則天武后は王家に伝来する貴重な書跡を受け取るのは仁にもとるとの考えから，精巧な摸本を作成，原本は綝に返却し，摸本を内府に留め置いた。原本はいつしか散逸し，その摸本が遼寧省博物館に伝存している。

　所収内容は以下の7人10帖である。①姨母帖(王羲之)，②初月帖(王羲之)，③癤腫帖(王薈)，④尊体安和帖(欠名)，⑤新月帖(王徽之)，⑥廿九日帖(王献之)，⑦在職帖(王僧虔)，⑧柏酒帖(王慈)，⑨汝比帖(王慈)，⑩喉痛帖(王志)。

　巻後には，岳珂・張雨・文徴明・董其昌の4家の跋がある。宋の内府から明代に華夏の収蔵となり『真賞斎帖』に刻され，清の内府に入って『三希堂法帖』に刻されたが，民国の初年(1912年)に流出した。　　　　　　　　　　　（富田　淳）

はんじ【潘尼】　250(嘉平2)？〜311(永嘉

5)？。西晋の文人。滎陽中牟(河南省)の人。字は正叔。潘岳の甥であり，併せて両潘と称されたが，後世に伝わる詩文は多くない。太康年間(280-289)に秀才に挙げられ，尚書郎，著作郎，中書令を歴任し，永嘉年間(307-313)には太常博士となった。『文選』に潘岳や陸機と交わした詩を含む4首を載せ，『晋書』本伝に『安身論』『乗輿箴』を録する。『隋書』経籍志に「晋太常卿潘尼集十巻」とあるが，伝わらない。『詩品』では中品。晋書55　　（齋藤　希史）

はんしおん【半歯音】

音韻学の用語。中古漢語の声母における分類である七音の一つで，三十六字母の日母を指す。その音価に関しては諸説があり，*ńʑ(カールグレン)，*ń(李栄)，*ȵ(王力)などが挙げられている。上古漢語では日母は娘母とともに泥母と同じ部類に属していたという説があり(章炳麟『国故論衡』上巻・古音娘日二紐帰泥説)，実際に官話と晋語を除く現代漢語でも鼻音で現れる現象が広範囲に渡り観察される。例えば，客家語(広東省梅県)[ȵion]など。これに対して，官話では一般に有声摩擦音[ʐ][z]もしくは零声母で現れる。なお，普通話においては日母字は止摂開口を除きピンインのr声母で現れ，その音価は[ʐ]で記されることが慣例となっているが，正確には接近音[ɻ]で記されるべき音である(朱暁農「関於普通話日母的音値」)。　　（吉川　雅之）

はんしき【版式】

刊本の印面の形式を指し，隷式・行格・行隷・様式などとも呼ぶ。印刷された字面を区切る縦の線は行・界(特に，金色のものを金界，銀色のものを銀界と呼んだりする)と言い，横の線は格と言う。ゆえに行字数のことを行格・界格とも呼んだ。字面の外側の四周(版框)を囲む線を辺・欄と称し，欄線・辺欄・匡郭などと通称する。上下左右を二本線で囲む場合を四周双辺(欄)，左右のみ二本線の場合を左右双辺(欄)，全て単線であれば単辺(欄)と言う。版面の中心部分を版心(書口)と称し，この版心を境にして左右対称の形をとる。版心には，魚の尾の形をしたもの(⌒)があり，これを魚尾と言い，通常は上下に2箇所(1箇所や3箇所の場合もある)で，版心を3分割し，上部には刻した字数，中部には書名・巻数，下部には刻工名(刻字した職人の名)等がみられる。装訂の際には，この版心を目安にして半折するので(蝴蝶装は字面が内向き，従って版心は書脳〔のど〕，線装では字面が外向きで版心は柱になる)，版心の上部と下部に折り目の目安となる界線を引くことがある。それが口から長く伸びる象の鼻に似ているので象鼻と呼ぶが，通常はその線の太さによって細いものを線(綫・細)黒口，太いものを粗黒口等と分別し，この界線の無いものを白口と呼んでいる。魚尾の数や形式(黒魚尾・白魚尾・花魚尾)，黒口・白口の区別などが版本鑑定の有力な材料になる場合がある。印面の大きさは左右対称であるから，右半分のみの面積ではかり，双辺の場合は内側の辺を規準にする。また，蝴蝶装では，版心部分が見えにくくなるので，篇名などの見出しを辺欄の左(時に右)外側に小枠で囲うことがある。これが耳に似ているので耳子・耳格と呼ぶ。宋代は前期に白口・四周単辺，中後期に線黒口・左右双辺・有魚尾が多く，元代には粗黒口が殆どで，明代は正徳(16世紀初)以前に黒口，嘉靖(16世紀中)以降は白口が多いなどの時代的特色が比較的顕著で，版式はテキストの系統を整理する際には特に重要視される。　　（高橋　智）

はんしぎそう【范氏義荘】　→義荘

ばんしきへんかたい【板式変化体】　→板腔体

はんしせい【潘師正】

？～684(嗣聖元)。唐の道士。号は体玄先生。陳子昂の「潘師正碑」を初出として，陶弘景──王遠知──潘師正──司馬承禎と次第する茅山派道教の道系の中に位置を与えられている。茅山で修行した後，王遠知の命によって嵩山に住し，唐の高宗ならびに則天武后と密接な関係を持った。それが嵩山における封禅が計画されていた時期と重なることに注目される。『道門経法相承次序』に高宗との対論の記録がある。旧唐書192，新唐書196　　（吉川　忠夫）

ばんしだい【万斯大】

1633(崇禎6)～83(康熙22)。清の歴史学者。寧波鄞県(浙江省)の人。字は充宗，褐夫先生と称される。父は明末の挙人で復社で活動した万泰。兄の万斯選，弟の万斯同と共に，黄宗羲に師事。『古文尚書』『周礼』が偽書であると主張。「三礼」，特に『儀礼』に明るく，「三礼」を用いて「春秋三伝」を解釈した。諸経によって一経に通じ，経典によって経典を解釈して，伝注の誤りを正す方法論(『南雷文定』巻8「万充宗墓誌銘」)は，後に大きな影響を与える。著書に『学礼質疑』2巻，『周官弁非』2巻，『儀礼商』3巻等がある。『清史列伝』68に伝がある。清史稿481　　（緒形　康）

ばんしどう【万斯同】

1642(崇禎15)～1702(康熙41)。清の歴史学者。寧波鄞県(浙江省)の人。字は季野，号は石園。父は明末の挙人で復社で活動した万泰，兄は万斯大。黄宗羲に師事。1678(康熙17)年，博学鴻儒にすすめられるが，布衣のまま翰林院明史館で『明史』編纂に従事。途中，劉献廷と南明史の執筆を協議，宗羲の子，黄百家所蔵の

「明三鈔」の利用も計画したが，いずれも果たせず，北京で客死。遺稿は助手の銭名世が死の直後に隠匿。王鴻緒の整理になる『明史稿』313巻は，明の遺民を任じた彼の思想の片鱗を伝える。『清史列伝』68に伝がある。清史稿484　　　（緒形　康）

ばんじゅ【万樹】
1630(崇禎3)?〜88(康熙27)。清の詞学者・戯曲作家。宜興(江蘇省)の人。字は花農，また紅友。山翁，三野先生と号した。両広総督呉興祚の幕僚をつとめた。明の戯曲作家呉炳の甥にあたり，彼自身も戯曲を多く作った。また旧来の詞譜を補正するため，唐〜元の詞牌660調・1180余体を整理し，句読・押韻の標示や注記を施して，『詞律』20巻を完成した(1687年)。本書は『(欽定)詞譜』の基礎となった労作である。他に『堆絮園集』『香胆詞』などがある。　（宇野　直人）

ばんしゅさんぽう【盤珠算法】
明末の珠算書の一つ。正式の書名は「新刻訂正家伝秘訣盤珠算法士民必用」である。『直指算法統宗』成立よりも少し前の万暦元(1573)年に福建省で刊行され，日本にももたらされた。上下2巻で，各頁が上・下段に分かれている。徐魯心が編纂した。現存数学書で最も古い一珠五顆の算盤の図を掲げ，帰除法を中心とする珠算の運算法を図解する。　（武田　時昌）

ばんしゅとうじんぜっく【万首唐人絶句】
南宋に編纂された，唐の絶句の総集。101巻。『容斎随筆』の著者である洪邁が，淳熙年間(1174-89)に唐の絶句5400首を集めて孝宗に進奉したが，その後さらに補って1万首にまで増やし，1192(紹熙3)年に光宗に献上した。七言絶句75巻，五言絶句25巻で，各巻100首ずつを載せ，付録1巻に六言絶句38首を録す。1万という数にこだわったためか，唐以前，唐以後の詩も混じっており，また同一詩人の詩がばらばらに収められている。1955年に文学古籍刊行社から明刊本が影印出版された。
（釜谷　武志）

ばんしょ【蛮書】
唐代雲南地方に関する地方志書。10巻。唐の樊綽撰。撰者が安南従事となった862(咸通3)〜863(同4)年ごろさかんに交州(現在のハノイ付近)に進攻していた南詔に関する情報をまとめたもの。雲南の交通路・自然・民俗や南詔の諸制度について述べる。撰者は雲南に行っておらず，袁滋の『雲南記』などによるところが多い。『新唐書』南蛮伝や『資治通鑑』の南詔関係記事は多く本書による。明代にいったん散逸，現行本は清代に『永楽大典』から抽出したものである。
（林　謙一郎）

はんしょう【班昭】
生没年不詳。一説に45(建武21)〜117(元初4)。後漢の女流学者。扶風(陝西省)の人。字は恵班。班固・班超の妹で，班彪の娘。14歳で曹世叔のもとに嫁ぎ，夫が早死にすると，皇后や貴人の師として宮中に召し出され，曹大家と称された。大家は宮中での女性の尊称。兄の班固が『漢書』の完成を見ずに死ぬと，後漢の和帝に命じられて表および天文志を執筆した。また『漢書』の難読の句を後漢の学者である馬融に教授し，馬融の兄の馬続が『漢書』を完成させたという。和帝は宮中に珍しい献上物があると班昭を召して賦や頌を作らせ，和帝没後に鄧太后が摂政となると，班昭はその政治の相談役となった。自らの子女のために著した『女誡』7篇は婦女子の日常生活の心得を説き，長く重んじられた。70余歳で没した。後漢書84
（藤田　高夫）

ばんしょうぎょうしゅう【万松行秀】
1166(大定6)〜1246(定宗元)。曹洞宗投子義青下8世。金末より元初にかけて，異民族支配の動乱期の河北に生きた禅者。曹洞宗の命脈を元代によく保った。

河内県解梁(河南省)の人。法諱は行秀，号は万松。俗姓は蔡。15歳にして邢州(河北省)浄土寺に出家し，21歳にて具足戒を受けた。後，燕京万寿寺の勝黙光に参じて古則に参究し，次いで磁州(河南省)大明寺の雪巌満に参じて大悟，嗣法する。一旦は浄土寺に帰るが，再び燕京に出て万寿寺に住し，1193(明昌4)年，金国の章宗の詔により入内説法し，1206(泰和6)年(禅宗史書類は1197年)仰山棲隠寺に住持する(永井政之「万松行秀の伝記をめぐる諸問題」『飯田利行博士古稀記念東洋学論叢』)。1214(貞祐2)年，金は開封に遷都し，翌年に元が燕京を制圧するが，燕京にとどまり，耶律楚材の帰依を受け，元朝の厚遇を得る。次いで報恩洪済寺に入り，1230(正大7)年再び万寿寺に住し，晩年は洪済寺の従容庵に退居した。世寿81歳，法臘10。『従容録』『請益録』を著し，林泉従倫・李屏山・耶律楚材など120人の得法者を打ち出した。
（西口　芳男）

はんしょうししょ【氾勝之書】
前漢の成帝期(前33-前7)に活躍した農学者氾勝之が著した農書。粟・黍・麦・豆・稲・稗・麻・芋などの各作物について，的確な栽培管理の方法が指示され，華北地方での乾地農法の経験知識が整理されている。また勧農政策として，特殊な栽培技術である区田法を推奨しており，この農法が後世に及ぼした影響は小さくない。農作業上の迷信的な記事を含むがゆえに，本書の価値を低く見る傾向もあったが，1970

はんじょうたいぶんか【樊城堆文化】

江西省樟樹市樊城堆遺跡の下文化層を標準遺跡とする新石器時代後期の文化。贛江中流域を分布域とする。土器には鼎・豆・罐・鬹などがある。石器は磨製で，有段片刃石斧・両刃石斧・石鏃・双孔石刀などからなる。広東省の石峡文化と密接な関係が認められる。なお，この文化を同じく樟樹市にある筑衛城遺跡を標準遺跡として「筑衛城文化」と呼称すべきとする説，同省修水県の山背遺跡を標準遺跡とする「山背文化」に含める説などがあり，名称に混乱が見られる。　　　　　　　　　　　　　（中村 慎一）

ばんしょうどうがでん【晩笑堂画伝】

清代に出版された肖像画集。全3巻。道士で画家でもある*上官周(号は竹荘先生)が画を描き，伝記をつけている。漢の*高祖から明の郭徳成まで計126人を載せる。明清のころ絵入りの本が流行し，内容的に，①啓蒙教訓的な書，②先賢の画像や事蹟，③戯曲・小説の挿図，④名所図絵，⑤画譜等に分類されるうちの，②に相当する。先行のものに『無双譜』『凌煙閣図』等がある。　　　　　　（大野 修作）

はんしょうよ【班婕妤】

生没年不詳。前漢の女流文人。雁門楼煩(山西省)の人。婕妤は女官の位。名は伝わらない。班彪の伯母。成帝(在位前33〜前7)が即位すると，後宮に入り婕妤となる。礼にかなった言動で信任を得たが，趙飛燕らがとりたてられると寵愛を失った。前18(鴻嘉3)年，趙飛燕に中傷され，長信宮に退いて『自悼賦』を作る。他に，自らの身の上を秋が来ればしまわれる扇になぞらえた『怨歌行(怨詩)』の作者とも伝えられる。後世失寵の女性の典型として好んで詩にうたわれる。漢書97下　　　　　　　　　　（谷口 洋）

はんしょぐうき【販書偶記】

民国の書目。20巻。1936(民国25)年刊。孫殿起著。著者は北京琉璃廠の書店，通学斎の主人で，本目は彼の目にした書物のうち，『四庫全書総目提要』に見えぬものの単行本を著録する。結果として本目は清代著作総目に類似することとなり，この点に高い利用価値がある。なお今日この書を用いるには，索引と校補を付した1981年上海古籍出版社版がよい。また初版刊行後に得た資料は，1980年同出版社より『販書偶記続編』として出版され，これも補遺として有用。　　　　　　　　　　　　　　（井上 進）

ばんじんめい【万人迷】

1881(光緒7)〜1926。清末民国初の相声芸人。北京の人。本名は李佩亭。のち同世代の輩字である「徳」の字を加えて李徳錫と改名した。万人迷は天橋の大道芸人であった祖父李広義の芸名を襲ったもの。清末から民国初年にかけて30年以上も活躍を続け，「相声大王」「滑稽大王」の異名をとった。「徳」を輩字とする世代の代表的相声芸人として，張徳泉・裕徳隆・周徳山・馬徳禄・劉徳智・焦徳海・李徳祥とともに「相声八徳」と呼ばれた。　　　　　　（鈴木 靖）

バンズこうけい【梆子腔系】　→梆子腔系

ばんせいいしわい【晩晴簃詩匯】

清の詩集。200巻。1929(民国18)年天津徐氏退耕堂刊，徐世昌輯。「晩晴簃」は徐世昌の号の一，また徐氏が設けた詩社の名称。明末の遺民詩人から民国初年に至るまで，6100余りの作者と2万7400余首の作品を収める大部の総集。その「叙」には清朝一代の詩史を総括する。1961年台北世界書局用民国18年刊本影印本(書名を『清詩匯』とする)，1990年中華書局用民国18年刊本排印本などがある。
　　　　　　　　　　　　　　（二宮 美那子）

はんせいだい【范成大】

1126(靖康元)〜93(紹熙4)。南宋の文人・政治家。蘇州呉県(江蘇省)の人。字は致能(至能とも)，号は石湖居士，諡は文穆。范成大は，*蔡襄の孫で文彦博の外孫である蔡氏を母として，北宋が金に滅ぼされた靖康の変の年に生まれた。1154(紹興24)年，進士科に及第して官界に入り，地方官の後に中央の官となり，枢密院編修官，秘書省正字，国史院編修官など文筆に関わる官を歴任。1170(乾道6)年，孝宗の信頼厚い范成大は，金国祈請国信使に充てられてその中都(北京市)に赴く。河南の祖宗寝陵の返還，受書の礼の改定を求める命を賭しての交渉であった。帰国後は中書舎人に任じられるが，1171(乾道7)年には広西経略安撫使を兼ねる静江府(広西壮族自治区)の知事となり，1174(淳熙元)年には四川制置使を兼ねる成都府(四川省)の知事に転じる。成都ではその地に在任していた*陸游と密に交遊した。1178(淳熙5)年，短期間ではあったが，参知政事の任に就いている。范成大の至りえた最も高い官位である。その後は明州(浙江省)，建康府(江蘇省)，太平州(安徽省)の知事を経て，晩年は蘇州の太湖に沿う石湖の地に隠棲した。

　詩人としての范成大は激することなく，その詩は典雅と評してよい。もちろん高官でもあった范成大が現実のくさぐさの事象に目をつぶっていたのではない。すぐれた散文精神を具えていたゆえに，事象

の諸側面をしっかり見据えて，その全体をバランスよく表現しているのである。代表作『四時田園雑興』60首はそのことをよく示している。その詩業は陸游にならび，陸游・楊万里・尤袤(あるいは蕭徳藻)と共に南宋四大家に数えられる。また散文作家としては，『攬轡録』『驂鸞録』『呉船録』の3篇が宋代に成熟した遊記の到達点を示している。加えて，その書は「円熟遒麗」(王世貞『范文穆呉中田園雑興一巻』)と評され，張孝祥と並んですぐれる。『石湖居士詩集』34巻がある。宋史388

(山本 和義)

はんせつ【反切】 漢字の注音法の一つ。漢字2字によって1字の音を表す。例えば「同徒紅反」という音注では，「同」という字の音を「徒」と「紅」の2字によって示している。このとき注音される字(ここでは同)を「反切帰字」，注音する字のうち始めの字(ここでは徒)を「反切上字」，後の字(ここでは紅)を「反切下字」と呼ぶ。反切帰字は，反切上字の声母と，反切下字の韻母および声調を組み合わせることによって発音される。つまり，反切帰字と反切上字は双声，反切帰字と反切下字は畳韻および同声調の関係になる。上述の例で言えば，「同」と「徒」は現代漢語のピンインで言うところのtという声母を共有しており，「同」と「紅」はongという韻母と平声(2声)を共有している。音注の末尾に，唐代以前では「反」，唐から後は「切」という字が付けられたので，後にこの注音法を反切と呼ぶようになった。反切の発明によって，それまでの「直音」や「読若」などの方法とは異なり，原理的にはどんな漢字にも音注を付すことが可能になった。反切の起源には大きく分けて3つの説がある。反切について述べた最古の文献である顔之推の『顔氏家訓』は反切の創始者を漢末の孫炎であるとする(音辞第18)。このほか，服虔や応劭を創始者とする説や「不可」が「叵」となるようないわゆる「二合音」を反切のはじまりであるとする説もあるが，いずれも中国固有説に属する。宋代になると沈括・鄭樵らが反切は西域から来たという説を唱えた。しかしこの説に対しては清代の陳澧がその著『切韻考』で反切と等韻を混同していると批判した(巻6)。第三の説は，漢語固有の内在的要因にサンスクリットや道教的な姓名判断などの外因が影響して成立したとするもので，最も有力である。

(中西 裕樹)

はんぜつおん【半舌音】 音韻学の用語。中古漢語の声母における分類である七音の一つで，三十六字母の来母*1を指す。七音は北宋の沈括『夢渓筆談』に始まり，五音(唇音・舌音・牙音・歯音・喉音)を基礎に半舌音と半歯音を分けて立てたもの。来母字は現代漢語方言では一般に側面接近音[l]で現れるが，泥母に合流し鼻音で発音される地点も存在する。

(吉川 雅之)

はんそいん【潘祖蔭】 1830(道光10)～90(光緒16)。清の金石学者・政治家。呉県(江蘇省)の人。字は伯寅，号は鄭盦。諡号は文勤。清の政治家潘世恩の孫。1852(咸豊2)年に進士及第，翰林院編修の任に就き，のちに工部尚書となる。金石を好んで収蔵し，そのコレクションは陳介祺と並び称された。代表的な収蔵品に盂鼎・克鼎・齡鎛(斉侯鎛)などがある。主著は『攀古楼彝器款識』(1872年)。清史稿441

(角道 亮介)

はんそう【范祖禹】 1041(慶暦元)～98(元符元)。北宋の歴史家。華陽(四川省)の人。司馬光と親交のあった范鎮の従孫。字は淳夫(『宋史』は淳甫に作る)，また夢得。号は華陽。諡は正献。進士に登第して司馬光に従い，『資治通鑑』編修の唐史の部分を担当。著書は宋代の代表的史論『唐鑑』や『神宗実録』『帝学』『仁宗政典』など。右諫議大夫となり「紹述の政」(宣仁太后の崩御後，親政に乗り出した哲宗が，簾政期の旧法党政治を退け，神宗の新法諸政策を継承する新法党政権を復活させたこと)を諫言して章惇と対立，貶謫されて化州に客死。蘇軾に「講官第一」と評され，後世唐鑑公と称される。『太史集』55巻がある。宋史337

(近藤 正則)

はんたいじ【繁体字】 漢字の字体の一つ。1950年代以後におこなわれた「文字改革」によって，従来の構造が簡略化された字体を「簡体字」と呼ぶのに対して，本来のままで簡略化されていない字体を「繁体字」と呼ぶ。ちなみに「漢字簡化方案」に収められる515字について，繁体字によって計算すると平均画数が16.18画になるが，同じ漢字群を簡体字で計算すると平均画数が8.16画となる。

(阿辻 哲次)

はんちく【版築】 中国古代において，城壁をはじめとする土壁一般の建築技術。夯土とも。「版」字は「板」字に通じ，2枚の板を平行に向き合わせて並べた間に土を入れ，上から種々の工具でその土を徹底的に突き固める。固めおわると，2枚の板を上に持ちあげ，再びその間に土を入れて突き固める，という作業を繰り返すことによって土壁を建築する。土を突き固める1回ぶんの高さを1版(板)といい，土壁の高さは「○○版」と表現されることが多い。

土壁を横からみると，版築の板と板との継ぎ目の跡がはっきり見られることがしばしばある。戦国・秦漢時代の1版の高さは7〜13cmが一般的である。
(太田　幸男)

ばんちもん【蟠螭文】　西周後期の*青銅器上には，S字形の胴体を呈する夔鳳文や夔龍文が簡略化されて幾何学的に表されるようになり，春秋中期に至って2体の夔龍や夔鳳を絡めて表すことが盛んになる。戦国期にかけてこれがさらに上下左右に複雑に絡まりあった文様が発達して単位文様を成し，器表全面を同じ単位文様を用いて埋め尽くすようになる。こうした細かい，絡まり合う龍の文様を一般的に蟠螭文と称する。この文様は，*玉器や漆器，銅鏡などにも盛んに用いられた。
(内田　純子)

ばんちもんきょう【蟠螭文鏡】　戦国時代中期・晩期から前漢前期にかけて盛行した鏡。屈曲して絡み合う龍図の蟠螭文が，雲雷文または渦文の地文の上に鈕座をめぐって3〜4個配列される。龍の頭と尾がからみつくもの，龍がそれぞれ分離独立しているもの，デザイン化したものなどがある。文様の違いから戦国鏡は蟠螭文鏡・菱文蟠螭文鏡・四葉蟠螭文鏡に分けられ，多くの場合，単線もしくは双線の表出技法で描かれている。漢代では間隔式・連環式・方格規矩式の蟠螭文鏡があり，双線や三線で描写され，さらに内圏帯に「大楽貴富，千秋万歳，宜酒食，魚文」などの銘文をもつ鏡もある。
(黄　名時)

はんちゅうえん【范仲淹】　989(端拱2)〜1052(皇祐4)。北宋の政治家。蘇州呉県(江蘇省)の人。字は希文，諡は文正。唐の則天武后朝の宰相履冰の子孫という。2歳の時，父が亡くなり，母は彼を連れて長山の朱氏に再嫁したので，朱説といったが，1015(大中祥符8)年の進士に及第し任官すると，范氏に復帰した。地方官を歴任して行政の経験を積み，また盛んに上書して政見を述べた。なかでも1025(天聖3)年の「執政に上るの書」いわゆる万言書では6項目の改革案を提示し，後の慶暦新政の基になった。

　晏殊の推挙で中央の官になって以後も直言して，そのたびに執政者と対立し，ながく朝廷に留まることはできなかった。とくに1036(景祐3)年には，「百官図」を上って宰相呂夷簡の情実人事を糾弾し，「帝王好尚論」など4論を著して時の政治を批判したため，呂夷簡と対立，朝廷を追われた。彼を支持した*欧陽脩らも彼の朋党としてすべて追放になった。

　1041(慶暦元)年，西夏との戦争が始まると，総司令官となって西北辺に赴き，国境防衛に大功を挙げた。1043年，戦いが小康状態になると，中央に呼び戻され，枢密副使から参知政事に任ぜられ，仁宗に対し10項目の内政改革案を提出，それらはただちに実施に移された。これを慶暦新政とよぶ。改革の中心は官界の刷新にあったが，性急にすぎたこと，官僚の強い反対にあったことから，改革は1年で挫折，彼は地方に出てふたたび朝堂に上ることはなかった。各地の地方長官を歴任し，在任のまま徐州で病没した。

　彼は「天下を以て己が任となす」との気概を持った政治家として南宋以後高い評価をうけ，宋代第一の名臣と仰がれた。彼の「天下の憂いに先んじて憂い，天下の楽しみに後れて楽しむ」の句は，とくに有名である。また彼が設置した范氏義荘は，その後の義荘の手本となった。文集『范文正公集』があり，書跡には「伯夷頌」「道服賛」が残っている。
宋史314
(竺沙　雅章)

ばんちょう【盤長】　八吉祥のひとつ。仏教伝説中の宝物で，回環の形状から永遠を想起させ，長寿をあらわす。また，物事の道理を明らかにする真理の象徴ともされる。
(丸山　伸彦)

はんちん【藩鎮】　藩鎮という語の本来の意味は「王室を守護するもの」であるが，歴史的には唐・五代の地域的軍事勢力の総称。具体的には，唐代中期以降任命された節度使・観察使等の武官が，行政権をも掌握して各地に勢力をふるったもの。方鎮ともよばれ，宋初までの政治・軍事上で重要な役割をはたした。

　710(景雲元)年，河西節度使が設置されたのを皮切りに，8世紀半ばにはいわゆる十道節度使が成立した。それらは西部方面(河西節度使等)，北部方面(范陽節度使等)および南西・南部方面(剣南節度使・嶺南経略使等)の軍団で，辺境防衛を任務とした。しかし，755(天宝14)年の安史の乱を契機に，内地にも設置されるようになり，その数は増加していった。

　藩鎮は，もとより唐王朝の軍事機構の一端を担うものであったが，唐に対して反乱を起こしたり，人事や徴税などを拒否して独自の勢力を維持するものがあった。前者には，三節度使を兼任した安禄山や徳宗時代に反乱を起こし，対藩鎮「姑息政策」のきっかけを作った淮西節度使李希烈の例がある。また後者では河朔三鎮が代表的な例である。

　唐王朝はこうした藩鎮を抑えこむためにさまざまな対応策をとった。一定の成果をあげた皇帝は「中興の祖」憲宗(在位805〜820)である。彼は軍事と政略の両面を巧みに使って，反抗的な藩鎮を滅ぼし

たり，服従させたりして権威回復に成功した。その上で統兵権の分割や両税法における上納分増加策を実行し，藩鎮の横暴に歯止めをかけた。しかしこの時の軍事費負担によって中央財政が弱体化したこともあり，以後は藩鎮を抑制し続けることができなくなった。

一方，藩鎮の強大な軍事力をささえていたのは牙軍などと称する親衛軍であった。彼らは傭兵集団であったので，節度使の統制を無視し，反抗することが多かった。このため節度使の地位も不安定となり，唐王朝による任命という権威づけが必要となる面もあった。

宋の成立後，藩鎮の軍事権は中央に集中された。節度使の名称は残されるが，その歴史的役割は終わったと言える。　　　　　　　　　（大澤　正昭）

ばんとうえ【蟠桃会】

女神西王母の誕生日旧暦3月3日の廟会(縁日)。蟠桃は仙境にあるという桃。東海の度朔山に蟠木という桃の巨木が生えているという古い伝承に由来する。『漢武帝内伝』に7月7日に西王母が降臨し，漢の武帝に3000年に一度実がなる桃を与え食べさせたとあり，後世『西遊記』第5回に見えるように，西王母が天界の瑤池で神仙たちを招待して蟠桃を食べて長寿を祝う宴会を蟠桃会というようになった。旧時北京蟠桃宮の蟠桃会が最も有名。　　　　　　　　（鈴木　健之）

はんどうせい【范道生】

1635(崇禎8)～70(寛文10)。江戸時代に黄檗寺院で活躍した仏師。泉州府安平県(福建省)の人。字は石甫，号は清源山人。父，范賛公のもとで修行し，しばらく印官の職にあった。1660(万治3)年，長崎福済寺の蘊謙の招きで来日し，長崎興福寺・福済寺の仏像を制作。1663(寛文3)年，隠元の招きで京都に出向き，宇治万福寺で一連の仏像を制作。一時帰国の後，1670年，長崎に再来日したが入国の許可をえないまま没した。塔所は長崎崇福寺。江戸期の彫刻界に黄檗様と呼ばれる明代の新様式をもたらした。

（井手　誠之輔）

はんにゃきょう【般若経】

大乗仏教経典。「般若波羅蜜」や「空」を説き，般若の2字を題名にもつ経典群の総称。「般若」は，サンスクリット語 prajñā (プラジュニャー)に対応する俗語形パンニャー paññā の音訳。悟りの智慧。「波羅蜜(多)」は，pāramitā (パーラミター)の音訳。元来は「最高の」を意味する parama の女性形 pāramī に，抽象名詞を形成する接尾辞 tā を付した形であり，「最高」「完成」「成就」を意味した。すなわち般若波羅蜜とは，本来，智慧の完成ないし最高の智慧という意味であったが，時代が下ると，pāram「向こう側」に √i「行く」という語に，接尾辞 tā を付した形と解釈して，「波羅蜜」とは「到彼岸」「度」のことであるとする通俗的語源解釈が，インド・チベット・中国を通じて広く行われるようになった。

般若経は大乗仏教思想の根幹にかかわるが，長い間に増補発展と簡略縮小化を繰り返した結果，種類は多く，漢訳だけでも40種以上にのぼる(『大正新脩大蔵経』5～8所収)。以下，主要な漢訳について述べる。最古の漢訳は後漢の支婁迦讖訳『道行般若経』10巻(179年)であり，ついで『放光般若経』20巻(291年)，『光讃般若経』10巻(286年)が成った。これらにもとづいて，東晋時代，「色(物質，もの)」と「空(無)」の関係をめぐって「六家七宗」と呼ばれる様々な般若経解釈学が行われた。

後秦の鳩摩羅什は『摩訶般若波羅蜜経』27巻，『小品般若波羅蜜経』10巻，『金剛般若経』1巻などを訳し，空思想の新たな展開をもたらすと共に，「教相判釈」の形成にも影響を与えた。羅什訳のうち，『摩訶般若波羅蜜経』は「大品般若」とも呼ばれ，さきの『放光』『光讃』はこれと同じ系統に属する(大品系)。『小品般若波羅蜜経』は『道行般若経』と同じ系統である(小品系)。なおインドにおける成立は大品系より小品系の方が古いと現代の研究では考えられている。羅什訳『金剛般若経』は般若経の簡略縮小化をしめす別の系統であるが，その簡潔さ故に，歴史を通じて在家信者を中心に広く読まれ，支持された。

唐の玄奘は『大般若波羅蜜多経』600巻を訳した。これは先行翻訳の異訳部分と新訳部分の両方を含む。かく，『道行般若経』より『大般若』600巻にいたる間に，①小品系と②大品系の諸本が登場し分量が増大したことは，インドにおける本経の増補拡大の状況を反映する。他方，③『金剛般若経』は簡略縮小化の方向をしめす。なお般若経といえば，④玄奘訳『般若心経(般若波羅蜜多心経)』が知られ，「色即是空，空即是色」「掲帝掲帝」などの文句が有名であるが，近年の研究には，玄奘訳『般若心経』は鳩摩羅什訳『摩訶般若波羅蜜大明呪経』にもとづいて中国で編纂され，梵本も作成されてインドに逆輸入されたと推定する説もある。以上のほか，⑤密教の影響下に成立した『理趣経』諸本や，⑥中国で作成された『仁王般若経』など，さらに系統を異にする般若経もある。

（船山　徹）

はんにゃしんぎょう【般若心経】

大乗仏教の根本とも言うべき「空」の思想を中心テーマとしてまとめた短い経典。古来，『大般若経』のエッセンスと考えられる一方で，文末に挙げられる呪文が

特別の功能を持つとして尊ばれてきた。法隆寺に唯一のサンスクリット写本，敦煌に漢音写本，そして鳩摩羅什訳とされる『摩訶般若波羅蜜大明呪経』(402〜413年)，玄奘訳『般若波羅蜜多心経』(649年)の2訳が現存して古い伝承とされる「小本」と，後代の漢訳数本，サンスクリットやチベット本として知られる「大本」がある。『般若心経』という呼び方はこれらの伝本の総称。しかし一般には最も有名な上記玄奘訳の略称として使われ，『多心経』『心経』とも呼ばれる。この玄奘訳は唐時代から現代に至るまで，また中国のみならず東南アジア華人社会や日本においても大変信奉され，読誦されている。

「小本」に従えば，まず観自在菩薩(観音)が「般若波羅蜜多」(英知の完成)を実践していた時に，存在するものは空(自らの本体をもたない)と見極めたという導入に始まり，それを長老舎利子に告げるかたちで本文となる。本文は有名な「色(物質的現象)は空に異ならず，空は色に異ならず，色は即ちこれ空なり，空は即ちこれ色なり」という文句に始まって，伝統的な仏教が説く存在分析の基本的な範疇などを空によって否定する。そして最後に，この「般若波羅蜜多」が過去・現在・未来のあらゆる仏陀の悟りの根源であり，すべての苦を取り除くとして，その呪文「掲諦 掲諦 波羅掲諦 波羅僧掲諦 菩提僧莎訶」を紹介して終わる。「大本」はこれに仏教経典の文学形式であるプロローグとエピローグを加えたもの。

最近の研究では玄奘によって創作された中国偽経が逆にサンスクリット語に翻訳され，インドに伝搬したとも言われている。 (吹田 隆道)

はんば【班馬】 →班固，司馬遷

はんぱいせき【半坡遺跡】
陝西省西安市の中心から東方約6kmのところにある，新石器時代仰韶文化半坡類型の集落遺跡。1954年から57年にかけて，中国科学院考古研究所によって新石器時代の遺跡としては中国でそれまでに例を見ない大規模な発掘調査がおこなわれた。それ以前の新石器時代遺跡の調査は発掘面積が狭く，遺物研究が主体であったが，半坡遺跡でははじめて集落構造自体が調査の対象となった。1963年に，同考古研究所・西安半坡博物館編『西安半坡』が出版されている。推定遺跡面積は約5万m²でそのうち約1万m²が調査された。大小の環壕が二重にめぐっており，その内側には46軒の住居があり，住居の周囲からは貯蔵穴と小児用の甕棺が多数見つかっている。環壕の外側には土坑墓からなる墓地があり，土器焼成窯も見つかっている。その後調査された同時期の姜寨遺跡などを参考に，円形環壕で囲まれた中央には広場があり，住居は広場に向かって環状にめぐっていると考えられていた。しかし，1971年の小規模な調査で，従来の発掘区のすぐ南側で内側環壕の一部と見られる溝が見つかり，中央広場の存在が疑われている。住居には方形と円形があり，また半地下式と平地式があった。住居間の重複がかなり見られ，内側の環壕を壊して建てた住居もあり，人が長期にわたって住んでいた。報告書では半坡遺跡は前期と後期に分けられた。しかし，その後の研究に照らしてみると，後期とされたものには半坡類型の後半期と，仰韶文化末期という全く異なる段階のものが含まれることが分かっている。また，前期には半坡類型の前半期と後半期の土器が含まれていた。半坡で見つかった住居址や墓地は半坡類型前半期に属するものが多いと考えられるが，各遺構がそれぞれ現在知られるどの段階のものであるかがはっきりしなくなり，集落の理解が難しくなっている。その後，現地に遺跡博物館が作られ，発掘された遺構は覆いを被せて公開されており見学が可能となっている。
(大貫 静夫)

はんばき【販馬記】
伝統演劇の劇本。別名『奇双会』。崑班が吸収した吹腔戯で，徽班から京班に入り，崑班に伝えられた。道光年間(1821-50)宮廷に入り，宮廷から民間に伝わった。1942(民国31)年上海掃葉山房から石印本で出版されたものがまとまった全本で，「哭監」「写状」「三拉」「団円」の4齣から成る。現在は，崑劇・京劇・漢劇・徽劇等でこの4齣が上演される。襄城の李奇は馬を売って息子の保童と娘の桂枝を養っていた。子供たちは後妻の楊三春に虐待されて逃亡。女中の春花は罪を恐れて自殺した。楊はその罰を李にかぶせ訴え出て，李は投獄される。その後娘の桂枝が趙沖に嫁ぎ，趙は襄城県令となって楊の罪を再審する。保童は巡按に出世をし，李の無実を明らかにし，家族団円を喜び合う。
(内山 知也)

はんはく【襻膊】
北宋のころに考案されたと考えられる紐状の労働用具。たすき(襻)の類か。草刈り，料理などの労働の際，首から掛けた紐で両袖をたくしあげ，動きやすいようにしたその紐をいう。銀糸で作ったような特殊なものもあったが，一般的には，そのほとんどが絹や麻でつくられていたようである。南宋のころにはこれを専門に販売あるいは修理する職人をも「襻膊」とよんでおり，このような職人が現れるほどにこれの使用が一般化していたことがうかがえる。
(増田 克彦)

はんばじるい【班馬字類】
南宋の字書。婁

機撰。1181（淳熙8）年自序。班固『漢書』と司馬遷『史記』に見える僻字（常用されない字）・異読字・仮借字1800余りを206韻の順にならべ，出典を明記して原文や原注を引き，常用字・字音・仮借の本字などを考証したもの。2巻本（玲瓏山館叢刻など）と5巻本（四庫全書など）がある。1264（景定5）年自序の李曾伯の『補遺』5巻は，563か所に注を補い，新たに1239字を採り各韻の末に付したもので，清初の汲古閣景宋鈔本（四部叢刊三編），渉聞梓旧所収本（叢書集成）などのテキストがある。

（森賀 一惠）

はんぱるいけい【半坡類型】 陝西省渭河流域に広がる仰韶文化前期の地域類型。西安市郊外の半坡遺跡から名付けられ，ほかの代表的な遺跡に姜寨がある。半坡類型の中の新段階をとくに史家類型として区別することもある。住居は半地下式が多い。土器は縄文の深鉢が多く，小口尖底瓶や浅鉢，碗がある。彩陶は多くないが，魚や蛙あるいは人面を描いたものがある。石鏟という石製土掘り具は仰韶文化に先行する文化から継続するが，すりうすがなくなり，石製穂摘み具が現れる。 （大貫 静夫）

はんぴょう【班彪】 3（元始3）〜54（建武30）。後漢の史家・文人。扶風安陵（陝西省）の人。「はんぴゅう」とも。字は叔皮。王莽敗死後の戦乱を避け，群雄の一人隗囂に従い天水（甘粛省）に退くが，囂が天下をうかがうと『王命論』を書いて漢徳の霊妙を説き，後漢の河西大将軍竇融のもとに移って漢のために画策した。史籍を好み，司馬遷の『史記』を継いで『史記後伝』数十篇を著す。賦に『北征賦』がある。息子に班固・班超，娘に班昭があり，『後伝』の業績は固・昭によって『漢書』に結実した。漢書100上，後漢書40上 （谷口 洋）

ばんぶついったい【万物一体】 この世界の人間・動物・植物及び無生物に至るまで万物が自らと一体である，とする考え方であり，中国では道家や儒教などの思想に見出すことができる。『荘子』等先秦時代の道家思想では，万物の生成を一つの「気」の離合集散ととらえる立場から，「気」を養って万物と一体化することが唱えられた。儒教思想では，「仁」との関連で万物一体論が提唱されたが，その先駆は北宋の程顥であり，そこで「万物一体の仁」とは，生きた身体の一部が傷つけられれば身体全体が痛みを感じるような，他者との一体感として捉えられている。この「万物一体の仁」の思想は，陽明学等明末の思潮においても重要視され，血縁的共同性の感覚を天下万物に及ぼし他者の苦しみを救おうとする知識人たちの実践的な姿勢を支えた。道家思想の「万物一体」論が万物の流転に対する観照的な態度と結合したのに対し，儒家思想におけるそれは，積極的な社会的実践を導いた点に特色があるといえよう。

（岸本 美緒）

ばんぼう【蕃坊】 唐宋時代に広州や泉州に置かれた外国人居留地。北宋末の記録によれば，広州の蕃坊の統轄者である蕃長は，商人や朝貢団の招致に関与したという。また，蕃長がムスリム同士の係争をイスラム法によって裁いたことは，9世紀のアラビア語史料『シナ・インド物語』第1巻によっても確認される。唐代には広州・泉州に既に多くのムスリムが来住していたが，その居住形態についてはよく分かっていない。 （中砂 明徳）

はんぽん【版本】 狭義には出版された本，広義には写本も含めた様々なテキストを意味する。「板本」も同じ意。「讐校は一人が本を持ち一人が書を読む」（『文選』魏都賦の李善注等に引用される解説），また『隋書』経籍志・総序に「隋の開皇3年に（中略）異本を捜し訪ね，書1巻ごとに絹1匹を賞とし，校写が既に定まれば本は即ち主に帰す」とみえるように，元来「本」はもとになる原本を意味し，「書」はそれを伝写したものを指していた。その後，図書の生産と伝信に変化や発展がみられるうちに，原本と流布本との区別が曖昧になって，「本」は「書」の意味も兼ねるようになった。唐代に始まり五代に流布していた印刷物は，「印版」「雕印版」「鏤版」等と文献に記され，「版」は「板」と同じく文字を刻んだ木片を指し，「版片」と呼ぶこともあった。宋代になると印本が流盛となり，写本・抄本とその特質を区別する必要が生じ，「版」と「本」が一体となって「版本」の語が用いられた。宋の葉夢得の『石林燕語』8に「唐以前は凡そ書籍は皆写本なり。未だ模印の法あらず，人は書を蔵するを以て貴しと為す。五代の時，馮道は始めて官をして六経を板に鏤して印行せしめんことを奏請す。世は既に一に板本を以て正と為し，蔵本日に亡ぶ」とみえる。蔵書（本）は抄本であり，板本は印行されたもの（印本）を指し示している。宋以後になると，様々なテキストがあらわれて，こうした版本と写本の区別のみでは，文献の把握は不十分となり，版本の意味も大きく変化していく。結局，抄本に対する称は刊本・刻本・槧本を用い，版本と言えば印本の意味だけでなく，広く写本・稿本・活字本（1字ずつ刻した文字を組み合わせた版で活字印本ともいう）・批校本・拓本等も含めた意味を持つようになった。そして，書物の成立から伝写・版刻・装訂・材料（紙墨等）・所蔵状況，またこの様な要素に絡む社会経済状況等，いろいろな方面から書物の価値を定めて

いく学問を版本学と称している。　　　（高橋　智）

はんぽんがく【版本学】　広義には文献学・書誌学と同じ意でもちいる。ただし，中国においては書誌学の語はもちいない。中国における文献学は，校勘学・校讎学・目録学・版本学などとよばれる分野で構成されるが，このうち狭義の版本学は，刊刻・伝写の新旧やその由来，諸本の優劣のほか，版式・字様・紙質・装幀・刻工などの形態等についても考察する学問。これに対して，本文の異同についての考察や，原本の復原・定本の作成などを目的とするものを校勘学・校讎学などといい，学術の変遷，典籍の分類や目録編纂に重きをおくものを目録学という。典籍は本来，著者や編者が手写したものが原本で，はじめは写本で伝えられていたが，印刷技術の発展とともに，多くが刻本で流布するようになった。このため，本来は刻本をさす「版」を，典籍のエディションあるいはテキストをさす語としてもちいるようになり，刻本・写本をとわず，典籍を対象とする学問を版本学と称するようになった。　　　（梶浦　晋）

はんらい【潘耒】　1646（順治3）～1708（康熙47）。清代初期の詩人・学者。蘇州府呉江県（江蘇省）の人。字は*次耕，号は稼堂。顧炎武の受業生となり，師の『日知録』や『顧亭林詩文集』の出版に尽力した。1679（康熙18）年の博学鴻詞科（特別任用試験）に一民間人の身で合格し，翰林院検討として『*明史』編纂に参加した。旅行を好み，各地の山谷・仏寺・墳墓などで議論をからめながら陳述した古詩や紀行文にすぐれる。『遂初堂詩集』『遂初堂文集』のほか，音韻学の『類音』がある。清史稿484　　　（松村　昂）

はんりく【潘陸】　→潘岳，陸機

ばんりのちょうじょう【万里の長城】　→長城

ばんりゅうじょう【盤龍城】　湖北省武漢市黄陂区にある殷代前期の遺跡。1954年に発見され，1974，76年湖北省博物館と北京大学によって発掘された。殷代二里岡文化期の城壁・宮殿址・墓地が確認されている。城壁は南北約290m，東西約260mの方形をなす。宮殿址の基壇は東西が39.8m，南北が12.3mある。城壁の東南外の李家嘴には大型墓があり，多数の殷代青銅器が出土した。殷代前期に殷王朝と深い関わりを持つ有力な政治勢力がこの地に盤拠していたことを示している。江西省方面の呉城文化に代表される長江中流域の土着文化とも密接な関連を持つ。　　　（武者　章）

ばんりゅうもん【蟠龍文】　龍がとぐろを巻いて球状にわだかまる形を表した文様。一般的には盤龍文と書かれることが多い。全体が円形を呈し，中央に大きく龍の頭部が表現されて，外方へと胴体が巻き出す特徴がある。新石器時代後期の陶寺遺跡（山西省）出土の盤形土器の内底にすでにこうしたモチーフがみられ，その後，殷後期から西周初期の青銅盤の内底や，西周期の圏足器（筒形の足をもつ器）の外底部に大きく表されることが盛んにおこなわれた。　　　（内田　純子）

はんりょうせん【半両銭】　秦・漢初の貨幣。重さ半両（12銖，約8g）の円形で，中央の四角い穴の左右に「半両」の銘がある青銅銭。従来，前221年の始皇帝の中国統一に伴い発行されたと考えられていたが，近年，前308年の紀年をもつ木簡が出土した墓から発見されたことで，始皇帝の統一以前から発行されていたことが確認された。『*史記』には恵文王2（前336）年に「初行銭」という記事があり，これが半両銭の発行を指すとも考えられる。半両銭以後，この円形方孔が銭の定型となった。方孔円銭の円い形は天を，四角い穴は地を表すとも言われるが，四角い穴はそこに四角の棒を通して銭を固定し，鋳造の時に縁についたバリを取るためのものである。半両銭は当時の単位貨幣としては重すぎたため，漢初には重さが8銖や4銖の軽い半両銭が発行されたが，前120（元狩3）年に実重どおり「三銖」の銘をいれた三銖銭が発行されて，半両銭は廃止された。　　　（鷹取　祐司）

はんれい【范蠡】　生没年不詳。春秋晩期，越の謀臣。越王*句践に仕え，前494年，越が呉に会稽で敗戦したのち，国力の回復に努め，前473年，呉王夫差を破り雪辱を果たした。呉の滅亡後，句践の猜疑を恐れて致仕し，斉に移住した。鴟夷子皮と改名し巨万の富を築いたが，斉が彼を大臣に招聘すると，これを嫌って陶（山東省）に移住し，陶朱公と改名して再び巨万の富を築いた。『*漢書』芸文志・兵権謀は「范蠡二篇」を著録する。史記41・129　　　（吉本　道雅）

ばんれきあかえ【万暦赤絵】　明時代万暦年間（1573-1620）に官窯で焼造された五彩磁器に対する，日本での呼び名。日本人が好んだ万暦五彩は，官窯の体制が緩み，粗製乱造の傾向が強まった万暦後期の乱調な作風の製品で，独特の勢いと歪みがある。「大明萬暦年製」「萬暦年製」の銘がある。　　　（矢島　律子）

ばんれきてい【万暦帝】　1563（嘉靖42）～1620（万暦48）。明の14代皇帝。廟号は神宗。本名は朱翊鈞。1568（隆慶2）年皇太子となり72（同6）年即位する。内閣首輔の張居正が幼帝を補佐して，行政改革を断行し，土地の勢力者を抑えて丈田（検地）を行い，一条鞭法を遂行した。1582（万暦10）年，張居正が没し親政を行うようになると政治は弛緩し，宮中深く座して諸臣に顔を見せることもなくなった。いわゆる万暦の三大征，すなわち1590（万暦18）年の播州における楊応龍の乱，92（同20）年の寧夏，哱拝の乱，93（同21）年，97（同25）年の豊臣秀吉の朝鮮出兵に対する2度の援軍派遣，に費やされた巨額の軍費は国庫への大きな負担となった。さらに，巨費を投じて大規模な造営工事を起こし，国庫の枯渇を来すと，1596（万暦24）年，宦官を徴税吏として全国各地に派遣し，民財を略奪して市民の抵抗運動を引き起こした（礦税の害）。在位は明朝最長の48年間。定陵に葬られる。明史20　（森　紀子）

ばんれきやかくへん【万暦野獲編】　明代の故実や雑聞を記録した筆記。30巻，補遺4巻。著者の沈徳符（1578～1642）は嘉興県（浙江省）の人で，官僚であった祖父・父のもと北京で成長し，宮廷や官界の人々と交際した。父の死後帰郷して，見聞を稿に起こし，1619（万暦47）年までに計32巻を書き上げた。これは刊行されなかったが，明代の重要な歴史資料として鈔本が流布し，1700（康熙39）年には，内容を分類した編集テキストが作られ，さらに沈徳符の子孫が遺文を補った。　（岩井　茂樹）

ひ

ひ【匕】　匙状の*青銅器。先端部が尖るものが多く，しばしば柄に透かし彫りの装飾が施される。肉や穀物を容器からすくい上げる道具とされ，鼎や甗などの食物調理の器の中に入れられた状態で出土する例もある。銘文に「匕」と自銘する例が複数ある。匕の出土例は多くはないが，殷墟期に出現し，西周・春秋時代・戦国時代の各期にわたって製作・使用された。なお，湖南省長沙市の馬王堆漢墓から出土した匙状の漆器も匕と呼ばれた可能性が高い。　（角道　亮介）

ひ【碑】　→碑碣

ひえんがいでん【飛燕外伝】　後漢の小説。1巻。「趙飛燕外伝」「趙后外伝」ともいう。前漢の頃，私生児趙飛燕とその妹合徳が長い流転の後に成帝の目にとまって後宮に入り，姉妹で寵を争って後宮を紊乱したあげく，合徳が帝に精力剤を飲ませ過ぎて死なせてしまい，罪を着せられた合徳は帝を呼びながら血を吐いて自死するという物語。もと前漢の伶玄の作と題するが，文体語彙が前漢のものとは類似せず，後漢以後の偽託と考えられている。『漢魏叢書』『古今逸史』などに収録。　（大野　圭介）

びえんこ【鼻煙壺】　嗅ぎ煙草を入れるための小さな壺。蓋に細く長い匙がついている。技巧を凝らした清時代工芸品の代表。嗅ぎ煙草は清時代康熙年間（1662-1722）にヨーロッパから宣教師によってもたらされ，鼻煙壺はその容器として独特の発達を遂げた。磁器・石・琺瑯・木・竹・象牙など材質は様々だが，中国ガラスの製品が名高い。
　（矢島　律子）

ひえんでん【非烟伝】　唐の伝奇小説。『歩非烟伝』『歩飛烟』『飛烟伝』『非烟』ともいう。皇甫枚作。『三水小牘』中の1篇。唐の時代，河南府参軍武公業の妾である歩非烟（また歩飛烟）が，隣家の青年趙象に恋慕され，詩の応酬を経て，互いにその才を愛し，結ばれる。後に武公業に知られて，趙象は逃げる。残された歩非烟は武公業に鞭打たれるが，死んでも悔いはないと言って果てた。文中に詩が多いのが特徴。『説郛』33，『太平広記』491等所収。　（成田　靜香）

ビオ　Edouard Bio　1803～50。有名なフランスの科学者，ジャン・バティスト・ビオの息子。最初，鉄道技師の道に進む。30歳のとき，中国学の世界へ入る。*ジュリアンの愛弟子で，優秀な学者であったが，病を得て，早世した。最晩年の『周礼』の翻訳は，彼の遺稿「中国人の軍事上，農業上の植民地に関する論文」（1850年）とともに，死後，父親と師のジュリアンの手によって刊行（1851年）

された。『周髀算経』の翻訳もある。

(門田　眞知子)

びおうてん【未央天】　清初の伝統演劇の演目。別題『九更天』。28齣。朱㿚作。前半は主人公米新図が姦夫姦婦に兄嫁殺しの罪を着せられ、死刑を宣告される冤罪事件を描く。後半は下男の馬義が主人の無実を訴えるため命がけで奔走する姿を描く。題名は、この冤罪が天界をも動かし、夜明けを掌る未央天宮の神が早朝の処刑時刻を過ぎても夜を明けさせず、そのため刑が中止されて、赦免状が間に合うとの場面による。現存のテキストは旧抄本のみが伝わる。

(岡崎　由美)

ひが【埤雅】　北宋の訓詁書。20巻。陸佃撰。1125(宣和7)年の子の陸宰の序によれば、佃は元豊年間(1078-85)に説魚・説木の2篇を神宗に進講し、神宗崩御後も編纂を続け、40年近くかけて完成したという。初名は『物性門類』だったが、『爾雅』を埤益するという意味の名に改められた。釈魚・釈獣・釈鳥・釈虫・釈馬・釈木・釈草・釈天の8篇を立て専ら名物を解釈し、「形状に略にして名義に詳」(『四庫全書総目提要』)とされる。しばしば師の王安石の『字説』を引く。

(森賀　一惠)

ひかく【秘閣】　歴代の王朝において、天子のもとに民間から献上されて集められた書籍や国家の公文書類を収蔵した書庫の総称。前漢武帝の時に献書の制度は始まるが、集まった書籍を収蔵した書庫の称の一つが秘室。三国魏に至って、宮廷の書庫を秘書・中・外の三閣と呼んだ。収蔵された書籍文書を秘書と言い、秘書省が掌管した。王朝交替時の戦乱で秘閣はしばしば破壊されるが、各代の収蔵目録が当時の書籍情況を伝える貴重な資料となっている。

(原田　直枝)

ひがく【非楽】　→墨子非楽

ひがく【碑額】　碑石の上部、碑首の部分に、碑の題名などを書刻したものをいう。書式は一定していないが、古来、篆書によるものが多く、これを篆額と呼ぶ。特に後漢の時代に碑の建立が盛んに行われ、これら漢碑の篆額は、漢代の篆書として尊重される。碑額は篆書の外、隷書・楷書・行書・飛白などの書体も用いられ、陰刻によるものが大部分であるが、時に陽刻もある。

(小西　憲一)

ひがくは【碑学派】　碑版を研究する学問を碑学といい、清代に碑学と有機的に結合して興った新古典主義の書派を碑学派という。清代独自の書風は碑学派によって開けた。伝統的書派(すなわち帖学派)が主として法帖に刻されている二王(王羲之・王献之)を中心とする名家の書を学んできたのに対し、法帖は翻刻を重ねたために古法が認めがたいとし、当初の姿を留める漢・魏・晋・南北朝の碑版に古法を求めようとした。碑学の兆しは、金石への関心が進んだ明末清初にはじまるが、書学に明確に反映されるようになったのは、金石学の盛行によって碑版が次々に紹介されるようになった乾隆・嘉慶間(1736-1820)で、その頃の考証学の旺盛な実証的精神と質朴な学風とが、新古典主義の支柱となった。

碑学派の古法への探求は、帖学派が重んじてきた初唐の碑に飽きたらず、漢の碑版に遡り、久しく振るわなかった篆書・隷書を再興し、偉材鄧石如を世に出した。さらに19世紀初めには、北朝の碑版(北碑)の価値に覚醒し、北碑派の興隆をもたらした。北碑派の理論は、阮元が北碑書法の正統性を論じた『南北書派論』『北碑南帖論』と、逆入平出の筆法など実践理論を収める包世臣の『芸舟双楫』に端を発し、のちに南北朝碑版尊尚路線として深められ、趙之謙はじめ名家を輩出した。

帖学派旧来の審美観と二王絶対の観念、帖学派末流の萎靡繊弱の書風を打破して、金文や漢・魏・南北朝の碑版がもつ拙朴・蒼古・雄渾の気質「金石の気」や、北碑の野性的な美までをも追及するようになった碑学派の精神は、のちには学書の対象をさらに拡張して、磚・瓦当の文字や清末に発見された甲骨文・簡牘にまで及ぶようになった。また実践を通じて新しい筆法が追及され、長鋒(長い穂先)の羊毫筆(山羊の毛の筆)が盛行し、何紹基に代表される碑帖兼習の新風も出現するなど、書法・書風の多様化の原動力となった。しかし北碑派の末流には、法をわきまえない粗暴詭異の書に陥る傾向があり、旧来の帖学派から敵視に近い非難を浴びもした。

(澤田　雅弘)

ひき【避諱】　かつての中国や日本などに存在した、他人を呼ぶときに実名(諱)をそのまま口にして呼んだり、あるいはそのまま文字で書いたりせず、他の名称に置き換えて呼ぶ習慣。中国では自分が他人から呼ばれる時のために、実名以外にあらかじめ別の名、すなわち字を用意していた。皇帝とその祖先の実名はとりわけ厳格に避けられ、文中に避けるべき文字が出てくれば、通常はそれと同じ意味の別の文字に置き換える(例えば、「民」→「人」)か、最後の筆画を省略する「欠筆」という方法が使われた。

(阿辻　哲次)

ひきょう【比興】　中国古典詩歌の比喩法。

詩文の修辞に対する意識の深まった六朝末期に，『詩経』の六義（風・賦・比・興・雅・頌）の中から取り出され概念化された。鍾嶸は『詩品』序の中で，比喩により余韻を残す「比興」と述述し意味を伝える「賦」を対比的にとらえ，双方のバランスを重視する。劉勰『文心雕龍』は「比興篇」を置いて比喩と抒情とが切実に結びついた表現を重視する。　　　　　　　　　　　　　　（牧角　悦子）

びくにでん【比丘尼伝】　東晋より南朝梁の516（天監15）年にいたる比丘尼（女性出家者）の伝記。略称『尼伝』。4巻。『大正新脩大蔵経』50所収。梁の宝唱撰とされる（『開元釈教録』6）。ただし宝唱の伝（『続高僧伝』1）に本書の記録はなく，梁の慧皎撰と伝える記録もある（『隋書』経籍志2）。宝唱は生没年不詳であるが，『名僧伝』『経律異相』等の編纂や，『阿育王経』等の筆受として知られる。本書は，東晋の浄検尼を中国における比丘尼の最初とし，以下，建康とその周辺で活躍した比丘尼を中心に，65人の比丘尼を列するが，たんに比丘尼の貴重な伝記であるにとどまらず，関連して記される比丘（男性僧侶）や在家信者に関する伝記的価値も大きい。ただし，本書の情報は『名僧伝』『高僧伝』『出三蔵記集』など同時代の僧伝との密接な関係を有する一方で，同一事件の年代等が相違することがあり，注意を要する。また本書の字句は高麗版と宋・元・明の諸版の間で相違が著しい。　（船山　徹）

ひけつ【碑碣】　様々な文を刻して記録し特立して顕示するための，石刻の2つの形態。碣の方が古い。

碣：『説文解字』には「特立の石なり」とあり，後述する碑の形をなさない立石の総称。最古の石刻の一つで，狩猟の故事を記す『石鼓文』，秦始皇帝の功徳を謳う『泰山刻石』，地域互助団体の成員の権益を記す後漢の『漢侍廷里父老僤買田約束石券』（72年，河南省偃師市），封禅の礼を行ったことを記す三国呉の『禅国山碑』（276年，江蘇省宜興市）など。

碑：起源には，「犠牲を繋ぐ宗廟内の柱」「滑車をつけ棺を墓内に降ろす柱」などの説が主にあり，これらが質が緻密で黒みを帯びた石灰石や大理石で造られ，文字が刻されて石碑となった。漢代に整ったその基本形は，下に長方形の台座（方趺）があり，その上に平板で丈高い碑身が立ち，本文が刻される。表を碑陽，裏を碑陰，両脇を碑側という。本文の上に方形や圭形の題額をつけ，さらに頂の形には三角形に尖った圭首と丸い半円形の円首がある。この形式は後に装飾的になり，方趺の他に亀を象った亀趺，圭首は無くなって円首の中に龍などを刻した螭首が現れた。南北朝時代には衰えたが隋唐時代には再び盛行し，本文や額の字を能書家により，碑側や方趺に唐草文様などを刻した豪華な碑も現れたが，その後は新たな様式は現れなかった。後漢時代の，北海国の丞相景君の墓碑である『北海相景君碑』は圭首を，孔謙の徳を頌える『孔謙碣』（154年，山東省曲阜市）は円首を，折れて文意は不明だが『王舎人碑』（183年，山東省平度市）は亀趺を，また，行幸による教学の隆盛を頌えた西晋の『皇帝三臨辟雍碑』（278年，河南省洛陽市）は螭首を，それぞれ備える。このほか唐の，書聖王羲之の書を集刻した『集王聖教序』，玄宗注の『孝経』を刻し額石をのせた『石台孝経』など。　　　　　　　　　　　（宮崎　洋一）

ひけん【比肩】　袍の上に着る半袖の毛皮の衣服。披肩。『元史』輿服志に「天子の質孫服には銀鼠の比肩を着る」とある。『明宮史』には「披肩は貂鼠の毛皮を用いて輪状に作る。高さは6〜7寸と一定でなく，大きさは帽ほどで，その両側に耳に達する長さの長方形の貂鼠の毛皮を毛を内側にしてつける。着用時には鈎帯を用いて官帽の後ろの山の部分に斜めに掛ける。……およそ皇帝が朝講に臨む時にもまた披肩をつける。外廷では今の帽套のようなものをつけるが，これを雲字披肩とよぶ。今の皇帝が帝位に即くと左右に命じて雲字披肩を戴いて随侍するように漸次改めたので，古制は変わってしまった」と記されている。元代には比肩は男女共に着用され，清代の端罩の前身とされる。雲肩は女性が背後から肩，胸を覆うようにつける雲形の肩掛け飾りで，金代にすでにあり，元では舞女や宮人に多く用いられた。『元史』輿服志には「四隅に雲が垂れたような形で，黄羅に青の縁取りがされ，五色や金で飾る」とあり，錦繡の雲肩といわれるように華麗なものが作られていた。清代の披領はその遺制ともいわれる。清代の文武官は大礼服を着るときに蟒（大蛇）の刺繡のある菱形の披領をつけた。実際には皇帝，皇后，王公大臣，八旗命婦はみな朝服着用時には披領をつけることが定制となっており，冬用と夏用の二種があった。
　　　　　　　　　　　　　　（相川　佳子子）

びげんたいぎ【微言大義】　春秋学を根底から支える基本ターム。『漢書』芸文志に「昔，仲尼没して微言絶え，七十子喪じて大義乖く。故に，春秋わかれて五となり，詩わかれて四となり，易に数家の伝あり」とあるように，諸経を通じて使用されることもあり，この場合，「微言」とは，奥深い言葉の意で，「大義」とほぼ同意であるが，『荀子』勧学篇に「礼の敬文，楽の中和，詩書の博，春秋の微，天地の間にあるもの畢く」とあるように，『春秋』の特質が「微」と規定されることから，特に『春

秋』について使用されることが多く，この場合，「微言」は「大義」にかかり，「微言大義」とは，微妙な言い回しによって暗示された大義の意である。つまり，孔子は微妙な言い回し（一種の暗号）によって『春秋』の中に大義（政治上の理想）をこめた，ということであり，このような認識を大前提として，その「微言」を解読し，「大義」を明らかにしようとしたのが，いわゆる春秋学（特に公羊学）なのである。　　　　　　　　　　　　　　　　（岩本　憲司）

ひこう【非攻】　他国への侵略を非難する，墨家思想の中でも最古層に位置する原初的思想。国家による戦争を自国の利益獲得のために他国に損害を与える行為と考え，自己のために他者に損害を与える窃盗や強盗・殺人などの犯罪の延長線上に捉える。すなわち，犯罪という点においては戦争も窃盗や強盗・殺人も等質であり，その犯罪性は格段に勝り，そこに正義は存在しないと説く。　（山辺　進）

ひこうこうけい【皮簧腔系】　伝統演劇における腔系（声腔の系統）の一つ。皮簧腔は西皮腔と二簧腔の合成語。西皮腔の起源は梆子腔にあり，山陝梆子（山西・陝西の梆子腔）が湖北に伝播した後，変化・発展して湖広腔（またの名を西皮）となった。二簧腔はおよそのところ安徽の吹腔や高撥子などの腔調が転じてできたものとされる。明代末期から清代初期，西皮腔は主に湖北の漢調の中で，二簧腔は主に安徽の徽調の中で用いられていた。漢調・徽調及びその二者が合流してできた京劇が各地に伝播するにつれ，西皮腔と二簧腔は多種の劇の音楽に影響を及ぼし，ここから発展して新しい劇種も生まれ，皮簧腔は一つの声腔の系統を成すに至った。

　西皮腔と二簧腔は共に音楽構成上は板式変化体（板腔体）で，主となる基本の板式（リズムによる構成形式）に様々な板式変化を加え，登場人物の各場面での心情を表現する。その腔調（ふし）の特徴として，西皮腔は力強く，跳躍する音程を常用し，明るく活発な傾向が強い。一方，二簧腔のふしは流暢でなだらかな動きを主とし，同時に厳かで重々しい一面も具える。皮簧腔で歌われる詞は7字或いは10字の句型をもち，上・下の対句によって段が構成される。段の長短は自由である。

　西皮腔と二簧腔の主な伴奏楽器はどちらも京胡であるが，調弦が異なる。西皮腔はその調の階名でラ－ミ，二簧腔は同じくソ－レと調弦し，この調弦の違いは両者を見分ける重要な指標となる。

　皮簧腔を代表する劇種は京劇で，その音楽は皮簧腔の最高峰といえる。京劇のほかにも皮簧腔を使用する劇種は多く，安徽省徽劇・湖北省漢劇・湖南省湘劇・広東省粤劇・広西壮族自治区桂劇・邕劇・雲南省滇劇・四川省川劇・江西省贛劇・浙江省婺劇等がある。　　　　　　　　　（孫　玄齢）

ひこくご【非国語】　中唐の柳宗元の著。天が人間に禍福をもたらすとする天人相関説を否定する立場から，春秋時代の歴史を国別に記した『国語』に対する批判を展開したもの。たとえば地震を亡国の予兆とする記述に対しては，国が亡びるのは，失政その他に原因があったからで，天に見捨てられたからではないという。彼のこうした合理主義的な考えは，安史の乱後に起こった啖助・趙匡らの春秋学の影響を受けている。『柳河東集』巻44，45所収。　　　　　　　　　　　　　（筧　文生）

びこげき【眉戸劇】　陝西・山西・甘粛・寧夏などの地域で演じられている地方劇。郿鄠劇とも書く。陝西省の眉県と戸県で生まれたので「眉戸」と称するという説や，陝西の華陰県と華県で生まれ，陝西で劇を「胡」という言い方があり，人を魅了する劇すなわち「迷胡（ミイフ）」がなまって「眉戸（メイフ）」となったという説がある。当初は農民達が座って唱い，伴奏は三弦であった。やがて，田植え踊りや祭りと結びついて，芝居の形式をとるようになった。他の地方劇の節回し・伴奏・身振り・扮装などを吸収して，劇としての芸術性や表現力を豊かにしてきた。伴奏楽器は，三弦が主で，板胡や笛が補助役をしている。　　　　　　　　　　　　　　（氷上　正）

ひじつきゅう【皮日休】　840（開成5）？～880（広明元）？。晩唐の文学者・詩人。襄陽竟陵（湖北省）の人。字は襲美，また逸少。襄陽の鹿門山に隠居し，自ら酔吟先生・酔士・間気布衣などと号した。その後，867（咸通8）年に進士に合格。その前年，文集『皮子文藪』を自ら編んだ。蘇州刺史崔璞の幕下にあった時，陸亀蒙と知り合い，詩を唱和し，世に「皮陸」と称されたが，それらの詩が『松陵集』として残された。著作郎（一説に著作局校書郎），太常博士を歴任し，880（広明元）年，黄巣が長安を占拠して皇帝の位についた時，翰林学士に任命され，まもなく黄巣に殺されたというが，その死については詳しくはわからない。

　詩は中唐の白居易らの新楽府の継承ともいえる「正楽府」に代表される，時弊に対する鋭い批判が特徴的である。文章においてもその姿勢は変わらず，遠くは孟子を顕彰し，近くは韓愈を尊び，儒教の正統への回帰を強く主張した。　（山本　敏雄）

ひしゃくずい【皮錫瑞】　1850（道光30）～1908（光緒34）。清の経学者。善化（湖南省）の人。字は鹿門，また麓雲。師伏先生とも称される。1882

(光緒8)年の挙人。清末の代表的な今文学者の一人だが、康有為・廖平に比べ、学風は穏当とされる。湖南・江西の書院や学堂での教育を中心に活動。戊戌変法期には、湖南の改革派の拠点の一つである南学会の主要メンバーとなった。『経学歴史』『経学通論』をはじめ、その主要著作は『師伏堂叢書』に収録される。　　　　　　　　　　　（高柳 信夫）

びしゃもんてんぞう【毘沙門天像】　毘沙門天は仏教の守護神、四天王の一つ。多聞天とも呼ぶ。北方神である毘沙門天は、もとはクベーラkubera というインドの財宝神であった。ガンダーラ美術では北方のクシャーン族の王侯のイメージと結びつき、とくに裾長の着衣によって他の天王像と区別する表現が見られる。中央アジアには古くから毘沙門天を守護神とする伝説があり、像の制作・安置がおこなわれた。玄奘（？〜664）の見聞をまとめた『大唐西域記』(645年)にも、すでにコータン(于闐)の毘沙門天伝説が紹介されている。中国で四天王とは別に毘沙門天単独の信仰や造形が本格的におこなわれるようになったのは8世紀以降で、当時異敵の襲来や内戦が続いたため、各地で国家守護などの目的で毘沙門天殿建立や毘沙門天像の制作がおこなわれた。敦煌では8世紀末以後の絵画や彫塑の作例が数多く発見されており、裾長のよろいを身につけ地天（地中から現れる仏法の守護神）の両手の上に立つという、中央アジア以来の独特のかたちを示している。9世紀以降になると四川や江南などで、中国的変化の現れたものが見られるようになる。
　　　　　　　　　　　（岡田 健）

ひしょかん【秘書監】　書物の収蔵や史料の編纂にあたる宮中アカデミーまたはその長官。前漢の蘭台・麒麟閣・天禄閣、後漢の東観などをうけて、後漢末の159(延熹2)年に秘書監1名を置き、宮中の蔵書を管理させたのが始まり。最初は太常寺に属したが、西晋の291(永平元)年に秘書寺として独立し、南北朝期に秘書省と改称されたのち、隋代には太史曹をあわせて、天文・暦算をも職掌に加えた。唐制では従三品の秘書監を筆頭として、正九品下の秘書省正字までの間に、少監・丞・著作郎・秘書郎・著作佐郎・校書郎という官職を備え、宋代にも継承されたが、宋初はみな寄禄官とされたため、元豊官制で秘書省が復活するまで、主に昭文館・集賢院・史館の三館と秘閣がその役割を代替した。遼・金・元ならびに西夏の各朝も唐制にならって秘書監を置き、儒者官僚を登用したが、元朝になるとその実質は次第に翰林院に編入され、明の1380(洪武13)年には廃絶に至った。（徳永 洋介）

ひしょかんし【秘書監志】　元の秘書監に関する記録。11巻。至正年間(1341-67)に王士点と商企翁によって撰述。内容は職制・秩禄・印章・廨宇・公移・分監・什物・紙箚・食本・公使・守兵・工匠・雑録・纂修・秘書庫・司天監・興文署・進賀・題名からなり、1272(至元9)年の設立以来の沿革・典章制度・官員の除拝について貴重な史料を残す。『四庫全書』や『広倉学窘叢書』などに収めるほか、鈔本も伝わるが、錯簡もあり注意を要する。　　　　　　　　　　　（徳永 洋介）

ひしょくせいじ【秘色青磁】　唐・五代に越州窯で焼かれた上質の青磁の呼称。淡く澄んだ青緑色を呈し、五代には細い線彫りの文様をあらわすことがさかんになった。唐の陸亀蒙の詩『秘色越器』などにその名がみえ、五代には十国の呉越国王銭氏の庇護のもとに焼造された。宮中専用であったことによる命名とする解釈が一般的である。秘色の名声はわが国にも及んでおり、秘色に由来する「ひそく」は、舶来の青磁の美称として『源氏物語』や『宇津保物語』などにみられる。　（今井 敦）

ひしょさんそう【避暑山荘】　河北省承徳市にある清の離宮。1703(康熙42)年頃に建設を開始して、18世紀末に完成した。周囲の城壁は全長10kmに達し、内部には多数の宮殿と寺院、それに庭園が配置されている。康熙帝以後歴代の皇帝は、夏になると避暑山荘に出かけて政務をとった。1793(乾隆58)年に中国を訪れたイギリスの使節マカートニーが、乾隆帝に謁見したのは、避暑山荘においてであった。　　　　　　　　　　　（松浦 茂）

ピジン・イングリッシュ　Pidgin English　中国沿海地域で使用されていた、英語をベースとする簡易言語。マカオでは16世紀にポルトガル人が来航して以来、ポルトガル語を基礎とする中国語との接触言語クレオールの一種が使用されていたが、イギリス人が広東貿易の中心的役割をはたすようになると、やがてクレオールのポルトガル語彙が英語にすりかえられ、ピジン・イングリッシュが成立した。アヘン戦争以降は、広東のみならず上海をはじめとする中国各地の条約港で盛んに用いられた。文法組織は類推によって極度に簡素化され、音韻構造も中国風になっている。19世紀の広東ではピジン・イングリッシュの学習のための教本すら発売されていた。なお、世界各地で英語と現地語との言語接触によって生まれた言語を一般にピジン・イングリッシュと呼ぶため、中国のピジン・イングリッシュを他の地域のそれと区別してチャイニーズ・ピジン・イングリッシュという場合がある。ま

た中国語で洋涇浜英語というのは，上海の洋涇浜でもっとも盛んに使用されたためである。

（高田 時雄）

ひすいゆう【翡翠釉】 ソーダ釉に呈色剤として酸化銅を加え，低火度焼成でトルコブルーに発色する釉。孔雀釉とも呼ばれる。透明感のある青い釉で西アジアに起源をもつ技法である。元代から磁州窯で焼成が始まるが，景徳鎮でも翡翠釉の製品があり，釉は剝落しやすい。明代には永楽年間(1403-24)から宣徳年間(1426-35)，成化年間(1465-87)の御器廠出土品にもみられる。単色釉として発展していく。

（出川 哲朗）

ひぞう【碑像】 漢代以来の石碑の形状をした石に，仏教や道教の尊像や銘文を彫刻した造像。造像碑ともいう。5世紀末以降，仏教美術が墓室芸術と接近しながら中国化を進めていく過程で生み出された形式で，多人数の発願による多種の尊像表現が特色である。南北朝時代から隋・唐時代にかけて，河南や山西を中心に流行した。碑首頂部は円形，方形，交龍（4ないし6頭の龍が絡む）形などに象り，題額部（碑の題名を刻む場所）には小龕を設けて兜率天の菩薩などを表す。碑身部は正面に大龕を設け，両側面や背面にも小龕を造り，仏伝図や本生図，維摩文殊図，供養者像などを浮彫や線刻で表すほか，造像記や供養者名等の文字が大量に刻まれる。発願者は「邑義」あるいは「法義」と称する民間の造像集団のほか，高位の貴族や沙門も見られ，四面像に比べると造形，銘文内容，文字の形ともに洗練された感が強い。河南省登封市の『中岳嵩陽寺碑』(535年。嵩陽書院蔵)，同碑楼寺の『劉碑造像碑』(557年)，同省偃師市寺里碑の『馮翊王高潤平等寺碑』(572年。偃師商城博物館蔵)など，東魏〜北斉時代の大型碑像にはとくに名作が多い。

（石松 日奈子）

びたい【眉黛】 青黒色の顔料で描いた眉。黛眉とも称す。眉を描くことは戦国時代にすでに始まる。女性は描く前に，自分の眉毛を抜いたり剃ったりして，代わりに描き眉を作る。隋大業年間(605-618)になると，ペルシャ渡りの高価な黛を使って，女性たちは争って蛾眉を描いたという（『隋遺録』巻上）。蛾眉は蛾の触角に似ているのでその名があるとされるもので，太く描いたものは広眉と称する。眉黛が最も流行した唐代は描き方も多様で，唐の玄宗が書かせた『十眉図』には，鴛鴦眉・小山眉・五岳眉・三峰眉・垂珠眉・月稜眉・分梢眉・涵煙眉・払雲眉・倒暈眉などの名称が記されている。

（田中 陽子）

ひちょうぼう【費長房】 隋の仏教学者。生没年不詳。成都（四川省）の人。北朝北周時代の成都に出家し，武帝の廃仏政策によって還俗した。隋の文帝が大興城（長安）を新たな都として建設し，仏教を大々的に復興させると，その中心に位置付けられた仏典翻訳事業に携わる人材として，彼もまた招かれ，大興善寺に設置された翻経所において，翻経学士として筆受等をつとめた。その任務の傍ら，仏教史書である『歴代三宝紀』15巻を編纂し，唐代の経典目録に大きな影響を与えた。

（大内 文雄）

ひちょく【費直】 生没年不詳。前漢の学者。東萊（山東省）の人。字は長翁。易をおさめて郎となり，単父の令に至った。占筮の術に長じた。章句はなく，専ら彖・象・繋辞など10篇の易伝をもって経文を解説した。琅邪の王璜はこれを伝えた。費直の易は，はじめ民間に流伝したが，後漢になると，鄭衆・馬融・鄭玄らがそれを学んだ。馬国翰『玉函山房輯佚書』に費氏易1巻，費氏易林1巻，周易分野1巻という輯本が収められている。漢書88・30

（近藤 浩之）

ひちりき【篳篥】 葦製複簧の縦笛。西アジアに発し西域を経て中原に至った歴史上の楽器。必栗・悲篥・觱篥とも記した。伝来時期は，通説では同系楽器の胡笳が西域から伝わった漢代に遡る。ただし篳篥を多用する亀茲楽など，西域諸楽が本格的に流入した東晋初めとの説もある。唐の『楽府雑録』は亀茲の楽器と伝えるが，断定はできない。南北朝時代には，大小篳篥のほか豎小篳篥・桃皮篳篥・双篳篥など各種あった。隋唐代には宮廷の宴饗楽や民間で盛んに演奏され，杜甫『夜聞觱篥』など詩歌の題材ともなった。宋以降は頭管・笳管の呼称も現れ，宋の教坊十三部の一つに篳篥部が置かれた。清代から民間に広まり，管子や管の通称で定着した。現行の管子は指孔8（前7後1）を標準とする。日本には指孔9（前7後2）の唐制度篳篥が雅楽とともに伝わり，現在に至る。

（尾高 暁子）

ひっかく【筆画】 漢字の字形を組み立てるための最小単位。文字を書こうとして，筆を紙につけてから離すまでの一連の動作で描かれる線または点のこと。一つの漢字はいくつかの筆画からなり，その筆画の数を画数という。今の標準書体である楷書は，主として点と直線による筆画からできており，この点と線は字形中で占める位置によって，それぞれ形がちがう。中国では古来，「永」字を構成する筆画の基本形を書法の基本とする（永字八法）。

（阿辻 哲次）

ひっき【筆記】 随筆や見聞の記録。のち「筆記小説」という文語体の短編小説を総称する言葉となる。『筆記』という書名は，北宋の宋祁の『筆記』3巻に始まり，ついで蘇軾の『仇池筆記』，南宋の陸游の『老学庵筆記』などがある。また，北宋の沈括の『夢渓筆談』，南宋の洪邁の『容斎随筆』，明の胡応麟の『少室山房筆叢』など，「筆談」「随筆」「筆叢」も同類の書であり，その他にも「筆録」「雑録」「雑記」「雑誌」「漫録」「談叢」「叢説」などの名を付したものがある。文言小説に「筆記」の名を付けたものとしては，清の紀昀の『閲微草堂筆記』がその代表的なものである。その後，『太平広記』を含む六朝以来の文語体の小説から，随筆・記録までの200余種の書を幅広く収録した『筆記小説大観』(王均卿主編，上海進歩書局，1912年)が出版され，「筆記小説」の範囲が拡大し文言小説全般に及ぶようになった。呉礼権『中国筆記小説史』(台湾商務印書館，1993年)がある。　　　(富永 一登)

ひっきしょうせつ【筆記小説】 →筆記

ひつげん【畢沅】 1730(雍正8)～97(嘉慶2)。清の学者・政治家。鎮洋(江蘇省)の人。字は纕蘅・秋帆。1760(乾隆25)年の進士。官は湖広総督に至る。経書の義を理解するには師承を知ることが大事だと考えて『伝経表』などを著し，古典を読むには文字・音韻の知識が不可欠として『説文解字旧音』などを著した。金石文字資料の収集，諸子の著作の校訂にも従事しているほか，地理の学にも造詣が深い。司馬光『資治通鑑』の続編である『続資治通鑑』も編纂している。清史稿332　(水上 雅晴)

ひつじゅん【筆順】 漢字の筆画を組み合わせて，ある一つの漢字を書きあげる時の順序。筆順は特定の個人が定めたものではなく，右利きの人の大多数が文字を書く時におこなう筆の動きの順序であって，合理的かつ能率的にできてはいるが，あくまでも経験的に作り出された便宜的な目安にすぎない。　　　(阿辻 哲次)

ひつしょう【畢昇】 北宋の仁宗慶暦年間(1041-48)に活字印刷術を創始したとされる人物。同時代の沈括『夢渓筆談』巻18・技芸に記載があるが，その他に畢昇とその活字製作方法に関する文献記載はない。沈括の記載によれば，活字は膠泥で作り，これを火で焼いて固くする。つぎに松脂や蠟等を混ぜ合わせた薬剤を布いた鉄板と鉄わくを用意し，これに活字を並べて火にかけて熱くし，活字の表面を平らにして印刷したという。この印刷方法は普及しなかったが，その後の活字印刷に大きな影響を与えた。1990年に湖北省英山県で畢昇とみられる人物の墓が発見されたとの報告がある。　　　(木田 知生)

ひつせいか【筆生花】 清の長編弾詞。8巻32回。淮陰(江蘇省)の女性作家 邱心如の作。1857(咸豊7)年に初版本が刊行された。『天雨花』『再生縁』と並ぶ弾詞の代表作の一つ。物語の舞台は明の正徳年間(1506-21)。許嫁の間柄であった翰林侍読学士の息子文少霞と工部侍郎の娘姜徳華が，さまざまな波瀾の末に結婚するまでを描いた才子佳人物語。徳華が男装して科挙に合格，宰相にまでなるといった奇抜なストーリーは，当時の女性たちの願望の表現でもある。　　　(大木 康)

ひっぽうき【筆法記】 唐末五代初の荊浩の山水画論。画家自身と山中の叟との問答形式を取り，六法を踏まえる「気韻思景筆墨」の六要を主張する。「気は心，筆の運るに随い，象を取りて惑わず」などと述べ，潑墨画家の見出した視覚的な連想能力を最大限に活かすなど，水墨画の発展に即したより具体的な技法論をもなす。『四庫全書総目提要』は言辞が雅俗混交する点などから，偽託とするものの，『書画書録解題』は原本の残欠を北宋末までにまとめたものとする。　　　(小川 裕充)

ひてん【飛天】 仏教美術において，空中を飛翔する天人を一般に飛天と呼ぶ。天人は，仏のはたらきを賛嘆し，天楽を奏で，天華を降らせ，天香を薫じて虚空を飛行するものと経典に説かれる。インドではすでに紀元前2世紀頃から，手に持った布の力で飛翔する天人があらわされ，また翼を付けた天人の姿も見られた。中国では五胡十六国時代(4世紀初頭～5世紀初頭)の金銅仏の光背や，420(建弘元)年の甘粛省の炳霊寺石窟第169号龕無量寿仏三尊像の光背などに，上半身を裸にして丸い頭光を付ける姿の飛天が表されているのが初期の作例となる。仏を供養するため，花を盛った器を手にするもの，様々な楽器を奏でるものなど，すでに多彩な表現がある。5世紀後半に造営された山西省の雲岡石窟では，仏像そのものの中国的な表現の変化とともに飛天にも次第に変化が現れ，頭光を付け上半身を裸にして両足を衣の外に見せる姿から，頭光が消え袖付きの上衣を纏い足を隠すようになっていく。この変化は6世紀前半の中国に普遍的に見られるが，同時に地域によっては雲気や蓮華を周囲に散りばめるなど，様々なヴァリエーションが生まれた。やがて再び肉体を露出するものが現れ，とくに隋唐時代にかけて流行した。　　　(岡田 健)

ひでんしゅう【碑伝集】 清初から嘉慶年間(1796-1820)までの伝記集。160巻，目録等4巻。編者銭儀吉(1783〜1850)は北京での官僚生活のかたわら，560種ほどの書物から約2000人の墓誌銘・行状などを抽出し，原稿を完成した。江蘇省の書局がこれに校訂を加え1893(光緒19)年に刊行。これを継ぐものに『続碑伝集』86巻(繆荃孫編，1910年)，『碑伝集補』61巻(閔爾昌編，1932年)，『碑伝集三編』50巻(汪兆鏞編，1938年自序，1978年稿本影印)がある。　　　　　　　　(岩井 茂樹)

ひでんぼう【悲田坊】 仏教の福田(布施により功徳を得る)思想にもとづき設けられた救済機関。日本では聖徳太子が四天王寺に敬田院・療病院・施薬院とともに置いた悲田院で知られる。中国では南朝斉の時代に六疾館を建て困窮者の救済を行ったが，やがて悲田療病坊が各地に置かれ，寺院僧尼により運営されるようになるのは則天武后の大足・長安年間(701-704)である。のち，民間の布施を財源としながら後世に継承されるが，弊害も多く指摘されている。　　　　　　　　　　　　(藤善 眞澄)

ひでんようびょうぼう【悲田養病坊】 仏教の福田思想に基づく社会事業施設。悲田坊は孤児等を含む貧窮者を収容し，養病坊は疾病者に医療投薬を施す。いわゆる賑恤(窮民救済事業)は仏教とは別に中国において古くより行われ，それをも背景として唐代になると各州の大寺院の中に設けられるようになった。則天武后のころより具体的施設が設置され，玄宗時代初期にはその弊害が指摘されながらも存続し，武宗の会昌の廃仏の際にも施設そのものは廃止されず各州に置かれた。　　(大内 文雄)

ひなんいせき【卑南遺跡】 台湾台東県卑南にある新石器時代の遺跡。その発見は古く，立石の存在が紹介されていたが，1945年，金関丈夫・国分直一らが調査を実施し，板石を用いた住居跡を確認した。1980年以降，10数次にわたる開発に伴う発掘調査によって，住居跡の他に，数多くの石棺墓が調査され，玉製装身具など多種多様な遺物が出土した。同遺跡を代表とする卑南文化は台湾東海岸に展開した地域的な文化であるが，西海岸北部の円山文化との関連性も認められる。　　(後藤 雅彦)

ひのうこ【皮嚢壺】 革袋のような形で，上部が平たく下部が膨らんだ形の器種。上方に，短く筒状の注口および把手(または鶏冠のような突起)が付く。器面の縁部分などに，縫目を模した線文などが施されている作例もある。唐時代に中原地区で流行し，三彩や白磁の例がある。契丹族の王朝遼においても鶏冠壺と呼ばれる皮嚢壺の一種が，白磁・褐釉や緑釉などでさかんに焼成された。
　　　　　　　　　　　　　　(長谷川 祥子)

ひはく【披帛】 ショール。薄絹で作った肩掛け。『中華古今注』に「古くは披帛の制は無かった。開元年間(713-741)に詔して二十七世婦，及び宝林，御女，良人等の通常の宴会，参見，侍奉には文様を描いた披帛をつけさせた。今でもそうである。端午の日になると宮女はこれを奉聖巾と呼び，また，続寿巾，続聖巾ともいったが，日常に用いるものではない」とある。また，『事林広記』は実録に曰くとして「三代には披はなかった。秦の時代には披帛があって，縑帛で作り，漢では羅で作った。晋の永嘉年間(307-313)に絳暈の帔子が作られ，開元年間に王妃以下に令してこれを着用させた……」という。さらに，『事物原始』には「唐制では，士庶の女性は在室の者は披帛をつけ，出嫁すれば帔子を用いて出処の義を明らかにした。今(宋代)の士族にもまたこれを踏襲する者がある」とあり，披帛と帔子が区別されている。帔子は雲肩，背心或いは比甲に類似するものといわれる。披帛の使用は北朝石刻の伎楽天にその例がみられるが，普通の生活の中で使われたのは隋代からで，唐代に流行し，五代から北宋の初期まで用いられていた。長い披帛を背後から両肩に掛け，腕を覆ったり，一端を半臂の紐に結んだりして着装したもので，唐の永泰公主墓前室の壁画には多様な着装姿がみられる。明代に有位の女性の礼服の飾りとして首から前胸に掛けた霞帔の原形と思われる。　　　　　　　　　　　(相川 佳予子)

ひみつ【費密】 1625(天啓5)〜1701(康熙40)。清初の儒者。新繁(四川省)の人。字は此度。多くの著作のうち現存するのは，『弘道書』などごく一部である。朱子学流の道統説を批判し，道統は歴代の帝王による治世の連続性とともに考えられるべきであり，他方，孔子の明らかにした「道」は，経書とともに歴代の儒者たちによって確実に継承されてきたこと，また，「道」はあくまで日々の政治活動や民衆の日常生活に即したものである，と提起した。清史稿501　　　　　　　(本間 次彦)

ひゃくぎ【百戯】 古代の各種芸能の総称で，アクロバットや手品・歌舞音曲・寸劇・格闘技・動物芸など様々な技芸が含まれる。先秦時代から記録が散見されるが，秦代にはすでに宮廷と民間の双方で行われており，秦始皇帝自ら各地の芸人を多数廷内に召し上げている。以後宋代に至るまで，百戯は宮廷の芸能として盛行し，主に節会や外国使節の謁見の際などに，壮大な規模で上演された。漢の武

帝，隋の煬帝，唐の玄宗，北宋の徽宗の時代には特に栄えたといわれ，とりわけ唐の玄宗は宮廷内に芸能の専門機構である梨園を設け，多くの芸人を育成した。百戯は秦漢の時代には角抵戯，南北朝以後は散楽とも呼ばれ，これらの別称は百戯と並行して後代まで用いられている。なお角抵戯の「角抵」ということばは，角を持つ蚩尤が黄帝と戦う様子を模した「蚩尤戯」に由来するという説がある。角抵は本来相撲のような格闘技を指すが，後に筋立てを持つ芸能となった。

百戯に含まれる芸能としては，剣や球を使ったジャグリングである「弄剣」「弄丸」，綱渡りの「走索（走縄とも）」，輪くぐりの「衝狹」，竿の上に登って様々な技芸を行う「尋橦（扶盧とも）」「爬竿」などのアクロバットのほか，「獅子舞」，芸能化された格闘技である「角抵」，各種の手品や奇術を含む「幻術」，動物を使った「馬戯」「猴戯」，様々な作り物を用いるスペクタクルの「魚龍蔓延」，簡単なストーリーを持った寸劇の「東海黄公」「遼東妖婦」などが代表的なものとして挙げられる。これら古代の百戯の具体的な姿は，文献資料のほか，画像石や雑技俑などの文物資料によって窺い知ることができる。また特にアクロバット系の百戯は，時代によって名称や内容を変えながらも，現在に至るまで脈々と受け継がれて来ている。

宋代に至ると，この時期に形を整え始めた演劇の出現という要因もあり，宮廷召し抱えの百戯芸人が減少，一方で市場経済の発展を追い風に，民間における百戯の上演が増加した。都市の盛り場に設けられた勾欄という劇場のほか，路岐人と呼ばれた大道芸人による露天での上演がさかんに行われ，さらにその様子が各種の文献資料に頻出するようになる。技芸そのものも多様化し，南宋の周密によって著された『武林旧事』の「瓦子勾欄」，および「諸色伎芸人」の項には，当時行われていた百戯とその芸人が項目別に多数列挙されている。

宋代においても，百戯ということばは各種芸能の総称として引き続き用いられていた。しかし元明以降になると，雑劇・伝奇の興隆によって宮廷での上演がほぼ消滅し，百戯という名称もほとんど使われなくなる。百戯に含まれていた各種の芸能は，民間で固定した上演場所を持たない大道芸すなわち「江湖把戯」として行われ，呼称もそれぞれの芸能の名称が個別に用いられるようになっていった。その後これらの芸能の一部は演劇に取り込まれたが，多くは大道芸，ないしは祭礼における行道の中などで伝承され，最終的には現在の雑技の中に受け継がれている。　　　　　　　　　　　　　　（平林　宣和）

びゃくこくろん【白黒論】　仏教批判の論文。一名は「均善論」。433（元嘉10）年頃に発表された。南朝宋の冶城寺の沙門慧琳の作。『宋書』97・夷蛮伝に収める。中国の聖人の教えの信奉者である白学先生と仏教の立場に立つ黒学道士の対論の形式を用い，最後には白が黒を屈伏させるこの論文は，ラジカルな仏教批判を内容とし，しかも作者が沙門であったために，大きな反響を呼んだ。『弘明集』3に「白黒論」をめぐる何承天と宗炳の論争の文章を収める。　　　　　　　　　　　　（吉川　忠夫）

ひゃくじょうえかい【百丈懐海】　749（天宝8）～814（元和9）。百丈は「はじょう」ともよむ。唐代の禅僧。福州長楽（福建省）の人。大智禅師と諡す。俗姓は王氏。馬祖道一に参じて開悟。嗣法後，796（貞元12）年頃より，百丈山（大雄山とも。江西省）に住す。伝統的な戒律とは異なった，禅宗独自の規則「清規」を創始。『百丈清規』は現存しないが，『景徳伝灯録』百丈章に引く『禅門規式』で概要が知られる。その特徴は，①インド以来の戒律で禁じられていた生産労働を，求道のための重要な行（作務・普請）として捉え直したこと，②仏殿を建てず，禅師が説法する法堂のみを建てたこと，つまり仏教を外なる仏への信仰から，自身による法の体現へと転換したこと，などに求められる。「一日作さざれば一日食らわず」の語は名高い。北宋の『禅苑清規』，元の『勅修百丈清規』などがその後を承ける。門下から黄檗希運と潙山霊祐が出，のち黄檗の下に臨済義玄が出て臨済宗，潙山の下に仰山慧寂が出て潙仰宗となった。語録に『百丈広録』がある。『祖堂集』14，『景徳伝灯録』6，『宋高僧伝』10に伝がある。　　　　　　　（小川　隆）

ひゃくじょうしんぎ【百丈清規】　禅宗寺院の最初の規則集。唐の百丈懐海撰。原本は逸書で，内容は『景徳伝灯録』6の懐海の伝に付す「禅門規式」等で知られるのみである。懐海は律寺からの禅寺の独立を図ろうとして，大小乗の戒律のよいところを取捨してまとめ，禅宗独自の規則を制定した。住持は現身の仏として，修行者を教化し，朝夕随時に説法し，修行者も修行に専念するように制定されている。特に注目されるのは，普請作務（すべての修行者が平等に農耕作業を行う）を行じさせたことである。　　　　　　　　　　　　　　（石井　修道）

ひゃくしょくいせき【百色遺跡】　広西壮族自治区の百色盆地に分布する約15地点の旧石器時代の遺跡群。中国科学院古脊椎動物古人類研究所などが1973年以来，ラテライト地層からハンドアックスやチョッパーなどの石英岩製大型重量石器を主体とする石器を発見してきた。安定した地層で，

石器とともに出土したテクタイトのフィッショントラック法による年代測定で約73万年前とされ，華南地方南端の前期旧石器文化を考える上で重要である。今後はそのような石器の存続年代についても検討する必要がある。文献に黄慰文ほか「百色旧石器遺址的若干地貌演化問題」(『人類学学報』18-3, 1999年)がある。　　　　　　　　　　　(佐川　正敏)

ひゃくせんがくかい【百川学海】　中国で最古の叢書。179巻。南宋の左圭の編。1273(咸淳9)年に完成。書名は，漢の揚雄『法言』学行篇の「百川海を学び，海に至る」(天下の川はみな海を学んで流れ海に至る。人も道を学べば遂には道に到達する)に基づく。全体は10集にわかれ，1集に10種ずつ，全部で100種の書物が収められている。本書に先立ち，嘉泰元(1201)年の年号を有する南宋の兪鼎孫・兪経編の『儒学警悟』40巻があり，6種の書物を収めるが，一般的に本書が叢書の始まりとされている。所収の書物は，唐宋の随筆・評論・芸術に関する書物が中心で，西晋から六朝期のものも数種交える。書物の多さと原本に改編を加えていないことで，高い評価を受けてきた。咸淳刊本のほか，明の弘治14(1501)年華珵刊本，明の嘉靖15(1536)年鄭氏宗文堂刊本がある。また明代になって，本書にならい，呉永『続百川学海』，馮可賓『広百川学海』などが出版された。　　(高津　孝)

ひゃくせんしょし【百川書志】　明の嘉靖(1522-66)のころの人である高儒の蔵書目。経志3巻・史志3巻・子志5巻・集志9巻の全20巻からなる。書名はすべての川が海に注ぎ込むごとく集まった書物の，志すなわち簡単な解題つきの目録の意味。高儒は涿州(河北省)の人。武人であったが読書を好んだという。いわゆる士大夫ではなかったためか，当時「大雅の堂に登せず」とされた戯曲・小説をその史志三の野史・外史・小史に著録していることで同時代の晁瑮の『宝文堂書目』とともに名高い。野史には『三国志通俗演義』と『忠義水滸伝』が，外史には『西廂記』を始めとする雑劇・伝奇が，小史には『剪灯新話』など文語の短篇小説集ならびに長篇伝奇小説が著録されており，金・元・明三代にわたる通俗文学研究の貴重な資料となっている。　　　　　　　　　　　　　　(大塚　秀高)

ひゃくちょうちょうほう【百鳥朝鳳】　嗩吶の代表曲。軽快な旋律に種々の鳥の鳴き声を模した音をおりまぜ，自然の風景を描写する。山東省出身の演奏家任同祥(1927～)らが，1953年山東・安徽・河南・河北などに流布する民間楽曲をもとに演奏用に改編，音を長く延ばす呼吸法を用いた楽句を付加し，加速しながらクライマックスを迎える最終楽段の充実をはかった。また中央楽団による整理改編版(1974年)では，様々な鳥の鳴き声を模した導入部を付加している。　　　　　(仲　万美子)

びゃくれんきょう【白蓮教】　明・清時代の社会に活躍した民間宗教とその結社の総称。その起源については，東晋の慧遠の白蓮社に始まるという説，南宋の茅子元に起こるという説，元末の韓山童に発するという説など，定まらない。弥陀信仰をもつ白蓮宗に，13世紀末のころから弥勒下生の信仰が混入して，後世に継承される白蓮教が成立したようであるが，先行する被抑圧宗教を混淆した姿相を示す。弥勒という他力による現世的救済を末劫の果てに期待するという単純な教理をもつ信仰は，混乱した現体制の否定と政治的・社会的状況の暴力的変革を志向する色彩を育み，元末の紅巾の乱の母胎となった。そのために明・清の律では禁圧の対象とされ，邪教・左道として官憲に弾圧されたので，以後，宗派名や崇拝対象を異にする多くのセクトが次々と生み出された。16世紀初頭のころに羅教が成立すると，その教説の影響を受けて，彼岸救済や禁欲的修行を説く結社も出現したが，降福消災や富貴達成を願う各階層の不満分子に支持され，大きな民衆動員力を誇り，しばしば地方的反乱の温床となった。明末の徐鴻儒の乱(1622年)や清の嘉慶期の10年を超える大乱(1793～1804年)は，とくに有名である。官憲との対立を有利に展開するために，外護として武闘派を構成体内にもつ必要もあり，清末には天地会・哥老会などの会党との接近も見られるようになる。羅教の経巻に模した宝巻と呼ばれる経典を作成した結社もあり，そこから民衆の願いを読み取ることが可能である。献金などの要請とそれに基づく相互扶助の約束を通じて，信者との間に緊密な結びつきを保持するほか，新田の開発や密貿易を行った結社があるように，官製の農村秩序から逸脱した農民や都市の無頼などを吸収して，新しい共同体の創出をめざす経済活動も行われた。創教者一代限りで消滅する結社が多かったが，なかには数代，もしくはそれ以上に継承されるものも存在した。
　　　　　　　　　　　　　　　　(野口　鐡郎)

びゃくれんしゅう【白蓮宗】　東晋の慧遠が廬山東林寺に結集した浄土念仏集団を白蓮社といい，そこでは瞑想による見仏体験と死後の浄土往生が願求された。白蓮宗は白蓮教ともいい，慧遠の白蓮社の遺風を慕う南宋の子元によって，庶民の新興仏教として始められた。発足当初より邪教として排撃されつつもなお存続し，元代には『廬山蓮宗宝鑑』を撰した普度によって一時復興されたが，宗徒

の度重なる反乱活動の故に弾圧され，清の仁宗のとき最終的に消滅した。　　　　　　　　（船山　徹）

ひゃっかこうあんえんぎ【百家公案演義】
明の口語短篇小説集。北宋の名裁判官として知られる包拯が各地で解決した事件(公案)を集めた形をとる。『包龍図判百家公案』『包公伝』ともよばれる。編者安遇時については未詳。全100回からなるが，数回ごとにいくつかのブロックにわかれており，ブロック間の連絡は緊密でなく，長篇小説とはいいがたい。百家は数が多いことをいう。第1回に先立ち「国史本伝」「包待制出身源流」の2篇をおく。包拯の生い立ちを語る口語短篇小説である後者は，明の成化年間(1465-87)に北京の永順堂から刊行された説唱詞話『包待制出身伝』の後身。つとに包拯を主人公とする雑劇・説唱詞話などにおいて語られていたもののみならず，本来他の裁判官を主人公に語られていたもの，『江湖紀聞』などの文語で書かれた裁判記録集によるものなどを含む。現存最古のテキストは万暦22(1594)年刊本。明末には同じく包拯を主人公とする『龍図公案』にとってかわられた。　　　　　　　　　（大塚　秀高）

ひゃっかせい【百家姓】
初学用の教科書。北宋初の作。南宋の王明清は，五代十国の呉越国の人が作ったと推定する(『玉照新志』3)。中国の姓を集めて四言一句の韻文にしたもので，現行本の総数は472字，宋の皇帝の姓趙をはじめに置く。中華の伝統を教える啓蒙書として近代まで用いられた。これにならい，明代には朱姓に始まる『皇明百家姓』，清代にも孔姓をはじめとする『(康熙)御製百家姓』が作られたが，いずれも亡佚した。宋代には別に『千家編』も作られた。　　　　　　（竺沙　雅章）

ひゃっかてい【百花亭】
元代雑劇の劇本。正式名称は『逞風流王煥百花亭』。元人の作と伝えられているが，作者不詳。『元曲選』に収められている。宋の書生王煥と妓女賀憐憐は百花亭で偶然に会い，互いに愛するようになる。賀は官吏高常彬に買われたので二人は密会を重ねるが発覚。王は逃亡して辺境の軍隊で功績をあげ，高は失脚したので，終に二人は結婚する。南戯に『王煥』『百花亭』『賀憐憐煙花怨』など同類の劇の残本がある。
　　　　　　　　　　　　　　　　（内山　知也）

びゃっこつう【白虎通】
後漢の学術書。4巻。班固撰。『白虎通義』が原書名であり，『白虎通』はその簡称。『白虎通徳論』とよばれることもある。79(建初4)年，章帝は前漢の宣帝の石渠閣議にならい，諸儒を北宮の白虎観に召集して経書解釈の不統一を討議させた。この議論は『白虎議奏』100余篇に集成されたあと，勅命を受けた班固によって結論部分が編纂された。これが『白虎通』である。『隋書』経籍志などには6巻とあり，また10巻とも指摘され，更に多くの佚文も確認できることから，現行本はもとのままではないといえる。その篇目は爵・号・諡・五祀・社稷・礼楽など43項に及ぶ。これらには，今文学の立場にたちながら，古文学に接近して今文学説の整理や補強をおこなうとともに，緯書的観念を摂取して経書とそれとの融和を図ろうとする態度もうかがいうる。こうした態度は，緯書的観念を中核において今古文学を統一した鄭玄の経書解釈を導きだした。注釈書には陳立『白虎通疏証』がある。　　　　（間嶋　潤一）

ひゃっぽうかん【百宝嵌】
漆器の表面に，金銀・珊瑚・翡翠・玉・象牙・螺鈿など，多種にわたる貴重な材料を嵌め込んで装飾する技法。周製ともいう。各種の素材を山水・人物・花鳥などの文様形に浮き彫りし，漆塗面に象嵌する。同種の技法は漢代頃からおこなわれていたが，明代に入って色彩感あふれる独特の様式を確立し，硯箱・屏風・書棚など多様な調度の装飾として，清代に本格的流行をみた。王国琛や，盧映之，その孫の盧葵生などが名手として知られる。　　　　　　（日高　薫）

びゅうしゅう【繆襲】
186(中平3)～245(正始6)。三国魏の文人・学者。東海蘭陵(山東省)の人。字は熙伯。曹操から明帝の3代に仕えて史書の編纂等に携わり，特に明帝に重用されて，官位は尚書，光禄勲にまで昇った。『文選』に収められ後の類作のさきがけともいえる『挽歌詩』がよく知られるほか，魏の軍楽である楽府『鼓吹曲』12曲の歌詞を残している。また文では，友人仲長統のために作った『統の昌言を撰するの表』等がある。三国志21　　　　　　　　　　（松家　裕子）

びゅうせんそん【繆荃孫】
1844(道光24)～1919(民国8)。清末の目録・金石学者。江陰(江蘇省)の人。字は炎之，また筱珊，号は芸風。1875(光緒元)年，張之洞の『書目答問』編纂を助け，翌76年に進士となった後も，書院，学堂，図書館など，ほぼ一貫して学問，教育関係の職に在った。著書に『芸風堂蔵書記』『芸風堂金石文字目』『芸風堂文集』，編著に『続碑伝集』などがあるほか，『雲自在龕叢書』『藕香零拾』など，編刊した書物ははなはだ多い。　　　　　　　　（井上　進）

びゅうてん【繆篆】
書体名。新の王莽の六書の一つ。印章に用いる。繆とは，綢繆，まつわ

りもつれあう意で，印章の篆書の複雑で屈曲の多いさまをいう。後漢の許慎『説文解字』叙に「五に曰く繆篆，印に摹する所以なり」とあり，秦書の八体の「摹印」に対応する。当時の印章に多くの実例が見られ，これらの印文を収録したものに，清の桂馥『繆篆分韻』(5巻・補1巻)がある。　　（福田 哲之）

ひょう【表】
文体の名。臣下が君主にたてまつる文。南朝梁の劉勰『文心雕龍』章表によれば，臣下が君主にたてまつる文を秦以前はすべて上書と呼んだが，秦になって奏と称し，漢代には章・奏・表・議に分かれた。章は君恩を謝すもの，奏は罪状の告発，表は請願，議は異議申し立ての文という。『文選』37，38には19首の表を載せる。李善の注は劉勰とやや異なり，漢魏以降，章・奏・表・駁をすべて表といったという。また『史記』の「三代世表」「十二諸侯年表」のように一覧表形式を用いた著述もいう。　　（幸福 香織）

びょう【廟】
神主という位牌を安置し故人を祭る御霊屋。祖先を祭る宗廟が代表的で，皇帝の場合主な祖先を祭る太廟と他の諸帝を祭る祧廟とがある。官僚や庶民は家廟に祭るが，身分によって宗廟の神主の数は逓減，庶民は寝という建物に祭る建前であった。また，各都市には土地の守護神を祭る城隍廟や孔子の文廟(孔廟)，武神(初め呂尚すなわち太公望，清では関羽)の武廟がある。歴史上・伝説上の人物を祭る廟もゆかりの地に散在している。　　（金子 修一）

ひょういもじ【表意文字】
1字ごとに意味が備わっている文字。それぞれの言語での単語や意味単位を個別に表記するタイプの文字で，口から発せられる音声と直接的な関係をもたない点で，表音文字と相対する。原始的な絵文字が発展して象形文字になり，ついでそれぞれの字形が，言語での概念や意味単位と対応するようになって，表意文字が成立した。表意文字でのそれぞれの字形には，特定の言語の体系によって定められた一定の意味が与えられているため，その字形を知る人は，いつでも同じ意味を理解する。

ラテン・アルファベット(ローマ字)も，かつては表意文字であったのが，やがて表音文字化した。それに対して漢字は，成立以来現在に至るまで一貫して表意文字として使われ続けている，代表的な表意文字である。ただ漢字の場合は1字が言語中の1単語を表記することが多いため，それを「表語文字」と呼ぶ人もいる。　　（阿辻 哲次）

ひょうおんもじ【表音文字】
1字1字が音だけを表し，意味をもたない文字。言語を口から発せられる音声と関連づけて表記するタイプの文字で，「表意文字」に相対する。ラテン・アルファベット(ローマ字)のようにそれぞれの単音ごとに表記する単音文字と，日本の仮名や朝鮮語を表記するハングルのように，音節単位で表記する音節文字の2つに大きく分類できる。現在の地球上で使われている文字は，ほとんどが表音文字であり，その中でもラテン・アルファベット式の単音文字が圧倒的に多い。なおラテン・アルファベットはもともと表意文字だったのが，やがて他の言語を表記するために借用された時に表音化し，そこからギリシア人が母音を補足して完成するという経過をたどった。現在の表音文字にはこのように表意文字出身のものの方が多いが，しかしそれ以外にハングルや中国の注音符号などのように，最初から表音文字としての設計をもって制作されたものもある。　　（阿辻 哲次）

びょうがくてんれい【廟学典礼】
元の府州県学，書院およびその学生関係の公文書集。6巻。編者未詳。1237(太宗9)年から1301(大徳5)年までの，聖旨・咨文などを日付順に収録する。内容から浙江地域の関係官庁で編まれた文書集と考えられる。他書に見えない文書を多く含み，元朝の江南における漢人知識人政策や文書行政の史料として，利用価値は高い。『永楽大典』から輯佚の四庫全書本のみが現存し(『四庫全書珍本初集』所収)，浙江古籍出版社の校点本がある。　　（森田 憲司）

びょうきん【描金】
漆器の装飾技法の一つ。泥金画漆ともいう。金を用いて装飾する技法で，日本の蒔絵に近い効果だが，蒔絵が金粉を蒔き付ける技法に限定されるのに対し，描金の語は広く金を用いた装飾すべてを指す。漢代の遺跡からは，金彩を施した漆器が多数発掘されているが，これらは金泥を膠で溶いて筆で描く，日本の金銀絵，金泥絵に相当する技法によるものであろう。北宋の1042(慶暦2)年の年紀を有する浙江省瑞安市慧光塔発見の舎利函および経箱(浙江省博物館蔵)も同種の技法とみられる。明代には，倭漆と呼ばれた日本製漆器の影響下に描金が発達し，漆で文様を描き，乾かぬうちに金箔を押しつける箔絵，または微細な金粉を付着させる消粉蒔絵技法が用いられた。北京の楊塤や，蘇州の蒋回回など名匠も活躍する。蒔絵や描金漆器は清代の宮廷で人気を呼び，官営工房，養心殿造弁処で盛んに製作された。日本の梨地を模倣した灑金や，高蒔絵を模倣した識文描金などの応用技法がある。　　（日高 薫）

びょうきんほう【描金鳳】
清の長編弾詞。

『錯姻縁』ともいう。作者不詳。同治年間から光緒年間にかけて(1862-1908)の弾詞芸人趙湘洲がこの話を語っていたことが知られる。「竹亭居士重編」と題する1876(光緒2)年刊本，「馬如飛編」とする1906(光緒32)年石印本がある。

物語は蘇州の書生徐恵蘭と銭玉翠の恋愛物語である。描金鳳とは，玉翠が恵蘭に贈った金の鳳凰の置物のこと。徐恵蘭が殺人の濡れ衣を着せられ，死地にあるところを，玉翠の父銭志節が助け，二人が団円するというのが話の骨子。ここに，さまざまな人物がからんで複雑な物語が展開する。この『描金鳳』は，『玉蜻蛉』と並んで，「龍鳳二書」と呼ばれ，蘇州弾詞の代表作に数えられる。

中編弾詞『老地保』，短編の『玄都求雨』など，蘇州弾詞でしばしば演じられる話は，この『描金鳳』の一部分である。近代の弾詞の名人である夏荷生(1899〜1946)がこの『描金鳳』を得意としていた。

(大木 康)

ひょうげき【評劇】 中国伝統演劇の劇種名。北京，天津，河北省，東北地区まで広く流行している。「唐山落子」「蹦々戯」などと呼ばれる。河北省東北部の灤州あたりの掛け合い「蓮花落」が源流と言われる。竹のカスタネットを用いる芸能で，1880年代には数人が各役柄に分かれて説唱していた。『王二姐思夫』などが当時の代表演目。清末，蓮花落芸人の成兆才らは民間歌舞「蹦々」の歌「平調」・演技・演目を入れて説唱から演劇形式にした。さらに1909(宣統元)年，唐山の永盛茶園で公演して後，平調のフシで歌い，河北梆子の伴奏楽器を使ったので「平腔梆子戯」と称される。京劇の囃子なども入れて唐山の炭鉱労働者に歓迎された。ここに，後の評劇の基礎が出来た。その功労者である成兆才は，100余りの脚本を書いた。18(民国7)年には唐山で「警世戯社」を結成し，『馬寡婦開店』『杜十娘』『花為媒』等々の時代物，また『楊三姐告状』など虐げられた女性を描いた現代物を積極的に舞台にのせた。月明珠はその当時の代表的女方である。翌19年からの東北地方巡業で多くの愛好者を得て，李金順を初め花蓮芳などの女優が登場して大活躍した。李は評劇の音楽と演出を改良し，喜彩春・芙蓉花ら多数の女優が育った。その後，天津では劉翠霞などが出て，30年頃には芙蓉花・白玉霜らが北京に入り好評を博した。35年から白玉霜らは上海に行き，田漢・洪深ら著名演劇人の薫陶を受け脚本を書いてもらい，白玉霜は著名な劇作家で女方の欧陽予倩の脚本で最初の評劇映画『海棠紅』を撮る援助をうけた。人民共和国成立後，男女同音高の矛盾などが解消されて男役の歌唱が発展し，魏栄元・馬泰などの著名男優が登場した。また伝統作品の整理，創作と新人の育成にも成功した。伝統作品の『秦香蓮』，創作作品の『金沙江畔』『劉巧児』『向陽商店』『奪印』など多数の作品がある。女優には小白玉霜・新鳳霞・李憶蘭から谷文月・劉淑琴，男優も上記の他に席宝崑ら多くの名優が生まれた。評劇はわかりやすさと庶民を主人公にした現代的な題材で多くの民衆の支持を得てきた。

(吉川 良和)

びょうさい【廟祭】 広義には廟で行う祭祀一般だが，主に祖先を祭る宗廟の祭祀をいう。「廟享」とも。廟祭は春秋以来重視されたが，皇帝を頂点とする宗廟制度は後漢に形成された。皇帝の場合，初代の皇帝または国名の由来となる封号を最初に受けた祖先を太祖とし，原則として太祖など7代の祖先の神主(位牌)を太廟という宗廟に祭った。7代を超えると，太祖と現皇帝の父祖との間の諸帝の神主を祧廟に適宜遷した。太廟の廟祭には大祭の禘・祫と小祭の四時祭とがある。禘祭は5年ごとに4月，祫祭は3年ごとに10月に行うが，禘・祫の祭り方は諸説ある。四時祭(時祭・時享とも)は1月・4月・7月・10月の四孟月と年末の臘日(日取りは王朝ごとに相違)とに行う。臣僚の家廟の祭祀は唐代に一般化し，最大5代前の祖先まで祭ることができた。禘・祫は三品官以上に認められ，時祭は2月・5月・8月・11月の仲月のみであった。六品官以下は廟を持たない場合もあり，その時には庶民と同じ寝という建物で祖先を祭った。

(金子 修一)

ひょうしへんしょう【鳳氏編鐘】 →鳳氏編鐘

ひょうしょ【評書】 北京・天津・東北地方を中心に北方方言で語られる講談。北京の評書芸人連闊如の『江湖叢談』によれば，評書は明末清初の芸人王鴻興が，当時江南で活躍していた著名な講釈師柳敬亭の指導を受け，北京で創始したものという。当初は三弦と太鼓を伴奏楽器に，説(かたり)と唱(うた)を交互に交えて演じる説唱芸能であったが，のち宮中での上演に供するため，醒木(小拍子)と扇子，手拭いだけを小道具に使う純粋な話芸になった。上演場所は，役人や宦官を常連客とする一部の大書館を除けば，書棚子と呼ばれる粗末な講釈小屋や露天での撂地(辻講釈)が主であったが，清末から民国期にかけて書茶館と呼ばれる庶民向けの演芸場が続々と開業し，1920〜30年代には北京市内だけで70〜80軒を数えた。芸人の数も100名を越え，京劇の譚鑫培や京韻大鼓の劉宝全とともに芸壇三絶と称えられた双厚坪や，『聊斎志異』の講釈で知られる陳士和，包公案のラジオ講談で「浄街

王」の異名をとった王傑魁など，多くの名人が登場した。人民共和国成立後も北京では40軒あまりの書茶館が営業を続けていたが，商業施設への転用などによってしだいに減少していった。曲芸(演芸)界を代表する評書芸人として中国文化芸術界聯合会全国委員の要職にあった連闊如は，57年の政治協商会議第二回全国委員会において，演芸場の減少で半失業状態に陥った芸人たちの窮状を訴え，演芸場の保護と建設を提案したが，翌58年の反右派闘争で右派分子として批判され，同委員の職を解任された。その後，北京に残っていた26軒の書茶館も文化大革命によってすべてが閉鎖され，北京の評書は衰退した。文革の終了後，80年代になると，東北地方で活躍していた袁闊成・劉蘭芳・単田芳・田連元らが，ラジオやテレビなどのメディアを通して全国的な評書ブームを巻き起こしたが，彼らが高齢化したいま，評書は再び衰退の危機に直面している。

(鈴木 靖)

ひょうせんししき【氷川詩式】 明の詩評。10巻。「氷川子詩式」ともいい，はじめに『詩原』1巻を付す。梁橋(号は氷川子)の作。1545(嘉靖24)年の完成で，49年の初刻。『詩原』で詩の本源を論じた後，本文を定体・練句・貞韻・審声・研幾・綜賾の6門に分かち，詩体・句法・韻法・平仄・詩格・篇法などについて記した。自序には古今の詩法や詩話を歴覧して成した書というが，旧来の諸説を雑録して臆見を雑えただけの杜撰の作とする批評もある。1660(万治3)年の和刻本がある。

(野村 鮎子)

ひょうそく【平仄】 中国の近体詩では字数のみならず，どの位置にどの声調の漢字を使わなければならないかということが厳格に決められていた。ここでいう声調は2種類で，『切韻』系韻書で平声にあたるものと上声・去声・入声にあたるものの2つのグループに分けられる。前者を平声，後者を仄声，あわせて平仄と呼ぶ。現代北方方言では，中古の全濁声母が声調の平仄を条件として無声有気音(平声)と無声無気音(仄声)にそれぞれ変化している。例えば，同じ歯茎全濁声母を持っていたと推定される「同」(平声)，「動」「洞」「独」(以上仄声)の4字が現在では，平声字は有気音t，仄声字は無気音dで発音される。ここから平仄とは単に詩作のために人為的に作られたものではなく，何らかの音声条件を持っていたものであると推測される。平仄は6～7世紀に形成されたと考えられるが，現存する資料からはこの時期の平声と仄声にどのような違いがあったのかは，よくわからない。盛・中唐期(8～9世紀)の平仄に関しては「平低仄高」説(平声の調値が低く，仄声の調値が高い)が北方方言の全濁声母の変化をうまく説明することができ，最も有力である。

(中西 裕樹)

びょうていこうだいにきぶんか【廟底溝第二期文化】 1956年に河南省陝県の廟底溝遺跡の発掘によって明らかになった黄河中流域の新石器時代文化。河南西部・山西南部・陝西東部に分布し，放射性炭素年代測定法ではおよそ紀元前3千年紀前半に位置付けられる。仰韶文化から龍山文化への過渡期にあたり，これを末期の仰韶文化とする意見と初期の龍山文化とする意見が対立している。すなわち，土器は夾砂灰陶が主体を占め，彩陶は肩部に黒色の斜格子をほどこした罐だけで，紅陶と彩陶を特徴とする仰韶文化とは異なっている。しかし，黒陶が出現しているとはいえ，龍山文化と比べて器壁が厚く，その数も少ない。器種をみると，仰韶文化に特徴的な罐や尖底瓶が存続しているいっぽう，袋状の3足をもつ鬲(斝)が出現し，龍山文化に継承されている。石器では横断面方形の石斧，半月形石包丁や石鎌などが出現し，種類の増加とともに製作技術にも進歩がみられる。また，窰洞式住居が現れ，壁や床面に白灰を塗る工夫がはじまっている。

(岡村 秀典)

びょうていこうるいけい【廟底溝類型】 河南省西部を中心に広がる，仰韶文化中期の地域類型。河南省陝県廟底溝遺跡から名付けられた。代表的な遺跡である陝西省泉護村遺跡は泉護類型として区別することもある。住居は半地下式が多い。土器では縄文の深鉢，小口尖底瓶・小口平底瓶・浅鉢・碗のほかに釜と土製カマドがある。彩陶は鳥を描いたものもあるが，点や斜線，弧線を複合した複雑な文様が多く描かれる。この時期になると磨製の石製穂摘み具が多くなる。

(大貫 静夫)

ひょうてん【評点】 文学批評の一形式。「批点」ともいう。「批評」と「圏点」の2種に分けられる。「批評」は，本文に対する短いコメントで，付された場所により，眉批・夾批・傍批・総批や眉評・夾評・傍評・総評と呼ばれる。「圏点」は，本文の特に優れた字句に付された傍点・傍圏・傍線である。古文の学習用に編纂された南宋の呂祖謙『古文関鍵』2巻に付されたものが，確認できる最古のものである。その後，詩集や歴史書，白話小説にも広く行われるようになった。南宋末元初の劉辰翁は，王維・杜甫・王安石・陸游等の詩集に評点を付している。歴史書としては，明の凌稚隆『史記評林』130巻がある。白話小説に対して評点が付された最初のものは，明の余象斗『忠義水滸志伝評

林』25巻である。明代後期印刷技術の展開とともに，套印本という多色刷り印刷があらわれ，評点付きテキストがしばしば多色刷りで出版された。特に湖州の閔氏・凌氏のものが有名である。　　（高津　孝）

ひょうはく【表白】　語り物の用語。芸人が三人称つまり講釈師の口ぶりで情景をのべ，人物を描写することを「表」といい，語り（「説白」）によってそれを行うのを「表白」という。事件の経緯の叙述，人物の気持ちや風貌の描写，情景描写などから評論家めいた言説まで，演者の語りの主要な手段である。蘇州評話・蘇州弾詞では，物語中の人物の口ぶりをかりて語るのを「官表」といい，第三者の口ぶりで語るのは「私表」という。　（山口　建治）

ひょうり【表裏】　中国伝統医学用語。基本的な病証（中国伝統医学における病態の類型）の分析方法の一つである八綱弁証の一要素。表面と内部。事物の両面を挙げる形で対比させる。おおむね対立のうち外部・表層にあるものを表，内部・深層にあるものを裏と表現するが，固定的なものではなく，条件が変われば転化し得る。例えば人体の体表にある皮毛・経絡が表，臓腑（蔵府と表記することが多い）が裏である。その中間層として半表半裏という位置も考えられているが，病位が「表」「裏」にまたがっている場合と，「表」「裏」の中間である場合がある。　　　　　　　　　　（浦山　きか）

ひょうわ【評話】　語り物の一種。おおむね唐宋以来の「説話」「講史」などに淵源する。江蘇・浙江一帯では，弾詞を「小書」と呼ぶのに対して，「大書」とも呼ばれる。清の乾隆（1736-95）以後，流行地域とその方言の差違により，しだいに各地の地方的な特色を持つ評話・評書が形成されるようになった。各地の評話・評書は，上演の形式にいくつか差違がある。多くは座って語り，少数だが立って語るものもある。共通した特徴は，語るだけで唱わず，語る者は多くは1人で，醒木（机をたたく木片）を道具に使う。演目には歴史物語と武俠・神怪物語が多く，そのうち『三国』『水滸』『英烈』『緑牡丹』などは，各地の評話・評書が共有する題材である。伝統演目は長篇ものが多いが，北方評書には『聊斎』などの短篇もある。

　蘇州評話は，蘇州方言で語る評話であり，江蘇南部・上海と浙江北部の呉語地域に流行する。蘇州弾詞と合わせて評弾と併称される。乾隆のときにはすでに形成されていた。語るのは1人で，座って語り，唱わず，賦讚・詩讚などの韻文の吟誦を挿入する。上演時に扇子・ハンカチなどを道具にし，醒木でテーブルをうち雰囲気をもりあげる。『三国』『隋唐』『金槍伝』『英烈』『岳伝』『緑牡丹』などの伝統演目がある。揚州評話は，揚州方言で語る評話であり，揚州で起こり江蘇北部と南京・鎮江・上海などで流行した。明末清初の芸人，柳敬亭が有名である。『揚州画舫録』に清代中葉の著名芸人の名前が見える。建国後，中国曲芸工作者協会副主席を務めた王少堂も有名。ほかにも，福建省福州方言地区と建陽，三明，莆田，寧徳地区，台湾に流行する福州評話などがある。　　　　　　　（山口　建治）

ひらいほうぞうぞう【飛来峰造像】　浙江省杭州市の霊隠寺の南，冷泉渓をはさんである，標高169mの石灰岩の小峰，飛来峰に残る，五代・宋・元代の大小380余りの石刻造像の総称。飛来峰は霊鷲峰とも呼ばれた。五代の造像として，青林洞内の阿弥陀・観音・勢至の西方三聖像（第10龕）がある。常山（浙江省）の仏教信者である滕紹宗が自身の為に広順元（951）年に造像したことを記す造像銘がある。青林洞南口東側の盧舎那仏会十七尊浮彫（第5龕）は飛来峰で最も著名な作例。左方の造像銘は，胡承徳が北宋の1022（乾興元）年に浄土往生を願って造像したことを記す。着冠・通肩で両手を拡げた盧舎那如来坐像の周囲に，それぞれ御者を連れた騎獅文殊・騎象普賢，四天王像などを配す。その側の弥勒下生像（第19龕，乾興元年）も胡承徳の造像。他に青林洞や玉乳洞の十八羅漢は，北宋期の羅漢信仰を伝える遺例。南宋期の作例としては，第69龕の布袋坐像が著名。当時，弥勒・未来仏として厚い信仰を集めた布袋の代表作である。

（長岡　龍作）

ひりく【皮陸】　→皮日休，陸亀蒙

びるしゃなぶつ【毘盧遮那仏】　毘盧遮那の梵名は Vairocana（ヴァイローチャナ）。盧舎那・光明遍照とも訳し，古代ペルシャの光明神や古代インドの太陽神に起源するという。『六十華厳』（東晋の仏陀跋陀羅訳）では盧舎那と訳し現在諸仏の一つとされるが，『梵網経』（後秦の鳩摩羅什訳）では盧舎那仏は釈迦の本身仏と説かれるようになり，蓮華台蔵世界の千葉（枚）の蓮華座上に結跏趺坐し，蓮華の1枚1枚に釈迦仏の世界，さらにその中に100億の世界があるという。三身説の影響を受けると，毘盧遮那仏・盧舎那仏・釈迦仏をそれぞれ法身・報身・応身として，盧舎那と毘盧遮那を区別するようになり，『八十華厳』（唐の実叉難陀訳）では専ら毘盧遮那と訳され，法身の毘盧遮那仏は華厳教主となり，やがて密教の大日如来へ発展した。

　中国では北斉・北周時代（6世紀後半）以降の作例が確認されている。例えば北斉564（河清3）年碑像

(立像)，北周570(天和5)年盧舎那仏坐像(陝西省，長安区博物館蔵)のほか，「盧舎那」銘の台座も数件残っている。隋代では河南省安陽市宝山大住聖窟(589年)の盧舎那・阿弥陀・弥勒三仏坐像，唐代では高宗と則天武后の造建になる龍門石窟奉先寺洞盧舎那大仏(675年完成)などがある。

(石松 日奈子)

びわ【琵琶】 東アジアの撥弦楽器。中国では歴史上，3種類の楽器をさした。第1が秦末から後漢に流行した円形胴を持つ直頸の撥弦楽器で，現行の阮や月琴の祖に当たる。民間伝承によれば，秦末に長城建設の労働者達が，振り太鼓の鼗を共鳴胴として作った弦楽器の弦鼗が起源という。後漢に他の弦楽器を参考に改良され(西晋の傅玄『琵琶賦序』)，4弦12フレットに定着した。東晋の阮咸はこの楽器の名手として名高い。呼称は枇杷・琵琶・秦琵琶・秦漢子・月琴・阮咸・阮など時代ごとに変遷した。

第2が洋梨形胴の曲頸四弦琵琶で，現行琵琶の直接の祖である。唐の杜佑『通典』144は「もと胡中より出て，俗にこれ漢の制と伝う」と記し，少なくとも前漢に，ペルシア系楽器が西域を経由して中国に入ったと推測される。唐宋代には大曲などの主要伴奏楽器として隆盛し，名手も輩出した。時代が下ると，独奏の比重が増し，奏法が技巧的になるにつれ，撥弾きが廃れて指弾が標準化した。また楽器の構え方も水平から垂直へと変化した。一説では，唐の貞観期(627-649)に活躍した琵琶の名手，裴神符が搊(指弾)琵琶の始祖という。フレット(棹上が相，響板上が品)の数も，唐代は4相，宋代は4相12品，現代は6相25品と増えた。福建南曲の琵琶は今でも例外的に共鳴胴を水平に構え撥で弾く。現行の琵琶曲は，『海青拿天鵝』『十面埋伏』などを代表曲とする多段構成の大曲と，単独曲の小曲に分かれる。

第3が洋梨形胴の直頸五弦琵琶である。インド起源で，曲頸四弦に少し遅れて西域から伝わり，唐代の二部伎などで多用された後，宋代に廃れた。亀茲伝来説が有力である。唐代二部伎の弾奏図が唐淮安靖王李寿の墓の壁画に残る。日本の正倉院は世界唯一の唐代五弦琵琶を保存する。

琵琶の名称の由来は諸説ある。後漢の劉熙『釈名』釈楽器は，撥の動作を起源とし，音楽学者の岸辺成雄は，ガンダーラの弾奏楽器バルバットの転訛と主張する。以上3種の琵琶は日本や朝鮮，ベトナムに伝わったが，五弦琵琶は途絶えて曲頸四弦が主流となった。

(尾高 暁子)

びわき【琵琶記】 蔡邕(字は伯喈)と趙五娘の悲歓離合を描く南戯。故事の淵源は必ずしも詳らかではないが，かなり早い時期から民間に流伝していたもののようであり，陸游が「斜陽 古柳 趙家荘，負鼓の盲翁 正に場を作す。死後の是非 誰か管し得ん，満村 説くを聴く蔡中郎」(『剣南詩稿』33「小舟遊近村，捨舟歩帰」詩，其四)と詠んでいるように，南宋の1195(慶元元)年頃には，詩讃系の語り物芸能である鼓詞としても行われていた。演劇としては金の院本『蔡伯喈』(陶宗儀『輟耕録』25院本名目)，宋・元の戯文『趙貞女蔡二郎』(徐渭『南詞叙録』宋元旧編)の存在が知られ，とりわけ後者は蔡邕が「親を棄て婦に背き，暴雷の為に震死す」という内容であったことが明らかである。現行の『琵琶記』全42齣は，元末の高明による改編本であり，宋・元の旧本における蔡邕の背信を指弾するものから，蔡邕と趙五娘の忠貞を称揚する内容に改められている。すなわち，蔡邕は新婚の妻趙五娘と老父母を残して試験のために都に上り，合格後，皇帝の勅諚で牛丞相の家に婿入りして，豪奢な生活を送る。一方，故郷は飢饉に見舞われ，趙五娘の献身もむなしく両親は死ぬ。蔡邕は琵琶を弾きつつ夫を捜して上京した趙五娘との再会によって両親の死を知り，帰郷して墓参し，趙氏・牛氏ともによく蔡邕に仕えた，というあらすじになっている。この改作は高明が四明(寧波)の櫟社沈氏楼に寓居していた1357(至正17)年以降の作とされる。伝存する版本は，戯曲選本所収の散齣を含めると30余種を数え，観客層の相違，伝播した地域によって，曲(うた)や白(せりふ)に大幅な差異が見られる。元末明初以来の内容を伝えるものは，嘉靖・万暦年間(1522-1620)を境に改編が進み，曲を美化し白を簡略化した文人型脚本と，新しい場面の挿入や白の冗舌化を志向する俳優型脚本との分裂を繰り返した。その結果，明末清初には，崑腔腔系の脚本と，弋陽腔などの地方声腔に基づく脚本や，蘇白(呉語)を混入した脚本とに分化した。なお高明『琵琶記』の出現は，前後して制作された『拝月亭』『白兎記』『荊釵記』『殺狗記』とともに南戯振興の指標となった。

(根ヶ山 徹)

びわこう【琵琶行】 中唐の白居易の作品の名。白居易自身，「琵琶引」ともいう。全88句の七言歌行。序は制作の背景を次のように記す。815(元和10)年九江郡司馬に左遷されたその翌年の秋，客を湓浦口まで送ったところ，琵琶を弾く女に出会った。女はもと長安の芸妓だったが，年を取り容色衰えて，商人の妻となったという。酒をふるまい，数曲を弾いてもらったが，弾き終わると，黙りこんでいる。やがて自分から，少女のころの楽しかったこと，今のおちぶれた暮らしなどを話してくれた。私

は地方に赴任して2年，気楽に暮らしていたのだが，この時はじめて貶謫の悲しみを感じた。そこで，七言古詩を作って女に贈ったのだ。零落の女の哀切と左遷の白居易の悲哀とが，時に激しく時に切々たる琵琶の音と混然一体となって表現されているところにこの作品のすばらしさがある。

なお左遷された年につき，旧鈔本系の序は，「元和十年」でなく「元和十五年秋」としており，ならばこの話は，白居易が長安にいる821(長慶元)年のこととなる。もし，白居易がそう記したとすれば，この話は虚構だと明言していることになり，白居易の創作意識を探る上で興味深い。　　(下定 雅弘)

ひん【殯】　遺体を安置する期間およびそのための空間。和訓は「かりもがり」。喪礼において，大斂の儀式で遺体を棺に収めたあと，すぐには埋葬せずに家の中に安置し，その間に死者をとむらうためのさまざまな儀式をおこなう。経書の規定では，天子の場合は没後足掛け7日目から殯となり，7か月で埋葬する。諸侯は5日目と5か月，大夫以下は3日目と3か月というように，身分によって差等が設けられている(*『礼記』王制)。　　(小島 毅)

びん【閩】　現在の福建省。「閩」は福建省の古名であり，今日異称としても用いられる。五代十国時代に，福建に建てられた国の名称でもある。福建は戦国時代まで非漢族である越族の住む地であったが，紀元前3世紀に秦が征服して閩中郡を置いた。前漢は当初越族の無諸を王位に即けて「閩越」を建たが，その後廃して会稽郡に組み込んだ。三国時代には呉が支配し，建安郡を置いた。以後，郡や州が置かれたが，唐代中期には福建経略使が置かれた。これが，当該地方が「福建」と命名された最初である。五代には「閩」が独立するが，北宋に平定されて福建路が置かれた。元代には福建行中書省，明清代には福建省が各々置かれた。福建は開発が本格的にはじまるのが唐中期以後で，宋代に実を結んだ。宋代には両浙地方(江蘇省南部・浙江省一帯)と並ぶ仏教信仰の中心地となり，朱子が講学活動を行った。海外との交流が盛んで，貿易港泉州を擁し，華僑を輩出した。　　(長部 悦弘)

びんいっとく【閩一得】　1758(乾隆23)〜1836(道光16)。龍門派第11代道士。湖州帰安(浙江省)の人。名は苕勇。字は補之・小艮。道号は懶雲。髪僧際蓮氏の名で仏書に注することもある。9歳の時，高清昱に従って龍門派に帰依し一得の派名を授かる。高の死後は兄弟子の沈一炳に師事。沈の死後は湖州金蓋山に居し，荒廃していた堂宇や土地の整備に尽力。主な編著に金蓋山に伝わる道書を中心に整理・注釈した『古書隠楼蔵書』，丘処機から清朝期江南で活躍する道士たちに至るまでの龍門派の系譜を，虚構を交えて著述した『金蓋心灯』がある。　　(森 由利亜)

ピンイン【拼音】　音節構造の規律に従い音素を結合させる表音式表記。一般的にはローマ字による拼音字母を用い最小の弁別単位である音素を表記する方法のことを指す。表記法については1958年に定められた『漢語拼音方案』の規定に従う。更に伝統的な発音表示法である反切も一種の拼音方式と見なすこともあるが，これは前の字の声母と後の字の韻母を組み合わせる手法である。　　(三木 夏華)

ピンインじふ【拼音字譜】　1897(光緒23)年，王炳燿により考案された速記文字。蔡錫勇の伝音快字のように筆画を大小に分けず，複韻母は音素単位により構成された一筆書きで，速記文字の中で最も早く音素構成が取り入れられた。また，句読点記号を設けたり，品詞の分類をする等の工夫が凝らされている。標準となる語音は主に粤方言。王炳燿は拼音字譜を応用し，電報符号・灯火信号・旗信号にも利用しようとした。　　(三木 夏華)

ピンインじぼ【拼音字母】　表音文字による表記における最小単位で，音素を表す。中国では文字改革運動の中で拼音字母による表記を目指し続け，切音字運動，国語ローマ字，ラテン化新文字運動を経て改善整理されてきた。一般的には1958年の『漢語拼音方案』で定められた表記法のローマ字26文字を指すが，ローマ字式だけでなく，注音字母などの漢字筆画式の音標記号も拼音字母としての性格を持つ。　　(三木 夏華)

ひんかほうかん【品花宝鑑】　清末の狭邪小説。60回。1849(道光29)年刊。陳森著。『紅楼夢』の影響下，主に才子と妓女の交際を描くジャンルを狭邪小説という。いわば花柳界小説である。本作品はその先駆けとされるが，才子梅子玉と名女形杜琴言を筆頭に，花柳界の女と客になぞらえた梨園の子弟たちと文人の男色を描くところが異彩を放つ。梨園を舞台にした長編小説は類がなく，乾隆年間(1736-95)を背景とした北京の梨園の人情風俗を写実的に描いているのも特徴である。　　(岡崎 由美)

びんげき【閩劇】　伝統演劇の一種。旧称，福州戯。福建省中部・東部・北部，台湾など福州方言地域で親しまれる。明の万暦年間(1573-1620)に文人の「家班」から始まった「儒林班」，明末に入った長江下流南部の「江湖班」，その福州化した

「平講班」が，清中葉以降市場競争を展開，相互に優れた部分を吸収し合った結果，三者の相違がなくなり，清の光緒年間(1875-1908)に統合して「閩班」になった(「班」は一座の意)。「閩班」はまた，清の嘉慶年間(1796-1820)以降福州に入り一定の勢力を持っていた安徽の「徽班」に，崑曲・皮簧を学び，辛亥革命(1911年)以降衰退した「徽班」の演者を吸収，1920年代以降京劇の武技も吸収，現在の閩劇が完成した。閩劇は，「儒林班」の創始した「逗腔」を主に様々な曲調をもち，楽器構成は管・弦・打楽器とも揃い，頭管など独特なものもある。演者は歌う際，男女とも裏声を使わない。また舞台美術面も発達している。唱・演技ともに秀で，「福建の梅蘭芳（メイランファン）」と言われた女形の鄭奕奏，女形から青年役に転じた李銘玉などが有名。　　　　　（細井 尚子）

ひんけんだいぶつじせっくつ【彬県大仏寺石窟】　陝西省で最大規模の唐時代の石窟寺院。彬県は西安の北西に位置し，現在も甘粛省への幹線ルートにあるが，唐王朝建国の頃は，秦王李世民(598〜649，のちの太宗)率いる唐軍と甘粛の軍閥薛挙（せっきょ）の大軍とが激しく戦闘を繰り広げた場所だった。このとき命を落とした将兵を悼み，李世民が建てた応福寺が現在の彬県大仏寺。

現存窟数116，仏像総数1500体を数える。仏像の保存状態が比較的よい主要洞窟は大仏洞・千仏洞・羅漢洞。大仏洞は，像高20mの本尊如来坐像に像高17.5mの両脇侍菩薩像を配する。本尊光背に628(貞観2)年の年記がある。千仏洞は大型の中心柱窟で，大小175の仏龕（ぶつがん）が彫られ，そのうちの十数龕に700年前後の則天武后期の造像題記を見ることができる。大型龕に彫られた仏・菩薩像は均整のとれた，しかも自由なポーズにあらわされ，現在西安においても見ることのできない，当時の理想とされた最先端の唐様式を伝えている。（岡田 健）

ひんぱく【賓白】　→念白（ねんぱく）

びんぽん【閩本】　福建地方で刊行された刊本。閩は福建地方の異称。福建地方は宋代より印刷が盛んで，四川や浙江とともに印刷文化の一大中心地であった。宋代においては福州の東禅・開元の2寺でそれぞれ5000巻にも及ぶ大蔵経を出版したことはよく知られるところである。また早くより営利出版も盛んに行われ，経書や文集などのほか，通俗小説や実用的な類書など多種多様なジャンルの典籍が大量に刊行された。建陽県麻沙鎮がその中心としてしられる。　　　　　　　　（梶浦 晋）

ふ

ふ【缶】　酒や水を入れ，水汲みにも用いられた器。腹部がふくらみ壺に似るが，圏足（けんそく）(円筒形の足部)がなく頸部は垂直であり，蓋がある。胴部が円形と方形のものがある。安徽省寿県の蔡侯墓からは両種とも出土し，ともに「缶」と自銘している。この種の器は春秋後期から戦国中期にかけて盛行している。器腹がさらにふくらみ，大きめの口部にかぶせ蓋のあるものは盥缶（かんふ）と呼び，缶とは区別される。　　　　　　　　　　　　　　　　（江村 治樹）

ふ【府】　本義は「官府」の語に集約される倉庫・役所。後漢末・三国時代以降の分裂のなかで，軍事を動かす将軍や都督の役所が府（幕府）となり，その官員（幕官）を府官とよび，地方の兵員を結集させる単位が軍府とよばれることになる。府兵制の名はこの軍府所属の兵士に由来する。

この時代，府は軍事との関わりを背景に重みを増

し，また意味を広げ，地方の要衝に設置される都督府や総管府では，軍事面を柱に民政(州政)をも統括する形態となった。この流れをうけて，唐代，一般州の上にくる行政単位・区画に定着し，長安を京兆府，洛陽を河南府などと重要地点に10府が置かれ，長官を府尹（ふいん）とよんだ。これ以降も行政区画としての府は存続し，宋では30府が州と並置され，長官は知府(知府事)と称した。元の府は配下の州県を統括する形をとったが，明・清では州と並んで重要州に置かれ，府庁は管内の中心県治に設置された。府制は民国以後姿を消す。　　　（氣賀澤 保規）

ふ【祔】　喪礼の中の儀式。虞祭が終わり，卒哭（哭を朝晩2回だけおこなうよう変更する儀式）の翌日，死者の神主（しんしゅ）を宗廟内の先祖代々の神主とあわせて祭ることをいう（『儀礼（ぎらい）』既夕礼，およびその鄭玄（じょうげん）注）。それによって，死者が祖霊の仲間に加わ

ったことが明示される。祔のあと，服喪期間中は神主を寝に安置し，最終的には宗廟に遷す。後世では，廟の中で主神とあわせて祭られることを広く祔と呼ぶ。また，同じ墓穴に埋葬されることも祔と呼ばれる。
(小島　毅)

ふ【釜】　広口で一定の深さをもった丸底の容器。土製の釜は，新石器時代のはやい時期からみることができ，もっぱら，東部沿海地方を中心につくられていた。中国の早期新石器文化を代表する器種といえる。用途は食物の煮炊きにあり，早期段階の釜は，たとえば台脚のようなもので支えて使われていたことが考えられる。釜はその後，漢代においても盛行し，鉄製や青銅製のものが盛んに製作された。
(小川　誠)

ふ【符】　証明のための割り符。二つあるいはそれ以上の竹木や青銅に文字を記し，それらを合わせることにより効力を発した。漢代には，発兵のための青銅製の虎符や，皇帝が太守を召し出すための竹製の使符があり，少府の属官である符節令が保管した。銅虎符は虎の形に作ったものを縦に半截したもので，実物は早くは戦国末，秦の「新郪虎符」が知られ，使符の前身と考えられるものとしては青銅製の楚の通行証である「鄂君啓節」があり，両者はすでに戦国時代から存在したと考えてよい。虎符については，秦漢時代以後も実物が知られるが，使符の実物は未発見である。この他，漢代では，身分を証明し，通行証として機能した木製の割り符も符と称された。大庭脩『秦漢法制史の研究』によると通行証は，一般に伝と称されたが，長距離旅行者用のものは棨と呼ばれ，特定の関所に限り使用されたものは符と呼ばれたとされる。なお，これら符の類の制度は唐代にほぼ確立される。
(江村　治樹)

ふ【賦】　韻文の一種。「賦」の字義は「敷」「鋪」に通じ，ものごとを敷き連ねることであり，『周礼』春官・大師の鄭玄注に「賦の言たる鋪なり。直ちに今の政教の善悪を鋪陳す」とあるように，鋪陳し(敷き連ね)て政教を諷諫するという意味をもつ。また，『漢書』芸文志の「詩賦略」に「歌わずして誦する，之を賦と謂う」といい，歌唱ではなく朗誦されるものでもあった。文体としての「賦」が登場するのは，『荀子』の「賦篇」が最初であるが，その淵源は屈原の「離騒」「九歌」(『楚辞』)などにあるとされ，宋玉・賈誼に受け継がれ「辞賦」とも称される。

賦は，漢の武帝の時代，司馬相如の出現によって新しい宮廷文学として完成され，漢代を代表する「漢賦」と呼ばれる文学作品となる。司馬相如は，武帝の愛好を得て，屈原の作品の影響を受けた従来の自己の不遇・時世の艱難を嘆く賦を，美辞麗句を連ねた娯楽性の強い王室賛美の内容に一新した。天子の遊猟の壮大さを細大漏らさず美辞によって並べ立てる，代表作「天子游猟賦」(「子虚賦」「上林賦」)は，後世の賦の範となる。次いで，彫琢を凝らした美文の賦を作成したのは，揚雄である。代表作に「甘泉賦」「羽猟賦」などがある。揚雄の賦は，天子を賛美すると同時に「賦」本来の諷諫意識が強くなっている。後漢の時代も，賦は美辞麗句の鋪陳と諷諫意識を併せ持つ作品として文学の主流を占め，前漢の都長安(西都・西京)と後漢の都洛陽(東都・東京)を様々な角度から細密に描写した，班固の「両都賦」(「西都賦」「東都賦」)，張衡の「二京賦」(「西京賦」「東京賦」)はその代表作である。また，班固の「幽通賦」や張衡の「思玄賦」のような自己の内面に深い眼差しを向けた作品も作られている。

漢代の賦は，対偶の構成，一句の字数，押韻に規則的でないものも見られる。しかし，五言詩が文学の主流となった魏晋以降では，対偶の徹底，押韻の規則化など形式の均整がはかられ，漢賦の流れを汲む左思の「三都賦」などの一部作品を除き，叙情的な小品化の傾向が強くなる。特に南朝宋(420〜479)以後は，平仄の音律効果も加味した駢文的な作品が主流となり，庾信の「哀江南賦」はその傑作といわれる。漢代の賦を「古賦」というのに対して，魏晋六朝の駢文的な賦を「俳賦」という。唐・宋代には，賦は試験科目の一つとなり，音律・対句に一定の形式的制約が加わったものになる。これを「律賦」という。一方，中唐以降には古文運動の影響で，駢文を排除した散文調の賦が作られる。これを「文賦」あるいは「散賦」という。杜牧の「阿房宮賦」，蘇軾の「赤壁賦」などがその代表である。清の陳元龍らの奉勅撰『歴代賦彙』に，明末までの賦，3000余篇を収録する。賦の専著には鈴木虎雄『賦史大要』(冨山房，1936年)，中島千秋『賦の成立と展開』(関洋紙店，1963年)がある。
(富永　一登)

ぶい【武威】　→涼州

ぶいいかん【武威医簡】　1972年に甘粛省武威市の西南，旱灘坡の漢墓から出土した医方を記した木簡・木牘類。計92枚。副葬品から後漢前期のものと推定される。種々の病症に対する治方があり，処方数はおよそ30方。用いられる薬物は約100種。薬物療法が主であるが，鍼灸療法に関する記述も約10枚ある。敦煌漢簡や居延漢簡中の医簡とともに後漢前期の医療の実態を示す史料。中原よ

りもたらされた医方と考えられる。写真・釈文が公刊されている(文物出版社，1975年)。　(小曽戸　洋)

ぶいかんかん【武威漢簡】　甘粛省武威市の漢墓中から発見された漢代簡牘の総称。武威は前漢時代に西北辺境に設置された河西四郡の1つであるが、他の敦煌などの3郡では烽燧(監視哨などの軍事施設)からの出土であるのと異なって、全て墓中から発見された点に特徴がある。武威漢簡で注目されるのは、①1959年磨嘴子6号墓の600余枚、②同18号墓の10枚、③1972年旱灘坡墓の92枚、④同1989年の17枚である。①の大部分は経書の『儀礼』で、他に日忌、雑占などの簡がある。『儀礼』の書写年代は王莽時代と推定され、今日知り得る『儀礼』の最古のテキストである。②は王杖十簡と称される。漢代では養老政策の1つとして高齢者に杖を賜い特権を与えていたが、十簡は墓主が杖を賜ったこと、それに伴う特権を規定した法令を記す。③は漢代医簡と称される処方集で、年代は後漢初期のものと推定されている。④は建武19(43)年の紀年のある律令の条文である。同じ辺境出土の簡牘でも、出土場所が烽燧と墓中とでは内容に大きな相違のあることを知る好例である。　(永田　英正)

ぶいさん【武夷山】　現在の福建省武夷山市にある山。海抜750m。福建省と江西省の間を走る、武夷山脈の北部に位置する。大王峰・玉女峰など36峰からなり、九曲渓を擁する観光地域であり、自然保護区にも指定されている。

南宋代には陸游・辛棄疾・朱子、清代には袁枚が、足跡を残した。朱子ゆかりの紫陽書院旧址と武夷精舎旧址、架壑船、摩崖石刻などの史跡が、散在する。武夷岩茶の産地でもある。1999年、世界遺産に登録された。　(長部　悦弘)

ぶいらいだいかんぼ【武威雷台漢墓】　甘粛省武威市北郊の雷台にある後漢後期の大型塼室墓。1969年に甘粛省博物館・武威県文化館が調査。墓は墓道・墓門・甬道・前室・中室・後室から成り、前室の左右と中室の右側に耳室が付く。墓道の両側の壁や墓室の壁、天井には壁画が描かれている。すでに2回の盗掘を受けていたが、なお231点の副葬品が残されていた。なかでも車馬行列を表す100点余りの銅製模型は、騎馬武人俑、各種の車馬と従者、騎馬用の馬達から成るが、特に燕を踏み疾走する銅奔馬は躍動感あふれる漢代芸術の優品である。発見された亀鈕銀印の一つに「〇〇将軍章」とあり、墓主は比二千石以上の将軍であり、また銅馬の胸に刻まれた「冀張君」「守左騎千人張掖長」等の銘文から漢陽郡冀県(甘粛省)出身で張姓を名のり、武威郡の張掖県長、左騎千人(武官の官名)を歴任したことがわかる。さらに銅馬の銘文から推測して墓主の前妻と後妻、息子も共に埋葬されたと考えられる。文献に甘粛省博物館「武威雷台漢墓」(『考古学報』1974-2)がある。　(高浜　侑子)

プーアールちゃ【普洱茶】　雲南省西双版納傣族自治州東部にある古六大茶山で採れ、普洱哈尼族彝族自治県を集散地とした固形茶で、清代の朝野で大いに愛好された。今は雲南省の西双版納・思茅市を中心に生産される黒茶(緑茶を長期間熟成させたり、高温高湿で後発酵させたもの。濃厚な色と味である)の総称とする。形状は、煉瓦状や、椀形の茶、固形でない茶などさまざまだが、円盤状の七子餅茶が高級品で、数十年熟成させたものが風味があるとして、高い値で取り引きされる。広東・香港で愛飲されるほか、近年では台湾でも流行している。　(高橋　忠彦)

ふういびん【馮惟敏】　1511(正徳6)～78(万暦6)。明の散曲家。臨朐(山東省)の人。字は汝行。号は海浮。裕の子。兄惟健、弟惟訥とともに詩文でも有名。1537(嘉靖16)年の挙人。官は保定府通判に至る。とりわけ散曲に優れ、王世貞に称賛された。その『三界一覧』『財神訴冤』等の作品は、平俗な言葉を用い、生気溢れる表現で社会を風刺した点が特徴的。また雑劇に『梁状元不伏老』『僧尼共犯』の2種がある。著に『海浮山堂詞稿』『石門集』が残る。　(田口　一郎)

ふうえんし【馮延巳】　903(天復3)～960(建隆元)。五代十国南唐の詞人。広陵(江蘇省)の人。字は正中、諡は忠粛。一名、延嗣、また延己。中主李璟に元帥府掌書記として仕え、李璟即位後は中書侍郎左僕射同平章事にまで至った。李璟、後主李煜と並んで南唐を代表する詞人である。その作風は『花間集』の詞人たちとは些か異なり、北宋の晏殊・欧陽脩につながるものと言われる。外孫である陳世修の1058(嘉祐3)年の序を付した『陽春集』が伝わる。　(山本　敏雄)

ふうかく【風角】　古代の占術の一つ。東西南北および北東・南東・南西・北西の8方向から吹く風(八風)をもとに行う占術。これに陰陽五行説や宮・商・角・徴・羽の五音、鳥の鳴き声などを組み合わせて吉凶を占う。

前漢の魏鮮が八風を見て占ったことが『史記』天官書にみえる。後漢時代に最も流行し、京房の『風角要占』や翼奉の『風角要候』などが後世に影響を与えたとみられるが、断片的にしか残っていない

め未解明の部分が多い。　　　（長谷部 英一）

ふうがじゅうにしふ【風雅十二詩譜】　宋代の詩楽譜。詩楽とは郊社や朝会等で奏した雅楽の一つ。『詩経』の国風から12篇を選び，雅楽風に1字1音の旋律を付す。同譜を掲載する朱子の『儀礼経伝通解』によれば，南宋乾道年間(1165-73)の進士，趙彦粛の所伝である。唐開元年間(713-741)に用いられたと言うが，宋以前にこの楽譜に関する記載はなく，宋代雅楽の大晟楽律に従って訳譜すると，歌いやすい音域となるため，復古主義が強調された宋代における創作曲との見方が強い。
　　　　　　　　　　　　　　（尾高 暁子）

ふうき【富貴】　牡丹の異名。牡丹と松を富貴長年，牡丹と菊を富貴国香，牡丹と海棠を富貴満堂などと称し，吉祥の花とした。原産地中国では漢代に薬として用いられ，隋代に至って観賞用として栽培された。わが国には奈良時代に伝えられたものらしく，平安時代には観賞用として栽培され，『平家物語』や『蜻蛉日記』その他に牡丹花観賞の記事が見える。室町時代に中国から将来された「牡丹作土文印金」をはじめ「牡丹唐草文紗地朝鮮錦」「一重蔓牡丹唐草文金襴」など，名物裂と称するものの中にも牡丹文が多い。　　　　（鈴木 さとみ）

ふうけいふん【馮桂芬】　1809(嘉慶14)～74(同治13)。清末の改革思想家。呉県(江蘇省)の人。字は林一，号は景亭。1840(道光20)年の進士。蘇州と上海で太平天国への抵抗運動を組織し，乱平定後は李鴻章のブレーンとなる。主著である『校邠廬抗議』(自序の日付は1861年。刊行は1884年)は，清末で最も早い改革論。一方で西洋の機器製作の根底にある西学(自然科学)の導入を説き，他方で官庁の改廃や冗官の淘汰，郷村自治の復活強化などの内政改革を提唱している。日清戦争後に官版が刊行され，広く読まれた。清史稿486　（佐藤 慎一）

ふうこつ【風骨】　六朝以来の文芸批評用語。元来は人物批評の語だったが，転用された。南朝の斉末の文芸理論書である劉勰『文心雕龍』が，全50篇の中に「風骨」篇を設けている。それによれば「風」とは，作品のすみずみにまで行き渡る真実の情感・生命力，「骨」とは，作品を貫くしっかりした構成のこと。「風骨」に欠けると，繁雑で弱々しい，統一性のない文章となる。最も「風骨」に満ちていたのは，曹操・曹植父子を筆頭とする後漢末の建安文学とされる。初唐の陳子昂『修竹篇の序』に「漢魏の風骨，晋宋に伝わる莫し」，盛唐の李白『宣州の謝朓楼にて校書の叔雲に餞別する詩』に「蓬莱の文章　建安の骨」，南宋の厳羽『滄浪詩話』に「黄初(三国魏の元号)の後は，惟だ阮籍の詠懐の作のみ，極めて高古たり，建安の風骨有り」と言う。
　　　　　　　　　　　　　　（佐竹 保子）

ふうしへんしょう【䧹氏編鐘】　河南省の洛陽金村古墓出土と伝えられる。䧹姜の作器。仕える韓氏にしたがい東西南北の戦いで活躍して，韓宗に賞せられ，晋公に命ぜられ，天子に「邵」(召)せられたことを述べる。韓氏に仕える者が，その主である韓氏，韓氏が仕える晋公，晋公を封建した周王に言及する。この編鐘は大小14個。編鐘は配列における大小の変化のさせ方で時期区分ができるが，この器はもっとも新しい部類に属する。銘文に見える22年は，晋の孝桓公22(前368)年。　（平勢 隆郎）

ふうじゅうご【馮従吾】　1556(嘉靖35)～1627(天啓7)。明の官僚・思想家。長安(陝西省)の人。字は仲好，号は少墟。官職は都察院左副都御史など。若い頃に東林学派の顧憲成や湛若水学派の許孚遠に従学する。長安に関中書院，北京に首善書院を建てるなど，盛んに講学活動を行い，折からの東林党弾圧にも抵抗する。心学を標榜するが，道心と人心，天理と人欲を峻別し，陽明学の無善無悪説や良知現成思想を激しく批判した。編著に『弁学録』『関学編』などがあり，文集として『馮少墟集』がある。明史243　　　　　　（柴田 篤）

ふうすい【風水】　中国に発祥した土地選択の術。中国医学では，人間の生命活動は体内を流れる気(一種の生エネルギー)によって維持されると考えるが，その気が流れるルートを経絡，そして経絡の皮膚上の結節点・反応点を経穴(ツボ)と呼んでいる。風水では大地を生命ある擬似身体と考え，身体と同様，大地の中に生気が走るルートとしての龍脈と，龍脈上に生気がわだかまる経穴のごときポイントである龍穴を想定し，龍穴を探し出してその上に家，墓，都市・村落を営めば，居住者や子孫が繁栄すると考える。こうした幸運を招く龍穴を探し出す術，またはその複雑なシステムの総体が風水である。「風水」なる語は，晋の郭璞に仮託される『葬書』の，「気は風に乗らば散じ，水に界さるれば止まる」に由来するとされる。

　龍穴を求めることを中核とするそのシステムは，①龍法，②穴法，③砂法，④水法という4本の柱によって構築されている。

　①の龍法とは，生気は山沿いに流れているとされるので，山脈の形状や大小長短などから龍脈を見つけ出す方法である。②の穴法とは，龍脈上に龍穴を求めたり，龍穴を含む比較的広い場所(明堂)からレ

ンズの焦点のような龍穴を絞り込む方法である。③の砂法とは，龍穴を囲む自然環境の良し悪しを見分ける方法である。玄武(龍穴の背後の比較的高い山)，青龍(玄武から見て左の比較的低い丘陵)，白虎(同じく右側の低い丘陵)，朱雀(龍穴前方の低い山ないし水)の「四神砂」がそろっていて生気を洩らさない場所がよい。④の水法とは，生気は水の流れと密接に関係しているので，川の流れる方位や流れ方を見て龍穴の吉凶を判断する方法である。

風水は，朝鮮半島・日本(特に沖縄)・ベトナムなどに受容され，「風水文化圏」を形成した。

(三浦　國雄)

ふうそう【風騒】　→詩経，楚辞

ふうそうご【風箏誤】
清初の喜劇。劇作家李漁の代表作。「笠翁十種曲」の一つ。誤解やら人違い勘違いによってひき起こされる話の面白さの上に成り立つ恋愛喜劇である。秀才の韓世勲が，友人で劣才の戚友先の家に寄寓しており，近所の屋敷には才色兼備の妹の淑娟と，無学で醜い姉の愛娟の，腹違いの姉妹が住んでいる。世勲が詩を書きつけた凧の糸が切れて，佳人の淑娟の手に落ちるという偶然の趣向に始まり，ある夜世勲が，友先になり済まして淑娟に会いに行ったところ，それが醜い姉の方だったために驚いて逃げだし，淑娟を醜女であると誤認してしまう。その後，友先と愛娟が結婚することになるが，愛娟も世勲を友先と思い違いしていたので，話がさらに紛糾する。一方世勲も勘違いしているので淑娟との縁談には全くとりあわず，結局強引に挙式させられたものの，花嫁を一顧だにせず，最後まで話はこじれもつれていく。が，結局は，才子と佳人，劣才と醜女の2組のカップルが成立する。

(岡　晴夫)

ふうぞくが【風俗画】
伝統中国絵画の一分野。隋唐時代まで中心分野をなしていた人物画のなかでも，当代の風俗を対象とするもの。その時期の現存作例には，『嘉峪関市六号西晋墓前室西壁　荘園生活図壁画』，文献のみで知られるものとしては，隋の顧宝光『越中風俗図』(『貞観公私画史』所収)など数多あり，その影響は『高松塚古墳壁画』の女性像にも及ぶ。ただ，五代・北宋時代に中心分野が山水画へと転換を遂げて以後は，歳事風俗画の傑作である(伝)北宋の張択端『清明上河図巻』(北京，故宮博物院蔵)と，その系統に連なる明の趙浙『清明上河図巻』(岡山，林原美術館蔵)など以外は概して低調になる一方，清代に入って，中心分野が山水画から花卉雑画へと移行，人物画も肖像画や仕女画などが高く評価されるに至る。清一代を通じて盛行し現代にまで継承される，それら人物画や民間年画の伝統の先駆をなすのは，冷枚の仕女画『雪艶図』(上海博物館蔵)や，陳枚らの手になる歳事風俗画『月令図(12幅)』(台北，故宮博物院蔵)など，清代宮廷画家の彫大な作品群である。

(小川　裕充)

ふうぞくつうぎ【風俗通義】
後漢の書。10巻。後漢の応劭の撰。「風俗通」とも略称される。伝説・歴史上の人物の事跡，音楽の階名や楽器，神怪，山沢などについて，様々な古典を引きながらその得失・来歴を論じ，俗説を正そうとしたもの。応劭(生没年不詳)は汝南南頓(河南省)の人，字は仲遠。若くして学問に励み博覧多聞，官は泰山太守に至ったが，ほどなく黄巾の乱が起こって賊軍を破るのに功があり，袁紹の軍謀校尉となった。礼や政治制度に詳しく，『漢官儀』『礼儀故事』『漢書集解音義』等の著作がある。伝記は『後漢書』48・応奉伝に付伝される。

この書は応劭の自序によれば，政治の混乱によって後学がますます蒙昧を増すのを恐れ，古書の記事を分野別に集めて，俗言の誤りを正し，道理によって考証しようとしたという。このため正史には載らないような民間の伝説や怪奇現象が多数記録されており，後漢の社会風俗を知る上で，また神話や民間伝承の研究においても貴重な資料とされる。

この書は『隋書』経籍志には31巻と著録されるが，北宋の『郡斎読書志』では10巻とあり，この頃までに一部が散佚したとみられる。現在残るのは皇覇・正失・愆礼・過誉・十反・声音・窮通・祀典・怪神・山沢の10巻であるが，清の盧文弨が他書に引かれた佚文を集めて『風俗通義逸文』1巻を著し，他に清の張澍『風俗通義姓氏篇』，同じく厳可均『全後漢文』巻36〜41にも佚文が集められている。

(大野　圭介)

ふうでい【封泥】
紙の発明・普及以前の中国においては，印章は粘土に捺して使用した。簡牘や器物の封印のために用いたのであり，これを封泥ないし泥封と呼んだ。最初の著録は呉栄光『筠清館金文』(1840年)であるが，ここでは「印范」，つまり青銅印を鋳造するときの陶范と誤解された。しかし，のちスタインによって新疆ニヤ遺跡より，木簡を束縛して封印として用いられた実例が発見されて，その用途が判明した。即ち，木牘(木製の台)の上で木簡等を束縛し，その結び目を泥土で覆ってその上から押印する。開封するには，泥土を壊すか紐を切断するしかない。

呉栄光以降，中国各地で大量に発見され，陳介祺『封泥考略』等によって，古文字資料としてのみならず，中国古代官制研究の資料としても注目され

た。1996年に至って，西安北郊相家巷より，それまで乏しかった秦代の封泥が大量に発見された。各地に散佚したが，陝西省古籍整理辦公室『秦封泥集』(2000年)，傅嘉儀『秦封泥彙攷』(2007年)により，ほぼ全貌がわかるようになった。わが国には珍品「皇帝信璽」封泥を含む陳介祺旧蔵の封泥620点が，東京国立博物館の有に帰し，その図録『中国の封泥』(二玄社，1998年)が刊行された。

　因みに，官制として紙上に朱泥をもって押印するのは隋唐時代からであって，六朝末までは封泥が用いられた，と考えられる。　　　　　　　(松丸 道雄)

ふうでいこうりゃく【封泥考略】　清末の封泥著録。10巻。呉式芬と陳介祺の合輯として1904(光緒30)年に上海で刊行された。1823(道光3)年に封泥が初めて蜀の地で出土して以来多くの収蔵家がこれを入手，本書は中国初の封泥の研究書。所収封泥は865枚，陳介祺の蔵品が全体の4分の3近くを占める。全封泥に釈文と考釈が付され，秦漢の官制や地理研究，また文字学や篆刻に寄与するところ大である。その後，陳介祺旧蔵封泥は東京国立博物館に寄贈され，呉式芬旧蔵封泥は上海博物館の蔵品となる。　　　　　　　　　　(高久 由美)

ふうどう【馮道】　882(中和2)～954(顕徳元)。五代の政治家。瀛州景城(河北省)の中小地主の家に生まれた。字は可道。907年に唐王朝が滅び，朱全忠が河南の開封に首都をおいて五代後梁王朝を建てたとき，晋王李存勗は山西の太原に勢力を張り，黄河を挟んで後梁に敵対した。26歳の馮道は瀛州を管轄する盧龍軍節度使に仕えた。913(乾化3)年，この地が李存勗によって併合されると，太原に赴いた。存勗の側近であった宦官の張承業が，馮道の才能を認めて存勗に推挙し，重要書類の起草を担当させること10年に及んだ。後梁との戦争に勝利して存勗が後唐王朝(923～936)の荘宗となるや，馮道は詔勅を起草する職掌の翰林学士に任命され，第2代の明宗が即位するや，博学多才と他人と競うことのない人柄を高く評価されて，ついに宰相に抜擢された。それ以後，生涯に5王朝(後唐・後晋・遼・後漢・後周)，8姓(後唐の荘宗・明宗・末帝がおのおの1姓，後晋の石氏，遼の耶律氏，後漢の劉氏，後周の太祖・世宗がおのおの1姓)，11人の皇帝に高位高官として30年間も仕え，宰相の栄職に20余年もいた。中国史上，これに匹敵する人物はいない。宋代になると，無節操・不忠の代表とみなされた。しかし彼は自叙伝の中で一生を回顧し，「家に孝であり，国に忠であった」と書き残しはすれ，「君に忠であった」とは書いていない。クーデタ続きの乱世では，単数の君主よりも絶対多数の一般民衆の方が大事であった。事実，一般民衆のために尽力したので，乱世に生きた同時代人からは「寛厚の長者」と称され，死亡したとき73歳であったので，当時の人びとは孔子と同じ寿命であった，と称賛したという。後唐の明宗の932(長興3)年に馮道らの提唱によって始められていた儒教の九経の木版印刷事業は，後周の太祖の953(広順3)年に完成をみて文化史上に特筆され，中国印刷史上に果した役割は，ヨーロッパにおけるグーテンベルクの業績に匹敵する，と評価されている。旧五代史126，新五代史54
　　　　　　　　　　　　　　　　(礪波 護)

ふうぼうりょう【馮夢龍】　1574(万暦2)～1646(順治3)。明の文人。戯曲・小説作家。蘇州(江蘇省)の人。字は猶龍。ほかに子猶・耳猶。書斎の名は墨憨斎。他に筆名として龍子猶・姑蘇詞奴・香月居顧曲散人などがある。その出自は詳らかではないが，馮氏三兄弟には教育水準の高かった蘇州において「呉下三馮」との評判があり，次男だった馮夢龍は「三馮の首」と称されたというから，子弟に教育を受けさせられるだけの裕福な家庭に生まれ，科挙を目指して勉強にはげんでいたようである。

　しかしながら，明末の当時，中国随一の繁栄を誇った蘇州の町にあって，馮夢龍は妓館や酒楼を舞台に放蕩無頼の青春時代を送っていた。こうした遊びの場から，『掛枝児』や『山歌』のような民謡俗曲集が生まれている。また，明末当時に大きな影響力を持った思想家李卓吾(贄)に心酔し，その批評した『水滸伝』の刊行に関与したといわれ，友人が北京からもたらした『金瓶梅』の写本を見て，その刊行を書店に勧めたともいう。小説や民間歌謡など，俗文学との関わりは早い時期にはじまるものであった。

　「三馮の首」と呼ばれた馮夢龍であったが，科挙の試験の壁は厚く，なかなか合格できなかった。1620(泰昌元)年，47歳になっていた馮夢龍は，湖北の麻城県に家庭教師として赴くとともに，科挙の『春秋』の受験参考書である『麟経指月』を編纂する。おそらくこれが契機となって，馮夢龍は書物の編纂出版活動に本格的に乗りだすことになった。1620年の『麟経指月』『新平妖伝』刊行を皮切りに，天啓年間(1621-27)にその文筆活動は最盛期を迎える。1621(天啓元)年前後に「三言」の第1作である『古今小説』(後に『喩世明言』と改名)，24年には「三言」第2作の『警世通言』，25年には科挙の『春秋』の参考書『春秋衡庫』，26年には『智囊』『太平広記鈔』，27年には「三言」第3作の『醒世恒言』，散曲集『太霞新奏』，28(崇禎元)年には『墨憨斎新定洒雪堂伝奇』(『墨憨斎定本伝奇』は

この前後に出たと考えられる），他に『四書指月』『古今譚概』『情史類略』などもこの時期に刊行されている。編纂ものが多いことを考えても，恐るべきスピードである。

　1630(崇禎3)年，57歳の馮夢龍は貢生(府・州・県学から推薦された国子監生)に抜擢され，次いで34(同7)年，福建の寿寧県の知県となった。任地にあっても地方志『寿寧待志』を編纂刊行している。任果てて郷里にあった折，1644(崇禎17)年，明王朝の滅亡に際会する。ここでも馮夢龍は北京や南京の情報を集め，『甲申紀事』などの書物を編纂している。そして混乱のさなか，1646年，73歳の生涯を閉じた。その一生は当時最盛期を迎えていた明末出版文化の申し子ともいえ，従来は蔑視の対象であった通俗文芸の隆盛に尽くした通俗文芸の旗手であった。
（大木　康）

ふうめん【封面】　線装本の前表紙(書衣)裏の書名や刊行年・刊行者等を刻したページを指す。日本では見返しと言う。現代中国語では表紙全体を封面と称し，こうした記載のあるページを扉頁と呼ぶ。内閣文庫蔵元刊本『全相平話三国志』(『三国志平話』)等は封面を備えた古い例である。また，古書の封面は書肆が自由に替えてしまうので，特に覆刻本の場合には元の年号や書肆名等をそのまま刻す例も多く，封面の刊行年等を資料として用いる際には，幾つかの伝本を比較することが望まれる。
（高橋　智）

ふうゆし【諷諭詩】　遠まわしにそれとなく批判する意を寓した諷刺の詩。「諷諭」の語は，後漢の班固の『両都賦の序』に「或は以て下情を抒べて諷諭を通じ」と見える。「諷諭詩」は，中唐の詩人白居易が初めて詩集を編纂し詩を分類したときに用いた。他に閑適・感傷・雑律詩の分類がある。白居易は詩友元稹に与えた『元九に与うる書』に「美刺興比に関わるもの，又た武徳より元和に訖るまで，事に因って題を立て，題して新楽府と為すもの，共に一百五十首，これを諷諭詩と謂う」と述べ，ほめ，諷刺し，比喩する詩を「諷諭詩」と命名し，また「（世）を兼ね済う志」を表現した詩であるという。
（西村　富美子）

ふうりゅう【風流】　この語は多義的で，かつ歴史的な変遷がある。風の字は本来のかぜの意から目にみえない影響のようなものを指し，風教・風俗など，更には人柄について風格・風貌などの語を生ずる。風流も風が流れる・風の流れの意から転じて風化・遺風のような意味になり，また人格や趣味などについて前代の伝統を継承するような意から世俗に超然とした風格を表し，更に礼法に拘らぬ高邁不羈の精神を意味するようになる。『世説新語』などをみれば魏晋のころ文人たちの間で一種の流行語となっていたことが窺われ，それは当時の精神的状況の一面を示すことにもなっている。自由奔放の意にも近いので唐宋あたりから男女間の放恣な交情をいうようになり，現代でもそのような意味で使われることが多い。日本ではほとんどもっぱらみやびやかの意，風雅とほぼ同義に用いられる。小川環樹「風流の語義の変化」(『中国語学研究』所収，創文社，1977年)という論文がある。
（村上　哲見）

ぶえいでん【武英殿】　北京の紫禁城内西南にある建物。清代，ここで典籍の刊刻が行われ，殿版(殿本)とよばれた。康熙年中(1662-1722)に修書処が，乾隆年中(1736-95)に刻書処が設置され，文人官僚の管理のもと刊行された。明代では，経廠本とよばれる宮中の出版物は，宦官の手によって行われ，校訂が行き届かないとの評があるが，清の武英殿版は，校勘もよく，用紙や刻字も優れているものが多い。整版のほか『武英殿聚珍版全書』のような活字本もあり，清末には石印も行われた。
（梶浦　晋）

ふえき【傅奕】　555(天保6)～639(貞観13)。唐初の排仏論者。相州鄴(河北省)の人。621(武徳4)年，太史令であった時，「寺塔と僧尼を減省し，国を益し民を利せん事」を標題として11条からなる上疏を行い，624(武徳7)年にもあらためて同趣旨の上疏を行った。また，魏晋以後の排仏家25人を集めた『高識伝』を著した。法琳や道宣の仏教護法論は主に傅奕の排仏の議論に対抗したもの。旧唐書79, 新唐書107
（吉川　忠夫）

ふえきこうさつ【賦役黄冊】　明代の戸籍簿。同時に田賦・徭役割り当ての原簿ともなったのでこの名がある。1370(洪武3)年，明朝は元末の戦乱によって乱れた戸籍を整理するため，人民に戸帖を配布し，それに郷里・家族の人数・姓名・年齢等を記入させ戸籍の作成に着手した。こうしたことを基礎に1381(洪武14)年に，全国一斉に賦役黄冊の作成が命ぜられた。この黄冊作成の単位として編成されたのが里甲制である。黄冊には里を単位として各戸の家族の氏名・年齢・所有田土数・家屋などが記入された。この帳簿は同じものが4部作られ，州あるいは県ごとにまとめられ，1部は地元に保管され，1部は府に，1部は布政司に，残る1部は中央の戸部に送られ，個々に保存された。その表紙に黄紙をもちいたので黄冊と名づけられたという。黄冊は租税・徭役割り当ての原簿で，国家にとって最重要資

料であったので，1381年を最初として10年ごとに改訂され，明朝滅亡まで実行されたが，中期以後は記載内容にほとんど変化がなく，その信用度には疑問がもたれている。　　　　　　　　　（谷口 規矩雄）

ふえきぜんしょ【賦役全書】　明清時代，各地方ごとの財政定額を記した簿冊。各種田土数，人丁数，税糧，起運・存留の項目や収支額を記載した簿冊も，一条鞭法の普及にともない，各地で刊行された。1577（万暦5）年頃，浙江省の布政使司が『賦役全書』の名を冠して刊行して以後，その体裁と名称が各地にひろまった。1628（崇禎元）年，戸部が各省にたいし，収支額を裁定して『賦役全書』を編定するよう命じたが，全国的に刊行されるのは清朝成立以後である。　　　　　　　（岩井 茂樹）

フェルビースト　Ferdinand Verbiest　1623〜88（康熙27）。ベルギー生まれのイエズス会士・天文暦算家。漢名は南懐仁，字は敦伯。M. マルティニ（衛匡国）の帰来に伴って，1659（順治16）年中国に渡り，初めは陝西で布教した。翌年北京に呼ばれアダム・シャール（湯若望）を補佐し暦の編纂に加わる。1664（康熙3）年にイスラム教側によるキリスト教への弾圧があり一時逮捕されたが（暦獄），康熙帝が当時の暦法の誤りを問題にして，旧暦法と西洋暦法とを対決させ，フェルビーストが勝利したことにより，1668（康熙7）年以後，国立天文台にあたる欽天監の管理にあたり，74（同13）年，欽天監正に抜擢され，多くの宣教師の協力によって観測機器を北京観象台に設置，ヨーロッパ天文学による清朝の暦の作成を担当した。また，三藩の乱に際しては，大小砲440門を改鋳新造した。惑星の運行と日食・月食を予測した『康熙永年暦法』や天文機器の解説書『霊台儀象志』，『赤道南北両総星図』等の著作がある。さらにアレーニ『職方外紀』の後を継ぐ世界地誌『坤輿図説』を著し，世界地図『坤輿全図』を製作したことでも知られる。清史稿272

（大澤 顕浩／橋本 敬造）

ぶおう【武王】　前11世紀末頃。周王朝初代の王。姓は姫，名は発。即位後，父文王の遺志を継ぎ，殷都郊外の牧野の戦いにおいて紂王を敗死させ，周王朝を創建した。これを克殷という。建国後数年にして死亡し，創建の業は子の成王と弟の周公旦にゆだねられたが，この間，都鎬京（宗周。陝西省西安市）を建設し，あわせて洛邑（成周。河南省洛陽市）建設の端緒をひらくとともに，一族功臣や先王朝の子孫を封建するなど，王朝の基礎固めに尽力した。武王の克殷は，その父文王の天命受命とともに，周王朝の正当性を示す根拠とされ，西周期の青銅器銘文では「おおいにあきらかなる文・武」という表現によって文王・武王の偉業が回顧されている。またその事績は『書経』（『尚書』）・『詩経』などの古文献にも記録され，永く建国の英主として讃えられた。史記4　　　　　　　　　　（松井 嘉徳）

ふがこうもんいせき【富河溝門遺跡】　連続弧線文土器文化群の一つである富河文化を代表する新石器時代の集落遺跡。古いものは約6000年前に遡る。内蒙古自治区巴林左旗のウルジムレン川東岸にある。丘陵斜面から多数の半地下式住居が見つかっている。1962年に37軒の住居が発掘された。石器では打製の土掘り具と石刃製の鏃が特徴的である。卜骨も出ている。出土したシカやイノシシなどの骨から，現在の乾燥した環境とは異なり，当時は森林が繁茂していた。　　　　　　　（大貫 静夫）

ふかん【傅咸】　239（景初3）〜294（元康4）。西晋の文人。北地泥陽（陝西省）の人。字は長虞。傅玄の子。御史中丞，司隸校尉などを歴任，父譲りの剛直な人柄で，しばしば上書して諫言や弾劾を行い，時の綱紀の粛正に功あった。現存する作品は多くはないが，生前は父とともに多作をもって知られ，『詩経』の遺風を継ぐ教訓的な四言詩や明晰な議論の文章が高く評価された。晋書47

（松家 裕子）

ぶかん【武冠】　武官及び左右の侍臣のかぶる冠であり，後漢にはその名がみえる。『後漢書』輿服志に「武冠，一に武弁大冠という，諸武官これを冠す」とある。『晋書』輿服志によれば，「武冠，一名武弁，一名大冠，一名繁冠，一名建冠，一名籠冠，即ち古の恵文冠」とあり，種々の呼称があったことが窺える。恵文冠は，戦国の趙の武霊王の子の恵文王が創始したのでこの名があるとも，その冠文が蟪（蟬）の羽のように軽細であるところからきたともいわれる。侍中や中常侍の冠は，黄金の蟬飾りと貂尾で装飾した。また近衛の武官は，冠の左右に鶡尾（ヤマドリの尾）を挿し，これは別名鶡冠とも称された。これらの冠に獣尾や鳥尾を飾る風習は胡俗の導入と考えられる。

　隋になると武弁の名称が用いられるようになり，唐に継承されていく。『新唐書』車服志によれば，皇帝は講武・出征等の時に，武官は朝参の時にかぶり，いずれも平巾幘と併用された。　　（増田 美子）

ふき【傅毅】　？〜90（永元2）？。後漢の文人。扶風茂陵（陝西省）の人。字は武仲。建初年間（76-84）章帝に召されて蘭台令史となり，班固・賈逵らと書籍の管理にあたる。のち竇憲が大将軍とな

ると司馬をつとめた。班固と文壇の名声を二分したが，その班固に「筆を下ろせば自ら休む能わず」とからかわれたことが，曹丕『典論』論文篇で「文人相い軽んず」の例に挙げられる。作品に『舞賦』があり，『文選』に採られる。後漢書80上　（谷口　洋）

ぶぎ【武戯】　→文戯

ぶきょうしょうせつ【武俠小説】　近現代大衆小説のジャンル。映像化も盛んで中華圏の娯楽の重要な位置を占める。武芸に長けた任俠の主人公が，主に前近代の中国を舞台に活躍し，冒険・恋愛・推理・歴史等娯楽小説の多様な要素を吸収している。1916年林紓の文言小説『傅眉史』が初めて武俠小説を標榜し，1920年代からは新聞・雑誌を媒体とした長編連載小説が続々と登場して，新しい小説手法も取り入れた近代口語体小説を形成した。その前身は清代の侠義小説だが，その体制肯定的道徳観や神怪的要素は薄れ，中国伝統武術に基づく格闘描写が大きく発展し，「江湖」（庶民社会）と「武林」（武術界）からなる武俠小説独特の世界観が確立された。人民共和国成立直後には低俗な大衆小説として発禁処分となるが，歴史性の強い重厚な風格の香港の梁羽生と金庸およびハードボイルドな独自の風格を持つ古龍らの新派武俠が改革開放後の中国で大流行し，韓国や東南アジアでも人気を博している。　（岡崎　由美）

ぶきょく【部曲】　部曲の語義は，時代により変遷している。部も曲も本来，人間集団の隊伍の大きさを示す語の一つであり，特に軍隊組織において大隊を部，中隊を曲といい，「部曲」と熟して隊伍・隊列，転じて軍隊・部隊，さらに私兵の意をもつようになった。かかる用法は漢代から南北朝時代にかけて変わらない。ところが，北周末から隋唐にかけて，部曲の語は，特に法律用語として，私賤民の意でも用いられるようになる。唐律によれば，部曲は奴婢の上に位置する上級私賤民である（部曲身分の女性を客女という）。部曲・客女は良民から転落して，あるいは奴婢から解放されて主家に依存して暮らす者である。奴婢と同様，彼らは主家に付籍され移転の自由を持たないが，奴婢が奴隷として物同然に売買されるのに対し，労働時間の一部を自らのために使って財産をもつことが許されている。また，部曲が良民の女を妻とし，客女が良民の妾（正妻以外の夫人）となることも許された。
（辻　正博）

ふきんせん【傅金銓】　生没年不詳。清代中期の神仙家。予章（江西省）の人。号は済一子・酔花道人。19世紀初期から中期にかけて江南・湖広・四川で活動した。星霽堂なる鸞堂（扶乩を行う結社）で仙人呂洞賓の扶乩に接し，呂祖弟子として多くの修養書を刊行。又，張三丰に仮託された房中養生書である『三丰丹訣』を刊行している。編著は『証道秘書十七種』に収録される。彼は陸西星の所謂「東派」の継承者のように言われることもあるが，史料上の裏づけはない。
（森　由利亜）

ふく【復】　喪礼の中でおこなわれる儀式。死者の霊魂に呼びかけて遺体に戻ってくるようにと誘うこと。魂呼ばい。招魂。経書の記載および注釈者たちの解釈によると，死者の上着を持って屋根の棟に登り，北に向かって「誰々よ，帰れ！」と叫び，その上着を3回振って霊魂を招いてから，屋根を降りて上着を遺体に掛ける。この行為をしても蘇生しないのを見届けることで，死者がもう帰らぬ人となったことを，遺族たちが確認するのである。
（小島　毅）

ふく【鍑】　ユーラシア草原地帯において遊牧民が使用した容器の一種にこの器種名をあてている。器体は深鉢形で，口縁の上に把手が2つ付き，圏足（高台）があるのが一般的な形であるが，様々な型式変化がある。紀元前1千年紀の初め頃，スキタイ系文化（初期遊牧民文化）の成立に僅かに先立って出現する。中国北辺では西周時代から南北朝時代頃まで使用された。圏足のない変化型は，朝鮮半島でも知られている。なおこの種の器が当時鍑と呼ばれたという根拠は乏しい。
（高濱　秀）

ふくう【不空】　705（神龍元）〜774（大暦9）。唐の密教僧。梵名はアモーガヴァジュラ。インド人の父と康国（サマルカンド地方）人の母との間に生まれ，13歳の時，叔父に連れられて長安に入る。来唐していたインド人密教僧の金剛智に師事し，主に金剛頂経系の密教を学ぶ。師の寂後，インドに渡り，多数の密教経典を持ちかえる。武威の開元寺などでそれらを訳出するかたわら，安史の乱以後，玄宗・粛宗・代宗の三代の皇帝の信頼を得て，密教の灌頂を授け，祈雨の修法を行うなど護国の宗教としての密教の確立に努力した。五台山の金閣寺の復興や全国寺院の食堂に文殊菩薩像を安置させるなど中国密教の事実上の確立者といえる。訳出経典には『真実摂経』『般若理趣経』『五秘密儀軌』（いずれも略称）など現在も重要とされている。恵朗・含光・恵果など多くの弟子を育て，孫弟子の空海にも影響を与えた。天台・真言の日本密教でも不空を尊崇し，とくに後者では付法の八祖の第六祖とする。
（頼富　本宏）

ふくけん【服虔】 生没年不詳。後漢の学者。滎陽(河南省)の人。字は子慎。初めの名は重，また祇ともいったが，虔に改めた。若くして太学に入った。孝廉に挙げられ，霊帝の中平の末年，九江太守となったが，乱に遭い客死した。鄭玄の『左伝』注解の資料を摂取して『春秋左氏伝解誼』を著し，また何休・鄭玄の「漢議」についての論争をうけ，『左伝』を以て何休の所説を駁した『春秋漢議駁』も著す。ともに散佚している。後漢書79下
（間嶋 潤一）

ふくしゃ【復社】 明末の1629(崇禎2)年，張溥が江南の諸社を集合して蘇州に結成した詩文の結社。名は『易経』の卦「復」に由来し，君子の道の復活，古学の復興を唱え，東林党の後継を自認していた。前後4回の大会を開催しているが，第3回の虎丘(蘇州)大会がその盛況ぶりで有名。大会参加者については陸世儀『復社紀略』等に記録がある。復社に組織された多数の人々が科挙の上位合格者となったため，復社と張溥の名声はいやが上にも高まり，門生7000人と唱われた。復社は政界での一大勢力となり，在野の張溥が人事や政策にも影響を与えていく。東林党人脈と深いつながりを持ち，「小東林」として中央政界にまでその勢力を浸透させ，周延儒内閣の成立にもかかわる彼らの政治活動に対して，宦官と結託した官僚達からの攻撃も強まっていった。1641(崇禎14)年，張溥が死ぬと復社に対する弾劾が相次ぐ。その間，李自成ら農民軍の勢いは北京に迫り，程なく明朝は瓦解する。復社のメンバーには明朝に殉じたり，明の遺老として生涯を送ったものも多かった。 （森 紀子）

ふくしゅうぎ【福州戯】 →閩劇

ふくしゅうしゃくしょう【福州佾唱】 語り物曲種。単に「佾唱」とも。福建省各地に流布している。起源は古く，16世紀(明代)にはすでに上演されていたようである。清代には，佾館という専用の上演場ができていた。佾唱には大きく分けて二つの種類があり，一つは「平講佾」という佾館で上演されるもの，もう一つは「校場沿」という「社火(節日の祭り演芸)」などの場で上演されるものである。後に，両者が合わさって「佾班」というものができた。演唱者はうたい手が自ら楽器も演奏し，1人のみ，あるいは複数人が役柄を演じ分ける形式などがある。曲調は地元の民謡など歌の旋律型からとられている。 （井口 淳子）

ふくしょ【復初】 現在の人間のあり方を劣化・転落したものとみると同時に，人間の元来のあり方を完全なものとして設定し，その劣化・転落の過程を遡及して，本来の完全性に復帰すること。『荘子』繕性篇などにその語が見え，『老子』に「復帰」の語とともに定型化された発想がみえる。魏晋期の仏教理解にも，空を始の無とし，それへの復帰を求める見方がある。中国仏教の仏性思想には，時間的先後関係とはされないものの，現在の転落状態から，本来の完全状態への復帰という発想が広く見られた。一方，道教においても，根源的道への復帰の発想は共有されており，特に宋代以降の道教の内丹思想では，根源的な道から人間が生じる生成過程を踏まえて，そのルートを遡及して原初的な道と一体化し，時間的・空間的制約を超越するという構図が明瞭に説かれた。宋代以降の儒教思想では，朱子学・陽明学を通じて，完全な本性の賦与とその発現の不十分性という発想のもと，復初的発想で一貫していたが，明清交代期から，人間の成長を萌芽からの後天的発達と見る観点が現れ，復初は批判された。 （馬淵 昌也）

ふくしょう【伏勝】 →伏生

ふくしょく【服食】 道教の修錬法の一つ。服餌ともいう。古く戦国時代に淵源する，薬・餌を服用して長生を求めるもの。薬には鉱物薬と草木薬があり，膏丹，丸・散・湯剤，酒方の服用法がある。餌は菓子のようにしたもので，その材料には，鳥獣の血肉，草木，蔬菜(あおもの)，霊芝(きのこ)，香料，金玉が用いられ，その製法には，どろんとしたチーズ状にする，調味料を使わないで蒸す，粉をまぶして蒸す，あぶる，塩づけにする，薫製にするなどさまざまである。 （坂出 祥伸）

ふくせい【伏生】 生没年不詳。秦から漢初の学者。済南(山東省)の人。名は勝，字は子賤。伏生とよばれる。秦の博士で『尚書』(『書経』)に通じていた。前漢の文帝(在位前180〜前157)の命で，29篇の『尚書』を世に伝えた。この書は漢代通行の隷書で記されていたので，『今文尚書』ともいわれるようになった。伏生の系統の尚書学は漢の武帝のときに国家より公認され，夏侯勝(大夏侯)，夏侯建(小夏侯)などに受け継がれた。伏生は『尚書』を五行思想の立場から再編成した書物『尚書大伝』の作者ともされる。史記121，漢書88 （野村 茂夫）

ふくせいしょ【復性書】 唐の李翺による人間の性に関する論文。上・中・下3篇。802(貞元18)年頃の作。善性を知覚し内面を動静の対立を超えた状態へ導いて，妄情を排除し，性に復すべきことを説く。仏教や老荘思想に対抗する目的で著され

ふくまつ―ふげん

たが，天台の止観や禅の見性，『荘子』の坐忘などからの影響も見られる。『礼記』の解釈を根底に敷き，『易経』を引用するなど，隋の王通の思想を摂取して，宋学の先駆となり，その橋渡しをした歴史的意義は大きい。『李公文集』2に収められる。

(髙橋 朱子)

ふくまつかいじょう【副末開場】 →家門

ふくりん【覆輪】 陶磁器の碗や鉢類などの口縁部を包む金属製の覆いをいう。後漢から「釦器」という器の縁を金銀で装飾加工したものがあり，『宋史』巻480の呉越銭氏の条に「金釦越器」「銀釦大盤」とあることから，北宋初期には覆輪のある越州青磁があったことがしられる。定窯(河北省)では，伏せ焼きをした場合，無釉となった口縁部を覆い飲み口の感触を良くするために行ったと一般にいわれている。日本に伝世する中国産の天目類や日本産の瀬戸天目にも覆輪のついたものが多い。

(砂澤 祐子)

ふけい【扶乩】 神意をうかがう術，または一種の自動筆記法。扶鸞・扶箕・飛鸞・筆占ともいう。特有の筆記具に神を憑依させ，盤上の砂または灰に自動的に文字を書かせてそれを判読する。宋代にはすでに行われていたが，明清時代以降，大いに流行し，多くの宗教結社がこれを取り込んだだけでなく，文人たちもこれを媒介に詩を唱和し合った。降臨する神としては，関帝・呂洞賓・瑶池金母などが多い。扶乩によって作られた道教や倫理のテキストもある。

(三浦 國雄)

ぶけいしちしょ【武経七書】 7種の兵法書。『六韜』『孫子』『呉子』『司馬法』『三略』『尉繚子』『李衛公問対』の7書をさす。北宋期にこの7書を選定・編纂し，元豊年間(1078-85)，武学(軍事学校)に頒布して武人の教育に用いた。「武学七書」あるいは単に「七書」ともいう。明の黄献臣の『武経開宗』などの注釈があり，日本でも流布した。

(松井 嘉徳)

ぶけいそうよう【武経総要】 北宋の兵書。40巻。曾公亮・丁度等の奉勅撰。仁宗が，武将たちに兵法を熟知する者の少ないことを心配して，兵法・計略・武具などについて古今の資料を収集して撰述させた。1044(慶暦4)年に完成。制度15巻・辺防5巻の前集と故事15巻・占候5巻の後集とから成っている。外国の情勢については伝聞から成っていて誤りがみられるが，歴代の制度や得失の記事は興味深く，また火薬の製法などの記載もあ

る。明・清時代の刊本がある。

(衣川 強)

ぶげき【婺劇】 伝統演劇の劇種名。婺劇は，浙江省の金華市を中心とするほぼ西半分及び隣接する江西省北東の地域に分布する。金華は，元・明時代より演劇が盛んで，明代万暦(1573-1620)以降，崑山腔・弋陽腔・青陽腔・四平腔及び地元で生まれた義烏腔などが盛行した。そこへ清代中頃より乱弾・徽戯が流入し，遅れて灘簧・時調も興り，多種の声腔が長期にわたり淘汰されつつ併存した。そのため複数の声腔をうたう劇団が組織され，高腔・崑腔・乱弾・徽戯・灘簧・時調の6種の声腔からなる劇種が生まれた。金華の古称が婺州であることから，人民共和国建国後の1950年11月よりこの名称が用いられるようになった。

高腔は，明代の義烏腔の遺響と言われる侯陽高腔，安徽の徽池雅調の流れを汲む西呉高腔，四平腔の遺響と言われる西安高腔の3種がある。一時崑腔と人気を競うが振るわなくなり，崑・高合同劇団を組んだ。主な演目に『黄金印』『白兎記』など。崑腔は，蘇州の崑腔が金華に伝わったもの。農村を回るうちに金華方言が交じり，演技にも荒々しさが加わり草崑・金崑と呼ばれる。主な演目に『麒麟閣』『倒精忠』など。乱弾は，三五七と二凡というメロディーを主とする。金華の北に位置する浦江で盛んなので浦江乱弾ともいう。主な演目に『三請梨花』『双陽公主』など。徽戯は，安徽省南部から徽州商人が浙江にはいる幾つかのルートを経由して金華に伝わった。徽乱(徽班乱弾)に属する蘆花と撥子というメロディーと，皮簧腔系音楽に属する西皮と二簧というメロディーから成る。主な演目に『栄楽亭』『龍鳳閣』など。灘簧は，蘇州灘簧に源する。銭塘江を行き来する遊興用の花船の芸妓によって伝えられたという。主な演目に『断橋』『僧尼会』など。時調は，明清以来の地方の地芝居の総称。主な演目に『王婆罵鶏』『打面缸』など。

以上の6種の声腔は，それぞれ独自の演目を擁し，前4者は独立して劇団を組織したが，その後一部の声腔の衰退により合同で劇団を組むことになった。婺劇の劇団には，次の4種類がある。高腔の劇団に崑腔と乱弾が加わった三合班。三合班から高腔が抜けて崑乱班となり徽戯を兼ねて演じた二合半班。初めてこの三劇種を演じた劇団の徽戯の上演演目が一合の18本に足りなかったため二合半と呼ばれたのがこの呼称の始まりとされている。乱弾が主で徽戯を兼ねて演じる乱弾班。徽戯を主に乱弾・灘簧・時調を兼ねて演じる徽班は金華班とも呼ばれ，婺劇ではこの劇団が最も多い。

(松浦 恆雄)

ふげん【傅玄】 217(建安22)～278(咸寧4)。

西晋の詩人・学者。北地泥陽(陝西省)の人。字は休奕。諡は剛。楽府に長じて西晋の雅楽・俗楽の作詞を多く手がけ，特に女性の心情の表出に秀でた。また，正統儒学の立場から大部の書『傅子』を著したが現在は失われている。剛直な人柄で，血の気が多く公の場で人と争って免官になる一方，御史中丞，司隷校尉などを歴任，しばしば上書を行い，ために綱紀は大いに粛正されたという。晋書47

(松家 裕子)

ふげん【普賢】 無量の行願を具足し，一切の仏土に示現する菩薩。梵名サマンタバドラの漢訳。遍吉とも訳す。六牙の白象に乗って来臨し，『法華経』を受持する者を守護するという経説から法華信仰の中核を担う菩薩として崇敬され，智顗はその姿と行法の観想を説く『観普賢菩薩行法経』(『観普賢経』)を同経の結経とした。『観普賢経』は十方諸仏への礼拝・懺悔による観想の成就と菩薩戒の自誓受戒を説き，南朝では受戒儀礼の本尊として普賢像を造立した例もある。東晋の仏陀跋陀羅訳『文殊師利発願経』，唐の不空訳『普賢菩薩行願讃』は普賢の行願の実践を通して極楽往生を願う偈頌。同内容のものが唐の般若訳『華厳経』(『四十華厳』)にもみえ，華厳信仰(『華厳経』入法界品では，普賢は善財童子が歴参した善知識の最後に登場)と浄土信仰を媒介した。単独でも信仰されたが文殊とともに釈迦如来像の脇侍とされ，密教では金剛薩埵などと同体とされた。四川の峨眉山は普賢示現の霊場として著名。

(稲本 泰生)

ぶげんちょく【武元直】 ?〜1191(明昌2)以前。金代前期から中期の職業的な文人画家。出身地は知られない。字は善夫。金の王寂『鴨江行部志』によれば，号は広莫道人，道教に帰依していたと考えられる。王庭筠父子ら，金代を代表する文人との交流があり，1191年以前に亡くなっていたことがわかる。金代最盛期，章宗朝の画家であるとの通説は誤りである。『赤壁図巻』(台北，故宮博物院蔵)が唯一の現存作例であり，ほぼ同時代の南宋の，華北系山水画の画院画家李唐の手法や，時代を遡る五代から北宋初期の，江南山水画の巨匠である董源・巨然のそれを折衷するのは，やや遡る北宋晩期の李成派の画家李公年『山水図』(プリンストン大学美術館蔵)がやはり，北宋初期の大画家李成の手法と巨然のそれとを折衷するのと同断であり，金代絵画の水準を示す基準作をなす。北宋末の(伝)喬仲常『後赤壁賦図巻』(カンザスシティ，ネルソン・アトキンズ美術館蔵)に次ぐ時期の制作になる，赤壁図の古典的作例でもある。

(小川 裕充)

ふこうぼ【婦好墓】 河南省安陽市の殷墟で発掘された女性の墓。1975年冬，小屯村の北，殷墟の宮殿宗廟区の西南側で発見され，翌年春に発掘された。夥しい数量の副葬品と青銅器銘文から被葬者が殷の甲骨文第1期の王である武丁の夫人「婦好」と特定され，殷代史の研究に極めて重要な史料を提供するものとなった。墓は長方形の竪穴土壙墓で，南北長5.6m，東西長4m，深さが7.5mあった。墓口から深さ6.2mの東西の壁には壁龕が穿たれ，それぞれに殉葬者が納められていた。墓口の上には長方形の建築基壇が残っており，婦好墓に付随する祭祀用の建築物であろうと考えられている。これに隣接して，宗廟に類する建物の存在も知られている。墓底の腰坑からは，殉葬者1，犬1が検出され，殉葬者は計16，犬6が確認されている。副葬品は主に5か所にまとまりをもって埋置されていた。すなわち，埋め戻しの土層内，槨上部の周囲，槨上部の中央，槨内部の棺の外側，そして棺の内部である。特に槨内部には，東・西・北の三面に大型青銅礼器の大部分が一定の規律をもって配列されていた。副葬品の総数は1928件におよぶ。青銅器(小銅泡を除く)468，玉器755，石器63，宝石製品47，骨器564，象牙の食器3，土器11，貝製品15，その他多数の貝貨等である。青銅器の総重量は1605kgに達し，大部分は青銅礼器196件の重量である。青銅礼器の器種は，食器に鼎・甗・甑形器・簋，酒器に偶方彝・方彝・尊・觥・壺・瓿・卣・罍・缶・斝・盉・觶・觚・爵・斗，水器に盂・盤・罐，その他用途不明の圏足器とちり取り形の箕形器があった。酒器の数量が突出していることは殷王朝の特色を示している。人名を銘文とする青銅器は161件あり，次のように分類されている。①司母辛5，婦好80，好4，計89，②亜弜4，③或1，④亜啟3，⑤后𛂃母癸2，司𛂃母22，計24，⑥子束泉7，束泉15，計22，⑦官彳1，⑧亜其16，其1，計17である。最も多い「婦好」は武丁の夫人の一人で，その死後「妣辛」と称された。婦好は甲骨文中で，祭祀や征伐に活躍した人物として著名である。ほぼ未盗掘の状態で発掘された婦好墓は，その豊富な副葬品から殷墟文化第2期(甲骨文の第1期及び第2期)の墓葬であることが確定され，出土した青銅器・玉器等は，当該期を代表する指標と見なされている。発掘報告書に中国社会科学院考古研究所編『婦好墓』(文物出版社，1980年)がある。(武者 章)

ふさいほう【普済方】 明の大型の医学全書。全168巻。永楽年間(1403-24)の刊。周定王(朱橚)の命で編纂された。北宋の『聖済総録』に続いて作られた膨大な内容をもつ書で，1960の論，2175の類に分かち，778法そして6万1739の処方が登載

されている。引用文献は『太平聖恵方』『聖済総録』をはじめ宋・金・元の医書がほとんどを占める。永楽原刊本は一部残欠が伝わるのみ。現伝完本は『四庫全書』所収の全426巻改編本で，これに拠る活字本(人民衛生出版社，1956年)がある。

(小曽戸 洋)

ふざん【巫山】 長江三峡の中心，巫峡(重慶市が湖北省と接する直前の峡谷)のほとりにそそりたつ，秀麗な奇峰の名。一般に巫山十二峰と総称され，なかでも北岸の神女峰(望霞峰，海抜940m)は美しい。晴雨にかかわりなく，いつも雲雨がただよい，有名な「巫山の雲雨」伝説(楚の先王〔懐王，一説に襄王〕が昼寝の夢のなかで，巫山の神女と契った話。宋玉「高唐賦」の序)を生んだ。その神女廟(朝雲廟)は，長江の南岸にあった。 (植木 久行)

ふざん【傅山】 1606(万暦34)～84(康煕23)。明末清初の書家・画家・思想家。太原(山西省)の人。初め名は鼎臣，のち山と改める。字は青竹，のち青主と改める。号は石道人・青羊庵主・丹崖子・朱衣道人・真人など頗る多い。その中の丹崖・朱衣や，室号を虹巣・霜紅龕と名づけたのは，明王朝(朱姓)を懐う気持ちに依るという。明の諸生。明の滅亡後は黄冠朱衣をまとい，決して清に屈しなかった。

傅山は，経・史に通じ，書画の鑑識にすぐれ，詩書画を善くした。書はあらゆる書体に通じ，なかでも草書が第一とされ，同時期の黄道周や王鐸らと並び称された。また，当時おおよそ顧みられることのなかった篆書・隷書にもいち早く注目した。書学については，自ら「家訓」の中で，幼少のころ鍾繇から晋と唐の小楷を習い，王羲之や顔真卿の名跡を学んだという。中でも顔真卿にはかなり傾倒し，「顔の気がそなわれば，筆は何物をも恐れないようになるであろう」とまで言っている。また，「書法を会得するには先ず人格の修養が必須である」と主張し，二朝に支えた趙孟頫や王鐸などの人格から書に至るまでを強烈に批判した。彼の言葉で有名な「寧ろ拙なるも功なることなかれ，……」(『霜紅龕集』)の四寧説は，趙孟頫批判から生まれた子孫への書法の訓戒であると同時に，彼自身の信念であると見ることができる。著に『霜紅龕集』と『傅青主女科』がある。 (池田 利広)

朱子学流の性＝理＝善の公式は，悪も含んだ世界の多様性を無視するものと批判した。また，聖人とは，殺人という悪を意識的に遂行することにより，堕落した旧秩序を徹底的に破壊しつくした後に新たな秩序を再構築する存在であると考え，聖人による暴力革命を積極的に肯定した。従来，注目されることの少なかった諸子百家の一部に対し新たに照明を当てたという点でも，時代に先駆けていた。清史稿501 (本間 次彦)

ぶしし【武氏祠】 山東省嘉祥県城の南15kmの武宅山(武翟山とも称す)麓に所在する，後漢後期の豪族武氏一族の祠堂建築群。山東地方を代表する画像石祠で，北宋の趙明誠が『金石録』中にその碑刻を紹介して以来，金石学者の注目を集めるようになった。清末以後，武氏祠の発掘復原研究が継続して行われた結果，4つの祠堂(武梁祠・前石室〔武栄祠〕・後石室・左石室)の存在が主張されたが，近年の研究によると，後石室は他の祠堂に分属すべきもので，本来存在しなかったとの見解が下されている。画像の主要モチーフは墓主の昇仙にあり，地下世界からやって来た墓主がその子孫の供養を享ける後壁の楼閣拝礼図を中心に，墓主の生前の経歴を物語る図像，倫理道徳を示唆する歴史故事，東西両壁上部に天界の西王母・東王公像が整然と描写されている。とくに武梁祠に表現された孝子伝図および列女伝図は，現行の『孝子伝』『古列女伝』のテキストとは異なる伝承をもとに制作されていることで興味深い。これらの画像石は関連の双闕・石獅・碑文などとともに整備され，武氏墓群石刻として現地で展示公開されている。 (渡部 武)

ふじゃく【普寂】 651(永徽2)～739(開元27)。唐代の禅僧。蒲州河東(山西省)の人。諡号は大照禅師(『宋高僧伝』に大慧禅師とするは誤り)，俗姓は馮氏。東都洛陽の恵端より具足戒を受く。当時，嵩山で五祖弘忍の「東山法門」を伝えていた法如に参じようとしたが，その死(689年)によって果たせず，ついで法如と同門の大通神秀に入門した。神秀は入内して「両京の法主，三帝の国師」と仰がれたが，その没後(706年～)は普寂が同門の義福とともにつづけて朝野の帰依をあつめ，嵩山嵩岳寺を拠点に，1達摩──2慧可(恵可)──3僧璨──4道信──5弘忍──6神秀という法系を宣揚した。少なくとも盛唐期には，これが禅門でほぼ唯一の正統的系譜であって，ゆえに当時「七祖」といえば，普寂を指している可能性が最も高い。李邕撰『大照禅師塔銘』のほか，『宋高僧伝』9に伝がある。旧唐書191 (小川 隆)

ぶしゅ【部首】 文字学用語。漢字を字形構造に照らして分析し，共通する部分を持つものを一類として部と呼び，その共通する部分を各部の最初に配して部首と称す。部首によって漢字を分類する方法は，後漢の許慎『説文解字』に始まる。許慎は小篆に基づいて六書の原則に従って漢字を分析

し，造字の本と考えられる540字を取って部首として，そこから派生した文字をそれぞれの部に配列した。許慎が部首としたものは，意符となる独体の文字(一部合体の文字も含まれる)で，その部の意味範疇をも統べており，部内の文字は字義の関わりにより配列されている。この部首による分類は，後の字書にも受け継がれる。しかし，その部首の選定は小篆ではなく楷書に基づき，六書の原則によるのではなく検索の利便性を求めるように変化してきた。明の梅膺祚『*字彙』は，楷書体の字形に基づき214の部首を選定し，部首及び部内の文字を筆画数の少ないものから順に配列し，現代の字書の部首検索法の基礎を築いたと言われる。　　　(坂内　千里)

ふしゅく【巫祝】　巫は，祈禱・占卜・舞楽・薬物摂取などの方法を駆使し，脱魂，あるいは憑依することで，不可視の超自然的存在である神霊や精霊と交信し，その霊媒者となって神意を伝えたり，祭祀・予言・滅災・治療・招福などの行為を遂行したりする宗教的機能者。シャーマン，かんなぎの類。祝は，祭祀を執り行うがわの者として祝詞などを読み上げる人のことであったが，後には巫と同じものとして見られることが多くなる。祭政一致の古代にあって，その存在は絶対的なものであったが，その後も今日まで消滅することなく朝野で活動を続け，歴史上にさまざまな事件を引き起こしてきた。
(稲畑　耕一郎)

ふしゅんさんきょず【富春山居図(黄公望)】
*黄　公望の代表作。紙本墨画，32.7 cm×637.8 cm，1巻。完成前の1350(至正10)年の自識によれば，無用師(全真教の道士，鄭玄輔)のために1348年に制作を開始したという。富春江(浙江省)一帯のスケッチをもとに描いたと見られる。*董源・*巨然から*趙孟頫に至る江南山水画の展開を承け，さらに発展させた本図は，中国文人画の最高傑作とされる。沈周，董其昌の収蔵を経て，呉洪裕の遺言により火中に投じられ，巻頭を失う。『剰山図』(浙江省博物館蔵)はその残欠とされる。台北，故宮博物院蔵。
(救仁郷　秀明)

ぶじゅんしはん【無準師範】　1177(淳熙4)～1249(淳祐9)。南宋の禅僧。臨済宗楊岐派破庵派の流れをくむ。綿州梓潼県(四川省)の人。俗姓を雍といい，無準は号。9歳で同郷の昭慶院に出家して諸方を行脚し，霊隠寺の破庵祖先(1136～1211)のもとで禅を修め，その法を嗣いだ。その後，1232(紹定5)年に禅宗で最も格式の高い径山に請ぜられ，万寿寺に住すること20年に及んだ。1233(紹定6)年には，南宋の第5代皇帝理宗に召されて禅要を奏上し，仏鑑円照禅師の号を賜った。
　その法門はすこぶる栄え，雪巖祖欽・無学祖元・兀菴普寧ら多くの高僧を輩出し，日本からも宋に渡り，無準のもとで参禅し印可を受けた円爾(聖一国師。1208～80)らがいる。円爾ははじめ博多の承天寺に住し，後に京都東福寺開山となった関係から，我が国には無準師範が円爾のために書き送った仏殿や法堂に掲げる額や牌の原稿，*尺牘などが現存している。
(富田　淳)

ぶじゅんしはんぞう【無準師範像】　南宋時代の禅僧，無準師範の頂相。京都，東福寺蔵。この画像は，東福寺の開山円爾が入宋し，無準に参じ，印可(修業が終了した証)として，1238(嘉熙2)年に賛を加えて与えられたもの。画家は不明であるが，画風から見て，肖像画を専門に描いていた職業画家の作であろう。写生による顔面描写と，内部に肉体を感じさせない平板な衣服描写が合体した表現となっている。
(海老根　聰郎)

ぶしょう【武松】　揚州評話の演目。『*水滸伝』の登場人物武松を主人公とする。山東快書の『武松伝』，杭州評話の『武松演義』に当たる。揚州評話『水滸』の『武十回』から名芸人王少堂が民国期に完成したものであり，その傑作として知られる。中華人民共和国成立後，共産党が民間芸術，とりわけ口頭文学に着目し，揚州評話『水滸』もその一つとしてにわかに称揚された。1959年に江蘇文芸出版社より出版された『揚州評話水滸　武松』は，1953年に王少堂が江蘇省文化局の招きに応じ，南京の繁華街夫子廟の茶楼で語った録音から整理されたもの。全体は10回に分かれ，それぞれ「景陽岡打虎」「殺嫂祭兄」「鬪殺西門慶」「十字坡打店」「酔打蔣門神」「大鬧飛雲浦」「夜殺都監府」「夜走蜈蚣嶺」「吊打白虎鎮」「智取二龍山」と題する。武松の「虎」退治から始まり，二「龍」山で山賊になるところまでを描くため，「虎起龍収」と呼ばれる。物語はほぼ小説『水滸伝』の第23回から第32回に当たるが，各場面の描写を拡幅し，「智取二龍山」では，小説の第17回，花和尚魯智深と青面獣楊志が二龍山に拠った山賊鄧龍を殺してこれにとってかわる場面を全体の末尾に配し，武松をこの顚末に加わらせる形に筋立てを変え，また「鬪殺西門慶」での西門家の召し使い西門興らのように小説にない人物を創造するなど，全体に大幅に増加している。王少堂によればこの10回で60日から70日は語り続けられると言うが，小説『水滸伝』では8万字程度のところ，原稿では110万字，整理された『武松』でも80万字と10倍にもふくらまされている。現在では王少堂の孫娘王麗堂がこの演目を得意とし，

1995年には王麗堂の語りに基づく『武松』も『宋江』『石秀』『盧俊義』とともに江蘇文芸出版社より出版された。なお京劇の同名の演目は、上海京劇の名優で「江南活武松」と呼ばれた蓋叫天が従来の演目を整理し武松の物語を一つにまとめたものであり、1963年に同題で映画化もされた。　　(川　浩二)

ふじょういせき【府城遺跡】　河南省焦作市の西南郊、府城村に所在する、二里頭文化期から殷代にかけての遺跡。1957年に発見、98年から99年にかけて河南省文物考古研究所・京都大学人文科学研究所などの合同調査隊が発掘を実施。南北約277m、東西約276mのほぼ正方形の城壁、多くの墓・住居跡等を確認した。河南省一帯における、中原の王朝の拠点の一つと考えられる。2000年、『中国古代都市の形成(平成9〜13年度科学研究費成果報告書)』にて発掘報告が掲載された。(黄川田　修)

ふしん【普請】　禅宗寺院で皆が力を合わせて諸種の労働に従事すること。インドでは戒律によって労働は禁じられていたが、風土や習慣の違いから中国では完全に守れなくなる。特に禅宗はその初期には片田舎の山中に力量ある禅僧を中心に修行者が集まり、自然発生的に叢林となり、修行者が労働しなくては生活していけないことから行われるようになった。初めて清規を制定した百丈懐海の「一日作さざれば、一日食らわず」の句は有名である。
(西口　芳男)

ふすい【符水】　*符籙(おふだ)を焼いてその灰を入れた水や、器中の水に符籙を書くしぐさをして呪術的力を込めた水の事。法水とも称する。これを病人に飲ませたり、患部にふきかけたりして穢れを洗い流し、信者の病気を治療しようとするのである。その来歴は古く、後漢末に発生した中国最初期の道教教団である天師道の教義に、既に符水を飲ませて治病する記述が見えている。　(坂内　栄夫)

ふせいろくき【浮生六記】　清の自伝。6巻(現存4巻)。*沈復の作。作者の没後かなり経ってから、楊引伝が蘇州の露店でその写本を入手し、世に知られるようになった。題名の「浮生」は李白の『春夜、桃李園に宴するの序』の「浮生は夢の若し、歓を為すこと幾何ぞ」から取っている。「六記」とは、巻1「閨房記楽」(妻陳芸との楽しき思い出)、巻2「閑情記趣」(花や茶などの趣味)、巻3「坎坷記愁」(陳芸との別れとその死)、巻4「浪遊記快」(各地の名所めぐりの思い出)、巻5「中山記歴」(冊封使の一行に加わっての琉球への旅)、巻6「養生記道」(道家の修養説)である。巻5・巻6の両巻は、現在その本文を見ることはできない。1803(嘉慶8)年に亡くなった妻の思い出がその中心であり、夫婦の日常的なさりげない情愛を描いた作品として異色である。清初冒襄の『*影梅庵憶語』にはじまる、早世した女性を悼む回憶文学の流れに位置する作品である。
(大木　康)

ふせき【趺石】　石碑の碑身を支える台石。一般には方形台で方趺というが、特別の意味をこめられた亀形の趺石があり、亀趺と称される。唐代までこの亀は「霊亀」と称され、宋代以後は龍の子の「贔屓」だとされるようになる。亀趺は五品以上に許される特別のもので、墓碑と顕彰碑を分けて規定したり、三品以上が問題にされたりもした。石碑は東アジア全域に広がり、亀趺碑もそれぞれの地域で独自の展開をとげた。平勢隆郎『亀の碑と正統』(白帝社、2004年)を参照。　　(平勢　隆郎)

ふせん【布銭】　鋤の一種である鎛という農具を原形としてつくられた青銅貨幣。布銭の語源は定かでないが、布は古くより物々交換品、納税品とされ、貨幣の役割を担っていた。その初現形はすでに西周末期から春秋時代初頭にみられるが、定型化するのは春秋時代後半からである。木の柄を差し込む部分をそのまま遺した空首布と、差し込み口がなくなり扁平になった平首布の2類に大別できる。そのうち空首布は平首布よりも早く春秋中期に出現する。これは肩の形態によって、尖肩空首布(晋)、平肩・円肩空首布(いずれも東周)などに細分できる。それに対して、平首布は戦国時代になって流行した。主に韓・魏・趙で製作されたが、燕・楚でも若干つくられた。表面に鋳造都市名を鋳出したものが多いが、魏の平首布には都市名の他に重量が明記されていて、当時の貨幣が実重量によって価値が決定されたことがわかる。また、布銭は空首布・平首布を問わず、初期のものは大型で次第に小型化する。とくに戦国後半期になると重量もある程度一定し、貨幣としての機能を十分に備えた形態になる。流通範囲は基本的に鋳造国内にとどまる例が多いが、小型平首布のいくつかは鋳造地から遠く離れた地で出土していて、極めて広い地域で流通したものがあったことを示している。　　(廣川　守)

ぶそうげん【武宗元】　?〜1050(皇祐2)。北宋前期の道釈画家。白波(河南省)の人。字は総之。儒学の家に生まれたが、画を学び呉道玄と曹仲達の筆法を兼備した。洛陽上清宮の壁画に描きこんだ*太宗の肖像が真宗に賞賛され、北宋最大の玉清昭応宮造営では、3000人の応募者から選ばれた左右部各50名の画家中、武宗元は左部の長として筆を奮

った。呉道玄を彷彿させる気力溢れる雄渾な線描で知られた。有力な伝承作に『朝元儀仗図巻』(ニューヨーク，個人蔵)がある。　　　(井手　誠之輔)

ぶたい【舞台】　伝統的な舞台の形状はバラエティーに富むが，最も普及したのは，1辺数mの方形舞台である。長方形(まれに正方形)の舞台に柱を4本立てて屋根を支え，後ろの2本の柱の間には壁を設ける。床面には絨毯を敷き，壁を除く3辺には低い欄干をめぐらせる。緞帳(どんちょう)や中割幕(なかわりまく)，袖幕(そでまく)のようなカーテンは無い。壁の前の，俳優が演技する空間を「前台」といい，壁の裏側の空間を「後台」という。後台は楽屋として使われるほか，演目によっては「吹雪の荒野」「屋敷の中」「地獄」などに見立てられ，前台と連動した舞台空間としても使用される。壁には俳優が出入りするための「上場門」と「下場門」が作られる(宋・元の舞台ではこの両者を併せて「鬼門(道)」と称し，近い音の「鼓門(道)」「古門(道)」という異称も使われた)。通常，俳優は右の上場門から登場し，左の下場門から退場する(中国語の舞台用語で左右をいう時は，英語の舞台用語と同じで，舞台上から観客席に向かっての左右)。上場門と下場門には緞子の幕が掛かり，それぞれに「出将」「入相(にゅうしょう)」と文字を刺繍することが多い。演目によっては，机や椅子を舞台中央のやや奥寄りの位置に置く。この机よりも観客席寄りの部分を「外場」，後台寄りの部分を「内場」という。また上場門に近いところを「小辺」，下場門に近いところを「大辺」という。また俳優が上場門から登場して数歩歩いたあと一旦停止して最初の演技を見せる重要な位置を「九龍口」という。伴奏楽隊はもともと上場門の前に陣取り，鼓師(楽隊の指揮者)は九龍口に座り，観客席から目立ったが，民国期の京劇改革以降，楽隊は次第に下場門の方に移動し，ついには舞台の外に隠れるようになった。現在，中国の伝統演劇は西洋式のプロセニアム・ステージ(額縁舞台)で上演されることが多いが，舞台位置については，伝統的な呼称が多少，意味を変えながらも流用されている。　　　　　　　(加藤　徹)

ふだいし【傅大士】　?～569(太建元)。南朝の梁陳時代の居士。名は弘。双林大士・善慧大士ともいう。唐の道宣撰『続高僧伝』巻25「釈慧雲」付伝によれば，梁の時代，沙門宝誌とともに未来予知などの異跡で知られ，維摩居士と同じく仏道の核心を会得しつつ現実に臨機応変して衆生済度を目指したという。また弟子を通じて武帝に手紙を出し，救世菩薩と呼びかけ，「上善は，虚懐を本とし不著(何物にも執着しないこと)を宗として，亡相(あらゆる形に執らわれないこと)に因って涅槃を実現すること。中善は，持身を本とし治国を宗として，天・人に生まれ安楽であること。下善は，衆生を護養すること」と教示したという。伝末注記に，その事跡は陳の僕射徐陵の碑銘(ぼくや)に見えるとある。上海古籍出版社の『芸文類聚』巻76所収「陳徐陵東陽双林寺傅大士碑」には対応する記述が見えないが，しかし厳可均編の『全上古三代秦漢三国六朝文』の全陳文巻には『芸文類聚』76によるという詳細を極めた「東陽双林寺傅大士碑」があり，これには対応記事が見える。なお北宋の道原纂『景徳伝灯録』は巻27に伝記，巻30に「心王銘」を収めるが，その伝記には達磨や武帝，昭明太子との面談など禅宗思想による潤色が加わるなど人物の形象化に変化が認められる。　　　　　　　　　　　(中嶋　隆蔵)

ぶたいちょうど【舞台調度】　伝統演劇で舞台上の役者の動線のきまりをいう。「調度」という言い方は本来，西欧近代演劇を摂取して成立した中国の新劇である話劇において，演出方法の一部をなすmanaging onstageの訳語として配置や手配を意味する「調度」をあてた。演出は役者が兼ねていた伝統演劇では，現代になって演出理論を明確化する上で，この語を借用したが，以前は「上下場(じょうげじょう)」及び「走場」で表されていた。舞台上の動線のきまりは程式の一つをなす。限られた舞台空間で，天空狭しと展開する神話伝説や，山河を背景にした壮大な歴史もの等を演じるための象徴表現の一つとして古くから形成されてきた。例外もあるが役者に共通する登退場の基本の流れがあり，登場は「上場」といい，客席から舞台に向かって左側の上場門(日本の舞台の下手)から出て，退場は「下場」といい，下場門(日本の舞台の上手)から下がる。情景に応じて具体的に群衆役の「龍套」の隊形・役者の位置関係・速度等が有機的に組み合わさって多様な空間移動や場面転換を示唆する。常用される役者に共通する動きとしては，「円場」があり，その速い動きを「跑円場」，ゆっくりした動きを「走円場」とよぶ。舞台上に円を描く動線は，場所の移動を意味し，場面転換の基本でもある。異なる空間で起こっている事を同時に表す多重空間の表現は，「編辮子」(別名「三挿花」)といい，三つ編み状の∞の字を描きつつ，3人以上が距離を保ちながら動く。

　舞台空間で「6，7歩で四海九州を行くが如し」とか「3，5歩で天下あまねく巡る」といった象徴表現ができるのは，特に龍套の動きによる空間作りが想像力を誘発する作用による。龍套は群衆役だが，主役を先導して最初に登場するため，もし間違えば後の舞台が乱れるので，古くは「龍套頭」がいて全体の動きや龍套を掌握していた。龍套は4名1組での演技が多く，「7，8人で千軍万馬」という象

徴的な意味を帯びる。主役を中央にして，4人が東西南北の位置で囲み，順番に位置を換えては静止し，主役の歌い終わるのを待ってまた移動するという「搓四門」は，道程での心理を歌唱に托しながら甲から乙地への移動を表す。龍套の調度の種類が最も多く，一連の調度を「跑龍套」とよぶ。龍套特有の調度としてＳ字形と八の字形がある。Ｓ字形は太極図の意味を内在し，限られた空間に無限の運行を象徴する。皇帝の行幸や将軍の出陣を意味する「走太極図」は，舞台上を太極の形状に動く。大軍が敵を迎え討つ場面で，城内から城外への移動を意味する「龍擺尾」は，龍が尾を振るようにＳ字状に動く。一方，八の字形は，動きのない安定した空間を表現する。龍套が左右対称に八の字形で向かい合う「站門」は，宮中や法廷・陣営の帳などを表す。これに動きがついて八の字が動くと「二龍出水」といい，両陣営の対峙・交戦を意味する。調度の数は多く，戯曲の縦横無尽な情景描写を舞台に表現するには欠かせない。

(有澤　晶子)

ふださん【普陀山】　浙江省の東北部，舟山群島の東端に位置する小島。面積12.8km²，中国仏教の四大名山の一つ。唐の大中年間(847-859)インド僧が来島した縁で隣の小島と合わせ普陀・洛迦Potalaka(観音菩薩の住処)の名が生まれた。また日本僧慧萼が五台山(山西省)から銅製の観音像を携え帰国する途中，この島で船が動かなくなり，やむなくこの島に安置したという。普済寺の不肯去(行かずの)観音の由来である。明・清両代の海禁令や倭寇，オランダの占領で廃毀された。のち復興され最近では内外からの参詣者でにぎわう。

(藤善　眞澄)

ふつ【韍】　ひざかけ。まえだれ。『釈名』釈衣服に「韍は韠である。韠とは蔽ということである。婦人の蔽膝も同様である。斉人はこれを巨巾という。農家の婦女が田畑に出るとき，これでその頭を覆う。故に巨きな巾と名づけるのである。また跪襜ともいう。跪くときに襜々とふくらむからである」とみえる。『説文解字』は「なめし革で作る。その寸法は，下の広さが2尺，上が1尺，長さが3尺，その上の頸の部分が5寸である。一命は縕(赤黄色)韠，再命は赤韠をつける」という。市とよばれるものも太古の蔽膝の名残であるが，冕服や祭服の時には市と呼び，玄端服や燕居服の時には韠と呼ぶ。韍，韠，市は異名同物で，服装によって呼び名が違うだけである。『礼記』の玉藻は玄端服の韠の制について「韠の色は裳の色に象る。故に天子諸侯は朱，大夫は素(白)，士は爵色(茶褐色)のなめし革を用いる。もし皮冕服ならばみな素韠である。韠の形に圜と殺と直とがあり，天子は四角で圜，殺はなく，諸侯は前後が方であり，大夫は前を方に，後は角をそいで圜くする。士は前後とも正である」といい，侯臣の韍佩は「一命の者は赤黄色の韍に黒のおびだまを用い，再命の者は赤色の韍に黒のおびだまを，三命の者は赤韍に青色のおびだまを用いる」という。市の起源については『説文解字』に「市とは韠のことである。上古のきものは前を蔽うだけのものであった。市はこのようなものを象る」と記されている。

(相川　佳予子)

ぶつ【物】　『説文解字』に「物は，万物なり」とあるように広く事物一般を指す語。物の原義は，王国維『観堂集林』巻6・釈物によれば，雑色の牛である。『荘子』を始めとする道家は，物(万物)を有，道を無として，このことばに哲学的な意味を与えた。人間をも含んだ万物から善悪といった価値や彼我の区別を取り去った万物斉同の哲学，またその万物はそれを構成する気が集散することで転化・転生するという万物一体の思想を唱えたが，その一方で，物を人間の本性を疎外する原因とも見なし，個別の物を離れることによってこそ道と一体化することができると主張している。

(池田　知久／渡邉　大)

ふっかんぼん【覆刊本】　→覆刻本

ふっき【伏羲】　古代の伝説的な帝王で三皇の筆頭。庖犧とも。漢代の緯書に華胥氏の娘が雷沢で巨人の足跡を踏んで懐妊して生まれたと伝えられているが，その名は古い文献にはあまり見えず，『易経』に庖犧が易の八卦を考案し，網を発明して漁猟の方法を教えたとあるのが最も古い記録である。その体は『列子』によれば人面蛇身で，漢代以降伏羲と女媧が尾を交えた姿で描かれることが多いのは，二人が結婚して人類の祖先となったという民間伝承の反映であろう。

(吉田　隆英)

ふっき【服気】　生エネルギーとしての気を取り込む法。大別して，①外気の摂取法，②体内の気(内気・元気・真気)の体内運行法，に分けられる。①はいわゆる呼吸法で，「吐故納新」ともいう。②は行気または運気とも称し，意念のはたらきによって気を体内に巡行させるテクニック。たとえば，「幼(幻)真先生服内元気訣法」(『雲笈七籖』60)には，さまざまな服気の技法が記述されている。

(三浦　國雄)

ぶっきょく【仏曲】　仏教の経典を宣伝する楽曲。経典を楽譜にのせて演奏し諷詠した。隋・

唐・五代のころに仏教徒の間で流行。『旧唐書』音楽志などによれば，801(貞元17)年，いまのミャンマーにあった驃国の王が楽工35人をひきつれ来朝し，その国楽12曲を献じたが，その「楽曲は皆釈氏経論の辞を演」じたもので，仏曲とされている。当時仏曲の演奏には，笙・笛を配した。敦煌出土の雑曲にも仏曲作品がのこっており，日本の雅楽にも影響を与えている。　　　　　　　　(深澤　一幸)

ぶつぐうじ【仏宮寺】　山西省朔州市応県の県城内にある遼代の寺院。中心に位置する釈迦塔は中国現存最古かつ最高の木塔。遼の1056(清寧2)年勅命により建設された宝宮寺が，のちに仏宮寺と改称された。釈迦塔の俗称は応県木塔。

釈迦塔は，伽藍の軸線に置かれ，山門と大殿の間に位置する。中国仏寺では，インドからの仏教伝来初期には，南北朝時代によく見られるように塔を中心とする平面配置であったが，後世では寺院の中心は大雄宝殿になる。仏宮寺は木塔を中心にした配置で，中国の伽藍配置の時代的変遷の転換点にある寺院といえる。ただし，塔以外の付属建物は全て清代のものである。

塔の平面は八角形で，内槽と外槽の2周の柱配置(金廂斗底槽)になっている。正面は南向きで，東西外槽柱の芯々距離は30.27m。初層に裳階(副階周匝)が付き，塔の外観は5層。内部は9層だが，うちの4層は天井裏(闇層)である。各層とも側回りは全て3間で，4方向に開口部をもつ。1・3・5・7・9階の明層の内槽空間には仏像が置かれ，外槽空間は回廊で，4つの開口部から回り縁(平座)に出て，周囲を眺望することができる。これは，日本の木塔内部が登れないのとは異なる，中国の楼閣式塔の特徴である。

塔の全高は67.31mで，その頂点にある鉄刹の高さは9.9mである。塔を安定した端麗な形にするため，各層の内槽柱は同じ垂直線上に位置するが，外槽の柱は上層柱が下層柱より柱直径の半分ずつ内側にずれていき(挿柱造)，かつ内向きに傾く(側脚)構造法が採用されており，たいへん優れた構造である。斗栱は54種を使いわけ，柱上(柱頭)斗栱10，中備(補間)斗栱29，隅(轉角)斗栱15に分類できる。斜栱が使われているのは遼時代の特徴である。柱，階段と筋違を組み合わせた構造は高い耐震性を生み出し，歴史上の数々の地震にも被害を免れた。

木塔には，藻井(ドーム天井)・版門(裏桟唐戸)・胡梯(階段)・勾欄など遼時代の小木作(内装)実例が残っている。初層と9層の天井に藻井が付けられるが，初層の方は特に精緻で，幅9.48m，高さ3.14mの八角形になっている。初層の南の開口部に付けられている版門は2枚の開き戸で，高さ3.06m，幅2.57m，2重の門額と立頬(方立柱)を有し，この種の扉では珍品とされる。胡梯は各層に時計回りの方向に配置されている。回り縁(平座)勾欄の望柱の高さは1.25m，尋丈の高さは1.09mで，飾りは多くないが，各部位の寸法の比率は均衡がとれており，素朴な美を備えている。各層の仏像は遼のものではなく，後世のものである。　　(包　慕萍)

ぶつげ【仏牙】　釈迦の遺骨の一つ。仏牙舎利ともいう。荼毘に付された釈迦の遺骨は崩れて原形をとどめなかったが，歯牙だけ完全な形を保っていたため，釈迦の遺身として，仏舎利とともに信仰の対象とされた。中国仏教史上では南朝陳の武帝が天下を取る前に，それを約束するかのごとく出現したことが有名。これは南朝宋の法献が西域の于闐から持ち帰り，ある時突然姿を消したものとされ，その出現は九鼎の鼎と同じように政権の証ととらえられた。　　　　　　　　　　　　(西脇　常記)

ふっけいぜんしょ【福恵全書】　清代前半期の地方官の指南書。32巻。著者の黄六鴻は，1670(康熙9)年から山東省と直隷(河北省)で知県をつとめ，駅伝の整備や，機知に富んだ裁判によって名を上げたのち，給事中に抜擢された。1693(康熙32)年帰郷し，翌年刊行したのが『福恵全書』である。吏部での銓考，赴任から銭穀・刑名など地方官としての実務まで，具体的かつ詳細に記述。文書例も豊富である。わが国でも，幕末に小畑行簡が訓点・傍注を施した和刻本が刊行された。　　(岩井　茂樹)

ふっこ【復古】　漢代以降の中国には，古の唐虞三代(夏・殷・周)を理想視し，政治や教化の理念・模範をそれら唐虞三代に求めるという考え方があった。ここではそのような思想全般を指して復古という。

戦国時代には，堯舜など個々の聖王の事跡こそすでに説かれていたが，周の盛時以前とその後とを「道の行われた時代から道の失われた時代への推移」として質的に区分する観念はなかった。そのような観念が出現したのは，「道が分かれて個物になる」という老荘の道の哲学が時間的な論理で理解されるようになり，それが儒者によって歴史認識に応用された結果であった。そして，三代とそれ以降の間の落差をうめることを可能にするのは聖人孔子の存在であり，うめる手段は孔子の編纂した経書(唐虞三代の聖王の治績を記した六経，六芸)であると観念された。いっぽう，戦国時代から漢代にかけて，王や皇帝が国という政治組織を駆使し天命を受けた天子として天下を治める体制が形成された。この体制

は儒学の経書とは必ずしも直接の関係なく形成されてきたのであるが，儒者の唐虞三代を理想視する観念と相まって，唐虞三代はその体制が完全に機能した(道の行われた)時代であると社会一般にイメージされるようになった。そこで後代の皇帝たるものは，天の認める有徳の天子になるためには，尭舜の治に代表される唐虞三代の政治理念を実現しなければならない立場におかれた。そうあってこそ彼らの正統性が保証されるからである。そのため，後代の為政者も，知識人も，唐虞三代の聖王の統治・教化に倣うために，孔子の六経を学び(経学)，政治・道徳の指針としなければならなかった。また，その応用として封建・井田などを構想し唱導した(これは三代の事実と考えられていた)。封建制も井田制も決して「復活」することはなかったが(均田制はその精神を継いでいる)，時の政権の政策批判のために歴史上くりかえし主張された。　　　　(関口 順)

ぶっこうじ【仏光寺】　山西省五台県城から東北に32km離れた豆村鎮の仏光山に位置する唐の寺院建築。五台山の十大寺院の一つとして知られていた。現存する大殿は唐の「大中復法」の時期となる857(大中11)年に再建されたものである。

伽藍は西から東へ高くなる斜面に立地し，段差が10mもある3段の敷地に配置されていた。大殿は西向きで，最も高い上段の敷地に位置し，後方東南側に石造で六角形平面の祖師塔(北朝北魏)が立ち，真正面に大中11年建造の経幢がある。中段の敷地中央にあった3層7間，高さ95尺の弥勒大閣はすでに失われた。下段の敷地の北側に切妻造の文殊殿(金の1137年)，さらに北側に普賢殿が建てられ，前者のみ現存している。

大殿は間口7間，奥行4間，単層寄棟造である。内槽と外槽の2周の柱配置は，中国建築の基本的構造であると同時に，日本古代仏教建築に伝えられた身舎・庇の平面の原型に当たるものと思われる。内槽の柱には，四手先の偸心栱(横方向の肘木を用いずに持ち送る斗栱)で月梁(虹梁)を支え，その上に折り上げた平棊(格天井)で野屋根を隠す。屋根の棟木は扠首で支えられ，日本の法隆寺回廊の構法と同じである。内槽の後半部の幅5間もある巨大な須弥壇上に，釈迦・弥勒・阿弥陀・普賢・文殊などの唐代塑像群が並ぶ。

仏光寺の建築様式には以下の特徴がある。矩形平面の正面間口の幅(34m)は奥行(17.66m)の2倍になる。中央柱間は5.04mで，柱の高さと同じで，立面が正方形になる。軒周りの斗栱は柱上が双抄双下昂(肘木2，尾垂木2の四手先)になっており，斗栱層の高さは柱の半分である。屋根の反りは緩やかで，丸桁から棟桁までの高さは柱の高さとほぼ同じである。即ち，屋根・斗栱層・柱の高さは立面において1：0.5：1の比率になる。宋以降は，室内の高足家具が普及したため，天井高が高くなるにつれ，間口のプロポーションは縦長になる。

4棟しか現存しない唐の木造建築の中で，仏光寺大殿は規模が最も大きく，唐の建築様式の特徴を端的に表していることから，唐の建築文化を代表するのみならず，中国建築史において最も優れた木造建築と評価されている。　　　　(包 慕萍)

ぶっこくき【仏国記】　→法顕伝

ふっこくぼん【覆刻本】　原本をそのまま版下に使うか，薄葉紙等を用いてしき写ししたものを版下に使うなどして，原本の版式や字様を元の通りに覆製した本。近代になり，写真を版下に用いた例もある。複刻本・覆刊本・影刊本などともいい，宋元の古版の覆刻したものを，覆宋本・覆元本という。　　　　(梶浦 晋)

ふっこへん【復古編】　北宋の文字学書。漢字の字体の正俗を弁別した書物。2巻，付録1巻。張有(字は謙中，湖州〔浙江省〕の人)によって撰述。『説文解字』に準拠して字体の正俗を弁じることを目的とする。韻書の形式で漢字を配列し，正字体を小篆で掲げ，別体と俗体をその下に注記する。書名にあるように，『説文解字』に示される古形の復元に留意するが，過誤も少なくない。『四部叢刊』3編所収。　　　　(阿辻 哲次)

ぶっしょう【仏性】　衆生に内在する仏としての本性，悟りの可能性。サンスクリット語のbuddha-dhātuの訳。如来蔵とほぼ同義だが，中国では仏性という言い方のほうが普及した。インド大乗仏教において形成され，特に『涅槃経』に説かれ，そこに出る「一切衆生悉有仏性(一切衆生に悉く仏性あり)」の語が有名。その説を認めるかどうかでいくどか論争が繰り返されたが，法相宗など一部の系統を除いて，中国仏教ではほぼ全面的に認めるようになった。　　　　(末木 文美士)

ぶつせっぽうず【仏説法図】　仏による説法の場面を描いた図。主尊として釈迦・阿弥陀・弥勒・薬師・観音などが描かれ，菩薩・比丘・神将・力士・十大弟子・聖衆・諸天などを配する。北朝晩期に原型があらわれ，隋から初唐にかけて盛行した。一仏二菩薩，または二仏並坐や三世仏・三身仏・七世仏などを主尊とし，侍者は菩薩の他，弟子・力士・天など類型もある。樹下説法が多いが，霊鷲山説法，仏殿内での説法などの場面もある。天

蓋・飛天・供養者，更には宝地や楽器の飛ぶ表現など，浄土図に類似した作例もあらわれる。新疆ウイグル自治区クチャ周辺の石窟や敦煌莫高窟他の河西石窟の壁画，西安大雁塔線刻画，馬蹄寺石窟や麦積山石窟など随所で制作された。莫高窟第305窟には仏の托鉢内にとぐろを巻いた蛇を有する降龍説法図なども見られる。莫高窟第57窟南壁壁画の仏説法図は初唐期の名作で，結跏趺坐する阿弥陀仏の左右に美しく装飾した観音と勢至の菩薩が侍り，弟子や聖衆が並び，金剛力士が左右を護る。仏の頭上には天蓋が，そして樹木が涼しげに覆い，更に飛天が舞う。
（勝木 言一郎）

ぶっそとうき【仏祖統紀】

天台宗の山家派の僧，南宋の志磐が撰述した，天台宗の立場からの仏教歴史書。彼の俗姓は四明（浙江）の盧氏で，後漢の儒者である盧植の32代の末裔を名乗る。これより先，北宋末には景遷『宗源録』，南宋には宗鑑『釈門正統』が編纂されたが，遺逸が多かったり，文章が悪かったりと欠点があり，それを補う形で1269（咸淳5）年に完成。全54巻は本紀8巻・世家2巻・列伝12巻・表2巻・志30巻に分かれ，正史の体裁をとるが，「法門通塞志」は編年体の形をとる。所々に論賛が入る。冒頭には「通例」が置かれ，立伝の意味や凡例，執筆の立場が示され，引用文献が列挙される。本紀は，釈迦以下のインド24祖や中国の天台9祖らの伝記。天台宗の教えが仏陀から正統なかたちで伝わったものであることを強調し，対抗勢力であった禅宗を意識した論述となっている。世家は祖師の傍系の伝記。列伝は諸師の伝であるが，山外派は「雑伝」に入れて貶めており，天台宗派内の対立の深さを示している。禅・密教・律の諸宗派も簡単ながら「諸宗立教志」でふれている。
（西脇 常記）

ぶっそれきだいつうさい【仏祖歴代通載】

元の梅屋念常禅師（1282～?）が編纂した編年体の仏教歴史書。過去七仏より元の第14代皇帝，順帝の即位した1333（元統元）年に及ぶ。22巻。明の『北蔵』は「目録」1巻を加えて36巻に分け，『続蔵経』などはそれを採用している。巻首には虞集の序と弟子の覚岸の序，および凡例を載せる。念常は華亭（上海市）の出身で，俗姓は黄。12歳で出家し，晦機元熙の下で得道した臨済宗の僧侶。宋初には『景徳伝灯録』，南宋には『隆興仏教編年通論』が編纂されたが，この書は両書を抜き書きしたもので，論賛もそのまま記している。念常が新たに筆を執った部分は巻18以下の宋・元の事跡5巻に過ぎないが，そこには一つも論賛が見えない。天台宗の立場から書かれた志磐『仏祖統紀』の弊を改め，宗派に偏らない仏教史を試みたとされるが，必ずしも成功せず，禅宗史の色彩が強い。『四庫全書総目提要』（145 子部釈家類）にはこの書の解題が載るが，陳垣は多くの誤りのあることを『中国仏教史籍概論』（1955年）で指摘している。
（西脇 常記）

ぶっだばっだら【仏陀跋陀羅】 359～429

（元嘉6）。東晋末から南朝宋の頃に活躍したインドの仏教僧。仏駄（大）跋陀羅・仏駄跋陀・浮頭婆駄・覚賢・仏賢ともいう。サンスクリット名はブッダバドラ（Buddhabhadra）。姓は釈氏，釈尊の父スッドーダナの末裔という。北天竺に生まれ，17歳で出家してより，若くして禅と律で名を馳せた。罽賓（ガンダーラ一帯，現代のパキスタンのペシャーワル市の北方）にて智厳（涼州出身の行歴僧）と出会ったのを契機に，葱嶺（パミール高原）を越えて中国に渡った。葱嶺より六国を経て交趾に至ったというが，その詳しい経路は不明。中国でははじめ長安に滞在したが，鳩摩羅什教団の一派に排斥され，慧観・宝雲らとともに廬山慧遠のもとに身を寄せ（411～412年頃），江陵に移動し（412年末頃～415年夏），建康に至り道場寺に住した。訳経に『華厳経』60巻，『摩訶僧祇律』40巻，『如来蔵経』1巻，『達摩多羅禅経』2巻などがある。説一切有部（薩婆多部）に属する大乗の僧侶であった。『出三蔵記集』14，『高僧伝』2，『名僧伝』18に伝がある。
（船山 徹）

ぶっちょうしょう【仏跳墻】

福建省の代表的高級料理。下ごしらえしたアワビ・フカのひれ・ナマコ・貝柱・魚の浮袋・豚のアキレス腱・鶏・アヒル・椎茸・野菜などの主材料と，紹興酒・醬油・生姜・八角・スープなど調味料合計20種以上を空の紹興酒のかめの中に入れて長時間煮込んだもの。もとの名は福寿全といい，参禅中のある仏僧が隣の屋敷から漂ってくる福寿全のよい香りにいたたまれず塀（墻）を跳び越えて食べに行ったという言い伝えからこの名がつけられた。
（鈴木 健之）

ぶつでんず【仏伝図】

釈迦の80歳にわたる生涯に題材をえて描いた図相。釈迦誕生以前の本生譚（ジャータカ）をあらわす本生図も広義の仏伝図。仏伝図は，紀元前2世紀後半頃，インドにおける初期仏教美術の中で，仏像の成立に先立って創始された。ボードガヤー（ブッダガヤ）やサーンチーなど釈迦にゆかりの聖地に造立されたストゥーパ（仏塔）で，その周りを囲む欄盾や塔門を装飾する浮き彫りの仏伝図がもっとも古い。紀元1世紀頃，クシャーン朝で仏像が成立し，ガンダーラ美術において仏伝を歴史的に解釈する気運が高まると，後世まで

基本となる仏伝図がストゥーパの基壇をめぐるように浮き彫りで連続的に表現された。東伝以後も仏伝図は広く制作され，仏伝の中から，誕生・降魔成道・初転法輪・涅槃の四大事や，それに下天・託胎・四門出遊・出家踰城・雪山苦行・分舎利などから4つの諸大事を加えた八大事を釈迦四相や釈迦八相と呼んだ。これらの場面にもとづく釈迦の姿は，単独で釈迦像を造形する場合の典拠ともなった。
(井手 誠之輔)

ぶっとちょう【仏図澄】 232〜348(建武14)。五胡十六国後趙の仏教僧。神通力や呪術，予言にたけた神異僧。西域の出身(亀茲国か)。西晋の310(永嘉4)年はじめて洛陽に至ったときには既に79歳の高齢であった。永嘉の乱ののち，人民の苦を救うため，霊能力を発揮して後趙の石勒・石虎を教化して，尊敬を受け，国政にも参与した。335(建武元)年，石虎が鄴に遷都すると，これにしたがった。仏図澄には訳業等の後世に残る業績はなく，思想的特徴も定かでないが，戦乱の世にあって，経典を講説し厳しい戒律生活を送ることによって多数の弟子を輩出し，華北仏教を隆盛に導いた点は意義ぶかい。すなわち仏教史上名だかい*釈道安を育成したばかりでなく，澄に学んだ竺法雅らはいわゆる格義仏教によって漢人知識層に布教し，竺僧朗は泰山で厳密な戒律生活を送る漢人教団を形成した。『*高僧伝』9に伝があり，『世説新語』言語篇の劉孝標注に『澄別伝』を引く。晋書95
(船山 徹)

ぶつりしょうしき【物理小識】 明末清初の自然知識にかんする書。12巻。著者は*方以智。内容は，天類から始まって，暦・風雷雨暘・地・占候・人身・医薬・飲食・衣服・金石・器用(器具と製法)・草木・鳥獣・鬼神方術・異事の15類に分類され，各類の個別的事物の法則性(「物」の理)が探求されている。「気＝火」一元論の立場から自己の「質測」の学を具体的に展開する，方以智の前半生における代表的著述の一つ。約20年間にわたって思索し書き綴っていたものを，子の方中通らが編集し，1664(康熙3)年に上梓した。 (白杉 悦雄)

ぶつりろん【物理論】 三国〜西晋時代，3世紀頃の哲学書。著者は*楊泉。もと16巻あったと伝えられているが，大部分が散逸して，現在は諸書に引用された断片のみが伝わる。『物理論』は「水」を天地万物の始源とし，水から気が発生し，気は流動して天地を形成し，気の作用の結果としてさまざまな現象と万物が生ずる，とする独創的な自然観を述べる。「水・気→天地万物」という考え方は，王充の「天地→気」の考え方よりも，より一層「気」の論理を貫徹させた自然解釈の体系である。
(白杉 悦雄)

ぶてい【武帝(西晋)】 236(青龍4)〜290(太熙元)。西晋の初代皇帝。在位265〜290。河内郡温県(河南省)の人。姓は司馬，名は炎。字は安世。廟号は世祖。三国魏の重臣司馬懿の孫。司馬昭の嫡長子。265年，亡くなった晋王司馬昭の後を継いだ司馬炎は三国魏の元帝(陳留王曹奐)の禅譲を受け即位。泰始律令の制定や国子学の創設など意欲的に政治に取り組み，呉の征服に成功。280(太康元)年，三国時代に終止符を打ち，中国再統一を実現，地方の軍備を大幅に撤廃した。旧呉の宮女を収容し，1万に倍増した後宮で，羊車に乗り，羊が立ち止まった所で宴席を設け宿泊したという逸話(『*晋書』巻31・后妃列伝上・胡貴嬪)に象徴される弛緩した空気が支配したという。その上，同母弟の斉王司馬攸の死を契機に外戚の楊駿が台頭。武帝の死後，八王の乱・永嘉の乱による西晋の滅亡の遠因となる。学問で立つ家柄を誇りに，とくに礼を重んじ，外祖父の王粛の古文学系の学説を，*鄭玄の学説と同等に採用した。晋書3 (福原 啓郎)

ぶてい【武帝(南朝梁)】 464(大明8)〜549(太清3)。南朝梁の初代皇帝。在位502(天監元)〜549。廟号は高祖。陵は脩陵。姓名は蕭衍，字は叔達，小字は練児。法名は冠達。南蘭陵(江蘇省)の人。もとは永嘉の乱で南遷した寒門武将の家柄。南朝斉王室と同族で，父が佐命の功臣となり貴族階層に参入した。若くして儒・仏・道をはじめ諸学に通じて詩文・書法・囲碁にも秀で，才学の士を選りすぐった竟陵王蕭子良の文化サロンで重きをなした。要衝襄陽(湖北省)の督将に在鎮中，重臣の兄が無実の罪で殺されたのを機に，在地の豪族土豪を結集，挙兵進撃して暴君東昏侯を伐ち，502年，和帝の禅を受けて帝位につき，梁王朝を開いた。

初め武帝は，疲弊した民生の回復に努めるとともに，士庶・貴賤の身分秩序の確立にとりくみ，とくに門閥偏重の弊を深めた貴族制に対しては，九品官人法を改編，あわせて子弟教育のために国子学と五学館を設けて経書の試験による官吏登用を推し進めるなど，個人の才能と学殖を重視する立場から改革をはかった。後の科挙制につながるこれら新貴族主義策とも相まって，魏晋以来第一の盛世を実現，「天監の治」と称えられた。

しかし，50歳を迎える頃，道教を捨て仏教に帰依，天子の身をもって菩薩戒を受けて仏弟子となり，さらに4次にわたって捨身を決行，「皇帝菩薩」と頌されるまでの篤信は，仏教の大隆盛をもたらしたが，反面，万民の安寧を仏の教えの実践に期した

慈悲の寛政は，大赦令を濫発して王公貴権の巨悪をも放置，側近寵任や鉄銭発行の失政も加わって綱紀の紊乱と社会不安が昂まる中，天下統一を夢見て受けいれた北朝東魏の降将侯景の反乱を招いて敗れ，幽閉のうちに餓死した。中国史を代表する文人＝学者皇帝で，浩瀚な『通史』や『華林遍略』を勅撰する一方，自らも勉学に励み『尚書大義』『孝経義疏』『制旨大浄涅槃経講疏』等々，経書仏典の注釈を中心に多方面に彪大な著述を重ねた。大部分が散佚に帰したが，なお一斑を厳可均校輯『全梁文』，丁福保校輯『全梁詩』に確かめることができる。

（安田　二郎）

声律学では，振動数が律長に比例する弦に三分損益法を委ね，絶対音高を定めやすい管にその表示を委ねた業績などが際立つ。梁書1〜3，南史6・7

（水口　拓寿）

ふてんれき【符天暦】　西域出身の曹士蒍が著した私暦。史書や目録によると，唐末から五代，宋代にかけてかなり流行していたことがわかるが，長い間散佚していたためにその実態は不明であった。第二次大戦後に天理大学の図書館でその一部が発見された。日本の宿曜道において惑星の位置計算のために『七曜攘災決』と並んで使用されていた。インドの暦法と同様に暦元を近い過去にとること，惑星の不等運動を表すのに二次関数を使用していることが大きな特徴である。

（矢野　道雄）

ふと【浮図】　中期インド語のブッダ(buddha)の音写。他に「浮屠」「仏図」などとも音写された。しかし後漢末の安世高訳・支婁迦讖訳などの漢訳経典において「仏」の音写語が定着しているから，これらの古い音写語は一般の漢人仏教信者の間で慣用されたのであろう(例えば『後漢書』楚王英伝に「浮屠之仁祠」とある)。他方で，仏塔あるいは仏塔に付属した仏像が，「仏図像」(『牟子理惑論』)，「仏図」(『大智度論』巻11, 大正新脩大蔵経25.144a など)とよばれている例があり，そこから仏塔を「浮図」「仏図」などとよぶ伝統が始まったであろう(例えば『真話』巻9, 21頁)。後世，「浮図」は stūpa あるいは thūpa(ともに「仏塔」の意)の音訛であると解釈されたこともある。

（荒牧　典俊）

ぶどうからくさもん【葡萄唐草文】　うねうねと連続して波状に続く文様帯を唐草文といい，その波のあいだに葡萄の房と葉をつけると葡萄唐草文様となる。西方原産の葡萄が，装飾文様として中国の連続波状文に取り入れられるのは，初唐の海獣葡萄鏡からである。しかし，同じ西方原産の獅子との組み合わせで盛んに用いられた以外，連続波状文の主流とはならなかった。我が国では薬師寺の金堂本尊の方形台座に唯一，葡萄唐草文が見られる。

（秋山　進午）

ぶとうざん【武当山】　湖北省北部の丹江口市にある山。太和山ともいう。道教および民間で有名な神である真武信仰の本山。主峰である天柱峰（海抜1612m）には金殿と呼ばれる金属製の祠があり，内に明代鋳造の真武像を祀る。仙人あるいは武術家として著名な張 三丰ゆかりの地としても著名であり，山中に点在する巨大な道教建造物の多くは永楽帝ら明の朝廷により彼のために築かれた。道教式武術のメッカとしても知られる。

（横手　裕）

ぶとうざんどうきょうおんがく【武当山道教音楽】　湖北省の武当山宮観と周辺村落の道教音楽。宮観で，自らの修養や法事のために音楽を奏する楽派と，周辺村落で住民を対象に音楽を含めた各種儀礼を行う楽派がある。ともに歌(韻腔)と器楽(曲牌)を併用し，曲目や演奏形式も共通する。韻腔には，神を対象とし殿内での儀礼で奏する陽腔と，人間を対象とし殿外の斎醮道場で奏する陰腔がある。曲牌は法事用の正曲と娯楽性の高い耍曲に分かれる。武当山は宮廷と，楚の古層文化を継ぐ民間の双方から音楽を摂取し，各派が交流しながら独自の音楽様式を育んだ。曲調は全般に古風で，華美を嫌う。

（尾高　暁子）

ぶはん【舞判】　宋代の舞踊芸能。仮面を付けて鍾馗のような服装をした演者が傍らの銅鑼の音に合わせて舞うものであったという(孟元老『東京夢華録』7・駕登宝津楼諸軍呈百戯)。判官(冥界の役人)の所作をかたどったものと考えられる。この舞踊は後代の鬼神を主人公とする演劇に受け継がれ，現代の地方劇に伝わる『跳判』『火判』等の源流になったとされている。

（竹越　孝）

ふひきょう【賦比興】　→六義

ぶびし【武備志】　明末の兵書。240巻。1621（天啓元）年の序文をもつ刊本がある。茅元儀著。茅元儀は帰安(浙江省)の読書人の家柄で，当時の満洲族の勃興に危機感をもって本書を著した。兵書を批評した「兵訣評」，参考戦例を集めた「戦略考」，陣法や訓練を記した「陣練制」，軍備と資財に関する「軍資乗」，天文気象と兵要地誌を記した「占度載」の5類に分けた軍事の百科全書で，多くの地図や図解も載せるが清代には禁書とされた。『中国

フビライ →クビライ

ふぶ【巫舞】 神が巫(宗教者)に憑依する際に巫の行った歌舞。『説文解字』によれば，「巫は祝(かんなぎ)。形の無いものに仕え，舞によって神を降ろすことのできる女性である。人の両袖をひろげて舞う形に象る」とあり，歌舞の発生はこの巫に基づくとされる。巫は神や精霊や死霊といった超自然的な存在と直接に交信し，占卜・予言・治病・祭祀を行う職能者で，殷代には国政にも参与した。秦・漢代以後，儒教の隆盛，仏教の伝来，道教の形成によって，祭祀における巫の地位も次第に低下した。そのため民間に活動の場を移し，潜行し，時を経て娯楽を提供する芸能者となった。巫舞の形式も多様になっていった。現在でも願掛けを行う際，神を招きよせるために民間の宗教者の行う歌舞に伝承されている。旋回の方向や禹歩と呼ばれる呪術的な足の運びなどに特徴がある。　　　　　　　　　　(廣田 律子)

ふへいせい【府兵制】 6世紀中頃の北朝西魏に成立し，8世紀前半の唐玄宗期に歴史的使命を終えた兵制。地方の要衝などに設置された軍府が基幹単位となり，通常の訓練や都勤務(上番)，辺境防備や臨時の出兵などを統括した。府兵は個人はもとより，その家族も軍府と密接な関係をもった。なお軍府は三国以来の分裂状況，鮮卑北族の部族兵制の影響のもとで出現しており，広義にはこの先行段階も含める。

府兵制の直接の起点は，西魏の537(大統3)年の6軍の設置から，550(同16)年の24軍の成立に至る過程で，北族系兵士に漢族郷兵を加え，制度的体系化が計られたところに求められる。これによって胡漢双方を結集させた新たな軍事力が実現し，以後北周から隋初へと拡大をたどり，589(開皇9)年の全国統一の原動力となった。この時期，正規軍たる府兵制を側面から支えたのが丁兵制(農民丁男がグループで交代勤務した地域防衛の兵制)による地方兵であり，府兵は農民と一線が画された専門兵であった。

隋の全国統一の翌590年，兵力の削減と兵民一体化の方針が示され，これを境に後期府兵制の段階に入る。ちなみに軍府の名称は，西魏〜北周時に儀同府，隋前半に驃騎・車騎府，隋煬帝期に鷹揚府，そして唐の折衝府と変遷をたどる。とくに鷹揚府制では指揮系統の体系化，兵民一体の理念が追求されるが，煬帝の徹底した整備拡張は，逆に兵士の力を削ぎ，隋末には驍果とよぶ兵力に代替された。その反省の上にたつ唐の折衝府は，鷹揚府制を踏襲しつつ，兵士の位置づけに農民と一線を画し，主体的参加を保証した。7世紀末以降の戦闘頻発のなかで制度疲労に達し，地方の団結兵や中央の彍騎，辺境の健児など新兵制にとって代わられるに至り，無実化した。　　　　　　　　　　(氣賀澤 保規)

ぶべん【武弁】 →武冠

ふほうぞういんねんでん【付法蔵因縁伝】 インド仏教における師資相承の歴史を述べたもの。6巻。北朝北魏の473(延興2)年，曇曜・吉迦夜の訳出とされるが，実際は曇曜の編纂に成る。446(太平真君7)年，太武帝による中国仏教史上初の廃仏毀釈が断行されたあと，つづいて即位した文成帝の命により仏教復興の中心的存在となった曇曜は，有名な雲岡石窟の造営などの事業を興したが，とくに仏陀によって開かれた妙法を宣揚するために，この書を撰して摩訶迦葉から師子比丘までの24祖師による伝法の系譜を世に示した。のちにこの系譜は仏教各宗の尊重するところとなり，禅宗においてはこれにもとづいてまず西天29祖説が主張され，そのあといくつかの不備が補われて，こんにち定説となっている28祖説に落ち着いた。大正新脩大蔵経第50巻所収。　　　　　　　　(古賀 英彦)

ぶもおんじゅうきょう【父母恩重経】 7世紀頃，儒教倫理の孝を取り入れ，仏教の立場から父母への孝養を説くことを主題として作られた中国撰述経典。1巻。本経は『大周録』の「偽経目録」に名前が出たのが最初のようであるが，『開元釈教録』では本経が丁蘭・董黯・郭巨など中国の孝子と称される人を引いているから偽経だとしている。その後丁蘭等を削除した異本が出現し大いに流布したが，丁蘭記載本も相変わらず利用されたらしい。その後地獄の描写が取り入れられた『大報父母恩重経』が作られた。また講経文や変文なども作られ人口に膾炙した。仏教の孝は『六度集経』や『菩薩睒子経』などに見られる睒子(Skt. Syāma)本生譚が起源であるが，丁蘭記載本には閃子の名で出る。また道教でも8世紀頃『太上老君説報父母恩重経』などが作られた。日本へは古くは丁蘭削除の敦煌本と同内容の経が伝来したが，近世の流布本は日本撰述の経典の可能性が濃厚である。　　(落合 俊典)

ふようで【芙蓉手】 明時代後期の万暦年間(1573-1620)から清時代初期にかけて，景徳鎮民窯で製作された青花磁器の一様式。多くは大盤に見られ，見込み中央の円窓に，花鳥図・人物図・山水図・宝尽くし図といった主文様を描き，その周囲に

も大きな蓮弁状の文様帯をめぐらせて装飾する。製品の大半は西欧や西アジアへ向けて輸出された。五彩磁器でも焼成され，その意匠形式は，「呉州手」と呼ばれる福建省 漳州 窯の製品のほか，日本の伊万里焼，オランダのデルフト窯などでも見られる。

(長谷川 祥子)

ふりょう【傅亮】 374(寧康2)～426(元嘉3)。東晋～南朝宋の文人。北地霊州(陝西省)の人。字は季友。高祖父は傅咸，さらにその父は傅玄。経・史にわたる学識と文章の才によって，東晋末に中書黄門侍郎などを歴任し，宋初は中書省で詔勅をつかさどった。宋王朝建国前後にあって，劉裕(宋の武帝)の上表文や詔勅のほとんどをものした。「為宋公修張良廟教」など4篇の文が『文選』に採られるが，詩については平凡な域にとどまった。宋書43・南史15

(釜谷 武志)

ぶりんきゅうじ【武林旧事】 南宋の都城であった臨安(武林)の旧事を追憶した都市繁盛記。10巻。南宋の周密撰。1280年代に完成したと考えられる。撰者自身が直接見聞した事実に基づいて書かれているため，その記述は正確で，特に南宋の乾道・淳熙年間(1165-89)の史実が詳記されている。都城構造の他，芸術文芸や各種の手工業，さらには物産情況についても詳述されており，南宋の都城臨安の史料であるばかりか，南宋の経済史や商業史の史料としても高い価値を持ち，呉自牧『夢粱録』と相互に参照すべき内容を含んでいる。『知不足斎叢書』『武林掌故叢編』等に収載されている他，点校本には『東京夢華録(外四種)』本等数種があり，索引に梅原郁編『東京夢華録夢粱録等語彙索引』がある。

(木田 知生)

プレマール Le Père Joseph-Henri de Prémare 1666～1735？。フランス，シェルブール生まれのイエズス会の神父。ブーベ神父らと中国へ伝道。饒州(江西省)に長く滞在したあと，迫害のため，マカオに逃れ，そこで死去したとされる。パリ王立図書館所蔵の(フールモン整備の)多くの漢籍は彼に負う。元曲『趙氏孤児』の彼の訳(1731年)は長く西欧での中国演劇の代表例とされた。ラテン語による『中国語の解説』(1728年)は，彼の最も重要な作品(印刷は1831年)。仏訳は1878年のペルニによるものが初めて。　(門田 眞知子)

ふろう【父老】 戦国・秦・漢時代，日常生活で指導的役割を果たした長老的存在。漢初まで，牆壁と門で囲まれた里に住む人々は擬制的血縁関係で結ばれ，父老が里社の祭や施設の修繕などを指導した。父老の指導力は里を越えて県城全体に及ぶこともあり，前203年の三老制はかかる指導力を民衆支配に利用したものだろう。後に父老は賦銭徴収や治安維持などにも関与した。後漢の石刻には父老となるための資産的条件の存在を示す記述も見え，父老は長老的存在から役職へと変質した。　(鷹取 祐司)

ふろく【符籙】 正式に道士の弟子となったものに与えられる証書。各宗派ごとに独自の符籙があり，また，修行の段階に応じて異なった符籙が与えられる。一般に，絹または紙に，師弟の氏名，授与の年月日，誓詞，天界の真霊仙官などの名号や神符神像などが書かれており，受籙者はこれらの真霊仙官を役使する法力を有するとされた。正一教や霊宝派などはとくに符籙を重視する。

(麥谷 邦夫)

ぶん【分】 もともと「分かれる」の意である。『孟子』では天から分かれた各人の「もちまえ・性・使命」の意味になる(尽心篇)。この場合の分は天の継受または分有に主眼がある。『荀子』では人間集団を粉ける「等級・階級」や「役割としての職務・仕事」の意味になり，また動詞として「人間の集団を適切に分ける」の意になる(王制篇・王覇篇・富国篇など)。この場合の分は，類別化された各部類に期待される特性・機能，人間社会の構成に向けたその部類どうしの調和や協働に主眼がある。これらの分は次の段階で名とむすびつき，名分概念を作っていく(『呂氏春秋』審分篇)。分は必ずしも術語として練り上げられた言葉ではなかったが，「本分を尽くす」「天分を知る」「分をわきまえる」のごとく現代日本語にも深く浸透している。

(関口 順)

ぶん【文】 口で話されたものを「言」と言うのに対して，「文」とは文字で書かれたものを指す。この「文」の字形は，正面形の人体の胸部に種種の記号(多くは心字形)を加えた形であり，文身(いれずみ)の形象である。即ち人体に施された装飾であり，そこから模様・あやと言う意味が生じた。天には日月星辰，地には山谷という文があるように，人にも自ずから文が備わっており，その人の「言」も，孔子が「言の文無きは行わるれども遠からず」(『左伝』襄公25年)と言うように，修辞を凝らした文あるものでなければ広く伝わらない。それを文字化した「文」も同じである。それでは，人にとっての文とは何か。それを最も重んじた儒家では，礼楽と言う社会秩序を指し，それを文ある言葉で説いた聖人の教えを文字化した経書こそが，理想的な「文」とされる。このように，「文」或いは「文章」

とは，所謂文学とは異なり，修辞的であるだけではなく，公的・政治的・思想的内容を持つものであることが要求された。そのため最も早い文学論である魏の文帝『典論』論文には「蓋し文章は経国の大業にして，不朽の盛事なり」と言う。

ところで，中国では魏晋南北朝の美文追求の傾向など長い歴史を経て，日常口で話される言葉と文字で書かれた言語には大きな隔たりが生まれた。宋元以来次第に盛んになってきた小説や戯曲のような話し言葉を大量に用いたものを「白話文」と呼ぶのに対して，伝統的な書き言葉で書かれたものを「文言文」と呼ぶ。「文」とは修辞を凝らした美しい表現で，深い内容を持つという2条件を満たすものと考えられていたため，伝統的には白話文は「文」の範疇に入れられず，「文」と言えば文言文のみを指した。文言文は，脚韻を踏む韻文と脚韻を踏まない無韻の文に二分される。無韻の文のうち，一定のリズムの反復がある駢文に対して，定まったリズムはなく対句も用いないものを純粋の散文とする。

（坂内 千里）

ぶんいん【分韻】
複数の人があらかじめ決めておいた韻や字をくじびき等で分け，その韻を用いて作詩する方法。韻字を分けた場合は「得某韻」，古語や昔の詩人の詩句から字を取った場合は「得某字」と詩題に加えられる。遊戯ではあるが，如何に早くその韻で作詩できるかという能力が問われる。南朝梁の曹景宗の伝にあるように，初めは連句を作る際に各人に韻字を分けたが，のちその字の韻で各自一篇の詩を作る場合が多くなった。唐以降盛んに行われるようになった。

（道坂 昭廣）

ぶんえんえいが【文苑英華】
北宋に編纂された詩文の総集。1000巻。982(太平興国7)年に太宗の勅命で，李昉・宋白・徐鉉らが編集を始め，987(雍熙3)年に完成した。南朝梁から五代までの，2200人近くの文人の詩文を集録し，総数は2万篇近くにのぼるが，うち約9割は唐の作品である。賦・詩・歌行の順に38種類のジャンルに大別するのは，排列順・ジャンルの総数において『文選』とほぼ一致するし，時代の上限が南朝梁に設定されているのも，『文選』を継承しようとの編纂意図が明らかである。選録の基準が明確でなく，誤りも少なくないが，ここにしか載録されない作品もあり，また校勘の資助ともなる。『太平御覧』『太平広記』『冊府元亀』とともに宋四大書に数えられる。南宋になって周必大・彭叔夏らの校訂を経て刊行された。

1966年の中華書局影印本は，今に伝わる宋刊本140巻分を用いて，残りの860巻を明刊本で補い，彭叔夏『文苑英華弁証』などを付す。（釜谷 武志）

ぶんえんかく【文淵閣】
清の帝室蔵書楼の一つ。1776(乾隆41)年築。北京故宮東華門内に位置する。文淵閣はもと明の洪武帝が南京奉天門に建てた蔵書楼。永楽帝の遷都により北京に移り，『永楽大典』の編纂事業がなされた。清代の1772(乾隆37)年の四庫全書館開設と『四庫全書』編纂の宣布，翌年の蔵書楼築造の詔にあたり，明代の大蔵書家である浙江寧波の范欽天一閣を模して故宮文華殿の後方に建造される。落成後は毎年御進講が行われた。建物の色彩が黒を基調とするのは，五行の黒(水)が火災を制するとされたため。『四庫全書』の正本，『古今図書集成』を収蔵した。（佐藤 礼子）

ぶんえんかくしょもく【文淵閣書目】
明の文淵閣の蔵書目録。1441(正統6)年，文淵閣所蔵書籍の分類整理の任にあたった楊士奇らによって編纂された。7297種の書物を著録する。蔵本の書名と残欠の有無のみ記す簡潔な書式で，著者名や巻数などの情報は記されず，解題も添えられないが，当時実在した書物の全体像をうかがい知ることができ，書誌学上重要な目録である。もと不分巻。『四庫全書』本は4巻に，『読画斎叢書』本は20巻に分かつ。（成田 健太郎）

ぶんか【文嘉】
1501(弘治14)～83(万暦11)。明時代後期の文人画家。長洲(江蘇省)の人。字は休承，号は文水。文徴明の次男で，文彭の弟。歳貢生(郷試の受験資格を得た生員の中から国子監に送るために選抜された者)となり，官は吉州訓導，烏程教諭，和州学正を歴任。徴明門下の文人ネットワークの中心的存在であり，兄彭と共に詩書画をよくし，文氏の家学を継承した。山水画を得意とし，父徴明の様式に倪瓚の蕭散格を加味して，平明な構成の中に簡潔な筆致，明澄の淡彩を用いた作品を多く遺した。著には，厳嵩旧蔵の書画470点を著録した『鈐山堂書画記』(1565年序)がある。代表作に『琵琶行図』(大阪市立美術館蔵，1569年)など。明史287

（板倉 聖哲）

ぶんがくかくめい【文学革命】
民国初期の新文化運動。1917(民国6)年1月に胡適が『文学改良芻議』を，同2月に陳独秀が『文学革命論』を『新青年』誌上に発表したのが発端。胡適は「内容の伴う表現をせよ，古人を模倣するな，文法を重んぜよ，無病の呻吟をするな，陳腐な常套句はとり除け，典故を用いるな，対句を使うな，俗語俗字を避けるな」の8か条を提起，言文一致を主張した。陳独秀はこれを受けて，「華美でおべっかつかいの貴

族文学を打倒し，平易で抒情的な平民文学を建設しよう，陳腐で大げさな古典文学を打倒し，新鮮で誠実な写実文学を建設しよう，晦渋で難解な山林文学を打倒し，明瞭で通俗的な社会文学を建設しよう」の三大主義を提唱した。

こうした流れを，作品の形で結実させたのが，翌1918年やはり『新青年』に掲載された魯迅の小説『狂人日記』であった。これ以降，多くの新聞雑誌が口語の採用に踏みきり，新文学の作家もつぎつぎに誕生していく。　　　　　　　　　　（中　裕史）

ぶんがくけんきゅうかい【文学研究会】

民国の文学団体。1921年1月4日に北京で成立。発起人は周作人・鄭振鐸・沈雁冰（茅盾）・葉紹鈞・王統照・許地山ら12人。上海商務印書館から機関誌『小説月報』『文学週報』を，中華書局から月刊『詩』を刊行。「世界文学の研究と紹介，中国旧文学の整理，新文学の創造」（「文学研究会簡章」）を会の目的として，『小説月報』にロシアやフランス，被抑圧民族の文学の特集号を設けたり，茅盾や巴金の長篇小説，謝冰心や丁玲など女流作家の作品を掲載した。また，100余点にのぼる「文学研究会叢書」をはじめ数種の叢書を刊行するなど，新文学の発展に与かるところ大であった。

創造社のいわゆる「芸術のための芸術」に対して「人生のための芸術」を主張する人生派と目されたが，「文芸を，心はずむ時の遊戯か失意の折の慰めとみなす時代は，今や終わった」（『文学研究会宣言』）とする態度こそ共有するものの，団体として明確な文学的主張があったわけではなく，ゆるやかな結合体であった。　　　　　　　　（中　裕史）

ぶんかんしりん【文館詞林】

初唐に編纂された詩文の選集。658（顕慶3）年，許敬宗（592～672）らが高宗の勅命を奉じて，漢代から初唐まで約8世紀間の詩文を，形式内容によって分類編纂したもの。もと1000巻あったが，中国では，宋初にはすでに散佚。日本には823（弘仁14）年に書写されたものが，高野山や宮内庁書陵部などに，断片をふくめて27巻ほど伝存する。このうちの4巻を江戸幕府の大学頭林述斎が『佚存叢書』第2帙に収め，1801（享和元）年の序を付して刊行したことによって，その存在が中国にも知られるようになった。阮元の『四庫未収書目提要』はこの『佚存叢書』本に拠っている。現在，刊行されているもののうち，『影弘仁本文館詞林』（古典研究会，1969年）は，現存する諸本の祖となった弘仁旧鈔本を，旧形の順に復して影印，不足分はそれに近い摸鈔本等で補い，さらに阿部隆一・尾崎康の解題等を付しており，最も便利かつ信頼できるテキストである。　（筧　文生）

ぶんぎ【文戯】

伝統演劇の囃し方は，文場と武場に分かれ，併せて文武場あるいは場面という。文場は，擦弦楽器（京胡など）・撥弦楽器（月琴など）・管楽器（笛・嗩吶など）から成り，うたの伴奏や情景描写を主とする。武場は，大鑼・小鑼・単皮鼓・鼓板・梆子などの打楽器から成り，仕草・台詞・うた・立ち回り等の区切りを明確にしリズム感を出すのが主である。文場が主となるうた中心の芝居を文戯，武場が主となる立ち回り中心の芝居を武戯という。　　　　　　　　　　（松浦　恆雄）

ぶんききかんず【文姫帰漢図】

南宋の絵画。李唐・蕭照・陳居中の作のほか，その後もいくつかの模本が描かれている。後漢の詩人である蔡文姫が匈奴から解放されて，洛陽の邸宅に帰ってきたところを絵画化したものであり，南宋の作は当時の大型の住宅を知る，数少ない貴重な史料である。門屋を過ぎると中庭があり，その奥に正房の堂が描かれる。また，堂は廊下でさらに奥の寝（寝室）とつながっているように描写されているが，この形式は唐代では官吏にしか許されていなかったものである。　　　　　　　（高村　雅彦）

ぶんきにゅうさい【文姫入塞】

雑劇名。『盛明雑劇』所収。明の陳与郊の作。『後漢書』董祀妻伝に基づく。後漢の学者蔡邕の娘蔡琰（文姫）は戦乱のさなか匈奴に捕らわれる。後，老いた蔡邕に跡継ぎがないことを憐れんだ曹操は文姫を財宝で取り戻し董祀に嫁がせる。劇の中心は匈奴で12年生活して左賢王との間に2子をもうけた文姫が，漢への帰国の喜びと子供たちとの惜別，悲喜こもごもの歌を聞かせる所。京劇に，蔡琰作とされる『胡笳十八拍』を織り込んだ程硯秋の代表作『文姫帰漢』がある。『昭君出塞』は同じく陳による姉妹編。　　　　　　　　　　（吉川　良和）

ぶんきょうひふろん【文鏡秘府論】

詩文創作の手引きとして，六朝から唐にかけての詩文の創作理論を編纂した書。6巻。弘法大師空海編。9世紀初期の成立になる。各巻には，天地と東南西北四方の名を配して編成する。空海自身の著書と誤解されることが多いが，彼の手に成るのは，天巻の総序と東西両巻の小序の3篇にとどまる。唐代の詩学において重要な位置を占める対句論をまとめた東巻「論対」と，声律論をまとめた西巻「論病」を2つの主柱として対応させ，それに南巻「論文意」と北巻「論対属」を配する構成は，曼荼羅的な構図を思わせるところがある。これらの諸論の大多数が隋から中唐に至る時期に集中しており，その中には空海が唐土留学中に収集した資料もかなり含まれていた

と想像できる。この書に引用される文章にはほとんど出典が明記されていないが，現存する最も早い時期の抄本である三宝院本には，見せ消ちの方法で出所が記されており，それによって空海の拠った原典をほぼ推定することができる。引用文献の多くは中国本土ではつとに佚したもので，ことに「詩格」と称される詩論の書が中心を占めており，この時期の文学理論のありかたをうかがうための貴重な宝庫となっている。その中には，劉善経『四声指帰』，撰者未詳『文筆式』，上官儀『筆札華梁』，元兢『詩髄脳』，崔融『唐朝新定詩格』，王昌齢『詩格』，皎然『詩議』などがある。たとえば六朝から唐中期にかけて盛行した「四声八病」の理論などは，中国本土にはほとんど資料が存せず，本書によってはじめてその詳しい実態が知られる。長く抄本の形で真言宗の寺院などの限られた世界で知られるにとどまっていたが，江戸初期になってようやく版本が現れた。その本格的な研究がなされるようになったのは戦後のことである。近来は中国の学界でも注目を集めている。『文筆眼心抄』1巻は，空海自らこの書の要所を摘んで約3分の1にまとめた縮約本である。
（興膳　宏）

ふんけいえんおうかい【刎頸鴛鴦会】　現存するものは『清平山堂話本』『警世通言』所収の短篇白話小説だが，「商調酢葫蘆」10首から成る体裁から，元来は宋代の鼓子詞の作品であったと考えられている。杭州の蔣淑真は美人だが幼少より色好みで，隣家の阿巧を誘惑して死なせ，結婚後も密通し夫李二郎を憤死させ，さらに再婚しても密通を重ねた。夫張二官はその現場に踏み込み淑真と相手を斬殺した。同時に阿巧と李二郎の霊も現れて恨みをはらしたというもの。
（笹倉　一広）

ぶんげん【文言】　→文

ぶんげん【文源】　近代の文字学書。古代文字の字形に立脚し，文字の本義を考察した書物。12巻。1921（民国10）年刊。林義光（福建省閩侯県の人）の撰。『説文解字』が時代的制約によって小篆の字形を本義考察の基準としたことを不十分として批判し，主として金文の字形を基準にして各字の本義と構造を究明した。臆説も多いが，古代文字の字形を基準に据えた点で，近代文字学の方法を開いた著述と評価される。
（阿辻　哲次）

ぶんけんつこう【文献通考】　元の政書。348巻。宋末元初の人，馬端臨の撰。唐の杜佑の『通典』の体裁にもとづき，古代から南宋中期の嘉定年間にいたる各種資料を，経済・官制・宗教・軍事・法律・書籍・地理などの24部門にわけて，王朝ごとの年代順に編集したもの。歴代王朝の文物・諸制度を簡便に通覧でき，事典としての性格も有している。
　項目では「田賦」が最初に置かれ，以下「銭幣」「戸口」「職役」「征榷」「市糴」「土貢」「国用」といった経済・財政関係が続き，「職官」「王礼」「楽」のような王朝の統治理念上の重要事項はその後に配置されているのが特徴である。記述内容は，『通典』の記事の下限である唐の天宝年間（742-756）以後，とりわけ宋代に関する部分が貴重な史料を含んでおり，宋代史研究の根本資料の一つに数えられる。
　南宋の官僚であった馬端臨は，南宋滅亡後は元に仕えず，本書の完成に専心し，1317（延祐4）年に完成した。『通典』，宋の鄭樵の『通志』とあわせて「三通（前三通）」と称される。
（長井　千秋）

ぶんけんのち・とくせいのち【聞見之知・徳性之知】　宋代以降，知の性質を論じるのに常用される対概念。北宋の張載が『正蒙』大心で，目や耳などの感覚器官が外界と接触して得られる知覚・認識を聞見の知とし，さらに人には聞見の知を通さずに道理を知る，より高次な先天的な徳性が備わると説いた。程頤はこれを受けて，知を明確に聞見の知・徳性の知の2種類に区分し，聞見の知は，心を事象という外部に向けて働かせて個別の知識を得るもの，徳性の知とは，心を内向・内省させて個々の知覚・知識・体験から統一的了解を得るものとし，徳性の知がより重要だと主張した。南宋の朱子は，張載・程頤の考えを継承したが，客観的事象から心理的事象まで個別の道理を個々に認識していく聞見の知も大切だと強調した。明の王陽明は，朱子が2種類の知を並列的に扱うことに反対し，徳性の知とは先天的に人に備わる本来的な良知のことであるとし，聞見の知は良知の作用であり，第二義的なものと低く位置づけた。
（石川　泰成）

ぶんこう【文康】　清の小説家。満洲鑲紅旗人で，姓は費莫，字は鉄仙，また悔庵，別に燕北閑人と称する。生没年は不詳だが，1790年代（乾隆末から嘉慶初）に生まれ，1865（同治4）年以前に亡くなったと推定される。巡撫や軍機大臣を輩出した名家だったが，文康の晩年には凋落した。道光年間（1821-50），模範的な北京語によって書かれた『児女英雄伝』は，伝統的な俠女譚の流れを汲む白話小説だが，作者の封建的倫理観も色濃く滲み出ている。
（井波　陵一）

ぶんこうかれい【文公家礼】　南宋の朱子が編纂した，家の秩序を整えることを目的とし

た礼書。内容は，冠・婚・喪・祭の四礼に大別される。同書の最大の特徴は，祖先嫡系の子孫(宗子)が，同祖の族人を統合すべきであるという宗法主義を採用した点にある。宗子は，祠堂において祖先祭祀を主宰し，族人を統合するものであるが，祭礼のみでなく，冠礼・婚礼でも，宗子を中心とする儀礼の挙行が重んじられた。明の丘濬の『文公家礼儀節』8巻は，本書の解釈書として，最も広く普及した。　　　　　　　　　　　　　　　　　（井上 徹）

ふんこうき【焚香記】　→王魁負桂英

ふんさい【粉彩】　釉上彩の一種で，清代の康熙年間(1662-1722)末期に始まった。ヨーロッパのイエズス会士がもたらした無線七宝の技法を取り入れたもので，ファミーユ・ローズ(famille rose)とも欧米では呼ばれている。透明感のある五彩とは異なり，さまざま不透明顔料を駆使して，色数も豊富であり，細密な描写が可能である。雍正年間(1723-35)には琺瑯彩と呼ばれる極めて描写力のある技法が完成した。乾隆年間(1736-95)には洋彩とも呼ばれ，上絵付けの主流となった。　（出川 哲朗）

ぶんし【文子】　戦国時代の道家思想の書。『通玄真経』ともいわれる。『漢書』芸文志・諸子略・道家類に「文子九篇」とある。文子は老子の弟子で孔子と同時代の人物だとされるが，この書は彼の名に仮託されたようだ，と班固はいう。『隋書』経籍志には「文子十二巻」が記録されるが，漢代の9篇本や梁代の10巻本は当時既に失われていた，という。漢代の9篇本は現存せず，現存12篇本は唐代以前の偽作とされ，殆ど全篇「老子曰」で始まるが，一部を除き現存『老子』と同じ語句はない。　　　　　　　　　　　　　　　　　（澤田 多喜男）

ぶんしつ【文質】　文はかざり・文飾・装飾の意味。質は生地・実質・質朴の意味。文と質を組み合わせて君子の在り方を論じるのは『論語』に見える。雍也篇に「文質がよく調和してこそ君子といえる」とあり，顔淵篇でも子貢が君子にとって文と質の両方が必要であることを指摘している。しかし，この類の文質は例が少なく，ほかは『淮南子』の繆称篇に見えるくらいである。文質が政治の交替を説明する理論として使われたのは，戦国時代からのようである(『漢書』厳安伝に引く鄒衍説)。漢に入ると，夏が文，殷が質，周がまた文と，「一質一文(質になったり文になったり)」の文質二交替の説明論が成立した(『尚書大伝』『史記』)。それがさらに三正三統説(三種の暦にもとづいた三交替説)と混交して説かれて混乱したが(『春秋繁露』三代改制質

文篇，『説苑』修文篇)，後漢の『白虎通』三正篇の段階で両者はまた一応整理された。　（関口 順）

ぶんしつうぎ【文史通義】　清の歴史哲学書。8巻。章学誠著。歴史書の文体の変遷を手掛かりに中国学術の史的展開を論じ，同時代の考証学の弊害にも言及した書物。歴史資料の整理・編纂・保存に関する学問を「史学」の独立した領域として確立した。1772(乾隆37)年から著述を開始したが未完に終わる。次男の華紱の整理になる「大梁本」(1832年)，浙江図書館が会稽徐氏抄本を鉛印した『章氏遺書』本(1920年)，劉承幹が編集した『章氏遺書』本(1922年)の諸版本では，内篇・外篇の内，外篇の異同が大きい。　　　　　　（緒形 康）

ふんしゅ【汾酒】　山西省汾陽市杏花村鎮産の白酒。高粱を原料とし，大麦とえんどう豆から成る青楂大麹・紅心大麹・後火大麹の3種の麹を配合し，甕に入れ地中に埋め発酵させ，その後「清蒸二次清」という2度の蒸留で得られた1度目と2度目の酒をブレンドし，さらに甕に入れ熟成を経た後出荷される。無色透明，アルコール分約60％，色・香・味に「三絶」の美称がある。南北朝時代にはすでに有名で，唐の杜牧は「借問す酒家何れの処にか有る，牧童遥かに指す杏花の村」(『清明詩』)と詠んだ。当時は黄酒だったが，その後蒸留されるようになり白酒となった。　　　（佐治 俊彦）

ふんしょ【焚書】　明の李卓吾の文集。6巻。書答・雑述・読史・詩より成る。初刻は1590(万暦18)年であるが，数度にわたって再刻されており，通行本には李卓吾晩年の作まで収められている。李卓吾の思想の主要な部分は，本書に収められた諸篇より窺うことができる。良知心学の立場から「着ること食うことこそが，人の倫・物の理」(巻2・答鄧石陽)とする李卓吾は，一貫して人間の本来的な欲望を肯定し，その自然な発露こそが真の自得につながると考える。こうした主張は，欲望の制御を説く従来の儒学，ことに朱子学的思惟への批判に向かわざるを得ず，さらに李卓吾は，六経・『論語』・『孟子』といった聖人の言説と目されるものさえも，自らの心の前に相対化してみせる(巻3・童心説)。本書の出版は，朱子学者のみならず，陽明学を学ぶ士大夫の中にも反発を引き起こす。また，講友耿定向との間に亀裂を生ずる原因ともなった。李卓吾没後，本書の補遺として『続焚書』が1618(万暦46)年に出版されている。　（大西 克巳）

ぶんじょ【文叙】　生没年不詳。唐代の俗講僧。9世紀の前半，長安の会昌寺や興福寺で，小気

味よいフシと通俗的な講釈によって庶民の人気を博した。当時，入唐請益僧として長安を訪れた日本の僧円仁は「城中の俗講，此の法師を第一と為す」(『入唐求法巡礼行記』)と記している。その評判はやがて宮中に達し，826(宝暦2)年には敬宗が興福寺を行幸し，ついで文宗も彼を宮中に招いて俗講を行わせている。後に罪を得て流刑となったというが，そのフシは宮中の楽工によって記録され，文叙子曲として後世に伝えられた。　　　(鈴木　靖)

ぶんしょうかん【文昭関】　伝統演劇の演目。『一夜白鬚』ともいう。春秋時代，楚の平王に一族を殺された伍子胥は仇討ちのため呉へ向かう途中，昭関が越えられず，隠士の東皐公に匿われるが，7日が過ぎ焦燥のあまり一夜にして鬚(あごひげ)が白くなる。そこで伍は変装して関を越える。黒い鬚から灰色の鬚へ付け替えて変化を表現する。また京劇では老生の伍子胥の歌は変化に富む難曲とされる。漢劇・川劇・豫劇・河北梆子・秦腔などにもある。　　　　　　　　　　　　　　　(波多野　眞矢)

ぶんしょうきはん【文章軌範】　南宋に編纂された古文(散文)の選集。7巻。謝枋得の編。「軌範」は手本・法則という意味。唐の韓愈32篇，北宋の蘇軾12篇を中心に，唐の柳宗元5篇，北宋の欧陽脩5篇・蘇洵4篇・范仲淹2篇，以下，三国蜀の諸葛亮，東晋の陶淵明，唐の元結・杜牧，北宋の李覯・王安石・李格非，南宋の胡銓・辛棄疾各1篇，全部で69篇の文章を収める。本書は，科挙の受験参考書として，古文を学習するために編纂されたもので，秦の陳勝の言葉「侯王将相有種乎」(王侯や将軍宰相に血筋などあるものか)を用いて，全7巻を侯字集・王字集等と名付け，科挙の合格に出身の関係ないことを強調する。また，「文を学ぶには，初めは胆の大ならんことを要し，終わりは心の小ならんことを要す」として，1，2巻を「放胆文」，3巻以降を「小心文」とする。そのほか，文章の構成や段落・句法など，作文に役立つ説明・批評が加えられている。江戸時代日本で広く通行した。　　　　　　　　　　　　　　　　(高津　孝)

ぶんしょうていくん【文昌帝君】　科挙・学問の神。四川省の地方神の梓潼帝君への信仰と，学問・寿命の神である北斗七星のうちの4つの星への信仰とが重なり合わさって成立した。公的には，元の1316(延祐3)年に「輔元開化文昌祠禄宏仁帝君」の封号が下賜されている。以後，学校などに多くの文昌祠が作られ，科挙の受験生や知識人の信仰を集め，現在でも受験の神として篤く信仰される。また，士大夫の心得を説いた善書『文昌帝君陰隲文』

があり，日本や朝鮮でも広く読まれた。
(森田　憲司)

ぶんしょこうじゅ【焚書坑儒】　秦始皇帝による学術・思想弾圧。焚書とは書物を焼くこと。前213年に，戦国斉の儒学者であった淳于越は，殷・周の世にならい封建制を敷くように説き，秦の郡県政策を批判した。これに対して丞相の李斯は，往古を賛美する態度は民を惑わせるものだと反論，医薬・卜筮・農林関係を除く書物や秦国以外の歴史記録は焼き捨て，集まって古典を論じる者や古を手本に今の政治を難じる者は死刑にせよと提議した。この提案に始皇帝が賛同した結果，断行された政策が焚書である。坑儒とは学者を穴埋めにすること。焚書の翌年，方士の盧生と侯生は，不老不死の探求という務めを果たさず，皇帝を誹謗する言葉を残して逃亡した。この挙に怒った始皇帝が学者たちを訊問したところ，罪を着せ合う者が460名余り。後世への見せしめのため，全員を咸陽城外で穴埋めにした。焚書坑儒の結果，秦帝国の政治思想は法家的傾向に一元化されて多様性を失った。また，学説・典籍の伝承が大きな損失を受け，漢代に今文・古文両派の出現する原因ともなった。　　　(籾山　明)

ぶんじんが【文人画】　文人が描いた絵画，または文人画様式で描かれた絵画。文人とは，『詩経』や『書経』の「文徳之人」に由来する語で詩文を作成できる人を指すが，宋代以降，社会に貢献すべき公的立場を持つ士夫・士人の私的側面の姿として意識されるようになった。文人画様式とは，こうした文人が余技として描いた花卉雑画や山水画の素朴な様式を指し，後には職業画家にも取り入れられた。

　文人画尊重の概念の萌芽は，古の名画家は「衣冠貴冑，逸士高人」(身分が高い，また在野で志の高い高潔な人)でない人はない(『歴代名画記』巻1)という唐代の記述に端を発し，北宋に至り『図画見聞誌』の気韻人格説(絵画の気韻は画者の人格によるとする説)が出るに及んで，その思想的根拠が確立する。さらに『宣和画譜』の編纂，題画詩・題詩画の盛行など，士夫・文人が絵画鑑賞への関与を強め，蘇軾・米芾・文同・李公麟らの北宋文人墨戯が流行して，初期文人画のスタイルが成立する。その多くは顔料(絵具)や絹を用いず，墨と筆と紙で素朴な四君子(蘭菊竹梅)・三友(松竹梅)・花卉・竹石などを描く，白描画風のものだった。形似(形が似ること，写実性)より写意(制作意図や表現自体)を重んじ，当初から詩画一致の境地を意識して，書画一致，詩書画一致へと展開していった。

　元初の趙孟頫は，五代・北宋の董源や巨然のな

だらかな山容や樹木の形態を踏襲して董巨派のもととなり，元末四大家に至って，淡墨・擦筆を重ねる文人山水画の風が確立した。明代中期以降，沈周や文徴明など呉派と呼ばれる文人画派が有力になるが，職業画家も次第に文人画の様式で描くようになり，職業画家との画風上の区別は曖昧になる。明末に董其昌が山水画を華北系の北宗画と江南系の南宗画の2系統に分ける南北二宗論を唱えると，清朝以後画壇の主流は南宗文人画系一色となった。

文人画は，画者の人格を重視し主題の文学的イメージに依存して，絵画の造形的表現の追求には限界があったため，清朝後期以降次第に力を失った。文人画以後の新たな絵画模索の動きは，近代から現代にまで及んでいる。　　　　　　　　　　（河野　道房）

ぶんしんちょうりゅう【文心雕龍】

文学理論書。50篇。『隋書』経籍志以降10巻。南朝梁 劉勰 撰。成立年代については，既に『四庫全書総目提要』が「時序篇」の記述を根拠に斉代とするが，最近では，この書が当時権勢を誇っていた沈約に尊重されたことから，さらに詳しく斉末の和帝中興年間(501-502)と考証されている。魏晋頃から大きく発展していた文学理論の成果を踏まえ，経学・老荘思想に加えて仏教論理学の影響も受けつつ，当時文学について考えられる限りのあらゆる問題を取り上げて体系的に理論化し，それを駢文で記述した書。撰者が「序志」に記す所によると，『易』繋辞伝上の「大衍の数は五十，其の用は四十有九」に基づいて，実際に文を論じた49篇と序に当たる「序志」1篇で構成されており，49篇の内容は前半の25篇と後半の24篇とではっきり分かれる。冒頭，今本巻1に収められる「原道」「徴聖」「宗経」「正緯」「弁騒」の5篇は文学の基本原理・淵源を説く文学原論である。天地や万物に文彩の美があるのは宇宙の根本原理たる道のあらわれで，天地の精たる人の心の表現である言にもおのずと文彩の美があらわれるが，そのうち聖人が自然の道を文彩として表現したものが五経であり，五経はあらゆる文学ジャンルの源でもあるから，文章の創作には聖人を手本とし経典を模範とすべきであると論じ，併せて経のような内容的価値を持たないが後世の文章表現を豊かにする材料として緯書と楚辞についても触れる。「明詩」「楽府」「詮賦」「頌讃」「祝盟」「銘箴」「誄碑」「哀弔」「雑文」「諧讔」「史伝」「諸子」「論説」「詔策」「檄移」「封禅」「章表」「奏啓」「議対」「書記」の20篇は，五経の発展分化の結果とみなされる当時のあらゆる文学ジャンルについて論じた各論である。それぞれ，文体の名義を正して起源を古に求め，古来の作品を批評しつつ文体変遷の過程を跡づけ，その文体による作品を創作する際の要諦を述べる。「神思」「体性」「風骨」「通変」「定勢」「情采」「鎔裁」「声律」「章句」「麗辞」「比興」「夸飾」「事類」「練字」「隠秀」「指瑕」「養気」「附会」「総術」「時序」「物色」「才略」「知音」「程器」の24篇は全ての文学ジャンルに共通し文学創作全般に関わる問題を様々な角度から論じ，扱う内容は，創作の際の霊感の働き，個性と作風，文章の風格・構成，様式の継承と変革，声律・対句・比喩・修飾・典故などの表現技法，文字の運用，時代による文学の変遷，文学と自然との関係，歴代作家の批評，文学批評鑑賞の要点など多岐にわたる。第50篇「序志」は書名の由来・撰述の動機・全書の構成などについて述べる。体系性と論理性を備えた総合的文学理論は中国古代文学史上唯一のもので，近年とみに評価が高まり，注本や研究書は数多い。『宋史』芸文志は辛処信『文心雕龍注』10巻を著録するが，その書は失われ，長らく明の梅慶生の音注本や王惟倹『訓故』本を基にした清の黄叔琳輯注本およびそれに紀昀が評を加えた本が通行していた。現存最古の刊本は元の至正15(1355)年本である。　（森賀　一惠）

ぶんせいこうしゅ【文成公主】

?〜689(嗣聖6・永昌元)。唐の皇女。唐貞観年間に，吐蕃王ソンツェンガムポの妃となった。吐蕃はそれまで633(貞観7)年に松州(四川省)を攻めるなど，唐の境域を侵したが，以後暫く軍事的侵寇を控えた。またこれを機に，吐蕃側は酋豪の子弟を留学させるなど，中国文化を積極的に摂取しはじめた。チベットの伝承によると，公主は仏教をチベットに導入したと信じられている。　　　　　　　（長部　悦弘）

ぶんせんのう【文宣王】

孔子に与えられた諡号。孔子への贈諡は漢代にはじまるが，王号が与えられたのは，唐の玄宗の739(開元27)年の文宣王にはじまる。以後，北宋の1012(大中祥符5)年に至聖文宣王，元の1307(大徳11)年に大成至聖文宣王と加号された。明の1530(嘉靖9)年には，王号を止めて至聖先師とし，清の1645(順治2)年大成至聖文宣先師孔子，57(同14)年至聖先師孔子と改められた。　　　　　　　　　　　　　　（森田　憲司）

ぶんそう【文宗】　→咸豊帝

ぶんたいめいべん【文体明弁】

歴代の詩文を詩体・文体によって分類編集した歴代詩文集。84巻。明の徐師曾編。明の呉訥編『文章弁体』を基礎に増補修訂したものだが，それを越えるために詩文の体を59類から127類に細分している。しかし分類のために分類したような所があり，例えば墓誌では銘の字数によって分類することさえしている。ま

た分類基準が一貫していないばかりか，書物全体の体例も混乱している。その他，楽府は北宋の郭茂倩の『楽府詩集』を剽窃して『宋史』楽志でやや増補しただけのものであり，後世の評価は高くない。この書は各種詩文作成の手引きとして作られ，収録作品も普通に見られるものだが，各詩体・文体に付せられた序説がその性質や歴史的発展の過程などを説き，また分類を細分したおかげで記述はかえって網羅的となっている。それ故今日では文学批評の資料として有用とされ，羅根沢が序説だけを抜き出して刊行した『文体明弁序説』(人民文学出版社，1962年)がある。
　　　　　　　　　　　　　　　　　　(副島 一郎)

ぶんちゅうし【文中子】→王通，中説

ぶんちょうめい【文徴明】

1470(成化6)～1559(嘉靖38)。明中期の文人画家・書家。蘇州府長洲県(江蘇省)の人。初名は壁。のち字，徴明を本名とし，徴仲を字とする。号は衡山。父文林は1472(成化8)年の進士。呉寛に学問を学び，沈周にも知遇を得るなど，文化的に極めて恵まれた環境で青年期を過ごし，徐禎卿・祝允明・唐寅とともに「呉中四才子」と称せられたが，科挙は10度試みるも及第しなかった。唐寅とは同じ年で，子供の頃から親交があったが，後年，唐寅の生活態度が原因で絶交したという。早熟な唐寅と対比され大器晩成の代表のように言われ，画は長い修練の結果60歳を過ぎて大成した。書画ともに優れ，その名声により推薦されて一時(1523年)都に上り，翰林待詔として宮廷に仕えたが，なじまずすぐに帰郷し，以後蘇州で書画に打ち込み，多くの弟子や文人と交流し，沈周を祖とする蘇州の文人画派呉派の中心の画家として活躍し，90歳の天寿を全うした。職業画家仇英も，文徴明によって見いだされ，蘇州で活躍した。長子の文彭は特に篆刻家として名高く，次子文嘉，甥の文伯仁も画家として知られ，その後も，彼の子孫からは進士合格者や文人画家が多く輩出した。明末に至るまで蘇州を代表する芸術の香り高い名家として知られ，その画派は文派と称された。

文徴明の絵画は，細筆による丹念な描写に美しい彩色を施した作品が多いが，晩年には大胆な力強い筆使いも見られる。その二画風は，彼の細字の楷書(小楷)や力強い行書・草書などに比すことができよう。いずれの画法においても，岩や樹木の輪郭を渇筆で描き，水気の多い墨面の使用は見られず，筆使いは書道を基本としている。ねじれた木々の幹や枝などの形態は，明末の奇想派につながるデフォルメの傾向がすでに窺える。『倪瓚江南春詞意図巻』(1530年，上海博物館蔵)，『関山積雪図巻』(1532年，台北，故宮博物院蔵)など，60歳代に多くの傑作を描いた。いずれも数年の歳月をかけて完成し，精緻な描写とゆるぎない構成力を見せる。その後も創作意欲は衰えず，80歳頃の『古木寒泉図』(1549年，台北，故宮博物院蔵)はうねるような力強い運筆より，樹木の生命力が伝わり，同時期の『江南春図』(台北，故宮博物院蔵)は穏やかな滋味に溢れている。晩年は，特に縦に細長い画面を好んで用い，重層的に山容を積み上げる独自の山水画を創出した『千巌競秀図』(1550年，台北，故宮博物院蔵)，『万壑争流図』(同年，南京博物院蔵)がその代表例であり，いずれも緊密な構成と筆使いの確かさが際だっており，のちの呉派や文派のどこか脆弱な作風とは一線を画している。それは長い年月をかけて完成する書道に通ずる，筆使いの成熟と精神の強靱さの表れといえよう。文徴明の画は，当時の蘇州文化の洗練と優美の精髄であると同時に，文人的価値を至上とする中国文化そのものの結晶と見ることができる。
　　　　　　　　　　　　　　　　　　(宮崎 法子)

書ははじめ下手であったが，臨摸に精勤し祝允明と明代第一の評を二分するに至った。宋・元を学んで筆意をえたのち晋・唐を学んだと伝えられるが，なにごとにも敬慕していた元の趙孟頫に倣って晋・唐の正統書を体得しようとした傾向が強く，型にはまりすぎるきらいがある。篆・隷・楷・行・草の各体をよくしたが，王羲之の『黄庭経』『楽毅論』にもとづくと評される小楷(通常，小筆で書く程度の小粒の楷書)がもっとも評価が高い。師友の没後，蘇州文人の風雅の盟主となり，そのサロンや門下から王寵・陳淳ら書の名家が輩出したほか，多くの追随者によって「文派」が形成され，その隆盛は董其昌一派が起こるまで続いた。比較的著名な小楷に『趙孟頫汲黯伝跋』(1541年，東京，永青文庫蔵)，『集王聖教序』と智永の『千字文』に出自するといわれる行草には『黄庭堅書伏波神祠詩巻跋』(1531年，永青文庫蔵)ほかがあり，黄庭堅風の大字の行書には『遊天池詩』(1538年，個人蔵)などがある。また文徴明が撰集して，その子文彭・文嘉が鉤摸(複製のためのトレース)し，温恕・章文が刻した法帖に『停雲館帖』がある。詩文集に『甫田集』がある。明史287
　　　　　　　　　　　　　　　　　　(澤田 雅弘)

ぶんていしき【文廷式】

1856(咸豊6)～1904(光緒30)。清末の政治家・文学者。萍郷(江西省)の人。字は道希，号は芸閣・純常子など。1890(光緒16)年の進士，官は翰林院侍読学士に至る。下関条約を結んだ李鴻章を弾劾する上奏文を奉るなど剛直を以て知られたが，康有為の強学会を支持したため免官となり，郷里に帰った。1898年の戊戌の政変で康有為らの変法派が失脚すると彼にも危険が迫り，一時日本に亡命。帰国後は詩・酒に耽

溺した。憂国の悲哀に満ちた詞集『雲起軒詞鈔』は有名。雑記『純常子枝語』もある。（野村 鮎子）

ぶんてんしょう【文天祥】

1236(端平3)〜83(至元20)。南宋の政治家・文学者。吉州廬陵(江西省)の人。字は履善，また宋瑞。号は文山。1256(宝祐4)年に進士に首席で合格した。1276(景炎元)年に南宋を攻めるバヤンと和義を結ぶためその軍営に赴き，拘留される。元軍の隙に乗じて脱出すると南下，度宗の幼子趙昰を擁して宋帝端宗とし，右丞相兼江西都督を拝して江西・福建・広東を転戦した。だが幼帝は死去，自身も五坡嶺(広東省)で張弘範の俘虜となる。崖山に連行され，宋軍を招諭する文を作るよう求められるが拒絶，大都に護送され拘禁された。4年に及ぶ拘禁の間，クビライの高官厚禄のさそいをうけたが，弟子璧や留夢炎とは異なって，あくまでこれを拒否，『正気の歌』を獄中で作って，処刑された。「忠の人」としての評価は獄中にあった時からすでに高く，彼を称揚して喧伝したのは旧金朝治下の人であり世祖クビライであった。彼の詩は起兵後に大いに変化し，悲壮味をおびた後半生の詩は杜甫に学んだものという。文集『文山先生全集』20巻，『指南録』4巻，『指南後録』4巻がある。宋史418　（高橋 文治）

ぶんどう【文同】

1018(天禧2)〜79(元豊2)。北宋の政治家・画家。梓州(四川省)の人。字は与可。号は笑笑先生，錦江道人。世に石室先生と称された。13歳の時から昼は家事に夜は勉学に努めて経・史・諸子に通じ，その文章を賞賛される。1049(皇祐元)年の進士で，官は湖州知府に至るが，任に赴く途中に没す。その官名から文湖州とも称される。墨竹をもって知られ，洋州の知府であった時，その地の篔簹谷が竹を産するので，披雲亭を築き日夜観察し，画竹の要諦を得たという。文徴明は「文湖州の画竹は濃墨を以て面となし，淡墨を以て背とす。東坡(蘇軾)謂う，此の法は湖州より始まると」(『甫田集』巻20・題陸宗瀛所蔵柯撤中墨竹)といい，その画を学ぶ者は湖州派と称され，後代に与えた影響は大きい。また，篆・隷・行・草の各体の書をよくし，殊に草書は路上に闘う蛇を見てその妙を悟ったと伝える。詩文にもすぐれ，司馬光や蘇軾などに敬重された。著に『丹淵集』40巻，『文与可詩集』9巻がある。蘇軾は従弟でもある。宋史443　（味岡 義人）

ぶんのふ【文賦】

西晋の文人陸機の作。賦の文体によって文学理論を論ずる。自分自身の創作に対する深い内省を基礎に，文学そのものについての高度に思弁的かつ修辞的な議論を展開し，中国における文学論の発展に大きく寄与することとなった。とりわけ，「音声の迭に代わるに暨びては五色の相宣ぶるが若し，逝止の常無く，固に崎錡として便なり難しと雖も，苟も変に達して次を識らば，猶お流れを開いて以て泉を納るるがごとし」と述べる一段は，中国に於ける文学理論上で，文章の美と文字のもつ音声上の美を最初に結びつけたものとして，後の声律論にも大きな影響を与えた。これ以外にも，詩・賦・碑・誄・銘・箴・頌・論・奏・説の文体ごとに特質を論ずる段は，南朝梁の劉勰『文心雕龍』定勢篇に発展継承された。『文選』17所収。　（木津 祐子）

ぶんぱくじん【文伯仁】

1502(弘治15)〜75(万暦3)。明の画家。長洲(江蘇省蘇州市)の人。字は徳承。号は五峰・葆生・摂山老農など。文徴明の長兄である文奎(字は徴静)の長男。県学生となったが，官にはつかなかった。短気な性格で，よく人を罵ったといい，若い頃，文徴明を相手に訴訟を起こして敗れ，牢に入れられたという話も残されている。

画は山水にすぐれ，文徴明の画風を基礎とし，古画ではとくに元の王蒙から多くを学んだ。画面上部まで描き込む王蒙風の重層的な表現を好み，水墨を主体とした作品のほか，擬古的な青緑山水も手がけている。文氏一族からは，文徴明の長男の文彭，次男の文嘉など多くの画人が出ているが，その中でも最も優れた画技をもち，文徴明以後の呉派文人画の隆盛を支えた画家である。代表作には，『四万山水図』(4幅対。東京国立博物館蔵)，『方壺図』(台北，故宮博物院蔵)などがある。　（竹浪 遠）

ぶんぴつ【文筆】

古くは文字で書かれたものを「文」或いは「文章」と総称したが，六朝になり「文筆」という語が生まれた。「今の常言に文有り筆有り，以為えらく無韻の者は筆なり，有韻の者は文なりと」(『文心雕龍』総術篇)とあるように，書かれたものを脚韻の有無で二分し，更にそれを合わせて総称としたものである。有韻の文とは，詩・賦のように脚韻を踏むものを指し，韻を踏まないものを無韻の文とする。無韻の文には，全く自由な形式で句の長短にも定型のない散文と，四字句・六字句を基本単位とし，対句によって構成され，平仄を整えて音の調和をはかるなど非常に装飾的な駢文がある。

当初は有韻の文は「文」，無韻の文は「筆」と明確であったその区別も，後には明確ではなくなり諸説生じた。大体，詩・賦のような有韻の文及び装飾性の強い駢文的なものを「文」，それ以外の散文のような実務的な文を「筆」とするのが通説であ

る。　　　　　　　　　　　　（坂内　千里）

ぶんぴつがんしんしょう【文筆眼心抄】
詩文創作の要点をまとめた書。1巻。空海撰。弘仁11(820)年の序がある。空海が先に著した『文鏡秘府論』6巻の要所を摘んで，約3分の1に縮約したもの。詩文の例句を中心に再編して，説明文は大幅に割愛されており，実用的な便利さは増したが，原著の存在意義であった資料的価値は減少した。項目や構成の面でも，原著とはかなり違った原理にもとづいて組み替えられていて，空海の詩学を窺うためには貴重な資料である。（興膳　宏）

ぶんびょう【文廟】
孔子を祀る廟。孔子廟・孔廟・至聖廟・夫子廟ともいう。国都や曲阜の他，各州県の学校にも置かれた。孔子の死後その故居で孔子を祀ったことにはじまるといい，漢代以降は国家の祭祀の対象となる。唐の太宗の630(貞観4)年に，各州県の学校に孔子廟を置くことが命じられ，全国に置かれるようになった。儒教の広まった朝鮮や日本でも建てられ，日本では，湯島聖堂(東京)・足利学校(栃木)・多久聖廟(佐賀)などが有名。（森田　憲司）

ぶんぽう【文彭】
1498(弘治11)～1573(万暦元)。明の書画篆刻家。長洲(江蘇省)の人。字は寿承。三橋と号した。明の書画家，文徴明の長子。文嘉は弟。官は南京の国子監博士。詩書画をよくし，篆刻で最も名を成した。初め牙印材に布字(印面に文字を書くこと)し，専門家に刻させていたが，灯光石を入手してからは，自ら刻すようになった。以後，印章の素材が金属・牙などから石印材へと一変し，篆刻芸術の創始者として尊重される。印側に落款を刻す側款も初めて行った。著に『印史』がある。明史287　　　　　　　　　　　（小西　憲一）

ぶんぽうしほう【文房四宝】
この場合の文房とは，書斎の意。すなわち書斎で文字を記すに必要な，最も珍重すべき4種の用具の意であり，具体的には，筆・墨・硯・紙を指し，文人のこれらに対する尊称である。北宋の蘇易簡『文房四譜』に，その名がある。更に，この4種に加えて，筆洗(筆を洗うための容器)，筆筒(筆立て)，筆架(筆置き)，書鎮(文鎮)，水滴(硯への水差し)，硯屏(硯の前に置く風除け)の6種を加えて「文房十宝」とも言い，また，印章を加えて「文房五宝」と言う場合もある。（松丸　道雄）

ふんぼちょうそ【墳墓彫塑】
中国の墳墓で，地上と地下とに配置された，彫塑によるさまざまな造形物。地上のものとしては，陵墓にいたる神道の両側に文官・武官など石造の「文武百官」像や虎・獅子・麒麟・駱駝・天禄・辟邪・象・羊などの石獣がある。これらは墳墓を守護し，死者の霊を鎮め，天界の瑞祥を象徴するもので，陝西省西安市周辺の唐時代の陵墓や河南省鞏義市の宋陵，あるいは江蘇省南京市の南朝陵墓の彫刻がよく知られている。漢代には墓の外に門として木造建築を模してつくった石造の闕を建てることが流行した。門闕の上には獣頭などをつくり出し，また人物や動物を浮彫によってあらわした。河南省の中岳嵩山や四川省の漢闕が有名である。地下の彫塑としては，まず墓道・墓門・墓室などの石製や塼製の壁面にあらわされた被葬者にまつわる物語，車馬，瑞祥の文様としての龍・魚・幾何学紋などの浮彫がある。また，陶・木・竹・金属・石など各種材料によって人・動物・車馬・建築物のミニチュア，壺などをつくり被葬者の生前の様子を再現した明器(冥器・盟器)がある。（岡田　健）

ふんぽん【粉本】
絵画の本画(完成品)を作るための前段階に作られるもの。下書・画稿・下画・草稿ともいう。多く胡粉が使用されたためにこの名称があるといわれている。粉本を作るための用具・方法・目的・本画との関係などは多様で，さまざまな名称があるが，基本的には，師から弟子へと伝統が継承されること，教育用として，また，作画の注文者に提出して，本画にかかる前にチェックを受けるためなどに有効であるために作られたと考えられる。

山水画や花鳥画などの鑑賞絵画が盛んになる以前の，図像に規制のある仏教絵画，故実の知識などが要求された故事人物画・歴史画などが盛行し，大画面に集団制作が行われるような唐代以前に，粉本の役割は大きかったと考えられる。以上のような性格のため，粉本の残っているものは少ないが，古い工房から仏教図像や，肖像画の顔だけの粉本が，近年少しずつ紹介されている。（海老根　聰郎）

ぶんや【分野】
占星術の用語。中国では，天の赤道・黄道付近に28の星座(二十八宿)を配しているが，これを12ないし13のグループに分け，さらに国名や州名をあてはめたものを分野説という。天文現象が起きた分野を調べることで，どの国や地方でその現象に対応する異変が起きるかを判断する。分野説は『淮南子』天文訓，『史記』天官書，『晋書』天文志などにみえるが，分野のわりあては文献によって多少異なる。（長谷部　英一）

ふんようぜんしょう【汾陽善昭】
947(天福

元)～1024(天聖 2)。臨済宗の僧。太原(山西省)の人。無徳禅師と諡される。俗姓は兪氏。出家受具の後、諸方を遊歴し、首山省念について教えを嗣ぐ。汾陽(山西省)の太子院に住す。『汾陽無徳禅師語録』3 巻や『汾陽昭禅師語要』があり、特にその『頌古百則』は雪竇重顕の『頌古百則』とともに、後の公案禅の成立を考える上で重要。　　　(永井　政之)

ぶんるいほちゅうりたいはくし【分類補註李太白詩】　唐李白の詩集で最初の注釈本。全 25 巻。元(13 世紀)の楊斉賢が注をつけ、同じく蕭士贇が補注を施したもの。全体の構成排列は、中国古典の最初の詞華集『文選』にならって、詩の形式とテーマ・題材性による伝統的な分類法をとり、古風・楽府・歌吟・贈・寄・留別・送などの 21 類に分けている。中国でもっとも早く広く行われたテキスト。1679(延宝 7)年に和刻本が作られ、日本でもよく読まれた。また尊経閣文庫蔵元版 3 冊が芳村弘道の解題を付して影印(汲古書院、2005～6 年)されている。　　　(筧　久美子)

へ

へいか【兵家】　諸子百家の一つ。春秋末から戦国・漢初にかけて、軍事の重大さを認識し、戦争の形態・規模・目的、兵力の運用方法などについて考察を加えた一派。代表的人物として春秋末、呉に仕えた孫武、戦国初期に魏で活躍した呉起、孫武の子孫で戦国中期の斉に仕えた孫臏などがあげられる。現存の『孫子』13 篇は孫武やその後学たちの所説と考えられ、兵家の最高傑作である。そこでは「兵は詭道なり」と敵を欺く戦争方法が正当化され、またスパイによる情報戦の重要性が説かれている。これは場所や日時を定め、貴族が乗る戦車によって正々堂々と勝敗を決した戦争から、一般農民より徴募された歩兵による集団戦へと移行して戦場の作法にも変化が現れたことを反映するものであろう。『孫子』の根本思想は「百戦百勝は善の善なるものに非ざるなり、戦わずして人の兵を屈するは善の善なるものなり」という言葉に表されるごとく、戦わずして敵国を屈服させるものであった。
　　　(影山　輝國)

べいきし【米喜子】　?～1832(道光 12)。京劇の早期の名優。湖北の人。本名は応先だが、幼名の喜子が通称となる。もと漢調(湖北の地方劇)の俳優だったが、1812(嘉慶 17)年ごろ北京に上京し、春台班(「四大徽班」の一つ)の看板俳優となった。関羽劇の伝統を破り、顔を赤く塗らずに威風堂々たる関羽を演じて名声を得、北京に来朝する朝鮮人や琉球(沖縄)人がみな面会を求めたほどだったという。芸の研鑽に熱心なあまり体をこわし、1832 年に 40 余歳で病死。その芸風は、程長庚など次代の京劇俳優に影響を与えた。　　　(加藤　徹)

へいきんさく【平巾幘】　巾幘とは、巾と幘の合称であり頭巾を指す。平巾幘は、平上幘・平巾とも称し、平頂で短耳の巾幘である。通常は武士が用い、官ある者は武冠の下に用いた。これに対し、文官が用いる幘は介幘と称した。尖頂で長耳の巾幘である。平巾幘は、魏・晋時期に流行した。隋代に至ると、侍臣及び武官の着用となる。唐代もこれを踏襲し武官・衛官は公事に、天子・皇太子もまた乗馬の時に着用した。　　　(釣田　敏子)

へいこうず【平江図】　南宋の蘇州の都市図。1229(紹定 2)年作。作者不詳。高さ 2.76m、幅 1.45m の石碑に刻まれている。范成大『呉郡志』の編纂とともに、金の侵攻によって破壊された蘇州の修復工事完成の記念として建立された。平江図には、長方形の城壁から、橋梁、役所や宗教施設などの重要な建物に至るまでが詳細に描かれている。縦横に巡る水路と、それに平行して走る道路まで描写され、南宋の水郷都市としての蘇州の様子がよくわかる。都市の骨格は、現在もほぼそのまま受け継がれ、古代都市史研究の第一級の史料である。蘇州碑刻博物館(文廟)蔵。　　　(高村　雅彦)

へいさらくがん【平沙落雁】　①琴の曲名。明代には『雁落平沙』といった。作者については唐の陳子昂、南宋の毛敏仲等諸説がある。最も早い楽譜は明末の『古音正宗』(1634 年)である。曲調はのびやかで、雁の群れが空中を鳴きながら旋回する様子等の情景描写にすぐれた名曲である。
②琵琶の曲名。最も早い楽譜は清の『華秋苹琵琶譜』巻上(1818 年)所収のもので、直隷王君錫の伝

譜。李芳園『南北派十三套大曲琵琶新譜』(1895年)にも収録されている。　　　　　　　　（池澤　滋子）

へいざんれいえん【平山冷燕】　清代の才子佳人小説。別名『第四才子書』。20回。1658（順治15）年序刊。荻岸散人編。才子平如衡とその友人燕白頷，皇帝に詩文の才を褒められた佳人山黛とその姉妹同然の侍女冷絳雪。彼らが詩文のやり取りを通じて恋をし，二組の夫婦が誕生するまでを描く。題名は四人の男女の姓を取ったもの。才子佳人小説の中では，『玉嬌梨』と並んで最も評価が高く，二書を合刻したテキストも珍しくない。（岡崎　由美）

へいし【瓶史】　明の袁宏道が1600（万暦28）年に著した生け花の心得書き。彼は当時32歳，首都北京の国立大学の助教授では庭園つきの邸宅をもつ余裕がないので生け花を考えついたところ，病みつきになったのだという。全篇は12の小節に分かれ，まず「1 花目（花の品目）」で「花をえらぶは友をえらぶがごとし」，身近なところに俊士を見出し，丁重に扱うのと同様にすることを前提とする。ついで「2 品第（品定め）」では，梅・海棠・牡丹・芍薬などそれぞれのなかでの最高品種の指摘。「3 器具（うつわ）」である花瓶は，太古の青銅器や宋の青磁などの精良なものを用いること，「4 択水（水えらび）」は，お茶にも使えるような清らかなものを，と説く。「8 洗沐（花洗い）」では，細かく優しく，あたかも酒の酔いが小糠雨でさまされるように扱うこと，「9 使令（脇役）」では，菊には山茶と秋海棠，蠟梅には水仙というように，一つの主役に一つ二つの脇役を配すること，と記す。「11 清賞（観賞）」の時には，お茶を飲むのが最高，語りあうのはその次，酒を飲むのは最低，などなど，全篇に洒脱な文人趣味の一端を披露している。　　　　　　（松村　昂）

へいしつ【蔽膝】　→韍

へいしゅうかだん【萍州可談】　北宋末の1119（宣和元）年にできた書。3巻。著者は朱彧。民俗・官制・典章など多方面にわたる記述がある。父の朱服は，神宗・哲宗両朝に知州を歴任し，遼に派遣されたので，その任地での見聞が記載されており，広州の市舶司・蕃坊の記事は南海貿易や外国人に関する重要な史料であり，また羅針盤についての記載がある。新旧両法党に関する記事があるが，父の朱服が新法党に属していたので，内容は新法党に傾斜している。現行本は『永楽大典』から修復されたもの。　　　　　　　　　　　（衣川　強）

へいじょうさく【平上幘】　→平巾幘

へいすいいん【平水韻】　近体詩の押韻の基準とされる106韻（上平声15韻・下平声15韻・上声29韻・去声30韻・入声17韻）を指し，一般に詩韻とも呼ばれる。平水韻は南宋の劉淵の『壬子新刊礼部韻略』(1252年)における107韻，或いは金の王文鬱が著した『平水新刊礼部韻略』(1229年)の106韻に基づくと言われてきたが，実際はそれより古くに成立していたと考えられる。南宋代以降，音声の変化に伴い『広韻』『集韻』に代表されるそれまでの韻書の206韻の枠組みを整理減少させる傾向が顕著となった。既に金代の『五音集韻』において160韻に併合されていたが，平水韻では更に106韻に縮小される。宋代の官韻書『礼部韻略』で同用された韻を併合した上に，去声の「径」「証」・上声の「迥」「拯」を合併し，更に同用の複数の韻目を最初の韻の名で代表させている。ここでの韻目の合併は当時の語音変化を忠実に反映しているという点で注目に値する。　　　　　　　（三木　夏華）

へいだつ【平脱】　漆器の装飾技法の一つ。器物の表面に漆を塗り，文様形に切り抜いた金銀の薄板を象嵌する技法。嵌金銀ともいい，日本では平文と呼ぶ。漆面に貼り付けるものと，その上から漆を塗り込めたのち漆を小刀の類で剥ぎ取るか，または研ぎ出して金銀の文様を露出させる方法がある。

金銀の薄片による漆器装飾は，早いものでは，西周の北京市房山区琉璃河遺跡1043号墓出土の漆觚にみられるが，安徽省天長市祝澗村三角圩前漢墓出土の漆奩や，江蘇省陽州市甘泉鎮姚荘101号前漢墓出土の漆奩および砂硯（揚州博物館蔵），柿蔕形銀箔を象嵌した江蘇省盱眙県東陽後漢墓出土の漆奩（南京博物院蔵）など，前漢中後期に定着した。ただし，漢代までの作例では，用いられる金銀の薄板が比較的薄く，金銀箔に近い厚さであり，これらは一般に，貼金銀箔あるいは貼金銀，嵌金銀などと説明される。

平脱の字句は，唐代に流行したもので，唐・宋代の文献に多くの用例を見いだせる。唐代の平脱は，漢代に流行した貼金銀箔を発展させたもので，金銀の薄片は厚く，面積もより大きくなり，細緻な透かし彫りや，薄板上に毛彫りを施す華麗な作風が目立ってくる。遺品では，奈良の正倉院に伝来する735（開元23）年銘の金銀平文琴と漆胡瓶が有名であり，河南省鄭州市出土と伝えられる青銅金銀平脱飛天花鳥文鏡（北京市，中国国家博物館蔵）の鏡背装飾が8世紀前半頃の作風を示す。757（至徳2）年および772（大暦7）年には，禁止令が出されるほど盛行していたことが知られ，五代まではその流行が持続した。四川省前蜀大建墓出土の冊匣および宝盝，

江蘇省常州市五代墓出土の鏡盒(常州市博物館蔵)など，現存する五代の遺品はいずれも銀平脱による。宋代以降は，徐々に衰退し，金銀薄片の利用も螺鈿や描金など他の技法との併用にとどまるようになる。平脱の語の使用も少なくなり，明代の『髹飾録』には嵌金・嵌銀・嵌金銀の語をあげるのみである。

(日高 薫)

へいばよう【兵馬俑】 →秦兵馬俑坑

べいばんしょう【米万鍾】
?〜1630(崇禎3)?。明の文人・能書家。生まれは安化(甘粛省)。戸籍は錦衣衛(王宮の近衛軍)で順天府宛平県(北京市)で育った。北宋の米芾の末裔という。1595(万暦23)年の進士。永寧(河南省)・銅梁(重慶市)・六合(江蘇省)の知県をへて，1610(同38)年，大理評事となり，浙江布政司参軍・江西按察使・山東右轄に累進したが，権勢をふるった宦官魏忠賢の生祠建設に逆らい，1625(天啓5)年，弾劾されて免職された。毅宗が即位し魏忠賢が誅殺されると，ふたたび起用され，1630(崇禎3)年に太僕寺少卿に補せられ，まもなく病没した。行書・草書をよくして北方第一の誉れがあり，同時代の華亭(上海市)の董其昌とともに南董北米，邢侗・張瑞図を加えて邢張米董と併称された。また趣味に熱中した奇人としても聞こえ，文妖芸怪と形容された。北京西北の海淀に造った勺園と，勺園の景色を描いた灯籠(米家灯)とは，かれの風流として著名。また，米芾同様に奇石の収集癖があり，友石先生とよばれた。明史288

(澤田 雅弘)

べいふつ【米芾】
1051(皇祐3)〜1107(大観元)。北宋後期の書画家・鑑蔵家。字は元章。はじめ，名は黻，1091(元祐6)年以後，芾に改めた。鹿門居士・襄陽漫士・海岳外史などと号した。その居を英光堂，また晋人の真跡(書画)を収蔵したので宝晋斎ともいった。家はもと太原(山西省)の出身であったが，のち襄陽(湖北省)に移ったとされる。子の米友仁とで二米と呼ぶ。母の閻氏が英宗皇后の高氏の乳母であった旧恩により，彼が20歳のとき秘書省校書郎に補せられ，以後，雍丘(河南省)，漣水軍(江蘇省)の地方官を歴任した。1103(崇寧2)年に太常博士，翌年，書画学博士となり，徽宗の下で内府秘蔵の書画を鑑定した。その後，礼部員外郎を授けられた。この官は別に南宮舎人とも称したことから，彼を米南宮ともいう。1106(崇寧5)年，淮陽軍(江蘇省)の知事となり，その翌年，首の瘍が原因で57歳の生涯を閉じた。詩文・書画をよくし，特に画は米法山水を創始した。蘇軾・黄庭堅が顔真卿や楊凝式のような革新的な書を志したのに対して，米芾は顔真卿を醜怪悪札(みにくい書きもの)の祖と位置づけ，晋唐の古法を学んで一家をなした。また，名跡の臨模にも意を注ぎ，その臨模があまりにも真に迫っていたために真跡と見粉うばかりで混乱させるとまで言われた。このように古典に対する比類のない執着心と鋭い鑑賞眼をもって自らの書法に磨きをかけた。明の董其昌は，米芾の書を「沈着痛快であり，晋人の書を学んで平淡天真」と賞賛した。古書画や良硯を見ると手段を選ばず入手しようとしたり，唐人の衣服をまとったり，奇石を拝したりという奇行が多く，世に米顛とか米痴と呼ばれた。また，来客が帰ったあと，使ったイスや器具をすぐに洗い浄めたなど極端な潔癖性であったという逸話も伝えられている。蘇軾・黄庭堅・蔡襄とともに宋の四大家の一人である。著に『宝章待訪録』『書史』『画史』『硯史』があり，題跋を集めた『海岳名言』や文集『宝晋英光集』がある。現存する真跡は『苕渓詩巻』(北京，故宮博物院蔵)，『蜀素帖』(台北，国立故宮博物院蔵)，『楽兄帖』(台湾，個人蔵)，『虹県詩巻』(東京国立博物館蔵)，『草書四帖』(大阪市立美術館蔵)など多数遺されており，その書は『群玉堂帖』『余清斎帖』『快雪堂法帖』などの法帖にも刻されている。また，彼の専帖には『白雲居米帖』『米氏祠堂帖』『英光堂帖』などがある。宋史444

(横田 恭三)

べいほうさんすい【米法山水】
北宋後期の書画家米芾と北宋末南宋初の画家米友仁父子によって創始された，水墨画を中心とする山水画手法。米家山とも称される。米点といわれる墨点による皴法を特徴とする。ただ，墨点に緑青の点などを重ねる着色技法も，米友仁によって行われており，元の高克恭がさらにそれを展開している。明清時代には，伝統画法の一つとして，倣古山水画などに広く受け容れられ，季節的には，夏景山水図として用いられることが多い。

(小川 裕充)

べいゆうじん【米友仁】
1074(熙寧7)〜1151(紹興21)。北宋末南宋初の文人画家。襄陽(湖北省)の人。幼名は虎児，字は元暉。兵部侍郎・敷文閣直学士で致仕したので，米侍郎あるいは米敷文とも尊称される。北宋四大書家の一人米芾の子。父の大米に対して，小米と呼ばれ，併せて二米とも云われる。父子で米法山水を創始したとされるものの，その主要な部分は，書家であり，書論家・画論家としても活動しながら，真跡とされる画の現存しない米芾より，専ら画家として評価される米友仁によって担われたものと推定される。米法山水の本質は，董源・巨然に始まる江南山水画の復興にある。その提唱者は当の米芾であり，『画史』におい

て，北宋山水画の基礎を築いた李成を俗とし，董源を平淡天真として絶賛したのに端を発する。ただ，米友仁自身は，紙と墨，絹と色の織りなす造形素材の美的効果に鋭敏でありつつ，その追求のために無限遠を画面上に送りだす不合理な空間表現を選択する董源には従わない。むしろ，素材の美的効果を山水表現に拮抗させる江南山水画の特質を踏まえたうえで，華北山水画の合理的な空間表現を採用する巨然の手法を継承しつつ，水墨と着色をともに追求する点では董源に倣っており，米友仁の選択が後の江南山水画の方向を決定づける。

その中核をなす作品が，絹本着色の『雲山図巻』(1130年)である。画面二分の一の高さに見えない地平線を設定する正確な透視遠近法により空間構成を行いつつ，画面を4等分する正方形4つからなる絵画空間の切断・接合・反転・置換を組織的に試み，限定された構図のもとでの素材の美的効果と山水表現の精粗の限界を追求する，中国山水画史上最初の画巻である。また，その本質を示す作品としては，紙本水墨の『遠岫晴雲図』(1134年。大阪市立美術館蔵)，『瀟湘奇観図巻』(1135年。北京，故宮博物院蔵)，『瀟湘白雲図巻』(上海博物館蔵)，『雲山得意図巻』(台北，故宮博物院蔵)などが挙げられる。

宋史444　　　　　　　　　　　　　　(小川　裕充)

へいよう【平陽】　山西省西南部の都市臨汾市の古名。汾河東岸に位置し，山西を縦断し陝西の渭河平原に通ずる交通の要地。堯・舜・禹の都とする伝説がある。汾河の支流平水の北(陽)を意味する平陽の名は，『左伝』に見える。秦は平陽県を置き，三国の魏から，県に加え平陽郡を置いた。西晋時代，山西を根拠地とする南匈奴の大単于の劉淵は，308(永嘉2)年，皇帝に即位(漢，後の前趙)，平陽に遷都した。五胡十六国のさきがけである。北魏は，郡・県に加え晋州を置いた。隋の一時期は平河と称した。隋唐以来，県は臨汾と改称。北宋・金は平陽府臨汾県を置いた。元は平陽路臨汾県を置き，後に路は晋寧と改称した。明・清は平陽府臨汾県を置いた。金から元初は中都(北京市)と並ぶ文化の中心であり，音韻学史上有名な平水韻が成り，また多くの書が出版された。オゴデイ・カアン時代の1236年には，耶律楚材の要請により，ここに経籍所が設置された。郊外に堯帝廟，堯陵と伝えられる古跡がある。

(堤　一昭)

へいようこじょう【平遥古城】　山西省平遥県の城郭都市。中国全土において，城壁や市楼，民居など市街地の保存状態が最も良好な都市の一つ。とくに，市楼を中心とする周辺の街区は，中国でも最も古い形式を残す。1986年，中国国務院により「歴史文化名城」に指定され，続いて1997年に世界遺産の認定を受けた。ほぼ正方形で周囲7km足らずの小規模な都市である。平遥の都市建設は，秦の平陶県を起源とし，北魏に平遥と改名された。また，明初に城壁が拡張され，ほぼ現在の都市の骨格がつくられた。清中期に始まる金融機関の一種である票号は，ここから全国に広まった。　　(高村　雅彦)

へいようでん【平妖伝】　明代の神魔小説。正式名称『三遂平妖伝』または『北宋三遂平妖伝』。別名『蕩平奇妖伝』。20回本と40回本に大別される。20回本は羅貫中の撰とされ，40回本は20回本を明末に馮夢龍が増補したもの。北宋仁宗の慶暦年間(1041-53)に貝州(河北省)で起きた王則の乱から着想を得ている。40回本によれば，九天玄女の弟子である白猿の精が天書を盗み出し，後にそれが人間界の乱を招く原因となる枠物語のもと，王則を唐代の則天武后が転生したものとし，妖狐聖姑姑やその娘で人間に投胎した胡永児，卵から生まれた蛋子和尚，道士張鸞ら妖人と共に，妖術を以て乱を起こすが，九天玄女の助けを得た諸葛遂智・馬遂・李遂の「三遂」に平定される。王則の乱は早くには宋代の講談でも語られており，宋の羅燁『酔翁談録』小説開闢に『貝州王則』の演目が「妖術」に分類されている。　　(岡崎　由美)

へいりょうだいいせき【平糧台遺跡】　河南省淮陽県にある龍山文化の城郭遺跡。1979年から河南省文物考古研究所が発掘し，龍山文化王油坊類型を中心に，大汶口文化後期から二里頭文化前期におよぶ5期の文化層が確かめられた(「河南淮陽平糧台龍山文化城址試掘簡報」『文物』1983年第3期)。城郭は一辺185mの正方形で，龍山文化前期の平糧台3期に築造され，その放射性炭素年代測定法による年代は紀元前2300年前後である。城壁は何層にも土をたたきしめて構築し，底部の幅は約13m，残存高は3mあまり。城内の傾斜が急で，城外にゆるやかなのは不思議である。また，小版築法によって部分的に修築を加えている。北と南に城門があり，南門には排水管を埋設し，門の両側には泥レンガ造りの守衛室がある。城内では泥レンガ造りの建物が十数棟発掘され，多くは長屋式の多室住居である。城内の3か所で発掘された土器窯は小型で1か所に集中していないことから，戸別に土器が生産されていたらしい。子供を埋葬した甕棺墓や土坑墓のほか，城郭の南西隅では大小2頭の牛を犠牲にした祭祀坑も発見されている。　　(岡村　秀典)

へいれいじせっくつ【炳霊寺石窟】　甘粛省臨夏回族自治州永靖県の西南約40km，黄河北岸の

小積石山に開かれた仏教石窟寺院。甘粛の河西回廊から中国本土に通じる涼州という要衝の地に位置する。古くは「唐述窟」「霊巌寺」と呼ばれた。炳霊寺の名称は宋代以降に始まる。これはチベット語の「千仏洞」にあたる語の音訳である。上寺・下寺とその間の洞溝から構成され，合計196の窟龕が現存している。その大部分が下寺に集中し，石彫像694体，塑像82体，壁画912m²の残存が確認されている。石窟の創建は五胡十六国時代の西秦にさかのぼる。自然の洞窟を利用した第169窟には，建弘元(420)年銘の墨書題記をともなった塑造の無量寿仏三尊像をはじめ，西秦時代の塑像や壁画が良好な保存状態でのこっている。北魏時代にも引き続き開窟が見られたがいったん下火となり，初唐・盛唐期に再び造営の最盛を迎えた。涼州様式を継承したとされる5世紀後半創建の山西省の雲岡石窟に先駆けて造営されたことが明らかであり，唐時代にいたる多彩な教義内容をもった現存作品によって，中国仏教美術史上でとくに重要な位置を占める。

(岡田 健)

へいわ【平話】 語り物の一形態，またそれを文字化した小説をもさす。平話とは，うたを主とする「詞話」に対し，歌の要素を含まない語り物のこととされる。元代後期刊の『全相平話五種』や，『五代史平話』などは，「平話」と明記しており，特に歴史物長篇講誦(講史)，更にはそれに基づく小説の名称として使用されることが多かったようである。明代以降は多く「評話」と表記され，出版の発達に伴う読み物としての小説の確立につれ，単に講談のみを指す言葉になっていく。 (小松 謙)

へき【璧】 円盤の中央に円形の孔をもつ玉器。『爾雅』釈器によれば，璧の孔径は全体の直径の3分の1である。崧沢文化に出現し，清代まで続いた。良渚文化の璧には鳥などを線刻した例もみられるが，多くが西周時代まで無文であった。春秋時代になると，渦状の穀粒文などが浮き彫りで飾られ，戦国時代からは，龍に似た神獣が透かし彫りで表現された。用途については，富の象徴，日月および生命力の象徴，瑞玉の一種など，多くの説が提示されている。本来の性格がどのようなものであったにせよ，戦国時代から前漢時代にかけて，璧の用法に変化が生じたことは明らかである。例えば，当時の諸侯や上級貴族の墓から，遺体を包むように夥しい璧が出土することがあり，そのことから遺体の防腐や死者の魂を天界に導くための道具に，璧が変質したと考えられる。璧がこれほど長く存続できた理由の一つとして，用法や性質の柔軟な変化を想定することができる。 (川村 佳男)

へきうんじせきはいぼう【碧雲寺石牌坊】
北京香山の東麓に位置する碧雲寺は，元の耶律楚材の末裔が1331(至順2)年捨宅して碧雲庵にした。明に数回にわたる拡張を経て，清の1748(乾隆13)年に寺院の山奥に金剛宝座塔を新築し，その前に石牌坊が同時に建てられた。牌坊(牌楼)は，聖なる領域と俗なる領域を区分する役割をなす装置で，日本の鳥居と機能及び象徴的な意味で共通する点が多い。碧雲寺の牌坊は，白い大理石で造られ，3間4柱3楼，左右に影壁が付く形式で，長さ34m，高さ約10mである。 (包 慕萍)

へきかげんくん【碧霞元君】 泰山神すなわち東岳大帝の娘とされる女性神。泰山娘娘。一説に黄帝が西昆真人を迎えるために泰山に派遣した玉女，また一説に西岳華山の玉女であったとされるなど，由来には別説もある。古来人々が泰山の山頂に石像を祀っていたというが，北宋の真宗時に祠が築かれ，明代に碧霞霊応宮となり，その神に碧霞元君と賜号されて現在に至る。中国北部で特に信仰が篤く，道教系の女性神(娘娘)としては南方の媽祖と人気を二分する。 (横手 裕)

へきがんろく【碧巌録】 宋代の公案禅(看話禅)の書で，臨済宗の根本聖典。10巻。雲門宗中興の祖の雪竇重顕が，『景徳伝灯録』『趙州録』『雲門録』等より禅者の古則公案を100則選んで頌を付した『頌古百則』に，臨済宗の圜悟克勤が，第1則「武帝問達磨」から則ごとに垂示・著語・評唱を加えたもの。克勤が澧州(湖南省)の夾山霊泉禅院に住して以降に成立した。「碧巌」の名は夾山の開山である善会の語の「猿は子を抱いて青嶂の裏に帰り，鳥は華を銜んで碧巌の前に落とす」より名付けられる。克勤の弟子の大慧宗杲は，学人が知解(知識や分別)に偏るのをみてこの書を焼却したとも伝える。多くの重刻があり，現存のものは元の1300(大徳4)年の刊本の系統で，日本の五山版も多く存する。日本の道元が帰国に際して一夜で書写したと伝える『仏果碧巌破関撃節』2巻(石川県，大乗寺蔵)は，系統を異にする貴重な写本である。曹洞宗の万松行秀の『従容録』と双璧をなす。

(石井 修道)

へきけいまんし【碧鶏漫志】 南宋の詞話。5巻。王灼の撰。1149(紹興19)年の序を付す。詞に関する専著として現在伝存する最も古い著作のひとつである。巻1はおよそ時代を追って歌曲の歴史を語り，巻2は唐・五代・北宋の詞の逸事を述べ，巻3以降は29の詞牌ごとにその源流と宋詞に至るまでの沿革とを述べる。資料を引いて論じ，曲調に明

るく，特に雅俗を基準とする議論はひとつの見識として評価される。　　　　　　　　　　　　（松尾 肇子）

へきこく【辟穀】　穀物を絶つ道術。絶穀，断穀，却穀などとも言う。穀物を絶つのは，長生不死をとげるためには腸の中を清浄にして滓がたまらないようにしなければならず，また人間の体内に巣くう三尸とか九虫とかと呼ばれる悪神は五穀の精気を養分として育つと考えられたからである。馬王堆帛書の「却穀食気篇」は，前漢の高祖ないし恵帝の頃(前206〜前188)の書写と推定され，辟穀に関する早い時代の資料である。　　　　　　（吉川 忠夫）

へきざんきゅうぼ【劈山救母】　→宝蓮灯

へきじゃ【辟邪】　神獣の名。対となるものに天禄がある。辟邪と天禄は，それぞれ「禍を退けるもの」「天から与えられる福禄」という意味の吉祥語であるが，漢時代には空想的なめでたい獣の名ともなった。その姿はかならずしも明らかでないが，『漢書』西域伝の注には，天禄は角が一つ，辟邪は角が二つと記されている。また，後漢時代に墓前に建てた一対の石獣に，それぞれ天禄，辟邪と刻まれたものがあったことが『後漢書』霊帝紀の注にみえる。現在では後漢から南北朝にかけての石彫や玉器にみられる，角のある獅子のような獣の像を天禄あるいは辟邪と呼ぶことが多い。　（谷 豊信）

へきちゅうしょ【壁中書】　孔子旧宅の壁の中から出現した書物。また，その文字を指すこともある。前漢の景帝(在位前157〜前141。一説に武帝とする)のとき，魯の恭王が孔子の旧宅を壊して自分の宮殿を拡張しようとしたところ，壁の中から『礼記』『書経』『論語』『孝経』などの儒教の経典が出現したというもの。新の王莽の六書の一つである「古文」は壁中書の文字を指し，『説文解字』に掲出された古文500余字も，壁中書にもとづく。
　　　　　　　　　　　　　　　　　（福田 哲之）

べきとういんわ【覓灯因話】　明代の文言小説。『剪灯新話』の模倣作。万暦20(1592)年の序がある。作者，邵景詹の経歴は不明。2巻8話からなり，うち『桂遷夢感録』は『警世通言』巻25，『姚公子伝』は『二刻拍案驚奇』巻22，『唐義士伝』は『西湖二集』巻26，『臥法師入定録』は『初刻拍案驚奇』巻32に白話話本として翻案された。明の万暦(1573-1620)刊本，清刊本があるが，中国では長く忘れられ，日本刊行の『剪灯新話』に付載されたものが清末に逆輸入され，注目された。（金 文京）

へきらしゅん【碧螺春】　江蘇省の太湖の洞庭山の一帯で生産される緑茶。微小な芽を原料として作られる細かい茶で，1kgの製品に15万程もの茶芽が用いられる。細くよじれた外形で，白毫(うぶ毛)に覆われているのを特徴とする。清の王応奎『柳南続筆』によれば，1699(康熙38)年に康熙帝自ら碧螺春の名を付けたという。その意は，碧緑色で田螺のように捩れた形の茶ということであろう。注いだ湯の上から振りかけて，茶が沈むのを待ってから飲むという飲み方がされる。　　　　（高橋 忠彦）

べきり【冪籬】　古代の頭から身体までを覆う長い布。もとは西域の民族が砂塵よけに用いたもので，男女ともに使用した。北朝以来，中原地域に伝わり，女性が乗馬に際して顔を覆う被物として使用するようになる。『旧唐書』輿服志は「武徳・貞観(618-649)の時，宮人の騎馬する者は，斉・隋の旧制に依りて，多く冪籬を著る。戎夷(当時の未開の国)より発すといえども，全身を障蔽す。途路にてこれを窺かるるを欲せず。……永徽(650-655)の後，皆帷帽を用いる」と記している。　（田中 陽子）

ペキン【北京】　中華人民共和国の首都。燕都・燕京などと雅称される。華北平原とモンゴル高原を結ぶ要衝の位置を占める。周口店の北京原人だけでなく，市の中心部の王府井(ワンフージン)からも旧石器時代の遺跡が1996年に出土した。戦国時代には燕の都の薊となり，秦では上谷郡に属した。以後，北朝では幽州が置かれ，唐の范陽節度使の治所として安史の乱の中心ともなった。五代後晋の時，いわゆる燕雲十六州の一つとして，石敬瑭から遼に割譲され，副都の一つ南京となる。金の海陵王の時に都が遷され(1151年)，中都と呼ばれてモンゴルの侵攻まで金の国都。元の世祖クビライは，金の中都の東北，現在の北京城内城に重なり合う位置に都を造営し，大都と名づけた(1272〔至元9〕年)。当時の城壁の一部は今も残る。また，郭守敬による通恵河の開鑿で，江南から城内の積水潭まで水上交通が通じた。明の太祖洪武帝は都を応天府(南京)に置き，北平府と名を改めるが，燕王朱棣が靖難の変で即位し(永楽帝)，北京順天府とした。これが北京の名の最初である。1421(永楽19)年に遷都し，以後清朝の滅亡まで国都。辛亥革命の後も大総統府が置かれたが，1928年に南京に遷都し，北平特別市となった。1949年の中華人民共和国建国に際して再び首都となる。

　明清の北京城は，永楽帝の時に築かれた部分(内城)と，嘉靖年間(1522-66)の追加部分である外城を合わせた凸字形をしている。清朝では，内城には満洲族が住み，外城に漢族が住むと定められ，外城が

発展した。城内の胡同（フートン）と呼ばれる横丁に灰色の壁の四合院が並ぶ景観は、この都市を特徴づけたが、再開発の進行で特定の地区を除いて多くは姿を消した。1965年から城壁は取り壊されて自動車道路の二環路となり、下を地下鉄が走る。

　北京は、北方民族の土地に近いこと、彼らの政権の国都としての歴史を有することなどから、文化的にも北方民族との混合的要素を持つ。文化史上注目すべきは、元明清の国都としての北京で、3年に1度の科挙には全国から俊英が集まる街であり、琉璃廠をはじめとする、出版・文化産業の都市でもあった。今日でも、西北部の学園地区を中心に、北京大学・清華大学など、多くの学院や研究機関があり、中国の学術文化の中心としての位置を占める。また中国国家博物館や首都博物館をはじめ、100を超える博物館がある。

　北京には、市の中心部を占める天安門広場、明清故宮をはじめ、天壇・孔子廟・雍和宮など、文化史跡が多く、郊外にも長城や明清の帝陵はもとより、西山の寺々など史跡に富む。

　2012年現在の行政区画としての北京市は、かつての城内とその周辺の8区（東城・西城・朝陽・海淀・門頭溝・豊台・房山・石景山）と、郊外の6区（通州・懐柔・順義・昌平・大興・平谷）および2県（延慶・密雲）からなる、領域1万7000km^{2}の中央直轄市である。　　　　　　　　　（森田　憲司）

ペキンげんじん【北京原人】
アジアではジャワ原人について発見された原人の化石である。スウェーデンの地質学者アンダーソンは、中華民国政府の地質顧問として北京滞在中に、北京市房山県周口店の龍骨山で動物化石が出土することに注目した。1921,23年に周口店でドイツの古生物学者ツダンスキーが発掘した化石が、アンダーソンによってスウェーデンのウプサラ大学に持ち帰られ整理された中から、人類の臼歯化石が2点発見され、世界的に注目された。1927年に周口店遺跡の発掘がロックフェラー財団の支援の下、中国地質調査所新生代研究室と協和医学院によって正式に開始されてまもなく、人類の臼歯が発見され、カナダの解剖学者ブラックがシナントロプス・ペキネンシスの学名を与えた（現在は直立原人の亜種に分類され、ホモ・エレクトゥス・ペキネンシスに改名）。1929年に裴文中によって周口店遺跡の第1地点で最初の頭蓋骨が発見された。1937年の盧溝橋事件後、発掘は中止されたが、49年から再開され、66年に発見された頭骨化石は、34年発見の頭骨の複製品と接合してほぼ全体が判明する頭蓋骨となった。1966年までに発見された化石は、完全な頭蓋骨6点、面骨を含む頭骨片12点、下顎骨15点、歯152点、上腕骨3点、大腿骨7点など約40個体分である。その大部分は1937年以前に発見されており、1941年の真珠湾攻撃直前に解剖学者ワイデンライヒがアメリカへ移送するために梱包させたが、まもなく行方不明になった。ワイデンライヒによる記録や複製、及び戦後に発見された少数の化石が今日残る資料である。頭骨の特徴は、頭蓋があまり湾曲せず、額が後ろに傾斜し、眼窩上隆起が左右つながって突出し、最広幅部が両耳孔のやや上にある。頭骨各部位の厚さは9.7mmと現代人の約2倍、成人の平均脳容量は1088ccと現代人の約3分の2である。上・下顎骨の歯の辺りが前に突出し、下顎先端の突出部がない。切歯裏面はモンゴロイドにも特徴的なシャベル状をなす。体型については、上肢が下肢に比べて発達しており、ワイデンライヒによって大腿骨長から推定された男性の身長は156cmである。22個体の化石から推定された年齢は、14歳以下が15体、15〜30歳と40〜49歳が各3体、50歳以上が1体である。文献に呉汝康ほか『北京猿人遺址総合研究』（科学出版社、1985年）がある。　（佐川　正敏）

ペキンぜんもんしょうぎょうち【北京前門商業地】
北京市の天安門広場南端の正陽門、通称「前門」の南側一帯、つまり外城に広がる商業地。通常、前門というと、正陽門そのものを指すよりも、商業地としての意味のほうが通用している。前門一帯は、かつての北京最大の商業地であり、南北の前門大街とそれに交わる東西の大柵欄街・廊房の各通りがメインストリートで、周辺には劇場・会館・酒楼・茶館・料亭、さらには八大胡同と呼ばれる遊郭の集中する盛り場が形成された。大柵欄街は、18世紀初頭に夜間の人の出入りを禁じるために設けられた路上の柵が大きかったことからその名が付き、また廊房は15世紀初頭に官僚主導によって開発された商店街であった。

　清代に入ると、内城は満族などの官吏が多くを占め、それ以外の漢族を中心とした商人などが外城へ追いやられ、文化・遊興・商業活動もこちら側に移動する。とくに、雍正年間（1723-35）から、満洲貴族の漢族に対する迫害が抑制されると、外城に商業経済の拠点として重要な会館が多く建設されるようになった。また、内城にあった劇場や遊郭も外城に移転させられ、さまざまな機能が複合的に重なり合う盛り場や解放区、つまり自由な領域にふさわしい要素が集約される結果となり繁栄したのである。

　漬物の六必居や漢方薬の同仁堂など有名な老舗の多くは、この前門一帯に集中している。そもそも、この前門大街は、北京の都市を貫く南北の中心軸そのものであり、道幅が広く、歴代皇帝の御成道でもあった。ところが、商人たちによる街路の不法占

拠，すなわち「侵街」によって，店先に屋根をかけてアーケード化する，あるいは路上に店舗をつくる状況が18世紀の『京師生春意図』や『乾隆京城全図』に描かれている。これにより，前門大街の東と西には現在のような南北の裏通りがつくられているのである。
(高村 雅彦)

ペキンなんどう【北京南堂】 北京市西城区前門西大街にある北京最古のカトリック教会。宣武門天主堂ともいう。現在の南堂は，義和団の襲撃で破壊された後，1904(光緒30)年に煉瓦造で再建されたもの。初期の南堂は，1605(万暦33)年にマテオ・リッチが建てた経堂の跡地を利用し，1652(順治9)年に竣工した。宣教師アダム・シャールの設計・施工によるもので，バロック様式の壮麗な天主堂であった。西側の壁にある高さ約4mの鉄の十字架は，初期南堂のものと伝えられる。(高村 雅彦)

ペキンほくどう【北京北堂】 北京市西城区西什庫大街にあるカトリック教会。正式名称は救世主堂で，西什庫教堂ともいう。もともと中海西の蚕池口にあって，フランス・イエズス会士の主導により，1703(康熙42)年に建てられた。その後，数回の再建を経て，1889(光緒15)年，現在の北海西の西什庫大街に移築された。高さ31.4m，頂部に11の尖塔を持つゴシック様式の壮麗な天主堂である。
(高村 雅彦)

ベゼクリクせっくつ【ベゼクリク石窟】 新疆ウイグル自治区吐魯番市にある石窟寺院。ベゼクリク(柏孜克里克 Bezeklik)千仏洞ともいう。その造営年代は6世紀から14世紀に及ぶ。14世紀以降，イスラム教徒による破壊を被り，また20世紀初頭，各国探検隊によって壁画が剥ぎ取られたため，現地に残る壁画は僅かである。例えば第33窟に涅槃経変・本行経変(高昌ウイグル前期)，第39窟に文殊変・普賢変(高昌ウイグル後期)などが残る。ドイツ隊が剥ぎ取った大量の壁画は第二次大戦のベルリンの空襲で焼失した。現在，ロシア隊が収集した壁画はエルミタージュ美術館に，大谷探検隊が収集した壁画は東京国立博物館と韓国のソウル国立中央博物館にそれぞれ保管される。
(勝木 言一郎)

べつ【襪】 布帛または皮革製のくつした。たび。韈とも書く。『釈名』釈衣服に「襪とは末ということである。脚の末にあるのである」とある。『説文解字』には「韈は足衣なり」とあり，また，「褐とは枲を編んだ襪なり。一に曰く粗衣なり」という。麻糸で編んだくつしたは褐と呼ばれたのであ

る。長沙馬王堆一号漢墓出土の襪はかかとに紐がついており，ノイン・ウラからは絹織物に刺繍をしたものが発見されている。錦で作った襪には新疆ウイグル自治区民豊県の北の大砂漠中で発掘された東漢合葬墓から出土したものなどがある。『後漢書』輿服志に「祭服には赤色の襪を用いる」とある。
(相川 佳予子)

べっし【別史】 史書分類の一つ。史部の綱目を初めて採用した『隋書』経籍志にはなく，南宋の陳振孫『直斎書録解題』で初めて設けられた史部の子目であり，主として紀伝形式の歴史叙述のうち，正史類に収めきれず，雑史類の範疇にもはいらない歴史叙述を総録する。『四庫全書総目提要』で紀事本末類の後，雑史類の前に置かれていることが別史の地位を端的に示している。具体的には『逸周書』『東観漢記』『古史』『東都事略』『路史』『通志』『十八史略』『宋史新編』などがあり，変わったところでは『蔵書』『続蔵書』などの書名が見える。
(稲葉 一郎)

べつじ【別字】 漢字の字体の一つ。異体字のうち社会的にあまり使われない方の字形。通用字と字音・字義は同じだが，もともとは字義が異なっている漢字を使ったもの。顧炎武『日知録』18・別字に「別字なるものは，もとまさに此の字たるべきに，誤りて彼の字となすなり。今人これを『白字』というは，すなわち別音の転なり」とある。なお現代の中国語では誤字のことを「別字」と呼ぶこともある。
(阿辻 哲次)

べっしゅう【別集】 個人の作品を収録した詩文集。複数の人々の作品を収録した総集に対する。目録学史上では，南朝梁の阮孝緒『七録』が，詩賦を録する「文集録」を，楚辞部・別集部・総集部・雑文部に4分割している。この名称が，『隋書』経籍志以降に踏襲された。
(佐竹 保子)

ヘディン Sven Anders Hedin 1865～1952。スウェーデンの探検家・地理学者。1885年に同国人の家庭教師としてカスピ海西岸の都市バクーに赴き，翌年イランを旅行しアジアに興味を持ったと言う。後，ウプサラ・ベルリン等の大学に学び，ベルリン大学では地理学者リヒトホーフェンに師事した。1890～91年イランへの使節団員としてテヘランに行き，後カシュガルまで足を延ばした。1893～97年には清朝の新疆省各地を踏破し，困難を極めたホータン・ダリヤ行，ダンダン・ウイリク，カラ・ドン両遺跡，ロプ・ノール近辺の調査等を行った。1899～1902年には舟でタリム河を下降

調査し，楼蘭遺跡を発見して漢文文書等を発掘し，後チベット高原をラサに向かったがチベット側の反対で果たせなかった。1906〜08年にはインドのレーからチベット南部のシガツェに至り，さらにツァンポ(ヤルツァンポ)川北方およびインダス川の源流を調査した。ヘディンのこうした活動の概要は自伝《Mein Leben als Entdecker》(山口四郎訳『探検家としてのわが生涯』)に詳しい。後，西北科学考察団(The Sino‐Swedish Expedition, 1927〜33年)等を組織したが，第二次大戦後の1952年に死去した。
(山本 光朗)

ペリオ　Paul Pelliot　1878〜1945。フランスの東洋学者。彼の研究者としての経歴は，1899年にインドシナ考古学調査団(後のハノイの極東学院)の奨学研究員に抜擢されたことより始まり，1906年にはフランスの中央アジア探検隊の隊長として，クチャなどのタクラマカン砂漠北縁のオアシスを調査する。また1908年には，*スタインに続いて敦煌に入り，*莫高窟において，歴史・言語・文化の研究に重要となる漢文をはじめとする諸語文書(チベット文・ウイグル文・ソグド文・コータン文・トカラ文・サンスクリット文・ヘブライ文)・文物を多く獲得する。帰国後は，1911年に，コレージュ・ド・フランスに新設された中央アジア言語歴史考古学講座の教授に就任し，1925年からは，*コルディエに代わって『通報』の編集長となる。シナ学・モンゴル学・チベット学・東南アジア学・トルコ学・イラン学・仏教学・東西交渉学など，幅広い分野において膨大な優れた研究業績を残す。　(荒川 正晴)

べんかん【冕冠】→冕服

へんきん【杦禁】→禁

べんけい【汴京】→開封

へんこ【扁壺】　胴部が扁平な形をした壺を指す総称。酒や水を入れる器と考えられ，土器・*青銅器・磁器など各種の器がある。漢代の青銅製扁壺に「鉀(楒)」と自銘する器があるが，宋代の『博古図録』以来，伝統的に扁壺と称される。青銅の扁壺は戦国時代に出現し漢代に数多く作られた。新石器時代後期の陶寺遺跡からは土器の扁壺が出土するが，その胴部に文字のようにも見える記号が朱書された例があり，注目を集めている。
(角道 亮介)

へんさいし【辺塞詩】　辺境地帯を舞台に，中原とは異なる風土，出征兵士の故郷への思いなどを唱う詩。とりわけ盛唐に流行したのは，開元・天宝年間(713-756)，*玄宗の拡張政策によって周辺諸民族との抗争が多く生じ，出兵の機会が多かったことによる。主戦・反戦の主張も含まれないではないが，中心を占めるのは，異境の地や風物を題材としたロマンティックな情感といえよう。辺塞詩人としては*高適・*岑参・*王昌齢・*王之渙・*李頎らの名がよく知られる。
(川合 康三)

へんじゃく【扁鵲】　生没年に諸説がある。一般的には，前407頃〜前310頃。戦国時代の名医で，治疾の聖，薬王，神王などといわれる，*淳于意(倉公)と共に扁倉と併称される。勃海郡鄭(河北省)の出身。姓は秦，名は越人で，秦と越の2国の身分を示す秦越人の名でも知られる。趙にいた時に人は彼に*黄帝の時代以来の名医を示す扁鵲の尊称を与えた。医術を長桑君に学び，五臓を透視する超能力を得たという。彼は，斉，趙，晋，秦など各国を遍歴して医療を施した。晋の太子を蘇生させたり，斉の桓公に早期治療の必要性を主張した話が有名である。後に秦の侍医長李醯の嫉妬で刺殺された。扁鵲の医療は，陰陽の理を中心に，脈診と全身観察の望診や鍼灸などを用い，老人・婦人・小児医療に腕を振るった。弟子も多く，本草に優れたものいた。扁鵲の名を冠する書は多く，『難経』が有名であるが，彼の真撰ではない。史記105　(宮澤 正順)

へんじゅみん【辺寿民】　1684(康熙23)〜1752(乾隆17)。清の画家。山陽(江蘇省)の人。原名は維祺，寿民は字，のち頤公に改める。漸僧・葦間居士などと号した。官を求めることなく鄭燮・高鳳翰・李鱓らと交わり，自身の画室である「葦間書屋」には名流ことごとく来訪したという。その画は花卉雑画をよくし，蘆雁図は特に名高く「辺蘆雁」とも呼ばれた。粗筆と潑墨風の筆致を生かした画面に特色がある。揚州八怪の一人に数える説もある。
(塚本 麿充)

べんしょうろん【弁正論】　唐代の仏教の論文。8巻。僧法琳の作。先に『破邪論』を書いた法琳は，626(武徳9)年6月の玄武門の変後の太宗の治世，道士の李仲卿撰「十異九迷論」と劉進喜「顕正論」に対する駁論として「十喩九箴論」を書いて回答するとともに，やがて200余紙からなる『弁正論』8巻12篇を完成させた。のちに道士の秦世英により，本論は唐宗室の祖先を誹謗していると讒言されて太宗の逆鱗にふれ，法琳は四川に追放される途中で病死した。
(礪波 護)

べんじるいへん【駢字類編】　清の類書。240

巻。1719(康熙58)年張廷玉等が勅を奉じて編纂を始め，1726(雍正4)年完成。3字以上の熟語も採り106韻で配列する『佩文韻府』と異なり，2字熟語(駢字)のみを意義分類で配列して用例を収める。天地・時令・山水・居処・珍宝・数目・方隅・采色・器物・草木・鳥獣・虫魚・人事(補遺)の13門に分け，1字目が同じ熟語は第2字の類により配列し，熟語の用例は『佩文韻府』と同じく経子史集の順に列べる。収録語数では『佩文韻府』に及ばないが，出典の記載はより正確で詳しい。 （森賀 一恵）

べんしれいろく【駢四儷六】 →駢文

へんそうず【変相図】 経典(とくに大乗経典)の特定の場面を表したもの。経変画ともいう。主に絵画や浮彫として表現された。変相図はインドに作例がなく，「変」の語は5世紀初めの中国語文献が初見とされる。敦煌莫高窟では，経典に基づく説法図が隋代以降，故事説話を取り入れることで抽象的な教義を図解し，更に多数の情景や壮麗な建築物，膨大な人物表現など内容を充実させた中国式の大画面へと発展していく過程が認められる。唐代以降とくに普及し，北宋初までの作例に遺品が多い。変相は種類も豊富で，本生図(本生経変)・仏伝図(本行経変。降魔変相や涅槃変相など)・牢度叉変相・地獄変相などの小乗経典によるもの，維摩経変相・法華経変相・華厳経変相・父母恩重経変相・報恩経変相・阿弥陀浄土変相(観経変相を含む)・薬師経変相(薬師浄土変相)・霊山浄土変相(法華経変相の部分)・弥勒浄土変相・大悲変相(千手観音)・不空羂索変相など大乗経典によるものがある。 （勝木 言一郎）

べんたいぶんしょう【駢体文鈔】 先秦から隋までの駢文の選集。清の李兆洛編。彼が駢文と考える作品を集めたものであるが，その中には司馬遷「報任安書」や諸葛亮「出師表」など普通には駢文と考えられない作品もあり，論議を巻き起こした。それは桐城派の姚鼐『古文辞類纂』が駢文を排し唐宋八大家の古文を推重したのに対して，駢文と古文の起源は同一であるとして駢文の価値を擁護するものであった。嘉慶25(1820)年に刊刻され，清の譚献が批点をつけた譚氏手批本が通行している。 （副島 一郎）

へんねんたい【編年体】 古代史官の記録「史記」に起源をもつ，時系列による歴史叙述の一形式の名称。すべての歴史事象を年月日の時間の順序にしたがって叙述するもので，同一時点に発生した事象を中外・上下の区別なく同一紙面に記録でき，しかも無限に叙述を継続することが可能な利点がある。その反面，個々の歴史事象の展開の様子が容易に把握できない欠陥や，時間が特定できない事象は記録できず，また政治社会の表層に焦点が当てられ下層には記述が及ばない傾向があり，歴史的世界の総体的把握には紀伝体史の叙述を参照することが求められる。代表的なものとしては魯国の年代記『春秋』，後漢の荀悦の『前漢紀』，北宋の司馬光の『資治通鑑』などが挙げられる。 （稲葉 一郎）

べんぱつ【辮髪】 中国北・西方民族に多く見られる髪形。匈奴以来のものと思われるが，主として女真族男子の髪形を指す。薙髪とも言う。頭の周囲を剃り，中央に円形に長髪を残し，これを三つ編みにして背中に垂らしたり頭の周囲に巻き付けたりする。左右に残した頭髪を編んで肩まで垂らすこともある。漢族は元来結髪の民族であり，度々北方民族に統治されたが，清代以前には辮髪を特に強要されることはなかった。しかし清が中国を支配すると，新しい国家に服する印として辮髪の命令を下した。それは「髪をとどめる者は頭をとどめず」と言われたほど厳しく，結果，これが広く中国民衆の間に普及した。男子だけでなく成人前の童女にもこの風習が行われた。童女の辮髪には三分，二分，あるいは一本に編むなどの種類があり，紅や紺や緑の絹糸でこれを何か所も結んで飾りとした。成人女子は特に制限を受けず，満洲族の女子は巻いて髷とするなど固有の結髪をし，漢族の女子も本来の風俗に従った。太平天国が江南を支配した際には蓄髪令を下すということもあったが，民国が成立した後もかなり遅くまで辮髪姿は残った。 （増田 克彦）

へんぷく【蝙蝠】 「蝠」が「福」の音に通じるところから吉祥の意味をもつとされ，もっとも好まれる文様のひとつ。中国最古の辞書『爾雅』に「蝙蝠は百歳の寿を保つ」とあり，長寿の象徴でもあった。また，5羽の蝙蝠は長寿・富貴・美徳・健康・幸福の五福をあらわし，羽を広げて輪をなすかたちに表され「五福臨門」と称される。日本では長く忌避される傾向にあったが，七代目市川団十郎が替紋や文様に用いたことから，江戸後期に流行をみた。 （丸山 伸彦）

べんぷく【弁服】 礼服の一つ。冕服の次に位置する礼服。出現は殷代にあると考えられている。初めは天子より士に至るまで均しく用いたが，後，尊卑を分け，冕は尊に，弁は次にくるものとなった。『周礼』春官・司服に拠れば弁服には韋弁服・皮弁服・冠弁服・服弁服・弁経服がある。各種弁服には制が定められ祭礼・視朝，或いは兵事な

どに分別して用いている。　　　（釣田　敏子）

べんぷく【冕服】　明代まで用いられた，皇帝をはじめとする男性の祭服。冕冠を含めた装束の総称であるが，その際の衣裳のみをさすこともある。

明確な形で服制が定まったのは後漢の59（永平2）年で，皇帝・三公諸侯・卿大夫の祭服を冕服といった。冠の冕は，広さ7寸（約16.1cm），長さ1尺2寸（約27.6cm），前方が円形，後方が方形，表が玄色（黒色），裏が朱緑色（朱色との説もある）の板状のもので，皇帝の冕冠はこの冕の前後から白玉珠を連ねた旒がそれぞれ12旒ずつ下がった。前旒は長さ4寸（約9.2cm），後旒は3寸（約6.9cm）である。三公諸侯は青玉珠7旒，卿大夫は黒玉珠5旒で，いずれも前旒のみであった。また冕から左右の両耳に当たる部分に黈纊（充耳ともいう。綿を丸くしたもの）が下がり，組みものの纓（冠をしばるための紐）が付いた。衣裳は玄色衣と纁色（赤色）裳の組み合わせで，衣は大袖垂領形，裳は前3幅後4幅（前は陽の，後は陰の数）で作られたスカート状のものである。皇帝の衣裳には日・月・星辰・山・龍・華虫（雉）・火・藻・粉米・宗彝（器に手長猿と虎を描いたもの）・黼（斧）・黻（亞）の十二章文が，公侯は山以下の九章が，卿大夫は華虫以下の七章の文様が付いた。帯からは綬と玉佩が下がり，赤舄（爪先が高く上がったクツ）をはいた。

唐の624（武徳7）年の服制では，皇帝の冕服には大裘冕・袞冕・鷩冕・毳冕・絺冕・玄冕の6種類があった。大裘冕は天地を祭る大礼服であり，袞冕は践祚（即位）等重要儀式の時，鷩冕は祖先を祀る時，毳冕は海や岳を祭る時，絺冕は社稷（土や穀の神）を祭る時，玄冕は百神を祭る時着用した。しかしこの制は繁雑であったため，656（顕慶元）年にすべての祭事は袞冕で行われることとなった。袞冕の冕は広さ1尺2寸（約37.3cm），長さ2尺4寸（約74.6cm）で後漢のものよりも長大化し，前後とも方形となったが白珠12旒が前後に垂下することには変わりない。上衣は深青色でこれには描き絵で，裳は纁色でこれには刺繡で十二章文をあらわした。衣と裳の下には白紗中単（白い薄物の単の中着）が着られた。龍・火・山の三章が刺繡された韍（前掛け状のもの，裳と同色）を掛け，朱色の襪（靴下状のもの）・赤舄をはき，革帯・大帯を締め，一対の大綬と玉佩を左右に垂れた。皇太子の冕服も袞冕で，重要な祭祀・儀式時に用いた。諸臣は，一品が袞冕，二品が鷩冕，三品が毳冕，四品が絺冕，五品が玄冕であった。皇太子以下諸臣の冕服の構成等は基本的に皇帝と同様であるが，旒の種類や数，衣裳の色・文章・綬・玉佩等の違いがみられる。

宋では大礼服としての大裘冕が復活し，皇帝の冕服は袞冕との2種類となった。北宋初の袞冕は五代の制に倣ったため，冕は表裏とも華麗な錦で作られ，衣裳は青衣紅裳となり，衣には日・月以下の七章が，裳には藻以下五章がついた。諸臣の冕服は唐制から八旒冠（鷩冕）・六旒冠（絺冕）が省かれ，青衣緋裳となった。

元でも皇帝・皇太子の祭服として袞冕が用いられ，皇帝の袞冕は青羅衣・緋羅裳で，これに衣は金で裳は繡で十二章文が描かれた。

明では皇帝・皇太子には伝統的な袞冕の制が用いられたが，諸臣の冕服は姿を消した。皇帝の袞冕は，1383（洪武16）年に基本的に宋制に倣って定められたが，冕冠の前後の旒が5色（赤白青黄黒）の珠に変化した。衣裳の色も玄衣黄裳となり，日・月以下六章が衣に施され宗彝以下六章が裳に刺繡された。1393（洪武26）年には，衣裳は漢代の玄衣纁裳となり，十二章文も従来通り衣に八章，裳に四章という形にもどった。その後1529（嘉靖8）年の改制では，旒が7色（赤白青黄黒紅緑）となった。皇太子の冕冠も従来のものと変わりないが，旒は五色珠となり，衣裳は玄衣纁裳となった。　　　（増田　美子）

へんぶん【変文】　唐五代の通俗文学の形式。現存作品はすべて敦煌発見のものである。うち「変文」「変」の題をもつ作品には，『降魔変文』『破魔変』『八相変』『大目乾連冥間救母変文（目連救母変文）』『漢将王陵変』『舜子変』『劉家太子変』など，仏教故事のほか，歴史・伝説を扱ったものがある。うち『舜子変』は韻文の俗賦体，『劉家太子変』は散文体であるが，その他はみな七言詩（近体詩と同じ平仄律を用いるが，一句の中にとどまり，句を超えては適用されず，また仄声の押韻もみられる）と散文（駢文体・古文体・有韻の賦体がある）を交互に繰り返し，かつ散文から詩に移行する際に，「…処，若為陳説」（…するところ，いかに述べましょうや）という常套句もしくはその変形・省略形が用いられており，これが変文の標準的形式と考えられる。そこからこれと同じ形式で題を欠く作品も変文と見なし得る（「李陵変文」「張義潮変文」など）。「変」の語源については，梵文起源説，変化・改変を意味する中国起源説など諸説あるが，仏教故事を描いた変相と密接な関係にあり，一種の絵解き文学であると考えられ，当初は仏教の布教のためであったものが，後に世俗化し，寺院その他の場所で演じられた。吉師老の『看蜀女転昭君変』詩（『才調集』巻8）などによれば，その上演を「転変」と言い，またその場所を「変場」と言ったことが，『酉陽雑俎』の『怪術』（前集巻5）にみえる。そのほか，テキストとして読まれることもあったらしい。『敦

煌変文集』(1957年)は, 講経文・縁起・俗賦など敦煌発見の民間文学をすべて変文に含めているが,「劉家太子変」(尾題)が「前漢劉家太子伝」(正題)とも呼ばれているように, その定義は当時からすでに曖昧であった。宋代以降, 変文の作品は見られなくなるが, その形式は元明以降の説唱詞話・弾詞・宝巻など詩讃系の講唱文学に継承されている。

(金 文京)

べんぶん【駢文】 文体の一種。別名を四六, 駢儷文, また両者を併せて四六駢儷文, 駢四六などとも呼ばれる。「駢」とは二頭だての馬のことで, 駢文が対句を基本としていることを意味する。また「駢儷文」の「儷」は夫婦のことで, やはり2句が一対として並列されることを示している。もう一つの別称「四六」は, 四字句と六字句のこと。すなわち駢文は, 四字句と六字句を中心に, 各句を対句形式に構成することが基本となる。駢文の源流は先秦に発するが, 文体として具体的な形成を見るようになったのは後漢のころからで, 次の魏晋南北朝(六朝)時代に至ると, 技巧を凝らした美文として完成度を高めつつ, 文章の主流の座を確保していった。ただ, 「四六」の名が出現したのは唐の中期以降, 「駢文」はさらに下って清になってからである。

駢文の必要条件である句と対句についていうと, 句では四字句が最も多く, 次いで六字句が多いが, その間に長短さまざまな句を配して, 単調に陥らないよう工夫することが必要である。それらの句は4句ごとに一つのまとまりをなすので, 隣りあう2句が対偶をなす場合と, 句を隔てて2組の対偶関係が成立する隔句対の場合とがある。対句によってバランスを取りながら, 論理を進めるのがねらいである。

3つ目の必要条件は, 声律の調和を図ることである。ことに六朝後期の斉・梁から唐にかけて平仄の調整が重視されるようになると, その傾向がいっそう顕著になった。対を成す2句の句末及び句中の要所では, 原則として平仄が交替する必要がある。近体詩(律詩・絶句)における平仄の調和と, 基本的に同じ意識から出た技巧である。4つ目の条件は, 古典にもとづく典雅な語句を多用すること。圧縮された字句に典拠を有する表現を導入することを通じて, イメージを豊かにし, 内容の奥行きを深める効果が期待できる。5つ目の条件は, 文字の美観に配慮すること。畳字のような特別の場合を除き, 同字の重複や近似する形の文字は努めて避けるようにし, 字画の多少にも気をつける必要がある。以上を要するに, 駢文は漢語の1字1音節という特徴を生かして, 聴覚・視覚そして意味の上からも整斉たる美しさをもたらすよう, 技法的な工夫を凝らした文体である。これらの特色を具体的に示すために, 初唐の王勃「滕王閣序」の一節を例示する。(○は平声, ●は仄声を示す)

┌ 十旬休暇, 勝友如雲 ┬ 騰蛟起鳳, 孟学士之詞宗
└ 千里逢迎, 高朋満座 ┴ 紫電清霜, 王將軍之武庫

┌ 家君作宰, 路出名区
└ 童子何知, 躬逢勝餞

六朝・唐においては, 詔勅や上書などの公的な文章から, 書簡などの私的な文章に至るまで, ほとんど全ての文章が駢文で書かれた。その修辞性が過度に陥って無内容な美文に堕する傾向もあり, 唐の韓愈や宋の欧陽脩によって排撃の対象とされ, 形式的により自由な古文の文体が提唱された。しかし, 唐にあっても陸贄や李商隠のような駢文の名手が出たほか, 後世に至るまで根強い勢力を維持し続けた。

(興膳 宏)

へんぶんしん【辺文進】 生没年不詳。明の画家。沙県(福建省)に生まれるが, 本貫は隴西(甘粛省)。字は景昭, また文進を字とする説もある。永楽年間(1403-24)に画院に入り, 禁中三絶と称される。1426(宣徳元)年にも, 70余歳で武英殿待詔として画院に属していた。明初を代表する花鳥画家で, 平板な背景に院体画風の花鳥を配した装飾的な作品を描いた。代表作に『三友百禽図』(台北, 国立故宮博物院蔵), 『柏鷺図』(個人蔵)がある。子の辺楚芳らも画をよくした。

(伊藤 晴子)

へんぼう【偏旁】 漢字を構成する部分の名称。また「偏旁冠脚」ともいい, 部首の総称としても使われる。漢字の字形で, 原則的に左側半分に配されるものを「偏」, 右側半分に配されるものを「旁」, 上部に配されるものを「冠」, 下部に配されるものを「脚」という。このほか文字の外側を囲む「構」, 文字の外で垂れる「垂」, 文字を上から下へとめぐり囲む「繞」も, 同じ範疇に属する。それぞれの偏旁冠脚は, 原則的に文字全体に意符として機能し, 共通の意味を表す。代表的なものとして, 偏ではイ(にんべん)・忄(りっしんべん)・示(礻)(しめすへん)などがあり, 旁には阝(おおざと)・隹(ふるとり)・頁(おおがい), 冠には亠(なべぶた)・竹(たけかんむり)など, 脚は灬(れんが)・皿(さら), 構には勹(つつみがまえ)・匚(はこがまえ)・門(もんがまえ)など, 垂には厂(がんだれ)・广(まだれ)・疒(やまいだれ), 繞には乙(おつにょう)・廴(えんにょう)などがある。

(阿辻 哲次)

へんぽうじきょう【変法自強】 既成の制度の変革によって中国の強化を図ることを意味し，いわゆる西洋の衝撃にさらされた19世紀後半に出現した改革論の一類型。近代中国に現れた最初の改革論は洋務論で，西洋の強さの原因を大砲や軍艦に象徴される機器の優秀さに求め，西洋の機器を導入して中国の強化を図った。変法自強論は，西洋の強さの原因を社会制度の優秀さに求め，特に議会制度や学校教育制度を導入して中国の強化を図る立場で，等しく中国の強化を目指しつつも，制度改革の必要性を認めない洋務論とは対立する関係に立つ。変法自強論が登場するのは1880年代初頭で，王 韜の論文「変法自強」(『弢園文録外編』所収)はその最も早い事例である。

変法自強論者は西洋の制度から影響を受けていたが，自らの主張する制度改革を，西洋の模倣ではなく，中国上古の優れた統治理念の復活と説明し，復古と革新を結びつけていた。日清戦争敗北(1895年)の後には，康有為らを中心に，政府主導による大規模な制度改革の断行を求める変法自強運動が展開され，戊戌変法(1898年)に結実する。

(佐藤 慎一)

へんぽうろん【変法論】 国家の法令制度の重大な変更を主張する議論。支配者の変更を意図しない点で，革命論と異なる。

中国史上多くの変法論が出現したが，最も早い事例は，戦国初期に秦の宰相であった商 鞅の『商君書』に見られる。法家の祖とも言われる商鞅は，時代の要請に適合する形で成法を変更することが覇者たる条件との立場から，大胆な改革を断行して秦を富強に導いた。類似の主張は荀子や韓非子にも見られるが，概して言えば，変法論は法を富強の実現や秩序維持のために不可欠な手段とみなし，かつ法が時代とともに変化するとの前提に立って，目的実現のために最適の法令体系の採用を主張するもので，既存の法令秩序を最善のものとみなして変更を拒否する伝統主義的態度と対立する関係にある。

近世における最も著名な変法論者は，青苗法や市易法等の新法の採用を主張した北宋の王安石だが，その彼が『周礼』に新注を施したことに見られるように，変法論は，堕落した現在の法令制度を，時代の変化を踏まえつつ変更することが，上古の聖人の制度形成の真意により近付ける措置であるとの論理で正統化されることが普通であった。このことは，西洋の衝撃を受けた後の近代についても当てはまり，清末の1880年代頃から，王韜や鄭観応のように，中国の富強実現のためには西洋の政治制度や教育制度の導入が必要であることを主張する変法論者が現れるが，その彼らにしても，始皇帝以後の中国で見失われた上古の聖人の真意が，かえって西洋の諸制度のうちに見られるとして，変法を正統化した。

(佐藤 慎一)

べんみんずさん【便民図纂】 明の農家経営に関する百科全書。16巻。1502(弘治15)年刊行。著者は未詳だが，鄺璠あるいは曾政とする説もある。内容は，「農務・女紅(女性の仕事)」の2種類の図以下，耕穫類・桑蚕類・樹芸類・雑占類・月占類など11項目に分かれている。農業・養蚕や園芸・牧畜のほか，占い・まじないから製薬法・必需品の製法まで簡潔に記述されている。「農家宝典」ともいうべき本で，重宝されたという。版本としては，弘治15年初刊本の鈔本(内閣文庫蔵)および万暦21年，嘉靖23年刊本がある。 (大澤 正昭)

へんらん【辺鸞】 生没年不詳。中唐の画家。長安(陝西省)の人。徳宗朝(779-805)に活躍し，官は右衛長史。貞元(785-805)中，新羅が献じた孔雀を徳宗の命により写す。唐朝を代表する花鳥画家で，賦彩にすぐれ，宮殿を飾る大画面だけでなく，折枝画のような小画面の細緻な画も得意とした。画風を伝える遺品はなく，その画業は文献から知るのみである。

(藤田 伸也)

ほ

ほ【簠】 上面方形の浅い身に，抉りの入った方形の高台あるいは4脚が付く器。側面に一対の耳を付ける。器身とほぼ同形の蓋を持つことも多い。穀物を盛るための器とされる。しばしば銘文に「匿」と自銘する。当該の字は一般に文献中にみえる「簠」と読まれるが，該字を「瑚」と読む見解もある。青銅の簠は西周後期に出現し戦国時代後期までみられるが，特に西周後期〜春秋時代の例が多

い。土器の簠は戦国時代の楚墓に多く副葬された。

(角道 亮介)

ぼいんげんれき【戊寅元暦】 唐，最初の官暦。制作者は傅仁均(ふじんきん)。619(武徳2)年から664(麟徳元)年まで施行された。近距(暦算の起点を，近い過去に置く)を採用して高祖即位の618(武徳元)年，戊寅の年を暦元とした。定朔(月の運動の不等を考慮して朔を決める)を初めて採用したために暦面と月相とは一致するようになったが，暦算の改良が不十分だったので食予測は改善されず，逆に大月(1か月が30日の月)が連続するなどの不都合が生じた。

(小林 春樹)

ほう【法】 法家とは儒家に対立する支配イデオロギーとして秦漢以来常に捉えられて来た。儒家の徳治主義に対して法家の法治主義としてである。が，法治支配が長い中国の歴史に於いてあったのかと言う疑問は，儒家の徳治があったのかと言う疑問と共に正当の疑問である。

中国に於ける法と言えば日本では律令を思い浮かべるが，唐や明清の律令に至る歴史は長いが，しかしそれが法行為の規範であったことは殆どなく，言わばそれは歴代王朝の飾りに過ぎなかった。事実，清朝の裁判記録『清代吏治叢談』を見ても律令への言及は皆無である。律令の律は今の刑法，令は行政法で，律に重点が掛かっているが，その律にしろ裁判は大体地方官の自由裁量で決まり，法文を按じて罪を決定すると言う行為つまり罪刑法定主義自体が「法文を舞わす」として非難されて来た。公開法が，日本の武家法の如き社会規範とはならなかったのである。「貞永式目」が明治まで『論語』と並んで寺子屋の教科書であったが，こんな事は中国ではなかった。北宋の蘇東坡が「我，律令を読まず」という態度が知識人に一般的であった。

戦時中法律家の田中耕太郎が中国の戦国時代の法家は法実証主義であったと言ったが(『法家の法実証主義』)，これは大嘘で，公開法や罪刑法定主義なき所に法はないし，ここにケルゼンを見ようとしても無理である。『左伝』に依ると鄭国子産が始めた法の公開制は結局中国社会の賛同は得られず，韓非子にせよ公開法の必要は力説するが，その現実性を信じておらず，結局，君主の臣下と民衆を統治する技術が法の内容としてすり替えられて行く。それはあくまで術であり，客観的な法規範ではない。否，むしろ法の規範性に従っていたら，君主自身が臣下に殺されてしまうのである。公開法(例えば律令)を作ることは必要だが，君権は絶えずそれを破って見せねばならなかったのである。

中国には古来法は無い。私と公との弁別がないからで，全ては君主の私であるからである。アリストテレスの「政治学」の範疇ではこれは国家(ポリス)ではなく，家産(オイコノモス)に過ぎないからだ。法とは私有権の異称である。易姓革命は幾度も起こったが，公地公民の制を繰り返しただけで，一度も破ったことはない。私権が発生する余地がなかった。武家の発生という非道徳を日本やローマの如く一度体験しなければ，法は生まれ得ない(山路愛山は共和制ローマ市民と日本武士の類似に注目した最初の学者である)。中国に残るのは，朝令暮改と言うべき政令の集積と刑罰だけで，それは単なる残骸・残滓であり，人類がそれを読み返しても非論理と偶然しかそこに発見しないであろう。

(北村 良和)

ほう【袍】 足の甲まで達する上下一続きの丈の長い衣服。古代の袍は，『釈名(しゃくみょう)』に「袍は丈夫が著け，下は跗に至るものなり」とみえ，また『礼記(らいき)』玉藻には「纊は袍を為す」とある。袷仕立てであり，単は衫(衫袍)と称した。元来は内衣であり，纊(古綿)の入った防寒用衣服でもあったようである。上下一続き形式の衣服には，衣と裳の連なった深衣があるが，袍は衣と裳の別のない一続き形式の衣服の総称である。しかし近年は深衣を袍に含めて考えている学者も多い。深衣は公服の一つであるが，袍は本来は私服であり，男女とも着用した。戦国時代の帛画に描かれた男女像の中には，垂領(たりくび)仕立ての丈の長い，ゆったりとした袖の全身衣を描いたものがみられるが，恐らくこれらが当時の袍と思われる。

漢になると，袍は朝服としても着用されるようになる。皇帝が輿に乗る時の通天冠の衣服は，深衣とともに時に従って5色の袍も着用された。さらに晋になると通天冠の服は絳紗袍に定まり，これは唐まで継承されていく。

隋には丸領仕立ての袍が皇帝以下諸臣の常服となり，以降この形式の袍は一定階層以上の男性常服の中心的衣服となった。唐の高宗期(649-683)には脇のふさがった袍の裾には襴(横布)が付けられ，脇が開いた形式の無襴のものとの2種類となった。盛唐以降は胡服の影響を受けて，刺繍で種々の文様を施した華麗な袍が流行し，832(大和6)年には公服として，三品以上には鶻(ハヤブサ)が瑞草を銜えた文様の，四・五品には交枝文様の袍の着用が認められた。また，胡人達の着用していた窄袍(窄袖の長袍)も流行し，女性の中にはこれらの胡服の袍を着る者もいた。

宋でもゆったりとした袍が皇帝以下諸臣の常服として着用され続け，袖は比較的狭いものが一般的であるが，皇帝のもの等には大袖もみられた。遼・金

とも支配者層はいずれも胡人であり，彼らは丸領や垂領の左衽窄袖袍を着用した。元の袍も基本的には同形であるが，襟は右衽が一般的となった。明になると公服としての袍の位置がより明確になり位色と文様が定められた。皇帝の袍は黄色の綾羅製で，肩及び身頃に団形の五爪龍文と十二章文が配された*龍袍である。諸臣のものは四品以上が緋，五〜七品が青，八・九品が緑で，全身に龍文が付けられるが，四爪蟒袍であった。正式な時はこの上に，胸部等に位階に応じた補子(文様を刺繡した角形布)の付いた*補服を着用した。

清になると第一礼服である朝服から常服に至るまで男女とも袍が衣服の中心となる。皇帝・皇后以下男女諸臣の朝袍(朝服の袍)には冬袍・夏袍の別があり，位色も決まっていた。皇帝・皇后は基本的には明黄色であり，諸臣四品以上は藍色と石青色(藍銅鉱による藍色)，五〜九品は全て石青色であった。また，これらの袍に付けられた蟒文(諸臣の龍文)にも，一〜三品は五爪九蟒，四〜六品は四爪八蟒，七〜九品は四爪五蟒の定めがあり，これらの蟒文のない袍は私服として着用され，また一般の男子も着用した。満洲族女性の多くは，*旗袍(袍子とも称する)を日常的に着用し，冬は綿を入れたり毛皮の裏を付けて防寒用外衣としても用いられた。

中華民国成立後は漢族の女性も旗袍を愛用するようになり，立襟のついた旗袍はチャイナドレスとして中国の民族服となった。
(増田 美子)

ほう【鈁】 酒を入れる壺の一種。漢代では，胴部が円形の鍾に対して方形のものを「鈁」と自銘する青銅器がかなり知られる。戦国後期にも，洛陽金村や中山王墓から同類の器が出土しているが，後者では「壺」と自銘している。したがって，戦国時代のこの類の器は方壺と呼ばれることが多いが，漢代の名称を援用して鈁と呼ぶ場合もある。後漢以後はこの類の器はなくなる。
(江村 治樹)

ほう【瓿】 広口で頸が短く，胴が大きく張った圏足(円形の高台)付きの青銅彝器。器の最大径は胴部中央付近に位置する。蓋を持つものも多い。酒や水を入れるための器だと考えられる。自銘の例は無く，宋代の『*考古図』や『博古図録』の命名に従い一般に瓿と呼称される。瓿の多くは大型で，肩部に立体的な犠首(動物の頭部を象った装飾)を付ける例や一対の把手を付ける例もある。殷墟期に出現し盛行するが，西周期以降は基本的にみられない。
(角道 亮介)

ほう【蔀】 暦法用語。76年を1蔀という。四分暦では，1章＝19年，1蔀＝4章という関係がある。同暦の1年の長さは$365\frac{1}{4}$日なので，1章の日数は$365\frac{1}{4}$日×19＝$6939\frac{3}{4}$日となり，なお日の端数が出る。そこで，さらにこれを4倍して76年とすると，$365\frac{1}{4}$日×76＝2万7759日で，日の端数がなくなる。これは蔀が，冬至と十一月朔(ついたち)の夜半(0時)が2回連続して一致する周期であることを意味する。蔀も章も置閏法(閏月や閏日の挿入規則)や暦元に深く関係している。
(新井 晋司)

ほう【鵬】 →鯤鵬

ぼう【矛】 木製や竹製の長柄(祕)に短剣状の矛頭をつけ，刺突する武器。刺兵とも呼ばれる。石や骨あるいは木製の鋒をもつ新石器時代の槍に由来する。殷・周時代には青銅製の矛が盛行した。矛頭は鋭い鋒をもつ両刃の身と，その後部の祕に装着するための袋状部分(骹)からなる。殷・周時代の矛は弓矢・戈・戟・殳とともに戦車に常備する長柄武器(長兵)の代表とされた。戦国時代には鉄製の矛が出現し，漢代以降，青銅製の矛に取って代わる。漢代の鉄矛には矛頭の長いものと短いものの2種があり，前者は刺殺用，後者は投擲用であった。
(西江 清高)

ぼう【坊】 唐代の城郭都市内部の区画。漢代の一般的な農村は里と呼ばれる四周に土壁をめぐらせた集村で，郡城や県城も里の集合体で複数の里を城壁で取り囲んだものであった。村落としての里は次第に消滅して散村が主流となるが，城郭内の区画としての里はその後も継承され，例えば北朝北魏の大洛陽城では300里に整然と区画されていた。唐代の都市も城内構造は同じであるが，城外農村区を100戸単位で里と称したのに対し，城内の里を坊と改称して区別した。ただ実際には城内坊も旧来通り里と呼ばれることが多かった。各坊は坊墻という土壁で囲まれ，4門ないし2門の坊門からのみ出入りできた。坊門は夜間は閉鎖され，商行為は市と呼ばれる特定の区画内でのみ原則的に許された。城内の管理を第一義とする坊市制・夜禁制が唐代の都市の特徴である。高級官僚以外は坊墻を穿って門を開くことは許されず，坊墻の修理，汚水の坊外への排水禁止など細かな規定があった。唐代後半になると店舗の増加，夜市の出現などで坊市制は弛緩し，宋代には街路に面して商店が軒を並べる開放的な都市へと変貌した。
(愛宕 元)

ぼう【帽】 かぶりものの一種。一般に円頂のものを帽という。魏の管寧は平常皁帽をつけていたといい，『*晋書』輿服志には「帽とは冠の名であり，

頭を覆うという意味である。そのもとのものは纚（頭髪を包む鉢巻状の布）であった。……後世纚を裁って帽を作り，上は天子の普段用から，下は庶人のような爵位のない者に至るまで，みなこれをつけた」とある。『三国志』の呉書には「翠帽」の名がみえる。『隋書』礼儀志には「帽は天子から士人までかぶった。白い紗（薄絹）で作ったものを高頂帽といった」とあり，また，「帽は古は野人の服するもので皮で作られ，衣冠の制に定められたものではなかった。（南朝の）宋・斉の頃に，天子は私服に白高帽をかぶり，士庶人は烏紗帽をかぶった。その様式は一定でなく，巻荷状のものや，縁の垂れたもの，紗製で屋の高いもの，黒い紗で長耳のついたものなど様々であった。後周には突騎帽が流行したが，これは今の*胡帽のように縁が垂れ紐で締めるもので，髪を括った姿の遺象であろう。……開皇(581-600)初年，高祖が烏紗帽をかぶり，朝廷の役人たちもみなこれをかぶって出仕した。今また白紗高屋帽の制を定め，宴接賓客に服することになった」とある。南朝で皮製の帽が用いられていたことも，『宋書』や『南史』にみえる。また，魏の文帝（曹丕）以来貴賤を問わずかぶった「大帽子」や，士人用の「皁帽」，農民や商人がかぶる「大障日帽」，唐代には，胡帽に由来する「席帽」や「渾脱氈帽」「圧耳帽」などがあった。女性用には「幃帽（帷帽）」や「貂帽」がある。「京紗帽」や「翠紗帽」は宋代の書生の多くがかぶったものであり，元祐(1086-94)初めには士大夫の間に「高桶帽」が流行した。元代のかぶりものは冬は帽，夏は笠で，帽には「貂皮暖帽」や「後簷皮帽」がある。帽頂に珠玉や宝石を飾ることも元代に始まるものである。清代の冠帽の制には礼帽と便帽の別があり，礼帽，すなわち官帽は俗に大帽ともいわれ，これに冬用の暖帽と，夏用の涼帽があった。便帽は官吏や士庶人が平常使用したもので，俗に小帽といわれたものである。

（相川 佳予子）

ぼう【鍑】 中国古代の青銅容器。丸底の深鍋で，1つないしは2つの円形の把手が付く。春秋戦国時代に四川盆地に展開した巴蜀文化で出現した*青銅器と考えられている。四川盆地が秦に占領された後は秦の拡大に伴うように分布域を広げ，関中盆地や長江中流域にも分布するようになる。漢代になると分布域は中国西南部の広い範囲に及ぶ。春秋戦国時代から漢代にかけての中国西南地域における代表的な青銅器ということができる。　（小澤 正人）

ほうい【方彝】 箱形の身と屋根形の蓋を持つ青銅*彝器。抉りの入った方形の高台を持ち，器の四隅に鰭状の装飾（扉稜）を付ける。器内部に仕切りを持つ例があり，酒などを入れるための器だとされる。自銘の例は無く本来の名称は不明であるが，容庚『商周彝器通考』の分類に従って便宜的に方彝と呼ばれている。殷墟期に出現し殷末から西周前期に盛行するが，西周中期には減少し，やがて姿を消す。西周前期の令方彝のように長銘を持つ器も多い。

（角道 亮介）

ほういち【方以智】 1611（万暦39）～71（康熙10）。明末清初の哲学者にして科学者。桐城（安徽省）の人。字は密之。号は浮山愚者・曼公など。4世にわたって「易」を家学とする名門士大夫の家に生まれる。1640（崇禎13）年の進士。方以智の学術の中核は易学にあるが，天文学・医学などの伝統科学を学び，西洋の学問にも関心を寄せた。質測・通幾という科学哲学観によって，存在する事物とその背後にある原理を究明しようとした。代表的著述に『通雅』『物理小識』『東西均』などがある。清史稿500

（白杉 悦雄）

ほうおう【鳳凰】 伝説中の神鳥。単に鳳とも称されるが，鳳が雄，凰が雄で，それぞれ風神，太陽神に対応するともいわれる。あらゆる鳥類を従え，聖帝があらわれると出現するという瑞鳥である。その姿は，前方が麒麟，後方が鹿，頸が蛇で，尾が魚，亀甲を持ち，龍の模様があって，頷が燕，喙が鶏というように，様々な鳥獣の要素の複合体をなす。体躯は五彩に輝き，梧桐（青桐）にのみ集まり，竹の実を好んで食す。漢代ころまでにそのイメージが確立した。

（丸山 伸彦）

ほうおうざん【鳳凰山】 清の地方演劇および芸能の演目。同名の異なる演目が複数ある。京劇は別題『馬三保』。伝奇『白袍記』や小説『征東全伝』にも見える物語で，唐の将軍馬三保が敵に捕らわれ四肢を断たれても屈さず，尉遅敬徳に救われたのち自害する，というもの。梆子腔系諸劇はこれによる。また同題の演目が崑曲では元の御史江六雲による安西王の反乱の鎮圧（別題『百花記』），柳子戯では宋の大臣の子龐更と許婚盧瑞蘭の奇縁，弾詞・鼓詞では宋の太祖趙匡胤の統一という内容になっている。

（川 浩二）

ほうおん【拼音】 →拼音

ほうおんじふ【拼音字譜】 →拼音字譜

ほうおんじゅりん【法苑珠林】 仏教に関する類書。100巻。668（総章元）年に成る。唐の道世撰。道世(？～683)は先に南朝梁の宝唱らが編集し

た『経律異相』や北斉の『修文殿御覧』などにならい，『諸経要集』20巻30部を撰述したが，その体例を踏襲しながら全般的にこれを増広拡大したもので，一種の仏教百科全書といえる。諸経論の中よりさまざまな事項を集め，100巻100篇に類別する。各篇はまた大小あわせて668部を立てて篇目の大意を叙述するほか，各項目ごとに典拠をもって解説を加えている。その引用書は内典はもとより外典の雑著や道教経典・疑偽経典に及ぶ400余を数え，具体的な霊応譚を集めた631種の「感応縁」とともに宗教・思想・文学・歴史そして逸書の研究に貴重な資料となっている。道世は道宣と四分律の智首に学び，共に西明寺に住した法兄弟であり，相互の著作活動に協力し資料を提供しあった節がある。律書の『毘尼討要』6巻も彼の作品である。

(藤善 眞澄)

ほうか【法家】 諸子百家の一つ。法を政治的統治の根幹におく一派。法といっても刑罰が主体で，君主がそれによって臣下や人民を掌握し，富国強兵を図るためのものである。公布された最古の成文法は前536年，鄭の子産が鼎に鋳た刑書といわれ，その後，晋などでも刑鼎が作られた。戦国時代に入ると，魏の文侯に仕えた李悝が諸国の法を編纂・整理して『法経』を著したとされる。戦国中期，秦の孝公に仕えた商鞅は連帯責任と信賞必罰とによって法の遵守を人民に徹底させた。斉の稷下の学士であった慎到は君主が勢(権勢)を掌握してこそ命令が行き渡ると主張し，韓の昭侯に仕えた申不害は君主による臣下統御の術を重んじた。戦国末期に出た韓非は商鞅の法・慎到の勢・申不害の術の三者を総合し，法家思想を集大成したといわれる。秦始皇帝は法家思想にもとづいて全国一律の法を整備し，秦滅亡後もその法は蕭何によって漢に受け継がれた。

(影山 輝國)

ほうか【法花】 主に明代前期に焼成された三彩の一種であるが，三彩釉が流れて混じり合わないように，文様の輪郭を堆線文で際立たせて，施釉している。釉色は翠青色のものや紫色，藍色など鮮やかなものであり，唐三彩や宋三彩とは趣が異なっている。生産地はまだ不明であるが，山西省あたりではないかとされている。また磁胎の法花については景徳鎮で倣製されたものである。

(出川 哲朗)

ほうかい【方回】 1227(宝慶3)～1306(大徳10)頃。南宋～元の文学者。徽州歙県(安徽省)の人。字は万里。号は虚谷・紫陽山人。1262(景定3)年の進士で，厳州の知事となり，元に入って建徳路総管を授けられた。まもなく官をやめ，杭州・歙県間を逍遥し，晩年は朱子を尊んで道学を講じた。一祖(杜甫)三宗(黄庭堅・陳師道・陳与義)の説をとなえて，当時衰えつつあった江西詩派を再び発揚しようと，唐宋の律詩を選んで評を加え，『瀛奎律髄』49巻を著した。詩の創作においては浮華を排して骨太で力強く，戦後の荒涼や人生の艱難を詠じたもの，人の世の変転を慨嘆したもの，農民の苦しみを歌うものなど，社会性の強いものが少なくない。南宋末元初，江西詩派によった最後の詩人である。詩文は『桐江集』8巻・『続集』37巻にまとめられ，他に『続古今考』37巻，『文選顔鮑謝詩評』4巻，『虚谷閑鈔』1巻などがある。

(幸福 香織)

ほうかく【包角】 →康熙綴

ほうかくきくきょう【方格規矩鏡】 鈕座のまわりに方格があり，方格の外に配したT・L・V字形の文様の間に四神・霊獣・禽鳥・神仙・渦文などの図文を細線で表した鏡。TLV鏡ともいう。方格内には十二支が置かれる。TLV字形は規矩，すなわち方円・陰陽を表し，鏡体の円形と方格および十二支・四神と組み合わせて「天円地方」の宇宙像や陰陽五行説の世界観を図化したものとされる。内区外側に銘帯があり，外区には流雲文・唐草文・鋸歯文などが施されている。図文は精粗種々あるが，四神を主文に配したものは方格規矩四神鏡とも四神鏡とも呼ばれ，出土例がもっとも多い。前漢末に出現し，最盛期の王莽代・後漢前期をへて魏晋代まで行われた。日本では青龍3(235)年銘の四神鏡が出土している。

(黄 名時)

ほうかくようもんきょう【方格葉文鏡】 →草葉文鏡

ぼうかつ【棒喝】 修行者を導く一つの手段。棒は拄杖で打つこと，喝は怒鳴ること。揚眉動目に代表される，あらゆる作用は仏性の現れである(作用即性)という馬祖禅は百丈――黄檗と受け継がれて臨済によって大機大用(活作略による禅の開示)の禅として大成された。棒喝はそうした禅の象徴である。臨済は喝を多く用い，石頭系の徳山は棒を多く用いたので，「徳山の棒，臨済の喝」と称される。具体的な禅の問答では，棒打や喝は叱責や批判・否定の意であるのが普通だが，文脈によっては修行者の力量を認めた棒喝である場合がある。

(西口 芳男)

ほうかん【宝巻】 明清時代，仏教をはじめとする民間宗教の布教に用いられた語り物。唐代の変文，宋元代の詞話の系統を引き，七言句，十言句

の韻文，または韻文と散文を交互に用いる詩讃系講唱文学だが，曲牌を用いることもある。現存最古のものは，北元の宣光3(1372)年書写の『目連救母出離地獄生天宝巻』(中国国家図書館蔵)と言われる。明初のものは仏教関係が主であったが，明中期以降，羅教・紅陽教・白蓮教などの民間宗教が宣教のため大量の宝巻を製作，明末にその最盛期を迎え，清代に及ぶ。そのためしばしば禁書の対象となった。清中期以降は，『白蛇伝宝巻』『孟姜女宝巻』など非宗教的な民間伝説などを扱った作品が優勢になる。当初は河北・山西など北方が中心であったが，後に江蘇・浙江など南方にも広まった。その上演を宣巻と言い，文字の読めない民衆，特に女性に大きな影響をあたえた。　　　　　　　(金　文京)

ほうかん【鳳冠】　漢代以降，皇后・皇妃など身分の高い女性が用いた冠。冠に鳳凰の飾りを付けたもので，その形式は時代によりまた身分により異なる。女性の冠としては最も重要なものとされ，礼装用と平服用があった。鳳凰を冠に飾る風習は，漢代にはじまり清代まで続くが，鳳冠が儀礼用の冠として取り入れられたのは宋代で，『宋書』輿服志によれば，受冊(立后・立妃など)や朝謁などの際にかぶり，「九翬四鳳を以て飾る」とある。南宋では鳳冠に龍が加えられ，龍鳳花釵冠と呼ばれた。明代では宋代の制度が受け継がれ，儀礼の際には鳳冠をかぶった。明の皇后・皇妃の冠服制度は1370(洪武3)年に始まるが，『明史』輿服志には洪武3年の定めとして「双鳳翊龍」「九翬四鳳」とある。北京市昌平区にある，いわゆる明十三陵のうちの万暦帝とその皇后の陵墓である定陵が1956年に発掘され，出土品の中に鳳冠もあった。竹を丸く編んで骨組みとし，その両面を羅紗で覆い，その表面を錦糸・翠羽であしらい，龍と鳳凰とが飾られていた。また，周囲にはさまざまな珠花の象嵌がほどこされ，冠の中央の龍の口には1個の珠，左右の2匹の龍には一連の珠，鳳凰の嘴の中にも珠があった。清代でも皇后・皇妃は祝典などの際には朝冠をかぶったが，この朝冠も鳳冠だったようである。『大清会典』には「冬の朝冠は薫貂，夏の朝冠は青絨でつくり，上に朱緯を綴る。頂を3層とし，それぞれに東珠(中国東北部松花江とその支流付近で採れる白く丸い珠)を1つずつ貫き，金鳳をつける。朱緯の上には金鳳を7つ，更に東珠を9つ，猫晴石を1つ，珍珠21を飾る」とある。

なお，羅信耀が1910年代から30年代の北京を描いた『北京風俗大全』(藤井省三・佐藤豊・宮尾正樹・坂井洋史共訳)には，結婚式の途中のこととして，「それから太太(奥さん)たちが花嫁の髪と化粧を直し，新調の礼服を着せた。頭には鳳冠をかぶせた。これは帽子の前縁と山に9つの鳳凰の図柄を施したビロードの帽子である」という記述がある。
　　　　　　　　　　　　　　　　(増田　克彦)

ほうかんせん【跑旱船】　春節から元宵節にかけ，道や広場で演じる華北・東北地方の民俗芸能。清代からある。男性が女性あるいは道化の扮装をし，腰の高さに作り物の船をつけ，作り物の足を座っている様につけ，周囲に布を下げる。船の4本の柱は布製の平屋根を支える。もう一人が老船頭に扮し，傍らで船を漕ぐ。女性と船頭は演劇の『打漁殺家』の桂英と蕭恩の見立て。跑驢・秧歌(集団舞踊)と共に演じることもある。伴奏楽器は銅鑼・太鼓・嗩吶。　　　　　　　　　(細井　尚子)

ほうかんそう【鳳還巣】　伝統演劇の演目。明の兵部侍郎の程浦には正室腹の醜い長女雪雁と側室腹の美しい次女雪娥がおり，雪娥との婚姻を申し込まれた穆居易は雪雁が相手だと誤解し遠方に逃げ，かねて雪娥に意のあった王族朱煥然が正室の画策で雪雁と結婚させられる。穆居易は曲折の末，洞房で初めて誤解に気付き雪娥と結婚する。原名は『陰陽樹』又は『丑配』。京劇では梅蘭芳の改編により流行。秦腔・評劇にもあり，河北梆子では『循環序』，桂劇では『陰陽樹』がある。(波多野　眞矢)

ほうがんどうひきゅう【宝顔堂秘笈】　明の叢書。正集21種(別名『陳眉公訂正秘笈』。1606年刊)，続集50種(別名『陳眉公家蔵秘笈続函』)，広集53種(別名『陳眉公家蔵広秘笈』。1615年刊)，普集48種(別名『陳眉公普秘笈一集』。1620年刊)，彙集42種(別名『陳眉公家蔵彙秘笈』)，秘集15種(別名『眉公雑著』。1606年刊)からなる。陳継儒の編。秘集15種はすべて陳継儒自身の著作を収めている。

印刷術の本格的普及以前，書物を見ることは容易なことではなかった。明末に出版業が隆盛を迎え，経・史・子・集の四部にわたるさまざまな書物を集めた叢書の刊行が盛んに行われるようになった。陳継儒は布衣でありながら，出版活動に従った文人であるが，こうした時代の要求を見逃さず，容易に見られない書物を集めて刊行したのが『宝顔堂秘笈』である。なお，陳継儒は編纂者であって，出版費用は他の人が出していたようである。　　　(大木　康)

ほうぎ【方技】　医薬・養生に関する用語。前漢末の宮廷図書館の蔵書目録である『漢書』芸文志は当時の書籍を，六芸略・諸子略・詩賦略・兵書略・数術略・方技略に6分類し，方技について「生を活性化させるための手段」と説明する。方技略を

構成する医経・経方・房中・神仙の4部門からすれば，方技とは医術（医経・経方）と養生術（房中・神仙）を合わせたものと言える。なお，天文・暦譜・五行・蓍亀・雑占・形法を含む数術略の数術（術数とも）とは予測術のことであり，数術と方技を併称して方術と呼ぶが，時に方技が方術の異称として使われる。また，図書分類においては医経と経方のみを方技と呼ぶこともある。ここでは方技略の方技を扱う。

医経は，芸文志に依れば血脈・経絡・陰陽・表裏などの人体の諸要素の状態を調べて病気の原因と予後を判断し，鍼灸・石針・煎じ薬の中から最適な治療法を選択して治療を施す部門である。医経系統の医書としては『素問』『霊枢』が芸文志の医経に見える『黄帝内経』の後身で，方技略掲載36書の内で唯一現存するものと考えられている。この他に『黄帝内経』直系の『難経』『甲乙経』『太素』『類経』等，鍼灸・経絡関連の『明堂』等，脈診・証候関連の『脈経』等の書が医経に属す。なお，後世には『素問』『霊枢』『難経』あるいは『素問』『霊枢』『傷寒論』『金匱要略』を医経と呼ぶことがある。経方は，芸文志に依れば薬物原料の持つ薬効に基づき，疾病の存在部位における薬物の気と人の気と病の気の相関関係を調べ，原料を調製して薬物を作り，治療を施す部門である。経方系統の医書としては『傷寒論』『金匱要略』関連の書と，『千金方』『外台秘要方』『太平聖恵方』『普済方』等の疾病に応じた薬物の処方を集めた方書とがある。なお，経方は『傷寒論』と『金匱要略』に記載される方剤を指すこともある。

房中は，男女の交合に関する技術を説くものであるが，程よい節度を保たせることによって，心身の機能を活性化し，健康と長寿をめざす部門である。古代の中国人にとって直系の子孫が行う祖先の祭祀は極めて重要な意味を持ち，これと関連して子孫の繁栄は最高の幸福と考えられたため，房中術は重視されたが，房中系統の医書は後世，社会的評価が次第に低下した影響もあり，失われた書が多い。神仙は，芸文志に依れば生命の本質を保持しつつ，身体的束縛からの解放を目指す部門であるが，最も普通には健康と長寿，出来得れば不老，究極的には不死を目標とする。この中には，呼吸法（吐納・胎息）・瞑想法（内視・内丹・行気）・運動法（導引・按摩）・食養生（辟穀）・服薬法（外丹・服餌）など多岐にわたる技法が含まれる。内丹が呼吸法と瞑想法を兼ねる様に，個々の術は複数の技法にまたがるものが多い。

漢代には存在し，『隋書』経籍志以降は医薬書として記載される薬物書『神農本草経』が方技略には見えない。その主な理由は，方士（方術の士）の取り扱う分野外であったことが考えられる。これは漢代以前の方技が医薬関連術と全く同義ではないことを示し，上述した方技の複数の意味とともに注意すべき点である。
（林　克）

ほうきょう【方響】　打楽器。南朝梁代には銅磬と称する（『旧唐書』音楽志）。宋代の『陳暘楽書』には厚さによって音高調整した16片の鉄片を上下2本の木に紐でつり下げ，2本のバチで打奏する図がみられる。唐・宋代には宮廷燕楽に，明清以後宮廷雅楽に使用。故宮博物院に3オクターブの音域をもつ清代製作のものが収蔵されている。1980年代には十二平均律による鉄片が水平に配置された改良楽器も登場し，民族楽団（民族楽器によるオーケストラ）で使用されている。
（仲　万美子）

ほうぎょう【彭暁】　？～954（広政17）。五代十国の後蜀の道士，永康（四川省）の人。字は秀川，号は真一子。若い時から道術を喜び修錬を行うのを好んだ。後蜀の時，明経科に登第し金堂県（四川省）の県令となり，広政（938-965）の初め朝散郎・守尚書祠部員外郎・蜀州判官権軍州事となる。後に，官を棄てて金堂県の昌利化飛鶴山で修道した。符籙を書くのに巧みで，鉄扇符なる符を病人に与えると，常に病気が立ちどころに癒えたという。異人に会い丹訣（金丹を造るための口訣）を授かり，『陰符経』『周易参同契』の注を作った。彼の『周易参同契分章通真義』は，その名の通り『周易参同契』を90章に分けて注を付けたもので，現存最古の『周易参同契』注釈書である。『周易参同契』は漢代象数易の理論を借りて煉丹の方法を述べた書であるが，彭暁の『通真義』は，内丹を作る理論として『周易参同契』を解釈したとされる。他に著述として『周易参同契鼎器歌明鏡図』『還丹内象金鑰匙』などがある。
（坂内　栄夫）

ほうきょうざんまいか【宝鏡三昧歌】　中国曹洞宗の祖である唐の洞山良价の撰。四言94句376字より成る。宝鏡三昧とは，禅定による精神集中法の一つである金剛三昧をいい，また衆生の本源的に有する自性清浄心（仏性）をいう。『参同契』とともに曹洞宗で日常読誦される。
（高堂　晃壽）

ほうきょく【法曲】　唐代宮廷楽の一種。一説に，東晋時代の仏教の法楽が南北朝時代に清商楽と結合し，隋代に法曲となったとする。唐代に入り，さらに当時盛行した西域楽の曲調と皇室の信奉する道教の音楽の曲調の粋をとり入れて一層発展し，玄宗朝（712-756）には芸術性の最も高い音楽と

して最盛期を迎えた。玄宗は法曲を殊の外愛好し，そのために梨園法部を設けている。なお，法曲の名は法部より出たもので，当時胡楽（西域楽）があまりにも流行したため，玄宗が道教の「法正なる」という意味をもって胡部に対し法部を創ったことによるという説もある。

法曲の音楽の特徴は，楽器に鐃・鈸・琵琶・瑟・簫・笛などのほか雅楽器の鐘や磬などを用いて曲の趣が清楽に近く，清雅であること，演奏の始まりは鐘・磬・弦・管の楽器が順々に加わって合奏に入るなど，器楽演奏に重きが置かれていることである。白居易に『臥して法曲霓裳を聴く』と題する詩がある。唐代の法曲の作品には『玉樹後庭花』『赤白桃李花』『泛龍舟』『霓裳羽衣曲』など20余曲の名が残されている。

法曲は中唐以降，梨園の消滅とともに衰亡したが，唐末五代を通じて宮廷楽の主流として存続し，宋の宮廷楽，教坊4部には法曲部が設けられている。また法曲の代表的な作品は詞牌として宋に受け継がれ，『法曲献仙音』は北宋の柳永・周邦彦の作品にも用いられている。法曲の清雅の趣は宋代芸術歌曲に影響を与えたということができよう。

（古新居 百合子）

ほうけいじせきぶつ【宝慶寺石仏】

陝西省西安市内，宝慶寺（花塔寺）に安置されていた一群の石仏。高さ約1mの石灰岩の方形切石に龕形を彫って釈迦仏・弥勒仏・阿弥陀仏の各三尊仏や十一面観音像をあらわしたもので，703, 4（長安3, 4）年の年記を有するもの8件，724（開元12）年の年記を有するもの1件をはじめとして30件ほどが知られている。その銘文から，これらはほぼすべてが長安城内光宅寺の七宝台にあったものと考えられている。光宅寺はもとは朝廷の葡萄園であった場所で，677（儀鳳2）年に地中から仏舎利が出現して創建されたと伝えられ，七宝台は長安年(701-704)中に則天武后（在位690〜705）によって建てられた。石仏はのちに宝慶寺の塼塔（花塔）に移されその壁面にはめ込まれていたが，20世紀初頭になって大部分が取り外され，日本および欧米へ流失した。唐の仏像様式がひろく全国に浸透した時代，都長安の標準的内容と様式を示す一群であると言える。

（岡田 健）

ほうげん【方言】

前漢の方言の書。正式名は『輶軒使者絶代語釈別国方言』。もと15巻，現存13巻。揚雄の著。周・秦代，毎年8月に朝廷が「輶軒使者」を派遣し，各地の方言を採集させた。揚雄は周・秦代の方言語彙編集に関与していた厳君平・林閭からそれを聞き，都に集まる各地方出身の人々の方言を27年間に渡り採集したのがこの書物となる。各地の方言類義語を通語（共通語）を軸に記録する形式をとり，更に「古今語」と称する古代の方言と対照させている。現在，各方言類義語と共に書かれた地名をもとに当時の方言区を再現することができる。また，語音の類似性を持つ「転語」から方言語彙の差異に語音の対応関係が存在していたことや，当時，方言とは別に「通語」による民族共同語が存在していたことなど，漢語史において重要な事実を提供してくれる。注釈書・校訂本には郭璞『方言注』，戴震『方言疏証』，周祖謨『方言校箋』などがある。

（三木 夏華）

ほうげん【法言】

前漢の思想書。13巻。揚雄の著。『論語』を模倣して書かれたもの。儒家の立場から孔子を尊び，孔子が編纂したと考えられていた五経（易・書・詩・春秋・礼）を学ぶことで，聖人の道に近づくことを説く。人間の本性には，善と悪とが混じっていて，善を修めれば善人となり，悪を修めれば悪人となるという説は，性善悪混在説とよばれ後世に大きな影響を及ぼした。また当時流行していた災異説には批判的な立場であった。

（長谷部 英一）

ほうけんき【宝剣記】

明の伝奇（戯曲）。全52齣。1547（嘉靖26）年の作。李開先著。小説『水滸伝』に取材する。林冲が上奏文で高俅・童貫を弾劾し，かれらの恨みを買って梁山泊に上り，その妻張貞娘は高俅の子高朋の横恋慕を逃れて尼になる。のち梁山泊は朝廷に帰順し，高俅父子は死罪になり，林冲夫妻は家宝の剣によって再会団円する。『水滸伝』をもとにした戯曲のなかで忠臣（＝梁山泊）と奸臣との対立がきわめて明確な作品とされる。明の陳与郊に改編本『霊宝刀』がある。

（廣瀬 玲子）

ほうけん・ぐんけん【封建・郡県】

封建とは周王が領土を分けて諸侯を立て間接支配する制度をいい，郡県とは王や皇帝が郡守や県令などの官吏を中央から派遣して直接支配する制度をいう。中国では対照的な制度として扱われ，古来周の封建制と秦の郡県制に代表させて政治の議論が行われてきた。『史記』6・秦始皇本紀には，前221（始皇26）年天下統一時に行われた封建か郡県かをめぐる議論がすでに見える。丞相王綰の意見は封建派であり，燕・斉・楚といった戦国諸侯の地は遠方にあって王を置かなければ治められないので，皇帝の諸子を王として立てるべきというものである。群臣の議論はこの意見に傾きかけたが，廷尉の李斯は強く反論して郡県制を主張した。すなわち周の文王・武王が封

建した同姓の子弟は数が多く，時間とともに疎遠となってお互いに仇のように争うことになり，周の天子も抑えることができなくなったが，それに比べて皇帝の下に統一された郡県の制度のほうが天下を治めやすいという。結果として李斯の郡県制が採用され，全国に36郡が設置された。『史記』87・李斯列伝には前213(始皇34)年にも斉人淳于越の封建論と李斯の郡県論の対立があったことが見える。淳于越の意見は，殷周時代の王には子弟や功臣の支えがあったが，今の陛下には支える者がいないので，皇帝権力を脅かす勢力からどのように救ったらよいのかというものだ。このとき李斯は焚書令を発布させて対抗した。こうして郡県制が始まったが，封建と郡県の議論は，以後中国に専制王朝が続いていくなかで，しばしば政治の議論となっていく。郡県制や州県制といった中央集権制度に問題が生じたときに，封建制という地方分権によって補うべきだという議論である。魏晋時代の曹冏・陸機らは封建制を評価し，唐の柳宗元は逆に封建は聖人の意に合わなかったとし(『柳河東集』封建論)，天下を公とする郡県制を評価した。白居易も封建と郡県を議論しているが，封建を否定している。宋代には逆に劉敞・畢仲游・李綱らの封建是認論が多くなる。明の王夫之は，『読通鑑論』で始皇帝以来延々と続いた郡県制を歴史の必然的な流れであると擁護する。清になると，顧炎武『日知録』22・郡県，姚鼐『惜抱軒文集』2・郡県考，趙翼『陔余叢考』16・郡県などで活発に郡県が議論されている。特に清王朝の支配を拒絶した顧炎武は封建論を唱え，封建を廃して郡県を立てたのは始皇帝に始まるという通説を批判し，春秋時代にすでに県が出現していたことを指摘している。もちろん顧炎武の論は封建制の世に回帰せよという理想論ではなく，中央主権制のなかに地方自治的な要素を取り入れようという現実的な政治主張であった。このような顧炎武の議論はのちに，日本の中国古代史研究にも大きな影響を与えることになる。すなわち増淵龍夫「先秦時代の封建と郡県」(『中国古代の社会と国家』岩波書店，新版1996年)などの論考に見えるように，顧炎武らのいう県が春秋時代から始まるという指摘は，春秋時代の県がいかにして戦国以降の県に転化していくのかという研究につながっていった。　　　　　　(鶴間 和幸)

ほうげんじ【法源寺】　北京市宣武門外の寺。唐の太宗の勅建，則天武后時代の完成と伝えられる。はじめ「憫忠寺」，安史の乱の際，史思明が「順天寺」と改名。遼代，幽州大地震で崩壊して修復。明代，重建して「崇福寺」と改め，清代より今の名。現在，中国仏教協会の僧侶養成機関である中国仏学院が寺内に設けられている。　　　　(小川 隆)

ほうげんしたいかさんすいず【倣元四大家山水図】　王原祁の作品。京都国立博物館蔵。紙本墨画淡彩。四幅からなり，各幅は元四大家である呉鎮・倪瓚・黄公望・王蒙に倣う。これらは皆正統派の絵画史観のなかで重要視された画家であり，王原祁は他にもこれらの画家にならった作品を多く残している。各幅は微妙な筆触の差が見られ，倣呉鎮幅は緩やかな墨が，倣倪瓚幅は透明で清潔な墨が，倣黄公望幅は足の長い渇筆が，倣王蒙幅には細かい擦筆が看取される。その構図法とともに王原祁の元四大家理解をうかがうことができる。上野有竹斎旧蔵。　　　　　　　　　　(塚本 麿充)

ほうげんしゅう【法眼宗】　禅宗五家の一つ。五代期の法眼文益を祖とする。文益は法を雪峰義存——玄沙師備——羅漢桂琛と承り，南唐国主李氏の帰依により金陵(江蘇省)清涼大道場に住し，63人の法嗣を打ち出した。第2世3世の多くは呉越国忠懿王の外護を受け，江南に隆盛を極めたが，宋初には急速に衰え，第5世をもって法嗣が絶えた。その宗風は禅教一致の総合仏教的であり，或いは天台教学に，また浄土教に流れて，禅の特色を失っていった。ただ古則(祖師の機縁語句)に著語(短評)を付すことは，雪峰の法系に起こり，法眼宗の人々に流行し，以後の雲門宗・臨済宗に受け継がれた。

　雪峰系の禅が呉越国に入るのは，武粛王・文穆王のとき，道怤が杭州龍冊寺に入寺したのに始まり，杭州龍華寺霊照など陸続と伝播する。法眼の一派はまず南唐国主李氏の外護により金陵に広まり，第2世の徳韶が呉越忠懿王の帰依を受けて天台に住し，慧明が王府において対論して，玄沙——桂琛——法眼の宗旨を宣揚したことにより呉越国に盛んになる基礎を開いた。徳韶は智者大師の遺跡を復興し，螺渓義寂と共に王に要請して天台学の書籍を日本や高麗に求めて将来し，天台教学の復興に努め，49人の嗣法者を出し，法眼宗の隆盛を導いた。徳韶を嗣いだ延寿も忠懿王の帰依により杭州永明寺に住し，『宗鏡録』100巻，『万善同帰集』等の万巻の書を著し，教禅一致・禅浄双修の一大総合仏教を打ち立て，同じく徳韶門下の永安道原は『景徳伝灯録』を編すが，徳韶下の法眼宗4世には全く見るべきものがないなか，延寿の法が海東に弘布した。

　法眼下4世にまでその命脈を保つのは，法眼——清涼泰欽——雲居道斉の法系，及び法眼——帰宗義柔——羅漢行林の法系であり，雲居道斉から霊隠文勝が出て，5世までの命脈を保った。　(西口 芳男)

ほうげんもんえき【法眼文益】　885(光啓元)～958(顕徳5)。五代期の禅者。法眼宗の祖。余杭(浙江省)の人。俗姓は魯。7歳で出家，21歳のと

き越州(浙江省)開元寺で具足戒を受け，明州(浙江省)鄮山育王寺の希覚律師に学ぶ。その後，長慶慧陵に謁するも契わず，道友と行脚に出，雨で川を渡れず，地蔵院に止宿したところ，桂琛に「不知こそ最もぴったりだ(不知最親切)」と教えられ，「石は心内に在るか外に在るか」と問われ，「心に在る」と答えて揶揄されて答を見失い，遂に留まって決着し，その法を嗣ぐ。後，臨川(江西省)崇寿院に住するや，四方より僧が雲集した。次いで南唐国主の招きにより金陵(江蘇省)報恩院に住し，浄慧禅師の号を賜い，更に清涼寺に移る。958年示寂，世寿74歳，僧臘56(一説に55)，大法眼禅師と諡された。著に『宗門十規論』があり，当時の禅界の弊を戒め，五家の名を初出す。門下より天台徳韶が出，徳韶の門より永明延寿・永安道原が出て，法眼宗を盛んならしめた。 (西口 芳男)

ほうこう【幫腔】
主唱者の旋律を，他の合唱が途中から唱和したり引きつぐ演唱形式。主として伝統劇や語り物で用いる。音頭に一同が唱和する仕事歌が起源とも言われる。唐の歌舞戯『桃揺娘』で俳優と唱和する観客，楽府の竹枝詞の一形式における和声なども幫腔の萌芽である。宋代の南戯は全般に幫腔を用いた可能性が高く，ことに弋陽腔は幫腔を主要な表現手段とした。弋陽腔から派生した高腔系諸劇もこの特徴を受け継ぐが，表現方法はすでに多様化した。 (尾高 暁子)

ほうこうあん【彭公案】
清代の侠義小説。100回。1892(光緒18)年刊。貪夢道人撰。康熙年間に実在した彭鵬を主人公彭朋のモデルとし，彼のもとに黄三太・黄天覇父子を始め侠客らが集って活躍する。黄天覇・竇爾敦など主要登場人物に『施公案』との重複が見られ，時代設定も『施公案』の少し前とするなど，『施公案』を意識した続作と見られる。 (岡崎 由美)

ほうこういせき【豊鎬遺跡】
陝西省西安市の西南約12km，灃河の東西両岸に展開する西周時代の遺跡。周の文王が中原制覇の拠点として灃河の西に豊邑を造営し，その子の武王が灃河の東に鎬京を作って宗周と称したとされる地域である。西周王朝滅亡の前771年に破壊されるまで，都が置かれていた。前漢の武帝が前119(元狩4)年，この地に昆明池を造営したため，遺跡探索の重要な手掛かりが失われていたが，1933(民国22)年，遺跡範囲内の斗門鎮から豊鎬村一帯で初めての考古学的調査が行われた。1950年代以降，中国科学院(現在は中国社会科学院)考古研究所や陝西省考古研究院によって発掘調査が続けられてきた。墓・車馬坑，土器や骨器の工房址等が発見され，西周考古学研究上重要な役割をはたしてきたが，いまだに王都の全体像は明らかではない。1983〜84年には灃河東の斗門鎮・下泉村・花楼子付近において西周時代の建築址10余基が発見されている。そのうちの5号建築址は，南北39m，東西12m，「工」字形を呈し，その規模・位置から当時の重要建築の一つと考えられている。 (武者 章/西江 清高)

ほうこうげき【包公劇】
伝統演劇において包拯によるお裁きものを題材とする演目の総称。包拯(999〜1062)は北宋の実在の人物(『宋史』巻316・包拯伝)で，廬州(安徽省)の人，包公とはその尊称。元の戯曲で現存する包公劇は12本で，包公裁きの傾向には2種類ある。一つは『陳州糶米』(作者不詳)のように包拯の智慧と清廉さを強調した裁きである。続編となる『鍘包勉』は清代に作られたが，賄賂を受けた甥の包勉を誅し，私情を捨て正道に就く清廉潔白ぶりを強調している。もう一つは鬼神や夢の啓示等に助けられて解決を図るもので，現在も『烏盆計』として上演される『盆児鬼』(作者不詳)は，強盗殺人にあう被害者の商人の魂が盆に籠もって，事件の顛末を包拯に泣訴し犯人を捕まえる。『小孫屠』(作者不詳)では，包拯に「昼はこの世を裁き，夜はあの世を裁く」と語らせ，既に神格化した人物としての定着が見られる。包拯の形象も額に日月を施す「黒臉」と呼ぶ黒塗り臉譜で，揺るがぬ正義感を強調する。現存する明代の包公劇は，童養中『胭脂記』等6本ある。清代にはいり怪異的要素を減じ，包拯像をより人間的に改編した石玉崑の語り物が人気を博し，口述筆記『三侠五義』が世に出た。その後の包公劇の多くはこれを基に創作される。共通する常套の構成があり，前半で事件が発生し，後半で包拯が登場して事件を解決する展開をとる。民国初期には長編『狸猫換太子』が好まれ，現在も京劇で3本立てに改編上演されている。前半では帝位継承に絡み，宋の真宗皇帝の妃，劉妃の陰謀で，李妃の生んだ男児(趙禎，後の仁宗)が狸猫(ヤマネコ)とすり替えられる。趙禎を抹殺から救い，密かに親王の子として育てる忠臣陳琳と，疑心暗鬼の劉妃との葛藤を描く。後半では宮廷外に身を潜め，労苦で失明し物乞いをしながら時機を待つ李妃が，包拯へ自らの境遇を訴える。この場面『断太后』は李妃の苦衷と驚愕懊悩する包拯の歌唱が聞かせ所で単独上演される。続く『打龍袍』では，帝室の罪を問えぬ壁を包拯の智慧により乗り越え，出生の真相と劉妃の陰謀が暴かれる。包公劇は様々な事件を包拯に托して創作される為，地方劇による改編は多様化する傾向にある。 (有澤 晶子)

ほうこうじゅ【方孝孺】
1357(至正17)〜1402(建文4)。明初の学者。寧海(浙江省)の人。字は希直・希古。号は遜志・正学。朱子学の正統を継承する金華学派の宋濂に学び，建文帝が即位すると翰林侍講学士として国政に参加した。理想主義者の彼は数々の民生重視策を実施したが，燕王(後の永楽帝)が靖難の変に勝利して南京を占領した後，即位の詔を起草することを拒み，一族門生八百数十人とともに処刑された。著書に『遜志斎集』がある。
明史141　　　　　　　　　　　　　　　(檀上 寛)

ぼうこうてい【望江亭】
伝統演劇の演目名。元の関漢卿による喜劇で，正式名称は『望江亭 中秋 切鱠旦』。宋の時代，清安観に住む寡婦の譚記児は，器量よしで才気煥発。赴任途中の白士中と互いに意気投合して夫婦となる。譚記児を妾にしようともくろんでいた大尉の放蕩息子楊衙内は嫉妬にかられ，譚記児を奪うため，白士中が政務を疎かにし酒色に溺れていると皇帝に讒言して，自ら誅罰に向かう。譚記児は機知を働かせ，漁婦に扮装して楊衙内に近づき，甘言巧みに望江亭で酒に酔わせて，詔と宝剣を取りあげ，逆に楊衙内を罪に問う。川劇では『譚記児』として改編され，京劇では張君秋扮する譚記児の歌唱によって広く知られた。(有澤 晶子)

ほうこきょう【仿古鏡】
古式の鏡を模して作られた鏡。擬古鏡ともいう。唐代に戦国風の蟠螭文鏡，漢式の四神鏡・獣帯鏡，八花形の漢式四夔鏡などが製作されている。仿古鏡は宋代以降に盛行したが，主として漢鏡や唐鏡を踏み返して(それを原型として型取りした鋳型で鋳造すること)作られた。また手本をもとに鋳型を作り模造したもの，さらに独自の付け加えをしたものなどがある。各時代で銅質が異なるため色合が異なり，厚さ重さにも違いが見られる。漢代の日光鏡・昭明鏡・方格規矩鏡・画像鏡，唐代の海獣葡萄鏡・瑞花鏡・花鳥鏡および宋代の湖州鏡・八卦鏡など歴代の優品が模倣・複製の対象となった。金代の仿古鏡には役所の花押が，明代のものには製作者名が刻されている。(黄 名時)

ほうこくじだいゆうでん【奉国寺大雄殿】
奉国寺は遼寧省錦州市義県城内にある遼1020(開泰9)年に創建された寺院。咸熙寺と称し，のち現名に改名された。元の1303(大徳7)年『大元国大寧路義州重修大奉国寺碑』には伽藍配置が整い，皇帝の従妹夫婦の施財で大修理が行われたと記している。現存するもののうち大雄殿のみ遼の創建で，他の建造物は清に増築された。

大雄殿は間口9間(48.2m)，奥行き5間(25.13m)，単層寄棟造で，高さ3mの基壇上に建つ。柱間は，中央間5.90mが最大で，両側へ5.80m，5.33m，5.01mと順次，減じており，各柱間が同幅となる唐の形式と異なり，明・清の特徴である，中央から両側へ柱間が順次減じる兆候が見られる。内部は12本の柱を減らして，幅7間，奥行き2間の仏壇を設ける。主尊仏7体を始め，計23体の塑像は遼のもので，明の1536(嘉靖15)年に補修された。四壁にある仏説法図・菩薩図・多面観音図は，元の大徳年間(1297-1307)の修理の際に描かれたもので，南壁窓下の壁画のみが，嘉靖15年に新たに描かれたものと推定されている。桁・斗栱の上に創建当時の朱紅・黄丹の暖色を基調とする文様彩色が残されている。
　　　　　　　　　　　　　　　　　(包 慕萍)

ぼうこくぼん【坊刻本】
書肆・書林・書堂・書棚・書舗・書局・書店などとよばれる民間業者によって，営利を目的として刊行された典籍。書坊本ともいい，官刊本・家刻本・書院本等に対する称。経済的利益を優先するために，校訂が行き届かず，刻字や装丁も上質でないものも多いとの評がある。民間における営利出版は南宋の頃より次第に盛んになり，杭州や建陽のものがよく知られる。元明時代以降には南京・蘇州や北京などにおいても営利の出版が盛んになった。　　　　(梶浦 晋)

ほうこじ【龐居士】
?〜808(元和3)。唐代の居士，龐蘊のこと。字は道玄。衡陽(湖南省)出身。後に襄陽(湖北省)に住した。馬祖道一など同時代の多くの禅者と交流があり，独自の悟境に達した。「震旦(中国)の維摩居士」と呼ばれる。娘の霊照も禅に心を寄せた。于頔編『龐居士語録』(3巻)がある。伝は『祖堂集』15，『景徳伝灯録』8などに見える。　　　　　　　　　　　(高堂 晃壽)

ぼうこん【茅坤】
1512(正徳7)〜1601(万暦29)。明の文学者。帰安(浙江省)の人。字は順甫，号は鹿門。いわゆる唐宋派の文人として知られるが，彼自身の文学的成果よりも，『唐宋八大家文鈔』の編者として有名。この書は科挙の受験参考書として明清代に広く流行し，「唐宋八大家」の呼称はこの書によって広まった。その他の著作に『白華楼蔵稿』11巻・続稿15巻，『玉芝山房稿』22巻，『耄年録』7巻がある。明史287　　　　　(副島 一郎)

ぼうざん【茅山】
江蘇省南京市の東南約60kmのところにある道教の名山。海抜372.5mの大茅峰を主峰とし，中茅・小茅などの峰がある。山の形が湾曲しているので句曲山，山中に洞穴が多いので地肺山とも呼ばれる。茅山という名は，漢代に三茅君がこの山に来たという伝説に基づく。東晋

時代に楊羲・許謐らがここで神降ろしの儀式を行い，南朝梁の陶弘景がここに隠棲して茅山派（上清派）道教教団を形成して以降，茅山は道教の聖地となった。現在，大茅峰にある九霄万福宮を中心に宗教活動が行われている。　　　　（神塚 淑子）

ほうさんしょう【法三章】　漢の高祖劉邦が，秦を打倒して関中に進軍したとき，諸県の父老・豪族と結んだ約束。「人を殺すものは死，人を傷つける及び盗むものは罰に抵り，余はことごとく秦の法を除去せん」といった内容をもつ。つまり秦の過酷な刑法を反故にすることで，当地の有力者の支持を得んとした臨時的措置であり，秦律にかわる漢の法がこの法三章かといえば，そうではない。「殺人者死，傷人者罰」といった規定は，ひとり劉邦だけではなく，『荀子』や『呂氏春秋』にも「百王之法」「天下の大儀」としてあがっている。それは「人に危害を加えると処罰される」といったほどの慣習的な常套語であり，刑罰規定といったものではない。関中に進軍し，占領下において劉邦が秦の苛法を除去し，その地の人士と平和友好の軍約を結んだというほどの意味しかこの法三章にはない。
　　　　（冨谷 至）

ぼうざんせっけい【房山石経】　北京の市内から西南約60kmの山中の，房山雲居寺という古刹に残された，石板に刻まれた仏教経典。隋の609（大業5）年頃，幽州（北京市）智泉寺の僧静琬（?～639。出自不明，一説に慧思の弟子）の発願から刻経が始まり，以後雲居寺のもとで継続された。唐末・五代には一時停滞するが，契丹の遼が当地を領有すると，1027（太平7）年から国家的事業として再開，次の金にも受け継がれ，12世紀の末に一応の完了をみた。

　石経板は，隋唐期のもので約4000点，大半は高さ150cm，幅50cmを越える大型の碑形をなし，雲居寺前にある石経山の，山頂近くの9つの洞窟に収蔵された。9洞の中心は，静琬が最初に開いた第5洞の雷音洞で，洞内は広さ約87m²の変形方形をし，四壁全面に『法華経』『維摩経』などの石経がはめ込まれる。いわばここが全山の本堂で，他の洞窟が収蔵庫という関係になる。

　遼代途中からは山上洞窟が満杯となり，麓の雲居寺境内に地下室を掘り蔵入された。所在は久しく忘れられていたが，1957年南塔跡付近から見つかり，今日「遼金刻経」の名で整理される。この総数が約1万点，石板の大きさは幅75cm，高さ40cm程度で規格化され，経本と同様の体裁がとられていた。

　石経事業の前提には，「未来の法難時に経本に充てる」との静琬の思いに凝縮された「末法」の世への危機意識がある。事業は最初に隋の煬帝の蕭皇后らが檀越（施主）として支え，のち，唐の玄宗の妹金仙公主，地方の権力や信仰組織が援助し，着実に発展した。この唐代の信仰組織では幽州の「行」という同業組合が関与し，経本には金仙公主の働きかけで下賜された『開元大蔵経』が活用された。他方，遼代に国家事業として編纂され，のち幻の大蔵経となる『契丹大蔵経』は，当寺の「遼金刻経」と重なる可能性が注目されている。　（氣賀澤 保規）

ほうざんそぼ【包山楚墓】　湖北省荊門市沙洋県で1986年から87年にかけて発掘された戦国墓群。最大の包山2号墓は未盗掘で1935点の副葬品と448点の竹簡などを出土した。竹簡の中でも司法文書簡と卜筮祭禱記録簡は「包山楚簡」と呼ばれ，楚の文書史料として貴重である。司法文書簡には「集著」「集著言」「受期」「疋獄」の4種類の篇名が見られ，楚の地方から中央に送られた裁判関係の行政文書の写しと見られる。竹簡中の紀年記事を伝存文献と対比し，暦譜と対照することによって，文書の記事は前322年から前316年の時期と判断される。副葬品リストである遣策の竹簡にも前316年の紀年をもつものがあり，それが埋葬年と考えられる。被葬者は，卜筮祭禱記録簡に占卜祭祀の主体として見える楚の左尹の邵𥵂であり，祭祀対象に楚昭王（邵王）が見られることからそれを祖とする昭氏の一族，すなわち昭𥵂と考えられる。近隣で発見された望山1号墓とともに，戦国中期の楚の上大夫クラスの典型墓である。包山では2号墓の他に4基の楚墓が発掘されており，楚の有力世族の一つである昭氏の家族墓として注目される。報告書として湖北省荊沙鉄路考古隊『包山楚墓』（1991年）がある。　　　　（吉開 将人）

ぼうざんは【茅山派】　茅山（江蘇省）を本拠地とした道教の一派。上清経と呼ばれる一連の経典を奉じたので上清派ともいう。茅山派は，西晋の女性，魏華存が修道中に神仙の降臨を受け，『黄庭内景経』『大洞真経』などの上清経典を授けられたことに端を発するといわれる。魏華存の死後およそ30年を経た東晋の興寧・太和年間（363-371）に，霊媒の楊羲が魏華存をはじめとする真人たちの降臨を受けて多くのお告げと経典を授けられ，楊羲と許謐・許翽父子がそれを筆録した。許謐は楊羲への啓示の主たる舞台となった茅山の山館の主であり，許謐・許翽父子は得道のために楊羲を介して真人の言葉を聞くことを求めた。この時の啓示の筆録は，4～5世紀の江南の地の土着豪族を中心とする知識人たちの間に伝わり，また，この時に啓示されたものを中核にし，東晋末に王霊期が作成したものもあわ

せ，六朝末に至るまでいくつかの上清経が作られた。茅山派の教理を鮮明にするとともに，その教団組織の基礎を築いたのは，南朝梁の陶弘景である。陶弘景は茅山に隠棲し，楊羲への啓示を整理した『真誥』と，真人になる方法をまとめた『登真隠訣』を編纂して，茅山派の宗教理論を確立し，梁の武帝や時の貴族たちの支援も得て，茅山派の教団組織を作り上げることに成功した。

茅山派の宗教思想としての特徴の第一は，得道のための方法論の観念化ということで，体内神を瞑想し天上の神々と交感することによって得道に至るという存思の法を最も重視し，それとあわせて服気・誦経・符なども用いるという方法を打ち出した。これは，茅山派が，葛洪の『抱朴子』のような丹薬第一主義を脱して，高い精神性を志向する新しい宗教をめざしたことを示している。特徴の第二は，独自の宗教的世界観に基づく新しい救済理論を提示したことで，仙・人・鬼の3部から構成された世界の中を人は行為の善悪に応じて往来すると説き，鬼の世界からの昇仙の道の可能性と，そのための方法の一つとして子孫の行う祖先供養の重要性が説かれた。ここには，仏教の輪廻転生思想と中国の伝統的な祖先祭祀の観念との融合が見られる。

茅山派は陶弘景ののち，一時やや沈滞していたようであるが，王遠知によって再興された。李渤の『真系』（『雲笈七籤』5）には，唐代初期から中期に至る茅山派の嗣法の系譜として，王遠知・潘師正・司馬承禎・李含光の名を挙げる。潘師正以下の道士はいずれも則天武后〜玄宗期において朝廷との強い結びつきを持った。司馬承禎は玄宗に上言して五岳に上清真人の祠を建立させ，また，李含光は玄宗が三洞の経法を受ける際の度師となるなど，茅山派は唐の朝廷において大きな勢力を持ち，李白・顔真卿らの知識人たちにも影響を与えた。（神塚 淑子）

ほうし【方士】 方術を駆使して活動する士。方術とは，神秘性をしばしば伴う古代の様々な専門技術で，具体的には長生不死の術・呪術・医術・占い・祭祀・祈禱など。「道術」もほぼ同じ意味で使われることがある。ある程度の経験的知識に基づく知恵を駆使したものから人の目を欺く奇術に等しいものまで千差万別であり，時代が下るにつれてその種類も多様化する。方士は戦国時代よりその活動が顕著となる。鄒衍の五行思想に多大な影響を受けて以後は，神秘化をますます深める。『史記』によれば，秦の始皇帝は方士の盧生や徐福（徐市）らの上奏に従って東海中の三神山にある不死の薬の獲得を命じた。また，前漢の武帝は方士の欒大や李少君たちの言葉に従い，不死を求めて彼らに高位を与えたり宮殿を築造したりした。漢代における方士の活動は著しく，政治の中枢に深く関わることによって，国家に多大な財力と人力を費やさせるとともに，以後の社会や風俗に大きな影響を与えた。漢代に流行した黄老思想，封禅説や讖緯説などにはいずれも方士が大きく関わる。儒教の基礎が固まった後漢代になると，方士の活動は表面上徐々に姿を消す。しかし水面下での活動は続き，様々な神仙道の形成や発展に深く関与，後の道教成立に大きな役割を果たした。後漢末に太平道や天師道（五斗米道）などの道教教団が成立し，道教の本格的な活動が始まると，方術の多くは道教教理に取りこまれ，道教の術として盛んに利用された。それに伴い「方士」という呼称も，道教の術を行う士という意味で「道士」なる呼称に徐々に吸収されていった。方士そのものの存在は六朝初期にはほぼ姿を消すが，方士の行った術は道教に発展継承されて以後の社会に広く浸透している。（亀田 勝見）

ほうし【方志】 中国の伝統的な地理書。地方志ともいう。各省以下府・州・県ごとに編纂された地域ごとの地理的百科全書。初期の方志は郡・国の地図に説明を付した「図経」で，魏晋南北朝時代には郷土の地理や古跡，人物を記す「地記」が編纂され，唐代には全国の「図経」が定期的に上呈され兵部で管理された。宋代以降は大事件や人物，芸文等の歴史的な記事が増加して地方史的な性格が強まり刊行もされたが，全国的に方志の編纂が行われるようになるのは明代以降のことで，現存する八千数百種の大部分は明代以降のものである。一般的な内容は巻首に境域や衙門の図をおき，以下に地理（歴代の沿革や山川，古跡）・城池・廟祠・学校・食貨・物産・風俗・選挙（科挙関係）・職官・名宦（歴代地方官）・人物・兵事・芸文や雑記等を記す。出身者や地方官の伝記や各種の細かな統計数字，地方政治に関わる文章や碑文が収録されていることもあり，特に明清時代の研究には不可欠の史料である。（大澤 顯浩）

ほうし【宝誌】 418（義熙14）〜514（天監13）。南朝宋・斉・梁の修禅の僧。金城（甘粛省）の人。保誌とも。俗姓は朱。畺良耶舎の禅法を学び，さまざまの神変不可思議を示現し，予言を行うことで知られた。定まった居所もなく，いつも錫杖の先に鋏と鏡，あるいは1，2匹の絹をぶら下げて都の街路を巡り歩いていたが，梁の武帝の宮中には自由に出入りを許されたという。後世の禅門では，彼の作とされる「大乗讃」「十二時頌」「十四科頌」に人気が集まる。『高僧伝』10・神異篇に伝がある。南史76 （吉川 忠夫）

ほうしこうけい【梆子腔系】
伝統演劇における腔系(声腔の系統)の一つ。中国北方の伝統演劇の中で，硬質の木材で作られた打楽器，梆子(拍子木)で拍子をとる劇種はすべて梆子腔という。梆子腔は明代に陝西・甘粛一帯で歌われた高く激しい調子の民謡を起源とし，明代後期にはすでに西秦腔という梆子腔の名があった。清代康熙年間(1662-1722)から陝西の秦腔は東に向かって広まり，各地の言語及び民間の曲調と結び付き，次第に各地方それぞれの劇種が形成されていった。また，梆子腔は四川・湖北・安徽・浙江などの多くの劇種に大なり小なり影響を与えており，例えば，一部の地方劇にある乱弾腔調は梆子腔をさして言うものである。

一般に梆子腔音楽は強く，高く響く特徴をもち，旋律は跳躍音程を多用し，リズムも比較的活発である。梆子腔で歌われる詞は完全に整った上・下の句型で，音楽構成上は主に板式変化体(板腔体)を用いる。歌の段の長短は自由である。語句は通俗的で分かりやすく，旋律も歌いやすく覚えやすい。このように曲牌体系の伝統演劇と大きく異なることから，梆子腔の音楽は伝統演劇を一般の人々にも受け入れやすいものとし，大衆化へと向かわせた。

梆子腔の伴奏楽器の一つ，梆子は，硬い木で作られた太さの違う2本の棒から成り，演奏時は左手で太い方，右手に細い方を持ち叩き合わせて音を出す。その響きは硬く冴えてよく通り，伴奏の中でリズムやテンポを決める役目を持つ。ほかに伴奏の管弦楽器では板胡，梆笛が主に用いられる。板胡は二胡と似た形で音色は明るく，胴(共鳴箱)は一般に椰子殻製，表側は薄い桐の板で覆われている。梆笛は笛子(横笛)の一種で，曲笛より少し短く，音色は鋭い。梆子腔で用いることから梆笛といわれる。梆子・板胡・梆笛の三者がともに用いられることにより，梆子腔の伴奏音楽の際立った特徴が作り出される。

各地方劇中の乱弾腔や梆子腔等この系統に属する音楽のほかに，梆子を名に持つ現存の劇には，陝西梆子(秦腔)・山西梆子(晋劇)・山西北路梆子・蒲州梆子(蒲劇)・河南梆子(豫劇)・河北梆子・山東梆子等がある。　　　　　　　　　　　　(孫　玄齢)

ほうしぶんけんき【封氏聞見記】
唐代の筆記小説。封演撰。唐人の小説は荒唐なものが多いが，この書は大部分が事実に基づき，考証の資料として価値が高い。また後世の書の創見・創始とされる事柄も，この書によってその本当の起源のわかることも少なくない。もとは5巻本で，儒道・経籍・人物・地理・雑事に部門を分かっていたが，現在の通行本は10巻，部立ても異なっている。長らく刊本がなく，写本として伝わったために，欠字欠文が多い。現在，趙貞信の校注本(中華書局，1958年)がある。　　　　　　　　　　　　　(副島　一郎)

ほうじゃくしん【法若真】
1613(万暦41)～96(康熙35)。清の文人・画家。膠州(山東省)の人。字は漢儒。号は黄山・黄石・小珠山人。1646(順治3)年の進士で，安徽布政使などを務め，晩年は黄山に隠棲した。詩書画ともにすぐれ，画は山水を善くした。自然の再現性を超えた律動感に富む画風を開拓し，清初の個性的画家の一人に数えられる。代表作は『山水図』(ストックホルム，東アジア美術館蔵)。著に『黄山詩留』がある。　(竹浪　遠)

ほうじゅうぎ【方従義】
生没年不詳。元末の道士画家。貴渓(江西省)の人。字は無隅。方壺・金門羽客などと号した。道士の金蓬頭について性命学を学び，師の没後天下の名山を遊観し，1343(至正3)年には大都(北京)にあったが，ほどなく郷里に近い龍虎山に帰ったとされる。明代初期，1378(洪武11)年頃までの生存が確認される。福建を中心に行われた，道教信仰と密接に結びついた粗縦な筆墨法による山水図を多く描いた。代表的な現存作は『雲山図巻』(ニューヨーク，メトロポリタン美術館蔵)。　　　　　　　　　　　　(荏開津　通彦)

ほうしゅこ【鳳首壺】　→胡瓶

ほうじゅつ【方術】
占卜・相術・呪符・不老長生・神仙・医薬・煉丹などの技術。術数ともいう。方術に長じた者は方士とか術者と称されることもある。『荘子』天下篇の作者は戦国時代後半の思想状況について，「天下の方術を治むる者は多し。皆その有を以て加うべからずとおもう」「天下の人おのおのその欲する所を為めて以てみずから方とおもう」と解説し，いわゆる諸子百家の学術をも含めて，ひろく方術と考えている。もちろん，遠く殷代に淵源をもつ亀卜・卜筮，さらに西周時代に発達した占星・占風・望気の術，戦国末期に燕・斉の海岸地帯で神仙説を唱えた方士の術，鄒衍の唱えた陰陽五行説なども加えると，方術は時代を降るにつれて多種多様に展開し，後漢時代に成る『漢書』芸文志の数術略・方伎略には，前漢に著された天文・暦譜・五行・蓍亀・雑占・形法・医経・経方・房中・神仙の書名が記載されている。方術は時の政治権力と結託もするが，逆に超能力的神秘的性格のゆえに反体制的宗教運動にも取り入れられて宗教普及の大きな力ともなった。　　　　(坂出　祥伸)

ほうしゅへい【鳳首瓶】　→胡瓶

ほうしょ【法書】 法則とすべき書の手本のこと。法書の書はもと書信，すなわち手紙を意味した。現在では，墨書された書の古典一般を法書と呼ぶ。また，*法帖と同義にも使われる。本来，法書とは墨書されたもの，法帖とは墨拓によるものである。碑碣などの文字資料を拓したものを碑版，墨書されたものを学書の手本とするため石や木に刻し，拓に取ったものを法帖というが，両者をあわせて碑帖，また，両者を含めて法帖ということも多い。
(小西 憲一)

ほうしょう【法照】 746(天宝元)〜838(開成3)。772(大暦7)年没説あり(『仏祖統紀』26)。唐の仏僧。興勢県大瀼里(陝西省)の人(『念仏厳大悟禅師碑記』)。一説に俗姓は張。「善導後身」と称された(『楽邦文類』3など)。「梁漢沙門」「梁漢禅師」と自称する。まず廬山に入り，次に南岳承遠に師事し，衡州(湖南省)湖東寺で五会念仏道場を開く。五台山を霊感して後年同山に入り(770年)竹林寺を建立した(『宋高僧伝』21)。大暦9(774)年に太原龍興寺において『浄土五会念仏誦経観行儀』3巻を撰し(同書)，788(貞元4)年に長安に入った(ペリオ2130)後，章敬寺浄土院において『浄土五会念仏略法事儀讃』を撰した(同書)。前掲2書の他『全唐詩』収録3編を同人の作とみなす説もある。
(宮井 里佳)

ほうしょう【鮑照】 414(義熙10)?〜466(泰始2)。南朝宋の詩人。東海(江蘇省)の人。字は明遠。名を昭と作るのは，唐の則天武后の諱を避けたもの。家柄の低い寒門の出身で，439(元嘉16)年，江州刺史劉義慶の侍郎となり，義慶が薨じた後，始興王劉濬の侍郎，孝武帝(在位453〜464)の初年に海虞令，ついで太学博士兼中書舎人，その後秣陵令，永嘉令を歴任し，462(大明6)年，荊州刺史臨海王劉子頊の前軍行参軍の時，戦乱に遭い殺された。作品がよく残る数少ない六朝詩人の一人で，特に楽府詩に長じ，辺塞の艱難や人生の不遇を歌う佳作を残した。また修辞を凝らし，典故を多用する時代にあって，新しい詩語を用い，ダイナミックに風景や個人の感懐を述べる作風は異彩を放ち，唐代の詩人に大きな影響を与えた。南朝宋の元嘉時代(424-453)を代表する詩人として，*謝霊運・*顔延之とともに後世高く評価されている。妹の鮑令暉も文才に秀で『玉台新詠』に詩7首を収め，『詩品』下品に名が見える。宋書51，南史13
(幸福 香織)

ほうじょう【方丈】 一丈四方の室。毘耶離城中の維摩詰の室の広さが方一丈であったことによる。病気見舞いに来た舎利弗が方丈(維摩の室)に床坐がないのに疑念を起こしたため，維摩が神通によって3万2000の師子坐を方丈に現出したという『維摩経』不思議品第6の故事を踏まえる。唐代に禅宗が興起したとき，この故事に倣って，禅林の住持の居室を方丈と称した。宋代になると寺院の正寝をも指し，転じて住持(寺の主長となる僧)のことも方丈と言うようになる。
(西口 芳男)

ほうじょう【法成】 ?〜859?。敦煌の莫高窟第17蔵経洞から発見された仏典写本のなかに初めて知られたチベット国の翻訳者。法成に最初に注目したのはP.ペリオで，1908年の敦煌での調査の段階ですでにこの僧がチベット大蔵経の中にその名が知られる翻訳者 'Go Chos grub と同一人物であることを推定した。かれは786〜848年にチベット(吐蕃)に支配されていた敦煌に住した呉姓の中国人で，チベット語と漢文に長じていたため，チベット国の仏典翻訳者(Zhu chen gyi lo tsa ba)として起用され，'Go Chos grub の名で『楞伽阿跋多羅宝経』など主として漢文の重要経典20点をチベット語に翻訳した。また，「大蕃国大徳三蔵法師」の肩書きでサンスクリット語原典などより『般若波羅蜜多心経』『諸星母陀羅尼経』など6点を漢文に翻訳した。その他注釈書や講義録があり，計32点の著作が見つかっている。チベットが敦煌から撤退した後も，敦煌の寺院で『瑜伽師地論』の講義を行い，同地で859年頃逝去した。
(上山 大峻)

ほうじょう【法帖】 通常は刻帖，すなわち二王(王羲之・王献之)を中心とする伝世書の名跡(帖の原義から尺牘を主とするが，詩文ほかを含むこともある)を石版や木版に摹刻し，拓(石摺りや木版摺り)にとって版本仕立てにした複製をいう。その一方で，碑版・肉筆も含めて学書の手本となる一切の字跡を指していう場合も少なくない。狭義には，北宋の太宗が内府の法書を刻させた『淳化閣帖』を指す。『淳化閣帖』は現存最古の法帖で，法帖の語の初出も，その各巻首に刻される題名とみられている。原版とした石または木は，原跡の形式への適応性と仕立ての都合から，タテ30cm×ヨコ70〜90cmほどの横長であることが普通で，原版から拓出した紙片は，一般に使用の便から幾枚かに裁って台紙に貼り，本に仕立てられる。摹刻は通常，以下の「摹勒上石」の手順をへて作られた。すなわち，臘引きした紙で原跡の字画を籠字にとり(摹)，さらに裏面から朱墨でなぞり(勒)，あらかじめ墨を塗布し臘引きした石(または木)上にその摹勒した紙の朱墨面が触れるように置き，軟紙を重ねた上から擦って朱墨の字画を石(または木)上に転写し(上石)，転写した朱墨の字画に沿って刻しあげる。法帖は一件

の書跡を摹刻した単帖と，諸家の書跡を集刻する集帖（叢帖・彙帖ともいう）に大別されるほか，一人の筆跡を集刻した集帖をとくに専帖とよぶこともある。また，官府（政府機関）で作られた法帖を官刻，個人が家蔵や知人から借用した書跡などで作った法帖を家刻と呼んで区別することもある。

法帖の発生時期は不明である。東晋に王羲之自刻の『楽毅論』，隋に『蘭亭序』の刻本があったと伝えられるが，信憑性に欠け，唐に『十七帖』の刻本が2種あったとの伝にも確証はない。また集帖の祖と伝えられる五代南唐の『昇元帖』（澄心帖・保大帖に同じとも，別ともいわれる）にも確かな伝本がなく，北宋の978（太平興国3）年に二王ら18家の石版の書跡が献上されたとの伝にも傍証がない。

『淳化閣帖』以後，法帖を刻する風が広まったが，おおむね『淳化閣帖』の翻刻あるいは『淳化閣帖』収録の書跡を増減したもので，通行本には粗末なものも多かった。明では法帖を刻する風が文人や富者の間に広まり，文房清玩の一翼を担い，明末には芸術市場を睨んだ功利的事業ともなった。かれらは摹勒・鐫刻の名工を招いて選りすぐりの名跡を刻入し，内容・技術ともにすぐれた法帖が多出した。その風尚は清にも継承され，その数も一段と増した。しかし，碑版が石上に直接書丹（朱墨で書くこと）した字画を刻したのに対し，法帖は摹勒上石の工程をへたうえに，翻刻を重ねたものも多く，収録する原跡自体の真偽も不明であるなど，弱点が指摘されるようになり，碑版を学書対象とする碑学派が急増してからは，法帖への関心はしだいに薄らいだ。清末には写真製版が可能になって法帖を刻する意義は失われたが，法帖中にだけ伝わる書跡も多く，名跡の保存と普及とを可能にし，二王を典範とする帖学の書法を発揚しつづけた法帖の意義は計り知れない。

（澤田 雅弘）

ぼうじょう【冒襄】

1611（万暦39）〜93（康熙32）。明末清初の文人。如皐（江蘇省）の人。字は辟疆。号は巣民・樸巣。名門の生まれで，方以智・陳貞慧・侯方域とともに明末四公子の一人。明末の南京にあって復社に加わり，阮大鋮と対立した。清に入ってからは，出仕せず，自宅の水絵園を舞台に，四方の名士たちと交際した。書家としても著名。『巣民詩集』6巻，『巣民文集』7巻，『同人集』12巻，『影梅庵憶語』1巻などがある。清史稿506

（大木 康）

ほうじょうかいせつ【放生戒殺】

放生は，生き物を放つこと。戒殺は殺すことを禁ずること。中国では大乗戒や輪廻思想の受容にともなって「不殺生戒」が重視されたが，単に「殺さない」だけでなく，捕らえられ殺される生き物を，功徳を積むために山野に解き放つ行為（放生）が勧められた。その儀礼は放生会と呼ばれ天台智顗が天台山の海曲に放生池を定めて魚介を放ち，戒を授け法を説いたのが最初という。

（永井 政之）

ほうしょうしょう【彭紹升】

1740（乾隆5）〜96（嘉慶元）。清朝中期の代表的浄土教信者。長洲（江蘇省）の人。字は允初，号は知帰子・二林居士等，法名は際清。在家の仏徒として徹底した空観にもとづく無差別の愛を万物一体の仁ととらえ，その思想を具体化すべく慈善団体を組織して貧者の救済や死者の埋葬，放生活動をおこなう。華厳思想に依拠した仏典注釈『阿弥陀経起信論』，宋明諸儒の排仏論に対する反駁書『一乗決疑論』，歴代在家仏徒の伝記集である『居士伝』を著すとともに，戴震や袁枚との論争の書簡も残している。

（三浦 秀一）

ほうしょせいどうくん【方諸青童君】

茅山派（上清派）の道教で重視された神。東海青童君・上相青童君ともいう。『真誥』や六朝時代に成立した多くの上清経に見える。東海の仙島である方諸の東華山に治所を置き，地上の各地の名山の洞窟（洞天）に住む地仙（地上の仙人）たちを支配・統率する役割を持つとされ，各地の「司命」の神の総統率者である「大司命」の任にあるとされる。上相青童君とも呼ばれるのは，茅山派の道教において，終末の世に地上に降臨して種民を救うとされる上清天の金闕後聖帝君という神格の上相（宰相）という位置づけがなされているからである。「方諸」という語は，もともと月から神聖なる水を取る鏡のことをいい，『淮南子』などに見えるが，茅山派ではこれを会稽の東南の海上にある仙島の名として用いた。童子が神格として考えられたのは，茅山派が興起した東晋時代にあった東海小童の信仰，ひいては，童子を生命力にあふれたものとして神聖視する童子信仰が背景にあり，それが青い色と結びつけられたのは，五行思想と関連する。

（神塚 淑子）

ほうしょようろく【法書要録】

書論の叢書。10巻。唐の張彦遠撰。後漢から唐の元和年間（806-820）に至る諸家の書について論じるなど書学に関する39篇の文章を収録する。原文をそのまま写し取り，精査して採録した点は非常に貴重で，本書の資料的価値を絶対的なものにした。趙壱『非草書』，庾肩吾『書品』，李嗣真『書後品』，張懐瓘『書断』，竇臮『述書賦』等の書論の名著は，後世に流伝する各本のすべてが本書から書き写されたものである。張彦遠は「好事者，此の書及び『歴代名画記』を得れば，書画の事畢われり」（自序）と自負す

るが，当時においては決して過言ではない。ただし王羲之『教子敬筆論』，蔡惲『書無定体論』，顔師古『註急就章』，張懐瓘『六書』の4篇は，書目のみで本文を収録せず，全文を載せるのは35篇である。また衛夫人『筆陣図』と王羲之『題衛夫人筆陣図後』は後世の偽作で，重刊時に竄入したものとされる。なお巻末の『右軍書記』は，王羲之の法帖465件と王献之の法帖17件すべての作品の文章の全文を列記し，北宋の劉次荘『法帖釈文』の藍本となったものである。

趙壱『非草書』は，後漢に流行した草書を非難し，文字を蒼頡・史籀の時代のような本来の正しい字形に帰るよう論じる。たとえば「草は本と易くして速し。今は反って難くして遅し。指を失うこと多し。（草書は本来たやすく速く書くものであるのに，今はかえって難しくゆっくりと書いている。これは草書の主旨をはなはだ失っている）」とある。庾肩吾『書品』は，後漢から南朝梁までの真書・草書を善くする123人（序には128人とある）を挙げ，それを上上・上中・上下・中上・中中・中下・下上・下中・下下の9ランク（九品）に分けて論じる。その際の批評基準は，「天然」と「工夫」である。「天然」は巧まぬ自然の妙味であり，「工夫」は人為的な巧妙さを意味する。王羲之を総合力の面で高く評価したことは，孫過庭『書譜』や張懐瓘『書断』の論を導き出す先駆けとなった。李嗣真『書後品』は，秦から唐までの81人を挙げ，『書品』の9ランクの上に「逸品」を加え，10ランク（十等）に分けて論じる。その逸品には，李斯の小篆，張芝の章草，鍾繇の正書，王羲之の三体および飛白，王献之の草書・行書・正書を挙げている。張懐瓘『書断』3巻は，古今の書体と能書の人名を挙げ，その源流を記述する。上巻は古文・大篆・籀文・小篆・八分・隷書・章草・行書・飛白・草書の十体の源流を述べ，賛を付し，末尾に「論」をおく。中巻・下巻は86人の小伝（伝中に38人を付す）をかかげ，書体ごとに「神・妙・能」の3ランク（三品）に分けて品第し，末尾に「評」をおく。十体源流は正史の「本紀」にあたり，書人伝は「列伝」にあたる体裁である。竇臮『述書賦』2巻は，上古から唐代の実兄竇蒙まで，歴代書家198人（207人説もある）に対する批評を賦の文体で綴ったもの。竇蒙の注釈および『述書賦語例字格』は『述書賦』を読む手助けとなる。

（河内 利治）

ぼうしりわくろん【牟子理惑論】 牟子なる人物が，仏教について発せられた37条の質問に答えつつ相手の迷妄をただし，最後には，五戒を授かって優婆塞（男性の仏教信者）になりたいと相手を開悟させる文章。単に「理惑論」とも。『弘明集』1に収める。37条からなるのは，仏教の三十七道品，あるいは『老子』の道経三十七章にならってのことという。神仙家の説を退けることをも一つの眼目とする。巧みに比喩を駆使し，また『論語』や『老子』の言葉を盛んに引用して，内容も行文も平実である。冒頭にそえられている序をそのままに信じるならば，牟子は後漢末の交州蒼梧郡（広西壮族自治区）に世を避けた隠士であったが，本当に後漢時代の作品であるのか，それとも後漢時代に仮託された後世の作品であるのか，さまざまに説が分かれ，定論を得るまでには至っていない。後世の仮託説を取る人は，たとえばそこに引かれている須大拏太子の話の初見が，三国呉の康僧会訳『六度集経』であることを一証とする。

（吉川 忠夫）

ほうじんあんしょ【報任安書】 前漢の歴史家，司馬遷の任安への返書。「報任少卿書」とも。『漢書』62，『文選』41に載せる。書かれた時期には，前91（征和2）年と前93（太始4）年の両説がある。地方の州知事であった任安は，前93年以前に遷あてに「交際に気を付け，優れた人物を推挙するように」という助言の書を送った。李陵の禍により宮刑に処せられた遷は，大赦で出獄し，中書令となって『史記』を執筆していたが，この時多忙を理由にすぐには返事を書かなかった。後に公務が暇になってから返書を書いたが，前91年のこととすると，任安が「巫蠱の獄」で処刑された年に当たる。それで，遷の返書を安の死罪と関係づけて読む立場も多い。一方，王国維は『太史公行年考』において，返書の時期は前91年ではあり得ず，前93年の11月であろうと考証する。いずれにせよ，「報任安書」において遷は「宮刑による恥辱は，ただ自決によって免れられるが，自分は史記完成のために生き延びる。それは文章を後世に残さんが為である」ことを痛切に説いている。

（小池 一郎）

ほうしんえんぎ【封神演義】 明代の神魔小説。俗称『封神榜』。100回。万暦～天啓年間（1573-1627）刊。許仲琳編。また許仲琳・李雲翔合作説，陸西星著作説がある。殷周革命を素材に，殷の紂王が妖女妲己に迷って暴政を行い，姜子牙（後の太公望）が周の文王・武王を助けて殷を滅ぼすまでを描くが，その一方で姜子牙を代表とする闡教の仙人や道士が周を助け，これに対して截教の仙人や道士が殷の側について仙界の代理戦争が展開される。殷周革命を素材にした先行作品には，元代至治年間（1321-23）に刊行された『武王伐紂平話』や明代嘉靖年間（1522-66）の『春秋列国志伝』がある。本書はこれら先行作品を参考にしつつ，姜子牙が戦没者の魂を神に封じていくという趣向に基づき，仙

人の戦いという新たな物語を展開したものである。本書には哪吒・楊戩・趙公明等中国では極めてよく知られた神々が不思議な武器や神通力を駆使して次々と登場し、中国の神話伝承・民間信仰を反映した作品となっている。

(岡崎 由美)

ほうしんきょくりょう【方心曲領】 飾り領の一種。隋には、皇帝の通天冠、皇太子の遠遊冠、諸臣の朝服等に方心曲領の名称がみられ、唐にもこれは継承されていくが、その実体はあまり明確ではない。『隋書』礼儀志は「曲領」の項で、『釈名』の記述から「単衣の内に在りて、襟領の上、横以て頸を擁する」と説明し、更に「七品以上は、内単有るは、則ち之を服す。従省服及び八品以下は、皆無し」と加えている。これから類推すると、七品以上の者が内単(中単)を着る場合に、内単の内側に方形の部分(方心)を着け、内単の襟の外に丸い領(曲領)が出るように着装したものと考えられる。宋代になると、通天冠着用時に絳紗袍の表の襟元に佩用した方心曲領がみられるようになる。

(増田 美子)

ほうせいしん【包世臣】 1775(乾隆40)～1855(咸豊5)。清の学者・書家。涇県(安徽省)の人。字は誠伯または慎伯、室号は小倦遊閣。涇は三国呉の時代に安呉県が置かれたため、世人から安呉先生ともよばれた。1808(嘉慶13)年の挙人。兵法や経済に通じ、経済においては『庚辰雑著』や兵法書『中衢一勺』などを著した。前著はアヘン流入にともなう銀流出の危機や経済混乱の対応策を説いたもの。これらの提言は、アヘン問題に取り組む林則徐たちに大きな影響を与えた。1838(道光18)年に新喩県(江西省)の知県に就き、改革を試みるも悪弊に阻まれ1年で官を辞し、その後は書論研究をもっぱらとした。

死後その著述を集めたものに『安呉四種』がある。その一種の中で、『芸舟双楫』に論じられる書作品に関して述べた部分を抜き出したものが『安呉論書』である。彼の学書については、『安呉論書』の「述書上」に詳しく、当時の多くの名家たちから書法を学び、そのなかでも28歳の時に出会った鄧石如の影響はかなり大きく、包が書いた『国朝書品』や『完白山人に贈る』詩などからその傾倒ぶりを見ることができる。他に、逆筆を発展させた「逆入平出」の運筆法は、42歳の時に出会った王良士や呉育などの説を合わせて生み出したという。『安呉論書』には、さらに阮元が著した『北碑南帖論』を一歩進め、篆書・隷書を中心に尊魏卑唐を説く「歴下筆譚」、門人である呉熙載との問答を書いた「答熙載九問」、帖学にも詳しかったことをあらわす「書譜弁誤」などがある。これらの書論には、彼

が書において理想とした「気満」について述べられている。26歳の時の「点画細きこと紙髪の如きも、皆全身の力を須いて至る」(「述書上」)の言葉が、書における気力の充実を提唱した最初であり、彼はその持論を発展させ、また表現を可能にするために、鄧石如をはじめとする篆隷の書に目を向け、且つ『書譜』にも進み、ついには「気満」なる書の新境地を完成させ、独自の書表現を展開していった。清史稿486

(池田 利広)

ほうぜん【封禅】 皇帝が、天下が泰平に治まっていることを天と地に報告すべく行う中国古代以来の祭り。天に対しては、山東省の泰山の頂きに壇を築いて祭りを行い(封)、地に対しては、泰山のふもとで行う(禅)という。地をまつる場所については、梁父や云云などの名もあげられるが、一定していない。それは封禅の礼が、正統的な礼書にほとんど記述がなく、いわば俗礼に属するものであったことによると考えられる。それについて『史記』封禅書が関係する記事を詳細に載せているが、これも経書に拠り所を見いだせないための苦肉の策であったとも言える。その記事によれば、各時代各地域で、天地をまつることが行われていた。戦国時代、斉の桓公のもとにいた管仲は、それらの情報を封禅として蓄積していたようである。また王者が一定の周期で国土を巡歴して土地をまつる巡守という祭りも、封禅につながるものである。そして秦始皇帝にいたって封禅の実施がこころみられた。最初、始皇帝は儒者の言をもちいて泰山で封禅の礼を行おうとしたが、諸説紛糾し、また暴風雨にも遭って完遂できなかった。そこでこんどは方士の言にしたがって、同様に名山、大川に対する祭りを東方海上で行った。これはもはや不老長生の薬を求めてのことであった。その後、漢の武帝も封禅を行ったが、その実行までの詳細な経緯が『史記』封禅書に記されており、武帝の長生への願望や、多くの瑞祥の出現、方士たちによるさまざまな俗祀の提唱など、祭祀をめぐるさまざまな動きが、封禅という礼への人々の期待を浮かび上がらせてたいへん興味深い。この後、後漢の光武帝、唐の太宗、玄宗らがこの礼を行っている。また西晋の武帝、隋の文帝らは、臣下から封禅の企画が持ち上がっても、自らの治世はそれに値しないと却下しており、封禅の礼が、盛徳を象徴する事柄としていかに尊重されていたかを見ることができる。

(木島 史雄)

ほうそ【彭祖】 古代の仙人。前漢末の劉向撰とされる『列仙伝』には、彭祖は帝顓頊の子孫で夏王朝をへて殷王朝末ごろまで、導引・行気によって800歳余り生きていたと記されている。その長

生説話は『荀子』『荘子』にも見えていて戦国時代には定着していた。ところが近年，長沙の馬王堆漢墓出土の竹簡『養生方』，張家山漢墓出土の竹簡『引書』によって，彼は房中術に長じていたことが判明した。房中家としての彭祖は，その後も伝承されて魏晋時代に何者かによって『彭祖経』1巻が著された。これは中国では早くに失われたが，わが国の丹波康頼撰『医心方』房内篇に多くの佚文が伝えられている。　　　　　　　　　　　　　　（坂出　祥伸）

ほうぞう【法蔵】　643(貞観17)～712(先天元)。華厳宗の第3祖と称される唐初の華厳教学の大成者。賢首大師と称され，祖父が康国(サマルカンド)出身だったため，康蔵とも呼ばれる。第2祖智儼に師事し，在家の身のままで『華厳経』を講義して名を知られた。太原寺で出家して以来，則天武后と関わりがあったようである。『華厳経』に関する書を著し，実叉難陀の『華厳経』80巻の訳出に協力したほか，種々の訳経に参加し，大乗の諸経論について注釈を著した。菩薩戒にも力を入れており，『華厳経』講義時の霊験や祈雨，反乱鎮圧のための祈禱でも有名であり，晩年には中宗や睿宗の菩薩戒師となっている。『華厳五教章』『華厳経探玄記』『大乗起信論義記』『梵網経菩薩戒本疏』を始めとして多くの著作がある。重々無尽の説や『華厳経』を最上とする五教判などから成るその思想は，天台教学とならんで中国仏教の理論面の精華とされており，中国・朝鮮・日本の仏教界に大きな影響を与えた。　　　　　　　　　　　　　（石井　公成）

ぼうそうかんぽん【仿宋刊本】　宋代に刊行された典籍は，版下の書写には能書の者を用い，刻字も優れ，見た目に美しい字様の典籍が多いとの評がある。元明時代以降，典籍の刊刻は経済性が優先され，効率的に刻字できる字様に変化していった。清代になり，見た目に美しく品格のある宋版の字様を模倣して刊刻することがおこなわれ，これを仿宋刊本といい，活字を用いたものを仿宋聚珍本という。　　　　　　　　　　　　　　（梶浦　晋）

ほうそうげ【宝相華】　唐代に盛行した植物文様の一種。想像上の理想化された花をあらわす。日本にも伝来し，奈良時代から平安時代の美術に盛んに用いられた。一つのモティーフから写実的にできたものではなく，様々な草花を融合して構成する文様であり，牡丹や蓮華に似た華麗な花文様や，唐草風に構成したものなど，多くの種類がある。宝相華という呼称の由来については，仏教における宝蓮華に由来し，妙法のすがたをした花であるとも，仏桑花(アオイ科の常緑小低木。ハイビスカス)が転化したものとも言われるが，定説はない。おそらく，ササン朝ペルシアで植物文様として一つの形が完成し，インドの仏教に関連する蓮華の概念などと融合して，中国で豊麗な文様が出現したと考えられる。736(開元24)年の『大智禅師碑』碑側の線刻や，陝西省の何家村から出土した金銀器の装飾などに，唐代の豊麗な宝相華文の典型をみることができる。　　　　　　　　　　　　　　（福島　雅子）

ほうぞうろん【宝蔵論】　仏教理論書。「長安沙門釈僧肇著」とあり，羅什三蔵(鳩摩羅什)門下の僧肇の著作と銘打つが，実際は8世紀の中唐時代の撰述。僧肇の『不真空論』などの論文を下敷きに，老荘思想を加味して作る。牛頭法融の系統で成立した『絶観論』と一致する点もあることから，牛頭禅の禅者による撰述かとも指摘される。偽作の『法句経』の引用もあり，華厳思想も現れている。達摩禅の一派が教学的な支えを必要として撰述したものと考えられる。　　　　　　（吉津　宜英）

ほうたいぎ【袍帯戯】　伝統演劇で，蟒袍を身につけ，玉帯を締めた帝王や将軍・大臣が主要な役柄を演じる歴史劇をいう。袍帯戯の演目には，京劇の『群英会』，蒲劇の『薛剛反朝』，秦腔の『趙氏孤児』など，登場人物も多く，規模も大きく，役柄も揃っている歴史劇などがある。　　（氷上　正）

ぼうだはくじょうろう【棒打薄情郎】　→金玉奴

ぼうちゅうか【房中歌】　宮中の儀式歌の一つ。后妃にかかわる歌であるため「房中」と呼ばれる。「房中楽」といわれるものは周からあったとされ，『儀礼』燕礼の注には弦楽のみの伴奏がともなったという。詩が現存してよく知られるのは漢の『安世房中歌』17首で，漢初，高祖の唐山夫人が高祖の好む楚の音楽で房中楽を作り，恵帝の時，楽官がこれに管楽の伴奏をつけたものという。四言詩，三言詩を中心とし，内容は他の儀式歌と同様，天下太平・四民安堵を主とする。　　（松家　裕子）

ぼうちゅうじゅつ【房中術】　男女の性行為によって養生を求める技法。『漢書』芸文志には房中家としての8種の書が挙げられており，魏晋時代には10余家あったといわれるが，葛洪は，「その大要は還精補脳の一事にある」といって，精をもらさないで脳中の泥丸に還流させることを説いている。長沙の馬王堆漢墓出土の竹簡『合陰陽』『天下至道談』などにはきわめて具体的な性技が記されていて，わが国の丹波康頼撰『医心方』房内篇に伝えら

れている魏晋時代のそれと近似している。

(坂出　祥伸)

ほうてい【方鼎】　箱型の身に4本の足を付ける青銅彝器。口縁部に一対の立耳が付く。銘文に「方鼎」と自銘する例があり，鼎と同じく肉などを煮るための器と考えられる。方鼎は二里岡文化期に出現し，殷墟期から西周前期まで主要な彝器として盛行した。特に殷墟期には牛方鼎や鹿方鼎，司母戊方鼎などの大型方鼎が好んで作られ墓に副葬されている。西周中期の例は少なく，西周後期には基本的にみられなくなる。

(角道　亮介)

ほうとう【宝塔】　中国では一般に仏塔(舎利塔)の美称として用いられる。古くからの慣例的な呼称で，特定の種類の仏塔を指すわけではなく，宝の字を冠することにより，りっぱで敬うべきものといった意味合いを加味したものである。同類の語としては，仏教関連に限っても，宝衣(僧侶の衣)，宝刹(寺院)，宝瓶(水瓶・花瓶)など，多数のものがある。

日本では，古代から中世にかけてはこれと同様の意味で用いたが，近世以降，平面円形の塔身(2層)に方形屋根と相輪を加えた一重塔のことを特に宝塔と呼ぶようになった。これに裳階を付けて二重としたものを多宝塔という。木造建築では宝塔の実例は数基しか残っていないが，比較的小型の石造や銅造のものは平安時代以後に多数の作例があり，法隆寺献納宝物に伝わる金銅宝塔(1138〔保延4〕年，東京国立博物館蔵)は，その最も早い時期の遺品として知られている。

(松本　伸之)

ほうとうざんぶんか【彭頭山文化】　湖南省澧県彭頭山遺跡(湖南省文物考古研究所編『彭頭山与八十壋』2006年)を標準遺跡とする新石器時代中期の文化。紀元前7000年頃から紀元前5600年頃まで継続したとされる。湖南省北部の洞庭湖周辺を分布域とするが，とりわけ澧県一帯に多くの遺跡が知られている。遺跡は周囲から数m高出した岡地の上に立地することが一般的である。

土器は薄く延ばした粘土片を貼り合わせる「泥片貼塑法」で製作されるものが多い。胎土中には稲籾やその他の植物体を混和し，器表面には叩きによる縄文を施す。大多数は赤褐色に発色している。器種には釜・罐などの深鉢類，盆・鉢などの浅鉢類，支脚などがある。石器の大半を占めるのは打製石器で，礫器とスクレーパーが主なものである。磨製石器には石斧や「石棒飾」などがある。彭頭山・八十壋の両遺跡で大量の稲資料が出土したことで注目されるが，それが栽培種であるか否かについては意見が分かれる。

(中村　慎一)

ほうとうじゅ【方東樹】　1772(乾隆37)～1851(咸豊元)。清の文章家・学者。桐城(安徽省)の人。字は植之，号は儀衛。姚鼐に師事して桐城派古文の文章家として名をなす。一方，朱子学に傾倒し，清初の顧炎武以来の考証学派(漢学)が，宋学を「性理を空談する」として批判することに反発する。江藩の『漢学師承記』に対抗して著した『漢学商兌』3巻において，漢学派の実証主義は経書解釈に局限され，経世致用の契機を欠くことを鋭く指摘する。清史稿486

(濱口　富士雄)

ほうとうろん【朋党論】　北宋の欧陽脩の作。『文章軌範』『唐宋八大家文読本』などに収められた，有名な論文である。朋党とは，官僚が私的に党派を組むことをいい，絶対君主の下では悪いこととされ，しばしば朋党の禁が出された。特に宋代には官僚の派閥争いが激しく，相手を陥れるのに朋党をその理由とした。この論文は，1044(慶暦4)年4月，范仲淹，欧陽脩らを朋党と非難した政敵夏竦の「党論」に対する反論として書かれた。その主旨は，君子(道徳的にすぐれた人)と小人(つまらぬ人間)はともに朋党を作るが，真の朋党は君子にのみあり，小人にはない。人君たる者，小人の偽朋を退けて君子の真朋を用いれば，天下は治まるというものであった。「君子は党せず」(『論語』述而)との通説とは異なる議論であり，南宋の葉適は「古人の意を失し……拠となすに足らず」(『習学記言』50)と批判し，清の雍正帝も「御製朋党論」を著して，きびしく非難した。

(竺沙　雅章)

ほうはいそう【包背装】　蝴蝶装は次ページに移る際に，2度ページを繰らねばならないのが主な欠点であった。これを改良したのが包背装で，蝴蝶装とは反対に，書葉の裏面同士が向きあうように二つ折りにし，版心が外側に見える状態にする。そして書葉を重ね束ねて右側の書脳(のど)を紙捻で綴じて固定する。最後に1枚の表紙(書衣)で書背を糊付けにして包むように覆う。今の洋装本の原理である。元・明代に流行するが，既に宋代に行われていたことが北京中国国家図書館蔵宋刊本『文苑英華』の包背装に景定元(1260)年装訂と記されることから判明し，また，明の『永楽大典』，清の『四庫全書』等内府の官書に多く用いられた。日本では，くるみ表紙と称し，室町時代の漢籍によく見られる。

(高橋　智)

ほうばつ【放伐】　禅譲が帝位を他姓の有徳者にゆずる理想的継承形式であるのに対し，放伐は

君主を武力で追放討伐することをいう。禅譲も放伐も，天は地上の有徳者に命を託して統治させるという天命思想に基づく。すなわち暴政によって民意を失えば，命は他の有徳者に移り，新たな受命者は放伐によって暴君を倒し，新王朝を樹立することができる。これを易姓革命といい，*湯王が夏王桀を破って殷王朝を樹立し，武王が殷王紂を破って周王朝を樹立したことがその代表例とされている。おそらくそれは殷周革命をその下地としているのであろうが，それは勝者が自らを正当化する論理にすぎず，新王朝が正史を編纂するさい，前王朝末期の天子は決まって暴君とされた。秦始皇帝や隋の煬帝がその代表である。このような勝者の身勝手な論理を極端な形で暴いてみせたものが伯夷・叔斉伝説である。そこでは儒家の論理を逆手にとっている。

（工藤 元男）

ほうふく【蟒服】 →蟒袍

ほうふく【包袱】 語り物用語。包袱の原義は「ふろしき」である。「相声」や「独脚戯」「山東快書」などの語り芸では，笑いのネタをふろしきにつつんでおいて，それをパッと広げる（明かす）ことから，そのような笑いのとり方を端的に「包袱」（ふろしき）と呼ぶようになった。笑いのネタをしこむことを「系包袱」（ふろしきを結ぶ）といい，笑いのネタを明かすこと，つまりオチがつくことを「抖包袱」（ふろしきを広げる）という。 （井口 淳子）

ほうほう【鳳袍】 清朝の皇后・后妃の常服の一つ。丸襟で，丈長の寛衣。袖は馬蹄袖（袖口が馬の蹄の形をした袖）と比較的広い平袖の２種類がある。清朝宮廷では，皇后・后妃の服飾に礼服・常服の別があり，礼服には厳しい規定が設けられ，その文様も龍に限られていた。しかし平常服である常服は，個人の好尚によって自由に色や文様を付けることができ，多種多様な花卉文や動物文のついた華麗なものが装われた。中でも鳳凰文のついたものは鳳袍と称され，愛好された。 （増田 美子）

ほうほう【蟒袍】 明・清代に文武官の着用した龍文の袍。蟒服とも称した。正式な時にはこの上に*補服を着た。皇帝や皇后の五爪龍に対して諸臣のものは基本的には四爪龍であり，この文様の付いたものが蟒袍である。しかし皇帝の龍袍が下賜されることもあり，この場合には五爪龍であっても蟒袍と称した。清代後期になると，皇族以外でも一～三品には五爪龍文が付けられるようになるが，五爪龍であっても諸臣のものはやはり蟒袍と称している。

（増田 美子）

ほうほう【方苞】 1668（康熙7）～1749（乾隆14）。清の文学者。桐城（安徽省）の人。「ほうほう」とも。字は鳳九または霊皐，号は望渓。1706（康熙45）年，礼部の試験で進士となるも，母病気の報を聞き殿試未受験のまま帰郷した。1711（康熙50）年，友人*戴名世の文字の獄がおこると，戴の文集の序文を書いたことが問題となり，逮捕されて北京で獄に下った。危うく死刑を免れた後は，学識の高さを買われて康熙帝の学問所南書房に入る。以後，康熙・雍正・乾隆の三代に仕え，翰林院侍講・内閣学士兼礼部侍郎に至った。

　散文は唐宋八大家の古文を学び，明の*帰有光を高く評価する。その作風は謹厳簡潔，口語・俗語・韻文や駢文の用語の使用を嫌い，古文の義法（修辞に依拠せず，義理を文字に表そうとする）を主張した。彼を始祖とする文派を郷里の名をとって桐城派といい，清の中葉以降，主流となった。門下に*劉大櫆がいる。また，朱子学を信奉し，『春秋』と三礼の研究に力を注いだ。『望渓先生文集』『礼記析疑』などがある。清史稿290 （野村 鮎子）

ほうぼう【法宝】 624（武徳7）？～705（神龍元）？。唐初期の僧。*玄奘の訳場に参じたが，『倶舎論疏』30巻を著して玄奘の高弟普光の『倶舎論記』を批判するなど，唯識学派の学説には否定的であった。その著作『一乗仏性究竟論』6巻では，悉有仏性＝一切皆成仏（一性皆成説）を主張して，唯識学派の五姓各別説を批判している。これに反論したのが玄奘・*基（窺基）の弟子慧沼の『能顕中辺慧日論』である。法宝は北方の涅槃学派の継承者であり，その著『大般涅槃経疏』も一部現存する。晩年は義浄の訳場で証義を務めた。『宋高僧伝』巻4に小伝がある。 （吉村 誠）

ほうぼう【豊坊】 生没年不詳。明の書家・哲学者。鄞（浙江省）の人。字は存礼，号は南禺外史。後，名を道生，字を人翁に改める。1523（嘉靖2）年の進士。主著に『石経大学』『古書世学』『古易世学』等がある。これらの著書はいずれも，自己の解釈に都合のいいように経書の文を改変して古本と称したもので，明代における経書の合理的解釈の一つの極点として注目される。書道にも優れ，文字に関する専著として『書訣』がある。明史191

（永冨 青地）

ほうぼくし【抱朴子】 道家の書。晋の*葛洪著。内篇20巻と外篇50巻に分かれる。特に仙道理論書である内篇が道教思想史において重要である。そこでは，まず神仙は実在すること，神仙は人と別の存在ではなく，人が修行によってなる存在こ

と，多々ある仙術の中でも，金や水銀などの鉱物を化合して作成する「金丹」と呼ばれる薬を服用して仙人となる金丹術が最も重要であることなどを論じ，具体的な金丹の調合方法などを記す。また，服餌（種々の薬物服用）・房中・導引・辟穀・守一その他の仙術の効果と具体的な実践法を紹介し，金丹術を補佐する目的でこれら諸術を兼修する必要性を説く。日常の陰徳善行が寿命の増減に関わるという思想も見える。経典としては『三皇文』『五岳真形図』を最重要視し，修行のために山に入る際の魔よけとして符の効果をも紹介する。当時世に存在していた「偽仙人」たちや太平道などの他教派を非難する記述もある。人が修行によって神仙になれるという「神仙可学」の思想が顕著だが，一方では神仙になる「命」という先天的資質の有無をその前提条件としている。また，人物としての老子を尊崇する一方で，書物の『老子』については内容が簡略であるとして，仙道実践上ではそれほど重視しない。他の道家の書に対しても冷淡である。巻19遐覧篇では多くの道教経典や霊符などを列挙しており，当時の道教の実態を知る上でも重要な情報を残している。外篇は世俗の得失を論じた雑家的な書である。総じて礼教を尊ぶ儒者の立場に立っており，老荘などの道家思想を統治には「不急」のものとする。隠逸論や政治論・運命論・時俗批判などその話題は多岐にわたるが，総じて特筆すべき思想的特色は少ない。内篇との関係でいえば，隠逸論における世俗回避の傾向や典型的な命定論などにやや共通する面がある。

（亀田 勝見）

ぼうめんか【紡棉花】 京劇及び華北の梆子腔系地方劇で行われる伝統演目。ある銀匠が行商に出向き，3年の間帰らなかった。妻が綿を紡ぎながら歌を唱っていると，折しも家に帰ってきた夫はその楽しげな様子を見て妻の不貞を疑う。夫は別人のふりをして垣根越しに妻を誘い，銀を投げ込む。妻が誘いに応じると，夫は銀に目の眩んだ妻をなじり，夫婦喧嘩となる。夫婦間の垣根越しの滑稽なやり取りが見せ場となっている。 （竹越 孝）

ほうもう【彭蒙】 生没年不詳。戦国時代斉（山東省）の宣王・湣王の時（前320～前280頃），稷下に集った思想家の一人。その思想を伝える資料は『荘子』天下篇のみであり，これによれば，天・地・大道までをも含む万物を同価値とみなす慎到や田駢と同系統の思想家であり，田駢の師とされる。是非の価値判断を徹底的に排除し，その真理はことばで表現できるものではないと主張した。

（久保田 知敏）

ほうもんじ【法門寺】 陝西省西安市から西に120kmほど離れた扶風県法門鎮にある古刹。岐山を北に望むその土地は，周の発祥地（周原遺跡）でも有名である。1981年長雨により半壊した明代の磚塔の地下を1987年に大規模発掘したところ，前室・中室・後室および後室の下に開かれた秘龕の4つの部分から構成された，全長21mの地下宮殿（地宮）が見つかった。出土したおびただしい数の宝物が人々を驚嘆させたが，法門寺の名を一躍有名にしたのは，そこに釈迦の真舎利とされる指の骨が含まれていたことによる。真舎利がいつ頃法門寺に納入されたかは不明だが，南北朝時代後期（6世紀後半）には，この寺と真舎利を結びつける信仰が存在していたことが知られている。しかし，真舎利を埋納する寺として脚光を浴びるようになったのは，唐時代以降のことであった。660（顕慶5）年，高宗と則天武后が都長安と洛陽に舎利を迎え盛大な供養を行って以来，武宗の廃仏などにより幾度か中断されたものの，唐が滅亡するまでほぼ30年おきに舎利は法門寺から取り出されて供養された。発掘により地宮からは，舎利以外にも金銀器121点やガラス器20点，宝石類400点，陶磁器14点，大量の絹製品，各種銅銭2万7000枚などが出土した。金銀器には，舎利供養のため特別につくられた法具以外に飲食器が多数見られ，その中には皇帝の名前が刻まれ，皇帝が日頃用いていたと考えられるものが含まれる。ガラス器も国産のガラス器だけでなく，中国に現存するもっとも早い時期のイスラムガラスが見られ，絹製品には，則天武后によって施捨された金糸の刺繡の美しい絹織物が存在する。このことから，地宮には当時最高級とされた様々な美術工芸品が埋納されたことが理解される。さらに懿宗や僖宗らによって奉納された宝物のリストである咸通15(874)年紀の「監送真身使随真身供養道具及恩賜金銀宝器衣物帳」の発見により，出土した宝物について詳しい情報が得られ，これによりいくつかの分野における研究が大きな進展を見ることとなった。そのひとつに陶磁器分野があり，それまで不明であった「秘色」と呼ばれた焼き物が，越州窯青磁作品に相当することが明らかとなった。これら秘色青磁の中でも，碗は茶道具として地宮に納入されたと考えられる。茶葉は仏前に備える供養物のひとつとされ，法門寺地宮中に見いだされることは不思議ではない。興味深いのは，金銀器やガラス器の中に皇室の生活用品としての茶道具が見られることである。「衣物帳」の中で「茶」の字が用いられ，茶道具であることが確実なものは「茶槽子碾子」「茶羅子」「瑠璃茶碗拓（托）」の3件であるが，これら以外にも「銀塗金鹽臺（塩台）」という銘文を持つ蓮の葉を象る容器は，茶に混ぜる塩入れであったと思われる。これまで

『茶経』などの文献記載からのみ知ることのできた茶のたて方，服し方などが，実物により確認された。このように晩唐時代の茶文化を知る上でも，法門寺地宮出土の宝物は，第一級の資料として位置づけられる。

（八木 春生）

ほうやどうこくせき【褒斜道刻石】
陝西省勉県の褒斜道(漢中より四川までの隘路)に刻された摩崖書の総称。褒斜道は泰漢以来何度も修復されてきたが，宋以降の記録はない。清朝に入り金石学の勃興にともなって注目されるに至る。この崖壁には修復の功績，詩文，題字など数多くの摩崖書が刻されていたが，1973年ダム工事のため水没した。摩崖書のうち開通褒斜道刻石，石門頌など著名な摩崖は崖壁から截り取り，漢中市博物館・石門漢魏十三品陳列室に列置されている。

（小川 博章）

ほうよしょうらん【方輿勝覧】
南宋末期の地理書。70巻。1239(嘉熙3)年に成る。祝穆の撰。著者自ら各地で収集した資料に基づき，南宋17路の府州軍ごとに建置・沿革・山川・橋梁・名勝・古跡・宮殿・楼閣・仏寺・道観・風俗・物産・名官・人物・詩文などを詳述する。境域・戸口・賦税等の記載はない。南宋の風物と文化遺産を知るに適する。静嘉堂文庫所蔵の宋刊本，清の孔氏岳雪楼鈔本(一部残欠)がある。前集43巻・後集7巻・続集20巻に分け拾遺1巻を付する刊本もある。

（島居 一康）

ほうら【抱鑼】
宋代に行われた楽踊。大きな銅鑼を持って踊ったためにこの名称が付いたと考えられる。北宋の孟元老『東京夢華録』では，天子が行幸した際くりひろげられた諸軍の演技の一つとして描かれている。それによると，ざんばら髪に仮面をつけ牙をむきだし火焰をはきながら鬼神のような姿をした者が登場し，身には青地に摺箔の花模様のある後部の短い上着を着，摺箔の黒いはかまをはき，大きな銅鑼を手にして舞台をぐるぐるまわったり，地面から火焰を噴出させたりしたという。

（池澤 滋子）

ほうりゃく【方略】
清朝時代，討征や反乱鎮圧のたびに編纂された編年体の史書。勅命を受けて宮中で編纂され，乾隆期(1736-95)以後は方略館が置かれ作業にあたった。もっとも早いものは三藩の乱後の『平定三逆方略』60巻(1686年)。『欽定平定台湾紀略』70巻(1788年)のように「紀略」と称するものもある。19世紀後半に刊行された太平天国，ムスリム反乱などの方略まで，40種ほどが編纂されたが，鈔本のままで刊行されなかったものも多

い。

（岩井 茂樹）

ほうりん【法琳】
572(太建4)～640(貞観14)。唐初の護法僧。穎川郡(河南省)の人。俗姓は陳氏。幼少の頃に出家し，仏典のみならず外典にも親しみ，7年近く青渓山に隠棲して『青渓山記』を書き上げた。隋の601(仁寿元)年以後，俗人の姿で関中各地を遍歴した。617(義寧元)年には道士の服装をして道観に入り，道教の秘籍を縦覧して道教教理が虚妄であるとの結論に達し，仏典の素晴らしさを再確認し，唐朝の初年にあたる翌618年，再び釈門に帰した。621(武徳4)年に排仏論者の傅奕が11か条の排仏論を高祖に上ると，法琳は『破邪論』を上呈して論破した。のち太宗朝に長安城内の済法寺から終南山の龍田寺に移り住し，『弁正論』を著していたが，道士の秦世英が，『弁正論』は唐室の祖先を誹謗するために執筆された，と讒言したために，太宗の逆鱗に触れ，長安から益部(四川)に追放される途中，関中の最南端，百牢関の菩提寺で病死した。生前，杜如晦や虞世南と親交があった。伝記に『唐護法沙門法琳別伝』3巻などがある。

（礪波 護）

ほうりんでん【宝林伝】
唐代の禅宗史書。詳しくは『大唐韶州双峰山曹侯渓宝林伝』。全10巻。801(貞元17)年成立。朱陵(地名，未詳。一説に金陵のこととも)の沙門智炬(慧炬)撰述。第7・9・10巻の3巻は現存せず，第1巻も首部を欠く。第1祖の釈尊から第28祖の菩提達摩に至る「西天(インド)28祖」，および達摩から六祖慧能に至る「東土(中国)6祖」の仏法相伝の歴史を列伝体で述べる。四祖以下は欠巻だが，佚文の研究によれば，そのあとさらに，六祖下の南岳懐譲・永嘉玄覚・司空本浄・曹渓令韜・南陽慧忠・荷沢神会，およびその次代の馬祖道一・石頭希遷らが立伝されていたらしい。代々の伝法の過程で偈頌(「伝法偈」)が相伝されたとし，そのすべてが，法を種や花に例え，心をそれを生長せしめる大地に擬らえる，いわゆる「心地法門」の思想で一貫されている点に特徴がある。『禅学叢書』5(中文出版社，1975年)に影印を収める。

（小川 隆）

ほうれんとう【宝蓮灯】
伝統演劇の演目。『芒碭山』『劈山救母』とも呼ばれる。

中国五岳の一つである華山の山腹では，時に有毒な気が立ちこめ，生きものを苦しめていた。三聖母は神宝である宝蓮灯を用いて有毒な気を取り除いた。華山で薬草を採っていた劉彦昌は三聖母の徳を敬慕し，三聖母も薬草によって人々を助けている劉彦昌を慕い，夫婦となる誓いを結んだ。三聖母の

兄である二郎神はそれを聞き，強引に二人の仲を切り裂こうとしたが，三聖母の宝蓮灯によって追い返された。一年後，三聖母は男の子を産み，沈香と名付けた。ほどなく，二郎神は哮天犬に命じて宝蓮灯を奪わせ，三聖母を捕らえ，華山の下に閉じこめた。沈香は仙人から武術を習い，二郎神を打ち破り，斧で華山を切り裂き，三聖母を救い出した。この劇は古くは，宋元の南戯に『劉錫沈香太子』があり，元雑劇に『沈香太子劈華山』がある。

(氷上 正)

ほうろ【跑驢】
春節から元宵節にかけ，道や広場で演じる華北・東北地方の民俗芸能。男性が女装し，腰の高さに作り物の驢馬の頭を前に，尻部と尻尾を後ろにつける。驢馬の胴体部分は布を下げて演者の体も隠し，その上に纏足の足の作り物を体の両脇につける。下部には作り物の驢馬の足を2本つけ，銅鑼・太鼓・嗩吶に合わせて，驢馬に乗る様を跳ねたり走ったりして表現する。人数は不定。1950年代以降，舞台で上演されたこともある。

(細井 尚子)

ポエ【筶】
占具。杯珓，盃珓，筊ともいう。ポエは台湾(閩南)語。多くは竹や木製で，赤く塗られている。三日月型で，一面は丸く，一面は平面。投げた時の仰俯で神意を問う。霊籤の選択，神輿の順路，供え物の可否など，用いられる場面は多く，寺廟には必ず置かれ，家庭でも用いる。形は貝殻を模したといい，南朝梁の『荊楚歳時記』には「教」として記事があり，唐代には杯珓の語が見える。現在でも広く行われ，銭や鞋でも代用される。

(森田 憲司)

ほきょ【歩虚】
道教の祈禱の儀礼，いわゆる斎醮(斎は心身を清め，醮は神がみを祭るの意)で，神々に告げて消災賜福をいのる儀式の一つ。歩虚とは，空中飛行のことで，そのイメージを思い浮かべつつ「禹歩」のステップをふんで巡行することをいう。早くは東晋の『太上洞玄霊宝授度儀』にみえるが，唐においては，夜中から明け方にかけて，戒壇をきずき，香を焚き，磬を鳴らしながら，壇のまわりをぐるぐるまわり，この儀式のために作られた「歩虚詞」10首を特別の節回しでうたった。

(深澤 一幸)

ほきょうへん【輔教篇】
北宋の仏教書。契嵩の著作。儒教の排仏思想に対して仏法を擁護するために著された護法の書。原教・勧書・広原教・孝論・壇経賛からなる。契嵩の文集『鐔津文集』に収められるものには，さらに真諦無聖論が加えられているが，これは後世，契嵩の著述整理の際に付加されたものといわれる。仏教の五戒十善と儒教の五常とは本来一致するものであるとし，五戒十善によって人倫は強化されるから風教的効果は一段と高まるというように，儒教的思考方法に仏教をからませて仏法の存在理由を明示するものである。これに注を加えた『夾註輔教篇』は，14世紀に中国に留学した無隠元晦によって将来され，春屋妙葩によって1351(観応2)年に日本でも刊行されたもので，さらに1695(元禄8)年に梁厳湛が詳細な頭注を加えて『冠註輔教篇』として刊行された。

(桂華 淳祥)

ほきょし【歩虚詞】
道教の斎醮(斎は飲食などをつつしみ心身を清める，醮は神がみを祭るの意)の儀式のうち，歩虚の儀礼で唱われる歌詞。早くは東晋の霊宝派道士陸修静の儀礼次第書「太上洞玄霊宝授度儀」に五言詩十首として登場し，「昇玄歩虚章」などともよばれる。のち北朝北周の庾信，中唐の呉筠，北宋の太宗・真宗・徽宗などがこのスタイルにのっとった歩虚詞を作る。その内容は唐の呉兢の『楽府古題要解』に「備さに衆仙縹緲として軽挙するの美を言う」というごとく，神仙の空中飛行のすばらしさをうたう。

(深澤 一幸)

ほきりゅう【浦起龍】
1679(康熙18)～1761(乾隆26)？。清の学者。無錫(江蘇省)の人。字は二田，または起潜。三山傴叟とみずから名乗り，山傴先生と称された。1730(雍正8)年の進士。蘇州府学教授に在任中，その門下から銭大昕・王鳴盛などが輩出した。古典の研鑽に励み，学者としての名声を慕って全国から門人が集まった。その詩は「格調」よりも「性情」に基づくことを主張した。『読杜心解』『史通通釈』などの注釈のほか，『不是集』『釀蜜集』などの著がある。

(川合 康三)

ほくいんようえいぶんか【北陰陽営文化】
江蘇省南京市北陰陽営遺跡を標準遺跡とする新石器時代中・後期の文化。江蘇省の寧鎮地区(南京から鎮江にかけての一帯)を中心に，一部安徽省にまで分布が及ぶとされる。赤色土器が多く，灰色土器がそれに次ぐ。彩色土器(彩陶)もある。注口と角状把手の付く三足器が特徴的である。石器には舌形穿孔石斧，多孔石刀などがある。玦・璜などの装身具類(主に瑪瑙製)が発達する。太湖周辺の馬家浜・崧沢・良渚文化，安徽の薛家崗・凌家灘文化と強い関係を有する。

(中村 慎一)

ぼくか【木華】
生没年不詳。東晋の詩人。字は玄虚。『文選』に『海賦』が収録されることによって，後世に名が伝わる。現存の『晋書』にも伝は

なく，『文選』李善注によれば，『今書七志』に「字は玄虚」，木華の集に「楊駿府主簿」とあり，さらに傅亮『文章志』に，「広川（河北省）の木玄虚海賦を為る」という。これらの記述のみがその人となりを知る手がかりである。その『海賦』は，訓詁学的また博物学的立場から引用されることも多い。

（木津　祐子）

ぼくかいきんこ【墨海金壺】　清代，張海鵬が編集した叢書。115種727巻を収める。1817（嘉慶22）年刊。海鵬はさきに『津逮秘書』を補訂して『学津討原』を刊行したが，本叢書には『四庫全書』に収録されているが普及していない版本，ならびに『永楽大典』から取り収めた佚書を多く採録する。分野は多岐にわたるが，経部で緯書が多くとられていること，集部の書が少ないことが特色としてあげられる。『叢書集成』に収録されている。なお，本叢書の版本残欠を入手した銭煕祚が更に校訂を加え，守山閣叢書に組み入れた。　（木島　史雄）

ぼくがく【樸学】　→考証学

ぼくかんさいていほんでんき【墨憨斎定本伝奇】　明の戯曲集。14種。馮夢龍の編。馮夢龍自作の戯曲2種（『双雄記』『万事足』）の他は，他の作者の作品を馮夢龍が改編したもの。例えば『風流夢』は湯顕祖の『還魂記』を昆曲に合わせて書き直したものである。馮夢龍の主張は，戯曲はあくまで音楽のメロディーに合わせて上演可能でなければならないというもので，読み物的な性格が強い「案頭の書」を，上演しやすい「上場の譜」へと改めた。

（大木　康）

ほくぎ【北魏】　386（登国元）〜534（永熙3）。北朝の一つ。鮮卑族拓跋部の建てた国。後魏・元魏ともいう。鮮卑族拓跋部は発祥地の大興安嶺山脈から徐々に南下し，3世紀に内モンゴルの盛楽（現在のフフホトの南方）に拠点を構えた。4世紀初に拓跋猗盧が，西晋から代王に封ぜられ，386年に拓跋珪（のちの道武帝）が代王に即位すると，国号を「魏」と定めた。拓跋珪は以後庫莫奚・高車・匈奴鉄弗部を討ち，後燕を滅ぼして中原に進出した。396（皇始元）年には帝位に即き，都を平城（大同）に定め，大部分の部落組織を解散して皇帝直属軍を編成して，華北を征服する上で強力な体制を作った。その後第2代皇帝の明元帝は，江南王朝の宋から河南を奪った。その子太武帝は夏・北燕につづいて，439（太延5）年に北涼を倒して華北内部の分裂に終止符を打ち，江南の諸王朝と対峙する，南北朝時代の幕を開いた。

5世紀末に至ると，孝文帝が洛陽遷都，姓族詳定，漢族との通婚奨励など，一連の「漢化政策」を断行して，鮮卑族と漢族を統合した門閥貴族体制を樹立した。その結果，北魏を担ってきた中核である鮮卑族中，婚姻や昇官の上で疎外されるものが出てきた。523（正光4）年（一説には524年）にその不満が，洛陽遷都前には首都平城を防衛していた六鎮兵士による反乱となって噴出し，体制をゆるがした。反乱は爾朱栄により一旦は収束したが，彼の死後その軍団は分裂し，麾下の高歓が頭角を現して実権を掌握した。534年にこれに反発した孝武帝が，関中の宇文泰のもとに西奔した。高歓と宇文泰は互いに相譲らず，翌年には各々孝静帝・文帝を新たに擁立した。その結果，北魏は東西両魏に分裂し，終焉した。華北は，西魏を継いだ北周が，東魏を承けた北斉を577年に併呑するまで，分裂した。

北魏は制度面では，三長制・均田制など，特色ある政策を施行し，文化面では，雲岡石窟・龍門石窟の仏像並びに寺院を残したことが特筆される。

（長部　悦弘）

ほくぎのていりょう【北魏の帝陵】　北魏の皇帝の陵墓群。金陵・方山・西陵の3地域に分布する。

『魏書』によると，金陵の陵墓区に葬られたものは昭成帝・献明帝・道武帝・明元帝・太武帝・景穆帝・文成帝・献文帝の8帝。金陵は盛楽金陵あるいは雲中金陵とも呼ばれ，内モンゴル自治区和林格爾県の盛楽故城付近や山西省右玉県付近の山地などが候補地にあげられるが，確実に帝陵とされる墓は発見されていない。

山西省大同市の北郊外25kmにある方山の陵墓区には文成帝文明皇后馮氏の永固陵と孝文帝の寿陵で廃棄された万年堂がある。いずれも墳丘を築き，直下に前後両室をもつ大型の磚室を構築。

西陵の陵墓区は洛陽市北郊外の北邙台地に広がる。孝文帝長陵・宣武帝景陵・孝明帝定陵・孝荘帝静陵の4陵が造営され，長陵・景陵・静陵の3陵は位置が確定している。3陵は北方の孟津県から洛陽旧市街（隋唐洛陽城の北半）に向けて流れる瀍河の西岸にあり，東岸の台地上には多数の陪葬墓が遺存する。陪葬墓は元氏皇族・九姓帝族・勲旧八世・余部諸姓・降臣などの系統別に分布する。①陵区の中核となる長陵は洛陽旧市街の北約9kmにあり，瀍河西岸の高台上に直径110m，高さ14mの円墳が残る。長陵の西北に近接する孝文帝皇后高氏の陵は直径54m，高さ10mの円墳。1946（民国35）年に「魏文昭皇太后山陵誌石」が出土している。②景陵は長陵の西南3.8kmにあり，直径105〜110m，高さ24mの円墳が残る。墓室は傾斜墓道（水平長40.6m）・前

室・甬道・後室よりなり，全長54.8m。ほぼ南北に軸をとり，南に開口する。墓道の奥部から後室まではすべて磚で築き，前室と甬道はアーチ天井，東西6.92m，南北6.73m，高さ9.36mの後室は尖塔形の穹窿天井をかける。甬道の北端には石門を組み，後室の西側には15枚の切り石を並べて棺床としていた。盗掘によって副葬品は粗方失われ，龍柄鶏首盤口壺などの青磁器12点，施釉陶碗1点，灰陶器皿20点，石灯1点，石製帳座1点，鉄錘・鉄鏃などの鉄器10点のみが残存。1991年に墳丘の南10mで神道石刻と見られる頭部の欠損した残高2.89mの石刻武士像が発見された。③静陵は景陵の西南3.6km，南に澗河が流れる台地上に直径40m，高さ15mの墳丘が残る。1976年に墳丘の南で発見された高さ3.14mの石刻武士像は景陵の石刻に似ている。　　　　　　　　　　　(来村 多加史)

ほくきょく【北曲】　宋元代の北方の伝統演劇・散曲(歌曲)に使われる各種曲調の総称。かつては弦索調ともいわれ，南曲とあい対する。北曲は曲牌体の音楽で，唐宋の大曲，諸宮調，宋詞および金元代の北方の民間曲調等を源とする。その中には漢族以外の民族の歌曲も含まれる。北曲は元代に盛行し，主に元雑劇と元散曲で用いられた。北曲の音楽上の特徴は，南曲の五音音階と違い，七音音階を用いることである。音楽構成法は曲牌体がとられ，雑劇では套曲(組曲)が，散曲では套曲と小令という単体の曲牌が使われる。套曲の中間部分に繰り返し使われる曲牌を北曲では幺篇という。また，套曲の最後によく使われる曲牌に煞がある。元雑劇において，北曲の扱いは厳格で，通常4折(齣)ある雑劇のなかで，各折は1つの套曲，1種の宮調に限られ，4折は即ち4つの套曲，4つの異なる宮調を有する。また，上演形式の上でも，全編を通じて歌うことができるのは主役のただ1人だけである。元雑劇の後，北曲は明清の伝奇中に吸収・融合され南北曲が合流した状態になったが，北曲・南曲の異なる曲牌が1つの套曲中でかわるがわる使われている場合は，それを南北合套という。現在でも崑曲には多くの北曲の音楽が残されている。　　(孫 玄齢)

ぼくけい【木経】　北宋初年に喩皓が編著した建築技術書。全3巻。喩皓晩年の作。同書では，建物の梁の上を「上分」，地上の部分を「中分」，階段以下を「下分」と分けて，梁や垂木など各部材の大きさや比率関係などを述べている。後に編纂された『営造法式』にも影響を与えた。しかし，本書は散逸し，一部が沈括著『夢渓筆談』に収録された。
　　　　　　　　　　　　　　　　　(包 慕萍)

ぼくけい【墨経】　『墨子』のなかで中国的な論理学を展開する一群の篇，すなわち経(上下篇)とその解説である経説(上下篇)の4篇(あるいは「大取」「小取」を含む6篇)の総称。「墨弁」とも称する。墨子の後学各派は墨経を誦えて論争を繰り広げ，恵施・公孫龍等の名家に影響を与えたとされる。西晋の魯勝が注釈書(『墨弁注』)を著したが，序文を除いて散佚した。そこには，幾何学・物理学・光学方面の定理や言説が数多く含まれており，科学技術史の文献としても注目されている。　　(武田 時昌)

ほくけいじぎ【北渓字義】　南宋の哲学辞典。2巻。また『北渓先生字義』『字義詳講』『性理字義』ともいう。陳淳(北渓は彼の号)の講義を弟子の王雋が記録し整理したもの。陳淳は朱子に直接師事した高弟で，朱子思想の継承者と位置づけられている人物。本書は，『四書集注』のなかの重要概念である命・性・心・情・道・理・太極など26項目を朱子の思想によって解説したもの。朱子学の格好の入門書として中国をはじめ朝鮮・日本でも広く読まれた。　　　　　　　　　　　(石川 泰成)

ほくこん【北崑】　清代初期に北京に伝わった後に河北省に広まった崑劇の支流の総称。蘇州崑劇は清朝貴族や高官に愛され，乾隆(1736-95)初期に成親王の私邸内に和成・慶祥等の6つの崑腔・弋陽腔混合の劇団が抱えられたことでも象徴されるように，貴族や高官の家ではお抱えの崑劇団が宴会のさいに得意の演目を上演していた。これら俳優は主として江蘇・浙江の芸人であった。当時一般の観衆は崑腔よりも弋陽腔や秦腔を好んだので，崑劇の俳優は弋陽腔・秦腔を学ぶようになった。乾隆後期に及ぶと徽劇の劇団が北京に入り，たえず西皮調・二簧調(漢劇・秦劇の主流曲調)を採用して多くの観衆を獲得した。彼等三慶・四喜など四大徽班(劇団)もみな崑腔を主体としていたが，咸豊・同治期(1851-74)に至ると徽劇・秦劇が盛んになり，崑劇は没落し，宮廷貴族も次第に崑劇から離れていった。北京を離れた崑劇の芸人たちは，北京近郊の大富豪の家班(家庭のお抱え劇団)となって生命をつなぐことになった。北京の東方の潞州稲地鎮(河北省唐山市)では徐廷璧・耿兆隆が「同慶班」を組織した。彼らは宮廷劇団の出身で，郝振基(?〜1945)・陶顕庭(?〜1939)と崑・弋両劇数百種を後輩に伝授した。また北京南方の高陽県河西村(河北省)の侯氏お抱えの「慶長班」(後に栄慶社と改名)，文安県(同省)の任沛之家お抱えの「三慶班」と「元慶班」，新城県劉民荘(同省高碑店市)の鄧玉山家お抱えの「宝盛和」の各劇団は，高陽崑腔と総称された。1917(民国6)年，王益友・韓世昌・侯益隆・陶顕庭・郝振

基らの「栄慶社」は北京に進出して崑劇の復活を示した。北崑の歌とせりふは基本的には北方言語を用いた。さらに地方・農村で長い間弋陽腔と同じ舞台で上演されたので，粗野で明朗な風格を持つに至った。公演の演題は歴史劇と武戯(軍記もの)にその特色が表れている。『安天会』『刁会』『麒麟閣』『夜奔』『探荘』などの代表作は『西遊記』『三国志』『隋唐演義』『水滸伝』の雄壮で荒々しく活発な場面から題材をとっている。中華人民共和国成立後は，1957年に北方崑劇院が創設され，伝統の継続と同時に新作『晴雯』『紅霞』などを続々演出している。
(内山 知也)

ほくざんしせんせい【北山四先生】 金華四先生とも言う。何基・王柏・金履祥・許謙のこと。南宋から元にかけて婺州金華(浙江省)地方で朱子学の正統を伝えたとされる学派。何は清介篤実，王は高明剛正な学風で，金はこの両面を兼備した中興者であるが，許に至って，学派としての隆盛とは裏腹に，章句訓詁の学に陥ったと評価される。明朝成立に力のあった宋濂ら浙東学派が輩出する礎を築いた。『金華叢書』『続金華叢書』が彼等の著述を多く収めている。『宋元学案』巻82参照。 (早坂 俊廣)

ほくざんろく【北山録】 仏教の議論の書。10巻。唐の梓州(四川省)慧義寺の沙門神清の撰。「天地始」から「外信」まで，あわせて16篇からなる。正式の書名は「北山参玄語録」。「語録」と称するが，生の言葉の記録ではない。書名に「北山」を冠するのは，慧義寺が鄪城(四川省)の北方の長平山の北に存したことにちなむ。神清の伝記は『宋高僧伝』6・義解篇に備わり，元和中(806-820)に亡くなったという。論点は多方面にわたるが，論旨は平明，内典とともに外典の引用が目立つ。それというのも，儒道二教には人々を仏教へ誘う前提となる教えが存するとの考えに基づく。沙門の行業に対する忌憚のない批判も顕著であり，とりわけ北宋の契嵩が，神清は「禅者を好まず」と評しているように，成都保唐寺の無住禅師を強く意識した禅仏教批判が見られるのも本書の一つの特色である。注釈として北宋の慧宝注，ならびに元の徳珪の「註解随函」がある。 (吉川 忠夫)

ほくし【北史】 北朝の北魏・西魏・東魏・北斉・北周，及び隋の6代233年間の紀伝体の通史。正史の1つ。100巻(本紀12巻・列伝88巻)。659(顕慶4)年，南史と共に成立。唐初の人李延寿撰。最終巻はもと隴西郡(甘粛省)の望族李氏一族の家伝で，本書撰述の経緯に言及。天下統一を達成した唐王朝にふさわしい公正にして簡潔な南北朝通史を意図した父大師の遺志をつぎ，16年かけて独力で完成させた。正史に基づいて大幅な簡略化をはかる一方で，西魏——北周を正統とする観点から隋の人魏澹の魏書によって西魏3帝の本紀を立て，また独自に収集した1000余巻の雑史から特に北斉について貴重な軼事を増補，叙事の詳密を高く評価されている。その反面，統一王朝たる隋を編入した点に加えて，南史に関してと同様に，体例の不統一，過度の節略，門閥貴族に対する家伝的叙述，因縁話の多数採録等の弊に非難をあびる。簡便さが重宝されて北朝史は専ら本書が通行した結果，北魏・北斉・北周の3正史の随所に散佚を生出，それら残欠は本書によって補われている。 (安田 二郎)

ぼくし【墨子(人物)】 前470?～前400?。戦国の思想家。宋(河南省)の人，一説に魯(山東省)の人。名は翟。墨家の創始者。学派としての形成は儒家に次いで早い。兼愛・非攻という倫理思想を説く一方で，大国からの侵略を受けた弱小国の味方に付いて，その防御を請け負うなどの実践活動を展開した。墨家の最高指導者を鉅子(巨子)と呼ぶが，墨翟は初代鉅子として集団を絶大な権限で統率した。以後，鉅子の位は，禽滑釐・孟勝・田襄子へと順次継承され，また，集団も，遊説に従う談弁，教育に従う説書，労役や戦闘に従う従事の3部門によって構成されるようになった。その思想を伝える文献として『墨子』58篇があるが，墨翟の自著ではなく，このような後学たちの長期にわたる多様な思想的活動の集積である。そのうち，尚賢・尚同・兼愛・非攻・節用・節葬・天志・明鬼・非楽・非命の10大主張を「十論」という。そのうち，兼愛は社会混乱の原因を自愛に求め，他者を犠牲にして自己の利益を求める行為を斥ける。非攻は大国によって正当化される侵略戦争を非難し，その犯罪性を説く。これら2つの主張は墨家思想の最古層に位置し，墨翟の思想的雰囲気を伝える。墨家は，戦国中期には当代の顕学として儒家とともに天下の人気を二分したが，戦国後期になると3派に分裂し，互いに相手を「別墨」と蔑称した。その後，秦漢帝国出現と相前後して急速に衰退に向かい，前漢の武帝期に至って完全に消滅したが，2000年にわたる絶学の後，19世紀清末，中国が西欧文明の衝撃を被る中で再評価されるに至る。史記74 (山辺 進)

ぼくし【墨子(本)】 戦国の思想書。15巻。墨子(名は翟)とその後学の思想的営為を集積したもので，墨翟の自著ではない。『漢書』芸文志は墨家の著作として『墨子』71篇を含む6種を記載するが，今に伝わるのは『墨子』のみである。さらに『墨子』も宋までに節用下・節葬上中・明鬼上中・

非楽中下・非儒上の8篇を失い，また明までに守城法の部分を中心に10篇が篇名・内容とも失われ，現存するのは53篇である。その内容の中心は，「十論」と呼ばれる墨家の10大主張である尚賢（上・中・下）・尚同（上・中・下）・兼愛（上・中・下）・非攻（上・中・下）・節用（上・中）・節葬（下）・天志（上・中・下）・明鬼（下）・非楽（上）・非命（上・中・下）の23篇である。尚賢は身分に関係なく人材を登用することを主張して世襲政治に反対し，尚同は鉅子に統率された墨家集団の組織論を統治思想として転用したものである。節用・節葬・非楽は儒家の礼楽論説を，また非命は儒家の天命論を批判する。天志・明鬼は天・鬼神による信賞必罰を説く。このほか，他思想の混入が見られる親士以下の7篇，「墨弁」と呼ばれる論理学や力学・光学に関する思索を記した経（「墨経」とも称す）・経説・大取・小取の諸篇，墨子の言行録を中心とした説話集である耕柱・貴義・公孟・魯問・公輸の諸篇，および各種の攻城法・防御戦術・防御兵器の製作法などを記した備城門篇・備高臨篇などの兵技巧書の諸篇からなる。注釈書としては孫詒譲『墨子間詁』，呉毓江『墨子校注』などが優れている。（山辺 進）

ほくしこうせいふ【北詞広正譜】 清の戯曲理論書。明末清初の戯曲作家李玉が著した，北曲についての曲譜で，18巻からなる。曲譜とは，戯曲の歌辞の部分について，曲牌と呼ばれる固定した旋律ごとに，模範となるそのスタイルを挙げて，句格・平仄・押韻などを明らかにした書物をいう。巻首には呉偉業による序文が付されており，それによれば，「元人の各種の伝奇，散套及び明初の有名な作者の作品の中から北曲を集め，宮調によって分類し，一書をなした。さらに華亭の徐于室の輯めたものを，参考とし，校訂した」という一方で，「華亭の徐于室原稿，茂苑の鈕少雅楽句，呉門の李玄玉更定，長洲の朱素臣同閲」と題されている。徐于室による『北詞譜』の稿本と考えられるものも現存し，それとの比較からも，明代後期の戯曲理論家であった徐于室による曲譜に李玉が手を加えたものであることは明らかである。その整理が行き届いていることから，北曲の曲譜としては最も有名なものとなった。（赤松 紀彦）

ぼくじつうさん【卜辞通纂】 甲骨文の研究・解説書。5巻（著録1，考釈3，索引1），4冊。1933年東京文求堂刊。郭沫若撰著。『鉄雲蔵亀』『殷虚書契』等の既刊著録より800片を選び，干支・数字・世系・天象・食貨・征伐・畋遊・雑纂の8項に分類。併せて別録之一に大亀四版・新獲卜辞・何遂氏蔵より42片，別録之二に日本所蔵甲骨擇尤として129片を収録し，共に考釈を付す。収録分の約半数を摹写し，刻文の原位置に即して釈文を配す。また，2片以上の甲骨片を整合するもの30余件。後記で董作賓の断代研究を高く評価している。（石田 千秋）

ぼくしひがく【墨子非楽】 「非楽」は『墨子』の篇名。現存するのは上篇「非楽上第三十二」のみであり，中篇・下篇は宋代以前に散逸した。墨子の主張では，音楽や絵画彫刻等の享楽は人の心を喜ばせるが，仁者は天下の好事をすすめ悪事を排斥すべきであり，自己の享楽をむさぼるために民の衣食の財を奪うべきではない。したがって音楽は万民の利と符合しないものであり，聖王が行うべき事ではないという音楽否定論である。荀子はその音楽論の中で墨子のこの主張を批判している。（池澤 滋子）

ほくしゅう【北周】 557（孝閔帝元）～581（大定元）。南北朝時代の王朝。北朝の一つ。後周・宇文周ともいう。都は長安。西魏の実力者宇文泰の死後，その遺命を受けた甥の宇文護が，西魏の恭帝から宇文泰の第3子覚（孝閔帝）に譲位させて成立した。宇文護は西魏以来の元勲を粛清する一方，孝閔帝を殺して宇文泰の庶長子毓（明帝）を立てるなど，軍事・行政を独裁したが，みずから擁立した第3代の武帝（宇文邕）に572（天和7）年に誅された。この間，古代の周を理想とした西魏の方針を継承して王朝名を周とし，『周礼』による六官の制を踏襲し，明帝期の前半までは皇帝を名のらず天王を称した。武帝は中央集権につとめ，廃仏を断行して皇帝の権威を高めるとともに，府兵制を推進して軍備の増強を図り，577（建徳6）年北斉を滅ぼして華北全土を統一した。第4代宣帝（宇文贇）は暴君で，幼少の静帝（宇文衍）に譲位して自分は天元皇帝と称したが，国政の混乱を招き，その死後，補佐役であった外戚の楊堅（隋の文帝）に政権を奪われた。（浅見 直一郎）

ほくしゅうが【北宗画】 →南北二宗論

ほくしゅうぜん【北宗禅】 唐代，禅宗の初期の教団。元来「北宗」とは南宗禅の人々（特に北宗攻撃をした荷沢神会）が用いた価値的に劣っているという意味の蔑称。6世紀初めの頃にインドから中国へ来て活躍した菩提達摩は，大乗禅を伝えた。その教えは，『菩提達摩四行論』としてまとめられた。達摩の教えを継承したのは，慧可を中心とする『楞伽経』の研究者であった。その後にややまとまった勢力として禅宗教団を形成したのは，唐

初に蘄州黄梅県(湖北省)の双峰山を中心に活躍した道信――弘忍の系統であった。道信・弘忍は，安心・修心の禅風を伝え，弘忍が西山より東山へ移って活躍したので，この集団を東山法門と呼んでいる。

この東山法門を発展させたのは，長安・洛陽で活躍し，『観心論』や『大乗無生方便門』を著した神秀やその弟子の普寂たちであった。実際はこの神秀たち以前に，洛陽の嵩山を根拠地として，弘忍門下の中岳法如(638〜689)や嵩山慧安(582〜709)が活躍していた。この系統の人々も北宗禅に属する。この嵩山法門を継承したのが，神秀である。神秀は「両京(洛陽・長安)の法主，三帝(則天武后・中宗・睿宗)の国師」と呼ばれ，その弟子の普寂も三帝の国師と呼ばれた。普寂の外にも義福(658〜736)・敬賢(660〜723)・慧福なども長安・洛陽を中心に一時大きな勢力を有した。

この集団の史書に『伝法宝紀』『楞伽師資記』がある。前者は嵩山法如の弟子杜朏の撰になるものであり，後者は弘忍――安州玄賾と承ける浄覚の撰で，師の玄賾撰『楞伽人法志』の内容を継承している。特に後者はその著名が示すように『楞伽経』の研究者の集団と東山法門――北宗の系統を主張するもので，菩提達摩の前に4巻本『楞伽経』(『四巻楞伽』)の翻訳者の求那跋陀羅を第一祖とするところに特色があり，明らかに同じ北宗系の『伝法宝紀』とは説を異にするところがある。また，神秀の法嗣の侯莫陳琰居士(智達，660〜714)は『頓悟真宗金剛般若修行達彼岸法門要決』を著し，南宗禅と同様の頓悟の思想が見られる。

大勢力の北宗は，730(開元18)年以降繰り返された荷沢神会の攻撃でもその勢いは衰えることはなかったが，安史の乱で両京が破壊され，支持基盤を喪失して衰えていった。北宗禅を攻撃した神会は，北宗禅の主張する漸悟より，南宗禅の頓悟が勝るといい，北宗禅の主張する6祖神秀は認められないとし，南宗禅の慧能(638〜713)こそ6祖であり，その証拠に達摩からの袈裟が伝えられていると主張した。結果的には，禅宗は南宗禅の発展となる。近年では，神会の北宗攻撃の素材は，北宗禅の教説を巧みに利用したと言われている。　　　　　(石井 修道)

ぼくしょう【卜商】→子夏

ほくしんぶんか【北辛文化】
山東省滕州市の北辛を標準遺跡とする考古学文化。1978年，79年に行われた北辛遺跡の大規模な発掘によって，この文化名称が提起された。北辛文化は同地の大汶口文化に先行する新石器早期の考古学文化であり，おおよそ，前5600年から前4300年の時間幅をもって理解されている。分布範囲は山東省の全域と江蘇省の北部におよび，代表遺跡には，北辛のほか，苑城・白石村・大伊山などがある。

北辛文化の土器は，鼎，釜，鉢，口の小さな耳付球形壺，以上の4種類を基本とする。後続する大汶口文化と比較すると土器の種類は格段に少ないが，石鏟(シャベル状の農具)や穀物加工具である石製の磨棒・磨盤などが大量に出土していることから，当時，農耕が盛んに行われていたことがあきらかとなっている。　　　　　　　　(小川 誠)

ほくせい【北征】
唐の杜甫の代表作。140句にのぼる五言古詩で，杜甫の詩中，随一の大作。粛宗の至徳2(757)年，長安の西方，鳳翔の行在所から東北に位置する鄜州に疎開していた家族のもとへ赴いた際に書かれた。詩題の「征」は遠くへ行くの意。古くは後漢の班彪に『北征の賦』がある(『文選』)。紀行詩の体裁を取って途次に見聞したところを記しながら，安史の乱勃発以後その時に至るまでの状勢と，そのなかで難儀を続けてきた杜甫自身の生活を回想を交えて綴る。混乱した世情に対する批判，再会した妻子の具体的な描写など，社会の争乱とそれに巻き込まれた個人の不幸を嘆く杜甫の詩の特徴を集約的にあらわしている点においても，代表作とするのにふさわしい。　　　(川合 康三)

ほくせい【北斉】
550(天保元)〜577(承光元)。南北朝時代末に北中国東部を支配した王朝。北朝の一つ。後斉・高斉ともいう。都は鄴。北魏末の内乱の中で台頭し東魏の実権を握った高歓が没し，子の高澄も不慮の死を遂げた後，澄の弟高洋が東魏の孝静帝から禅譲を受けて即位し(文宣帝)建国した。成立当初の北斉は鮮卑兵の多数を配下に収め，西魏・北周に対して優位にあった。しかし高演(孝昭帝)を継いだ高湛(武成帝)のころから政治が乱れ，功臣が排斥されるなど弱体化が進んだ。577年，府兵制の採用と突厥との同盟によって勢力を伸ばした北周の攻撃を受けて軍事拠点の太原が陥落し，ついで鄴も攻略されて湛の長子高緯(後主)が捕らえられ，滅亡した。北斉は短命な王朝であったが，その統治下では仏教が独自の展開を見せたほか，隋唐の律令に影響を与えた河清三年律令の制定，『太平御覧』の原本となった『修文殿御覧』の編纂など，注目すべき治績を残している。

(浅見 直一郎)

ぼくぜい【卜筮】
甲骨や「易」の占いによって神の意志を問うこと。『礼記』曲礼に「亀を卜と為し，筴を筮と為す」とみえる。卜は亀の腹甲を灼き，ヒビ割れの形を見て占う。筮は神意を表す植

物，筮（蓍〔メドハギ〕）の茎50本を用い，陰陽の組み合わせを決定し，吉凶を判断する。のち竹で代用。小事は筮，大事は先に筮して後にトす。『礼記』月令に亀や筮に犠牲の血を塗る事が記される。神に対する儀礼である。宋の鄭鍔は「神或いは憑依す」（『周礼訂義』亀人）と述べる。　　（大形　徹）

ほくせいじょ【北斉書】　東魏・北斉時代を叙述した歴史書で，正史の一つ。50巻（本紀8巻，列伝42巻）。撰者は李百薬。唐の629（貞観3）年，太宗の勅命により梁・陳・北周・隋の諸史とともに編纂が開始され，636（同10）年に完成した。李百薬の父の李徳林が隋代に著した北斉書に依拠している。唐中期より多くの残欠が生じ，現存するのは17巻，他は『北史』等で補われたものといわれる。テキストには，諸本を校合し標点を施した中華書局点校本が便利である。　　（浅見　直一郎）

ほくせいしょう【北西廂】　→西廂記

ぼくせんしゅうぼへきが【卜千秋墓壁画】　1976年に河南省洛陽市内で発見された前漢時代の空心磚築墓の壁画。墓中から「卜千秋印」と篆書で陰刻された銅製印章が出土したことで墓主の姓名が知られ，昭帝・宣帝時代（前87～前49）の地方官吏夫婦の墓と推測される。壁画は主室の門に人首鳥身像，後壁に方相氏・青龍・白虎，墓頂部に日・月・伏羲・女媧・仙女・持節方士・卜千秋夫妻や鳥獣を雲気と共に彩画し，墓主の昇仙を主題とするものと解釈される。　　（肥田　路美）

ほくそう【北宋】　→宋（北宋・南宋）

ぼくそう【穆宗】　→同治帝

ぼくちく【墨竹】　水墨で描いた竹の画をいい，その語は北宋の『益州名画録』に初めて現れる。竹は，直に生え，心が空であり，一年中青々としていることなどの植物としての特性が君子の高潔さに比せられて，蘭・菊・梅とともに四君子の一つに数えられ，また，「祝」と中国語の発音が共通するために吉祥の意味を持ち，山水画の一部，あるいは枯木や石などとともに，単独では風竹・雪竹などとして描かれる。画竹は唐の呉道玄に始まるというが，墨竹は北宋の文同を嚆矢とし，蘇軾らが文人の墨戯として推奨し，『宣和画譜』には墨竹門の項が立てられるに至る。金代，王庭筠が出て遼江派の祖とされる。文同の画風を継承するものを湖州派といい，元代に李衎が『竹譜詳録』を著してその技法を体系化した。その筆法が書と共通することからも文人画の主要な画題となり，元代では趙孟頫や呉鎮など，明代では夏昶が，清代では王鐸や鄭燮が，近代では呉昌碩などが墨竹の名家としてあげられる。　　（味岡　義人）

ほくちさんさい【北地三才】　北朝北魏～北斉にかけて華麗な美文で知られた温子昇・魏収・邢邵の3人を総称した呼び名。「北朝三才」ともいう。『魏書』37・魏収伝に「（魏収・温子昇・邢邵を）世間では三才と呼んだ」と見える。当時の北朝の文壇では南朝で流行していた宮体詩の影響が浸透しつつあり，まず温子昇が宮体詩風の艶冶な詩で文名を高め，邢邵・魏収がこれを継承するとともに，辞賦や頌などの叙事的な文章で典雅壮麗な作風を示した。　　（大野　圭介）

ぼくてき【墨翟】　→墨子（人物）

ぼくてんしでん【穆天子伝】　戦国の小説。6巻。作者不詳。西晋の荀勗の序文によると，281（太康2）年に汲冢（河南省）にあった戦国魏の襄王の墓を盗掘した者が，竹簡に書かれた大量の書物を発見し，その中で西周の穆王が各地を巡狩した記録を荀勗が整理して「穆天子伝」としたという。その内容は，巻1～4は穆王が西へ遠征して西王母の国へ至り，西王母と会見して帰るというもの，巻5は西方遠征以外の巡狩の記録，巻6は穆王の愛妾盛姫が亡くなって穆王がこれを哀悼する場面を中心とし，いずれも日録形式で書かれる。成立時期は戦国時代とする説が有力であるが，成立場所や編纂の目的はいまだ定説を見ない。歴代の目録も，『隋書』・新旧『唐書』経籍志は起居注（天子の日録）に，『郡斎読書志』や『玉海』は伝記に，『崇文総目』や『四庫全書総目提要』は小説に分類しており，性格のわかりにくさがうかがえるが，今日では『山海経』と並ぶ神話伝説の資料として貴重な存在とされる。　　（大野　圭介）

ほくと【北斗】　星座名。北斗七星のこと。北斗七星は一年中見ることができ，北斗のひしゃくの柄が指す方向（斗建という）は季節によって異なるので，季節を知る目安とされた。また『史記』天官書によると，北斗は北極星のまわりをめぐっていることから天帝の車とされ，四方を統制し四季を決定し五行をめぐらせると考えられている。北斗七星のそれぞれの星も意味や役割を持っており，中国の天文占において，最も重要視された星座であった。　　（長谷部　英一）

ぼくとう【幞頭】　男子のかぶりものの一

種。南北朝晩期に出現して以来，唐，宋，金，元，明を経て清初に至るまで用いられた。『中華古今注』に「幞頭はもとの名を上巾または折上巾といい，3尺の皂い羅(縒り組織で織った薄絹)で，後ろに向かって髪を包んだもので庶人が常につけるものであったが，後周(北朝北周)の武帝が両端から切りこみを入れて四脚を作り，幞頭と名づけた。唐の侍中の馬周が羅を絹にかえ，また，前後を重ねて縛って二儀(天地)を象り，両側に各々三つのひだをとって三才(天地人)に法り，百官および士庶の常服とした」とある。北宋の沈括の『夢渓筆談』には「幞頭は一名を四脚というが，それは四帯ということである。すなわち，2本の帯は頭の後ろで結んで垂らし，2本は反対に頭上で結んで折り曲げて頭頂につけておく。だからこれを折上巾とも呼ぶ。唐代の制度では，天子だけが硬い脚を使うことができた。唐の末頃，節度使が権力を擅にし，はじめて硬脚を勝手に用いた。宋朝の幞頭には直脚，局脚，交脚，朝天，順風の5等級があり，直脚だけは貴賎ともにかぶる。また，庶民がつける頭巾を，唐の人はやはり四脚といっていた。2脚は頭の後ろで結び，2脚は頷の下で結んで仕事をしても脱げないようにするのである。何もしない時には上に向けて頭上で結んでおく。現代の人はもう頷の下で結ばないから2本の帯は飾りになってしまった」とある。初期の頭巾様の幞頭は隋末唐初から形態の変化が起こる。隋の大業10(614)年に桐木で作り内外を漆でぬり固めた巾子がつけられるようになり，唐代には平頭小様の巾子，武家様の巾子，内様の巾子などの諸形式があった。唐代中期以降，諸帝は垂れた二脚を或いは円く，或いは闊く，或いは鉄線を芯にして翹るなどの改制を行い，冠としての形式をととのえていった。宋代には公服，常服時のかぶりものとして天子から一般の官吏までが用い，平民も平時或いは礼会の時に用いることができた。明代になると官吏の幞頭の脚は宋代に比して闊く短くなり，紗帽と呼ばれた。　　　　　　　　　　　　　　(相川 佳予子)

ほくどうしょしょう【北堂書鈔】　隋代の類書。現存する類書中，最も古いもの。北堂とは，秘書省の後堂のこと。虞世南は隋の大業年間(605-618)，秘書郎在任中に，この北堂で宮中の蔵書から作詩文に必要な事項を鈔写して整理分類した。『隋書』経籍志では，単に『書鈔』と称し，174巻と記す。『旧唐書』経籍志・『新唐書』芸文志以後『北堂書鈔』と称するようになり，巻数も173巻と記すが，『宋史』芸文志以後はほぼ160巻となる。歴代，写本で伝わっていたが，明末に陳禹謨がはじめて刊行する。しかし底本が極めてずさんだったため，嘉慶年間(1796-1820)に，孫星衍が厳可均・王引之・顧広圻らと新たな鈔本をもとに校定刊行を企て，それを引き継いだ孔広陶が，更に校定を加えて，1888(光緒14)年に刊行した。これが現行の160巻本で，19部851類に分類されている。引用が不十分だったり，出処を記してなかったり，形式的な不統一はあるものの，今日では見ることのできない佚書や佚文が引かれていて，学術的価値は高い。　(筧 文生)

ほくとしんくん【北斗真君】　北斗七星を神格化した神。北斗星君とも，単に斗君ともいう。人の寿命・富貴・貧賤を司るとされ，すでに戦国時代には崇拝されていた。ときに北極星を神格化した北極紫微大帝と混同される。七星それぞれに司る役割が異なるとされるが，一般に，人に暗陰をもたらすとされたことから，やがて人運を明陽に転ずる南斗星君が案出された。とくにその第一星は，注死の神とされる一方で，科挙の守護神，長生の神ともされる。『道蔵』には，『玉清無上霊宝自然北斗本星真経』など数種の経典が含まれる。　　(野口 鐵郎)

ぼくとつぜんう【冒頓単于】　?〜前174。匈奴の単于の名。前3世紀末に父頭曼単于を殺し単于位に即き，東方の東胡，西方の月氏等の諸族を破り，または支配下に置いて，折からの漢の高祖と項羽の争いによる中国の疲弊と相俟って，急速にその勢力を伸張させた。後さらに，北方の丁零・隔昆等の諸民族を支配下に置き，また韓王信など降伏した漢の将軍達の部隊をも取り込み，北アジアに一大遊牧国家を作り上げた。前200(高祖7)年に漢の高祖の軍を30余万騎で平城に包囲した戦いは有名で，この時包囲軍の馬の毛色が西方は白色，南方は騂(赤)色等々整然としていたと言う。敗れた漢軍の脱出の有様は，前漢一代の間秘せられた。以後漢はその侵攻に苦しみ宗室の女や絹織物・酒等を冒頓に送り，兄弟の約を結んだ。前176(文帝4)年に冒頓が漢に送った書に拠れば，配下の右賢王に西方の月氏を再度攻撃させ，西域の楼蘭・烏孫等と付近の26国を支配下に収めたという。前174年頃冒頓単于は死に，子の老上単于が立った。匈奴の内情が漢人に分かってきたのは冒頓単于の頃からである。史記110，漢書94　　　　　　　　　　(山本 光朗)

ボクド・ハーンきゅうでん【ボクド・ハーン宮殿】　モンゴル国の首都ウランバートルにある宮殿，現博物館。ハルハ・モンゴル(外モンゴル)は1691年に清朝に帰順したが，1911年に清朝が崩壊したのを機に，独立を宣言し，チベット仏教の活仏であるジェブツンダンバ8世を「ボクド・ハーン」，すなわち「聖なるハーン」として推戴し，年号「共戴」のボクド・ハーン政権が誕生した。そして，ジ

ェブツンダンバ8世の冬の宮殿をボクド・ハーン宮殿と改称した。宮殿はウランバートルの都市域の南，トーラ川の北側に位置し，1893年から建設され始め，1903年に四天王殿，1907年に第一門となる牌楼が建立された。1912年に描かれたウランバートルの前身であるイヘ・フレーの鳥瞰図によると，宮殿は南向きで，東西方向に横並びの3つの部分で構成されている。東の部分は，主な建物はロシアのニコラ2世の宮廷建築家によって1905年に建てられた2階建ての洋館で，ジェブツンダンバ8世の住居であった。中央部分は寺院建築で，徳孚寺という扁額が掲げられている。1926年から，モンゴル国最初の博物館として改装公開されている。

(包 慕萍)

ぼくばい【墨梅】 墨で描いた梅の画をいう。梅は厳寒の中に芳香を放つ清楚な花を百花の先駆けとして開かせることで，隠人君子に比せられ，四君子の一つとして文人画の主要な画題とされた。梅を描くことを写梅というように，意をもって写すことが重んじられ，画法の上では，根・幹・枝・梗(梅の若枝)・条(老幹から上に伸びる新芽の枝)・花の六要素に精通することを求められる。画梅は，南朝梁の張僧繇を嚆矢とし，墨梅は北宋の画僧仲仁に始まるとされる。南宋の揚補之は水墨のぼかしで描かれていた梅花を輪郭をとって白抜きで，樹幹は没骨で表し，元末の王冕は宋代以来の瀟洒で簡素な「疎枝浅蕊」といわれた表現から，満開の花と複雑な枝梢構成による「千花万蕊」と評される華麗な表現を創始し，明代の陳憲章・劉世儒などに継承される。以後も文人画の主要なジャンルとして描かれ，清代では金農・汪士慎・彭玉麟などが墨梅の名家としてあげられる。

(味岡 義人)

ぼくばいず【墨梅図(金農)】 清代中期の文人書画家金農の手になる四連幅作品。北宋後期から晩期の僧侶花光仲仁の創始になる墨梅は，墨竹とともに，いわゆる文人墨戯の中心的な分野をなす。本図の特徴は，枝と花のみを描く通例の墨梅図とは異なって，幹の部分をも大きく描き出し，空間表現を伴う点にある。清代中期以降，山水画に代わって，中国絵画の中心的分野となってゆく花卉雑画を代表する大作である。アメリカ・ニュージャージー州，翁萬戈氏蔵。

(小川 裕充)

ほくむさげん【北夢瑣言】 唐五代の筆記小説集。原本は30巻，今本は20巻本。撰者は五代の孫光憲(900?〜968)，字は孟文，貴平(四川省)の人。内容は唐・五代の政治史実，民俗風情など広泛にわたる。欧陽脩が『新五代史』執筆に際して，該書や王禹偁『五代史闕文』など信憑性の劣る書をも採用したことは批難されるが，また一方で詩人(温庭筠・魚玄機・皮日休 等)の逸事を記録していて有益な資料でもある。

(大野 修作)

ぼくようき【牧羊記】 明の戯曲。作者未詳。前漢の忠臣蘇武は武帝の命で匈奴に使いし，単于に投降を迫られるも従わず，北海に流され牧羊する。使者の持つ旗印である節の飾りの毛を齧り雪を食し，投降した旧友李陵らが派遣されるが節を守って屈せず，鳥に結んだ血書が漢に届き19年後ついに帰国する。京劇の『蘇武牧羊』(『万里縁』)では蘇武と夫婦になるが随行が許されず自害する胡阿雲が登場する。粤劇では『猩猩追舟』，川劇では『白陽河』，豫劇・河北梆子・漢劇などに見られる。

(波多野 眞矢)

ほくりし【北里志】 晩唐の遊里見聞記録。1巻。孫棨の著。884(中和4)年の序文が有るが，その後に加筆された部分も少なくなく，全体としては891(大順2)年頃に成ったと見られる。長安の平康坊にあった色街の北里について，その場所や構成，妓館の様子やしきたり，及び数名の妓女とその客達の逸話などを記した書。孫棨自らも客として登場しており，乾符年間(874-879)から中和年間(881-885)にかけての時期の，実地の見聞に基づく記録と見られる。同種の記録は，以前はもとより以後にも多くないことから，本書は当時の色街の事情を伝える点で貴重であるだけでなく，妓女や妓館の歴史を考える上でも欠かせない資料である。著者の孫棨は武邑(河北省)の人。字は文威，号は無為子。昭宗朝(888-904)に侍御史，中書舎人などを歴任した。『北里志』のテキストは単行のものは現存せず，すべて叢書に収められる輯本だが，その中では『古今説海』所収本が代表的である。

(齋藤 茂)

ほくりょなんわ【北虜南倭】 明朝を苦しめた外国人の侵入を，北虜南倭と呼び慣わす。北虜とは，北方から襲いかかったモンゴル人のことである。15世紀中葉に西モンゴルに勃興したオイラートのエセンは，1449(正統14)年に明軍を破って，英宗を捕虜にした(土木の変)。16世紀半ばにはアルタン・カーンが現れて，トメット部を率いて明領に侵入し，1度は北京を包囲したこともあった。かれらの目的は，明を破壊することではなくて，明と共存して自らの経済的な欲求を満足させることであった。他方南倭は，南部の沿岸地域を荒らした倭寇のことをいう。もともと沿岸部では海禁政策の網をくぐって，国際的な密貿易がさかんであったが，16世紀半ばに明がそれを厳しく取り締まった結果，倭

寇は暴力化して各地を襲った。当時倭寇に加わった日本人は少数で，大部分は漢人であったといわれる。明は北虜南倭に対して，長城を修復したりあるいは沿岸の軍備を固めて対抗した。　　（松浦　茂）

ほげき【蒲劇】　山西省南部の旧蒲州(永済市一帯)地方を中心として行われる梆子腔系の地方劇。蒲州梆子・南路梆子，あるいは乱弾とも呼ばれる。晋劇・北路梆子・上党梆子とともに山西の四大梆子に数えられ，その中でも最も古い歴史を持つ劇種である。蒲州地方は隣接する陝西省東部の旧同州(大茘県一帯)地方とともに梆子腔の発祥地とされ，その起源は元雑劇(北曲)の音楽に当地の民謡や語り物が融合したもの(弦索調)であるとも，蒲州や同州で行われていた土着の芸能(鑼鼓雑戯・跳戯)であるとも言われる。明の嘉靖年間(1522-66)には蒲州に職業劇団が成立していたことから，遅くとも明の中葉にはその輪郭が形成されていたと考えられる。清代以降は山西・陝西商人の活動の拡大に伴って全国に伝播し，板腔体音楽を広めるとともに多くの梆子腔系地方劇を生み出した。清の中葉には北京に入って同州梆子とともに山陝梆子と称され，音楽や演技の面で京劇に大きな影響を与えた他，清末から民国初にかけての伝統劇改革にも大きな役割を果たした。蒲劇の音楽はすべての板式(基本拍子)において歓喜を表現する歓音(5音階)・悲哀を表現する苦音(7音階)という曲調の区別を持ち，また激しさを表現する高音(高音域)と穏やかさを表現する平音(低音域)を対比的に用いるなど，梆子腔の最も基本的な特徴を保持するものと言える。現在行われる蒲劇は演目の選択や演技における特徴から南路・西路の2派に分かれ，一般的に南路は典雅な，西路は激越な調子を持つとされる。伝統演目は500種余りを存するが，歴史劇に長けており，特に『竇娥冤』『趙氏孤児』『西廂記』等，元雑劇に材を取った演目を多く上演することで知られる。俳優では1930年代に活躍した3人の小旦，王存才・馮三狗・孫広勝が著名であり，中でも王存才の演じる『掛画』『殺狗』等は山西で一世を風靡した。　　（竹越　孝）

ほけきょう【法華経】　初期大乗経典の代表的なもの。サンスクリット語名は Saddharmapuṇḍarīka-sūtra。インドにおいて紀元前1世紀から紀元後2世紀頃までに成立したと推定される。『法華経』の漢訳には，竺法護訳『正法華経』10巻(286年)，鳩摩羅什訳『妙法蓮華経』7巻(あるいは8巻，406年)，闍那崛多・達摩笈多共訳の『添品妙法蓮華経』7巻(601年)の3種があり，鳩摩羅什訳が最も流行した。

『法華経』の中心テーマは，一乗思想と久遠の釈尊の思想である。方便品では，仏は唯一の重大な仕事をするためにこの世に出現したのであり，その内容は，衆生に仏知見(仏の智慧)を開き，示し，悟らせ，入らせることであることを明かす。つまり，仏はすべての衆生を平等に成仏させるためにこの世に出現したことを明らかにする。そこで，従来は，声聞・縁覚・菩薩という3種類の修行者の類型に対して，3種類の教えと修行があり，それによって達成される理想にも3種類があったとされたが，これは方便の教えであり，真実には，一切衆生が平等に成仏できる唯一の仏乗があるだけであることが明かされる。このような三乗方便・一乗真実の思想は，中国では「開三顕一」と術語化され，中国仏教の大きな特色の一つと言われる教相判釈の形成に大きな影響を与えた。この思想に基づき，多くの声聞たちが，釈尊によって授記される(未来の成仏を予言される)のである。

久遠の釈尊の思想については，如来寿量品において，釈尊が成仏したのは今世ではなく，五百塵点劫というはるか遠い過去においてであり，さらに未来の仏の寿命も過去の2倍あると明かされる。また，衆生を救済するために，巧みな手段によって涅槃に入る姿を示すけれども，真実には，涅槃に入るのではなく，常に娑婆世界の霊鷲山にあって説法しつづけることが明かされる。この思想は，中国では「開近顕遠」と術語化されたが，端的に仏身の常住を説く大乗の『涅槃経』の影にかくれて，必ずしも注目されなかった。

なお，『法華経』の観世音菩薩普門品は，独立単行されて『観音経』と呼ばれ，東アジア全体で最も流行した経典となった。

中国において現存する代表的な『法華経』の注釈書には，南北朝から隋唐にかけて，竺道生の『妙法蓮花経疏』，光宅寺法雲の『法華義記』，天台大師智顗の『法華玄義』『法華文句』(智顗の親撰ではなく，弟子の灌頂が整理して完成したもの)，嘉祥大師吉蔵の『法華玄論』『法華義疏』『法華遊意』『法華統略』，慈恩大師基(窺基)の『法華玄賛』などがある。宗派・学派の垣根を越えて，広く研究，讃仰されたことがわかる。

漢訳は，『大正新脩大蔵経』9巻に収録されている。また，坂本幸男・岩本裕訳注『法華経』上・中・下(岩波書店)が便利である。　　（菅野　博史）

ほけきょうへん【法華経変】　『法華経』所説の説話図像。敦煌莫高窟では隋から宋に至る約42洞窟に描かれた。隋代の作例には第303窟前室部北壁壁画二仏並坐図，第303窟人字披東西両側壁画法華経変相(普門品・見宝塔品)，第420窟窟頂壁画法華経変相(序品・譬喩品・観世音菩薩普門品)，第

419窟人字披天井西側壁画法華経変相(譬喩品)，第276窟窟頂西面壁画二仏並坐図(見宝塔品)などがあるが，その主題は序品・方便品・譬喩品・見宝塔品・観世音菩薩普門品の5品に限られた。初唐の作例には，第331窟東壁上部壁画法華経変相(見宝塔品)，第332窟窟頂西面中央部壁画釈迦多宝仏図などがあるが，その主題は序品・見宝塔品・妙音菩薩品・従地涌出品・提婆達多品の5品に限られた。盛唐期の作例には敦煌莫高窟第23窟北壁壁画法華経変相(薬草喩品)，第217窟南壁壁画法華経変相(序品・方便品・譬喩品・信解品・化城喩品・見宝塔品・提婆達多品・安楽行品・随喜功徳品・嘱累品・薬王菩薩本事品・観世音菩薩普門品・妙荘厳王本事品，初唐〜盛唐)などがあるが，その主題は15品に達し，その表現も精彩を放つものが多くなった。しかし中唐から唐末にかけては，壁画の数量こそ盛唐期のそれを上回り，主題内容も20品に達したものの，その表現は精彩を欠くようになった。

(勝木 言一郎)

ほこうそうはくえんでん【補江総白猿伝】

唐の伝奇小説。『欧陽紇』『白猿伝』ともいう。作者不詳。南朝梁の欧陽紇が遠征先で，妻を白猿にさらわれる。苦労の末，白猿を退治して妻を連れ帰ったが，妻は白猿に似た男子を生んだ。題は江総の作った『白猿伝』を補うという意味だが，欧陽紇の子，欧陽詢の養父であった江総に仮託したものと考えられる。また晋の干宝の『捜神記』にも猿が女をさらって妻にする話があり，そのような伝説を敷衍した物語である。『太平広記』444等所収。

(成田 靜香)

ほこくじだいゆうほうでん【保国寺大雄宝殿】

保国寺は浙江省寧波市霊山の麓に位置する寺院。江南では最も古い北宋の遺構である。漢代に創建されて，霊山寺と称したが，唐の880(広明元)年に現名に改名された。北宋1011(大中祥符4)年に山門と大雄宝殿が着工し，2年後に竣工した。

大雄宝殿は間口7間(21.6m)，奥行き6間(19.85m)であるが，中央の3間(11.9m)×3間(13.36m)のみ北宋の遺構で，他は清に拡大されて，単層の屋根を重層の入母屋造に改めた。規模は，間口中央の3間で，中間5.80m，脇間は左右で同じく3.05m，奥行きは，前から後ろへ柱間4.44m，5.82m，3.10mの長さとなっている。架構は前端間を広くした結果，四天柱の前側柱が後側柱より高くなり，前側四天柱上から後側四天柱上の斗栱に3母屋間の虹梁をわたし，その上部にも1間の虹梁を二重に配して上部を支える巧妙な断面架構がみられる。頭貫に施された短冊型の連続繰形は唐からみられ，日本では醍醐寺経蔵で使われている。軸部上部の斗栱の配置方法は日本の11世紀の禅宗様と同様である。使用される瓜輪形の柱は江南地域の特徴であり，中央部に3つの藻井(ドーム天井)が張られて，南栄蘇州報恩寺塔の藻井と同じ類例である。

(包 慕萍)

ぼさつこうきゃくぞう【菩薩交脚像】

両脚を交差して倚坐する菩薩像。交脚像はガンダーラ起源と見られ，西北インド・中央アジア・中国北部地域などシルクロード沿いに多くの作例が残っている。インド南部・東南アジア・中国南部地域にはほとんど認められない。ガンダーラでは交脚坐と特定の尊格との結びつきはさほど強くないが，カピシー地方(アフガニスタン)の兜率天説法図に弥勒菩薩交脚像が多く，中央アジアを経由して東伝するに従い，弥勒菩薩の坐勢として定着していった。

中国では甘粛省の敦煌莫高窟，山西省の雲岡石窟，河南省の龍門石窟など，五胡十六国から北魏時代(5〜6世紀前半)の石窟を中心に弥勒菩薩の交脚像が盛んに造られた。交脚坐法は右脚を外側に組むのがガンダーラ以来の伝統で，北魏の雲岡石窟までは徹底されたが，龍門石窟(5世紀末)以降は左脚を外にする像が出現した。6世紀に入ると弥勒の坐勢が多様化し，北魏末以降は河南など東部地域で交脚像は減少し，陝西や甘粛など西部地域では比較的遅くまで造像されるものの，隋代以降は急速に衰退した。

(石松 日奈子)

ぼさつばん【菩薩蛮】

詞牌。小令，双調(1首が前後2段落に分けられるもの)44字。「菩薩蛮」は西域の語の音訳と考えられ，唐代における西域音楽の影響を物語る詞牌である。盛唐の崔令欽『教坊記』が挙げる曲調名のなかにも見える。南宋の黄昇の『花菴詞選』が李白の作として収め，「平林漠漠として煙は織るが如し」の句で始まる一首は詞の鼻祖とされるが，真偽は定かではない。唐人の作として最もよく知られるのは，晩唐の代表的詩人でもあった温庭筠のものである。

(中原 健二)

ぼし【墓誌】

墓主の経歴を刻して墓内に埋めた石及びその文章のこと。墓志とも書く。また磚(煉瓦)で作られたものもある。その祖形は，墓記・封記・葬磚などの簡単な形で秦代まで遡れるが，盛んに造られるようになったのは，石室・石獣・石碑などが禁じられた三国時代からである。はじめは西晋の『成晃墓誌』(291年，河南省洛陽市)のように碑の形式を小さく模して墓内に建てられていたが，5世紀後半から南朝宋の『劉懷民墓誌』(464年，山東省青州市)のように銘辞が併記されて「墓誌銘」とも呼ばれるようになり，さらに北朝北魏の『寇臻

墓誌』(506年，河南省洛陽市)のように，本文をほぼ正方形の石板に刻して上向きに安置し蓋石をかぶせる形式のものが現れた。石刻の形式として墓誌という場合はこの形式をいう。蓋石には題字の他に華麗な文様や瑞獣を刻したものもあり，中には北朝北魏の『元顕儁墓誌』(513年，河南省洛陽市)のように石全体が亀を象ったものもあるが，隋・唐以後も基本的な形式に大きな変化は起こらなかった。

(宮崎 洋一)

また，墓誌に刻まれた文体の名。もともとその内容は故人の世系・名字・爵里(爵位を賜った地)・行治(行状)・寿年・卒葬年月・子孫の大略といった簡単な記録であったが，後に伝記を主とする墓誌に故人を頌美する銘文を付した墓誌銘が現れ，死者の功徳を称賛する内容も持つに至った。墓に立てられる墓碑・墓碣文(唐代以後，死者の官階が五品以上は墓碑，七品以上は墓碣とされた。両者には大きさや形状に違いがある)，墓前や墓道に立てられる墓表(死者の身分に関わらず用いられた)などは，故人の経歴を石に刻んで墓中に埋めた墓誌とはそれぞれ用途を異にするが，文体は似通っている。

(林 香奈)

ほしゅ【鋪首】 一般に門の扉に付けた，環の付いた銅製の飾りを言う。動物あるいは怪獣が口に環をくわえる形に作る。また，木製の箱や棺桶の側面に持ち運ぶための取っ手として付けられたものも鋪首と称する場合もある。これに対して，*青銅器に付いているものは獣環と呼ぶのが普通である。林巳奈夫「獣環・鋪首の若干について」(『東方学報』57)では，獣環や鋪首に付けられた動物の類は，帝より格の低い鬼神の類とする。 (江村 治樹)

ほじゅこう【蒲寿庚】 生没年不詳。南宋から元初に福建の泉州で活躍した，アラブ系(またペルシア系)イスラム教徒の海外貿易家，また貿易管理を掌った地方官僚。祖先は西域から移住して広州に住み両広(広東・広西)第一の富豪と称された。のち一族は泉州に移り海外貿易に従事して巨万の富を得，蒲寿庚は泉州提挙市舶に任ぜられた。1274(咸淳10)年，海賊撃退の功により，福建安撫使・沿海都指揮使となった。元軍が南宋の都臨安に迫ると，陳宜中・張世傑ら南宋の勤皇軍は福建に至って彼の海軍力を頼ろうとした。しかし彼は南宋軍の泉州城包囲を持ちこたえ，到着した元軍に帰服した。ために南宋軍はさらに南方に逃れ，厓山の戦で壊滅した。功により閩広大都督・兵馬招討使を授けられ，江西行省参知政事から福建行省左丞となり，地方行政・海外貿易関係の要職についた。第2次日本遠征には戦船50艘を建造し，東南アジア方面への招撫活動を建策したこともある。1284(至元21)年以後，世祖クビライ在位中に没した。 (植松 正)

ほしょうれい【蒲松齢】 1640(崇禎13)～1715(康熙54)。清初の小説家。淄川(山東省)の人。字は留仙，又は剣臣。号は柳泉居士。父の蒲槃は，科挙受験をあきらめ商売を営んでいたが，暮らし向きは必ずしも楽でなかった。自序にあたる『*聊斎志異』自誌によれば，父は蒲松齢が生まれた時，痩せて片肩をあらわにし胸に貼り薬をつけた僧侶が部屋に入ってきた夢をみたという。ここから蒲松齢は，自分の生涯にわたる多病と貧乏を，この夢がすでに暗示していたのだと考えたが，事実，以後もその通りの人生を送ることになる。19歳の時，科挙の最初の関門である県試を受け第一位で合格，続く府試・院試も首席合格し，当時山東の学政(教育行政の長官)で文人として著名な*施閏章の賞賛を得た。しかし以後は，郷試(山東の地方試験)に落第し続け，ついに76歳の生涯を終えるまで合格は叶わなかった。若年には地元の士人たちと詩社を結成し，詩文に精力を傾けたが，不合格が続くうちに次第に『聊斎志異』の創作に専念するようになる。31歳の時，宝応県知事の孫蕙の幕下に招かれたが長続きせず，翌年帰郷した。その時を除けば，蒲松齢は70歳まで故郷淄川の近辺の富裕な家に住み込み，家庭教師をつとめて妻子を養った。

彼の代表作である文言小説集の『聊斎志異』は，40歳までにほぼ完成されたが，それ以降も晩年まで推敲や差し替えなどが行われた。鬼狐妖怪が次々と登場し万華鏡のごとき世界を繰り広げる『聊斎志異』は，蒲松齢の多病と不遇による癒されぬ精神から生み出されたといえよう。しかし晩年に至るまで，村人のために多くの募縁疏(奉加状)を書き，日用類書(実用書)を編纂し，膨大な俚曲(卑俗な語り物)も残すというマルチタレントぶりは，個人の才能によるものとはいえ，清朝康熙年間(1662-1722)の地方文化の蓄積のようなものを感じさせてやまない。 (岡本 不二明)

ほせんぎ【莆仙戯】 伝統演劇の劇種。福建省の莆田県・仙遊県を中心に福清・恵安・永泰県あたりまでの地域で流行する。この地域が昔は興化府と呼ばれていたので，興化戯または興化腔ともいう。

福建省における芸能の記録はとても古く，早いものでは唐時代の末，福州の禅僧の宗一大師が，莆田に遊び「百戯」の歓迎を受けたという記述がある(『*景徳伝灯録』)。南宋の『西湖老人繁勝録』には，福建の人形劇団(「福建鮑老」)が300人いたとの記録がある。また莆仙より少し南の漳州では，陳淳の手

紙に，「乞冬」(「祈春」「報秋」とも言われる)のために，秋の収穫が終わると町中で仮設の戯台をつくり役者が演劇をして楽しんでいる，という報告が残っている。莆田出身の劉克荘の詩には，南宋の莆田における百戯・雑劇の賑やかなさまが，詠われている。

南方の戯曲「南戯」は北宋末に始まったとされるが，最初は「温州雑劇」とか「永嘉雑劇」などと呼ばれ，現在の浙江省の温州で起こったと言われている。莆田でも，同じ時期に起こったか，或いは温州から早くに伝わったものと思われる。明代の『永楽大典目録』には古い戯文の劇目として，33種類記録されている。また，明代の徐渭の『南詞叙録』には，65種の古い戯文の劇目が「宋元旧篇」として挙げられている。劉念慈『南戯新証』(1986年)に拠れば，これらのうち現在の莆仙戯に劇本も有する劇目は，25種目あまりに及ぶ。主なものとしては，『蔡伯喈』『王魁』『王十朋』『劉知遠』『郭華』『殺狗』『王祥』『蔣世隆』などがある。莆仙戯は，梨園戯と並び，古くからの南戯の演目を数多く残す地方劇なのである。

莆仙戯は，生・旦・靚妝(浄)・末・丑・貼・外の7つの役に大きく分かれていたので，「興化七子班」とも呼ばれていた。清代にも盛んに上演され，当時の記録によれば百数十の劇団があったことが記録されている。現在でも，特色ある地方戯として活躍している。　　　　　　　　　　　　（福満　正博）

ポタラきゅう【ポタラ宮】　チベットのラサにあるダライ・ラマの宮殿。1642年に，西モンゴルのホショト部のグシ・ハーンが中央チベットを制圧し，カルマ派のツァンパ政権を倒して，ゲルク派のダライ・ラマを擁護し，ダライ・ラマによる聖俗両権を掌握するガンデンポタン政府を成立させた。新政権創立を機に，ダライ・ラマ5世の命によって，1645年からポタラ宮を建設し始めた。観音の化身と崇められたソンツェン・ガムポ王がかつて宮殿を建てた山に立地し，観音の住む補陀落山にちなんで，ポタラと名付けられた。1648年に白宮(ポタン・カルポ)が竣工し，ダライ・ラマ5世がもとの宮殿であるポタン・デプン(デプン宮，現在のデプン寺)から移ってきた。山のふもとに僧舎や行政機関の建物も建てられている。この年から1959年にダライ・ラマ14世がインドへ亡命した時期までの300年以上に渡り，ポタラ宮はチベットにおける政治と宗教の最高統治機関となっていた。ダライ・ラマ5世が亡くなってから，摂政サンゲギャムツォが中心となって，ポタラ宮の紅宮(ポタン・マルポ)を造営しはじめ，1695年に竣工した。白宮が，歴代ダライ・ラマの居住と政治的な執務にあてられた空間であるのに対し，紅宮は，歴代ダライ・ラマの霊塔が置かれ，仏堂が設置された宗教的な空間である。白宮は，東向きの7層で，門前に東歓楽広場が設けられ，屋外の宗教的な行事がここで行われた。白宮の中で最大の空間は，4層目にある東大殿(ツォム・チェンシャル)であり，ここではダライ・ラマの坐床式や親政大典などが行われ，政治的にも宗教的にもきわめて重要な場所といえる。また，白宮の7層目にはダライ・ラマの寝宮，仏堂と謁見場などが設けられている。紅宮は9層あり，最大の空間は5層目の西大殿(ツォク・チェンヌ)であり，その四周に菩提道次第殿，持明仏殿，ダライ・ラマ霊塔が配置されている。宮殿の壁が床から天井まで極彩の壁画で埋め尽くされ，その題材も政治，宗教，風俗，ポタラ宮の建設過程など多彩である。1994年に世界遺産に登録された。　（包　慕萍）

ぼたんてい【牡丹亭】　→還魂記

ぼたんとうき【牡丹灯記】　明初の文人，瞿佑(1347〜1433)の文言短編小説集『剪灯新話』中の一編。元末の明州(浙江省)を舞台に，元宵節の夜，やもめの喬生が幽霊の符麗卿と出会い，逢瀬を重ねるうち，幽霊と知り交わりを絶つが，符麗卿の棺に引きずりこまれて息絶え，最後は鉄冠道人の裁きにより，共に地獄行きとなる顛末を美文調で語る。幽霊談であるが，背景には元末の戦乱による悲惨な現実がある。題名は，符麗卿の召使，金蓮のもつ双頭の牡丹灯に由来。中国ではさほど有名ではないが，朝鮮では『金鰲新話』の『万福寺樗蒲記』，ベトナムでは『伝奇漫録』の『木綿樹伝』などの模倣作を生み，日本では江戸初期の『奇異雑談集』に翻訳があり，浅井了意『伽婢子』の『牡丹灯籠』に翻案され，それが明治の三遊亭円朝『怪談牡丹灯籠』のもとになった。上田秋成『雨月物語』の『吉備津の釜』にも影響をあたえている。　　　　（金　文京）

ぼっか【墨家】　諸子百家の一つ。戦国時代初期の墨子を創始者とし，儒家に対抗して「兼愛(無差別な人類愛)」「非攻(侵略戦争の否定)」「節葬(葬儀の簡略化)」「非楽(音楽の否定)」「非命(運命の否定)」などを主張した一派。天の善なる意志を信じ，もし天子が善政を行えば天が賞を与え，天子が悪政を行えば天が罰を下すという考えを最も明確に唱えた。彼らは鉅子と呼ばれる指導者によって統率され，厳格な規律と強固な結束力をもった集団を形成し，幾何学・力学・光学などの知識を有して，攻撃を受けそうな城郭都市の防御を請け負うこともあった。これは彼らが工匠出身者であったためという説もある。墨子の死後，3派に分かれたといわれ，戦

国末期には儒家とならぶ勢力を誇ったが，人類平等観にもとづく兼愛や非攻の主張をはじめ，葬儀の簡略化や音楽の否定などが封建的大統一国家樹立をめざす支配階級の許容するところとはならず，秦漢時代から急速に衰えていった。

(影山 輝國)

ほっかい【北海】 元代以来の皇室御苑であった太液池の一部で，北京の内城のほぼ中央に位置する。その起源は，遼の南京城の東北に設けられた行宮「瑶嶼」にまで遡る。金の中都城が建設されると，1179(大定19)年に離宮大寧宮が建てられた。元の世祖クビライは，離宮が置かれていた瓊華島を中核にして，東側に宮城を配し西側に興聖・隆福二宮を配し，大都城を造営した。瓊華島の山頂には広寒殿が建てられ，万歳山とも呼ばれた。明代永楽年間(1403-24)に皇城が築かれると，中・南海とともに西苑の一部となった。清代，1651(順治8)年に広寒殿を撤去し，白塔を建てて白塔山とその名を改めた。現在は北海公園として開放されている。

(新宮 学)

ぼっかい【渤海】 698〜926。中国東北部を中心に，ロシア沿海州・朝鮮半島北部にまたがって存在した国家。建国者は大祚栄。高句麗人とも，高句麗に服属していた粟末靺鞨の出身とも言われる。高句麗の滅亡後，その一族は営州(遼寧省)に移住していたが，契丹人李尽忠の反乱に乗じて東走し，698年，東牟山(吉林省敦化市とされる)を根拠地に自立して震国(振国とも記す)王と称した。713年には唐から渤海郡王に封じられ，以後は国号を渤海とした。

第2代大武芸の時に一時唐と対立したが，第3代大欽茂にいたって関係は修復され，以後は頻繁に使節を派遣して唐の文物を導入し，唐からは「海東の盛国」と称されるにいたった。また唐や新羅と対立したことを機に軍事的・政治的連携を求めて日本との通交が始まったが，後には貿易を目的とする両者の交渉が続き，渤海から日本へ30回を超える使者が派遣された。

第10代大仁秀の時に領域は北方の靺鞨居住地域へ発展するが，第15代大諲譔にいたって，西方から耶律阿保機率いる契丹軍の攻撃を受け，926年に都の上京龍泉府(黒龍江省)が陥落して渤海は滅びた。契丹は渤海を東丹国と改称し，耶律阿保機の長子耶律倍を東丹国王としてこれを治めさせた。

制度は多く唐制の影響を受け，中央には宣詔省・中台省・政堂省の3省と6部をもち，地方には5京・15府・62州が置かれた。都は大部分の時期は上京龍泉府にあり，長安城をモデルにしたその都城址が黒龍江省牡丹江市に存在する。領域内からはこの上京址をはじめとする都城址や古墳群が発掘されており，それらから，文化的にも中国文化の影響が強く，これに高句麗・靺鞨の要素が加わった独自の文化を形成したことを知ることができる。

(河上 洋)

ほっかいえんぎ【法界縁起】 法界とは仏陀によって実現される真実世界である。縁起とは一切が原因や条件によって生起するという仏教の根本的な認識である。法界縁起とは仏の真実世界がどのように縁起するかを説く。天台教学は縁起よりも因縁という用語をよく用いるが，華厳学派では南北朝の地論学派を承けて，多様な縁起論を展開した。法蔵の華厳思想にみられる10種の奥深い法門(十玄門)の自由無礙な相関性の法界縁起はその典型である。

(吉津 宜英)

ほっかいかんもん【法界観門】 華厳教学の理論書。詳しくは『修大方広仏華厳法界観門』。『華厳経』による広大な仏の世界を実践する方法を説くという意味。本書は華厳宗の初祖と称される杜順の撰述とある。しかし，法蔵の著作から別出し，杜順撰と託したともいう。澄観の『法界玄鏡』は最初の注釈書。真空観・理事無礙観・周遍含容観の三観からなり，最後は華厳の事事無礙法界を説く。宗密にも注釈があり，後には禅宗の人々にも依用された。

(吉津 宜英)

ほっかいしょうけいくんひ【北海相景君碑】 後漢の碑。景君碑ともいう。143(漢安2)年の刻。隷書。タテ205cm×ヨコ77cm。碑陽17行，満行33字。碑陰は4段に54人の名を列記し，その後に4字句の文2行を刻す。山東省の済寧市漢碑館に現存。篆書2行の題額「漢故益州大守北海相景君銘」と圭首(尖った碑首)・穿(碑石の上部に穿たれた穴)・方趺(方形の台座)を有する。漢碑中，碑の形制を整えた最古の遺例である。益州郡(四川省)の太守を経て，北海国(山東省)の丞相となった景君の功績を頌えたもの。書体は八分であるが，字形は縦長で篆意が交じる。重厚で厳粛な書きぶりである。

(横田 恭三)

ほっけげんぎ【法華玄義】 仏教書。20巻。南朝末〜隋の天台智顗が講述，弟子灌頂が書き取り，纏められたもの。『法華経』の根本思想の究明を主題として著されたもの。経の解釈に当たっては独特の判断が示される。経題が経意を集中的に表示しているとの判断がその見方である。本書の中心をなす「別解」の段をみると，釈名・顕体・明宗・論用・判教の5章に分けて解釈が進められるという構

成となっているものの，釈名章にもっとも大きな比重が置かれている。さらに立ち入っていえば，経題の「妙・法・蓮華・経」のうち「妙」と「法」の2字の解釈に力点が置かれ，それらを通じて『法華経』の根本思想の究明が進められている。こうした一連の考察を通じて明らかにされる事柄は，現象世界の真のありよう＝「諸法の実相」を教示する経としての『法華経』の経旨である。この場面で展開される「実相」の内面を教示するための議論は，精緻をきわめている。天台思想の根幹を，主として理論面から照らし出す重要な典籍である。　（新田 雅章）

ほっけん【法顕】　生没年不詳。東晋の僧。平陽郡武陽（山西省）の人。姓は龔。3歳で沙弥。20歳で具足戒。中国仏教の戒律を整備するため，399（五胡十六国の後秦の弘始元・東晋の隆安3）年，道整ら10数人と長安を出発。クチャ，ホタンからパミールを通りガンダーラに着いたが，そこは口伝で，典籍は存在しなかったため，残存の同志1人と中インドに至り，主要な仏跡を巡りつつ，マガダで『摩訶僧祇律』『薩婆多律抄』『雑阿毘曇心論』などを得た。さらに，東インドのタームラリプティから単独で舟航，スリランカにて『五分律』『長阿含』『雑阿含』『弥沙塞律』を得た。インド洋を横断してジャワ国から広州に帰ろうとして青州長広郡（山東省青島）に412（義熙8）年に漂着。13年の大旅行の記録『法顕伝』は法顕自身が翌413～414年，東晋の都建業で著し，『摩訶僧祇律』40巻，『大般泥洹経』6巻，『雑蔵経』1巻などを訳し，荊州の辛寺で示寂。世寿82歳とも86歳ともいう。『出三蔵記集』15，『高僧伝』3に伝がある。　（桑山 正進）

ほっけんでん【法顕伝】　東晋の法顕が399（五胡十六国後秦の弘始元）年に長安を出発し，中央アジア，インド，スリランカ，ジャワを経て，412（義熙8）年に現在の山東省青島付近に漂着するまで，13年の大旅行を法顕自身が叙述した旅行記。1巻。帰着の翌413年東晋の都建業に赴き，道場寺で414年までに著し，2年後に増補した。内容は法顕の体験を基に簡明な文体で，当時の仏教・土地・気候・風俗などを行程順に叙述。『大唐西域記』と異なり，全編を統一する記録方針もなく，分量も比較にならないが，法顕自身の目で直接観た当時の中央アジア・南アジア各地が虚飾なく描かれ，5世紀初頭の資料として第一級の価値をもつ。『法顕伝』は自身で付けた最初からの書名ではなく，『仏遊天竺記』『歴遊天竺記』（以上『出三蔵記集』），『法顕伝』（『水経注』『法経録』），『歴遊天竺伝』（『長房録』），『仏国記』（『隋書』経籍志）など，時と人によって異なった書名が与えられた。　（桑山 正進）

ぼっこつ【卜骨】　猪・鹿・羊・牛などの肩甲骨を焼いて火坼（加熱で生じる亀裂即ち兆）を得て吉凶を神に問う行為，及びその痕跡のある獣骨。西の黄河上流から東北の遼河上流の間，甘粛省蘭州市，山西・陝西・河南・河北・山東・遼寧の各省，内蒙古自治区南部の赤峰市付近等，分布は広範囲で，出土地は50か所を超える。年代は新石器時代龍山文化の前2000年頃から殷代二里岡文化の前1400年頃に及ぶ。火坼を生じ易くするために骨背にくぼみを刻む鑽は円形が多く，断面はすり鉢状・半球状・凹状を呈する。鑽に接続して刻むのを鑿というが，鑽・鑿を共に施した例は少ない。卜骨の起源は供犠で焼かれた獣骨の亀裂をみて聖職者が神意を判断したことに因るという。亀甲が利用されるのは新石器時代晩期からで，鄭州二里岡，殷墟において盛行し西周へと伝えられる。亀卜については『尚書』（『書経』）・『史記』・『周礼』等の文献にも記録が見える。因みに卜・兆の両字は火坼の象形文字である。　（石田 千秋）

ほっす【払子】　獣毛・綿・麻・樹皮などを束ね，柄をつけたインド起源の仏具。本来は虫を払う道具で，『摩訶僧祇律』などの律典に，華美な素材（金銀など）の使用を禁ずる規定がある。のち魔障を払うという象徴的意味が与えられ，菩薩像などの持物にもなった。中国では僧侶の威儀具として定着し，特に禅宗で盛行した。なお素材・用途とも近似する品に団扇形の「麈尾」があるが，こちらは仏教伝来以前の中国に起源し，房状を呈する払子とは区別される。　（稲本 泰生）

ほっそうしゅう【法相宗】　玄奘訳の『成唯識論』にもとづき，玄奘の高弟窺基により創立された宗派。唯識宗とも呼ばれる。『成唯識論』は，インド唯識の大成者，世親の手になる唯識学綱要書『唯識三十頌』に対する10の注釈書を，玄奘が窺基とともに，護法説を中心にまとめて一書として漢訳したものであると伝えられている。この訳出事情は，窺基自身が『成唯識論掌中枢要』に記するところであり，従来事実として信じられてきたのであるが，本書の内容そのものに対する文献学的検討によると，実は本書にかなり近いかたちの梵文原典があったのではないかと思わせるふしもあり，この点さらに検討を要する。

世親により大成された古典的インド唯識教学は，世界を我々自身の心の現れであるとみる一種の唯心論哲学であり，心の構造を分析する識論，迷いと覚りの世界の哲学的関係を明らかにする三性論，その哲学にもとづいた具体的な実践を論ずる修道論の3つの柱からなるが，法相教学では，このう

ち識論に特に重点が置かれている。我々の通常の意識活動の下で常に働き続けている潜在的自我意識としての末那識、さらにその根底で、我々の過去の経験のすべてを保持して、我々の認識する世界の根源となっている根本的無意識としての阿頼耶識をも視野に入れた法相宗の識論は、我々の心の構造を精密に分析する一種の深層心理学であり、近代的深層心理学よりもはるか以前にこのような無意識の構造を詳しく解明したことは、大きな貢献であったと言えよう。

しかしながら、一方で法相宗が、衆生がどのようなレベルの覚りに到達しうるかは先天的に定まっているとする、いわゆる「五姓各別」説を持っていたことは、中国仏教界で大きな物議をかもし、その精緻ではあるがやや煩瑣な分析的思考法があまり高く評価されなかったこととも相俟って、玄奘の個人的名声にもとづくその門流の一時的隆盛ののちは、法相宗が中国仏教界の主流を占めることはなかった。しかし、法相宗学の概念の多くが華厳教学のなかに組み込まれていることは周知の事実であるし、その他、初期北宗禅文献や密教文献にも、法相唯識系の概念が認められるなど、その後の仏教教学にかなり広範な影響を及ぼしていることは、注意すべきである。また、会昌の破仏(三武一宗の法難の一つ)以降も、唐代から北宋時代にかけて唯識家の著作は続いており、遼・金代まで法相教学は華北地方でかなり広く行われていたとの指摘もされている。従来はややもすると、日本に伝播した法相宗の系譜に連なる、いわゆる「三祖」(慈恩大師窺基・淄州大師慧沼・撲揚大師智周)のみが注目され、その後中国において法相宗はすべて消滅したかの如き印象が持たれていたようであるが、これが必ずしも事実でないことには注意しなければならない。

(山部 能宜)

ほてい【布袋】 唐末〜五代の僧契此の、何でも布の袋に入れて持ち歩いたことに因む異名。契此は『宋高僧伝』『景徳伝灯録』などに立伝。生没年不詳。明州奉化県(浙江省)の人。同地の嶽林寺に「全身(ミイラか)」があったという。遺偈に「弥勒は時に世に現れるが、誰も気づかない」といい、弥勒と同体視されて崇敬された。著しく肥満して開口大笑する姿で表現され、韋駄天と対で安置される像が多い。禅宗絵画の題材としても好まれた。

(稲本 泰生)

ほてんか【歩天歌】 星座を憶えるための詩。全天を初めて太微宮・紫微宮(のちの太微垣・紫微垣)・天市垣の三垣と二十八宿の領域に分け、それぞれの天域に属する星座の形や位置関係・星数を七言ずつに詠んだもの。最初に著録した『新唐書』芸文志は「王希明丹元子歩天歌一巻」と記す。鄭樵『通志』天文略は隋の隠者丹元子作・王希明注釈とするが、王応麟『玉海』は唐歩天歌として、鄭樵の説とともに丹元子を王希明の号とする南宋の晁公武の説を載せる。後世、特に宋代以降、中国の星座体系の基準となった。

(宮島 一彦)

ほふく【補服】 明・清代において、位階に応じた補子(文様を刺繍した角形布)を胸部等に付けた官吏の衣服。

1370(洪武3)年に制定された明の常服(日常朝廷で着用する公服)は、烏紗帽をかぶり丸領の衫に帯を締めるというものであったが、1391(洪武24)年に補子の制を定めてこの常服に付けさせ、位階をより明確にした。補子の文様は、文官の場合一品は仙鶴、二品は錦鶏、三品は孔雀、四品は雲雁、五品は白鵬、六品は鷺鷥、七品は鸂鶒、八品は黄鸝、九品は鵪鶉であり、武官の場合は、一品・二品が獅子、三品・四品が虎豹、五品が熊羆、六品・七品が彪、八品が犀牛、九品が海馬であった。

清では親王以下官吏達に補服の制度を定めたが、石青色(藍銅鉱による藍色)の丸領の袍や衫の胸と背中の中央に補子を付け位階を明示した。貝子以上の皇親は円形の、その他は方形の補子を付けた。その文様は基本的には明代のものを踏襲しているが、多少の改変がみられる。この補服は朝服に重ねて着用され、また冬季にはこの上に青狐や紫貂等の端罩(外衣)を着けた。

(増田 美子)

ほぼうし【補亡詩】 『詩経』311篇のうち、亡びて篇名しか伝わっていない6篇(「南陔」「白華」「華黍」「由庚」「崇丘」「由儀」)を補う意図で作られた詩6首。西晋の束晳(字は広微)の作。『文選』巻19に収められる。この6篇は今の「毛詩」に題名と毛序のみが残されており、束晳はこの毛序をそのまま引用している。束晳以外にも補亡の詩を作った詩人はいたようであるが、残されていない。『文選』は詩を分類するにあたってこの補亡詩を第一番目に置き、『詩経』の伝統を継ぐ意を表している。

(牧角 悦子)

ほよう【歩揺】 歩揺冠とも称する。歩揺には2種ある。
①男子の冠飾。金・銀を以て細い枝状のものを製作し、その上に金片をつけ冠の頂に付けたものである。多くは、武士が威厳を示すために付けたものと考えられている。これを示す実物資料として遼寧省の燕の男性墓からの出土を見ることができる。
②女性の垂飾のある髪飾り。釵を基礎として発展し

たものである。歩揺は，一般に釵を台にして，その上に花や珠などの垂飾を付けている。歩揺の名は，歩くとともにこの垂飾が揺れ動くところからきている。前漢の長沙馬王堆一号漢墓出土の帛画中の，墓主とされる婦人の頭部に見るのが歩揺である。他にも，陝西省の唐代の李重潤墓の石刻や，永泰公主墓の墓壁の線刻画などに見ることができる。また，後漢以後の歩揺に関しては『後漢書』輿服志などの文献の記載にも見ることができる。

(釣田 敏子)

ほりん【浦琳】 生没年不詳。清の乾隆年間(1736-95)の揚州評話の芸人。揚州(江蘇省)の人。字は天玉。生まれつき手に障害を持ち，貧しくして物乞いの生活を送るが，賭博でその生活から抜け出し，特定の師に入門することなく評話を学び，名人の域に達する。代表作の『清風閘』は市井の無頼の徒皮鳳山が次々と悪徳富豪を騙すもので，己の経歴に取材したものである。56歳で亡くなった。李斗の『揚州画舫録』にも記載がある。伝記に金兆燕の『鈚子伝』がある。

(笹倉 一広)

ホワンチュウ【黄酒】 糯米や黍などの穀物を原料とし，酒薬や麹(麦麹や紅麹)，漿水(浸米水)などによる糖化発酵を経て醸造される酒の総称。多くが黄褐色を呈するためこの名があるが，黄帝が創ったからという説もある通り，中国で最も長い歴史を持つ酒類で，古いものが喜ばれることから老酒(ラオチュウ)とも呼ばれる。アルコール分は12〜20％。酒薬に含まれる草薬から生まれる独特の風味，麹から生まれる芳醇な味と香りを持ち，紹興酒，福建の紅麹酒，山東の即墨老酒などがその代表。 (佐治 俊彦)

ほん【錛】 片刃斧(手斧 adze)の呼称。主に木材の表面加工に用いられる工具で，石製・青銅製・鉄製のものがある。石製品は紀元前6000年前後から各地で製作が開始される。新石器時代晩期には東南沿海地域を中心に器種が分化し，盛行する。二里頭文化期になると青銅製品が出現し始める。殷代以降は斧の基部が方形のソケット(銎)になるもの(釿)が一般的になる。鉄製品が普及するのは戦国時代以降である。

(中村 慎一)

ぼんおうきゅう【梵王宮】 清代の伝統演劇の演目名。別名『洛陽橋』。作者不詳。主に豫劇・秦腔・蒲劇等の梆子腔系統で上演される。現在の豫劇では，28場を9場に削り恋愛を軸に改編している。清末民国初期の京劇では，含嫣を劉杭燕に変え，男女の一夜の契りを主にした3場ものの改編がある。1960年梅蘭芳劇団による改編『葉含嫣』(メイランファン)もある。

元末，弓の名手花雲は梵王宮へ禅師の誕生祝いの宴に行った際，雁を射落とす。宮詣でのために居合わせた含嫣はその姿に心奪われ恋の病にかかる。一方，含嫣の兄で軍司の耶律寿は，桑園で見かけた徐艶に邪心を起こし側室にと企て，徐艶の夫韓梅に金を貸して証文を偽造し，莫大な負債を負わせて徐艶を借金のかたにする。徐艶は剛毅な花雲の母花婆に助けを求める。花婆は薬売りを装い耶律寿の家に潜り込み，含嫣に会って一計を案ずる。花雲は女装して徐艶の身代わりとなって屋敷にはいり，含嫣と会うや心を通わせる。その後耶律寿を捕えて引っ立て罪に問う。更に花雲が含嫣を迎えて梵王宮で婚礼をあげる結末もある。特に含嫣が恋いこがれる花雲の訪れに心躍らせ，掛け軸を掛けて部屋を飾る『挂画』の一場は単独上演され，蒲劇では旦役による椅子の桟上での演技，豫劇では扇さばき等妙技の見せ場がある。

(有澤 晶子)

ぼんかんたいおん【梵漢対音】 梵語(サンスクリットなどのインド語)を漢字で音写した各種資料を一般に梵漢対音資料と称する。三国から唐宋期に至る各時代に，梵語から漢語に訳された仏教文献中には，数多くの音訳語が存在する。その対音(transcription)は音韻史の重要な資料として，近代以来注目を集めてきた。初期の成果としては汪栄宝の「歌戈魚虞模古読考」が名高く，マスペロの『唐代長安方言考』にも重要な資料として用いられた。しかしインド側の言語は必ずしも正規の梵語に限らず，特に玄奘の新訳以前の底本は西北の俗語であった可能性が高く，その音韻特性も考慮するなど扱いに注意が必要である。

(高田 時雄)

ほんじ【本字】 漢字の字体の一つ。一つの漢字に数種類の異体字がある場合に，伝統的な文化の中で最も正統的な書き方と認められてきた字形。『説文解字』に見える成り立ちに準拠した字形であることが多い。また「古今字」の関係にある漢字の時には，字画が増加する前のもとの古字を本字と呼ぶこともある(然は燃の本字，何は荷の本字，の類)。なお日本独自の用法として，仮名に対して漢字を「本字」と呼ぶ。

(阿辻 哲次)

ぼんじ【梵字】 梵語，すなわち古代インドの文章語であるサンスクリットを表記するための文字の総称。インド系の文字は紀元前4・3世紀のマウリヤ朝期から紀元5世紀のグプタ朝期に至るまでインドで用いられていたブラーフミー文字を起源とし，その後北インドで広く用いられたシッダマートリカー文字が南北朝時代から中国に伝わり，隋代以

降，この文字で書かれた梵語の研究を「悉曇」と呼ぶようになった。唐代以降は密教の伝来とともに中国密教僧の必修科目として多数の著作が著され，その一部は平安時代から日本にも伝えられた。五十音図の成立も悉曇の音韻組織の研究の影響から生まれたとされる。表音文字の一種である音節文字で，35種類の子音字は原則として母音 a を伴う。なおサンスクリット語を表記する文字は，10世紀以降に字体が整えられたデーヴァナーガリーが使われており，現代のヒンディー語，ネパール語などを表記するナーガリー文字はこれを基に工夫されたもの。

(池田 巧)

ほんじし【本事詞】 清代に編纂された詞話。2巻。詞学者葉申薌の編。唐の孟棨の『本事詩』に倣い，唐～元の詞の制作の背景や逸話を収録したもの。とくに詞人と歌妓との交遊に関する記事が多い。上巻は唐・五代・北宋の記事，下巻は南宋・遼・金・元の記事，計204則から成る。おおむね宋・元以来の詞話や随筆類から節録したもので，出所も明示されていない。しかし編者自身の注記には往々見るべきものがある。天籟軒刊本に基づく詞話叢編本などがある。 (宇野 直人)

ほんじし【本事詩】 唐代，詩にまつわる逸話(本事)を記したもの。1巻。孟棨(一説に孟啓)編。886(光啓2)年の自序がある。孟棨，字は初中。科挙に合格するまで30余年を費やしたとされ，自序には前の尚書司勲郎中と称している。本書には情感・事感・高逸・怨憤・徴異・徴咎・嘲戯の7類が立てられている。41篇が伝わっているが，原書の姿を伝えているかどうかは不明。六朝時代のことを記す2篇以外は唐代の話で，*李白・*白居易・*劉禹錫・*杜牧などの詩人にちなむ話の他，「人面桃花」の語が伝わる恋物語のように伝奇性に富む話もある。いくつかの故事は現存書中，この書の伝えるところが最も古く，またこの書によって伝えられた詩もある。ただし本事の中には付会に過ぎないものもある。五代以降，本書のスタイルに倣ったものが現れ，また「人面桃花」の話は日本の『伊勢物語』にも影響を与えた。『津逮秘書』『顧氏文房小説』『古今逸史』『歴代詩話続編』等所収。 (成田 静香)

ほんじょうず【本生図】 ジャータカとよばれる本生譚を図像化したもの。ジャータカとは釈迦の前世の功徳がさまざまな立場で描かれる，仏教特有の輪廻転生と業を主題とした説話で，人や動物など様々に生まれ変わりながらも常人を超越した自己犠牲的な善行を敢えて成し遂げるというストーリーである。大衆にも親しまれる内容で，教訓的な物語として広く伝わった。その成立は紀元前3世紀頃とされ，パーリ語経典には500余りの物語があるとされる。また漢訳経典では*康僧会訳『六度集経』，慧覚等訳『賢愚経』などに収録される。その種類は，鷹に追われた鳩を救うために自らの股の肉を切って鷹に与えたという尸毘王本生(敦煌莫高窟第254窟北壁中央壁画，北朝北魏)，玉虫厨子(奈良，法隆寺蔵)台座絵の捨身飼虎図で知られる摩訶薩埵本生(同第254窟南壁中央壁画，北魏)，同じく玉虫厨子台座絵の施身聞偈図で知られる婆羅門本生(同第285窟南壁中層西端壁画，北朝西魏)，他に快目王本生・毘楞竭梨王本生・月光王本生(同第275窟北壁中層東端壁画，五胡十六図北涼)・九色鹿本生(同第257窟西壁壁画，北魏)・シュヤーマ(睒子)本生・須大拏本生・須闍提本生・善事太子本生・流水長者子本生などがある。 (勝木 言一郎)

ほんぞう【本草】 中国あるいは日本などにおける伝統薬物学。もしくは和漢薬そのものや，それを記した書物を指すこともある。広くは天然物学・物産学・博物学も意味する。本草という語は『漢書』郊祀志・平帝紀が初出で，薬物に草木由来のものが多いからという。紀元頃の成立とされる『神農本草経』では薬物が薬効別の上品・中品・下品の3種に格付けされて収載されている。これを本草の三品分類といい，①上品薬は養命薬(精神・肉体をともに養う)で，無毒で副作用がなく，長期服用・大量摂取してもよい。身体が軽快になり，元気を増し，老化防止・長寿作用がある，②中品薬は養性薬(体力増進の滋養強壮薬)で，無毒・有毒のものがあるので要注意。病気を予防し，虚弱な身体を強くする，③下品薬は治病薬(病気の治療薬)で，有毒であるから長期服用してはならない。邪気を駆除し，胸腹の病巣(しこり)を破壊する，と規定されている。このように『神農本草経』では保健ないしは疾病予防的な薬物が上ランクに，治病薬が下ランクに置かれる。現代西洋医学でいう薬は下品の治病薬に相当するであろうが，『神農本草経』でいう望ましい薬は，より積極的な健康増進作用をもつ物質を指す。極論すれば，薬とは人間に何らかの作用を及ぼすあらゆる物質をいう。必然的に本草学は博物を対象とし，博物学そのものへ発展していくことになった。また，個々の薬物には気味というものが設定されている。薬物の気とは寒熱温涼の四気(温・微温・平・微寒・寒の5つに分類する場合もある)で，人体に対して温める作用があるか(薬物自体の性質が温・熱か)，冷やす作用があるか(薬物自体の性質が寒・涼か)を示すもの。味とは酸苦甘辛鹹の五味で，五行に配当され，五臓五腑と特異的親和性をもつとされる。さらに，中国伝統本草の特徴の一つに薬物

の配合を重視することがあげられる。薬物には三品分類の考えに従って，君・臣・佐使の別（役目）があり，処方を構成するにあたっては，配合の割合に一定の規律があるという。さらに2つの薬物を組み合わせると薬効が変化するという七情（単行・相須・相使・相反・相悪・相殺・相畏）と称する配合原則もある（相反・相悪は禁忌）。この考えによって中国伝統医学では単味（1種類）の薬物は一素材であり，実際の治療は複数の薬材を配合して行う処方学が発達した。素材の薬物には薬効を調整するための加工が施されることもあり，これを修治あるいは炮炙などという。処方においては，薬効・用途により，丸・散・湯・酒漬・膏煎といった剤型の工夫もなされた。『神農本草経』に続いて，後漢末には別に365種の薬物を新収した『名医別録』なる本草書が作られ，以後，南朝梁代には『本草経集注』，唐代には『新修本草』（659年），北宋代には『開宝新詳定本草』（973年），『開宝重定本草』（974年），『嘉祐本草』（1061年），『証類本草』（11世紀末），明代には『本草品彙精要』（1505年），『本草綱目』（1590年）などの本草書が編纂された。これら一連の本草書の編纂過程では，それ以前の本草書の文章には原則として手を加えることなく，新注はその後に追加するという方針がとられた。旧注に誤りがあれば，新注でそれを指摘し訂正するという形式になっている（『本草綱目』は例外）。したがって後代の本草書には前代の本草書の記載がほぼ温存されており，すでに失われた『嘉祐本草』以前の本草書の内容は『証類本草』などによって推知することができる。

（小曽戸 洋）

ほんぞうきょうしっちゅう【本草経集注】

南朝宋末・梁初の本草書（薬物学書）。『神農本草経集注』とも。全7巻。500年頃の成立。陶弘景の撰。陶弘景は当時存在した4巻本の『神農本草経』に基づき，『桐君採薬録』『雷公薬対』『呉普本草』『李当之本草』を参酌し，『神農本草経』収載薬物365種，『名医別録』収載薬物365種，計730種を選定して新たに『神農本草経』3巻を校訂。『神農本草経』の文は朱書し，後漢末の『名医別録』の文は墨書して区別した（朱墨雑書）という。『本草経集注』はこれに自注を双行細字で加えたもので，完本は伝存しないが，巻1は序録，巻2は玉石三品，巻3は草木上品，巻4は草木中品，巻5は草木下品，巻6は虫獣三品，巻7は果菜米食三品および有名未用品を収載していたと推定される。本書は私撰本草書ではあるが，中国正統本草における基幹本として歴代校訂本草書に引き継がれた。日本幕末の考証学者らによって復元本が作られている。また敦煌蔵経洞より発見された巻1序録が龍谷大学図書館に伝存。別に吐魯番（トルファン）出土のわずかな断片も知られる。

（小曽戸 洋）

ほんぞうこうもく【本草綱目】

明の本草書（薬物学書）。全52巻。李時珍の編著。1578（万暦6）年に成った。以後改訂が続けられ，没後の1596（万暦24）年頃初版。従来の文献を博引し，実地調査を加えて著された大作。巻1～2は諸家の本草序例を収録。巻3～4には病候とそれに用いる薬物を解説。巻5～52には各論として1892種の薬物（天然物）を水・火・土・金石・草・穀・菜・果・木・服・器・虫・鱗・介・禽・獣・人の各部に分類して収載。各薬物には釈名・集解・正誤・修治・気味・主治・発明・附方などの項目を立てて記述してある。附方（処方）は1万を超える。初版本はその出版地から金陵本と称され，日本へもすみやかに舶載された。以後，中国でも日本でも大いに流布し，また両国で翻刻を重ね，本草書といえばこの書を指すほど世に知られた。広範な内容をもつ博物学書であるが，一方では旧来の本草書の文章を思うがままに割裂し改竄した点は批判される。また後の版本では付図が改変されているものも多く，注意を要する。初版の金陵本は現在，日本・中国でいくつか影印本が出版されている（図のみに関しては『本草綱目附図』〔春陽堂書店，1979年〕がある）。

（小曽戸 洋）

ほんたい・くふう【本体・工夫】

本体は本質，本来のあり方。工夫（功夫とも表記）は実践・努力・修行。工夫は朱子学関係の文献にも頻出するが，本体と工夫が対概念として重視されるのは陽明学以降である。その場合，本体は人間の心の本来のあり方を，工夫はその本来のあり方を実現ないしは回復する営為を，それぞれ意味する。陽明学では本体は良知を，工夫は致良知を指す。「良知はこれ本体，……致知はこれ工夫」（『龍渓王先生全集』巻4「留都会紀」第1条）。この両句が特に重視されるのは，主に以下の問題圏においてである。①聖人（本来のあり方を具現している存在）と学者（後天的努力により本来のあり方を回復すべき存在）とが，両句を用いて対照される。「本体に即して以て工夫と為すは，聖人の学なり。……工夫を用いて以てその本体に復るは，賢人の学なり」（同書，巻8「大学首章解義」）。②一個の人間を，その本来態（工夫に待つまでもない全きあり方）と現実態（本体を回復すべく工夫を必要とするあり方）との二つの位相において重層的に把握する。「工夫を論ずれば，聖人もまた須（すべか）らく困勉すべし。……本体を論ずれば，衆人もまたこれ生知安行なり」（同書，巻3「水西精舎会語」第12条）。③本体と工夫のどちらに重きを置くかが，ある人物の思想傾向を云々する際の一指標と

される。「汝中(王畿)は須く徳洪の功夫を用うべし, 徳洪は須く汝中の本体に透るべし」とは, 王畿は本体に傾き銭徳洪は工夫に傾く, という王陽明による論評であった(『王文成公全書』巻34「年譜」嘉靖6年9月条)。なお朱子学者サイドからはしばしば, 陽明学は工夫を軽視するとの批判が為された。「本体を語れば只これ性善の二字, 工夫を語れば只これ小心の二字」(『小心斎劄記』巻18, 第17条)と自らの信条を述べる顧憲成に, 次の語がある。「近儒を見るに, 功夫を説く処においては, 往往にして薄んじて屑くせず, 本体を説く処においては則ち, 津津として喜ぶべし」(『涇皋蔵稿』巻4「答友人」)。　　　　　　　　　　　　　　(中 純夫)

ホンタイジ　→太宗(清)

ほんちょうもんずい【本朝文粋】　平安時代の漢詩文集。14巻。藤原明衡編。嵯峨天皇から後一条天皇までの約200年間の, 漢詩文作品432編を収める。大江朝綱・大江匡衡・菅原文時・菅原道真・紀長谷雄等, 翰林の学者文人の作品が多いが, 兼明親王19首, 村上天皇御製2首, また外国人である東丹国入朝使の作なども見られる。賦・雑詩・詔・勅書・勅答・位記・勅符・官符・意見封事・対冊・論奏・表・奏状・書状・書序・詩序・和歌序・詞・行・文・讃・論・銘・記・伝・牒・祝文・起請文・奉行文・禁制文・怠状・落書・祭文・呪願文・表白文・発願文・知識文・廻文・願文・諷誦文の部門を立てて編纂する。表・奏状・序に特に作品が多い。その体裁はおおむね『文選』に倣うが, 『文選』にない部門も多く, 『男女婚姻賦』や『鉄槌伝』などの猥褻な戯文を載せるところにも特徴がある。藤原明衡が文章博士や東宮学士の地位を得た康平年間(1058-65)の編纂と推定されている。『新日本古典文学大系』27所収。
　　　　　　　　　　　　　　(大谷 雅夫)

ほんちょうれいそう【本朝麗藻】　一条天皇代の詩および詩序を集めたもの。2巻。1010(寛弘7)年頃に成立か。高階積善編。上巻は首尾を欠くが, 四季の序に従って宴席の詩を, 下巻は雑題で山水・仏事・神祇・山荘・閑居・帝徳・法令・書籍・賢人・讃徳・詩・酒・贈答・餞送・懐旧・述懐の部門別に, 合計151首の詩を配列する。作者は一条天皇・具平親王・藤原道長・藤原公任・藤原為時・大江以言・大江匡衡ら, 寛弘期の文人29人。ほとんどが七言詩で, その多くは律詩である。注釈に『本朝麗藻簡注』(川口久雄他), 『本朝麗藻全注釈』(今浜通隆)がある。　　　　　　　　(大谷 雅夫)

ぼんばい【梵唄】　短偈(仏理を宣伝する短句の韻文。ふつうは4句を1偈とし, 1句は4字, 5字, 6字, 7字などがある)の形式で仏・菩薩の功徳をたたえる頌歌。賛唄ともいう。唄は賛嘆を意味するサンスクリット Pāthaka の略。インドにはじまり, 仏在世中, 妙声尊者なるものが唄にたくみで, 唄比丘とよばれたという。中国でも三国魏の曹植が魚山に登り, 誦経の声を聞いて, 「梵唱」いわゆる「魚山梵」を創始したという伝説が『異苑』にみえる。主に講経儀式・六時行道・道場懺法に用いられ, 三啓式という。隋唐以前には「如来唄」「云何唄」などが流行した。　　　　　　(深澤 一幸)

ホンパン【紅幇】　青幇とともに近代中国において大きな影響力を持っていた代表的な秘密結社の一つ。とくに華中南など, 中国南方において勢力を伸ばしていた。起源には諸説あるが, 清代中期に四川で成立したと見られる哥老会, 福建で成立したと見られる天地会(三合会)などの相互扶助的秘密結社が次第に発展したものであろう。清朝末期の動乱では華中南の地方社会から多くの兵士を募集することになったが, こうした兵士たちを吸収しながら新たに成立したのが紅幇である。　　　(山田 賢)

ぼんもうきょう【梵網経】　大乗仏教経典。詳しくは『梵網経盧舎那仏説菩薩心地戒品第十』。『大正蔵(大正新脩大蔵経)』24所収。鳩摩羅什訳として伝わるが, 疑経(中国で作成された経典, 偽経ともいう)と推定されている。5世紀に成立。ただし成立地や経名の由来など, 不明な点も多い。現存本は2巻より成る。上巻は, 菩薩の修行階位として, 十発趣心・十長養心・十金剛心・十地の四十位を説く。下巻は, 根本の十戒(十重戒, 十波羅夷とも)と比較的軽い四十八戒(四十八軽戒)から成る, 本経独自の菩薩戒を説く。菩薩戒とは, インドの瑜伽行派の間に発生した, 大乗仏教における理想の人間像としての菩薩が守るべき戒律である。本経は, 疑経『仁王般若波羅蜜経』(『大正蔵』8)の影響下に作成され, 疑経『菩薩瓔珞本業経』(同24)の成立に影響を与えた。5世紀末〜6世紀初頭頃より戒律実践の基盤として盛んに用いられ, 梵網菩薩戒はその後も中国・日本の仏教史を通じて重視された。注釈に, 南朝梁の慧皎撰『梵網経疏』(佚), 隋の天台大師智顗説『菩薩戒義疏』, 唐の法蔵『梵網経菩薩戒本疏』等がある。　　(船山 徹)

ほんやくみょうぎしゅう【翻訳名義集】　仏教で用いられる音訳語彙約2000条を収録した分類体の字書。もと7巻本であったが, 14巻, 20巻に分かつ本もある。南宋の平江(蘇州)にあった景徳

寺の僧法雲(普潤大師)の編。1143(紹興13)年の自序がある。日本ではかなりよく用いられた書物で，江戸時代を通じて幾度か版行され，明治以降にも数種の版がある。仏陀や菩薩の名号・十大弟子・(天龍)八部・四魔から，帝王・皇后・衆山・諸水など64篇に分かち，各語の漢訳を掲げつつ，典拠を引いて意味を解説し，さらに異訳を出す。引証される経論と典籍は広範囲に及ぶが，略称を用いることが多く，必ずしも正確に出処を辿れるわけではない。同じ性質の著作としてより網羅的なものに，日本江戸時代の慧晃(1656〜1737)の編になる『梵橘易土集(けつやくどしゅう)』があり，明治末期に『梵語字典』の名称で印行された。チベットで作られた梵蔵対訳仏教語彙集《Mahāvyutpatti》を『翻訳名義大集』と称することがあるが，本書とは関係がない。

(高田 時雄)

ほんらいめんもく【本来面目】 本来の自己。衆生(しゅじょう)が本源的に具えている真実の姿。中国禅宗では，衆生の本性は本源的に清浄であり，本来そのまま仏であるとする。 (高堂 晃壽)

ぼんりゅう【梵隆】 生没年不詳。南宋時代はじめの僧侶画家。湖州(浙江省)の出身，鎮江府延慶寺，湖州菁山無住精舎(せいざん むじゅうしょうじゃ)などに住した。字は茂宗，梵隆は号，無住道人は別号。高宗(在位1127〜62)の知遇をえて，首都臨安(りんあん)(杭州)の万松嶺金地山に庵居を賜った。画は幅広い題材を描いたが，*李公麟(りこうりん)を学んだ白描画がもっとも有名である。現存遺品としては，落款のある『羅漢図巻』(ワシントン，フリア美術館蔵)がある。 (海老根 聰郎)

ま

ま【魔】 死あるいは殺を意味するサンスクリット語の Māra に相当する音写の略形。魔羅ともいう。仏教の Māra は，Yama(夜摩，死の神)の思想に由来し，悟りを求めて修行を行う人を妨害してその寿命を奪い死に導く，いわゆる死魔の性格を持つ。欲界六天説では，第六天(他化自在天)に正法を破壊する天子魔が住むとされ，釈尊が天子魔(天魔波旬)の誘惑を斥けて成道したという話はよく知られている。また，仏教では天子魔のように外在するものだけではなく，人の心身にも内在しているとして，煩悩魔・五陰魔など内なる魔に目が向けられ，内在する魔の誘惑と妨害を克服することに努めなければならないと説かれた。

中国にはもともと魔という字はなく，仏典の Māra の音写字として，はじめは磨あるいは摩の字が用いられていたが，南朝梁の*武帝の頃から，新たに作られた魔という字が一般的に用いられるようになった。Māra の意味を表す漢字として，麻と鬼の合成字である魔という字が作られたのは，Māra の根本的な性格である，修道者を妨害し寿命を奪うという点が，中国固有の鬼の観念に似ていたからである。仏教受容の進展に伴い，東晋中期頃から道教経典にも魔の観念が取り入れられ，魔を消滅させて得道(得仙)に至るための方法・理論を説いた経典が作られるようになる。たとえば，六朝末頃に成立した『智慧消魔真経』には，薬や符を用いて魔を消滅させる方法とともに，守一と呼ばれる精神集中によって顕現してくる智慧の力で内なる魔を消滅させることが説かれており，仏教の内在する魔の観念が受容されている。また，『*神呪経』や『*度人経』などの道経に見える魔王は，悪事も行うが最終的には悪の管理者として天の最高神による秩序形成に寄与するという善悪二面性を持っており，中国固有の宇宙観の中での魔(魔王)の位置づけを示すものとして注目される。　　　　　　　　　　　　　　(神塚 淑子)

マージャン【麻将】 麻雀。明代の末，金額を図案とする賭博用の紙牌が誕生し，大流行した。今日の麻雀牌にも使われている萬子・索子(貫，銅銭千枚を繋ぎ合わせたもの)・餅子(バラ銭)などを図案とするこの紙牌を使い，明代から清代にかけて馬吊，麻雀紙牌などの遊戯が考案された。これらを集大成し，技と運とのバランスを図り，紙牌を骨牌にかえて今日の麻雀を完成させたのが19世紀の寧波出身の官僚陳魚門といわれる。日本では大正時代に菊池寛ら文化人の愛好家を得て広く流行した。
　　　　　　　　　　　　　　　　　　(鈴木 靖)

まおうたいいしょ【馬王堆医書】 湖南省長沙市の馬王堆三号漢墓(前2世紀)から出土した医学書類の総称。次の14種がある。①『足臂十一脈灸経』，②『陰陽十一脈灸経』，③『脈法』，④『陰陽脈死候』，⑤『五十二病方』，⑥『養生方』，⑦『雑療方』，⑧『胎産書』，⑨『却穀食気』，⑩『導引図』，⑪『十問』，⑫『天下至道談』，⑬『合陰陽方』，⑭『雑禁方』。いずれも原書名はなく，これらは現代中国人学者による命名。①②には十一経脈の流注とその病変，灸治法が記され，『素問』『霊枢』の一部に通じる文章がある。③④は脈法と診断法。⑤は1万字近くあり，52種の病気に対し，薬物療法を中心とした270余種の医方を収載。⑥は養生，⑦は補益・小児・毒虫，⑧は産科，⑨は呼吸保健法に関するもの。⑩は40数種の体操図。以上は絹に書かれた*帛書・*帛画。⑪以下は竹簡(一部に木簡)で，主として房中術(性技による養生術)が記されている。これら馬王堆医書は戦国末期の医学を伝え，古代中国医学史の空白を埋める第一級史料。　　　　　　　　　　　　　　(小曽戸 洋)

まおうたいかんぼ【馬王堆漢墓】 湖南省長沙市東郊で発見された，前漢前期の列侯利蒼とその家族を埋葬した3基の墓の総称。1972年に1号墓，1973年に2号墓と3号墓が発掘された。墓室内部はいずれも未盗掘であったが，棺槨の保存状況によって，発掘結果に相違が見られた。

1号墓は，最も保存の良好な墓で，1000点あまりの副葬品の発見があり，中でも刺繍・彩色の手法によって鮮やかな文様を表現した*帛画などの遺物は，類例の少ないものであったため，発見当時，大きな注目を集めた。文字資料としては，「軑侯家」などの文字が漆器に，また「軑侯家丞」や「右尉」の文字内容をもつ*封泥なども見られ，このほかに「妾辛追」と刻まれた印章や，副葬品の内容を記した*遣策の竹簡が数多く出土した。副葬品の内容から

墓の年代は前漢前期の文帝・景帝期(前180-前141)と推測され、漆棺内からは50歳くらいの女性の遺体が湿屍として発見された。墓の規格規模などの条件を重ねあわせると、文帝・景帝期の「軑侯」の妻の墓と推測される。

次いで発掘された2号墓は、棺槨の保存状況が悪く、出土遺物の数も、大量に出土した貨幣明器などを除けば、100点あまりにとどまった。しかし当該墓からは「長沙丞相」「軑侯之印」「利蒼」などの印章が出土し、墓の規格規模などの条件と重ねあわせ、『史記』恵景間侯者年表が前193(恵帝2)年に初代の軑侯に封ぜられたと記す「利蒼」の墓であることが明らかとなった。第2代軑侯の元年が前185(呂后3)年であることから、「利蒼」の没年は前186(呂后2)年と推測される。

3号墓は、棺槨の保存状況が良好で、1600点あまりの副葬品が出土した。文字資料としては、木牘と大量の竹簡からなる遣策・医書に加え、「軑侯家」などの文字が漆器に、また「軑侯家丞」や「利□」の文字内容をもつ封泥などが見られたほか、各種の*帛書(帛図を含む)が発見された。今日、広く「馬王堆帛書」として知られるのは、これらの帛書である。帛書の中には、『周易』『老子』『春秋事語』『戦国縦横家書』など、伝存する古典文献と対照可能なもの以外に、『*五星占』などの術数書、さらには『地形図』『駐軍図』などと呼ばれる絵図類が含まれていた。個々の帛書のテキストの年代などをめぐっては論争があるが、遣策の冒頭部分と推測されている木牘には紀年が見られ、暦との対照によって、前168(文帝12)年の埋葬を示すと解釈される。残っていた人骨により、被葬者は30代の男性と推測されるが、文献では第2代軑侯の「利豨(りき)」の没年は前165(文帝15)年とされており、一致しない。

報告書として、湖南省博物館ほか編『長沙馬王堆一号漢墓』(1973年)、および同『長沙馬王堆二、三号漢墓』第1巻(2004年)が刊行されており、上記3基の墓の構成が家族墓として総合的な見地から検討され、2号墓が軑侯利蒼(前186年没)、3号墓が利豨以外の利蒼の男子(前168年葬)、1号墓が利蒼の妻「辛追」(前168年の数年後没)の墓と結論付けられている。しかし近年では、3号墓出土の封泥「利□」の文字内容を「利豨」と新たに釈読し、被葬者を第2代軑侯利豨と解釈し直す説が有力になりつつあり、また侯国軑の推定地についても議論が続く。「長沙丞相」印の出土から軑侯利蒼が生前に長沙国丞相の職についていたことは明らかであり、漢初以来の異姓諸侯王国の一つである長沙国で高い地位を占めた列侯家として、利氏一族の性質を歴史学的に見直す必要がある。　　　　　　　(吉開 将人)

まおうたいはくしょ【馬王堆帛書】　湖南省長沙市東郊の馬王堆漢墓3号墓から、1973年12月に出土した*帛書(絹に書かれた文献)の総称。48cmと23〜24cmの2種類の幅の帛(絹)に、隷書もしくは篆書で書かれ、字数は全部で12万字以上。歴史・思想・軍事・天文・医学など多岐にわたる文献や地図類で、極めて学術的価値の高いものである。特に、今日では既に失われた佚書を含み、また現存の文献の文字の異同や篇の配列といった校訂にも有用である。例えば『老子』甲・乙本や『周易』(『*易経』)は、今本とは文字の異同ばかりでなく篇や卦の配列順序も異なり、さらに現在伝わっていない篇も含まれている。歴史関係では、特に『戦国縦横家書』『春秋事語』と名付けられた2つの文献は、それぞれ『戦国策』や『左伝』と内容が共通する部分があって、これらとの関係が注目されるだけでなく、現存の文献にない部分は春秋・戦国史研究の新たな史料としても注目される。馬王堆3号墓の埋葬年代は前漢の前168(文帝12)年であることから、こより出土の馬王堆帛書は戦国・前漢初の歴史や思想・科学などの極めて貴重な資料であり、『漢書』芸文志に記載のある佚書との比定という問題も含めて、一層の研究の進展が期待される。(齋藤 道子)

マオタイしゅ【茅台酒】　貴州省仁懐市茅台鎮産の白酒。高粱(*パイチュウ/コーリャン)を原料とし、小麦麹を配合して糖化発酵させるが、茅台酒の特徴はこの糖化発酵、蒸留、原料添加、再発酵のプロセスを7、8回繰り返すところにある。これを「回沙発酵」と言う。毎回得られる酒を別々に貯え、それらをブレンドし、厳格な審査に合格した酒は陶製の壺に封装され3年の熟成を経て出荷される。無色透明、アルコール分は53〜55％、味は濃厚、国賓の宴席に「国酒」として不可欠の、中国を代表する白酒である。18〜19世紀に塩商人によって汾酒の製法が伝えられて生まれたという。　　　　(佐治 俊彦)

まがい【摩崖】　石刻文のジャンルの一つ。摩厓とも書く。天然の崖壁や巨石に、碑文・経文・詩文・題名・仏典・仏像を刻したもので、書道の研究資料としての重要なジャンルを占めている。漢代においてはたいへん多く、『襃斜道刻石』や『析里橋郙閣頌』『*石門頌』などが代表的な摩崖である。多くは長篇の銘頌であり、内容は漢碑とほとんど変わらない。漢代以後、摩崖は石刻形式の一つとして常用されるに至った。南北朝では漢中の『石門銘』、山東省にある『天柱山摩崖』『雲峰山摩崖』『太基山摩崖』の鄭道昭の諸作。北朝北斉から北周にかけての『泰山金剛経』などの刻経。唐では玄宗皇帝の『紀泰山銘』など各地の名山の崖壁に刻された。摩

崖は懸崖にあるため人為による破壊は少なく，風雨の侵蝕によって損壊されたものが多い。書風は天然古秀。独特の趣がある。　　　　　　　（大橋 修一）

まかしかん【摩訶止観】　仏教書。20巻。南朝末〜隋の天台智顗が講述，弟子灌頂が書き取り，纏められたもの。仏教が教える宗教的真理は，たんに思弁に従うだけでは把握されず，宗教的実践＝「行」を修することではじめて十全に得知される，との考えにもとづいて説かれた大著である。本書の主題は円頓止観の教示にある。この構想は，要約すれば，現象世界の真のありよう＝「諸法の実相」の探究が究極の課題であり，その実現には，「観心」（心の観察）という方法的態度に従うべきこと，そして観心は「諸法の実相」を空であり仮であり中であるといった「円融三諦」として捉え出す「一心三観」の修習という形態をとるべきことを教えるものであるが，本書は自らが到達した宗教的実践に関するそのような最終の結論を教示すべく説かれた著述である。学解と実践との両領域の総合の上に形成される智顗の教学思想が整然と説き示された天台の最重要典籍である。　　　　　　　　（新田 雅章）

まかとうろく【摩訶兜勒】　漢代に伝来した西域楽曲の名。前漢の武帝の時，西域に使節として赴いた張騫が「横吹」笛とともに長安に持ち帰ったと伝えられ，中原に最初に伝来した西域楽とされる。宮廷音楽家・協律都尉の李延年が，この曲をもとに28の曲調から成る武楽『新声二十八解』を作曲し，これは漢魏の鼓吹楽中の横吹曲の重要な曲目となった。一説に，「摩訶兜勒」は梵語で，摩訶は「偉大なる」の意，兜勒は現在の中央アジアにあった，インドを崇奉する国の名で，したがって楽曲はインド系の曲調であったという。（古新居 百合子）

まこ【麻姑】　伝説上の女仙の名。『神仙伝』王遠伝・麻姑伝には，仙人の王遠から尸解の方法を教わって仙去した呉の蔡経の家に，7月7日，王遠が降臨し，蓬萊山から麻姑を呼び出し，麻姑や蔡経の家族とともに酒宴を楽しんだという話を載せる。この時に麻姑が王遠に語った「東海三たび桑田と為る」という言葉は「滄桑の変」という語の由来。また，いわゆる孫の手は麻姑の手が鳥の爪のようであったことに由来する（「麻姑の手」の転訛）といわれる。顔真卿に「麻姑仙壇記」の文がある。
　　　　　　　　　　　　　　　　（神塚 淑子）

まごうら【魔合羅】　元の雑劇。孟漢卿の作。李徳昌は旅の帰りに急病になる。妻劉玉娘への伝言を頼まれた行商人高山は，玉娘に横恋慕する徳昌の従弟李文道に伝えてしまい，文道は徳昌を毒殺，言いなりにならない玉娘を犯人として訴える。疑問を抱いた役人張鼎は，魔合羅（人形）を手がかりに高山を発見，文道とその父を罠に掛けて自白させる。張鼎は実在の能吏で，『勘頭巾』という雑劇でも活躍する。物語は波乱を含みつつ合理的，曲（うた）は口語を多用して生気に富む。
　　　　　　　　　　　　　　　　（小松 謙）

まさぼん【麻沙本】　福建の建陽県麻沙鎮を中心に活動した，営利目的の書肆によって刊行された典籍。麻沙鎮は印刷に不可欠な木や紙が豊富に産する地で，宋代より出版活動が盛んであった。板木に使用される材が柔らかなものが多いため，版面が摩滅しやすく，印字が不鮮明なものも多いことや，校正が行き届かず誤刻が多いとされ，書品が低いと評される。閩本の代表的な存在で，余象斗をはじめとする余氏一族や，熊大木等の熊氏一族の出版がよく知られる。　　　　　　　　　（梶浦 晋）

マスペロ　Henri Maspero　1883〜1945。フランスの有能な言語学・歴史学者。パリ生まれ。エジプト学者，ガストン・マスペロの息子。1902年，文学の学士号を得る。父マスペロが仕事でカイロに滞在中，彼もまたカイロで，古代エジプトの歴史・地理学を学ぶ。パリで法学の学士号も得る。中国語を始めたのは1907年。ハノイに留学中（1908〜20年），文献学者，エドゥアール・ユベールや日本学の大家，ノエル・ペリと親交を結ぶ。その間，北京も訪れる。シャバンヌの死（1918年）によりコレージュ・ド・フランスの中国語・文学の教授となる（1920年）。日本も訪れ，内藤湖南と知り合う（1928〜30年）。パリ解放の前夜，息子ジャンのレジスタンス運動のためナチに捕らえられ，翌年ブッヘンヴァルト強制収容所で病死。中国を始め，ベトナムやエジプトに関する，多くの著述がある。『古代中国』（1927年），『古代道教における養生法』（1937年），彼の死後，同僚のドミエヴィルの尽力で出版された，遺稿の『道教』など。
　　　　　　　　　　　　　　　　（門田 眞知子）

まそ【媽祖】　航海の守護女神。天妃・天后・天上聖母ともいう。北宋の初め，湄洲嶼（福建省莆田市の湄州島）の林氏の娘が奇蹟をおこして人々を救い，987（雍熙4）年2月29日に昇天したとされる。海上交通の進展にともない，南宋から元にかけて信仰は全国的になり，元で天妃，清で天后の封号が与えられた。台湾や東南アジア・琉球・日本などにも信仰は分布し，華人世界では今でも篤く信仰される。誕生日の3月23日に各地の廟で祭典が行わ

れる他，湄州島への巡礼者も多い。廟では，千里眼と順風耳を従えて祀られる。　　　　（森田　憲司）

まつがく【抹額】　額を括る布。鉢巻の一種。北宋の高承の撰による『事物紀原』によれば，*秦始皇帝が武装の一つとして兵士につけさせたという。唐代頃まで武装用として主に紅色の帛を用いたようであるが，その後は一般的な髪飾りともなり，元・明代以降は宮中での楽人の服飾あるいは庶民の装身具として男女を問わず大いに用いられた。羅などで作る場合が多いが貂の毛皮等を用いることもあった。　　　　　　　　　　　　　　　（増田　克彦）

まっきんる【末金鏤】　漆器の加飾の一技法。奈良，正倉院の金銀鈿荘唐大刀の鞘に施された技法で，『東大寺献物帳』に「鞘上末金鏤作」と記されているもの。黒漆塗を施した鞘上には，鳥獣・花枝・雲文などが，鑢でおろした状態に近い粗い金粉を蒔いて表されている。この技法は，漆で文様を描いて，漆が乾ききらないうちに金粉を蒔き，その上から一旦漆を塗り込めたのちに研ぎ出して文様を表す，日本の研出蒔絵に相当する。文様表現には唐風が感じられるが，この唐大刀が唐からの舶載品か日本製であるかは，明確な結論に至っていない。蒔絵の起源はおそらく中国にあると推測されるものの，奈良時代の蒔絵遺品が他に2点知られるのに対し，中国の漆芸に確実な遺品が確認されていないため，現在のところ未解明のままであり，今後の発掘調査の成果に俟つしかないだろう。末金鏤の語は漢語とみられるが，これが唯一の使用例であり，蒔絵の技法を示すことばか否かも定かでない。　（日高　薫）

まっぽうしそう【末法思想】　仏滅後1000年，1500年，または2000年を過ぎると，仏の教法（教）は伝えられるが，正しい修行（行）も，正しい覚り（証）もなくなり，仏教が衰えていく時代が1万年続き，そののち仏法が滅亡する法滅の時を迎えると説く思想。教・行・証のすべて備わった時代を正法(saddharma)，教と行は存在するが証の存在しない時代を像法(saddharma-pratirūpaka)，教法のみが在って行と証を欠く時期を末法(saddharma-vipralopa)と呼ぶ。仏法流通のありようを3時期に分けるこの歴史観を，正像末または三時思想と言う。正法時と像法時の長さは，それぞれを500年または1000年とするなど，異なった伝承が多いが，末法時については1万年とほぼ一定している。

正像末の三時思想は，北朝北周の闍那耶舍訳『大乗同性経』(570年。『大正新脩大蔵経』〔以下『大正』〕16，651c)に漢訳経典としては最古の用例があるが，それより早く北斉の慧思は43歳(558年)のとき『南岳思大禅師立誓願文』(『大正』46, 786c)に「正法五百歳・像法一千歳・末法一万歳」と言い，慧思自身の生年を末法第82年としている。

三階教の祖信行は41歳(581年)のとき，現在の時は末法，世は穢土，人は極悪人であり，この末法に相応する教えとして三階仏法を説いた。隋の那連提耶舍訳『蓮華面経』(584年。『大正』12, 1070b以下)が他国からの侵入者による仏法の衰微・滅亡を言い，同じ訳者の『大集経』月蔵分55(『大正』13, 363b)は，釈尊入滅ののち次第に仏教が衰えていく様子を500年ごとの5段階で説き，その第5の500年には仏教徒のあいだにも争いが起こり正しい法は消えてしまうことを述べ，「末法」の語は用いないが，末法思想を人々に広く伝えた。

インドに正法や像法を説く経は古くからあるが，末法は6世紀までは説かれない。『蓮華面経』，『大集経』日蔵分(『大正』13, 267b)，『大唐西域記』4(『大正』51, 888b以下)に，6世紀中ごろ中インドに異民族が侵入して仏教を破壊したと伝える。この大事件をきっかけに，末法到来を明確に説く『大集経』や『大乗同性経』が成立したらしい。この末法思想が6世紀後半インドから逃れてきた訳経僧によって中国に紹介され，ちょうどその直後に起こった北周の廃仏(574年)という大事件が，人々に末法時の到来を強く印象づけた。以後隋唐にかけて末法思想は大いに流行し，災害や戦火が続いても経典が末代まで残るようにと大蔵経の石刻が盛んにおこなわれた。房山石経や安陽宝山の石経がこれである。また自力による修行や解脱は絶望的であるとして，*道綽や善導が懺悔や称名を通じて仏，特に阿弥陀仏の救済を待つ浄土教を広め，以後の東アジアの民衆仏教に多大な影響を与えた。他方では56億7000万年後の弥勒菩薩の出現を待つ弥勒下生信仰，さらにはそれ以前に弥勒の住む兜率天に生まれることを願う弥勒上生信仰などの流行を促した。
　　　　　　　　　　　　　　　　（山田　明爾）

まつりか【茉莉花】　各地に流布する漢民族の伝統民謡。いずれの『茉莉花』も青年男女の純真な愛情を表現する基本的に同じ歌詞から成るが，曲調は地域ごとに異なる。江蘇地域のものは，優美ながらも明確なリズムによって，軽快さをそなえることから，歌唱の機会が多い。民国期にはプロテスタント系賛美歌に転用された。また，イタリアの作曲家プッチーニも歌劇『トゥーランドット』の中に引用した。　　　　　　　　　　　　（仲　万美子）

マテオ・リッチ　Matteo Ricci　1552〜1610(万暦38)。数学・天文学・地理学者。イタリア・マセラータ生まれのイエズス会士。漢名は利瑪竇，

字は西泰。キリスト教の中国布教史上，および西欧学術の中国伝達史上，最も特筆すべき人物。1578年インドのゴアに派遣され，82(万暦10)年にマカオに入り，その後，中国各地を経て，最後には万暦帝に自鳴鐘などを献上して北京居住を認められ，同地で没した。ローマでは，数学・天文学・地理学をクラヴィウスに学んだ。世界地図を作って『坤輿万国全図』(1602年)を刊行，宇宙論は『乾坤体義』(1605年)に簡約し，また徐光啓と『幾何原本』(1607年)を出版してユークリッド幾何学を紹介，さらに算術書としては李之藻の手によって『同文算指』(1614年)が刊行された。教理に関する著作も多く，『天主実義』(1603年)，『交友論』(1595年)等枚挙に暇がない。明史326 　　　(橋本 敬造)

マニきょう【マニ教】

3世紀前半にバビロニア地方出身のマニが創始した宗教。ヘレニズム時代に流行した神秘主義的な二元論を特徴とするグノーシス主義を中核に，ゾロアスター教(祆教)やユダヤ教，キリスト教の思想も取り入れた折衷宗教で，仏教からも強い影響を受けた。光と闇，精神と物質，善と悪の二元論を基本とする。マニは，ササン朝のシャープール1世の庇護を得て帝国内を広く伝道したが，王の死後，ゾロアスター教勢力の反撃を受け処刑された。しかしその教義は後継者によって，4世紀には西方は地中海世界にまで伝えられた。

中国には則天武后の694(延載元)年に初めて伝わったという記録がある。摩尼教などと音写され，あるいは教義にそって明教とも。玄宗は732(開元20)年に禁止令を出したが，胡人は例外とされた。胡人とは，シルクロード上を活躍した国際商人ソグド人などの西方出身者。特に8世紀前半にソグディアナ本国がイスラム勢力の進出を受けると，大挙して東進した。ソグド人はマニ教の東方伝道に大きな役割を果たし，東ウイグル可汗国でも8世紀中頃には可汗への布教に成功。795年に即位した懐信可汗の時に，国教の地位を獲得する。これに前後して，中国各地には大雲光明寺と称されるマニ教寺院が相次いで建立されるが，すべてウイグルの命令によるものである。ウイグル国において政治・財政・外交面で重用されたソグド人の活動を側面から支援する目的があったものと考えられる。その後，ウイグルの崩壊(840年)と会昌年間(841-846)の禁断により急速に衰退。弾圧を避けたマニ教徒は南中国に逃げ，度重なる禁令を受けながらも少なくとも明代まで，福建を中心にマニ教ないしマニ教系の秘密結社の存在と活動が確認される。1957年には泉州で，元代に創建されたマニ教寺院(草庵寺)が発見され，また19世紀末から20世紀初頭にかけて，中央アジアからマニ教の経典類(漢訳本を含む)が発見された。　　　(中村 淳)

まらしりょくせつ【摩羅詩力説】

魯迅が1908(光緒34)年に令飛の筆名で『河南』誌上に発表した評論。文学評論としては魯迅最初の文章である。摩羅とは「天竺より借りて天魔のことを言い欧人はサタンと言う」(第1章)。魯迅は，体制に反抗し，社会に反抗した摩羅詩派の詩人として，バイロン，シェリー，プーシキン，ペテフィなど8人を挙げ，「精神界の戦士」(第9章)であると称賛する。そして，中国文化界の蕭条たる状況を打破するために，こうした外国の新文化の紹介・導入が待たれると締め括っている。　　　(中 裕史)

マルコ・ポーロ　Marco Polo

ヴェネツィアの宝石商家出身の旅行家。1271年から20数年かけてモンゴル統治下にあった中国までを往復。帰朝後，物語作家ルスティケロに口述筆記させた『東方見聞録』はあまりにも有名。「ミリオーネ(100万の複数)」とあだ名されたが，東方貿易で得た巨万の富を指したものとも，また旅行談に元朝の財政や都市人口の規模など100万単位の数字が頻出するためとも言われる。同書によれば，出生前に父ニコロ，叔父マッフェオ兄弟がモンゴル領に入り貿易に成功。その際，謁見した元朝皇帝クビライにローマ教皇に対する親書を託され，任務を遂行。マルコは，父兄弟が教皇の返礼使節として陸路，再びクビライのもとへとむかう際，15歳の時に同行し3年半かけて上都にいたる。謁見したクビライの目にとまり，雲南・江蘇等各地に使臣または行政官として派遣されるなど，以後17年間にわたって重用された。たまたまクビライのもとに西アジアのモンゴル政権フレグ・ウルスより降嫁の要請があり，選ばれたコカチン姫を送り届ける任をポーロ家3人が担うことになる。この時，クビライのローマ教皇・各国の国王宛ての書簡を再び託され，海路イランを経由して1295年にヴェネツィアに帰った。

ところで『東方見聞録』以外から，マルコ・ポーロの存在と行動を確認することはできない。漢文史料にもその足跡はまったく記されない。さらにはポーロ家の人々が託されたはずの教皇や国王宛てのクビライの親書も残っていない。そのため元朝でのマルコは従僕程度であったとする説や，彼自身は中国には来ておらず西アジアで情報を収集，同書はルスティケロと合作したものとする説がある。ヨーロッパ側に残る関連史料として遺言書があるが，そこには父・叔父の名も東方旅行のことも記されず，遺産もささやかなもので同名異人物のものである可能性は否定できない。さらに，マルコ・ポーロは実在せ

ず，ルスティケロが実際に東方に赴いた複数の人物から取材して創作したという意見もある。

(中村 淳)

まんがいせいじん【満街聖人】 明代，*王陽明の哲学語録『*伝習録』下にでてくることば。原文は「満街人都是聖人（街中の人が全て聖人です）」。外出した弟子たちに，王陽明が何を見てきたのかと質問したのに対する弟子の答えとして記録された。聖人に至ることを学問の究極として「心即理」を掲げた陽明学において，人間に本来備えられているその心性，道徳性は，すべての人にあって平等であることを示したことばとして知られる。それはまた，各聖人の才力の違いを純金の分量にたとえ，堯・舜を万金とし*孔子を九千斤としつつも，その純であることにおいては堯・舜の万金も孔子の九千斤も等しく，聖人の聖たるゆえんは，只その心が天理に純にして人欲の雑なきところにある（『伝習録』上），ということばとも通底している。 (森 紀子)

まんかんぜんせき【満漢全席】 満洲族と漢民族の料理の精粋を集めた大規模で最高の宴席。山海の珍味など出される品数は最高200余品に達し，2，3日にわたって食べることもあった。食器類も贅を尽くした。もともと清代宮廷料理では満人用の「満席」と漢人用の「漢席」に分かれていたが，乾隆年間（1736-95）に融合して満漢席となり，地方に赴任した満人高官の招宴で地方料理も加味されて宮廷から民間にも広まった。一時廃れたが，近年復活した。 (鈴木 健之)

まんし【慢詞】 歌詞が長い詞。唐・五代に多く作られた50～60字の小令に対して，100～200字の長編の詞をいう。北宋の中頃，*柳永が民間歌謡から多くを得て慢詞に特有の表現形式をたてた後，盛んに作られるようになり，北宋末の*周邦彦に至って完成された。現在その楽曲は伝わらないが，その音調も緩やかであったと思われる。詞牌では「八声甘州」や「瑞龍吟」「鶯啼序」など。 (松尾 肇子)

まんじ【卍】 伝統的な文様のひとつ。ヒンズー教におけるビシュヌ神の胸の旋毛や，仏教における釈迦の胸の瑞相に由来するとされ，吉祥の標識として用いられた。太陽，あるいは火の象徴ともいわれる。仏教が中国に伝わって後，装飾文様として定着し，「吉祥万徳」を含意するものとして「万」と訳され「万字」と同義となった。左旋回の「卍」と右旋回の「卐」の別があるが，日本では「卍」が多用され，仏教や寺院をあらわす記号ともなっている。 (丸山 伸彦)

まんしゅう【満洲】 清を建国した民族の名，中国では満族という。16世紀以前は，女真と呼ばれていた。16世紀後半に，現在の遼寧省新賓満族自治県付近にヌルハチ（太祖）が現れ，近隣の女真を従えて，1619年に全女真を統一した。ヌルハチは早くから国内ではマンジュという国名を使っていたが，1616（天命元）年に即位したころから，対外的には金（後金）を称するようになった。あとを継いだホンタイジ（太宗）は，1636（崇徳元）年に国号を清と定め，前後して民族名をマンジュと改めた。マンジュの語源については，文殊菩薩のサンスクリット，マンジュシリがその語源であるという説と，「川」「大河」の意味のマンジュに由来するという説の2つがある。満洲・満州・マンチウ・マンジュルなどは，このマンジュをうつしたことばである。清は1644（順治元）年以降中国本土を制圧して，1911年まで全中国に君臨したが，その間満洲族は国内の各地に移り住み，今日に至っている。現在の満洲族は，中国にいる少数民族の1つであり，人口（1990年の人口統計で約982万人）の規模からすると，漢族，壮族についで3番目である。文化・習慣の面では漢化が進み，固有の言語である満洲語も，今ではほとんど死語となり，日常的には中国語（漢語）を用いている。今日満洲族のアイデンティティーを構成するのは，清のときに満洲八旗に所属したという歴史的事実である。

なお満洲ということばは，今日の東北地区（遼寧・吉林・黒龍江3省）と内蒙古自治区の一部を包括する地名として使われたことがある。かつてこの地方に居住した少数民族が，同地域をいかに呼んでいたかは明らかでないが，中国では古くからこの地方を遼東，あるいは安東などと称していた。清代になると，盛京，吉林，黒龍江などとそれぞれの地区名で呼んだり，東三省（東省）あるいは関東などといったが，満洲と呼ぶことはなかったといわれる。そして現在は東北地区と称している。一方ヨーロッパ人は，東アジアの北部地域をもとはタルタリアと呼んでいたが，18世紀ごろからその一地方である中国の東北地区を，マンチュリア・マンジュリアなどというようになり，今日に至っている。日本でも古くは東アジアの北部地域を韃靼とか東韃などと呼んだが，17世紀末からはマンチウとか満洲（満州）と称している。そもそも満洲ということばが表す領域はきわめて広く，それが今の中国東北地区を指して使用されるのは明治以降のことで，とくに日本が中国を侵略する過程と重なっていた。このために現在は満洲という地名は使わず，東北地区とするのがふつうである。 (松浦 茂)

まんしゅうもじ【満洲文字】 清朝を建てた

満洲人が満洲語を表記するために蒙古文字に改良を加えた表音文字。老満文と新満文がある。老満文は*清の太祖ヌルハチの命を奉じ，エルデニとゲガイが1599年に蒙古文字を満洲語の表記に応用したもの。使用期間は33年間で，著名な文献に『*満文老檔』がある。1632(天聡6)年に*太宗ホンタイジはダハイに命じ，満洲語の音声を的確に表記できない老満文に改良を加えさせた。圏点を加えて異なる音声を区別し，字形を規範化し，新たに漢字音を表記する文字を追加した。こちらを「新満文」あるいは「有圏点満洲文字」と称する。新満文は縦書きで行は左から右へと進む。34個の字母のうち，母音字が6，子音字が18，外来音表記専用の補字が10個ある。語頭／語中／語末で文字の形体が異なる。満洲族が漢語と漢文を使用するようになり清末から満文はしだいに廃れたが，現在も少数民族の満族とシボ族が満洲文字を使用している。　　　　　　　　　（池田　巧）

まんじゅきゅう【万寿宮】

宋元の頃に朝廷より「万寿」の賜号を得る*宮観が少なからずあったことより，万寿宮を称する道教寺院が各地にみられるが，中でも最も有名なのが江西省南昌市の西，新建県の西山万寿宮(玉隆万寿宮)である。これはもともと，南昌地方で人々に厚く信奉された*許遜の故宅に彼を祀る祠を立てたのに始まり，古来許遜信仰の中心地となっていたというが，北宋の徽宗の時に玉隆万寿宮の勅額を得てこの呼び名が定着した。いわゆる浄明道の本山でもある。　　　　（横手　裕）

まんじょうかんぽ【満城漢墓】

河南省満城県にある前漢時代中期の貴族墓。陵山とよばれる石灰岩の岩山の東向きの斜面に二つの横穴を掘り，中山王劉勝とその夫人の竇綰を葬っていた。1968年に中国科学院考古研究所と河北省文物工作隊が調査した。

1号墓(劉勝墓)は，岩山に横穴を掘り，内部に馬車の車庫や食料倉庫，広間，寝室にあたる部屋を設け，寝室にあたる部屋に劉勝の柩を納めた。横穴の平面形は十字形に近く，入り口から一番奥の壁までの東西方向の長さは51.7m，小部屋が南北方向に伸びた部分の幅は37.5mである。2号墓(竇綰墓)は，1号墓の北約100mの位置にある。平面形はやはり十字形で，横穴の構造は1号墓よりやや簡略であるが，東西49.7m，南北65mと1号墓に勝るとも劣らぬ規模をもつ。1・2号墓とも，瓦が散乱していた部屋があり，そこには木造の建築物が造られていたものと考えられる。

遺体は残っていなかったが，遺体を包んだ金縷玉衣が残っていた。1号墓の金縷玉衣は1辺数cmの玉の小片2498片を黄金の針金で綴り合わせ，全身を隙間無く覆ったものである。また2号墓の金縷玉衣は2160片の玉片からなるが，黄金の針金で綴る技法と，布テープを貼り付けて玉を繋ぐ技法が併用されており，黄金の使用量は1号墓のそれより少ない。

1・2号墓とも，*青銅器・鉄器・金銀器・土器・漆器・染織品など多数の副葬品を納めていた。青銅器だけでも1号墓は419点，2号墓は188点に達する。なかでも2号墓に納められた長信宮灯(灯りを持って座る侍女の形に造った，青銅製で鍍金を施した灯り)は，漢代を代表する工芸作品の一つである。

墓の規模と格式が漢の諸侯王級であること，中山と記した器物が存在したこと，遺物の製作時期が前漢武帝(在位前141～前87)の頃と考えられることなどから，1号墓の被葬者は前113年に没した中山王劉勝と考えられる。2号墓の被葬者はその夫人と考えられ，印が出土したことから，その名が竇綰であったことが判明した。

発掘後，満城漢墓は観光地として整備され公開されている。出土遺物は一部を除き河北省博物館が保管している。中国社会科学院考古研究所・河北省博物館『満城漢墓発掘報告』(文物出版社，1980年)がある。　　　　　　　　　　　　　（谷　豊信）

まんしょうこつ【満床笏】

戯曲の名。『打金枝』『大拝寿』『解甲封王』等とも称される。内容は郭子儀の誕生日に，一族が祝いに来る中，息子の郭艾の嫁で皇女の金枝だけが挨拶に来なかったため，怒った艾は金枝を打ち，金枝が父の明皇に訴えると，明皇は艾のいうことをもっともと判断し艾を昇進させ，事を収めたというもの。

満床笏とは，笏をもつような貴人が多く排出することを意味し，郭子儀一族の富貴を表す。山西省の晋劇の代表的演目となっている。　（廣田　律子）

まんぜんどうきしゅう【万善同帰集】

禅浄双修の理論を説く書。法眼宗3世，五代・宋初の*永明延寿の著。3巻或いは6巻に調巻するものがある。114の問答より成る。万善同帰とは，万善の諸行はみな実相に帰着することで，念仏を万善の中に摂める。心は仏ではあっても，久しく煩悩に翳われているため，万善を修習して自心を澄明ならしめるという頓悟漸修の論理と実践を明らかにする。論理については，理と事は同じでも異なるものでもなく，理を離れて事があるのでもなく，事を離れて理があるのでもないという理事無礙を柱として十門が説かれる。無礙相即は理事双修となり，禅定と念仏を核として万行円修の実践が導かれ，禅定は上品，念仏は末品の修するものとしながらも禅浄双修こそ

最善であり，浄土も一心の現れであるという唯心浄土を説く。また念仏を回向して浄土に往生する願をも否定しなかった。後世の禅浄双修の念仏禅に理論的根拠を与え，大きな影響を及ぼした。(西口 芳男)

まんだら【曼荼羅】 サンスクリットの maṇḍala を音写した語，「曼陀羅」とも書かれる。もともとの意味は，「神聖な壇」やその壇に「仏・菩薩を配置した図絵」である。密教では，大日如来のさとりの境地を図画にしたものであり，修行者の宇宙的心理を映し出した図ともされる。インドでは土壇に胡粉で描いたが，中国，チベット(タンカとよばれる)や日本では，掛軸に変わって，礼拝や瞑想の対象として信仰された。また，本来の意味を離れて，単に神仏の描かれた神仏画を指す場合もある。
(田中 文雄)

まんねんこ【万年壺】 広口で肩がゆったりと丸く張り，胴裾がすぼまる形式の壺をいう。蓋は甲が盛り上がり，宝珠形の鈕がつく。豊かな丸みをもつと同時に均整がとれており，唐の陶磁器の壺を代表する器形の一つである。三彩の技法で数多く作られたほか，緑釉・褐釉・藍釉，あるいは白磁の例もある。万年壺の名は，中に穀物を入れて墳墓に納め，被葬者の永遠の食糧にしたと考える俗説による。
(今井 敦)

まんねんせんじんどう【万年仙人洞】 江西省万年県にある新石器時代の洞穴遺跡。1962年に江西省文物管理委員会により，1964年には江西省博物館により発掘調査が行われた。第2次調査の知見に基づけば，遺跡は上・下両層に分層され，いずれも新石器時代早期に当たるとされる。石器には打製石器としてチョッパー・スクレーパー・石核などがあり，磨製石器には梭形器・砥石・有孔円盤がある。土器片の出土数量は少なく，わずかに1点が復元されたのみである。砂を混和する赤色土器で，深鉢形の器形をもつ。内外両面に縄文を施すが，これは叩き具，当て具の双方に縄を巻きつけていたためと解釈されている。骨角器や貝製品は比較的豊富で，錐・やす・装身具などがある。放射性炭素年代測定により，1950年を基点として10870±240年前(上層)，8575±235年前(下層)という年代が得られ，長江流域における新石器文化起源論に大きな波紋を投げかけることとなった。しかし，上層と下層の年代が逆転するなど問題も残されている。
(中村 慎一)

まんぶつじ【万仏寺】 四川省成都市西門外通錦橋に位置する廃寺跡。万仏寺は後漢延熹年間(158-167)の創建と伝え，南朝期は安浦寺，唐代は浄衆寺，宋代は浄因寺，明代に万仏寺とそれぞれ称した。明末に兵火で消滅したとされる。万仏寺遺跡からは紅砂岩製の仏像が200点以上出土した。なかでも南朝梁の普通四(523)年銘と中大通五(533)年銘の釈迦立像龕，中大通元(529)年銘の釈迦像などは，精巧で芸術的な完成度が高く，南朝400年の仏教美術史を知る上で貴重な資料である。出土遺物の大半は四川省博物館に所蔵される。(勝木 言一郎)

まんぶん【満文】 →満洲文字

まんぶんさんぽうげんぽん【満文算法原本】
清の満洲語数学書。満洲名は《Suwan fa yuwan ben bithe》。不分巻。ブーヴェ『康熙帝伝』に，康熙帝が西欧数学を帝国に紹介するために編纂させたと述べる，満洲語数学書のひとつであり，1689(康熙28)年頃にイエズス会士によって作成されたと考えられる。*マテオ・リッチ，*徐光啓の『幾何原本』では省略されたユークリッド『原論』巻7〜9の初等整数論の一部分を解説し，さらに等差級数に関する諸命題を付け加える。パルディ(Ignace Gaston Pardies, 1636〜74)の幾何学書《Élémens de géométrie》に基づく満洲語数学書『満文幾何原本』(《Gi ho yuwan ben bithe》)とともに漢訳され，最終的には『数理精蘊』上編として結実した。満洲語数学書には，他に『満文算法纂要総綱』(《Bodoro arga-i oyonggo be araha uheri hešen-i bithe》)がある。
(渡辺 純成)

まんぶんろうとう【満文老檔】 清の太祖・太宗時代の歴史書。清初の歴史と満洲族の社会や文化を研究するための最も重要な史料。満洲語で記された原文書を，乾隆年間(1736-95)に編纂し直した。有圏点満洲文字で記されたものと，無圏点満洲文字のものとの2種類があり，北京と盛京(瀋陽)にそれぞれ1部ずつ保管されていた。1905年に盛京を訪れた*内藤湖南(虎次郎)が，清の宮殿(瀋陽故宮)の1つ，崇謨閣において発見した。『満文老檔』という書名は，内藤が命名したものである。1912年に内藤は羽田亨とともに，有圏点満洲文字本の写真撮影を行って，日本にそれを持ち帰った。近代的な満洲語文献の研究は，ここから始まったのである。邦訳としては藤岡勝二の訳(1939年)と，満文老檔研究会の訳註(1955〜63年)とがあり，後者はローマ字化したテキストと翻訳を並列するので，利用に便利である。なお『満文老檔』を編纂するときに典拠となった原文書は，台湾に現存しており，1969年に『旧満洲檔』の名で写真刊行された。
(松浦 茂)

み

みち【道】 中国思想史上の最も重要な概念。道は，元来は人の歩く道を意味するが，やがて人の踏み行うべき道という倫理的意味を持つようになった。

儒家は先王の道や聖人の道，有道や無道といった理想の政治や人生の生き方としての道，すなわち政治的倫理的な道を説いたが，存在論的な道は説かなかった。天の道は陰陽，地の道は剛柔，人の道は仁義ともいわれ，法則や道徳規範の意味にも使われた。道家の書『老子』などで初めて「道は一を生じ，一は二を生じ，二は三を生じ，三は万物を生ず」(42章)などと，万物の存在の根源としての道を説いた。この道は視覚・聴覚・触覚では捉えることのできない，通常のものとしては形容できない「無状の状，無物の象」(14章)といった神秘的な存在であり，混沌とした天地形成以前からの存在で影も形もなく，他に依存することのない不変の存在で，「吾れ其の名を知らず，之に字して道と曰い，強いて之が名を為して大と曰う」(25章)と，仮の名称は道だが，強いて本質を表す名称はといえば大であるという。『老子』では道はまた一とも表現され，万物のそれぞれの働きをなさしめる源泉ともされる(39章)。このような実体のある道を説いたのは『老子』であり，そうした道の観念の継承が認められるのが『荘子』である。かくして『史記』の六家要指では，他の学派とは異なる独自の道を説いた学派として道家という学派をたて，それを継承敷衍した『漢書』芸文志では，これらの書を道家に分類した。この道の観念は前漢初期の雑家の書『淮南子』原道の冒頭でほぼ完成した叙述が与えられる。すなわち「夫れ道とは，天を覆い地を載せ，四方に廓がり，八極に柝き，高きこと際むべからず，深きこと測るべからず，天地を包裏し，無形に稟授す。原より流れ泉浮き，沖くして徐に盈ち，混混滑滑て，濁りて徐に清む。故に之を植つれば天地に塞がり，之を横たうれば四海に彌り，之を無窮に施して朝夕する所無し。之を舒ぶれば六合を幎い，之を巻けば一握にも盈たず。約にして能く張り，幽にして能く明らか，弱にして能く強，柔にして能く剛。四維に横たわりて陰陽を含み，宇宙を紘げて三光を章らかにす。甚だ淖にして渾かく，甚だ繊くして微か。山は之を以て高く，淵は之を以て深く，獣は之を以て走り，鳥は之を以て飛び，日月は之を以て明るく，星歴は之を以て行り，麟は之を以て游び，鳳は之を以て翔ぶ」と。天地万物を包み込み，上下・東西南北に亘り測りきれないほど広大で，その始原は無に等しいが，伸長してやがて天地四方を究め覆うように広大になり，縮小すれば一握りにも満たない程の物になる，伸縮自在な存在である。しかも山・川・日・月・星・辰・鳥・獣などあらゆる存在をそれとしてあらしめる力の源泉でもある，という万能な存在としての道が形成される。

道はその後も最高の道徳規範として機能するが，やがて宋代になると，明確に道の存在に関わる側面は「気」に取って代わられ，最高の道徳規範に関わる側面は「理」に取って代わられ，気論や理気論として明確な理論が形成される。さらに明代になると「心」が道に代わってすべての側面を担う理論も確立される。

(澤田 多喜男)

みっきょう【密教】 仏教の一形態。仏陀釈尊が創唱した仏教は，紀元頃に大乗仏教が生じて構造的に重層化した。さらに4〜6世紀にはヒンズー教の隆盛に影響され，聖俗一致の神秘主義的要素と対象に働きかける呪術的要素の強い密教が流行し始め，7世紀頃には『大日経』『金剛頂経』という中心的密教経典が成立した。歴史的分類上から中期密教と呼ばれる両経の系統の密教では，①本尊が大日如来となる，②成仏(とくに速時成仏)を目的とする，③身体と言葉と心を駆使する修行(三密行)を実践する，④ほとけの集会図である曼荼羅を完備している，などの特徴を有している。両経以前の未整備な密教を初期密教，また8世紀以降に登場した，男女抱擁の歓喜仏を本尊とし生理的・性的行法を組み込んだ，世にいうタントラ仏教を後期密教と称している。

宋代の仏教史家の賛寧の撰になる『大宋僧史略』では，「伝密蔵」という条を設け，東晋の帛尸梨密多羅を呪法，すなわち広義の密教の始まりとしている。しかし，中国に密教系仏教が伝えられたのはさらに遡り，すでに3世紀の前半，月氏国の僧支謙に

よって『摩登伽経』や『華積陀羅尼神呪経』などの占星法や特殊な陀羅尼を説く大乗経典が訳出されている。

隋から唐の前半にかけては，十一面・千手・不空羂索などのいわゆる変化観音の陀羅尼とその功徳を説く経典群が流行し，中国密教の重要な部分を形成したが，曼荼羅を持ち，しかも現世における成仏理論とその実現のための実践体系をそなえた密教を紹介したのは金剛智・善無畏のインド密教僧である。前者は『金剛頂経』を，後者は『大日経』をそれぞれ伝えて翻訳し，ともに玄宗などの信任を得て，貴紳に灌頂を授け，上からの密教の宣布に尽力した。

両者のあとを受けて中国の密教を確立したのが，不空と一行である。金剛智の筆頭弟子の不空は，インドに赴いて多数の密教経典を請来して訳出したのみならず，安史の乱以後の皇室や軍閥の信望を集め，聖地五台山を復興，全国寺院の食堂に文殊菩薩像を安置するなど国家仏教としての密教を築き上げようとした。中国人僧の一行は，善無畏に従って『大日経』の翻訳を助け，あわせて注釈書『大日経疏』を著し，密教教義の体系化に功績を残したが，45歳で夭折したのは惜しまれる。

唐の武宗の会昌の法難(三武一宗の法難の一つ)で最も打撃を受けたのは，法具や曼荼羅などの仏具を必要とする密教であった。唐末・五代にやや復興し，北宋にはインドから後期密教の経軌が伝えられたが，実践されるには至らず，以後，密教は施餓鬼など一部の行法が「瑜伽」の名前でわずかに生き続けている。

むしろ注目すべきは，後期密教を主体としたチベット密教である。元代と清代には異民族の王朝がラマ教の名のもとに深く信仰したので，今でも五台山や，河北省の承徳市(熱河)，杭州の飛来峰，北京の故宮や雍和宮などにその影響を認めることができる。　　　　　　　　　　　　　　　　(頼富 本宏)

みっきょうほうぐ【密教法具】　密教の修法の際に用いる器物を総称したもの。金剛杵・金剛鈴・金剛盤をはじめ，輪宝・羯磨(鈷杵を十字状に交差させたもの)・金剛橛(四橛＝結界)・灯明台・火舎(香炉)・六器(6個ずつの小形の碗と皿)・飲食器・閼伽器(水容れ)・花瓶・礼盤・塗香器・護摩炉・護摩杓・修法壇などがそろって全体が構成される。息災・降伏・増益など，修法に応じて様々な用法があるが，基本的には，方形の修法壇を設けて，その上に諸具を規則的に配置し，その前に僧侶が座して，印を結んで本尊を観想しながら使用する。ただし，宗派によって，これらの法具の配置には相違がある。

いずれも古代インドの武器や日用器がもととなっていると推測され，中国をはじめとする東アジアの一般的な器物とは大きく異なる独特の形態を持つ。現存する作例は大半が日本製であり，インドや中国の古い時代の遺品が乏しいことから，どこまで原形に忠実であるのか，詳らかでないものの，少なくとも唐においてはすでに全体の規格が整い，それが空海による密教正系の請来によって日本へその正統が伝えられたと考えられる。

修法壇が木造になる以外は，基本的に銅製鋳造になり，表面に鍍金を施して，きらびやかな仕上げとしている。京都の東寺(教王護国寺)に伝来する国宝の密教法具は，空海自身が唐から請来したものとして，よく知られている。　　　　　　(松本 伸之)

みつぐそく【三具足】　仏を供養するために用いる香炉・花瓶(華瓶)・燭台の3種1組の器物をいう。香炉を真ん中に置き，左右に花瓶と燭台を配置するのを基本とする。左右の花瓶と燭台を一対ずつとし，中央に香炉を据え，計5つの器物を用いる場合を五具足という。仏前供養に使用する仏具の中から必要不可欠なものを選び，在家の仏壇などに備える供養具としたことに始まり，後に座敷の飾りにも用いられるようになった。いつ頃こうした組み合わせが定式化したものか定かでないが，中国では宋以降に頻繁に用いられるようになったようである。日本には鎌倉時代に禅宗の伝来に伴ってもたらされ，その後，室町時代になると会所飾りや書院の床飾りとして使用されるようになり，以後，床飾りの基本として定着していった。後の立花もこれを端緒とするものである。　　　　　　　(松本 伸之)

みつだえ【密陀絵】　漆器の装飾などに盛んに用いられた絵画技法。植物油に密陀僧を加えて加熱したものと，顔料とを練り合わせて，筆で描いた油絵のこと。密陀僧とは，鉛を熱して作られる黄色の一酸化鉛(PbO)のことで，顔料を溶く油と混合すると，その乾燥を早める働きをする。胡桃油を用いるとする文献が多いが，日本では一般に荏油が用いられる。密陀の語はペルシアに語源があり，密陀絵の技法も少数民族の鮮卑から伝わったという。

類似の技法として，膠による通常の彩絵や，金銀泥絵の表面に，補強と装飾的効果をかねて透明な油を塗ってコーティングする油色の技法があり，これも密陀絵と呼ばれることがある。密陀絵技法は，文献では南北朝時代から行われたといわれるが，遺品は唐代のものがよく知られている。正倉院宝物にいくつかの作例がみられるが，琵琶・阮咸の捍撥画をはじめ，油色によるものがかなり多い。漆画との区別も肉眼では難しく，しばしば両者が併用され

る。　　　　　　　　　　　　（日高　薫）

みったんかんけつ【密庵咸傑】　1107(大観元)～86(淳熙13)。北宋～南宋の禅僧。福州(福建省)の人。俗姓は鄭氏。17歳で出家し，虎丘紹隆の弟子である応庵曇華に参じて法を嗣いだ。大慧宗杲が住んだことで禅の修行場となった浙江省の天目山北東にある径山寺，禅宗十刹の一つである杭州の霊隠寺，そして寧波の天童寺と，中国五大禅寺の大寺の住職を務めた。著に『密庵和尚語録』，書の代表作に，唯一の墨跡とされる京都龍光院所蔵の国宝『法語』(1179年)がある。龍光院の茶室である密庵席には，この一幅を飾るための「密庵床」が設けられている。　　　　　　　　　　　（鍋島　稲子）

みはつ・いはつ【未発・已発】　心の動静の様態をいう，北宋以後の儒学における術語。『中庸』の「喜怒哀楽の未だ発せざる，之を中と謂う。発して皆節に中る，之を和と謂う」に由来する。人の心が何らかの対象と関わって意識として働いている動の状態を已発，まだ意識として発動していない静の状態を未発という。朱子学においては，理想社会を作っていく善なる倫理的能力，すなわち「性」が後者の未発において本源的に具わり，それが已発において様々な様態の心の働きとして現れるが，しかしときに心の対象・事柄に引きずられてそれが発揮されなくなり，不善に陥ることもあるとする。これに対し朱子は，已発の意識上で心が不善に向かわないように鍛える陶冶も重要だが，未発に具わる本源の倫理的能力が已発の相で順調に発揮されるように，心が対象と具体的な関わりをまだ持たない未発において静坐などにより間接的に涵養すれば，心の已発において外物の誘惑に引きずられることはなくなると説く。未発の存養を主としつつ未発・已発の両相における心の陶冶を唱えるこの説は，未発の涵養を重視する，北宋の周惇頤・程頤・程門の楊時，楊時再伝の弟子で朱子の若年時の師である南宋初の李侗らの思想と，已発を尊重する，程門の謝良佐や南宋初の湖南学の胡宏らの思想とを総合し，北宋以来の道学諸学を止揚して成立したものである。
　　　　　　　　　　　　　（市来　津由彦）

みゃくけい【脈経】　西晋の医書。全10巻。280年頃の成立。王叔和の撰。王叔和は西晋の太医令(医の最高官僚)で，『傷寒論』『金匱要略』の再編者とも伝えられる。本書は文字どおり脈診をはじめとする診断法，さらに経絡の概念や治療法についても記した総合医学書。全部で98篇，総計6万6000字弱から成る。当時伝えられた漢代までの医籍を再整理して編成した書で，王叔和自身の文章はほとんどないと考えられる。『素問』『霊枢』『難経』『傷寒論』『金匱玉函経』『金匱要略』などの医学古典と対応する文章が過半を占め，これら典籍の校勘資料として有用である。ことに巻7・巻8・巻9の3巻は古態の『張仲景方』に由来すると考えられる。巻7は傷寒の部で，条文分類法は三陰三陽の六経分類ではなく，発汗・吐・下など治法による可不可分類。巻8・巻9は雑病の部で，現伝の『金匱要略』の補遺資料となる。他の部分では，扁鵲・華佗などの遺論・遺方が収録されている。　（小曽戸　洋）

みゃくぼうかんしょもく【脈望館書目】　明の書目。趙琦美の蔵書をほぼ四部分類に従い，千字文で記された書架の順に，排架目録の形で著録したもの。1613(万暦41)年ごろ編定。その記述はだいたい書名・冊数のみであるが，まま宋元版等の版本注記があり，更に不全古版書を四部の末にまとめて著録する。こうした点は古版に対する関心の高まりを示し，また雑劇や多くの方志などを著録するのも明末の目録らしい。完全な形で本目に見えるわけではないものの，脈望館旧蔵(現北京図書館蔵)の『古今雑劇』242種は有名。　　　（井上　進）

みょうおうじはくとう【妙応寺白塔】　北京市西城区阜成門内大街の妙応寺にある中国最初のチベット仏教様式の塔。磚造。塔身が白色であることから，白塔と呼ばれる。元の1271(至元8)年に，ネパール人技師のアルニガが80名の職人をひき連れ建設を開始し，1279(同16)年に竣工する。高さが約51mあり，北京において最も高い古建造物の一つである。塔は，高さ9mの3重の基壇，太く短い塔身，13層の相輪，その上の銅葺きの宝蓋と金製の宝珠からなる。　　　　　　　（高村　雅彦）

みろく【弥勒】　釈尊に次いでこの世に出現する未来仏。梵名マイトレーヤの音写。慈氏・慈尊などと訳する。釈尊から将来仏になるとの予言を受けた仏弟子とされ，現在は菩薩として兜率天上に住しているが，仏滅後56億7000万年を経て下生し，華林園の龍華樹の下で成道して3度の説法(龍華三会)を行い，多くの衆生を教化するという。
　弥勒下生を主題とする経典は4世紀以降漢訳され，『弥勒下生成仏経』『弥勒大成仏経』(ともに鳩摩羅什訳)など5種が現存する。一方5世紀の沮渠京声訳『観弥勒菩薩上生兜率天経』(『弥勒上生経』)はこれらと内容を異にし，兜率天上の弥勒を観想することを説く。同経に基づく上生信仰(楽土である兜率天への転生を願う)は中央アジアで盛行し，5～6世紀中国における弥勒信仰の中核をなした。また唯識学派の論書に著者として弥勒の名を冠するもの

があり(『瑜伽師地論』)など。歴史上の人物としての弥勒は, 実在を認めるか否かで学説の対立がある), 玄奘らも「弥勒に教示を乞う」目的で兜率天上生を願った高僧もいる。

漢訳仏典が描写する弥勒下生時のこの世は楽園のような理想郷だが, 6世紀後半成立の疑経『普賢菩薩説証明経』では, 弥勒は悪世の救済者として登場する。同経では仏滅後700年に始まる世界の破滅に際して弥勒が下生すると説かれ, 出世の時期が早められている。弥勒を救世主とする考えは6世紀の法滅尽思潮の興起とともに形成され, 道教における真君との関連を認める見解もある。隋の613(大業9)年には河北の宋子賢, 陝西の向海明が自らを弥勒ないしその化身と称して乱を企て, 討伐された。新仏の出現を掲げて発生した宗教暴動は北朝の北魏に前例があるが, 唐代の則天武后による武周革命は救世主としての弥勒が国家規模で利用された事件であり, 則天武后は弥勒仏の下生であるとされた。この種の弥勒観は教団の公式見解では否定されたが, 民間信仰ではその後も強い影響力を保ち, 清中期に一大叛乱を起こした白蓮教をはじめ, 様々な宗教結社の教義の根幹をなした。　　　　　　　(稲本 泰生)

みろくきょう【弥勒教】
弥勒(マイトレーヤ)菩薩が釈迦仏の予言によって兜率天に上生し, 釈迦滅後56億7000万年の未来にこの世に下生して, 龍華樹下に三会を開いて, すべての衆生を救済する(龍華三会)という仏教信仰に基づく民間宗教の総称。南北朝以後しばしば民衆反乱の温床となった。弥勒信仰は, 弥勒の兜率天を浄土とする弥勒上生信仰と, 弥勒が現世で衆生を救済する弥勒下生信仰に分けられる。唐代以前には阿弥陀浄土より弥勒浄土の信仰が盛んであったが, 民間の反乱に直接影響したのは, 現実の世直しにつながる弥勒下生信仰である。この信仰は西晋の竺法護訳『弥勒下生経』など初期漢訳仏典によって伝えられ, 南北朝の政治的混乱期に民間で『弥勒下生観世音施珠宝経』『弥勒成仏伏魔経』などの偽経が作られた。北魏の延昌4(515)年に河北の僧, 法慶が起こした大乗教の反乱は, 仏教信仰による初めての民衆反乱であるが, 「新仏出世して, 旧魔を除去す」と弥勒信仰を旗印とした。隋の大業6(610)年には弥勒仏を自称する盗賊が宮殿に乱入, ついで大業9(613)年に扶風(陝西省)の僧, 向海明が初めて弥勒出世を標榜して反乱を起こした。唐代では, 則天武后が偽経である『大雲経』に基づいて弥勒の化身と称し, 玄宗の開元3(715)年には, 白衣長髪の徒が弥勒下生に仮託して種々の活動をすることを禁じているが, 同じころ貝州(河北省)の王懐古が新仏出世を唱えて反乱を起こした。貝州では宋の慶暦7(1047)年にも王則の乱が起きている。元末の紅巾の乱では, 阿弥陀信仰に基づく白蓮教の韓山童が弥勒信仰を取り入れ, 明の太祖はこれを禁圧したが, その後も道教系の各種新興宗教と習合し, 過去仏(燃灯仏), 現在仏(釈迦仏), 未来仏(弥勒仏)による三仏応劫の救世思想は, 民衆反乱の重要な思想的根拠となった。また明清代には『大聖弥勒化度宝巻』など民衆教化のための宝巻も多く作られた。　　　　　　　(金 文京)

みろくげしょうきょう【弥勒下生経】
3~5世紀, 釈迦仏の次に成道するとされる未来仏, 弥勒の事績を語る経が, 西域出身者によって次々に訳出され, 南北朝以後の熱狂的な弥勒信仰を生む源流となった。この弥勒六部経中に, ①『弥勒下生経』1巻, 西晋の竺法護訳(303年), ②『弥勒下生成仏経』1巻, 五胡十六国後秦の鳩摩羅什訳(402~412年), ③『弥勒下生成仏経』1巻, 唐の義浄訳(701年)の3本が現存する(『大正新脩大蔵経』14)が, 『開元釈教録』によれば前後6訳があり, 初出である本来の竺法護訳は失われ, その同定に混乱があったらしい。未来仏たる弥勒(慈氏)が人寿が8万(4000)歳になったときこの世にあらわれ, 龍華樹の下で3度説法して, 釈尊の教化に漏れた衆生を救うであろうことを釈尊が語る内容だが, 語る相手は①で阿難, ②③では舎利弗であり, また①②のみが弥勒の教化を助ける大迦葉に言及するなど相互に異なる点も多い。しかし龍華三会の説法と転輪聖王の出現によって楽園的な世界が実現されることが共通の主題であり, 弥勒の出現を待つ「弥勒下生信仰」の根拠となったものである。　　　　　　　(山田 明爾)

みろくじょうしょうきょう【弥勒上生経】
正式名称は『観弥勒菩薩上生兜率(陀)天経』。1巻。南朝宋の沮渠京声訳(455年~。『大正新脩大蔵経』14)。56億(7000万)年後この世に下生するまで弥勒菩薩が住する兜率天のきらびやかな様子を説く。経中に「弥勒下生経に説くが如く」とあり, 『弥勒下生経』以後の成立と思われ, 弥勒下生信仰から進展して, 兜率天に往生してのち弥勒と共にこの世に下生して覚りを得ることを願う「上生信仰」の成立を示す。経は短いながらよく整っている。『法華経』の「普賢菩薩勧発品」に『法華経』を読誦すれば兜率天に往生できると説き, また「念仏形像」「称弥勒名」「修諸浄業」「聞名」「来迎往生」「十善道」など, ほぼ同時期訳出の『観無量寿経』とも酷似し, 中央アジアから東アジアにかけて, 以後の仏教信仰の大きな流れとなった称名念仏や, 阿弥陀仏の極楽往生を願う信仰との相互の影響を強く示唆している。五胡十六国前秦の道安が熱心に兜率天往生を願ったことは有名である。　　　　　　　(山田 明爾)

みろくぞう【弥勒像】

弥勒の梵名はMaitreya(マイトレーヤ)。阿逸多・慈氏などとも訳す。釈迦の後を継いで未来世に出現する仏陀。現在は菩薩として兜率天において説法し，その寿が4000歳(人間の56億7000万年)尽きた時にこの世に下生し，龍華菩提樹下で成仏して弥勒仏となり，3回の説法(龍華三会)で多くの人々を済度する。このため弥勒信仰には兜率天の弥勒菩薩のもとに生まれ変わりたいと願う上生信仰と，未来の弥勒仏の説法に参集したいと願う下生信仰があり，弥勒像の表現にも菩薩形と如来形とがある。

菩薩形の弥勒像は，十六国時代の水瓶を持つ立像形式の金銅仏が数例知られるが，5世紀代の石窟造像や北涼時代の石塔では，兜率天で説法する交脚像が多い。これら初期の菩薩交脚像は主に転法輪印を結ぶが，雲岡石窟には水瓶を持つタイプもある。また，豪華な宝冠を載せ，宝冠正面に化仏を表すなど，ガンダーラとは異なる点も多い。6世紀代に入ると交脚坐のほかに倚坐・半跏坐・結跏趺坐など弥勒菩薩の坐勢は多様化するが，手印は施無畏・与願印に統一されていく。いっぽう，如来形の弥勒像は釈迦如来像との図像上の区別が難しいが，河北では5世紀前半に遡る在銘像が認められる。6世紀に入ると並脚倚坐や遊戯坐の弥勒仏が確認されるようになり，初唐時代以降は並脚倚坐像が弥勒仏の定型となった。また後世，布袋(五代時期の浙江の僧。本名契此)が弥勒の化身とされ，今日の中国仏教寺院では太鼓腹の布袋像を弥勒と呼んでいる。

(石松 日奈子)

みん【民】

民とは，その古い字形は，目を刺して害を加えた形で，もとは俘虜となり神に捧げられ，神につかえる異族をあらわしていたが，のちに君子や士に指導される小人・庶人といった民一般を指すようになった。徳を積んだ君子に指導されてはじめて，損得に流れやすい民は安定すると考えられることから，民の生活の安定こそが君子による統治の評価基準となる。その君民関係が，王朝交替などの激動期における社会変革の原動力として民を位置づける思想となった。

(飯尾 秀幸)

みん【明】

1368(洪武元)〜1644(崇禎17)。朱元璋(太祖洪武帝)が建国。洪武帝と建文帝の時代は南京を都とし，永楽帝の時に北京に遷都。1441(正統6)年に北京を正式に首都とすることが確定。最後の崇禎帝が自殺し北京が陥落してからも，明の皇族を擁立する南明が南方各地で続いたが，1661(明の永暦15，清の順治18)年に消滅。

モンゴル族を追い出し漢民族の国家として建国されたが，終始まわりの異民族の侵入に悩まされた。その例外は，永楽帝が5度のモンゴル親征を行った後の20数年間と，1571(隆慶5)年にモンゴル族のアルタン・カンとの間で和議が成立した後の約20年間だけである。1449(正統14)年には，オイラートのエセンを討伐しに長城外の砂漠地帯に出た正統帝が，逆に捕虜にされた事件が起こっている(土木の変)。16世紀中頃には，北ではアルタン率いるモンゴル軍に度重なる侵略をうけ，南では浙江・福建沿岸を中心に倭寇の被害を受けた(北虜南倭)。万暦年間(1573-1620)には豊臣秀吉が派遣した日本軍が朝鮮を侵略したため，明は朝鮮に援軍を送り国力を消耗した。その後もヌルハチ率いる満洲族の侵入に苦しめられ，疲弊の極に達したところを李自成率いる国内の反乱軍によって滅ぼされた。

明初と明末とでは政治・経済・文化の全般にわたって大きく異なる。洪武帝は政権を執ると皇帝独裁を強めてゆき，1380(洪武13)年には胡惟庸の獄を起こして宰相および中書省を廃止し，六部の長官である尚書を皇帝直属とした。またしばしば地主層や知識人を弾圧して一種の恐怖政治を行った。永楽帝の時代に宦官が用いられ，その後，明の政治史に暗い影を落とすに至った契機も，皇帝の分身として官僚を監視するためであった。宰相がいないのでは数多い上奏文を決裁するのに不便であるため，内閣大学士を置いたが，次第に大学士のトップである首輔大学士が実質上の宰相となった。その代表例が明末の隆慶(1567-72)末年から万暦10(1582)年にかけて首輔大学士であった張居正である。彼は全国的な土地測量を実施して増税をはかり(万暦の丈量)，勤務評定を厳格に行い(考成法)，経費の節減をはかるなど，官僚や地主による猛反対のなかで大改革を断行したが，それが可能であったのも万暦帝という独裁君主の後ろ盾があったからである。ただ明末では皇帝に対する直接批判もなされ，世論の力は大きく言論は比較的自由であった(東林党・復社)。明初では宋元時代の延長として朱子学が中心であったが，明末には陽明学が流行し，思想・学術だけではなく風俗も自由となり，時に放恣なまでとなった。統治・徴税組織として明初には里甲制があったが，明末には崩れさり，郷紳が地方で大きな勢力となった。明代中頃にはヨーロッパ人が来航し始め，万暦以降にはマテオ・リッチらイエズス会士がその文化をもたらし，大きな影響を与えた。

(夫馬 進)

みんいっとうし【明一統志】 →大明一統志

みんかいてん【明会典】 →大明会典

みんがろく【明画録】

明の画史。8巻。明に編纂。徐沁撰。徐沁は，会稽(浙江省)の人。字は

野公，号は委羽山人。明の計861名の画家を収録する。巻1の冒頭には宸絵・藩邸として皇室関係者と，道釈・人物・官室をよくする画家を収録し，巻2～5に山水画家，巻5末に獣畜・龍・魚の画家，巻6に花鳥草虫の画家，巻7に墨竹・墨梅・蔬果の画家，巻8に彙紀・補遺の画家が収録されている。出典等の記はない。『画史叢書』などに収録。
（伊藤　晴子）

みんかんぼん【明刊本】　→明版

みんきょく【明曲】　明の曲（戯曲・散曲）。元曲が雑劇（北曲）に代表されるのに対して，明では伝奇（南曲）が盛んになったため，明曲といえば伝奇（南曲）を指すことが多いが，厳密にいえば明の戯曲も雑劇を含み，さらに曲という語は戯曲のほかに南北の散曲（劇ではない歌曲。組曲になったものもある）をも含む。ここでは戯曲のうちの伝奇と雑劇について述べる。伝奇は，明の前期には丘濬『伍倫全備記』に代表されるような忠孝節義を宣揚する内容の作品が流行した。後期になって全盛期をむかえ，湯顕祖『還魂記』のほか，李開先・梁辰魚・沈璟・屠隆・梅鼎祚・馮夢龍などの著名な作家が輩出し内容も多様化した。一方，雑劇は，明初では朱有燉（周憲王）の作品（神仙劇・妓女劇が多い），後期では徐渭『四声猿』などが代表的なものである。伝奇は『六十種曲』，雑劇は『盛明雑劇』によって概観できる。
（廣瀬　玲子）

みんし【明史】　明一代に関する紀伝体の歴史書。正史の一つ。全336巻。本紀24巻・志75巻・表13巻・列伝220巻・目録4巻からなる。清の張廷玉らによる奉勅撰。体裁・文章がよく整っているため，高く評価されることが多いが，面白味に欠けるとも言われる。1645（順治2）年，中国内地支配を開始して間もない清朝は明史館を開き正史編纂を企図したものの，頓挫した。明史館は79（康熙18）年に再開され，王鴻緒・万斯同らにより，1723（雍正元）年に『明史稿』全310巻が完成した。三たび開かれた明史館で張廷玉が総裁となり，『明史稿』をもとに1735（雍正13）年に成ったのが本書である。1739（乾隆4）年に武英殿から版本が出された。百衲本はこれを納める。『明実録』にない記述も含まれ，二次編纂物ながら史料価値は高い。中華書局の評点本が便利である。誤りもままあるため，利用の際は黄雲眉著『明史考証』全8冊（中華書局，1979～86年）を参照すべきである。
（櫻井　俊郎）

みんしきじ【明詩紀事】　明代の詩人の略歴と代表作及び創作の由来を記した書。清末の陳田の編。1899（光緒25）年，甲乙以下，全10籤の構成で刊行を開始したが，1911（宣統3）年に辛籤を出した時点で頓挫した。前8籤ですでに明一代を網羅していることから，残る壬癸2籤には方外（出家者）や閨秀（女性）が予定されていたと思われる。銭謙益の『列朝詩集』や朱彝尊の『明詩綜』に収録されなかった詩人を多数取り上げ，また両書の記述の誤りを正している。
（井波　陵一）

みんしこう【明史稿】　『明史』の底本となった歴史書。310巻。王鴻緒の撰となっているが，実際は万斯同が手がけた。1679（康熙18）年，『明史』編纂の史館が開設され，万斯同も招かれたが，明の遺老を任ずる彼は入館を固辞し，館外から参加。署名せず，俸給も受けず，19年間をかけ500巻を作成した。彼の死後，王鴻緒が増損を加え，彼の名で1714（康熙53）年，列伝205巻が進呈され，1723（雍正元）年，本紀19巻，志77巻，表9巻が進呈された。
（森　紀子）

みんしそう【明詞綜】　清の王昶によって編集された明一代の詞のアンソロジー。12巻。王昶は1754（乾隆19）年の進士，官は刑部侍郎に至った。王昶に先立つ清初の朱彝尊は唐から元までの詞の総集『詞綜』を編纂し，引き続き明の部分を執筆中であったが，未完に終わった。王昶は嘉慶年間（1796-1820）に朱彝尊の遺稿を入手し，それを核として本書を編んだ。皇帝・皇族に始まり女性作家に終わる390人の作品を南宋の諸名家を選択の基準として収録し，明一代の佳作がほぼ網羅されていると評される。
（大平　桂一）

みんしそう【明詩綜】　清初に編集された明一代の詩のアンソロジー。100巻。1705（康熙44）年に朱彝尊によって選述。帝王の詩に始まり，僧・道士・女性・鬼神及び外国人に至る3400人余りの作品を収めた。一人一人に小伝，各家の論評，自身の静志居詩話を付している。作品の選択や詩人の小伝の書き方に偏向が少ないと賞賛される一方で，清の朝廷の検閲を配慮するあまり，明の遺老の作品の収録が少ないとか，彼らの作品に不必要な削除を行ったという批判もある。
（大平　桂一）

みんじつろく【明実録】　明朝13代の皇帝の実録。正式には『大明実録』といい，俗に『皇明実録』ともいう。内訳は，太祖実録257巻，太宗実録274巻，仁宗実録10巻，宣宗実録115巻，英宗実録361巻，憲宗実録293巻，孝宗実録224巻，武宗実録197巻，世宗実録566巻，穆宗実録70巻，神宗実録594巻，光宗実録8巻，熹宗実録87巻（存

74巻)。なお崇禎実録は上記の一連の実録に属するものではなく，民間の俗書である。実録は各朝代，王朝により正式に編纂官が任命され，皇帝の事績を中心に，広くその時代に起こった重要な政治・軍事・社会・経済上の諸事件を根本史料に基づいて記録したもので，明代史の研究には最も重要な基本史料の一つである。ただし実録はもともと写本で伝えられ，諸本があり，それぞれに誤写・脱字・脱行・錯簡等が多い。現在最も流布しているのは江蘇国学図書館本の影印本(南京，梁鴻志刊)と北平図書館本の影印本(台湾，中央研究院歴史語言研究所刊)とであるが，後者には厳密な校勘記が付されており参照すべきものである。 (谷口 規矩雄)

みんしべっさいしゅう【明詩別裁集】 明代詩歌の総集。五朝詩別裁集の一つ。12巻。清の沈徳潜・周準の共撰。先行する『明詩選』(明の陳士龍)，『列朝詩集』(清の銭謙益)，『明詩綜』(清の朱彝尊)などの選集から，314家，1000首余りを選別し，収録したもの。沈徳潜自身の格調説に基づいて，李攀龍・何景明らのいわゆる明の前後七子を推奨し，袁宏道ら公安派や鍾惺・譚元春ら竟陵派詩人を重視しないことでも知られる。 (木津 祐子)

みんじゅうさんりょう【明十三陵】 →明の帝陵

みんじゅがくあん【明儒学案】 明代の学術思想史。序・目録・本篇62巻。黄宗羲撰。明一代の学術思想を陽明学を中心に学派別に系統立てて概観したもの。中国最初の本格的な哲学史である。学派別の学案は17，学者数はおよそ200人，それぞれの学案には小序があり，それぞれの学者について簡単な伝記と主要な著作からの抜粋がある。資料の選択・整理，論評ともに，編者の深い学識を窺わせるものである。テキストには賈本(莫本)と鄭本の二つの系統がある。内容に異同があり，後者の方がすぐれていて，これを底本にしたものが『黄宗羲全集』(浙江古籍出版社，1992年)に収められている。 (小野 和子)

みんのていりょう【明の帝陵】 明の皇帝の陵墓群。南京市の孝陵と，北京市昌平区の十三陵(明十三陵)，ならびに江蘇省泗洪県の祖陵，安徽省鳳陽県の皇陵，湖北省鍾祥市の顕陵をあわせた17帝陵が現存する。祖陵は朱元璋の高祖父徳祖，曾祖父懿祖，祖父熙祖の衣冠塚(遺体のかわりに衣冠を納めた墓)。泗洪県城の南南東44km，洪沢湖の西岸に所在。長らく水没していたが1963年に発見され，磚室・正殿・左右廡・欞星門の遺構と神道石刻21対が残る。完成は1386(洪武19)年頃。皇陵は朱元璋の父仁祖朱世珍と母陳氏の合葬陵。原名を英陵という。明の中都城の南に隣接する。東西60m，南北40mの方墳の北に正殿を置いて皇城で囲み，北向きの神道に碑亭1対と石刻36対を配列。それらは磚城で囲まれ，さらにその外に土城がめぐる。完成は1378(洪武11)年。顕陵は嘉靖帝の父興献王朱佑杬(憲宗第4子)と母蔣氏の合葬陵。1524(嘉靖3)年，嘉靖帝の意向により興献王を恭睿献皇帝と追諡し，墓を帝陵の規格で造営した。鍾祥市東北郊外7.5kmの純徳山に所在。それぞれに宝頂(円墳)をもつ2つの宝城が南北に連なり，明楼・正殿(稜恩殿)・左右廡を囲む方城から南へのびる1.3kmの神道は蛇行する水溝(九曲河)と5か所で交差する。神道途中に欞星門と碑亭が建ち，その間に石刻13対が並ぶ。

孝陵は太祖朱元璋の陵。南京市東郊に聳える鍾山の南麓に所在。小さな峰を宝頂とし，周囲に宝城をめぐらせ，南面に明楼を建造。宝城は歪な円形を呈し直径325～400m。明楼の正面にはやや距離を置いて陵園を設け，中央に正殿(孝陵殿)を配置。陵園から南へのびる神道は孫権墓の伝承がある小丘(梅花山)に突き当たってC字形に迂回する。神道の欞星門と碑亭の間には17対の石刻を配列。碑亭には1413(永楽11)年所建の大明孝陵神功聖徳碑が立ち，その南に陵域正門の大金門が遺存する。陵域を囲む陵垣の周長は22.5kmであった。孝陵の造営は1381(洪武14)年に始まり，翌年皇后馬氏を先葬した。

十三陵は昌平市の北郊外10kmにある天寿山の南麓に広がる面積約40km²の盆地の辺縁部に分布。成祖長陵をはじめ，仁宗献陵・宣宗景陵・英宗裕陵・憲宗茂陵・孝宗泰陵・武宗康陵・世宗永陵・穆宗昭陵・神宗定陵・光宗慶陵・熹宗徳陵・思宗思陵の13陵と太子墓1基，妃嬪墓6基が営まれている。各陵の構造は孝陵に倣い，宝頂を囲む円形あるいは楕円形の宝城の前方に陵園を付設し，明楼と正殿を中軸線上に配置。宝城の規模は最大の長陵が直径約300m。永陵・定陵・献陵がこれに次ぎ，他の陵は概ね直径150m以内に収まる。思陵を除く12陵の神道は盆地中央を通る長陵の神道に収束し，陵区正門の大紅門を経て旧昌平県城に至る。大紅門の外には1540(嘉靖19)年建造の石牌坊，内には大明長陵神功聖徳碑を蔵する碑亭が建ち，碑亭と北1.2kmにある欞星門との間には1435(宣徳10)年所立の石刻16対が並ぶ。大紅門から東西にのびる全長約40kmの陵垣は盆地を囲む山峰をめぐり陵区を形成し，大紅門を含め11門が設置される。各陵の前には陵園管理の神宮監と警備の衛が設けられた。

(来村 多加史)

みんぱん【明版】 明代に刊行された典籍の総称。明刊本ともいう。明代は出版が盛んになった時代とされるが，その前半期の伝本は必ずしも多くはない。嘉靖年間(1522-66)以降，出版量は増大し，万暦(1573-1620)頃に絶頂に達し，今日伝存するものも多い。従来，経書や正史等の出版が主体であったが，明代においては，医書・文集・小説・戯曲・仏書など広い分野の典籍が多数刊行され，刊刻の方法も，活字本や套印本のほか版画を付した帯図本など多彩なものがある。内府の経廠本，南北国子監の監本，諸藩王府の藩刻本，布政司等の地方官署本などの官刊本や家刻本のほか，北京・江蘇・浙江・福建などを中心に，営利目的で書肆が刊行した坊刻本の出版が増大した。経廠本は，宮中の刊刻で版型も大きく紙質も良質のものが多いため，貴重視されることが多いが，宦官の監督のもと刊刻されたため，校勘が杜撰との評がある。また坊刻本のなかには，校訂が行き届かないものや，紙質・印刷の技術が低いものも多い。　　　　　　　　（梶浦 晋）

みんぶんかい【明文海】 明代の文の総集。482巻，鈔本。一説に原書600巻。明末清初の黄宗羲の編。1693(康熙32)年ごろの完成。これより先，黄宗羲は『明文案』207巻を編纂し，その後徐乾学の伝是楼所蔵の明人文集を得て新たにこの書を成した。約1000家4300余篇の文を28類に分かつ。『四庫全書』著録の際に清朝の忌避に触れる部分が削去された。時代・篇数ともにはるかに『明文衡』を凌駕するが，蕪雑の誹りもある。閻若璩は，本来未完だったものを子の黄百家が完成させたという。
　　　　　　　　　　　　　　　　（野村 鮎子）

みんぶんこう【明文衡】 明代の文の総集。原名は『皇明文衡』。98巻。明の程敏政の編。洪武から成化まで(1368-1487)，明朝初期の文を檄・詔・誥・冊など40類(ただし，楽府などの韻文も含む)に分かち，1000篇あまりを作者名を挙げて収録する。程敏政が生前目録のみを作成し，死後，甥が海内の蔵書家を訪ねて各家の文を捜求し，本書を成したという。そのため，一部目録に在りながら文を欠くものもある。古文辞派台頭以前の明文を考察する上で有用。　　　　　　　　　　（野村 鮎子）

みんぶんじゅどく【明文授読】 明代の文の総集。62巻。『明文案』『明文海』の両書から抜粋した明代の文とそれに対する黄宗羲の評語を，子の黄百家が編輯したもの。1699(康熙38)年の刊刻。約300家789篇の文を30類に分かち，各家についての黄宗羲の批評を「先夫子曰く」として初出の文尾に付記し，黄百家が記憶する父の言を「百家私記」として付注する。『明文案』『明文海』に比べて巻数は少ないが内容は充実しており，明代の文を概観するのに簡便である。ただ，黄宗羲の文学観を反映して，古文辞派の文はあまり採らない。
　　　　　　　　　　　　　　　　（野村 鮎子）

みんやくてんもんしょ【明訳天文書】 占星術書。『天文宝書』ともいう。イスラム系の暦算書『回回暦』と同じ背景のもとで，西域出身の学者海達児・阿荅兀丁・馬沙亦黒・馬哈麻などによって1383(洪武16)年に翻訳された。翰林院の呉伯宗が監督。原書はペルシア人天文学者クーシュヤール・イブン・ラッバーン(闊識牙耳)が10世紀の終わり頃にアラビア語で著したもの。原書と同じく4章からなる。中心はヘレニズムの占星術であるが，ペルシア・イスラムの新しい要素も付け加えられている。　　　　　　　　　（矢野 道雄）

みんよう【民窯】 一般の需要に応え，販売を目的とした陶磁器を生産する窯をいう。宮廷御用の陶磁器を焼く官窯に対する概念。官窯で焼かれた陶磁器のような精巧さはみられないが，実用的な器形や，生き生きとした文様に魅力がある。代表的な例として，宋以降民衆の日常の用に供する器物を焼いた磁州窯があげられる。また，景徳鎮に官窯が置かれた明時代以後は，景徳鎮窯産の磁器を官窯と民窯とに分類してとらえることが多い。　（今井 敦）

みんりつ【明律】　→大明律

みんれい【明令】　→大明令

む

む【無】 道家が重視した基本的な思想概念の一つ。有の否定，存在するものが何もないこと。

戦国時代中期に成立した『荘子』斉物論に代表される初期道家は，時代社会のもたらす不安や苦しみからの解放を理論の上に求め，感情・価値・事実認識などを司り不安や苦しみを生む人間の知の一切を誤りとして，徹底的に否定・排除した。そして，その結果得られた「天地は一指なり，万物は一馬なり」という万物斉同の哲学についても，それが知である限り，その主体である我は世界とは別個の存在であり，本当の斉同(一)としては定立できないとして，さらなる否定・排除を試みる。それは有の否定的根源に措定した無にも，さらにそれ以前の無を措定し，否定的根源の遡及を何度も繰り返した後，ついに「俄かにして無有り」という絶対の無に到達するというものであった。

こうして定立された「一の無」は，人間の無知によって把握された世界の真実の姿であり，この時，主体の我は寸分の間隙もなく世界に融即しているが，これこそが道に他ならないとされた。このようにして，道家は無を道の性質の一つ，または道それ自体の意味で用いるようになり，根源的な真の実在としての無があれこれの有(万物)をして有(万物)たらしめているとする存在論を唱えた。例えば，『老子』第2章の「有無の相い生ずるや」は，絶対の無に到達していくプロセスにおける相対の有無を述べた文であるが，『老子』第11章の「有の以て利を為すは，無の以て用を為せばなり」は，有の機能は無によってこそ支えられているという，上述の存在論を基礎にしている。後に，この存在論は当初問題としていた知への関心が弱まることにより，「天下の万物は有より生じ，有は無より生ず」(『老子』第40章)というような宇宙生成論とも結びつくようになったが，これは，『老子』第42章に「道は一を生じ，一は二を生じ，二は三を生じ，三は万物を生ず」とあるような宇宙・万物の生成者である道の性格が無に付与されたものである。

無は，以上のように道家の重要な哲学を担うとともに，無欲・無知・無為などのように，人間の最も重要な核心である本性・生命を疎外する欲・知・為などの作為を否定・排除しようとする時にも用いられた。また，無は，道家の思想が広く受容されるに伴って他学派にまで浸透していった。例えば，法家では，君主が臣下や人民に対して自己の好悪・思惑を明らかにしてはならないと主張して無を政治思想に適用した。玄学が流行した魏晋南北朝時代においては，貴無(形而上の無を重視する)と崇有(形而下の有を尊重する)の思想が登場したことにも現れているように，無と有についての議論が多く積み重ねられ，三国魏の何晏・王弼，西晋の郭象などによってその認識も深められた。例えば，王弼は，道の影響を受けた生成論的な無から離れ，存在論的な無を突き詰めて天地・万物の存在を支え意味づける究極的普遍者として無を位置づけているし，また郭象は，無には有を作り出す超越的な主宰者としての性格はないと言って，有すなわち万物が独化自生するという新しい思想を提唱している。

(池田 知久／渡邉 大)

むい【無為】 何も為さない，為すことがないの意。先秦時代の道家の常用した重要な概念の一つ。

先秦時代の道家は，人間の作為がその本来の生き方を損なうと考えて，作為の否定としての無為を唱えた。例えば，『老子』第57章には「聖人云わく，我為すこと無ければ民みずから化し，我静かなるを好めば民みずから正し，我事無ければ民みずから富み，我欲無ければ民みずから樸なり，と」とあって，為政者が何も為さないことによってかえって民(一般化すれば万物)が自分から正しい状態になるとされている。また，為さないことを道の本質的な性質と考えて，逆説的に，為さないからこそかえってどんなことをも為しうるのだと主張した。これが『老子』第37章や『荘子』知北遊や則陽にある「無為にして為さざる無し」という命題である。

「為すことが無い」という概念およびその表現は，道家において広く一般的な思想となったために，『老子』第37章に「道は常に無為にして為さざる無し。侯王若し能くこれを守れば，万物将にみずから化せんとす」とあるように，「無為」という熟語として用いられるようになった。さらには，『老子』第3章に「無為を為せば，則ち治まらざる無し」とあるように，「為す」対象とされるまでになる。『荘子』では，在宥にも「君子已むをえずして

天下に臨莅すれば，無為に若くは莫し」とある無為は『老子』と同様の意味であるが，人は我を捨てることによってこそあらゆる束縛から解放され心の安らぎを得られるとの主張から，「寂漠無為」(天道)など，主に心の状態としての無為をいう場合が多い点に特徴がある。

　無為は広く道家以外の諸子百家にも用いられる。例えば，『論語』衛霊公では「無為にして治まるはそれ舜か。夫れ何をか為さんや」とあり，舜が適材適所に人材を置いたのみで自身は何も為さなかったことを言うが，聖人の徳化による上古の理想政治を象徴することばであるにしても，道家の影響を受けた無為であろう。また，法家的傾向を持つ『淮南子』主術では，法を象徴する権衡規矩の常に一定で変わらない働きが無為であると表現されている。それぞれの意味するところは異なるものの，無為はいずれも肯定的に用いられており，無為の政治を理想とするのは，道家に限らず中国古代思想の一般的な趨向となっていった。ただし，同時に儒家の*荀子や墨家のように，人間の前向きな努力を否定する思想であると見て，無為に反対する思想家も存在している。
　　　　　　　　　　　　　　（池田 知久／渡邉 大）

むがくそげん【無学祖元】　1226(宝慶2)～86(弘安9)。南宋の禅僧。慶元府鄞県(浙江省)の人。姓は許氏，字は子元。13歳で父を失い，臨安(杭州)の浄慈寺の敬叟居簡に就いて出家し，5年後に杭州径山の無準師範の法を嗣いだ。1249(淳祐9)年，無準が没すると，杭州霊隠寺の石溪心月，大慈寺偃溪広聞，鷲峰庵の虚堂智愚，大慈寺の物初大観に歴参した。1261(景定2)年東湖の白雲庵に住し，後に台州(浙江省)の真如寺に住したが，1275(徳祐元)年に，元軍の侵攻を受け，温州などに逃れた。1279(弘安2)年，北条時宗の招聘により来朝し，鎌倉建長寺の住持となる。弘安5年には，円覚寺の住持にもなり，日本の臨済宗の基礎を築いた。
　　　　　　　　　　　　　　　　　　（鍋島 稲子）

むかさぼ【夢華瑣簿】　19世紀前半の北京について記した随筆記録。1842(道光22)年成立。書名は孟元老の『東京夢華録』にちなむ。著者「蕊珠旧史」の本名は楊懋建。梅県(広東省)の人で，他に『長安看花記』などの著作がある。内容は，著者自身の見聞および友人(陳湘舟・安次香)からの聞き書きにもとづく。北京の各劇場や四大徽班の記事，芸能・演劇界の慣習や用語の考証，俳優との交友録や逸話の紹介，演劇作品の評論，盛り場や近郊の名所の紹介，北京の風俗に関する覚え書き，など。京劇など伝統演劇に関する論述が多く，研究上，有益な史料である。
　　　　　　　　　　　　　　　　　　（加藤 徹）

むきょく【無極】　本来，きわみのないこと，すなわち無限をいう。『老子』第28章の「無極に復帰す」，『荘子』在宥篇の「無極の野に遊ぶ」，『列子』湯問篇の「無極の外に復た無極無し」などの語は，いずれもそのような原義を残している。初期中国仏教において，究極的な彼岸の悟りにいたること(波羅蜜)が「度無極」と訳されたこともある。ただし，この語が哲学的キー・タームになったのは北宋の周惇頤に始まる。その『太極図説』の冒頭に「無極にして太極」と，世界の究極的実在を無極の語で表現したからである。南宋の朱子はさらに「無極にして太極」の語を「理」をいうものとして再規定した。朱子によれば，無極といわなければ太極は一般の事物と区別がつかなくなり，太極といわなければ無極は単なる無に堕してしまうという(「陸子静に答う」『朱子文集』巻36)。こうして無極は「理」の無形象なる性格をいい，太極は「理」の究極的性格をいうとされて，朱子学における存在論の基本枠組みが形づくられた。
　　　　　　　　　　　　　　　　　　（吾妻 重二）

むけいひつだん【夢溪筆談】　北宋の筆記。26巻。沈括の著。『補筆談』3巻，『続筆談』1巻がある。内容は哲学・政治・軍事・芸術など多方面にわたっているが，とりわけ数学・物理学・天文学・医学などの科学技術に関する内容が多いのが特徴。当時の科学技術の水準を知ることができるだけでなく，沈括自身の独創的な見解も述べられており，中国科学史研究の上で重要な著作。書名は沈括が晩年に著述に励んだ夢溪園からとられたもの。『叢書集成』初編などに収録。
　　　　　　　　　　　　　　　　　（長谷部 英一）

むしゃえ【無遮会】　梁武帝や則天武后，あるいはインドの戒日王など，主催者帝王が全所有物を僧に施与し，臣下が購い戻す，布施大会。無遮はサンスクリット語のnirargada(遮ることのない)の訳で，「無制限」の意味。アショーカ法勅に記された，王の「五年一回の巡察」が『阿育王伝』(《Aśokavādāna》)で仏教的に解釈され，それがアショーカの布施の法会「五年之会」(pañcavārṣika)となった。中国で行われたのは宋代までだが，中央アジアで特に好まれ，『法顕伝』や『大唐西域記』に頻出する。
　　　　　　　　　　　　　　　　　（Max Deeg）

むじょうひよう【無上秘要】　北朝北周の武帝(在位560～578)の命によって編纂された道教教理に関する一種の類書。現存67巻。当時存在した多数の道教経典を抜粋引用して，宇宙の始源に関する教理から具体的儀礼に至るまでを解説したもの。仏教教理の影響下に北周の通道観で行われた道教教理研究の成果のひとつと考えられる。すでに散逸し

てしまった多数の古道経を含み、南北朝末期までの道教教理を知るうえで重要な価値を有する。敦煌出土の『無上秘要』目録(ペリオ2861号)には「全一百巻、二百八十八品」と記されており、元来は「大道品」「一気変化品」以下全100巻288品から構成されていたことが知られる。現行の道蔵本は首部2巻を欠き、その品名も敦煌本とはかなり相違していて本来の構成意図がはっきりしなくなっているが、敦煌本目録によって、世界の根本である「道」から「一気」が変化して大羅天以下の世界が生み出されるという道教教理の根本に即した構成をとっていたことが知られる。　　　　　　　　　　(麦谷 邦夫)

むじんぞう【無尽蔵】　尽きることのない宝の蔵、の意。本来、法や功徳の無尽を意味していたが、転じて寺院が布施された金銭や財物を低利で貸与し、その経済的活動を支えた寺院の金融機関をさすようになった。収益は寺院の修理や増設、貧民の救済、無遮会などに用いられた。南北朝時代から行われていたが、唐の*化度寺の無尽蔵院の活動は特によく知られている。宋代には長生庫と呼ばれる高利貸し的なものに変わっていった。　(西本 照真)

むせいぎ【無声戯】　清初の白話短編小説集。*李漁著。12篇を収める初集と、二集とに分けて出版されたが、二集の方は流伝せず、のちの改題本『連城璧』には全18篇を収録する。同じ作者による小説集『*十二楼』に先立って、1656(順治13)年頃に杭州で出版された。作品はいずれも新奇なストーリーの展開を意図的にねらって、読者の意表をつこうとする巧妙な筋立てにもっぱら意をつくしている。　　　　　　　　　　　　　(岡 晴夫)

むせいしし【無声詩史】　明の画史。7巻。清に編纂。姜紹書撰。姜紹書は、丹陽(江蘇省)の人。字は二酉、号は晏如居士。1642(崇禎15)年当時、南京工部郎の官についていた。明の画家を中心に収録。第1巻から4巻に洪武から崇禎年間(1368-1644)頃に活動していた皇室を含む画家203名(付属込み)、第5巻に女性の画家22名(同)、第6、7巻に著名でない画家など238名(同)のほか、「西域画」(西洋絵画)、名妓ら9名が収録されている。『画史叢書』などに収録。　　　　　　(伊藤 晴子)

むぜんむあく【無善無悪】　良知はあらかじめ特定の善悪の価値観に染められてはならない、とする陽明学の学説。「四句教」等において説かれる。その先蹤は「悪は能く心を害す、善も亦た能く心を害す」(『陸九淵集』巻35「語録」下191条)等に見出される。「目に入れば害になる点では塵沙も金玉片も同じ。心には私念はおろか善念さえ滞らせてはならぬ」(『伝習録』巻下、135条)も同趣旨である。無善無悪は良知本来のあるべきあり方であるから、「無善無悪をこれ至善と謂う」とも表現される(『伝習録』巻上、102条)。王畿はより端的に「良知は是を知り非を知り、而も実に是も無く非も無し」(『龍渓王先生全集』巻17「蔵密軒説」)と述べた。知是知非なる良知のはたらきは無是無非なる良知のあり方によってこそ可能だ、とするのである。陽明学の無善無悪説には、既成の価値観を相対化する志向が内在する。それだけに、朱子学者サイドからは「学術を以て天下万世を殺す」もの(顧憲成『小心斎劄記』巻18、4条)との痛罵を浴びた。　(中 純夫)

むだいし【無題詩】　晩唐の*李商隠に始まる「題無し」と題された詩。内容は恋愛詩(艶詩)に限られる。中国古典詩の詩題はその詩の作られた状況、唱われている内容を説明するのが一般であるが、無題詩はそれを敢えて拒絶する。李商隠に続いて晩唐の*韓偓・唐彦謙、宋に入っては西崑体の詩人によって模倣された。李商隠には内容のうえで「無題」詩群と共通しながら、『詩経』や杜甫の詩に見られるように詩の最初の2字を題とした艶詩もある。　　　　　　　　　　　　(川合 康三)

むもんかん【無門関】　宋代禅宗の公案集。無門慧開(1183〜1260)撰。『宗門統要集』などから修行者が悟りを得る為に解決すべき話(=公案)を48則選び、頌(詩の形で自己の見解を述べたもの)と評唱(話の核心を品評したもの)を加えたもの。公案を代表する「趙州 無字」の話が第1則に取り上げられ、悟りは有無相対を絶し、知解分別に基づかないことを示し、公案禅の基本と特色を明解に説く。中国ではその伝を断つが、無門慧開の法嗣の無本覚心によって日本に伝えられ、開版を重ねて大いに流布した。　　　　　　　　(石井 修道)

むようのよう【無用之用】　一般に役に立たないとされているものが却って役に立つということ。出典は『荘子』人間世篇末尾の「山林の木は役に立つから自ら禍を招き、膏火は明かりを採るのに役立つから我が身を灼かれ、桂は食用になるから伐られ、漆は役に立つから漆の木は削られるのだ。世間の人は有用が役に立つことは知っているが、無用が役に立つことを知らない」の文章に基づく。有用が却って災いを招き自らを傷つけるとして、無用の効用を主張。また同篇では百抱えもある大木の例を挙げて、このように生長できたのは、この木が舟を作れば沈み、器を作ればすぐ壊れるというように役に立たないためで、人も有能で重用されれば危害を

被り天寿を全うできないと，無能で役に立たないことの効用を強調した。また世間的には無用とされる想像を絶する悲惨な身体障害者の支離疎なる人物を例に挙げ，健常者は労役に駆られて苦しむが，彼は却って福祉の恩恵を被り安泰な生活を送れることを示し，無用が役立つことを示す。　　　（澤田 多喜男）

むよく【無欲】　欲望の否定ないし抑制。『*老子』第3章に「常に民をして無知無欲ならしむ」というように，道家は欲望の追求が社会の混乱につながるとしてこれをいましめ，自然な純朴さに帰れと教える。同書第37章に「欲せずして以て静ならば，天下は将に自ずから定まらんとす」というのも同じ意味。『荘子』もまた，太古の民は無欲であったが，聖人の政治によってそれが破壊されてしまったという（馬蹄篇）。このように反儒教的な意味を含んでいた無欲の語を儒教思想にとり入れたのは北宋の周 惇頤である。『太極図説』の自注で「無欲なるが故に静かなり」といい，『通書』聖学篇では聖人に学び至るための要諦として無欲を掲げている。これはしかし，道家のいう無欲とはニュアンスが異なり，私的な利害意識をもたないことを意味している。無欲の結果として思考の明晰さと行動の公平さを聖学篇が挙げているのはそのためである。のちに南宋の朱子は「人欲を遏めて天理を存す」（『孟子集注』梁恵王篇）というテーゼを唱えたが，この場合も人欲とは私欲を意味する。　　　（吾妻 重二）

むりょうじゅきょう【無量寿経】　大乗仏教の経典。釈迦牟尼仏が王舎城（Rājagṛha）の耆闍崛山（Gṛdhrakūṭa）で，1万2000人の仏弟子を前に説いたとされる。『観無量寿経』『阿弥陀経』とともに浄土三部経の一つで，最も長巻であるところから「大経」とも呼ばれる。ある国王が世自在王仏の説法を聞いて発心し，出家して法蔵（Dharmakāla）という菩薩になった。かれは世自在王仏の指導によって苦悩する衆生を救うために48項目にわたる願を

たて，安楽浄土を建設して，そこに生まれさせることを計画し，それを完成して現に阿弥陀仏となって救済にあたっていることを述べる。
　サンスクリット語本およびチベット語訳が現存する。原題は《Sukuhavatīvyūha-mahāyānasūtra》。漢訳は計12種あったというが，現存するのは『仏説無量清浄平等覚経』『仏説大阿弥陀経』などの7種である。その中でも康居（ソグディアナ）の訳経僧である康僧鎧（250年頃洛陽に来住）が訳したとされる『仏説無量寿経』2巻が一般に読誦される。浄土教の諸宗派が念仏によって極楽往生を可能とする根拠とする経典で，親鸞はこれを「真実の教」と評価している。サンスクリット本や他の諸訳との間に違いがあり，特に「願」の数に違いが認められ，成立の過程や年代について諸説がある。
　　　（上山 大峻）

むりょうろく【夢粱録】　『東京夢華録』の体裁に倣って南宋の都城臨安（杭州）について記載した都市繁盛記の一つ。20巻。呉自牧の撰。1274（咸淳10）年頃に完成したと考えられる。書名は唐人小説中の「黄粱夢」に由来する。『（淳祐）臨安志』『（咸淳）臨安志』等の方志史料に基づきながら，作者が実際に見聞した事実を中心に臨安の山川景物や宮殿・官署・人物・伎芸・風習等について詳記している。全体に169項目を配し，まず四季の順序に従って記載し，つぎに城内の官衙・景物について述べ，最後に生活文化万般に説き及ぶ。なかでも，当時の商業活動や食生活，また演劇や戯曲，さらには楽曲・雑技に至る詳細を究めた記載は特に注目に値する。その内容には周密の『武林旧事』と互いに参照すべき点が多く含まれている。『知不足斎叢書』『学津討原』『武林掌故叢編』等，多くの叢書中に収載されている。点校本には『東京夢華録（外四種）』本等数種あり，その索引と訳注には梅原郁編『東京夢華録夢粱録等語彙索引』と梅原郁訳注『夢粱録』がある。　　　（木田 知生）

め

めい【命】　吉凶禍福・死生寿夭・富貴貧賤といった内容を含み，人や事物に対してその生成から死滅まで絶えず関与し続ける，人為では改変不可能な時の推移を指す。関与の仕方によって分類すれば，誕生時に賦与され自らに内在する命と，誕生して存在し死滅するまでの活動期間に他者との関係において自らに及ぼされる命との二つの命が観念される。前者は，賦与時に誕生後の自らの在り方が決定

されるが，所与の命の内容を知り得ないために，その内容の発現後に自らの命を自覚することになる。後者は，命を自らに内在するものとは考えないことから，①徳行の善悪に応じて禍福が到来する命と，②徳行とは無関係に禍福が到来する命との二つに分けられる。①の場合，禍福の到来は自らの徳の有無に左右されると捉えるために徳の修養が強調され，②の場合，命をめぐりあわせと捉えるために到来する禍福の内容にそう処世を強いられる。

天にこの世界の主宰者としての人格を認めていた時代，命を一方的に受ける側にある人にとっては，人為では改変不可能であるその原因の所在が天に求められることから，命は天の下す命令を意味する「天命」と呼ばれた。君主は「天命」を受けて，つまり「受命」して国家を統治し，その治乱は君主の徳の有無善悪によるとされるが，「天命」の下る対象が無徳悪徳の君主から別の有徳善徳の君主に革(あらた)まるという王朝交替を意味する「革命」は，ここから派生してできた語である。

漢代，命の観念は二つの顕著な展開を遂げる。その一つは，『孝経 援神契(こうきょうえんしんけい)』・『春秋元命苞(しゅんじゅうげんめいほう)』・『白虎通義』・王充『論衡』・何休『左氏膏肓(かきゅう さしこうこう)』・『孟子』趙岐注などに見える三命説であり，自らに内在する改変不可能な所与の命である正命(せいめい)(受命・寿命(じゅめい)ともいう)，徳行の善悪に応じて禍福を得る随命，善行が報われずに禍殃を被る遭命の三つに命が分類された。もう一つは，王充『論衡』の命論であり，命を受けて誕生した個々の人や事物は自らを構成する気の自然のはたらきで存在し活動しているにすぎず，それ故に命の発現した複数の人や事物が時空を同じくする場合もそこに因果関係は認められないとする偶然論を生み出し，必然性のみが強調されてきた命の概念の範疇を拡大させた。

(井ノ口 哲也)

めい【銘】 文体の名。もとは*青銅器に刻した銘文をいい，恩賞の記念や褒賜者に対する頌徳を主な内容とした。周代以降，銘を刻む対象が日用の器物や山川・宮室・門関などにも拡大されると，戒めの意も持つようになった。また石にも銘を刻すようになると墓碑との区別が曖昧になり，死者をも頌徳の対象とするようになった。その文は主として四言の韻文から成る。頌徳の内容を持つものには後漢の班固「封燕然山銘」が，また戒めの意を持つものとしては後漢の崔瑗「座右銘」，西晋の張載「剣閣銘(けんかくめい)」(いずれも『文選(もんぜん)』所収)などの作が知られる。

(林 香奈)

めい【謎】 →字謎(じめい)，謎語(めいご)

めいあんと【明安図】 1692(康熙31)?～1763(乾隆28)。清の暦算学者。蒙古正白旗の人。字は静庵。官は欽天監監正に至る。『律暦淵源』100巻，『暦象考成後編』10巻，『儀象考成』32巻などの編纂に参与し，新疆地区の測量と地図製作(1756～57，59～60年)に参加した。またフランス人宣教師のジャルトー(Pierre Jartoux)が伝えた三角関数の無限級数展開について研究し，傑出した成果をあげた。『割圜密率捷法(かつえんみつりつしょうほう)』がそれである。清史稿293

(川原 秀城)

めいいたいほうろく【明夷待訪録】 清初の政治改革論。1巻。黄宗羲(こうそうぎ)著。黄宗羲は，明朝復興の希望が絶たれてのち，その滅亡の原因を歴史的に洞察し，来るべき漢民族の王朝の，天子の下問に答えることを予想しつつ，新たな政治体制のあり方を全面的に構想した。「君主とは何か」「臣下とは何か」「法とは何か」などの13篇から成るが，このなかで，彼は「天下こそ主人であり，君主は客人であるに過ぎない」「臣下は君主個人に奉仕するのではなく，天下万民の利益のために奉仕するのだ」と宣言した。さらに「学校論」においては，学校に議会的な機能を持たせ，知識人に政治参加の道を開いて，君主の専制的な権力行使を制限しようとした。その君主批判の筆鋒は鋭く，「天下こそ主人」とする民主主義的な主張故に，後年，ルソーの「社会契約論」に比肩するものとされた。清末の改革運動や革命運動においては，この書物がパンフレットにされて改革や革命の宣伝鼓吹に用いられた。

(小野 和子)

めいおうおうでんへきが【明応王殿壁画】
山西省洪洞県の明応王殿にある元代演劇の上演の様子を描いた壁画。1324(泰定元)年に描かれたもので，元劇における役者の化粧，扮装，背景幕，使用楽器の一端を知る上で貴重な資料。役者とお囃子など，男女11名が描かれている。今日の扮装は後の明代の服飾に拠っているが，役人の扮装の基礎はこの時期すでに出来ている。ただ，黒い布ブーツが厚底でないのと，高官役の役者が床まで垂れた衣裳を着ている点は後世と異なる。女優が高官を演じているが，男を演じるのは当時の流行で，女優は劇団のスター忠都秀であると考えられる。また，付けヒゲは紐で後頭部に縛っていて今の眼鏡のように耳に掛けるのと違っているが，すでに付け髭の習慣があったことを知る。道化が目に白い目張りを入れているのは後世の京劇などの化粧と異なり，また後世の様式化した隈取りも見られない。目と眉の間に白を入れるのは地方劇に残る。劇唱の伴奏楽器に琵琶は見られず，横笛・太鼓・拍板(はくばん)の3種が一般的だった

であろうことも確認できる。　　（吉川　良和）

めいか【名家】　諸子百家の一つ。名（言葉・概念）と実（事物・実体）との関係を考察し，論理学的思考を極端なまでに追求した一派。代表的人物として戦国時代中期の*恵施や，後期の*公孫龍がいる。恵施の著作は亡びたが，『荘子』天下篇のなかに「太陽は中天に昇りつつあると同時に西に沈みつつある。万物は生きていると同時に死につつある」「私は天下の中央がどこにあるか知っている。それは（最も北にある）燕国の北，（最も南にある）越国の南にある」などの10か条の命題が残されている。前者は時間を，後者は空間を相対化する思考を示すものとされる。公孫龍の著作『*公孫龍子』は6篇が今に伝わっており「白馬は馬ではない。馬は形に着目して名づけたものであり，白は色に着目して名づけたものである。だから白馬は馬ではない」という人間の認識に関する命題（白馬非馬論）が特に有名である。戦国末，儒家などから詭弁として攻撃され衰えた。　　（影山　輝國）

めいかくず【鳴鶴図】　蘇軾『*後赤壁賦』と『詩経』鶴鳴とを典拠とする対幅。京都，相国寺承天閣美術館蔵。同寺第六世絶海中津請来と伝えられる。元末から明初の画家と考えられる作者文正は本図のみによって知られ，号が泉石であったことが判明するものの，中国の文献には見出せない。この時期の着色花鳥画としては極めて完成度が高く，2羽の丹頂の型は，*黄筌の六鶴図の型などを継承する北宋徽宗『*瑞鶴図巻』（遼寧省博物館蔵）に遡り，鶴図の正統に連なる。　　（小川　裕充）

めいき【明器】　中国で，死者に供するため墓中に納入されるものであるが，死者が生前用いていたものではなく，埋納することを目的として作られた非実用品。漢代に飛躍的に種類が増加し，人物や動物，建物を象った俑の他，虎子などの陶製品が多く出土する。また四川地方を中心に見られる揺銭樹などは，死後も墓主がお金に困らぬようにすると同時に，それを通して墓主の霊魂を崑崙山などの仙山（パラダイス世界）へと昇らせるための装置でもあったと考えられる。　　（八木　春生）

めいきょう【名教】　儒教を指す。特に，その身分道徳の側面を強調した表現である。儒家が正名，すなわち名称と実質の一致を重んじる思想を本としたので，このように呼ぶ。さほど古い用例は知られないが，魏晋ごろから盛んに用いられるようになったことばらしい。
　東晋の袁宏が『後漢紀』献帝紀に「それ君臣父子は，名教の本なり」というごとく，世界の秩序を根拠づける大切な教えという意味で，この語が用いられることが南北朝時代以降は一般的であったが，魏晋期の清談においては，むしろ，それが「自然」という概念と如何なる関係にあるのか，それが無条件に正しいものなのか否かが議論の的となっていた。たとえば三国魏の*嵆康は「名教を越えて自然に任ず」（「釈私論」）といい，名教と自然とを対置して，その作為性，欺瞞を指摘したのであった。遥か後世の民国時代，*魯迅が嵆康らの思想を再評価しつつ継承し，儒教のもつ抑圧的性格を剔りだしたことはよく知られる。　　（古勝　隆一）

めいきょう【明教】　→マニ教

めいご【謎語】　なぞなぞ。古くは廋辞・讔語と呼ばれた。『荀子』賦篇は讔語の形を借りて自らの思想を表現したもの。謎語が盛んになったのは三国時代以降といわれ，南朝宋の劉敬叔『異苑』や*劉義慶『世説新語』には，魏の曹操の字謎（漢字を当てるなぞなぞ）にまつわる逸話が数篇載せられている。唐代には李公佐『謝小娥伝』のように謎語を物語に巧みに取り入れた作品が登場した。宋代には元宵節の夜を彩る灯籠や提灯の上に謎語を書いておき，見物の人々に謎解きを行わせる灯謎の習俗が生まれた。　　（鈴木　靖）

めいこうきょう【明光鏡】　→昭明鏡

めいこうしょはんせいめいしゅう【名公書判清明集】　南宋の模範的判決文集。『清明集』と略称されることが多い。14巻。編者は不詳。13世紀半ば以降に編纂されたとみられる。1980年代前半まで日本の静嘉堂文庫蔵の残本が現存する唯一の版本と考えられていたが，その後北京・上海両図書館で明版が発見され，全体像がうかがえるようになった。
　内容は，南宋期に出された判決文および判決原案のうちの優れたものを選び，分類・編集したもの。地方官たちが判決文を書く際の参考にする目的があったと考えられる。分類は官吏・賦役・文事・戸婚（財産争い・相続問題）・人倫・人品（皇族・胥吏など）・懲悪の7門で，さらに103の小項目を立てる。各門ごとの分量は異なっており，戸婚門が最多（6巻）で，懲悪門がそれに次ぐ（3巻）。判決文に記述された内容はきわめて変化に富む。裁判の当事者として，皇族や官僚・士大夫から下層庶民まで幅広い階層が登場する。また，訴訟の原因には，官僚・胥吏の不正，士大夫たちの遺産・後継者争いから庶民の暴力沙汰まであり，当時の社会を知るうえで多く

の材料を提供している。　　　　（大澤　正昭）

めいじつ【名実】　「名」と「実」。名称・名声とその実体・実質など。春秋戦国時代から名実の対応をめぐり，さまざまな議論が行われた。『墨子』経，経説では「達名」「類名」「私名」など「名」の概念としての整理が試みられ，こうした思索が墨家の活動の広がりとともに戦国時代の思想界に広まった。『公孫龍子』名実論篇では，『墨子』経，経説にみられる用語を使用して，対象世界である「彼」と認識としての「此」を峻別することが主張されている。『荀子』正名篇では，来るべき新時代に備え，あるべき正しい名を定める「制名」が提唱された。そこでは人間の認知能力の分析が行われ，その人間共通の認知能力から発生する欲望を統治に利用するシステムの構築が説かれ，最高類概念にあたる「大共名」などの用語を駆使しながら，社会の統合や政治的支配という目的を達成するため，「名」の整理・統合の必要性が強調される。『論語』子路篇には，衛国の政治を任された場合，何から手をつけるかと質問された孔子が，「必ずや名を正さんか」と答えて，「正名」を「礼楽」「刑罰」が正常に機能するための条件としており，荀子の正名思想との共通点が注目される。荀子の思想は弟子の李斯・韓非子に受け継がれ，中国最初の統一王朝である秦の思想統制や文字・度量衡統一などの政策として実現していく。この思想は法家の「形名参同」にも理論的根拠を与え，『春秋』に代表される名分論とも関係しながら，その後の中国思想に大きな影響を与えた。他方，荀子と相前後して活動した道家は，世界の真実態である斉同で非存在なる「道」，もしくは万物の主宰者として諸現象をそう現象せしめている「道」の探求こそが関心事であり，「名は実の賓なり」（『荘子』逍遥遊篇）といった「名」を軽視・蔑視する傾向がみられ，また万物斉同の立場から，人間の立場に立った認知・価値判断を排除し，「仁義」「忠孝」などの倫理を人為として否定し，政治に対して無視・拒否する立場をとっていた。
　　　　　　　　　　　　　　　　（久保田　知敏）

めいしょ【盟書】　載書ともいう。盟誓は祭祀の一種で，載の字はそもそも祭祀の一つを意味する。霊力の下の確認内容を記す。盟の字は降霊を意味した。殷周時代の漢字使用の場はごく限られていたので，盟誓内容を盟書にすることもなかった。春秋時代には漢字使用の場が天下規模まで拡大したので，盟誓の結果を参加者合意のもとで盟書として残すようになった。この漢字による確認行為は地域の一体化に役立った。確認の場は中央に吸い上げられ，戦国時代の文書行政網を作り出した。平勢隆郎『左伝の史料批判的研究』（東大東文研・汲古書院，1998年）を参照。　　　　　　　　　（平勢　隆郎）

めいそうでん【名僧伝】　僧伝の一つ。全31巻。南朝梁の宝唱の撰。510（天監9）年に執筆に着手し，514（同13）年に完成。慧皎の『高僧伝』に先行し，425人の伝記を収めて『高僧伝』よりも大部であったが，現在は鎌倉時代の宗性の抄写にかかる『名僧伝抄』1巻が伝わるのみ。慧皎は，「名は実の賓」であって，名よりも実なる徳の高いことこそが大切であるとの立場から，僧伝の書名に「名」を冠することに不満を表明している。（吉川　忠夫）

めいてつほしん【明哲保身】　英知を働かせて時勢を見きわめ，君主に仕えるべき時と退隠すべき時とを判断し，自己の身体生命を全うすること。『中庸』に，「国に道有れば其の言以て国を興すに足る，国に道無ければ，其の黙以て容れられるに足る」と言い，『詩経』大雅・烝民の「既に明且つ哲，以て其の身を保つ」とはこの意味だと説いている。君権が強大な時期には，官僚としての言動が原因となって身を滅ぼすことがあり，出処進退のあり方，人としての生き方を問題にするときによく用いられる語である。明の王良は「明哲保身論」で，わが身を保ち愛する精神を一家，一国，天下に及ぼして，自己自身を保つと同時に天下全体を保つことを説き，保身を自己の尊厳性を保持しつつ天下の政治に関わっていく積極的な生き方として提唱した。同時代の耿定向に「明哲保身説」があり，人間の価値を明哲に求めた。このころには明哲保身が思想上の論題になっていたのである。　　　　　（佐野　公治）

めいとう【明刀】　戦国時代，燕で鋳造・流通した刀銭。すべて表面に「明」字が鋳出されているところから，この名称が用いられている。戦国時代前期に尖首刀の後継としてつくられるようになったと考えられるが，初現時期は明確でない。はじめは刀背が尖首刀同様弧形であったが，次第に柄と刀身の境目くらいで折れ曲がった形へと変化する。燕ではこの明刀の他に布銭や円銭なども鋳造されているが，戦国期全体を通して明刀が中心的貨幣の位置にあり，鋳造権も国家が独占的に掌握していたと考えられている。　　　　　　　　　　（廣川　守）

めいどう【明堂（建物）】　古代中国において天子が政教を明らかにした建物。周公が諸侯を朝見させて身分秩序を示したところという。政治・祭祀・儀礼・教育などの国家の重要な典礼がここで行われた。後世の辟雍・霊台・圜丘・宗廟・社稷壇など礼制の建築の原型をあたえた。『考工記』には，

夏代には世室，殷代には重屋，周代には明堂と称し，それぞれ建物の形式・規模を異にしたと記す。ただ『礼記』などの経書に記される内容は一定しておらず，周代明堂の本来の形式や規模は早くから明確ではなくなっていた。そのため，漢代以降，歴代王朝が復元を試み，経学者に審定させたが，つねに経学者の間で論争が絶えず，建物の平面配置，形式規模から細部寸法に至るまで，議論が決せず実現に至らない場合も少なくなかった。

なお人民共和国成立後の発掘調査で明らかになった礼制建築に関連する可能性がある遺址に，西周時代の周原宗廟遺址(陝西省)，漢長安城南郊の王莽九廟遺址，唐洛陽城の円形建築遺址などがある。

(田中 淡)

めいどう【明堂(本)】 鍼灸医学の基本となる経絡・経穴に関する古典。正式名称『黄帝内経明堂』。祖本は『黄帝明堂(経)』と称する3巻本で，漢代に成立したらしいが失伝した(敦煌本にそれと考えられる断簡がある)。唐初に楊上善が『黄帝内経太素』(いわゆる『太素』)と並行して編注し，太陰肺経から厥陰肝経に至る十二正経脈を各々巻1～12に配し，奇経八脈を巻13に充てた13巻本の『黄帝内経明堂』を作成。8世紀前半に日本に伝えられ，巻1の鈔本が現存。今日，復元本が数種作られている。

(小曽戸 洋)

めいどうしゅうせつ【鳴道集説】 金の思想書。李純甫の著。本書は司馬光・周濂渓・二程・張載・楊時・張栻・朱子等の宋儒の言説を列挙し，著者が感じた「偏向」を，仏教・道家思想・儒教の「古の聖人」の言説を根拠に大胆に批判・是正し，三教の本来的な同一性を明らかにしようとしたもの。しかし，仏教を前面に押し立てたため，儒教側からは「佞仏(仏教にへつらう)」と攻撃された(『宋元学案』100所収「屏山鳴道集説略」等参照)。本書は元の耶律楚材に好まれ，彼が序文を書いたので世に広まったといわれる。わが国では，1895(明治28)年，仏教徒の義捐金によって赤松連城の訓点を付して京都で刊行されている。

(三浦 國雄)

メイピン【梅瓶】 瓶の形で，口頸部が小さく，肩が膨らみ，胴裾に向かってしだいにすぼまる姿のもの。被せ蓋を伴う。「メイピン」は中国語読みで，その名は中国で，口径の小ささが「梅の痩骨」(梅の痩せた枝)を挿すのに適している，として命名されたともいわれる。宋時代に，各地の窯でさかんに焼成され，元から明初期の景徳鎮窯でも優れた青花磁器の梅瓶が作られた。用途は花入のみならず，酒瓶として，また鑑賞用としても用いられたとみられる。朝鮮半島では高麗青磁や朝鮮王朝時代の粉青(沙器)に多く見られ，日本では中世の瀬戸(古瀬戸)の瓶子がこの器形を模倣したものである。

(長谷川 祥子)

めいぶつりくじょう【名物六帖】 江戸時代の学者伊藤東涯(1670～1736)の著。父伊藤仁斎の死後，古義堂を継いだ東涯は，制度や名物の学に心血を注いだ。本書は，彼の語学・史学・考証学・博物学の力を駆使して，漢籍に出てくる物の名を，すべて大和言葉で示したもの。天文・時運・地理・人品・宮室・器財・飲饌・人事・服章・身体・動物・植物・雑載の六帖13部門に分かれる。服章以下は未完のまま写本で伝わっていたが，1979年，天理図書館所蔵のすべてが京都の朋友書店より複製された。

(筧 文生)

めいぶつろん【明仏論】 仏教文献。『弘明集』2所収(『大正新脩大蔵経』52)。作者は南朝宋の宗炳。隠逸の士であるとともに，廬山の慧遠に師事した敬虔な在家仏教信者であった。本書は，儒教・道教の語句や思想を駆使しながら仏教における凡と聖，法身，成仏の理，感応などの様々な問題をあつかうが，一貫して流れるテーマは，死後，肉体は滅びても精神は存続するとする「神不滅論」であり，これが本書の別名ともなっている。本書の議論は全体にわたって，「神」「神明」「心」「情」「識」などの精神ないし認識を表す語句をキーワードとして展開される。作者の基本的立場は，天界を作るのも地獄を作るのも我が心であって，煩悩に汚された心を浄化して霊妙なものとすれば，必ずや仏の感応を得て，本来の清らかな心が法身として輝き現れ，仏と成ることができる，というものである。こうした説は，同じ頃翻訳された『涅槃経』の如来蔵思想と関係するであろう。

(船山 徹)

めいぶん【名分】 ある何かを指すのが名だとすると，分はその何かの，階級・職業・人倫などの位置上で他者と相関的に定まっている「あるべき在り方」のことである。つまり，名分は名にともなう分である。『呂氏春秋』に「名を正し分を審らかにする……名分を審らかにする」とあるように(審分篇)，戦国末期に一語として形成された。歴史上名分が言われるときは「名分を正す」のような取り上げ方が一般であり，政治思想である正名論の一環をなしていた。つまり，法や習慣，または経書等の書に示されている名分秩序にてらして，君主や臣下の現実の在り方を批判的に議論するのである。これを名分論といった。また，『春秋』が最も厳しく名分を説く経書とされていたので，名分を正すことは

めいほうき【冥報記】 唐臨によって編纂された仏教応験譚集。唐臨は，唐代の初年に高位に昇った人物。この説話集は，653(永徽4)年に完成したと推定される。『旧唐書』85，『新唐書』113の彼の伝ほか，中国の目録類は二巻本を著録するが，中国では原本が失われ，日本に現存する高山寺本，前田家本などの古写本は，みな三巻本である。この書物の序文の中で唐臨は，仏教がいう三報(現報・生報・後報)のうちでも現世で報いを受ける現報の霊験譚がもっとも深く人々の心を動かすところから，自分が伝聞した現報の事例を集めてこの書物を編んだという。唐臨の母方の祖父が，当時の仏教革新運動の一つ，三階教と密接な関わりを持ったことから，三階教運動を主導した僧侶たちの事蹟を中心に置いて，官僚たち，一般民衆たちに起こった仏教霊異譚まで広く集めて編纂されており，当時の仏教信仰の具体的な様相を知ることができる。釈景戒『日本国現報善悪霊異記』は，この書物の直接の影響のもとに編まれた。　　　　　　　　　（小南　一郎）

めいほうき【鳴鳳記】 明の伝奇(戯曲)。全41齣。王世貞あるいはその門人の著という説もあるが疑わしい。明の嘉靖年間(1522-66)に専横をきわめた丞相厳嵩とその子厳世蕃に，夏言・楊継盛ら10人の忠臣たちが命がけで対立し弾劾を重ねて，ついに厳嵩父子が罰を受けるまでを描く。登場する忠臣・奸臣たちは皆『明史』に伝があり，内容も多くは史実にもとづき，明清の時事を扱った劇のはしりである。『六十種曲』に収められている。
　　　　　　　　　　　　　　　　　　（廣瀬　玲子）

メイランファン【梅蘭芳】 1894(光緒20)～1961。京劇の名優。原籍は泰州(江蘇省)。字は畹華。荀慧生・尚小雲・程硯秋とともに四大名旦と称される。祖父巧玲，父竹芬と北京で三代続く女方。伯父梅雨田は京劇の名伴奏者。8歳から女方を習い11歳で初舞台。最初歌唱を主とする荘重な役柄であったが，1913(民国2)年の上海公演を機に，見せる芝居の重要性を痛感し，王瑶卿の影響下，演技にも力を入れ役柄の拘束を打破して女武将や華やかな女性の役へと芸域を広げた。上海劇界から，新演目の上演法・化粧法・扮装・演技術など多くの影響を受けた。1912(民国元)年に北京で解禁された女性客と女優の出現で，女性が主人公の芝居が好まれるようになり，1915(民国4)年以降，『一縷麻』『鄧霞姑』などの現代物「時装戯」にも挑戦したが，女優の自然さには対抗できず，古代や神話を題材とした新古典劇の創作に転換した。梅の創作ブレインであった斉如山らの協力で『嫦娥奔月』『黛玉葬花』『天女散花』『覇王別姫』等々，女性役に新たな扮装を創造し，習得した舞踊性の強い崑劇の演技も活かして，一連の「古装戯」を創作した。1919年春，大倉喜八郎の招聘で初の来日公演をし，歌舞伎役者らとも交流して日本の芸能を鑑賞した。24年，再来日の際に『廉錦楓』などの映画を撮った。30歳以後，従来の歌唱に新しい節付けをし，また『貴妃酔酒』『宇宙鋒』『断橋』等々，伝統演目に不断の改良を加えて「梅派」を形成した。30年上半期，渡米し公演中にチャップリンらと会い，また南カリフォルニア大学・ポモナ大学から名誉博士号を受けた。31年に上海へ移住。35年春，ロシアの俳優・演出家・理論家のスタニスラフスキーらの推薦でモスクワ公演をし，エイゼンシュテインの監督で『虹霓関』を撮る。38年，香港公演以後，戦況の悪化で8年間蟄居。45年，上海に戻り兪振飛と崑劇を共演する。人民共和国成立後，50年に北京へ帰って京劇研究院院長など要職を務め，多くの俳優を指導した。56年春，3度目の日本公演，この時の記録が著書『東游記』。61年，67歳で北京で死去。娘は立ち役梅葆玥，息子は女方梅葆玖。著書には『梅蘭芳文集』，自伝『舞台生活四十年』，舞台の記録映画に『梅蘭芳舞台芸術』などがある。　（吉川　良和）

めんぐ【面具】 顔や頭の全体または一部を覆う仮面のこと。中国では，新石器時代の彩陶や岩絵，殷周や蜀(四川省)の青銅器や玉器などに，面にかかわる描写や器物が散見され，古くから祭祀や祈禱などにおける儀礼具の一種として用いられていたようである。春秋戦国時代以降は，面に関わる遺物はさほどみられないが，遼になると，陳国公主墓に代表されるように，死者の顔に金や銀の面を付けて埋葬することがしばしば行われた。　（松本　伸之）

も

もうあんぼうこく【猛安謀克】 金朝の行政・軍事両面を兼ねた制度，またその組織長の名称。元来，女真族の間に行われていた部族的な軍事制度であったが，建国前年の1114年，太祖完顔阿骨打(あくだ)がこれに基づいて行政組織まで及ぼしたもので，金一代を通じて行われた。行政制度としては，300戸を1謀克として基礎単位とし，10謀克を1猛安として上級組織の単位とした。その長もそれぞれ謀克・猛安と呼んで世襲させ，管下の統治にあたらせた。またこの組織を用いて1謀克から約100人の兵を徴集して軍隊の単位とし，10謀克を1猛安として軍事組織を編成し，その指揮官には行政組織の長である謀克・猛安があたった。猛安は女真語で千を意味する ming-kan，謀克は郷里・族長を意味する muke の音訳といわれる。華北領有後は多数の女真人をこの組織単位で華北に移住・屯田させたが，中期以後はその惰弱貧困化が表面化し，金朝の支配力を弱体化させた。　　　　　　　（桂華 淳祥）

もううんけい【孟雲卿】 725(開元13)〜?。中唐の詩人。河南(河南省)の人。天宝(742-756)中，科挙に応じたが落第した。一時，校書郎に任じられたことがあるが，仕途には恵まれず，漂泊流寓の生涯をおくった。杜甫から詩を贈答され，また韋応物・元結とも交遊があった。詩は沈千運と陳子昂を祖述し，五言古詩に優れ，古風な調べに特色を有したというが，作品は多く失われ，『全唐詩』に17首を存するのみである。　　　（亀山 朗）

もうか【孟軻】 →孟子(人物)

もうき【孟喜】 生没年不詳。前漢の学者。蘭陵(山東省)の人。字は長卿。施讐・梁丘賀とともに田王孫から易を伝授されたが，宣帝は孟喜が師法を改めたとして博士に採用しなかった。しかし，その宣帝の時に三家(孟・施・梁丘)は並んで学官に立てられた。孟喜の易は，卦気にもとづき，陰陽災変を説いた。漢代を風靡した陰陽災変的易説は実に孟喜に始まる。同郡の白光，沛の翟牧に伝授し，彼らはいずれも博士となった。漢書88・30　（近藤 浩之）

もうぎゅう【蒙求】 唐代の児童のための啓蒙書。3巻。盛唐の李瀚(りかん)の撰。古代から六朝までの歴史故事を子どもに記憶させる目的で作られたもの。書名は，『易経』蒙卦の「童蒙求我(童蒙我に求む)」による。原本は，596句の四言の韻文にその故事の内容を記した注を付けたものだったが，注の部分は早くに散逸し，ほとんど伝わっていない。現行本は，北宋の末の人といわれる徐子光が補注したものである。

李瀚(生没年不詳。李翰とも記す)は，安平(河北省)の人で，信州(江西省)の司倉参軍の職を辞した後，饒州(同省)に住み，『蒙求』を作った。彼の3，4歳の子がこれを朗唱したのに気をよくし，李華(?〜766)に序(『唐文拾遺』19所収)を，饒州の長官の李良に推薦文(「蒙求を薦むるの表」，746〔天宝5〕年8月1日の日付。『唐文拾遺』19所収)を書いてもらい，玄宗皇帝に献上しようとしたが，思い通りにはならなかったという。古くは李瀚を唐末五代(後晋)の人とするが，これは誤りである。

李瀚の原本は，四字句の韻文を記憶して歴史故事を知ることが目的であった。しかし，記載された故事の時代は，前漢・後漢・魏晋が大半を占め，中でも魏晋の話が全体の3分の1以上で，それ以後のものは10余話に過ぎず，時代的なかたよりが見られる。その上，同一人物の故事を複数採用したり，有名な故事が採録されていなかったりと，選択基準が明確でなく，後世の中国知識人の間では評価が低い。

日本では平安時代には古注本が，鎌倉時代には補注本が伝わり，簡単に故事を知ることができる書物として盛んに読まれ，「勧学院の雀は蒙求を囀(さえず)る」と言われるほどに流行した。これは，明治まで続き，「蛍雪の功」などの言葉が『蒙求』を通して定着している。テキストとしては，江戸時代の岡白駒『箋註蒙求校本』が著名で，古注を集めたものに『蒙求古註集成』全3巻別巻1(池田利夫著，汲古書院，1988年)が，全文を翻訳したものに早川光三郎訳(新釈漢文大系58・59，明治書院，1973年)がある。　　　　　　　　　　　　（富永 一登）

もうきょうじょ【孟姜女】 中国四大民間伝説の一つ。春秋斉の将軍杞梁が戦死し，斉の荘公が帰りみちの郊外で，夫の柩をひきとりに来た杞梁の

妻に弔問の使者をたてようとした時，家があるのに戸外で弔問を受けるのは，礼でないと拒絶されたという『左伝』の記事に起源し，のちに『礼記』檀弓の「斉の荘公が莒を襲ったときに，杞良(梁と同音)が死に，その妻は棺を路傍に迎えて哭し哀しんだ」という話と『孟子』の「杞梁の妻はその夫の死に際し上手に哭して，国俗を一変させた」という話がつけ加わった。この夫の死を悼み哀しむ物語が斉国の民間での哭葬の風習と結びつき，物語の原型になった。『列女伝』になると，斉の城を哭き崩す，淄水に入って死ぬ，というモチーフが生まれた。唐代になると，今日の『孟姜女』に直接つながる物語があらわれた。『琱玉集』に引かれる『同賢記』の話である。そのあらすじは，燕人杞梁が長城建設の労役を忌避して，孟家の庭に逃げこむと，孟仲姿はちょうど池で水浴びしていて裸を見られ，夫以外の男に裸体を見せられないと観念して，杞梁と結婚する。結婚後，杞梁は長城建設に連れ戻され，監督役人に打ち殺され城壁に埋め込まれた。それを知った孟仲姿は屍を捜しに城下に行き，城壁を哭き崩し夫の死骸を家に持ち帰り葬った，というものである。晩唐五代の敦煌出土の『曲子詞』に「孟姜女，杞梁の妻」とあり，2人は完全に同一人になっている。物語はその後も発展し，北から南へいき松江(上海市)に住み着いた。杞梁は范喜良となり，冬着を送る，孟姜女が秦始皇帝と闘って結婚の3条件を持ち出す，などの筋がつけ加わった。敦煌変文に『孟姜女変文』があり，南宋時代には『孟姜女貞女戯文』があり，元・明・清の戯曲・講唱文学にこの物語に基づいて改編した作品が多数ある(明代伝奇『長城記』など)。

民衆に不幸な婚姻をもたらす戦争と労役の暴政に反抗する物語として，さまざまな地域のさまざまな芸能ジャンルに改編され，今日に至るまで人々に親しまれている。　　　　　　　　(山口 建治)

もうきれい【毛奇齢】　1623(天啓3)～1716(康熙55)。清代の経学者。蕭山(浙江省)の人。字は大可，号は西河。詩文で名をなし博学鴻儒科に登第し明史編纂に携わるが数年で帰郷，以後経学に専念した。その学風は漢注採用や博証に基づく反宋学を特徴とし，清朝考証学の開祖の一人とされるが，強引な論証や過度の宋学批判も見られ評価は分かれる。代表作は古文尚書真作を主張した『古文尚書冤詞』。『西河合集』はその著作全集。清史稿481
(佐々木 愛)

もうきん【網巾】　明代の鉢巻の一種。前額につけた網状のいわばヘッドバンドで，作業中の髪のほつれをとめたものと考えられる。明の太祖朱元璋が道士の使用しているのを便利と考え，同様のものを作らせたのに始まるという。官服を着る場合には，紗帽や籠巾(籠冠の宋・明代における呼称)の下に網巾をつけ頭髪を束ねていたようである。しかし庶民の用いたものはあまり具体的にはわかっておらず，使用状況も明瞭ではない。単独で用いる場合もあったと思われ，いずれにせよ四方平定巾や六合一統帽に比べ簡便で，労働に従事する際に着けていたと考えられる。　　　　　　　(増田 克彦)

もうこ【蒙古】　→モンゴル

もうこう【孟郊】　751(天宝10)～814(元和9)。中唐の詩人。湖州武康(浙江省)の人。字は東野。若い時には嵩山にこもり，のちに南方各地を放浪。46歳に至って初めて進士に合格し，溧陽県尉に就いたが，職務に合わず，辞して湖州に帰った。のちに鄭余慶の幕下に召されたが，赴任の途上で没した。その不遇な生涯と狷介孤高の性格に似つかわしく，冷たく厳しい詩風で知られる。のちに賈島と併せて「郊寒島瘦」と称された。貧窮と孤独のなかで周囲に妥協せず，骨を刻むようにして詩作に努めた態度は「苦吟」の代表とされる。韓愈はその詩人としての資質に心服し，『孟東野を送る序』をはじめとして詩文にしばしば言及するほか，2人で作った聯句も10数首がのこる。旧唐書160，新唐書176
(川合 康三)

もうこうてい【毛公鼎】　西周時代後期(宣王期)の青銅器。清朝，道光年間(1821-50)に陝西省岐山県から出土したと伝えられる鼎である。西周金文としては最も長い497字の銘文を持つ。内容は，王が毛公厝に対して行った官職任命の記事が中心であり，賜与物の多さなど，毛公厝の勢威の程が知られる。また，王の言葉の中に当時の周の危機とそれの対処の困難さが述べられている点も注意を引く。銘文が長い割に，高さ53.8cm，口径47.9cm，重さ34.5kgと器は特に巨大というほどではない。現在，台北の故宮博物院の所蔵である。
(竹内 康浩)

もうこうねん【孟浩然】　689(永昌元)～740(開元28)。盛唐の詩人。襄州襄陽(湖北省)の人。世に孟襄陽といわれた。わかくして，襄陽郊外の鹿門山に隠棲していたことがある。40歳ではじめて長安に行き進士の試験に応じるが，及第せず，郷里に帰った。737(開元25)年，張九齢が荊州刺史に出ると，まねかれて従事となるが，後また故郷に帰って隠居した。740(開元28)年，襄陽を訪れた王昌齢と歓飲したが，まもなく病気で亡くなった。歳は

52。官途には恵まれなかったが，人々に深く敬愛された。李白は「吾は愛す孟夫子，風流天下に聞こゆ」(「贈孟浩然」)と歌っている。田園山水詩派の代表であり，王維とともに世に王孟といわれた。五言詩にすぐれ，『望洞庭湖贈張丞相』『過故人庄』(五律)，『春暁』(五絶)等，多数の名作がある。745(天宝4)年，友人の王士源が編んだ詩集に基づいて増補された『孟浩然詩集』(宋蜀刻本)3巻が伝わる。『全唐詩』159・160にその詩260首余りを録している。伝記資料としては，『孟浩然詩集』序，『唐才子伝』2がある。旧唐書190下，新唐書203　　（下定 雅弘）

もうこげんりゅう【蒙古源流】　モンゴルの年代記。1662年，内モンゴル，オルドス部ウーシン旗の貴族サガン・セチェンの編纂になる。モンゴル語原題を略称した「エルデニン・トプチ」(「宝の概要」の意)でも知られる。清朝の乾隆(1736-95)後期に漢訳され，この漢語題が付された。チベット仏教の世界観にもとづくモンゴル通史で，多くの資料を用いていることもあって，特に明清時期部分の史料的価値は高く，モンゴル史研究には不可欠の史料となっている。　　（原山 煌）

もうこじいん【蒙古字韻】　元の韻書。パスパ文字を用いて漢字音を表記した。成書年は1269～92年の間と推定される。編者未詳。元刻本は清代道光年間(1821-50)に通行するがのち失われる。現存する写本は1308(至大元)年の，朱宗文による校訂本である。校訂本は2巻，15韻部。1韻は数韻類に分かれ，同音字が五音の牙・舌・唇・歯・喉の順に並んでいる。パスパ文字と漢字音を比較する上で重要な資料となっている。　　（片山 久美子）

もうこもじ【蒙古文字】　蒙古文語を表記する表音文字。1204年にモンゴルがナイマン部を征服してのち，ウイグル文字を基礎に創作された。最古の文献に1224年？建立の『チンギス・カン碑文』がある。中国の蒙古族が使う現代蒙古文字は，5つの母音字と20の子音字で構成され，語頭／語中／語末で書き方が異なる。一語は一続きで記し，分かち書きをする。上から下へ縦書きし，行は左から右へ並ぶ。モンゴル国では1946年以降，キリル文字による現代モンゴル文字を使用している。　　（池田 巧）

もうし【毛詩】　詩経の学派の一つ。また，そこで用いられたテキスト。漢代に『詩経』を伝えるものに，「斉詩」「魯詩」「韓詩」のいわゆる三家詩があり，景帝の時に官学に立てられ，それぞれが学派をなしていたが，これとは別に河間の献王のもとに魯の毛公(毛亨・毛萇)による「毛詩」が存在した。三家詩が漢代から通用となった書体である隷書(「今文」)で書かれたテキストを用いたのに対し，「毛詩」はそれ以前の書体である篆書(「古文」)で書かれたテキストを用いた。古文を重んじる古文学派は，前漢末から後漢にかけて今文学派を圧倒し，今文古文折衷学派の大儒鄭玄が毛詩に「箋」(『鄭箋』)を作るに至って，三家詩はほとんど顧みられなくなる。唐代になって五経正義が纂定された際，その底本として「毛詩」が採用された事により，「毛詩」はテキストとして不動のものとなり，以後『詩経』といえば「毛詩」を指す事になる。宋代になり朱子を代表とする経学者は，『毛伝』『鄭箋』の解釈に疑問を呈し，新しい詩経解釈を試みる。これを新注という。これに対して，清朝の考証学者は，もっぱら「毛詩」を重んじ，「毛詩」研究に多くの成果を残した。毛詩各篇には序文(「毛序」或いは「詩序」と呼ばれる)がついており，その篇の由来や大意をのべる。巻頭の「関雎」篇には長文の序文があり，『詩経』全体の特色と詩の成り立ちを述べる。これを「毛詩大序」という。　　（牧角 悦子）

もうし【孟子(人物)】　前372？～前289。戦国時代の思想家。鄒(山東省)の人。名は軻。字は子輿，または子車。幼少の話として，孟母三遷や孟母断機の教えが伝わるが，史実かどうか疑わしい。孔子の孫である子思の門人に学び，孔子を敬慕するとともに，梁・斉・滕などの諸国を遊説しながら，君主たるものは，武力による覇道ではなく，仁愛による王道を用いてこそ，人心を掌握し，天下を統一できると力説した。しかし，現実離れした理想論として受け入れられず，晩年は，郷里で弟子の教育にあたった。『孟子』はその言行を集成した書である。その思想は，孔子が説いた仁を展開させて仁義といい，さらに礼智を加えて四徳と称して，すべての人間は生まれながらにして，この四徳の可能性を備えているので，その本性は善だと主張した，いわゆる性善説に代表される。史記74　　（弥 和順）

もうし【孟子(本)】　戦国時代の思想家，孟子(名は軻)の言行を記した書。梁恵王・公孫丑・滕文公・離婁・万章・告子・尽心の7篇から成る。『漢書』芸文志には「孟子十一篇」とあるが，後漢の趙岐がはじめて注釈をほどこした際，『孟子』7篇と『孟子外書』4篇(性善・弁文・説孝経・為政)とに分け，7篇にのみ注を加えるとともに『孟子外書』4篇は後世の偽書として捨てた。以来，『孟子』7篇だけが伝わる。編者については，大別して二説があり，司馬遷によれば，孟軻が晩年に弟子の万章らとともに，自ら作ったというが(『史記』孟子

荀卿列伝)，一方，唐の韓愈は，孟軻の没後，その言を門人たちに記したものだという(『韓昌黎文集』答張籍書)。現在では，後者が定説化している。代表的な注釈書として，趙岐『孟子章句』・孫奭『孟子注疏』(偽作)・朱子『孟子集注』・焦循『孟子正義』・伊藤仁斎『孟子古義』などがある。　(弥 和順)

もうしえん【網師園】　江蘇省蘇州市闊家頭巷にある庭園。南宋の1173(乾道9)年頃，侍郎史正志の邸宅であった万巻堂の跡地にあたり，かつてその前面には「漁隠」と呼ばれる大きな庭が広がっていた。1765(乾隆30)年に光禄寺少卿の宋宗元によって改築され，従来の名前の意味と裏の通りの王思巷の音にちなんで網師園と改名される。道光年間(1821-50)に瞿遠村が購入して増築し，この時に現在の骨格が形づくられる。全体の構成は，池を中心として低い岸が築かれ，水に面して亭・閣・軒・廊などのあらゆる形式の建物が周囲に配されている。池の南側には，黄石の築山があり，池の水がこの築山の中にまで入り込んでいる。小さな庭園ではあるが，築山や建物の配置は変化に富み，狭さを感じさせない。コンパクトで落ち着きがあり，一方で密度が濃く飽きさせない。蘇州の庭園のなかでは中型に属するが，その分，配置や構成・スケール感が精緻に熟考されていて，中国庭園の傑作の一つといえる。東側の住宅部分の保存もよく，庭と一体となった蘇州文人の生活空間や暮らしを知ることができる数少ない庭園である。　(高村 雅彦)

もうしこいんこう【毛詩古音考】　明代古音学の書。4巻。陳第撰。『詩経』中の押韻字400余例を示し，『詩経』をもって他の古代文献の押韻に対する傍証とした。「時に古今があり，地に南北があるように，文字も改変し，字音も変遷するのである」(自序)と述べ，古人の「叶音」の説(南北朝以降の人が先秦時代の韻文を読む際，臨時に字音を変えて押韻させること)を覆し，古音と今音が異なることを明らかにした。　(片山 久美子)

もうしじぎそしょう【孟子字義疏証】　清の戴震の著書。3巻。『孟子』に出てくる，理・天道・性・才・道・仁義礼智・誠・権などの哲学概念を訓詁から始めて本来の内容まで論じた書で，『孟子』の解釈書でなく戴震の哲学を開陳した書。なかんずく，理については，宋儒が，天上の理で人の心に生まれながら具わっているものだが，人欲によって蔽われやすい，と説くのに対して，天上の理と人欲の二者を対立的に捉えるのは老荘と仏教の二元論に影響された誤りであるとし，「理」字の文字上の本義は玉の筋目のことであり，人々が欲を遂げるところにできた自然の筋目が本当の理であると説いた。この孔子・孟子の旨を孔孟に還し，二程子(程顥・程頤)・朱子の旨を程朱に還し，陸象山・王陽明，仏氏の旨を陸王・仏の旨に還そうというのは，この書の一特徴である。戴震はこの書を，自分の著作のうち最大のもの，と自負していたが，同時代者に顧みられることはきわめて少なかった。

(吉田 純)

もうしせいぎ【毛詩正義】　「毛詩」の注解書。40巻。唐の孔穎達の撰。漢代に『詩経』を伝えるものに，今文のテキストを用いる三家詩(「斉詩」「魯詩」「韓詩」)と古文のテキストを用いる「毛詩」とがあったが，後に古文学派が主流になるにつれて，「毛詩」のみが尊ばれるようになり，毛公の『毛詩故訓伝』(『毛伝』)をうけて後漢の鄭玄は『毛詩箋』(『鄭箋』)を著した。唐の孔穎達は太宗の勅命により『五経正義』を纂定した際，この『毛伝』『鄭箋』にもとづき，更に六朝期の義疏を参照しつつ疏解を加え『毛詩正義』を著した。これが十三経注疏本『詩経』のテキストである(「注」とは古典に対する注釈であり，「疏」とは「注」の解釈説明である。『詩経』の場合『毛伝』『鄭箋』が「注」であり，『正義』が「疏」である)。『毛詩正義』は原則として『毛伝』『鄭箋』を敷衍する立場をとるものの，『毛伝』と『鄭箋』の解釈が異なる場合，王粛等の説を引き整合性を持たせようとするが，多く無理がある。ただ，『正義』の注解中には唐代の古い習俗が記録されており，現在でも見るべきものがある。

(牧角 悦子)

もうしそうもくちょうじゅうちゅうぎょそ【毛詩草木鳥獣虫魚疏】　「毛詩」中に詠まれる動植物を解説した書。三国呉の陸璣の撰。基本的に『毛伝』や『爾雅』に拠っている部分が多いが，全く異説を立てている場合もある。他に『淮南子』や『春秋』の伝，許慎の言等が引かれ，さらに「里語」「俗語」「今人の言」と称して地方の習俗が多く引かれる。現在では既に亡びており，現行本は『詩経正義』の中から録出されたものである。『詩経』中に詠まれた動植物を解説したものとしては最も古く，『正義』は全てその説に拠っている。　(牧角 悦子)

もうしょう【毛松】　生没年不詳。南宋初期の画家。崑山(江蘇省)の人，一説に沛(江蘇省)の人。花鳥と四季表現にすぐれた。『猿図』(東京国立博物館蔵)の作者とされる。この図は中国に献上されたニホンザルを南宋画院の画家が描いた名品だが，狩野探幽の鑑定以外に作者を毛松とする確かな根拠はない。子の毛益は乾道年間(1165-73)の画院

待詔で，花竹翎毛と小景を得意とした。毛益の伝称作品に『蜀葵遊猫図』『萱草遊狗図』(共に奈良，大和文華館蔵)がある。
(藤田 伸也)

もうしょうしゅん【孟称舜】 1600(万暦28)?~84(康熙23)?。明末清初の劇作家。会稽(浙江省)の人。字は子若または子適。終生科挙に合格することができず，低い地位に終わった。『桃花人面』などの雑劇5篇，『嬌紅記』などの南曲5篇(うち2篇は佚)を著したほか，56篇の元明雑劇(自作4篇を含む)を集め，校訂を加えた『古今名劇合選』(『柳枝集』『酹江集』の2部からなる)を編纂した。作風には*湯顕祖の影響が強く認められる。
(小松 謙)

もうしん【毛晋】 1599(万暦27)~1659(順治16)。明末清初の蔵書家，出版業者。常熟(江蘇省)の人。初名は鳳苞，字が子九，後に晋と改名し，字は子晋，潜在と号す。その蔵書・刻書処の名は汲古閣。富人の家に生まれ生員となるが，郷試には合格せず，清に入って学生身分も放棄，ただし彼の蔵書・刻書ははなはだ有名で，当時からある種の名士であった。その蔵書は8万4000冊に至ったという量，そして何より善本収蔵の富をもって知られ，今に伝わる宋元版にも，彼の蔵書印を見ることが多い。また他人が蔵する宋版を借り，これを原本のままに写させた本，いわゆる汲古閣影宋抄本は，その精巧精美のゆえに「古今の絶作」と称される。刻書の方も空前の規模で，約600種を刊行，「毛氏の書は天下を走る」と言われた。これら汲古閣刊行書には，『十三経注疏』『十七史』，あるいは久しく流伝の絶えていた原本『説文解字』などがあり，その出版事業がもつ文化史的意味はすこぶる大きい。
(井上 進)

もうせんしゅう【輞川集】 盛唐の詩人*王維が，別荘である輞川荘の景勝20か所を選び出し，親友の*裴迪とともに，五言絶句の詩形を用いて，それぞれについて詠じた詩各20首，あわせて40首をあつめた詩集。王維は，中央官僚として安定した地位にあった開元(713-741)末から安史の乱勃発までの間，公務のかたわら輞川荘に引きこもり，芸術の理想を追求した。そこから創出された『輞川集』所収の作品は，静謐な自然を刻画し，「詩中に画有り」とされる王維の山水詩の頂点をなす。
(亀山 朗)

もうそうこう【毛宗崗】 生没年不詳。清の文学批評家。長洲(江蘇省)の人。字は序始，号は子庵。その父，毛綸(号は声山)とともに文名が高かっ たが，父子ともに出仕することはなかった。毛宗崗は父に従って『三国志演義』に評をつけ，さらに校訂を加えた。作業は父の死後，清の1622(康熙元)年頃に終了した。出版に際して版元が「第一才子書」と名付け，金聖嘆の序文を偽造して加えるなどしたが，その完成度は高く，『三国志演義』版本の中で最も流布することとなった。
(上野 隆三)

もうてん【蒙恬】 ?~前210(始皇37)。秦の将軍。祖父蒙驁は斉の人で秦の昭襄王に仕え対三晋戦の将となり，父蒙武は対楚戦に従事した。蒙恬は，前221年，獄官から対斉戦の将となり，内史を拝した。弟蒙毅も上卿となった。前214年，万里の長城を構築し匈奴を撃退したが，前210年，*秦始皇帝が崩ずると，胡亥(二世皇帝)を擁立した趙高の陰謀で，太子扶蘇ともども死を賜った。史記88
(吉本 道雅)

もうでん【毛伝】 *『詩経』に対する漢代の注解書。『毛詩故訓伝』の略称。「毛詩」をテキストとし，詩の語句に訓故を施したものであるが，語釈は『爾雅』に基づくものが多く，制度慣習は『周礼』に従うものが多い。『漢書』芸文志には『毛詩』29巻，『毛詩故訓伝』30巻を著録しており，毛公の作とする。毛公とは大毛公と小毛公であり(*鄭玄『詩譜』)，大毛公は漢の魯国(山東省南西部)の人毛亨，小毛公は漢の趙国(河北省南部)の人毛萇であるとされる(*陸璣『毛詩草木鳥獣虫魚疏』)。この「毛伝」に後漢の鄭玄の『毛詩箋』(『鄭箋』)，唐の孔穎達の『毛詩正義』を加えたものが，十三経注疏本の『詩経』である。
(牧角 悦子)

もうほうちゃ【毛峰茶】 →黄山毛峰茶

もうりょうが【魍魎画】 水墨画の一画風。北宋末から南宋初めの画僧，智融(1114〔政和4〕~93〔紹熙4〕)の特異な画風を見て，文人楼鑰が名付けた言葉。意味は影のかげ，妖怪，水の精，たよりないさまなど，存在の不分明なものの意。智融は，俗名は邢𨑱，代々宮廷医師の家柄に生まれた。仕えて成和郎となったが，50歳になって杭州の霊隠寺に入って出家した。智融は法名。画はさまざまな題材を描いたが，画牛が得意だったため「老牛智融」と呼ばれた。その画風は，全体が消えいりそうな淡墨で簡略に描かれ，眼睛・鼻穴・耳穴・口辺などの細部にだけ濃墨が使用されるというものだった。彼の作品はのこっていないが，『直翁筆六祖挾担図』(東京，大東急記念文庫蔵)，『布袋図』(愛知，徳川美術館蔵)などの，禅僧の題賛のある13世紀中頃の作品が，その画風を伝えている。彼の画風

が，禅宗の画僧たちに受けつがれ，禅宗の祖師や散聖を描く伝統となっていたことがうかがえる。

（海老根 聰郎）

モーリホワ【茉莉花】 →茉莉花

もかけざ【裳懸座】 坐像において，裙(裳)や袈裟の衣裾を台座前面に長く垂らす表現。南北朝時代5世紀末頃，仏像の着衣形式が中国風に変化する中で現れた新様式で，6世紀前半に最も盛行した。雲岡石窟第6窟に初期的な垂衣表現が認められるほか，四川省茂県から出土した南朝斉の永明元(483)年銘釈玄嵩造像碑も裳懸座の早い例である。龍門石窟では6世紀初頭に意匠性に優れた華麗な裳懸座が現れ，麦積山石窟では塑造という技法を生かした現実的な衣文を表現した。

（石松 日奈子）

もくあんしょうとう【木庵性瑫】 1611(万暦39)～84(康熙23)。明代の禅僧。泉州晋江(福建省)の人。本姓は呉氏。19歳のとき，開元寺の印明について剃髪し，諸師に参じた。1644(崇禎17)年，34歳で隠元隆琦に師事し，1650(順治7)年印可を受けた。順治12年に隠元の招請によって長崎に渡来した。隠元とともに京都宇治の万福寺開創を援助し，1664(寛文4)年，54歳で黄檗第2代に就いた。17年間で伽藍を完備するなど，黄檗宗の基礎を築いた。書にすぐれ，隠元・即非とともに「黄檗三筆」と称された。著に『木庵禅師語録』がある。

（鍋島 稲子）

もくぎょ【木魚】 打楽器の名。もとは法器，すなわち仏教音楽の打楽器だったが，次第に器楽合奏，劇音楽や語り物にも使用されるに至った。桑の木や香椿の木で作られる。厳密には長い魚の形をしたもの(僧侶の食事時を知らせる合図専用)と丸みを帯びた鈴型(仏教音楽およびその他の音楽に用いる)の2種あるが，一般には中腹が空洞で，魚が大きく口を開けたような形状の後者がよく知られている。木魚を主要楽器とする音楽ジャンルには，仏教系の語り物である広東の木魚や器楽合奏の十番鑼鼓などがある。直径7～16cmほどのものから70cm前後の大型のものまであり，先端が蕾状になっている棒で右手で打つ。

（増山 賢治）

もくぎょか【木魚歌】 広東地方の語り物芸能。伴奏楽器として木魚を用いることからこのようにいわれる。仏教故事を語る宝巻が広東地方に来て，発展したものともいう。そのテキストが「木魚書」。南音・龍舟と呼ばれることもあるが，南音は長編の木魚歌を指し，龍舟は短編のそれを指す。両者には平仄や押韻などの規則にも違いがある。また南音はより官話的であり，龍舟はより広東俗語的であるといった違いもあるとされる。

（大木 康）

もくぎょしょ【木魚書】 広東地方の語り物芸能，またそのテキスト。木魚歌・模魚歌・沐浴歌ともいう。広州・香港を中心とする広東省の西部がその中心であるが，広西壮族自治区の一部，あるいは東南アジアなど，広東語の流通圏では，この木魚書が行われている。語り物芸能そのものを「木魚歌」とよび，そのテキスト(唱本)を「木魚書」と呼んで区別する場合もある。

木魚書は，七言句を連ねた七言斉言体の歌(韻文)の部分と散文(語り)の部分とからなる説唱文芸であり，北方の鼓詞，江蘇浙江一帯の弾詞や宝巻，あるいは民間の儺戯のテキスト，古くは敦煌の変文などと同じ形式である。文字使いの上からは，儺戯のテキストとの共通性が強く見てとれる。上演にあたっては，すべて広東方言音で読まれ，なかには，「佢(＝他)」「唔(＝不)」「係(＝是)」など広東方言の語彙もあらわれている。

広東地方における木魚書は，明代にはすでに行われていたといい，『花箋記』には明代の版本もあったとされる。また，遅くとも明末清初に至れば，詩文や筆記などに，木魚書に関する記述があらわれる。たとえば王士禎の『広州竹枝』に「両岸の画欄紅く水を照らし，蛋船争って木魚歌を唱う」といい，また屈大均の『広東新語』巻9・広州時序，巻12・粤歌の条には，木魚歌についての詳細な記述がある。

木魚書にも短編のもの，中編のもの(おおむね1冊のテキストで1つの物語を語り終えるもの)，長編のもの(1つの物語で数冊のテキストになるもの)などがある。現在およそ500種以上のテキストが残っている。内容は，『三国志演義』『紅楼夢』などをはじめ，広く中国の通俗文芸をおおっているが，『花箋記』『二荷花史』などは木魚書独特の故事である。多くは清末から民国にかけて，広州の五桂堂・以文堂・酔経堂などで出版されたものである。

（大木 康）

もくぐうぎ【木偶戯】 人形劇の総称。中国の人形劇としては，棒使いの杖頭木偶戯，糸操りの提線木偶戯，指人形の布袋木偶戯(掌中木偶戯とも)などが代表的で，他に人形の背中に鉄の棒を垂直に装着した鉄線木偶戯などがあり，各木偶戯の分布域は全国に広がる。

人形劇の総称として，20世紀前半頃までは「傀儡戯」が一般的であった。傀儡ということばは漢代

に現れるが，当初は葬送儀礼の一部として行われるものであった。その後，傀儡戯は百戯の一つとして存続していたが，隋唐の頃には一定の物語を備えるに至り，また民間での上演の記録も現れ始める。市井での上演の様子がはっきりするのは宋代以降で，この時期には，杖頭傀儡・懸糸傀儡・水傀儡・肉傀儡など，上演形態ごとに各種木偶戯の名称が出現している。

その後明代においては，万暦年間(1573-1620)を中心として，特に福建など東南沿海部で木偶戯の興隆が見られた。泉州の提線木偶戯の発展の起点は明代であり，また布袋木偶戯については万暦年間に秀才梁巧仁によって創始されたという伝説がある。さらに同時期，福建の複数の木偶戯が広東に伝わっており，現在も盛んな南方の木偶戯は，この時期に様々な支脈へと分かれたものである。

さらに清代に至ると，宮廷で上演された杖頭木偶戯「大台宮戯」をはじめ，南方・北方ともに，より多様な木偶戯が行われるようになる。福建の布袋戯は晋江を起点に各地に伝播し，海を越えて台湾や東南アジアに伝わっている。また，広東の木偶戯も，特に粤西のものを中心に興隆した。さらに北京民間の耍苟利子(扁担戯とも。苟利子は傀儡子のなまり)や大苟利子，四川の杖頭・布袋の各木偶戯，陝西の提線木偶のほか，江蘇・浙江・湖南などの地域でも，それぞれに多彩な木偶戯の発展が見られた。

(平林 宣和)

もくしょうぜん【黙照禅】 宋代の禅の一派。南宋の臨済宗大慧宗杲が，大悟を目的視せず，黙々として坐禅して「本来の自己」に親しもうとする曹洞宗の立場を，「黙照禅」「黙照邪禅」と批判したことに始まる。公案を工夫することで大悟することを主張する「看話禅・公案禅」とともに，宋代禅思想の二大潮流。 (永井 政之)

もくひさんじんこし【木皮散人鼓詞】 鼓詞の現存最古の作品。散文(台詞)と韻文(歌詞)が交互に連なるスタイルを取る。韻文は1句7文字を基調とし偶数句で韻を踏む。三皇五帝から明の崇禎帝の自殺に到る歴代王朝の興亡を概述しており，概ね史実に基づくが一部に物語的要素も含まれる。書きぶりはきわめて辛辣で，歴代王朝の開祖や名君であっても容赦なく不忠や不義を批判しており，作者の木皮散人こと賈鳬西の明滅亡後の悲憤があらわれている。賈鳬西(1590?～1676?)は曲阜(山東省)の人。明末に刑部郎中となり，清初に出仕を強要されるがまもなく故郷に引きこもった明の遺民。親交のあった孔尚任に『木皮散客伝』があり，また伝奇『桃花扇』に賈鳬西の作品を借用している。テキストに

は雲亭山人(孔尚任)序を載せる繁本と，統九騒人(丁愷曾)序を載せ元代および明末部分を削った簡本の2系統がある。 (千田 大介)

もくらんし【木蘭詩】 五言の句を基調とした長篇の叙事詩。『木蘭辞』とも。2首。木蘭という名の娘が，男装して父に代わって従軍し戦功をあげ帰還する，という故事を歌ったものである。作者は不明で，成立の時期についても唐か北朝か未確定であるが，この詩の内容が，戦争・牧畜・武功といった内容を勇ましく歌いあげる作品が多い北朝の民歌と傾向を同じくすることもあって，北朝期に成った民歌の一つとする見方が有力である。『楽府詩集』25所収。 (原田 直枝)

もくらんじ【木蘭辞】 →木蘭詩

もくらんじゅうぐん【木蘭従軍】 伝統演劇の演目名。『木蘭詩』『隋唐演義』に基づく。北魏の朝廷は突厥の侵略に兵を募る。花狐は軍籍にあったが年老い多病であったので，娘の木蘭が代わって男装し従軍する。木蘭は数々の軍功を立て遂には突厥を打ち破った。朝廷は木蘭に高い位を与えようとしたが，木蘭は辞退し郷里に帰る。後，皇帝の命で元帥賀廷玉が木蘭の村に赴き財宝を賜ったが，最後に木蘭が女性と知って驚く。京劇では梅蘭芳以後，女方が青年武将役に扮する。各劇種，改編作が数種あり，豫劇では常香玉の代表作として有名。

(吉川 良和)

もくれんぎ【目連戯】 盂蘭盆の起こりを説いた『仏説盂蘭盆経』(300年頃)から発展した唱導演劇。釈迦の弟子で神通第一の目連が地獄に堕ちた母を救う話。物語は説教などによって発展し，母の罪，父の出現，六道の輪廻，地獄巡りなどの内容が唐代までにはそろった。他方，盂蘭盆会は南朝梁の武帝が538(大同4)年旧暦7月15日に催して以後年中行事となった。孟元老『東京夢華録』に北宋の都汴梁(河南省開封)で『目連救母雑劇』を七夕から15日まで上演したとある。ただ，内容は未詳。南宋末の『仏説目連救母経』(1251年)では父が傅相，母が劉青提，目連の俗名は傅羅卜と中国人化した。その後，金元から明初に，『打青提』『行孝道目連救母』『目蓮入冥』などの劇名が散見するが，これらも内容は未詳。現存最古の脚本は明代の1582(万暦10)年の鄭之珍改編『目連救母勧善戯文』上中下3巻100場である。それまでの玄奘取経の話も織りまぜた多種の民間目連物を整理し，全篇が筋の通る芝居として完成させ昼夜3日の3巻本とした。それでも「啞背瘋」「思凡下山」等，目連と無関係の演目

も含み，以後各地の目連戯に大きな影響を与えた。清代になると康熙本『勧善金科』がある。宮廷でも1683(康熙22)年に『目連伝奇』で生きた虎・象・馬を用い演じた。乾隆期(1736-95)には張照編で別系統の『勧善金科』10本240場が作られた。中国史上最も長い脚本である。

利他の教えから悪人や女人をも成仏させる浄土教の思想のほか，儒教の忠孝節義，さらに道教の神々が登場して，儒仏道の三教が融合した勧善芝居となった。盂蘭盆が中元節とも合わさり，また招福息災にも上演されて連綿と伝わってきた。全劇中に各地方劇で使用するほとんどのフシを含むので，「芝居の母」とも言われる。唱導演劇であるから，宗教儀礼を挿み，また見物人に臨場感を与えるため，舞台で実際に飲み食いし本物の武器を使う。結婚式や宴会などの場面では舞台下にもふるまう。地獄の場面では母に本物の刺股を投げつけるので，柱や床に突き刺さる。さらに，神仏鬼卒の登場前には舞台に火を放つ。上演範囲は舞台上に止まらず，近くの廟から神像に扮した役者を担いで舞台に招いたり，街中で役者の扮した裁判官の行列に劇中人物が直訴をする場面もある。また，母の嫁入りでは，舞台から離れた民家の前で儀式をし，また父の葬儀も実際をまねてやる。各々各地の風習に拠るので，目連戯は各地の特色がある。人形劇や影絵も伝承されている。因みに，京劇にも「游六殿」「滑油山」「思凡」の一場物があり，魯迅の作品に出る「調無常」「女吊」等も目連戯の1劇。1950年，共産党の政策で最悪の迷信劇として禁演となったが，1980年代後半に宗教研究の解禁と相俟って，かなりの脚本が発掘され，湖南・安徽・河南・四川・浙江・福建などの各地で復活公演されている。今日では，その独得の演劇手法が注目されている。　　　　　(吉川　良和)

もくろくがく【目録学】　書物を内容によって分類し，その学術的位置を定める学問。『論語』顔淵篇に「顔淵，仁を問う。子曰く，己に克ちて礼に復るを仁と為す。顔淵曰く，其の目を謂い問う。子曰く，非礼視ること勿れ，非礼聴くこと勿れ……」とあるように，主題(仁)のもとに列する個々の具体的な条目を「目」と称した。「録」は刀を用いて木に刻む意味で，古代では竹や木に文字を刻んだので，文字を記すことを「録」と称した。前漢の成帝の前26(河平3)年に劉向・劉歆父子が国家の蔵書を整理し，初めて目録という言葉を用いた。『易経』序卦伝や『詩経』小序等のような一書の内容を並べた一書目録に対して，彼らの作成した『別録(七略別録)』『七略』は，複数の書目を並べたもので群書目録の起源となった。ただ，劉向の時代には一書の篇目である「目」に，内容解説(叙)をつけ加えて，それを「録」と呼んでいた。しかし，書物の増加とともに篇目のみのものも「目録」となり，更には単に書名だけのものでも「目録」と称するに至った。目録学という学問の概念は，北宋の初め頃には成立していたと言われるが，南宋の鄭樵が『通志』校讐略を著し，清の章学誠も『校讐通義』において，校讐学の名のもとにこうした学問の意義と理論を研究した。民国になると余嘉錫・汪辟疆・姚名達らの専門家が輩出し，目録学はおよそ次のように定義された。「書物を対象とし，その内容によって整理分類を行い，テキストの問題も考慮して書物の学術的位置を定める専門の学科である」と。目録の分類方法は，時代を反映して移り変わるが，今も古典について行われる四部分類法(経・史・子・集)の基礎は，唐代初期に編纂された『隋書』経籍志においてかたまった。それ以前は，劉歆の『七略』に基づいた『漢書』芸文志の六部法(六芸・諸子・詩賦・兵書・術数・方技)や西晋の荀勗『中経新簿』，東晋の李充『晋元帝書目』の四部法(六芸・諸子・史書・詩賦。李充は史書・諸子の順)，南朝宋の王倹『七志』とそれを継いだ南朝梁の阮孝緒『七録』(経典・紀伝・子兵・文集・術技・仏法・仙道)の七部分類法等が行われた。この間の目録は，後に子部に集約される術数等，技術書の分類や，仏典翻訳部門の参入等が注目に値し，分類変遷の歴史によって逆に当時の社会的背景を探ることができる。宋以後は，概ね四部分類法が主流となり，印刷術の流布も与って，勅命による官修目録より個人による私家目録や専門目録が多く出現し，明・清時代にはその全盛を迎えた。南宋の晁公武『郡斎読書志』，陳振孫『直斎書録解題』等は代表的な私家目録である。明代には，小説・戯曲を収載した晁瑮『宝文堂書目』のように範囲が広がり，清代には，題跋を主とした黄丕烈『士礼居蔵書題跋記』等，蔵書家の目録が増加した。一方，正史付載の史志目録(『宋史』芸文志等)や清の『四庫全書総目提要』等の官修目録も連綿と編まれた。清代末期以後，西洋書の輸入で中国の目録学も新たな段階に入るが，最も適した分類と著録を求める劉向以来の精神と理念は変わりなく貫かれている。　(高橋　智)

もじかいかく【文字改革】　文字体系や文字に関連する制度上の改革をいう。文字改革には幾つかの類型があり，モンゴル国がかつて蒙古文字を捨てロシア文字を採用した様に，文字記号全般を交換してしまう方式，文字体系を表語式から表音式に改める方式(韓国の漢字廃止及びハングル文字の全面利用を例とする)，ロシア語正書法改革を代表とする正書法方式等が挙げられる。いずれの類型にせよ革新の方向はほぼ同じで，表語式から表音式へ，

或いは繁雑不合理な書法から簡便・合理的な書法に改められたといえる。中国の文字改革もこの方向に沿って進み，具体的には表音文字の推進・共通語の普及・漢字の簡略化が三大方策として挙げられる。

表音文字推進の発端は 19 世紀前半にまでさかのぼる。17 世紀初頭のマテオ・リッチ，ニコラ・トリゴーによる漢字のローマ字表記を基礎とし，19 世紀前半にはプロテスタント宣教師達が教会ローマ字を考案，漢語音訳に力を入れたが，これが中国人の目にとまり，中国における文字改革運動の最初のきっかけとなる。1892(光緒 18)年，盧戇章 が表音文字「中国切音新字」を考案したことにより「切音字運動」が始まり，中国人自身の手による表音文字推進案が盛んに生み出され始め，中でも王照の「官話合声字母」は相当な広がりを見せた。この勢いは 1918(民国 7)年，「注音字母」を生み出すまでに至った。注音字母は「言文一致」「国語統一」を主張する国語運動に欠かせぬ道具となり，教育部で全国各国民学校における国文科を国語科に改めた際，注音字母による白話教育がなされた。五・四運動後，より簡便で世界共通の文字であるローマ字による表記を求める傾向が強まり，1928(民国 17)年，国語ローマ字が生まれ，ローマ字運動が盛んとなった。1931(同 20)年には共産党員，瞿秋白らによりラテン化新文字が考案され，国内の大衆語運動と合流することにより深く民衆に浸透した。これらの動向は中華人民共和国成立後にも引き継がれ，1958 年，全国人民代表大会で同じくローマ字による「漢語拼音方案」が公布されるに至る。

共通語の普及は中華民国成立直後から取り組まれた。1913(民国 2)年に「読音統一会」が召集され，音声面での全国統一がはかられたが，長期に及ぶ討論と改正を重ねた末，最終的に 1924(民国 13)年に北京音が国音の標準に定められた。中華人民共和国においても，この問題は重要事項として取り上げられ，1956 年国務院にて民族共通語「普通話」を「北京音を標準音とし，北方方言の語彙を基礎とし，現代白話文の著作に用いられる文法を標準とする」と規定し，以後「普通話」普及運動がさかんに行われた。

漢字の簡略化は筆画数の多い漢字習得の労力を取り除き，識字率を上昇させるために進められた。民国時代にも検討されたが，本格的に進められたのは中華人民共和国成立後である。国務院の直属機関「中国文字改革委員会」において作業が進められた結果，1956 年「漢字簡化方案」が公布され，簡体字 515 字・簡体偏旁 54 個が示された。ついで，1964 年に公布された『簡化字総表』において，正式に使用することができる簡体字 2238 字が発表され，ここで漢字簡略化の一連の取り組みは一応終結する。1977 年に「第二次漢字簡化方案(草案)」が『人民日報』に発表されたが，定着せず，実用化が見送られた。簡体字は筆画の簡単な古字・俗字の借用，漢字の部分的な省略等の方法により作成されている。

（三木　夏華）

もじがく【文字学】　狭義には，漢字がもつ要素のうち字形だけに焦点をあて，甲骨文や金文などから現在の字形にいたるまでの変遷などを研究する学問をいい，広義には，漢字の字形・字音・字義の各方面にかかわる総合的な研究体系を指した。後者の「文字学」は，伝統的な学問分野で「小学」と呼ばれていたものにほかならない。もともと漢字に関する研究を「小学」と呼んだことの背景には，学問の究極の目標は経書を理解することにあり，それが「大学」(最高の学問，の意)であるが，そこに至る段階として，まず漢字を学習し，正しく理解しなければならないとの認識があった。儒学を中心とした伝統的な学術体系では，文字の研究はいわば経書理解のための準備段階にすぎず，純粋に文字だけを研究対象とする学問として完結されてはいなかった。

「文字学」という名称が現れるのは，清朝が倒れ，儒学一尊の学術体系が崩壊した近代以後のことである。それまでの「小学」は経書に述べられた内容をより深く理解するための基礎科学として発展してきたものであった。しかし経書の価値が失墜した時，「小学」にはすでに膨大な量の研究体系が蓄積されていた。そして「小学」はその時，独立した言語学となりうる体系をすでに完全に備えていた。民国以後の学術界に，「小学」は中国の新しい言語学として独自の道を歩みはじめ，それに「文字学」の名称が与えられた。銭玄同が著した音韻学入門書が『文字学音篇』と名づけられていることからも，「文字学」が漢字に関する総合的研究の名称として使われていることが見て取れる。なお現在は漢字の字形を中心とした研究を「文字学」と呼ぶことが多く，字音に関する音韻学，字義に関する訓詁学とともに，新しい角度から中国の言語の諸相をとらえる学問として発展を重ねている。

（阿辻　哲次）

もじのごく【文字の獄】　王朝の言論統制により引き起こされた筆禍事件。歴代，散見されるが，清の康煕・雍正・乾隆の三代(1662-1795)が最も苛烈であった。1663(康煕 2)年，明の大学士朱国禎の著作『皇明史概』の稿本を購入した荘廷鑨が天啓・崇禎両朝(1621-44)の史事を増補して出版したところ，清朝を謗る内容があるとして告発された。すでに死亡していた荘廷鑨はその死体がさらされ，彼の弟や序文に名を連ねた文人，書物の購入者など

70余名が連座して処刑された(荘廷鑨の獄)。1711(康熙50)年の戴名世の獄では，その著作『南山集』に南明の永暦の年号を用いたとして，磔刑が執行され，一族も連座した。1726(雍正4)年の査嗣廷の獄では，科挙の試験官として出題した「維民所止」の字句に雍正帝の首を去る意があるとして告発され，査嗣廷は獄死，家族は流刑となった。1729(雍正7)年，呂留良の夏夷思想に影響された曾静が，川陝総督に謀反を策動する密書を送り，雍正簒奪の流言を披瀝したため大獄が生じた。満洲族清朝が中華の主となるにあたり，東夷として登場する明代史の叙述や夏夷思想の跋扈に神経を尖らせ，極刑で臨んだのである。

(森 紀子)

もちばなで【餅花手】 藍釉・褐釉・白釉・青磁釉などの上に，白土や白釉で花文などを描いた陶磁器の日本での俗称。点描された白い花文が日本の正月の餅花飾りに似ることからこの名がある。主に明代末期の福建漳州窯のいわゆる「呉須手」の藍釉白彩や褐釉白彩，白釉白彩磁器に対して用いるが，まれに景徳鎮窯の同技法の製品をこの名で呼ぶこともある。東南アジアや日本，ヨーロッパなどに遺例が多く，主に輸出用に生産されたと考えられる。

(森 達也)

もっけい【牧谿】 生没年不詳。南宋末期から元時代初め，13世紀後半の画僧。俗姓はわからないが，禅僧としての法諱は法常，牧谿は号。蜀(四川省)の出身。同じ蜀の梓潼県の人，無準師範の法嗣(弟子)となった。首都臨安(杭州)にある西湖湖畔の六通寺に住していた(開山説もあるが誤りだろう)。ある時，南宋末期の最高権力者 賈似道を批判し，越(浙江省)の丘氏という人のところに逃亡したという。牧谿のもっともくわしい伝歴を『松斎梅譜』(1351年頃)に記した呉太素，題画詩をのこす宋禧・岑安卿も越の人であるから，牧谿は南宋滅後の晩年をこの地ですごしたのではないかと考えられる。そして元初，至元年間(1264-94)に没したという。

彼の絵画活動は，一般の画僧のように限られた題材を描くのではなく，道釈人物・山水・花鳥画と幅広く，画技はきわめて高く，僧の余技の域をはるかに超えている。ところが，牧谿の作品に対する評価は，『松斎梅譜』の客観的記述を例外として，荘肅『画継補遺』(1298年)，湯垕『画鑑』(1330年前後)，夏文彦『図絵宝鑑』(1365年)のような元時代に撰述された画家伝・画学書には，「誠に雅玩にあらず」「粗悪にして古法なし」というような悪評が書きつらねられる一方，「高致あり」などとして，多くの文人から題画詩が寄せられたり，贋作が多数作られていたという事実から，当時大変な評判だったとも考えられる。その酷評を生みだした根源は，牧谿の水墨技法の自由さ，特に線描の奔放さが，伝統を踏みはずしていると認識されたことにあろう。そのためか，彼の作品は，中国に遺存するものとしては，日本に膨大な伝称作品が伝存しているのとは対照的に，わずかに2点の画巻が，今のところ知られるにすぎない。一つは，北京故宮博物院の『写生蔬果図巻』，款印はないが巻末の沈周(1427～1509)の跋文に「牧谿一巻」とあるもの。他は，台北故宮博物院の『写生画巻』，「咸淳改元(1265年)牧谿」のサインがある。しかし，両作品とも真蹟とは考えられず，真作は日本の数点にしぼられるだろう。

その作品は，代表作『観音猿鶴図』(京都，大徳寺蔵)を筆頭に，『羅漢図』(東京，静嘉堂文庫美術館蔵)，偃谿広聞(1189～1263)賛『蜆子和尚図』(東京，個人蔵)，『老子図』(岡山県立美術館蔵)などの人物画，山水画としては，『煙寺晩鐘図』(東京，畠山美術館蔵)，『遠浦帰帆図』(文化庁蔵)，『漁村夕照図』(東京，根津美術館蔵)，『平沙落雁図』(東京，出光美術館蔵)の瀟湘八景図巻断簡が間違いのない真作として多くの人のコンセンサスをえている。これらは，中世の時代に舶載され，その多くは，かつて足利義満のコレクションであった。日本の絵画に与えた影響は大きく，多くの模倣者をも生んでいる。なお，牧谿には羅窓という六通寺にいた弟子の存在が知られる。

(海老根 聰郎)

もっこつ【没骨】 中国画の描法の一つ。対象物の輪郭を線で括り色を塗る鉤勒塡彩に対する語で，色面または墨面で対象の形を描き出す技法。結果として輪郭線(骨)が存在しないため没骨といわれる。南朝梁の張僧繇や唐の楊昇が用いたとされるように古くからの技法ではあるが，五代十国南唐の徐崇嗣が写実的花鳥画にふさわしい描法として復興するまでは重要視されなかった。徐氏体の特徴の一つで，黄氏体の鉤勒塡彩と対比されたが，実際は写実主義を追求する立場から両方の画法が併用され，画の目的や対象物によって使い分けられていたと考えられる。特に水中の魚や藻を描く藻魚図や薄く柔らかな花弁などを描くのに適した描法である。清の惲寿平は洗練された色彩の没骨花鳥画で名高い。

(藤田 伸也)

モリソン Robert Morrison 1782～1834。中国に最初にプロテスタントを伝道したイギリス人宣教師。漢名は馬礼遜。ロンドン伝道会によって中国に派遣され，1807(嘉慶12)年9月にカントン(広州)に到着した。現地でイギリス東インド会社の翻訳官を務め，1816年にはイギリスが派遣したアマ

ースト使節団に同行して北京へ赴いた。翌年，中国人宣教師を養成するためにマラッカに英華学院(Anglo-Chinese College)を設立した。『華英字典』(《Dictionary of the Chinese Language》)という辞書などを出版するとともに，新旧約聖書の中国語訳である『神天聖書』を1823年にマラッカで出版した。 （井上 裕正）

もりょう【茂陵】 陝西省興平市にある前漢の7代武帝の陵墓。咸陽原の前漢諸陵のうち最も西に位置し，規模は最大である。1962年に陝西省文物管理委員会が調査。陵園の中央に覆斗形の墳丘があり，基底部で東西231m，南北234m，高さ46.5m。墳丘の周囲に方形の墻が巡らされ，4辺の中央に門が設けられている。文献によると茂陵には寝殿・白鶴館・龍淵廟等が付設されていたとあり，これらの遺構と考えられる建築遺跡(圧石冢・白鶴冢等)が茂陵の東南部で確認されている。1973〜75年の調査では茂陵の東南1kmの瓦渣溝一帯で画像塼・文字瓦当・玉鋪首・瑠璃壁等が発見された。茂陵の西北には李夫人の英陵があり，東には武帝の姉の陽信公主・衛青・霍去病・霍光等の12基の陪葬墓が点在する。1981年，咸陽地区文物管理委員会・茂陵博物館は陽信公主とされる墓の南側で陪葬坑を発掘し，坑内から「陽信家」の刻銘銅器，鍍金銅馬，「金馬」として知られる鍍金銀銅薫炉等の豪華な副葬品を発見した。 （高浜 侑子）

もんがいぶんだん【門外文談】 1934(民国23)年，魯迅が『申報』に発表した，ラテン化新文字・大衆語の提唱文。12節から成る。漢字の歴史の説明に始まり，漢字・古文の欠陥やそれまでに考案された注音字母・国語ローマ字の繁雑さを述べ，ラテン化新文字の必要性を強調，更に方言に改良を加えて標準化した大衆語を推進することを主張した。この提唱文をきっかけにラテン化運動は大衆語運動と結びつき，新文字は民衆に深く浸透し，国内外に広く受け入れられた。 （三木 夏華）

モンゴル Mongol 漢字表記は蒙古。もとはチンギス・カンが属していた部族名であった。1206年に即位したチンギス・カンが，ユーラシアの大半をおおう巨大な帝国を創始したことから，その名が国名，地域名，そして民族名をも表すようになった。モンゴル帝国の支配が，当時知られていた陸地の3分の1にも及んだことから，当然のなりゆきといえよう。
地域としてのモンゴルは，内陸アジア東部の高原地帯に属し，範囲としては，おおむね，東は興安嶺によって中国東北地方と，南は万里の長城で中国本土と，西はアルタイ山脈によって新疆ウイグル自治区と隔てられ，北はシベリアに連なる。高緯度の内陸部，しかも高原地域に位置するので，気候は乾燥しており，気温の日・年較差が大きく，天候が激変しやすい。かような厳しい自然環境ゆえに，その地は北方に森林のある山岳地域があるほかは，草原や砂漠がほとんどで，生業としては，古く西方から伝播した騎馬技術を活用して，五畜(ヒツジ・ウマ・ヤギ・ラクダ・ウシ)を飼養する騎馬遊牧経済がおこなわれていた。

チンギス・カンにはじまるモンゴル世界帝国の支配により，東アジア地域と西欧との直接的な交渉が史上はじめておこなわれ，多種多様の文物や人が往来した。このように世界史上画期的な役割を果たしたモンゴル帝国は，強固な結合を続けられず，東アジアでは，元が倒れ，1368年，漢民族の明朝に取って代わられる。明代，モンゴル高原では，東方のタタール(韃靼)と西方のオイラート(瓦剌)の両部に分かれ抗争を続けた。この「北虜」(当時のモンゴルをいう)は，しばしば明を苦しめたが，かつての勢威を回復できなかった。モンゴルにチベット仏教(いわゆるラマ教)が本格的に広まったのは，タタール部のアルタン・カンの治世においてであった。

17世紀はじめ満洲人が清朝を建てると，モンゴル地域は，藩部としてその支配下に入る。清朝支配のもと，モンゴルは2つに区分される。中国本土に近い南モンゴルが「内蒙古」，ほぼモンゴル高原に位置する北モンゴルが「外蒙古」である。現在モンゴルが分断国家状態に置かれているのは，このことに起因する。清朝は，当初モンゴルを協力者と見なし，チベット仏教を手厚く保護したり，モンゴル高原への漢人の立ち入りを厳禁するなど優遇した。だが他方，従来の部を解体して旗という地方行政単位に再編し，旗の区画を越えた移動を禁止してモンゴル特有の機動性を奪った。さらに旗への統制を強化すべく，「内蒙古」に6，「外蒙古」に4の盟を設置した。

最北のモンゴルであるブリヤトやオイラートの後身であるカルムックは，17世紀後半以降ロシア帝国の支配下に置かれ，旧ソ連では自治共和国となった。

1911年，辛亥革命がおこって清朝が滅亡すると，その機に「外蒙古」は独立，21年にはロシアの十月革命に強い影響を受けて，モンゴル人民共和国を建てた。これはアジア最初の社会主義国となった。80年代後半からのソ連・東欧の民主化の影響で，90年，人民革命党(共産党に相当)の一党独裁は放棄され，92年には民主主義政治体制のモンゴル国となった。これに対して「内蒙古」は，清朝崩壊後も独立を果たせず，現在，清朝以来の「内蒙古」の

名をとどめて中華人民共和国の「内蒙古自治区」として推移している。　　　　　　　　（原山　煌）

もんじかいかく【文字改革】 →文字改革

もんじがく【文字学】 →文字学

もんしつしんご【捫蝨新語】　南宋の筆記。一名に「捫蝨新話」ともいう。全15巻。著者は陳善，羅源（福建省）の人。紹興19(1149)年の自序をもつ。内容は百科全書である「雑俎」の体裁をとり，経・史・子からはじまり文才・詩文・聖賢・仏氏などの標題に細分され，先秦から宋代に至るまで縦横に議論し考証している。とりわけ詩文に関する議論は価値があり，唐宋の文学批評においては取り上げられることも多い。　　　（岡本　不二明）

もんじゅ【文殊】　仏の智慧（般若）を象徴する菩薩。梵名マンジュシュリーの音写「文殊師利」の略。曼珠室利などとも音写し，妙吉祥・妙徳などと訳する。諸菩薩の上首とされ，童形の姿をとるという。維摩居士との問答で名高く（『維摩経』），釈迦の脇侍としても崇敬された。尊像は獅子に乗るものが多い。山西省の五台山は『華厳経』にいう文殊の住処清涼山とされ，信仰の最大拠点となった。密教の胎蔵界曼荼羅にもみえ，唐代には戒律の師として，寺の食堂に像をおく信仰も行われた。（稲本　泰生）

もんしん【門神】　辟邪あるいは招福のために門扉に描かれる神像。魔よけに桃の木に刻した像を門に置いたのが起源といい，後には招福の像も描かれるようになる。寺廟では扉に直接描き，民間では春節に扉に絵を貼り，翌年までそのままにする。多くは一対のものを両扉に向き合わせとし，武神（神荼鬱塁，秦叔宝・尉遅敬徳など）と文神（加冠・晋鹿〔＝禄〕，簪花・晋爵 など）がある。1体だけ（鍾馗など），文字だけのこともある。（森田　憲司）

もんせい【門生】　師の門下で謝礼を納めて学問を修める者の意。弟子が直接師より学問を教授された者であるのに対し，間接に師事した者ないし師の名望権勢を慕って集まった者を門生と呼ぶこともある。特に儒学の普及した後漢以降，学問を身につけた大官名士の門生となってその援引を恃み，官界進出への足がかりとする風潮が広まった。こうして有力官僚の周囲に蝟集した門生が故吏（かつての部下）とともに大きな政治・社会勢力を形成，党錮の禁の一因となり，また袁紹ら軍閥の勢力基盤ともなった。魏晋南北朝時代にも依然このような風潮は盛んで，貴族官僚はしばしば1000にも上る門生を擁した。数の増加は質的低下を齎し，主人のために労役につく者や武人の門生として戦役に従う者も多くなった。但しその身分は隷属民ではなく，あくまで主人と私的な心情で結びついた自由民で，彼らの中には貴族の子弟も少なくなかった。唐代以降，科挙制度の施行に伴い応挙者を門生，担当官司を座主と呼ぶようになり，朋党を助長し王法を曲げるとして歴代たびたび禁じられたが，門生の呼称は清代まで続いた。　　　　　　　　（佐藤　達郎）

もんぜん【文選】　周から南朝梁代までの詩文を選んで文体別に編纂した詞華集。原書30巻。梁の蕭統（昭明太子）の撰。編纂は，526（普通7）年から530（中大通2）年のころ，昭明太子と劉孝綽ら側近の文人によって行われたといわれる。子夏の「毛詩序」，屈原の「離騒」「九歌」に始まり，梁の陸倕（470～526）まで約130人の作品800編近くを収める。その選択基準は，昭明太子の「文選序」によれば，「事は沈思より出で，義は翰藻に帰す」，つまり深い思索に基づく内容を修辞を凝らした美しい表現でまとめた作品を選んだという。各作品は，賦・詩・騒・七・詔・冊・令・教・策文・表・上書・啓・弾事・牋・奏記・書・檄・対問・設論・辞・序・頌・賛・符命・史論・史述賛・論・連珠・箴・銘・誄・哀・碑文・墓誌・行状・弔文・祭文の37の文体（一説では，「書」の後に「移」を入れて38文体）ごとに編集されているが，賦（56編）と詩（443首）で全巻の過半数を占める。時代別（先秦5人，前漢18人，後漢21人，三国14人，晋45人，宋12人，斉5人，梁10人）に見ても，各時期を代表する文人たちの作品がほぼ網羅されていて，六朝までの中国文学の粋を集めたものとなっている。また，唐詩をはじめとする後世の中国文学に多大な影響を与えた。日本にも早くから伝来し，必読の中国古典の一つとなっていた。

『文選』が脚光を浴びてくるのは，隋唐の間に，科挙の試験で文章創作能力が重視され，文学言語創作の規範となったことに由来する。宋代には，「文選爛にして，秀才半ばなり」（『文選』に習熟すれば，科挙には半分及第という意。陸游『老学庵筆記』8）と言われるほどになる。『文選』に対する注釈は，隋の蕭該の『文選音』に始まり，隋末唐初に曹憲が揚州江都（江蘇省）で『文選』を教授して以来，「文選学」（「選学」）が盛んになる。「文選学」を大成したのは，曹憲の弟子の李善である。李善は，658（顕慶3）年に『文選注』60巻を上表した。李善の注は，『文選』本文の言葉の典拠を過去の典籍にさかのぼって跡づけるという引証の方法によっている。これは典故技法を駆使して美的表現を追求した作品を多く収める『文選』の注としては最適のもの

であり，現在に至るまで，『文選』の最も優れた注釈書とされている。その後，李善注の引証に不満を抱いて釈義による注釈として作成されたのが，718(開元6)年に上表された，呂延済・劉良・張銑・呂向・李周翰の5人の手になる『五臣注文選』30巻である。しかし，五臣注は浅薄で誤りが多いというのが後世の定評となっている。宋代以降，李善注と五臣注を併せた『六臣注文選』が刊行される。現行の『文選』テキストには，大別して李善注本，五臣注本，六家(五臣・李善)注本，六臣(李善・五臣)注本の4系統がある。版本については，斯波六郎『文選諸本の研究』(斯波博士退官事業会，1957年)に詳しい。「文選学」の専著に駱鴻凱『文選学』(中華書局，1937年)，全訳に全釈漢文大系本『文選』全7冊(1・2・5・6・7は小尾郊一訳注，3・4は花房英樹訳注，集英社，1974〜76年)がある。

(富永 一登)

もんぜんこうい【文選考異】 昭明太子『文選』の注の諸本を校勘した書。1809(嘉慶14)年序。清の胡克家(1757〜1816)撰。南宋尤袤刊李善注本『文選』を底本とし，明呉郡袁褧刊倣宋六家(五臣・*李善)注本，南宋茶陵陳仁子刊六臣(李善・五臣)注本によって詳細な校勘を加え，李善注の原形を示そうとしたもの。胡克家による尤袤刊本の覆刻(胡刻本)に付して出版され，『胡氏考異』とも称される。

(齋藤 希史)

もんぜんしっちゅう【文選集注】 南朝梁の昭明太子『文選』の注釈書。本文に加えて，李善注・『文選鈔』・『文選音決』・五臣注・陸善経注を集めて記す。『文選鈔』・『文選音決』・陸善経注はこの集注にしか見られない唐代の注釈であり，また本文・李善注・五臣注についても，通行本の誤りを正すことが少なくない。初め120巻あったが，現存するのはその5分の1程度である。この書物は，近代以降中国に渡った巻を除けば，日本にのみ伝わるもので，撰者の氏名は明らかでなく，『旧唐書』および『新唐書』芸文志にも『日本国見在書目録』にも書名は録されていない。そのため撰書が中国に成るものか日本に成るものか不明とされてきたが，近年では大江匡衡が一条天皇のために編纂したものであろうとの説が唱えられている。影印本として，つとに羅振玉による『唐写本文選集注残巻』，また『京都帝国大学文学部景印旧鈔本』第3〜9集があり，現在は『唐鈔文選集注彙存』(上海古籍出版社，2000年)がさらに拡充を加えている。金沢文庫蔵『文選集注』は国宝に指定されている。 (齋藤 希史)

もんぜんりがくけんよ【文選理学権輿】 清の文選学の書。8巻。1768(乾隆33)年序。汪師韓撰。昭明太子『*文選』の李善注を内容によって分類配列し(巻1〜巻5)，また『文選』およびその注に関する評論を集録し(巻6・7)，さらに汪氏自身の劄記(「質疑」)を付す(巻8)。清の孫志祖は『文選理学権輿補』1巻によって欠を補い，また別に『文選李注補正』4巻および『文選考異』4巻を著して汪氏を継いだ。ともに1799(嘉慶4)年刊の『読画斎叢書』甲集に刻され，『叢書集成初編』に収める。

(齋藤 希史)

モンテ・コルヴィノ Giovanni di Monte Corvino 1247〜？。聖フランシスコ会修道士。南イタリアの生まれ。ローマ教皇ニコラウス4世(在位1288〜92)によりカトリック伝道のため元朝に派遣。1294年に首都の大都に到着，親書を成宗テムル・カンへ伝達。内モンゴル地方のネストリウス派の王を改宗，教会堂を建設させ，大都でも教会堂を建設，聖書を翻訳，6000名もの洗礼をし，ついで教皇から全東方の大司教に任命された。福建の泉州にも布教の拠点を持ち，1328〜31年の間に没した。

(松田 孝一)

もんばつ【門閥】 広くは高官を輩出した名門をいうが，専ら両晋〜隋唐時代を特色あらしめた貴族を指して用いる。後漢代に台頭した地方の名望家が九品官人法の父祖の就官重視の運用を通して発展，東晋代に門地二品と呼ばれる特権的貴族の家々が成立，さらに超一流の甲族とそれより劣る次門・後門等に分化した。同族でも系統によって格づけや経済状況を異にしたが，南朝の琅邪郡の王氏と陳郡の謝氏，北朝では清河の崔氏や范陽の盧氏が代表的門閥。甲族出身者は20歳前後で特定の清官で出仕，のちには大臣職まで昇ることがほぼ確約，王朝の興亡をこえて存続し，時政を左右するとともに社会と文化を主導し，混乱と分裂のこの時代に統一と連続性を与えた。しかしやがて，家柄を矜持して官職を選り好み，通婚も同格の門閥間に限るなど既得勢力の保持に腐心，軍事ばかりか政務にも勤めることを忌避して文芸・清談・信仰に自足，さらには勉学を忽せにする風潮が瀰漫。識者の警告や梁の武帝の貴族制改革のもとで自己革新の動きも見られたが，科挙制の進展にともなって没落し，安史の乱を機に政治の表舞台から姿を消した。

(安田 二郎)

や

ヤオトン【窰洞】 河南・山西・陝西・甘粛省などに分布する洞穴式の住宅。穴居・土窰ともいう。雨量が少なく，樹木が乏しく，黄土層の厚い地域に分布している。自然の崖に横穴を掘り込んでつくったものと，地面に竪穴を掘り下げてそれを中庭とし，その四周に横穴を掘り込んだものがある。明末には，長城付近ですでにこの種の住宅が見られ，また同じころの河北・山西・陝西などの地主は，食料貯蔵用の倉庫として使っていたと記録されている。清代の窰洞は，いずれの部屋も間口が狭く奥に長い平面をなし，日乾し煉瓦または磚や石を積んでボールト型(かまぼこ型)の洞穴状になっている。その上に黄土層があるため，室内は，断熱効果によって夏涼しく，冬暖かい。各部屋は，内部でも連絡している。地面を掘り下げるタイプの窰洞住宅では，数家族で居住する場合があり，またその住まい方や構成は四合院住宅とよく似ている。さらに，窰洞住宅の多い地域では，地上に建つ普通の住宅でも天井をボールト型にするケースが多い。 (高村 雅彦)

やかくそうしょ【野客叢書】 南宋の筆記。全30巻。著者は王楙(1151〜1213)。王は科挙に合格しなかったため，門を閉ざして著述に専念して一生を送った。本書はその晩年の著作で，内容は経学・史学・文学などにわたり考証や議論を展開している。また宋代の詩話(『冷斎夜話』『竹坡詩話』等)や随筆(『容斎随筆』『避暑録』等)を多く引用し，その議論の当否について詳しい論評を加えている。ただし煩瑣に流れている一面がないではない。 (岡本 不二明)

やくおう【薬王】 ①仏教の菩薩。梵名バイシャジャラージャの漢訳。前世において一切衆生憙見菩薩であったとき，わが身を燃やして仏を供養し，その火が1200年間燃え続けたという『法華経』の逸話で名高い。六朝時代にはこの故事に則って，焼身供養を敢行する仏教者が少なくなかった。②民間信仰で，歴代の名医を神として祀る際の尊号。伝説上の人物の神農，戦国時代に活躍したとされる扁鵲，唐代の孫思邈らがその代表格で，中国各地の薬王廟に祀られ，病気平癒などの祈願の対象となった。 (稲本 泰生)

やくおうざんせっこく【薬王山石刻】 陝西省銅川市耀州区の薬王山にある石窟および薬王山博物館に収蔵される石彫造像碑のこと。薬王山は唐時代の医学・薬学者で「薬王」と称された孫思邈ゆかりの地で，仏教や道教の聖地となった。山には隋時代以降の石窟造像が残るほか，薬王山博物館には清時代末以降に周辺地域で収集された北魏〜唐時代の碑像や四面像約70件が陳列されている。内容は仏教および道教，さらに仏教と道教が入り混じった造像や造像記が見られ，中国の民間造像の土俗的な一面を示す好資料である。 (石松 日奈子)

やくさんいげん【薬山惟儼】 745(天宝4)〜828(大和2)。唐代の禅者。南宗禅の青原行思の法系の二代目に当たる。絳州(山西省)出身。諡号は弘道大師。石頭希遷の法嗣。後，澧陽(湖南省)の薬山に住し，教化につとめた。坐禅とは非思量(思慮分別を超越したもの)であると説いた。儒者で禅にも関心の深い李翺との交遊で知られる。伝は『祖堂集』4，『宋高僧伝』17，『景徳伝灯録』14などに見える。 (高堂 晃壽)

やくしきょう【薬師経】 インド撰述の仏教経典の漢訳。帛尸梨蜜多羅訳『灌頂経』の一部(実は慧簡訳とも言う)，達摩笈多訳，玄奘訳，義浄訳『七仏経』の一部の4種が現存する。これらのうち慧簡訳とされるものは偽経とも抄撰とも言われ，経録の間で評価が分かれる。通常用いられるのは玄奘訳である。経の内容として，定型句的な導入部分に続いて，薬師如来が修行中の菩薩時代に立てた十二大願，東方浄瑠璃世界の様子，布施・持戒の勧め，慳貪・嫉妬・悪業の破棄，名号を聞く功徳，経の受持・開示，仏の供養方法といった大乗経典に特有の項目が説かれる。その効果として，続命，病苦・災難・横死・琰魔(閻魔)の刑罰の回避，十二大将の保護が示される。こうした効果の故に薬師は中国・日本で現世利益の仏として信仰された。そのため注釈・関連文献には行法を主題としたものが多い。断片も含めて数種現存する梵文写本と『シクシャーサムッチャヤ(Śikṣāsamuccaya)』(漢訳：大乗集菩薩学論)中の引用文がインド起源を確証する。チベット語・コータン語・ソグド語・モンゴル語版もあ

り，中央アジア全域に広まったことが知られる。

(松村 恒)

やくしにょらいぞう【薬師如来像】

漢訳の薬師経典は，隋の達摩笈多訳『薬師如来本願経』が早く，他に同本異訳の唐玄奘訳『薬師瑠璃光如来本願功徳経』，義浄訳『薬師瑠璃光七仏本願功徳経』があり，像法時の利益を説く。『続高僧伝』巻30・隋真観伝には母が薬師経に依り，子(真観)を授かった話があり，龍門石窟では妊婦による薬師像造像銘が早い(1394窟，678年)。同銘は師僧と父母の「免離苦難」も同時に願っている。龍門石窟の薬師造像銘には病気平癒祈願などの現世利益のほか，西方往生や成仏への願意も見られる(『龍門石窟碑刻題記彙録』)。これらはいずれも上記薬師経典の経意に対応する。『宋高僧伝』第24・唐元皎伝には鳳翔開元寺に置かれた薬師道場がみえ，像の存在が窺える。四川省の巴中水寧寺第1号窟(盛唐)には，左手に鉢，右手に錫杖を執る薬師如来立像を中尊とする2菩薩・2力士の5尊があり，929年銘の敦煌出土の絹本著色薬師曼荼羅(兵庫，白鶴美術館蔵)は同形の如来坐像を中尊とする2比丘・4菩薩の7尊をあらわす。

(長岡 龍作)

やくめいし【薬名詩】

薬名を読み込んだ遊戯的な詩。人名・地名などを読み込む雑体詩の一種。六朝期に，斉の王融，梁の蕭綱・蕭繹・庾肩吾・沈約の五言詩があるが，いずれも宮廷サロンでの遊戯作で，技巧的にもただ薬名を詠む単純なものである。唐代になると，権徳輿・張籍・陸亀蒙・皮日休などの作品は，薬名の漢字をもとの意味に還元する，たとえば「有時浪白微風起」の「白微」に薬名の「白薇」をかけたものや，二句にわたって薬名を詠んだ離合体などが現れた。また敦煌の『伍子胥変文』にも薬名をもじって使用した例がある。北宋では，この体を得意とした陳亜の『薬名詩』1巻(一部のみ現存)が，「京界(荊芥)」のように同音字を用い，また詩だけでなく詞にも応用した。王安石・黄庭堅など名家にも作例があり，『詩人玉屑』など詩話にも取り上げられる。元明代では雑劇『西廂記』や散曲，小説『西遊記』(36回)などにも用いられた。背景には薬名を暗記するための実用的な口訣の存在があったと推定される。研究に田中謙二「薬名詩の系譜」(『田中謙二著作集』巻3)がある。

(金 文京)

やそうばくげん【野叟曝言】

清の小説。20巻。作者の夏敬渠(1705〜87)は字を懋修，号を二銘といい，江陰(江蘇省)の人。各地を遊歴して名士と交わったが，科挙には合格しなかった。主人公の文素臣は一介の書生でありながら，4人の愛妾とともに国難を鎮め儒学を振興して，最後には韓愈を凌ぐ聖賢と崇められる。才子佳人小説と神魔小説の要素を織り交ぜた展開には，作者の願望があからさまに投影されており，学識の誇示と俗事への関心が全編を覆っている。

(井波 陵一)

やそかい【耶蘇会】 →イエズス会

やたんずいろく【夜譚随録】

清代志怪小説集。和邦額(1736〜95以後)撰。著者の友人たちの評評を付した12巻141篇の原本と，大部分の評語を削除した4巻140篇の刪本がある。妖怪や精霊と人間との出会いを描くことによって，たとえば「鉄公鶏」では権力者の横暴を風刺し，「譚九」では民衆の窮状を訴える。また「阿稚」や「藕花」では少年少女が抱く美しい理想や幻想的な愛情を物語る。『聊斎志異』を模倣した作品群の中では出色の出来映えを誇る。

(井波 陵一)

やりつあぼき【耶律阿保機】 →太祖(遼)

やりつそざい【耶律楚材】

1190(明昌元)？〜1243？。元初の政治家・文人。字は晋卿，号は湛然居士，諡は文正。耶律は移剌とも記す。名の楚材と字の晋卿は『左伝』襄公26年の「楚材晋用」の故事に基づくが，兄の名が弁才・善才であることからすると楚才の可能性がある。遼の太祖耶律阿保機の子の東丹王を祖先とし，金に仕えて燕京(北京市)に住した契丹族の名門の出。父の履は学芸に通じ，金の世宗・章宗を支えた名臣。3歳で父を失った楚材は，母の楊氏の教育を受け，17歳で進士及第の資格を得て省掾(中央官庁の事務職)となり，後に開州(河南省)の同知(次官)に任じられた。1214(貞祐2)年，チンギス・カンの攻撃を受けた金が汴京(河南省)に南遷した際，前線となった燕京に左右司員外郎(幹部の一つ)として転任した。この頃より曹洞宗の万松行秀のもとで参禅し，湛然居士従源の名を得た。

燕京陥落後，チンギス・カンの招きに応じ，1218年からホラズムシャー国遠征に従い，占いの才をもって仕えた。オゴデイ・カアン時代，文書発給を行うビチクチ(書記)として華北地域の収税・文教行政を担当し，金の汴京陥落時には孔子末裔の孔元措らの救出を働きかけ，また燕京と平陽(山西省)に各々編修所・経籍所を設立した。オゴデイの末年にはイスラム商人アブドゥル・ラーマンらに権限を奪われて没した。

彼は自らの職をいにしえの中書省に擬して「領中書省」などと称した。クビライ・カアン以後，行

政官庁として中書省が設立されたため，彼は政府中枢の高官と解され，また彼の墓碑「中書令耶律公神道碑」および『元史』列伝の叙述をそのまま受容して彼を英雄化する傾向が生じた。チンギス・カンの遠征に従軍した際の詩を含む詩文集『湛然居士文集』，従軍の見聞を略述し，その際出会った全真教(道教教団の一派)の長春真人丘処機を論難する『西遊録』，金の暦を改作した『西征庚午元暦』(『元史』暦志所収)が残る。元史146　　　　　　(堤　一昭)

やりつとくこう【耶律徳光】　→太宗(遼)

やろう【夜郎】
戦国・秦漢時代に中国西南部，現在の貴州省に存在した国家。『史記』西南夷列伝によれば西南夷中最大の国家という。その中心地(貴州西部とする説が有力であるが雲南・広西・湖南に当てる説もある)，主体民族(苗族・彝族・布依族・仡佬族の各説がある)ともに不明の点が多い。前漢武帝が東越・南越を攻略する際，四川から牂牁江(北盤江)に沿って南下するルートの使用が検討され，使者が送られた。南越国平定後，その地に牂牁郡が設置され，夜郎侯は入朝して王に封じられたが，その後も漢朝から遠く離れていることをたのんでしばしば反抗し，前漢末の前27(河平2)年に夜郎王興は斬首された。ちなみに「夜郎自大」とは夜郎王が漢の使者に「漢と我が国とどちらが大きいか」と尋ねた故事による，とされるが，原典である『史記』で先にこれを問うているのは雲南の滇国王である。　　　　　　(林　謙一郎)

ヤンコ【秧歌】　→秧歌

ヤンコげき【秧歌劇】　→秧歌劇

ヤンシャオぶんか【仰韶文化】　→仰韶文化

ゆ

ゆいきょうぎょう【遺教経】
漢訳仏典。正式名称は『仏垂般涅槃略説教誡経』。また『仏遺教経』ともいう。五胡十六国後秦の鳩摩羅什(クマーラジーヴァ)訳。禅宗では特にこの経を重んじ，北宋時代に，『四十二章経』『潙山警策』とともに『仏祖三経』として一書とされた。洞山下の9世で投子義育の孫である守遂(1072〜1147)の注が付いたものが流布している。釈尊入滅の夜，最後の弟子として須跋陀羅(スバドラ)を出家させた後，沙羅双樹の間においてまさに涅槃に入ろうとするその時に，諸弟子たちに対して説いた教誡とされる。「涅槃経」のジャンルに属する。「如来の教えの総体(法身)は，常に存在して消滅することはないのだ」と説くこの『遺教経』は，釈尊入滅の事実を記述する初期阿含の「涅槃経」と如来そのものの常住を説く大乗の「涅槃経」(『大般涅槃経』)のちょうど中間に位置する。一心に持戒精進して，解脱を求めるべきことを説く。　　　　　　(赤松　明彦)

ゆいしきしゅう【唯識宗】　→法相宗

ゆいしんじょうど【唯心浄土】
「唯心浄土己身弥陀」と連用される。浄土教では阿弥陀仏を報身仏(法蔵菩薩として48願をたて長い修行を経て，西方極楽世界で成仏し，阿弥陀仏となった)と考え，西方10万億土の極楽世界に住むとする。しかし禅浄双修の人が少なくない中国禅宗では，浄土は我が心内にあり，弥陀も我が身中にあるとした。
　　　　　　(永井　政之)

ゆいまぎょう【維摩経】
初期大乗経典の一つで，紀元前後の北インド成立とされる。

前5世紀，ガンジス中流の北岸に栄えた商業都市ヴァイシャーリーは，当時の大国マガダやコーサラを中心とした伝統的なバラモン文化圏とは伝承文化も政治体制も異なった系統に属し，仏教史の上でもしばしば教団の正統派に対抗した特異な動きを見せるリッチャヴィー族の首都であった。ここを舞台に，大乗の神髄を体得した在家の資産家ヴィマラキールティ(Vimalakīrti，音写で維摩詰，略して維摩，訳して無垢称)が，舎利弗など長老比丘の前で，般若空思想や大乗菩薩の実践道について文殊師利菩薩と問答を展開する3場の戯曲構成からなる，大乗の在家主義が最も強く表れた経典である。

梵文原典は現存しないが，他の梵文経典中に断片的ながら引用がある。漢訳は古くは後漢の厳仏調訳

『古訳維摩詰経2巻』(188年。『歴代三宝紀』4,『大正新脩大蔵経』〔以下『大正』〕49, 54a)をはじめ、7度漢訳されたと伝えられ、他にはチベット訳、スタイン収集のホータン語訳の断片2葉、鳩摩羅什訳から重訳のソグド語断片などがあり、インド、中央アジア、中国にかけて早くからもてはやされたことが知られる。しかし漢訳で現存するのは下記の3訳のみである。①呉支謙訳『維摩詰経』2巻(3世紀。『大正』14, 519a〜536c)。②五胡十六国後秦の鳩摩羅什訳『維摩詰所説経』3巻(406年。『大正』14, 537a〜557b)。③唐の玄奘による貞観中(627-649)の訳『説無垢称経』6巻(『大正』14, 557c〜588a)。3訳とも14章からなる構成やその内容に大きな違いはないが、羅什訳が特に優れ、古来『維摩経』の代表とされている。

内容は、冒頭ヴァイシャーリーの精舎で、住む人の心が浄であれば国土も浄であると、穢土即浄土の立場が釈尊によって説かれ(第1・仏国品)、在家の立場の優位性が主張される。次いで、六波羅蜜を体得しながら、維摩は衆生を大乗に導き入れるため、出家を拒否して世俗に留まる理想的な在家の菩薩として紹介される(第2・方便品)。病に臥せる維摩を見舞うことを釈尊に命じられた舎利弗以下の出家弟子たちは、出家中心の小乗的な立場を以前に維摩に手厳しく批判されたために畏れて辞退し(第3・弟子品)、弥勒菩薩以下の諸菩薩も同様に辞退(第4・菩薩品)、ついに文殊師利菩薩が見舞うことになり、場面は維摩の方丈に移る。

方丈では諸菩薩・弟子・諸天を前に、菩薩は無病であるが「衆生病むゆえに菩薩病む」との理由で維摩は病に伏したことが語られ(第5・文殊師利問疾)、以下において煩悩と覚り(菩提)、迷いの状態(生死)と覚りの境地(涅槃)も、真実相においては別のものでない(不二)とする大乗の妙理が、2人の問答を通じて展開され、最後は維摩が僧院に至って釈尊と問答して終わる。その説くところは大乗経典に共通ではあるが、最初からまとまった一経として構想されていること、出家主義批判が一貫していること、文学作品として優れていることなどから、南北朝以後謝霊運、王維などの文人に愛好される一方、維摩変相図が描かれるなど、僧俗を通じて広く世にもてはやされた。　　　　　　　　(山田　明爾)

ゆいまきょうへん【維摩経変】　『維摩経』の内容を描いたもの。『維摩経』は在俗の居士維摩詰と文殊菩薩の問答を通して「空」の思想を説く大乗経典で、後漢時代以降に漢訳された。現存する最古の作例は炳霊寺石窟第169窟の壁画(西秦時代)で、菩薩装の維摩と侍者が描かれている。南北朝時代以降は、中国服の維摩と文殊の対問図が多く描かれ、雲岡や龍門などの石窟や造像碑、敦煌莫高窟の壁画などが多数現存する。左右に対坐する老年相の維摩と青年相の文殊を中心に、問答や神通力の場面を複合的に構成し、視覚的にも様々な対比表現を見せるものが多い。　　　　　　　　(石松　日奈子)

ゆいんぼん【油印本】　謄写版印本(ガリ版本)の漢語。孔版本・鋼筆版本などともいう。ロウをひいた原紙に、鉄筆やタイプライター等で文字をかき、原紙面に細かな孔を開け原版を作成する。原紙の上にインクを塗り、下においた紙にローラー等でインクを浸透させ印刷する。大規模な設備が不要で、小規模な印刷刊行に適している。　(梶浦　晋)

ゆう【有】　有ること、存在する者・物の意。無の反義語として先秦時代の道家が常用した重要概念である。

先秦の道家においては、無ということばが根源的実在である道の性質の一つとされ、さらには道そのものの意味としても用いられていたため、そのような道・無の仮象にすぎない物・有は常に劣位に置かれて否定的な評価を受けることとなった。例えば、『老子』では「有の以て利を為すは、無の以て用を為せばなり」(第11章)という存在論においても、「天下の万物は有より生じ、有は無より生ず」(第40章)という生成論においても、有(物)は無(道)の下に位置づけられており、さらには「民の治め難きは、其の上の為すこと有るを以てなり」(第75章)として政治的にも有が否定される。

有に対するこのような否定的評価は道家に一般的であったが、前漢・後漢時代を通じて少しずつ変化が生じた。そして西晋の郭象になると、戦国後期以来の道家の無(道)の存在論を捨て去り、代わりに万物が自然に存在し変化するという思想を提唱したが、自得・独化・自生していく有(物)にとって、その機能を支える真の実在としての無(道)は必要ではなくなっている。　　　　(池田　知久／渡邉　大)

ゆう【卣】　壺形の容器に提梁(提げ手)を付けた青銅彝器。一般に胴が張り、圏足(円形の高台)と鈕付きの蓋を持つ。銘文に「卣」と自銘する例は無く、宋代の『考古図』や『博古図録』の命名に従い伝統的に卣と呼ばれる。二里岡文化期に出現し、殷墟期から西周中期まで大いに盛行するが、西周後期に姿を消す。また円筒形の容器に提梁が付くものや、動物形の容器に提梁が付くものも卣と呼ばれ、特に後者には鴟鴞卣や食人卣など特徴的な形態の器が多い。　　　　　　　　　(角道　亮介)

ゆう【揖】　人に会って挨拶する際の礼の一種

で，跪かず立ったまま，両手を握り合わせ(拱手)，上体をかがめる動作が基本。先秦時代の文献にすでに見え，清末に至るまで士大夫の間で広く用いられた。相手に対する敬意の表し方は，手の位置(高い位置のほうが丁重)や動かし方(上下に動かすほうが丁重)，及び上体のかがめ方(深くかがめる方が丁重)，回数(回数が多いほうが丁重)などによって差はあるが，おおむね対等の関係でのやや儀式ばった挨拶，及び，目下の者の跪拝礼に目上の者が丁重に答える場合などに用いられた。 (岸本 美緒)

ゆうき【遊記】 紀行(文)の意。遊記は，*韓愈と共に古文(散文)復興に功のあった中唐の柳宗元『永州八記』を濫觴とし，達意を旨とする散文表現を成熟させた北宋の欧陽脩『于役志』が成るに及んで盛んになったジャンルである。南宋の陸游の『入蜀記』，范成大の石湖三録(『攬轡録』『驂鸞録』『呉船録』)は，宋代紀行文学の精華とされる。明の徐弘祖『徐霞客遊記』12巻は，そのジャンルの盛行を象徴している。 (山本 和義)

ゆうきゅう【尤求】 生没年不詳。明の画家。長州(江蘇省)の人。字は子求，号は鳳丘，また鳳山ともいう。のち太倉に移り，山水や人物をよくした。人物は仇英の細媚で繊細な画風を継ぎ，山水は*沈周や文徴明など呉派の明淡な画風の特色が認められる。江南で多くの読書人層に信者を獲得した民間信仰の教主，『曇陽仙師像』(上海博物館蔵)は，かつて小西門寺関廟の寺観壁画も描いたという尤求の創作範囲と絵画制作の背景を知る上でも興味深い。また代表作に『西園雅集図』(台北，故宮博物院蔵)がある。 (塚本 麿充)

ゆうきょうれつでん【游俠列伝】 『*史記』の列伝の一つ。俠とは然諾を重んじ，己の利を捨てて人の窮境を救う任俠のこと。政治的社会的に統一的な秩序を欠いた春秋戦国時代には，社会正義・信義の実現を俠者に期待する風潮があり，司馬遷が『史記』に游俠列伝を設けたのは時代の要請に応え彼らの働きを正当に評価したからである。しかし漢代には統一政権のもと，俠者はむしろ公権力とは対立する存在となり，その歴史的役割も変化せざるをえなかった。*班固も『漢書』に游俠伝を設けているが，司馬遷とは異なり，消極的な意味づけがなされている。『後漢書』以後，正史に游俠列伝を立てることはなくなった。 (稲葉 一郎)

ゆうこくじてっとう【祐国寺鉄塔】 河南省開封市にある仏塔。北宋の1049(皇祐元)年に建てられた。鉄の色に近い，焦げ茶色の琉璃タイルで外装されていることから，「鉄塔」と俗称される。実際は，軒・斗栱・平座・欄額や柱などで木造楼閣塔を模倣した煉瓦構造の磚塔である。塔は八角形の平面で，塔身の四面に仏龕が彫られ，中心に階段が造られ，13層で高さ55mである。宋の楼閣式磚塔は同時代の遼のものと異なり，須弥座形の基壇を持たず，1階の塔身を直接，地面に据えることが特徴である。 (包 慕萍)

ゆうさく【游酢】 1053(皇祐5)～1123(宣和5)。北宋の思想家。建州建陽県(福建省)の人。字は定夫。号は廌山。1082(元豊5)年の進士。官は知州クラスに終わる。北宋における理学の定礎者である程顥・程頤兄弟に師事。程門四先生と呼ばれる高弟の一人。程顥の「万物一体の仁」説を承けつつ，自他の固定的境界意識が融解した自在な心に仁を見出す。禅仏教ともみまがうその言説は，後の朱子からは批判を受けた。『中庸』『論語』『孟子』等の注解と文集があったが，現『游廌山集』は清代の輯本である。宋史428 (市来 津由彦)

ゆうさんばつ【熊三抜】 →ウルシス

ゆうし【有子】 孔子の弟子。魯(山東省)の人。名は若。孔子より43歳年少。『孟子』滕文公上篇によれば，容貌が孔子に似ていたので，孔子の没後，子夏・子張・子游がこれを孔子と同様に待遇しようとしたところ，曾子が強硬に反対し，沙汰やみとなった。『史記』仲尼弟子列伝にも，類似の説話が見える。『論語』に「有子曰」という尊称による書き方が3例認められることから，『論語』の編者の一人と見なす説もあるが，従い難い。史記67 (伊東 倫厚)

ゆうじゃく【有若】 →有子

ゆうしゅう【幽州】 →北京

ゆうじゅうりき【熊十力】 1885(光緒11)～1968。清末民国の思想家・新儒家。黄崗(湖北省)の人。原名は継智，別名は升恒，号は子真。梁漱溟の紹介で1920～22年，南京支那内学院の欧陽漸に師事する。1922年，蔡元培に招かれ北京大学で唯識論を講義。日中戦争勃発後は四川の復興書院，勉仁書院の首講。人民共和国成立後は全国政協委員。陸王の心学と唯識論，ベルグソンの直覚主義を融合して新唯識論の体系を立てる。著書に『新唯識論』『十力語要』等がある。 (森 紀子)

ゆうせんくつ【遊仙窟】 初唐の艶情小説。

張鷟（字は文成）の著。「仙窟に遊ぶ」とは，美女の館で歓楽の一夜を過ごす意。主人公が河源軍という前線基地（今の甘粛省）へ赴任する途中，若い寡婦十娘とその兄嫁五嫂の住む大邸宅に宿を求めて，盛大な酒食の歓待を受け，二人とさまざまな遊戯に打ち興じ，詩の応酬をくりかえして挑発，ついには十娘と結ばれるクライマックスをへて，翌朝には別れを惜しみつつ旅立つという物語。描写のなかで十娘の衣裳が妓女ふうであり，会話のはしばしに妓院の風俗を髣髴させるところから，遊里での交渉の経験を仙境淹留譚（神仙界へ迷いこんだ体験の物語）に仕組んだ構想であると考えられる。駢文体で書かれ，相応の詞藻と典故が駆使されてはいるが，全体に口語を多く交えた会話と即興詩のやりとりによって，プロットの軽快な展開をはかる通俗駢文となっている。本篇は張鷟の伝記資料にも唐宋の書目にもその名が見えず，日本人の伝写した写本によってのみ伝わった。唐末の莫休符『桂林風土記』に，新羅・日本の使節が入唐すると張鷟の文集を高価で購い持ち帰った旨を記しているように，『日本国見在書目録』には『張文成集』9巻，『朝野僉載』20巻とともに『遊仙窟』1巻の著録がある。日本においては，『遊仙窟』を摸したとみられる表現が，早くも『万葉集』巻5の「遊於松浦河序」（730年）に認められる。伝世の写本・刊本は無注本・有注本ともに10種を超えるほど多く，広い愛好は日本文学へ大きな影響を与えた。写本で最も古いのは無注の京都醍醐寺本（1344年），有注の大阪河内長野金剛寺本（残巻，14世紀初），また刊本はすべて有注本で，江戸初期無刊記本・慶安刊本・元禄刊本がある。この有注本には唐代の口語や俗諺にも詳しい解説があり，同時代の訓釈として漢語史研究に高い価値をもつ。注者として夫蒙・陳三という中国人の名が引かれるのは，接触したこれらの中国人に語義・文意を尋ね，それをまとめた結果であることを示唆している。ただし本文・注ともに訛誤脱衍の文字が多く，慎重な校読が必要である。　　　　　（衣川　賢次）

ゆうせんし【遊仙詩（詩題）】　詩の題。その名の示す通り，仙境に遊ぶ情景を描写する詩である。しかし，鍾嶸の「辞に慷慨多く玄宗より乖遠す」「乃ち是れ坎壈の詠懐にして列僊の趣きに非ず」（『詩品』）という郭璞の遊仙詩批判に対して，沈徳潜が「遊仙の詩は本と託する有りて言う，坎壈の詠懐は其の本旨也」（『古詩源』8）というように，単に仙界への憧れを表現するのみならず，仙人になれず俗世間を離脱できない絶望にことよせて，不遇な身の上を嘆き，現実への不満を吐露して社会批判を述べる傾向がある。魏晋以後，老荘思想の流行した時代の好尚を反映して盛んに作られ，『文選』は詩23門のうちの一つに「遊仙」を立て，何劭の作1首と郭璞の作7首を収める（巻21）。その後も遊仙詩はしばしば作られたが，唐になると，六朝のものとは趣を異にし，仙界で美女に逢うという設定を借りて，男女の情を叙述するものが多くなった。曹唐の遊仙詩・小遊仙詩はその一例である。　（森賀　一惠）

ゆうせんし【遊仙詩（郭璞）】　晋の郭璞の詩。14首が現存（うち4首は残欠，7首は『文選』21所収）。仙境の趣や昇仙の願いを描き，世俗に対し高踏的かつ侮蔑的な心情を表現しつつ，仙人になれぬ絶望の思いに託して，不遇な寒門出身者として現実への不満を述べたもので，鍾嶸『詩品』は，慷慨の語が多く，遊仙の本旨から乖離するというが，沈徳潜『古詩源』は，遊仙の本旨は仙境の描写に仮託して不遇を憂える心情を詠むものだと鍾嶸説に異を唱える。　　　　　　　　　　（森賀　一惠）

ゆうとう【尤侗】　1618（万暦46）～1704（康熙43）。明末清初の詩文家・劇作家。長洲（江蘇省）の人。字は同人，また展成。号は悔庵・艮斎，また西堂老人。1678（康熙17）年の博学鴻詞科に挙げられ，翰林院検討を拝して『明史』の修撰に参画したが，間もなく辞去し，終生故郷で過ごした。詩風は白居易・楊万里に近いと言われる。詩文集に『西堂雑組』がある。伝奇『釣天楽』，雑劇『読離騒』『吊琵琶』『桃花源』『白黒衛』『清平調』は「西堂楽府六種」と総称される。清史稿484　　　（根ヶ山　徹）

ゆうぶんせつ【右文説】　文字学の理論。六書の定義では字音を示す機能しかないとされる形声字の音符に，実は共通の意味が想定されるとする考え方。形声字の音符は通常，文字の右半分におかれることから「右文」という。宋の王子韶（字は聖美）が最初に唱えた説で（沈括『夢渓筆談』に見える），たとえば「戔」を音符とする文字には「小さい」という基本義があり，水の小さいものが「淺」，金の小さいものが「錢」，貝（＝財産）の小さいものが「賤」である，というような考え方。

（阿辻　哲次）

ゆうほう【尤袤】　1127（靖康2）～94（紹熙5）。南宋の詩人・蔵書家。常州無錫（江蘇省）の人。字は延之，号は遂初。22歳で進士に及第して泰興令となり，地方では淮東提挙常平，江東提刑，中央では太常少卿，給事中，礼部尚書などを歴任。民衆の疲弊や怨嗟，朝廷内の法制や爵録の乱れについてよく上奏したが，晩年は光宗治下の多難な国事に憂いを抱きつつ没した。詩人としての尤袤は，陸游・楊万里・范成大と共に南宋四大家と称されたが，彼

の作品のみ大部分が散逸し，輯本『梁渓遺稿』等を遺すのみである。その中で「淮民謡」詩は，喪乱と行役に苦しみ，農事も廃して漂泊を続ける民衆をリアルに描いて范成大の一部の作に類似する。また学者としては程頤の流れを汲み，孝宗のとき朝廷で道学擁護の弁を発している。『遂初堂書目』は，彼の蔵書を経総類から楽曲類まで44類に分かち，書名を録したもので，個人の蔵書目録としては最も早い時期に属する。宋史389
（西岡 淳）

ゆうめいろく【幽明録】 南朝宋の劉義慶が著した志怪小説集。『隋書』経籍志に20巻，『旧唐書』経籍志と『新唐書』芸文志には30巻とある。唐代に盛行したが，宋代に散逸した。通行の輯本として，魯迅輯『古小説鉤沈』が260余条を収め，鄭晩晴輯注『幽明録』が魯迅本を底本に10余条を増補している。幽明は，『易経』繋辞伝にもとづく語で，書名の意は，鬼神が属する幽界と人間が属する明界の話を記録したということ。

題材は，男女の話，妖怪の話，神話や伝説の類と多彩である。また後世の小説に大きな影響をあたえた話には，民間説話の類型にあてはまるパターンの話が多い。仙郷に滞在する『劉晨阮肇』や霊魂が遊離する『石氏女』などは，その例である。さらに同時代の話（『雨中小児』など）や明らかに仏教の影響を受けた話（『新死鬼』など）が収められており，六朝の志怪小説として新展開を見せている。

劉義慶は，宋の帝室の一族で，『世説新語』の編者でもある。
（成瀬 哲生）

ゆうようざっそ【酉陽雑俎】 唐代の筆記小説集。晩唐の段成式著。20巻，続集10巻。『崇文総目』『新唐書』芸文志は30巻とするが，続集をあわせた巻数であろう。内容は多岐にわたり，君王の事跡から仏教・道教の異聞，様々な不思議な話，音楽や料理，また動植物についてとさながら百科事典の様相を呈している。中国では唐末から五代，宋と広く読まれたものの，荒唐無稽な記事が多いとされてきた。しかし，魯迅は唐代における「独創の作」であると評価している（『中国小説史略』）。日本においても同様に荒唐無稽であると評価されてきたが，南方熊楠がその理解者として知られる。

著者の段成式（？～863）は斉州臨淄（山東省）の人，字は柯古。父段文昌は穆宗の時の宰相，母は武元衡の娘。校書郎から吉州刺史となり，後に太常少卿となる。詩人の温庭筠と親交があり，息子の段安節は温の娘を娶った。段安節は中国古代の音楽史料として重要な『楽府雑録』の著者として知られる。
（山本 敏雄）

ゆうりこう【釉裏紅】 釉下彩技法の一つ。白磁の素地に酸化銅の顔料で，絵付けや塗りを施し，その上から透明釉（ときに青磁釉）をかけて還元炎焼成したもの。絵文様は釉下で紅く呈色する。銅は高温で不安定であるため揮発しやすく，文様は黒や灰色，暗紫色に現れる場合も多い。釉裏紅は中国の呼称であり，日本や朝鮮陶磁の分野では「辰砂」と通称される。中国では湖南省の長沙窯における唐時代の使用が早く，江西省の景徳鎮窯で白磁の釉下装飾として登場してくるのが元時代，14世紀初め頃とみられる。朝鮮半島では，高麗時代の13世紀に青磁の部分的装飾に用いられ，朝鮮王朝時代後期の18～19世紀には白磁装飾として発達，流行した。
（長谷川 祥子）

ゆうりゅうほうかんしょうせつししゅ【熊龍峰刊小説四種】 日本の内閣文庫（国立公文書館）から発見された，単行の短篇小説4種の総称。他に所蔵を知らない。『馮伯玉風月相思小説』『孔淑芳双魚扇墜伝』『蘇長公章台柳伝』『張生彩鸞灯伝』からなる。『張生彩鸞灯伝』の巻頭に「熊龍峯（峰）刊行」とあり，『孔淑芳双魚扇墜伝』に挿絵がある以外すべて同一版式によるため『熊龍峰刊小説四種』あるいは『熊龍峰四種小説』とよばれる。熊龍峰は明の万暦年間（1573-1620）に活動した建安（福建省）の書肆。『清平山堂話本』にほぼ同文の作品が収められている『馮伯玉風月相思小説』と『古今小説』に同内容の作品がある『張生彩鸞灯伝』を含め，すべてが嘉靖期（1522-66）の晁瑮『宝文堂書目』に著録されており，同じく内閣文庫で発見された『清平山堂話本』などとともに，明代中期以前のいわゆる話本の様相をうかがううえでの貴重な資料となっている。熊龍峰が嘉靖期の作品を新刻して刊行したものであろう。
（大塚 秀高）

ゆえつ【俞樾】 1821（道光元）～1906（光緒32）。清の学者・教育者。徳清（浙江省）の人。字は蔭甫，号は曲園。1850（道光30）年の進士。短い役人生活を終えて帰郷の後は，杭州の書院，詰経精舎において30年以上も院長を務めた。清末の革命思想家章炳麟はその門下から出ている。教育活動のかたわら，古典を言語学的に分析することに力を注いだ。『群経平議』『諸子平議』などが代表作である。その他多数の著作は，『春在堂全書』に収録されている。清史稿482
（水上 雅晴）

ゆえん【俞琰】 1235（端平2）～1314（延祐元）。元代の易学者。呉県（江蘇省）の人。字は玉吾。号は全陽子・林屋山人・石澗道人。咸淳年間（1265-74）末に科挙に落第したとされ，元朝期に至ると林

屋山に隠れて著作活動に専念した。最も易に通じ、『周易集説』『易図纂要』『読易挙要』等を著した。その易説は、はじめ程朱の学から出発し、やがてその範囲を脱して独自の境地を開くに至ったという。また、『周易参同契』を内丹法の観点から解釈した『周易参同契発揮』と、その文字の異同を諸本と校合して考証した『周易参同契釈疑』は、『周易参同契』研究に欠かせない。　　　　　　　　（森 由利亜）

ゆけんご【庾肩吾】　487（永明5）～551（天正元）。南朝梁の文学者。南陽新野（河南省）の人。字は子慎。梁の簡文帝蕭綱が晋安王であった時から仕え、徐摛らとともに書籍の修纂に携って高斎学士と称され、一貫して蕭綱を中心とする文学集団の主要メンバーの一人であった。蕭綱が皇太子となってからは息子の庾信も学士に取り立てられ、徐摛・徐陵の親子ともども宮体詩の代表的作者として、その詩は徐庾体と称された。また侯景の乱の時、賊将宋子仙に捕らわれ殺されかけたが、当意即妙に詩を作って難を免れるなど詩才に恵まれた人であったという。しかし彼の現存する詩は応制や唱和の作が大部分で、作風も『玉台新詠』に採られたような艶麗なものが多く、後世からの評価はあまり高くない。ただ南朝斉の沈約らが提唱した四声の理論を受けて詩の声律を追求しており、近体詩の成立を考えるうえでは無視できない存在となっている。また書家としても知られ、著作に『書品』（『法書要録』所収）があった。梁書49, 南史50　　　　　　（副島 一郎）

ゆこう【喩皓】　生没年不詳。北宋初の建築工匠。浙江省東部の人。杭州の都料匠に任命され、塔の建設を得意とした。北宋の都の開封に呼ばれ、開宝寺塔を建設した際には、まず最初に模型を制作してから、989（端拱2）年に竣工させている。開封では西北風が強く、塔はその抵抗を考え、あらかじめ西北に傾けてつくられた。他に、杭州の梵天寺塔を建設している。主著の『木経』3巻はすでに失われているが、沈括『夢渓筆談』に一部が引用されている。　　　　　　　　　　　　　　（高村 雅彦）

ゆしん【庾信】　513（天監12）～581（開皇元）。南朝梁末から北周にかけての詩人。南陽新野（河南省）の人。字は子山。庾肩吾の子。527（大通元）年、15歳で昭明太子蕭統のもとで東宮講読に侍し、19歳で抄撰学士となって以後、順調な官途をたどるが、548（太清2）年、侯景の乱に遭い、子供3人をその戦乱のさなかに失う。梁の都建康（南京）が陥落すると、江陵（湖北省）の湘東王蕭繹のもとへ走り、仕える。さらに554（承聖3）年、42歳で国使として赴いた北朝西魏に滞在中に江陵が西魏軍に攻略される事件が起き、そのまま長安に拘留され、以後没するまで長安に抑留されて過ごす。西魏と、西魏に代わった北周においては高く遇され、麟趾殿において、文書を担当した。

梁朝時代には、当時流行した艶麗な宮体詩の優れた詩人、また巧みな美文の作り手として名を馳せ、その詩文のスタイルは徐摛・徐陵父子と併せて「徐庾体」ともてはやされたが、この時期の作品はほぼ伝わらない。現存する詩文の大部分をなす北朝における後半生の作品には、梁末の一連の争乱を体験し、北朝へ帰属して生きる自身の不本意な状況を反映した、悲痛な内容を詠じた詩文に秀作が多い。とりわけ『哀江南賦』は、信自身と庾氏の系譜という私的な要素と南朝の興亡の歴史という社会的要素とを融合させてうたった巨篇で、彼の代表作と目される。庾信については、亡国と故郷喪失をうたう詩人としての側面が強調されがちだが、後に杜甫が「庾信の文章　老いて更に成る」と端的に評するように、持ち前の高度な修辞技巧は、『擬詠懐』詩27首や、高度な駢文『擬連珠』44首といった後半生の各作品においても存分に発揮されている。その文学は、南朝文化の精粋を幅広く受け継いで、南朝文学を最も集大成した形で示す存在として位置づけ得るものである。清の倪璠注『庾子山集』16巻が現在最も通行している。周書41, 北史83　　（原田 直枝）

ゆせいしょう【兪正燮】　1775（乾隆40）～1840（道光20）。清の学者。黟県（安徽省）の人。字は理初。道光（1821-50）の挙人。進士に及第できず、生涯貧窮のうちに過ごした。彼は経学のみならず、史学・地理・諸子百家・医学・天文・仏教・道教にも幅広い実証的関心を向けた。主著の『癸巳類稿』『癸巳存稿』には封建道徳を批判し、男女の平等を説くなど、合理的批判精神が横溢しているほか、当時の台湾・ロシア・チベットについての的確な政治・地理学的分析が見られる。蔡元培は、清代の三大思想家の一人として高く評価している。清史稿486　　　　　　　　　　　　　　　（山口 久和）

ゆてきてんもく【油滴天目】　南宋から元にかけての建窯（福建省）で焼成した建盞の一種で、漆黒の釉面に細かい黄金色や銀白色の斑文が見られる天目。釉薬の表面に析出する斑文で、釉成分の鉄を主とした鉱物の再結晶化によるもの。明の文献である『格古要論』には「滴珠」とある。日本では油滴天目を曜変天目の次に珍重した。日本に伝世するものには優品が多く、中には華北地方一帯に分布する磁州窯系の窯で焼かれた油滴もあり、建窯産の油滴として伝来したものもある。　　　　（砂澤 祐子）

ゆどうろん【喩道論】 仏教文献。東晋の思想家，孫綽の作。『弘明集』3所収（『大正新脩大蔵経』24）。書名は，仏道に対して疑問を抱く者を喩す論文を意味する。仏教の立場から，因果応報・殺生・孝の問題を論ずる。因果説は，果報を受ける主体を行為者本人とする仏教特有の説というよりは，むしろ家を中心とする中国伝統の立場すなわち祖先から子孫に及ぶ間に因果応報を認める立場に立つ。殺生の議論には，「周孔（周公と孔子）は即ち仏なり。仏は即ち周孔なり」と言われ，儒教と仏教とでは「跡（現象）」は異なるけれども「跡する所以（本源）」は寸分も異ならない，という説が展開される。ここに，六朝時代以降の中国思想史上の一大テーマとなる儒仏一致思想，ないしは道教を加えた三教一致思想の先駆的議論がみられる。孝についても，仏道修行に一心に励むならば，祖先は残らず天界に生まれ福徳に恵まれるとして，孝と仏教説の融合を図る。 （船山 徹）

ゆみ【弓】 →弓

ゆりんくつ【楡林窟】 甘粛省瓜州県西南約75km，敦煌の東南180kmに位置する三危山麓，楡林河の渓谷両岸に築かれた石窟寺院群。東崖31窟，西崖11窟を有し，うち29窟に壁画が残る。1961年には莫高窟などとともに最初の全国重点文化財保護単位に指定された。創建年代を特定できる資料を欠くが，最早期の第17窟と第28窟に見られる中心柱が，莫高窟の初唐・盛唐の作例の特徴と一致するため，創建年代を初唐とする説が有力である。唐代から元代に至る作例が残り，様式も莫高窟に類似する。また前室の大部分が崩落している莫高窟に比べて建築構造をよくとどめ，当時の石窟寺院の構造を知る手がかりとなる。なかでも第25窟は顕教と密教が融合した大乗浄土変で，弥勒浄土変相（主室北壁壁画）・観経変相（主室南壁壁画）・八大菩薩曼荼羅経変（主室東壁壁画）・普賢変（主室西壁南側壁画）・文殊変（主室西壁北側壁画）・北方天王図（前室東壁北側壁画）・南方天王図（前室東壁南側壁画）は唐代壁画の代表作である。そのほか，西夏の水月観音図（第2窟西壁南側および北側壁画）や密教曼荼羅など，莫高窟に現存しない作例も有する点や，絵師の署名を有する壁画が多い点で，美術史上の価値は高い。 （勝木 言一郎）

よ

よ【豫】 河南省の略称。古くは豫州の地であったことに因む。豫州は『書経』夏書・禹貢や『爾雅』，『周礼』職方氏など古典に記される九州の一州である。『周礼』には「河南を豫州と曰う」とあり，『呂氏春秋』は「豫州は河水（黄河）と漢水の間にあって，周の所在地である」と記す。漢の武帝が前106（元封5）年に京畿を除き全国に十三刺史部を設けた際に，現在の河南省東部と安徽省北部を管轄する豫州刺史部が置かれ，潁川郡・汝南郡2郡と，梁国・沛国・陳国・魯国4国が属した。後漢では豫州は譙（安徽省亳州市）を治所に，河南省東部と安徽省西部を管轄した。三国と魏の時代に豫州の治所は安城に置かれ九郡と梁国・沛国を管轄した。西晋には陳県（河南省淮陽県）に治所が置かれた。南北朝時代には豫州は分割され，南朝の宋は南豫州を設け，治所を姑孰（現安徽省当涂県）に置いた。また斉は別に豫州を設け，治所を寿春（安徽省寿県）に置いた。北朝北魏も豫州と東豫州を設け，治所をそれぞれ汝南（河南省汝南県）と南新息（同息県）に置いた。隋の煬帝が秦の郡県制を復活させてからは豫州の名称は使われなくなった。 （林 和生）

よう【俑】 俑とは，中国で墓主の霊魂が地下で生活していく上で困らぬように埋納された人形をした明器である。殉葬の代用として戦国時代から作り始められたとするが，不明な点も多い。陶製のもの（陶俑）が主流だが，それ以外に木製・石製のものが存在する。「俑」という語は，すでに先秦時代の文献に見いだされ，人間の姿を象ったものと記される。しかし「兵馬俑」などの語が一般化し，技法および機能が人物俑とほぼ同一であることから，動物像も俑の一種であると見なすことが可能である。 （八木 春生）

よう【謡】 →謡諺

よういっさいしわ【養一斎詩話】 清の詩話。草稿「説詩牙慧」13巻の一部を削り，10巻と

し，1836(道光16)年に刊行された。潘徳輿著。古代から清初に到るまでの詩や詩人，および詩論を批評する。全体を貫く批評基準が明確であり，詩とは『詩経』の作風・精神を根底とすべく，故に「理」から逸脱せず(巻1)，「質実」こそが最高の詩風(巻3)という尺度を用いる。附編『李杜詩話』3巻は，同様の視点から李白・杜甫の作品に批評を加えたもの。　　　　　　　　　　　　　　(早川　太基)

よういてい【楊維楨】　1296(元貞2)〜1370(洪武3)。元の詩人・書家。会稽(浙江省)の人。字は廉夫。号は東維子・鉄笛道人。若い頃に鉄崖山中で読書したので鉄崖とも。1327(泰定4)年の進士。江南の地方官をいくつか歴任したが，元末の兵が起こって以来，富春山や銭塘・蘇州・松江などに乱を避け，市民詩をリードした。張士誠が彼を召喚した際に詩を宴席で書いて張を揶揄した話，明の洪武帝に召喚された際に『老客婦謡』を書いて使臣に託した話，その他多くの奇矯な逸話で知られる。彼の詩は李白・李賀を学び，楽府や古詩では大胆な空想力と奔放な表現，宮詞では猥褻に流れかねない妖艶さを示した。その人生，作品ともに，自由人であろうとした元末江南の文人のある種の典型。また書家としても知られ，行書と草書の数点を現存する。その詩と同様，勁く奔放な特徴をもつという。文集『東維子文集』31巻，詩集『鉄崖先生古楽府』10巻，『復古集』6巻があり，多作。明史285　(高橋　文治)

よういとく【楊惟徳】　生没年不詳。北宋の天文学者。大中祥符年間(1008-16)に，保章正(天文官の官職名)の職に在り，渾儀(日月星辰の運行を観測する天文器械)に通じていたという。北宋時代には全天の恒星についての位置観測が，5回にわたり行われた。その第2回は仁宗の景祐年間(1034-38)に楊惟徳が行ったもので，彼が編纂した『景祐乾象新書』にその結果が記録されている。宋史461
　　　　　　　　　　　　　　(白杉　悦雄)

ようえき【徭役】　歴代王朝が必要とする労働力を強制的に人民から徴発するもので，田賦(土地税)とならび王朝権力の基礎をなすものと考えられる。賦役あるいは差役という場合もある。徭役制度は先秦時代より存在するが，軍役に服することがその始まりと考えられる。古代においてはそのほかに国家的な土木事業や水利・灌漑工事，さまざまな雑役に当てられた。隋唐時代になると租庸調制が確立し，徭役は庸と雑徭として課された。しかし唐ではこれらについて現物による代納も認められていた。以後時代を追って徭役は直接労働力を徴発する原則から，物納あるいは貨幣納へと変化していっ

た。宋代では直接労役に服する差役法も行われたが，一定の銭を出し徭役を雇用する募役法も行われた。明でも里甲正役・均徭(雑役)・民壮・駅伝といういわゆる四差が行われたが，明末の一条鞭法によりほぼ全面的に銀納化された。さらに清代には徭役は田賦のなかに吸収されて地丁銀となり，国家的規模での徭役はなくなった。徭役割り当ての対象は，宋代以後では基本的に人丁と田土であったが，田土が重視される傾向が時代を追って強まった。概していえば人民の負担は田賦に比べ徭役のほうが重かった。　　　　　　　　　　　　(谷口　規矩雄)

ようおく【楊億】　974(開宝7)〜1020(天禧4)。北宋の詩人・文章家。建州浦城(福建省)の人。字は大年。諡は文。984(雍熙元)年，11歳で太宗に詩賦を試みられて秘書省正字の職を与えられ，その後重ねて賦や頌を奉り，進士出身の身分を賜った。真宗即位後は『太宗実録』『冊府元亀』の編纂にも携わった。1020(天禧4)年には翰林学士となり史館修撰を兼任し，真宗の御製作品集に注釈を施すなどしたが，12月に没し，礼部尚書を贈られた。

楊億は当時の通行の文体であった四六駢驪体の文章(駢文)に優れ，博識であった。またその詩風は晩唐の李商隠に学び，典故を多用した華麗なものであり，彼に賛同した劉筠や銭惟演の作品とともに，西崑体と呼ばれて当時世間で大いにもてはやされ，特に楊億と劉筠は「楊劉」と並び称された。詩文集に『武夷新集』20巻がある。宋史305　(湯浅　陽子)

ようかしょう【楊家将】　北宋の初めに五代十国の北漢から降った実在の人物楊業をモデルに，楊家の武将とその男勝りの妻女たち，いわゆる「楊門女将」の活躍をえがく小説・伝統演劇の総称。北方の太鼓・評書の代表的演目。遼・西夏などの異民族の侵略者と身命を賭して奮戦しながら君側の奸のため主君に冷遇され，あげくその多くが非業の死をとげる『楊家将』の物語は，『水滸伝』とともに漢族の人々の心を強くとらえ，伝統演劇においてはいまだに中核をなす作品群を構成している。だが日本での評価は小説の邦訳がないことに象徴されるごとく，かならずしも高くない。これは，『楊家将』もの人気が幾分かにもせよ慰霊鎮魂演劇の役割を果たすことと引き替えに得られたものであり，当然ながら日本ではそうした役割は果たしようがなかったためと考えられる。主要な登場人物には，楊令公継業とその妻佘太君，その7人の息子と2人の娘，なかんずく五郎・六郎の2人，六郎の2人の部下孟良と焦賛，六郎の子楊宗保とその妻穆桂英，その息子の楊文広などがいる。

宋代の盛り場瓦子で語られていた小説の演目に

『楊令公』や『五郎為僧（ごろうそうとなる）』があった。これにより当時すでに『楊家将』物語の一部が成立していたと知れる。元代には『謝金吾詐拆清風府』『昊天塔孟良盗骨殖』などの雑劇もつくられた。熊大木編で10巻50則からなる『北宋志伝』や，8巻58則で『楊家府演義』『楊家通俗演義』『楊家将演義』などの異称をもつ紀振倫の『楊家府世代忠勇通俗演義志伝』はそうした『楊家将』物語が明代に長篇小説としてまとめられたもので，前者は清代には『北宋金鎗全伝』10巻50回となり，さらに6巻31回からなる『北宋志楊家将伝』と4巻19回からなる『続北宋志天門陣演義十二寡婦征西』として受容された。

伝統演劇では，幽州城に閉じ込められた太宗を脱出させるため大郎などが替え玉となって戦死する経緯を演ずる『金沙灘』，このおり遼軍の捕虜となり木易として蕭皇后の娘鉄鏡公主の婿となっていた四郎が，蕭天佐の布いた天門陣を破るべく出陣した母に会わんと秘かに宋の陣営へおもむくことを演じた『四郎探母』，王欽若の婿謝金吾を殺し沙門島配流となった部下の焦賛を保護すべく六郎が遣わした任堂恵が，これを殺そうとする宿の主人と暗闇の中で闘うさまを演じる『三岔口』，遼軍により両狼山に閉じ込められた楊令公が救援を求めるため派遣した七郎が私怨を抱く潘洪に射殺され，令公も李陵碑に頭をぶつけて自殺する経緯を仕込んだ『李陵碑』，男装の八姐が焦賛の弟焦光普と内外呼応して潭州に囚われの兄六郎を救ける『楊八姐鬧館』，厳密には楊家将劇とはいえないが，初代皇帝の*太祖趙匡胤の死後，あいまいな状況の中で即位した弟の二代皇帝太宗趙光義を太祖の皇后賀氏が罵り，死んだ長子にかえ次子徳芳を八賢王にさせたことを演ずる『賀后罵殿』などが著名である。　（大塚 秀高）

ようかそんせいしゅうこうぞうせいどうき【楊家村西周窖蔵青銅器】
陝西省眉県馬家鎮楊家村で2003年に窖蔵（穴倉）中から発見された27点の*青銅器。鼎12点，鬲9点，壺2点，盤・盉・匜・盂が各1点，出土した。この窖蔵は渭水北岸の黄土台地に作られており，付近の農民が土取りをしていた際に偶然発見された。深さ5.6mの竪穴の壁面に横穴を掘り込む窯洞式の窖蔵で，3つの横穴のうち南側の1つに青銅器が納められていた。窖蔵はドーム状の天井を持ち，その入口は版築によって封じられていたという。出土した27点の青銅器はいずれも西周後期に典型的な型式であり，窖蔵の製作年代も同時期であると思われる。全ての器に銘文があり，四十二年逨鼎（逨鼎）は280字以上，四十三年逨鼎（逨鼎）は310字以上，逨盤（逨盤）は372字を有する。このような長銘の器は西周青銅器全体を通してみても例が少ない。四十二年逨鼎や四十三年逨鼎は銘文に王の在位年や月の満ち欠けの記録が記されており，西周の暦を検討する際の一級資料となっている。また，盂を除く26点の銘文には「単叔」「単五父」といった単氏一族の名がみえる。特に逨盤の銘文には単氏一族である逨の祖先が歴代の周王に仕えていたことが記されており，単氏一族が西周成立以前から周王室につき従っていた有力な貴族だったことが想定される。1985年に同じ楊家村で窖蔵から出土した鐘10点・鎛3点のうち鐘4点の銘文にも逨の名がみえ，これも逨鼎や逨盤にみえる逨と同一人物である可能性が高い。西周期の窖蔵青銅器は周原遺跡と豊鎬遺跡に集中し，他の地点での出土点数は決して多くない。その中で，眉県楊家村であわせて40点以上の青銅彝器が窖蔵から出土したことは極めて特異であり，一連の単氏関連青銅器は当時の政治体制を考察する際の重要な資料となりうる。2008年に図録『吉金鋳華章』が刊行された。現在，楊家村西周窖蔵青銅器の多くは陝西省宝鶏青銅器博物院に蔵される。　（角道 亮介）

ようかわんかんぼ【楊家湾漢墓】
陝西省咸陽市東北の楊家湾村にある2基の前漢前期墓。高祖劉邦の陵墓の陪葬墓。1970〜76年に陝西省文物管理委員会等が発掘。両墓は南北に並列し，墳丘・曲尺形墓道・墓室から成り，墓室部分に木造の楼閣風建築物や巨大な棺槨を築いていた。また，1965年に墓の南で騎馬俑，歩兵俑を納めた陪葬坑11坑が発見されている。『*水経注』の記述，出土した銀縷玉衣片と大量の兵馬俑から漢建国の功臣周勃とその子周亜夫の墓とする説がある。父子共に優れた武人として知られる。文献は陝西省文管会等楊家湾漢墓発掘小組「咸陽楊家湾漢墓発掘簡報」（『文物』1977-10）がある。　（高浜 侑子）

ようかん【陽関】
前漢時代，現在の甘粛省に設けられた関所。西域への重要な関門。現在の敦煌市西南約70kmの古董灘付近とされる。設置年代は明らかでないが，玉門関より後れ，大宛遠征（前104年）以後であろうといわれる。『漢書』地理志では西域諸国への里程が，陽関を起点として書かれるなど，むしろ玉門関より重視されていたと考えられるが，後漢以後は衰微し，唐代になって再び西域南道への出発点として注目された。　（角谷 常子）

ようかん【楊簡】
1141（紹興11）〜1226（宝慶2）。南宋の思想家。慈渓（浙江省）の人。字は敬仲，号は慈湖。宋代心学思想を代表する*陸象山の高弟。生命力あふれる象山心学に影響されながらも，静謐な緊張に満ちた心学思想を展開した。官界において

ようかんさんじょう【陽関三畳】 唐代の歌曲で現在は琴歌として演奏される。歌詞は盛唐の詩人*王維の七言絶句『元二の安西に使いするを送る』を用いている。詩中に「渭城」「陽関」の語があることからこの曲は『渭城曲』『陽関曲』とも呼ばれた。三畳とは3度繰り返し唱うことであるが、繰り返しの方法については諸説あり、元来は起句のみ単唱し承句以下の3句を畳唱したともいわれる。北宋代にはすでにいくつかの唱法があったようで、*蘇軾は『東坡志林』の中でこの唱い方について論じている。元代以前の譜はすでに失われ、現存最古の譜は明代『浙音釈字琴譜』所収のものであるが、唐の歌曲との関係は不明である。その他各種の版があり、全曲が10段に及ぶものもあるが、現在最もよく演奏されるのは清末の張鶴編『琴学入門』所収のものである。これは全曲が3段から成り、1段ごとに王維の原詩とその詩境を敷衍した歌詞を加えて唱われる。　　　　　　　　　　　　　　（池澤　滋子）

ようき【楊輝】 1238(嘉熙2)頃～98(大徳2)頃。南宋末に活躍した数学者。銭塘(浙江省)の人。字は謙光。地方の下級官吏であったが、伝不詳。その著作である『詳解九章算法(付九章算法纂類)』(1261年)、『日用算法』(1262年)及び『*楊輝算法』は、朱世傑の『算学啓蒙』とともに啓蒙書として大いに読まれ、数学文化の近世的普及に貢献した。また、『楊輝算法』は朝鮮を経て日本にもたらされ、関孝和を初めとする和算家に影響を与えた。
　　　　　　　　　　　　　　（武田　時昌）

ようきがふ【雍熙楽府】 元明代の散曲・戯曲・諸宮調などの選集。全20巻。明の郭勛編。曲調ごとに作品を配列し、『天宝遺事諸宮調』など多くの散逸した作品を収めるが、大部分の作品名・作者名を記さない欠点がある。明の嘉靖10(1531)年、19(1540)年、45(1566)年刊本および「海西広氏編」と称する万暦(1573-1620)刊本(13巻のみ存す)があり、嘉靖45年本が『四部叢刊』続編に影印されている。また隋樹森『雍熙楽府曲文作者考』(書目文献出版社、1985年)がある。　　　　　　（金　文京）

ようきげん【楊起元】 1547(嘉靖26)～99(万暦27)。明代の思想家。恵州府帰善県(広東省)の人。字は貞復、号は復所。1577(万暦5)年の進士(31歳)。翰林院編修(33歳)、同修撰(41歳)、国子監祭酒(49歳)、南京礼部侍郎(50歳)等を経て吏部侍郎に至る(52歳)も、翌年死去。羅汝芳に師事。赤子の心に人の本来面目を認めて「当下即是本心(現今のありのままの心がそのままで本来の心である)」を説き、孝弟慈を重んじて太祖(朱元璋)の六諭を顕彰するなど、師説を継承。また「性命の学」に資する限りにおいて儒仏を択ばず、と主張。『重刻楊復所先生家蔵文集』8巻がある。『続蔵書』22に伝を収める。明史283　　　　（中　純夫）

ようきさんぽう【楊輝算法】 南宋の数学書。楊輝が著した数学書のうち、『乗除通変本末』3巻(上中巻が『乗除通変算宝』、下巻が『法算取用本末』、1274年)、『田畝比類乗除捷法』2巻(1275年)、『続古摘奇算法』2巻(1275年)の計7巻を、明代に一つにまとめて重刊したもの。清代になって『宜稼堂叢書』に収録されたほか、朝鮮銅活字覆刻本が日本に伝存する。内容的には難易度の高いものはさほどないが、唐以降に発達した乗除簡便法に関する体系的な論述が見られる。また、『続古摘奇算法』朝鮮覆刻本には完成度の高い方陣図を掲載する。　　　　　　　　　　　　（武田　時昌）

ようきそん【楊沂孫】 1813(嘉慶18)～81(光緒7)。清の書家。常熟(江蘇省)の人。字は子与。詠春・濠叟・観濠居士と号した。1843(道光23)年の挙人。官は鳳陽知府に至る。若年、清の学者李兆洛に諸子の学を学ぶ。書は篆書・隷書をよくし、とりわけ篆書は鄧石如に私叔し、さらに石鼓文・金文を取り入れ、『龐公伝』などの代表作を残した。著に『管子今篇』『文字説解問譌』『荘子正読』『観濠居士集』などがあるというが今に伝わらない。清史稿503　　　　　　　　　　　（小西　憲一）

ようきひ【楊貴妃】 719(開元7)～756(天宝15)。唐玄宗の愛妃。蒲州永楽(山西省)の人。本名は楊玉環。隋朝の名臣、楊汪の血筋を引く楊令本の傍系曾孫。父玄琰が蜀州(四川省)の司戸参軍在任中に生まれた。父の早世により河南府の役人であった叔父玄璬の養女となり副都の洛陽で成長。735(開元23)年、16歳で玄宗の第18子寿王李瑁と結婚す。やがて、寵愛の武恵妃(夫である寿王の母)を喪った玄宗に召し出され、741(開元29)年の正月、女道士号の太真を与えられて大明宮内の特設道観に入った。時に22歳、玄宗は56歳。間もなく玄宗の私邸興慶宮に移り、745(天宝4)年8月6日、玄宗61歳の誕生日に、27歳の彼女は貴妃に冊立される。初代の皇后を廃して以来皇后不在の後宮で、佳麗3000人のうち歌舞や音楽にすぐれた楊貴妃は寵愛を独占した。激しく嫉妬して玄宗を怒らせ、里第に

帰らされること2度の危機も経験するが，それが却って愛顧を強めたという。貴妃のための織錦・刺繡の職人が700余人，宝飾品の細工職人が数百人と史書は記す。玄宗は政務を宰相に任せきり，驪山温泉宮*(華清宮)への再々の行幸はもとより，歌舞音曲の演奏と酒宴に明け暮れ，楊貴妃の一族には破格の礼遇を与えるに至った。3人の姉は韓国夫人・虢国夫*人・秦国夫人に，さらに，悪名高かった宰相の李林甫が死ぬと，従兄楊国忠は，宰相に任じられ，絶大な実権を握った。

その楊国忠に反目・対立した安禄山が，755(天宝14)年11月，「国賊楊国忠を討つ」の旗印をかかげて范陽(北京)で挙兵，半年後には長安に迫った(安史の乱)。玄宗は楊貴妃らを連れて宮城を脱出するが，馬嵬駅で近衛軍の兵士たちが騒ぎ，安禄山謀反の元凶だとして楊国忠を殺害。38歳の楊貴妃もまた君側最大の女禍として縊殺されるに至る。昇仙した楊貴妃と玄宗との永遠の愛をフィクション化した「長恨歌」を白居易が著したのはその50年後。旧*唐書51，新唐書76　　　　　　　　(筧　久美子)

ようぎほうえ【楊岐方会】　992(淳化3)～1049(皇祐元)。臨済宗楊岐派の祖。袁州(江西省)の人。俗姓は冷氏。出家の後，諸方を遊歴し，南源山(江西省)の石霜楚円に参じてその教えを嗣ぐ。はじめ瑞州(江西省)の九峰に入り，のち袁州楊岐山普通禅寺に住す。『楊岐会和尚語録』1巻，『楊岐会和尚後録』1巻，『楊岐方会禅師語要』がある。その流れを汲む人々は，臨済宗楊岐派と呼ばれ，南宋以後の中国禅界を席巻する。本邦に伝わる臨済禅も，栄*西を除いてすべて楊岐派の禅である。　(永井　政之)

ようぎょうしき【楊凝式】　873(咸通14)～954(顕徳元)。五代の書家。弘農華陰(陝西省)の人。字は景度。虛白・関西老人などと号した。官職によって楊少師といわれ，その風狂ぶりから「楊風子」とも称された。唐が滅亡したため五代の各王朝につかえ，後漢の太子少師，後周の太子太保に至った。どの王朝も彼を元老大臣として優遇した。書は草書に通じ，洛陽にいる間，あらゆる道観・仏寺・墻壁の題記のほとんどを書いた。しかし筆をふるうとき，自由奔放に書いたため，狂者とみなすものさえいた(『宣和書譜*』)という。蘇軾は「凝式は，顔真*卿，柳公権以来の人物で，筆跡は雄強で顔真卿の行書にあい上下する」(『東坡題跋*』)という。黄庭堅も蘇軾と同じく顔・柳以来の新書風の継承者として重要視している。明になると董其昌*は，楊凝式に最大限の賛辞をあたえ唐の顔真卿や懐素と北宋の蘇軾・黄庭堅・米芾*をつなぐ要として，重要な位置を与えた。作品に『韭花帖*』『神仙起居法』(ともに北京，故宮博物院蔵)，『夏熱帖』がある。旧五代史126　　　　　　　　(大橋　修一)

ようきん【羊欣】　370(太和5)～442(元嘉19)。南朝宋の書家。泰山南城(山東省)の人。字は敬元。経書を博覧し，行・草の書を得意とした。早くから王献之の知愛をうけ，筆法に習熟し，献之*と羊欣の二人を孔子とその弟子顔回にたとえて「孔子とその道を継承した顔回とが歩くのと走るのとのわずかな違いがあるようなものだ」(『書断』)と評された。著に『古来能書人名』がある。個人を対象とする書の品評のもっとも古いもので，以後の書論に大きな影響を与えた。『淳化閣帖』巻4に『暮春帖』を収める。宋書62，南史36　　　　(大橋　修一)

ようきん【揚琴】　西域に起源を持つ打楽器。別称，洋琴・打琴・蝴蝶琴。明清代に中国に渡来した。民謡・地方芝居・語り物の伴奏や江南糸竹などの合奏に用いる。台形箱状の胴体の表面に数本ずつ組にして張ったスチール弦を，両手に持った竹製のバチで打奏する。弦数は大きさによってまちまちで，奏者からみて手前が低音になるよう調律される。1950年代以来の楽器改良によって，12個の半音が加えられ4オクターブ以上に音域も拡大された。　　　　　　　　　　　　　　　(仲　万美子)

ようぐう【楊寓】　→楊士奇

ようけい【楊炯】　650(永徽元)～695(証聖元)?。初唐の文学者。初唐四傑のひとり。華陰(陝西省)の人。幼い頃から聡明で神童科の試験に合格し，のち崇文館学士となった。一族のなかで徐敬業の反乱に加担した者があり，そのため左遷された。のち盈川(浙江省)の令となり，その官で亡くなったので楊盈川と称される。張説に戒められたにも関わらず，盈川での治政は酷薄で民衆や下僚を容赦なくむち打ったという。楊炯は「王勃集序」で厳しく六朝文学を批判する。しかし彼自身五言詩に優れ，それらの平仄の配置は近体詩の規則に合致するものが多いこと，また雅麗と評される「盂蘭盆賦」のように優れた駢文の作者でもあったことなど，六朝文学の精華は受け入れている。なお「吾は盧(照鄰)の前に在るを愧じ，王(勃)の後に居るを恥ず」(『旧唐書』)という発言は「王楊盧駱」と併称されたことの意味と時期を知る手がかりである。文集はもと30巻あったが，輯本の『楊盈川集』10巻と13巻が伝わる。『唐才子伝』1に伝がある。旧唐書190上，新唐書201　　　　　　　　(道坂　昭廣)

ようけいし【楊恵之】　生没年不詳。盛唐の

彫塑家。『五代名画補遺』によれば，開元中(713-741)，呉道玄(道子)と共に南朝梁の画家張僧繇の筆跡に学んで画の修業をし，互いに画友と号していたが，呉道子の名声が独り高まったため奮然として筆硯を焼き，専ら塑像制作に転向して古今絶技といわれた。「道子の画，恵之の塑」と並び賞されたといい，生気と動勢に富んだ道釈人物像に長じたと想像される。作品に京兆府(陝西省)長楽郷北太華観の玉皇尊像，汴州(河南省)安行寺浄土院の仏像・二神・維摩居士像，河南府広愛寺三門上の五百羅漢および山亭院の楞伽山，八万四千手観音などの塑作があった。また，崑山(江蘇省)慧聚寺に毘沙門天王像を造り，後代の人が妄りに修飾を加えぬよう戒め置いたが，のち一俗工が修治して恵之の初意を損ねてしまったという。絵画作品では長安千福寺東塔院に涅槃図・鬼神図があったことを『歴代名画記』は記す。また『塑訣』1巻の著述があったという。
(肥田 路美)

ようげき【甬劇】 地方劇の劇種名。甬とは寧波の別称。100年余りの歴史を持つ。浙江省の寧波・奉化・舟山等の地の民間芸能や民歌などを基礎に形成され，清末に職業劇団(「串客」と呼ばれた)が鄞県・鎮海(寧波市)，定海(舟山市)，慈溪等の地で上演するようになった。1910(宣統2)年頃，寧波に入って寧波灘簧と称した。1915(民国4)年頃，上海に入って他劇種の要素を吸収し，1930年に四明文戯と改称，30年代の上海に流行した。1940年代には低俗化の弊に陥り衰退したが，人民共和国成立後回復した。音楽は素朴で生活の息吹きに満ち，劇目は現代的でユーモラスなものが多い。
(佐治 俊彦)

ようげき【揚劇】 伝統演劇の一種。俗称，揚州戯。江蘇省揚州・鎮江・南京一帯を中心に安徽省や上海などで親しまれる。宗教的活動における芝居「維揚大班」と，元宵節に行われた歌舞から発展した「維揚文戯」が1935(民国24)年に合体して形成，武技や銅鑼・太鼓の曲調を京劇から吸収した。打楽器を主とする「維揚大班」は宗教色の強い演目と語り物に取材した演目をもち，弦楽器・笛を用いる「維揚文戯」は恋愛物中心。揚劇形成後，徐々に「維揚文戯」系が主体になった。庶民・道化役の「丑」から青年役の「小生」になった金運貴など，女優に名優を輩出している。
(細井 尚子)

ようけん【楊峴】 1819(嘉慶24)〜96(光緒22)。清末の書家。帰安(浙江省)の人。字は季仇。号は庸斎・見山・藐翁・紫薇翁・遅鴻残叟。1855(咸豊5)年の挙人。曾国藩・李鴻章の幕僚に加わった。常州，松江の知府を歴任。呉昌碩の師にあたり，清朝末期の隷書の名手として知られる。生涯を通じて臨模に精励し，漢碑において窺わざるところ無しと言われるが，主として『礼器碑』に基づく。金石学・小学にも精通した。著に『遅鴻軒偶存』がある。
(河内 利治)

ようげん【謡諺】 人々の口から口へと伝えられる短いうた，節回しのついた唱えごと，ことわざの類。「謡」は伴奏のないうたを，「諺」はことわざを指す。こうしたものの多くは口承の世界で生まれては消えていくが，時の政治を風刺・賛美したものや，予言的内容をもったとされるいわゆる「童謡」と呼ばれるものが史書に多く記録されている。これらは地方志・随筆などに散見される謡諺とともに，清の人杜文瀾によって『古謡諺』に網羅的にまとめられている。
(松家 裕子)

ようげんけい【姚彦卿】 →姚廷美

ようけんし【楊顕之】 生没年不詳。元の戯曲作家。大都(北京)の人。鍾嗣成『録鬼簿』によれば，関漢卿とたいへん親しく，また作品を改作することに長じており，そのため楊補丁と呼ばれたという。その作品としては，『瀟湘雨』『酷寒亭』が現存する。ただし，後者については，元曲選本でも，それに先立つ古名家雑劇本でも，作者としてその名が挙げられているものの，『録鬼簿』の記載に基づき，花李郎の作とする説がある。
(赤松 紀彦)

ようけんそ【葉憲祖】 1566(嘉靖45)〜1641(崇禎14)。明末の劇作家。余姚(浙江省)の人。字は美度，また相攸。号は六桐・桐柏・槲園外史・槲園居士。1619(万暦47)年の進士。官は大理寺評事，工部主事を歴任したが，宦官魏忠賢一派に与しなかったため罷官。王驥徳らと交友があり，袁于令・呉炳も指導を受けたと言う。『鸞鎞記』『寒衣記』の伝奇2篇，『団花鳳』『四艶記』など雑劇9篇が伝存する。『明詩綜』61に伝がある。
(根ヶ山 徹)

ようこう【容庚】 1894(光緒20)〜1983。民国〜共和国の古文字学者・考古学者。東莞県(広東省)の人。字は希白，号は頌斎。幼少より文字学を学ぶ。北京大学国学門を卒業後，燕京大学教授となり故宮博物院鑑定委員などを兼任，また1934年には中国初の考古学会である考古学社を組織した。人民共和国成立後は中山大学教授の任に就く。主著に『金文編』(1925年)，『商周彝器通考』(1941年)があり，いずれも金文・青銅器研究における金字塔である。
(角道 亮介)

ようこう【腰坑】　竪穴土壙墓の底部中央，被葬者が納められている棺の真下の腰の位置に穿たれた方形の穴。そこに犬または人間が埋納されることが多い。犬は被葬者を冥界に案内する役割を担うと考えられていたようである。殷代に盛行し，西周，春秋戦国時代まで見られる。北京市の琉璃河遺跡の墓群など，西周時代の各地の墓には，腰坑の有無の区別が見て取れる。西周期，周に服属した殷系の集団が，殷の文化を保持していた様子が窺える例といえよう。　　　　　　　　　　（武者 章）

ようごう【姚合】　781(建中2)？〜855(大中9)？。中唐の詩人。呉興(浙江省)の人。816(元和11)年に進士に及第し，長安近辺の地方官を歴任した後，金州(陝西省)・杭州(浙江省)の刺史，刑部・戸部の郎中，諫議大夫などを経て，最終的には秘書監に至った。賈島とともに「姚賈」と並称され，また周賀・方干・馬戴らの詩人と交流して，そのリーダー的な存在でもあった。著は『姚少監詩集』10巻の他，王維・儲詠ら盛唐の詩人から銭起・戴叔倫ら中唐前期の詩人まで，21名の詩人の詩，合計100首を選んだ『極玄集』1巻が有る。旧唐書96，新唐書124　　　　　　　　　　（齋藤 茂）

ようこうこう【姚広孝】　1335(至元元)〜1418(永楽16)。明初の僧で永楽帝の参謀。長洲(江蘇省)の人。法名道衍，字は斯道。径山の愚庵智及に師事し，北平(北京)の慶寿寺に住して，燕王時代の永楽帝に仕える。兵書，陰陽術数に通じ，1399(建文元)年の永楽帝の挙兵に際しては参謀役となり，みずからは北平を守って，論功第一とされる。永楽の即位後は，僧録左善世として，僧界第一の地位につく。1404(永楽2)年には還俗せしめられ，名を広孝と賜し，太子少師を授けられたが，寺に住んで蓄髪せず，僧衣ですごす。1418年に没し，永楽御製の神道碑を贈られ，北京西郊の房山に葬られる。『太祖実録』の三修，『永楽大典』の編纂にも加わった。彼の靖難の変への関与については毀誉さまざまで，逸話も多い。詩集『逃虚子詩集』10巻，続集1巻，宋儒批判の書『道余録』などがある。明史145　　　　　　　　　　（森田 憲司）

ようこは【陽湖派】　清代，常州府(江蘇省)内に陽湖・武進の2つの県があり，この2県出身の散文家を陽湖派という。惲敬・張恵言・李兆洛がその主要メンバーである。惲敬・張恵言の2人はもともと華麗な対句を連ねる駢文の名手であったが，桐城派(安徽省桐城県出身者を中心とする流派)の劉大櫆の古文理論に接し，古文作家に転向した。惲・張・李の3者とも経学に造詣深く，陽湖派の作風は桐城派に比して自由闊達であったとされる。
　　　　　　　　　　（大平 桂一）

ようさい【栄西】　→栄西

ようさいこう【姚際恒】　1647(順治4)〜1715(康煕54)？。清代の学者。休寧(安徽省)の人，仁和(浙江省)に寄居していた。字は立方，号は首源である。50歳以後に著述に専念し，『九経通論』170巻を撰し，『古文尚書』が偽作であることや『詩経』の序を廃すべきことを主張した。また，経・史・理学・諸子を論じた著述『庸言録』の付録としての『古今偽書考』は重要な辨偽目録であり，清代辨偽学の風気を開いた著作である。近代の古史辨派の研究によりその重要性が再認識され，近代の学術史において重要な意義を持っている。（陳 捷）

ようさいずいひつ【容斎随筆】　南宋の随筆。全部で5集74巻あるが，とくに系統立って編纂されているわけではなく，折にふれて書いた体裁になっている。洪邁の著。洪邁は学者，政治家，そして志怪小説集『夷堅志』の編纂者としても知られる。内容は歴史・思想・文学・芸術など実に多方面にわたり，古今東西を縦横に談じるといった趣があり，著者の博識ぶりが十分に窺われる。官庁の下級役人である胥吏の無知と横暴ぶりを突いた「京師老吏」「吏文可笑」，今の紙幣に相当する会子の発行の経緯と流通の実態を指摘した「官会折閲」，宮中での譲位に関する皇帝の発言と機密文書について述べた「禁中文書」，趙明誠とその妻李易安の金石コレクションの顚末を詳細に綴った「趙徳甫金石録」など興味深い記事があるが，それ以外にも唐宋の官職制度の議論，科挙にまつわる異聞や指摘，詩文の考証など，傾聴に値するものが多い。
　　　　　　　　　　（岡本 不二明）

ようし【楊梓】　？〜1327(泰定4)。元の戯曲作家。海塩(浙江省)の人。祖父，父ともに南宋の役人で，1293(至元30)年に招諭爪哇等処宣撫司官となり，さらに嘉議大夫杭州路総管となった。また，死後弘農郡侯に追封された。著名な散曲作家貫雲石と親しかったという。現存する作品に『予譲呑炭』『霍光鬼諫』『敬徳不伏老』の3種があり，いずれも歴史上の人物に取材した作品である。『敬徳不伏老』は，のち明代に改編されて『金貂記』という伝奇作品を生んでいる。
　　　　　　　　　　（赤松 紀彦）

ようじ【楊時】　1053(皇祐5)〜1135(紹興5)。北宋から南宋にかけて活躍した道学者。将楽(福建省)の人で，この地方に道学を広めた。字は中立。

諡は文靖。亀山先生と呼ばれた。二程(程顥・程頤)の弟子で，心が発動する以前の静かな状態を重視する傾向があり，福建に伝わった道学の色合いを作ったと言われてきた。彼は一方で王安石批判者として知られ，王安石の学問に対抗する思想として道学の存在を強調，その社会的認知の向上に貢献した。道学の大成者朱子は楊時を尊重しつつもその学問の全てを肯定したわけではなかったが，二程──楊時──羅従彦──李侗──朱子という師弟関係は，二程と朱子の間を結びつける福建道学の系譜として，後世しばしば言及された。『楊亀山先生集』がある。宋史 428　　　　　　　　　　　　（土田 健次郎）

ようしき【楊士奇】　1365(至正 25)～1444(正統 9)。明の政治家・文学者。泰和(江西省)の人。本名は寓，士奇は字である。諡は文貞。成祖・仁宗・宣宗・英宗の 4 朝に仕えた功臣である。性格は謹直で慎み深かった。よく人を識り，于謙・周忱・況鍾など廉潔な人材を登用した。

建文の初め(1399 年)，『太祖実録』を編纂するため儒者を招集した際に，史才をもって翰林院に入り，編纂官に任じられた。成祖永楽帝が即位すると編修に改められ，内閣の設置にともない入閣して左春坊大学士兼翰林学士に至る。仁宗即位後，礼部侍郎兼華蓋殿大学士に抜擢された。宣宗・英宗朝にも朝廷の枢要に在りつづけ，楊栄・楊溥とともに，三楊と称された。館が西にあったことから西楊ともいう。80 歳で没し，太師を追贈された。

楊士奇ら三楊はともに内閣(台閣)の重臣であり，彼らの詩文を台閣体という。台閣体とは，王朝を宣揚し，太平の世と皇帝の盛徳を鼓吹する文学である。このころは明初の混乱も終息し，社会の安定期にあたっていた。楊士奇は「古の詩を善くする者は粹然として一に正より出づ。故に之を郷閭・邦国に用いて皆世道に裨する有り」(「東里詩集に題するの序」)，「若し天下に事無く生民又安なれば，其の和平易直の心を以て発して，而して治世の音と為る」(「玉雪斎詩集の序」)として，太平の世には典雅で平正な文学が必要なことをいう。

台閣体は唐詩を宗とし，文では韓愈・欧陽脩を尊崇したが，楊溥がより韓愈に傾注するのに対し，楊士奇は欧陽脩に似る。ただ，台閣体は起伏に乏しく平板に流れやすいこと，修辞を競うあまり生気に乏しいことなどから，やがて文壇に飽きられ，茶陵派(李東陽らの声調や格律を重んずる詩派)や古文辞派が台頭するに至った。『東里全集』97 巻，『別集』4 巻がある。明史 148　　　　　　　　（野村 鮎子）

ようしゅ【楊朱】　生没年不詳。戦国時代の思想家。単独の著作は伝わらないが，『列子』に楊朱篇があり，他に『荘子』『韓非子』『孟子』などに佚文がある。これらから孟子よりやや前の時代に活躍した道家系統の思想家で「全性保真」をモットーとし，名誉や地位，寿命のために身を苦しめることを避けて自然に生きよと説いたことが伝わる。ただ一面極端に利己的な主張もあり，『孟子』に「楊朱はわが為にす」る為我主義者と非難された。史記 74　　　　　　　　　　　　　　　（町田 三郎）

ようしゅう【揚州】　現在の江蘇省の南西部，長江の北岸の大運河沿いに立地する都市。春秋期に呉が蜀岡という丘陵上に邗城を築城したのが最初である。戦国期の楚の広陵城を経て，秦漢期には広陵県となり，広陵国の治所であった。三国期には魏と呉の争奪の地となって荒廃したが，東晋以降は南北朝の国境線が淮河の線まで北進したこと，南朝の国都建康(江蘇省南京市)に至近であることから，対北の重要戦略地として南兗州の治所とされた。隋代に揚州と改称され，大運河の開通，煬帝が造営した壮麗な江都宮と呼ばれる離宮の造営で都市として大きく発展したが，繁栄を極めるのは唐代である。唐初には揚州大都督府，後半期には淮南節度使の鎮所として常に重要都市に位置付けられた。また大運河によって江南各地から北送される膨大な物資の一大集積地として，さらに長江河口から上げ潮に乗って海船が直接到達出来る貿易港として大きく発展した。城内には新羅坊があり多数の新羅人が居住し，朝鮮や日本との海上交易に活躍した。またペルシア人やアラブ人らの胡商も多く居住しており，国際貿易港としての揚州の繁栄が知られ，唐代には益州(成都)とともに「揚一益二」と言われた。唐代の揚州城は海抜 10m の蜀岡上の子城とそれに南接する羅城からなる複郭構造で，子城と羅城を合わせた城周は 18.12km という大規模な城郭都市であった。しかし長江河口部の土砂の堆積により次第に海潮の遡上が少なくなり，海港としての機能は低下し，宋代には杭州・福州・泉州などに完全に取って代わられた。唐末の戦乱で荒廃するが，五代十国期に呉の国都江都府として再建され，五代末に後周が南唐を併合した際にも城郭の修復がなされている。宋代の揚州城は後周によって重修された周 9.6km の城郭が大城として踏襲される。南宋期には華北を占領した金に対する防衛強化のために大城の北側に夾城，さらにその北側に唐代子城の残基を利用して宝祐城が築かれ，三城複郭構造の軍事要塞色の濃いものにされた。元代にはこの三城が継承されるが，元末に明の太祖朱元璋が占領した時には城内人口はわずかに 18 戸という状態であった。明代には宋大城の南壁を利用して周 5km の城郭が再建され，清代に継承される。現在は城壁は撤去されているが，

市街図で明清城の痕跡はなぞることができる。

(愛宕 元)

ようしゅうがくは【揚州学派】
江蘇省揚州府を中心に起こった学派。乾隆・嘉慶年間(1736-1820)には劉台拱・汪中、また阮元・焦循・凌廷堪らが中心であった。このうち、著作は少ないが周囲の学者を最もよく啓発したのが劉台拱である。汪中は『墨子』『荀子』等の再評価に力があった。この学派は子孫の代まで続き、阮元の子阮福、劉台拱の甥劉宝楠、宝楠の子の劉恭冕、また劉宝楠と「揚州二劉」として並び称された劉文淇、その子の劉毓崧、孫の劉寿曾、寿曾の弟の子の劉師培などがいる。

(吉田 純)

ようしゅうがぼうろく【揚州画舫録】
清の都市案内記。18巻。李斗著。水路の要衝・塩業の中心地として栄えた都市揚州を12の地区に分けて、名勝・旧跡から商店・歓楽街に至る名所を詳しく紹介し、ゆかりのある文人・画家・俳優・妓女などの小伝や様々な記事・逸話を盛り込んだもの。建築と舟の名に関する巻を付す。著者は揚州に長く住み、1795(乾隆60)年、30年間にわたって書き綴った草稿をまとめて本書を成した。最盛期にあった揚州の都市文化を生き生きと伝えている。

(谷井 陽子)

ようしゅうじゅうじつき【揚州十日記】
清初の記録文学。1巻。王秀楚著。1645(順治2)年、清の予親王ドドが江南に進撃した際、督師史可法の立て籠もる揚州城は、頑強な抵抗の末に陥落した。本書は、旧暦4月25日から5月5日までの10日間、揚州の一住民が体験・目撃した落城時の混乱と清軍の殺戮略奪の記録である。直接の見聞のみを記す形式のため臨場感に富む。1780(乾隆45)年の清朝による禁書目録に入っており、中国での公刊が確認されるのは道光期(1821-50)以降である。

(谷井 陽子)

ようしゅうせいきょく【揚州清曲】
江蘇省の語り物。維揚清曲・広陵清曲ともいい、揚州・鎮江・上海・蘇州・南京などで流行した。乾隆年間(1736-95)にはすでに流行しており、小曲とか小唱などと称していた。座って演唱する。多くは唱うだけで語らない。1、2人から数人までの演者はそれぞれ四胡・二胡・琵琶・三弦などの楽器を担当する。音楽と唱だけに頼る芸なので、発音や節まわしをとくに大切にする。伝統の演目に、『黛玉自嘆』『宝玉哭霊』『双下山』がある。

(山口 建治)

ようしゅうとうじょう【揚州唐城】
江蘇省揚州市街地に重なる唐代都市遺跡。子城(衙城ともいう)と羅城とからなり、合わせて約20km²の面積であった。子城は現市街地北方の蜀崗の上にあり、官府の所在地で、城垣の外には深い水濠をめぐらせる。城内からは東晋以来の出土品が多い。羅城は蜀崗の南側で、現市街地と重なっている。唐代の手工業・商業民などの居住地で、市内各所から金属・骨製品・貝彫刻などの工坊跡が発掘調査され、ガラス商の倉庫あるいは店舗も見つかっている。城内外に仏寺も多く、恵照寺は発掘調査され、多くの仏像・石幢などが出土している。大明寺は復元されている。郊外の五台山周辺からは唐代墓誌の出土が多い。

(菅谷 文則)

ようしゅうはっかい【揚州八怪】
清の康熙(1662-1722)から乾隆年間(1736-95)にかけて、揚州とその周辺を中心に活躍した8人の画家。揚州八家ともいう。汪士慎(1686～1759。休寧の人。字は近人。巣林・渓東外史と号した)・黄慎・金農・高翔(1688～1754。揚州の人。字は鳳岡。西唐と号した)・李鱓(1686～1762?。興化の人。字は宗楊。復堂・懊道人と号した)・鄭燮・李方膺・羅聘をいう。8人の名は必ずしも一定せず、他に高鳳翰・華嵒らを入れることもある。包括して揚州画派ともいう。

揚州は、唐代から交通の要地・商業都市として栄え、明代には塩の集散地として最も発展した。清朝に入り江南の文化の中心地としても繁栄し、塩商人を中心とする富豪の庇護もあり、書画などで売芸生活を送る文人にとって住みやすい環境であった。八怪の多くは揚州が出身地ではなく、名門の出でもなかった。諸国遊歴の果て、あるいは官を辞して後、文化の中心地揚州に住み着いた。

揚州八怪が出現した当時、明の沈周を祖とする呉派文人画は技法的には完成されながらも、一方では形骸化の弊に陥っていた。そこに、本来文人画の主張である個性的・主観的表現を、新たに具現化したのが揚州八怪である。八怪の大部分の者は、絵画は余技として中年以後始め、独学によって一家を成したもので、職業画家とは一線を画している。八怪がそれぞれ自由奔放で独創的な画風を持ち、李鱓の花卉、黄慎の人物、鄭燮の蘭竹、李方膺・金農・汪士慎の梅などそれぞれ得意の画題で知られる。趙之謙・呉昌碩ら清末の文人画家に与えた影響も大きい。

金農を中心に鄭燮・汪士慎・高翔には交友があり、羅聘は金農の弟子であった。さらに黄慎・李鱓・鄭燮の間にも交渉があった。また、金農と、篆刻の流派浙派の創始者であり、西泠八家の第一人者

であった*丁敬との交友はよく知られている。揚州八怪は、いずれも文人としての素養を持ち書をよくし、特に金農と鄭燮は、書道史においても個性的な書で名を残している。八怪を合集した資料に、民国の顧麟文編『揚州八家史料』がある。

(小西 憲一)

ようしゅうよう【耀州窯】 陝西省銅川市黄堡鎮にある唐代から明初まで活動していた窯。初唐期に黒釉磁や茶葉末釉磁などの焼造が始まり、盛唐期には三彩や白磁などの生産もおこなわれるようになった。晩唐期ごろから青磁の生産が中心になっていく。五代には高品質の天青色の青磁が焼成されるようになり、「官」字銘のある青磁もある。北宋になると片切彫による文様のある橄欖色の青磁が主流となり、生産量も増大した。陶范を用いた印花文のある青磁も生産され、耀州窯の影響を受けた青磁が河南省の各地の窯で焼成された。金代には月白釉のものが現れ、元代には磁州窯系の作風のものも焼成されている。

(出川 哲朗)

ようしゅけい【楊守敬】 1839(道光19)～1915(民国4)。清末の書家・学者。宜都(湖北省)の人。字は惺吾。鄰蘇老人と号した。1862(同治元)年の挙人。地理学者・金石学者でもある。1880(光緒6)年に駐日公使の何如璋の随員として来日。滞在中、日下部鳴鶴・巌谷一六・松田雪柯らと往来し、北朝の碑学に基づいた新風を我が国に吹き込み、近代日本の書壇に多大な影響を及ぼした功績は大きい。書は欧陽詢を師とした。主な著述として、『平碑記』『学書邇言』『水経注疏』などがある。また、『古逸叢書』の実質上の編者でもある。清史稿486

(池田 利広)

ようしゅんはくせつ【陽春白雪】 ①宋詞選集。正集8巻、外集1巻。南宋の趙文礼編。約600首を収めるが、ほとんどが南宋の作品で、北宋の作品は少ない。詞調ごとに巻を分け、同じ巻では慢詞を先に、小令を後に配列する。清の秦恩復『詞学叢書』本、『宛委別蔵』本、『粤雅堂叢書』本などがある。
②元代の散曲集としてもっとも早いもの。正式の書名は『楽府新声陽春白雪』。前後2集各5巻。元の楊朝英編。巻頭に貫雲石の序があり、その没年である1324(泰定元)年以前の編。前集巻1に燕南芝庵の『唱論』および蘇軾以下10名の宋、金人の詞を載せ、巻2以降は曲調別に60余名の小令353首、套数55篇を収める。元刊本にもとづく任訥『散曲叢刊』本のほか、明抄本の9巻本、6巻本がある。

(金 文京)

ようしょう【葉燮】 1627(天啓7)～1703(康熙42)。清の詩論家。呉江(江蘇省)の人。字は星期、号は己畦。1670(康熙9)年の進士。上司と衝突して宝応県の知県を辞職した後、遍く天下を周遊する。晩年は呉県の横山に居を定めて、横山先生と称された。『原詩』4巻はすぐれた見解を披瀝した詩論書であり、対象が内包する「理・事・情」が詩人の「才・識・胆・力」を通じて言語化される過程を作詩の根本とみなす。他に『己畦文集』10巻、『詩集』10巻がある。清史稿484

(井波 陵一)

ようじょうしゅうせんろく【墉城集仙録】 古今の女仙得道者の伝記を集めた書。現行本は6巻。唐末五代の杜光庭編。女仙の首である*西王母の居住する所が金墉城であることに因んで『墉城集仙録』と名づけられた。太上老君の母とされる「聖母元君」から始まり、「西河少女」まで30数人の伝記が収められている。内容は、『漢武帝内伝』『真誥』等の先行する道書や仙伝類から題材を取って纏めたものと考えられる。本書は*『通志』芸文略5に著録されており、そこには「墉城集仙録十巻 杜光庭集、古今の女子の仙を成す者、百九人」とある。また、『雲笈七籤』巻114にも杜光庭の序文とともに節録されており、序文にも「凡て十巻なり」とある。このように、現行本は『通志』や序文と収録された女仙の人数や巻数が一致しないことから、原本のままではないと考えられる。

(坂内 栄夫)

ようしょうろう【楊小楼】 1877(光緒3)～1937(民国26)。清末から民国期にかけて活躍した京劇の武生俳優。安徽懐寧の人。卓越した演技力により武戯の芸術的完成度を高め、国劇宗師と呼ばれ敬仰された。武生の名優兪菊笙の弟子で、梅蘭芳、余叔岩とともに京劇の黄金時代を築いている。その風格は「武戯文唱(立ち回りの芝居を演じる際、歌やセリフなど「文」の要素を重視しつつ、人物の描写を的確に行う)」と表現され、現在も楊派武生として多くの伝人がいる。

(平林 宣和)

ようしん【楊慎】 1488(弘治元)～1559(嘉靖38)。明の文学者。新都(四川省)の人。字は用修、号は升庵。諡は文憲。大学士楊廷和の子。1511(正徳6)年の状元(首席合格の進士)で、翰林院修撰を授かる。剛直な性格で、武宗の遊蕩を諫めた。武宗に嗣子なく、従兄弟の世宗が即位すると、大礼の議(世宗の実父の廟号をめぐる議論)がおこる。結果、世宗の実父の廟号は皇叔父とすべきだとする閣臣の意見は世宗によって斥けられる。楊慎は世宗に直諫を試みるが、世宗の怒りに触れ、官籍剝奪のうえ、雲南の永昌衛に追放された。以後、36年間雲南に

在って，かの地で没した。
　経学・史学・訓詁学・詞・書画など該博な知識を有し，『升庵詩話』や『丹鉛総録』など著述の多さでは明代随一である。そのうち主なものは『升庵全集』に収載される。詩作では，古文辞派の後七子の隆盛期にありながら六朝・初唐の詩を学ぶなど，独自の詩風を確立した。現存する詩は2300首，雲南の自然や民俗，自身の客愁を詠んだ詩に傑作が多い。明史192
（野村　鮎子）

ようじんざん【楊仁山】→楊文会

ようすい【陽燧】
古代，太陽から火を取る銅製の凹面鏡。鏡の焦点にあたるところに艾を置き，反射した太陽光線を集めて火をつける。『淮南子』天文訓「陽燧，日を見れば，則ち燃えて火と為る」，『論衡』率性篇「陽燧，火を天より取る」とあるのはその例。また，『周礼』司烜氏は，祭祀に使用するための火を夫燧(陽燧)で取り，水を方諸(露をうける鏡)で取ることを職掌とした。出土した銅鏡の中には，陽燧と思われる凹面鏡もある。
（新井　晋司）

ようすう【姚枢】
1203(泰和3)〜78(至元15)。元の政治家。洛陽(河南省)の人。字は公茂，諡は文献，号は雪斎，また敬斎。劉秉忠とならんで，元の世祖クビライ最大の漢人ブレーン。若年の頃，オゴデイ・カンの近臣楊惟中に身を投じ，1235年，モンゴルのクリルタイ(朝会)で決定された軍事行動に参加，オゴデイの子，クチュの南宋攻撃に加わって趙復と知る。程頤・朱子の書を華北に伝えた。1241年，燕京行台郎中となったが，職を辞して輝県(河南省)の蘇門山に退居，許衡・竇黙の3人で理学を講究した。1251年，モンケ・カンが即位してクビライが漠地漠南(ゴビ以南から旧金朝治下の地域)の代表者になると，その所領に住んでいた彼はすぐに召喚され，ブレーンとなる。クビライに従って大理や鄂州にも赴いたが，1260(中統元)年にクビライの中統政権が成立して以後，元朝の新制度にはほとんどすべて彼が関与した。東平路宣撫使，西京平陽行省事，中書左丞，河南行省事，翰林学士承旨などに任じられた。彼の後半生は元の政治史そのものである。文章家として知られる姚燧は彼の甥で，彼のもとで育てられた。元史158
（高橋　文治）

ようすこう【揚子江】→長江

ようせい【養生】
身心を養い慈しむこと。養は養い育てることで，生は草木が土から芽を出す原義から生命・生存の意味となる。養生の語は，『荘子』養生主篇に基づくが，時には，全生保身・養性修真・理身・養身・養形・養気・養神・尊生・貴生・摂生・惜生・衛生・摂養などとも記される。生と性は同義であるが，養性の語で哲学的に心性の修養に重点を置くこともある。養生は「ようじょう」とも読み，狭義では，単に病気や病後の回復の手当てを指す。養生の実践方法は，各種あり，『荘子』刻意篇でも，柔軟体操や呼吸法で健康長寿を求める人を導(道)引養形の士とし，精神的修練を重視する人を養神の士とし，後者の方を高く評価する。道教では，養形を偽道としたり，養神を真道としたりするが，一概に，上下善悪の評価はできない。自己を愛するあまり，傷つけず損なわずをモットーに一毛たりとも他人のために抜こうとしない楊朱のような人物もいれば，仁徳を身につければ自然に長寿を得ると考える儒家の立場もある。また仏教では，諸々の悪を退けて善を修めることや，止観や念仏三昧による養生法も説く。福禄寿の三徳や五福の中でも，寿に対する願望が強い中国では，養生は延年益寿の神仙術と結合して，柔軟な身体の完成(導引)と性ホルモンの充実(房中)を重視するようになる。養神の立場からは，自然恬淡無欲こそ真の長寿の道と考える一方，養形の立場では，病気(已病)の克服から一歩進んで未病を治することすなわち宿痾(長わずらい)にならない前の予防医学の道を説く医家の養生説が尊重される。また，長生と若返りを薬物の力で求める(外丹)術も説かれる反面，その薬害への反省から四季に順応しつつ，呼吸・導引・按摩を含む瞑想(内丹)法に進む流れもある。中国人の宗教である道教には，神仙家・道家・仏家・儒家各種の養生法が網羅されており，その養生法の内容の広さは，一宗教の域を越えていることが注目される。そのことは，道教者・仏教者・医学者といわれる南朝梁の陶弘景の撰とか，唐の孫思邈の撰などとされている『養性延命録』に，教誡・禁忌・飲食・呼吸・房中等が養生の根本と説かれているところに端的に示されている。
（宮澤　正順）

ようせいさい【楊誠斎】→楊万里

ようせいしゅひゆし【雍正硃批諭旨】
清の世宗(雍正帝。在位1722〜35)が，臣下の奏摺と自らの批答をあわせて刊行した詔令奏議集。巻を分けないが，223人の上奏者ごとにまとめてある(『四庫全書』では360巻)。原文に些か手を加えてあり，それは批答に著しい。1738(乾隆3)年内府刊本のほか，数種の刊本があり，いずれも朱墨二色の套印。1920年代，故宮に伝存した硃批奏摺から未録の奏摺6400件が見いだされたが，今では採録された奏

摺を含めて影印出版されている。　　　（岩井　茂樹）

ようせいてい【雍正帝】　1678（康熙17）～1735（雍正13）。清朝の第5代皇帝。在位1722（康熙61）～35。名は胤禛、廟号は世宗。康熙帝の第4子、母は烏雅氏。康熙帝の61年にも及ぶ統治は、官界の風通しを悪くし、陰湿な権謀術数を生み出した。陰謀は、皇太子の廃位をきっかけに、皇子間の党争という形をとる。最終的に康熙帝の遺詔によって即位したのが雍正帝である。雍正とは、満洲語で「仲良く正しく」の意であり、彼が本来意図していた政治姿勢を示している。

当時最大の政治課題は、窮迫した旗人生計の救済であった。元々東北アジアの森林地帯に半農半狩猟でつましく暮らしていた満洲人も、中国に入って80年近くなり、享楽的な生活に慣れてしまった。それでもハン（皇帝）は彼らを養わねばならない。彼らの生計を保証すればこそ、旗人の絶対服従を勝ち得ることができたからである。

増え続ける旗人の生活を支えるためには、財政再建・行政改革が必須であり、雍正帝はそれに敢然と取り組んだ。第一に信頼できる能吏を抜擢した。兄弟では怡親王允祥、官僚ではオルタイ・田文鏡・李衛らである。己を殺して一心不乱に働く実務官僚が帝の眼鏡にかなった。彼の創設した軍機処こそは、能吏集団そのものである。第二は管理体制の貫徹である。財政改革のためには、地方の現状を把握し、地方官を勝手にさせない。されば皇帝への私信である奏摺を管理の道具とし、情報を集めて指示を出し、官僚を相互監視させた。そして第三、改革実現の要諦は、雍正帝自ら率先して超人的に働くことにあった。かくして超管理体制と引き換えに、耗羨提解（付加税の透明化）の実施、養廉銀（汚職予防のための職務手当）の支給といった財政改革が断行された。

雍正専制体制とは、皇帝と官僚が一体となって実務に勉励することによって特徴づけられる。しかしこれは強い反発をも生み、帝は兄弟たちを断罪するに至る。結局この強権体制は、彼の死とともに箍が外れ、悪評だけが残るのであるが、これこそが、雍正以後の清朝を延命させたのである。清史稿9
　　　　　　　　　　　　　　　　（谷井　俊仁）

ようせん【楊泉】　生没年不詳。三国から西晋にかけて、3世紀頃に活動した思想家。呉の会稽（浙江省）の人。字は徳淵。詳細な伝記は不明。著作に『物理論』16巻・『太元経』14巻・『楊泉集』2巻の存在が伝えられているが、現在ではその大部分が散逸している。『物理論』では「水」を天地万物の始源とし、「水」から「気」が発生し、「気」は流動して天と地を形成し、「気」の作用の結果としてさまざまな現象と万物が生ずる、とする独自の自然観を展開している。その宇宙構造論は宣夜説に近い。　　　　　　　　　　　　　（白杉　悦雄）

ようせんじゅ【揺銭樹】　青銅製の樹木に陶製の台座がついた置物。漢代とくに後漢の時期に四川・雲南を中心とした中国西南部で多くみられる。青銅の樹木は中心に1本の幹があり、そこから四方へ枝が伸びる形式で、枝は別鋳で幹に付けられることが多い。枝には様々な文様がみられるが、その中心となるのが五銖銭などの銅銭を表現した銭文であることから、この名がつけられている。銭文はほかに鏡や画像石にもみられ、蓄財・富の象徴と考えられていた。　　　　　　　　　　　（廣川　守）

ようだい【姚鼐】　1731（雍正9）～1815（嘉慶20）。清の文章家。桐城（安徽省）の人。字は姫伝。1763（乾隆28）年の進士。礼部主事、刑部郎中を歴任し、四庫館が開かれると纂修官に任ぜられたが、病気によって帰郷し、以後40年にわたって南京や揚州の書院で後進の指導に当たる。程朱（程顥・程頤・朱子）の理学を墨守するものの、仏教や道教の思想を頑なに排斥する態度は取らず、また考証に偏する漢学家を批判しつつも、「義理」「考証」「文章」の3者を融合させることを目標とするなど、方苞が提唱し、劉大櫆が受け継いだ桐城派の散文理論を集大成した。『古文辞類纂』の序文では文章創作の要諦として「神・理・気・味・格・律・声・色」の8字を挙げ、また「陽剛」と「陰柔」の組み合わせによって文章を4つの型に分類する。姚鼐自身は「平淡自然」を重視し、明の帰有光を範と仰ぐ。著書に『惜抱軒文集』16巻、『後集』10巻、『詩集』10巻などがある。清史稿485　　　　　（井波　陵一）

ようだい【煬帝】　569（天和4）～618（大業14）。隋の2代皇帝。在位604（仁寿4）～618。姓は楊、名は広、別名は英、小字は阿㜬。文帝の次男。母は文献皇后独孤氏。妃は南朝梁の宗室蕭氏の娘。煬は唐朝による諡で「天に逆らい民を虐げる」意、また帝をダイと読むのは古来の読みぐせ。581（開皇元）年父の即位により晋王に封ぜられ、并州総管・揚州総管として北辺の防衛や江南の鎮撫にあたり、仏教の智顗、道教の徐則という当時の有力な宗教者との間に親密な関係を築いた。この間、南朝陳への遠征では総司令官を務めている。文献皇后の寵愛を得、有力政治家の楊素と結んで600（開皇20）年に実兄の楊勇に代わって皇太子となり、604年父帝の死により即位、翌年大業と改元した。即位後ただちに洛陽に新たな都城を建設して全国から数万家もの

富豪を強制移住させ，東都と称して活動の拠点とした。また長城を修築すると同時に大運河の建設に着手，黄河から北へ永済渠(黄河～涿郡)，南へ通済渠(黄河～淮河)・山陽瀆(邗溝とも。淮河～長江)・江南河(長江～銭塘江)を開削または改修し，洛陽近郊には輸送してきた物資を貯蔵する巨大な洛口倉・回洛倉を設けた。一方，北の強国である突厥の啓民可汗を臣服させたことは強圧的な対外政策を可能にし，周辺諸国に服属・朝貢を，時には君主の来朝を要求し，不調に終わると征討の軍を送った。すなわち南方では林邑を討ち，赤土国に朝貢させ，西方では吐谷渾に親征して高昌国など西域諸国の朝貢を促し，また東方でも流求国(台湾と考えられる)に出撃している。日本から遣隋使が送られたのも隋のこのような政策と関連がある。しかし612(大業8)年の第1次高句麗遠征が不成功に終わり，翌年の第2次遠征中に黄河と大運河の交点に位置する黎陽で楊素の子玄感が反乱を起こすと全国各地で徴用に苦しむ民衆が蜂起し，第3次遠征の失敗後は拡大する動乱の中で江都揚州に逃れたが，618年禁軍兵士の反乱により殺害された。なお文帝の死を煬帝による暗殺であるとする史料もあるが，その利用には慎重な検討が必要である。隋書3・4，北史12

(浅見 直一郎)

ようたいし【拗体詩】 近体詩(律詩・絶句)のうち，平仄の規律から外れた変格の詩をいう。「おうたいし」とも。近体詩の形式は，初唐から盛唐にかけて次第に整備されていったが，中には必ずしも規律にとらわれず，興趣に任せて自在に作られた詩もあり，*王維・*李白・*杜甫などの作品にも少なくない。たとえば杜甫の名作『絶句』の起句「江碧鳥逾白」は，第3字の「鳥」が仄声で，そのため平声の「逾」が仄声の字に挟まれる孤平になる反則を犯している。中にはわざと規律を外して，独自の風格を出そうと工夫する向きもあった。 (興膳 宏)

ようたいしん【楊太真】 →楊貴妃

ようたいしんがいでん【楊太真外伝】 *楊貴妃の逸事を記したもの。『太真外伝』ともいう。上下2篇。北宋の楽史の撰。『長恨歌伝』や『明皇雑録』『開天伝信記』『*酉陽雑俎』『*安禄山事蹟』『開元天宝遺事』『旧唐書』『*楽府雑録』などから抜粋して組み立てている。邦訳に，国訳漢文大成の「晋唐小説」の部の塩谷温の訓，鈴木修次「楊太真外伝」(『漢文教室』23・24，1956・57年)，中国古典文学全集『六朝唐宋小説集』(平凡社，1959年)の前野直彬の訳がある。 (下定 雅弘)

ようだいぶよしょうはくさい【楊乃武与小白菜】 古典劇の劇目。清末の実話に基づく戯曲で，蘇州評弾を始め江南地方の滬劇・越劇など多くの劇種が得意としそれぞれが劇本を編んだので，内容にも出入りが多い。1950年代北京曲劇団が曲劇の劇本に編む時，大々的な調査と整理を行い，また映画にもなった。以下，北京曲劇の劇本によってあらすじを追う。

挙人に合格したばかりの楊乃武と，拾われて葛家の童養媳(将来息子の嫁にするため子供の時から引き取られた女子)となった小白菜(＝葛畢氏)は愛し合っていたが，楊乃武は母の命に逆らえず他の女性と結婚し，小白菜も愚昧な葛小大の妻となっている。劉錫彤県知事のドラ息子劉子和は小白菜に横恋慕し，薬を使って小白菜を犯し，以後もしつこくつきまとう。風邪をひいた葛小大のために楊乃武が書いた処方を持って小大の妹が薬を買いに行くが，劉子和は父親の顧問銭保生と謀って毒薬とすり替え小大を毒殺し，罪を楊乃武に被せる。長い裁判が始まり，劉錫彤と劉錫彤から贈賄を受けた府知事の辺宝賢によって楊乃武は絶体絶命の危機に追い詰められるが，乃武の姉楊淑英の必死の努力で小白菜は勇気を奮い起こし，刑部尚書桑春栄の前で劉子和らの罪が暴かれる。 (佐治 俊彦)

ようちょうえい【楊朝英】 生没年不詳。元代の散曲家。青城(山東省)の人。号は淡斎。経歴不明。散曲選集『*陽春白雪』と『太平楽府』の編者。『太平楽府』には1351(至正11)年の序がある。また楊維楨の「周月湖今楽府序」に，関漢卿・庾吉甫・盧疎斎とともにその作品の奇巧を称えた言葉がみえる。小令27首が伝わる。 (金 文京)

ようていいん【楊廷筠】 1557(嘉靖36)～1627(天啓7)。明の官僚・天主教徒。仁和県(浙江省)の人。字は仲堅，号は淇園。1592(万暦20)年の進士。若い時から仏教に傾倒していたが，イエズス会士との交流を通して天主教(カトリック)に引かれ，1611(万暦39)年に洗礼を受ける。*徐光啓・*李之藻と共に明末天主教三本柱の一人と称される。著書に，儒者の疑問に答えて天主教教理を論じた『代疑篇』，天主教と仏教との異同を論じた『天釈明弁』などがある。 (柴田 篤)

ようていび【姚廷美】 生没年不詳。元代の画家。姚廷美の自題をもつ『有余間図巻』(1360〔至正20〕年，クリーブランド美術館蔵)には，楊維楨の題や万謐などの20人の後跋があり，彼らと交友のあった，呉興を中心とする文人の一人であったことがうかがえる。またその書は趙孟頫風を示す。

姚彦卿は同一人物であることが指摘され，その款をもつ『雪江漁艇図巻』(北京，故宮博物院蔵)や，より李郭派の画風を示す『雪江図』(ボストン美術館蔵)が現存する。　　　　　　　　　　(塚本 麿充)

ようてき【葉適】　1150(紹興20)～1223(嘉定16)。南宋の政治家・思想家。永嘉(浙江省)の人。字は正則，号は水心，諡は忠定。南宋期永嘉学派の大成者。永康学派の陳亮とともに「事功派」「功利学派」「浙学」と称される。また官僚としても寧宗擁立に関与し，韓侂冑による「開禧用兵」(開禧2年の対金挙兵)失敗後の江淮防衛において中心的役割を担った。後年は韓侂冑の失脚に連座して引退を余儀なくされ，郷里にて著述に専念。また多くの後進を指導した。

その学は政治・財政論で知られ，北方を金に占拠された南宋の国情を強く意識し，失地回復を目標に国力強化の道を模索した。また*『周礼』を中心に経書や史書を通して治世の要を探求し，現実から離れた議論を批判。理気論においても事物に即した解釈を旨とした。現実における有効性を自己の内面の修養より優先する点で，*朱熹(朱子)と思想的に対立。しかし朱熹が弾劾された際には彼を擁護。1197(慶元3)年に作成された「偽学の籍」では朱熹の一派として弾劾のリストに入れられた。著書は『水心集』『水心別集』(中華書局校点本『葉適集』所収)，ほかに『習学記言』がある。宋史434　(折原 幸恵)

ようどうじゅうたく【窰洞住宅】　→窰洞

ようとうめい【楊東明】　1548(嘉靖27)～1624(天啓4)。明末の思想家。虞城(河南省)の人。字は啓昧・啓修，号は晋庵。1580(万暦8)年の進士。万事万物の生成・存在と規範・条理は渾成して一体であると説き，朱子学の理気二元論を批判する。しかし気質の濁駁による不善を，本来的な善根(理)で矯正し，情を礼に順わせ，思惟構造は朱子学に近似する。農村社会の惨状を上奏し，かつ難民救済に尽力した。明史241　(荒木 龍太郎)

ようとくき【葉徳輝】　1864(同治3)～1927(民国16)。清末・民国の保守派紳士，学者。湘潭(湖南省)の人。字は奐彬もしくは煥彬，号は直山，また郎園。一生を通じてあらゆる改革・革命に反対，郷里では悪徳地主兼商業資本家の「劣紳」として知られ，最後は農民運動の敵として処刑される。学者としては目録・版本学方面の業績が有名。『書林清話』『郎園読書志』等の著作があるほか，前後あわせて15種の書目を刊行，後にまとめて『観古堂書目叢刻』とした。　(井上 進)

ようばんり【楊万里】　1127(建炎元)～1206(開禧2)。南宋の詩人。吉州吉水(江西省)の人。字は廷秀，号は誠斎。詩人として陸游・范成大・尤袤と共に南宋四大家と称された。常州，広州などの地に赴任し，中央では太子侍読，実録院検討官等を歴任したが，そうした経歴の節目ごとに自ら詩集を編んだ。現存する彼の詩集も在野の作『江湖集』に始まり，『荊渓集』(常州)，『南海集』(広州)等を経て，晩年の『退休集』に至るまでの凡そ9種より成っており，「一官一集」の名がある。このうち2番目の『荊渓集』に冠せられた自序には，初めて詩作に難渋することなく自在に創作できるようになった旨が述懐され，それと同時に彼がその後も好んで用いる七言絶句の数に顕著な増加が見られる。詩作に関する手法の特徴としては，擬人表現の多用「岸を隔てて多情なり　楊柳の樹，人に向かいて招喚し煙鬟を俯す」(「趙達明太社　四月一日，西湖に招游せらる」十首その三)，機知・見立ての巧みさ「梅花　寒雀　摹すを須いず，日影　窓に描きて画図を作す」(「東窓の梅影上に寒雀の往来する有り」)，諧謔性「戯れに清泉を掬いて蕉葉に灑げば，児童　誤りて認む　雨声の来るかと」(「閑居の初夏，午睡より起く」二絶句その二)，観察の細かさと発見「風の来るを点検して覚むる処　無し，破窓の一隙　銭よりも小さきあり」(「暁に丹陽県を過ぐ」五首その二)，題材の卑近さ(日常生活やありふれた生き物をうたう)，俗語の多用などがあげられる。こうした作風は同時代の詩人の中でも極めてユニークであり，内容こそ厳密に定義されてはいないが，同じ南宋のひと厳羽により「楊誠斎体」(『滄浪詩話』)と称された。一般に宋代の詩人は自作の中で議論を立て，哲学や処世訓の類を語ることが多いが，楊万里の作はそうした傾向とは対照的であり，生活のひとこまを短い詩型で活写すること自体が詩の眼目となる場合が多く，また詩の題材を卑近なものに求めるという傾向は，彼において一つの極限にまで達する。いわば古典詩が日常化する過程で，詩材の一つの到達点が彼によって提示されたことになり，その意味で短詩型文学の転折点に位置する人物である。『誠斎集』(『四部叢刊』所収)がある。宋史433　(西岡 淳)

ようぶんかい【楊文会】　1837(道光17)～1911(宣統3)。清末の仏教学者。石埭(安徽省)の人。字は仁山。27歳の時『大乗起信論』を読み仏教を信仰。1866(同治5)年，南京に金陵刻経処を創設。1878(光緒4)～86(同12)年，曾紀沢に従い2度の訪欧をした際，ロンドンで南条文雄の知遇を得る。帰国後，南条から贈呈された中国失伝の仏典や縮印蔵経を刊刻し『大蔵輯要目録』に編入する。1910(宣統2)年，仏学研究会会長。*章炳麟ら清末

の知識人に大きな影響を与えた。著書に『楊仁山居士遺著』がある。　　　　　　　　　　　　（森　紀子）

ようへんてんもく【曜変天目】　南宋から元にかけての建窯(福建省)で焼成した建盞の一種で、黒釉の地に周囲が青みを帯びた銀白色の大小に輝く斑文(虹彩)が浮かび上がり光彩を放っている。室町時代より日本では建盞の第一に格付けしている。世界で、静嘉堂文庫美術館所蔵の「稲葉天目」、藤田美術館所蔵の水戸徳川家旧蔵品、京都龍光院所蔵の国宝の3碗のみとも、あるいは、それにMIHOミュージアム蔵の加賀前田家伝来の重要文化財を加えた4碗しか存在していないともいわれる。
　　　　　　　　　　　　　　　　（砂澤　祐子）

ようぼうとく【葉夢得】　1077(熙寧10)〜1148(紹興18)。宋代の詞人。蘇州(江蘇省)の人。字は少蘊。北宋末に進士に及第し、南宋時代に江東安撫制置大使、知建康府等を歴任した。早年の頃は婉麗な詞を作っていたが、宋南渡後は蘇軾の詞風を学び、抗敵の志をうたい、張孝祥らとともに辛棄疾派の先駆とされる。博学で掌故に精通しており、『石林燕語』10巻、『避暑録話』2巻、『石林詩話』2巻等の著がある。宋史445　　（大野　修作）

ようほし【揚補之】　1097(紹聖4)〜1169(乾道5)。南宋初の文人画家。江南路(江西省)の出身で、漢の揚雄の子孫という。名は無咎、補之は字。逃禅老人または清夷長者とも号した。墨梅は、北宋末、湖南花光寺の禅僧仲仁によって創始され、墨竹とともに文人墨戯の一つとして南宋以来さかんに描かれたが、揚補之はその筆頭に挙げられる。『四梅花図巻』(北京、故宮博物院蔵、1165年)が現存し、新春の梅花の四態(未開・欲開・盛花・将残)を描き、それぞれ詞を賦す。甥の湯正仲も墨梅で名がある。　　　　　　　　　　　　　　（井手　誠之輔）

ようむ【洋務】　1856(咸豊6)年からの第2次アヘン戦争(アロー戦争)の結果、清朝は欧米列強に対して、初めて対外的に対等な扱いをすることを認め、それまで外交通商を含めた対外関係事務を「夷務」と呼んでいたのを改めて「洋務」という用語を使うようになり、その総元締めとして、1861年、中央にいわゆる総理衙門を設置する。その後、太平天国の乱を鎮圧する過程で西洋式武器の優秀さを痛感した有力な地方官僚(曾国藩・李鴻章・左宗棠・張之洞など)が、西洋式近代工業の導入を積極的に図った。その一連の動きを洋務運動と呼んでいる。この運動は最初、兵器工場を建設することから始まったが、その後官督商辦方式の軍事関連企業の建設、鉄道の敷設へと拡大していった。それに伴い、外国書の翻訳・出版事業・洋務関係諸学校の設立・留学生の派遣等の教育的事業も展開し、中国近代化に対して一定程度貢献した。　　　　（佐藤　豊）

ようめいがく【陽明学】　明代後半に中国で大きな影響力をもった儒学の一思潮で、王陽明に始まり、王学・心学等とも呼ばれる。陽明学は、大きく見れば、朱子学等と同様、宋以来の「理学」の潮流に属するが、朱子学の現状に対する強い批判を含んでいた。陽明学の主な特徴は、「心即理」の語に表されるように、理はおのれの心に先天的に内在しており、学問や知識によって獲得されるものではない、という主張にある。これは、学問や修養を通じて理を窮めようとした朱子学の方法論への批判である。陽明学者によれば、あらゆる人々は良知を賦与されているのだから、おのれの良知をさまたげることなく発揮して、万物に及ぼせばよいとされる(「致良知」)。ここでいうおのれとは、他者から切り離された個人ではなく万物と一体のものであり(「万物一体の仁」)、良知にねざす社会的な行動は、道徳規範を知識として学ぶことによってではなく、自分の身体を救おうとするようなやむにやまれぬ衝動として自然に出てくるものと考えられている(「知行合一」)。無学な庶民や小さな子供をも含め、万人に先天的に良知が賦与されていることを強調する陽明学の主張は、社会の広い階層に受け入れられ、泰州学派を創始した製塩業者出身の王艮など、庶民学者も生んだ。

　明末の商品経済の発達に伴う社会的競争の激化、利己主義的な風潮や道徳規範の解体のもたらす社会不安の感覚のなかで、人間の生まれつきの道徳性や共同性を確認したいという人々の願望が、陽明学の流行を支えたといえる。しかし、おのれのあるがままの心を全面的に肯定しようとする陽明学の主張は、急進的な泰州学派等が登場するに至って、客観的な道徳規範を無視するものとして批判の対象となり、また具体的な事実の詳細な研究を通じて社会問題の解決を図ろうとする学者からは、空疎な議論として指弾されることにもなった。清代に至って陽明学の影響力は衰えたが、徳川時代の日本に一定の影響を与えた。　　　　　　　（岸本　美緒）

ようゆう【揚雄】　前53(甘露元)〜後18(天鳳5)。前漢の文人・学者・思想家。蜀郡成都(四川省)の人。姓は楊とする説もある。字は子雲。辞賦を好み、屈原入水の故事に感じて『反離騒』など楚辞体の作品を書く。成帝の元延年間(前12-前9)ころ、司馬相如をも凌ぐという辞賦の才により都に召され、『甘泉賦』『河東賦』『羽猟賦』など、絢爛

たる修辞の一方で奢侈を戒める賦作品を次々に生む。しかし修辞と諷諫との両立に悩み、論争的な作風の『長楊賦』を残して、ついに賦の筆を折るに至る。その後は『易経』に模した『太玄』の執筆に沈潜し、その心境を『解嘲』『解難』に託した。また『論語』にならって『法言』を著し、その中でかつて熱中した辞賦を「童子の雕虫篆刻（子供の手なぐさみ）」「女工の蠧（女の機織りの妨げ）」と断じた。ただ晩年の『解嘲』『太玄』『法言』にも修辞に凝った難解な表現が多い。各地の方言を集めた『方言』の著も、言語に強い関心を持つ彼ならではのものである。

揚雄の思想と文章は後世の尊敬を受け、唐の韓愈は「聖人の徒」（『読荀子』）とまで称した。ただ最晩年には、『劇秦美新』を書き、漢を簒奪した王莽の新王朝を賛美した。また弟子がみだりに符命（王者出現の天意を記した文章）を奉ったため、罪を恐れて天禄閣から飛び降りるという失態を演じている。こうした点は南宋の朱子以降しばしば非難の的となった。　　　　　　　　　　　　　　（谷口　洋）

哲学・思想面の業績としては、『太玄』10巻・『法言』13巻の両書が挙げられる。前者は『易経』、後者は『論語』にそれぞれ擬した書物で、中国最初の擬経だと言われる。『易経』が太極を根本原理とする陰陽2爻の2元論（2進法）の世界なのに対し、『太玄』では、「玄」なるものを森羅万象の根源的理法・最高原理とする3進法の世界が展開され、「天に則る」ことが説かれる。この天を揚雄は渾天説で認識していた。漢書87　　　　　　（南澤　良彦）

ようゆうき【養由基】　生没年不詳。春秋時代楚の共王の臣下。養由ともいう。弓の名人。100歩離れて楊の葉を射当て百発百中であった（『戦国策』周策）。兕（水牛に似た一角獣）を射抜き、さらにその矢は岩に当たり矢羽根まで岩の中に深く没入した（『呂氏春秋』季秋紀・精通）。楚王が飼っていた猿を射させたところ、矢をつがえただけで、猿は木にしがみついて泣き叫んだ（『淮南子』説山訓）などの逸話が伝わる。　　　　　　　　　　（鈴木　健之）

ようらく【瓔珞】　首飾りの一種。瓔絡・纓絡とも記す。珠玉などを連ねて作られたもので、仏教と共にインドから伝来した。梵語はmutahara（真珠の首飾り）。古文献中の記述には「宝瓔珞。常に首に在るを瓔といい、身に在るを珞という」（『無量寿経集解』第10）、「金・銀・琉璃・硨磲・瑪瑙・真珠・玫瑰の七宝を以て合わせて瓔珞を成す」（『妙法蓮華経』薬草喩品）、「それ王者は、法服を著、瓔珞を加えること、仏像の飾りのごとし」（『南史』夷貊上・海南諸国・林邑伝）などがある。瓔珞の形は、各種の彫像・画像中の菩薩像などから見ることができる。　　　　　　　　（田中　陽子）

ようりょう【陽陵】　陝西省咸陽市渭城区正陽鎮に所在する、東西約6km、南北3kmの範囲の遺跡群の総称。前漢の第6代皇帝景帝（前141年没）と王皇后それぞれの方形墳丘墓を中心とし、両者に付随する多数の外蔵坑（陶俑などの副葬品が置かれた溝状遺構）、祭祀建築、集落遺跡等により構成される。1990年以来現在まで、陝西省考古研究所を中心とする調査隊により断続的に発掘・測量調査が実施されている。2006年、『考古与文物』第6期上にて測量調査の概略が報告された。　（黄川田　修）

ようわきゅう【雍和宮】　北京市東城区雍和宮大街にあるラマ教寺院。雍正帝の即位前の邸宅。1694（康煕33）年に建てられたもので、1725（雍正3）年に現在の名前に改名された。雍正帝の死後、その柩が一時安置される場所となり、1744（乾隆9）年に正式にラマ教寺院となった。敷地は広大で、建物の規模も大きい。とくに、木造の万福閣は雍和宮最大で、黄色の瑠璃瓦がのる3層の壮大な建物である。漢・満洲・モンゴル・チベットの各民族の建築の特色が融合し一体となっている点も、この雍和宮の特徴といえる。　　　　　　　　（高村　雅彦）

よえん【豫園】　上海旧城の黄浦区安仁街にある庭園。1559（嘉靖38）年に、四川布政使の藩允端によって造られた。明末には荒廃し、その後、豪商の所有となり城皇廟の道士にその管理がゆだねられる。太平天国時には小刀会の事務所、清末には市場。人民共和国成立後から修復が始まり、現在の姿となる。全園は、黄石（堅固で表面に各種の石理のある黄色っぽい石）の大きな築山を中心とする西部、名峰玉玲瓏を中心とし、近年の修復により明代の庭園のもつ豊かな空間が再現された東部、かつて城皇廟の庭であった内園の3部に分かれている。
　　　　　　　　　　　　　　　　（木津　雅代）

よく【欲】　欲には食欲・色欲など生得的なものや権力欲・名誉欲など後天的なものなどがあるが、戦国時代から基本的には生得的な人の欲望をどのように考え扱うべきかが思想史的には問題とされた。欲望論としてはさまざまあり、欲望をなくすべきだとする無欲説、欲望を厳しく抑制すべきだとする禁欲説、また欲望そのものが少ないとする寡欲説、欲望の赴くままに放任するのがよいとする縦欲説、欲望を適度に節制すべきだとする節欲説などがあった。道家の『老子』などでは、無欲であれば精神的安定や社会秩序が保たれると主張した。禁欲説

は極端な節約を唱える墨家が主張した。寡欲説は宋 鈃が主張した。縦欲説は魏牟や它嚣が主張した。儒家は欲望はなくすことも極度に制限することもできないが，放任すれば収拾がつかなくなるとして節度ある充足をという節欲説を主張した。*孟子は寡欲をいうが，実質は節欲で寡欲説とは異なる。これが欲望に対して最も適切な対応であったため，歴史的には儒家の主張する節欲説が主流となる。後に宋代の道学者は存理去欲を説き，天理を保持して人欲を排除することを説いたが，これも節欲説の一つといえよう。普通の食欲・色欲そのものは，人欲ではなく天理だとして排除しない。過度の美食や贅沢を求めたり過度の色欲の追求は人欲として禁ずべきものとした。例えば，生存に必要な食事を摂ったり雨露をしのぐための家を求めることや結婚することなどは当然で，これらは人欲ではなく天理だとして肯定する。しかし過度な美食や過度な装飾の家の要求とか妻妾の他にさらに美人などを求めるのは人欲だとして抑制すべきだとする。したがって宋代の道学は人間性を否定する禁欲的リゴリズム(厳格主義)だとするのは誤りである。ただ過度であるか否かの基準が客観的には定めがたく，過度にならぬよう多くの規制を設けざるをえなくなり，それが人の自由な活動を妨げることとなることから，人間性を否定すると受け取られるようになったことは確かであろう。

(澤田 多喜男)

よくきょうそうへん【翼教叢編】 清末保守派の反改革論集。6巻。1898(光緒24)年に蘇輿(平江〔湖南省〕の人)によって編纂。1897年，湖南省は時務学堂の総教習に梁啓超を迎え，*康有為らの唱える変法運動の気運が一気に高まった。本書は改革思想(主に『新学偽経考』や『孔子改制考』などで述べられている諸説，民権論)に対して危機感を募らせた保守派(朱一新・安維峻・許応騤・文悌・張之洞・王先謙・王仁俊・葉徳輝など)の批判的言論をあつめたもの。『近代中国資料叢刊』第65輯所収。

(佐藤 豊)

よくばい【翼梅】 清代の天文学書。別名『数学』。8巻。1740(乾隆5)年の成書。江永の著。暦算学に明るかった*梅文鼎の『暦算全書』を読んだ江永が，梅氏の説を輔翼する(たすける)ことを目的に著したので『翼梅』という。しかし梅文鼎が西洋の天文学と中国伝統の天文学を融合させようとしたのに対し，江永は西洋天文学を中心として中国の暦法上の問題点を解決しようと試みている。当時の中国人が西洋天文学をどう理解したかを知る上で重要な著作。

(長谷部 英一)

よくぶつ【浴仏】 インド以来の釈尊誕生を祝う儀式。灌仏(会)とも言う。降誕の時，梵天帝釈・龍王が香水をその身体に注いで沐浴させたとする経説にもとづく。中国では後漢末に現在の江蘇省北部一帯を一時支配した笮融が仏寺仏像を造り，浴仏の法会を大々的に催した(『*後漢書』陶謙伝，『*三国志』呉書・劉繇伝)のが最初の記録である。以後，4月あるいは2月の8日に，山車に仏像を乗せて練り歩くいわゆる行像とともに年中行事として盛んに行われた。

(大内 文雄)

よげき【豫劇】 伝統演劇の劇種名。河南省全域と周辺の陝西・甘粛・山西・河北・山東・江蘇・安徽・湖北などの各省に分布し，梆子腔系の劇種では，最も広範囲に職業劇団が存在する。豫梆・河南梆子・河南高調・河南謳・靠山吼などと呼ばれ，豫劇の語が用いられるのは1947年以降，広く普及するのは人民共和国建国後である。

豫劇の起源には諸説があるが，梆子腔(同州梆子)の伝播によるとするのが最も妥当である。その形成時期は，雍正(1723-35)末年から乾隆(1736-95)初年と推測される。先行劇種である弋陽腔・崑曲・羅戯(河南省の地方劇)などの影響を受け，同治年間(1862-74)には，70以上の劇団が活躍するに至る。長く合同上演を続けてきた羅戯から受けた影響は大きく，多くの演目や曲牌を吸収した。民国初年頃(1910年代前半)まで，梆子の役者は羅戯もうたえるのが普通であった。1914(民国3)年，初めて茶館での上演という形式をとって省都開封にはいると，先行劇種である京劇を圧倒し，各地の都市でも豫劇が優勢になった。

豫劇のうたは大きく二つに分かれる。開封・商丘を中心とする豫東調は，音程の高いメロディーを裏声でうたう。女役は明るく装飾音が多く，男役は奔放で激した調子が特徴。洛陽を中心とする豫西調は，豫東調より音程の低いメロディーを地声でうたい，重厚で，悲壮感に富む。この両者は派閥意識が強かったが，1920～30年代に融合が進む。役柄は，四生・四旦・四花臉に分かれる。四生は，老生・大紅臉・二紅臉(武生)・小生。四旦は正旦・小旦(花旦)・老旦・彩旦。四花臉は，大浄(黒頭)・大花臉・二花臉・三花臉(丑)。清代の同治・光緒年間(1862-1908)までは軍記物や宮廷物の演目が多く，四生・四花臉が劇団の中心であった。しかし，光緒・宣統年間(1875-1911)からは，旦の仕草を中心とする演目が流行，1930年代には陳素真・常香玉などの女優が大人気を博して，女優が中心を占めるようになった。主な演目に『渭水河』『対花槍』『穆桂英掛帥』など。

(松浦 恆雄)

よしょうかく【余蕭客】 1729(雍正7)〜77(乾隆42)。清の古文献学者。呉県(江蘇省)の人。字は仲林,また古農。5歳の時父が失踪,母より四書五経を教わる。15歳で朱子学の哲学論議の無益を悟り,露店書籍商より『十三経注疏』などを借りて研究した。後,同郷の恵棟に独学の限界を教えられ,師事した。直隷総督・方観承に招かれ『畿輔水利志』の編纂に携わるが,眼病のため戴震に譲って帰郷。以後経学の教育に暮れた。『古経解鉤沈』などの著述がある。清史稿481　　　　　（木下 鉄矢）

よせいさいじょう【余清斎帖】 明の法帖。呉廷が董其昌・陳継儒らの審定をへた自蔵の名跡を,楊明時に鉤摹(トレース)させた。1596(万暦24)年の刻。楊が関与しないと考えられる続編は1614(同42)年の刻。帖首に董其昌の「余清斎」三大字を冠し,王羲之の『欠十七帖』以下,晋・隋・唐・宋の書跡を集刻する。正16巻・続8巻といわれるが,巻数を刻さず,帖中に「万暦丙申(1596年)秋八月初吉,余清斎模勒上石」,「万暦甲寅(1614年)夏六月,余清斎続刻,摹勒上石」と刻するのみである。そのため伝本間には書跡の配列に異同がある。巻数に比して集刻される書跡は少ないが,『欠十七帖』『黄庭経』『祭姪文稿』など名跡が多いうえに,刻が精緻で名帖と称えられる。伝本が希少であったことから,原版は清の乾隆年間(1736-95)に焼失したとさえ誤伝された。また,原版についても木版説が根強かったが,すべて石版である。各石の寸法は一定でない。石版は長期にわたって呉廷の郷里である歙県(安徽省)の西渓南村に蔵され,いまは歙県の新安碑園に蔵される。　　（澤田 雅弘）

よちきしょう【輿地紀勝】 南宋末期の地理書。200巻。1227(宝慶3)年ごろ完成。王象之の撰。著者は江南・福建に自ら赴き,四川その他は伯父や兄からの情報により,諸書を参照して南宋各地の風物と文化遺産を詳述した。府州軍ごとに1巻を設けて沿革を述べ,風俗形勝・景物・古跡・官吏・人物・仙釈・碑記・詩・四六の9項目に分けて記す。行政関係の記述は少ない。清代中期までに6府21州4軍,計31巻の全部または一部を欠く。現行の道光・咸豊刊本はこれによる。　　（島居 一康）

よちこうき【輿地広記】 北宋末期の地理書。38巻。政和年間(1111-18)に成る。欧陽忞の撰。禹貢九州,秦40郡,漢13郡,晋19道,唐15道など歴代の境域を述べ,元豊期の行政区画に基づく4京23路,及びかつて中国に属した化外州のすべての府州軍(監は省く)と県について,等級と歴代の沿革を記す。山川・古跡等の記述は主要なものに限り,きわめて簡略である。『武英殿聚珍版書』本と嘉慶刊本(巻2,巻12の一部原欠。黄丕烈の札記を付す)がある。　　（島居 一康）

よんだいせいこう【四大声腔】 →南戯四大声腔

よんだいめいたん【四大名旦】 →四大名旦

ら

らい【雷】 雷は『*易経*』や『*礼記*』などにみられるように，古くから天が正義をもって人間界の邪悪に与える懲罰とされた。唐代頃よりこの考えと雷神信仰が道教により取り入れられ，雷法が体系を整えた。これは24神もしくは36神とされる雷神を中心として，天上に雷官たちのいる世界があり，強烈な雷霆の力に基づいて，悪を罰し善を賞し，天地万物のあらゆるものを取り締まるとされた。

（横手 裕）

らい【罍】 頸が短く，大きく張った肩が底部に向かってすぼまる容器。肩部に一対の耳を付け，胴下部にさらに耳を付けるものもある。圈足（円形の高台）を持つものが多く，蓋を持つ例もある。銘文に「罍」あるいは「鑘」と自銘し，酒や水を入れるための器とされる。青銅の罍は殷墟期に出現し，戦国時代まで長期間にわたり製作された。殷代〜西周期の比較的背の高い器を罍，春秋時代以降の背が低く横に広がる器を鑘と呼び分ける場合もある。

（角道 亮介）

らいかいせい【雷海青】 生没年不詳。唐の玄宗時代に宮中に仕えた楽人で琵琶の名手。天宝年間（742-756），安禄山によって捕らえられ，凝碧池の宴会で演奏させられた。演奏が終わると，海青は楽器を池に投じて西に向かって慟哭した。彼は捕らえられても脅しに屈することなく，群衆の前で極刑に処せられたという（『明皇雑録補遺』）。

（池澤 滋子）

らいき【礼記】 儒教の礼経典。『儀礼』『周礼』とともに三礼と称されるが，『儀礼』『周礼』のような礼制を規定する経典とは異なって，礼制の解説書としての性格を強くする。一説に「礼記」の「記」は「伝」と同じく注釈の意で，「礼記」とは礼規定に関する注釈書であるともいわれる。「礼運」「楽記」「月令」「学記」など49篇から成り，礼の意義・制度・喪服・祭祀・婚姻・音楽等の多岐にわたって解説する。従って，各篇の著者も特定の個人であるよりは広く先秦以来の礼の議論が取り込まれて成立していると考えられるのであり，それを今日のような49篇の体裁にまとめ上げたのは前漢の戴聖だといわれる（伯父の戴徳の編纂した礼記が『*大戴礼*』「*大戴礼記*」と呼ばれることから「小戴礼」「小戴礼記」と呼ばれることもある）。その後，『礼記』は『大戴礼記』とともに学官に立てられたが，後漢の時に鄭 *玄*が注を施したことから特に重視され，唐代に至って『五経正義』の一つに加えられた。

（齋木 哲郎）

らいきしゅうせつ【礼記集説】 『*礼記*』の総合的注釈書。160巻。南宋の衛 *湜*の著作。鄭 玄以下144家の礼説を参照し，『礼記義疏』を主として編纂した。後に清の杭*世駿*が本書を増補して『続衛氏礼記集説』100巻を著している。また，元の陳澔にも『礼記集説』10巻がある。こちらは，明代では科挙受験者の参考書として用いられた。明代に胡広らが編纂した『*五経大全*』所収の『礼記大全』30巻は，陳澔の『礼記集説』を中心にして諸家の学説を補っている。『通志堂*経解*』三礼に収められる。

（佐藤 錬太郎）

らいこう【雷公】 雷を司る神。「雷神」に同じと言える場合も少なくないが，たとえば雷法などで天上に存在するとされるさまざまな雷官の類とは少し趣を異にし，より素朴な感覚で雷の神の呼称として使われることが多い。特に民間において，雷の神を男女の2種に分けて考え，その内の男性神を呼ぶ名称となっており，通常は女性神の「電母」と一対にして説かれることが多い。

（横手 裕）

らいし【耒耜】 先秦時代に用いられた「耒」と「耜」2種類の耕具。『*易経*』巻12・繋辞下に「神農氏作りて，木を斲りて耜と為し，木を揉めて耒となす」とあるところから，木製鋤の柄の部分を「耒」，鋤先の部分を「耜」とする解釈が『説文解字』以来行われてきた。それに対し近代に入り，柄はかすかに曲がり先端が二股に分かれた鋤が「耒」，弓形に反った柄に円頭平葉の鋤先が付くのが「耜」とする徐中舒の説，先端が二股に分かれているか否かを問わず「耒」が鋤形の耕具，「耜」は鍬形の耕具を指すとの関野雄の説が提唱されている。

二股耕具は陝西省西安市臨潼姜寨遺跡，河南省陝県廟底溝遺跡といった仰韶文化遺跡で土壌に打

ち込まれた痕跡として発見され，新石器時代以来使用されていたことがわかる。一方，円頭ないし平頭の耕具も石製・木製・骨製のものが新石器時代以降各地の遺跡から出土することからその存在が明らかにされている。
(中村　慎一)

らいしきょう【耒耜経】　唐の農具（犂）の解説書。1巻。著者は陸亀蒙。序文も含めておよそ650字の小冊子であるが，類書がなく貴重。内容は，当時の長江下流地域で使用されていた犂の構造を11の部分に分けて，それぞれの機能や寸法を記録したもの。それは牛1頭が牽引する曲轅型長床犂で，木製の本体に鉄製の犂先と撥土板を装着しており，耕起深度の調節も可能な，高度に発達した耕起用農具だった。この基本型式は，近代まで変化しなかった。版本は各種あるが，いずれも問題がある。天野元之助の校勘が有用である（『中国古農書考』龍溪書舎，1975年）。
(大澤　正昭)

らいじん【雷神】　雷を司る神。古くは『山海経』に「龍身にして人頭，その腹を鼓つ」と描かれるが，基本的に半人半獣の姿をし，鼓を持って打ち鳴らすとされた。雷は古来，天が正義をもって人間界の邪悪に与える懲罰とされたが，唐代頃より道教に取り入れられ，この天威を借りて法術を行使する雷法が現れた。具体的には天上にいる数々の雷神あるいは雷官に道士が祈禱し，悪霊駆除や祈雨祈晴を行うものであり，このため宋代以降，諸々の雷神は一層民衆の信仰を集めた。
(横手　裕)

らいはったつ【雷発達】　1619（万暦47）～93（康熙32）。明末清初の建築工匠。建昌（江西省）の人。清代中期に，紫禁城の三大殿の工事責任者となった。それ以来200年余りにわたって，金玉・景修・延昌ら雷家の末裔はことごとく清朝の宮廷設計機関である様房の責任者に命ぜられ，彼らのことを「様房雷」，他に「様式雷」と呼んだ。円明園・清漪園・香山離宮・避暑山荘や，清の帝陵の昌陵・恵陵などは，いずれも様房雷によって建設された。
(高村　雅彦)

らいばん【逨盤】　西周後期（宣王期）の青銅器の固有名称。2003年に陝西省眉県で出土した楊家村西周窖蔵青銅器27点のうちの一つ。発見当初は銘文中の作器者名を「逨」字に釈し，当器を逨盤と呼称したが，現在では作器者名を「遷」字に釈し，遷盤と呼称することも多い。器高20.4cm・口径53.6cm・重さ18.5kg，圏足（円形の高台）の下に4足が付く。また一対の付耳を持ち，これと直交する位置に環を垂らした龍頭装飾が付く。器側面と圏足部に窃曲文を飾る典型的な西周後期の器である。内底部に372字の銘文があり，単氏の一族が歴代の西周の王に仕えてきたことが記される。銘文中に列挙された文王から厲王までの11代の王名が，『史記』に記された西周の王名および即位の順序とほぼ一致していたことは大きな発見であった。西周の王名と作器者の先祖名を列記する形式は陝西省扶風県荘白1号窖蔵から出土した史墻盤の銘文と共通する。現在，陝西省宝鶏青銅器博物院蔵。
(角道　亮介)

らいぶほうし【莱蕪梆子】　山東省中部の莱蕪地方で行われる地方劇。莱蕪謳ともいう。清代中葉に大運河を経由して山東に皮簧腔系の徽劇が伝わると，その後山西から梆子腔が入り，この両者が相互に影響を与え合って清末頃に成立したとされる。伝承の過程で音楽的には梆子腔が優勢となっており，現在行われる伝統演目は大半が梆子腔系のものである。
(竹越　孝)

らいもん【雷文】　角ばった渦文。新石器時代以来の土器上の幾何学文様，殷周青銅彝器上の文様，陶磁器上の彩画文様として飾られ，中国の代表的な文様となった。特に殷墟期に青銅彝器上の文様が主文と地文に分離して表されるようになって後の，地文として用いられる精緻な渦文が，後代の雷文の模範となったようである。殷周青銅器の文様の分類用語としては，渦文の含まれる文様を例えば「雲雷文」の如く称することがある。
(内田　純子)

らいん【羅隠】　833（大和7）～909（開平3）。晩唐の詩人・文学者。浙江新城（浙江省）の人。もと，名を横といったが，後に改名。字は昭諫，自ら江東生と号した。科挙には合格せず，十国の一つである呉越を建てた銭鏐の下で，秘書省著作郎，司勲郎中，給事中，塩鉄発運使などを歴任。諧謔を好み，詩文も現実を風刺するものが多かった。詩では詠史詩がよく知られる。『甲乙集』『讒書』『両同書』などが今に伝わる。旧五代史24
(山本　敏雄)

ラウファー　Berthold Laufer　1874～1934。ドイツからアメリカに帰化した東洋史学者。ベルリン大学，ライプツィヒ大学に学ぶ。1898年アメリカに渡り，ジェーサップ北太平洋調査団に参加した。その後，中国各地を3回に渡り調査し，図書，文物などを収集した。1908年シカゴにあるフィールド博物館東アジア部次長となる。1915年人類学部長に就任する。ラウファーの研究は主に博物学的視野から東洋と西洋の文化交流を研究し，その著作は224篇に及ぶ。おもな著書に《Chinese

Clay Figures》(1914年)，《Jade》(1912年)，《Sino-Iranica》(1919年)，《The Giraffe in History and Art》(1928年，福屋正修訳『キリン伝来考』)がある。
（石渡　美江）

ラオチュウ【老酒】 → 黄酒（ホワンチュウ）

らかん【羅漢】　梵名アルハンの音写「阿羅漢」の略。応供(世の供養を受けるに足る者)とも訳す。本来は仏の尊号の一つだが，中国では部派(小乗)仏教における出家者の最高位(阿羅漢果)に達した聖者を指すのが通例で，弥勒下生までの無仏の世を守護する存在として崇敬された。釈尊の涅槃に際し仏法を付嘱された十六羅漢(玄奘訳『法住記』)は特に名高く，そこから派生した十八羅漢や，天台山の石橋に示現するとされた五百羅漢の信仰も盛行した。
（稲本　泰生）

らかんず【羅漢図】　羅漢の聖性を，異様な形姿や神通力の持ち主として，想像力ゆたかに描いた図。玄奘訳の仏典『法住記』にもとづく十六羅漢や，第一回仏典結集に集まった五百羅漢，十六羅漢に『弥勒下生経』に説かれる四大声聞から大迦葉と軍徒鉢歎を加える十八羅漢があり，セットで描かれる。羅漢図は，インドや西域人物の風貌を誇張してあらわす禅月大師貫休の図像(禅月様)と，漢民族の通常の姿にあらわす張玄の図像(張玄様)が，唐末五代の四川で成立し広く流行した。禅月様羅漢は，祈雨の本尊とされ多くの踏襲作が制作されたが，その中では石刻の杭州聖因寺本や日本に伝来した御物本が著名で貫休の原本にもっとも近いとする意見がある。他に水墨系の粗縦な線描をよく伝える作例として，入宋した俊芿が請来したという南宋の高台寺本(重要文化財)や根津美術館本・藤田美術館本などがある。張玄様羅漢の有力な伝承作は不明であるが，12世紀後半に大理国で制作された張勝温筆『梵像巻』(台北，故宮博物院蔵)の中の十六羅漢図や寧波仏画の羅漢図にその一端が見られ，また日本の平安時代における大和絵系羅漢図の典拠となった。古様の十六羅漢図として，入宋した奝然が，987(寛和3)年，生身の釈迦像(清涼寺釈迦如来立像)とともに請来したと伝える京都清凉寺本(国宝)が夙に有名であるが，大迦葉の題記をもつ画幅が編入されている点から，元来，十八羅漢図として北宋末に制作されたとする見解が定説となっている。五百羅漢図では，天台山石橋の方広寺に示現したとする五百羅漢の信仰が盛んで，南宋の1178(淳熙5)年から10年間をかけて制作された100幅構成の五百羅漢図(現存94幅。大徳寺・ボストン美術館・フリア美術館蔵)がある。同様の図像をもつ50幅構成の五百羅漢図も日本に伝来し，室町時代の画僧明兆の制作した五百羅漢図の典拠となった。高麗仏画には500幅で構成される五百羅漢図があり，現在，13幅が各地に分蔵されている。
（井手　誠之輔）

らかんちゅう【羅貫中】　生没年不詳。明の小説家・戯曲作家。貫中は字で，名は本という。『三国志演義』の作者とされる。戯曲作家の生没年や事跡を記した書物である明の『録鬼簿続編』によれば，太原(山西省)の人で湖海散人と号していたといい，戯曲作品として『風雲会』『連環諫』『蜚虎子』の3種が挙げられている。出身地に関しては杭州(浙江省)や東原(山東省)とする説もある。『三国志演義』の現存する最古の版本である1522(嘉靖元)年刊の嘉靖本には「晋平陽侯陳寿史伝，後学羅本貫中編次」とある。また明の郎瑛の『七修類稿』には「『三国』『宋江』の二書，乃ち杭人(杭州の人)羅本貫中の編する所なり」とあり，『水滸伝』の成立にも関わっていた可能性がある。羅貫中が小説『三国志演義』の成立に重要な役割を果たしたことは間違いないであろうが，彼が書いた『三国志演義』がどういう形態のものであったかは不明である。『三国志演義』以外の小説では『平妖伝』『隋唐両朝史伝』『残唐五代史伝』『粉妝楼』なども羅貫中の作とする説がある。
（上野　隆三）

らきょう【羅教】　羅清(または羅静，羅祖)によって創唱された宗教。1509(正徳4)年ごろに撰述された五部六冊を経典とし，汚濁の東土を脱して無極聖祖の導きを得て天上の家郷に帰還することを説き，解脱のために斎戒の持続を重視した。臨済禅の系譜を引く。その教説には，既存の政治権力に反抗する色彩はなかったが，後発の反権力的民間宗教結社に部分的に継承され，やがて羅教自体も邪教視されて官憲の弾圧を受けた。無為教・斎教・羅道教・悟空教・老官斎教などの異名をもち，清代には大運河や長江沿いの漕運業者の間に流行し，その相互扶助機能の主柱となった。
（野口　鐵郎）

らきんじゅん【羅欽順】　1465(成化元)～1547(嘉靖26)。明の哲学者。泰和(江西省)の人。字は允升，号は整菴。1493(弘治6)年の進士。主著に『困知記』がある。明代朱子学派の代表的人物。朱子学を篤く信じ，仏教・陽明学等を激しく非難した。特に王陽明との『朱子晩年定論』をめぐる論争は有名である。思想的には理気二元論に立ちつつも，「理は即ち是れ気の理」として気をより重視する。明史282
（永冨　青地）

らくかこう【落下閎】　生没年不詳。前漢の

天文学者。巴郡閬中(四川省)の人。字は長公。天文学に明るく，武帝が改暦を行う際に待詔太史として召された。落下閎は，治暦の鄧平や方士の唐都らとともに新暦作成に従事し，渾天儀とよばれる天体観測器具を用いて観測を行った。かれらが作成した暦は，1か月の平均日数を$29\frac{43}{81}$日とする八十一分法を採用した。この暦は，太初暦という名で前104(太初元)年に施行された。
(長谷部 英一)

らくざんだいぶつ【楽山大仏】
四川省楽山市，岷江・青衣江・大渡河の合流する凌雲山西壁の棲鸞峰に彫られた高さ71mの弥勒如来倚像。隣接して凌雲寺がある。『嘉州凌雲寺大仏像記』によれば，713(開元元)年に海通和尚が造営し，韋皐が803(貞元19)年に完成した。当初は13層の楼で覆われ大仏閣と，宋代には，凌雲閣，天寧閣と呼ばれたが，明代末期に倒壊した。右方にある232段の凌雲九曲桟道の壁上には浄土変・三世仏・千仏等の龕がある。
(長岡 龍作)

らくしょうぶんきょう【楽昌分鏡】
唐の李冗の『独異志』及び孟棨の『本事詩』に見える有名な話柄。「がくしょうぶんきょう」とも。太子舎人徐徳言は陳の滅亡にそなえ，後主の妹で妻の楽昌公主とひとつの鏡を割って二人で持ち，後日それを手掛かりに再会することを約した。かくて再会はしたものの楽昌公主はすでに隋の権力者楊素の妾となっていた。事情を知った楊素は公主を徐徳言に返し，二人は団円したというもの。のち戯文『楽昌公主破鏡重円』や雑劇『徐駙馬楽昌文鏡記』などに改編された。
(大塚 秀高)

らくしんのふ【洛神賦】
三国魏の曹植の作った賦。222(黄初3)年，曹植が都洛陽からの帰途，夢うつつの間に見た洛水の女神宓妃の美しさを幻想的に描く。宋玉『神女賦』などに連なる賦であるが，『文選』の李善の注が引く記述によれば，兄曹丕の妃であった甄氏が曹植への思いが実らぬまま死んだ後，曹植への思いを告げにあらわれたものだという。兄弟相克の話が拡大して女性もからんだ物語にふくらんでいたことが知れる。この題材は顧愷之をはじめとして，たびたび絵にも描かれた。
(川合 康三)

らくしんふじゅうさんぎょう【洛神賦十三行】
東晋の書道の名品。王献之が書いたと伝えられ，現在は拓本として残る。小楷。13行，全240字余り。「洛神賦」は三国魏の曹植の作。この賦は古来有名で王羲之など多くの書家も書いている。

この帖は，もと全文を書いたと思われるものが散佚し，先ず南宋の高宗が9行分の断片を入手し，後賈似道が得たその続き4行を合わせて13行にしたものである。賈似道はそれを玉版に刻したが後行方知れずとなり，明代に賈の旧宅から発見され，清の康熙年間(1662-1722)になって内府に献上された。これが有名な「玉版十三行」である。現在は北京首都博物館に蔵されている。なお，元の趙孟頫も真跡の残本を蔵したというが，明代にはその行方が分からなくなったという。他に，多くの刻本が作られ停雲館帖・余清斎帖・快雪堂法帖などに収められる。それらの中に柳公権の跋文を付した柳跋本がありすぐれたものとされるが，真跡ではなく柳の臨書を刻したものであろうと言われる。いずれの刻本にも唐代の書法が見え，東晋の風韻には乏しいとされる。
(池田 利広)

らくていえいぎ【楽亭影戯】
河北省灤県・灤南県・楽亭県を中心に流布した影戯。この一帯はかつての灤州地方(唐山市一帯)であることから，またの名を「灤州影」，近年では「唐山影」ともいう。発祥の時代については，明代万暦年間(1573-1620)の影詞『薄命図』が存在することから，明代後期にすでに今日の形態が完成していたようである。清代になって大型の班社(劇団)が次々に出現した。人民共和国成立後，それらの班社を支えた名家が没落し，大型班社はなくなったものの今日でも地元では影戯の上演は盛んである。上演は野外に4m四方の戯台を作り，影幕(布スクリーン)をはり，影幕の内側で人形(ロバの皮製)を操る。観客は影幕に電灯で映し出された人形を見る。演員(男性)は10名前後で，人形を操るもの，演唱者，伴奏者がいる。伴奏に使われる楽器は四胡を中心に，大鑼(ドラ)・太鼓などの打楽器で，旦・生・浄・丑などの役柄に応じて唱法は異なり，男性が喉を手で押して出す甲高い声は独特の効果をもつ。板式(テンポとリズムの程式)や唱腔(うたのふし)も豊富に使い分けられる。
(井口 淳子)

らくひんのう【駱賓王】
619(武徳2)?～684(嗣聖元)?。初唐の詩人。初唐四傑のひとり。義烏(浙江省)の人。字は観光。7歳で詩を作り神童と称された。しかし西域などへの遠征にも参加し，前途を切り開こうとしたが，官僚としては栄達しなかった。則天武后が政権を掌握した頃には，たびたび上奏文を提出したが認められず，かえって臨海(浙江省)の丞に左遷されてしまい，遂に官僚をやめた。徐敬業が反乱を起こすと駱賓王も参加し，彼のために檄文を書いた。反乱が失敗に終わり，殺されたとも行方不明になったとも言われる。駱賓王は文学者としては早くから名を知られ，首都圏の役人で

あったときには，同時期このエリアの役人であった*李嶠とともに名を称された。また現在でも「帝京篇」「艶情郭氏に代りて盧照鄰に贈る」などの歌行体の詩が高く評価されるほか，実体験に裏打ちされた辺塞詩も詩史に重要な位置が与えられている。文集10巻があったが，現在は清の陳熙晋が注を付した『駱臨海集箋注』が通行している。『唐才子伝』1に伝がある。旧唐書190上，新唐書201　　（道坂　昭廣）

らくほうもんるい【楽邦文類】　浄土教の文集。5巻。1200（慶元6）年ごろの書。南宋の沙門，宗曉編。「楽邦」とは浄土を指す。諸経論，古今の儒者や釈家の論，また長行・偈頌にいたるまで，広く浄土教に関する文章，二百数十篇を集めたもの。14門に分けられ，第1巻には経・呪・論，第2巻には序跋・文・讃，第3巻には記碑・伝，第4巻には雑文，第5巻には賦銘・偈・頌・詩・詞が収められており，浄土教文献の集成として各方面からの研究に役立つ。また書中にはすでに散逸した書物からの引用もあって貴重である。　　（鵜飼　光昌）

らくよう【洛陽】　現在の河南省の北西部，洛水北岸に位置する都市。北側に芒山が黄河に対する巨大な自然堤防として横たわる。古来，天下の中心と見なされ，「九朝古都」と呼ばれるように幾度も国都が置かれた。その起源は前11世紀の西周初めで，旧殷の勢力圏であった東方経営の拠点として洛邑（王城）が築かれた。前770年に周は洛邑に東遷し，その後，洛邑のやや東の成周（下都）が国都とされた。漢代には洛邑が河南県，成周が雒陽県の県治とされた。後漢初めにこれら二地の東に南北9里，東西6里の新城を築き国都とした。9と6は陽と陰の極数で，陰陽を抱摂するという帝王の居所にふさわしい都市計画に基づく築城であった。この九六城は三国魏，西晋にも国都として継承されるが，三国魏の時に西北角に外接して三重の要塞である金墉城が付設される。三国分裂下での都城の防御強化策である。西晋末の永嘉の乱で洛陽城は荒廃し，その後の五胡十六国期には廃墟と化した。493年，北朝北魏の孝文帝が平城から洛陽に遷都して修復され，501年には九六城を内城として東西20里，南北15里の大外郭城が築かれた。この大洛陽城も北魏末の兵乱で破壊された。隋の統一後，南北を繋ぐ大運河が完成すると，長安に至る黄河水運上の難点を補完するため，この地に陪都が築かれる。*煬帝の時，漢魏洛陽城の西10kmの地に西から東へ流れる洛水を跨いで南北二城からなる新城が，長安城と同じ左右対称の都城計画で造営された。中軸線は北の芒山の一峰と南の伊闕（龍門）を結ぶ線に定めて，長安の朱雀大街に相当する定鼎門街が設定された。しかし西半分が洛水支流の澗水の度重なる氾濫で居民に不適であるために，東に城郭を延伸して築城された。城周は実測値で27.5kmあり，長安に次ぐ大城郭都市であった。唐代も西京長安に対して，陪都東京とされた。五代後唐期に国都，北宋期にも西京とされるが，隋唐期の繁栄はもはやなく，元では河南路，明清では河南府の治所とされるが，往年のおもかげはなく，一地方都市の域を出なかった。　　（愛宕　元）

らくようがらんき【洛陽伽藍記】　三国魏・西晋そして孝文帝いご北魏の都であった洛陽（河南省）の寺院を中心に旧聞・古跡を集めた歴史地理書。5巻。北朝東魏の楊衒之撰。楊衒之は陽衒之の誤りとする説のほか，その出自や経歴などについても史料に出入があり，詳しいことは分からない。ただ本書を執筆するに至った動機を，自序の中で次のように述べている。547（武定5）年，任務の旅の道すがら洛陽を訪れる機会があった。かつて知る城壁や宮殿は傾き崩れ落ち，城の内外に甍を連ねた1000余の寺院は灰燼に帰し，廃墟と化した塔廟ともに見る影もない。これでは繁栄を誇った昔の姿を後世に伝えられないと覚悟し，撰述することにしたという。*永寧寺以下の城内15寺を第一巻に，城東15寺，城南15寺，城西11寺，城北2寺からなる。本文と自注に混乱はあるが，寺院の記述にとどまらず北魏の政治や経済・社会から民俗・学芸に至る研究に貴重な資料を提供する。　　（藤善　眞澄）

らくようきんそんこぼ【洛陽金村古墓】　河南省洛陽市の中心地から東に約15km離れた地点にある金村という集落の付近に位置する，1928年に盗掘された戦国時代の貴族墓地。盗掘後，現地を訪れたW.C.ホワイトの調査によると，発見されたのは8基で，いずれも墳丘がなく，縦横約12m，深さ約14mの墓坑内に，八角形の木槨が築かれ，漆塗りの二重の木棺が置かれていたという。こののち1930年頃まで，ここで出土したと言われる多くの*青銅器・銀器・玉器・漆器などが世に知られた。金銀象嵌を施した華やかな器物や，人物を表した珍しい作品があることから注目を集め，その多くが欧米や日本などに流失した。著名な遺物に驫氏編鐘（京都，泉屋博古館蔵），金銀錯狩猟文鏡（東京，永青文庫蔵）などがある。驫氏編鐘は刻まれた銘文から前404年のものとされるが，戦国時代中・後期に下ると思われる遺物も少なくない。墓地は現在の漢魏洛陽城の東方隅に位置する。漢魏洛陽城一帯は戦国時代には周に属していたと考えられることから，周の王室墓地である可能性が高いが，韓との関係を想定する説もある。　　（谷　豊信）

らくようけいとぼち【洛陽刑徒墓地】
後漢の都，洛陽城の南郊で発見された刑徒(囚人)の墓地。現在の河南省偃師市西大郊村の西南にあり，面積は約5万m²に及ぶ。1964年に中国科学院考古研究所洛陽工作隊が40m四方のグリッドと長さ120m×幅3mのトレンチ2本の合計2000m²を発掘し，522基の墓と820余点の刑徒墓塼を発見した。墓は長さ約2m，幅40〜50cmの長方形の竪穴土坑墓で，東西に密接して配列されている。遺体は96％が青壮年の男性であり，粗末な木棺に納められ，その多くは2個の墓塼が入れられていた。墓塼には隷書体で刑徒の部属，無任(技能をもたず重労働に服する刑徒)あるいは五任(技能をもった刑徒)，獄名あるいは郡県名，刑名，姓名，死亡期日が刻されていた。それらの刻銘によれば刑徒は中原と長江中・下流の各州郡から徴集され，107(永初元)〜121(永寧2)年初めに洛陽で労役中に死亡したことがわかる。文献は中国科学院考古研究所洛陽工作隊「東漢洛陽城南郊的刑徒墓地」(『考古』1972-4)がある。
(高浜 侑子)

らくようさん【洛陽鏟】
中国で考古学の調査に用いられる工具。直径10cmほどの筒を半截した形の鉄製の刃にまっすぐな柄をつけたもの。これを地中に突き刺し引き上げると，地中の土が刃に詰まった状態で引き上げられる。その土を観察することによって，地中の地層の状態や遺物の有無を知ることができる。地層の条件にもよるが，熟練した者は深さ10m以上の地下の状況も人力で探査することができる。かつては盗掘者が使用していた道具であったが，1949年の中華人民共和国成立以後は，地下の遺構の概略を知ることができる簡便な道具として，広く活用されている。
(谷 豊信)

らくようじょう【洛陽城】
→漢魏洛陽城，隋唐洛陽城

らくようめいえんき【洛陽名園記】
書名。1巻。宋の李格非の撰。富弼以下全部で19人の洛陽にある庭園を記している。この書では当時，洛陽にあっては庭園という庭園にはみな牡丹を植えてその花の品種の珍奇を競い，花の盛りには，遊楽の客が雲の如く集まったことを述べているが，いわば庭園を中心に見た欧陽脩『洛陽牡丹記』の続編といえる。該書の末尾に記された李格非の跋文は『文章軌範』に載せられ，人々に伝誦されている。
(大野 修作)

らくろうぐん【楽浪郡】
前漢の武帝が朝鮮半島に置いた4郡の一つ。前108(元封3)年，武帝は衛氏朝鮮を滅ぼして楽浪・真番・臨屯・玄菟の4郡を置いた。しかし高句麗などの台頭により後退を余儀なくされ，前82(始元5)年には真番・臨屯両郡が廃止され，玄菟郡も遼寧省方面に移動して，これらの一部が楽浪郡に編入された。さらに後漢にいたって，後30(建武6)年に楽浪郡の東部の7県が廃止された。後漢末には遼東の豪族公孫氏がこの地域をも治め，204(建安9)年に楽浪郡の南半を分けて帯方郡としたが，公孫氏は238年に三国魏によって滅ぼされ，楽浪・帯方2郡も魏の支配下に入った。続く西晋末の動乱に乗じて高句麗が進出し，313年に楽浪郡は滅んだ。また同じ頃に南方の韓族などによって帯方郡も消滅した。現在のピョンヤン(平壌)市街から大同江をはさんだ対岸の土城址が楽浪郡治址とされ，これらの土城址や付近の古墳群からは，楽浪文化の特色を示す多くの遺物が出土している。
(河上 洋)

らくろうぐんちし【楽浪郡治址】
朝鮮民主主義人民共和国平壌市楽浪区域土城洞に位置する漢の楽浪郡治(郡の役所)の遺跡。楽浪土城・土城里土城とも呼ばれる。平壌市内を流れる大同江の南岸の丘陵上に位置し，東西700m，南北600mの範囲が不定形の土塁(城壁)で囲まれている。1935〜37年に3回にわたり朝鮮古蹟研究会(原田淑人・駒井和愛)が発掘調査を行い，1948年以降は朝鮮民主主義人民共和国社会科学院考古研究所が調査を実施している。城内からは「楽琅富貴」「楽浪礼官」などの文字を表した瓦当や，「楽浪大守章」などの封泥を始めとする多数の漢式遺物が出土している。土城の周囲には，2000基を越える墳墓が分布している。戦前に調査された王旴墓・王光墓・彩篋塚からは漆器が多数出土し，注目された。楽浪土城周辺の墳墓の構造や副葬品は中国大陸の漢墓と共通する部分が多いが，朝鮮半島伝統の細形銅剣が副葬されることもあるなど，地方的な特色も見られる。なお朝鮮民主主義人民共和国では，中国王朝の設置した楽浪郡は遼東方面にあり，楽浪土城やその周辺の墳墓は，朝鮮半島系の人々が建てた楽浪国の遺跡とする説が定説となっている。
(谷 豊信)

らこ【鑼鼓】
伝統演劇に用いられる打楽器の総称。伝統演劇の伴奏音楽における重要な構成部分である。どのような劇種でも必ず鑼鼓が伴奏する。伝統演劇の鑼鼓で使われる打楽器の中で，鑼(ゴング)・鈸(シンバル)の類には，種々の形状をした大鑼・小鑼・鐃鈸・斉鈸・小鈸等があり，鼓(太鼓)の類には単皮鼓・堂鼓・大鼓等がある。また，拍子をとるものに檀板・梆子・木魚等がある。
劇種の違いによって打楽器の組み合わせは同じと

は限らず，それぞれに特色がある。例えば，京劇鑼鼓は4種の楽器，大鑼・小鑼・鐃鈸・鼓板（鼓と板の合成語，太鼓の単皮鼓と3枚の木片を括った檀板の2種類の楽器を1人で演奏する。檀板は拍板ともいう）を基本とする。鼓板は指揮の役を担い，その奏者は鼓師と呼ばれる。また，必要に応じて堂鼓・小鈸を加え，ある情景や雰囲気，情緒を表現する。

伝統演劇鑼鼓のリズムパターン名は非常に多く，鑼鼓点または鑼鼓経と総称する。伝統演劇の芸人が鑼鼓を習う時は，多くは師匠の口伝によるが，まず鑼鼓経をそらんじてからでなければ演奏させてもらえない。

伝統演劇での鑼鼓は，役者の身振り・動作に合わせて演奏され，台詞の語気を強め，歌の出と終わりに序奏と後奏をし，舞台の雰囲気を盛り上げ，情緒を際だたせる。そして舞台上で行われる全てのテンポを掌握しリードする役割も果たす。ほかに，補助的に風・雨・雷鳴など自然現象を表す音響効果の役目も兼ねる。　　　　　　　　　　（孫　玄齢）

らこう【羅睺】　日・月食を起こすのは龍のような魔物の頭と尾であるというインドの神話に由来し，頭の部分ラーフ(rāhu)が音訳されて羅睺になった。『摩登伽経』によって3世紀にはじめて中国に伝えられた。尾の部分は「計都」である。「羅睺」と「計都」は天文学的には黄道と白道（月の軌道）の2つの交点である。インドでは七曜にこれら2つを架空の天体として加え，九曜を数える。これは後に中国で「九執」と呼ばれ，インドの天文学・占星術を象徴的に表すようになった。現在の日本の民間暦にも羅睺と計都は記入されている。
　　　　　　　　　　　　　　　　　（矢野　道雄）

らこうせん【羅洪先】　1504(弘治17)〜1564(嘉靖43)。明の儒学者。吉水（江西省）の人。字は達夫，号は念庵，諡は文恭。嘉靖8年(26歳)，第一位の成績（状元）で進士となる。経筵講官・賛善を歴任した。37歳の時，上奏文が皇帝の反感を買い，罷免されて帰郷する。以後官僚に戻ることはなかった。

思想形成の過程は，15歳で陽明学と出会い傾倒し，27歳以降，聶豹・王畿らと切磋を重ね，43，4歳頃に「主静説」を唱える聶豹の思想にはっきりと与し，50歳以降に定論と呼べる思想に到達するというものである。その定論とは，「主静」の工夫を唱える一方，「動」と「静」を分断しがちな自己の傾向に気づき，感(動)と寂(静)を切り離さぬよう全力で努めるものだった。だが「感中において寂し得る」（王畿の言葉）といった逆説的な言い方は，学

問の方向を誤るとして退けた。明史283　（木村　慶二）

らこしょ【鑼鼓書】　語り物の一種。鐺鑼書とも呼ばれる。上海の郊外の農村で行われていた宗教儀式である太卜を源とする。儀式の一環として演じられていたが，やがて専門の芸人が出現し，鑼鼓書と呼ばれるようになった。東郷調と西郷調に分かれ，互いに発音が異なり，節回しもやや異なる。歌詞は七字句の詩賛体（語り物で吟唱する際によく用いられる文体。多くは五言・七言の詩を用いるが，十言を用いる攢十字という形式もある）で，語りと歌どちらも重視される。表現は平易で，節回しも民謡調なので，農民に愛好されている。演じる時，テーブルの上に太鼓を置き，横に立って，右手にバチを持って太鼓を叩き，左手の親指に銅鑼のような鐺鑼を引っかけ，残りの指にバチを挟んで鐺鑼を叩いて，拍子を取る。伝統曲目には『玉蜻蛉』『珍珠塔』などの長編作品がある。
　　　　　　　　　　　　　　　　　（氷上　正）

らじゅう【羅什】　→鳩摩羅什

らじゅうげん【羅従彦】　1072(熙寧5)〜1135(紹興5)。北宋末から南宋初の儒学者。南剣州（福建省）の人。字は仲素。追諡は文質。豫章先生と称される。将楽（福建省）に家居講学中の楊時が，二程氏の学を紹述すると聞き40歳にして従学。1000余の門人中，独りその伝を得たとされ，朱子の父朱松及び師李侗がともにその門に学んだことで，宋学の道統に重要な地位を占める。学風は静坐による未発の中の体認を主とし，自己と天地万物の理の一体化により人倫の本質の追求に専心する静の思想的深化を特色とする。官は博羅県主簿。著書に『遵尭録』，文集に『羅豫章集』がある。宋史428
　　　　　　　　　　　　　　　　　（近藤　正則）

らじょほう【羅汝芳】　1515(正徳10)〜88(万暦16)。明末の陽明学者。南城（江西省）の人。字は惟徳，号は近渓。1553(嘉靖32)年の進士。現在に完全に充足する本心を強調する。本心の中核となる原初的で純粋な「赤子の心」の具現を孝弟慈（父子・兄弟間の家族倫理）とする。孝弟慈は太祖の庶民教化の教訓（六諭）と結合して地域規約（郷約）に展開し，国・天下の為政倫理へと拡張する。階層分化以前の倫理感情に立脚し庶民層の覚醒を促した。明史283　　　　　　　　　　（荒木　龍太郎）

らしりん【羅士琳】　1789(乾隆54)〜1853(咸豊3)。清の暦算学者。甘泉（江蘇省）の人。字は次璆，号は茗香。最初は経学を修め西法（借根方）を研究したが，30歳ごろ轍を改め，以後古学を復興

し中法を明らかにすることをもって自らの宗旨とした。著書は多い。なかでも重要なのが『四元玉鑑細草』24巻(1834年)と『続疇人伝』6巻(1837年)である。前者は10余年の歳月を費やして完成された四元術に関する優れた研究書であり、後者は暦算学者の伝記集『疇人伝』の続編である。清史稿507

（川原 秀城）

らしんぎょく【羅振玉】 1866(同治5)～1940(民国29)。清末から民国期の金石学者・教育者。上虞(浙江省)の人。字は式如・叔蘊・叔言、号は雪堂・松翁・貞松老人など。江蘇省淮安に生まれる。農書の翻訳・出版および農学の研究に従事する傍ら、東文学社を創設し翻訳人材の育成に努めた。武昌(湖北省)・広東・蘇州の各地で教育に携わったのち北京に招かれ京師大学堂農科監督となる。1911(宣統3)年、辛亥革命が起こると日本に亡命し京都に住み多くの著作活動を行った。帰国後は天津に居を構え、1924年には愛新覚羅溥儀に召され南書房行走となる。1932年の満洲国成立以降は参議府参議・監察院院長など要職を歴任した。主著に『殷商貞卜文字考』(1910年)、『殷虚書契考釈』(1914年)、『鳴沙石室佚書』(1928年)、『貞松堂集古遺文』(1931年)、『三代吉金文存』(1936年)など。甲骨が安陽県小屯村から出土することを突き止め、それが文献中に見える殷墟であることを指摘、簡牘や古器物の研究も行うなど先駆的な考古学研究者でもあった。

（角道 亮介）

らしんばん【羅針盤】 磁化させた指南針と、古くから占いに用いられた栻(式)盤・栻古盤・天地盤とも呼ばれる刻度盤とを一体化させたもので、遅くとも12世紀の後半には存在していたとされる。羅盤とも。また、南北(経)を正すという意味から羅経ともいわれる。中国では、唐・宋期には既に鉄針を磁化させ指南針を作る方法が知られていた。羅針盤は、元・明・清期を経て徐々に現在の形態となり、指南針を置く中心(天池)の周りに、八卦・星宿・十二向・二十四向等が刻まれている。二十四向には、正針・縫針・中針という「三針」の区別があり、正針が地理的な子午向つまり南北を示し、縫針と中針がそれぞれ唐の楊筠松と北宋の頼文俊が付け加えた磁極子午向を示す。ただ中針を地理的子午向と解する説もある。指南針の航海への応用は、12世紀初の南宋の朱彧の『萍州可談』に最初に見られるが、宋・明期の航海用羅針盤は、ほとんどが水針盤であった。中国で航海に旱針盤が用いられるようになったのは、明末以降のことである。

（安 大玉）

らせい【羅清】 1442(正統7)～1527(嘉靖6)。明代の羅教(無為教)の創始者。即墨県(山東省)の人。別名は羅夢鴻。密雲(北京市)衛の運糧軍士。幼くして父母を失い、早くより生死輪廻する苦しみを感じ、13年間にわたる宗教的修行を行う。はじめの8年間は念仏修行をするが悟れず、その後種々の修行をする。最後に宇宙の本体が自己の本性にほかならないことを悟り、羅教を創始。経典5部6冊を著す。羅教は明清時代の民間宗教の一大淵源となった。

（浅井 紀）

らそう【蘿窓】 生没年不詳。南宋時代末期の画僧。元末、14世紀に成立した夏文彦の『図絵宝鑑』によれば、杭州西湖の六通寺(現在廃寺)にいて、画意は同じ時期に六通寺に住していた牧谿にひとしいと記されている。おそらく牧谿の弟子か、同僚であろう。唯一の遺作は『竹鶏図』(東京国立博物館蔵)。彼の名は、室町時代に編集された『君台観左右帳記』に記されているから、古く舶載された作品であろう。

（海老根 聰郎）

らちせん【羅稚川】 生没年不詳。元時代の画家。臨川(江西省)の人。その生涯は不明な点が多いが、掲傒斯、趙文(1239～1315)などの別集中にその名が散見されることから、元代初期に活躍した画家と想定される。なお『君台観左右帳記』にもその名がみえ、室町時代から日本に請来されていたことが知られる。その画風は李郭派風を示し、より小景画的構図を取り入れた『雪江図』(東京国立博物館蔵)や、『寒林群鴉図』(メトロポリタン美術館蔵)がある。

（塚本 麿充）

らでん【螺鈿】 木漆器の装飾技法の一つ。甸嵌などとも呼び、日本では貝摺・青貝とも呼ばれる。貝殻を薄片とし、文様形に切り抜いて、木地もしくは漆地の面に貼り付けたり、嵌め込んだりする技法。後者には、漆を塗り込めたのち研ぎ出して貝を露出させる方法と、螺鈿上の漆膜を小刀で剥ぎ取る方法とがある。木地螺鈿の場合、木地を文様形に貝の厚さ分だけ彫り込み、そこへ貝片を嵌め込む高度な技術を要する。

漆器を貝殻で飾る遺物は、北京市琉璃河燕国墓地出土の漆罍など、西周の遺跡から複数発掘されており、前漢にも若干の例はあるが、螺鈿が本格化するのは唐代になってからで、繊細な毛彫りを施す夜光貝の比較的大きな厚貝片を用い、金銀平脱や、水晶・玳瑁・象牙等と併用する技法が盛行した。奈良の正倉院の螺鈿紫檀五絃琵琶などの現存作例が示すように、その大半は紫檀等に貝片を直接嵌入したもので、唐代螺鈿の主流は西方の影響色濃い木地螺鈿

にあったようだ。鏡背に漆やアスファルト系の地塗を施し，微塵貝やラピスラズリ，瑪瑙などの砕粉を蒔いた中に，貝や玉を嵌めるものも流行した。正倉院の平螺鈿背円鏡など8面の螺鈿鏡，中国河南省洛陽市16工区76号唐墓出土の高士奏楽図平螺鈿背鏡，河南省陝県後川唐墓出土の雲龍文螺鈿漆背銅鏡(中国国家博物館蔵)のほか，韓国でも同種の鏡の出土がある。江蘇省蘇州市の瑞光寺塔出土螺鈿花鳥文経箱(蘇州博物館蔵)や，951(広順元)年の年紀のある浙江省湖州市塔下街飛英塔の仏像花文螺鈿経箱など五代にも行われたが，宋代の遺品は知られていない。

　元・明代には，アワビ貝等の薄貝を用い，金銀の薄片と併用して山水・花鳥・人物の文様を精細に表す新たな装飾技法が発達し，その典型例は北京市後英房元代貴族居住遺跡出土の広寒宮図黒漆盤残片(北京，首都博物館蔵)に見出せる。江西省吉安府廬陵県(吉水県)は螺鈿の主要産地として知られ，明末に活躍した揚州出身の名工江千里は繊細な作風で評価が高い。　　　　　　　　　　　(日高　薫)

ラテンかしんもじ【ラテン化新文字】

1920年代末に考案された，ラテン文字による漢字の表記方案。ソ連で実施されていた諸民族に対するラテン文字化政策の影響を受けて制定された。瞿秋白・呉玉章等が中心となり，1931年，ウラジオストクで「中国文字ラテン化第1次代表大会」が開かれ，新文字の方案・書き方・原則などが正式に決められた。特徴としては声調を記さないこと，北方口語を基準とした「北拉」が最も広く普及したものの，基本的には各方言の表記も目指したこと等が挙げられる。国語ローマ字に比べ簡便で，大衆に深く浸透した。　　　　　　　　　　　(三木　夏華)

らふざん【羅浮山】

広東省増城市東北にある山。別名東樵山。主峰飛雲頂は海抜1296m。道教でいう十大洞天の第七洞天「朱明輝真之洞天」に当たる。その山中には周囲1000里にも及ぶ大洞窟があり，外界同様の世界が広がり仙人が住むと考えられて，山岳信仰の対象とされてきた。神仙術を集大成した『抱朴子』の著者葛洪も，晩年は羅浮山に隠棲して著述と煉丹に専念している。博羅県側の山麓には沖虚観その他の道観が点在する。

(麥谷　邦夫)

らへい【羅聘】

1733(雍正11)〜99(嘉慶4)。清の画家。揚州(江蘇省)の人。字は遯夫。号は両峰・花之寺僧など。金農晩年の詩と画の高弟。揚州八怪中の最年少で，揚州派の最後を飾る。勉学につとめ，若くして揚州の文人サークルに加わり，その後も北京などで当代一流の文人・高官と交わる。人物・山水・墨蘭・墨梅・墨竹・花卉と幅広い画題を，大胆に或いは細心な筆墨と色彩，構図感覚で制作した。特に人物画を得意とした。白昼に見ることができたという奇怪な亡霊たちを描く鬼趣図は，腐敗した官僚や不公正な社会に批判的な文化人に支持された。肖像画では，陳洪綬まで含めた古画の伝統を活かして，画風の異なるすぐれた作品を残す。妻の方婉儀も詩書画に秀で，画家となった二子一女とともに羅聘風の墨梅を描き「羅家梅派」と呼ばれた。代表作は『姜白石詩意図冊』(ワシントン，フリア美術館蔵)，『鬼趣図巻』(香港，個人蔵)，『浄名居士像』(三重，澄懐堂美術館蔵)，『寒山拾得図』(カンザスシティ，ネルソン・アトキンス美術館蔵)，『酔鍾馗図』(北京，故宮博物院蔵)など。著に『香葉草堂詩集』がある。清史稿504　(小林　宏光)

ラマきょう【ラマ教】

→チベット仏教

らん【乱】

「乱」は，「理」すなわち「理める」意。『論語』泰伯篇に見える「関雎の乱」が，「関雎」の楽曲の終章を意味するように，辞賦などの納めの句をいう。和歌の長歌における反歌の役割に相当する。『楚辞』の『離騒』が，その結びに「乱に曰く」として，『離騒』の内容を短い韻文にまとめて述べるのが早い例で，のち漢以降の辞賦でも同様の手法が用いられる。洪興祖『楚辞補注』では，「其の大要を撮りて以て乱辞と為すなり」という。

(興膳　宏)

らん【襴】

衫や袍の裾に綴った横長の布。北朝の北周から始まり，唐代に使用が定まる。古文献によれば，564(保定4)年に「宇文護，初めて袍をして下襴を加えせしむ」(『隋書』礼儀志6)とあり，唐太宗の時(626〜649)には，大尉長孙无忌が「袍を服する者は，下に襴を加う。緋・紫・緑は，皆その品になぞらう，庶人は白を以てす」(『新唐書』車服志)と立案した。さらに明代になると，皇帝は重臣への賞賜として，膝下に文様のある襴を巡らせた襴袍を贈った。　　　　　　　　　　　(田中　陽子)

らんえい【藍瑛】

1585(万暦13)〜1664(康熙3)以降。明末清初の画家。銭塘(浙江省)の人。字は田叔，号は蜨叟・研明・東皐・石頭陀など。浙派の最後を飾る画家として知られ，日本では浙派の殿将と称される。

　師承関係は不明だが，幼い頃より画を善くし，のちに北京の内府所蔵の古画を見たとも伝えられる。明の文人董其昌らにより提唱された南北二宗論に従えば，浙派と呉派の画法，つまり職業画家的な画法

と文人画的な画法を融合した，折衷的ではあるが，整った画面構成と筆法による山水画を得意とした。また，武林派の祖とも称される。文人画家たちとの交流も知られ，明末の画家陳洪綬も藍瑛に師事したと伝えられる。子の孟，孫の深も画をよくした。藍瑛の作と伝えられる作品は多数現存するが，代表作に『天目喬松図』(個人蔵)がある。『図絵宝鑑続纂』(『画史叢書』所収)の纂集にも加わった。

(伊藤 晴子)

らんかか【蘭花花】 陝北地域(陝西省西安の北方の高原地帯)に伝わる漢民族の伝統民謡。封建時代の売買婚姻に屈服せず，幸福と自由を追求した聡明な美女蘭花花をうたったもの。前後二つの楽句からなる優美な旋律は，$\frac{2}{4}$拍子による有節形式にそって展開される。歌詞は，伝承過程において口語化された。また，ピアノ独奏用や歌舞劇用に編曲された例もある。

(仲 万美子)

らんかさん【爛柯山】 →朱買臣休妻

らんたい【籃胎】 漆器の成型法。表皮を取り除いて適当な幅に割った竹や，蔓類を編んで器を作り，漆を塗ったもの。編竹胎ともいう。春秋時代にすでに出土例がみられるが，戦国時代から漢代にかけての漆器には竹を素材としたものが多く，北朝鮮平壌市の楽浪漢墓(彩篋塚)出土の人物画像漆彩篋(平壌特別市，朝鮮歴史博物館蔵)は，竹編の長方形の箱の蓋や側面に，漆画で孝子伝を表して有名である。明・清代にかけては，編目の美しさを生かした盒や提籃が流行した。

(日高 薫)

らんだい【欒大】 ？〜前112(元鼎5)。前漢の方士。『史記』28・封禅書によれば，李少君と同門の方士で，彼の死後，武帝と接触し，不老不死の仙薬を得るためには，神仙の住まう地に遣わす使者が皇帝の親族や客でなければならず，信任の印を帯びねばならぬ，と説いた。結果，武帝から五利将軍などを拝命し，さらには天道将軍に任ぜられて神仙との交渉にあたった。しかし，天神招来に失敗するなど失態が続き，武帝に誅殺された。(亀田 勝見)

らんだん【乱弾】 乱弾という語には3つの異なる用法がある。一つ目は，崑山腔以外の声腔(高腔・秦腔・二簧調など)の総称として用いる。厳格に規範化された崑曲からみた賤称である。二つ目は，梆子腔・皮簧腔の呼称として用いる。今でも川劇の梆子腔は弾戯と言い，湘劇の皮簧腔は弾腔と言う。三つ目は，浙江・江西に流布する，主に二凡と三五七の2種類のメロディーをうたう乱弾声腔系統を指して言う。二凡は，西秦腔二犯に由来し拍子木でリズムを刻む板腔体の梆子腔の影響が明らかである。三五七は，うたの字数が3字・5字・7字となることが多いことから名付けられ，吹腔に属する。紹劇の二凡と三五七，婺劇乱弾の二凡と三五七などがこの声腔系統に属する。梆子腔と吹腔は，多くの劇種において共存しており，本来同じメロディーを異なる伴奏楽器(弦楽器と吹奏楽器)でうたっていたものだとする説がある。

(松浦 恆雄)

らんていじょ【蘭亭序】 東晋の王羲之書と伝えられるもの。353(永和9)年3月3日，蘭亭に41人の名士を招き，「流觴曲水」の雅宴を催し，興楽した時の詩集に，王羲之が蚕繭紙と鼠鬚筆を用いて序文を書いた。その草稿が原跡と伝えられている。「蘭亭序」には定まった呼称はなく，晋人は「臨河序」といい，唐人は「蘭亭記」といい，あるいは「修禊序」「曲水序」「禊帖」などとよばれる。文献に最初に現れるのは，唐の何延之『蘭亭記』と劉餗の『隋唐嘉話』である。何延之の言を要約すれば「王羲之が書いた蘭亭序は，七世の孫である智永に伝わり，その死後，弟子の弁才の手に帰した。太宗は，監察御史蕭翼を遣わし，弁才より詐取した。それをもとに，揚書人の趙模・韓道政・馮承素・諸葛貞らに命じて搨模本をつくり，それらを皇太子・諸王・近臣に賜った。629(貞観3)年，太宗はその子高宗に，この『蘭亭序』を昭陵に殉葬するように命じた」と記している。しかし劉餗の述べるところや，他の唐代の記事とも内容において齟齬があり，何延之の説すべてを信用するわけにはいかない。降って南宋には「蘭亭八百本」の語があるように無数の「蘭亭序」が続出した。要するに，北宋から陸続と生まれた「蘭亭序」は，みな唐代のわずかな記録の断片と，何らかの係わりがあるという姿を装って現れたもので，伝来や系譜に信頼のおけるものは一つも存在しない。ところで現存の墨跡本はみな模本で，次の6種がある。①蘭亭八柱第一本(張金界奴本，北京，故宮博物院蔵)，②蘭亭八柱第二本(褚遂良模本，北京，故宮博物院蔵)，③蘭亭八柱第三本(神龍半印本，馮承素搨模本)，④絹本蘭亭序(褚遂良模本)，⑤黄絹本蘭亭序(褚遂良臨模本)，⑥陳鑑模蘭亭序がある。なお八柱本とは清の乾隆帝が『蘭亭序』とそのゆかりの墨跡計8種を，かつて円明園に8柱の石柱を建て，それぞれに刻したことによる呼称である。とりわけ八柱第一本・八柱第三本に評価が集中している。刻本では定武系・褚模系・別系に大別される。(1)定武系：欧陽詢の臨書したものと伝えられ，伝本中もっとも著名なものである。多くの翻刻本がある。①落水本(南宋の趙孟堅旧蔵本，五字未損本。五字未損本とは，原石拓のう

ち、「瑞・帯・右・流・天」が欠損していない帖をよぶ)、②呉炳本(元の呉炳旧蔵本、高島コレクション蔵・東京国立博物館蔵)、③独孤僧本(元の趙孟頫が独孤長老から贈られたもの。東京国立博物館蔵)、④柯丹丘本(元の柯九思旧蔵本)などが著名である。ほか定武系では開皇本・国学本・東陽本・玉泉などが知られる。(2)褚模系：褚遂良が臨模したと伝えられるもの。①神龍半印本、②薛紹彭本、③張金界奴本、④米跋本(米芾の跋がある。2種伝存する)、⑤穎上本などが知られる。(3)別系としては、賜潘貴妃本・薛稷本・河朔起草本・集王書本などがある。なお1965年には郭沫若が『蘭亭序』は筆跡・文章ともに偽作とする論文を発表したが、最近では日本・中国ともにかれの説は否定される傾向にある。しかしなお多くの問題をかかえていることは事実である。　　　　　　　　　　　　　(大橋 修一)

らんでんげんじん【藍田原人】　陝西省西安市から東へ約65kmの藍田県で発見された中国最古の原人化石である。中国科学院古脊椎動物古人類研究所はまず1963年に藍田県陳家窩で、13個の歯を残す保存の良好な下顎骨化石1点を発見した。下顎骨の形態的特徴は北京原人に類似している。1964年には同県公王嶺でも頭骨化石1点を発見した。その額骨は完全で、頭頂骨や鼻骨の大部分と白歯の一部をとどめる上顎骨が残されている。頭蓋骨の形態的特徴は額が後方へ低く傾斜しすぐ頭頂部となる、眼窩上が分厚く隆起する、骨壁が厚い、脳容量が780ccであるなどの点で、北京原人より原始的である。人類化石とともに出土したほ乳動物化石から、下顎骨が発見された地層は中期更新世、頭骨が発見された地層は前期更新世後期、古地磁気年代測定と黄土の地質編年の対比から前者は約65万年前、後者は約115万年前と推定する説が有力である。石器は石英岩・石英脈岩製で、公王嶺では26点、付近の関連する地層からはハンドアックス1点、陳家窩では10点が発見されている。文献に呉汝康「陝西省藍田発現的猿人頭骨化石」(『古脊椎動物与古人類』1966-1)がある。　　　　　　　(佐川 正敏)

らんぴろく【攬轡録】　石湖三録として括られる南宋の范成大の紀行3篇の第1作。攬轡は馬のたづなを執ること、すなわち騎馬の旅の意。1170(乾道6)年、范成大は金国祈請国信使に充てられて、金の中都(北京市)に赴く。8月、金との国境である淮河を渡って中都に至る往路と中都滞在中の見聞と自らの動静を伝える。　　　　　(山本 和義)

らんぽん【藍本】　典籍を書写したり刊刻する時に、そのよりどころとなるテキストのこと。底本・原本・親本などともいう。元来は絵画の下書きのことをいう。　　　　　　　　　　　(梶浦 晋)

らんもん【籃文】　籠目状の文様を指す。中国および台湾では「籃紋」と表記する。焼き物を成形する際、表面に平行線を刻んだ板で胎土の表面を叩きしめることによって生じる。日本考古学で「平行叩き目」と呼ばれる文様に相当する(『中国新石器文化研究』)。

　籃文が施された土器は紀元前5000年紀には出現し、漢代にかけて中国の各地で幅広く見られた。特に、龍山文化前期の黄河中流域の遺跡から発見される土器には籃文が多く見られる。　　(黄川田 修)

らんりょうおうにゅうじんきょく【蘭陵王入陣曲】　北朝北斉より起こった物語歌舞の名称。『代面』、また『大面』とも称する。北斉の蘭陵王、高長恭の戦闘故事に基づく。『北斉書』蘭陵武王孝瓘伝に「長恭は中軍となり、500騎を率いて再び周軍に入る。遂に金墉城の下に至り、囲まれて危険な状態になった。(中略)是により大いに戦勝をおさめた。武士共に之を歌う。『蘭陵王入陣曲』がこれである」とある。『旧唐書』音楽志2に「歌舞戯に『大面』がある。(中略)北斉から始まった。北斉の蘭陵王長恭は勇武であるが顔が美しかった。そこで(敵を威圧するため)常に仮面を着け、それで敵に対していた。かつて周を金墉城下に撃ち、勇は三軍で一番であった。斉の人は之を壮とし、此の舞をつくってその指揮や闘いの様子を効ね、これを『蘭陵王入陣曲』といった」とある。唐の段安節は「戯(出し物)に『代面』あり。北斉の神武皇帝の弟より始まる。(中略)戯者は紫を着、金を腰につけ、鞭を執る」(『楽府雑録』鼓楽部)と記す。日本の雅楽の『蘭陵王』はこの遺風という。　　　　　　(日下 翠)

り

り【吏】 →官・吏，胥吏

り【利】 →義・利

り【里】 地方末端の村落・行政組織。先秦時代からその名がみえるが，はっきりと確認できるのは前漢代，10里1亭，10亭1郷(きょう)の郷亭里制になってからである。1里は100戸程度の独立した村落ないし郷内の1区画を指し，周囲を土壁で囲まれ，住民が日常生活を行う共通の空間として，里正(里老)や里魁(りかい)がこれを統率した。

後漢末以降の動乱期，住民の多くは里を離れ，山間などにできた塢(武装自衛集落)や村(う)(邨)に身を寄せ，里制が崩れる。のち北朝北魏の三長制で戸数に基づく村落把握が進み，隋の589(開皇9)年の郷里制の実施により，1里100戸の里が郷(1郷5里)の下に復活した。唐も郷里制が行われ，里(責任者は里正)が村(僻地。村正)や坊(都市。坊正)とならぶ末端組織として機能した。宋以後も里は，末端の徴税課役と村落の単位として残り，明から清初にかけて110戸からなる里甲制に接続する。ここでは里長が賦役黄冊の作成や税役徴収の任を，里老人が精神的紐帯役をはたした。　　　　　　　（氣賀澤 保規）

り【理】 理は，玉に見られる筋目が原義という。後に，自然・社会の法則・道理・規範・根拠などの意味で用いられた。戦国期の文献においては，総体としての道に対して，個別の条理性を示す概念として用いられる。魏晋以降，王弼(おうひつ)や郭象らの玄学の中で，人間を含む事物の，自ずからなる正しきありようとして，重い意味を帯びる。その後，思想界の主流となった仏教の中で，竺道生(じくどうしょう)ら以降，空・真如などの仏教的真理が理と呼称されることが始まり，理と事の対概念が確立されて，中国仏教思想の骨格をなす概念となった。唐代の華厳学派が，理と事の運用によって，事象の一多無礙を論証したことは，中国仏教の思惟の代表的事例として知られる。真如は衆生の仏性ともされたので，理は本性として人間に内在するものとなり，同時に，理を正しく認識する智のはたらきを支えるものとされた。

宋代以降，理は，科挙制度とともに思想界主流に復帰した儒教において，正しさを意味する概念として価値を高める。これは，仏教から奪取したというよりも，当時の社会で，法則・道理・規範をさすものとして用いられていたものを応用したとされる。しかし，この時期以降の儒教の理をめぐる思惟は，仏教の理事や理智の思惟と極めて相似しているので，一定の継承関係を設定しうる。

宋代以降の儒教において重要なのは，天の本質が理とされ，また人(や物)の性が理とされたことである。天即理，性即理の二つの即によって，理を媒介に，人と天が結び付けられたのである。そこで，人は努力によって，本性として具備した理＝天を自らにおいて具現し，聖人となるべきだとされた。ここにおいて理は天理と呼称され(この呼称そのものは『荘子』にもとづく)，「存天理去人欲」が実践のスローガンとされた。この思惟は北宋の程頤(ていい)が中心に構成し，南宋の朱子によって受け継がれた。朱子はこの理を気と対概念として用い，無秩序に動こうとする気に対し，秩序として自らをあらわす理という微妙な関係において両者をとらえ，人間における性善と現実の不善の現出との関係も，本性の理の発現を身心を構成する気質が攪乱するとした。理の如実な発現を確保するには，自己の本性と本質的に通底する事物の理を窮め，自己の性＝理に支えられた知のはたらきを活性化させてゆくべきだとした。

明代中期の王陽明は，朱子の実践論では，理の如実な発現に到達できぬとみて，自己の心中に，性＝理に支えられて正しく理を認識する良知が常に発現していることに気づき，それを歪めることなく実行することが聖人になるための唯一の方途だと説いた。この立場は，心即理といわれる。

清代になると，性として理が本来備わるとする思惟に対して異論が唱えられた。清代中期の戴震は，性即理を否定した上で，理とは自然・社会に備わる筋目であり，人間は萌芽的な性の発現を根拠に，後天的学習によって認識力を高めてゆき，完璧な明証性をめざすとした。

理の語は，現在でも道理の意味で用いられるが，清末以降はそれ以前のような重い意味で用いられることは無くなった。　　　　　　　　（馬淵 昌也）

り【犂】 畜力ないし人力を用いて牽引する耕

起具。漢代に牛耕のあったことは*画像石の図像から明らかであり，遺物として鉄製犂先(犂鏵_{りか})も出土する。同類遺物は戦国時代にすでに存在しており，牛耕もその時期まで遡ると考えられる。さらに時代を遡ると長江下流域の崧沢_{すうたく}・良渚・馬橋文化期に見られる石犂がある。平面形が概略三角形を呈する板状の石器で，浙江省平湖市荘橋墳遺跡では木製犂身に装着された状態で出土している。　　　(中村　慎一)

り【履】

はきもの。くつ。『釈名』釈衣服に「履は礼であり，足を飾り，礼をなすためのものである」という。『方言』四に「扉_ひ，屨_く，麤_そは履の一種である」という。ここでは履ははきものの総称として使われている。さらに『方言』には，「絹で作ったものを履といい，麻で作ったものは不借という」とある。また『釈名』には「斉人は草で作った履を扉という。扉とは皮であり，皮でこれを作る。或いは不借という。安価で手に入れやすく，各自で持つことができ，人に借りるにおよばないからである」とある。ここでは麻や草などで作った粗末なくつが不借といわれている。『説文解字』に「緉とは枲で作った履である」といい，『急就篇』では「貧乏人のはきもののひとつ」とされている。

漢代にはつま先がふたつに分かれた「岐頭履」があり，これは西晋・六朝の高歯屐_{げき}の前身といわれる。南北朝時代の画像磚には前部が高く立ち上がった「笏頭履」がみられる。これは晋代の高歯屐から発展したもので，唐代になるとつま先に立ち上がった部分を持つくつは「高牆履」と呼ばれるようになる。つま先にさらに重畳する山状を加えたものは「重台履」と呼ばれた。『新唐書』車服志に「武徳年間(618-626)，女性は履および線靴をはいた」とあり，また，「女性は青碧纈を着て，平頭小花草履，彩帛縵成履をはく」とある。この他にも高頭草履や金薄高台履など種々の名称がみられるが，多くは装飾の材料と様式によるものである。　　　(相川　佳予子)

りあでん【李娃伝】

唐の伝奇小説。『汧国夫人伝』_{けんこくふじんでん}ともいう。白行簡著。行簡は白居易の弟。本文末に795(貞元11)年に記すとあるが，成立時期を疑う説や著者仮託説などがある。天宝年間(742-756)，地方長官を務める滎陽公の御曹司と，貴族や富豪を相手にしている長安の妓女李娃の恋愛を描く。官吏登用試験受験のために上京した男が女に出会って恋に落ち，女の裏切り，男の没落，父子の断絶の後，男女が再会し，女が男を支えて官吏登用試験に合格させ，父子が和解し，父が男女を結婚させる。その後，男は出世し，女も汧国夫人に封じられる。『李娃伝』は才子と美女が紆余曲折の末，結婚し，大団円を迎えるという才子佳人小説の祖であり，その後の小説・戯曲に大きな影響を与えた。『李娃伝』自体も元・明の戯曲や小説に受けつがれたほか，日本でも室町時代に『李娃物語』として読まれ，江戸時代の『久夢日記』においても翻案が行われた。『太平広記』484等が*異聞集所収のものを収める。　　　(成田　靜香)

りあんちゅう【李安忠】

生没年不詳。南宋中期の画院画家。杭州(浙江省)の人。花鳥・走獣画を得意とし，とくに猛禽が小動物を捕らえる姿を描くことに巧みであったという。日本では室町時代以降，花鳥画の名手として好まれ，『御物御画目録』_{ごもつおんえ}は李安忠の絵を3件記録する。日本における著名な伝称作品として東京の根津美術館所蔵の『鶉図』と個人蔵の『鶉図』が現存し，いずれも足利義教の鑑蔵印とされる「雑華室印」が捺されることから，対幅あるいは3幅対の脇幅として足利将軍家で用いられたものと推測される。　　　(荏開津　通彦)

りいく【李煜】

937(天福2)〜978(太平興国3)。五代十国のうちの南唐の第3代君主。はじめの名は従嘉，即位して煜と改めた。字は重光_{ちょうこう}。南唐最後の君主であるところから南唐後主あるいは李後主とも呼ばれる。南唐建国の年に生まれ，961(建隆2)年，父の中主李璟_{えい}の後を継いで即位した。一方，北方の中原の地では，前年，のちに中国を再統一する宋の太祖が即位していた。南唐の国威は中主のころからすでに振るわず，李煜も政治的能力を欠いていたが，江南の地の富力と天然の要害の長江に守られて，その後10年余り命脈を保つ。しかし，975年，ついに宋に滅ぼされ，李煜は宋の都汴京(開封)に送られて幽閉の身となり，失意のうちに世を去った。一説に宋の*太宗に毒薬を飲まされて死んだという。

李煜は亡国の君主となったが，文学や芸術の面では極めてすぐれた才能を有していた。文学の才は，伝統的な詩や散文よりも，当時隆盛に向かい始めていた詞において最もよく発揮された。父の李璟も詞の名手であり，あわせて「南唐二主」と称される。李煜の作品は『南唐二主詞』所収のものを中心に，30首余りを今日に伝える。南唐滅亡以前の作は，「晩粧初めて了_{おわ}りて　肌雪明らかに」ではじまる「玉楼春」を代表として，艶やかで輝くばかりの措辞を駆使して南唐の宮廷の雰囲気を彷彿とさせ，「簾外_{れんがい}に雨は潺潺_{せんせん}たり」ではじまる「浪淘沙令」などの汴京幽閉後の作と見られる詞は，亡国の悲哀と故国への思いをこめて，古来絶唱とされる。芸術面については，書と絵画の作者として一流であったし，みずから作曲もしたと伝えられている。書の収集家とし

ても名高く，晋の鍾繇と王羲之の書を多数所蔵していた。また，李煜の作らせた筆・墨・硯・紙などは逸品として珍重され，その書斎名を冠した澄心堂紙や名工李廷珪に作らせた墨はとりわけ有名で，宋人がしばしば言及している。旧五代史134, 新五代史62, 宋史478 　　　　　　　　　　（中原 健二）

りいつぶんしゅ【理一分殊】　「理は一，分は殊」と読む，北宋の程頤の言葉。程頤らによって始められた儒教の一学派である道学を集大成した南宋の朱子は，この命題を用いて，「理」の一貫性（理一）と個別性（分殊）を理論づけた。即ち，「理」とは万事万物がそれぞれそれであり他の何ものでもないこと，或いはそうあらねばならずそれ以外にどのようであってもならないことの根拠であり，それは無限に多様な万事万物それぞれにとっては極めて個別的なものであるが，一方いかなる事物であっても「理」を有さないものはないという点において「理」は万事万物を例外なく貫く「一」なるものである。朱子はこの「理一分殊」説によって，宇宙・自然から人倫・道徳や人間の心の問題に至るまでのあらゆる事象を，それぞれの多様性・特殊性を生かしつつ，一貫した論理で説明しようとした。
　　　　　　　　　　（垣内 景子）

りうりん【李于鱗】　→李攀龍

りえい【李鋭】　1768（乾隆33）〜1817（嘉慶22）。清の数学者・経学者。江蘇元和（江蘇省）の人。別名，向。字は尚之，四香と号す。銭大昕の門に入り，経学と数学を学ぶ。乾隆・嘉慶（1736-1820）の際，阮元の幕府において『疇人伝』の編纂や，『十三経注疏』の校勘（周易・穀梁伝・孟子）に従事する。1805（嘉慶10）年，揚州知府張敦仁の幕賓となる。焦循・汪萊と頻繁に往来したのはこの頃のことである。著書には『周易虞氏略例』『弧矢算術』『開方説』などがある。清史稿507　　　（川原 秀城）

りえい【李璟】　916（貞明2）〜961（建隆2）。五代十国のうちの南唐の第2代君主。はじめの名は景通，のちに璟と改めた。字は伯玉。南唐中主とも呼ばれる。君主としての能力には欠け，その在位中に後周に長江以北の地を奪われている。しかし，詞の作者としてはすぐれ，その子の後主李煜，宰相の馮延巳とともに南唐の詞壇の中心であった。その詞は李煜の詞とともに『南唐二主詞』1巻に収められるが，他書に見えるものを含めても数首を伝えるのみである。旧五代史134, 新五代史62, 宋史478
　　　　　　　　　　（中原 健二）

りえき【李益】　748（天宝7）?〜829（大和3）?　中唐の詩人。鄭州（河南省）の人。字は君虞。769（大暦4）年，進士に及第，鄭県（河南省）の尉となったが久しく昇進できなかった。北方に赴き，5次に及ぶ長期間の従軍生活を送った。晩年は，その詩名によって憲宗（在位805〜820）に抜擢され，827（大和元）年，礼部尚書をもって引退するまで，朝廷の要職を歴任した。七言絶句の辺塞詩に新境地をきり開き，また同族の李賀とともに楽府に長じ，新作は宮中の楽人にもてはやされた。旧唐書137, 新唐書203
　　　　　　　　　　（亀山 朗）

りえん【李淵】　→高祖（唐）

りえん【梨園】　唐の玄宗（在位712〜756）の時，宮廷内苑の梨園に設けられた歌舞楽人養成所。玄宗の愛好した法曲を主に教習した。帝の自作の曲を演奏することが重要な任務であった。楽人は座舞伎より男子の楽人300人，宮女数百人，当時の精粋を集め，時に帝自らの指導を受けたので，これを梨園弟子と呼ぶ。玄宗は政務の暇に管弦合奏の指揮をとったが，楽器の音が一斉に鳴る時，一音の誤りも聴き分けて正したという。安史の乱後，梨園も衰亡し，梨園弟子の多くは民間に離散した。中唐の詩人白居易にその末路を詠んだ同名の『梨園弟子』という詩がある。

　なお，盛唐の梨園は宮廷外にもあり，長安の太常寺下の梨園別教院，洛陽の太常寺下の梨園新院など，ともに1000人以上の楽人を養成した。

　後世，劇壇とくに京劇界を梨園と呼ぶ。
　　　　　　　　　　（古新居 百合子）

りえんぎ【梨園戯】　伝統演劇の一種。福建省晋江・泉州を中心に漳州・厦門・台湾など閩南方言の地域で親しまれる。梨園戯は「下南」「上路」「七子班」（別名，戯仔）の3派で構成される。晋江・泉州地域は西晋時代より断続的に中原地帯から大量の移民があり，人々とともに中原文化も流入，唐末五代には中原地帯から入った音楽「南音」（別名，南管・南曲）を泉州語で歌い，踊る歌舞が盛行，これが発展して北宋時代には「百戯」となった。南宋時代には上演の度に演者を揃え，仮設舞台で恋愛物を演じるようになり，「優戯」と呼ばれた。13世紀後半，温州雑劇が入る。「優戯」が温州雑劇を吸収したものが「下南」，温州雑劇が当地化したものが「上路」とされる。勢力範囲は「下南」が厦門・同安一帯の農村地域を主とし，「上路」は泉州・恵安などの町を主とする。「下南」は男の芝居が多く，「上路」は宋元南戯の演目を大量にもち，恋愛物・家庭劇が多い。

南宋の建炎年間(1127-30)，宋室南渡により泉州に「南外宗正司」が設置され皇族・貴族が移住，彼等は「家班」(自家のお抱え劇団)も伴ってきた。「家班」の演者は変声期前の子供。10歳前後の子供を，1つの班に必要な人数(最低5人)買って芸を仕込み，変声期になると解散し，また新たな班を組織する。この「家班」が民間に入って「七子班」と呼ばれるようになった。「七子班」とは「行当」(役柄類型)が「生・旦・浄・丑・末・外・貼」の7つあったことによる。大人が演じる「下南」「上路」を「大梨園」，子供が演じる「七子班」を「小梨園」と言う。当地の芸の世界では「小梨園」は「大梨園」よりも格が高い。

「下南」「上路」「七子班」とも音楽・楽器・基本演技術「十八科母(歩)」・衣装・化粧・舞台構造・奉じる戯神(相公爺)は共通する。化粧は白・黒・紅を主とし，図柄も簡素だったが，19世紀に入った江西班の影響を受け，色・図柄とも複雑化した。舞台は「戸3つ分」約2.7ｍ四方で高さは約2.4ｍ。演者の登・退場口は正面奥左端1つで，右端に笛・嗩吶・三弦を，残りの打楽器・弦楽器は登退場口の奥，地面の上に配置する。他の演劇と比べてかなり狭い舞台のため，「3歩進んで2歩下がる」という独特な演技術や，立ち回りがほとんどないなどの特徴が生まれた。3派の最大の相違は演目と「行当」にある。3派とも「十八棚頭」と称する長編演目等をもつが，すべて他と重ならない。また「行当」は「大梨園」は「小梨園」の7つに「老旦・二旦」が加わる。演目の相違から「下南」は「浄・末・外・丑」，「上路」は「生・旦・浄・丑」，「七子班」は「生・旦・丑」が中心。1950年代以降3派は統合，現在は1つの劇団が3派の演目をすべて上演する形になっている。小梨園の演者出身で，音楽・演技・演出を習熟，後継者育成に努めた蔡尤本は，文字化されていなかった小梨園の演目の口述本を作成し，後代の演者のみならず研究界にも多大な貢献をした。
(細井 尚子)

りえんこうかい【梨園公会】 俳優の同業者組織(＝行会)を表す一般名称。北京の精忠廟・正楽育化会，上海の伶界聯合会などがこれにあたる。精忠廟は清代に組織された行会で，その名称は岳飛廟である精忠廟の一部，天喜宮に梨園の祖師爺が祭られ，ここが梨園会館とされたことに由来する。精忠廟の指導者は廟主(または会主)と呼ばれ，行会内で推挙された後に清朝内務府の批准を得て正式に任命された。それゆえ精忠廟は半官半民の性格を有しており，昇平署の出先機関としても機能した。歴代廟主としては，高朗亭，程長庚，譚鑫培などが挙げられる。辛亥革命以後，北京で組織された正楽育化会は，同業者組合という従来の任務のほかに，俳優の教育レベルの向上など劇界の改良を旨とし，譚鑫培が会長，田際雲が副会長をつとめた。また，同じく北京の梨園公益総会は梅蘭芳・楊小楼・余叔岩が設立した行会である。上海では夏月潤ら夏氏兄弟を核として，辛亥革命後に組織された伶界聯合会が有名である。
(平林 宣和)

りえんねん【李延年】 ？〜前90？。前漢の武帝(在位前141〜前87)の時代に楽府の協律都尉(晋以降：協律校尉，北朝北魏以降：協律郎)の官位についた宮廷楽人。中山(河北省)の人。父母，兄弟姉妹一族が音楽家である。司馬相如など数十人の詩をテキストとする新曲を創作した。又，西域の曲『摩訶兜勒』に基づく『新声二十八解』(『黄鵠』『出関』『入関』など)を創作し，軍楽として使用された。史記125，漢書93，晋書23
(仲 万美子)

りか【犂鑱】 牽引して土壌を耕す犂の先端に取り付ける犂先。漢代に確立した牛耕犂は鋳鉄製で，木製犂床の先端に嵌めこむ三角形で扁平な「鑱」，その先に刃先として装着するV字状の「鑱冠」，すき返した土壌を左右に反転させる両翼形の「鐴(犂鏡)」を備えている。このうち鑱冠に類似した遺物は早く戦国時代のものが知られており，漢代の鉄犂が，木製犂床の先端に直接鉄鑱を装着するところから発展したものであることを物語っている。
(中村 慎一)

りが【李賀】 791(貞元7)〜817(元和12)。中唐を代表する詩人。福昌昌谷(河南省)の人。字は長吉。唐の皇室たる鄭王李亮の子孫だったが，家は早くに没落していた。7歳で詩文をつづり，15歳ごろには楽府詩の名手李益と並称された。20歳のころ，かれの父の名，晋粛の「晋」と進士の「進」が同音ということで，国家試験たる科挙の受験をはばまれた。かれの詩才を早くから認めていた韓愈が「諱の弁」を書いて弁護したものの，けっきょく進士には及第しなかった。その後は奉礼郎という低い官職を3年つとめただけで，官吏としては全く不遇だった。かれは虚弱で病気がち，そのすがたは痩せ細り，眉は左右一本につながり，指の爪を長くのばしていたという。わずか27歳でこの世を去った。

かれの作詩は独特で，日が昇るとやせ馬にまたがって出かけ，詩ができると，お供の少年の背負う錦の袋に投げ入れた。また，かれが死ぬとき，緋色の服を着た人があらわれ，「天帝が白玉楼の記を書かそうとして君をお召しなのじゃ」と伝えると，息絶えた，という話も李商隠の「李賀小伝」にみえる。

その詩は，「鬼才」と評されるごとく，幻想と奇

怪にみちあふれ，他の詩人たちとは全く異なっていた。近体詩はほとんど無く，年は若いのに「老」「死」など不吉な語を多用し，「天上謡」「天を夢む」などの詩では神仙界の幻想をうたうかとおもえば，「秋来」詩の「秋墳 鬼は唱う鮑家の詩，恨血 千年土中に碧し」，「神絃曲」の「百年の老鴞は木魅(こだま)と成り，笑声 碧火 巣中に起こる」のごとく，幽界のおどろおどろしい幻想をうたう。またかれは硬質な色彩や感覚の交錯を好み，「秦王飲酒」詩の「羲和は日を敲(たた)きて玻璃(ガラス)の声あり」，「天上謡」の「銀浦の流雲は水声を学ぶ」などの句によくあらわれている。これらかれ独自の詩を後人は「長吉体」とよんだ。その詩はいま244首のこっており，詩集として『李賀歌詩篇』4巻，『外集』1巻が伝わっている。旧唐書137，新唐書203　　(深澤 一幸)

りかい【李悝】　前455?〜前395。戦国時代，魏国の臣。李克ともいうが別人ともいわれている。魏の文侯(在位前424〜前387)に仕え，魏国の発展に寄与した。中国法制史上，画期をなす「法経」6篇を編纂したと伝えられる。彼の法経(刑法典)が秦の*商鞅の六律，さらには漢の九章律へと継承発展された。刑法とは別に，魏の国において穀物の価格を統制し，常平倉を設置したとも伝えられるが，その実態は定かではない。
『*漢書』芸文志に『李子』32巻があがっているが，いまは伝わっていない。史記74　　(冨谷 至)

りかい【李誡】　?〜1110(大観4)。北宋の建築家。鄭州管城(河南省)の人。字は明仲。建築要覧『営造法式』の編著者。哲宗・徽宗のもと将作に仕官。哲宗の時，将作監が編んだ同名書が経済統制上繁雑だったため再度編纂の勅命が下り，李誡は喩皓『*木経』等の先行業績を参照，工匠に直接取材し，「材分」という独特の比例寸法大系からなる世界的にも稀有で周到なこの大著を完成させた。建築設計作品に辟雍・尚書省・龍徳宮・朱雀門・太廟など，著書に『続山海経』『続同姓名録』『古篆説文』などがあったことが知られるが，いずれも失われた。　　(田中 淡)

りかいせん【李開先】　1502(弘治15)〜68(隆慶2)。明の戯曲作家。章丘(山東省)の人。字は伯華，号は中麓。1529(嘉靖8)年の進士。官は太常寺少卿・提督四夷館に至った。若くして散曲や雑劇の作家である康海・王九思と親しく交際した。30代のころは王慎中・唐順之らとともに嘉靖八子のうちに数えられ，李夢陽ら前七子の「文は必ず秦漢，詩は必ず盛唐」という復古の主張に反対し，韓愈・柳宗元・欧陽脩らを模範として，作者自身の時代や個性が表現された平易で質実な詩文の制作を提唱した。上疏して当時の朝政を批判したため，1542(嘉靖21)年に職を辞めさせられて郷里に帰った。その後は家居して詞曲を作り，歌妓を蓄えて歌わせ，また詞曲関係の書籍を収集して蔵書家としても名を知られた。当時の民歌の形式によって作った散曲「中麓小令」100首は広く流行し，王九思が和した100首とともに『傍装台百曲』として合刻された。水滸故事に基づく伝奇『宝剣記』は戯曲の代表作とされる。晩年には金・元の院本の形式で書いた『一笑散』(6種の作品を含むが『園林午夢』『打啞禅』の2種のみ現存)がある。詩文が『閑居集』に収められているほか，画論の著『画品』や曲論の著『詞謔』があり，これらの主要な著作は路工輯校『李開先集』として1959年に中華書局から出版された。また『詞謔』は『中国古典戯曲論著集成』(中国戯劇出版社，1959年)にも収められている。明史287
　　(廣瀬 玲子)

りかく【李確】　生没年不詳。南宋時代，13世紀頃の画家。『東図玄覧』など，明時代の著録に作品が記録されているが，現存作品は，『布袋図』(京都，妙心寺)のみ。そこには落款と，禅僧，偃谿広聞(1189〜1263)の題があり，李確の活動年代が推定できる。画史では『図絵宝鑑』に，白描は梁楷に学ぶとある。作風からみて，僧侶のような素人画家ではなく，訓練された画技の持ち主と思われる。あるいは画院画家かもしれない。　　(海老根 聰郎)

りがく【理学】　宋明(約11世紀〜17世紀)の仏教思想・道教思想を除いて，儒学思想全体を思想内容から特徴づけた，とくに近年の中国で用いる学術用語。宋明理学ともいう。理を思想用語に用いることは中国仏教にも古くからあり，北宋の程顥・程頤から南宋の朱子に始まる程朱学になると，理を最高範疇とする世界観を構築した。これを古くは性理学とも呼ぶ。また南宋の陸象山と明の王陽明に始まる思想傾向を心学と呼ぶことがあり，ほかに明清には程朱学に対抗し批判する思想勢力もある。理学とはこれらを含めて宋明の思想を総体的に指していうことが多い。旧来の用語では，宋明儒学というのと，その内容はほぼ重なり合うが，儒学という護教的な語感もある語を避け，意識的に研究対象と見なそうとすることから，理学との用語を用いている。
　　(佐野 公治)

りがくしなん【吏学指南】　元の法律参考書。徐元瑞の撰述。巻首に1301(大徳5)年の自序を載せる。元代における吏学の盛行を背景に，胥吏をめざす者のため，行政実務に関する語彙を集め解釈を加

えた実用書で，『習吏幼学指南』とも称される。やや不十分な箇所もあるが，簡潔で的確な語釈は宋代以後の法制用語を知る貴重な史料。明刊本『居家必用事類全集』に収めるほか，これを朝鮮本と和刻本で校勘した東洋史研究会の油印本(1951年)がある。
(徳永 洋介)

りがくそうでん【理学宗伝】 明末清初の孫奇逢による学術史。26巻。1647(順治4)年完成，66(康熙5)年刊行。歴代の儒者を主と輔および内と外という基準に従って分類する。宋の周敦頤・二程(程顥・程頤)・張載・邵雍・朱子・陸象山と明の薛瑄・王陽明・羅洪先・顧憲成を主にして内，漢の董仲舒以降，140名余の儒者を輔にして内というカテゴリーに分けて学問の正統を示す一方，張九成・楊簡・王畿・羅汝芳らを外編に括り，陸王学の系譜から除外する。黄宗羲『明儒学案』は，この書物や周汝登『聖学宗伝』の批判を意図して編纂される。
(三浦 秀一)

りかくは【李郭派】 五代の画家李成と北宋の画家郭熙によって大成された華北山水画風に依拠した画家たちの総称。雲のような形の岩と壮大な画面構成などが特徴。南宋初期まで盛行し，その後南宋画院では主流から外れたものの，元代初期に趙孟頫がその様式を復興し，後期には曹知白・唐棣・朱徳潤など元代李郭派と呼ばれる画家たちが活躍した。その影響は李在のような明代の画院画家から清代の袁派にまで至る。また朝鮮王朝初期には，安堅に代表される李郭派様式の山水画が広く流行した。
(荏開津 通彦)

りかそんぶんか【李家村文化】 陝西省南部の漢江中流域に広がった，紀元前6000〜5000年の新石器文化。仰韶文化に先行する文化の一つであり，大地湾文化と類似する。代表的な李家村遺跡は陝西省南部西郷県にある。1960年と61年の2回にわたって発掘が行われ，住居址1基・窯址1基・墓1基・甕棺葬3例，それに若干の灰坑が発見された。発掘調査の最も大きな収穫は，仰韶文化より古い，圏足の鉢と足器とによって代表される一群の遺物を発見したことである。
(大貫 静夫)

りかん【李衎】 1245(淳祐5)〜1320(延祐7)。元の政治家・画家。薊丘(北京市)の人。字は仲賓。号は息斎道人，醉車先生。博学をもって官につき，仁宗に重用され，官は吏部尚書，集賢殿大学士に至る。致仕して後は揚州に居り，没後，薊国公を贈られ，文簡と諡された。詩文にもすぐれたが，特に墨竹をもって知られる。自ら記すところによれば，若い時から画竹に興味を持ち，王庭筠から文同にさかのぼって墨竹を学び，併せて五代の李頗の設色の画竹を学んで双鉤塡緑(輪郭の中を緑色で描く)の竹をよくし，独自の画風を築きあげた。交趾(ベトナム)をはじめ各地で竹の生態の観察につとめ，その画竹は興趣の表出よりも，正確な形似を重んじたところに特色があるが，「似て神あらず」(王逢『梧渓集』・高尚書墨竹為何生性題)とも評される。著に『竹譜詳録』7巻があり，竹の画法を挿図入りで説き，かさねて竹の姿の変化や品種についても体系的に記している。子の土行(1282〜1328)も竹木にすぐれた。
新元史188
(味岡 義人)

りがんこう【李含光】 683(弘道元)〜769(大暦4)。唐代茅山派の道士。広陵江都(江蘇省)の人，号は玄静先生。729(開元17)年王屋山に行き，司馬承禎に師事した。承禎の死後玄宗に召されるも，茅山に帰り荒廃していた茅山復興に努めた。また，許長史・陶弘景らの自筆の経典類を捜求し玄宗に献上した。顔真卿と交際があり，真卿撰『茅山玄静先生広陵李君碑銘』が伝わる。弟子に韋景昭・孟湛然らがおり，著書に『本草音義』『三玄異同論』等があったという。
(坂内 栄夫)

りき【利𣪘】 西周時代最初期の青銅器。1976年，陝西省臨潼県(西安市臨潼区)零口鎮西段村から出土。32字の銘文があって，利なる人物が王から金(銅)を賞賜されたことを記す。その冒頭に武王が甲子の日の朝に殷に勝利した(克殷)ことを述べ，それが従来古文献に伝えられる克殷の日と一致したため一躍注目を集めた。確実な武王期の青銅器としては唯一の例と言ってよい貴重な資料である。高さ28cm，口径22cm，重さ7.95kg，四角い台座付きの𣪘で，現在，北京の中国国家博物館の所蔵である。
(竹内 康浩)

りき【李頎】 690(天授元)?〜751(天宝10)?。盛唐の詩人。本籍不明，東川(四川省)の人ともいう。若いころ潁陽(河南省)に住む。735(開元23)年進士に及第し，新郷の尉に任ぜられた。のち辞職して潁陽にかえり，神仙の道にはげんだ。かれの詩は広い内容をもち，辺塞・音楽・遊俠・山林・玄理などをうたいあげ，とくに七言古詩にたくみだった。『李頎集』1巻があったが，今は伝わらない。
(深澤 一幸)

りぎざん【李義山】 →李商隠

りぎざんざっさん【李義山雑纂】 →義山雑纂

りきねん【李亀年】 生没年不詳。唐代の楽人で鞨鼓・篳篥の名手，作曲も善くした。開元年間(713-741)に兄弟である彭年(舞の名手)・鶴年(歌の名手で作詞も善くした)とともに盛名を馳せた。安史の乱の後江南に流浪し，すばらしい景色に出会うたびに歌を歌って人に聴かせた。その歌を聴いた者は皆涙したという(『楽府雑録』)。『渭州』(鶴年作詞)，『茘枝香』等の曲が残る。また盛唐の詩人杜甫に『江南逢李亀年』の詩がある。 (池澤 滋子)

りきふけい【李逵負荊】 元の雑劇。康進之の作。水滸伝物。梁山泊の豪傑黒旋風李逵は，酒屋の亭主王林から娘が宋江・魯智深にさらわれたと聞いて激怒し，宋江を罵倒，無実を主張する宋江相手に首を賭ける。2人を見た王林が別人と確認するので，李逵は荊(いばらのむち)を背負って謝罪するが容れられず，自害せんとするところに王林が偽者の出現を報告，李逵は偽者を捕らえて許される。ユーモラスかつ豪放にして詩情にも富み，金元期に流行した黒旋風物の代表作である。 (小松 謙)

りぎょ【李漁】 1611(万暦39)～80(康熙19)。明末清初の劇作家・小説家。原籍は蘭渓(浙江省)で，如皋(江蘇省)に生まれ育った。号は笠翁，字は謫凡。また湖上笠翁・覚世稗官などの別号がある。科挙に応じて及第せず，仕官を断念し，中年期のほぼ10年間は杭州に住み，のち南京に20年間を過ごしてから，杭州に戻って没した。ことに劇作家として一世に鳴り，その「笠翁十種曲」と呼ばれる10篇の戯曲はすべて観衆本位・娯楽本位を旨とした喜劇であり，一般通俗のレベルで観衆が喜びそうな面白おかしいドラマ作りを，意識的に追求したものである。つまり，台詞を重んじ，作意・局面・趣向の斬新奇抜に特別留意して，ストーリー，プロットをあくまでも作為的・からくり的に仕組んでいこうとする。こうした娯楽性の強調と横溢する遊戯的精神に彼のドラマの最大特色があり，従来にない新しさがあった。短編小説集としては『十二楼』および『無声戯』があるが，その手法や狙いは戯曲の場合と変わりない。すなわち，趣向を重視し面白さをこそ第一義とする遊びの文芸を目指したという点で，中国戯曲小説史上，最も戯作者の名にふさわしい異色作家であり，日本の江戸期の戯作者たちの間でも，その声価はつとに高かった。

彼の詩文雑著を集めたものに『笠翁一家言全集』があり，その中の一部をなす随筆集『閑情偶寄』には，著名な戯曲論が含まれていて注目される。彼はまた，自分の妾たちから成る芝居の一座を家庭内にもっており，全国各地の富豪より招聘されれば，これをひきつれて食客として渡り歩き，生活の資を得ることを図った。一方，南京の邸宅は芥子園と名づけ，そこに同名の書肆を開いて出版業を営み，多くの実用書類を自ら編集してここから刊行している。また，好色小説としては出色の出来である『肉蒲団』(一名『覚後禅』)は，その構成法や女色論などからみて，彼の手に成るものと推断される。 (岡 晴夫)

りきょう【李塨】 1659(順治16)～1733(雍正11)。清の学者・思想家。直隷省蠡県(河北省)の人。字は剛主，号は恕谷。21歳にして顔元に師事，生涯にわたって師の実学的・実践的学風を継承・成熟させた。故にその学問は師と並べて顔李学と称されている。しかし師の顔元とは異質の個性を示し，一般に顔元が思想性に秀でているのに対し，李塨は学術性に優れていると評される。特に顔元が「知」と「行」との一体性を強調したのに対し，李塨は「行」に対する「知」の相対的優位を主張した。著書に『大学弁業』など。清史稿480 (村瀬 裕也)

りきょう【李嶠】 645(貞観19)～714(開元2)。初唐の詩人。趙州賛皇(河北省)の人。字は巨山。15歳で五経に通じ，20歳で進士に及第，安定県の尉から監察御史となり，邕・巌の2州で反乱した獠族を説得し降伏させた。給事中になると，冤罪の者を弁護し，鳳閣舎人になると，天子の詔勅の多くを起草した。則天武后・中宗のときは，しばしば宰相となったが，玄宗が即位すると，粛清されかけ，盧州別駕に貶せられ，70歳でさびしく死んだ。

李嶠は，中央の高官を歴任した経歴にみあって，典型的な宮廷詩人であり，その詩も応制・詠物の作が多い。そして同じく宮廷詩人の崔融・蘇味道・杜審言とともに「文章四友」とよばれた。晩年には文壇の長老として，文章を学ぶ者の手本となった。『李嶠集』50巻は散佚してしまったが，120首の詠物詩集『李嶠雑詠』2巻はきわめて流行し，敦煌からは唐の張庭芝(張方ともいう)の注釈本の残巻が出ている。日本でも数種の古写本が伝わり，平安朝の嵯峨天皇も筆写されている。旧唐書94，新唐書123 (深澤 一幸)

りぎょう【李顒】 1627(天啓7)～1705(康熙44)。清初の学者・思想家。盩厔(陝西省)の人。字は中孚，号は二曲。独学で経史百家に通じ，はじめ陸王学にもとづいて静坐の功夫に専心したが，後に悔悟して自らを宗としたという。朱子学の長所を摂取して，居敬窮理を重んじ，空疎な俗学を論難した。関中書院の主講として，講学・教育にも貢献。康熙年間(1662-1722)にたびたび召されたが，廃疾

と称して固辞し，以後，閉門して思索と著述に専念した。富平の李因篤，郿県の李柏とともに，関中三李と称せられた。著書に『四書反身録』『二曲集』など。『清史列伝』66に伝がある。清史稿486

(伊東 貴之)

りきょうざつえい【李嶠雑詠】 初唐の詩人李嶠の詠物詩120首を編集した詩集。2巻。『李嶠百詠』『李嶠百二十詠』ともいう。張庭芳の天宝6(747)年の序と注が施され，李嶠の詩文集とは別の詩集として通行していた。詩集は乾象部・坤儀部に始まり，全部で12部に分かれ，日・月・星・風など1字の題で五言八句の詠物詩が各部10首ずつまとめられるという形式である。そのため『単題詩』とも呼ばれていた。中国文学史上では六朝に始まった詠物詩の掉尾を飾る詩群と位置づけられる。中国では早い時期に佚したが，日本では愛好され，嵯峨天皇自筆抄本の断簡のほか，時代の異なる幾種類かの鈔本が今に伝わる。刊本には1675(延宝3)年刊，1761(宝暦11)年序刊，さらに『佚存叢書』所収の1799(寛政11)年林衡跋のものなどがある。また日本文学への影響もうかがえるという。なおスタインとペリオが持ち帰った敦煌文書の中にこの詩集の断片が含まれていたことが報告されている。

(道坂 昭廣)

りきょうひゃくえい【李嶠百詠】 →李嶠 雑詠

りきょうひゃくにじゅうえい【李嶠百二十詠】 →李嶠 雑詠

りぎょく【李玉】 生没年不詳。一説に1596(万暦24)？〜1676(康熙15)？。明末清初の劇作家。呉県(江蘇省)の人。字は玄玉，号は蘇門嘯侶。崇禎(1628-44)末年に郷試で副榜に挙げられるが，生涯，官途に就かず，ために一笠庵主人とも。明の滅亡後は劇作に専心し，「一人永占」と総称される『一捧雪』『人獣関』『永団円』『占花魁』をはじめ，『清忠譜』『麒麟閣』など10数篇が伝存する。また曲律に明るく，『北詞広正譜』を編訂したほか，沈自晋『南詞新譜』，張大復『寒山堂新定九宮十三摂南曲譜』の編纂にも協力している。 (根ヶ山 徹)

りきろん【理気論】 宇宙万物の生成と運動を理と気の概念で説明した朱子学の哲学理論で，後世これを理気論という。宇宙生成については古代以来さまざまな議論がなされてきたが，そのおおむねは気によって説明されていた。それら唐代以前の諸説に対し，唐から宋にかけて天は理であるとする新しい天観が生まれ，宇宙の生成や運動を理によって説明する道が開かれた。また天は理であるとするこの新しい認識は，旧来の天と人とを一つながりにとらえる天人相関論を継承して，宇宙の法則としての理は人にあっては道徳性として内在するという理論に組み替えられた。こうして諸説の集大成として理気論が生みだされた。今，理気論の特質を箇条書きにすると，①天を理とすることから，宇宙万物の生成や運動は理＝法則性に裏付けられているとする(理気相即，理気一元)，②太極を理とするところから，宇宙万物の存在根拠を理とする(本体論，所以然之故，理先気後，理気二元)，③性を理とするところから，理は人においては仁義礼智の道徳本性であるとする，などである。朱子学では宇宙万物の根源としての理(太極の理)を想定するため，人にも存在の根源としての理(所以然の理，本然の性，絶対善)を想定することになり，理の発現のための修養をリゴリスティックなものにした。しかし明代になって儒学が幅広く浸透する過程でこの理先気後的なリゴリズムは後景にしりぞき，理気相即的な考え方が強まった。すなわち理先気後の観点が，気(感情・欲望)の奥に理(道徳性)を想定し，感情や欲望を抑制して奥一層の道徳性を顕現するという，感情・欲望に抑制的な観点とつながるのに対し，感情や欲望をむしろ正しく発揮することが道徳性の顕現でもあるとする理気相即的な観点が広まった。なお理気論は宋代には宇宙論として関心をもたれていたが明代には道徳実践論として扱われ，清代になって道徳実践がいっそう広く庶民に担われるようになると，他の簡便な修養方法に席を譲り，影響力を失うにいたった。

(溝口 雄三)

りくいつしわ【六一詩話】 北宋の詩話。欧陽脩の著とされる。いわゆる詩話において，最も早期の作品とされている。全体で29条の話が書かれており，内容的に見て，1067(治平4)年9月以降に書き出したものと推定される。即ち61歳以後，『帰田録』を刊行後のことである。詩話というものが本書から始まったとされるが，中には近藤元粋のように「詩話の著は唐人已に有り，宋に至りて最も多し」といい，その源を唐に求める人もいる。これは詩話とは何かという定義によって意見も相違してくるが，現在の所，許顗『許彦周詩話』序に言う「句法を弁じ，古今に備え，盛徳を紀し，異事を録し，訛誤を正すもの」が詩話であるとする解釈が一般的である。本書は欧陽脩一流のなめらかな随筆的文体で書かれており，彼の随筆集である『帰田録』や『試筆』と軌を一にする。内容は多岐にわたるが，29条が雑然と並べられているのではなく，前後には連関があると考えられる。 (大野 修作)

りくうん【陸雲】 262(永安5)〜303(太安2)。西晋の文人。呉郡(江蘇省)の人。字は士龍。三国呉の滅亡後，兄の陸機とともに上洛し，太康文人の一員となり，「二陸」と称された。現存する作品は少ないが，兄に宛てた書簡が多く残り，清新な文学論の一端をうかがうことができる。才知に溢れ信望も厚く，讒言により処刑されるに及び，幕僚達が涙の嘆願を行ったと正史の伝に記す。『隋書』経籍志に「晋清河太守陸雲集十二巻」と著録。晋書54
（木津 祐子）

りくおうがく【陸王学】 南宋の陸象山と明の王陽明の両者の儒教理解を包括して呼ぶ時の呼称。程顥・程頤と朱子の学を併せて程朱学という呼称に対比される。王陽明が朱子学に挫折した後にいわゆる「龍場の大悟」を得て心即理・知行合一などを鍵言葉とする心学を発見した。現存する今に本来の善性が発現しているという，性善説の原理主義という点で，陸象山が王陽明の先駆者であるために，陸王学と並称される。王陽明は陸象山の思想に恩恵を受けたとは明言していないが，表現様式に同類のところが見られるので滋養にしたことは疑いない。ただし，陸象山は朱子学を批判し性善説の根幹を洞察していながら，その言説が持つ朱子学に対する破壊力の大きさについては理解していなかった。それを明晰にしたのが王陽明である。王陽明あっての陸象山である。勢い，王陽明の良知心学は思想界に大きな影響を与えたが，陸象山心学が取り立てて顕彰されることは稀であった。 （吉田 公平）

りくか【陸賈】 生没年不詳。前漢初期の儒者・弁士。楚の人。儒学を中心とする先秦諸子の思想を身につけ，漢初に高祖劉邦の側近として活躍した。高祖が彼を罵ったとき，「馬上(＝武力)で天下を得ても，馬上から天下を治めることはできない」と反駁して，文(＝儒学)武併用こそ漢家長久の道であると諫めたことは有名。劉邦の死後，呂太后一族の専横を，丞相陳平らと謀ってこれを滅ぼした。その主著『新語』12篇は，高祖の諸問に答える形で著されたもので，漢代思想史の新たな展開を告げるものであった。史記97，漢書43 （谷中 信一）

りくがく【六楽】 『周礼』に記載される，周代における最も重要な宗廟・祭祀の楽。六代之楽・六代舞ともいう。黄帝の楽『雲門』，帝堯の楽『咸池』，帝舜の楽『大韶(韶)』，夏の禹王の楽『大夏』，商の湯王の楽『大濩』，周の武王の楽『大武』の6舞から成る。周代の「楽」は詩・歌(音楽)・舞の三者が一体となって奏されるものであったから，六楽も六代の王朝の帝王の文徳と武功を歌頌する大規模な歌舞をもって祭祀や大宴に用いられたといわれる。前の4舞は文舞で，籥(笛)と錦鶏の尾羽の舞具を持って舞い，後の2舞は武舞で，盾と斧の舞具を持って舞う。六楽は，国家の体制と秩序を維持するためにも重視され，貴族の子弟の道徳教育に用いられた。『周礼』地官・大司徒に「六楽により民の心を平和にする」とある。したがって音楽は荘厳かつ穏やか，舞の動作も緩やかであった。

六楽の多くは早くに散逸したが，「韶」と「大武」は春秋時代の文献に散見することができる。『左伝』襄公二十九年には，呉の季札が，魯国で『大武』の壮大な楽舞を観，周の世の盛んな様を賛えたとあり，『論語』述而には，孔子が斉国で「韶」を聴き，感動のあまり三月(みつき)の間肉の味の美味しさがわからなかったとある。

漢代，儒学の再興とともに六楽は新たに作られて復興し，雅楽の典範として儒家に尊ばれた。
（古新居 百合子）

りくがく【陸学】 南宋の陸象山(九淵)とその門流に端を発する広義の道学系士大夫思想のこと。主体が背理に陥る可能性を踏まえ，心よりも理に依拠すべきことを唱えて格物窮理を説く朱子に対し，陸象山は，性善の本来的能力が本心として主体に具わることの先験性を受けとめる立場から，朱子説はこれを受けとめていないとみて批判した。陸象山には，地元江西と，都臨安にも近い浙東地方(浙江省)とに有力門人達がいた。前者の江西陸門は，善なるものでも自身が獲得したものに安住せず不断に相対化していくのが本心の働きだとする陸象山思想の動的傾向を継承し，後者の浙東陸門は，陸氏本心論によって主体のあり方に覚醒しながらも謹厳清澄な心の持守を尊ぶ傾向が強かった。陸象山の没後，前者の系統は衰え，後者の系統の士人が官界に進出して陸学を顕彰した。そのため思想界の主流となってきつつあった朱子学派と一面ではぶつかったが(陳淳「厳陵講義」)，他方で科挙体制下，窮理論という科挙に適合する学問論を持つ朱子学を基礎としつつ，陸学を持守の学とみて両学を調停折衷する朱陸調和の論が出て，この論が元，明初へと継がれた。朱子学に対する根源的異議申し立てという陸学の本質がそこでは一時後退するが，明半ばに至り，陸学をその本質から発掘しつつ朱子学批判をしたのが，王陽明の陽明学であった。（市来 津由彦）

りくかようし【六家要指】 前漢の司馬談が，先秦以来の諸子の思想を，六家に整理して名称をつけ，それぞれの得失を論評したもの。その内訳は，陰陽・儒・墨・名・法・道(道徳)であるが，特に最後の道家について，前五者の得(長所)を兼ね備えて

いるとして，高く評価している（『史記』70）。このような道家を中心にすえる立場は，当時の武帝による儒家尊重に対立するものだが，他にも，『荘子』天下や『淮南子』要略に見え，一つの勢力として確かに存在していたと言える。　　　　　（岩本　憲司）

りくかんし【陸柬之】　生没年不詳。唐代の書家。呉郡（江蘇省）の人。父は，南朝陳時代の黄門侍郎，陸琛であり，則天武后時代の宰相，陸元方は伯父。また初唐の三大家で知られる虞世南の甥にあたる。官は，太子司議郎，崇文侍書学士。若いころは虞世南に書を学び，虞世南は智永の法を以て指導した。書は，欧陽詢や褚遂良とともに名を馳せ，隷書・行書・草書をよくした。飾り気のない自然体を特徴とするその書を，当時の人々は蔑んだ向きもあったが，晩年は東晋の王羲之・王献之の書に親しんだこともあり，特に行書や草書は，老練な古筆の趣がある書風を得意とした。代表的な作品に『急就章』『蘭亭詩』，そして台北故宮博物院に収蔵されている，伝存する唯一の書跡『文賦』がある。『文賦』は，西晋時代の陸機が著した『文選』にも収録されている一篇を書いたものであり，王羲之書の流れを汲んだ，端正で美しい字姿の行書である。
（鍋島　稲子）

りくき【陸機】　261（永安4）〜303（太安2）。西晋を代表する文人。呉郡（江蘇省）の人。字は士衡。祖父の遜は三国呉の丞相，父の抗は大司馬という呉の名家に生まれたが20歳にして亡国の憂き目にあった。機の身の丈は7尺，鐘のように響く声であったと，その偉丈夫ぶりが伝えられ，また儒学の教えを守り，礼にかなわない事柄には見向きもしなかったとされる。呉滅亡後，弟の陸雲とともに上洛するや，その文名はたちまち世に広まり，人々は兄弟を「二陸」と並称した。機は出身地の呉，及び父祖に対して強い誇りを有し，太康文人の一員として当時の西晋文壇に大きな影響を与えつつも，時に北方貴族との間で強烈な軋轢をも引き起こした。例えば，范陽の盧志が，衆目の中「陸遜・陸抗は，君とはどういう間柄か」と父祖を実名で呼び捨てたのに対し，「君の盧毓・盧珽との関係と同じだよ」と言い放った逸話などは，彼を取り巻く当時の洛陽士人間の緊張関係をよく伝える。

294（元康4）年から302（太安元）年にかけ，呉王晏，趙王倫，成都王頴らのもとで，郎中令，相国参軍，中書郎などを歴任した。特に，頴は機を大将軍の軍事に参与させ，平原内史にとりたてた。長沙王乂との戦いに大敗したことに関して，かつて洛陽のサロンで対立した盧志の，さらに宦官孟玖の讒言により頴の怒りを買い，弟の雲とともに，軍中に刑死した。

機の文章は雄壮華麗で，長大な論や賦，また楽府などに優れた。張華は「人は文をつづるのに才の乏しいのに苦しむものだが，あなたは才が多すぎるのにてこずっていますね」と言ったとされる。しばしば潘岳とともに「潘陸」と並び称され，修辞の精緻さを競った。『文賦』は，賦の様式で哲学的思弁に富む文学理論を展開した作品で，声律の美を文章の美と結びつけた嚆矢である。また，『文選』収録作品数の最も多い文人としても知られ，『隋書』経籍志には，「晋平原内史陸機集十四巻，梁四十七巻，録一巻，亡」と著録される。晋書54　（木津　祐子）

りくぎ【六義】　「毛詩大序」に示される，『詩経』の内容と表現形式を表す「風・賦・比・興・雅・頌（「毛詩大序」の順次による）」の6つの概念。風・雅・頌は内容による分類，賦・比・興は表現・修辞による分類である。朱子『詩集伝』の解釈に従えば，風は各国のうた，雅は王室の歌曲，頌は宗廟祭祀の楽曲であり，賦は事物をそのまま述べる事，比は比喩表現，興は自然物に託して主題を表現する事である。日本の平安時代の「古今和歌集序」（仮名序）はこの六義を，「そへうた（風）」「かぞへうた（賦）」「なずらへうた（比）」「たとへうた（興）」「ただごとうた（雅）」「いはひうた（頌）」と訓じる。さらに風と雅は「毛詩大序」によれば，王道が広く行われていた時代に歌われた正風・正雅と，国の政治が乱れてしまってから詠まれた変風・変雅に分けられる。賦・比・興の3つの修辞方法は以後の文学創作に大きな影響を与え，「比興」と並称して比喩表現をいうこともある。「六書」「六芸」など物事を「六」で括る概念規定は，『周礼』が重視されるようになった前漢末から後漢にかけて多くみられることから，「毛詩大序」と六義の成立も，前漢末以降と考えられる。六義の中の「風」と「興」について近年の研究では，『詩経』が古代歌謡として持った性格に基づいて，「風」とは「凡」即ち神降ろしであり，「興」とは詩中に呪言（妊娠求子や作物の豊穣・多産等を祈り求める呪術的言辞）が詠みこまれている事を表すものだという解釈もなされている。
（牧角　悦子）

りくきもう【陸亀蒙】　？〜882（中和2）？。晩唐の詩人・文学者。姑蘇（江蘇省）の人。字は魯望。自ら江湖散人・天随子・甫里先生と号す。科挙には合格せず，湖州，蘇州の従事となったが，俗世と交わることを嫌って松江甫里（江蘇省）に隠居し，茶を栽培するなどした。皮日休と親交があり，「皮陸」と称せられた。二人の詩の唱和集に『松陵集』がある。詩，文章ともに当時の社会に対する風刺性

を強く持つ。『唐甫里先生文集』がある。新唐書196

(山本 敏雄)

りくきゅうえん【陸九淵】 →陸象山

りくけい【六経】 六種類の経書の総称。「六経」の語は『荘子』天運篇の「孔子が詩・書・礼・楽・易・春秋の六経を治めた」という記述を初出とする。ただ『荀子』勧学篇が「礼・楽・詩・書・春秋」を挙げて『易経』に言及しないところから、「六経」の成立は漢代にまで降るとする見方が有力であった。しかし1993年出土の郭店楚簡『六徳』には「詩・書」「礼・楽」「易・春秋」の組み合わせが、また『語叢一』には「易・詩・春秋・礼・楽・(書)」の順でそれぞれの性格を表現した文章が見えており、紀元前300年前後といわれる埋葬時期からすると、「六経」の観念は既に戦国中期以前に成立していたことが明らかとなった。漢代以降、今文学では「詩・書・礼・楽・易・春秋」の序列で、孔子が学んだ順序と見なされた。古文学では「易・書・詩・礼・楽・春秋」の序列で、それぞれの経書に記述された内容の時代順に並べられる。なお「楽」は常に「礼」を伴うため、やがて「礼」の中に含められ、「六経」は「五経」へと整理された。

(野間 文史)

りくけい【六卿】 6人の大臣あるいは将軍。春秋期の諸侯国においては、国政の最高権力者集団を六卿と総称することがあった。晋では代々上・中・下3軍の将(将軍)・佐(副将軍)を輩出し、同時に国政の最高権力者集団を構成した范・中行・知・趙・韓・魏の6族が六卿とよばれた。また鄭の世族となる七穆につらなる公子騑・公子発・公子嘉・公孫輒・公孫蠆・公孫舎之が六卿とよばれたのも、この例にあたる。

一方、周代の官制を理想的にえがいた『周礼』によれば、中央政府は天・地・春・夏・秋・冬官の6つの部局に分かたれ、それぞれに大宰(冢宰とも)・大司徒・大宗伯・大司馬・大司寇・大司空の長官がおかれた。この長官を総称して六卿という。『周礼』の官制はもとより現実のものではなく、西周期あるいは春秋期以来の官職などを理想的に配置したものにすぎないが、後世の律令体制の六部制などに大きな影響をあたえた。

(松井 嘉徳)

りくげい【六芸】 二つの意味がある。一つは『周礼』大司徒に見える「礼・楽・射・馭・書・数」で、士人の教養とされた。『周礼』保氏では「五礼・六楽・五射・五馭・六書・九数」と記述し、礼制や音楽の知識、射法や御車法、文字の知識と算術を意味した。もう一つは「六経」と全く同義。『史記』を始めとしてその用例は多いが、中でも『漢書』芸文志が「六芸略」の名の下に「六経」に関わる諸文献を著録しているのが有名であり、むしろ『周礼』の用法が特異といえる。

(野間 文史)

りくけいかいがちゅうきゃく【六経皆我注脚】 南宋の陸象山の言葉。『象山先生全集』巻34に「六経はみな我が注脚なり」とある。儒教の六経はみな自分の心を説明した注釈に過ぎない、という意味である。「注脚」は脚注、注釈のコメントである。陸象山は、「心は皆この理を具えている。心は即ち理である」という心即理説を唱えたが、この学説は、唐代以降、禅宗の常套句となっていた「心外無法(心の外には真理は無い)」を「心即理」と言い換えたもので、先天的に自分の心に忠信・孝悌の天理(倫理、正義)が備わっているという意味である。陸象山はこの観点から、経書を自己の心よりも下位に位置づけた。朱子は『朱子語類』巻124・陸氏で、陸象山の経書とその注釈を尊重しない態度について、禅と同じく粗雑であると批判している。

(佐藤 錬太郎)

りくけいかいし【六経皆史】 清の章学誠の歴史学テーゼ。六経が、夏商周三代の典章法制・政治行事・人倫日用に関する「史官の記録」「先王の政典」であって、聖人が残した歴史を超える真理ではない、という主張。隋唐の王通・陸亀蒙から明の王陽明・李卓吾へと継承された「経は史なり」をより革新的にした考え方で、清朝考証学の伝統主義を批判し、経書を絶対的な真理から解放する先蹤となった。『文史通義』の「易教」「経解」等の諸篇に示されている。このテーゼから、後の龔自珍や章炳麟は、近代的な文献学を発展させた。 (緒形 康)

りくけいてんもんへん【六経天文編】 書名。2巻。南宋の王応麟の撰。易経・書経・詩経・周礼・礼記・春秋の六経中から、天文にかかわる事項を取り上げ、ひろく歴代の注釈・先儒の説・関連の文献を集めて考証している。書名に天文とあるものの、その内容は占候・陰陽・五行・風雨・卦義にもおよぶ。易経9条・書経19条・詩経10条・周礼16条・礼記9条・春秋9条を記載する。『玉海』に付録として収める。また『四庫全書』『学津討原』『清芬堂叢書』所収。

(新井 晋司)

りくごういっとうぼう【六合一統帽】 →六合一統帽

りくしゅうせい【陸修静】 406(義熙2)〜

477(元徽5)。南朝宋の天師道の道士。呉興東遷(浙江省)の人。字は元徳、号は簡寂。三国呉の丞相陸凱の子孫という。陸修静は若くして官職や妻子を捨て、雲夢山に隠遁して仙薬を求めて歩いた。その後、道書を求めて各地を遍歴する。461(大明5)年に廬山の瀑布巌の下に簡寂館を建て、そこに居住した。宋の明帝は陸修静のために都建康の郊外に崇虚館を建てて移らせ、多くの道士を集めた。471(泰始7)年には明帝の病気治癒を祈願して三元露斎(塗炭斎)を崇虚館で実施する。

陸修静は430～431(元嘉7～8)年頃に道教経典の分類法である三洞説を唱え、432(同10)年頃に腐敗した天師道教団を改革するために『陸先生道門科略』を著し、437(同14)年に霊宝経を整理して「霊宝経目序」(『雲笈七籤』巻4)を著し、443(同20)年頃に霊宝経の伝授儀である『太上洞玄霊宝授度儀』を編纂し、453(同30)年頃に道教の斎法儀礼を解説した『洞玄霊宝五感文』を著し、471年に道教経典の総目録『三洞経書目録』を作成し、明帝に献上した。　　　　　　　　　　　　　　　　（小林　正美）

りくじゅん【陸淳】　?～805(永貞元)。唐の春秋学者。呉郡(江蘇省)の人。後、質と改名。字は伯沖。啖助・趙匡との研究の成果は、『春秋集伝纂例』10巻、『春秋微旨』3巻、『春秋集伝弁疑』10巻に残っている。王叔文・韋執誼を中心とする政治改革に参加し、呂温・柳宗元らに大きな影響を与えた。柳宗元は墓表を書いて、陸淳の春秋学を絶賛した。宋代には、陸淳らの指針に沿った春秋学が起こった。旧唐書189、新唐書200　　　　　　（島　一）

りくしょ【六書】　漢字の構造に関する6種類の原則。六書という語は、周代の職官制を説いた『周礼』に最初に現れる。王への諫言と、諸侯の子弟の教育を掌る「保氏」という官の職掌に関する記述に、教育内容である「六芸」の5番目として、その名称のみが挙げられている。

後漢になって初めて、六書を漢字構造の6種類の基本原則とする解釈が示され、その細目が挙げられるようになる。一つは、班固の『漢書』芸文志で、「古者八歳にして小学に入る。故に周官保氏は国子を養うを掌り、之に六書を教う。象形・象事・象意・象声・転注・仮借を謂う。造字の本なり」と言う。もう一つは先に挙げた『周礼』地官・保氏の鄭衆注で、「六書は、象形・会意・転注・処事・仮借・諧声なり」とする。共に細目の名称を挙げるのみであるが、許慎はその『説文解字』叙に、やはり保氏の行う教育内容として六書を挙げ、指事・象形・形声・会意・転注・仮借という細目ごとに短い定義と例字を記している。いわゆる六書説は、周代には既に存在したかのように見える。しかし、『漢書』芸文志は、前漢末の古文学派の学者である劉歆の編した『七略』を抜粋したものであり、許慎の師である賈逵の父賈徽、及び鄭衆の父鄭興は、どちらも劉歆から教えを受けている。つまり、六書は劉歆を中心として成立したものであり、これを『周礼』の六書と結び付けたのも恐らく古文学派であったと考えられるのである。

この3説は、名称と順序が若干異なる。後世のものも含めると、主なもので9種類ほどの説があるが、一般的には、班固の順序に従い、許慎の名称を用いて、象形・指事・会意・形声・転注・仮借を六書とする。

六書については、古来異説が多い。特に転注・仮借については、解釈が様々に分岐しており、六書全てを漢字の構成法であると考える説と、象形・指事・会意・形声の4者のみを漢字の構成法とし、転注・仮借は漢字の使用法であるとする説にほぼ二分される。
　　　　　　　　　　　　　　　　　　（坂内　千里）

りくしょうざん【陸象山】　1139(紹興9)～92(紹熙3)。南宋の儒学思想家。金渓(江西省)の人。名は九淵、字は子静、象山は号。9歳年上の朱子が整備しつつあったいわゆる朱子学の性善説理解が誤りであることを鋭く批判して、善なる本性を直截に実現発揮することを主張した。「心即理説」「六経皆我注脚論」「持敬蛇足説」などを説いて「自立」を力説して自力説を構想したために、朱子と対立し、朱陸論争の立て役者となった。明の王陽明がその心学を継承したために「陸王学」と並称された。宋史434　　　　　　　　　　　　　（吉田　公平）

りくしょおんいんひょう【六書音韻表】　清の古音学書。5巻。1775(乾隆40)年成書、76(同41)年刊。段玉裁の撰。のち『説文解字注』に付載して行われた。「古韻分十七部表」「古十七部諧声表」「古十七部合用類分表」「詩経韻分十七部表」「群経韻分十七部表」の5表から成る。江永の研究を受け継ぎ発展させ、古韻を17部に分けたが、なかでも支・脂・之の3部の区分は、先人未発の業績として、師の戴震に絶賛された。また文字の諧声(形声)系列を組織的に古音研究に用いた書物としても注目される。
　　　　　　　　　　　　　　　　　　（高田　時雄）

りくしょこ【六書故】　元の文字学書。多くの漢字を六書で分析し、字義を明らかにしたもの。33巻。戴侗の撰。数・天文・地理・人・動物・植物・工事・雑・疑の9部にわけて文字を収め、見出し字に金文の字形を使うなど、それまでの字書がほとんど『説文解字』や『玉篇』の形式に準拠してき

たのに対して，きわめて斬新な形態をとる。後世の俗字を金文と誤解するなど過誤も多いが，本義の解釈にはすぐれた説も少なくない。　　　（阿辻 哲次）

りくしょつう【六書通】　清の文字学書。小篆や古文・籀文の字形を検索するための字書。10巻。閔斉伋の撰。明の『洪武正韻』によって文字を配列し，それぞれの字の下に『説文解字』に見える小篆と古文・籀文の字形，および若干の金文と古印に見える字形を配す。文字学の書物としてよりも，むしろ篆刻家のための字形検索書としてよく使われた。　　　　　　　　　　　　（阿辻 哲次）

りくしょりゃく【六書略】　南宋の文字学書。六書を軸にして漢字を分類し，考証した著述。鄭樵の著『通志』の一部。『通志』でもっとも特色があるとされる「略」（合計20種あり，この部分だけでも『通志二十略』として単行される）の一つで，象形・指事など「六書」の分類ごとに漢字を収めて，その成り立ちと本義を説く。六書の分類は当を得ない箇所も多く，後世の学者から厳しい批判をあびるが，本義の考察に金文の字形を使うなど，方法論的にすぐれた点も多い。　　　　　　　（阿辻 哲次）

りくしん【六親】　6種の親族。父，母，兄，弟，妻，子（『漢書』賈誼伝，顔師古注）。父，母，兄，弟，夫，妻（『老子』王弼注）。父子，兄弟，姑姉（父の姉妹），甥舅（姉妹の子と母の兄弟），昏媾（妻の親族），姻亜（夫の親族）（『左伝』昭公二十五年，杜預注）。そのほか外祖父母，父母，姉妹，妻の兄弟の子，母の姉妹の子，娘の子（『史記』管晏列伝，張守節正義）など，古く分け方・範囲に諸説があるが，後には広く親族一般を指す。
　　　　　　　　　　　　　　　　（鈴木 健之）

りくじん【六壬】　式盤という器具を使って占う式占の一つ。「太乙（一）」「遁甲」を合わせて三式と呼ぶ。六壬式盤は，古いものでは漢代の墓から出土しているが，それらはおおむね天円地方のコスモロジー（宇宙論）に依拠して，可動式の天盤は円く，それを受ける地盤は四角く作られている。天盤の中央に北斗七星が描かれ，両盤それぞれに十干・十二支・二十八宿などが刻まれており，特殊な操作によって両者を合わせて吉凶を占断する。もとづくところは，天文学と陰陽五行説である。
　　　　　　　　　　　　　　　　（三浦 國雄）

りくしんげん【陸心源】　1834（道光14）～94（光緒20）。清末の蔵書家。帰安（浙江省）の人。字は剛父，号は存斎。生涯を通じて古書の収集につとめ，宋元版だけでも各々100部以上を収蔵するに至った。これら最善本を収めた書庫の皕宋楼は，200部の宋版を蔵すと称したことより名づけられたもの。清末屈指のこの大蔵書は，陸心源没後の1907年，12万円をもって日本の岩崎氏に売却され，現在も静嘉堂文庫に収蔵されている。著書に『皕宋楼蔵書志』等があり，『潜園総集』中に収められる。
　　　　　　　　　　　　　　　　（井上 進）

りくしんちゅう【陸信忠】　生没年不詳。南宋時代に慶元府（寧波）で活躍した在野の仏画師。中国の画史書に記録はないが，十王図の担い手として室町時代の『君台観左右帳記』に記録されて以来，日本ではよくしられた画人であった。現存する仏画の落款から，寧波が慶元府と呼ばれた南宋後期に，車橋の西に位置した石板巷に居住していたことがわかる。石板巷には，金処士や金大受などの仏画師も居住したらしく，これらの仏画師たちは，寧波城内の天台寺院延慶寺を中心とする浄土結社の活動と密接に結びつき，その需要を満たしていた。作品には，10幅の対幅にあらわされる十王図（奈良国立博物館・高桐院・法然寺・善導寺・浄教寺など蔵）の他，十六羅漢図（相国寺・ボストン美術館蔵），涅槃図（奈良国立博物館蔵）がある。斬新な構成と演劇的ともいえるわかりやすい内容は，当時の在俗信者の日常の死生観をつよく反映し，中国仏画が庶民的な展開をみせていく様相をしめす好例となっている。
　　　　　　　　　　　　　　　　（井手 誠之輔）

りくせいぎ【陸世儀】　1611（万暦39）～72（康熙11）。明末清初期の朱子学者。太倉（江蘇省）の人。字は道威，号は桴亭。諡は尊道先生，また，文潜先生。明の諸生で，はじめ劉宗周に師事したが，やがて程朱の学を宗とし，着実な思索を深める。穏健・篤実な学風で，礼法を遵守し，空疎な議論を斥け，陸隴其とともに，二陸と称される。他方，現実的で具体性のある政治論や実学的な問題関心も豊富で，この時期の在野の士大夫の社会認識のある種の典型を体現している。著書に『思弁録』『宗祭礼』『書鑑』『詩鑑』『桴亭全集』など。また，主著『思弁録』を後に張伯行が編纂し直したものが，一般に通行する『思弁録輯要』である。『清史列伝』66に伝がある。清史稿486　　（伊東 貴之）

りくせいせい【陸西星】　生没年不詳。一説に，1520（正徳15）？～1601（万暦29）？。没年を1606（万暦34）とする説もある。明の神仙家。淮海（江蘇省）の人。字は長庚。号は潜虚子・方壺外史。若い頃から丹経に精通した。1547（嘉靖26）年に北海草堂にて神仙呂洞賓（呂祖）に遇い，呂祖の「自

記」や詩文集である『終南山人集』2巻などを授かったという。著作や注釈書の多くは隆慶年間(1567-72)の序を有し，『方壺外史』8巻に収録され刊行されている。江南で活動したからか，所謂「東派」の祖とされ，同じく呂祖に心酔し四川で活動した「西派」の李星月と対照される。　　　　(森　由利亜)

りくぜんけい【陸善経】　生没年不詳。盛唐の古典学者。呉郡呉県(江蘇省)の人。名が該で善経は字ともいう。開元・天宝年間(713-756)に集賢院学士として『大唐開元礼』『大唐六典』編纂に携わった。また『易経』『古文尚書』『論語』『孟子』等多くの経書の注釈を書き(『日本国見在書目録』)，難字字書『新字林』や『楚辞釈文』，『文選注』を著したが，今は佚して伝わらない。李善注・五臣注を補正した『文選注』の一部が『文選集注』に引かれ，彼の学問を偲ぶよすがとなっている。
(衣川　賢次)

りくせんこうそうぎ【陸宣公奏議】　唐の政治家，陸贄(754〜805)の詔勅原案・上奏文等を集めたもの。彼の文章は制誥・奏草・中書奏議・別集に分類されていたが，別集は散逸。奏草・中書奏議を併せたものを『陸宣公奏議』といい，さらに制誥を加えたものを『唐陸宣公集』『陸宣公翰苑集』『陸宣公全集』等とよぶ。巻数は22巻・24巻等，版本により異なる。唐後半期の政治・経済に関する重要史料。

陸贄は蘇州嘉興(浙江省)の人。字は敬輿。宣と諡されたので陸宣公とよばれる。徳宗期に翰林学士となり活躍。とくに783(建中4)年の朱泚の乱の際には，長安から逃れた徳宗を補佐し，反乱の鎮圧と唐王朝の権威回復に重要な役割をはたした。その後，宰相などを歴任，藩鎮割拠時代の困難な国政を担当した。

本書は，こうした時代を乗り切った陸贄の政策や提案を収録する。その議論は後世の政治家や学者たちの重んじるところとなり，日本でもよく読まれ，注釈書も出版された。また両税法に関する議論も著名である。版本としては，郎曄注『陸宣公奏議』，石川安貞注『陸宣公全集』が広く用いられている。
(大澤　正昭)

りくだいのがく【六代之楽】　→六楽

りくだいぶ【六代舞】　→六楽

りくたんび【陸探微】　生没年不詳。南朝宋の画家。呉(江蘇省)の人。明帝(在位465〜472)の時代に侍従として仕えた。人物画・肖像画に優れ，草書の連綿による「一筆書」にならった流麗な「一筆画」を描いた。謝赫に，「六法」をすべて兼ね備える者として絶賛され，張懐瓘に「骨」を得たものと論評された。作品は現存しないが，画像磚の『羽人戯龍図』『羽人戯虎図』(南京博物院蔵)等に往事の画風を推定することができる。『古画品録』，『歴代名画記』2，6に伝がある。　(河野　道房)

りくち【陸治】　1496(弘治9)〜1576(万暦4)。明時代後期，呉派の文人画家。蘇州(江蘇省)の人。字は叔平，蘇州の包山で生まれ育ったことから号は包山子。諸生(県試・府試に合格した者)で，推挙され貢士となった。晩年に蘇州の西南にある支硎山に草庵を構えて隠棲した。着色の『支硎山図』(台北，故宮博物院)はこの支硎山を描いたもの。画家としては，陳淳・居節らと共に文徴明の門下である。山水画・花鳥画をよくし，「宋人に基づく」と評された山水画では，文徴明の手法を継承しつつ，明るい色彩感溢れる新たな青緑山水画を創造した。繊細で軽やかな筆使い，淡墨や代赭・緑青など淡彩の重なり合いが彼の画風の特徴である。代表作として『山水図』(プリンストン大学美術館蔵)，『玉田図巻』(カンザスシティ，ネルソン・アトキンズ美術館蔵，1549年)などがある。絵画の他に詩や古文をよくし，祝允明や王世貞らと交渉があり，文徴明を中心にした文人サークルの代表的な存在である。著に『陸包山遺稿』がある。　(板倉　聖哲)

りくちょう【六朝】　建康(南京)に都をおいた三国の呉(222〜280)および東晋(317〜420)・南朝宋(420〜479)・斉(479〜502)・梁(502〜557)・陳(557〜589)の6王朝をあわせていう。三国の分裂時代に孫権が初めて建康を都に国を建て，以後西晋の一時的な統一を経て中国が再分裂すると，南遷漢族を中心に，長江流域以南を領域として東晋以下の諸王朝が興亡した。五胡十六国を経て，439年，華北が北朝北魏に統一されると，南北に王朝が対峙する形勢となり，これを南北朝という。

華北の王朝と社会が西・北方民族の進出により，独自の色彩を帯びたのに対して，六朝は魏晋の伝統を継承・発展させ，貴族と呼ばれる南遷漢族の上層人士が中心的役割を担う独特の政治・社会・文化を生みだした。特に東晋以後に整備された政治制度は唐に影響を及ぼし，文学芸術を中心に六朝文化とよばれる貴族的色彩の濃い文化が花開いた。また中心地である江南地域の開発が飛躍的に進み，やがて中国の経済的重心が南に移る基礎を築いた。
(中村　圭爾)

りくちょうぶんけつ【六朝文絜】　六朝駢文

の選集。4巻。1825(道光5)年序。清の許槤撰。西晋の*陸機から隋の楊*暕に至る南北朝の作品全72篇を，賦・詔・勅・令・教・策問・表・疏・啓・箋・書・移文・序・論・銘・碑・誄・祭文の18種の文体によって配列する。収められる文章の数はそれほど多くはないが，鮑照『*蕪城賦』や謝荘『*月賦』などの叙情性の高い賦，梁簡文帝蕭綱『*与劉孝綽書』などの短い書簡，徐陵『*玉台新詠序』などの短編の修辞を凝らした文章など，六朝文の特徴を理解するのにふさわしい名文が，さまざまなジャンルにわたって採録されている点で価値は高い。各篇には編者による頭注が付され，注解や評釈が加えられていることも特徴である。さらに黎経誥によって詳細な注釈が施された『六朝文絜箋注』12巻が1888(光緒14)年に刊行され，現在では中華書局による排印本がある。　　　　　　　　　　　　(齋藤 希史)

りくてん【六典】　→*大唐六典

りくとう・さんりゃく【六韜・三略】　中国古代の兵書。本来は別の書物であるが，列挙されることが多い。『六韜』は文韜・武韜・龍韜・虎韜・豹韜・犬韜の6篇からなるので，この名がある。周初期の太公望に仮託されるが，戦国末期のものと考えられる。先秦の兵書では最も長篇で，その内容も豊富である。『三略』は上略・中略・下略の3篇からなる。前漢初期の張良が黄石公から授けられた兵書とされ，『黄石公三略』とも呼ばれるが，もとより後世の仮託である。　　　　(松井 嘉徳)

りくとくめい【陸徳明】　550(大宝元)?～630(貞観4)?。唐の経学者。蘇州呉(江蘇省)の人。名は元朗，字の徳明で知られる。周弘正に師事して玄学・経学をおさめた。南朝の陳に仕えて国子助教に至り，陳の滅亡後は帰郷したが，隋の煬帝に徴されて秘書学士となり，ついで国子助教を授けられた。唐に入ると，秦王(後の*太宗)に召し出されて王府の文学館学士となり，太学博士を経て，貞観(627-649)の初め，国子博士を拝命し呉県男に封ぜられ，間もなく没した。著書の『*経典釈文』30巻は，九経および『孝経』『論語』『老子』『荘子』『*爾雅』について漢魏六朝230家の音釈・訓詁を博採し，テキストの異同を記したもので，現在でも経書閱読の際の重要な参考書の一つである。このほか，『老子疏』15巻，『易疏』20巻を著し，いずれも「世に行われた」(『*旧唐書』伝)が，すでに亡佚している。旧唐書189上，新唐書198　　(森賀 一惠)

りくはく【六博】　対局型の盤上遊戯。箸と呼ばれる6本の竹片または煢と呼ばれる十八面体の賽をふって盤上の駒を動かす。駒は各6枚で，将棋の王将にあたる梟棋1枚を含むものと，すべて同じ駒を使うものとがある。古くは殷の武乙が天神と名づけた人形を相手に六博を行ったという記事が『*史記』殷本紀に見えるが，漢代を最盛期として以後衰退したため，遊び方には未解明な点が多い。長沙馬王堆の漢墓からは前漢時代の六博の用具一式が発見されている。　　　　　　　(鈴木 靖)

りくぶせいご【六部成語】　清代の満漢対訳語彙集。6巻。公文書の語彙を，吏・戸・礼・兵・刑・工に分け，満洲語と漢語を対照する。『満漢六部成語』の書名で，北京の書肆が出版したのは，1742(乾隆7)年。満洲語の翻訳官の試験参考書ともなり，広く用いられた。清末には注釈があらわれ，内藤乾吉がその抄本を校訂して『六部成語註解』(1940年)を刊行した。注解を一新した『清代六部成語詞典』(1990年，天津)もある。*檔案の解読に有用である。　　　　　　　　　　　(岩井 茂樹)

りくほう【六法】　→六法

りくほうおう【陸放翁】　→*陸游

りくほうげん【陸法言】　生没年不詳。隋の音韻学者。魏郡臨漳(河北省)の人。名は詞，あるいは慈。字の法言を以て称される。陸爽(字は開明)の子。爽は北斉・北周に仕え，隋にはいると，文帝の皇太子の教育を行う太子内直監，ついで太子洗馬となり，『東宮典記』70巻の編纂に携わるなど博学で知られた人であった。法言はその家風を承け継ぎ，承奉郎より起家したが，文帝がその皇太子を廃位させた事件に父である爽との関わりで巻き込まれ，その職を免ぜられて隠棲した。それより先，開皇年間(581-600)の初めに，音韻学に造詣の深い劉臻・顔之推ら8人が陸法言の自宅に集まり，音韻に関わる諸問題について議論し，法言自身がその記録をとったことがあったが，隠棲した後の601(仁寿元)年，それに基づいて『*切韻』5巻を編纂した。本書は韻書の典型として尊重されて幾度となく増改訂され，最終的に北宋の『*広韻』に至る。隋書58・陸爽伝に付伝　　　　　　　　　　　　(花登 正宏)

りくやきょくふ【六也曲譜】　崑曲曲譜(楽譜)集。全24冊。清末の殷溎深の稿を張怡庵が校訂し1908(光緒34)年初刊，22(民国11)年朝記書荘から続刊。元・亨・利・貞の4集に分かれ，流行の演目198齣を収める。曲の詞・所作・台詞・工尺譜(文字譜)・拍子について詳細に記載があり，一般の崑曲初学者にもわかりやすく，好適な書として広

く使われた。　　　　　　　　　　（孫　玄齢）

りくゆ【六諭】　明の*太祖の6条からなる聖訓。1398(洪武31)年に宣布された教民榜文の中に「父母に孝順なれ。長上を尊敬せよ。郷里に和睦せよ。子孫を教訓せよ。おのおの生理に安んぜよ。非為をなすなかれ」とある。庶民教化のために郷里では老人や障害者を選んで，木鐸を鳴らしながら六諭を叫び回らせた。里甲制崩壊後は，各地に盛行した郷約の中で六諭が宣読(読み上げ)される。張居正に『六諭像解』があり，*順治帝は『六諭臥碑文』を頒布した。范鋐の『六諭衍義』は日本にも影響を与えた。　　　　　　　　　　（森　紀子）

りくゆう【陸游】　1125(宣和7)〜1210(嘉定3)。南宋の詩人。越州山陰(浙江省)の人。字は務観。号をもって陸放翁とも呼ばれる。幼少のころから詩文にすぐれ，29歳のとき，南宋の首都臨安(杭州)で進士の地方試験を受けて首席で及第，続く中央試験においても首席となるはずであったが，ときの宰相で金との和平派である*秦檜に憎まれて，合格そのものを取り消されてしまう。予想外の進士落第は陸游の官途に暗い影を投じ，その後，故郷山陰で4年ほどを過ごしてからは，地方官と中央の歴史編纂官を転々とすることとなった。

1169(乾道5)年，46歳のときに夔州(四川省)の副知事に任命されて初めて蜀の地に赴任する。3年後，四川宣撫使として南鄭(陝西省)にあった主戦派の王炎の幕下に招かれるが，かねてから熱烈な主戦論者であった陸游にとって，この対金最前線における生活は充実したものであり，その主張の実現を間近に感じさせた。しかし，ほどなく王炎は中央に召喚され，陸游も後方の成都(四川省)勤務を命じられた。失地回復の夢は急激にしぼみ，一時は放恣な生活に走って非難を浴びた。「放翁」の号はそれを逆手にとったものである。1178(淳熙5)年，臨安に呼び戻され，以後地方と中央を行き来するが，65歳のときに中央官を免職されて以後の20年間は，1年ほど国史編纂官となったのを除いて，故郷山陰で小地主として引退生活を送り，85歳の長寿をもって没した。

陸游は対金抗戦のために力を尽くすことを終生願ったが，その意に反して詩人として名を成すこととなった。*范成大・*楊万里・尤袤(または蕭徳藻)と併せて「南宋四大家」と称されるが，陸游が最もすぐれる。はじめ修辞主義的傾向の強い江西詩派の流れを汲む曾幾に師事したが，中年以後はこれを脱却して詩境を広げ，独自の詩風を開拓した。北宋の故地回復への思いを熱くうたう詩を数多く残したので，現在では愛国詩人あるいは憂国詩人として有名であるが，一方で，日常身辺の瑣事をこまやかにうたうことにも長じていた。とくに晩年の引退生活における詩は，農村の生活や風物，あるいは農民との交流を親近感をこめてのびやかにうたうのを特徴とする。また，たとえば，母親から離縁を強要された先妻唐琬を偲ぶ詩を，晩年においても作っているように，本質的に感傷詩人，抒情詩人としての一面を色濃くもっていた。その詩は『剣南詩稿』85巻としていまに伝わるが，すべて9100首余りを数える。この群を抜いて多作な詩人の全貌は，いまだ究められていないといってよい。なお，詩のほかに韻文として140首ほどの詞を伝えているが，宋人の残した詞として決して少ない数ではないことには留意すべきである。散文家，歴史家としてもすぐれ，この方面の著作として『渭南文集』50巻(詞を含む)，『老学庵筆記』10巻，『入蜀記』6巻，『南唐書』18巻がいまに伝わる。宋史395　　　（中原　健二）

りくろうき【陸隴其】　1630(崇禎3)〜92(康熙31)。清初期の朱子学者・政治家。平湖(浙江省)の人。字は稼書。諡は清献。1670(康熙9)年の進士。江蘇省嘉定県，直隷省霊寿県の知県として，恵政が多く，治績を挙げたとされ，官は四川道監察御史に至る。1724(雍正2)年に文廟に従祀された。程朱の学を奉じ，居敬窮理を重んじて，殊に*王陽明の致良知説を排撃するなど，朱子学の顕揚に努め，程朱の学の正宗を得たと称された。清初随一の醇儒との評価もある。また，同時代の学者・思想家との交友も多く，程朱の学と漢儒の注を折衷しての考証的な業績もある。著書に『学術弁』『問学録』『読礼志疑』『松陽講義』『三魚堂文集』など。『清史列伝』8に伝がある。清史稿271　　　（伊東　貴之）

りくわとう【六和塔】　浙江省杭州市の銭塘江の河畔にそびえ立つ塔。北宋の971(開宝4)年に創建され，当時は九重塔で塔頂の点灯が夜行する船舶の指標とされたと伝えられる。この塔はのちに焼失し，南宋の1153(紹興23)年に再建された。現存の塔は，八角形で，外観は13重，内部は7層よりなり，全高約60m。塔身は南宋再建当時の塼造で，八角形の周壁の中央に長方形の小室があり，外周の木造部分は清の1900(光緒26)年の再建にかかる。　　　　　　　　　　（田中　淡）

りぐんぎょく【李群玉】　813(元和8)?〜860(咸通元)?。晩唐の詩人。澧州(湖南省)の人。字は文山。進士科に落第したものの，湖南観察使で後に宰相となった*裴休に認められ，40歳を過ぎてから弘文館校書郎となるが，まもなく官を棄てて帰郷した。若くして詩名高く，草書を善くし，杜牧や

段成式らと交際した。その詩風は孤独な中に幽玄の趣をたたえる。『李群玉詩集』3巻・『後集』5巻（四部叢刊所収）がある。『唐才子伝』7に伝がある。

（筧　文生）

りけい【李璟】　→李璟

りこう【李弘】　南北朝時代に民間において信仰された神格。名称は同時代の道教文献に散見されるが、記述は一様ではない。初期には、李を姓とする老子の変生と見なされた。やがて、王朝が頻繁に交代する時代状況の中で、李弘出現の予言は終末思想と結びつき、世界の危機を克服して理想の社会を実現させる統治者「真君」として語られる。それとともに、李弘の名（あるいは李姓）をかたって反乱を起こす者が、史上にしばしば現れた。　（菊地　章太）

りこう【李杲】　1180（大定20）～1251。金元医学の四大家（劉完素・張従正・李杲・朱震亨）の一人。朱震亨と併せて李朱医学といわれる。真定（河北省）の人。字は明之、東垣と号す。母が病気になった時、近くの医者たちに治療させたが、その説の異同によって何の証も得られず死なせてしまった。李杲は年少の時から医薬に興味をもっていたが、医学を知らないために親を失ったことを悲しみ、良医に遇って学びたいと思い、易州（河北省）の有名な医者の張元素に師事し、数年のうちにその全てを会得した。生家は資産家であったので医者を職業とはせず、危急の病人だけを診療した。傷寒・癰疽（悪性のできもの）・眼目病の治療に最も優れていた。『黄帝内経』素問の陰陽応象大論「谷（穀）の気は脾に通じ、三陰三陽の六経は川であり、腸胃は海だ」、平人気象論「人は水穀をもって本となす、ゆえに人は水穀を絶つときは死ぬ、脈に胃の気が無い者も死ぬ」を引用して、脾胃の不足は百病の始めだという脾胃論を主張し『脾胃論』を著した。治療には脾胃を温補する方法を用いたので温補（補土）派と呼ばれた。『医史』5に伝がある。元史203、新元史242

（山本　徳子）

りこう【李潢】　？～1811（嘉慶16）。清朝後期の数学者。鍾祥（湖北省）の人。字は雲門。1771（乾隆36）年の進士。官は工部左侍郎に至る。

著書には『九章算術細草図説』9巻（付『海島算経細草図説』1巻）と『緝古算経考注』2巻がある。同書はいずれも十部算経に含まれる数学書を校定加注したものであり、原術に照らして補図や細草（詳細な数値を添えた計算解説）をつくり、それによって古算法（中法）の正確な意味を明らかにしている。清朝考証学の代表的な成果の一つである。清史稿507

（川原　秀城）

りこう【李覯】　1009（大中祥符2）～59（嘉祐4）。北宋の思想家。南城（江西省）の人。字は泰伯。盱江先生と称された。茂才異等に挙げられたが召試に落第、帰郷して講学を事としたが、1049（皇祐元）年、范仲淹の推により太学助教となり、晩年は太学説書となる。礼治主義を主張し礼を仁義礼智の四徳を統括するものと説いた。治国済民の基本的経綸策では『周礼』を重視し、「富国策」「強兵策」などを著して孟子の仁義王道説に反対し、理財の優先を説いたため、経済政策では王安石新法の先鞭とされている。『盱江文集』37巻・外集3巻がある。宋史432

（近藤　正則）

りこう【李翺】　774（大暦9）？～836（開成元）？。唐の儒学者・政治家。開封（河南省）の人。字は習之、諡は文。韓愈の姪婿。国子博士、史館修撰、考功員外郎となり文学・史学・政治論文を著し、山南東道節度使に終わる。韓愈の古文復興に共感し、共に儒学の復興をも目指した。その「復性書」は儒学者側からの性説で、宋学の先駆と言われる。仏教に知的理解を示し、偈頌が『全唐詩』に入る。著に『論語筆解』2巻、『李文公集』18巻がある。旧唐書160、新唐書177

（高橋　朱子）

りこうさ【李公佐】　770（大暦5）？～850（大中4）？。唐の伝奇小説家。隴西（甘粛省）の人。字は顓蒙。憲宗の元和年間（806-820）に江南西道観察使判官をつとめたことがある。一瞬の夢の間に己が一生を見てしまった男の浮生感を描く「南柯太守伝」、父と夫を殺された妻が夢のお告げで下手人を知り、仇討ちを果たす「謝小娥伝」、亡霊や怪獣の不思議ばなし「盧江馮媼伝」と「古岳瀆経」の4作が現存。「謝小娥伝」は『全唐文』にも収録。白行簡の伝奇「李娃伝」は彼の勧めによって書かれたという。

（筧　久美子）

りこうしょう【李鴻章】　1823（道光3）～1901（光緒27）。清の政治家。合肥（安徽省）の人。字は少荃、諡は文忠。1847（道光27）年の進士。太平天国の江南デルタ侵攻に際し、幕僚として仕えていた旧師曾国藩に1862（同治元）年抜擢され、故郷で義勇軍を編成、この淮軍を率いて上海を防衛し、江南デルタを奪回する。淮軍は太平天国滅亡後、清朝の主力軍となり、その将帥の彼も政界の第一人者となった。1870（同9）年直隷総督に就任、北洋大臣も兼ね、25年間その地位にあって外交問題を一手にひきうけた。朝鮮を窺う日本を敵視し、軍備の西洋化を目的とした洋務運動を、北洋海軍建設に集中

させる。朝鮮をめぐる日本との対立は，1894(光緒20)年日清戦争に発展，淮軍と北洋海軍が壊滅し，彼は権力基盤を失って失脚する。しかし日本の進出を阻止すべく，戦後の清朝の親露路線をリードした。1900(同26)年の義和団事件では講和交渉の全権となり，翌年北京議定書(辛丑条約)を締結すると，まもなく病没した。文集に『李文忠公全集』がある。『清史列伝』57に伝がある。清史稿411

(岡本 隆司)

りこうせい【里甲制】 明および清初の郷村組織。明朝は建国後まもなく戸帖の制によって人民の戸籍を定めていったが，また当時江南地方で行われていた小黄冊図の法，すなわちほぼ100戸を1単位とする村落組織などを利用して農村の組織化をすすめた。これらの制度を整備，画一化して1381(洪武14)年全国的に実施されたのが賦役黄冊の編造と里甲制の制定であった。この制度は徭役負担にたえられる農民110戸を基準として1里を編成し，人丁・税額の多い富裕戸10戸を里長戸，残りの100戸を甲首戸とし，これを10戸ずつ10甲に分けた。そして里長1人，甲首10人が毎年輪番でその里のさまざまな役に当たり10年で1周した。この組織は農村では里といい，都市では坊，近郊では廂といった。

里の役というのは里甲正役(略称正役)といい，官僚身分の家でも免除されなかった。その内容は第1に賦役黄冊の作成である。里長・甲首は租税・徭役賦課の基礎となる黄冊を10年ごとに作らなければならなかった。第2は租税の徴収である。その年の役に当たった里長・甲首(これを見年という)にとって徴税は最も重要な職務で，租税の滞納や逃亡戸がでれば，里長はその責任を問われ，不足額は連帯責任で立て替え払いをさせられた。第3は里内の治安維持である。里には別に里老人が置かれ，里民の教化や，里内の裁判をつかさどったが，里長は里老人に協力し補助することが義務づけられていた。第4は上記以外の里甲に付随した様々な事務及び上供物料(宮廷や政府で使用する各種物品)と公費(地方官庁で必要とする各種雑費)の負担である。ただしこの両者は明初には里甲の負担ではなく，官庁がみずから費用を出して賄っていた。しかし明の中頃から官僚機構が複雑，肥大化するにともない，各種物品や費用が農民の負担に転嫁され，こうした形になった。16世紀ごろになると，これらの負担の増大はいっそう農民を苦しめたので，里甲銀として整理，銀納化され，やがて一条鞭法に含みこまれていった。またこの法の施行とともに，租税・徭役の割り当て，徴収の単位が里から県に移ったことや，それまで里甲の中心であった里長などの中小地主層の没落により里甲制は崩れていった。

(谷口 規矩雄)

りこうち【李光地】 1642(崇禎15)〜1718(康熙57)。清の政治家・学者。安渓(福建省)の人。字は晋卿。号は厚庵，別に榕村。1670(康熙9)年，二甲二名で進士となってから，実力者の間を巧みに泳ぎわたり，康熙帝の信頼も得て，順調に昇進し，文淵閣大学士となる。官僚としては，台湾問題にかかわる。清初の朱子学者として有名であるが，その著作のほとんどは弟の代作といわれる。また，清初の八股文の名手として，韓菼とともに並び称され，受験生から絶大な評価を得ていた。清史稿262

(滝野 邦雄)

りこうねん【李公年】 生没年不詳。活躍期は1100(元符3)〜25(宣和7)年。北宋末期の中級官僚・画家。出身地不明。司法行政の監察を行う提点両浙路刑獄を務め，朝散大夫に序せられた。水墨山水を得意とし，四季や気象の変化を巧みに表現した。また詩情の表出にもすぐれていた。『山水図』(プリンストン大学美術館蔵)は，彼の名前が隠し落款として記され，文献の伝える画風に合致するため真筆とされる。北宋後期，郭熙以後の山水画の変化を跡づける貴重な作品である。李郭派の墨法や蟹爪樹に加えて，南宋院体画につながる対角線構図の萌芽が認められ，画中人物の扱いも大きくなり，李唐によって主導された南宋絵画に通じる画風を示す。

(藤田 伸也)

りこうりん【李公麟】 1049(皇祐元)?〜1106(崇寧5)。北宋時代後期の文人画家。舒城(安徽省)の人。字は伯時，号は龍眠居士。1070(熙寧3)年の進士。南康(江西省)・長垣(河北省)の尉，泗州(安徽省)の録事参軍などの地方官を歴任した後，中央にもどり，中書門下後省冊定官，御史検法となり，1100(元符3)年，痺(リウマチ)を病んで致仕，故郷の龍眠山(安徽省桐城市)に隠棲し，龍眠居士と号した。彼は好古博学，詩に長じ，書は，真・行・草ともによくした「詩書画三絶」といわれる完璧な文人であり，また古銅器の鑑識にも秀れていたという。

絵画活動は，主題分野では山水画，技法的には，着色画・水墨画が全盛の時代に，道釈人物画，鞍馬，技法的には白描画を復興するなどのように，顧愷之・陸探微・張僧繇・呉道玄らの伝統的・古典的系譜につらなる保守的な位置を占め，「宋画第一」と称せられた。

仏教絵画の分野では，宋以後のこのジャンルで，もっとも数多く描かれた観音図と羅漢図は，ともに

その図様的・様式的源流を作ったといわれた。前者については，李公麟が画馬を得意としていたが，僧の法秀が，死後馬胎に入るといさめたために，以後，もっぱら観音大士を描くようになったという有名な説話があるように，数多く遺存している水墨の観音図は，白描風に描かれ，その原型は李氏にあるといわれている。他方，羅漢図については，宋以後のそれには二つのタイプがあり，禅月大師(貫休)にもとづく水墨画の「胡貌梵相」(印度西域風)と，着色画の中国人風の「世態相」のタイプがあり，後者は李公麟様といわれている。これらの説の当否は不明ではあるが，いずれにしろ，この分野での彼の影響の大きさを語っている。花鳥画の分野では，伝称作品はなく，山水画では，『龍眠山荘図』という作品が2，3伝存しているが，いずれもオリジナルな作品ではなく，造形的にも興味のあるものではない。伝称作品のもっとも多いのは，歴史画・故事人物画であろう。このジャンルでは，落款・印章(偽款・偽印がほとんど)のあるなしにかかわらず，白描作品であれば，李公麟の伝称がある。このような現状の下で，彼の真蹟として，多くの研究者のコンセンサスのある作品は，『五馬図巻』(所在不明)と，『孝経図巻』(ニューヨーク，メトロポリタン美術館蔵)の2画巻であろう。前者は最終の満川花の1図が後補であること，後者が『孝経』18章の内，3章が欠落していること，前者が写生にもとづき，後者が文章の絵画化であること，ともに白描画ではあるが，様式は異なることなど，両者の間には，共通点と相違点があるが，画格の高さ，造形的完成度では群を抜いたものといえるだろう。宋史444

(海老根 聰郎)

りこんき【離魂記】 唐の伝奇小説。『王宙』ともいう。陳玄祐著。唐の時代，衡州(湖南省)の役人張鎰の甥王宙は，張の娘倩娘と思い合っていたが，倩娘が別の男と結婚させられることになり，失意のため上京を図る。それを倩娘が追い，駆け落ちをする。2人の子をもうけた後に一家で衡州へ帰ると，そこにも倩娘がいて病床に臥しており，2人に分かれていた倩娘はこの時もとの1人の倩娘に戻った。元の鄭光祖はこれをもとに雑劇『倩女離魂』を作った。『太平広記』358等所収。 (成田 靜香)

りさい【李済】 1896(光緒22)～1979。中国に近代考古学を定着させた立役者。鍾祥県(湖北省)の人。1918(民国7)年北京の清華学校を卒業後，アメリカに留学。心理学・社会学を学んだのち，ハーバード大学で人類学の学位を取得。1923年に帰国し，南開大学社会学教授，清華学校国学研究院人類学講師を歴任。1926年に山西省夏県西陰村遺跡を発掘。中国人による最初の科学的発掘調査となった。1929年以降，中央研究院歴史語言研究所考古組主任として，日中戦争が始まる1937年まで河南省安陽殷墟や山東省章丘(当時は歴城県)城子崖の発掘を指導。殷文化，龍山文化研究の基礎を築いた。1948年，中央研究院とともに台湾にうつる。1955年から73年まで歴史語言研究所所長を務め，『小屯』『侯家荘』に代表される殷墟の発掘成果を公刊。また，台湾大学考古人類学系の創設に尽力し，台湾における考古学の普及にも大きな役割を果たした。

(西江 清高)

りざい【李在】 生没年不詳。明代前期の浙派の画家。莆田(福建省)の人。字は以政。一時昆明(雲南省)に移り住んでいたが，後に招かれて北京の宮廷において画院画家として仕えた。昆明では，代々絵画の収集家として知られる沐氏の庇護を受けていたものとみられる。李在が画院に在籍していた時期については，陸深『春風堂随筆』の記載などから，宣徳年間(1426-35)から正統年間(1436-49)の事と考えられる。ただし，郎瑛『七修続稿』が李在を戴進没(1462年)後の画家と位置付けることなどにより，宣徳年間は李在の画院在籍期としては早すぎるとする説もある。室町時代の代表的な水墨画家である雪舟は，明に渡って1468(成化4)年に北京にいたが，その作品『破墨山水図』(東京国立博物館蔵)の自題の中で，長有声と李在に絵を学んだと述べている。雪舟が直接李在について学んだとするならば，李在はすでに晩年期にあったものと考えられる。韓昂『図絵宝鑑続編』は，李在の画風について「山水の細潤なるは郭熙を宗とし，豪放なるは夏珪・馬遠を宗とす」と記す。現存作品から李在の画風をみると，北宋の郭熙に倣う『山水図』(東京国立博物館蔵)，場面によって李唐・馬遠・梁楷といった南宋の画院画家たちの画風を描き分ける馬軾・夏芷との合作『帰去来兮図』(遼寧省博物館蔵)，元代の職業画人による道釈人物画に倣った『琴高乗鯉図』(上海博物館蔵)，さらに典型的な米法山水図である『米氏雲山図』や七言絶句の自題を伴う文人墨戯風の『萱花図』(ともに淮安市楚州博物館蔵)など，きわめて幅広い範囲にわたっている。このような，極端に広範囲な画風を描き分ける倣古的な制作態度は，同時代の文人画家たちとの共通性を持っており，呉派との分化がさほど明確でなかった浙派成立期の画人である李在の歴史的位置を示している。

(荏開津 通彦)

りざい【李材】 1529(嘉靖8)～1607(万暦35)。明の儒学思想家。豊城(江西省)の人。字は孟誠，号は見羅。鄒守益・王畿にまなぶ。王陽明の良

知心学が普及して弊害が顕著になるのをみて，「心」の働きを制御する「本性」の機能に注目して「性宗」を主張し，心が至善に止まることを力説して「止修の学」を提言，明末清初の儒学思想界に深刻な反省を促した。黄宗羲の『明儒学案』では独立した項目として「止修学案」が立てられている。著書に『正学堂稿』『観我堂稿』がある。明史227

（吉田 公平）

りし【李斯】 ?〜前208(二世皇帝2)。秦の政治家・書家。上蔡(河南省)の人。字は通古。法家の荀卿(荀子)に学ぶ。秦始皇帝が天下を治めると丞相となる。秦の諸政策(郡県制の採用・焚書坑儒・度量衡の統一・文字統一など)は李斯の建議による。文字統一により作られた小篆は，篆書の典型として尊重される。泰山・嶧山・之罘・琅邪台・会稽・碣石に建立された始皇帝の頌徳碑の書は李斯によると伝える。史記87

（小西 憲一）

りし【李贄】 →李卓吾

りじ【李耳】 →老子

りじ【理事】 中国仏教の初期から理と事とが別々に用いられ，空や仏性などが理と表現され，事物が事と概括されていた。理事あるいは事理という対概念となるのは，南北朝後期から中国仏教独自の教理解釈が盛んになった結果である。権実・教義・因果・人法・解行・体用などの様々な対概念が用いられ，理事も加えられる。地論学派の慧遠の『大乗義章』二諦義を見ると「事理相対するに，事を世諦と為し，理を真諦と為す」とある。この理事は華厳教学においてよく用いられた。法蔵は理と事とが自由自在に融即(融け合うこと)するという「理事無礙」を多く用いたが，澄観は四法界説の中で理事無礙の上に「事事無礙」を置き，華厳では事物相互の融即が成立すると主張した。また，智儼門下で法蔵の兄弟子の新羅の義湘は『華厳一乗法界図』の中で理事や事事の相即(一体化すること)に対して「理理相即」もあると言う。華厳の理事の議論は禅や宋学の世界に批判的に継承されていった。

（吉津 宜英）

りしくん【李思訓】 653(永徽4)〜718(開元6)。一説に651(永徽2)〜716(開元4)。唐の画家。隴西狄道(甘粛省)の人。字は建，諡は昭公。唐宗室の家系で，玄宗朝の宰相李林甫の伯父。高宗朝(649-683)以降に江都令となったが，則天武后の武周時代(690-705)には，官を捨てて身を隠した。中宗が復位すると宗正卿となり，隴西郡公に封ぜられ，続いて益州長史などを務めた。玄宗の開元(713-741)初，左羽林大将軍となり，彭国公に封ぜられ，のち右武衛大将軍に転じた。李邕撰・書の『李思訓碑』が，陝西省蒲城県に現存する。

一族には画を善くした者が多く，彼自身は山水画にすぐれた。また，息子の李昭道は海図(海景図)の創始者といわれ，将軍とはならなかったものの，思訓が大李将軍と称されるのに対して小李将軍と称される。李父子の山水は，張彦遠『歴代名画記』において「山水の変は呉(道玄)に始まり，二李(思訓・昭道)に成る」と評されるように，唐代の山水画に大きな変革をもたらした。現在，彼らの確かな作品は伝わらないが，その成果は，正倉院宝物の琵琶捍撥に描かれた『騎象奏楽図』などの8世紀の作例における，進んだ自然描写や高度な空間表現にうかがうことができる。

李思訓と李昭道は，後世，金碧山水の祖とされるが，これに関して朱景玄『唐朝名画録』は，天宝年間(742-756)に，李思訓と呉道玄が玄宗の命により山水を大同殿に描き，呉道玄が1日で描き上げたのに対し，彼は数か月かかったという逸話を載せる。この話は，李思訓の生没年とは齟齬するものの，その画風が彩色による精密なものであったことをうかがわせる。

李父子の金碧山水は，北宋後期から南宋前期の王詵・趙伯駒・趙伯驌らに影響を与え，元以後も古様な画風として受け継がれた。ただ，李思訓はその巧緻な作風から，明末の南北二宗論では，職業画家へと連なる北宗の祖とされた。旧唐書60，新唐書78

（竹浪 遠）

りしくんひ【李思訓碑】 唐の碑。別名，雲麾将軍碑。行書。李邕書。タテ340cm×ヨコ147cm，30行，行70字。720(開元8)年の建碑で，陝西省蒲城県に現存する。唐の宗室であり北宗画の祖と仰がれた李思訓の徳を頌えた頌徳碑。睿宗の橋陵陪葬墓群碑の一つ。李邕44歳の撰文ならびに書である。この書は，二王の書をベースにしながらも，李邕の書の特色とされる骨格の鋭さと縦逸な筆勢で書かれた彼の代表作という。その大胆な書きぶりは宋代以降，米芾・蘇軾・趙孟頫などに大いに影響をあたえた。

（池田 利広）

りしじょう【李志常】 1193(明昌4)〜1256(モンゴル憲宗6)。丘処機から数えて2代目の全真教掌教。開州観城(山東省)の人。字は浩然，号は真常子・通玄大師。6歳で両親を失い19歳で出家。1218(興定2)年，即墨東山(山東省)で丘処機に師事，チンギス・カンの招きに応じた師に同行した。その著『長春真人西遊記』はこの旅の記録である。

丘処機の死後，全真教掌教の尹志平より都道録および長春宮の領事に任命される。1238年に尹より掌教を譲られ，晩年まで王朝と教団の関係強化に尽力した。1261年，真常上徳宣教真人号が下賜された。

（森　由利亜）

りじせい【李自成】　1606（万暦34）～45（順治2）。明末民衆反乱の指導者。米脂県（陝西省）の人。農家に生まれ，長じて駅卒となる。崇禎（1628-44）初年，駅伝経費削減により多数の駅卒が失業，折しも陝西地方は飢饉に見舞われ，いくつもの民衆反乱が生じた。彼はその中に身を投じ，闖王を称する高迎祥の部将となる。1635（崇禎8）年以後，官軍が反乱軍を撃破，高迎祥は死に，闖王を継いだ李自成の勢いも衰えた。だが1639（同12）年頃から再び攻勢に転じ，租税免除を宣言して民心を捉えた。河南から湖広（湖北・湖南）に入り，襄陽に拠って軍規を立て直すと，北上して西安を攻略。1644（同17）年，順王を自称，国号を大順とし，永昌と改元。約2か月で北京を攻略し，明の崇禎帝は自殺する。ついで自ら大軍を率いて，山海関に拠る明の武将呉三桂に投降を促すが，清と結んだ呉三桂に大敗を喫した。北京に戻り慌ただしく皇帝に即位した後，西安に退くが，追撃を受けて支えきれず，翌年湖広地方に逃れて死ぬ。明史309

（谷井　陽子）

りしそう【李之藻】　1565（嘉靖44）～1630（崇禎3）。明の数学・天文学・地理学者。仁和（浙江省）の人。字は振之，また我存。1598（万暦26）年，進士に合格，南京太僕寺少卿，工部郎中等を歴任した。1604（万暦32）年，マテオ・リッチと初めて会い，『坤輿万国全図』を閲覧した後，およそ10年間，西洋の数学・科学・技術への造詣を深め，リッチの師クラヴィウス著の《Astrolabium》（『アストロラーベ』）を紹介した『渾蓋通憲図説』（1607年），同じく算術書から編成した『同文算指』等の著作，また『測量全義』『比例規解』等，ティコ・ブラーエやガリレオの技術書，あるいは『日躔表』等の天文表の翻訳等を行った。徐光啓・楊廷筠とともにイエズス会士を保護した「三大柱石」の一人。

（橋本　敬造）

りしたつ【李士達】　生没年不詳。1606（万暦34）年から1620（泰昌元）年までは生存を示す資料がある。明時代後期の画家。呉県（江蘇省）の人。字は通甫，号は仰槐・仰懐。1574（万暦2）年の進士で新郭（蘇州西南郊）に隠居した李士達とは別人である可能性が高い。『明画録』には，織造太監孫隆が呉の群官を集めた時に，一人膝を屈して拝そうとしなかったため，捕えられ処罰されそうになったが，辛くも免れ，80歳過ぎまで存命したとある。人物・山水画を得意とし，『坐聴松風図』（北京，故宮博物院蔵，1616年）・『竹裡泉声図』（東京国立博物館蔵）などに顕著に認められるように，画中人物の丸みを帯びた形態感が特徴的である。山水画の代表作として『山亭眺望図』（東京，静嘉堂文庫美術館蔵，1618年）などがある。

（板倉　聖哲）

りじめい【李慈銘】　1830（道光10）～94（光緒20）。清の文学家。会稽（浙江省）の人。初名は模，字は式侯。改名後，字は愛伯，号は蓴客。1880（光緒6）年の進士。乾嘉の学（考証学）の余風を受けて経学や史学に一定の成果を上げ，詩作の方面でも一家を成す。数十冊に及ぶ『越縵堂日記』には豊富な読書体験が記されるとともに，詳細な生活記録が残されており，官僚の日常を窺う上で貴重な資料である。著書に『越縵堂文』10巻，『白華絳跗閣詩』10巻などがある。清史稿486

（井波　陵一）

りしゅう【李舟】　740（開元28）？～787（貞元3）？。唐の学者。隴西（甘粛省）の人か。字は公受。その事績について知れるところは多くないが，文学の才にめぐまれ，弁舌にも優れ，官は虔州刺史に至った。また，隴西県男に封ぜられたという。『切韻』（『李舟切韻』とも言う。佚書）10巻の著がある。本書は『切韻』の一種の校訂本で，韻の分け方やその配列に特色があり，『説文解字』所収の字をほとんどすべて収録していたという。

（花登　正宏）

りじゅう【李充】　生没年不詳。4世紀前半の東晋初期の文人。江夏（湖北省）の人。字は弘度。官位は中書侍郎に至った。文学理論の書『翰林論』を著したことで知られる。『翰林論』は，『隋書』経籍志によれば，3巻だが，元来は54巻の書だった。いま『初学記』や『太平御覧』などの類書に十数条の短い佚文が存する。もとは一種の総集だったと推測され，漢から魏晋に至る詩文の選撰と評論から成っていたらしい。初期の文学理論や総集の形態を考察するために，貴重な手がかりを提供している。晋書92

（興膳　宏）

りじゅんふう【李淳風】　602（仁寿2）～670（咸亨元）。唐の天文学者。岐州雍県（陝西省）の人。太史令（天文台台長）となる。唐朝ははじめ戊寅元暦を用いていたが，李淳風はその誤りを指摘して新たに麟徳暦を作成した。この暦は665（麟徳2）年から728（開元16）年まで用いられ，日本でも儀鳳暦の名で用いられた。また『晋書』と『隋書』の天文志・律暦志や，数学書である『算経十書』の注釈を執筆した。著書に天文占の『乙巳占』がある。旧唐書

79，新唐書204　　　　　　　　　（長谷部 英一）

りじゅんぽ【李純甫】　1177（大定17）〜1223（元光2）。金の学者。藁陰（河北省）の人。字は之純、号は屛山。王若虚と同年（1197〔承安2〕年）の経義進士登第であり、趙秉文と共に金代後半の知識人社会を率いる。華厳や唯識等の仏教に深い造詣を持ち、儒仏道三教一致の立場から仏典の解説書『金剛経別解』を著す。またその『鳴道集説』は、南宋伝来の『諸儒鳴道集』に載る排仏論に異を唱える一方、張載・程顥から朱子にいたる学者の心性論を、唯識説に依拠した体系に組み込む形で評価する。金史126　　　　　　　　　（三浦 秀一）

りしょういん【李商隠】　812（元和7）〜858（大中12）。晩唐の文学者。懐州河内（河南省）の人。字は義山、号は玉渓生、また樊南生。初め、古文を学び、10代で頭角をあらわしたが、その才を令狐楚に認められ、その庇護のもとで駢文を学んだ。837（開成2）年に進士登第。涇原節度使の王茂元の幕下に入り、その女婿となる。842（会昌2）年には書判抜萃科を通ったあと、桂管観察使鄭亜の書記、盩厔県尉などを歴任した。牛李の党争のなかで対立する令狐楚と王茂元双方に関係をもったことが背恩とみなされ、そのために一生不遇を余儀なくされたと旧来言われてきたのは臆断としても、官界の権力闘争のなかで翻弄され続けたのは事実で、官人としては終生恵まれなかった。

　詩人としては杜牧、温庭筠とともに晩唐を代表する。三者いずれも艶詩と関わりをもつが、李商隠の「無題詩」をはじめとする艶詩は、従来の座興に類した娯楽性から脱し、密度の高い恋愛詩に昇華されている。背後の事柄を拒絶したその表現は韜晦を極め、古くは寓意説など様々な解釈が行われてきたが、純度の高い抒情に結晶したその詩は後人の追随を許さない。

　恋愛詩に注目が偏りがちであるが、李商隠の詩は実ははなはだ多様であり、先行する唐代の詩人では杜甫・韓愈・白居易・李賀などの表現を受け継いで多彩に展開している。特記すべきは政治的な詩にも雄編が多いことで、たとえば『行きて西郊に次る一百韻』詩は五言200句にのぼる。長安の西を旅しながらそこでの見聞に寄せて、唐王朝近100年の歴史を語る叙事詩となっている。繁栄から衰退に向かう史実を作者の政治理念を織り交ぜて唱うそれは杜甫の『北征』詩を継いでいる。同時代の甘露の変に際して書かれた『感有り』詩、『重ねて感有り』詩に述べる宦官への鋭い批判は、当時に例を見ない。

　また『樊南文集』に収められた文は、多くが上官の代筆として書かれた公的文書であるが、高度な修辞を駆使した、最も洗練された駢文となっている。旧唐書190下、新唐書203　　　（川合 康三）

りしょうおう【李少翁】　生没年不詳。前漢の方士。斉（山東省付近）の出身で、『史記』28・封禅書では「少翁」と記す。後に李姓という認識が一般に定着したらしい。鬼神の方（幽霊召喚の術）で名を馳せて武帝に謁見し、気に入られて文成将軍に任命される。天神と交流するために神仙世界のごとき世界を宮廷に作り出さねばならぬ、と提言して甘泉宮を築造させたり、鬼神の絵を描いて祀ったりした。しかしその効果が一向に現れないことに加え、不正も発覚したため、武帝に誅殺された。
　　　　　　　　　　　　　　　　（亀田 勝見）

りしょうくん【李少君】　？〜前133（元光2）。前漢の方士。『史記』28・封禅書によれば、竈を祀り、丹砂から黄金を作り、その黄金で作った食器で食事し、神仙に会って封禅の儀式を行えば不老不死になれる、と武帝に説いた。武帝は彼の言を信じるが、李少君は病死してしまう。武帝は、彼は化去（化して不死の世界へ去る）したのであって、本当の死ではないと信じた。『漢武帝外伝』では神仙安期生の弟子とされる。『神仙伝』に伝がある。
　　　　　　　　　　　　　　　　（亀田 勝見）

りじょちん【李汝珍】　1763（乾隆28）？〜1830（道光10）？。清の音韻学者・作家。直隷省大興（北京市）の人。字は松石。1782（乾隆47）年、兄汝璜の江蘇省海州赴任に従い、当地の凌廷堪に学ぶ。1801（嘉慶6）年、河南において黄河治水に従事する。音韻学・医学・治水・星卜・書法などの博識を背景に女性問題を盛りこんだ小説『鏡花縁』を長年月をかけて書いた。そのほか音韻学の専著『李氏音鑑』、棋譜『受子譜』がある。　（樽本 照雄）

りしん【李紳】　780（建中元）〜846（会昌6）。中唐の詩人・政治家。潤州無錫（江蘇省）の人。字は公垂。806（元和元）年の進士。穆宗に認められて、翰林学士となり、李徳裕・元稹とともに宮中につとめて、当時、三俊と称せられた。822（長慶2）年に、中書舎人に抜擢される。しかし、李逢吉が権勢を伸長したことにより、824（長慶4）年、端州（広東省）司馬に左遷される。ほどなく、敬宗にもその人物を認められて、833（大和7）年には太子賓客に復帰。以後、李徳裕と浮沈をともにしつつも、次第に昇進。武宗が即位すると、841（会昌元）年、宰相となった。短小精悍で、短李と呼ばれ、詩に長じた。『楽府新題』20篇（亡佚）を作り、元稹がその15篇に和し（12篇が伝わる）、継いで、白居易が『新楽

府』50篇を作った。『全唐詩』に李紳の詩を4巻(480〜483)に編んでいる。旧唐書173，新唐書181

（下定　雅弘）

りすう【李嵩】　生没年不詳。南宋の画家。銭塘(浙江省)の人。少年のころ木工となり，のち画院画家の李從訓の養子となる。光宗(在位1189〜94)・寧宗(在位1194〜1224)・理宗(在位1224〜64)三朝の画院祗候または待詔。李從訓の遺意を得て諸科に通じたが，ことに界画・人物に長じた。

現存する作品には，数点の『売貨郎図』(1210年，台北，故宮博物院蔵。1211年，北京，故宮博物院蔵。1212年，クリーブランド美術館蔵，ニューヨーク，メトロポリタン美術館蔵など)のほか，宮廷行事となっていた銭塘江の観潮をえがいた作品，室内の花籃をえがいた作品などがある。

（嶋田　英誠）

りせい【李成】　919(貞明5)〜967(乾徳5)。五代後梁〜北宋初期の画家。原籍は長安(陝西省)であるが，本人は青州益都(山東省)の出身。字は咸熙。当時，青州を営丘とも称したことから，李営丘とも呼ばれる。唐の宗室の後裔で，祖父李鼎は国子祭酒，蘇州刺史を務め，この鼎の代に家は任地の蘇州(江蘇省)から唐末の戦乱を避けてさらに益都へと移った。儒者の家系で，父李瑜も青州の推官であり，李成も官途に就くことをめざした。しかし，混乱の世相のもと，思うようにはならず，詩や琴に心を遊ばせ，特に山水画にすぐれた。

956(顕徳3)〜958(同5)年，38〜40歳の間に，知人であった後周の枢密使王朴の招きにより都開封(河南省)へ出たが，顕徳6年(一説に5年)に王朴が没したため仕官の望みは断たれた。けれども，この都滞在の時期に，貴顕と交流をもったことは彼の画名を高める機会ともなったと考えられる。その後，964(乾徳2)〜967(同5)年の間に，陳州(河南省淮陽県)の知州であった司農卿衛融に招かれ，同地に移ったが，酒に日々を過ごし，49歳で客舎に没した。

彼の死後，子の李覚は入仕を果たして国子博士となり，988(端拱元)年には直史館の館職を与えられた。その推恩によって李成には光禄寺丞が追贈され，開封(河南省)の浚儀に改葬された。この折に撰された宋白による墓誌銘は，王明清『揮麈前録』などに要約され，彼の伝記はこれに負うところが大きい。

画では，自らの育った黄土沖積地帯の風土にもとづく平遠景を描いて，華北山水画に新たな様式を打ち立てた。前景に葉を落とした樹林(寒林)や松樹を配し，彼方まで続く平原と対比させることで奥行きを強調し，「近視すれども千里の遠の如し」(劉道醇『聖朝名画評』2)と称される広大な画面を作り上げた。その筆墨法は淡墨を主体とし，空気遠近法的な効果をあげるとともに，光や雲煙などの微妙な気象状態をも表現する精緻なもので，「墨を惜しむこと金の如し」(費枢『釣磯立談』)の評が残る。また，特徴的なモチーフに，雲のような形状をした岩や，蟹の爪のような枝振りを示す蟹爪樹があり，後世へ継承されていく。

彼の山水画は，水墨によって高度に発展しつつあった五代・北宋の山水画を一層飛躍させ，多くの後継者を生んで華北山水画の最も有力な様式となった。特に北宋後期を代表する郭熙が彼を学んだことから，元代には両者にならった李郭派が盛んになるなど，以後の時代にも大きな影響を与えている。

ただ，彼の作画はあくまで自らの楽しみのためであり，むやみに人の求めに応ずることはなかった。従って元来寡作であり，さらに知江寧府などを務めた孫の李宥が，彼の作品を高額で買い集めたため，既に北宋の末頃には米芾が「無李論」(『画史』)を唱えたほどその真筆は希少となっていた。

現在，李成の真筆と認め得る作品は存在しないが，その中で彼の作風を伝える優品としては，伝称作品の『喬松平遠図』(三重，澄懐堂美術館蔵)，欠名の『小寒林図』(台北，故宮博物院蔵)などがあげられる。宋史301・431

（竹浪　遠）

りせいげつ【李西月】　1806(嘉慶11)〜？。清代の内丹家。嘉定府楽山県(四川省)の人。字もしくは号は涵虚。元の名を元植，字を平泉といったのを，仙人呂洞賓に遇い改めたという。また長乙山人等別号が多く，その素性には曖昧さがある。楽山県界隈にて盛んに張三丰や呂洞賓などの神仙たちの降霊を行いつつ，彼らの文集の編纂，および内丹法の研究や著述に励んだ。独自の複雑な説き方により表現される彼の内丹法は一家を成し，後世これを「西派」と呼ぶ。

（横手　裕）

りせいしょう【李清照】　1084(元豊7)〜1151(紹興21)？。北宋末の詞人。済南(山東省)の人。易安居士と号した。李格非(著名な学者で，蘇軾とも面識があった)の娘で，幼くして文才あり，晁補之に賞賛されている。18歳で金石学者趙明誠に嫁ぎ，夫を助けて『金石録』を著した。明誠は地方官を歴任したが，金の侵攻に遭って江南に転居，ついで急病で没した。以後，清照は江南を転々とし，やがて消息を絶った。詩15首，詞150首，文3篇が現存，後人の編纂した詞集『漱玉詞』がある。

彼女の詞は平易な語句や口語の活用で独特の風格

を帯び「易安体」と称せられる。印象的な名句として，逝く春を惜しんだ「知るや否や／知るや否や／応に是れ緑肥え　紅痩せたるべし」(「如夢令」)，尽きせぬ悲嘆を詠じた「此の情　消除す可きに計無く／方く眉頭を下りしに／却って心頭に上る」(「一剪梅」)や「尋尋覓覓／冷冷清清／悽悽　惨惨　戚戚／乍ち暖かく　還た寒き時候は／最も将息し難し」(「声声慢」)などが挙げられる。詩では，項羽の潔い決断への賞讃を通じ，北宋政府の軟弱な外交策を批判した五絶「夏日絶句」が有名(「今に至りて項羽を思う／江東に過るを肯んぜず」)。

李清照はまた，最初期の詞学評論「詞論」を著したことで記憶される。その本文は南宋の胡仔の*『苕溪漁隠叢話』後集の巻33，同じく魏慶之の*『詩人玉屑』巻21に引かれて伝わる。論中，詞の沿革を概観し，前代の詞人たちへの批評をまじえて詞の音楽性や形式美を考察，「詞は別に是れ一家」として，詩と詞とを区別すべきことを主張している。詞人としては，*晏殊・晏幾道・秦観・賀鋳を尊崇し，柳永・蘇軾をあまり高く評価していない。全体として，正統的婉約詞(人事や季節の移り変わりに対するそこはかとない憂愁を，婉曲な表現と音律の調和を重んじて詠じた詞)の理論的意義づけを試みた著作と言えよう。　　　　　　　　　(宇野　直人)

りせいみん【李世民】　→太宗(唐)

りせん【李筌】　生没年不詳。唐玄宗期(712-756)の道教思想家・兵学者。号は達観子。神仙の道を好み，少室山(河南省)に隠居し石室中から寇謙之が封蔵した*『陰符経』を手に入れた。しかし，その義理を明らかにできなかったため名山を歴訪し，後に驪山(陝西省)で会った老女から『陰符経』の奥義を授けられ注釈を作った。開元中(713-741)，江陵節度副使・御史中丞となるも，宰相の李林甫に憎まれ官位は昇進しなかった。また，軍事的な才能もあり，『太白陰経』10巻を著した。　(坂内　栄夫)

りぜん【李善】　620(武徳3)？～689(載初元)。一説に没年は690(載初2)。初唐の文選学者。揚州江都(江蘇省)の人。若年に『文選』を曹憲より学び，のちにはこれを専門に講義するようになって，隋唐文選学を代表する『文選李善注』60巻を著した。『文選』の中の句がしばしば科挙の詩賦題に出題されたため，『文選』を正確に読解し，詩賦を作る訓練をおこなうことは時代の要請であった。李善の注解方法の特色は，厳密な義例に立つ引書主義に徹したところにある。引書による注釈とは，作品の表現の背景にある古典や文学作品を引いて，その言語表現の根拠を示すもので，読者はこれによって文学言語の由来と構成を知り，みずからの作詩文に応用できるという効果をもつ。引用された書物・作品数は1950種にも及ぶ(清の胡克家の刻本による)。また李善注には『文選』所収作品に即して比喩を解説し，造句のしかた，語義の時代的変化，作家の文学的個性にも言及し，時には典故の誤用にまで及ぶなど，『文選』の読解に不可欠の価値をもっている。李善は引書に際して文字を改めない方針であったので，今では引用された書物・作品の初唐期の形態を知るのに役立ち，のちに散佚した書物にあっては佚文としての価値をもつ。李善は揚州の白塔寺で『文選注』を書いたという伝承があるが(円仁*『入唐求法巡礼行記』巻1)，これが事実とすれば，そこの蔵書を閲覧した結果，浩瀚な引書が可能になったと考えられる。「文選注を上る表」は658(顕慶3)年に書かれたが，唐末になると5種類の繁簡異なる李善注本があった(李匡乂*『資暇集』巻上)という。これは李善が晩年まで増補につとめた結果と推測されるが，息子の*李邕が釈義の部分を増補したという説(『新唐書』文芸伝)もある。李善注は注釈そのものが難解であるという性質のものであったため，718(開元6)年には簡明を旨とした五臣注『文選』が現れ，のちこれらを合わせたテキストも作られた。旧唐書189上，新唐書202　　　(衣川　賢次)

りぜんらん【李善蘭】　1811(嘉慶16)～82(光緒8)。清朝後期の数学者。海寧(浙江省)の人。字は竟芳，号は秋紉または壬叔。1845(道光25)年，中国の積分法である尖錐術を完成。尖錐術は彼の代表作であるだけでなく，中国算学(中法)の最後を飾るに足る輝かしい成果でもある。1852(咸豊2)年，上海に至り，以後8年間にわたって西方科学書の翻訳に従事した。『幾何原本』後9巻，『代数学』13巻，『代微積拾級』18巻，『談天』18巻，『重学』20巻などがそれである。19世紀の西方科学の輸入はかれに始まるといわれている。清史稿507

(川原　秀城)

りだいしょう【李大釗】　1889(光緒15)～1927(民国16)。民国の思想家，中国共産党の初期指導者。楽亭(河北省)の人。字は守常。天津法政学堂を卒業後，1913年日本に留学し早稲田大学で学ぶ。東京で対華二十一か条要求反対運動に参加し，1916年に帰国。1918年に北京大学図書館主任に招かれ，『新青年』の編集に参画し，旧思想・旧道徳批判の論陣を張るなど，新文化運動のオピニオンリーダーの一人になった。同時に，隣国ロシアに起こった革命にいち早く注目し，マルクス・レーニン主義の中国への最初の紹介者となった。同じく中国共産党の発起人となった*陳独秀と並べて「南陳北李」

と称される。中国共産党内では国共合作を積極的に支持し，国民党の中央執行委員にも選出された。国共合作の期間は，北京にあって北方の労働運動を指導したが，北京に入城した奉天派軍閥張作霖により逮捕・処刑された。
（村田 雄二郎）

りたいはく【李太白】 →李白

りたいはくぶんしゅう【李太白文集】 李白詩文の注釈書。全36巻。清の乾隆期(1736-95)に王琦が，元の楊斉賢・蕭士贇の作った『分類補註李太白詩』や，明の胡震亨の作った『李詩通』を参考にして自分の解釈を加えた上，李白の文章や李白関係の詩文・紀事・年譜などを付した当時としては最も完備した注釈書。出版以来200年余にわたって便利な基本テキストとして広範な影響をもった。1977年には中華書局より『李太白全集』3冊として最初の標点本も出ており，今なお李白研究における重要文献の位置を占める。
（筧 久美子）

りたくご【李卓吾】 1527(嘉靖6)〜1602(万暦30)。明の文人・思想家。泉州(福建省)の人。本名は初め載贄，後に贄と名乗る。多くの字号を用いており卓吾はその一つ。1552(嘉靖31)年，郷試に合格したのち官途に就き，地方官などを歴任した。同時に，焦竑・耿定向・定理兄弟らと交わり陽明学への関心を深めていく。1580(万暦8)年，54歳で官を辞したのちは，黄安，さらに麻城(いずれも湖北省)で講学・著述に専念する。李卓吾の主要な著作はこの時期に為されたものであるが，人間が本来有している素朴な欲望を積極的に肯定することで，一方で欲望の制御を説きながら名誉・栄達を求める従来の儒家士大夫の態度を鋭く批判するものとなっている。こうした彼の言説が，1602年，張問達による弾劾を招き，通州(北京市)で捕らえられた李卓吾は，同年3月，獄中で自刎して没した。文集『焚書』『続焚書』があり，歴史書『蔵書』『続蔵書』を編纂するなど著書多数。明史221
（大西 克巳）

りちょうきつ【李長吉】 →李賀

りちょうらく【李兆洛】 1769(乾隆34)〜1841(道光21)。清代の文学者。陽湖(江蘇省)の人。字は申耆，号は紳奇・養一老人。若くして盧文弨に学ぶ。1805(嘉慶10)年に進士及第し，鳳台(安徽省)の知県となり功績を挙げた。官を退いた後，江陰(江蘇省)の暨陽書院の院長を長く務めた。陽湖派を代表する作家として，唐以前の文章，特に駢文を重視し，『駢体文鈔』31巻を編んだ。詩文集に『養一斎文集』20巻，『詩集』4巻，地理学の著作に『歴代地理韻編』21巻がある。『清史列伝』73に伝がある。清史稿486
（鈴木 達明）

りつうげん【李通玄】 635(貞観9)〜730(開元18)。一説に，生年は646(貞観20)。唐初に『華厳経』を『老子』や『易経』に基づいて解釈し，『華厳経』理解を大幅に中国化した居士。空と光明を重視する観法を実践し，毘盧遮那・文殊・普賢という三聖の円融を説いた。その著『新華厳経論』は，澄観を始めとする華厳宗や禅宗の僧侶，さらには知識人の間で広く読まれた。中国では明の李卓吾，朝鮮では高麗の知訥が『新華厳経論』を改訂・略抄して刊行している。
（石井 公成）

りっこくほうしょう【六国封相】 伝統演劇の演目名。周代，洛陽の蘇秦は志を得ず親兄弟の冷遇を受けるが，おじの援助を受け発奮，強国秦に対抗する合縦の策を編み出し，燕国に遊説，その言が入れられ丞相となる。趙・斉・韓・魏・楚の各国も蘇秦の言を用い，彼は6か国の宰相の印(六国相印)をもって帰郷，家族を見返す。蘇秦は六国の諸侯を洹水に集めて盟を結ばせる。湘劇では封箱戯(旧暦年末の仕事収め〔封箱〕の芝居)として演じられ(「封相」と「封箱」が同音のため)，粤劇では興行の最初に上演する(開台例戯)のが習わし。崑劇・湘劇・漢劇・河北梆子では『金印記』，川劇・豫劇では『六国封相』，秦腔では『蘇秦拝相』という。
（松浦 恆雄）

りっし【律詩】 8句の近体詩をいう。2句1組を1聯といい，1首は4聯からなり，それぞれ首聯・頷聯・頸聯・尾聯と呼ぶ。五言詩と七言詩とがあり，前者は五言律詩(五律)，後者は七言律詩(七律)と呼ばれる。最初と最後の聯以外は必ず対句とする。押韻は同じ声調の韻を用い(平声が多い)換韻せず，五言詩は偶数句で押韻，七言詩は加えて第一句の末で韻を踏むこともある。1句のなかの2字目と4字目は平仄を異にし，2字目と6字目は同じ平仄とする(二四不同二六対)。また同一聯の2字目・4字目・6字目同士の平仄は異にする。なお，10句以上の長さのものを排律(長律)と呼ぶ。排律は五言詩がほとんどで，12句のものが多い。なお，唐においては，近体詩を律詩とよぶこともあった。
（森田 浩一）

りっしゅう【律宗】 戒律(vinaya 毘奈耶)を中心として成立した中国仏教十三宗の一つ。また日本八宗および南都六宗の一つ。三国魏の曇柯迦羅の訳出した『僧祇戒心』にはじまるという中国の律学

は，西晋時代より薩婆多部の『十誦律』，大衆部の『摩訶僧祇律』，曇無徳部の『四分律』，弥沙塞部の『五分律』など，四大広律と称される本格的な戒律経典が陸続と伝訳され，教団の発展拡充と儀礼や行法の重視にともない，次第に盛んとなった。鳩摩羅什や師の卑摩羅叉・弟子の慧観など羅什一門の活躍によって，その研究にいっそう拍車がかかった。国家による教団の統制や干渉が強化され，廃仏さえも経験した北朝では，なおさら律典の研究が急務であった。南朝梁の僧祐の『出三蔵記集』には133人の律師をあげており，僧祐自身が『十誦律』屈指の大学者であったように，初期の教団では鳩摩羅什の訳出になる『十誦律』系が重んじられた。南朝の『十誦律』に対し北朝では『四分律』系が主流であり，『四分律』宗成立への道を開いた五台山北寺の法聡と僧統慧光の活躍が注目される。慧光は『四分律疏』を著し「僧制十八条」を制定し弟子の僧達・曇隠・道雲・道暉達によって『四分律』の疏鈔が相次いで撰せられるにともない大勢は決した。凝然の『律宗綱要』などは隋末・唐初における『四分律』研究を10～20家と数え，大別して相部律・南山律・東塔律の三宗に分けている。相部律宗とは相州（河南省）の日光寺に住した法礪（569～635）が開いた律宗である。彼は静洪さらに慧光門下の洪淵に『四分律』を学び，江南に遊学して『十誦律』を修めたのち相州にもどり，諸律を折衷して『四分律疏』『四分律羯磨疏』などを著した。その門下から洛陽を中心に相部律を広めた明導や曇光を，長安で活躍した道成を輩出。道成門下の大亮や満意を経て江南一帯に弘通し会稽（浙江省）の曇一，天台中興の祖，荊渓湛然や華厳宗第4祖の澄観などへ継承された。南山律は唐の道宣により開かれ四分律系のみならず律宗の主流を形成した。道宣は慧光の流れを汲み『五部区分鈔』などを著した智首に学び，さらに法礪に相部律を受けて四分律を集大成する。彼が長安の南，終南山の豊徳寺や戒壇を築いた浄業寺を中心に活躍したことから，南山律の名が生まれた。その撰述は『四分律行事鈔』『四分律刪補随機羯磨疏』『四分律含注戒本疏』の四分律三大部をはじめ，『量処軽重儀』『釈門章服儀』など律書のほか，『続高僧伝』『広弘明集』といった仏教史関係の大作にまで及んでいる。彼の門下に文綱（636～727）が，文綱の弟子に道岸がおり，南山律は全国に普及し『四分律行事鈔』の注解は，61家と称される盛況ぶりをみせた。とりわけ長安より揚州・湖州へ流布した法門中，忘れてならないのが南山律を弘景や道岸に学んだ鑑真であり，南山律に相部律を兼ね修めた彼の律学は，苦難の末に日本へ齎され，わが国律宗の源流となった。東塔律は玄奘の弟子でもある懐素（634～707）を開祖とする。懐素は相部律の法礪に学び，また道成・道宣の教学も修めたが満足せず，諸説を併糾して『四分律開宗記』を著した。彼の教学は揚州龍興寺の法慎を経て江南に流布したが，相部律と同様，次第に南山律に圧倒され衰えた。

（藤善 眞澄）

りっしゅん【立春】 二十四節気の最初の節気。春季の始まりの日。陽暦で2月4日前後。古来，春と木を司る句芒神（芒神）を祭り豊穣祈願する祭礼が行われてきた。打春牛・鞭土牛・鞭春と呼ばれる行事は塑像や腹に穀粒をつめた張り子の牛を柳の枝の鞭や棒などで打ったり壊したりし，農民が牛の体から落ちた土と牛の腹からこぼれ出た穀粒を拾い，土は竈や牛小屋に塗り，穀粒は倉の中に入れる。これは農作業の開始を示し促す意味を持つとともに，家畜繁殖と五穀豊穣を予祝するもの。すでに後漢に原型が見られるが，明清代特に盛んであった。

（鈴木 健之）

りつりょ【律呂】 十二律の基準となる器械で，古代，黄帝の命で伶倫が初めて作ったとされる。竹管を12本並べたものであり，黄鐘の管から1つおきの管を律と呼んで陽に属するとし，他6本を呂と呼んで陰に属するとする。黄鐘の管には長さ9寸などといった規格があるが，それだけに却って，度量衡の変遷に伴って絶対音高は変動してきた。また，転じて十二律の別名。十二律も同様に呂と狭義の律に分けられることがあり，六律六呂などとも呼ばれる。

（水口 拓寿）

りつりょうかくしき【律令格式】 律・令・格・式という4種の法典の体系。秦漢時代に淵源し，隋唐時代に完備された。4種の法典が揃った唐の場合でいうと，律は刑罰規定であり，令は非刑罰規定でほぼ行政法的規定であった。令に違うと「違令の罪」に問われるので，律と令の間に一体性があった。律と令が2つの根幹法であったが，随時，勅や格によって変更を加えた。格はこの随時の勅を集成した法典で，式は律令を施行するについての細目をきめた規定である。令・格・式は随時の勅が重視される北宋以後になってやや重要性を失うものの，律のみは明・清まで根本法の位置を保った。個別的にいうと，律の成立が最も古く，新たに発掘された雲夢睡虎地秦簡などに秦律が含まれていたが，秦漢の令の性格には不明瞭な部分が多い。漢律から隋律に至る9王朝の律を，正史などから集成した程樹徳の『九朝律考』は今も有益である。唐の律令は，前代のものを集大成し，後の王朝の模範となったのみならず，当時の東アジア諸国，とくに日本に大きな影響を与えた。唐の前半期は，律令格式という法体

系によって独特の支配体制をとったので，律令体制と呼ばれる。唐律は官撰注釈書である『唐律疏議』30巻が残され，唐令は散佚したが，和漢の典籍に引用された唐令の遺文を収集して原典の体系と条文の復旧を試みた仁井田陞著『唐令拾遺』(1933年)と池田温編集代表『唐令拾遺補』(1997年)によって，大半が復元された。また2006年，北宋の天聖令の半ばが公表され，唐令が引用されていたので，条文の追加が期待される。宋には律として『宋刑統』が公布された。また勅令格式という法典の体系が作られたが，殆ど滅びた。南宋の『慶元条法事類』80巻は，当時行われていた勅令格式の条文を部門別に編成替えしたもので，宋代法研究の基本資料となっている。元には律令は編纂されず，詔令・判例集である『元典章』や『通制条格』があった。明には『大明律』と『大明令』があって，荻生徂徠『明律国字解』が参考になる。清では律のみがあり，令はなかった。　　　　　　　　　　（礪波　護）

りつりょしんしょ【律呂新書】　南宋の声律学書。2巻。蔡元定撰。巻1は「律呂本源」と題して声律を定め，さらに黄鐘の律管の規格に基づいて度量衡を定める。ここでは十八律を提唱しており，それは朱熹(朱子)の評価を経て(序も朱が執筆している)，権威ある声律理論となっていった。また，律管を用いた候気の法(律管に灰を入れて，地中の気の動きを測る)についても詳述している。巻2は「律呂証弁」と題して，『漢書』など歴代の文献から声律理論や度量衡，律管候気の法に関する記述を抜粋し，論評を加える。　　　（水口 拓寿）

りつりょせいぎ【律呂正義】　清の声律学書。5巻。康煕帝欽定の『律暦淵源』の第3部となるが，その成書は王蘭生らに負うところが大きい。1714(康煕53)年進呈。上編2巻は「正律審音」と題して声律を定め，三分損益法に基づいた十四律のシステムを採る。下編2巻は「和声定楽」と題して楽器の規格を定める。続編1巻は「協均度曲」と題し，ポルトガル人ペレイラやイタリア人ペドリニの伝えたヨーロッパの声律理論や記譜法を導入して，中国のそれとの統一を図る。　（水口 拓寿）

りつりょせいぎ【律呂精義】　明の声律学書。20巻。1596(万暦24)年序。朱載堉撰。『楽律全書』に含まれる。従来の三分損益法を離れて，隣接2律の音程が等しい十二平均律を定め，また管径遙減の制を定めて，弦律と管律のずれを，管長を修正することなく解消しようとする。但し，後者は発想自体は正当ながら，隣接2管間の管径の比に誤りが残る。清の江永は『律呂闡微』を著して本書の算法を

敷衍したが，その後，康煕帝欽定の『律呂正義』はこれらの理論を採用することがなかった。
　　　　　　　　　　　　　　　（水口 拓寿）

りつれきえんげん【律暦淵源】　清の聖祖康煕帝御製の『暦象考成』42巻，数学関係の『数理精蘊』53巻，音楽関係の『律呂正義』5巻，計100巻からなる暦法・算法・音楽に関する3部作。編纂がなったのは聖祖崩御の1722(康煕61)年であった。西洋の数学・暦学等に興味を持っていた聖祖が，1717(康煕56)年，宣教師らの講義をもとにして編纂させたもの。編纂に参与したのは，何国宗・梅瑴成等であり，明安図等が考訂に参加した。
　　　　　　　　　　　　　　　（橋本 敬造）

りてき【李迪】　生没年不詳。南宋の画家。一説に，銭塘(浙江省)の人。画院に入り，孝宗朝(1162-1189)・光宗朝(1189-1194)・寧宗朝(1194-1224)の待詔または祗候。花鳥画を善くし，山水はこれに及ばないと評せられた。

　代表作は『紅白芙蓉図』双幅(1197年。東京国立博物館蔵)と『雪中帰牧図』双幅(奈良，大和文華館蔵)。『紅白芙蓉図』は，紅芙蓉と白芙蓉を両幅にえがき分けたもの。精細な筆線と微妙な色調を駆使して，極めて質の高い自然主義的な造形を達成している。『雪中帰牧図』は左右幅で筆者が異なり，真筆は向かって右幅。寒中，水牛の背に騎って，獲物のキジを掲げながら身をすくめて行く人を，対角線構図法の枠組みの中にえがく。そのキジの頭の紅と緑を焦点として，色価の低い暖色と寒色が全画面に配せられ，引き締まった構成を成し遂げている。
　　　　　　　　　　　　　　　（嶋田 英誠）

りとう【李侗】　1093(元祐8)〜1163(隆興元)。北宋末から南宋初の儒学者。南剣州剣浦(福建省)の人。字は愿中。諡は文靖。延平先生と称される。羅従彦に従学し，『春秋』『中庸』『論語』『孟子』の説を聞き，ことごとくその要訣を会得，また静坐の功夫の奥義を伝授された。世に出ることを欲せず自適の生涯を送ったが，晩年，同門の朱松の嫡男の朱子が師事し，釈老(仏教・道教)を排し儒学に邁進する契機を与えられることで，その学風が後世に伝わった。『延平答問』『延平集』がある。宋史428　　　　　　　　　　　　　（近藤 正則）

りとう【李唐】　生没年不詳。南宋の画家。河陽三城(河南省)の人。字は晞古。北宋の宣和(1119-25)画院に属し，靖康の変にあたって北へ拉致される途中，太行山で蕭照に助けられたものと思しく，以後二人で南渡し，やがて南宋の都臨安(杭州)に着

き，80歳にして画院に復職した。その時期については諸説あるが，おそらく紹興(1131-62)末近い頃であろう。高宗(在位1127～62，太上皇1162～87)は，この老画師を極めて重んじ，その画に自ら「李唐は唐の*李思訓に比ぶべし」と題した。

現存遺品のうち，1124(宣和6)年の年記をもつ『万壑松風図』軸(台北，故宮博物院蔵)は，李唐の徽宗画院時代の作品。范寛・郭熙と継承されてきた華北山水画様式の高遠形式によっており，左右対称の構図の中で主山の量塊感が圧倒的である。しかし松の葉などへの緑青の併用(今ではほとんど剥落してしまっているが)，前景の著しい近景化など新しい時代様式をも示し，また個々のモチーフの形態の明晰さにはこの画家の個性がうかがわれる。南渡してからは政治的プロパガンダ絵画をもえがき，『文姫帰漢図』冊(台北，故宮博物院蔵)，『採薇(伯夷叔斉)図』巻(摸本。北京，故宮博物院蔵，ワシントン，フリア美術館蔵など)，『晋文公復国図』巻(摸本。ニューヨーク，メトロポリタン美術館蔵)等が現存する。『山水図』双幅(京都，高桐院蔵)は，南渡後の晩年の山水画風を示すもの。対角線構図法・画中人物に与えられた機能など，南宋院体山水画様式の先駆的作品となっている。

このように，李唐は徽宗画院で達成された新しい山水画様式を南宋画院に伝えた数少ない画家の一人であり，いわゆる南宋院体山水画様式の成立に様式的基盤を提供した。　　　　　　　　(嶋田 英誠)

りどうじゅん【李道純】　生没年不詳。元の道士。都梁(湖南省)の人。字は元素，号は清庵，別号は瑩蟾子。華北に興った全真教が南下をはじめて最初期に現れた江南の全真教道士。また，*白玉蟾再伝の弟子ともいわれる。その教説は，道教の究極の目的である金丹を真性とする従来の全真教の立場に，白玉蟾ら江南道士系統の思想的体系性などを融合させたもので，南北融合型内丹説の先駆的存在となる。文集に『中和集』，語録に『清庵瑩蟾子語録』などがある。　　　　　　　　　　　(横手 裕)

りとうよう【李東陽】　1447(正統12)～1516(正徳11)。明代中期の政治家・詩人。北京の近衛軍の家柄の生まれ，原籍は長沙府茶陵県(湖南省)。字は賓之，号は西涯。17歳で進士となり，以後半世紀にわたって中央政府の要職にあった。しかし文学では従来の「台閣派」による太平謳歌の歌いぶりから脱して，「真情と実意」をのべる立場から，文は唐宋八大家に，詩は盛唐，特に杜甫に範をとろうとした。18年間の閣僚時代をとおして多くの門下生を輩出し「茶陵派」を形成したが，宦官との徹底抗戦と古学復興を唱える「古文辞派」の李夢陽・何景明らが師のもとを離れていった。『懐麓堂集』100巻などがある。明史181　　　　　　　　(松村 昂)

りとかんぱく【李杜韓白】　李白・杜甫・韓愈・白居易を指す。「李杜」は，元稹『杜故工部員外郎杜君墓係銘幷序』(813年)，白居易『与元九書』(815年)，韓愈『調張籍』(816年)などに早い例が見える。「李杜韓白」を並列するのは，清の乾隆帝『唐宋詩醇』が詩の大家として李白・杜甫・白居易・韓愈・蘇軾・陸游の詩を選んだのがはじめである。その蘇軾についての総評(巻32)に「前の曹劉陶謝(曹植・劉楨・陶淵明・謝霊運)，後の李杜韓白，学ばざる所無し」とあり，陸游の総評(巻42)に「其の閎深微妙の指，何ぞ嘗て李杜韓白の諸家と異曲同工ならざる」とある。　　　　(下定 雅弘)

りとん【李惇】　1734(雍正12)～84(乾隆49)。清の経学者。高郵(江蘇省)の人。字は成裕・孝臣。1780(乾隆45)年の進士。暨陽書院の院長として，注疏を中心とする経学によって学生を教育するかたわら，暦法の研究に従事した。著書は10種以上もあったが，現存するのは『群経識小』と『左伝通釈』のみ。その学問は，先儒の学説にとらわれずに文字学・音韻学を活用して経書を解釈することを特徴とする。同郷の王念孫・汪中・劉台拱などと交友があった。清史稿481　　　　　　　(水上 雅晴)

りはく【李白】　701(長安元)～762(宝応元)。盛唐を代表する詩人。西域に生まれ，5歳のころ綿州(四川省)に移住したとする説が有力。字は太白。号は青蓮居士。杜甫の「詩聖」に対し「詩仙」と称される。民歌調の楽府詩や絶句に優れ，豪快な酒の歌をはじめ名作多数。現存する詩は1000首近い。唐初に起こった十王の乱に巻き込まれ西域に逃亡した唐王室一族の末裔を自称したが，正式に認められた形跡はない。出身・家系・家族・経歴に関しても殆ど不明。純粋な漢民族ではないとの説もある。父親が裕福な貿易商人であったらしく，幼少年期は自由でゆたかな暮らしに恵まれ，早くから詩文や剣術にすぐれた才をみせた。神仙にあこがれ四川の山中で少年時代を過ごしたが，724(開元12)年，24歳のころ諸国漫遊の旅に出る。ときに玄宗治下の繁栄上昇期で，彼も青雲の志を抱いて都を目指したのだが，皇帝の側近く仕えたいとしながら，一般的な直線コースである科挙を受験したことはない。当時の工・商階級出身者には受験資格を認めぬとする規定が影響したと考えられる。王族の末裔意識や詩才への自負もあって，都へはまわり道になるはずの諸国遍歴に出たのは，各地の知名人に皇帝への推薦を依頼するのが目的だったのである。18年後の742(天

宝元)年秋に道士呉筠の推薦により，42歳でやっと*玄宗に召し出された。楊貴妃を称えた「清平調詞」などで知られる御用文人として活躍するが，身分が翰林院供奉のままで正規の官人に昇格できず，1年半後の44歳の春には，自ら「山に還る」ことを願い出た。それが所払い同然であったらしいのは，玄宗がいうように「宮廷の作法にはなじまぬ」気性から些細なことで一部の有力貴族に憎まれたからである。その後は道教修行や放浪の生活をつづけたが，いつか皇帝に直接仕えて聖なる理想の御代を実現させるという夢想は捨てなかった。安史の乱で避難先に隠れていた56歳のとき，玄宗の第16子永王璘に求められて安禄山討伐に参軍したのも，宮廷出仕への復帰の手がかりとしたからである。ところが新たに即位した粛宗に，弟の永王が謀反の嫌疑で殺され，一挙に暗転，逮捕，入獄，夜郎(貴州省)への流罪という非運に見舞われた。恩赦で自由の身になったのは59歳の春。以後病弱となり，62歳の762年11月，身を寄せていた当塗の親戚李陽冰に平生の著作を託して，時代に翻弄された不遇の一生を閉じた。正式結婚2度，同棲女性複数，男女2人の子供がいたが，それらの消息もほぼ不明。今，終焉の地とされる現在の安徽省馬鞍山市の当塗県青山の麓に李白墓が，また同市名勝の采石磯に李白記念館があるほか，湖北省安陸市・山東省済寧市・四川省江油市にも記念館がある。入手しやすいテキストに，瞿蛻園・朱金城校注『李白集校注』4冊(上海古籍出版社，1980年)，安旗主編『李白全集編年注釈』3冊(巴蜀書社，1990年)，詹鍈主編『李白全集校注彙釈集評』8冊(百花文芸出版社，1996年)がある。旧唐書190下，新唐書202 （筧 久美子）

りはくげん【李伯元】 →李宝嘉

りはんいん【理藩院】 清の中央官庁。藩部関連の事務を監督・統轄するために1638(崇徳3)年に設置された。藩部とは，内外蒙古・青海・チベット(西蔵)・新疆(回部)等の地域のことで，ジャサク(蒙古)，ベグ(回部)，ダライ・ラマやパンチェン・ラマ(西蔵)ら各々の首長を通して間接的に支配が行われた。長官は尚書，次官は侍郎で，旗籍・王会・典属・柔遠・理刑・徠遠の6清吏司が置かれ，郎中・員外郎以下の各官が配された。1861(咸豊11)年に総理各国事務衙門が設けられるまで，ロシアやネパールとの国境交渉，通商事務等も司った。1906(光緒32)年，理藩部に改められた。 （櫻井 俊郎）

りはんりょう【李攀龍】 1514(正徳9)〜70(隆慶4)。明代中期から後期にかけての詩人。済南府歴城県(山東省)の人。字は于鱗，号は滄溟。若くして「古文辞」にこころざし，「前七子」の李夢陽の擬古主義をいっそう厳格に継承した。すなわち文章では『史記』など秦漢に，古体の詩は「古詩十九首」や曹植の漢魏に，近体詩は李白・杜甫・王維などの盛唐に典型を定め，『易経』の言葉を借りながら「擬議して以て其の変化を成す(模倣を通して変奏へ)」(自作「古楽府」序文)と唱えた。1544(嘉靖23)年に進士になって刑部に配置されると，4年後に王世貞ら職場の同僚を中心に「後七子」を組織し，その代表格となって20年間，名声と作風は全国に知られた。その間，1558(嘉靖37)年には陝西按察副使を依願退職し，郷里の白雪楼に閉じこもること10年，ついで再起して河南按察使となった。著述には『滄溟集』があり，編輯には『古今詩刪』がある。後世ではその模倣の跡が多いことにたいして厳しい批判もある。日本では荻生徂徠らの古文辞学に影響を与えた。明史287 （松村 昂）

りひゃくやく【李百薬】 565(天統元)〜648(貞観22)。初唐の詩人。定州安平(河北省)の人。字は重規。小児のとき多病であったので，百薬と名付けられた。唐朝に入って太宗に認められた。「封建論」や，太宗の「帝京篇」に和した詩が有名。五言詩に優れ，彼の伝によると「樵童牧豎(文字に縁のない田舎の子供)でさえ彼の詩を吟詠した」という。『五礼』の修定，『北斉書』の編纂など，父徳林の衣鉢を継ぐと大いに尊敬された。文集30巻があったが，詩26首，文13篇のみが残る。旧唐書72，新唐書102 （道坂 昭廣）

りふつ【李紱】 1673(康熙12)〜1750(乾隆15)。清代初頭〜中葉期の学者・官僚。臨川(江西省)の人。字は巨来，号は穆堂。1709(康熙48)年の進士。まず翰林院編修を授けられ，工部右侍郎に累官するが，一時，雍正帝の側近，田文鏡らと対立して政争に遭う。乾隆年間(1736-95)，戸部侍郎，内閣学士に至る。その学は，陸象山(九淵)を宗とし，博聞強識で知られたが，心学特有の闊達自在な精神は，むしろ後背化している。著書に『穆堂類稿』『陸子学譜』『朱子晩年全論』『陽明学録』など。『清史列伝』15に伝がある。清史稿299 （伊東 貴之）

りほう【李昉】 925(同光3)〜996(至道2)。五代から北宋初期にかけての学者・政治家。深州饒陽(河北省)の人。字は明遠，諡は文正。五代の後漢・後周に仕え，北宋に入ると要職を歴任した。太宗朝では2度宰相になっている。北宋では勅命による大規模書籍の編纂事業が行われたが，『太平御覧』1000巻，『太平広記』500巻，『文苑英華』1000巻の3書の編纂責任者であったことで有名。また，

『旧五代史』の編纂にもたずさわっている。宋史265
(中原 健二)

りほうか【李宝嘉】 1867(同治6)〜1906(光緒32)。清末の編集者・作家。武進(江蘇省)の人。山東生まれ。又の名を宝凱。幼名は凱,字は伯元,号は南亭・南亭亭長。筆名に游戯主人・謳歌変俗人など。幼時父を失い親戚に育てられる。学業にはげみ秀才に合格,宣教師に英語を学ぶ。1896(光緒22)年,上海に出て『指南報』の編集をし,翌年『游戯報』を創刊,投稿してきた欧陽鉅源と知りあう。1901(光緒27)年,創刊した『世界繁華報』に『庚子国変弾詞』『官場現形記』を連載。1902(光緒28)年,呉趼人と経済特科に推薦されるが2人とも辞退する。1903年,『繡像小説』を編集し『文明小史』『活地獄』を執筆した。 (樽本 照雄)

りぼうよう【李夢陽】 1472(成化8)〜1529(嘉靖8)。明代中期の詩人。字は天賜,また献吉。号は空同。北地と称されることもある。陝西省慶陽府(甘粛省慶陽市)の人。1493(弘治6)年,李東陽のもとでの進士。中央政府の若手官僚として宦官劉瑾の横暴に抗するうちに師の温厚な作風から離れ,もちまえの直情でもって,古典文献そのままの生きかたと表現にならう擬古主義の作風,いわゆる「古文辞」を形成し,「前七子」の代表格とされる。彼らの集約的な目標である「文は秦漢,詩は盛唐」というスローガンも『明史』は李夢陽の提唱であるとする。しかし彼には,感情のストレートな表現という点で古楽府,『楚辞』,『詩経』へとさかのぼり,自然との理屈ぬきの融合という点で宋の林逋の梅の詩に傾倒する面もあった。つごう15年間の官吏生活の中で,投獄を4回,罷免を1回経験し,43歳で退官して以降は開封に隠棲し,擬古の方法をめぐって盟友の何景明と激しい論争をするかたわら,商人出身の詩人などの指導にあたった。『空同集』66巻などがある。明史286 (松村 昂)

りまとう【利瑪竇】 →マテオ・リッチ

りむよう【李夢陽】 →李夢陽

りや【李冶】 1192(明昌3)〜1279(至元16)。金末元初の経学者・数学者。真定欒城(河北省)の人。原名は,李治。字を仁卿,号を敬斎という。中国の代数記法,天元術の完成者として名高い。主著の『測円海鏡』12巻は,天元術を系統的に叙述する現存する最古の数学書。直角三角形とそれに内接する円,直角を挟む2辺に平行な8直線に生じる諸問題170題を,天元術によって解いてい

る。著書にはほかに『益古演段』3巻などがある。元史160 (川原 秀城)

りやこじょうしんかんとく【里耶古城秦簡牘】 2002年4月から11月にかけて行われた,湖南省湘西土家族苗族自治州龍山県里耶鎮にある里耶古城址の発掘調査により,1号井戸(J1。井口2.1×2.1m,深さ14.3m)から出土した総計3万6000枚におよぶ秦代の木質簡牘。その大部分は秦の洞庭郡の管轄下にあった遷陵県にかかわる公文書であり,簡牘中の紀年は,統一前年の始皇25(前222)年から二世2(前208)年までの年代を含む。これらの簡牘は官署の廃棄文書と推定され,秦の公文書の実物が出土した初めての例として重要な意義をもつ。発掘報告に「湖南龍山里耶戦国——秦代古城一号井発掘簡報」(『文物』2003年第1期)がある。
(福田 哲之)

りゅう【笠】 かさ。かぶりがさ。『急就篇』「竹器箄笠……」の顔師古注に「箄も笠もみな雨を防ぐためのものである。大きくて把手があり,手で持って歩くのを箄といい,小さくて把手がなく,頭にのせて歩くのを笠という」とある。雨を防ぐかさのうち,柄のあるのが箄で,頭にかぶるのが笠だというのである。雨ばかりでなく暑さも防ぐ。『詩経』小雅・無羊「何蓑何笠」の毛伝には「笠は暑さをふせぐためのものだ」とある。同じ小雅の都人士の「彼都人士,台笠緇撮」の鄭箋に「台とは夫須のことである。都人の士は台の皮で笠を作った」という。夫須とは莎草(ハマスゲ)で,その茎を裂いて笠を作ったのである。菅笠の類のかぶりものである。
(相川 佳予子)

りゅう【龍】 古代中国に起源をもつ想像上の霊獣。雨や水との関係が深く,祈雨の霊力をもつと考えられた。『説文解字』によれば,鱗虫(うろこのある動物)の長であり変幻自在,春分に昇天し,秋分に淵に潜るとされる。起源は新石器時代に遡り,長江流域の薛家崗文化や石家河文化の遺跡から龍形の玉飾が出土している。殷・周時代には青銅器の装飾文様として雷文などとともに表され,前漢初期には湖南省の馬王堆漢墓1号墓出土の帛画にみられるように鱗に覆われた長い身体や2本の角,前脚付近から伸びる翼といった形態が整った。以後,絵画の画題をはじめ,鏡や陶磁器などの工芸品を飾る意匠としても用いられる。麟・鳳・亀とともに四霊の一つとされ(『礼記』礼運),青龍は,朱雀・白虎・玄武とならぶ四神の一つとして東方を司ると考えられた(『礼記』曲礼)。瑞獣の代表とされ,漢代からその出現を記念して改元が行われ

るとともに，古くより皇帝の象徴として扱われ，宋時代以降は五爪龍文を皇帝専用の意匠とした。

(福島 雅子)

りゅうあん【劉安】 前179(文帝元)～前122(元狩元)。前漢高祖の庶子厲王劉長の長子。前164(文帝16)年，父を継いで淮南王に封ぜられた。文化を愛好することで知られ，武帝の命により『離騒』の賦を作ったとされる他，『易』に関する『淮南道訓』2篇，天文に関する『淮南雑子星』などの著述があったと言う。また，劉安が各地より招致した多数の賓客に書かせて編纂した『淮南子』21篇は，当時必要とされていた統一国家理論を構築し武帝の政治に影響を与えようとした思想書である。前122年，謀反の罪に問われ，自ら命を絶った。漢書44

(池田 知久／渡邉 大)

りゅういつめい【劉一明】 1734(雍正12)～1821(道光元)。清朝中期の内丹家・易学者・医家。曲沃(山西省)の人。号は悟元子，また素朴子・披褐散人とも。各地を流浪して活動した。その名から龍門派第11代とされるが，何れの師から命名されたかは不明。その著で言及される最も重要な師は，甘粛で出会った龕谷老人と湖北で出会った仙留杖人とである。内丹家としての遍歴は，『会心内集』巻下「窮理説」，『会心外集』巻下「韜光歌」等の中に比較的詳しく示される。著作が多く，そのうち25篇が『道書十二種』に収められている。

(森 由利亜)

りゅういん【劉因】 1249(淳祐9)～93(至元30)。元の儒者。容城(河北省)の人。字は夢吉，号は静修。周敦頤『通書』に由来する無欲論を基盤に，金滅後将来された朱子学関連の書物から理気論を学び，また老荘思想をも積極的に取り込んで，絶対の道を根底に据えた万物を斉同視する思想を構築する。郝経と思想的交流を持ち，「古に経史の分なし」との見解を残したほか，国子祭酒となった許衡に対して老子の思想を悪用する者だと批判し，自身は元朝からの出仕の要請を断り続けた。元史171

(三浦 秀一)

りゅううしゃく【劉禹錫】 772(大暦7)～842(会昌2)。中唐の文学者。原籍は洛陽(河南省)だが，父の代に安史の乱を避けて江南に移り，嘉興(浙江省)で生まれた。中山(河北省)の人ともいわれるのは，中山靖王劉勝の末裔と自称したため。字は夢得。最終の官が太子賓客だったので劉賓客とも呼ばれる。793(貞元9)年の進士。順宗即位後，王叔文の政治改革に，柳宗元らと参画したが，「永貞の変」により失脚，朗州(湖南省)司馬に左遷。以後，56歳で洛陽に帰るまで，22年間の地方官生活を送る。晩年は白居易と親交を結び，多くの唱和詩を残して「劉・白」と並称される。古を懐い今を傷む詠史詩や，左遷時代に南方の民間歌謡を改作した竹枝詞は，広く愛誦された。また柳宗元の「天説」を補足した「天論」3篇は，人間界を支配する天の意志の存在を否定し，天命論に反対したものとして注目される。瞿蛻園『劉禹錫集箋証』30巻・『外集』10巻(上海古籍出版社，1989年)が便利。旧唐書160，新唐書168

(筧 文生)

りゅうえい【柳永】 987(雍熙4)?～1053(皇祐5)?。北宋の詞人。崇安(福建省)の人。もとの名は三変，字は耆卿。仁宗のとき(1034年ごろ)進士に及第。睦州の団練使推官から屯田員外郎となった。若いころから市井の詞人として活躍，その詞は宮中・民間に広く歓迎された。詞集『楽章集』がある。

彼以前の詞はおおむね小令(短篇の詞)が一般的であったが，彼は新興の慢詞(長篇の詞)に積極的に取り組み，この様式の可能性を大いに開拓した。題材面だけ見ても，男女相思の情・旅愁・都会の繁栄・遊覧・年中行事・詠物・詠史と，きわめて広範囲にわたっている。また手法の上でも，白話語彙の導入，対句の多用，賦の作法の応用などさまざまな試みを行っているが，それらはすべて，慢詞という新様式に確乎たる形式感(造型美)を与えるための努力として理解すべきである。その結果彼が獲得した慢詞構成の方法は，①律詩の四段構成を導入して明確な統一感を与える，②時間の経過に沿う形で内容を展開させ，「時間軸」という支柱を設定することで作品に統一感を与える，③一定の間隔ごとに視点を転換し，そこから生ずる一種のリズム感を，作品の統一感の軸とする，の3点に，ひとまずまとめられよう。もとより彼は韻文作家として必要な造句力にも秀でており，「今宵 酒醒むるは何れの処ぞ／楊柳の岸 暁風残月」(「雨霖鈴」)，「漸く霜風凄惨にして／関河冷落し／残照 楼に当たる」(「八声甘州」)，「一日 思量せざらんとするも／也た眉を攢むること千度なり」(「昼夜楽」)，「青春は都て一餉(つかのま)／浮名を把りて 浅斟低唱に換了するに忍びんや」(「鶴沖天」)など，名句に事欠かない。一方，詩の領域では，製塩に携わる人々の労苦を描いた七言古詩「煮海の歌」が高く評価され，数々の模擬作が作られている。また「勧学の文」(『古文真宝』前集所収)も忘れることはできない。

(宇野 直人)

りゅうえん【留園】 江蘇省蘇州市西北の閶門外にある庭園。明の嘉靖年間(1522-66)に太僕寺

少卿の徐泰時が築いた私邸庭園で，当初は東西2つの部分からなった。現在の留園は東園にあたる。その後，清の1798(嘉慶3)年に，劉恕が東園の跡地を改築し，名を寒碧山荘とした。劉恕は石をこよなく愛し，太湖石12峰を収集し，すべてに名前を付けている。園主の姓から劉園とも呼ばれた。さらに，1876(光緒2)年に盛旭人が規模を拡大した際，劉と留が同音であることにちなみで，現在の留園と改名している。

庭園は，中・東・西・北部の4つに分かれている。西北隅が最も高い場所で，全園のみならず，虎丘や天平山，獅子山を望むことができる。中部は，かつての寒碧山荘にあたる。留園の最も主要な部分で，明代の著名な造園家である周秉忠が築いた築山と池を主題とする。池を中央に置き，周囲に築山と回廊が巡っている。一方，東部は建築を主題とする。それぞれの建物は前方の小さな中庭に開き，そこに石峰を点在させている。建築物のうち，五峰仙館は，建物から調度に至るまですべて楠(ナンタブ，クスノキの一種)でつくられていることから「楠木庁」とも呼ばれる。また石峰では，有名な「留園三峰」のうち，林泉耆碩之館(鴛鴦庁)の真北に対峙する高さ約9mの冠雲峰を，江南最大の太湖石としている。きめの細やかさ，割れ具合，浸透性，なめらかさの点できわめて質の高い太湖石であり，明代の東園の時代にすでに存在したと伝えられる。西部は，あくまでも自然を主題とし，山林のように土を盛った築山を中心に樹木が配置される。北部は，田園風景を主題とし，竹林や桃・杏の木が植えられている。こうして，留園では，各部でそれぞれ趣の異なる空間をつくり出し，変化に富んだ演出がなされている。明清両代の文人がつくりあげた留園は，多くの詩にも歌われるほど蘇州の名園として早くから讃えられ，中国庭園芸術の集大成として位置づけられる。　　　　　　　　　　　　(高村 雅彦)

りゅうおういっかげんぜんしゅう【笠翁一家言全集】　明末清初の劇作家・小説家として知られる李漁の詩・詞・文・随筆などを集めたもの。著者みずからが編集にたずさわり，1678(康熙17)年に翼聖堂本『笠翁一家言全集』53巻を刊行した。彼自身の説明(自序)によれば，ことさら「一家言」の語を付すのは，これが古今独歩のもの，どこまでも独創であろうとしたからであるという。その内容は，先に「初集」として編集した文集4巻と詩集8巻，および「二集」の12巻，歴史論「別集」4巻，『笠翁詞韻』4巻，詞集『耐歌詞』5巻，随筆集『閑情偶寄』16巻である。その後，1730(雍正8)年刊行の芥子園本では，『笠翁詞韻』は除かれて，「笠翁文集」「笠翁詩集」「笠翁余集」「笠翁別集」「笠翁偶集」の5部に改編整理されている。なかでも「笠翁偶集」(『閑情偶寄』)が最も著名である。(岡 晴夫)

りゅうおうじっしゅきょく【笠翁十種曲】　明末清初の劇作家・小説家李漁の戯曲全10篇の総称。間違い続きの喜劇として名高い『風筝誤』をはじめ，醜男が三佳人を娶るに至る逆転劇の『奈何天』や，奇遇に奇遇が重なる『巧団円』，また『比目魚』では劇中劇と奇跡を重要な作意とし，『蜃中楼』は先行する著名な元曲の二作を巧みに綯い交ぜにしてみせている。その他『憐香伴』『凰求鳳』『意中縁』『慎鸞交』『玉掻頭』と，すべての作品のそれぞれに観客の意表をつく奇抜な意匠がこらされている。すなわち，新奇な趣向を案出し，それによる筋立ての変化・面白さを，もっぱら意図的作為的に追求することを目指して，ドラマ，フィクションの組み立て方，演劇的状況の設定，巧妙な舞台構成などに持ち前の技量を傾け，手腕を振るおうとした。そこに劇作家としての李漁の真骨頂が認められる。全10篇のうち4篇は，自作の小説を劇化している。　　　　　　　　　　　　(岡 晴夫)

りゅうかい【柳開】　947(天福元)～1000(咸平3)。北宋の散文家。大名(河北省)の人。字は仲塗，号は東郊野夫。973(開宝6)年の進士。柳開は宋代古文運動の先駆であり，復古を提唱し，五代の頽靡な文風に反対した。「吾が文は孔子，孟軻(孟子)，揚雄，韓愈の文なり」(『応責』)と述べるように，彼の理論は後の欧陽脩の詩文革新運動の先声となったが，実作上の成果はそれほど高くない。『河東先生集』16巻がある。宋史440　　(大野 修作)

りゅうかいせん【劉海蟾】　生没年不詳。五代から北宋頃に存在したとされる道士。広陵(山西省)の人。一説に遼の人。もとは名を操，字を昭遠といい，後に名を玄英，字を宗成，号を海蟾子とした。初め明経科に及第し，燕国の劉守光に仕えて宰相にまでなるが，ある時鍾離権に出会って世の無常を諭され，改心して官を辞し出家する。後にまた呂洞賓に遇い，内丹の秘旨を授けられ，終南山・華山・泰山等の間を往来して各地で神異をあらわしたという。また，張無夢・种放・陳摶らと方外の交わりをもったとされ，特に陳摶には師事したともいわれる。北宋以降は著名な仙人として広く民間に人気を得た。特に全真教の開祖である王重陽は呂洞賓とともに彼からも教化を得たとされ，全真教五祖の一人に数えられるほか，内丹道・南宗の初祖である張伯端に金丹の法を授けた人物ともされている。　　　　　　　　　　　　(横手 裕)

りゅうがく【劉鶚】 1857(咸豊7)?～1909(宣統元)。一説に，生年は1854(咸豊4)。清末の金石学者・作家。丹徒(江蘇省)の人。字は鉄雲。食客として身を寄せていた王懿栄の死後，その収蔵品の多くを入手し初の甲骨文の著録である『鉄雲蔵亀』(1903年)を刊行した。当書には1058片の甲骨拓本が収録されるとともに初歩的な釈読も試みられており，甲骨文研究の嚆矢であった。他に『老残遊記』『鉄雲蔵陶』などの著作がある。晩年には罪を受け，流刑先の新疆で没した。　　　　　　　(角道　亮介)

りゅうかむ【榴花夢】 弾詞の一種である福州評話の長篇の演目。作者は清の女性作家李桂玉(生没年不詳)で，道光21(1841)年の自序が付される。もとは全357巻で，民国28(1939)年に女性作家の翁起前・楊美君の合作により続編3巻が作られ，計360巻となる。480万字を超える中国史上最長の通俗文芸作品。唐を舞台に女英雄の桂恒魁が武功を立てる過程を描くとともに，歴史にことよせて清朝の政治の乱れに警鐘を鳴らしている。
(千田　大介)

りゅうかよう【柳華陽】 生没年不詳。清代，18世紀末に著作のある禅僧・内丹家。洪都(江西省)の人。名・字不詳。皖水(安徽省)の双蓮寺で出家した後，明末の伍守陽と壺雲老師(未詳)に教を受けたという(「慧命経自序」1794年)。教説としては，仙仏合一を説く伍守陽の内丹法を仏僧の立場から継承・敷衍する点に特色があるが，年代的に見ると伍の直接的な伝授を受けたとは考えにくい。著作に，内丹書『金仙証論』と仏教語に託して内丹を説いた『慧命経』がある。両書とも図と平易な解説により読者の理解を促すことが強く意図されている。
(森　由利亜)

りゅうかん【柳貫】 1270(咸淳6)～1342(至正2)。元の文章家。婺州浦江(浙江省)の人。字は道伝。金履祥に性理の学，方鳳・謝翺に詩文を学び，杭州で南宋の遺民と親しく交わった。晩年に初めて仕官し，その7か月後に死去したという。江南の文壇では影響力をもち，平明で論理的な散文を数多く残した。詩は江西詩派の影響が見られるが，その理想は杜甫・李白にあったという。文集『柳待制文集』20巻がある。元史181　　　(高橋　文治)

りゅうがんしゅかん【龍龕手鑑】 契丹(遼)の僧行均が幽州(北京)で撰述した字書。巻首に遼の997(統和15)年の「新修序」があるので，成立はそれよりもやや早いと考えられる。本来の書名は『龍龕手鏡』であったが，宋に伝わってから「鏡」字が宋の避諱字である「敬」と同音であるため，この名称となった。242の部首により分類されるが，各部首の排列は平上去入の四声により，4巻としている。そのため平声巻第一は金部，上声巻第二は手部，去声巻第三は見部，入声巻第四は木部から始まるという独特の方式となる。各部首に属する文字はさらに四声に分かって排列し，検索の便を図っている。併せて2万6430余字を収めるが，仏典に取材する数多くの俗字・異体字を載録しているのが大きな特徴で，本書の価値もまたこの点にある。宋版が伝来しているが，契丹版の原姿を保存する高麗版は上声巻第二を欠く不全本である。また吐魯番(トルファン)から小断片が出土している。高麗版にはまた8巻に増広された本があり，それによった日本の慶長古活字版もある。
(高田　時雄)

りゅうかんそ【劉完素】 1120(天輔4)?～1200(承安5)?。金元医学の四大家(劉完素・張従正・李杲・朱震亨)の一人。字は守真，号は通玄処士。河間(河北省)の人なので劉河間とも呼ばれた。25歳の時から『黄帝内経』素問を深く研究し，張仲景の処方をよく使った。一身の気はみな四時(春夏秋冬)・五運(木火土金水)・六気(風熱湿火燥寒)の興衰に従うのだという。五運は病を司り，六気によって病となる。ことに火・熱によっておこるものを重視し寒涼剤を多用したので寒涼派といわれる。著書は『素問玄機原病式』『宣明論方』など。『医史』5に伝がある。金史131　　(山本　徳子)

りゅうき【隆琦】 →隠元

りゅうき【劉基】 1311(至大4)～75(洪武8)。元末明初の文人・思想家。青田(浙江省)の人。字は伯温。元朝に仕えたが，やがて太祖朱元璋の下に転じ，明朝の創建に功績があった。主著には『郁離子』があり，その他にも彼が長じていたという予言讖緯関係の多くの著作が彼に仮託されている。詩人としては，漢魏以前の古い詩形を採用して前後七子の復古主義を予告する重要な位置を占めるとされ，その内容には鋭い風刺が含まれている。明史128　　　　　　　　　　(前川　亨)

りゅうき【劉熙】 生没年不詳。後漢末の経学家・訓詁学者。北海(山東省)の人。字は成国。献帝の建安年間(196-220)に三国時代の争乱を避け，交州(ベトナム)に移住したと伝えられる。主著『釈名』は同音語を利用し文字の由来を説く「声訓」の手法により語源を説明していて，明確な理論性を欠く点もあるが，語源研究・音韻研究に重要な材料を提供してくれる書物である。他に『孟子注』等を著

したが散逸した。三国志53 　　　　　（三木　夏華）

りゅうき【劉徽】　生没年不詳。三国魏〜晋の数学者。原籍不詳。『九章算術』注と『海島算経』をもって名高い。

魏末の263(炎興元)年，『九章算術』9巻にたいして詳細な注釈を加え，注の形式で自らの研究成果を発表した。数理の脈絡を詳細に分析し，算図や模型を利用して数理の大体を解説するのみならず，算法自体の相互関係を考え，基本術にもとづく算法の系列化を図り，算法の厳格な証明と相互の関連づけを通して，伝統数学を一つの体系的学問に昇華した。また測量計算に用いる重差術の例題と注釈を新たに作り，『九章算術』第9巻の句股章の末尾に付け加えた。『隋書』経籍志にいう「九章算術十巻　劉徽撰」がそれである。劉徽の第10巻重差章は，唐代には『九章算術』から独立し単行された。書名を『海島算経』という。重差術とは，句股術の応用のこと。重ねて直角三角形の相似計算を用いるところに特徴がある。「海島算経」と命名されるのは，第1題が海島の高さと距離を求めているからである。

劉徽は伝統数学を整理して緊密な体系化を行う一方，いくつかの創作をなしとげ，中国数学の水準を大きく飛躍させた。例えば，『九章算術』は円周率を $\pi=3$ とした(古法円率)が，劉徽は円に内接する正多角形の面積の極限として円積を求め，そこから $\pi=3.1416$ を導き出した。このような解析法を，割円術という。ただし一般に徽率(劉徽新率)といえば，上値を簡略にした近似値 $\pi=3.14$ の方を指す。南朝宋の祖沖之は後に $\pi=3.141592$ の値を獲得したが，それも劉徽の割円術をより精密にしたものにすぎない。極限の概念は，弧田(弓形の田)や陽馬(四角錐の一種)の求積プロセスにもみえ，かれの特筆すべき業績の一つである。　　　　　（川原　秀城）

りゅうぎけい【劉義慶】　403(元興2)〜444(元嘉21)。南朝宋の政治家・文人。彭城県(江蘇省)の人。字は不詳。宋の高祖劉裕の甥。幼いときから高祖に愛され，420(永初元)年，臨川王に封じられる。文武両道にすぐれ，内外の要職を歴任，429(元嘉6)年には長江中流の重要拠点荊州の刺史となる。もっとも，劉義慶自身はしだいに武事を忌避して，文事への傾斜を強め，何長瑜や鮑照など多くの文人を招聘して，文学サロンの主となった。

劉義慶の著作としては『徐州先賢伝』10巻，志怪小説集『幽明録』30巻などがあげられるが，その最大の業績は魏晋の著名人のエピソード集『世説新語』を編纂したことである。しかし，実際に執筆したのは，魯迅が『中国小説史略』で述べているように，劉義慶のもとに集まった文人たちであり，しかもその記述の多くの部分は書き下ろしではなく，先行する諸書から抜粋し，適宜書き直したものと推定される。宋書51，南史13 　　　　　（井波　律子）

りゅうきでん【柳毅伝】　唐の伝奇小説。『柳毅』『洞庭霊姻伝』『柳参軍伝』ともいう。李朝威著。唐の時代，落第書生柳毅が，洞庭湖の龍王の娘に出会い，婚家での虐待を訴える彼女の手紙を洞庭湖に届ける。娘は救出され，柳毅は龍王の歓待を受けるが，柳毅は娘との婚姻を辞退して地上に帰り結婚する。しかし柳毅の妻は亡くなり，その後，龍王の娘が盧氏として現れ，柳毅と結婚し，子をもうける。そして真実を告げ，柳毅を仙人とし，ともに洞庭湖へ帰った。『太平広記』419等所収。

　　　　　（成田　靜香）

りゅうきゅうとうぶん【龍虬陶文】　江蘇省高郵市の龍虬荘遺跡で発見された土器片上に刻まれた新石器時代の文字，または記号。1993年の調査の際の採集遺物で，土器片の片面右側に動物の形に似た4つの図形を，左側に4字を刻む。新石器時代後期の遺物とされ，土器を書板として利用する点で丁公陶文と共通する。報告書は左の4字を甲骨文に似るとするが(龍虬荘遺址考古隊『龍虬荘：江淮東部新石器時代遺址発掘報告』，1999年)，その文字系は未だ不明な点が極めて多い。　　（角道　亮介）

りゅうきょう【劉向】　前79(元鳳2)〜前8(綏和元)。前漢の学者，目録学の祖。楚元王交(高祖劉邦の弟)の四世の子孫。父徳の時代に楚地と縁が切れ長安に移り住むが，これは武帝が淮南王劉安等の同姓諸侯を殺し封地を奪っていたのを恐れた為である。彼は若い頃誅殺されたその淮南王の膨大な蔵書を見る機会があり，錬金術の書や占星術の書を得て研究した。成帝の頃，勅命によって世間に散逸していた各種の書物を集め，真本を秘府に収め，写本を持ち主に返した。その時数万の書物を研究したが，その成果が劉向別録で，書物分類学である。これの実態は分かりにくいが，向の死後哀帝の時息子の劉歆が纏めた七略(『漢書』芸文志)がほぼ同じものである。これは基本的に後の経史子集の四部の発想につらなる。劉向は洪範五行や占星術の讖緯災異学が得意で天文を夜見て迫り来る漢朝の危機を危ぶんだが，根は儒者で，「列女伝」「新序」「説苑」等の帝王の教育書をも書いて天子に期待を寄せた。漢書36 　　　　　（北村　良和）

りゅうきょう【劉勰】　466(泰始2)?〜539(大同5)?。南朝梁の文学批評家・仏教思想家。東莞莒(山東省)の人。字は彦和。早くに父を失い貧しか

ったので妻を娶らず，僧祐を頼って定林寺に十数年寄寓。その間に仏教の経論に精通するようになり，寺の経典を整理した。この頃，中国最初の体系的な文学理論書である『文心雕龍』50篇を著し，*沈約に認められる。天監(502-519)の初め，奉朝請で出仕，臨川王蕭宏を経て南康王蕭績の記室となり車騎倉曹参軍・東宮通事舎人・歩兵校尉などを兼任した。東宮通事舎人を兼ねた時期，昭明太子蕭統の知遇を得，『文選』の選録にも影響を及ぼしたとされる。蕭統の死後，勅命により僧慧震と定林寺で経証を撰したが，終わるとそのまま出家して名を慧地と改め，一年たたないうちに没した。仏教の理論を説く文章が得意で，寺塔・名僧の碑志は，必ず委嘱されたという。「文集は世に行われ」(『梁書』伝)たが，亡佚した。梁書50，南史72　　(森賀 一惠)

りゅうきょうじ【龍興寺】→龍興寺

りゅうぎょが【龍魚画】　中国絵画の画題。龍や怪魚を大海の波濤とともに描く。唐以前からの古典的な画題であるが，これを善くした画家に，五代十国の南唐および北宋に仕えた宮廷画家，董羽がおり，彼が開封(河南省)の翰林学士院玉堂に描いた龍水壁画もその例と考えられる。蓬萊山などの東海の仙山とも関連がみられ，工芸の図案にも取り入れられている。北宋末の*『宣和画譜』は龍魚門を設けるが，より新しい画題である藻魚図をも含めており，当時の併存した状況をうかがわせる。
(竹浪 遠)

りゅうぎょく【劉玉】　1257(宝祐5)～1308(至大元)。元初の道士。宋元時代に登場したいわゆる新道教の一派である浄明道の開創者。建昌(江西省)の人。玉真子と号す。古来より存在した*許遜に対する崇拝を受け，何真公が西山(江西省)で宗教活動を展開していたが，劉は何にいたるまでの許遜崇拝を核とする伝統に対し大幅な改革と理論化を施した。特に繁雑な儀礼文書や符呪を簡単にし，むしろ当時の儒学の動向を受けて，日常倫理である忠孝の実践を求め，儒道を融合させる理論構築を行った。著に『浄明秘旨』があったとされ，『玉真先生語録』が現存する。
(丸山 宏)

りゅうきん【柳琴】　山東省・江蘇省・安徽省一帯で盛んに演奏された撥弦楽器。主として江蘇省・山東省の柳琴戯，安徽省の泗州戯の伴奏楽器として使用される。形は中国の琵琶に似るが琵琶より小さい。伝統的柳琴は2弦で音域も1オクターブ半しかなかったが，改造されて3弦と4弦の2種類となり，4弦の場合音域は4オクターブにまで及ぶ。演奏を行う時には楽器を膝の上に置き，左手の親指で楽器を支え残りの指で弦を押さえ右手ではじいて弾く。演奏法や楽譜の記号は基本的に琵琶と同じである。
(池澤 滋子)

りゅうきん【劉歆】　前？～23(地皇4)。前漢末の学者。沛(江蘇省)の人。字は子駿。哀帝の前6(建平元)年，名を秀，字を穎叔と改めた。時の大儒*劉向の第三子(末子)。成帝の前27(河平2)年，若くして黄門侍郎に抜擢される。翌年，詔を受けて父の向とともに秘書(宮廷の蔵書)の領校(校訂)に従事。前7(綏和2)年，哀帝の命を受けて父の業を継ぎ，五経を領校する。哀帝の初め(前7ないし前6年)，領校を完了し，あわせて群書を総括し6ジャンルに類別，中国最初の図書目録『七略』を著す。前6(建平元)年，古文経の『左伝』『毛詩』『逸礼』『古文尚書』を学官に立てようとしたが，今文学を奉じる衆儒の反対にあって失敗。平帝の5(元始5)年，律暦のことを考定し，『鐘律書』『三統暦』を著す。*王莽の9(始建国元)年，国師となり，政治改革を積極的に推し進める。23年，新朝の転覆をはかって失敗，自殺した。

劉歆が後世に及ぼした思想的社会的な影響は，経学や目録学および律暦・度量衡の制度において，とりわけ巨大である。その理想ないし精神は，後漢の経学イデオローグの顕彰を経て，広く中国古典期——清の乾隆・嘉慶(1736-1820)以前の読書人のエートスまで昇華している。

劉歆は『七略』の図書分類を通して，学術研究の追求すべき理想を呈示した。すなわち，①経学を根幹として，五学(諸子・詩賦・兵書・術数・方技)を学ぶべきこと。経学は「五学の原」として不易であるが，五学は「世々改変あり」て価値的に上下がない。②経書の細かな章句にはかかずらわず，経学(易・書・詩・礼・楽・春秋)をすべてにわたって兼修すべきこと。古文学者が今文学を「拘守一経」「専己守残」と非難するのは，兼修の理想に反するからである。③古文経のテキストを粗忽にすべからざること。古文学者は劉歆以来，古文の経伝・学説にもとづいて今文の経伝・学説を正すのみならず，時には今文の経伝・学説を利用して自らの理論を構築し展開したが，それは博学多通を重んじ今古兼通を実践した結果にすぎない。

律暦・度量衡の制度への影響も大きい。①『三統暦』の影響。中国の暦法は清の時憲暦にいたるまでいずれも天体暦の性格が強く，月日の配当を定めるとともに，日・月食を予測し，五星の位置を計算したが，それは三統暦が与えた形式である。劉歆は新しい五徳終始説——五行相生による五帝徳の循環理論を考案・唱道した。その理論は新から宋まで，

1000年をこえて踏襲されている。②『鐘律書』の影響。劉歆の五声十二律の制度は，中国の音楽音響学の理論として，後世の発展の方向を根底的に決定づけた。また度量衡学者はほぼ2000年にわたって，劉歆の黄鐘秬黍の制度を最も完備したものとみなし，基本的にそれにしたがった。漢書36

(川原　秀城)

りゅうきんぎん【鎏金銀】 →鍍金銀

りゅうきんほうずいはん【龍筋鳳髄判】　唐代，判を集めた文集。『龍筋鳳髄』ともいう。もと10巻。張鷟著。判とは政治の対象になる諸般の問題に対する処置を駢文で記した行政文書であり，唐代にはそれが官吏登用試験(吏部試)の科目の一つとされた。そこで文人達が自ら例題を設けて判を作り，それを編んで受験参考書とすることが行われた。しかし判集の中で現存するのは本書と白居易の『百道判』のみである。唐代の判集は駱賓王の『百道判』以来100道で1部の集とするのがならわしで，本書ももとは100道からなっていたが，その後散逸し，現存するのは80道のみ。また，もとは中書省から州県までの各官庁に関する事項ごとに編次された10巻であったが，現存するのは2巻本と4巻本(明の劉允鵬注)。本書は宋代まで広く士人に利用されたものであるが，その判は古今の故事を博引し彫琢をこらすことに傾き，論理性を欠く。『学津討原』『湖海楼叢書』『海山仙館叢書』等所収。

(成田　静香)

りゅうけいてい【柳敬亭】　1587(万暦15)〜1670(康熙9)。明末清初の講談師。泰県(江蘇省)の人。本名は曹逢春。文人莫後光の指導と自らの研鑽により芸人として成長，揚州・杭州・蘇州で活躍する。後に南京に出て長吟閣で語り，何如寵・范景文などの官僚知識人と交わるようになり名声が上がった。また，東林党・復社の文人たちとも交わり，思想的な影響を受けた。1662(康熙元)年に，漕運総督に従い北上し天津・北京に行く。『隋唐』『水滸』を得意とした。後世の講談芸人に一代の宗師と崇められる。

(山口　建治)

りゅうげきょう【龍華経】　明清時代の民間宗教である大乗円頓教の宝巻。正式の名称は『古仏天真考証龍華宝経』。24品で構成。原本は明代末期に作られたが，1655(順治12)年に木人(李某)を中心とする同教の教徒の手により完成。その内容は，無生父母(無生父・無生母という夫婦二神の併称。無極聖祖・無生老母ともいう。民間宗教の最高神)の命令で教祖弓長(張某)が同教を創始した顛末や，1624(天啓4)年に末劫(一種の終末)が到来し，弓長をはじめとする諸仏の化身が下生して衆生を救済するという教義を説く。

(浅井　紀)

りゅうげさんね【龍華三会】　仏教の『弥勒大成仏経』などで説かれている，弥勒菩薩が龍華樹のもとで行う三会の説法。弥勒菩薩は釈迦入滅の56億7千万年後，兜率天より地上に下生し，地上を理想世界に変え，龍華樹の下で悟りを得る。そして三会の説法を行い，釈迦によって救われなかった人々を，初会の説法で96億人，第2会の説法で94億人，第3会の説法で92億人，救済するとされている。この教えは中国における代表的終末論である。

(浅井　紀)

りゅうげん【劉炫】　生没年不詳。隋の経学者。河間景城(河北省)の人。字は光伯。盟友劉焯とともに隋の国史編纂・洛陽石経の校訂に従事し，当時二劉と称せられた。後に太学博士となるが，生涯の大半を無官に送っている。『論語述議』『春秋述議』『尚書述議』『毛詩述議』『算術』他，その著作は多数あったが，現存するのは『孝経述議』残2巻のみ。しかし孔穎達『尚書』『毛詩』『春秋』の三正義のほとんどが彼の『述議』の踏襲であることを，清儒劉文淇・毓崧父子が論証している。隋書75，北史82

(野間　文史)

りゅうこ【龍虎】　内丹・外丹共通して用いられる術語。龍は鉛，虎は水銀をいう隠語である。外丹書としての『周易参同契』中篇第7章に「龍は虎を呼び，虎は龍の精を吸う。両つながら相飲食し，倶に相貪り併す」とあるが，鉛と水銀を炉鼎で火熱して金丹を煉成する過程を比喩しているのである。内丹では，『悟真篇』によると，龍は汞(水銀)であり陰，虎は鉛であり陽であって，これらの二気を心(意思)によって和合させることで金丹が生成されるという。

(坂出　祥伸)

りゅうこう【劉洪】　129(永建4)?〜210(建安15)?。後漢の天文学者。泰山蒙陰(山東省)の人。後漢の献帝の時に，乾象暦を完成させた。後漢時代には，月の視運動が不均等であることがわかってきたが，乾象暦はこれを初めて暦法に取り入れ，月の位置をより正確にとらえた点で画期的であった。後漢の学者である鄭玄もこの暦を高く評価している。乾象暦は後漢時代には用いられなかったが，三国呉において223(黄武2)年から280(天紀4)年まで施行された。

(長谷部　英一)

りゅうこうあん【劉公案】　清代の語り物。

32部107回。18世紀末から19世紀初の成立と見られる。乾隆年間(1736-95)の名臣にして，劉羅鍋のあだ名で親しまれる劉墉を主人公とし，その腹心の部下陳大勇ら武芸の達人と共に民事・刑事事件の解決に活躍する物語は，『施公案』や『三侠五義』など，公案と侠義の融合したジャンルの流れを汲む。形式は歌と語りが入り混じり，子弟書と鼓詞を中心とし，ほかに馬頭調などの雑曲が用いられている。市井の俗語や芸人の言い回しがよく見られ，民間芸能の趣を伝えている。清の蒙古車王府曲本に抄本が収められている。　　　　　　　　　(岡崎 由美)

りゅうこうけん【柳公権】

778(大暦13)～865(咸通6)。晩唐の政治家・書家。京兆府華原(陝西省)の人。字は誠懸。丹州刺史柳子温の子，兵部尚書公綽の弟。元和年間(806-820)の初め，進士に及第。右拾遺，侍書学士に拝せられ，さらに司封員外郎に遷る。穆宗(在位820～824)に用筆法を尋ねられ，「用筆は心にあり。心正しければ則ち筆正し」と答え，筆法に託して帝の心構えを諫めたという。文宗(在位827～840)のとき，中書舎人，翰林書詔学士に官し，武宗(在位840～846)のとき，右散騎常侍となる。太子太保に至って致仕し，河東(山西省)郡公に封じられたので，柳河東とも呼ばれる。書は初め王羲之・欧陽詢を学び，のち当代の書法を研究し，勁媚(強く美しい)な書風で一家をなし，世に「柳体」と称された。当時，公卿や大臣の家で，碑誌が柳公権の筆で書かれたものでなければ，世人はその子孫を不孝者扱いしたといい，また国外からの使者も財貨を準備し柳の書を求めたという。代表作に『玄秘塔碑』(841年)，『神策軍紀聖徳碑』(843年，北京図書館蔵の宋拓のみ)があり，このほか『金剛般若経』『李晟碑』『蘭亭帖』など数多い。旧唐書165，新唐書163　　　　　　　(横田 恭三)

りゅうこうじ【隆興寺】

河北省正定県城内にある北宋の寺院。俗称は大仏寺。五胡十六国後燕の第4代皇帝慕容熙の龍騰苑であったが，隋の586(開皇6)年にその跡に龍蔵寺を創建，唐代に龍興寺と改称し，清に現名になった。北宋969(開宝2)年に再建された伽藍には，南北軸線に沿って，主要な建物である摩尼殿と大悲閣(仏香閣ともいう)が前後に配置されている。大悲閣の手前に様式が類似する2つの楼閣である東側の慈氏閣と西側の転輪蔵殿を配する。他にも戒壇，方丈などの建物があり，明，清以降のものである。

寺院の中心的な建築の大悲閣は，破損が激しいため1944年に解体され，規模を縮小して再建された。内部には，高さ2.35mの須弥座に，高さ21.3mの銅造千手千眼大悲観音菩薩像が安置され，共に971(開宝4)年のものである。菩薩像は中国で現存する最大の銅像で，各部位の比率が均衡で，衣紋のラインが流麗である。白い石で舗装された須弥座は，側面に18間もある「壺門」が彫られ，図像には太鼓・琵琶・笛・琴などを演奏する楽伎絵が浮き彫りにされ，宋の彫刻の模様や形式を伝えている。

摩尼殿は1977年の解体修理のときに，宋皇祐4(1052)年建設の墨書が発見され，中国で現存する最古の宋代木造建築と認定された。間口7間(33.29m)，奥行き7間(27.12m)で，高さ1.2mの基壇上に立つ。晋祠聖母殿と同じく『営造法式』の「殿堂式」の類に属する。正面に月台があり，四面の中央部に抱廈(向拝のような張り出し屋根)をつけている。ただし，抱廈は正面のみ3間で，他は中央の1間のみである。このように，本体が重層入母屋造で，さらに下層屋根の中心部から十字方向に入母屋造小屋根が張り出す屋根形式は宋の絵画によく見られるが，実例はこれしかない。内部の中央3間には，釈迦牟尼の左右に文殊・普賢，前に阿難と迦葉の塑像が安置され，北宋のものである。周囲内壁の壁画は明のもので，1976～79年に解体修理をする際，一度剝がした後に復原された。

転輪蔵殿は，一階内部中央の中心柱を軸に回転し，経典を収納する本棚の役割を果たす「転輪蔵」に因んで殿名を得る。転輪蔵は，平面八角形の2層の亭子で，小規模であるが，忠実に宋時代の建築様式を伝えている。同類のものの最古例であり，『営造法式』小木作の項に記されたものによく似ている。例えば，『営造法式』に記録されている八鋪作(5手先)斗栱は全く同じものが使用されており，他の実例は発見されていない。殿の建設年は不明だが，北宋の構法が多く認められ，北宋中期のものと思われている。1954年に修理した際，柱に元至正25(1365)年の旅人落書が発見された。間口3間(13.92m)で，奥行き3間(13.21m)，正面前に奥行き1間(3.95m)の抱廈が付けられた重層入母屋造である。第一層は転輪蔵を安置するため，4本の母屋柱の位置を外側にずらしている。　　(包 慕萍)

りゅうこうじ【龍興寺】

現在の安徽省鳳陽県所在の仏寺。初名は皇覚寺。宋代にはすでに存在したが，金のときに廃れ，元代に僧宣が復して徳祝高彬が継いだ。明の太祖朱元璋が17歳で肉親を亡くして当寺で出家したのは，このときである。その後再び廃れたが，1383(洪武16)年に朱元璋によって再建され，大龍興寺の名と碑文を賜与され，仏殿・法堂・僧舎など381間を擁する大寺となった。明の神宗万暦帝は，大蔵経を勅賜したという。1673(康熙12)年に重修したことを伝える史料もある。　　　　　　　　　　　　(野口 鐵郎)

りゅうこうしゃく【劉孝綽】
481(建元3)～539(大同5)。南朝梁の詩人。彭城(江蘇省)の人。孝綽は字で、本名は冉。王融は伯父。幼少より神童の誉れ高く、*沈約・范雲・任昉らに愛された。昭明太子蕭統にはことに高くその文才を評価され、『*文選』の編纂に深く関与し、何遜とともに「何劉」と称された。才をたのみ言動を慎まない人柄ゆえ、幾度も官を免じられ、位は秘書監に止まった。『隋書』経籍志に「梁廷尉卿劉孝綽集十四巻」と著録される。梁書33

(木津 祐子)

りゅうこうじん【柳江人】
1958年に広西壮族自治区柳江県の通天岩にある石灰岩洞窟から発見された華南地方を代表する現代型新人の化石。完全な頭骨が偶然発見された後、研究者によって胸骨、肋骨、腰椎、寛骨、大腿骨の一部と後期更新世のほ乳動物化石が発見されたが、石器はなかった。人骨は約40歳の男性1個体のもので、日本と中国の形質人類学者によって沖縄県の港川人との類似性が指摘されてきた。化石包含層の年代は直上の鍾乳石の放射性炭素年代測定から約5万年前とする説があるが、未確定である。文献に呉汝康「広西柳江発現的人類化石」(『古脊椎動物与古人類』1巻3期、1959年)がある。

(佐川 正敏)

りゅうこうひょう【劉孝標】
462(大明6)～521(普通2)。南朝梁の文人。平原(山東省)の出身。本名は峻。南朝宋の泰始年間(465-471)、故郷の青州(山東省)が北朝北魏に占領され、8歳のとき北方に拉致された。北方を転々としたのち、斉の永明年間(483-493)、ようやく斉の首都建康(南京)にたどりつく。彼は流転のなかで倦まずたゆまず読書に励み、建康到着後は異書を所有する人があれば、必ず借用し読み耽ったため、「書淫」とあだなされた。

「書淫」劉孝標の手になる『世説新語』の注はまさに博引旁証、ここに引用された諸書にはすでに亡佚したものも多く、資料的価値が高い。この劉孝標の『世説新語注』は、南朝宋の*裴松之が著した『三国志注』と並ぶ六朝注釈学の傑作にほかならない。劉孝標にはこのほか「弁命論」「広絶交論」などの著作がある。ちなみに、彼は斉・梁の二王朝に仕えたものの、率直すぎて排斥されるなど、その実人生は不遇つづきだった。梁書50、南史49

(井波 律子)

りゅうこくそう【劉克荘】
1187(淳熙14)～1269(咸淳5)。南宋の詩人。莆田(福建省)の人。字は潜夫、号は後村。1209(嘉定2)年、建陽令となるも、彼の『落梅』詩が、当時の宰相史彌遠を批判したとされ、10年あまり官職につけなかった。1246(淳祐6)年に、同進士出身を賜り、官は龍図閣学士に至った。劉克荘は、南宋後期、在野の詩人を中心とし、晩唐の詩風に学ぶ江湖派最大の詩人と言われる。南宋初期、学識教養を基盤として古典の言葉をちりばめた詩を作る江西詩派が盛んであった。その後、江西詩派に反発し、晩唐の詩人姚合・賈島に学び、古典の言葉を用いない永嘉四霊(徐照・徐璣・翁巻・趙師秀)が現れた。劉克荘は、永嘉四霊の影響を受け、江西詩派を書物に頼って詩を作り陳腐であると退けるが、永嘉四霊に対しても書物を棄てて詩を作り田舎くさいと退け、晩唐の軽快な詩風に故事典故をはめ込み、巧緻な対句を特色とする詩を創作した。著に『後村先生大全集』196巻がある。

(高津 孝)

りゅうこざん【龍虎山】
江西省鷹潭市にある山。道教の一派、正一教の本拠地。伝説によれば、天師道開祖の張道陵煉丹の地というここに、第4代の張盛が来て住み着き、以後の後裔はこの地に居所を定め、教法が代々伝承されたという。宋代以降は確かに天師道(正一教)の総本山として名実ともに江南道教の中心地として栄え、総帥たる張天師の居る上清正一宮を中心として、数々の殿宇や楼閣を擁した。山域内に龍と虎が並んで踞る姿に似た二山があるので、その名とされたと言われる。

(横手 裕)

りゅうこつ【龍骨】
中国の伝統的医薬品。龍歯・龍角等もあるが実体は象、犀、虎など大型脊椎動物の化石である。マラリアや腸チフスの高熱・下痢・発作の鎮静に薬効があるとされた。清末の顕官王懿栄が治療のため北京菜市口の薬店達仁堂から購入した龍骨上に刻文のあるのを食客の劉鶚が発見し、両者で検討の結果最古の文字と判定したのが1899(光緒25)年である。発見当初の挿話が流布しているが不明な点が多い。1898～99年にかけて、既に骨董として収集されはじめたとも伝えられ、清末の高官端方も収蔵家の一人であった。

(石田 千秋)

りゅうこん【劉琨】
271(泰始7)～318(太興元)。西晋から東晋にかけての動乱期に生きた武人。中山魏昌(河北省)の人。字は越石、諡は愍。若年期には賈謐らを中心とする文学集団である「二十四友」の一人であったが、後には武人として北方の異民族との戦いに明け暮れた。戦乱に弄ばれる者の悲しみをうたった「扶風歌」等が『*文選』に収められている。晋書62

(湯浅 陽子)

りゅうさいしゅん【劉采春】

生没年不詳。唐時代の参軍戯の女芸人。越州(浙江省)の人。参軍戯の役者周季南・周季崇と、季崇の妻である劉采春は、江蘇から浙東へやって来て、「陸参軍」という劇を演じたという。詩人の元稹は、その際、劉采春を見て、あまりの美しさに詩を贈ったとされる。元稹が左遷されて浙東観察使の職にあった823(長慶3)年から829(太和3)年の間のことである。劉采春は美しい声で、望夫歌・羅嗊歌と言われるものを歌い、120首ほどあったという。今『全唐詩』に数首採録されている。　　　　　　　　　　(福満 正博)

りゅうさついかん【流沙墜簡】

簡牘の研究書。羅振玉と王国維の共著で1914年に京都で出版。スタインの第2回探検で獲得した漢晋木簡(厳密にいえば竹簡・紙片・帛書も含む)のうちシャバンヌが考証した中から写真のある588枚を選んで独自に考証したもの。内容は全体を①小学・術数,②屯戍叢残(辺境の守備に関係あるもの),③簡牘遺文の3部に大別し、②の屯戍叢残はさらにその内容から簿書・烽燧・戍役・禀給・器物・雑事の6つに分けて考証する。この分類法はその後の中国辺境出土簡の分類の基準として継承され、シャバンヌの研究と並んで近代中国簡牘学の基礎をつくった。
　　　　　　　　　　(永田 英正)

りゅうざんぶんか【龍山文化】

黄河中・下流域における新石器時代後期文化(前3千年紀後半)の総称。1928(民国17)年に山東省章丘市龍山鎮の城子崖遺跡で最初に発見されたことにより命名された。城子崖遺跡で大量に出土した黒陶を指標に当初は「黒陶文化」と呼ばれ、彩陶と紅陶を指標とする黄河中流域の仰韶文化と東西に対峙する同時代の文化と考えられたこともあったが、1931年に河南省安陽市の後岡遺跡で殷代文化・龍山文化・仰韶文化の層が上下に重なって発見され、時代が仰韶文化と殷代との間に位置することが判明した。中華人民共和国の成立後、河南省陝県の廟底溝遺跡で仰韶文化から龍山文化への過渡期にあたる廟底溝第二期文化が明らかになり、こんにちでは編年的な位置づけがいっそう明確になっている。編年の確立とともに土器の地域的な差異もしだいに明らかになり、山東龍山文化・河南龍山文化・陝西龍山文化・杭州湾区龍山文化・湖北龍山文化などの地域文化が提起されたこともあるが、こんにちでは長江下流域の杭州湾区龍山文化は良渚文化、湖北龍山文化は石家河文化と呼ばれ、黄河中・下流域の龍山文化とは別系統と考えられている。また、龍山文化のなかでも、山東龍山文化は黄河下流域の大汶口文化から、河南龍山文化は黄河中流域の仰韶文化から、陝西龍山文化(客省荘第二期文化)は渭水流域の仰韶文化から、それぞれ自立的に発達してきた別系統の文化と認識されている。

龍山文化の土器は、紅陶・彩陶にかわって黒陶・灰陶が中心を占め、なかでも黄河下流域には轆轤成形の黒陶が多く、黄河をさかのぼるほど粘土紐を積み上げて成形した灰陶の割合が増加する傾向がある。煮炊き用の土器は、黄河下流域では鼎が多いのに対して、中流域では袋状の3足をもつ鬲が多い。このような地域的な差異があるものの、龍山文化に先行する紀元前3000年ごろから、中国の広い地域で黒陶・灰陶の割合が増加するとともに、轆轤の使用、井戸や建築技術などの革新が広域に拡散し、銅器・玉器・卜骨・陶文(土器に刻まれた記号状の文字)など次の殷周時代につながる文化要素も各地で普遍的に発現するようになる。また、人を殺すための武器の発達や城壁で防御を固めた集落の出現によって集団間の戦争が激しくなったこと、墓や集落の格差が拡大したことから集団内・集団間の階層化が進行したことがうかがわれ、社会的にも大きな変革の時期であったことがわかる。こうしたことから、龍山文化の時代と地域の範囲をこえて、紀元前3千年紀前半にさかのぼる廟底溝第二期文化や良渚文化、屈家嶺文化などの諸文化までを含めて龍山時代と呼ぶことが1980年代から提唱されている。
　　　　　　　　　　(岡村 秀典)

りゅうしぎ【柳子戯】

山東・江蘇・河南一帯で演じられている地方劇。弦子戯・北調子とも呼ばれる。かつては柳子腔と呼ばれ、河南・山東一帯で流行っていた『山坡羊』『黄鶯児』『打棗竿』などの小唄が明末清初に発展して劇の形式となった。清代中頃の北京では「東柳・西梆・南崑・北弋(東は柳子・西は梆子・南は崑曲・北は弋陽)」という言い方があったほど、人気があった。現存する伝統演目は200ほどで、代表的なものには『掛龍灯』『白兎記』『孫安動本』『玩会跳船』などがある。中華人民共和国成立後、改編演出された『孫安動本』は全国的に有名になった。柳子劇の演技は豪放さが特に名高い。伴奏楽器としては、三弦・笙・横笛が用いられる。なお湖北の西南部にも柳子戯と呼ばれる地方劇がある。この劇は俗に「楊花柳」と呼ばれ、およそ100年ほど前、湖南の西部から入ってきたと言われ、南劇や儺戯の節回しや演目を吸収して、現在の形になった。　　　　(氷上 正)

りゅうしでん【柳氏伝】

唐の伝奇小説。『章台柳伝』『柳氏述』ともいう。許堯佐著。唐の時代、詩人韓翃は裕福な友人李生の姿柳氏を譲り受け、結婚した。翌年、韓翃は官吏登用試験に及第し、1人

で帰郷。そこに安史の乱が起こり，柳氏は髪を切って寺に身を寄せるが，乱が平定された後，異民族出身の将軍に連れ去られる。これに憤った将校許俊が韓翃のために柳氏を奪い返す。韓翃は大暦十才子の一人韓翃(かんこう)のこと。『太平広記』485 等所収。
(成田 静香)

りゅうしばい【劉師培】 1884(光緒10)～1919(民国8)。清〜民国の学者・アナーキスト。儀徴(江蘇省)の人。字は申叔，号は左盦(さあん)。若年より学才を発揮するが，1903(光緒29)年以後革命に傾倒，「光漢」と改名。1907(光緒33)年渡日，間もなくアナーキストとなり，『天義』『衡報』などの雑誌を発行。1909(宣統元)年，端方に買収され革命運動から脱落。1915年，籌安会(ちゅうあんかい)に参加，袁世凱の皇帝即位を擁護。1917年より北京大学教授。主要著作は『劉申叔先生遺書』に収録。
(高柳 信夫)

りゅうしゃく【劉焯】 544(大同10)～610(大業6)。隋の経学者・暦学者・声律学者。信都昌亭(河北省)の人。字は士元。盟友の劉炫とともに，隋の国史編纂・洛陽石経の校定に従事し，当時二劉と称せられた。著作に『稽極』『暦書』『五経述議』等があるが，いずれも現存しない。ただ『隋書』律暦志には，張賓の『開皇暦』を批判した彼の『皇極暦』の大要が収録されており，南北暦法の粋を集めた該書は唐代暦法の淵源とされたという。また『五経述議』は劉炫の同名の『五経述議』中に取り込まれ，やがて孔穎達(くようだつ)『五経正義』中にも採用されたものと思われる。
(野間 文史)

声律の方面では，各律間の音程の等分化を図って三分損益法を改革し，十二等差律を定めた。但しこれは南朝宋の何承天の場合と同様，律長の比ではなく差を問題にした誤った方策である。隋書75，北史82
(水口 拓寿)

りゅうしゅ【留守】 首都や陪都における君主不在時の名代・代行たる官名。ふつう皇族が当てられるが，将相大臣がなる場合もあった。後漢の頃からみえ，北朝をへて隋へとつづく。当初は臨時的性格が強かったが，唐になると陪都東都(洛陽)や北都(并州(へい))に置かれる恒常的官名となり，下に都に準ずる機構(分司)が配された。五代から宋にかけても，君主不在の陪都に留守が設置され，金・元になると留守司という官庁ができ，明にも中都留守があった。
(氣賀澤 保規)

りゅうしゅう【龍舟】 広東・香港の語り物芸能木魚書のうち比較的短編のものを指す。名称の起源については諸説あるが，端午節に行われる龍舟競渡に何らかの関係があるとされる。演者は手に龍舟の模型を持ち，胸に下げた銅鑼・太鼓を叩きながら語ったという。長編の木魚書である南音とは異なり，語彙や押韻は専ら広東語の口語層に基づいている。清末から民国期にかけて広東・香港で出版された脚本が多数残されている。
(竹越 孝)

りゅうしゅん【劉峻】 りゅうこうひょう→劉孝標

りゅうしょう【劉劭】 180(光和3)？～245(正始6)？。三国魏の官僚。広平邯鄲(かんたん)(河北省)の人。字は孔才。後漢の計吏から立身，215(建安20)年には太子舎人を拝して『爵制』を作り，魏の黄初年間(220-226)には尚書郎・散騎侍郎となって詔勅により中国最初の類書である『皇覧』を作る。230(太和4)年には騎都尉に任じられて「新律」を作り，『律略論』を著した。景初年間(237-239)，勅命で『都官考課』『説略』を作る。他に『法論』『人物論』を著す。三国志21
(南澤 良彦)

りゅうしょう【劉敞】 1019(天禧3)～68(熙寧元)。北宋の学者。臨江新喩(江西省)の人。字は原父。1046(慶暦6)年の進士。右正言，知制誥(ちせいこう)，翰林侍読学士を歴任し，言論界に隠然たる影響力をもった。博学実証で知られ，先秦古器物の銘文研究において欧陽脩(おうようしゅう)とともにその先駆者となるほか，『七経小伝』3巻は注疏学の旧套を脱した新しいタイプの経書解釈として反響を呼んだ。『春秋権衡』17巻など春秋学の著作もある。文集は『公是集』54巻。弟の劉攽(はん)，子の劉奉世(ほうせい)も学者として有名で，あわせて三劉と称された。宋史319
(吾妻 重二)

りゅうしょうけい【劉承珪】 950(乾祐3)～1013(大中祥符6)。北宋の政治家・科学者。山陽(江蘇省)の人。後名は承規。字は大方。景徳年間(1004-07)，劉承珪は精密な二称(2つの竿はかり)と新たな権衡のシステムを創りだした。1つは銭(10分)・分(10釐)・釐(10毫(ごう))・毫(10糸)・糸の称名に従い，釐(約40mg)を最小単位として最大1銭半まで計ることができ，もう1つは両(24銖(しゅ))・銖(10累)・累(10黍(しょ))・黍の称名を用い，累を最小単位として最大1両まで計量した(『宋史』律暦志)。累制はまもなく廃れたが，釐制は永く使われた。宋史466
(川原 秀城)

りゅうしんおう【劉辰翁】 1232(紹定5)～97(大徳元)。南宋末元初の文学者。盧陵(江西省)の人。字は会孟，号は須溪。理宗の景定3(1262)年，科挙の最終段階廷試において，当時の権力者賈似道を批判する内容の答案を提出し，丙等(3等)で

合格した。年老いた親を養うことを理由に、濂渓書院山長(校長)の職を請い、朝廷の官職に何度か推薦されたが固辞した。南宋の滅亡後、隠居して仕官せず、著述に専念した。詞人としては、豪放な詞風の、南宋の*辛棄疾の継承者であり、滅びた南宋を追懐する作品に優れる。詩文は、ことさらに奇怪な表現を追求し、晦渋を極めて句読することが出来ないものもあると言われる(『*四庫全書総目提要』)。著に『須渓集』100巻があったが失われて、後に『*永楽大典』より詩文を集めたもの10巻がある。文学批評家としては、*王維・*杜甫・*王安石・陸游(りくゆう)等の詩集や『*世説新語』に評点を施したものが伝わる。

(高津 孝)

りゅうしんきょ【劉眘虚】 生没年不詳。盛唐の詩人。新呉(江西省)の人、一説に江東(江南)の人、また嵩山(河南省)の人とも。字は全乙。733(開元21)年の進士。洛陽の尉、夏県(山西省)の令に終わる。名利を好まず、廬山に隠棲しようとしたが、早世した。*孟浩然や王昌齢と親交を結ぶ。南宋の厳羽『*滄浪詩話』は、彼の詩を高く評価し、王維や韋応物らと並称する。しかし、その詩はほとんど伝わらず、『*全唐詩』に15首を録するのみ。『*唐才子伝』1に伝がある。

(筧 文生)

りゅうしんげんじょう【劉晨阮肇】 南朝宋の劉義慶が著した志怪小説集『幽明録』所収の1篇で、仙郷滞在譚として知られる。劉晨と阮肇は、登場人物の名。天台山(浙江省)に分け入った2人は、山中で仙境に迷い込み、神女と歓楽の日々を過ごす。半年の滞在の後、家に帰ると、既に300年が経過していた。仙郷における時空間の異次元性を物語化した初期作品で、そのモチーフは、後世の詩文・小説・戯曲など、幅広い表現領域に影響を与えている。

(成瀬 哲生)

りゅうせんよう【龍泉窯】 浙江省西南部の龍泉市、および隣接する県市に歴代の400以上の窯址が発見されている中国最大の青磁窯。龍泉地方では遅くとも南朝には*青磁の生産が始まっていたが、北宋までは生産規模や品質の点において、越州窯の影響下の一地方窯としての存在に過ぎなかった。北宋に入ると急速に発展を遂げ、手早い彫り文様が施され緑色の釉がかけられた青磁を量産し、その一部は輸出に向けられた。南宋中期には、青緑色の釉がなめらかに厚くかかった青磁を完成した。これは日本で砧(きぬた)青磁と呼ばれており、南宋官窯の青磁と並ぶ高い完成度を示している。元には砧青磁が引き続き量産されたほか、彫り文様で装飾され、深い緑色の釉が厚くかけられた天龍寺青磁や、鉄斑文が散らされた飛青磁などが作られるようになった。明に入って*青花や*五彩などの絵付け磁器が主流となり、景徳鎮窯が中国第一の磁窯としての地位を確立すると、龍泉窯はしだいに衰退していった。

(今井 敦)

りゅうそうげん【柳宗元】 773(大暦8)〜819(元和14)。中唐の散文家・詩人。字は子厚。先祖が河東(山西省)の出、最終の官が柳州(広西壮族自治区)刺史だったため、柳河東・柳柳州と呼ばれる。下級士族の家に生まれたが、21歳で進士科、26歳で博学宏詞科に及第、官僚としてのエリートコースを歩み始める。彼が加わったのは、皇太子の侍読学士だった王叔文を中心に新政権をめざす若手グループであったが、徳宗の死後、中風にかかって口のきけない順宗を擁して改革を急いだことが禍して、クーデター(永貞の変)が起こり、半年余で政権は瓦解した。王叔文は死刑、彼は永州(湖南省)司馬、親友の*劉禹錫(りゅううしゃく)は朗州(湖南省)司馬に左遷されるなど、中心メンバーの8人はすべて遠隔地の司馬に追放された(世にいう「八司馬」)。10年後にいったん帰京を許されるものの、すぐまた永州より更に遠い柳州刺史に追いやられ、4年後に任地で亡くなった。47歳。散文家としては、六朝以来流行していた装飾的美文である「駢文(べんぶん)」(「四六文」「四六駢儷文」ともいう)に反対し、古代の自由な文体(古文)に帰ることを主張、「古文運動」の指導者となり、*韓愈(かんゆ)とともに「韓・柳」と並称され、「唐宋八大家」の一人に数えられる。永州司馬時代に書いた山水遊記「永州八記」や庶民の側から悪政を告発し風刺した「捕蛇者の説」「宋清伝」「種樹郭橐駝(しゅじゅかくたくだ)伝」などは有名。詩人としては、王維・孟浩然・韋応物とともに、唐を代表する山水詩人として「王・孟・韋・柳」と並称される。思想家としては、儒家の道統を重んじ、仏教を批判した韓愈に対し、「儒・道・仏」のいずれをも受け入れ、伝統に束縛されない合理主義の立場を貫いた。漢代以来の天人相関説を批判した「天の説」や「非国語」、人間社会の発展過程を明らかにして封建制の非を論じた「封建論」などは、思想史上高く評価されている。『柳河東集(蔣之翹(しょうしぎょう)輯注本)』45巻・『外集』2巻(汲古書院影印「和刻本漢詩集成」、鵜飼石斎訓点、1664年)、『柳宗元集(宋刻百家注本)』4冊(中華書局、呉文治等校点、1979年)が便利。旧唐書160、新唐書168

(筧 文生)

りゅうそうしゅう【劉宗周】 1578(万暦6)〜1645(弘光元)。明末の儒学者。紹興府山陰県(浙江省)の人。字は起東、号は念台、蕺山(しゅうざん)先生と称される。太僕寺少卿、通政司右通政を歴任したが、時

の権力者，宦官魏忠賢を弾劾し，逆に罷免された。その後，復職し工部と吏部の左侍郎を経て都察院左都御史に昇格する。明王朝の滅亡に当たって，絶食23日，壮烈に殉死した。45年の在職中，出廷したのは4年余で，大半は首善書院や証人書院で講学し，門下生に黄宗羲・陳確・張履祥等がいる。高攀龍等の東林学派の朱子学者と親交が厚く，王陽明思想を受容したが無善無悪説の放縦自恣に反対した。その学は慎独により誠意を実践する誠意説を提唱して，蕺山学派と称されている。誠意説によれば，心に主宰として具存している意と，心が物に発動した念とを区別して，「善有り悪有るは心の動（念）。善を好み悪を悪むは意の静。善を知り悪を知るはこれ良知。善有り悪無きはこれ物則」と四句教を解釈している。撰集に『劉子全書』『劉子全書遺編』がある。明史255　　　　　　　　（難波　征男）

りゅうたいかい【劉大櫆】　1697（康熙36）～1780（乾隆45）。清の文学家。桐城（安徽省）の人。字は才甫，また耕南。方苞の後を承けた桐城派の重鎮。科挙には合格できず，家庭教師や幕友の地位に甘んじた。そのため力強くリズム感に溢れた文章によって，社会の風潮や古人の行状をきめ細かく描き出すことができ，空疎で軟弱な気風に陥りがちだと指摘される桐城派の欠点を克服している。詩においては散文以上に自分の志や憤懣を鋭く表現する。『劉大櫆集』16巻がある。清史稿485　（井波　陵一）

りゅうたいきょう【劉台拱】　1751（乾隆16）～1805（嘉慶10）。清の経学・訓詁学者。宝応（江蘇省）の人。字は端臨。乾隆年間（1736-95）の挙人。戴震・汪中・王念孫・段玉裁らと学問上の交流をもった。経書・文字・音韻から天文・律呂・数学にまで広く研究し，とりわけ三礼に精通した。著述に『論語駢枝』1巻・『国語補校』1巻・『漢学拾遺』1巻・『経伝小記』1巻・『方言補校』1巻・『劉端臨先生文集』1巻があり，いずれも『劉端臨先生遺書』に収められている。清史稿481　（阿辻　哲次）

りゅうちえん【劉知遠】　895（乾寧2）～948（乾祐元）。五代後漢の皇帝。在位947～948。廟号高祖。突厥系沙陀族の出身で，太原（山西省）に生まれる。はじめ李嗣源（後唐の明宗）に仕え，919（貞明5）年，後梁との戦いに赴く。その際，共に配下にあった石敬瑭（後晋の高祖）の危難を救い重用される。石敬瑭の後晋建国に際して活躍し，のち河東節度使・北京留守に任じられる。後晋の2代皇帝出帝の時，北辺で契丹への防衛に当たるが，冷遇されたことを不満とし，後晋が契丹に開封を攻撃され滅ぼされた時も援軍は出さなかった。その後，太原において挙兵し，契丹が中原経営に失敗し退却した後，開封に入り後漢を建国する。在位1年で病死。旧五代史99・100，新五代史10　（松浦　典弘）

りゅうちえんしょきゅうちょう【劉知遠諸宮調】　諸宮調と呼ばれる語り物文芸の数少ない実例で，孤本残欠本。全12巻。ロシアのカズロフ探検隊が1907年から09年にかけて中央アジアを調査した際，今の甘粛省張掖市，黒水城（カラホト）で古刊本を発見，58年に中国にもたらされた。原題は不明。恐らく金の刊本で，4～10巻は欠け，3巻と11巻は一部欠落する。粗雑な刊本だが，戯曲小説研究，白話研究，金元史研究には貴重な資料。本書は，元代の『五代史平話』や明代の『白兎記』と重複する，五代後漢の皇帝劉知遠とその妻李三娘の悲歓離合をあつかう。劉知遠は李三娘と結婚するが，三娘の兄夫婦たちの嫉妬をかい，疎外されて出奔，太原の軍に身を投じる。令嬢岳氏と結婚して九州安撫使に出世する。その間，李三娘は劉の子を出産，兄たちに子供は捨てられ，奴婢としてあつかわれて苦難の限りを尽くすが，やがて12年後，偶然に導かれ，親子夫婦は再会をはたす。本書には数種の注釈書がすでにある。　　（高橋　文治）

りゅうちょうけい【劉長卿】　?～786（貞元2）?。盛唐から中唐にかけての詩人。宣城（安徽省）の人，一説に河間（河北省）の人。字は文房。天宝年間（742-756）の進士。『唐才子伝』が733（開元21）年とするのは誤り。安史の乱後に下級職につくが，罪を得て南巴（広東省）の県尉に流され，770（大暦5）年には長江流域の転運使判官などになるが，再び睦州（浙江省）司馬に左遷。781（建中2）年，随州（湖北省）刺史で終わる。劉随州と呼ばれるのは，そのため。各地を転々としながら，李白や李嘉祐・皇甫冉・秦系ら，多くの詩人と交流。安史の乱後の荒廃した世相に，みずからの2度にわたる流罪経験を重ね合わせた詩に，すぐれたものが多い。近体詩，特に五言律詩が得意で，権徳輿から「五言の長城」と称された。しかし，高仲武からは「思いは鋭けれども，才は窄し」（『中興間気集』下）と評されている。儲仲君『劉長卿詩編年箋注』（中華書局，1996年），楊世明『劉長卿集編年校注』（人民文学出版社）が便利。『唐才子伝』2に伝がある。　（筧　文生）

りゅうてい【劉楨】　?～217（建安22）。後漢末建安期の詩人。東平寧陽（山東省）の人。字は公幹。建安七子の一人。曹操によって丞相掾属に任じられ，その後五官将文学・平原侯庶子などとして曹丕・曹植のもとにあった。才気はあるが細かい礼節にこだわらぬところがあり，曹丕の宴で夫人の甄氏

に拝礼しなかったため罪を得たことがあった。その文は曹丕に「逸気有り」(『呉質に与うる書』)，「壮にして密ならず」(『典論』論文)などと評された。謝霊運の『魏太子鄴中集に擬す』(『文選』巻30)でも「卓犖の偏人(傑出した特異な人物)にして，文は最も気有り」という。『詩品』では曹植・王粲とならんで上品に列せられ，「真骨 霜を凌ぎ，高風 俗を跨ぐ」と，気高く毅然とした詩風を高く評価する。『隋書』経籍志では『毛詩義問』10巻と文集4巻があったというが伝わらず，現存する作品は『文選』に収める『公讌詩』，『五官中郎将に贈る詩』4首，『徐幹に贈る詩』，『従弟に贈る詩』3首，『雑詩』が主なものである。三国志21　　(谷口 洋)

りゅうていし【劉庭芝】　651(永徽2)～？。初唐の詩人。汝州(河南省)の人。一名は希夷。『唐才子伝』によれば，675(上元2)年，25歳で進士となり，不慮の死を遂げた時は，まだ30歳になっていなかったという。しかし，玄宗の天宝年間(742-756)まで生きていたとする史料もあり，その経歴には不明な部分が多い。琵琶を弾き，酒が好きで，多芸多才，常識にとらわれないところがあって，敵も多かったと考えられる。人口に膾炙している『白頭を悲しむ翁に代る』詩の「年年歳歳花相似たり，歳歳年年人同じからず」の2句についても，舅の宋之問から譲ってほしいと頼まれたが，断ったために，殺されたという伝説を生んでいる。『新唐書』芸文志には『劉希夷集』10巻，『劉希夷詩集』4巻と記すが，現存するのは，わずかに37首。陳文華『劉希夷詩注』(上海古籍出版社，1997年)が便利。『大唐新語』8，『唐才子伝』1に伝がある。旧唐書190中　　(筧 文生)

りゅうてんか【劉天華】　1895(光緒21)～1932(民国21)。民国初期の民族楽器の演奏家・作曲家・教育者。江陰(江蘇省)の人。1915(民国4)年常州中学校の教師に就任し，1917年周小梅に二胡と琵琶演奏を，1918年には，琵琶奏者の沈肇洲より『瀛州古調』全曲を学び，1920年には河南で古琴演奏を習得する。1922年北京大学付属音楽伝習所の国楽指導者になり，北京女子高等師範学校・北京芸術専門学校でも琵琶・二胡を教授，一方で，十番鑼鼓や崑曲などを学ぶとともに西洋楽器や作曲理論も習得し，1927年に国楽改進社を創設し，東西の音楽の紹介をする『音楽雑誌』全10巻を発行。そして『病中吟』『良宵』等10曲の二胡独奏曲，『改進操』等3曲の琵琶独奏曲，糸竹合奏曲1曲を創作したほか，二胡・琵琶の練習用楽曲の創作，二胡独奏曲『光明行』では西洋音楽の転調の手法の導入，京劇の唱腔の採譜『梅蘭芳歌曲譜』(五線譜・工尺譜)の刊行や民間音楽の採譜など多角的に中国音楽の普及に貢献した。　　(仲 万美子)

りゅうとう【龍灯】　龍の形をした灯籠，またそれを操る踊り。龍舞ともいう。全国各地で広く行われている。木・竹・布・紙などで龍の形の張り子を作り彩色し，各節に灯火を入れ，支え棒を数人ないし十数人で持ちながら銅鑼や太鼓に合わせて練り歩き踊る。春節・元宵節・廟会(寺廟の縁日)などの晩に踊る。起源は古く，本来は雨水を支配する龍に順調な天候を祈願する祭祀行事であったと思われ，宋代ごろから娯楽性が強くなった。長崎諏訪神社の例祭おくんちの蛇踊りは江戸時代に唐人の龍灯から伝わったもの。　　(鈴木 健之)

りゅうとこうあん【龍図公案】　北宋の名裁判官包拯を主人公とする明末の短篇公案小説集。10巻100則からなる。62則からなる簡本も刊行されている。編者は不明。口語に近い文語で書かれる。書名は包拯が龍図閣直学士に任ぜられたことによる。同じく包拯を主人公とし，これに先行する『百家公案演義』から多くの公案を受け継ぎ，かわって一世を風靡した。日本の『大岡政談』などの江戸文学にも影響を与えた。　　(大塚 秀高)

りゅうとんてい【劉敦楨】　1897(光緒23)～1968。近代中国の建築史家・教育家。湖南省新寧県の人。字は士能。16歳で長沙楚怡学校を卒業後，すぐに日本に渡り，東京の日本語学校の正則学校で3年間勉強してから，東京高等工業学校(現在の東京工業大学)に入学。最初は機械科であったが，翌年に建築学科に転入した。1921年に卒業して帰国，上海で建築事務所などでの勤務を経て，1926年に蘇州工業専門学校建築学科で教鞭を取る。翌年に同校が南京にある中央大学(現在の東南大学)に吸収され，中国初の建築学科を持つ大学となる。ここから劉敦楨は中国建築史家・教育家の道を歩むことになる。1932年，文献部主任として中国営造学社に入社し，宋の建築技術書『営造法式』の校訂などの文献研究，中原から西南に渡る広範囲のフィールドワーク，さらに日本の最新の建築史研究の成果を利用した上で，中国建築史研究の基盤を築いた。主な著作は『蘇州古典園林』『中国住宅概説』『中国古代建築史』など。『劉敦楨全集』8巻(中国建築工業出版社，2007年)は生前の著書や調査報告などを全て網羅する。　　(包 慕萍)

りゅうはんのう【劉半農】　1891(光緒17)～1934。民国初期の作家・言語学者。江陰(江蘇省)の人。本名は劉復。教育家の家庭に生まれ，幼時よ

り音楽や絵画・文学に親しむ。辛亥革命に参加し，1912(民国元)年に弟の劉天華(著名な音楽家)とともに上海に出る。陳独秀を知り『新青年』誌に文章を発表したのを，蔡元培に認められ北京大学教授となった。文学革命では口語文の首唱者の一人であった。欧州留学中の1924年『四声実験録』を発表。帰国後1926年には詩集『瓦釜集』を刊行，民間歌謡の風格を詩に生かそうと試みた。　　(中　裕史)

りゅうび【劉備】　161(延熹4)〜223(章武3)。三国蜀(蜀漢)の建国者。涿郡(河北省)の人。字は玄徳。諡は昭烈帝。前漢の皇室の裔。若くして大儒に学び，能く衆望を得る。豪俠らと通好し黄巾の乱の討伐に功あり，地方官を歴任したのち遼西(河北省)の公孫瓚のもとに身を寄せ，ついで手兵を従え徐州(山東省)の陶謙に走り豫州(河南〜安徽省)刺史となり，謙の死後は徐州刺史をも兼ねる。呂布に攻められ曹操のもとに帰順，篤い待遇を得るも曹操暗殺計画が漏れ逃亡，青州(山東省)の袁譚(袁紹の子)に迎えられる。202(建安7)年官途の戦いで袁紹が敗れた後は荊州(湖北省)の劉表に帰順，荊州人士の篤い信望を得る。参謀の諸葛亮が三顧の礼に応ずるのもこの頃である。表の跡を継いだ子の琮が曹操に降ると，劉備は孫権と結び208(建安13)年赤壁の戦いで曹操を破り荊州を領有した。211(同16)年には益州(四川省)の劉璋に迎えられ，やがて彼と反目し214(同19)年には璋を下して益州をも領有，翌215(同20)年，孫権と講和し荊州を東西に二分する。219(同24)年には漢中王を称し，220(同25)年曹丕が帝位に即くと翌年劉備も帝に即き，漢の後を継ぐとして国号を漢と称した。三国志32
　　(佐藤　達郎)

りゅうぶ【龍舞】　民間の舞踊芸能。古代の中国において龍は天空を支配し災いを取り去る神獣と見なされたことから，龍舞は本来農村の祭祀活動における祈雨あるいは駆虫の儀礼として行われたと考えられる。董仲舒『春秋繁露』16・求雨の記載によれば，漢代の祈雨祭祀では春は青龍，夏は赤龍と黄龍，秋は白龍，冬は黒龍の模型を作り，一度に5〜9尾を舞わせる習慣であったという。現在では春節を始めとする祝祭日に行われる民間芸能として，国外の華僑社会においても広く演じられている。一般的には龍の模型の節々に竿を通し集団で舞う形をとる。模型の中に灯をともし，宝珠と呼ばれる球で龍の舞踊を指揮する龍灯が最も普及している龍舞だが，他にも布で作るもの(布龍)や草で作るもの(草龍)があり，各地で異なった材質や装飾が用いられる。　　(竹越　孝)

りゅうふく【劉復】　1891(光緒17)〜1934(民国23)。清末〜民国の言語学者・文学者。江陰(江蘇省)の人。原名は寿彭。字は半農。号は曲庵。早くから新文化革命運動に参加し，白話文の使用を提唱。その後，フランスに留学し音声学を専攻，帰国後，北京大学教授，中法大学中国文学部主任を歴任する。中国語の実験音声学の開拓者としても名を知られ，「声調推断尺」を発明する。著書に『四声実験録』『中国文法通論』等がある。　　(三木　夏華)

りゅうぶんりょう【劉文龍】　伝統演劇の戯曲名。明代の徐渭の著した『南詞叙録』の「宋元旧篇」の中に「劉文龍菱花記」の名があったが，実際に作品は残っておらず，わずかに近人の銭南揚が，『宋元戯文輯佚』に幾つかの曲譜から集めているだけであった。ところが，1975年に広東省潮州市で「新編全相南北挿科忠孝正字劉希必金釵記」の名がある写本が出土した。中には「宣徳六(1431)年六月十九日」と，「宣徳七年六月日在勝寺梨園置立」の字が見え，少なくとも西暦1432年ごろまでに書写されたものとわかる。この「劉希必金釵記」は，元代の南戯「劉文龍菱花記」を改編したものであるとされ，南戯のなかで最古の写本を有する作品ということになった。話は，『琵琶記』に類似している。主人公の劉文龍は，名誉心が強く，60歳の両親と，結婚して3日目の妻蕭氏をおいて，科挙の試験に旅立って合格する。時の曹丞相が自分の娘との結婚を申し入れるが，劉文龍は断る。怒った曹丞相は劉文龍を，明妃を送って西番国に行く使者としてしまう。劉文龍は，西番国で娘の公主と結婚させられてしまうが，21年後に公主の助けで故郷に帰る。劉文龍の実家では，身寄りのなくなった両親が妻の蕭氏に再婚を迫る。蕭氏が身を投げて死のうとするところに，劉文龍が現れ，二人は再会する。
　　(福満　正博)

りゅうへいちゅう【劉秉忠】　1216(貞祐4)〜74(至元11)。元初の学者・政治家。邢州(河北省)の人。字は仲晦，号は蔵春。全真教の人士との西遊の途上，虚照禅師に出逢い，得度して子聡を名のる。天文・陰陽等の学問を修め，24歳のとき，臨済宗の高僧印簡に伴われてクビライに謁見し政治ブレーンとして重用される。1264(至元元)年，還俗して秉忠の名および太保の位を授かる。国号や年号，新都建設地等の建言や性理学に詳しい儒士の推薦など，帝国の体制を中華風に整える上で貢献したとされる。元史157　　(三浦　秀一)

りゅうほう【劉邦】　→高祖(漢)

りゅうほう【龍袍】

明・清代の皇帝・皇后以下諸臣の龍文様が付いた袍の総称であるが，諸臣のもの及び臣下に下賜されたものは蟒袍と称される。衣服文様としての龍は，春秋頃まで溯る袞冕十二章に既にみられる。袞冕十二章における龍は，12の文様の一つではあるが，これを付けることができたのは皇帝と皇太子・一品のみであった。その後龍文は皇帝の衣裳に描かれ続け，明代になるとその衣裳は龍袍が中心となった。皇后以下諸臣も龍袍を着用したが，五爪龍は皇帝・皇后専用文であった。清朝も基本的にはこれを継承したが，五爪龍の着用範囲は皇族全般に拡大し，さらに後期になると諸臣の袍にもみられるようになった。　　　　　(増田 美子)

りゅうぼう【笠帽】

元代のかぶりもの。夏用。蒙古族のかぶりものは冬は帽，夏は笠であった。英宗の至治元(1321)年歴代の興服の制度に倣って服制が定められ，蒙古族の服装に由来する天子百官の衣冠の制も加えられた。『元史』興服志には「夏之服十有五等」とあり，「宝頂金鳳鈸笠」「珠縁辺鈸笠」「金鳳頂笠」の名がみえる。鈸笠帽(元代の男子用夏帽)の帽頂から一連の珠玉を飾ることも行われた。『元典章』には紅い瑪瑙の珠を連ねた飾りをつけた棕櫚製の帽の記載がある。笠帽の簷(ひさし)については『元史』世祖昭睿順聖皇后伝に「胡帽にはもとは前に簷がなかった。世祖が日ざしが目に入って眩しいと皇后に話したところ，皇后はさっそく前に簷をつけた。帝はおおいに喜んで遂にひとつの形式とすることを命じた」とある。元代の官民の多くが笠帽をかぶったが，その簷の形は円，方，前円後方と多様である。明代の「参簷帽」は元代の「鈸笠円帽」のことである。
　　　　　(相川 佳予子)

りゅうほうていしょう【龍鳳呈祥】

伝統演劇の演目。『三国志演義』の第54，55回。呉の孫権は劉備が占拠した荊州の奪還を周瑜と計り，自分の妹の孫尚香との婚姻を持ちかけて劉備を呉に呼び寄せ人質にするという，「美人の計」を立てる。諸葛亮はこれを看破し，趙雲に困った時に開けるようにと錦嚢を渡して劉備を護衛させ，呉に着くや周瑜の岳父喬玄に面会させる。喬玄から話を聞いた孫権の母呉国太は激怒し，孫権・周瑜を罵倒し，甘露寺にて劉備と面会して人材・品格を見，尚香との婚姻を許可する(『甘露寺』)。周瑜は第二の計を考え，豪華な邸宅や女楽で劉備を酒色に溺れさせる。これを案じた趙雲は錦嚢を開け，そこに書かれた諸葛亮の指示に従い，偽って劉備に曹操軍が荊州を攻めて来たと告げ，劉備は尚香を連れて戻る。周瑜の兵が後を追うが尚香に叱り返され，二人は諸葛亮が手配した船に乗って危険を脱し，周瑜は待ち伏せていた張飛に惨敗する(『回荊州』)。京劇では『甘露寺』の喬玄は馬連良の当たり役で西皮原板の歌が有名。張飛の活躍する『蘆花蕩』まで続けて上演することもある。春節などの佳節によく上演される。漢劇・秦腔では『回荊州』，粤劇では『劉備過江招親』，ほか川劇・徽劇・滇劇・豫劇・河北梆子などにもある。
　　　　　(波多野 眞矢)

りゅうほうなん【劉宝楠】

1791(乾隆56)～1855(咸豊5)。清代の経学者。宝応(江蘇省)の人。字は楚楨，号は念楼。1840(道光20)年の進士。幼少時には，伯父の劉台拱から学問の基礎を授けられた。その伯父の影響で，多くの考証学者たちとは異なり，朱子などの宋代の学者を肯定的に評価することもあるが，やはり，鄭玄をはじめとする漢代の学者の説を重視するのが基本的な立場といえる。主な著作に，『論語正義』24巻，『釈穀』4巻，『漢石例』6巻などがある。清史稿482　　　(水上 雅晴)

りゅうほうろく【劉逢禄】

1776(乾隆41)～1829(道光9)。清中期の経学者。武進県(江蘇省)の人。字は申受。1814(嘉慶19)年の進士。外祖父荘存与の学を継承し，常州公羊学を確たるものにした。何休の公羊解釈に基づき，微言大義が『公羊伝』に存することを説き，公羊学の発展に務めた。『左氏春秋考証』では，『左氏伝』は真伝ではないと主張し，後の左伝偽作説論争の端を開いた。門下に龔自珍・魏源・戴望・凌曙がいる。著書は『公羊何氏釈例』『公羊何氏解詁箋』『論語述何』など。清史稿482　　　(石黒 宣俊)

りゅうもんせっくつ【龍門石窟】

河南省洛陽市の南13km，伊河の東西両岸に対峙する岩山に開かれた仏教石窟寺院。石質は石灰岩。北魏の孝文帝による洛陽遷都(494年)に前後する頃に最初の造仏が行われ，6世紀初頭には皇室を中心とした大規模な造仏活動によって盛期を迎えた。北魏の南下・漢化政策のもと，河南の特色ある中国的仏像様式が行われた。北魏の東西分裂(534年)とともに長い衰退期があったが，唐の太宗期後半(640年代)に再び造仏活動が本格化し，8世紀前半まで盛んに行われた。北魏から宋時代までに2000余の大小仏龕が開かれ，仏像の数は10万体にのぼるといわれる。また造像銘記約2800が現存しており書道芸術の宝庫としても名高い。2000年に世界遺産(文化遺産)に登録された。　　　　　(岡田 健)

[奉先寺洞] 西山南半部に集中する仏龕群の，ほぼ中央に位置する龍門石窟最大の窟龕。中尊像台座に刻まれていた「河洛上都龍門山之陽大盧舎那像龕

記」から，*高宗(在位649〜83)が発願によって675(上元2)年に完成されたことがわかる。伊河に沿った参道から約20mの高さにあり，全体ほぼ露天の状態で，奥行き40m，幅34m，窟龕の底面から中尊像の光背先端までの高さが約20mある。奥壁中央に盧舎那仏坐像，その左右に阿難・迦葉の二弟子像，二菩薩像，左右両壁に供養者像・神将像・力士像各1体が彫り出されてある。初唐期の龍門石窟は6世紀後半以来の長い衰退期ののち次第に長安(西安)様式を取り入れつつあったが，奉先寺洞の造営は当時最先端の長安仏像様式が巨大な規模で再現されたもので，これによって龍門石窟は真に唐の仏像様式を代表する地位を得た。　　　　　(岡田　健)

[東山窟]伊河東岸の岩山南端部に開かれた看経寺・擂鼓台・万仏溝等の諸窟龕。龍門石窟の造営は，北魏以来伊河の西山で行われてきたが，則天武后期(700年前後)には南北1kmに及ぶ地域のほぼ南端までが窟龕で彫り尽くされたので，その頃東山へ移った。*玄宗(在位712〜756)の盛唐期が造仏の最盛で，その後の時代も若干の作例を見ることができる。宝冠の如来像や多臂像，千手観音像など，則天武后期までの西山では見ることのできなかった密教的図像や，祖師像のような禅宗的図像が登場した。　　　　　　　　　　　　　　(岡田　健)

[古陽洞]龍門石窟西山の南寄りに位置し，龍門で最初に開かれた北魏時代の石窟。また，優れた書法の造像記を集めた「龍門二十品」のうち19品がこの窟にある。古陽洞は洛陽遷都(494年頃)の前後から開窟され，北壁上方に残る495(太和19)年の年記は龍門最古である。北壁第3層入口部には開窟の実質的推進者と思われる比丘慧成の造像記(498年)と仏龕があり，国家のために石窟を，亡父のために石像を造ったと記されている。その後，505年頃までに正壁の中国式服制の本尊如来坐像と脇侍菩薩像の三尊が完成し，525年頃まで造営が続いた。窟内を埋め尽くす大小の仏龕の発願者は高位の王族から庶人に及び，この地を訪れた様々な階層の人々が寄進したことが分かる。古陽洞では肉体表現に替わって衣文表現が盛んとなり，石灰岩という堅い石質を生かして，線刻や浮彫を主体とした絵画的な造像様式が生まれた。　　　　　(石松 日奈子)

[賓陽洞]龍門石窟の北端に位置する3つの石窟(中洞・南洞・北洞)を併せて賓陽三洞と呼んでいる。『*魏書』(北斉の魏収撰)の「釈老志」に拠れば，500(景明元)年に宣武帝が先帝(孝文帝)と文昭皇太后のために石窟2所の造営を発願，その後，宦官の劉騰が宣武帝のために1窟追加して全3窟となったという。このうち北魏時代に完成したのは中洞のみで，正壁に中国式服制の本尊如来坐像および2弟子2菩薩の五尊像，左右壁に三尊像，前壁には維摩経変・サッタ太子とスダーナ太子の本生図・皇帝皇后の行列(米国へ流出)，天井に大蓮華，床面に蓮華文帯を刻むなど，皇帝勅願窟にふさわしい重厚かつ豪華な内容である。完成年代は明確でないが，宣武帝崩御後の517年頃と推定される。他の2窟は523(正光4)年以降工事が中断したが，隋〜初唐時代に至って完成した。中洞と南洞の間の外壁には「伊闕佛龕之碑」(641年刻)と称される摩崖碑があり，唐時代に魏王李泰(第2代皇帝太宗の子)が旧来の窟を改修し，さらに新窟を造営したことが記されている。　　　　　　　　　　　(石松 日奈子)

りゅうもんぞうぞうめい【龍門造像銘】　一般的に，龍門石窟の数多くの尊像に刻された，北朝北魏時代の造像銘のことをいう。龍門石窟は，敦煌の*莫高窟，大同の*雲岡石窟に並ぶ中国三大石窟の一つである。河南省洛陽市から南へ約13kmの伊河の両岸にある岩山を開鑿して造られたもので，石灰岩の岩山が両側に対峙し，あたかも門闕のように見えることから，古くから伊闕あるいは龍門と呼ばれた。石窟の造営は，北魏の孝文帝が都を洛陽に遷した494(太和18)年から唐代までに集中しており，特に北魏の孝文帝の洛陽遷都直後と唐の高宗の頃に盛んに行われた。現在は，石窟は1352か所，仏龕は750か所，造像は10数万体，造像銘は3689点あると報告されている。石窟中には釈迦や弥勒などの尊像が彫られ，その側や台座に誰が何のために尊像を造ったかという理由などを記している。これが造像銘であり，大部分が北魏と唐に造られたもので，その中でも北魏の造像銘は書の歴史の上において極めて重要な地位を占めるものである。

　清の乾隆期(1739-95)頃になると金石学の発展に伴い石刻の研究が盛んになり，龍門の造像銘が拓本に取られるようになったと考えられる。畢沅の『*中州金石記』や銭大昕の『潜研堂金石文跋尾』は北魏造像銘数種を録し，龍門造像銘を記した最も初期の著録である。その後次第に拓本の収集は流行し，孫星衍の『寰宇訪碑録』には220種余りを録した。しかしながら，龍門造像銘が書の優品であると広く世に認められだしたのは道光期(1821-50)以後のことであり，*阮元が『南北書派論』および『北碑南帖論』，包世臣が『芸舟双楫』で北碑尊尚論を提唱して以後のことと考えられる。それ以後，中国の書壇は碑学一辺倒になり，なかでも北魏の造像銘を学書の手本にした*趙之謙は「北魏書」といわれる独自の書風を開拓した。

　龍門造像銘の書は，五胡十六国北涼の楷書様式を受け継ぎ，その中に南朝の楷書法を融合させた南北合体の書と言われることが多い。しかし，その書風は一面ごとに異なり，方筆(点画に角をもたせる

用筆法)で稜角鋭く豪快なもの，円筆(点画に丸みをもたせる用筆法)で情緒的なものや温健なものまでさまざまであるため，おのずと優品の選別がなされ，四品・二十品・百品などと呼ばれるようになった。なかでも「龍門二十品」の呼称が最も通行しており，『滋香造像記』以外の19品は北魏の太和年間(477-499)に比丘慧成が国家のために造営した，石窟中もっとも古い古陽洞(老君洞)の中にある。次に「龍門二十品」を，ほぼ年代順に列記する。◎印は「龍門四品」を示すものとする。『牛橛造像記』，『一弗造像記』，◎『始平公造像記』，『元詳造像記』，『解伯達造像記』，『魏霊蔵造像記』，『太妃高造像記』，◎『楊大眼造像記』，『道匠造像記』，『鄭長猷造像記』，◎『孫秋生造像記』，『高樹解佰都等造像記』，『恵感造像記』，『賀蘭汗造像記』，『馬振拝造像記』，『太妃侯造像記』，『法生造像記』，『元燮造像記』，『斉郡王元祐造像記』，『滋香造像記』。　(池田　利広)

りゅうもんは【龍門派】　全真教の派名。明末清初期に，一部の神仙家の間で全真道士丘処機の伝授を継承する派として奉じられ始めたが，史実には丘処機の伝授との関係を示す証拠はない。20字から成る派詩「道徳通玄静，真常守太清，一陽来復本，合教永円明」によって弟子の法名の頭文字を定める。明末江南で活動し最初に龍門派を名乗った伍守陽は第8代の弟子(頭文字は「守」)を称し，その師の曹常化や，清初に北京で大規模な開壇授戒を行った王常月は第7代(頭文字は「常」)となる。その他，清朝中期に江南で独自の視点から龍門派史を創作した閔一得(第11代，頭文字は「一」)等が有名。その後，龍門派という想定は多くの全真道士の結合を促し，清朝全真教における伝統観の形成を効率化した。
　　　　　　　　　　　　　　　　　　(森　由利亜)

りゅうよう【劉墉】　1719(康熙58)〜1804(嘉慶9)。清の書家。諸城(山東省)の人。字は崇如。号は石庵・青原・香岩・日観峰造人。諡は文清。父は東閣大学士・軍機大臣をつとめた劉統勲。1751(乾隆16)年の進士で，はじめ翰林院庶吉士に任ぜられ，礼部尚書，吏部尚書，体仁閣大学士を歴官し，没して太子太保を賜った。『四庫全書』の編纂に係わる。

書は小楷を得意とし，清の帖学派最晩期の集大成者。濃墨で書いたため濃墨宰相と称された。学書を始めた乾隆期(1736-95)は，趙孟頫の書法が書壇を支配していたこともあり，先ずは趙孟頫を，次いで董其昌を習った。壮年には蘇軾(号は東坡)の書をもっぱらに臨書しており，その心酔の様は「学書偶成三十首」其二十六に謳われている。今に伝わる劉の書の中に，蘇東坡の臨書がかなり多いことから

も，その傾倒ぶりを窺うことができる。また，楊守敬は『学書邇言』の中で劉の書を「用筆は綿裏に鉄を裹めるが如く」と東坡の言を引用し評している。これは外観は綿のように柔らかいが，中は鉄のように固いといった意味で，東坡が自らの書を評した言葉であり，劉がまた自らの書を評して「字を作るに，骨は肉をささえ，肉は骨を没す」といった言葉と相通ずるものがあり，適評である。他に淳化閣帖をも窺い，なかでも「尤も力を鍾繇の宣示表に得た」(同上)とある。後世の批評家の言や現存する書から，骨格は鍾繇を，用筆は蘇東坡を法としたと推測される。書は，独創的であるがために好悪が激しく，一部の人からは墨猪，兎糞といった悪評を受けた。しかし，同時代の梁同書は『頻羅菴書画跋』に「今，能く魏晋人の書をなす者は，唯石庵先生のみ。随意の書尺と雖も翫視すべからず」といい，また，包世臣は『国朝書品』の中で鄧石如の次に劉墉を列しており，当時から彼の書は博く好評を得ていたことが知れる。

現存の代表作に『蘇軾秋陽賦』『蘇軾遠景楼記軸』『臨趙孟頫跋』などがあり，劉の書を刻した刻帖に『清愛堂帖』『曙海楼帖』，および梁同書との合刻『劉梁合璧』がある。清史稿320　　(池田　利広)

りゅうれい【劉伶】　生没年不詳。3世紀初〜末の西晋の人。字は伯倫。沛国(安徽省)の出身。「竹林の七賢」の一人で特に酒を好み，禁酒を懇願する妻を欺いて発願の酒を喰らった故事は有名。常に一壺酒を携え，鋤を担う者を随え，自分が死ねばその場で葬るように言ったという。作品「酒徳頌」では，彼自身の理想像と思しい「大人先生」が，切歯扼腕する礼法の士の面前で，寛ぎながら酒杯を傾け，兀然として酔い，区々たる人間の世界を超越して酔境に遊ぶさまが描かれる。嘗て建威参軍となり，政事を論じて抜擢されんとする機会もあったが，結局は時輩の中で独り用いられず，そのまま天寿を全うした。晋書49　　　　　　(西岡　淳)

りょう【梁】　502(天監元)〜557(太平2)。南朝の1つ。都は建康(江蘇省)，末期に一時江陵(湖北省)。創祖蕭衍(武帝)は南朝斉王室の疎族。襄陽(湖北省)の督将から兵を挙げて斉の暴君東昏侯を伐ち，和帝の禅をうけて開いた。衍の治世48年間の初めは，政治は整って社会も定まり「天監の治」と称えられたが，中頃より仏教を篤信，慈悲の寛政が綱紀の紊乱をもたらすなか，侯景の反乱に敗れて幽閉のうちに餓死した。景の制圧下，蕭綱(簡文帝，衍の第3子)が立つも廃位ののち殺され，ついで傀儡とされた蕭棟(予章王，衍の曾孫)は，551年抗う術もなく禅譲，景が漢王朝皇帝を名のったが，翌

年，部将王僧弁が景を滅ぼすと蕭繹(元帝，衍の第7子)が即位，江陵を都に皇統をつないだものの，それも束の間，554年北朝西魏の攻撃に江陵は陥落，繹も殺された。翌年，王僧弁が建康で再興をはかり北朝斉から蕭淵明(貞陽侯，衍の甥)を迎立。しかし陳覇先(陳の武帝)は反発，僧弁を襲殺して淵明を退け，蕭方智(敬帝，繹の第9子)を立てたが，やがて禅譲を迫って陳朝を創めた。梀と淵明は正規の皇帝と認めないため，梁は3代4帝56年。また，555年西魏の後援で蕭詧(宣帝，衍の孫)が江陵で建立，3代33年間存続した後梁は，北朝長安政権の付庸。　　　　　　　　　　　　　　(安田 二郎)

りょう【量】　容積をはかる古代の枡のこと。青銅製あるいは陶製で，壺形・方形・楕円形・筒形を呈し，柄が付くものが多い。量の単位は複雑で変化も大きかった。『漢書』律暦志では，龠・合(2龠)・升(10合)・斗(10升)・斛(10斗)とされる。このうち升が基準の単位であり，1升の実量は戦国時代から後漢時代まで約200mlであった。古い量器の実例として，1857年山東膠県で発見された陳純釜・子禾子釜・左関䤴の名で知られる戦国斉国の3器がある。いずれも斉の1釜(100升)枡で，実量は約2万mlである。商鞅方升を含む秦量には，度量衡の統一に関する始皇帝26年(前221)の詔書を刻したものが多い。また，王莽が容量の基準として配布したことで知られる新嘉量は，『西清古鑑』に収録されたのち行方不明になり，1924年に北京の故宮で再発見された。円筒形の枡本体に一対の把手のような小枡が付属したもので，これ一器で龠・合・升・斗・斛をはかることができた。
　　　　　　　　　　　　　　(西江 清高)

りょう【遼】　916～1125。契丹が建てた国家。契丹は現在の内モンゴル自治区東部，西遼河上流のシラ・ムレン流域に居住していたモンゴル系の遊牧民族。10世紀に耶律阿保機(太祖)が現れて部族を統一し，916年に皇帝位についた。太祖は阻卜などの西方の諸部族を平定し，926(天顕元)年には東方の渤海を滅ぼした。続く太宗の時代の936(同11)年には，五代の後晋の建国を援助した代償に燕雲十六州を獲得した。さらに947(会同10)年に開封を占領して後晋を滅ぼし，華北一帯を支配するようになり，国号も中国風に遼と改めた。まもなく遼の華北支配は失敗に終わり，契丹軍は燕雲十六州などの地を除いて北帰したが，これをきっかけに征服王朝としての体制を整えていった。その後の聖宗の時代に遼の政治・軍事体制は確立し，対外的にも女真を制圧し，高麗に侵攻する一方で，南方の北宋に対しては1004(統和22)年に澶淵の盟を結ん

で毎年絹20万匹，銀10万両をおくらせるなど，興宗・道宗へと3代続く最盛期を迎えた。澶淵の盟はまた遼・北宋両国の交易関係を活発化し，遼の経済的発展を促した。しかし12世紀に入ると支配下にあった女真族が台頭し，完顔部の阿骨打が1115年に金を建てた。遼は北宋と結んだ金の攻撃を受け，1125年には天祚帝が捕らえられて滅亡した。その際に一族の耶律大石は西方に逃れ，中央アジアに遼を再興した。これを西遼(カラ・キタイ)という。

遼の官制の特徴は，契丹などの部族制に対応する北面官と，漢人をはじめとする農耕民を対象とした南面官に分けられた二元的体制にある。契丹やこれに服属した奚・室韋などの遊牧民族は，五院部・六院部・乙室部・奚王府六部の4大部族と品部以下の48の小部族に編成された。これらを管轄する中央官としては，部族民に対する軍民両権を握る北枢密院のもとに南北宰相府以下，刑獄を司る夷離畢院や文書を司る大林牙院などの官があった。一方，遼は燕雲十六州を獲得しただけでなく，征服活動を通じて得た漢人などの集団を領内に移住させて州・県の名を与え，都とされた上京臨潢府(内モンゴル自治区)などの京・府と合わせて5京・6府・156州・209県を数えるまでになった。中央にはこれらの農耕民の民政を司る最高機関として南枢密院が置かれ，そのもとで基本的に唐制にならった三省六部以下の官制があった。

文化面でも，中国文化をとりいれる一方で，契丹固有の文化も維持された。建国当初から仏教が導入されて，各地に寺院・仏塔が建造され，契丹版大蔵経が刊行されたが，固有の信仰であるシャーマニズムも国家の儀礼の中に残り，民衆の間に盛行した。また，漢字・ウイグル文字の影響を受けながら，契丹大字・小字から成る独自の文字(契丹文字)を創り出した。内モンゴル自治区赤峰市巴林左旗白塔子の西北ワール・イン・マンハにある聖宗以下3代の陵墓(慶陵)で1922年に発見された哀冊碑は，契丹文字解読の資料となったが，なお充分な解読にはいたっていない。またこの慶陵には，遼代絵画の実例を知ることのできる多くの壁画が残されている。　　　　　　　　　　　　　　(河上 洋)

りよう【李邕】　675(上元2)～747(天宝6)。盛唐の文学者・書家。揚州江都(江蘇省)の人。祖父の代に江夏平春(河南省)から移住した。字は太(泰)和。最終の官が北海(山東省)刺史だったので，李北海ともいう。父は『文選』に注した李善。則天武后時代，20歳で左拾遺となるが，剛直で細事にこだわらない性格が禍して，玄宗朝に至るまで数度の失脚を経験。最後は，贈収賄事件に巻きこまれて刑死

した。名文家としての誉れ高く，北海刺史時代に，当時不遇だった*李白や*杜甫，高適らが訪ねたことは有名。特に碑文が得意で，大官や仏寺からの依頼が多く，地方官時代も金には困らなかったという。書家としての名声も高く，「書中の仙手」とうたわれた。彼の筆による「麓山寺碑」「李思訓碑」などは，今も書の手本とされる。次男の「李岐墓誌」によれば，彼の詩文集は108巻あったが，今は『李北海集』6巻が伝わるのみ。伝記資料として「李邕墓誌銘」(『千唐誌斎蔵誌』917)がある。旧唐書190中，新唐書202

(筧 文生)

りょううんしゅう【凌雲集】 平安時代初，嵯峨天皇の勅命によって，小野岑守・菅原清公・勇山文継らが編纂した漢詩集。小野岑守撰の序文によれば，782(延暦元)年より814(弘仁5)年までの，23人の作者による詩，計90首を集めて，「凌雲新集」と名付けるという。詩は，平城上皇の御製2首，嵯峨天皇御製の22首，皇太弟(淳和天皇)5首に始まって，各作者ごとにまとめて編纂される。神泉苑などにおける宴集での応制詩，奉和詩が多い。小島憲之『国風暗黒時代の文学』に詳注がある。

(大谷 雅夫)

りょうかい【梁楷】 生没年不詳。南宋の画家。原籍は東平(山東省)，臨安(浙江省)の生まれ。士大夫の末裔で，禅僧と親しく交わり，酒を嗜んで自ら楽しみ，号して梁風子というなど，その処世態度は職業画工と一線を画す。人物・山水・道釈・鬼神の画を得意とし，「(*李公麟を学んだ)賈師古を師とし，描写は飄逸，青きこと藍より過ぎたり」(『*図絵宝鑑』)と評された。宮廷画家となり，「嘉泰年(1201-04)画院待詔，金帯を賜わる。(梁)楷，受けず，院内に掛く」(同前)など行動は奇矯であったが，それでも「院人其の精妙の筆を見，敬服せざるは無し」(同前)といわれた。ただしその150年ほど後には「世に伝わるものはみな草々，之を減筆と謂う」(同前)と記されている。

『八高僧故事図』巻(摸本。上海博物館蔵)は，選ばれたモチーフやその描法，空間構成法など，同時代の院体山水画様式を踏まえており，おそらく画院における制作であろう。『黄庭経図』巻(米国，個人蔵)は，精細な白描によっており，李公麟の流れをくむ「其の精妙の筆」に当たるものと考えられる。これらに対して，『李白吟行図』軸(東京国立博物館蔵)は「減筆体」の典型であり，極限まで節略された筆によって対象の立体感から精神性までをえがき出す。また『鶏骨図』(福岡市美術館蔵)や『溌墨仙人図』冊頁(摸本。台北，故宮博物院蔵)は，たっぷりとした墨面を用いて形態を決定しており，溌墨以来の水墨画のもうひとつの可能性に挑戦している。『布袋図』軸(神戸，香雪美術館蔵)，『六祖截竹図』軸(東京国立博物館)，『出山釈迦図』軸(日本，個人蔵)等は，上記のいずれかの要素の組み合わせの範囲内にある。ほかに，山水画の遺品として院体様式による『雪景山水図』軸(東京国立博物館蔵)など，また水墨による花鳥画の小品などが伝世している。

梁楷の作品は，室町以降の日本絵画に多大の影響を与えた。『雪景山水図』に見られる冬山の描写法は室町水墨画における冬景色に多く摂取され，「減筆体」による人物描写は，海北派の「袋人物」に姿を変えて受け継がれた。

(嶋田 英誠)

りょうかか【両下鍋】 演劇の用語。京劇と梆子劇を同一舞台で同日に上演すること，もしくは同一劇中で両劇種の歌を混用することをいう。清末の1887(光緒13)年，田際雲の玉成劇団が上海の前者の形態をまねて公演したときに始まる。91年北京に帰京後，他劇団でも多く採用した。伝統劇は一日10演目ほど上演するので，役者が少ない場合に異劇種と共同興行する。他所でも見られたが，特に清末の北京からこう呼ばれ，両劇種が様々に影響しあった。民国初めの北京の女優劇はおおむね両下鍋であった。

(吉川 良和)

りょうがきょう【楞伽経】 後期の大乗経典の一つで，瑜伽行唯識思想を説いている。本経は，グプタ朝の王室起源伝承ともいうべきラーマ伝説に素材をとって，世尊がランカー(楞伽)のマラヤ山頂にあってラーヴァナ王のために阿梨耶識の海を観じながら説かれたと舞台設定し，諸仏世尊の自内証の真理，かつ十地菩薩行の証知すべき真理とは，即ち瑜伽行唯識哲学だ，とほめうたっていく経典である。大ガンダーラ地方にあった説一切有部系の瑜伽行者は，4世紀前半になってグプタ朝の勢力が及んでくるとともに，南インド伝来のナーガールジュナの大乗仏教哲学を受容して，急速に，かれら自身の菩薩行の修行道体系を構築し，大乗仏教哲学を発達させる。かくして瑜伽行唯識哲学の「五法(相・名・分別・真如・正智)」「三性(妄想・縁起・成性)」「八識(阿梨耶識・〔染汚〕意・意識・五識)」「二無我(人無我・法無我)」「如来蔵」などの哲学思想及び「唯識観行」「十地菩薩行」「転依」「仏他」などの実践思想が成立する。本経は，それらの瑜伽行唯識思想を「仏説」として説いている。

中国仏教思想史においては，そのような瑜伽行唯識哲学の発達は，はなはだ無秩序に伝来したようであり，五胡十六国北涼の418(玄始7)年に曇無讖によって最初期の『菩薩地持経』が伝来し菩薩戒運動として受容されはじめるが，南朝宋の443(元嘉

20)年にはもう*求那跋陀羅によって最終期の本経が伝来し漢訳されている。いわゆる『四巻楞伽経』である。つづいて北朝北魏の513(延昌2)年には*菩提流支によって『十巻楞伽経』が，さらに唐の704(長安4)年までに*実叉難陀によって『七巻楞伽経』が漢訳されている。その中で『四巻楞伽経』だけが，よく研究されたようで，北朝後半期の華厳思想史，とくに地論宗思想史において阿梨耶識(即如来蔵)思想の典拠として研究され，『大乗起信論』の阿梨耶識即如来蔵の哲学へと完成されていった。

他方，唐朝初期の禅思想の実録として貴重な*『続高僧伝』巻35の釈法沖伝には，当時，本経にもとづいて禅定を実践する諸伝統があったことが記録されているが，その中で「南天竺一乗宗」を標榜した道信の系統が，楞伽宗とも自称して北宗禅から南宗禅へと中国禅を展開させていく。本経が本来意図していた仏になるための「如来禅」が，完全に中国化された形で展開したといえよう。(荒牧 典俊)

りょうがししき【楞伽師資記】 初期禅宗史書。唐代の禅者，浄覚の撰。716(開元4)年頃の成立とされる。北宗禅の立場から中国初期禅宗の伝灯を説く。中国禅宗の初祖を4巻『楞伽経』の訳者である*求那跋陀羅とし，*達摩以下弘忍までを6代とする点，また弘忍の後継者として7代に*神秀ら3人，8代に*普寂ら4人を配して，慧能・神会の南宗禅の系統を除く点にその法系説の特色がある。初期禅宗の様々な思想が取り込まれており，資料として貴重である。敦煌に写本で伝わり，*ペリオ3436・4564ほか数本が現存する。(高堂 晃壽)

りょうかん【梁冠】 中国古代の冠のうち，鉄の芯(梁)を用いて前部を高く，後部を低く作った冠をいう。この種の冠には*『後漢書』の輿服志にみられる*進賢，通天冠，遠遊冠，高山冠などがある。冠梁の数によって身分階級を表示したもので，侯公は3梁，中二千石以下博士までは2梁，博士以下小史，私学の弟子は1梁とされた。漢代の進賢冠はその後南北朝から唐・宋にいたる間，歴代の服制のなかで終始重要な地位を占め，明代に梁冠と改称された。初期の冠梁の数は多くても5本に過ぎなかったが，宋から明にかけて形式の変化に伴い7梁・9梁から24梁のものまで作られた。(相川 佳予子)

りょうけいちょう【梁啓超】 1873(同治12)〜1929(民国18)。清〜民国の思想家・ジャーナリスト。新会(広東省)の人。字は卓如，号は任公・飲冰室主人など。1890(光緒16)年より康有為に師事。1896(同22)年，上海の『時務報』主筆。1897(同23)年，湖南時務学堂教習。1898(同24)年，戊戌変法に参与。変法失敗後は日本に亡命，『清議報』『新民叢報』を創刊，西洋思想を積極的に紹介，その平明かつ情熱的な文体と相俟って，中国思想界を席巻。政治的には，一時革命派に接近したが，結局は立憲君主制や開明専制(立憲の準備段階として，開明的な君主の強力なリーダーシップにより改革を実行すること)を主張，1905年の革命派の機関誌『民報』創刊後は，革命の可否をめぐり激しく論争。1912年帰国。1913年，第二革命の折には袁世凱側を支持，同年9月，熊希齢内閣に司法総長として入閣するが，1915年の袁世凱の帝制運動には反対し，討袁運動を組織。1920年以降，教育・著述に専念，清華大学研究院長，北京図書館長等を歴任。主要著作は『飲冰室合集』に収録される。(高柳 信夫)

りょうけいまんし【梁渓漫志】 南宋の1192(紹熙3)年の序を持つ随筆。10巻。無錫(江蘇省)の人，費袞の撰。末尾に付録する1206(開禧2)年の国史実録院牒から，本書が朝廷に収められたことにより進士を得たことが分かる。巻1・巻2は朝廷の制度と事実を，巻3は北宋の逸事を記す。巻4は*蘇軾に充て，巻5〜巻9は詩文書画に関する故事と批評とを交えながら史伝を考証し，民間の異事を記す。巻10は祠廟や仏寺に関する話題を中心とする。(松尾 肇子)

りょうこうそうでん【梁高僧伝】 →高僧伝

りょうごんきょう【楞厳経】 仏教経典。正式には『大仏頂如来密因修証了義菩薩万行首楞厳経』という。10巻。訳者について，高麗本等の諸本は「沙門般剌蜜帝」とするが，それは唐の智昇の『続古今訳経図紀』の説に依拠したものである。もっとも同じ智昇が先に編纂した『*開元釈教録』9では，同経を「沙門懐迪」の訳としており，望月信亨博士は，内容をも勘案して中国撰述の疑経とする。日本でも普照が請来した当時より真偽の論争のあったことが知られている。

内容は多岐にわたるが，第1巻では仏弟子の阿難が摩登伽女(マータンギー)の幻術によって誘惑されそうになったのを仏が神通力で知り，阿難を救い，摩登伽女をも教化した有名な説話をテーマとして心の実相を解説する。第3巻・第4巻では如来蔵・真識・菴摩羅識(無垢識)など中国如来蔵説を強調している。禅家に好まれる真浄の妙心も説かれている。

中心は第7巻で，白傘蓋仏頂の約四百数十句から成る長文の陀羅尼(如来秘密章句)を説き，かつその功徳を讃嘆している。この部分は，*不空訳の『大仏頂如来放光悉担多鉢怛羅陀羅尼』とよく合致する。冒頭に「一名中印度那爛陀曼荼羅灌頂金剛大道

場神呪」とあるが，阿地瞿多訳の『陀羅尼集経』の序文を意識したものと考えられる。

その内容が修行に際しての障りとなる魔を防ぐ功徳があるとされ，中国では雨安居の無事を祈って，主に禅門の楞厳会で読誦されるようになった。また宋代の長水子璿が本経によって教禅一致（密教と禅の融合）を鼓吹したように，同様に疑経の評価もある『円覚経』とともに依用されることが多い。元代末期の『百丈清規』では，楞厳会を克明に説明している。

日本でも，『楞厳経』と楞厳呪は禅門で尊重されるほか，禅・密・戒などの並修を伝える京都の泉涌寺でも楞厳会を行う。ただ，道元は禅者が本経を用いることを非難している。　　　　（頼富　本宏）

りょうさいしい【聊斎志異】　清の小説集。全部で四百数十篇の作品を収める。作者は淄川（山東省）の人，蒲松齢。彼は山東の片田舎で住み込みの家庭教師をつとめてほとんど一生を過ごした人で，自序にあたる『聊斎志異』自誌からみると，彼が40歳の時（1679〔康熙18〕年）の春には，ほぼ完成していたと考えられる。むろんこの後も推敲や増補が行われ，晩年までそれは続いた。テキストは作者自筆の手稿本（約半分ほどが残存）をはじめとして，写本や刻本など多数のテキストがある。『聊斎志異』は蒲松齢の生前，ごくわずかに知られるにすぎなかったが，1766（乾隆31）年に青柯亭刻本が出てから流行しはじめた。後の袁枚『子不語』や紀昀『閲微草堂筆記』などもすべてその影響下にある。

『聊斎志異』は文言（文語体）で書かれた大量の物語を収め，中にはまったく断片的な記事や小話の類もあるが，何といっても幻想的でどこかペーソスを感じさせる中篇の作品がその持ち味である。明末にはおしなべて白話（口語体）の小説が全盛を誇り，文言小説といえばせいぜい『情史類略』『艶異編』など従来の作品を編纂（または改作）した小説集がほとんどであったから，清初の創作を主とした物語集である『聊斎志異』の登場は大きな反響を呼んだ。

『聊斎志異』は志怪小説と伝奇小説の両面をもっているが，鵪合わせやコオロギ合わせにまつわる悲喜劇を描いた民話的な要素の濃い「王成」「促織」，おてんばでこの上なく魅力的な女性を登場させた「嬌娜」「嬰寧」「緑衣女」，逆に滑稽なほどの焼き餅やきの悍婦を描いた「馬介甫」「江城」，壁の中に人間が入ってしまうという奇想の「画壁」，ぞっとするほどグロテスクな手術場面の「画皮」「陸判」など，題材の豊富さといい着想の奇抜さといい描法のリアルさといい，その絢爛にして饒舌な語り口はまさに万華鏡を思わせる。創作以外に従前の原話を改作したものも多くあるが，そうした場合でも原話の痕跡をほとんど残さないほど徹底的に換骨奪胎している。中でも興趣を覚えさせるのは，一群の異類婚姻譚である。伝統的な鬼狐妖怪は無論のこと，菊（「黄英」），牡丹（「葛巾」），蜂（「緑衣女」），オウム（「阿宝」），烏（「竹青」）など，多数の植物や動物が動員され，人間と悲喜こもごもの恋愛や友情の物語を繰り広げている。

文言小説は，元来は簡潔で余韻溢れる物語を指向するものであったが，明代に勃興した白話小説の饒舌さやリアルさに次第に圧倒されるようになる。だが『聊斎志異』は題材や描写の卑俗さ，それに場面転換や展開の早さによって，文言小説でありながら，あたかも白話小説を読んでいるような面白さを生み出している。饒舌さと卑俗性，そして読後の一抹の悲哀が『聊斎志異』の世界なのである。

（岡本　不二明）

りょうざんしちき【梁山七器】　清朝，道光年間（1821-50）に山東省寿張県（梁山県）の梁山から出土したと言われる7件の殷周青銅器を言う。異説もあるが，小臣艅犧尊・大保鼎一・大保鼎二・大保殷・憲鼎・伯憲盉・大史友甗の7器を以て梁山七器とするのが通説である。殷末期から西周最初期の器が主で，殷末周初の山東地方の政治状況を考える上で重要な意味を持ち，西周初期の重要人物である大保の果たした役割を考える上でも見逃すことができない器群である。現在，器群は分散し，行方不明の器もある。　　　（竹内　康浩）

りょうざんぱくよしゅくえいだい【梁山伯与祝英台】　伝統劇の劇目。民間伝説に取材したもので「双蝴蝶」「柳蔭記」ともいう。最も古いテキストは明人の作『訪友記』（作者不詳）で，その一部が現存する。多くの劇種がこの劇目を競って演ずるが，越劇と川劇が特に得意とし，越劇のそれは映画にもなった。

祝英台は求学の志抑え難く，遂に男装し，これも男装した銀心を伴って杭州に求学に向かう。途中で梁山伯と出会い，2人はたちまち意気投合し，草橋亭で義兄弟の契りを結ぶ。3年共に学ぶうちに2人の情誼はますます深まり，祝英台の梁山伯に対する女としての情も増してくる。3年たって厳父の督促に抗し切れず帰郷することになった祝英台は，すでに英台が女と気付いていた師の夫人にすべてを話し，梁山伯との仲立ちを依頼する。夫人は快諾するが，更に祝英台は別れに臨んで梁山伯に自分の家を訪ね，自分の妹九妹と結婚することを約束させる。別後梁山伯は夫人から祝英台の真情を知らされ，祝英台の家に駆けつけて女装に戻った英台と互いの変わらぬ愛情を語り合う。しかし英台の父親はすで

に権勢ある馬家の息子馬文才と英台の結婚を決めてしまっていた。山伯は絶望のあまり病気となり死んでしまう。祝英台は馬文才との婚姻を拒絶するが，両家の準備は強引に進められる。進退窮まった英台は，途中梁山伯の墓参りをすることを唯一の条件に，遂に花轎(嫁入りカゴ)に乗ることを承諾する。梁山伯の墓の前で祝英台が号泣すると，黒雲が湧き暴風が起こり，稲妻が走って梁山伯の墓が裂ける。祝英台がためらいも見せず身を投ずると，龍巻が起こって土を運び，墓を蓋ってしまう。そこから楽しげに2匹の蝶が舞い上がり，空に昇っていく。

この美しい悲恋物語は中国人に最も愛され続け，寧波近郊にある2人の墓と伝えられる地は中国で唯一の愛情テーマパークとなり，今も参拝の人が跡を絶たない。　　　　　　　　　　　　(佐治 俊彦)

りょうし【遼史】　遼王朝一代の正史。116巻。1344(至正4)年に完成した。元の脱脱らによる奉勅撰。遼代の耶律儼『皇朝実録』などをもとに金代には陳大任らによって遼史が編纂されたが，遼・宋両王朝の正統論が決着せず，刊行にいたらなかった。元代にいたって遼・金・宋それぞれに正史を編纂することとし，同時に着手された。『遼史』は早々に成ったため粗略の批判を受けるが，営衛志・部族表・国語解など遼の社会に対応した独自の項目も見られる。　　　　　　　　　　　　(河上 洋)

りょうしえい【梁思永】　1904(光緒30)～54。考古学者。梁啓超の次子として横浜に生まれる。原籍は新会県(広東省)。1923年，北京の清華学校卒業後，ハーバード大学に留学。人類学・考古学を学び，修士の学位を得る。帰国後，中央研究院歴史語言研究所考古組に迎えられ，殷墟や城子崖の発掘で李済とともに指導的な役割を果たした。殷墟の後岡遺跡において，仰韶・龍山・殷という3つの文化の相対年代を層位学的に確認したことは，中国における科学的考古学の幕開けと評価される。40年代以降，病床に伏したが，北京に新設された中国科学院考古研究所副所長として中華人民共和国における考古学研究の再出発に貢献した。　　(西江 清高)

りょうしせい【梁思成】　1901～72。近代中国の建築史家・建築家・教育家。父，梁啓超の亡命先である東京の松濤で生まれた。本籍は広東省新会県。1912(民国元)年に両親とともに帰国。1927年アメリカのペンシルベニア大学の建築学修士修了後，ハーバード大学への留学を経て，1928年瀋陽の東北大学に着任し，建築学科を創設した。1931年から法式部主任として中国営造学社に入社し，1946年に解散するまで中核的な役割を果たした。その中，1937年に山西省五台山に中国に現存する最古の木造建築仏光寺大殿を発見した。1946年に清華大学営造系(後に建築系と改名)を創設し，死去するまで教育者として活躍。宋の『営造法式』や清の『営造則例』など専門書を注釈し，中国建築通史などの学術書を出版する一方，北京古都を保護するために政府やメディアに投書し，さらに中華人民共和国の創立に建築家として積極的に協力した。国徽(中国の国章)や天安門広場に聳える人民英雄記念碑などは代表作である。英文の『図説中国建築史』(《A Pictorial History of Chinese Architecture》，1984年)を出版して，国際的な影響も与えた。著作は『梁思成全集』全10巻(中国建築工業出版社，2001年)にまとめられている。　　　(包 慕萍)

りょうしゅう【涼州】　現在の甘粛省中部に位置し，かつて武威郡が置かれた地。涼州という言葉で現在のほぼ甘粛省に当たる地域を指す場合もあった。前3世紀頃この地域には遊牧民族月氏が住んでいたが，月氏が匈奴に逐われると匈奴休屠王の分地となった。前121(元狩2)年に渾邪王が休屠王を殺し漢に降ると，この地は漢の領域に入り宣帝(在位前74～前49)の初め頃，武威郡が置かれたと言われる。後漢の時，武威郡など10郡・2属国を涼州とし刺史の管轄下に置いた。三国魏・西晋代に涼州の治所が武威郡姑臧県に置かれて以来，五胡十六国の前涼・後涼・北涼等が都を置いた。『後漢書』孔奮伝に拠れば，後漢初め姑臧は富邑と称せられ，羌族(チベット系民族)・胡人(イラン系民族)と盛んに交易を行っていた。北朝北魏が北涼を滅ぼした時，姑臧で捕えた多数のソグド商人をソグド王が買い戻した話は有名で，安難陀なるソグド人の一族がこの地で薩保(「ゾロアスター教〔祆教〕徒の長」あるいは「隊商の長」の意と言われる)であったという記録等もある。これらはこの地の富饒さと東西交通の要衝たる地位をよく示している。隋唐時代にかけて，武威郡の地を涼州と呼ぶことが多くなった。宋代には西夏の支配下に入り，元代には永昌路に属す西涼州となり，明代には涼州衛が置かれた。

(山本 光朗)

りょうしゅうきんもんじたいけい【両周金文辞大系】　民国の金文著録。郭沫若著。東京，文求堂刊。1932(昭和7)年初版，続く1935年に書名を『両周金文辞大系図録考釈』として，図録5冊と考釈2冊からなる新訂本が再版された。人民共和国成立後，1958年に科学出版社より増訂新版が刊行。図録冊は図編と録編に分かれ，器影と銘文拓本を収める。収録される青銅器は西周と東周に分けられて，西周金文250器は各王世の標準器を定めて編

年，東周金文261器は32国に分類される。西周青銅器の断代研究および東周青銅器の分域研究に顕著な成果をもたらした。　　　　　（高久　由美）

りょうしゅうせっくつ【涼州石窟】　狭義には甘粛省武威市にある天梯山石窟を指し，広義にはさらに甘粛省永昌県の石仏崖石窟・雲蔵石窟など武威周辺の石窟寺院群をも含める。天梯山石窟は武威市南40km，天梯山北麓の張義堡大仏寺に位置する。80mにわたる紅砂岩質の懸崖に3層19窟が開削された石窟寺院で，その開削は五胡十六国北涼時代に始まる。地震帯上に立地するため，古来，地震による被害と修復を繰り返しながら清代まで続いた。19窟中，6窟の保存状態が比較的良好であったが，黄羊河ダムの建設に伴い，壁画や塑像などは甘粛省博物館に移管された。（勝木　言一郎）

りょうしゅく【梁粛】　753(天宝12)〜793(貞元9)。中唐の散文家。安定烏氏(甘粛省)の人。曾祖父の代から陸渾(河南省)に移った。字は寛中，または敬之。780(建中元)年，文辞清麗科に合格。翰林学士，史館修撰等を歴任。独孤及に師事して，古文運動の先駆となり，韓愈や柳宗元に大きな影響を与えた。死後編まれた『梁粛文集』20巻は失われ，いま文104篇が伝わる。伝記資料として崔元翰による「墓誌」があり，また神田喜一郎「梁粛年譜」が役にたつ。新唐書202　　（筧　文生）

りょうしょ【凌曙】　1775(乾隆40)〜1829(道光9)。清の経学者。江都県(江蘇省)の人。字は暁楼・子昇。貧窮にも臆することなく学に志し，劉逢禄に師事して，経学は公羊を以て正軌であるとした。のち阮元の門下に入り，公羊学が前漢の董仲舒に基づくことから，『春秋繁露注』17巻を作成した。『繁露』の最初の専注であり，当時に冠たる著作である。弟子に劉文淇・陳立がいる。著作には『公羊礼疏』11巻，『公羊礼説』1巻，『公羊問答』2巻，『礼論』1巻がある。清史稿482　（石黒　宣俊）

りょうじょ【梁書】　南朝梁の正史。56巻(本紀6巻・列伝50巻)。唐の太宗貞観中の五朝史修史事業の一環として姚思廉が勅を受け，すでに梁・陳2史の編纂を進めていた父姚察の事業を継承して，636(貞観10)年に成った。陳吏部尚書姚察と題する伝論(伝末に撰者が記した批評)をもつ列伝が26篇ある。志は656(顕慶元)年に成った『五代史志』(現『隋書』の志)に含まれる。梁史には沈約・周興嗣らの書があったが，多くは梁都江陵陥落時に焼失し，完存するのは本書のみ。中華書局評点本が利用に便である。　　　　　　　　　（中村　圭爾）

りょうしょうきょ【梁章鉅】　1775(乾隆40)〜1849(道光29)。長楽(福建省)の人。字は閎中，また茝林。1802(嘉慶7)年の進士。江蘇巡撫，署両江総督など，地方の大官を長らく勤めたため，各地の実状をよく理解し，高い行政能力を発揮した。著述は多岐にわたり，経史から書画，詩話まで全般に及ぶ。軍機処について記した『枢垣記略』，国家の制度や地方の風俗を紹介し，事物の考証や詩文書画の批評を収める『浪跡叢談』や『帰田瑣記』が名高い。　　　　　　　　　　　（井波　陵一）

りょうじょうけいいせき【遼上京遺跡】　内蒙古自治区巴林左旗に残る遼の都城遺跡。遼太祖耶律阿保機が建国後の918(神冊3)年に首都として築城し，938(天顕13)年に上京と改称した遼五京の一つ。1930〜40年代に日本が一部を発掘した。城跡は起伏のある平原にあり，南北に連接されていた皇城と漢城とからなる。皇城はほぼ方形であるが，西北と南西隅が斜めに落とされている。土築の城壁が残っている。契丹人の居住地で，多くの殿址や寺院址が残るが，北半部には建築跡がなく，テント式住居を設けていたようである。皇城の中央部に塀で囲まれた宮廷の跡も残っている。皇城の各面に各1門があり，道路で結んでいるが，直通せず鍵の手に交差している。皇城内には白磁等を焼成した窯跡があり，出土品も多い。漢城は，契丹人以外の居住地であるが，白音戈洛河が東西に流れていて，過去の氾濫で遺跡の多くは流失している。漢城の北壁は皇城の南壁を共有していて，他の3面は版築の城垣を築いている。　　　　　　　（菅谷　文則）

りょうじょうちん【両城鎮】　山東省日照市両城鎮の遺跡。1934(民国23)年から35年にかけて中央研究院歴史語言研究所の梁思永らが発掘した。中華人民共和国成立以後も数次にわたって調査が実施されている。

30年代の発掘当時，残存していた遺跡の面積は約36万m²だという。この発掘では多くの磨製石器・黒陶が出土し，遺跡中央部では複数の土坑墓が発見され，当遺跡が新石器時代の大規模な集落遺跡であることが確認された。梁思永は1939年に「龍山文化」の概念を提示したとき，30年代の発掘成果に基づき山東沿海区の龍山文化の遺跡として両城鎮遺跡を挙げた。中国新石器文化の研究史において，もっとも早い時期に調査された龍山文化の遺跡として両城鎮遺跡は重要である。

なお，30年代の発掘成果については，尹達が報告書を執筆したものの，日中戦争勃発により完成直前に作業は頓挫した。原稿は台湾の中央研究院に保存されている。また当時の出土品の一部は『日照両

『城鎮陶器』(1985年)で公表されている。

(黄川田 修)

りょうしょぶんか【良渚文化】 浙江省杭州市余杭区所在の良渚遺跡群を標準遺跡とする新石器時代後期の文化。紀元前3300年頃から紀元前2400年頃まで継続した。南は浙江省の杭州湾北岸から北は江蘇省の長江南岸までの，太湖を中心とする半径約100kmの範囲内に分布する。1937年に施昕更により良渚遺跡群の調査が行われて以来，これまでに浙江省・上海市・江蘇省の各地で数多くの遺跡が発掘調査されている。主要な遺跡としては，良渚遺跡群のほか，浙江省の余杭横山・桐郷普安橋・桐郷新地里・海寧荷葉地・海塩龍潭港・平湖荘橋墳・嘉興雀幕橋，上海市の青浦福泉山・金山亭林，江蘇省の昆山趙陵山・常熟羅墩・蘇州張陵山・蘇州草鞋山・武進寺墩・江陰高城墩などがある。遺跡は沖積平野上に立地することが一般的であり，多くの場合，集落と墓地がセットになった複合遺跡の形態をとる。

土器は灰色土器・表面黒色土器(黒皮陶)・赤色土器の3類に大きく分けられる。前2者は豆・罐・壺・杯などの盛食器・貯蔵器として製作されるのに対し，後者は鼎・缸(器壁の厚い砲弾型の容器)など主として煮炊きに関係する器物に特徴的である。石器はすべてが磨製で，有孔石斧(石鉞)・扁平片刃石斧・石鏃・砥石・石犂・大斜柄石刀・V字形石刀・石鎌などからなる。石器器種と使用石材との間には明確な対応関係が見られるところから，専門的な手工業生産の産物であったことが窺える。玉器は大多数が軟玉製で，器種には琮・璧・鉞・冠状器(逆台形を呈する小型の器物で，竪櫛上部の装飾と考えられる)・鐲(腕輪)・璜・玦・管・珠・三叉形器・錐形器などがある。多くは無文であるが，琮・鉞・鐲・三叉形器などには神人獣面文，龍首文，その他の文様が刻まれることがある。

住居址の検出例は必ずしも多くはないが，基本的には木柱を立て土壁を塗った平地式建築となっている。一方，墓の検出例は多く，ほとんどすべてが長方形の土壙墓で，木棺，さらには木槨の痕跡を残す例もある。他の遺構としては，井戸・溝・貯蔵穴などがある。

大規模かつ特殊な建造物が集中して存在するのが浙江省余杭の良渚遺跡群である。面積約30万m²，高さ約10mの規模を誇る人工土台である莫角山，長さ5kmに及ぶ塘山土塁，墳丘墓の反山遺跡，台状墓の瑶山遺跡や匯観山遺跡などが東西約10km，南北約6kmの範囲内に分散しており，良渚文化期最大の祭祀・政治センターとして機能していたものと考えられている。

都市的集落と大規模な建造物，身分表示の威信財としての玉器，後世の饕餮文の始源となる獣面文，玉器や石器の製作に見られる専門性などから，良渚文化は中国文明の形成に対して大きく寄与した文化として注目を集めている。　(中村 慎一)

りょうしんぎょ【梁辰魚】 1521(正徳16)？～94(万暦22)？。明の劇作家。崑山(江蘇省)の人。字は伯龍。号は少白，また仇池外史。例貢(銀米を入れて貢生の資格を得る)によって太学生となった。戯曲の音律に詳しく，魏良輔によって整理された崑腔のメロディーにのせて，范蠡と西施を主人公とし，呉王夫差と越王句践の興亡を描いた『浣紗記』を制作し，崑腔の発展に寄与した。この他，雑劇『紅線女』，散曲集『江東白苧』の作がある。『明詩紀事』己20，『列朝詩集小伝』丁中に伝がある。　(根ヶ山 徹)

りょうぜいほう【両税法】 唐後半期に施行され，五代十国・北宋・南宋・金・元・明の各王朝が継承，実施した税法。徴税費目や徴収方法はしばしば変更されたが，土地所有に応じ夏秋2回徴税する原則は清初まで変わらなかった。

唐の中期以降，大土地所有の拡大と客戸の増加により，均田農民から徴収する租庸調の収入が減少した。政府は各種付加税を創設して税収不足を補ったが，安史の乱後は藩鎮が割拠し，財政はさらに窮乏した。780(建中元)年，宰相楊炎は租庸調を廃止して農民の土地所有を公認し，政府が必要とする経費をもとに総課税額を定め，前年までの耕地面積を基準に賦課する両税法を実施した。その原則は①土地所有者を両税の負担者とする。②各戸の資産額を見積もりその等級に応じて両税銭を徴収する。③各戸の所有する土地面積を基準に穀物を徴収する。④夏税は6月まで，秋税は11月までに納める。⑤商人には販売先の州県で従価30分の1の商税を課す。⑥両税以外の課税は行わない。このうち②は戸の等級区分が徹底せず，また折納(絹帛等による代納)が広く行われた。折納のさいの換算は，公定価格と市場価格とを併用した。五代の華北では折納を廃止して絹帛を夏税となし，宋初までなお折納が行われた江南・四川も，11世紀初頭から絹帛が夏税となった。③は唐代には夏税地(麦)と秋税地(粟・米)に分けて徴収したが，宋代にはこの区分はなく，麦を夏税，粟・米を秋税(秋苗・苗米)として徴収した。⑤はのちに両税の総課税額から分離独立した。

華北を支配した金は夏税の絹帛を戸調として独立させ，夏秋の穀物のみ両税と称した。元は華北では金の方式を継承し，江南の3行省では南宋の両税法を継承した。明も宋の両税法を継承したが，土地所有と税役負担との不均衡が拡大したため，中期

以降から清初にかけて，付加税や丁税（役の代納）を一括して両税額にくりこみ，銀で納める一条鞭法・地丁併徴などの新方式が生まれた。

(島居 一康)

りょうち【良知】 陽明学の用語。良知の語源は，『孟子』尽心上篇の「人の学ばずして能くする所のものはその良能なり。慮らずして知る所のものはその良知なり」である。王陽明は，仏教の悉有仏性説を換骨奪胎して，誰もが良知を具有しているという良知説を創出し，「人の良知はすなわち草木瓦石の良知である。もし草木瓦石に人の良知が無ければ，草木瓦石たりえない。草木瓦石だけがそうなのではない。天地に人の良知が無ければ，また天地たりえない。思うに天地万物は人と本来一体である」（『伝習録』巻下）と述べている。また，「良知は造化の精霊である。この精霊が，天を生じ地を生じ，鬼を成し帝を成す」（同上）と述べているように，良知を天地の間に流行する霊妙な気の働きとみなしており，良知は単なる道徳的知識や判断力という意味ではない。

(佐藤 錬太郎)

りょうちゅうけいいせき【遼中京遺跡】 内蒙古自治区寧城県大明鎮に残る遼の都城遺跡。中京は遼五京の一つ。聖宗の統和25(1007)年に完成した。遼帝が宋使を引見したのも中京でであった。全体は北宋の汴京に倣って外城・内城・皇城を同心的に組み合わせた三重構造であった。遺跡は老哈河北岸の沖積平原にあり，外城に残る八角十三重の感聖寺塔（地元では大明塔といっている）がそびえる。外城はほぼ方形で東西約4.2km，南北約3.5km，内城は東西約2km，南北約1.5km，宮城は約1km四方で，ともに城垣で囲まれ，外城南門から宮城南門に南北方向の大街が布設され，中軸線を形成している。遼中京城の状況については北宋の使者の実見録である『乗軺録』に詳細な記述があり，遺構の残存する状況とよく一致している。仏教寺院は，感聖寺以外にも外城東南隅の丘陵上に寺跡があり，瓦・磁器などが大量に出土している。金代にも北京路大定府として用いられ，明代まで続いていた。

(菅谷 文則)

りょうていかん【凌廷堪】 1755(乾隆20)～1809(嘉慶14)。清の考証学者。歙県（安徽省）の人。字は次仲，また仲子。1790(乾隆55)年の進士。江永，戴震に私淑し，音声学，天文暦算の知識を駆使して「三礼」研究，なかでも『儀礼』の注釈に新生面を開く。代表作は『礼経釈例』13巻。その「復礼」3篇で，聖人の学問の中心は「理」ではなく「礼」だと述べ，「礼学」を以て「理学」に替えることを主張した。官制・地理・楽律の分野でも大きな業績を残す。『清史列伝』68に伝がある。清史稿481

(緒形 康)

りょうとう【裲襠】 袖無しの鎧や短衣の称。両襠・両当とも記す。胸に一枚，背に一枚の二部で構成されるもので，漢の『釈名』には「裲襠，其の一つ胸に当て，其の一つ背に当てるなり」（釈衣服・裲襠）とある。もとは北方民族の服飾。秦代にはすでにあったとされ，魏晋南北朝の頃に盛んに使用された。裲襠は素材の面から，大きく裲襠の甲と裲襠の短衣の2種類に分けられる。①裲襠の甲：金属や革で作られたもので，主に武官や武舞が使用する鎧。胸と背の2枚の甲を革帯によって両肩を綴る。甲は官職に応じて，金玳瑁・金・銀などで装飾した。②裲襠の短衣：背心と同種のもの。布帛で作られた袖無しの上着で，男女共に使用した。彩糸で刺繡を加えたものや袷のもの，綿入れのものなどがある。また，裲襠の短衣に類似した裲襠は舞衣などに使用され，武舞では裲襠の甲の上に，文舞では袍の上に着用した。

(田中 陽子)

りょうどうしょ【梁同書】 1723(雍正元)～1815(嘉慶20)。清初の書家。銭塘（浙江省）の人。字は元穎。号は山舟。晩年は不翁，新吾長翁と号した。1752(乾隆17)年に進士を特賜され，翰林院侍講に官した。40歳に致仕して郷里に帰るが，嘉慶年間(1796-1820)に再び出仕し学士を加えられる。少年時代から天才と称され，とりわけ書に通じた。はじめ顔真卿・柳公権を手本とし，中年は米芾の筆法を駆使し，70歳以後変化を極めた。大字に長じ，また90歳で蠅頭の小楷（微小な楷書）を善くし，現存作品・王文治とともに「劉梁王」と並称される。現存作品に『楷書九歌』(1757年，四川省博物館蔵)などがある。鑑賞に詳しく，書学の造詣も深く，『頻羅庵論書』を著し，また弟子の張燕昌・孔継涑らに与えた尺牘を刻した『弁香楼法帖』がある。清史稿503

(河内 利治)

りょうとのふ【両都賦】 後漢の賦。班固作。「賦なる者は，古詩の流れなり」と始まる長大な序をもち，前漢の賦史を述べて，後漢の世にふさわしい賦の必要を論じる。つづく「西都賦」で西都賓が前漢の都長安の繁華をうたうと，「東都賦」で東都主人が後漢の都洛陽の徳の優越を説いてこれを論破し，帝徳を象徴する5篇の詩で結ぶ。面白みには欠けるが，前漢の賦が修辞過剰に流れた点を理念によって克服し，賦と詩を結びつける企図をもって構成された力作である。張衡『二京賦』，左思『三都賦』などのモデルとなった。『文選』1，『後漢書』40所

収。　　　　　　　　　　　　（谷口　洋）

りょうねいしきどうけん【遼寧式銅剣】　先端が細く尖り，中間に左右に突き出た節尖をもち，そこから刃のもと部へかけて左右に幅広く膨らんだ，特色ある形状の青銅短剣。中国東北の遼寧省西部を起源地とするところから筆者が遼寧式銅剣と名づけたが，形状から曲刃短茎剣(中国)，琵琶形剣(朝鮮半島)ともよばれる。春秋戦国時代に併行して遼寧省西部から東部，さらに北は吉林省南部，南は遼東半島先端部にまでひろがり，この剣制を標識として東胡の一部族による独特の文化圏を形成した。隣接する中国本土や匈奴の剣が，いずれも剣と柄と柄頭とを一度に鋳造する一鋳法でつくられるのに対し，この剣はそれらを別々に作って組み合わせる独特の分鋳法をとる。銅柄はT字形で，文様はZ形雷文装飾の古式と三角連点文(小三角形連接文様)装飾の新式に分かれ，柄頭金具には重い鉱石をつけて刺突力を増す。この剣制は鴨緑江を越えて東漸し，朝鮮半島の細形銅剣の祖形となり，さらに東方の我が国弥生社会へ影響を及ぼした。（秋山　進午）

りょうのかんぶんてい【梁簡文帝】　→蕭綱

りょうのげんてい【梁元帝】　→蕭繹

りようひょう【李陽冰】　713(開元元)？～780(建中元)？。唐代の学者。河北趙郡(河北省)の人。字は少温。官は，はじめ当塗県令となり，集賢院学士をへて将作少監となった。文字学にくわしく『説文解字』30巻を校定した。その書は亡んで伝わらないが，臆断妄改が多かったとされ，反駁を加えた徐鍇『説文解字繋伝』祛妄篇によって字説の一部が知られる。李斯を継ぐ篆書の名家として名高く，その書に「怡亭銘序」「般若台題記」「顔氏家廟碑額」などがある。　　　　　（福田　哲之）

りょうへい【廖平】　1852(咸豊2)～1932(民国21)。清末民国初の学者。井研(四川省)の人。字は季平。1889(光緒15)年の進士。張之洞の知遇を得，王闓運から公羊学を学んだ。経学研究に従事し生涯でその学問が数変した。1883(光緒9)年『今古学考』で今文・古文の分化をいい，次いで今文は改制をいう真経で，古文は劉歆の偽経だとし，康有為に影響を与えた。後，今文は「人学」だが，古文は「天学」だと逆転させた。著書に『六訳館叢書』他がある。　　　　　　　　（竹内　弘行）

りょうぼ【陵墓】　君主の墓を陵と称する早期の例は戦国時代の趙・秦・楚国に見られる。権力誇示の目的で造営された墳丘墓は春秋時代後期に現れ，墳丘墓の発達とともに丘の意味をもつ陵の呼称が出現したとする説が一般的である。秦漢以後は陵と墓の用法が厳格に規定され，皇帝・皇后・皇太子の墓のみに陵号を冠し，その他の墓をもって陵と呼ぶことは僭号とされた。皇帝陵の基本構造は秦始皇帝陵において完成し，前漢陵はその制を承けながらも，規模を縮小し簡素化させた。漢制では截頭方錐形の方墳に正方形の陵園を巡らせ，四方に門を建て，陵園外の寝殿・陵廟・陪葬坑・陪葬墓・陵邑などの関連施設を四門から東西南北の各方位へのびる司馬道を基線として配置した。後漢陵の規模はさらに縮小するが，陵園の基本設計は前漢の制度が踏襲された。他方，前漢時代の王侯墓や後漢時代の豪族墓には帝陵に比肩する規模をもつものが少なからず見られる。造陵工事にかかる費用を節減するため山腹に横穴を穿って造営された前漢の文帝の霸陵は薄葬精神を唱える君主が模範とする先例となった(山陵形式)。のちに三国魏の武帝曹操や唐の太宗李世民などがこの例に倣った。

　洛陽の首陽山南裾の谷を陵域とした西晋の武帝の峻陽陵は漢代に萌芽した堪輿家の墓地選定法を採用したものと見られる。この選地法は晋の南遷によって江蘇・浙江地域に伝わり，南朝陵墓において諸要素が加わり発展した。一方，北朝は漢制に従い平坦地に墳丘を築き陵園を設けた(起墳形式)。唐代の陵墓は漢制を承けた起墳形式と太宗昭陵から始まる山陵形式に分かれる。墓室は北朝系統の地下式墓室が掘られ，神道石刻は南北両朝の伝統を融合した組成となった。五代の陵墓は国ごとに顕著な特色があるが，北宋陵は起墳形式の唐陵を忠実に模倣した。明の太祖は父母の陵の造営に宋陵の設計を用いる一方，自己の孝陵は江蘇・浙江地域に伝わる堪輿術をもって陵地を選び，円墳の前面に陵園建築を並べる独自の様式を確立した。孝陵の設計は北京の明十三陵に受け継がれ，清陵も明制に倣った。また，十三陵区や清の東西陵区に城垣が巡らされたのは遼の陵制を採用したものと見られる。このように歴代の陵墓は時代と地域の繋がりをもって複雑に発展してきた。　　　　　　　　　　　　（来村　多加史）

りょうぼう【涼帽】　→暖帽

りょうほぎん【梁甫吟】　相和歌の楽府題の一つ。梁甫は泰山のふもとにある山の名で，このうたは曾子に始まるとか，諸葛亮に始まるなどという伝説がある。特に，諸葛亮が農作業のかたわら好んで歌ったことで知られ，有名な春秋斉の晏嬰の「二桃もて三士を殺す」の故事を歌った歌詞は，諸葛亮の作ともいわれる。泰山は古くは死者の集まる

ところとされており，また現存の歌詞に墳墓や死がうたわれることから，葬送の歌であるとの説がある。
(松家 裕子)

りょうぼしゅつどさんすいず・かちょうず【遼墓出土山水図・花鳥図】 →山弈候約図・竹雀双兎図

りょうもうしょ【凌濛初】 1580(万暦8)～1644(崇禎17)。明末の小説家・戯曲作家。浙江烏程(浙江省)の人。字は玄房，号は初成，別号は即空観主人。生涯科挙に合格せず，地方の補佐官を歴任する一方，数々の著作を残した。白話短編小説集『拍案驚奇』『二刻拍案驚奇』(『二拍』と総称)，『曲律』など演劇理論書，『識英雄紅払莽択配』(別称『北紅払』)『宋公明闇元宵』など戯曲作品がある。また，即空観本と称される多色刷りの精緻な刻本の出版でも知られる。
(岡崎 由美)

りょうれいさん【梁令瓚】 生没年不詳。唐代8世紀頃の画家・天文儀器製作者。蜀(四川省)の人。南朝梁の張僧繇の五星二十八宿神形図に篆書で説明を添え，また同図の摸本を描いた。721(開元9)年，改暦の詔を受けた僧一行は，率府兵曹参軍の梁令瓚が作った木製のものに基づき，銅鉄の黄道游儀(黄道環を具えた渾天儀)を作らせ，723(同11)年に完成させた。さらに共同で，二十八宿を具え水力で日周回転し木人が鐘鼓で時を報せる渾天銅儀を作った。
(宮島 一彦)

りょき【呂紀】 生没年不詳。明の画家。鄞県(浙江省)の人。字は廷振，号は楽愚。1499(弘治12)年以前には画院画家として仁智殿に奉職し，錦衣衛指揮となる。画ははじめ辺文進を学び，袁忠徹(1376～1458)所蔵の古画を臨模し学んだと伝えられる。同じく明の画院画家で水墨花鳥画を得意とした林良と並び称され，大幅の花鳥画を得意とした。また，同時代の画院画家呂文英とともに二呂と称され，呂文英が小呂と称されるのに対し大呂と称された。細密に描かれた花鳥に，浙派的な筆墨を生かした樹木や岩塊を組み合わせる抽象化された山水花鳥画ともいえる妍麗かつ大胆な画風は，のちの中国国内のみならず李朝・日本の画家たちに大きな影響を与え，花鳥画におけるひとつのスタイルを築き上げたといえる。呂紀の款のある作品は多数伝えられるが，代表作に島津家旧蔵『四季花鳥図』(東京国立博物館蔵)などがある。
(伊藤 晴子)

りょきゅうほうえん【閭丘方遠】 ?～906(天祐3)。唐末の茅山派道士。舒州宿松(安徽省)の人。字は大方，号は妙有大師・玄道先生。陳元悟に易を学び，左玄沢・劉処静・葉蔵質らの茅山派道士に学び，守一・行気の方を実践した。『太平経』を研究して13篇(一説に30篇)に纏めた。現在『正統道蔵』中に伝わる『太平経鈔』10巻がそれと考えられている。後の五代十国の呉越王銭鏐が彼を招き，余杭(浙江省)の大滌洞に建物を建てて住まわせた。聶師道・夏隠言など200人余りの弟子がいた。
(坂内 栄夫)

りょくそうしんわ【緑窓新話】 南宋末に文語で志怪・伝奇など154の話柄のおおすじと重要な詩詞を書き留めたもの。複数の抄本が知られ，宋代の瓦子で語られた話芸の一つである小説の種本とされる。すでに佚した話柄のみならず，現存する志怪・伝奇にもとづくものもすじなどに変更が加えられており，小説の実態がうかがえる点で貴重である。ただし，現行活字本には排列に誤りがあり，注意を要する。なお，これを増刪したものに通俗類書『繡谷春容』所収の『新話摭粋』がある。
(大塚 秀高)

りょくやせんそう【緑野仙踪】 清の口語長篇小説。かつては80回本が流布していたが，その後原著に近い100回抄本が発見された。李百川の著。李百川の生年は1720(康熙59)年前後，没年は1771(乾隆36)年以降，執筆時期は乾隆中期(1753-62)と推定される。官界での出世を諦めて立志訪道の旅にでた主人公冷于冰が，道中救った仲間と語らって錬丹し，最後に正果をえて普恵真人になるというもの。
(大塚 秀高)

りょこん【呂坤】 1536(嘉靖15)～1618(万暦46)。明の官僚・儒学者。寧陵(河南省)の人。字は叔簡，号は新吾。1574(万暦2)年の進士。地方官や吏部の職を歴任し，その経験は『実政録』に結実する。『憂危疏』で時政の危機を述べたが応答なく，刑部左侍郎を辞職。帰郷後は後進を指導し，地域の諸問題の解決にも尽力した。その思想は気の重視などを特徴とする。文集『去偽斎集』ほか『呻吟語』などの著作は『呂新吾全集』に収められる。明史226
(林 文孝)

りょしきょうやく【呂氏郷約】 北宋の呂大鈞・大臨兄弟が中心となって組織した地域教化のための集団規約。呂兄弟が，その出身地である陝西省藍田県において，1076(熙寧9)年に作った。徳業を顕彰し，過ちを糾正し，礼をもって交わり，艱難の際には互いに助け合うという4つの条項を内容とする。南宋の朱熹がこれを整理して『増損呂氏郷約』

を著して，広く注目されるようになり，これをうけて明代には各地で郷約が作られることになった。

(足立　啓二)

りょししゅんじゅう【呂氏春秋】　戦国の思想書。『呂覧』ともいう。26巻160篇。前239(始皇8)年の成立。呂不韋編。『漢書』芸文志では雑家に属する。本書は全26巻を十二紀・八覧・六論の3部に分け，十二紀が各巻5篇，八覧が各巻8篇，六論が各巻6篇からなる，きわめて整った構成を備える。また十二紀の末に編者の序に相当する序意を置く(ただし現在は八覧中の有始覧が1篇を欠き，代わりに序意を1篇と数える)。これらは短期間に集中的な編纂を見たことと並んで，他の戦国の書物にない本書の特色をなす。内容的にはきわめて多端で，戦国期諸思潮の集大成の観を呈する。特に現在では専書の伝わらない陰陽家や農家の遺説をとどめる点は，本書の価値を高いものとしている。十二紀各巻の首篇はそれぞれ12の月に配当され，五行説にもとづく時令を説いたもので，『礼記』月令篇の藍本となった。「生より貴きは莫し」としながら，情欲が適切を欠いた状態で生きる「迫生」を死にも劣るものと位置づけた仲春紀貴生篇は，古代の養生説の一端を窺うに足る貴重な一篇である。後漢の*高誘の注がある。

(内山　直樹)

りょしょう【呂尚】　→*太公望

りょそけん【呂祖謙】　1137(紹興7)～81(淳熙8)。南宋の思想家。金華(浙江省)の人。字は伯恭。諡は成。東萊先生と言われる。北宋から何人もの宰相を出した名門の出。*朱子・*張栻・*陸象山・*陳亮らと交友した。朱子と陸象山を引き合わせ，有名な「鵝湖之会」を実現させたのは彼である。朱子との交流は濃密で，朱子は長男を彼のもとで勉学させている。朱子と共編した『*近思録』は長く道学の入門書として読まれた。朱子に対しては，『易経』の経と伝を峻別する立場については影響をあたえ，『詩経』で詩序を採用することについては拒否にあった。その学問は道学に親近性を持ち，世界の理が一つであること，その理が心に備わっていることの主張が随所に見える。ただ全体としては，哲学的体系化を図った思想家としてよりも博識で知られ，史学に長じた。『宋文鑑』を編集，著作に『東萊博議』『呂氏家塾読詩記』『大事記』など，文集に『東萊呂太史全集』がある。宋史434

(土田　健次郎)

りょたいりん【呂大臨】　1046(慶暦6)？～92(元祐7)？。北宋の思想家。京兆府藍田(陝西省)の人。字は与叔。号は芸閣・藍田。北宋旧法党

政権時代の宰相呂大防の弟。恩蔭により官に就く。程門四先生の一人。はじめ同じ関中の張載に，張載没後は程顥・程頤兄弟に師事。礼学を重んじる張載説を学の基礎に置きつつ，理の視座から心の陶冶を説く二程説を折衷する。*朱子はその夭逝を惜しんだ。その礼学の一環として古器を観察，図示し銘文等を集めた『考古図』は，欧陽脩『*集古録』に継ぐ今に伝わる金石学台頭期の貴重な著作。その他の著述も多かったが元以降は散逸した。宋史340

(市来　津由彦)

りょてんせい【呂天成】　1580(万暦8)～1618(万暦46)。明の曲論家・戯曲作家。余姚(浙江省)の人。字は勤之，号は鬱藍生。祖母孫鑨が古今の戯曲を所蔵しており，父は戯曲に詳しい呂胤昌(字は玉縄)であったうえ，沈璟に師事して曲律を学び，王驥徳も親しい友人であった。多くの戯曲作品を残したが，雑劇『斉東絶倒』のみ『盛明雑劇』中に伝わっている。元から明までの戯曲を品評した『曲品』は王驥徳『曲律』と並んで曲論の双璧とされ，資料的価値も高い。

(廣瀬　玲子)

りょどうひん【呂洞賓】　生没年不詳。唐代の人といわれるが実在性は薄い。八仙の一人。出身地は蒲州蒲坂県永楽鎮(山西省)が有力。洞賓は字，名は巖，号は純陽子。科挙に何度も落第したが長安の酒場で鍾離権に会い，黄粱一炊の夢の教化を受けて入道した。その後，詩によって多くの人々を救い，その事跡と作品は『呂祖志』6巻として続道蔵に収録されている。王重陽が彼から教化されたという伝説を作ったため，全真教の五祖の一人とされ，呂祖と尊称される。

(蜂屋　邦夫)

りょふい【呂不韋】　？～前235(始皇12)。戦国の政治家。陽翟(河南省)の人。一説に濮陽(同省)の人。封号を文信侯という。もと豪商であったが，若年不遇であった秦の荘襄王を後援し，のち秦に枢要の地位を得た。荘襄王・始皇帝に丞相・相国として仕えたが(前249～前237)，前237(始皇10)年に罷免され，2年後，蜀への遷居を命じられると毒を飲んで自殺した。盛期には3000人の食客を抱えて『*呂氏春秋』の執筆に当たらせ，完成すると国都咸陽の市場の門に示し，一字でも増減できた者には千金を与えると触れたという(「一字千金」)。なお，始皇帝の実父との疑いもある。史記85

(内山　直樹)

りょぶんえい【呂文英】　生没年不詳。明の画家。処州(浙江省)の人。弘治年間(1488-1505)の画院画家。詳細な記録は残っていないが，院体画

風の細密な戯嬰図などの人物画をよくし、無款であるが、人物画の代表作として「欽賜呂文英図書」印が捺された『売貨郎図』4幅(根津美術館蔵、東京芸術大学芸術資料館蔵)があげられる。

また、同時期の花鳥画家呂紀を大呂と称すのに対し小呂と称され(『明画録』1)、その呂紀とは、1499(弘治12)年頃、士太夫たちの姿を琴棋書画図の形式で描いた『竹園寿集図巻』(北京、故宮博物院蔵)を共作している。

『売貨郎図』の背景描写、そして南宋院体画風の大胆な構図の山水画『風雨山水図』(クリーブランド美術館蔵)の筆法に、当時、画院にまで広まった浙派の影響が見られる。1507(正徳2)年には画家をやめ、文官になったと伝えられる。　　(伊藤 晴子)

りょほんちゅう【呂本中】
1084(元豊7)～1145(紹興15)。南宋の詩人。寿州(安徽省)の人。字は居仁。東萊先生と呼ばれる。杜甫を学び、黄庭堅を祖とする詩人の系譜『江西詩社宗派図』を著したが、後に黄庭堅の欠点を認め、李白・蘇軾も併せ学ぶべきと考えるようになった。江西詩派の詩は生硬さと晦渋さを特徴とするが、彼の詩は晦渋さを免れている。著に、『東萊先生詩集』20巻、『紫微詩話』1巻等がある。宋史376　(高津 孝)

りょもうせい【呂蒙正】
元雑劇『呂蒙正風雪破窯記』(略称『破窯記』)に登場する主人公の名前。洛陽の富豪劉仲実は娘劉月娥のために結彩楼で婿選びを行う。刺繍を施された球に当たった者が婿になるというものであったが、月娥の投げた球は、貧乏書生の呂蒙正に当たってしまう。呂蒙正は劉家の婿となるが、劉仲実と意見が対立したため、追い出され、破瓦窯(ぼろぼろの洞穴式の家)に夫婦で暮らした。やがて呂蒙正は科挙の試験を受け状元となり、劉仲実が会いにくるが、呂は拒絶する。しかし、呂は劉仲実の呂蒙正を発憤させるためのやり方だったという真意を知り、和解し大団円となる。現存していないが、宋代の南戯の演目にも、この名前があるので、元代以前にすでに舞台で演じられていたと考えられる。なお、劇の内容は虚構であるが、呂蒙正自身は実在の人物で、北宋の977(太平興国2)年に状元となり、官は参知政事までいたり、賢相と称えられた。　(氷上 正)

りょらん【呂覧】→呂氏春秋

りょりゅうりょう【呂留良】
1629(崇禎2)～83(康熙22)。清初期の朱子学者。崇徳(清代には石門。浙江省)の人。別名を光輪、字は荘生・用晦。号は晩村・晩邨。明の滅亡後、再三の招聘にも応じず、在野での講学・著述に専念した。朱子学を教条主義的に理解し、篤信する一方で、政治論などに関しては、復古的な理想主義にもとづいて、井田・封建論などを唱え、中央集権的な専制王朝体制を否認して、交友のあった黄宗羲らとも近似した所論を展開している。出版事業などを通じて、程朱の学を表章した功績も大きい。その没後46年、雍正年間(1723-35)に、彼の教説に私淑した湖南の人、曾静が、清朝打倒の謀叛を図ったことが露顕した。以来、彼の所説は危険思想視され、その著述は禁書とされた。また、特に彼の中華主義的・民族主義的な側面が過大視される傾向を生んだ。著書として『四書講義』『呂晩村文集』などが残存する。　(伊東 貴之)

りりょう【李陵】
？～前74(元平元)。前漢の武将。隴西成紀(甘粛省)の人。字は少卿。祖父は、石を虎と思って射抜いた故事で有名な将軍李広。武帝のとき騎都尉。前99(天漢2)年、李広利(武帝の愛姫李夫人の兄)の軍を救うため5000の兵を率い、匈奴に奇襲をかけるが、大軍に囲まれ降伏のやむなきに至る。朝廷では彼への非難がおこり、一族は処刑され、弁護に立った司馬遷も宮刑に処せられた。一方匈奴の単于(王に相当)は彼に娘を嫁がせ、右校王とした。昭帝の世になって漢から何度も呼び戻されたが、帰るを潔しとせず、没するまで20余年を胡地で過ごした。

李陵の悲劇は蘇武と対比して語られる。蘇武は前140(建元元)？～前60(神爵2)。杜陵(陝西省)の人。字は子卿。前100(天漢元)年、匈奴に使いした折に捕らえられたが屈せず、苦難ののち19年を経た前81(始元6)年に帰国した。『漢書』では、李陵の説得を受けてもなお節を曲げなかったという。『文選』等には、李陵と蘇武が互いに別れを惜しんでやりとりした詩(五言詩のはじめとされる)や、李陵が蘇武に与えた書簡と称するものが見えるが、もとより偽託である。漢書54　(谷口 洋)

りろうじん【里老人】
明朝の里甲制施行にともなって設けられた職役の一種。太祖は、建国以来、郷村秩序の維持を目的として、年齢が高く徳望ある者を選び、耆宿・耆老の職に充当した。里老人は、耆宿・耆老の制度を継いで、里(110戸を基本単位とする)ごとに設置された。『教民榜文』は、里老人に付与された民事及び軽微な紛争の裁判権などの職責を詳細に規定している。太祖は、この里老人に指導者としての役割を期待したが、明半ば以降、衰退した。　(井上 徹)

りわくろん【理惑論】→牟子理惑論

りんあん【臨安】 →杭州

りんきいつ【林希逸】 生没年不詳。南宋の思想家。福清(福建省)の人。字は粛翁，号は竹渓，またの号は鬳斎。1235(端平2)年の進士に合格し，淳祐年間(1241-52)に秘書正字に遷り，南宋の末ごろに中書舎人で終わる。朱子学盛行の思想界にあきたらず，儒教を本旨としつつも，老荘思想や禅(とりわけ大慧禅)を取りいれ，自在無礙な境地に達することを希求した。『竹渓鬳斎続集』などの著述があるが，老荘列三子の『口義』によって世に知られている。
(牛尾 弘孝)

りんきげん【林希元】 1482(成化18)〜1566(嘉靖45)。明の朱子学者。同安(福建省)の人。字は茂貞，また懋貞，号は次崖。1517(正徳12)年の進士。各地の地方官を歴任し，引退後は郷里の有力者として活躍した。倭寇取り締まりのために特派された官僚から，密貿易で私腹を肥やしていると告発されたため，現代では郷紳の典型として言及されることが多い。思想的には朱子学を護持し，陽明学を批判した。その著『四書存疑』は科挙受験生のあいだで広く読まれた。明史282
(小島 毅)

りんけいき【林景熙】 1242(淳祐2)〜1310(至大3)。南宋末元初の詩人。温州平陽(浙江省)の人。字は徳陽，また徳暘，号は霽山。1271(咸淳7)年の進士。泉州教授，礼部架閣となるが，宋朝が滅んだ後，元には仕えなかった。元朝のチベット僧楊璉真伽が宋の皇帝陵を掘り起こした時，林景熙は遺骨を収集して蘭亭に葬り，「冬青」(女貞，トウネズミモチ)を植えて印とし，『冬青花』詩を作って忠義を示した。著に『霽山集』がある。
(高津 孝)

りんこうちょう【林光朝】 1114(政和4)〜78(淳熙5)。南宋の儒学者。莆田(福建省)の人。字は謙之。号は艾軒。諡は文節。尹焞門下の陸景端に学び「伊洛の学」(程顥・程頤兄弟の学術。程頤が家居講学した河南省嵩県の伊水流域と出身地の洛陽に因む)を修む。「聖賢践履の学」(漢唐の注釈学に拘らず，ただちに孔孟の心を我が心とし，孔孟の道の実践をモットーとする学術思潮)に専心し六経に通じた。朱子が兄事したことで知られる。1163(隆興元)年，50歳で進士登第，官は国子祭酒，中書舎人，婺州知事など。宋室南渡後，伊洛の学が中国東南部に隆盛したのは光朝の功績によるとされる。生前，著書を好まなかったが，『艾軒集』9巻がある。宋史433
(近藤 正則)

りんざいぎげん【臨済義玄】 ?〜867(咸通8)。没年は一説に866(咸通7)。唐末の禅僧。曹州南華県(山東省)の人。俗姓は邢。諡は慧照禅師。出家して律と唯識の学僧となったが，教学を捨てて洪州(江西省)で黄檗希運の門に入り，その指示で大愚和尚に参じて開悟し，希運の印可を受けた。のち鎮州(河北省)滹沱河畔の臨済院の住持となったことから，臨済和尚と呼ばれた。晩年は魏州(河北省)興化寺に移り，そこで遷化した。その説法と問答の記録，略伝をまとめたものが『臨済録』である。義玄の説法は徹底した自主独立の精神を標榜し，激しい言葉で自己独尊の障害となる世俗的・宗教的権威や名辞への執着を峻拒し，何者をも絶対視せぬ自由の人(「無位の真人」「無依の道人」)であれ(「外に凡聖を取らず，内に根本に住せず」「無事是れ貴人」)と説いた。義玄の影響は五代宋初では河北に限られ微弱であったが，宋から元にかけて臨済宗の法孫が活躍し，ついには禅宗を代表する勢力となった。
(衣川 賢次)

りんざいしゅう【臨済宗】 禅宗の五家七宗の一つ。禅宗開祖の菩提達摩から6祖慧能に至り，その門下が青原行思と南岳懐譲の2派に分かれた。南岳系から唐末に臨済義玄(867年寂)が出て，臨済宗を成立させた。臨済義玄は，曹州南華(山東省)に生まれ，江西の黄檗希運に嗣法して後に，会昌の破仏(三武一宗の法難の一つ)を経て，河北の鎮州の滹沱河に臨むところに臨済院を建てて教化した。根本聖典は，派祖の『臨済録』であり，人間を徹底的に自由人として捉え，人惑を否定している。

臨済宗は宋代になると禅宗の中で最も栄え，慈明楚円(986〜1039)の下に黄龍慧南と楊岐方会が出て，黄龍派と楊岐派の2派に分かれた。2派の内，黄龍派がまず栄えるが，後世まで大きく発展するのは楊岐派である。日本の栄西が伝えたのは黄龍派虚庵懐敞の法である。楊岐派では五祖法演の弟子に仏果克勤・仏鑑慧懃(1059〜1117)・仏眼清遠(1067〜1120)のいわゆる「五祖下の三仏」を出して大いに栄えるのである。克勤は圜悟禅師の賜号があり，臨済宗の根本聖典である『碧巌録』の著者として知られている。その圜悟克勤の下に看話禅の大成者の大慧宗杲が出る。

元・明・清代は大慧の兄弟子の虎丘紹隆の法系が栄え，中峰明本や密雲円悟(1566〜1642)を出した。また明の万暦年間(1573-1620)には臨済系を引きながらも，諸宗派を越えた活動をした紫柏真可・雲棲袾宏・憨山徳清の三高僧を輩出した。なお日本に伝わって定着した臨済宗は栄西を除いて，すべて楊岐派であり，特に松源崇岳(1132〜1202)の孫の虚堂智愚の法を嗣いだ南浦紹明――宗峰妙超――関山慧玄の系統から白隠慧鶴が江戸時代に出て，臨済宗

の最大教団となる。　　　　　　　（石井　修道）

りんざいろく【臨済録】　臨済義玄の言行録。詳しくは『鎮州臨済慧照禅師語録』。「馬防の序」「上堂」「示衆」「勘弁」「行録」「塔記」より成る。この体裁をもつ単行本が、「馬防の序」にいう北宋の宣和2(1120)年福州鼓山の円覚宗演重刊本であるが、今は伝わらず、『続開古尊宿語要』(1238年)、重刊本『古尊宿語録』(1267年)、明南蔵本『古尊宿語録』(1413年)などの禅宗語録叢書に収録されている。古いまとまった語録は『天聖広灯録』巻10・11(1036年)に存し、また黄龍慧南の校訂したものが『四家語録』(1085年序)に収録されているが、中心をなす「示衆」の内容はすでにほぼ固定していた。義玄の鎮州(河北省)臨済院における説法の断片が、同時代の江南に伝わって論評されていたことは『祖堂集』巻19に見え、『宗鏡録』巻98と『景徳伝灯録』巻28に収められた「示衆」は、もっとも古いかたちを留めている。『宋高僧伝』には「言教頗る世に行われ、今恒陽(河北)に臨済禅宗と号す」といい、宋代の法孫の活動が臨済宗を形成してゆく過程で、宗祖としてのイメージと宗祖の語録としての形式を整え、増補していったものが『臨済録』となった。のち禅宗語録を代表するものとして広く読まれ、近代になると各種の外国語訳も出版された。注釈書では日本の江戸時代、臨済宗妙心寺の学僧無著道忠(1653～1744)の『臨済慧照禅師語録疏瀹』5巻(禅学叢書『臨済録抄書集成』所収)がもっとも優れ、今も研究の基礎となっている。
　　　　　　　　　　　　　　　　（衣川　賢次）

りんしこじょう【臨淄故城】　春秋時代の強国の1つ、斉国の都と考えられている都城遺跡。山東省淄博市臨淄区の西方郊外から北部郊外に存在する。1940(民国29)年から41年にかけて関野雄が初めて調査を行った(『中国考古学研究』)。中華人民共和国成立以後は山東省文物管理処などによって発掘調査が行われている(『文物』1972年第5期など)。
　臨淄故城は小城と大城の2つの区域で構成されている。ともに、上空からみるとややゆがんだ長方形に城壁が囲んでおり、前者の東側城壁と後者の西側城壁は重なっている。小城の規模は南北2.2km、東西1.4kmであり、城内では宮殿の跡と言われる大型建築の基壇、銅銭の鋳造遺構などが発見されている。大城の規模は南北約5km、東西約3kmであり、車馬坑や鉄器製造工房などの施設が城内で発見されている。
　現在までの公表資料を見る限り、臨淄故城の年代は西周時代から漢代にかけてと考えられる。しかし城壁の築造開始年代などについて不明な点が多く、今後の研究の進展が待たれる。　　　（黄川田　修）

りんしょ【臨書】　書道において、古典作品を習うこと、また、習って書いた作をいう。
　古来、名品を複製する方法の一つに臨摹がある。これを臨書と同じ意味に用いることもあるが、臨書は原本を紙面の傍らに置いて見写すこと、摹書は原本の上に紙を置いて敷き写しすることをいい、両者を合わせて臨摹という。
　臨書は書道のほとんど唯一の学習方法である。臨書の効用には、技法の修得の他、古典を子細に観察し、再現することによる鑑賞力の向上、また、種々の古典の選択や、さらに古典の受容の仕方に個性が表れることにより、創作へとつながることなどがあげられる。臨書の方法態度に形臨と意臨がある。字形を中心に写実的に学ぶことを形臨、古典の性情を重視して写意的に学ぶことを意臨という。また古典を精習した上で、手本を見ずに書くことを背臨という。　　　　　　　　　　（小西　憲一）

りんじょ【林紓】　1852(咸豊2)～1924(民国13)。清朝末民国初の文学者・翻訳家。字は琴南、号に畏廬・冷紅生・践卓翁などがある。福州府閩県(福建省)に生まれる。幼時、古文を学び20歳代に結核を患う。1882(光緒8)年の挙人。1897(光緒23)年、王寿昌の口述によりデュマ・フィス作『椿姫』を文言で翻訳し『巴黎茶花女遺事』と題した。これより口述訳されたものを林紓が文言でまとめるという独特の翻訳方法がはじまる。林紓の翻訳は、英・米・フランス・ロシア・ギリシア・ドイツ・日本などにわたり、馬泰来によると全184種、うち単行本137種、未刊23種、及び8種の原稿がある。商務印書館発行の『説部叢書』『林訳小説叢書』にまとめられている。世界の文学を紹介したという点で、同郷の厳復が翻訳により進化論を中国に紹介したのと同じくらい、林訳小説は大きな役割をはたす。しかし、文学革命期にはシェイクスピア、イプセンの戯曲を小説体に翻訳したと濡れ衣を着せられた。また文学革命に反対する代表者として批判が続いている。いずれも中国文学研究史上まれに見る冤罪事件である。他に『剣腥録(京華碧血録)』『金陵秋』『畏廬文集』など多数がある。清史稿486
　　　　　　　　　　　　　　　　（樽本　照雄）

りんせんこうちしゅう【林泉高致集】　北宋の山水画論。1巻。神宗朝(1067～85)の宮廷画家、郭熙の所説を息子の郭思が筆記し、編纂増補したもの。「山水訓」「画意」「画訣」「画題」「画格拾遺」「画記」の6編よりなる。画苑補益本などの通行本には、「画記」及び1117(政和7)年の許光凝の後序

が欠け，一部錯簡もあったが，新たに四庫全書本などが紹介され補われた。山水画の主旨や，作画の心構え，三遠などの作画法から，郭熙の制作活動までを幅広く記し，当時の山水画制作の様相を伝える貴重な文献である。
（竹浪　遠）

りんせんは【臨川派】　明代後期の戯曲制作において音律よりも文辞を重視したと考えられる人々の呼称で，臨川(江西省)出身の戯曲作家湯顕祖によって代表される。その書斎の名をとって玉茗堂派ともいう。音律の重要性を強調して自ら曲譜を著した沈璟を代表とする呉江派と並称される。湯顕祖は必ずしも音律を軽視したわけではなく，沈璟らが当時隆盛を極めた崑曲の音律に依拠することを前提としていたのに対して，海塩腔の変種である宜黄腔による演出をめざしていただけなのであるが，一方で，自分の作品が崑曲用に改編されて原作の文辞が変えられることに強い不満を表した。そのため，実演を犠牲にしてでも文学性を守った一派として，その逆であるとされる呉江派と対照的に語られることが多いが，それは以上のような事情をいささか単純化した見方であるといえよう。
（廣瀬　玲子）

りんそくじょ【林則徐】　1785(乾隆50)～1850(道光30)。清末の政治家。福州侯官県(福建省)の人。字は元撫(のち，少穆，石麟)，諡は文忠。生家は貧しい知識人階層に属したが，1811(嘉慶16)年に進士に合格して翰林院に任官した。郷試の試験官や監察御史を務めた後，1820(嘉慶25)年に浙江省の道員として地方官へ転出した。その後，主に江蘇省の地方官を歴任し，1832(道光12)年に江蘇巡撫となる。当時，江蘇省には河工・漕運・水利・塩政など，行財政上の諸問題が山積していたが，かれは典型的な経世官僚，つまり「経世済民」を目指す官僚として両江総督の陶澍と協力して改革に取り組んだ。

中国との茶貿易の赤字を解消するためにイギリスがインド産アヘンを大量に中国へ密輸し，中国に深刻なアヘン問題が発生すると，清朝政府は湖広総督だった則徐を欽差大臣(特命全権大臣)に任命してカントン(広州)に派遣してアヘン貿易の禁絶を断行させた。1839年にカントンに到着した則徐は外国のアヘン商人に圧力をかけて2万余箱のアヘン(アヘン中毒者200万人が1年間に消費する量にほぼ相当する)を没収して虎門の人工池で化学的に焼却処分した。

この強行策が原因となって翌1840年，イギリスが遠征軍を中国に派遣してアヘン戦争が勃発すると，驚いた清朝政府は則徐を罷免して新疆のイリへ流した。則徐がカントン滞在中に集めた西洋関係情報を主な資料として友人の魏源は『海国図志』という世界地誌を編纂した。その後，清朝政府内で対外強行派が優勢になって則徐は官界に復帰したが，太平天国の乱勃発前夜における広西省の内乱を鎮圧するために再び欽差大臣として赴任する途中，1850年に潮州(広東省)で逝去した。清史稿375
（井上　裕正）

りんちょうおん【林兆恩】　1517(正徳12)～98(万暦26)。明の宗教家。莆田(福建省)の人。字は懋勲，号は龍江・子谷子など。門徒による尊称は三教先生，夏午尼氏道統中一三教度世大宗師など。名家の生まれであったが，郷試落第を機に科挙の勉強を放棄して道の探究に志し，1551(嘉靖30)年，初めて門人を迎え儒・仏・道三教の合一を唱える三一教を創始した。宗旨「帰儒宗孔」は儒教への帰一を意味し，三綱五常の社会秩序を前提とする。心を根源とする点に陽明学の影響が指摘される。入門者に伝授した艮背法は道教的な呼吸法と推測され，病気治療の効果があった。福建を中心に布教活動を行い，疫病や倭寇による死者の埋葬など，慈善事業も行った。下級知識人や庶民，僧や道士など幅広い層に門徒を拡大し，官僚層にも門徒や支持者を得た。袁宗道ら名士との交流が『林子年譜』に見える。死後，彼を祀る三教祠が門人の手で江南各地に設立された。著作は『林子全集』にまとめられる。
（林　文孝）

りんにんじ【霊隠寺】　→霊隠寺

りんね【輪廻】　衆生がこの世界で生死を繰り返すこと。サンスクリット語の saṃsāra の訳。行為(業)の善悪によって次の生で生まれる状態が決められるが，その繰り返しは苦と感ぜられ，そこからの解脱が宗教の課題となった。古代インドにおいて，後期ブラーフマナから初期ウパニシャッドの頃に形成された。仏教では，心ある生命存在(衆生)は地獄・餓鬼・畜生・修羅(阿修羅)・人・天の六道を輪廻するとされる。その輪廻から解脱することが悟り・涅槃である。中国では，もともと輪廻に相当する思想はなく，仏教によってはじめて導入され，南北朝期以後，小説などで死後の存在が問題とされるようになった。また，神滅論・神不滅論の論争が引き起こされた。これは輪廻の主体となる霊的存在(神)の永続性を認めるか否かという問題で，仏教側の慧遠らが神不滅を主張したのに対し，仏教を批判する范縝らは神滅を主張し，特に南朝梁代には武帝らも加わって論争が最高潮に達した。
（末木　文美士）

りんふん【臨汾】 →平陽

りんぽ【林逋】 967(乾徳5)～1028(天聖6)。北宋の詩人。銭塘(浙江省)の人。字は君復、諡は和靖先生。一生独身で、西湖の弧山に住み、梅を妻とし、鶴を子とする隠遁者の生活を送った。この時代、彼や魏野の如き処士の詩人を出したことは、五代から北宋初にかけては、文化が朝廷よりむしろ道士の手で維持されたと考えるべき面がある。また仏教の僧侶の詩人の一群の詩を集めた『聖宋九僧詩』が刊行されてもいる。このようななかで林逋は晩唐詩の影響を強く受け、小さな自然に焦点をあわせた繊細で幽静の趣の詩を多く作っており、早くから日本でも愛読された。ことに有名なのは「山園の小梅」と題する詩の「疏影横斜 水清浅、暗香浮動 月黄昏。霜禽は下らんと欲して先ず眼を偸み、粉蝶如し知らば合に魂を断つべし」の句である。『林和靖先生詩集』4巻がある。宋史457　　（大野 修作）

りんぽせい【隣保制】 近隣の数家からなる隣組に連帯責任を負わせて、治安維持・徴税などに当たらせる制度。5家を基本単位とする隣組組織は、西周王朝の行政組織を記したとされる『周礼』に見える。現実には戦国末期、商鞅の什伍の制を嚆矢とし、同伍内の犯罪者を告発させた。北朝北魏の三長制や唐の戸令では、隣組の構成員の監視、未納公課の追徴など広範な連帯責任を負わされ、王朝の地方統治の最末端を担う組織となった。
　　　　　　　　　　　　　　　（辻 正博）

りんもん【鱗文】 魚や龍の鱗を幾何学的にデフォルメした文様で、例えば新石器時代後期の陶寺遺跡(山西省)出土の蟠龍文盤の龍の胴部などにも表されている。殷代の青銅器上に表された龍の胴体にも用いられ続けるが、西周後期には幾何学的な文様として独立した帯状文様を成して器壁を飾るようになり、春秋期へとうけつがれる。
　　　　　　　　　　　　　　（内田 純子）

りんらくち【林楽知】 →アレン

りんりょう【林良】 生没年不詳。明の画家。南海(広東省)の人。字は以善。弘治年間(1488-1505)に工部営繕所丞となり、のちに仁智殿に奉職し、錦衣衛鎮撫となる。

　花鳥画を得意とし、伝統的な着色の花鳥画を描くとともに、速度のある、おおらかな筆さばきによる写意的な水墨花鳥画をよくした。のちの浙派の末裔である狂態派の画面構成および筆法にその画風が類似することから、浙派に分類されるが、現在は嶺南の地方様式を受けたものとの見方が強い。写意的な作風と、林良自身も詩をよくしたことから、その作品は同時代の画院花鳥画家呂紀の評価とは異なり、のちの文人たちに好まれるところとなった。代表作に、伝統的な吉祥図を大胆な筆墨法で描いた『鳳凰図』(京都市、相国寺蔵)や、『灌木集禽図巻』(北京、故宮博物院蔵)などがある。（伊藤 晴子）

りんれいそ【林霊素】 1076(熙寧9)？～1120(宣和2)？。北宋末の道士。温州永嘉(浙江省)の人。原名は霊蘁、字は歳昌。貧賤な家の出身であるが、蜀にて趙昇道人に師事し、師の没後にその道書を得て、妖術と五雷法に通じるようになる。あるとき徽宗が神霄宮に赴く夢を見て、その説明ができる道士を探していた折、招かれて神霄の説を大いに説いた。それは、天の最高の所に神霄府があって、神霄玉清真王長生大帝君が君臨しているが、徽宗はもともとはこの神であり、今は仮に降って地上を治めているのだというもので、徽宗はこれを聞いて大いに喜び、彼に霊素の名と、金門羽客通真達霊元妙先生の号を賜った。さらに彼の所説に基づき、各地に神霄玉清万寿宮を建立し、長生大帝ら神霄の神々を祀った。しかし次第に徽宗や皇太子から不信を得て、1120年に温州に帰され、故郷で没した。彼の説いた神霄雷法はその後道教内に広まり、この道法を主とする一派は神霄派と呼ばれている。宋史462
　　　　　　　　　　　　　　（横手 裕）

る

るい【誄】 文体の名。「誄は累なり」(『釈名』)とあるごとく，死者の生前の功績を累列して称え，哀悼の意を表した文。もとは諡を定めるために読まれたものであったが，漢代以降，諡議・諡策などの専用の文体が用いられると，必ずしも定諡の用に供されず，哀悼文的性格が強くなった。後漢から六朝にかけて盛んに作られ，中でも誄に巧みであった曹植の「王仲宣誄」，潘岳の「楊仲武誄」，顔延之の「陶徴士誄」などの作は名高く，『文選』にも採られている。 　　　　　　　　　　　　(林 香奈)

るいおん【類音】 清の等韻学書。8巻。潘耒撰。1712(康熙51)年成書。巻1音論，巻2図説，巻3切音，巻4以下は韻譜。古今南北の音を網羅して，漢語の音節の総合型を設定することを目指した書。声母は，喉舌顎歯唇の五音を陰陽の別を創るなどして更に各音10類に分け50とし，韻母は，四声に24類(入声は10類)・四呼(開斉合撮)の別を組み合わせるが，有音無字の虚位もあり，実際は147韻(平49，上34，去38，入26)に分ける。また，反切法を工夫し，被切字(反切を附される字)と呼が同じで平仄が異なる上字，影・喩など喉音の下字を用いる。 　　　　　　　　　　　　(森賀 一恵)

るいかく【類隔】 等韻門法の一つ。反切は漢字による注音法であるため，等韻図の時代になってそれぞれの漢字の音価が変化してしまうと，等韻図が手本とした韻書の時代に作られた反切の中には，反切上字と反切帰字の声母の音価が一致しないものがでてきた。このような反切を類隔切と呼び，広義では幇組と非組，端組と知組，精組と照二組の組み合わせがある。類隔切はそのまま読むと等韻図の時代の音声を正しく表すことができないため，類隔という門法(注釈の一種)で規則を決めてやる必要があった。例えば，端組や知組の声母が反切上字に用いられている場合には反切下字が等韻図で何等に属するかによって反切帰字の声母が決定された。具体的には，反切下字が二等ないし三等の場合は，反切上字が端組でも知組でも反切帰字の声母は知組で読み，反切下字が一等ないし四等(仮四等は含まない)の場合は，反切上字が端組でも知組でも，反切帰字の声母は端組で読む。狭義では，この

「端知類隔」のみを「類隔」と呼び，幇組と非組は「軽重交互」，精組と照二組は「精照互用」と呼ぶ。 　　　　　　　　　　　　(中西 裕樹)

るいきょう【類経】 明の医書。32巻。張介賓撰。1624(天啓4)年初刻。『素問』と『霊枢』両書の記述を摂生・陰陽・臓象・脈色・経絡・標本・気味・論治・疾病・針刺・運気の11概念に分類して再編し，注釈を付したものである。複数の概念にわたる記述は会通類を設け，その当該条に再録する。『黄帝内経』を体系的に把握するのに最適の書である。張介賓は補助資料として『類経図翼』『類経附翼』を著し，また理論から臨床各科にわたる『景岳全書』64巻を著した。 　　　　(林 克)

るいこん【涙痕】 陶磁器の焼成時に溶けた釉が流れて厚くたまった部分を，流れる涙に例えて呼ぶ名称。古くから定窯白磁の特徴の一つとして挙げられており，明の曹昭『格古要論』には，「古定器(中略)外有涙痕者是真(外面に涙痕のあるものは真)」の記載がある。中国では涙痕の有無が唐代の定窯白磁と邢窯白磁の識別基準とされることがある。 　　　　　　　　　　　　(森 達也)

るいしょ【類書】 各種の文献を事項によって分類・排列した百科全書的工具書。字典や辞書の仲間で，作詩文のための検索や調査の便に供する。その内容には，経・史・子・集の中から抜き出した，語彙・詩文・典故・人物・天文・地理・典章・制度・鳥獣・草木・虫魚など多くの事物が包含される。類書がいつごろ成立したかについては諸説あるが，文献に著録されているかぎりでは三国魏の文帝曹丕(在位220〜226)の『皇覧』が最初。『皇覧』とは，文学好きだった文帝が儒臣に命じて数年がかりで経書などから抜き出して分類編集させたものだが，早くに失われた。現存する類書で常用価値のあるものとしては数十種がある。主なものを挙げると，①隋朝に仕えた虞世南による『北堂書鈔』160巻。②唐代では，唐以前の書物から時代順に関係のある史実と詩文を集めて排列した欧陽詢らによる『芸文類聚』100巻。玄宗の皇子たちの作文用教科書に作られた徐堅らの『初学記』30巻。③宋代で

は，漢魏から宋初までの野史・小説・異聞・筆記を集めて編集した李昉らの『太平広記』500巻と，同じ李昉による引用された文献が2800余種にも及ぶという『太平御覧』1000巻。上古から五代までの史料を人物や事件ごとに編集した王欽若らの『冊府元亀』1000巻。天文・芸文など21門に排列した王応麟の『玉海』200巻など。④明代には，世界で最大の百科全書である解縉らの『永楽大典』2万2937巻が編集されたが，あまりにも膨大で出版されず，明・清の交代時と1900年の8カ国連合軍による北京侵略時に多くが失われた。現在世界各地に残存しているもの810巻，このうち797巻と，清代の抄本による目録60巻が影印されている。⑤清代には，張英らの『淵鑑類函』454巻。張玉書らの『佩文韻府』106巻。蔣廷錫らの『古今図書集成』1万巻。いずれも康熙帝の時代に編纂事業が始まったものである。以上の各書物に収録された古文献の中には，すでに失われたものが多く，それらを知る上でも類書は貴重な資料価値をもつ。　（筧　久美子）

るいへん【類篇】　北宋の字書。14篇，目録1篇，毎篇上・中・下3巻で全45巻。1039(宝元2)年，『集韻』編纂者丁度らにより収録字が『広韻』より増え，『玉篇』と相互参照できない『集韻』と併せ行うべき字書の編纂が建議され，王洙が勅を奉じて修纂を開始。王洙死後は張次立らが編纂を続け，1066(治平3)年，司馬光が整理して上呈した。序によれば収録字数3万1319字(異体字含む)，『集韻』収録字を基に編纂されたが多少出入がある。篇の構成，540部の部首順配列は『説文』により，反切・字義の順に釈す。　（森賀　一惠）

ル・コック　Albert August von Le Coq　1860～1930。ドイツの東洋学者。1902年より旧ベルリン民俗博物館のインド美術部門(現ベルリン国立インド美術館)に勤務，1925年以降は死没するまで館長の職に在った。20世紀初頭，ドイツでは，4次にわたり中央アジア探検隊(正式には吐魯番探検隊と呼ばれる)が組織されたが，このうち彼は第2次以降の探検にすべて参加する。第1次(1902～03年)および第3次(1905～07年)探検では，彼の上司のアルベルト・グリュンヴェーデルが，第2次(1904～05年)・第4次(1913～14年)探検では彼が隊長を務めている。東トルキスタンのタクラマカン砂漠北縁のオアシス(吐魯番，クチャ，カラシャール等)を中心に発掘・調査し，主に寺院・石窟などの宗教遺跡から膨大な量の壁画・彫像および文書類を獲得した。これらの遺物は，現在にいたるまで歴史・言語・美術等の諸研究の進展に大きく寄与している。主要な報告書として，以下のようなものがある。Le Coq, A. von, Waldschmidt, E., 《Die buddhistische Spätantike in Mittelasien》(『中央アジアの仏教的古代後期』), 7Bds. Berlin, 1922-33; reprint Graz, 1973-75.　（荒川　正晴）

ルソンつぼ【呂宋壺】　宋・元頃に広東石湾窯をはじめとする中国南部の窯で焼かれた雑器の壺の，日本での呼称。輸入商品の容器として将来され，南北朝時代頃より日本の茶人に葉茶壺として珍重された。胴が張り，肩に耳が付き，胴裾より上に褐釉が施される。呂宋はルソン島(現在のフィリピン)のことであり，呂宋壺の名は，中国産の葉茶壺の評価が高まった桃山時代にルソン島より同種の壺が多量に輸入されたことから，中国産の葉茶壺の俗称として定着した。　（今井　敦）

ルブルック　Guillaume de Rubrouck　？～1293？。生年は1215～20年の間。聖フランシスコ会修道士。フランドルの出身。第7次十字軍を率いてキプロス滞在中の聖王ルイ9世(在位1226～70)により1253年金帳カン国へカトリックの布教を目的として派遣され，さらに大カンの憲宗モンケ・カンの許に至った。1254年に服従を要求する返書を託され，トリポリ(現在のレバノンのタラブルス)に帰還。王への報告書は，モンゴルの首都カラコルムの詳細な記事を含む貴重な史料。　（松田　孝一）

るり【瑠璃】　サンスクリット語でヴァイドゥーリャ vaidūrya といい，璧流離・鞞頭利・毗琉璃・吠瑠璃耶などと音写され，これが略されて流離・琉璃・瑠璃となった。仏典では四宝・七宝の一つで常に第三位に位置する。本来は緑柱石(ベリル)，青金石(ラピス・ラズリ)，祖母緑(エメラルド)など青緑・青・紫などの貴石を意味したが，やがて類似の外観の有色半透明ガラスを指すようになった。出土例としては，戦国時代では，湖北省江陵県馬山1号楚墓出土の重層貼付文玉(この場合は鉛バリウムガラス)など，通称トンボ玉と呼ばれる一群のガラス玉，漢代では甘粛省酒泉市出土の藍紫色耳璫(鉛バリウムガラス)，北朝北魏では河北省定州市華塔基壇(481年埋納)出土の藍色瓶，唐代では陝西省三原県李寿墓(631年葬)出土の緑色瓶(ソーダ鉛ガラス)，宋代では河南省新密市塔基壇(999年埋納)出土の青色瓶(カリ鉛ガラス)，元代では甘粛省漳県汪世顕20号家族墓(1306年葬)出土の藍色蓮華碗と托皿セットなどがある。なお，明代以降は，一般的に瑠璃瓦にみられる三彩釉や藍釉(瑠璃釉)を指す場合が多い。　（谷一　尚）

るりがいせき【琉璃河遺跡】　北京市房山区琉璃河鎮東2.5kmにある西周時代燕国の遺跡。1962年に小規模な試掘が行われたあと，1972〜77年，81〜86年，95〜97年，中国社会科学院考古研究所・北京市・北京大学などにより本格的な発掘が行われた。遺跡は墓地と城壁で囲まれた区画とに分かれている。城壁の現存する部分は，北城壁が829m，東西城壁の残長が約300mである。1996年の発掘で，「成周」と刻まれた亀甲が発見されている。成周の造営は周の成王期であることから年代決定の参考ともされるが，古城址の年代決定には確証を欠いている。墓地は性格の異なる3か所に分かれている。支配者層の墓域と二つの異なる文化集団の墓域である。遺跡の南西部に集中する墓域では腰坑が見られ，人または犬が埋められている埋葬習慣から，殷系の集団の墓群であろうと考えられている。1986年に発掘された1193号大墓は，支配者の墓域の中心に位置を占め，四隅から4本の墓道を伸ばす極めて特異な形状の墓である。辛うじて盗掘を免がれた出土青銅器の中で，克罍・克盉の銘文には，西周前期康王期まで周王朝において枢要な役割を担っていた「太保(召公奭)」とその近親者と見なされる「克」なる人物が，「匽に侯となれ」と王より命じられている。西周前期，康王期の封建を伝える重要な史料である。従って，この地は「匽」すなわち燕であったに違いない。　　　　　　(武者 章／西江 清高)

るりしょう【琉璃廠】　北京の地名。城南の和平門外に位置。古書・骨董・文具店などが集中していたことで有名。その名は元代以来，ここに琉璃瓦の窯が置かれたことに由来する。18世紀初ごろより書店が増えはじめ，乾隆年間(1736-95)には書店街を形成。以後，もっぱら学者・文人を顧客とする店が軒を列ねた。こうした琉璃廠の姿は，1958年の公私合営によって大きく変わり，文革期に至って完全に失われたが，近年はまた古書を含む古物・筆墨などの商店街が復活している。　(井上 進)

れ

れい【礼】　人間社会に秩序を与え，相互の関係を規制する約束事。大は皇帝による天地の神々への祭祀から，小は日常の起居動作に及ぶ。

　礼という文字は孔子以前から存在するが，その理論化を進めたのは儒家であった。孔子は礼を人の最高善としての仁に包摂し，孟子は仁・義・智とならべて天賦の性によって根拠づけ，荀子は聖人の教示する外的規則そのものととらえた。漢代において，儒家が法家に対抗して主流となっていく際には，法はすでに起こった事柄しか処理できないのに対し，礼は未然の段階ではたらいて秩序を維持するとして，両者の相違が力説された。

　春秋時代末の鄭の子産の発言として伝わる「礼は天の経，地の義，民の行」(『左伝』昭公25年)は，実際には戦国時代末の文言と考えられるが，これは礼が天地自然の秩序に基づいており，礼規範の根幹が時世の変化に左右されないことを主張している。その一方では，具体的な身体動作をもって礼と呼ぶ本来の用法も存続し，礼という語はこの二つの層を兼ね備えることになる。両者は混用されながらも，内容的には別のものであると意識されつづけ，その場合には後者を「儀」と呼んで前者より一段低く見ることもあった。

　漢代に礼が経の一つとして位置づけられると，礼の書物をめぐる学術として礼学が成立する。最初は，『儀礼』としてまとめられた，特別な儀式での身体動作を中心にしていた礼学は，『周礼』という行政法典を組み入れるようになってから国家制度の問題をあつかうように拡大していった。それにともない，礼についての哲学的思索も，対人関係にとどまらず天下国家の存立基盤を問うものへと重心が移っていった。

　それを示すのが礼の区分である。『儀礼』の篇別構成に基づいて，4礼という語が漢代には存在した。そこでは冠婚・喪祭・射郷(弓競技と宴会)・朝聘(参勤と使節)の4区分を意味したが，のちには冠婚喪祭を個別に数えて四礼と呼ぶようになる。

　一方では，五礼という区分法が存在した。これは『周礼』の春官に典拠があるもので，吉礼(天地・人鬼へのもろもろの祭祀)・凶礼(一連の喪礼と飢饉災害の救恤)・賓礼(外交上の応接)・軍礼(出陣・凱旋の諸儀式)・嘉礼(冠婚・慶賀・饗宴)を指す。これが国家儀礼のすべてを包摂した分類だとされ，四礼の場合と違って，国家の礼制という立場から礼

を区分する発想である。鄭玄から王安石まで『周礼』を機軸に礼を説く思潮が主流であったが、朱子学は『大学』『中庸』を『礼記』から独立させて理論の根幹に置き、『周礼』よりも『儀礼』を重視する傾向を示す。それは、血縁的組織から地縁的社会を経て政治機構にいたる場の階層を、修己治人という一貫した論理で説明しようとする志向によるものであった。近代になって、礼は旧体制を代表するものとして排斥されることが多かったが、一方で民族的な伝統の象徴として擁護するむきもあった。

(小島 毅)

れい【罍】 酒を入れる罍の形式の器。西周時代から春秋時代にかけて、「中義父罍」や「曾伯父罍」のように「罍」の名で呼ばれてはいるが「罍」と自銘する青銅器がかなり知られる。林巳奈夫『殷周時代青銅器の研究』(吉川弘文館)は、器形的には罍とほとんど区別がつかず、罍と罍は同音同義異表記の可能性があるとする。

(江村 治樹)

れいいんじ【霊隠寺】 現在の浙江省杭州市の武林山飛来峰下にある禅寺。五山の第2。東晋の328(咸和3)年にインド僧慧理が開創する。五代十国呉越の忠懿王が960年に霊隠山新寺の第一世に永明延寿を迎えて、殿宇は一新した。北宋の真宗は1007(景徳4)年に景徳霊隠禅寺の名を賜う。幾度かの火災と重建を経て、清の1689(康熙28)年に雲林寺の名を賜わる。歴住では仏照徳光・松源崇岳などが有名である。飛来峰下には多くの石仏群がある。

(石井 修道)

れいがいだいとう【嶺外代答】 南宋の地理書。10巻。周去非撰。嶺外とは五嶺の外の意味で嶺表、嶺南ともいわれ、現在の広東省・広西省あたりを指す。周去非が帰朝後に桂林通判時代の見聞をまとめ、もって質問に対する答えに代えたもので、同じ南宋の范成大がまとめた『桂海虞衡志』を参照したのは確かであるが、東南アジア・西南アジアに関する記事を多く含み、趙汝适の『諸蕃志』に大きな影響を与えた。

(藤善 眞澄)

れいがく【礼学】 儒教の経学の中で、礼を対象とした学術。経のうちでも、礼は社会実践と緊密な関係をもつため、礼学ではつねに理想と現実との調整が課題とされた。

漢代に経学が成立した当初は、「礼経」といえば、後世『儀礼』と呼ばれることになる書物を指していた。『儀礼』の内容は、冠婚喪祭の式次第、賓客への応対、近隣住民を集めた宴会の作法であった。一方で、そうした儀礼の意義を説いたり、喪礼における特例措置を述べたり、孔子をはじめとする先賢たちの事績を記録したりするテクスト群が書かれ、それらを一つの書物としてまとめた『大戴礼記』『小戴礼記』が編まれた。記とは、経を解説した書物という意味である。また、理想的な官僚組織を周公旦が定めた制度として仮託した『周官』(=『周礼』)が作られていた。鄭玄は、『周礼』『儀礼』『礼記』(=『小戴礼記』)をあわせて三礼と呼び、これらを内容的に統合する注釈を著した。王粛は鄭玄に対する異説を立てるため、独自に三礼の注を書いた。以後の礼学は、三礼が併存することを前提にして展開する。

六朝時代には『儀礼』の喪礼に関係する書物が多く編纂された。それらは、喪礼のマニュアル書と、注に対する第二次の注釈(義疏)とに二分される。礼の疏としては、孔穎達らが『礼記』に、賈公彦が『周礼』『儀礼』に付けたものが、『十三経注疏』に収録されて伝わっている。

宋代になると従来の訓詁学への批判が高まり、王安石は新たな立場から『周礼』に注をほどこした。朱子の礼学では『儀礼』が中心にすえられ、その遺作『儀礼経伝通解』は門人たちによって完成された。その後も多くの学者が三礼を統合する書物の編纂を試みた。明代には、朱子の『文公家礼』をより細かく記述する内容の注釈書も盛んに作られた。

訓詁名物を得意とする清朝考証学においても、礼学は重要な地位をしめ、江永『礼書綱目』、秦蕙田『五礼通考』、凌廷堪『礼経釈例』をはじめ、多数の成果があがっている。

(小島 毅)

れいがく【礼楽】 礼楽とは刑政に対立する概念である。刑政とは刑罰や行政指導であり、言わば政治の強制手段をさすが、礼楽とは礼儀(リチュアル)や音楽であり、人間の内面を動かす言わばソフトな方法である。『論語』季子篇で孔子は「天下に道あれば則ち礼楽征伐、天子より出ず。天下に道なくんば則ち礼楽征伐諸侯より出ず」と言うが、この場合の征伐は刑政と等しい。この礼楽は夏殷周三代に渡って伝わって来たと言われ、孔子の頃では少し残っていたらしい。舜伝来の韶の音楽を孔子は斉で聞き、感動しているからである。が、秦漢以来孔子の言う礼も楽も実態が分からなくなり、高祖の家臣叔孫通が模擬的に想定したもので漢朝の礼楽を代用したことが『漢書』郊祀志から知られる。従って『史記』の礼書・楽書にせよ『礼記』の礼器・楽記のコピーに過ぎず、礼楽の重要性が抽象的に述べられているだけである。この言わば礼楽思想の抽象性は、爾来の正史に踏襲され、楽などは例えば漢なら漢の俗楽やわざわざ作曲させたものの曲名を載せるのみで、三代の音楽とは一切関係しない。音楽

に依る世界の救済の思想はピタゴラスにも見えるが、孔子の場合は夏夷秩序の中心に礼楽があったと考えてよく、それはやはり統一王朝の出現を待望しての必要論であった。それで世界が救済されると考えたのは孔子の主観的誤謬であり、現実に天子の下に世界の人間を集める為には強制手段としての征伐や刑政が要請される。「三月肉の味を知らず」と言う言葉は、後の四夷を征伐する専制的帝王の暴力の心理的基礎を形成したと言ってよい。三代の礼楽は机上の概念だが、歴代の王朝の支配イデオロギーは常にこれの形を変えた物に他ならない。皮肉に見れば夏夷秩序にあっては礼楽は即征伐だったのである。

(北村 良和)

れいがく【厲鶚】 1692(康熙31)～1752(乾隆17)。清の詩人。銭唐(浙江省)の人。字は太鴻、また雄飛。号は樊謝。1720(康熙59)年の挙人。1736(乾隆元)年の博学鴻詞科では詩と論の順番を間違えるという形式上の失策を犯して不合格となり、以後官界への思いを断ち切って詩文の制作に専念す
る。雍正・乾隆時期(1723-95)の「宋詩派」の代表者であり、俗塵を洗い去る詩風によって自然の美を巧みに表現した。同時期の詩人から「精深華妙(味わい深くしゃれている)」(杭世駿)、「詩品精高(純潔高雅な詩風)」(沈徳潜)といった評価を寄せられている。詞においても、朱彝尊に始まる浙西詞派(朱彝尊の出身地である秀水が浙江省西部に属することにちなんだ名称)の重鎮であり、幽遠で繊細な描写を得意とするが、重厚さには欠ける嫌いがある。またその著『宋詩紀事』100巻は、3812人に上る宋の詩人について小伝を付すとともに、作品の出所を記し、関連するエピソードを収録した労作で、宋詩を研究する上で欠かせない。その他の著書に『樊謝山房集』10巻、『続集』10巻、『文集』8巻などがある。清史稿485

(井波 陵一)

れいかん【黎簡】 1747(乾隆12)～99(嘉慶4)。一説に生年は1748(乾隆13)。清の画家。順徳(広東省)の人。字は簡民・未裁。号は二樵・石鼎道士など。1789(乾隆54)年の抜貢生に選ばれたが、父が没したため、故郷に留まった。詩書画・篆刻にすぐれ、画は、はじめ呉派を、のち石濤を学んで個性的な画風を生み、広東の画壇に大きな影響を与えた。著に『五百四峰堂詩鈔』などがある。清史稿485

(竹浪 遠)

れいき【礼器】 →彝器

れいきひ【礼器碑】 後漢の碑。別名、魯相韓勅造孔廟礼器碑。隷書。156(永寿2)年の建碑で、現在も曲阜の文廟にある。碑の4面全てに文字が刻まれ、碑陽はタテ165cm×ヨコ74cm、16行、行36字。韓勅が文廟を修理し、その礼器(祭器)を修造したことの功を頌えた頌徳碑である。典型的な八分書として古くから重んじられ、隷書の第一と称される。この書は、痩身ながら骨格は強靱で、結構は精妙。一点一画の中に筆の抑揚を生かし、変化の妙を尽くしている。清の王澍の『虚舟題跋』巻2に詳しい評論がある。

(池田 利広)

れいきょう【礼教】 文字通りには礼儀についての教えが原義である。が、この言葉は名教などの言葉と共に儒教の教え、国家を支える儒教体制の意味で使われて来た。礼教は一面その道徳に従って生き得る或る集団に属している者にとり、過不足無く立派な道徳である。が、それもあくまで外面的な規範に過ぎない。逆にその集団の基礎が崩壊した場合徳の規範集(言わばマニュアル)は一切現実的意味を一挙に失う。正に「禅の中で蝨が使われている限り我が世の春を謳歌出来るが、一旦禅が洗われたり焼かれたりすれば無数の蝨はそれと運命を共にして殺される」(阮籍『大人先生伝』)訳である。マニュアルがその集団・国家を支えていたのではなく、逆に支えられていたのである。その集団・国家を「礼教の名」に於いて滅ぼした新たなる集団・国家は簒奪者を中心にまた同じ孔子伝来の礼教(マニュアル)でもって官僚を縛る。殺された前朝の蝨供にとれば、礼教の敵は他ならぬ礼教であった事になる。

(北村 良和)

れいきょう【礼経】 →儀礼

れいきん【霊均】 →屈原

れいけん【霊憲】 後漢の天文学に関する著述。太史令(天文台台長)であった張衡の著。その内容は、混沌とした状態から天地が分かれて万物が備わっていく過程を述べた宇宙生成論、大地の構造とその大きさ、陰陽の気の作用、太陽・月・惑星の特徴や星座の構成などが含まれる。また、月は太陽の光を受けて光っており、大地に対して太陽と真向かいの位置にくる時、大地に光をさえぎられて月食が起きるという理論も述べられている。

(長谷部 英一)

れいこくじ【霊谷寺】 江蘇省南京市鍾山に位置する寺院。明の永楽帝がチベットのカルマパの五世活仏を迎請し(1407年)、大宝法王の称号を与えたことで知られている。

建築分野では、無梁殿が知られている。無梁殿と

は，壁から屋根までの構造が，磚造や石造である大型建物を指す。中国では，漢代から磚造の墓が流行したが，磚造は墓に限られる状態が長く続いていた。現存する最古の磚造の建物は嵩岳寺塔であるが，これも仏の墓である。元代になると状況が一変し，大元帝国が石や磚によるドームやアーチ造りの伝統技術を持つ中央アジアまで領土を広げると，それらの技術も中国内地に伝来して，磚石建築が隆盛した。明代には，磚の生産が増大し，木造建築においても磚造妻壁が普及した。霊谷寺では，無量寿仏を祀る無梁殿が主殿であり，明1382(洪武14)年の創建，間口5間(53.3m)，奥行き3間(37.35m)，屋根は二重の入母屋造である。内部には，3つのボールトが間口方向に連続的に造られ，中央のスパンは最も大きく11.25mで，高さは14mに及ぶ。
(包　慕萍)

れいこそ【令狐楚】　766(大暦元)?～837(開成2)。中唐の文学者。宜州華原(広西壮族自治区)の人。字は殻士。諡は文。791(貞元7)年の進士。憲宗朝の宰相。詩・文ともによくしたが，特に駢文にすぐれ，1篇書きあげるごとに，人々に伝誦されたという。李商隠の駢文が，彼から伝授されたことは有名。817(元和12)年に『御覧詩』を編纂。晩年は白居易や劉禹錫と詩の唱和をした。その詩文集『漆奩集』130巻は失われ，いま文が142篇，詩が59篇伝わるのみ。尹占華・楊暁靄整理校箋『令狐楚集』(甘粛人民出版社，1998年)は，研究資料や年譜を付していて便利。旧唐書172，新唐書166
(筧　文生)

れいさいやわ【冷斎夜話】　北宋末期の筆記。全10巻。当時詩僧として知られた恵洪(一名徳洪，洪覚範とも称した)の著書。北宋の詩に関する逸話を主に収める。なかでも蘇軾とその門下の詩人たちへの言及が多く，巻3「少游魯直被謫作詩」のように秦観や黄庭堅の詩に人生観の違いを見る鋭い指摘もある。ただし詩僧でありながら旧法党につらなったため，政治的な姿勢が後に批判を受け，本書も妄説と評されたこともあった。
(岡本　不二明)

れいしゃく【隷釈】　金石学の書。『纂釈』とも呼ばれた。27巻。南宋の洪适の撰。1166(乾道2)年に成る。漢魏の碑19巻分のほか，『水経注』に引くものや欧陽脩『集古録』・趙明誠『金石録』に見えるものなど，古い時代の計189の碑文を収録する。隷書の字体を碑文に即して蒐集・考証することを目的としたもので，南宋金石学を代表する書物の一つである。『四庫全書』の史部目録類に著録。
(小島　毅)

れいしょ【隷書】　書体名。佐(左)書・史書・八分ともいう。隷書の起源について，後漢の許慎『説文解字』叙は，秦始皇帝の時，官獄の職務が繁忙となったので，篆書を簡易化し，徒隷に使用させたと記し，通行体として秦書の八体の末尾に位置付けている。漢代では佐(左)書・史書とも称され，佐書は篆書を佐助する書体の意，また，史書が官職名の史によるのと同様，佐書も官職名の書佐に由来するとの説もある。前漢末から後漢にかけて，波磔と呼ばれる筆末の波勢を備えた独自の様式が完成し，漢魏の際以降，これらを特に八分と称する。今日，一般的に隷書という場合，多くはこの八分を指し，前漢や秦代の波磔の強調されないものを古隷と称したりする。隷書の実例は，従来，漢碑などの石刻資料が中心であったが，20世紀に入って漢代以前の筆記資料の発見が相次ぎ，隷書の成立と展開の過程が具体的に明らかとなった。
(福田　哲之)

れいしょしょう【黎庶昌】　1837(道光17)～97(光緒23)。清の外交官。遵義(貴州省)の人。字は蓴斎，別に黔男子と署す。1863(同治2)年，曾国藩の幕僚となり，76(光緒2)年には郭嵩燾に従って欧州諸国を歴訪した。1881(光緒7)年，駐日公使に任命され，在任中に『古逸叢書』200巻を刊行する。1887(同13)年，再び駐日公使として日本に赴く。『拙尊園叢稿』6巻や『西洋雑志』8巻などを著し，『続古文辞類纂』28巻を編纂した。清史稿446
(井波　陵一)

れいすう【霊枢】　医書。『素問』とともに『漢書』芸文志所載の『黄帝内経』を構成すると考えられ，『霊枢経』『黄帝内経霊枢』とも称す。西晋の皇甫謐の『甲乙経』序には『針経』又は『九巻』と記載されており『霊枢』という書名は王冰『素問』序が初出で，その後中国国内では一時亡佚した。現在伝わる『霊枢』は南宋の史崧が編纂し音釈を加えたもので1155(紹興25)年の序があるが，もとは北宋の1093(元祐8)年に高麗から献上されたとの説がある。版本には12巻本と24巻本があり，最善本は明刊無名氏24巻本とされる。『霊枢』経脈篇などに見られる全身に気血が周流するルート「経脈」の祖形は，1970年代以降，馬王堆・張家山の両漢墓より出土した『脈灸経』『脈書』の記載する「脈」に求められる。黄帝と岐伯・伯高・少兪・少師との問答形式で記され，排膿・瀉血による古い治療方法から，より進んだ経脈・孔穴に施す鍼法の種々までを記載する，具体的な治療技術の書であり，中国医学上の生理・病理観や診断と治療の変遷を知るうえでの最重要書といえる。
(浦山　きか)

れいだいぎしょうし【霊台儀象志】

清の天文書。フェルビーストが中心となり1674(康熙13)年に完成した。欽天監の観象台(現在の北京古観象台)に，伝統的天文儀器に替えて設置された西洋式肉眼観測器(現存)中の6基を始め，フェルビーストが製作した観測器・測定器の構造・製法・用法について述べた書。かれらが観測によって作製した星表も含まれる。儀象は渾儀と渾象のことで，転じて天文儀器を，霊台は天文観測施設を指す。
(宮島 一彦)

れいだいひえん【霊台秘苑】

北朝北周の占候書。庾季才の撰。もと115巻とも110巻とも伝えられるが，北宋の王安礼(王安石の弟)らが勅命により重修刪訂し，現存するものは15巻。始めに丹元子の『歩天歌』と星図を載せ，その後にも唐の李淳風や一行の名があって，原撰の姿をどの程度留めるか疑わしいが，『隋書』経籍志所載の書として貴重。星座・日月・五惑星・十二分野，風雷雲気などによる占いのほか，土圭(圭表)の法の記述や北宋の皇祐年間(1049-54)の恒星位置観測データの記録などがある。
(宮島 一彦)

れいなん【嶺南】

中国南部，南嶺山地(五嶺山脈)から南の地域を指す地域名称。現在の広東省と広西壮(チワン)族自治区，および湖南省と江西省の一部を含む範囲に相当する。『漢書』にも記されているように，江南から交趾(ベトナム北部)にいたる広大な地域には，越族系の多くの種族が居住していた。古くより越族系の様々な種族が分布する百越の地であり，彼らは南海交易によって栄えていた。

秦始皇帝は南海交易を独占するため50万の大軍を派遣して嶺南を攻略した。秦軍は南嶺山地を越えるため湘江と灘江との間に運河を開削した。当初は秦鑿渠と呼ばれたが，唐代以降は霊渠と呼ばれる。攻略後，秦は南海・桂林・象の3郡をおいたが，秦末の混乱期に，南海郡に派遣された趙佗が独立して「南越国」を樹立した。南越国滅亡後に漢は九郡をおき直轄領とした。

南嶺山地は嶺南と中原地方との交流を妨げる障壁であったが，唐代に大庾嶺に梅関古道が開かれてからは，嶺南の開発が進んだ。代々流刑地として柳宗元や韓愈，劉禹錫など数多くの武将や官僚が追放されたが，彼らによって中原の優れた文化がこの地に伝えられた。
(林 和生)

れいなんさんたいか【嶺南三大家】

清初の嶺南地域で名を馳せた三文人の総称。屈大均・陳恭尹・梁佩蘭(1629～1705)。南海〔広東省〕の人。字は芝五。号は薬亭・柴翁・二楞居士。晩年は郁洲)。三者ともに西園詩社や蘭湖白蓮詩社等の詩社を主催した中心的人物で，明末に生まれ，王朝交代期を生きた。屈・陳は終生布衣のまま清朝を拒絶，明の遺民の立場を鮮明にした詩文を多く残すが，梁は齢60にして進士及第を果たし清朝に出仕，作風も民の苦しみを歌うものや応酬・詠物詩が多い。また，三者は書法にも優れ，陳は広東の隷書第一と称される。『嶺南三大家詩選』(清の王隼撰)が現存する。
(佐藤 礼子)

れいぶいんりゃく【礼部韻略】

北宋の韻書。宋初の『切韻』を改変した『広韻』が編纂されるとともに，『広韻』の簡略本である『韻略』(いわゆる『景徳韻略』)が編まれた。『礼部韻略』はその『韻略』を1037(景祐4)年に改めたものである。収字は9590字で『広韻』に比べて大幅に少ないが，韻部は相変わらず206韻のままであった。『礼部韻略』の原本はすでに失われているが，現存する増補版として，南宋の『附釈文互注礼部韻略』5巻および1162(紹興32)年の毛晃・毛居正父子の『増修互注礼部韻略』5巻がある。『増修互注礼部韻略』は略称を『増韻』といい，2600余の増字が見られる。1252(淳祐12)年に劉淵が改定した『壬子新刊礼部韻略』は従来の『礼部韻略』に436字を増加するとともに，206韻を107韻部にまとめた。この書はのち失われるが，元の黄公紹(こうしょう)『古今会挙要』にその107韻を見ることができる。
(片山 久美子)

れいべん【隷弁】

清代の文字学書。漢代の石碑に使われている漢字を隷書の字形で示した字書。8巻。清の顧藹吉が康熙年間(1662-1722)に撰述し，刊行した。宋の婁機撰『漢隷字源』の形式と方法に基づき，その後に知られた20数種の碑文を補っている。各漢字は206韻の配列に従って分類し，各字の下に碑名などを注記している。
(阿辻 哲次)

れいほうい【令方彝】

西周時代前期の青銅器。1920年代の後半，河南省洛陽市馬坡の出土と伝えられる。方彝は酒をいれる器で，蓋と器の両方に185字に及ぶ長い銘文がある。そこには，周公の子である明保が王の命を受けて成周(洛陽に新たに築いた都)において儀式を行い，その際，明保から命令と賜与を受けた令なる人物がこの器を作ったことが記されている。人物の比定などに異説もあるが，周初の重要な史実を伝える貴重な資料である。高さ35.6cm，重さ9.92kgほどの器で，現在，ワシントンのフリア美術館の所蔵である。
(竹内 康浩)

れいほうは【霊宝派】

霊宝派とは，通常，

道教経典の一種である霊宝経を信奉する流派を指すが、霊宝派の歴史的実在については疑問視する見解もある。霊宝派の存在を認める学説は、唐代初期の道教経典の『道教義枢』巻2所引の『真一自然経』に基づいて、霊宝の経法は真人徐来勒より三国呉の葛玄に伝えられ、葛玄から鄭思遠に、鄭思遠から葛玄の従孫葛洪に伝えられ、さらに葛望世らを経て、葛洪の従孫葛巣甫に至り、更に任延慶・徐霊期に伝えられたという。この霊宝経法の伝授の系譜が霊宝派の系譜である。葛玄は霊宝派の祖師とされ、葛仙公とも呼ばれる。葛巣甫は東晋末期の401 (隆安5)年頃に霊宝経を編纂したという。しかし、葛巣甫が編纂したのは霊宝経ではなく、その元の『霊宝五篇真文』であるという学説もある。

ところで、葛巣甫以後の霊宝派の道士が明確でないことや、霊宝派の道士の位階制度や教団組織が存在しないことなどから、霊宝派の歴史的存在を否定する見解が近年有力である。霊宝経を整理し、その目録を作成した陸修静は従来、霊宝派の道士といわれていたが、近年は、天師道の道士と見なされている。なお、葛玄から葛巣甫に至る系譜は霊宝派ではなく、葛氏道と呼ぶのが適切であろう。

また、北宋の哲宗(在位1085～1100)の頃から江南の龍虎山で正一経籙、閣皂山で霊宝経籙、茅山で上清経籙を伝授するようになったために、龍虎山が正一派(天師道)の本山、閣皂山が霊宝派の本山、茅山が上清派の本山である、と説く見解もある。しかし、閣皂山は天師道の経籙の一種である霊宝経籙を授ける道場にすぎず、天師道が管轄する一山であったので、閣皂山で活動していた道士は天師道の道士であって、霊宝派の道士ではない。

(小林 正美)

れいほん【零本】 本来の巻数や冊数がそろっていない本の状況をあらわす用語。全体のうち、ごくわずかな部分のみが残存している本。残っている部分が、欠けている部分より相当量少ない場合に用いる。零巻・零冊・端本・離れ本などともいう。一巻にも満たず、数紙のみ存するものは、断簡あるいは零葉などという。残欠のある本をあらわす用語には、他に有欠本・残欠本・落巻本・不全本・残本・欠本などがある。

(梶浦 晋)

れいりん【伶倫】 古代、黄帝の命で十二律を作ったとされる人物。『漢書』律暦志には泠綸とある。嶰谷という土地の竹で律管を作って、その音高を十二律の根本である黄鐘に定め、さらに11本の律管を作り、鳳凰の鳴き声と対照して残りの律を定めたという。この説話に出てくる律は管律であるわけだが、『漢書』などの場合、黄鐘の律管の長さや容量が明言されており、そこには絶対音高の概念を認めることができる。そもそも管律は絶対音高を定めやすい。

(水口 拓寿)

れき【鬲】 鼎と並んで中国の古代文化をよく特質づける三足土器の一種。鼎は3足が棒状であるのに対して、鬲の3足は中空の仕様となっている。下から火をあて、炊具として用いられたと考えられている。鬲は、新石器時代の龍山文化期以降、もっぱら黄河流域以北の北方地域を中心に製作されたが、殷代に入ると黄河以南の土地にも急速に拡散し、同時に、青銅製品もつくられるようになった。土製の鬲は殷文化を象徴する土器といえるであろう。

(小川 誠)

れきえん【酈炎】 150(和平元)～177(熹平6)。後漢の詩人。范陽(河北省)の人。字は文勝。前漢の功臣酈食其の後裔。文章・音律・議論に優れたが、州郡の求めにも出仕しなかった。のち風病を患い、精神に障害を負った。母の死に遭って病がひどくなり、出産したばかりの妻がショック死したため、妻の家から訴えられて獄死した。史事にことよせて志を詠んだ五言詩2首を残す。後漢書80下

(谷口 洋)

れきがくかいつう【暦学会通】 清の科学書。56巻。ポーランド人宣教師の穆尼閣(Nicolas Smogolenski)の弟子であった薛鳳祚の編纂。西洋の科学知識を紹介する書物。天文学・数学を中心とするが、医学・物理学・水利・兵器など広範な分野にわたる。天文学では、ティコ・ブラーエの体系によって太陽・月・惑星の運行理論や度数を述べ、イスラム暦の紹介もしている。数学では、常用対数表や正弦・余弦・正切・余切の対数表を紹介した点が重要である。

(長谷部 英一)

れきげん【暦元】 暦計算の起点(epoch)をいう。中国暦では、暦元を計算の起点として、それ以降の日時における天体の位置を計算する仕組みになっている。一般に、暦元ははるかに古い過去にさかのぼった年が選ばれる。しかも太陽・月・五惑星(火・水・木・金・土)が一定の基準状態にあることが条件で、いわゆる「五星連珠、日月合璧」(五惑星が珠を連ねたように並び、日月が璧を合わせたように同一方向に見える)の状態にあることが求められた。

(新井 晋司)

れきさんぜんしょ【暦算全書】 清の天文学・数学書。梅文鼎の著書29種を集め、『梅氏暦算全書』として1723(雍正元)年に兼済堂より出版さ

れた。天文学では，中国の暦法と西洋の暦法との得失を論じ，中国の伝統と西洋の知識を融合させようとしている。数学では，平面三角法と球面三角法の研究がとりわけ重要である。梅文鼎の孫の梅瑴成は，『暦算全書』が不備であるとして編修しなおし，『梅氏叢書輯要』60巻として，1759(乾隆24)年に刊行した。　　　　　　　　　　　　(長谷部 英一)

れきしょうこうせい【暦象考成】　清の1722年(康熙61)に完成した暦法に関する書。『律暦淵源』の1部であり，42巻よりなる。上・下2編に分かれ，上編を揆天察紀，下編を明時正度とする。1737(乾隆2)年，欽天監正ケーグラー(戴進賢)等により『後編』10巻が編纂されることになり，太陽と月の運行をケプラーの法則によって論じた。上・下編は，何国宗・梅瑴成等が任に当たり，明末の徐光啓等による『崇禎暦書』を整備，その後，導入された天文暦数を考慮しながらも，ティコ・ブラーエの宇宙体系は維持したものである。　(橋本 敬造)

れきせいしんせんたいどうつがん【歴世真仙体道通鑑】　上古の黄帝から元朝までの神仙や道士の伝記を集めた書。正編53巻，続編5巻，後集6巻。元代の浮雲山聖寿万年宮道士，趙道一の編。序文によれば「儒家に資治通鑑有り，釈門に釈氏通鑑有るも，惟だ吾が道教に斯文独り闕く」がためにこの書を編纂したという。正編には軒轅黄帝から宋末までの得道した神仙や道士の伝記745人を収め，続編は正編に漏れた人物のほか，金元代の道士特に全真教の道士を中心に34人を収める。そして，後集には上古より宋末に及ぶ女仙の伝記120人を収める。人物の配列は，巻首の編例に言うように，大略の次序によっていて編年にはなっていない。また，内容についても編例に「其れ得道仙真の事跡は，乃ち之を群書に捜し，之を経史に考え，之を仙伝に訂して成る。間ま或いは繁を芟り要を撮うも，敢えて私自に一言を加入せず」とあるように，既存の仙伝類をそのまま利用したり，編集・訂正を加えたもので，妄りに増広したものではないという。　　　　　　　　　　　　(坂内 栄夫)

れきだいさんぽうき【歴代三宝紀】　隋の仏教史書。15巻。費長房撰。597(開皇17)年に完成し，文帝に上呈された。帝年3巻・代録9巻・入蔵目2巻・総目1巻の4部構成となっており，帝年は釈尊誕生から隋開皇17年までの仏教史年表，代録は後漢以来隋代までの仏典翻訳を主軸とした王朝ごとの編年史，入蔵目は大・小乗の経・律・論三蔵に編入すべき仏典の書目であり，総目には「上開皇三宝録表」や編纂に利用した南朝宋以来の経典目録6種の綱目等が記録されている。本書は従来，代録や入蔵目を中心に経典目録として扱われてきたが，巻頭に年表，巻末に総目を持つ史書である。本書の特色は陳垣が『中国仏教史籍概論』に指摘する，中国の正統は南朝梁から北朝西魏・北周，そして隋へと伝わったとする独特の紀年法にあり，それは帝年や代録の構成に現れ，更に帝年は現存年表としては『史記』のそれに次ぎ，仏教史年表としては現存最古のものである。　　　　　　　　(大内 文雄)

れきだいしよ【歴代詩余】　清代に編纂された詞の総集。原名『御定歴代詩余』，また『御選歴代詩余』。120巻。康熙帝の勅命を奉じて，王奕清・沈辰垣らが編纂した。唐〜明の詞9000余首・1540調を詞牌ごとに並べ，詞牌は文字数の少ないものから排列，各詞牌の作例は時代順に挙げ，100巻に収める。作例の選録にあたっては，「風華典麗」を基準にしたという。巻末に，詞人の略歴を述べた「詞人姓氏」10巻，逸話を収録した「詞話」10巻を付載している。清内府刊本がある。また『詞話叢編』に「詞話」10巻のみを収める。　(宇野 直人)

れきだいしょうていいきかんしほうじょう【歴代鐘鼎彝器款識法帖】　南宋の金石書。『薛氏款識』とも称される。20巻。薛尚功著。1144(紹興14)年に原石24の石刻本が成ったが現存するのは残葉のみ。明清民国間に幾種もの刻本が刊行されたが版本の優劣が甚だしい。『考古図』に始まった器形学に対し，本書は器形図を載せずに専ら文字資料として銘文を研究，宋代金石学における銘文研究の濫觴と言うべき一書。銘文の摸本が収録された青銅器は504器を数え，夏，商(殷)，周，秦，漢に編年された上で，鐘・鼎・尊など器種別に配される。　　　　　　　　　　　　(高久 由美)

れきだいしょっかんひょう【歴代職官表】　乾隆帝の命によって編纂された中国歴代官制の総覧。当初は63巻であったが，改訂されて72巻となった。各巻は国朝官制として清朝の官を記し，ついで歴代建置として三代から明に至る歴史的変遷を記す。巻頭では歴代建置を表にし一覧できるようにしている。本書は，歴代正史の職官志や各種筆記・実録などを引き，歴代官制が如何にして清朝官制に結実したかを跡付けたものといえる。黄本驥が解説を省略した同名の6巻本もある。　(谷井 俊仁)

れきだいしわ【歴代詩話】　詩話叢書。清の何文煥編。南朝梁から明代までの詩話27種を収め，末尾に何文煥自身の「歴代詩話考索」を付す。1770(乾隆35)年に完成。詩話は歴代の経籍志にその名

が見えるものでも伝存する書は少なく，伝存していても，多くは分量が少ないため，従来その流通範囲が狭く，価値あるものでも散逸しやすい状況であった。何文煥はそのような状況を憂えてこの書の編集を思いたったという。詩話史上重要な著作はほとんどが収録されているが，独立して刊行できる大部な書や，前人の旧説を並べただけで独創的見解のないものは収めていない。また内容に価値があっても，伝本に誤りが多く，何氏の当時に校訂に値する善本のなかった詩話も収録されていない。そのような編集方針ではあったが，中には『全唐詩話』のように実は『唐詩紀事』の文を抄録しただけのものも混じっている。中華民国になって丁福保が何氏の書にえらばれなかった詩話を集めた『歴代話話続編』を作った。ともに現在中華書局校訂本（『歴代詩話』1980年・『続編』1983年）がある。なお清の呉景旭に同名の詩論書がある。　　　　　　（副島　一郎）

れきだいちょうじゅつしゅうよう【歴代長術輯要】

清の暦法に関する書。全10巻に『古今推歩諸術攷』上・下2巻を付す。1878（光緒4）年刊。烏程（浙江省）の人，汪曰楨（1812〜81）撰。友人の李善蘭によると，30年余をかけて，周の共和（前841〜前828）から明末まで，使用された暦術によって朔閏および二十四節気を配列した『歴代長術』53巻を撰したが，そこから朔閏にのみ限定し，合わないものについては年末に注記を施した朔閏表10巻を作ったという。これが『歴代長術輯要』であり，陳垣の『二十史朔閏表』等の先駆となった。
　　　　　　　　　　　　　　（橋本　敬造）

れきだいていおうずかん【歴代帝王図巻】

前漢の昭帝，後漢の光武帝，三国魏の文帝（曹丕），蜀の劉備，呉の孫権，西晋の武帝，南朝陳の文帝・廃帝・宣帝・後主，北朝北周の武帝，隋の文帝・煬帝の13帝の肖像画集。縦0.51m，長さ5.31mあり，初唐の閻立本の真跡と伝えられるが，宋代の模写である可能性が大きい。13帝中，9帝は左右に小さく侍者を配した仏像の三尊形式に通じる類型的表現で，個性的描写とは言えない。本来は唐以前の歴代諸帝のかなりが揃っていたはずで，宋代には模写としてこれだけが伝わったと思われる。現在はボストン美術館に所蔵されている。（愛宕　元）

れきだいほうあん【歴代宝案】

琉球中山王朝の，中国を中心とする外交記録を漢文で記した文書集である。全体は第1集は43巻，1424年より1696年。第2集は200巻，1696年より1858年。第3集は13巻，1719年より1867年までの文書及び咨集・別集を含む。琉球国は明代以降中国の王朝に朝貢していた。その際の外交往復文書の多くを収録している。しかし明代の前期にあっては中国のみにとどまらず，東南アジアの国々とも交渉があったことが知られる。膨大な量を占めているのは琉球国がほぼ毎年のように中国に派遣した朝貢使節に手渡す琉球国王の派遣に関する文書である。これらには琉球国の朝貢使節団の構成や朝貢品などが詳細に記録されている。また中国沿海民衆の琉球国への漂着に関する記録も収められていて，中国沿海の海上航運業の状況なども知ることが出来る。

現在沖縄県によって同書の校訂と訳注が進められている。14世紀から19世紀末までの東アジア海域史研究の基本資料といえる。　　（松浦　章）

れきだいほうぼうき【歴代法宝記】

初期禅宗史書。四川の保唐寺無住（714〜774）の語とその派の伝灯を説く。北宗禅・南宗禅のいずれにも属さぬ灯史であり，初祖を菩提達摩多羅とする。菩提達摩多羅と，中国に禅宗を伝えた達摩（菩提達摩）とは本来全くの別人であるが，本書では両人をあえて同一視し，恵可（慧可）から慧能までの六代の伝承の後，智詵・処寂・無相・無住の法系を主張する点に特色がある。敦煌に写本で伝わり，ペリオ2125，スタイン516ほか数本が現存する。　（高堂　晃壽）

れきだいめいがき【歴代名画記】

唐後期の総合的絵画史の書。10巻。847（大中元）年頃成立。張彦遠撰。中国における絵画の起源・盛衰を，古代から唐の大中元年にいたるまで詳述し，具体的な作品のデータ，画家の伝記から画風の批評・絵画思想まで論及する，空前の総合的絵画史となっている。巻1は画の源流，画の興廃，歴代能画人名，画の六法，山水・樹石の5章を論じ，巻2は師法関係，顧愷之・陸探微・張僧繇・呉道玄四家の用筆，彩色と模写，評価と品第，鑑識と収集の5章，巻3は跋文と署名，鑑蔵印，表装，長安・洛陽の寺院壁画，古代の秘画・珍図の5章を論じ，巻1から巻3までで後の画論の体裁をほぼ網羅する。巻4〜10は歴代の画人伝にあてる。著者張彦遠は，祖父の代まで3代にわたり宰相を輩出した唐朝の名門貴族に生まれたが，父の代から彼が生存した810年代〜880年頃は，その没落期であった。家伝の名画名跡が戦乱や陰謀で失われてゆく経験から，書画に対する愛惜の念をもとに本書は執筆されたらしい。彼は大中年間（847-859）に史書の編集に携わっており，本書の構成も正史に準じた整った体裁を示す。特に巻4以降の画人伝においては，先行文献を比較的忠実に引用しており，その中には現在散逸した文献も多く，錯簡も多いが資料的価値は高い。他の著書に『法書要録』等がある。『歴代名画記』は，画史にお

ける『史記』に匹敵する著書として尊重され、後世に多大な影響を与えた。宋代には『名画記』の体裁を引き継ぐ『図画見聞誌』、更にそれを継承する『画継』が著された。南宋～元以降は、画家伝、著録(作品の跋・印・寸法・表具等の記録)・目録、制作論などに画史・画論が分化し、別の体裁の著作として独立するようになる。また、知識人が絵画を論評する文人画論の先蹤でもあり、後の文人画論や明末『長物志』などの文人の趣味的生活指南書にも影響を及ぼしている。『王氏書画苑』『津逮秘書』等に所収。　　　　　　　　　　　　　　(河野　道房)

れきだいめいしんそうぎ【歴代名臣奏議】
殷・周から宋・元に至る奏議を集めた書。350巻、目録1巻。1416(永楽14)年刊。明初の黄淮・楊士奇らの奉勅撰。君徳・聖学・孝親・敬天など64部門に分かれる。歴代制度の沿革、政治の得失を知るのに有益。漢以前の奏議が雑然としているのに対し、以後のものは比較的整理されて選択も穏当だといわれる。明末の崇禎刊本や清刊本は改刪されているため、必ず原刊本を見る必要がある。永楽時代の原刊本が、我が国の静嘉堂文庫にある。(檀上　寛)

れきてい【鬲鼎】
袋足状に3つにくびれた底部にそれぞれ円柱状の実足をつけた青銅彝器。口縁部に一対の立耳を付ける。器身は鬲に似るが3足は鼎に似るため、便宜的に鬲鼎と呼ばれる。銘文に「鼎」と自銘する例があることから、当該の器は鼎と同じく肉などを煮るために使われた器であったことが知られる。殷墟期に出現し、西周前期にかけて盛行した。西周中期の例は少なく、後期には姿を消す。　　　　　　　　　　　　　　(角道　亮介)

れきどうげん【酈道元】
466(天安元)あるいは472(延興2)？～527(孝昌3)。北朝北魏代に中央、地方の官界で活躍した人物であるが、『水経注』の作者として、中国地理学史上、著名である。生年には466年と472年の両説がある。生地は范陽(河北省)、字を善長という。494(太和18)年に尚書郎になったのをはじめに、潁川太守、東荊州刺史、御史中尉などの官を歴任したが、527年、関右大使の時に雍州刺史蕭宝寅のために暗殺された。地方官として各地に在任した際に、実際的な地理的見聞を広め、それを生かして『水経注』を著した。これ以外にもいくつかの著述があったらしいが、今は伝わらない。官僚としては酷薄できこえる。魏書89　　　　　　　　　　　　　(秋山　元秀)

れつぎょこう【列禦寇】
実在の人物か否かは不明。『列子』の撰者と伝えられる。『荘子』『韓非子』『呂氏春秋』『淮南子』『列子』に列禦寇・列子・子列子・子列禦寇などの名でその思想や逸話が見える。ただし『荘子』天下篇には一言の言及もなく、『史記』にも記録は見えない。前漢末の劉向撰「列子新書目録」に、鄭国の人で秦の繆公(穆公)と同時代だといい、後漢の『漢書』芸文志には荘子が尊称した先人だという。彼此併せ考えると、戦国末期、ある人々の間で過去に実在した人物としてその思想や逸話が伝承されていたのであろう。劉向によれば、その学問は、黄帝老子に基づき、根本を堅持して清虚無為、治身接物において不競を旨とするもので、道家に属する、という。唐の玄宗の時代、742(天宝元)年に沖虚真人の号を贈られ、後、宋の時代の1007(景徳4)年に沖虚至徳真人と称される。　　　　　　　　　　　　　　(中嶋　隆藏)

レッグ　James Legge
1815～1897。スコットランド出身の宣教師・中国学者。キングズ・カレッジを優秀な成績で修学。神学校でも学び、ロンドン伝道会に入会。1839年、マラッカに到着。モリソンの助言で英華カレッジを香港に移し、以後香港を拠点にする。四書・五経の翻訳に挑み、1861年から《The Chinese Classics(漢英対訳大学及中庸〔漢英対訳四書〕)》(全5巻)を刊行。『易経』『老子道徳経』『荘子』などはミュラー編の《The Sacred Books of the East(東洋の聖典)》に後に収録。1867年、帰国。1876年、オックスフォード大学の初代中国学教授に就任した。(門田　眞知子)

れっし【列子】
道家の書。列禦寇の撰と伝えられる。現行8巻本は天瑞・黄帝・周穆王・仲尼・湯問・力命・楊朱・説符の8篇からなるが、中には先秦以前のものとは到底認めがたい内容のものも少なくなく、前漢から西晋までの間に集積編纂されたものと認められている。前漢末の劉向の「列子新書目録」によれば、劉向が長社尉参とともに当時存在した5篇本・3篇本・4篇本・6篇本・2篇本併せて20篇を対校して、重複する12篇を除き8篇とし、文字を校訂して新書の『列子』を定めたという。ただ東晋の張湛の「列子序」によれば、永嘉の乱で各蔵書家の書籍が散逸して劉向校訂本も完本が失われ、後に残存の3巻本・4巻本・6巻本を対照し有無を参校して目録1巻本文8篇を全備しこれに注を施すことができたらしい。現行本8巻の8篇それぞれの篇題にいずれも張湛注があることから、現行本は遅くとも東晋張湛以前から伝わる諸本を整理復元したものと認められる。唐の玄宗の時代、742(天宝元)年、列子が沖虚真人と称されるとともに『列子』も沖虚真経と称された。後、宋の時代の1007(景徳4)年に沖虚至徳真経と称され、『四部叢

刊』所収の常熟瞿氏蔵北宋刊本はこれを書名としている。
(中嶋 隆藏)

れっしちゅう【列子注】 『列子』に東晋の張湛が施した注。その「列子序」に全書の要旨を述べて「群有は至虚を以て宗と為し、万品は終滅を以て験と為す。神慧は凝寂を以て常に全く、想念は著物を以て自ら喪う。生覚と化夢とは情を等しくし、巨細は一域に限らず。窮達は智力に仮る無く、治身は肆任を貴び、性に順えば則ち之く所皆適い、水火も踏む可し。懐を忘るれば則ち幽として照らさざる無し」とまとめつつ、また「明かす所は往々にして仏経と相参ずるも、大帰は老荘に同じく、属辞引類は特に荘子と相似たり」と仏教や老荘との同異に言及している。施注の態度は、用語に仏教的色彩をかなり加えているものの、本文に自己の思想をひたすら読み込もうとするのとは異なり、同一語句が老荘その他の書物に見えることを指摘し、また他書に見える同一語句に対する先人の注を引用するなど、頗る客観的学問的なところがある。中でも『荘子』の注を引用するのに向秀注と郭象注とを別々にしていることで、郭象の向秀注剽窃問題解決の証拠となるものである。唐代、殷敬順や盧重玄が張湛注に疏釈を加えたようだが、現在伝わるのは盧重玄の「解」で、張注に拠りつつ異なるところもある。
(中嶋 隆藏)

れつじょうそう【列帖装】 →綴葉装

れつじょずかん【列女図巻】 伝東晋顧愷之筆の絹本画。北京故宮博物院所蔵。宋代の模本と考えられている。前漢劉向の『列女伝』巻3・仁智伝に拠って、楚武鄧曼・衛霊夫人など儒教道徳にすぐれた婦人の故事を描いた勧戒図で、人物名を注し、一節毎に頌語を記す。現在28人、10場面が伝存しているが、本来49人が描かれていたという。人物の姿態や服装の形式、線描による表現、人物を並列する配置法は、同じ伝顧愷之筆の『女史箴図』にほぼ共通する。『清河書画舫』『庚子銷夏記』等に記載が見え、清の内府の収蔵印がある。
(肥田 路美)

れつじょでん【列女伝】 前漢の伝記。「古列女伝」ともいう。7巻。前漢の劉向の撰。上古から漢代に至る女性の伝記を、母儀・賢明・仁智・貞順・節義・弁通・孽嬖の7篇に分けて記す。今本は後漢以後の女性の伝を記した『続列女伝』1巻が付されるが作者不詳。『漢書』36・楚元王伝によると、「風俗が乱れ、下賤の出の者が僭越に振る舞うようになった。そこで『詩経』『書経』などに見える賢妃貞婦で、国に功あって模範とすべき者、また品性卑しい女性で国が滅ぶ原因となった者を採録して『列女伝』を作り、天子への戒めとした」とあり、政治の混乱期に道徳の教科書として編集されたことがうかがえる。それ故この書の記述はほとんどが先行文献に潤色を加えて、劉向の意図に合うよう改変されている。
　この書は後漢の曹大家(班昭)が初めて注釈を著し、清に至って王照円『列女伝補注』・梁端『列女伝校注』・蕭道管『列女伝集注』等のすぐれた成果が現れた。
(大野 圭介)

れっせんでん【列仙伝】 現存資料中最古の神仙伝記集。2巻。旧題では前漢の劉向撰。劉向が神仙術の一環として錬金術を試みるも失敗したことが『漢書』の伝に見え、彼と神仙術との関連は明らかである。しかしその『漢書』では伝と芸文志のいずれにも劉向の著書として『列仙伝』は見えず、劉向撰であった場合、内容にいくつかの問題が発生することなどから、古くより劉向編纂であることが疑われてきた。晋の葛洪の『抱朴子』内篇における言及から、晋代には既に劉向撰とされていたようである。現在では劉向ではなく、後人の筆になると考えられている。神仙の人数についても、現行本では70人だが、本来は72人だった可能性が高い。各神仙の伝は年代順に並べられており、太古の神仙から黄帝・老子を経て漢代の神仙にまで及ぶ。各伝について、本文の後ろに四言八句の「賛」がついており、葛洪の『神仙伝』に比べると素朴な内容である。
(亀田 勝見)

れっちょうししゅう【列朝詩集】 明代16朝278年の詩人約2000家の選集。81巻。銭謙益が明末の1621(天啓元)年に編集を開始し、中断ののち清の1646(順治3)年に再開、3年後に完成、1652年の自序をつけて出版された。金の元好問『中州集』が「詩を以て人を繋ぎ、人を以て伝を繋ぐ」のにならって各詩人に「小伝」を付し、次のような配列をする。
　「乾集」：太祖以下10人の皇帝と諸王。「甲集前編」：元末～建国前年(1352～67)の16年間、劉基・楊維楨など。「甲集」：洪武・建文(1368-1402)の35年間、高啓・宋濂など。「乙集」：永楽～天順(1403-64)の62年間、楊士奇ら台閣体詩人。「丙集」：成化～正徳(1465-1521)の57年間、李夢陽ら前七子など。「丁集」：嘉靖～崇禎(1522-1644)の123年間、上編に李攀龍ら後七子など、中編に公安派の袁宏道と竟陵派の鍾惺、下編は親友の程嘉燧ら。「閏集」：僧侶・女流・日本人など。
　特に古文辞派を攻撃するあまり、「小伝」の論評

において原材料の字句を改める場合がある。例えば，李夢陽の発言「唐以後の書を読まず」は王世貞『芸苑卮言』(*げいえんしげん)の「李献吉(夢陽)人に勧めて，唐以後の文を読む勿(なか)れと」によっている。　　　　(松村　昂)

れつようそう【列葉装】　→綴葉装

レミュザ　Abel Rémusat　1788〜1832。フランス中国学の先覚者。パリ生まれ。ギリシャ語など語学を得意とした。植物学にも興味を持ち，中国の本草書(『本草綱目』)にひかれたことから中国語を独学。パリ大学で医学の学位(1813年)をとるが，シルヴェストル・ド・サシ(コレージュ・ド・フランスのアラビア語教授)の支援で同校に創設された中国学の初代教授に就任(1815年)。著書では中国語文法書などが有名。1822年のアジア協会(Société asiatique)の設立者の一人。《Journal asiatique(アジア誌)》の刊行もおこなった。
(門田　眞知子)

れん【奩】　古代中国の容器の一形式。戦国時代から唐・宋にかけて流行した蓋付きの容器で，出土例は多い。青銅製の奩は，三脚や鈕が付き，「温酒樽」銘や柄杓・承盤を伴う例があり，主に酒器として用いられたが，明器としての山形陶奩もこの器形に倣っている。漆奩はこれらとは異なり，深い被せ蓋をもつ合子で，多くは円筒形につくる。用途は化粧道具入で，湖南省長沙市馬王堆漢墓や北朝鮮平壌市楽浪漢墓出土の奩は，内部に小合や鏡・櫛・刷毛などを収める。　　　　　　　　(日高　薫)

れんからく【蓮花落】　民間の語りもの芸能の一種。蓮花楽・落子とも称される。宋代には形成されており，南宋の『五灯会元』に「乞食が蓮華楽を歌うのを聞く」と見える。本来は物乞いの際に歌う拍子を取るだけの簡単な歌であったが，清代中期以降，専門の芸人が演ずる芸能へと発展した。中国各地に広く分布し，現在でも行われているものに浙江の紹興蓮花落・江西蓮花落，福建の閩東蓮花落，雲南の姚安蓮花落などがあるが，当地の民謡と融合し方言で歌われるため，スタイルはそれぞれに異なっている。例えば北京では，清代嘉慶年間(1796-1820)頃に語りものの一種，十不閑と融合して十不閑蓮花落が形成された。多くは1〜3人で歌われ，曲調は比較的単純であるが，河北省南部の武安落子や山西省南部の上党落子などのように，役回りに分かれて地芝居として上演されるものもある。また河北省の評劇は蓮花落が伝統演劇に発展したものである。　　　　　　　　　　　　(千田　大介)

れんかんき【連環記】　明の伝奇劇本。30齣(せき)。王済(?〜1540)作。王済の字は伯雨，号は雨舟・白鉄道人，烏鎮(浙江省)の人。太学の出身で，後に横州(広西壮族自治区)通判となったが，母への孝養のために帰郷し，蘇州の文徴明や祝允明(しゅくいんめい)らと交際した。伝奇『連環記』は元雑劇『錦雲堂美女連環計』(略称『連環計』)の改編である。後漢末，権臣董卓は帝位を奪おうと機会をねらう。司徒の王允と曹操は董を刺殺しようとして失敗し，曹はやっと脱走。王は歌妓貂蟬(ちょうせん)を董に贈り，董とその義子で勇将の呂布との間を色仕掛けで離間させる。さらに王は呂を煽動し，帝位を譲ると董をだまして帝位譲渡の式を行い，その席で董を殺させる。『連環記』の中の「議剣」「賜環」「拝月」「小宴」「大宴」「梳妝」「擲戯」の各齣は崑劇でしばしば上演されており，京劇その他の地方劇でも全本或いは1齣が上演される。1988年中華書局刊『連環記』(点校本)，古本戯曲叢刊初集本(清抄影印本)がある。
(内山　知也)

れんきんじゅつ【錬金術】　→外丹(がいたん)

れんく【聯句】　韻文様式の一つ。2人以上の作者が，交替で句を続けて1首の詩を構成するもの。連句とも書き，また聯詩とも言う。押韻は通常の詩の例に倣い，また多くは対句を構成しつつ句を繋いでいく。由来については諸説有るが，一般には漢の武帝が柏梁台を築いた際に，群臣に命じて作らせた『柏梁台詩』に始まると言われる。この聯句では七言の句を1人1句ずつ付ける形式だが，その後の聯句では五言の句を2句ないし4句ずつ繋げる形式が一般的である。多くは宴会などでの余興として作られたが，中唐の韓愈と孟郊が中心になった13首の聯句は，互いに表現を競い合っており，聯句を一つの文学的実験の場として，新しい詩の世界を開こうとする意図が感じられる。とくに相手の出した句に対句を付けて，更に次の句を出す斬新な形式を取った『城南聯句』は，306句に及ぶ長編であることやそこに用いられた表現の奇抜さなどから，聯句を文学的に高めた作品として注目されている。また韓愈の「石鼎聯句詩序」は，「石鼎聯句」の制作の経緯を記したものだが，一種の戯文であり，韓愈の文章力の豊かさを示す作品として著名である。
(齋藤　茂)

れんし【煉師】　すぐれた道士に与えられる尊称。『大唐六典』4・祠部郎中の条には，道士の称号として法師・威儀師・律師の3つを挙げたうえ，そのほか特に「徳高く思いの精(こま)か」な道士を練(煉)師と呼ぶとみえる。また『太清玉冊』4では，「質

(肉体)を煉って真(仙界)に升り，凡を超えて聖に入る」ところの道士のこととする。　　　(吉川　忠夫)

れんしゃじゅうはちけん【蓮社十八賢】　東晋の402(元興元)年，慧遠が廬山の東林寺に開いた浄土念仏結社「白蓮社」に関わった123人のうち，主要な18人。慧遠・慧永・慧持(慧遠の実弟)・竺道生・曇順・僧叡(慧叡)・曇恒・道昞・曇詵・道敬・仏陀耶舍・仏陀跋陀羅(以上出家者)，彭城の劉程之・南陽の張野・雁門の周続之・南陽の張詮・南陽の宋炳・予章の雷次宗。『廬山記』3(『大正新脩大蔵経』51)，『仏祖統紀』26(同49)等にみえる。　　　　　　　　　　　　　　(船山　徹)

れんじゅ【連珠】　文体の一つ。後漢の班固・賈逵などに作品が残る。二句を一対として華麗な文言を並べ連ねるのが基本で，題材などに厳密な制限はない。各句末は押韻する。西晋の陸機がその文体を拡充した長大な『演連珠』を著し，北朝北周庾信の『演連珠』も，南朝梁一代の興亡を題材にした長編である。　　　　　　　　(木津　祐子)

れんしゅうほうかん【蓮宗宝鑑】　元の浄土教の書。詳しくは『廬山蓮宗宝鑑』。10巻。元，優曇普度編。1305(大徳9)年序。廬山白蓮社慧遠の流れを承ける普度が，浄土教の教義を宣揚し，異端と見なされた「白蓮教」とは異なる自らの正統性を主張して編述。浄土教に関心を寄せた人々の語を，広く収録し，中国仏教における浄土思想の影響の大きさを示す。　　　　　　　(永井　政之)

れんじゅしかく【聯珠詩格】　唐宋の七言絶句を収めた詩集。20巻。元，于済の撰。「四句全対格」から「用後身字格」まで320余の格に分類して収める。『唐宋聯珠詩格』と題して，宋の臣民のみを収める立場をとり，宋代に詩名があっても元の禄を食む者は入れていない。中国で失われたが，日本に伝わって室町時代から五山の僧の間で読まれ，徳川時代まで流行した。室町時代刊の『精選唐宋千家聯珠詩格』20巻があり，東洋文庫・宮内庁書陵部などに蔵する。　　　(幸福　香織)

れんじょうへき【連城璧】　明末清初の口語短篇小説集。12集・外編6巻のあわせて18篇からなる。戯曲家・小説家にして随筆家・評論家・演出家でもあった李漁の著。佐伯文庫旧蔵本で知られる。なお，大連市図書館所蔵の大谷文庫旧蔵抄本は外編2巻を欠く。もともと李漁には12篇からなる『無声戯小説』(東京，尊経閣文庫所蔵)と6篇からなったと推定される『無声戯二集』があり，両者から12篇を選んだ『無声戯合集』をへて再編されたものが『連城璧』であると推定されている。
　　　　　　　　　　　　　　　(大塚　秀高)

れんだいほんぎ【連台本戯】　伝統演劇で数日に渡り全編を通しで演ずる演目を指す。1本の演目の完全版を「本戯」「大戯」といい，そのダイジェスト版を「折子戯」「小戯」という。民間祭事での上演に始まり，北宋の頃，七夕に雑劇『目連救母』の7日間通し上演が初期の記録としてある。明末清初の頃は上下2本30場から40場の2日間通し上演が日常的で，清代に三慶班による『三国演義』ものの通し上演が人気を博しこの名がついた。清の宮廷でも『鼎峙春秋』(三国演義240場)や『昭代簫韶』(楊家府演義240場)等の長編を通しで演じた。上演の連続性と内容の通俗性が好まれ，民国時代は『封神榜』(封神演義)34本上演等，特に上海の舞台で盛んとなった。近年では94年に上海京劇が『狸猫換太子』を復活上演したのを皮切りに，他演目でも復活上演が相次いでいる。　　　(有澤　晶子)

れんたんじゅつ【煉丹術】　→外丹

れんとうえよう【聯灯会要】　禅宗灯史の書で，「禅宗五灯録」の一つ。『宗門聯灯会要』とも。全30巻。南宋の1189(淳熙16)年，大慧宗杲下4世の晦翁悟明の編に成る。過去七仏(巻1)，西天二八祖(巻1～2)，東土六祖(巻2)，牛頭下七世(巻2)，五祖下旁出四世(巻3)，南岳下十八世の301名(巻4～18)，青原下十五世の291名(巻19～29)，応化賢聖40則・亡名尊宿25則(巻29)，銘頌歌等14(巻30)を編録する。

　本書の特色は，それまでの灯史が略伝と機縁語句及び問答を集めるのに対して，祖師の古則公案及び著語(短評)を中心に集められ，特に大慧が撰した『正法眼蔵』3巻667則を全て収録する。法眼系の禅者は特に話題となる古則に対して自らの見解において著語を加えはじめる。それは古徳の禅を追体験し，また弟子を導く手段となっていき，宋代には頌や著語を付した書が多く編集されていった。『聯灯会要』はそのような宋代の傾向を反映した灯史の書であり，流行した。　　　　　　(西口　芳男)

れんぷ【臉譜】　伝統演劇における隈取りのことで，図案化した化粧は「花面」ともいう。臉譜は顔を極端に装飾化し誇張することにより，劇中人物の性格や心情を象徴的に表現する働きがある。浄・丑の役柄で用いられ，生・旦の役柄の化粧は素面・潔面・俊扮といって区別される。その起源については，唐代の塗面化粧からの展開や仮面からの転

用, 来朝した印度西域歌舞の化粧からの変容, 彫塑の援用, 入れ墨からの展開等諸説あるが, 各種複合しあって徐々に形成されたと考えられる。その根底には, 早い時期から発達した人相学や骨相学からの影響を無視できず, 人物を類型化する意識の蓄積がある。山西省侯馬市出土の董氏墓金代戯俑には顔に彩色が施され, 主に滑稽の表現としての臉譜の存在が確認される。元雑劇で現存する臉譜には, 山西省洪洞県の明応王殿壁画がある。明の中期になると, 浄の臉譜は単純な図柄ではあるが, 色彩も表現力も増す。個性の強い人物像に対して, 伝説や語り物で描かれる人物形象に基づいた臉譜が創られていった。清代の地方劇最盛期には, 臉譜は役者の工夫や観客の好みを反映して複雑かつ多様化した。

臉譜の基本的な描き方は3通りあり, 手で単色(主に赤)を顔に塗りその上に眉やアイラインを引く「揉臉(じゅうれん)」, 水白粉を塗って白塗りの顔をつくる「抹臉」, 筆を用いて眉・眼・鼻・口などのラインを強調し様々な図案を描く「勾臉(こうれん)」といった方法である。臉譜による人物像の暗示方法は, 色と形に様々な意図を込めて符号化することによる。符号化した基調となる色と図案の形状は, 相互に組み合わさって, 劇中人物の気質や性格, 年齢や身分, あるいは場面に適合する心情を象徴する。①色と人物像の関係。秦腔では「赤は忠, 黒は実直, 白は奸, 緑は魔物, 黄は神仙」(京劇の場合は黄色は勇猛, 金色が神仙)とされ, 色が象徴する対象への庶民の意識を反映している。このため観客は一見して忠奸善悪の区別がつく。京劇の浄役における臉譜の類型では, 「整臉」は顔全体が単色で, 関羽の「紅臉」, 包拯の「黒臉」, 曹操の「大白臉」等, 色によって人物像を際立たせる。整臉をベースに眉・眼・鼻と骨格を強調した「三塊瓦臉(さんかいがれん)」は, 額と両頬で3枚の瓦をはめこんだように見えるのでこの名がある。人物像の善悪は基本の色が決定する。②形と人物の関係。臉譜の図案が最も複雑なのが「砕花臉」で, 奇怪凶暴な印象を与える。色彩も構図も左右不対称の「歪臉」は, 邪悪な人物像を表す。動物を図像化した「象形臉」は, 孫悟空のように一目で明確にその特性を強調する。場面に見合った表現で心情を伝える作用は, 文様の意匠による。例えば四面楚歌の項羽の悲痛な表情は, 三塊瓦臉を基礎に, 目の隈を下に向け, 寿の字を意匠化した乱れ眉で, 項羽の悲憤慷慨の心情を表現する。丑の臉譜の基本形は限られ, 描く範囲も主に顔の中央部を白く描く「白塊臉」で道化役の滑稽さを特徴づける。さらに, 白い部分が方形だと「豆腐塊臉」とよぶように形状によって細分化される。崑劇『十五貫』の丑婁阿鼠(ろうあしょ)のように白く鼠を型どった臉譜で, 盗人を暗示する等符号の役割も込める。このほか劇中人物の激怒や絶望といった急激な心理変化を表す方法として「変臉」がある。特に川劇では秘伝の演技を伝え, 頭部に重ねた薄膜仮面を瞬時に下ろして面相を一変する「撒臉(しゃれん)」や, 墨を塗って顔色を変える早業「抹暴眼」等がある。

(有澤 晶子)

れんめんじ【連綿字】 単語の構成法の一つ。二つの漢字が緊密に結合し, 2字全体として一つの意味を表すものをいう。宋の張有撰『復古編』に初めて見える語。連綿字には3種類あり, 2字が同じ声母(子音)をもつ「双声」のもの(例:「猶予」「留恋」「憔悴」など), 2字が同じ韻母(母音と声調)をもつ「畳韻」のもの(例:「荒唐」「彷徨」「徘徊」など), それに双声でも畳韻でもないが2字が結合して初めて特定の意味を示すもの(例:「滂沱」など)がある。

(阿辻 哲次)

ろ

ろ【路】 宋・金代の地方監督区画, および元代の行政区画の単位。宋代の州は中央政府に直属する形をとったが, いくつかの州を含む広域の監督区画として路が置かれた。唐代の道のあとを受けたものだが, 唐末に節度使が地方で幅広い権力をふるったことへの警戒から, 路には長官を置かず, 特定の部門に権限をしぼって, 路に監督官(監司と総称する)が置かれた。即ち財政を司る転運使(漕司), 軍事を司る安撫使(帥司), 司法を司る提点刑獄(憲司)が置かれ, 後には地方財政を司る提挙常平(倉司)が加わった。最も重要なのは転運使で北宋の965(乾徳3)年に初めて設けられ, 980(太平興国5)年頃にほぼ全国に及び, 州が路の統制をうける傾向を生じた。997年(至道3)年, 全国は15路に分けられた。以後, 分離統合をかさね, 熙寧・元豊年間(1068-85)には18〜24の路が存在した。但し安撫使

の路は，軍事上の必要から転運使の路を分割することもある。元代の路は行政区画であり，多くは宋代の州名のあとに路の字を加え，その長官を「〜州路総管」と称した。　　　　　　　　　　（植松　正）

ろ【魯】　山東省の略称。泰山以南の大汶河・泗河・沂河・沭河の流域は，周代〜春秋戦国時代に魯国があったことからこの称がある。魯国は周王朝創設の大功臣周公旦が兄の武王より与えられた土地に建国した国で，周公旦の子の伯禽が，成王から魯公に封ぜられることで成立した。歴代の魯公は，侯爵で姫姓で，都は曲阜に置かれた。『史記』によると，春秋時代初めには12の有力諸侯の一つに数えられたが，前6世紀以降，斉・晋・楚など周辺の有力国に翻弄される小国に転落した。国内的には第18代釐公（在位前659〜前627）のころより，第15代桓公（在位前711〜前694）の兄弟を祖とする孟孫（仲孫）・叔孫・季孫の三桓氏が政治の実権を握り国政は混乱した。前5世紀以降，魯の国勢はさらに衰え，国内は事実上三桓氏に分割されてしまう。魯公室はその後も細々と生き残るが，戦国時代末の前249年に楚に併合されて滅亡した。小国であったが中国の思想史・文化史に果たした役割は大きく，周王朝の礼制を定めたとされる周公旦の伝統を受け継ぎ，魯には古い礼制が残っていた。これをまとめ上げ，儒教として後代に伝えたのが，魯の出身である孔子とその一門であった。彼が編したとされる『春秋』は，前722（隠公元）年から，前481（哀公14）年まで，242年にわたる魯国の年次により記録された編年体の歴史書である。　　（林　和生）

ろ【鑪】　長方形あるいは円形の底の浅い盤状の青銅器で，短い足が付く。器の側面に環やくさりが付けられており，吊り下げて用いられたと考えられる。西周時代からあり，戦国時代の中山王墓出土のものは長方形で長辺が90cm近くある。春秋後期の「王子嬰次鑪」は「盧（鑪）」と自銘している。かつて，この器は飯器とされていたが，戦国時代の墓からは炭が盛られた状態で出土した例があり，炭火を入れて暖房に用いられたことが確認できる。
　　　　　　　　　　　　　　　　　　（江村　治樹）

ろうえいぼへきが【婁叡墓壁画】　北朝北斉皇室の外戚，婁叡（？〜570）の墓に描かれた壁画。山西省太原市南郊出土，1979〜81年発掘。墓道（21.3m）・甬道（羨道，8.25m）・墓室（辺約5.7m，高6.58m）の磚築壁面に白土を塗り，顔料で騎馬出行・侍衛・牛車・天文図等を描く。瓜実顔の人物，いきいきとした馬の表現に特色があり，楊子華または弟子の画と考えられる。婁叡は文宣帝高洋の母方の従兄弟で，武人として活躍した。（河野　道房）

ろうがくあんひっき【老学庵筆記】　南宋の陸游の随筆。10巻。さらに『老学庵続筆記』2巻があって，『説郛』などに一部が収められているが，完本は伝わっていない。陸游が晩年，故郷の山陰（浙江省）に隠棲していたときに書き綴ったもので，「老学庵」とは，彼が鏡湖のほとりに営んだ読書堂の名。古書に見える「老いて学ぶは燭を秉りて夜行くが如し」の語に拠っている。
　書中に記されるのは，多くが陸游自身が見聞した事柄であり，事物に対する豊かで優れた観察能力を示している。南渡前後の時期をはじめとした宋代の逸事を記した諸条は歴史の記載を補うものとしても価値があり，さらに宋代の制度，掌故に関する記述も見られる。また，蜀（四川省）の地で10年ほど地方官として過ごした時期に見聞した事柄を記した条も多く，当地の生活や文化，習慣を伝える。陸游は南宋随一の詩人で，古今の詩に関する知見を披瀝した諸条からは，その詩学の一端をも知ることができる。　　　　　　　　　　（中原　健二）

ろうがた【蠟型】　蜜蠟を用いて作られた鋳型。蠟型を利用した器物の鋳造技法を蠟模法，あるいは失蠟法と呼ぶ。土製の内范に蜜蠟を塗りつけ一定の厚みを持たせ，表面に文様などを施したのちに外側を粘土で覆い外范とする。これを焼成すると蜜蠟は溶けて流れ出し，その空間に溶けた金属を流し込むことで製品を鋳造する技術を指す。内范と外范が一体化する点が特徴で，陶模法に比べて精緻で立体的な表現が可能である。中国における蠟模法の開始時期については諸説あるが，春秋時代後期の河南省淅川県下寺楚墓出土の青銅器や戦国時代前期の湖北省随州市曾侯乙墓出土の青銅器を蠟模法による製作とみなし，その開始時期を春秋時代後期〜戦国時代前期頃に置く考えが一般的である。一方で，蠟模法技術の西方からの伝播を重視し春秋戦国時代に蠟模法の存在を認めない見解も近年提出され（周衛栄ほか「中国青銅時代不存在失蠟法鋳造工芸」『江漢考古』2006年第2期），大きな反響を呼んでいる。　　　　　　　　　　（角道　亮介）

ろうかん【楼観】　終南山の北麓，陝西省周至県に存在する道教の聖地。老子が関令の尹喜に『老子道徳経』五千文を授けた所と言い伝えられ，そのため「説経台」あるいは「授経台」とも呼ばれる。
　620（武徳3）年，唐の高祖から宗聖観なる嘉名が与えられた。後にいったん荒廃に帰したが，元代に至って全真教によって再興され，1260（中統元）年には

あらためて宗聖宮の名が与えられた。　（吉川　忠夫）

ろうかん【籠冠】　漆紗（紗に漆を塗ったもの）を以て製作するため，下に着装した平巾幘や介幘が透けてみえる冠で，籠の様な形からその名がある。平らな頂の両側に耳を垂れた形式であり，武冠も籠冠の一種である。魏晋南北朝期に流行し，当時の絵画には貴族や侍臣・侍女のかぶりものとして多く描かれている。宋・明代にもかぶられたが，これは籠巾と称された。　（増田　美子）

ろうかんだいぶんか【老官台文化】　→大地湾文化

ろうかんは【楼観派】　終南山北麓の楼観を拠点とした道教の一派。北朝西魏・北周，隋の時代から王朝との関係を深め，唐代に至って勢力を伸ばした。すなわち楼観の道士岐暉は唐の高祖李淵の関中制覇に協力したため，勅命による老君殿・天尊堂・尹真人廟の造営，また田地の下賜があり，620（武徳3）年には宗聖観なる嘉名が与えられた。その後の玄宗の熱狂的な道教信仰の背後にも，楼観の道士の影が揺曳する。　（吉川　忠夫）

ろうくんおんしょうかいきょう【老君音誦誡経】　道教の経典。1巻。『魏書』釈老志に記載される寇謙之が太上老君から授かったという『雲中音誦新科之誡』20巻の一部に当たると考えられている。現存30余条は，いずれも太上老君の所説のかたちを取って，旧来の天師道教団の行っていた信者からの租米銭税の徴収，道士による報酬の要求，男女合気の房中術の実践などさまざまな弊害を指摘し，戒律の遵守による教団と信者との正しい関係の確立を説いている。　（麥谷　邦夫）

ろうこく【漏刻】　水時計，またはその時刻目盛り。刻漏・漏尅とも。貯水槽下部の管から放水し，その減水量または受水槽の貯水量を測って時刻を知る。貯水式のものは流水量が一定となるよう，水圧や水温・水の鮮度を一定に保つ工夫がなされるようになり，宮中や城楼・鐘楼・鼓楼などに置かれ，開閉門の時刻などを鐘鼓で告げたり，観測所で南中星の観測に用いられたりした。浮き（浮箭）の示す時刻は1日を100刻に等分したもので，季節による夜明けと日暮れの時刻の違いに応じて取り替えられた。　（宮島　一彦）

ろうざん【崂山】　山東省青島市の東部にある山。秦始皇帝が蓬萊を望もうと苦労して登山したので労山と呼ばれた等，その名の由来には諸説ある。他に，牢山・不其山・鰲山等とも称した。宋代以降に大規模な道観が現れ，丘処機・劉処玄・張三丰ら著名な道士も往来し，道教の名山として知られる。明代に張三丰の弟子という孫玄静（号は金山）が開創した金山派（一名崂山派）の本拠地。山中に太清宮・太平宮・上清宮等の著名な宮観が現存する。　（横手　裕）

ろうざんゆうき【老残遊記】　清末の小説。初集20回，2集9回，外編残稿がある。実業家・黄河治水経験者・甲骨収集家で有名な劉鶚（鉄雲）の作品。友人連夢青を経済的に援助するために書かれた。1903（光緒29）年『繡像小説』第9期より連載が始まるが，雑誌編集者による改竄事件があり掲載を中止，06（同32）年あらためて『天津日日新聞』に発表して初集が完結した。2集も同紙に連載される（1907年）。作者が属していた民間秘密結社の太谷学派の思想を根底に置き，自らの分身老残が，1891（光緒17）年山東省で見聞したことを遊記の形で述べる。済南見物，酷吏の実態，太谷学派の思想，黄河の氾濫，探偵譚，泰山尼寺における女性の恋愛心理，入冥譚などの物語によって構成され，中国の現実社会を描写して詳しい。ただ，内容は14回を境に現実から幻想へと傾斜している。李宝嘉『文明小史』には『老残遊記』より盗用した部分がある。魯迅により譴責小説の一つとして名前があげられる。　（樽本　照雄）

ろうし【老子】　道家の開祖とされる人物。またその著述と伝えられる『老子道徳経』のこともいう。老子に関する最古の伝記資料である『史記』老子列伝によれば，姓は李，名は耳，字は冉といい，楚の苦県（河南省）の人。春秋時代，周の王室図書館の役人となり，儒家の祖孔子の訪問を受けて礼を問われたこともあるが，周室の衰運を見定めるや西方へと旅立ち，途中関を通った際に，関守の尹喜の求めに応じて道徳に関する書上下2篇を書き残し，どこへともなく立ち去ったという。しかし，『史記』の記述は曖昧でこれをそのまま歴史的事実とすることはできない。現在では，孔子にやや後れる前400年前後の人物とする説や，その実在を否定して架空の人格とする説などが有力である。この老子の伝記の曖昧さは，後漢から六朝時代にかけての仏教の流入盛行と道教の成立につれて，老子は関を出たあと天竺に行って仏教を説き胡人を教化したという老子化胡説や各朝代毎に転生して歴代皇帝の師となったという老子転生説話を生んだ。また，後漢時代にはその神格化が始まり，宮廷での祭祀が行われたが，やがて道教の始祖として太上老君なる神格に祀りあげられた。

『老子』の思想の根本概念は、一切万物を生成消滅させながらそれ自身は生滅を超えた超感覚的な実在ないしは宇宙天地の理法としての「道」である。その道の在り方を示すのが「無為自然」であり、それを体得した人物を「聖人」という。『老子』は形而上的道を説く一方で、現実世界で真の成功者となるにはどうすべきかという現実的観点から、聖人の処世、政治の具体相を繰り返し説き、他と争わない懦弱謙下、外界にあるがままに順応していく因循主義の処世や、人為的な制度によらず人民に支配を意識させない無為無事の政治などを強調する。この現実的成功主義こそ『老子』の思想の本来的核心であったが、魏晋以後は玄学の流行にともなってその形而上的側面が強調深化されるようになった。史記63

（麥谷 邦夫）

ろうしおうひつちゅう【老子王弼注】

三国魏の王弼による『老子』の注釈。『老子』の断片的な注釈は古くは『韓非子』解老などがあるが、現存する完書の代表的注釈は、河上公注と王弼注の2種類ある。前者は養生家的政治的傾向の注釈で、河上公は前漢の文帝の時代の人物といわれるが、実際はいつ頃の人物かは不明。後者は魏の王弼により貴無論の立場からなされた哲学的注釈で、最古の完全な注釈とされる。特に『老子』の中心的概念の道を無と解釈して、無を基本にして『老子』を解釈している。そのため後世、『老子』の中心思想は無だと言われるようになった。しかしこれは、当時の思想界で無と有とどちらが究極的かという貴無と崇有の問題として論争になっていた思想界の流れの上で、彼は貴無論の立場から『老子』を解釈したのであって、『老子』本来の基本的な思想ではないとされる。これまで彼の注釈が『老子』完書の最古の注釈と考えられていたが、最近では河上公注の方が古いのではないかともいわれており、定説はない。

（澤田 多喜男）

ろうしかじょうこうちゅう【老子河上公注】

『老子』の注釈書。『河上公章句』ともいう。前漢の文帝の求めに応じて無名の隠者（河上丈人）が伝授したとされるが（『神仙伝』など）、実際は、後漢から魏晋のころにかけて作られたものと考えられる。道と元気による宇宙生成論や黄老思想に基づいて『老子』を解釈し、治国（天下国家の政治）と治身（自己一身の養生）とを共通のものとみなし、清静無為の自然長生の道によって、天下の太平と個人の長寿をともに実現しようとする点、個人の養生に関して精気説や五臓神説など神仙方術的要素を多く取り入れている点などに特徴がある。『老子』の代表的注釈書として三国魏の王弼の注（『老子王弼注』）と並び称されるとともに、道教の経典としても重要な地位を占めてきた。また、開元年間（713-741）に玄宗の注が作られるまでは、唐王朝公認の唯一の『老子』注釈書でもあった。

（麥谷 邦夫）

ろうしけこきょう【老子化胡経】

道教の経典。西晋の道士王浮の作とされる。『史記』老子列伝には、老子は「関所を出てその後どうなったか分からない」とあり、このような老子の伝記の曖昧さは、後漢から六朝時代にかけての仏教の流入盛行と道教の成立につれて、老子は関を出たあと天竺に行って仏教を説き胡人を教化したという老子化胡説や、各朝代毎に転生して歴代皇帝の師となったという老子転生説話を生んだ。老子化胡説そのものは、仏教が中国社会に浸透する過程で、当初、仏教徒によって仏教と道家との類似を強調するために説かれ始めた可能性も考えられるが、魏晋時代以降、仏教と道教の争いが激しくなるにつれて、道教の仏教に対する優位を主張する目的で大いに喧伝され、王浮によって『老子化胡経』が作成されたと伝えられる。しかし、本経はその内容のゆえに、歴代の仏道論争の過程で王朝の命による焼却とその後の改作がくり返され、当初1巻であったものが、2巻、10巻と増やされ、名称にも異同が生じた。重要な経典でありながら、現行の『正統道蔵』に収められていないのは、1281（至元18）年の禁断によって消滅してしまったためである。現在、『三洞珠囊』巻9に載せる佚文や敦煌遺書スタイン1857（巻1）、同6963（巻2）、ペリオ3404（巻8）、同2004（巻10）などによって、その内容の一部を見ることができるに過ぎない。その大要は、老子が強暴な罽賓王を教化して仏教に帰依させる、老子が于闐国で八十胡王を集めて仏法を説くといったものである。このような趣向は、西域伝来の仏教は実は道教の祖である老子が未開の胡人に合った教説として便宜的に説いたもので、仏教の根本は老子の教説にあるとの主張を意図するものである。

（麥谷 邦夫）

ろうしげん【郎士元】

生没年不詳。中唐の詩人。中山（河北省）の人。字は君冑。756（天宝15）年の進士で、最終の官は郢州刺史。五言律詩にすぐれ、さらりとしていて、しかもよく練れた詩風は、「閑雅にして、康楽（謝霊運）に近し」（『中興間気集』下）と評された。大暦十才子の一人で、特に銭起と名を斉しくし、「前に沈・宋（沈佺期・宋之問）有り、後に銭・郎有り」と称されたことは有名。『郎刺史詩集』1巻が伝わる。『唐才子伝』3に伝がある。

（筧 文生）

ろうしそうじちゅう【老子想爾注】

『老

子』の注釈書。『伝授経戒儀注訣』によれば，天師道教団の張魯が蜀(四川省)の民衆を教化する目的で作ったものであるという。南北朝時代の天師道では重要な経典であったが，早くに亡逸してその詳細は不明であった。現在は，敦煌遺書スタイン 6825 によって上巻第 3 章途中から第 37 章末までを見ることができる。『老子河上公注』や『太平経』と共通の思想を有するが，『老子』の説く「道」を神格化して，その実体を「道気」，その意思を「道意」，その教誡を「道誡」と規定する。「道」は形像を持たない「気」として遍在し，明確な意思を持って世界を主宰しており，人は道誡を遵守することによって長生を達成し，あるいは死後も再生を果たすことができると説く一方，「道」を具体的形象を有する存在と考え，五臓神の存思や房中術あるいは祭祀によって長生を求めるものを偽りの道術(世間常偽伎)であるとして厳しく批判している。　　(麥谷 邦夫)

ろうしどうとくきょう【老子道徳経】　春秋時代，道家の開祖とされる老子が関令の尹喜の求めに応じて与えたと伝えられる書，いわゆる『老子』(『史記』老子列伝)。2 巻。元来は，「老子五千言」「上下経」などと呼ばれていた。現行本は道経 37 章と徳経 44 章の極短い有韻の断章の集積からなり，根源的実在ないし理法としての「道」とそのはたらきである「徳」の概念を中心に説かれているので「老子道徳経」と称されるようになった。箴言ないし格言集的性格をもち，全篇を通じて固有名詞や作者の個性を感じさせる表現が皆無であることなどから，もともと口承されてきた道家的成句・箴言の類が漸次敷延されて，ある時期に一書に纏められたものと考えられる。その原形は前 4 世紀末には成立していたと推定されるが，現行本の成立は漢代にまで下る。近年，馬王堆帛書や郭店楚簡など絹布や竹簡に記された古いテキストが出土し，本書の原形を明らかにする手懸かりとして注目されている。
　　(麥谷 邦夫)

ろうしゅ【老酒】　→黄酒(ホワンチュウ)

ろうすい【籠吹】　福建省泉州市一帯の伝統的器楽合奏。吹奏楽器が主体で，平時，楽器が籠の中に納められていたことからこの名がついたといわれる。古くから軍楽・宴楽などに用いられていたとされ，次第に民間の冠婚葬祭の音楽として広まった。大小の嗩吶・品簫(曲笛)・二弦・三弦・椰胡などの管弦楽器に，鑼・鈸のほか拍板・四宝・通鼓のような福建特有の各種の打楽器を加える。

室外・室内の 2 つの演奏様式があり，それぞれ演奏曲目によって使用楽器と楽器編成・配置が異なる。　　(増山 賢治)

ろうせい【隴西】　甘粛省の地名。広義には隴山(陝西省隴県の南西，六盤山の南部の別称)の西を指す地域名で，隴右と同義。秦漢期には匈奴・氐・羌族，唐代には吐蕃，宋代には西夏に対する重要な軍事的要衝であった。秦代には隴西郡が置かれ狄道県(甘粛省臨洮県)を治所とし，両漢にも継承された。三国期以降にはやや東に後退して襄武県(同省隴西県東南)に治所を移した。隋代に隴西郡は渭州と改称され，州治襄武県の東南 20km の渭水沿いの武陽県を隴西県と改称した。唐代も渭州隴西県は継承されたが，763(宝応 2)年に隴西県を含む渭州の地は吐蕃に占領された。宋代にはこの地は回復され，旧隴西県は軍の駐屯する古渭寨とされ，秦州に属した。ついで 1088(元祐 3)年に秦州の西半を析いて鞏州が新置され，隴西県を復活させて州治とした。元代に鞏州は鞏昌府と改称されて明清時代に継承され，府治は隴西県に引き続き置かれた。現在の隴西県は甘粛省に属し，鉄路隴海線が通っている。鉄道の距離で西北の蘭州市から 202km，東の陝西省西安市から 474km に位置する。　(愛宕 元)

ろうせいじ【老生児】　元の雑劇。武漢臣の作。男子のない富豪劉従善は妾小梅の妊娠を知って喜ぶが，小梅は失踪，妻李氏が甥の引孫を嫌うのを見た従善は，女婿の張郎を管財人にする。清明節の墓参の時，娘夫婦が張氏の墓に参っているのに引きかえ，引孫は劉氏の墓に参っているのを見た李氏は，反省して引孫を跡継ぎにし，娘夫婦を義絶するが，娘が張郎から守るため小梅を匿い，男子を出産させていたことが判り，財産は息子・娘・甥に 3 等分される。微妙な人情の機微を描いた家庭劇である。　　(小松 謙)

ろうせいねい【郎世寧】　→カスティリオーネ

ろうそ【老蘇】　→蘇洵(そじゅん)

ろうだいせん【労乃宣】　1843(道光 23)〜1921(民国 10)。清末〜民国の音韻学者。桐郷(浙江省)の人。字は季瑄。号は矩斎，又は靭叟。1865(同治 4)年に挙人，1871(同 10)年に進士となる。王照の考案した官話合声字母の推進に助力，南方の方言に適用できるよう字母を加え，『増訂合声簡字譜』『重訂合声簡字譜』を作った。1905(光緒 31)年には南京に簡字半日学堂を設立，民間への簡字の普及に努めた。『簡字譜録』『等韻一得』等の著がある。清史稿 472　　(三木 夏華)

ろうたん【老耼】 →老子

ろうづけ【鑞付】 鑞を用いて同種または異種の金属を接着する技法のこと。鑞とは，いわば接着剤の一種で，ふつう数種の金属を溶かし合わせて成形した薄片状のものを指す。使用する際には，この鑞を細かく切ったり粉状にし，硼砂(硼酸ナトリウムの結晶)を加えるなどしたうえ，加熱，融解することにより，接着剤として機能させる。鑞には，金鑞(主成分は金・銀・銅または真鍮)，銀鑞(銀・銅など)，真鍮鑞(真鍮・亜鉛など)，白鑞(錫・銀)など，幾種類かあるが，中国においては銀鑞が使用されることが多い。ただし，時代が降るにつれ，金製品の場合には金鑞を用いるといったように，接着しようとする金属の違いにより，使用する鑞の種類を使い分けるのが一般的となっていった。なお，日本で用いられる「はんだ(半田)」(主成分は錫と鉛)も，こうした鑞の一種である。
(松本 伸之)

ろうとうせっくつ【隴東石窟】 甘粛省東部の平涼市・慶陽市一帯，隴山の東側に営まれた石窟群。この地域は黄土層の軟らかい砂岩質で，北魏時代から明時代に至る石窟が20か所余り知られる。その中で，合水県の張家溝門石窟には北魏の491(太和15)年の題記があり，近接する保全寺石窟も同時期とされる。また，涇川県王母宮石窟は中心柱窟で雲岡第6窟風の造像が見られ，やはり5世紀末頃の造営と思われる。慶陽市の北石窟寺第165窟と涇川県の南石窟寺はともに北魏の涇川刺史奚康生による造営と伝えられ，南石窟寺に北魏の永平3(510)年銘『南石窟寺之碑』が残っている。この2窟はほぼ同様の構成で，壁面に計7軀の仏立像と弥勒菩薩像や騎象菩薩像，天井部には仏伝やサッタ太子本生を浮彫する。北石窟寺にはこのほかに窟龕が約300あり，特に初唐から盛唐時代に大規模な造像が行われた。北石窟寺北方の北1号窟(別名楼底村石窟)は中心柱窟で，王母宮石窟に次ぐ6世紀初頭頃の造営と思われる。このほか涇川県羅漢洞石窟(北朝〜宋)，鎮原県石空寺石窟(宋・明)，華亭県石拱寺石窟(北魏・西魏)，荘浪県雲崖寺石窟(北朝〜明)，荘浪県陳家洞石窟(北魏)，合水県蓮華寺石窟(唐・宋)などが知られる。 (石松 日奈子)

ろうとうは【婁東派】 清代の画派の一つ。王時敏・王鑑亡き後，正統的文人山水画の流れは，王時敏の孫王原祁を祖とする婁東派と，王時敏・王鑑の弟子王翬を祖とする虞山派の二大流派に大きく分かれた。婁東派は，王原祁の出身地である太倉(江蘇省)を流れる婁江の名にちなんだ呼称であるが，その出身地から太倉派とも呼ばれる。王原祁は，祖父王時敏から正統派の倣古山水を受け継ぎ，また進士として朝廷に出仕し，康熙帝の董其昌への傾倒を背景に，高級官僚でありながら宮廷画院において画家として指導的役割を果たした。それを背景に，婁東派は清朝画壇において虞山派を凌駕して隆盛した。この派の画家として，一族の王昱・王愫，弟子の黄鼎・唐岱，さらに曾孫の王宸や，黄均・王学浩などがいる。 (宮崎 法子)

ろうはち【臘八】 臘月八日。旧暦の12月8日を言う。この日を釈尊成道の日として祝う法会，臘八会が行われる。早く南朝梁の宗懍の『荊楚歳時記』に「十二月八日を臘日となす」と言う。北宋末南宋初の孟元老の『東京夢華録』十二月・初八日の項には「諸大寺では浴仏会が行われ，門徒には粥がふるまわれて，これを臘八粥と言った」とあるように，北宋時代以降，民間の習俗として盛んになった。元の呉自牧『夢粱録』十二月にも「臘八」への言及がある。 (大内 文雄)

ろうやぎ【老爺戯】 →関公戯

ろうやさん【琅邪山】 別に瑯邪山・瑯琊山とも書く。
①山東省膠南市の南にある山。秦始皇帝が東巡してここに登り，琅邪台を作り頌徳の石碑を建てたことで有名。また山上で徐福が秦始皇帝に謁見した地でもある。
②安徽省滁州市の西南にある山。古くは摩陀嶺と称されたが，西晋が呉を伐った際に東晋の元帝が琅邪王となってこの山に身を隠したことから名付けられた。風光明媚で数々の碑刻や詩文が残されているが，とりわけ北宋の欧陽脩がここに酔翁亭を建てたことでよく知られている。 (大西 陽子)

ろうやだいすいへん【琅邪代酔編】 明の筆記。40巻。1597(万暦25)年刊。張鼎思(1543〜1603。字は睿父)の撰。「琅邪」は「瑯邪」「瑯琊」とも書く。単に『代酔編』とも言われる。同著者の『琅邪曼衍』は本著の初名。著者が，欧陽脩「酔翁亭記」で有名な滁州(安徽省)の丞に左遷された折，百家の書を読み，抜き書きした筆記を陳性学が出版したもの。琅邪山で，酒に酔う代わりに読書に耽り編纂した著の意。『和刻本漢籍随筆集』所収。『旧小説』『説郛』抄録。 (田口 一郎)

ろうゆう【隴右】 陝西省と甘粛省の省境を西北から東南に走る隴山(六盤山の南部の別称)山脈の西側を指す地域名。中国の歴史上の地図の読み方

では南を上，北を下にして方向を示すから西が右となる。地域名としての隴西と同義。狭義には現在の甘粛省蘭州市から東南の隴西県に至る地で，広義には甘粛省と新疆ウイグル自治区全体を含む。古来，関中の外辺に位置付けられ，西北方面の異民族との境界と意識された。唐初の627(貞観元)年，全国を10道に区分した際の1道として隴右道が関中道に西北に隣接して置かれ，河・渭・鄯・蘭・洮・岷・廓・疊・宕・涼・沙・瓜・甘・粛・伊・西・庭の18州を含んだ。8世紀初頭には異民族に対する羈縻(きび)政策が弛緩して辺防強化の必要から辺境に10節度使が置かれる。713(開元元)年に鄯州を鎮所とする隴右節度使が置かれ，兵力7万5000，軍馬1万を擁して吐蕃の進入に対抗したが，やがて隴右道のほぼ全域は吐蕃の領有に帰した。以後は行政区ないし軍区といった固有名詞として用いられることはなく，普通名詞として用いられるだけである。　　　　　　　　　　　　　　(愛宕 元)

ろうよう【郎窯】　1705(康熙44)年に江西巡撫に任じられた郎廷極が1712(同51)年まで督造した窯のこと。銅紅色釉が著名で，その別称でもある。また，脱胎白磁や宣徳青花などの明代前期官窯磁の倣作に優れていたと伝えられる。(矢島 律子)

ろうらん【楼蘭】　内陸アジアの古代都市の名で，国名でもあった。ヘディンにより1900年に発見され，その後スタインにより詳細に調査されたいわゆる楼蘭遺跡がその遺址とされている。楼蘭の名は現地出土のカロシュティー文書に記されたクロライナなる地名を漢字音で写したものである。

楼蘭の名の初出は『史記』匈奴伝においてであり，前176年頃匈奴の冒頓単于(ぼくとつぜんう)が右賢王に西域方面を征服させた時，支配下に入った国の一つとしてその名が現れる。ロプノール西北岸に位置した楼蘭は，漢が匈奴勢力を排除しつつ西域に覇権を樹立する際に要地と見なされ，前108(元封3)年に漢将趙破奴らが楼蘭を攻撃し，前77(元鳳4)年には傅介子(ふかいし)が王を暗殺し楼蘭を征圧した。この時，漢は国名を鄯善と変更させ，都城名も扜泥(うに)に変わった。この扜泥城の位置については南方のミーラン付近とする説，楼蘭そのものとする説などがあるが，いずれにしても楼蘭そのものは4世紀頃まで鄯善国内の有力な都市として存在した。楼蘭城址と目されるL.A.遺跡は1辺320m前後の方形の城壁を備え内部には仏塔や建築址があり，また現地のカロシュティー文書と共に，少なくとも三国魏から前涼時代に及ぶ有記年の漢文文書も出土しており3～4世紀にかけて漢人等の屯田軍が駐屯していたことを示している。

楼蘭出土のカロシュティー文書は3～4世紀頃のものとされているが，同種の文書は西方のニヤ遺跡まで分布しており，当時の楼蘭が西部はニヤ遺跡までを領域とする王国の東端の都市であったことが分かる。王はマハラヤ maharaya(「大王」の意)なるインド風の呼称で自らを呼び，ダルマ dharma (「法」の意)が統治に重要な意味を持った。これらの地域で用いられたカロシュティー文字及びその文構造は，クシャン朝下で使用されたそれと極めて類似する。　　　　　　　　　　　　　(山本 光朗)

ろうらんこじょう【楼蘭故城】　新疆ウイグル自治区若羌県のロプノール湖西岸に位置する都市遺跡。周囲に放牧地，畑，墓地などをもつ複合遺跡である。1899年にヘディンによって発見され，その後1914年にスタイン，1927年に中国西北科学考査団によって踏査や発掘調査がおこなわれた。発掘した一辺約330mの方形都城址が，楼蘭王国の首都と想定される。出土木簡や紙文書によると，魏晋代の年号が多く，農業や行政など生活に密着した記録が多い。都城址を中心にして，半径15km圏内に寺院址，仏塔，建築址，烽燧址などが，点在している。都城址の周りには，タリム河の支流である孔雀河から灌漑水路や溜池をほり，畑や果樹園，住居に水をひいた跡が検出されている。垣根や屋根，建築に使った葦や紅柳(タマリスク)，胡楊(ポプラの一種)，地中にのこる草株痕や木の根などから，緑ゆたかな都市を造っていたことがわかる。耕作地で穀物や果物，野菜を栽培した痕跡があり，周辺の草地や家畜小屋でヤギやヒツジなどの家畜を飼い，ウマやラクダを使って中継貿易に従事していた。墓や都城内からは漢字を織り出した絹織物や五銖銭，漢字紙文書，漆器などの中国製品，ギリシャ神話やローマンスタイルの像をあらわした毛織物，カロシュティー文字木簡，珊瑚，ガラス片などが出土している。オアシス農耕と中継貿易で繁栄した状況を示し，東西交流の盛んな様子を雄弁に物語っている。墓からは，農耕牧畜民の日常生活を髣髴とさせる馬具や弓矢，毛皮製品やフェルト，木器や土器などが出土し，この地域で活躍していた人々の社会や文化を生き生きと示している。　　　　　　(岡内 三眞)

ろうろう【老郎】　①宋元時代，すぐれた講釈師のことを呼んだ語。『古今小説(ここんしょうせつ)』巻15・史弘肇龍虎君臣会(しこうちょうりゅうこくんしんかい)の冒頭に，「この話は京師老郎から伝えられたものです」といったいい方がある。「京師老郎」とは，都の汴京(べんけい)(開封)の講釈師の意味で，話の由来に権威を持たせたいい方である。②劇団が祀っている神様のこと。老郎神・祖師爺ともいう。その神像は，白いひげをはやし，王帽をかぶり，黄色の衣服を着ている。伝説では，梨園を設けて歌舞

の芸人を育成した唐の玄宗であるという。他に五代後唐の荘宗や，翼宿星君，清源妙道真君などとする説もある。老郎神を祀った廟が老郎廟である。また，「老郎」には俳優を指していう場合もある。③上海の地方劇である滬劇の劇団では，拍板を指す。拍板は老郎神を象徴するとされ，かつては上演に先だって拍板を拝したという。　　　　　（大木　康）

ろきじん【路岐人】　宋元時代，各種の大道芸人をこのように称した。岐路人ともいう。宋代の都市の盛り場に勾欄という演芸場ができ，各種の民間芸人たちは勾欄で演じるようになったが，街頭や広場でしか演じることを許されない野卑な大道芸もあった。大道芸を街頭で演じることを，当時の俗語で「打野胡(打野呵とも)」といい，そういう旅芸人を「路岐人」といった。陶真・涯詞・野呵小説などという語り物や雑技の芸人のほかに，薬売りや占い師なども含む。なお，ジプシーを意味する囉哩人に由来する語であるとの説(康保成)がある。
　　　　　　　　　　　　　　（山口　建治）

ろくいき【録異記】　唐末五代の道士杜光庭が著した志怪系統の小説集。原本は10巻。通行本(津逮秘書本など)は，8巻。更に佚文を『太平広記』や『類説』に拾うことができる。通行本8巻は，仙・異人・忠・孝・感応・異夢・鬼神・龍・異虎・異亀・異黿・異蛇・異魚・洞・異水・異石・墓の17のテーマに分類している。過去と現在の異事を道士の視点で集めていることが特色。なお書名が類似する『録異伝』は，南朝の晋宋間の作者不詳の志怪小説集。　　　　　（成瀬　哲生）

ろくいつしわ【六一詩話】　→六一詩話

ろくがく【六楽】　→六楽

ろくかようし【六家要指】　→六家要指

ろくぎ【六義】　→六義

ろくきぼ【録鬼簿】　元の戯曲史資料。2巻。鍾嗣成が著した。1330(至順元)年の序が付されているが，記述の中に34(元統2)年および45(至正5)年に関するものが含まれており，その後も増訂が加えられたと考えられている。100名を超える元の雑劇・散曲の作家について，簡単な伝記と作品の目録が記され，また面識のあった人物について「凌波曲」という詞牌を用いた弔辞が付されている。元代の戯曲史を研究する上で，またとない貴重な資料である。

現存するテキストは，明抄『説集』本，清の曹寅『棟亭蔵書十二種』本，天一閣蔵明抄本を代表とする3つの系統に分かれ，古くは棟亭本が最もよく知られていた。収録される作者の数が異なることから，上述の増訂をそれぞれふまえたものであると考えられる。また最後の天一閣本は，明初の賈仲明により，弔辞のない作者について弔辞が増補されているほか，無名氏(一説にこれも賈仲明)による，明初の作者について記した『録鬼簿続編』が付け加えられている。　　　　　　　　　　（赤松　紀彦）

ろくけい【六経】　→六経

ろくけい【六卿】　→六卿

ろくげい【六芸】　→六芸

ろくけいかいがちゅうきゃく【六経皆我注脚】　→六経皆我注脚

ろくけいかいし【六経皆史】　→六経皆史

ろくけいてんもんへん【六経天文編】　→六経天文編

ろくごういっとうぼう【六合一統帽】　明代の庶民男子の用いた主なかぶりものの一つ。りくごういっとうぼうとも。俗称は瓜皮帽。6枚の薄絹をつなぎあわせてつくった。明代初期，四方平定巾と六合一統帽の制が定められて広く用いられたが，商人・小吏・庶民は六合一統帽をかぶる者が多く，知識人・中小地主・退職した官吏は四方平定巾をかぶる者が多かったという。清代に広く用いられた小帽は，明代の六合一統帽と同じ形であるところから，六合一統帽は小帽の前身であるともいわれる。ただし，明代では羅帛が用いられ，清代では，夏秋のものは紗，春冬のものは緞などでもつくられた。また，清代の一般的なものは黒色で，裏には多く紅を用い，帽子の頂には紅色の糸で編んで結び目をつくった。喪の時には黒か白の糸を用いた。官服以外の場合，手の込んだものになると，頂の飾りには玉・珊瑚・金銀糸などが用いられたが，明代ではただ水晶・香木の使用が許されただけであった。
　　　　　　　　　　　　　　（増田　克彦）

ろくさいじつ【六斎日】　在家仏教徒が八関斎を行うべき6日。月の8日・14日・15日・23日・29日・30日のこと。在家者に限らず，出家僧が儀礼を行う場合も六斎日が当てられることが少なくない。なおインドにおける斎日としては，14日

と15日，29日と30日のいずれか一方として月4日を数える場合もある。　　　　　　　（船山　徹）

ろくじっしゅきょく【六十種曲】　雑劇『西廂記』と明初から万暦年間(1573-1620)に至るまでの伝奇59篇とから成る戯曲脚本集。明末の毛晋が編纂した。明代伝奇の大綱を知り得る重要な資料である。当初は『繡刻演劇十種』と銘打ち，10篇ずつ6次にわたって刊行された。清初の重刻本に至って『六十種曲』の名称が付された。毛晋は8万4000余冊の書を汲古閣目耕楼に蔵し，『十三経』『十七史』『津逮秘書』等も出版した。（根ヶ山　徹）

ろくじゅうりつ【六十律】　1オクターブ中に60の律(絶対音高)を設けたもの。三分損益法によれば，十二律の最後に生じる中呂からは，黄鐘に回帰せずさらに23.4セント(1セントは半音の100分の1)だけ高い律が生じる。前漢の京房はこれを黄鐘と同一視せず第13の律とし，以下同様にして六十律を定めた。但し初めの53律は，生じた順位が12早い律より23.4セント高いが，残り7律のみ，生じた順位が53早い律に比べて3.6セント高い音を発することとなる。すなわち律を60設けた数理的な必然性は薄いと言えるが，これは律管候気の法(律管に灰を入れて，地中の気の動きを測る)のために作られたことによる。（水口　拓寿）

ろくしょ【六書】　→六書

ろくしょおんいんひょう【六書音韻表】　→六書音韻表

ろくしょこ【六書故】　→六書故

ろくしょつう【六書通】　→六書通

ろくしょりゃく【六書略】　→六書略

ろくしん【六親】　→六親

ろくじん【六壬】　→六壬

ろくそだんきょう【六祖壇経】　唐の禅宗文献。『法宝壇経』，あるいは単に『壇経』とも。六祖慧能の門人法海撰とされるが，もとより後世の仮託。内容は雑然として多岐にわたるが，六祖慧能が韶州(広東省)の大梵寺で行った授戒と壇上説法の記録を中心に，六祖と門人の問答を集めたものという形になっている。とくに冒頭部に自叙の体裁で載せられた慧能伝は，一文不知の俗人であった慧能が，心偈(悟りの内容を詩った韻文)の競作において学徳兼備のエリート僧たる神秀を見事のりこえ，六祖の位と伝法の証拠の袈裟を授けられるという物語になっており，ひろく人口に膾炙した。これは，学問や修行の蓄積によらず，ただ自己に本来そなわっている真実の本性(仏性)を如実に徹見するだけで誰しもただちに仏となる，という思想の形象化と言える。

本書の成立過程については諸説あって一定しないが，そこに唐の荷沢神会の系統が深く関わっていることはほぼ疑いない。成立後も幾度もの改編・増広が加えられ，無数の写本・版本が生み出されているが，それらは次の5段階に大別できる。①敦煌本(唐代の写本，現存最古のテキスト：敦博本・スタイン本等)，②恵昕本(北宋の恵昕の改編本：真福寺本・興聖寺本等)，③契嵩本(北宋の仏日契嵩編：現存せず)，④徳異本(元の徳異編：明および朝鮮の刊本数種)，⑤宗宝本(元の宗宝編：明版大蔵経およびいわゆる流布本の系統)。④⑤は，①に比して分量がほぼ倍増しているが，増補の多くは後に著名になった弟子と六祖との問答を『景徳伝灯録』などから再録したものである。①については周紹良『敦煌写本壇経原本』(文物出版社，1997年)で，またそれ以下については柳田聖山『六祖壇経諸本集成』(中文出版社，1976年)，駒澤大学禅宗史研究会『慧能研究』(大修館書店，1978年)で諸本を対照できる。
（小川　隆）

ろくだいのがく【六代之楽】　→六楽

ろくだいぶ【六代舞】　→六楽

ろくちょう【六朝】　→六朝

ろくちょうぶんけつ【六朝文絜】　→六朝文絜

ろくてん【六典】　→大唐六典

ろくとう・さんりゃく【六韜・三略】　→六韜・三略

ろくどじっきょう【六度集経】　大乗仏教経典。『六度無極経』『度無極集』などともいう。『大正新脩大蔵経』3所収。現行本は8巻であるが，『出三蔵記集』2は9巻と伝える。三国呉の康僧会によって建業(南京)で「訳」されたとされるが，康僧会が「六度の要目」を「集」したとする資料もある(『出三蔵記集』10の道安『十法句義序』)。『道行般若経』との系統的近接性のほか，霊宝経など道

教経典との関係も指摘される。六度とは，六度無極，六波羅蜜と同じであり，大乗仏教が掲げるところの菩薩の6つの修行徳目をさす。すなわち布施・持戒・忍辱・精進・禅定・明(智慧，般若)のこと。本経は，これらそれぞれに関連する仏・菩薩の本生譚(ジャータカ，前世の修行話)をまとめたものであり，大乗菩薩思想に関する説話集的性格を有する。本経の説話には，本経より独立して単行経典として伝えられたものも多く(『出三蔵記集』3～5)，南朝梁の宝唱撰『経律異相』等の類書にも引用される。　　　　　　　　　　　　　　　(船山 徹)

ろくはく【六博】 →六博

ろくぶせいご【六部成語】 →六部成語

ろくほう【六法】 →六法

ろくほうてい【鹿方鼎】　1935(民国24)年に*牛方鼎と並んで*殷墟の西北岡1004号大墓で出土した大型の方鼎。牛方鼎に比べてやや小ぶりで，器身長辺51cm，短辺38cm，高さ60.8cm。器身側面に浮き彫りの鹿の頭部を大きくあしらい，鹿の左右に鳥文と夔龍文をあしらい，鹿頭文の上下にも夔龍文帯を配している。中空の四足上方にも鹿頭をつける。また，内底に鹿の象形が銘文として表されている。その文様を以て鹿方鼎と称される。商代の青銅彝器には，このように写実的に鹿を鋳出したものは他にみられない。台湾台北の中央研究院歴史語言研究所蔵。　　　　　　　　　　　(内田 純子)

ろくやきょくふ【六也曲譜】 →六也曲譜

ろくゆ【六諭】 →六諭

ろくろ【轆轤】　車輪部と車軸部をもつ，回転を利用した工具のこと。陶瓷器(陶磁器)成形用，木工用，水汲み用巻き上げ装置などがこれにあたる。中国語のなかで轆轤の名称は，主に水汲み用の装置を指して使われてきた。現代日本では陶瓷器成形用の高速回転装置を指すことが多い。現代中国語ではこれに相当するものを一般に陶車・陶輪などと呼ぶ。陶瓷器成形用の轆轤は，早くは新石器時代の大汶口文化などに出現し，黒陶で知られる龍山文化で発達したが，当時の轆轤の実物は確認されていない。遥かに後の四川彭県窯遺跡で出土した宋代の石製陶車が最古の確かな実例とされる。(西江 清高)

ろくわとう【六和塔】 →六和塔

ろげき【呂劇】　山東省の主要な地方劇。山東の語り物「山東揚琴」(後の「山東琴書」)から発展したもの。代表的伝統演目は，『小姑賢』『小借年』『王定保借当』等の小品と，『金鞭記』『金鐲玉環記』『五女興唐』等の長編で，後者は多く語り物の改編作。また，現代劇では『李二嫂改嫁』が特に有名である。音楽は板腔体に属し，旋律は素朴で優美，融通性があり歌い易い。基本は四句民歌体「鳳陽歌」の「四平」と上下句の「二板」。主要楽器は墜琴・*揚琴などで，打楽器は京劇とほぼ同じである。
　　　　　　　　　　　　　　　　(氷上 正)

ろこうしょう【盧戇章】　1854(咸豊4)～1928(民国17)。清～民国の学者。同安(福建省)の人。字は雪樵。シンガポールで英語を学んだ後，厦門で英国の教会が英華字典を編集するのを手伝う。その時目にした教会ローマ字を手がかりに1892(光緒18)年，独自の表音文字「中国第一快切音新字」を考案，同字母で厦門方言を表記した読本『一目了然初階』も出版した。1906(光緒32)年には漢字筆画式の「中国切音字母」を考案し，漢字改革運動の第一段階を作り上げた。　　(三木 夏華)

ろざん【廬山】　中国の江西省北部，北に長江中流域の要衝九江市をひかえ，東は鄱陽湖に臨む名山。主峰の漢陽峰は標高約1500m。五老・香炉・双剣・紫霄・白雲など数十の峰よりなる。周の初め匡俗兄弟が入山，廬をむすび神仙の術を会得して去ったとの伝承があり，その廬を神仙の居として廬山の名が生まれ，また匡山・匡廬山・靖廬山あるいは南鄣山・南康山とも呼ばれた。後漢の霊帝の時，洛陽の混乱を避けて仏典漢訳の先駆者，安世高が来遊したと伝えられ仏僧の入山を促し，神仙の山より仏教の聖地へと様変わりする。それに決定的な役割を果たしたのが中国浄土教の祖，東晋の慧遠であり，江州刺史の桓伊が彼のために建てた東林寺に住して30余年間この山を出ず，西方浄土への往生を願う仏弟子や劉遺民ら当時の著名な文人達123人と念仏結社(のち白蓮社)を結ぶなど仏教の興隆につとめた。寺は先に同門の慧永が住した西林寺とあわせ廬山の二林と称せられ中国仏教の一大中心地となった。書聖王羲之がガンダーラ出身の仏陀耶舎のために建立した帰宗寺，曇詵の大林寺，法済の竹林寺，唐の李白が詩を賦し白居易(楽天)が草庵を結んだ香炉峰の遺愛寺などがあいついで建てられ，盛時には道観も含め300余が甍をつらねた。その他，東晋の陶淵明(潜)ゆかりの靖節書院，唐の李渤が五老峰下に営んだ宋の四大書院の一つ，白鹿洞書院など名所旧跡が多い。天台の智顗，禅の道信や慧稜寺に住した智常，五会念仏の法照，宋代には円通寺にあ

って欧陽脩らと青松社を結んで禅法につとめ門弟3000といわれた居訥，さらに白鹿洞書院の院長をつとめた宋の朱子(朱熹)や陸象山(九淵)，王陽明(守仁)など著名な文人墨客や名僧達が訪れている。寺院や道観などは清末の争乱に荒廃したが，近年復興の兆しがみえ，観光地化が進んできた。山頂にはイギリス人宣教師E.L.リトルに始まる避暑地や別荘地もあり，1959年8月には第8回の中国共産党中央委員会が開催された。　　　　（藤善 眞澄）

ろざんき【廬山記】　北は長江に東は鄱陽湖にのぞむ江西省の名勝，廬山に関する歴史地理書。5巻。北宋の陳舜兪撰。前2巻には山を南北に分け，各種の古今の記録をもとに名所・古跡の来歴を紹介する。巻3には廬山と縁を結んだ東晋の慧遠以下の僧俗につき略伝を記し，巻4には文人墨客の作品を，巻5には古人の碑文・題名などを蒐集している。慧遠の『廬山記略』1巻もあるが，『廬山記』は著者自らが遊覧した実見にもとづく作品だけに高く評価される。　　　　　　　　　　（藤善 眞澄）

ろざんこうず【廬山高図(沈周)】　明代中期の文人画家，沈周の早期の傑作とされる絵画作品。1467(成化3)年，師の陳寛(号は醒庵)の古稀を祝って描いたもの。台北故宮博物院蔵。画面構成もモチーフも元末四大家の王蒙に倣っている。主題は画面右上方に記された通り「廬山高」。長江下流の南岸，江西省にある廬山は古くから景勝地・詩跡，仏教・道教の霊山として著名で，廬山の瀑布はしばしば詩の題材として採り上げられた。沈周は北宋の欧陽脩の著名な詩『廬山高』を踏まえて自ら『廬山高』詩を作って書し，廬山を師に喩え称揚した。瀑布を前にした，道服を着た人物が陳寛その人と見なされる。　　　　　　　　　　　　　　　（板倉 聖哲）

ろし【盧摯】　生没年不詳。元の散曲作家。涿州(河北省)の人とも潁川(河南省)の人ともいう。字は処道，また莘老。号は疏斎。至元年間(1264-94)から延祐年間(1314-20)にかけて活躍した。陝西按察使，河南府路総管，湖南廉訪使，翰林学士承旨などかなりの高官をつとめ，詩文は姚燧や劉因に比肩したというが，伝も文集も現存せず，今は散曲の小令作家として知られる。その小令は田園・懐古・羇旅などを主題とし，俗語を用いず，屈折をもち，詞に近いスタイルをとる。　（高橋 文治）

ろしどう【盧思道】　531(中興元)？～582(開皇2)。北朝の北斉・北周～隋の文学者。范陽涿(河北省)の人。字は子行。晩年武陽(河北省)の太守となった。16歳のとき発憤して学問をはじめ，邢邵に師事した。北斉の文宣帝が崩じた際，彼だけが10首中8首の挽歌が採用され「八米盧郎」と称された。七言詩にすぐれ「従軍行」や庾信に賞賛された「蝉鳴を聴くの篇」(五七言錯綜)は，初唐の七言歌行の先声と評される。文集は30巻あったが失われ，現在の『盧武陽集』は明代の輯本である。
隋書57，北史30　　　　　　　　（道坂 昭廣）

ろしゅうろうこうとくきょくしゅ【瀘州老窖特曲酒】　四川省瀘州市の白酒。糯高粱を主原料とし，小麦麹を配合して造る。アルコール分は約55％と約60％，芳香に優れる。発酵法は伝統的な混蒸連続発酵で，蒸留した酒を1～2年老窖で貯蔵してから出荷する。この酒の最大の特徴はこの老窖で，縦横3m前後，深さ2mくらいの穴の底と壁に黄泥を塗って作る。古いものほど良いとされ，現役最古の老窖は350年も前のもので，泥中の菌が濃香型の味と香りを作るという。老窖酒の総称を瀘州老窖大曲酒，その一級品を特曲酒，次を頭曲酒，その下を二曲酒と呼んで区別する。　（佐治 俊彦）

ろじゅん【盧循】　？～411(義熙7)。東晋末の399(隆安3)年に蜂起した孫恩・盧循の乱とよばれる道教反乱の指導者。范陽郡(河北省)の名族の末裔。書にすぐれ，廬山の慧遠とも交流があった。孫恩の妹を娶り，孫恩の死後，反乱勢力を継承した。劉裕(後の南朝宋の武帝)に追撃されて南下し，403年に広州(広東省)を占拠，劉裕は懐柔策をとって広州刺史に任命した。410年，姉婿の徐道覆の進言で首都建康(南京)を攻撃，劉裕に敗れて交州(ベトナム)まで逃れ，411年に入水自殺した。晋書100
　　　　　　　　　　　　　　　　（都築 晶子）

ろしょう【蘆笙】　笙の一種。西南地域の少数民族(苗族・瑶族など)に広く使用されている。横8本，縦1本の竹管をもつ楽器として蘆沙の呼称で南宋の文献に登場している。蘆笙という呼称は明代の文献に現れ，当時からすでに少数民族の歌舞と密接な関わりをもっていることが記されている。今日の蘆笙は，銅製の簧(リード)を取り付けた数本の竹管を前後2列に共鳴胴の上に差し込んだもので，管数は4本，6本，8本などがある。各少数民族の伝統的祭りには様々な規模の蘆笙の楽隊が組まれ，演奏する。　　　　　　（増山 賢治）

ろしょうりん【盧照鄰】　634(貞観8)？～686(垂拱2)？。初唐の文学者。初唐四傑のひとり。范陽(河北省)の人。字は昇之。号は幽憂子。10歳あまりで当時一流の文字学者，曹憲・王義方に学んだ。鄧王府の役人になり，王から「吾の司馬相如」

と言われるほど厚遇された。四川の役人となったが、のち手足の麻痺する病気になり、長安・洛陽やその近辺で療養したが甲斐なく、最後は川に身を投げて死んだ。代表作とされる「長安古意」は、初唐に流行した歌行体の詩のなかでも最も優れた作品のひとつである。また駢文にもすぐれ「釈疾文」「五悲」といった騒体の作品は自身の不遇な人生を詠い、読む者の心をうつものがある。盧照鄰は六朝文学を明確に批判し、四傑のなかで理論面ではリーダー的存在であったと思われる。しかし実作においては他の3人同様旧来の風を打ち破ってはいない。文集は20巻あったというが、現在の『幽憂子集』7巻は明人によって再輯されたものである。『唐才子伝』1に伝がある。旧唐書109上、新唐書201

(道坂　昭廣)

ろじん【魯迅】 1881(光緒7)～1936。民国の作家・思想家。紹興(浙江省)の人。本名は周樹人。字は豫才。魯迅は筆名、ほかに巴人など多数。没落地主の家庭に生まれる。1898(光緒24)年に南京の江南水師学堂、翌年江南陸師学堂付設の鉱務鉄路学堂で学び、厳復の翻訳などを通じて西洋の自然科学や社会科学の書に触れた。

1902年、官費留学生として来日し、東京の弘文学院で日本語を学んだ。1904年から仙台医学専門学校で西洋医学を学ぶが、中国国民の「精神を改造すること」(『吶喊』自序)がより急務であると悟って、志を文芸に転じ、退学して東京で文芸活動に従事した。この間、反清の革命団体光復会に関与したり、被抑圧民族の文学を翻訳し『域外小説集』として出版するなど、中国変革のための活動を積極的に行った。評論には、ショーペンハウアーやニーチェの思想を紹介した『文化偏至論』や、バイロンやプーシキンらの革命と愛国主義の精神を称揚した『摩羅詩力説』などがある。

1909年帰国して、杭州や紹興で教員となるうち、辛亥革命がおこり、12年、蔡元培の招請に応じて教育部に奉職した。しかし革命後の反動的な状況に失望して、しだいに古典文学や金石拓本の研究・収集に没頭した。1918年に『新青年』誌上に口語体の短篇小説『狂人日記』を発表、旧時代的な家族制度や礼教の弊害を鋭く抉りだして、儒教批判を柱の一つとする文学革命に創作実践の面から大きく貢献した。これ以降、つぎつぎに『孔乙己』『故郷』『阿Q正伝』といった小説作品を発表して、中国現代文学の第一人者としての地位を確立した。これらの作品は1923年出版の小説集『吶喊』に収められている。

一方で、1920年から北京大学や北京女子師範大学などに出講し、その講義録を基礎にして小説史研究の緒をひらく画期的な研究書『中国小説史略』を著した。文学革命を推進した諸陣営が分裂をはじめるなか、小説集『彷徨』、散文詩集『野草』を発表するとともに、新文化運動に反対する諸派と論戦を行った。1925年の北京女子師範大学の学生運動や、26年の三・一八事件で軍閥政府を激しく攻撃し、北京を離れて厦門大学教授となるが、すぐに広東に移り広州の中山大学教授となった。しかしここでも四・一二クーデターに抗議して辞職し、1927年秋には上海に移り、許広平と家庭をもって死に至るまで暮らした。

上海では、創造社・太陽社と革命文学論戦を行う一方で、マルクス主義文芸理論の翻訳・紹介を進めた。1930年、中国左翼作家連盟の結成に加わり、日本の侵略や国民党の弾圧を痛烈に批判する文章を書きつづけた。1936年の国防文学論戦では、左翼内部のセクト主義に批判の矢を放った。短篇小説集には、神話や歴史に取材した『故事新編』がある。この間、内山完造と親交をもち、彼を通じて金子光晴ら日本の作家と交流したり、木版画講習会を開いて、中国近代版画の発展に寄与した。著作と翻訳を収載した『魯迅全集』20巻(1973年)、著作と書簡・日記を収載した同16巻(1981年)がある。2005年には全18巻の修訂版が出版された。

(中　裕史)

ろせい【盧生】 生没年不詳。秦代の方士。燕(河北省)の人。『史記』6・秦始皇本紀によれば、始皇帝に命じられて海上に仙薬を探索した。盧生は代わりに胡族が秦を滅亡させるという予言を持ち帰ったり、居場所を臣下に知られることの害を説いたりした。帝はそれらに応じて北方の胡族を討伐し、自らの所在を隠す仕組みを宮殿に設けた。後に身の危険を感じた盧生は、始皇帝を罵倒して逃亡した。帝はこれに激怒して坑儒事件を引き起こしたが、不死への願いは絶えなかった。

(亀田　勝見)

ろっけしちしゅう【六家七宗】 世俗諦(世俗の真理)と勝義諦(究極の真理)の二諦説に関する、6つないし7つの立場。東晋の仏教で行われた。①道安(一説に竺法汰)の本無宗(一切の存在は本来空寂であることを本無〔＝真如〕という)、②竺法潛(深)の本無異宗(現象の本源として存在する無を本無という)、③支遁の即色義(事物はそのまま空であると同時に空と異なる)、④于法開の識含宗(迷いの認識が滅するとき一切の存在は不生不滅の空となる)、⑤道壱の幻化宗(世俗諦はみな幻のごとし)、⑥支愍度・法蘊らの心無義(事物の無〔空〕を主観的心の問題とする)、⑦于道邃の縁会宗(諸条件の集合した状態が世俗諦、離散した状態が勝義

諦である）。以上を七宗といい，①②を一つに数えて六家とするのが一般的である。唐の元康『肇論疏』上に引く南朝宋の曇済『六家七宗論』や僧鏡『実相六家論』，及び後秦の僧肇「不真空論」（『大正蔵〔大正新脩大蔵経〕』45『肇論』所収），隋の吉蔵『中観論疏』2末（『大正蔵』42）に記述がある。

(船山 徹)

ろっこくほうしょう【六国封相】→六国封相

ろっぽう【六法】 南朝斉の謝赫撰『古画品録』序文中にあることばで，絵画の制作・鑑賞に必要な6つの基準を列挙したもの。りくほうとも。①気韻生動(描かれた人や動物がいきいきとしていること)，②骨法用筆(構成力のある筆遣いをすること)，③応物象形(描かれるものに応じた形にすること)，④随類賦彩(描かれるものに従った色をつけること)，⑤経営位置(構図・構成を工夫すること)，⑥伝移模写(伝え広めるには模写をすること)の6条。『古画品録』中には詳細な説明がなく，当時はわかりやすい概念であったと思われる。南朝梁の姚最撰『続画品』によれば，謝赫はひとめ見ただけでそっくりな肖像画を描き，流行の意匠を随時取り入れた画家であった。画家の経験による技術的分析から生じた六法は，誰にでも直観的にわかりやすく，唐代『歴代名画記』で張彦遠が拡張解釈して以来，その後長く中国絵画の規範でありつづけた。張彦遠が述べたように，6条の順序は価値・重要度の序列でもあるとするのが一般的であり，3条以下は特に解釈に変化を来さなかったが，1・2条は時代によって意味が微妙に変化した。特に1条の気韻は，本来描かれた主題(人物・生物)がいきいきと生きているように見える意味であったと推測されるが，北宋の『図画見聞誌』で郭若虚が気韻生知説をとなえて以来，気韻は描かれた対象が有するべきものという考え方から，描く主体である画家が備えるべきものへと，その主体が変化する。そして文人画成立の大きな思想的支柱となり，極めて重視されるに至った。明末の董其昌撰『画禅室随筆』では，気韻が適用されるべき主題が山水画へと転換・変質しており，気韻と山水画を重視するこの時代の文人画のあり方が見て取れる。

(河野 道房)

ろどう【盧仝】 ?～835(大和9)。中唐の詩人。范陽(河北省)の人。号は玉川子。隠遁生活のあと洛陽に出てきたが官に就かず，一生を貧困のなかで送った。たまたま宰相王涯の家にいた時に甘露の変が起こり，巻き添えになって殺された。韓愈・孟郊らと交遊し，2人の怪奇な方向をさらに極端に押し進めたその詩は，長篇『月蝕詩』に代表されるように晦渋を極める。新唐書176

(川合 康三)

ろはん【魯班】 生没年不詳。春秋時代の著名な工匠。魯国(山東省)の人。姓は公輸，名は班(また般とも書く)。魯の哀公(在位前494～前468)の時の人で，公輸子ともいうが，魯班と公輸子とは別人という説もある。『墨子』に公輸篇があり，楚のために高く長い城壁を攻撃する「雲梯」という装置をつくって宋を攻めたと記す。竹木を削った「木鳶」は3日間飛んだなど，巧みな器具を数多く制作したことが『孟子』『淮南子』など諸書にみえる。後世，工匠の始祖として祭祀された。

(田中 淡)

ろぶんしょう【盧文弨】 1717(康熙56)～95(乾隆60)。没年は，一説に1796。清代の学者。仁和(浙江省)の人。字は召弓。号は磯漁，又は檠斎，晩年に弓父と号す。蔵書楼に「抱経堂」と名付けたため，人々に抱経先生と称された。1752(乾隆17)年に進士となり，翰林院編修に任ぜられた。侍読学士，湖南学政等を歴任。1769(乾隆34)年に郷里に帰り，長年江蘇・浙江の書院を主持した。校書を好み，『抱経堂叢書』を校刊した。著書には，『群書拾補』，『抱経堂集』34巻，『儀礼注疏詳校』17巻，『鍾山劄記』4巻，『龍城劄記』3巻などがある。清史稿481

(陳 捷)

ろりょうが【盧楞伽】 生没年不詳。盛唐の画家。盧稜伽とも書く。長安(陝西省)の人。呉道玄に画を学び，経変図を得意とした。安史の乱のため玄宗に従って，756(至徳元)年蜀に入った。758(乾元元)年ころ，成都の大聖慈寺に行道僧図壁画を描き，顔真卿の題とともに「二絶」と称された。蜀の地に唐の都の画風を伝え，多数の寺院壁画を制作したが，会昌の廃仏で亡失した。伝称作に『六尊者像冊』(北京，故宮博物院蔵)がある。

(藤田 伸也)

ろりん【盧綸】 748(天宝7)～798(貞元14)。中唐の詩人。河中蒲(山西省)の人。字は允言。安史の乱を避けて，江西の鄱陽に移住。進士に何度も落第して，うだつのあがらぬ一生を送った。しかし，近体詩にすぐれ，その力強い作風は，人々に伝誦されて，大暦十才子の一人に数えられる。劉初棠『盧綸詩集校注』5巻(上海古籍出版社，1989年)は，伝記資料や評論，略年譜を付していて便利。旧唐書163，新唐書203

(筧 文生)

ろん【論】 ある一つのテーマに即した議論文。三国魏の曹丕『典論』論文に「書・論は，宜しく理なるべし」，西晋の陸機『文賦』に

「論は精微にして朗暢」と説かれる。論の文を著すに当たっては、そこに一貫してのべられる理、筆者の意見が重視された。先秦諸子百家による諸種の論のスタイルの流れを汲み、唐宋期には古文の文章の主要な一ジャンルとなって、発展を遂げた。論じられる内容は政治・哲学・歴史から文学・芸術まで多岐にわたる。
(原田　直枝)

ろんご【論語】　孔子とその門人の言行を記した書。20篇。『漢書』芸文志に、「『論語』は、孔子、弟子・時人に応答し、及び弟子相ともに言ひて夫子に接聞するの語なり。当時、弟子各々記す所有り。夫子すでに卒し、門人相ともに輯めて論篡す。故にこれを『論語』と謂ふ」と説く。伝統的見解では、『論語』の編者を孔子の弟子ないし孫弟子に比定するが、その成立は、あるいは秦漢の際前後に降る可能性がある。各篇・各章の内容と措辞より判断するに、該書は、孔子の言行・風貌や孔門の気風を伝えるべく、素姓の異なる諸種の資料を寄せ集め、整理し、更に増補・改訂の手を加える、というような複雑な編集の作業が、長い年月の間に幾度となく試みられた末の産物、と推測される。『史記』孔子世家及び仲尼弟子列伝の書き振りから、司馬遷が現行の『論語』とほとんど変わりのないものを権威ある書として援引していることを知る。

『漢書』芸文志の『論語』の項に、『古(論語)』21篇・『斉(論語)』22篇・『魯(論語)』20篇を著録する。武帝の治世以後、主に斉の地域の学者の伝えたのが『斉』で、主に魯の地域の学者の伝えたのが『魯』である。別に、元帝・成帝の間の人物、張禹が『魯』『斉』を折衷して定めた20篇を『張侯論』と称する。なお、『古』は、いわゆる壁中古文(壁中書)の一つであるが、前漢の末あたりに今文『論語』に基づいて捏造したものに過ぎぬようである。後漢の鄭玄は、『魯』を主とし、『斉』『古』と対校したとされる。

『論語』は、漢代より初学必読の書と目されてはいたが、程朱の学において四書の一つに位置づけられるや、その経書中の地位が一層高まった。注釈書の代表的なものに、魏の何晏の『集解』、梁の皇侃の『義疏』、北宋の邢昺の『疏』、南宋の朱熹の『集注』、清の劉宝楠の『正義』、伊藤仁斎の『古義』、荻生徂徠の『徴』などがある。
(伊東　倫厚)

ろんこう【論衡】　王充の著書。もと約100篇あったとされるが、30巻85篇が現存する(うち、招致篇は篇名のみ存す)。「論衡」とは、「論衡なる者は、論の平なり」(『論衡』自紀篇)と述べられるように、論の秤(論評)を意味する書名である。この書は、論説を好み、俗説の虚偽を憂慮した王充が、慶弔の交わりを絶つ日常の中で約30年をかけて執筆したもので、気の思想を基底に据えた世界観を柱とし、その経験的知識を発揮した実証的方法で「虚妄を疾む」(『論衡』佚文篇)ことに徹底している。

その所論の思想史的意義は、気の自然の思想に顕著に見られる。「自然」の語が篇名として立てられた古い例である自然篇では、この世界の一切の事物は、自らを構成する気の自然のはたらきによって独力で存在して活動していることを説明するが、これは自らと他者の間に何の因果関係も認められないことを意味するために、従来必然性のみが強調された命の概念の範疇を偶然論の次元にまで拡大させることになったとともに、天も自然のはたらきによって自己展開する無意志の物体であり君主の失政に対して譴責することがないという譴告篇に見える主張を生み出し、董仲舒の天人相関論を根本から覆すことになった。また、歴代の王朝と比較して漢代が最盛の時代であると説く大漢論(漢王朝賛美論)、人の死後は知覚や魂魄は存在しないと主張する薄葬論も、気の思想に基づくものである。

さらに、いかなる人間も学問によってはじめて知識を得ることを説いた実知篇・知実篇は、「生まれながらにして之を知る」(『論語』季氏篇)との孔子の言説や聖人は先天的に全知全能であるとした当時の議論を否定するものであり、鴻儒・文人・儒生・文吏等の能力の差等を論じた人材論と併せ、後漢時代の知識論として注目される。その他、様々な虚妄への批判を展開した九虚三増と呼ばれる一群の所論や、天体や太陽や雷に関する当時の水準の高い自然科学の知識を駆使した虚妄批判も見られる。

この書は、孔子・孟子の言説中の虚妄を問題視した問孔篇・刺孟篇を有するため、儒教一尊体制の崩壊する清末までは、正当な評価を与えられず、異端の書とみなされた。
(井ノ口　哲也)

ろんごぎそ【論語義疏】　三国魏の何晏等『論語集解』について南朝梁の皇侃が撰した解釈書。東晋の江熙『集注』引く所を始め、魏晋以来の諸家の説を広く蒐めて分析整理した集大成の作。突出した玄学・仏学的要素は殆ど皆晋人に出、皇侃自身は自由な態度で精細に諸説の差異を弁じ、解釈の論理性を追求している。北宋時本書を参考にした邢昺『論語疏』が現れ、後本書は廃れた。清代に日本刊本及びその翻刻本が流通したが、必ずしも皇侃の旧貌ではない。
(橋本　秀美)

ろんごしっかい【論語集解】　『論語』の有力な注解の一つで、遺欠なく伝わる最古のもの。10巻。三国魏の何晏らによる編纂。先行する注釈のうち、包咸・周氏・孔安国・馬融・鄭玄・陳群・王

粛・周生烈の8家の説(但し,周氏と周生烈とは同一人物との見方もある)から穏当なものを選び取り,適宜編纂者の解釈を組み入れた注解である。長く古注として尊重され,皇侃・邢昺の2疏が集解を敷衍した。中国では宋版をはじめとして多くの版が上梓され通行したが,それと別系統の古写本が日本に伝存し貴重視される。　　　　(古勝 隆一)

ろんごせいぎ【論語正義】　清の劉宝楠による『論語』の解釈書(一部は息子恭冕による)。24巻。『論語』には既に権威ある解釈書として,魏の何晏の注とその再注釈書である宋の邢昺による疏があったが,劉宝楠は,この注と疏には老荘思想が混入して儒家本来の教えが乱されているため,新たな疏を作る必要があると考えた。そこで,清朝の考証学者たちの膨大な研究成果を利用し,漢代の学者が保存していた孔門伝授の『論語』の本義を明らかにしようとした。　　　　(水上 雅晴)

ろんさん【論賛】　史書の各本紀・列伝の末尾において,撰者がその紀・伝に対する見解などの評論をごく簡潔な形で述べる文章の総称。史官が撰した史書では概ね「史臣曰く」という文言で始まるが,『史記』の「太史公曰く」,『漢書』の「賛に曰く」,他に「議して曰く」「述べて曰く」など冒頭の言葉がいろいろであるのに即して「論」「賛」「述賛」と呼ばれる場合もある。『文選』にも「史述賛」の項目が立てられ,『漢書』高祖紀述賛などが収録される。　　　　(原田 直枝)

ろんしぜっく【論詩絶句】　絶句の形式を用いて詩を論じる文学批評の一種。杜甫の『戯為六絶句』に始まり,以後引き続いて作られた。杜甫の体裁に倣って,七言絶句の連作であることが基本的に共通する。杜甫に次いで名高いのは,金の元好問『論詩三十首』。元好問にはこのほかに『論詩三首』『自題中州集後五首』などがある。ほかに南宋の戴復古,清の趙翼・王士禛・袁枚などにも論詩絶句がある。李商隠の『漫成三首』『漫成五章』のように,「論詩」とは題さないがやはり「詩を以て詩を論ずる」連作の絶句もある。過去の詩人の評価を中心とするが,そこに文学史的な観点を帯びることもある。絶句の様式を用いるために,散文で述べる場合とは異なった,独特の性格を帯びる。
　　　　(川合 康三)

ロンシャンぶんか【龍山文化】　→龍山文化

ロンジンちゃ【龍井茶】　浙江省杭州市西湖の,獅子山・龍井・五雲山・虎跑・梅家塢等の地で生産される緑茶。産地でいえば,獅子山産の獅峰龍井を最高とするが,採摘時期でいえば,農暦の清明節以前に摘まれた茶を明前龍井と呼んで珍重する。釜煎りの技法により2cm弱の偏平な笹形に作られ,糙米(玄米)色と呼ばれる明るい黄緑色を呈する。この名は,龍井泉もしくは龍井寺に因んで付けられたもので,古く元の虞集の詩『次鄧文原游龍井』に詠まれ,明代以降名声が確立し,現代では国賓用の礼茶として知られている。なお偏平な緑茶を広く龍井と呼ぶこともある。　　　　(高橋 忠彦)

ろんぶっこつのひょう【論仏骨表】　唐後期の憲宗朝,818(元和13)年11月に功徳使が「鳳翔の法門寺の塔に仏の指骨が安置されており,言い伝えでは三十年に一度の開帳,開帳すれば穀物が稔り人々は安楽,来年開帳に当たり是非とも拝迎されますことを」と上奏したのをうけて,翌年正月,中使が仏骨を迎えて都に到着,王公士民の多くが我先に喜捨供養する状況を,刑部侍郎の韓愈が上奏批判した文章。夷狄の仏が示した教えを奉じた歴代の王朝はすべて短命に終わったように仏にはいかなる霊妙な力もないと強調し,中国では聖人が示した君臣父子の教えをこそ奉ずるべきだと主張,仏骨崇拝の無益有害さを力説した。「原道」「原性」などとともに韓愈の仏教批判をよく示した文章。『旧唐書』160,『新唐書』176に所収。　　　　(中嶋 隆藏)

わ

わいが【淮河】 黄河と長江の間にある河。淮水ともいう。河南西部の伏牛山系から桐柏山系に源をもち，安徽・江蘇の北部を貫流して洪沢湖に至り，高郵湖を経て長江に流入する淮河入江水道によって排水されるほか，蘇北灌漑総渠によって黄海に注ぐ。主流の流長は約1000km，流域面積は18.6万km²。自然河川としてはそれほど大河ではないが，南北中国の中間にあって，いわゆる「南船北馬」の差が顕著に現れる境界として知られている。すなわち，淮河付近がちょうど年間降水量900mm前後であり，これより北は半乾燥農業(麦・雑穀)，南は湿潤農業(水稲)の地域となる。したがって魏晋南北朝時代や南宋時代など，国土が南北に分割される際には，淮河付近がその境界となることが多かった。　　　　　　　　　　　　　（秋山 元秀）

わいげき【淮劇】 地方劇の劇種名。江淮戯とも言う。淮河下流，現在の江蘇省の淮安市淮陰，塩城市，阜寧県一帯に起源を持ち，上海や江蘇省に広く流行してきた。200年近い歴史を持つ。「香火戯」と言われる宗教歌舞と，「門嘆詞」と言われる門付けの語り物芸能と，安徽省の徽劇の三者が次第に結合してでき上がった。最初の上演形式は小生と小旦だけの「対子戯」や小丑を加えた「三小戯」という簡単なものだったが，のち「六人三対面」「十人一大班」と発展し，『荊釵記』『琵琶記』『南天門』『郭子儀上寿』等の伝統劇・歴史劇を主要な劇目とし，また『秦懐玉殺四門』『長坂坡』等の武戯をも得意とする。

　楽器は打楽器のみから出発したが，弦楽器も加わるようになった。曲調も徽劇を起源とする「靠把調」と郷土色豊かな「老淮調」から出発し，揚州地方の民間音楽を吸収して「春調」「小開口」を生み，上海進出前後に筱文艶らによって有名な「自由調」が生まれた。素朴な野生味が持ち味である。
　　　　　　　　　　　　　（佐治 俊彦）

わいすい【淮水】 →淮河

ワイタン【外灘】 →上海外灘

わいなんこうれつ【淮南鴻烈】 →淮南子

わかんろうえいしゅう【和漢朗詠集】 漢詩句と和歌の撰集。2巻。11世紀初頭の成立か。藤原公任編。伝藤原行成筆の御物本では，漢詩句は588首，和歌は216首。上巻は四季の部で，例えば春は立春・早春より躑躅・藤・款冬にいたる18の小題目，四季通じて66項。また下巻は雑の部で，風・雲・晴に始まって祝・恋・無常・白に終わる48項を立てる。題目ごとに，おおむね漢家詩人，本邦詩人の佳句，そして和歌の順に作品が配列される。漢家の詩人は白居易が139首で圧倒的に多く，元稹11首，許渾10首がこれに次ぐ。日本の詩人では菅原文時・菅原道真・大江朝綱・源順ら，歌人では紀貫之・凡河内躬恒・柿本人麻呂・中務・平兼盛らが多くの作品を採択されている。後，同じ方法で『新撰朗詠集』が編まれた他，院政期以後の漢詩文，さらには仮名文学や歌謡などにも大きな影響を及ぼした。伝本も多く，大江匡房『朗詠江注』，信阿『和漢朗詠集私注』を始めとする注釈書も数多く作られた。　　　　　　　　　　（大谷 雅夫）

わぎょう【和凝】 898(光化元)〜955(顕徳2)。五代の詞人。鄆州須昌(山東省)の人。字は成績。後梁から後周まで5つの王朝が交代しても，高官の地位を保ち続けた。詞が得意で，その影響も大きく，対立する異民族の契丹から「曲子相公」(小唄の宰相)と呼ばれたほど。しかし，『花間集』に収める20首を除き，作品の大半は失われた。現存する詞のほとんどは，男女の情愛を華麗な文字で綴ったもの。旧五代史127，新五代史56　　（筧 文生）

わくたい【或体】 異体(字)ともいう。形の異なる字が音義・用法が全く同じで置き換え可能な場合，互いに他方を指していうが，特に通常の書き方(正字体)でない方を指していうこともある。形の違いは，義符の置換(壻と婿，咏と詠)，声符の置換(韵と韻，忼と慷)，声符義符間の置換(恥と耻，涙と泪)，偏旁の位置の違い(群と羣，慙と慚)，筆画の繁簡(醫と医，聲と声)などによるものが多いが，躰と體などのように全く形の異なるものもある。
　　　　　　　　　　　　　（森賀 一恵）

わこくぼん【和刻本】 日本で刊刻された漢

籍刊本のこと。唐本や朝鮮刊本に対しての称。日本における木版印刷のはじまりは平安時代からとされるが，仏典を含まない狭義の漢籍の刊刻は，鎌倉時代の五山版にはじまる。しかし五山版はその種類や流通量は多いとはいえず，本格的な漢籍の出版は江戸時代以降である。江戸時代には，経・史・子・集の広い分野にわたり刊行された。その概観は長澤規矩也編『和刻本漢籍分類目録』によって知ることができる。　　　　　　　　　　　　　　（梶浦　晋）

わざいきょくほう【和剤局方】　北宋の医方集。正式名は『太平恵民和剤局方』。全5巻。陳師文らの奉勅撰。大観年間(1107-10)の成立。もとは崇寧年間(1102-06)に創設された和剤恵民局(国立の薬局)で用いられた処方集で，師文らが徽宗の命で校定刊行したもの。南宋では数回にわたり増補が加えられて校刊された。現行本は淳祐年間(1241-52)増訂版の10巻本に由来する。以後，中国・日本の薬剤医療に大きな影響を及ぼした。本書に由来する漢方処方は今日でも多用されている。（小曽戸　洋）

わとうし【和陶詩】　北宋の蘇軾がその晩年，700年の歳月を隔てて，東晋の詩人陶淵明の詩に追和して，自らの思うところをうたった作品群。追和とは古人の詩の韻字をそのまま使って唱和すること。宋本『施注蘇詩』は巻41・42をもっぱら和陶詩に充てて107首を収め，弟蘇轍の「引」(序)を冠している。蘇軾は陶淵明の人と為りとその詩に深く心を動かされて，伝存する130首余りのほとんどすべてに和したのである。　　　　（山本　和義）

わほうでん【倭袍伝】　清の弾詞の演目。『果報録』『荊襄快談録』とも呼ぶ。1802(嘉慶7)年柳渓書屋刊本は『果報録』と題する。全100回。物語は，明の正徳年間(1506-21)，大学士唐上傑の子唐雲卿は襄陽の富豪刁南楼，書生毛龍と義兄弟の契りを結ぶが，刁は妻劉氏に毒殺され，唐上傑は安楽王の張彪と御賜の倭袍の貸借を巡って争い，陥れられて一族は雲卿と兄雲駿・妹賽花を除いて処刑される。のち毛は状元となって官位につき，刁の事件を解決し，異民族の侵入にあたり唐兄妹を許してこの討伐に向かわせることを奏上，唐兄妹は勝利して凱旋し過去の罪も晴れて団円となる，というもの。清の小説『繍戈袍全伝』，伝奇『倭袍記』と物語を共有する。長篇弾詞の名作として江南で広く上演されるほか，崑曲や梆子腔系諸劇に加えて平胡調・宝巻にもこの演目がある。また弾詞および越劇などの演劇には刁南楼の物語を独立して演ずるものもあり，『南楼伝』もしくは『刁劉氏』と呼ばれる。
　　　　　　　　　　　　　　　　（川　浩二）

わほん【話本】　本来口頭で語られる話柄全般をさす言葉。話文・説話とも書かれる。「本」にブックないしテキストの意味はない。灌園耐得翁『都城紀勝』が傀儡戯(あやつり人形芝居)に言及するなかで，「凡そ傀儡は煙粉・霊怪の故事，鉄騎・公案の類を敷演す。其の話本，或いは雑劇の如く，或いは崖詞の如し。大抵虚を多く実を少なくす」とし，呉自牧『夢粱録』が影戯(影絵芝居)について，「其の話本は講史書なる者と頗る同じ。大抵真仮相半ばす」とするのを用例の嚆矢とする。かつてはこれを根拠に，口語で書かれ，あたかも口演の台本ないし筆録のごとき体裁の作品を話本とよび，瓦子の話芸である小説の底本とみなし，なおかつそのスタイルにより創作された作品を擬話本とよんだ。『清平山堂話本』の命名はそうした考え方にもとづく。この用法が正しくないことは増田渉によって立証された。ただし，かつて存在したはずの底本を話本をもってよぶことは認められてよいだろう。　（大塚　秀高）

わりょうぼう【瓦楞帽】　かぶりものの一種で，モンゴル族男子が日常広く用いていた細い籐や竹で作った帽子。形は方形のものと円形のものの両方がある。方形のものを四方瓦楞帽と呼ぶと考えられる。帽子の頂には一般に牛馬の尾などの飾りをつけるが富豪や身分の高いものは珠玉を用いた。
　　　　　　　　　　　　　　　　（増田　克彦）

わんししょうがく【宏智正覚】　1091(元祐6)〜1157(紹興27)。曹洞宗の僧。隰州(山西省)の人。俗姓は李氏。11歳で出家する。諸方に参じた後，丹霞子淳についてその教えを嗣ぐ。諸刹を歴住したのち1129(建炎3)年，浙江の天童山に入る。住すること30年にわたって教線を展開し，また伽藍の復興に尽力する。曹洞禅を考える上で欠くことができない。黙照禅を排撃した大慧宗杲もその実力を認めていたことが知られる。『宏智禅師広録』4巻，『宏智覚禅師語録』4巻，『宏智覚和尚語要』がある。詩文に優れ，その『頌古百則』はのち万松行秀によって提唱されて『従容録』となる。「行業記」「行実」「塔銘」があり『語録』に付載される。
　　　　　　　　　　　　　　　　（永井　政之）

わんわんこう【碗碗腔】　陝西省の地方劇。時腔あるいは華劇ともいわれる。碗碗という小型の銅鑼を伴奏に用いることからこの名がある。本来は清代初期に陝西の東部地方で成立した影戯(影絵劇)であったが，民国期における影戯の衰退に伴って，1950年代以降は俳優が演じる劇種になっている。清末には山西省に伝わり，現在でも孝義碗碗腔・曲沃碗碗腔等が行われている。　（竹越　孝）

索 引

部首配列表…………*1313*
総索引……………*1314*
総画索引…………*1382*
ピンイン索引………*1439*

部首配列表

本文および総索引は，同音の項目で先頭の漢字の画数も同じ場合，部首順に配列した。総画索引は，先頭の漢字の画数順に配列し，画数が同じ場合には部首順に配列した。それぞれの部首順は，下記の通り。

なお，〔 〕で示した部首（忄など）は，元の部首（心など）の後にまとめて配列した。

【1画】	灬	歹	立	豕	【10画】
一丨、丿乙亅	尢・兀(尣)	殳	(罒→网)	豸	馬
	尸	母	(ネ→衣)	貝	骨
【2画】	屮・艸	比	(尣→尢)	赤	高
二亠人・亻・𠆢	山	毛	(氺→水)	走	髟
儿入八冂冖冫几凵刀刂力勹匕匚・匸十卜卩厂厶又	巛・川	氏	(牙→牙)	足・𧾷	鬥
	工	气	(瓜→瓜)	身	鬯
	己・巳・巴	水(氺)〔氵〕		車	鬲
	巾	火	【6画】	辛	鬼
	干	灬	瓜(瓜)	辰	(韋→韋)
	幺	爪・爫・爫	竹	辵(辶・辶)	(竜→龍)
	广	父	米	邑(阝右)	
	廴	爻・爻	糸	酉	【11画】
	廾	爿(丬)	缶	釆	魚
	弋	片	网(罒・罓)〔罒〕	里	鳥
【3画】	弓	牙(牙)	羊・𦍌・⺶(⺷)	(臼→臼)	鹵
口囗土士夂・夊夕大女子宀寸小・⺌	彑・彐	牛・牜	羽・羽・𦏄	(舛→舛)	鹿
	彡	犬〔犭〕	老(耂)	(麦→麥)	麥(麦)
	彳	(王→玉)	而		麻・麻
	(忄→心)	(ネ→示)	耒・耒	【8画】	(黄→黄)
	(扌→手)	(耂→老)	耳	金	(黒→黒)
	(氵→水)	(⺾→艸)	聿	長(镸)	(亀→龜)
	(犭→犬)	(辶→辵)	肉	門	
	(⺾→艸)		自	阜(阝左)	【12画】
	(辶→辵)	【5画】	至	隶	黄(黄)
	(阝右→邑)	玄	臼(臼)	隹	黍
	(阝左→阜)	玉(王)	舌	雨・䨺	黒(黒)
		瓦	舛(舛)	靑・青	黹
	【4画】	甘	舟	非	(歯→齒)
	心・小〔忄〕	生	艮	(食→食)	
	戈	用	色	(斉→齊)	【13画】
	戶・戸	田	艸(⺾・⺾)		黽
	手〔扌〕	疋・⺪	虍	【9画】	鼎
	支	疒	虫	面	鼓
	支・攵	癶	血	革	鼠
	文	白	行	韋(韋)	
	斗	皮	衣〔ネ〕	韭	【14画】
	斤	皿	襾・西	音	鼻・鼻
	方	目		頁	齊(斉)
	旡・无(旡)	矛	【7画】	風	
	日・曰	矢	臣	飛	【15画】
	月・月・⺼	石	見	食・𩙿(食)	齒(歯)
	木	示(ネ)	角	首	
	欠	内	言	香	【16画】
	止	禾	谷		龍(竜)
		穴	豆		龜(亀)

総索引

　本見出し・参照見出しおよび関連語（立項はしていないが，関連する項目内に解説のある語）を含む全ての項目を，五十音順に配列した。配列方法の詳細は本文と同様である。凡例の「二　配列方法」(p.viii) を参照のこと。
　見出しで立っている項目のページ数は太字で示した。参照見出しは→の後に参照すべき本見出しとそのページ数を示した。関連語は解説のあるページ数および段の左右を示した。なお，関連語は本索引で示した形そのままでは本文に出現しない場合もある。
　検索の便を考慮し，読みの2文字目〜4文字目までを示す小見出しを適宜設けた。
　また，本索引内で見出しと関連語を区別するため，〔　〕を用いてその語のジャンルを示したものがある。

あ

哀	3右
靉	3
阿育王寺	3
阿育王塔	265左
哀江南賦	1186右
哀冊	3
哀辞	3右
阿英　→銭杏邨	717
亜鉛	3
赤銅	417右
閼伽器	1150左
阿Q正伝	3
阿骨打　→太祖〔金〕	796
阿含経	4
足利学校	4
足利本	4
阿修羅	5
阿斯塔那墓群	5
アダム・シャール	5
遏雲社	518右
圧歳銭	5
軋筝	5
啞背瘋	5
阿炳	981右
阿倍仲麻呂	5
アヘン戦争	6
阿房宮	6
阿弥陀経	6
阿弥陀三尊像	7
阿弥陀如来	7
新井白石	7
阿羅本	7
アル化	7
アルタン・トプチ	7
アレン	8

あん

晏嬰	8
暗花	8
安岳三号墳	8
安岐	8
安期生	8
晏幾道	8
安居	8
安国伎	542左
安済橋	9
晏子　→晏嬰	8
晏子春秋	9
安史の乱	9
晏殊	9
安世高	10
安西都護府	952左
アンダーソン	10
庵堂認母	244左
安敦	10
安南本	10
暗八仙	10
安般守意経	10
按摩	11
安邑城	11
安楽集	11
安禄山事蹟	11
安禄山の乱　→安史の乱	9

い

匜	11
夷　→夏夷	103
緯　→讖緯	621
異域録	11
伊尹	12
イエズス会	12
異苑	12
韋応物	12
渭河　→渭水	15
為我説	12
鋳型	13
夷夏論	13
医緩	340左
彝器	13
意境	13
育嬰堂	729左
郁離子	14
伊闕仏龕碑	14
夷堅志	14
囲棋	14
彙刻書目	14

いさ

潙山霊祐	14
位至三公鏡	14
移書	15
以心伝心	15
医心方	15
渭水	15
イスラム教　→回教	104
倚声	474左
伊川撃壌集	15
韋荘	15
医宗金鑑	15
異体字	15
韋駄天	16
異端	16
一韻到底	70左

一行	16	隠	23	尹文	29
一字	341右	隠逸	23	韻文 →文	1075
一乗三乗	16	殷芸	23	尹文子	29
一条鞭法	17	韻会 →古今韻会挙要	401	韻母	29
一念三千	17	印花	23	韻補	30
一板一眼	1023右	因果	23	印縫	30
一板三眼	1023右	韻会 →古今韻会挙要	401	院本	30
乙瑛碑	17	韻会挙要 →古今韻会挙要	401	印文陶	30
一顆印住宅	17	員外郎	24	陰陽	30
一貫道	18	印簡	24	陰陽家	31
一切経音義	18	尹喜	24	陰陽五行説	31
一山一寧	18	引戯	24	陰陽対転	31
逸詩	18	殷墟	24	陰陽派・静修派	31
一枝花話	18	韻鏡	25	韻略	1285右
一支香式工尺譜	350右	殷虚書契	25	韻略易通	32
乙巳占	18	殷虚書契考釈	25	韻略匯通	32
逸周書	19	隠元	25	飲流斎説瓷	32
佚存叢書	19	鄆県原人 →鄆県原人	40	殷令名	32
一卓二椅	19	隠語 →隠	23	殷暦	32
一頭沈	586左	陰鏗	26	螾廬曲談	32
逸品画風	19	韻語陽秋	26	因話録	32
伊藤仁斎	19	印刷術	26		
伊東忠太	19	引子	246左	**う**	
伊藤東涯	20	陰鷙文	26		
懿徳太子墓壁画	20	陰鷙録	27	盂	33
意符	20	尹洙	27	禹	33
移文 →移書	15	韻集	27	竽	33
異聞集	20	隠秀軒詩文集	586右	ウイグル	33
伊秉綬	20	韻書	27	ウイグル文字	34
イヘ・ジョー寺	21	印章	28	烏龍茶	34
幃帽	21	引伸義	28	ウェイリー	34
医方類聚	21	韻図 →等韻図	912	ウェード式	34
異本	21	院体	28	于吉	34
諱 →避諱	1036	院体画	28	于謙	34
韋孟	21	因陀羅	28	禹貢	35・604右
維揚大班	1192左	影青 →青白磁	689	禹貢錐指	35
伊洛淵源録	21	隕鉄	888右	于湖居士 →張孝祥	847
韋柳 →韋応物	12	韻頭 →介音	103	烏紗帽	35
→柳宗元	1256	尹焞	28	雨師	35
意臨	1276左	韻会 →古今韻会挙要	401	禹之鼎	35
倚廬	21	**いんは**		右袵	35
色絵祥瑞	22	韻白	991右	雨窓集	690左
畏廬文集	1276右	殷蟠	118右	雨村曲話	35
頤和園	22	韻府一隅	28	雨台山楚墓	380右
いん		陰符経	29	烏台詩案	36
印	22	韻府群玉	29	打出	818右
殷	22	印仏	29	鬱岡斎帖	36

尉遅乙僧	36	雲鑼	43	英烈	50
尉繚子	36	雲裏翻	820右	慧苑	50
盂鼎	36	雲麓漫鈔	43	慧遠（東晋）	50
優塡王思慕像	37			慧遠（隋）	51
烏皮履	37	**え**		**えか**	
烏皮六合靴	102左			恵果	51
烏皮六縫靴	102左	郢	43	慧可	51
宇文愷	37	衛	43	慧観	51
宇文虚中	37	纓	1095左	易 →易経	52
宇文泰	37	影印本	43	易王弼注	51
禹歩	37	永盂	43	易牙	52
烏盆計	1106右	営衛	202左	易学啓蒙	52
烏夜啼	37	郢爰 →郢爯（えいしょう）	46	易学象数論	52
盂蘭盆会	38	詠懐詩	43	易経	52
盂蘭盆経	38	瀛涯勝覧	44	易元吉	52
烏龍院	38	永嘉学派	44	益古演段	52
雨霖鈴	38	瘞鶴銘	44	嶧山刻石	631左
漆画	38	永嘉雑劇	969左	益州 →成都	687
ウルシス	39	永嘉四霊	44	益州名画録	53
于連泉	39	永嘉の乱	44	易図明弁	53
うん		影戯	44	易俗社	630左
雲煙過眼録	39	瀛奎律髄	45	易伝	53
雲間派	578右	衛元嵩	45	駅伝制度	53
運気	39	衛恒	45	易童子問	54
雲気文	39	永康学派	45	恵洪	54
雲笈七籤	39	永固陵	45	慧皎	54
雲渓友議	40	栄西	46	絵高麗	54
雲肩	1037右	詠史詩	46	慧思	54
鄖県原人	40	永州八記	46	慧沼	54
雲岡石窟	40	衛所	46	恵崇	54
雲居寺	41	郢爯	46	粤	55
雲山図（米友仁）	41	営城子壁画	46	越	55
雲手	215右	営造法原	47	鉞	55
惲寿平	41	営造法式	47	粤謳	55
雲韶府	41	永泰公主墓壁画	47	越王句践剣	55
雲棲袾宏	41	エイティガール・モスク	47	粤海関志	55
雲堂手	42	永寧寺	48	粤雅堂叢書	55
雲南花灯戯	150左	影梅庵憶語	48	粤劇	55
雲南揚琴	259右	盈不足術	48	越劇	56
温病	42	詠物詩	48	越州窯	56
雲片	691右	永明体	48	越絶書	57
雲歩	808左	英雄譜	48	閲蔵知津	57
雲夢秦簡	624右	永楽宮	49	閲微草堂筆記	57
雲門宗	42	永楽大典	49	越縵堂日記	1236右
雲門文偃	42	永楽大典戯文三種	49	淮南子	57
鄖陽花鼓戯	137右	永楽通宝	50	慧日	57
雲謡集雑曲子	42	永楽帝	50	慧能	57

也里可温(エリカオン) 58	艶段 744左	王諤 73
慧琳音義 →一切経音義 18	燕丹子 64	王学左派 73
エルデニ・ゾー寺院 58	袁中道 62左	秧歌劇 73
えん	円珍 64	王翰 74
燕 58	塩鉄論 64	王鑑 74
延安石窟 58	円頓教 65	皇侃 1306右
艶異編 59	円仁 982左	黄侃 74
袁于令 59	捐納 65	王埼 74
燕雲十六州 59	袁枚 65	王畿 74
鴛鴦蝴蝶派小説 59	燕文貴 65	王羣 74
艶歌 59	延平答問 65	王羲之 75
袁桷 59	燕北閑人 →文康 1078	王沂孫 75
燕楽 60	洹北商城 66	王驤徳 75
円覚経 60	閻魔 66	王九思 75
燕楽考原 60	円明園 66	応璩 75
燕楽二十八調 60	園冶 66	王喬 76
艶歌行 →艶歌 59	鉛釉 67	王玉峰 455左
燕下都 60	袁耀 61右	王漁洋 →王士禎 80
艶歌羅敷行 →陌上桑(はくじょうそう) 1007	閻立本 67	王季烈 32右
淵鑑類函 61	袁了凡 67	王欽若 76
演義 61		王盱墓 1210右
円機活法 61	**お**	王荊文公詩箋注 76
燕京 →北京 1090		翁巻 44右
円形土楼 →客家(ハッカ)円形土楼 1017	**おん**	王建 76
袁江 61	襖 68	王源 76
袁宏 61	王安石 68	王原祁 76
袁黄 →袁了凡 67	王褘 69	王玄策 77
匽侯盂 61	王維 69	王献之 77
袁宏道 62	王惟一 934右	王建墓 77
圜悟克勤 62	王懿栄 69	応県木塔 77
円山貝塚 62	王逸 70	汪元量 78
遠山堂曲品・劇品 62	王筠 70	王洪 78
艶詩 63	押韻 70	王鴻寿 78
円測 63	王引之 70	王孝通 78
偃師商城 63	王禹偁 71	王光墓 1210右
袁氏世範 63	王惲 71	王国維 78
燕子箋 63	王衍 71	王艮 78
閻若璩 63	汪琬 71	**おうさ**
延寿 64	王延寿 71	押座文 78
燕薊 64	王遠知 71	王粲 79
袁爕 64	王延徳 71	王粲登楼 79
円場 1067右	鶯鶯伝 72	王子安集 79
艶情詩 →艶詩 63	王応麟 72	王次回 79
厭勝銭 64	**おうか**	王時槐 79
袁随園 →袁枚(えんばい) 65	秧歌 72	王之渙 79
衍聖公 64	王闓運 72	汪士鋐 79
袁宗道 62左	王魁負桂英 73	王芷章 642左

王思任	80	王寵	86	王梵志	92
王実甫	80	王重陽	86	おうむ	
王十朋	80	王禎	86	王無能	92
王士禎	80	王庭筠	86	王明清	92
王時敏	80	王廷相	87	王鳴盛	92
王若虚	81	汪廷訥	87	王莽	92
黄酒(おうしゅ) →黄酒(ホワンチュウ)	1136	王禎農書	87	王蒙	93
王充	81	王嚞 →王重陽(おうちょうよう)	86	王孟韋柳	93
王戎	81	応天府	87	王莽銭	93
王周士	81	王度	87	王門三派	93
黄周士 →王周士	81	王通	87	王融	93
王粛	81	王燾	301右	王瑶卿	94
王叔和	1151左	王韜	87	欧陽建	94
王守仁 →王陽明	95	応瑒	87	欧陽玄	94
王恂	81	王道	88左	欧陽脩	94
応劭	1056右	黄銅	3右	欧陽守道	94
王照	82	汪道昆	88	欧陽詢	94
応詔 →応制	83	王徳信 →王実甫	80	欧陽生	95
王昭君	82	王念孫	88	欧陽漸	95
王昭君変文	82左	おうは		欧陽通	95
王常月	82	王覇	88	欧陽徳	95
王城崗遺跡	82	黄梅	88	王陽明	95
王少堂	1049右	王柏	88	王楊盧駱 →初唐四傑	610
王昌齢	82	黄檗希運	88	汪萊	96
王森	83	黄檗宗	88	王蘭生	96
王仁昫	83	王伯良 →王驥徳(おうきとく)	75	王履	96
王慎中	83	王弼	89	黄龍慧南	96
王振鵬	83	王冰	89	王和卿	96
横吹曲辞	153左	王符	89	大袖衣	440左
王制	559左	王夫之	89	大谷探検隊	96
応制	83	王紱	89	大村西崖	97
王世貞	83	王文誥	90	荻生徂徠	97
王績	84	王文治	90	憶江南	97
王錫闡	84	王冕	90	憶秦娥	97
王詵	84	押縫	30左	オルデンブルグ	97
王先謙	84	王雱	90	オルドス青銅器	97
欧蘇 →欧陽脩	94	王褒(前漢)	90	おん	
→蘇軾	770	王褒(北周)	90	恩	98
王僧虔	84	王帽戯	90	音韻	98
王存才	1129左	翁方綱	91	恩廕	98
おうた		王懋竑	91	音韻学	98
拗体詩 →拗体詩(ようたいし)	1199	王宝釧 →紅鬃烈馬(こうそうれつば)	362	音韻闡微	99
王鐸	85	王朴	91	音学五書	99
王坦之	85	王墨	91	音学十書	99
王穉登	85	甌北詩話	91	温巻	334左
汪中	85	翁葆光	91	音義	99
王昶	85	王勃	91	音訓 →声訓	675

温県盟書　→沁陽盟書	650	
温子昇	99	
陰持入経	99	
温州鼓詞	100	
温州雑劇	969 左	
瘟神	100	
温泉銘	100	
温庭筠	100	
温病　→温病	42	
音和	100	

か

卦	52 左	
戈	101	
仮　→真・仮	622	
科	101	
夏	101	
罅	101	
盂	101	
靴	102	
雅　→雅・俗	145	
雅〔六義〕	1225 右	
カールグレン	102	
何晏	102	
花菴詞選	102	

かい

介　→科	101	
解	102	
諧	103	
夏夷	103	
華夷　→夏夷	103	
外	367 右	
会意	103	
海雲　→印簡	24	
海塩腔	969 右	
介音	103	
界画	104	
垓下	104	
垓下歌	104	
会館	104	
海関	104	
改琦	104	
回教	104	
解曲	103 左	
会稽	105	
回莿州	1260 右	

海源閣	105	
開元寺鎮国塔	105	
開元釈教録	105	
開元寺料敵塔	106	
開元占経	106	
開元通宝	106	
開元天宝遺事	106	
開元礼	106	
灰坑	106	
開口	106	
開口呼	107	
開合斉撮　→開斉合撮	110	
開口跳	831 左	
海国図志	107	
回鶻　→ウイグル	33	
回鶻髻	338 右	
回鶻文字　→ウイグル文字	34	

かいさ

介幘	107	
海山仙館叢書	107	
会子	107	
開詞	107	
崖詞	934 左	
芥子園画伝	107	
芥舟学画編	107	
海獣葡萄鏡	108	
会書	108	
楷書	108	
開相	108	
蒯祥	108	
外場	1067 左	
会昌一品集	108	
海上花列伝	108	
解縉	109	
会真記　→鶯鶯伝	72	
華夷図	109	
海瑞	109	
契嵩	109	
魁星	109	
開斉合撮	110	
開成石経	110	
海青拿天鵝	110	
快雪時晴帖	110	
快雪堂法帖	110	
界線	1026 左	
懐素	111	
改装本	317 右	

回族	111	

かいた

外題　→題簽	796	
海内十洲記	111	
諧鐸	111	
戒壇	111	
外丹	112	
戒牒	112	
開通褒斜道刻石	112	
外転　→内外転	964	
蓋天説	112	
盔頭	368 右	
会党	112	
灰陶	113	
械闘	113	
蓋頭	113	
海島算経	113	
懐徳堂	113	
艾南英	113	
外八廟　→承徳外八廟	592	
快板	113 右	
快板書	113	
開闢演義	114	
懐風藻	114	
回文詩	114	
解蔽	559 左	
開篇	114	
崖墓	114	
開封	114	
開方術	115	
開方説	115	
開宝蔵	115	
会盟	115	

かいや

華夷訳語	115	
灰釉	116	
灰釉陶	116	
陔余叢考	116	
傀儡戯	116	
灰闌記	116	
海陵王	117	
解老	188 右	
薤露歌	1022 右	
開路神	117	
画院	117	
花園荘東地甲骨	117	
花園荘東地54号墓	118	

花押	118	学記	1205左	格物致知	131
牙音	690右	楽記	125・1205左	隔壁戯	132
かか		虢季子白盤	126	学蔀通弁	132
華岳	118	霍去病	126	岳母刺字	131左
雅楽	118	霍去病墓	126	**かくま**	
河岳英霊集	118	楽毅論	126	郭沫若	132
雅楽八十四調	119	鄂君啓節	126	革命	132
雅楽舞譜	119	郝経	127	郭茂倩	154左
夏荷生	1047左	楽経	127	岳陽花鼓戯	137右
何家村遺跡	119	覚後禅　→肉蒲団	978	岳陽楼	133
夏家店下層文化	119	格古要論	127	岳陽楼記	133
夏家店上層文化	119	**かくさ**		角力記	133
鏡	119	愙斎集古録	127	楽律全書	133
加官	841左	客座贅語	127	鶴林玉露	133
華喦	120	角山遺跡	127	隔簾花影	133
画鑑	120	郭思	125左	岳麓書院	133
花間集	120	画指	127	楽論　→荀子楽論	559
夏完淳	120	楽史	127	仮髻	134
何基	120	楽師	128	夏珪	134
卦気	121	鶴膝	496右	画継	134
賈逵	121	郭守敬	128	峨髻	338右
賈誼	121	格術補	128	嘉慶帝	134
餓鬼	121	楽書　→陳暘楽書	873	画継補遺	134
搖落	121	郭象	128・746左	何景明	135
花卉雑画	121	霍小玉伝	128	下華厳寺薄伽教蔵殿内天宮楼閣	
花卉雑画巻	121	革象新書	129		300右
花卉山水合冊	122	楽昌分鏡　→楽昌分鏡	1208	花月痕	135
何義門　→何焯	140	楽書要録	129	夏月潤	135
何休	122	学津討原	129	賈憲	135
柿釉	122	郭嵩燾	129	雅言	135
画牛	825左	学政全書	129	華彦鈞	981右
柯九思	122	岳石文化	129	華原磬	135
科挙	122	郭楚望	583右	**かこ**	
過曲	246右	革帯	129	花鼓	135
かく		格体全録	130	迮鼓	136
角	123・410右	格致叢書	130	歌行	136
榷	123	郭忠恕	130	牙行	136
鑊	123	格調説	130	娥皇	136
学	123	角抵	1043左	夏侯建	136
楽	123	角抵塚	529左	賈公彦	136
郭威	124	岳伝	131右	夏侯勝	136
郝懿行	124	郭店楚簡	762左	火耕水耨	136
岳珂	124	角杯	130	夏侯湛	137
学海堂	124	郭璞	130	賀后罵殿	1189左
学海類編	124	岳飛	131	華蘅芳	137
郭熙	125	岳飛故事	131	夏侯陽算経	137
格義	125	岳飛故事戯曲説唱集	131右	花鼓戯	137

何国宗	137	華清池	142右	合体　→独体	950
家刻本	137	嘉靖帝	143	括地志	149
過去七仏	137	花石綱	143	羯磨	1150左
鵝湖之会	138	牙籤	713右	葛立方	149
科諢　→科	101	貨泉	143	月令	1205左
かさ		下川遺跡	143	月令図	489左
加彩	138	花箋記	143	嘉定屠城紀略	149
河朔三鎮	138	画禅室随筆	144	華亭派	578右
華山	138	画像印　→肖形印	575	何典	149
画山水序	138	画像鏡	144	花鈿	149
夏芷	200右	画像石	144	課田　→占田・課田制	728
賈至	138	画像磚	145	賈島	149
花児	138	雅・俗	145	瓦当	149
瓦子	138	何尊	145	花灯戯	150
画史(米芾)	139	何遜	145	瓦当文	150
画史〔用語〕	159左	かた		臥兎児	150
画史会要	139	華佗	145	科斗文	150
架子花臉	567左	夏鼎	146	河図洛書	150
歌仔戯	139	型持	146	かな	
賈思勰	139	花旦	816右	金沢文庫	151
何氏語林	139	賈耽	146	河南墜子	151
架子頭	201左	賀知章	146	河南天目	151
賈鑄		賀鑄	146	河南龍山文化	151
賈似道	139	賈仲明	146	金沢文庫　→金沢文庫	151
仮借	140	花鳥画	146	過年	609右
何焯	140	花朝戯	147	画馬	825左
仮借字	140	賀長齢	364右	河伯	151
下手	368左・754右	褐衣	147	科凡　→科	101
華秋苹琵琶譜	140・110右	括異志	147	科班	151
雅術	87左	割圜密率捷法	147	霞帔	1042右
過所	140	割圜連比例術図解	147	蛾眉	1040左
何紹基	140	割花	147	峨眉山	152
火焼紅蓮寺	140	鶡冠	1059右	瓜皮帽　→六合一統帽	1300
火焼溝文化	141	鶡冠子	147	華表	152
夏小正	141	学究	147	花部	152
何承天	141	葛玄	147	楽府(機関)	152
下場白	991右	割股	148	楽府(詩体)	153
下場門	1067左	羯鼓	148	雅部　→花部	152
貨殖列伝	141	葛洪	148	楽府古題要解	153
何震	141	合刻本	148	楽府雑録	153
何心隠	141	羯鼓録	148左	火不思	154
花蕊夫人	141	活字印本	1033右	楽府詩集	154
カスティリオーネ	142	活字本	1033右	楽府新声	154
カズロフ	142	滑寿	536左・970左	賈鳧西	1172左
河西	142	合笙	148	楽府伝声	154
華清宮	142	合従連衡	148	貨幣	154
夏税秋糧	142	活捉三郎	38右	夸父	155
河西石窟	143				

河北梆子	155	還冤記	163	官戸	172
河姆渡遺跡出土漆椀	156左・220左	顔延之	163	漢江	172
河姆渡文化	155	漢音	163	関公戯	172
竃神	156	かんか		関公顕聖	173左
亀	156・615左	岩画	164	関公戦秦瓊	172右
家門	156	顔回　→顔淵	163	函谷関	173
過門	156	漢学	164・354右	還魂記	173
火薬	156	関学	164	かんさ	
卡約文化	157	漢学師承記	164	官座	298右
下腰	215右	漢学商兌	164	款彩　→コロマンデル	426
歌謡研究会	157	館閣体	165	浣紗記	173
華陽国志	157	勧学篇	165	関索戯	173
華容道	172右	間架結構	165	筸　→笄(けい)	283
嘉峪関	157	観我生賦	165	監察制度	173
唐草文	157	含嘉倉	165	汗衫記	174
夏鸞翔	158	乾瓦窯	165	寒山詩	174
伽藍神	158	汗簡	166	寒山寺	174
何良俊	158	桓寛	64右	寒山拾得	174
カルピニ	158	漢簡	166	憨山徳清	174
家礼	158	韓幹	166	漢史	189左
家礼儀節	158	宦官	166	韓詩	451右
哥老会	159	関漢卿	167	款識	175
貨郎児	159	漢官七種	167	管子(本)	175
貨郎旦	159	官刊本	167	管子(楽器)	175
画論	159	簡儀	167	関子	175
嘉話録	159	顔輝	167	漢字	175
かん		韓熙載夜宴図	168	韓詩外伝	176
官　→官・吏	192	漢魏叢書	168	顔氏家訓	176
→胥吏(しょり)	611	貫休	168	顔師古	176
冠	159	漢宮秋	168	顔之推	176
棺	160	カンギュル・テンギュル	168	乾漆像	176
皖	160	漢鏡	169	管志道	176
漢	160	元暁	169	韓詩内伝　→韓詩外伝	176
韓	161	観経疏　→観無量寿経疏	191	簡字譜録	176
罐	161	含玉	170	顔謝　→顔延之	163
鑑	161	漢魏洛陽城	170	→謝霊運	525
韓偓	161	漢魏六朝一百三家集	170	環秀山荘	177
漢委奴国王印(かんいどこくおう)	161	漢魏六朝七十二家集	170右	甘粛仰韶文化　→馬家窯文化(ばかようぶんか)	1001
換韻	70左	顔鈞	170	含綬鳥文	177
関尹子	162	韓擒虎話本	170	漢書	177
関羽	162	顔勤礼碑	171	灌頂(人物)	177
寰宇通志	162	漢劇	171	灌頂(用語)	178
寰宇訪碑録	162	贛劇	171	漢上易伝	178
貫雲石	162	坎肩　→馬甲	1011	閑情偶寄	178
韓嬰	163	桓玄	171	官場現形記	178
翰苑	163	顔元	172	韓小窓	508右
顔淵	163	含元殿	809右	閑情賦	913右

韓昌黎　→韓愈	191	広東漢劇	185	韓柳　→韓愈	191
館職	178	広東十三夷館	185	→柳宗元	1256
寒食散　→五石散	411	広東十三行	185	翰林学士	192
寒食節	178	かんな		翰林図画院　→画院	117
漢書芸文志	179	看話禅	186	冠礼	193
漢書律暦志	179	皖南花鼓戯	137右	漢隷	193
雁児落帯過得勝令	179	貫入	186	漢隷字源	193
官箴	179	寒熱	186	頷聯	1240右
韓信	179	感応	186	干禄字書	193
鑑真	179	漢の帝陵	186	甘露寺	1260左
顔真卿	180	観音	187	官話	193
漢水　→漢江	172	観音猿鶴図(牧谿)	187	官話合声字母	194
甘水仙源録	180	観音洞遺跡	187	官話方言　→官話	193
巻子本	180	観音菩薩像	187	き	
監生	180	皖派	188		
漢西域図考	180	簡板	932右	気	194
感生帝	181	官版	188	鬼	195
関聖帝君	181	韓非	188	殷	195
観世音応験記	181	韓非子	188	幾	195
勧善戯文	1172右	漢武故事	188	亀	615左
勧善金科	1173左	玩物喪志	188	器　→道器	918
乾撰子	181	漢武帝内伝	188	徽	254右
看銭奴	181	韓文　→韓愈	191	鸎	196
かんた		漢文唐詩宋詞元曲	189	偽	196
韓退之　→韓愈	191	涵芬楼	597左	義	196・28左
簡体字	181	款縫	30左	魏(戦国)	196
甘沢謠	181	干宝	189	魏(三国)	196
邯鄲	181	漢方	189	魏(北朝)　→北魏	1121
桓譚	182	咸豊帝	189	議	197
ガンダン・テグチンリン寺院	182	韓朋賦	189	旗鞋	197
邯鄲記	247左	漢法本内伝	189	褘衣	197
岩茶	182	刊本	1033右	徽位	254右
漢中	182	監本	190	祁門紅茶	197
管仲	182	官本雑劇	190	戯為六絶句	197
関中	182	感夢求法説	190	紀昀	197
官中行頭	368左	観無量寿経	190	気韻生動	197
漢長安城	182	観無量寿経疏	191	疑雨集	197
関帝廟	183	雁門関	191	己易　→己易	383
漢天師世家	183	宦門子弟錯立身	49右	帰園田居五首	913右
管同	183	雁門集	447左	きか	
関仝	183	かんゆ			
観堂集林	183	韓愈	191	羲和(人物)	198
管道昇	184	堪輿	192	羲和(官職)	198
韓道昭	184	官窯	192	己亥雑詩	233右
雁塔聖教序	184	咸陽	192	義学	198
簡牘	184	官・吏	192	器楽曲牌	198
広東音楽	185	顔李学派	192	幾何原本	198

魏華存	199	義寂	205	紀伝体	211
窺基	199	徽州	206	帰田賦	211
戯規	199	魏収	206 左	帰田録	211
魏禧	199	蛾術編	206	沂南画像石墓	211
疑経	199	揮麈録	206	紀南城	212
義侠記	200	魏書	206	砧青磁	212
戯曲	200	義相	206	絹の道 →シルクロード	614
起居注	200	義浄	206	紀年法	212
帰去来兮図	200	儀象考成	206	疑年録	212
帰去来辞	913 左	記誦辞章	207	気の哲学	212
麴嘉	354 右	起承転結	705 左	魏武帝 →曹操	752
菊部叢刊	200	魏書釈老志	207	魏文帝 →曹丕	756
菊部叢譚	201	キジル石窟	207	**きは**	
旗髦	201	魏志倭人伝	207	起覇	212
偽経	293 左	癸辛雑識	207	岐伯	774 左
義髻	134 左	貴生	1273 左	箕伯	213
疑経	201	鬼節 →中元節	833	魏伯陽	213
偽経考 →新学偽経考	623	帰潜志	207	戯班	213
魏慶之	494 右	危素	207	貴妃酔酒	213
奇経八脈	296 右	義疏 →疏(注釈)	733	羈縻政策	214
祁劇	201	帰荘	208	蟻鼻銭	214
徽劇	201	徽宗	208	祁彪佳	214
気血	202	帰蔵	449 左	亀趺	1066 右
紀月法	202	義荘	208	義府	214
危言	202	奇双会 →販馬記	1032	季布罵陣詞文	214
魏源	202	騎象奏楽図	208	徽分	254 右
義県万仏堂石窟	203	義楚六帖	209	戯文	214
気功	203	犧尊	209	熹平石経	214
紀効新書	203	**きた**		旗袍	215
宜侯夨段	203	戯単	209	戯房	298 左
宜興窯	203	徽池雅調	209	夔鳳文	215
鬼谷子(人物)	203	騎竹馬	209	畿輔叢書	215
鬼谷子(本)	203	吉蔵	209	基本功	215
偽古文尚書	203	吉服	209	気味	1137 右
きさ		吉服冠	209 右	貴無	1157 右
季札	204	魏徵	210	義務戯	216
岐山	204	寄暢園	210	虺文	216
義山雑纂	204	魏長生	210	鬼門道	1067 左
奇字	204	欹枕集	690 左	義門読書記	140 左
義児	204	吉劇	983 左	**きや**	
義慈恵石柱	204	吉斎漫録	210	魏野	216
貴耳集	204	吉州窯	210	脚	374 左
気質之性	205	契丹	210	客戸	216
紀日法	205	契丹国志	211	客省荘第二期文化	216
紀時法	205	契丹文字	211	逆入平出	216 右
紀事本末体	205	義帝	331 左	逆筆	216
幾社	205	義天	211	弓	217

義邑	217	汲冢書	224	菊劇	139 左
汲黯	217	九通	224	教外別伝・不立文字	231
仇英	217	九天玄女	225	龔賢	231
九歌	768 左	旧唐書 →旧唐書	273	狂・狷	231
九華山	217	九尾亀	225	郷原	231
九家集注杜詩	217	九尾狐	225	鞏県石窟寺	232
九歌図	218	九品官人法	225	共工	232
牛河梁遺跡	218	救風塵	225	蹻功	232
宮観	218	九弁	767 右	嬌紅記	232
九宮正始	218	丘逢甲	225	驚鴻記	232
九宮大成南北詞宮譜	218	牛方鼎	226	夾彩	232
急急如律令	218	窮理	226	姜寨遺跡	232
九卿	219	九龍口	1067 左	薑斎詩話	233
九経字様	219	九龍山崖墓	226	仰山慧寂	233
九件衣	219	九連環	226	龔自珍	233
帰有光	219	牛郎	504 左	郷射	233
九更天 →未央天	1036	キュル・テギン	955 左	行者	666 右
汲古閣	1170 左	**きよ**		行書	233
旧五代史	219	虚	226	仰韶文化	234
仇氏	217 右	敬	118 右	郷紳	234
宮市	220	漁隠叢話 →苕渓漁隠叢話	844	姜宸英	234
九寺 →九卿	219	蹻	368 右	狂人日記	1304 左
亀茲伎	542 左	興	1225 右	教相判釈	235
給事中	220	狂 →狂・狷	231	彊村叢書	235
髹漆	220	教	226	狂態邪学	235
九執暦	220	郷	227	郷談	991 右
九錫文	220	堯	227	篋中集	235
九州	221	鄴	227	喬仲常	236
急就篇	221	教案	227	胸中丘壑	236
丘濬	221	暁庵新法	228	夾紵	236
鳩書	221	郷飲酒	228	龔鼎孳	236
九章	767 右	恭王府	228	義妖伝	1007 左
休祥災異	221	協音	228	匈奴	236
九章算術	221	龔開	228	鄴都	237
九章算法比類大全	222	境界説	229	響銅	237
丘処機	222	教会ローマ字	229	響堂山石窟	237
髹飾録	222	鏡花縁	229	皎然 →皎然	371
宮崇	222	匡郭	1026 左	夾板	827 右
窮生	666 右	叫化鶏	229	匡謬正俗	238
九成宮醴泉銘	223	姜夔	229	凶服 →衰服	439
旧石器時代	223	侠義小説	229	教坊	238
虯髯客伝	224	喬吉	229	教坊記	238
宮体詩	224	侠義風月伝 →好逑伝	336	教民榜文	238
丘遅	224	姜炎	230	郷約	238
宮調	224	郷挙里選	230	杏葉	523 右
仇兆鼇	953 左	碧渓詩話	230	経律異相	239
丘長春 →丘処機	222	京劇	230	協律校尉	1219 右

協律郎	1219右	曲牌体	246	魏略	252
郷里の制	239	曲品	246	虺龍文	252
竟陵派	239	曲阜	246	夔龍文	252
竟陵八友	239	玉篇	246	魏了翁	252
居延漢簡	239	玉茗堂四夢	247	魏良輔	252
きよか		玉門関	247	麒麟	252・615左
居家必用事類全集	240	曲陽修徳寺	247	祁連山	252
許家窯遺跡	240	曲律	247	紀録彙編	253
漁家楽	240	曲論	247	羲和　→羲和(人物)	198
御器廠	192左	許謙	247	→羲和(官職)	198
許堯佐	240	魚玄機	248	義和団	253
居業録	240	許胡	248	**きん**	
玉　→玉器	241	漁鼓	932右	巾	253
玉衣	240	許行	248	均	253
曲洧旧聞	240	許衡	248	金(王朝)	253
曲苑	240	許渾	248	金(金属)	254
玉海	241	**きよし**		琴	254
曲海総目提要	241	巨子	1123右	禁	255
玉潤	241	鉅子	1123右	吟	255
玉函山房輯佚書	241	虚詞　→助字	606	銀	255
玉器	241	虚字　→助字	606	金印記	255
玉鏡台記	242	御史台	248	金允中	256
玉嬌梨	242	虚実	248	錦歌	256
玉夔龍	242	漁舟唱晩	248	金界	1026左
曲芸	242	許詢	249	今楽考証	256
玉渓生　→李商隠	1237	漁樵対問	249	金華道情	932右
曲劇	819左	許慎	249	金冠	256
玉皇	243	挙人	122右	琴棋書画	256
玉壺春	243	居節	249	金牛山人	256
曲子詞	243	許遜	249	金匱要略	256
玉樹後庭花	243	魚袋	249	金玉奴	257
玉燭宝典	243	曲江	249	金銀器	257
玉簪記	243	曲江池	250	金銀錯	738右
玉蜻蜓	244	許道寧	250	金家	740右
玉蟬	170左	巨然	250	金闕後聖帝君	257
玉泉子	244	魚符	249右	今古奇観	257
玉泉寺	244	許孚遠	250	金谷園	257
曲藻	244	漁父	767右	金谷園図	
曲村遺跡	244	許由	250	→桃李園図・金谷園図	946
玉帯	368右	居庸関	250	**キンザイ**　→杭州	351
玉台新詠	245	漁洋詩話	250	金沙遺跡	258
曲笛	428左	魚鱗図冊	251	金釵記	258
玉兎	245	鉅鹿	251	**きんさ**	
玉堂春	245	儀礼	251	欽差大臣	258
曲破	785右	儀礼経伝通解	251	金沙灘	1189左
曲牌	245	義・利	251	径山	258
玉佩	246	義理易	251	金山寺	258・1007左

金史	258	金文最	266	虞集	272
琴史	258	今文尚書	604右	瞿秋白	272
金詩紀事	259	金文編	266	虞初志	272
金糸金粒細工	259	金餅	267	虞初新志	272
銀字児	259	金瓶梅	267	虞世南	272
金日磾	259	金瓶梅詞話	267右	孔叢子	272
銀雀山漢簡	259右	金碧山水	830左	具注暦	273
銀雀山漢墓	259	金榜	267	屈家嶺文化	273
琴書	259	錦袍	267	屈原	273
禁書	260	今有術	267	屈宋　→屈原	273
銀錠	260	鈞窯	268	→宋玉	740
金上京遺跡	260	金襴手	268	屈大均	273
金城公主	260	金履祥	268	旧唐書	273
琴書大全	261	金陵　→南京	970	功徳	274
近思録	261	金陵刻経処	268	功徳使	274
銀針茶	261	金陵八家	268	瞿曇悉達	274
金聖嘆	261	金縷玉衣	1147左	くな	
金石学	262	→玉衣	240	求那跋陀羅	274
金石索	262	金蓮正宗記	268	求那跋摩	274
金石萃編	262	金楼子	268	弘忍　→弘忍	371
金石録	262			虞美人	274
金銭記	262	く		クビライ	274
金銭板	262			工夫	275
琴操	262	句	269	九部楽	542左
金蔵	263	虞	269	具服　→朝服	858
吟窓雑録	263	空	269	虞翻	275
きんた		空海	269	鳩摩羅什	275
近体詩	263	空首布	1066右	弘明集	275
金大受	263	空城計	506右	クムトラ石窟	276
金陀粋編	263	空心磚	270	瞿佑	729右
金丹	263	クープルール	270	公羊学派	276
金丹大要	871右	藕益智旭	270	公羊何氏釈例	276
金中都遺跡	264	クーラン	270	公羊高	277左
琴挑	244左	虞喜	270	公羊春秋　→公羊伝	276
欽定曲譜	264	瞿起田	270	孔穎達	276
欽天監	264	虎丘紹隆	270	公羊伝	276
均田制	264	筇篌	270	グラネ	277
金塗塔	265	愚公	271	屈輪	277
金農	265	くさ		グリュンヴェーデル	277
金馬	1176左	鼓山	271	黒茶	1054右
金箔	1002右	虞山派	271	桑原隲蔵	277
銀箔	1002右	櫛　→櫛	505	くん	
金万昌	787右	瞿式耜　→瞿起田	270	君	1138左
琴譜	265	苦社会	271	裙	277
吟風閣雑劇	265	孔雀東南飛	271	郡	278
金文	266	孔雀明王像	271	群英会	278
今文学	266	倶舎論	271	群音類選	278

軍機処	278	倪煥之	285	桂襴	282 右
薫球	278	経義考	285	軽唇音	290
群経平議	279	経義述聞	285	刑政	290
郡県　→封建・郡県	1104	景教	285	形声	290
郡県制	279	奚琴	285	経世済民論　→経世致用	291
訓詁	279	掲傒斯	285	経世大典	291
訓詁学	279	京劇　→京劇 (けいげき→きょうげき)	230	経世致用	291
郡国制	280	桂劇	285	警世通言	455 右
郡斎読書志	280	瓊劇	286	経籍志　→芸文志	296
君山銀針茶	261 左	経穴	286	経籍籑詁	291
訓纂篇	280	経権	286	経籍訪古志	291
君子	280	慶元条法事類	286	荊楚歳時記	292
軍持	660 右	慶元の党禁	286	けいた	
裙襦	280	倪元璐	286	卿大夫	292
群書治要	280	京胡	231 左	景泰藍	292
君臣	281	京腔	341 左	京朝官	292
訓読	281	荊浩	287	慶頂珠　→打漁殺家 (だりょうさっか)	816
クンブム寺　→塔爾寺 (タールじ)	779	奚岡	287	経伝	292
群峰雪霽図(曹知白)	281	嵆康	287	経・伝	292
薫炉	282	経国集	287	経伝釈詞	293
け		けいさ		経典釈文	293
		景差	767 右	計都	293
けい		圭斎文集	287	邢侗	293
圭	282	荊釵記	288	恵棟	293
啓	282	景山	288	景徳鎮陶録	294
経　→経・伝	292	倪瓚	288	景徳鎮窯	294
桂	282	渓山琴況	784 左	景徳伝灯録	294
卿	282	谿山行旅図(范寛)	288	京二胡	231 左
敬	282	恵子	288 右	圭表	294
笄	283	恵施	288	刑部	461 左
磬	283	形似	288	桂馥	294
芸	283	京氏易伝	289	恵文冠　→武冠	1059
京韻大鼓	787 左	恵士奇	289	契文挙例	294
邢雲路	283	邢子才　→邢邵 (けいしょう)	289	邢昺	295
閨怨詩	283	経史子集　→四部	514	経法	295
芸苑巵言	284	京師大学堂	289	京房	295
けいか		繋辞伝	53 左	刑法志	295
荊軻	284	荊州　→江陵	380	啓法寺碑	295
恵果 (けいか)　→恵果 (えか)	51	恵周惕	289	京本通俗小説	295
芸概	284	邢州窯	289	形名参同	296
桂海虞衡志	284	経書　→経・伝	292	芸文志	296
経学	284	邢邵	289	芸文類聚	296
景岳全書	841 左・1279 右	霓裳羽衣曲	289	計有功	929 左
経学歴史	284	霓裳羽衣舞	289 右	経絡	296
桂花陳酒	285	霓裳続譜	290	慶陵	297
鶏冠壺	1042 右	奚嘯伯	500 左	慶陵東陵壁画	297
		経廠本	290・167 右	形臨	1276 右

桂林	297	化度寺塔銘	304	元兢詩格	310 左
頸聯	1240 右	花瓶	304・1150 左	劍俠傳	310
雞肋編	297	毛彫	304	元曲	310・189 左
ケーグラー	297	蹴彫	304	元曲四大家	310
けき		**けん**		元曲選	310
戟	297	県	304	元曲選外編	311
檄	297	剣	304	元君	311
劇韻	70 右	猏　→狂・猏	231	嚴君平　→嚴遵(げんじゅん)	314
擊鼓罵曹	298	埍	305	元結	311
劇場	298	權	305	阮元	311
擊壤歌	298	黔	305	玄言詩	311
劇談錄	298	元(王朝)	305	建鼓	311
劇目	209 左	元(概念)	306	建康　→南京	970
戲鴻堂法帖	299	玄	306	元号　→年号	991
華嚴經	299	諺　→謠諺	1192	建康實錄	312
華嚴經繪	299	甗	306	元好問	312
華嚴經疏	301 右	兼愛	307・1124 左	譴告	1306 右
華嚴經探玄記	299	建安七子	307	**けんさ**	
華嚴孔目章	300	建安風骨	307 左・1055 右	遣策	312
華嚴五敎章	300	元遺山　→元好問	312	弦索辨訛	642 右
華嚴金師子章	300	元一統志	307	元雜劇　→元曲	310
華嚴寺	300	險韻	70 右	元史	312
華嚴宗	301	阮瑀	307 左	言志・緣情	312
華嚴大疏鈔	301	嚴羽	760 右	懸絲傀儡	116 右
偈頌	301	軒轅　→黃帝	365	圈識	318 右
下場門	1067 左	言偃　→子游	528	元詩紀事	313
解深密經	301	建炎以來繫年要錄	307	元次山　→元結	311
けた		建炎以來朝野雜記	307	原始瓷器	116 左
外台秘要方	301	藘園學派	308	元史新編	313
玦	301	**けんか**		元詩選	313
桀	302	元會運世	308	元氏長慶集	313
碣　→碑碣	1037	玄怪錄	308	元始天尊	313
孼海花	302	嚴可均	308	減字譜	265 右
缺骻衫	448 左	顯學	188 右	元詩別裁集	313
月下氷人	302	玄學	308	元史譯文證補	313
月琴	302	元嘉體	308	玄沙師備	314
月月小説	302	元嘉曆	308	彥周詩話	314
歇後語	302	阮咸	308	賢首大師　→法藏	1115
月兒高	303	元刊雜劇三十種	309	嚴遵	314
碣石調幽蘭	303	懸棺葬	309	檢場	314
結體法　→間架結構	165	元刊本　→元版	321	玄奘	314
月白釉　→澱青釉(でんせいゆう)	900	元気	309	建章宮	183 左
欠筆	303	劍器舞	321 右	元宵節	314
月餅	835 右	牽牛	504 左	元上都	315
月令	303	祆教	309	乾象曆	315
外典　→内典	965	建業　→南京	970	元積	315
化度寺	303	元兢	309	言盡意・言不盡意	315

言尽意論	315	元謀原人	323	孔安国	329
遣隋使	316	元豊類藁	739右	公案小説	330
厳嵩	316	元末四大家	323	公安派	330
巻子本（けんすぼん） →巻子本（かんすぼん）	180	玄妙観	323	褠衣	817左
原性	316	玄妙観三清殿	323	高頤墓石闕	330
阮籍	316	元祐体	323	広韻	330
譴責小説	316	元祐党籍碑	323	項羽	330
原善	317	建窯	323	絳雲楼	331
玄宗	317	玄覧堂叢書	324	江永	331
彦琮	317	乾隆ガラス	324	高益	375左
原装本	317	乾隆帝	324	黄易	331
けんた		乾陵	324	江淹	331
阮大鋮	317	賢良方正	324	高遠	449右
憲台通紀	317	県令	325	高王観世音経	331
元大都	317			孔乙己	1304左
玄端	318	**こ**		甲乙経	331
玄中寺	318			喉音	690右
厳澂	577左	袴	325	**こうか**	
元朝秘史	318	壺	325	考課	332
元朝名臣事略	318	觚	325	広雅	332
元帝 →司馬睿（しばえい）	510	鼓	326	黄河	332
圏点	318	蠱	326	康海	332
元典章	318	呉(春秋)	326	笄（こうがい） →筓（けい）	283
弦鼗	1050左	呉(三国)	326	功過格	332
原道	319・57右	悟	326	紅学	333
遣唐使	319	古赤絵	326	高鶚	333
玄都観	319	胡安国	326	講学	333
玄都求雨	1047左	胡渭	327	黄鶴楼	333
権徳輿	319	呉偉	327	興化腔 →莆仙戯（ほせんぎ）	1131
元和郡県図志	319	呉偉業	327	交河故城	333
元和姓纂	320	五位頌	327	広雅書局叢書	334
元和体	320	固囲村魏墓	327	侯家荘	24右
剣南詩稿	320	古逸叢書	327	広雅疏義	334
原人論	320	胡寅	328	広雅疏証	334
玄応音義 →一切経音義（いっさいきょうおんぎ）	18	呉筠	328	紅花緑葉	848右
元白	320	古韻標準	328	行巻	334
堅白論	321	**こう**		皇侃	1306右
圏発	318右	公 →公・私	347	校勘	334
元版	321	爻	52左	高閑	334
減筆	321	甲	328	高歓	334
玄秘塔碑	321	行	328	黄幹	335
健舞	321	孝	328	校勘学	352左
玄武	494左	喆	329	鴻雁伝書	363左
厳復	322	璜	329	郊寒島痩	335
建文帝	322	鋼	888右	合刊本 →合刻本（がっこくぼん）	148
元文類	322	盒	329	行戯	335
元豊九域志	322	公案	329		

こうき	合口呼　341	高似孫　348
康熙字典　335	光孝寺　341	黄氏体　348
攻媿集　335	黄公紹　341	孔侍中帖　349
康熙帝　335	孔広森　341	孝子伝　349
康熙綴　336	洪興祖　769左	高士伝　349
高其佩　336	黄公望　342	黄氏日抄　349
高脚　72右	句股割圜記　342	孔子廟堂碑　349
高脚杯　336	高克恭　342	香積寺　350
孔丘　→孔子　346	高克明　65右	工尺譜　350
孔伋　→子思　488	江湖行頭　368左	広釈名　350
後宮　336	江湖集　342	公主　350
好逑伝　336	江湖十二脚色　367右	広州　351
貢挙　122右	句股術　342	向秀（こうしゅう）　→向秀（しょうしゅう）　581
孝経　336	考古図　343	杭州　351
興教寺　337	甲骨学　343	校讐学　351
考拠学　→考証学　354	甲骨文　343	黄州寒食詩巻　352
皇極経世書　337	甲骨文合集　343左	広州漢墓　352
黄居寀　337	甲骨文断代研究例　343	広州沙面租界　352
黄居宝　337左	甲骨文編　344	洪秀全　353
洪鈞　314左	江湖派　344	黄遵憲　353
紅巾の乱　337	江湖風月集　344	侯俊山　353
黄巾の乱　337	**こうさ**	交鈔　353
広弘明集　337	衡斎算学　344	行省　→行中書省　364
こうけ	康斎先生日録　344	洪昇　354
侯景　338	江左三大家　344	口条　→䚋口（ぜんこう）　719
高啓　338	恒山　344	考証学　354
高髻　338	香山　344	高昌行紀　71右
鎬京　339	黄山　345	高昌国　354
興慶宮　659左	衡山　345	高昌故城　355
黄景仁　339	香山記　345	広勝寺下寺後殿　355
贛劇（こうげき）　→贛劇（かんげき）　171	黄山谷　→黄庭堅　366	孔尚任　355
口訣　339	後山詩話　345	藁城台西村遺跡　355
寇謙之　339	孔三伝　604左	講唱文学　356
皇元風雅　339	黄山八勝図冊(石濤)　345	后稷　356
項元汴　339	紅山文化　345	耕織図　356
恒言録　339	黄山毛峰茶　346	光緒帝　356
高胡　392左	高山流水　346	光緒東華続録　357
公行　186左	**こうし**	康子林　718右
後岡　340	孔子　346	爻辰　357
膏肓　340	交子　346	江参　357
口号　340	郊祀　347	黄慎　357
合口　340	講史　347	黄震　357
考工記　340	公・私　347	庚申待ち　357
高甲戯　340	号子　348	考信録　357
考工記図　340	郊祀歌　348	香水銭　358
昂昂溪　340	孔子改制考　348	**こうせ**
高腔系音楽　341	孔子家語　348	江声　358

皇清経解	358	行中書省	364	香嚢記	371
江西詩派	358	高仲武	833左	紅梅閣	371右
杭世駿	358	鉤䑓	364	紅梅記	371
侯鯖録	358	皇朝経世文編	364	黄梅戯	371
高適	358	黄腸題湊	364	黄梅採茶戯	437右
黄石公	358	皇朝文鑑 →宋文鑑	757	黄白	372
黄節	359	皇朝編年綱目備要	365	紅白芙蓉図(李迪)	372
口占	340左	孝悌	365	侯馬盟書	372
句践	359	黄帝	365	江藩	372
黄筌	359	厚底靴	368右	洪範	604右
興善寺	359	黄帝九章算経細草	365	考槃余事	372
紅線女	56左	黄帝九鼎神丹経訣	365	高攀龍	373
浩然之気	359	黄庭経	365	香妃	373
江千里	1213左	黄庭堅	366	孔廟 →文廟	1084
こうそ		耿定向	366	孔廟大成殿	373
高祖(漢)	359	工程做法則例	366	黄丕烈	373
高祖(北斉) →高歓	334	孝悌慈	365左	孔府	373
高祖(唐)	360	黄帝内経	366	工部	461左
高祖(後漢) →劉知遠	1257	高貞碑	367	公服	373
江総	360	高適 →高適	358	洪武正韻	374
高宗(唐)	360	昊天上帝	367	紅払記	374右
高宗(宋)	360	黄天道	367	紅払伝	374
康僧会	360	後天方位		光武帝	374
黄宗羲	361	→先天方位・後天方位	728	洪武帝 →太祖(明)	796
高裝巾 →東坡巾	943	夯土 →版築	1029	高文秀	375
閣皂山	361	叩頭	994左	高文進	375
亢倉子	361	行当	367	孝文帝	375
皇宋事実類苑	361	行縢	368	高棅	375
皇宋十朝綱要	361	行頭	368	洪楩	690左
窖蔵青銅器	361	紅陶	368	侯方域	375
高僧伝	362	褌襠	1270右	高鳳翰	375
黄巣の乱	362	籠頭	369	高峰原妙	375
紅鬃烈馬	362	孝堂山石祠	369	孔望山摩崖造像	376
高祖還郷	654右	黄道周	369	弘法大師 →空海	269
高則誠 →高明	376	高堂生	369	豪放派	376
香祖筆記	80右	葛塘退士	929右	皇甫湜	376
公孫弘	363	興唐伝	369	皇甫謐	376
後村詩話	363	高唐賦	370	こうま	
黄尊素	363	こうな		洪邁	376
公孫龍	363	江南	370	皇明経世文編	376
公孫龍子	364	江南画	370	皇明実録 →明実録	1154
こうた		江南糸竹	370	高明	376
後台	298右	江南春図(文徴明)	370	項名達	376
光宅寺	1104左	江南春	371	口面 →髻口	719
郊壇官窯	973左	弘忍	371	黄門鼓吹	410右
交趾	364	皎然	371	孔融	377
孔稚珪	364	高然暉	371	高誘	377

康有為	377	呉説	383	古鏡記	390
江有誥	377	古越磁	383	五経算術	390
光裕社	377	呉越春秋	383	五教十宗	390
皇祐新楽図記	378	呉越備史	384	五経正義	390
項容	378	胡瑗	384	五行相克	390 左
紅陽教	378	顧炎武	384	五行相生	390 左
高陽崑腔	1122 右	呉王光鑑	384	五行相勝	390 左
広興図	378	呉王光剣	384	五行大義	391
皇輿全覧図	378	呉王夫差鑑	384	五経大全	391
こうら		呉王夫差剣	384	五経博士	391
高麗伎	542 左	呉王夫差矛	385	五経文字	391
高麗図経	378	胡応麟	385	古玉図	391
高麗蔵	378	ゴーチェ	385	胡居仁	391
勾欄	379	五音	385	古琴　→琴	254
皇覧	379	呉音	385	胡琴	391
鴻鸞禧　→金玉奴	257	五音戯	385	五禽戯	146 左
功利	379	五音集韻	386	古今字　→古今字	401
蒿里歌	1022 右	こか		古今注	392
康里巎巎	379	胡笳	386	こく	
高力士	379	呉歌	386	呉虞	392
后李文化	379	顧愷之	386	悟空	393
興隆窪文化	379	湖海詩伝	386	悟空劇	393
江陵	380	呉嘉紀	386	谷音	393
洪亮吉	380	五岳	386	国権	393
広陵散	380	五花爨弄	387	国学	393
江陵楚墓群	380	胡笳十八拍	387	酷寒亭	394
黄粱夢	380	呼家将	387	国伎	542 左
孔林	373 右	五花土	387	国語	394
高嶺土	381	五加皮	387	国語運動	1174 左
勾臉	1293 左	古画品録	387	国語ローマ字	1174 左
孝廉	381	古楽府	387	国故論衡	394
高濂	381・243 右	顧歓	388	国策　→戦国策	720
香奩集	381	後漢書	388	国差𦉢	817 左
香奩体	381	呼韓邪単于	388	告子	394
黄老思想	381	觳觫	388	緙糸	394
紅楼夢	382	呉起	388	国子監	394
紅楼夢評論	382	呉熙載	388	国秀集	395
鉤勒塡彩	382	虎丘	389	告身	395
鴻臚寺	382	故宮　→紫禁城	481	国清寺	395
行路難	383	胡弓　→胡琴	391	国清百録	395
江淮異人録	383	虎丘雲巌寺塔	389	国姓爺　→鄭成功	884
広和楼	298 右	呉琚	389	黒旋風負荊	395 右
黄綰	383	故郷	1304 左	黒旋風李逵	395
伍員吹簫	383	顧況	389	五具足	1150 右
こえ		五経	389	黒茶	1054 右
己易	383	五行	389	国朝学案小識	395
呉越	383	五経異義	390	国朝耆献類徴	395

国朝献徴録	395	五虎平西平南伝	401	湖熟文化	407
国朝詩別裁集　→清詩別裁集	634	古今逸史	401	五銖銭	408
国朝先正事略	396	古今韻会挙要	401	伍守陽	408
国朝文類　→元文類	322	五言古詩	402左	虎錞	557左
国朝駢体正宗	396	古今字	401	胡舜臣	408
克鼎	396	五言詩	402	鈷杵	1150左
黒陶	396	古今詩刪	402	錞鐘	408
刻符	397	古今事文類聚	402	五常	408
国風	480右	古今小説	455右	呉承恩	408
極楽	397	古今説海	402	古城会	172右
斛律金	863右	古今図書集成	402	五姓各別	409
穀梁春秋　→穀梁伝	397	古今律暦考	283右	胡承珙	409
穀梁赤	397右	こさ		五丈原	409
穀梁伝	397	五彩	402	呉昌碩	409
酷吏列伝	397	後西遊記	441右	古小説鉤沈	409
互訓	397	五雑組	402	呉城文化	409
こけ		鼓山　→鼓山	271	古抄本	596左
五刑	397	呉三桂	403	五針眼訂法	727左
古経解彙函	398	五山十刹	403	五臣注文選	1178左
古経解鉤沈	398	胡三省	403	悟真篇	410
虎渓山一号漢墓	398	孤山智円	403	こす	
呉敬梓	398	五山版	403	呉須	410
詁経精舎	398	五山文学	403	呉須赤絵	410
五経文字　→五経文字	391	古詩	404	鼓吹楽	410
滬劇	398	虎子	404	鼓吹署	793左
五家七宗	398	鼓師	404	牛頭禅	410
古月軒	399	鼓詞	404	牛頭梅檀	821右
五権	399	古璽	404	呉須手	411
五絃	399	居士	404	牛頭馬頭	411
語言自邇集	34右	五祀	404	顧姓	91右
呉趼人	399	呉子	405	五声	411
顧憲成	399	語絲	405	五星占	411
五弦琵琶	1050左	古詩紀	405	古清涼伝	411
瓠壺	399	古詩帰	405	五星連珠	1286右
五古	402左	古詩源	405	胡適　→胡適	417
胡宏	399	鼓子詞	405	語石	411
壺公	399	古詩十九首	406	五石散	411
呉広　→陳勝・呉広	870	伍子胥	406	呉全節	412
呉剛	400	古詩賞析	406	胡旋舞	321右
顧広圻	400	故事新編	1304右	呉船録	412
古工尺譜	350右	古詩選	406	古泉匯	412
顧閎中	168左	後七子　→前後七子	721	顧祖禹	949右
五更転	400	居士伝	407	胡曾詠史詩	412
罟罟冠	400	五時八教	407	古装戯	412
跨湖橋遺跡	400	古詩平仄論	80右	五曹算経	413
五胡十六国	400	古写本	596左	呉楚七国の乱	413
五胡十六国仏像様式	401	袴褶	407	五祖七真	413

五祖法演	413	こな		呉与弼	424
古染付	413	湖南学派	419	五柳先生伝	424
古尊宿語録	413	木の葉天目	803左	伍柳派	424
こた		呉派(考証学)	419	五量	425
五代会要	414	呉派(絵画)	419	五糧液	425
五台山	414	呉派(篆刻)	419	五倫	425
五台山寺廟音楽	414	呉梅	419	語林	425
古体詩	414	呉梅村　→呉偉業	327	五倫五常　→五常	408
五代史記　→新五代史	631	古柏堂伝奇	419	コルディエ	425
五代十国	414	鼓板	1211左	五礼通考	425
五代史平話	415	五百羅漢図	419	呉歴	425
五代詩話	415	呉彬	419	語録	426
呉大澂	415	虎符	1053左	コロマンデル	426
呉帯当風		戸部	461左	こん	
→曹衣出水・呉帯当風	736	古賦	420	鮌	426
五代名画補遺	415	古風	420	孔乙己	1304左
呉澄	415	胡服	420	困学紀聞	426
五朝詩別裁集	645左	五服	420	渾儀	426
蝴蝶装	415	五部六冊	421	崑曲　→崑腔系	427
蝴蝶杯	416	古文(書体)	421	崑劇	426・969右
蝴蝶夢	416	古文(文体)	421	混元聖紀	427
胡直	416	古文運動	421右	崑腔系	427
胡直夫	416	呉文英	421	金剛座真容	428
呉鎮	416	古文苑	421	金剛杵	1150左
笏　→笏	519	古文学	421	金剛智	428
刻花	416	古文関鍵	422	金剛盤	1150左
黒介幘	107左	古文観止	422	金剛般若経	428
昏鼎	416	古文辞	422	金剛錍	428
骨牌	1141右	古文尚書	604右	金光明経	429
五帝	416	古文尚書撰異	422	金剛鈴	1150左
呉廷翰	417	古文辞類纂	422	崑山腔　→崑腔系	427
胡適	417	古真宝	423	渾象	429
五蠹	188左	古文龍虎経	423	渾脱帽	423右
五度	417	胡瓶	423	困知記	429
古銅　→胡銅	417	呉炳	423	滾調	341左
胡銅	417	胡炳文	423	渾天説	429
梧桐雨	417	胡帽	423	金銅	949左
五灯会元	417	五方元音	424	金銅仏	429
呉道玄	418	五鳳二年刻石	424	混沌	429
虎頭牌	418	護法論	424	魂魄	430
胡騰舞	321右	古門	1067左	髠髪	430
虎頭梁遺跡	418	こや		袞服	430左
五徳	418	顧野王	424	袞冕	430
顧徳輝	418	子安貝	994左	鯤鵬	430
五徳終始	418右	古謡諺	424	昆明花灯戯	150左
五斗米道　→天師道	897	古陽洞	1261左	崑弋腔	427右
		呉械	424	坤輿万国全図	430

袞龍服	430 左	才人	601 左	策彦入明記	443
昏礼	430	財神	437	索靖	443
崑崙山	431	再生縁	437	窄袍	1098 右
		采石磯	437	策問 →策	443

さ

		犀尊 →小臣艅犠尊	585	策林	443 左
		彩旦	817 左	差遣	444
釵	432	採茶戯	437	左思	444

さい

才	432	蔡中郎集	442 左	佐使	1138 左
斎	432	最澄	437	左慈	444
蔡	432	蔡沈	438	左氏春秋 →左伝	447
西域 →西域	670	才調集	438	査士標	444
柴栄	433	蔡沈 →蔡沈	438	左衽 →右衽	35
蔡琰	433	衰経	439 右	査慎行	444
細音	433	祭姪文稿	438	沙井文化	444
犀角帯	130 左	彩陶	438	坐禅	445
西河大鼓	787 左	祭塔	1007 左	煞	445
歳寒三友	433	崔峒	439	雑家	445
歳寒堂詩話	433	載道	439	雑卦伝	53 左
賽戯	433			劄記	445

さいは

		崔白	439	殺狗勧夫	445
彩篋塚	1210 右	犀皮	439	殺狗記	445 右
蔡京	433	采風	439	雑劇	445
蔡元定	433	衰服	439	雑劇三集	446
蔡元培	434	祭服	440	煞衮	445 左
崔浩	434	祭文	440	雑言詩	446
崔顥	434	蔡文姫 →蔡琰	433	雑彩	446
蔡侯紙	434	崔融	440	劄子	446
蔡侯墓	434	西遊記	441	雑詩	446
崔国輔	434	西遊記雑劇	441	冊子本	446
菜根譚	435	西遊真詮	441 左	殺青	446

さいさ

		西遊補	441	煞声	445 左
蔡山	435	蔡邕	441	雑体詩	446
祭祀	435	在理教	442	薩都剌	447
才子佳人小説	435	賽龍舟	819 右	煞板	445 左
歳時記	435	蔡倫	434 右	鎩美案	630 右
才子書	436	祭礼	442	冊府元亀	447
崔子忠	436	崔令欽	238 左	雑扮	744 左
歳実	436	彩楼配	363 左	鍘包勉	1106 右
歳実消長	436 左	差役	442	左伝	447
采詩官	436	沙苑文化	442	渣斗 →唾壺	813
祭酒	436	耍和尚	442	佐波理 →響銅	237
采菽堂古詩選	436			座部伎	983 右
崔述	436			坐忘論	447

さき

晒書 →曝書	1007	左丘明	443		
載書 →盟書	1163	削	443		

さん

斎醮	436	策	443	衫	447
		幘	443	盞 →杯・托	997
蔡襄	437	鑿	443	讃	448

三一	448	三弦書	455	山西八大套	463
三一教	448	三言二拍	455	山西梆子　→晋劇	628
三因仏性	448	三元八会	456	山西北路梆子	463
桟雲峡雨日記	813右	三公	456	三世仏	464
三易	449	三皇	456	三仙	464
山弈候約図・竹雀双兎図	449	三綱	456	三髻	720左
山越	449	三合院住宅	456	山陝甘会館	464
三垣	449	三綱五常　→五常	408	三蘇　→蘇洵	769
三袁　→袁宏道	62	三国志	456	→蘇軾	770
三遠	449	三国志演義	456	→蘇轍	772
さんか		三国時代	457	三曹　→曹操	752
山歌(民謡)	449	三国志注	458	→曹丕	756
山歌(本)	450	三国志通俗演義	458	→曹植	749
三塊瓦臉	1293左	三国志平話	458	三蒼	741右
山海関	450	さんさ		三蔵	464
三階教	450	斬衰	420右・439右	さんた	
三界唯心	450	三才	458	三代	464
三科九旨	451	三彩	458	山帯閣注楚辞	464
散楽	451	三才図会	459	三代吉金文存	465
算学啓蒙	451	鑽鑿	1134右	三諦三観	465
三楽社	151右	残山剰水	459	三体詩	465
三角縁神獣鏡	451	三尸	459	三合班	1062右
山岳文	451	三字経	459	三岔口	1189左
三家詩	451	散氏盤　→大人盤	764	三打白骨精	576左
三个檔	754右	山字文鏡	459	算籌	465
三箇疏	452	三謝	459	三張(天師道)	465
三花臉	830右	三舎法	459	三張(文人)	
三官	452	三十六字母	460	→三張二陸両潘一左	466
算木　→算籌	465	三十六天	460	三長斎月	466
三希堂法帖	452	三十六天罡	460	山頂洞人	466
三教	452	三性	460	三張二陸両潘一左	466
三峡	453	三笑	460	三朝北盟会編	466
三侠五義	453	三小戯	460	三伝　→左伝	447
三教捜神大全	453	三省六部	461	→公羊伝	276
散曲	453	山人	461	→穀梁伝	397
山巨源に与うる絶交の書	287右	三神山	461	酸甜楽府	466
山居図(銭選)	453	山水画	461	参天台五台山記	466
参軍戯	454	山水詩	462	山濤	467
懺悔	454	山水図(李唐)	462	参同契	467
算経十書	454	山水遊記	462	山東快書	467
三経新義	454	算数書	462	山東琴書	259右
三慶班	230右	三世	462	山堂考索	467
三撃掌	363左	三正	462	三洞四輔	467
山家・山外の争い	454	三清	462	三洞珠嚢	468
三元	454	三世異辞	462	山東石仏	468
三玄	455	山西商人	463	山東龍山文化	468
三弦	455	三星堆遺跡	463	三統暦	468

三都賦 469	辞 474	司空 456左・1226右
賛寧 469	字彙 475	司空曙 482
三倍法 469	四夷楽舞 475	司空図 482
算盤 469	次韻 475	司空表聖文集 482右
三藩の乱 469	寺院 475	四句教 482
三百六十律 469	詩韻含英 475	竺道生 482
散賦 1053右	歇後語(シエホウユイ) →歇後語(けつごご) 302	竺法護 482
三武一宗の法難 469	四王呉惲 475	竺法蘭 483
三婦艶 470	歯音 690右	四君子 483
三不去 470	慈恩大師 →窺基(きき) 199	思渓蔵 483
蚕服 470	慈恩伝 475	支謙 483
散文 →文 1075	**しか**	師涓 128左
三墳五典八索九丘 470	四花 483左	詞源 483
三分事略 458右	子夏 476	辞源 483
三分損益法 470	之卦 476	四元玉鑑 484
三輔 471	爾雅 476	脂硯斎 484
衫袍 1098右	尸解 476	詩言志 481左
三茅君 471	辞海 476	四元術 484
三宝太監西洋記通俗演義 471	詩界革命 477	至元弁偽録 484
三輔決録 471	志怪小説 477	詩源弁体 484
三輔黄図 471	爾雅義疏 477	時憲暦 484
さんま	詩格 477	**しこ**
三麻子 →王鴻寿 78	四角号碼 477	司鼓 404左
三民主義 471	詩学指南 477	四胡 787右
三夢記 1005左	四河入海 477	四呼 →開斉合撮 110
算命 472	爾雅翼 477	刺虎 484
三門峡漕運遺跡 472	止観 478	紫姑 484
三楊 783左	史館 478	字詁 485
三礼 472	止観輔行伝弘決 478	子貢 485
三礼図 472	寺観壁画 478	司寇 1226左
驂鸞録 472	識 479	師曠 128左
三吏三別 472	史記 479	兕觥 485
算糧 363左	詩紀 →古詩紀 405	施公案 485
三老 472	詩疑 480	四合院住宅 485
三論玄義 473	詩議 488右	師公戯 966左
三論宗 473	四季絵 →四時図 489	㪍公盨 485
	四季花鳥図(呂紀) 480	始皇帝 →秦始皇帝 632
し	識語 480	紫口鉄足 485
	慈禧太后 →西太后(せいたいごう) 684	事功派 →永嘉学派 44
矢 217左・763左・907左	史記天官書 480	→永康学派 45
士 473	詩経 480	始皇陵 →秦始皇帝陵 633
尸 474	鴟鴞卣 1182右	地獄 486
私 →公・私 347	子虚賦 897右	施国祁 486
刺 474	史記暦書 481	地獄変相 486
粢 →柔粢(らいし) 1205	紫禁城 481	四庫全書 486
詞 474	軸 180右	四庫全書総目提要 487
觶 474	摯虞 481	四言詩 487

しさ	詩人主客図 495	七音 502
斉衰 420右	志人小説 495	七音略 502
紫釵記 247左	史晨碑 495	七家後漢書 502
子産 487	**しせ**	七官青磁 502
祀三公山碑 487	四声 495	七去 503
磁山文化 488	四清 483左	七俠五義 453左
詩史 956右	詩聖 →杜甫 956	七弦琴 →琴 254
子思 488	次清 691左	七言古詩 503左
刺史 488	四声猿 495	七言詩 503
獅子 488	資政新篇 496	七言絶句 503左
四時 488	四声切韻表 496	七十二地煞 503
指事 488	四声等子 496	七修類稿 503
詩式 488	四声八病 496	七出 →七去 503
獅子山漢墓 488	詩声類 496	七真 503
四時纂要 489	史籍考 496	資治新書 503
子思子 489	字説 497	七声 503
四時図 489	紙銭 497	七政推歩 503
資治通鑑 489	詞詮 497	七夕 504
資治通鑑外紀 490	自然 497・1306右	七発 502左
資治通鑑綱目 490	四川相書 132左	七品芝麻官 940左
獅子舞 490	四川清音 497	七部楽 542左
施讐 490	四川石窟 498	七歩才 504左
四十自述 490	四川揚琴 259右	七歩詩 504
詩集伝 491	詞綜 498	七妹与蛇郎 150左
四十二章経 491	詩藪 498	史忠 504
磁州窯 491	地蔵 499	史籀篇 504
施閏章 491	時装戯 →古装戯 412	子張 504
四書 491	地蔵経 499	七曜 504
詩序 492・481左	地蔵菩薩像 499	時調小曲 504
字書 492	只孫服 499	七曜攘災決 505
四象 492	四存篇 499	七略 505
師裏 128左	**した**	七録 505
紫簫記 247左	詩体 499	**しつ**
史墻盤 492	施耐庵 500	瑟 505
児女英雄伝 492	四大奇書 500	質 →文質 1079
詩書画一致 492	四大徽班 230右	櫛 505
四書集注 492	四大鬚生 500	史通 505
仕女図 493	四大書院 500	辞通 505
四書大全 493	四大声腔 →南戯四大声腔 969	日下旧聞 506
四書或問 493	士大夫 501	実学 506
獅子林 493	四大名旦 501	十干十二支 506
四神 493	次濁 691左	失空斬 506
四診 494	史達祖 502	日月壺 507
四針眼訂法 727左	四端 502	執壺 →水注 658
四神鏡 494	子弾庫楚墓 772右	十行脚色 367右
詩人玉屑 494	七 502	十国春秋 507
四進士 495	七哀詩 79左	集古録 507

湿屍	507	詩評 →詩品	513	社学	518
実事求是	507	詞品	513	釈迦如来像	518
実叉難陀	507	詩品	513	車旗	691 右
十洲記 →海内十洲記	111	詞譜	514	社戯	519
十鐘山房印挙	507	四部	514	勺	519
実政録	508	辞賦	1053 左	尺	519
実知	1306 右	子不語	514	笏	519
十竹斎書画譜	508	四部叢刊	514	爵	519
十通	508	事物紀原	514	爵位	520
失粘	992 左	詞文	514	錫劇	520
実録	508	時文	514	借傘	1007 左
子庭	508	四分律	515	釈氏稽古略	520
子弟書	508	四分律行事鈔	515	錫杖	520
四天王	508	四分暦	515	釈氏要覧	520
四天王像	508	詩病	496 右	赤銅	417 右
司徒	456 左・1226 左	四平山	515	借東風	520
祠堂	509	思弁録輯要	515	借馬	1015 左
耳璫 →璫	908	字母 →三十六字母	460	尺八	520
歯頭音	691 左	諡法	515	爵弁冠	159 右
指頭画	509	自報家門	516	釈名	521
師道戯	509	私房行頭	368 左	謝恵連	459 右・525 左
寺塔記	509	四方四季障壁画	516	子夜呉歌	518 右
梓潼帝君	509	四方平定巾	516	写刻本	521
支道林 →支遁	509	四方瓦楞帽	1309 右	鷓鴣斑	521
自度曲	948 右	子母哏	586 左	鷓鴣飛	521
私度僧	509	子母調	246 左	しゃし	
支遁	509	四法界	516	子夜四時歌	518 右
指南車	510	司母戊方鼎	516	謝時臣	521
しは		思凡下山	516	撈四門	1068 左
司馬	456 左・1226 左	緦麻	421 左	社稷	521
詞牌	510	四民月令	516	社神	517 右
司馬懿	510	字謎	517	写真 →肖像画	588
耳杯	510	四明十義書	517	捨身	521
司馬睿	510	四溟詩話	517	謝榛	521
司馬炎 →武帝(西晋)	1072	四面像	517	茉莉花茶	522
司馬金龍墓出土漆画屛風	39 左	刺孟	1306 右	謝宣城集	522 右
自撰	511	思問録	517	社倉	522
市舶司	511	しゃ		謝荘	522
紫柏真可	511	社	517	写像秘訣	522
司馬光	511	謝安	517	謝朓	522・459 右
司馬相如	512	写意	517	謝肇淛	522
司馬承禎	512	ジャイルス	518	釈家	522
司馬遷	512	参簷帽	1260 左	車灯	522
司馬談	513	社火	518	車馬	523
司馬仲達 →司馬懿	510	子夜歌	518	車馬坑	523
詩比興箋	513	社会	518	シャバンヌ	523
紫微詩話	513	謝赫	387 右	射覆	524

謝枋得	524	繍花	147右	従省服	373右
站赤（ジャムチ）→駅伝制度	53	銹花 →鉄絵	889	周汝登	537
沙面租界 →広州沙面租界	352	習学記言	531	周臣	537
沙門不敬王者論	524	十駕斎養新録	531	修身	537
舎利信仰	524	周官 →周礼	555	重唇音	537
舎利塔	524右	周官新義	454右	周秦行紀	537
舎利瓶	524右	四遊記	532	集成曲譜	538
舎利容器	524	蛍尤戯	1043左	秋千	538
謝良佐	525	周季常	419右	鰍鱔賦	538
謝霊運	525・459右	蹴球	532	繍像小説	538
上海外灘（シャンハイワイタン）	525	十牛図	532	十大経	538
上博楚簡（シャンはく）	762左	秋興八首	532	袖珍本	538
しゆ		拾玉鐲	532	重訂四書輯釈	538
殳	525	秋瑾	532	周徳清	539
朱	526	集句	532	周敦頤	539
盨	526	周原	533	**しゆうな**	
綬	526	十玄縁起	533	修内司官窯	973左
朱彝尊	526	周憲王 →朱有燉	555	終南山	539
守一	526	周原甲骨	533	終南山祖庭仙真内伝	539
朱筠	526	周公	534	十二忌	539
しゆう		秋江	244左	十二経脈	296右
州	526	周公毀 →井侯毀	676	十二次	539
周	527	周口店遺跡	534	十二消息卦	539
宗	527	周公廟遺跡	534	十二章文	540
習	528	十五貫	534	十二辰	540
子游	528	秋胡戯妻	535左	十二生肖	540
史游	528	秋胡行	534	十二平均律	540
自由	528	十五国風	480右	十二門論	473右
十悪	528	集古今仏道論衡	535	十二律	540
輯安	528	緝古算経	535	十二楼	540
拾遺記	529	秋胡詩	535左	十八律	541
集異記	529	修己治人	535	十八家詩鈔	541
戎昱	529	集古録 →集古録（しっころく）	507	十八史略	541
十一面観音像	529	**しゆうさ**		十番鼓	541
集韻	529	周作人	535	十番鑼鼓	541
十韻彙編	529	十三夷館 →広東（カントン）十三夷館	185	周髀算経	541
周易 →易経	52	十三経注疏	535	周弼	465左
周易外伝	530	十三経注疏校勘記	535	周必大	542
周易参同契	530	十三行 →広東（カントン）十三行	185	秋風辞	542
周易集解	530	十三轍	536	十部楽	542
周易内伝	530	充耳	1095左	十不閑	1291左
周易本義	530	十地経論	536	十部算経	543
収円教	530	十四経発揮	536	十不二門指要鈔	543
縦横家	530	十七史商榷	536	周文矩	543
十王経図	531	十七帖	536	修文殿御覧	543
集王聖教序	531	周之冕	537	秋碧堂帖	543
十王信仰	531	周書	537	周昉	543

周邦彦	543	朱子晩年定論	550	淳于意	557
周慕蓮	718右	朱思本	550	荀悦	557
十万巻楼叢書	544	朱之瑜　→朱舜水	550	春鶯囀	975左・1010左
周密	544・1075左	朱淑真	550	淳化閣帖	557
宗密	544	朱舜水	550	荀況　→荀子(人物)	558
十面埋伏	544	朱駿声	550	荀勗	557
獣面文　→饕餮文	941	殳書	550	荀慧生	501右
宗門十規論	544	朱軾	551	閏月	558
宗門統要	544	授時暦	551	濬県辛村衛国墓地	558
十翼	545	朱震	551	春江花月夜	558
秋柳詩	545	朱震亨	551	春在堂全書	558
周亮工	545	ジュスイット会　→イエズス会	12	荀粲	558
揉臉	1293左	主静	551	荀子(人物)	558
十六経　→十大経	538	朱世傑	551	荀子(本)	558
十六羅漢図	419右	酒泉	551	荀子楽論	559
十六国春秋	545	**しゆた**		遵式	559
守温	545	朱端	552	春秋	559
しゆか		術	552	春秋学	559
儒家	545	述異記	552	春秋鏡	560
酒会壺	546	述学	552	春秋公羊伝　→公羊伝	276
朱開溝文化	546	述古堂書目	552	春秋公羊伝解詁	560
儒学	546	出三蔵記集	552	春秋穀梁伝　→穀梁伝	397
朱鶴齢	546	術数	553	春秋胡氏伝	560
朱熹　→朱子	548	甩髪功	553	春秋左氏経伝集解	560
孺久墓題記	546	種痘	553	春秋左氏伝　→左伝	447
儒教	546	朱徳潤	553	春秋三伝　→左伝	447
柷	118右	朱買臣休妻	553	→公羊伝	276
祝允明	547	儒服	554	→穀梁伝	397
祝辞	547	朱文太平銭	554	春秋時代　→春秋戦国時代	560
粛慎	547	主簿	554	春秋戦国時代	560
祝融	547	須弥山	554	春秋尊王発微	561
腧穴　→経穴	286	須弥山石窟	554	春秋繁露	561
朱権	548	種民	554	俊芿	561
朱元璋　→太祖(明)	796	手面	555	遵生八牋	562
主戸	548	儒門事親	852左	春節	562
珠江	548	朱有燉	555	荀爽	562
守庚申　→庚申待ち	357	周礼	555	春草闈堂	562
珠光青磁	548	ジュリアン	555	順治帝	562
朱載堉	548	朱陸同異論	555	純銅器	688左
守山閣叢書	548	寿陵	556	春冬山水図(戴進)	562
朱子	548	儒林外史	556	春鶯囀	975左・1010左
朱子学	549	朱倫瀚	556	巡撫	562
朱士行	549	酒令	556	皴法	563
朱子語類	549	**しゆん**		順陵	563
朱自清	549	舜	556	循吏列伝	563
授時通考	550	盾	557	**しよ**	
朱子年譜	550	錞于	557	書(書道)	563

書(本) →書経	604	小学(本)	570	鄭玄	576
詩余 →詞	474	城郭	570	状元印	577
序	564	小学鈎沈	571	松絃館琴譜	577
恕	564	章学誠	571	貞元新定釈教目録	577
徐渭	564	帖学派	571	葉 憲祖 →葉憲祖	1192
書院	565	蕭何月下追韓信	572	小功	421 左
初印本	565	嫦娥奔月	413 左	紹興	577
書院本	565	小花臉	830 右	焦竑	577
しょう		傷寒	572	蕭綱	577
頌	1225 右	鑲嵌	572	鍾嶸	513 右
称	565	上官婉児	572	上口	991 右
商 →殷	22	上官儀	572	紹興戯 →紹劇	575
章	565	貞観公私画史	572	小口袴	325 左
笙	565	傷寒雑病論 →傷寒論	573	紹興酒	578
勝	432 左	上官周	572	城隍神	578
湘	565	上官昭容 →上官婉児	572	紹興大班 →紹劇	575
証	494 左	貞観政要	572	蒋興儔	924 右
鉦 →鐸・鉦	813	上官体	573	松江派	578
頌	566	傷寒論	573	紹興文戯 →越劇	56
璋	566	蒋驥	465 左	小忽雷伝奇	578
鍾	566	鍾馗	573	招魂	767 右
簫	566	象棋	573	しょうさ	
鐘	566	鍾馗嫁妹	573	上蔡語録	578
浄	567	性起説	574	松斎梅譜	998 右
情	567	商丘	574	招差術	578
字様	567	湘綺楼全書	574	唱做念打	579
聶夷中	568	章句	574	鍾山	579
正一教	568	性具説	574	少師	128 左
畳韻	568	湘君	767 右	小爾雅	579・273 左
招隠詩	568	将軍盔	574	城子崖	579
蕭雲従	568	昭君出塞	574	葉子奇	758 右
蕭頴士	569	商君書	574	蕭子顕	579
蕭繹	569	将軍塚	575	浄慈寺	579
蕭衍 →武帝(南朝梁)	1072	将軍令	198 右	上巳春浴	579 右
静琬	1108 左	象形	575	鍾嗣成	579
商鞅	569	肖形印	575	上巳節	579
しょうか		象形印 →肖形印	575	蒋士銓	580
蕭何	569	場景音楽 →器楽曲牌	198	少室山房筆叢	580
鑣盃	569	小景画	575	成実宗	580
獐牙	569	紹劇	575	成実論	580
嫦娥	569	上下句	1025 左	邵氏聞見録	581
裏楷	570	上華厳寺大雄宝殿	301 左	小綬	526 左
詳解九章算法	570	湘劇	576	上手	368 左・754 右
章回小説	570	上下場 →舞台調度	1067	向秀	581
章懐太子墓壁画	570	尚賢	1124 左	商周彝器通考	581
小開門	198 右	昌言	576	浄衆院壁画	581
小学(学問)	570	常建	576	常州学派	581

浄住子浄行法門	581	上清宮	586	承徳外八廟	592
常州詞派	581	上清派 →茅山派	1108	葉徳輝 →葉徳輝	1200
趙州従諗	582	照世盃	586	浄土瑞応伝	592
常州草虫画	582	松石	587	浄土変相	592
趙州無字	582	縄蓆文 →縄文	597	浄土論註	593
小珠山諸文化	582	小説	587	小屯	24右
焦循	582	小説家	587	小屯南地甲骨	593
葉春善	152左	小説界革命	587	城南柳	593
小書 →弾詞	819	小説月報	587	小児薬証直訣	593
尚書 →書経	604	小蘇 →蘇轍	772	しょうは	
尚書引義	582	章草	588	城背渓文化	593
小祥	582	帖装	588	松漠紀聞	593
葉燮 →葉燮	1196	肖像画	588	詔版	593
蕭照	583	小双橋遺跡	588	聶豹	594
丞相	583	小倉山房詩集	65右	小品文	594
尚小雲	501右	聖僧像	588	小品方	594
瀟湘臥遊図(李氏)	583	鑲尊	569右	承負	594
瀟湘水雲	583	小孫屠	49右	笑府	594
上場白	991右	上村嶺虢国墓地	588	城舞	983右
瀟湘八景図	583	しょうた		常服 →公服	373
清浄法行経	583	唱賺	589	湘夫人	767右
上場門	1067左	小畜集	71左	韶舞舞譜	119左
将相和	584	焦仲卿妻 →孔雀東南飛	271	浄瓶	660右
尚書孔安国伝	330左	小調	589	昇平署 →南府	974
尚書古文疏証	584	商調蝶恋花鼓子詞	589	常平倉	595
尚書省	461左	頌鼎	589	昇平宝筏	595
尚書大伝	584	上帝	589	章炳麟	595
蕭子良	584	嘯亭雑録	589	小辺	1067左
情史類略	584	葉適 →葉適	1200	鈔法	595
小人 →君子	280	小篆	590	小帽	595
蒋仁	584	松田	590	蒋防	128右
資陽人	585	象伝	53左	蕭方殺船	595
成尋	466右	鑲斗	590	葉夢得 →葉夢得	1201
邵晋涵	585	上都 →元上都	315	昭穆	595
小心斎劄記	585	浄土	590	抄本	596
将進酒	585	尚同	1124左	摺本	588左
小臣艅犠尊	585	葉堂	992右	昭昧詹言	596
しょうす		蕭統	590	摂摩騰	596
小翠花 →于連泉	39	証道歌	591	勝鬘経	596
蒋嵩	585	杖頭傀儡	116右	浄明道	596
象数一原	585	嘯堂集古録	591	商務印書館	597
象数易	585	牆頭馬上	591	昭明鏡	597
上図下文本	586	上党梆子	591	詳明算法	597
小生	666左	杖頭木偶戯	1171右	昭明太子 →蕭統	590
相声	586	笑道論	591	縄文	597
像生	586	浄土教	591	成唯識論	597
鍾惺	586	承徳 →熱河	990	成唯識論述記	597

倡優 598	書儀 603	書体 609
邵雍 598	徐熙 603	徐大椿 154右
鍾繇 598	徐璣 44右	女丹 609
襄陽 598	女起解 245右	徐擒 612左
従容録 598	諸宮調 604	女吊 576左
しようら	諸宮調西廂記	食貨志 610
小鑼 1210右	→西廂記諸宮調 681	蜀江文 610
請来美術 599	書経 604	初唐 927右
鍾離権 599	徐兢 378右	初唐四傑 610
鐘律書 599	蜀(三国) 604	**しよは**
昭陵 599	蜀(四川省) 604	諸蕃志 610
笑林 599右	鐲 712右	諸病源候論 610
笑林広記 599	峙峪遺跡 605	書品 81右
少林寺 599	稷下之学 605	書譜 610
上林賦 897右	織女 504左	徐福 610
証類本草 599	食人卣 605	徐復祚 611
小令 453右	続天文略 605	徐文長 →徐渭 564
詔令 599	職方外紀 605	書帽 611
鍾礼 600	蜀本 605	徐賁 611
昌黎先生集 191右	徐鉉 605	書目答問 611
饒魯 600	徐乾学 606	徐有壬 611
鍾呂伝道集 600	書鼓 787左	徐庚体 611
唱論 600	徐光啓 606	汝窯 611
肇論 600	**しよさ**	胥吏 611
摂論宗 600	助蚕服 470右	徐陵 612
唱和 475左	助字 606	舒璘 612
しよか	書史会要 606	書林清話 612
女媧 601	女史箴図 606	書論 612
書会 601	徐氏体 606	祥瑞 613
徐階 601	叙事体 607	**しら**
書会先生 601左	諸子百家 607	士礼 →儀礼 251
徐錯 601	諸子平議 607	白鳥庫吉 613
書画一致論 601	助字弁略 607	糸履 613
徐霞客遊記 601	徐寿 608	字林 613
徐岳 601	徐州画像石墓 608	詞林一枝 613
初学記 602	徐州琴書 259右	詩林広記 613
初学集 719左	書集伝 608	事林広記 614
書画書録解題 602	署書 608	詞林摘艶 614
諸葛孔明 →諸葛亮 602	書序 608	事類賦 614
諸葛亮 602	書場 608	支婁迦讖 614
序卦伝 53左	徐照 44右	シルクロード 614
書館 608右	女真 608	四霊(霊獣) 615
女冠 602	女真文字 609	四霊(詩人) →永嘉四霊 44
徐幹 602	徐崇嗣 609	時令 615
ジョカン寺 603	除夕 609	シレート・ジョー寺 615
書忌 81右	女仙外史 609	子路 615
書疑 603	詞余叢話 609	二郎神 615

四郎探母	1189左	真覚寺金剛宝座塔	623	秦刻石	631
四六 →駢文	1096	沈下賢 →沈亜之	620	新五代史	631
四六駢儷文 →駢文	1096	沈括	624	人虎伝	631
四六法海	615	新楽府	624	真言五祖像	631
白覆輪	615	沈家本	624	しんさ	
地論宗	616	新嘉量	624	沈采	1001左
詞話	616	申鑒	624	沈粲	632
詩話	616	沈煥	624	真山民	632
詩話総亀	616	秦簡	624	進士	123左
寺窪文化	616	秦観	625	申子	632
しん		人間詞話	625	神思	632
心	617	新干大洋洲大墓	625	慎子	632
臣	1138左	清刊本 →清版	646	襯字	453右
神	617	しんき		新詩運動	632
晋(春秋)	617	清規	626	清史稿	632
晋(西晋・東晋)	618	仁義	626	秦始皇帝	632
真	618	辛棄疾	626	秦始皇帝陵	633
秦(春秋戦国)	618	新儀象法要	626	晋祠聖母殿	633
秦(五胡十六国)	619	沈既済	626	清詞綜	634
清	619	神奇秘譜	626	清詩鐸	634
紳	799右	鍼灸	627	清十朝聖訓	634
新 →王莽	92	秦九韶	627	清実録	634・508右
箴	620	神珙	627	任氏伝	634
篆 →軋筝	5	信行	628	清詩別裁集	634
簪 →笄	283	人境盧詩草	628	晋祠銘	635
讖 →讖緯	621	申曲 →滬劇	398	神主	635
仁	620	呻吟語	628	沈周	635
沈亜之	620	真空教	628	神秀	635
新安沖海底引揚文物	620	沈環 →沈璟	622	神獣鏡	635
新安商人	621	親迎	431左	新修本草	636
深衣	621	秦蕙田	628	清儒学案	636
讖緯	621	晋劇	628	神呪経	636
神韻	622	新月派	628	心術	175左
沈璟	622	秦権	629	真書 →楷書	108
津液	622	慎言	87左	晋書	636
秦越人 →扁鵲	1093	進賢冠	629	新序	637
深遠	449右	沈兼士	629	新書	637
唇音	690右	新元史	629	新小説	637
審音鑑古録	622	新語	629	神霄派	637
しんか		真誥	629	清昇平署志略	637
真・仮	622	秦腔	630	清初三大家	637
秦檜	623	秦公殷	630	清初三大儒	637
清会典 →大清会典	794	秦公鐘	630右	晋書天文志	638
辰河戯	623	秦公大墓	630	清史列伝	638
心学	623	秦公鎛	630	清詩話	638
仁学	623	秦香蓮	630	岑参	638
新学偽経考	623	清国行政法	631	真人	638

人心 →道心・人心		934
搢紳全書		638
晋新田遺跡		638
信心銘		639
新声二十八解		1143左
新青年		639
真跡		639
新石器時代		639
沈荃		640
神仙		640
沈佺期		640
神仙図		641
神仙伝		641
沈宋 →沈佺期		640
→宋之問		747
神宗 →万暦帝		1035
仁宗 →嘉慶帝		134
清俗紀聞		641
心即理 →性即理・心即理		684

しんた

真諦		641
任大椿		642
真大道教		642
津逮秘書		642
清代伶官伝		642
真鍮		3右
秦中吟		642
沈重		642
清朝考証学 →考証学		354
沈寵綏		642
神通寺四門塔		643
神亭壺		643
新鄭古墓		643
新天師道		339右
辛店文化		643
信天游		643
沈度		643
慎到		644
簪導		644
新唐書		644
心統性情		644
神荼鬱塁		644
神道碑		644
慎独		644
真徳秀		645
沈徳潜		645
神会		645

神農		645
秦王破陣楽 →破陣楽		1013
神農本草経		645
清の帝陵		645

しんは

清稗類鈔		646
清版		646
真武		646
任風子		646
申不害		647
秦婦吟		15右
沈復		647
人物画		647
人物志		647
人物十八描		647
辛文房		926右
秦兵馬俑坑		647
新法		68右
任昉		648
新法暦書		663左
晋北説唱道情		932右
神魔小説		648
神滅論		648
人面桃花		649
沈約		649
新訳華厳経音義		18左
晋陽		649
瀋陽		649
瀋陽故宮		649
信陽長台関楚墓		650
潯陽琵琶 →夕陽簫鼓		701
沁陽盟書		650
人欲 →天理人欲		905
新楽遺跡		650
甄鸞		650
秦律		650
清律		651
秦量		651
信陵君		651
秦嶺		651
真霊位業図		651
真臘風土記		651
新論		652
秦淮		652

す

すい

隋		652
酔怡情		653
水運儀象台		653
随三十種		65右
水淹七軍		172右
随園食単		653
随園詩話		653
綏遠青銅器 →オルドス青銅器		97
随縁楽		818右
酔翁談録		653
水傀儡		116右
瑞花鏡		653
随函録		653
水旗		691右
隋鏡		654
瑞玉		654
水銀		654
睢景臣		654
水経注		654
水月観音		655
水月観音像		655
吹剣録		655
吹腔		655
水郷古鎮		655
瑞光寺塔		656
瑞光寺塔蔵螺鈿経箱		1213左
水滸後伝		656
睡虎地秦簡		624右
水滸伝		656

すいし

水詞		656
出師表		657
水袖		368右
隋書		657
隋書経籍志		657
遂初堂書目		657
隋書律暦志		657
燧人		658
酔醒石		658
瑞像		658
水村図（趙孟頫）		658
水注		658
隋唐演義		658

隋唐嘉話	658	宿曜経	665	斉家文化	673
水洞溝遺跡	659	宿曜道	665	西夏文字	673
隋唐長安城	659	朱雀	494左	西夏陵	673
隋唐洛陽城	659	錫	665	清嘉録	674
推拿	11左	スタイン	666	西漢　→漢	160
推背図	660	砂型	13左	斉己	674
衰派老生	666左	駿河版	666	請期	430右
随筆	660	童行(ずんなん)	666	正義	674
水瓶	660			清議	674
水墨画	660	**せ**		正誼堂全書	674
酔菩提	661			正気の歌	1083左
水磨腔(こんこうけい)　→崑腔系	427	**せい**		青丘子歌	338右
水磨調　→崑腔系	427	生	666	制挙	674
睢陽五老図	661	制	667	西狭頌	674
隋煬帝艶史	661	性	667	西曲	674
水陸道場	661	斉(周)	667	声訓	675
水龍吟	198右	斉(南朝)	667	盛京(しんよう)　→瀋陽	649
水路班	213右	斉(北朝)　→北斉	1125	西京雑記	675
すう		勢	668	西京賦	978右
数	553左	誠	668	成玄英	675
鄒一桂	661	精	669	青原行思	675
鄒衍	661	性悪	669・559左	西湖	675
数学(本)　→翼梅	1203	西安	669	声腔	675
数学(学問)　→術数	553	西安鼓楽	669	井侯段	676
嵩岳寺塔	662	西安城鐘楼・鼓楼	669	済公伝	676
鄒元標	662	西安清真寺	670	靖康の変	676
嵩山	662	西安碑林	670	西湖佳話	676
鄒守益	662	青衣	816右	西湖三塔記	690右
数術　→術数	553	誠意	670	西湖二集	676
数術記遺	662	西域	670	西湖夢尋	856左
数書九章	662	生員	671	西湖遊覧志	676
崇聖寺千尋塔	662	声韻学　→音韻学	98	西崑酬唱集	676
崧沢文化	662	精衛	671	西崑体	677
崇禎暦書	663	説苑	671	**せいさ**	
鄒伯奇	663	西王母	671	聖済総録	677
枢府	663	**せいか**		青瑣高議	677
崇文総目	663	西夏	671	星槎勝覧	677
枢密院	663	青花	672	正雑劇	744左
崇有論	663	正雅	1225右	聖ザビエル教会	677
鄒容	664	斉諧記	672	西山遺跡	677
数来宝	664	正楽育化会	1219左	青衫記	678左
数理精蘊	664	西岳華山廟碑	672	正山小種茶	678
透彫	664	正楽社	152左	性三品説	678
菅原道真	664	聖学宗伝	672	青衫涙	678
スキタイ文化	664	棲霞寺	672	正史	678
宗鏡録	665	棲霞寺舎利塔	673	西施	678
頭巾	665	棲霞寺石窟	673	青詞	678

斉詩	451右	
正字	678	
青磁	678	
正歯音	691左	
正字戯	678	
西字奇跡	679	
正始石経	679	
静室	679	
正字通	679	
正始之音	679	
聖旨碑	680	
西周　→周	527	
西洲曲	680	
西儒耳目資	680	
正書　→楷書	108	
政書	680	
成相	680	
正浄	567左	
西廂記	680	
西廂記諸宮調	681	
西昇経	681	
西樵山	681	
青城山	682	
清浄寺	682	
西蜀夢	682	
斉如山	1165右	
西晋　→晋(西晋・東晋)	618	
精神	202右	
聖人	682	
西秦戯	683	
清真寺	683	
醒世姻縁伝	683	
醒世恒言	455右	
西清古鑑	683	
西清四鑑	683右	
盛世新声	683	
清静妙経	683	
性善	683	
世祖(元)　→クビライ	274	
世祖(清)　→順治帝	562	
成祖(明)　→永楽帝	50	
聖祖　→康熙帝(こうきてい)	335	
世宗(後周)　→柴栄(さいえい)	433	
世宗(明)　→嘉靖帝	143	
世宗(清)　→雍正帝(ようせいてい)	1198	
性即理・心即理	684	

せいた		
西太后	684	
清濁	684	
正旦	816右	
清談	685	
西団山文化	685	
清茶門教	685	
精忠記	685	
精忠廟	975左	
清忠譜	685	
成兆才	685	
聖朝名画評	686	
青泥蓮花記	686	
井田	686	
井田法	686	
成都	687	
正統	687	
斉刀	687	
盛唐	927右	
青銅	908右	
青銅器	687	
青銅器時代	688	
斉東野語	688	
成都蜀王族墓地	688	
制度通	689	
西都賦	1270右	
靖難の変	689	
清白鏡	689	
青白磁	689	
西皮	1038左	
清微派	689	
声符	689	
正風	1225右	
清風閘	1136左	
聖武記	690	
正負術	690	
清平山堂話本	690	
青弁図(董其昌)	690	
声母	690	
盛懋	691	
西鳳酒	691	
整本戯	708左	
せいま		
正末	367右	
砌末	691	
盛明雑劇	691	
斉民要術	692	

声無哀楽論	692	
正名	692・559左	
西銘	692	
性命	692	
清明集　→名公書判清明集	1162	
清明上河図	693	
清明節	693	
正蒙	693	
正目　→題目正名	810	
盛茂燁	693	
西門慶	267左	
せいゆ		
聖友寺　→清浄寺	682	
聖諭広訓	693	
青羊宮	694	
青陽腔	613右	
性理学	694	
性理大全	694	
声律	694	
青龍	494左	
青龍寺	694	
西陵	645右	
西涼伎	542左	
清涼寺釈迦如来立像	694	
斉梁体	694	
青緑山水	830左	
声類	694	
性霊説	695	
西泠八家	695	
青蓮教	695	
青蓮岡文化	695	
青楼集	695	
せき		
戚	695	
舄	696	
齣	696	
石印本	696	
石鋭	696	
石介	696	
石恪	19右	
石玉崑	696	
石寨山古墓群	696	
磧砂蔵	697	
析字	697	
石氏星経	697	
石室墓	697	
石鐘山	697	

赤松子 697	雪橋詩話 704	薛八出 363左
石人石獣 698	石峽文化 705	説郛 710
石崇 698	石渠閣議 705	薛福成 710
淅川楚墓 698	窃曲文 705	薛平貴 363左
石台孝経 698	薛居正 219右	雪峰義存 710
石鼎聯句詩序 1291右	石渠宝笈 705	薛宝釵 382左
釈奠 698	絶句 705	薛鳳祚 1286右
石点頭 698	石経 705	絶妙好詞箋 711
石濤 699	石谿 706	説文 →説文解字 711
石幢 699	石闕 706	説文解字 711
石頭記 →紅楼夢 382	薛昂夫 706	説文解字繋伝 711
石頭希遷 699	石鼓歌 192左	説文解字詁林 711
尺牘 699	折獄亀鑑 706	説文解字注 711
関野貞 700	石刻文 706	説文義証 711
赤眉の乱 700	積古斎鐘鼎彝器款識 707	説文句読 711
射覆 →射覆 524	石鼓文 707	説文古籀補 712
赤壁 700	説譚話 707	説文釈例 712
赤壁図 700	せつさ	説文声類 712
赤壁の戦い 701	説三分 707	説文通訓定声 712
赤壁賦 701	楔子 310左	設論 712
赤峰紅山後 701	節子 983左	説話 712
石門頌 701	折枝画 707	説話四家 712右
石門皋市遺跡 701	薛氏款識	説話人 712右
石門文字禅 701	→歴代鐘鼎彝器款識法帖 1287	せん
夕陽簫鼓 701	折子戯 708	洗 712
戚蓼生 382右	説詩晬語 645左	釧 712
石林詩話 702	説書 242右	賤 713
世説新語 702	舌上音 691左	箋 →牋 713
世説新書 →世説新語 702	説唱文学 →講唱文学 356	磚 713
せつ	薛紹彭 708	籤 713
折 →齰 696	薛稷 708	線鞋 713
摂 702	薛仁貴衣錦還郷 708	銭惟演 713
節 702	拙政園 708	銭維城 713
説 703	薛瑄 708	銭乙 593右
切韻 703	雪窓 709	単于 713
切韻考 703	拙庵徳光 709	鮮于璜碑 714
切韻指掌図 703	雪寶重顕 709	鮮于枢 714
切韻指南 703	説唐 709	澶淵の盟 714
舌音 690右	薛濤 709	洗冤録 714
浙音釈字琴譜 703	舌頭音 691左	旋襖 68左
石家河文化 704	浙東学派 709	先王・後王 714
説岳全伝 704・131右	薛道衡 710	せんか
薛家崗遺跡 704	浙東鑼鼓 710	山海経 715
説卦伝 53左	節度使 →藩鎮 1030	選学 715
石棺墓 704	せつは	千家詩 715
絶観論 704	浙派(絵画) 710	善化寺 715
薛季宣 704	浙派(篆刻) 710	仙官 716

宣巻	716	禅宗五灯録	723	全唐文	730
禅関策進	716	泉州湾宋代海船	723	全唐文紀事	730
全漢三国晋南北朝詩	716	千手観音像	723	剪灯余話	730 左
船棺葬	716	銭俶 →銭弘俶	720	銭徳洪	730
千厳万壑図(龔賢)	716	尖首刀	723	宣徳炉	730
銭起	716	潜書	723	宣和遺事	730
璿璣玉衡	716	善書	723	宣和画譜	730
旋宮	717	銭松	724	宣和書譜	731
潜虚	717	禅譲	724	せんふ	
銭杏邨	717	全上古三代秦漢三国六朝文	724	旋風葉	731
顓頊	717	前掌大墓地	724	薦福寺小雁塔	731
顓頊暦	717	倩女離魂	724	千仏	731
千金記	1001 左	禅真逸史	724	塼仏	731
全金詩	717	全真教	725	宣武帝景陵	1121 右
千金方	717	銭神論	725	潜夫論	731
千金要方 →千金方	717	全清	691 左	銭幣文字	154 右
千金翼方	717 右	宣政院	725	占夢	731
潜渓詩眼	718	陝西龍山文化		氈帽	732
千頃堂書目	718	→客省荘第二期文化	216	全本王宝釧	363 左
川劇	718	銭選	725	全本戯	708 左
禅月集	718	宣宗 →道光帝	925	宣明暦	732
禅月大師 →貫休	168	銭曾	726	占夢 →占夢 (せんぼう)	731
銭謙益	719	全相三国志平話		善無畏	732
禅源諸詮集都序	719	→三国志平話	458	蟬文	732
銭玄同	719	全相平話五種	726	宣夜説	732
前腔	970 左	線装本	727	襜褕	732
漸江	719	全相本	727	禅余画家	732
髯口	719	全祖望	727	銭楽之	732
浅絳山水	830 左	せんた		千里送京娘	733
銭弘俶	720	籤題 →題簽 (だいせん)	796	銭鏐	383 右
銭弘俶八万四千塔 →金塗塔	265	前台	298 右	禅林僧宝伝	733
銭穀	720	銭大昕	727	蟬聯体	733
戦国鏡	720	銭大昭	727	宣炉 →宣徳炉	730
戦国策	720	戦太平	727		
戦国時代 →春秋戦国時代	560	全濁	691 左	**そ**	
前後七子	721	銭注杜詩	728		
全五代詩	721	千忠戮	728	俎	733
洗骨葬墓	234 右	線訂	727 左	疏(注釈)	733
せんさ		占田・課田制	728	疏(文体)	733
千載佳句	721	先天方位・後天方位	728	楚	733
剪紙	721	銭杜	728	そう	
銭時	721	善堂	728	宋(春秋)	734
前七子 →前後七子	721	善導	729	宋(南朝)	734
宣室志	721	全唐詩	729	宋(北宋・南宋)	734
千字文	722	全唐詩逸	729	相	735
泉州	722	全唐詩話	729	琮	735
禅宗	722	剪灯新話	729	箏	735

甑	735	宋広	742	宋初三先生	750
錙	735	倉公　→淳于意	557	宋書謝霊運伝論	750
騒	736	曾侯乙墓	742	叢書集成	750
草鞋	736	宋高僧伝	743	曾参　→曾子	745
宋赤絵	736	双厚坪	1047 右	竈神（そうしん）　→竈神（かまどがみ）	156
曹衣出水・呉帯当風	736	宋克	743	捜神記	750
曹寅	736	相国寺	743	臧晋叔	750
増韻	1285 右	曾国藩	743	宋璟	751
宋雲	736	蒼鶻	454 左	双声	751
漕運	736	そうさ		双清	751
僧叡	737	争座位帖	743	曹雪芹	751
宋琬	737	走索	1043 左	宋銭	751
蔵園九種曲	737	宋雑劇	744	曾先之	541 左
走円場	1067 右	僧璨	744	双漸蘇卿諸宮調	751
宋応星	737	曹山本寂	744	曹全碑	752
そうか		宋史	745	曹操	752
宋会要	737	宋詩	745	創造社	752
宋学	737	荘子（そうし）	745	造像銘	752
荘家不識勾欄	954 左	曾子	745	宗族	752
僧官	738	荘子（そうじ）	746	荘存与	753
象嵌	738	曹士蔿	1073 左	そうた	
蔵漢対音	739	草字彙	746	宋代宮廷隊舞	753
双環望仙髻	338 右	荘子郭象注	746	曹大家　→班昭	1027
宋刊本　→宋版	756	宋詩紀事	746	宋大詔令集	753
双喜	739	宋詩鈔	746	草台班	213 右
宋祁	739	宋十回	746	曹端	754
曾幾	739	宋詩別裁集	747	曹植（そうち）　→曹植（そうしょく）	749
奏議	739	宋之問	747	曹知白	754
僧祇戸	739	荘周　→荘子	745	僧稠	754
曾鞏	739	総集	747	草虫画　→常州草虫画	582
宋旭	739	蔵舟	416 左	曹仲達	754
宋玉	740	荘周蝴蝶夢	747	宋迪	754
藻魚図	740	宗周鐘（そうしょう）　→鈇鐘（こしょう）	408	双檔	754
双魚文	740	荘述祖	747	草堂寺	754
鏁金	740	早春図（郭熙）	748	曹洞宗	755
宋家	740 右	草書	748	草堂詩余	755
宋鈃	741	叢書	748	草堂詩話	755
曾鯨	741	宋書	748	総督	755
宋刑統	741	蔵書	748	宋の帝陵	755
蒼頡	741	走唱	748	早梅詩	756
蒼頡篇	741	奏摺	748	宗伯	1226 左
宋元学案	741	走縄	1043 左	宋版	756
宋元戯曲史	741	曾静	749	曹丕	756
宋元鏡	742	僧肇	749	甑皮岩遺跡	756
巣元方	610 右	宋翔鳳	749	臓腑	757
双鉤	742	蔵書紀事詩	749	宋風	757
双簧	742	曹植	749	宋文	189 左

宋文鑑	757	続高僧伝	763	蘇頌	770
宗炳	138 右	則古昔斎算学	764	蘇小小	770
掃墓	693 左	続古文辞類纂	423 左	蘇軾	770
宗法	757	即事	764	蘇秦	771
相法	758	俗字	764	楚石梵琦	771
僧帽壺	758	続資治通鑑	764	塑像	771
臧懋循 →臧晋叔	750	続資治通鑑長編	764	詛楚文	771
曾樸	302 左	即心是仏	764	蘇灘	767 左
曹妙達	758	矢人盤	764	祖沖之	771
宋名臣言行録	758	涑水記聞	765	蘇中郎	946 右
草木子	758	続斉諧記	672 右	楚調	771
草木成仏	758	束晳	1135 右	祖庭事苑	771
そうや		続世説	702 右	蘇轍	772
宋約詩格	310 左	続蔵経	765	蘇天爵	772
僧祐	758	則天武后	765	祖堂集	772
臧窯	759	ソグド文字	766	蘇東坡 →蘇軾	770
草葉文鏡	759	続碑伝集	1042 左	嗩吶	772
宋犖	759	俗賦	189 右	楚帛書	772
喪乱帖	759	族譜	766	蘇武	1274 右
総理衙門	759	俗文学	766	素服 →衰服	439
宗懍	292 左	続文献通考	766	蘇埠屯遺跡	773
臧琳	759	足本	766	蘇秉琦	773
喪礼	760	則例	766	蘇幕遮	773
宋濂	760	楚劇	766	蘇曼殊	773
僧朗	760	蘇劇	767	蘇味道	774
滄浪詩話	760	祖傑戯文	969 左	染付 →青花	672
滄浪亭	761	蘇黄 →蘇軾	770	素問	774
僧録司	761	→黄庭堅	366	蘇門四学士	774
相和歌辞	153 左	祖咂之	767	租庸調	774
相和大曲	761	蘇孝慈墓誌銘	767	そろばん 算盤 →算盤	469
素王	761	**そさ**		**そん**	
楚王禽忌鼎	761	素三彩	767	尊	774
楚王英	762	楚辞	767	孫位	775
そか		楚辞集注	768	孫詒譲	775
楚簡	762	楚辞章句	768	孫炎	775
楚漢春秋	762	祖師禅	768	孫恩	775
蘇漢臣	762	楚辞通釈	768	孫過庭	775
俗 →雅・俗	145	楚辞灯	768	孫奇逢	776
鏃	763	蘇祗婆	769	孫君沢	776
続夷堅志	14 左	楚辞補注	769	孫卿 →荀子(人物)	558
続一切経音義	18 右	蘇綽	769	孫権	776
測円海鏡	763	蘇州	769	孫悟空	441 左
俗楽	763	蘇州弾詞	819 右	存思	776
俗楽二十八調	763	蘇州評話	1049 左	孫子	776
続玄怪録	308 左	蘇洵	769	孫子算経	776
俗講	763	蘇舜欽	769	孫思邈	776
続皇清経解	763	素女	770	孫綽	776

存星	777	大学弁業	783	題辞	790
孫星衍	777	大学問	783	大慈恩寺	790
村田楽	777	題画詩	783	大司楽	793左
尊徳性・道問学	777	大花臉	567左	大師姑遺跡	790
尊王攘夷	777	太監	783	太子瑞応本起経	790
孫臏	777	台諫	783	第七才子書	436左
孫臏兵法	777	大還閣琴譜	783	台榭	790
孫武	778	大雁塔	784	帝釈天	790
孫復	778	大雁塔線刻画	784	太守	790
孫文	778	戴逵	784	大綏	526左
孫恓	910右	戴熙	784	泰州学派	791
		大義覚迷録	784	戴叔倫	791
た		大裘冕	430左	大書 →評話	1049
		太虚	784	大祥	791
タール 塔爾寺	779	大曲	785	大招	767右
たい		太極	785	大小夏侯	1061右
帯	779	太極拳	203左	太上感応篇	791
敦	779	太極図	785	大乗義章	791
大安国寺石仏	779	太極図説	786	大乗起信論	792
太尉	456左	大金国志	786	大乗起信論義記	792
太一	780	帯経堂詩話	786	太上玄元皇帝	792
太一教	780	大渓文化	786	大乗玄論	792
太乙金華宗旨	780	太玄	786	太常寺	793
大一統	780	太原	786	大召寺 →イヘ・ジョー寺	21
提謂波利経	780	代言体	787	大昭寺 →ジョカン寺	603
大韻	496右	太湖	787	大乗大義章	793
大盂鼎 →盂鼎	36	大鼓	787	対牀夜語	793
大運河	780	大功	421左	太上霊宝五符序	793
大雲経	781	帯鉤	787	太上老君	793
大雲光明寺	781	大広益会玉篇	788	太初暦	794
大雲寺	781	太公家教	788	戴進	794
大英傑烈	781	大口袴	325左	戴震	794
大慧宗杲	781	太行山脈	788	大清一統志	794
大衍術	782	大興城	659左	太真外伝 →楊太真外伝	1199
大衍暦	782	太康体	788	大清会典	794
大襖子	68左	太公望	788	戴進賢 →ケーグラー	297
たいか		大紅袍	788	大辛荘遺跡	795
大海寺址出土石刻造像	782	太谷学派	789	大清律例	795
大開門	198右	大克鼎 →克鼎	396	**たいせ**	
帯過曲	179左	大黒天	789	戴聖	795
太学	782	太湖石	789	大晟楽	795右
大学	782	**たいさ**		大西廂	795
大学衍義	782	太歳	789	大晟府	795
大学衍義補	783	泰山	789	題簽	796
大楽署	793左	大散関	790	大蘇 →蘇軾	770
台閣体	783	泰山刻石	631左	太祖(遼)	796
大学弁	783	太師	128左・456左	太祖(後周) →郭威	124

太祖(宋)	796	題跋	803	大雄宝殿	810
太祖(金)	796	玳皮天目	803	体用	810
太祖(元) →チンギス・カン	866	大悲菩薩 →千手観音像	723	大鐃	1210右
太祖(明)	796	大夫	803	大羅天	811
太祖(清) →ヌルハチ	989	太傅	456左	大理	811
太素	797	隊舞	753左	大荔人	811
太宗(唐)	797	大風歌	803	大礼の議	811
太宗(遼)	797	戴復古	803	大暦十才子	811
太宗(宋)	797	大仏	803	大暦体	811右
太宗(清)	798	太武帝	804	太和正音譜	812
大蔵経	798	大坌坑文化	804	泰和律令	812
大宋宣和遺事 →宣和遺事	730	大汶口文化	804	台湾	812
大宋僧史略	798	太平楽府	804	**たか**	
大宋中興通俗演義	799	太平寰宇記	805	鏨	844左
胎息	799	太平御覧	805	滝川亀太郎	812
大足石刻	799	太平経	805	岔曲	812
たいた		太平恵民和剤局方		打金枝 →満床笏	1147
大帯	799	→和剤局方	1309	托 →杯・托	997
大智度論	799	太平鼓	806	鐸 →鐸・鉦	813
大地湾文化	799	太平広記	806	坼字	813
対転	800	太平聖恵方	806	柘枝舞	321右
大篆 →籀文	837	太平清領書	806	托子	998左
大甸子墓地	119右	太平天国	806	鐸・鉦	813
大都 →北京	1090	太平道	807	謫仙	813
→元大都	317	大劈棺	747右	卓文君	512左
大同	800	大辺	1067左	拓本	813
大頭和尚 →耍和尚	442	太保	456左	竹添井井	813
大唐開元礼	800	台歩	807	唾壺	813
大纛旗	691右	戴望	808	打紅台	595右
大唐西域記	800	大豊殷 →天亡殷	904	打鼓罵曹 →撃鼓罵曹	298
大唐西域求法高僧伝	801	帯方郡治址	808	打鼓老	404左
大唐三蔵取経詩話	801	太僕	219左	多嘴壺	813
大同書	801	大葆台漢墓	808	打出手	1012左
大唐秦王詞話	801	戴本孝	808	打城戯	814
大洞真経	801	**たいま**		タシルンポ寺	814
大唐新語	802	玳瑁	808	打神	73左
大登殿	363右	大明一統志	809	垛積術	814
大鬧天宮	393左	大明会典	809	**たた**	
大唐内典録	802	大明律	809	タタール	814
大唐六典	802	大明令	809	大戴礼記 →大戴礼	814
大統暦	802	大明宮	809	大戴礼	814
戴徳	802	戴名世	810	打通	814
大日経	802	大明暦	810	達海 →達海	815
たいは		大面 →蘭陵王入陣曲	1215	妲己	814・225左
太白金星	802	代面 →蘭陵王入陣曲	1215	韃靼 →タタール	814
太白酔写	802	題目正名	810	笘重光	815
太白尊	803	大汶口文化 →大汶口文化	804	盾 →盾	557

打鬧台 →打通	814	段成式	1185 左	知行合一	826
七夕(たなばた) →七夕(しちせき)	504	鍛造	818 右	智儼	826
達海(ダハイ)	815	檀像	821	**ちし**	
打背供	991 右	単疏本	821	池子	298 右
荼毘	815	断太后	1106 右	知州	827
打譜	265 右	断代史	822	置閏法	558 左
打炮戯	815	段注 →説文解字注(せつもんかいじちゅう)	711	知制誥	827
打野胡	1300 左	男吊	576 左	知先行後	827
打油詩	815	鍛鉄	888 右	致知 →格物致知	131
ダライ・ラマ	815	丹田	822	帙	827
タラス川の会戦	815	彖伝	53 左	智嚢	827
打龍袍	1106 右	端罩	1135 右	知不足斎叢書	827
打漁殺家	816	単刀会	167 右・172 右	治平通義	827
達魯花赤(ダルガチ)	816	ダントルコール	822	チベット大蔵経	828
達摩	816	湛然	822	チベット仏教	828
打連廂	816	譚富英	500 左	チベット文字	829
たん		弾文	822	鄜萌	829
旦	816	端方	822	地方戯	829
襢	817	暖帽	822	地方志 →方志	1109
鐔	817	端木賜 →子貢	485	池北偶談	829
段安節	153 右	探窯	363 左	粽子	819 右
襌衣	817	談容娘 →踏謡娘	946	痴夢	554 左
探韻	817			**ちゃ**	
団華文	817	**ち**		茶入	829
炭河里遺跡	817			茶経	830
断橋	1007 左	知	823	着色画	830
段玉裁	818	旗袍(チーパオ) →旗袍(きほう)	215	茶酒論	830
鍛金	818	智永	823	茶壺	830
譚鑫培	818	智化寺京音楽	823	茶葉末	830
単弦	818	地戯	824	丑	830
譚元春	819	智顗	824	忠	831
灘簧	819	筑	824	注	831
端公戯	966 左	竹簡	184 右	冑	831
単口相声	586 左	竹竿子	753 左	紂	831
単行本	819	竹琴	933 左	紐	831
断鴻零雁記	819	竹枝詞	824	智融	1170 右
端午節	819	畜獣画	825	中衣	831
団衫	448 左	竹書紀年	825	注音字母 →注音符号	832
探字 →探韻	817	竹筒屋	825	注音符号	832
弾詞	819	竹馬戯	340 右	籌海図編	832
暖耳	820	竹坡詩話	825	中岳 →嵩山	662
毯子功	820	竹板	113 右	中華思想	832
檀芝瑞	820	竹板歌	825	沖虚真経 →列子	1289
譚嗣同	821	竹譜	826	鋳金	836 右
湛若水	821	竹葉青酒	826	中原	832
啖助	821	竹林の七賢	826	中原音韻	832
譚峭	821	知言	826	中元節	833

中興間気集 833	→隋唐長安城 659	張萱 845
中国 833	張謂 839	張鷟 845
中国営造学社 833	兆域図 839	趙原 845
中国式服制 834	趙一清 655 左	張彦遠 845
中国小説史略 834	張羽 839	張元素 846
中国俗文学史 834	張宇初 840	長江 846
中国陶瓷見聞録 834	張炎 840	張亢 466 右
肘後備急方 834	張横渠 →張載 848	張宏 846
中山国遺跡 835	趙王城 840	張衡〔天文学〕 847
中山詩話 616 右	**ちょうか**	張衡〔天師道〕 465 右
中山狼 332 右	張華 840	朝衡 →阿倍仲麻呂 5
仲尼 →孔子 346	貼花 840	調腔 847
仲尼夢奠帖 835	趙過 840	趙后遺事 847
中州韻 536 左・991 右	朝褂 859 左	刁光胤 359 左
中州楽府 835	趙偕 840	張孝祥 847
中州楽府音韻類編 835	張懐瓘 840	張五牛 589 左
中州集 835	張介賓 841	趙克夐 740 左
中秋節 835	跳加官 841	長恨歌 847
中書省 461 左	張可久 841	長恨歌伝 847
仲仁 836	張角 841	張恨水 848
疇人伝 836	張家口 841	**ちょうさ**
中説 836	張家坡遺跡 841	長沙 848
注疏 836	張家湾陽陵俑坑 842	冢宰 1226 左
鋳造 836	朝冠 842	張載 848・466 右
注疏合刻本 821 右	澄観 842	彫彩漆 848
中体西用 837	趙岐 842	張鷟 848
中単 →中衣 831	張儀 842	重差術 848
仲長統 837	跳戯 842	長沙楚墓 848
鋳鉄 888 右	趙帰真 842	長沙窯 849
中唐 927 右	張丘建算経 843	張三丰 849
中南海 837	張九成 843	張芝 849
字喃 837	張九齢 843	頂子 849
籀文 837	張協 466 右	張爾岐 849
籌辦夷務始末 837	趙匡 843	張思恭 849
中峰明本 837	趙匡胤 →太祖(宋) 796	趙之謙 850
注維摩 838	張協状元 49 右	長子口墓 850
仲由 →子路 615	張旭 843	趙氏孤児 850
中庸 838	瑞玉集 843	趙師秀 44 右
中論 838・473 右	張居正 843	張子信 850
ちょ	彫金 844	張子正蒙注 851
チョイジン・ラマ寺院 838	長裙 277 右	趙之琛 851
ちょう	張君房 844	彫漆 851
趙(戦国) 838	張継 844	趙執信 851
趙(五胡十六国) 838	苕渓漁隠叢話 844	張之洞 851
張渥 839	張恵言 844	張若虚 852
長安 839	長慶体 844	朝珠 859 左
長安城 →漢長安城 182	潮劇 845	潮州歌 852

張従正	852	張道陵	465右	張良	862
潮州大鑼鼓	852	趙徳麟	857	張陵	465右
張寿王	852	張南本	775左	重黎	862
長春真人西遊記	852	萵然	857	趙令穣	862
張舜民	852	趙伯駒	857	張路	862
張照	1173左	張伯行	857	張魯	465右
趙昌	852	趙伯驌	857	直音	862
長城	853	張伯端	857	直斎書録解題	863
張商英	853	張潘左陸		直指算法統宗	863
長城記	1167左	→三張二陸両潘一左	466	勅版	863
趙汝适	610左	長坂坡	857	勅勒歌	863
張栻	853	趙畝	858	猪圏	863
張志和	853	趙飛燕	858	儲光羲	863
長信宮灯	1147右	趙飛燕外伝　→飛燕外伝	1035	著作佐郎	863
張瑞図	853	趙飛燕別伝　→趙后遺事	847	褚人穫	864
張成	851右	長浜文化	858	褚遂良	864
張正見	854	張溥	170右・1061左	貯貝器	864
長生殿	854	朝服	858	致良知説	864
張籍	854	趙復	859	知礼	864
張先	854	貂覆額　→臥兎児(がとじ)	150	**ちん**	
張船山　→張問陶	861	重文	859	陳	865
張遷碑	854	趙秉文	859	鎮	865
朝鮮本	854	朝袍	859左	沈亜之(ちんあし)　→沈亜之(しんあし)	620
鼂錯	855	趙汸	859	陳維崧	865
張蒼	855	張鳳翼	859	陳寅恪	865
張璪	855	晁補之	859	沈璟(ちんえい)　→沈璟(しんえい)	622
趙爽	855	調無常	576左	陳苑	865
蝶装　→蝴蝶装	415	趙明誠	859	陳垣	865
張宗蒼	855	趙孟堅	860	陳介祺	866
重装本	317右	趙孟頫	860	陳確	866
張僧繇	855	張問陶	861	沈下賢(ちんあし)　→沈亜之(しんあし)	620
調息	855	**ちょうや**		陳嘉言	866
張即之	855	朝野新声太平楽府		陳家祠	866
ちょうた		→太平楽府	804	沈括(ちんかつ)　→沈括(しんかつ)	624
張岱	856	朝野僉載	861	沈家本(ちんかほん)　→沈家本(しんかほん)	624
頂戴　→頂子	849	張揖	861	沈煥(ちんかん)　→沈煥(しんかん)	624
朝帯	859左	趙友欽	129左	陳奐	866
張大復	856・573右	張裕釗	861	陳起	866
張択端	693左	趙雍	860右	陳希夷　→陳摶(ちんたん)	871
張湛	856	重陽宮	861	チンギス・カン	866
長短句	856	重陽節	861	沈既済(ちんきせい)　→沈既済(しんきせい)	626
張仲景	856	趙翼	861	陳虬	867
鳥虫書	856	張耒	862	陳恭尹	867
雕虫論	856	長楽宮	183左	陳遇乾	1007左
張廷済	856	張履祥	862	沈璟(ちんけい)　→沈璟(しんえい)	622
趙貞女蔡二郎	1050右	長律	1240右	陳継儒	867
吊搭	720左	張留孫	862	陳建	868

沈兼士　→沈兼士	629	
陳献章	868	
陳元贇	868	
陳鴻	847右	
陳洪綬	868	
陳鴻寿	868	
陳国公主墓	1165右	

ちんさ

沈采	1001左
陳際泰	869
沈粲　→沈粲	632
陳三五娘	869
陳三立	869
陳師道	869
陳寿	456右
沈周　→沈周	635
陳州糶米	869
珍珠記	869
珍珠塔	870
陳淳(宋)	870
陳淳(明)	870
陳書	870
陳襄	870
陳勝・呉広	870
陳汝言	870
陳汝秩	871左
陳子龍	871
陳子昂	871
沈荃　→沈荃	640
沈佺期　→沈佺期	640
沈宋　→沈佺期	640
→宋之問	747
頂相	871

ちんた

陳第	871
陳摶	871
陳致虚	871
枕中記	871
枕中書	872
沈重　→沈重	642
沈寵綏　→沈寵綏	642
陳天華	872
沈度　→沈度	643
陳独秀	872
沈徳潜　→沈徳潜	645
陳徳霖	872
青靛	872

沈復　→沈復	647	
陳旉農書	872	
陳傅良	873	
陳彭年	873	
鎮墓獣	873	
沈約　→沈約	649	
陳容	873	
陳暘楽書	873	
陳与義	873	
陳与郊	874	
陳予鍾	874	
陳立	874	
陳龍正	874	
陳亮	874	
陳琳	874	
陳澧	874	
陳櫟	875	

つ

墜琴	151左
対句	875
椎髻	875
対口相声	586左
堆黒	851左
堆朱	875
鎚鍱	818右
対聯	875
通仮	875
通雅	876
通玄真経　→文子	1079
通溝	528右
通志	876
痛史	876
通志堂経解	876
通書	876
通制条格	876
通俗編	877
通天冠	877
通用字	877
通鑑紀事本末	877
通鑑長編紀事本末	877
月次絵	489左
通典	877

て

てい

鼎	877
鄭	878
程頤	878
ＴＬＶ鏡　→方格規矩鏡	1101
丁雲鵬	878
鄭衛之音	878
帝王珠	879
帝王図	879
帝王世紀	879
泥河湾遺跡群	879
泥丸	879
鄭観応	879
鄭韓故城	879
帝鑑図説	880
鄭玉	880
丁巨算法	880
丁敬	880
帝京景物略	880
鄭虔	880
鄭玄　→鄭玄	576
定県漢墓	880
程硯秋	501右
程顥	881
禰衡	881
鄭孝胥	881
鄭光祖	881
丁公陶文	881
鄭国渠	882

ていし

帝師	882
程氏易伝	882
程式	882
鄭氏規範	882
鼎峙春秋	882
鄭思肖	882
鄭之珍	883・1172右
鄭若庸	883
鄭州商城	883
綴術	883
鄭樵	883
鄭燮	883
啼笑因縁	884
定場詩	884

鄭振鐸	884	輟耕録	890	**てんさ**	
鄭声　→鄭衛之音	878	綴葉装	890	田際雲	896
程正揆	884	綴白裘	890	鈿釵礼衣	891右
鄭成功	884	鉄籠山　→帝王珠	879	天志	1124左
定性書	885	デュ・アルド	890	天子	896
鄭箋	885	デルベ・ド・サンドニ	890	天師	896
提線木偶戯	1171右	**てん**		塡詞　→詞	474
丁村遺跡	885	天	890	纏枝　→唐草文	157
丁村人	885左	奠	891	殿試	122右
程大位	885	滇	891	鈿子	896
程端礼	885	伝　→経・伝	292	天竺伎	542左
程長庚	885	鈿	891	展子虔	897
程廷祚	885	天一閣	892	塡漆	897
邸店	886	転韻	70左	天師道	897
鄭顚仙	886	天雨花	892	転写本	887左
丁度	886	天演	892	天子游猟賦	897
鄭道昭	886	滇王之印	892	伝習録	898
提督	886	伝音快字	892	天主教	898
鄭徳輝　→鄭光祖	881	**てんか**		天主実義	898
ていは		天下	892	篆書	899
程邈	886	田何	892	田襄子	1123右
泥封　→封泥	1056	篆額	1036左	田汝成	676右
丁福保	886	天学初函	892	点心	899
鄭簠	887	殿閣大学士	892	天人合一	899
邸報	887	天下郡国利病書	893	天津時調	899
底本	887	天下楽	573右	天人相関説	891左
程門四先生	887	天官賜福	893	伝心法要	899
定窯	887	伝奇	893・969右	天井住宅	899
程瑶田	887	伝奇小説　→伝奇	893	澱青釉	900
定陵	887	伝教大師　→最澄	437	天説	900
提梁壺	888	天橋八怪	893	天泉証道記	900
鄭和	888	塡玉	893	天仙配	900
翟衣	197左	天啓赤絵	894	纏足	900
剔紅	888	天鶏壺	894	**てんた**	
剔彩　→彫彩漆	848	天啓崇禎両朝遺詩	894	天対	900・905左
的篤班　→越劇	56	典型龍山文化		天台山	900
鉄	888	→山東龍山文化	468	天台三大部	900
鉄雲蔵亀	889	天経或問	894	天台四教儀	901
鉄絵	889	滇劇	894	天台宗	901
鉄拐李	889	天元術	894	天台小止観	901
鉄冠図	484右	天譴論	895	天台治略	901
鉄観音茶	889	典故	895	纏達	901
鉄器	889	転語	895	天壇	902
鉄弓縁　→大英傑烈	781	佃戸	895	天地陰陽交歓大楽賦	902
摘錦奇音	889	天工開物	895	天地会	902
鉄琴銅剣楼	889	篆刻	895	転注	903
鉄剣	305左			天厨禁臠	54左

天朝田畝制度	903	陶庵夢憶	909	登科録	917
天梯山石窟 →涼州石窟	1268	島夷誌略	909	東漢 →漢	160
転踏	903	道一編	910	道官	917
天童山	903	東医宝鑑	910	道観	917
天童如浄	903	唐音	910	潼関	917
転読	903	唐寅	910	東漢会要	918
天寧寺	903	唐韻	910	東観漢記	918
天秤	903	導引	911	とうき	
転変	904	等韻一得	911	道器	918
田畊	904	等韻学	911	銅器 →青銅器	687
点法	904	等韻図	912	董其昌	918
天宝遺事諸宮調	904	唐音統籤	912	鄧九如	259右
天亡殷	904	棠陰比事	912	道挙	919
伝法宝紀	904	套印本	912	唐鏡	919
天命 →命	1160	董羽	1250左	道教	920
天目	904	東瀛詩選	912	洞経音楽	920
天文	905	湯液	912	道教義枢	921
天問	905	湯恵休	913	道教像	921
天理	1216右	道衍 →姚広孝（ようこうこう）	1193	唐巾	921
天理教	905	陶淵明	913	闘鶏	921
天理人欲	905	湯王	913	東京城	921
天龍山石窟	905	滕王閣	913	東京賦	978右
天龍寺青磁	906	滕王閣序	92左	東京夢華録	922
纏令	901右	東王公	914	唐甄	922
典礼問題	906	唐汪文化	914	董源	922
天暦	906	とうか		銅剣	305左
天禄 →辟邪	1090	踏歌	914	道元	922
天禄琳琅書目	906	匋雅	914	道原	922
天論	906・559左	道家	914	唐賢三昧集	923
典論	906	鐃歌	914	桃源図	923
と		堂会	915	湯顕祖	923
		董解元	681左	投壺	923
		董解元西廂記 →西廂記諸宮調	681	鞞鼓	923
斗	907			堂鼓	923
弩	907	東海黄公	915	銅鼓	924
とう		唐会要	915	罩甲	924
刀	907	竇娥冤	915	透光鏡	924
豆	907	道学	915	東皐琴譜	924
唐	907	東岳大帝	915	陶弘景	924
等	908	唐鶴徴	916	蕩寇志	925
璫	908	答客難	712右	同光十三絶	925
道（行政制度）	908	透額羅	916	唐高僧伝 →続高僧伝	763
道（思想） →道（みち）	1149	桃花源記	916	道光帝	925
銅	908	桃花紅	916	唐国史補	925
檔案	909	桃花扇	916	党錮の禁	925
童行（どうあん） →童行（ずんなん）	666	藤花亭曲話	916	唐語林	926
道安	909	東華録	916		

総索引(とう)

とうさ					
豆彩	926	東城老父伝	933	董仲舒	940
東西漢演義	926	唐汝詢	933	唐仲友	940
灯彩戯	926	唐詩類苑	933	唐朝名画録	940
東西均	926	東晋　→晋(西晋・東晋)	618	唐棣	940
唐才子伝	926	陶真	933	洞庭湖	941
唐才常	926	童心	934	洞庭山	941
東西晋演義	926	道信	934	饕餮文	941
東西洋考	927	登真隠訣	934	閙天宮	393左
董作賓	927	銅人腧穴鍼灸図経	934	洞天清禄集	941
東山窟	1261左	道心・人心	934	洞天福地	941
唐三彩	927	童心説	934	統天暦	942
洞山良价	927	唐人選唐詩	935	道統	942
唐詩	927・189左	とうす		道徳	942
道士	928	套数	246左	唐土城　→帯方郡治址	808
陶寺遺跡	928	道枢	935	東都事略	942
透視遠近法	928	踏青	693左	東都賦	1270右
唐詩帰	405右	董西廂　→西廂記諸宮調	681	唐の帝陵	943
僮子戯	928	同姓不婚	935	東坡巾	943
唐詩紀事	929	鄧析	935	道白　→念白	991
桃氏剣	929	唐撫言	935	董伯仁	897左
唐詩鼓吹	929	鄧石如	935	東坡志林	943
唐詩三百首	929	唐世説　→大唐新語	802	刀馬旦	817左
唐詩正声	930右	陶説	936	東坡肉　→東坡肉	962
唐詩選	929	陶潜　→陶淵明	913	陶范	13左
闘蟋蟀	930	刀銭	936	唐蕃会盟碑	943
洞室墓	930	道宣	936	湯斌	944
唐詩品彙	930	銅銭	936	豆腐塊臉	1293右
唐詩別裁集	930	同善社	936	陶文	944
陶謝　→陶淵明	913	盗仙草	1007左	同文韻統	944
→謝霊運	525	道蔵	937	鄧文原	944
道綽	930	東窓記	937右	同文算指	944
道釈画	931	陶宗儀	937	唐文粋	944
銅雀台	931	唐宋詩醇	937	鄧平	944
湯若望　→アダム・シャール	5	東窓事犯	937	東方見聞録	945
銅車馬	633右	刀槍把子	1012左	東方朔	945
東周王城	931	唐宋八大家	938	悼亡詩	945
同州梆子	931	唐宋八大家文鈔	938	董邦達	945
東周列国志	931	唐宋八大家文読本	938	銅奔馬	1054左
東塾読書記	932	唐宋文醇	938	とうま	
道術	932	闘促織　→闘蟋蟀	930	塔鋺	945
冬寿墓　→安岳三号墳	8	とうた		唐明律合編	945
唐順之	932	東大乗教	938	灯謎	1162右
唐書　→新唐書	644	唐大詔令集	939	搨模	946
道情	932	唐代仏像様式	939	答問	946
道情戯	933	唐大和上東征伝	939	道問学　→尊徳性・道問学	777
桐城派	933	唐知県審詰命	939	東遊記	532左
		同治帝	940	董祐誠	946

総索引(とう―なま)

陶俑　→俑	1187	杜光庭	951	敦煌	958
童謡	946	杜工部集箋注　→銭注杜詩	728	遁甲	959
踏謡娘	946	吐故納新	951	敦煌医書	959
湯用彤	946	都護府	952	敦煌楽譜	959
桃李園図・金谷園図	946	**とさ**		敦煌漢簡	959
唐六典　→大唐六典	802	都察院	952	敦煌巻子譜　→敦煌楽譜	959
唐律疏議	947	杜詩	952	敦煌彩塑	960
鬧龍宮	393右	土司	952	敦煌千仏洞　→莫高窟(ばっこうくつ)	1018
登龍門	947	杜子恭	952	敦煌大曲譜　→敦煌楽譜	959
東陵	645右	杜詩鏡銓	952	敦煌舞譜	960
銅緑山遺跡	947	杜子春伝	953	敦煌壁画	960
東林学派	947	杜詩詳注	953	敦煌変文	1095右
東林書院	947	杜秋娘	953	敦煌文書	960
東林党	947	杜十娘	455右	頓悟漸悟	961
唐類函	947	杜順	953	頓悟要門	961
兎園冊	948	杜荀鶴	953	曇石山遺跡	961
杜臆	948	土城里土城　→楽浪郡治址	1210	屯田	961
とか		図讖	621右	東坡肉(トンポーロウ)	962
図絵宝鑑	948	度人経	953	トンボ玉	1280右
図画見聞誌	948	杜仁傑	954	トンミ・サンボータ	962
杜家立成	948	杜審言	954	曇無讖	962
度曲	948	屠蘇酒	954	曇曜	962
度曲須知	642右	杜台卿	243右	曇曜五窟	962
常盤大定	948	土地神	954	曇鸞	963
鍍金銀	948	度牒	954		
徳	949	徳化窯	954	**な**	
牘　→簡牘	184	突厥	954		
独孤及	949	突厥碑文	955	儺	966左
徳山宣鑑	949	突厥文字	955	内外転	964
読四書大全説	949	都督府	955	内閣大学士	964
読史方輿紀要	949	土墩墓	955	内業	175左
読若	949	吐蕃	955	内場	1067左
読書雑志	949	飛青磁	956	内丹	964
読書敏求記	950	斗分	956	内廷供奉	965
読書分年日程	950	杜甫	956	内典	965
読書録	950	杜牧	956	内転　→内外転	964
徳性之知		杜佑	877右	内藤湖南	965
→聞見之知・徳性之知	1078	トユク石窟	957	内道場	965
徳宗　→光緒帝	356	杜預	957	内藤虎次郎　→内藤湖南	965
独体	950	吐谷渾	957	中型	13左
読通鑑論	950	屠隆	957	那珂通世	965
読杜心解	950	度量衡	957	儺戯	966
読破　→破読	1020	吐魯番(トルファン)	958	那吒	966
独楽寺	950	吐魯番文書	958	魚々子	966
杜康	951	吐魯瓶　→太白尊	803	七十二候	966
都江堰	951	**とん**		儺舞	967
兎毫盞　→禾目天目(のぎめてんもく)	993	鈍吟雑録	958	鉛	967

なん		南唐二主　→李煜	1217	二十年目睹之怪現状	980
南越	967	→李璟	1218	二十八宿	981
南越王墓	968	南唐二陵	974	二進宮	981
南音	968	南府	974	二水四家	981
南海寄帰内法伝	968	軟舞	975	二泉映月	981
南懐仁　→フェルビースト	1059	南部新書	975	二蘇　→蘇軾	770
南柯記　→南柯太守伝	969	南北合套	246右	→蘇轍	772
南岳　→衡山	345	南北曲　→南曲	970	二層台	123左
南岳懐譲	968	→北曲	1122	日月合璧	1286右
南華真経　→荘子	746	南北朝	975	日観	981
南柯太守伝	969	南北朝仏像様式	976	日晷	981
南戯	969	南北二宗論	977	日光鏡	981
南戯四大声腔	969	南北両宋志伝	977	日知録	982
難経	969	南北聯套	246右	入唐求法巡礼行記	982
難経本義	970	南明	977	二程　→程顥	881
南曲	970	南遊記	532左	→程頤	878
南戯四大声腔		南陽	977	二程遺書	982
→南戯四大声腔	969			二程全書	982
南京	970	**に**		二度梅	982
南京赤絵	970			**にな**	
南薫殿図像	970	二王	978	二南	480右
南山根	970	二家詩品	65右・482左	二入四行論	982
南史	971	二葛	978	二人台	983
南詞引正	252右	二花臉	567左	二人転	983
南詞叙録	971	二教論	978	二拍　→三言二拍	455
南社	971	肉傀儡	116右	二凡	576左・1062右
南宗画　→南北二宗論	977	肉蒲団	978	二部伎	983
南宗禅	971	二京賦	978	二仏並坐像	984
南巡盛典	972	二弦	392左	日本国見在書目録	984
南詔	972	二胡	391右	日本国志	984
南詔太和城	972	二簧	1038左	日本雑事詩	984
南斉　→斉(南朝)	667	西千仏洞	978	日本詩史	984
南斉書	972	二四譜	350右	日本訪書志	985
南西廂	972	二四不同二六対	1240右	ニヤ遺跡	985
南禅寺	972	二十一史弾詞	978	乳虎卣　→食人卣	605
南宋　→宋(北宋・南宋)	734	二十五史補編	979	入蜀記	985
南宋官窯	973	二十四気	979	乳丁文	985右
南宋群賢小集　→江湖集	342	二十四孝	979	入破	785左
南宋四大家　→楊万里	1200	二十四孝詩選	979左	乳文	985
→范成大	1028	二十四史	979	入薬鏡	985
→陸游	1231	二十四史通俗演義	979	入話	985
→尤袤	1184	二十四詩品	980	如意	985
南宋志伝	977左	二十四節気　→二十四気	979	如意輪観音像	986
南朝陵墓	973	二十四治	980	鐃鈸	1210右
南伝仏教美術	974	二十四友	980	如来禅	986
南唐	974	二十二史考異	980	如来蔵	986
南唐書	974	二十二史劄記	980	二陸　→三張二陸両潘一左	466

二里岡文化	986	
二里頭遺跡	986	
二里頭文化	987	

にん

任頤	987
任俠	987
人形手	988
任子 →恩蔭	98
任仁発	988
任大椿 →任大椿	642
人天眼目	988
人天宝鑑	988
忍冬文	988
任風子 →任風子	646
寧波	988
寧波仏画	988
任熊	987右

ぬ

ヌルハチ	989

ね

熱河	990
涅槃経	990
涅槃宗	990
涅槃変相	991
年画	991
年号	991
念奴嬌	991
念白	991
念仏	991
粘法	991
年窯	992

の

ノイン・ウラ	992
農家	992
能改斎漫録	992
納吉	430右
納甲説	992
納采	430右
納書楹曲譜	992
農政全書	993
農桑衣食撮要	993

農桑輯要	993	
納徴	430右	
納蘭性徳	993	
禾目天目	993	
ノルブリンカ	993	

は

破	785左
拝	994
杯 →杯・托	997
盃 →杯・托	997
貝貨	994
梅花三弄	994
梅花大鼓	787左
灰被天目	994
稗官	994
梅関	994
裴頠	994
裴休	995
貝丘遺跡	995
梅堯臣	995
佩玉	995
拝経堂叢書	995
拝月亭	995
排行	996
枚皐	996
梅毅成	996
梅鷟	996
背子	996
牌子曲	996
梅氏叢書輯要	997
裴子野	856右
排簫	997
枚乗	997
裴松之	458左
背心	996右
裴神符	1050左
梅清	997
裴世清	316左
廃荘論	997
杯・托	997
買地券	998
白酒	998
廃帝	998
梅鼎祚	998
裴迪	998

枚馬 →枚乗	997	
→司馬相如	512	
俳賦	1053右	
梅譜	998	
排仏論	998	
佩文韻府	999	
佩文斎詠物詩選	999	
佩文斎書画譜	999	
裴文中	999	
梅文鼎	1000	
俳優 →倡優	598	
売油郎独占花魁	455右	
梅蘭芳 →梅蘭芳	1165	
裴李崗文化	1000	
排律	1240右	
背臨	1276右	
巴烏	1000	
馬遠	1000	
馬王堆漢墓 →馬王堆漢墓	1141	
馬王堆帛書 →馬王堆帛書	1142	
覇王別姫	1001	
覇王鞭 →打連廂	816	

はか

馬褂	1001
馬和之	1001
鋼	888右
馬寡婦開店	1001
馬家浜文化	1001
馬家窯文化	1001
馬家窯類型	1002左
爬竿	1043左
馬球	1002
馬橋文化	1002
馬鈞	1002
箔	1002
鎛	1002
拍案驚奇	455右
博異志	1003
伯夷・叔斉	1003
白雲観	1003
白雲宗	1003
白猿伝 →補江総白猿伝	1130
伯牙	346左
帛画	1003
伯牙琴	1003
白居易	1003
白玉蟾	1004

総索引(はく—はん)

白玉像	1004	白話	1011	八卦教	1017
莫月鼎	1005	白話詩	1011左	八関斎	1017
白行簡	1005	白話小説	1011左	八旗	1017
白毫銀針茶	261左	白話文	1011左	八曲杯	1018
白孔六帖	1005	白話文学史	1011	八卦 →八卦	1016
舶載書目	1005	馬建忠	1011	八卦衣	368右
白沙宋墓	1005	馬甲	1011	八瓊室金石補正	1018
博山炉	282右	はし		莫高窟	1018
白磁	1005	把子	1012左	博古図録	1018
白字戯	1006	把子功	1012	八股文	1019
白氏長慶集	1006	馬師曾	56左	伐子都	1019
博士弟子	1006	馬氏文通	1012	八節	1019
白氏文集	1006	馬車 →車馬	523	八仙	1019
白蛇伝	1006	破邪論	1012	八体	1019
白酒 →白酒(パイチュウ)	998	馬驌	1012	八音 →八音(はちおん)	1015
帛書	1007	芭蕉扇	393右	鉢頭	1019
曝書	1007	馬上杯	1012	抜頭 →鉢頭	1019
麦城昇天	173左	破章法	565右	服部南郭	1019
陌上桑	1007	馬廠類型	1002左	八不中道	1020
幕職官	1008	馬軾	200右	八分	1020
白氏六帖	1005左	巴蜀式青銅器	1013左	八宝	1020
白心	175左	巴蜀文化	1013	溌墨	1020
白仁甫 →白樸	1010	馬如飛	820左	鈸笠帽	1260左
麦積山石窟	1008	馬如飛開篇	1013	撥浪鼓	923右
白石道人詩説	229右	破陣楽	1013	馬蹄寺石窟	143左
白雪遺音	1008	八思巴(パスパ)	1013	覇道	88左
白紵舞	1008	パスパ文字	1013	鉢頭(ばとう) →鉢頭(はっとう)	1019
白帝城	1008	馬前潑水	554左	馬頭琴	1020
白陶	1008	馬祖道一	1014	破読	1020
白頭吟	1009	はた		馬壩人	1021
白兎記	1009	波磔	1014	破墨	1021
白馬寺	1009	馬丹陽	1014	馬面	523右
白馬非馬論	1009	馬端臨	1078左	馬融	1021
拍板	1211左	八佾	1014	巴渝舞	1021
白描画	1009	馬致遠	1015	破窯記	1274左
博物志	1009	八王の乱	1015	鄱陽湖	1021
白樸	1010	八音	1015	撥浪鼓(バランク)	923右
白明達	1010	八吉祥 →八宝	1020	玻璃(パリ)	1021
幕友	1010	八大山人	1015	巴黎茶花女遺事(パリ)	1022
莫友芝	1010	八代詩選	1016	馬麟	1022
伯楽	1010	八風	1016	馬連良	500左
白楽天 →白居易	1003	八稜鏡	1016	はん	
幕僚	1010	跋 →題跋	803	范	1022
柏梁体	1011左	八卦	1016	盤	1022
柏梁台詩	1010	客家(ハッカ)	1017	范安仁	740左
白鑞	1011	客家円形土楼	1017	挽歌	1022
白鹿洞書院	1011	八花鏡	1017	潘岳	1022

半跏思惟像　1023	范祖禹　1029	脾胃論　1232左
半瓦当　149右	**はんた**	皮影戯　44右
反串　368左	鞶帯　129右	飛燕外伝　1035
范寛　1023	繁体字　1029	鼻煙壺　1035
樊圻　268右	版築　1029	非烟伝　1035
板眼　1023	蟠螭文　1030	ビオ　1035
蟠虺文　1023	蟠螭文鏡　1030	未央宮　183左
板橋雑記　1024	販茶船　752左	未央天　1036
潘金蓮　267左	范仲淹　1030	埤雅　1036
反訓　1024	盤長　1030	秘閣　1036
潘月樵　1024	藩鎮　1030	非楽　→墨子非楽　1124
班固　1024	晩唐　927右	碑額　1036
反語　1024	蟠桃会　1031	碑学派　1036
板胡　392右	范道生　1031	避諱　1036
盤古　1025	般若経　1031	挽物　237左
盤庚　1025	般若心経　1031	比興　1036
板腔体　1025	班馬　→班固　1024	比丘尼伝　1037
盤鼓舞　1025	→司馬遷　512	碑碣　1037
はんさ	半坡遺跡　1032	比肩　1037
万歳通天進帖　1025	販馬記　1032	微言大義　1037
半山類型　1002左	襻膊　1032	比甲　1012左
潘尼　1025	班馬字類　1032	非攻　1038・1124左
半歯音　1026	半坡類型　1033	皮簧腔系　1038
版式　1026	半臂　996右	非国語　1038
范氏義荘　→義荘　208	班彪　1033	眉戸劇　1038
板式変化体　→板腔体　1025	万物一体　1033	帔子　1042右
潘師正　1026	蕃坊　1033	皮日休　1038
万斯大　1026	版本　1033	皮子文藪　1038右
万斯同　1026	版本学　1034	皮錫瑞　1038
万樹　1027	范曄　388左	毘沙門天像　1039
盤珠算法　1027	潘耒　1034	非十二子　559左
万首唐人絶句　1027	潘陸　→潘岳　1022	秘書　1036左
蛮書　1027	→陸機　1225	秘書監　1039
班昭　1027	万里の長城　→長城　853	秘書監志　1039
万松行秀　1027	盤龍城　1034	秘色青磁　1039
氾勝之書　1027	蟠龍文　1034	避暑山荘　1039
樊城堆文化　1028	半両銭　1034	ピジン・イングリッシュ　1039
晩笑堂画伝　1028	范蠡　1034	翡翠釉　1040
班婕妤　1028	万暦赤絵　1034	尾声　246左
販書偶記　1028	万暦帝　1035	碑像　1040
万人迷　1028	万暦野獲編　1035	**ひた**
梆子腔系　→梆子腔系　1110		眉黛　1040
晩晴簃詩匯　1028	**ひ**	費長房　1040
范成大　1028		費直　1040
反切　1029	比　1225右	筆簶　1040
半舌音　1029	匕　1035	筆　1083右
潘祖蔭　1029	碑　→碑碣　1037	筆画　1040

筆記	1041	廟	1046	**ふ**	
筆記小説 →筆記	1041	表意文字	1046		
畢沅	1041	表音文字	1046		
畢宏	855 左	廟学典礼	1046	缶	1052
筆順	1041	描金	1046	府	1052
畢昇	1041	描金鳳	1046	砆	217 左
筆生花	1041	評劇	1047	祔	1052
筆法記	1041	廟祭	1047	釜	1053
飛天	1041	鷹氏編鐘 →鷹氏編鐘	1055	符	1053
碑伝集	1042	評書	1047	賦	1053・189 右・1225 右
碑伝集補	1042 左	氷川詩式	1048	舞	566 右
秘殿珠林	705 左	平仄	1048	武威 →涼州	1267
悲田坊	1042	評弾	1049 左	武威医簡	1053
悲田養病坊	1042	廟底溝第二期文化	1048	武威漢簡	1054
卑南遺跡	1042	廟底溝類型	1048	武夷山	1054
皮嚢壺	1042	評点	1048	武威雷台漢墓	1054
披帛	1042	表白	1049	風	1225 右
皮弁冠	159 右	兵部	461 左	普洱茶	1054
費密	1042	表裏	1049	馮惟敏	1054
非命	1124 左	評話	1049	馮延巳	1054
ひや		皕宋楼	1228 右	風角	1054
百一詩	76 左	ひら		風雅十二詩譜	1055
百戯	1042	飛来峰造像	1049	風旗	691 右
白黒論	1043	皮陸 →皮日休	1038	富貴	1055
百丈懐海	1043	→陸亀蒙	1225	楓橋夜泊	844 右
百丈清規	1043	披領	1037 右	馮桂芬	1055
百色遺跡	1043	緋緑社	518 右	風骨	1055
百川学海	1044	毘盧遮那仏	1049	鷹氏編鐘	1055
百川書志	1044	琵琶	1050	馮従吾	1055
百鳥朝鳳	1044	琵琶記	1050	風水	1055
百乳文	985 右	琵琶行	1050	風騷 →詩経	480
白蓮教	1044	殯	1051	→楚辞	767
白蓮宗	1044	閩	1051	風箏誤	1056
百論	473 右	閔一得	1051	風俗画	1056
百家公案演義	1045	拼音	1051	風俗通義	1056
百家姓	1045	拼音字譜	1051	封泥	1056
百花亭	1045	拼音字母	1051	封泥考略	1057
白虎	494 左	閩越	1051 左	馮道	1057
白虎通	1045	品花宝鑑	1051	普通話	1174 左
百宝嵌	1045	閩劇	1051	馮夢龍	1057
繆襲	1045	彬県大仏寺石窟	1052	封面	1058
非有先生論	945 左	賓白 →念白	991	諷諭詩	1058
繆荃孫	1045	閩本	1052	風流	1058
繆篆	1045	賓陽洞	1261 左	武英殿	1058
表	1046			武英殿聚珍版全書	1058 右
標	180 右			傅奕	1058
鑣	523 左			賦役黄冊	1058

賦役全書	1059	普寂	1064	仏図戸	739右
普悦	7左	部首	1064	仏図澄	1072
フェルビースト	1059	巫祝	1065	物理小識	1072
武王	1059	富春山居図(黄公望)	1065	物理論	1072
武王伐紂平話	726左	無準師範	1065	武帝(西晋)	1072
ふか		無準師範像	1065	武帝(南朝梁)	1072
富河溝門遺跡	1059	布城	691右	符天暦	1073
傅咸	1059	武松	1065・656左	浮図	1073
武冠	1059	府城遺跡	1066	葡萄唐草文	1073
傅毅	1059	武小生	666右	武当山	1073
武郷琴書	260左	武松伝	1065右	武当山道教音楽	1073
武戯　→文戯	1077	普請	1066	**ふは**	
武俠小説	1060	符水	1066	舞判	1073
部曲	1060	浮生六記	1066	賦比興　→六義	1225
傅金銓	1060	趺石	1066	武備志	1073
復	1060	布銭	1066	フビライ　→クビライ	274
鍑	1060	武宗元	1066	巫舞	1074
不空	1060	**ふた**		不伏老	167右
服虔	1061	舞台	1067	府兵制	1074
復社	1061	傅大士	1067	武弁　→武冠	1059
福州戯　→閩劇	1051	舞台調度	1067	付法蔵因縁伝	1074
福州伬唱	1061	布袋木偶戯	1171右	父母恩重経	1074
福州評話	1049右	普陀山	1068	芙蓉手	1074
復初	1061	武旦	817左	傅亮	1075
伏勝　→伏生	1061	武丑	830右	武林旧事	1075
副浄	567左	黻	1068	プレマール	1075
服食	1061	物	1068	富連成社	152左
伏生	1061	普通話	1174左	扶盧	1043左
復性書	1061	覆刊本　→覆刻本	1070	父老	1075
副榜	123左	伏羲	1068	武老生	666左
副末開場　→家門	156	服気	1068	符籙	1075
覆輪	1062	仏曲	1068	**ふん**	
扶乩	1062	仏宮寺	1069	分	1075
武経七書	1062	仏牙	1069	文	1075
武経総要	1062	福恵全書	1069	分韻	1076
婺劇	1062	復古	1069	文苑英華	1076
武家坡	363左	仏光寺	1070	文淵閣	1076・487左
傅玄	1062	仏国記　→法顕伝	1134	文淵閣書目	1076
普賢	1063	覆刻本	1070	文嘉	1076
武元直	1063	復古編	1070	文学革命	1076
婦好墓	1063	仏性	1070	文学研究会	1077
ふさ		仏説法図	1070	文館詞林	1077
普済方	1063	仏祖統紀	1071	分甘余話	80右
巫山	1064	仏祖歴代通載	1071	文戯	1077
傅山	1064	仏陀跋陀羅	1071	文姫帰漢図	1077
武氏祠	1064	仏跳牆	1071	文姫入塞	1077
武十回	1065右	仏伝図	1071	墳丘墓	1271右

文鏡秘府論	1077	粉本	1084	北京原人	1091
刎頸鴛鴦会	1078	分野	1084	北京前門商業地	1091
文言　→文	1075	汾陽善昭	1084	北京南堂	1092
文源	1078	分類補註李太白詩	1085	北京北堂	1092
文献通考	1078			ベゼクリク石窟	1092
文言伝	53左	**へ**		襪	1092
聞見之知・徳性之知	1078			別史	1092
文康	1078	平遠	449右	別字	1092
文公家礼	1078	兵家	1085	別集	1092
焚香記　→王魁負桂英	73	米喜子	1085	別墨	1123右
粉彩	1079	平巾幘	1085	ヘディン	1092
文子	1079	平江図	1085	ペリオ	1093
文質	1079	平沙落雁	1085	**へん**	
文史通義	1079	平山冷燕	1086	変雅	1225右
汾酒	1079	瓶史	1086	辺角の景	459左
焚書	1079	蔽膝　→韍	1068	弁冠	159右
文叙	1079	萍州可談	1086	冕冠　→冕服	1095
文章縁起	648右	平上幘　→平巾幘	1085	枋禁　→禁	255
文昭関	1080	平水韻	1086	汴京　→開封	114
文章軌範	1080	平脱	1086	扁壺	1093
文昌帝君	1080	米点	1087右	辺塞詩	1093
文章流別集	482左	兵馬俑　→秦兵馬俑坑	647	扁鵲	1093
文章流別論	482左	米万鍾	1087	辺寿民	1093
焚書坑儒	1080	米芾	1087	編鐘	566右
文人画	1080	米法山水	1087	弁正論	1093
文心雕龍	1081	米友仁	1087	駢字類編	1093
文正	1162左	平陽	1088	駢四儷六　→駢文	1096
文成公主	1081	平遥古城	1088	辮線襖子	68左
文宣王	1081	平妖伝	1088	変相図	1094
文宗　→咸豊帝	189	平糧台遺跡	1088	駢体文鈔	1094
文体明弁	1081	炳霊寺石窟	1088	鞭土牛	1241右
文丑	830右	平話	1089	編年体	1094
文中子　→王通	87	**へき**		辮髪	1094
→中説	836	璧	1089	変風	1225右
文徴明	1082	碧雲寺石牌坊	1089	蝙蝠	1094
文廷式	1082	碧霞元君	1089	弁服	1094
文天祥	1083	碧巌録	1089	冕服	1095
文同	1083	碧鶏漫志	1089	変文	1095
文賦	1083	辟穀	1090	駢文	1096
文伯仁	1083	劈山救母　→宝蓮灯	1119	辺文進	1096
文筆	1083	辟邪	1090	偏旁	1096
文筆眼心抄	1084	壁中書	1090	変法自強	1097
文廟	1084	覓灯因話	1090	変法論	1097
文賦	1053右	碧螺春	1090	便民図纂	1097
文彭	1084	冪羅	1090	辺鸞	1097
文房四宝	1084	北京	1090	変臉	1293右
墳墓彫塑	1084	北京琴書	259右		

総索引(ほーほう)

ほ

簠	1097
蒲鞋	736左
戊寅元暦	1098

ほう

法	1098
袍	1098
魴	1099
瓿	1099
蔀	1099
鵬 →鯤鵬	430
矛	1099
坊	1099
帽	1099
鍪	1100
方彝	1100
方以智	1100
放煙火	315左
鳳凰	1100・615左
鳳凰山	1100
拼音 →ピンイン	1051
拼音字譜 →ピンイン字譜	1051
法苑珠林	1100

ほうか

法家	1101
法花	1101
方回	1101
包角 →康熙綴	336
方格規矩鏡	1101
方格葉文鏡 →草葉文鏡	759
棒喝	1101
宝巻	1101
鳳冠	1102
跑旱船	1102
鳳還巣	1102
宝顔堂秘笈	1102
方技	1102
方響	1103
彭暁	1103
宝鏡三昧歌	1103
法曲	1103
宝慶寺石仏	1104
方言	1104
法言	1104
宝剣記	1104

封建・郡県	1104
法源寺	1105
倣元四大家山水図	1105
法眼宗	1105
法眼文益	1105
幇腔	1106
彭公案	1106
豊鎬遺跡	1106
包公劇	1106
方孝孺	1107
望江亭	1107
倣古鏡	1107
奉国寺大雄殿	1107
坊刻本	1107
龐居士	1107
茅坤	1107

ほうさ

茅山	1107
法三章	1108
房山石経	1108
包山楚簡	762左
包山楚墓	1108
茅山派	1108
梆子	1110左
方士	1109
方志	1109
宝誌	1109
梆子腔系	1110
封氏聞見記	1110
炮炙	1138左
法若真	1110
方従義	1110
鳳首壺 →胡瓶	423
方術	1110
鳳首瓶 →胡瓶	423
法書	1111
包廂	298右
法照	1111
鮑照	1111
方丈	1111
法成	1111
法帖	1111
冒襄	1112
放生戒殺	1112
彭紹升	1112
方諸青童君	1112
法書要録	1112

牟子理惑論	1113
報任安書	1113
封神演義	1113
方心曲領	1114
包世臣	1114
封禅	1114
奉先寺洞	1260右
彭祖	1114
法蔵	1115
倣宋刊本	1115
宝相華	1115
宝蔵論	1115

ほうた

袍帯戯	1115
棒打薄情郎 →金玉奴	257
房中歌	1115
房中楽	1115右
房中術	1115
方鼎	1116
鮑廷博	827右
梆笛	1110左
奉天大鼓	787右
宝塔	1116
彭頭山文化	1116
方東樹	1116
朋党論	1116
包背装	1116
放伐	1116
放風箏	693左
蟒服 →蟒袍	1117
包袱	1117
鳳袍	1117
蟒袍	1117
方苞	1117
法宝	1117
豊坊	1117
抱朴子	1117
紡棉花	1118
彭蒙	1118
法門寺	1118
褒斜道刻石	1119
訪友記	1266右
蜂腰	496右
方輿勝覧	1119
抱鑼	1119
蓬莱	461右
方略	1119

跑龍套 1068左	北宋志伝 977左	法華玄義 1133
法琳 1119	墨竹 1126	法顕 1134
宝林伝 1119	北地三才 1126	法顕伝 1134
鮑令暉 1111左	墨翟 →墨子(人物) 1123	卜骨 1134
宝蓮灯 1119	穆天子伝 1126	払子 1134
跑驢 1120	北斗 1126	法相宗 1134
筓 1120	幞頭 1126	布袋 1135
ほき	北堂書鈔 1127	歩天歌 1135
歩虚 1120	北斗真君 1127	墓表 1131左
輔教篇 1120	冒頓単于 1127	補服 1135
歩虚詞 1120	ボクド・ハーン宮殿 1127	補亡詩 1135
浦起龍 1120	墨梅 1128	歩揺 1135
北陰陽営文化 1120	墨梅図(金農) 1128	浦琳 1136
木華 1120	北碑派 1036右	黄酒(ホワンチュウ) 1136
墨海金壺 1121	墨弁 1124左	**ほん**
樸学 →考証学 354	牧民 175左	錛 1136
墨憨斎定本伝奇 1121	北夢瑣言 1128	梵王宮 1136
北魏 1121	北遊記 532左	梵漢対音 1136
北魏の帝陵 1121	牧羊記 1128	本戯 1292右
卜居 767右	北里志 1128	翻刻本 887左
北曲 1122	北虜南倭 1128	本字 1136
木経 1122	蒲劇 1129	梵字 1136
墨経 1122・1124左	法華経 1129	本事詞 1137
北渓字義 1122	法華経変 1129	本事詩 1137
北崑 1122	墓碣 1131左	本生図 1137
北山移文 364左	補江総白猿伝 1130	本草 1137
北山四先生 1123	保国寺大雄宝殿 1130	本草経集注 1138
北山録 1123	**ほさ**	本草綱目 1138
北史 1123	菩薩交脚像 1130	本体・工夫 1138
墨子(人物) 1123	菩薩蛮 1130	ホンタイジ →太宗(清) 798
墨子(本) 1123	補子 1135右	本朝文粋 1139
北詞広正譜 1124	墓誌 1130	本朝麗藻 1139
卜辞通纂 1124	墓誌銘 1130右	梵唄 1139
墨子非楽 1124	補瀉 627右	紅靴(ホンパン) 1139
北周 1124	鋪首 1131	梵網経 1139
北宗画 →南北二宗論 977	蒲寿庚 1131	翻訳名義集 1139
北宗禅 1124	蒲松齢 1131	本来面目 1140
卜商 →子夏 476	莆仙戯 1131	梵隆 1140
北辛文化 1125	ポタラ宮 1132	**ま**
北征 1125	牡丹亭 →還魂記 173	
北斉 1125	牡丹灯記 1132	魔 1141
卜筮 1125	墨家 1132	麻鞋 736左
北斉書 1126	北海 1133	麻将(マージャン) 1141
北西廂 →西廂記 680	渤海 1133	馬王堆医書 1141
卜千秋墓壁画 1126	法界縁起 1133	馬王堆漢墓 1141
北宋 →宋(北宋・南宋) 734	法界観門 1133	馬王堆帛書 1142
穆宗 →同治帝 940	北海相景君碑 1133	

茅台酒(マオタイ)	1142	密陀絵	1150	無上秘要	1158
摩崖	1142	密庵咸傑	1151	無尽蔵	1159
摩訶止観	1143	未発・已発	1151	無声戯	1159
摩訶兜勒	1143	脈経	1151	無声詩史	1159
麻姑	1143	脈望館書目	1151	無善無悪	1159
魔合羅	1143	妙応寺白塔	1151	無題詩	1159・1237左
麻沙本	1143	弥勒	1151	無門関	1159
マスペロ	1143	弥勒教	1152	無文漆器	220左
媽祖	1143	弥勒下生経	1152	無用之用	1159
末	367右	弥勒上生経	1152	無欲	1160
抹額	1144	弥勒像	1153	無量寿経	1160
末金鏤	1144	民	1153	無梁殿	1283右
末泥	367右	明	1153	夢梁録	1160
末法思想	1144	明一統志 →大明一統志	809	**め**	
茉莉花	1144	明会典 →大明会典	809		
マテオ・リッチ	1144	明画録	1153		
マニ教	1145	明刊本 →明版	1156	命	1160
摩羅詩力説	1145	明曲	1154	銘	1161
マルコ・ポーロ	1145	明史	1154	謎 →字謎	517
まん		明詩紀事	1154	→謎語	1162
満街聖人	1146	明史稿	1154	明安図	1161
満漢全席	1146	明詞綜	1154	明夷待訪録	1161
慢詞	1146	明詩綜	1154	明応王殿壁画	1161
卍	1146	明実録	1154・508右	名家	1162
満洲	1146	明詩別裁集	1155	鳴鶴図	1162
満洲族	608右	明十三陵 →明の帝陵	1155	明鬼	1124左
満洲文字	1146	明儒学案	1155	明器	1162
万寿宮	1147	明清祭孔舞譜	119左	名教	1162
満城漢墓	1147	明の帝陵	1155	明教 →マニ教	1145
満床笏	1147	明版	1156	名教中人	336右
満髻	720左	明文海	1156	謎語	1162
万善同帰集	1147	明文衡	1156	明光鏡 →昭明鏡	597
曼荼羅	1148	明文授読	1156	名公書判清明集	1162
万年歓	198右	明訳天文書	1156	名実	1163
万年壺	1148	民窯	1156	盟書	1163
万年仙人洞	1148	明律 →大明律	809	冥祥記	409右
万仏寺	1148	明令 →大明令	809	名僧伝	1163
満文 →満洲文字	1146			明哲保身	1163
満文算法原本	1148	**む**		明刀	1163
満文老檔	1148			明堂(建物)	1163
み		無	1157	明堂(本)	1164
		無為	1157	鳴道集説	1164
		無学祖元	1158	梅瓶(メイピン)	1164
道	1149	夢華瑣簿	1158	名物六帖	1164
密教	1149	無極	1158	明仏論	1164
密教法具	1150	夢渓筆談	1158	名分	1164
三具足	1150	無遮会	1158	冥報記	1165

鳴鳳記	1165	**もか**		**や**	
梅蘭芳(メイランファン)	1165・501右	裳懸座	1171		
面具	1165	木庵性瑫	1171		
		木梆	123左	矢	217左・763左・907左
も		木梆墓	123左	崾洞(ヤオトン)	1179
		木魚	1171	野客叢書	1179
模	1022左	木魚歌	1171	薬王	1179
猛安謀克	1166	木魚書	1171	薬王山石刻	1179
孟雲卿	1166	木偶戯	1171	薬山惟儼	1179
毛益	1169右	黙照禅	1172	薬師経	1179
孟軻 →孟子(人物)	1168	木皮散人鼓詞	1172	薬師如来像	1180
孟喜	1166	木蘭詩	1172	薬発傀儡	116右
蒙求	1166	木蘭辞 →木蘭詩	1172	薬名詩	1180
孟姜女	1166	木蘭従軍	1172	夜深沈	198右
毛奇齢	1167	目連戯	1172	鑢象嵌	738右
網巾	1167	目連救母	1172右	野叟曝言	1180
蒙古 →モンゴル	1176	目連救母変文	1095右	耶蘇会 →イエズス会	12
毛公	1170右	目録学	1173	夜譚随録	1180
毛亨	1170右	文字改革	1173	耶律阿保機 →太祖(遼)	796
孟郊	1167	文字学	1174	耶律楚材	1180
毛公鼎	1167	文字の獄	1174	耶律徳光 →太宗(遼)	797
孟浩然	1167	文字譜	303左	夜郎	1181
蒙古源流	1168	餅花手	1175	秧歌(ヤンコ) →秧歌(おうか)	72
蒙古字韻	1168	木簡	184右	秧歌劇(ヤンコげき) →秧歌劇(おうかげき)	73
蒙古文字	1168	牧谿	1175	仰韶文化(ヤンシャオぶんか) →仰韶文化(ぎょうしょうぶんか)	234
毛詩	1168	没骨	1175		
孟子(人物)	1168	モリソン	1175	**ゆ**	
孟子(本)	1168	茂陵	1176		
網師園	1169	**もん**		遺教経	1181
毛詩古音考	1169	門外文談	1176	唯識宗 →法相宗(ほっそうしゅう)	1134
孟子字義疏証	1169	門下省	461左	唯心浄土	1181
毛詩正義	1169	問孔	1306右	維摩経	1181
毛詩箋	1168右	モンゴル	1176	維摩経変	1182
毛詩草木鳥獣虫魚疏	1169	文字改革(もんじかいかく) →文字改革(もじかいかく)	1173	油印本	1182
毛詩大序	1168右	文字学(もんじがく) →文字学(もじがく)	1174	有	1182
毛松	1169	捫蝨新語	1177	卣	1182
孟称舜	1170	文殊	1177	揖	1182
毛晋	1170	門神	1177	雄黄酒	819右
輞川集	1170	門生	1177	遊記	1183
毛宗崗	1170	文選	1177	遊亀山	416左
毛萇	1170右	文選考異	1178	尤求	1183
蒙恬	1170	文選集注	1178	游俠列伝	1183
毛伝	1170	文選理学権輿	1178	游芸	894右
毛峰茶 →黄山毛峰茶	346	文選李善注	1239左	祐国寺鉄塔	1183
魍魎画	1170	モンテ・コルヴィノ	1178	游酢	1183
毛綸	1170左	門閥	1178	熊三抜 →ウルシス	39
茉莉花(モーリホワ) →茉莉花(まつりか)	1144	問名	430右	有子	1183

有若　→有子　1183	雍熙楽府　1190	姚燮　256左
幽州　→北京　1090	楊起元　1190	葉燮　1196
熊十力　1183	楊輝算法　1190	雍城遺跡　630右
遊仙窟　1183	楊沂孫　1190	墉城集仙録　1196
遊仙詩(詩題)　1184	楊貴妃　1190	楊上善　797左・1164左
遊仙詩(郭璞)　1184	楊岐方会　1191	楊小楼　1196
尤侗　1184	楊凝式　1191	楊慎　1196
右文説　1184	羊欣　1191	楊仁山　→楊文会　1200
雄弁社　518右	揚琴　1191	陽燧　1197
尤袤　1184	楊寓　→楊士奇　1194	姚枢　1197
幽明録　1185	楊炯　1191	揚子江　→長江　846
酉陽雑俎　1185	楊恵之　1191	養生　1197
釉裏紅　1185	甬劇　1192	楊誠斎　→楊万里　1200
熊龍峰刊小説四種　1185	揚劇　1192	雍正硃批諭旨　1197
兪樾　1185	楊峴　1192	雍正帝　1198
兪琰　1185	謡諺　1192	楊泉　1198
庾肩吾　1186	姚彦卿　→姚廷美　1199	揺銭樹　1198
喩皓　1186	楊顕之　1192	ようた
兪秀山　820左	楊衒之　1209右	腰帯　129右
庾信　1186	葉憲祖　1192	姚鼐　1198
兪正燮　1186	容庚　1192	煬帝　1198
喩世明言　455右	腰坑　1193	拗体詩　1199
油滴天目　1186	姚合　1193	楊太真　→楊貴妃　1190
喩道論　1187	姚広孝　1193	楊太真外伝　1199
弓(ゆみ)　→弓(きゅう)　217	陽告　73左	楊乃武与小白菜　1199
楡林窟　1187	陽湖派　1193	楊朝英　1199
喩老　188右	ようさ	楊潮観　265右
よ	栄西　→栄西(えいさい)　46	楊廷筠　1199
	姚際恒　1193	姚廷美　1199
	容斎随筆　1193	葉適　1200
豫　1187	楊梓　1193	葉堂　992右
よう	楊時　1193	窰洞住宅　→窰洞(ヤオトン)　1179
俑　1187	葉子奇　758右	楊東明　1200
謡　→謡諺　1192	楊士奇　1194・783左	葉徳輝　1200
養一斎詩話　1187	楊朱　1194	ようは
楊維楨　1188	揚州　1194	楊八姐遊春　983左
楊惟徳　1188	揚州学派　1195	楊万里　1200
楊栄　783左	揚州画舫録　1195	楊溥　783左
徭役　1188	揚州十日記　1195	楊文会　1200
楊億　1188	揚州清曲　1195	幺篇　1122左
楊家将　1188	揚州唐城　1195	曜変天目　1201
楊家村西周窖蔵青銅器　1189	揚州八怪　1195	楊宝森　500左
楊家湾漢墓　1189	揚州評話　1049右	葉夢得　1201
陽関　1189	耀州窯　1196	揚補之　1201
楊簡　1189	楊守敬　1196	洋務　1201
陽関三畳　1190	葉春善　152左	陽明学　1201
楊輝　1190	陽春白雪　1196	楊茂　851右

楊門女将	1188右	らか		ラテン化新文字	1213
揚雄	1201	羅漢	1207	羅浮山	1213
陽友鶴	718右	羅漢図	1207	ラプサン・スーチョン	678左
養由基	1202	羅貫中	1207	羅聘	1213
瓔珞	1202	羅教	1207	ラマ教 →チベット仏教	828
陽陵	1202	羅欽順	1207	羅燁	653右
雍和宮	1202	落韻	70右	らん	
豫園	1202	落下閎	1207	乱	1213
よか		楽山大仏	1208	欄	1213
余懐	1024左	落子館	608右	藍瑛	1213
欲	1202	楽昌分鏡	1208	蘭花花	1214
翼教叢編	1203	洛神賦	1208	卵殻黒陶	396右
翼城琴書	260左	洛神賦十三行	1208	爛柯山 →朱買臣休妻	553
翼梅	1203	楽亭影戯	1208	襴衫	448左
浴仏	1203	駱賓王	1208	籃胎	1214
弋陽腔	969右	楽邦文類	1209	欒大	1214
豫劇	1203	洛陽	1209	乱弾	1214
余杭匯観山遺跡	1269左	洛陽伽藍記	1209	蘭亭序	1214
余蕭客	1204	洛陽金村古墓	1209	藍田原人	1215
余清斎帖	1204	洛陽刑徒墓地	1210	攬轡録	1215
輿地紀勝	1204	洛陽鏟	1210	藍本	1215
輿地広記	1204	洛陽城 →漢魏洛陽城	170	籃文	1215
余姚腔	969右	→隋唐洛陽城	659	蘭陵王入陣曲	1215
四大徽班	230右	洛陽名園記	1210		
四大声腔 →南戯四大声腔	969	楽浪郡	1210	**り**	
四大名旦 →四大名旦	501	楽浪郡治址	1210		
		鑼鼓	1210	吏 →官・吏	192
ら		羅睺	1211	→胥吏	611
		羅洪先	1211	利 →義・利	251
雷	1205	鑼鼓経	1211左	里	1216
罍	1205	鑼鼓書	1211	理	1216
頼庵	740左	らさ		犁	1216
雷海青	1205	拉山膀	215右	履	1217
礼記	1205	羅什 →鳩摩羅什	275	李娃伝	1217
礼記集説	1205	羅従彦	1211	李安忠	1217
雷公	1205	拉場戯	983左	李煜	1217
耒耜	1205	羅汝芳	1211	理一分殊	1218
耒耜経	1206	羅士琳	1211	李于鱗 →李攀龍	1244
雷神	1206	羅振玉	1212	李鋭	1218
雷発達	1206	羅針盤	1212	李璟	1218
迷盤	1206	羅清	1212	李益	1218
莱蕪梆子	1206	拉箏	5右	李淵 →高祖(唐)	360
雷峰塔伝奇	1007左	蘿窓	1212	梨園	1218
雷文	1206	羅大経	133右	梨園戯	1218
羅隠	1206	羅稚川	1212	梨園公会	1219
ラウファー	1206	落句	70右	李延年	1219
老酒 →黄酒	1136	螺鈿	1212		

総索引（りか―りせ）

りか	六経 1226	李弘 1232
犂錧 1219	六卿 1226	李杲 1232
李賀 1219	六芸 1226	李濱 1232
李悝 1220	六経皆我注脚 1226	李覯 1232
李誡 1220	六経皆史 1226	李翶 1232
李開先 1220	六経天文編 1226	李公佐 1232
里下河徽班 202左	六合一統帽 →六合一統帽 1300	李鴻章 1232
李可及 454左	陸贄 1229左	里甲制 1233
李確 1220	陸修静 1226	李光地 1233
理学 1220	陸淳 1227	李公年 1233
吏学指南 1220	六書 1227	李公麟 1233
理学宗伝 1221	陸象山 1227	離魂記 1234
李郭派 1221	六書音韻表 1227	**りさ**
李家村文化 1221	六書故 1227	李済 1234
李祈 1221	六書通 1228	李在 1234・200右
李含光 1221	六書略 1228	李材 1234
李逵 656左	六親 1228	李氏 583左
利殷 1221	六壬 1228	李斯 1235
李頎 1221	陸心源 1228	李贄 →李卓吾 1240
李義山 →李商隠 1237	陸信忠 1228	李耳 →老子 1295
李義山雑纂 →義山雑纂 204	六臣注文選 1178左	理事 1235
李亀年 1222	陸世儀 1228	李思訓 1235
李逵負荊 1222	陸西星 1228	李思訓碑 1235
李漁 1222	陸善経 1229	李志常 1235
李塨 1222	陸宣公奏議 1229	李自成 1236
李嶠 1222	六代之楽 →六楽 1224	李之藻 1236
李顒 1222	六代舞 →六楽 1224	李士達 1236
李嶠雑詠 1223	陸探微 1229	李時珍 1138右
李嶠百詠 →李嶠雑詠 1223	陸治 1229	李慈銘 1236
李嶠百二十詠 →李嶠雑詠 1223	六朝 1229	李舟 1236
李玉 1223	六朝文絜 1229	李充 1236
理気論 1223	六典 →大唐六典 802	李淳風 1236
りく	六韜・三略 1230	李純甫 1237
六一詩話 1223	陸徳明 1230	李商隠 1237
陸羽 830左	六博 1230	李少翁 1237
陸雲 1224	六部成語 1230	李少君 1237
六遠 449右	六法 →六法 1305	李昭道 1235右
陸王学 1224	陸放翁 →陸游 1231	李汝珍 1237
陸賈 1224	陸法言 1230	李真 631右
六楽 1224	六也曲譜 1230	李紳 1237
陸学 1224	六諭 1231	李嵩 1238
六家要指 1224	陸游 1231	李成 1238
陸束之 1225	陸隴其 1231	李西月 1238
陸機 1225	六和塔 1231	李清照 1238
六義 1225	李群玉 1231	李世民 →太宗(唐) 797
陸亀蒙 1225	李璟 →李璟 1218	李筌 1239
陸九淵 →陸象山 1227	李慧娘 371右	李善 1239

李鯉	1195右	李方膺	1195右	龍華三会	1251
理先気後	1223右	李夢陽	1245	劉炫	1251
李潜夫	116右	利瑪竇　→マテオ・リッチ	1144	龍虎	1251
李善蘭	1239	李夢陽　→李夢陽	1245	劉洪	1251
離騒	767右	李冶	1245	劉公案	1251
りた		里耶古城秦簡牘	1245	柳公権	1252
李大釗	1239	**りゅう**		隆興寺	1252
李太白　→李白	1243	笠	1245	龍興寺	1252
李太白文集	1240	旒	160左	劉孝綽	1253
李卓吾	1240	龍	1245・615左	柳江人	1253
李長吉　→李賀	1219	劉安	1246	劉孝標	1253
李調元	35右	劉毓中	630左	劉克荘	1253
李兆洛	1240	劉一明	1246	龍虎山	1253
李通玄	1240	劉因	1246	龍骨	1253
六国封相	1240	劉禹錫	1246	龍虎鬪	576左
律詩	1240	柳永	1246	劉琨	1253
律宗	1240	留園	1246	**りゅうさ**	
立春	1241	笠翁一家言全集	1247	劉采春	1254
律賦	1053右	笠翁十種曲	1247	流沙墜簡	1254
立部伎	983右	柳開	1247	龍山文化	1254
律呂	1241	劉海蟾	1247	柳子戯	1254
律令格式	1241	劉鶚	1248	柳氏伝	1254
律呂字譜	118右	榴花夢	1248	劉師培	1255
律呂新書	1242	柳華陽	1248	劉焯	1255
律呂正義	1242	柳貫	1248	留守	1255
律呂精義	1242	龍龕手鑑	1248	龍舟	1255
律暦淵源	1242	劉完素	1248	劉俊	168左
李迪	1242	隆琦　→隠元	25	劉峻　→劉孝標	1253
李侗	1242	劉基	1248	劉劭	1255
李唐	1242	劉熙	1248	劉敞	1255
李登	694右	劉徽	1249	流觴曲水	580左
李道純	1243	劉義慶	1249	劉承珪	1255
李東陽	1243	劉熙載	284左	劉辰翁	1255
李杜韓白	1243	柳毅伝	1249	劉昚虚	1256
李徳才	260左	龍虬陶文	1249	劉晨阮肇	1256
李惇	1243	劉向	1249	流水	346左
りは		劉勰	1249	龍泉窯	1256
李白	1243	龍興寺　→龍興寺	1252	柳宗元	1256
李伯元　→李宝嘉	1245	龍魚画	1250	劉宗周	1256
理藩院	1244	劉玉	1250	**りゅうた**	
李攀龍	1244	柳琴	1250	劉大櫆	1257
李百薬	1244	劉歆	1250	劉台拱	1257
狸猫換太子	1106右	鎏金銀　→鍍金銀	948	劉知遠	1257
吏部	461左	龍筋鳳髄判	1251	劉知遠諸宮調	1257
李紱	1244	劉昫	273右	劉知幾	505右
李昉	1244	柳敬亭	1251	劉長卿	1257
李宝嘉	1245	龍華経	1251	劉楨	1257

劉庭芝	1258	涼州	1267・975左	呂洞賓	1273
劉天華	1258	両周金文辞大系	1267	呂不韋	1273
龍灯	1258	涼州石窟	1268	呂文英	1273
龍套	368左	梁粛	1268	呂本中	1274
龍図公案	1258	凌曙	1268	呂蒙正	1274
劉敦楨	1258	梁書	1268	呂覧　→呂氏春秋	1273
劉半農	1258	梁章鉅	1268	呂留良	1274
劉備	1259	遼上京遺跡	1268	李陵	1274
龍舞	1259	両城鎮	1268	里老人	1274
劉復	1259	良渚文化	1269	理惑論　→牟子理惑論	1113
劉文龍	1259	梁辰魚	1269	りん	
劉秉忠	1259	両税法	1269	臨安　→杭州	351
劉邦　→高祖(漢)	359	良知	1270	林希逸	1275
龍袍	1260	遼中京遺跡	1270	林希元	1275
笠帽	1260	凌廷堪	1270	林景熙	1275
劉宝全	787右	裲襠	1270	林光朝	1275
龍鳳呈祥	1260	両当軒全集	339左	臨済義玄	1275
劉宝楠	1260	梁同書	1270	臨済宗	1275
劉逢禄	1260	両都賦	1270	臨済録	1276
龍門石窟	1260	遼寧式銅剣	1271	臨淄故城	1276
龍門造像銘	1261	梁　簡文帝　→蕭綱	577	臨書	1276
龍門派	1262	梁　元帝　→蕭繹	569	林紓	1276
劉埤	1262	李陽冰	1271	林泉高致集	1276
劉林	804右	廖平	1271	臨川派	1277
劉伶	1262	陵墓	1271	林則徐	1277
りよ		涼帽　→暖帽	822	林黛玉	382左
梁	1262	梁甫吟	1271	林兆恩	1277
量	1263	遼墓出土山水図・花鳥図		林庭珪	419右
遼	1263	→山弈候約図・竹雀双兎図	449	麟徳殿	810左
李邕	1263	凌濛初	1272	麟徳暦	1236右
凌雲集	1264	両門抱	368左	霊隠寺　→霊隠寺	1282
梁楷	1264	梁令瓚	1272	輪廻	1277
両下鍋	1264	りよき		臨汾　→平陽	1088
楞伽経	1264	呂紀	1272	林逋	1278
楞伽師資記	1265	閭丘方遠	1272	隣保制	1278
梁冠	1265	緑窓新話	1272	鱗文	1278
梁啓超	1265	緑野仙踪	1272	林訳小説	1276右
梁渓漫志	1265	緑腰	975左	林楽知　→アレン	8
梁高僧伝　→高僧伝	362	呂敬甫	582左	林良	1278
楞厳経	1265	呂坤	1272	林霊素	1278
聊斎志異	1266	呂氏郷約	1272		
梁山七器	1266	呂氏春秋	1273	**る**	
梁山泊	656左	呂尚　→太公望	788		
梁山伯与祝英台	1266	呂忱	613右	誄	1279
遼史	1267	呂祖謙	1273	類音	1279
梁思永	1267	呂大臨	1273	類隔	1279
梁思成	1267	呂天成	1273	類経	1279

涙痕 1279	伶倫 1286	連城璧 1292
類書 1279	礼論 559左	連台本戯 1292
類篇 1280	**れき**	煉丹術 →外丹 112
ル・コック 1280	鬲 1286	聯灯会要 1292
呂宋壺(ルソン) 1280	酈炎 1286	臉譜 1292
ルブルック 1280	暦学会通 1286	連綿字 1293
瑠璃 1280	暦元 1286	**ろ**
琉璃河遺跡 1281	暦算全書 1286	
琉璃廠 1281	暦象考成 1287	
れ	歴世真仙体道通鑑 1287	路 1293
	歴代三宝紀 1287	魯 1294
	歴代詩余 1287	鑪 1294
礼 1281	歴代鐘鼎彝器款識法帖 1287	婁叡墓壁画 1294
鑢 1282	歴代職官表 1287	老学庵筆記 1294
霊隠寺 1282	歴代詩話 1287	蠟型 1294・13左
礼運 1205左	歴代長術輯要 1288	楼観 1294
嶺外代答 1282	歴代帝王図巻 1288	籠冠 1295
礼学 1282	歴代宝案 1288	老官台文化 →大地湾文化 799
礼楽 1282	歴代法宝記 1288	楼観派 1295
鳽鶍 1283	歴代名画記 1288	老君音誦誡経 1295
黎簡 1283	歴代名臣奏議 1289	漏刻 1295
礼器 →彝器 13	鬲鼎 1289	崂山 1295
礼器碑 1283	酈道元 1289	老残遊記 1295
礼教 1283	列禦寇 1289	老子 1295
礼経 →儀礼 251	レッグ 1289	老子王弼注 1296
茘鏡記 869左	列子 1289	老子河上公注 1296
霊均 →屈原 273	列子注 1290	老子化胡経 1296
霊憲 1283	列帖装 →綴葉装(てっちょうそう) 890	郎士元 1296
霊谷寺 1283	列女図巻 1290	老子想爾注 1296
令狐楚 1284	列女伝 1290	老子道徳経 1297
冷斎夜話 1284	列仙伝 1290	老酒 →黄酒(ホワンチュウ) 1136
隷釈 1284	列朝詩集 1290	籠吹 1297
隷書 1284	列葉装 →綴葉装(てっちょうそう) 890	老生 666左
黎庶昌 1284	レミュザ 1291	隴西 1297
霊枢 1284	**れん**	老生児 1297
霊台儀象志 1285	奩 1291	郎世寧 →カスティリオーネ 142
霊台秘苑 1285	連闊如 1047右	老蘇 →蘇洵 769
嶺南 1285	蓮花落 1291	労乃宣 1297
嶺南三大家 1285	連環記 1291	老旦 816右
礼畢 542左	錬金術 →外丹 112	老聃 →老子 1295
礼部 461左	聯句 1291	鑞付 1298
礼部韻略 1285	連山 449左	隴東石窟 1298
隷弁 1285	煉師 1291	婁東派 1298
令方彝 1285	蓮社十八賢 1292	臘八 1298
霊宝派 1285	連珠 1292	老爺戯 →関公戯 172
零本 1286	蓮宗宝鑑 1292	琅邪山 1298
翎毛画 146右	聯珠詩格 1292	琅邪台刻石 631左

総索引（ろう―わん）

琅邪代酔編	1298	鹿方鼎	1302	淮水　→淮河	1308
隴右	1298	六也曲譜　→六也曲譜	1230	外灘　→上海外灘	525
郎窯	1299	六諭　→六諭	1231	淮南鴻烈　→淮南子	57
楼蘭	1299	轆轤	1302	淮南小山	768左
楼蘭故城	1299	六和塔　→六和塔	1231	矮歩	808左
老郎	1299	呂劇	1302	淮北花鼓戯	137右

ろき

路岐人	1300	盧戇章	1302	和漢朗詠集	1308
録異記	1300			和凝	1308
六一詩話　→六一詩話	1223	**ろさ**		或体	1308
六遠	449右	廬山	1302	和刻本	1308
六楽　→六楽	1224	廬山記	1303	和剤局方	1309
六家要指　→六家要指	1224	廬山高図（沈周）	1303	和戎記	574右
六義　→六義	1225	魯詩	451右	和陶詩	1309
録鬼簿	1300	盧摯	1303	倭袍伝	1309
六経　→六経	1226	盧思道	1303	話本	1309
六卿　→六卿	1226	瀘州老窖大曲酒	1303右	瓦楞帽	1309
六芸　→六芸	1226	瀘州老窖特曲酒	1303	宏智正覚	1309
六経皆我注脚　→六経皆我注脚	1226	盧循	1303	碗碗腔	1309
六経皆史　→六経皆史	1226	蘆笙	1303		
六経天文編　→六経天文編	1226	盧照鄰	1303		
六合一統帽	1300	魯迅	1304		
六才子書	261右	盧生	1304		
六斎日	1300	盧成科	787右		
六字句	269左	魯智深	656左		
六十種曲	1301	六家七宗	1304		
六十律	1301	六国封相　→六国封相	1240		
六書　→六書	1227	六法	1305		
六書音韻表　→六書音韻表	1227	盧全	1305		
六書故　→六書故	1227	魯班	1305		
六書通　→六書通	1228	盧文弨	1305		
六書略　→六書略	1228	盧楞伽	1305		
六親　→六親	1228	盧綸	1305		
六壬　→六壬	1228	論	1305		
六臣注文選	1178左	論語	1306		
六祖壇経	1301	論衡	1306		
六代之楽　→六楽	1224	論語義疏	1306		
六代舞　→六楽	1224	論語集解	1306		
六朝　→六朝	1229	論語正義	1307		
六朝文絜　→六朝文絜	1229	論賛	1307		
六典　→大唐六典	802	論詩絶句	1307		
六韜・三略　→六韜・三略	1230	龍山文化　→龍山文化	1254		
六度集経	1301	龍井茶	1307		
六博　→六博	1230	論仏骨表	1307		
六部成語　→六部成語	1230				
六法　→六法	1305				

わ

淮河	1308
淮劇	1308

総画索引

本見出し・参照見出し（カタカナの項目を除く）を，先頭漢字の画数順に配列した。画数が同じ場合は部首順に配列し，同部首内では代表音順に並べた。ただし，部首字（「田」の部首中の「田（でん）」など）は音にかかわらず先頭に配置した。また，先頭漢字が同じ場合は，二字目以降を同様のルールで配列した。

検索の便を考え，先頭漢字の部首の画数を適宜「部首 2」などの小見出しで示した。部首順と部首の画数は部首配列表（p. 1313）を参照のこと。なお同表の（　）内の部首は所属する代表部首の画数で扱う（「王」を「玉」の 5 画に置くなど）。部首の切れ目には，適宜罫線を引いて目印とした。また，同じ先頭漢字が長く続く場合は，二字目の漢字の画数を「大 1-5」（先頭漢字が「大」で，二字目の漢字の画数が 1〜5 画）などの小見出しで示した。

1 画

一山一寧	18
一切経音義	18
一行	16
一条鞭法	17
一卓二椅	19
一念三千	17
一枝花話	18
一乗三乗	16
一貫道	18
一顆印住宅	17
乙巳占	18
乙瑛碑	17

2 画

七	502
七十二地煞	503
七十二候	966
七夕	504
七出　→七去	503
七去	503
七声	503
七言詩	503
七官青磁	502
七弦琴　→琴	254
七歩詩	504
七政推歩	503
七音	502
七音略	502
七家後漢書	502
七修類稿	503
七真	503

七略	505
七録	505
七曜	504
七曜攘災決	505
丁公陶文	881
丁巨算法	880
丁村遺跡	885
丁度	886
丁敬	880
丁雲鵬	878
丁福保	886
九天玄女	225
九件衣	219
九寺　→九卿	219
九州	221
九成宮醴泉銘	223
九尾狐	225
九尾亀	225
九更天　→未央天	1036
九品官人法	225
九家集注杜詩	217
九宮大成南北詞宮譜	218
九宮正始	218
九華山	217
九通	224
九連環	226
九執暦	220
九章算法比類大全	222
九章算術	221
九経字様	219
九卿	219
九歌図	218
九錫文	220
九龍山崖墓	226

部首 2
……………………二 2-4

二人台	983
二人転	983
二入四行論	982
二十一史弾詞	978
二十二史考異	980
二十二史劄記	980
二十八宿	981
二十五史補編	979
二十四友	980
二十四史	979
二十四史通俗演義	979
二十四気	979
二十四孝	979
二十四治	980
二十四節気　→二十四気	979
二十四詩品	980
二十年目睹之怪現状	980
二仏並坐像	984
二水四家	981
二王	978

……………………二 7-19

二里岡文化	986
二里頭文化	987
二里頭遺跡	986
二京賦	978
二拍　→三言二拍	455
二度梅	982
二泉映月	981
二郎神	615
二教論	978
二進宮	981
二部伎	983
二陸　→三張二陸両潘一左	466

二程　→程顥	881	刀銭	936	十番鑼鼓	541
→程頤	878	ヒ	1035	十駕斎養新録	531
二程全書	982	……十 1-3		十翼	545
二程遺書	982	十一面観音像	529	十韻彙編	529
二葛	978	十七史商榷	536	十鐘山房印挙	507
二蘇　→蘇軾	770	十七帖	536	卜千秋墓壁画	1126
→蘇轍	772	十二平均律	540	卜骨	1134
人天宝鑑	988	十二生肖	540	卜商　→子夏	476
人天眼目	988	十二次	539	卜筮	1125
人心　→道心・人心	934	十二忌	539	卜辞通纂	1124
人形手	988	十二辰	540	**3 画**	
人物十八描	647	十二律	540		
人物志	647	十二消息卦	539	下川遺跡	143
人物画	647	十二章文	540	……三 1-4	
人虎伝	631	十二楼	540	三一	448
人面桃花	649	十八史略	541	三一教	448
人欲　→天理人欲	905	十八律	541	三十六天	460
人間詞話	625	十八家詩鈔	541	三十六天罡	460
人境廬詩草	628	十三夷館　→広東十三夷館	185	三十六字母	460
入唐求法巡礼行記	982	十三行　→広東十三行	185	三小戯	460
入蜀記	985	十三経注疏	535	三尸	459
入話	985	十三経注疏校勘記	535	三才	458
入薬鏡	985	十三轍	536	三才図会	459
八大山人	1015	十万巻楼叢書	544	三不去	470
八不中道	1020	十大経	538	三元	454
八分	1020	十干十二支	506	三元八会	456
八王の乱	1015	……十 4-6		三公	456
八仙	1019	十不二門指要鈔	543	三分損益法	470
八代詩選	1016	十五貫	534	……三 5-6	
八吉祥　→八宝	1020	十六国春秋	545	三世	462
八曲杯	1018	十六経　→十大経	538	三世仏	464
八体	1019	十牛図	532	三世異辞	462
八花鏡	1017	十王信仰	531	三仙	464
八佾	1014	十王経図	531	三代	464
八卦	1016	十四経発揮	536	三代吉金文存	465
八卦教	1017	十玄縁起	533	三正	462
八宝	1020	十地経論	536	三民主義	471
八股文	1019	十竹斎書画譜	508	三玄	455
八思巴	1013	……十 8-20		三礼	472
八音	1015	十国春秋	507	三礼図	472
八風	1016	十洲記　→海内十洲記	111	三伝　→左伝	447
八稜鏡	1016	十面埋伏	544	→公羊伝	276
八節	1019	十通	508	→穀梁伝	397
八旗	1017	十悪	528	三合院住宅	456
八関斎	1017	十部楽	542	三吏三別	472
八瓊室金石補正	1018	十部算経	543	三因仏性	448
刀	907	十番鼓	541		

三字経	459	三張二陸両潘一左	466	上蔡語録	578
三百六十律	469	三彩	458	万人迷	1028
三老	472	三教	452	万仏寺	1148
……三 7-8		三教捜神大全	453	万年仙人洞	1148
三体詩	465	三曹 →曹操	752	万年壺	1148
三希堂法帖	452	→曹丕	756	万寿宮	1147
三角縁神獣鏡	451	→曹植	749	万里の長城 →長城	853
三言二拍	455	三清	462	万松行秀	1027
三舎法	459	三経新義	454	万物一体	1033
三具足	1150	三都賦	469	万首唐人絶句	1027
三国志	456	三麻子 →王鴻寿	78	万善同帰集	1147
三国志平話	458	三朝北盟会編	466	万斯大	1026
三国志注	458	三統暦	468	万斯同	1026
三国志通俗演義	458	三階教	450	万歳通天進帖	1025
三国志演義	456	三遠	449	万暦赤絵	1034
三国時代	457	……三 14-19		万暦帝	1035
三官	452	三箇疏	452	万暦野獲編	1035
三宝太監西洋記通俗演義	471	三綱	456	万樹	1027
三弦	455	三綱五常 →五常	408	之卦	476
三弦書	455	三輔	471	也里可温(エリカオン)	58
三性	460	三輔決録	471	**部首 2**	
三易	449	三輔黄図	471	于吉	34
三武一宗の法難	469	三墳五典八索九丘	470	于連泉	39
三茅君	471	三蔵	464	于湖居士 →張孝祥	847
三長斎月	466	三論玄義	473	于謙	34
三門峡漕運遺跡	472	三論宗	473	勹	519
……三 9-10		三諦三観	465	千仏	731
三俠五義	453	三謝	459	千手観音像	723
三垣	449	三藩の乱	469	千字文	722
三峡	453	三蘇 →蘇洵	769	千里送京娘	733
三星堆遺跡	463	→蘇軾	770	千忠戮	728
三洞四輔	467	→蘇轍	772	千金方	717
三洞珠嚢	468	上下場 →舞台調度	1067	千金要方 →千金方	717
三界唯心	450	上巳節	579	千家詩	715
三皇	456	上図下文本	586	千頃堂書目	718
三省六部	461	上村嶺虢国墓地	588	千載佳句	721
三神山	461	上官体	573	千巌万壑図(龔賢)	716
三科九旨	451	上官周	572	**部首 3**	
三倍法	469	上官昭容 →上官婉児	572	口号	340
三家詩	451	上官婉児	572	口条 →髻口	719
三笑	460	上官儀	572	口面 →髻口	719
三袁 →袁宏道	62	上帝	589	口訣	339
……三 11-13		上海外灘	525	土司	952
三婦艶	470	上党梆子	591	土地神	954
三張(天師道)	465	上清派 →茅山派	1108	土城里土城 →楽浪郡治址	1210
三張(文人)		上清宮	586	土墩墓	955
→三張二陸両潘一左	466	上都 →元上都	315	士	473

士大夫	501	大乗起信論	792	大慈恩寺	790
士礼　→儀礼	251	大乗起信論義記	792	大義覚迷録	784
夕陽簫鼓	701	大乗義章	791	大豊殷　→天亡殷	904
……………………大 1-5		大衍術	782	大鼓	787
大一統	780	大衍暦	782	……………………大 14-19	
大仏	803	大昭寺　→ジョカン寺	603	大暦十才子	811
大夫	803	大海寺址出土石刻造像	782	大慧宗杲	781
大日経	802	大洞真経	801	大篆　→籀文	837
大召寺　→イヘ・ジョー寺	21	大紅袍	788	大蔵経	798
大広益会玉篇	788	大荔人	811	大還閣琴譜	783
大礼の議	811	大面　→蘭陵王入陣曲	1215	大頭和尚　→耍和尚	442
……………………大 6-7		大風歌	803	大戴礼	814
大同	800	……………………大 10-11		大戴礼記　→大戴礼	814
大同書	801	大唐三蔵取経詩話	801	大羅天	811
大地湾文化	799	大唐六典	802	大蘇　→蘇軾	770
大安国寺石仏	779	大唐内典録	802	夨人盤	764
大曲	785	大唐西域求法高僧伝	801	女丹	609
大西廂	795	大唐西域記	800	女仙外史	609
大克鼎　→克鼎	396	大唐秦王詞話	801	女史箴図	606
大坌坑文化	804	大唐開元礼	800	女冠	602
大宋中興通俗演義	799	大唐新語	802	女真	608
大宋宣和遺事　→宣和遺事	730	大師姑遺跡	790	女真文字	609
大宋僧史略	798	大帯	799	女媧	601
大村西崖	97	大書　→評話	1049	子不語	514
大汶口文化	804	大晟府	795	子弟書	508
大谷探検隊	96	大祥	791	子夜歌	518
大足石刻	799	大渓文化	786	子思	488
大辛荘遺跡	795	大清一統志	794	子思子	489
……………………大 8		大清会典	794	子夏	476
大学	782	大清律例	795	子庭	508
大学弁	783	大理	811	子貢	485
大学弁業	783	大都　→北京	1090	子張	504
大学衍義	782	→元大都	317	子産	487
大学衍義補	783	大黒天	789	子游	528
大学問	783	……………………大 12-13		子路	615
大明一統志	809	大悲菩薩　→千手観音像	723	小人　→君子	280
大明令	809	大散関	790	小双橋遺跡	588
大明会典	809	大智度論	799	小屯南地甲骨	593
大明律	809	大統暦	802	小心斎劄記	585
大明宮	809	大葆台漢墓	808	小児薬証直訣	593
大明暦	810	大運河	780	小臣艅犧尊	585
大盂鼎　→盂鼎	36	大雁塔	784	小学(学問)	570
大英傑烈	781	大雁塔線刻画	784	小学(本)	570
大金国志	786	大雄宝殿	810	小学鉤沈	571
……………………大 9		大雲光明寺	781	小忽雷伝奇	578
大乗大義章	793	大雲寺	781	小品文	594
大乗玄論	792	大雲経	781	小品方	594

小書　→弾詞	819	己易	383	五方元音	423
小珠山諸文化	582	巾	253	五代十国	414
小祥	582	干宝	189	五代史平話	415
小帽	595	干禄字書	193	五代史記　→新五代史	631
小景画	575	弓	217	五代会要	414
小爾雅	579	才	432	五代名画補遺	415
小翠花　→于連泉	39	才子佳人小説	435	五代詩話	415
小説	587	才子書	436	五加皮	387
小説月報	587	才調集	438	五台山	414
小説界革命	587			五台山寺廟音楽	414
小説家	587	**4画**		五石散	411
小篆	590			五礼通考	425
小調	589	丑	830	……………五 6-8	
小蘇　→蘇轍	772	不空	1060	五刑	397
尸	474	中山国遺跡	835	五行	389
尸解	476	中元節	833	五行大義	391
山人	461	中州集	835	五灯会元	417
山水図(李唐)	462	中州楽府	835	五百羅漢図	419
山水画	461	中州楽府音韻類編	835	五位頌	327
山水遊記	462	中衣	831	五声	411
山水詩	462	中体西用	837	五更転	400
山字文鏡	459	中国	833	五花土	387
山西八大套	463	中国小説史略	834	五花爨弄	387
山西北路梆子	463	中国式服制	834	五言詩	402
山西商人	463	中国俗文学史	834	五姓各別	409
山西梆子　→晋劇	628	中国陶瓷見聞録	834	五岳	386
山居図(銭選)	453	中国営造学社	833	五服	420
山岳文	451	中岳　→嵩山	662	五祀	404
山東石仏	468	中南海	837	五虎平西平南伝	401
山東快書	467	中単　→中衣	831	……………五 9-10	
山東龍山文化	468	中秋節	835	五帝	416
山弈候約図・竹雀双兎図	449	中原	832	五度	417
山海経	715	中原音韻	832	五星占	411
山海関	450	中峰明本	837	五胡十六国	400
山家・山外の争い	454	中華思想	832	五胡十六国仏像様式	401
山帯閣注楚辞	464	中庸	838	五柳先生伝	424
山陝甘会館	464	中説	836	五祖七真	413
山堂考索	467	中論	838	五祖法演	413
山頂洞人	466	中興間気集	833	五音	385
山越	449	丹田	822	五音集韻	386
山歌(民謡)	449	**部首 2**		五音戯	385
山歌(本)	450	……………五 3-5		五倫	425
山濤	467	五丈原	409	五倫五常　→五常	408
川劇	718	五山十刹	403	五家七宗	398
工夫	275	五山文学	403	五時八教	407
工尺譜	350	五山版	403	……………五 11-18	
工程做法則例	366	五斗米道　→天師道	897	五常	408

五彩	402	仏祖歴代通載	1071	元詩選	313
五教十宗	390	仏宮寺	1069	元豊九域志	322
五曹算経	413	仏跳墻	1071	元蒁	309
五経	389	仏説法図	1070	元嘉体	308
五経大全	391	·············元 0-5		元嘉暦	308
五経文字	391	元(王朝)	305	元雑劇 →元曲	310
五経正義	390	元(概念)	306	元稹	315
五経異義	390	元一統志	307	元遺山 →元好問	312
五経博士	391	元上都	315	元謀原人	323
五経算術	390	元大都	317	公 →公・私	347
五絃	399	元文類	322	公主	350
五部六冊	421	元氏長慶集	313	公安派	330
五量	425	元刊本 →元版	321	公羊伝	276
五徳	418	元刊雑劇三十種	309	公羊何氏釈例	276
五銖銭	408	元号 →年号	991	公羊学派	276
五雑組	402	元史	312	公羊春秋 →公羊伝	276
五鳳二年刻石	424	元史訳文証補	313	公・私	347
五権	399	元史新編	313	公服	373
五糧液	425	元末四大家	323	公孫弘	363
互訓	397	元白	320	公孫龍	363
井田	686	·············元 6-10		公孫龍子	364
井田法	686	元会運世	308	公案	329
井侯殷	676	元好問	312	公案小説	330
亢倉子	361	元曲	310	六一詩話	1223
化度寺	303	元曲四大家	310	六十律	1301
化度寺塔銘	304	元曲選	310	六十種曲	1301
介 →科	101	元曲選外編	311	六也曲譜	1230
介音	103	元次山 →元結	311	六壬	1228
介幘	107	元気	309	六代之楽 →六楽	1224
仇英	217	元君	311	六代舞 →六楽	1224
今文学	266	元典章	318	六合一統帽	1300
今古奇観	257	元和体	320	六芸	1226
今有術	267	元和姓纂	320	六典 →大唐六典	802
今楽考証	256	元和郡県図志	319	六和塔	1231
仁	620	元始天尊	313	六国封相	1240
仁学	623	元版	321	六法	1305
仁宗 →嘉慶帝	134	元帝 →司馬睿	510	六度集経	1301
仁義	626	元祐体	323	六祖壇経	1301
仏牙	1069	元祐党籍碑	323	六家七宗	1304
仏伝図	1071	元宵節	314	六家要指	1224
仏光寺	1070	·············元 12-16		六書	1227
仏曲	1068	元暁	169	六書故	1227
仏図澄	1072	元朝名臣事略	318	六書音韻表	1227
仏国記 →法顕伝	1134	元朝秘史	318	六書通	1228
仏性	1070	元結	311	六書略	1228
仏陀跋陀羅	1071	元詩別裁集	313	六経	1226
仏祖統紀	1071	元詩紀事	313	六経天文編	1226

六経皆史	1226	双檣	754	太祖(宋)	796
六経皆我注脚	1226	双簧	742	太祖(金)	796
六部成語	1230	反切	1029	太祖(元) →チンギス・カン	866
六斎日	1300	反訓	1024	太祖(明)	796
六博	1230	反語	1024	太祖(清) →ヌルハチ	989

部首 3 ・・・・・・・・・・・・・・・・・・・・・・・・・・・・・・・・・・・・・太 10-15

六卿	1226			太原	786
六朝	1229	・・・・・・・・・・・・・・・・・・・太 1-5		太真外伝 →楊太真外伝	1199
六朝文絜	1229	太一	780	太素	797
六楽	1224	太一教	780	太常寺	793
六義	1225	太乙金華宗旨	780	太康体	788
六親	1228	太上玄元皇帝	792	太虚	784
六諭	1231	太上老君	793	太極	785
六韜・三略	1230	太上感応篇	791	太極図	785
円山貝塚	62	太上霊宝五符序	793	太極図説	786
円形土楼 →客家円形土楼	1017	太子瑞応本起経	790	太湖	787
円明園	66	太公家教	788	太湖石	789
円珍	64	太公望	788	太歳	789
円測	63	太平天国	806	太監	783
円覚経	60	太平広記	806		
円頓教	65	太平恵民和剤局方		・・・・・・・・・・・・・・・・・・・天 0-5	
円機活法	61	→和剤局方	1309	天	890
内丹	964	太平清領書	806	天一閣	892
内外転	964	太平経	805	天人合一	899
内廷供奉	965	太平御覧	805	天下	892
内典	965	太平道	807	天下郡国利病書	893
内転 →内外転	964	太平楽府	804	天亡殷	904
内道場	965	太平聖恵方	806	天子	896
内閣大学士	964	太平鼓	806	天子游猟賦	897
内藤虎次郎 →内藤湖南	965	太平寰宇記	805	天工開物	895
内藤湖南	965	太玄	786	天井住宅	899
凶服 →衰服	439	太白金星	802	天元術	894
切韻	703	太白酔写	802	天文	905
切韻考	703	太白尊	803	天主実義	898
切韻指南	703	・・・・・・・・・・・・・・・・・・・太 6-9		天主教	898
切韻指掌図	703	太守	790	天仙配	900
分	1075	太行山脈	788	天台三大部	900
分野	1084	太初暦	794	天台小止観	901
分類補註李太白詩	1085	太谷学派	789	天台山	900
分韻	1076	太和正音譜	812	天台四教儀	901
勾欄	379	太学	782	天台宗	901
収円教	530	太宗(唐)	797	天台治略	901
双声	751	太宗(遼)	797	天目	904
双清	751	太宗(宋)	797	・・・・・・・・・・・・・・・・・・・天 6-11	
双魚文	740	太宗(清)	798	天地会	902
双喜	739	太武帝	804	天地陰陽交歓大楽賦	902
双鉤	742	太祖(遼)	796	天対	900
双漸蘇卿諸宮調	751	太祖(後周) →郭威	124	天命 →命	1160

総画索引（4画）

天学初函	892	孔稚珪	364	文同	1083
天官賜福	893	孔廟　→文廟	1084	文字改革	1173
天宝遺事諸宮調	904	孔廟大成殿	373	文字学	1174
天雨花	892	孔穎達	276	文字の獄	1174
天泉証道記	900	孔融	377	文成公主	1081
天津時調	899	孔叢子	272	‥‥‥‥‥‥文 7-10	
天師	896	少林寺	599	文体明弁	1081
天師道	897	少室山房筆叢	580	文伯仁	1083
天秤	903	尤求	1183	文廷式	1082
天啓赤絵	894	尤侗	1184	文言　→文	1075
天啓崇禎両朝遺詩	894	尤袤（ゆうぼう）	1184	文学研究会	1077
天問	905	尹文	29	文学革命	1076
天梯山石窟　→涼州石窟	1268	尹文子	29	文宗　→咸豊帝	189
天理人欲	905	尹洙	27	文房四宝	1084
天理教	905	尹喜	24	文昌帝君	1080
天経或問	894	尹焞（いんとん）	28	文苑英華	1076
‥‥‥‥‥‥天 12-21		尺	519	文叙	1079
天朝田畝制度	903	尺八	520	文宣王	1081
天禄　→辟邪	1090	尺牘	699	文昭関	1080
天禄琳琅書目	906	屯田	961	文姫入塞	1077
天童山	903	巴烏	1000	文姫帰漢図	1077
天童如浄	903	巴渝舞	1021	文殊	1177
天寧寺	903	巴蜀文化	1013	‥‥‥‥‥‥文 11-19	
天暦	906	巴黎茶花女遺事（パリちゃかじょいじ）	1022	文康	1078
天演	892	引伸義	28	文章軌範	1080
天説	900	引戯	24	文彭	1084
天論	906	**部首 4**		文淵閣	1076
天壇	902	心	617	文淵閣書目	1076
天橋八怪	893	心即理　→性即理・心即理	684	文筆	1083
天龍山石窟	905	心学	623	文筆眼心抄	1084
天龍寺青磁	906	心統性情	644	文源	1078
天鶏壺	894	戈	101	文献通考	1078
天譴論	895	手面	555	文嘉	1076
孔子	346	支婁迦讖	614	文徴明	1082
孔子改制考	348	支道林　→支遁	509	文廟	1084
孔子家語	348	支遁	509	文戯	1077
孔子廟堂碑	349	支謙	483	文質	1079
孔丘　→孔子	346	‥‥‥‥‥‥文 0-6		文賦	1083
孔広森	341	文	1075	文選	1177
孔伋　→子思	488	文人画	1080	文選考異	1178
孔安国	329	文子	1079	文選理学権輿	1178
孔侍中帖	349	文中子　→王通	87	文選集注	1178
孔尚任	355	→中説	836	文館詞林	1077
孔府	373	文公家礼	1078	文鏡秘府論	1077
孔望山摩崖造像	376	文天祥	1083	斗	907
孔雀明王像	271	文心雕龍	1081	斗分	956
孔雀東南飛	271	文史通義	1079	方丈	1111

方士	1109	木蘭辞　→木蘭詩	1172	牛方鼎	226
方心曲領	1114	欠筆	303	牛河梁遺跡	218
方以智	1100	止観	478	牛頭馬頭	411
方回	1101	止観輔行伝弘決	478	牛頭禅	410
方志	1109	殳（しゅ）	525	部首 5 ———	
方技	1102	殳書	550	············王 2-5	
方孝孺	1107	比丘尼伝	1037	王九思	75
方言	1104	比肩	1037	王十朋	80
方東樹	1116	比興	1036	王之渙	79
方苞	1117	毛公鼎	1167	王士禎	80
方従義	1110	毛伝	1170	王子安集	79
方格規矩鏡	1101	毛奇齢	1167	王仁昫	83
方格葉文鏡　→草葉文鏡	759	毛宗崗	1170	王夫之	89
方術	1110	毛松	1169	王引之	70
方略	1119	毛峰茶　→黄山毛峰茶	346	王文治	90
方鼎	1116	毛晋	1170	王文誥	90
方諸青童君	1112	毛彫	304	王世貞	83
方輿勝覧	1119	毛詩	1168	王玄策	77
方彝	1100	毛詩古音考	1169	············王 6-7	
方響	1103	毛詩正義	1169	王充	81
日下旧聞	506	毛詩草木鳥獣虫魚疏	1169	王先謙	84
日月壺	507	水月観音	655	王冰	89
日本国志	984	水月観音像	655	王安石	68
日本国見在書目録	984	水村図(趙孟頫)	658	王守仁　→王陽明	95
日本訪書志	985	水注	658	王戎	81
日本詩史	984	水洞溝遺跡	659	王朴	91
日本雑事詩	984	水瓶	660	王次回	79
日光鏡	981	水経注	654	王艮	78
日知録	982	水郷古鎮	655	王伯良　→王驥徳	75
日晷	981	水陸道場	661	王廷相	87
日観	981	水詞	656	王応麟	72
月下氷人	302	水運儀象台	653	王沂孫	75
月月小説	302	水墨画	660	王孝通	78
月令	303	水滸伝	656	············王 8	
月白釉　→澱青釉	900	水滸後伝	656	王周士	81
月児高	303	水銀	654	王和卿	96
月琴	302	水磨腔　→崑腔系	427	王国維	78
木皮散人鼓詞	1172	水磨調　→崑腔系	427	王坦之	85
木華	1120	火不思	154	王学左派	73
木偶戯	1171	火耕水耨	136	王孟韋柳	93
木庵性瑫	1171	火焼紅蓮寺	140	王実甫	80
木経	1122	火焼溝文化	141	王宝釧　→紅鬃烈馬	362
木魚	1171	火薬	156	王延寿	71
木魚書	1171	父母恩重経	1074	王延徳	71
木魚歌	1171	父老	1075	王念孫	88
木蘭従軍	1172	爻辰（こうしん）	357	王昌齢	82
木蘭詩	1172	牙行	136	王明清	92

王若虚	81	王源	76	**5 画**	
王門三派	93	王照	82		
················王 9		王献之	77		
王勃	91	王瑶卿	94	丘処機	222
王城崗遺跡	82	王禎	86	丘長春　→丘処機	222
王度	87	王禎農書	87	丘逢甲	225
王建	76	王筠	70	丘遅	224
王建墓	77	王粲	79	丘濬	221
王衍	71	王粲登楼	79	世宗(後周)　→柴栄	433
王思任	80	王蒙	93	世宗(明)　→嘉靖帝	143
王恂	81	王詵	84	世宗(清)　→雍正帝	1198
王昭君	82	王遠知	71	世祖(元)　→クビライ	274
王昶	85	················王 14-15		世祖(清)　→順治帝	562
王柏	88	王墨	91	世説新書　→世説新語	702
王洪	78	王徳信　→王実甫	80	世説新語	702
王禹偁	71	王漁洋　→王士禎	80	主戸	548
王荊文公詩箋注	76	王禕	69	主静	551
王重陽	86	王維	69	主簿	554
················王 10-11		王魁負桂英	73	**部首 2**	
王原祁	76	王鳴盛	92	以心伝心	15
王庭筠	86	王履	96	仕女図	493
王振鵬	83	王畿	74	仙官	716
王時敏	80	王翬	74	代言体	787
王時槐	79	王雱	90	代面　→蘭陵王入陣曲	1215
王莽	92	王褒(前漢)	90	付法蔵因縁伝	1074
王莽銭	93	王褒(北周)	90	令方彝	1285
王通	87	················王 16-26		令狐楚	1284
王冕	90	王羲之	75	冊子本	446
王常月	82	王翰	74	冊府元亀	447
王梵志	92	王諤	73	写刻本	521
王符	89	王錫闡	84	写真　→肖像画	588
王紱	89	王融	93	写意	517
王粛	81	王懋竑	91	写像秘訣	522
王逸	70	王穉登	85	出三蔵記集	552
················王 12-13		王績	84	出師 表	657
王喬	76	王鴻寿	78	加彩	138
王帽戯	90	王嚞　→王重陽	86	功利	379
王弼	89	王闓運	72	功過格	332
王惲	71	王寵	86	功徳	274
王森	83	王蘭生	96	功徳使	274
王欽若	76	王覇	88	包山楚墓	1108
王無能	92	王韜	87	包公劇	1106
王琦	74	王鐸	85	包世臣	1114
王陽明	95	王懿栄	69	包角　→康熙綴	336
王僧虔	84	王鑑	74	包背装	1116
王慎中	83	王驥徳	75	包袱	1117
王楊盧駱　→初唐四傑	610			北山四先生	1123

北山録	1123	句股術	342	古詩帰	405
北斗	1126	句股割圜記	342	古詩源	405
北斗真君	1127	句践	359	古詩賞析	406
北史	1123	············古 3-4		古詩選	406
北地三才	1126	古小説鉤沈	409	古銅　→胡銅	417
北曲	1122	古今字	401	古賦	420
北西廂→西廂記	680	古今図書集成	402	古謡諺	424
北宋　→宋(北宋・南宋)	734	古今事文類聚	402	古璽	404
北辛文化	1125	古今注	392	古鏡記	390
北里志	1128	古今逸史	401	古韻標準	328
北京	1090	古今詩刪	402	号子	348
北京北堂	1092	古今説海	402	司母戊方鼎	516
北京前門商業地	1091	古今韻会挙要	401	司空図	482
北京南堂	1092	古文(書体)	421	司空曙	482
北京原人	1091	古文(文体)	421	司馬仲達　→司馬懿	510
北周	1124	古文学	421	司馬光	511
北宗画　→南北二宗論	977	古文尚書撰異	422	司馬承禎	512
北宗禅	1124	古文苑	421	司馬炎　→武帝(西晋)	1072
北征	1125	古文真宝	423	司馬相如	512
北斉	1125	古文辞	422	司馬睿	510
北斉書	1126	古文辞類纂	422	司馬談	513
北海	1133	古文関鍵	422	司馬遷	512
北海相景君碑	1133	古文龍虎経	423	司馬懿	510
北堂書鈔	1127	古文観止	422	史忠	504
北崑	1122	古月軒	399	史記	479
北渓字義	1122	············古 5-11		史記天官書	480
北陰陽営文化	1120	古玉図	391	史記暦書	481
北詞広正譜	1124	古体詩	414	史通	505
北夢瑣言	1128	古赤絵	326	史晨碑	495
北虜南倭	1128	古画品録	387	史游	528
北魏	1121	古染付	413	史達祖	502
北魏の帝陵	1121	古柏堂伝奇	419	史墻盤	492
匝	11	古泉匯	412	史館	478
巨然	250	古風	420	史籒篇	504
半両銭	1034	古清涼伝	411	史籍考	496
半舌音	1029	古経解彙函	398	只孫服	499
半坡遺跡	1032	古経解鉤沈	398	台歩	807
半坡類型	1033	古逸叢書	327	台湾	812
半跏思惟像	1023	············古 12-19		台榭	790
半歯音	1026	古尊宿語録	413	台閣体	783
卡約文化	157	古琴　→琴	254	台諫	783
占田・課田制	728	古装戯	412	············四 2-4	
占夢	731	古越磁	383	四十二章経	491
部首 3		古楽府	387	四十自述	490
右文説	1184	古詩	404	四大名旦	501
右袵	35	古詩十九首	406	四大声腔　→南戯四大声腔	969
句	269	古詩紀	405	四大奇書	500

四大書院	500	四書	491	平糧台遺跡	1088
四大鬚生	500	四書大全	493	広弘明集	337
四川石窟	498	四書或問	493	広州	351
四川清音	497	四書集注	492	広州沙面租界	352
四元玉鑑	484	……四 11-15		広州漢墓	352
四元術	484	四進士	495	広東十三夷館	185
四六　→駢文	1096	四部	514	広東十三行	185
四六法海	615	四部叢刊	514	広東音楽	185
四六駢儷文　→駢文	1096	四診	494	広東漢劇	185
四分律	515	四象	492	広釈名	350
四分律行事鈔	515	四遊記	532	広陵散	380
四分暦	515	四溟詩話	517	広勝寺下寺後殿	355
四天王	508	四端	502	広雅	332
四天王像	508	四霊(霊獣)	615	広雅書局叢書	334
四方四季障壁画	516	四霊(詩人)　→永嘉四霊	44	広雅疏証	334
四方平定巾	516	圧歳銭	5	広雅疏義	334
四王呉惲	475	冬寿墓　→安岳三号墳	8	広輿図	378
……四 5-7		外八廟　→承徳外八廟	592	広韻	330
四句教	482	外丹	112	弁正論	1093
四平山	515	外台秘要方	301	弁服	1094
四民月令	516	外典　→内典	965	弘忍	371
四合院住宅	485	外転　→内外転	964	弘明集	275
四夷楽舞	475	外題　→題簽	796	弘法大師　→空海	269
四存篇	499	外灘　→上海外灘	525	部首 4	
四君子	483	夯土　→版築	1029	戊寅元暦	1098
四声	495	失空斬	506	打油詩	815
四声八病	496	左氏春秋　→左伝	447	打金枝　→満床笏	1147
四声切韻表	496	左丘明	443	打城戯	814
四声等子	496	左伝	447	打炮戯	815
四声猿	495	左思	444	打通	814
四角号碼	477	左衽　→右衽	35	打連廂	816
四言詩	487	左慈	444	打鼓罵曹　→撃鼓罵曹	298
……四 8-10		市舶司	511	打漁殺家	816
四呼　→開斉合撮	110	布袋	1135	打閙台　→打通	814
四季花鳥図(呂紀)	480	布銭	1066	払子	1134
四季絵　→四時図	489	平上幘　→平巾幘	1085	旧五代史	219
四明十義書	517	平山冷燕	1086	旧石器時代	223
四河入海	477	平巾幘	1085	旧唐書	273
四法界	516	平仄	1048	旦	816
四神	493	平水韻	1086	本生図	1137
四神鏡	494	平江図	1085	本字	1136
四面像	517	平妖伝	1088	本体・工夫	1138
四庫全書	486	平沙落雁	1085	本来面目	1140
四庫全書総目提要	487	平脱	1086	本事詞	1137
四時	488	平遥古城	1088	本事詩	1137
四時図	489	平陽	1088	本草	1137
四時纂要	489	平話	1089	本草経集注	1138

本草綱目	1138	玄応音義 →一切経音義	18	田際雲	896
本朝文粋	1139	玄沙師備	314	田駢	904
本朝麗藻	1139	玄言詩	311	甲	328
末法思想	1144	玄学	308	甲乙経	331
末金鏤	1144	玄宗	317	甲骨文	343
未央天(びおうてん)	1036	玄怪録	308	甲骨文断代研究例	343
未発・已発	1151	玄奘	314	甲骨文編	344
正一教	568	玄秘塔碑	321	甲骨学	343
正山小種茶	678	玄都観	319	申子	632
正史	678	玄端	318	申不害	647
正目 →題目正名	810	玄覧堂叢書	324	申曲 →滬劇	398
正名	692	玉 →玉器	241	申鑒	624
正字	678	玉台新詠	245	白仁甫 →白樸	1010
正字通	679	玉衣	240	白孔六帖	1005
正字戯	678	玉兎	245	白氏文集	1006
正始之音	679	玉佩	246	白氏長慶集	1006
正始石経	679	玉函山房輯佚書	241	白玉像	1004
正負術	690	玉門関	247	白玉蟾	1004
正書 →楷書	108	玉泉子	244	白字戯	1006
正統	687	玉泉寺	244	白行簡	1005
正義	674	玉海	241	白兎記	1009
正蒙	693	玉皇	243	白沙宋墓	1005
正誼堂全書	674	玉茗堂四夢	247	白居易	1003
民	1153	玉堂春	245	白明達	1010
民窯	1156	玉渓生 →李商隠	1237	白虎通	1045
永州八記	46	玉壺春	243	白帝城	1008
永固陵	45	玉蜻蜓	244	白酒	998
永明体	48	玉器	241	白馬寺	1009
永盂	43	玉嬌梨	242	白馬非馬論	1009
永泰公主墓壁画	47	玉潤	241	白描画	1009
永康学派	45	玉樹後庭花	243	白紵舞	1008
永楽大典	49	玉篇	246	白蛇伝	1006
永楽大典戯文三種	49	玉燭宝典	243	白陶	1008
永楽帝	50	玉簪記	243	白雪遺音	1008
永楽宮	49	玉鏡台記	242	白鳥庫吉	613
永楽通宝	50	玉夔龍	242	白鹿洞書院	1011
永嘉の乱	44	瓦子	138	白黒論	1043
永嘉四霊	44	瓦当	149	白雲宗	1003
永嘉学派	44	瓦当文	150	白雲観	1003
永寧寺	48	瓦楞帽	1309	白楽天 →白居易	1003
氷川詩式	1048	甘水仙源録	180	白猿伝 →補江総白猿伝	1130
氾勝之書	1027	甘沢謡	181	白蓮宗	1044
部首 5		甘粛仰韶文化 →馬家窯文化	1001	白蓮教	1044
玄	306	生	666	白話	1011
玄中寺	318	生員	671	白話文学史	1011
玄妙観	323	甩髪功(しゅはつこう)	553	白磁	1005
玄妙観三清殿	323	田何	892	白樸	1010

白頭吟	1009	礼経 →儀礼	251	会稽	105
白覆輪	615	礼部韻略	1285	会館	104
白鑞	1011	礼楽	1282	休祥災異	221
皮日休	1038	礼器 →彝器	13	仰山慧寂	233
皮陸 →皮日休	1038	礼器碑	1283	仰韶文化	234
→陸亀蒙	1225	禾目天目	993	伍子胥	406
皮錫瑞	1038	立春	1241	伍守陽	408
皮簀腔系	1038	**部首 6-7**		伍柳派	424
皮囊壺	1042	艾南英	113	伍員吹簫	383
目連戯	1172	辺文進	1096	全上古三代秦漢三国六朝文	724
目録学	1173	辺寿民	1093	全五代詩	721
矛	1099	辺塞詩	1093	全金詩	717
石人石獣	698	辺鸞	1097	全相三国志平話 →三国志平話	458
石介	696			全相平話五種	726
石氏星経	697	**6 画**		全相本	727
石台孝経	698			全祖望	727
石玉崑	696	丞相	583	全唐文	730
石印本	696	両下鍋	1264	全唐文紀事	730
石刻文	706	両周金文辞大系	1267	全唐詩	729
石林詩話	702	両城鎮	1268	全唐詩逸	729
石門文字禅	701	両都賦	1270	全唐詩話	729
石門阜市遺跡	701	両税法	1269	全真教	725
石門頌	701	争座位帖	743	全漢三国晋南北朝詩	716
石室墓	697	**部首 2**		仲仁	836
石峡文化	705	交子	346	仲尼 →孔子	346
石点頭	698	交河故城	333	仲尼夢奠帖	835
石家河文化	704	交趾	364	仲由 →子路	615
石崇	698	交鈔	353	仲長統	837
石経	705	伊川撃壌集	15	伝 →経・伝	292
石棺墓	704	伊尹	12	伝心法要	899
石渠宝笈	705	伊東忠太	19	伝奇	893
石渠閣議	705	伊秉綬	20	伝奇小説 →伝奇	893
石鼓文	707	伊洛淵源録	21	伝法宝紀	904
石寨山古墓群	696	伊藤仁斎	19	伝音快字	892
石幢	699	伊藤東涯	20	伝教大師 →最澄	437
石鋭	696	伊闕仏龕碑	14	伝習録	898
石頭希遷	699	仮 →真・仮	622	任大椿(じんだいちん)	642
石頭記 →紅楼夢	382	仮借	140	任子 →恩蔭	98
石濤	699	仮借字	140	任仁発	988
石谿	706	仮髻	134	任氏伝	634
石闕	706	会子	107	任昉	648
石鐘山	697	会昌一品集	108	任侠	987
礼	1281	会党	112	任風子	646
礼学	1282	会書	108	任頤	987
礼記	1205	会真記 →鶯鶯伝	72	伐子都	1019
礼記集説	1205	会意	103	伏生	1061
礼教	1283	会盟	115	伏勝 →伏生	1061

伏羲	1068	吉服	209	地戯	824
仿古鏡	1107	吉斎漫録	210	地蔵	499
仿宋刊本	1115	吉蔵	209	地蔵経	499
光孝寺	341	叫化鶏	229	地蔵菩薩像	499
光武帝	374	向秀	581	地論宗	616
光裕社	377	后李文化	379	多嘴壺	813
光緒東華続録	357	后稷	356	夷　→夏夷	103
光緒帝	356	合口	340	夷夏論	13
先天方位・後天方位	728	合口呼	341	夷堅志	14
先王・後王	714	合刊本　→合刻本	148	夸父(かほ)	155
兆域図	839	合体　→独体	950	好逑伝	336
共工	232	合刻本	148	如来禅	986
再生縁	437	合従連衡	148	如来蔵	986
同文算指	944	合笙	148	如意	985
同文韻統	944	吐谷渾	957	如意輪観音像	986
同光十三絶	925	吐故納新	951	存思	776
同州梆子	931	吐蕃	955	存星	777
同姓不婚	935	吐魯瓶　→太白尊	803	安世高	10
同治帝	940	吐魯番	958	安史の乱	9
同善社	936	吐魯番文書	958	安岐	8
刑法志	295	名公書判清明集	1162	安邑城	11
刑政	290	名分	1164	安居	8
刎頸鴛鴦会	1078	名実	1163	安岳三号墳	8
列女伝	1290	名物六帖	1164	安南本	10
列女図巻	1290	名家	1162	安般守意経	10
列子	1289	名教	1162	安済橋	9
列子注	1290	名僧伝	1163	安敦	10
列仙伝	1290	吏　→官・吏	192	安期生	8
列帖装　→綴葉装	890	→胥吏	611	安禄山の乱　→安史の乱	9
列朝詩集	1290	吏学指南	1220	安禄山事蹟	11
列葉装　→綴葉装	890	因果	23	安楽集	11
列禦寇	1289	因陀羅	28	宇文泰	37
匈奴	236	因話録	32	宇文虚中	37
匡謬正俗	238	回文詩	114	宇文愷	37
卍	1146	回教	104	字母　→三十六字母	460
印	22	回族	111	字林	613
印仏	29	回鶻　→ウイグル	33	字書	492
印文陶	30	回鶻文字　→ウイグル文字	34	字喃	837
印花	23	団華文	817	字詁	485
印刷術	26	圭	282	字彙	475
印章	28	圭表	294	字様	567
印縫	30	圭斎文集	287	字説	497
印簡	24	在理教	442	字謎	517
危言	202	地方志　→方志	1109	守一	526
危素	207	地方戯	829	守山閣叢書	548
部首3		地獄	486	守庚申　→庚申待ち	357
吉州窯	210	地獄変相	486	守温	545

寺院 475	曲藻 244	江左三大家 344
寺塔記 509	早春図(郭煕) 748	江永 331
寺窪文化 616	早梅詩 756	江有誥 377
寺観壁画 478	有 1182	江西詩派 358
尖首刀 723	有子 1183	江声 358
州 526	有若 →有子 1183	江参 357
年号 991	朱 526	江南 370
年画 991	朱之瑜 →朱舜水 550	江南糸竹 370
年窯 992	朱士行 549	江南画 370
行 328	朱子 548	江南春 371
行中書省 364	朱子年譜 550	江南春図(文徴明) 370
行当 367	朱子学 549	江淹 331
行巻 334	朱子晩年定論 550	江淮異人録 383
行省 →行中書省 364	朱子語類 549	江陵 380
行書 233	朱元璋 →太祖(明) 796	江陵楚墓群 380
行路難 383	朱文太平銭 554	江湖派 344
行戯 335	朱世傑 551	江湖風月集 344
行縢 368	朱有燉 555	江湖集 342
行頭 368	朱自清 549	江総 360
部首 4	朱思本 550	江藩 372
戎昱 529	朱倫瀚 556	汝窯 611
成玄英 675	朱淑真 550	池北偶談 829
成兆才 685	朱陸同異論 555	灰坑 106
成実宗 580	朱買臣休妻 553	灰被天目 994
成実論 580	朱開溝文化 546	灰陶 113
成相 680	朱筠 526	灰釉 116
成祖(明) →永楽帝 50	朱舜水 550	灰釉陶 116
成唯識論 597	朱載堉 548	灰闌記 116
成唯識論述記 597	朱軾 551	灯彩戯 926
成都 687	朱徳潤 553	牟子理惑論 1113
成都蜀王族墓地 688	朱端 552	**部首 5**
托 →杔・托 997	朱権 548	百丈清規 1043
曲子詞 243	朱震 551	百丈懐海 1043
曲江 249	朱震亨 551	百川学海 1044
曲江池 250	朱熹 →朱子 548	百川書志 1044
曲村遺跡 244	朱駿声 550	百色遺跡 1043
曲芸 242	朱彝尊 526	百花亭 1045
曲苑 240	朱鶴齡 546	百宝嵌 1045
曲阜 246	次韻 475	百家公案演義 1045
曲品 246	気 194	百家姓 1045
曲律 247	気の哲学 212	百鳥朝鳳 1044
曲洧旧聞 240	気功 203	百戯 1042
曲海総目提要 241	気血 202	**部首 6-7**
曲牌 245	気質之性 205	瓜皮帽 →六合一統帽 1300
曲牌体 246	気韻生動 197	竹坡詩話 825
曲陽修徳寺 247	汗衫記 174	竹枝詞 824
曲論 247	汗簡 166	竹板歌 825

竹林の七賢	826	至元弁偽録	484	\[7 画\]	
竹書紀年	825	色絵祥瑞	22		
竹添井井	813	西千仏洞	978	乱	1213
竹筒屋	825	西山遺跡	677	乱弾	1214
竹葉青酒	826	西太后	684	部首 2	
竹譜	826	西王母	671	亜鉛	3
米万鍾	1087	西団山文化	685	位至三公鏡	14
米友仁	1087	西安	669	佚存叢書	19
米芾	1087	西安城鐘楼・鼓楼	669	何心隠	141
米法山水	1087	西安清真寺	670	何氏語林	139
米喜子	1085	西安鼓楽	669	何休	122
糸履	613	西安碑林	670	何良俊	158
缶	1052	西字奇跡	679	何典	149
羊欣	1191	西曲	674	何国宗	137
老子	1295	西京雑記	675	何承天	141
老子化胡経	1296	西周　→周	527	何家村遺跡	119
老子王弼注	1296	西岳華山廟碑	672	何晏	102
老子河上公注	1296	西昇経	681	何基	120
老子道徳経	1297	西泠八家	695	何紹基	140
老子想爾注	1296	西施	678	何尊	145
老生児	1297	西洲曲	680	何景明	135
老君音誦誡経	1295	西狭頌	674	何焯	140
老学庵筆記	1294	西夏	671	何義門　→何焯	140
老官台文化　→大地湾文化	799	西夏文字	673	何遜	145
老郎	1299	西夏陵	673	何震	141
老残遊記	1295	西晋　→晋(西晋・東晋)	618	伽藍神	158
老耼　→老子	1295	西秦戯	683	佐波理　→響銅	237
老酒　→黄酒	1136	西域	670	体用	810
老爺戯　→関公戯	172	西崑体	677	佃戸	895
老蘇　→蘇洵	769	西崑酬唱集	676	伯牙琴	1003
考工記	340	西清古鑑	683	伯夷・叔斉	1003
考工記図	340	西廂記	680	伯楽	1010
考古図	343	西廂記諸宮調	681	余清斎帖	1204
考拠学　→考証学	354	西湖	675	余蕭客	1204
考信録	357	西湖二集	676	伶倫	1286
考証学	354	西湖佳話	676	克鼎	396
考槃余事	372	西湖遊覧志	676	兇舩	485
考課	332	西遊記	441	児女英雄伝	492
耒耜	1205	西遊記雑劇	441	兎毫盞　→禾目天目	993
耒耜経	1206	西遊補	441	兎園冊	948
耳杯	510	西漢　→漢	160	兵家	1085
耳璫　→璫	908	西蜀夢	682	兵馬俑　→秦兵馬俑坑	647
肉蒲団	978	西銘	692	冷斎夜話	1284
自由	528	西鳳酒	691	初印本	565
自報家門	516	西儒耳目資	680	初学記	602
自然	497	西樵山	681	初唐四傑	610
自撰	511	巡撫	562		

別史 1092	呉炳 423	呂坤 1272
別字 1092	呉音 385	呂尚　→太公望 788
別集 1092	呉剛 400	呂洞賓 1273
利　→義・利 251	呉帯当風	呂祖謙 1273
利殷 1221	→曹衣出水・呉帯当風 736	呂紀 1272
利瑪竇　→マテオ・リッチ 1144	呉梅 419	呂留良 1274
助字 606	呉梅村　→呉偉業 327	呂蒙正 1274
助字弁略 607	呉起 388	呂劇 1302
労乃宣 1297	呉彬 419	呂覧　→呂氏春秋 1273
医心方 15	呉船録 412	囲棋 14
医方類聚 21	・・・・・・・・・・・・・・・・・・・・・・・呉 12	困学紀聞 426
医宗金鑑 15	呉偉 327	困知記 429
卣 1182	呉偉業 327	図画見聞誌 948
即心是仏 764	呉敬梓 398	図絵宝鑑 948
即事 764	呉械 424	坎肩　→馬甲 1011
部首3	呉琚 389	均 253
含玉 170	呉越 383	均田制 264
含嘉倉 165	呉越春秋 383	坐忘論 447
含綬鳥文 177	呉越備史 384	坐禅 445
吟 255	呉道玄 418	坊 1099
吟風閣雑劇 265	呉須 410	坊刻本 1107
吟窓雑録 263	呉須手 411	声母 690
君子 280	呉須赤絵 410	声律 694
君臣 281	・・・・・・・・・・・・・・・・・・・呉 13-18	声訓 675
・・・・・・・・・・・・・・・・・・・・・呉 0-6	呉楚七国の乱 413	声符 689
呉(春秋) 326	呉筠 328	声腔 675
呉(三国) 326	呉虞 392	声無哀楽論 692
呉三桂 403	呉趼人 399	声類 694
呉与弼 424	呉嘉紀 386	声韻学　→音韻学 98
呉大澂 415	呉歌 386	夾彩 232
呉子 405	呉歴 425	夾紵 236
呉文英 421	呉説 383	妙応寺白塔 1151
呉王夫差矛 385	呉澄 415	宏智正覚 1309
呉王夫差剣 384	呉熙載 388	宋(春秋) 734
呉王夫差鑑 384	呉鎮 416	宋(南朝) 734
呉王光剣 384	告子 394	宋(北宋・南宋) 734
呉王光鑑 384	告身 395	宋の帝陵 755
呉広　→陳勝・呉広 870	吹剣録 655	宋十回 746
呉全節 412	吹腔 655	宋之問 747
・・・・・・・・・・・・・・・・・・・・・呉 7-11	呂大臨 1273	宋大詔令集 753
呉廷翰 417	呂不韋 1273	宋元学案 741
呉承恩 408	呂天成 1273	宋元戯曲史 741
呉昌碩 409	呂文英 1273	宋元鏡 742
呉城文化 409	呂氏春秋 1273	宋文鑑 757
呉派(考証学) 419	呂氏郷約 1272	宋代宮廷隊舞 753
呉派(絵画) 419	呂本中 1274	宋刊本　→宋版 756
呉派(篆刻) 419	呂宋壺 1280	宋史 745

総画索引 (7画)

宋広	742	**部首 4**		杜臆	948
宋玉	740	応天府	87	……… 李 3-5
宋会要	737	応制	83	李之藻	1236
宋刑統	741	応県木塔	77	李于鱗 →李攀龍	1244
宋名臣言行録	758	応詔 →応制	83	李士達	1236
宋旭	739	応瑒	87	李大釗	1239
宋克	743	応璩	75	李公年	1233
宋初三先生	750	志人小説	495	李公佐	1232
宋応星	737	志怪小説	477	李公麟	1233
宋赤絵	736	忍冬文	988	李太白 →李白	1243
宋学	737	快板書	113	李太白文集	1240
宋版	756	快雪時晴帖	110	李少君	1237
宋祁	739	快雪堂法帖	110	李少翁	1237
宋迪	754	戒牒	112	李世民 →太宗(唐)	797
宋風	757	戒壇	111	李弘	1232
宋書	748	抄本	596	李玉	1223
宋書謝霊運伝論	750	折 →齣	696	李白	1243
宋高僧伝	743	折子戯	708	……… 李 6-7
宋琬	737	折枝画	707	李光地	1233
宋翔鳳	749	折獄亀鑑	706	李充	1236
宋雲	736	投壺	923	李兆洛	1240
宋詩	745	把子功	1012	李在	1234
宋詩別裁集	747	抜頭 →鉢頭	1019	李安忠	1217
宋詩紀事	746	扶乩	1062	李成	1238
宋詩鈔	746	改琦	104	李汝珍	1237
宋犖	759	攻媿集	335	李百薬	1244
宋鈃	741	肖形印	575	李耳 →老子	1295
宋銭	751	肖像画	588	李自成	1236
宋雑劇	744	肘後備急方	834	李舟	1236
宋濂	760	村田楽	777	李西月	1238
宋璲	751	杜子春伝	953	李伯元 →李宝嘉	1245
寿陵	556	杜子恭	952	李冶	1245
対句	875	杜工部集箋注 →銭注杜詩	728	李含光	1221
対牀夜語	793	杜仁傑	954	李志常	1235
対転	800	杜光庭	951	李材	1234
対聯	875	杜甫	956	李杜韓白	1243
岐山	204	杜牧	956	……… 李 8-10
岑参	638	杜秋娘	953	李侗	1242
岙曲	812	杜荀鶴	953	李卓吾	1240
巫山	1064	杜家立成	948	李宝嘉	1245
巫祝	1065	杜康	951	李延年	1219
巫舞	1074	杜順	953	李昉	1244
序	564	杜詩	952	李杲	1232
形名参同	296	杜詩詳注	953	李東陽	1243
形似	288	杜詩鏡銓	952	李迪	1242
形声	290	杜預	957	李長吉 →李賀	1219
		杜審言	954	李娃伝	1217

李衍	1221	李嶠雑詠	1223	沈璟	622
李思訓	1235	李潢	1232	沈寵綏	642
李思訓碑	1235	李確	1220	汾酒	1079
李唐	1242	李鋭	1218	汾陽善昭	1084
李家村文化	1221	李璟	1218	汴京 →開封	114
李怛	1220	李覯	1232	没骨(もっこつ)	1175
李益	1218	李鴻章	1232	牡丹灯記	1132
李純甫	1237	李翺	1232	牡丹亭 →還魂記	173
李通玄	1240	李贄 →李卓吾	1240	状元印	577
李邕	1263	李顒	1222	狂 →狂・狷	231
………李 11-12		李攀龍	1244	狂・狷	231
李商隠	1237	求那跋陀羅	274	狂態邪学	235
李惇	1243	求那跋摩	274	部首 5	
李済	1234	汪士鋐	79	甬劇(ようげき)	1192
李淳風	1236	汪中	85	社	517
李清照	1238	汪元量	78	社火	518
李紱	1244	汪廷訥	87	社会	518
李紳	1237	汪萊	96	社学	518
李郭派	1221	汪琬	71	社倉	522
李陵	1274	汪道昆	88	社戯	519
李亀年	1222	沂南画像石墓	211	社稷	521
李善	1239	汲冢書	224	私 →公・私	347
李善蘭	1239	汲黯	217	私度僧	509
李斯	1235	沙井文化	444	部首 6	
李淵 →高祖(唐)	360	沙苑文化	442	孝	328
李筌	1239	沙門不敬王者論	524	孝子伝	349
李賀	1219	沙面租界 →広州沙面租界	352	孝文帝	375
李逵負荊	1222	沁陽盟書	650	孝悌	365
李道純	1243	沖虚真経 →列子	1289	孝堂山石祠	369
李開先	1220	沈下賢 →沈亜之	620	孝経	336
李陽冰	1271	沈亜之	620	孝廉	381
………李 13-14		沈宋 →沈佺期	640	良知	1270
李塨	1222	→宋之問	747	良渚文化	1269
李夢陽	1245	沈佺期	640	花月痕	135
李嵩	1238	沈周	635	花卉山水合冊	122
李慈銘	1236	沈度	643	花卉雑画	121
李煜	1217	沈括	624	花卉雑画巻	121
李義山 →李商隠	1237	沈約	649	花石綱	143
李義山雑纂 →義山雑纂	204	沈荃	640	花灯戯	150
李群玉	1231	沈重	642	花児	138
李頎	1221	沈兼士	629	花押	118
李漁	1222	沈家本	624	花菴詞選	102
李誠	1220	沈既済	626	花瓶	304
………李 15-19		沈復	647	花部	152
李嶠	1222	沈焕	624	花鳥画	146
李嶠百詠 →李嶠雑詠	1223	沈粲	632	花朝戯	147
李嶠百二十詠 →李嶠雑詠	1223	沈徳潜	645	花間集	120

花園荘東地 54 号墓	118	近思録	261	典型龍山文化	
花園荘東地甲骨	117	邢子才　→邢邵	289	→山東龍山文化	468
花鈿	149	邢州窯	289	典故	895
花鼓	135	邢侗	293	典論	906
花鼓戯	137	邢邵	289	画山水序	138
花箋記	143	邢昺	295	画史(米芾)	139
花蕊夫人	141	邢雲路	283	画史会要	139
芥子園画伝	107	那吒	966	画指	127
芥舟学画編	107	那珂通世	965	画院	117
芸	283	酉陽雑俎 (ゆうようざっそ)	1185	画禅室随筆	144
芸文志	296	里	1216	画継	134
芸文類聚	296	里甲制	1234	画継補遺	134
芸苑卮言	284	里老人	1274	画像石	144
芸概	284	里耶古城秦簡牘	1245	画像印　→肖形印	575
芙蓉手	1074	**部首 8・11**		画像磚	145
部首 7		阮大鋮	317	画像鏡	144
角	123	阮元	311	画論	159
角力記	133	阮咸	308	画鑑	120
角山遺跡	127	阮籍	316	函谷関	173
角杯	130	麦積山石窟	1008	刻花	416
言尽意・言不尽意	315			刻符	397
言尽意論	315	**8 画**		刺	474
言志・縁情	312			刺史	488
言偃　→子游	528	乳文	985	刺虎	484
谷音	393	乳虎卣　→食人卣	605	制	667
豆	907	事功派　→永嘉学派	44	制度通	689
豆彩	926	→永康学派	45	制挙	674
貝丘遺跡	995	事林広記	614	匋雅 (とうが)	914
貝貨	994	事物紀原	514	協音	228
赤松子	697	事類賦	614	卦気	121
赤眉の乱	700	**部首 2**		参天台五台山記	466
赤峰紅山後	701	京氏易伝	289	参同契	467
赤壁	700	京本通俗小説	295	参軍戯	454
赤壁の戦い	701	京房	295	**部首 3**	
赤壁図	700	京師大学堂	289	呼家将	387
赤壁賦	701	京朝官	292	呼韓邪単于	388
走唱	748	京劇	230	周	527
足本	766	舎利信仰	524	周之冕	537
足利本	4	舎利容器	524	周口店遺跡	534
足利学校	4	佩文斎書画譜 (はいぶんさいしょがふ)	999	周公	534
車灯	522	佩文斎詠物詩選	999	周公旦　→井侯殷	676
車馬	523	佩文韻府	999	周公廟遺跡	534
車馬坑	523	佩玉	995	周文矩	543
辛店文化	643	命	1160	周必大	542
辛棄疾	626	具服　→朝服	858	周礼	555
辰河戯	623	具注暦	273	周汝登	537
近体詩	263	典礼問題	906	周作人	535

周臣	537	夜譚随録	1180	宗周鐘 →訣鐘	408
周邦彦	543	奇双会 →販馬記	1032	宗法	757
周官 →周礼	555	奇字	204	宗門十規論	544
周昉	543	奉国寺大雄殿	1107	宗門統要	544
周易 →易経	52	始皇帝 →秦始皇帝	632	宗密	544
周易内伝	530	始皇陵 →秦始皇帝陵	633	宗族	752
周易外伝	530	妲己	814	宗鏡録	665
周易本義	530	学	123	定性書	885
周易参同契	530	学究	147	定県漢墓	880
周易集解	530	学政全書	129	定陵	887
周亮工	545	学海堂	124	定場詩	884
周原	533	学海類編	124	定窯	887
周原甲骨	533	学津討原	129	宝林伝	1119
周書	537	学蔀通弁	132	宝巻	1101
周秦行紀	537	季布罵陣詞文	214	宝相華	1115
周密	544	季札	204	宝剣記	1104
周敦頤	539	孟子(人物)	1168	宝塔	1116
周徳清	539	孟子(本)	1168	宝蓮灯	1119
周憲王 →朱有燉	555	孟子字義疏証	1169	宝誌	1109
周髀算経	541	孟姜女	1166	宝慶寺石仏	1104
呻吟語	628	孟郊	1167	宝蔵論	1115
和刻本	1308	孟浩然	1167	宝顔堂秘笈	1102
和剤局方	1309	孟称舜	1170	宝鏡三昧歌	1103
和陶詩	1309	孟喜	1166	尚書 →書経	604
和漢朗詠集	1308	孟軻 →孟子(人物)	1168	尚書大伝	584
和凝	1308	孟雲卿	1166	尚書引義	582
固囲村魏墓	327	官 →官・吏	192	尚書古文疏証	584
国子監	394	→胥吏	611	居士	404
国秀集	395	官戸	172	居士伝	407
国姓爺 →鄭成功	884	官刊本	167	居延漢簡	239
国学	393	官本雑劇	190	居家必用事類全集	240
国故論衡	394	官・吏	192	居庸関	250
国清寺	395	官版	188	居業録	240
国清百録	395	官場現形記	178	居節	249
国朝文類 →元文類	322	官話	193	屈大均	273
国朝先正事略	396	官話方言 →官話	193	屈宋 →屈原	273
国朝学案小識	395	官話合声字母	194	→宋玉	740
国朝耆献類徴	395	官窯	192	屈原	273
国朝献徴録	395	官箴	179	屈家嶺文化	273
国朝詩別裁集 →清詩別裁集	634	宜侯夨殷	203	屈輪	277
国朝駢体正宗	396	宜興窯	203	岳石文化	129
国策 →戦国策	720	実叉難陀	507	岳珂	124
国権	393	実事求是	507	岳飛	131
国語	394	実学	506	岳飛故事	131
坤輿万国全図	430	実政録	508	岳陽楼	133
圿字	813	実録	508	岳陽楼記	133
夜郎	1181	宗	527	岳麓書院	133

岩画 164	招差術 578	明夷待訪録 1161
岩茶 182	招隠詩 568	明安図 1161
峡 827	拙政園 708	明曲 1154
帖学派 571	拙庵徳光 709	明応王殿壁画 1161
帖装 588	拓本 813	明画録 1153
帛画 1003	拝 994	明実録 1154
帛書 1007	拝月亭 995	明版 1156
庚申待ち 357	拝経堂叢書 995	明律 →大明律 809
底本 887	披帛 1042	明哲保身 1163
府 1052	抱朴子 1117	明堂(建物) 1163
府兵制 1074	抱鑼 1119	明堂(本) 1164
府城遺跡 1066	抹額 1144	明教 →マニ教 1145
延平答問 65	拗体詩 1199	明訳天文書 1156
延安石窟 58	放生戒殺 1112	明詞綜 1154
延寿 64	放伐 1116	明詩別裁集 1155
弩 907	易 →易経 52	明詩紀事 1154
弥勒 1151	易元吉 52	明詩綜 1154
弥勒下生経 1152	易牙 52	明器 1162
弥勒上生経 1152	易王弼注 51	明儒学案 1155
弥勒教 1152	易伝 53	服気 1068
弥勒像 1153	易図明弁 53	服食 1061
径山 258	易学啓蒙 52	服虔 1061
部首 4	易学象数論 52	服部南郭 1019
忠 831	易経 52	朋党論 1116
念仏 991	易童子問 54	杭世駿 358
念奴嬌 991	昊天上帝 367	杭州 351
念白 991	昂昂渓 340	采石磯 437
性 667	昏鼎 416	采風 439
性三品説 678	昏礼 430	采荻堂古詩選 436
性即理・心即理 684	昇平宝筏 595	采詩官 436
性命 692	昇平署 →南府 974	松田 590
性具説 574	昌言 576	松石 587
性起説 574	明 1153	松江派 578
性悪 669	明の帝陵 1155	松絃館琴譜 577
性理大全 694	明一統志 →大明一統志 809	松漠紀聞 593
性理学 694	明刀 1163	枢府 663
性善 683	明十三陵 →明の帝陵 1155	枢密院 663
性霊説 695	明仏論 1164	析字 697
或体 1308	明文海 1156	枕中書 872
房山石経 1108	明文授読 1156	枕中記 871
房中術 1115	明文衡 1156	東大乗教 938
房中歌 1115	明令 →大明令 809	東方見聞録 945
承負 594	明刊本 →明版 1156	東方朔 945
承徳 →熱河 990	明史 1154	東王公 914
承徳外八廟 592	明史稿 1154	東西均 926
押座文 78	明会典 →大明会典 809	東西洋考 927
押韻 70	明光鏡 →昭明鏡 597	東西晋演義 926

東西漢演義	926	林霊素	1278	河南墜子	151
東医宝鑑	910	欧陽玄	94	河南龍山文化	151
東京城	921	欧陽生	95	河朔三鎮	138
東京夢華録	922	欧陽守道	94	治平通義	827
東周王城	931	欧陽建	94	注	831
東周列国志	931	欧陽通	95	注音字母 →注音符号	832
東坡巾	943	欧陽脩	94	注音符号	832
東坡肉（トンポーロウ）	962	欧陽詢	94	注疏	836
東坡志林	943	欧陽徳	95	注維摩	838
東岳大帝	915	欧陽漸	95	泥丸	879
東林学派	947	欧蘇 →欧陽脩	94	泥河湾遺跡群	879
東林党	947	→蘇軾	770	泥封 →封泥	1056
東林書院	947	武元直	1063	波磔	1014
東城老父伝	933	武氏祠	1064	法	1098
東海黄公	915	武王	1059	法三章	1108
東晋 →晋（西晋・東晋）	618	武弁 →武冠	1059	法成	1111
東華録	916	武夷山	1054	法曲	1103
東皐琴譜	924	武当山	1073	法花	1101
東窓事犯	937	武当山道教音楽	1073	法言	1104
東都事略	942	武宗元	1066	法宝	1117
東漢 →漢	160	武松	1065	法帖	1111
東漢会要	918	武林旧事	1075	法苑珠林	1100
東塾読書記	932	武英殿	1058	法若真	1110
東観漢記	918	武侠小説	1060	法門寺	1118
東瀛詩選	912	武冠	1059	法界縁起	1133
杯 →杯・托	997	武威 →涼州	1267	法界観門	1133
杯・托	997	武威医簡	1053	法相宗	1134
板式変化体 →板腔体	1025	武威漢簡	1054	法家	1101
板眼	1023	武威雷台漢墓	1054	法書	1111
板腔体	1025	武帝（西晋）	1072	法書要録	1112
板橋雑記	1024	武帝（南朝梁）	1072	法華玄義	1133
杷禁 →禁	255	武経七書	1062	法華経	1129
枚乗	997	武経総要	1062	法華経変	1129
枚馬 →枚乗	997	武備志	1073	法眼文益	1105
→司馬相如	512	武戯 →文戯	1077	法眼宗	1105
枚皐	996	歩天歌	1135	法琳	1119
林光朝	1275	歩虚	1120	法源寺	1105
林兆恩	1277	歩虚詞	1120	法照	1111
林希元	1275	歩揺	1135	法蔵	1115
林希逸	1275	河北梆子	155	法顕	1134
林良	1278	河西	142	法顕伝	1134
林則徐	1277	河西石窟	143	油印本	1182
林泉高致集	1276	河伯	151	油滴天目	1186
林紓	1276	河図洛書	150	版本	1033
林逋	1278	河姆渡文化	155	版本学	1034
林景熙	1275	河岳英霊集	118	版式	1026
林楽知 →アレン	8	河南天目	151	版築	1029

物	1068	范祖禹	1029	金文	266
物理小識	1072	范道生	1031	金文最	266
物理論	1072	范寛	1023	金文編	266
牧羊記	1128	范蠡	1034	金日磾	259
牧谿	1175	茅山	1107	金牛山人	256
部首 5		茅山派	1108	金史	258
玩物喪志	188	茅台酒（マオタイ）	1142	金玉奴	257
玦（けつ）	301	茅坤	1107	金石学	262
的篤班　→越劇	56	茉莉花	1144	金石索	262
孟（う）	33	茉莉花茶（ジャスミン）	522	金石萃編	262
孟鼎	36	茂陵	1176	金石録	262
盂蘭盆会	38	虎子	404	………金 6-11	
盂蘭盆経	38	虎丘	389	金光明経	429
直指算法統宗	863	虎丘紹隆	270	金印記	255
直音	862	虎丘雲巌寺塔	389	金糸金粒細工	259
直斎書録解題	863	虎渓山一号漢墓	398	金沙遺跡	258
知	823	虎頭梁遺跡	418	金沢文庫	151
知不足斎叢書	827	虎頭牌	418	金谷園	257
知礼	864	虯髯客伝（きゅうぜんかくでん）	224	金谷園図	
知先行後	827	表	1046	→桃李園図・金谷園図	946
知州	827	表白	1049	金陀粋編	263
知行合一	826	表音文字	1046	金冠	256
知言	826	表意文字	1046	金城公主	260
知制誥	827	表裏	1049	金剛座真容	428
祁門紅茶（キーモン）	197	衫	447	金剛般若経	428
祁連山	252	**部首 7**		金剛智	428
祁彪佳	214	軋筝	5	金剛鈚	428
祁劇	201	迓鼓	136	金瓶梅	267
祀三公山碑	487	述古堂書目	552	金釵記	258
空	269	述学	552	金陵　→南京	970
空心磚	270	述異記	552	金陵八家	268
空海	269	邯鄲	181	金陵刻経処	268
突厥	954	邵氏聞見録	581	………金 13-22	
突厥文字	955	邵晋涵	585	金塗塔	265
突厥碑文	955	邵雍（しょうよう）	598	金楼子	268
部首 6		邸店	886	金聖嘆	261
竺法蘭	483	邸報	887	金蓮正宗記	268
竺法護	482	**部首 8・14**		金詩紀事	259
竺道生	482	………金 0-5		金農	265
英烈	50	金（王朝）	253	金匱要略	256
英雄譜	48	金（金属）	254	金榜	267
苦社会	271	金上京遺跡	260	金銀器	257
苕渓漁隠叢話（ちょうけいぎょいんそうわ）	844	金大受	263	金銭板	262
范	1022	金山寺	258	金銭記	262
范氏義荘　→義荘	208	金中都遺跡	264	金銅仏	429
范仲淹	1030	金丹	263	金履祥	268
范成大	1028	金允中	256	金蔵	263

金餅	267	青城山	682	俗楽	763
金縷玉衣　→玉衣	240	青原行思	675	俗楽二十八調	763
金闕後聖帝君	257	青幇(チンパン)	872	俗講	763
金襴手	268	青詞	678	便民図纂	1097
長子口墓	850	青楼集	695	保国寺大雄宝殿	1130
長生殿	854	青蓮岡文化	695	俑(よう)	1187
長安	839	青蓮教	695	兪正燮(ゆせいしょう)	1186
長安城　→漢長安城	182	青琐高議	677	兪琰	1185
→隋唐長安城	659	青磁	678	兪樾	1186
長江	846	青銅器	687	冠	159
長坂坡	857	青銅器時代	688	冠礼	193
長沙	848	青龍寺	694	削	443
長沙楚墓	848	非攻	1038	前七子　→前後七子	721
長沙窯	849	非国語	1038	前後七子	721
長城	853	非烟伝	1035	前掌大墓地	724
長恨歌	847	非楽　→墨子非楽	1124	則天武后	765
長恨歌伝	847	斉(周)	667	則古昔斎算学	764
長春真人西遊記	852	斉(南朝)	667	則例	766
長浜文化	858	斉(北朝)　→北斉	1125	勅版	863
長短句	856	斉刀	687	勅勒歌	863
長慶体	844	斉己	674	匽侯盂(えんこう)	61
門外文談	1176	斉民要術	692	·········南 3-6	
門生	1177	斉東野語	688	南山根	970
門神	1177	斉家文化	673	南北二宗論	977
門閥	1178	斉梁体	694	南北両宋志伝	977
阿Q正伝	3	斉諧記	672	南北曲　→南曲	970
阿含経	4			→北曲	1122
阿弥陀三尊像	7	**9画**		南北朝	975
阿弥陀如来	7			南北朝仏像様式	976
阿弥陀経	6	部首 2		南史	971
阿房宮	6	侠義小説	229	南伝仏教美術	974
阿育王寺	3	侠義風月伝　→好逑伝	336	南曲	970
阿英　→銭杏邨	717	侯方域	375	南西廂	972
阿倍仲麻呂	5	侯俊山	353	南巡盛典	972
阿修羅	5	侯馬盟書	372	·········南 7-9	
阿骨打　→太祖(金)	796	侯景	338	南宋　→宋(北宋・南宋)	734
阿斯塔那墓群	5	侯鯖録	358	南宋四大家　→楊万里	1200
阿羅本	7	俊仍	561	→范成大	1028
雨村曲話	35	信天游	643	→陸游	1231
雨師	35	信心銘	639	→尤袤	1184
雨霖鈴	38	信行	628	南宋官窯	973
青弁図(董其昌)	690	信陵君	651	南宋群賢小集　→江湖集	342
青白磁	689	信陽長台関楚墓	650	南社	971
青羊宮	694	俎	733	南京	970
青花	672	俗　→雅・俗	145	南京赤絵	970
青泥蓮花記	686	俗文学	766	南宗画　→南北二宗論	977
青衫涙	678	俗字	764	南宗禅	971

南岳　→衡山	345	変法自強	1097	単弦	818
南岳懐譲	968	変法論	1097	単疏本	821
南府	974	変相図	1094	峠峪遺跡	605
南明	977	契丹	210	巻子本	180
南斉　→斉(南朝)	667	契丹文字	211	帝王世紀	879
南斉書	972	契丹国志	211	帝王図	879
南柯太守伝	969	契文挙例	294	帝王珠	879
南柯記　→南柯太守伝	969	契嵩	109	帝京景物略	880
南海寄帰内法伝	968	奏摺	748	帝師	882
南音	968	奏議	739	帝釈天	790
·········南 10-16		姜夔	230	帝鑑図説	880
南唐	974	姜宸英	234	幽州　→北京	1090
南唐二主　→李煜	1217	姜寨遺跡	232	幽明録	1185
→李璟	1218	姜夔	229	度人経	953
南唐二陵	974	姚広孝	1193	度曲	948
南唐書	974	姚合	1193	度量衡	957
南華真経　→荘子	746	姚廷美	1199	度牒	954
南部新書	975	姚枢	1197	建文帝	322
南朝陵墓	973	姚彦卿　→姚廷美	1199	建安七子	307
南詞叙録	971	姚際恒	1193	建炎以来朝野雑記	307
南詔	972	姚鼐	1198	建炎以来繋年要録	307
南詔太和城	972	孤山智円	403	建康　→南京	970
南越	967	客戸	216	建康実録	312
南越王墓	968	客省荘第二期文化	216	建業　→南京	970
南陽	977	客家	1017	建鼓	311
南禅寺	972	客家円形土楼	1017	建窯	323
南戯	969	客座贅語	127	彦周詩話	314
南戯四大声腔	969	宣和画譜	730	彦琮	317
南懐仁　→フェルビースト	1059	宣和書譜	731	衍聖公	64
南薫殿図像	970	宣和遺事	730	後七子　→前後七子	721
卑南遺跡	1042	宣夜説	732	後山詩話	345
叙事体	607	宣宗　→道光帝	925	後天方位	
部首 3		宣明暦	732	→先天方位・後天方位	728
哀冊	3	宣炉　→宣徳炉	730	後村詩話	363
咸陽	192	宣室志	721	後岡	340
咸豊帝	189	宣巻	716	後宮	336
品花宝鑑	1051	宣政院	725	後漢書	388
垓下	104	宣徳炉	730	律令格式	1241
垓下歌	104	封氏聞見記	1110	律呂	1241
型持	146	封泥	1056	律呂正義	1242
城子崖	579	封泥考略	1057	律呂新書	1242
城南柳	593	封建・郡県	1104	律呂精義	1242
城背渓文化	593	封神演義	1113	律宗	1240
城郭	570	封面	1058	律詩	1240
城隍神	578	封禅	1114	律暦淵源	1242
垛積術	814	単于	713	**部首 4**	
変文	1095	単行本	819	急急如律令	218

急就篇	221	春節	562	柳永	1246
思凡下山	516	昭君出塞	574	柳江人	1253
思弁録輯要	515	昭明太子　→蕭統	590	柳宗元	1256
思問録	517	昭明鏡	597	柳華陽	1248
思渓蔵	483	昭昧詹言	596	柳貫	1248
恒山	344	昭陵	599	柳敬亭	1251
恒言録	339	昭穆	595	柳琴	1250
扁壺	1093	星槎勝覧	677	柳開	1247
扁鵲	1093	冒頓単于	1127	柳毅伝	1249
按摩	11	冒襄	1112	段玉裁	818
括地志	149	胡三省	403	段注　→説文解字注	711
括異志	147	胡弓　→胡琴	391	泉州	722
指事	488	胡安国	326	泉州湾宋代海船	723
指南車	510	胡宏	399	洇北商城(えんぽくしょうじょう)	66
指頭画	509	胡応麟	385	海上花列伝	108
拾玉鐲	532	胡居仁	391	海山仙館叢書	107
拾遺記	529	胡承珙	409	海内十洲記	111
拼音(ピンイン)	1051	胡服	420	海国図志	107
拼音字母	1051	胡直	416	海青拿天鵝	110
拼音字譜	1051	胡直夫	416	海島算経	113
故宮　→紫禁城	481	胡炳文	423	海陵王	117
政書	680	胡寅	328	海雲　→印簡	24
施公案	485	胡瓶	423	海源閣	105
施国祁	486	胡笳	386	海瑞	109
施耐庵	500	胡笳十八拍	387	海関	104
施閏章	491	胡帽	423	海獣葡萄鏡	108
施讐	490	胡曾詠史詩	412	洪秀全	353
春冬山水図(戴進)	562	胡渭	327	洪昇	354
春在堂全書	558	胡琴	391	洪武正韻	374
春江花月夜	558	胡瑗	384	洪武帝　→太祖(明)	796
春秋	559	胡舜臣	408	洪亮吉	380
春秋三伝　→左伝	447	胡適	417	洪邁	376
→公羊伝	276	胡銅	417	浄	567
→穀梁伝	397	胥吏(しょ)	611	浄土	590
春秋公羊伝　→公羊伝	276	胎息	799	浄土変相	592
春秋公羊伝解詁	560	胃	831	浄土教	591
春秋左氏伝　→左伝	447	背子	996	浄土瑞応伝	592
春秋左氏経伝集解	560	栄西	46	浄土論註	593
春秋学	559	柯九思	122	浄住子浄行法門	581
春秋胡氏伝	560	査士標	444	浄明道	596
春秋時代　→春秋戦国時代	560	査慎行	444	浄衆院壁画	581
春秋尊王発微	561	柿釉	122	浄慈寺	579
春秋戦国時代	560	染付　→青花	672	津液(しんえき)	622
春秋穀梁伝　→穀梁伝	397	柏梁台詩	1010	津逮秘書	642
春秋繁露	561	柳子戯	1254	洗	712
春秋鏡	560	柳公権	1252	洗冤録	714
春草闈堂	562	柳氏伝	1254	洞山良价	927

洞天清禄集	941	皇極経世書	337	祖庭事苑	771
洞天福地	941	皇覧	379	祖堂集	772
洞室墓	930	皇輿全覧図	378	祖㖒之	767
洞庭山	941	盈不足術	48	祐国寺鉄塔	1183
洞庭湖	941	盃　→杯・托	997	禹	33
洞経音楽	920	看話禅	186	禹之鼎	35
洋務	1201	看銭奴	181	禹歩	37
洛神賦	1208	県	304	禹貢	35
洛神賦十三行	1208	県令	325	禹貢錐指	35
洛陽	1209	盾	557	科	101
洛陽刑徒墓地	1210	相	735	科凡　→科	101
洛陽名園記	1210	相声	586	科斗文	150
洛陽伽藍記	1209	相和大曲	761	科挙	122
洛陽金村古墓	1209	相国寺	743	科班	151
洛陽城　→漢魏洛陽城	170	相法	758	科譚　→科	101
→隋唐洛陽城	659	眉戸劇	1038	秋千	538
洛陽鏟	1210	眉黛	1040	秋胡行	534
炭河里遺跡	817	砌末	691	秋柳詩	545
炳霊寺石窟	1088	祅教	309	秋風辞	542
為我説	12	祝允明	547	秋碧堂帖	543
点心	899	祝辞	547	秋瑾	532
点法	904	祝融	547	秋興八首	532
独体	950	神	617	窃曲文	705
独孤及	949	神主	635	**部首6**	
独楽寺	950	神仙	640	竽	33
部首5		神仙伝	641	紀日法	205
玳皮天目	803	神仙図	641	紀月法	202
玳瑁	808	神会	645	紀伝体	211
珍珠記	869	神秀	635	紀年法	212
珍珠塔	870	神呪経	636	紀事本末体	205
玻璃	1021	神奇秘譜	626	紀効新書	203
界画	104	神宗　→万暦帝	1035	紀昀	197
毘沙門天像	1039	神亭壺	643	紀南城	212
毘盧遮那仏	1049	神思	632	紀時法	205
癸辛雑識	207	神珙	627	紀録彙編	253
皇元風雅	339	神荼鬱塁	644	紅山文化	345
皇宋十朝綱要	361	神通寺四門塔	643	紅巾の乱	337
皇宋事実類苑	361	神道碑	644	紅払伝	374
皇甫湜	376	神滅論	648	紅白芙蓉図(李迪)	372
皇甫謐	376	神農	645	紅学	333
皇明実録　→明実録	1154	神農本草経	645	紅梅記	371
皇明経世文編	376	神霄派	637	紅陶	368
皇祐新楽図記	378	神獣鏡	635	紅幇	1139
皇清経解	358	神韻	622	紅陽教	378
皇朝文鑑　→宋文鑑	757	神魔小説	648	紅楼夢	382
皇朝経世文編	364	祖沖之	771	紅楼夢評論	382
皇朝編年綱目備要	365	祖師禅	768	紅鬃烈馬	362

紵	831	貞元新定釈教目録	577	飛燕外伝	1035
要和尚	442	貞観公私画史	572	食人卣	605
耶律阿保機　→太祖(遼)	796	貞観政要	572	食貨志	610
耶律楚材	1181	軍機処	278	香山	344
耶律徳光　→太宗(遼)	797	逆筆	216	香山記	345
耶蘇会　→イエズス会	12	郁離子	14	香水銭	358
荊州　→江陵	380	郊祀	347	香妃	373
荊浩	287	郊祀歌	348	香奩体	381
荊釵記	288	郊寒島痩	335	香奩集	381
荊軻	284	郎士元	1296	香積寺	350
荊楚歳時記	292	郎世寧　→カスティリオーネ	142	香嚢記	371
荀子(人物)	558	郎窯	1299		
荀子(本)	558	重文	859	**10画**	
荀子楽論	559	重訂四書輯釈	538		
荀況　→荀子(人物)	558	重唇音	537	部首 2	
荀悦	557	重差術	848	倭袍伝	1309
荀勗	557	重陽宮	861	倚廬	21
荀爽	562	重陽節	861	倶舎論	271
荀粲	558	重黎	862	倪元璐	286
草木子	758	部首 8-9		倪煥之	285
草木成仏	758	陔余叢考	116	倪瓚	288
草字彙	746	陌上桑	1007	借東風	520
草虫画　→常州草虫画	582	面具	1165	倡優	598
草書	748	革命	132	倩女離魂	724
草堂寺	754	革帯	129	倉公　→淳于意	557
草堂詩余	755	革象新書	129	俳優　→倡優	598
草堂詩話	755	音和	100	倣元四大家山水図	1105
草葉文鏡	759	音学十書	99	党錮の禁	925
草鞋	736	音学五書	99	兼愛	307
荘子	745	音訓　→声訓	675	冥報記	1165
荘子	746	音義	99	凌廷堪	1270
荘子郭象注	746	音韻	98	凌雲集	1264
荘存与	753	音韻学	98	凌濛初	1272
荘周　→荘子	745	音韻闡微	99	凌曙	1268
荘周蝴蝶夢	747	風水	1055	剣	304
荘述祖	747	風角	1054	剣俠伝	310
茶入	829	風俗画	1056	剣南詩稿	320
茶酒論	830	風俗通義	1056	剔紅	888
茶経	830	風流	1058	剔彩　→彫彩漆	848
茶壺	830	風骨	1055	原人論	320
茶葉末	830	風雅十二詩譜	1055	原性	316
虺文	216	風箏誤	1056	原善	317
虺龍文	252	風騒　→詩経	480	原装本	317
部首 7		→楚辞	767	原道	319
臥兎児	150	飛天	1041	部首 3	
尵書	221	飛来峰造像	1049	員外郎	24
計都	293	飛青磁	956	哥老会	159

唐 0-5

唐	907
唐の帝陵	943
唐人選唐詩	935
唐三彩	927
唐土城 →帯方郡治址	808
唐大和上東征伝	939
唐大詔令集	939
唐巾	921
唐才子伝	926
唐才常	926
唐六典 →大唐六典	802
唐文粋	944
唐世説 →大唐新語	802
唐代仏像様式	939

唐 6-9

唐会要	915
唐仲友	940
唐汝詢	933
唐宋八大家	938
唐宋八大家文鈔	938
唐宋八大家文読本	938
唐宋文醇	938
唐宋詩醇	937
唐汪文化	914
唐国史補	925
唐明律合編	945
唐知県審詰命	939
唐律疏議	947
唐草文	157
唐音	910
唐音統籤	912

唐 10-13

唐書 →新唐書	644
唐高僧伝 →続高僧伝	763
唐寅	910
唐朝名画録	940
唐棣	940
唐順之	932
唐詩	927
唐詩三百首	929
唐詩別裁集	930
唐詩品彙	930
唐詩紀事	929
唐詩鼓吹	929
唐詩選	929
唐詩類苑	933

唐 14-21

唐摭言	935
唐甄	922
唐語林	926
唐蕃会盟碑	943
唐賢三昧集	923
唐類函	947
唐鏡	919
唐韻	910
唐鶴徴	916
夏	101
夏小正	141
夏月潤	135
夏夷	103
夏完淳	120
夏侯建	136
夏侯勝	136
夏侯湛	137
夏侯陽算経	137
夏家店下層文化	119
夏家店上層文化	119
夏珪	134
夏税秋糧	142
夏鼎	146
夏鸞翔	158
奚岡（けいこう）	287
奚琴	285
套印本	912
娥皇	136
孫子	776
孫子算経	776
孫文	778
孫位	775
孫君沢	776
孫奇逢	776
孫武	778
孫炎	775
孫思邈	776
孫星衍	777
孫恩	775
孫卿 →荀子（人物）	558
孫復	778
孫詒譲	775
孫過庭	775
孫綽	776
孫権	776
孫臏	777

孫臏兵法	777
家礼	158
家礼儀節	158
家刻本	137
家門	156
宦官	166
宮市	220
宮体詩	224
宮崇	222
宮調	224
宮観	218
容庚	1192
容斎随筆	1193
射覆	524
将相和	584
将軍盔	574
将軍塚	575
将進酒	585
展子虔	897
峨眉山	152
島夷誌略	909
差役	442
差遣	444
帰去来兮図	200
帰田賦	211
帰田録	211
帰有光	219
帰荘	208
帰潜志	207
師道戯	509
帯	779
帯方郡治址	808
帯経堂詩話	786
帯鉤	787
修己治人	535
修文殿御覧	543
修身	537
従容録	598
徐文長 →徐渭	564
徐氏体	606
徐光啓	606
徐州画像石墓	608
徐有壬	611
徐寿	608
徐岳	601
徐乾学	606
徐崇嗣	609

徐陵	612	書会	601	校讐学	351
徐庾体	611	書体	609	柴栄	433
徐復祚	611	書序	608	桑原隲蔵	277
徐渭	564	書画一致論	601	桃氏剣	929
徐賁	611	書画書録解題	602	桃李園図・金谷園図	946
徐階	601	書林清話	612	桃花紅	916
徐幹	602	書院	565	桃花扇	916
徐福	610	書院本	565	桃花源記	916
徐鉉	605	書経	604	桃源図	923
徐熙	603	書場	608	桐城派	933
徐鍇	601	書帽	611	梅文鼎	1000
徐霞客遊記	601	書集伝	608	梅氏叢書輯要	997
部首 4		書疑	603	梅花三弄	994
恩	98	書儀	603	梅清	997
恩廕	98	書論	612	梅瓶	1164
恭王府	228	書譜	610	梅堯臣	995
恵士奇	289	晋(春秋)	617	梅鼎祚	998
恵文冠 →武冠	1059	晋(西晋・東晋)	618	梅毅成	996
恵周惕	289	晋書	636	梅関	994
恵果	51	晋書天文志	638	梅蘭芳	1165
恵施	288	晋祠聖母殿	633	梅譜	998
恵洪	54	晋祠銘	635	梅鷟	996
恵崇	54	晋陽	649	残山剰水	459
恵棟	293	晋新田遺跡	638	殷	22
恕	564	晋劇	628	殷令名	32
悟	326	晁_{ちょうほし}補之	859	殷芸	23
悟空	393	胸中丘壑	236	殷虚書契	25
悟空劇	393	脂硯斎	484	殷虚書契考釈	25
悟真篇	410	能改斎漫録	992	殷暦	32
捐_{えんのう}納	65	脈望館書目	1151	殷墟	24
捜神記	750	脈経	1151	殺狗勧夫	445
挽歌	1022	格古要論	127	殺青	446
晏子 →晏嬰	8	格体全録	130	泰山	789
晏子春秋	9	格物致知	131	泰州学派	791
晏殊	9	格致叢書	130	泰和律令	812
晏幾道	8	格術補	128	浣紗記	173
晏_{あんえい}嬰	8	格義	125	浩然之気	359
晒書 →曝書	1007	格調説	130	浙東学派	709
時文	514	桓玄	171	浙東鑼鼓	710
時令	615	桓譚	182	浙派(絵画)	710
時装戯 →古装戯	412	桂花陳酒	285	浙派(篆刻)	710
時調小曲	504	桂林	297	浙音釈字琴譜	703
時憲暦	484	桂海虞衡志	284	涑_{そくすいきぶん}水記聞	765
書(書道)	563	桂劇	285	涅槃宗	990
書(本) →書経	604	桂馥	294	涅槃変相	991
書史会要	606	桀_{けつ}	302	涅槃経	990
書目答問	611	校勘	334	浮生六記	1066

浮図	1073	破邪論	1012	索靖	443
浦起龍	1120	破陣楽	1013	紙銭	497
浦琳	1136	破墨	1021	素三彩	767
浴仏	1203	破読	1020	素女	770
流沙墜簡	1254	祠堂	509	素王	761
涙痕	1279	祥瑞(しょんずい)	613	素服　→衰服	439
烏台詩案	36	祔(ふ)	1052	素問	774
烏皮履	37	秧歌	72	紐	831
烏夜啼	37	秧歌劇	73	納甲説	992
烏紗帽	35	称	565	納書楹曲譜	992
烏龍茶	34	秦(春秋戦国)	618	納蘭性徳	993
烏龍院	38	秦(五胡十六国)	619	紡棉花	1118
狷　→狂・狷	231	秦九韶	627	罟罟冠(ここかん)	400
部首 5		秦中吟	642	翁方綱	91
珠光青磁	548	秦公大墓	630	翁葆光	91
珠江	548	秦公殷	630	耕織図	356
班固	1024	秦公鎛	630	耿定向(こうていこう)	366
班昭	1027	秦王破陣楽　→破陣楽	1013	致良知説	864
班馬　→班固	1024	秦兵馬俑坑	647	致知　→格物致知	131
→司馬遷	512	秦刻石	631	般若心経	1031
班馬字類	1032	秦始皇帝	632	般若経	1031
班婕妤	1028	秦始皇帝陵	633	華山	138
班彪	1033	秦律	650	華夷　→夏夷	103
畜獣画	825	秦香蓮	630	華夷図	109
留守	1255	秦淮	652	華夷訳語	115
留園	1246	秦腔	630	華佗	145
益古演段	52	秦越人　→扁鵲	1093	華岳	118
益州　→成都	687	秦量	651	華表	152
益州名画録	53	秦権	629	華秋苹琵琶譜	140
盉(か)	101	秦蕙田	628	華原磬	135
真	618	秦嶺	651	華清宮	142
真人	638	秦檜	623	華胥	120
真大道教	642	秦簡	624	華陽国志	157
真山民	632	秦観	625	華厳大疏鈔	301
真・仮	622	租庸調	774	華厳五教章	300
真言五祖像	631	秘色青磁	1039	華厳孔目章	300
真武	646	秘書監	1039	華厳寺	300
真空教	628	秘書監志	1039	華厳宗	301
真書　→楷書	108	秘閣	1036	華厳金師子章	300
真覚寺金剛宝座塔	623	站赤　→駅伝制度	53	華厳経	299
真跡	639	部首 6		華厳経探玄記	299
真徳秀	645	笏(こつ)	519	華厳経絵	299
真誥	629	笑府	594	華蘅芳	137
真霊位業図	651	笑林広記	599	荼毘	815
真諦	641	笑道論	591	荻生徂徠	97
真臘風土記	651	粉本	1084	莫友芝	1010
砧青磁	212	粉彩	1079	莫月鼎	1005

莫高窟	1018	連台本戯	1292	馬家浜文化	1001
莆仙戯（ほせんぎ）	1131	連城璧	1292	馬家窯文化	1001
蚕服	470	連珠	1292	馬致遠	1015
袁了凡	67	連綿字	1293	馬球	1002
袁于令	59	連環記	1291	馬鈞	1002
袁氏世範	63	郢	43	馬褂	1001
袁江	61	郢爰　→郢爯	46	馬遠	1000
袁宏	61	郢爯（えいしょう）	46	馬寡婦開店	1001
袁宏道	62	郝経（かくけい）	127	馬橋文化	1002
袁枚	65	郝懿行	124	馬頭琴	1020
袁桷	59	郡	278	馬融	1021
袁黄　→袁了凡	67	郡国制	280	馬驌	1012
袁随園　→袁枚	65	郡県　→封建・郡県	1104	馬壩人	1021
袁爕	64	郡県制	279	馬麟	1022
袞冕（こんべん）	430	郡斎読書志	280	高力士	379
衰服（さいふく）	439	郗萌（ちほう）	829	高士伝	349
袖珍本	538	酒令	556	高山流水	346
袍（ほう）	1098	酒会壺	546	高文秀	375
袍帯戯	1115	酒泉	551	高文進	375
部首 7		**部首 8**		高王観世音経	331
記誦辞章	207	釜（ふ）	1053	高甲戯	340
訓詁	279	院本	30	高似孫	348
訓詁学	279	院体	28	高克恭	342
訓読	281	院体画	28	高其佩	336
訓纂篇	280	除夕	609	高宗(唐)	360
財神	437	陝西龍山文化		高宗(宋)	360
起居注	200	→客省荘第二期文化	216	高昌国	354
起覇	212	**部首 9**		高昌故城	355
軒轅　→黄帝	365	韋応物（いおうぶつ）	12	高明	376
造像銘	752	韋孟	21	高則誠　→高明	376
通天冠	877	韋柳　→韋応物	12	高祖(漢)	359
通玄真経　→文子	1079	→柳宗元	1256	高祖(北斉)　→高歓	334
通用字	877	韋荘	15	高祖(唐)	360
通仮	875	韋駄天	16	高祖(後漢)　→劉知遠	1257
通志	876	**部首 10**		高貞碑	367
通志堂経解	876	馬上杯	1012	高唐賦	370
通典	877	馬丹陽	1014	高峰原妙	375
通制条格	876	馬氏文通	1012	高啓	338
通俗編	877	馬王堆医書	1141	高堂生	369
通書	876	馬王堆帛書	1142	高脚杯	336
通雅	876	馬王堆漢墓	1141	高腔系音楽	341
通鑑長編紀事本末	877	馬甲	1011	高棅	375
通鑑紀事本末	877	馬如飛開篇	1013	高然暉	371
透光鏡	924	馬車　→車馬	523	高装巾　→東坡巾	943
透彫	664	馬和之	1001	高閑	334
透視遠近法	928	馬建忠	1011	高僧伝	362
透額羅	916	馬祖道一	1014	高誘	377

高適	358	部首 3		密庵咸傑	1151
高鳳翰	375	啞背瘋	5	密教	1149
高歓	334	啓	282	密教法具	1150
高濂	381	啓法寺碑	295	帷帽	21
高頤墓石闕	330	唱做念打	579	常平倉	595
高髻	338	唱論	600	常州学派	581
高嶺土	381	唱賺	589	常州草虫画	582
高攀龍	373	唾壺	813	常州詞派	581
高麗図経	378	啖助	821	常服 →公服	373
高麗蔵	378	唯心浄土	1181	常建	576
高鶚	333	唯識宗 →法相宗	1134	常盤大定	948
鬲	1286	基本功	215	康有為	377
鬲鼎	1289	執壺 →水注	658	康里巎巎	379
鬼	195	堆朱	875	康海	332
鬼谷子(人物)	203	堂会	915	康斎先生日録	344
鬼谷子(本)	203	堂鼓	923	康僧会	360
鬼節 →中元節	833	埤雅	1036	康熙字典	335
		脔然	857	康熙帝	335
11 画		婦好墓	1063	康熙綴	336
		婁東派	1298	············張 2-5	
乾瓦窯	165	婁叡墓壁画	1294	張九成	843
乾隆ガラス	324	寄暢園	210	張九齢	843
乾隆帝	324	寇謙之	339	張三丰	849
乾陵	324	宿曜経	665	張之洞	851
乾象暦	315	宿曜道	665	張大復	856
乾漆像	176	尉遅乙僧	36	張子正蒙注	851
乾譔子	181	尉繚子	36	張子信	850
部首 2		崖墓	114	張介賓	841
商 →殷	22	崑山腔 →崑腔系	427	張元素	846
商丘	574	崑曲 →崑腔系	427	張丘建算経	843
商君書	574	崑崙山	431	張可久	841
商周彝器通考	581	崑腔系	427	張正見	854
商務印書館	597	崑劇	426	············張 6-7	
商鞅	569	崔子忠	436	張仲景	856
商調蝶恋花鼓子詞	589	崔白	439	張先	854
偃師商城	63	崔国輔	434	張宇初	840
偽	196	崔述	436	張旭	843
偽古文尚書	203	崔峒	439	張羽	839
偽経考 →新学偽経考	623	崔浩	434	張耒	862
偈頌	301	崔融	440	張芝	849
健舞	321	崔顥	434	張伯行	857
偏旁	1096	崇文総目	663	張伯端	857
冕服	1095	崇有論	663	張即之	855
冕冠 →冕服	1095	崇禎暦書	663	張君房	844
剪灯新話	729	崇聖寺千尋塔	662	張宏	846
剪紙	721	崧沢文化	662	張寿王	852
副末開場 →家門	156	密陀絵	1150	張廷済	856

張志和	853	張謂	839	曹丕	756
張孝祥	847	張璪	855	曹全碑	752
張良	862	張籍	854	曹仲達	754
張角	841	張騫	845	曹衣出水・呉帯当風	736
················張 8-10		張鷟	848	曹妙達	758
張宗蒼	855	彩陶	438	曹知白	754
張居正	843	彫金	844	曹洞宗	755
張岱	856	彫彩漆	848	曹寅	736
張炎	840	彫漆	851	曹雪芹	751
張若虚	852	彬県大仏寺石窟	1052	曹植	749
張彦遠	845	術	552	曹端	754
張思恭	849	術数	553	曹操	752
張恨水	848	**部首 4**		曼荼羅	1148
張家口	841	情	567	望江亭	1107
張家坡遺跡	841	情史類略	584	械闘	113
張家湾陽陵俑坑	842	悼亡詩	945	梧桐雨	417
張従正	852	戚	695	梓潼帝君	509
張恵言	844	掲傒斯	285	梛子腔系	1110
張栻	853	採茶戯	437	梵王宮	1136
張留孫	862	捨身	521	梵字	1136
張華	840	授時通考	550	梵唄	1139
················張 11-13		授時暦	551	梵隆	1140
張商英	853	推背図	660	梵漢対音	1136
張問陶	861	探字 →探韻	817	梵網経	1139
張船山 →張問陶	861	探韻	817	梨園	1218
張揖	861	排仏論	998	梨園公会	1219
張渥	839	排行	996	梨園戯	1218
張湛	856	排簫	997	梁	1262
張萱	845	描金	1046	梁山七器	1266
張裕釗	861	描金鳳	1046	梁山伯与祝英台	1266
張僧繇	855	捫蝨新語	1177	梁元帝 →蕭繹	569
張瑞図	853	救風塵	225	梁令瓚	1272
張継	844	教	226	梁同書	1270
張舜民	852	教外別伝・不立文字	231	梁甫吟	1271
張蒼	855	教民榜文	238	梁辰魚	1269
張路	862	教会ローマ字	229	梁冠	1265
張載	848	教坊	238	梁思永	1267
················張 14-22		教坊記	238	梁思成	1267
張爾岐	849	教相判釈	235	梁書	1268
張鳳翼	859	教案	227	梁高僧伝 →高僧伝	362
張儀	842	断代史	822	梁啓超	1265
張履祥	862	断鴻零雁記	819	梁渓漫志	1265
張横渠 →張載	848	旋風葉	731	梁章鉅	1268
張潘左陸 →三張二陸両潘一左	466	旋宮	717	梁粛	1268
張遷碑	854	族譜	766	梁楷	1264
張衡	847	曹大家 →班昭	1027	梁簡文帝 →蕭綱	577
張懐瓘	840	曹山本寂	744	欲	1202

殷(き)	195	清議	674	祭酒	436
混元聖紀	427	淅川楚墓	698	移文　→移書	15
混沌	429	涼州	1267	移書	15
済公伝	676	涼州石窟	1268	章懐太子墓壁画	570
淳于意	557	涼帽　→暖帽	822	竟陵八友	239
淳化閣帖	557	淮水　→淮河	1308	竟陵派	239
深衣	621	淮河(わいが)	1308	章	565
清	619	淮南子(えなんじ)	57	章句	574
清の帝陵	645	淮南鴻烈　→淮南子	57	章回小説	570
清十朝聖訓	634	淮劇	1308	章学誠	571
清代伶官伝	642	猪圏	863	章炳麟	595
清刊本　→清版	646	猛安謀克	1166	章草	588
清史列伝	638	**部首 5**		**部首 6**	
清史稿	632	理	1216	笙	565
清平山堂話本	690	理一分殊	1218	笪重光(だっちょうこう)	815
清白鏡	689	理気論	1223	符	1053
清会典　→大清会典	794	理事	1235	符天暦	1073
清初三大家	637	理学	1220	符水	1066
清初三大儒	637	理学宗伝	1221	符籙	1075
清国行政法	631	理惑論　→牟子理惑論	1113	笠	1245
清実録	634	理藩院	1244	笠翁一家言全集	1247
清忠譜	685	琉璃河遺跡	1281	笠翁十種曲	1247
清昇平署志略	637	琉璃廠	1281	笠帽	1260
清明上河図	693	琅邪山(ろうやさん)	1298	粘法	991
清明集　→名公書判清明集	1162	琅邪代酔編	1298	経　→経・伝	292
清明節	693	瓶史(へいし)	1086	経世大典	291
清版	646	異本	21	経世致用	291
清俗紀聞	641	異体字	15	経世済民論　→経世致用	291
清律	651	異苑	12	経史子集　→四部	514
清浄寺	682	異域録	11	経穴	286
清浄法行経	583	異端	16	経・伝	292
清茶門教	685	異聞集	20	経伝	292
清涼寺釈迦如来立像	694	畢沅	1041	経伝釈詞	293
清真寺	683	畢昇	1041	経典釈文	293
清規	626	皎然(こうねん)	371	経国集	287
清朝考証学　→考証学	354	盒(ごう)	329	経学	284
清詞綜	634	盛世新声	683	経学歴史	284
清微派	689	盛京　→瀋陽	649	経法	295
清稗類鈔	646	盛明雑劇	691	経律異相	239
清詩別裁集	634	盛茂燁	693	経書　→経・伝	292
清詩話	638	盛懋	691	経絡	296
清詩鐸	634	碧渓詩話(きょうけい)	230	経義考	285
清嘉録	674	祭文	440	経義述聞	285
清静妙経	683	祭礼	442	経廠本	290
清談	685	祭服	440	経権	286
清儒学案	636	祭祀	435	経籍志　→芸文志	296
清濁	684	祭姪文稿	438	経籍訪古誌	291

経籍籑詁	291	許謙	247	酔菩提	661
細音	433	設論	712	酔醒石	658
終南山	539	貨泉	143	釈氏要覧	520
終南山祖庭仙真内伝	539	貨郎旦	159	釈氏稽古略	520
紹劇	575	貨郎児	159	釈名	521
紹興	577	貨殖列伝	141	釈迦如来像	518
紹興大班　→紹劇	575	貨幣	154	釈家	522
紹興文戯　→越劇	56	貫入	186	釈奠	698
紹興酒	578	貫休	168	野客叢書	1179
紹興戯　→紹劇	575	貫雲石	162	野叟曝言	1180
習	528	販書偶記	1028	**部首 8**	
習学記言	531	販馬記	1032	釵（き）	432
粗　→耒粗	1205	趺石	1066	釧（せん）	712
聊 斎志異（りょうさいしい）	1266	転注	903	陰持入 経（おんじじゅうきょう）	99
粛慎	547	転変	904	陰符経	29
船棺葬	716	転語	895	陰陽	30
舶載書目	1005	転読	903	陰陽五行説	31
菅原道真	664	転踏	903	陰陽対転	31
菊部叢刊	200	軟舞	975	陰陽派・静修派	31
菊部叢譚	201	逸周書	19	陰陽家	31
菜根譚	435	逸品画風	19	陰鏗	26
著作佐郎	863	逸詩	18	陰騭文	26
萍 州可談（へいしゅうかだん）	1086	進賢冠	629	陰騭録	27
菩薩交脚像	1130	郭守敬	128	……………陳 0-4	
菩薩蛮	1130	郭忠恕	130	陳	865
萊蕪梆子（らいぶほうし）	1206	郭沫若	132	陳三五娘	869
虚	226	郭威	124	陳三立	869
虚字　→助字	606	郭象	128	陳与郊	874
虚実	248	郭嵩燾	129	陳与義	873
虚詞　→助字	606	郭熙	125	陳子昂	871
袿（けい）	282	郭璞	130	陳子龍	871
袴	325	郷	227	陳予鍾	874
袴褶	407	郷里の制	239	陳介祺	866
部首 7		郷約	238	陳元贇	868
覓灯因話（べきとういんわ）	1090	郷原	231	陳天華	872
許由	250	郷射	233	……………陳 5-10	
許行	248	郷挙里選	230	陳立	874
許孚遠	250	郷紳	234	陳州糶米	869
許胡	248	郷飲酒	228	陳汝言	870
許家窯遺跡	240	都江堰	951	陳希夷　→陳摶	871
許堯佐	240	都督府	955	陳虬	867
許渾	248	都察院	952	陳苑	865
許道寧	250	都護府	952	陳亮	874
許慎	249	部曲	1060	陳垣	865
許詢	249	部首	1064	陳奐	866
許遜	249	酔怡情	653	陳建	868
許衡	248	酔翁談録	653	陳洪綬	868

陳独秀	872	陸王学	1224	黄山毛峰茶	346
陳家祠	866	陸世儀	1228	黄山谷　→黄庭堅	366
陳容	873	陸西星	1228	黄巾の乱	337
陳師道	869	陸学	1224	黄公望	342
陳恭尹	867	陸放翁　→陸游	1231	黄公紹	341
陳書	870	陸治	1229	黄天道	367
陳致虛	871	陸法言	1230	黄氏日抄	349
陳起	866	陸信忠	1228	黄氏体	348
············陳 11-13		陸宣公奏議	1229	黄丕烈	373
陳寅恪	865	陸束之	1225	黄白	372
陳敷農書	872	陸修静	1226	黄石公	358
陳淳(宋)	870	陸探微	1229	黄州寒食詩巻	352
陳淳(明)	870	陸淳	1227	黄老思想	381
陳第	871	陸亀蒙	1225	············黄 8-11	
陳傅良	873	陸善経	1229	黄侃	74
陳勝・呉広	870	陸游	1231	黄周士　→王周士	81
陳彭年	873	陸象山	1227	黄宗羲	361
陳琳	874	陸雲	1224	黄居寀	337
陳暘楽書	873	陸賈	1224	黄易	331
陳献章	868	陸徳明	1230	黄河	332
陳継儒	867	陸機	1225	黄帝	365
············陳 14-19		陸隴其	1231	黄帝九章算経細草	365
陳嘉言	866	隆琦　→隠元	25	黄帝九鼎神丹経訣	365
陳徳霖	872	隆興寺	1252	黄帝内経	366
陳摶	871	陵墓	1271	黄庭経	365
陳維崧	865	雪峰義存	710	黄庭堅	366
陳際泰	869	雪窓	709	黄梅	88
陳確	866	雪橋詩話	704	黄梅戯	371
陳澧	874	雪竇重顕	709	黄　酒 (ホワンチュウ)	1136
陳龍正	874	部首 9		黄巣の乱	362
陳襄	870	頂子	849	············黄 12-21	
陳鴻寿	868	頂相 (ちんぞう)	871	黄尊素	363
陳櫟	875	頂戴　→頂子	849	黄景仁	339
陶文	944	部首 11		黄筌	359
陶弘景	924	魚々子 (ななこ)	966	黄道周	369
陶寺遺跡	928	魚玄機	248	黄幹	335
陶宗儀	937	魚袋	249	黄慎	357
陶俑　→俑	1187	魚鱗図冊	251	黄腸題湊	364
陶真	933	鳥虫書	856	黄節	359
陶庵夢憶	909	鹿方鼎	1302	黄梁夢	380
陶淵明	913	麻沙本	1143	黄綰	383
陶説	936	麻姑	1143	黄遵憲	353
陶潜　→陶淵明	913	麻将 (マージャン)	1141	黄震	357
陶謝　→陶淵明	913	部首 12		黄龍慧南	96
→謝霊運	525	············黄 3-6		黄檗希運	88
陸九淵　→陸象山	1227	黄山	345	黄檗宗	88
陸心源	1228	黄山八勝図冊(石濤)	345	黄鶴楼	333

黒旋風李逵	395	場景音楽　→器楽曲牌	198	復古編	1070
黒陶	396	塔爾寺	779	復初	1061
部首 14・16		塔鋺	945	復社	1061
斎	432	報任安書	1113	復性書	1061
斎醮	436	壺	325	**部首 4**	
亀	156	壺公	399	悲田坊	1042
		奠	891	悲田養病坊	1042
12 画		婺劇	1062	惲寿平	41
		寒山寺	174	戟	297
部首 2		寒山拾得	174	揮麈録	206
傀儡戯	116	寒山詩	174	提梁壺	888
傅大士	1067	寒食散　→五石散	411	提督	886
傅山	1064	寒食節	178	提謂波利経	780
傅玄	1062	寒熱	186	揖	1182
傅金銓	1060	富河溝門遺跡	1059	揚子江　→長江	846
傅亮	1075	富春山居図(黄公望)	1065	揚州	1194
傅咸	1059	富貴	1055	揚州八怪	1195
傅奕	1058	尊	774	揚州十日記	1195
傅毅	1059	尊王攘夷	777	揚州画舫録	1195
割股	148	尊徳性・道問学	777	揚州学派	1195
割圜連比例術図解	147	営城子壁画	46	揚州唐城	1195
割圜密率捷法	147	営造法式	47	揚州清曲	1195
創造社	752	営造法原	47	揚琴	1191
勝鬘経	596	屠隆	957	揚補之	1201
博士弟子	1006	屠蘇酒	954	揚雄	1201
博古図録	1018	嵇康	287	揚劇	1192
博物志	1009	幇腔	1106	揺銭樹	1198
博異志	1003	帽	1099	敬	282
卿	282	幾	195	散文　→文	1075
卿大夫	292	幾何原本	198	散氏盤　→矢人盤	764
部首 3		幾社	205	散曲	453
喬仲常	236	庾肩吾	1186	散楽	451
喬吉	229	庾信	1186	敦	779
善化寺	715	廃帝	998	敦煌	958
善書	723	廃荘論	997	敦煌千仏洞　→莫高窟	1018
善堂	728	弾文	822	敦煌大曲譜　→敦煌楽譜	959
善無畏	732	弾詞	819	敦煌文書	960
善導	729	彭公案	1106	敦煌医書	959
喪礼	760	彭祖	1114	敦煌巻子譜　→敦煌楽譜	959
喪乱帖	759	彭紹升	1112	敦煌彩塑	960
啼笑因縁	884	彭暁	1103	敦煌楽譜	959
喩皓	1186	彭蒙	1118	敦煌漢簡	959
喩道論	1187	彭頭山文化	1116	敦煌舞譜	960
圏点	318	御史台	248	敦煌壁画	960
堪輿	192	循吏列伝	563	斝	101
堯	227	復	1060	暁庵新法	228
堅白論	321	復古	1069	景山	288

景泰藍	292	欽定曲譜	264	焚書	1079
景教	285	欽差大臣	258	焚書坑儒	1080
景徳伝灯録	294	毬子功	820	焦仲卿妻　→孔雀東南飛	271
景徳鎮陶録	294	渭水	15	焦竑	577
景徳鎮窯	294	渭河　→渭水	15	焦循	582
最澄	437	淵鑑類函	61	無	1157
曾子	745	温子昇	99	無上秘要	1158
曾参　→曾子	745	温州鼓詞	100	無用之用	1159
曾国藩	743	温泉銘	100	無尽蔵	1159
曾侯乙墓	742	温県盟書　→沁陽盟書	650	無声詩史	1159
曾幾	739	温庭筠	100	無声戯	1159
曾静	749	温病(うんびょう)	42	無学祖元	1158
曾鞏	739	減筆	321	無門関	1159
曾鯨	741	湖南学派	419	無為	1157
智化寺京音楽	823	湖海詩伝	386	無欲	1160
智永	823	湖熟文化	407	無善無悪	1159
智顗	824	渾天説	429	無極	1158
智儼	826	渾象	429	無量寿経	1160
智嚢	827	渾儀	426	無準師範	1065
晩笑堂画伝	1028	渣斗　→唾壺	813	無準師範像	1065
晩晴簃詩匯	1028	湿屍	507	無遮会	1158
普陀山	1068	湘	565	無題詩	1159
普洱茶(プーアール)	1054	湘綺楼全書	574	羡	713
普寂	1064	湘劇	576	牌子曲(はいしきょく)	996
普済方	1063	測円海鏡	763	犀皮	439
普請	1066	湛若水	821	犀尊　→小臣艅犠尊	585
普賢	1063	湛然	822	犂	1216
朝服	858	湯王	913	犂錚(りか)	1219
朝冠	842	湯用彤	946	部首 5 ————	
朝野僉載	861	湯若望　→アダム・シャール	5	琴	254
朝野新声太平楽府		湯恵休	913	琴史	258
→太平楽府	804	湯液	912	琴書	259
朝衡　→阿倍仲麻呂	5	湯斌	944	琴書大全	261
朝鮮本	854	湯顕祖	923	琴棋書画	256
棺	160	渤海	1133	琴操	262
極楽	397	満文　→満洲文字	1146	琴譜	265
検場	314	満文老檔	1148	琮(そう)	735
棲霞寺	672	満文算法原本	1148	琱玉集(ちょうぎょくしゅう)	843
棲霞寺石窟	673	満床笏	1147	琵琶	1050
棲霞寺舎利塔	673	満城漢墓	1147	琵琶行	1050
椎髻	875	満洲	1146	琵琶記	1050
棠陰比事(とういんひじ)	912	満洲文字	1146	畳韻	568
棒打薄情郎　→金玉奴	257	満街聖人	1146	疏(注釈)	733
棒喝	1101	満漢全席	1146	疏(文体)	733
款彩　→コロマンデル	426	游侠列伝	1183	痛史	876
款識	175	游酢	1183	登科録	917
欽天監	264	焚香記　→王魁負桂英	73	登真隠訣	934

登龍門	947	結体法　→間架結構	165	詞林一枝	613
皖(かん)	160	絳雲楼(こううんろう)	331	詞林摘艶	614
皖派	188	紫口鉄足	485	詞品	513
皴法(しゅんぽう)	563	紫姑	484	詞牌	510
着色画	830	紫柏真可	511	詞源	483
程大位	885	紫微詩話	513	詞詮	497
程氏易伝	882	紫禁城	481	詞話	616
程正揆	884	絶句	705	詞綜	498
程式	882	絶妙好詞箋	711	詞譜	514
程廷祚	885	絶観論	704	証道歌	591
程長庚	885	統天暦	942	証類本草	599
程門四先生	887	舃	696	詔令	599
程瑶田	887	舒璘	612	詔版	593
程端礼	885	葛玄	147	詛楚文	771
程頤	878	葛立方	149	評点	1048
程邈	886	葛洪	148	評書	1047
程顥	881	董仲舒	940	評話	1049
窖蔵青銅器(こうぞう)	361	董西廂　→西廂記諸宮調	681	評劇	1047
童心	934	董作賓	927	象形	575
童心説	934	董邦達	945	象形印　→肖形印	575
童行	666	董其昌	918	象嵌	738
童謡	946	董祐誠	946	象棋	573
部首6		董源	922	象数一原	585
瓠壺(ここ)	399	董解元西廂記		象数易	585
筓(けい)	283	→西廂記諸宮調	681	貌覆額　→臥兎児	150
策	443	葡萄唐草文	1073	賀知章	146
策彦入明記	443	葉夢得	1201	賀鋳	146
策問　→策	443	葉徳輝	1200	貴妃酔酒	213
筑	824	葉適	1200	貴耳集	204
等	908	葉憲祖	1192	貯貝器	864
等韻一得	911	葉燮	1196	貼花	840
等韻図	912	落下閎	1207	買地券	998
等韻学	911	蛮書	1027	費直	1040
答問	946	裙(くん)	277	費長房	1040
筆生花	1041	裙襦	280	費密	1042
筆画	1040	補亡詩	1135	越	55
筆法記	1041	補江総白猿伝	1130	越王句践剣	55
筆記	1041	補服	1135	越州窯	56
筆記小説　→筆記	1041	**部首7**		越絶書	57
筆順	1041	覚後禅　→肉蒲団	978	越劇	56
粤	55	詠史詩	46	跋　→題跋	803
粤海関志	55	詠物詩	48	跑旱船(ほうかんせん)	1102
粤雅堂叢書	55	詠懐詩	43	跑驢	1120
粤劇	55	詁経精舎	398	軽唇音	290
粤謳	55	詞	474	運気	39
絵高麗	54	詞文	514	過去七仏	137
給事中	220	詞余叢話	609	過所	140

過門	156	鈔法	595	陽関	1189
遂初堂書目	657	鈍吟雑録	958	陽関三畳	1190
達海(ダハイ)	815	鈁(ほう)	1099	陽燧	1197
達摩	816	開口	106	雁児落帯過得勝令	179
達魯花赤(ダルガチ)	816	開口呼	107	雁門関	191
道(みち)	1149	開元天宝遺事	106	雁塔聖教序	184
道(行政制度)	908	開元占経	106	集王聖教序	531
道一編	910	開元礼	106	集句	532
道士	928	開元寺料敵塔	106	集古今仏道論衡	535
道元	922	開元寺鎮国塔	105	集古録	507
道心・人心	934	開元通宝	106	集成曲譜	538
道白　→念白	991	開元釈教録	105	集異記	529
道光帝	925	開方術	115	集韻	529
道安	909	開方説	115	雲山図(米友仁)	41
道学	915	開合斉撮　→開斉合撮	110	雲気文	39
道官	917	開成石経	110	雲居寺	41
道枢	935	開宝蔵	115	雲岡石窟	40
道信	934	開斉合撮	110	雲門文偃	42
道宣	936	開封	114	雲門宗	42
道衍　→姚広孝	1193	開相	108	雲笈七籤	39
道原	922	開通褒斜道刻石	112	雲堂手	42
道家	914	開詞	107	雲渓友議	40
道挙	919	開路神	117	雲棲袾宏	41
道問学　→尊徳性・道問学	777	開篇	114	雲煙過眼録	39
道術	932	開闢演義	114	雲韶府	41
道情	932	間架結構	165	雲謡集雑曲子	42
道情戯	933	閑情偶寄	178	雲麓漫鈔	43
道教	920	閏月	558	雲鑼	43
道教義枢	921	閔一得(びんいっとく)	1051	**部首9**	
道教像	921	随函録	653	項元汴	339
道釈画	931	随筆	660	項名達	376
道統	942	随園食単	653	項羽	330
道徳	942	随園詩話	653	項容	378
道綽	930	隋	652	順治帝	562
道器	918	隋唐長安城	659	順陵	563
道蔵	937	隋唐洛陽城	659	須弥山	554
道観	917	隋唐嘉話	658	須弥山石窟	554
遊仙窟	1183	隋唐演義	658	飲流斎説瓷	32
遊仙詩(詩題)	1184	隋書	657	**部首10**	
遊仙詩(郭璞)	1184	隋書律暦志	657	馮延巳(ふうえんし)	1054
遊記	1183	隋書経籍志	657	馮従吾	1055
淶盤(らいばん)	1206	隋煬帝艶史	661	馮桂芬	1055
鄂君啓節	126	隋鏡	654	馮惟敏	1054
釉裏紅	1185	陽明学	1201	馮道	1057
量	1263	陽春白雪	1196	馮夢龍	1057
部首8		陽陵	1202		
鈞窯(きんよう)	268	陽湖派	1193		

13 画

部首 2

傷寒	572
傷寒雑病論 →傷寒論	573
傷寒論	573
僧官	738
僧祇戸	739
僧祐	758
僧朗	760
僧帽壺	758
僧稠	754
僧肇	749
僧叡	737
僧録司	761
僧璨	744
勧学篇	165
勢	668

部首 3

嗩吶	772
園冶	66
塩鉄論	64
塡	305
塑像	771
塡詞 →詞	474
塡漆	897
墓誌	1130
夢華瑣簿	1158
夢渓筆談	1158
夢梁録	1160
媽祖	1143
嵩山	662
嵩岳寺塔	662
幕友	1010
幕僚	1010
幕職官	1008
彙刻書目	14
微言大義	1037
徭役	1188

部首 4

意符	20
意境	13
慈斎集古録	127
感生帝	181
感応	186
感夢求法説	190
愚公	271
慈恩大師 →窺基	199
慈恩伝	475
慈禧太后 →西太后	684
慎子	632
慎到	644
慎独	644
戦太平	727
戦国時代 →春秋戦国時代	560
戦国策	720
戦国鏡	720
搢紳全書	638
摂	702
摂摩騰	596
摂論宗	600
搨落	121
搨摸	946
数来宝	664
数学(本) →翼梅	1203
数学(学問) →術数	553
数書九章	662
数術 →術数	553
数術記遺	662
数理精蘊	664
新 →王莽	92
新小説	637
新干大洋洲大墓	625
新五代史	631
新井白石	7
新元史	629
新月派	628
新石器時代	639
新安沖海底引揚文物	620
新安商人	621
新序	637
新学偽経考	623
新青年	639
新唐書	644
新修本草	636
新書	637
新楽府	624
新楽遺跡	650
新詩運動	632
新嘉量	624
新語	629
新儀象法要	626
新論	652
新鄭古墓	643
暗八仙	10
暗花	8
暖耳	820
暖帽	822
腧穴 →経穴	286
腰坑	1193
楷書	108
楽	123
楽山大仏	1208
楽史	127
楽邦文類	1209
楽府(機関)	152
楽府(詩体)	153
楽府古題要解	153
楽府伝声	154
楽府新声	154
楽府詩集	154
楽府雑録	153
楽昌分鏡	1208
楽亭影戯	1208
楽律全書	133
楽師	128
楽書 →陳晹楽書	873
楽書要録	129
楽浪郡	1210
楽浪郡治址	1210
楽記	125
楽経	127
楽毅論	126
楽論 →荀子楽論	559
楚	733
楚王英	762
楚王禽忎鼎	761
楚石梵琦	771
楚帛書	772
楚漢春秋	762
楚辞	767
楚辞灯	768
楚辞通釈	768
楚辞章句	768
楚辞補注	769
楚辞集注	768
楚劇	766
楚調	771
楚簡	762
楡林窟	1187

楊乃武与小白菜	1199	歳寒三友	433	獅子	488
楊万里	1200	歳寒堂詩話	433	獅子山漢墓	488
楊士奇	1194	殿閣大学士	892	獅子林	493
楊小楼	1196	漢	160	獅子舞	490
楊仁山　→楊文会	1200	漢の帝陵	186	**部首 5**	
楊太真　→楊貴妃	1190	漢上易伝	178	瑟(しつ)	505
楊太真外伝	1199	漢中	182	瑞玉	654
楊文会	1200	漢天師世家	183	瑞光寺塔	656
楊守敬	1196	漢文唐詩宋詞元曲	189	瑞花鏡	653
楊朱	1194	漢方	189	瑞像	658
楊岐方会	1191	漢水　→漢江	172	甀(さん)	1099
楊廷筠	1199	漢字	175	盞　→杯・托	997
楊沂孫	1190	漢江	172	盟書	1163
楊東明	1200	漢西域図考	180	睢景臣(すいけいしん)	654
楊泉	1198	漢委奴国王印	161	睢陽五老図	661
楊炯	1191	漢学	164	碗碗腔(わんわんこう)	1309
楊家村西周窖蔵青銅器	1189	漢学師承記	164	禁	255
楊家将	1188	漢学商兌	164	禁書	260
楊家湾漢墓	1189	漢官七種	167	禅月大師　→貫休	168
楊岘	1192	漢武帝内伝	188	禅月集	718
楊恵之	1191	漢武故事	188	禅余画家	732
楊時	1193	漢法本内伝	189	禅宗	722
楊起元	1190	漢長安城	182	禅宗五灯録	723
楊惟徳	1188	漢音	163	禅林僧宝伝	733
楊梓	1193	漢宮秋	168	禅真逸史	724
楊寓　→楊士奇	1194	漢書	177	禅源諸詮集都序	719
楊朝英	1199	漢書芸文志	179	禅関策進	716
楊貴妃	1190	漢書律暦志	179	禅譲	724
楊慎	1196	漢劇	171	福州伬唱	1061
楊誠斎　→楊万里	1200	漢隷	193	福州戯　→閩劇	1051
楊維楨	1188	漢隷字源	193	福恵全書	1069
楊億	1188	漢簡	166	稗官(はいかん)	994
楊輝	1190	漢魏六朝一百三家集	170	靖康の変	676
楊輝算法	1190	漢魏洛陽城	170	靖難の変	689
楊凝式	1191	漢魏叢書	168	**部首 6**	
楊簡	1189	漢鏡	169	節	702
楊顕之	1192	滄浪亭(そうろうてい)	761	節度使　→藩鎮	1030
楞伽師資記(りょうがししき)	1265	滄浪詩話	760	箆(ぼえ)	1120
楞伽経	1264	滇(てん)	891	絹の道　→シルクロード	614
楞厳経	1265	滇王之印	892	綏遠青銅器　→オルドス青銅器	97
楼観	1294	滇劇	894	続天文略	605
楼観派	1295	滝川亀太郎	812	続文献通考	766
楼蘭	1299	煬帝	1198	続皇清経解	763
楼蘭故城	1299	煉丹術　→外丹	112	続高僧伝	763
歇後語	302	煉師	1291	続資治通鑑	764
歳実	436	煞(きつ)	445	続資治通鑑長編	764
歳時記	435	照世盃	586	続蔵経	765

署書 とうこう	608	蒙古　→モンゴル	1176	詩集伝	491
罩甲	924	蒙古文字	1168	詩源弁体	484
義	196	蒙古字韻	1168	詩聖　→杜甫	956
義山雑纂	204	蒙古源流	1168	詩話	616
義天	211	蒙求	1166	詩話総亀	616
義児	204	蒙恬	1170	詩疑	480
義・利	251	蓮社十八賢	1292	詩藪	498
義邑	217	蓮花落	1291	詩韻含英	475
義和団	253	蓮宗宝鑑	1292	詳明算法	597
義学	198	虞	269	詳解九章算法	570
義府	214	虞山派	271	誠	668
義侠記	200	虞世南	272	誠意	670
義浄	206	虞初志	272	誅 るい	1279
義県万仏堂石窟	203	虞初新志	272	話本	1309
義相	206	虞美人	274	豊坊	1117
義荘	208	虞喜	270	豊鎬遺跡	1106
義務戯	216	虞集	272	賈公彦	136
義寂	205	虞翻	275	賈仲明	146
義理易	251	蛾術編	206	賈至	138
義疏　→疏(注釈)	733	蜀(三国)	604	賈似道	139
義慈恵石柱	204	蜀(四川省)	604	賈思勰	139
義楚六帖	209	蜀本	605	賈島	149
群英会	278	蜀江文	610	賈耽	146
群音類選	278	褐衣	147	賈逵 かき	121
群峰雪霽図(曹知白)	281	補襠 りょうとう	1270	賈誼	121
群書治要	280	**部首 7**		賈憲	135
群経平議	279	解	102	資治通鑑	489
聖ザビエル教会	677	解深密経	301	資治通鑑外紀	490
聖人	682	解縉	109	資治通鑑綱目	490
聖友寺　→清浄寺	682	觚 こ	325	資治新書	503
聖旨碑	680	詩人主客図	495	資政新篇	496
聖学宗伝	672	詩人玉屑	494	資陽人	585
聖武記	690	詩比興箋	513	跨湖橋遺跡	400
聖祖　→康熙帝	335	詩式	488	跳加官	841
聖済総録	677	詩体	499	跳戯	842
聖朝名画評	686	詩余　→詞	474	路	1293
聖僧像	588	詩声類	496	路岐人	1300
聖諭広訓	693	詩序	492	載書　→盟書	1163
舜	556	詩学指南	477	載道	439
翿 祥 かいしょう	108	詩林広記	613	辞	474
蓋天説	112	詩品	513	辞海	476
蓋頭	113	詩界革命	477	辞通	505
蒼頡	741	詩紀　→古詩紀	405	辞源	483
蒼頡篇	741	詩書画一致	492	辟邪	1090
蒲寿庚	1131	詩格	477	辟穀	1090
蒲松齢	1131	詩経	480	農政全書	993
蒲劇	1129	詩評　→詩品	513	農家	992

農桑衣食撮要	993	雷	1205	墨家	1132
農桑輯要	993	雷公	1205	墨梅	1128
遠山堂曲品・劇品	62	雷文	1206	墨梅図(金農)	1128
遣唐使	319	雷海青	1205	墨経	1122
遣策	312	雷発達	1206	墨翟 →墨子(人物)	1123
遣隋使	316	雷神	1206	墨憨斎定本伝奇	1121
遁甲	959	零本	1286	墉城 集仙録	1196
鄖県原人	40	部首 9-13		奩	1291
鄒一桂	661	靴	102	嫦娥	569
鄒元標	662	頌	566	獻殷	388
鄒守益	662	頌鼎	589	獻鐘	408
鄒伯奇	663	頓悟要門	961	寧波	988
鄒衍	661	頓悟漸悟	961	寧波仏画	988
鄒容	664	髡髪	430	幘	443
部首 8		鳩摩羅什	275	廖平	1271
鉞	55	鼎	877	徳	949
鉛	967	鼎峙春秋	882	徳山宣鑑	949
鉛釉	67	鼓	326	徳化窯	954
鉅鹿	251	鼓子詞	405	徳宗 →光緒帝	356
鉤勒填彩	382	鼓山	271	徳性之知	
鉤鱶	364	鼓吹楽	410	→聞見之知・徳性之知	1078
鉦 →鐸・鉦	813	鼓師	404	部首 4	
鉄	888	鼓詞	404	慢詞	1146
鉄弓縁 →大英傑烈	781			戩金	740
鉄拐李	889	**14 画**		摘錦奇音	889
鉄琴銅剣楼	889			旗袍	215
鉄絵	889	部首 2		旗鞋	197
鉄雲蔵亀	889	像生	586	旗髻	201
鉄器	889	僮子戯	928	暦元	1286
鉄観音茶	889	劃花	147	暦学会通	1286
鉄籠山 →帝王珠	879	劄子	446	暦象考成	1287
鈿	891	劄記	445	暦算全書	1286
鈿子	896	厭勝銭	64	膏肓	340
鉢頭	1019	厲鶚	1283	榴花夢	1248
隔壁戯	132	部首 3		歌仔戯	139
隔簾花影	133	嘉定屠城紀略	149	歌行	136
雅 →雅・俗	145	嘉峪関	157	歌謡研究会	157
雅言	135	嘉靖帝	143	歴世真仙体道通鑑	1287
雅・俗	145	嘉話録	159	歴代三宝紀	1287
雅部 →花部	152	嘉慶帝	134	歴代名臣奏議	1289
雅楽	118	境界説	229	歴代名画記	1288
雅楽八十四調	119	墡仏	731	歴代宝案	1288
雅楽舞譜	119	墨子(人物)	1123	歴代法宝記	1288
雍正帝	1198	墨子(本)	1123	歴代長術輯要	1288
雍正硃批諭旨	1197	墨子非楽	1124	歴代帝王図巻	1288
雍和宮	1202	墨竹	1126	歴代詩余	1287
雍熙楽府	1190	墨海金壺	1121	歴代詩話	1287

歴代職官表	1287	端午節	819	蔡京	433
歴代鐘鼎彝器款識法帖	1287	端方	822	蔡侯紙	434
演義	61	端木賜　→子貢	485	蔡侯墓	434
漁舟唱晚	248	**部首 6**		蔡邕	441
漁洋詩話	250	管子(本)	175	蔡琰	433
漁家楽	240	管子(楽器)	175	蔡襄	437
漁隠叢話　→苕渓漁隠叢話	844	管仲	182	蔣士銓	580
漁樵対問	249	管同	183	蔣仁	584
滬劇	398	管志道	176	蔣嵩	585
漆画	38	管道昇	184	蓆	1099
漸江	719	箕伯	213	閩	1051
漕運	736	箜篌	270	閩本	1052
漏刻	1295	算木　→算籌	465	閩劇	1051
熊十力	1183	算命	472	裳懸座	1171
熊三抜　→ウルシス	39	算学啓蒙	451	裴文中	999
熊龍峰刊小説四種	1185	算経十書	454	裴休	995
爾雅	476	算数書	462	裴李崗文化	1000
爾雅義疏	477	算盤	469	裴迪	998
爾雅翼	477	算籌	465	裴頠	994
獐牙	569	箋　→牋	713	褌衣	197
部首 5		箏	735	褚人穫	864
瑱玉	893	箔	1002	褚遂良	864
瑠璃	1280	精	669	**部首 7**	
甄鸞	650	精忠記	685	語石	411
疑年録	212	精衛	671	語林	425
疑雨集	197	維摩経	1181	語絲	405
疑経	199	維摩経変	1182	語録	426
疑経	201	綏	526	誥	329
碣　→碑碣	1037	総理衙門	759	説	703
碣石 調 幽蘭	303	総集	747	説三分	707
磁山文化	488	総督	755	説文　→説文解字	711
磁州窯	491	綴白裘	890	説文句読	711
碑　→碑碣	1037	綴術	883	説文古籀補	712
碑伝集	1042	綴葉装	890	説文声類	712
碑学派	1036	網巾	1167	説文通訓定声	712
碑像	1040	網師園	1169	説文釈例	712
碑碣	1037	緑窓新話	1272	説文義証	711
碑額	1036	緑野仙踪	1272	説文解字	711
碧雲寺石牌坊	1089	翡翠釉	1040	説文解字注	711
碧螺春	1090	聞見之知・徳性之知	1078	説文解字詁林	711
碧霞元君	1089	肇論	600	説文解字繋伝	711
碧鶏漫志	1089	蔡	432	説岳全伝	704
碧巌録	1089	蔡山	435	説苑	671
穀梁伝	397	蔡元定	433	説唐	709
穀梁春秋　→穀梁伝	397	蔡元培	434	説郛	710
種民	554	蔡文姫　→蔡琰	433	説唱文学　→講唱文学	356
種痘	553	蔡沈	438	説話	712

説譚話	707	酷吏列伝	397	関野貞	700
読史方輿紀要	949	酷寒亭	394	関漢卿	167
読四書大全説	949	酸甜楽府	466	関聖帝君	181
読杜心解	950	**部首 8**		閨怨詩	283
読若	949	銀	255	閤皂山(こうそうざん)	361
読書分年日程	950	銀字児	259	隠	23
読書敏求記	950	銀針茶	261	隠元	25
読書雑志	949	銀雀山漢墓	259	隠逸	23
読書録	950	銀錠	260	隠語 →隠	23
読破 →破読	1020	銭大昕	727	雑体詩	446
読通鑑論	950	銭大昭	727	雑言詩	446
豪放派	376	銭弘俶	720	雑家	445
趙(戦国)	838	銭弘俶八万四千塔 →金塗塔	265	雑彩	446
趙(五胡十六国)	838	銭玄同	719	雑詩	446
趙之琛	851	銭杏邨	717	雑劇	445
趙之謙	850	銭杜	728	雑劇三集	446
趙氏孤児	850	銭松	724	静室	679
趙王城	840	銭注杜詩	728	**部首 9-14**	
趙令穣	862	銭神論	725	馘(ふつ)	1068
趙匡	843	銭俶 →銭弘俶	720	駅伝制度	53
趙匡胤 →太祖(宋)	796	銭時	721	魁星	109
趙后遺事	847	銭起	716	魂魄	430
趙州従諗	582	銭惟演	713	鳳冠	1102
趙州無字	582	銭曾	726	鳳首瓶 →胡瓶	423
趙伯駒	857	銭楽之	732	鳳首壺 →胡瓶	423
趙伯驌	857	銭徳洪	730	鳳袍	1117
趙岐	842	銭穀	720	鳳凰	1100
趙汸	859	銭維城	713	鳳凰山	1100
趙孟堅	860	銭選	725	鳳還巣	1102
趙孟頫	860	銭謙益	719	鳴道集説	1164
趙昌	852	銅	908	鳴鳳記	1165
趙明誠	859	銅人腧穴鍼灸図経	934	鳴鶴図	1162
趙秉文	859	銅雀台	931	鼻煙壺	1035
趙飛燕	858	銅鼓	924		
趙飛燕外伝 →飛燕外伝	1035	銅緑山遺跡	947	**15 画**	
趙飛燕別伝 →趙后遺事	847	銅銭	936		
趙原	845	銅器 →青銅器	687	**部首 2**	
趙帰真	842	銘	1161	儀礼	251
趙偕	840	閔子	175	儀礼経伝通解	251
趙執信	851	関中	182	儀象考成	206
趙爽	855	関公戯	172	幎罹(べきり)	1090
趙復	859	関尹子	162	劈山救母 →宝蓮灯	1119
趙過	840	関全	183	劇場	298
趙徳麟	857	関羽	162	劇談録	298
趙敦	858	関学	164	············劉 1-6	
趙翼	861	関帝廟	183	劉一明	1246
輔教篇	1120	関索戯	173	劉大櫆	1257

劉公案	1251	劉義慶	1249	戯規	199
劉天華	1258	劉塤	1262	戯鴻堂法帖	299
劉文龍	1259	劉勰	1249	撃鼓罵曹	298
劉半農	1258	劉熙	1248	撃壌歌	298
劉台拱	1257	劉徹	1249	摯虞	481
劉玉	1250	劉鶚	1248	摩崖	1142
劉向	1249	**部首 3**		摩訶止観	1143
劉因	1246	器 →道器	918	摩訶兜勒	1143
劉安	1246	器楽曲牌	198	摩羅詩力説	1145
············劉 7-8		墳墓彫塑	1084	槲	123
劉伶	1262	嬌紅記	232	権	305
劉克荘	1253	審音鑑古録	622	権徳輿	319
劉劭	1255	導引	911	樊城 堆文化	1028
劉完素	1248	履	1217	滕王閣	913
劉孝綽	1253	嶗山	1295	潙山霊祐	14
劉孝標	1253	幞頭	1126	潯陽琵琶 →夕陽簫鼓	701
劉辰翁	1255	廟	1046	潜夫論	731
劉邦 →高祖(漢)	359	廟学典礼	1046	潜書	723
劉宗周	1256	廟底溝第二期文化	1048	潜渓詩眼	718
劉宝楠	1260	廟底溝類型	1048	潜虚	717
劉承珪	1255	廟祭	1047	潮州大鑼鼓	852
劉采春	1254	影印本	43	潮州歌	852
劉知遠	1257	影青 →青白磁	689	潮劇	845
劉知遠諸宮調	1257	影梅庵憶語	48	澄観	842
劉秉忠	1259	影戯	44	潼関	917
劉長卿	1257	**部首 4**		潑墨	1020
············劉 9-11		慧日	57	潘月樵	1024
劉海蟾	1247	慧可	51	潘尼	1025
劉洪	1251	慧沼	54	潘耒	1034
劉炫	1251	慧苑	50	潘岳	1022
劉禹錫	1246	慧思	54	潘祖蔭	1029
劉峻 →劉孝標	1253	慧能	57	潘師正	1026
劉師培	1255	慧皎	54	潘陸 →潘岳	1022
劉庭芝	1258	慧琳音義 →一切経音義	18	→陸機	1225
劉晝虚	1256	慧遠(東晋)	50	熱河	990
劉基	1248	慧遠(隋)	51	**部首 5**	
劉晨阮肇	1256	慧観	51	璋	566
劉逢禄	1260	慶元の党禁	286	畿輔叢書	215
············劉 12-20		慶元条法事類	286	瘞鶴銘	44
劉備	1259	慶陵	297	瘟神	100
劉復	1259	慶陵東陵壁画	297	監本	190
劉敦楨	1258	慶頂珠 →打漁殺家	816	監生	180
劉敞	1255	戯文	214	監察制度	173
劉焯	1255	戯曲	200	盤	1022
劉琨	1253	戯単	209	盤古	1025
劉楨	1257	戯為六絶句	197	盤庚	1025
劉歆	1250	戯班	213	盤長	1030

総画索引（15画）

盤珠算法	1027	諸病源候論	610	鄭成功	884
盤鼓舞	1025	諸葛孔明　→諸葛亮	602	鄭声　→鄭衛之音	878
盤龍城	1034	諸葛亮	602	鄭孝胥	881
稷下之学	605	諸蕃志	610	鄭和	888
窮理	226	請来美術	599	鄭国渠	882
窰洞（ヤオトン）	1179	談容娘　→踏謡娘	946	鄭若庸	883
窰洞住宅　→窰洞	1179	調息	855	鄭思肖	882
部首 6		調腔	847	鄭振鐸	884
篋中集（きょうちゅうしゅう）	235	論	1305	鄭虔	880
箴（しん）	620	論仏骨表	1307	鄭道昭	886
篆刻	895	論詩絶句	1307	鄭徳輝　→鄭光祖	881
篆書	899	論語	1306	鄭箋	885
縠糸（こくし）	394	論語正義	1307	鄭衛之音	878
緝古算経（しゅうこさんけい）	535	論語集解	1306	鄭樵	883
縄文	597	論語義疏	1306	鄭燮	883
縄蓆文　→縄文	597	論賛	1307	鄭簠	887
線装本	727	論衡	1306	鄭観応	879
線鞋	713	賛寧	469	鄭韓故城	879
編年体	1094	質　→文質	1079	鄭顚仙	886
羯鼓（かっこ）	148	賓白　→念白	991	鄧文原	944
舞台	1067	賦	1053	鄧平	944
舞台調度	1067	賦比興　→六義	1225	鄧石如	935
舞判	1073	賦役全書	1059	鄧析	935
蔵書	748	賦役黄冊	1058	鄱陽湖（はようこ）	1021
蔵書紀事詩	749	踏歌	914	**部首 8**	
蔵園九種曲	737	踏謡娘	946	錺花　→鉄絵	889
蔵漢対音	739	輟耕録	890	鋳型	13
蕩寇志（とうこうし）	925	輞川集（もうせんしゅう）	1170	鋳造	836
蕃坊	1033	輪廻	1277	鋪首	1131
蕨膝（ふつ）　→欹	1068	遺教経	1181	閲微草堂筆記	57
虢季子白盤（かくきしはくばん）	126	遵生八牋	562	閲蔵知津	57
蝴蝶杯	416	遵式	559	閭丘方遠（りょきゅうほうえん）	1272
蝴蝶装	415	選学	715	霊台秘苑	1285
蝴蝶夢	416	遼	1263	霊台儀象志	1285
蝶装　→蝴蝶装	415	遼上京遺跡	1268	霊均　→屈原	273
蝙蝠（へんぷく）	1094	遼中京遺跡	1270	霊谷寺	1283
褒斜道刻石	1119	遼史	1267	霊宝派	1285
部首 7		遼墓出土山水図・花鳥図		霊枢	1284
臧晋叔（ぞうしんしゅく）	750	→山弈候約図・竹雀双兎図	449	霊隠寺	1282
臧琳	759	遼寧式銅剣	1271	霊憲	1283
臧窯	759	鄭	878	**部首 9-12**	
臧懋循　→臧晋叔	750	鄭之珍	883	鞋	3
課田　→占田・課田制	728	鄭氏規範	882	鞏県石窟寺（きょうけん）	232
諸子平議	607	鄭玄	576	餓鬼	121
諸子百家	607	鄭玉	880	餅花手	1175
諸宮調	604	鄭光祖	881	養一斎詩話	1187
諸宮調西廂記　→西廂記諸宮調	681	鄭州商城	883	養生	1197

養由基	1202	燕	58	興隆窪文化	379
轡口	719	燕下都	60	興善寺	359
魯	1294	燕子箋	63	薑斎詩話	233
魯迅	1304	燕丹子	64	薫炉	282
魯班	1305	燕文貴	65	薫球	278
黎庶昌	1284	燕北閑人 →文康	1078	蕭子良	584
黎簡	1283	燕京 →北京	1090	蕭子顕	579
黙照禅	1172	燕粛	64	蕭方殺船	595
		燕雲十六州	59	蕭何	569

16画

部首2
儒学	546
儒服	554
儒林外史	556
儒家	545
儒教	546

部首3
嘯亭雑録	589
嘯堂集古録	591
圜悟克勤	62
壁中書	1090
寰宇通志	162
寰宇訪碑録	162
彊村叢書	235
衛	43
衛元嵩	45
衛所	46
衛恒	45
衡山	345
衡斎算学	344

部首4
憨山徳清	174
憲台通紀	317
憶江南	97
憶秦娥	97
懐風藻	114
懐素	111
懐徳堂	113
曇石山遺跡	961
曇無讖	962
曇曜	962
曇曜五窟	962
曇鸞	963
樸学 →考証学	354
澶淵の盟	714
澱青釉	900

燕楽	60
燕楽二十八調	60
燕楽考原	60
熹平石経	214
獣面文 →饕餮文	941

部首5
璜	329
甌北詩話	91
盧文弨	1305
盧全	1305
盧生	1304
盧思道	1303
盧循	1303
盧楞伽	1305
盧照鄰	1303
盧綸	1305
盧摯	1303
盧戇章	1302
磬	283
磧砂蔵	697
磚	713
積古斎鐘鼎彝器款識	707
穆天子伝	1126
穆宗 →同治帝	940
窺基	199

部首6
篥 →軋箏	5
緯 →讖緯	621
縦横家	530
繁体字	1029
羲和(人物)	198
羲和(官職)	198
翰林図画院 →画院	117
翰林学士	192
翰苑	163
興化腔 →莆仙戯	1131
興唐伝	369
興教寺	337

蕭何月下追韓信	572
蕭衍 →武帝(南朝梁)	1072
蕭統	590
蕭雲従	568
蕭照	583
蕭綱	577
蕭穎士	569
蕭繹	569
薛氏款識 →歴代鐘鼎彝器款識法帖	1287
薛仁貴衣錦還郷	708
薛季宣	704
薛昂夫	706
薛家崗遺跡	704
薛紹彭	708
薛道衡	710
薛瑄	708
薛福成	710
薛稷	708
薛濤	709
薦福寺小雁塔	731
薬山惟儼	1179
薬王	1179
薬王山石刻	1179
薬名詩	1180
薬師如来像	1180
薬師経	1179
蟒服 →蟒袍	1117
蟒袍	1117

部首7
諧	103
諧鐸	111
諺 →謡諺	1192
諡法	515
諷諭詩	1058
謡 →謡諺	1192
謡諺	1192
豫	1187

豫園	1202	部首 16		戴聖	795
豫劇	1203	龍	1245	戴徳	802
賢良方正	324	龍山文化	1254	戴熙	784
賢首大師 →法蔵	1115	龍井茶	1307	戴震	794
輯安	528	龍灯	1258	臉譜(れんぷ)	1292
還冤記	163	龍舟	1255	檄	297
還魂記	173	龍図公案	1258	檀芝瑞	820
避暑山荘	1039	龍虬陶文	1249	檀像	821
避諱(ぎょう)	1036	龍虎	1251	檔案	909
鄴	227	龍虎山	1253	氈帽(せんぼう)	732
鄴都	237	龍門石窟	1260	濬 県辛村衛国墓地(しゅんけん)	558
醒世姻縁伝	683	龍門派	1262	燧人(すいじん)	658
部首 8		龍門造像銘	1261	爵	519
錦袍	267	龍泉窯	1256	爵位	520
錦歌	256	龍華三会	1251	牆頭馬上	591
錫	665	龍華経	1251	犠尊	209
錫杖	520	龍袍	1260	部首 5	
錫劇	520	龍骨	1253	環秀山荘	177
錞于(じゅんう)	557	龍魚画	1250	璐(とう)	908
鋅(ほん)	1136	龍筋鳳髄判	1251	甑(そう)	735
錬金術 →外丹	112	龍鳳呈祥	1260	甑皮岩遺跡	756
録鬼簿	1300	龍舞	1259	盩(しゅ)	526
録異記	1300	龍興寺	1252	襌(たん)	817
閻立本	67	龍龕手鑑	1248	部首 6	
閻若璩	63			篳篥	1040
閻魔	66	**17 画**		徽州	206
隣保制	1278			徽池雅調	209
隷弁	1285	部首 2-3		徽宗	208
隷書	1284	優塡王思慕像(うでんおう)	37	徽劇	201
隷釈	1284	孺久墓題記	546	繆 荃孫(びゅうせんそん)	1045
離虫論	856	厳可均	308	繆篆	1045
霍小玉伝	128	厳君平 →厳遵	314	繆襲	1045
霍去病	126	厳復	322	翼梅	1203
霍去病墓	126	厳嵩	316	翼教叢編	1203
霓裳羽衣曲(げいしょういのきょく)	289	厳遵	314	聯句(れんく)	1291
霓裳続譜	290	嶺外代答	1282	聯灯会要	1292
部首 9-12		嶺南	1285	聯珠詩格	1292
頤和園(いわえん)	22	嶺南三大家	1285	藁城 台西村遺跡(こうじょうだい)	355
頭巾	665	部首 4		薩都剌	447
館閣体	165	戴本孝	808	蟫廬曲談(いんろ)	32
館職	178	戴名世	810	螺鈿	1212
駱賓王	1208	戴叔倫	791	襄陽	598
髹飾録(きゅうしょくろく)	222	戴望	808	襄楷	570
髹漆	220	戴進	794	襌衣	817
鮑照	1111	戴進賢 →ケーグラー	297	部首 7	
鴛鴦蝴蝶派小説	59	戴復古	803	諱 →避諱	1036
黔(けん)	305	戴逵	784	講史	347

講学		333
講唱文学		356
謝安		517
謝良佐		525
謝枋得		524
謝荘		522
謝時臣		521
謝朓		522
謝榛		521
謝肇淛		522
謝霊運		525
謎 →字謎		517
→謎語		1162
谿山行旅図(范寛)		288
賽戯		433
輿地広記		1204
輿地紀勝		1204

部首 8

鍾	566
鍾山	579
鍾礼	600
鍾呂伝道集	600
鍾馗	573
鍾馗嫁妹	573
鍾惺	586
鍾嗣成	579
鍾繇	598
鍾離権	599
鍼灸	627
鎬	735
鍛金	818
鍍金銀	948
鍑	1060
鍪	1100

部首 10-11

駿河版	666
鮮于枢	714
鮮于璜碑	714
鴻臚寺	382
鴻鸞禧 →金玉奴	257

18 画

部首 2-4

儲光羲	863
叢書	748

叢書集成		750
彝器		13
曜変天目		1201
殯		1051
瀋陽		649
瀋陽故宮		649

部首 5

瓊劇	286
璿璣玉衡	716
璧	1089
瞿式耜 →瞿起田	270
瞿秋白	272
瞿起田	270
瞿曇悉達	274

部首 6

簡字譜録	176
簡体字	181
簡儀	167
簡牘	184
簪 →笄	283
簪導	644
簫	1097
翻訳名義集	1139
聶夷中	568
聶豹	594
職方外紀	605
藕益智旭	270
藤花亭曲話	916
藩鎮	1030
藍本	1215
藍田原人	1215
藍瑛	1213
蟬文	732
蟬聯体	733
蟠螭文	1023
蟠桃会	1031
蟠龍文	1034
蟠螭文	1030
蟠螭文鏡	1030
襖	68
襜褕	732
覆刊本 →覆刻本	1070
覆刻本	1070
覆輪	1062

部首 7

臨川派	1277
臨安 →杭州	351

臨汾 →平陽		1088
臨書		1276
臨済宗		1275
臨済義玄		1275
臨済録		1276
臨淄故城		1276
観世音応験記		181
観我生賦		165
観音		187
観音洞遺跡		187
観音菩薩像		187
観音猿鶴図(牧谿)		187
観堂集林		183
観経疏 →観無量寿経疏		191
観無量寿経		190
観無量寿経疏		191
謫仙		813
轆轤		1302

部首 8

鎬京	339
鎮	865
鎮墓獣	873
鎛	1002
鎏金銀 →鍍金銀	948
闘促織 →闘蟋蟀	930
闘蟋蟀	930
闘鶏	921
雞肋編	297
難経	969
難経本義	970

部首 9

韓	161
韓文 →韓愈	191
韓昌黎 →韓愈	191
韓朋賦	189
韓非	188
韓非子	188
韓信	179
韓柳 →韓愈	191
→柳宗元	1256
韓退之 →韓愈	191
韓偓	161
韓道昭	184
韓幹	166
韓愈	191
韓詩内伝 →韓詩外伝	176
韓詩外伝	176

韓熙載夜宴図	168	魏書	206	羅浮山	1213
韓擒虎話本	170	魏書釈老志	207	羅針盤	1212
韓嬰	163	魏華存	199	羅教	1207
顔之推	176	魏略	252	羅清	1212
顔元	172	魏野	216	羅貫中	1207
顔氏家訓	176	魏源	202	羅欽順	1207
顔回　→顔淵	163	魏徴	210	羅漢	1207
顔李学派	192	魏禧	199	羅漢図	1207
顔延之	163	魑魅画	1170	羅稚川	1212
顔師古	176	**部首 11・13**		羅聘	1213
顔真卿	180	鯀	426	羅睺	1211
顔勤礼碑	171	鵝湖之会	138	羅隠	1206
顔淵	163	黽錯	855	艶情詩　→艶詩	63
顔鈞	170			艶異編	59
顔輝	167	**19 画**		艶詩	63
顔謝　→顔延之	163			艶歌	59
→謝霊運	525	**部首 3**		艶歌行　→艶歌	59
顓頊	717	孽海花	302	艶歌羅敷行　→陌上桑	1007
顓頊暦	717	龐居士	1107	蘐園学派	308
題目正名	810	蘆山	1302	蘇小小	770
題画詩	783	蘆山記	1303	蘇天爵	772
題跋	803	蘆山高図(沈周)	1303	蘇州	769
題辞	790	**部首 4**		蘇孝慈墓誌銘	767
題簽	796	曝書	1007	蘇味道	774
類音	1279	臓腑	757	蘇東坡　→蘇軾	770
類書	1279	臘八	1298	蘇秉琦	773
類経	1279	櫛	505	蘇門四学士	774
類隔	1279	瀛奎律髄	45	蘇洵	769
類篇	1280	瀛涯勝覧	44	蘇祇婆	769
部首 10		瀟湘八景図	583	蘇秦	771
騎竹馬	209	瀟湘水雲	583	蘇埠屯遺跡	773
騎象奏楽図	208	瀟湘臥遊図(李氏)	583	蘇曼殊	773
騒	736	瀘州老窖特曲酒	1303	蘇黄　→蘇軾	770
騈文	1096	牘　→簡牘	184	→黄庭堅	366
騈四儷六　→騈文	1096	**部首 5-6**		蘇幕遮	773
騈字類編	1093	疇人伝	836	蘇漢臣	762
騈体文鈔	1094	禰衡	881	蘇舜欽	769
魏(戦国)	196	簫	566	蘇軾	770
魏(三国)	196	籀文	837	蘇頌	770
魏(北朝)　→北魏	1121	繍像小説	538	蘇綽	769
魏了翁	252	罎	817	蘇劇	767
魏文帝　→曹丕	756	羅士琳	1211	蘇轍	772
魏伯陽	213	羅什　→鳩摩羅什	275	藻魚図	740
魏志倭人伝	207	羅汝芳	1211	蘭花花	1214
魏良輔	252	羅洪先	1211	蘭亭序	1214
魏武帝　→曹操	752	羅従彦	1211	蘭陵王入陣曲	1215
魏長生	210	羅振玉	1212	蘆笙	1303

蟻鼻銭	214
襪(べつ)	1092
覇王別姫	1001
覇王鞭　→打連廂	816
部首 7	
羶(し)	474
識	479
識語	480
譚元春	819
譚峭	821
譚嗣同	821
譚鑫培	818
蹻功(きょうこう)	232
蹴彫	304
蹴球	532
部首 8	
鏡	119
鏡花縁	229
鏃(ぞく)	763
隴右(ろうゆう)	1298
隴西	1297
隴東石窟	1298
離魂記	1234
部首 9	
韻文　→文	1075
韻母	29
韻会　→古今韻会挙要	401
韻会挙要　→古今韻会挙要	401
韻図　→等韻図	912
韻府一隅	28
韻府群玉	29
韻書	27
韻略易通	32
韻略匯通	32
韻補	30
韻集	27
韻語陽秋	26
韻頭　→介音	103
韻鏡	25
部首 11	
鯤鵬(こんぽう)	430
鵬　→鯤鵬	430
麒麟	252
部首 13	
鼖鼓(とうこ)	923

20 画

部首 4-6	
懸棺葬	309
懺悔	454
灌頂(人物)	177
灌頂(用語)	178
竇娥冤	915
籌海図編	832
籌辦夷務始末(ちゅうべんいむしまつ)	837
辮髪	1094
耀州窯	1196
部首 7-8	
議	197
護法論	424
鐘	566
鐘律書	599
鐇斗	590
鐇盃(しょうか)	569
鐃歌(どうか)	914
部首 9-15	
響堂山石窟	237
響銅	237
鰍鱣賦	538
鶡冠子(かつかんし)	147
齣	696

21 画

部首 2	
儺戯(なぎ)	966
儺舞	967
部首 3-4	
夔鳳文(きほうもん)	215
夔龍文	252
爛柯山　→朱買臣休妻	553
部首 5	
瓔珞(ようらく)	1202
甗(げん)	306
竈神	156
部首 6-7	
籃文	1215
籃胎	1214
纏足	900
纏枝　→唐草文	157
纏達	901

礨(らい)	1205
蠟型	1294
譴責小説	316
部首 8-9	
鐺　→鐺・鉦	813
鐺・鉦(たくしょう)	813
顧広圻	400
顧況	389
顧炎武	384
顧野王	424
顧愷之	386
顧徳輝	418
顧歓	388
顧憲成	399
饒魯	600
部首 10-11	
驂鸞録(さんらんろく)	472
鶑(き)	196
魔	1141
魔合羅	1143
鶯鶯伝	72
鶴林玉露	133

22 画

部首 4-7	
懿徳太子墓壁画(いとく)	20
灘簧(たんこう)	819
鬻公盨(しこうしゅ)	485
籠吹	1297
籠冠	1295
蘿窗(らそう)	1212
襴(らん)	1213
讃	448
酈炎(れきえん)	1286
酈道元	1289
部首 9-10	
韃靼　→タタール	814
饕餮文(とうてつもん)	941
驚鴻記	232
部首 11・16	
鷓鴣飛(しゃこひ)	521
鷓鴣斑	521
龔自珍	233
龔開	228
龔鼎孳(きょうていじ)	236
龔賢	231

23 画

部首 4・6
攣大 らんだい　1214
籤　713
籤題 →題簽　796
罐 かん　161
鑪 れい　1282
蠱 こ　326

部首 8
鑑　161
鑑真　179
鑷付　1298

24 画

部首 6-7
羈縻政策 きび　214
襻膊 はんはく　1032
讖緯　621
讖 →讖緯　621
贛劇 かんげき　171

部首 8-13
鑪 ろ　1294
鱗文　1278
鼇頭　369

25 画

攬轡録 らんぴろく　1215
鑲嵌 じょうかん　572

27 画

鑼鼓 らこ　1210
鑼鼓書　1211

28 画

钁 かく　123
鑿 さく　443

29 画

鬱岡斎帖　36

32 画

酅氏編鐘 ふうし　1055

ピンイン索引

　本見出しを，先頭漢字のピンインのアルファベット順（同じアルファベットのものは1声～4声の声調順）に配列した。アルファベット・声調とも同じ場合は，画数順とした。また，先頭漢字が同じ場合は，二字目以降を同様のルールで配列した。

　本見出しが中国で通行している名称と異なる場合は，中国で通行している名称を本索引用の見出しとして立て，→の後に参照すべき本見出しとそのページ数を示した。

　なお，日本語・日本人名および西洋人名などは本索引に含まれない。

A

a
阿房宮	6
阿含経	4
阿羅本	7
阿弥陀経	6
阿弥陀如来	7
阿Q正伝	3
阿斯塔那墓群	5
阿修羅	5
阿育王寺	3

ai
哀冊	3
艾南英	113
艾提尕爾清真寺　→エイティガール・モスク	47

an
安般守意経	10
安敦	10
安済橋	9
安居	8
安楽集	11
安禄山事蹟	11
安南本	10
安期生	8
安岐	8
安史之乱　→安史の乱	9
安世高	10
安邑城	11
安岳三号墳	8
按摩	11
暗八仙	10
暗花	8

ang
昂昂渓	340

ao
襖	68
拗体詩	1199

B

ba
八思巴文　→パスパ文字	1013
八宝	1020
八不中道	1020
八大山人	1015
八代詩選	1016
八分	1020
八風	1016
八股文	1019
八卦	1016
八卦教	1017
八関斎	1017
八節	1019
八旗	1017
八瓊室金石補正	1018
八曲杯	1018
八思巴	1013
八体	1019
八王之乱　→八王の乱	1015
八仙	1019
八佾	1014
八音	1015
巴黎茶花女遺事	1022
巴蜀文化	1013
巴鳥	1000
巴渝舞	1021
把子功	1012
覇王別姫	1001

bai
白瓷　→白磁	1005
白帝城	1008
白黒論	1043
白虎通	1045
白話	1011
白話文学史	1011
白酒	998
白居易	1003
白孔六帖	1005
白鑞	1011
白蓮教	1044
白蓮宗	1044
白鹿洞書院	1011
白馬非馬論	1009
白馬寺	1009
白描画	1009
白明達	1010
白樸	1010
白沙宋墓	1005
白蛇伝	1006
白氏長慶集	1006
白氏文集	1006
白陶	1008
白頭吟	1009
白兎記	1009
白行簡	1005

白雪遺音	1008	**bao**		北崑	1122
白玉蟾	1004			北里志	1128
白玉像	1004	包背裝	1116	北虜南倭	1128
白雲観	1003	包袱	1117	北夢瑣言	1128
白雲宗	1003	包公戯　→包公劇	1106	北斉	1125
白紵舞	1008	包山楚墓	1108	北斉書	1126
白字戯	1006	包世臣	1114	北曲	1122
百宝嵌	1045	褒斜道刻石	1119	北山録	1123
百川書志	1044	宝剣記	1104	北山四先生	1123
百川学海	1044	宝鏡三昧歌	1103	北史	1123
百花亭	1045	宝巻	1101	北堂書鈔	1127
百家公案演義	1045	宝蓮灯	1119	北魏	1121
百家姓	1045	宝林伝	1119	北魏帝陵　→北魏の帝陵	1121
百鳥朝鳳	1044	宝慶寺石仏	1104	北渓字義	1122
百戯	1042	宝塔	1116	北辛文化	1125
百丈懐海	1043	宝相華	1115	北陰陽営文化	1120
百丈清規	1043	宝顔堂秘笈	1102	北征	1125
柏梁台詩	1010	宝蔵論	1115	北周	1124
拝	994	宝誌	1109	北宗禅	1124
拝経堂叢書	995	保国寺大雄宝殿	1130	貝貨	994
拝月亭	995	抱鑼	1119	貝丘遺址　→貝丘遺跡	995
稗官	994	抱朴子	1117	背子	996
		報任安書	1113		
ban		鮑照	1111	**ben**	
班彪	1033	**bei**		錛	1136
班固	1024			本草	1137
班婕妤	1028	杯・托	997	本草綱目	1138
班馬字類	1032	卑南遺址　→卑南遺跡	1042	本草経集注	1138
班昭	1027	悲田坊	1042	本来面目	1140
板腔体	1025	悲田養病坊	1042	本生図	1137
板橋雑記	1024	碑額	1036	本事詞	1137
板眼	1023	碑碣	1037	本事詩	1137
版本	1033	碑像	1040	本体・工夫	1138
版本学	1034	碑学派	1036	本字	1136
版式	1026	碑伝集	1042	**bi**	
版築	1029	北詞広正譜	1124		
半歯音	1026	北地三才	1126	鼻煙壺	1035
半跏思惟像	1023	北斗	1126	匕	1035
半両銭	1034	北斗真君	1127	比肩	1037
半坡類型	1033	北海	1133	比丘尼伝	1037
半坡遺址　→半坡遺跡	1032	北海相景君碑	1133	比興	1036
半舌音	1029	北京	1090	筆法記	1041
bang		北京北堂	1092	筆画	1040
		北京南堂	1092	筆記	1041
梆子腔系	1110	北京前門商業街		筆生花	1041
帮腔	1106	→北京前門商業地	1091	筆順	1041
棒喝	1101	北京猿人　→北京原人	1091	畢昇	1041

畢沅	1041	殯	1051	歩虚詞	1120
辟穀	1090			歩揺	1135
辟邪	1090	**bing**		部曲	1060
碧鶏漫志	1089	氷川詩式	1048	部首	1064
碧螺春	1090	兵家	1085	瓿	1099
碧霞元君	1089	炳霊寺石窟	1088	瓿	1099
碧巌録	1089				
碧雲寺石牌坊	1089	**bo**		**C**	
壁中書	1090	波磔	1014		
避諱	1036	玻璃	1021	**cai**	
避暑山荘	1039	般若経	1031	才	432
箆箒	1040	般若心経	1031	才調集	438
壁	1089	鉢頭	1019	才子佳人小説	435
		博格達汗宮		才子書	436
bian		→ボクド・ハーン宮殿	1127	財神	437
辺鸞	1097	柏孜克里克石窟		采風	439
辺塞詩	1093	→ベゼクリク石窟	1092	采詩官	436
辺寿民	1093	博局紋鏡 →方格規矩鏡	1101	采石磯	437
辺文進	1096	百色遺址 →百色遺跡	1043	采菽堂古詩選	436
編年体	1094	伯楽	1010	彩陶	438
蝙蝠	1094	伯牙琴	1003	採茶戯	437
扁壺	1093	伯夷・叔斉	1003	菜根譚	435
扁鵲	1093	帛画	1003	蔡	432
弁服	1094	帛書	1007	蔡侯墓	434
弁正論	1093	舶載書目	1005	蔡侯紙	434
便民図纂	1097	博古図録	1018	蔡京	433
変法論	1097	博士弟子	1006	蔡山	435
変法自強	1097	博物志	1009	蔡沈	438
変文	1095	博異志	1003	蔡襄	437
変相図	1094	渤海	1133	蔡琰	433
辮髪	1094	箔	1002	蔡邕	441
		鎛	1002	蔡元定	433
biao				蔡元培	434
鷹氏編鐘	1055	**bu**			
表	1046	卜辞通纂	1124	**can**	
表白	1049	卜骨	1134	参軍戯	454
表裏	1049	卜千秋墓壁画	1126	驂鸞録	472
表意文字	1046	卜筮	1125	残山剰水	459
表音文字	1046	補服	1135	蚕服	470
		補江総白猿伝	1130		
bie		補亡詩	1135	**cang**	
別集	1092	布達拉宮 →ポタラ宮	1132	滄浪詩話	760
別史	1092	不空	1060	滄浪亭	761
別字	1092	布袋	1135	蒼頡	741
		布銭	1066	蒼頡篇	741
bin		歩天歌	1135	蔵書	748
彬県大仏寺石窟	1052	歩虚	1120		

蔵書紀事詩	749	**chai**		常州学派	581
蔵園九種曲	737			嫦娥	569
		差遣	444	裳懸座	1171
cao		差役	442	倡優	598
曹操	752	釵	432	唱論	600
曹洞宗	755	柴栄	433	唱賺	589
曹端	754			唱做念打	579
曹妙達	758	**chan**			
曹丕	756	襜褕	732	**chao**	
曹全碑	752	単于	713	抄本	596
曹山本寂	744	纏枝紋 →唐草文	157	鈔法	595
曹雪芹	751	纏枝葡萄紋 →葡萄唐草文	1073	晁補之	859
曹衣出水・呉帯当風	736	禅関策進	716	朝服	858
曹寅	736	禅林僧宝伝	733	朝冠	842
曹知白	754	禅余画家	732	朝鮮本	854
曹植	749	禅源諸詮集都序	719	朝野僉載	861
曹仲達	754	禅月集	718	潮劇	845
漕運	736	禅真逸史	724	潮州大鑼鼓	852
草木成仏	758	禅宗	722	潮州歌	852
草木子	758	禅宗五灯録	723	鼂錯	855
草書	748	澶淵之盟 →澶淵の盟	714		
草堂詩話	755	蟬聯体	733	**che**	
草堂詩余	755	蟬紋 →蟬文	732	車灯	522
草堂寺	754	纏達	901	車馬	523
草鞋	736	纏足	900	車馬坑	523
草葉紋鏡 →草葉文鏡	759	懺悔	454	坼字	813
草字彙	746				
		chang		**chen**	
ce		昌言	576	辰河戯	623
冊府元亀	447	長安	839	陳	865
冊子本	446	長坂坡	857	陳淳(宋)	870
測円海鏡	763	長浜文化	858	陳淳(明)	870
策	443	長城	853	陳徳霖	872
		長春真人西遊記	852	陳第	871
cen		長短句	856	陳独秀	872
参同契	467	長恨歌	847	陳旉農書	872
岑参	638	長恨歌伝	847	陳傅良	873
		長江	846	陳恭尹	867
ceng		長慶体	844	陳洪綬	868
曾静	749	長沙	848	陳鴻寿	868
		長沙楚墓	848	陳奐	866
cha		長沙窯	849	陳継儒	867
鍤	735	長生殿	854	陳際泰	869
茶経	830	常建	576	陳家祠	866
茶酒論	830	常平倉	595	陳嘉言	866
茶葉末	830	常州草虫画	582	陳建	868
岔曲	812	常州詞派	581	陳介祺	866

陳澧	874	成兆才	685	崇有論	663
陳立	874	承徳外八廟	592	崇禎暦書	663
陳櫟	875	承負	594		
陳亮	874	城背渓文化	593	**chou**	
陳琳	874	城郭	570	疇人伝	836
陳龍正	874	城隍神	578	籌辦夷務始末	837
陳彭年	873	城南柳	593	籌海図編	832
陳起	866	城子崖	579	丑	830
陳虹	867	程長庚	885		
陳確	866	程大位	885	**chu**	
陳容	873	程端礼	885	出三蔵記集	552
陳汝言	870	程顥	881	出師表	657
陳三立	869	程門四先生	887	初唐四傑	610
陳三五娘	869	程邈	886	初学記	602
陳勝・呉広	870	程氏易伝	882	初印本	565
陳師道	869	程式	882	齣	696
陳書	870	程廷祚	885	除夕	609
陳天華	872	程瑤田	887	楚	733
陳摶	871	程頤	878	楚帛書	772
陳維崧	865	程正揆	884	楚辞	767
陳献章	868	誠	668	楚辞補注	769
陳襄	870	誠意	670	楚辞灯	768
陳暘楽書	873	澄観	842	楚辞集注	768
陳寅恪	865			楚辞通釈	768
陳与郊	874	**chi**		楚辞章句	768
陳予鍾	874	池北偶談	829	楚調	771
陳与義	873	尺	519	楚漢春秋	762
陳元贇	868	尺八	520	楚簡	762
陳垣	865	尺牘	699	楚劇	766
陳苑	865	赤壁	700	楚石梵琦	771
陳致虚	871	赤壁賦	701	楚王禽忌鼎	761
陳州糶米	869	赤壁図	700	楚王英	762
陳子昂	871	赤壁之戦　→赤壁の戦い	701	褚遂良	864
陳子龍	871	赤峰紅山後	701	儲光羲	863
讖緯	621	赤眉起義　→赤眉の乱	700	畜獣画	825
		赤松子	697		
cheng		勅勒歌	863	**chuan**	
称	565			川劇	718
丞相	583	**chong**		伝法宝紀	904
成都	687	重差術	848	伝奇	893
成都蜀王族墓地	688	重訂四書輯釈	538	伝習録	898
成実論	580	重黎	862	伝心法要	899
成実宗	580	重文	859	伝音快字	892
成唯識論	597	重陽宮	861	船棺葬	716
成唯識論述記	597	重陽節	861	釧	712
成相	680	崇聖寺千尋塔	662		
成玄英	675	崇文総目	663		

chuang

創造社	752

chui

吹剣録	655
吹腔	655
椎髻	875
鎚打　→鍛金	818

chun

春草闈堂	562
春冬山水図(戴進)	562
春江花月夜	558
春節	562
春秋	559
春秋繁露	561
春秋公羊伝解詁	560
春秋胡氏伝	560
春秋鏡	560
春秋学	559
春秋戦国時代	560
春秋尊王発微	561
春秋左氏経伝集解	560
春在堂全書	558
淳化閣帖	557
淳于意	557
錞于	557

chuo

輟耕録	890

ci

祠堂	509
詞	474
詞話	616
詞林一枝	613
詞林摘艶	614
詞牌	510
詞品	513
詞譜	514
詞詮	497
詞文	514
詞余叢話	609
詞源	483
詞綜	498
慈恩伝	475
辞	474
辞海	476
辞通	505
辞源	483
磁山文化	488
磁州窯	491
次韻	475
刺	474
刺虎	484
刺史	488

cong

従容録	598
琮	735
叢書	748
叢書集成	750

cu

蹴彫	304
蹴球	532

cui

衰服	439
崔白	439
崔峒	439
崔国輔	434
崔浩	434
崔顥	434
崔融	440
崔述	436
崔子忠	436

cun

村田楽	777
皴法	563
存思	776

D

da

妲己	814
筥重光	815
答問	946
達海	815
達魯花赤	816
達摩	816
打城戯	814
打連廂	816
打炮戯	815
打通	814
打油詩	815
打漁殺家	816
大昭寺　→ジョカン寺	603
大召寺　→イヘ・ジョー寺	21
大安国寺石仏	779
大葆台漢墓	808
大乗大義章	793
大乗起信論	792
大乗起信論義記	792
大乗玄論	792
大乗義章	791
大慈恩寺	790
大帯	799
大戴礼	814
大地湾文化	799
大洞真経	801
大坌坑文化	804
大風歌	803
大仏	803
大夫	803
大鼓	787
大広益会玉篇	788
大海寺址出土石刻造像	782
大黒天	789
大紅袍	788
大還閣琴譜	783
大慧宗杲	781
大金国志	786
大礼議　→大礼の議	811
大理	811
大荔人	811
大暦十才子	811
大羅天	811
大明宮	809
大明会典	809
大明暦	810
大明令	809
大明律	809
大明一統志	809
大清会典	794
大清律例	795
大清一統志	794
大曲	785

大日経	802	帯	779	道家	914
大散関	790	帯方郡治址	808	道教	920
大晟府	795	帯鉤	787	道教像	921
大師姑遺址 →大師姑遺跡	790	帯経堂詩話	786	道教義枢	921
大宋僧史略	798	戴本孝	808	道挙	919
大宋中興通俗演義	799	戴徳	802	道器	918
大唐開元礼	800	戴復古	803	道情	932
大唐六典	802	戴進	794	道情戯	933
大唐内典録	802	戴逵	784	道士	928
大唐秦王詞話	801	戴名世	810	道釈画	931
大唐三蔵取経詩話	801	戴聖	795	道枢	935
大唐西域記	800	戴叔倫	791	道術	932
大唐西域求法高僧伝	801	戴望	808	道統	942
大唐新語	802	戴熙	784	道心・人心	934
大同	800	戴震	794	道信	934
大同書	801			道宣	936
大統暦	802	**dan**		道学	915
大汶口文化	804	丹田	822	道一編	910
大西廂	795	単疏本	821	道元	922
大渓文化	786	単弦	818	道原	922
大祥	791	単行本	819	道蔵	937
大辛荘遺址 →大辛荘遺跡	795	襌衣	817		
大雄宝殿	810	鐔	817	**de**	
大学	782	旦	816	徳	949
大学弁	783	啖助	821	徳化窯	954
大学弁業	783	襌	817	徳山宣鑑	949
大学問	783				
大学衍義	782	**dang**		**deng**	
大学衍義補	783	璫	908	灯彩戯	926
大衍暦	782	党錮之禍 →党錮の禁	925	登科録	917
大雁塔	784	蕩寇志	925	登龍門	947
大雁塔線刻画	784	檔案	909	登真隠訣	934
大一統	780			等	908
大義覚迷録	784	**dao**		等韻図	912
大英傑烈	781	刀	907	等韻学	911
大雲光明寺	781	刀銭	936	等韻一得	911
大雲経	781	島夷誌略	909	鄧平	944
大雲寺	781	導引	911	鄧石如	935
大運河	780	悼亡詩	945	鄧文原	944
大蔵経	798	道(行政制度)	908	鄧析	935
大智度論	799	道	1149		
大足石刻	799	道安	909	**di**	
		道綽	930	底本	887
dai		道徳	942	邸報	887
大衍術	782	道官	917	邸店	886
代言体	787	道観	917	地方戯	829
玳瑁	808	道光帝	925	地論宗	616

地戯	824	頂子	849	洞室墓	930
地獄	486	鼎	877	洞天福地	941
地獄変相	486	鼎崎春秋	882	洞天清禄集	941
地蔵	499	定場詩	884	洞庭湖	941
地蔵経	499	定陵	887	洞庭山	941
地蔵菩薩像	499	定県漢墓	880	**dou**	
帝鑑図説	880	定性書	885		
帝京景物略	880	定窯	887	斗	907
帝師	882	**dong**		斗分	956
帝釈天	790			豆	907
帝王世紀	879	東城老父伝	933	闘彩 →豆彩	926
帝王図	879	東窓事犯	937	闘鶏	921
帝王珠	879	東大乗教	938	闘蟋蟀	930
dian		東都事略	942	竇娥冤	915
		東方見聞録	945	**du**	
滇	891	東方朔	945		
滇劇	894	東皐琴譜	924	都察院	952
滇王之印	892	東観漢記	918	都督府	955
典故	895	東海黄公	915	都護府	952
典礼問題	906	東漢会要	918	都江堰	951
典論	906	東華録	916	独孤及	949
点法	904	東京夢華録	922	独楽寺	950
点心	899	東林党	947	独体	950
佃戸	895	東林書院	947	読杜心解	950
奠	891	東林学派	947	読若	949
殿閣大学士	892	東坡巾	943	読史方輿紀要	949
diao		東坡肉	962	読書分年日程	950
		東坡志林	943	読書録	950
彫彩漆	848	東塾読書記	932	読書敏求記	950
彫金	844	東王公	914	読書雑志	949
彫漆	851	東西漢演義	926	読四書大全説	949
琱玉集	843	東西晋演義	926	読通鑑論	950
雕虫論	856	東西均	926	杜甫	956
調腔	847	東西洋考	927	杜光庭	951
die		東医宝鑑	910	杜家立成	948
		東瀛詩選	912	杜康	951
畳韻	568	東岳大帝	915	杜牧	956
ding		東周列国志	931	杜秋娘	953
		東周王城	931	杜仁傑	954
丁村遺址 →丁村遺跡	885	董邦達	945	杜審言	954
丁度	886	董其昌	918	杜詩	952
丁福保	886	董祐誠	946	杜詩鏡銓	952
丁公陶文	881	董源	922	杜詩詳注	953
丁敬	880	董仲舒	940	杜順	953
丁巨算法	880	董作賓	927	杜荀鶴	953
丁雲鵬	878	洞経音楽	920	杜臆	948
頂相	871	洞山良价	927	杜預	957

杜子春伝	953	
杜子恭	952	
度牒	954	
度量衡	957	
度曲	948	
度人経	953	

duan

端方	822
端午節	819
段玉裁	818
断代史	822
断鴻零雁記	819
鍛金	818

dui

対牀夜語	793
対句	875
対聯	875
対転	800
敦	779

dun

敦煌	958
敦煌壁画	960
敦煌彩塑	960
敦煌漢簡	959
敦煌文書	960
敦煌舞譜	960
敦煌医書	959
敦煌楽譜	959
盾	557
鈍吟雑録	958
遁甲	959
頓悟漸悟	961
頓悟要門	961

duo

多管瓶　→多嘴壺	813
鐸・鉦	813
垛積術	814

E

e

額爾徳尼召　→エルデニ・ゾー寺院	58
娥皇	136
峨眉山	152
鵞湖之会	138
鄂爾多斯青銅器　→オルドス青銅器	97
鄂君啓節	126
餓鬼	121

en

恩	98
恩廕	98

er

児化　→アル化	7
児女英雄伝	492
耳杯	510
爾雅	476
爾雅義疏	477
爾雅翼	477
二部伎	983
二程全書	982
二程遺書	982
二度梅	982
二仏並坐像	984
二葛	978
二教論	978
二進宮	981
二京賦	978
二郎神	615
二里岡文化	986
二里頭文化	987
二里頭遺址　→二里頭遺跡	986
二泉映月	981
二人台	983
二人転	983
二入四行論	982
二十八宿	981
二十二史考異	980
二十二史劄記	980
二十年目睹之怪現状	980
二十四気	979
二十四詩品	980
二十四史	979
二十四史通俗演義	979
二十四孝	979
二十四友	980
二十四治	980
二十五史補編	979
二十一史弾詞	978
二水四家	981
二王	978

F

fa

伐子都	1019
法	1098
法宝	1117
法成	1111
法華玄義	1133
法華経	1129
法華経変	1129
法花	1101
法家	1101
法界観門	1133
法界縁起	1133
法琳	1119
法門寺	1118
法曲	1103
法若真	1110
法三章	1108
法書	1111
法書要録	1112
法帖	1111
法顕	1134
法顕伝	1134
法相宗	1134
法言	1104
法眼文益	1105
法眼宗	1105
法源寺	1105
法苑珠林	1100
法蔵	1115
法照	1111

fan

翻訳名義集	1139
藩鎮	1030
樊城堆文化	1028
蕃坊	1033
繁体字	1029
反切	1029
反訓	1024
反語	1024
氾勝之書	1027
范	1022
范成大	1028
范道生	1031
范寬	1023
范蠡	1034
范仲淹	1030
范祖禹	1029
梵唄	1139
梵漢対音	1136
梵隆	1140
梵王宮	1136
梵網経	1139
梵文　→梵字	1136
販馬記	1032
販書偶記	1028

fang

方苞	1117
方従義	1110
方鼎	1116
方東樹	1116
方回	1101
方技	1102
方略	1119
方士	1109
方術	1110
方響	1103
方孝孺	1107
方心曲領	1114
方言	1104
方彝	1100
方以智	1100
方輿勝覧	1119
方丈	1111
方志	1109
方諸青童君	1112
坊	1099
坊刻本	1107
鈁	1099
房山石経	1108
房中歌	1115
房中術	1115
仿古鏡	1107
仿宋刊本	1115
倣元四大家山水図	1105
紡棉花	1118
放伐	1116
放生戒殺	1112

fei

非攻	1038
非国語	1038
非烟伝	1035
飛来峰造像	1049
飛天	1041
飛燕外伝	1035
翡翠釉	1040
廃帝	998
廃荘論	997
費長房	1040
費密	1042
費直	1040

fen

分類補註李太白詩	1085
分野	1084
分韻	1076
汾酒	1079
汾陽善昭	1084
焚書	1079
焚書坑儒	1080
墳墓彫塑	1084
粉本	1084
粉彩	1079
分	1075

feng

封建・郡県	1104
封面	1058
封泥	1056
封泥考略	1057
封禅	1114
封神演義	1113
封氏聞見記	1110
風骨	1055
風角	1054
風流	1058
風水	1055
風俗画	1056
風俗通義	1056
風雅十二詩譜	1055
風箏誤	1056
豊坊	1117
豊鎬遺址　→豊鎬遺跡	1106
鳳冠	1102
諷諭詩	1058
馮従吾	1055
馮道	1057
馮桂芬	1055
馮夢龍	1057
馮惟敏	1054
馮延巳	1054
奉国寺大雄殿	1107
鳳還巣	1102
鳳凰	1100
鳳凰山	1100
鳳袍	1117

fo

仏宮寺	1069
仏光寺	1070
仏曲	1068
仏説法図	1070
仏跳墻	1071
仏図澄	1072
仏陀跋陀羅	1071
仏性	1070
仏牙	1069
仏伝図	1071
仏祖歴代通載	1071
仏祖統紀	1071

fou

缶	1052

fu

趺石	1066
払子	1134
伏生	1061
伏羲	1068

扶乩	1062	覆刻本	1070	高濂	381
服気	1068	覆輪	1062	高嶺土	381
服虔	1061			高明	376
服食	1061	**G**		高攀龍	373
浮生六記	1066			高其佩	336
浮図	1073			高啓	338
符	1053	**gai**		高腔系音楽	341
符籙	1075	垓下	104	高然暉	371
符水	1066	垓下歌	104	高僧伝	362
符天暦	1073	陔余叢考	116	高山流水	346
福恵全書	1069	改琦	104	高士伝	349
福州伬唱	1061	蓋天説	112	高適	358
皷	1068	蓋頭	113	高似孫	348
襆頭	1126			高唐賦	370
府	1052	**gan**		高堂生	369
府兵制	1074	甘丹寺		高王観世音経	331
府城遺址 →府城遺跡	1066	→ガンダン・テグチンリン寺院		高文進	375
釜	1053		182	高文秀	375
輔教篇	1120	干宝	189	高閑	334
簠	1097	干禄字書	193	高頤墓石闕	330
父老	1075	甘水仙源録	180	高誘	377
父母恩重経	1074	甘沢謡	181	高貞碑	367
付法蔵因縁伝	1074	乾漆像	176	高宗(唐)	360
祔	1052	乾撰子	181	高宗(宋)	360
婦好墓	1063	感夢求法説	190	高祖(漢)	359
傅大士	1067	感生帝	181	高祖(唐)	360
傅金銓	1060	感応	186	膏肓	340
傅亮	1075	贛劇	171	高頭講章 →鼇頭	369
傅山	1064			藁城台西村遺址	
傅咸	1059	**gang**		→藁城台西村遺跡	355
傅玄	1062	缸瓦窯 →乾瓦窯	165	告身	395
傅奕	1058			告子	394
傅毅	1059	**gao**		誥	329
富春山居図(黄公望)	1065	高棅	375		
富貴	1055	高昌故城	355	**ge**	
富河溝門遺址		高昌国	354	戈	101
→富河溝門遺跡	1059	高鶚	333	哥老会	159
復	1060	高峰原妙	375	割股	148
復初	1061	高鳳翰	375	割圜連比例術図解	147
復古	1069	高歓	334	割圜密率捷法	147
復古編	1070	高髻	338	歌行	136
復社	1061	高甲戯	340	歌謡研究会	157
復性書	1061	高脚杯	336	歌仔戯	139
賦	1053	高克恭	342	革帯	129
賦役黄冊	1058	高麗蔵	378	革命	132
賦役全書	1059	高力士	379	革象新書	129
鍑	1060	高麗図経	378	格調説	130

格古要論	127	恭王府	228	古文辞	422
格術補	128	龔鼎孳	236	古文辞類纂	422
格体全録	130	龔開	228	古文関鍵	422
格物致知	131	龔賢	231	古文観止	422
格義	125	龔自珍	233	古文龍虎経	423
格致叢書	130	碧渓詩話	230	古文尚書撰異	422
隔壁戯	132	鞏県石窟寺	232	古文学	421
隔簾花影	133	共工	232	古文苑	421
閣皂山	361			古文真宝	423
葛洪	148	**gou**		古璽	404
葛立方	149	勾欄	379	古小説鉤沈	409
葛玄	147	句股割圜記	342	古謡諺	424
		句股術	342	古逸叢書	327
gei		句践	359	古玉図	391
給事中	220	鉤鰈	364	古月軒	399
		鉤勒填彩	382	古楽府	387
geng				古韻標準	328
耕織図	356	**gu**		古装戯	412
耿定向	366	孤山智円	403	古尊宿語録	413
		觚	325	谷音	393
gong		古柏堂伝奇	419	罟罟冠	400
工尺譜	350	古風	420	詁経精舎	398
工程做法則例	366	古賦	420	鼓	326
工夫	275	古画品録	387	鼓吹楽	410
弓	217	古今詩刪	402	鼓詞	404
公安派	330	古今事文類聚	402	鼓山	271
公案小説	330	古今説海	402	鼓師	404
公案	329	古今図書集成	402	鼓子詞	405
公服	373	古今逸史	401	穀梁伝	397
公・私	347	古今韻会挙要	401	蠱	326
公孫弘	363	古今注	392	固囲村魏墓	327
公孫龍	363	古今字	401	顧徳輝	418
公孫龍子	364	古経解鉤沈	398	顧広圻	400
公羊何氏釈例	276	古経解彙函	398	顧歓	388
公羊学派	276	古鏡記	390	顧愷之	386
公羊伝	276	古清涼伝	411	顧況	389
公主	350	古泉匯	412	顧憲成	399
功徳	274	古詩	404	顧炎武	384
功徳使	274	古詩帰	405	顧野王	424
功過格	332	古詩紀	405		
功利	379	古詩賞析	406	**gua**	
攻媿集	335	古詩十九首	406	卦気	121
宮崇	222	古詩選	406		
宮調	224	古詩源	405	**guan**	
宮観	218	古体詩	414	官版	188
宮市	220	古文(書体)	421	官本雑劇	190
宮体詩	224	古文(文体)	421	官場現形記	178

官戸	172	光緒帝	356	貴妃酔酒	213
官話	193	光緒東華続録	357		
官話合声字母	194	光裕社	377	\multicolumn{2}{c}{gun}
官刊本	167	広東漢劇	185	袞冕	430
官・吏	192	広東十三行	185	鯀	426
官窯	192	広東十三夷館	185		
官箴	179	広東音楽	185	\multicolumn{2}{c}{guo}
冠	159	広弘明集	337	郭沫若	132
棺	160	広陵散	380	郭璞	130
関帝廟	183	広勝寺下寺後殿	355	郭守敬	128
関公戯	172	広釈名	350	郭嵩燾	129
関漢卿	167	広雅	332	郭威	124
関聖帝君	181	広雅書局叢書	334	郭熙	125
関索戯	173	広雅疏義	334	郭象	128
関全	183	広雅疏証	334	郭忠恕	130
関学	164	広輿図	378	国朝駢体正宗	396
関尹子	162	広韻	330	国朝耆献類徴	395
関羽	162	広州	351	国朝先正事略	396
関中	182	広州漢墓	352	国朝献徴録	395
関子	175	広州沙面租界	352	国朝学案小識	395
観世音応験記	181			国故論衡	394
観堂集林	183			国清百録	395
観我生賦	165	\multicolumn{2}{c}{gui}	国清寺	395
観無量寿経	190	圭	282	国権	393
観無量寿経疏	191	圭表	294	国秀集	395
観音	187	圭斎文集	287	国学	393
観音洞遺址 →観音洞遺跡	187	帰潜志	207	国語	394
観音菩薩像	187	帰去来分図	200	国子監	394
観音猿鶴図(牧谿)	187	帰田賦	211	虢季子白盤	126
管道昇	184	帰田録	211	椁	123
管同	183	帰有光	219	過門	156
管志道	176	帰荘	208	過去七仏	137
管仲	182	桂	282	過所	140
管子(本)	175	亀	156		
管子(楽器)	175	閨怨詩	283	\multicolumn{2}{c}{**H**}
館閣体	165	鱖	196		
館職	178	癸辛雑識	207	\multicolumn{2}{c}{hai}
冠礼	193	鬼	195		
貫休	168	鬼谷子(人物)	203	海島算経	113
貫雲石	162	鬼谷子(本)	203	海関	104
灌頂(人物)	177	殷	195	海国図志	107
灌頂(用語)	178	会稽	105	海陵王	117
罐	161	桂馥	294	海内十洲記	111
		桂海虞衡志	284	海青拿天鵝	110
\multicolumn{2}{c}{guang}	桂花陳酒	285	海瑞	109
		桂劇	285	海山仙館叢書	107
光武帝	374	桂林	297	海上花列伝	108
光孝寺	341	貴耳集	204		

海獣葡萄鏡	108	漢天師世家	183	何良俊	158
海源閣	105	漢魏叢書	168	何紹基	140
		漢魏六朝一百三家集	170	何氏語林	139
han		漢魏洛陽城	170	何心隠	141
憨山徳清	174	漢文唐詩宋詞元曲	189	何休	122
琀　→含玉	170	漢武帝内伝	188	何遜	145
含嘉倉	165	漢武故事	188	何晏	102
含綬鳥紋　→含綬鳥文	177	漢西域図考	180	何震	141
函谷関	173	漢学	164	何焯	140
邯鄲	181	漢学商兌	164	何尊	145
寒熱	186	漢学師承記	164	和刻本	1308
寒山詩	174	漢音	163	和凝	1308
寒山拾得	174	漢中	182	和陶詩	1309
寒山寺	174	漢字	175	河北梆子	155
寒食節	178	翰林学士	192	河伯	151
漢代帝陵　→漢の帝陵	186	翰苑	163	河姆渡文化	155
韓	161	焊接　→鑞付(ろうづけ)	1298	河南龍山文化	151
韓道昭	184			河南墜子	151
韓非	188	**hang**		河朔三鎮	138
韓非子	188	行	328	河図洛書	150
韓幹	166	行当	367	河西	142
韓朋賦	189	行戯	335	河西石窟	143
韓擒虎話本	170	杭世駿	358	河岳英霊集	118
韓詩外伝	176	杭州	351	盃	101
韓偓	161			盒	329
韓熙載夜宴図	168	**hao**		鶡冠子	147
韓信	179	豪放派	376	賀知章	146
韓嬰	163	好逑伝	336	賀鑄	146
韓愈	191	郝経	127	褐衣	147
汗簡	166	郝懿行	124	鶴林玉露	133
汗衫記	174	号子	348		
漢	160	昊天上帝	367	**hei**	
漢長安城	182	浩然之気	359	黒陶	396
漢法本内伝	189	鎬京	339	黒旋風李逵	395
漢方	189				
漢宮秋	168	**he**		**heng**	
漢官七種	167	合従連衡	148	恒山	344
漢簡	166	合刻本	148	恒言録	339
漢江	172	合口	340	衡山	345
漢鏡	169	合口呼	341	衡斎算学	344
漢劇	171	合笙	148		
漢隷	193	何承天	141	**hong**	
漢隷字源	193	何典	149	弘明集	275
漢上易伝	178	何国宗	137	弘忍	371
漢書	177	何基	120	宏智正覚	1309
漢書律暦志	179	何家村遺址　→何家村遺跡	119	洪亮吉	380
漢書芸文志	179	何景明	135	洪邁	376

洪昇	354	胡三省	403	花箋記	143
洪武正韻	374	胡適	417	花鳥画	146
洪秀全	353	胡舜臣	408	花瓶	304
紅白芙蓉図(李迪)	372	胡銅	417	花蕊夫人	141
紅幇	1139	胡渭	327	花石綱	143
紅払伝	374	胡寅	328	花押	118
紅巾起義 →紅巾の乱	337	胡応麟	385	花園荘東地甲骨	117
紅楼夢	382	胡瑗	384	花園荘東地54号墓	118
紅楼夢評論	382	胡曾詠史詩	412	花月痕	135
紅梅記	371	胡直	416	華表	152
紅山文化	345	胡直夫	416	華清宮	142
紅陶	368	壺	325	華秋萃琵琶譜	140
紅学	333	壺公	399	華厳大疏鈔	301
紅陽教	378	湖海詩伝	386	華厳金師子章	300
紅鬃烈馬	362	湖南学派	419	華厳経	299
鴻臚寺	382	湖熟文化	407	華厳経探玄記	299
		瓠殷	388	華厳孔目章	300
hou		瓠鐘	408	華厳五教章	300
侯方域	375	蝴蝶杯	416	華厳宗	301
侯景	338	蝴蝶夢	416	華夷図	109
侯馬盟書	372	蝴蝶装	415	華夷訳語	115
侯鯖録	358	虎丘	389	華原磬	135
猴戯 →悟空劇	393	虎丘紹隆	270	化度寺	303
后稷	356	虎丘雲厳寺塔	389	化度寺塔銘	304
后李文化	379	虎頭梁遺址 →虎頭梁遺跡	418	画禅室随筆	144
侯俊山	353	虎頭牌	418	画継	134
後村詩話	363	虎渓山一号漢墓	398	画継補遺	134
後岡	340	虎子	404	画鑑	120
後宮	336	互訓	397	画論	159
後漢書	388	笏	519	画山水序	138
後山詩話	345	瓠壺	399	画史(米芾)	139
		滬劇	398	画史会要	139
hu		護法論	424	画像鏡	144
呼韓邪単于	388			画像石	144
呼家将	387	**hua**		画像磚	145
曶鼎	416	花菴詞選	102	画院	117
胡安国	326	花部	152	画指	127
胡炳文	423	花朝戯	147	華葡芳	137
胡承珙	409	花灯戯	150	華山	138
胡服	420	花鈿	149	華佗	145
胡宏	399	花児	138	華嵒	120
胡笳	386	花鼓	135	華陽国志	157
胡笳十八拍	387	花鼓戯	137	華岳	118
胡居仁	391	花卉山水合冊	122	話本	1309
胡帽	423	花卉雑画	121	劃花	147
胡瓶	423	花卉雑画巻	121		
胡琴	391	花間集	120		

huai

淮河	1308
淮劇	1308
淮南子	57
懐素	111

huan

洹北商城	66
桓譚	182
桓玄	171
寰宇訪碑録	162
寰宇通志	162
還魂記	173
還冤記	163
環秀山荘	177
宦官	166
浣紗記	173

huang

黄鶴楼	333
皇朝編年綱目備要	365
皇朝経世文編	364
皇甫謐	376
皇甫湜	376
皇極経世書	337
皇覧	379
皇明経世文編	376
皇清経解	358
皇宋十朝綱要	361
皇宋事実類苑	361
皇祐新楽図記	378
皇輿全覧図	378
皇元風雅	339
黄白	372
黄檗希運	88
黄檗宗	88
黄腸題湊	364
黄巣の乱	362
黄道周	369
黄帝	365
黄帝九鼎神丹経訣	365
黄帝九章算経細草	365
黄帝内経	366
黄幹	335
黄公紹	341
黄公望	342
黄河	332
黄節	359
黄巾起義 →黄巾の乱	337
黄景仁	339
黄酒	1136
黄居寀	337
黄侃	74
黄老思想	381
黄粱夢	380
黄龍慧南	96
黄梅	88
黄梅戯	371
黄丕烈	373
黄筌	359
黄山	345
黄山八勝図冊（石濤）	345
黄山毛峰茶	346
黄慎	357
黄石公	358
黄氏日抄	349
黄氏体	348
黄天道	367
黄庭堅	366
黄庭経	365
黄綰	383
黄易	331
黄震	357
黄州寒食詩巻	352
黄宗羲	361
黄尊素	363
黄遵憲	353
璜	329

hui

灰坑	106
灰闌記	116
灰陶	113
灰釉	116
灰釉陶	116
揮麈録	206
褌衣	197
徽池雅調	209
徽劇	201
徽州	206
徽宗	208
回鶻　→ウイグル	33
回鶻文　→ウイグル文字	34
回教	104
回文詩	114
回族	111
回青　→呉須（ごす）	410
虺龍紋　→虺龍文（きりゅうもん）	252
虺紋　→虺文	216
会昌一品集	108
会党	112
会館	104
会盟	115
会書	108
会意	103
会子	107
恵崇	54
恵棟	293
恵果	51
恵洪	54
恵施	288
恵士奇	289
恵周惕	289
彙刻書目	14
慧観	51
慧皎	54
慧可	51
慧能	57
慧日	57
慧思	54
慧遠（東晋）	50
慧遠（隋）	51
慧苑	50
慧沼	54

hun

昏礼	430
混元聖紀	427
渾天説	429
渾象	429
渾儀	426
魂魄	430
混沌	429

huo

火不思	154
火耕水耨	136
火焼溝文化	141
火焼紅蓮寺	140
火薬	156

和剤局方	1309	輯安	528	甲乙経	331
或体	1308	己昜	383	仮髻	134
貨幣	154	紀昀	197	仮借	140
貨郎旦	159	幾何原本	198	仮借字	140
貨郎児	159	戟	297	斝	101
貨泉	143	季布罵陣詞文	214	賈耽	146
貨殖列伝	141	季札	204	賈島	149
霍去病	126	紀録彙編	253	賈公彦	136
霍去病墓	126	紀南城	212	賈逵	121
霍小玉伝	128	紀年法	212	賈思勰	139
		紀日法	205	賈似道	139
J		紀時法	205	賈憲	135
		紀事本末体	205	賈誼	121
ji		紀効新書	203	賈至	138
		紀月法	202	賈仲明	146
鶏首壺 →天鶏壺	894	紀伝体	211		
基本功	215	計都	293	**jian**	
嵆康	287	記誦辞章	207		
幾	195	偈頌	301	尖首刀	723
幾社	205	寄暢園	210	兼愛	307
笄	283	済公伝	676	堅白論	321
箕伯	213	祭服	440	牋	713
撃鼓罵曹	298	祭酒	436	間架結構	165
撃壌歌	298	祭礼	442	監本	190
畿輔叢書	215	祭祀	435	監察制度	173
緝古算経	535	祭文	440	剪灯新話	729
積古斎鐘鼎彝器款識	707	祭姪文稿	438	剪紙	721
雞肋編	297	稷下之学	605	検場	314
羈縻政策	214			減筆	321
吉蔵	209	**jia**		簡牘	184
吉服	209			簡体字	181
吉斎漫録	210	加彩	138	簡儀	167
吉州窯	210	夾彩	232	簡字譜録	176
即事	764	夾紵	236	建安七子	307
即心是仏	764	家刻本	137	建鼓	311
汲黯	217	家礼	158	建康実録	312
汲冢書	224	家礼儀節	158	建文帝	322
急急如律令	218	家門	156	建炎以来朝野雑記	307
急就篇	221	嘉定屠城紀略	149	建炎以来繫年要録	307
極楽	397	嘉話録	159	建窯	323
集成曲譜	538	嘉靖帝	143	剣	304
集古今仏道論衡	535	嘉慶帝	134	剣南詩稿	320
集古録	507	嘉峪関	157	剣俠伝	310
集句	532	甲	328	健舞	321
集王聖教序	531	甲骨文	343	漸江	719
集異記	529	甲骨文編	344	監生	180
集韻	529	甲骨文断代研究例	343	薦福寺小雁塔	731
		甲骨学	343	鑑	161

鑑真　179

jiang

江藩　372
江湖風月集　344
江湖集　342
江湖派　344
江淮異人録　383
江陵　380
江陵楚墓群　380
江南　370
江南春　371
江南春図(文徴明)　370
江南画　370
江南糸竹　370
江参　357
江声　358
江西詩派　358
江淹　331
江永　331
江有誥　377
江総　360
江左三大家　344
姜宸英　234
姜炭　230
姜夔　229
姜寨遺址　→姜寨遺跡　232
将進酒　585
将軍墳　→将軍塚　575
将軍盔　574
薑斎詩話　233
蔣仁　584
蔣士銓　580
蔣嵩　585
講唱文学　356
講史　347
講学　333
醬釉　→柿釉　122
将相和　584
絳雲楼　331

jiao

交鈔　353
交河故城　333
交子　346
郊寒島痩　335
郊祀　347
郊祀歌　348
焦竑　577
焦循　582
嬌紅記　232
鐎斗　590
鐎盉　569
角杯　130
角山遺址　→角山遺跡　127
皎然　371
叫化鶏　229
校讐学　351
校勘　334
教　226
教案　227
教坊　238
教坊記　238
教会羅馬字　→教会ローマ字　229
教民榜文　238
教外別伝・不立文字　231
教相判釈　235
窖蔵青銅器　361

jie

掲傒斯　285
桀　302
節　702
碣石調幽蘭　303
羯鼓　148
解　102
解縉　109
解深密経　301
介音　103
介幘　107
戒牒　112
戒壇　111
芥舟学画編　107
芥子園画伝　107
界画　104
借東風　520

jin

巾　253
今古奇観　257
今文学　266
今有術　267
今楽考証　256
金(王朝)　253
金(金属)　254
金榜　267
金餅　267
金釵記　258
金城公主　260
金大受　263
金丹　263
金剛般若経　428
金剛錍　428
金剛智　428
金剛座真容　428
金谷園　257
金冠　256
金光明経　429
金匱要略　256
金蓮正宗記　268
金陵八家　268
金陵刻経処　268
金楼子　268
金履祥　268
金牛山人　256
金農　265
金瓶梅　267
金銭板　262
金銭記　262
金闕後聖帝君　257
金日磾　259
金沙遺址　→金沙遺跡　258
金山寺　258
金上京遺址　→金上京遺跡　260
金聖嘆　261
金詩紀事　259
金石萃編　262
金石録　262
金石索　262
金石学　262
金史　258
金糸金粒細工　259
金塗塔　265
金陀粹編　263
金文　266
金文編　266
金文最　266
金銀器　257
金印記　255
金玉奴　257
金允中　256

金蔵	263	経折装 →帖装	588	九経字様	219
金中都遺址 →金中都遺跡	264	経伝	292	九連環	226
津逮秘書	642	経・伝	292	九龍山崖墓	226
津液	622	経伝釈詞	293	九品官人法	225
錦歌	256	精	669	九卿	219
錦袍	267	精衛	671	九天玄女	225
近思録	261	精忠記	685	九通	224
近体詩	263	驚鴻記	232	九尾亀	225
晋(春秋)	617	井侯毁	676	九尾狐	225
晋(西晋・東晋)	618	井田	686	九錫文	220
晋祠銘	635	井田法	686	九章算法比類大全	222
晋祠聖母殿	633	景徳伝灯録	294	九章算術	221
晋劇	628	景徳鎮陶録	294	九執暦	220
晋書	636	景徳鎮窯	294	九州	221
晋書天文志	638	景教	285	酒会壺	546
晋新田遺址 →晋新田遺跡	638	景山	288	酒令	556
晋陽	649	景泰藍	292	酒泉	551
進賢冠	629	径山	258	旧石器時代	223
搢紳全書	638	浄	567	旧唐書	273
禁	255	浄慈寺	579	旧五代史	219
禁書	260	浄明道	596	救風塵	225

jing

		浄土	590		
		浄土変相	592	## ju	
京本通俗小説	295	浄土教	591	居家必用事類全集	240
京朝官	292	浄土論註	593	居節	249
京房	295	浄土瑞応伝	592	居士	404
京劇	230	浄衆院壁画	581	居士伝	407
京師大学堂	289	浄住子浄行法門	581	居延漢簡	239
京氏易伝	289	竟陵八友	239	居業録	240
荊釵記	288	竟陵派	239	居庸関	250
荊楚歳時記	292	敬	282	菊部叢刊	200
荊軻	284	靖康之変 →靖康の変	676	菊部叢譚	201
荊浩	287	靖難之役 →靖難の変	689	巨然	250
経廠本	290	境界説	229	句	269
経典釈文	293	静室	679	具注暦	273
経法	295	鏡	119	倶舎論	271
経籍纂詁	291	鏡花縁	229	鉅鹿	251
経律異相	239			劇場	298
経絡	296	## jiu		劇談録	298
経権	286	鳩摩羅什	275		
経世大典	291	九成宮醴泉銘	223	## juan	
経世致用	291	九歌図	218	捐納	65
経穴	286	九宮大成南北詞宮譜	218	巻子本	180
経学	284	九宮正始	218		
経学歴史	284	九華山	217	## jue	
経義考	285	九家集注杜詩	217	角	123
経義述聞	285	九件衣	219	角力記	133

玦	301	開元寺鎮国塔	105	緙糸	394
覚悟　→悟	326	開元天宝遺事	106		
絶観論	704	開元通宝	106	**kong**	
絶句	705	開元占経	106	空心磚	270
絶妙好詞箋	711	楷書	108	箜篌	270
爵	519			孔安国	329
爵位	520	**kan**		孔叢子	272
钁	123	看銭奴	181	孔府	373
		堪輿	192	孔広森	341
jun		看話禅	186	孔廟大成殿	373
君臣	281			孔雀東南飛	271
君子	280	**kang**		孔融	377
均	253	康海	332	孔尚任	355
均田制	264	康里巎巎	379	孔侍中帖	349
軍機処	278	康僧会	360	孔望山摩崖造像	376
鈞窯	268	康熙帝	335	孔穎達	276
俊仴	561	康熙字典	335	孔稚珪	364
郡	278	康有為	377	孔子	346
郡国制	280	康斎先生日録	344	孔子改制考	348
郡県制	279	亢倉子	361	孔子家語	348
郡斎読書志	280			孔子廟堂碑	349
		kao		空	269
K		考工記	340		
		考工記図	340	**kou**	
ka		考古図	343	口号	340
卡約文化	157	考課	332	口訣	339
		考槃余事	372	寇謙之	339
kai		考信録	357		
開片　→貫入	186	考証学	354	**ku**	
開宝蔵	115			苦社会	271
開成石経	110	**ke**		庫木土拉石窟　→クムトラ石窟	276
開詞	107	柯九思	122	袴	325
開方術	115	科	101	袴褶	407
開方説	115	科班	151	酷寒亭	394
開封	114	科斗文	150	酷吏列伝	397
開口	106	科挙	122		
開口呼	107	克孜爾石窟　→キジル石窟	207	**kua**	
開路神	117	克鼎	396	夸父	155
開闢演義	114	刻符	397	跨湖橋遺址　→跨湖橋遺跡	400
開篇	114	刻花	416		
開斉合撮	110	客戸	216	**kuai**	
開通褒斜道刻石	112	客家	1017	蒯祥	108
開相	108	客家円形土楼	1017	会稽	105
開元礼	106	客省荘第二期文化	216	快板書	113
開元釈教録	105	客座贅語	127	快雪時晴帖	110
開元寺料敵塔	106	刻鏨　→彫金	844	快雪堂法帖	110
		窓斎集古録	127		

kuan

| 款識 | 175 |

kuang

匡謬正俗	238
狂・狷	231
狂態邪学	235

kui

窺基	199
葵花鏡 →八花鏡	1017
魁星	109
夔鳳紋 →夔鳳文(きほうもん)	215
夔龍紋 →夔龍文	252
傀儡戯	116

kun

坤輿万国全図	430
崑劇	426
崑崙山	431
崑腔系	427
髠髪	430
鯤鵬	430
困学紀聞	426
困知記	429

kuo

| 括地志 | 149 |
| 括異志 | 147 |

L

la

拉丁化新文字 →ラテン化新文字	1213
臘八	1298
蠟型	1294

lai

| 莱蕪梆子 | 1206 |
| 迷盤 | 1206 |

lan

藍本	1215
藍田人 →藍田原人	1215
藍瑛	1213
蘭花花	1214
蘭陵王入陣曲	1215
蘭亭序	1214
籃胎	1214
籃紋 →籃文	1215
襴	1213
攬轡録	1215

lang

郎士元	1296
郎窯	1299
琅邪山	1298
琅邪代酔編	1298

lao

労乃宣	1297
崂山	1295
老残遊記	1295
老君音誦誡経	1295
老郎	1299
老生児	1297
老学庵筆記	1294
老子	1295
老子道徳経	1297
老子河上公注	1296
老子化胡経	1296
老子王弼注	1296
老子想爾注	1296
楽亭影戯	1208

le

楽邦文類	1209
楽昌分鏡	1208
楽浪郡	1210
楽浪郡治址	1210
楽山大仏	1208

lei

雷	1205
雷発達	1206
雷公	1205
雷海青	1205
雷神	1206
雷紋 →雷文	1206
罍	1205
耒耜	1205
耒耜経	1206
誄	1279
涙痕	1279
類隔	1279
類経	1279
類篇	1280
類書	1279
類音	1279

leng

楞伽経	1264
楞伽師資記	1265
楞厳経	1265
冷斎夜話	1284

li

梨園	1218
梨園公会	1219
梨園戯	1218
犂	1216
犂鏵	1219
黎簡	1283
黎庶昌	1284
離魂記	1234
礼	1281
礼部韻略	1285
礼記	1205
礼記集説	1205
礼教	1283
礼器碑	1283
礼学	1282
礼楽	1282
李安忠	1217
李翺	1232
李白	1243
李百薬	1244
李宝嘉	1245
李材	1234
李成	1238
李充	1236
李純甫	1237
李淳風	1236
李慈銘	1236
李大釗	1239
李道純	1243
李迪	1242
李東陽	1243

李杜韓白	1243	李斯	1235	暦学会通	1286
李惇	1243	李嵩	1238	暦元	1286
李昉	1244	李太白文集	1240	歴代宝案	1288
李紱	1244	李唐	1242	歴代長術輯要	1288
李杲	1232	李通玄	1240	歴代帝王図巻	1288
李公麟	1233	李侗	1242	歴代法宝記	1288
李公年	1233	李娃伝	1217	歴代名臣奏議	1289
李公佐	1232	李西月	1238	歴代名画記	1288
李塨	1222	李延年	1219	歴代三宝紀	1287
李覯	1232	李陽冰	1271	歴代詩話	1287
李光地	1233	李冶	1245	歴代詩余	1287
李亀年	1222	李益	1218	歴代職官表	1287
李郭派	1221	李邕	1263	歴代鐘鼎彝器款識法帖	1287
李含光	1221	李顒	1222	歴世真仙体道通鑑	1287
李賀	1219	李漁	1222	隷弁	1285
李弘	1232	李玉	1223	隷釈	1284
李鴻章	1232	李煜	1217	隷書	1284
李潢	1232	李在	1234	酈道元	1289
李済	1234	李兆洛	1240	酈炎	1286
李家村文化	1221	李之藻	1236		
李誡	1220	李志常	1235	**lian**	
李璟	1218	李舟	1236	連城璧	1292
李開先	1220	李卓吾	1240	連環記	1291
李衎	1221	李自成	1236	連綿字	1293
李恒	1220	里	1216	連台本戯	1292
李逵負荊	1222	里甲制	1233	連珠	1292
李陵	1274	里老人	1274	蓮花落	1291
李夢陽	1245	里耶古城秦簡牘	1245	蓮社十八賢	1292
李攀龍	1244	理	1216	蓮宗宝鑑	1292
李頎	1221	理藩院	1244	奩	1291
李嶠	1222	理気論	1223	聯灯会要	1292
李嶠雑詠	1223	理事	1235	聯句	1291
李清照	1238	理学	1220	聯珠詩格	1292
李筌	1239	理学宗伝	1221	臉譜	1292
李確	1220	理一分殊	1218	煉師	1291
李群玉	1231	立春	1241		
李汝珍	1237	吏学指南	1220	**liang**	
李鋭	1218	利殷	1221	良知	1270
李善	1239	鬲	1286	良渚文化	1269
李善蘭	1239	鬲鼎	1289	梁	1262
李商隠	1237	笠	1245	梁辰魚	1269
李少君	1237	笠帽	1260	梁甫吟	1271
李少翁	1237	笠翁十種曲	1247	梁冠	1265
李紳	1237	笠翁一家言全集	1247	梁楷	1264
李士達	1236	厲鶚	1283	梁令瓚	1272
李思訓	1235	暦算全書	1286	梁啓超	1265
李思訓碑	1235	暦象考成	1287	梁山伯与祝英台	1266

梁山七器	1266	隣保制	1278	劉長卿	1257
梁書	1268	鎏金銀 →鍍金銀	948	劉敞	1255
梁思成	1267	臨川派	1277	劉辰翁	1255
梁思永	1267	臨済録	1276	劉晨阮肇	1256
梁粛	1268	臨済義玄	1275	劉承珪	1255
梁同書	1270	臨済宗	1275	劉大櫆	1257
梁渓漫志	1265	臨書	1276	劉敦楨	1258
梁章鉅	1268	臨淄斉国故城 →臨淄故城	1276	劉鶚	1248
涼州	1267	鱗紋 →鱗文	1278	劉逢禄	1260
涼州石窟	1268			劉復	1259
両城鎮	1268	**ling**		劉公案	1251
両都賦	1270	菱花鏡 →八稜鏡	1016	劉海蟾	1247
両税法	1269	令狐楚	1284	劉洪	1251
両下鍋	1264	伶倫	1286	劉徽	1249
両周金文辞大系	1267	凌濛初	1272	劉基	1248
褳襠	1270	凌曙	1268	劉克荘	1253
量	1263	凌廷堪	1270	劉琨	1253
		陵墓	1271	劉伶	1262
liao		零本	1286	劉劭	1255
聊斎志異	1266	霊宝派	1285	劉昚虚	1256
遼	1263	霊谷寺	1283	劉師培	1255
遼上京遺址 →遼上京遺跡	1268	霊枢	1284	劉台拱	1257
遼中京遺址 →遼中京遺跡	1270	霊台秘苑	1285	劉天華	1258
遼史	1267	霊台儀象志	1285	劉庭芝	1258
廖平	1271	霊憲	1283	劉完素	1248
		霊隠寺	1282	劉文龍	1259
lie		䰛	1282	劉熙	1248
列朝詩集	1290	嶺南	1285	劉向	1249
列女図巻	1290	嶺南三大家	1285	劉孝標	1253
列女伝	1290	嶺外代答	1282	劉孝綽	1253
列仙伝	1290	令方彝	1285	劉勰	1249
列禦寇	1289			劉歆	1250
列子	1289	**liu**		劉炫	1251
列子注	1290	鎏金仏 →金銅仏	429	劉一明	1246
		流沙墜簡	1254	劉義慶	1249
lin		留守	1255	劉因	1246
林逋	1278	留園	1246	劉墉	1262
林光朝	1275	琉璃廠	1281	劉禹錫	1246
林景熙	1275	琉璃河遺址 →琉璃河遺跡	1281	劉玉	1250
林良	1278	榴花夢	1248	劉楨	1257
林霊素	1278	瑠璃	1280	劉知遠	1257
林泉高致集	1276	劉安	1246	劉知遠諸宮調	1257
林紓	1276	劉半農	1258	劉焯	1255
林希逸	1275	劉宝楠	1260	劉宗周	1256
林希元	1275	劉備	1259	柳公権	1252
林則徐	1277	劉秉忠	1259	柳貫	1248
林兆恩	1277	劉采春	1254	柳華陽	1248

柳江人	1253	龍灯	1258	盧戇章	1302
柳敬亭	1251	龍鳳呈祥	1260	盧山	1302
柳開	1247	龍骨	1253	盧山高図(沈周)	1303
柳琴	1250	龍虎	1251	盧山記	1303
柳氏伝	1254	龍虎山	1253	瀘州老窖特曲酒	1303
柳毅伝	1249	龍華経	1251	蘆笙	1303
柳永	1246	龍華三会	1251	鑪	1294
柳子戯	1254	龍筋鳳髄判	1251	魯	1294
柳宗元	1256	龍井茶	1307	魯班	1305
六博	1230	龍龕手鑑	1248	魯迅	1304
六部成語	1230	龍門派	1262	陸淳	1227
六朝	1229	龍門石窟	1260	陸徳明	1230
六朝文絜	1229	龍門造像銘	1261	陸法言	1230
六度集経	1301	龍袍	1260	陸亀蒙	1225
六法	1305	龍虬陶文	1249	陸機	1225
六国封相	1240	龍泉窯	1256	陸賈	1224
六合一統帽	1300	龍山文化	1254	陸東之	1225
六和塔	1231	龍図公案	1258	陸隴其	1231
六家七宗	1304	龍舞	1259	陸善経	1229
六家要指	1224	龍興寺	1252	陸世儀	1228
六経	1226	龍魚画	1250	陸探微	1229
六経皆史	1226	龍舟	1255	陸王学	1224
六経皆我注脚	1226	籠吹	1297	陸西星	1228
六経天文編	1226	籠冠	1295	陸象山	1227
六親	1228	隴東石窟	1298	陸心源	1228
六卿	1226	隴西	1297	陸信忠	1228
六壬	1228	隴右	1298	陸修静	1226
六十律	1301			陸宣公奏議	1229
六十種曲	1301	**lou**		陸学	1224
六書	1227	婁東派	1298	陸游	1231
六書故	1227	婁叡墓壁画	1294	陸雲	1224
六書略	1228	楼観	1294	陸治	1229
六書通	1228	楼観派	1295	鹿方鼎	1302
六書音韻表	1227	楼蘭	1299	路	1293
六韜・三略	1230	楼蘭故城	1299	路岐人	1300
六也曲譜	1230	漏刻	1295	録鬼簿	1300
六一詩話	1223			録異記	1300
六芸	1226	**lu**		轆轤	1302
六義	1225	盧楞伽	1305		
六諭	1231	盧綸	1305	**lü**	
六楽	1224	盧生	1304	閭丘方遠	1272
六斎日	1300	盧思道	1303	呂本中	1274
六祖壇経	1301	盧仝	1305	呂不韋	1273
		盧文弨	1305	呂大臨	1273
long		盧循	1303	呂洞賓	1273
隆興寺	1252	盧照鄰	1303	呂紀	1272
龍	1245	盧摯	1303	呂劇	1302

呂坤	1272	羅教	1207	馬球	1002
呂留良	1274	羅盤 →羅針盤	1212	馬融	1021
呂蒙正	1274	羅聘	1213	馬如飛開篇	1013
呂氏春秋	1273	羅欽順	1207	馬上杯	1012
呂氏郷約	1272	羅清	1212	馬氏文通	1012
呂天成	1273	羅汝芳	1211	馬驤	1012
呂文英	1273	羅士琳	1211	馬頭琴	1020
呂祖謙	1273	羅隠	1206	馬王堆帛書	1142
履	1217	羅振玉	1212	馬王堆漢墓	1141
律暦淵源	1242	羅稚川	1212	馬王堆医書	1141
律令格式	1241	蘿窓	1212	馬遠	1000
律呂	1241	鑼鼓	1210	馬致遠	1015
律呂精義	1242	鑼鼓書	1211	馬祖道一	1014
律呂新書	1242	洛神賦	1208		
律呂正義	1242	洛神賦十三行	1208	**mai**	
律詩	1240	洛陽	1209	買地券	998
律宗	1240	洛陽鏟	1210	麦積山石窟	1008
緑窓新話	1272	洛陽金村古墓	1209	脈経	1151
緑野仙踪	1272	洛陽名園記	1210	脈望館書目	1151
		洛陽伽藍記	1209		
luan		洛陽刑徒墓地	1210	**man**	
欒大	1214	落下閎	1207	蛮書	1027
乱	1213	駱賓王	1208	満城漢墓	1147
乱弾	1214			満床笏	1147
		M		満漢全席	1146
lun				満街聖人	1146
論仏骨表	1307	**ma**		満文老檔	1148
論語	1306	媽祖	1143	満文算法原本	1148
論語集解	1306	摩訶兜勒	1143	満文 →満洲文字	1146
論語義疏	1306	摩崖	1142	満洲	1146
論語正義	1307	麻姑	1143	曼荼羅	1148
輪廻	1277	麻将	1141	慢詞	1146
論	1305	麻沙本	1143		
論衡	1306	馬可波羅行記 →東方見聞録	945	**mang**	
論詩絶句	1307	馬壩人	1021	蟒袍	1117
論賛	1307	馬丹陽	1014		
		馬寡婦開店	1001	**mao**	
luo		馬褂	1001	毛彫	304
羅布林卡 →ノルブリンカ	993	馬和之	1001	毛公鼎	1167
螺鈿	1212	馬家浜文化	1001	毛晋	1170
羅従彦	1211	馬家窯文化	1001	毛奇齢	1167
羅浮山	1213	馬甲	1011	毛詩	1168
羅貫中	1207	馬建忠	1011	毛詩草木鳥獣虫魚疏	1169
羅漢	1207	馬鈞	1002	毛詩古音考	1169
羅漢図	1207	馬麟	1022	毛詩正義	1169
羅洪先	1211	馬橋文化	1002	毛松	1169
羅睺	1211			毛伝	1170

毛宗崗 1170	孟喜 1166	**min**
矛 1099	孟雲卿 1166	民 1153
茅坤 1107	孟子(人物) 1168	民窯 1156
茅山 1107	孟子(本) 1168	閔一得 1051
茅山派 1108	孟子字義疏証 1169	閩 1051
茅台酒 1142	夢華瑣簿 1158	閩本 1052
茂陵 1176	夢梁録 1160	閩劇 1051
冒襄 1112	夢渓筆談 1158	
帽 1099	**mi**	**ming**
mei	弥勒 1151	名分 1164
枚乗 997	弥勒教 1152	名公書判清明集 1162
枚皐 996	弥勒上生経 1152	名家 1162
眉黛 1040	弥勒下生経 1152	名教 1162
眉戸劇 1038	弥勒像 1153	名僧伝 1163
梅鼎祚 998	謎語 1162	名実 1163
梅関 994	米法山水 1087	明 1153
梅花三弄 994	米芾 1087	明安図 1161
梅穀成 996	米万鍾 1087	明版 1156
梅蘭芳 1165	米喜子 1085	明詞綜 1154
梅瓶 1164	米友仁 1087	明代帝陵 →明の帝陵 1155
梅譜 998	秘閣 1036	明刀 1163
梅清 997	秘色瓷 →秘色青磁 1039	明仏論 1164
梅氏叢書輯要 997	秘書監 1039	明画録 1153
梅文鼎 1000	秘書監志 1039	明器 1162
梅堯臣 995	密庵咸傑 1151	明曲 1154
梅鷟 996	密教 1149	明儒学案 1155
men	密教法具 1150	明詩別裁集 1155
	覓灯因話 1090	明詩紀事 1154
門閥 1178	冪羃 1090	明詩綜 1154
門神 1177	**mian**	明実録 1154
門生 1177		明史 1154
門外文談 1176	冕服 1095	明史稿 1154
捫蝨新語 1177	面具 1165	明堂(建物) 1163
meng	**miao**	明堂(本) 1164
		明文海 1156
盟書 1163	描金 1046	明文衡 1156
蒙求 1166	描金鳳 1046	明文授読 1156
蒙恬 1170	妙応寺白塔 1151	明夷待訪録 1161
猛安謀克 1166	廟 1046	明訳天文書 1156
蒙古文 →蒙古文字 1168	廟底溝第二期文化 1048	明応王殿壁画 1161
蒙古源流 1168	廟底溝類型 1048	明哲保身 1163
蒙古字韻 1168	廟祭 1047	冥報記 1165
孟称舜 1170	廟学典礼 1046	銘 1161
孟浩然 1167	繆荃孫 1045	鳴道集説 1164
孟姜女 1166	繆襲 1045	鳴鳳記 1165
孟郊 1167		鳴鶴図 1162

命	1160

mo

摩尼教　→マニ教	1145
摩訶止観	1143
摩羅詩力説	1145
魔	1141
魔合羅	1143
抹額	1144
末法思想	1144
没骨	1175
茉莉花	1144
茉莉花茶	522
陌上桑	1007
冒頓単于	1127
莫高窟	1018
莫友芝	1010
莫月鼎	1005
墨海金壺	1121
墨憨斎定本伝奇	1121
墨家	1132
墨経	1122
墨梅	1128
墨梅図(金農)	1128
墨竹	1126
墨子(人物)	1123
墨子(本)	1123
墨子非楽	1124
黙照禅	1172

mou

牟子理惑論	1113
繆篆	1045
鍪	1100

mu

牡丹灯記	1132
木庵性瑫	1171
木華	1120
木経	1122
木蘭従軍	1172
木蘭詩	1172
木偶戯	1171
木皮散人鼓詞	1172
木魚	1171
木魚歌	1171
木魚書	1171

目連戯	1172
目録学	1173
牧谿	1175
牧羊記	1128
墓誌	1130
幕僚	1010
幕友	1010
幕職官	1008
穆天子伝	1126

N

na

納甲説	992
納蘭性徳	993
納書楹曲譜	992

nan

南北朝	975
南北朝仏像様式	976
南北二宗論	977
南北両宋志伝	977
南部新書	975
南禅寺	972
南朝陵墓	973
南伝仏教的美術	
→南伝仏教美術	974
南詞叙録	971
南府	974
南海寄帰内法伝	968
南京	970
南柯太守伝	969
南明	977
南斉書	972
南曲	970
南山根	970
南社	971
南史	971
南宋官窯	973
南唐	974
南唐二陵	974
南唐書	974
南西廂	972
南戯	969
南戯四大声腔	969
南薫殿図像	970

南巡盛典	972
南陽	977
南音	968
南岳懐譲	968
南越	967
南越王墓	968
南詔	972
南詔太和城	972
南宗禅	971
難経	969
難経本義	970

nao

鐃歌	914

ne

那吒	966

nei

内丹	964
内道場	965
内典	965
内閣大学士	964
内廷供奉	965
内外転	964

neng

能改斎漫録	992

ni

尼雅遺址　→ニヤ遺跡	985
泥河湾遺址群　→泥河湾遺跡群	879
泥丸	879
倪煥之	285
倪瓚	288
霓裳続譜	290
霓裳羽衣曲	289
倪元璐	286
禰衡	881
逆筆	216

nian

年号	991
年画	991
年窯	992
粘法	991
念白	991

念仏	991	**nuo**		蟠龍紋 →蟠龍文	1034
念奴嬌	991	儺舞	967	蟠桃会	1031
niao		儺戯	966	襻膊	1032
鳥虫書	856	**O**		**pang**	
nie				龐居士	1107
涅槃経	990	**ou**		**pao**	
涅槃宗	990	欧陽徳	95	袍	1098
聶豹	594	欧陽建	94	袍帯戯	1115
聶夷中	568	欧陽漸	95	跑旱船	1102
孽海花	302	欧陽生	95	跑驢	1120
ning		欧陽守道	94	**pei**	
寧波	988	欧陽通	95	裴迪	998
寧波仏画	988	欧陽脩	94	裴李崗文化	1000
niu		欧陽玄	94	裴頠	994
牛方鼎	226	欧陽詢	94	裴文中	999
牛河梁遺跡	218	甌北詩話	91	裴休	995
牛頭禅	410	藕益智旭	270	佩文韻府	999
牛頭馬頭	411	**P**		佩文斎書画譜	999
紐	831			佩文斎詠物詩選	999
nong		**pai**		**peng**	
農家	992	排仏論	998	朋党論	1116
農桑輯要	993	排行	996	彭公案	1106
農桑衣食撮要	993	排簫	997	彭蒙	1118
農政全書	993	牌子曲	996	彭紹升	1112
nu		**pan**		彭頭山文化	1116
弩	907	潘祖蔭	1029	彭暁	1103
nü		潘耒	1034	彭祖	1114
女丹	609	潘尼	1025	**pi**	
女冠	602	潘師正	1026	披帛	1042
女史箴図	606	潘月樵	1024	皮簧腔系	1038
女媧	601	潘岳	1022	皮嚢壺	1042
女仙外史	609	盤	1022	皮日休	1038
女真	608	盤長	1030	皮錫瑞	1038
女真文 →女真文字	609	盤庚	1025	毘盧遮那仏	1049
nuan		盤古	1025	毘沙門天像	1039
暖耳	820	盤鼓舞	1025	埤雅	1036
暖帽	822	盤龍城	1034	琵琶	1050
		盤珠算法	1027	琵琶記	1050
		蟠螭紋 →蟠螭文	1030	琵琶行	1050
		蟠螭紋鏡 →蟠螭文鏡	1030	**pian**	
		蟠虺紋 →蟠虺文	1023	偏旁	1096

駢体文鈔	1094	浦起龍	1120	斉梁体	694
駢文	1096	普洱茶	1054	斉民要術	692
駢字類編	1093	普寂	1064	斉諧記	672
		普済方	1063	旗髻	201
pin		普請	1066	旗袍	215
拼音	1051	普陀山	1068	旗鞋	197
拼音字母	1051	普賢	1063	騎象奏楽図	208
拼音字譜	1051	曝書	1007	騎竹馬	209
品花宝鑑	1051			麒麟	252
		Q		起覇	212
ping				起居注	200
平話	1089	**qi**		啓	282
平江図	1085			啓法寺碑	295
平巾幘	1085	七	502	気	194
平糧台遺址 →平糧台遺跡	1088	七歩詩	504	気功	203
平沙落雁	1085	七家後漢書	502	気血	202
平山冷燕	1086	七録	505	気韻生動	197
平水韻	1086	七略	505	気質之性	205
平脱	1086	七去	503	契丹	210
平陽	1088	七声	503	契丹国志	211
平妖伝	1088	七十二地煞	503	契丹文 →契丹文字	211
平遥古城	1088	七十二候	966	契嵩	109
平仄	1048	七夕	504	契文挙例	294
瓶史	1086	七修類稿	503	器楽曲牌	198
萍州可談	1086	七言詩	503	磧砂蔵	697
評点	1048	七曜	504		
評話	1049	七曜攘災決	505	**qian**	
評劇	1047	七音	502	千仏	731
評書	1047	七音略	502	千家詩	715
		七真	503	千金方	717
po		七政推歩	503	千里送京娘	733
潑墨	1020	戚	695	千頃堂書目	718
鄱陽湖	1021	棲霞寺	672	千手観音像	723
破墨	1021	棲霞寺舍利塔	673	千巌万壑図(龔賢)	716
破邪論	1012	棲霞寺石窟	673	千忠戮	728
破音 →破読	1020	岐山	204	千字文	722
破陣楽	1013	奇字	204	鉛	967
		祁彪佳	214	鉛釉	67
pu		祁劇	201	籤	713
鋪首	1131	祁連山	252	前後七子	721
莆仙戯	1131	祁門紅茶	197	前掌大墓地	724
菩薩交脚像	1130	斉(周)	667	乾陵	324
菩薩蛮	1130	斉(南朝)	667	乾隆帝	324
蒲劇	1129	斉刀	687	乾象暦	315
蒲寿庚	1131	斉東野語	688	銭大昕	727
蒲松齢	1131	斉己	674	銭大昭	727
浦琳	1136	斉家文化	673	銭徳洪	730

銭杜	728	窃曲紋　→窃曲文	705	青蓮教	695
銭穀	720	篋中集	235	青龍寺	694
銭弘俶	720			青楼集	695
銭楽之	732	**qin**		青泥蓮花記	686
銭起	716	欽差大臣	258	青衫涙	678
銭謙益	719	欽定曲譜	264	青瑣高議	677
銭神論	725	欽天監	264	青銅器	687
銭時	721	秦(春秋戦国)	618	青銅器時代	688
銭松	724	秦(五胡十六国)	619	青羊宮	694
銭惟演	713	秦兵馬俑坑	647	青原行思	675
銭維城	713	秦公鎛	630	清	619
銭杏邨	717	秦公大墓	630	清白鏡	689
銭玄同	719	秦公殷	630	清稗類鈔	646
銭選	725	秦観	625	清版	646
銭曾	726	秦淮	652	清茶門教	685
銭注杜詩	728	秦蕙田	628	清初三大家	637
潜夫論	731	秦檜	623	清初三大儒	637
潜書	723	秦簡	624	清詞綜	634
潜渓詩眼	718	秦九韶	627	清代帝陵　→清の帝陵	645
潜虚	717	秦刻石	631	清代伶官伝	642
黔	305	秦量	651	清規	626
遣策	312	秦嶺	651	清国行政法	631
遣隋使	316	秦律	650	清嘉録	674
遣唐使	319	秦腔	630	清浄法行経	583
譴責小説	316	秦権	629	清浄寺	682
欠筆	303	秦始皇帝	632	清静妙経	683
倩女離魂	724	秦始皇帝陵	633	清律	651
		秦香蓮	630	清明節	693
qiang		秦中吟	642	清明上河図	693
彊村叢書	235	琴	254	清平山堂話本	690
牆頭馬上	591	琴操	262	清儒学案	636
戕金	740	琴譜	265	清昇平署志略	637
		琴棋書画	256	清詩別裁集	634
qiao		琴史	258	清詩鐸	634
蹻功	232	琴書	259	清詩話	638
喬吉	229	琴書大全	261	清十朝聖訓	634
喬金喇嘛寺		沁陽盟書	650	清実録	634
→チョイジン・ラマ寺院	838			清史稿	632
喬仲常	236	**qing**		清史列伝	638
		青白瓮　→青白磁	689	清談	685
qie		青帮	872	清微派	689
伽藍神	158	青弁図(董其昌)	690	清議	674
切韻	703	青城山	682	清真寺	683
切韻考	703	青詞	678	清忠譜	685
切韻指南	703	青瓷　→青磁	678	清濁	684
切韻指掌図	703	青花	672	卿	282
砌末	691	青蓮岡文化	695	卿大夫	292

軽唇音	290	曲牌	245		**re**		
情	567	曲牌体	246				
情史類略	584	曲品	246	熱河			990
慶陵	297	曲洧旧聞	240		**ren**		
慶陵東陵壁画	297	曲芸	242				
慶元党禁 →慶元の党禁	286	曲苑	240	人虎伝			631
慶元条法事類	286	曲藻	244	人間詞話			625
磬	283	曲子詞	243	人境廬詩草			628
				人面桃花			649
qiong		**quan**		人天宝鑑			988
窮理	226	圏点	318	人天眼目			988
瓊劇	286	全漢三国晋南北朝詩	716	人物画			647
		全金詩	717	人物十八描			647
qiu		全上古三代秦漢三国六朝文	724	人物志			647
丘遅	224	全唐詩	729	仁			620
丘処機	222	全唐詩話	729	仁学			623
丘逢甲	225	全唐詩逸	729	仁義			626
丘濬	221	全唐文	730	任大椿			642
秋碧堂帖	543	全唐文紀事	730	任昉			648
秋風辞	542	全五代詩	721	任風子			646
秋胡行	534	全相本	727	任氏伝			634
秋瑾	532	全相平話五種	726	任頤			987
秋柳詩	545	全真教	725	忍冬紋 →忍冬文			988
秋千	538	全祖望	727	任仁発			988
秋興八首	532	泉州	722	任侠			987
鰍鱔賦	538	泉州湾宋代海船	723		**ri**		
仇英	217	権	305				
求那跋摩	274	権徳輿	319	日本訪書志			985
求那跋陀羅	274	勧学篇	165	日本国志			984
虬髯客伝	224			日本雑事詩			984
鼽書	221	**qun**		日観			981
		裙	277	日光鏡			981
qu		裙襦	280	日晷			981
曲村遺址 →曲村遺跡	244	群峰雪霽図(曹知白)	281	日下旧聞			506
曲阜	246	群経平議	279	日知録			982
曲江	249	群書治要	280				
曲江池	250	群音類選	278		**rong**		
曲陽修徳寺	247	群英会	278	戎昱			529
屈大均	273			栄西			46
屈家嶺文化	273	**R**		容庚			1192
屈原	273			容斎随筆			1193
瞿起田	270						
瞿秋白	272	**ran**			**rou**		
瞿曇悉達	274	髯口	719	肉蒲団			978
曲海総目提要	241						
曲論	247	**rao**			**ru**		
曲律	247	饒魯	600	如来禅			986

如来蔵	986	三彩	458	三舎法	459
如意	985	三長斎月	466	三神山	461
如意輪観音像	986	三朝北盟会編	466	三省六部	461
儒服	554	三代	464	三尸	459
儒家	545	三代吉金文存	465	三十六天	460
儒教	546	三諦三観	465	三十六天罡	460
儒林外史	556	三洞四輔	467	三十六字母	460
儒学	546	三洞珠嚢	468	三世	462
孺久墓題記	546	三都賦	469	三世仏	464
汝窯	611	三藩之乱　→三藩の乱	469	三世異辞	462
乳紋　→乳文	985	三分損益法	470	三体詩	465
入話	985	三墳五典八索九丘	470	三統暦	468
入蜀記	985	三輔	471	三武一宗法難	
入薬鏡	985	三輔黄図	471	→三武一宗の法難	469
		三輔決録	471	三希堂法帖	452
ruan		三婦艶	470	三俠五義	453
阮大鋮	317	三綱	456	三峡	453
阮籍	316	三公	456	三仙	464
阮咸	308	三官	452	三弦	455
阮元	311	三国時代	457	三弦書	455
軟舞	975	三国志	456	三小戯	460
		三国志平話	458	三笑	460
rui		三国志通俗演義	458	三謝	459
瑞光寺塔	656	三国志演義	456	三星堆遺址　→三星堆遺跡	463
瑞花鏡	653	三国志注	458	三性	460
瑞像	658	三合院住宅	456	三玄	455
瑞玉	654	三皇	456	三言二拍	455
		三家詩	451	三一	448
run		三角縁神獣鏡	451	三一教	448
閏月	558	三教	452	三易	449
		三教捜神大全	453	三因仏性	448
S		三階教	450	三元	454
		三界唯心	450	三元八会	456
sa		三経新義	454	三垣	449
		三具足	1150	三遠	449
薩都剌	447	三科九旨	451	三蔵	464
		三老	472	三張(天師道)	465
sai		三礼	472	三張二陸両潘一左	466
賽戯	433	三礼図	472	三正	462
		三吏三別	472	三字経	459
san		三論玄義	473	散曲	453
三百六十律	469	三論宗	473	散楽	451
三宝太監西洋記通俗演義	471	三茅君	471		
三倍法	469	三門峡漕運遺址		**sang**	
三不去	470	→三門峡漕運遺跡	472	喪礼	760
三才	458	三民主義	471	喪乱帖	759
三才図会	459	三清	462		

sao

騒	736

se

瑟	505

seng

僧璨	744
僧稠	754
僧官	738
僧朗	760
僧録司	761
僧帽壺	758
僧叡	737
僧祐	758
僧肇	749
僧祇戸	739

sha

沙井文化	444
沙門不敬王者論	524
沙苑文化	442
殺狗勧夫	445
殺青	446
煞	445

shan

山帯閣注楚辞	464
山頂洞人	466
山東快書	467
山東龍山文化	468
山東石仏	468
山歌(民謡)	449
山歌(本)	450
山海関	450
山海経	715
山家山外之争 →山家・山外の争い	454
山居図(銭選)	453
山人	461
山陝甘会館	464
山水画	461
山水詩	462
山水図(李唐)	462
山水遊記	462
山堂考索	467
山濤	467
山西八大套	463
山西北路梆子	463
山西商人	463
山弈候約図・竹雀双兎図	449
山岳紋 →山岳文	451
山越	449
山字紋鏡 →山字文鏡	459
衫	447
善導	729
善化寺	715
善書	723
善堂	728
善無畏	732
禅譲	724

shang

商調蝶恋花鼓子詞	589
商君書	574
商丘	574
商務印書館	597
商鞅	569
商周彝器通考	581
傷寒	572
傷寒論	573
上蔡語録	578
上村嶺虢国墓地	588
上党梆子	591
上帝	589
上官体	573
上官婉児	572
上官儀	572
上官周	572
上海外灘	525
上清宮	586
上巳節	579
上図下文本	586
上下華厳寺 →華厳寺	300
尚書大伝	584
尚書古文疏証	584
尚書引義	582

shao

勺	519
少林寺	599
少室山房筆叢	580
邵晋涵	585
邵氏聞見録	581
邵雍	598
紹劇	575
紹興	577
紹興酒	578

she

捨身	521
社	517
社倉	522
社会	518
社火	518
社稷	521
社戯	519
社学	518
舎利容器	524
舎利信仰	524
射覆	524
設論	712
摂	702
摂論宗	600
摂摩騰	596

shen

申不害	647
申鑒	624
申子	632
呻吟語	628
神	617
神道碑	644
神珙	627
神会	645
神滅論	648
神魔小説	648
神農	645
神農本草経	645
神奇秘譜	626
神獣鏡	635
神思	632
神通寺四門塔	643
神荼鬱塁	644
神仙	640
神仙図	641
神仙伝	641
神霄派	637
神秀	635
神韻	622

神呪経	636	聖方済各教堂		十八律	541
神主	635	→聖ザビエル教会	677	十八史略	541
沈粲	632	聖済総録	677	十不二門指要鈔	543
沈重	642	聖人	682	十部算経	543
沈寵綏	642	聖僧像	588	十部楽	542
沈徳潜	645	聖武記	690	十大経	538
沈度	643	聖学宗伝	672	十地経論	536
沈復	647	聖諭広訓	693	十悪	528
沈煥	624	聖旨碑	680	十二辰	540
沈既済	626			十二次	539
沈家本	624	**shi**		十二忌	539
沈兼士	629	尸	474	十二楼	540
沈璟	622	尸解	476	十二律	540
沈括	624	失空斬	506	十二平均律	540
沈佺期	640	施讐	490	十二生肖	540
沈荃	640	施公案	485	十二消息卦	539
沈亜之	620	施国祁	486	十二章文	540
沈約	649	施耐庵	500	十番鼓	541
沈周	635	施閏章	491	十番鑼鼓	541
深衣	621	師道戯	509	十干十二支	506
審音鑑古録	622	湿屍	507	十国春秋	507
瀋陽	649	獅子	488	十駕斎養新録	531
瀋陽故宮	649	獅子林	493	十六国春秋	545
慎到	644	獅子山漢墓	488	十面埋伏	544
慎独	644	獅子舞	490	十牛図	532
慎子	632	詩比興箋	513	十七史商榷	536
		詩格	477	十七帖	536
sheng		詩話	616	十三経注疏	535
		詩話総亀	616	十三経注疏校勘記	535
生	666	詩集伝	491	十三轍	536
生員	671	詩界革命	477	十四経発揮	536
声符	689	詩経	480	十通	508
声類	694	詩林広記	613	十万巻楼叢書	544
声律	694	詩品	513	十王信仰	531
声母	690	詩人玉屑	494	十五貫	534
声腔	675	詩人主客図	495	十玄縁起	533
声無哀楽論	692	詩声類	496	十一面観音像	529
声訓	675	詩式	488	十翼	545
昇平宝筏	595	詩書画一致	492	十韻彙編	529
笙	565	詩藪	498	十鐘山房印挙	507
縄紋 →縄文	597	詩体	499	十竹斎書画譜	508
盛茂燁	693	詩序	492	世説新語	702
盛懋	691	詩学指南	477	石崇	698
盛明雑劇	691	詩疑	480	石幢	699
盛世新声	683	詩源弁体	484	石点頭	698
勝鬘経	596	詩韻含英	475	石鼓文	707
聖朝名画評	686	十八家詩鈔	541	石棺墓	704

石家河文化	704	史游	528	書目答問	611
石介	696	史忠	504	書譜	610
石経	705	史籀篇	504	書史会要	606
石刻文	706	士	473	書体	609
石林詩話	702	士大夫	501	書序	608
石門頌	701	仕女図	493	書疑	603
石門文字禅	701	市舶司	511	書儀	603
石門皀市遺址 →石門皀市遺跡	701	事類賦	614	書院	565
石渠宝笈	705	事林広記	614	書院本	565
石渠閣議	705	事物紀原	514	疏(注釈)	733
石闕	706	釈奠	698	疏(文体)	733
石人石獣	698	釈迦如来像	518	舒璘	612
石鋭	696	釈家	522	書簽 →題簽	796
石氏星経	697	釈名	521	数来宝	664
石室墓	697	釈氏稽古略	520	署書	608
石台孝経	698	釈氏要覧	520	蜀(三国)	604
石濤	699	勢	668	蜀(四川省)	604
石頭希遷	699	諡法	515	蜀本	605
石谿	706	嬰公盨	485	蜀江紋 →蜀江文	610
石峡文化	705			述古堂書目	552
石印本	696	**shou**		述学	552
石玉崑	696	収円教	530	述異記	552
石寨山古墓群	696	手面	555	恕	564
石鐘山	697	守山閣叢書	548	術	552
実叉難陀	507	守温	545	術数	553
実録	508	守一	526	数理精蘊	664
実事求是	507	守庚申 →庚申待ち	357	数書九章	662
実学	506	寿陵	556	数術記遺	662
実政録	508	授時暦	551		
拾遺記	529	授時通考	550	**shua**	
拾玉鐲	532	綬	526	耍和尚	442
食貨志	610				
食人卣	605	**shu**		**shuai**	
時調小曲	504	殳	525	甩髪功	553
時令	615	殳書	550		
時文	514	枢府	663	**shuang**	
時憲暦	484	枢密院	663	双檔	754
識	479	書(書道)	563	双鉤	742
史晨碑	495	書場	608	双簧	742
史達祖	502	書画書録解題	602	双漸蘇卿諸宮調	751
史館	478	書画一致論	601	双清	751
史籍考	496	書会	601	双声	751
史記	479	書集伝	608	双喜	739
史記暦書	481	書経	604	双魚紋 →双魚文	740
史記天官書	480	書林清話	612		
史墻盤	492	書論	612	**shui**	
史通	505	書帽	611	水詞	656

水村図(趙孟頫)	658	司馬睿	510	四声等子	496
水洞溝遺址 →水洞溝遺跡	659	司馬談	513	四声切韻表	496
水滸後伝	656	司馬相如	512	四声猨	495
水滸伝	656	司馬懿	510	四十二章経	491
水経注	654	司母戊方鼎	516	四十自述	490
水陸道場	661	糸綢之路 →シルクロード	614	四時	488
水墨画	660	糸履	613	四時図	489
水瓶	660	私度僧	509	四時纂要	489
水郷古鎮	655	思弁録輯要	515	四書	491
水銀 →水銀	654	思凡下山	516	四書大全	493
水月観音	655	思問録	517	四書或問	493
水月観音像	655	思渓蔵	483	四書集注	492
水運儀象台	653	四部	514	四天王	508
水注	658	四部叢刊	514	四天王像	508
		四川清音	497	四王呉惲	475
		四川石窟	498	四象	492
shun		四存篇	499	四言詩	487
順陵	563	四大名旦	501	四夷楽舞	475
順治帝	562	四大奇書	500	四遊記	532
舜	556	四大書院	500	四元術	484
		四大鬚生	500	四元玉鑑	484
shuo		四端	502	四診	494
説	703	四法界	516	寺観壁画	478
説郛	710	四方平定巾	516	寺塔記	509
説話	712	四方四季障壁画	516	寺窟文化	616
説譚話	707	四分暦	515	寺院	475
説三分	707	四分律	515	兕觥	485
説唐	709	四分律行事鈔	515	祀三公山碑	487
説文古籀補	712	四合院住宅	485		
説文解字	711	四季花鳥図(呂紀)	480	**song**	
説文解字詁林	711	四角号碼	477	松江派	578
説文解字繋伝	711	四進士	495	松漠紀聞	593
説文解字注	711	四句教	482	松石	587
説文句読	711	四君子	483	松田	590
説文声類	712	四庫全書	486	松絃館琴譜	577
説文釈例	712	四庫全書総目提要	487	崧沢文化	662
説文通訓定声	712	四霊(霊獣)	615	嵩山	662
説文義証	711	四六法海	615	嵩岳寺塔	662
説苑	671	四面像	517	宋(春秋)	734
説岳全伝	704	四民月令	516	宋(南朝)	734
		四明十義書	517	宋(北宋・南宋)	734
si		四溟詩話	517	宋版	756
斯基泰文化 →スキタイ文化	664	四平山	515	宋初三先生	750
司空曙	482	四神	493	宋大詔令集	753
司空図	482	四神鏡	494	宋代帝陵 →宋の帝陵	755
司馬承禎	512	四声	495	宋代宮廷隊舞	753
司馬光	511	四声八病	496	宋迪	754
司馬遷	512				

宋高僧伝	743	蘇幕遮	773	隋書律暦志	657
宋広	742	蘇秦	771	隋唐長安城	659
宋会要	737	蘇軾	770	隋唐嘉話	658
宋克	743	蘇舜欽	769	隋唐洛陽城	659
宋濂	760	蘇頌	770	隋唐演義	658
宋犖	759	蘇天爵	772	隋煬帝艶史	661
宋名臣言行録	758	蘇味道	774	遂初堂書目	657
宋祁	739	蘇小小	770	歳寒三友	433
宋銭	751	蘇孝慈墓誌銘	767	歳寒堂詩話	433
宋詩	745	蘇洵	769	歳実	436
宋詩別裁集	747	蘇轍	772	歳時記	435
宋詩鈔	746	蘇祇婆	769	燧人	658
宋詩紀事	746	蘇州	769		
宋十回	746	俗講	763	**sun**	
宋史	745	俗文学	766	孫臏	777
宋書	748	俗楽	763	孫臏兵法	777
宋書謝霊運伝論	750	俗楽二十八調	763	孫綽	776
宋璲	751	俗字	764	孫恩	775
宋琬	737	粟特文 →ソグド文字		孫復	778
宋文鑑	757	涑水記聞	765	孫過庭	775
宋翔鳳	749	素女	770	孫君沢	776
宋刑統	741	素三彩	767	孫奇逢	776
宋鈃	741	素王	761	孫権	776
宋旭	739	素問	774	孫思邈	776
宋学	737	粛慎	547	孫位	775
宋応星	737	塑像	771	孫文	778
宋玉	740			孫武	778
宋元鏡	742	**suan**		孫星衍	777
宋元戯曲史	741	酸甜楽府	466	孫炎	775
宋元学案	741	算籌	465	孫詒讓	775
宋雲	736	算経十書	454	孫子	776
宋雑劇	744	算命	472	孫子算経	776
宋之問	747	算盤	469		
頌	566	算数書	462	**suo**	
頌鼎	589	算学啓蒙	451	索靖	443
				嗩吶	772
sou		**sui**			
捜神記	750	睢景臣	654	**T**	
		睢陽五老図	661		
su		随筆	660	**ta**	
蘇秉琦	773	随函録	653		
蘇埠屯遺址 →蘇埠屯遺跡	773	随園詩話	653	塔爾寺	779
蘇綽	769	随園食単	653	塔鋺	945
蘇漢臣	762	隋	652	兎毫琖 →禾目天目	993
蘇劇	767	隋鏡	654	拓本	813
蘇曼殊	773	隋書	657	搨摸	946
蘇門四学士	774	隋書経籍志	657	踏歌	914

踏謡娘	946	太一	780	唐大和上東征伝	939
tai		太一教	780	唐大詔令集	939
		太乙金華宗旨	780	唐代帝陵　→唐の帝陵	943
胎息	799	太原	786	唐棣	940
台歩	807	太子瑞応本起経	790	唐蕃会盟碑	943
台閣体	783	太宗(唐)	797	唐国史補	925
台諫	783	太宗(遼)	797	唐鶴徴	916
台湾	812	太宗(宋)	797	唐会要	915
台樹	790	太宗(清)	798	唐巾	921
太白金星	802	太祖(遼)	796	唐鏡	919
太白酔写	802	太祖(宋)	796	唐類函	947
太白尊	803	太祖(金)	796	唐律疏議	947
太常寺	793	太祖(明)	796	唐明律合編	945
太初暦	794	泰和律令	812	唐人選唐詩	935
太公家教	788	泰山	789	唐汝詢	933
太公望	788	泰州学派	791	唐三彩	927
太谷学派	789			唐詩	927
太行山脈	788	**tan**		唐詩別裁集	930
太和正音譜	812	灘簧	819	唐詩鼓吹	929
太湖	787	弾詞	819	唐詩紀事	929
太湖石	789	弾文	822	唐詩類苑	933
太極	785	曇鸞	963	唐詩品彙	930
太極図	785	曇石山遺址　→曇石山遺跡	961	唐詩三百首	929
太極図説	786	曇無讖	962	唐詩選	929
太監	783	曇曜	962	唐順之	932
太康体	788	曇曜五窟	962	唐宋八大家	938
太平道	807	檀像	821	唐宋八大家文鈔	938
太平鼓	806	檀芝瑞	820	唐宋八大家文読本	938
太平広記	806	譚峭	821	唐宋詩醇	937
太平寰宇記	805	譚嗣同	821	唐宋文醇	938
太平経	805	譚鑫培	818	唐汪文化	914
太平清領書	806	譚元春	819	唐文粋	944
太平聖恵方	806	毬子功	820	唐賢三昧集	923
太平天国	806	炭河里遺址　→炭河里遺跡	817	唐音	910
太平御覧	805	探韻	817	唐音統籤	912
太平楽府	804			唐寅	910
太上感応篇	791	**tang**		唐語林	926
太上老君	793	湯斌	944	唐韻	910
太上霊宝五符序	793	湯恵休	913	唐甄	922
太上玄元皇帝	792	湯王	913	唐知県審誥命	939
太守	790	湯顕祖	923	唐摭言	935
太素	797	湯液	912	唐仲友	940
太歳	789	湯用彤	946	堂鼓	923
太武帝	804	唐	907	堂会	915
太虚	784	唐才常	926	棠陰比事	912
太玄	786	唐才子伝	926		
太学	782	唐朝名画録	940		

tao

饕餮紋 →饕餮文	941
匋雅	914
桃花紅	916
桃花扇	916
桃花源記	916
桃李園図・金谷園図	946
桃氏剣	929
桃源図	923
陶庵夢憶	909
陶弘景	924
陶説	936
陶寺遺址 →陶寺遺跡	928
陶文	944
陶淵明	913
陶真	933
陶宗儀	937
鼗鼓	923
套印本	912

teng

滕王閣	913
藤花亭曲話	916

ti

剔紅	888
啼笑因縁	884
提督	886
提梁壺	888
提謂波利経	780
題跋	803
題辞	790
題画詩	783
題目正名	810
体用	810

tian

天	890
天宝遺事諸宮調	904
天朝田畝制度	903
天秤	903
天地会	902
天地陰陽交歓大楽賦	902
天対	900
天工開物	895
天官賜福	893
天津時調	899
天経或問	894
天井住宅	899
天理教	905
天理人欲	905
天暦	906
天龍山石窟	905
天禄琳琅書目	906
天論	906
天目	904
天寧寺	903
天啓崇禎両朝遺詩	894
天譴論	895
天橋八怪	893
天泉証道記	900
天人合一	899
天師	896
天師道	897
天説	900
天台三大部	900
天台山	900
天台四教儀	901
天台小止観	901
天台治略	901
天台宗	901
天壇	902
天童如浄	903
天童山	903
天亡殷	904
天文	905
天問	905
天下	892
天下郡国利病書	893
天仙配	900
天学初函	892
天演	892
天一閣	892
天雨花	892
天元術	894
天主教	898
天主実義	898
天子	896
天子游猟賦	897
天青釉 →澱青釉	900
田何	892
田際雲	896
田騈	904

塡漆	897
鈿	891
鈿子	896

tiao

苕渓漁隠叢話	844
調息	855
跳加官	841
跳戯	842

tie

貼花	840
鉄	888
鉄拐李	889
鉄観音茶	889
鉄器	889
鉄琴銅剣楼	889
鉄雲蔵亀	889
帖学派	571

tong

通典	877
通仮	875
通鑑長編紀事本末	877
通鑑紀事本末	877
通書	876
通俗編	877
通天冠	877
通雅	876
通用字	877
通志	876
通志堂経解	876
通制条格	876
同光十三絶	925
同善社	936
同文算指	944
同文韻統	944
同姓不婚	935
同治帝	940
同州梆子	931
桐城派	933
童行	666
童心	934
童心説	934
童謡	946
僮子戯	928
銅	908

銅鼓	924	**tuo**		汪琬	71
銅緑山遺址 →銅緑山遺跡	947	唾壺	813	汪元量	78
銅銭	936			汪中	85
銅雀台	931	**W**		王安石	68
銅人腧穴鍼灸図経	934			王覇	88
潼関	917			王柏	88
統天暦	942	**wa**		王褒(前漢)	90
痛史	876	瓦当	149	王褒(北周)	90
		瓦当文	150	王弼	89
tou		瓦楞帽	1309	王冰	89
投壺	923	瓦子	138	王勃	91
頭巾	665	襪	1092	王粲	79
透雕 →透彫	664			王粲登楼	79
透額羅	916	**wai**		王昌齢	82
透光鏡	924	外丹	112	王常月	82
透視遠近法	928	外台秘要方	301	王昶	85
				王城崗遺址 →王城崗遺跡	82
tu		**wan**		王充	81
突厥	954	玩物喪志	188	王重陽	86
突厥碑文	955	挽歌	1022	王寵	86
突厥文 →突厥文字	955	晩晴簃詩匯	1028	王次回	79
図弥三菩扎		晩笑堂画伝	1028	王度	87
→トンミ・サンボータ	962	皖	160	王鐸	85
図画見聞誌	948	皖派	188	王諤	73
図絵宝鑑	948	碗碗腔	1309	王梵志	92
荼毘	815	万仏寺	1148	王夫之	89
屠隆	957	万暦帝	1035	王符	89
屠蘇酒	954	万暦野獲編	1035	王紱	89
吐峪溝石窟 →トユク石窟	957	万年仙人洞	1148	王艮	78
土地神	954	万人迷	1028	王国維	78
土墩墓	955	万善同帰集	1147	王翰	74
土司	952	万首唐人絶句	1027	王和卿	96
吐蕃	955	万寿宮	1147	王洪	78
吐故納新	951	万樹	1027	王鴻寿	78
吐魯番	958	万斯大	1026	王翬	74
吐魯番文書	958	万斯同	1026	王畿	74
吐谷渾	957	万松行秀	1027	王績	84
兎園冊	948	万歳通天進帖	1025	王驥徳	75
		万物一体	1033	王建	76
tuan		卍	1146	王建墓	77
団華紋 →団華文	817			王鑑	74
		wang		王荊文公詩箋注	76
tui		汪道昆	88	王九思	75
推背図	660	汪萊	96	王闓運	72
		汪士鋐	79	王魁負桂英	73
tun		汪廷訥	87	王蘭生	96
屯田	961			王履	96

王莽	92	王玄策	77	維摩経変	1182
王莽銭	93	王学左派	73	潙山霊祐	14
王帽戯	90	王恂	81	偽	196
王懋竑	91	王延徳	71	偽古文尚書	203
王門三派	93	王延寿	71	未発・已発	1151
王蒙	93	王衍	71	未央天	1036
王孟韋柳	93	王陽明	95	位至三公鏡	14
王冕	90	王瑤卿	94	為我説	12
王明清	92	王禕	69	尉繚子	36
王鳴盛	92	王沂孫	75	渭水	15
王墨	91	王逸	70	衛	43
王念孫	88	王懿栄	69	衛恒	45
王雱	90	王引之	70	衛所	46
王朴	91	王応麟	72	衛元嵩	45
王琦	74	王禹偁	71	魏(戦国)	196
王喬	76	王原祁	76	魏(三国)	196
王欽若	76	王源	76	魏伯陽	213
王仁昫	83	王遠知	71	魏長生	210
王戎	81	王筠	70	魏華存	199
王融	93	王惲	71	魏良輔	252
王若虚	81	王昭君	82	魏了翁	252
王森	83	王照	82	魏略	252
王僧虔	84	王禎	86	魏書	206
王詵	84	王禎農書	87	魏書釈老志	207
王慎中	83	王振鵬	83	魏禧	199
王十朋	80	王之渙	79	魏野	216
王実甫	80	王穉登	85	魏源	202
王時槐	79	王周士	81	魏徴	210
王時敏	80	王子安集	79	魏志倭人伝	207
王士禎	80	網巾	1167		
王世貞	83	網師園	1169	**wen**	
王思任	80	輞川集	1170	温病	42
王粛	81	魍魎画	1170	温泉銘	100
王坦之	85	望江亭	1107	温庭筠	100
王韜	87			温州鼓詞	100
王廷相	87	**wei**		温子昇	99
王庭筠	86	危素	207	瘟神	100
王通	87	危言	202	文	1075
王維	69	微言大義	1037	文筆	1083
王文誥	90	囲棋	14	文筆眼心抄	1084
王文治	90	韋孟	21	文伯仁	1083
王無能	92	韋駄天	16	文昌帝君	1080
王羲之	75	韋応物	12	文成公主	1081
王錫闡	84	韋荘	15	文房四宝	1084
王先謙	84	唯心浄土	1181	文賦	1083
王献之	77	帷帽	21	文公家礼	1078
王孝通	78	維摩経	1181	文館詞林	1077

文姫帰漢図	1077	**wu**		呉熙載	388
文姫入塞	1077			呉音	385
文嘉	1076	巫山	1064	呉虞	392
文鏡秘府論	1077	巫舞	1074	呉与弼	424
文康	1078	巫祝	1065	呉械	424
文廟	1084	烏龍茶	34	呉越	383
文彭	1084	烏龍院	38	呉越備史	384
文人画	1080	烏皮履	37	呉越春秋	383
文史通義	1079	烏紗帽	35	呉説	383
文殊	1177	烏台詩案	36	呉筠	328
文体明弁	1081	烏夜啼	37	呉鎮	416
文天祥	1083	呉(春秋)	326	呉子	405
文廷式	1082	呉(三国)	326	梧桐雨	417
文同	1083	呉彬	419	無	1157
文戯	1077	呉炳	423	無極	1158
文献通考	1078	呉昌碩	409	無尽蔵	1159
文心雕龍	1081	呉承恩	408	無量寿経	1160
文叙	1079	呉城文化	409	無門関	1159
文宣王	1081	呉澄	415	無善無悪	1159
文選	1177	呉楚七国之乱		無上秘要	1158
文選集注	1178	→呉楚七国の乱	413	無声詩史	1159
文選考異	1178	呉船録	412	無声戯	1159
文選理学権輿	1178	呉大澂	415	無題詩	1159
文学革命	1076	呉道玄	418	無為	1157
文学研究会	1077	呉剛	400	無学祖元	1158
文淵閣	1076	呉歌	386	無用之用	1159
文淵閣書目	1076	呉嘉紀	386	無欲	1160
文源	1078	呉趼人	399	無遮会	1158
文苑英華	1076	呉敬梓	398	無準師範	1065
文章軌範	1080	呉琚	389	無準師範像	1065
文昭関	1080	呉歴	425	五百羅漢図	419
文徴明	1082	呉梅	419	五部六冊	421
文質	1079	呉派(考証学)	419	五彩	402
文子	1079	呉派(絵画)	419	五曹算経	413
文字改革	1173	呉派(篆刻)	419	五常	408
文字学	1174	呉起	388	五代会要	414
文字獄 →文字の獄	1174	呉全節	412	五代名画補遺	415
聞見之知・徳性之知	1078	呉三桂	403	五代詩話	415
刎頸鴛鴦会	1078	呉廷翰	417	五代十国	414
		呉王夫差剣	384	五代史平話	415
weng		呉王夫差鑑	384	五徳	418
翁葆光	91	呉王夫差矛	385	五灯会元	417
翁方綱	91	呉王光剣	384	五帝	416
		呉王光鑑	384	五度	417
wo		呉偉	327	五方元音	423
倭袍伝	1309	呉偉業	327	五鳳二年刻石	424
臥兎児	150	呉文英	421	五服	420

五更転	400	五祖七真	413	西湖	675
五胡十六国	400	伍柳派	424	西湖二集	676
五胡十六国造像		伍守陽	408	西湖佳話	676
→五胡十六国仏像様式	401	伍員吹簫	383	西湖遊覧志	676
五虎平西平南伝	401	伍子胥	406	西京雑記	675
五花爨弄	387	武備志	1073	西崑酬唱集	676
五花土	387	武当山	1073	西崑体	677
五加皮	387	武当山道教音楽	1073	西泠八家	695
五家七宗	398	武帝(西晋)	1072	西銘	692
五教十宗	390	武帝(南朝梁)	1072	西千仏洞	978
五経	389	武冠	1059	西樵山	681
五経博士	391	武経七書	1062	西秦戯	683
五経大全	391	武経総要	1062	西清古鑑	683
五経算術	390	武林旧事	1075	西曲	674
五経文字	391	武氏祠	1064	西儒耳目資	680
五経異義	390	武松	1065	西山遺址 →西山遺跡	677
五経正義	390	武王	1059	西昇経	681
五礼通考	425	武威漢簡	1054	西施	678
五量	425	武威雷台漢墓	1054	西蜀夢	682
五糧液	425	武威医簡	1053	西太后	684
五柳先生伝	424	武俠小説	1060	西団山文化	685
五倫	425	武夷山	1054	西王母	671
五権	399	武英殿	1058	西狭頌	674
五山版	403	武元直	1063	西夏	671
五山十刹	403	武宗元	1066	西夏陵	673
五声	411	舞判	1073	西夏文 →西夏文字	673
五石散	411	舞台	1067	西廂記	680
五時八教	407	舞台調度	1067	西廂記諸宮調	681
五祀	404	戊寅元暦	1098	西遊補	441
五台山	414	物	1068	西遊記	441
五台山寺廟音楽	414	物理論	1072	西遊記雑劇	441
五位頌	327	物理小識	1072	西域	670
五絃	399	悟空	393	西岳華山廟碑	672
五星占	411	悟真篇	410	西洲曲	680
五刑	397	婺劇	1062	西字奇跡	679
五行	389			析字	697
五行大義	391	**X**		奚岡	287
五姓各別	409			奚琴	285
五言詩	402			郗萌	829
五音	385	xi		淅川楚墓	698
五音集韻	386	夕陽簫鼓	701	犀皮	439
五音戯	385	西安	669	熹平石経	214
五岳	386	西安碑林	670	羲和(人物)	198
五雑組	402	西安城鐘楼・鼓楼	669	羲和(官職)	198
五丈原	409	西安鼓楽	669	錫	665
五銖銭	408	西安清真寺	670	錫劇	520
五祖法演	413	西鳳酒	691	錫杖	520

犠尊	209	賢良方正	324	項容	378
谿山行旅図(范寛)	288	洗	712	項羽	330
席力図召		県	304	項元汴	339
→シレート・ジョー寺	615	県令	325	像生	586
習	528	線鞋	713		
習学記言	531	線装書 →線装本	727	**xiao**	
檄	297	憲台通紀	317	削	443
洗冤録	714			蕭方殺船	595
細音	433	**xiang**		蕭綱	577
舃	696	相和大曲	761	蕭何	569
戯班	213	香妃	373	蕭何月下追韓信	572
戯単	209	香積寺	350	蕭統	590
戯規	199	香奩集	381	蕭繹	569
戯鴻堂法帖	299	香奩体	381	蕭穎士	569
戯曲	200	香囊記	371	蕭雲従	568
戯為六絶句	197	香山	344	蕭照	583
戯文	214	香山記	345	蕭子良	584
		香水銭	358	蕭子顕	579
xia		郷	227	瀟湘八景図	583
侠義小説	229	郷挙里選	230	瀟湘水雲	583
下川遺址 →下川遺跡	143	郷里制 →郷里の制	239	瀟湘臥遊図(李氏)	583
夏	101	郷射	233	簫	566
夏珪	134	郷紳	234	小臣艅犠尊	585
夏侯建	136	郷飲酒	228	小調	589
夏侯勝	136	郷原	231	小児薬証直訣	593
夏侯陽算経	137	郷約	238	小爾雅	579
夏侯湛	137	湘	565	小忽雷伝奇	578
夏家店上層文化	119	湘劇	576	小景画	575
夏家店下層文化	119	湘綺楼全書	574	小帽	595
夏鸞翔	158	鑲嵌 →象嵌	738	小品方	594
夏鼐	146	襄楷	570	小品文	594
夏税秋糧	142	襄陽	598	小双橋遺址 →小双橋遺跡	588
夏完淳	120	鑲嵌	572	小説	587
夏小正	141	詳解九章算法	570	小説家	587
夏夷	103	詳明算法	597	小説界革命	587
夏月潤	135	響堂山石窟	237	小説月報	587
		響銅	237	小屯南地甲骨	593
		向秀	581	小祥	582
xian		相	735	小心斎劄記	585
仙官	716	相法	758	小学(学問)	570
先天方位・後天方位	728	相国寺	743	小学(本)	570
先王・後王	714	相声	586	小学鉤沈	571
祆教	309	象棋	573	小篆	590
鮮于璜碑	714	象数一原	585	暁庵新法	228
鮮于枢	714	象数易	585	肖像画	588
咸豊帝	189	象形	575	肖形印	575
咸陽	192	項名達	376	孝	328
閑情偶寄	178				

孝経	336	新書	637	性理大全	694
孝廉	381	新唐書	644	性理学	694
孝堂山石祠	369	新五代史	631	性霊説	695
孝悌	365	新小説	637	性命	692
孝文帝	375	新修本草	636	性起説	574
孝子伝	349	新序	637	性三品説	678
笑道論	591	新学偽経考	623	性善	683
笑府	594	新儀象法要	626		
笑林広記	599	新語	629	**xiong**	
嘯堂集古録	591	新元史	629	匈奴	236
嘯亭雑録	589	新月派	628	胸中丘壑	236
		新楽府	624	熊龍峰刊小説四種	1185
xie		新鄭古墓	643	熊十力	1183
歇後語	302	信陵君	651		
協音	228	信天游	643	**xiu**	
鞋	3	信心銘	639	休祥災異	221
諧	103	信行	628	修己治人	535
諧鐸	111	信陽長台関楚墓	650	修身	537
写刻本	521			修文殿御覧	543
写像秘訣	522	**xing**		髹漆	220
写意	517	星槎勝覧	677	髹飾録	222
械闘	113	興教寺	337	袖珍本	538
謝安	517	興隆窪文化	379	宿曜経	665
謝枋得	524	興善寺	359	繡像小説	538
謝良佐	525	興唐伝	369		
謝霊運	525	刑法志	295	**xu**	
謝時臣	521	刑政	290	胥吏	611
謝朓	522	行巻	334	虚	226
謝肇淛	522	行路難	383	虚実	248
謝榛	521	行書	233	須弥山	554
謝荘	522	行滕	368	須弥山石窟	554
		行頭	368	徐賁	611
xin		行中書省	364	徐崇嗣	609
心	617	形名参同	296	徐福	610
心統性情	644	形声	290	徐復祚	611
心学	623	形似	289	徐幹	602
鋅 →亜鉛	3	邢昺	295	徐光啓	606
辛店文化	643	邢邵	289	徐階	601
辛棄疾	626	邢侗	293	徐鍇	601
新安商人	621	邢窯 →邢州窯	289	徐陵	612
新干大洋洲大墓	625	邢雲路	283	徐乾学	606
新嘉量	624	型持	146	徐氏体	606
新楽遺址 →新楽遺跡	650	醒世姻縁伝	683	徐寿	608
新論	652	性	667	徐渭	564
新青年	639	性悪	669	徐熙	603
新詩運動	632	性即理・心即理	684	徐霞客遊記	601
新石器時代	639	性具説	574	徐鉉	605

徐有壬	611	玄学	308	循吏列伝	563
徐庚体	611	玄言詩	311	訓読	281
徐岳	601	玄中寺	318	訓詁	279
徐州画像石墓	608	玄奘	314	訓詁学	279
許道寧	250	玄宗	317	訓纂篇	280
許孚遠	250	旋風葉	731	濬県辛村衛国墓地	558
許衡	248	旋宮	717		
許胡	248	璿璣玉衡	716	**Y**	
許渾	248	懸棺葬	309		
許家窯遺址 →許家窯遺跡	240	選学	715	**ya**	
許謙	247			鴉片戦争 →アヘン戦争	6
許慎	249	**xue**		圧歳銭	5
許行	248	靴	102	押韻	70
許詢	249	薛昂夫	706	押座文	78
許遜	249	薛道衡	710	牙行	136
許堯佐	240	薛福成	710	崖墓	114
許由	250	薛季宣	704	啞背瘋	5
盨	526	薛稷	708	雅・俗	145
序	564	薛家崗遺址 →薛家崗遺跡	704	雅言	135
叙事体	607	薛仁貴衣錦還郷	708	雅楽	118
続高僧伝	763	薛紹彭	708	雅楽八十四調	119
続皇清経解	763	薛濤	709	雅楽舞譜	119
続天文略	605	薛瑄	708	軋箏	5
続文献通考	766	学	123	迓鼓	136
続蔵経	765	学蔀通弁	132		
続資治通鑑	764	学海類編	124	**yan**	
続資治通鑑長編	764	学海堂	124		
		学津討原	129	殷令名	32
xuan		学究	147	燕	58
宣徳炉	730	学政全書	129	燕丹子	64
宣和画譜	730	雪窓	709	燕文貴	65
宣和書譜	731	雪竇重顕	709	燕下都	60
宣和遺事	730	雪峰義存	710	燕楽考原	60
宣巻	716	雪橋詩話	704	燕雲十六州	59
宣明暦	732			言尽意論	315
宣室志	721	**xun**		言尽意・言不尽意	315
宣夜説	732	塤	305	言志・縁情	312
宣政院	725	薫炉	282	岩茶	182
玄	306	薫球	278	岩画	164
玄都観	319	巡撫	562	延安石窟	58
玄端	318	荀粲	558	延平答問	65
玄怪録	308	荀爽	562	延寿	64
玄覧堂叢書	324	荀勗	557	塩鉄論	64
玄秘塔碑	321	荀悦	557	閻立本	67
玄妙観	323	荀子(人物)	558	閻魔	66
玄妙観三清殿	323	荀子(本)	558	閻若璩	63
玄沙師備	314	荀子楽論	559	厳復	322

厳可均	308	揚州画舫録	1195	仰韶文化	234
厳嵩	316	揚州清曲	1195	洋務	1201
厳遵	314	揚州十日記	1195	養生	1197
顔輝	167	揚州唐城	1195	養一斎詩話	1187
顔鈞	170	揚州学派	1195	養由基	1202
顔李学派	192	陽春白雪	1196	**yao**	
顔勤礼碑	171	陽関	1189	腰坑	1193
顔師古	176	陽関三畳	1190	爻辰	357
顔氏家訓	176	陽湖派	1193	姚広孝	1193
顔延之	163	陽陵	1202	姚合	1193
顔淵	163	陽明学	1201	姚際恒	1193
顔元	172	陽燧	1197	姚鼐	1198
顔真卿	180	楊朝英	1199	姚枢	1197
顔之推	176	楊東明	1200	姚廷美	1199
匽侯盂	61	楊貴妃	1190	堯	227
衍聖公	64	楊輝	1190	揺銭樹	1198
偃師商城	63	楊輝算法	1190	徭役	1188
演義	61	楊恵之	1191	窰洞	1179
甗	306	楊家村西周窖蔵青銅器	1189	謡諺	1192
彦琮	317	楊家将	1188	薬名詩	1180
彦周詩話	314	楊家湾漢墓	1189	薬山惟儼	1179
晏幾道	8	楊簡	1189	薬師経	1179
晏殊	9	楊炯	1191	薬師如来像	1180
晏嬰	8	楊乃武与小白菜	1199	薬王	1179
晏子春秋	9	楊凝式	1191	薬王山石刻	1179
雁児落帯過得勝令	179	楊岐方会	1191	曜変天目	1201
雁門関	191	楊起元	1190	耀州窯	1196
雁塔聖教序	184	楊泉	1198	**ye**	
厭勝銭	64	楊慎	1196	耶律楚材	1180
燕粛	64	楊時	1193	也里可温	58
燕楽	60	楊士奇	1194	野客叢書	1179
燕楽二十八調	60	楊守敬	1196	野叟曝言	1180
燕子箋	63	楊太真外伝	1199	夜郎	1181
艶歌	59	楊廷筠	1199	夜譚随録	1180
艶詩	63	楊万里	1200	葉徳輝	1200
艶異編	59	楊惟徳	1188	葉夢得	1201
		楊維楨	1188	葉適	1200
yang		楊文会	1200	葉憲祖	1192
秧歌	72	楊顕之	1192	葉燮	1196
秧歌劇	73	楊峴	1192	鄴	227
羊欣	1191	楊小楼	1196	鄴都	237
揚補之	1201	楊沂孫	1190	**yi**	
揚劇	1192	楊億	1188		
揚琴	1191	楊朱	1194	一乗三乗	16
揚雄	1201	楊梓	1193	一貫道	18
揚州	1194	煬帝	1198		
揚州八怪	1195	仰山慧寂	233		

一顆印住宅	17	易図明弁	53	\[yin\]	
一念三千	17	易王弼注	51		
一切経音義	18	易学啓蒙	52	因果	23
一山一寧	18	易学象数論	52	因話録	32
一条鞭法	17	易牙	52	因陀羅	28
一行	16	易元吉	52	音和	100
一枝花話	18	易伝	53	音学十書	99
一卓二椅	19	益古演段	52	音学五書	99
伊秉綬	20	益州名画録	53	音義	99
伊川撃壌集	15	異本	21	音韻	98
伊洛淵源録	21	異端	16	音韻闡微	99
伊闕仏龕碑	14	異体字	15	音韻学	98
伊尹	12	異聞集	20	殷	22
医方類聚	21	異域録	11	殷暦	32
医宗金鑑	15	異苑	12	殷虚書契	25
逸品画風	19	逸詩	18	殷虚書契考釈	25
挹	1182	逸周書	19	殷墟	24
匜	11	意符	20	殷芸	23
夷堅志	14	意境	13	陰持入経	99
夷夏論	13	義	196	陰符経	29
沂南画像石墓	211	義楚六帖	209	陰鏗	26
宜侯夨殷	203	義慈恵石柱	204	陰陽	30
宜興窯	203	義児	204	陰陽対転	31
移書	15	義府	214	陰陽家	31
疑経〔仏教〕	199	義和団	253	陰陽派・静修派	31
疑経〔儒教〕	201	義寂	205	陰陽五行説	31
疑年録	212	義浄	206	陰鷙録	27
疑雨集	197	義理易	251	陰鷙文	26
儀礼	251	義・利	251	吟	255
儀礼経伝通解	251	義山雑纂	204	吟窓雑録	263
儀象考成	206	義天	211	吟風閣雑劇	265
遺教経	1181	義務戯	216	銀	255
頤和園	22	義侠記	200	銀錠	260
彝器	13	義県万仏堂石窟	203	銀雀山漢墓	259
乙巳占	18	義相	206	銀針茶	261
乙瑛碑	17	義学	198	銀字児	259
以心伝心	15	義邑	217	尹焞	28
倚廬	21	義荘	208	尹文	29
蛾術編	206	駅伝制度	53	尹文子	29
蟻鼻銭	214	瘞鶴銘	44	尹喜	24
芸	283	憶江南	97	尹洙	27
芸概	284	憶秦娥	97	引伸義	28
芸文類聚	296	翼教叢編	1203	引戯	24
芸文志	296	翼梅	1203	飲流斎説瓷	32
芸苑卮言	284	議	197	隠	23
易経	52	懿徳太子墓壁画	20	隠逸	23
易童子問	54			隠元	25

螾廬曲談	32	永楽通宝	50	俞正燮	1186
印	22	永明体	48	竽	33
印縫	30	永寧寺	48	魚袋	249
印仏	29	永泰公主墓壁画	47	魚鱗図冊	251
印花	23	永盂	43	魚玄機	248
印簡	24	永州八記	46	魚々子	966
印刷術	26	甬劇	1192	愚公	271
印紋陶 →印文陶	30	俑	1187	楡林窟	1187
印章	28	詠懐詩	43	虞	269
		詠史詩	46	虞初新志	272
ying		詠物詩	48	虞初志	272
応瑒	87			虞翻	275
応璩	75	**you**		虞集	272
英烈	50	幽明録	1185	虞美人	274
英雄譜	48	優塡王思慕像	37	虞山派	271
瓔珞	1202	尤袤	1184	虞世南	272
鶯鶯伝	72	尤求	1183	虞喜	270
盈不足術	48	尤侗	1184	漁家楽	240
営城子壁画	46	油滴天目	1186	漁樵対問	249
営造法式	47	油印本	1182	漁洋詩話	250
営造法原	47	游俠列伝	1183	漁舟唱晩	248
瀛奎律髄	45	游酢	1183	輿地広記	1204
瀛涯勝覧	44	遊記	1183	輿地紀勝	1204
郢	43	遊仙窟	1183	宇文愷	37
郢甹	46	遊仙詩(詩題)	1184	宇文泰	37
影梅庵憶語	48	遊仙詩(郭璞)	1184	宇文虚中	37
影戯	44	有	1182	雨村曲話	35
影印本	43	有子	1183	雨霖鈴	38
応天府	87	卣	1182	雨師	35
応県木塔	77	酉陽雑俎	1185	禹	33
応制	83	右袵	35	禹歩	37
		右文説	1184	禹貢	35
yong		祐国寺鉄塔	1183	禹貢錐指	35
雍和宮	1202	釉裏紅	1185	禹之鼎	35
雍熙楽府	1190			庾肩吾	1186
雍正帝	1198	**yu**		庾信	1186
雍正硃批諭旨	1197	于吉	34	語林	425
墉城集仙録	1196	于連泉	39	語録	426
永固陵	45	于謙	34	語石	411
永嘉四霊	44	余清斎帖	1204	語絲	405
永嘉学派	44	余蕭客	1204	玉海	241
永嘉之乱 →永嘉の乱	44	盂	33	玉函山房輯佚書	241
永康学派	45	盂鼎	36	玉壺春	243
永楽大典	49	盂蘭盆会	38	玉皇	243
永楽大典戯文三種	49	盂蘭盆経	38	玉潤	241
永楽帝	50	俞琰	1185	玉嬌梨	242
永楽宮	49	俞樾	1185	玉鏡台記	242

玉夔龍	242	元嘉暦	308	袁燮	64
玉門関	247	元嘉体	308	袁于令	59
玉茗堂四夢	247	元結	311	園冶	66
玉佩	246	元兢	309	圜悟克勤	62
玉篇	246	元君	311	遠山堂曲品・劇品	62
玉器	241	元刊雑劇三十種	309	院本	30
玉蜻蜓	244	元末四大家	323	院体	28
玉泉寺	244	元謀人 →元謀原人	323	院体画	28
玉泉子	244	元気	309		
玉樹後庭花	243	元曲	310	## yue	
玉台新詠	245	元曲四大家	310	月児高	303
玉堂春	245	元曲選	310	月令	303
玉兎	245	元曲選外編	311	月琴	302
玉衣	240	元上都	315	月下老 →月下氷人	302
玉簪記	243	元詩別裁集	313	月月小説	302
玉燭宝典	243	元詩紀事	313	岳飛	131
玉佩 →佩玉	995	元詩選	313	岳飛故事	131
郁離子	14	元史	312	岳珂	124
浴仏	1203	元史新編	313	岳麓書院	133
尉遅乙僧	36	元史訳文証補	313	岳石文化	129
欲	1202	元始天尊	313	岳陽楼	133
喩道論	1187	元氏長慶集	313	岳陽楼記	133
喩皓	1186	元文類	322	粤	55
御史台	248	元宵節	314	粤海関志	55
玉塞 →瑱玉	893	元一統志	307	粤劇	55
豫	1187	元祐党籍碑	323	粤謳	55
豫劇	1203	元祐体	323	粤雅堂叢書	55
豫園	1202	元稹	315	越	55
鬱岡斎帖	36	円測	63	越劇	56
		円頓教	65	越絶書	57
## yuan		円機活法	61	越王句践剣	55
淵鑑類函	61	円覚経	60	越窯 →越州窯	56
鴛鴦蝴蝶派小説	59	円明園	66	楽	123
元(王朝)	305	円山遺址 →円山貝塚	62	楽昌分鏡	1208
元(概念)	306	原道	319	楽府(機関)	152
元白	320	原人論	320	楽府(詩体)	153
元版	321	原善	317	楽府伝声	154
元朝秘史	318	原性	316	楽府古題要解	153
元朝名臣事略	318	原装本	317	楽府詩集	154
元大都	317	員外郎	24	楽府新声	154
元典章	318	袁宏	61	楽府雑録	153
元豊九域志	322	袁宏道	62	楽記	125
元好問	312	袁江	61	楽経	127
元和郡県図志	319	袁桷	59	楽律全書	133
元和体	320	袁了凡	67	楽師	128
元和姓纂	320	袁枚	65	楽史	127
元会運世	308	袁氏世範	63	楽書要録	129

楽毅論	126	**zai**		査士標	444
鈥	55	再生縁	437	劄記	445
閲微草堂筆記	57	在理教	442	劄子	446
閲蔵知津	57	載道	439	**zhai**	
yun		**zan**		斎	432
雲岡石窟	40	簪導	644	斎醮	436
雲笈七籤	39	賛寧	469	摘錦奇音	889
雲居寺	41	讃	448	**zhan**	
雲麓漫鈔	43	**zang**		占夢	731
雲鑼	43	臧晋叔	750	氈帽	732
雲門文偃	42	臧琳	759	展子虔	897
雲門宗	42	臧窯	759	占田・課田制	728
雲棲袾宏	41	蔵文　→チベット文字	829	湛然	822
雲気紋　→雲気文	39	蔵漢対音	739	湛若水	821
雲山図(米友仁)	41	臓腑	757	戦国策	720
雲韶府	41			戦国鏡	720
雲渓友議	40	**zao**		戦太平	727
雲煙過眼録	39	鑿	443	**zhang**	
雲謡集雑曲子	42	早春図(郭熙)	748	張伯端	857
鄖県人　→鄖県原人	40	早梅詩	756	張伯行	857
惲寿平	41	藻魚図	740	張蒼	855
運気	39	造像銘	752	張従正	852
韻補	30	竈神	156	張大復	856
韻府群玉	29			張岱	856
韻府一隅	28	**ze**		張爾岐	849
韻集	27	則古昔斎算学	764	張鳳翼	859
韻鏡	25	則例	766	張恨水	848
韻略匯通	32	則天武后	765	張衡	847
韻略易通	32	幘	443	張宏	846
韻母	29	矢人盤	764	張華	840
韻書	27			張懐瓘	840
韻語陽秋	26	**zeng**		張恵言	844
		曾鞏	739	張即之	855
Z		曾国藩	743	張籍	854
za		曾侯乙墓	742	張継	844
雑彩	446	曾幾	739	張家口	841
雑家	445	曾鯨	741	張家坡遺址　→張家坡遺跡	841
雑劇	445	曾子	745	張家湾陽陵俑坑	842
雑劇三集	446	甑	735	張角	841
雑詩	446	甑皮岩遺址　→甑皮岩遺跡	756	張介賓	841
雑体詩	446			張九成	843
雑言詩	446	**zha**		張九齢	843
		扎什倫布寺　→タシルンポ寺	814	張居正	843
		査慎行	444	張君房	844

張可久	841	章炳麟	595	趙偕	840
張耒	862	章草	588	趙翼	861
張良	862	章懐太子墓壁画	570	趙原	845
張留孫	862	章回小説	570	趙之琛	851
張路	862	章句	574	趙之謙	850
張履祥	862	章学誠	571	趙執信	851
張遷碑	854	獐牙	569	趙州従諗	582
張騫	845	璋	566	趙州無字	582
張丘建算経	843	長子口墓	850		
張瑞図	853			## zhe	
張若虚	852	## zhao		折獄亀鑑	706
張三丰	849	招差術	578	折枝画	707
張僧繇	855	招隠詩	568	折子戯	708
張商英	853	昭君出塞	574	謫仙	813
張栻	853	昭陵	599	浙東鑼鼓	710
張寿王	852	昭昧詹言	596	浙東学派	709
張舜民	852	昭明鏡	597	浙派(絵画)	710
張思恭	849	昭穆	595	浙派(篆刻)	710
張廷済	856	兆域図	839	浙音釈字琴譜	703
張謂	839	詔版	593	鷓鴣斑	521
張問陶	861	詔令	599	鷓鴣飛	521
張渥	839	照世盃	586		
張先	854	罩甲	924	## zhen	
張孝祥	847	肇論	600	珍珠記	869
張旭	843	趙(戦国)	838	珍珠塔	870
張萱	845	趙(五胡十六国)	838	貞観公私画史	572
張炎	840	趙秉文	859	貞観政要	572
張彦遠	845	趙伯駒	857	貞元新定釈教目録	577
張揖	861	趙伯驌	857	真	618
張儀	842	趙昌	852	真大道教	642
張宇初	840	趙徳麟	857	真徳秀	645
張羽	839	趙汸	859	真諦	641
張裕釗	861	趙飛燕	858	真誥	629
張元素	846	趙甌	858	真跡	639
張載	848	趙復	859	真・仮	622
張璪	855	趙帰真	842	真覚寺金剛宝座塔	623
張湛	856	趙過	840	真空教	628
張正見	854	趙后遺事	847	真臘風土記	651
張之洞	851	趙匡	843	真霊位業図	651
張芝	849	趙令穰	862	真人	638
張志和	853	趙孟頫	860	真山民	632
張仲景	856	趙孟堅	860	真武	646
張鷟	848	趙明誠	859	真言五祖像	631
張子信	850	趙岐	842	甄鸞	650
張子正蒙注	851	趙氏孤児	850	箴	620
張宗蒼	855	趙爽	855	鍼灸	627
章	565	趙王城	840	枕中記	871

枕中書	872	鄭州商城	883		**zhong**	
鎮	865			中峰明本	837	
鎮墓獣	873	**zhi**		中国	833	
		之卦	476	中国式服制	834	
zheng		支遁	509	中国俗文学史	834	
正始石経	679	支婁迦讖	614	中国小説史略	834	
正始之音	679	支謙	483	中国営造学社	833	
争座位帖	743	只孫服	499	中華思想	832	
箏	735	知	823	中論	838	
正負術	690	知不足斎叢書	827	中南海	837	
正蒙	693	知礼	864	中秋節	835	
正名	692	知先行後	827	中山国遺址　→中山国遺跡	835	
正山小種茶	678	知行合一	826	中説	836	
正史	678	知言	826	中体西用	837	
正統	687	知制誥	827	中興間気集	833	
正一教	568	知州	827	中衣	831	
正義	674	脂硯斎	484	中庸	838	
正誼堂全書	674	執壺　→水注	658	中元節	833	
正字	678	直音	862	中原	832	
正字通	679	直斎書録解題	863	中原音韻	832	
正字戯	678	直指算法統宗	863	中州集	835	
政書	680	職方外紀	605	中州楽府	835	
証道歌	591	止観	478	中州楽府音韻類編	835	
証類本草	599	止観輔行伝弘決	478	忠	831	
鄭	878	指南車	510	終南山	539	
鄭成功	884	指事	488	終南山祖庭仙真内伝	539	
鄭道昭	886	指頭画	509	鍾	566	
鄭顚仙	886	紙銭	497	鍾馗	573	
鄭簠	887	至元弁偽録	484	鍾馗嫁妹	573	
鄭観応	879	志怪小説	477	鍾離権	599	
鄭光祖	881	志人小説	495	鍾礼	600	
鄭国渠	882	制	667	鍾呂伝道集	600	
鄭韓故城	879	制度通	689	鍾山	579	
鄭和	888	制挙	674	鍾嗣成	579	
鄭箋	885	帙	827	鍾惺	586	
鄭虔	880	治平通義	827	鍾繇	598	
鄭樵	883	峙峪遺址　→峙峪遺跡	605	鐘	567	
鄭若庸	883	致良知之説　→致良知説	864	鐘律書	599	
鄭氏規範	882	智化寺京音楽	823	種痘	553	
鄭思肖	882	智嚢	827	種民	554	
鄭衛之音	878	智儼	826	仲長統	837	
鄭孝胥	881	智顗	824	仲尼夢奠帖	835	
鄭燮	883	智永	823	仲仁	836	
鄭玄	576	摯虞	481	重唇音	537	
鄭玉	880	櫛	505			
鄭振鐸	884	觶	474			
鄭之珍	883	識語	480			

zhou

州	526
周	527
周邦彦	543
周必大	542
周髀算経	541
周臣	537
周徳清	539
周敦頤	539
周昉	543
周公	534
周公廟遺址 →周公廟遺跡	534
周口店遺址 →周口店遺跡	534
周礼	555
周亮工	545
周密	544
周秦行紀	537
周汝登	537
周書	537
周文矩	543
周易本義	530
周易参同契	530
周易集解	530
周易内伝	530
周易外伝	530
周原	533
周原甲骨	533
周之冕	537
周作人	535
肘後備急方	834
胄	831
紂	831
籒文	837

zhu

朱	526
朱徳潤	553
朱端	552
朱鶴齢	546
朱駿声	550
朱開溝文化	546
朱陸同異論	555
朱倫瀚	556
朱買臣休妻	553
朱権	548
朱士行	549
朱世傑	551
朱軾	551
朱淑真	550
朱舜水	550
朱思本	550
朱文太平銭	554
朱彝尊	526
朱有燉	555
朱筠	526
朱載堉	548
朱震	551
朱震亨	551
朱子	548
朱子年譜	550
朱子晩年定論	550
朱子学	549
朱子語類	549
朱自清	549
珠江	548
猪圏	863
諸病源候論	610
諸蕃志	610
諸葛亮	602
諸宮調	604
諸子百家	607
諸子平議	607
竹板歌	825
竹林七賢 →竹林の七賢	826
竹坡詩話	825
竹譜	826
竹書紀年	825
竹筒屋	825
竹葉青酒	826
竹枝詞	824
竺道生	482
竺法護	482
竺法蘭	483
主簿	554
主戸	548
主静	551
褚人穫	864
助字	606
助字弁略	607
注	831
注疏	836
注維摩	838
注音符号	832
祝辞	547
祝融	547
祝允明	547
著作佐郎	863
筑	824
貯貝器	864
鋳模 →鋳型	13
鋳型	13
鋳造	836

zhuan

塼仏	731
磚	713
顓頊	717
顓頊暦	717
転変	904
転読	903
転踏	903
転語	895
転注	903
篆刻	895
篆書	899

zhuang

荘存与	753
荘述祖	747
荘周蝴蝶夢	747
荘子〔人物〕	745
荘子〔本〕	746
荘子郭象注	746
状元印	577

zhui

綴白裘	890
綴術	883

zhuo

拙庵徳光	709
拙政園	708
着色画	830

zi

資陽人	585
資政新篇	496
資治通鑑	489
資治通鑑綱目	490
資治通鑑外紀	490

資治新書	503	鄒守益	662	
子不語	514	鄒衍	661	
子産	487	鄒一桂	661	
子弟書	508	鄒元標	662	
子貢	485	走唱	748	
子路	615	奏議	739	
子思	488	奏摺	748	
子思子	489			
子庭	508	**zu**		
子夏	476	租庸調	774	
子夜歌	518	足本	766	
子游	528	足利本	4	
子張	504	鏃	763	
梓潼帝君	509	俎	733	
紫柏真可	511	祖沖之	771	
紫姑	484	祖師禅	768	
紫禁城	481	祖堂集	772	
紫口鉄足	485	祖庭事苑	771	
紫微詩話	513	祖暅之	767	
字詁	485	族譜	766	
字彙	475	詛楚文	771	
字林	613			
字謎	517	**zui**		
字書	492	酔菩提	661	
字説	497	酔翁談録	653	
字様	567	酔醒石	658	
自報家門	516	酔怡情	653	
自撰	511			
自然	497	**zun**		
自由	528	尊	774	
		尊徳性・道問学	777	
zong		尊王攘夷	777	
宗	527	遵生八牋	562	
宗法	757	遵式	559	
宗鏡録	665			
宗門十規論	544	**zuo**		
宗門統要	544	左慈	444	
宗密	544	左丘明	443	
宗族	752	左思	444	
総督	755	左伝	447	
総集	747	坐禅	445	
総理衙門	759	坐忘論	447	
縦横家	530			
zou				
鄒伯奇	663			
鄒容	664			

[編集代表]

尾崎雄二郎（おざき　ゆうじろう）
京都大学名誉教授

竺沙　雅章（ちくさ　まさあき）
京都大学名誉教授

戸川　芳郎（とがわ　よしお）
東京大学名誉教授

ちゅうごくぶんかしだいじてん
中国文化史大事典
© OZAKI Yujiro, CHIKUSA Masaaki, TOGAWA Yoshio　2013
NDC002／x,1493p／27cm

初版第1刷───2013年5月10日

編集代表───尾崎雄二郎／竺沙雅章／戸川芳郎
　　　　　　おざきゆうじろう　ちくさまさあき　とがわよしお
発行者───鈴木一行
発行所───株式会社 大修館書店
　　　　〒113-8541　東京都文京区湯島2-1-1
　　　　電話 03-3868-2651（販売部）　03-3868-2290（編集部）
　　　　振替 00190-7-40504
　　　　[出版情報] http://www.taishukan.co.jp

装丁者───山崎　登
印刷所───壮光舎印刷
製本所───牧製本

ISBN978-4-469-01284-2　　　　　　　　　Printed in Japan

R 本書のコピー，スキャン，デジタル化等の無断複製は著作権法上での例外を除き禁じられています。本書を代行業者等の第三者に依頼してスキャンやデジタル化することは，たとえ個人や家庭内での利用であっても著作権法上認められておりません。